康熙 大玉篇

강희 대옥편

監修

文學博士 李家源 · 文學博士 車相轅

韓國出版文化賞

서울市文化賞

文公部推薦圖書

姉妹書의 權威

監修辭

高邁하고 優雅한 東洋 思想文化 胎動의 直·間接的 動機가 된 漢字의 包容은 그 關係 學問의 硏究 및 理解를 위해서도 불가피할 뿐 아니라 또한 漢字는 무릇 學問의 評價와 論之는 外的·內的 領域을 超越한 人間 知的 對像의 先行 要件이라 하겠으나 그것은 어디까지나 分野別 底流의 局限性에 좌우되는 問題이겠고 더불어 始終一貫 客觀性과 最大限의 一般性을 기함에 있어 새삼 우리 獨特한 한글의 創案과 發展에 기여한 바로도 결코 그 重要性을 가볍게 볼 수 없다。 더불어 그 使用을 學問上의 한 有機的 必然性捕捉으로 볼 때 우리가 再參 實感할 수 있는 것은 無限한 思想性의 幅과 깊이이다。

意慾的으로 착수된 本 冊字의 監修過程에 있어 內心 감당키 어려운 出産의 陣痛을 맛보기도 했으나 막상 監修를 끝내놓고 보니 그에 못지않게 보람 또한 커서 多幸이라면 多幸이라 하겠다。

特히 나름대로의 創意力이 동원된 特異한 編輯은 불현듯 本 冊의 重量感을 더욱 돋우어 주고 附錄의 書道宝典은 일약 가관이며 解說篇의 친절하고 자세한 書藝基本解說은 本 冊을 가히 逸品의 安座 위에 올려놓는 아주 所重한 역할을 하였다。 끝으로 本冊을 直接的으로 붙들고 매달렸던 社長님 以下 여러 編輯實務者들의 노고에 謝意를 表하고 本玉篇이 세상에 나가 文化發展의 일익을 담당하는데 조금이라도 기여했으면 하는 마음 간절하다。

서울大學校
文理大教授 文學博士 車 相 轅

發刊에 즈음하여

漢字는 原來 漢民族의 言語(中國語)를 쓰기 위해 만들어진 文字로서 原則은 中國語의 一音節의 單語나 形態素의 하나 하나를 나타내는 表意文字다。殷代인 紀元前 一四~一三世紀頃에는 그 祖形이 存在하였고 周代의 中葉에 이르러 그 數가 急增했다。 現在 中國語 外에 韓國語、日本語의 表記에 使用되고 있다。 이 漢字는 많은 異體字 및 現在 使用하지 않는 字를 包含해서 總數 五萬~六萬字가 되리라고 한다。

이처럼 오랜 歷史를 지닌 漢字는 이미 數千年前에 우리나라에 들어와 하나의 文化圈을 形成해 온 것이다。 그러한 理由때문에도 하루 아침에 漢字文化에서 脫皮할 수 없는 것이 바로 우리의 現實이며 따라서 漢字文化圈에 屬해 있는 日本의 實情이기도 한 것이다。

解放後 여러번 「한글專用」을 試圖하였다。 그러나 結局은 漢字混用으로 되돌아 가지 않을 수 없었던 까닭이 바로 우리文化의 모든 分野가 漢字文化가 根源이 되어 있기 때문이다。

우리 祖上들이 數千年間 이룩해 놓은 찬란한 文化의 올바른 理解와 硏究를 위해서도 漢字混用은 當然한 일이다。 이러한 時代的 要請에 副應하여 本玉篇을 企劃 刊行하게 된 것이다。

지금 우리가 쓰고 있는 大部分의 語彙의 根源이 漢字임은 두말할 餘地가 없는 것이다。 그것을 最短時日內에 우리의 理想대로 「한글專用化」하려고 試圖하였음은 그 施行에 있어 無理가 없지 않았다。 그리하여 다시 文敎部에서는 國民學校 敎科書에도 漢字를 混用하도록 하기에 이르렀다。 이 조치에는 各界各層에서 歡迎하는 讚辭를 받았다。 結局 漢字에 基礎를 둔 우리 語彙

의 우리말化作業은 長久한 歲月과 더불어 施行되어야 될 것이라고 믿는 바이다。

本玉篇은 康熙字典을 비롯 十數種의 資料를 基礎로 하여 滿 二年餘의 陣痛을 거쳐 오늘 탄생하게 되었다。特히 本玉篇은 部首索引篇 三萬五千餘字와 音訓索引篇 三萬餘字를 合하여 約 七萬字를 收録하였으며、本字、俗字、略字、同字、誤字에도 일일이 訓釋과 音을 달아 初學者라도 不便없이 쉽게 理解할 수 있도록 最善을 다하였다。그리고 合本附録으로서 날로 增加하는 書道人口를 위한 書道宝典을 꾸몄다。書聖이라 일컫는 王義之를 비롯하여 國內外歷代 書藝家들의 作品과 解說、略歷等을 蒐集編纂했으며 書道의 入門者도 能히 解得할 수 있도록 基礎篇、實用篇、解說篇으로 區分하여 親切하고 세밀하게 엮었다。

끝으로 本玉篇은 漢學의 權威者이신 서울大學校 文理科大學 教授이신 車相轅博士와 延世大學校 文理科大學 李家源博士의 責任있는 監修를 거쳐 大玉篇으로서의 萬全을 期해 世上에 펴냄을 明記해 두는 바이다。

아울러 本玉篇을 刊行함에 있어 筆耕을 快諾해주신 諸先生、貴重한 資料를 提供해주신 教授님들 그리고 製紙、製版、印刷、製本을 맡아 애써 주신 各社의 여러분께 深甚한 謝意를 表하는 바이다。

凡例

一、本冊字는 漢字三萬五千字를 가장 알기쉽고 자세하게 訓釋한 最新版 大玉篇이다。

一、一字의 音이 여러가지로 나는 것은 各各 □ 안에 音을 따로 쓰고 訓釋을 붙였다。

一、他書의 경우 音이나 訓釋이 없이 同字라고만 表示한 字까지도 일일이 音과 訓釋을 달았으며 各國別專用俗字 즉 韓國字는(韓) 日本字는(日) 中國字는(中)으로 各各 괄호 안에 밝혔고 近間國內에서 新生한 字는 新字로 表示했다。

一、한글訓釋은 文教部制定 한글맞춤법 統一案에 依據했으며 方言이나 卑語를 피하고 現代標準語를 使用했다。

一、各項上段欄外에 白抜로 나타낸 小篆字는 그 常用度가 가장 높은 十字를 골랐으며 卷首에 部首索引과 卷末에는 가、나、다順 音韻으로 漢字를 찾는 데 最大限의 수고를 덜게 했다。

一、標題字마다 訓釋 다음에는 韻을 ◯으로 나타내어 音과 뜻이 通하도록 했고 특히 韻은 本音과 同一順으로 排列했다。

一、漢字排列은 部首順에 準했고、同一部首內에서는 畫數에 準했다。

一、卷首에 檢字를 두어 偏、旁、冠、脚을 分別키 곤란한 字는 總畫數를 헤어 찾아 보도록 했다。

檢字

一畫

一 1
丶 3
丨 3
亅 6
丿 4
乙 5
乚 5
㇏ 4

二畫

刀 38
ヨ 38
勹 50
厂 58
厶 61
丁 1
七 1
丄 1
丅 1
丂 1
又 62
冂 32

冖 33
冫 34
几 36
凵 37
匚 52
匸 52
匕 51
十 54
卜 56
二 7
卩 57
亠 7

儿 28
入 9
八 31
入 30
乃 4
乂 4
九 5
乜 5
了 6

三畫

寸 148
尢 150
宀 159
小 1
万 1
三 1
丈 1
上 1
下 1
丌 1
己 184
已 184

巳 184
衤 213
彑 211
彐 211
才 259
扌 259
廾 54
千 54
去 61
叉 62
孑 145
子 145

子 145
川 181
巛 181
兀 28
亾 30
凡 36
凢 36
勺 50
尸 163
屮 167
山 167
阝 1055

卩 995
工 182
巾 185
干 183
幺 194
广 195
廴 203
廾 204
弋 205
弓 206
彡 212
口 63

口 93
土 98
士 116
夂 115
夊 117
夕 118
大 119
女 124
么 4
久 4
也 5
乞 5

字	頁
于	7
亍	7
个	3
丫	3
丸	3
氵	396
犭	478
忄	220
丏	381
刃	38

四畫

字	頁
五	7
云	7
互	7
井	7
公	31
兮	31
六	31
冘	33
冄	32
凶	37
出	37
分	38
匀	50
勿	50
匂	50
勻	50
匁	50
牙	470
乎	470
午	54
爪	464
父	465
爻	466
爿	466
片	468
弔	206
引	206
攵	297
旡	313
无	313
曰	325
王	492
壬	98
天	119
夫	119
太	119
夭	119
心	220
戈	253
户	257
手	259
扎	259
支	296
攴	297
尺	163
屯	167
屮	167
巴	184
币	185
幻	194
廿	204
欠	371
止	378
歹	381
殳	386
夬	119
孔	145
少	160
尤	161
尹	163
犬	478
丑	1
不	1
与	1
丏	1
辶	977
弋	205
丰	3
丮	3
中	3
反	62
収	62
及	62
友	62
艮	62
双	62
圠	98
文	306
斗	307
斤	308
方	310
什	9
仄	9
介	9
今	9
仌	9
仁	9
仉	9
元	28
允	28
内	30
化	51
匹	54
卅	54
午	54
升	54
丹	4
之	4
予	4
予	6
日	313
月	327
木	329
毋	389
比	390
毛	390
氏	395
亢	8
卝	56
卞	56
卬	57
厄	58
气	396
水	396
火	445
厷	61
厹	61
刈	38
叱	63
回	63
市	185
石	63

五畫

安 151　守 151　宅 151　寺 148　冲 34　冰 34　决 34　余 397　刖 39　刑 39　列 39　刓 39

刎 39　刏 38　扣 260　代 214　攸 221

七畫

李 331　材 330　杏 330　杙 332　亲 331　屎 331　東 332　皀 532　狆 478　犿 479　灵 446　灾 446

災 446　麦 1236　亜 7　況 7　岐 297　夆 297　攸 297　改 297　攷 297　攻 297　扵 262　帔 185

帍 185　帋 186　希 186　岐 1168　皃 532　床 195　㕮 371　矴 565　忒 221　邦 996　邑 995　尾 163

局 163　㚖 167　夆 116　助 46　兵 31　初 39　利 39　声 116　壯 116　㚒 120　妝 126　妥 126

巠 181　丞 182　呈 66　吠 68　君 66　吝 66　吞 66　否 67　含 67　启 67　吾 68　告 68

呂 68　吳 66　囧 94　囪 94　坌 99　坐 100　赤 926　走 928　足 937　身 957　矣 562　糸 649

羽 640　甸 511　甹 512　育 713　肖 713　肙 713　良 748　男 511　邪 258　肜 258　串 3　狄 479

孜 146　孝 146　孚 146　孛 146　兑 29　步 379　每 389　米 397　汞 398　瓩 505　瓬 505　豕 908

豸 912　見 861　角 866　言 871　谷 907　豆 904　貝 918　釆 1014　里 1015　犴 183　纱 194　戕 206

弟 207　延 212　巡 181　卣 56　卲 56　卵 57　甫 511　甬 511　丣 2　亨 8　佘 10　成 253

我 254
辰 977
辵 977
酉 1004
尨 161
尨 161
恔 223
努 46
卉 55
罕 682
牢 471
更 325

辛 975
車 961
炎 160
抈 263
芏 751
夾 120

八畫

垂 101
坐 101
夜 118
斧 308
沂 308
匋 310
昂 314
昃 315
昇 315
昌 315
明 314
昏 314

易 316
昔 315
会 14
青 1086
非 1087
並 2
弗 3
事 6
乖 5
乳 5
承 261
敘 297

放 298
攸 298
肯 715
肤 715
育 715
肴 715
肩 714
受 62
周 68
咎 70
呆 70
和 70

命 70
呰 69
坐 101
廷 391
詆 395
画 512
甾 512
畀 512
建 517
盲 543
直 543
杲 332

杳 332
杰 332
東 332
果 332
肎 715
召 738
臾 738
戾 258
房 258
所 258
卓 55
協 55

卒 55
卦 56
卷 57
契 40
券 40
所 2
豕 908
辵 928
采 33
函 37
曶 325
服 327

舍 741
虎 808
虱 812
卒 840
表 840
兒 29
來 14
兕 29
兩 30
其 31
具 31
典 31

籴 333
岐 379
武 379
些 7
叁 7
亞 7
亟 7
享 8
京 8
亩 8
卤 212
金 1016

長 1043
門 1045
阜 1055
隶 1067
佳 1068
雨 1075
幸 183
幷 183
忝 222
戕 254
奔 120
奈 121

奉 121
奄 121
岳 170
岡 169
帑 186
帑 186
帝 186
帛 186
妻 127
妾 127
要 128
芷 752

九畫

炭 448
香 1144
面 1088
革 1090
韭 1105
音 1106
頁 1108
卣 56
巵 58
[illegible] 63
叙 63
叜 63

冒 32
冑 32
風 1120
飛 1128
食 1125
首 1134
毒 389
卑 55
柔 337
奇 120
芽 757
要 702

十畫

耿 228
恭 229
致 737
拳 267
拲 268
拿 268
挈 268
拏 268
剡 41
夏 117
夎 117
套 122

奘 122
奚 122
畚 122
孬 147
射 149
尅 149
蜀 753
茲 759
虒 809
虓 809
[illegible] 537
訡 872

訾 872
訔 872
討 872
訕 872
記 872
訒 872
訌 872
訐 872
效 299
敉 299
料 307
旁 310

[illegible] 183
弱 208
或 212
哭 74
哲 74
哿 75
格 149
唇 75
唐 75
哥 73
晉 318
晏 318

晁 317
冓 32
冡 33
函 96
袁 116
蚑 813
蚤 815
衮 841
邕 738
桀 340
桼 340
栽 341

[illegible] 382
毣 392
毦 392
書 326
眣 396
泰 4,05
衮 448
烏 449
烕 449
烖 449
烝 449
逌 56

乘 5
亳 8
倉 18
候 18
党 29
兝 29
兼 31
馬 1146
骨 1163
高 1169
鬯 1181
鬲 1181

鬼 1184
髟 1170
鬥 1180
朔 328
朕 328
[illegible] 160
屔 164
峱 171
島 171
差 182
師 188
席 188

畝 513
畞 513
畟 513
畗 513
畜 513
皋 533
眚 546
眞 546
真 546
奓 465
秦 472
班 495

瓵 506
釜 1016
沓 1143
亞 184
蚕 814
瓮 52
谸 907
豈 904
皆 533
衰 841
邕 995
酒 1004

狺 482 脩 721

十一畫

羕 689 羞 689 䍋 689 羝 689 䍊 689 巢 641 卷 641 脣 721 尋 739 舂 739 笙 617 斬 309

專 311 旣 313 救 300 敓 300 敕 300 敖 300 敫 300 敏 300 敗 300 裲 744 袌 843 衰 845

袞 843 衺 843 章 612 竟 612 畢 513 畣 513 畱 514 眷 548 眾 548 眼 548 毫 392 耗 392

爽 466 桼 503 斌 306 斗 307 斛 307 戚 255 富 33 凰 37 勖 48 匏 51 晟 318 晨 318

晜 319 暴 319 晝 319 魚 1188 鳥 1205 鹵 1227 鹿 1228 票 581 祭 581 禼 586 案 591 甜 509

産 510 基 105 埶 104 執 104 堂 106 堇 106 奘 122 婁 134 婪 135 巷 184 帶 189 常 188

弼 194 庶 198 彗 211 彪 213 麥 1232 麻 1236 豈 2 乾 6 兜 29 冕 32 規 861 覞 861

覓 861 犅 866 牽 866 豉 905 豚 909 赦 927 赦 927 赦 927 敖 701 孰 147 寀 160 就 162

窑 172 巢 182 啓 77 啚 78 售 76 商 76 啇 76 問 77 啨 1086 參 61 匙 52 卨 56

望 328 朗 328 曼 326 曹 326 桼 342 梁 342 梟 344 梦 344 梵 343 務 48 博 56 教 300

十二畫

十三畫

字	頁	字	頁	字	頁	字	頁	字	頁	字	頁
棻	347	奢	123	喪	81	晶	320	粥	642	勞	48
桀	346	奡	123	喪	81	普	319	粲	657	勝	48
棘	345	缺	123	喪	81	景	319	甦	510	脊	723
棗	345	雅	1069	喬	81	啓	320	甦	510	裁	737
棄	345	報	107	曾	78	替	326	琶	497	舜	742
棼	347	堯	106	善	79	最	326	琴	497	葥	765
棽	347	壹	116	喆	79	晉	326	琵	497	菀	770
朞	328	單	81	喌	78	羨	690	甯	511	黃	1238
朝	328	喜	80	寒	156	登	531	番	514	黍	1239
奠	123	喬	80	痛	521	舜	642	畫	514	黑	1241
奠	123	喣	80	晷	320	粟	642	畫	514	黹	1246
屖	474	喦	80	智	320	粵	642	畬	514	傘	22

字	頁	字	頁	字	頁	字	頁	字	頁	字	頁
兟	29	高	1169	掔	274	焚	452	谾	907	畬	1006
勝	35	風	1123	掣	276	孱	147	豛	909	量	1015
蛓	817	散	301	雄	1069	孱	147	象	909	雁	1069
蛬	818	敍	301	嵏	174	買	919	疎	517	集	1069
頓	1108	敝	301	嵒	174	貴	919	爲	465	雇	1069
須	1108	敞	301	巽	184	貳	918	棐	474	雋	1070
幾	194	敢	301	斝	183	跫	940	着	549		
弒	206	敦	301	截	719	輂	963	覞	861		
弼	209	裁	844	欽	374	視	862	矨	564		
悶	233	斐	307	堂	380	罕	308	萬	586		
惑	234	斑	306	淼	415	詈	876	禽	586		
飧	1130	掌	274	焉	450	詈	877	童	612		

[illegible] 1188 莫 624 皐 976 截 1007 雍 1069 罪 684 想 237 愁 236 愈 238 感 239 愛 239 募 48

僉 23 鼎 1149 黽 1147 睒 550 奭 551 睪 552 睘 551 䀹 551 睢 551 裛 846 裏 845 脊 867

詰 879 詧 879 詹 880 輂 964 載 965 葬 774 號 810 蜀 819 登 905 豢 909 豦 910 賈 920

靖 1086 莬 29 栗 184 幹 184 廌 200 番 147 尟 161 尠 161 嵤 176 嵬 176 媵 138 嫈 139

塋 108 塍 108 塞 109 壺 117 蜃 819 媥 307 既 313 暈 321 彀 209 彙 211 嗇 82 嘩 83

嗣 82 搴 277 掔 278 掣 279 敫 303 敬 303 數 303 義 303 稟 593 穆 594 碁 570 禀 582

禁 582 禽 586 畺 515 畫 515 虞 509 嘗 509 鳳 1205 盟 550 會 326 最 326

十四畫

裴 847 裹 847 褎 847 舞 742 彯 213 慓 242 寧 157 褚 157 誓 882 諐 883 蒜 776 蒙 776

蓋 779 豪 910 毾 393 箕 623 筈 622 箋 622 毓 390 槀 355 罧 356 對 356 榖 354 榮 354

榺 355 睿 553 臭 552 碧 572 鄰 644 藏 735 臺 737 與 739 疑 517 疐 517 腐 724 膋 728

膏 728 翡 697 聚 708 聞 708 尠 161 徵 191 幕 191 截 256 搫 281 鼓 499 甄 507 甦 510

賖 921 粦 455 鼔 455 爾 466 轂 475 𨍉 475 𦐇 380 墅 110 墓 111 塾 111 壓 110 壽 117

十五畫

十六畫

贅 923 賴 923 器 89 噩 88 憲 247 嵒 178 舉 205 擊 286 䆉 1051 曇 323 遲 323 頯 1114

穎 1114 豁 1143 鬝 1173 関 1180 褰 851 褧 851 鼓 905 豫 911 磬 388 豭 388 䃵 458 發 458

㲉 459 蟄 827 螘 826 螢 827 螣 827 融 826 螒 826 褮 851 橵 360 樹 360 橆 362 橤 362

橐 361 歷 360 壽 296 整 304 斢 308 罷 685 翔 696 羲 691 翯 691 𦒉 698 𣰆 702 䎭 702

親 736 興 739 館 742 虤 811 虦 811 虥 811 縈 668 縠 669 縢 668 薨 508 鍵 516 穎 597

糜 597 穌 597 穀 645 襈 585 盧 541 磨 574 磬 575 禦 584 鴗 1209 羸 143 縻 161 壄 113

奮 124 學 148 劒 44 龍 1263 冀 31 鼿 30 龜 1264 轂 970

十七畫

蘇 828 蟇 829 蠡 829 覽 864 薥 793 韓 1103 斂 305 斀 305 鄹 324 𡡉 386 嬰 143 勴 143

應 248 龠 1266 擊 289 擊 289 擎 289 賽 924 賾 924 賸 923 蹇 948 獲 489 𦪇 516 𦪼 516

艠 516 豰 911 𧱸 911 豳 911 磨 576 璽 614 縻 646 糞 646 霜 1080 壓 114 麋 671 聲 716

㲪 390 頜 1116 觳 869 舉 434 錔 436 膽 891 謇 891 謍 907 谿 460 營 460 燮 460 豋 906

虧 811 彪 811 餋 1229 韠 971 韇 971 鴿 1212 鴯 1210 鴻 1211 鵃 1212 鵄 1210 鳶 1210 醟 1010

鐵 1105
鬐 1174
襄 852
蟲 829
螽 829
濠 437

十八畫

繇 366
豪 366
諾 365
謩 894
警 894
壘 114
豐 951
爵 465
簡 632
簪 633
[illegible] 633
篪 633

鼇 1015
鎣 1032
鶩 1213
鶪 1213
[illegible] 599
穢 599
雜 1073
雝 1073
雚 1073
巂 1073
雙 1073
盬 542

爀 461
燹 461
[illegible] 438
歸 381
儭 117
豎 389
[illegible] 388
竄 609
[illegible] 63
叢 63
嚚 91
[illegible] 91

嘂 91
[illegible] 124
瞿 557
[illegible] 557
繛 673
繠 673
織 673
[illegible] 587
[illegible] 812
虧 811
甕 501
[illegible] 1180

魏 1186
闚 1080
虢 811
褻 853
闐 1080
題 1116
[illegible] 1237
鯗 1194
儵 1194
彝 211
戴 257
擘 291

擥 291
斃 305
[illegible] 854
[illegible] 855

十九畫

藙 798
藕 797
藤 798
藨 799
藥 799
藟 799
藘 797
蠃 832
蠅 832
蟼 832
臝 854
襞 854

䜌 896
譽 897
襦 855
[illegible] 736
[illegible] 812
懲 250
壆 502
壐 502
獸 490
辭 505
疆 516
贊 558

辨 558
顧 558
穨 599
[illegible] 674
羸 692
櫜 367
櫫 367
櫐 367
[illegible] 535
靡 1087
轂 1097
嚭 91

嚮 91
攀 292
斄 305
颿 1227
鯗 1194
壚 1127
麓 1230
麗 1230
龐 1264
壟 115
豐 740

二十畫

顚 32 辮 676 纂 677 嚲 92 嚳 92 嚴 92 齣 906 齟 906 獸 462 ⿰犭番 462 獠 462 獻 490

贏 925 騰 1156 臀 876 譱 899 競 614 嚳 812 夔 559 竇 610 齬 516 鬪 1180 鶗 1216 黨 1243

龜 1265 孽 148 ⿱薛女 144 轝 973 ⿱韓木 368 戲 811

二十一畫

護 900 譽 900 轟 973 饒 1140 饗 1141 顥 1120 顧 1119 ⿰亻雙 252 疐 517 魔 1187 ⿰⿸厂黑攵 1199 盧 541

囂 92 ⿱吅卯 93 攔 307 曩 324 纇 677 纍 677 亹 8 ⿺辶壽 30 臝 734 麝 1167 ⿳亡口⿲月金凡 1039 韡 1104

驀 1157 ⿰黹攵 1239 龝 1265

二十二畫

讅 902 囊 93 囅 93 戵 257 孌 145 顫 614 競 614 巒 180 懿 252 聽 711 聾 711 ⿰聶攵 306

疊 517 糴 648 籠 638 龔 1264 龕 1234 襲 856 襶 856 轠 974 轡 974 龢 1266 鑒 1040 ⿱敖黑 1199

二十三畫

黴 1199 ⿰齒幾 906 ⿰鬲兒 1084 鷹 1220 黱 1244 孿 148

二十四畫

二十五畫

二十六畫

二十七畫

檢字終

一部

一畫

一 일 數之始한일 單個하나일 君也만일일、純也순전할일 或也혹일 同也같을일 前聖後聖其揆ㅣ也、第之本하나일 務ㅣ不登民飢色 (貭)

丁 정 幹名彊 (辛) 고무래정 民夫장정정 當也당할정 盛也성할정 (青) 쟁 伐木聲ㅣㅣ벌목소리쟁 (庚)

丂 교 掘之反교할교 技能재주교 好也ㅣ妙 예쁠교 黠慧똑똑할교 機ㅣ공교할교 巧古字

七 칠 數名일곱칠 文體名글체이름칠 (貭)

𠀁 칠 大之加一일곱칠ㅣ度일곱 번칠ㅣ纖ㅣ擒 (貭) 柒通

二

三 삼 二之加一석삼、세번삼、셋삼 頻也자주삼 ㅣ之셋할삼 (覃)

上 상 下之對ㅣ윗상 上古字

下 하 上之對ㅣ아래하 下古字

万 만 묵 千之十倍일만만 多數여러만 蕃姓ㅣ俟성묵 (職)(願)

丈 장 十尺也열자장、길장長 老尊稱어른장 (養)

上 상 下之對위상 又윗상 尊也높을상 天子尊稱임금상 長上어른상 頂上꼭대기상 表面겉상 加也더할상 音也예전상 (漾) 登也오를상 善也좋을상 進上올릴상 (養)(韓)

下 하 上之對아래하 後也뒤하 底也밑하 賤也낮을하 地也땅하 側也곁하 (馬) 降也항복할하 自上而下내릴하 賤民백성하 落也떨어질하 着手손댈하 (禡)

丌 기 薦物具책상기 姓也성기 (支)

丂 혜 恩也은혜혜 惠略字

丅 차 又也또차 且古字

不 불 非也아닐불 又못할불 (物) 弗通 부 未定辭아닌가부 (尤) 鴀通 鳥名夫ㅣ새이름부 大也클부 (宥) 丕通

与 여 許也共爲더불여 與同字

丐 갈 乞人거지갈 與也줄갈 飢寒無所貸ㅣ乞也빌갈 (曷)

丑 추 支名赤奮若지지추 牛也소추 四更축시추 手械수갑추 又조막손이추 北東方位북동추 (宥) 杻通 俗音축

且 차 又也또차 且古字

丘 구 阜也언덕구 丘同字

丈 [장] 長老尊稱어른장 丈俗字

丒 [추] 支名赤奮若지지추 俗音축 丑俗字

丂 [혜] 語助辭어조사혜 兮俗字

四

且 [차][저] 又也또차 又또한차 接續辭면서차 將也장차차 柳也문득차 姑也아직차 假說辭설령차 多貌수두룩할저 芭蕉已ㅣ파초저 (魚) 恭順공순할저 (語)

丕 [비] 大也클비 嘉乃ㅣ績 元也으뜸비、첫째비 (支)

世 [세] 人間ㅣ界세상세 又인간세 代也대세 父子相續一ㅣ한대세 三十年설흔해세 生也날세 (霽)

丗 [세] 人間ㅣ界인간세 世同字

丘 [구] 聚也모을구 阜也언덕구 大也클구 高地높을구 (尤)

丠 [구] 阜也언덕구 丘同字

丙 [병] 十干의셋째천간병 南方남쪽병 太歲日在ㅣ柔兆 (梗)

丑 [추] 支名赤奮若지지추 俗音축 丑同字

五

㐁 [첨] 舌細貌혀가늘첨 舐也핥을첨 (琰)

丞 [승] 繼也이을승 佐也도울승 ㅣ相벼슬이름승 向上향상할승 承通 (蒸)

丟 [주] 一去不還잃어버릴주 (尤)

兂 [천] 乾也至高無上하늘천 天古字

丽 [려] 美也고울려 麗古字

丕 [불] 非也아닐불 不古字

北 [구] 阜也언덕구 丘同字

来 [래] 至也올래 來俗字

丗 [세] 人間ㅣ界인간세 世古字

両 [량] 再也둘량 兩俗字

丣 [유] 地支第十位지지유 酉古字

六

所 [소] 處也처소소 所俗字

兲 [천] 乾也至高無上하늘천 天古字

两 [량] 再也둘량 兩俗字

乩 [자] 定也정할자

七

並 [병] 併也아우를병 竝俗字

㚘 [병] 併也아우를병 竝同字

丽 [려] 美也고울려 麗俗字

九

丠 [구] 阜也언덕구 丘同字

十

豈 [두] 禮器 罕屬큰

술잔두 (有)

⑮ 壼 [일] 數之始하나일 壹俗字

畾 [뢰] 田間밭사이뢰 畾同字

丨部

丨 [곤] 象之數之從셈대세울곤 上下相通위아래로통할곤 退也물러설곤 (元)

⊖ 卜 [복] 問龜점복 卜古字

丩 [구] 蔓延얽힐구 (尤)

⊜ 个 [가] 明堂傍室左丨명당곁방가 [개] 枚也낱개 (箇) 箇通

丯 [과] 跨步걸을과 (馬)

丫 [아] 物之岐頭두갈래갈아 分形가닥날아 (麻)

⊝ 中 [중] 四方之央가운데중 矢至的맞힐중 心也마음중 正也바를중 內也안중 又속중 成也이룰중 半也반중 (東) 衷通、當也당할중 應也응할중 (送) 仲通

丮 [극] 執也、捕罪人잡을극 (陌)

丰 [봉] 容貌美好예쁠봉 (冬、)

④ 丱 [관] 東髮兩角貌쌍상투관 (諫)

𠁥 [개] 羊角양 양뿔개

⑥ 串 [천][관][곶][꽂] 物相連貫꿰미천 (㝡) 貫也꿰일관 (諫) 韓長山곶이름곶 貫物竹釘꼬챙이꽂

𠁩 [중] 內也가운데중 中古字

⑦ 弗 [중] 內也가운데중 中古字

𠁯 [숙] 伯丨季父아재비숙 叔古字

⑧ 𠁰 [찬] 燔肉具석쇠찬 (潸)

⑨ 𣶒 [연] 池也못연 淵古字

丵 [착] 草盛풀무성할착 (覺)

⑩ 𣪊 [사] 動作去爲일사 事同字

⑪ 𠁵 [귀] 甲蟲之長外骨內肉天性無雄以鼃爲雄거북귀 龜古字

丶部

丶 [주] 有所絶止丨而識之귀절찍을주 標點표할주 (麌)

⊖ 丷 [첩] 重也거듭첩 疊符字

⊜ 丷丷 [한] 上之對丨아래하 下古字

丸 [환] 圜也둥글환 彈丨총알환 轉也구를환 (寒、)

丸 [환] 彈丨탄자환 丸俗字

夂 [첩] 重也거듭첩 疊符字

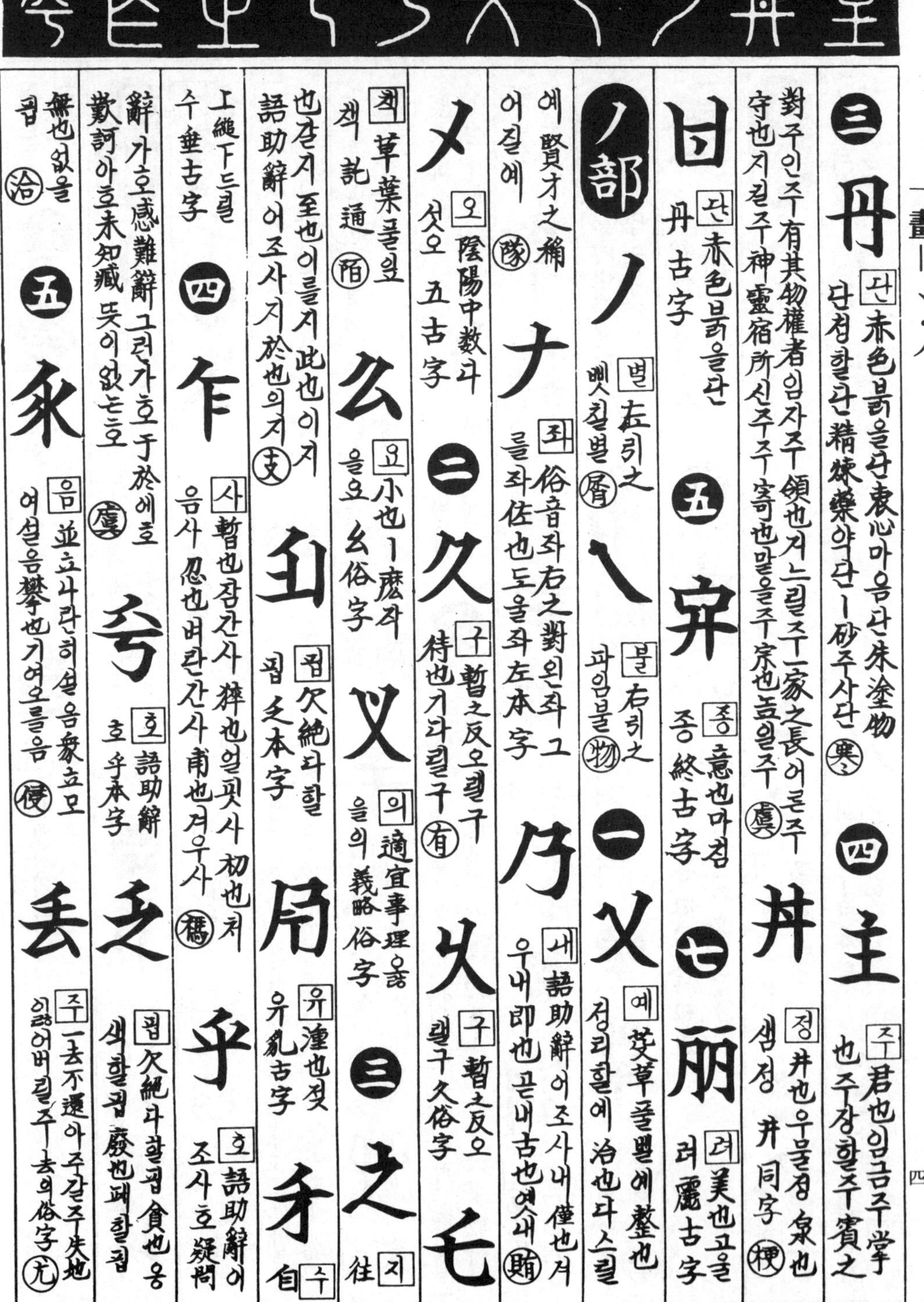

③ **丹** [단] 赤色붉을단 衷心마음단 朱塗物단섭할단 精煉藥약단 ㅣ砂주사단 (寒)

④ **主** [주] 君也임금주 掌也주장할주 賓之對주인주 有其物權者임자주 領也거느릴주 一家之長어른주 守也지킬주 神靈宿所신주주 寄也맡을주 宗也으뜸주 (虞)

井 [정] 井也우물정 泉也샘정 井同字 (梗)

甘 [단] 赤色붉을단 丹古字

⑤ **弃** [종] 意也마침종 終古字

⑦ **丽** [려] 美也고울려 麗古字

丿部

丿 [별] 左引之삐칠별 (屑)

㇏ [불] 右引之파임불 (物)

① **乂** [예] 芟草풀벨예 整也정리할예 治也다스릴예 賢才之稱어질예 (隊)

ナ [좌] 俗音좌 右之對왼좌 그를좌 佐也도울좌 左本字

乃 [내] 語助辭어조사내 僅也겨우내 即也곧내 古也옛내 (賄)

㐅 [오] 陰陽中數다섯오 五古字

② **久** [구] 暫之反오랠구 待也기다릴구 (有)

乆 [구] 暫之反오랠구 久俗字

乇 [책] 草葉풀잎책 託通 (陌)

么 [요] 小也ㅣ麽작을요 幺俗字

义 [의] 適宜事理옳을의 義略俗字

③ **之** [지] 往也갈지 至也이를지 此也이지 語助辭어조사지 於也의지 (支)

乏 [핍] 欠絶다할핍 乏本字

乳 [유] 湩也젖유 乳古字

垂 [수] 自上繼下드릴수 垂古字

④ **乍** [사] 暫也잠간사 猝也얼핏사 初也처음사 忽也버란간사 甫也겨우사 (禡)

乎 [호] 語助辭어조사호 疑問辭가호 感難辭그런가호 于於에호 歎詞아호 未知臧뜻이없는호 (虞)

兮 [호] 語助辭호 乎本字

乏 [핍] 欠絶다할핍 貧也옹색할핍 廢也폐할핍 無也없을핍 (洽)

⑤ **乑** [음] 並立나란히설음 衆立모여설음 攀也기여오를음 (侵)

丟 [주] 一去不還아주갈주 失也잃어버릴주 去의俗字 (尤)

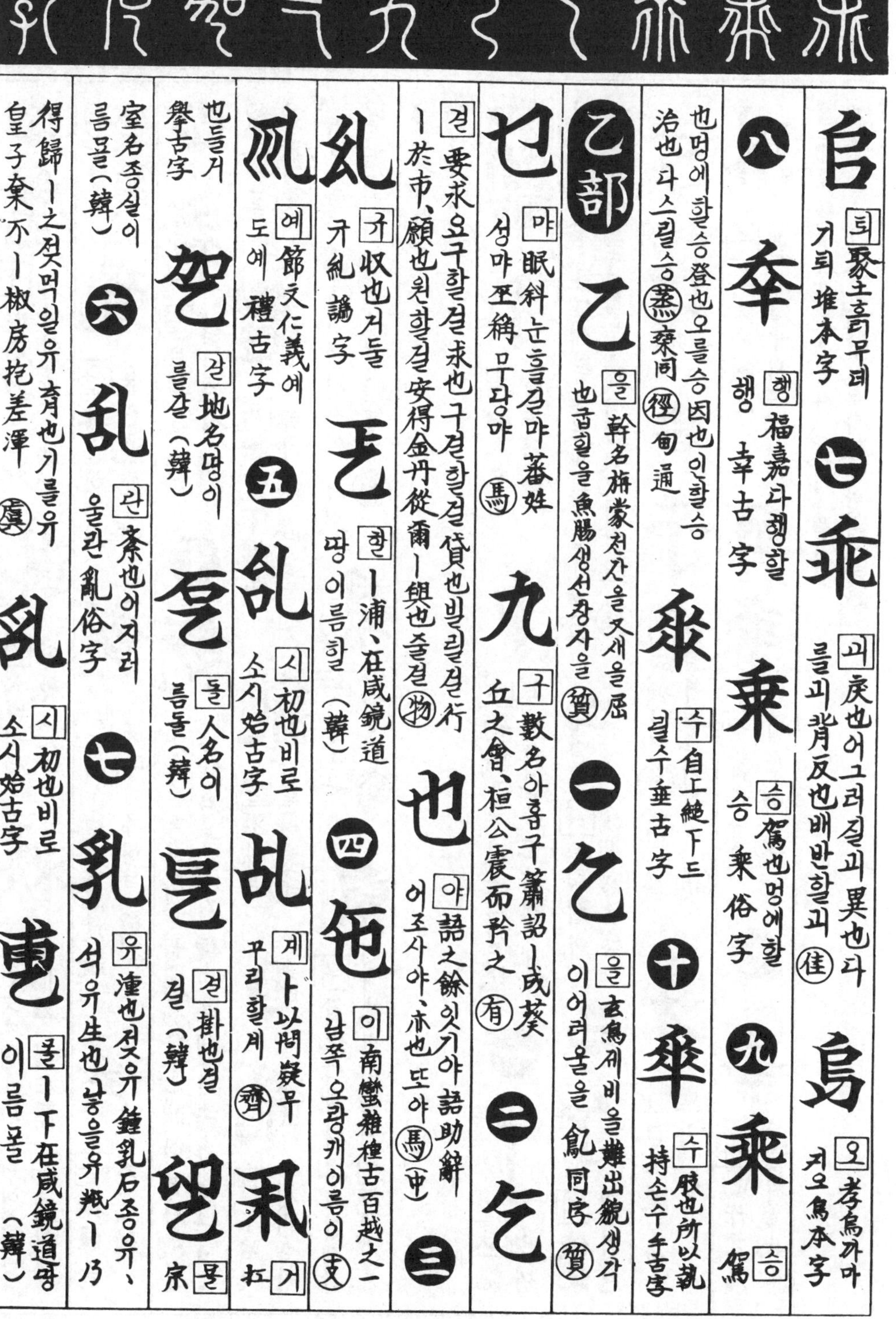

乇 乇 乇 乙 乚 九 乞 也 乣 乿 乳

𠂤 [퇴] 聚土흙무데기퇴 堆本字 ⑦ 乖 [괴] 戾也어그러질괴 異也다를괴 背反也배반할괴 ㊔佳 島 [오] 孝鳥까마귀오 烏本字

⑧ 𠂹 [행] 福嘉다행할행 幸古字 乗 [승] 駕也멍에할승 乘俗字 ⑨ 乘 [승] 駕

也멍에할승 登也오를승 因也인할승 治也다스릴승 ㊔蒸 椉同 ㊔徑 甸通 乘 [수] 自上縋下드리울수 垂古字 ⑩ 乘 [수] 肢也所以執持손수 手古字

乙部 乙 [을] 幹名旂蒙천간을 乙새을 屈也굽힐을 魚腸생선창자을 ㊔質 ① 乚 [을] 玄鳥제비을 難出貌생각이어려울을 飹同字 ㊔質

乜 [마] 眄斜눈흘길마 蕃姓성마 巫稱무당마 ㊔馬 九 [구] 數名아홉구 簫韶ㅣ成 葵丘之會、桓公震而矜之 ㊔有 ② 乞

[걸] 要求요구할걸 求也구걸할걸 貸也빌릴걸 行ㅣ於市、願也원할걸 安得金丹從爾ㅣ 與也줄걸 ㊔物 也 [야] 語之餘잇기야 語助辭 어조사야 亦也또야 ㊔馬 ㊥ ③

乣 [규] 收也거둘규 糺譌字 乫 [할] ㅣ浦、在咸鏡道 땅이름할 (韓) ④ 乪 [이] 南蠻雜種古百越之一 남쪽오랑캐이름이 ㊔支

乿 [예] 節文仁義예도예 禮古字 ⑤ 乨 [시] 初也비로소시 始古字 乩 [계] 卜以問疑무꾸리할계 ㊔齊 乬 [거] 扛

也들거 擧古字 乫 [갈] 地名땅이름갈 (韓) 乭 [돌] 人名이름돌 (韓) 乯 [걸] 掛也걸걸 (韓) 乶 [볼] 宋

室名종실이름볼 (韓) ⑥ 乱 [란] 紊也어지러울란 亂俗字 ⑦ 乳 [유] 湩也젖유 鍾乳石종유석유、生也낳을유 㲃ㅣ乃

得歸ㅣ之젖먹일유 育也기를유 皇子棄不ㅣ 椒房抱養澤 ㊔虞 乵 [시] 初也비로소시 始古字 乼 [줄] ㅣ下在咸鏡道땅이름줄 (韓)

一畫 ―丿・乙

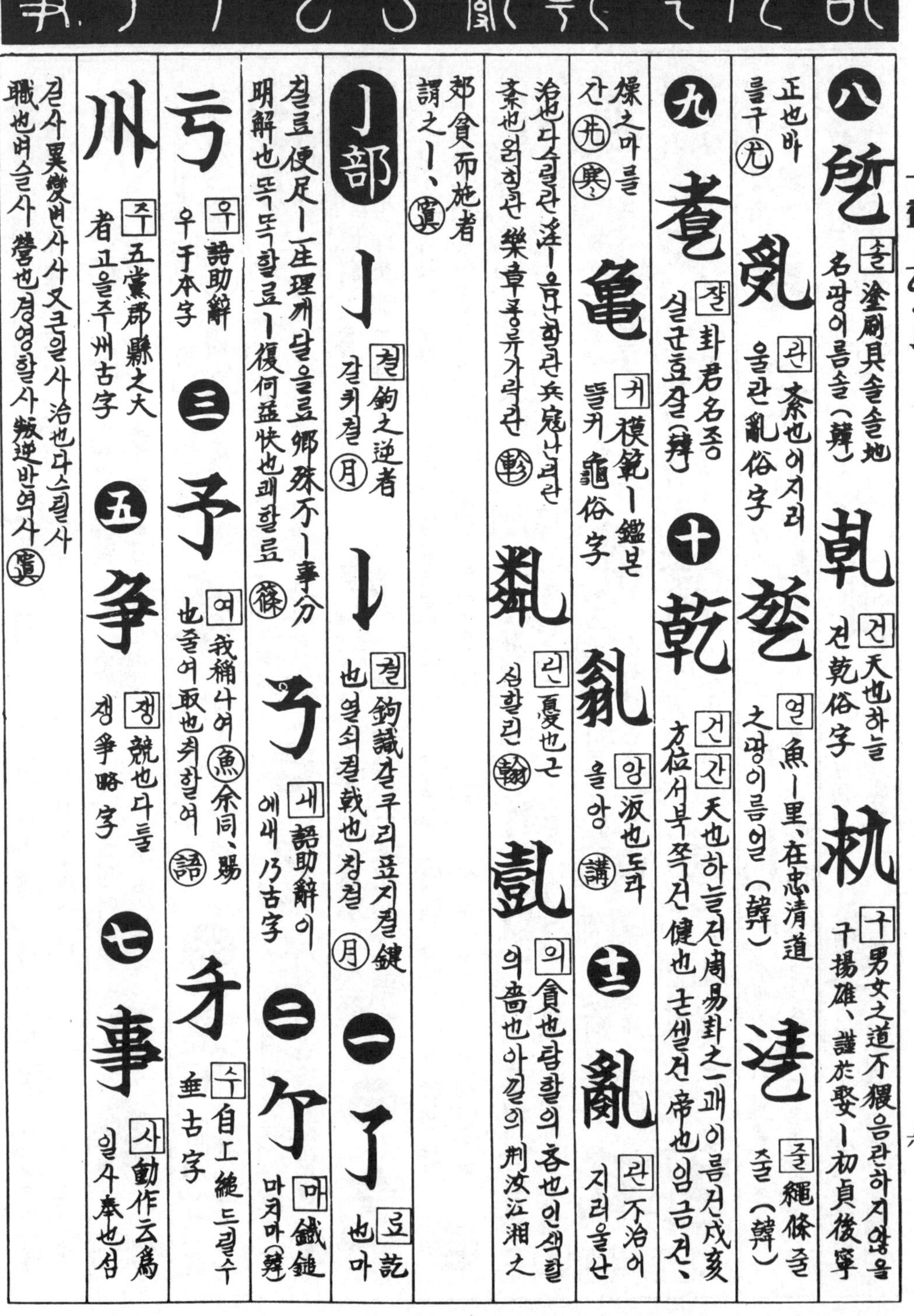

八 乿 [술] 塗廁具술술地名광이름술(韓)

乹 [건] 天也하늘 건乾俗字

亃 [十] 男女之道不猥음란하지않을 十揚雄、謹於娶ㅣ初貞後寧

乵 [룰] 正也바를구 (尤)

乵 [란] 紊也어지러울란 亂俗字

乶 [얼] 魚ㅣ里、在忠清道之땅이름얼(韓)

乷 [줄] 繩條줄줄(韓)

九 乼 [잘] 卦君名종실군효잘(韓)

十 乾 [건] [간] 天也하늘건 周易卦之一괘이름건 戌亥方位서북쪽건 健也굳셀건 帝也임금건、燥之마를간 (先)(寒)

亀 [귀] 模範ㅣ鑑본뜰귀 龜俗字

亂 [앙] 汲也도라올앙 (講)

土 亂 [란] 不治어지러울란 治也다스릴란 亂ㅣ음란할란 兵寇난리란 紊也얽힐란 樂章풍류가락란 (翰)

𠃵 [린] 夏也근심할린 (翰)

亄 [의] 貪也탐할의 吝也인색할의 嗇也아낄의 荆汝江湘之郊貪而施者謂之ㅣ、(寘)

亅部

亅 [궐] 鉤之逆者 갈퀴궐 (月)

亅 [궐] 鉤識갈구리표지궐 鍵也열쇠궐 戟也창궐 (月)

一 了 [료] 訖也마칠료 便足ㅣ庄理께달을료 鄉殊不ㅣ事分明解也똑똑할료 ㅣ復何益快也쾌할료 (篠)

二 亇 [마] 鐵鎚마치마(韓)

𠄎 [내] 語助辭이에내 乃古字

𠄏 [우] 語助辭 우于本字

三 予 [여] 我稱나여(魚) 余同、賜也줄여 取也취할여 (語)

𠄐 [수] 自上絕드릴수 垂古字

州 [주] 五黨郡縣之大者고을주 州古字

五 争 [쟁] 競也다툴쟁 争略字

七 事 [사] 動作云爲일사 奉也섬길사 異變변사 사又큰일사 治也다스릴사 職也벼슬사 營也경영할사 叛逆반역사 (寘)

二畫

二部

二 [이] 一之加一 두이 又 둘이 疑也 의심할이 重也 거듭이 (寘) 貳弍通

● **于** [우] 往也 갈우 是也 여기우 之于 歸遠ㅣ將 之於、乎也 부터우 語助辭 어조사우 (虞)

亍 [촉][마] 地小涉也 자축거릴 촉 名 땅이름마 (沃)(韓)

● **亏** [우] 往也 갈우 于本字

● **云** [운] 曰也 이를운 牢曰子ㅣ吾不試故藝 運也 움직일운 四時ㅣ下而萬物化 衆語 이러저러할운、도라갈운 (文)

互 [호] 交也 서로호ㅣ有得失相關也 서로관계를맺을호 豕涉合 舊港運 如(遇)

亓 [기] 語助辭 기 其古字

五 [오] 數名 다섯오 天下達道ㅣ五回 다섯번오ㅣ敗 刑人、伍通 (虞)

井 [정] 穴地出水 우물정 連續ㅣㅣ 잇다을정 市ㅣ 저자정 天ㅣ 천정정 宿名 별이름정 卦名 괘이름정 (梗) 丼同字

㐅 [오] 數名 다섯 오 五古字

● **亘** [선][환][긍] 揚布 베풀선 求也 구할선 布也 펼선 勇也 굳셀환 亙(次條) 同字

亙 [긍] 延袤也 뻗칠긍 竟也 마칠긍 通也 통할긍 (徑)

● **況** [황] 發語辭也 하물며 황 況、况 同字 (漾)

些 [사] 語助辭 어조사사 何 爲四方ㅣ 少也 적을사 (麻)

亜 [아] 次也 버금아 亞俗字

● **亝** [제] 等也 가지런할제 齊古字

亞 [아] 次也 버금아 物之岐者曰ㅣ 자랑키아 少也 적을아 兩壻相謂曰ㅣ 동서아 就也 나갈아 (禡)

[illegible] [조] 棘實赤心果 대추조 棗俗字

● **亟** [극][기] 疾也 빠를극 經始勿ㅣ 急也 급할극 公孫之ㅣ也 頻數也 자주기 遽也 창졸기 (職)(寘)

[illegible] [로] 年高늙을 로 老古字

亠部

亠 [두] 義闕 뜻 없는토두 (尤)

● **亡** [망][무] 殺也 죽을망 楚己ㅣ龍且 失也 없어질망 其人存則其政擧 其人ㅣ則其政息ㅣ 人죽은

사람망、없을 무 (陽)(虞)

㊁ **亢** 항 頸也목항 高也높을항 棟也기둥항 咸有四何重ㅣ重ㅣ重郞 敵也겨눌항 威謀靡ㅣ 蔽也가릴항 吉不能ㅣ身焉能ㅣ宗 (陽)

㊃ **交** 교 相合也사귈교 俱也벗할교 飛貌ㅣㅣ훌훌나를교 互也서로교 易也바꿀교 會合만날교 鵁通 (肴)

亥 해 支名大淵獻 지지해 豚也돼지해 下午九時에서 十一時해시해 (賄)

亦 역 又也또역 總也다역 語助辭어조사역 (陌)

亦 역 又也또 역 亦古字

㊄ **亨** 형 通也형통할형 烹同、享通 (庚)

京 경 王居서울경 高丘높은언덕경 大也 클경 十兆십조경 憂也ㅣㅣ근심할경 (庚)

亠内 요 不静분 요할요 (效)

㊅ **享** 향 獻也드릴향 歆也흠향할향 宴也잔치향 亨通、「饗」게부과 (養)

卒 솔 領也거느릴 솔 率古字

㐭 름 米藏 倉ㅣ쌀 곳간름 廩同字

㊆ **亭** 정 觀覽處也정자정 宿所也여관정 聳立貌也우뚝할정 至也이를 정 平地평평할정 直也곧을정 山名云ㅣ산이름정 化也될정 (靑)

亮 량 明也밝을량 諒也알량 佐也도울량 諒同字 (漾)

亲 친 愛也사랑할 친 親俗字

亰 경 王居서울 경 京同字

竒 기 異也기이 할기 奇俗字

㊇ **亳** 박 湯所都은나 라서울박 (藥)

亭 정 旅館정자 정 亭俗字

亮 량 明也밝을 량 亮俗字

㊈ **亳** 박 殷都名은나라 서울박 亳俗字

㊉ **亷** 승 負之對이 길승 勝古字

亮 우 飛也날아 갈우 (有)

⑪ **亶** 단 信也믿을단 篤也도타울단 多也많을단 大也클단 但同字 (旱)

襄 양 賛也도울 양 襄略字

⑳ **亹** 미 문 勉也ㅣㅣ힘쓸미 文貌斐ㅣ문채날미 美也 아름다울미、縣名浩ㅣ고을이름 문 兩山峙立如門산어귀문 (屋)(元)

入部

人 [인] 動物最靈者五行秀氣사람인 民也 백성인 己之對 남인 賢者잘난사람인 (眞)

㊀

仌 [정] 天干第四位 네째천간정 (靑)

㊁

仁 [인] 慈也인자할인、어질인 果核中實열매씨인 (眞)

介 [개][갈] 際也걸개 繫也끌개 大也클개 助也도울개 甲也갑옷개 節ㅣ절개개 仲媒중매할개 因也인할개 鱗也딱지개、無偶獸홀짐승갈 (卦)(黠)

什 [십][집] 十人열사람십 十也열십 ㅣ物器類세간집 (緝)

仂 [륵] 十分ㅡ십분의일륵 餘也나머지륵 (職)

仄 [측] 不正기울측 側也엽측 㓨也희미할측 側、昃通 (職)

仃 [정] 獨也홀로행할정 行同 (靑)

仅 [부] 與也줄부 付同 (遇)

仇 [구] 匹也짝구 讎也원수구 逑同、䡄通 (尤)

仉 [장] 孟子母姓也성장 (養)

今 [금] 對古之稱也이제금 乎ㅣ之世 反古之道 急辭 即也곧금 發言也말머리에 쓰이는 말금 (侵)

仌 [빙] 冰水凍얼음빙 冰本字

仍 [잉] 因也인할잉 舊貫如之何 尚也그대로잉 重也거듭할잉 乃也즉잉 (蒸)

从 [종] 隨也좇을종 從本字

仐 [산] 蓋也일산산 傘略字

仏 [불] 覺悟群生부처불 佛略、俗字

内 [내] 外之對안내 內同字

㊂

仔 [자] 任也맡길자 克也이길자 ㅣ細也자세할자 (紙)

仕 [사] 宦也벼슬사 學也배울사 察也살필사 事、士通 (紙)

㐰 [신] 不疑믿을신 信同字

他 [타] 彼稱 此別다를타 彼也다를타 邪也간사할타 䭾同 (歌)

仗 [장] 兵衛儀ㅣ의장장 (養) 倚也의지할장 杖也지팡이장 憑依也잡을장 倚也기댈장 (漾)

付 [부] 與也줄부 畀也부칠부 託也부탁부 付魔也부마부 (遇)

仙 [선] 輕擧貌가볍게날선 老不死神ㅣ신선선 僊、仚同 (先)

仚 [헌] 輕擧貌날듯할헌 (先)

仛 [차][탁] 少女姑은계집차 寄也부칠탁 異也다를탁 (馬)

仝

[동] 姓也성동 同古字 (東)

仞 [인] 長也길인 度深잴인 滿也가득할인 深也깊을인 (震)

仟 [천] 千人천사람천 千同 (先)

仡 [흘] 壯勇貌也 굳믿할흘、날랠흘 高也높을흘 大也 클흘 (物)

仉 [범] 輕之相ㅣ경홀히여길범 (陷)

仢 [작] 橫木渡水외나무다리작 (藥)

代 [대] ㅣ身、ㅣ理대신 대 更也、替也갈아들대 交替 世也번갈을대 世也 댓수대 (隊)

令 [령] 使也하여금령 俾也시킬령 假ㅣ가령령 犬聲也개목소리령 善也착할령 長也어른령、法也법률령 官名 벼슬이름령 命也명령할령、姓也ㅣ狐성령 鈴聲 고리소리령 (敬)(青)(庚)

令 [금] 是時이제금 今俗字

以 [이] 爲也할이 用也 써이 因也까닭이 率也거느릴이 思也생각할이 (紙)

四

仮 [가] 非眞거짓가 假略字 [반] 回還돌아올반 反同字

仰 [앙] 擧首望우러러볼앙 慕也사모할앙、恃也믿을앙 資也자뢰할앙 中通 (養)(漾)

仯 [묘] 小貌 憔ㅣ잔장이묘 (篠)

仱 [검] [금] 樂人의 공검 古樂名 풍류이름검、愼也삼갈금 (鹽)

仲 [중] 次也버금중 中也가운데중 ㅣ介중개할중 (送)

仳 [비] 別也、ㅣ離 이별할비 (紙)

仵 [오] 偶敵也짝오 同也같을오 以觭偶不ㅣ之辭相應以巨子爲聖人 伍通 (虞)

件 [건] 分次조리건 物別가지건 (銑)

伔 [탐] 止也머무를탐、그칠탐 垂髮貌 드리워내린머리탐 (感)

价 [개] 善也착할개 大也 클개 (卦)

仸 [요] 尫劣약할요 不伸구부릴요、펴지않을요 (篠)

任 [임] 以恩相信말길임 信也믿을임 姓也성임 (侵) 用也쓸임 所負질임 保證보증할임 (沁) 壬、妊通

份 [빈] 文質明備ㅣㅣ빛날빈 彬古字 (眞)

仿 [방] 相似也비슷할방 倣也흉내낼방、仿佪배회할방 (陽)(養)

伀 [종] 懼也두려워할종 卒奉大略ㅣ蒙狼狽 (冬、)

企 [기] 擧踵望也바랄기 日夜ㅣ而望歸計 劃也계획할기 思也생각할기 (寘)

伂 [패] 顚ㅣ偃사자빠질패 沛同字 (泰)

伅 [돈] 暗

也어두울돈 事物不分明貌분명하지않을돈 暗愚어리석을돈 (沌)

伃 여 女官名倢ㅣ궁녀벼슬이름여 (魚)

伆 문 물 離也떠날문 斷也끊을문、물義同 (吻)

役 역 使也부릴역 役古字 (陌)

伈 심 침 恐貌두려워할심、침義同 (侵)(沁)

伉 항 剛正강직할항 (陽) 健也건장할항 匹也짝항 (漾) 抗、閌見

伊 이 彼也저이 發語辭발어사이 (支)

伍 오 五人다섯사람오 軍列항오오 同列也무리속에들오 五同字 (麌)

伋 급 思也생각할급 (緝)

伎 기 才也재주기 藝者也배우기 技同字、舒貌也천천한모양기 跂也육발기 (紙)(支)

仫 중 多也뭇중 衆本字 (東)

伏 복 부 跧也、偃也엎드릴복 藏也감출복 屈ㅣ굴복할복 時令三ㅣ복복 鳥抱卵새알품을부 (屋)(宥)

伐 벌 征也칠벌 矜也자랑할벌 干也방패벌 (月)

休 휴 息也쉬일휴 暇也겨를휴 美也、아름다울휴 宥也죄를놓을휴 止也그칠휴 烋見 (尤)

伔 침 要擊과녁을마칠침 擊也칠침 在於批ㅣ (侵)

伙 화 什物家ㅣ세간화 (哿)

⿰亻日 개 枚也낱개 個略字

会 회 合也聚衆모을회 會略、俗字 (泰) 繪通

伜 쉬 郡ㅣ원쉬 副也버금쉬 倅略、俗字

伛 구 俯也ㅣ僂구부릴구 傴略、俗字

伝 전 接也전할전 傳略字

五

伮 노 勉也힘쓸노 努同字

伯 백 長也맏백 兄也형백 爵名也벼슬이름백 (陌)

估 고 市稅也저자세금고 價高低높을고 (麌)

⿰亻瓜 과 不正也바르지않을과 (佳)

伱 니 汝也너니 你本字

你 니 汝也너니 (紙)

伶 령 樂工악공령、광대령 獨也외로울령 父老匍匐來形影何ㅣ仃ㅣ俐영리할령 (青)

伷 주 胤也맏아들주 (宥)

伸 신 舒也펼신 申同字 (眞)

伺 사 偵察也살필사、엿볼사 ㅣ上意趨而合之問候아부를물을사 (寘)

伻

[광] 使人也사랑부릴광 (庚)

似 [사] 肖也같을사 模倣也본뜰사、嗣也이을사 捧也드릴사 奉也받을사 (紙)

伽 [가] 僧居ㅣ藍절가 (歌)

伾 [비] 有力힘셀비 衆也많을비 (支)

佀 [사] 肖也같을 사 似同字

佁 [이] 癡貌미련스러울이 (紙)

佂 [정] 懼也ㅣ伀두려워할정 (庚)

佃 [전] 治田也밭맬전 代耕農者小作人소작인전、수레이름전 (先)

佅 [매] 夷樂名오랑캐풍류이름매 (卦)

但 [단] 從也다만단、한갓단、홀로단、오직단 特也특별하단 然也 그러나단 (翰)

佅 [말] 夷樂名오랑캐풍류이름말 (曷)

佇 [저] 久立貌오래설저 待也기다릴저 延ㅣ잠간머물저 (語)

佈 [포] 徧也펼포 (遇)

佉 [거] 國名、ㅣ沙나라이름거 俗音구 (魚)

佊 [피] 邪也간사할피 (寘)

佋 [소] 廟位ㅣ穆댓수의차례소 (蕭) ㅣ介소개할소 (篠)

佌 [차] 小也작을차 (紙)

位 [위] 坐也자리위 官爵벼슬위 列也벌릴위 正也바를위 方角방위위 (寘)

低 [저] 高之反、下也낮을저 賤價也값쌀저 音弱也소리약할저 垂也 숙일저 (齊)

住 [주] 留也머무를주 居也거처할주 止也그칠주 立也설주 (遇)

佐 [좌] 輔也도울좌 俗音자 (箇)

佑 [우] 助也도울우 右、祐通 (宥)

佒 [앙] 體下伸偃ㅣ몸거북할앙 (陽)

佔 [점] 覘視엿볼점 今之敁者 呻其ㅣ畢 垂也숙일점 輕薄까불점 覘同字 (鹽)

体 [분] [체] 劣也용렬할분 荒也거칠분 輚丁ㅣ夫상엿구분 체義同、體俗字

何 [하] 曷也어찌하、무엇하 莫敢어찌하지못할하 未多時얼마안되어서하 (歌)

佖 [필] 威儀貌점잔피울필 滿也가득할필 (質)

佘 [사] 山名在江蘇산이름사 (麻)

佗 [타] 彼稱也다를타、저타 君子正而不ㅣ마음에든든할타 他、它通 (歌)

佚 [일] [질] 過失허물일 不勞편할일、緩也ㅣ蕩느즈러질질 妷同、逸見、本音질 (質) (屑)

佛 [불][필] 釋迦牟尼부처불 戾也어그러질불 輔也도울불 覺也깨달을불、大也클필 興也흥할필 (物)(質)

作 [작][자][주] 造也지을작 成也이룰작 爲也할자 造也만들주 御、做同 (藥)(箇)

佞 [녕] 才也재주녕 諂ㅣ아첨할녕 (徑)

佝 [후] 短醜貌추루할후 拘也거리낄후 古音구 (宥)

佟 [동] 姓也성동 (冬)

佗 [탁] 寄也委也부탁할탁 侂俗字、託同字

来 [래] 至也올래 來俗字

六

保 [보] 全之보전할보 保本字

佩 [패] 玉ㅣ패옥패 찰패 (隊) 珮同字

佪 [회] 徊也거닐회 俳ㅣ往來 惛也어두울회 徊同字 (灰)

⿰亻夙 [숙] 不伸펴지않을숙 屈也구부릴숙 (尾)

佭 [강] 不服뻿뻿할강 古音향 (江)

佬 [료] 大貌클료 좋을료 (蕭)

佯 [양] 詐也거짓양 虛飾바깥치레양 徜也상양양 (陽)

佰 [백] 百人長백사람의어른백 (陌) 百同字

侣 [회] 醜貌보기추할회 隅也모서리회 (賄)

佲 [명] 大醉몹시취할명 好也좋을명 (庚)

佳 [가][개] 美也아름다울가 褒也기릴가、善也착할개 嘉同字 (佳)

㑊 [역] 食而瘦食각질날역 病名解ㅣ병이름역 (陌)

佴 [이] 副也、貳也버금이 (寘)

併 [병] 竝也나란할병 屛棄물리칠병 合也합할병 倂同字 (敬)

佶 [길] 正也바를길 壯健貌헌걸찰길 (質)

佷 [항][한] 縣名、ㅣ山고을이름항、戾也어그러질한 (蒸)(阮)

佸 [괄][활] 會計회계할괄 會力貌ㅣ힘쓸괄 至也이를활 (曷)

佹 [궤] 重累포갤궤 (紙)

⿰亻曲 [궁] 陋小작고추할궁 (送)

佺 [전] 仙人신선 이름전 (先)

佻 [조] 偸薄경박할조 苦貌고달플조 緩也느러질조 (篠)

佼 [교][효] 好也좋을교 (巧) 姣同 好貌也예쁠효 (效)

佽 [차] 助也도울차 敏捷민첩할차 代也대신

차次 通 (虞)

佾 [일] 舞行춤추는줄수효일 周舞 춤출일 (質)

使 [사][시] 役也부릴사 令也ᄒᆞ야금사 假定辭 가령사、將名者 사신시 命也 심부름시 갈시 (紙)(寘)

佣 [형] 鑄式골형 型同字

侁 [신] 象行貌떼지어갈신 (眞)

侃 [간] 剛直강직ᄒᆞᆯ간 和悅貌웃는상간 偘同字 (旱)

侂 [탁] 寄也부칠탁 託也부탁ᄒᆞᆯ탁 託同字 (藥)

侄 [질] 堅也굳을질、어리석을질 (質)

來 [래] 至也올래 逮也돌아올래 麥名보리래 孫也오대손래 自也부터래 至也이를래 (灰)

侅 [해] 奇也이상ᄒᆞᆯ해 古音개 (灰)

侇 [이] 儕也무리이 尸也주검이 (支)

侈 [치] 奢ㅣ驕也사치ᄒᆞᆯ치 饒也풍부ᄒᆞᆯ치 廣也넓을치 多也많을치 (紙)

侉 [과] 矜也자랑과 驕淫矜ㅣ、誇同字 (麻)

⿰亻匡 [광] 足曲不具者다리가오그라진병신왕 蹇也절름발이왕 (陽)

侊 [광] 大也클광 ㅣ飯盛饌차림광 (陽)

例 [례] 法式법식례 前ㅣ전례례 比也견줄례 槩也대강례 大部分대부분례 (霽)

侍 [시] 陪側모실시 侍人모시는사람시 近也가까울시 從也좇을시 (寘)

侌 [음] 陽之對음기음 陰同字

侎 [미] 撫也어루만질미 愛也사랑ᄒᆞᆯ미 安也안존ᄒᆞᆯ미 (紙)

侏 [주] 短人난장이주 樂生악생주 梁上短柱동자기둥주 (虞)

侐 [혁] 靜寂고요ᄒᆞᆯ혁 (職)

侑 [유] 佐也도울유 勸也권ᄒᆞᆯ유 勸食권하여먹일유 (宥)

侒 [안] 安也편안ᄒᆞᆯ안 遲也늦을안 宴也잔치안 (寒)

侔 [모] 齊等같을모、벌레이름모 均也고를모、가지런ᄒᆞᆯ모 (尤)

侖 [륜] 物之圜而未剖散者、渾ㅣ뭉치륜 倫과同、하늘평상륜 (元)

侗 [동][통] 無分別분별모를동 無智무지ᄒᆞᆯ동 未成미성년동 眞也참될통 (東)(送)

侙 [칙] 操心조심ᄒᆞᆯ

칙 恜과 同字 (職)

侘 [차] 失意貌 실심할 차 誇也 자랑할 차 驕也 교만할 차 (禡)

侚 [순] 從也 좇을 순 疾也 빠를 순 行示 조리돌릴 순 (震)

供 [공] 設也 베풀 공 給也 이바지할 공 具也 갖출 공 奉也 받을 공 (冬)

侜 [주] 誑也 속일 주 譸同字 (尤)

侊 [광] 明意 빛 광 照也 비칠 광 光古字

依 [의] 倚也、賴也 의지할 의、기댈 의、彷彿 비슷할 의 循也 따를 의 ㅣ然 그대로 의 附也 붙을 의 (微)

[亻戎] [융] 西戎人有三角 세뿔난 사람 융 (東)

[亻曳] [신] 舒也 펼 신 伸譌字

伽 [여] 順也 온순할 여 (魚)

侠 [협] 權力輔人任ㅣ 협기 협 俠俗字

[亻佥] [검] 去奢 검소할 검 儉略字

価 [가] 售直 값 가 價略字

七

侔 [로] 龐龐大貌、儚ㅣ 투박할 로 (豪)

侮 [모] 慢易 업신여길 모 (麌)

[亻身] [신] 妊身 아이 밴 몸 신 (眞)

侯 [후] 五爵第二位 벼슬 이름 후 射布 과녁 후 君也 임금 후 領主 영주 후 (宥)

侽 [남] 丈夫 사내 남 男俗字

侲 [진] 逐厲童 아이 초라니 진 (眞) (震)

仯 [사] 行也 갈 사 舞而不之 춤 그치지 않을 사 (歌)

侳 [좌] 安也 편안할 좌 辱也 욕될 좌 (箇)

侵 [침] 犯也 범할 침 漸進 股削 침노할 침 短小 적을 침 襲也 습격할 침 凶歲 흉년들 침 (侵)

侶 [려] 伴也 짝 려、벗 려 明也 밝을 려 (語)

侷 [국] 部分 판국 不伸跼 허리 굽히고 걸을 국 局、跼同字

侸 [두] 極疲 몹시 피곤할 두 下垂貌 구부정할 두 (尤)

侻 [탈] 輕也 가벼울 탈 狡也 교활할 탈 (曷)

侹 [정] 長貌 길 정 直也 꼿꼿할 정 平也 평평할 정 代也 대신할 정 (迥)

侼 [발] 強也 강할 발 懟也 원망할 발 很也 어길 발 (月)

便 [편][변] 安也 편할 편 足恭 ㅣ辟 공손할 편 宜也 마땅할 편 利也 편리할 편 消息 소식 편、屎尿 大ㅣ小ㅣ 똥오줌 변 輒也 문득 변 嫺也 아담할 변 順也 순할 변 明辨 말잘할

변 便同字 (先)(霰)

俁 [우] 容貌大얼굴클우 (虞)

係 [계] 縛也맬계 繼也이을계 連屬맞이을계 曳也당길계 (霽)

促 [족] 催也재촉할족 迫也핍박할족 (沃) 趣通

俺 [방] 不媚傹ㅣ아첨하지않을방 古音망 (講)

俄 [아] 須臾頃아까아 急也갑작이아 傾也기울어질아 大貌헌걸할아 (歌)

俅 [구] 恭順貌ㅣㅣ공손할구 冠貌ㅣㅣ갓모양구 (尤)

俇 [광] 惶遽貌허둥지둥할광 (漾)

俈 [곡] 急告급히고할곡 嚳同字

俉 [오] 迎也맞이할오 (遇)

俊 [준] 大也클준 傑俊준걸준(知過千人) 儁同字 (震)

俋 [읍] 耕行貌ㅣㅣ밭갈러갈모양읍 勇壯貌날랠읍 (緝)

俍 [량] 良也、어질량 良工장인량 (漾)

俌 [보] 輔也도울보 輔通 (麌)

俎 [조] 祭享器제기조 刀ㅣ도마조 (語)

俏 [소][초] 反琴聲ㅣ然거문고뒤치는소리소 好貌ㅣ措아리따울초 似也같을초 (蕭)

俐 [리] 慧也똑똑할리、영리할리 (寘)

俑 [용] 木偶허수아비용 (腫)

俓 [경] 直也곧을경 徑同字 (徑)

俒 [혼] 完也완전할혼 慁也걱정시킬혼 (願)

俔 [현][견] 細作間諜정탐할현 譬喻비유할현、견 義同 (銑)(霰)

⿰亻坒 [폐] 儴開脚行貌어기적거릴폐 (齊)

俘 [부] 取也가져올부 軍所獲사로잡을부、가둘부 (麌)

俕 [삼] 愚貌어리석을삼 老衰늙어일못할삼 (勘)

⿰亻关 [잉] 送也배웅할잉、전송할잉 (徑)

俗 [속] 慣也上化下習풍속속 習也익힐속 不雅속될속 欲也하고자할속 (沃)

俙 [희] 彷彿비슷할희 訟面相是어슴프레할희 不明희미할희 (微)

俚 [리] 俗也속될리 賴也힘입을리 鄙語상말리 (紙)

俛 [면] 頫首俛ㅣ굽힐면 勉通 (銑)

俜 [빙] 行不正비틀거릴빙 俠也호협할빙 (青)

保 [보] 全之보전할

보 佑也도울보 安也편안할보 任也보둘보 養也기를보 仲媒人중매인보 持也가질보 傭也고용사리보 褓通 (皓)

俞 [유] 然也그렇게여길유 兪俗字

俟 [사][기] 待也기다릴사 族同、姓也성기 (紙)(支)

俠 [협][겹] 權力輔人의기협 挾也사이에낄협 挾通、竝也어우를겹 (葉)(洽)

信 [신] 不疑믿을신 明也밝을신 誠也정성신 任也맡길신 消息소식신 使也사신신 (震)

俁 [오] 又也갈래질오 (日)

俤 [제] 容貌용모제 (日)

俥 [거] 人力車인력거거 (日)

八

俲 [효] 法也본받을효 倣同字

修 [수] 飭也닦을수 飾也꾸밀수 理也다스릴수 學也배울수 (尤) 脩通

俯 [부] 俛也구부릴부 垂也머리숙일부 潛伏숨을부 曲也굽을부 頫同字 (麌)

俰 [화] 和也화할화 (箇)

俱 [구] 偕也함께구 皆也다구 伴也동반할구 具也갖출구 (虞)

俳 [배] 雜戲광대배 徘同字 (佳)

㑮 [혼] 闇也어두울혼 耆忘노인건망증혼 (願)

俴 [천] 淺也얕을천 (銑)

㑣 [람] 鷟鈍貌、丨儓투미할람 (覃)

俵 [표] 分界나누어줄표 散也흩어질표、가마니표、秭也섬표 (日)(嘯)

㑥 [이] 慢也업신여길이 (寘)

俶 [숙] 始也비롯할숙 善也착할숙 作也지을숙 甚也심할숙 倜通 (屋)

俷 [비] 背也배척할비 (尾)

俸 [봉] 秩祿녹봉 (宋)

俺 [엄][암] 我也나엄 大也클암 (鹽)(感)

俹 [아] 倚也기댈아 依也의지할아 傲也거만할아 (禡)

俻 [비] 具也갖출비 備俗字

俽 [흔] 州名고을이름흔 喜也기쁠흔 (文)

俾 [비] 使也하여금비 益也유익할비 睥也흘겨볼비 (紙)(霽)

俿 [치] 輪也바퀴치 (支)

倀 [창] 虎魂창귀창 失道丨丨길잃을창 狂也미칠창 (陽)

倁 [지] 行也갈지 (支)

㑾 [답] 不任事偈丨일감당못할답 (合)

倂

[병] 竝也나란할병 競也다툴병 合也합할병 倂同字 (迥)

倄 [효] 刺也찌를효 痛貌끙끙앓을효 嘆也한탄할효 (隊)

倆 [량] 技也、巧也재주량、공교할량 (養)

倠 [최] 促也재촉할최 追也박두할최 (過)

倇 [원] 歡也、樂也즐거워할원 勸也권할원 (阮)

俫 [래] 山名狙ㅣ산이름래 倈同字

倉 [창] 穀藏곳집창 喪也조상날창、슬플창 (陽)

倃 [구] 毁也훼방할구 (有)

倅 [쉬][졸] 副也버금쉬 郡守원쉬 百人組合백사람졸 本音채、卒通 (隊)(月)

偬 [종] 困也곤궁할종 (送)

個 [개] 枚也낱개 箇同字 (箇)

倌 [관] 主駕者수레부리는사람관 (諫)

倍 [배][패] 加等 加也곱배 갑절배 兼也겸할배 暗誦암송할패 (賄)(灰)

倎 [전] 厚也두터울전 善也착할전 腆同字 (銑)

倏 [숙] ㅣ忽빠를숙 儵同字 (屋)

倐 [숙] 忽也홀연숙 倏俗字

(亻+毒) [독] 動也움직일독 騷也소란할독 (沃)

(亻+戾) [려] 怒也성낼려 (霽)

們 [문] 等輩무리문 (願)

倒 [도] 顚也엎어질도 逆也거스릴도 仆也넘어질도 笑貌絶ㅣ요절할도 (號)(皓)

倓 [담] 安也편안할담 靜也고요할담 (感)

倕 [수] 重也무거울수 垂通 (支)

倔 [굴] 強也굳셀굴 梗戾파팍할굴 (物)

倖 [행] 覬非望요행행 寵也총애할행 幸通 (梗)

倘 [당] 或然辭아마당 茫然貌어이없을당 儻同字 (養)

倗 [붕] 託也부탁할붕 (蒸)

倚 [의][기] 依也기댈의 因也인할의 依也의지할의 加也더할의 立也설기 (紙)(支)

(亻+枼) [엽] 卑也낮을엽 葉、偞通 (葉)

候 [후] 訪也물을후 伺也살필후 思也생각할후 待也기다릴후 占也점칠후 望也바랄후 侍也모실후 斥ㅣ망군후 節候철후 (宥)

倛 [기] 方相방상탈기 魌同字 (支)

倜 [척] ㅣ儻不羈고상할척 高擧貌

번쩍들 척 (錫)

倝 [간] 日出貌해돋을간 用也쓸간 (翰)

倞 [량][경] 遠也멀량 索也찾을량 彊也굳셀경 秉心無ㅣ 諒同字 (漾)(敬)

倢 [첩] 疌也빠를첩、사냥질할첩 近也、가까울첩 (葉)

倠 [휴] 容貌醜惡貌얼굴추할휴 賤也천할휴 (支)

倡 [창] 俳優광대창 (陽) 娼通 導也인도할창 (漾) 唱通

借 [차][적] 假也빌릴차 貸也빚차 許也허락할차 設辭가령차、적義同 (禡)(陌)

值 [치] 遇也만날치 當也당할치 價也값치 (寘)

倲 [동] 愚也어리석을동 劣也뒤떨어질동 姓也성동 (東)

倥 [공] 無知ㅣ侗지각없을공 不暇ㅣ偬공총할공 (董)(送)

倰 [릉] 欺也속일릉 琴聲거문고소리릉 長也길릉 (蒸)

倦 [권] 懈也게으를권 疲也고달플권 (霰)

倳 [사] 插刀칼꽂을사 古音자 剚同字

倨 [거] 不遜거만할거 曲也굽을거 (御)

倮 [과] 狹隘登ㅣ좁을과 俗音라 裸同字 (哿)

倩 [천][청] 男子美稱엄전할천 壻也사위청 假借빌청 (霰)(敬)

倫 [륜] 人道인륜륜 類也무리륜 理也의리륜 條理조리륜 (眞)

倭 [위][왜] 順貌순한모양위 回遠빙돌위 日本國名나라이름왜 (支)(歌)

倱 [혼] 事物不通貌통하지않을혼 愚也어리석을혼 (阮)

[illegible] [암] 仰也우러러볼암 好貌좋을암 (感)

倴 [분] 人名ㅣ盆(中)사람이름분 ㅣ人둔한사람분 (元)

倹 [검] 去奢검소할검 儉略字

[illegible] [계] 怔也心動마음두근거릴계 悸譌字

[illegible] [권] 懈也게으를권 倦同字

[illegible] [도] 賊也훔칠도 盜古字

倸 [채] 摘取딸채 採俗字

丧 [상] 持服曰ㅣ상사상 喪俗字

[illegible] [어][아] 侍也모실어 迎也맞을아 御同字 (語)

九

偘 [간] 剛直ㅣㅣ강직할간 侃同字

偓 [악] 拘也거리낄악 仙人ㅣ佺신선이름악 (覺)

偐 [안] 僞物위조

물안 (諫)

[亻竝] 병 皆也다병 兢也다툴병 倂同字 (梗)

偁 칭 擧也들칭 稱本字

偄 난 柔弱연약할난 敬也공손할난 (翰)

偈 게 걸 梵語ㅣ句범어게、게타게 息也쉴게 疾也빠를걸 武貌위험스러울걸 用力힘쓸걸 (霽)(屑)

偂 전 進也나아갈전 (先)

偃 언 僵也자빠질언 臥也누을언 堰也방축언 失志ㅣ蹇뜻잃을언 (阮)

偅 동 ㅣㅣ意不定마음동할동 古音총 憧同字 (冬)(東)

偆 춘 富也가멸할춘 厚也두터울춘 (軫)

假 가 하 非眞거짓가 借也빌릴가 美也아름다울가、遐也아득할하 (馬)(麻)

偉 위 大也클위 奇也기이할위 大人物잘난사람위 (尾)

偊 우 曲躬몸굽힐우 獨行ㅣㅣ홀로걸을우 (麌)

偋 병 斥也물리칠병 偋略字

偍 제 難進멈칫거릴제 (齊)

偌 야 姓也성야、甚也너무야(中) (禡)

偎 외 愛也사랑할외 近也친근할외 或隱或見가물거릴외 根同字 (靑)

僝 잔 具也갖출잔 僝本字 (刪)

[亻享] 순 疾也빠를순 (震)

[亻卻] 각 극 受屈徼ㅣ질각 倦也게으를극 (藥)(陌)

偏 편 側也치우칠편 不中兩旁편벽될편 邪也간사할편 屬也무리편 (先)

[亻咸] 감 意不安貌마음편하지않을감 (豏)

偒 당 長貌키클당 蕩通 (養)

偔 악 多也많을악 (藥)

偕 해 계 俱也함께할해、같이할해 強也굳셀계 適也화할해 (佳)

偖 차 裂開찢어버릴차 撦同字

偗 성 長貌길성 直也正也바를성 貞也곧을성 (梗)

[亻敄] 무 鄙吝아낄무、인색할무 (宥)

偙 제 困也곤할제 劣也못생길제 儶也영특할제 (霽)

做 자 주 造也지을자、주 義同 (箇)(遇)

偛 잡 短倿貌키작을잡 (洽)

傁 수 老稱어른수 늙은이수 傻同字

停 정 行中止머무를정 (靑)

偶 偠 偟 偲 候 健 偖 偭 偰 傒

偶 [우] ㅣ然 뜻밖에 우 遇也 만날 우 適也 마침 우 匹也 짝지울 우 偊也 허수아비 우 耦通 (有)

偝 [배][패] 脊也 등 배 棄也 버릴 패 背同字

偵 [정] 探伺 엿볼 정 侯也 정탐할 정 問也 물을 정 (庚)

偞 [엽] 輕也 가벼울 엽 底也 낮을 엽 容美貌 얼굴 예쁠 엽 (葉)

偳 [단] 少也 적을 단 小也 작을 단 (寒)

偠 [요] 細腰 허리 가늘 요 (篠)

側 [측] 傍也 곁 측 傾也 기울 측 仄也 소문 측 叛也 배반할 측 近也 가까울 측 卑隘 낮고 좁을 측 冠名ㅣ注 관 이름 측 (職)

偢 [초] 愁也 근심할 초 視也 볼 초 省也 돌아볼 초 (嘯)

偟 [황] 徘徊 어숫거릴 황 暇也 겨를 황 (陽)

偲 [시] 切責 간절히 책망할 시 詳勉ㅣㅣ 살피고 힘쓸 시、多才 재주 많을 시 (支)(灰)

偱 [순] 順也 따를 순 述也 펼 순 (眞)

候 [후] 訪也 물을 후 候本字 (宥)

候 [후] 伺也 살필 후 候同字 (宥)

偯 [의] 哭餘聲 울음 끝소리 의 (尾)

偦 [서] 有才之者 재주 있을 서 (語)

偰 [설] 淨也 맑을 설 姓也 성 설 (屑)

便 [편][변] 安也 편할 편 媚也 아당할 변 便同字

偮 [집] 衆貌 사람 많을 집 (緝)

健 [건] 強也 굳셀 건 無病 병 없을 건 (願)

偭 [면] 向也 향할 면 背也 등질 면 (霰)

偨 [차] ㅣ傂 가지런하지 않을 차 오르락내리락할 차 (紙)

偫 [치] 待也 기다릴 치 具也 갖출 치 (紙)

偩 [부] 依象 형상할 부 (有)

偬 [총] 不暇 倥ㅣ 바쁠 총 傯同字

偪 [핍] 侵迫 핍박할 핍 行縢 행전 핍、각반 핍 (職)

偷 [투] 盜也 도둑질할 투 薄也 엷을 투 苟且 구차할 투、인정 경박할 투 (尤)

偻 [루] 俯也 傴ㅣ 구부릴 루 僂略字

傪 [참] 疾也 빠를 참 儳略字

偹 [비] 具也 갖출 비 備俗字

偽 [위] 詐也 거짓 위 僞略字

十

傒 [혜] 人名、齊高ㅣ 이름 혜 [囹]也 가둘 혜 徯同字 (齊)

傗 [축] ㅣ佩펴지않을축 구부릴축 畜也기를축 ㊀屋

⿰亻⿱罒木 [공] 形小醜惡ㅣ倯작고못생길공 ㊀冬

傀 [괴] 엄전할괴 怪異괴이할괴、瓌通、木偶ㅣ儡허수아비괴 ㊀灰 ㊀賄

⿰亻蚩 [천] 人形長貌키멀쑥할천 ㊀銑

傁 [수] 老稱늙은이수 叟同字

傑 [걸] 俊也준걸、호걸걸 秀也빼어날걸 ㊀屑

⿰亻芻 [추] 傭也고용살이할추 ㊀宥

⿰亻冥 [명] 酔貌ㅣ酊비틀거릴명 酩同字

傂 [치] 輪也바퀴치 虒同字

傏 [당] 不遜ㅣ揬당돌할당 搪同字

㑴 [침] 犯也범할침 侵本字

⿰亻能 [태] 態也모양태 ㊀隊

傃 [소] 向也향할소 常也떳떳할소 ㊀遇

傎 [전] 倒也엎드러질전 顚同字 ㊀先

傄 [할] 健也튼튼할할 不憚거리낌없을할 ㊀黠

⿰亻疾 [질] 賤也천할질 嫉也시기할질、샘낼질 嫉通 ㊀質

⿰亻索 [색] 惡也미워할색 ㊀陌

⿰亻氣 [희] 怒也성낼희 발끈할희 ㊀未

傅 [부] 師也、輔佐스승부 至也이를부 麗箸붙을부 近也가까울부 ㊀遇

傍 [방][팽] 倚也의지할방 近也가까울방 並通、側也곁방 不得已ㅣㅣ마지못할팽 ㊀漾

傉 [녹] 三字姓、庫ㅣ宮성녹 ㊀沃

傆 [원] 優也나을원 裕也넉넉할원 ㊀軫

傋 [강][구] 不媚ㅣ倸아첨아니할강、無知지각없을구 ㊀講 ㊀宥

傌 [마] 辱也욕할마 罵本字 ㊀禡

傓 [선] 熾盛매우성할선 ㊀霰

傔 [겸] 使屬、ㅣ從겸종겸 ㊀豔

傢 [가] 試也ㅣ器시험가 ㊀禡

傠 [벌] 伐也칠벌 伐同字 ㊀月

傞 [사] 醉舞貌춤출사 ㊀歌

傜 [요] 役也부릴요、일요星名별이름요 徭同字 ㊀蕭

傕 [각] 人名、李ㅣ이름각 ㊀覺

傖 [창] 鄙賤稱ㅣ父놈창 古音쟁 ㊀庚

傝 [탑] 不自安貌답답할탑 惡也나쁠탑 愚劣용렬할탑 闒同字 ㊀合

傘

산 蔽日雨蓋양산、우산산 旱

備 비 具也갖출비 咸也이룰비 足也족할비 防也방비할비 盡也다할비 加也더할비 寘

傚 효 法也본받을효 倣也닮을효 學也배울효 效通 效

傛 용 奕奕혁혁할용 女官ㅣ華계집의벼슬이름용 軀身몸굽힐용 冬

(十一)

傷 상 創損상할상 痛也아플상 憂思근심할상 戕害해할상 陽

⿰亻斬 점 侍立모시고설점 鹽

傜 요 喜也기쁠요 以彼比此비교할요 蕭

傪 참 好貌아리따울참 覃

催 최 促也재촉할최 尤

傭 용 충 雇役人품팔이꾼용 作也지을용 齊也가지런할충 均也고를충 冬

傮 조 終也마칠조 豪

傰 붕 姓也성붕 朋也동무붕 蒸

傯 총 不暇倥ㅣ바쁠총 困窮곤궁할총 董 送

傱 종 走貌종종걸음질종 腫

⿰亻庶 자 健而不德ㅣ儸건장하고덕없을자 麻

傲 오 居也거만할오 遊也놀오 樂也즐길오 慠同字 號

傳 전 轉也전할전 授也줄전 布也펼전 移也옮길전 續也이을전 旅舍주막전 驛遞우체전 先 霰

傴 구 俯也구부릴구 傴背곱추구 麌

債 채 負敗빚채、빚질채 貸也빌릴채 卦

働 동 行動竭力굼닐동 (日)

傹 경 爭也다툴경 競同字

僋 탐 增也늘어날탐 ㅣ像어리석을탐 勘

傺 제 失志貌실심할제 霽

⿰亻⿱重心 억 萬之萬倍억억 億誤字

傻 사 ㅣ不仁也몸쓸사 馬

僊 선 仙人선인선 仙同字 先

傽 장 夫之兄시아주버니장 嫜同字 陽

偋 병 斥也물리칠병 除也제할병 僻也僻궁벽할병 敬 梗

傾 경 側也기울어질경 攲也키기울일경 圮무너질경 危也위태할경 庚

僉 첨 咸也다첨 皆也여럿첨 打穀具도리깨첨 鹽

傿 언 引爲賈也에누리할언 縣名고을이름언 姓也성언 願 先 問

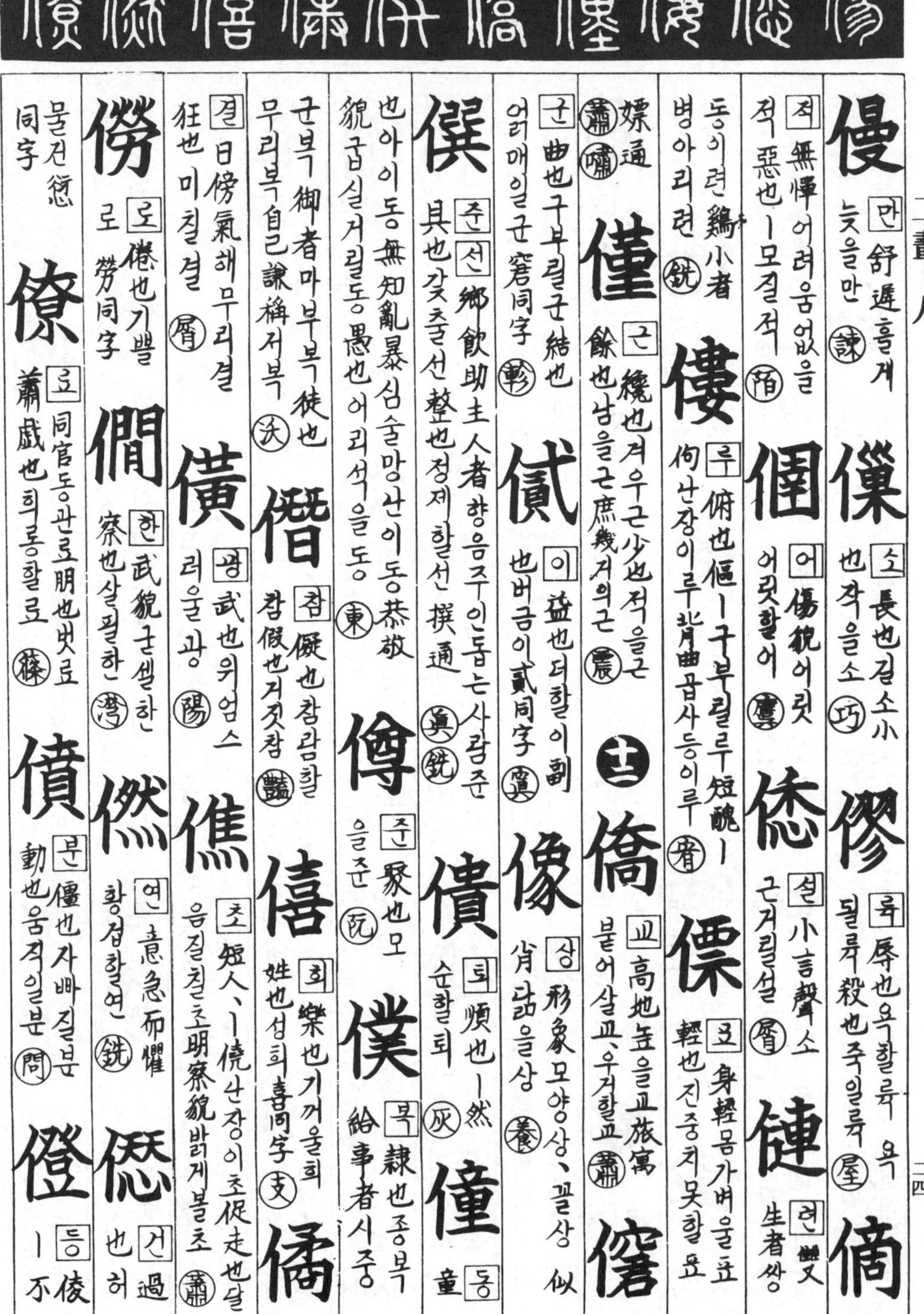

僈 [만] 舒遲 늦을만 흘게 (諫) 僳 [소] 長也 길소 小也 작을소 (巧) 僇 [륙] 辱也 욕할륙 욕될륙 殺也 죽일륙 (屋) ⿰亻啇 [적] 無憚 어려움없을적 惡也 ㅣ모질적 (陌) ⿰亻圄 [어] 傷貌 어릿어릿할어 (魚) 僁 [설] 小言聲 소근거릴설 (屑) 僆 [련] 雙生者 쌍동이련 鷄小者 병아리련 (銑) 僂 [루] 俯也 傴ㅣ 구부릴루 短醜ㅣ 佝난장이루 背曲 곱사등이루 (宥) 僄 [표] 身輕 몸가벼울표 輕也 진중치못할표 嫖通 (蕭)(嘯) 僅 [근] 纔也 겨우근 少也 적을근 餘也 남을근 庶幾 거의근 (震)

(十二)

僑 [교] 高也 높을교 旅寓 붙어살교、우거할교 (蕭) ⿰亻窘 [군] 曲也 구부릴군 結也 어려매일군 窘同字 (軫) ⿰亻貳 [이] 益也 더할이 副也 버금이 貳同字 (寘) 像 [상] 形象 모양상、꼴상 似 肖 닮을상 (養) 僎 [준][선] 鄉飲助主人者 향음주인돕는사람준 具也 갖출선 整也 정제할선 撰通 (眞)(銑) 僓 [퇴] 順也 ㅣ然 순할퇴 (灰) 僮 [동] 童也 아이동 無知亂暴 심술망난이동 恭敬貌 굽실거릴동 愚也 어리석을동 (東) 僔 [준] 聚也 모을준 (阮) 僕 [복] 隸也 종복 給事者 시중군복 御者 마부복 徒也 무리복 自己謙稱 저복 (沃) 僭 [참] 儗也 참람할참 假也 거짓참 (豔) 僖 [희] 樂也 기꺼울희 姓也 성희 嘻同字 (支) 僪 [결] 日傍氣 해무리결 狂也 미칠결 (屑) 僙 [광] 武也 위엄스러울광 (陽) 僬 [초] 短人、ㅣ僥 난장이초 促走也 달음질칠초 明察貌 밝게볼초 (蕭) 僗 [로] 倦也 기쁠로 勞同字 僩 [한] 武貌 굳셀한 察也 살필한 (潸) ⿰亻然 [연] 意急而懼 황겁할연 (銑) ⿰亻愆 [건] 過也 허물건 愆同字 僚 [료] 同官 동관료 朋也 벗료 蕭戲也 희롱할료 (篠) 僨 [분] 僵也 자빠질분 動也 움직일분 (問) 僜 [등] 倰ㅣ 不

著事불여의할등 行疲貌고달플등 古音층 (蒸)

僦 [추] 賃金임금추 傭也고용할추 (宥)

僛 [기] 醉舞貌취하여춤추는모양기 (支)

僧 [승] 從浮屠敎名ㅣ伽沙門 중승 (蒸)

僝 [잔] 惡罵ㅣ僽몹시꾸짖을잔 見也보일잔 具也갖출잔 僝見 (刪)

僥 [요] 僞也거짓요 短人난장이요 詐數也가닥수ㅣ倖覬非望요행요 (篠)

[illegible] [이] 增也더할이 익 益古字

僤 [탄] 疾也빠를탄 篤也도타울탄 (翰)

僞 [위] 假也거짓위 詭也속일위 (寘)

僭 [참] 假也거짓참 僣俗字

僟 [기] 精謹삼갈기 (微)

僢 [천] 相背月差午어기어질천 舛同字

[illegible] [계] 開襟옷깃을헤칠계 開 脚行步僀ㅣ걸음걸이계 (霽)

僯 [린] 恥也부끄러올린 慚也부끄러워할린 (軫)

僱 [호] [고] 九ㅣ農桑候鳥빼꾹새호ㅣ 賃傭也더부살이고 雇俗字

僰 [북] 犍爲蠻건위오랑캐이름북 (職)

⑬

傈 [려] 並也아우를려 儷略字

儋 [담] 負荷짐질담 甔아리담 擔、瞻同 (覃)

僵 [강] 仆也、偃也쓰러질강 (陽)

[illegible] [해] 豪強貌기운차고날쌜해 (蟹)

僶 [민] 強爲ㅣ勉억지로할민 (軫)

[illegible] [앙] 不服、ㅣ佭뻣뻣할앙 (江)

僷 [엽] 不張貌펴지않을엽 美貌아름다울엽

儌 [교] 行也갈교 望也바랄교 欺也속일교、거짓교 (篠)

僸 [금] 夷樂오랑캐풍류금 仰也쳐다볼금 (沁)

儉 [검] 小也적을검 約也검소할검 (琰)

儑 [삽] 不謹貌偈ㅣ경솔할삽 (合)

儈 [괴] 賣買周旋業者거간군괴 (泰)

價 [가] 物直값가 価、賈通、賈同字 (禡)

僻 [벽] [피] 偏也치우칠벽 陋也후미질벽 邪也간사할벽、避也피할피 (陌) (寘)

儇 [현] 疾

也 빠를현 慧利 영리할현 (先)

僽 추 惡言而罵 몹시욕할추 (宥)

僾 애 玻瓈類 돋보기애 髣髴ㅣ然 방불할애 (隊)

儆 경 戒也 경계할경 警通 (梗)

儁 준 俊也 훌륭할준 絶異 卓特 영특할준 俊同字 (震)

傞 사 無悧 거짓사 細碎 가늘사 (眞)

⿰亻蜀 독 촉 頭動貌 머리흔들독、촉 義同 犬低 키작을독 醜也 추할독 (屋)

儀 의 四也 짝의 兩天地 쪽의 法也 법도의 形也 끝의 容也 모양의 (支)

儂 농 我也 나농 (冬)

儃 탄 천 先舒閒貌 한가할탄 不進ㅣ佪 머뭇거릴천 (旱) (先)

㒓 달 逃也 도피할달 叛也 배반할달 肥滿貌 살찔달 (曷)

億 억 料度 헤아릴억 衆多 많을억 萬之萬倍 억억 安也 편안할억 供也 이바지할억 民也 백성억 臆通 (職)

十四

儜 녕 相呼聲 떠들썩할녕 困也 고달플녕 (庚)

儛 무 舞也 춤출무 舞同字

儐 빈 接儐以禮 손대접할빈 導也 인도할빈 進也 나아갈빈 陣也 베풀빈 敬也 공경할빈 山川所以ㅣ鬼神也 賓、擯通 (震)

儚 맹 惛也ㅣㅣ 어두울맹 (庚)

⿰亻㬎 압 劣也 용렬할압 不著事 잔파할압 (合)

儘

儘 진 盡也 다할진 盡通 (軫)

儒 유 侏ㅣ、短人 난장이유ㅣ道 유도유 學者 선비유 (虞)

儗 의 相疑 서로의심할의 僭也 참란할의 (紙)

⿰亻㥯 은 依也 남에게 기댈은 (吻)

⿰亻與 여 倚也 기댈여 謹也 삼갈여 (語)

儓 대 儓賤之稱、輿ㅣ 하인대 (灰)

儖 람 形

惡貌 흉상스러울람 (覃)

儔 주 儔也 가릴주 等類 짝주 誰也 누구주 (尤)

⿰亻翟 조 獨立 홀로설조 (篠)

儕 제 偕也 함께제 四也 짝제 等輩 무리제 (佳)

十五

儩 사 盡也 다할사 (眞)

償 상 贖也 속죄할상 還也 갚을상 代價 값상 (陽) (蒸)

儨 질 止

也머무를질 正也바를질 寒也막힐질 懫同字 (質)

[illegible] 변 身不正몸 빼뚜리변 (先)

儹 찬 計也도모할찬 聚也모일찬 (旱)

儠 렵 惡也흉괴할렵 長壯 多鬚貌풍신좋을렵 (葉)

儦 표 象多많을표 象行 貌떼지어걷는모양표 (蕭)

[illegible] 멸 多詐ㅣ㦡 간사할멸 (屑)

儥 육 長也길육 賣也팔육 (屋)

儡 뢰 木偶傀ㅣ꼭두각시뢰、허수아비뢰 (賄)

儢 려 不欲爲마음에하기싫을려 [illegible]同字

儤 포 越也넘을포 直也바를포、곧을포 官府宿直번들포 (有)

優 우 勝也이길우 游也놀우 饒也넉넉할우 倿伊ㅣ아첨할우 倡ㅣ광대우 無決心결단성없을우 和也화할우 戲也희롱할우 (尤)

儷 려 偶也짝려 儷略字

[illegible] 피 停也머무를피 (紙)

(十六)

儰 위 動也움직일위 不安貌편안하지않을위 (紙)

[illegible] 뇨 美也아름다울뇨 偠ㅣ 細腰허리가늘뇨 (篠)

儲 저 貯也저축할저 副也버금저 (魚)

儭 츤 襯也속옷츤 (震)

儱 롱 未成器ㅣ侗 건목칠롱 (東)

[illegible] 괴 美也좋을괴、아름다울괴 盛也성할괴 大也클괴 (灰)

[illegible] 해 狹也좁을해 (卦)

(十七)

儚 홍 惛也어두울홍 恨也원망할홍 (蒸)

儵 숙 青黑繒재빛숙 南海帝남해임금숙 忽也갑작이숙 (屋)

儳 참 雜言잡말참 輕薄경박할참 疾也빠를참 不齊ㅣ互가지런하지않을참 (咸)(陷)

[illegible] 건 跛也절름발이건 侮也업인여길건 傲也교만할건 (銑)

儴 양 竊取훔칠양 因緣인연할양 困也고생할양 (陽)

(十八)

儶 혜 휴 攜也거느릴휴 離也떠날휴 疾也빠를혜、提也끌휴 (齊)(霽)

[illegible] 섭 恐怯喪氣두려워할섭 心服심복할섭 慴通 (葉)

[illegible] 뢰 破壞무너질뢰 極困 고달플뢰、피로할뢰 (賄)

(十九)

儺 나 柔順 猗ㅣ유

할나、行有度법도있게행할나 驪疫경읽고굿할나 盛也성할나 (歌)

傎 [전] 倒也엎드러질전 顚同字

儷 [려] 偶也伉ㅣ짝려 並也아우를려

納幣재 단려 (霽)

儸 [라] 幹辨能事、健而不德、僬ㅣ 건강하고덕없을라 僂ㅣ잔능할라 (哿)

儹 [찬] 計事일공론할찬 聚也모을찬 (旱)

(二十)

儼 [엄] 矜莊貌엄전할엄 敬也공경할엄 (琰)

儻 [당] 苟也구차할당 不羈倜ㅣ얽매이지 않을당 或然辭혹그러할당 卓異고상할당

倘通 (養)

(二十一)

㒩 [라] 蠡也누에라 未 袒벌거벗을라 (哿)

[illegible] [효] 傲也거만할효 (蕭)

儽 [래] 懶也나른할래 懈也게으

를래 垂也드리울래 病困고달플래 (隊)

(二十二)

儾 [낭] 緩也늘어질낭 (漾)

儿部

儿 [인][궤] 人也사람인 仁人 어진사람궤 (眞)(卦)

(一)

兀 [올] 不動貌움직이지않을 올 高貌우뚝할올 刖也

足발뒷굼치베일올 危也위험할올 無志뜻없을올 (月)

(二)

元 [원] 始也首也으뜸원、長也길원 頭首두목원 君也、ㅣ首임금원 天也하늘원 善人착한

사람원 氣也기운원 民也백성원 大也클원 (元)

允 [윤] 信也믿을윤 從也좇을윤 肯也옳게 여길윤 眞實진실로윤 諾也ㅣ許허락할윤 (軫)

(三)

兄 [형][황] 同胞ㅣ弟만형 大也클황 어른형 況也하물며황 況、況、怳通 (庚)(漾)

充 [충] 滿也가득할충 實之찰충 美也아름다울충 長也길충 當

也당할충 (東)

(四)

兆 [조] 十億조조 未作意빌미조 衆也많을조 卜筮점칠조 塋域宅ㅣ뫼조 (篠)

充 [충] 滿、實也가득찰충 充

謅字

兜 [고] 壅蔽가릴고 (虞)

兇 [흉] 惡也흉할흉、凶見、恐也두려울흉 懼聲소동할흉 恟同字 訩에보라 (腫)

光 [광] 明耀빛광

景也경치광 華采빛날광 威也위엄광 照也비칠광 名譽영광광 勢也기운광 陽

先 [선] 前也먼저선 先祖선조선 始也비로소 선 首長우두머리선 端也끝선 早也이를 선 洗 通 先

五

兎 [토] 獸名토끼 토 兔俗字

児 [아][예] 孩子아이아 幼弱어릴예 兒俗字

兌 [태][예] 蹊也지름길 대 聚也모일대 悅也기꺼울태 通也통할태 卦名괘이름태 昜也바꿀태 直也곧을태 隊通、銳也날카로울예 泰 齊

免 [면][문] 脫也벗을면 避也피할 면 脫也면할면 娩也해산할 문 問 銑

六

兖 [연] 九州之一ㅣ州 믿을연 信也 믿을연 兗略字 沇通

兒 [예][아] 幼弱어릴예 孩子아이아 姓也성예 倪通 支 齊

兀 [올] 危也위태할올 危同字 月

兟 [찬][첨] 讃也기릴찬 銳也날카로울첨 翰 侵

兔 [토] 獸名토끼토 遇

兕 [시] 一角野牛외뿔난들소시 紙

七

皃 [부] 水鳥鷖屬물오리부 鳧俗字

兗 [연] 九州之一ㅣ州고을이름연 端단정할연 信也믿을연

兘 [심] 衡名데카그람(10g)십 兙同字 新字

八

堯 [요] 高 嶢貌높을요 尭略俗字

黿 [원] 介蟲之元似鼈而大以鼈爲雌큰자라원 鼋略字

党 [당] 羌種ㅣ項오랑캐당 黨略字

䖵 [끈][혼] 兄也선니끈 ㅣ侖天形덩어리혼 昆同字 崑、混通

兟 [천] 衡名킬로그람(Kg)천瓩(新) 瓩同字

九

兞 [모] 衡名밀리그람(1/1000g)모 瓱同字 新字

兜 [두] 惑也반할두 首鎧투구두 尤

兝 [분] 衡名데시그람(1/10g)분 瓰同字(韓)

十

兟 [신] 衆多貌총총들어설 신 進也나아갈신 侁通 眞

十一

兡 [백] 衡名헥터그람(100g) 백 瓸同字 新字

十二

兢 [량] 輕寒서늘할 량 涼同字 涼通

兢 [긍] 矜也굳셀긍 戒愼조심할긍 敬也공경할긍 蒸

(十四) 兣 리 衡名센치그람(1/100g)리 㕸(新字)

[illegible] 요 遠也 멀요 篠

(十九) 兤 황 火明불 밝을황 養

(二十)

[illegible] 부 疾也빠를부 遇

入部

入 입 出之對 들입 ㅣ之녕을입 受也받을입 聽也들을입 納也드릴입 沒也빠질입 取也뺏을입 侵害해칠입 緝

(一)

亾 망 무 滅也망할망 失也잃을망 逃也 도망할망 亡同字、어없을무 無同 陽 虞

(二)

[illegible] 도 取也취할도 豪

[illegible] 량 二也둘량 養

内 내 납 나 禁中大ㅣ대결안내 裏也안내、속내 中也가운데내 妻也처내 入也들일납 心也마음내 女官여관나 受也받을납 納同字 隊

(三)

仝 전 完也온전 전 全本字 合

(四)

全 전 具也갖출전 完也온전전 純也 순전할전 皆也모두전 不傷상하지않을 전 先

(五)

[illegible] 수 宜也의당할수 支

㒳 량 再也둘 량 兩俗字

[illegible] 홀 出也 날홀

(六)

兩 량 錢數百分양량 耦也짝량 車數수레량 再也둘량 雙也쌍량 匹也끝량 輛同字 養 漾

(七)

[illegible] 편 小也작을편 銑

兪 유 然也그렇게여길유 和恭貌 공손할유 荅也대답할유 虞

[illegible] 기 參差참치할기 支

(八)

[illegible] 름 烽也불붙일름 炤也불끗름 寢

(十)

[illegible] 체 照也비칠체 燀也바짝일체 霽

[illegible] 람 非也슬퍼할람 憂也근심할람 感

[illegible] 괼 승 明也빛날승、밝을승 火也불괼 庚 屑

(十五)

[illegible] 승 車乘수레에탈승 庚

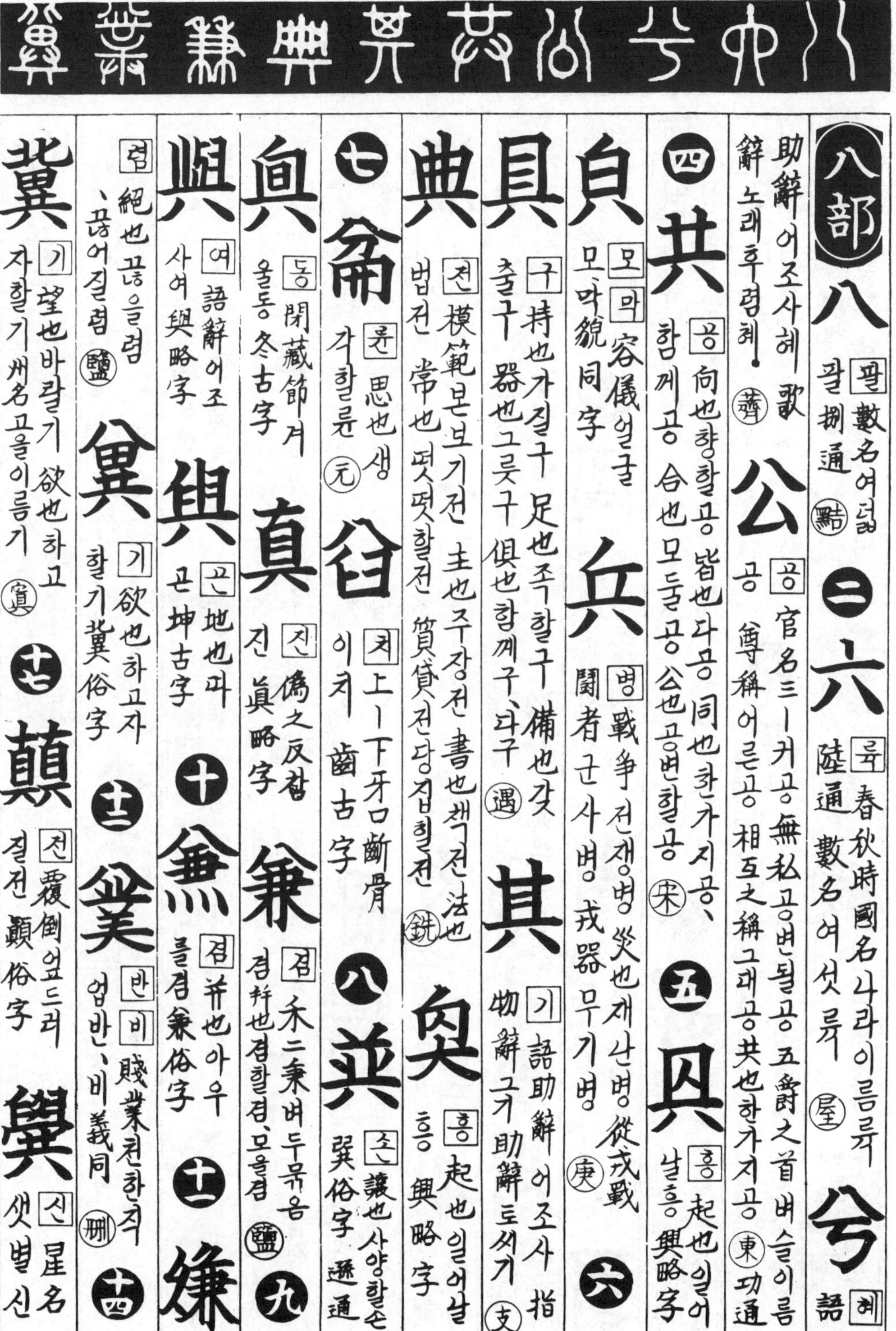

八部

八 [팔] 數名여덟 팔 捌通 (黠)
㊁
六 [륙] 春秋時國名나라이름륙 陸通 數名여섯륙 (屋)
兮 [혜] 語助辭어조사혜 歌辭노래후렴혜 (薺)
公 [공] 官名三ㅣ커공 無私공변될공 五爵之首벼슬이름 공 尊稱어른공 相互之稱그대공 共也한가지공 (東) 功通
㊃
共 [공] 向也향할공 皆也다공 同也한가지공、함께공 合也모둘공 公也공변할공 (宋)
㊄
兴 [흥] 起也일어날흥 興略字
皃 [모][막] 容儀얼굴 모、막 貌同字
兵 [병] 戰爭전쟁병 災也재난병 從戎戰 鬪者군사병 戎器무기병 (庚)
㊅
具 [구] 持也가질구 足也족할구 備也갖출구 器也그릇구 俱也함께구、다구 (遇)
其 [기] 語助辭 어조사 指物辭그기 助辭토씨기 (支)
典 [전] 模範본보기전 主也주장전 書也책전 法也 법전 常也떳떳할전 質貸전당잡힐전 (銑)
㒷 [흥] 起也 일어날 흥 興略字
㊆
㒲 [륜] 思也생 각할륜 (元)
𠚕 [치] 上ㅣ下牙口齒骨 이치 齒古字
㊇
巺 [손] 讓也 사양할손 巽俗字 遜通
㒺 [동] 閉藏節겨 울동 冬古字
真 [진] 僞之反참 진 眞略字
兼 [겸] 禾二秉벼두묶음 겸 幷也겸할겸、모을겸 (鹽)
㊈
㒵 [여] 語辭어조 사여 與略字
㒶 [곤] 地也따 곤 坤古字
㊉
㒹 [겸] 并也아우 를겸 兼俗字
⑪
㒻 [렴] 絕也끊을렴 、끊어질렴 (鹽)
兾 [기] 欲也하고자 할기 冀俗字
⑫
𡗗 [반][비] 賤業천한직 업반、비 義同 (刪)
⑭
冀 [기] 望也바랄기 欲也하고 자할기 州名고을이름기 (寘)
⑯
顚 [전] 覆倒엎드러질전 顚俗字
𠔾 [신] 星名 샛별신

二畫—八

最古字

⑥ **巔** [전] 覆倒엎드러질전 頂也이마전 顚同字、傎通 ㊀先

冂部

冂 [경] 野外들밖경 空也빌경 遠界멀경 ㊀靑

① **冃** [모][무] 重覆겹쳐덮을모、무 義同 ㊀皓

② **冃** [모] 小兒頭巾어린이머리수건모 帽通 ㊀號

內 [내][납][나] 裏也안내 受也받을납 女官여관나 内俗字

冄 [염] 毛細下垂가는털늘어질염 冉同字

円 [원] 方之對둥글원 圓俗字

③ **冋** [회] 返也돌아올회 回古字

[illegible] [념] 垂貌낫게드리울념 ㊀洽

冉 [염] 龜甲緣남생이등언저리염 毛細下垂가는털늘어질염 行貌가는모양염 ㊀琰

冊 [책] 簡編책책 謀也꾀책 策、冊同字、柵通 ㊀陌

册 [책] 簡編책책 冊同字

[illegible] [재] 重也거듭재 再同字

④ **再** [재] 兩也두번재 再同字

冊 [책] 簡編책책 冊本字

再 [재] 兩也두번재 重也거듭재 ㊀隊

⑤ **冏** [경] 明也밝을경 光也빛날경 ㊀迥

⑥ **冐** [모][묵] 蔽也가릴모 貪也탐할묵 冒俗字

⑦ **[illegible]** [할] 曷也어찌할ㅣ 不余反 害同字 ㊀曷

冑 [주] 兜鍪介ㅣ두구주 軸同字 ㊀宥

冒 [모][묵] 貪也탐할모 犯也무릅쓸모 蔽也가릴모 涉也간섭할모 忌也꺼릴모 單子名ㅣ頓선우이름묵 ㊀號 ㊀職

⑧ **冔** [후] 殷冠은나라관후 覆也덮을후 ㊀虞 ㊀麌

冓 [구] 奧房침방구 交積材재목어긋매껴쌓을구 ㊀宥

⑨ **㒼** [면][만] 當也당할면 平也평평할면 穿孔구멍뚫을면、만 義同字 ㊀霰

[illegible] [모] 觸也찌를모 ㊀號

冕 [면] 冠也면류관면 絻、俛通 ㊀銑

⑩ **冣** [최] 尤也우뚝할최 最本字

[illegible] [원] 寃屈원

굴할원、구부릴원 (先)

十一

[illegible] 교 詐也속일교 (巧)

[illegible] 시 이 面衣얼굴수건시、이 義同 (眞)

[illegible] 유 추 面衣얼굴가리는수건유、추 義同 (遇)

二十

[illegible] 우 水蒸爲雲降爲ㅣ비우 雨古字

二十一

[illegible] 리 白帽接ㅣ흰모자리 (支)

冖部

冖 멱 以巾覆物덮을멱 (錫)

二

[illegible] 혈 窟也굴혈、구멍혈 穴俗字

冗 면 交覆深屋움집면 宀同字

冘 유 不決ㅣ豫머뭇거릴유 行貌갈유 猶通 (尤)

三

写 사 摹畫묘뜰사 謄鈔베낄사 寫略字

四

[illegible] 용 貌也얼굴용 儀也모양용 容古字

[illegible] 천 乾也하늘천 萬物之根本만물의근본천 天古字

五

冝 의 所安適理옳을의 宜俗字

六

罙 미 深也깊을미 周行두루다닐미 (支)

[illegible] 동 圓蓋둥근뚜껑동 (東)

七

冦 구 群賊떼도둑구 暴也사나울구 寇俗字

冟 석 不調고르지못할석 調也고를석 (陌)

冠 관 加ㅣ관례관 爲衆之首우두머리관 冕弁總名관관、갓관 成人어른될관 (寒)(翰)

八

[illegible] 관 冕弁總名갓관 冠同字 (寒)(翰)

冡 몽 幼學未通어릴몽 覆也덮을몽 欺也속일몽 (東)

冢 총 山頂산꼭대기총 大也클총 山高起者腫也산무덤총 (腫)

冤 원 居也、枉曲원통할원 恨也한할원 仇也원수원 寃同字 (元)

冣 취 聚也모을취 積也쌓을취 (遇)

冥 명 無지식이없을명 昏晦어두울명 他界저승명 愚也어리석을명 水神玄ㅣ물귀신명 夜也밤명 天也責ㅣ하늘명 溟通 (青)

九

冨 부 豊也많을부 裕也넉넉할부 富同字 (宥)

十

冪 멱 覆食巾덮개멱 覆也덮을멱 (錫)

十二

冩

[사] 摹畫묘뜰사 謄鈔베낄사 寫俗字

⑬ [illegible] [침] 赤黑色검붉을침 鍤也 삽침 (沁)

⑭ 冪 [멱] 疏布덮을멱、덮개멱 數也수여기、장막멱 (錫)

⑲ [illegible] [전] 高遠높아아득할전 遠也멀전 (先)

冫部

冫 [빙] 冬寒水結 얼음빙 (蒸)

② 冬 [동] 四時終 겨울동 (冬)

汀 [정] 凍也 얼정 (青)

冭 [달][태] 過也지날달、태 泰同字 (曷)(泰)

④ 決 [결] 斷也결단할결 決俗字 訣、缺通 (屑)

沁 [침] 冷也 찰침 冷氣찬기운침 浸同字

冰 [빙] 凍也얼음빙 (蒸)

冴 [호] 寒凝얼어붙을호 冷也찰호 冱俗字 (遇)

冱 [호] 寒凝얼을호 冷也찰호 (遇)

冲 [충] 鑿氷聲 ㅣㅣ얼음끄는소리충 和也화할충 幼小어릴충 深也깊을충 虛也빌충 上飛貌맑게뜰충 沖同字 种通 (東)

⑤ 况 [황] 矧也하물며황 況同字、况通 (漾)

[illegible] [형] 寒也찰형 遠也멀형 泂同字

冶 [야] 爐鑄풀무야 鎔也쇠붙일야 鑄匠대장이야 精鍊잘닦을야 (馬)

冸 [반] 冰釋얼음녹을반 (翰)

冷 [랭] 淸也맑을랭 寒也찰랭 寂也쓸쓸할랭 退熱식을랭 薄情쌀쌀할랭 써늘할랭 閑也여가있을랭 (梗)(迥)

冹 [불] 風寒바람찰불 (物)

⑥ 凁 [동] 凉也서늘할동、시원할동 迥同字 (送)

冾 [협] 霑也젖을협 和也화할협 (葉)

冿 [점] 進也나아갈점 (鹽)

[illegible] [공] 凝也엉길공 (腫)

[illegible] [학] 冰貌 얼학 (藥)

[illegible] [활] 冰貌也 얼활 (曷)

冽 [렬] 寒氣嚴酷맵게추울렬 烈通 (屑)

⑦ [illegible] [침] 冷氣찬기운침 冷也찰침 (侵)

[illegible] [구] 手足凍貌손발얼어부풀구 (尤)

[illegible]

[첩] 凍相著、ㅣ澕 얼어붙을첩 (葉)

涇 [경] 寒也 찰경 (梗)

涊 [년] 惡酒나 쁜술년 (銑)

泂 [경] 冷也싸늘할경、찰경 (梗)

洦 [피] 涕也눈물피 (寘)

凍 [수] 凍也얼을수 冷也싸늘할수 (有)

八

凍 [동] 寒感추울동 冰壯얼동 (送)

凄 [처] 風寒바람찰처 (霽)

凌 [릉] 氷也얼음릉、輕視업신여길릉 氷室陰빙고릉 (徑)

淟 [전] 惡酒나쁜술전 (銑)

凋 [조] ㅣ落、半傷시들조、力盡貌느른할조 (蕭)

淕 [륙] 霙也진눈깨비륙 寒也찰륙 (屋)

清 [정] 薄寒서늘할정 (敬)

准 [준] 平也평평할준 有比照之意비준할준、견줄준、준거할준 (軫)

凉 [량] 輕寒서늘할량 涼通 (陽)

涬 [행] 寒貌、ㅣ冷 쓸쓸할행 (迥)

凇 [송] 寒氣結氷如珠霧ㅣ산유화송 (冬)

凅 [고] 寒氣凝閉얼어붙을고 (遇)

凈 [정] 冷貌찰정 淨通 (庚)

涵 [함] 寒也 찰함 (覃)

九

凑 [주] 水會물모일주 進也나아갈주 湊俗字 (宥) 腠通

湆 [빙] 飛聲나는소리빙 (徑)

渫 [첩] 凍相著、決ㅣ 얼어붙을첩 (葉)

湳 [남] 薄冰여름은어름남 (覃)

减 [감] 損也덜감 耗也모자러질감 減俗字 (豏)

湮 [인] 寒貌 추운모양인 (眞)

十

凘 [사] 凋也시들사、여윌사 (禡)

凒 [의] 雪霜積聚貌 눈서리쌓일의 (微)

溏 [당] 凍相著얼어붙을당 (陽)

滅 [장] 似亂草名장풀장、物所蓄곳집장 藏諱字臟通 (陽)

凓 [률] 寒氣甚、ㅣ冽찬기운률 (質)

滕 [릉] 積氷쌓인어름릉 凌同字 (蒸)

凔 [창] 寒也 찰창 (漾)

濂 [렴] 薄氷살얼음렴 (琰)

準 [준] [절] 平也평평 찰준 均也고를

준 隆ㅣ鼻也 콧마루 절 準俗字 (軫)(屑)

滂 [방] 凍相著 얼어붙을방 (江)

十一

凗 [최] 雪霜積聚貌ㅣ嵦 눈서리쌓일최 (灰)

滭 [필] 風寒 바람찰필 (質)

漻 [류] 手足凍貌 수족얼어곱을류 (尤)

十二

㓗 [결] 清也 맑을결 淨也 정결할결 潔俗字

凘 [시] 流冰 성에시 (眞)

十三

凙 [탁] 檐結冰庭ㅣ 고드름탁 (藥)

凚 [금] 寒極貌 쌀쌀하게추울금 (寢)

凛 [름] 寒也 찰름 (寢)

凜 [름] 寒也 찰름 凛俗字

十四

凞 [희] 和也 화할희 (支)

凝 [응] 結也 엉길응 成也 이룰응 定也 정할응 嚴整 엄숙할응 氷堅止氷 얼응 (徑)

十五

凟 [질] 寒冷 어슬어슬추울질、떨질 (質)

𠘆 [연] 藏匿 감출연 (銑)

十六

𠘉 [례] 冰也 얼음례 (霽)

𠘎 [뢰] 寒也 추울뢰 (泰)

𠘗 [력] 寒也 추울력 (錫)

十七

𠘚 [학] 煎鹽 소금구울학 (藥)

十八

𠘜 [조] 冰裂 얼음터질조 (嘯)

二十

𠘞 [엄] 寒也 찰엄 凝也 엉길엄 (豔)

几部

几 [궤] 祭享載牲器 제기궤 凭几坐 안석궤 机也 책상궤 (紙)

一

凣 [범] 俗人 속인범 俗界 이세상범 凡俗字

凡 [범] 大槪 무릇범 皆也 다범 常也 범상할범 (咸)

二

凤 [봉] 神鳥鸞長ㅣ새 봉 봉황봉 鳳略字 (送)

𠘩 [무] 有之對 없을무 不也 아닐무 無古字 毋通 (虞)

三

凧 [궤] 紙鳶 연궤 (日)

凥 [거][기] 居之 살거 語助辭 어조사기 居同字 (魚)(支)

処 [처] 居也 살처 定也 정할처 處略字

𠘨 [진] 新生羽而初飛 깃처음나서날을진 (軫)

凬 [우] 風也 바람우 (尤)

四

凬 [풍] 大塊噫氣바람풍ㅣ景 경치풍 風略字 (東)

凩 [목] 秋末初冬 風찬바람목(日)

凪 [지] 風浪止바람자 고파도그칠지(日)

五

凮 [풍] 大塊噫氣바 람풍 風古字 (東)

六

凭 [빙] 依也의 지할빙 (蒸)

𠙆 [굴] 風吹바 람불굴 (物)

凮 [풍] 大塊噫氣바람풍ㅣ 위엄풍 風謁字 (東)

𠙆 [국] 倦也게 으를국 (陌)

九

凰 [황] 雌鳳암봉 황 (錫) 鷬同字

䖏 [처] 居也살처 定也 정할처 處略字

十

凱 [개] 和也화할개ㅣ歌軍勝樂싸움이긴풍류 개 善也착할개 南風마파람개 豈、闓通 (賄)

十二

凳 [등] 牀類걸상 등 橙通 (徑)

凴 [빙] 倚也기댈빙 依也 의지할빙 凭同字

凵部

凵 [감] 張口입벌릴감 受物之 器위가벌어진그릇감 (勘)

一

凶 [흉] 禍也재앙흉 吉 之反흉할흉 憂懼 두려울흉 悪 人악한놈흉 (冬)

三

凸 [철][돌] 突高貌뾰족할철 高貌 도도할철、돌 義同 垤同字 (屑)

凷 [괴] 墣也 흙덩이 괴 塊、蕢 通 (隊)

凹 [요] 窊也凸之對 오목할요 (肴)

出 [출][추] 生也낳을출 失也 잃을출 入 之對나갈출 吐也토할출、게울출 弃也물리칠출 逃也도망할출 見也보일출 發足 발족할출 甥也생질출、自內而外之보낼추 (質)(寘)

五

𠙐 [화][획] 形象繪也 그림화 分ㅣ나눌 획古音홰 畫略字 (卦)(陌)

六

画 [화][획] 形象繪也그림화 分ㅣ 나눌획 古音홰 畫俗字 (卦)(陌)

函 [함] 包容휩쌀함 鎧 也갑옷함 箱也함함 匣也갑 함 (覃)

七

凾 [함] 包容휩쌀함 鎧也갑옷함 箱也함함 函俗字 (覃)(咸)

𠙶 [잡] 春麥去皮보리 대낄잡 臿同字 (洽)

⑩ 歯 [치] 上ㅣ下牙齗骨이치 年也나이치 列也벌치 齒略字

⿴凵缶 [도] 古器고기도 (豪)

刀部

刀 [도] 兵刀칼도 錢名돈이름도 小船거루도 (豪)

刁 [조] ㅣ斗古軍用器조두조 微動貌까닥거릴조 風動바람불조 (蕭)

刂 [도] 部首名

① 刃 [인] 刀鋒칼날인 兵也병장기인 刀加距미늘인 (震)

刃 [인] 刀鋒칼날인 兵也병장기인 刃本字 (震)

刄 [인] 刀鋒칼날인 刃俗字 [량] 再也둘량 兩略字

② 刈 [예] 殺也죽일예 芟草풀벨예 艾通、刈創同字 (隊)

分 [분] 辨別분별할분 總數折成多數나눌분 裂衣也찢을분 又쪼갤분 半반쪽분 施也나누어줄분 十忝한푼분 (文) 紛通、位也名ㅣ분수분 又지위분 散也헤칠분 [푼] 尺度單位寸之下푼푼 (問)

⿰刀刂 [조] 取也앗을조 斷取끊어가질조 斷也끊을조 (蕭)

⿰丩刀 [규] 大刀큰칼규 (尤)

⿰二刂 [아] 削也깎을이 (寘)

⿰卜刂 [박] 裂也찢을박 脫也벗길박 削也깎을박 剝同字 (覺)

切 [절][체] 要也간절할절 大凡온통체 急也급할체 割也끊을절 刻也새길절 懇ㅣ간절할절 門限문지방절 (屑)(霽)

③ 㓛 [공] 勞之積也공공 事也일할공 功誤字

刉 [기] 刲也찌를기 刏同字

⿰工刂 [공] ⿰金空也찻절할공 (東)

⿰土刀 [절][체] 割也끊을절 大略대강체 切俗字

刊 [간] 刻也새길간 削也깎을간 斫也쪽을간 栞同字 (寒)

⿰幺刂 [유] 稺也어릴유 愛也사랑할유 幼俗字 (宥)

⿰几刂 [곤] 斫木枝가지칠곤 (元)

刋 [천] 切也끊을천 俗用刊誤 (霰)

⿰勺刂 [적] 斷也끊을적、쪽을적 (錫)

刌 [촌] 切斷끊을촌 (阮)

④ 刏 [기] 刲也찌를기 礪刀칼갈기 (未)

刎 [문] 刭也 목자를문 (吻)

制 [치] 割也 벨치 裂衣也 찢을치

[illegible] [삼] 세也 베일삼 (陷)

刖 [월][왈] 斷足 발베일월、왈 義同 (月)

[illegible] [사] 剌也 찢을사 奪也 빼앗을사 (禡)

划 [화] 進船竿 삿대화 (麻)

刊 [단] 割也 벨단 裂也 찢을단 (旱)

刑 [형] 效則 본받을형 罰總名 형벌형 舊法 옛법형 法也 본보기형 法律 법률형 (靑)

刓 [완] 剸也 깎을완 削廉모 없앨완 弊也 해질완 (寒)

刕 [리][례] 割也 벨리 새의 俗用、割也 벨례 (支)(齊)

刘 [류] 剋也 이길류 殺也 죽일류 姓也 성류 劉略字 (尤)

列 [렬] 陳也 베풀렬 分解 벌렬 位序 차례렬 軍伍 항오렬 布也 펼렬 烈同字 (屑)

五

[illegible] [점] 刀缺 칼이 빠질점 (豔)

[illegible] [구] 鎌也 낫구 (尤)

刜 [불] 擊也 칠불 斫也 찍을불 斷也 끊을불 (物)

刨 [포] 削也 깎을포 (肴)

初 [초] 始也 처음초、비롯할초 故也 옛초 本也 근본초 以前 이전초 (魚)

刧 [겁] 强取 겁탈할겁 禁持 貌구속할겁 刦俗字 劫通

刞 [처] 耜也 땅파는제구처、보습처 (御)

刦 [겁] 強取 겁탈할겁 禁持 구속할겁 切通 (葉)

刪 [산] 削除 깎을산 定也 정할산 (刪)

別 [별] 辨也 분별할별 異也 다를별 離也 이별별 區ㅣ 구별할별 分解 나눌별 書卷 문서별 (屑)

利 [리] 吉也 이할리 銳也 날카로울리 便好 편리할리 子金ㅣ息 변리리 要害 요긴할리 貪也 탐할리 (寘)

刢 [령] 刀割 칼로자를령 割也 쪼갤령 覺也 빨리깨달을령 怜也 영리할령 (靑)

判 [판] 剖也 쪼갤판 斷也 판단할판 分也 나눌판 半也 한쪽판 胖通 (翰)

六

[illegible] [락] 剔也 살깎을락 (藥)

[illegible] [출] 割聲 물건쪼개는소리출 (質)

刳 [고] 剖破 쪼갤고 (虞)

刮 [괄] 磨也 긁을괄 削也 깎을괄

抗同字 (黠)

⿰多刂 [다] 摑也 움킬다 打也 칠다 (哿)

⿰兆刂 [조] 剝也 깎아부실술 斷也 끊을조 (蕭)

到 [도] 至也 이를도 周密 주밀할도 到達도 달할도 (號)

⿰缶刂 [부] 刀把 칼자루부 弓中央 활줌통부 (有)

刑 [형] 罰總名 형벌형 法也 본보기형 模範 모범될형 刑本字形通 (靑)

⿰因刂 [연] 剜也 아로새길연 挑取 깎어가질연 剈同字 (先)(銑)

刱 [창] 初也 처음창 始也 비롯할창 ㅣ業造法 창기창 (陽)

刲 [규] 刺也 찌를규 割也 베일규 (齊)

剁 [타] 斫也 찍을타 折也 꺾을타 (箇)

刵 [이] 斷耳 귀베일이 (寘)

制 [제] 禁也 금할제 造也 지을제 戎法、ㅣ度 제도제 裁也 마를제 節也 절제할제 專也 제마음대로할제 製通 (霽)

刽 [증] 割過傷 과히 베일증 創俗字 (徑)

券 [권] 契也 엄쪽권 要約書 문서권 (願)

刷 [쇄] 刮也 긁을쇄 改也 고칠쇄 拭也 문지를쇄 (黠)

㓞 [절][계] 割也 끊을절 急也 급할절 大凡 온통체 切俗字 (屑)(霽)

刹 [찰] 僧寺 절찰 佛塔 탑찰 (黠)

刮 [괄] 剝面皮 얼굴거죽을 벗길괄 切也 끊을갈 (黠)

刺 [자][척][라] 直傷 찌를자 鍼縫 바느질할척 御食曰水ㅣ 수라라 新字 (寘)(陌)

刻 [각] 害也 해할각 鏤也 새길각 割剝 긁을각 晷ㅣ 시각각 痛也 아플각 豕跡 돼지발자취각 呂氏春秋察今 (職)

㊆

剏 [창] 初也 처음창 始也 비롯할창 傷也 다칠창 刱俗字 (漾)(陽)

剃 [체] 剪髮 털깎을체 鬀通 (霽)

刾 [자][척][라] 直傷 찌를자 鍼縫 바느질할척 御食曰水ㅣ 수라라 新字 刺俗字 (寘)(陌)

剅 [루][두] 小穿 조금뚫을루 小裂 조금쪼갤루 割也 베어쪼갤루、두義同 (尤)

前 [전] 後之對 앞전 嘗也 일찌기전 先之 앞설전 故也 옛전 進也 나아갈전 (先)

⿰車刂 [졸] 削也 깎을졸 斷也 끊을졸 (質)

則 [즉][칙] 法可當效본받을칙 時也때칙 天理법칙 助辭 곧즉、어조사즉、常法법칙칙 俗音측 (職)

剆 [라] 擊也 칠라 (歌)

剉 [좌] 折傷꺾어질좌 斬截 토막칠좌、섣좌 挫同字 (箇)

剌 [랄] 弓聲활당기는소리랄 戾也어그러질랄 (曷)

剈 [연] 刓也아로새길연 挑取꺾어가질연、움푹들어갈연 (先)

㓨 [침] 剋也이길침 (沁)

削 [삭] 刮也깎을삭 侵也침노할삭 除也제할삭 書刀 각도삭 (藥)

〓 [랄] 削也깎을랄 (曷)

〓 [랑] 不曇흐리지않을랑 明朗 밝을랑、명랑할랑 朗別字

八

剝 [박] 裂也찢을박 落也 떨어질박 剥同字 (覺)

〓 [비] 削也깎을비 批通 (齊)

剤 [자][제] 翦齊싹문지를자 分也나눌제 劑略字 齊通 (支)(霽)

剒 [착] 斬也베일착 治樸俱未成 器건목칠착 錯同字 (藥)

〓 [리] 剝也벗길리 劙也 찢을리、쪼갤리 (支)

剣 [검] 兵器칼검 斬殺칼로 찔러죽일검 劍略、俗字 (豔)

剮 [과] 割斬쪼갤과 劃 寬夫有ㅣ竹論 (哿)

剡 [염][섬] 銳 利날카로울염、뾰족할염 光貌번쩍할염 會稽縣名 골이름섬 (琰)

剔 [척] 解骨뼈 발라낼척 (錫)

〓 [조] 鏤也새길조 畫文그릴조 彫同字 琱、雕通 (蕭)

〓 [붕] 斫也끊을붕、쪼갤붕 (蒸)

剠 [경][량][략] 墨刑在面 자자할경 黥同、鈔 取노략질할량 奪也取확재갈략 (庚)(漾)(藥)

〓 [비] 刖也足발베일비 〓同字 (未)

剧 [거][궐] 剞刀새김칼거 彫也 새길궐 劂同字 (魚)(月)

剖 [부] 判也 쪼갤부 破也깨뜨릴부 (有)

〓 [제] 斷也끊을제 正也바로잡을제 (霽)

剗 [잔] 削也깎을잔 平也평할잔 (潸)

剚 [사] 插刀칼 꽂을사

倖同 㑅 (眞)

刣 [뇌] 頭髓머리골뇌 정신뇌 古音노 腦同字

剘 [기] 信也진실할기 克也이길기 剘也쪼갤기 截也끊을기 (支)

剙 [창] 初也처음창 始也비롯할창 剏俗字 創通 (漾)(陽)

剛 [강] 堅也굳을강 勁也굳셀강 (陽)

刳 [고] 剖也쪼개어나눌고 分也가를고 破끊어쪼갤고 (虞)

剜 [완] 刻削깎을완、새길완 (寒)

剞 [기] 曲刀ㅣ劂 새김칼기 (支)

剎 [찰] 僧寺절사 佛塔탑찰 刹譌字

剟 [철][탈] 刊也새길철 害也베일철、削也깎을탈、다듬을탈 擊也칠탈 (屑)(曷)

九

剨 [획] 破聲깨지는소리획 (陌)

[illegible] [접] 薄切살을얇게썰접 刻也새길접 牒本字 (葉)

[illegible] [초] 臿也가래초 鍬同字 (蕭)

剰 [잉] 餘也남을잉 冗長멀숙할잉 剩略字 (徑)

[illegible] [영] 削也깎을영 剆也쩌를영 (梗)

副 [부][복][벽] 稱也알맞을부 次也버금부 首飾첩지부、剖也쪼갤복、[illegible]産析ㅣ순산될벽 (宥)(屋)(職)

[illegible] [두] 刻也도려낼두、새길두 (尤)

[illegible] [악] 劍刃칼날악 戟端창끝악 (藥)

[illegible] [편] 削也새길편 ㅣ刀새김칼편 均也갈을편 (先)

[illegible] [결] 刻也새길결 (屑)

剬 [단] 剬齊또독같이자를단 細割잘게썰단 整飾貌단정할단 (寒)

剮 [과] 剔肉置骨살바를과 冎同字 (馬)

剪 [전] 翦刀가위전 齊斷싹벨전 (先)

剫 [탁] 判也쪼갤탁 治樸俱未成器전목칠탁 (藥)

剭 [옥][악] 誅也목벨옥 厚刑형벌할악 (屋)(覺)

十

剩 [잉] 益也더할잉 餘也남을잉 冗長멀숙할잉 本音승 (徑)

創 [창] 瘡也부스럼창 瘡通、傷也상할창 始也비로소창 懲也징계할창 痛也아플창 刅同字 (陽)(漾)

割 [할] 截也벨할 十分之一십분지

일할 分也 나눌할 裂也 찢을할 害也 해로울할 曷

割 [할] 截也 벨할 割本字 曷

剟 [철] 削也 깎을철 斷也 끊을철 質

剫 [탁] 割也 쪼갤탁 覺

剛 [강] 堅也 굳을강 ㅣ健 強斷 꼬장꼬장할강 剛俗字 陽

剳 [답] 鉤也 갈구리답 合

剾 [비] 斫也 쪼갤비 劈也 벨비 削也 깎을비 齊

⿰虔刂 [건] 切也 끊을건 削也 깎을건 元

剴 [개] 鐮也 낫개 近也 가까울개 切也 간절할개 灰 隊

⑪

剿 [초] 絶也 끊을초 殺也 죽일초 剿同字 篠

⿱𠩺力 [리] 剝也 깎을리 畫也 그을리 剺同字 支

⿰雪刂 [살] 割也 쪼갤살 削也 깎을살 曷

剷 [잔] 損削 깎을산 古音 찬 潸

[illegible] [체][치] 割也 벨체 치 義同 霽 紙

⿸麻力 [마] 分也 나눌마 靡

同字 支

⿰爽刂 [창] 皮傷 껍질상할창 養

⿰茦刂 [책] 籌ㅣ 謀也 꾀책 星名天ㅣ 별이름책 策同字 陌

剽 [표] 刺也 찌를표 嘯 輕也 가벼울표 蕭 末也 끝표 砭刺 침으로 찌를표 劫也 겁박할표 篠 「勡」에 보라

剸 [단][전] 斷也 끊을단 擅也 오로지 전 貪也 탐낼단 細割肉 회쳘 전 寒 先

剼 [삼] 絶也 끊을삼 세也 벨삼 咸

劉 [류] 削也 깎을류 殺也 죽일류 戮同字 屋

⿱敖力 [호] 健也 건강할호 強也 셀호 豪通 豪

[illegible] [루] 穿也 뚫을루 細切 가늘게 끊을루 尤

⑫

⿰童刂 [동] 刺也 찌를동 冬

⿰曾刂 [증] 割過傷 과히 베일증 徑

剩 [족] 細切 잘게 끊을족 寒

⿰孱刂 [전][찬][천] 去勢牛 불알 깐 소 전 政也 다스릴찬 裁也 평정하여 다스릴친 銑 潸 震

⿰景刂 [량] 取也 취할량 奪也 빼앗을량 漾

劃 [획] 刻也 새길획 以刀破物 그을획、송곳갈획 陌

[illegible]

준 減也감할준 斷也끊을준 (阮)

劁 초 斷也끊을초 穫也벼벨초 刈也벨초 (嘯)

劂 궐 刻刀새김칼궐 曲鑿굽은끌궐 曲刀우비칼궐 (霽)(月)

劀 괄 緦去惡瘡肉궂은살도려낼괄 (黠)

剳 잡 刺也찌를잡 劄同字 (咸)

劄 잡 刺也찌를잡 結腩貌살쭈그러질잠 (咸)

[竹至刂] 조 大也클조 (效)

⑬

劇 극 甚也심할극、몸시극、대단할극 難也어려울극 演ㅣ산디관극、연극 增也더할극 忙也빠를극 多也많을극 (陌)

劅 탁 去陰之刑불알깔탁 (覺)

劈 벽 剖破쪼갤벽、팰벽 (錫)

劇 극 甚也심할극 몸시극 劇俗字 (陌)

[竹貝刂] 취 찰 切聲끊는소리취 切也벨찰 斷也끊을찰 劗同字 (黠)(霽)

劒 검 兵器칼검 劍籀字

劉 류 克也이길류 殺也죽일류 衰也쇠잔할류 姓也성류 (尤)

劍 검 兵器칼검 斬殺칼로찔러죽일검 劒同字 (豔)

劋 초 絶也끊을초 殺也죽일초 剿同字 (篠)

劊 회 斷也끊을회 本音과 (泰)

劌 귀 利傷사뿐찌를귀 割也베일귀 破也찢을귀 (霰)

⑭

劐 착 削也깎을착 斲同字

劐 확 斷也끊을확 세也벨확 (藥)

劓 의 割鼻코베일의 割也베일의 (寘)

[需+刂] 유 渥脂柔革가죽에기름먹여유하게할유 (虞)

劔 검 兵器칼검 劍籀字

[監+刂] 함 감 람 銳利여리할함 切也끊을감 細切저밀감、利刀날카로운칼날람 (咸)(覃)(勘)

劔 검 兵器칼검 劍俗字

劚 주 추 斷也끊을주 細切썰을주 析薪장작쪼갤추 (宥)(尤)(有)

劗 찰 체 切聲끊는소리찰 斷也끊을체 (黠)(霽)

劑 [제][자] 藥ㅣ약지을제 分也나눌제、薊 齊가지런히 끊을자 卷書문권자 (支)

⑮ 劙 [리][려] 分破쪼갤리、려 義同 劙略字

劕 [질] ㅣ齊 市信어음질、엄쪽질 文券문권질 質通 (質)

⿰壽刂 [유] 斫也연질유 柔 忍참을유 (尤)

⿰鼠刂 [렵] 削也깎을렵 減也덜렵 擇也가릴렵 (葉)

⿰磊刂 [력][라] 劙也開베어서열력 分破쪼갤력、저 밀력 斫木聲나무베는소리라 (錫)(哥)

⑯ ⿰龍刂 [첨] 切也끊을참 劖也벨첨 (鹽)

⿱辥刀 [설][얼] 斷也끊을설 砍也 쪼갤설、얼 義同 (屑)(質)

⿰霍刂 [확] 解也물확 (藥)

⿰熒刂 [영] 伐木나무벨영 (庚)

⑰ ⿱霝刀 [령] 劃也쪼갤령 分也나눌령 (青)

⿱薛刀 [절] 劃也벨절、쪼갤절 (質)

劖 [참] 刻也새길참 鑱也쇠지레참 (咸)

⑱ ⿰巂刂 [휴] 削也깎을휴 減也 덜휴、줄일휴 (齊)

⑲ ⿰麗刂 [려] 解也풀려 劃也벨려 破也쪼갤려 (霽)

⿰靡刂 [마] 削也깎을마 切也벨마 (歌)

⿱䜌刀 [완] 削也깎을완 (刪)

劗 [찬][전] 剃也머리깎을찬 減也덜찬 剪也깎을전 (寒)(銑)

(二十) 劚 [촉] 削也깎을촉 (沃)

⿰孱刂 [찬] 齊也가지런할찬 截也끊을찬 分也나눌찬 (潸)

劙 [리] 分割 又쪼갤리 剺同字 (支)

(二十二) ⿰疊刂 [첩] 刺也찌를첩 (葉)

力部

力 [력] 務也힘쓸력 氣所任筋ㅣ힘력 勞動일할력 甚也심할력 勤也부지런할력 權威위엄력 僕役종부릴력 作用작용할력 (職)

㊀ ⿰九力 [알] 強也굳셀알 (黠)

㊁ 劝 [권] 勉誘권할권 勸의 略、俗字

忇 [규] 大力커다란힘규 (尤)

办 [변] 別也분별할변 辨의略、俗字

三

功 [공] 喪服복입을공 事일할공 勞之積也공공 (東)

加 [가] 增也더할가 益也더욱가 著也붙일가 算法갓법가 凌也업신여길가 合也합할가 及也미칠가 侵也침노할가 (麻)

劜 [굴] 極疲고달플굴 勞也피로할굴 (月)

⿴囗力 [화] 韋船聲배끄는소리화 (箇)

⿰千力 [건] 吃也더듬거릴건 難也어려울건 力也힘쓸건 (阮)

⿰幺力 [향] 信也진실할향、믿을향 (養)

四

劥 [갱] 勇力힘있을갱、굳셀갱

劣 [렬] 弱少어릴렬 拙弱용렬할렬 拙也서툴렬 鄙薄더러울렬 (屑)

劤 [근] 多力힘많을근 強也강할근 (問)

⿰冘力 [침] 用力힘들일침 勉也힘쓸침 (寢)

⿰乞力 [굴] 志力뜻굳을굴 力也힘쓸굴 勇也날랠굴 ⿰屈力同字 (質)

劦 [협] 用力힘쓸협 合力힘을합할협 本音섭 (葉)

⿰手力 [지] 功堅공이굳을지 (紙)

⿺支力 [기] 疲極、勞ㅣ피곤할기 古音괴 (寘)

五

劳 [로] 勤也수고할로 勞의略字

劢 [려] 勸勉권면할려 勵略字

⿰丰力 [비] 勇力날랠비、굳셀비 壯也장할비 扶也끼워넣을비 (未)(寘)

劲 [경] 強健굳셀경 勁의略字

助 [조] 佐也도울조 藉也자뢰할조 益也유익할조 耡同字 (御)

努 [노] 勉也힘쓸노 用力힘들일노 (麌)

⿰夬力 [괴] 勵也힘쓸괴 勤也근면할괴 (支)

劫 [겁] 強取겁탈할겁 汲汲貌겁겁할겁 威脅위협할겁 勤也부지런할겁 佛ㅣ世之稱겁겁 宮殿階級대결층계겁 刦同字 (葉)

⿰力左 [좌] 助也도울좌 副也버금좌、다음좌 (箇)

劬 [구] 疲勞수고할구 勤勉부지런할구 (虞)

⿰矢力

일 豫也 기쁠일 猥也 외람할일 (質)

劭 교 소 勸勉 권면할교、美也 아름다울소 自強 자강할소 (蕭)(嘯)

六

劾 해 핵 用力 힘쓸해 功也 공해 按也 안찰할해 推窮罪人 캐고물을핵 彈治 핵실할핵 (隊)(職)

劵 권 勞也 고달플권 倦也 게으를권 苦也 수고로울권 倦同字 (霰)

効 효 象也 본받을효 效의 俗字

势 세 權力 권세세 勢의 略、俗字

劬 구 勤也 부지런할구 勵也 힘쓸구 (有)

劺 무 勸也 권하여 힘쓰게할무 自勉 스스로 힘쓸무 (尤)

劼 할 愼也 삼갈할 勤也 부지런할할 確固 굳을할 本音 갈 (黠)

劻 광 急遽貌 급거할광 (陽)

劷 병 大也 클병 大也力 몸시 힘셀병 (庚)

七

勁 경 強健 굳셀경 經通 (敬)

勃 발 興起 활발할발 變色 발끈할발 盛貌 번성할발 怒貌 성날발 (月)

勀 극 勝也 이길극 自彊 힘쓸극 尤極 극심할극 (職)

勅 칙 誡也 신칙할칙 天子制書 칙령칙 敕、勑同字 (職)

⿱功夫 부 功夫 공부 (韓)

勇 용 氣健、銳也 날랠용 果敢 용맹할용 ㅣ氣 용기용 (腫)

⿰耒力 래 칙 慰也 위로할래、徠同字、正也 바를칙 治也 다스릴칙 勑勅同俗字 (隊)(職)

勉 면 勸也 부지런할면 勖也 힘쓸면 強也 강인할면、장려할면 (銑)

八

勑 래 칙 慰也 위로할래 治也 다스릴칙 勅同字 (隊)(職)

勢 세 權力 권세세 氣勢 위엄세 形ㅣ 형세세 勢 俗字 (霽)

勌 권 倦也 게으를권 瘵也 고달플권 勞也 수고로울권 倦通 (霰)

⿰夌力 릉 陵也 짓밟을릉 侵也 침노할릉 (蒸)

⿰兩力 량 逼也 핍박할량 拒也 거스를량 勉也 힘쓸량 (養)

勐 맹 猛也 사나울맹 嚴也 엄할맹 害也 해할맹 惡也 악할맹 (梗)

勍 [경] 強也강할경 ⓡ庚

九

勤 [근] 勞力부지런할근 篤도타울근 ㅣ勞ㅣ役수고할근 勤의略字 ⓡ文

勒 [륵] 絡銜굴레륵 抑也억지로할륵 刻也새길륵 嚴重엄중할륵 ⓡ職

劼 [할] 勸也힘쓸할 用力聲어기어차할할 ⓡ黠

務 [무] 事也일할무 專力힘쓸무 國政정사무 職分직분무 ⓡ遇

勔 [면] 勸勉권면할면 勉也힘쓸면 ⓡ軫

勓 [개] 勉也힘쓸개 ⓡ卦

㔃 [총] 勸也권할총 勵勉힘쓰게할총 ⓡ送

動 [동] 作也지을동 静之對움직일동 出也나올동 ㅣ物동물동 ⓡ董

勖 [욱] 勉也힘쓸욱(俗勗字非) ⓡ沃

勗 [욱] 勖(前條)譌字

勘 [감] 定也정할감 磨ㅣ마감할감 ⓡ勘

十

勛 [훈] 功也공훈 帥也거느릴훈 勳의古字

勝 [승] 優也나을승 負之對이길승 鳥名戴ㅣ새이름승 持也가질승 擧也들승 任也맡을승 堪也견딜승 ⓡ徑 ⓡ蒸

𠡷 [별] 大也클별 大力貌힘센모양별 強也굳셀별 ⓡ屑

勞 [로] 功也공로로 慰也위로할로 수고로울로 勤也부지런할로 苦役고단할로 憂也근심할로 僗同字 ⓡ豪 ⓡ號

舅 [구] 夫父시아비구 母之兄弟외삼촌구 妻父장인구 舅의略,俗字 ⓡ有

十一

𠢐 [적] 當也대적할적 仇也원수적 對也대할적 敵同字 ⓡ錫

募 [모] 廣求널리구할모 召也부를모 雇也고용모 ⓡ遇

勧 [권] 勉也권할권 助也도울권 勸의俗字

勠 [륙][류] 幷力협력할륙 戮通、류義同字 ⓡ屋 ⓡ宥

勡 [표] 強取겁탈할표 攻切겁박할표 ⓡ嘯

勦 [초] 勞力수고로울초 ㅣ說말전주할초 ⓡ肴

𠢽 [호] 健也건장할호 ⓡ號

勣 [적] 功也공적 事業사업적 ⓡ錫

勢

세 權力권세세 氣談위엄세 形ㅣ형세세 外腎불알세 威ㅣ사람을좌우하는위력세 (霽)

勤 근 勞力부지런할근 篤厚도타올근 ㅣ勞、ㅣ役 수고롤근 (文)

⑪

勣 비 扶也끼울비 壯也 장할비 (眞)

勸 답 勤也부지런할 답勵也힘쓸답 (洽)

勩 예 이 勞也수고로울예、이義同 (霽)(眞)

勬 권 勤也부지런할권 強健 강건할권 (先)

勨 양 상 緩也느즈러질양 動也움직일양、상 義同 (養)

勫 번 健也건장할번 (元)

勭 동 成人어른될동 丁年정년이될동 作也일어날동、일할동 (東)

(董)

⑫

勲 훈 功也공훈 帥也거느릴훈 勳의俗字 (文)

勮 거 懼恐貌두려울거 勤力부지런히힘쓸거 (御)

勰 협 思也생각할협 同思之和화할협 協의古字 (葉)

𠢸 개 疲也피곤할개 懈也게으를개 (蟹)

勯 단 力竭힘다할단 (寒)

勱 매 勉力힘쓸매 (卦)

勷 양 勉也힘쓸양 (養)

⑭

勳 훈 功也공훈 帥也거느릴훈 (文)

⑬

勸 심 勵也힘쓸심 (沁)

勵 뢰 류 推也밀칠뢰 勉也힘쓸류 (隊)

勴 려 心助마음으로도울려 (御)

𠢾 패 疲也고단할패、성낼패 (蟹)

𠣁 철 去也버릴철 發也일으킬철 (屑)

勵 려 爲也할려 勉也힘쓸려 勸也권할려 ㅣ精가다듬을려 (霽)

⑯

𢾺 강 追也좇을강 (養)

勴 려 료 助也도울려勉也힘쓸려、료義同 (御)

⑰

劖 참 拔取빼낼참 (咸)

⑱

勸 권 勉誘권할권 助也도울권 敎也가르칠권 奬勉誘掖권장할권 (願)

⑲

[illegible] [련] 劣貌못할련 (銑)

勴 [려] 助也도울려 導也인도할려 (御)

勹部

勹 [포] 裹也、包也 쌀포 (肴)

一

勺 [작] 挹取잔질할작 飮器구기작 少量조금작 周樂名주나라풍류작 杓通 (藥)

勺 [작] 勺(前條)의 俗字

二

匁 [문] 衡也目몸매문 (日)

匀 [균][윤] 周也두루균 均也고를균 齊也가지런할윤 均同字 (眞)

勼 [구] 聚也모을구 (尤)

勽 [문] 覆也덮을문 (吻)

匂 [내] 香也향내내 (日)

勾 [구][귀] 國名高句麗나라이름구 當辨理맡아볼구 章ㅣ文詞止處귀절귀 句同字 (有)(遇)

勿 [몰][물] 禁言말몰 毋也없을물 急貌급한모양물、掃塵먼저재몰 無通 (物)(月)

三

匃 [갈] 求也구할갈 (曷)

匄 [개][갈] 請求청구할개 與也줄개、갈義同 (泰)(曷)

[illegible] [개][갈] 匄(前條)와同字

包 [포] 隱也감출포 裹也쌀포、꾸릴포 容也용납할포 苞、匏通 (肴)

匆 [총] 急遽총총할총 悤同字 (東)

[illegible] [작] 均也작을작 齊也가지런할작 (藥)

四

匈 [흉] 喧擾意요란할흉、지꺼릴흉 ㅣ奴오랑캐흉 不好흉할흉 膺也가슴흉 胸、凶見 (冬)

[illegible] [포] 衣也옷포 (肴)

五

匉 [평] ㅣ訇大聲크게소리칠평 (庚)

六

匌 [합] 氣鬱蓊ㅣ기운답답할합 重疊匌ㅣ중첩할합 (合)

匊 [국] 兩手撮動움킬국 掬의俗字 (屋)

[illegible] [주] 周也두루주 周通 (尤)

匋 [도][요] 瓦器질그릇도、陶通、燒瓦窯기와굽는가마요 窯同字 (豪)(蕭)

七

匍 [포] 手行而伏엉금엉금길포 顚蹶엎어질포 (肴)

⿹勹車 [군] 象旅군사군 師所 駐진칠군 軍의本字 (文)

⿹勹冎 [괴] 太息한숨쉴괴 歎息탄식할괴 (卦)

⿹勹夋 [준] 伏退엎드려 물러갈준 止也 그칠준、물러갈준 (眞)

八

⿰口句 [소] 鉤也갈구리소 (蕭)

⿹勹旬 [순] 驚也놀랄순 搊同 (眞)(軫)

匌 [압] 儉約 사치스럽지 않을압、검약할압 (合)

九

匐 [복][북] 手行길복 盡力趨往달음박질할복、북 義同 (職)(屋)

⿹勹者 [도] 伏行기어다닐도 (虞)

⿹勹卷 [국] 曲脊곱사등이국 (屋)

匏 [포] 瓠也박포 飲器바가지포 笛也퉁소포 匏竹포죽포 (肴)

十

⿹勹富 [복][북] 手行 엉금엉금길복 盡力奔趨다름질할복、북 義同 匐同字 (職)(屋)

匑 [궁] 恭貌굽실거릴궁 (東)

匎 [압] 婦人首飾ㅣ葉 계집머리꾸미압 又족두리압 (合)

匒 [답] 重疊貌 포갤답 (合)

十一

⿹勹鹵 [로] 匐也 길로 (虞)

⿹勹飫 [어] 厭飽 싫증을어、물릴어 (御)

十二

匓 [구] 飽猒 배불러 싫을구 (宥)

⿹勹復 [복] 更也다시복 復也 겹칠복 復通 (屋)

⿹勹肰 [연] 犬肉개고기연 (先)

十四

⿹勹竆 [국] 背曲 등을굽힐국、구부릴국 (屋)

匔 [궁] 굽실거릴궁 (東)

十五

⿹勹䌛 [봉] 神鳥 翬長ㅣ爲火精生丹穴身備五色鳴中五音 有道則見雄ㅣ雌凰새봉、봉황봉 鳳의古字 (送)

⿹勹窮 [궁] 謹也삼갈궁 (東)

匕部

匕 [비] 匙也숟가락비、술비 劍名、ㅣ首비수비 (紙)

匕 [화] 造ㅣ될화、화할화 變也변화할화 化의古字 (禡)

(歌)(麻)

二

𠤎 [보] 列也벌릴보 保通 (皓)

化 [화] 陰陽運行될화 又화할화 萬物生息變化변화할화 上行下效

본받을화 變形바뀔화 死也죽을화 幻術요술화 禡

三

⿰匕元 [장] 短之對 긴장、길이장 永也 遠也 길장 長同字 陽 養 漾

北 [북] 朔方 뒤북、북녘북 北行 북쪽에 갈북、[배] 敗走 패하여 달아날배 職 隊

五

⿰匕夭 [의] 事物定貌 아직 정해지지 않은 모양의 ⿰匕矢同字 支

⿱夕巴 [양] 暢也 화창할양 陽

六

⿰匕早 [탁] 高也 높을탁 特立 우뚝할탁 卓同字 覺

七

⿱夕⿰匕匕 [분] 句讀 뿐분(韓)

⿰匕矢 [의] 事物未定貌 아직 정해지지 않은 모양의 支

八

⿱夕⿰匕匕 [읏] 地名 땅이름읏(韓)

九

匙 [시] 匕也 숟시、숟가락시 鍵也 열쇠시 支

⿰匕⿱巛囟 [뇌] 肥貌 살찐모양뇌 古音노 晧

⿰匕是 [시] 匙(前條)와 同字 支

十二

⿱艹⿰匕⿱口口 [늣] 晩也 늦을늣(韓)

⿸虍⿰匕匕 [곳] 處也 곳곳(韓)

匚部

匚 [방] 器之方者 상자방、모진그릇방 陽

三

区 [구] 柩也 널구、관구 柩同字 宥

⿷匚工 [장] 作器 바치장、장인장、장색장、木工 대목장 藏工 직공장 匠의 本字

匜 [이] 盥器 손대야이、양치그릇이 酒器 술잔이 支

匝 [잡] 周也 두루잡、돌릴잡 帀 俗字 合

四

匌 [합] 受物器 물건을 받는 그릇함 箱也 상자함 覃

⿷匚勿 [홀] 古器 옛그릇홀 月

匡 [광] 改正 바로잡을광 正也 바를광 方也 모날광 救也 구원할광 輔助 도울광 飯器 밥그릇광 恇同 陽

匠 [장] 所以作器 바치장、장인장 職工 직공장 ⿷匚工同字 漾

匟 [강] 坐牀 평상강 漾

五

匥 [변] 冠匣 관갑변 笥也 옷상자변 竹器 대그릇변 霽

匣 [갑] 匱也 궤갑 箱子 상자갑

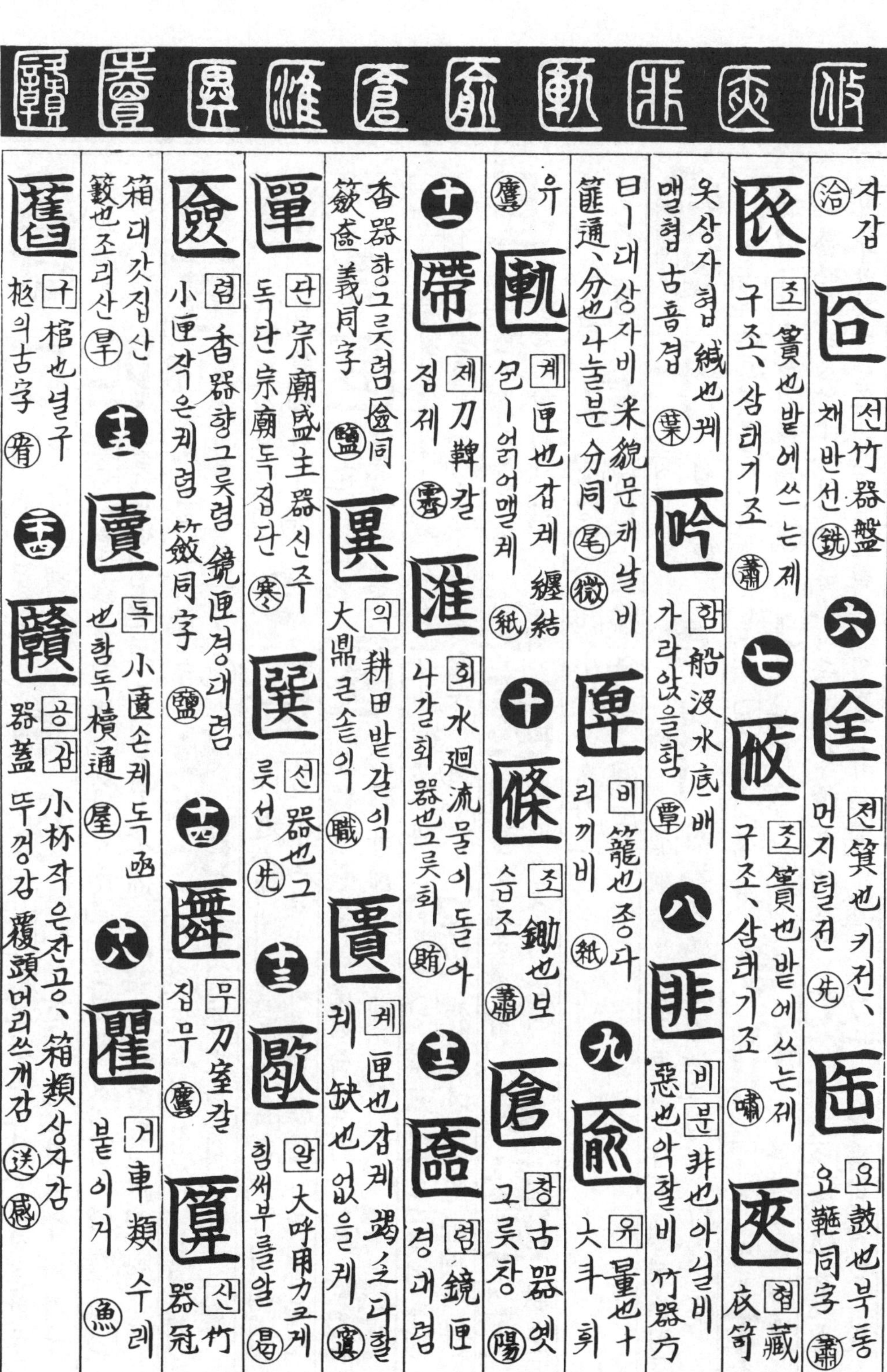

자갑 (洽)

匼 선 竹器盤 채반선 (銑)

六

⿷匚全 전 箕也 키전、먼지털전 (先)

⿷匚缶 요 鼓也 북통 요 鞉同字 (蕭)

⿷匚攸 조 簀也 밭에쓰는제구조、삼태기조 (蕭)

七

⿷匚攸 조 簀也 밭에쓰는제구조、삼태기조 (嘯)

匧 협 藏也 衣笥 옷상자협 緘也 궤 매협 古音겹 (葉)

⿷匚今 함 船沒水底 배 가라앉을함 (覃)

八

匪 비 분 非也 아닐비 惡也 악할비 竹器方 曰ㅣ 대상자비 采貌 문채날비 篚通、分也 나눌분 分同 (尾)(微)

⿷匚卑 비 籠也 종다리끼비 (紙)

九

匬 유 量也 十 大斗 휘 유 (麌)

匭 궤 匣也 갑궤 纏結 얽ㅣ 얽어맬궤 (紙)

十

⿷匚條 조 鋤也 보습조 (蕭)

⿷匚倉 창 古器 옛그릇창 (陽)

十一

⿷匚帶 제 刀鞞 칼집제 (霽)

匯 회 水廻流 물이돌아나갈회 器也 그릇회 (賄)

十二

匳 렴 鏡匣 경대렴 香器 향그릇렴 匳同 歛奩 義同字 (鹽)

⿷匚異 익 耕田 밭갈익 大鼎 큰솥익 (職)

匱 궤 匣也 갑궤 竭也 다할궤 缺也 없을궤 (寘)

匰 단 宗廟盛主器 신주독단 宗廟 독집단 (寒)

⿷匚巽 선 器也 그릇선 (先)

十三

⿷匚歐 알 大呼用力 크게 힘써부를알 (曷)

⿷匚僉 렴 香器 향그릇렴 鏡匣 경대렴 小匣 작은궤렴 籢同字 (鹽)

十四

⿷匚舞 무 刀室 칼집무 (麌)

匴 산 竹器 冠箱 대갓집산 籔也 조리산 (旱)

十五

匵 독 小匱 손궤독 函也 함독 櫝通 (屋)

十六

⿷匚瞿 거 車類 수레붙이거 (魚)

匶 구 棺也 널구 柩의 古字 (宥)

二十四

⿷匚贛 공 감 小杯 작은잔공、箱類 상자감 器蓋 뚜껑감 覆頭 머리쓰개감 (送)(感)

匸部

匸 [혜] 藏也 감출혜 覆也 덮을혜 齊

二

区 [구][우] 藏也 감출구 小室 작은방구 別也 나눌구 域也 갈피우 지경우 區의略字 虞 尤

匹 [필][목] 帛長 필필 偶也 짝필 兩也 둘필 朋友 벗필 儕輩 무리필 拙也 변변치 못할필 疋通、家鴨 집오리목 鶩通 質 屋

四

[匸+内] [루] 側逃 옆으로피할루 筭類 키루 㔷의正字 宥

五

医 [예][의] 矢器 활집예、동개예 醫(酉部十一畫)의俗字 霽

㔷 [루] 側逃 옆으로피할루 筭類 키루 宥

六

匼 [암] 迎合 마저합할암 諂諛阿ㅣ 아첨할암 巾名 鳥ㅣ 건이름암 繞貌ㅣ匝 둘결암 感 合

七

[匸+品] [구] 區(匸部九畫)의略字

匽 [언] 路側 길결언 匿也 숨길언 路廁 한데뒷간언 阮

九

區 [구][우] 小室 작은방구 藏也 감출구 小貌 조그마할구、域也 갈피우、지경우 匿也 숨길우 虞 尤

匾 [변] 薄器 엷은그릇변 不圓貌 모가진모양변 扁同字 銑

匿 [닉] 隱也 숨을닉 陰姦 간음할닉 職

十

[匸+虒] [제] 匾ㅣ、器之薄者 엷은그릇제 齊

十一

[匸+上+虒] [제] 虎臥息 범누어숨쉴제 齊

十四

[匸+贛] [공][감] 小杯 작은잔공 箱類 상자감 送 感

十部

十 [십] 數名 열십 緝

一

千 [천] 數名 十百 일천천 十百番 천번천 南北通路 길천 姓也 성천 阡通 先

卂 [신] 迅也 빠를신 急飛 급히날신 迅通 震

卄 [입] 二十 스물입 廿同字 緝

二

卅 [삽] 三十 서른삽 合

升 [승] 登也 오를승 十合 되승 成也 이룰성 布縷 승새승 (괘륙의 짝인 날을 세는 단위) 卦也 괘이름승 昇、陞見 蒸

卆 [졸][줄] 卒伍 항오졸 怱遽 바쁠졸、終

畫마칠졸 盡也마침 내졸 卒의譌字 (月)(質)

午 [오] 交橫傍ㅣ어수선할오 焉也말오 日中낮오 正南남녘오 違背어그러질오 五月오월오 (麌)

❸

卉 [훼] 草也풀훼 象也 많을훼 (尾)

夅 [졸] 猝急갑작스러울졸 (月)

半 [반] 物中分절반 반 大片조갤반 (翰)

本 [지] 止也그칠지、머무를지 (紙)

❹

卉 [훼] 草也풀훼 象也많을훼 卉의本字 (尾)(未)

𠀍 [세] ㅣ界인간세、세상세 虫涯일평생세 代代대대세 世의古字 (霽)

卅 [삽] 四十마흔삽 (緝)

𠀍 [세] 世(前前條) 四畫同字 (霽)

𠀍 [세] 世 前條의 古字

車 [화] 榮也 色也빛날화 영화화 外觀之美외관의미화 華同字 (禡)(麻)

芔 [골] 呼吸聲숨내쉬는소리골

卍 [만] 佛書萬字

❺

芔 [궐] 簞屬키궐 (質)

𠦑 [숙] 伯ㅣ季文아재비숙 삼촌숙 叔의俗字 (屋)

❻

单 [단][선] 獨也홀로단 홀단 姓也성선 縣名ㅣ父고을이름선 單의略字 (寒)(先)

卌 [십] 마흔십 卌同字 (緝)

卒 [졸] 隸也나졸졸 百人ㅣ伍군사졸 倉ㅣ창졸졸 盡也다할졸 旣也이미졸 死也죽을졸 碎猝見 (月)(質)

𠦜 [공] 抱持안아가질공 擁也껴안을공 (腫)

卑 [비] 下也낮을비 賤也천할비 地名鮮ㅣ땅이름비 使也하여금비 小也작을비 山名산이름비 (支)

卓 [탁] 高也높을탁 越等뛰어날탁 姓也성탁 机也책상탁 (覺)

協 [협] 合也맞을협 和也화할협 服也복종할협 助也도울협 (葉)

❼

南 [남] 午方남녘남 樂名풍류이름남 金雙也ㅣ금남 (覃)

単 [단] 獨也 홀로단 單의略字

❽

單 [단] 獨也 홀로단 單의略字

❾

卙 [집] 集也모일집 (緝)

卙 [집] 詗集 말을 모을 집 (緝)

十 博 [박] 通也 통할 박 廣也 넓을 박 大也 클 박 貿易 무역할 박 局戲 六ㅣ 장기 박ㅣ 學 학문 있을 박 賭ㅣ 노름 박 多也 많을 박 (藥)

卜部

卜 [복] 賜與 줄 복 問龜 점 복 選也 가릴 복 期也 기대할 복、擔也 짐 복 (韓) (屋)

二 卞 [변] 法也 법 변 手博 손바닥 칠 변 姓也 성 변 地名 땅이름 변 (霰)

卝 [관] [횡] 束髮貌 북상투 관、鐵樸 쇠뭉치 황 金玉樸 금옥덩어리 황 卯同字 (諫) (梗)

三 卡 [잡] 關隘說兵立塘 守ㅣ 지킬 잡 (合)

卟 [계] 問卜 점칠 계 考也 생각할 계 (齊)

占 [점] 問卜 점칠 점 視兆 점 점 候也 기다릴 점 擅據 점령할 점 口授 입으로 전할 점 固有 본래 있을 점 (豔)

四 卡 [롱] 玩也 구경할 롱 戲也 희롱할 롱 弄同字 (送)

五 卥 [소] 卜問 무꾸리할 소 (嘯)

卣 [유] 中樽 중 술통 유 (有)

六 卦 [괘] 筮兆 점괘 괘 (卦)

卧 [와] 偃也 寐也 누울 와 休息 쉴 와 臥의 俗字 (箇)

兆 [조] 未意 조심 조 卜筮 점괘 조 十億 조 조 衆也 많을 조 兆同字 (篠)

卣 [유] 中樽 중술 통유 卣同字 (有)

卤 [잉] 驚也 놀랄 잉 往也 갈 잉 (蒸)

七 卤 [초] 草木實垂ㅣ 열매 주렁주렁 달릴 초 (嘯)

八 卣 [유] 氣行貌 숨 도는 모양 유 攸古字 (尤)

九 克 [극] 勝也 이길 극 抑心 마음을 억누를 극 克의 古字 (職)

卨 [설] 殷國祖名 은나라 시조 이름 설 (屑)

十一 卣 [잉] 驚也 놀랄 잉、往也 갈 잉 卤의 古字 (蒸)

十二 㦸

[승] 登也 탈승、오를승 上也 올릴승 乘同字 (蒸)(徑)

卩部

卩 [절] 符ㅣ示信 몸기절、병부절 節同字 (屑)

㔾 [절] 卩(前條)과同字 (屑)

一

丁 [주] 符信병부주 闕也빌주 (宥)

卪 [절] 符ㅣ示信 몸기절 병부절 節同字 (屑)

二

仰 [앙] 激厲격동할앙 我也나앙 高也 높을앙 望也바랄앙 昻、仰通 (陽)

三

卭 [공] 勞也、病也병될공、고달플공 辭也어지러울공 邛의譌字 (冬)

卯 [묘] 地支네째지지묘、토끼묘 茂也 성할묘 東方동쪽묘 (巧)

卮 [치] 酒杯술잔치 脂粉연지치 (支)

四

印 [인] 刻文인인、도장인 ㅣ之찍을인 (震)

危 [위] 隤也무너질위 不安위태할위 傷也 상할위 高也 높을위 (支)

五

卵 [란] 凡物無乳生者알란 大也 클란 撫育기를란 (旱)

[illegible] [비] 宰也주관할비 (寘)

卲 [소] 高也 높을소 姓也 성소 邵同字 (嘯)

即 [즉] 今也 이제즉 곧즉 只也 다만즉 直時진작즉 卽同字 (職)

却 [각] 不受사양할각 斥也물리칠각 拒也 막을각 反也도리혀각 退也물러갈각 仰也쳐다볼각 卻俗字 (藥)

六

巹 [근] 婚禮瓢杯혼례때의 술바가지 근 (吻)

卷 [권] 美也 아리따울권 書帙책권 ㅣ舒접을권 草名 풀이름권 (霰)

卶 [시] 大慶크게경사스러울시 喜也기뻐할시 (寘)

卹 [술][솔] 憂愍걱정할술 掃塵떨이솔 (質)(月)

卸 [사] 解載車馬짐부릴사 脫衣甲벗을사 (禡)

卻 [각] 退也물리칠각 不受사양할각 卻의俗字 (藥)

七

卽

[즉] 卽(次條)의 俗字

卽 [즉] 近也 가까울 즉 今也 이제 즉、곧 즉 只也 다만 즉 直時 진작 즉 則通 (職)

〓 [희] 骨節間 뼈마디사이 희 (微)

卻 [각] 不受 사양할 각 退也 물리칠 각 反對 반대할 각 却同字 (職)

卼 [올] 危也 위태할 올 杌通 (月)

⑨

卾 [악] 上顎 웃턱 악 (藥)

⑩

卿 [경] 嚮也 향할 경 章也 밝힐 경 爵也 벼슬 경 貴公 귀공 경 (庚)

〓 [즉] 久也 오랠 즉 (職)

⑪

〓 [산] 山名 산이름 산 (韓)

〓 [준] 危也 위태할 준 (願)

厀 [슬] 脛骨節 무릎 슬 脛骨節 종지뼈 슬 膝의 本字 (質)

⑯

〓 [천] 移也 옮길 천 遷同 (先)

厂部

厂 [엄][한] 山之厓巖人居 굴바위 엄 岸也 언덕 엄、기슭 엄、한 義同 (鹽)(紙)

②

⺁ [첨][위] 仰也 우러러볼 첨 屋梠 평고대 첨、위 義同 (鹽)(紙)

厄 [액] 災也 재앙 액 木節 옹이 액、흑 액 卮、危通 (陌)

③

〓 [진][신] 時也 때 진 日月合宿 진 謂之ㅡ 별 진 日也 날 진、신 義同、辰同字 (眞)

〓 [국] 持也 잡을 국 (沃)

厉 [려] 磨也 갈 려、巖也 엄할 려 危也 위태할 려 厲의 略字 (霽)

厇 [책] 裂體剔肉 발길 책、찢을 책 ㅡ帝ㅡ 刑名 능지할 책 磔同字 (陌)

④

〓 [척] 逐也 쫓을 척 (陌)

〓 [계] 轉倒 엎드러질 계 (齊)

厔 [지] 均也 고를 지 致也 이를 지 平也 평평할 지 聲 소리 지 (紙)

〓 [개] 到也 이를 개 (卦)

厊 [아] 相違 어긋날 아 (馬)

〓 [비] 流也 흐를 비 水流貌 물비듬이 흐를 비 (支)

⑤

〓 [랍][립] 石聲 돌소리 랍 拉也 꺾을 랍、립 義同 (合)(緝)

〓 [접] 山

左右有岸 낭떠러지겸、언덕겸 (葉)

厣 [갑] 大也 클갑 (合)

[illegible] [곡] 持也 가질곡 (沃)

厎 [지] 致也 이를지 定也 정할지 礪也 숫돌지 (紙)

⑥

厒 [갑] 山兩邊有岸 산양편에 낭떠러지 있을갑 㕉同字 (合)

厔 [질] 山曲 산굽이질 山限 산모롱이 질 水曲 물굽이질 止也 그칠질 (質)

厓 [애] 山邊水畔 언덕애 際也 가애 姓也 성애 崖同、涯通 (佳)

⑦

厚 [후] 重也 무거울후 大也 클후 ㅣ情 친절할후 不薄 두터울후 多也 많을후 (有)

厖 [방] 大也 클방 厚也 두터울방 雜也 어지러울방 混也 섞일방 庬通 (江)

⑧

厙 [사] 姓也 성사 (禡)

厘 [리][전] 貸幣之最小單位 一錢之十分一 이리 廛也 티끌리 전 義同、廛(广部十二畫)의 俗字

厞 [비] 陋也 더러울비、궁벽할비 幽隱 후미질비、으슥할비 (微)(未)

厝 [조][착] 置也 둘조 礪也 숫돌착 措同字 (遇)(藥)

厜 [수] 山巓 ㅣ㕒 산이마수 (支)

[illegible] [애][적] 張幕 덮어가릴애 石名 돌이름애、적 義同 (隊)(陌)

原 [원] 野也 들원 基因 원인원 本也 근본원 地高平 언덕원 再也 거듭원 宥罪 용서할원 察也 살필원 源通 (元)

[illegible] [순] 至也 이를순 誠懇 간곡할순 漬也 적실순 (軫)

⑨

厡 [원] 源也 근원원 (元)

[illegible] [리] 坼也 쪼갤리、벌릴리 (支)

厠 [치][칙] 圊溷 뒷간치 牀邊側 평상가장자리치 側也 기울칙 廁同字、本音측 (寘)

⑩

厨 [주] 熟食炊也 부엌주 庖屋 무관주、관주 廚同字 (虞)

厱 [렴] 清也 맑을렴 不貪 청렴할렴 儉也 검소할렴 廉의 本字 (鹽)

厧 [전] 塚也 산무더기전 止也 머무를전 (先)

厩 [수] 隈也 모퉁이수 老人 늙은이수 (有)

𠪚 [갑][압] 崩也무너질갑 碎也부스러질갑 旁穴산옆구멍갑、압 義同 (合)

厦 [하] 大屋큰집하 門之廡하 수청하 夏通 旁곁방하 행랑하 廈同字 (馬)

厤 [력] 數也셀력 書經책력력 歲月세월력 曆의古字 歷通 (錫)

厥 [궐] 其也助辭그궐 短 [굴] 也짧을궐 蕃國突ㅣ나라이름굴 厥撅通 (月)(物)

⑪

㕟 [계] 追也핍박할계 迮也끼일계 (霽)

厪 [근] 僅也겨우근 少也적을근 僅同字 (震)

厩 [구] 馬舍마구구 廄、廐의俗字 (宥)

厫 [오] 倉也곳집오 米庫쌀창오 (豪)

⑫

厡 [원] 本也근본원 地高平언덕원、둔덕원 原의古字 (元)

𠪺 [시][이][의] 石稜隅銳貌돌모서리뾰족할시、이、의 義同 (紙)(職)

𢉠 [사] 仄也기울사 眇也어렴풋할사 (馬)

厬 [궤] 涸也물마를궤 (紙)

厧 [전] 奠也정할전 (霰)

厮 [시] 使也부릴시 僕也마부시 分也나눌시 廝同字 (支)

厰 [창] 露舍屋無壁헛간창 庫也곳집창 廠의俗字 (養)

⑬

㕢 [호] 米倉쌀곳간호 (豪)

𠫊 [벽] 陋也더러울벽 仄也기울어질벽 (陌)

㕒 [의] 山巔、厜ㅣ산마루의、산꼭대기의 (支)

厲 [려] 磨也갈려 危也위태할려 作也지을려 以衣涉水옷입고물건늘려 病也병들려 (霽)

厱 [엄] 厓岸危貌언덕비탈엄 (琰)

⑭

厳 [엄] 毅也굳셀엄 威也엄할엄 甚恐무서울엄 嚴의略字 (鹽)

𠫄 [력] 分也나눌력 (錫)

⑲

𠫉 [전] 塚也봉우리전 (先)

㉗

𠫐 [원] 本也근본원 地高平언덕원、둔덕원 原의古字 (元)

㉘

厵 [권] 泉也근원원、샘원 續也계속할원 源의古字 (元)

厶部

厶 [사] 自營사사사 我也나사 (支)

一

𠫔 [거] 大也클거 鉅也 많을거 巨古字 (語)

𠫓 [돌] 臨産子轉身首向下해 산할때아이돌아나올돌 (月)

二

厷 [굉] 圜也둥글굉 臂上一節팔꿈치굉 肱古字 (蒸)

厹 [구] 三隅矛세모난창구 氣高기승부릴구 獸跡짐승의발자욱구 禸同字 (尤)

厸 [린] 近也이웃린 臣ㅣ輔弼도울린 車聲수레구르는소리린 鄰의古字 (眞)

三

𠫝 [창] ㅣ韃신예창 받을창[中]

厺 [거] 離也、行也갈거 棄也버릴거 時隔오래될거 去의本字 (御)(語)

去 [거] 離也 갈거 過時에건거 棄也버릴거 攱逐쫓을거 遠也멀거 距也떨어질거 藏也감출거 除也제할거 弃見 (微)

四

厽 [류][참] 積土而牆壁흙을쌓아서담쌓을류 參同字 (紙)(覃)

五

𠫸 [제] 王天下之號 君也임금제、제왕제 上ㅣ天也하느님제 帝의古字 (霽)

六

参 [삼][참][심] 數名三也 셋삼、석삼、間厠干與참여할참 藥名삼심 參의俗字 (覃)(侵)

叁 [참][삼][심] 參前條의略字

七

𠫬 [쟁] 競也다툴쟁、理也다스릴쟁 戰也싸울쟁 爭의古字 (庚)(敬)

羑 [유] 誘也꾀일유、권유할유 導也인도할유 誘同字 (有)

參 [삼][참][심] 數名ㅣ三也셋삼、謁也보일참、가지런하지않을참、藥名삼심 (勘)(侵)

十

叅 [참][삼] 度也참작할참 與也ㅣ伍참여할참、不齊ㅣ差층날삼 參通 (覃)(侵)

十三

㕙 [준] 狡兔약은토끼준 (震)

𠫯 [거] 離也、行也갈거 棄也버릴거 時隔오래될거 去同字 (御)(語)

又部

又 [우] 亦也 또우 宥也 용서할우 復也 다시우 宥通 (宥)

一

叉 [차] 手指錯交 손길잡을차 夜ㅣ 귀신이름차 釵同字 (麻)

二

及 [급] 覃被 미치갈급 逮也 미칠급 連累 죄미칠급 溝也 찰급 時來 때급 與也 더불어급 (緝)

𠬛 [조] 手足之甲 손발등조 爪古字 (巧)

友 [우] 同志相交 벗우、친구우 善於兄弟 우애우、합할우 (有)

収 [수] 聚也 모을수 斂也 거둘수 收의 俗字 (尤)(宥)

双 [쌍] 鳥二枚 둘쌍、쌍쌍 偶也 짝쌍 雙의 俗字 本音상 (江)

𠬝 [복] 以手治事 일할복 治也 다스릴복 (屋)

反 [반][번] 正之對 돌이킬반 覆也 엎을반、덮을반 叛也 배반할반 然辭 그러나할반 內省 돌아올반、愼重의 것할반、平ㅣ理枉 이치에 뒤칠번 翻通 (阮)(願)

三

叏 [도] 挑也 끌어낼도 滑也 미끄러울도 鼓也 북도 (豪)

夬 [괘] 分決 나누어 가를괘 (卦)

四

𠬪 [표] 落也 떨어질표 (篠)

叒 [약] 東方神木榑桑 동쪽 신목약 順也 좇을약 (藥)

史 [사] 冊也 사기사、역사사 姓也 성사 史의古字 (紙)

五

叓 [사] 動作云爲 일사 (史記曹參世家) 賓客見參不ㅣ事 일삼을사 事의古字 (眞)

六

受 [수] 得也 얻을수 盛也 담을수 繼承 이을수 容物 용납할수 相付 받을수 被也 입을수 (有)

叔 [숙] 伯ㅣ季父 아재비숙、삼촌숙 收拾 주을숙 幼稱 어린숙 末也 끝숙 菽也 콩숙 姓也 성숙 (屋)

叕 [철] 連也 이을철 聯也 잇댈철 (屑)

㕞 [쇄] 拭也 씻을쇄 掃也 쓸쇄 清也 깨끗이할쇄 (屑)

取 [취] 俗音 收也 취할취 又가질취 又걷을취 受也 받을취 索也 찾을취 娶見 獲也 얻을취 (麌)(有)

七

敘

[서] 陳也베풀서 述也지을서 用也쓸서 敍의俗字 (語)

叚 [가] 假也빌릴가 瑕也허물가 假通 (馬)

[illegible] [괴] 息也숨쉴괴 (卦)

叛 [반] 背也배반할반 離也달아날반 ㅣ散나누일반 (翰)

叜 [주] 叟(次條)同字 (有)(尤)

(八)

叟 [수] 老稱어른수 尊稱어르신네수 淅米聲쌀씻는소리수 (有)(尤)

叞 [위] 安也안위할위 尉也다리미위 (未)

(十一)

[illegible] [리] 引也끌리 (支)

(十二)

㕡 [학] 谷也골짜기학 坑也구렁학 壑同字 (藥)

(十三)

[illegible] [철] 短貌짧은모양철 (月)

[illegible] [벽] 法也본받을벽 法度법도벽 (陌)

(十四)

叡 [예] 王也임금예 深明通達밝을예 聖人성인예 賢也어질예 睿古字 (霽)

(十六)

叢 [총] 灌木密生떨기총 聚也모을총 煩雜번잡할총 藂同字 (東)

[illegible] [철] 鷄雛出殼時鳴聲알깔때병아리소리철 (質)

(十九)

變 [변] 化也변할변 更也改也고칠변 災異재앙변 變의俗字 (銑)

三畫

口部

口 [구] 緖也실마리구 人所以言食입구 洞ㅣ어귀구 孔穴구멍구 人ㅣ、户ㅣ인구구 辨古말구 (有)

(一)

[illegible] [구] 人所以言食입구 人ㅣ인구구 洞ㅣ巷어귀구 口의古字 (有)

𠮛 [지] 意向뜻지、뜻할지 美也아름다울지 旨의古字 (紙)

[illegible] [을] 聲소리 ㅣㅡ을 (質)

(二)

[illegible] [알] 鳥聲새소리알 (曷)

另 [령] 割也나눌령 別異다를령 (徑)

古 [고] 始也비롯할고 昔也

예고 天也하늘고 古事옛일고 先祖선조고 故通 (虞)

句 [커][구] 章ㅣ文詞止處귀절귀、國名高句麗 나라이름구 ㅣ當、ㅣ辨理말아볼구 神名 ㅣ芒귀신이름구 地名須ㅣ땅이름구 력치활잡아당길구 勾同字 (遇)(尤)

叩 [고] 問也물을고 擊也두드릴고 稽顙ㅣ頭머리숙여두드릴고 啓發 알게할고 本音구 訽同字 (有)(宥)

叨 [도] 忝也욕될도 貪也탐할도 橫ㅣ、濫외람도 (豪)

只 [지] 但也다만지 語已辭말을그칠지 (紙)

叺 [입] 表也가마니입、섬입 (日)

召 [소][조] 招也청할소 呼也부를소 寡婦ㅣ吏과부소、棗也대추조 (韓) (嘯)

右 [우] 尊也높일우 左之對오른쪽우 上也위우 助也도울우 側也곁우 強也강할우 (宥)

叭 [팔] 吹器喇ㅣ나팔팔 開口입벌릴팔 (黠)

史 [사] 冊也역사사、사기사 大學書官사관사 華美빛날사 姓也성사 (紙)

司 [사] 有ㅣ職事벼슬사 主也맡을사 伺也엿볼사 府也마을사 占也차지할사 (支)

叫 [규] 事理不當이치에맞지않을규 呼也부를규 遠聞聲멀리들릴규 霍雀종달새규 古音교 噭通 (嘯)

叮 [정] ㅣ嚀囑也단단히부탁할정 誠也정성스러울정 親也친절할정 (青)

㕣 [연] 山間陷泥地 산속의늪연 (霰)

叶 [협] 和也화할협 ㅣ時月正日餘、協古字 (葉)

号 [호] 이름호 號의略字

可 [가][극] 許也허락할가 否之對옳을가 宜也마땅할가 善也착할가、突厥酋長日ㅣ汗오랑캐극 妻日ㅣ敦안해극 (哿)(職)

台 [태][이] 三ㅣ星、今三公日三ㅣ 三鼎별태 大老늙을태 我也나이 悅也기쁠이 養也기를이 (灰)(支)

叱 [질] ㅣ咤、大詞發怒꾸짖을질 (質)

叴 [구] 三隅矛세모창구 氣高기승할구 國名나라이름구 厹通 (尤)

叵 [파] 不可못할파、할수없을파 遂也드ㅡ

디어파 叵名、ㅣ羅 술잔파 叵同字 (哿)

㊂

吁 [우] 嘆也 탄식할우 嘘也 불우 本音 후 (虞)

吘 [우] 吁(前條)의 本字 (虞)

吀 [마] 羊鳴 양울마 咩同字 (馬)

叿 [홍] 呵也 꾸짖을홍 大聲 큰소리홍 哄也 시끄러울홍 (東)

吇 [자] 鳥聲 새소리자 (紙)

各 [각] 異辭 각각각、제각기각 (藥)

吂 [망] 聽而不答 모른체할망 (陽)

吃 [흘] 言蹇難 말더듬을흘 喫也 먹을흘 笑聲 웃는소리흘 (物)

吆 [요] 悲痛聲 애통하는소리요 (蕭)

[illegible] [박] 怒聲 여정낼박 放杖聲 지팡이던지는소리박 嚗同字 (覺)

吅 [훤] 呼也 부르짖을훤 (元)

夻 [조] 魚名、大口魚 대구구 (韓)

合 [합][갑] 同也 같을합 結ㅣ 합할합 會也 모일합 答也 대답할합、呼也 부를갑 和也 화할갑 (合)

吏 [리] 治政官人 관리리、아전리 (寘)

[illegible] [망] 問而不答 물어도 대답않을망 (漾)

吴 [화] 譁也 지꺼릴화 魚之大口 큰입화 大聲 대성화 (禡)

[illegible] [앙] 應喚語詞、ㅣ늠 코대답하며 말할앙 (陽)

吉 [길] 嘉祥 길할길、좋을길 善也 착할길 利也 이로울길 朔也 日초하루길 (質)

[illegible] [기] 解釋 해석할기 (紙)

[illegible] [응] 應喚語詞、[illegible]코대답하며 말할응 (蒸)

吊 [조][적] 問終 조상할조 慭也 불쌍히여길조 至也 이를적 弔의 俗字 (嘯)(錫)

吒 [타][탁] 叱怒貌 꾸짖을타 噴也 뿜을타 嘲也 조롱할탁 咤同字 (禡)

吋 [촌][두] 英國度名 인치촌、叱也 꾸짖을두 (有)

吐 [토] 口歐 토할토 出也、舒也 펼토 吐出物 게울토 ㅣ露 나올토 (麌)

向 [향][상] 趨也 나아갈향 對也 향할향 昔也 접때향 嚮也 앞설향、姓也 성상 (漾)

同 [동] 輩也 무리동 會也 모일동 共也 한가지동、같을동 和ㅣ 화할동 齊也 가지런히할동 소 同字 (東)

后 [후] 後也 뒤후 君也 임금후 王妃 왕비후 社神ㅣ土 땅을맡은귀신후 (有)

叩 [히] 呻也、唸ㅣ 신음할히 屎同字 (支)

名 [명] 命ㅣ 이름지을명 聲稱 號也 이름명 文字 글명 命領 명령할명 功也 공명 (庚)

四

⿰口冘 [담] 嚋也 새울담 (感)

吙 [화] 呼氣 내쉬는숨화 (麻)

吜 [추] 聲也 소리추 (有)

呭 [예] 善也 좋을예 可也 옳을예 (霽)

呑 [탄] 并包 휩쓸탄 咽也 삼킬탄 藏也 감출탄 滅也 멸할탄 (元)

咿 [이] 嘆也 탄식할이 呻也 신음할이 (支)

君 [군] 卦號 군군 至尊 임금군 彼此通稱 그대군 夫也 남편군 湘ㅣ 귀신의존칭군 (文)

吽 [우] 和也 화할우 呼也 부를우 (有)

吝 [린] 惜也 아낄린 恨也 한할린 鄙嗇 인색할린 (震)

吳 [오][우] 國名 오나라오 大言 큰소리할오 姓也 성오 譁也 지껄일우 (虞)

吴 [오][우] 吳와同字 (前條)

吟 [음] 呻也 끙끙거릴음 詠也 읊을음 歎也 탄식할음 吃也 말더듬을음 鳴也 울음 (侵)

吢 [심] 犬吐 개가토할심 (沁)

吪 [와] 動也 움직일와 化也 변화할와 訛通 (歌)

吠 [폐] 犬聲 개짖을폐 地名ㅣ 땅이름폐 無使尨也ㅣ (隊)

吡 [필] 鳥聲 새소리필 (質)

哂 [신] 哂ㅣ笑也 비웃을신 (軫)

⿰口方 [방] 聞也 들을방 如聞 어렴풋할방 (養)

呈 [정] 露也 드러낼정 示也 보일정 獻也 드릴정 平也 평평할정 (庚)

吣 [심] 犬吐 개가토할심 吢同字 (沁)

吺 [부] 嚼也、ㅣ咀 씹을부 (麌)

吤 [개] 大聲 큰소리개 (卦)

吧 [파] 小兒忿爭ㅣ呀 아이들다툴파 (麻)

吱

지 細聲가는소리지 行貌 절뚝이며가는모양지 (支)

呟 횡 喤ㅣ鍠鼓聲 쇠북소리횡 (庚)

否 부 비 違也틀릴부 不然아닐부 無也없을부 不通、塞也비색할부 隔也막힐비 惡也악할비 卦名괘이름비 (有)(紙)

𠯑 괄 塞也입막을괄 (曷)

启 계 開發열계 가르칠계 導也인도할계 啓同字 (薺)

吆 요 答也응답하는소리요 弄聲희롱하는소리요 (肴)

吨 둔 言語不明 말분명치못할둔 愚也어리석을둔 (元)

吮 전 연 噏也빨전 嗽也기침할연 舐也핥을연 (銑)

吭 항 咽喉목구멍항 鳥嚨새목구멍항 (陽)(漾)

⿰口匹 괘 吐唾침뱉을괘 (卦)

吰 공 喧也지꺼릴공 (東)

吩 분 命領ㅣ咐분부할분 噴也뿜을분 (願)

含 함 包容용납할함 銜也머금을함 忍也참을함 飯ㅣ무궁주함 (覃)(勘)

𠰌 화 變也변화할화 化의古字

听 은 ㅣ然笑貌 벙긋거릴은 大口貌입이큰모양은 (軫)

⿱丘口 질 塞也막을질 (質)

⿵冂⿱人口 눌 低聲말소리나직할눌 (黠)

吵 묘 초 鳴也울묘 喧也떠들초 (篠)(巧)

品 품 類也무리품 格也품수품 批評평할품 品의略字 (寢)

呐 눌 열 言難말더듬거릴눌 訥同、言緩말을느리게할열 喊也함성지를열 (月)(屑)

吸 흡 飮也마실흡 內息숨들이쉴흡 雲動구름떠다닐흡 (緝)

呴 후 笑也웃을후 (宥)

吷 혈 小聲작은소리혈 飮也마실혈 鳥聲새소리혈 啜通 (屑)

呈 광 心病미칠광 躁妄경망할광 失情錯辭정신잃음을광 狂의古字 (陽)

吻 문 口脣邊입술문 物出邊뾰족나온곳문 爲其物合 (吻)

呇 계 晨星샛별계 (薺)

呅 매 문 笑也웃을매 、문 義同 (灰)(吻)

吹 [취] 出氣噓也 불취 奏也 악기불취 鼓ㅣ 부를취 風也 바람취 衝也 충동할취、부딪칠취 ㉺支 ㉺寘

吺 [두] 言多 말많을두 囁也 속삭일두 ㉺尤

吘 [우] 犬吠 개짖을우 ㉺尤

呄 [곡] 多財 넉넉할곡 ㉺職

吼 [후] 牛鳴 소우는소리후 獅鳴 사자우는소리후 怒聲 원성할후 ㉺有

㕨 [반] 破顔大笑貌 크게웃을반 剛健貌 굳셀반 ㉺翰

吒 [학] 怒聲 呼也 성내서부를학 ㉺覺

呃 [애] 氣逆作聲 재채기할애 詬通 ㉺卦

吾 [오] 我也 나오 子稱 아들오 伊ㅣ讀書聲 웅얼거릴오 官名 執金 벼슬이름오 晤通 ㉺虞

呆 [태] 緩也 느릴태 愚也 어리석을태 愚痴 멍청이태、천치태 ㉺灰

吽 [음][우] 牛鳴 소울음음 犬爭 개싸울우 犻ㅣㅣ者兩犬爭也 ㉺侵 ㉺尤

呁 [균] 吐也 토할균 ㉺震

告 [고][곡] 報也 알릴고 啓也 여쭐고 投官 칙지고 ㅣ寧休 쉴고 問也 물을고、請也 청할곡 示也 보일곡 ㉺號 ㉺沃

咂 [잡] 魚食 고기물결 잡 唼也 씹을잡 ㉺合

呀 [하] 張口貌 입딱벌릴하 谷空貌 골휑할하 ㉺麻

呂 [려] 陰律 음률려 脊骨 등골뼈려 姓也 성려 鍾名 종이름려 刀名 칼이름려 ㉺語

呌 [규] 呼也 부르짖을규 叫同、訆通 ㉺肴

呎 [척] 英國尺度 피이트척 新字

㕼 [흉] 喧也 시끄러울흉 哅同 ㉺腫

吚 [의] 耳語 귀에대고말할의、소곤거릴의 ㉺齊

呏 [승] 英美英의 容量單位(갤런켸트) 新字

五

周 [주] 密也 주밀할주 匝也 두를주 忠信 미쁠주 求助 구할주 國名 나라이름주 曲所 구부러질주 徧也 두루할주 賙通 ㉺尤

呝 [악] 鳥聲 새소리악 鷄聲 다리소리악 ㉺陌

呪 [주] 請神加殃 방자할주 주詛ㅣ 저주할주 詋、

祝通 (宥)

呟 [립] 潛船聲배젓는소리립 (緝)

呟 [현] 聲也소리현 (銑)

⿰口犮 [벌] 盾也방패벌 嘴也입부리뾰족할벌 (月)

呴 [구] 開口出氣숨내쉴구 言語愼말공손히할구 呵也꾸짖을구 以氣溫입김들일구 吹同字 (虞)

呢 [니] 小聲貌 多言소근거릴니 燕語제비지저귈니 呢緞우단니 (支)

呱 [고] 小兒啼聲아이가울고 (虞)

⿰口末 [말] 黑光꺼멍게빛살말 (曷)

呤 [령] 小言속삭일령 語也말할령 (青)

呥 [염] 噍也씹을염 自安貌편안할염 (鹽)

味 [미] 滋ㅣ物之精液맛미 氣分기분미 意也뜻미 (未)

呦 [유] 鹿鳴聲사슴우는소리유 鳥獸鳴새짐승우는소리유 (尤)(有)

呰 [자] 苟且구차할자 啙同字 (紙)

呧 [저] 呵也꾸짖을저 詆也비방할저 (齊)

呲 [자] 구차할자 啙同字 (紙)

⿰口召 [초] 喉鳴목구멍울초 (蕭)

⿰口疋 [골] 吐唾침뱉을골 (質)

呪 [주] 방자할주 咒同字 (宥)

呬 [히][령] 息也숨쉴히、象聲와ㄱ자할령 (寘)(青)

⿰口丘 [구] 高聲소리높일구 (尤)

呫 [첩][첨] 嘗也맛볼첩 附耳小語聲귀에대고소근거릴첩、첨義同 (葉)(鹽)

呭 [예] 多言말수다할예 詍通 (霽)

呮 [기] 足垂而坐도사리고앉을기 (寘)

呯 [평] 歎嬌聲애교있는음성평 (庚)

呵 [가] 怒責꾸짖을가 氣出내불가 笑聲깔깔웃을가 責讓꾸지람가 (歌)

呶 [노] 讙聲들릴노 譊也지껄일노 (肴)

呷 [합] 吸而飲也아마실합 張也벌릴합 鴨鳴집오리우는소리합 (洽)

⿰口主 [주] 口不正입비뚤어질주 (麌)

呸 [비] 爭聲다투는소리비 (支)

呹 [일][질] 疾也재빠를일 聲也소리질 (質)

呻 [신] 吟

咏聲 읊조릴신 ㅣ吟、殿屎 공끙거릴신 ㅣ吟 衷氏之地 (眞)

和 [화] 順也 순할화 諧也 화할화 過不及 알맞을화 睦也 사이좋을화 加也 더할화 調也 곡조화 (歌)

呺 [효] [호] ㅣ然 虛大貌 큰체할효 風聲 바람소리효 (蕭)(豪)

呼 [호] 外息 숨내쉴호 唤也 부를호 號也 부르짖을호 招也 청할호 (虞)

命 [명] 天地所賦人所禀受 목숨명 使也 시킬명 敎令 명령할명 名也 이름명 道也 도명 運也 운수명 (歌)

和 [화] 순할화 和同字 (敬)

咊 [화] 和(前前條)의 古字

呾 [달] 相訶 마주꾸짖을달 (曷)

呿 [거] [가] 張口貌 입딱벌릴거、가 義同 (魚)(麻)

咉 [앙] 咽悲 목메여 읊이울앙 (養)

咀 [저] ㅣ嚼 含味 씹을저 了解 깨달을저 食也 먹을저 (語)

咈 [불] 違也、戾也 어길불 佛道 (物)

咁 [감] 含也 먹을감 (感)

咇 [필] 馨香 ㅣ芬 향기날필 苾同字 (質)

咂 [잡] 口吸 빨잡 (合)

咅 [투] [부] 嗤也 비웃을투 唾也 침뱉을투、부 義同 (宥)(有)

咄 [돌] [달] 訶也 꾸짖을돌 咨語 여찰돌 呼聲 부르는 소리돌、달 義同 (月)(曷)

咆 [포] ㅣ哮 熊虎聲 짐승소리포 嘷也 고함지를포 ㅣ勃 怒貌 성불끈낼포 (肴)

咋 [사] [책] [색] 暫也 잠간사、大成 소리꽥지를책 嚙也 씹을색 (禡)(陌)

咍 [해] 嗤笑 비웃을해 (灰)

呆 [화] 小兒啼 어린아이울화 (歌)

咎 [구] [고] 過也 허물구 災也 재앙구、舜臣 ㅣ繇 순임금신하고 (有)(豪)

咏 [영] 歌也 노래할영 吟也 읊을영 詠同字 (敬)

⿱出口 [출] 喚聲 사람을 부르는 소리출

哅 [흉] 大聲 큰소리할흉 讙聲 떠들썩할흉 詾同字 (宋)(東)

咐 [부] 嘘也 불부 吩也 분부할부 (虞)

咩 [암] 羊鳴聲 양우는소리

암 (覃)

吒 타 叱怒꾸짖을타 悲也슬을타 (禡)

吟 시 答也대답할시 (寘)

咕 고 多言투덜거릴고 (麌)

咖 가 熱帶産植物茶名 ㅣ啡가피차가(中)

咽 인 연 열 ㅣ喉목구멍인 (戰國策)頃子葬天下之ㅣ喉、本音"연" 早急打鼓聲빨리치는북소리연、열 義同咽俗字

黾 민 면 맹 蛙屬其行勉强自力故曰ㅣ勉 힘쓸민 弘農郡名ㅣ池 땅이름면 楚地名ㅣ隘 땅이름맹 黽의略字 (軫)(銑)(庚)

六

咠 집 聶語 귓속말할집 (緝)

咮 주 鳥口、喙也 새부리주 (遇)

咟 획 叫也 부르짖을획 嚄同字 (陌)

咭 길 갈 笑貌웃는모양길 喜貌기뻐할길、鼠鳴聲쥐우는소리갈 (質)(黠)

咡 이 口傍입시울이 (寘)

咣 광 能言말잘할광 (庚)

咢 악 驚也깜짝놀랄악 直言바른말할악 高貌높을악 無歌鼓打노래하고북칠악 (藥)

咱 찰 自己之稱나찰 (曷)

吳 우 欲笑웃으려할우 (麌)

吺 두 輕言경솔히말할두 (尤)

咬 교 鳥聲새지저귈교 齧齒也물교 食也씹을교 齩同字 (肴)(巧)

咤 타 叱怒꾸짖을타 悲也슬플타 噴也뿜을타 舌打혀찰타、쩍쩍씹는소리타 (禡)

咨 자 謀也꾀자 怨也원망할자 嗟歎聲탄식할자 (紙)

咥 희 질 절 笑聲허허웃을희 笑也웃을질 咬也씹을절 (未)(質)(屑)

咫 지 八寸여덟치지 少也적을지 短也짧을지 (紙)

咧 렬 鳥聲ㅣㅣ새소리렬 (屑)

咪 미 羊鳴聲양우는소리미 咩同字 (紙)

咦 이 재 大呼貌크게부를이 笑貌웃을이、재 義同字 (支)(佳)

咩 미 羊鳴聲양우는소리미 咪同字

㖁 린 恨也한할린 惜也아낄린 吝의俗字 (震)

呭 예 서 설 言多말많을예、되풀이할예 (樂)

也즐거워할예、서、설義同字 (霽)(屑)

哂 [신] 微笑빙그레웃을신 哂笑비웃을신 (軫)

吪 [커] 許也허락할커 (紙)

品 [품] 官級ㅣ格품수품、벼슬차례품 等級등급품 類也무리품 性質성품품 物件가지품 式也법품 批評평판할품 (寢)

咯 [각][락] 雉聲꿩소리각 訟言송사말락 (藥)

㗊 [령] 衆聲많은소리령 喧也시끄러울령 (青)

呴 [줄][순] 飮也마실솔、순義同 (質)(眞)

哀 [애] 傷也서러울애 痛也슬플애 憐也불쌍할애 愛也사랑애 (灰)

咲 [소] 笑也웃을소 笑、古字 (嘯)

咾 [로] 弱聲약한소리로 (皓)

[口+后] [후] 恥也부끄러울후 吼也호할후 罵也욕할후 (有)

咿 [이] 喔ㅣ強笑선웃음칠이 讀書聲책읽는소리이 (支)

咳 [해] 小兒笑방글방글할해 (灰)

咽 [인][연][열] ㅣ喉、嗌목구멍인、早急打鼓聲빨리치는북소리연、嗚ㅣ聲塞목멜열 (先)(霰)(屑)

咶 [시][활] 舌取物핥을시 話也이야기할시、활義同 (紙)(黠)

哚 [염] 口動貌입움직일염 (琰)

咷 [도] 兒泣不止아이울음아니그칠도 號也부르짖을도 (豪)

[口+肙] [열] 怒也성낼열 (屑)

咸 [함] 同也같을함 悉也다함 偏也두루함 卦名괘이름함 (感)

咼 [괘] 口戾不正입비뚤어질괘 喎同字 (佳)

咮 [주] 雞呼雛聲ㅣ병아리부르는소리주 呼鷄聲닭의부르는소리주 (尤)

咻 [휴] 讙也지꺼릴휴 噢ㅣ口病聲입앓는소리휴 (麌)

咹 [알] 訥言말더듬거릴알 (曷)

[口+存] [존] 口廣입넓을존 (阮)

咔 [롱] 嘲也조롱할롱 咡也소근거릴롱 (送)

咺 [훤] 哀泣不止痛也섧게울훤 威儀宣著점잖을훤 懼也두려워할훤 (阮)

[口+朩] [축][육][적] 呼鷄聲닭의부르는소리축 嘆也한탄

ᄌᆞᆯ죽、安也편안할유、靜而無聲貌고요하고소리없을적 屋錫

哄 [홍] 象唱聲여럿이지꺼릴홍 笑大聲큰소리내어웃을홍 送東

唷 [욱] 吐也뱉을육 屋

哾 [슐] 口言중얼거릴슐 氣吹휘파람슐 質

𠯑 [뿐] 句讀 그뿐(𨐌)

哃 [동] 大言ㅣ嗃큰말할동 妄言망령된말동 東

虽 [수] 設兩辭假令비록수 蟲名벌레이름수 雖의略字 支

[口曲] [곡] 問罪문초할곡 沃

哅 [흉] 大聲큰소리흉 讙聲떠들썩할흉 東

响 [향] 振動진동할향 鳴也울향 養

呝 [액] 高聲높은소리액 陌

哆 [치][차] 張口貌입딱벌릴치、脣下垂입술처질차 紙禡

吥 [피] 喘息숨찰피 寘

哎 [애] 悲聲ㅣ呟애통하는소리애

哇 [와][왜] 淫聲음란한소리와 吐也게울와 氣暘막힐와、왜義同 麻佳

哈 [압][합] 魚多貌고기우물거릴압 씀歃飮한모금합 合

[口耒] [뢰] 以言相遮말막음할뢰 賄

[口卉] [알] 謗也비방할알 曷

哉 [재] 始也비로소재 疑也그런가재 語助辭어조사재 灰

[口彐] [삽] 口動입우물거릴삽 洽

⑦

哦 [아] 吟也읊조릴아 歌哿

員 [원][운] 官數관원원、益也더할운 烏ㅣ땅이름운 云、鄖通 先文

哧 [하][혁] 笑也웃을하、恐動으를혁 叱也꾸짖을혁 嚇同字 赫通 禡陌

哠 [호] 言多말많을호 號

哨 [초][소] 巡ㅣ屯戍防盜處방수군초 淸代軍制、百人一哨稱청대의군제초 口不正입비뚤어질소 效嘯蕭

[口呈] [녈] 怒也성낼녈 屑

哢 [롱] 鳥吟聲새읊조릴롱 送

哥 [가] 呼兄언니가 歌也노래할가 指稱姓氏성지명할가 歌古字 歌

⿰口巠 [경] 猿鳴원숭이울경 (徑)
⿱吅尹 [위] 呼鴨聲오리부르는소리위 (紙)
哤 [방] 雜處語亂貌잡된말방、떠들썩할방 (江)
哪 [나] 語助辭어조사나 (歌)
哩 [리] 語助辭어조사리 英國理程마일리 新字
哭 [곡] 哀之發聲울곡 ｜禮곡례곡 (屋)
哈 [합] 銜也재갈먹일합 哺｜먹음을함 張口｜呀입방긋하게벌릴함 含同 (覃) (勘)
哬 [하] 衆聲뭇소리하 (歌)
哱 [발] 囉軍器대평소발 (月)
⿰口劫 [겁] 聲也소리겁 (洽)
⿱沂口 [의] 慙也부끄러울의 (微)
⿰口谷 [곡] 雉鳴꿩울곡 (屋)
哫 [족] 以言求媚｜訾아첨할족 (沃)
哮 [효] 怒也성낼효 豕驚聲돼지놀란소리효 獸類怒吼울부짖을효 大聲發큰소리낼효 (豪)
唆 [사] 小兒相應嘵｜아이서로대답할사 (歌)
⿰口甬 [용] ⿰口容과 同字
哯 [현] 小兒嘔乳아이젖토할현 (銑)
哲 [철] 明也밝을철 知也슬기로울철 知者슬기로운이철 喆同字 (屑)
唄 [패] 梵音聲염불소리패 唱也노래부를패 (卦)
⿱⿰口己心 [기] 喰也먹을기 (寘)
哳 [찰] 嘲｜鳥鳴새지저귈찰 (黠)
哰 [로] 言語不解嘮｜말알지못할로 (豪)
哴 [량] 嗟｜啼極無聲울어목쉴량 喨同 (漾)
唁 [언] 弔生위문할언 (霰)
唀 [유] 相勸導也꾀일유 달랠유 敎也가르칠유 誘同字 (有)
⿰口岌 [읍] 衆聲貌많은소리읍 喧騷시끄러울읍 (緝)
哷 [렬] 鷄鳴聲닭우는소리렬 (屑)
咩 [마] 羊鳴양울마 (馬)
哵 [발] 鳴也울발 鳥聲새소리발 (黠)
⿰口辛 [갈] 拒絶거절할갈 (曷)
哹 [부] 吹氣｜부는소리부、同音孚 (尤)

哺 [포] 口中嚼食 씹어먹을 포 ㅣ之 먹일 포 餔通 (遇)

唅 [탄][첨] 癡貌 어리석을 탄 撒也 흩뿌릴 첨 (阮)(沁)

哼 [형] 愚 怯貌 嗆겁낼 형 (庚)

哽 [경] ㅣ咽 塞也 목 막힐 경 鯁通 (梗)

哿 [가] 可也 옳을 가 嘉也 아름다울 가 (哿)

哫 [속] 吸也 빨 속 鳥啄 새의 부리 속 (沃)

唇 [진] 驚也 놀랄 진 脣別字 (眞)

啓 [계] 開發 열 계 가르칠 계 導也 인도할 계 啓의 俗字 (薺)

唉 [애] 驚問 놀라물을 애 慢應聲 범연히 대답할 애 恨歎辭 탄식할 애 (灰)

唟 [겻] 地名、ㅣ串 鎭 광 이름 겻 (韓)

啅 [조] 囉ㅣ 지저귈 조

唈 [읍][압] 嗚ㅣ 短氣 숨느져쉴 읍、압 義同 (緝)(合)

唏 [희] 歎也 歔ㅣ 탄식할 희 (微)(尾)

唊 [겹] 妄語 망녕되이 말할 겹 多言 말많을 겹、수다스러울 겹 (葉)

唚 [침] ㅣ嘴 입맞출 침 (中)

唌 [연][단] ㅣㅣ 참소할 연、纏貌、탄 義同 (寒)(先)

唔 [오] 讀書聲 글 읽는 소리 오

唍 [완] 莞爾笑 방긋웃을 완 本音 환 (潸)

唖 [제] 鼻噴 재채기할 제 (薺)

唎 [리] 小聲 가는 소리 리 (寘)

唐 [당] 國名 당나라 당 荒ㅣ 大言 황당할 당 當途 보도 당 塘也 제방 당 遽也 갑자기 당 (陽)

八

唴 [강] 小兒啼ㅣㅣ 어린아이울 강 哭極音絶 울어기진할 강 (漾)

唆 [수] 口誘 입으로 가르칠 수 (肴)

唲 [아][애] 强笑 嚅ㅣ 선웃음칠 아、兒語ㅣ嘔 어리광부릴 애 (支)(佳)

唁 [관] 二鳥和鳴 새서로 지저귈 관 (刪)

唱 [창] 發歌 노래할 창 導也 인도할 창 (漾)

唩 [와] 小兒啼 어린 아이울 와 (歌)

啾 [적] 靜也 고요할 적 (錫)

唪 [봉] 大笑貌 크게

웃올봉 (董)

唰 [솰] 鳥治羽毛새깃다듬을솰 (黠)

嘁 [솰] 唰(前條)와同字 (黠)

唬 [호] ㅣ聲웅얼거릴호 虎聲범의소리호 琥同字 (皓)

唫 [금][음] 口急閉입다물금 咏也읊을음 吟同字 (寢)(侵)

唯 [유] 專辭獨也오직유、뿐유 許也허락할유 諾助辭어조사유 (紙)(支)

售 [수] 賣也팔수 價也갚을수 (宥)

唭 [기] 無聞見듣지도보지도않을기 暗愚어리석을기、어두울기 紿也속일기 (寘)

唶 [차][책] 歎也탄식할차 大聲嘖ㅣ우렁찰책 鳥聲새소리책 (禡)(陌)

⿰口昏 [혼] 多言ㅣㅣ잔말할혼 目所不見아득할혼 (元)

唳 [려] 鶴鳴학울려、기러기소리려 (霽)

唵 [암][옴] 手進食움켜먹을암、釋呪진언옴 (感)

啊 [아] 愛也사랑할아 助辭어조사아 (箇)

唷 [욱] 出聲소리지를욱 (屋)

唸 [점][전] 吚也신음할점、전 義同 (豔)(霰)

唻 [래] 歌聲노래하는소리래 (灰)(隊)

⿱林口 [람] 酒巡匝술순배람 喧也떠들람 啉同字 (覃)

啉 [람] ⿱林口(前條)同字 (覃)

啋 [교] 動也움직일교 喧也시끄러울교 或音효 (蕭)

⿰口夜 [야] 鳥夜鳴새밤에울야 (禡)

啇 [적] 木根나무뿌리적 本也밑둥적、실과꼭지적 (錫)

唹 [어] 靜笑고요히웃을어 (魚)

啙 [자] 嫌食물릴자 (支)

啈 [행] 爭也싸움할행 (敬)

啺 [석] 鳥聲새소리석 暘同字 (錫)

唺 [전] 맏也토할전 (銑)

唽 [석] 暘(前前條)同字 (錫)

商 [상] 行貨ㅣ賈장수상 裁度헤아릴상 國號상나라상 金音쇳소리상 (陽)

唼 [삽] 鳧鴈聚食ㅣ喋오리와기러기먹는소리삽 (洽)

啄 [탁] 鳥食쪼을탁 叩門剝ㅣ문두드릴탁 (覺)

⿰口肴 [효] 笑聲웃음소리효 (肴)

⿰口函 [함] 頤也턱함 怒貌노하는모양함 (覃)

唼 [삽] 口聲뮤ㅣ입다시는소리삽 (緝)

啅 [탁] 啄同字 쪼을탁 (覺)

唾 [타] 口液침타 ㅣ罵버릴타 (箇)

嗒 [답] 多言잔말할답 諮通 (合)

啁 [조][주] 聲也지껄일조 鳥聲ㅣ噍새소리조、주 義同 (看)(尤)

⿰口東 [동] 多言말많을동 (董)

唿 [홀] 憂也근심할홀 (月)

⿰口帚 [소] 羣鳥聲뭇새소리소 (號)

啀 [애] 狗欲齧개가물려고할애 (佳)

⿰口固 [고] 牛頷垂貌소목도리질할고 本音호 (虞)

⿰口乳 [누] 哺乳젖먹일누 (有)

啌 [강] 嗽也양치질강 本音향 (江)

啣 [함] 馬口勒재갈함 口物머금을함 感也느낄함、감동할함 銜의俗字 (咸)

啍 [톤] 重遲貌ㅣㅣ느릿느릿할톤 (元)

啤 [비] ㅣ酒、麥酒맥주비 (支)

唔 [오] 逆也거스를오 逢也만날오 (遇)

唲 [애] 小兒言아이말애 (佳)

問 [문] 訊也물을문 訪也문안할문 命令분부할문 訊也문초할문 (問)

啡 [배][비] 唾聲침뱉는소리배、熱帶産植物茶名咖ㅣ커피차비 (灰)

⿰口彔 [록] 暫笑잠간웃을록 (屋)

⿰口或 [혁][역][욱] 聲也소리혁 大笑貌크게웃을혁 聲也소리역 喉聲목구멍소리욱 (陌)(職)(屋)

啐 [쵀][줄] 呼也부를쵀 嘂ㅣ驚也놀랄쵀、衆嘈ㅣ지껄일줄 吮聲쭉쭉빨줄 (隊)(質)

啞 [아][액] 鳥聲ㅣㅣ까마귀소리아、病瘖不言벙어리아 瘂同、笑聲웃음소리액 (禡)(馬)(陌)

啑 [잡][삽][체] 唼也삼킬잡 哂同、鴨食魚貌ㅣ喋오리가텁석텁석먹을삽、鼻噴氣곳김체 (合)(洽)

啝 [화] 順也순할화 小兒啼아이울화 (歌)

啓 [계] 開發열계、가르칠계 導也인도할계 奏也여쭐계 發足떠날계 跪也꿇을계 启同字 (霽)

⿰口取 [추] 無廉ㅣ歠염치없을추 (虞)

啟

[계] 啓(前條)俗字

啜 [철] 泣貌 훌적거릴철 多言 수다할철 嘗也 맛볼철 喙也 부리철 (屑)

啟 [계] 열계 啓同字

啕 [도] 多言 ㅣㅣ 수다할도 (豪)

啦 [읍] 漕船聲 배젓는소리읍 (緝)

啗 [담] 噍也 씹을담 食也 먹을담 啖同字 (勘)

啛 [채] 先嘗 먼저맛볼채 (隊)

啖 [담] 噍也 씹을담 并呑貌 통채로삼킬담 以利餌人 미끼담 (勘)

啙 [자] 苟且ㅣ窳 구차할자 短也 짧을자 呰同字 (紙)

啵 [과] 言人之短 험담할과 (箇)

啚 [비] 嗇也 인색할비、다라울비 鄙同字 (紙)

九

啺 [당] 國名 당나라당 荒ㅣ 大言 황당할당 唐의古字 (陽)

喀 [객] 欬聲 기침할객 吐也 토할객 (陌)

咽 [열] 喉也 목구멍열 (先)

喍 [재] 犬鬪貌 ㅣ啀 개싸움할재 (佳)

啻 [시] 不止是、下뿐시、만시、쯤시 (寘)

㖼 [모] 計也 꾀모 圖也 도모할모 議也 의논할모 謀同字 古音무 (尤)

㖷 [시] 鳥鳴 새울시 (支)

喸 [전] 煎也 삶을전 嗤也 웃을전 (先)

啼 [제] 泣也 울제 本音 체 (齊)

喌 [주][죽] 呼鷄聲 닭부르는소리주、죽 義同 (尤)(屋)

啽 [암] 不信ㅣ嘿 말아니할암 寐聲ㅣ囈 잠꼬대할암 (覃)

喋 [첩][잡] 便語利口ㅣㅣ 말잘할첩 鳧雁聚食唼ㅣ 오리와기러기모여먹을소리잡 (葉)(洽)

啿 [잠][담] 豐厚之貌ㅣㅣ 수두룩할잠、많을잠、담義同 (感)

啾 [추] 小聲 두런거릴추 ㅣ唧 찍찍거릴추 (尤)

啬 [억] 快也 괘할억 (職)

喊 [함] 諱聲 고함지를함 持意 口閉 입다물함 怒聲 성낸소리함 呵也 꾸짖을함 (謙)(感)

喁 [옹][우] 魚口聚貌 噞ㅣ 고기입오물거릴옹 衆口向上 고기입쳐들옹 相呼 서로부를우 (冬)(虞)

嗬 [하] 答

聲대답소리하 (寄)

啈 [준] 吹也 불준 (軫)

喉 [후] 咽也목구멍후 (尤)

㗋 [후] 喉(前條) 本字

⿰口盆 [분] 吒也토할분 水聲물소리분 湓同字 (元)

喈 [개] 鳥鳴새소리개 疾貌빠를개 (佳)

哽 [경] ㅣ咽塞地목막힐경 哽同字 鯁通 (梗)

喇 [랄][라] 言急喝ㅣ말급히할랄、叺나팔라、ㅣ嘛나마교라 (曷)(新字)

喃 [남] 語不了呢ㅣ말분명치못할남 燕語제비소리남、재재거릴남 (咸)(覃)

喆 [철] 明也밝을철 哲也착할철 哲同字 (屑)

善 [선] 良也착할선 吉也길할선 多也다할선 好也좋을선、좋아할선ㅣ之옳음게여길선 (銑)(霰)

咠 [집] 讒言ㅣ참소할집 聶耳語귓속말할집 咠同字本音즙 (緝)

喅 [욱] 象聲무ㅅ소리욱 (屋)

⿰口柔 [유] 小兒聲ㅣ呢어린아이소리유 (尤)

⿰口耎 [연] 吮也 빨연 (軫)

⿰口怠 [태] 詐言거짓말태 (賄)

喏 [야] 敬言答聲唱ㅣ공손히대답할야 (馬)

喹 [질] 咀也씹을질 (質)

喎 [괘] 口戾不正입비뚤어질괘 (佳)

喗 [운] 口大입클운 齒䶈이빨이더러울운 (軫)(吻)

喑 [음][암] 聲也、ㅣ啞소리지를음 聚氣안간힘쓸음 失聲ㅣ不能言목쉴음、목잠길음、泣無聲울적거릴암、슬피울암、소리없이울암 (沁)(侵)(覃)

⿰口厚 [후] 吒也토할후 (有)

喛 [수] 笑聲웃음소리수 (肴)

唧 [즐][즉] 象聲ㅣ啾ㅣ두런거릴즐、多聲ㅣㅣ찍찍거릴즉 (質)(職)

喞 [즐][즉] 唧(前條)同字 (質)(職)

喒 [잠] 我也나잠 (覃)

嘝 [유] 吟聲咿ㅣ읊는소리유 鹿鳴사슴울유 呦通見 (尤)

喝 [갈][애] 訶也꾸짖을갈 怒聲성낸소리갈 呼也부르짖을갈 俗音할、嘶聲噎陰ㅣ목쉴애 愒同字 (曷)(卦)

喓 [요] 虫聲ㅣㅣ벌레소리요 (蕭)

[口胡] [호] 咽下垂목젖호 喉聲목소리호 (虞)

喔 [악] 鷄聲ㅣㅣ닭울음소리악 (覺)

喜 [희] 樂也기쁠희、즐거울희 好也좋아할희 (紙)

喖 [호] 咽喉목구멍호 (虞)

[口罒万] [만] 欺也속일만 婧ㅣ緩也느릴만 謾俗字 (翰)(寒)(諫)

[口施] [시] 始言말시작할시 (支)

[口便] [변] 巧言교묘히말할변 (先)

喘 [천] 疾息헐떡거릴천、숨찰천 歎同字 (銑)

喚 [환] 呼也부를환 禽名새이름환 (翰)

咢 [악] 齒齶잇몸악 (藥)

喛 [환] 怒也성낼환 憂也근심할환 (翰)

[口迦] [가] 陋言ㅣ謰더러운말가 (麻)

喙 [훼] 鳥獸口부리훼、주둥아리훼 息也숨쉴훼 苦也괴로울훼 (隊)

喙 [훼] 喙(前條)俗字 (隊)

㗂 [성] 閉口다물성 (梗)

[口昏] [문] 口脣邊입아커문 (吻)

喟 [위][괴] 太息한숨쉴위 本音커、괴 義同 (虞)(卦)

喠 [종] 瘇也벙어리종 嘔逆구역질할종 (腫)

喡 [위] 呼聲부르는소리위 驚而失聲놀라서소리나지않을위 小兒啼聲아이우는소리위 (微)(尾)

喰 [식] 飡也먹을식(日)

[口壽] [수] 命也목숨수 年齡나이수 壽의古字 (宥)(有)

喢 [삽] 多言말많을삽 (洽)

[甫口] [봇] 地名、ㅣ乭岩 땅이름봇(韓)

[口革] [혁] 颶風名吹囉ㅣ吡 합사방풍혁 本音책 (陌)

喳 [사] 應答聲예하고대답하는소리사(中)

喣 [후] 吹也불후 謟笑貌선웃음칠후 溫潤품어줄후 (麌)(虞)

営 [영][형] 造也지을영 度也헤아릴영 治也다스릴영 星名ㅣ惑별이름형 營略字 (庚)(青)

[口叚] [하] 咽也목구멍하 (麻)

喱 [리] 藥名沙ㅣ仙酸약이름리 (紙)

嵒

[엽] 地名땅이름엽 争也다툴엽 (葉)

喤 [황][횡] 皃聲아이울음소리황、喤也지껄일횡 (陽)(庚)

喲 [약] 感歎詞ㅣ감탄하는어조사야 (藥)

喧 [훤] 大語嘩也지껄일훤、들렐훤 争也싸울할훤 嚾同字 (元)

單 [단][선] 獨也홀로단、홑단 大也클단、廣大貌 되임금선 盡也다할선 (寒)(先)(銑)

[illegible] [락] 磨刀칼갈락 利也날카로울락 䂮同字 (藥)

喭 [안][언] 剛猛용맹스러울안 叛ㅣ不恭버드러질안 俗言俚語좀말언 諺의古字 (翰)(霰)

喨 [량] 不止울고그치지않을량 (漾)

喭 [안][언] 失容추솔할안 弔生상할언 唁通 (翰)(霰)

喩 [유] 曉諭효유할유、깨우쳐줄유、알려줄유 告也고할유 好也좋아할유 諭同字 (遇)

喬 [교] 大樹、松、栢、檜、杉類큰나무교 高也높을교 矛上句창갈구리교 驕也교만교 驕通 (蕭)

喪 [상] 杖服曰ㅣ상사상、복입을상 亡也죽을상、구길상 失也잃어질상、잃어버릴상 (陽)(漾)

喫 [끽] 食飲먹을끽、마실끽 本音긱 (錫)

㗊 [즙] 衆口뭇입즙 (緝)

𠷎 [상] 杖服曰ㅣ상사상、복입을상 失也잃어버릴상 喪의本字 (陽)(漾)

⊕ 十

嗑 [합] 食也먹을합 合也입다물합 多言잔말할합 笑聲웃는소리합 卦名、噬ㅣ괘어름합 (合)(洽)

嗐 [할][해] 開口吐氣하품할할、해 義同 (黠)(泰)

哹 [부] 吹息숨내쉴부 (尤)

[illegible] [능] 多言말많을능、수다스러울능 (迥)

𠷎 [상] 杖服曰 상사상、복입을상 喪의古字 (陽)(漾)

嗌 [익][액] 咽喉목구멍익、액 義同 (陌)

唇 [진] 驚也놀랄진 (眞)

嗎 [마] 叱罵꾸짖을마 罵俗字

喿 [소] 鳥群鳴새떼지어울소 譟、噪通 (號)

啗 [담] 噉也 씹을담 食也 먹을담 啗、啖同字 ㊞勘

[口追] [추] 滿口貌 입속가득할추 ㊞支

嗋 [협] 吸氣 들이마실협 ㊞葉

[口虔] [언] 憙也 기꺼워할언 樂也 즐거워할언 嘕同字 本音 헌 ㊞先

嗊 [홍] 嗊ㅣ望夫歌曲 서방바라는 노래홍 ㊞董

嗁 [제] 號泣 부르짖어울제 啼同字 ㊞齊

嗉 [소] 鳥受食處 멀떠구니소 ㊞遇

嗀 [학] 嘔吐貌 구역질할학 殼同字 ㊞覺

嗈 [옹] 鴈和鳴 기러기울옹 ㊞冬

嗂 [요] 喜也 기꺼울요 樂也 즐거울요 ㊞蕭

[口疾] [질] 聲也 소리질 ㊞質

嗃 [효][학] 恚聲 불멘소리효 大叫 크게부르짖을효 悅樂 기뻐할학 ㊞肴 ㊞藥

[口草] [초] 寂寥 적적할초 ㊞晧

[口孫] [손] 噴水 물뿜을손 ㊞願

[口冓] [구] 唱也 부를구 雉鳴 꿩울구 ㊞宥

[口窊] [아] 赤子啼 갓난아이울아 ㊞禡

嗇 [색] 愛也 아낄색 慳也 인색할색、다라울색 貪也 탐낼색 ㅣ夫 田畯 부전색、농부색 ㊞職

嗄 [애][사] 氣逆聲敗 목쉴애 聲變 목갈랠사 ㊞卦 ㊞禡

嗆 [창] 鳥食 새먹을창 噴出 뿜을창 愚也 어리석을창 ㊞陽

[口囟比] [괴] 吡聲 꾸짖는소리괴 ㊞支

[尚日] [상] 探味 맛볼상 試也 시험할상 嘗의俗字 甞同字 ㊞陽

[吅田一] [나] 逐鬼 귀신쫓을나 ㊞歌

嗅 [후] 以鼻取氣 냄새맡을후 就臭 냄새날후 臭通 ㊞宥

嗓 [상] 喉也 목구멍상 馬病鼻流涕 말병들어코첨흘릴상 ㊞養

嗡 [옹] 牛聲 소울음옹 虫聲 벌레소리옹 ㊞東

嗒 [탑] 妄懷ㅣ然 생각잊을탑 解體貌 사지늘어뜨릴탑 又 우두먼할탑 ㊞合

嗣 [사] 續也、繼也 이을사 習也 익힐사 子孫 자손사 ㊞寘

[口婁] [추] 誹謗 헐담할추 ㊞有

[谷各]

[락] 牛乳 소젖 락 酪同字 (藥)

嗔 [진] 怒也 성낼 진 謓同字 (眞)

嗢 [올] 咽也 목멜 올 (月)

嗂 [소] 騷也 시끄러울 소 (號)

嗕 [욕] 蓐別種 오랑캐이름 욕 (沃)

寋 [건] 難言 吃也 말더듬거릴 건 謇、蹇同字 (阮)

嘄 [요] 叫也 부르짖을 요 (嘯)

⿰口宮 [홍] 衆聲 뭇소리 홍 (送)

嗟 [차] 歎也 탄식할 차 咨也 슬플 차 惜也 가엾을 차 歎息聲 한숨소리 차 瞬間 잠간동안 차 (禡)(麻)

嗗 [골] 飮聲 마시는 소리 골 (黠)

嗘 [계] 聲也 ㅣㅣ 소리 계 (齊)

嗞 [자] 歎也 탄식할 자 (支)

㗚 [률] 不明言 말 분명치 못할 률 (質)

啤 [패] 分解 나눌 패 別也 달리할 패 裂也 찢을 패 (蟹)

嗛 [겸][함][협] 不足貌 부족히 여길 겸 謙同字 口有銜 머금을 함 銜通、足也 넉넉할 협、古音 겹 (鹽)(咸)(葉)

嗙 [방] 笑也 웃을 방 歌聲 노랫소리 방 (漾)

⿰口豈 [해] 小兒笑 어린아이 웃을 해 (灰)

嗝 [격] 逆氣 팔꾹질할 격 雉鳴 꿩울 격 (陌)

嗚 [오] 歎辭 탄식할 오 歌也 노래이름 오 (虞)

⿰口尃 [박] 喰也 먹을 박 (藥)

⿰口員 [운] 吐也 토할 운 (文)

⿰口芻 [추][녑] 叱聲 꾸짖을 추 言說輕薄貌 말이 경박할 녑 (虞)(洽)

⿰口唐 [당] 大言 큰말할 당 哃ㅣ (陽)

嗖 [훌] 嘯也 吹口 휘파람불 훌 (質)

嗜 [기] 欲也 즐길 기、욕심낼 기 好也 좋을 기 醋同字 本音 시 (寘)

⿰口哲 [달] 鳥嚋 새 울 달 (黠)

⿰口約 [교] 誇也 자랑할 교 (效)

⿰口展 [전] 愚也 어리석을 전 (阮)

咲 [소] 喜而解顏啓齒欣 웃음 소、웃을 소 笑의 俗字 (嘯)

嗤 [치] 嘲笑 비웃을 치 冷笑 냉소 치 (支)

⿰口⿱日羽 [답] 口動貌 입움직일 답 (合)

⿰口恚 [이] 怒聲 성낸 소리 이 (寘)

嘁 [축] 愁

貌嚬眉눈살찡그릴축 (屋)

⿱直乙 [짓] 地名땅이름짓(韓)

嘷 [호] 叫也고함지를호 咆也짓을호 嘷의本字 號、譹同字 (豪)

嘆 [탄] 呑歎太息한숨쉴탄 嘆略字、歎同字 (翰)

嗧 [륜] 갤런 英國의容量單位(韓)

嗩 [쇄] 軍中樂一 吶木管蘆頭銅底호적쇄

嗠 [락] 呼也轉舌허두루며부를락 (藥)

⿰口豦 [갹] 笑不止껄껄웃을갹 口開입벌릴갹 噱의譌字 (藥)

嘆 [탄] 呑歎太息한숨쉴탄 (軫)

十一

嘅 [개] 歎也탄식할개 怒也성낼개 慨通 (泰)

嗶 [필] 鳴也울필 多言잔말할필 (質)

嘄 [교] 叫也부르짖을교 獸名、一짐승이름교、子義同 叫同字 (蕭)(嘯)

嗷 [오] 衆口愁여럿이걱정할오 鳥聲새소리오 熬、敖通 (豪)

⿰口庸 [중] 喰也먹을중 (東)

⿱品生 [성] 列宿總名별성 歲月세월성 星의古字 (靑)

嘁 [축] 慼也부끄러울축 (屋)

嗸 [오] 哀聲슬픈소리오 嗷同字 (董)

嘂 [교] 大呼크게부를교 (嘯)

嗹 [련] 長言길게말할련 (先)

⿰口桼 [칠] 叱聲꾸짖는소리칠 (質)

⿰口動 [동] 大歌크게노래부를동 (董)

⿰口率 [률][설][쇄][솔][세] 鳥鳴聲지저귈률 鳴也울 률、小飮조금마실설、쇄義同 聲也소리술、嘗也핥을세 (質)(屑)(卦)(質)(霽)

嗺 [최] 撮口입오무릴최 促飮급히마실최 口醜입추할최 (賄)

⿰口康 [강] 咳聲기침소리강 (養)

⿰口离 [리] 言不止말그치지않을리 (支)

嗾 [수][주] 使犬聲개부릴수 勸爲얼러시킬수、주義同 嗻同字 (有)(宥)

嗻 [차] 多言말많을차 語無信말않믿을차 (麻)(禡)

嗿 [탐] 衆食聲여럿이먹는소리탐 (感)

嗽 [수][삭] 盪口上氣疾기침할수、口嗽마실삭

吮也빨삭 欶同字(宥)(覺)

嗼 [마] 靜也고요할막(藥)

嘈 [조] 喧也지껄일조(豪)

嘖 [책] 大呼聲크게부르는소리책 爭言貌말다툼할책 鳩鴟꾹꾹울책(陌)

[口+郭] [곽] 口聲두드리는소리곽 嘘也숨불어쉴곽(藥)

啖 [담] 少味엽맛 싱거울담(覃)

嘇 [삼] 物在口中、啥ㅣ 먹음을삼(咸)

[口+窕] [조] 相誘서로꾀일조 誂同字(篠)

嘉 [가] 善也착할가 美也아름다울가 樂也즐거울가 慶也기꺼울가 味也맛있을가 佳同字(麻)

嘕 [언] 喜也기꺼워할언 樂也즐거워할언 笑貌빙그레할언(先)

嘮 [로] 大聲큰소리로 喧也시끄러울로(豪)

嘔 [구][후] 謳也노래할구 物聲소리구 古音우、吐也게울구、悅言기꺼운말후(尤)(虞)

嘊 [애] 傾而不正비틀거릴애 啀同字(佳)

[口+堇] [근] 脣邊입시울근(軫)

噭 [교] 乎也外울교(肴)

嘓 [괵] 苦厭不肯키찮을괵(陌)

嘌 [표] 車疾行無節몰아갈표 疾吹貌휘불표(蕭)

[口+祭] [절] 正言바른말할절(屑)

[口+雩] [호] 哮也웅얼거릴호 大聲고함칠호 嘑同字(虞)(遇)

嘒 [혜] 蟬聲매미소리혜 和也화할혜 微也貌반짝거릴혜 嚖同字(霽)

[口+窒] [질] 語無節ㅣ咄말절차없을질(質)

嘑 [호] 哮也웅얼거릴호 大聲고함칠호 叱咤꾸짖을호(虞)(遇)

嘍 [루] 語助辭어조사루 煩也번거러울루 鳥聲새소리루(尤)(有)

嘐 [효][교] 誇語ㅣㅣ자랑할효 鷄鳴ㅣㅣ닭이자쳐울교 咬同字(肴)

嘎 [알] 鶴聲두루미의소리알 古音갈(黠)

[口+習] [습] 忍寒聲추위참는소리습(緝)

[口+巢] [소] 衆聲많은소리소、시끄러울소(效)

[口+紫] [괴] 美口예쁜입괴(支)

[口+寅] [연] 大笑깔

三畫—口

깔웃을 연 (銑)

嘏 [가] 大也클가 遠大멀가 固也굳을가 祝福축복할가 福也복가 (馬)

嗄 [차] 惡言험담할차 (馬)

⿱殹口 [해] 笑貌웃는 모양해 (佳)

嘗 [상] 探味맛볼상 試也시험할상 會也일찍상 (陽)

嘛 [마] 西藏蒙古稱僧曰喇ㅣ중마、나마마

噓 [허] 虛口吐氣불허 物吹出貌뿜을허 歎食聲아이허 (魚)

⿰口悉 [실] 發響音소리낼실 (質)

⿱尚多 [차] 厚脣입술두터울차 (緩) 口貌입처질차 (麻)

嘞 [륵] 語助辭어조사륵 (職)

嗏 [도] 草名풀이름도 (虞)

⿰口⿱言心 [분] 怒聲성낸소리분 (問)

(十二)

嘹 [료] 鳥鳴遠聞聲새소리멀리들릴료 鳴也울료 病呼신음할료 (蕭) (嘯)

嘪 [매] 羊鳴양의소리매 (蟹)

⿰口寒 [건] 難言吃也말더듬거릴건 謇同字 (阮)

嘮 [로] ㅣ呶讙也지껄일로 (肴)

嘩 [화] 喧ㅣ讙들랠화 지꺼릴화 譁同字 (麻)

⿰口寔 [제] 小語소곤거릴제 密語속삭일제 (齊)

嘬 [최] 齧也물최 一擧盡臠산적한입에넣을최 (卦)

嘸 [무] 不精明어리둥절할무 (麌)

嘫 [연] 答也대답할연 (先)

噑 [호] 叫也고함지를호 咆也짖을호 號、譹同字 (豪)

嘭 [팽] 聲也팽팽 소리날팽 (庚)

⿰口閑 [하] 閑口입벌릴하 (麻)

⿰口集 [집] 噍貌、噂ㅣ입우물거릴집 (緝)

嗒 [탑] 西域浮圖탑탑 塔同字 (合)

嘯 [소] 蹙口吹聲長ㅣ휘파람소 荒息吐出세게품을소 吟也읊을소 歗同字 (蕭)

嘵 [효] 懼也두려워할효 (蕭)

囑 [촉] 付託부탁할촉 嘱同字 (沃)

⿰口聿 [귤] 鳴也울귤 (質)

嘰 [기] 口醜입오무라질기 小食쪼잘거려먹을기 唏也한탄할기 唏通 (微)

嘶 [시] 馬鳴말

울시 聲破 목쉴시 鳴也 울시 (齊)

⿰口畫 [획] 噴叫也 부르짖을획 言聲 말똑똑할획 (陌)

噾 [암] 唊少味 싱거울암 (覃)

嘲 [조] 謔也 희롱할조 輕蔑 경멸할조 啁通 (肴)

嘳 [괴] 太息 ㅣ思 한숨쉴괴 譏他人 놀랄괴 (卦)(寘)

嘴 [취] 喙也 부리취 觜同字 (紙)

嘺 [교] 口不正 입삐뚤어질교 (蕭)

嘟 [도] 讚詞 칭찬할도 肝病名 간병날도 (虞)

⿰口盆 [반] 以言難人 말로사람비난할반 (寒)

嘻 [희] 和樂聲 화락한소리희 驚懼聲 에구머니할희 贊美聲 아아희 感也 느낄희 (支)

噐 [기] 成形皿 그릇기 度量 도량기 器의俗字 (寘)

⿰口⿱夗豆 [울] 喉中鳴 목구멍가르릉거릴울 (物)

⿰口閒 [안] 犬爭聲 개가싸울안 訟也 하소연할안 (刪)

⿱來回 [색] 愛惜 인색할색 嗇同字 (職)

嘼 [축] 山獸 산짐승축 畜古字 (宥)

噉 [철] 言正 말단정히할철 (屑)

嘽 [탄][천] 盛貌 성할탄 喘息 헐떡거릴탄 喜也 기꺼울탄 衆也 많을탄、怒而噎噫 분이복받칠천 (寒)(銑)

噏 [흡] 內息 숨들이쉴흡 吸同字 (緝)

嘾 [담] 含深 꿀꺽삼킬담 貪也 탐할담 (覃)

噎 [열][일] 飮窒喉閉 목메일열、목쉴열、일 義同 (屑)(質)

⿰口毳 [취][철] 嘬也 씹을체 歠也 훌쩍마실철 發同字 (卦)(屑)

⿰口普 [분] 噀也 뿜을분 噴俗字 (願)

噀 [손] 噴水 물뿜을손 海鼠 해삼손 (願)

噍 [초] 鳥聲 啁ㅣ 새소리초 急聲 급한소리초 嚼也 씹을초 ㅣ類、生民 먹고살초 (蕭)(嘯)

嘿 [묵] 恭ㅣ 靜也 幽也 不語 잠잠할묵 조용할묵 淵ㅣ 침잠할묵 默同字 (職)

噌 [쟁][증] 市聲 ㅣ吰 장꾼지껄일쟁 空竇囂泓ㅣ 공연히지껄일증 (庚)(蒸)

噁 [오] 怒也 성낼오 (遇)

⿰口奇 [의] 危也 위태할의 (寘)

噂 준 丨沓聚語 수군거릴준 譐同字 (阮)

噋 돈 重遲貌 느릿느릿할돈 口氣입김돈 啍同字 (元)

噉 담 嚼也 씹을담 啖同字 (感)

噃 번 山猪吵丨、産猶太諸山 산돼지번 聲也소리번 (元)

噈 축 口合 입맞출축 (屋)

⿰口喆 철 嘲也 조롱할철 (屑)

噇 당 食貌 먹는모양당 (江)

噅 휘 口不言正 거짓말휘 醜也 곱사등이휘 (支)

噭 훌 氣也 숨훌 不明 어두울훌 (物)

噆 잠 嗛也 먹음을잠 齧也 물잠 (感)

嚓 찰 細言 가늘게말할찰 (黠)

壼 곤 宮中衖 대궐안길곤 閤道門 복도문곤 壼同字 (阮)

噴 분 嘆也 뿜을분 鼓鼻 재채기할분 噴同字 (願)(元)

⑬

噭 교 呼也 부를교 號聲 부르짖을교 吼也 고함지를교 泣貌 울교 (嘯)

⿰口解 해 怒聲 역정낼해 謑同字 (蟹)

⿰口虜 로 呼猪聲 丨丨 돼지부르는소리로 (虞)

噞 엄 魚口上見 丨喁 고기입엄 䲓同字 (琰)(鹽)

⿰口楚 초 叱也 꾸짖을초 (魚)

⿰口愁 추 小兒啼 아이울추 (尤)

噠 달 西夷國名 嚈丨 오랑캐나라이름달 (曷)

噬 서 啗也 씹을서 逮也、頤中物丨嗑 미칠서 (霽)

噟 응 答也 대답할응 譍同字 (蒸)

⿰口悉 실 叱聲 꾸짖는소리실 (質)

噢 욱 우 悲也 슬퍼할욱、우 義同 (屋)(虞)

噫 희 애 痛傷聲 슬플희、느낄희 歎息 한숨쉴희 嘻、譆通、飽食息 배불러씨근거릴애 丨氣 트림할애 應答聲 대답하는소리애 倿、譩同字 (支)(卦)

噭 격 食飲 먹을끽、마실끽 喫同字 本音격 (錫)

噪 조 鳥羣鳴 뭇새지저귈조 喿、譟同字、本音소 (號)

噡 첨 多言 잔말할첨 (鹽)

噩 악 嚴肅 丨丨 엄숙할악 驚也 놀랄악 愕通 (藥)

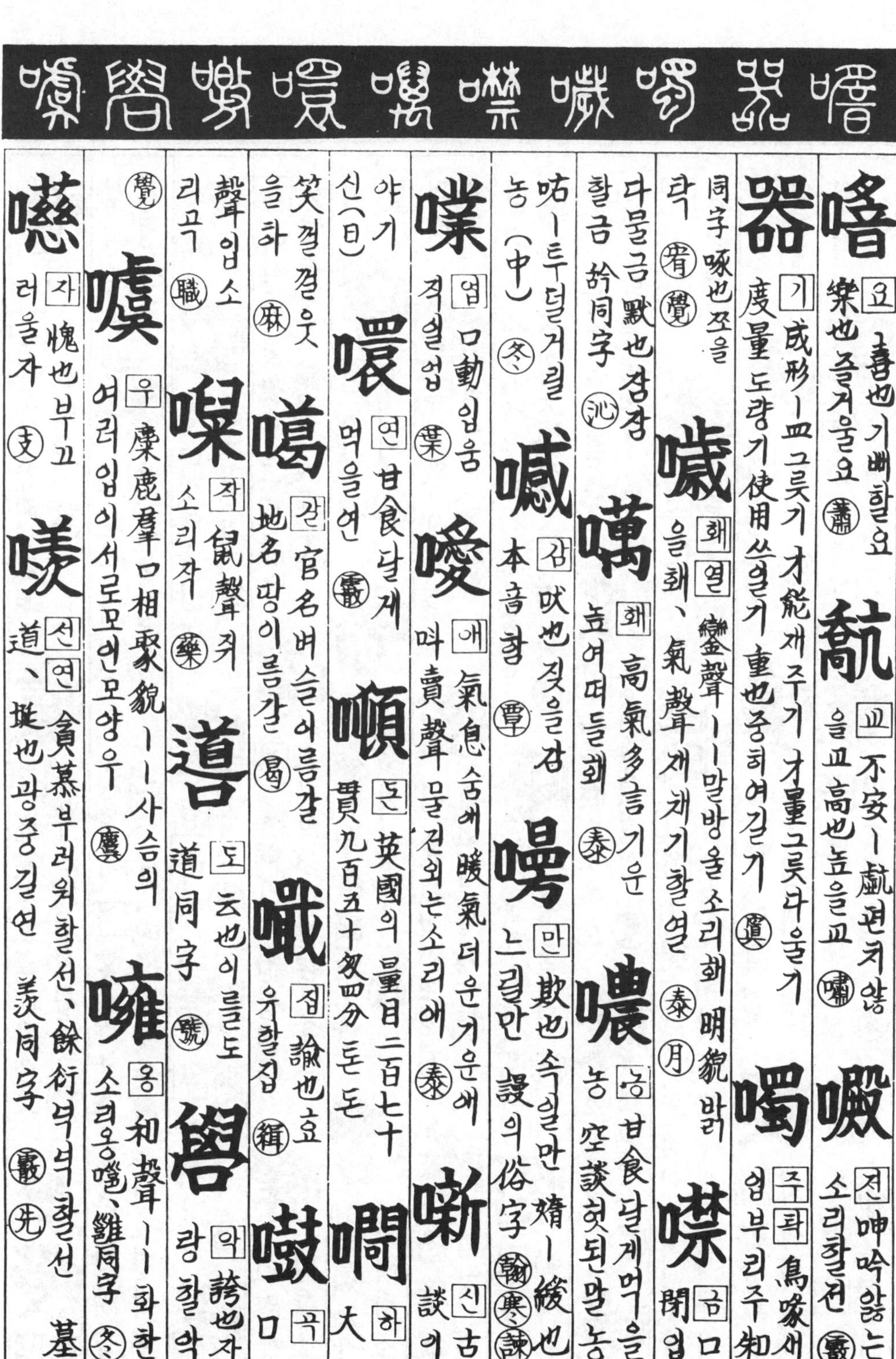

嗂 [요] 喜也 기뻐할요 樂也 즐거울요 (蕭)

[illegible] [교] 不安ㅣ[illegible] 편치않을교 高也 높을교 (嘯)

[illegible] [전] 呻吟 앓는소리할전 (霰)

器 [기] 成形ㅣ皿 그릇기 才能 재주기 才量 그릇다울기 度量 도량기 使用 쓰일기 重也 중히여길기 (寘)

噣 [주][탁] 鳥喙 새입부리주 知同字 啄也 쪼을탁 (宥)(覺)

噦 [홰][열] 鑾聲ㅣㅣ 말방울소리홰 明貌 밝을홰、氣聲 재채기할열 (泰)(月)

噤 [금] 口閉 입다물금 默也 잠잠할금 唫同字 (沁)

噧 [홰] 高氣多言 기운높여떠들홰 (泰)

噥 [농] 甘食 달게먹을농 空談 헛된말농 咕ㅣ 투덜거릴농 (中) (冬)

[illegible] [감] 吠也 짖을감 本音 함 (覃)

[illegible] [만] 欺也 속일만 婧ㅣ緩也 느릴만 謾의俗字 (翰)(寒)(諫)

[illegible] [엽] 口動 입움직일엽 (葉)

噯 [애] 氣息 숨에 暖氣 더운기운애 叫賣聲 물건외는소리애 (泰)

[illegible] [신] 古談 이야기신 (日)

[illegible] [연] 甘食 달게먹을연 (霰)

噸 [돈] 英國의 量目二百七十貫九百五十匁四分 톤돈

[illegible] [하] 大笑 껄껄웃을하 (麻)

噶 [갈] 官名 벼슬이름갈 地名 땅이름갈 (曷)

[illegible] [집] 諭也 효유할집 (緝)

[illegible] [곡] 口聲 입소리곡 (職)

[illegible] [작] 鼠聲 쥐소리작 (藥)

噵 [도] 云也 이를도 道同字 (號)

[illegible] [악] 誇也 자랑할악 (覺)

噳 [우] 麌鹿羣口相聚貌ㅣㅣ 사슴의여러입이서로모인모양우 (麌)

噰 [옹] 和聲ㅣㅣ 화한소리옹 嗈、雝同字 (冬)

[illegible] [자] 愧也 부끄러울자 (支)

[illegible] [선][연] 貪慕 부러워할선、餘衍 넉넉할선 墓道、埏也 광중길연 羨同字 (霰)(先)

噲 [쾌] 咽也목구멍쾌 寬明ㅣㅣ훤할쾌 ㉮卦

噱 [갹] 大笑不正噱ㅣ크게웃을갹 口開입벌릴갹 葉

十四

嚶 [영] 獸聲짐승소리영 靑

[illegible] [압] 嗑也시끄러울압、떠들압 合

嚇 [하][혁] 笑聲웃음소리하 恐動으를하、叱也꾸짖을혁 怒也노할혁 赫 通 禡 陌

[illegible] [삽] 口不能言입이어줍을삽 緝

[illegible] [영] 啼也울영 庚

[illegible] [루] 呼狗ㅣㅣ개부를루 遇

嚆 [효] 叫呼부르짖을효 鳴鏑ㅣ失살족올효 髇同字、詨通 肴

嚀 [녕] 囑詞叮ㅣ정녕할녕 又당부하는말녕 靑

[illegible] [락] 斑牛얼룩소락 覺

[illegible] [취] 鳥喙새부리취 紙

嚅 [유] 欲言而復縮嚅ㅣ말머뭇거릴유 虞

[illegible] [적] 嘯聲휘파람소리적 錫

嚃 [랍] 大歠후후들이마실랍 勘

嚂 [람] 食貌먹는모양람 食也탐할람 勘

嚄 [획] 驚貌깜짝놀랄획 ㅣ唶大聲우렁찰획 多言ㅣ唶잔말할획 大嘆息聲아이고할획 陌

嚉 [대] 言不止말그치지않을대 賄

㘅 [함] 馬口勒재갈함 口ㅣ物머금을함 憾也원망할함・銜同字 感

嚈 [엽] 西夷國名ㅣ噠오랑캐나라이름엽 葉

嚎 [호] 聲高소리높을호 豪

[illegible] [은] 小口작은엽은 阮

嚍 [진] 憤發화낼진 震

[illegible] [억][의] 小兒有智어린아이지각있을억 無見、聞唉ㅣ고루할의、무의식할의 職 寘

嚌 [제] 嘗也맛볼제 霽

嚊 [비] 噅急聲헐떡거릴비 寘

[illegible] [여] 勸力歌손벽치며노래할여 魚

嚋 [주] 誰也누구주 譸同字 尤

[illegible] [몽] 言不正明말분명치않을몽 東

十五

嚝 [횡] 鐘聲쇠

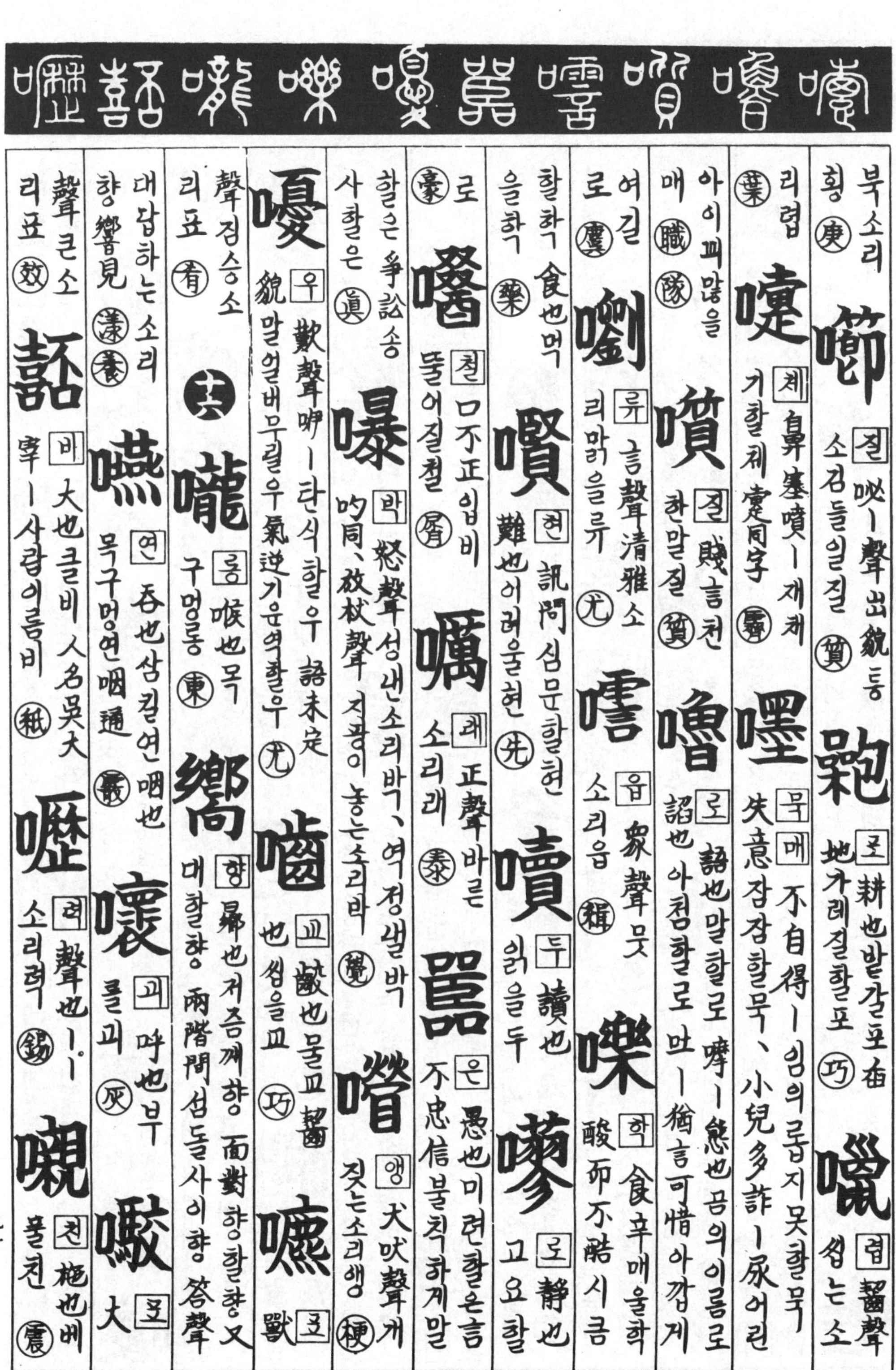

북소리횡 (庚)

⿰口節 질 咇ㅣ聲出貌등 소리들일질 (質)

⿰口匏 포 耕也밭갈포 缶地가래질할포 (巧)

⿰口鼠 렵 齧聲씹는소리렵 (葉)

嚏 체 鼻塞噴ㅣ재채기할체 疐同字 (霽)

嚜 묵 매 不自得ㅣ임의롭지못할묵 失意잠잠할묵、小兒多詐ㅣ尿어린아이꾀많을매 (職)(隊)

⿰口質 질 賤言천한말질 (質)

嚕 로 語也말할로 嘍ㅣ慾也음의이름로 又ㅣ猶言可惜아깝게여길로 (虞)

嚠 류 言聲清雅소리맑을류 (尤)

嚅 유 象聲뭇소리유 (宥)

嚛 학 食辛매울학 酸而不酷시큼할학 食也먹을학 (藥)

⿰口賢 현 訊問심문할현 難也어려울현 (先)

⿰口賣 두 讀也읽을두

⿰口寥 로 靜也고요할로 (豪)

⿰口脅 철 口不正입비뚤어질철 (屑)

⿰口厲 래 正聲바른소리래 (泰)

嚚 은 愚也미련할은 不忠信불치하게말할은 爭訟송사할은 (眞)

嚗 박 怒聲성낸소리박、여정낸박 吋同、放杖聲지팡이놓는소리박 (覺)

嚶 앵 犬吠聲개짖는소리앵 (梗)

嚘 우 歎聲咿ㅣ탄식할우 語未定貌말얼버무릴우 氣逆기운역할우 (尤)

嚙 교 齩也물교 齧也씹을교 (巧)

⿰口麃 표 獸聲짐승소리표 (肴)

⑯

嚨 롱 喉也목구멍롱 (東)

嚮 향 鼻也저즘께향 面對향할향 又대할향 兩階間섬돌사이향 答聲대답하는소리향 嚮響見 (漾)(養)

嚥 연 吞也삼킬연 咽也목구멍연 咽通 (霰)

⿰口褱 괴 吁也부를괴 (灰)

噭 표 大聲큰소리표 (效)

嚭 비 大也클비 人名吳大宰ㅣ사람이름비 (紙)

嚦 력 聲也ㅣㅣ소리력 (錫)

嚫 친 施也베풀친 (震)

嚧 [로] 笑也 웃을 로 (虞)

嚬 [빈] 眉蹙 찡그릴 빈 顰同字 (眞)

嚪 [담] 噍也 씹을 담 并呑貌 통재로 삼킬 담 啖、啗、噉同字

[illegible] [허] 嗽也 울 허 (魚)

⑰

[illegible] [도] 老也、年九十曰ㅣ 늙은이 도 [illegible]同字 (號)

[illegible] [섬] 貪也 탐낼 섬 (鹽)(鹽)

嚷 [양] 喧也 떠들 양

嚱 [희] 聲發 소리낼 희 驚歎聲 아이고할 희 (支)(眞)

嚶 [앵] 鳥聲ㅣㅣ 새소리 앵 兩鳥互應答鳴 서로 울 앵 (庚)

[illegible] [도] 老也 늙은이 도 (號)

嚵 [참] 饞食也 탐할 참 饞同字 (咸)

[illegible] [건] 吃也 더듬거릴 건 (銑)

囒 [란] 語不可解 말 알수없을 란 (寒)

[illegible] [경] 聲長 소리길 경 (徑)

嚴 [엄] 敬也 공경할 엄 毅也 엄할 엄、굳셀 엄 尊也 높을 엄 莊也 씩씩할 엄 說備 戒ㅣ 계엄할 엄 寒氣凜冽 혹독할 엄 甚恐 무서울 엄 儼通 (鹽)

嚳 [곡] 急告 급히 고할 곡 高辛氏號 帝ㅣ 사람이름 곡 (沃)

嚲 [타] 垂下貌 휘늘어질 타 (哿)

⑱

嚏 [제] 噴鼻氣 재채기할 제 (霽)

嚻 [효] 聲也 들렐 효 喧也 시끄러울 효 自得無欲貌 속셈든든할 효 憂貌 걱정할 효 獸名 짐승명 효 (蕭)

[illegible] [획] 誇貌 자랑할 획 言壯貌 큰말할 획 (陌)

嚼 [작] 齧齒也 씹을 작 味也 맛볼 작 了解 이해할 작 侵蝕 벌레먹을 작 齒鳴 이갈 작 (藥)

[illegible] [안] 爭也 싸움할 안 (刪)

嚾 [환][훤] 呼也 부를 환 喚通、喧囂 지껄일 훤 喧同字 (翰)(元)

囁 [섭][엽] 將言ㅣ嚅 말하려다 멈출 섭 私罵 중얼거릴 섭 細言 소곤거릴 섭 喋也 입다물 섭、細言 소곤거릴 엽 讘同字 (葉)

[illegible] [의] 歎聲 탄식하는 소리 의 (寘)

囀 [전] 鳥吟 새 지저귈 전 聲轉 소리 굴릴 전 韻也 후렴 전 (霰)

噰 [옹] 鳥聲 새소리 옹 (冬)

嚿

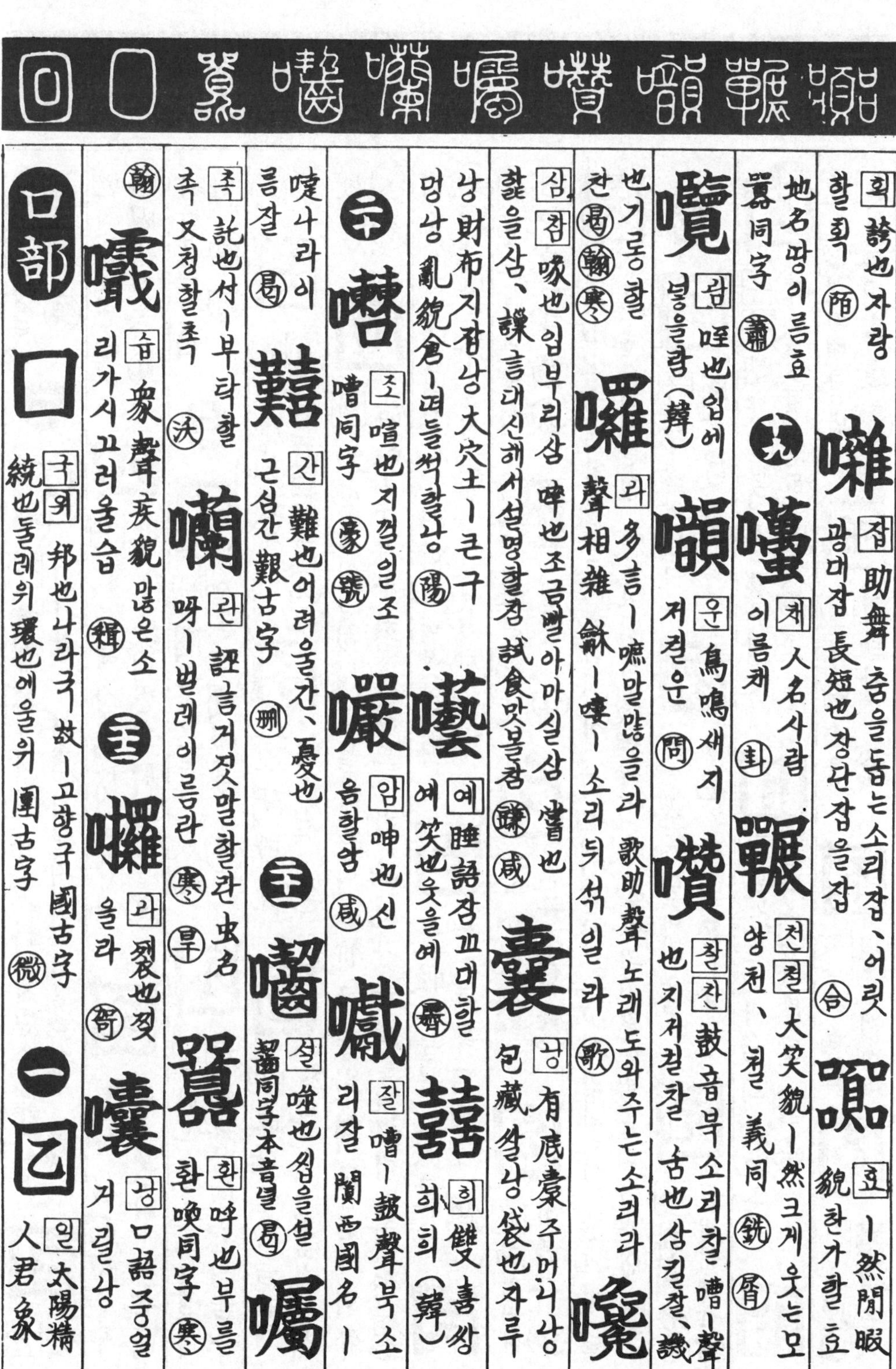

囂 [획] 誇也 자랑할획 (陌)

囃 [잡] 助舞 춤을돕는소리잡、어릿광대잡 長短也 장단잡을잡 (合)

囂 [효] ㅣ然閒暇貌한가할효 地名땅이름효 嚻同字 (蕭)

(十九)

囆 [채] 人名사람이름채 (卦)

囅 [천][철] 大笑貌ㅣ然크게웃는모양천、철 義同 (銑)(屑)

囕 [람] 啌也입에넣을람 (韓)

⿰口韻 [운] 鳥鳴새지저귈운 (問)

囋 [찰][찬] 鼓音북소리찰 嘈ㅣ聲也지저귈찰 舌也상길찰、譏也기롱할찬 (曷)(翰)(寒)

囉 [라] 多言ㅣ嗹말많을라 歌助聲노래도와주는소리라 聲相雜 歛ㅣ嘍ㅣ 소리뒤섞일라 (歌)

嚵 [삼][참] 喙也입부리삼 啐也조금빨아마실삼 嘗也핥을삼、讒言대신해서설명할참 試食맛볼참 (豏)(咸)

囊 [낭] 有底橐주머니낭 包藏쌀낭 袋也자루상 財布지갑상 大穴土ㅣ큰구멍상 亂貌倉ㅣ떠들썩할낭 (陽)

囈 [예] 睡語잠꼬대할예 笑也웃을예 (霽)

囍 [희] 雙喜쌍희희 (韓)

(二十)

嘈 [조] 喧也지껄일조 嘈同字 (豪)(號)

⿰口嚴 [암] 呻也신음할암 (咸)

⿰口巀 [잘] 嘈ㅣ鼓聲북소리잘 闐西國名ㅣ嘘나라이름잘 (曷)

囏 [간] 難也어려울간、憂也근심간 艱古字 (刪)

(二十一)

囓 [설] 噬也씹을설 齧同字本音녈 (屑)

囑 [촉] 託也서ㅣ부탁할촉 又청할촉 (沃)

⿰口蘭 [란] 讕言거짓말할란 虫名뱍ㅣ벌레이름란 (寒)(旱)

嚾 [환] 呼也부를환 喚同字 (寒)(翰)

[illegible] [습] 衆聲疾貌많은소리가시끄러울습 (緝)

(二十二)

囉 [라] 裂也찢을라 (哿)

囔 [낭] 口語중얼거릴낭

囗部

囗 [국][위] 邦也나라국 故ㅣ고향국 國古字 繞也돌래위 環也에울위 圍古字 (微)

(一)

⿴囗乙 [일] 太陽精 人君象

날일、해일 日古字 (質)

㊁

囚 [수] 拘繫獄ㅣ가둘수 束縛묶일수 罪人갇힌사람수 俘虜사로잡힌사람수 (尤)

囙 [인] 仍也 인할인 襲也 因俗字 (眞)

四 [사] 數名넉사、넷사 四方사방사 ㅣ次네번사 肆通 (寘)

⿴囗又 [닙][녑] 私取物사사로가질닙 盜也훔칠닙、녑義同 (緝)(洽)

㊂

団 [단] 圓也둥글단 聚也모을단 團略字 (寒)

⿴囗小 [창] 户也 通孔창창、지게문창 窗窓의古字 (江)

囤 [돈] 小篆困類작은곳집돈 囤同字 (阮)

囝 [건] 閩呼兒 아이건 (銑)

囘 [회] 返也돌아올회 旋也돌이킬회 回俗字 (灰)(隊)

回 [회] 旋也돌이킬회 返也돌아올회 曲折굽을회 周圍둘레회 邪曲 姦ㅣ간사할회 度數도수회 轉也구를회 違也어길회 紆衍低回 듣치거못할회 低ㅣ紆衍貌머뭇길회 廻通、遶也돌ㅣ돌회 ㅣ避회피할회 (灰)(隊)

⿴囗匕 [목] 眼也눈목 人眼童子눈동자목 目同字 (屋)

⿴囗三 [량] 善也착할량 어질량 良古字 (陽)(漾)

⿴囗冊 [창] 穴也구멍창 (江)

囟 [신] 小兒頂門숨구멍신 (震)

⿴囗幺 [요] 神名귀신이름요 (蕭)

因 [인] 由也말미암을인 仍也인할인 析也해칠인 托也부탁할인 隨也따를인 重合겹칠인 緣也인연인 理由까닭인 依也의지할인 襲也엄습할인 (眞)

㊃

囯 [국] 邦也나라국 國俗字 (職)

囫 [홀] 物阬 덩어리홀 完也완전할홀 (月)

园 [완] 削圓形둥글게깎을완 (寒)

囱 [총][창] 烟突굴뚝총 屋户창호창 又창창 窓見 (東)(江)

囬 [회] 返也돌아올회 旋也돌이킬회 回의俗字 (灰)(洽)

囧 [경] 窗牖閶明창밝을경 烱同字 通 (靑)

⿴囗丑 [납] 手動손움직일납 (洽)

⿴囗不 [변] 吐涶침뱉을변 (先)

⿴囗乇 [돈] 小篆困類작은곳

九四

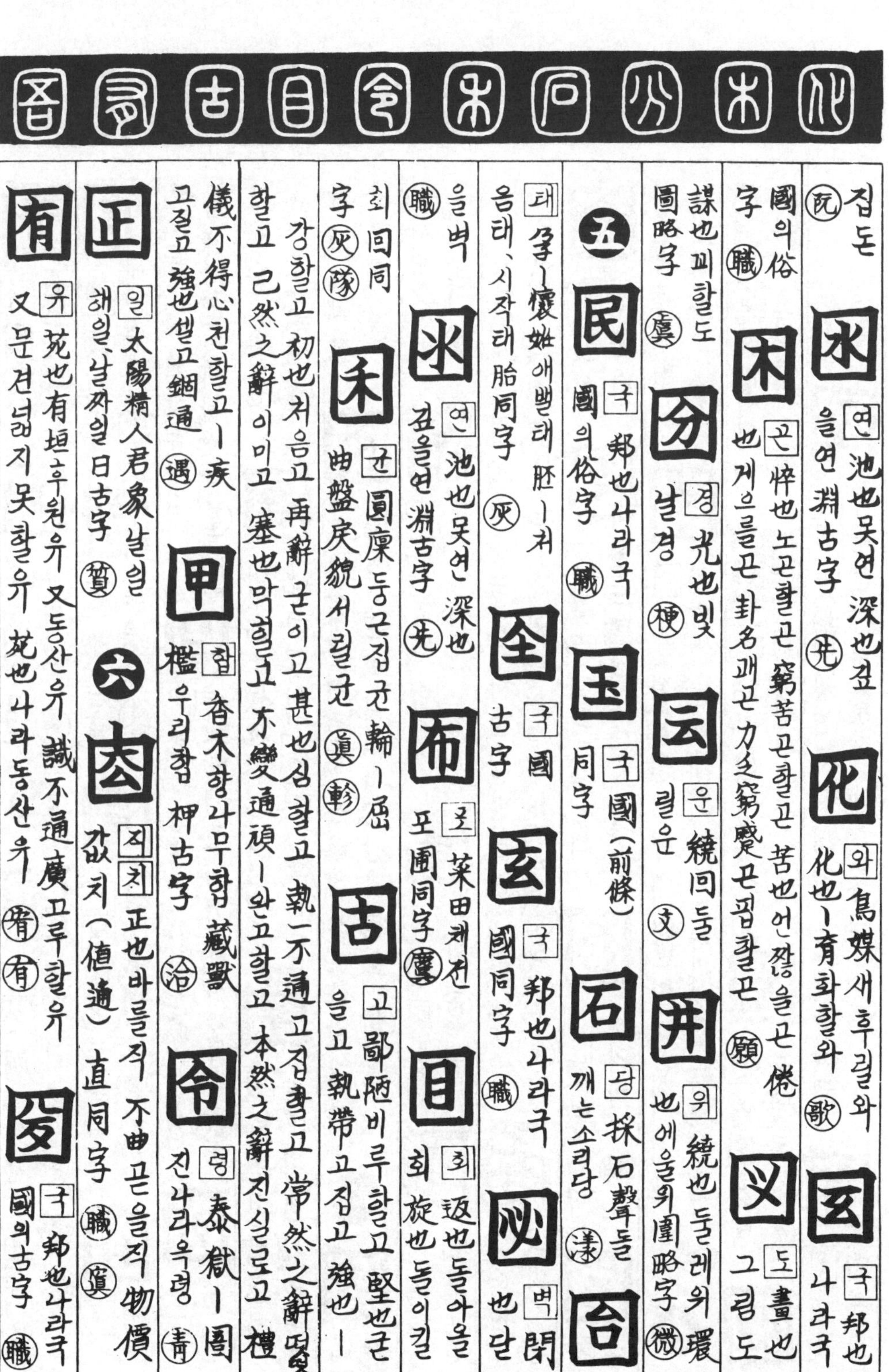

집돈 (阮)

囦 [연] 池也못연 深也깊을연 淵古字 (先)

囮 [와] 鳥媒새후릴와 化也ㅣ育화할와 (歌)

囯 [국] 邦也나라국 國의俗字 (職)

困 [곤] 悴也노곤할곤 窮苦곤할곤 苦也어려울곤 倦也게으를곤 卦名괘곤 力乏窮憊곤핍할곤 (願)

図 [도] 畫也그림도 謀也꾀할도 圖略字 (虞)

囧 [경] 光也빛날경 (梗)

囩 [운] 繞回둘릴운 (文)

囲 [위] 繞也둘레위 環也에울위 圍略字 (微)

五

囻 [국] 邦也나라국 國의俗字 (職)

国 [국] 國(前條) 同字

囗(石) [당] 採石聲돌깨는소리당 (漾)

囼 [태] 孕ㅣ懷妊애밸태 胚ㅣ처음태、시작태 胎同字 (灰)

囗(全) [국] 國古字

囗(玄) [국] 邦也나라국 國同字 (職)

囗(必) [벽] 閉也닫을벽 (職)

囗(米) [연] 池也못연 深也깊을연 淵古字 (先)

囗(布) [포] 菜田채전포 圃同字 (麌)

囗(目) [회] 返也돌아올회 旋也돌이킬회 回同字 (灰)(隊)

囷 [균] 圓廩둥근집균 輪ㅣ屈曲盤戾貌서릴균 (眞)(軫)

固 [고] 鄙陋비루할고 堅也굳을고 執帶고집고 強也ㅣ강할고 初也처음고 再辭굳이고 甚也심할고 執一不通고집할고 常然之辭떳떳할고 己然之辭이미고 塞也막힐고 不變通頑ㅣ완고할고 本然之辭진실로고 禮儀不得心천할고 ㅣ疾고질고 強也셀고 錮通 (遇)

囗(甲) [합] 香木향나무합 藏匭 檻우리합 柙古字 (洽)

囹 [령] 秦獄ㅣ圄 진나라옥령 (靑)

囸 [일] 太陽精人君象날일 해일、날짜일 日古字 (質)

六

囟 [직][치] 正也바를직 不曲곧을직 物價값치(値通) 直同字 (職)(眞)

囿 [유] 苑也 有垣그원유 又동산유 識不通 廣고루할유 又문견넓지못할유 苑也나라동산유 (宥)(有)

囗(夋) [국] 邦也나라국 國의古字 (職)

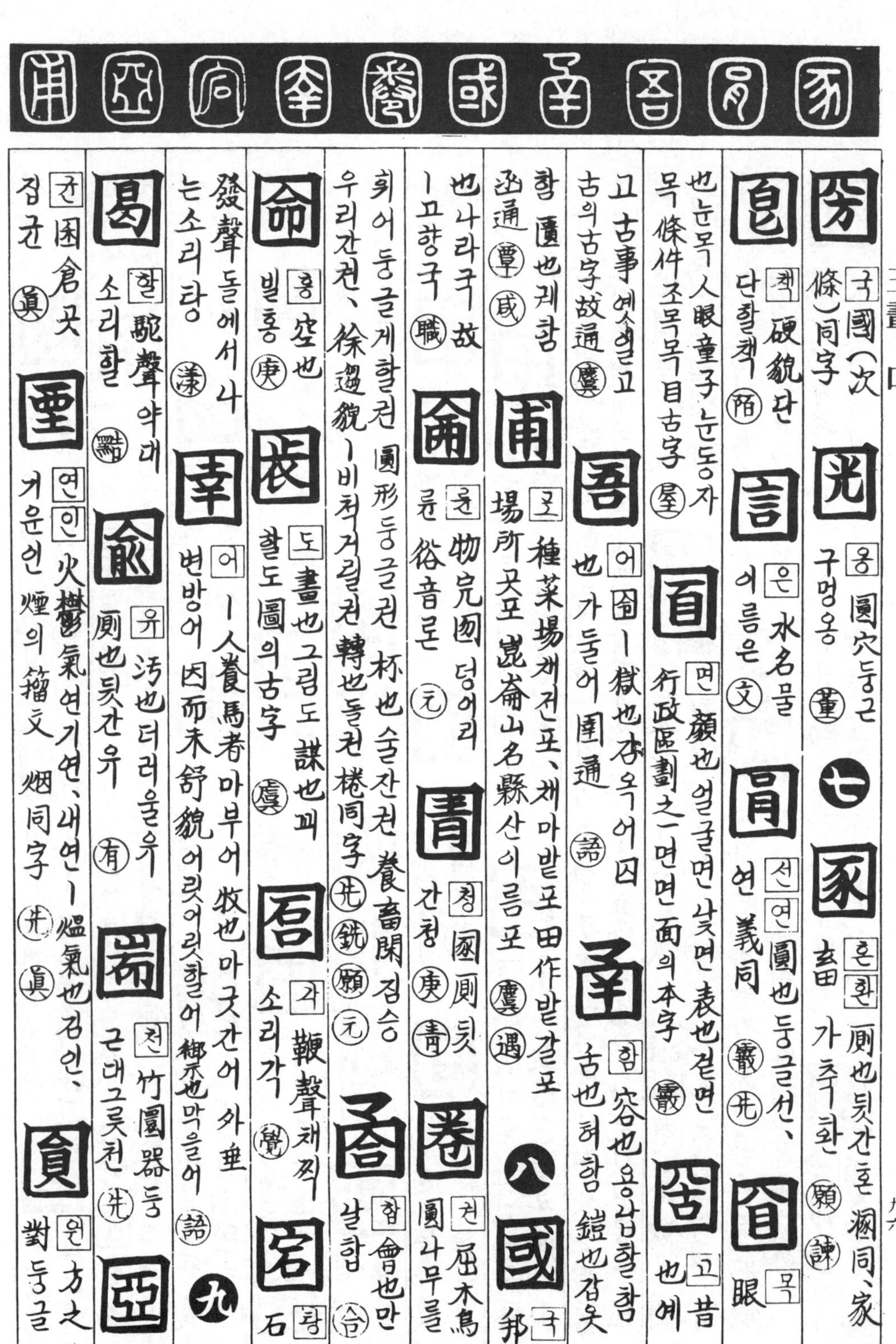

⿴囗方 국 國(次條)同字 ⿴囗光 옹 圓穴둥근구멍옹 (董) ⑦ ⿴囗家 혼 환 厠也뒷간혼 溷同、家畜가축환 (願)(諫)

⿴囗皀 책 硬貌단단할책 (陌) ⿴囗言 은 水名물이름은 (文) ⿴囗肙 선 연 圓也둥글선、연 義同 (霰)(先) ⿴囗目 목 眼也눈목 人眼童子눈동자목 條件조목목 目古字 (屋)

⿴囗面 면 顏也얼굴면 낯면 表也겉면 行政區劃之一면면 面의本字 (霰) ⿴囗古 고 昔也예고 古事옛일고 古의古字 故通 (麌)

⿴囗吾 어 囹ㅣ獄也옥어 囚也가둘어 圉通 (語) ⿴囗函 함 容也용납할함 舌也혀함 鎧也갑옷함 匵也궤함 函通 (覃)(咸)

⿴囗甫 포 種菜場채전포、채마밭포 田作밭갈포 場所곳포 崑崙山名縣산이름포 (麌)(遇) ⑧ 國 국 邦也나라국 故ㅣ고향국 (職)

⿴囗侖 륜 物完圇 덩어리륜 俗音론 (元) ⿴囗青 청 圂厠뒷간청 (庚)(靑) 圈 권 屈木鳥圈나무를휘어둥글게할권 圓形둥글권 杯也술잔권 養畜閑짐승우리간권、徐遲貌ㅣ비척거릴권 轉也돌권 棬同字 (先)(銑)(願)(元)

⿴囗合 합 會也만날합 (合) ⿴囗命 홍 空也빌홍 (庚) ⿴囗长 도 畫也그림도 謀也꾀할도 圖의古字 (虞) ⿴囗石 각 鞭聲채찍소리각 (覺) ⿴囗宕 탕 石發聲돌에서나는소리탕 (漾)

⿴囗幸 어 ㅣ人養馬者마부어 牧也마굿간어 外垂변방어 因而未舒貌어릿어릿할어 禦也막을어 (語) ⑨

⿴囗曷 할 䶎聲약대소리할 (黠) ⿴囗俞 유 汚也더러울유 厠也뒷간유 (有) ⿴囗耑 천 竹圓器둥근대그릇천 (先) ⿴囗亞 관 困倉곳집관 (眞)

⿴囗垔 연 인 火欝氣연기연、내연 ㅣ熅氣也김인、煙의籒文 烟同字 (先)(眞) ⿴囗貝 원 方之對둥글

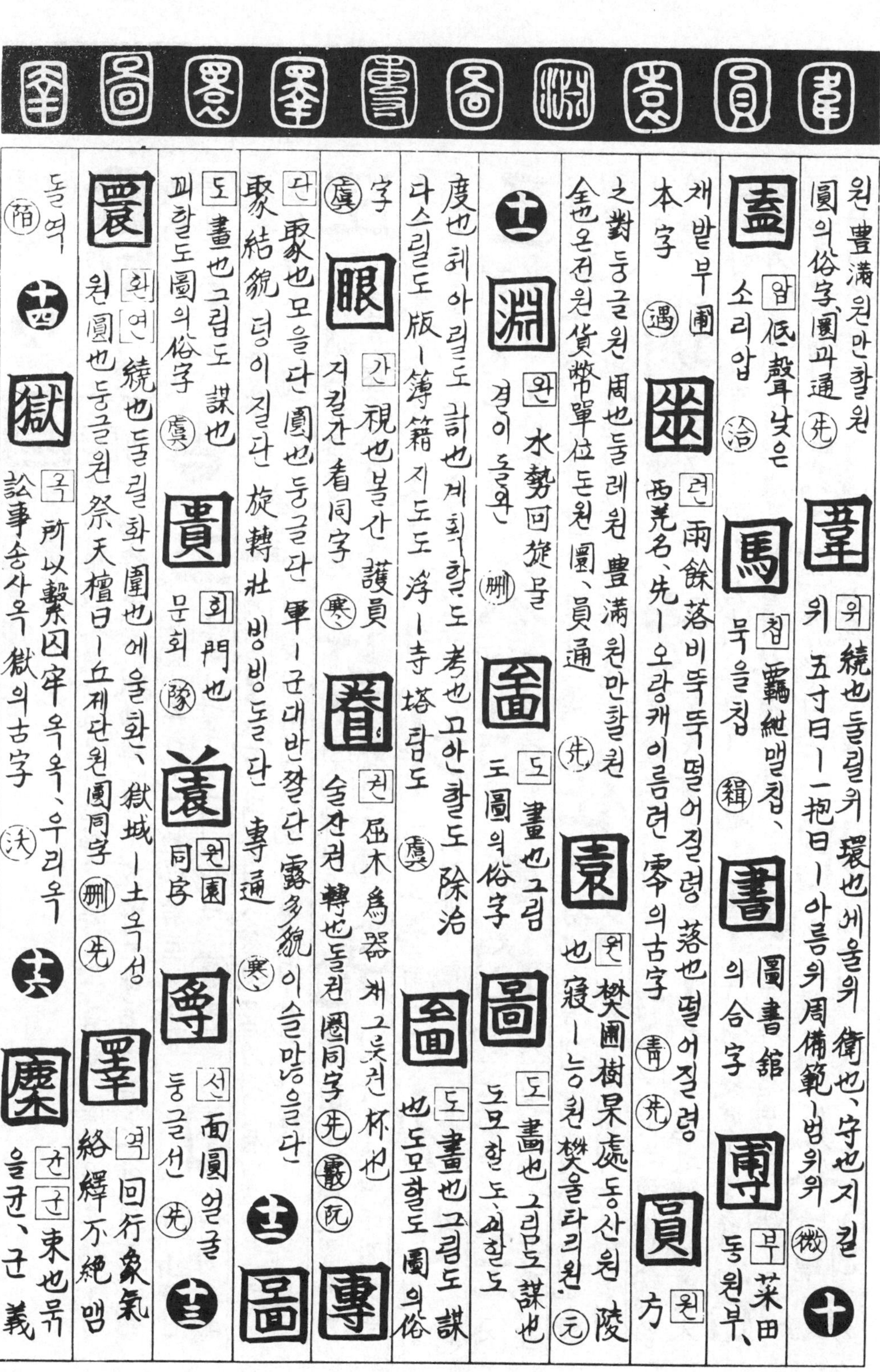

원 豊滿 원만할 원 圓의 俗字、圓과 通 (先)

十

圍 위 繞也 둘릴 위 環也 에울 위 衛也、守也 지킬 위 五寸曰一抱曰ㅣ 아름 위 周備範ㅣ 범위 위 (微)

圔 압 低聲 낮은 소리 압 (洽)

⿴囗馬 칩 羈絆 맬 칩、묶을 칩 (緝)

圕 圖書館의 合字

圃 부 菜田 동산 부、채밭 부 圃 本字 (遇)

⿴囗㒼 련 雨餘落 비 뚝뚝 떨어질 련 落也 떨어질 련 西羌名、先ㅣ 오랑캐 이름 련 零의 古字 (靑)(先)

圓 원 方之對 둥글 원 周也 둘레 원 豊滿 원만할 원 全也 온전 원 貨幣單位 돈 원 圜、員通 (先)

園 원 樊圃樹果處 동산 원 陵也 寢ㅣ 능 원 樊 울타리 원 (元)

十一

⿴囗淵 완 水勢回旋 물결이 돌 완 (刪)

⿴囗畣 도 畫也 그림 도 圖의 俗字

圖 도 畵也 그림 도 謀也 도모할 도、꾀할 도 度也 헤아릴 도 計也 계획할 도 考也 고안할 도 除治 다스릴 도 版ㅣ 簿籍 지도 도 浮ㅣ 寺塔 탑 도 (虞)

⿴囗畣 도 畫也 그림 도 謀也 도모할 도 圖의 俗字

⿴囗眼 간 視也 볼 간 護員 지킬 간 看同字 (寒)

圈 권 屈木爲器 채그릇 권 杯也 술잔 권 轉也 돌 권 圈同字 (先)(霰)(阮)

團 단 聚也 모을 단 圓也 둥글 단 軍ㅣ 군대 반쪽 단 露多貌 이슬 많을 단 聚結貌 덩이질 단 旋轉壯 빙빙 돌 단 專通 (寒)

十二

圖 도 畫也 그림 도 謀也 꾀할 도 圖의 俗字 (虞)

⿴囗貫 회 門也 문 회 (隊)

⿴囗袁 원 園 同字

⿴囗專 선 面圓 얼굴 둥글 선 (先)

十三

圜 환 원 繞也 둘릴 환 圍也 에울 환、獄城ㅣ土 옥성 원 圓也 둥글 원 祭天檀曰ㅣ丘 제단 원 圓同字 (刪)(先)

圛 역 回行象氣 络繹不絶 맴돌 역 (陌)

十四

⿴囗獄 옥 所以繫囚牢 옥 옥、우리 옥 訟事 송사 옥 獄의 古字 (沃)

十六

⿴囗柬 균 군 束也 묶을 균、군 義

同 (吻) (眞)

九 **圞** [란] 圓轉圜ㅣ둥글러뭉칠란 (寒)

土部

土 [토] 生物蕃殖之適所땅토 地也、五行之一흙토 陸也뭍토 邦ㅣ나라토 場所곳토 根也뿌리토 故鄕고향토 八音之一악기토、根也 桑ㅣ뽕나무뿌리두 (麌)(虞)

一 **圡** [토][두] 五行之一、地也흙토 桑根뽕뿌리두 土의俗字 (麌)(虞)

圠 [알] 山曲산구비알 無涯坱ㅣ질펀할알、끝없을알 (黠)

𡈼 [제][정][청] 澄也밝을제、莛也줄기정 屋梁마룻대정、善也착할청 (薺)(靑)(梗)

二 **圧** [압] 鎭也누를압 窄也짧을압 壓의略字 (洽)

圢 [정] 田畔밭고랑정 (迥)

圥 [록] 菌ㅣ、菌之異名버섯록 ㅣ鼁두꺼비록 不能前之貌나아가지않을록 (屋)

𡈽 [두] 㪷 同字

圤 [박] 土塊흙덩이박 (覺)

[illegible] [근] 土壁흙벽근 (眞)

圣 [굴][성] 勉也힘쓸골、성 義同、聖俗字 (月)

圦 [입] 水門수문입 (日)

三 **圴** [작] 土跡흙자국작 (藥)

扗 [재] 在

壮 [장] 大也장할장 클장 壇 (次條)本字

壯 [장] 也굳셀장 壯의俗字 (漾)

在 [재] 存也있을재 居也살재 所也行ㅣ곳재 察也살필재 在家집에있을재 (隊)

圳 [수] 畓溝논도랑수 (尤)

圪 [을] 堆高흙더미우뚝할을 (物)

地 [지] 人之所棲大球形土塊之稱、坤也、天之對땅지、따지 陸也뭍지 邦國나라지 下也아래지 處所곳지 豫備예비할지 第通 (寘)

圩 [우] 築堤防水방축우 岸也언덕우 (虞)

圮 [비] 岸毁언덕무너질비 (紙)

圬 [오] 泥鏝흙손오 杇同字 (虞)

圯 [이] 土橋흙다리이 (支)

圭 [규] 瑞玉也 上圓下方

量名ㅣ撮刀서옥규 測日影土ㅣ일영표규ㅣ刀製藥 (月)

㉃ 四

坌 [분] 竝也아우를분 聚也모을분 坋同、壓腐貌눌러 썩을분 (吻)(問)(中)

坳 [몰] 埋也묻을몰 險也험할몰 歿通 (月)

坊 [방] 邑里洞名 골이름방 障也막을방 房也방방 儈舍會 사방 (陽)

圻 [기][은] 王畿서울지경기 畿通、岸也언덕은 (微)(眞)

坉 [둔] 莊家농막둔 畔也밭고랑둔 (元)

坂 [급] 危殆위태할급 高貌ㅣㅣ산높을급 岌同字 (緝)

均 [균] 平等고를균 平也평평할균 編也두루균 學名成ㅣ대학균 造瓦具기와 만드는틀균 節樂器장단균 戎服군복균 匀·鈞通 (眞)

坻 [지] 留也머무를지 (紙)

坆 [매][문] 似杏實酢매화나무매 雀갈매나무매 梅 古字灰、土之高者 墓也봉분분 大也클분 墳俗字 (文)(阮)

址 [지] 基也터지 阯同字 (紙)

坅 [금] 坎也구덩이금 (寢)

圿 [갈] 積垢때갈 (黠)

坂 [판] 澤障늪판 坡ㅣ언덕판 山脅산비탈판、산기슭판 舜都名蒲ㅣ순나라서울이름판、阪同字 (阮)

坃 [후] 燒土樂器질나팔훈 塤의 古字 本音훤 (元)

坄 [역] 煙突굴뚝역 (陌)

坋 [분] 塵也티끌분 拌也버릴분 (吻)(問)

壯 [장] 大也장할장、클장 彊也굳셀장 壯의 俗字 (漾)

坎 [감] 陷也구덩이감 穴也구멍감 北也북쪽감 險也험할감 卦名괘이름감 小罍작은술잔감 轁、埳通 (感)

坚 [견] 固也굳을견 剛也강할견 堅의 略字 (先)

坍 [담] 波打岸물이 언덕칠담 (覃)

坖 [기] 址也터기 本也근본기 基의 古字 (支)

𡉚 [봉] 聚土무덤봉 ㅣ疆지경봉 緘也봉할봉 封의 古字 (冬)(宋)

𡊅 [모] 虛也빌모 減也감할모、덜릴모 耗

同字 (號)

坏 배 土封罅隙흙으로틈막을배 未燒陶瓦굽지않은기와배 屋後墻집뒷담배 二重山첩첩이된산배 阫通 (灰)

⿰土比 비 比也나란할비 (寘)

坐 좌 行之對앉을좌、被罪죄입을좌 跪也무릎꿇을좌 席也行所止자리좌 守護지킬좌 罪人對理대심할좌「座」에보라 (哿)(箇)

坒 비 土地相接잇달을비 比肩견줄비 配合배합할비 (寘)

坑 갱 陷也빠질갱 埋也묻을갱 阬塹구덩이갱 阬通 (庚)

坔 지 땅지 地同字

五

坩 감 所以鎔鍊金鐵ㅣ堝도가니감 (覃)

坤 곤 地也땅곤、따곤 卦名괘이름곤 順也순할곤 皇后황후곤 女稱ㅣ命계집곤 (元)

坪 평 大野벌판평、들평 日度四方六尺爲一ㅣ평수평 (庚)

坡 파 阪也언덕파 堤也제방파 陂通 (歌)

坨 이/타 地名땅이름이、타義同、陀俗字 (支)

坢 반 平坦편안할반 發土파서일으킬반 坋也흙거어쉬을반 (旱)(翰)

坧 척 基地기지척 (陌)

坣 당 正寢마루당 正也정당할당 堂古字 (陽)

坥 저 蛆蛷集地지렁이모인땅저 (魚)

坦 탄 寬也너그러울탄 平也평탄할탄 廣也넓을탄 (旱)

⿱平土 평 들평 坪同字

屋 괴 坭(次條)同字 (紙)

坭 니 水和土진흙니 (紙)

坫 점 屛也병풍점 塞也막을점 堂隅대청모퉁이점 (豔)

坮 대 榭築土觀四方而高者돈대대、집대 高官고관대 臺의古字 (灰)

坰 경 郊也들경 (靑)

坹 혈 空深貌비고깊을혈 穴也구멍혈 塞窒막힐혈 (屑)

坯 배 未燒陶瓦날기와배 屋後墻뒷담배 坏同字 (灰)

坷 가 行不利길험할가 時不利때안맞을가 (哿)

坱 앙 塵埃티끌앙 無涯ㅣ圠질편할앙 昧也어두울앙 (養)

坾 저 積

塵티끌쌍일저 語

坳 요 窊下不平오목할요 凹同字 肴

坲 불 塵起ㅣ埻티끌일어날불 物

垃 랄 더러운것을모은다는뜻랄

坵 구 阜也언덕구 高也높을구 丘의俗字 尤

坑 갱 陷也빠질갱 陂塹구덩이갱 坑의俗字 阬通 庚

坴 륙 高塏언덕륙 屋

坐 좌 行之對앉을좌 跪也무릎꿇을좌 坐同字 箇 哿

𡊣 구 阜也언덕구 坵同字

𡋌 지 到也이를지 極也지극할지 至의古字 寘

坶 목 養也기를목 可也옳을목 察也살필목 治也다스릴목 牧同字 屋

垈 대 宅地집터대 (韓)

坌 분 掃除쓸어버릴분 糞通 問

坾 술 高也높을술 質

𡊬 구 塵滓때구 汚也더러울구、때가묻을구 垢、均同字 有

圯 비 毁也무너질비 圮同字 紙

坸 구 塵也때구 垢同字

𡉘 봉 聚土무덤봉 緘也봉할봉 封、𡉚同字 冬 宋

坺 발 發土흙팔발 治也다듬을발 曷

垁 치 垣也담치 紙

坻 지 저 水中小渚모래섬지 場也마당지 止也그칠지 隴阪언덕저 阺同字 支 紙 齊

垂 수 自上縋下드리울수 將及거의미칠수 邊方변방수 殘남길수 支

坼 탁 裂也찢을탁 分開터질탁 坼、拆同字 陌

坿 부 白土흰흙부 白石英흰수정부 編木渡水떼ㅅ목부 虞

𡊄 말 塵芥쓰레기말 曷

垀 호 地名땅이름호 丘也낮은담호 垣也담호 虞

坽 령 險岸험한언덕령 青

㊅

垎 각 土乾흙마를각 陌

垌 동 池貯水못막이동(韓)

型 형 鑄式끌형、본보기형 模範모범형 青

垍 계 堅土석비례계、굳은흙계 陶也질그릇계 眞

[illegible] 호 何也어찌호 壽也오래살호 長也오랑캐호 胡同字 (虞)

垒 루 土墻흙담루 (紙)

㘴 좌 行之對앉을좌 坐古字

[illegible] 은 岸也언덕은 界限지경은 垠古字 (眞)

垞 댁 所托居處집댁 居也살댁 宅同字 (陌)

垓 해 極數햇수해 階段계단해 界也八極땅끝닿은곳해 畡同字 (灰)

坮 대 樹築土觀四方而高者돈대대、집대 高官고관대 臺同字 (灰)

垖 퇴 聚土흙무더기퇴 積貌수두룩이쌓일퇴 堆本字 (灰)

埒 렬 塍也밭두렁렬 (屑)

垔 인 土塞막을인 陻、堙同字 (眞)

[illegible] 애 예 艾草쑥애 耆 一過半老늙은이애 少一美好어여쁠애 一安治也다스릴예 艾同字 (泰)(霽)

垗 조 塋界무덤터조 壇域제터조 兆通 (篠)

垥 협 堤水방죽물협 (葉)

垘 복 洑也土壅보막을복 (屋)

垤 질 蟻封개미집질 丘也언덕질 (屑)

垙 광 街也길거리광 (陽)

垣 원 卑墻낮은담원 護衛者보호하는사람원 星名별이름원 (元)

[illegible] 걸 凶暴흉포할걸 秀貌 一준수할걸 桀古字 傑、榤同字

垕 후 不薄두터울후 厚의古字 (有)

垜 타 射堋살받이터타 垛同字 (哿)

垡 벌 耕起밭갈아들춘벌 垡同字 (月)

垛 타 射堋살받이터타 堂塾글방타 一口생각되다 (哿)(中)

垢 구 滓汙塵一때구 汚也더러울구 恥心也부끄러울구 (有)

垞 타 사丘언덕타 本音차 (麻)

垦 은 崖也언덕은 界限지경은 垠同字 (眞)(文)

垝 궤 壞垣무너진담궤 (紙)

垡 벌 耕起밭갈아들춘벌 撥通 (月)

垟 양 土怪、羵一흙소괴물양 羵同字 (陽)

垠 은 崖也언덕은 九天之界하늘가장자리은 圻通 (眞)(文)

⑦

垚 [요] 高嶢貌 높을요 遠也 멀요 陶唐氏號 요임금요 堯의略字 (蕭)

垷 [현] 泥土 진흙현 (銑)

垗 [오][우] 四方土可居 방구들오 水厓 물가언덕오 隩也 물오 墺古字 (號)(屋)

埕 [녈] 塞也 막을녈、막힐녈 下也 내릴녈 (屑)

埻 [발] 塵起貌 티끌발、티끌일어날발 (月)

垶 [성] 赤土 붉은흙성 騂同字 (庚)

垸 [완] 以漆和灰而髹 회섞어바를완 本音환 (寒)

垺 [부] 山上有水 산우에물있을부 郭也 성가퀴부 (虞)

垪 [병] 塚穴 무덤구멍날병 (庚)

垽 [은] 澱也 해감은 滓泥 찌끼은 (問)

埦 [완] 以漆和灰而髹 회섞어바를완 垸同字 本音환 (寒)

垻 [패] 防堰 방죽패 축쌓을패 (泰)

𡋤 [제] 階也 섬돌제 門屛開 문안뜰제 去也 버릴제 除同字 (魚)(御)

坶 [매][목] 塵也 티끌매 地名 땅이름목 慣音 (灰)(屋)

埭 [태] 墻壞 담무너질태 (泰)

垾 [한] 岸也 언덕한 堤也 방축한、둑한 (翰)

埑 [철] 明也 밝을철 智也 슬기로울철 哲同字 (屑)

埁 [심] 上高 높을심 (侵)

𡊄 沙同字

垂 [수] 自下縋下 드리울수 邊也 변방수 埀의俗字 (支)

埒 [랄] 庳垣 낮은담랄 畫界分程 갈피랄 等也 같을랄 埓同字 (屑)

埃 [애] 塵也 티끌애 (灰)

埈 [준] 峻也 가파를준 陖同字 (震)

埂 [경] 坑也 구덩이경 (庚)

垠 [은] 岸也 언덕은 界限 지경은 垠의本字 (眞)

埅 [방] 防也 막을방 防同字 (陽)

埒 [랄] 等也 비등할랄 庳垣 낮은담랄 庳垣 적은집랄 封道 길돌울랄 (屑)

埄 [봉] 塵起 먼지일어날봉 (董)

埌 [랑] 野迥貌 壙埌 아득할랑 塚也 무덤랑 (漾)

埽

[홍]穿穴구멍뚫을홍 送

埏 [연][선]墓道隧ㅣ무덤속길연 地除八ㅣ땅끝닿은곳연 柔土부드러운흙선 水和土흙이길선 土爲器ㅣ埴질그릇만들선

先

埆 [각]墝ㅣ瘠薄땅이평란치못할각 大石多山바위언저리각 覺

城 [성]築土所以盛民ㅣ郭재성、성성 都邑서울성 堡壘보루성 庚

埋 [매]瘞也묻을매 藏也감출매 薶同字 佳

埍 [현]女牢계집가두는옥현 奴僕所居하인청현 本音견 銑

埇 [용]巷道골목길용 路上加土길돋을용 甬通 腫

坐 [좌]行之對앉을좌 坐同字 箇 哿

埈 [준]高也높을준 峻同字 本音순 震

埉 [협]水岸물가협 洽

峚 [지]天之對載萬物坤也땅지 陸也뭍지 地의古字 寘

八

⿰土否 [배][부]壅也栽ㅣ북돋을배 小阜ㅣ塿작은언덕부、두두룩할부 培本字 灰 有

⿰土豖 [촉]牛馬所蹈處마소발자국촉 沃

埸 [역]邊境疆ㅣ지경역 邊境변방역 田畔밭경계역 陌

埜 [야]郊外들야 原ㅣ들야 野의古字 馬

培 [배][부]益也더할배 壅也栽ㅣ북돋을배 助也도울배 小阜ㅣ塿작은언덕부、두두룩할부 灰 有

域 [역]邦ㅣ나라역 界局지경역 墓限兆ㅣ묘계역 範圍범위역 職

執 [집]操持잡을집 掌也맡을집 守也지킬집 塞也막을집 父友아비친구집 拘也가둘집 操也持也가질집 緝

⿱或土 [역]邦ㅣ나라역 域同字

埶 [예]樹種也심을예 霽

埤 [비]附也붙을비 增也더할비 厚也두터울비 城上女墻성위의담비 陴同字 支

⿱直土 [시][치]黏土찰진흙식 埴同치義 同 職

埠 [부]泊船之所ㅣ頭선창부 俗音보 遇

埵 [타]堅土굳은흙타 哿

埢 [권]曲墻、ㅣ垣굽은담권 先

埳 [감][함] 坎也구덩이감 坎同字 汲也빠질함 陷同字 (咸)(陷)

⿰土於 [어] 澱滓해감어、앙금어、찌끼어 泥也진흙어 淤同字 (御)(魚)

埴 [치][식] 埏ㅣ흙이길식 치義同 (職)

埦 [완] 小盂작은술잔완 椀同字 (旱)

埴 [식][치] 埏ㅣ흙을이길식 黏土찰진흙식 瞽者冥行더듬어서걸을식 치義同 (職)

埤 [비] 增也더할비 厚也두터울비 卑隰얕고습기있는땅비 埤同字 (支)(紙)

埲 [봉] 塵起티끌일어날봉 (董)

埥 [정] 錆土파랗게녹쓴땅정 埩同字 (庚)

埱 [축] 始也비로소축、비롯할축 土壤發起땅에서김오를축 (屋)

埧 [구] 堤防방축구 (遇)

⿰土長 [장] 未耕田갈지않은밭장 沙之墳起貌모래둔덕장 場同字 (陽)

⿰土沓 [답] 落聲떨어지는소리답 (合)

埰 [채] 采地食邑나라에서준땅채 采、寀通 (隊)

埮 [담] 平地평평한땅담 (勘)

埯 [암][엄] 坑也구덩이암 土覆物흙덮을엄 (感)(琰)

埩 [정] 耕田밭갈정 耕同字 (庚)

埭 [태] 以土堰水보뚝태 隷同字 (隊)

基 [기] 本也근본기 址也터기 業也업기 據也웅거할기 樂名五ㅣ풍류이름기 田器鎡ㅣ호미기 (支)

堊 [야] 泥淖묽은진흙야 (馬)

⿱亼⿱至土 [대] ㅣ榭築土觀四方而高者돈대대、집대 高官고관대 臺古字 (灰)

堋 [붕] 埋而覆土파묻고흙덮을붕 窆也장사지낼붕 射埒살받이터붕 壅水灌보막을붕 堋同字 (蒸)

臺 [대] 莎草잔디대 臺同字

埻 [준] 射的과녁준 射堋살받이터준 (軫)

埡 [오] 小障작은방죽오 庳城작은성오 平野聚落들판에있는마을오 塢同字 (遇)

埽 [소] 以帚掃穢쓸소 隄岸언덕소 掃同字 (皓)(號)

埼 [기] 曲岸頭언덕머리기 崎、碕、隑通 (支)

堉 [육] 肥地기름진땅육 (屑) 堀 [굴] 突也굴뚝굴 乳穴구멍굴 搰팔굴 掘見 (物) 型 [형] 鑄式본형 模範모범형 型의本

字 (青) 埿 [니] 塗土흙바를니 泥也진흙니 (齊) [illegible] [이][타] 地名땅이름이 辭海 소금을노적할타 垞俗字 (支) 埾 [추] 築

土쌓은흙추 築也 쌓을주 聚同字 (遇) 堌 [고] 古塚옛무덤고 (遇) 堁 [과] 塵也먼지과、티끌일어날과 丘也언덕과 (哿)(箇) 堊

[악] 白土흰흙악、백토악 堊廬ㅣ室여막악 泥灰飾壁회색벽칠할악 (藥) 堂 [당] 盛貌ㅣㅣ당당할당 正寢집당、마루당 殿也전각당 政

舍직무하는곳당 ㅣ內、ㅣ弟、ㅣ叔가까운친척당 (陽) 堈 [강] 甕也독강 壠也언덕강、밭두둑강 畺同字 (陽) 堄 [예] 城上女墻埤

ㅣ성가퀴예 睨、埶同字 (齊) 堇 [근] 時也때근 黃黏土진흙근 僅也조금근 塗也흙바를근 墐、僅同字 (眞)(震) 堃 [곤] 地也따곤 順

也순할곤 女稱ㅣ命계집곤 坤同字 (元) 堆 [퇴] 舍也놓을퇴 聚土흙무더기퇴 阜也언덕퇴 積也쌓을퇴 (灰) 堅 [견] 固也굳

울견 勁也、剛也굳셀견、강할견 (先) 埊 [지] 坤也따지 地의古字 塢 [오][욱] 四方土可居방구들오 水厓물가언덕오 墺古字 욱義

同 (號) 埣 [탁] 裂也찢을탁 分開터질탁 坼同字 (陌) 九 堰 [언] 壅水爲埭방축언 (願) 塖 [승] 畦

也밭두둑승 坪也낮은둑승 塍同字 (蒸) 埀 [수] 自下縋下드리울수 將及幾거의수、미칠수 垂의古字 (支) 堗 [돌] 烟突굴뚝돌 竈窓

부엌창돌 (月) 堯 [요] 陶唐氏號요임금요 遠也멀요 高嶢貌높을요 (蕭) 寨 [채] 寨也울타리채 砦同字 (卦) 堮 [악] 厓

岸垳ㅣ언덕 비탈악 (藥)

堙 [인] 土山흙산인 토산인 塞也막을인 陻見 (眞)

堭 [황] 室無避、合殿堂 ㅣ벽없는방황 (陽)

埬

[련] 丘也언덕련 (霰)

堬 [유] 塚也무덤유 (虞)

堛 [벽] 土塊흙덩이벽 (職)

墾 [간] 耕也밭갈간 治田김맬간 開田反土마비이룰간 墾의俗字 (阮)

堝 [과] 所以烹煉金 鍋도가니과 (歌)

堪 [감] 壬也맡을감 勝也견딜감、이길감 天地ㅣ輿 감여감 天也하늘감 (覃)

𡋯 [탁] 裂也찢을탁 分開터질탁 坼의本字 坼同字 (陌)

堫 [종] 耕田밭갈종 種也심을종 (東)

𡎼

[도] 埋也묻을도 (虞)

堩 [긍] 道也 길긍 (徑)

堞 [첩] 城上女墻성가퀴첩 (葉)

堥 [무] 瓦器질그릇무 (尤)

堠 [후] 土堡흙성후 烽火ㅣ봉화지기후 封土築臺記里장승후、돈대후、이수표돈후 (宥)

堦 [계] 階也 돌계 砌也섬 돌계 本音개 (佳)

𡋟 [복] 居也土窟토굴에서살복 墣同字 (屋)

堧 [연] 廟外垣사당집바깥담연 陾地빈터연、들서리땅연 壖、㬉同字 (先)

堡 [보] 提也방축보、막을보 小城작은성보 (晧)

堨 [알][갈] 以土障水물막을알、방축알 堰也방축갈 (曷)(月)

堢 [보] 堡 (前前條) 同字

𡎝 [타] 垂貌드리울모양타 (哿)

𡐨 [목] 目頻눈매고올목 親信친목할목 睦의古字 (屋)

堤 [제] 防也막을제 築土遏水방축제 頃畝이랑제 隄同字 (齊)

堣 [우] 暘谷ㅣ夷땅이름우 嵎同字 (虞)

報 [보][부] 答也대답할보 酬也갚을보 告也고할보 婬也음란할보 合也합할보 下婬上아랫사람이윗사람과간음할보 急疾ㅣ葬 廣叶불부 赴通 (號)(遇)

堿 [함] 鹽質잘함 鹼同字 (感)

場 [장] 收禾圃타작마당장 除也마당장 處也곳장 田也밭장 戰爭也싸움터장 時也때장 暘、塲同字 (陽)

塀 [병] 墻也담병(日)

堲 [즉][즐] 疾也미워할즉 義同、燒土爲塼벽돌구울즐 火餘燼불탄머리즐 (職)(質)

㙤 [호] 土釜흙솥호 (皓)

堳 [미] 墻垣담미 (支)

𡎎 [괴] 墣也흙덩이괴 塊同字 (卦)

堶 [타] 碾輪石연자매타 飛塼戲돌팔매칠타 砣、磚同字 (歌)

堽 [강] 山脊멧등강 岡同字

𡋯 [인] 土塞막을인 垔의篆字 (眞)

壄 [야] 郊外들야 野同字

堵 [도] 垣也담도 樂業安ㅣ편안히살도 這箇曰阿ㅣ저것도 (麌)

𡍮 [중] 複也무거울중、거듭중 重의古字 (冬)(腫)

堷 [암] 土藏흙에묻을암 (感)

堺 [계] 境界지경계、경계 界同字 (卦)

堹 [종] 池堤연못둑종 (宋)

堸 [풍] 虫巢벌레집풍 (東)

塁 [루][뢰] 軍壁진루 相連貌늘비할루 壯貌끝밋할뢰 壘의略字 (紙)(賄)

⑩

塔 [탑] 浮圖탑탑 物墮聲물건떨어지는소리탑 (合)

塊 [괴] 造物明大ㅣ땅덩이괴 墣也흙덩어리괴 胷中不平가슴이뭉클할괴 我也나괴 (卦)

塒 [시] 鷄棲닭의홰시 (支)

塉 [척] 瘠土메마른흙척 (陌)

塑 [소] 埏土像物흙으로만든인형소、허수아비소 (遇)

垟 [성] 赤剛土붉은흙성 垶同字 (庚)

塐 [소] 塑同字 (遇)

塋 [영] 墓也무덤영 葬也ㅣ域산소영、장사지낼영 (庚)

塮 [설] 細塵먼지설 (月)

塍 [승] 田中畦埒밭두둑승 坪也넓은들승 (蒸)

塏 [개] 高明處시원한땅개 (賄)

塌 [탑] 初耕초벌갈탑 低也낮은땅탑 墮地떨어질탑 (合)

塓 [멱] 塗ㅣ흙바를멱 (錫)

塕 [옹] 風

聲ㅣㅣ바람소리옹 塵起 티끌일어날옹 (董)

垑 [다] 象也 많을다 多同字 (歌)

塗 [도] 泥飾ㅣ墍바를도 又 맥질할도 泥也 진흙도 汚也 더럽힐도 路也 길도 不明 曉糊ㅣ분명하지못할도 塗見 (虞)

報 [보][부] 酬答 대답할보 告也 고할보 急疾 빠를부 報의俗字 (號)(遇)

墀 [지] 樨滯采名 주사위의빗갈지 (寘)

塩 [염] 소금염 鹽俗字

臺 [대] 榭築土觀四方而高者 돈대 대、집대 高官 고관대 臺의古字 (灰)

埳 [감] 穴也 구덩이감 險也 험할감 坎同字 (感)

塘 [당] 鑿地注水 못당 陂也 堤岸 방죽당 (陽)

[illegible] [축] 塞也 막을축、막힐축 (屋)

塛 [률] 塞也 막을률 (質)

墬 [지] 天之對載萬物坤也 땅지 陸也 뭍지 地同字 (寘)

塙 [각][고] 堅土 굳은흙각 多石 돌많은땅고 (覺)(肴)

塥 [격] 重土 흙덧붙일격 本音 력 (陌)

塳 [봉] 塵起貌 먼지날봉 (東)

塢 [오] 山阿 산언덕오 村落 마을오 隖同字 (麌)

塚 [총] 大也 클총 山高起者 腫也 산뭉길 총 山頂 산꼭대기총 冢의俗字 (腫)

[illegible] [곡] 練土 흙이길곡 (屋)

[illegible] [공] 地名也 땅이름공 (送)

塤 [훈] 燒土樂器 질나팔훈 (元)

[illegible] [채] 壘也 진칠채、진터채 藩落 울채、울타리채 砦의俗字 寨同字 (卦)

塡 [진][전] 安也 편안할진 久也 오랠진 鎭也 진정할진 壓也 누를진 定也 정할진 土星 토성진 撫也 어루만질진 塞也 막힐전、막을전 病也 병들전 鎭同字 寘、闐 通 (眞)(先)(銑)

塟 [장] 藏也 埋也 묻을장、장사지낼장 葬의俗字 (漾)

塠 [퇴] 落也 떨어질퇴 (灰)

[illegible] [협] 堤也 둑협、방죽협 本音 겁 (葉)

塞 [새][색] 邊界 紫ㅣ 변방새 戲具 博ㅣ 주사위새、窒也 막을색 滿也 찰색 阨險 막힐색 (隊)(職)

[illegible] [얼] 小

山작은 산열 (質)

⑪

塲 [장] 除也마당장 塲、暘同字 (陽)

㙊 [붕] 塵隨風起티끌 일어날붕 (東)

塵 [진] 埃也티끌 진、먼지진 久也前ㅣ오래될진ㅣ坫때낄진 汚也 더러울진 喧也 시끄러울진 (眞)

墎 [곽] 外城성곽곽 外圍둘레 곽 姓也 성곽 郭의 俗字 (藥)

塴 [붕] 窆也 장사지낼붕 射埒 살받이담붕 壅水權溉 방축붕 堋同字 (蒸)

墌 [척] 築土爲基 터다질척 (陌)

⿰土梟 [효] 卵庭 알낳을효 本音皿 (蕭)

墊 [점] 溺也 빠질점 下也 내려올점 阽通 (鹽)

塷 [로] 西方鹹地 짠땅 로 鹵同字 (麌)

墋 [참] 不澄흐릴참 坫也 때참 沙土모래흙참 (寢)

堅 [예] 塵埃 티끌 예、먼지예 (齊)

墈 [감] 險岸 험한비탈 감、낭떠러지감 (勘)

塸 [우] 沙堆모래무더기우 (有)

⿰土累 [라] 盛土草器 흙담는삼태기라 (歌)

塹 [참] 遶城水해자참 坑也 구덩이참 壍同字 (豔)

墉 [용] 城也 성용 垣也 담용 (冬)

⿰土斬 [참] 坑也 구덩이참 塹同字

⿰土寿 [하] 孔隙 틈하 (禡)

塺 [매][마] 塵也 티끌매、마 義同 (灰)

(薔)

墇 [장] 壅塞막을장 (陽)(漾)

⿰土從 [종] 土菌 땅버섯종 (冬)

⿰土粦 [분] 掃除 쓸어버릴분 坌同字 糞通 (問)

塻 [막] 塵也 티끌막、먼지막 (蕭)

墆 [절][체] 止也 그칠절 貯也 저축할절、쌓을절 陰貌ㅣ𪖌 어스름할체 高也 높을체 (屑)

(蕭)

墁 [만] 壁也 벽만 以土覆也 흙으로덮을만 墁通 (寒)

墅 [서] 田廬 농막서 (語)

塽 [상] 地高明處 땅높고밝은곳 상 快適也 시원한땅상 (養)

墄 [척] 階齒 섬돌층척 本音측 (職)

塼 [전] 燒墼甓也 벽돌전 瓴同字 (先)

境 [경] 界

也 지경경 竟也 마침경 場所 곳경 處也 처지경 (梗)

塾 [숙] 敎舍 글방숙 門側堂 家ㅣ 서당숙 閱同字 (屋)

墂 [표] 封土爲標 언덕쌓아 표할표 (蕭)

墀 [지] 階上地 축대윗뜰지、섬뜰지 (支)

塿 [루] 小阜 도둑루、두두룩할루 (有)

墁 [만] 壁也 벽만 塗具 墻壁之飾 흙손만 鏝同字 (翰)

墍 [기][희] 泥飾 塗ㅣ 흙바를기 息也 쉴기 取也 취할희 義同 (寘)(未)

増 [증] 益也 더할증 家也 무리증 增의 略字 (蒸)

塈 [기][희] 墍 同字의 義同

埤 [비] 增也 더할비 厚也 두터울비 埤同字 (支)(紙)

墒 [상] 耕也 밭갈상 (陽)

塴 [붕] 窆也 광중붕 埋而覆土 파묻고 흙덮을붕 堋의 俗字 (徑)(蒸)

墑 [적] 階飮 층계적 (錫)

塏 [개] 高明處 시원한 땅개 塏同字 (賄)

墐 [근] 墐埋 묻을근 泥土 진흙근 塗也 빠를근 溝上道 개천둑은길근 堇同字 (寘)(震)

㙜 [대] 榭 築土觀四方而高者 돈대대、집대 高官 고관대 臺의 俗字 (灰)

堇 [근] (前前條) 墐의 本字

墖 [탑] 西域浮圖 탑탑 塔同字 (合)

墓 [묘] 冢也 무덤묘、산소묘 俗音모 (遇)

壞 [곤] 黏土 찰진흙곤 (願)

墳 [분] 土之高者 墓也 봉분분 大也 클분 墳의 古字 (文)(阮)

墕 [언] 壅水爲埭 방죽언 堰同字 (霰)(願)

墔 [최] 高丘 높은 언덕최 (灰)

(十二)

墳 [분] ㅣ土、織也 똥분 治也 거름줄분 糞、坌同字 (問)

墜 [추] 落也 떨어질추 磓、礈 同字 (寘)

墩 [돈] 平地有堆 돈대돈 靠ㅣ 안석돈 (元)(中)

墪 [돈] (前條) 墩同字

墝 [요] 地不平 땅평탄치못할요 瘠土ㅣ埆 메마른 땅요 (肴)(效)

墨 [묵] 煤烟 그을음묵 煤膠合劑 書ㅣ 먹묵 度也 繩ㅣ 먹줄묵 貪也 탐할묵 黥也 자자할묵 暗也 어두울묵 (職)

增

[증] 重也 거듭증 益也、加也 더할증 象也 무리증 層通 (蒸)

墦 [번] 冢也 무덤번 (元)

墂 [료] 周垣 에워싼 담료 (蕭)(嘯)

墣 [복][박] 塊也 흙덩이복 又박 義同 (屋)(覺)

墺 [오][욱] 四方土可居 방구들오 水厓 물가 언덕오 墺同字 욱 義同 (號)(屋)

墢 [박] 發土 흙괄발 治也 터닦기을발 拔同字 (曷)

墟 [허] 古城 옛성터허 大丘 큰언덕허 商人物貨買賣處 장허 本音거 (魚)

埭 [태] 以土堰水 보둑태 埭의 俗字 隷同字 (隊)

墡 [선] 白土 백토선 (銑)

墠 [전] 除地祭處 壇ㅣ 제터전 (銑)

壒 [에] 天陰塵ㅣ ㅣ티끌에 흙비울에 (霽)

墬 [지] 地 籀字

墫 [준] 彝酒器 술단지준 止也 그칠준 樽同字 (元)

墲 [모] 高塚 높은 무덤모 (虞)

[土+集] [집] 泉湧 샘솟을집 (緝)

墰 [담] 甔屬酒甁 목긴 술병담 壜同字 (覃)

[土+絜] [결] 界也 지경결 (屑)

墱 [등] 小坂 작은언덕등 飛階 비계등 水分派 물갈라질등 高橋 높은다리등 隥通 (徑)

[土+乖] [삽] 土墮聲 ㅣㅣ 흙이떨어지는 소리삽 (合)

墮 [타][휴] 髫也 상투타 落也 떨어질타 傷也 상할타 廢也 폐할타 惰也 게으를타 壞也 무너뜨릴휴 隳同字 (哿)(支)

墯 [타][휴] 墮(前條)同字 (哿)(支)

墳 [분] 書名 책이름분(伏羲、神農、黃帝之書謂之三ㅣ) 墓地 무덤분 大也 클분 土膏肥 토옥할분 土起 땅일어날분 (文)(吻)

[眞+土] [진] 埃也 티끌진、먼지진 ㅣ垢 때낄진 塵의 古字 (眞)

埜 [야] 들야、벌판야 野의 古字

[土+𡿺] [자] 嗣也 息也 아들자、자식자、卵、種ㅣ 종자자、씨앗자 子의 古字 (紙)

凷 [괴] 墣也 흙덩이괴 造物名 땅덩이괴 塊同字 (卦)

[土+窖] [교] 窟室 굴속집교 (肴)

[土+匚是] [제] 막을제 堤同字

⑬

壃 [강] 界也 지경 강 畺、疆同字 陽

墺 [오][욱] 四方 사방 오 水厓 물가 오 又 욱 義同 澳、隩見 號

壂 [전] 堂址 당집터 전 滓淀 앙금 전 霰

墾 [간] 開田 개간할 간 耕也 밭갈 간 治田 김맬 간 傷也 상할 간 阮

[土+睘] [환] 環堵、面墻 가림담 환 刪

墼 [격] 未燒塼 굽지 않은 벽돌 격 錫

壁 [벽] 宿名 東ㅣ 별이름 벽 屋垣 벽 벽 軍壘 진터 성벽 錫

墻 [장] 垣蔽 담장 圜ㅣ 獄也 옥 장 牆同字 陽

壀 [비] 增也 더할 비 厚也 두터울 비 埤同字 支 紙

[土+遂] [수] 墓道 무덤길 수 神ㅣ 大穴 구멍 수 (韓) 隧同字 寘

[號+土] [호] 土釜 질솥 호、질탄관 호 號

[戠+土] [식] 흙이길 식 埴同字

墿 [역] 軌道 수레바퀴길 역 陌

[土+臺] [대] 돈대 대、집 대 臺의 古字

[土+窟] [굴] 突也 굴뚝 굴 孔穴 굴 굴 掘也 팔 굴 堀本字 窟同字 月 物

[臺+土] [억] 數名 억 억 衆也 많을 억 億의 籒文 職

壄 [야] 郊外 들 야 原ㅣ 들 야 野의 古字 馬

壊 [괴][회] 毁之 무너뜨릴 괴 自敗 무너질 회 壞의 俗字 卦 賄

壅 [옹] 培也 북돋울 옹 塞也、堨也 막을 옹 障也 막힐 옹、가리울 옹 宋 腫

壈 [람] 失意 坎ㅣ 뜻 잃을 람 屯蹇 건둔할 람 感

[土+雍] [옹] 壅(前前條)同字 宋 腫

壇 [단] 墠也 祀場 제터 단 封土 단단 寒

壏 [감] 不平也 편편하지 않을 감 感

[土+詹] [첨] 塞也 막을 첨 豔

壆 [학] 土堅 흙 굳을 학 覺

⑭

[土+盡] [진] 埃也 티끌 진、먼지 진 塵同字 眞

壍 [참] 坑也 구덩이 참 掘也 땅을 팔 참 塹同字 豔

[土+巤] [렵] 土貌 흙 모양 렵 葉

壎 [훈] 樂器 土音 흙

풍류훈 塤同字 (元)

⿰土賓 [빈] 殯也 염할빈 死在棺將遷葬 柩賓遇之 빈소빈 殯同字 (震)

⿰土㬎 [집][접] 累土 흙을 쌓을집、下入 떨어질집 墊也 낮을접 溺也 빠질접 稔也 곡식익을접 (緝)(葉)

⿱涂土 [도] 路也、道也 길도 途、塗同字 (虞)

⿱監土 [함] 堅土 석비레함 壏同字

墤 [궤] 簣也 삼태기궤 累土 흙쌓을궤 本音키 (寘)

壏 [함] 堅土 석비레함 (豏)

⿰土夢 [몽] 澤也 못몽 (東)

壐 [새] 帝印 옥쇄새 璽同字 (紙)

壖 [연] 城下田 성밑밭연 隙地 틈서리땅연 空地 빈땅연 岸邊地 언덕가땅연 (先)

壑 [학] 谷也 골학 溝也 구렁학 抗也 구덩이학 (藥)

壔 [도] 小城 작은성도 圓ㅣ도도 (晧)

⿰土遣 [견] 小阜 작은 언덕견 (銑)

壕 [호] 城下池 성밑해자호 地名ㅣ洲 땅이름호、(豪)

壒 [애] 塵合 티끌더미애 (泰)

壓 [압] 押也 누를압 押搾 눌러짤압 鎭也 누를압 覆壞 눌릴압、엎드러질압 殺也 죽일압 塞補 막을압 壞也 무너뜨릴압 (洽)

十五

壥 [전] 百畮ㅣ家之居 터전전 市邸 전방전 누달전 廛의俗字 (先)

壘 [뢰][류] 壯貌 魁ㅣ 건장한모양뢰 軍壁 진터 도성류 (紙)(賄)

⿰土臱 [면] 平地 땅을편 편하게할면 (先)

壙 [광] 野也 들광 墓穴 구덩이광 空廓貌ㅣ埌 빈모양광 (漾)

⿱敵土 [적] 城上女墻 성가퀴적 (錫)

壨 [루][뢰] 軍壁 진루 相連貌 늘비할루 壯貌 끌밋할뢰 壘同字 (紙)(賄)

十六

壢 [력] 坑也 구덩이력 (錫)

壛 [염] 長廊步ㅣ 장대석염、긴섬돌염 (鹽)

壡 [예] 深明通達 밝을예 王也 임금예 賢也 어질예 叡의古字 (霽)

壚 [로] 黑土也 검은흙로 酒區 술파는로 黃泉 黃ㅣ 저승로 (虞)

壆 [각] 山

多石礫산에 돌자갈 많을 각 ㊀覺

壝 유 土埒토담유 壇繞低桓 단둘러싼담유 ㊀支 ㊀眞

[土+噩] 악 厓岸圻ㅣ언덕 비탈악 堮同字

㊀藥

壜 담 酒瓶술병담 罈同字 ㊀覃

壟 롱 田中高處밭두둑롱 冢也무덤롱 隴同字 ㊀腫

壠 롱 壟(前條)同字

壞 괴 회 毀之毇무너뜨릴괴 毇同字、自敗무너질회 ㊀卦

十七

[土+毚] 참 墓界무덤경계참 壇界단위경계참 ㊀讒

[土+戴]

회 毁也무너질회 ㊀支

壣 린 菜田남새밭린 ㊀眞

壤 양 富足풍족할양 柔土無塊曰ㅣㅣ 부드러운흙양 沃土기름진흙양 紛錯ㅣ분잡할양 古戲歌名擊ㅣ노래이름양 糞掃之餘積쓰레기양 穰通 ㊀養

十八

[土+聶] 접 酒器술병접 瓦鉢항아리접 ㊀葉

[雝+土] 옹 寒也막을옹 培也북돋울옹 壅同字 ㊀宋 ㊀腫

[土+闛] 장 除名마당장 場、暘同字 ㊀陽

十九

塞 새 색 邊界변방 새 塡也막을색 阨險막힐색 塞의本字 ㊀隊 ㊀職

[illegible] 초 始也처음초 初同字

二十

壨 뢰 陰陽薄動聲천둥뢰 우뢰뢰 雷의古字 ㊀灰

壧 암 地穴굴암 ㊀咸

[孰+土] 숙 門側堂사랑방숙 敎舍글방숙 塾의本字 ㊀屋

二十一

[垚+兀] 교 高也높을교 ㊀嘯

壩 파 堰也방죽파、둑파 ㊀禡

[雍+土] 옹 寒也막을옹 培也북돋울옹 壅、雝同字 ㊀宋 ㊀腫

二十二

[土+囊] 낭 土窟토굴낭 塵也티끌낭 ㊀漾

二十八

[土+麤] 진 埃也티끌진、먼지 진 塵의籀文

夊部

夊 치 後至뒤에서올치 ㊀支

[夊+十] 과 越也넘을과 騎也 걸터앉을과 跨通 ㊀禡

一

夃 교 利

也이문언을고 賣也팔고 ㊂虞

㊁

夈 [자][제][재] 衺衣下縫상옷아래단할자 莊也、肅也엄숙할제 致ㅣ 潔也재계할재 齋同字 ㊂支 齋 佳

㊂

[illegible] [학] 공부할학 學同字

夅 [항][강] 服也항복할항 落也 떠러질강 내릴강 降古字 ㊂江 絳

㊃

夆 [해] 遮也가릴해 ㊂泰

夆 [봉] 逢也만날봉 相逆牾牽挽 서로바둥거릴봉、끌어당길봉 ㊂冬

夆 [봉] 逢也만날봉 夆同字

麦 [맥] 芒穀來麰秋種夏熟보리맥 蕎ㅣ메밀맥 瞿ㅣ귀리맥 麥의略字 ㊂陌

㊅

变 [변] 化也변할변 更也 改也 고칠변 變의俗字 ㊂銑

㊆

覐 [각][교] 寤也曉也깨달을각 夢醒꿈깰교 覺同字 ㊂覺 效

㊇

[illegible] [굴] 曲也굽을굴 屈同字

士部

士 [사] 官之總名벼슬사 儒也、四民之首선비사 事也일사 ㅣ卒군사사 察也살필사 尊稱남자사 ㊂紙

㊀

壬 [임] 干名천간임 北方位북방임 大也클임 佞也간사할임 任通 ㊂侵

㊂

壮 [장] 大也장할장 大也클장 壯의俗字 ㊂漾

㊃

壱 [일] 專也한결일 誠也정성일 壹의略字 一同字 ㊂質

売 [매] 出貨 鬻物팔매 賣의略字 ㊂卦

声 [성] 音也소리성 樂也풍류성 聲의俗字 ㊂庚

㊆

壷 [호] 三神山산이름호 酒器입좁고복부가벌어진항아리병호 瓠通 ㊂虞

[illegible] [결] 頭傾머리기우릴결 ㊂屑

㊇

壺 [호] 酒器병호(입좁고복부가벌어진항아리) 壷同字 ㊂虞

壹 [일] 全也모두일 數之始하나일 專也한결일 誠也정성일 合也통일일 閉塞막힐일 一同字 ㊂質

[illegible] [서] 女之夫사위서 男子남자서 壻同字 ㊂霽

㊈

壻 [서] 男子남자서 女之夫사위서 公ㅣ팡

이름서 婿同字 聟俗字 (壻)

十 夓 [하] 春之次季여름하 中國別稱나라하 夏의古字 (禡)

壸 [곤] 宮中衖궁중복 도문곤 居也거할곤 (阮)(願)

壼 [곤] 宮中衖궁중복도문곤 居也거할곤 壸同字 (阮)(敬)

十一 壾 [망] 人名、孫休第三子사람 이름 망 (養)

壽 [수] 年齡나이수 命也목숨수 久也오랠수 長ㅣ명길수 祝福축복할수 獻酌윗사람에게잔드릴수 (有)(宥)

十二 壿 [준] 悅也기뻐할준 舞貌ㅣㅣ 춤너풀거려출준 (阮)

夂部

夂 [쇠] 安行편안히걸을쇠 徐行천천히걸을쇠 (支)

四 夋 [준] 徐行貌천천히걸는모양준 敎也거만할준 行也갈준 (眞)(震)

五 㚅 [장] 長也긴장 長古字

夌 [릉] 高也높을릉 越也넘을릉 犯也범할릉 陵古字 (蒸)

夃 [맘] 腦蓋두개골맘 (琰)

六 㚇 [종] 鳥竦翅貌새쭉지낄종 馬首飾말굴레치장할종 (冬)

复 [복] 行也갈복 歸也돌아갈복 (屋)

七 夎 [좌] 衣服長起의복펴들일좌 詐也거짓말할좌 拜不跪地무릎을꿇지않고절할좌 詐拜공손치않을좌 (箇)

夏 [하] 中國別稱나라하 春之次也여름하 禹國號하나라하 五色오색하 青、黃、赤、白、黑 大也클하 禹樂大ㅣ하우씨풍류하 「厦」에보라 (馬)

八 㚊 [항] 剛貌단단할항 堅也굳을항 (養)

十一 夐 [형] 長也길형 遠也멀형 求也구할형 迴通 (願)

夒

勝 [승] 勝이길승 勝古字

十二 𡖅 [준] 韋袴가죽옷준 (震)

十五 夓 [하] 夏也여름하 夏古字

𡖉 [하] 여름하 夏本字

⑰ 夔 [기] 敬懼조심할기 一足獸似龍 외발짐승기 木石之怪괴물기 ㊈支

⑳ 䕫 [기] 敬懼조심할 기 夔同字

夕部

夕 [석][사] 暮也저물석 最之對저녁석 斜也쏠릴석 除也제할석 夜門밤석 西方서녘석 昔通、一握움큼사(韓) ㊈陌

②

夗 [원] 臥轉貌누어 뒹굴원 ㊈阮

外 [외] 疏斥遠之멀리할외 內之對바깥외 他也다를외 他也다른나라외 除也제할외 忘也잊을외 父也아버지외 棄也버릴외 ㊈泰

外 [외] 外바깥외 外古字

夘 [원] 夗누워뒹굴원 夗同字 ㊈阮

③

多 [다] 勝也、稱美戰功나을다 衆也많을다 過也과할다 加也더할다 稱美아름다울다 適也마침다 ㊈歌

夙 [숙] 早也이를숙 旣也이미숙 早朝아침일찍숙 早起일찍일어날숙 速也빠를숙 敬也공경숙 ㊈屋

夛 [다] 多많을다 多同字 ㊈歌

夛 [다] 多많을다 多俗字

𡖈 [다] 多많을다 多古字

④

𡖐 [역] 又也또역 承上之辭也또한역 亦古字 ㊈陌

𡖋 [숙] 早也이를숙 旣也이미숙 夙同字 ㊈屋

⑤

夜 [야][액] 晝之對밤야 墓穴ㅣ臺광중야 休也쉴야 暗也어두울야 草之名嘉ㅣ풀이름야 東海縣名고을이름액 ㊈禡 ㊈陌

夝 [청] 갤청 晴同字

亱 [야][액] 夜밤야 夜古字

⑦

㚓 [담] 多也많을담 ㊈覃

𡖭 [인] 普也두루인 ㊈真

㚗 [나] 多也많을나 ㊈歌

𡖸 [숙] 夙이를숙 夙本字

⑧

夠 [구] 聚也모을구 多也많을구 ㊈宥

䅗 [나] 䅗多也많을나 䅗俗字

够 [구] 夠모을구、많을구 夠同字

㚌 [첨] 多也많을첨 ㊈鹽

𡖺 [첨] 多也많을첨 ㊈鹽

梦 [몽] 寐中神遊꿈몽 夢의俗字 ㊈送 ㊈東

⑨

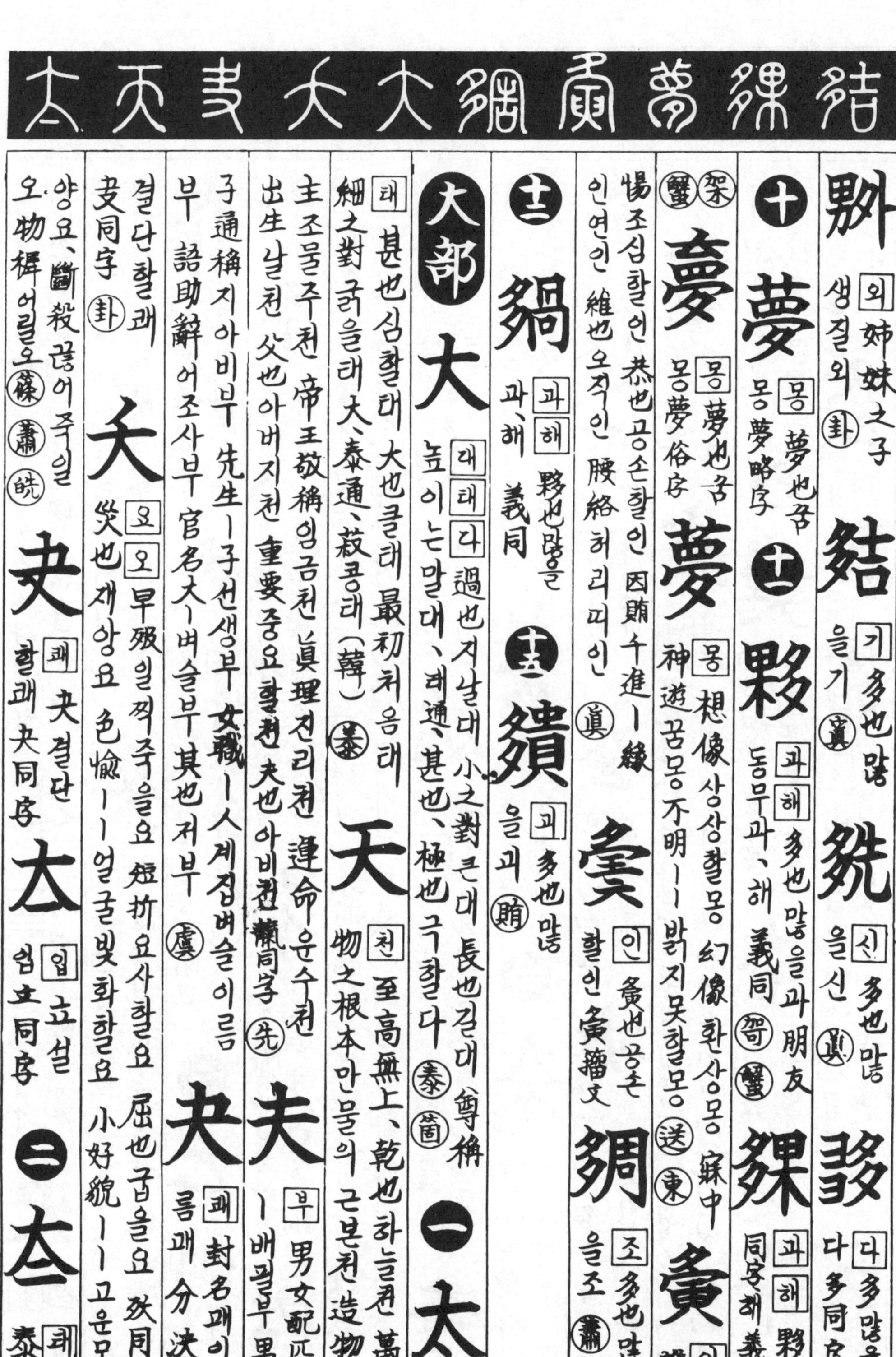

[illegible] 외 姉妹之子 생질외 (卦)

十

夢 몽 夢也 꿈 몽 夢略字

十一

夥 기 多也 많을 기 (寘)

夥 과 해 多也 많을 과 朋友 동무 과、해 義同 (哿)(蟹)

㚣 신 多也 많을 신 (眞)

㚓 다 多 많을 다 多同字

夥 과 해 夥 同字 해 義同

十 架 (蟹)

夣 몽 夢也 꿈 몽 夢俗字

夢 몽 想像 상상할 몽 幻像 환상 몽 寐中 神遊 꿈 몽 不明 ㅣㅣ 밝지못할 몽 (送)(東)

夤 인 敬

夤 인 夤也 공손할 인 夤播文

夡 조 多也 많을 조 (蕭)

惕 조심할 인 恭也 공손할 인 因賂千進 ㅣ緣 인연 인 維也 오직 인 腰絡 허리띠 인 (眞)

十二

夥 과 해 夥也 많을 과、해 義同

十三

䝟 괴 多也 많을 괴 (賄)

大部

大 대 대 다 過也 지날 대 小之對 큰 대 長也 길 대 尊稱 높이는 말 대、태 通、甚也、極也 극할 다 (泰)(箇)

태 甚也 심할 태 大也 클 태 最初 처음 태 細之對 굵을 태 大、泰 通、菽 콩 태 (韓) (泰)

一

太

天 천 至高無上、乾也 하늘 천 萬物之根本 만물의 근본 천 造物主 조물주 천 帝王敬稱 임금 천 眞理 진리 천 運命 운수 천 出生 날 천 父也 아버지 천 重要 중요할 천 夫也 아비 천 靝 同字 (先)

夫 부 男女配匹、ㅣ배필 부 男子通稱 지아비 부 先生 ㅣ子 선생 부 女職 ㅣ人 계집벼슬 이름 부 語助辭 어조사 부 官名 大ㅣ 벼슬 부 其也 저 부 (虞)

夬 쾌 封名 괘 이름 괘 分決 결단할 괘 叏同字 (卦)

夭 요 오 夭也 재앙 요 色愉 ㅣㅣ 얼굴빛 화할 요 早殀 일찍 죽을 요 短折 요사할 요 屈也 굽을 요 殀同、小好貌 ㅣㅣ 고운 모 양 요、斷殺 끊어 죽일 오 物稺 어릴 오 (篠)(蕭)(皓)

夬 쾌 夬 결단할 쾌 夬同字

太 입 立 설 입 立同字

二

夳 태 泰

大也클 태 泰古字

夯 [항] 用力以堅 다질항 擡也擧物멜항 漾

夲 [도][본] 進也나아갈도 本俗字 豪

央 [앙] 半也 반앙 中也가운데앙 盡也다할앙 鮮明선명할앙 廣也넓을앙 陽

失 [실] 錯也、差誤그릇될실 得之反 責也 잃을실 過ㅣ과실실 佚、軼通 質

夰 [호] 放也놓을호 昊同字 晧

𡗜 [역] 又也또역 承上之辭也 또한역 亦本字 陌

❸

夻 [화] 魚名、大口대구화 (韓)

夵 [염][도] 上大下小貌위가크고밑이작을염 進也나아갈도 琰 豪

亣 [개] 際也끝개 助也도울개 介同字 卦

夷 [이] 平也평평할이 東方蠻人동녘오랑캐이 (未明國稱) 傷也 상할이 誅滅멸할이 大也클이 悅也기쁠이 河伯馮ㅣ물귀신이 陳也베풀이 卦明名ㅣ괘이름이 芟也벨이 等也무리이 支

𡗒 [내] 內안내 內古字

夶 [비][필] 和也고를비 ㅣ例견줄비 櫛ㅣ次也차례필 比古字 支 質

夸 [과] ㅣ奢也사치할과 侈自大큰체할과 諛也아첨할과 麻

𡗝 [이] 夷오랑캐이 夷同字

❹

𡘀 [래] 小船舵작은배의키래 賄

奤 [파] 大也클파 麻

奀 [망] 不肥파리할망

𡗹 [운] 高也높을운 吻

夾 [섬][석] 盜取물건을훔칠섬、석 義同 琰 陌

奄 [순] 大也클순 眞

夾 [협] 兼也겸할협 持也가질협 雜也잡될협 左右持곁에서부축할협 近也가까울협 姓也성협 傍也곁협 劒名칼이름협 鋏通 洽 葉

❺

奛 [불] 助也도울불 大也클불 質

奓 [사] 誇也자랑할사 馬

𡘋 [접] 驚愕놀랄접 葉

𡘈 [와] 大也클와 麻

奅 [포] 礟石돌팔매포 大也클포 厫名南ㅣ고을이름포 窌通 效

𡗾 [군] 軍

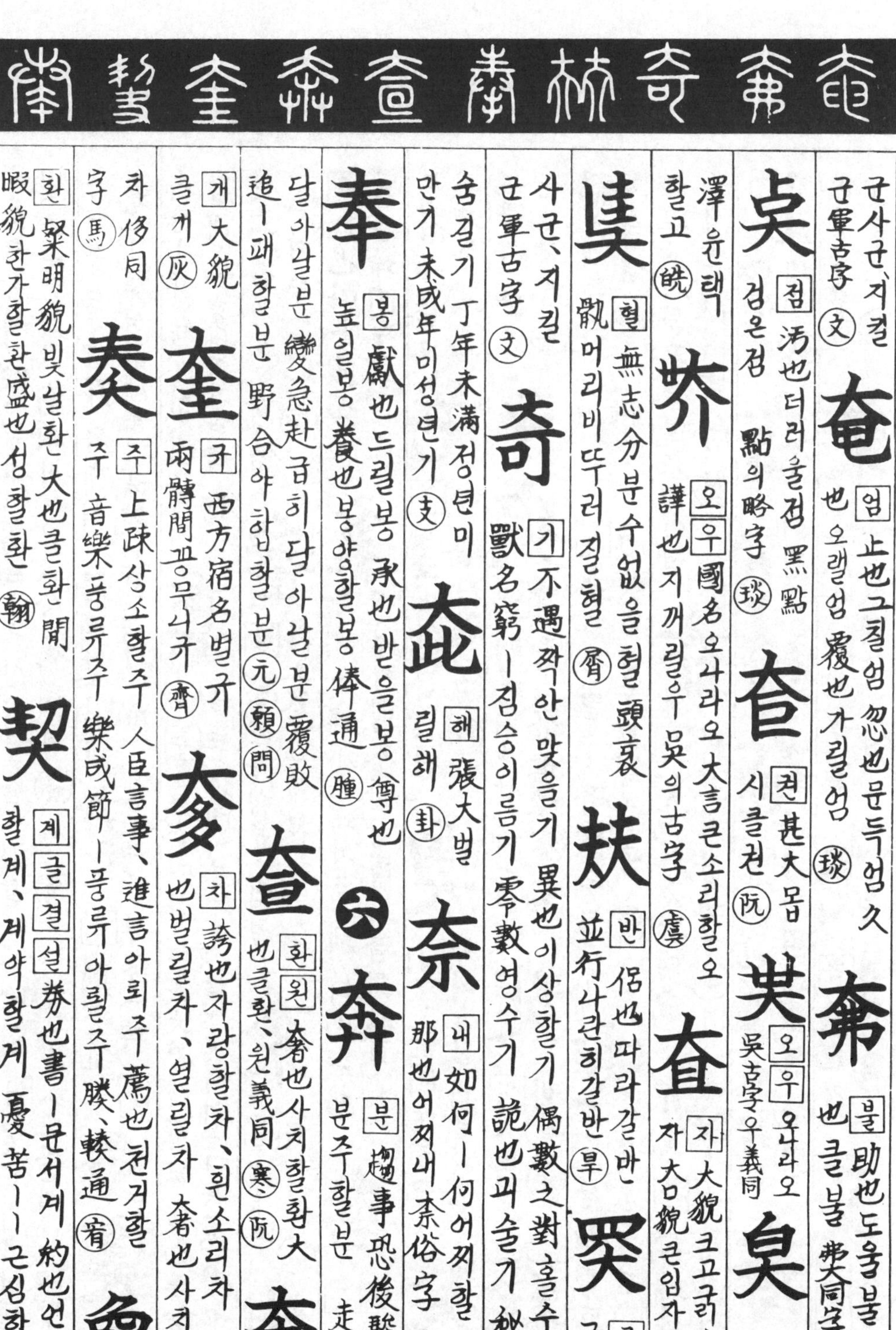

奄 [엄] 止也그칠엄 忽也문득엄 久也오랠엄 覆也가릴엄 (琰)

⿱大弗 [불] 助也도울불 大也클불 弗大同字 (質)

奌 [점] 汚也더러울점 黑點검은점 點의略字 (琰)

⿱大旨 [권] 甚大몹시클권 (阮)

⿱丗大 [오][우] 오나라오 吳古字우義同

⿱白大 [고] 潤澤윤택할고 (皓)

⿱丗大 [오][우] 國名오나라오 大言큰소리할오 譁也지꺼릴우 吳의古字 (虞)

⿱大且 [자] 大貌크고클자 大口貌큰입자 (麻)

⿺镸大 [혈] 無志分분수없을혈 頭衰머리비뚜러질혈 (屑)

㚘 [반] 侶也따라갈반 並行나란히갈반 (旱)

⿱罒大 [군] 군사군、지킬군 軍古字 (文)

奇 [기] 不遇짝안맞을기 異也이상할기 偶數之對홀수기 獸名窮ㅣ짐승이름기 零數영수기 詭也괴술기 秘也숨길기 丁年未滿정년미만기 未成年미성년기 (支)

⿱大此 [해] 張大벌릴해 (卦)

奈 [내] 如何ㅣ何어찌할내 那也어찌내 柰俗字 (泰)

奉 [봉] 獻也드릴봉 承也받을봉 尊也높일봉 養也봉양할봉 俸通 (腫)

❻

奔 [분] 趨事恐後駿ㅣ분주할분 走也달아날분 變急赴급히달아날분 覆敗追ㅣ패할분 野合야합할분 (元)(願)(問)

⿱大亘 [환][원] 奢也사치할환 大也클환、원義同 (寒)(阮)

⿱大亥 [개] 大貌클개 (灰)

奎 [규] 西方宿名별규 兩髀間궁무니규 (齊)

奓 [차] 誇也자랑할차、힌소리차 開也벌릴차、열릴차 奢也사치할차 侈同字 (馬)

奏 [주] 上疎상소할주 人臣言事、進言아뢰주 薦也천거할주 音樂풍류주 樂成節ㅣ풍류아뢸주 腠、輳通 (宥)

奐 [환] 粲明貌빛날환 大也클환 閒暇貌한가할환 盛也성할환 (翰)

契 [계][글][결][설] 券也書ㅣ문서계 約也언약할계、계약할계 憂苦ㅣㅣ근심하고

괴로워할계 鍥、挈通、蕃國ㅣ丹 나라이름글、勤苦ㅣ潤 근고할결、离祖 이름설 偰、卨同字 (霽)(物)(屑)

奕 [혁] 美也 아름다울혁 大也 클혁 憂心ㅣㅣ 근심할혁 次序 차례혁、碁圍 바둑혁 累也ㅣ葉 여러대혁 柔貌 연한혁 (陌)

⿱功夫 [부] 勉學 공부 부부(韓)

㉦

奊 [혈] 無志分ㅣ詬 분수없이 욕할혈 頭衰 머리기울혈 (屑)

套 [토][투] 重沓 거듭토 長大 장대할토 重也 龍衣也 씌울토 外函 껍질토 舊ㅣ 개개묵을토 慣也 버릇토、솜씨토、前例也 전례투(韓) (號)

畚 [분] 𣫘也 가래분、삽분 盛土器 삼태분 (阮)

⿱大束 [혼] 大束 크게 묶을혼 (阮)

⿱申大 [곤] 地也 따곤 順也 순할곤 坤同字 (元)

奚 [해] 女婢 小ㅣ 계집종해 何也 疑辭 어찌해 大腹 큰배해 本音 혜 奚見 (齊)

⿱大畚 [분] 𣫘也 가래분、삽분 畚의 本字 (阮)

⿱大电 [분] 𣫘也 가래분、삽분 畚의 譌字 (阮)

⿱冏大 [로] 堅固 굳을로 牢의 古字 俗音 뢰 (豪)

奘 [장] 大也 클장 強大 튼튼할장 (養)

㉧

爽 [상] 明也 밝을상 輝也 반짝일상 爽의 俗字 (養)(陽)

奜 [비] 大也 클비 (尾)(未)

⿱大林 [심] 大恐 크게 두려워할심 (寢)

⿱山夲 [주] 進言 아뢸주 音樂 풍류주 簡類 편지주 奏의 本字 (宥)

⿲丰大丰 [슬] 絃樂 二十五絃 실풍류슬、비파슬、거문고슬 風聲耳 바람소리슬 瑟의 古字 (質)

奣 [황] 天地四方清明貌 밝고흰할황 (養)

⿰奎丸 [집] 操持 잡을집 守也 지킬집 捕也 잡을집 執同字 (緝)

奞 [순] 敲翼 날개칠순 (震)

奄 [엄] 忽也 문득엄 覆也 가릴엄 奄本字 (琰)(豔)

奝 [조] 大也 클조 多也 많을조 (蕭)

⿱𡗗束 [견] 小束 작게 묶을견 ⿱大束同字 (銑)

⿱大或 [역] 強也 강할역 (職)

套 [토][투] 長大 장대

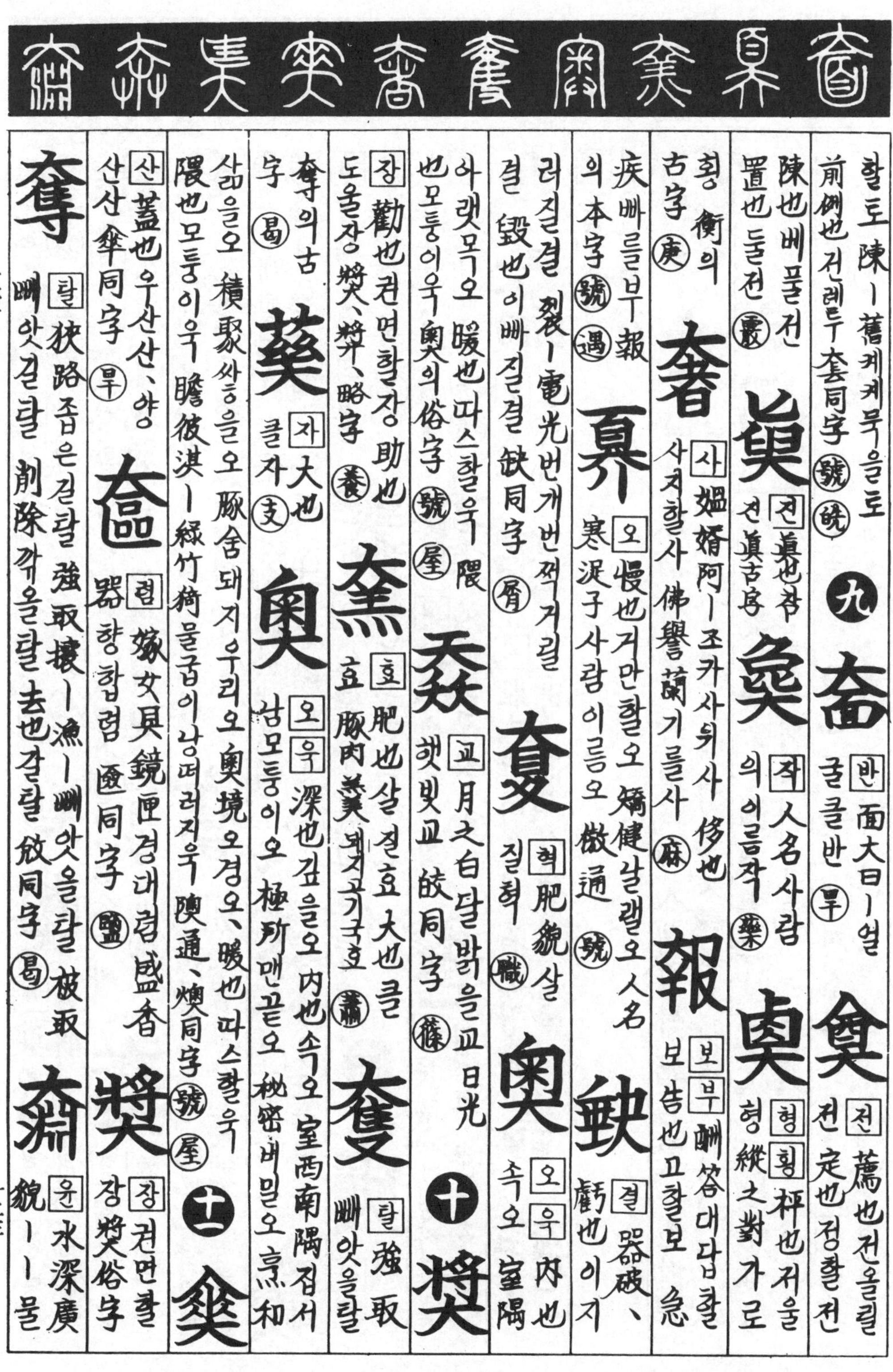

할토 陳ㅣ舊케케묵을토 前例也전례두 套同字 ㊉號 ㊉晄

⑨

奤 반 面大日ㅣ얼굴클반 ㊉旱

奠 전 薦也전올릴전 定也정할전 陳也베풀전 置也둘전 ㊉霰

𡙇 전 眞也참전 眞古字

奞 작 人名사람의이름작 ㊉藥

奟 형 횡 枰也저울형 縱之對가로횡 衡의古字 ㊉庚

奢 사 奲婚阿ㅣ조카사위사 侈也사치할사 佛譽蘭기를사 ㊉麻

𡚁 보 부 酬答대답할보 告也고할보 急疾빠를부 報의本字 ㊉號 ㊉遇

奡 오 慢也거만할오 矯健날랠오 人名사람이름오 寒浞子 傲通 ㊉號

缺 결 器破、虧也이지러질결 裂ㅣ電光번개번쩍거릴결 毀也이빠질결 缺同字 ㊉屑

奭 혁 肥貌살질혁 ㊉職

奥 오 우 內也속오 室隅아랫목오 暖也따스할욱 隈也모퉁이욱 奧의俗字 ㊉號 ㊉屋

奟 교 月之白달밝을교 日光햇빛교 皎同字 ㊉篠

⑩

奬 장 勸也권면할장 助也도울장 奨、獎、略字 ㊉養

奞 효 肥也살질효 大也클효 豚肉羹돼지고기국효 ㊉蕭

奪 탈 强取빼앗을탈 奪의古字 ㊉曷

奓 자 大也클자 ㊉支

奥 오 우 深也깊을오 內也속오 室西南隅집서남모퉁이오 極所맨끝오 秘密비밀오 烹和삶을오 積聚쌓을오 豚舍돼지우리오 奧境오경오、暖也따스할욱 隈也모퉁이욱 瞻彼淇ㅣ綠竹猗猗물굽이나떠러지욱 隩通、燠同字 ㊉號 ㊉屋

⑪

傘 산 蓋也우산산、양산산 傘同字 ㊉旱

奩 렴 嫁女具鏡匣경대렴 盛香器향합렴 匳同字 ㊉鹽

獎 장 권면할장 奬俗字

奪 탈 狹路좁은길탈 强取擄ㅣ漁ㅣ빼앗을탈 被取빼앗길탈 削除깎을탈 去也결탈 敓同字 ㊉曷

奫 윤 水深廣貌ㅣㅣ물

갚고넓을윤 (眞)

[𢦏+大] 질 절 大也 클질 盛也 성할질、결 義同 (質)(屋)

⑪

獘 폐 壞敗 해질폐 惡也 폐단폐 弊의 俗字 (霽)

奭 석 혁 盛也 성할석 大也 클석 怒也 성낼석 召公名 이름석 赤貌 赩 붉은모양혁 赩、赩 同字 (陌)(職)

[大+隹+木] 탈 빼앗을탈 奪의 古字

⑫

橆 모 法也 법모 形也 모범할 모 模、墓、橅 同字 (虞)

奮 분 怒也 성낼분 揚也 드날릴분 勇起 뽐낼분 震動 진동할분 飛上 날개칠분 ㅣ 戰力鬪 날랠분 (問)

[天天天天] 결 締也 맺을결 ㅣ局 나중결 結同字 (屑)

[大+森] 무 有之反 없을무 無同字

[大+歲] 할 目動 눈굴릴할 空大 휑할할 (曷)

[大+珡] 슬 絃樂二十五絃 실풍류슬 거문고슬 瑟古字 (質)

⑭

[大+百] 상 持服日 ㅣ상사상、복입을 상 喪의 古字 (陽)(漾)

[大+雈] 환 始也 비롯할환 化也 바꿀환 (寒)

[大+亞+乚] 상 技服曰ㅣ 상사상 복입을상 喪의 古字

⑮

[大+畾] 뢰 大也 클뢰 (賄)

奰 비 壯大 장대할비 迫也 핍박 怒也 성낼비 (寘)

⑳

奲 차 寬大 너그럽고 클차 (馬)

女部

女 녀 未嫁稱 처녀녀 坤道成婦人 계집녀 宿名 婺ㅣ 별이름 녀 以ㅣ妻人 시집보낼녀 婦人總稱 여자녀、아낙네녀 汝也 너녀 汝通 (語)

②

奶 유 내 牛乳 소젖유、尊對語 주인의 아내를 존대말내 (有)(宥)

奴 노 賤稱 남을 천하게 일컫는 말노 僕 남종노 (虞)

㚢 노 남종노 奴의 同字

㚥 질 女不謹 계집 상가하지 않음을 질 (質)

㚨 정 好容 얼굴좋

을정 (青)

㊂

⿰女𦣝 [희] 婦人美稱아씨희 皇后황후희 왕비희 妾也첩희 姬의古字 (支)

⿰女弋 [의] 女官名계집벼슬이름의 (職)

⿰女广 [엄] 婦人容儀端整貌 맵시가단정할엄 (琰)

奸 [간] 僞也거짓간 犯淫간음할간 亂也어지러울간 (寒)

妃 [비] 后ㅣ왕비비 配也배필비 太子ㅣ태자비비 配見 (微)

⿰久女 [구] 嫠婦守節不嫁 과부수절할구 (有)

妄 [망] 虛ㅣ허망할망 虛誕망령될망 不誠實성실하지않을망 違法법에어긋날망 卦名괘이름망 (漾)

奺 [구] ⿰久女 同字

如 [여] 往也갈여 若也같을여 至也이를여 語助辭어조사여 等也무리여 然也그럴여 釋迦如來 부처이름여 ㅣ夫첩여 而通 (魚)

她 [저] 長女큰딸 저 姐見 (職)

妁 [작] 媒介중매작 (藥)

奻 [난] 諠訟시끄럽게 송사할난 (刪)

奿 [번] 女慧而員계집영오할번 (願)

奼 [타] 美女아름다운계집다 美也아름다울타 姹同字 (馬)

⿰女九 [번] 奿(前條)同字

好 [호] 相善서로좋아할호 美也좋을호 愛也사랑할호 璧孔구슬구멍호 親善사귈호 甚也심할호 (皓)

㊃

妋 [우][부] 懀也미워할우 貪也탐할부 眉目間恨 미워서눈살찌푸릴우 (虞)(尤)

妊 [임] 懷孕아이밸임 姙同字 (沁)

妤 [여] 美也아름다울여 女官婕ㅣ계집벼슬여 伃同字 (魚)

妉 [담] 樂也즐길담、즐거울담 媅同字 湛通 (覃)

妣 [비] 母死後稱曰ㅣ죽은어미비(生前父母、死後考ㅣ) (紙)

妍 [연] 麗也고울연 媚也사랑스러울연 姸同字 (先)

妡 [근] 美也아름다울근 (文)

姘 [정] 女德不妄계집얌전할정、덕성스러울정 (梗)

妢 [분] 國名분 나라분 (文)

妎 [해] 妒也투기할해 (泰)

妟 [안] 天清하늘맑을안 安也편안할안 和也화할안 晏同字 (諫)

妏 [문] 生也낳을문 (文)

妠 [날][납] 小兒肥貌娟ㅣ어린아이살찐모양날、娶也장가들삽 聚物물건모을납、쌓을삽 (黠)(合)

姌 [염] 弱長纖細휘청거릴염、비틀거릴염 (琰)

妝 [장] 粉裝단장할장、모양낼장 粧、糚同字 (陽)

妑 [파] 女兒雙髻ㅣ頭머리두갈래로땋아느릴파、새앙머리파 (麻)

妞 [뉴] 姓也성뉴 女兒계집아이뉴 (有)

妐 [종] 舅也、夫之父시아비종 (冬)

妜 [얼] 眉目間양미간얼 (屑)

妓 [기] 女樂기생기 遊女갈보기 (紙)

㚫 [삽] 美容얼굴예쁠삽 女子名여자이름삽 (合)

妒 [투] 娼嫉ㅣ忌투기할투 妬通 (遇)

㚶 [제][시][치] 美好貌예쁠제 母ㅣ죽은어머니시 輕薄貌姑 경망할치 姼同字 (齊)(紙)(支)

妕 [중] 聰明伶俐영리할중 女子名여자이름중 (送)

妙 [묘] 神秘신비할묘 神化不測묘할묘 精微정미할묘 纖媚간들거릴묘 美也예쁠묘 少年소년묘 玅同字 眇通 (嘯)

妔 [갱][항] 美女예쁜계집갱、女性急戾계집성품조급할항 (庚)(陽)

妘 [운] 姓也성운 (文)

妖 [요] 昊孽괴로울요 昊也이상할요 豔也고울요 媚也아양부릴요 巧也공교할요 女笑계집웃음웃을요 (蕭)

妘 [운] 성운 妘同字

妗 [금] 善笑貌싱글벙글할금 內舅母(外叔母)외숙모금 容態輕薄방정스러울금 (沁)

妥 [타] 協也타협할타 安也편안할타 平穩일없을타 墮也떨어질타 (哿)

妨 [방] 礙也거리낄방 害也해로울방、방해될방 (陽)(漾)

妧 [완] 好貌좋은모양완、좋을상스러울완 (翰)

奺 [추] 容美얼굴고울추 (虞)

妦 [봉] 美也아름다울봉 (冬)

五

妳 내 乳母젖어미내、유모내 姊也누님내 嬭同字 (蟹)

妬 투 妒也투기할투 女無子자식없는계집투 (遇)

姈 령 女巧慧계집공교할령 女字여자이름령 (靑)

妚 배 婦人一朔ㅣ胎한달된태배 肧、胚同字 (灰)

姀 화 形正단정할화 (歌)

妮 니 婢也계집하인니 (支)

姂 핍 婦人貌好也부인예쁠핍 美貌고울핍 (洽)

㚠 요 美也아름다울요 (巧)

姅 반 婦人有月事월경할반、몸있을반 (翰)

妭 발 美妻ㅣ女고운처발 美女고운계집발 (曷)

㚧 아 여스승아 妿同字

妯 축 兄弟妻相呼ㅣ娌동서축 (屋)

妿 아 女師여스승아 (歌)

妰 작 靜也、動止계집조용할작 (藥)

㚲 섬 女輕薄계집경박할섬 小脇작고약할섬 (鹽)

妲 달 ㅣ己紂妃名계집이름달 (曷)

妾 첩 小室작은집첩 不聘側室첩첩 女己卑稱나첩 童女계집애첩 (葉)

妱 초 女字계집이름초 (蕭)

𡛜 저 細也가늘저 (齊)

妵 주 人名華ㅣ사람이름주 好貌좋은모양주 (有)

妼 필 女有容儀계집엄전할필、계집단정할필 (質)

妷 일 질 過也허물일 安逸편안할일 淫ㅣ음란할일、佚同、 緩也ㅣ蕩느즈러질질 (質)(屑)

妹 매 女兒계집아이매 女弟아래누이매 卦名歸ㅣ괘이름매 (隊)

妴 원 順直순직할원 (阮)

妻 처 婦也與己齊者아내처、마누라처 以女嫁人시집갈처 (霽)

妸 아 美貌고울아 (哿)

妺 말 桀妻ㅣ喜계집의이름말 (曷)

㚻 구 美貌예쁠구 女字계집의자구 (尤)

姁 후 美貌ㅣ媮아름다울후 嫗也할미

후、노파후 樂也즐거울후 (虞)(麌)

姓 [성] 系統生也ㅣ氏성성、성씨성 一族일가성 子ㅣ자손성 百ㅣ백성성 [illegible]同字 (敬)

妌 [정] 女容端莊단정할정 (敬)

[illegible] [기] 將男作女ㅣ姦남색할기、비역할기 (支)

姆 [모] 女師여스승모、여선생모 伯母ㅣㅣ백모모 本音무 (麌) (中)

妟 [안][화] 美好고울안 愚也어리석을학 婩同字 (翰)(藥)

㚶 [사] 長婦맏며느리사、兄之妻曰ㅣ婦형수사 姒古字 (紙)

姖 [거] 端正단정할거 (語)

妋 [부] 悅也기꺼울부 美也아름다울부 (虞)

[illegible] [잉] 懷妊아이밸잉 孕의俗字 (徑)

姊 [자] 女兄、伯ㅣ맏누이자、윗누이자 姐通 (紙)

姕 [자][치] 婦人小物하찮은계집자、不媚무뚝뚝할치、아양떨지않을치 (紙)(支)

姉 [자] 맏누이자 姊俗字

委 [위] 任也맡길위 棄也버릴위 頓也쓰러질위 屬也붙일위 禮服端ㅣ예복위 萎也시들어질위 紙自得貌ㅣㅣ 雍容맘에든든할위 禾垂穗貌ㅣ曲벼이삭고개숙일위 ㅣ曲위곡 末也끝위 美也아름다울위 積也쌓일위 (支)(寘)

始 [시] 新起시작할시 初也비로소시 樂名華ㅣ풍류이름시 星名句ㅣ별이름시 方也바야흐로시 (紙)(寘)

姒 [사] 兄之妻曰ㅣ婦형수사 長婦맏며누리사 妯娌相呼娣ㅣ동서사 姓也성사 (紙)

姌 [염] 纖細휘청거릴염、연약할염 [illegible]의俗字 (琰)

[illegible] [시] 夫家시집시 媤同字 (彝)

姘 [빈] 妾也첩빈 (眞)

姑 [고] 父之姊妹고모고 夫之母시어머니고 夫之女弟小ㅣ시누이고 且也苟安ㅣ息아직고 矢名살이름고 星名黃ㅣ별이름고 花名꽃이름고 (虞)

姍 [선][산] 衣裳曳地옷잘잘끌릴선 行貌ㅣㅣ챙하는모양선 姺通、 誹謗비방할산 好也좋을산 笑ㅣ비웃을산 (先)(寒)

姐 [저] 女

兄만누이저 小ㅣ、大ㅣ아가씨저 慢也거만할저 她通、姊見 (馬)

姏 [담] 老女自稱노파자칭할담 (覃)

娍 [월] 輕也가벼울월 (月)

姎 [앙] 女人自稱我여자자칭할앙 (陽)

姉 [자] 女兄만누이자 옛누이 姊同字 (紙)

㚿 [포] 裹也쌀포 꾸릴포 隱也숨길포 包同字 (肴)

𡛷 [교] 拙之反교묘할교 巧同字 (巧)

娊 [형] 嬉也즐거울형 (庚)

姘 [평] 急也급할평 (庚)

六

㛄 [설] 慢也거만스러울설 瀆也모독할설 媟同字 (屑)

姙 [임] 懷孕아이밸임 妊同字 (侵)

姫 [진] 愼也삼갈진 (現在는 희 姬의 略字로 用) (軫)

𡜈 [임] 아이밸임 姙同字

姩 [년] 美女예쁜계집년 (先)

姚 [요] 美好ㅣ嬈예쁠요 急疾剽ㅣ급할요 姓也성요 遙也아득할요 勁疾㮁ㅣ날랠요 (蕭)(嘯)

姪 [질][절] 姪女조카딸질 兄弟之子조카질 妻ㅣ처조카질 절 義同 (質)(屑)

姛 [동] 女性正直계집성품곧을동 正項목이바를동 (董)

㛃 [의] 華麗빛날의、번쩍번쩍할의 女子名여자이름의 (微)(紙)

㛚 [동] 계집성품곧을동 姛의同字

㚰 [연] 魚肉之腐敗썩을여 (語)

姜 [강] 姓 齊神農後성강 (陽)

姨 [이] 母之姊妹이모이 妻母之姊妹처이모이 (紙)

㛃 [결] 淸也 淨也맑을결、정결할결 潔同字 (屑)

姝 [주] 粉飾분바를주 美色계집아름다울주 柔懦ㅣㅣ부드러울주 (虞)

姞 [길] 姓也성길 后稷元妃후직의원비이름길 (質)

𡜊 [오] 음탕할오 㚥同字

姽 [와] 美貌 婐ㅣ모양예쁠와 弱也약할와 (哿)

𡛼 [간] 간사할간 姦同字 (刪)

姟 [해] 數

也兆之百 백조해 (灰)

⿱汙女 오 淫貪음탕할오 (遇)

⿰女員 운 姓也 성운 ⿰女員、妘同字 (文)

姦 간 淫也 간음할간 詐也 간사할간 通ㅣ 통간할간 寇賊 도둑할간 強ㅣ 강간할간 僞也 内究外ㅣ 거짓간 (刪)

姡 활 詐僞 거짓활 狡也 꾀활할활 (曷)

姥 모 老女 할미모 山名 天ㅣ 산이름모 姆通 (麌)

姤 구 遇也 만날구 好也 예쁠구 (宥) (宥)

姬 희 ㅣ人 美稱 아씨희 皇后 황후희、왕비희 妾也 첩희 (支)

娃 왜 와 美也 아름다울왜 美女 예쁜계집왜 美貌 얼굴이아름다울왜、와 義同 (佳) (麻)

嬐 험 美貌 예쁠험 (豔)

⿰女朵 타 女容如花 계집얼굴꽃같을타 量也 헤아릴타 (哿)

姯 광 女色姸麗 환할광、미려할광 (陽)

娀 융 國名 有ㅣ氏 나라이름융 (東)

姮 황 羿妻ㅣ娥ㅣ 계집이름황、달에사는미인황 (蒸)

威 위 尊嚴 위엄위 儀也 거동위 畏同字 (微)

姰 균 適合 적합할균 男女優劣同等 같을균、한가지균 (眞)

姿 자 性也 성품자 能也 姓ㅣ 맵시자、태도자 作態 모양낼자 趣味 취미자 資同字 (支)

姱 과 好也 좋을과 美貌 아름다운모양과 (麻)

姾 전 女子名 여자이름전 女之端正 계집단정할전 (先)

姲 안 從容 종용할안 (諫)

姼 제 시 치 美好貌 예쁠제、母ㅣ 죽은어머니시、輕薄貌 姑ㅣ 경망할치 (齊) (紙) (支)

⿱列女 렬 美也 아름다울렬 (屑)

姽 궤 閑體行 한가이행할궤 好也 좋을궤 (紙)

姳 명 好也 좋을명 (迥)

⿰女缶 부 女之行儀 계집행실부 美也 고을부 (有)

⿰女耳 이 女號 계집칭호이 (支)

姻 인 夫曰婚 婦曰ㅣ 사위집 婚ㅣ 혼인할인 媤也 시집인

妻也아내인 因緣인연인 眞

姶 [압] 女名娟ㅣ계집이름압 美貌아름다운모양압 合

姣 [교] 美也아름다울교 巧

姷 [유] 配也짝유 侑同字 宥

姸 [연] 安也편안할연 美也、麗也고울연 예쁠연 慧也지혜스러울연、총명할연 先

⿰女刑 [형] 女之身貌계집키클형 靑

姹 [차] 美女아름다운계집차、예쁜계집차 美也아름다울차 奼同字 麻 禡

⿱㞢女 [처] 妻古字 아내처

姺 [신][선] 商諸侯國名ㅣ邳제후나라이름신 莘同字、行貌媥ㅣ행하는모양선 蹁同字、媥見 眞 先

⿱土女 [희] 美容얼굴예쁠희 隊

娄 [루] 曳也끌을루 愚也어리석을루 婁의俗字 尤 麌 遇

⿰女自 [질] 妎也미워할질 妬也 투기할질 嫉同字 質

⿰女囟 [세] 靜也조용할세 霽

七

⿰女忌 [기] 怒也성낼기、노할기 寘

姽 [와] 美貌어여쁠와 弱也약할와 婉同字 哿

娜 [나] 柔長貌ㅣ휘청거릴나 美貌 婀ㅣ아름다운모양나 哿

娉 [빙] 問也물을빙 娶也장가들빙 召也부를빙 訪也찾을빙 聘通 美貌어여쁠빙 敬 靑

娯 [오] 즐거울오、기쁠오 娛同字 虞

⿰女夾 [협] 志靜얌전할협 本音겹 葉

娚 [남] 語聲말소리남、姊妹謂男兄弟曰ㅣ 오라비남 覃 (韓)

⿰女呂 [려] 醜雜추잡할려 語

娛 [오] 樂也즐거울오 喜也기쁠오 虞

娋 [초] 女兄누이조 效

娙 [형] 女身長계집키클형 形好貌형용좋은모 女官名계집의벼슬이름형 靑

娊 [현] 腰纖허리가늘현 銑

娘 [낭] 女稱처녀의이름에쓰는말낭、小姐아가씨낭、소녀낭 陽

㛀 [구] 配也짝구 尤

娗 [정][전] 不開通眂 매혹할정、欺

慢語속일견 容也모양별견 婷同字 迥 銑 青

娌 [리] 妯ㅣ兄弟之妻相謂도서리 心動마음이동할리 紙

娖 [착] 謹貌조심할착 覺

[illegible] [첩] 女惡계집표독할첩 葉

[illegible] [찬] 一妻二妾계집셋둘찬 美也아름다울찬 粲通 翰

娍 [성] 身長貌헌걸찰성 美也아름다울성 敬

[illegible] [두] 言矢말잘못할두 宥

娎 [혈] 喜也기쁠혈 屑

娒 [모] 女師여스승모、여선생모 伯母동서모 姆同字 虞 宥

[illegible] [혈] 기쁠혈 娎同字

娓 [미] 美也아름다울미 順也순할미 尾

[illegible] [수] 兄之妻형수수 嫂、嫂同字本音소 晧

娑 [사] 衣揚貌옷날리는모양사 舞貌婆ㅣ춤추는모양사 行貌걸어다니는모양사 琴音거문고소리사、吐蕃都名邏ㅣ오랑캐도읍이름사 塵世ㅣ婆세상사 歌 箇

娐 [부] 美貌예쁠부 虞

[illegible] [좌] 戒也경계할좌 箇

[illegible] [신] 懷孕아이밸신 養馬者마부신 娠同字 眞

[illegible] [압] 美好아름다울압 女名婤계집의이름압 始의古字 合

娭 [애] 戲也희롱할애 婢也계집종애 賄

娝 [부] 遇也어리석을부 虞

[illegible] [연] 華也빛날연、환할연 先

[illegible] [불] 女肥貌 㛓ㅣ계집살찐모양불 月

娪 [오] 美女예쁜계집오 遇

娞 [뇌] 姸也고울뇌 賄

婚 [혼] 結ㅣ혼인할혼 婦家처가혼 取婦장가들혼 婚本字 元

娣 [제] 弟妻제수제 女弟아래누이제 妯娌ㅣ姒동서제 薺 霽

[illegible] [간] 犯淫간음할간 亂也어지러울간 詐也거짓간 奸同字 寒

[illegible] [용] 齊也가지런할용 腫

娩 [만][면] 產子해산할만、柔順유순할면 阮

娟

[연] 媚也 아담할연 美好嬋ㅣ어여쁠연、고을연 幽遠 아득히멀연 (先)

婷 [만] 驕慢 교만할만 (灣)

婟 [유] 醜女 더러울유 (尤)

姘 [빈] 婦也 지어미빈 服也 복종할빈 女子敬稱 커더빈 嬪同字 (眞)

㛛 [신] 아이밸신 娠同字 (眞)

娧 [태] ㅣㅣ舒遲貌 더딜태 喜也 기뻐할태 (泰)

娠 [신] 孕也、娠ㅣ아이밸신 養馬者 마부신 (眞)

娥 [아] 天女姮ㅣ선녀아 好也 예쁠아 姮ㅣ항아 舜妻ㅣ娥皇 순임금아내아 (歌)

八

娕 [동] 國名 나라이름동 (東)

娬 [무] 媚也 예쁠무 아담스러울무 嫵、娍同字 (麌)

婺 [미] 嫠(次條)字 (支)(齊)

㛠 [랍] 伏也 엎드릴랍 (合)

婺 [미] 阿ㅣ母也 어미미 㜷同字 (支)(齊)

姩 [년] 美女 예쁜계집년 姩同字 (先)

娹 [현] 지킬현 娹同字

㛂 [비] 后ㅣ왕비비 配也 짝비 太子ㅣ태자비 妃同字 (微)(隊)

娹 [현] 守也 지킬현 (先)

娶 [취] 取妻 장가들취 商ㅣ중개인취 (魚)

娸 [기] 醜之也 더럽재어길기 惛也 미워할기 (支)

娵 [취] 장가들취 娶同字

姘 [평] 妻婢通姦 계집종을간통할평 除去 제거할평 (庚)

娷 [수] 以事相屬 일서로부탁할수 (支)

娺 [달] 疾也 빠를달 猛也 모질단 (黠)

婩 [엄] 誣挐 모함할엄 (豔)

娼 [창] 賣淫女 갈보창 戲女 집창 女樂 창녀창、여광대창 (陽)

婗 [예] 嫵媚貌 婗ㅣ 예쁘게할예 아양부릴예 初生兒 嬰ㅣ갓난아이예 (齊)

娾 [애] 不快 娭ㅣ계집이추할애 樂也 즐거울애 (蟹)

婖 [첨] 慙愧 부끄러워할첨 (鹽)(琰)

娽 [록] 從也 따를록 (屋)

婕 [첩] 美貌예쁠첩ㅣ妤궁 녀벼슬이름첩 倢同字 (葉) 婭 [아] 不決娿ㅣ결단못할아、머뭇거 릴아 美貌ㅣ娜아름다울아 婀

同字 (哿) 婔 [비] 여자비 斐同字 婀 [아] 아름다울 아 婭同字 (哿) 婓 [비] 神女江여자비 行 貌ㅣㅣ행하는모양

비本音 주 (微) 婁 [루] 愚也어리석을루 牽也끌루 形神交役巻ㅣ고달플 루 空也빌루 星名별이름루 春秋國名 郲ㅣ나라이름

루 屢通 (虞) (尤) 婑 [유] 美也아름 다울유 (支) 婁 [루] 어리석을 루 婁同字 [illegible] [요] 異孽요 괴로울요

艷也고울요 妖同字 (蕭) 婄 [부] 愚也둔할부 肥也살찔부 (有) [illegible] [혜] 皃也흉할혜 姿也방자할혜 (霽) 婆 [파] 舞

貌ㅣ婆춤추는모양파 祖母ㅣㅣ조모 파 老媼늙은계집파 (歌) (中) 婐 [와] 軟弱연약할와 女侍시녀와 (哿) [illegible] [강] 姦

亂문란 할강 (養) 嬔 [반] 兔子토끼 새끼반 (願) [illegible] [설] 慢也거만스러울설 瀆也모독할설 媟同字 (屑) 婎 [휴] 放

逸제대로제마음대로행동 할휴 姿態모양휴、대도휴 (支) 婉 [완] 順也순할완 少也젊을완 美也예쁠완、아름다울완 本音원 (阮) 婍

[기] 美好고 울기 (紙) 婊 [표] 娼家화 랑이표 (篠) [illegible] [누] 女肥ㅣ婞계집살 동동할누、살찔누 (有) 婋 [호] 女 之怜

悧계집영 리할호 (肴) 婌 [숙] 後宮名궁녀벼슬 이름숙 淑通 (屋) 婘 [권] 好也아름다울권ㅣ屬 집안붙이권 眷通 (先)

婲 [화] 䕙好예 쁠화 (日) 婚 [혼] 婦家처가혼ㅣ姻혼인할 혼 取婦장가들혼 姻見 (元) 婡 [래] 容美얼굴 예쁠래 (泰)

婙 [청] 貞潔조촐할청 纖弱가날플청 婧同字 (敬)

婯 [리][려] 附著부딪칠리 高ㅣ東國名나라이름리 美也고울려 華也빛날려 麗同字 (支)(霽)

㛰 [혼] 장가들혼 婚同字 (元)

婬 [음] 蕩也음탕할음 姦ㅣ간통할음 遊逸女놀음 戲也희아질할음 (侵)

婢 [비] 女奴、夫人負罪稱계집하인비、여종비 賤女천한여자비 本音추 (紙)

婭 [아] 兩壻相謂姻ㅣ동서아 親戚姻戚인가아、친척아 (禡)

婜 [간] 美麗화려할간、빛날간 (刪)

婪 [람] 好美고울람 (感)

婞 [행] 很也ㅣㅣ사나울행 親也친할행 悻同字 (迥)

婫 [혼] 以物蒙頭머리덮을혼 (阮)

婠 [완] 體好몸예쁠완 (阮)

婪 [람] 貪也탐할람 (覃)

婕 [접] 喜笑貌벙글거릴접 (鹽)

婧 [청] 纖弱가날플청 貞潔조촐할청 (敬)

婟 [고] 戀惜ㅣ嫪생각하고 아낄고 美也어여쁠고 本音호 (遇)

婩 [안][하] 美好고울안、愚也어리석을학 (翰)(藥)

婤 [주] 容貌優美얼굴얌전할주 (尤)

婦 [부] 지어미부 婦同字 (有)

婣 [인] 和也화할인 姻同字 (眞)

婦 [부] 妻也지어미부、아내부 女子여자부 子之妻也며느리부 (有)

婥 [작] 美好貌예쁠작 (藥)

九

婷 [정] 冷也쌀쌀할정 美貌好 娉ㅣ예쁜모양정 娗通 (靑)

婺 [무] ㅣ女星名별이름무 不繇맘대로못할무、유순하지못할무 (尤)

嫂 [수] 兄之妻형수수 嫂同字 本音소 (晧)

[illegible] [추] 老媪醜貌계집늙어추할추 (尤)

[illegible] [남] 肥大몸투투할남 (勘)

婹 [요] 弱也연약할요 (篠)

婸 [탕][양] 淫戲음탕할탕 我也나양 (養)(陽)

婼 [착][야][이] 不順순

하지않음을착、不順거스릴야、ㅣ羌、國名나라이름이 (藥)(麻)(支)

嬣 [경] 獨也외로울경、고독할경 煢、嬛通、惸同字 (庚)

婚 [혼] 結ㅣ혼인할혼 取婦장가들혼 婚同字 (元)

媙 [위] 窈窕之貌얌전할위 (微)

㛱 [외] 美貌아리땃다울외 (灰)

㛾 [함] 女之陋醜계집더러울함 (勘)

𡞦 [가] 美貌고울가 (馬)

𡜬 [함] 健也壯也키크고건강할함 (謙)

媮 [유][투] 樂也즐거울유 薄也엷을유 愉通、巧黠교활할투 偸也도둑질할투 偸見 (尤)(虞)

媕 [암] 不決ㅣ娿결단못할암、머뭇거릴암 (覃)

婿 [서] 女之夫사위서 男子남자서 壻同字 (霽)

媓 [황] 堯女舜妃娥ㅣ여자이름황、황후이름황 (陽)

媁 [위] 醜也추할위 美盛貌탐스러울위 (微)

㛸 [극] 賤嫗천한할미극、쌍스런계집극 (職)

媀 [우] 女妒男투기할우、강짜할우、샘낼우 (遇)

媔 [면] 妒也투기할면 美目ㅣ只눈매예쁠면、눈초리고울면 (霰)

媂 [제] 厠間神名뒷간귀신이름제 (霽)

媒 [매] 貪也탐낼매 仲ㅣ중매매、중신들매 醲酵술빚을매 駿馬龍ㅣ용마매 暗也어둘매 (灰)

媄 [미] 色艶빛고울미 (紙)

媐 [이] 悅也이쁠이 (支)

媃 [유] 女媃貌예쁜쉬할유 (尤)

媍 [부] 며느리부 婦同字 (有)

㛴 [노] 亂擾心번뇌할노、마음소란할노 有所恨痛원통할노 惱通 (晧)

媘 [성] 減也축날성、깔성 (梗)

媅 [담] 樂也즐길담、즐거울담 湛通 (覃)

媏 [단] 無儀예의없을단 亂也어수선할단 (翰)

媈 [휘] 妄也첩휘 小家작은집휘 (微)

媌 [모] 妓女노는계집모 眉目美好貌눈매고울모 (肴)

媊

전 女ㅣ、星名 별이름전 (銑)

媋 춘 女美貌아리따울츈 女子계집의자츈 (眞)

媉 옥 악 美也예쁠옥、官飾모양낼악 (屋)(覺)

媚 미 愛也사랑할미 諂也아첨할미 悅也상긋거릴미 美態아름다운모양미 親順嫵ㅣ순할미 (寘)

媆 눈 嫩弱어릴눈、약할눈 (願)

媛 원 美女예쁜계집원 女官여자벼슬원 美貌嬋ㅣ아름다운모양원 (元)(霰)

⿰女谷 욕 貪也탐낼욕、욕심낼욕 欲同字 (沃)

媞 제 美貌ㅣㅣ아름다운모양제 安也편안할제 (齊)

⿰女⿸广又 철 貪食탐내먹을철 (屑)

⿰女便 편 美貌아름다울편 (先)

媧 왜 과 女ㅣ古女聖名여자이름왜、과義同 (佳)(麻)

⿰女音 암 志不正뜻바르지않을암、마음비뚤암 (覃)

媦 외 女弟손아래누이위 (未)

⿰女奎 과 美貌아름다울과 (佳)

媥 편 ㅣ姺行輕貌간들간들거릴편 (先)

媟 설 慢也거만스러울설 瀆也모독할설 戲也회롱할설 褻同字

媠 타 不嚴飾嫷ㅣ태만할타、게으를타 美也예쁠타、고울타 不敬거만할타 (哿)

媢 모 怒也성낼모、골날모 妒也、忌嫉투기할모 (號)

⿰女臿 삽 急言失序차례없이말할삽、말납신거릴삽 (洽)

媣 염 分明분명할염、독독할염 (琰)

媤 시 夫家시집시(韓)

⑩

⿰女師 사 巫女무사、무당사 (支)

媰 추 취 婦人姙娠아이밸추 姓也성취 嫠婦과부추、홀어머니추 (尤)(宥)

⿰女邕 옹 女之美貌예쁠옹 (冬)

⿰女迷 미 母也어미미 (霽)

媺 미 善也착할미 美通 (紙)

⿰女畜 축 媚也아첨할축 (屋)

媸 치 醜也더러울치 癡也어

리석을치 媸也 음관할치 蚩同字 (支)

嬈 [요] 老而曲背 느리어둥굽을요 (蕭)

媷 [욕] 惰怠게으를욕 (沃)

嫢 [목] 美貌아름다운모양목 (屋)

媵 [잉] 飲酌잔마실잉 從嫁잉첩잉 寄物물건부칠잉 侍女계집종잉 (徑)

媲 [비] 耦也、配也짝비、배필비 (霽)

媶 [용] 美貌예쁠용 (冬)

媐 [이] 女態계집대도이、맵씨이 (寘)

媳 [식] 子婦며느리식 (職)

媻 [반] 不正貌비틀거릴반 (寒)(翰)

㛗 [좌] 경계할좌 娃本字 (箇)

𡣗 [설] 小貌작을설 (屑)

嫂 [후] 醜也不見보기싫을후 (支)

媼 [오] 母也 어머니오 地神땅귀신오 女老稱노파오、할미오 (皓)

嫛 [예] 婗也유모예 (霽)

媽 [마] 母也어미마 牝馬암말마 (麻)

嫏 [랑] 天帝藏處서고랑 (陽)

㨉 [멸] 滅也끊을멸、멸할멸 滅同字

嫐 [뇨] 戲也嘲弄계집이사내조롱할뇨、샘낼뇨 (皓)

𡢃 [재] 謅也娃ㅣ아첨할재 (佳)

嫎 [방] 해로울방、방해할방 妨同字 (漾)(陽)

㜊 [전] 美也고울전、묘할전 (銑)

婆 [파] 老媼할머니파 婆同字 (歌)

媾 [구] 愛也사랑할구 重婚겹사돈구、겹혼인할구 和也화할구 情交교접할구 寵愛총애할구 寵也괼구 (有)

嫄 [운] 姓也성운 妘同字 (文)

嫆 [원] 安也편안할원 (元)

嫨 [혜] 女隷계집종혜 妒也투기할혜 奚通 (齊)

媿 [괴] 慚也부끄러울괴 愧同字 (眞)

嫌 [혐] 疑也 不平於心혐의할혐、의심둘혐 不好 싫어할혐 慊同字 (鹽)

嫂 [수] 兄之妻형수수 嫂俗字

嫋 [뇨][약] 悠揚ㅣㅣ날릴뇨 嫋貌ㅣㅣ 연약할약 柔長貌ㅣ 娜간들거

리는모양뇨、휘늘어질뇨 (篠)(嫋)

嫁 [가] 推惡于人ㅣ禍떠넘길가 佳也 갈가 女子適人시집갈가 (禡)

㝅 [누][구] 乳也젖먹일누 (搆) 乳젖짤구 (宥)(有)

嫎 [해] 투기할해 妒同字 (賄)

嫉 [질] 妒也미워할질 妒也투기할질 嫉同字 (質)

嫄 [원] 稷母 姜ㅣ후직의어머니원 (元)

嫇 [명] 幼婦 嫈ㅣ어린지어미명 小人貌ㅣㅣ키작을명、앙징스러울명 (庚)

嫅 [차] 腰細허리가늘차 (麻)

嫈 [앵] 嫇幼婦어린지어미앵 好貌예쁠앵 (庚)

⑪

嫫 [모] 大醜더러울모ㅣ母 黃帝第四妃황제의황후이름모 (虞)

嫖 [표] 邪淫음란할표 輕也가벼울표 勁疾날랠표 貪色탐색할표 僄見 (蕭)

[illegible] [난] 諠訟시끄럽게송사할난 奻同字 (删)

嫕 [예] 柔順貌유순할예 (霽)

嫧 [책] 鮮明선명할책 謹也삼갈책 (陌)

嫘 [류] 姓也성류 (支)

嫨

嫻 [한][연] 老嫗할미한 怒也노할한、敬也공경할연 (寒)(銑)

嫗 [구][우] 老婦之稱할미구 母也어미니구、育也기를우 (遇)(麌)

嫰 [눈] 弱也연약할눈 艷也고울눈 嫩同字 (願)

嫚 [만] 渫汚더럽힐만 慢也 侮易업신여길만、거만할만 (諫)

嫪 [로] 士無行ㅣ毒선비행실없을로、오입장이로 戀惜姻ㅣ생각하고아낄로 慕也사모할로 (號)

嫙 [선] 美貌예쁠선 (先)

㜗 [로] 선비행실없을로 嫪同字 (號)

嫛 [예] 人始生 婗ㅣ갓난아이예 (齊)

嫩 [눈] 弱也연약할눈、어릴눈 艶也고울눈 嫰同字 (願)

嫜 [장] 夫之兄맏시아지비장 舅姑 姑ㅣ시부모장 (陽)

嫦 [상] 羿妻ㅣ娥계집이름상、항아상 姮見 (陽)

嶆 [조] 美也아름다울조 (豪)

嫥

[전] 壹也ㅣㅣ전일할전、온전할전 微也아름다울전 (先)

嫞 [용] 懶女게으른계집용 (冬)

⿰女畢 [필] 毋也어미필 (質)

嫝 [강] 安也편안할강 (陽)

嫣 [언][현] 巧笑貌방긋웃을언 好貌예쁠언、長好貌긴모양현 (先)

⿱匿女 [니] 서로친할닉 嫟同字 (職)

嫤 [근] 美貌고울근 (震)

嫟 [닉] 互相親近서로친근할닉 (職)

⿰女虘 [취] 嬌也교태부릴취 妒也투기할취 (御)

⿰女參 [삼] 婪也탐할삼 婪淫음탕할삼 (覃)

嫢 [규] 細腰가는허리규 (支)

嫡 [적] 本妻所生子맏아들적 正室정실적、큰마누라적 適通 (錫)

嫠 [리] 寡婦홀어미리、과부리 (支)

嫯 [오] 蔑視업신여겨볼오 (號)

⿰女咠 [서] 婿同字 사위서 (齊)

⿰女敖 [오] 업신여겨볼오 嫯同字 (號)

⿸麻女 [마] 尼也女僧계집중마 (歌)

⿱莫女 [모] 더러울모 嫫本字 (虞)

⿰女酓 [암][엄] 女有心계집맘둘암 含怒意부루퉁할엄 (覃)(鹽)

嫭 [호] 아름다울호 嫮同字 (遇)

⿱斬女 [참] 顔白얼굴환할참 (覃)

嫮 [호] 誇也자랑할호 美好아름다울호 (遇)

(十一)

嬮 [얼] 고울얼 ⿱厭女同字 (月)

嫴 [고] 苟且ㅣ婾구차할고 婦人罪輕不入獄而保任계집죄인머물러둘고 (虞)

⿱厭女 [얼] 美弱고울얼 (月)

嫳 [별] 易使怒발끈할별 輕薄貌경박할별 (屑)

⿰⿱彡女頁 [수] 누님수 嬃同字 (虞)

⿰女敝 [별] 경박할별 嫳同字 (屑)

嬄 [일] 堅也節操절개굳게지킬일 (質)

⿱梢女 [초] 姊也누님초 (肴)

嫽 [료][로] 戲也희롱할료、희학질할료 好貌예쁜모양료 僚見、母之母ㅣㅣ외조모로 (蕭)(嘯)(晧)

嫵 [무] 媚

也예쁠무、아담스러울무 (麌)

嬀 [규] 水名ㅣ汭물이름규 陳姓성규 潙通 (支)

嬿 [연] 姿態貌아리잠직할연 (先)

⿰女登 [등] 女之貞烈계집정조있을등 (蒸)

⿰女覃 [담] 女體細長계집몸후리후리할담 (覃)

嬃 [수] 姊也누님수 女字몸ㅣ계집의자수 (虞)

嫶 [초] 憂也愁面瘦ㅣ研ㅣ冥얼굴파리할초 憔通 (蕭)

嫿 [획] 矜持자랑할획 靜好안존할획 奔馳術ㅣ말빨리달릴획 (陌)

⿰阝⿱有女 [타] 鳥名ㅣ鶋까치같고꼬리하얀은새타 (哿)

⿰女買 [매] 技猾약을매 (佳)

嫸 [선] 好枝格人語남의말어기기좋아할선 本音전 (銑)

嫻 [한] 아담할한 嫺同字 (刪)

嫺 [한] 習也익힐한 雅也아담할한 閑通 (刪)

嫼 [흑] 怒也성낼흑 (職)

⿰女黄 [묘] 美也아름다울묘 (肴)

⿰女朁 [잠] 貪也탐할잠 (覃)

⿰氵⿱⿱日罒女 [탕] 蕩也엽신여길탕 (養)

嬅 [화] 女容俊麗탐스러울화、계집염전할화 (禡)

嫡 [적] 정실적、큰마누라적 嫡篆文 (錫)

嬈 [요] [뇨] 美貌嬈ㅣ예쁜모양요、亂也어지러울요 苛也까다로울뇨 戲擾희롱할뇨 嬲見 (蕭) (篠)

⿱仌夏 [미] 아첨할미 媚古字 (寘)

⿰女𤔔 [란] 順從순할란 (翰)

嬌 [교] 妖嬈아리따울교 態也맵시교、태도교 女兒여자교、귀녀교 (蕭)

嬇 [회] 女字계집의자회 (隊)

嬋 [선] ㅣ娟物有色態고울선 (先)

嬆 [급] 心也清白맘청백할급 (緝)

嬉 [희] 妹ㅣ桀妃계집이름희 樂也즐거울희 戲也희롱할희 嘻通 (支)

十三

嬚 [렴] 清雅맑고고울렴 (鹽)

⿰女奧 [오] 嫉也투기할오 (號)

嬛 현 경 輕麗俀ㅣ새뜻할현、산뜻할현 本音선、獨夫고독할경 嫪見 先 庚

[illegible] 신 有ㅣ、國名나라이름신 莘同字 眞

嬎 반 兎子토끼새끼반 娩同字 遇 願

嬇 희 미울희 [illegible]同字 紙

嬒 회 女面色黑계집의얼굴빛검을회 泰

嬓 교 人名사람이름교 嘯

[illegible] 희 憎也미울희 紙

嬐 섭 敏疾민첩할섭 豔

嬙 장 女官名嬪ㅣ궁녀벼슬이름장 美女毛ㅣ예쁜계집장 陽

嬖 폐 官名벼슬이름폐 寵愛총애받을폐 愛也便辟사랑할폐 霽

嬗 선 僧也중선 傳位전위할선 除地封ㅣ터닦을선 靜也고요할선 禪同字 先 霰

[illegible] 왜 과 女ㅣ古女聖名여자이름왜 媧籀文과 義同 佳 麻

[illegible] 영 가득할영 嬴同字 庚

嬴 영 解也풀어질영 秦姓진나라성영 滿也가득할영 端也끝영 餘也나머지영 美也아름다울영 造化神黔ㅣ조화귀신영 善射者要ㅣ활잘쏘는사람영 盈通 庚

[illegible] 요 求也구할요 察也살필요 要의古字 蕭 嘯

孃 낭 阿ㅣ母稱어머니낭 處女尊稱아씨낭 孃、娘同略字 陽

[illegible] 개 心惱맘번뇌할개 蟹

[illegible] 영 秦姓성영 解也풀어질영 滿也가득할영 嬴同字 庚

[illegible] 련 從也좇을련 順也순할련 孌의古字 銑 霰

嬠 참 貪也탐할참 覃

[illegible] 암 흠 貪也탐낼암、仁慈인자할흠 覃 侵

[illegible] 절 盜也좀도둑절 窃、竊同字 屑

[illegible] 잉 懷姓아이밸잉 蠅也파리잉 孕字同字 徑 藥

[illegible] 의 堅也貞操정조굳을의 紙

嬝 뇨 약 悠揚貌간들거릴뇨 嫋貌가날플약 嫋의俗字 篠 藥

嬦 호 美好아

름다울호 誇也 자랑할호 嫭、嫮同字 (遇)

十四

[illegible] [뇌] 事物挠心 다릴뇌、고달플뇌 번뇌할뇌 惱同字 (皓)

嬥 [조] 嬈也 아름다울조 往來貌 오락가락할조 蠻歌 오랑캐노래조 不仁ㅣ嬈 지북할조 (篠)(嘯)

嬶 [비] 妻賤稱 여편네비 (日)

嬣 [녕] 姸ㅣ女 劣貌 계집용렬할녕 女態 舒徐 느릴녕 (靑)

嬴 [영] 성영、가득찰영 풀영 贏同字 (庚)

嬷 [마] 幼兒呼母 엄마마 (哿)

嬳 [확] 作姿態 모양낼확 (藥)

[illegible] [무] 예쁠무 嫵의 俗字

[illegible] [참] 美也 아름다울참 (豔)

嬬 [유][수] 妻也 아내유、嫋也 약할수 (虞)

[illegible] [희] 悅樂 기쁠희、즐거울희 (支)

嬨 [자] 女性寬順 계집성품 너그럽고 순할자 (支)

嬯 [태] 愚也 미련스러울대 (灰)

嬪 [빈] 女子敬稱 귀녀빈 婦官 妃ㅣ 계집의벼슬이름빈、궁녀벼슬이름빈 多貌ㅣ然 많은모양빈 婦也 계집빈 (眞)

嬲 [뇨] 戲擾 희롱할뇨、계집데리고희롱할뇨 (篠)

[illegible] [외] 低風 낮은바람외 (灰)

嬭 [내] 姉也 누님내 晝睡 黃ㅣ 낫잠내 乳母 유모내、젖어미내 (蟹)

[illegible] [람] 誤也 그릇칠람、잘못할람 (勘)

嬮 [염] 靜也 고요할염 (鹽)

嬰 [영] 縈也、絆也、女首飾 엉킬영 孩也 어린영 加也 더할영 觸也 부딪칠영、찌를영 繞也 둘릴영 攖同字 (庚)

[illegible] [파] 늙은이파 婆同字

[illegible] [빈] 지어미빈、궈부인빈 嬪同字 (眞)

十五

嬛 [현][경] 便ㅣ 輕麗 산뜻할현 本音 선 獨也 홀아비경 嬛本字 (先)(庚)

嬸 [심] 叔母 숙모심、작은어머니심 (寢)

嬙 [장] 궁녀벼슬이름장 嬙同字 (陽)

[illegible] [삭][약] 美也 아름다울삭、약 義同 (藥)

嬼

류 嫠婦과부류 (有)

[女+適] 적 出嫁從夫시집갈적 本音석 (陌)

[女+截] 절 美容貌얼굴고울절 (屑)

嬹 흥 悅也기쁠흥 (徑)

[女+慮] 려 心不欲爲마음에하기싫을려 慮同字 (語)

嬻 독 媟―慢也거만할독、설만할독 (屋)

嬽 연 원 蛾眉好貌눈매고을연 美好貌아리따울연 屈貌굽힐연、美容貌얼굴아름다울원 (先)(元)

⑯

[女+賓] 빈 지어미빈、키부인빈 嬪古字 (眞)

[女+嬴] 영 秦姓성영 解也풀영 滿也가득찰영 嬴의俗字 (庚)

[襄古字] 양 贊也도울양 上也오를양 襄의古字 (陽)

[女+褱] 회 安和온화할회 (佳)

嬿 연 美也아름다울연 ―婉 安順貌수더분할연 (霰)

[女+肅] 소 女字계집의자소 (蕭)

嬾 란 怠也게으를란 (旱)

⑰

孄 란 怠也게으를란 嬾同字 (旱)

孀 상 寡婦과부상 (陽)

[女+盦] 교 검 娕貌곱송거릴교 懼貌두려워할교、검義同 (篠)(琰)

孇 미 阿―母也어미미 (支)(紙)

[薛/女] 얼 妖―禽獸蟲蝗之怪요괴얼 庶子서자얼、첩의자식얼 (屑)

嬔 반 匹耦배필반 (願)

[女+薛] 설 거만스러울설、모독할설 媟의俗字 (屑)

孅 섬 弱也약할섬 銳細也가늘섬 古善御者―阿사람의이름섬 纖通 (鹽)

孃 양 母稱阿―어머니양 處女尊稱아씨양、娘同、本音낭 (陽)

⑱

孉 권 美好어여쁠권、집안붙이권 婘同字 (先)

[女+𢟪] 내 乳母젖어미내、유모내 嬭俗字 (蟹)

孈 이 휴 遇而多能어리석고몸짓많을이、北方神名북방귀신이름휴 過也지날휴 (紙)(寘)

[女+瞿] 구 우 蠻峒歌오랑캐의노래구 卑歌비속한노래우 (虞)(尤)

[女+聶] 섭 美貌아름다울섭 (洽)

⑲ 孌 련 좇을련 孌同字

孋 라 女字계집 의자라 歌

孌 련 좇을련 孌同字

嬻 찬 容美貌아 리따울찬 旱 好貌희고 예쁠찬 翰

孌 련 從也 좇을련 順也순할련 美貌 好婉ㅣ예쁠련 慕也사모할련 銑

孏 권 아름다울권 婘同字

孊 미 婦官名修ㅣ계집벼슬이름미 紙

孋 리 國名ㅣ娍나라 이름리 驪通 支

⑳ 孍 엄 靜也 조용할엄 莊也엄전할엄 鹽

孆 가 姿態、宮ㅣ계집 얼굴꾸밀가 麻

嬳 확 모양낼확 嬳同字 藥

㉑ 孎 촉 女謹順貌嫡계집 순직할촉 沃

孏 란 怠也게으를란 旱

㉒ 孌 련 美好婉예쁠련 慕也사 모할련 孌同字 銑

孍 질 절 兄弟之子조카질 姪同字 절義同 質

子部

子 자 息也자식자 嗣也아들자 男稱사나이자 夫婦互稱임자 자ㅣ孫稱其先人曰ㅣ어르신네자 地支第一位첫째지지자 鼠也쥐자 種也씨자 人也사람자 公侯伯ㅣ男벼슬이름자 紙

孑 혈 餘也ㅣ遺나머지혈 孤也單也외로울 혈 特出ㅣㅣ독출할혈、우독할혈 戟也창끝갈

孒 궐 水蟲俗呼沙蟲長成則化爲蚊장갑이궐、 구리궐 屑 장구벌레궐 短也子ㅣ 짧을궐 月

① 孔 공 甚也심할공 姓也성공 董 穴也、空也구멍공 董

② 孙 공 穴也구멍 공 孔古字 董

孕 잉 인 懷妊아이밸잉 、인 義同 徑 震

孖 손 子之子손자 손 孫古字 元

③ 孜 호 좋을호 好古字

字 자 愛也사랑자 文也글자 자 副名자자 乳也젖

어일자 畜牝암컷기를자 女子許嫁笄而ㅣ故許嫁亦曰ㅣ시집보낼자 養育기를자 (寘)

⿰扌子 존 存本字 있을존 (元)

孖 자 雙生 子쌍둥이자 (支)

存 존 察也살필존 在也있을존 恤問告ㅣ조문할존 保ㅣ보존할존 (元)

⿱⺌子 자 아들자 子古字

四

孙 해 今統稱幼童曰 어린아이해 小兒笑 방글방글웃을해 孩同字 (灰)

孛 패 彗星혜성패、꼬리달린별패 (隊) 발 (前條) 妖氣요기스러운기운발 詩見 (月)

⿱乂子 교 導也인도할교、孝俗字 (效)

⿰⿸广子刂 패 발 孛本字

孜 자 勤也 汲汲ㅣㅣ부지런할자 孳通 (支)

⿰丑子 호 좋을호 好古字

孝 효 善事父母효도할효 (畜也順於道而不逆於倫謂ㅣ) 喪服상복입을효 (效)

孚 부 玉采 옥의문채부 信也믿을부 卵也알부 種子씨부 卦名中ㅣ괘이름부 孵化알깔부 (虞)

五

孤 고 無父아비없을고 獨也홀로고、외로울고 背也배반할고 王侯之謙稱나고 負也저버릴고 特也우뚝할고 (虞)

孟 맹 망 勉也힘쓸맹 長也만맹 嫡長曰白、庶長曰ㅣ 大也클맹 始也첫맹 不靜要貌ㅣ浪맹랑할망 (徑) (養)

学 학 배울학 學略字

⿱此子 자 小腸소장자 (支) (紙)

⿱乃子 잉 아이밸잉 孕同字

孡 태 孕也아이밸태 (灰)

⿰母子 호 좋을호 好同字

孢 포 孕也아이밸포 (巧)

⿱⿱山大子 사 시 役也부릴사 假定辭가령사 命也 심부름시킬시 使의古字 (紙) (寘)

孠 사 續也繼也이을사 習也익힐사 子孫손자사 嗣의古字 (寘)

乳 발 興起활발할발 變色貌 발끈할발 勃의譌字 (月)

季 계 四時사철계 末世말세계 末也끝계 伯仲叔ㅣ막내계 (寘)

孥 노 子

世자식노 妻子亦子稱ㅣ천자 노 奴隸노예노 帑通 虞

六

孖 의 昌盛번성할의 紙

孨 전 謹也삼갈전 銑

⿹勹⿱目子 견 敬拜공경하여절할견 孤獨외로운아이견 本音 현 先

孩 해 小兒笑방글방글웃을해 灰

七

㝃 면 生子아이날면 娩、免同字 銑

⿰子斤 제 蝗子황충새끼제 霽

⿰阝孚 부 알깔부 孵同字

⿰子弟 제 小兒어린아이제 齊

⿰子言 신 믿을신 信同字

孫 손 再發生움돋을손 子之子손자손 謙遜겸손할손 順也순할손 避也피할손 遜同字 元

⿱不好 왜 不好좋지않을왜 卦

八

孮 종 子孫繁盛자손번성할종 冬

孲 아 赤子어린아이아 麻

孯 간 固也굳을간 刪

孰 숙 何也어느숙 誰也누구숙 食飪밥익을숙 審也살필숙 熟通 屋

九

⿰子宮 궁 子宮자궁 東

⿰子禹 구 孤也외로울구 語

⿰享夬 결 缺也이러질결

⿸尸孚 명 初孕첫아이밸명 敬

⿸尸孚 질 절 兄弟之子조카질 姪同字 절 義同 質 屑

孱 잔 呻吟신음할잔 弱也、劣也잔약할잔、좀스럴잔 刪

⿰享屯 순 준 돈 絲也실순 粹也순수할순 衣緣옷선준 包束꾸밀돈、묶을돈 純古字 眞 軫 元

十

孴 의 읍 성한모양의、모인모양읍 ⿱孖日同字

⿱𤇾子 형 獨也외로울형 本音경 庚

⿰子氣 회 息也숨회 寘

⿰多孚 부 多也많을부 尤

⿰子芻 추 孕也애밸추 遇

孴 의 읍 盛貌戢ㅣ성한모양의、衆貌ㅣㅣ모인모양읍 紙 緝

孳 자 息也乳化交接ㅣ尾새끼칠자、孖미할자 孜同字 支 寘

㝅

[누][구] 乳也 젖누 子也 자식 누·구 義同、穀通 (有)

⑪ ⿱規子 [규] 堪作弓材 물구래 나무규 槻同字 (支)

孷 [리] 雙子 쌍둥이리 (支)

(寘) 孵 [부] 一化 알깔부 (虞)

⑬ ⿰子者 [도] 垣也 담도 堵同字 (麌)

學 [학] 庠序總名 글방학、서당학 (覺) 敎 배울학 覺悟 깨달을학 效也 본받을학 (覺)

⿰子重 [종] 乳汁 젖물종 (宋)

⿱⿰禾隹子 [계] 末也 끝계 伯仲叔一 막내계 四時 사철계 (季)

古字 (寘)

⑭ 孻 [내] 老人所生 늙어자녀내、막내내 (佳)

孺 [유] 婦人死後稱 계집유 一慕 사모할유 幼弱 젖먹이유 屬也 딸릴유 (遇) (虞)

⑯ 孼 [얼] 盛飾 一一 치장할얼 庶子 첩의자식얼 妖害 요물얼 孽同字 (屑)

⑰ 孾 [영] 孩也 어린아이 영 (庚)

孽 [얼] 첩자식얼 孼俗字

⑲ 孿 [산][련] 雙生子 쌍둥이 산、련 義同 (諫)(先)

⑳ 孌 [산][련] 쌍둥이 산、련 義同、孿同字

寸部

寸 [촌] 節也 마디촌 十分 치촌 忖也 헤아릴촌 少也 조금촌 (願)

① 对 [등] 齊也 가지런할등 類也 무리등 級也 등급등 等의 俗字 (迥)

② 对 [대] 物並峙 마주볼대 配也 짝대 對의 俗字 (隊)

③ 寺 [사][시] 僧居 절사 官舍 관사사、官一 내관시 侍、閹同字 (寘)

④ 寽 [률] 取也 취할률 (質)

寿 [수] 목숨수 壽俗字

对 [대] 마주볼대

冠 [완] 剸也 깎을완 削康 모없앨완 刓同字 (寒)

⑤ 尉 [작] 位也 벼슬작 封也 봉할작 爵同字 (藥)

尀 파 不可 못할파 叵同字 (哿)

㝵 애 止也 그칠애 閑也 막힐애 (隊)

六

村 숙 拾也 주울숙 叔同字 (屋)

七

尅 극 必也 반듯이극 急也 급할극 涓選 가릴극、빨극 剋同字 (職)

封 봉 祭名ㅣ禪 제사이름봉 聚土 흙모을봉ㅣ疆 지경봉 大也、培也 클봉 爵也 土 벼슬봉할봉 緘也ㅣ章 봉할봉 (冬)

射 사 석 야 역 發矢 쏠사 速如矢 화살같이 빠를사、指物而取 맞춰 취할 석ㅣ殺 목표를 잡을석、官名 벼슬이름야、厭也 싫을역、누를역 (禡)(陌)

将 장 漸也 장차장ㅣ之 거느릴장 將의 略字 (陽)(漾)

尃 부 布也 펼부 (虞)

八

尋 심 仍也 이은할심 搜也 찾을심 繹也 궁구할심 俄也 아까심 繼也 이을심 倍仞八尺 여덟자 심 用也 쓸심 浸淫 侵ㅣ 번질심 求也 구할심 物長 길심ㅣ常 심상할심 燖同字 (侵)

將 장 領也 거느릴장 郞也 곧장 送也 보낼장 抑然辭 문득장ㅣ師 장수 장 大ㅣ 대장장、漸也 장차장 奉也 받을장 請也 청할장 技也 가질장 聲 也ㅣㅣ 소리장 且也 또장 養也 봉양할장 大也 클장 助也 도울장 行也 행 할장 扶持 가질장 嚴正貌ㅣㅣ 엄정한모양장 (漾)(陽)

尉 위 울 官名 벼슬이름위 安也 편안 하게할위、覆姓ㅣ遲 성울 (未)(物)

專 전 擅也、自是 임의로할전 壹也 전 일할전 獨也 오로지 할전 剸、顓通 (先)

九

尉 위 官名 벼슬이름위 安也 편안하게할위 覆姓ㅣ遲 성울 尉同 字 (未)(物)

尊 존 순 君父稱 어른존 貴也、高也 높 을존 敬也 공경할존 酒器 술순 (元)

尋 수 지킬수 守古字

尋 심 찾을심 尋同字

尌 주 童僕 아이놈주 立也 세울주 姓也 성주 (遇)

尊 선 表也 바칠선 修也 닦을선

循也 夋 올선 (先)

⑩ **尋** 심 繹也 찾을심 仍也 인할심 繼也 이을심 尋의古字 (侵)

𡬢 강 堅也 굳을강 勁也 굳셀강 㓻의譌字 (陽)

衜 도 路也 길도 道古字 (皓)

⑪ **壽** 수 목숨수 壽同字

對 대 物拜峙 마주설대 荅也 대답할대 當也 마땅할대 配也 짝대 對同字 (隊)

䣐 표 輕急표 도독할표 鍾之中者 중쇠북표 剽也 급을표 輕疾 빠를표 剽의俗字 (篠)(蕭)(嘯)

⑫ **尊** 존 준 君父稱 어른존 貴也 높을존 酒器 술준 罇尊同字 (元)

⑬ **對** 대 마주볼대、짝대 對同字 (隊)

導 도 治也 다스릴도 引也 인도할도 通也 통할도 啓迪 열도 (號)

⑭ **𨗴** 도 인도할도 導의古字 (號)

⑯ **衟** 도 인도할도 導의古字 (號)

宀部

宀 면 宂居움 집면 (先)

② **安** 수 지킬수 守同字 (有)

宂 용 雜也 잡될용 散也 쓸데없을용 煩雜 번잡할용 忙也、民無定居曰丨 바쁠용 閑散 한가할용 居所不定 떠돌아다닐용 剩也 나머지용 冗俗字 (腫)

宁 저 佇也 멈출저 門屛間視朝處 조회받는 곳저 (語)

宄 궤 外寇盜出內爲姦起外爲丨 바깥도둑궤 姦也 간악할궤 (紙)

它 타 蛇也 뱀타 異也、非也 다를타 佗古字 (歌)

③ **写** 사 謄抄 글씨쓸사 摹畫 모뜰사、그릴사 寫의略字 (馬)

𡧍 구 유 貧而病 가난하고병들구、유義同 (肴)(有)

宊 돌 出貌 우뚝할돌 猝也 벼란간돌 突의古字 (月)

宇 우 天地四方 천지사방우 居霤 집우 度量 헤아릴우

屋邊簷下처마기슭우 端也끝우 品性품성우 寓同字 (虞)

宊 종 마칠종 終古字

宅 택 位置자리택 所托居處집택 居也살택 定也정할택 處也처할택 墓穴구덩이택 庇通 (陌)

安 안 靜也、徐也안정안 危之對편안안 何也무엇안、어느안 定也정할안 佚樂즐거울안 (寒)

宇 우 집우 宇同字

守 수 主管其事보살필수 護也勿失生主ㅣ지킬수 待也 기다릴수 太ㅣ원수 官之署理 서리수 (有)

宇 우 집우 宇同字

宆 망 無也없을망 羅致그물망 結也맺을망 罔의古字 (養)

四

宑 정 庭井뜰의우물정

宋 송 國名微子所封 송나라송、姓也성송 (宋)

宆 망 없을망、그물망 罔의古字

宊 돌 顯出나타날돌 (月)

宐 의 所安適理오 마땅할의 宜本字 當也 (支)

完 완 堅好튼튼할완 全也완전할완 保全지킬완 畢也마칠완、끝날완 (寒)

宾 빈 客也손빈、손님빈 姓也성빈 擯斥배척할빈 賓의古字 (眞)

宄 궤 姦也간악할궤 外寇盜出內爲姦起外爲 바깥도둑궤 宄의古字 (紙)

宀丏 면 適合맞을면 (銑)

宀公 용 貌也얼굴용 儀也모양용 內ㅣ내용용 容의古字 (冬)

旁 방 팽 廣也넓을방 大也클방 ㅣㅣ騙馳 不息貌쉬몰아갈팽 旁의本字 (陽)(漾)(庚)

宀介 개 無偶畜홀짐승 개 獨居홀로살개 (卦)

宀之 정 정할정 定의俗字

宍 육 고기육、살육 肉의古字

宎 요 室東南隅방의동남쪽구석요 深窫窔 굴속소리요 窈也굴요 (篠)

宏 굉 廣大너를굉 博也클굉 古音횡 (庚)

五

家 적 靜也、安也고요할적 寥也쓸쓸할적 寂同字 (錫)

宍 [육] 고기육、살육 肉同字

宆 [적] 고요할적 寂同字

家 [포] 藏也감출포 ㉥皓

宑 [거] 살거 居古字

宔 [주] 宗廟藏主櫝신독주 主通 ㉥麌

𡧊 [가] 집가 家古字 ㉥有

宕 [탕] 洞屋골집탕 石工ㅣ尸석수탕 放也佚ㅣ방탕할탕 蕩通 官人髮帽ㅣ탕건탕 ㉥漾(韓)

宐 [의] 옳을의、마땅할의、宜同字

窌 [포] 醉也술에취할포 ㉥効

宲 [실] 열매실、사실실 實俗字 ㉥質

宖 [횡][홍] 屋響집울릴횡、深大클홍 ㉥庚

実 [실] 열매실、사실실 實略字 ㉥質

宗 [종] 主也주장할종 尊也높을종 本也근본종、마루종 ㅣ廟종묘종 朝見朝ㅣ조회종 敎派교파종 同姓일가종 官名秩ㅣ벼슬이름종 ㉥冬

宜 [의] 安也편안할의 適理當然마땅할의、옳을의 和順유순할의 祭名제이름의 好也좋아할의 儀通 ㉥支

宓 [복][밀] 伏也엎드릴복 姓也성복 默也잠잠할밀 安也편안밀 密同字 ㉥沃 ㉥質

宛 [완][원][울] 丘上有丘언덕완 依然완연할완 指定處지정할완 小貌작은모양완、西域大ㅣ땅이름원 積也쌓일울 蘊同字 ㉥阮 ㉥元 ㉥物

官 [관] 司也맡을관 職也벼슬관 治事處관사관 事也일관 使也부릴관 ㉥寒

宙 [주] 往古來今고금주 居也집주 天也하늘주 無限時間때주 ㉥宥

定 [정] 安也편안정 決也정할정 止也그칠정 熟肉羹ㅣ익은고기정 額也이마정 宿名별이름정 題見 ㉥徑

六

宊 [황] 家空집빌황 ㉥養

㝓 [합] 합할합、모일합 合同字

客 [객] 旅也나그네객 賓也、主之對손객 過去지난객 奇也붙일객 人也사람객 ㉥陌

宅 [택] 집

택、살택 宅古字 ㉠陌

㝉 [녕] 편안녕 寧同字

𡧱 [궤] 毁也무너질궤 紙

宨 [조] 放肆방자할조 篠

宓 [계] 바

갇도둑궤、간악할궤 宄古字 紙

宐 [의] 옳을의、마땅의 宜同字

宣 [선] 弘也펼선、흩을선 布也베풀선 示也보일선 明也밝을선 早白ㅣ髮일찍셀선 通也통할선 瑄同字 先

宕 [야][약] 般ㅣ梵語반야야 年少也젊은약 假說辭만약약 若同字 馬 藥

室 [실] 房也방실 宮ㅣ通名궁실실 夫謂婦아내실、마누라실 鞘也칼집실 土窟토굴실 質

官 [관] 벼슬관、관가관 官本字

寒

宎 [요] 어두한구석요 窔本字 篠

宦 [환] 仕也부릴환 官也벼슬환 奄人내관환 學也배울환 諫

窔 [요] 室東南隅방동남모퉁이요 隱暗處어두한구석요 窔同字 篠

宧 [이] 房之東北隅동방북구석이 支

宗 [적] 고요할적 寂同字

宥 [유] 赦罪죄사할유 寬也너그러울유 助也도울유 侑同字 宥

七

宴 [연] 饗食禮잔치연 安也편안연 樂也즐길연 醼見 霰

宬 [성] 藏史所사고성 倉庫창고성 庚

害 [해][할] 禍也해롭게할해 傷也해할해 忌也시기할해 殺也죽일해、何也무엇해할、어찌할曷通 泰 曷

㝗 [랑] 靜也空家집고요할랑 陽

宱 [좌] 寬也너그러울좌 禡

宭 [군] 羣居여릇이살군 羣通 文

𡧘 [구] 구할구 求同字 尤

宗 [적] 고요할적 寂譌字

宷 [하] 隙也틈하 禡

宩

[다] 媠也아름할다 麻

宰 [재] 官稱재상재 主也주관할재 首也으뜸재 烹也삶을재 屠也잡을재 治也다스릴재 賄

宫 [옹] 和也화할옹 (東)

㝔 [오] 寐覺잠깰오 覺也깨달을오 寤의俗字 (遇)

𡧊 [효] 氣蒸上기운질효 (肴)

宵 [소] 夜也밤소 小也작을소 蟲名一䘚벌레이름소 (蕭)

㝋 [적] 고요할적 寂俗字

㝒 [곡] 曲也굽을곡 (屋)

宼 [구] 群賊떼도적구、暴也사나울구 却取겁탈할구 寇의俗字 (宥)

家 [가] 婦謂夫有一남편가 住居집가 專有長者통한이가、용한이가 內家속가 一門집안가 一門가문가 一計살림살이가 學派학파가 (麻)

宰 [재] 主也주관할재 治也다스릴재 大臣재상재 宰同字 (賄)

宸 [신] 屋宇집신 帝居대궐신 (眞)

宻 [밀] 稠也빽빽할밀 秘也가만할밀 密의俗字 (質)

宷 [심] 詳也살필심 一理심문할심 審의本字 (寑)

㝀 [오] 寢覺잠깰오 (遇)

容 [용] 安也편안할용 貌也얼굴용 儀一형용용、愛也용납할용 置也놓을용 飛揚一一날릴용 用也쓸용 (冬)

宲 [률] 밤률 栗同字 (質)

宐 [의] 옳을의、마땅의 宜古字

宮 [궁] 垣也담궁、울궁 至尊所居궁궐궁 (東)

宫 [향] 聲之外曰一郎影소리울릴향 樂器方一악기향 響의古字 (養)

八

寅 [인] [이] 虎也범인 敬也공경할인 十二支中第三位세째지지인 東方支名攝提格동방인、이 義同 夤同字 (眞)(支)

宿 [숙] [수] 素也본디숙 夜止잘숙、드샐숙 休也쉴숙 留也머무를숙 守也지킬숙 大也클숙、列星별수 星座성좌수 列星떼별수 (屋)(宥)

寄 [기] 付託囑托請一부탁할기 寓也붙어있을기 與也줄기 傾也기울어질기 向也향할기 送也부칠기 傳也전할기 小蟹一居방게기 (寘)

寀 [채] 同官동관채 一地사패땅채 采同字 (賄)(隊)

寂

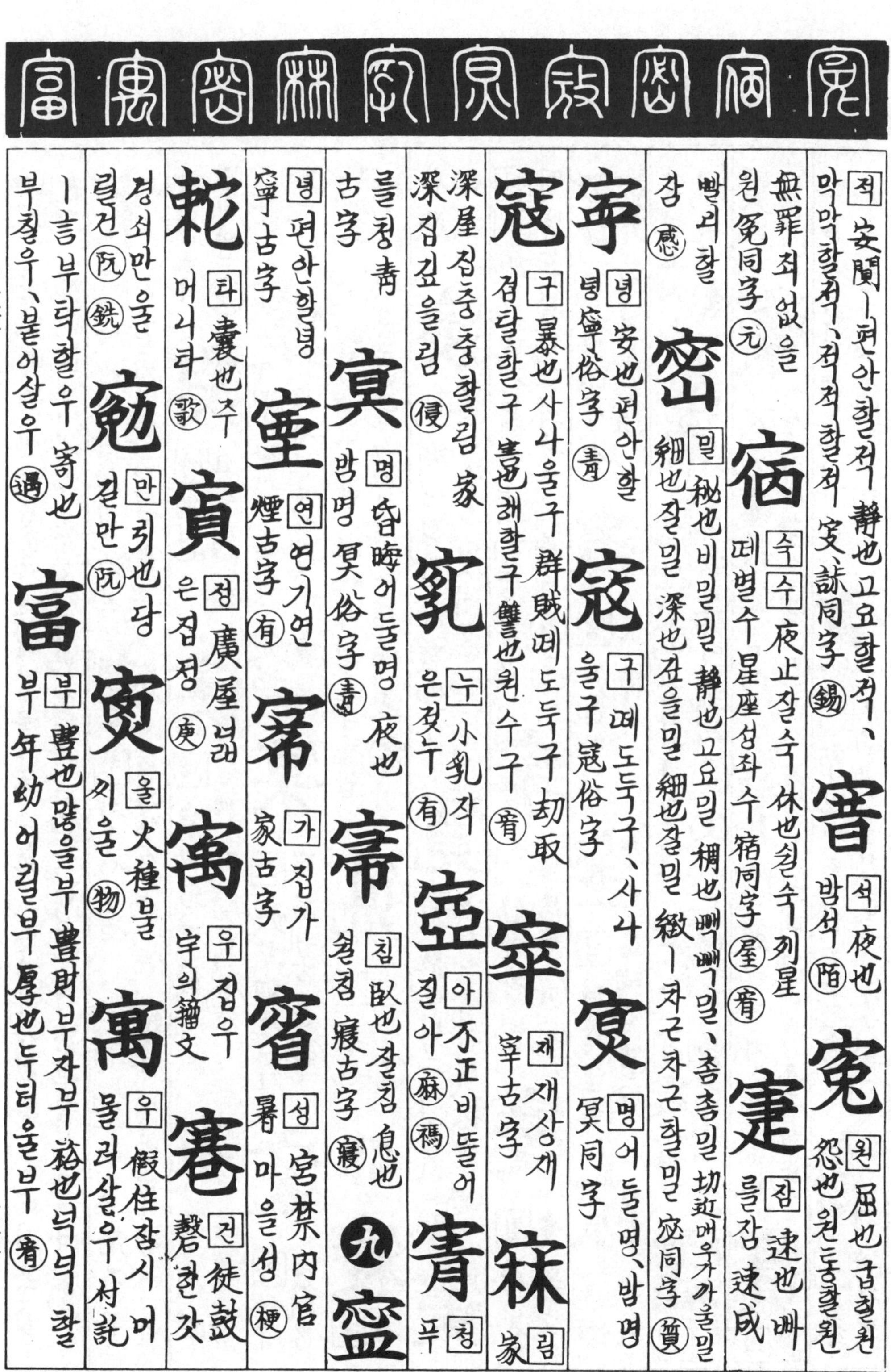

(寂) [적] 安閒ㅣ편안할적 靜也고요할적、막막할적、적적할적 宎、詠同字 錫

[宀+昔] [석] 夜也 밤석 陌

寃 [원] 屈也굽힐원 怨也원통할원 無罪죄없을원 冤同字 元

宿 [숙][수] 夜止잘숙 休也쉴숙 列星떼별수 星座성좌수 宿同字 屋 宥

寁 [잠] 速也빠를잠 速成빨리잘잠 感

[宀+必+山] [밀] 秘也비밀밀 靜也고요밀 稠也빽빽밀、촘촘밀 切近매우가까울밀 細也잘밀 深也깊을밀 細也잘밀 緻ㅣ차근차근할밀 宓同字 質

寕 [녕] 安也편안할녕 寧俗字 靑

[宀+元+攴] [구] 떼도둑구、사나울구 寇俗字

[宀+冥] [명] 어두울명、밤명 冥同字

寇 [구] 暴也사나울구 群賊떼도둑구 劫取겁탈할구 害也해할구 讐也원수구 宥

[宀+卒] [재] 재상재 宰古字

[宀+林] [림] 家深屋집숭숭할림 家深집깊을림 侵

[宀+乳] [누] 小乳작은젖누 有

[宀+亞] [아] 不正비뚤어질아 麻 禡

[宀+靑] [청] 푸를청 靑古字

[宀+冥] [명] 昏晦어두울명 夜也밤명 冥俗字 靑

[宀+帚] [침] 臥也잘침 息也쉴침 寢古字 寢

九

寍 [녕] 편안할녕 寧古字

[宀+垔] [연] 연기연 煙古字 有

[宀+豕+巾] [가] 집가 家古字

[宀+省] [성] 宮禁內官暑마을성 梗

[宀+它] [타] 橐也주머니타 歌

[宀+貞] [정] 廣屋넓은집정 庚

[宀+禹] [우] 집우 宇의籒文

[宀+蹇] [건] 徒鼓磬한갓경쇠만울릴건 阮 銑

[宀+勉] [만] 引也당길만 阮

[宀+火+叉] [울] 火種불씨울 物

寓 [우] 假住잠시머물러살우 寄託ㅣ言부탁할우 寄也부칠우、붙어살우 遇

富 [부] 豊也많을부 豐財부자부 裕也넉넉할부 年幼어릴부 厚也두터울부 宥

三畫—六

寒 [한] 戰慄떨한、冬氣暑之對찰한、추울한 窮窘가난할한 冬也겨울한 微也빼에 사무칠한 凍也얼한 歇也그만둘한 寂也쓸쓸할한 (寒)

寴 [친] 愛也사랑할친 近也 친할친 親古字 (眞)

寑 [침] 잘침、쉴침 寢古字

寎 [병] 臥驚病잠든어깜짝깜짝놀랄병 三月 삼월병 (梗)

㝝 [예] 靜也고요할예 (霽)

寐 [매] 息也쉴매 寢也잠잘매 本音미 (眞)

寏 [환] 周垣돌려싼담환 (寒)

寔 [식] 實也참식 是也이식 止也뿐식 (職)

寚 [묘] 穀草初生싹묘 苗의古字 (蕭)

家 [가] 집가 家同字

㝗 [향] 面對향할향 享也누릴향 鄕音也울릴향 嚮의古字 向、鄕通 (漾)

㝯 [교] 空也 빌교 (蕭)

⑩

寑 [침] 잘침 寢俗字

寖 [침] 漸也점점침 漬也ㅣ잠길침 浸同字 (沁)

寬 [관] 裕也너그러울관 恕也용서할관 寬俗字 (寒)

寅 [인][이] 敬也공경할인 東北동북인 同官동관인、寅의本字이 義同 (眞)(支)

寤 [망] 寢語잠꼬대할망 (陽)

寗 [녕] 寧籒文 편안할녕

寕 [녕] 편안할녕 寧俗字 (靑)(徑)

寍 [녕] 편안할녕 寧閱書 (靑)(徑)

寑 [침] 잘침 寢籒文

寙 [유] 嬾也 나약하고 게으를유 (麌)

寅 [인][이] 敬也공경할인、寅의古字이 義同 (眞)(支)

寷 [결] 覆也덮을결 (屑)

寚 [보] 寶同字

索 [색] 入家搜索집에 들어와찾을색 (陌)

寐 [매] 寐也잠잘매 息也쉴매 寐同字 本音미 (眞)

寘 [치] 置也둘치 廢也폐할치 舍也놓을치 置同字 (寘)

宣 [선] 布也베풀선 弘也펼선 示也보일선 宣의古字 (先)

宀翁 [옹] 家暗집어

둥옹 ㊍(東)

㝛 [석] 夜也밤석 宿의古字 (陌)

⿱宀冓 [구] 夜也밤구 寢室침방구 (宥)

⓫

⿱宀果 [과] 과부과 寡同字

⿱宀執 [점] 屋傾下지붕물매점 (鹽)

⿱宀龍 [방] 寐也잘방 (江)

⿱宀執 [점] ⿱宀執(前前)本字 (條)

寠 [루][구] 貧也無禮居가난할구 衰弱여윌구、窶同字、傾側地甌ㅣ기울어진땅루 (麌)(尤)

⿱宀康 [강] 靜也고요할강 (陽)

寡 [과] 罕也드물과 小也적을과 孀婺、倮然單獨과부과 諸侯自稱과인과 (馬)

寞 [막] 寂寥쓸쓸할막 無聲寂ㅣ괴괴할막、고요할막 (藥)

察 [찰] 考也상고할찰 監也살필찰 潔貌ㅣㅣ깨끗할찰 徧見苛ㅣ편벽되게볼찰 智也알찰 觀也볼찰 明也밝힐찰 (黠)

寢 [침] 息也쉴침 臥也잘침 堂室路ㅣ燕ㅣ방침 祠堂사당침 陵ㅣ정자각침 (寢)

寶 [보] 보배보 寳同字 (皓)

⿱宀⿰爿言 [훌] 小兒啼ㅣㅣ아이울훌 (月)

⿱宀畺 [의] 옳을의、마땅할의 宜古字 (支)

寤 [오] 覺也깨달을오 寐覺잠깰오 悟通 (遇)

⿱宀奔 [오][욱] 奧同字

寥 [료] 寞也쓸쓸할료 寂也고요할료 廓也空虛휑할료、빌료 (蕭)

⿱宓皿 [밀] 빽빽할밀 密同字 (質)

⿱宀區 [우] 屋也집우 (尤)

⿱宀釐 [리][희][래] 理也의리리 毫털끝리 福也복희 麥也보리래 釐同字 (支)(灰)

實 [실] 誠也성실할실 草木子열매실 富也넉넉할실 充也충실할실 當也당할실 事跡사실실 物品물건실 (質)

⿱宀⿰亻者 [저] 쌓을저、저축할저 貯同字 (語)

寧 [녕] 願詞차라리녕 安也편안할녕 省親문안할녕 居喪乎ㅣ거상할녕 何也어찌녕 嚀通、如何ㅣ馨어떠할녕 甯通 (青)(徑)

⿱宀⿰爿音 [암] 寐聲코골암

寐語잠꼬대암 (覃)

⿱宀𡗗至 [새][색] 邊界변방새 塡也막을색 塞同字 (隊)(職)

⿱宀多 [의] 옳을의 宜古字 (支)

寧 [녕] 편안할녕 寧同字

寨 [채] 營壘진채 藩落木柵나무울채 砦通 (卦)

⑪

⿱宀侵 [침] 잘침 寢同字

⿱宀惺 [성] 醒也잠깰성 悟也깨달을성 (梗)

寬 [관] 恕也용서할관 裕也너그러울관 宥也놓을관 (寒)

⿱宀惺 [성] 깰성、깨달을성 惺同字 (梗)(青)

寫 [사] 除也제할사 輸也수운할사 謄抄베낄사 摹畫모뜰사、그릴사 鑄型부어만들사 盤通 (馬)

⿱宀曾 [증] 屋大貌집클증 (庚)

⿱宀高 [교] 寄寓붙어있을교 客也손교 (蕭)

審 [심] 悉也알심、살필심 詳也자세할심 鞫事알아낼심 ㅣ理심문할심 然也과연심 束也묶을심 (寢)

⿱宀爲 [위] 危也위태할위 姓也성위 屋貌집모양위 (紙)

⿱宀⿰最攴 [최] 境界지경최 (泰)

⿱宀惠 [혜] 明也밝힐혜 悟也깨달을혜 (霽)

⿱宀𡗗夊 [한] 찰한 寒本字

寮 [료] 同僚동관료 小窓작은창료 官吏관리료 僚同字 (蕭)

⿱宀頁 [숙] 잘숙 宿同字

⿱宀幸 [재] 재상재 宰古字

⿱宀隆 [륭] 天形하늘륭 (東)

⿱宀皀 [향] 향할향、누릴향 饗古字 (漾)

⑫

⿱究⿰貝攴 [구] 궁리할구 究古字

⿱宀愚 [우] 부칠우、살우 寓俗字 (遇)

⿱宀絹 [견] 網也그물견 (銑)

⿱宀雋 [준] 才也재주준 聚也모일준 (震)

⿱宀敫 [격] 揚貌올릴격 (錫)

⿱宀奥 [오][욱] 內也속오 室隅아랫목오 暖也따스할욱 隈也모퉁이욱 奧同字 (號)(屋)

⿱宀⿱罒大 [녕] 昊天하늘녕 (青)

寰 [환] 畿內縣경기고을환 宮周垣궁장환 (删)

⿱宀親 [친] 親也친할친 (錫)

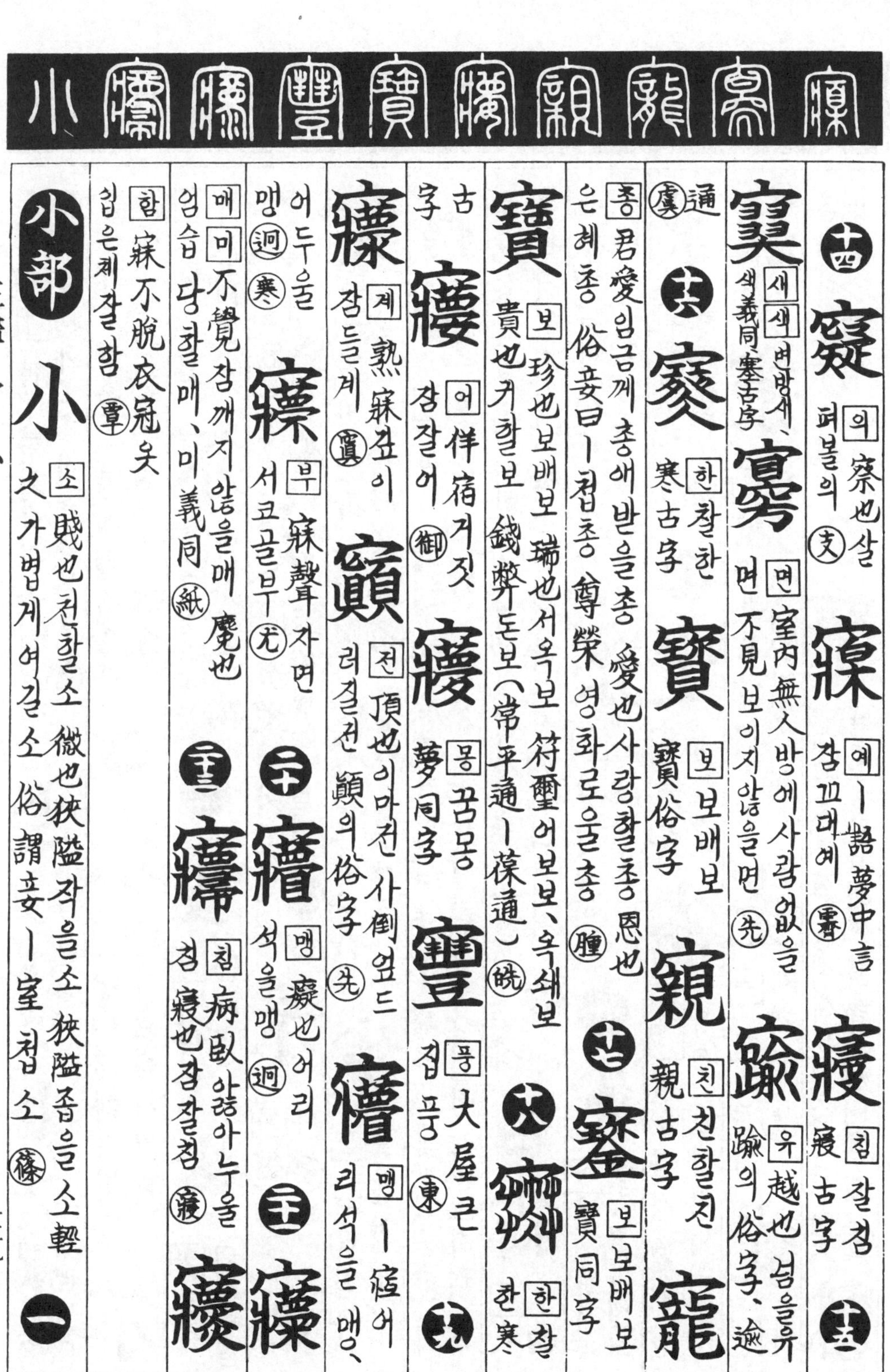

(十四)

寲 [의] 察也 살펴볼의 (支)

寱 [예] ㅣ語 夢中言 잠꼬대예 (霽)

寢 [침] 寑古字 잘침

(十五)

⿱宀⿱𠀎大 [새][색] 변방새、색義同、塞古字

⿱宀⿱目丂 [면] 室內無人 방에 사람없을 면 不見 보이지않을면 (先)

⿱宀踰 [유] 越也 넘을유 踰의 俗字、逾通 (虞)

(十六)

⿱宀⿱𠀎夊 [한] 찰한 寒古字

寳 [보] 보배보 寶俗字

寴 [친] 친할친 親古字

寵 [총] 君愛 임금께 총애받을총 愛也 사랑할총 恩也 은혜총 俗妾曰ㅣ 첩총 尊榮 영화로울총 (腫)

(十七)

寚 [보] 보배보 寶同字

寶 [보] 珍也 보배보 瑞也 서옥보 符璽 어보보、옥새보 貴也 귀할보 錢幣 돈보 (常平通ㅣ 葆通) (晧)

(十八)

⿱宀⿱茻仌 [한] 찰한 寒古字

⿱宀⿰爿𡖅 [어] 佯宿 거짓잠잘어 (御)

㝱 [몽] 꿈몽 夢同字

寷 [풍] 大屋 큰집풍 (東)

(十九)

[illegible] [제] 熟寐 깊이 잠들제 (霽)

⿱宀⿰真頁 [전] 頂也 이마전 仆倒 엎드러질전 顚의 俗字 (先)

⿱宀⿰亻瞢 [맹] ㅣ寤 어리석을 맹、어두울 맹 (迥) (寒)

⿱宀⿰爿票 [부] 寐聲 자면서 코골부 (尤)

(二十)

⿱宀⿰爿瞢 [맹] 癡也 어리석을맹 (迥)

(二十一)

[illegible] [매][미] 不覺 잠깨지않을매 魘也 엄습당할매、미義同 (紙)

(二十二)

⿱宀⿰爿壽 [침] 病臥 앓아누울침 寢也 잘침 (寢)

[illegible] [함] 寐不脫衣冠臥 옷입은채잘함 (覃)

小部

小 [소] 賤也 천할소 微也 狹隘 작을소 狹隘 좁을소 輕之 가볍게여길소 俗謂妾ㅣ室 첩소 (篠)

(一)

示 [기][시] 神ㅣ땅귀신기 垂보일시 敎也 가르칠시 示古字 (支)(眞)

尐 [설] 小也 적을설 (屑)

少 [소] 副貳버금소 幼也 젊을소 不多 적을소 蔑視 멸시할소 僅也 조금소 暫時 잠간소 (嘯)(篠)

❷

尒 [이] 然也、助辭 그렇다할이 爾也 너이 (紙)

尔 [이] 그렇다할 이 尒同字

尓 [이] 그렇다할 이 尒同字 (紙)

❸

当 [당] 마땅당 當略字

肖 [귀] 귀할 귀 貴古字

尗 [숙] 豆也 콩숙 菽同字 (屋)

尖 [첨] 先銳 날카로울첨 末銳 뾰족할첨 (鹽)

𡭗 [마] 細也 잘마 (哿)

❹

尖 [사] 少也 적을사 語助辭 어조사사 些同字 (麻)(箇)

尘 [당] 마땅당 當略字

尜 [참] 銳也 날카로울참 (咸)

❺

𡭜 [필] 붓필 筆同字

尙 [상] 庶幾 거의상 主也 ㅣ書 주장할상 貴也 귀할상 上也 웃상 崇也 숭상할상 猶也 오히려상 尊也 높을상 配也 배필상 會也 일찍상 嘉也 아름다울상 嘉也 가상히알상 矜也 자랑할상 加也 더할상 (漾)

❻

尛 [마] 幺ㅣ細 瑣微也 잘마 何也 무엇마、어찌마 麽의 古字 (哿)

尜 [마] 잘마、무엇마 尛同字

❼

覍 [변] 고깔변 弁의 本字、覍과 同字

𡮐 [극] 壁際孔 벽틈극 隙同字 (陌)

❽

𡮢 [창] 走也 달릴창

𡮦 [성][생] 䚇也 볼성 察也 살필성 ㅣ略 치워버릴생 省同字 (梗)(梗)

𡮐 [극] 壁際孔 틈극 怨ㅣ 틈날극 隟、隙同字 (陌)

𡮨 [누] 兎子 토끼 새끼누 (尤)

𡮫 [누] 乳子 젖먹이누 小貌 작은모양누 (有)

❾

尞 [료] 放火照庭 뜰에 세운 횃불료 放火 불놓을료 明也 밝을료 燎同字 (嘯)(篠)

尛

[소] 작을소 小同字

⿰京少 [량] 薄也 엷을량 不善 좋지않을량 (陽)

❿

尠 [선] 少也 적을선 鮮通 (銑)

尟 尠同字

⓫

⿰兼少 [렴] 小也 적을렴 小也 작을렴 缺也 결할렴 (鹽)

⿰害少 [척] 健也 건장할척 (職)

⿱丝糸 [관] 杼也 실을 북에감을관 (刪)

⓬

⿰曹少 [조] 荒也 거칠조 (豪)

⿰菫少 [근] 僅也 적을근 對也 대할근 (震)

⓭

麻 [력] 小醜貌 작고못생길력 (錫)

綡 [극] 틈날극 隙同字

⓮

⿰監少 [람] 小也 적을람 (咸)

⓲

⿰毚少 [참] 少也 적을참 (咸)

尢部

尢 [왕] 傴僂 곱사왕 足跛 曲脛 절름발이왕 (陽)

尣 [왕] 尢(前條)同字

兀 [우] 最也 가장우 甚也 더욱우 尤의本字 (尤)

尣 [왕] 곱사왕、절름발이왕 尢同字

❶

尤 [우] 最也 가장우 甚也 더욱우 怨也 원망할우 (尤)

❷

⿺尢天 [우] 더욱우 尤同字

尦 [려] 脛相交而行 다리틀비꼬며 걸을려 (職)

⿺尢又 [우] 또우 又同字

❸

⿺尢于 [우] 股曲 다리굽을 우 盤施 돌우 (虞)

尥 [료] 以足鈞之 발로 긁어당길 료 筋弱擧足不隨ㅣ棹 다리힘줄 약할료 行若걷기에고생스러울료 (嘯)

❹

⿺尢反 [반] 尤也 더욱반 (寒)

尨 [방] 雜也 얼룩얼룩할방 大多毛 삽살개 방 大貌 무럭무럭클 방 狵同字 厖通 (江)

尬 [개] 行不正 비틀거릴개 (卦)

尪 [왕] 廢疾人 병들어버린사람왕 跛曲脛 절름발이왕

羸𦝫잔약할왕 陽

⿺尢休 [후] 廢也버릴휴 尤

尪 [왕] 절름발이왕 尫同字

⿺尢安 [안] 脚疲不進다리아플안 寒

五

⿺尢活 [활] 足病다리병활 黠

⿺尢坐 [좌] 跛也절름거릴좌 哿

⿺尢皮 [파] 蹇也절파 足病발비뚤어질파 哿 箇

六

⿺尢皀 [요] 절름거릴요 尥同字

⿺尢泉 [타] 蹇也절름발이타 箇

⿺尢灰 [회] 互擊서로칠회 尯俗字 灰

⿺尢危 [커] 跛也절름거릴커 倦也고달플커 寘

⿺尢昆 [요] 跛也절름거릴요 足腫다리종기요 嘯 蕭

⿺尢舌 [갈] 行貌갈활 曷

七

⿺尢員 [면] 邪行비스듬히걸을면 先

⿺尢肖 [소] 頭痛머리앓을소 蕭

⿺尢崔 [왕] 절름발이왕 파지할왕 尪本字 陽

⿺尢各 [뢰] 路毒노독날뢰 賄

⿺尢坐 [좌] 座客앉은뱅이좌 足不具다리병신좌 哿

八

⿺尢果 [라] 跛行貌절름거릴라 蹇也절름발이라 箇

⿺尢奄 [암] 跛蹇절름발이암 感 覃

⿺尢卓 [초][작] 跛蹇절름발이초、작義同 効 藥

⿺尢音 [파][부] 사也엎드러질파、부義同 箇 宥

⿺尢奇 [기] 倦也싫증날기 蹇也절름발이기 跛行절름거릴기 紙 寘

⿰谷尤 [극] 疲也고달플극 倦也느른할극、게으를극 陌

⿺尢委 [퇴][궤] 風疾풍질퇴 風毒풍독퇴、궤義同 隊 紙

九

⿺尢扁 [발] 足大발이클발 惡也보기흉할발 曷

⿺尢畏 [외] 風疾풍질앓을외 賄

尰 [종] 脛氣混腫수중다리종 足腫발고름길종 瘇同字 腫

十

尳 [골] 脫骨뼈빨골 膝骨무릎뼈골 月

⿺尢差 [잘] 尵ㅣ발클잘 曷

尲 [감] ㅣ尬行不正비틀걸음감 咸

十一

⿺尢隹 [후] 行貌 걸어갈 후 (齊)

⿺尢婁 [루] 俯也 구푸릴 루 背曲 곱사등이 루 僂同字 (尤)(齊)

十一

尵 [퇴] 虺ㅣ馬 病 말병 퇴 (灰)

十二

就 [취][추] 進也 나갈 취 成也 이룰 취 就同字 추 俗音 (宥)

十三

就 [취] 이룰 취、나갈 취 就籀文

⿺尢是 [제] 跛行 절름거리며 걸을 제 ㅣ⿺尢是 부축 받을 제 (齊)

十八

⿺尢雚 [환] 腰膝痛 ⿺尢嬴ㅣ허리와 무릎 아플 환 (刪)

十九

⿺尢嬴 [라][리] ⿺尢嬴 同字

⿺尢嬴 [라][리] 腰膝痛 허리와 무릎 아플 라、리 義同 (哿)(支)

二十二

⿺尢巂 [휴] 跛行 절름거리며 걸을 휴 (宥)

尸部

尸 [시] 童神像 시동 시 死體 주검 시 主也 주장할 시 陳也 진칠 시 (支)

一

尺 [척] 近距 가까울 척 度名 十寸 자 척 法也 三ㅣ법 골척 (陌)

尹 [윤] 信也 믿을 윤 治也 다스릴 윤 正也 바를 윤 官名 벼슬이름 윤 (軫)

二

𡰥 [인][이] 어질 인、착할 인、평평할 이、동쪽 오랑캐 이、仁、夷古字 (眞)(支)

尻 [고] 踡也 구부릴 고 臀也 꽁무니 고 底部 밑바닥 고 (豪)

⿸尸乚 [지] 理也 다스릴 지 (職)

尼 [니][닐] 女僧 여승 니 和也 화할 니 止也 그칠 닐 近也 가까울 닐 定也 정할 닐 (支)(質)

三

⿸尸又 [년] 柔皮 다룬 가죽 년 (銑)

尽 [진] 다할 진 마칠 진 盡俗字 (震)(軫)

四

局 [국] 棊盤 바둑판 국 部分 부분 국 官署 마을 국 部署 방국 時也 때 국 器量 국량 국 促也 재촉할 국 拘也 꺼리낄 국 曲身 굽힐 국 人材 幹ㅣ재국 국 (沃)

尿 [뇨] 小便 오줌 뇨 溺同字 (嘯)

屁 [비] 氣下泄 방귀 비 (寘)

尾 [미] 後也 뒤 미 倒毛在後 꼬리 미 禽獸交接 교미할 미 宿名 별이름 미 末也 끝 미 (尾)

五

屄 [비] 女子陰部 보지 비 (微)

屎 [시] 伺也 엿볼 시 (支)

⿸尸爻

복 行也 갈복 屋

⿸尸克 극 克古字 이길극 職

⿸尸乏 집 前後相連 맞이을집 緝

居 거 기 處也 곳거 ㅣ之거할거 坐也 앉을거 存也창상있을거 置也 놓을거 貯蓄 쌓을거 海鳥爰ㅣ바닷새거 據通、助辭어조사기 其通 御 支

⿸尸立 거 살거 居古字

⿸尸矢 히 서 殿ㅣ呻吟아파서 신음할히 糞也똥시 屎同字 支 紙

屈 굴 短也 짧을굴 曲也 굽을굴 竭也 다할굴 姓也 성굴 地名 良馬ㅣ産 땅이름굴 鬱담담굴 弓名 大ㅣ활이름굴 物

届 계 至也 이를계 屆俗字 卦

⿸尸几 둔 臀也 궁둥이둔 髀也 넓적다리뼈둔 元

屆 계 至也 이를계 極也 극진할계 卦

屉 체 韉具 말안장체 霽

屇 전 穴也 구멍전 先

六

昼 주 낮주 晝略字

⿸尸亘 환 橐囊也 주머니환 寒

⿸尸克 극 이길극 克同字

屍 시 死體 주검시、송사시 尸通 支

⿸尸毛 미 뒤미 尾同字

屌 초 男子陰 자지초 篠

屏 병 병풍병 屛俗字

⿸尸自 기 臀也 볼기기 紙

⿸尸肙 연 尻也 엉덩이연 先

⿸尸系 화 履也 신화 馬

⿸尸奥 이 지 跽也 걸터앉을이 跠也 웅크릴이、치義同 支

屋 옥 舍蓋지붕옥 居也、舍也 집옥 大俎夏ㅣ큰도마옥 車蓋黄ㅣ수레덮개옥 龜甲神ㅣ거북껍질옥 屋

⿸尸多 치 廣也 넓을치 紙

⿸尸目 해 鼻息 鼻聲 코골해 卦

屎 히 시 殿ㅣ呻吟아파서 공공거릴히、시義同 支 紙

七

屓 희 力也 힘들일희 臥息 코골희 寘

⿸尸予 서 木履ㅏ 나막신서 語

屔 니 水潦所溜 웅덩이니 支

屐 극 木履ㅏ 나막신극 陌

㞗 구 男子陰莖 자지구 尤

𡰱 [사] 待也 기다릴사 (紙)

展 [전] 開也 열전 舒也 펼전 發達 열길전 審也 살필전 適也 맞갖출전 誠也 진실로전 詳見 자세히볼전 錄也 적을전 (銑)

屒 [진] 厚脣 두꺼운입술진 (軫)

尾 [요] 오줌요 尿同字

屑 [설] 潔也 조촐할설 碎末 가루설 不安ㅣㅣ 편치않을설 勞也 수고로울설 苟也 진실로설 輕視 가벼히볼설 屑同字 (屑)

屁 [첩] 降也 내릴첩 (葉)

屖 [서] 堅也 굳을서 遲久 더딜서 (齊)

𡱂 [최] 赤子陰莖 어린애자지최 (灰)

八

屋 [옥] 집옥、지붕옥 屋의 籀文

屚 [루] 屋漏 집샐루

屐 [저] 屐也 신저 屐同字 (御)

𡱖 [구] 屨頭飾 신코꾸미구 絇同字 (虞)

屈 [굴] 曲也 굽을굴 屈同字

屙 [아] 上厠 뒤볼아 (歌)

𡰾 [경] 穴也 구멍경 (梗)

𡱽 [과] 臀骨 볼기뼈과 (箇)

屝 [비] 草屐 짚신비 菲同字 (未)

𡱂 [돈] 돼지돈 豚同字

屉 [체] 屐中薦 안창체 屜同字 (霽)

𡱼 [첩] 下也 내릴첩 (魚)

𡲋 [역] 變也 변할역 (陌)

屛 [병] 雨師ㅣ翳 비맞은귀신병 蔽也ㅣ風 병풍병 蔽也 덮을병 ㅣ風蔽也 울타리병 恐也 겁낼병 除也 제할병 弃也、退也 물리칠병 摒通 (梗)

九

屡 [루] 여러루、자주루 屢略字

屜 [체] 屐中薦 안창체 (霽)

𡲐 [파] 깨질파、깨드릴파 破古字

𡲨 [잡] 踏也 밟을잡 (緝)

𡲦 [편] 特別 특별편 (先)

𡲬 [강] 差也 어긋날강 (絳)

𡳑 [리] 皮靴 가죽신리 祿也 녹리 屐의古字 (紙)

属 [속] [촉] 親眷 붙이속 從也 좇을속 續也 이을속 附著 붙일촉、托也 부탁할촉 屬의俗字 (沃) (遇)

屈 [굴] 短尾犬 동경개굴 ㊉物

屠 [도][저] 殺也、裂也 죽일도、잡을도 殺畜者 백정도 剸ㅣ 가를도、匈奴王號休ㅣ 흉노왕의 이름저 ㊉虞 ㊉魚

屟 [섭] 屐也 木履、나막신섭、껴두기섭 屧同字 ㊉葉

[illegible] [기] 赤履 붉은신기 ㊉紙

[illegible] [요] 오줌요 尿同字

[illegible] [추] 女子陰部 보지추 ㊉尤

⊕十

[illegible] [굴] 短尾鳥 짧은 꼬리새굴 ㊉物

屁 [비] 穴也 구멍비 ㊉齊

[illegible] [군] 羣也 무리군 聚也 모을군 羣、群同字 ㊉文

[illegible] [화] 신화、양화 鞾同字

[illegible] [저] 女子陰部 보지저 ㊉魚

[illegible] [굴] 굽을굴、굽힐굴 屈同字

屘 [미] 꼬리미 尾古字

[illegible] [뇨][닉] 溲也 오줌뇨 没也 빠질닉、弱也 약할닉 溺의 俗字 ㊉嘯 ㊉錫

⊕十一

[illegible] [퇴] 皮鞾 가죽신퇴 ㊉灰

[illegible] [비] 穴也 구멍비 臀也 궁둥이비 ㊉紙

屣 [사][시] 麻鞋 삼신사、시 義同 ㊉紙 ㊉寘

屢 [루] 數也 여러루、亟也 자주루 疾也 빠를루 ㊉遇

[illegible] [계] 息也 쉴계 ㊉霽

[illegible] [처] 伺視 엿볼처 却也 물러설처 ㊉御

⊕十二

屧 [섭] 屐也 나무신섭 ㊉葉

履 [리] 祿也 누리리 足所依 신리 踐也 밟을리 以ㅣ加足 신을리 卦名 괘이름리 ㊉紙

[illegible] [전][정] 待也 기다릴전 儲也 저축할전、重也 포갤정 展也 펼정 ㊉霰 ㊉迥

層 [층] 累也 겹층 重也 거듭층 級也 층층대층 曾通 ㊉蒸

⊕十四

屨 [구][루] 麻鞋 삼신구 屐也 신루 ㊉遇

⊕十五

屪 [료] 男子陰部 자지료 ㊉蕭

屩 [갹] 草履 짚신갹、本音교 ㊉藥

⊕十六

[illegible] [갹] 짚신갹、本音교 屩同字

[illegible] [려] 居所 거처할려 ㊉魚

⊕十八

屬 [속][촉] 從也 좇을속 類也 무리속 親眷 붙일속 官僚 동관속 附也 붙일속 部谷 거느릴속 綴輯ㅣ文 글지을속 適也 마침속、托也 부탁할촉 附著 붙일촉 會也 모을촉 (遇)(沃)

㊉㊈ ⿸尸歷 [력] 履下 신바닥력 (錫)

㉐ 屭 [희] 壯大貌 으리으리할희 力作貌 힘쓸희 힘우쩍우쩍쓸희 (寘)

屮部

屮 [철][초] 草木初生 葉 움이틀철、떡잎날철 草也 풀초 (艸古字) (屑)(皓)

屮 [좌] 左手 왼손좌 (箇)

㊀ 㞢 [생] 날생 生古字

屯 [둔][준] 兵耕ㅣ田 둔전둔 聚也 모일둔、진칠둔 勤兵守 둔칠둔、難也 어려울준 吝也 인색할준 厚也 두터울준 卦名 괘이름준 (元)(眞)

㊂ 屰 [역] 又槍也 갈래진창역 逆也 거스릴역 逆通 逆本字 (陌)

㊃ ⿱屮六 [륙] 草葉 풀잎륙 草茸 풀버섯륙 (屋)

⿱屮分 [분] 發茸 풀싹틀분 草生香臭 풀향기날분 (文)

㞷 [황] 蘴延 무성할황 (陽)

㊄ ⿱亼甲 [갑] 갑옷갑 甲古字

⿱屮母 [매] 草盛貌 풀우거질매 每也 매양매 (賄)

㊅ ⿱屮自 [얼] 高危貌 높고위태할얼 (屑)

⿱屮早 [청] 푸르를청 青古字

㊆ ⿱屮夲 [행] 다행행 幸本字

⿱屮羊 [남] 남녘남 南古字

㊇ ⿱屮毐 [독] 독할독、아찰독 毒本字 (沃)

山部

山 [산] 土聚高峙宣氣生萬物 뫼산 (刪)

㊁ ⿱从山 [악] 嶽 큰산악 嚴威貌 위엄있는모양악 嶽의古

字岳通 (覺)

屴 [력] 高貌 崱屴ㅣ높은모양력 (職)

屳 [선] 선녀선 仙同字

⿱山入 [침] 深入山산죠이들어갈침 (侵)

三

屾 [신] 兩山建接산 이선산신 (眞)

屺 [기] 山無草木 민둥산기 (紙)

岂 [기] 山無草木민둥산기 屺同字 (紙)

屹 [흘] 毅然의연한모양흘 山貌ㅣ崒산모양흘 (物)

屼 [올] 禿山貌 嵎ㅣ민둥산올 (月)

⿰山亡 [망] 岩산돌망 矻同字 (陽)

四

岌 [급] 身高키클급 高貌ㅣㅣ높은모양급 危也위태로울급 圾同字 (緝)

⿰山午 [어] 山正聳立산똑바를어 (語)

岕 [개] 山險산험할개 (卦)

⿰山厷 [영][횡] 山峻貌산높을영 嶸同字 횡義同 (庚)

岊 [절] 山之陬隅高산모퉁이가우뚝내밀절 高貌높은산모양절 節通 (屑)

⿰山户 [호] 小山貌작은산호 (麌)

岉 [물] 山高貌산높을물 (物)

岅 [판] 山脅산비탈판 澤障언덕판 阪同字 (潸)

岈 [하] 山谷空虛산골휑할하 (麻)

⿱山日 [종] 暮也저물종 低也낮을종 (冬)

岋 [업] 震動貌흔들리는모양업 危也위태할업 (合)

⿱⿰几几山 [악] 큰산악、엄하고위엄있는모양악 岳同字

岎 [분] 山岐산가를분 (文)

岔 [차] 三分路산갈나뉠차 (禡)

⿰山开 [견] 雍州山名산이름견 岍의俗字 (先)

岑 [잠][음] 山小而高산작고높을잠 [illegible]也아플잠、岸也기슭음、언덕음 崖也낭떠러지음 (侵)(寢)

岐 [기] 分支두개로갈라질기 峻也높을기 山名산이름기 本音지 (支)

岭 [겸] 峰山而高산작고높을겸 (鹽)

岏 [완] 山銳高산뾰족할완 (寒)

⿱山丰 [봉] 봉우리봉 峯同字

岓 [기] 岓(次條)同字

岓 [기] 山傍石立산곁에 놓여있는돌기 (微)

五

岫 [수] 岩穴바위구멍수 山穴산구멍수 峀同字 (宥)

岟 [앙] 山 巃岟ㅣ산골짜기앙 峡深遼후미질앙 (養)

岬 [갑] 山脅산기슭갑、산허구리갑 ㅣ嵑接連貌줄이느런할갑 (洽)

岝 [작] 山峻高산높을작 (藥)

岩 [감] 岩穴바위구멍감 (勘)

岞 [작] 산높을작 岝同字

岩 [암] [엄] 山巖바위암 石崙바위암 險也험할암 高貌높을엄 嵒俗字 巖古字

峗 [애] 險也험할애 (卦)

岪 [불] 山脅路산비탈길불 山貌ㅣ鬱산모양불 岪同字 (物)

岠 [거] 至也이를거 嵾山큰산거 (語)

岹 [초] 산높은모양초 岧同字

岡 [강] 산등성이강 山脊멧등강 (陽)

岧 [초] 山高貌ㅣ嶢산높은모양초 (蕭)

𡵸 [사] 山遠산멀사 (紙)

岨 [저] [조] 石山戴土돌산에흙덮인저 砠同字、山貌ㅣ峿산모양조 (魚)(語)

岢 [가] 太原山名ㅣ嵐산이름가 (哿)

𡶇 [국] 水厓外물가국 奧也깊을국 (屋)

岢 [가] 산이름가 岢同字

岦 [립] 山高貌산우뚝할립 (緝)

岣 [구] 衡陽山名산이름구 山巔산이마구 (有)

岤 [혈] 山穴산굴혈 (屑)

岥 [파] 斜也ㅣ陁산비알질파 (歌)

峀 [수] 산구멍수 岫同字

𡵪 [사] 말을사、벼슬사 司俗字

岪 [불] 山曲산굽이불 岪同字 (物)

岾 [점] 楡ㅣ寺절이름점 嶺也고개점 (韓)

岺 [령] 山深貌ㅣ嶙산깊은모양령 山名산이름령 (靑)

㟠 [강] 山脊멧등강、산등성이강 岡同字 (陽)

岯 [비] 山名大ㅣ산이름비 坯通 (支)

㞢 [악] 큰산악 嶽古字

陀 [타] 陂也峻ㅣ산비탈질타 (歌)

岺 [령] 고개령、재령、산으슥할령 嶺、岭同字

岱 [대] 東嶽泰山名ㅣ宗대산대 (隊)

岷 [민] 峰也봉우리민 蜀山名산이름민 (眞)

岰 [유] 山曲貌산굽이유 (有)

[山尼] [니] 山名丘ㅣ산이름니 (支)

岳 [악] 큰산악 嶽古字

岸 [안] 厓也언덕안 崖峻水深낭떠러지안 階也섬돌안 露頂이마드러날안、갓비스듬히쓸안ㅣ幘 雄傑기운찰안ㅣ獄名옥이름안 幘나타날안 (翰)

岵 [호] 山多草木산에숲우거질호 (麌)

[山加] [가] 衆山森列貌여러산벌려선모양가 (麻)

六

岍 [견] 雍州山名 산이름견 (先)

峉 [액] 山高大貌산이높고웅장할액 (陌)

峑 [전] 山頂산이마전 (先)

峆 [합] ㅣ嶍山貌 겹산첩 (合)

峐 [해] 山無草木 민둥산해 (灰)

峇 [합] 山窟산굴합 山形산모양합 峆同字 (合)

[山兒] [앙] 山峻貌산가파를앙 (江)

[𠂤山] [부] 大陸土山無石뉸덕부、언덕부、메뚜기부 阜同字 (有)

峎 [인] 높은고개언 崀同字

峌 [질] 山高산높을질 (屑)

峍 [률] 山崖硉硊돌비탈질률 硉同字 (月)

[山冋] [형] 險峰험한산봉우리형 (靑)

崀 [인] 高坂높은고개언 (阮)

[山网] [강] 산등성이강 岡本字

峋 [순] 嶙ㅣ山崖 重深貌후미질순 (眞)

[山目] [얼] 山斷絕屹ㅣ 산끊어질얼 (屑)

峗 [외] 沙州山名三ㅣ산이름위、山高貌뾰족할위 (紙) (灰)

峦 [만] 山圓峯산봉우리만 山小而銳작고뾰족한산만 巒의略字 (寒)

峒 [동] 山穴산굴동 崆州山名 崆ㅣ산이름동 洞通 (東)

[吅山] [강] 산등성이강 岡同字

峓 [이] 嵎ㅣ東表山名산 이름이 夷通 (支)

峀 [산] 뫼산 山同字

峘 [환] 小山高於大山작은 산이큰산보다높을환 (寒)

岳 [악] 큰산악 嶽同字

峙 [치] 積也쌓일치 山立산우뚝할치 具也갖출치 跱通 (紙)

峽 [협] 山峽夾水물낀두메협、물낀산골협

峡 峽의略字 (洽)

峛 [리] 山卑長ㅣ崺산 낮고길리 (紙)

峠 [상] 山領고개상、재상(日)

峜 [계] 算數수를셀계

㊆

島 [도] 海中山可依止섬도 隝、嶋同字 (晧)

峩 [아] 산높을아 峨同字

峵 [횡] 高峻산높고험할횡 (庚)

峨 [아] 山名ㅣ嵋산이름아 山高嵯ㅣ산높을아 (歌)

⿰山肙 [연] 山曲산굽이연 (先)

峌 [좌] 山崩산무너질좌 (箇)

峴 [현] 山嶺小平고개현、재현 襄陽山名산이름현 (銑)

峪 [욕] 山谷산골짜기욕 (沃)

峖 [투] 山峻貌산험준할투 (尤)

⿰山別 [별] 漢陽山名大ㅣ산이름별 (屑)

峱 [노] 齊山名산이름노 (豪)

⿰山完 [완] 山多산많을완 本音환 (旱)

峳 [유] ㅣ猷名짐승의 이름유 (尤)

⿰山那 [나] 山連接貌산연접할나 (歌)

⿰山兒 [태] 山形산모양태 (泰)

峭 [초] 急也급할초 山峻ㅣ絶산높을초 嶮也 파를초 陗同字 (嘯)

⿰山弄 [롱] 山穴산구멍롱 (送)

峬 [포] 山形美貌산모양예쁠포 (虞)

峰 [봉] 산봉우리봉 峯同字

⿰山忌 [기] 崚峰산우뚝할기 山高산이높을기 (紙)

峯 [봉] 山耑산봉우리봉 (冬)

峮 [균] 山連貌嶙ㅣ산연한모양균 (眞)

⿱山君 [균] 산연한모양균 峮同字

峹 [도] 산이름도 嵞同字

⿱罒岡 [강] 산등성이강 岡同字

三畫—山

嵞 [도] 會稽山名 산이름도 塗通 ㊀虞

𡷉 [사][시] 殺也 부릴사 令也 하여금사 將命者 사신시 命也 심부름시킬시 使古字 (紙)(眞)

峷 [신] 神名、似狗有角文身 귀신의 이름신 (眞)

㟑 [발] 山路平垣 산길 평탄할발 (曷)

峻 [준] 險也 험할준 高也 높을준 高大 높고 큰준 大也 클준 長也 길준 逹也 嚴急 속할준 嶕、埈、陖同字 駿通 (震)

𡶐 [산] 산험할산 峖同字

𡵶 [퇴][타] 山高貌 ㅣ嶵 산높은모양퇴、長山貌 산긴모양타 (陽)(哿)

峖 [산] 山險산 험할산 (刪)

峽 [협] 山名巫 산이름협 山峭夾水 두뫼협 狹通 (洽)

㟅 [어] 險也 산이울퉁불퉁할어 山名峿 산이름어 峿同字 (語)

峿 [어] 險也 험할어 山名峿ㅣ 산이름어 不安岨ㅣ 불안할어 峿、齬、鋙通 (語)

峼 [호] 山名 산이름호 (皓)

𡷊 [망] 險峻 험준할망 山貌 산모양망 (陽)

峆 [함] 山深貌 산이깊은모양함 大谷 큰골함 (覃)

𡶶 [형] 連山中絶 지렛목형 산잘릴형 陘同字 (靑)

沄 [운] 水回旋貌ㅣ淪 물도는모양은 (眞)

㊇

崌 深也 깊은산거 (魚)

㟘 [조] 山之周圍 산둘레조 (蕭)

𡶡 [추] 高崖 높은언덕추 (虞)

崆 [공][송] 山高貌 산이우뚝할공、阪也 가파를강 空通 (東)(江)

𡷸 [알] 山連산 연할알 (黠)

崇 [숭] 充也 채울숭 高也 높을숭 尊也 숭상할숭 敬也 공경할숭 終也 마칠숭 聚也 모을숭 貴人 귀인숭 澧州山名 산이름숭 (東)

𡶸 [괴] 山險산 험할괴 (賄)

𡵧 [강] 유공개강 羌古字

嵁 [잠] 山深산 깊을잠 (感)

崈 [숭] 높을숭 崇同字

𡸉 [책] 山險산 험할책 (陌)

崊 [림] 山險산 험할림 (侵)

崋

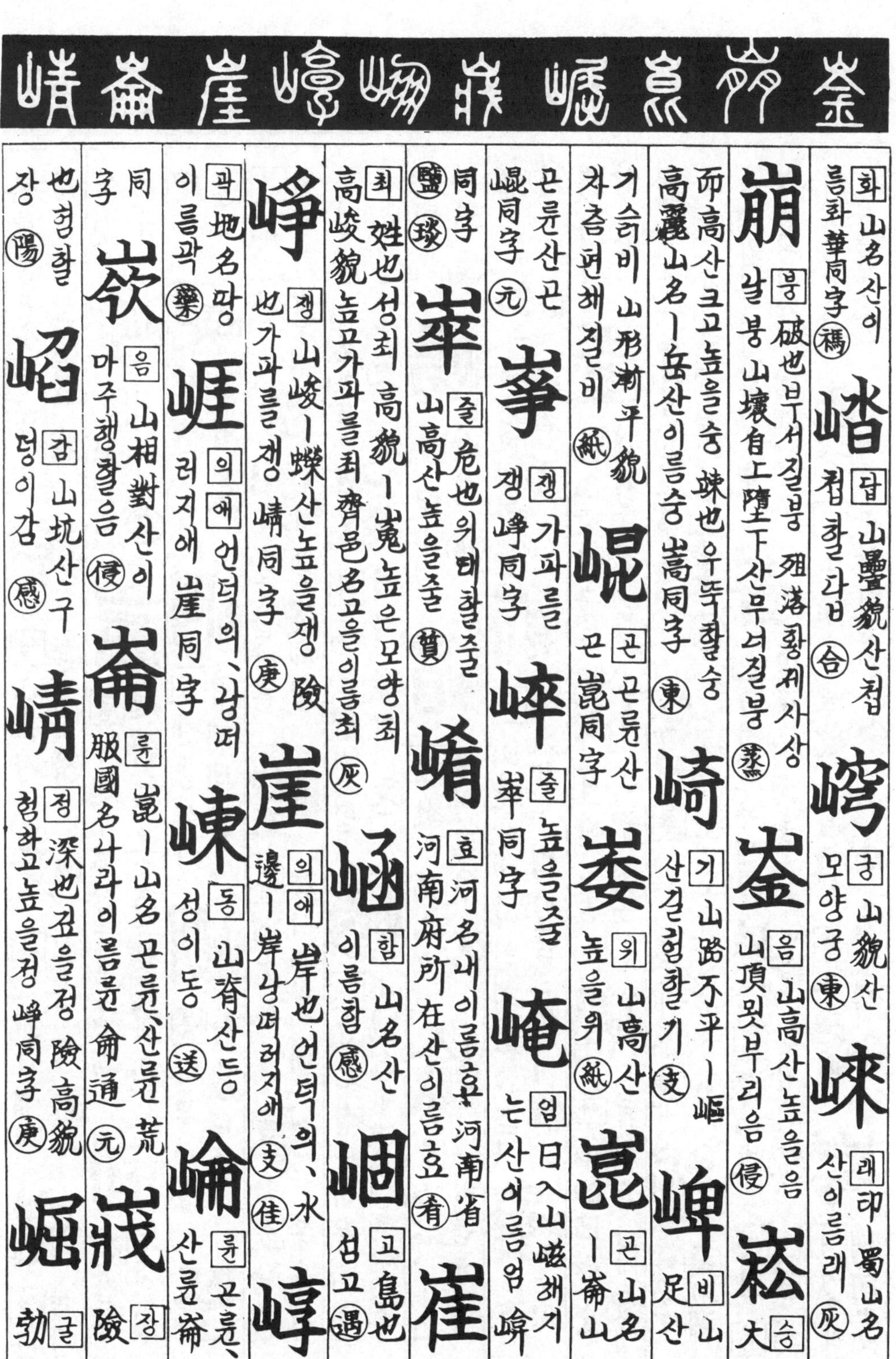

[화] 山名산이름화 華同字 (禡)

㟷 [답] 山疊貌산첩첩할 답 (合)

𡶶 [궁] 山貌산모양궁 (東)

崍 [래] 印ㅣ蜀山名 산이름래 (灰)

崩 [붕] 破也부서질붕 殂落황제사상 살붕 山壞自上墮下산무너질붕 (蒸)

崟 [음] 山高산높을음 山頂뫼부리음 (侵)

崧 [숭] 大而高산크고높을숭 竦也우뚝할숭 高處山名ㅣ岳산이름숭 嵩同字 (東)

崎 [기] 山路不平ㅣ嶇 산길험할기 (支)

崥 [비] 山足산기슭비 山形漸平貌 차츰편해질비 (紙)

崐 [곤] 곤륜산곤 崑同字

崣 [위] 山高산높을위 (紙)

崑 [곤] 山名ㅣ崙山 곤륜산곤 崐同字 (元)

崢 [쟁] 가파를쟁 峥同字

崪 [줄] 높을줄 崒同字

崦 [엄] 日入山崦嵫해지는산이름엄 嶖同字 (鹽)(琰)

崒 [줄] 危也위태할줄 山高산높을줄 (質)

崤 [효] 河名내이름효 河南省 河南府所在산이름효 (肴)

崔 [최] 姓也성최 高貌ㅣ嵬높은모양최 高峻貌높고가파를최 齊邑名고을이름최 (灰)

崡 [함] 山名산이름함 (感)

崮 [고] 島也섬고 (遇)

崢 [쟁] 山峻ㅣ嶸산높을쟁 險也가파를쟁 崝同字 (庚)

崖 [의][애] 岸也언덕의、水邊ㅣ岸낭떠러지애 (支)(佳)

崞 [곽] 地名땅이름곽 (藥)

崕 [의][애] 언덕의、낭떠러지애 崖同字

崠 [동] 山脊산등성이동 (送)

崘 [륜] 곤륜、산륜 崙同字

嶔 [음] 山相對산이마주쟁할음 (侵)

崙 [륜] 崑ㅣ山名곤륜、산륜 荒服國名나라이름륜 侖通 (元)

嶈 [장] 險也험할장 (陽)

嵁 [감] 山坑산구덩이감 (感)

崝 [정] 深也깊을정 險高貌험하고높을정 崢同字 (庚)

崛 [굴] 勃

起貌불끈솟을굴 山高ㅣ㘞산높을굴 物

峴 [얼] 山高산높을얼 屑

崚 [릉] 山貌ㅣ嶒산모양릉 蒸

嵲 [얼] 산높을얼 峴同字

崜 [타] 岩也바위타 麻

崫 [굴] ㅣ起ㅣ然산높을굴 勃 起貌불끈솟을굴 崛同字 物

崗 [강] 산등성이강 岡俗字

崨 [첩] 連也이을첩 葉

崗 [강] 산등성이강 岡同字

崩 [붕] 산무너질붕 崩同字

㟝 [기] 山深산깊을기 眞

九

嵕 [종] 산이름종 嵏同字

崲 [황] 湖名休ㅣ늪이름황 陽

嵏 [종] 峰聚봉우리모일종 山名九ㅣ산이름종 東

崴 [외] 不平貌평평치않을외 灰

嵎 [우] 山谷산구비우 日出山暘谷ㅣ夷해돋는산우 堣同字 隅通 虞

崵 [양] 遠山먼산양 陽

嵋 [미] 峨ㅣ蜀山名산이름미 支

崳 [유] 山名、ㅣ山산이름유 楡通 虞

嵉 [정] 長山긴산정 青

崱 [족] 山連산맥이연해있을족 山大貌ㅣ屴산큰모양족 職

嵒 [암] 山巖바위암 感

崼 [절] 山穴산구멍절 屑

嵇 [혜] 산이름혜 嵆同字

嵈 [다] 山如凹形오목한산다 歌

嵌 [감] 坎傍孔구덩이옆구멍감 深谷ㅣ巖깊은골짜기감 本音함 咸

崷 [추] 崒山長而高貌산길고우뚝할추 尤

嵆 [혜] 中國河南省所在산이름혜ㅣ康사람의성혜(三國魏) 齊

𡺓 [추] 산길고우뚝할추 崷同字

嵄 [미] 深山깊은산미 紙

崶 [봉] 封州山名봉주산이름봉 冬

嵃 [언] ㅣ峭高峻貌산가파를언 銑

崹 [제] 平地평할제 齊

㟧 [악] 언덕악 崿同字

[山+弇] [엄] 一嵫日入所山名해지는산이름엄 崦同字 ⓐ鹽

嵁 [감] 一巖不平貌산험할감、바위설감 ⓐ覃 咸

[山+迴] [회] 秃山無樹벗어진산회 ⓐ隊

嵂 [률] 一崒山高峻貌산가파를률 ⓐ質

崺 [이] 峛一山卑長貌산이낮고길이 ⓐ紙

崽 [재] [새] 子也자식재、彼稱저재、새義同 ⓐ賄 佳

崼 [시] 近山가까운산시 ⓐ紙

崿 [악] 崖也비탈질악、언덕악 ⓐ藥

[山+侍] [치] [illegible]立貌우뚝솟을치 ⓐ紙

嵖 [차] [치] 산높을차、산울뚝질뚝할치 嵯와通

嵑 [갈] 特立孤山산우뚝할갈 碣通 ⓐ曷

嵏 [수] 山名산이름수 江名강이름수

嵐 [람] 山名崗一산이름람 山氣蒸潤아지랑이람 暴風폭풍람 ⓐ覃

[山+宣] [권] 산이름권 巏通

嵔 [외] [외] 山盤曲貌崔一산구불구불할외、山高산높을외 ⓐ尾 灰

[山/羌] 羌古字

[山/畏] [외] [외] 嵔(前條)同字

[山+昺] [병] 人名鄭一사람이름병 ⓐ梗

嵒 [암] 바위암 嵓同字

嵃 [안] 不恭貌공손치못할안 厚也두터울안 ⓐ翰

[山+泉] [천] 샘천 泉同字

❶十

嵳 [치] [차] 산울뚝불뚝할치、삐쭉삐쭉할차 嵯同字

嵞 [도] 山名산이름도 塗와通 ⓐ虞

嵯 [차] [치] 石山貌一峨삐쭉삐쭉할차、山不齊嵾一산울퉁불퉁할치 差通 ⓐ歌 支

[山+貢] [홍] 山谷深貌一峒산골깊은모양홍 ⓐ迥

嵰 [겸] 山名산이름겸 山高峻貌一嵰산높은모양겸 ⓐ琰

[山+益] [애] 山尖極端뫼봉우리끝애 ⓐ卦

[山+鬼] [외] 산뾰족할외 嵬同字

[山/肥] [비] 壞也무너질비 ⓐ紙

嵫 [자] 崦一日入山해지는산이름자 ⓐ支

[山+冥] [명] 山氣暗昧산기운어둘명 ⓐ迥

嵩 [숭] 高

世높을숭 中嶽ㅣ山 산이름숭 崧通 (東)

嵟 [퇴] 高世높을퇴 (灰)(賄)

⿱山原 [원] 山頂산마루원 (元)

嵠 [계] 川澗水注 시내계

嵡同字 (齊)

⿱山陖 [준] 高世높을준 峻同字

嵢 [창] 山勢산형세창 (陽)

嵤 [형] 崢ㅣ山峻貌산가파를형 山深貌 岭ㅣ산깊을형 (青)

⿰山䍃 [요] 山形산형상요 (蕭)

⿰山羔 [요] 低山낮은산요 (篠)

嵣 [당] 山隈산굽이당 (陽)

嵥 [걸] 高世無比한없이높을걸 (屑)

嵬 [외] 山貌⿱山畾ㅣ산모양외 高貌崔ㅣ산뾰족할외 (灰)(賄)

嵱 [용] 峰貌ㅣ嵷산봉우리우뚝할용 (冬)

⿰山皋 [고] 정자이름고、산이름고 ⿰山皋本字

⿱山罡 [강] 산등성이강 岡俗字

嵴 [척] 山脊산등성이척 (陌)

嵲 [얼] 山高貌巀ㅣ산높을얼 (屑)

峩 [아] 산이름아 峨同字

⿱山臬 [얼] 산높을얼 嵲同字

十一

⿰山扈 [호] 山卑而大산낮고클호 (麌)

嵸 [종][송] 山高貌、巃ㅣ산높을종、山高崧ㅣ산뾰족할송 (東)(腫)

⿰山爽 [창] 山相摩산이서로닿은듯할창 (養)

⿱山從 [송][종] 산높을종、산뾰족할송 嵸同字

⿰山累 [루][뢰] 산모양루、뢰義同、⿱山累同字

嵹 [강] 山名산이름강 (漾)

⿱山累 [루][뢰] 山貌산모양루、뢰義同 (支)(賄)

嵺 [교][료] 山聳貌산불끈솟을교、료義同 (肴)(蕭)

嶇 [구] 山峻崎ㅣ산험준할구 (虞)

⿱山翏 [교][료] 산불끈솟을교、료義同、嵺同字

嶆 [조] 山深空貌산속휑할조 (豪)

⿰山卿 [료] 山深空貌산속이휑할료 (蕭)

⿰山票 [표] 山巓산이마표、산마루표 (篠)

嵼 [산] 山曲⿱山遷ㅣ산구비산 (潸)

嶅 [오] 산에돌이많을

을오 嶅同字

嵽 [질] [체] 山突兀貌 산우뚝할질、체義同 (屑)(霽)

嶅 [오] 山高貌 산우뚝할오 山多小石 산에 돌이 많을오 磝通 (豪)

嶕 [초] 山高貌 산우뚝할초 (肴)

嶃 [참] 坑也 구덩이참 塹同字

嵮 [맥] 秘密 몰래맥 (陌)

嶂 [장] 連峯峻貌 험하게 연달아 있을 봉우리장 山峰如屏 산봉우리 둘린장 (漾)

嵾 [참] 山不齊貌 산이 올망졸망할참 參通 (侵)

嶃 [참] 산뾰족할참 嶄同字

嵾 [참] 산이 올망졸망할참 嵾同字

嶄 [참] 山尖銳貌 산뾰족할참 山高峻貌 산높고 준할참 巉同字 (咸)

嶀 [도] 山名 산이름도 (虞)

嶁 [루] 산봉우리 이름루 嶁同字

嶁 [루] 山巔 산마루루 山峰名 岣ㅣ 산봉우리 이름루 (虞)(有)

嶈 [장] 山高大貌 산높고 클장 水激山ㅣㅣ 산에 물 닥쳐울릴장 (陽)

嵟 [주] 山隈 산굽이주 (紙)

嶍 [습] 山名 산이름습

嶉 [최] 高貌 높은모양최 山高峻貌 산높고 험할최 (賄)

嶋 [도] 섬도 島同字

嶌 [도] 섬도 島同字

⑬

嶠 [교] 山名 員ㅣ 산이름교 山逕 산길교 山銳而高 산쭈뼛할교 喬通 (嘯)

嶏 [배] 山巖隕聲 바위떨어지는 소리배 山崩聲 산무너지는 소래배 (隊)

嶞 [타] 山小而銳 산작고 뾰족할타 (哿)

𡾯 [복] 山覆 산덮을복 (屋)

嶜 [침] 高銳貌 ㅣ崟 높고 뾰족할침 (侵)

嶐 [룽] 山形 산형룽 (東)

嶝 [등] 登陟道 산비탈진길등 小坂 작은비탈등 (徑)

嶦 [단] 山孤者高 산우뚝할단 (寒)

嶱 [고] 山名 산이름고 ㅣ崋、亭也 정자이름고 (豪)

㟨 [권] 山曲 산굽을권 (阮)

嶚 [료] 高也 높을료 嶛同字 (蕭)

㠇 [추] 嵶嶺山名고개이름추 (宥)

嶛 [료] 높을료 嶚同字

㠉 [동] 山無木

草민둥산동 (東)

嶙 [린] 山峻嶙ㅣ산높을린 山節級ㅣ峋산올망졸망할린 (眞)(軫)

𡾊 [간] 山來水산골물간 澗、磵同字 (諫)

嶗 [로] 山險산험할로 (豪)

嶒 [증] 山峻貌ㅣ산모양증 崝通 (蒸)

嶘 [잔] 山極高貌산이우뚝할잔 (諫)

𡿂 [악] 낭떠러지악 崿同字

嶣 [초] 山巓산이마초 嶕同字

𡾾 [악] 崖也낭떠러지악 㠋同字

𡾭 [첩] 山高貌산이높을첩 (葉)

嶓 [파] 梁州山名ㅣ冢산이름파 (歌)

𡾷 [준] 高也 높을준 峻同字 (震)

㠊 [허] 山路峻산길험할허 本音거 (魚)

𡾋 [집] 山貌ㅣ嶫산모양집 (葉)

嶕 [초] 山高ㅣ嶢산높을초 山巓산이마초 (蕭)

嶔 [금] 山谷入口산골어귀금 山勢聳立崟산솟을금 (侵)

嶟 [준] 山高貌산우뚝솟을준 (元)

嵭 [팽] 山崩也무너질팽 (蒸)

㠐 [교] 산길교 嶠同字

𡾪 [로] 길로 路同字

嶡 [궈] 山崛起貌산이불끈솟을궈 (霽)

嶤 [요] 높을요 嶢同字

嶢 [요] 高也 높을요 (蕭)

⑬

㠗 [오][욱] 속오、모퉁이욱 奧同字

嶧 [역] 鄒縣山이름역 (陌)

嶴 [오][욱] 內也속오 室隅아랫목오 暖也따사할욱 隈也모퉁이욱 奧同字 (號)(屋)

嶦 [첨] 山阪산비탈첨 山峯봉우리첨 (鹽)

𡿧 [치] 잇발치 齒同字

𡿦 [음] 山峰산봉우리음 (寢)

𡿪 [지] 地古字따지

嶨 [학] 山多石산에바위많을학 (旱)

𡾝 [쟁] 象山奇怪貌

많은산이기괴할쟁 (庚)

嶪 [업] 高壯貌산높고 웅장할업 (葉)

嵑 [갈] 石高돌우뚝할갈 (曷)

嶫 [업] 산높고 웅장할업 業同字

嶲 [수] 地名고을 이름수 (紙)

[illegible] [굴] ㅣ屼童山 민둥산굴 (月)

[illegible] [외] 高山높 을산외 (灰)

[illegible] [회] 山高貌산높은 모양회 本音괴 (泰)

嶰 [해] 崑崙北谷골이름해 山澗골짜기사이해 小山別大山작은산이큰산과따로날해 (蟹)

巇 [의] 山峯巉巖산깎아 지른듯한의 (支)(紙)

嶭 [배] 谷間골 짜기배 (卦)

嶬 [의] 산깎아지를 듯한의 巇同字

嶭 [알][얼] 山高峻貌산가파 를알、얼 義同 (曷)

[illegible] [죄] 험준할 죄 嶵同字

嶮 [험] 高峻貌 산 가파를험 (琰)

嶵 [죄] 高貌높을죄 險 峻貌험준할죄 (賄)

十四

巀 [절][찰] 高貌높은모양절 節 通、山高ㅣ嶭산높을찰 (屑)(曷)

㠓 [몽] 遠山먼 산몽 (東)

[illegible] [한] 高貌높 은한 (寒)

[illegible] [효] 산이름효、비이 름효 崤同字

嶺 [령] 山 肩 通 道산고개 령、재령 (梗)

嶷 [의][억] 零陵山名九ㅣ산이름의、小兒有識ㅣㅣ 어린아이지각있을억、숙성할억 (支)(職)

嶾 [은] 山峻貌산가 파를은 (吻)

嶸 [영][횡] 山峻貌산높 을영、횡 義同 (庚)

嶽 [악] 큰산악 嶽同字

[illegible] [대] 山貌산 모양대 (隊)

[illegible] [서] 섬서 嶼同字

[illegible] [대] 산모양 대 [illegible]同字

[illegible] [서] 섬서 嶼同字

嶽 [악] 嚴威貌엄하고 위엄있는모양악 山宗큰산악 岳同字 (覺)

嶼 [서] 陸島섬서、 물의섬서 (語)

十五

[illegible] [얼] 산따로떨어 질얼 巕同字

[illegible] [액] 山

高貌산높을액 (陌)

⿱山實 [실] 열매실 實古字

巀 [찰] 山名산이름찰 高峻貌산높고가파를찰 (曷)

巁 [려] [렬] 巍高산높을려、山巍高산높을렬 (霽) (屑)

⿰山畾 [뢰] 山高下貌울퉁불퉁할뢰 (賄)

⿱山畾 [뢰] 울퉁불퉁할뢰 ⿰山畾同字

十六

⿱山咢 [악] 낭떠러지악 崿同字

巃 [롱] 山峻貌산가파를롱 (東)

嶭 [알] [얼] 山高貌산가파를알、얼 義同 ⿰山辥同字

⿱龍山 [룡] 산가파를룡 巃同字

⿱山褱 [회] 山谷嶮貌산골험할회 (佳)

⿰山霍 [곽] 山名산이름곽 (覺)

十七

巋 [귀] [커] 高峻貌가파를귀、丨然獨貌산우뚝할커 (支) (寘)

⿰山鮮 [선] 小山別大山작은산과큰산따로설선 (銑)

巌 [암] [엄] 險也험할암、高貌높을엄 巖同字

巇 [희] 山危險丨산위험할희 (支)

⿱山彌 [미] 山高聳尖산이높고뾰족할미 (支)

巆 [영] 山深貌산골으슥할영 (庚)

巊 [영] 山氣暗昧산기운어둠침침할영 (梗)

⿰山蹇 [건] 山屈曲丨嵼산구불구불할건 蹇通 (銑)

⿰山雙 [송] 山峯峻貌산봉우리가우뚝할송 (腫)

巉 [참] 山嶮絕산험한낭떠러지참 高也丨嵒높을참 嶄、嶃同字 嶄通 (咸)

十八

⿱山繒 [증] 山高貌산높을증 (蒸)

⿰山雚 [권] 山名산이름권 (先)

巍 [외] 高峻貌높을외 高大貌丨丨산이높고클외 本音위 (微)

⿱山⿰金鬼 [일] 山高貌산높을일 (質)

⿱山⿸厂魏 [외] 산이높고클외 巍同字

十九

⿰山羅 [라] 山名산이름라 (歌)

巑 [찬] 山連貌산이연달아있는모양찬 山高丨岏산높을찬 (寒)

巓 [전] 山頂산꼭대기전 (先)

巒 [만] 山圍貌산둘러있을만 峰丨산봉우리만 (寒)

巐 류 山名산이름류 ㊟紙 巁 력 겨울력、지낼력 歷古字 𡾰 미 山嶮峻貌산험할미 山貌산모양미 ㊟紙

⑳ 巙 기 人名사람이름기 山名산이름기 ㊟支 巖 암 엄 險也험할암 石窟바위암 巖也높을암 ㅣ廊殿廡대궐결채

암 岩同字 高貌ㅣㅣ 높은모양엄 喦通 ㊟咸 ㊟鹽 巗 암 엄 험할암、높을엄 嵒巖同字 巘 헌 山峰산봉우리 헌 山似甑시루봉헌

本音 언 ㊟阮 巚 헌 산봉우리 헌 巘同字 ㉑ 𡿖 연 山似甑시 루봉연 ㊟元 巕 얼 山斷絕 貌峊ㅣ산

따로떨어 질얼 ㊟屑 𡿷 뢰 推石自高而下돌내리 굴릴뢰 礧同字 ㊟隊 ㉒ 𡿪 낭 山隈산모 퉁이낭 ㊟漾 ㉓

𡿐 린 山名산 이름린 ㊟眞 ㉔ 𡿀 령 山深貌산 깊을령 ㊟靑 ㉖ 𡿨 울 산에안개 낄 울 𡿰同字

㉙ 𡿰 울 山霞掩貌산에안개자욱할울 山烟貌산에연기낀모양울 ㊟物

巛部

巛 천 내천 川本字 𡿨 견 洫也도랑견 ㊟銑 巜 괴 大溝也큰도랑괴 ㊟泰 巛 곤 地

也따곤、順也순 할곤 坤古字 川 천 通流水내천 坑也굴천 ㊟先 ③ 𡿦 곤 따곤、순 할곤 坤同字 𡿧 렬 水

流貌물흐 를렬 ㊟屑 𡿧 렬 물흐를 렬 𡿪古字 州 주 郡縣고을주 行政區劃 名주주 水中可居섬주 ㊟尤 ④ 巡

순 視行ㅣ守순행할순、순돌순 廻也돌순 徧也두루순 郤退逡ㅣ물러날순 ㊟眞 𡿩 일 견 水流물흐를 일、견 義同 ㊟質 巠

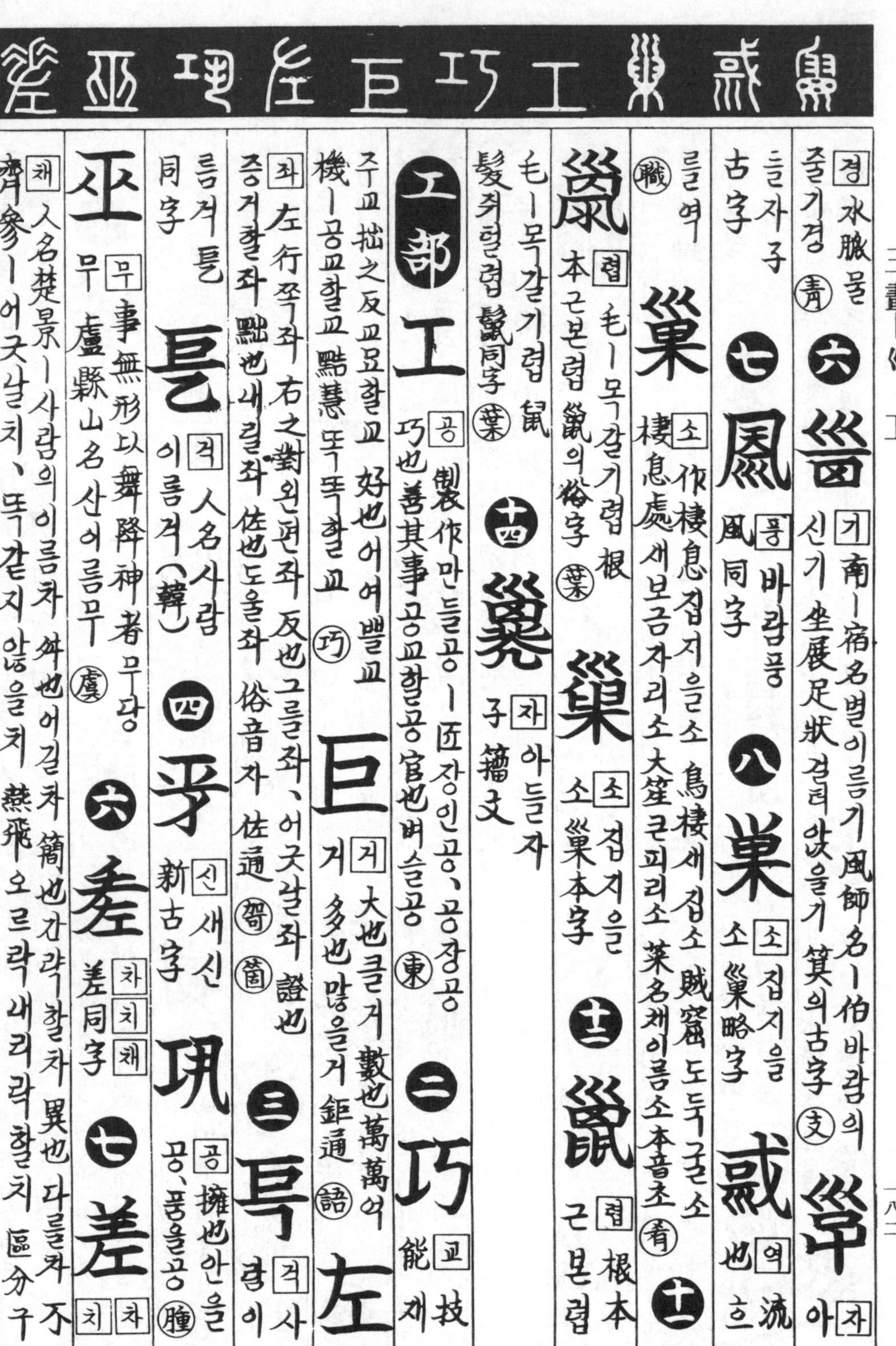

[경] 水脈물줄기경 (青)

六

⿱巛甾 [기] 南ㅣ宿名별이름기 風師名ㅣ伯바람의신기 坐展足狀걸터앉을기 箕의古字 (支)

⿱巛⿱冖子 [자] 아들자 子古字

七

⿵几巛 [풍] 바람풍 風同字

八

巣 [소] 집지을소 巢略字

⿱巛戊 [역] 流也흐를역 (職)

巢 [소] 作棲息집지을소 鳥棲새집소 賊窟도둑굴소 棲息處새보금자리소 大笙큰피리소 菜名채이름소 本音초 (肴)

十一

⿱巛⿱囟乑 [렵] 毛ㅣ목갈기렵 根本근본렵 巤의俗字 (葉)

⿱巛⿱臼木 [소] 집지을소 巢本字

十二

巤 [렵] 根本근본렵 毛ㅣ목갈기렵 鼠髮쥐털렵 鬣同字 (葉)

十四

⿱巛⿱囟儿 [자] 아들자 子籀文

工部

工 [공] 製作만들공 ㅣ匠장인공、공장공 巧也善其事공교할공 官也벼슬공 (東)

二

巧 [교] 技能재주교 拙之反교묘할교 好也어여쁠교 機ㅣ공교할교 黠慧또똑할교 (巧)

巨 [거] 大也클거 數也萬萬억 多也많을거 鉅通 (語)

左 [좌] 左行쪽좌 右之對왼편좌 反也그를좌、어긋날좌 證也증거할좌 黜也내칠좌 佐也도울좌 俗音자 佐通 (哿)(箇)

三

⿱工弓 [격] 사람이름격 ⿱工乙同字

⿱工乙 [격] 人名사람이름격 (韓)

四

⿱工子 [신] 새신 新古字

巩 [공] 擁也안을공、품을공 (腫)

巫 [무] 事無形以舞降神者무당무 盧縣山名산이름무 (虞)

六

差 [차][치][채] 差同字

七

差 [차][치][채] 人名楚昊ㅣ사람의이름차 舛也어길차 簡也간략할차 異也다를차 不齊參ㅣ어긋날치、똑같지않을치 燕飛오르락내리락할치 區分구

분지울치、使也부릴채 擇也가릴채 送也보낼채 貳也서로맞지않을채 除病병나을채 袪也비교할채 (麻)(支)(佳)(卦)

(八) [illegible] [무] 무당무 巫古字

(十一) [illegible] [차][치][채] 어길차、다를차、어긋날치 서로맞지않을채 差古字

干部

干 [간][강] 犯也범할간 盾也방패간 求也구할간 水涯물가간 扞也막을간 若ㅣ약간간 乾也마를간 横斜貌기울간 與也간여할간 天子甲至癸천간간 涙流貌눈물흘릴간 欄ㅣ난간간 紆也蘭ㅣ무늬놓아짠베간 薑也 생강강 (寒) (韓)

(二) **羊** [임] 稍甚 약간심할임 (寑)

平 [평][편] 垣也평탄할평 正也바를평 治也다스릴평 和也화할평 均也고를평 易也쉬울평 歲再登거듭풍년들평 定物賣몰건값정할평 漢官廷尉ㅣ버슬이름평 裁判官재판관평 發音上四聲中ㅣ소리평、辨治ㅣㅣ분별하여다스릴편 解怨和成화친할편 辨通 (庚)(敬)(先)

(三) **并** [병] 合也합할병 同也같을병 幷의俗字 倂同字 (庚)(敬)

年 [년] 穀一熟歲也해년 (十二個月) 齒也연치년 進也나갈년 秊同字 (先)

开 [견] 平也평평할견 (先)

(四) [illegible] [정] 水際물가정 汀同字 (青)

[illegible] [안] 服也사타구니안 (寒)

(五) [illegible] [행] 다행행 幸同字

幸 [행] 冀也바랄행 福善稱다행행 車駕所至거동행 非分得僥ㅣ요행행 寵也고일행 倖同字 (梗)

幷 [병] 及也미칠병 合也합할병 同也같을병 兼也겸할병 並也아우를병 倂同字 (庚)(敬)

(七) [illegible] [오] 迎也맞이할오 (虞)

[illegible] [병] 합할병 幷本字

(九) [illegible] [견] 평평할견 幵本字

[illegible] [갈] 立干貌방패세워둘갈 (曷)

(十) [illegible] [간] 草木莖

줄기간 體也몸둥이간 脊骨등마루뼈간 堪事일맡을간 能事ㅣ蠱일에능할간 天干천간간 䅾、管通 (翰)

[illegible] [병] 箙也쌀소쿠리병 筥也광주리병

[illegible]同字

[illegible] [견] 小束작은단견 (銑)

十二

[illegible] [병] 광주리병 [illegible]本字

己部

己 [기] 私也사사기 身也몸기 幹名屠維천간기 (紙)

已 [이] 止也그칠이 卒事辭乃ㅣ이미이 去也버릴이 太過너무이 病愈병나을이 ㅣ而踰時조금있을이 畢也、訖也마칠이 (紙)

巳 [사] 支名大荒落、祓除日上ㅣ지지사 (方角東南、時刻午前十時) 蛇也뱀사 (紙)

一

巴 [파] 蛇也뱀파 尾也꼬리파 蜀東地名땅이름파 (麻)

二

卮 [와] 木節나무마디와 裹也쌀와 (哿)

㠯 [이] 비로소이 以本字

四

巵 [치] 染草물들이는풀이름치 酒杯술잔치 (支)

五

𢀖 [근] 伸也펼근 婚姻혼인근 敬承받들근 (吻)

六

卷 [권] 書秩책권권 膝曲오금권 卷의俗字 (霰)(銑)

巸 [이][희] 長也길이 廣也넓을이 美也아름다울이 樂也즐거울이、희義同 (支)

巼 [팟] ㅣケ땅이름팟(韓)

[illegible] [짐] 我也나짐 兆也조심짐 빌미짐 朕古字 (寢)

巹 [근] 敬承받들근 伸也펼근、표주박근 𢀖本字 (吻)

巷 [항] 邑里마을항 里中道골목항 宮中長廡복도항 奄官ㅣ伯내관항 衖同字 (絳)

七

[illegible] [불] 黹衣繡黑青相次文狀如兩己背보불불 韍韠以蔽膝슬갑불 黻同字 (物)

八

[illegible] [기] 疾恚미워할기 (支)

㠱 [기] 跪也꿇어앉을기 踞也걸터앉을기 (紙)

九

巽 [손] 卑也낮을

손 讓也사양할손 柔也유순할손 卦名괘이름손 東南間方동남간방손 遜通 (願)

巾部

巾 [건] 冪也首飾머리건건 帨也수건건本音근 (眞)

一

巿 [불] 人名사람이름불 膝布앞치마불 (物)

帀 [잡] 周也둘릴잡 匝同字 (合)

二

帄 [정] 補也기울정 (靑)

市 [시] 買也살시 買賣之所저자시 賣買흥정할시 (紙)

布 [포] 施也베풀포 麻枲葛織베포 織物總稱ㅣ木피륙포 陳也펼포 陳也벌릴포 錢也泉ㅣ돈포 (遇)

帔 [비] 裂餘之帛ㅣ幓청결조각비 (紙)

三

𢁉 [오] 扠也던질오 (虞)

帎 [조] 覆頭巾머리덮는수건조 (篠)

师 [사] 人以敎道者範也스승사、선생님사 效也본받을사 師의俗字 (支)

帇 [인] 枕表베개잇인 (震)

𢁝 [접] 手足敏捷손발빠를접 (葉)

帗 [배] 王布큰베배 (隊)

帆 [범] 船幔使風돛범 䑺同字 颿通 (咸)(陷)

𢁘 [간] 布囊베주머니간 (翰)

𢁋 [삼] 衫破貌헤진더삼삼 (覃)

𢁗 [황] 襪也버선황 (陽)

四

𢁰 [요] 手拭巾손수건요 (皓)

帉 [분] 佩巾차는수건분 拭物巾걸레분、행주분 (文)

𢂉 [탐] 冠也갓탐 (勘)

𢁳 [갑] 蒲席부들자리갑 (合)

帍 [호] 猛獸山獸之君범호 虎同字 (麌)

𢁦 [비] 帛片비단조각비 (紙)

帍 [호] 婦人頸巾여인목도리 巾巾행주치마호(中) (麌)

𢁭 [분] 拭物巾걸레분、행주분 帉同字 (合)

𢁶 [조] 包頭巾머리싸는수건조 (巧)

𢁷 [첨] 掩下浴巾밑

가리는수건첨(琰)

⿰巾少 사 細絲가는실사(麻)

帊 파 帳也휘장파 幞也머리수건파 帕、袙同字(禡)

⿰巾今 검 帛也비단검(鹽)

帋 지 楮皮所成종이지 赫蹏편지지 紙同字(紙)

⿰巾介 개 幘也건개 介通(卦)

⿰巾夫 부 前襟앞깃부(虞)

⿰巾夬 결 帨也수건결(屑)

希 희 望也바랄희 寡也적을희、드물희 稀通(微)

⿰巾内 내 旗垂기느리질내(隊)

五

⿰巾布 포 拭器巾행주포(遇)

⿰巾宁 저 覆棺布爲之관싸는베저 棺衣구의저 楮同字(語)

⿱夗巾 원 幡也기원(元)

帛 백 幣也폐백백 繒也비단백 吏也名竹ㅣ죽백백(陌)

帑 노 탕 鳥尾새꼬리노 妻子처자노 藏也감출노 孥通、金幣所藏府나라곳집탕(虞)(養)

⿰巾付 부 廣幅帛넓은비단부(遇)

⿰巾弗 불 襄頭巾머리덮는수건불(物)

⿰巾幼 요 機上버섯등요(効)

⿰巾必 필 帷也장막필(質)

㡀 폐 鄙小더럽고작을폐 衣壞옷해질폐(霽)

⿰巾正 정 射的과녁정(庚)

帘 렴 酒家幟술기렴(鹽)

⿰巾召 초 細絲가는실초(蕭)

帚 추 掃也쓸추 箒也비추 箒同字(有)

帓 말 巾也수건말 帶也띠말 機也버선말(點)

帖 첩 定也妥ㅣ타첩할첩 卷也문서첩 牀前帷상앞휘장첩 怗同字 ㅡㅣ、藥ㅣ약봉지첩、徙隸委任狀ㅣ체지첩(葉)

帒 대 囊屬가방대、전대대 袋同字(隊)

帙 질 書衣緗ㅣ책갑질 編次書卷책권차례질 小囊작은주머니질 袟通(質)

帕 파 額首飾머리동이는수건파 帞同字(禡)

帗 불 舞具춤수건불(物)

帔 피 楷

子衣ㅣ배자피 帔也 치마피 (寘)

帋 [지] 細布가는베지 (支)

师 [구] 指沓골무구 (尤)

六

帡 [병] 幄也휘장병 帲의俗字 (青)

帢 [갑] 帽也모자갑 弁缺四隅네모질룩한고깔갑 古音겹 帕通 (洽)

㡊 [통] 蠻服오랑캐옷통 (東)

帝 [제] 王天下之號황제제 君也임금제 天也上ㅣ하나님제 (霽)

帕 [순] 領端옷깃끝순 (眞)

帞 [파] 額首飾머리동이는수건파 帕同字 (禡)

帠 [예] 法也법예 (霽)

㡁 [과] 小衫속적삼과 單衣홑옷과 (禡)

㡌 [황] 掩也덮을황 練絲실익힐황 (陽)

㡇 [협] 東帶허리띠협 㡩、拭同字 (葉)

帟 [역] 小幕작은장막역 (陌)

㡂 [례] 帛餘비단자투리례 (霽)

帎 [이] 衣服貌옷모양이 (支)

𠦝 [탁] 高也높을탁 特立우뚝할탁 机也책상탁 卓의古字 (覺)

帣 [권] 囊也자루권 斂衣袞소매걷을권 (霰)

㡎 [치] 褶也이헐치 (寘)

㡏 [홍] 徽幟기표홍 (東)

䍀 [나] 藏也곳간나、첫간나 (歌)

帤 [녀] 弓中裨활심올릴녀 拭字巾머수건녀 (魚)

帀 [사] 敎人以道者範也 스승사 선생님사 師의古字 (支)

帥 [수][솔] 王也주장할수 將ㅣ장수수、領兵거느릴솔 循也、遵也좇을솔 率同字 (寘)(質)

㡍 [전] 卷曲굽을전 (先)

㡋 [취] 新拭器巾새행주취 (霽)

七

帯 [대] 紳也띠대 佩也찰대 帶의俗字 (泰)

帨 [세] 女子佩巾계집의찰수건세 (霽)

帰 [귀][궤] 還也돌아올귀、돌아갈귀 餉也먹을궤 歸의俗字 (微)(寘)

帩 [연] 曲截꺾어마

끌연 (霽)

[巾+巫] 무 毛衣털옷무 (虞)

帆 첩 領耑옷깃끌첩 (葉)

席 석 卷也 걷을석 尊也 돗석、자리석 藉也 관석 陳也 베풀석 資也 자리할석 因也 인할석 (陌)

帮 방 事物傍取者 곁들을방 椑帖冶 履邊 신가상이 꾸미개방 幫略字 (陽)

帬 군 連接裾幅裳也 마치군 帬同字 (文)

帢 겹 鹿麗葛巾 고깔 갈포겹 給同字 (陌)

帠 예 裂也 젯을예 (霽)

師 사 長 敎人以道 스승사、선생님사 旅軍 군사사 效也 본받을사 法也 법사 衆也 뭇사 ㅣ表 장한이사 卦名 괘이름사 官名 벼슬이름사 神名 신이름사 (雷ㅣ、風ㅣ) (支)

帬 군 連接裾幅裳也 마치군 裙同字 (文)

帢 갑 가죽바지갑 韐同字

帳 진 飼馬橐 말먹이자루진 (眞)

㡂 지 旗標기표지 (寘)

帤 천 女人腰帶여인배띠천 (霰)

[巾+免] 문 喪冠굴건문 括髮 弔服 조상하는옷문 (元)

㡌 모 裹頭體衣장옷모 (我朝婦人外出服) (敬)

[巾+冋] 형 廣、幅手巾넓은손수건형 (靑)

㡑 모 皇帝妃ㅣ母허건씨의 화용우이름모 (虞)

帩 초 縛也묶을초 (嘯)

八

𢄙 종 南蠻之緆 오랑캐비단종 (冬)、

帹 삽 面衣ㅣ施얼굴가리는망사삽 (洽)

[巾+卑] 비 벽 屍也 관비、벽 義同 (支) (陌)

帺 기 繫也 맬기 (寘)

幗 혹 巾被風倒 건이 바람에 젖혀질혹 (職)

綦 기 帺、(前前條) 同字

綷 쉬 五色繒 오색비단쉬 (隊)

帽 모 頭冠모자모 帽의 俗字

㡏 공 衣袂소매공 (東)

常 상 庸也 떳떳상 恒也 항상상 久也 오랠상 倍尋

열여섯자상 官名벼슬이름상 棟也아가외상 裳通 (陽)

帡 [병] 幄也휘장병 (青)(庚)

⿰巾官 [관] 裹頭巾머리싸는수건관 (寒)

⿰巾公 [종] 腹帶배띠종 帙也책보종 (冬)

帷 [유] 幔也휘장유 幕也장막유 (支)

帳 [장] 帷也휘장장、장막장 幬也홋휘장장 詩幬치부책상 張通 (漾)

[illegible] [현] 幖信箕幡係於棨者 표신기현、本音견 (霰)

⿰巾弦 [현] 布也베현 (先)

⿰巾奄 [엽] 斂髮머리단장할엽 幧頭두건엽 (葉)

帹 [첩] 車帳차휘장첩 (鹽)

帶 [대] 佩也찰대 紳也띠대(男革、女絲) 隨行데릴대、거느릴대 蛇也뱀대 圍也ㅣ둘레대 邊也쪽대(寒ㅣ熱ㅣ) 朝鮮郡名곤이을대(ㅣ方) 持也携ㅣ가질대 婦人病ㅣ下대하증대 草名풀이름대 (泰)

帴 [전] 小兒籍褓포대기전 帬也치마전 斂匣안갑전 (先)

帵 [완] 裁餘자투리완 (寒)(元)

⿰巾召 [흡] 絹幘깁전흡 帽也모자흡 帢同字 (洽)

⿰巾沓 [답] 上覆앙장답 (合)

⿰巾函 [함] 蔽耳巾귀막이함、(感)

(九)

[illegible] [조] 幧頭머리동일조 頭巾두건조 (篠)

⿰巾俞 [유] 裂繒찢은비단유 絹之端片비단조각유 短袖襦등거리유 近身衣속옷유 (虞)

⿱前巾 [전] 旗也기전 (先)

帽 [모] 頭冠모자모 冒也무릅쓸모 冒通 (號)

⿰巾前 [전] 旗也기전 ⿱前巾同字

⿰巾冒 [모] 頭冠모자모 帽의同字 (號)

幂 [멱] 覆也덮을멱 (錫)

帾 [도] 幖記貼物찌어붙일도 (虞)

帲 [병] ㅣ風병풍병 蔽也덮을병 屛同字 (梗)(青)

⿰巾面 [면] 死人面覆면모면 (銑)

⿱业巾 [업] 事也일업、일할업 業의譌字 (葉)

⿰巾秋

[추] 衣不伸옷구길추、옷주름살잡힐추 襡同字 (宥)

幘 [책] 簀ㅣ謀皿책 馬箠채찍책 策同字 (陌)

幀 [정] 張畫繪그림족자정 本音쟁 (敬)

幇 [방] 事物傍取者곁들방、도울방 裨帖治履邊신가상이꾸미개방 幫帮同字 (陽)

帿 [후] 射布과녁후 侯通 (尤)

幆 [개] 非時而葬갈쟁할개 (泰)

⿰巾癸 [기] 廣袴넓은바지기 (紙)

⿱剌巾 [랄] 擊也칠랄 (曷)

幁 [수] 裹頭巾머리쓰개수 (虞)

幄 [악] 軍旅之帳군막악 覆帳장막악 (覺)

⿰巾是 [시] 拭器巾행주시 (紙)

幃 [위] 香囊행주머니위 單帳홑휘장위 褘通 (微)

⿰巾盾 [준] 米袋쌀자루준 (眞)

幅 [폭][복][핍] 布帛廣邊ㅣ폭폭、넓이폭 滿也 匡ㅣ가득할폭 外飾곁치장할폭 俗音복、行縢행전핍 俗音벽 偪通 (屋)(職)

⿰巾某 [무] 包衣袱보자기무 (尤)

⿰巾重 [종] 遮日차일종 (腫)

⿰巾軍 [곤] 裩褌잠방이곤 (元)

⿰彐帊 [파] 䎱手擊之손뒤집어칠파 (禡)

⿰巾革 [액] 縫也흠질찰액 (陌)

⿰巾央 [앙] 申也가운데앙 半也반앙 盡也다할앙 央同字 (陽)

⿱敄巾 [무][옥] 漆布覆車차우비무、옥義同 (宥)(沃)

⊕十

⿰巾旁 [방] 書貼서첩방 (漾)

⿰巾冡 [몽] 衣巾옷보몽 覆也덮을몽 (東)

⿰巾虒 [체] 赤紙붉은종이체 (齊)

幊 [공] 包衣袱子보자기공 (東)

幌 [황] 房幔방장황 帷幔방휘장황 車帷차포장황 (養)

⿰巾鬼 [괴] 緥也ㅣ幃오색비단괴 (灰)

幏 [가] 蠻布賨ㅣ稅也오랑캐세금내는베가 (禡)

⿰巾殺 [쇄] 衣弊옷해질쇄 (蟹)

⿰巾盍 [합] 吹火筒불부는통합 (合)

⿱炏巾

㠸 영 覆也덮을영 (庚)

𢄰 오 手巾손수건오 (虞)

㡘 렴 户上之幔문면자렴 帷也휘장렴 (鹽)

帹 이 不同다를이 奇也기이할이 異의古字 (寘)

幋 반 首幋머리동이반 覆衣大巾햇대보반 (寒)

幃 비 車帷幔也 차휘장비 (齊)

幎 멱 面帽면모멱 覆也덮을멱 冪通 (錫)

幬 구 單衣홑옷구 甲衣갑옷구 (尤)

幐 등 香囊향주머니등 帶囊차는주머니등 袋也자루등 (徑)

幍 도 巾帽모자도 巾栚갈건대도 (豪)

⑫

幩 족 繪繪그림그린 비단족 (屋)

幓 세 설 殘帛帨ㅣ헝겊세、剪繪爲花비단으로꽃만들설 裂帛찢은비단설 (霽)(屑)

幗 괵 婦人冠아낙네관괵 (陌)

徽 휘 幟也표기휘 徽通 (微)

幘 책 頂上覆髻머리수건책 (陌)

幅 구 射決깍지구 恂同字 (尤)

幰 조 絹也비단조 (篠)

𢅧 세 지 禮儀巾예절에쓰는수건세、手巾손수건세、지 義同 (霽)(寘)

幱 루 飼馬橐ㅣ말먹이자루루 (尤)

𢅥 리 裁繪비단마름질할리 (支)

幧 조 小兒藉幧포대기조 (豪)

幏 봉 巾也수건봉 數書항서봉 (宋)

幕 막 帷幄也장막막 軍旅無常居ㅣ府군막막 被覆덮을막 蔽也가릴막 莫通 (藥)

𢅨 세 盥巾세수수건세 (霽)

幙 막 帷幄也장막막 幕同字

幔 만 帷幕장막만 帳也휘장만 (翰)

幖 표 幡也、幟也깃발표 (蕭)

幓 삼 섬 車飾貌수레휘장술삼 旗旒正幅기복판삼 (咸)(鹽)

⑫

𢅏 초 拭也닦을초 (篠)

𢅮 과 綢衣비단옷과 (馬)

㡜 료 絹傘비

단유산료 (蕭)

㡢 [획] 裂帛聲비단찢는소리획 (陷)

幝 [천] 車敝ㅣㅣ수레헤질천 (銑)

幜 [경] 帛也비단경 (梗)

幞 [복] 帊也ㅣ頭복두복 裳削幅치마폭복 帊也 머리동이복 (沃)

幫 [방] 事物傍取者곁들방 封帛의俗字 (陽)

㡊 [교] 袴細바지단추교 (蕭)

𢃇 [맹] 誓約맹세맹 信也믿을맹、미쁠맹 盟의古字 (庚) (敬)

幠 [무] 覆也덮을무 幔也거만할무 (虞)

幣 [폐] 禮物예물폐 帛也폐백폐 錢也돈폐 財貨雜石화폐폐 (霽)

幟 [치] 標也깃대치 幡也기치 (寘)

幢 [당] 旗旌屬、麾也기당 羽貌ㅣㅣ장목너풀거릴당 車幰수레드림당 或音장 (江)

幡 [번] 幟也기번 拭也 巾帉帨머수건번 飛揚ㅣ纚깃발나부낄번 反也ㅣ然돌이킬번 翻見 (元)

𢅔 [수] 婦人喪巾布며댕기오라기수 婦人頭巾두건수 (虞)

𢅄 [산] 蔽日雨蓋일산산 繖通、傘同字 (旱)

⑬

𢅥 [멸] 車覆수레뚜껑멸 幭同字

幦 [멱] 覆車幦수레뚜껑멱 幭同字 (錫)

𢅡 [룡] 용룡 龍同字

㡘 [렴] 帷也휘장렴 戶上之幔문면자렴 幨同字 (鹽)

𪚰 [룡] 鱗蟲長能幽能明能細能巨能短能長春分而登天秋分而潛淵想像上神靈動物용룡 龍同字

𢅰 [교] 脛行縢행전교 (篠) (嘯)

𢅕 [록] 靑黃間色유록빛록 玉石、結옥이름록 綠同字 (沃)

幨 [첨] 車帷차휘장첨 披衣옷깃첨、계칠첨 襜同字 (鹽)

幩 [분] 馬銜外飾鐵말자갈끈분 (文)

幧 [조] 所以覆髮帊頭상투관조 (蕭)

𢅎 [세] 深赤色짙게붉은빛세 (霽)

幭 [멸] 車覆수

레뚜껑멸 幭同字 或音말 (屑)

幨 [첨] 車帷 수레휘장첨 披衣 옷깃첨 襜同字 (問)

幔 [만] 幕也 장막만 帳也 휘장만 幔의俗字 (翰)

⑭

⿰巾監 [람] 無緣衣 단없는옷람 (覃)

幪 [몽] 覆也 덮을몽 帲ㅣ 덮을몽 茂盛貌 ㅣㅣ 무성한모양몽 幏同字 (東)(董)

幩 [빈] 衣㴽貌 옷헤질빈 亂貌 엉크러질빈 (眞)

⿰巾疑 [의] 巾也 베조각의、수건의 (紙)

幫 [방] 治履 신기울방 事物傍取 곁들방 裨帖 도울방 ⿱封韋、幇、縍同字 (陽)

⿰巾㥯 [은] 裹相着 속서로붙을은 內衣 속옷은 (問)

幬 [도][주] 覆也 덮을도 襌帳 홑휘장주 車帷 수레휘장주 (豪)(尤)

⿰𠂤帚 [귀][궤] 돌아올귀、먹을궤 歸略字

⿺辶⿰𠂤帚 [귀][궤] 還也 돌아올귀 餉也 먹일궤 歸同字

⑮

⿰巾慧 [세] 巾也 수건세 布片 베조각세 (霽)

⿰巾罷 [피] 裙也 치마피 幩同字 (寘)

⿰巾感 [족] 韜囊 가죽자루족 (屋)

幮 [주] 帳也 장막주 (虞)

幭 [멸] 車覆 수레뚜껑멸 或音말 (屑)

⿰巾節 [절] 拭也 걸레절 (屑)

⑯

⿰巾⿱艹⿱罒戍 [멱] 회계가죽멱 篾同字

⿱燮巾 [섭] 巾也 수건섭 覆也 덮을섭 (鹽)

幰 [헌] 車上幔 수레안장헌 幨也 휘장헌 (阮)

⿰巾賴 [뢰] 衣破貌 옷해어질뢰 (蟹)

⿰巾燾 [주][도] 襌帳 홑휘장주 車帷 수레휘장주 覆也 덮을도 幬同字 (尤)(豪)

⿰巾奮 [분] 㲉滿而袋裂 곡식자루터질분 (吻)

⑰

⿰巾𤼷 [쟁] 開張畫繪 그림족자쟁 幀通 (敬)

幱 [란] 裳與衣連 철릭란 (ㅣ衫、ㅣ裙也) (寒)

⿰巾龠 [약] 張幕屋 막을친집약 (藥)

⿱斂巾 [렴] 경대렴 籢同字

⿰巾韱 [첨] 記標 ㅣ표지첨、찌지첨 幖幟 표지을첨、

안표할첨 籤同字 (鹽)

十六

[illegible] [표] 幖 本字

[illegible] [눈][난] 拭墀以巾걸레로섬돌을씻을눈 著也붙을눈 塗也바를눈、난義同 (元)(旱)

[illegible] [쌍] [illegible] 同字

[illegible] [난] [illegible] 同字

十九

[illegible] [라] 繪片비단조각라 裂繪 찢어진비단라 (哿)

[illegible] 幠本字

[illegible] [란] 帶也 띠란 (寒)

幺部

幺 [요] 曲名 大ㅣ곡조이름요 幼也 어릴요 小也ㅣ麽작을요 (蕭)

么 幺俗字

一

幻 [환] 妖術요술환 化也변화할환 譸張속일환 惑也미혹할환 ㅣ形허깨비환 眩通 (諫)

二

幼 [유] 少也、人生十年어릴유 慈也사랑할유 (宥)

三

𢆶 [유] 微也작을유 (尤)、

四

[illegible] [요] 急戾어그러질요 小貌ㅣ麽작으마할요、난장이요 妙通 (蕭)

五

[illegible] [요] 小貌난장이요、자그마할요 急戾어그러질요 紗同字 (蕭)(嘯)

[illegible] [기] ㅣ何多少얼마기 察也살필기 幾의古字 (尾)(微)

[illegible] [기] 얼마기 幾古字

六

幽 [유] 隱也숨을유 深也깊을유 深遠그윽할유 闇也어두울유 微也적을유 囚也가둘유 冥途저승유 鬼神귀신유 地名땅이름유 黝通 (尤)

八

[illegible] [관] 以絲貫杼북에실꿸관 (刪)

九

[illegible] [예] 急戾급히돌아올예 (霽)

幾 [기] 物無多無ㅣ얼마못될기 多少ㅣ何얼마기、몇기 微也작을기 近也가까울기 殆也자못기 危也위태할기 察也살필기 期也기약할기 尚也 庶ㅣ거의기 (微)

十

[illegible] [예] 급히돌아올예 緆同字

十一

[illegible] [시] 小也작을시 (紙)

[illegible]

[절] 斷也 끊을절 絕古字 (屑)

㡭 [계] 續也、紹也 이을계 繼同字 (霽)

十二

⿶山𢆶 [유] 隱也 숨을유 鬼神 귀신유 幽同字 (尤)

广部

广 [엄] 巖屋 바윗집엄 (琰)

二

広 [광] 濶也 넓을광 廣의 略字 (養)(漾)

庀 [비] 治也 다스릴비 具也 갖출비 庇通 (紙)

庁 [청] 平也 평평할청 廳也 마루청、廳略字 (青)

庂 [측] 錢名 赤ㅣ돈 이름측 (職)

三

庅 [저][지] 下也 밑저 止也 그칠저 致也 이룰지 定也 정할지 底同字 (紙)(薺)

⿸广卞 [사] 旁屋 양실사 (禡)

⿸广于 [우] 屋處之 下四方 하늘우 屋 집우 上 宇의 籀文 (麌)

⿸广女 [엄] 賤也 천할엄 (琰)

⿸广久 [구] 灸痕 뜸뜬자리구 (有)

⿸广乇 [택][도][탁] 所托居處 집택 居也 살택 法制 법도도 大尺 잴도 謀也 꾀할탁 忖也 헤아릴탁 宅、度古字 (陌)(遇)(藥)

⿸广巳 [예] 簷也 추녀예 (霽)

⿸广弋 [익][이] 行屋 행랑이 敬也 공경할이 廙同字 (寘)(職)

⿸广口 [함] 乳汁 젖함 (感)

庄 [장] 農幕 농막장 田舍 전장장 (陽)

四

应 [응] 料度辭當也 응당응、꾀응 物相感 응할응 應의 俗字

庈 [금] 人名 사람이름금 (侵)

⿸广氏 [저][지] 밑저、이룰지 底의 俗字

庇 [비] 覆也 덮을비 蔽也 가리울비 疪通 (寘)

庐 [려] 農人田事所 농막려 粗屋總名 풀집려 廬의 略字 (魚)

床 [상] 臥榻ㅣ簀 평상상 人所座臥 마루상 牀의 俗字 (陽)

序 [서] 次第 차례서 叙文經旨 서지을서 學也 학교서 商學 상나라 대학서 叙通 (語)

庉 [돈] 熾盛貌 ㅣㅣ 불꽃성한모양돈 居也 집돈 室中藏處 벽장돈 (元)

⿸广反 [환] 網羅 그물벌리환 牝瓦下 암기와바닥환 (刪)

⿸广朩 [수] 屋深 집깊을수 (寘)

⿸广壬 [임] 下也아래 임、밑임 (侵)

庌 [아] 舍也집아 屋之正廳대청아 (馬)

⿸广冘 [담] 陰也그늘담 (覃)

庋 [기] 閣藏食物찬장기 (紙)

庎 [개] 庋食器시렁개 廚中庋版流水以受洗濯개수판개 (卦)

⿸广卒 [수] 灰集屋재모아두는집수、잿간수 (寘)

五

废 [발] 草舍초가집발 (曷)

底 [지][저] 至也이를지 致也이룰지 定也정할지 砥通、下也밑저 止也그칠저 說疑詞무슨저、어쩐저 (紙)(薺)

庙 [묘] 貌也모양묘 宗祠사당묘 廟의略字 (嘯)

⿸广立 [랍] 屋聲집소리랍 (合)

⿸广田 [전] 平也평칠전 (先)

庖 [포] 廚也宰殺所푸주간포、관포 (肴)

⿸广図 [념] 隘也좁을념 (洽)

⿸广尺 [지] 鄙屋더러운집지 (紙)

庘 [압] 豚屋돼지우리압 壞居헌집압 (洽)

⿸广乍 [사] 不齊어긋날사 屋也집사 (麻)

店 [점] 商鋪가게점、상점점、주막점 坫通 (豔)

庀 [피] 鋪也펼피 (支)

⿸广布 [포] 布列벌릴포 (遇)

庚 [경] 更也고칠경 幹名上章일곱째천간경 償也갚을경 堅剛丨丨굳셀경 齒同丨나이경 星名長丨초저녁별이름경 適也길경 丨癸穀水곡식경 鳥名倉丨새이름경 草名盜丨풀이름경 (庚)

⿸广向 [편][변] 特也특별할편 小也작을편 卑也낮을변 扁의古字 (先)(銑)

⿸广且 [저] 相倚서로의지할저 (魚)

庝 [동] 深屋깊은집동 (冬)

⿸广世 [예] 庋也찬장예 (霽)

⿸广矢 [지] 識也알지 覺也깨달을지 知의古字 (支)

⿸广旦 [단] 小屋작은집단 (翰)

府 [부] 藏也감출부 百官所居마을부 藏文書財幣所곳집부 大州큰고을부 都丨서울부 丨君죽은조상부 (麌)

庛 [자] 耒下歧

木장기술자、따비가지자 (寘)

㊅

⿸广后 [엄] 峻也험할엄 高也높을엄

⿸广合 [잡] 帀也저자잡 (合)

⿸广危 [궤] 壞也무너질궤 (寘)

⿸广毛 [삼] 屋斜집기울삼 (吻)

度 [도][탁] 丈尺잴도、자도 法制법도도 過也지날도 ㅣ量도량도 布指知尺뼘잴도 姿態모양도 數量單位번도 時也때도 溫ㅣ도수도、忖也헤아릴탁 謀也꾀할탁 㦥同字 庑通 (遇)(藥)

庠 [상] 虞學養老處우나라태학상 (陽)

⿸广多 [치] 廣大貌넓고클치 擊也칠치 (紙)

⿸广聿 [조] 言賤말상스러울조 (篠)

庥 [휴] 依止의지할휴 庇蔭덮을휴 茠同字 (尤)

⿸广曳 [예] 米倉쌀곳간예 (霽)

⿸广束 [치] 低屋낮은집치 (寘)

⿸广同 [동] 家響집울릴동 (東)

庢 [질] 水曲물구비질 礙止거리낌질 怒發礙止而涌沸분복반칠질 京兆縣名盩ㅣ고을이름질 (質)

庡 [의] 俳佪배회할의 (尾)

庍 [척][차] 指也가리킬척 郤屋집을물리칠척 稀也드물척 大也클척 充滿꽉찰척 不用버릴척、무용척、차義同 (陌)(禡)

⿸广艮 [한] 閾也문지방한 (刪)

庣 [조] 斛榜耳휘쪽자리조 不滿貌가득차지않을조 㡿同字 (蕭)

⿸广有 [현] 穴也구멍현 (銑)

庤 [치] 具也갖출치 儲置저축할치 畤同字 峙通 (紙)

㊆

庨 [효] 宮室高貌궁집드높을효 (肴)

座 [좌] 位也지위자 床也坐具자리좌 坐通 (箇)

⿸广呂 [려] 衆也뭇려 (語)

⿸广里 [전] 百畮一家之居터전전 市邸전방전、누달전 廛同字 (先)

⿸广壯 [장] 宏大웅장할장 (陽)

⿸广見 [친] 愛也사랑할친 近也친할친 戚九族겨레친、일가친 親의古字 (眞)(震)

⿸广良 [량] 高也높을량 (陽)

⿸广困 [곤] 米庫쌀곳간곤 (願)

庮

三畫—广

庮 庭 庫 庰 庱 唐 廛 廉 庳

[유] 朽木臭 썩은 나무냄새 유 (尤)

庩 [도] 康也 집도 庯也 편 편하지않을도 (虞)

㢅 [롱] 大廈 큰 집 롱 (送)

庪 [기] 一縣祭山 산제 지낼기 庋通 (紙)

庯 [포] 屋上平 지붕평 평할포 陠通 (虞)

㢏 [구] 附屋 옆에 붙은집구 (尤)

𢈈 [사] 待也 기다릴사 竢同字 (紙)

㢄 [두] 廚房 부엌두 (宥)

㢒 [루] 草屋 초가루 (有)

庫 [고] 貯物所 兵車藏곳 집고 (遇)

庬 [방][몽] 雜也 잡될방、未分之形一 湏순전할몽 厚也 두터울몽 (江)(董)

庭 [정] 隔遠逕一 마허고멀 정 門屛內 뜰정 直也 곧을정 (徑)

(八)

㡾 [추] 崩壞 무너질주 或音 취 (尤)

㢈 [퇴] 屋從上傾下 지붕물매질퇴 (灰)

庶 [서] 近辭一幾 거의서 衆也 뭇서、무리서 冀也 바랄서 多也 많을서 人民 백성서 嫡一 서자서 (御)

㢃 [경] 倉也 곳집경 (庚)

㢌 [치] 廣也 넓을치 (紙)

㢨 [총] 屋舍 집총 (董)

𢈔 [쉬] 傾也 기울어질쉬 (寘)

庰 [병] 僻也 궁벽할병 藏也 감출병 蔽也 덮을병 (梗)

庵 [암] 小草舍 암자암、초마암 菴同字 菴通 (覃)

㢈 [릉] 亭名一亭 정자이름릉 (蒸)

㢳 [적][움] 縣名一縣 고을이름적、窖也 一幕 움집움 (陌)(韓)

㡖 [강] 空谷 빈골짜기강 空家 빈집강 (陽)

㟞 [잔] 屋窄 산자잔 (諫)

㢊 [애] 庋也 신닥자애 (蟹)

㢐 [름] 倉米藏 쌀광름 給也 줄름 廩의 古字 (寢)

庲 [래] 家也 집래 (灰)

㢒 [야] 斜也 비스듬할야 邪也 사악할야 (寘)

㢑 [비] 낮을비 庳同字

庳 [비] 下也 낮을비 卑同字、

低小屋낫고작은비 舜弟象所封有ㅣ땅이름비 (眞)

⿸广或 [혹] 疑也의심낼혹ㅣ未定辭 혹혹、아마혹 或의古字 (職)

⿸广炎 [염] 厚也두터울 염 (鹽)

⿸广朋 [붕] 崩也무너질붕 (蒸)

⿸广乳 [뉴] 小乳작은젖뉴 (虞)

康 [강] 樂也즐거울강 安也편안할강 和也화할강 五達衢오거리강 年豊풍년들강 空也헛될강 姓也성강 (陽)

⿸广条 [송] 百木之長 솔송、소나무송 地名땅이름송 松의古字 (冬)

⿸广官 [관] 玩弄희롱할관 (寒)

⿸广回 [장] 追慕羔ㅣ사모할장 垣也 蔷ㅣ 담장 獄也 圜ㅣ옥장 牆、墻、廧同字 (陽)

庸 [용] 用也쓸용 常也떳떳할용、항상용 愚也凡ㅣ용렬할용 豈也어찌용 溝也水ㅣ물도랑용 和也화할용 賦法租ㅣ부세용 勞也수고로울용 功也공용 小城附ㅣ부용용 傭、墉通 (冬)

⿸广金 [금] 石地돌땅금 (沁)

⿸广乇 [탁] 兩腕키長팔로잴탁、두팔벌릴탁 (藥)

⿸广舍 [사] 小屋작은집 사 屋頭집머리사 (馬)

九

⿸广柬 [함] 花辭貌꽃어지러울함 (感)

⿸广者 [도] 草屋초가도 (虞)

廃 [폐] 屋傾집쏠릴폐 止也폐할폐 放也내칠폐 廢의略字 (隊)

庾 [유] 量名휘유 露積노적유 (虞)

⿸广剌 [랄] 庵也초막랄、암자랄 獄室옥방랄 (曷)

庽 [우] 寄也부칠우 居也살우 寓同字 (遇)

⿸广俞 [투][유] 木槽말죽통투 行圊매화틀투 牏通、유義同 (尤)(虞)

廆 [외] 隱處으슥한곳외 (未)

⿸广軍 [군] 積也쌓을군 (吻)

⿸广艮 [평] 廁也뒷간평 (敬)

廂 [상] 廡也東西室결채상、행랑채상 (陽)

⿸广胡 [호] 平也평평할호 (虞)

廁 [치][칙] 雜也잡될치 溷也뒷간치 次也버금치 邊也가치、側也기울칙 (寘)(職)

庾 영 長廊월랑영 梗

廂 접 藏也감출접 本音삽 葉

廇 묘 모양묘、사당묘 廟의古字

㢈 얼 家狹집좁을얼 月

㢊 가 構屋집지을가 禡

廀 수 山隈산모퉁이수 匿也숨길수 廋同字 尤

⑩

廆 외 人名晉慕容ㅣ사람이름외 廦也피벽할외 本音회 賄

㢋 마 庵也암자마 禡

㢎 후 樹陰나무그늘후 尤

廅 합 藏也감출합 山傍穴산곁구멍합 合

廋 후 姿也자태후 支

廇 류 中庭가운데뜰류 屋梁대들보류 霤通 宥

㢐 람 遮也막을람 覃

廌 치 태 神羊獬ㅣ、一角性忠觸不直 해태치 외뿔양치 俗音채、대 義同 紙 蟹

廋 수 隱匿숨길수 尤

廈 하 사 門廡문월랑하 大屋큰집하 旁屋곁방사、행랑사 夏通 馬

㢒 추 舍潰집무너질추 寘

廉 렴 安價쌀렴、청렴할렴 不貪청렴할렴 清也맑을렴 儉也검소할렴 潔也조촐할렴 陽也모질렴 檢也검검할렴 察也살필렴 嚴利서슬렴 鹽

廊 랑 巖ㅣ殿下外屋묘당랑 東西序廡결채라。 陽

⑪

廞 회 志大넓을회 拓也넓힐회 恢同字 灰

㢔 차 屋欲壞집무너지려할차 麻

㢕 삭 病治병다스릴삭 藥

㢖 심 深大屋깊고큰집심 沁

㢗 병 隱僻無人處으슥한곳병 敬

廏 구 馬舍마구구 宥

㢜 최 垂也드리울최 賄

廐 구 마구구 廏俗字

廖 료 류 姓也성류、人名周召伯ㅣ사람이름료 嘯 蕭

廮 [막] 空也 빌막 (藥)

廘 [록] 米倉 곳집록 (屑)

廞 [의] 急也 급할의 (支)

廗 [대] 屋之傾斜 집비뚤어질대 水名 물이름대 (泰)

⿸广從 [종] 多也 많을종 (董)

廔 [루] 綺窓 집창루 屋脊 집대마루루 (尤)

廑 [근] 小屋 작은집근、오막집근 纔也 겨우근 勤同字 (文)

廕 [음] 庇廕 덮을음 蔭同字 (沁)

廓 [곽] 空也 빌곽 大也 클곽 開也 열곽 (藥)

廒 [오] 僅也 겨우오 倉也 곳집오 陋屋 오막살이오 (豪)

⑪

⿸广處 [곳] 處也 곳곳 (韓)

⿸广袠 [질] 次序 차례질 品ㅣ祿廩 녹수질 秩의古字 (質)

庳 [비] 코비 鼻同字

⿸广番 [반] 峙屋 곳간반 儲物 쌓을반 (寒)

⿸广畱 [류] 屋ㅣ室中央 대마루류、한마루류 廇의本字 (宥)

廙 [익][이] 行屋 행랑익、敬也 공경할이 (職)(寘)

⿸广喬 [교] 高屋 높은집교 (嘯)

⿸广爲 [위] 美也 아름다울위 (紙)

廣 [광] 濶也 넓을광 大也 클광 橫量 넓이광 東西 동서광 (漾)

廚 [주] 庖屋 무관주、관주 菌也 蓎ㅣ버섯주 炊也 熟食 부엌주 竈見 (虞)

廡 [무] 堂下周屋 월랑무 門屋 문간방무、행랑무 草木盛貌 초목우거질무 (麌)

廛 [전] 一家之居 터전 市邸 전방전 (先)

廢 [폐] 隓也 떨어질폐 止也 폐할폐 大也 클폐 放也 내칠폐 屋傾 집무너질폐、癈通 (隊)

⿸广林 [삼] 除也 덜삼 (寢)

廟 [묘] 宗ㅣ 종묘묘 貌也 모양묘 祠堂 사당묘 前殿 앞전각묘 廳事 대청묘 庿同字 (嘯)

廜 [도] 庵也 암자도 平家 평집도 酒名 ㅣ蘇 술이름도 (虞)

廝 [시] 賤也 천할시 使也 부릴시 養馬者 마부

시 廝同字 (支)

廞 [흠] 喪具 챙상제구 興也 일흠 (侵)

廠 [창] 庫也 곳집창 屋無壁 헛간창 (養)

十三

廩 [름] 給也 녁녁할름 米藏倉ㅣ 쌀곳간름 㐭同字 (寢)

廥 [괴] 芻藁藏 여물광괴 (泰)

⿸广僉 [엄] 小也 작을엄 (豔)

⿸广舒 [서] 高屋 높은집서 (語)

⿸广兪 [유] 舞手弄笑揶ㅣ 손짓하며 희롱할유 揄同字 (虞)

⿸广勤 [근] 纔也 겨우근 少也 적을근 · 僅同字 (震)

廨 [해] 官舍 공해해、관청해 本音개 (卦)

廧 [장] 垣蔽 담장 圜ㅣ獄 옥장 牆同字 (陽)

⿸广辟 [벽] 垣也 담벽 (陌)

⿸广虜 [로] 遮陽 챙로 볕가릴로 (虞)

⿸广焉 [선] 巨屋 큰집선 (銑)

⿸广歙 [흠] 猛意 모진마음흠 (沁)

⿸广惠 [강] 大也 클강 (絳)

⿸广幸 [요] 坐也 앉을요 (嘯)

十四

⿸广品 [검] 衣匣 옷궤검 (鹽)

⿸广蒦 [확] 空也 빌확 遠也 멀확 (藥)

廑 [근] 纔也 겨우근 小屋 오막집근 廑의 本字 (文)(震)

十五

廧 [장] 垣蔽 담장 옥장 牆同字

廫 [료] 空也 빌료 廣大貌 넓고큰모양료 (蕭)

⿸广憂 [우] 地名 땅이름우 (尤)

十六

⿸广臭 [부] 腐也 썩을부 臭也 냄새날부 (虞)

⿱屮⿸广鳥 [착] 疾速 빠를착 (覺)

⿸广穌 [소] 庵名 磨ㅣ 암자이름소 酒名 술이름소 蘇同字 (虞)

廬 [려] 農人田舍 농막려 寄也 붙일려 舍也 집려 粗屋總名 풀집려 (魚)

⿸广散 [선] 舍也 집선 (銑)

十七

⿸广夏 [하] 大屋 큰집하 門之廡 허수청하 廈同字 (馬)

廯 [선] 囷倉之別名 곳간선 (銑)(先)

廰 [청] 治官處 대청청 관청청 廳의 略字 (青)

⿸广欽 [금] 屋也 집금 大

屋큰집 금 寢

[广+戲] 희 險峻貌험준할희 山高貌산높을희 支

[illegible] 의 屋通복 도의 陌

廮 영 縣名ㅣ 陶골이름영 安止 편안히그칠영 梗

⑯ **廱** 옹 學名辟ㅣ벽옹옹(天子敎宮) 和也ㅣㅣ화할옹 雝、雍、壅通 冬

[广+瞿] 子 倉庫곳집 구 虞

⑲ **廲** 려 ㅣ廔綺窻 집창려 齊

[广+離] 리 廋也큰집리 支

⑳ **[广+兼]** 겸 謹也삼갈겸

㉑ **鷹** 응 鷙鳥 매응 蒸

㉒ **廳** 청 治官處ㅣ事관청청、대청청 青

㉔ **[广+攣]** 련 攣也휘어잡을련 先

[广+靈] 령 岩穴바위구멍령 青

廴部

廴 인 引之당길인 長行길게걸을인 軫

③ **廵** 순 廻也돌순 視行순행할순 ㅣㅣ察돌며살필순 巡의譌字 眞

㢟 천 步也걸을천 先

④ **廷** 정 朝ㅣ조정정 青

延 연 迎也맞을연 及也미칠연 遠也ㅣ袤뻗칠연 又번을연 納也드릴연 淹久遷ㅣ천연할연 先

廷 정 正也바를정 政府朝ㅣ조정정 直也곧을정 秦官ㅣ尉벼슬이름정 青 径

⑤ **廻** 회 還也돌아올회 避也피할회 廻、回同字 灰

𢌿 진 전 趂也쫓을진 踐也밟을전 趁同字 軫 銑

⑥ **廼** 내 驚聲也놀라소리지를내 往也갈내 至也이를내 迺의俗字 賄

建 건 立也세울건、설건 置也둘건 星名별이름건 樹也심을건 鞬也칼집건 鍵通 願

廻 회 避也피할회 還也돌아올회 回同字 灰

⑦ **廽** 회 돌아올회、피할회 廻俗字

⑧

三畫—广·廴

⿺廴敫 [정] 盡也 다할정 梗

⑨ ⿺廴酋 [연] 서로돌아보고 갈연 ⿺廴首同字

⑩ ⿺廴首 [연] 相顧而行 서로돌아보고갈연 霰

廾部

廾 [공] 竦手 손맞잡을공 腫

① 廿 [입] 二十 스물입 卄同字 緝

② ⿱人廾 [계] 境也 지경계、갈피계、경계계 界同字 卦

弁 [변][반] 拍手 손바닥칠변 周冠 주나라변 辨通、樂也 즐거울반 詩名小弁 시전편이름반 般同字 霰 寒

③ ⿴廿乂 [기] 南ㅣ宿名 별이름기 籏ㅣ 去糠키기 箕의古字 支

异 [이] 歎也 탄식할이 已也 말이、그만둘이 擧也 들어 退也 물러갈이 異通 寘

④ ⿱亠⿱乂廾 [계] 警也 경계할계 諭也 다이를계 戒同字 卦

⿱夊廾 [커] 弓拑 활잡이커 支

弅 [분] 丘高起貌 높은언덕분 文

弃 [기] 捐也 버릴기 忘也 잊어버릴기 棄의古字 寘

弄 [롱] 玩也 구경할롱 戲也 희롱할롱 侮也 업신여길롱 巷也 골목롱 樂曲 풍류곡조롱 送

⑤ ⿰廾廾 涅、槃의合字

⿱圥廾 [육] 兩手捧物 두손으로받을육 屋

⿱夵廾 [혁] 圍碁 바둑둘혁 弈同字 陌

弆 [거] 藏也 감출거 去通 語

⿱丞廾 [승] 奉也 받들승 繼也 이을승 承同字 蒸

⑥ 弈 [혁] 善棋者ㅣ秋 바둑잘둘혁 圍棋 바둑혁 陌

弇 [감][엄] 人名 漢耿ㅣ 사람이름감 蓋也 덮을감、뜨껑감 覆蓋 덮을엄 狹路 좁은길엄 大荒山名ㅣ州 산이름엄 鐘中寬 쇠북속살가르엄 覃 琰 豔

⿱⿰己己廾 [손] 讓也 사양할손 卑也 낮은체할손 巽의本字 願

⑦ ⿱冬廾 [종] 窮極 마지막종 竟也 마침내종 末也 끝종 終의古字 東

弮 [권] 握也 움

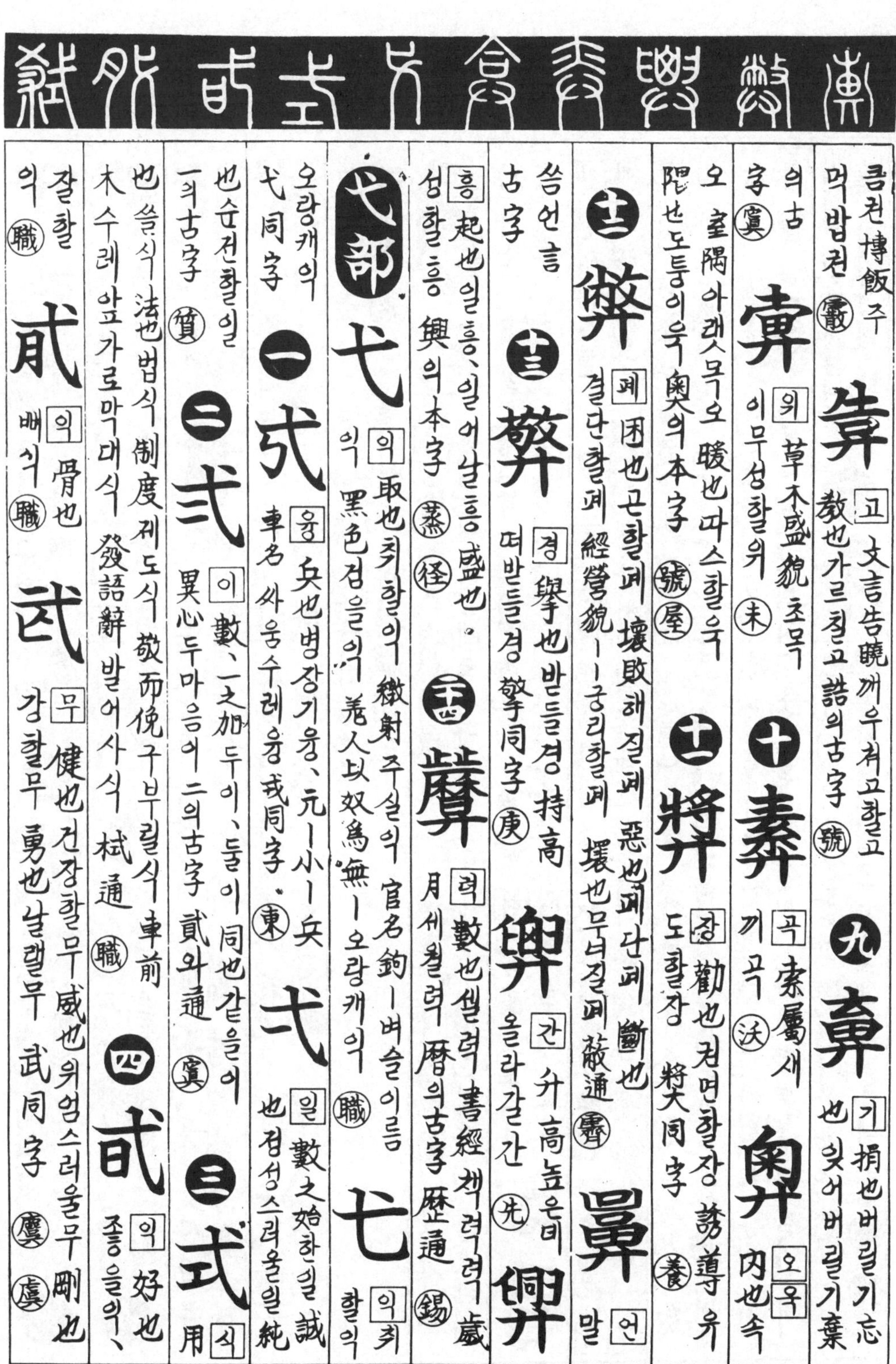

큰권 博飯 주먹밥권 (霰)

𢍏 [고] 文言告曉 깨우쳐고할고 敎也 가르칠고 誥의古字 (號)

⑨ 棄 [기] 捐也 버릴기 忘也 잊어버릴기 棄의古字 (寘)

𢍰 [위] 草木盛貌 초목이무성할위 (未)

⑩ 𢍸 [곡] 稾屬 새끼곡 (沃)

𢍼 [오][욱] 內也 속오 室隅 아랫목오 煖也 따스할욱 隈也 도통이욱 奧의本字 (號)(屋)

⑪ 弉 [장] 勸也 권면할장 誘導 유도할장 奬同字 (養)

⑫ 弊 [폐] 困也 곤할폐 壞敗 해질폐 惡也 폐단폐 斷也 결단할폐 經營貌 ㅣㅣ 궁리할폐 擐也 무너질폐 蔽通 (霽)

𢍶 [언] 말씀언 言古字

⑬ 𢍺 [경] 擧也 받들경 持高 떠받들경 擎同字 (庚)

𢍽 [간] 升高 높은데올라갈간 (先)

𢎂 [흥] 起也 일흥、일어날흥 盛也 성할흥 興의本字 (蒸)(径)

⑭ 𢎄 [력] 數也 셀력 書經 책력력 歲月 세월력 曆의古字 歷通 (錫)

弋部

弋 [익] 取也 취할익 繳射 주살익 官名 鉤ㅣ 벼슬이름익 黑色 검을익 羌人以奴爲無ㅣ 오랑캐익 (職)

弋 [익] 취할익 오랑캐익 弋同字

① 𢎌 [융] 兵也 병장기융、元ㅣ 小ㅣ 兵車名 싸움수레융 戎同字 (東)

弌 [일] 數之始 하나일 誠也 정성스러울일 純也 순전할일 一의古字 (質)

② 弍 [이] 數、一之加 두이、둘이 同也 같을이 貳心 두마음이 二의古字 貳와通 (寘)

③ 式 [식] 用也 쓸식 法也 법식 制度 제도식 敬而俛 구부릴식 車前木 수레앞가로막대식 發語辭 발어사식 栻通 (職)

④ 𢎗 [익] 好也 좋을익、잘할익 (職)

𢎘 [익] 骨也 뼈익 (職)

𢍾 [무] 健也 건장할무 威也 위엄스러울무 剛也 강할무 勇也 날랠무 武同字 (麌)(虞)

⿰爿弋 [장] 越南郡名|牁고을이름장 繫船杙배말뚝장 牂通 (陽)

⑤

⿰可弋 [가] 戙|杙也배말뚝가 ⿰哥弋、牁同字 (歌)

⑥

戙 [동] 繫船杙배말뚝동 (東)

⿰至弋 [질] 利也이할질 (屑)

⑧

⿰豸弋 [시] 下殺上웃사람죽일시 弑同字 (寘)

⑨

⿰俞弋 [소] 姓也성소 (遇)

弑 [시] 下者殺上웃사람죽일시 弒同字 殺通 (寘)

⑩

弒 [시] 웃사람죽일시 弑本字

⿸厂貳 [이] 두이、둘이 二同字

⿰哥弋 [가] 郡名牂|땅이름가 杙也 戙|배말뚝가 牁同字 (歌)

⑫

⿰曾弋 [증] |繳弋矢주살증 繒同字 (蒸)

⑬

⿰焦弋 [시] 웃사람죽일시 弑同字

弓部

弓 [궁] 弧也射器大材所成활궁 量地數|땅재는자궁 (東)

𠄎 [내] 語助辭어조사내 僅也겨우내 古也옛내 乃의古字 (賄)

𢎘 [함] 華也꽃함 蕃也꽃봉오리함 (覃)

𢎙 [현] 蕃多꽃봉우리많을현 (先)

①

弖 [탄] 탄알탄、탄자탄 彈古字

弔 [조][적] 傷也슬퍼할조 問終조상할조 愍也불쌍히여길조 至也이를적 吊同字 (嘯)(錫)

弓 [급] 逮也미칠급 兼詞및급、과(와)급 及의古字 (緝)

弓 [탄] (左傳)晋靈公從臺上|人而觀其避丸 丸射탄알탄 劾也탄핵할탄 行丸탄자탄 彈의古字 (寒)(翰)

引 [인] 道也인도할인 相牽이끌인 開弓활당길인 十丈열길인 負也질인 退也물러갈인 道|服氣法공들어마실인 歌曲곡조인 薦|천거할인 (軫)

②

弟 [조][적] 問終조상할조 傷也서러울조 愍也불쌍히여길조 至也이를적 弔의本字 (嘯)(錫)

弢 [사][석][야][역] 發矢쏠사 指物而取맞춰쿵활석、官名벼슬이름야 厭也싫을역 射의本字 (禡)(陌)

弖 [규] 卷也책권규 糾同字 (尤)

弗 [불] 不也말불、아니불 去也버릴불 違也어그러질불 貨幣딸라불 (物)(美)

[illegible] [내] 어조사내、겨우내 乃古字

弔 [조] 조상할조 弔本字

弘 [홍] 大也 含容클홍 本音횡 (蒸)

[illegible] [탄] 탄알탄 彈同字

[illegible] [탄] 탄알탄、탄자탄 彈同字

弙 [오] 引也당길오 滿弓有所向활쏘당겨겨눌오 (虞)

[illegible] [적] 射弓활쏠적 (錫)

[illegible] [간] 拒也막을간 本音한 (翰)

[illegible] [퇴] 窮貌ㅡ靡궁활퇴、궁상스러울퇴 (灰)

弜 [강] 強也강할 강 (養)

弛 [이] 解也풀릴이 緩也늦출이 弓解去弦활접을이 放也방탕할이 壞무너질이 釋也놓을이 (紙)

弟 [제] 善事兄공경제 男子後生아우제、동생제 順也순할제 悌通 (薺)(霽)

[illegible] [결] 鉤弦發矢者깍지결 決通 (屑)

[illegible] [여] 弓也활여 (魚)

弝 [파] 附中手執處활줌통파 (禡)

[illegible] [현] 弓絲시위현 半月반달현 樂器絲풍류줄현 弦古字 (先)

弞 [신] 木名ㅣ·杻나무이름신 笑不壞顔생긋웃을신 哂同字 (軫)

弨 [초] 弓弛體反貌활뒤집힐초、활이뒤로쳐질초 (蕭)

[illegible] [고] 小弓작은활고 (虞)

弡 [굴] 勇也날랠굴 (物)

弩 [노] 有臂機射쇠뇌노 (麌)

[illegible] [이] 緩也늦출이 弓解弦활풀을이 放也방탕할이 釋也놓을이 弛同字 (紙)(支)

弫 [진] 弓強활이셀진 強也셀진 (軫)

弤 [돈][민] 形弓붉은활돈、旗也기민

⿰弓皮 (元)(眞) 피 張弓貌ㅣ弢 활잔뜩당길 피 (眞)

弤 저 漆赤弓붉은칠한활 저 弴通 (齊)

弧 호 旗名蝥ㅣ기이름 호 木弓나무활 호 (虞)

弣 부 弓中央활줌통 부 (麌)

弥 미 弛也활부릴 미 偏也두루 미 益也더할 미 彌同字 (支)(紙)

弢 도 弓衣활집 도 韜通 (豪)

弦 현 半月반월 현 弓絃시위 현 脈數맥박도수 현 地名ㅣ灊땅이름 현 樂器絃풍류줄 현 絃通 (先)

六

卥 서 日入方서녘 서 瓜수박 서 洋서양 서 姓也성 서 西의古字 (齊)

弭 미 息也쉴 미 弓末활끝 미 止也그칠 미 安也편안할 미 按也어루만질 미 彌通 (紙)

⿰弓同 동 弓飾활꾸밀 동 (東)

弫 진 弓強활강할 진 (軫)

⿱弜共 손 讓也사양할 손 卑也낮은체할 손 巽同字 (願)

弬 이 弓名활이름 이 (紙)

弮 환 권 弩弓쇠뇌활 환、권 義同 卷通 (霰)(先)

⿰弓羊 양 弓曲활굽을 양 (陽)

⿰弓合 협 射決깍지 협 弓強센활 협 鞢通 (葉)

⿰弓百 필 輔也도울 필 正弓器도지개 필 重也거듭 필 弼同字 (質)

七

⿺乃卥 내 語助辭어조사 내 即也곧 내 僅也겨우 내 乃의古字 (賄)

⿰弓夋 순 筈也살오늬 순 (震)

⿰弓角 훤 弓曲활굽을 훤 (元)

弰 소 弓末활끝 소 弓放箭활쏠 소 (肴)

⿱弜夫 범 浮也뜰 범 (豔)

⿰弜攵 필 도울 필 거듭 필 弼同字

弲 현 角弓뿔활 현、각궁 현 (先)

⿰弓易 약 虛ㅣ약할 약 懦也나약할 약 尫劣못생길 약 二十歲스무살 약 委也몸져누울 약 未壯어릴 약 體柔貌분길 약 年少젊을 약 衰也쇠할 약 敗也패할 약 弓名繁ㅣ활이름 약 (藥)

⿰弓矦 신 長也길 신 (軫)

弱

[약] 약할약 弱同字

八

⿰弓易 [위] 造也 하위、할위 使也 하여금위 語助辭 어조사위 爲同字 (支) (寘)

⿰弓兒 [미] 弓末 활끝미 息也 止也 쉴미 安也 편안할미 弭同字 (紙)

弸 [붕] [팽] 弓強 활강할붕、弓聲ㅣ彋 활소리팽 (蒸) (庚)

⿰弓爭 [쟁] 張弓 활당길쟁 (梗)

強 [강] 過優 강할강 數餘 나머지강 不屈 굳셀강 強의本字 (陽) (養)

⿰弓妾 [현] 強弓 강한활현 (先)

⿰弓㡀 [별] 弓戾 활뒤틀릴별 彆同字 (屑)

⿰弓委 [뇌] 張弓貌 활당길뇌 (隊)

弶 [강] 以弓罥鳥、獸 창애강 (漾)

⿰弓虎 [호] 射也 활쏠호 (虞)

⿰弓屈 [곡] 勇也 날랠곡 (沃)

⿰弓𣶒 [연] 弓彇弭閒 활배바닥연 (先)

張 [장] 施也 베풀장 開也 버릴장 施弓弦 활시위얹을장 誇也 자랑할장 計物數 장장 又 벌장 更ㅣ 고칠장 誑也 속일장 相戾 어기어질장 自大 큰체할장 星名 별이름장 設也 차려놓을장 脹通 (陽) (漾)

⿰弓并 [병] 彈也 탈병 (庚)

弴 [돈] [조] 畫弓 그림그린활돈、조 義同 (元) (蕭)

九

弼 [필] 도울필、거듭필 弻同字

强 [강] 不服屈ㅣ 빽빽할강 勉也 힘쓸강 又 굳셀강 又 딱딱할강 米中蠹 쌀바구미강 優也 넉넉할강 彊通 (漾) (陽)

弻 [필] 助也 도울필 正弓器 도지개필 重也 거듭필 (質)

⿰弓百 [필] 도울필 거듭필 弼同字

弾 [탄] 탄환탄 彈略字

⿰弓彖 [연] 弓緣 활전연 (霰)

弽 [섭] 射決 깍지섭 韘同字 (葉)

⿰弓是 [지] 彈也 퉁길지 (寘)

弱 [약] 強之對 약할약 弱의 篆字

⿰弓扁 [편] 弓反張 활뒤젓혀질편 (先)

十

彀 [구] 弓矢技滿 활잔뜩당길구 射的 과녁관구 句通 (宥)

⿰弓眞 [진] 彈也 탈진 (震)

⿰弓旁 [방] 弦急 활시위 팽팽할방 (陽)

⿱𡨄弓 [건] 弓

強활강 활건 (阮)

⿰弓鬲 격 包弓衣활집 격本音역 (陌)

⿰弓𤰈 비 以筋貼弓활 에실감을비 (寘)

(十一)

彄 구 弓端활 꼬지구 環屬 荆戲 藏ㅣ지환구 (尤)

⿰弓崩 붕 弓也 활붕 (東)

彃 필 射也쏠필 弓弦 활시위필 (質)

(十二)

⿰弓覀 필 助也도울필 重也 거듭필 弼의古字

彇 소 弓弭頭활고 자머리소 ⿰弓肅同字 (蕭)

彈 탄 鼓瓜 퉁길탄 丸 射쏠탄 劾也탄핵 활탄 行丸탄 환탄 (寒)(翰)

彆 별 弓戾활뒤틀 릴별 弼同字 (屑)

彉 확 張也弩滿활당길확 迅速빠를확 彍通 (藥)

⿰弓曾 쟁 弓弦聲활시 위소리쟁 (庚)

⿰弓朁 잠 弓弦활시위잠 弓強활 셀잠 張弦시위당길잠 (感)(覃)

⿰弓喬 교 귀弓활 당길교 (蕭)

(十三)

彋 횡 弓聲활소리횡 帷帳風吹 聲장막에바람치는소리횡 (庚)

彊 강 壯盛굿굿할강 健也강할강 弓有力활셀강 暴也사나울강 勝也이길강 強見、勉也힘쓸강 抑之也 억지로할강、屍硬시체굳을강 (陽)(養)(漾)

⿰弓雖 강 筋也심 줄강 (陽)

⿱敬弓 경 燈 架광명 두경、등장대경 正弓器 도지개경 檠同字 (庚)

(十四)

彌 미 弛弓활지울미 止也그칠미 弭同、益也더할미 久也오랠미 終也 마 침미ㅣ縫 미봉할미 稍也 조금미 弥同字 (紙)(支)

(十五)

⿰弓粥 번 養也기 를번 (元)

彍 확 兵號 唐宿衛ㅣ騎군대이름확 迅速빠를 확 張弓활당길확 彉同字 (藥)

(十六)

[illegible] 사 澌精氣窮죽을사 絶也끊일사 死同字 (紙)

(十七)

⿰弓襄 양 弓曲處활이 굽은곳양 (養)

彇 소 弓弭頭활고지 머리소 ⿰弓肅同字 (蕭)

(十八)

⿰弓雋 구 弓強활셀구 強也 셀구 (宥)

⿰弓雚 권 弓曲處 활이 굽은곳 권 (先)

十九

彎 만 引也 당길 만 一曲 굽을 만 特弓關矢 활에 살 먹일 만 (刪)

二十

彏 확 弓急帳 활급히 당길 확 (藥)

彐部

彐 계 豕頭 돼지머리 계 彙頭 고슴도치머리 계 (霽)

一

尹 윤 信也 믿을 윤 (尸部一畫) 參照

彑 계 고슴도치머리 계 彐同字

二

归 귀 궤 還也 돌아올 귀、돌아갈 귀 還 所取之物 돌려보낼 궤 歸의 略字

三

⿱彐彐 다 衆也 많을 다 多의 古字

⿱小彐 당 理合如是 마땅 당 順應 적합할 당、순응할 당 當의 俗字 (陽)(漾)

当 당 마땅 당 當 略字

四

⿱彑又 하 豕也 돼지 하 (麻)

五

录 록 根本 근본 록 木削 나무깎을 록 (屋)

⿱彑巾 제 貍子 삵의새끼 제 豕也 돼지 제 毛長獸名 털긴짐승이름 제 (齊)

六

彔 록 나무깎을 록 근본 록 录同字

彖 단 斷也 결단할 단 豕走 돼지달아날 단 統論易卦義 주역단사 단 (翰)

⿱彐目 신 伸也 펼 신 欠伸 기지개켤 신 重也 거듭 신 猿也 원숭이 신 申의 古字

八

彗 혜 세 篲也 비 혜 篲通、妖星 살별 세、꼬리별 세 (寘)(霽)

九

⿱彑帚 훌 豕屬 돼지 훌 (月)

彘 체 地名 땅이름 체 豕也 돼지 체 (霽)

十

彚 회 무리 회 彙同字

⿰彑召 소 擊也 칠 소 (蕭)

彙 회 集也 모을 회 類也 무리 회 蝟也 고슴도치 회 毛刺蟲 버러지 회 蝟同字 (未)(韓)

十三

彛 이 常也 떳떳할 이 法也 법 이 彝의 俗字

彝

[시] 鼠名쥐이름시 豕屬돼지
시 豕聲돼지소리시 (寘)

十五 **彝** [이] 廟器彝ㅣ종묘제기이 常
也떳떳할이 法也법이 (支)

豬 [저] 豕也돼지
저 猪同字

十三 **彠** [확] 度也잴확、헤
아릴확 矱同字 (藥)

彡部

彡 [삼] 毛長털자랄삼 毛
髮繪飾터럭그릴삼 (咸)

二 **⿹勹彡** [진] 鳥羽始生새깃처
음날진 ⿵几彡同字 (軫)

三 **⿰工彡** [공] 巧也공교할공 匠也장인
공、공장공 工同字 (東)

四 **彤** [동] 丹飾붉은
칠할동 (冬)

形 [형] 象也형상형、꼴형 體也형용
형 現也나타날형 地勢형편형 (靑)

形 [형] 형상형
形同字

彣 [문] 彩色채색
문 靑與赤雜
붉고푸른빛
섞일문 (文)

五 **彦** [언] 美士착한선비언
碩也클언 彥의俗字 (霰)

⿰占彡 [삼] 剡也이할삼 相
接物물건서로붙일
삼 (陷)

⿰井彡 [단][란] 赤也붉을단 衷心마음단
牡ㅣ꽃이름단 丹의古字 韓音란 (寒)

六 **彥** [언] 착한선비언
彦同字

彦 [언] 美士아름다운선
비언 碩也클언 (霰)

形 [형] 형상형
形本字

七 **⿰彡走** [도] 步行걸어다
닐도 輩也무
리도 徒
同字

⿰彡甫 [보] 綴也기울보 裨也
도울보 補의古字 (麌)

⿰羊彡 [양] 美善아름답
고착할양 (陽)

彧 [욱] 文
章문채날욱 又빛날욱
茂貌ㅣㅣ무성할욱 (屋) (箇)

⿰坐彡 [좌] 莝也베
일좌 (箇)

八 **⿰易彡** [마] 말마
馬古字

⿱皀彡 [목] 細文가는
문채목 (屋)

彬 [빈] 文質備也빛날빈、
빈찰빈 斌、份同字 (眞)

彩 [채] 文色精光채색채、
무늬채 光也빛날채

采通 (賄)

⿰虍彡 [표] 작은범 표 彪同字

彫 [조] 畫文그릴조 鏤也새길조 文飾ㅣ琢새겨다듬을조 琱、雕通 (蕭)

彪 [표] 文也문채표 虎之斑文칡범표 小虎작은범표 古音퓨 (尤)

⑨

⿰[?]彡 [마] 말마 馬古字

彭 [팽][방] 地名땅이름팽 姓也성팽 盾也ㅣ排방패팽 鼓聲ㅣㅣ북소리팽 銃聲ㅣㅣ총소리팽 多象貌벼적거릴방 壯也성할방 近也가까울방 傍通 (陽)(庚)

⿰𠦝彡 [정] 動之對고요할정、조용할 정 靜의古字

⿰貞彡 [변] 化也변할변 更也改也고칠변 變의古字 (銑)

⿰柬彡 [란] 文也문채란 (翰)

⑩

⿰容彡 [용] 垂帶而飾貌띠를드리우고꾸밀용 (腫)

⿰象彡 [마] 말마 馬擂字

⑪

縰 [사] 毛垂貌털늘어뜨릴사

(紙)

⿰票彡 [표] 畫飾단청할표 長組貌끈치렁거릴표 縹通 (蕭)(嘯)

⿰家彡 [변] 변할변 變古字

⿰庸彡 [용] 形也모양용 重影포개진그림자용 (冬)

彰 [창] 明也밝을창 著也나타날창 著明之드러낼창 文飾문채장 章同字 (陽)

⑫

⿰彡尋 [심] 繹也찾을심 繼이을심 尋同字 (侵)

⿰彡景 [영] 그림자영、형상영 影同字

⿰曾彡 [증] 毛深터러길올증 (蒸)

影 [영] 形也형상영 物之陰形그림자영 景同字 (梗)

⑬

⿰粲彡 [찬] 文繁문채번화할찬 (翰)

戫 [욱] 彰也문채날욱 彧同字 (屋)

⑮

⿰麻彡 [빈] 文盛문채성할빈 (眞)

⿰麗彡 [이] 似龍無角而黃용같고뿔없는짐승이、교룡이 螭同字 (支)

彳部

彳 [척] 小步자축거릴척 (陌)

②

⿰彳㔾 [범] 干也범할범 侵也침노할범 犯의古字

⿰彳丁

[정] 獨行貌 혼자갈정 亍同字 (靑)

⿰彳丩 [교] 行貌 갈교 (篠)

三

⿰彳弋 [익] 行也 갈익 (職)

彵 [치] 安行 편안히걸을서 (哿)

彴 [작][박] 橫木橋略ㅣ외나무다리작、彴星ㅣ約 흐르는별박 (藥)(覺)

⿰彳丸 [환] 失路 길잃을환 (寒)

四

⿰彳开 [개] 行貌 갈개 (薺)

彺 [왕] 急遽行也 급히갈왕 (陽)

⿰彳元 [원] 失道貌 僨ㅣ길을잃고바장일원 (寒)

彶 [급] 急行 급히갈급 (緝)

役 [역] 使也 부릴역 (陌)

彸 [종] 急遽貌 황급히갈종 惶懼貌 征ㅣ두려워하는모양종 或音송 (冬)

⿰彳反 [반] 還也復也 돌아올반 返同字

彷 [방] 相似ㅣ髴 비슷할방、徘徊ㅣ徨 방황할방、어정거릴방 髣同字 (陽)

⿰彳勻 [조] 行示 조리돌릴순 徇同字

五

径 [경] 直道 곧은길경 徑略字

⿰彳乍 [작] 造也 지을작 作古字

徂 [조] 殂死 죽을조 往也 갈조 始也 시작할조 狙也 겨눌조 狙通 (虞)

彼 [피] 對此之稱 저피 外辭 저것피 (紙)

⿰彳丕 [피] 走貌 달아나는모양피 (支)

徃 [왕] 去也 갈왕 往俗字

⿰彳冉 [염] 遲行 더디갈염 (鹽)

⿰彳此 [치] 正行 똑바로갈치 (紙)

彾 [령] 獨行 ㅣ行홀로갈령 竛見 (靑)

征 [정] 行也 갈정 上伐下 칠정 稅也 세받을정 ㅣ伐而行 싸움하러갈정 索也 찾을정 (庚)

⿰彳立 [삽] 行貌 갈삽 (合)

往 [왕] 昔也 옛왕 去也 갈왕 時時 이따금왕 向也 향할왕 (養)(漾)

彽 [지] 徘徨 머뭇거릴지 (支)(齊)

⿰彳由 [적] 急行 급히갈적 (錫)

彿 [불] 彷ㅣ 서로같을불 髴同字 (物)

六

很 [흔] 違也 어길흔 不聽從 말듣지않을흔 諍訟 말다툼할

흔 狠通 阮

待 대 備禦막을대 俟也기다릴대 遇也대접할대 賄

徆 세 直行곧게갈세 齊

⿰彳同 통 直行 行儱ㅣ곧게갈통、바로갈통 董

⿰彳先 신 往來貌왔다갔다할신 眞

⿰彳各 격 至也이를격 陌

徇 순 疾速빠를순 行示조리돌릴순 使也부릴순 殉也따라죽을순 狥同字 侚、殉通 震

⿰彳州 주 行也갈주、걸을주 有

⿰彳丞 승 行不正바로가지못할승 本音증 蒸

⿰彳冊 형 行貌갈형 庚

⿰彳兌 탈 疾也빨리갈탈 曷

律 률 述也지을률 法也、法令紀ㅣ법률ㅣ呂풍류률 銓也저울질할률 筆也不ㅣ붓률 嵂通 質

徉 양 彷也빈들거릴양 戱蕩노닐양 從倚徜ㅣ상냥할양 陽

⿰彳圭 와 邪行貌비칙거릴와 佳

徊 회 不進徘ㅣ머뭇거릴회 彷徨배회할회 佪同字 灰

⿰彳吉 길 進也나아갈길 質

⿰彳夷 이 平易편하고쉬울이 支

⿰彳夸 과 疾行빨리갈과 禡

後 후 遲也늦을후 前之對뒤후 胤也아들후ㅣ之뒤질후 有

七

⿰彳㞷 왕 去也갈왕 往本字

⿰彳希 해 訟也송사할해 佳

従 종 隨也좇을종 從略字

徎 정 狹也小路좁은길정 梗

⿰彳秀 수 步中待約ㅣ⿰彳留걸어가며기다릴수 宥

徐 서 緩也천천할서 遲緩더딜서 威儀貌찬찬할서 州名고을이름서 舒通 魚

徒 도 衆也무리도 步行걸을도 虞

⿰彳夋 준 退也물러갈준 眞

⿰彳吾 오 我也나오 吾同字

⿰彳肖 소 徐行천천히갈소 蕭

徑 경 疾也빠를경 小路지름길경 直也곧을경 行過지날경 法也방법경 逕同字 俓通 径

⿰彳狂 광 扇搖動

風부채질할광 養

㣣 섬 行貌搖曳건들거릴섬 豔

徲 제 休息쉴제 齊

夆 봉 使也부릴봉、심부름할봉 冬、

⿰彳妥 타 綏行더디걸을타 哿

八

徘 배 不進—徊머뭇거릴배 彽也어슷거릴배 俳通 灰

徖 종 安也편안종 東

⿰彳戔 천 地名長—땅이름천 迹也자취천 銑

⿰彳奄 엄 隱也숨을엄 豔

得 득 契合상득할득 獲也얻을득 捕也잡을득 貪也탐할득 能也잘할득 滿足만족할득 特也——특별할득 職

徙 사 倚也의지할사 移也、遷也옮길사 謫也키양갈사 踰也넘을사 紙

徢 첩 走也달아날첩 葉

⿰彳立 급 集人衆貌사람많이모일급 緝

𢔖 권 徐行천천히걸을권 阮

徚 동 直行곧게갈동 東

後 후 前之對뒤후 後古字

𢔦 함 水入船배에물들어올함 覃

修 수 理也다스릴수 修同字

𢓭 도 待也기다릴도 豪

𢔆 일 舞行行數춤추는줄수효일 佾古字

徛 기 聚石水中以爲橋징검다리기 寘

待 치 具也갖출치 待也기다릴치 有望而往바라고갈치 紙

徑 경 直道곧을경 徑古字

御 어 아 統也거느릴어 侍也모실어 官名使馬벼슬이름어 主也주장할어 進也나아갈어 禦也막을어 寵愛부인을사랑할어 迎也맞을아 訝、迓同字 御 禡

徏 지 步行걸을지 支

徠 래 來也올래 徂—、山名산이름래 勞也—、慰勉위로할래 灰

徜 상 戲蕩노닐상 陽

彸 송 懼也두려워할송 冬

徝 치 施也베풀치 寘

𢕟 비 使也하

여금비 俾同字

從 [종] 許也허락할종 隨也좇을종、따를종 自也부터종 就也나아갈종 相聽말들을종、舒後ㅣ容종용할종 順也순할종 鬆高ㅣㅣ상투높을종 同宗친척종 本音종 (冬)(宋)

徟 [주] 亂行ㅣ徫헤맬주 (尤)

九

徨 [황] 徘也徊방황할황 (陽)

⿰彳重 [종] 連後뒤따라갈종 (腫)

⿰彳⿱日又 [척] 小步貌조금걸을척、갈척 (陌)

徥 [시] 行貌ㅣㅣ슬슬걸을시 (支)

⿰彳条 [유] 習也익힐유 復也되돌아올유 (有)

⿰彳爰 [완] 徐行천천히갈완 本音환 (旱)

⿰彳皆 [개] 惡行徘ㅣ어뜩비뜩할개 (佳)

徧 [변] 普也널리변 周也두루변 遍同字 (霰)

徦 [가] 至也이를가 (馬)(禡)

復 [복][부] 白也고할복 反也돌아올복 除也제할복 反命심부름갔다올복 報也갚을복 招魂혼부를복 重也거듭복 答也대답할복 卦名괘이름복 往來갔다올복 官名벼슬이름복 衣名ㅣ陶옷이름복 輿ㅣ회복할복 複、覆同字 又也、再也다시부、또부 (屋)(宥)

徫 [위] 步行걸어갈위 (尾)

⿰彳貞 [정] 走也달아날정 (敬)

⿰彳屏 [병] 傍也곁병 (敬)

⿰彳俞 [유] 闇行몰래갈유 (虞)

⿰彳者 [저] 歲月之去矣세월갈저 (魚)

⿰彳咠 [즙] 步也걸을즙 行貌갈즙 (緝)

循 [순] 行順좇을순 環往來돌순 依也의지할순 善也착할순 往來循環순환할순 次序ㅣㅣ차례순 撫ㅣ무순할순 述也지을순 因ㅣ인순할순 (眞)

⿰彳胃 [울] 卒然行별안간갈울 (物)

⿰彳㚇 [종] 斂也가르칠종 行也갈종 (東)

十

得 [득] 獲也얻을득 得의本字

⿰彳留 [류] 行而相待務가면서서로기다릴류 (宥)

徯 [혜] 狹路좁은길

혜 待也기다릴혜 (齊)

⿰彳蚤 [소] 緩行천천히갈소 (豪)

徭 [요] 賦也구실요 役也역사요 傜、繇通 (蕭)

⿰彳屑 [설] 衣䙝貌옷자락너풀거릴설 (屑)

微 [미] 隱密몰래미 細也작을미、가늘미 不明바리지못할미 非也아닐미 衰也쇠약할미 賤也천할미 匿也숨길미 伺察기찰할미 無也없을미 (微)

徬 [방] 附行붙어갈방 傍通、徘徊ㅣ徨방황할방 傍同字 (漾)(陽)

⓫

⿰彳責 [색] 尋常법상할색 (陌)

⿰彳复 [복] 返也돌아올복 復의本字

⿰彳𢼸 [미] 細小작을미 微同字

⿰彳率 [솔] 忙行바삐갈솔 (質)

⿰彳䙴 [선] 遠行멀리갈선 (先)

⿰彳章 [장] 失途浪行길잃고헤맬장 (陽)

⿰彳參 [참] 動也움직일참 (感)(勘)

徲 [제] 往來ㅣㅣ왕래할제 久立오래섰을제 (齊)

⿰彳悉 [실] 搖動요동할실 (質)

⿰彳孟 [맹] 人名劉ㅣ사람의이름맹 (梗)

徳 [덕] 悳也은혜덕 德略字

⿰彳崔 [최] 急行급히갈최 (灰)

徴 [징] 驗也징험할징 徵의略字

得 [적] 水步물적을적 (職)

復 [복][부] 反也돌아올복 復古字

⿰彳悳 [치] 施也베풀치 (寘)

⓬

⿰彳尊 [준] 循也좇을준 遵古字

⿰彳喬 [교] 緩行더디갈교 (篠)

⿰彳袁 [원] 遙也멀원 遠古字

⿰彳款 [관] 徐行ㅣ緩천천히걸을관 (旱)

⿰彳覃 [점] 走也달아날점 (豔)

徶 [별] 衣瓢貌옷자락펄렁거릴별 (屑)

徵 [징] 驗也징험할징 求也구할징 明也밝을징 召也부를징 成也納ㅣ이를징、납폐할징 (蒸) [치] 火音屬夏화음치 (紙)

德 [덕] 行道有得큰덕 惠也은혜덕 品行품행덕 四時旺氣왕기덕 星名、木星별이름덕 生也

날덕 悳、悳同字 (職)

⿰彳敢 감 危也위태할감 (陷)

徸 총 到也이를총 (冬)

⿰彳啇 제 行止行立가다가우뚝섰을제 (卦)

徹 철 通也、達也통달할철 貫通관철할철 去也걷을철 治也다스릴철 列也벌릴철 剝奪뺏을철 周稅ㅣ田주나라세금철 撤同字 (屑)

⑬

徼 요 抄也가릴요 求也구할요 要也요구할요 邀也맞을요 僥通、循也돌아다닐요 塞界지경요 邏卒순라요 邊也변방요 (蕭)(嘯)

徻 외 屋宇高貌ㅣㅣ 집높고밝을외 (泰)

⿰彳睘 환 返也돌아올환 還同字

⿰彳達 달 行路相違길이서로어긋날 (曷)

⿰彳歲 쾌 屋宇明凉ㅣ집이밝고시원할쾌 (泰)

⿲彳育攵 철 貫通관철할철 徹古字

⿰彳詹 섬 行之速也가기바쁠섬 (豔)

⿰彳亶 단 走行달아날단 (刪)

⑭

⿲彳育攵 철 貫通관철할철 徹古字

⿰彳寧 녕 行貌가는모양녕 走也달아날녕 (徑)

⿰彳甹 빙 使也부릴빙 (靑)

徽 휘 三糾繩세겹노휘 美也아름다울휘 琴節거문고마디휘 幟也기휘 奔馳貌달릴휘 善也좋을휘 (微)

⿰彳歰 삽 衆行여럿이갈삽 (合)

⿰彳翟 조 疾也빠를조 行貌가는모양조 (篠)

⑮

⿰彳賛 찬 失道貌길잃을찬 (寒)

⿰彳賣 속 行而不停걸음을멈추지않을속 (沃)

⑯

⿰彳龍 룡 直行곧게갈룡 行不正비틀거릴룡 或音롱 (宋)(董)

⿰彳憲 헌 走也달릴헌 (願)

⑰

⿰彳農 농 耕種闢土植穀농사농 農同字

⿰彳毚 참 參差참치할참 (咸)

⿰彳襄 양 ㅣ徉、逍遙노닐양 (陽)

⿰彳韱 섬 走也달아날섬 (豔)

⿰彳暴 포 新

住官府도임할포 越也넘을포 效

[彳+繇] 유 步行걸어갈유 尤

⑱

忂 구 行貌가는모양구 虞

[彳+題] 제 垂頭貌머리떨어뜨릴제 佳

⑲

[彳+靡] 미 行貌갈미 紙

⑳

[彳+矍] 각 行也갈각 高也높을각 藥

㉑

[彳+襄] 낭 行貌가는모양낭 漾

四畫

心部

心 심 火藏염통심 形之君明主마음심 中也가운데심 胸也가슴심 根本근본심 宿名별이름심 木尖刺가지끝심 侵

　 점 姓也성점 鹽

忄 심 心同字마음심

⺗ 심 部首名(밑마음심변)

㊀

必 필 審也살필필 定辭반드시필 然也그럴필 專也오로지필 期ㅣ기약할필 質

㊁

[忄+匕] 비 尖也못생길비 紙

忇 륵 功也공륵 職

忊 정 怨恨원망할정 徑

[乂+心] 애 戒也懲ㅣ징계할애 艾通 泰

忉 도 心憂也ㅣㅣ근심할도 豪

忈 인 親慈친자할인 眞

忍 의 怒也성낼의 未

㊂

忋 개 信仰믿을개 賄

忌 기 嫉也질투할기 憎惡미워할기 憚也꺼릴기 戒也경계할기 怨也원망할기 敬也공경할기 ㅣ日제사기 寘

忍 인 強也강인할인 耐也참을인 安於不仁차마못할인 抑心마음을억제할인 軫

応 응 料度辭當也응당응、끄덕응 物相感응할응 應의略字

忎 인 心之德

愛어질인、착할인 仁의古字 (眞)

忛 [범] 舟上幔使風돛범 帆의譌字

㣼 [인] 참을인 忍同字

㣵 [작] 痡也앓을작 (藥)

忐 [담] 心虛맘허할담 (感)

忊 [초] 相背서로배반할초 (蕭)

忏 [천] 怒也성낼천 (銑)

忚 [계] [혜] 心不欲싫어할계、欺慢속일혜 (齊)(霽)

忑 [특] 心虛맘허할특 (職)

㣾 [차] 亂也어지러울차 (禡)

忒 [특] 變也변할특 差也틀릴특 疑也의심할특 慝通 (職)

㣻 [익] 心動맘동할익 (職)

忔 [흘] 心不欲싫을흘 喜也기쁠흘 (物)

㣿 [조] [작] 憂也근심할조、驚也놀랄작 (篠)(藥)

㤀 [우] 戒也경계할우 (眞)

忙 [망] 急迫빠를망 心迫怱ㅣ바쁠망 繁ㅣ、多ㅣ일이많을망 (陽)

㤁 [우] 경계할우 㤀同字

㣷 [궁] 憂也근심할궁 (東)

忓 [간] [한] 擾也요란할간、시끄러울간 善也착할한 (寒)(翰)

忘 [망] 不記기억없을망 忽也깜짝할망 遺ㅣ志不在잊을망 (陽)(漾)

忕 [태] [설] 奢也사치할태 汰通、習也익힐설 (泰)(霽)

㤉 [공] 心急맘급할공 (東)

忥 [흘] 愚也어리석을흘 (物)

㣽 [서] 仁也어질서 忖也헤아릴서 以己體人용서할서 同情心동정심서 恕의古字 (御)

忖 [촌] 揣酌짐작할촌 ㅣ度思也헤아릴촌 (阮)

㣶 [공] 懼也두려울공 怯也겁낼공ㅣ嚇놀라게할공 恐의古字 (腫)(宋)

忬 [여] 度也헤아릴여 (御)

志 [지] 意向뜻할지 心所之意所擬뜻지 中也맞출지 箭鏃살촉지 記也기록할지 希望희망할지、원할지 記憶기억할지 識、誌通 (寘)

四

忟 [민] [문] 강할민、어

수선할문 忞同字

忝 [첨] 慚也부끄러울첨 琰

忞 [민][문] 自強강할민、맘다잡을민 亂也어수선할문 眞 軫

忠 [충] 竭誠 정성껏할충 盡心竭力충성충 無私공변될충 直也 곧을충 東

忲 [태][설] 奢也사치할태 汰와通 習也익힐설 忕同字 泰 屑

⿰忄内 [뉵] 憂悶 근심하고 민망해할뉵 月

⿱冘心 [침] 믿을침、정성침 忱俗字

忝 [첨] 辱也욕될첨 琰 豔

忱 [침] 諶也정성침 信也 믿을침 本音심 侵

忣 [급] 疾也빠를급 迫也 급할급 ⿱及心同字

⿰忄心 [심] 惻也 측은할심 沁

⿱及心 [급] 빠를급、급할급 急同字

⿰忄夭 [오] 恐也두려워할오 皓

⿱介心 [개] 無愁근심없을개 恝同字 本音해 卦

忰 [췌] 憂也근심할췌 瘦瘠파리할췌 疲弊피폐할췌 悴의俗字古音취 寘

忤 [오] 意不喜미워할오 逆也거스릴오 悟、迕通 遇

⿰忄殳 [역] 用心마음쓸역 陌

忡 [충] 憂也ㅣㅣ근심할충 東

忯 [지][치] 怙恃믿을지 恀同字 치義同

忨 [완] 愛也사랑할완 貪也탐할완 翫通 翰

⿱亓心 [기] 毒也독할기 敎也가르칠기 謀也꾀할기 惎의俗字

忥 [희] 息也쉴희 靜也고요할희 未

忮 [기] 強害懻ㅣ모질기、욕심낼기 狠也사나울기 嫉妒질투할기 寘

忧 [우] 心動마음동할우 宥

⿱㞢心 [지] 心之所之뜻지 意向뜻할지 志의古字

忦 [개] 憂懼근심하고 두려워할개 卦

㤅 [애] 仁之發 사랑애 親也 친할애 憐也어여삐여길애 吝惜아낄애 喜也좋아할애、기뻐할애 愛의古字

忳 [순] 憂也근심할순 眞

忣 [관] 急

性급한성품판、조급할판 悔也뉘우칠판 願

㤃 방 忌憚꺼리길방、꺼릴방 陽

忭 변 踴躍뛰놀변 喜樂貌즐거울변 昪通 霰

忪 종 驚也놀랄종 惶遽황겁할종 心動不正마음들뜰종 冬

㤄 패 怒也성낼패 泰隊

忩 총 急遽바쁠총 遑遽貌총총할총、덤빌총 怱의俗字

忬 서 여 緩也느릴서 先也미리여 豫、紓同字 御魚

㤆 파 懼也두려울파 怕同字

快 쾌 爽ㅣ상쾌할쾌 稱心可也쾌할쾌 急也빠를쾌 可也가할쾌 卦

忳 돈 悶也민망할돈 元

忲 태 설 奢也사치할태 習也익힐설 忕의譌字

忴 검 心急마음급할검 鹽

忿 분 紛也엉클어질분 問

念 념 誦也외울념 常思생각할념 二十日ㅣ스물념 刹那눈깜짝할동안념 豔

㤋 홀 깜짝할홀 忽同字

忷 흉 懼也두려울흉 恟、凶同字

忿 분 恨也한할분 悁也분할분ㅣ怒노할분 吻問

忶 훈 心鬱마음답답할훈 元

忽 홀 忘也잊을홀 倏ㅣ깜짝할홀홀、홀연할홀 輕也가벼울홀홀 蠶吐絲누에실토할홀 芴同字 芴通 月

㤉 가 아 伏態엎드린모양가、아義同 麻

忥 기 思也생각할기

忸 뉴 뉵 習也익을뉴、慙也부끄러울뉵 有屋

忼 강 歎息할강 倜儻뜻이크고기개있을강 慷同字 養

忺 험 心所欲하고자할험 鹽

恔 효 快也쾌할효 岐同字 肴

忹 왕 邪也간사할왕 養

忻 흔 喜也기쁠흔 文

五

怑 반 ㅣ悗不順거스릴반 翰

怇 거 蕺 視엽

四畫 — 心

二二三

…신여길거 ㊥語

怐 [子][후] 愚貌어리석을구 佝同字 후 義同 ㊥宥 ㊥遇

怗 [감] 心伏맘먹을감 ㊥覃

㤎 [가] 正也바를가 ㊥歌

怽 [말] 失也잃을말 忘也잊을말 ㊥曷

怏 [앙] 怨也원망할망 不滿ㅣ맘에차지아늘을망 歎適 ㊥養 ㊥漾

怉 [포] 心亂심란할포 懷也회포포、품을포 ㊥皓

怌 [비] 恐也두려워질비 ㊥支

怈 [예][체] 習也익힐예 明也밝을예 愧同字체 義同 ㊥霽

怍 [작] 顏色變안색변할작 慚也부끄러울작 作同字 ㊥藥

怋 [민] 亂也어지러울민 悶也민망할민 ㊥眞

怎 [즘] 助辭어조사즘 語辭猶何也어찌즘 ㊥侵

怊 [초] 悲也슬플초ㅣ悵失意貌섭섭할초 ㊥蕭

㤁 [교] 伏態엎드릴교 ㊥肴

怒 [노] 氣激憤發성낼노、짜증낼노 奮也뽐낼노 ㊥麌 ㊥遇

怵 [출] 怖心두려워할출 憂心근심할출 ㊥質

㤐 [노] 성낼노 怒同字

急 [급] 迫也급할급 疾也빠를급 窘也군색할급 褊좁을급 ㊥緝

怓 [뇨] 心亂심란할뇨 ㊥肴

怀 [부] 從也좇을부、따를부 心附붙을부 ㊥遇

㤹 [수] 念慮염려할수 ㊥尤

怡 [이] 悅也기쁠이 和也화할이 樂也즐거울이 ㊥支

㤆 [모] 慢易업신여길모 侮의古字

怤 [부] 稅也기꺼울부 思也생각부 ㊥虞

㤅 [모] 計也꾀모 圖도모할모 謀同字 古音무 ㊥尤

怢 [돌] 忽忘갑박잊을돌 ㊥月

怕 [파] 懼也두려울파 ㊥禡

怣 [우] 最也가장우 甚也더욱우 咎也탓할우 尤의古字

怔 [정] 不安가슴두근거릴정 惶遽황겁할정 懼也貌ㅣ營두…

려워할정 (庚)

怟 [제] 悶也 민망할제 (霽)

怖 [포] 懼之놀라게할포 惶懼 두려울포 (遇)

怠 [태] 遲也 느릴태 惰也 게으를태 慢也거만할태 殆通 (賄)

㤏 [동] 㤏ㅣ懼也 두려워할동 憂也근심할동 (冬)

怞 [추] 明也 밝을추 (尤)

怙 [호] 依也의지할호 恃也 믿을호 托也부탁할호 (麌)

⿰忄申 [신] 憂也 근심할신 (眞)

恒 [긍] 竟也마침긍 心如日日 마음한결같을긍 (蒸)

⿰忄夲 [고] 局也국한할고 知也 알고 (豪)

怚 [저] 氣劇거칠저 驕也교만할저 妒也투기할저 (御)(語)

⿰忄本 [분] 性不慧성품총명치못할분 愚也어리석을분 (元)

怛 [달] 悼也슬퍼할달 驚也깜짝놀랄달 勞也 수고로울달 ⿱旦心同字 (曷)

⿰忄甲 [합] 喜也 기쁠합 樂也 즐거울합 (洽)

怜 [령][련] 慧也영리할령 可哀 불쌍할련 憐同字 (青)(先)

思 [사] 願也 원할사 念也생각할사 語助辭 어조사사 意ㅣ의사사 慮也생각사 (寘)

⿱旦心 [달] 깜짝놀랄달 怛同字

怺 [영] 堪也 견딜영 (日)

怦 [평] 忠直칼칼할평 心急마음급할평 (庚)

恴 [신] 신하신 臣古字

性 [성] 質也바탕성 欲 색욕성 天理賦ㅣ命 성품성ㅣ情 마음성 (敬)

⿱𠨕心 [원] 恨也원망할원 怨의古字

怨 [원] 恚也분낼원 讎也원수원 恨也원망할원 (願)(元)

怾 [기] 山名 산이름기 (韓)

怪 [괴] 疑也의심할괴 奇也기이할괴 異也괴이할괴 妖也요괴괴 人妖物孽괴물괴 驚歎辭깜짝놀랄괴 傀同字 (卦)

怶 [피] 怒也 성낼피 (支)

⿱代心 [특] 違也 어그러질특 (職)

⿰忄咼 [외] 惡也 나쁠외 (卦)

怩 [니][닐] 心慚忸ㅣ 겸연쩍을니

愧也부끄러울니、닐 義同 (支)(質)

(屮+心) [출] 初生苗密다부룩히 첫싹날출 (質)

(尸+心) [니][닐] 겸연쩍을니、부끄러울니、닐 義同 怩의 古字

怵 [출] 悽愴슬플출 恐也두려워할출 (質)

(忄+弘) [횡] 失志貌실심할횡 (庚)

怳 [황] 難狀 冲漠황홀할황 狂貌 怳ㅣ미친모양황 自失貌실심할황 (養)

(弗+心) [필][불][비] (弼)ㅣ輔也도울필 正弓器도지개필 重也거듭필의 古字 (髴)ㅣ髴ㅣ苦似비스름할불、비슷할불의 同字 鬱也답답불의 同字 (怫)悁心不安괴란할비 忿貌발끈할비

怴 [월] 愚也어리석을월 (月)

怫 [불][비] 鬱也답답할불ㅣ悁心不安 괴란할비 忿貌발끈할비 (物)(未)

怲 [병] 憂也근심할병 (梗)

怬 [희] 息也쉴희 (寘)

怰 [현] 賣也팔현 (霰)

(忄+反) [연] 弱也약할연 (銑)

(忄+宁) [저] 智也지혜저 (語)

怭 [필] 慢也업신여길필 佖通 (質)

怱 [총] 急遽바쁠총 遑遽貌총총할총 先自猖獗덤빌총 悤의 俗字 (東)

怮 [요][유] 憂貌ㅣㅣ근심할요、눈살찌프릴요 含怒不言부루퉁할유 憂貌근심할유 (蕭)(尤)

怯 [겁] 多畏무서워할겁 恐也겁낼겁 恐脅겁박할겁 㤼同字 (葉)

六

恁 [임][님] 念也생각할임 信也믿을임 如此이러할님 (沁)(侵)

(忄+行) [항] 悅也기쁠항 (陽)

(臣+心) [론] 無廉염치없을론 (臣+心)의 俗字

(工+卩+心) [공] 두려울공 恐俗字

(夕+卩+心) [론] 염치없을론 (臣+心)의 俗字

(忄+曳) [예][체] 習也익힐예 明也밝을예、체 義同 (霽)

恀 [지][치] 怙恃믿을지、치 義同 (紙)

恐 [공] 慮也염려할공 懼也두려울공 億度헤아릴공 疑也의심낼공 (宋)

恃 [시] 依也의지할시 賴也믿을시 毋也어머니시 (紙)

⿱并心 [팽] 腹痛배아플팽 (庚)

恂 [순][준] 信實貌진실할순 信也믿을순 恭貌공손한모양순 嚴也ㅣ慄엄할준 (眞)(寘)

恏 [호] 慾也욕심낼호 (皓)

恁 [임][님] 念也생각할임 信也믿을임 如此이러할님 恁同字

㤑 [욱] 悸也가슴두근거릴욱 心動마음움직일욱 (屋)

怴 [훌] 狂也미칠훌 (質)

恍 [황] 不明흐리멍덩할황 昏也어두울황 不明ㅣ惚황홀할황 慌、怳同字 (養)

恄 [길] 畏也두려워할길 (質)

恎 [질] 惡性괴악한성품질 (質)

恒 [항][긍] 久也늘항 常也항상항 故也옛항 平素언제든지항、月弦달언저리긍、달시위긍 徧也두루할긍 (蒸)(徑)

⿱曲心 [공] 懼也두려울공 慟也겁낼공 恐同字

恅 [로] 恅ㅣ心亂심란할로 (皓)

恌 [조] 偸薄경박할조 (蕭)

恇 [광] 恐也두려워할광 怯也겁낼광 (陽)

⿰忄列 [렬][례] 憂也근심할렬 驚也놀랄례 (屑)(霽)

恈 [모] 貪愛탐내어아낄모 貪也탐낼모 古音무 (尤)

⿱列心 [렬][례] 憂也근심할렬 驚也놀랄례 ⿰忄列同字

恆 [항][긍] 久也늘항 常也항상항 弦也시위긍 徧也두루할긍 恒同字

⿰忄宅 [탁][차] 量也요량할탁 ㅣ傺마음이안정되지않는모양차 (藥)(麻)

悁 [연][견] 忿也분할연 憂也근심할연 躁急조급할견 悁의俗字

恋 [련] 眷念생각할련 慕也사모할련 戀의俗字

⿰忄充 [충] 心動마음동할충 惶急마음두근거릴충 (東)

⿰忄条 [찰] 責也꾸짖을찰 (黠)

⿰忄夅 [강] 恨也한할강 (絳)

⿰忄米 [미] 迷惑미혹할미 (支)

恊 [협] 怯

也겁낼협 威力相恐 위협할협 愶同字

恑 궤 悔也뉘우칠궤 變也변할궤 ㊎紙

恬 념 靜也고요할념、태평한모양념 安也편안할념、편안념 古音첨 ㊎鹽

恔 교 爽也시원할교 快也쾌할교 恔同字 古音효 ㊎效

恓 서 煩惱貌ㅣ惶애쓸서、번뇌할서 ㊎齊

恨 한 怨之極한할한 悔也뉘우칠한 恨同字

恳 간 悃也정성간 信也믿을간 懇의略字

恕 서 忖也헤아릴서 仁也어질서 以己體人 용서할서 ㊎御

恚 에 憤也분낼에、恨怒성낼에 嗔ㅣ원망할에 本音훼 ㊎寘

恩 은 愛也사랑할은、사사은 惠也은혜은、덕택은、신세은 ㊎元

恧 뉵 慚愧부끄러울뉵、겸연쩍을뉵 忸同字 ㊎屋

⿱屮心 사 縣名고을이름사 莎同字 ㊎歌

恗 과 自慢자랑할과 心自大큰체할과 誇同字 ㊎麻

恦 상 思也생각할상 ㊎漾

恨 한 悔也뉘우칠한 怨之極한할한 憾也유감되게여길한 ㊎願

恖 사 念也생각할사 慮也생각사 思同字

恘 휴 戾也어그러질휴 ㊎尤

耻 치 辱也욕될치 慙也부끄러울치 ㊎紙

恙 리 憂也근심할리 ㊎寘

恙 양 憂也근심할양 病也병양 ㊎漾

恛 회 昏亂貌마음허둥거릴회 ㊎灰

⿱回心 실 詳盡知也다알실 窮究궁구할실 悉同字

恤 휼 賑也기민먹일휼 憂也근심할휼 相愛사랑할휼 愍也불쌍히여길휼 卹通、古音술 ㊎質

恜 칙 怯也겁낼칙 惕也조심할칙 ㊎職

⿰忄次 자 방자할자 恣同字

恣 자 縱也 放ㅣ방자할자、제멋대로할자 ㊎寘

恟 흉 懼也두려울흉 凶同字 ㊎冬、

恝

恝 개 괄 無愁貌 걱정없을개 恝同、괄 義同本音갈 卦

恞 이 悅也 기꺼울이 夷通 支

恢 회 拓也 넓힐회 大也 클회 灰

恔 해 若貌 괴로워할해 隊

恑 괴 奇也 기이할괴 異也 괴이할괴 怪의俗字

恡 린 鄙也 더러울린、비루할린 慳也 아낄린 悋同字

⿱汙心 오 貪也 탐할오 汙通 遇

恫 통 동 呻吟끙끙앓을통 痛也 슬플통 痛也 아플통 不得志뜻 같지않을동 ー疑虛喝 놀라게할동 痛同字 東 送

⿱亘心 덕 行道有得큰덕 品行품행덕 德同字

恭 공 從和 공순할공 敬也 공경할공 肅也 엄숙할공 奉也 받들공 共通 冬

⿱各心 각 정성각、삼가할각 恪同字

⿱丞心 경 강 福也 경사경 善也 착할경、즐거워할경 福也 복강 慶의古字 號 陽

恵 혜 仁也 어질혜 順也 순할혜 恩也 은혜혜、덕택혜 惠의略字

恪 각 敬也 공경할각 誠也 정성각 謹也 삼가할각 藥

息 식 止也 그칠식 休也 쉴식 職

恲 병 慷慨개반할병 滿也 찰병 庚

恄 후 和也 화할후 尤

⿰忄共 공 戰慄 떨공 腫

⿰忄𡿺 뇌 事物撓心다걸뇌、고달플뇌 煩ー번뇌할뇌 惱同字 本音노 皓

⿱共心 공 敬也 공경할공、받들공 恭同字

恮 전 謹也 삼갈전 先

⿱㞷心 광 心病 미칠광 失情錯亂정신잃을광 狂同字 陽

⿰忄自 식 休也 쉴식 止也 그칠식 息同字

恰 흡 鳥聲ーー새소리흡 適當辭 마침흡、흡족할흡 宛然흡사할흡 本音겹 洽

⿱心吅 심 犬吐 개가토할심 吣同字 沁

⿰忄衣 의 哀也 애통할의 紙

悅 열 樂也 즐거울열 喜也 기꺼울열 服也 복종

할열 姓也 성열 悅同字 說과 通 (屑)

⿱合心 [흡] 合也 합할흡 (緝)

(七)

⿰忄呂 [려] 蕺視 업신여겨려 (語)

⿱包心 [곤] 無廉 염치없을곤 (阮)

⿰忄弄 [롱] 愚直 고지식할롱 (送)

恿 [용] 氣健、銳也 날랠용 果敢 용맹할용 ㅣ氣 용기용 勇同字 (腫)

悅 [열] 喜也 기꺼울열 樂也 즐거울열 服也 복종할열 姓也 성열 說通 (屑)

恾 [망] 怖也 겁낼망 憂貌 ㅣㅣ 걱정할망 忙通 (陽)

悄 [초] 憂心ㅣㅣ 근심할초 (篠)

悀 [용] 忿也 분할용 怒也 성낼용 (腫)

⿱狂心 [광] 惑也 혹할광 詐也 거짓광 誑也 그릇할광 (漾)

悂 [비] 錯謬 어긋날비 (支)

悃 [곤] 至誠ㅣ愊 지성스러울곤、정성곤 (阮)

悁 [연][견] 憂也 근심할연 忿也 분할연 躁急 조급할견 (先)(霰)

悅 [열] 즐거울열、기꺼울열 悅同字

⿰忄否 [폐] 恃也 믿을폐 (賄)

⿰忄壯 [장] 不悅 기쁘지 않을장 (養)

悆 [여] 悅也 기쁠여 (御)

悖 [패][발] 逆也 거스를패 亂也 어지러울패 戾也 어지러질패 盛貌 성할패、발 義同 誖同字 (隊)(月)

悕 [희] 願也 원할희 念也 생각할희 悲也 슬플희 (微)

悇 [도][서] 懷憂貌 속끓일도 禍福未定 悇憛ㅣ의심할도 喜也 즐거울서 (魚)(虞)(麌)

悉 [실] 皆也 다실 知也 알실 窮究 궁구할실 (質)

⿱每心 [회] 뉘우칠회、후회할회 悔同字

悓 [견] 譬喩 비유할견 (霰)

悈 [계][극] 警戒 경계할계 飭也 신칙할계 急也 급할극 (卦)(職)

悊 [철] 明也 밝을철 智也 슬기로울철 哲의 古字 (屑)

⿰忄巠 [형] 違也 어긋날형 (迥)

㤅 [애] 仁之發 사랑애 親也 친

할애 喜也좋아할애、기뻐할애 愛同字 (隊)

⿰忄冋 [형] 憶也기억할형 (靑)

悔 [회] 失敗실패할회 懊也뉘우칠회 恨也한할회 後ㅣ후회회 改也고칠회 (賄)

忮 [지] 忘也잊을지 (寘)

怎 [작] 疑也의심할작 慚也부끄러워할작 作同字 (藥)

恡 [린] 鄙也더러울린、비루할린 慳也아낄린 悋의俗字 (霽)

悐 [척] 憂懼貌두려워할척 惕同字 (錫)

悋 [린] 慳也이낄린 鄙也더러울린、비루할린 吝同字 (震)

悌 [제] 柔也부드러울제 樂易愷ㅣ개제할제 善事兄공경할제 弟通 (震)

悒 [읍] 憂也근심할읍 鬱ㅣ不安답답할읍 (緝)

悏 [협] 생각할협 ⿱夾心同字

⿱旱心 [간] 詐也간사할간 姦也간음할간 姦의古字 奸과通 (刪)

悍 [한] 強很、急也사나울한 性急독살스러울한 桀也모질한 勇也날랠한 (翰)

㤅 [애] 髣髴ㅣ然방불할애 玻瓈類돋보기애 嗚唈흐그흑느낄애 僾의古字 (隊)

⿱夾心 [협] 思也생각할협 (葉)

恐 [공] 懼也두려울공 怯也겁을낼공 恐의本字 (腫)(宋)

悎 [고][곡] 驚也놀랄고、懼也두려워할곡 (效)(沃)

⿰忄豆 [부] 暫怒잠깐성낼부 (有)

悗 [문][만] 廢忘잊어버릴문 疑惑의혹할만 (阮)(寒)

⿰忄耴 [습][첩] 黠貌약은체할습 志輕경망스러울첩 (葉)

您 [니] 汝也너니 你俗字

⿰忄更 [경] 怨也원망할경 (梗)

⿰忄⿱巛凶 [뇌] 다릴뇌、고달플뇌 惱의俗字

⿱医心 [예][의] 靜也고요할예 詳也자상할의 (霽)(支)

⿰忄尨 [망][방] 惛也어두울망 愚也어리석을방 (江)(絳)

悩 [뇌] 事物撓心다릴뇌、고달플뇌 惱의略字

悙 [형][행] 憉ㅣ

自矜健貌 굳센체할 횡 悵ㅣ疎率 추솔할 쟁 庚

悚 [송] 懼也 송구할 송 怖也 두려울 송 腫

[illegible] [소] 生革 날가죽 소 遇

恬 [탄] 愚也 어리석을 단 阮

忴 [금] 心堅 마음단단할 금 琰

悛 [전] 止也 그칠 전 改也 고칠 전 責心 마음 꾸짖을 전 次也 차례 전 俗音 준 先

[illegible] [한] 怨之極 한할 한 悔也 뉘우칠 한 恨의 本字 願

[illegible] [하] 怨也 원망할 하 麻

[illegible] [함] 荒也 거칠 함 恣也 방자할 함 覃

悜 [정] 心不盡了 마음껏하지 못할 정 梗

[illegible] [저] 驕也 교만할 저 妒也 투기할 저 氣劇 거칠 저 怚同字 御 語

[illegible] [분] 動也 움직일 분 、일할 분 吻

[illegible] [기] 恭也 공손할 기 寘

[illegible] [선] 憐也 가련할 선 霰

悤 [총] 急遽 빠를 총、총총할 총 東

患 [환] 疾病 병들 환 憂也 근심 환 禍也 새화 환 難也 어려울 환 諫

悟 [오] 啓發人 우쳐줄 오 覺也 깨달을 오 寤通 遇

悝 [리][회] 悲也 슬퍼할 리 憂也 근심할 리 疾也 미워할 리 里通、大也 클 회 哃也 지껄일 회 紙 灰

悧 [리] 慧也 똑똑할 리、영리할 리 俐同字 寘

悢 [량] 惆悵 섭섭할 량 悲也 슬플 량 漾

[illegible] [좌] 摧折 꺾을 좌、꺾어질 좌 搦也 바로잡을 좌 挫同字 箇

悞 [오] 欺也 속일 오 謬也 그릇 오 疑惑 의심할 오 誤同字 遇

悠 [유] 思也 생각할 유 遠也 멀 유 閒暇貌 한가할 유 眇邈無限 아득할 유 攸通 尤

悐 [척] 心自不安 마음 편치 않을 척 錫

俅 [구] 咎也 허물 구 尤

悪 [악] 사나울 악 惡의 俗字

八

悾 [공][강] 無知貌 어리둥절할 공 誠也 정성스러울 공 失意ㅣ憁 경황

없을공 信也 믿을강 (東)(江)

悱 [비] 有意未言 뜻은알고있으나 말못할비 憤也 분낼비 (尾)

悰 [종] 樂也 즐거울종 愺同字 (冬)

惂 [감] 苦也 괴로울감 憂也 근심할감 (感)

悲 [비] 寒心 한심할비 痛也 슬플비 憐也 불쌍히여길비 (支)

[illegible] [탐] 思也 생각할탐 失志貌 심심할탐 (勘)

惀 [론] 思也 생각할론 (元)

惃 [곤] 亂也 어지러울곤 (阮)

[illegible] [염][엄] 意氣多貌 ㅣ憸 의기많을체할염 甘心貌 마음에달게여길엄 (豔)(鹽)

[illegible] [식] 專也 오로지식 (職)

悽 [처] 痛也 아플처 悲也 슬퍼할처 (齊)

悿 [첨] 心弱 마음약할첨 (琰)

[illegible] [덕] 큰덕 悳同字

悳 [덕] 큰덕 德同字

[illegible] [태] 恣也 방자할태 (隊)

[illegible] [호] 恃也 믿을호 依也 의지할호 怙同字 (麌)

悵 [창] 悲也 슬플창 望也 根섭 섭할창 失意貌 실심할창 (漾)

悴 [췌] 瘦瘠 파리할췌 憂也 근심할췌 顇同字 (寘)

㥄 [릉] 驚也 놀랄릉 哀也 슬퍼할릉 (蒸)

[illegible] [구] 怨也 원망할구 (有)(尤)

悶 [민] 懣也 민망할민 煩ㅣ 번민할민 心煩鬱 속답답할민 (願)

[illegible] [득] 獲也 얻을득 貪也 탐할득 得同字 (職)

[illegible] [애] 恨也 한할애 (卦)

悻 [행] 狠怒 발끈성낼행 婞同字 (迥)

[illegible] [민] 속답답할민、민망할민 悶同字

悸 [계] 帶下垂貌 띠늘어질계 心動 마음두근거릴계 (寘)

[illegible] [달] 驚懼 놀라울달 悲慘 슬플달 怛同字

[illegible] [도] 슬퍼할도 悼同字

悷 [려][리] 悲貌 悷慄ㅣ 서러워할려、리 義同 (霽)

悹 [관] 憂也 근

심할관 (旱)

悼 [도] 早夭일찍죽을도 悲也슬퍼할도 (號)

悺 [관] 근심할관 悹同字

愸 [녁] 飢意思也 마음줄일녁

慯通 (錫)

⿰忄玆 [견][현] 布名베이름견 嚴也엄할현 (先)(銑)

悃 [곤][군] 倦也싫증날곤 勞也 고달플곤、군義同 (眞)(同)

惓 [권] 懇至정성스러울권 謹也삼갈권 卷通 (先)

⿱玆心 [견][현] 베이름견、엄할현 ⿰忄玆와同字

⿰忄典 [전] 慚也부끄러울전 靦通 (銑)

悡 [리] 悅也기뻐할리 恨也한할리 怠慢태만할리 (支)

情 [정] 心中마음속정 性之動 意也뜻정 實也실정 (庚)

惆 [추] 失意실심할추 ㅣ悵 悲愁섭섭할추 (尤)

惑 [혹] 疑也의심낼혹 迷也미혹할혹 眩亂현란할혹 無定處헤맬혹 或通 (職)

惒 [화] 順也순할화 諧也화할화 合也합할화 和의俗字

⿰忄戔 [잔] 害也해로울잔 (寒)

惈 [과] 敢勇감행할과 (哿)

⿰忄東 [동] 愚也어리석을동 (東)

惐 [역] 心痛마음아플역、가슴아플역 (屋)

惇 [돈] 人情인정있을돈 厚也두터울돈 勉也힘쓸돈 (元)

惉 [첨] 不和ㅣ화하지못할첨 不和音속소리와자할첨 怗同字 (鹽)

惏 [람][림] 貪也탐할람、㦟寒也떨릴림 婪同字 (覃)(侵)

⿰忄桼 [접][첩] 危懼두려울접 懼貌 눈휘둥그릴첩 惵同字 (葉)

惊 [량] 悲也슬플량 (漾)

怗 [첩] 편안할첩 惦同字

惦 [첩] 安也편안할첩 (葉)

⿰忄忩 [총] 悾ㅣ失意貌실심할총 ㅣ恫不得志貌뜻같지않을총 憁의俗字

⿰忄知 [치] 心善마음착할치 (紙)

⿰忄其 [기] 가르칠기、꾀할기 惎同字

惎 [기] 敎也가르칠기 毒也독

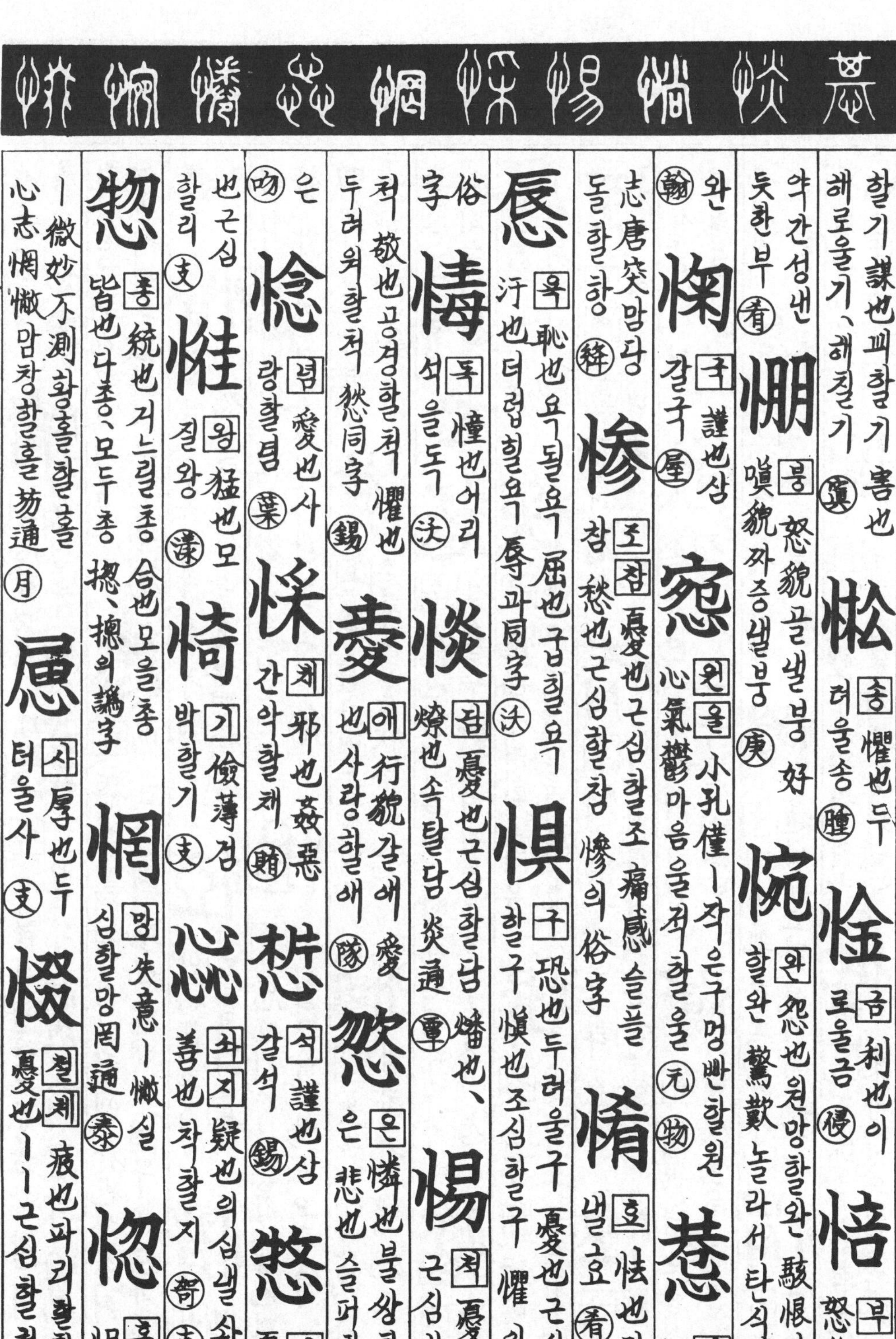

할기 謀也 꾀할기 害也 해로울기、해칠기 (寘)

忪 [송] 懼也 두려울송 (腫)

惍 [금] 利也 이로울금 (侵)

㤳 [부] 小怒貌 약간 성낸 듯한부 (有)

㥊 [붕] 怒貌 골낼붕 好嗔貌 짜증낼붕 (庚)

惋 [완] 怨也 원망할완 駭恨한 할완 驚歎 놀라서 탄식할완 (翰)

㤢 [국] 謹也 삼갈국 (屋)

惌 [원][울] 小孔僅ㅣ작은구멍빤할원 心氣鬱 마음울적할울 (元)(物)

𢝫 [항] 心志唐突 망당돌할항 (絳)

惨 [조][참] 憂也 근심할조 痛感 슬플참 愁也 근심할참 慘의 俗字

㤊 [효] 怯也 겁낼효 (肴)

㤕 [욕] 恥也 욕될욕 屈也 굽힐욕 汙也 더럽힐욕 辱과 同字 (沃)

惧 [구] 恐也 두려울구 憂也 근심할구 愼也 조심할구 懼의 俗字

𢙄 [독] 憧也 어리석을독 (沃)

惔 [담] 憂也 근심할담 燔也、燎也 속탈담 炎通 (覃)

惕 [척] 憂也 근심할척 敬也 공경할척 懼也 두려워할척 愁同字 (錫)

𢖻 [애] 行貌 갈애 愛也 사랑할애 (隊)

慇 [은] 憐也 불쌍할은 悲也 슬퍼할은 (吻)

惗 [념] 愛也 사랑할념 (葉)

㥒 [채] 邪也 姦惡 간악할채 (賄)

惁 [석] 謹也 삼갈석 (錫)

㤸 [리] 憂也 근심할리 (支)

㤮 [왕] 猛也 모질왕 (漾)

㥓 [기] 儉薄 검박할기 (支)

惢 [쇄][지] 疑也 의심낼쇄 善也 착할지 (哿)(支)

惣 [총] 統也 거느릴총 合也 모을총 皆也 다총、모두총 摠、揔의 譌字

惘 [망] 失意ㅣ惝 실심할망 罔通 (漾)

惚 [홀] 怳ㅣ微妙不測 황홀할홀 心志惘惝 망창할홀 芴通 (月)

愢 [사] 厚也 두터울사 (支)

惙 [철][체] 瘵也 파리할철 憂也ㅣㅣ근심할철

性急성미급할쥐 (胥)(齊)

惰 [유] 心動마음동할유 (屋)

惡 [악] 不良나쁠악、不善악할악、모질악ㄱ 醜陋못생길악 憎也미워할오 恥也부끄러울오 何也어찌오 歎辭허오 (藥)(遇)(虞)

恵 [혜] 恩也은혜혜、덕택혜 仁也어질혜 順也순할혜 賜也줄혜 三隅予세모창혜 (霽)

惛 [혼] 迷忘혼미할혼 不明了ㅣ然흐리멍덩할혼 㬰同字 (元)

[忄亞] [아] 心鬱속답답할아 (禡)

惜 [석] 吝也아낄석、아까울석 憐也가엾을석、불쌍히여길석 愛也사랑할석 (陌)

惟 [유] 思也생각할유 謀也꾀유、꾀할유 獨也오직유 語助辭어조사유 唯同字 (支)

惞 [흔] 笑喜기쁠흔 好也좋아할흔 欣同字 (文)

惝 [창] 失意不悅貌 실심할창 驚貌ㅣㅣ놀란모양창 [忄敞]同字 (養)

九

愁 [수] 慮也염려할수 憂也근심수、수심할수 歎也탄식할수 古音추 (尤)

惱 [뇌] 憂也걱정할뇌 撓心懊ㅣ번뇌할뇌 (皓)

[忄臾] [유] 懼也두려워할유 憂也근심할유 (虞)(麌)

[忄咠] [집] 心不斷行마음끊지못할집 (緝)

[忄弭] [미][면] 止也그칠미 厲也힘쓸미、면義同 (紙)(銑)

惰 [타] 懈ㅣ 懶也게으를타 怠也태만할타 媠同字 (哿)(箇)

[忄亟] [극] 急性급한성품극、경망할극 (職)

愀 [초] 容色變ㅣ然해쓱할초ㅣ然풀이죽을초 (篠)

惲 [운] 議也의논할운 重厚혼후할운 謀也꾀할운 (吻)

[忄某] [모] 愛也사랑할모 或音무 (麌)

[忄叟] [수] 困ㅣ氣臭董鼻不通냄새코찌를수 (宥)

[忄胃] [위] 不安貌걱정할위ㅣ慨한탄할위 (未)

惴 [췌] 憂懼ㅣㅣ근심하고두려워할췌 本音춰 (寘)

惛 [혼] 不憭혼암할혼ㅣ迷마음흐릴혼 惽同

字 元

想 [상] 心有所欲而思생각할상、생각상 意之뜻할상 冀思희망상 職

惵 [접][첩] 危懼ㅣㅣ두려울겁 懼貌두려워할첩 葉

⿰忄却 [각][극] 勞也고달플각 疲也피로할극 倦也싫증날극 藥 陌

惼 [편] 性狹ㅣ愜편협할편 急也조급할편 本音변 銑

惶 [황] 惑也혹할황 遽也바쁠황 懼也두려워할황 陽

惷 [준] 動搖ㅣㅣ흔들릴준 愚也아둔할준 亂也어지러울준 蠢同字 軫

⿰忄度 [탁] 忖也헤아릴탁 度同字 藥

⿰忄省 [성] 惺覺悟깰정 梗

惸 [경] 獨也無兄弟고독할경 憂也ㅣㅣ근심할경 煢 、煢同字 庚

惹 [야] 誽也괴흘할야ㅣ起생각게할야 引著이끌야 馬

⿱則心 [측] 아플측 惻同字 職

惻 [측] 愴也ㅣㅣ불쌍히여길측ㅣ隱불쌍할측 痛也아플측 俗音칙 職

惺 [성] 了慧ㅣ憓똑똑할성 悟也ㅣㅣ깨달을성、깰성 梗 青

⿰忄若 [낙] 心許허락낙 諾同字 齊

惿 [제] 心却ㅣ斷심겁할제 心弱맘약할제 齊

⿰忄㒸 [수] 心藏마음잡을수 眞

⿱令心 [긍][근][환] 自賢자랑할긍 矛柄창자루근 老無妻홀아비환 矜의俗字

⿰忄者 [획] 心驚動마음울렁거릴획 陌

愁 [수] 憂也근심수 愁와同字

⿰忄壴 [계] 小怒止也약간성내고말계 霽

⿰忄蛊 [충] 憂也근심할충 東

愐 [면] 思也생각할면 勉也힘쓸면 銑

⿰忄彖 [휴] 心不平편치않을휴 齊

愃 [선][훤] 快也쾌할선、寬雅너그럽고아담할훤 先 阮

⿰忄重 [종] 遲也늦을종 宋

⿰忄叜 [수] 快也ㅣ㳤쾌쾌할수 古音소 號

愄 [외] 心善마음착할외 灰

意 [의] 思也생각의 志之

發心所嚮 뜻의 義理의 리의 勢也 형세의 埶通 (寘)

愅 [격] 飾也 꾸밀격 諽同字 (陌)

惄 [녁] 憂也 근심할녁 (錫)

愎 [퍅] 自用剛ㅣ 강할퍅 狠也 사나울퍅 戾也 어그러질퍅 古音벽 (職)

愍 [민] 傷也 서러워할민 悲也 슬퍼할민 憐也、恤也 불쌍히여길민 慜同字 (軫)

⿰忄柔 [노] 劣也 못할노、용렬할노 (豪)

愆 [건] 過也 허물건 罪也 죄건 差爽 어기어질건 (先)

愌 [환] 逆也 거스를환 (翰)

愊 [핍][픽] 鬱也 답답할핍 誠意 성의핍 至誠悃ㅣ 정성스러울픽 (緝)(職)

愈 [유] 堅也 어질유 勝也 나을유 益也 더할유 甚也 ㅣㅣ 심할유 過也 지날유 病差 병나을유 癒通 (麌)

愇 [위] 恨也 한할위 (尾)

愋 [훤][원] 恨也 한탄할훤 忘也 잊을훤 知也 슬기원 (元)

⿰忄屎 [치] 不安貌 불안할치 (寘)

⿰忄胥 [서] 智也 지혜서 (魚)

⿰忄酋 [추] 惡也 나쁠추 傲也 교만할추 (尤)

⿰忄每 [총] 愚也 어리석을총 (迥)

愉 [유][투] 樂也 즐거울유 和悅 기뻐할유 媮通、苟也 구차할투 (虞)(尤)

⿰忄癸 [규] 心之燥急 조급할규 (支)

愉 [유][투] 기뻐할유、구차할투 愉와同字

愒 [할][갈][게] 喝也 으를할 恐之 두렵게할할 喝通 古音갈 貪也 忨ㅣ 탐할게 急也 급할게 息也 쉴게 (曷)(泰)(霽)

⿱囟心 [실] 詳盡知也 다알실 窮究 궁구할실 悉의 古字 (質)

⿰忄⿱大韋 [답] 恐也 겁낼답 (合)

⿱𦣻心 [우] 愁也 근심할우 (尤)

⿱⿰工凡心 [공] 懼也 두려울공 怯也 겁을낼공 恐과同字 (腫)(宋)

愕 [악] 阻礙不衣順 악지를악 倉卒驚遽錯ㅣ 놀랄악 (藥)

慈 [자] 愛也 사랑자 善也 착할자 仁也 어질자 慈의

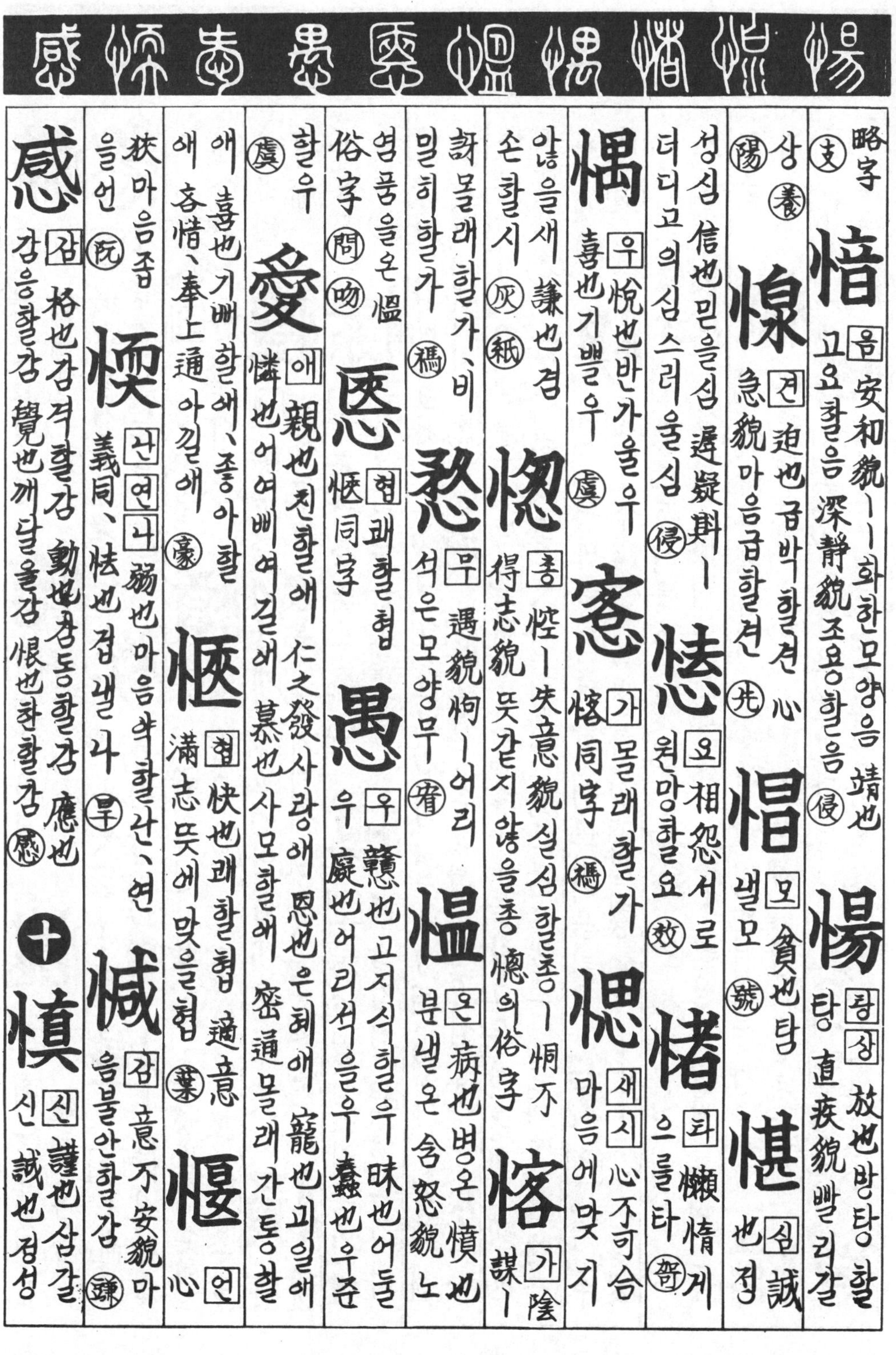

略字 (支)

愔 [음] 安和貌ㅣㅣ화한모양음 靖也 고요할음 深靜貌조용할음 (侵)

惕 [탕][상] 放也방탕할탕 直疾貌빨리갈상 (養)(陽)

[忄+泉] [견] 迫也급박할견 心急貌마음급할견 (先)

[忄+冒] [모] 貪也탐낼모 (號)

愖 [심] 誠也정성심 信也믿을심 遲疑貌ㅣ더디고의심스러울심 (侵)

愮 [요] 相怨서로원망할요 (效)

惰 [타] 懶惰게으를타 (哿)

[忄+禺] [우] 悅也반가울우 喜也기쁠우 (虞)

愙 [가] 몰래할가 愘同字 (禡)

[忄+思] [새][시] 心不可合마음에맞지않음을새 謙也겸손할시 (灰)(紙)

[忄+怱] [총] 悾ㅣ失意貌실심할총 ㅣ恫不得志貌뜻같지않음을총 憁의俗字

愘 [가] 陰謀ㅣ謀몰래할가、비밀히할가 (禡)

愗 [무] 遇貌怐ㅣ어리석은모양무 (宥)

愠 [온] 病也병온 憤也분낼온 含怒貌노염품을온 慍俗字 (問)(吻)

㥦 [협] 괘할협 愜同字

愚 [우] 戇也고지식할우 昧也어둘우 癡也어리석을우 蠢也우준할우 (虞)

愛 [애] 親也친할애 仁之發사랑애 恩也은혜애 寵也괴일애 憐也어여쁘여길애 慕也사모할애 密通몰래간통할애 喜也기뻐할애、좋아할애 吝惜、奉上通아낄애 (豪)

愜 [협] 快也쾌할협 適意滿志뜻에맞을협 (葉)

愝 [언] 心狹마음좁을언 (阮)

愞 [난][연][나] 弱也마음약할난、연 義同、怯也겁낼나 (旱)

[忄+咸] [감] 意不安貌마음불안할감 (豏)

感 [감] 格也감격할감 動也감동할감 應也감응할감 覺也깨달을감 恨也한한할감 (感)

⊕十

愼 [신] 謹也삼갈신 誠也정성

四畫—心

二三九

⿰忄𤰇 [비] 病極고달플 비 備同字 (卦)
⿰忄恖 [비] 惡心악한 마음비 (支)
愧 [괴] 慚也부끄러울 괴 媿同字 (寘)

愨 [각] 誠也정성각 謹也 삼갈각 慤同字 (覺)
⿰忄矣 [제] 心安寧ㅣ마 음편할제 (霽)
愺 [초] 心亂ㅣ 恅심란할 초 (皓)

⿰忄家 [가] 不安貌불 안할가 (禡)
愩 [공] 自矜잘난 체할공 (送)
愻 [손] 順也겸손할 손 謙恭공손할 손 遜同 字 (願)

愷 [개] 樂也즐거울개 康也편안할개 勝軍樂 승전악개 樂易ㅣ弟개제개 凱同字 豈通 (賄)
愪 [운] 憂 也근심 할운 (軫)

愫 [소] 眞情참뜻소 誠也 정성스러울소 素通 (遇)
愼 [신] 誠也정성스러울신 謹 也삼갈신 禁戒삼가하 게할신 靜也고요할 신 思也생각신 (震)

愶 [협] 怯也겁낼협 威力相恐위 협할협、으를협 本音겁 (葉)
⿰忄害 [해] 心 快마음이 쾌할해 (泰)

愬 [색][소] 告也고할소 驚懼ㅣㅣ놀랍고두려울색 訴也 하소할소、알릴소 讒也참소할소、일러바칠소「訴」에보 라、遡通 (陌)(遇)

愰 [황] 心明마음밝을황 明也밝을황 心不定ㅣ懩마음정하지못할황 (養)
㥮 [소] 愁也수 심소 憂 也근심 소 (豪)

愳 [구] 恐也두려울구 憂也 근심할구 懼의古字 (遇)(虞)
愭 [기] 敬也공경할기 恭 也공손할기 畏也두 려울 기 (支)

⿰忄泰 [태] 驕慢마음반지 빠를태 忲見 (泰)
愴 [창] 傷也서러울창、아 플창 悲也슬플창 (葉)
愲 [골] 心亂심 란할골 (月)

愮 [요] 惑也혹할요 悖也마음두근 거릴요 憂無所訴공공할요 (蕭)
⿰忄宮 [궁] 憂也우 려할궁 (東)
⿱留心

【류】怨也원망할류 (宥)

㥲 【타】懈ㅣ懶也게으를타 怠也태만할타 惰의古字 (哿)(箇)

㥬 【방】恐懼貌두려워할방 (陽)

㤸 【질】妒也미워할질 嫉同字 (質)

𢠢 【닉】걱정할닉 愵同字

愵 【닉】憂也걱정할닉 古音녁 (錫)

𢞂 【질】미워할질 㤸同字

𢞦 【이】不憂근심않을이 (紙)

𢡃 【신】삼갈신 愼同字

慏 【명】寬心마음너그러울명 (梗)

㥠 【설】弱心약한마음설 (屑)

𢞓 【경】憂也근심할경 (梗)

慍 【온】恨也한할온 怒也성낼온 病也병온 含怒貌노염품을온 縕同字 (吻)

㥳 【원】量也헤아릴원 測量측량할원 (元)

愾 【희】【개】太息한숨쉴희、歎ㅣ怒也성낼개 慨同字 (未)(隊)

𢠳 【탑】意下뜻물러갈탑 (合)

慊 【겸】【협】切齒恨앙심먹을겸 恨也한할겸 意不滿뜻에맞지않을겸 愜也맘에맞을겸 厭也싫을겸 或音겸 嗛、謙通、足也족할협 悏同字 (琰)(葉)

愿 【원】善也착할원 誠謹정성원 謹也삼갈원 原通 (願)

慄 【률】竦縮쭈그릴률 懼也두려울률 悽愴貌슬플률 竦縮송구할률 戰ㅣ떨릴률 悽愴처량할률 (質)

㦒 【협】適合마음에맞을협 (葉)

態 【태】姿也모양태 作姿驕ㅣ태도태 意也情ㅣ뜻태 (隊)

㥛 【해】心不平마음불평할해 (佳)

惀

【앙】狠戾ㅣ㥥어그러질앙 (講)

慁 【혼】辱也욕될혼 憂也근심할혼 亂也어지러울혼 悶亂민망할혼 (願)

慉 【휵】恨也한할휵 養也기를휵 畜通 (屋)

㥯 【은】공손할은 慇同字

㥵 【혼】근심할혼、욕될혼 慁同字

𢠽 【용】慫ㅣ조

롱용 勸也권할용 慫ㅣ傍勸거들어말할용 (腫)

慇 [은] 委曲ㅣ慇 은근할은 恭也공손할은 (文)

慆 [도] 疑也의심할도 藏也감출도 過也지날도 悅也기뻐할도 慢也거만할도 久也오랠도 (豪)

[寒心] [식] 充塞꽉찰식 塞也막힐식 (職)

[忄高] [고] 煩也번거러울고 (號)

慅 [소][초] 動也소동할소 勞也수고로울소、초 義同 (豪)(皓)

慈 [자] 仁也인자할자 愛也사랑자 母也어머니자 善也착할자 柔也부드러울자 憐也불쌍할자、은혜입을자 (支)

慌 [황] 不分明ㅣ惚황홀할황 昏也 [忄黨]ㅣ흐리멍덩할황 忘也잊어버릴황 怳同字 (養)

[恐丮] [공] 두려울공 恐本字

[忄冓] [강] 很戾慪ㅣ어그러질강 (講)

懎 [색] 恨也뉘우칠색 悲也슬퍼할색 (陌)

[民田心] [민] 病也병민 傷也민망할민 悲痛슬플민 憐也불쌍할민 閔、愍古字

[倏心] [숙] 疾也빠를숙、급할숙 忽也총총할숙 (屋)

[辱心] [욕] 요욕될욕 [忄辱]과同字

[忄辱] [욕] 恥也요욕될욕 屈也굽힐욕 辱의古字 (沃)

悆 [람] 憂也근심할람 悲愁貌 슬퍼할람 (感)

⊕十一

[敖心] [오] 거만할오 慠同字 (號)

慓 [표] 急也급할표 (蕭)

慠 [오] 倨也거만할오 (號)

慢 [만] 倨也거만할만 怠也게으를만 緩也느릴만 放肆방자할만 謾通 (諫)

慒 [종][조] 謀也꾀할종 慮也생각할종 悰同、亂也심란할조 (冬)(豪)

[忄𤰈] [비] 疲極고달플비 憝也다칠비 困也노곤할비 憊의本字 (卦)

[動心] [동] 哀過心動서러울동 慟과同字 (送)

慔 [모] 勉也힘쓸모 (遇)

[忄匿] [닐][닉] 愧也부끄러울닐 怩通、內怩속으로부끄러울닉 (質)(職)

慝

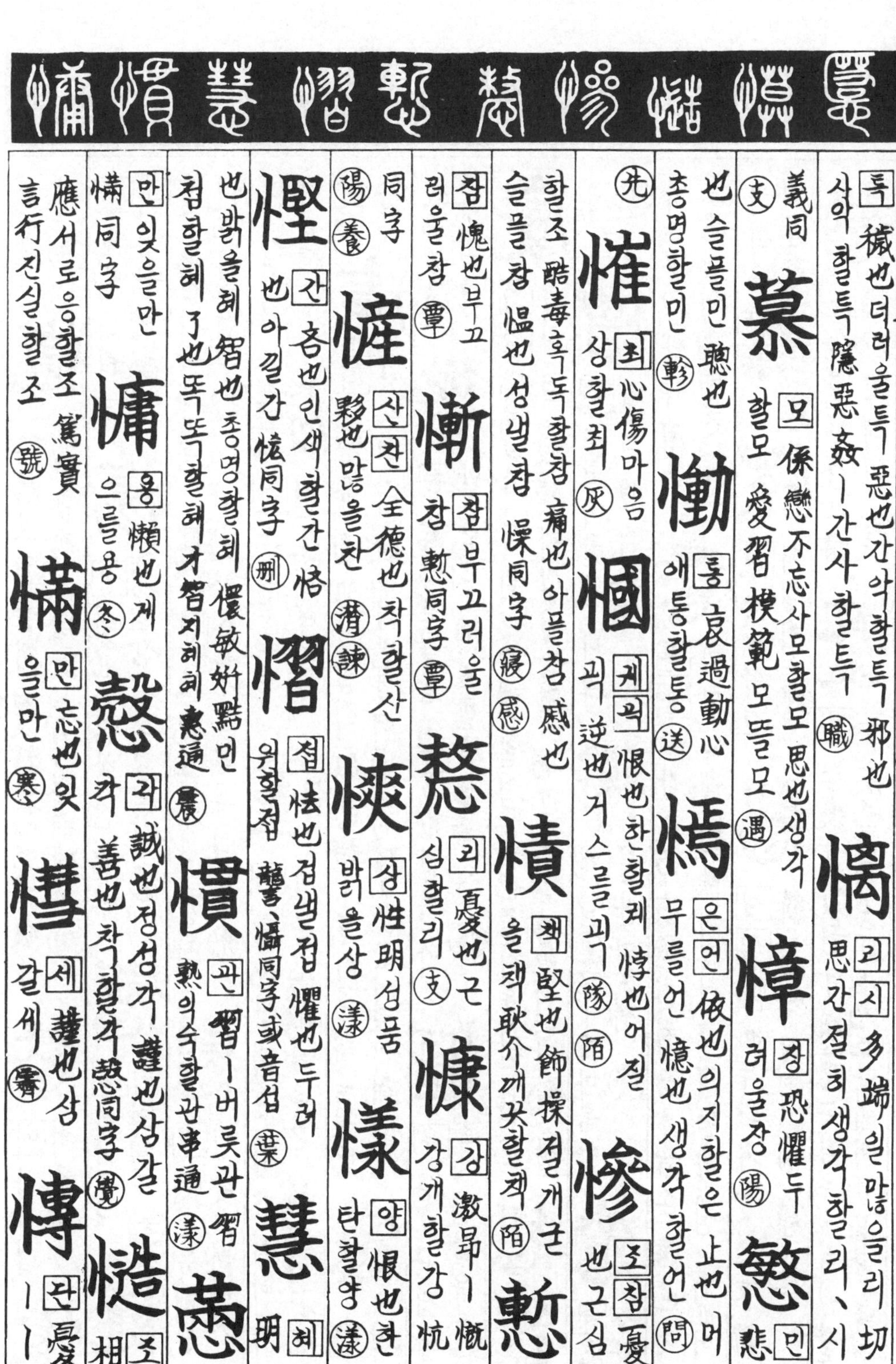

[특] 穢也더러울특 惡也간악할특 邪也 사악할특 隱惡姦ㅣ간사할특 (職)

㒧 [리][시] 多端일많을리 切 思간절히생각할리、시 義同 (支)

慕 [모] 係戀不忘사모할모 思也생각할모 愛習模範모뜰모 (遇)

慞 [장] 恐懼두려울장 (陽)

慜 [민] 悲也슬플민 聰也총명할민 (軫)

慟 [통] 哀過動心애통할통 (送)

㥯 [은][언] 依也의지할은 止也머무를언 憶也생각할언 (問)(先)

慛 [최] 心傷마음상할최 (灰)

慖 [궤][괵] 恨也한할궤 悖也어질괵 逆也거스를괵 (隊)(陌)

慘 [조][참] 憂也근심할조 酷毒혹독할참 痛也아플참 感也슬플참 慍也성낼참 懆同字 (寢)(感)

㥽 [책] 堅也 飾操절개군을책 耿介개끗할책 (陌)

慙 [참] 愧也부끄러울참 (覃)

慚 [참] 부끄러울참 慙同字 (覃)

慠 [괴] 憂也근심할괴 (支)

慷 [강] 激昻ㅣ慨강개할강 忼同字 (陽)(養)

㦃 [산][찬] 全德也착할산 彩也많을찬 (潸)(諫)

㦎 [상] 性明성품밝을상 (漾)

㦹 [양] 恨也한탄할양 (漾)

慳 [간] 吝也인색할간 悋也아낄간 恡同字 (刪)

慴 [접] 怯也겁낼접 懼也두려워할접 讋、慹同字或音섭 (葉)

慧 [혜] 明也밝을혜 智也총명할혜 儇敏姸黠민첩할혜 了也똑똑할혜 才智지혜혜 惠通 (霽)

慣 [관] 習ㅣ버릇관 習熟익숙할관 串通 (諫)

㥷 [만] 잊을만 慲同字

慵 [용] 懶也게으를용 (冬)

慤 [각] 誠也정성각 謹也삼갈각 善也착할각 愨同字 (覺)

慥 [조] 相應서로응할조 篤實言行진실할조 (號)

慲 [만] 忘也잊을만 (寒)

𢡅 [세] 謹也삼갈세 (霽)

慱 [단] 憂ㅣㅣ

근심할단 寒

慨 [개] 悲也슬플개 憂悼在心失意慷ㅣ강개할개 高憤激분격할개 慷通 隊

㤅 [애] 사랑할애 愛古字

惃 [곤] 亂也어지러울곤、곤란할곤 元 阮

愓 [상] 憂也근심할상 痛也아플상、서러울상 漾

㥜 [위] 위로할위 慰同字 未

㦀 [봉] 愛也사랑할봉 悅也기쁠봉 東

㦁 [련] 泣貌훌쩍거릴련 泣涕눈물흘릴련 先

慰 [위] 愉也유쾌할위 위安之以愜其情위로할위 尉通 未

㦁 [련] 눈물흘릴련 漣同字 先

慬 [근] 勇也날랠근 憂哀서러워할근 僅也겨우근 誠也정성근 文 吻

慮 [려] 思有所圖생각할려 似葛諸ㅣ풀이름려 憂也근심할려 疑也의심할려 軍前幡ㅣ無군사앞기려 魚

㦂 [상] 垣久항상상 常古字

慫 [종] 驚也놀랄종 ㅣ慂旁勸곁들어말할종 ㅣ慂권할종 本音송 腫

慪 [우] 恪也공경할우、삼갈우 尤

慶 [경][강] 福也경사경 賀也하례할경 喜也즐거울경 善也착할경 發語辭발어사경、福也복강 乃也이에강 敬 陽

㥞 [게] 息也쉴게 霽

憎 [증] 惡也미울증、미워할증 憎의略字

懘 [체] 心不安ㅣ忦마음이 불안할체 霽

慸 [체] 心不安마음불안할제 困劣느른할제 懘同字 霽

惷 [용][충][장][창] 生而癡騃천치용 本音송 愚也어리석을충 癡騃어리석고 미련할창 愚也어리석을장 戇惷同字 冬、宋 江 緝

懁 [환] 慢也업신여길환 刪

慹 [집][접] 怖也두려워할집 不動貌꼼짝못할접 緝 葉

㦓 [열] 態也모양열 情態貌정태열 屑

憂 [우] 居喪상제될우 愁思근심우、걱정할우 疾也병들우 幽也그윽할우 辱也욕될

우 ㊀尤

慾 [욕] 嗜也즐길욕 情所好욕심욕 貪也탐낼욕 欲也하고자할욕 欲同字 ㊀沃

㦅 [애] 吝也인색할애 惜也아낄애 ㊀卦

憑 [빙] 依也기댈빙、의지할빙 托也부탁할빙 據ㅣㅣ票증거빙 凴俗字

愡 [총] 倥ㅣ失意貌실심할총 ㅣ恫不得志貌뜻갈지않을총 ㊀董 ㊀送

慽 [척] 慼同字 ㊀錫

慼 [척] 憂也근심할척 哀也슬플척 戚通 ㊀錫

憭 [료] 원망할료 憀의俗字

憀 [료] 賴也힘입을료 悲恨원망할료 ㊀蕭

㤧 [하][호] 志ㅣ忖뜻없을하、誇也자랑할호 ㊀麻 ㊀虞

惓 [권] 回顧돌봐줄권 ㊀霰

慺 [루] 恭勤ㅣㅣ공근할루 悅也기뻐할루 勤懇ㅣㅣ정성스러울루 ㊀虞 ㊀尤

十二

憊 [비] 고달플비 憊同字

㦤 [화] 心侈마음사치스러울화 ㊀麻

憉 [팽] 矜健ㅣ悖근씬쉬할팽 ㊀庚

憈 [허] 志怯허접할허 本音거 ㊀魚

愊 [부] 怨也노할부 ㊀宥

憊 [비] 困也노곤할비 疲極고달플비 俻、㣁同字本音배 ㊀卦

𢤉 [난] 愧而面赤부끄러워얼굴붉을난 赧同字 ㊀潸

憋 [별] 惡也악할별 急性조급할별 ㊀屑

㦽 [발] 怒氣성미일어날발 ㊀曷

㦙 [별] 조급할별 憋同字 ㊀屑

懀 [증] 疾也、惡也미울증、미워할증 ㊀蒸

憡 [책] 辛苦쓰라릴책 小痛약간아플책 ㊀陌

𢢆 [시] 心怯겁낼시 ㊀支

憍 [교] 逸也방탕할교 姿也교만할교 矜也사랑할교 驕通 ㊀蕭

㦂 [창] 驚貌ㅣ怳깜짝놀랄창 惝同字 ㊀漾

㦏 [준][선] 劣弱못생기고약할준 悅也기쁠선 ㊀軫 ㊀霰

憞 [돈] 心暗마음어둘돈 ㊀元

[illegible] [할][홀][찬] 寢熟잠들할 睡覺잠깰흘 愚也어리석을찬、(黠)(月)(早)

愕 [악] 錯ㅣ倉卒驚遽貌깜짝놀랄악 愕의本字 (葉)

憟 [속] 承上顏色웃사람의기색맞출속 (沃)

憜 [타] 懈ㅣ懶也게으를타 怠也태만할타 惰와同字 (哿)(箇)

憏 [제] 侘ㅣ未定者요량없을쾨 (霽)

憐 [련] 愛也사랑할련 哀也불쌍할련 可哀가련할련 (先)

憝 [대] 惡也大ㅣ미워할대 怨也원망할대 懟同字 (隊)

憛 [담][람] 憂思염려할담 憂惑근심하고의혹할담 惶遽두려울담 (庚)(勘)

⿱粦心 [련] 불쌍할련 憐과同字 (先)

憒 [궤] 愚也어리석을궤 心亂ㅣㅣ심란할궤 本音홰 (隊)

憑 [빙] 依也의지할빙、기댈빙 盛也성할빙 託也부탁할빙 馮通 (蒸)

⿱單心 [탄] 수고로울탄、꺼릴탄 憚同字

⿰忄畫 [획] 頑也완고할획 不慧미련할획 乖戾어기어질획 (陌)

憔 [초] 瘦也걱정에여윌초 瘦也ㅣ悴파리할초 嫶同字 癄通 (蕭)

憓 [혜] 順也순할혜 愛也사랑할혜 惠通 (霽)

憚 [탄] 畏也두려워할탄 忌難꺼릴탄 勞也수고로울탄 (旱)

憙 [희] 好也좋아할희 悅也기뻐할희 喜同字 (寘)(紙)

憖 [은] 敬謹공경할은、삼갈은 問也물을은 勉強힘쓸은 願也원할은 傷也슬퍼할은 且也、發言辭또은 (震)

憘 [희] 기쁠희 憙同字 (紙)

憕 [증] 心平靜마음가라앉을증 (蒸)

憢 [효] 懼也두려울효 曉同字 (蕭)

⿱囟心 [구] 恐也두려울구 憂也근심할구 懼의古字 (遇)

⿰忄買 [매] 心不平마음불편할매 (佳)

憣 [반] 心變動마음변동할반 (刪)

⿱啇心 [덕] 行道有得큰덕 品行품

행덕 悳、德과同字 (職)

憤 [분] 懣也 분할분、겁낼분 賁同字 (吻)

憧 [동] 駿昏 흐리멍덩할동 意不定 ㅣㅣ 뜻정하지못할동、마음동할동 古音총 (冬)、(送)

憏 [조][참] 憂也 근심할조 痛感 슬플참 慘의俗字 (寢)(感)

[illegible] [건] 罪也 죄건 過去 허물건 衍心의俗字 (先)

憥 [로] 心力乏也 지칠로 勞의俗字 (豪)

憦 [로] 悔也 뉘우칠로 (號)

[illegible] [환] 憂也 근심환 禍也 재앙환 疾也 병들환 患과同字 (諫)

憲 [헌] 表也 표준될헌 法也 법헌 敏也 민첩할헌 明也 밝힐헌 懸法示人 고시할헌 悅貌 기뻐할헌 (願)

㦃 [감] 怒也 노할감 憨同字 (陷)

憨 [감] 愚痴 미련할감、어리석을감 古音함 (覃)

[illegible] [헌] 法也 법헌 憲과同字

憰 [휼] 權詐 속일휼 휼本音결 (屑)

憩 [게] 息也 쉴게 愒通 (霽)

憇 [게] 쉴게 憩同字

憯 [참][첨] 아플참、슬퍼할첨 憯와同字

憱 [추] 迫也 핍박할추 愁也 顰ㅣ 근심할추 蹙、顣同字 (屋)

憪 [한] 愉也 마음고요할한 不安貌 마음들뜰한 怒貌 성낼한 (刪)

[illegible] [흡] 心熱 마음뜨거울흡 (緝)

憯 [참][첨] 아플참、슬퍼할첨 憯同字

憬 [경] 覺寤 깨우칠경 遠也 멀경 (梗)

憯 [참][첨] 憯也 미워할참 痛也 아플참 悽也ㅣ怛 슬퍼할첨 㦧同字 (感)(琰)

憝 [체] 卜問古凶 점칠체 (霽)

憮 [무] 撫也 어루만질무 失意ㅣ然 실심할무 (麌)

憫 [민] 憂也 근심할민 憂恤ㅣ默 불쌍히여길민 (軫)

憭 [료] 照察 밝힐료 快也 쾌할료 心傷ㅣ慄 떨릴료 慧也 똑똑할료 (篠)

[illegible] [려] 欺慢語ㅣ㦂 속여말할려 多言 잔말할려 (齊)

㦓 [연] 心強而弱 마음강한듯하고약할연 (霰)

⿱湯心 [탕] 動也作事 움직여일할탕 (養)

⑬

⿱毄心 [계] 困憊 고달플계 (霽)

憶 [억] 記也 기억할억 念也 생각억 (職)

應 [응] 愛也 사랑할응 當也料度辭 응당응、꼭응 姓也 성응 膺通、答也感ㅣ 대답할응 物相感 응할응 承諾 승락할응 樂名ㅣ鼓 풍류명응 (徑)(蒸)

⿱解心 [해] 게으를해 懈의古字

憴 [승] 愼也 삼갈승 戒也ㅣㅣ 경계할승 (蒸)

憸 [험][섬] 詖也 간사할섬 利口 接也 간사히말할험 (琰)(鹽)

懈 [해] 懶怠 게으를해 古音개 (卦)

懇 [간] 정성스러울간 懇과同字

憷 [초] 痛也 아플초 楚通 (語)

憺 [담] 安也 편안할담 靜也 고요할담 動也 움직일담 (感)(勘)

⿱貇心 [간] ㅣ惻至誠 지성스러울간 親切 친절할간 信也 믿을간 (阮)

⿰忄曼 [만] 怠也 게으를간 等閑 아무렇게나할만 慢과同字 (諫)

憹 [노][농] 懊ㅣ痛悔 몹시뉘우칠노 喜也 기뻐할농 心亂 심란할농 惱、嫋同字 (皓)(冬)(江)

懄 [근] 은근할근 懃同字

懃 [근] 勞也 수고로울근 親切 친절할근 委曲慇ㅣ 은근할근 (文)

⿰忄猷 [추] 傲也 교만할추 惡也 나쁠추 (尤)

⿰忄蜀 [탁] 憂也 근심할탁 不安貌 불안할탁 (覺)

懂 [동] 心亂 심란할동 (董)

⿰忄遂 [수] 心藏 마음깊을수 ⿰忄彖와同字

憻 [탄] 寬也 너그러울탄 平也 평평할탄 坦과同字 (旱)

憿 [요] 非望ㅣ倖 요행요 希覬 바랄요 古音교 僥、徼通 (蕭)

懅 [거] 慚也 부끄러울거 懼怯 겁낼거 懼也 두려울거 (御)

懁 [환][현] 還也 돌아올환 性戾 성품패려할환 急也 급할현

辨急판단하기민 첩할현 (刪)(先)

憼 [경] 戒也경계할경 敬也공경할 경 肅也엄숙할경 敬同字 (敬)

憾 [감] 恨也 한할감、 섭섭할 감 (感)(勘)

懆 [조] 憂也ㅣㅣ근 심할조 慘通 (晧)

㦗 [엽] 危也위태할엽 懼也두려울엽 (葉)

懚 [총] 聰 也똑똑 할송 (東)

懍 [름] 懼也두려울름 悽愴 貌슬플름 懔의本字 (寢)

⿰忄禁 [금] 心噤貌잠잠할금 心堅固마음견고할 금 (寢)

懋 [무] 盛大성대할무 勉也힘 쓸무 美也아름다울무 (宥)

懊 [오] 忨也사랑할오 恨也 한할오 怨也원망할오

懷 [회] 念思생각할 회 歸也돌아갈

[illegible] [수] 匹也짝수 仇也원수수 枝 也비교할수 讎의古字 (尤)

惱也번뇌 할오 (號)

회 懷의 略字 (佳)

懌 [역] 以我悅彼기쁘게할 역 悅也기꺼울역 (陌)

懍 [름] 敬也공경할름 懼 貌ㅣㅣ눈휘둥거릴름

畏也두려워할름 危也 위태할름 稟通 (寢)

憤 [분] 懣也분할분、결낼 분 憤、賁과同字 (吻)

懏 [준] 敏也민 첩할준 (震)

(十四)

懣 [만][문] 煩悶번민할만 煩也번거로울문 (旱)(阮)

⿱貌心 [막] 美也아름다울 막 ⿱貌心同字 (覺)

⿰忄⿱習止 [습] 慴 也 아 깔습 (緝)

懕 [염] ㅣㅣ安也편 안할염 厭通 (鹽)

⿰忄監 [람] 貪也탐할람 貪 ㅣ嗜也즐길람 (勘)

⿰忄賓 [빈] 敬 也 공 경할 빈 (眞)

懨 [염] 편안할염 懕과同字

懡 [마] ㅣ㦬也부 끄러울마 (哿)

[illegible] [타] 懈ㅣ懶 也게으를타 惰와 同字

懖 [괄] 善自用임 의로할괄 (曷)

⿲辛心辛 [변] 急也급할변 憂 也 근심할변 (銑)

懠 [제] 愁也 근심할

제 怒也 성낼 제 (齊)

懞 몽 不明貌 흐리멍덩할 몽 (東)

⿱辡心 변 근심할 변 辯과 同字

⿰忄赫 하 恐嚇 공갈할 하 誑也 속일 하 (禡)

懟 대 怨也 원망할 대 憝同字 (隊)

懜 몽 맹 無知一一 어리둥절할 몽 心亂 마음뒤숭숭할 몽 慚也 부끄러울 몽 懵通、不明一一 밝지 못할 맹 悶也 답답할 맹 瞢通 (董)(徑)

懘 체 音敗 목쉴 체 不和 惉 불화할 체 (霽)

⿱與心 여 行 步安舒 천천히 걸을 여 恭敬 공경할 여 (語)

懝 애 惶也 두려울 애 駭也 놀랄 애 小兒有知 영민할 애 (隊)

⿱與灬 여 공경할 여 ⿱與心同字

懙 여 공경할 여 ⿱與心同字

⿱疑心 애 놀랄 애、두려울 애 懝와 同字

㥯 은 依賴他人 남에게 의뢰할 은 (問)

懤 주 憂也 근심할 주 (尤)

懲 징 一創戒也 징계할 징 懲의 略字 (蒸)

懧 유 연 나 약할 유、잔약할 연、부드러울 나 懦와 同字

⿱壽心 주 근심할 주 懤와 同字

⿱貍心 매 怜悧 영리할 매 (佳)

懦 유 연 나 劣弱 잔약할 연 弱也 약할 유、만만할 유 柔也 부드러울 나 (虞)(銑)(箇)

懥 치 忿一 怒也 성낼 치 古音 지 (寘)

⑮

⿰忄⿱雨吾 오 覺也 깨달을 오 悟와 同字 (遇)

懩 양 望也 바랄 양 有藝欲達 技一 가려울 양 癢通 (養)

⿱⿰𠂤彐心 환 憂也 근심 환 疾也 병들 환、患의 古字 (諫)

⿰忄節 절 燭餘 등불 탄 나머지 절 心度 마음속에서 헤아릴 절 (屑)

懪 박 悶也 답답할 박 懪同字 (覺)

⿸廣心 광 虛也 빌 광 寬也 너그러울 광 (蒸)

懲 징 一創戒也 징계할 징 (漾)

⿰忄閭 려 憂也 근심할 려 (魚)

憓

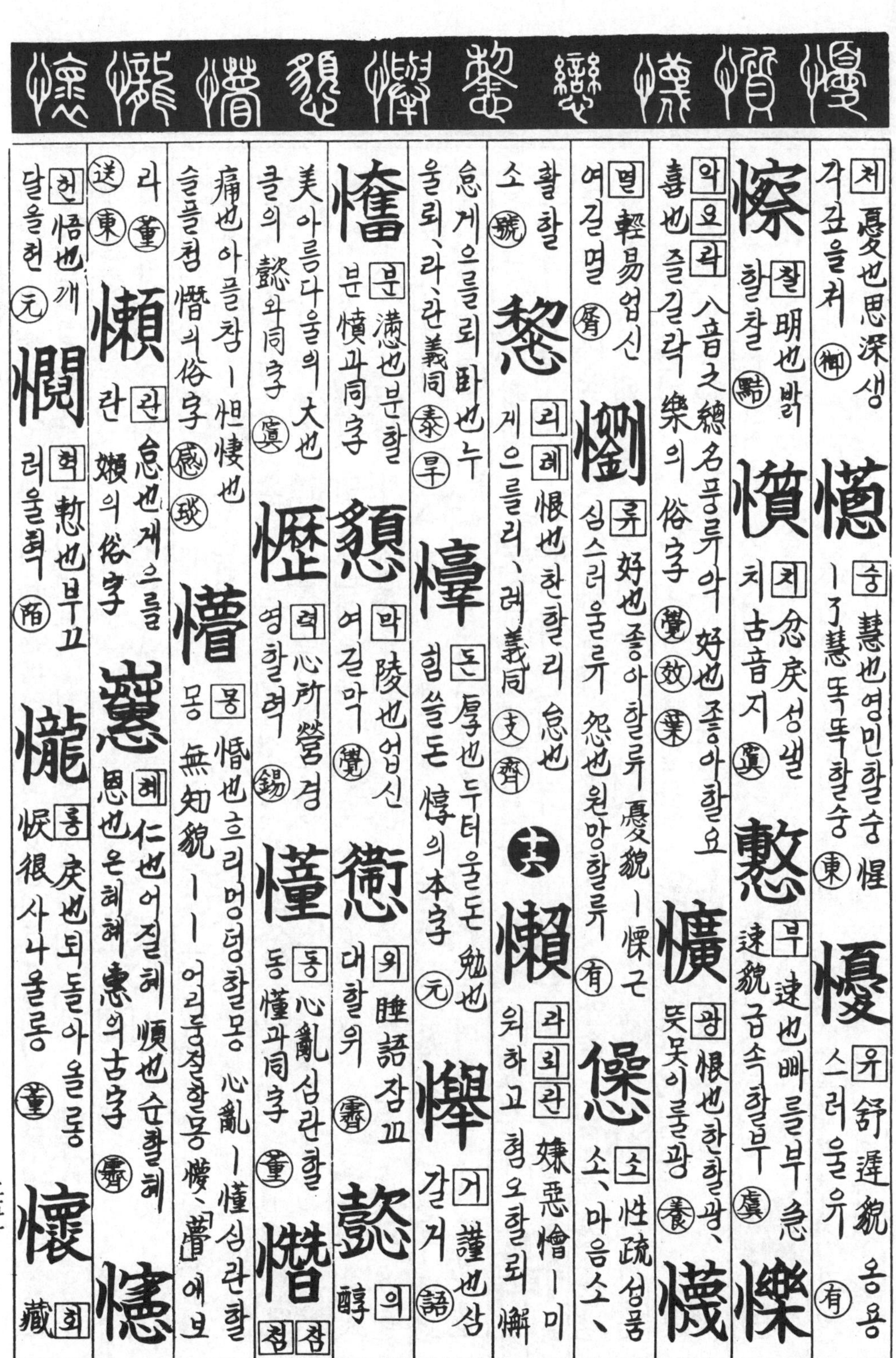

처 慼也 思深 생각깊을처 (御)

憓 숭 慧也 영민할숭 惺ㅣ 了慧 똑똑할숭 (東)

懮 유 舒遲貌 옹용스러울유 (有)

憏 찰 明也 밝할찰 (黠)

懫 치 忿戾 성낼치 古音지 (寘)

懯 부 逮也 빠를부 急逮貌 급속할부 (虞)

㦡 악 요 락 八音之總名 풍류악 好也 좋아할요 喜也 즐길락 樂의 俗字 (覺)(效)(藥)

懭 광 恨也 한할광、뜻못이룰광 (養)

⿰忄蔑 멸 輕易 업신여길멸 (屑)

懰 류 好也 좋아할류 懮貌 ㅣ㦡 근심스러울류 怨也 원망할류 (有)

⿰忄巢 소 性疏 성품소、마음소、활할소 (號)

⿱黎心 리 례 恨也 한할리 怠也 게으를리、례 義同 (支)(齊)

十六

懶 라 뢰 란 嫌惡 憎ㅣ 미워하고 혐오할뢰 懈怠 게으를뢰、卧也 누울뢰、라、란 義同 (泰)(旱)

⿰忄𦎫 돈 厚也 두터울돈 勉也 힘쓸돈 惇의 本字 (元)

⿰忄舉 거 謹也 삼갈거 (語)

⿰忄奮 분 懣也 분할분 憤과 同字

⿱貌心 막 陵也 업신여길막 (覺)

⿱衛心 외 睡語 잠꼬대할외 (霽)

⿱壹恣 의 醇美 아름다울의 大也 클의 懿와 同字 (寘)

⿰忄歷 력 心所營 경영할력 (錫)

懂 동 心亂 심란할동 懂과 同字 (董)

⿰忄替日 참 침 痛也 아플참 ㅣ怛 悽也 슬플참 憯의 俗字 (感)(球)

⿰忄曹 몽 惽也 흐리멍덩할몽 心亂 ㅣ懂 심란할몽 無知貌 ㅣㅣ 어리둥절한몽 懵、「瞢」에 보라 (董)(送)(東)

懶 란 怠也 게으를란 嬾의 俗字

⿱⿰艹惠心 혜 仁也 어질혜 順也 순할혜 恩也 은혜혜 惠의 古字 (霽)

⿰忄憲 헌 悟也 깨달을헌 (元)

⿰忄閱 혁 慹也 부끄러울혁 (陌)

⿰忄龍 롱 戾也 되돌아올롱 悷很 사나울롱 (董)

懷 회 藏

也 품을회 念思 생각할회 歸也 돌아갈회 安也 편안할회 傷也 상할회 抱也 쌀회 私也 사사회 慰也 위로할회 佳

懸 현 繫也 매달현 ㅣ隔、遠也 멀현 揭也 달릴현 縣同字 先

懈 해 忖度 헤아릴해 卦

十七

⿰忄⿱吹夊 섭 志輕 慑 경망스러울섭 葉

⿰忄鮮 선 慚也 부끄러울선 銑

懺 참 自陳悔 뉘우칠참 戒也 회개할참 陷

⿱𤇾心 로 勤也 일할로 苦役 고단할로 勞의古字 豪 號

懹 양 忌諱 꺼리길양 漾

⿰忄隱 은 憂也 조심할은 哀也 슬퍼할은 吻

⿰忄曓 박 煩悶 답답할박 懪同字 覺

⿰忄營 영 衛也 지킬영 庚

⿰忄闌 란 怠也 게으를란 嬾과同字 旱

懻 기 狠也 ㅣ忮 사나울기 寘

十八

懿 의 大也 클의 醇美 아름다울의 ⿱欯心同字 寘

⿰忄蟲 충 ㅣㅣ 憂也 근심할충 忡同字 東

懼 구 憂也 근심할구 恐也 두려워할구 愼也 조심할구 驚也 깜짝 놀랄구 瞿通 遇

懪 박 悶也 답답할박 懪의本字 覺

⿰忄雙 쌍 懼也 두려울쌍 江

懾 섭 恐懼 ㅣ慴 두려울섭 喪氣 무서울섭 怯也 겁낼섭 慴同字 古音 접 葉

⿰忄雋 휴 二心 두마음 먹을휴 齊

懽 환 喜也 기꺼울환 喜悅 기쁘게 할환 歡同字 寒

⿰忄夒 노 劣也 용렬할노、못할노 豪

⿰忄爵 초 性急 성급할초 蕭

十九

戀 련 眷念 생각할련 係慕 생각할련 慕也 사모할련 霰

戁 난 敬也 공경할난 悚懼 두려울난 潸

⿰忄靡 마 心病 마음화평 날마 歌

⿱敦心 대 怨也 원망할대 惡也 모질대 憝、憞의 古字

⿱願心 원 頂也 꼭대기원 顚也 이마원 願

㦬 [라] 懶也 慺ㅣ부끄러울라 儸同字 (哥)

㉠二十

憝 [대] 怨也 원망할대 懟의 古字 (隊)

懤 [주] 譸也 주저할주 (尤)

戄 [확] 遽視 눈휘둥그레볼확 驚戄 놀랍고 두려울확 矍見 (藥)

戃 [당] 驚貌、怳ㅣ깜짝 놀랄 당 (養)

㉡二十一

⿱黑重心 [돈] 暗也 어두울 돈 不明 밝지 않을 돈 (阮)

戅 [당] 愚也 어리석을 당 戇의 俗字

㉢二十四

㦸 [공] 惑也 흐릴공 心神恍惚 황홀할공 (送)

㦭 [령] 心了黠貌 마음약은체할령 (青)

戇 [당] 愚直 고지식할 당 愚也 어리석을 당 古音 장 (絳)

㉣二十五

⿱觀心 [공] 磬也 다할공 虛也 빌공 太ㅣ天也 하늘공 空과 同字

㦽 [만] 恐也 두려울만 (諫)

戈部

戈 [과] 平頭戟 창과 戰爭 전쟁과 俗音 괘 (歌)

㊀

戊 [무] 物茂盛也 물건무성할 무 幹名 著雍 다섯째 천간 무 (宥)

戉 [월] 星名 별이름월 大戚斧 도끼월 鉞同字 (月)

㊁

戔 [전] 貨泉鑄幣 돈전 ㅣ鎛田器 가래전 錢의 略字 (先)(銑)

戌 [술] 破也 때려부실술 犬也 개술 地支第十一位 열한번째 지지술 (質)

成 [성] 就也 畢也 이룰성 平也 평할성 終也 마칠성 成의 略字

戍 [수] 遏也 막을수 守邊 수자리 수 (遇)

⿰方戈 [구] 矛飾 창꾸밀구 (尤)

我 [아] 自謂己身 나 아 此側 이쪽 아 單ㅣ輩 우리 아 我의 篆文

戎 [융] 元ㅣ、小ㅣ、兵車名 싸움수레융 兵也 군사융 大也 클융 汝也 너융 相也 도울융 西夷 서쪽오랑캐융 (東)

㊂

𢦏 [재] 傷害 손상할재、해할재 (灰)

成 [성] 平也 편안할성 就也 畢也 이룰성 重也 거듭성 終也 마칠성 爲也 될성

和睦화목할성 樂一終九ㅣ크 ㅣ、方九里爲ㅣ 풍류한성 (庚)

戓 [혹] 아미혹 或의俗字

我 [아] 此也이아 自謂己身나아、우리아 此側이쪽아 執也고집쓸아 (歌)

戓 [혹] 疑也의심낼혹 未定辭 아마혹 或과同字 惑通 (職)

成 [아] 나아、이쪽아 我의古字

戒 [계] 諭也타이를계 警也경계할계 愼也삼갈계 備也방비할계 告也고할계 肅然警惕조심할계 守也지킬계 界、誡同字 (卦)

戕 [아] 나아、이쪽아 我와同字

四

咸 [감] 動也감동할감 格也감격할감 恨也한할감 觸也찌를감 應也느낄감 感의古字 (感)

𢦒 [괵] 割耳귀를벨괵 (陌)

𢦓 [제] 男子後生아우제、동생제 弟의古字 (薺)

𢦏 [재] 始也비로소재 疑辭그런가재 哉의俗字 材、截과通 (灰)

𢦝 [과] 擊踝발뒤꿈치를칠과 (馬)

𢧐 [감] 殺也죽일감 (覃)

㦰 [아] 나아、이쪽아 我의古字

戔 [전][잔] 委積ㅣㅣ쌓을전 賊也도적잔 傷也상할잔 殘同字 (先)(寒)

或 [혹] 疑也의심낼혹 未定辭혹혹 아마혹 怪也괴이할혹 誰人어떤사람이혹 有也있을혹 惑通 (職)

𢦔 [천] 끊을천、찌를천 𢦗와同字

戕 [장] 槍也찌를장 殺也죽일장 傷也상할장 殘也무찌를장 (陽)

𢦗 [첨] 鋤屬가래첨 絶也끊을첨 刺也찌를첨 (鹽)

五

𢦧 [계] 경계할계 戒의古字

𢦦 [융] 兵也병장기융、싸움수레융、도울융 戎의本字

𢦭 [계] 경계할계 戒의俗字 (卦)

𢦩 [성] 이룰성 成의古字

㦼 [척] 親也겨레척 戚과同字 (錫)

𢦬 [용] 氣健、銳也날랠용 果敢용맹할용 勇과同字

战 [전] 鬪也싸움전

競也 경쟁할 전 戰의 略字 (嚴)

我 모 鉤兵、兵器長柄頭刀 세모진 창 모 矛의 古字 (尤)

戓 가 繫舟杙 배 말뚝 가 (哥)

六

烕 멸 盡也 멸할 멸、다할 멸 絶也 끊을 멸 沒也 빠뜨릴 멸 滅의 古字 (屑)

戕 주 戈名 창 이름 주 殺也 죽일 주 (虞)

戨 격 捕也 잡을 격 鬪也 싸울 격 㪿同字 (陌)

𢦔 점 盡也 다할 점 (鹽)

𢦧 잔 多也 많을 잔 (寒)

戙 동 船板 배 널판 동 (送)

𢦼 용 猛也 사나울 용

七

戚 척 戉類 斧 도끼 척 親也 겨레 척、척 분척 喪也 슬플 척 戞戞貌 ㅣㅣ 근심하는 모양 척 憤恚 분할 척 慽同字 慼、鏚通 (錫)

𢧁 용 戟屬 창 용 (腫)

戛 알 戟也 창 알 轢之 수레바퀴에 칠 알 考也 상고할 알 戞의 本字 古音 갈 (黠)

𢧆 한 간 盾也 방패 한、간 義同 (翰)(寒)

𢧃 절 疾也 빠를 절 利 날카로울 절 (屑)

𢧈 세 年也 해 세 光陰 세월 세 歲의 古字 (霽)

戝 적 寇ㅣ 盜也 도적 적 戔ㅣ 傷害 해칠 적 賊과 同字 (職)

八

𢧑 락 擊也 칠 락 (覺)

戞 알 戟也 창 알 考也 상고할 알 轢也 수레바퀴에 치일 알 齟齬貌 ㅣㅣ、三百里ㅣ服 알알할 알、어근어근할 알 秸、稭 通 (黠)

戟 극 有枝兵 갈래진 창 극 (陌)

㦸 극 갈래진 창 극 戟과 同字

𢧀 국 나라 국 國의 古字

九

𢧘 준 蠢動 꿈실거릴 준 ㅣㅣ 愚也 어리석을 준 蠢과 同字 (軫)

戢 집 藏兵 병기 감출 집 止也 그칠 집 斂也 거둘 집 (緝)

戠 시 黏土 찰진 흙 시 (寘)

戡 감 勝也 이길 감 殺也 죽일 감 (覃)

𢧐 양 戈也 창 양 斧也 도끼 양 揚同字 (陽)

戣 [규] 戟屬 양지창규 (支)

𢧂 [벌] 盾也 방패벌 (月)

戥 [등] 小衡 작은저울등 衡也 은다는저울등

戤 [개] 以物相質전 당잡힐개 (泰)

𢧁 [세] 해세、세월세 歲의俗字

𢧐 [모] 세모진창모 矛와同字

戰 [전] 싸움전 戰의略字

⑩

戧 [창] 刄所傷 날에다칠창 瘡也 부스럼창 傷也 아플창 創의古字 (陽)(漾)

𢧢 [극] 갈래진창극 戟과同字

戫 [욱] 戟也 창욱 (沃)

戩 [전] 福也 복전 盡也 다할전 剪也 갈길전 (銑)

截 [절] 斷也 끊을절 辯給 ㅣㅣ말잘할절 分明분명할절 (屑)

戨 [가] 杙也 말뚝가 (歌)

戜 [질] 大也 클질 (質)

𢨌 [극] 草生貌 풀싹날극 (職)

𢨃 [험] 強也 굳셀험 健也 건장할험 (琰)

𢧔 [겸] 戈屬 창겸 (鹽)

⑪

𢨛 [습] 重衣 옷더시입을습 合也 합할습 掩其不備 엄습할습 襲의古字 (緝)

𢨊 [오] 戟鋒 창끝오 (豪)

𢨝 [용] 兵器 戣也 양지창용 (冬)

戭 [인] 長戟 긴창인 (軫)

戮 [륙] 殺也 죽일륙 辱也 욕할륙 僇、勠通 (屋)

𢨸 [절] 斷也 끊을절 ㅣ辯給 말잘할절 分明분명할절 (屑) 截과同字

𢨂 [상] 繫舟杙 배말뚝상 (緝)

戲 [호] 外息 숨내쉴호 喚也 부를호 呼와同字 (虞)(宥)

𢨆 [준] 蟲動 굼실거릴준 蠢의古字 (軫)

戱 [휘][희][호] 기휘、희롱할희 、서러울호 戲의俗字

⑫

戴 [대] 以首荷 머리에일대 分物得增益 덤을받을대 推ㅡ모실대 戴의古字 (隊)

戰 [전] 鬪也 싸움할전 懼也 ㅣㅣ두려워할전 競

也경전 할전 (嚴)

[illegible] [역] 界局지경역 범위역 域의古字 範圍 (職)

戯 [휘][희][호] 大將旗기휘 於ㅣ歎 美辭탄식할희 弄也희롱할희 嗚ㅣ哀傷辭서러울호 戲의俗字 (支)(眞)(虞)

[illegible] [패][발] 亂也어지러울패 乖也어그러질패, 발 美義同 詩의古字 (隊)(月)

[illegible] [증] ㅣ繳、戈矢주살증 矰의俗字 (蒸)

⊕十三

戲 [희][휘][호] 弄也희롱할희 兵也병기희 謔也희학질할희 嬉也농탕칠희 歎美辭於ㅣ탄식할희 伏ㅣ복희희、大將旗기휘 哀傷辭嗚ㅣ서러울호 呼、麾同字 (眞)(支)(虞)

戫 [욱] 潤也윤기있을욱 文也문채날욱 (屋)

[illegible] [맘] 刃也날맘 (豏)

[illegible] [시] 下殺上웃사람죽일시 弑의俗字 (寘)

⊕十四

戳 [착] 刺也、槍ㅣ창으로찌를착 (覺)

戴 [대] 殘物得增덤받을대 以首荷머리에일대 推ㅣ모실대 (隊)

⊕十五

戲 [희] 相笑貌서로웃을희 (支)

戴 [대] 推ㅣ받들대、모실대 戴의本字 (隊)

⊕十六

[illegible] [희] 兵器一種병장기희 (支)

戠 [식][지] 見ㅣ知也 認也알식 記也기록할지 識과同字 (職)(寘)

⊕十七

[illegible] [준] 꿈실거릴준 蠢과同字

[illegible] [아] 蟲屬벌레아 蛭也거머리아 (歌)

⊕十八

戵 [구] 戟屬四出矛네가지진창구 瞿通 (虞)

戶部

戶 [호] 編ㅣ民居백성의집호 室口지게호 出入口집의출입구호 留也머물호 (虞)

⊕一

戹 [액] 隘也좁을액 戹小門뒤창문액 艱也가난할액 困也곤할액 災也재앙액 木節나무옹두라지액 厄同字 阨通 (陌)

⊕二

[illegible] [액] 災也、禍也재앙액

木節옹이액 厄과同字 (陌)

㊂

戼 [묘] 地支비째지지묘、토끼묘 茂也무성할묘 東方동쪽묘 卯의本字 (巧)

戺 [사] 砌也섬돌사 持柂木名落時문설주사 戹同字 (紙)

㢊 [이] 門扃문빗장이 扅와同字 (支)

戺 [사] 문설주사 戺와同字

戾 [궤] 輨車旁户수레궤 열문궤 (泰)

㊃

戹 [이] 문빗장이 扅와同字

床 [호] 집호、지게호 户의古字

戼 [모] 闢户문열모 開也열모 (巧)

戽 [호] 舟中渫水器ㅣ쇠손두레박호 (遇)

所 [소] 處也곳소 語辭바소、것소 許也쯤소 ㅣ以연고소 ㅣ有가질소 幾何얼마소 (語)

戾 [려][렬] 乖也어그러질려 很也사나울려 罪也죄려 至也이를려 止也그칠려 斜曲휘어질려 定也정할려、렬義同 (霽)

扱 [급] 門鍵문자물쇠급 (緝)

房 [방] 宿名天駟별이름방 室在旁방방 宮名阿ㅣ궁이름방 箭室살집방 俎也도마방 (陽)

㊄

局 [국] 官署마을국 部署방국 部分판국 局과同字 (沃)

扆 [갑] 閉户聲문닫는소리갑 (合)

扃 [경] 車前兵欄수레앞난간경 關門橫木빗장경 門户문경 扄通 (庚)

扂 [소] 바소、곳소 所의古字

卯 [각] 地名땅이름각 (藥)

扁 [편][변] 特也특별할편 小也작을편 小舟작은배편 人名輪ㅣ사람이름편 㦂通、暑門額현판변 卑也낮을변 器不圓모진그릇변 姓也ㅣ鵲성변 (先)(銑)

扂 [주] 直開바로열주 (遇)

扂 [점] 户牡문빗장점 閑門문잠글점 (琰)

㊅

扇 [선] 부채선 扇과同字

扆 [한] 閬也문지방한 (潸)

扅 [이] 門扃문빗장이 㢊同字 (支)

扄 [의] 屛風 병풍의 (天子見諸侯時所依屛風 斧ㅣ、戶牖間) 尾

扂 [소] 바소、곳소 所同字 扂의 譌字

扇 [선] 扉也 문짝선 箑也 부채선 動也 吹揚 움직일선 ㅣ涼 부채질할선 霰 先

七

𢨴 [고] 罪也 허물고 鬮ㅣ磔也 사지찢을고 障也 막을고 必也 반드시고 古辛의 古字 虞

扈 [호] 廣也 ㅣㅣ넓을호 後從호 위할호 被也 입을호 國名 有ㅣ나라이름호 強梁跋ㅣ 동발될호 鳥名 桑ㅣ새이름호 鳸同字 麌

八

戺 [비] 屋壞 무너질비 紙

扉 [비] 闔也 닫을비 門扇 사립문비 微

扊 [염] 戶扃 문빗장염 琰

扅 [려] 邪也 사악할려 不正 바르지않을려 霰

九

扆 [려][렬] 乖也 어그러질려 罪也 허물려 狠也 사나울려、렬 義同 戾과 同字 霽 屑

扃 [삽] 搏也 엷을삽 洽

十

扆 [령] 神也 신령령 魂魄 혼백령 靈의 古字 靑

扈 [갑] 閉戶 문닫을갑 合

十二

扈 [산] 門關 문닫을산 删

十七

扆 [잠] 屋上 지붕잠 陷

手部

手 [수] 肢也 所以執持 손수 執也 잡을수 擊手也 칠수 有

才 [재] 能也 재능재 藝也 재주재 賢人 현인재 質也 바탕재 僅也 근근히재 裁也 재단재 纔通 灰

扌 [수] 손수 手同字

一

扎 [찰] 拔也 뺄찰、뽑을찰 揠同字 黠

𠂒 [실] 得之反 잃을실 忘也 잊을실 失의 本字 質

二

扖 [검][개] 手持 움켜쥘검 取也 얻을검、개 義同 琰 尤

扏 [구] 不固 단단하지않을구 柔持 부드럽게쥘구 尤

扝 [교] 拙之反 교묘할교 機ㅣ 공교할교 巧의 古字 巧

扐 [륵] 筮

四畫—戶·手

者著蓍指間손새에시초길르ㄱ (職)

扑 [복] 杖也、㪣刑榎楚 회초리복 小擊적게칠복 撲、攥同字 (隊)

払 [불][괄] 拭除씻어버릴불 擊而過之떨칠불、건드릴불 輔也도울필 拂의略字 (質)(物)

打 [타][정] 擊也칠타、때릴타、정義同 物十二枚曰ㅣ (日) (馬)(梗)(迥)

扟 [신] 拔也뽑을신 拔引뽑아낼신 (眞)

扒 [배] 拔也빼배、뽑을배、맬배 拜通 (卦)

扔 [엉][잉] 推也꺾을인、引也당길잉 (震)(蒸)

扖 [입] 挾也끼울입 (日)

㊂

执 [집] 操持잡을집 守也지킬집 執의略字 (緝)

扌寸 [촌] 斷也끊을촌 (阮)

扨 [인] 發語辭、雖그러하나인、그런데인 (日)

扗 [재] 存也있을재 居也살재 所也곳재 在의本字 (隊)

扦 [천] 插也끗을천 揷俗字 (先)

找 [식] 拔ㅣ揩也닦을식、지울식、문댈식、씻을식 拭의譌字 (職)

扟 [신] 自上擇取物추릴신 挹也당길신 減也감할신 (眞)

扌巾 [근] 覆也덮을근 (問)

扌大 [대][해] 腕骨之一팔목뼈대 摸也더듬어찾을해 移也옮길해 (泰)

托 [탁] 湯餠不ㅣ수제비탁 手推밀탁 承茶杯者차반탁 拓、飥通 (藥)

扌弓 [인] 開弓활당길인 相牽이끌인 引의古字 (軫)

扚 [작][조][약] 旁擊곁매질작 建擊빨리칠조 手指節文손마디금약 (藥)(篠)

扤 [올] 動也움직일올 不安불안할올 搖動흔들릴올 (月)

扙 [장] 傷害상처낼장 傷也상할장 (養)

扢 [흘] 摩也문지를흘 (月)

抈 [모] 持也가질모 (晧)

扣 [구] 擊也두드릴구 叩通 (宥)(有)

扜 [우] 持也가질우 指麾지휘할우 (虞)

扡 [타][시] 曳也끄을

다、시 義同 (哥)(歌)(眞)

扛 [강] 橫關對擧마주들강 擧也들강 舡同字 (江)

扟 [신] 振也떨칠신 (震)

扝 [우] 지휘할우、가질우 扜와同字

扠 [차] 挾取집어낼차 刺取 찌를차 簎也작살차 (麻)

扝 [오] 引也끌어당길오 (虞)

扞 [한] 衛也막을한 禦難막기어려울한 臂衣팔찌한 抵也다닥칠한 捍同字 (翰)

抔 [굴] 以杖掘物막대로팔굴 (物)

㊃

承 [승] 奉也받들승 繼也이을승 承과同字

扭 [뉴] 按也누를뉴 手揪손뒤적거릴뉴 (有)

⿰扌引 [인] 당길인、이끌인 引과同字

扲 [갈] 刮也긁을갈 扴의譌字

技 [기] 能也능통할기 藝也재주기 方術술법기 巧也공교할기 伎通 (紙)

扮 [분][반] 握也움큼분 握也잡을분 混也섞을분 打ㅣ裝飾꾸밀반 (文)(諫)

扢 [개] 磨也갈개 (隊)

承 [승] 受也받을승 繼也이을승 奉也받들승 佐也도울승 順序차례승 丞와通 (蒸)

找 [조][화] 補充채울조 以竿推船상앗대질할화 尋也찾을화 (中)(巧)(麻)

扏 [줄] 持頭髮꺼두들졸 觸也찔릴졸 捽의俗字

⿰扌兮 [갈] 刮也긁을갈 扴同字 扮의譌字

扽 [돈] 引也끌돈 動也움직일돈 摩也문지를돈 (願)

抩 [담] 并持함께가질담 (覃)

⿰扌巿 [발] 擊也칠발 撻也문댈발 無憚ㅣ[illegible]기탄없을발 地名ㅣ捍땅이름발 (曷)

扯 [차] 裂破찢어버릴차 撦同字 (馬)

扼 [액] 握也잡을액、움킬액 搤同字 (陌)

扻 [자] 治髮머리털빗을자 (眞)

扳 [반] 挽也당길반 引也끌반 援也원할반 攀見 (刪)(諫)

扱 [급][삽] 斂持걷어가질급 收也거두어드릴삽 擧也들

산 取也 취할삽 引也 이끌삽 拜手至地 扱을삽 俗音 즙 (緝)(洽)

抵 [지] 側擊 엽으로매칠지 毁也 헐지 扺通 (紙)

⿰爿手 [장] 扶也 도울장 (陽)

扲 [겸] 急持 얼른잡을겸 記也 적을겸 專職業 전업으로삼을겸 (鹽)

扴 [갈] 揩ㅣ物 문지를갈 刮也 긁을갈 (黠)

扵 [어] 往也 갈어 於의俗字

批 [비][별] 手擊 엽으로칠지 毁也 헐치 扺通、擊也 칠비 示也 뵈어줄비 救ㅣ 비답비 觸擊ㅣ逆鱗 부딪칠별、다닥칠별 (紙)(齊)(屑)

扶 [부] 佐也 도울부 持也 붙들부 護也 호위할부 幼貌 ㅣㅣ 어린모양부 地名 땅이름부 (虞)

抄 [초] 略也 간략할초 叉也 가릴초 謄寫 베낄초 飜譯 번역할초 寫錄之 책제목초 畧取、謄也 약간취할초 掠也 훔칠초 鈔通 (效)

扙 [박] 撲也 칠박 杖也 지팡이박 (覺)

投 [투] 棄也 버릴투 擿也 던질투 進也 나아갈투 贈也 줄투 託也 맡길투 (尤)

抁 [연] 動也 움직일연 抭同字 (銑)

抃 [변] 歌舞之節 손장단칠변 附手拍掌 손뼉칠변 拚同字 (霰)

抔 [부] 手掬 줌부、움큼부 捊、括通 (尤)

抒 [서][저] 挹也 당길서 取出 끄낼서 渫水 물뜰서 除也 제할서 泄也 쏟을서 織具行緯 북저 挹也 당길저 杼同字 (語)

⿰扌公 [종] 惶遽 황겁할종 驚也 놀랄종 心動不定 마음들뜰종 忪의譌字

托 [모] 擇也 가릴모 芼通 (號)

抓 [조] 爪刺 할퀼조 搔也 긁을조 掐也 움킬조 (效)

⿰扌方 [방] 相似 서로같을방 (養)

抅 [구] 執也 잡을구 曲礙 거리낄구 拘의俗字

抐 [눌] 揾ㅣ 按物水中 물에담글눌 (月)

抑 [억] 發語辭 둔드어억 按也 누를억 屈也 굽힐억 遏也 막을억 退也 물러갈억 逼也 핍박할억 愼密ㅣㅣ 삼

갈억 損也 덜릴억 (職)

抆 [문] 씻을문、만질문 抆과同字

抇 [골][훌] 굴릴골、찟을홀 抇의譌字

抾 [운] 下也 떨어질운 失也 잃을운 (吻)

𢪃 [아] 不正貌 扠ㅣ비뚜룸할아 枒通 (麻)

抇 [골][홀] 穿也 뚫을골 搰物動轉 굴릴골 裂衣也 찟을홀 (月)

抉 [결] 挑也 당길결 剔也 긁을결 觖、決通 (屑)

抍 [증] 救也 구할증 擧上也 들어올릴증 (蒸)

抈 [월] 動也 움직일월 折也 꺾을월 (有)

抌 [침] 推也 밀칠침 深擊 살박아칠침 (寢)

把 [파] 播也 헤칠파 執也 잡을파 爬通、度也 발파 (馬) (韓)

抏 [완] 挫也 꺾을완 消耗 모지라질완、닳아없을완 刓通 (寒)

抆 [문] 摩也 만질문 拭也 씻을문 抿同字 (問)

抗 [항] 擧也 들항 拒也 항거할항 扞也 막을항 敵也 ㅣ禮 겨룰항 亢通 (漾)

抝 [요] 手拉折 꺾을요、분지를요 心戾捩也 고집스러울요 拗의俗字 (巧)(效)

折 [절][설][제] 斷之 절단할절 拗也 꺾을절 屈也 굽힐절 曲也 굽을절 ㅣ中 알맞을절 夭死 일찍죽을절 挫也 꺾어질절 毁也 헐절 祭壇 泰ㅣ 제터절 斷䌖連 꺾어져서 대롱거릴설 安徐貌 천천할제 (屑)(齊)

択 [택] 選也 가릴택、추릴택、뽑을택 擇의俗字

抛 [포] 棄也 버릴포 擲也 던질포 拋의俗字 (肴)

抖 [두] 擧索物ㅣ擻 들두 (有)

抙 [부] 引取 治田 김맬부 掬也 움큼부 擊也 칠부 引也 당길부 捊와同字 (尤)

扑 [복][박] 拂著擊 두드릴복 相ㅣ挨也 씨름할복 相ㅣ挨也 맞부딪칠박 撲의俗字

㧗 [기] 忌也 꺼릴기 (寘)

抚 [무] 按也 누를무 安存 어루만질무 拍也 두드릴무 撫의俗字 (麌)

五

抨 [평] 彈

ㅣ擇也난택 활평 庚

抦 병 持也잡을 병 秉通 梗

抵 저 지 當也다다를저 擊也칠지 擠也밀칠저 拒也막을저 觸也 다다칠저 擲也던질저 大凡大ㅣ대저 저 角ㅣ技戲씨름할저 抵同字 牴通 紙 薺

抪 포 舒也散布펼포、흩을 포 擊也칠포 捫持더듬을포 遇

抳 니 止也그칠니 手 指物가리킬니 紙

抧 지 재 開也열지 擊 也칠재 紙 蟹

抬 태 擊也칠태 擧也들태 擡 略字 灰

抱 포 안을포、품 을포 抱와同字

抴 예 설 引也이끌예 拽通、 拕也끌을설 揲通 霽 屑

抭 요 유 抒臼절구질할요 擧物臼中들 어낼요 引也끌유 舀同字 篠 尤

抰 앙 以車鞅擊也말 뱃대로칠앙 養

抱 포 執也잡을포 褱也아름포 思想생각할 포 挾也안을포 伏鷄알안을포、품을포 皓

抮 진 引戾휘어잡 을진 紾同字 軫

抯 저 挹也잡아당길저 撦取 건저낼저 馬

抓 과 와 引也끌과 擊也 칠과、와 義同 麻

⿰扌穴 혈 投也던질혈 擊也칠혈 質

抹 말 滅也ㅣ撥지울말、없앨말、뭉갤말 塗也바를말 巾也名ㅣ額수건말 曷

抶 질 撻也笞擊종아리칠질 、볼기때릴질 撻見 質

拎 령 懸持쥐어올릴령、달 릴령、달아올릴령 青

拌 반 揖棄버릴반 拚同字 寒、旱

抺 매 摸也더듬어찾을 매 隊

抻 신 引而長之잡아늘일신 展也 펼신 戾휘어잡을신 震

⿱此手 자 積也쌓 을자 寘

批 자 제 捽也꺼두를자 以拳加人주먹질 할자、쥐어박을자、제 義同 紙 有

拊 부 拍也칠부 揗也어 루만질부 樂器名 풍

류이름부 搚、撫通 (寘)

押 [압][잡] 按也살필압 手決수결둘압 拞抗거느릴압、관리할압 用韻운달압 官名ㅣ衙벼슬이름압 典當전당잡힐압 輔也도울갑 檢束단속할갑 壓、狎通 (洽)

抽 [추] 拔也뺄추、뽑을추 收也거둘추 引也당길추 紬同通 (尤)

抛 [포] 擲也던질포 棄也버릴포 ㅣ車發石機돌쇠뇌포 (肴)

拉 [랍] 摧也꺾을랍 風聲焱ㅣ바람소리랍 摧折꺾을랍、분지를랍 ㅣ致잡아갈랍 (合)

拂 [불][필] 拭除씻어버릴불 拭也떨칠불 逆也거스릴불 違也어길불 塵貝먼지채불 除也제할불、輔也도울필 弼通 (物)(質)

抾 [거] 持去가져갈거 (魚)

拈 [념] 捻也指取物집을념、딸념 (鹽)

拇 [무] 手大指엄지손가락무 (有)

扼 [액] 抑也누를액 ㅣ把也잡을액 搤同字 (陌)

拁 [가] 項械칼가 連ㅣ打穀具도리깨가 枷의譌字

抿 [문] 摩也만질문 拭也씻을문 (眞)

担 [단][걸][담] 拂也떨칠단 擊也칠단、擧也들걸、所負짐담 (旱)(月)(勘)

拆 [탁] 開也열릴탁 裂也찢을탁 解散甲ㅣ껍질터질탁 古音책 坼同字 (陌)

拃 [잔] 摸也모뜰잔 探索더듬어찾을잔 (潸)

拄 [주] 從旁指손가락질할주 撐持버틸주 柱通 (寘)

拏 [녀][나] 拘捕잡을나 牽引이끌녀 相牽맞당길나 罪相連리연좌될나 挐、拿同字 (魚)(麻)

拍 [박] 搏也칠박 歌曲ㅣ彈、戲名ㅣ張노래곡조칠박 ㅣ手손뼉박 俗音백 (陌)

将 [장] 漸也장차장 幾也거의장、으리으리할장 ㅣ帥장수장 以也으로서장、ㅣ之거느릴장 大ㅣ대장장 將古字 (陽)(漾)

拑 [겸] 緘也얽어맬겸 脅持우그러질겸 ㅣ口

四畫—手

자갈머일는겸 (鹽)

拐 [괴] 杖也지팡이괴 誘也유인괴、괴일괴ㅣ賣홈쳐팔괴 (蟹)

[夗+手] [완] 臂也팔뚝완 捥、腕同字 (寒)(翰)

[丞+手] [승] 奉也받들승 繼也이을승 承同字

拒 [거][구] 禦也막을거 捍也맞설거 格也다닥칠거 距通、陣名左右ㅣ진이름구 (語)(麌)

拓 [탁][척] 手推物밀칠탁 斥開열탁 不遇落ㅣ낙척할탁 覆姓ㅣ跋성탁、拾也주을척 斥開물리칠척、헤칠척、열척 摭同字 (藥)(陌)

拜 [배] 절할배 拜同字

[扌+四] [장] 整而不亂정제할장 (漾)

拔 [발][패] 疾也빠를발 抽也빼낼발、뽑을발 迴也돌아올발、拂取휘어꺾을패 (黠)(曷)(隊)

拕 [타] 끌타、이끌타 拖、扡同字

拜 [배] 服也굴복할배 兩手下稽至地절배、절할배 授官벼슬줄배 禮也예배할배 扒同字 (卦)

招 [초][교] 手呼손짓할초 求也구할초ㅣ來불러올초、擧也들교 揭也높이들교 (蕭)

拚 [번][반][변] 번득일번、버릴반、손으로춤추는모양변 拚同字

拖 [타] 引也이끌타 曳也끌타 拕同字 (歌)

拘 [구] 曲礙거리낄구 執也잡을구 (虞)

拚 [번][분][변] 飛也번득일번 棄也버릴분 手舞貌손으로춤추는모양변 翻同字 (元)(寒)(霰)

[扌+必] [필][비] 捩也휘어꺾을필 刺也찌를필 擊倒쳐꺼꾸러뜨릴필 戱擊얼드릴비 (質)(寘)

拗 [요] 捩也비틀요 手位折也꺾을요、분지를요 心戾마음어그러질요 (巧)(效)

拙 [졸] 自己謙稱나졸 不巧못생길졸、졸할졸 物屈不用못쓰게될졸 古音절 (屑)

[古+手] [고] 罪也허물고 疈ㅣ磔也사지찢을고 障也막을고 必也반드시고 辜同字 (虞)

拡 [광][확] 充也채울광 張

小使大늘릴확、넓힐확 擴略字 ㊀漾 ㊀藥

拟 [의] 議也의논할의 推測추측할의 易經繫辭ㅣ之而後言、度也헤아릴의 擬俗字

拠 [거] 依也의지할거、기댈거 依托의탁할거 據俗字 ㊀御

㊅

㧡 [회] 相擊서로칠회 회 豗同字 ㊀灰

拹 [협] [랍] 折也꺾을협 拉也부러질랍 拉同字 ㊀合 ㊀葉

拫 [흔] 排擠물리칠흔 引也끌어당길흔 ㊀元

拪 [천] 遷也옮길천 遷同字 ㊀先

括 [괄] 根刷궁구할괄 挈也헤아릴괄 結也맺을괄 包也쌀괄 檢也검사할괄 至也이를괄 矢末화살끝괄 會也모을괄 ㊀曷

拼 [평] [병] 隨從좇을평 排斥물리칠병、제칠병 拚俗字

捐 [연] 棄也버릴연 除去損也덜릴연 ㅣ瘠病也병들어죽을연 捐俗字 ㊀先

拸 [치] 拍也칠치 去也버릴치 拽也끌치 ㊀紙 ㊀寘

拭 [식] 揩也지울식、닦을식 刷也다듬을식 ㊀職

拮 [길] [결] 手口共作ㅣ据길거할길、열심히일할길、결 義同 ㊀質 ㊀屑

拷 [고] 打也ㅣ掠두드릴고、칠고 ㊀晧

㧧 [용] [잉] 助也도울용 戎通、因也인할잉 ㊀東 ㊀蒸

拯 [증] 救濟건질증、구제할증 助也도울증 ㊀蒸

拱 [공] 合持ㅣ把손아귀맞출공 歛手垂ㅣ팔짱낄공 ㊀腫

拶 [찰] 逼排ㅣ서로다닥칠찰 ㊀曷

㧻 [호] 拔去田草김맬호 掃除쓸어버릴호 ㊀豪

核 [위] [해] 動搖움직일해 減也감할해 擔也멜위 ㊀賄 ㊀末

拰 [님] 調弓貌ㅣ搦활바로잡을님 搦也누를님 ㊀寢

𢪃 [주] 手彈손으로퉁길주 搊同字 ㊀尤

挀 [박] 搏也칠박 樂句노래고를박ㅣ張手搏捽胡之戲손벽칠박 拍同字 ㊀陌 ㊀藥

拲 [공] [국] 兩手同械수갑지를공、국義同 ㊀腫 ㊀沃

拪 [천] 徙也 移也 옮길천 變易바꿀천 去下之高 옮을천 遷古字 (先)

拵 [존] 揷也 꽂을존 調和조합할존 (願) (日)

拴 [전] 揀也 가릴전 詮、銓通 (先)

拳 [권] 勸懇부지런할권 屈手주먹권 憂愛也 ㅣㅣ奉持貌 근심할권 思念奉持마음에품을권 捲通、惓同字 (先)

捒 [색][착] 擇取物가릴색、扶也 붙을착 (陌) (覺)

拽 [예][열] 拖也 끌을예 拕也잡아끌열 曳、抴同字 (霽) (屑)

挍 [교] 考也 겨룰교、상고할교 計量헤아릴교 檢也 알아볼교、검사할교 校同字 (效)

挊 [롱] 玩也 구경할롱 戲也 희롱할롱 弄俗字 (送)

拾 [습][겁][섭][섭] 射鞲決ㅣ팔찌습 收也주을습 官名ㅣ遺벼슬이름습 更也 다시섭 踅也갈마드릴겁 十也열십 十、什同字、ㅣ級오를섭 (緝) (葉)

拿 [나] 捕也 잡을나 拏俗字 (麻)

⿰扌危 [계][위] 毁撤헐어버릴계 懸也 달위 (紙) (尾)

⿰扌衍 [연] 舒布펼연 ⿰扌行의 譌字 (銑)

⿰扌因 [인] 乃也 기댈인 就也 나아갈인 (眞)

持 [지] 守也지킬지 執也가질지 耐久오래참을지 汲水具軍ㅣ물지게지 (支)

挋 [진] 拭也 씻을진、훔칠진 (震)

⿱夆手 [책] 手度物뼘잴책 揲同字 (陌)

挌 [격] 擊也칠격 擧也 들격 (陌)

挂 [괘] 懸也걸괘、달괘 畫也그을괘 矢鏃剛ㅣ살촉괘 掛通 (卦)

挃 [질] 穫聲ㅣㅣ벼베는소리질 撞也 두드릴질 絰通 (質)

按 [안][알] 察也 살필안 抑也 누를안 驗也알아볼안 考也상고할안 引也 이끌안 止也 그칠안 撫也 어루만질안、遮也 막을알 捺也 누를알 遏通 (曷)

⿰扌⿵几乂 [패] 捩也 비틀패 撥也 당길패 (泰)

⿰扌先 [선] 手捻物撰ㅣ비빌선 (銑)

抗

[충] 蹱也 뛸충 (送)

挳 [긍] 引急 홱챌 긍 揯同字 (蒸)

挈 [계][설] 鈌也、絶也 이지러질계 然火 灼龜 거북점칠계 提也 끌어당길 설 懸持 달아올릴설 (霽)(屑)

抅 [헌][횡] 摯也 질헌 揮也 휘두를횡 (霰)(庚)

挆 [타] 헤아릴타、배돛 내릴타、흔들타 挅同字 (哿)

挅 [타] 落帆 배돛내릴타 忖度 헤아릴타 搖也 흔들타 挆同字 揣通 (哿)

指 [지] 示也 지시할지 手端 손가락지 歸趣 뜻지 (紙)

拔 [복] 擊也 칠복、두드릴복 (職)

拲 [공] 兩手取物 두손으로잡을공 (腫)

拍 [지] 손가락지、가리킬 지 指古字

挖 [알] 穿索挑ㅣ 우벼낼알 (曷)

挑 [도][조][서] 輕儇貌 갑신거리는 모양도 往來相見ㅣ達 왕래하며서로볼도 誘也 꾀일도 引出 끌어낼도、撥也 돋을조 取也 취할조 肩荷 멜조 弄也 희롱할조 히調 돋아날조 輕儇 까불조、抒物器 구기서 (豪)(蕭)(篠)

挎 [고] 以指網孔而持 구멍에 손가락넣어잡을고 (虞)

拻 [항] 帆雙立 쌍돛달항 (江)

投 [투] 擲也 던질투 投古字 (尤)

挏 [동] 撞也 짓찧을동 推引、動也 밀려끌동 動也 움직일동 (董)

挐 [나][녀] 紛ㅣ 분나할나 牽引 끄를나 牽也 끌녀 煩也 번거러울녀 拏同字 (麻)(魚)

拐 [렬] 裂也 뜯을렬 (日)

拜 [배] 절할배 拜本字

挒 [렬] 捩也 내결렬 拗也 비틀렬 捩同字 (屑)

举 [거] 扛也 들거 擧也 받들거、행할거 與略字 (語)

⑦

挵 [롱] 玩也 구경할롱 戲也 희롱할롱 弄同字 (送)

挴 [매] 貪也 탐할매、계엄낼매 (賄)

挨 [애] 推也 밀칠애 擊背 등칠애 強進 강하게나갈애 物相近 만

댈애 (蟹) **挫** [좌] 折也꺾을좌 摧也꺾어 질좌 捉也잡을좌 (箇) **捝** [랄][세] 遺也끼칠탈 除也 닦을탈 脫通、拭也씻을

세 (曷) (齊) **捘** [아] 砑也부서 뜨릴아 (禡) **挲** [사] 만질사 挱同字 **挪** [나] 揉物挼 ㅣ뵐나 (歌) **挭**

[경] 覺也깨우칠경 大略대 개경 搖也흔들경 梗同字 (梗) **挱** [사] 만질사 挲同字 **抄** [사] 手挼摩ㅣ만 질사 莎通 (歌) **挮**

[제] 去涕淚눈 물씻을제 (齊) **振** [진] 收也거둘진 奮也떨칠진 厚무던할진 拯也건질 진 發也필진 整也정돈할진 動也움직일진 救也구

원할진 震也진동할진 止也그칠진 群飛貌 떼지어날진 賑通、盛貌ㅣㅣ 성할진 (震)(眞) **挶** [국] 持也 가질 국 舁 土轝들것국 (沃) **挰**

[정] 擇也가 릴정 (庚) **挷** [방][병] 掩也가릴방 笞掠볼기칠방 相索맛 당길병 進船저을병 搒俗字 **捉** [착] 捕 也잡

을착 搤껄착 邊戍守수 자리살착 握也줌착 (覺) **挹** [읍] 抒也잡아당길읍 酌也잔질 할읍 取出처낼읍 揖通 (緝) **挺** [정] 直

也곧을정 拔也뺄정 寬也 너그러울정 引也당길정 (迥) **捈** [도] 引也당길도 臥 히궁글릴도 (虞) **捇** [혁] 掘土흙 팔혁 (陌)

捊 [부] 手掬움큼 부 抔同字 (尤) **挻** [연] 引也이끌연 揉也휠연 遒也숨 을연 擊也칠연 古音선 (先) **捆** [곤][흔]

織也짚신삼을곤 叩椓두드릴곤 纂組짤혼 取也취할혼 (阮)(元) **捅** [통] 進也나아갈통 引也당길통 (董) **捼** [뇌][쇠][나] 挼

揉비빌뇌 摩也만질 쇠 摧也꺾을나 (灰)(歌) **⿰扌劫** [거] 持也가져갈 거 抾同字 (魚) **括** [괄] 絜也結也매잣을 괄 包也쌀괄 會

也모을괄 括本字 ㊀曷

捄 [구] 捊也흙퍼올릴구 築墻取土줌구 長也길구 角貌뾰족할구 護也두둔할구 護也호위할구 止也그칠구 救古字 ㊀虞 ㊀尤 ㊀宥

捃 [군] 拾取ㅣ摭주울군 攟、攈同字 ㊀問

挽 [만] 薤露蒿里二章ㅣ歌만장 만 引也당길만 ㅣ歌상엿군노래만 輓同字 ㊀阮

⿰扌身 [갱] 引伸기지개켤갱 鏗同字 ㊀庚

捂 [오] 抵ㅣ觸也다다칠오 叅差抵ㅣ어긋날오 逆也거스를오 斜拄기둥쓸릴오 ㊀遇

⿰扌禿 [독] 以杖刺之지팡이로찌를독 ㊀屋

挾 [협] 藏也감출협 掖也낄협 恃也믿을협 十日열흘협 持也가질협 輔也도울협 帶也띠협 懷也품을협 俠通、夾同字 ㊀葉

掐 [남] 魚食貌고기밥먹는모양남 ㊀勘

捁 [교] 手動也흔들교 亂之어지럽게할교 攪同字 ㊀巧

⿰扌弃 [반][번] 棄也버릴반 飛也날번 拚同字 ㊀寒 ㊀元

⿰扌瓜 [접] 手摩物비빌접 ㊀葉

挿 [삽] 刺入꽂을삽 揷也길삽 插同字 ㊀洽

捧 [봉] 兩手分而數두손에나직실봉 奉也받들봉 ㊀宋

捋 [랄] 摘取딸랄 以指歷取쑥쑥뽑을랄 摩也郁ㅣ더듬을랄 ㊀曷

捊 [부] 手掬움큼부 引取당길부 引取治田김맬부 抔同字 ㊀尤

揺 [요] 動也흔들요、움직일요 首飾步미리처장할요 暴風扶ㅣ회오리바람불요 搖同字 ㊀蕭

⿰扌⿱巛月 [찰] 排ㅣ逼也마주칠찰 拶本字 ㊀曷

捌 [팔] 分也나눌팔 破也깨뜨릴팔 擊也칠팔 無齒杷고무래팔 八、扒同字 ㊀黠

捍 [한] 射具臂ㅣ팔찌한 衛也호위할한 ㊀翰

捜 [수] 索也찾을수、더듬을수 亂也어지러울수 搜略字 ㊀尤

⿰扌里 [재] 掌擊手손바닥에받을재 ㊀齊

⿰扌戒 [계] 器之總名틀계、

기계계 桎梏형구계 械同字 (卦)

捎 [소] 動貌ㅣ搖흔들릴소 除也덜소 擇也 橋ㅣ가 릴소 掠也스칠소 良馬名 㴋ㅣ말이름소 (蕭)(肴)

⿰扌囪 [총] 統也거느릴총 合也모을총 皆也 다총、모두총 揔本字 總同字 (董)

⿰扌秀 [숙] 引也이 끌숙 (屋)

⿰扌⿸方疋 [선] 反也돌이 킬선 疾也빠를선 盤ㅣ廻돌아다닐선 斡ㅣ轉也구를선 旋俗字 (先)(霰)

捏 [날] 搦也꽉누를날 捺也꾹찍을날 捻聚주어모을날 作也만들날 古音녈 (屑)

捘 [준] 推也밀준 按也누를준 爪刺손톱으로찌를준 (眞)(願)

捖 [완] 摩切갈을 완 本音환 (寒)(旱)

捐 [연] 除也덜연 棄也버릴연 死ㅣ瘠병들어죽을연 (先)

⿰扌豆 [두] 腕骨之一 팔목뼈두 (宥)

捗 [척][보] 進也나갈척 本音측、收亂草ㅣ攎북더기모을보 打也칠보 收斂거둘보 (陌)(遇)

捕 [포] 逮ㅣ擒捉사 로잡을포 (遇)

挪 [야] 擧手相弄ㅣ 揄손들어서로 희롱할야 揶同字 (麻)

捔 [각] 紲後絓前掎ㅣ와 뒤로얽어을각 (覺)

捒 [수][송] 褁束묶을수 謹也삼갈송 竦同字 (遇)(腫)

(八)

捦 [금] 急持움킬금 急持捉也사로잡을금 擒同字 (侵)

⿰扌㝵 [득] 挨也밀칠득 拳打쥐어박을득 (職)

⿰扌沓 [답] 革履가죽신답 縫指衣골무답 鞜同字 (合)

捥 [완] 臂也팔뚝 완 腕同字 (翰)

⿱宛手 [완] 팔뚝완 捥同字 (翰)

⿰扌表 [표] 分與나누 어줄표 (嘯)

㧻 [탁] 推也밀탁 打也칠탁 剌木말뚝탁 椓通 (覺)

捼 [뇌][나] 手摩 비밀뇌 推也꺾을나 挲也문 댈나 挼同字 (灰)

捧 [봉] 掬也움큼봉 兩手承받들봉 (腫)

⿰扌⿱介心 [갈] 刮也 그릇을갈 扴、扴同字 (黠)

捨 [사] 棄也 버릴사 釋也 놓을사 施也 베풀사 與也 줄사 舍同字 (馬)

捨 [사] 놓을사、버릴사 捨同字 (馬)

捺 [날] 手押 손가락으로 누를날 手章 수장찍을날 押印 도장찍을날 (曷)

捷 [첩] 敏疾 빠를첩 報勝 이길첩 獵也 사냥할첩 ㅣ書 첩서첩 (葉)

捩 [렬] 紾也 비틀렬 拗也 휘어꺾을렬 撕也 끌렬 復歸 뒤돌아올렬 攦通 (屑)

掴 [고] 縣名 ㅣ陽 고을이름고 梱同字 (遇)

捶 [추][타] 擊也 칠추 舂也 찧을추 棰通、特度 헤아릴타 揣同字 (紙)(哿)

捻 [총] 거느릴총、모을총、다총、모두총 搃同字 (董)

捫 [문] 摸也 잡을문 撫持 어루만질문、더듬을문 (元)

捴 [홀] 推持 밀칠홀 去塵 먼지털홀 (月)

捪 [문] 拭也 씻을문 揩同字 (吻)

捻 [념] 手捏 손비빌념 捏也 손으로 찍어바를념 (葉)

掐 [악] 彈也 퉁길악 (覺)

掊 [부] 慰也 위로할부 按撫 어루만질부 拊、撫通 (虞)(遇)

捭 [패][벽] 兩手擊 두손으로 칠패 擗也 던질패 開也 열벽 折也 ㅣ꺾을벽 (蟹)(陌)

捵 [전] 手伸物 바로잡을전 (銑)

捲 [권] 氣勢 기세권 收也 거둘권 用力貌 ㅣㅣ 힘쓰는 모양권 拳通、斂也 걷을권 卷同字 (先)(銑)

摐 [창] 撞也 두드릴창 打鐘 종칠창 摐同字 (江)

捭 [패][벽] 兩手擊 두손으로 칠패 擲也 던질패 開也 열벽 折也 꺾을벽 捭同字 (蟹)(陌)

捱 [애] 拒也 막을애 ㅣ過 延緩 늦어질애 (佳)

据 [거] 戟挶持也 가질거 口足爲事 拮ㅣ 길거할거 依也 의지할거 手病 손병거 (魚)

捯 [도] 手推 두드릴도 築也 다질도 舂 찧을도 擣同字 (皓)

捽

持頭髮 꺼두를 졸 觸也 찌를 졸 (月)

捿 [서] 幽居 살 서 棲息 새 깃들일 서 栖通 (齊)

掘 [굴][궐] 特起貌 우뚝할 굴 搰也 팔 굴 堀通、穿也 뚫을 철、뚫릴 철 撅通 (物)(月)

揠 [아] 拔給 어자로 줄 아 搖也 흔들 아 (禡)

捾 [알] 援也 당길 알 取也 취할 알 掐也 손톱 찌길 알 (曷)

掀 [흔] 高聳耳 우뚝할 흔 擧也 들 흔 本音 헌 (元)

掔 [완][견] 引也 당길 완 古音 간 牽去 끌어갈 견 牽同字 (刪)(先)

掫 [조] 刺也 찌를 조 趙通 (蕭)

掁 [정] 憧也 두드릴 쟁 擊也 칠 정 觸也 찌를 정、찌를 쟁 (庚)

植 [지] 持也 가질 지 投也 던질 지 拄杖 끝을 지 (寘)

排 [배] 推也 떠밀 배、밀칠 배 擠也 물리칠 배 安置 편안히 둘 배 列也 벌려 놓을 배 (佳)

掐 [겹] 爪刺 꼬집을 겹 (洽)

掂 [점] 衡也 무게 달 점 (鹽)

掃 [소] 拚除 酒ㅣ 쓸 소 髻名 髾ㅣ 상투 소 埽同字 (皓)(號)

掏 [도] 擇也 가릴 도 掐也 당길 도 搯同字 (豪)

掍 [혼] 同也 같을 혼、맞출 혼 混同字 (阮)

拼 [평][병] 隨從 좇을 평、除也 제할 병 拼斥 물리칠 병 抨通 (庚)(敬)

掄 [륜][론] 擇也 고를 륜、가릴 륜、론 義同 (眞)(元)

掎 [기] 發也 들걸 기 牽一脚 한 다리 끌 기 偏引 치우쳐 당길 기 (紙)

掅 [청] 捽也 꺼두를 청 (徑)

授 [수] 付也 부칠 수 予也 줄 수 (有)(宥)

掆 [강] 掆ㅣ 舁也 끌 강 擧也 들 강 (陽)

掌 [장] 主也 職ㅣ 맡을 장 手心 손바닥 장 鞅ㅣ 失容 고달플 장 (養)

揁 [정] 引也 고을 정 (庚)

掇 [철] 馬箠 말채찍 철 拾取 주울 철 採也 캘 철 (曷)

掉 [도] 擇也 가릴 도 搖也 흔들 도 振也 떨칠 도 掏通 (豪)

掊 [부] 聚斂 ㅣ克 거

둠질할부 把也질부、헤칠부 減也덜부 裒通、擊也칠부 剖同字 (有)

掖 [액] 臂下겨드랑이액 以手持人臂곁들액、부액할액 大袂衣큰소매옷액ㅣ庭宮傍舍궁궐곁채액ㅣ垣殿傍垣대궐곁담액 掖通 (陌)

掙 [쟁] 刲也꺾을쟁 刺也찌를쟁 (敬)

拏 [란] 不治어지러울란 秦也얽힐란 矣寇난리난 亂古字 (翰)

掫 [추] 行夜手ㅣ순경목탁추 擊也칠추 (尤)

掛 [괘] 懸也걸괘、달괘、걸릴괘ㅣ置달아둘괘 挂同字 (卦)

掚 [량] 整飾정제하게꾸밀량 (養)

措 [조][책] 置也둘조 擧也들소 施布베풀조 廢也폐할조 動作행동조 頓也정돈할조 厝同字 錯通 追捕쫓아잡을책 (遇)(陌)

掮 [견] 以肩擧物맬견 (中)

掜 [예] 捉也잡을예 擬也비길예 寄也붙일예 手筋急손에힘줄당길예 (薺)

掟 [정] 揨棖둘러칠정 敎令영강청 (徑)(日)

掝 [혹][획] 惛也흐리멍덩할혹 裂也찢을획 (職)(陌)

掩 [엄] 閉也닫을엄 斂也거둘엄 遮也막을엄 覆取들씌울엄 隱翳가릴엄 揜同字 (琰)

推 [퇴][추] 排也밀퇴 順遷차례로옮길추 獎也포장할추 擇也가릴추 窮詰힐란하여물을추 尋繹궁구할추 (灰)(支)

掞 [섬] 疾動번쩍할섬 舒也펼섬 撊同字 (鹽)

掠 [략][량] 拂過스칠략 劫財ㅣ奪노략질할략 剠同字 奪取빼앗을량 搒ㅣ搒笞볼기칠량 (藥)(漾)

控 [공][강] 告也고할공 引也당길공 操制어거할공 投也던질공 打也칠강 (送)(講)

搒 [방][병] 掩也가릴방 笞掠볼기칠방 相牽맞당길병 搒本字 (漾)(庚)(號)

採 [채] 取也취할채 摘也딸채、캘채 采通 (賄)

⿰扌林 [름] 打也칠름 殺也죽을름 (寢)

接

[접] 交也사귈접 待ㅣ대접할접 迹也가까울접 續也이을접 ㅣ木村也접할접 合也합할접 持也가질접 會也모을접 受也받을접 (葉)

掤 [붕] 箭筩盖전통뚜껑붕 (蒸)

探 [탐] 闚索찾을탐 遠取之더듬을탐 取也취할탐 何也刺ㅣ살필탐 試也시험할탐 (覃)(勘)

掣 [체][철] 曳也끌체 滯隔막힐체 挽也당길철、끌철 (霽)(屑)

[illegible] [순][단] 望也繩取正줄띠어다림불순、단 義同 (軫)(寒)

揯 [긍] 滯留不祭막힐긍

掔 [완] 手ㅣ臂팔뚝완 腕同字 (翰)

掬 [국] 屈掌움큼국 兩手撮物두손으로움칠국 匊同字 (屋)

掱 [파] 披散헤칠파 擘同字 (歌)

九

[illegible] [구] 取牛羊乳젖짤구 (虞)

揀 [간][련] 選擇가릴간、뺄간 分別之가를간 柬通、련義同 (潸)(霰)

提 [제][시][리] 挈也끄을제 擧也ㅣ封들제 鼓名북어름제 梵語菩ㅣ범어제 箸也젓가락제 ㅣㅣ行步安諦가만가만걸을제 星名攝ㅣ별이름제 酒壺偏ㅣ술병제 擲也던질제 群飛貌떼지어날시 名朱ㅣ고을이름시 題同字 菩ㅣ樹보리수리(梵語) (齊)(薺)(支)

描 [묘] 摹畫그림묘 (蕭)

掾 [연] 官屬ㅣ吏아전연 因也인할연 (先)

揃 [전] 整齊가지런히전 剃也ㅣ刀가위전 分割가르를전 剪也자를전 翦剪同字 (銑)

揎 [선] 捲袂出臂소매걷을선 (先)

揌 [시] 動也움직일시 擇也가릴시 (灰)

掽 [팽] 撞也ㅣ揰부딪칠팽 (號)

揂 [추] 聚也모을추 (宥)

揍 [추] 搊也끄을추 (宥)

揉 [유] 順也순할유 挼也부빌유 和順부드럽게할유 屈木、曲直之矯ㅣ나무구부릴유 直也바로잡을유 (感)(琰)

捪 [문] 拭也씻

을문 抆同字 (吻)

揄 [유] 譽言칭찬할유 引也당길유 擧手笑弄邪ㅣ손들고 웃으며 희롱할유 抒臼절구질할유 廠、舀同字 (虞)

揋 [외] 掎也치우쳐끌외 (灰)

[illegible] [등] 擔也 멜등 (徑)

[illegible] [단] 打鞭채찍질할단 (翰)

[illegible] [락] 裂也터질 탁 分開벌어질탁ㅣ坼同字 (陌)

掅 [타] 落也떨어질타 捫也만질타 (哿)

揈 [횡] 打聲치는 소리횡 (庚)

[illegible] [경] 大略대개경 攪也깨울경 挭同字 (梗)

揆 [규] 法也법도규 度也헤아릴규 堯官百ㅣ벼슬이름규 (紙)

揅 [연] 摩也연마할연 破也깨칠연 揅、硏同字 (先)

[illegible] [방] 衛也호위할방 捍也막을방 (陽)

[illegible] [률] 去滓取汁즙낼률、짤률 (質)

揣 [취][타] 量也잴취 試也시험할취 忖度헤아릴타 揣同字 (紙)(哿)

[illegible] [열] 抉目눈비빌열 (屑)

揑 [녈] 捻聚주어모을녈 姓也성녈 (屑)

揷 [삽] 擔也 길삽 刺入꽂을삽 俗音잡 (洽)

[illegible] [탄] 轉也구를탄 (寒)

揢 [객] 著也手把움켜잡을객 (陌)

挿 [삽] 꽂을삽、길삽 揷俗字

揔 [총] 거느릴총、모을총、다총、모두총 摠俗字

挍 [교] 接支거일교 接也 접할교 戾也 어그러질교 (巧)

揣 [취][타] 試也시험할취 量也헤아릴취 忖度요량할타 搥通 (紙)(哿)

揖 [읍][즙] 進也나아갈읍 拱手上下읍할읍 遜也겸손할읍 拱也까지낄읍 挹通、擊也모을즙 (緝)

揕 [침] 刺也찌를침 擊也칠침 伐木聲나무베는소리침 (沁)

掔

[완] 腕也팔완 (翰)

揠 [알] 拔取잡아뽑을알 拔草心풀고갱이뽑을알 (黠)

握 [악] 搤持掌ㅣ쥘악、잡을악 少貌조그마할악 (覺)

揞 [암] 藏也 감출암 手覆 손으로 덮을암 臧也 덮할암 ㊀感

揘 [황] 擊手刺 찌를황 擊也 칠황 ㊀庚

揗 [순] 手相安慰捫ㅣ 쓰다듬을순 摩也 만질순 ㊀眞 ㊀軫

揟 [서] 地名ㅣ次 고을이름서 捕魚 고기잡을서 ㊀魚

揝 [잠] 手動 손흔들잠、잡을잡 (中) ㊀感

揚 [양] 發也 필양 飛擧 들날릴양 顯也 나타날양 擧也 들양 稱說 칭찬할양 去糠粃簸ㅣ 까부를양 戚ㅣ 도끼양 自得貌 자득할양 ㊀陽

㨎 [연] 碎也 부스러뜨릴연 挼抄 煩ㅣ 비빌연 撋同字 ㊀先

換 [환] 易也 바꿀환 支易 교역할환 畔ㅣ 強恣貌 방자할환 ㊀翰

揜 [암][엄] 覆也 가득히덮을암 手掩 손으로가릴암 掩見索 리찾아낼엄 因迫 곤박할엄 ㊀感 ㊀琰

捜 [수] 矢行勁疾 화살빨리갈수 索也 찾을수、수색할수 聚也 모을수 搜同字 ㊀尤

揤 [즉][즐] 捽也 끄두를즉 拭也 씻을즐 ㊀職 ㊀質

揫 [추] 斂也 거둘추 束也 묶을추 ㊀尤

捛 [려] 𩀌ㅣ寄客 나그네려、손님려 象也 무리려 陳也 베풀려 旅俗字 ㊀語

撰 [찬][선][전] 具也 갖출찬 事也 일찬 求屬辭記事 글지을찬 선 義同 迹也 지을전 持也 가질전 撰本字 ㊀潸 ㊀銑 ㊀霰

揪 [추] 묶을추、거둘추 揫同字 ㊀尤

捊 [부] 衣上擊之矣 위로칠부 ㊀有

㨱 [요] 꺾을요 挍同字

㨖 [치] 刼財 노략질할치 刺也 찌를치

揩 [개] 摩拭 물질러훔칠개 ㊀佳

𢯭 [질] 擣也 찧을질 ㊀質

㧻 [요] 拉也 꺾을요 拗也 비틀요 ㊀巧

揵 [건] 閉也 닫을건 擧也 들건 肩擧 멜건 楗通 ㊀阮 ㊀先

揧 [랄] 研磨 갈랄、부술랄 ㊀曷

揔 [종] 擊手 손

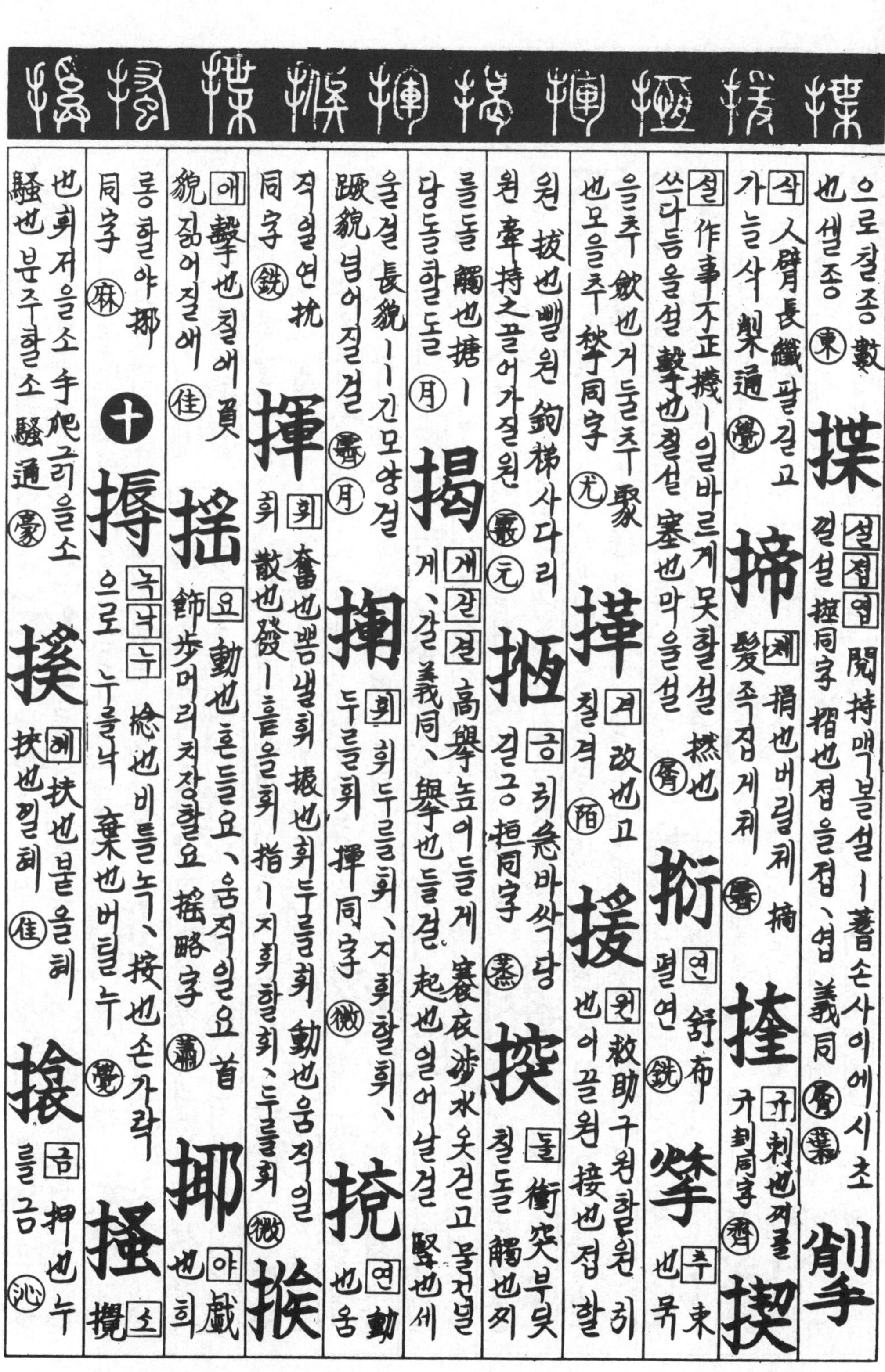

으로찰종 數也셀종 ㊍東

揲 설 접 엽 閱持맥ᆨ볼설ㅣ蓍손사이에시초 끌설 揲同字 摺也접을접、엽 義同 ㊊屑 ㊊葉

[削手] 삭 人臂長纖팔길고 가늘삭 槊通 ㊊覺

揥 체 揥也버릴체 摘髮족집게체 ㊊霽

[扌奎] 규 刺也찌를규 刲同字 ㊊齊

揳 설 作事不正攕ㅣ일바르게못할설 撚也쓰다듬을설 擊也칠설 塞也막을설 ㊊屑

[扌衍] 연 舒布펼연 ㊊銑

揫 추 束也묶을추 斂也거둘추 聚也모을추 揪同字 ㊊尤

[扌革] 격 改也고칠격 ㊊陌

援 원 救助구원할원 引也이끌원 接也접할원 拔也뺄원 鉤梯사다리원 牽持之끌어가질원 ㊊霰 ㊊元

揯 긍 引急바싹당길긍 搄同字 ㊊蒸

揬 돌 衝突부딪칠돌 觸也찌를돌 觸也搪ㅣ당돌할돌 ㊊月

揭 게 갈 걸 高擧높이들게 褰衣涉水옷걷고물건널게、갈 義同、擧也들걸 起也일어날걸 竪也세울걸 長貌ㅣㅣ긴모양걸 蹶貌넘어질걸 ㊊霽 ㊊月

[扌門軍] 휘 휘두를휘、지휘할휘、두를휘 揮同字 ㊊微

[扌兗] 연 動也움직일연 抗同字 ㊊銑

揮 휘 奮也뽐낼휘 振也휘두를휘 動也움직일휘 散也發ㅣ흩을휘 指ㅣ지휘할휘、두를휘 ㊊微

挨 애 擊也칠애 負貌짊어질애 ㊊佳

搖 요 動也흔들요、움직일요 首飾步머리치장할요 揺略字 ㊊蕭

揶 야 戲也희롱할야 揶同字 ㊊麻

⑩

搙 녹 낙 누 搦也비틀녹、按也손가락으로누를낙 棄也버릴누 ㊊覺

搔 소 攪也휘저을소 手爬긁을소 騷也분주할소 騷通 ㊊豪

揆 계 扶也붙을계 扶也낄계 ㊊佳

搇 금 押也누를금 ㊊沁

搕 [갑] 取也 취할 갑 擊也 칠 갑 (合) 搓 [차] 推擊 밀고 칠 차 ㅣ椰 휘두를 차 相磨 손 비빌 차 (歌) 搖 [요] 暴 風 扶

ㅣ휘파람 불 요 動也 흔들 요、움직일 요 星名 별 이름 요 首飾步ㅣ 머리치장할 요 擢同字 (蕭) 摑 [홀] 手推 밀 홀 (月) 搐 [휵] 牽

掣 당길 휵 俗音 축 (屋) [illegible] [척] 搔也 긁을 척 伐也 벨 척 (錫) 搒 [방][병] 掩也 가릴 방 笞杖 볼기 칠 방 進船 배 저을 방、병 義

同、相牽 맞당길 병、맞끌 병 傍通 (陽)(敬) 搳 [할][갈] 刮也 깎을 할 搔也 긁을 할、갈 義同 (黠) 搸 [소] 暗取 物 훔칠

소 (遇) 搏 [박] 取也 索持 가질 박 手擊 손으로 칠 박 捕也 잡을 박 拍也 두드릴 박 (藥) 搠 [삭] 取也 취할 삭 手足摹ㅣ 집을 삭

求也 구할 삭 索通 (藥) 搋 [최][차] 以拳觸人 쥐어지를 최 折也 꺾을 차 拽也 끄을 차 (麻)(霽) 揵 [건] 以身肩物 멜 건 相援 서로 도

울 건 (元) 搌 [전] 束縛 묶을 전 展極也 ㅣ[illegible] 펼 전 捲也 걷을 전 拭也 씻을 전 (銑) 撊 [섬] 疾貌 번쩍할 섬 掞同字 (豔)

損 [손] 失也 잃을 손 減也 덜 손、감할 손 傷也 상할 손 卦名 괘 이름 손 疲勞 피곤할 손 愼也 삼가할 손 害也 해볼 손、해로울 손 (阮)

搊 [추] 手彈 손으로 튕길 추 五指搊搤 다섯 손가락으로 잡을 추 掫同字 (尤) 搆 [구] 牽也 당길 구 聚也 얽어맬 구 (宥) 搉

[각] 大擧動揚ㅣ 대강 들추을 각 敲擊 두드릴 각 榷通 (覺) 搗 [도] 舂也 찧을 도 手椎 다듬을 도 椎也 방망이질할 도 擣同字 (皓) 搘

[지] 柱砥 고일 지 捂也 어긋날 지 柱礎 나무 주추 지、기둥 받침 지 榰同字 (支) 搚 [랍] 拉也 꺾을 랍 折聲 꺾어지는 소리 랍 拉同字 (合)

搭 [탑][랍] 擊也칠탑 挂也걸탑 載也실을답 附也붙을답、搨摸|박을탑 (合)

搬 [반] 運也옮길반 移|漢운전할반 (寒)

搪 [당] 塞也막을당 不遜|揬당돌할당 張也베풀당 傏通 (陽)

揳 [결] 手度物뼘잴결 揭同字 (屑)

搧 [선] 以扇打之부채로칠선 (先)(霰)

搫 [반][파] 除也덜반 |擭不正몇놓아잡을반、射者除地爲場활터닦을파 披散헤칠파 波手同字 (寒)(歌)

⿰扌翁 [옹] 抱也안을옹、품을옹 持也가질옹 羣從衛也옹위할옹 擁也가릴옹 貢也이바지할옹 擁同字 (腫)(冬)

搨 [탑] |碑摹也비문박을탑 寫也박일탑 搭同字 (合)

搦 [낙][닉] 持也가질낙 按也누를낙 本音낙 捉也잡을낙 (覺)(陌)

搥 [추][퇴] 擊鼓북칠추(三|鼓爲嚴) 捶通、擲也던질퇴 擿也망치로칠퇴 槌同字 (支)(灰)

搤 [액] 持也가질액 捉也잡을액 握也쥐일액 (陌)

捜 [수] 擊也칠수 ⿰扌肅同字 (屋)

搣 [멸] 批也손가려때릴멸 手擊칠멸 摩也만질멸 捽也꺼두를멸 拔眉髮摘|눈썹뽑을멸 手拔손으로뽑을멸 (屑)

撟 [교] 擧手손들교 正曲바로잡을교 揉也밟힐교 矯譌字

⿰扌軒 [헌] 擧手而擬之손들어겨눌헌 打也칠헌 (阮)

搠 [삭] 觸也찌를삭 (藥)

搞 [고] 相違서로다를고 横敲엮으로칠고 (號)(肴)

搡 [상] 擊也 搷|칠상 (養)

⿰扌具 [구] 手擧들구 (有)

搢 [진] 插也꽂을진 振也 |紳떨칠진 (震)

⿰扌⿱囟乚 [비][별] 反手擊손뒤집어칠비 批通、手疾彈絃손재게탈별 (齊)(屑)

搛 [겸] 手擊長鼓장구칠겸 (鹽)

搜 [수] 索也찾을수、더

듣을수 矢行勁疾화살빨리가는소리수 亂也어지러울수 搜同字 (尤)

搮 [률] 以手理物쓰다듬을률 (質)

掆 [강] 擧也들강 扛通 (江)

摂 [섭][녑] 摠持몰아잡을섭 引持끌섭 錄也기록할섭 攝略字 (葉)

撰 [찬][선][전] 具也갖출찬 求屬辭記事글지을찬 則也법찬 선 義同、迹也지을전 持也가질전 集也모을전 撰略字

搯 [도] 習擊劍道검도배울도 叩也두드릴도 掐也당길도 (豪)

搰 [골] 掘也팔골 用力ㅣㅣ힘쓸골 濁也흐릴골 (月)

捔 [격] 姓也성격 持也가질격 (覺)

撝 [휘] 奮也뽑낼휘 指ㅣ지휘할휘 揮也휘두를휘 撝本字 (微)

擓 [회] 拭也씻을회 本音괴 (佳)

掬 [국] 兩手撮動움킬국 屈掌움큼국 掬同字 (屋)

搲 [와] 牽也당길와 爬也긁을와 (馬)

拚 [번][분][변] 飛也날번 棄也버릴분 附手舞貌손춤출변 拚本字

捬 [부] 佐也도울부 持也붙들부 扶古字 (虞)

擕 [휴] 提也끌휴 持也가질휴 離也떠날휴 分離나눌휴 攜俗字

揦 [납] 打也칠납 (合)

搴 [건] 縮也줄어들건 取也가질건 拔也뺄건 拔取빼앗을건 拔也뺄건 攓同字 (先)(銑)

搷 [전] 引也이끌전 擊也칠전 揚也날릴전 (先)

搽 [차] 塗飾바를차 涂通 (麻)

搹 [격] 手把줌격 (陌)

搾 [착] 押ㅣ空氣압박할착 壓物짤착 新字

搵 [온] 按物水中ㅣ納물에담글온 指按손가락으로누를온 (願)

搶 [창] 拒也막을창 集也모을창 飛掠날아스칠창 ㅣ攘亂貌어수선할창 爭取ㅣ奪빼앗을창 突也충돌할창 刺也찌를창、쑤실창 (陽)(養)

擥 [람] 手取잡아

다릴람 總ㅣ모을람 攬俗字

搸 [진] 琴瑟聲거문고소리 진 聚也모을진 (眞)

十一

⿱尉手 [위] 手舒物 손으로펼위

(末)

摋 [살] 掃滅무찔살 側手擊손길로 가철살 抹殺 살칠살 殺通 (曷)

摌 [산] 手擇物손으로 가릴산 精擇 撰ㅣ가릴산、고를산 (潸)

摎 [규][류] 繆殺얽어죽일규 束也묶기을규 捋也 더듬을규 繞也둘릴규 搖也흔들류 (尤)(巧)

摍 [숙] 抽也뺄숙 (屋)

撇 [년] 執也잡을년 以手拭物닦을년 撚同字 (銑)

⿱宿手 [숙] 뺄숙 摍同字

搈 [용] 撞也두드릴용 搗也찧을용 衝也찌를용 (冬)

摣 [사] 摶撮후려칠사 握取검어쥘사 (麻)

摢 [호] 覆也덮을호 (遇)

⿰扌乾 [건] 立也세울건、설 建同字

⿰扌曹 [조] 攪拌휘두를조 (號)

摐 [창] 撞鐘鼓ㅣㅣ종과북칠창 搖也흔들거릴창 (江)

摡 [희][개] 拭也씻을희 取也취할희 滌也씻을개 漑通 (未)(隊)

⿰扌冣 [촬] 兩指取자밤촬 揔取머리끄덩이잡을촬 暎也비칠촬 聚也모을촬 撮同字 (曷)

⿰扌扈 [호] 不順理 搉ㅣ거스릴호 敷施펼호 (麌)

⿱研手 [연] 破也깨칠연 摩也연마할연 (先)

摟 [루] 牽也끄을루 抱也持안을루 (尤)

摠 [총] 合也모을총 統也거느릴총 皆也다총、모두총 衆也무리총 將領장수총 總同字 (董)

⿰扌兜 [두] 擺開잡아헤칠두 (虞)

摑 [괵] 打也칠괵 掌耳批빰때릴괵 批손으로칠괵 本音괵 (陌)

㨰 [곤] 轉也구를곤 (願)

摞 [라] 理也다스릴라 (箇)

⿰扌寄 [거][기] 戴也일거 取物以箸집을거、藏食物찬장기 (支)(紙)

摝 [록][로] 動也움직일록 振

也 떨칠록 捞也 건질로 (屋)(虞)

㨯 [광][확] 充也 채울광 張小使 大也 클확 擴同字 (漾)(藥)

摒 [병] 料理ㅣ擋 요량할병 除也 제할병 屛通 (敬)

摜 [관] 習也 습관관 帶也 띠꿸관 (諫)

搭 [태] 捶擊볼기칠 태 笞同字 吉音치 (支)

擄 [로] 動也 움직일로 強也 굳셀로 (麌)

摓 [봉] 奉也 받들봉 以鍼紩衣 꿰맬봉、홀봉 縫同字 (冬)

摔 [솔] 棄放地 땅에 버릴솔 本音술 (質)

擻 [수] 取也 摟ㅣ 취할수 (尤)

摖 [제] 揭取 걸고잡아다릴제 (霽)

摕 [철][제] 捎取 추릴철 掠去 채어갈철 本音찰、撮取 움킬제 (屑)(霽)

摘 [적] 動也 움직일적 挑發 들추낼적 手取 딸적 擿同字 (銑)(陌)

搖 [요] 動也 흔들요 搖同字 (蕭)

摙 [련] 運搬 운반할련 負荷 멜련 (銑)

摛 [리] 張也 베풀리 布也 펼리 發也 필리 攡同字 (支)

摬 [질] 搔也 긁을질 本音절 (屑)

摤 [창] 磨滌 닦을창 搶同字 (養)

摬 [근] 拭也 씻을근 (問)

摶 [단] 圓也 둥글단 擊也 칠단 土工ㅣ埴 흙이장인단 揣度 헤아릴단 握也 잡을단 (寒)

摵 [색] 隕落貌 뚝뚝떨어질색 捎也 추릴색 落葉聲 우수수 떨어지는소리색 (陌)

摳 [구] 提也ㅣ衣 고을구 褰裳 치마걷어들구 探也 더듬을구 (虞)(尤)

摴 [저] 局戲ㅣ蒲 저포저、상륙저 舒也 펼저 (魚)

摲 [삼][참] 芟也 풀벨삼 投也 던질참 投版 偃水 물막을참 芟也 벨참 (豏)(陷)

摮 [참] 擊也 칠참 防水 물막을참 擧也 들참 截取 꺾어가질참 (感)(覃)

摱 [만] 曳也 끌만 (元)

摯 [예] 曳挽 끌어당길예 䵨同字 (霽)

搗 [도] 手椎두드릴도 築也다질도 舂也찧을도 擣同字 (皓)

摦 [화] 橫大가로퍼질화 寬也너그러울화 (禡)

摧 [최] 挫也꺾어질최 折也꺾을최 至也이를최 抑也억제할최 秝也여물최 止也막아설최 (灰)

搋 [제][차] 以拳觸人쥐어지를체 折也꺾을차 拽也끄을차 搋俗字

摩 [마] 揩也문지를마 研也연마할마 迫也가까와질마 滅也멸할마 反也미칠마 揣ㅣ헤아릴마 (歌)

摩 [마] 연마할마、문지를마 摩同字

[illegible] [마] 연마할마、문지를마 摩同字

[illegible] [배] 手起物令虛빌배 揚也떨칠배 (賄)

[illegible] [말] 私擊가만히때릴말 (黠)

[illegible] [설] 掃滅쓸어없이할설 (屑)

摫 [규] 裁制鋠ㅣ옷마름질할규 (支)

[illegible] [선] 手挑物손으로돌굴선 (霰)

摭 [척] 拾也주울척 取也취할척 拓通 (陌)

摮 [오][교] 擊也칠오 橫撾가로칠교 (豪)(肴)

[illegible] [면] 飾也꾸밀면 (銑)

摯 [지] 至也지극할지 握持쥘지 執物相見禮폐백지 極也지극할지 進也나아갈지 猛也사나울지 (寘)

[illegible] [족] 斂也거둘족 促也재촉할족 (屋)

摸 [모][막] 規也규모모 規倣모뜰모 摹同字、手捉ㅣ摝더듬을막 (虞)(藥)

[illegible] [거] 依也의지할거、기댈거 依托의탁할거 據俗字

[illegible] [건] 攓蒲采名ㅣ子저포짜기이름건 (元)

[illegible] [음] 倒也넘어질음 (侵)

摹 [모] 規也규모모ㅣ寫모뜰모、본뜰모、취받을모、닮을모 摸通 (虞)

㨾 [양] 式也본보기양 樣同字 (漾)

摺 [랍][접] 折也꺾을랍 拉同字、疊也접을접、재킬접 敗也패할접 (合)(葉)

掩 [엄] 斂也거둘엄 隱翳遮也가릴엄、막을엄 掩本字 (琰)

摑

[벽] 剔癖ㅣ痓 종기쨀벽 (屋)

擪 [경] 強擊 몹시칠경 扣頭 머리두드릴경 (庚)

摻 [섬][삼][참] 好手貌ㅣㅣ 예쁜손모양섬、삼 義同 執也 잡을삼 取也 취할삼 鼓曲 북장단참 參通 (鹽)(咸)(諫)(勘)

擟 [천] 揷也 끚을천 (先)

摽 [표] 麾也 지휘할표 擊也 칠표 刀末 칼끝표 ㅣ擊 찔러밀칠표 拊心貌 가슴칠표 落也 떨어질표 殍通 (蕭)(篠)

(十二)

撏 [잠][섬][심] 取也 취할잠、가질잠 探也 더듬을섬 摘也 뜯을섬、심 義同 (覃)(鹽)(侵)

撎 [의] 揖也、擧手下手 읍할의 揖通 (寘)

撅 [계][궐] 揭衣 옷걷을계 擊也 칠궐 握也 팔궐 攑蒲 菜名 거포궐 掘同字 (齊)(月)

擨 [내] 摩也 문댈내 (佳)

撆 [별] 당길별、떨칠별 撇本字

搴 [건] 拔取 빼가질건 (銑)

撜 [증] 益也 더할증 衆也 많을증 重也 거듭증 增同字 (蒸)

撌 [귀] 擥也 당길귀 (寘)

撍 [잠] 聚也 盍ㅣ 모을잠 疾也 빠를잠 簪通 (侵)

撇 [별] 拂也 떨칠별 引也 당길별 書法右ㅣ 오른쪽삐칠별 擊也 칠별 撆同字 (屑)

撖 [치] 適當分持 똑같이 나눠가질치 (寘)

撁 [견] 引也 당길견、이끌견 星名ㅣ牛 별이름견 牽古字 (先)(霰)

𢷎 [분] 拭也 씻을분 (文)

撈 [로] 農具曳ㅣ 끙게로 沈取 鉤ㅣ 건져낼로 (豪)

撊 [한] 勁忿貌ㅣ然 불끈성낼한 (潸)

撋 [연] 挼抄煩ㅣ 비빌연 推物 꺾을연 拭也 닦을연 挼同字 (先)

撑 [탱] 버틸탱、다스릴탱 撐俗字

撐 [탱] 治也 다스릴탱 以柱ㅣ物 버틸탱 樘通 (庚)

撤 [철] 發也 필철 除也 걷을철 抽也 뽑을철 剝也 깎을철 徹通 (屑)

撣 [탄][선] 觸也 다닥칠탄、부딧칠탄 牽引ㅣ援 당길선 (寒)(先)

撑 [탱] 버틸탱、다스릴탱 撐同字 (庚)

撒 [살] 散放헤쳐버릴살ㅣ水뿌릴살 散也흩어질살 (黠)

摻 [섬][섬][참][조] 好手貌손길좋을섬、삼義同 取也잡을삼 鼓曲북장단참 摻俗字、把持잡을조ㅣ從조종할조 所守志行지조조 操俗字

⿰扌班 [반] 絆也맬반、얽을반 引擊끌어당겨칠반 (諫)

撢 [담] 探也찾을담 遠取더듬을담 探同字 (覃)

撠 [극] 擊也칠극 持也가질극 揭持쥘극 (陌)

擸 [랍][렵] 折也꺾을랍 持也가질렵 擸俗字 (合)(葉)

撟 [교] 擅也천단히할교 擧手손들교 強貌굿굿할교 正曲바로잡을교 揉也굽으릴교ㅣ捎빼앗을교 (篠)(嘯)

揌 [사] 散失흩어져잃어버릴사 (佳)

⿰扌畫 [획] 分也나눌획 裂也찢을획 (陌)

㨨 [류] 引也당길류 以手平物손으로고르게할류、만질류 (宥)

⿰扌宭 [군] 束也묶을군 (軫)

撕 [시] 覺也일깨울시 提也끌시 (齊)

⿰扌羍 [길] 刺也찌를길 (質)

撖 [감] 危也위태로울감 挂也걸감 (豏)

撞 [당] 擣也짓찧을당、다질당 擊也칠당、두드릴당 衝也부딪칠당 突也냅뜰당 古音장 (江)(絳)

撝 [휘][위] 裂也찢을휘 揮也ㅣ謙두를휘、佐也도울위 (支)

撜 [증] 拯也건질증 (蒸)

撛 [린] 扶助구원할린 (軫)

搭 [답][탑] 附也붙을답 掛也걸답 載也얹을답 摸也모뜰탑 摸ㅣ박을탑 搭同字

⿰扌黃 [광] 滿也가득할광 充也찰광 擴通 (漾)

撚 [년] 以手撚物손으로물건뽑을년 執也잡을년 蹂也밟을년 拭也닦을년 (銑)

撙 [준] 裁抑존절할준、맞갖게할준 挫也꺾어질준 聚貌ㅣㅣ、挫趨모일준、엉클어질준 僔同字 繜通 (阮)

撥 [발] 除也제할발 治也

다스릴발 轉復 굴릴발 葬具紼也 상여줄발 鼓絃物 줄풍류발 馬名叱ㅣ말이름발 (曷)

撓 [배] 兩手下稽首至地절 배 禮也 예할배 拜古字 (卦)

搯 [조][채] 罝也 둘조 擧也 들조 追捕 쫓아잡을채 措本字 (遇)(陌)

撦 [차] 裂開 찢어버릴차 啓也 ㅣ圻열차 扯同字 (馬)

撧 [절] 斷也 끊을절 橫斷 자를절 絕同字 (屑)

撒 [살] 散放 흩어버릴살 ㅣ水 뿌릴살 撒本字 (曷)

搜 [수] ㅣ ㅣ蕭條 우수 수할수 (尤)

撲 [복][박] 踣也 엎드러질복 拂著 부딪칠복、挨也 부딪칠박 滅也 없앨박 擊也 칠박 (屋)(覺)

撰 [찬][선] [전] 具也 갖출찬 ㅣ求屬辭記事 글지을찬 則也 법찬 纂同字、선 義同 述也 지을전 持也 가질전 集也 모을전 譔同字 (銑)(霰)

擫 [엽][압] 一指按 손가락으로 누를엽 手執堅狀 꽉잡을압 擫、擪同字 (葉)(洽)

撱 [타] 狹長 갈쭉할타 (哿)

撨 [초] 推也 밀칠초 拭也 닦을초 擇取 골라가질초 (蕭)

撙 [선] 鉤袂出臂 소매 걷을선 揎同字 (先)

擷 [결] 汲水具 두레박결 槔、拮通 (屑)

𢹃 [숙] 擊也 칠숙 (屋)

𢷺 [비] 擊也 때려넘어뜨릴비 (未)

撩 [료] 挑弄 으를료 取物 훔칠료 理也 다스릴료 扶也 붙을료 取也 취할료 (蕭)(篠)

撮 [촬] 暎也 비칠촬 兩指取 자밤촬 撮也 당길촬 聚也 모을촬 撮同字 (曷)

播 [파] 棄也 버릴파 種也 심을파 布也 펼파 揚也 날릴파 散也 흩을파 逋也 달아날파 遷也 옮길파 (箇)

撬 [효] 擧也 들효 (蕭)

㩍 [책] 扶也 붙들어도울책 (陌)

𢷾 [탕] 以手推上 손으로 막을탕 (陽)

撫 [무] 安存 편안히할무 按也 어루만질무 慰勉 위로할무 拍也 두드릴무 循也 좇을무 俗音부 拊通 (麌)

(十三)

⿱敫手 교 격 칠교、격 義同 撽同字

撽 교 격 擊也칠교、격義同 效 錫

撻 달 笞擊종아리칠달、매맞을달

撼 감 動也움직일감 搖也흔들감 破也깨뜨릴감 感

撾 과 擊也칠과 打也두드릴과 麻

撿 검 拱也잡을검 巡察살필검 束也、拘也단속할검 校也상고할검 檢也조사할검 琰

擁 옹 衛也호위할옹 抱也안을옹、품을옹 摭也가릴옹 持也가질옹 貢也이바지할옹 ⿰扌雝同字 腫

[illegible] ᅀᅭ 摘也딸ᅀᅭ 擾俗字 篠

擒 금 急持움킬금 生捉사로잡을금 捡同字 侵

⿰扌戢 접 交也사귈접 承也이을접 ㅣ續 連也연할접、잇닿을접 接同字 葉

擐 관 환 貫也궬관、환 義同 刪 諫

搗 도 手椎두드릴도 築也다질도 擣古字 皓

擏 경 들경、받들어올릴경 擎同字 庚 翰

擀 간 以手伸物손으로펼간 旱

擃 낭 刺也찌를낭 講

⿱雍手 옹 抱也안을옹、품을옹 君⿱雍手從 衛也옹위할옹 擁同字 腫 冬、

擂 뢰 研物갈뢰 攂通、推石高而下돌굴러내릴뢰 ㅣ鼓칠뢰、두드릴뢰 礧同字、農具ㅣ木곰배뢰 灰 隊

㩒 검 拱也잡을검 拘束구속할검 巡察검사할검 檢同字 琰

擎 경 持高받들어올릴경 擧也들경 庚 翰

操 조 握也움켜질조 把持잡을조 所守志行節ㅣ지조조 ㅣ從조종할조 風調풍치조 琴曲거문고곡조조 摻同字 號

[illegible] 색 捕鳥具[illegible]ㅣ새잡는덫색 陌

擋 당 周旋주선할당 斥也물리칠당 料理摒ㅣ처리할당 漾

擊 격 撲也두드릴격 打也칠격 觸也目ㅣ마주칠격 殺也죽일격 射ㅣ쏠격 斬也벨격 錫

擉 [착] 刺魚具작살 착 簎同字 (覺)

擌 [설][엽][접] 閱持매어잡을설 摺也접을접 揲同字 엽 羛同 (屑)(葉)

擇 [택] 拔取뽑을택、추릴택 選也가릴택 差別차별할택 睪同字 (陌)

擄 [로] 獲也사로잡을로 服也항복할로 掠也、服也노략질할로 虜同字 (虞)

擆 [착] 擊也두드릴착 置也둘착 (藥)

擅 [천] 任意천단할천、제마음대로할천 自專오로지천 (霰)

[illegible] [번] 挼抄ㅣ擱 비밀번、문댈번 (元)

擑 [잡] 和雜 攕ㅣ섞을잡 色揷ㅣ동빛잡 (合)

據 [거] 依也의지할거、기댈거 拒守웅거할거 杖也잡을거 按也누를거 依托의탁할거 据通 (御)

擘 [벽] 大指 巨ㅣ엄지손가락벽 分ㅣ擗也나눌벽 (陌)

[illegible] [령] 捻也懸持찌어올릴령、달아올릴령 拎同字 (靑)

[illegible] [희] 擊也칠희 (支)

擓 [회] 摩也긁을회 (佳)

[illegible] [괴] 收也거들괴 (泰)

擗 [벽] 拊心ㅣ踊가슴칠벽 擘開열벽、빠갤벽 屈折手足손발굽실거릴벽 辟通 (陌)

擶 [전] 分劃가를전 剪也자를전 揃俗字

擖 [갈][엽] 刮也긁을갈 揭也종아리칠갈、箕舌키바닥엽 (黠)(葉)

携 [휴] 끌휴、가질휴、나눌휴 攜同字

擕 [휴] 提也끌휴 持也가질휴 分離나눌휴 攜俗字

擔 [담] 所負짐담 肩荷절담 任也담임할담 (覃)(勘)

⓮

擩 [유] 拄也버틸유 染也물들일유 (遇)

擳 [치] 頓也엎드러질치 礙不行거리낄치 (寘)

擟 [미] 推也밀미 山名ㅣ拘산이름미 (支)

擠 [제] 推也밀제 排也물리칠제 墜也떨어질제 (齊)(霽)

擡 [대] 擧也들대 ㅣ揌動也움직

거릴 대 (灰)

擇 탁 척 乍開 물리칠 탁、헤칠 탁、열 탁 手推物 밀칠 탁 拾也 주울 척 拓俗字 (藥)(陌)

擢 탁 拔也 뺄 탁 選也 뽑을 탁 抽出 빼낼 탁 聳也 솟을 탁 先也 앞설 탁 勝也 이길 탁 高也 높을 탁、고층 탁 (覺)

擣 도 舂也 찧을 도 手椎 방망이 도 築也 다질 도 搗同字 (皓)

[扌隱] 은 劑也 빼갤 은 平量 또 같이 두량할 은 (問)

擝 몽 收也 거둘 몽 (東)

擧 거 擎也 받들 거 扛也 들 거 稱也 일컬을 거 動也 움직일 거 行也 행할 거 皆也 모두 거 言也 말할 거 鳥飛 새 날을 거 合也 합할 거 起也 일으킬 거 擧俗字 (語)

擈 박 種物 생심은 대로 다 날 박 (屋)

[扌監] 람 잡을 람 擥同字 (感)

擥 람 撮取 잡을 람 攬、[扌監]同字 (感)

擦 찰 摩急 문지를 찰 (黠)

[扌拜] 배 절 배、예할 배 拜古字 (卦)

擤 형 手捻鼻膿 코풀 형 (梗)

擪 엽 압 一指按 손가락으로 누를 엽 手執堅狀 짝 잡을 엽、단단히 잡을 엽、압義同 擫通 (葉)(合)

[扌竦] 송 敬也 고경할 송 㦗也 두려울 송 聳也 솟을 송 竦同字 (腫)

擰 녕 捻也 비틀 녕 眩也 어지러울 녕 (庚)(中)

擱 각 棄也 버릴 각 閣俗字 (藥)

[扌繼] 단 轉也 구를 단 轉篗 자위질할 단 (旱)

擫 압 엽 손가락으로 누를 압、짝 잡을 압、단단히 잡을 압、엽 義同 擪同字

[扌豪] 호 多少比較 다소를 비교할 호 (豪)

擬 의 度也 헤아릴 의 像也 비길 의 比ㅣ 비길 의 推測 추측할 의 議也 의논할 의 適用 적용할 의 摸像ㅣ此 흡사할 의 (紙)

[扌赫] 혁 掘土 흙 팔 혁 捇同字 (陌)

擭 확 화 획 捕獸 덫 확、檻也 함정 화、手取 잡을 획 (藥)(禡)(陌)

擯 빈 棄也 버릴 빈 斥也 물리

칠빈 使接賓者 손님맞는사신빈 ㊞霰

⑮

擇 [휘] 振也 떨칠휘 移也 옮길휘 ㊞微

擲 [척] 放棄 버릴척 投也 던질척 擿同字 ㊞陌

擽 [략] 拂也 털을략 擊也 칠략、때릴략 ㊞藥

𢶍 [차] ｜挪 휘두를차 推擊 밀고칠차 手相磨 손비빌차 搓本字 ㊞歌

擙 [부] 揚也 올릴부 張也 펼부 ㊞虞

攕 [섬][삼] 玉手｜｜ 손길고울섬、삼 義同 攕俗字 ㊞鹽 ㊞咸

擷 [힐] 摘取 잡아뽑을힐 捋取 딸힐 古音혈 ㊞屑

擳 [즐] 拭也 씻을즐 刈稻音 벼베는소리즐 ㊞質

擴 [확][광] 張小使大 넓힐확 充也 채울광 擴同字 本音곽 ㊞藥 ㊞漾

擺 [파] 撥也 헤칠파 開也 열파 排而振之 제거칠파 兩手擊 두손칠파 捭通 ㊞蟹

𢹼 [라] 搖也 棰｜ 흔들라 ㊞哿

擸 [랍][렵] 折也 꺾을랍、持也 가질렵 理持 가다듬을렵 ㊞合 ㊞葉

𢹎 [오] 盡殺人 무찌를오 鏖同字 ㊞豪

𢷬 [멸] 打也 칠멸 作事不正 ｜揳 일바로못할멸 ㊞屑

擵 [마] 研也 갈마 揩也 닦을마 摩俗字

𢹖 [류] 剌也 찌를류 斬也 벨류 束也 묶을류 拔也 뽑을류 ㊞尤

擿 [척][적] 搔也 그리을척 投也 던질척 挑也 돋굴적 摘見、手取 딸적 擲、摘同字 ㊞陌 ㊞錫

攆 [련] 執也 잡을련

𢿭 [적] 手取 딸적 挑發 돋구어낼적 摘同字

攢 [찬] 簇聚 떼지어모일찬 掩極 초빙할찬 攢俗字

擾 [요] 煩也 번거로울요 亂也 어지러울요 馴也 길들일요 順也 순할요 溫也 온화할요 ㊞篠 ㊞蕭

攀 [반] 自下援上 휘어잡을반 引也 당길반 扳通 ㊞刪

攜 [휴] 提也 끌휴 持也 가질휴

分離 나눌휴 攜俗字 (齊)

擹 [반] 당길반、반을반 攀同字

攄 [터] 散也 흩을터 舒也 펼터 擬也 비길터 捈同字 摴通 (魚)

[illegible] [제] 挂也 걸제 裂也 찢을제 (霽)

攃 [살][찰] 散也 헤칠살 摩也 문질찰 [illegible]同字 (曷)

[illegible] [박] 搏楚 회초리박 小擊 잡간 칠박 (覺)

攁 [양] 發動 발동할양 (養)

[illegible] [뢰] 石聲 돌굴리는소리뢰 急擊鼓 급히북칠뢰 礧同字 (隊)

十六

[illegible] [롱] 擊也 칠롱、두드릴롱 (東)

[illegible] [염] 續絶 이을염 (琰)

攎 [로] 持也 가질로 收斂 撈ㅣ 걷을로 張也 베풀로 引也 당길로 (遇)

攊 [력] 擊也 칠력 櫟同字 (錫)

[illegible] [례] 裂也 찢을례 (霽)

[illegible] [괴][회] 毁之 무너뜨릴괴 自敗 무너질회 壞同字 (卦)(賄)

攇 [헌] 擬也 비길헌 手約物 쥘헌 (阮)

攈 [군] 取也 취할군 拾也 주을군 (問)

[illegible] [ᅀᅭ] 摘也 딸ᅀᅭ (篠)

[illegible] [유] 棄也 버릴유 (紙)

[illegible] [소] 摸也 더듬어찾을소 (虞)

攋 [랄][뢰] 手披撥ㅣ 뒤적거려헤칠랄 棄也 버릴뢰 破裂 찢을뢰 (曷)(泰)

[illegible] [섭] 딸섭、뜯을섭 [illegible]同字

[illegible] [섭] 摘物 딸섭、뜯을섭 (鹽)

擐 [환] 拘擊系也 가둘환 木柵 목책할환 綰通 (潸)

攉 [확] 盤手弄 손빽질확 手反覆 손뒤집을확 奮迅확 두를확 權通 (藥)

[illegible] [영] 攖也 멜영 (庚)

[illegible] [효] 亂也 어지러울효 擾也 흔들효 攪同字 (效)

攏 [롱] 掠也 빼앗을롱 持也 가질롱 理也 다스릴롱 酒令籌也 셈대롱 (董)

[illegible] [무] 按也 누를무 安存 어루만질무 拍也 두드릴무 撫同字 (麌)

攐 [건] 攐衣 옷걷어잡을

건 褰同字 (先)

擙 [천] 揰也 끄을천 擟本字 (先)

十七

攝 [섭] 手銓拈ㅣ손으로 달아볼섭 (鹽)

擥 [람] 米再舂 쌀두번찧을람 (勘)

攓 [건] 搴也 걷을건 (先)

攔 [란] 遮也 막을란 (寒)

攠 [미] 水中芰 세모진마름미 (支)

㩊 [희] 擊也 칠희 (支)

攖 [영] 拈也 잡을영 觸也 찌를영 縈也 얽힐영 迫近 가까이갈영 亂也 어지러울영 嬰通 (庚)

攕 [섬][삼] 好手貌ㅣㅣ예쁜손섬 摻同字 삼義同 (鹽)(咸)

攙 [참] 扶也 붙을참 刺也 찌를참 銳也 끝치참 彗星ㅣ搶 혜성참 欃見 (咸)

擹 [분] 掃除 쓸어버릴분 (問)

撜 [쟁] 開張畫繪족자걸쟁 幀通 (敬)

舉 [여] 舉也 들어올릴여 (魚)

攞 [과] 除也 떨어질과 聚斂 거두어들일과 (歌)

擏 [경] 除也 제할경、덜경 (梗)

攘 [양][녕] 遜也 겸손할양 竊也 빼앗을양 除也 제할양 捋也 더듬을양 推也 밀칠양 郤也 물리칠양 遜也、繁穴浩ㅣ겸손할양 擾也 요란할양 讓通、亂貌 搶ㅣ어수선할녕 (陽)(養)(庚)

十八

攜 [휴] 離也 떠날휴 提也 끌휴 持也 가질휴 分離 나눌휴 連也、縣持ㅣ僕 연할휴、携同字 (齊)

擆 [작] 捎也 추릴작 擇也 가릴작 (藥)

擁 [옹] 안을옹、품을옹、가질옹 擁本字 (腫)(冬)

攫 [국] 手把 쥘국、움킬국 (沃)

攛 [찬] 誘人為非ㅣ掇 후릴찬 擲也 던질찬 (翰)

㩳 [송] 執也 잡을송 挺也 뽑낼송 推也 밀칠송 (腫)

攂 [류] 裒 家樂魁ㅣ초상집풍류류 (紙)

擈 [박] 小擊 작으마치 칠박 榎楚 회초리박 扑同字 (屋)

攉 [권] 屈手 주먹권 裒也 곤심

할권 勸懇 근심 할권 捲古字

攝 [섭][녑] 兼也 겸할섭 總持 잡을섭 整飾 단정히할섭 錄也 기록할섭 收斂 거둘섭 假借 빌섭 龜名 거북의이름섭 代也 대신할섭 降服 항복할섭 引也 持也 당겨가질섭 結也 이을섭 養也 기를섭、持也 가질녑 靜謐貌 고요할녑 (葉)

攂 [뢰] 擊也 칠뢰 (曷)

攦 [려][렬] 折也 꺾을려、拗也 비틀렬 捩同字 (霽)(屑)

攤 [난][란] 按也 누를난、탄 義同、開也 열탄 布也 펼탄 (翰)(寒)

攞 [라] 裂也 찢을라 (哿)

攟 [군] 取也 취할군 拾也 주을군 收拾ㅣ摭 수습할군 捃、攈同字 (吻)

攌 [관] 手相關付 손맞잡을관 (刪)

攠 [미] 鐘受擊處 쇠북방망이받이미 (支)

[illegible] [란] 聚也 모을란 擇也 가릴란 (寒)

攣 [련] 連擊 이어맬련 係也 어매일련 拘攣 어매일련 慕也 사모할련 手足曲 손발굽으러질련 (先)(霰)

[illegible] [휘] ㅣ下大將旗 대장기휘 指ㅣ 가리칠휘、지휘할휘 麾本字 (支)

攡 [리][치] 張也 베풀리、舒也 펼치 摛、離通 (支)

攢 [찬] 簇聚 모일찬 (寒)(翰)

[illegible] [첩] 飯也 밥주걱첩 (葉)

[illegible] [녑] 兩指相搓 손비빌녑 捏也 손으로찍어바를녑 捻同字 (葉)

擦 [찰] 手把 손으로잡을찰 或音 찰 (曷)

攪 [교] 亂也 어지러울교 手動 손놀릴교 撓也 흔들릴교 捁同字 摎通 (巧)

攇 [알] 擊也 칠알 把也 움킬알 (曷)

攫 [확] 以爪攫取 움킬확 摶也 후리칠확 古音 곽 (藥)

攩 [당] 遮遏 抵ㅣ 막을당 摀打 두드릴당 明耆聾 무리당 黨同字 (漾)

[illegible] [촉] 執也 잡을촉 (沃)

攬 [람] 手取 잡아다릴 總ㅣ 모을람 (感)

攂 뢰 研也갈뢰 拭也닦을뢰 鼓칠뢰、두드릴뢰 擂同字

欛 파 把也잡을파 ⓜ禡

攞 라 裸體벗을라 無羽毛貌터럭없을라 ⓜ哿

攢 찬 捕也끗을찬 ⓜ諫

二十一

攝 첩 牧也거둘첩 掛也결첩 排也물리칠첩 ⓜ葉

攮 낭 推也밀낭 ⓜ養

二十四

⿰手靈 령 手捻찍어낼령 ⓜ青

二十九

⿰手鬱 울 拗戾비틀어돌릴울 ⓜ物

支部

支 지 度也헤아릴지 拄也지탱할지 分也ㅣ離나눌시 身體四ㅣ사지지 辰名干ㅣ子丑寅卯辰巳午未申酉戌亥지지 出也내줄지 國名析ㅣ月ㅣ나라이름지 貢也이바지지 枝也초목의가지지 券也문서지 庶也뭇지 肢、胑、枝通 ⓜ支

二

⿰己支 기 傾也기울기 ⓜ寘

三

[illegible] 지 지탱할지、헤아릴지、사지지지 支同字

五

攱 괴 枕也벨괴 椅也버틸괴 ⓜ紙

⿰氐支 저 隱也숨을저

六

⿰古支 고 罪也허물고 [illegible]ㅣ礫也사지짓을고 辜古字 ⓜ虞

⿰未支 시 配鹽절일시 以調五味양념할시 配鹽於豆而幽菽메주시、된장시 豉同字 ⓜ寘

⿰多支 지 多也많을지 ⓜ支

⿰危支 기 傾也기울기 傾低不正쏠릴기 攲同字 ⓜ支

七

⿰交支 교 效也본받을교 使爲하여금교 訓也가르칠교 告也알릴교 敎同字 ⓜ肴 ⓜ效

⿰束支 기 木別生움틀기 橫枝결가지기 ⓜ支

八

⿰𣍘支 산 布也흩어질산、펼산 分離해어질산 藥石屑가루약산 散譌字 ⓜ翰

攲 기 周廟ㅣ器주나라제기기 不正也비뚤어질기 ⿰危支同字 ⓜ支

⿰垂支 추 기 不齊가지런하지아니할기 추、垂也드리울기 ⓜ支

十

⿰豙支 기 弓勁활강할기 ⓜ支

十二

⿰壽支

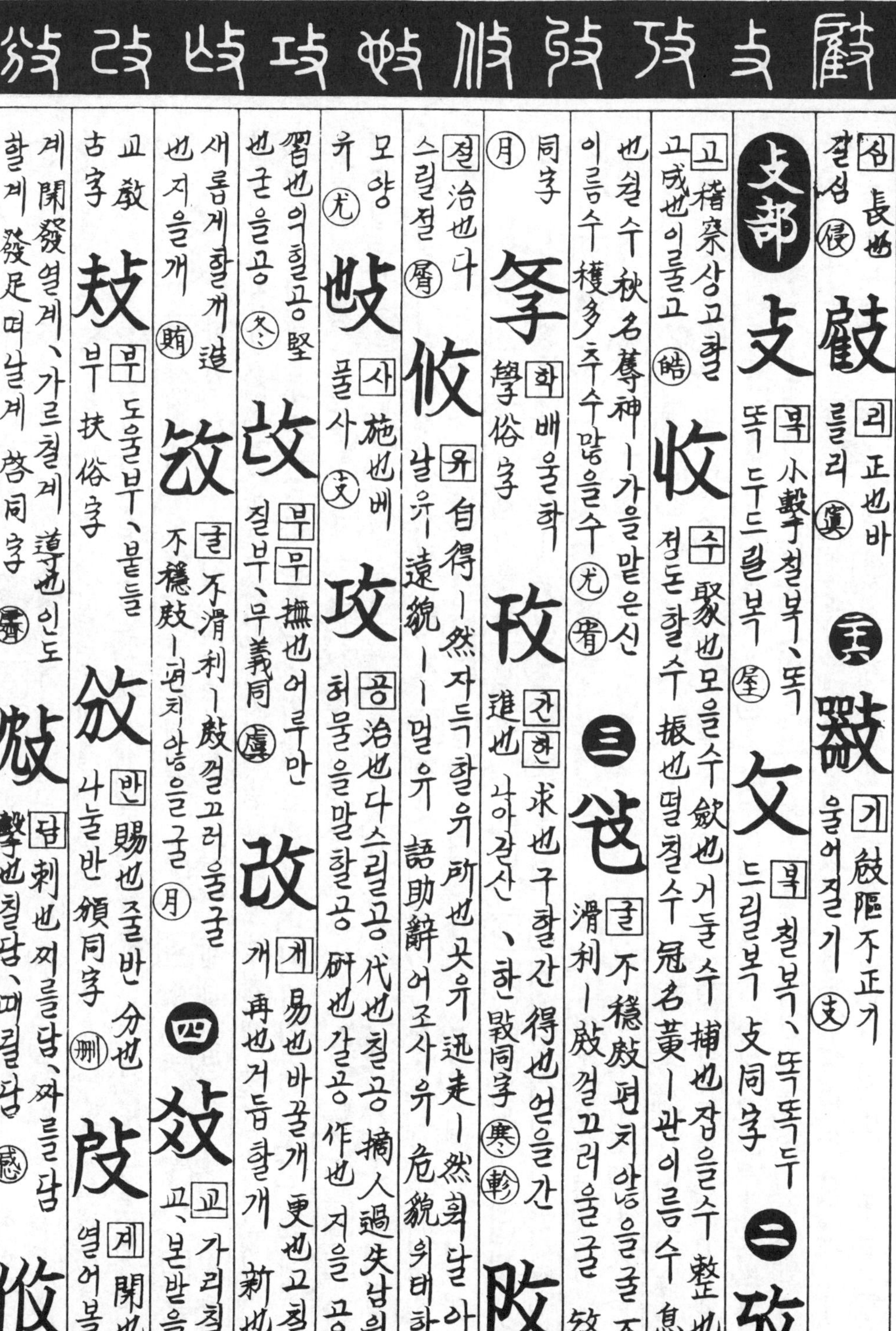

[심] 長也 길심 (侵)

[illegible] [리] 正也 바를리 (寘)

㈥

[illegible] [기] 攲陋不正 기울어질기 (支)

攴部

攴 [복] 小擊 칠복、똑똑두드릴복 (屋)

攵 [복] 칠복、똑똑두드릴복 攴同字

㈡

攷 [고] 稽察 상고할고 成也 이룰고 (晧)

收 [수] 聚也 모을수 斂也 거둘수 捕也 잡을수 整也 정돈할수 振也 떨칠수 冠名 黃ㅣ관이름수 息也 쉴수 秋名 蓐神ㅣ가을맡은신 이름수 穫多 주수많을수 (尤) (宥)

㈢

[illegible] [굴] 不穩敁ㅣ편치아니할굴 不滑利ㅣ敁 걸끄러울굴 敁同字 (月)

斈 [학] 배울학 學俗字

攼 [간] [한] 求也 구할간 得也 얻을간 進也 나아갈산、한 毁同字 (寒) (翰)

[illegible] [절] 治也 다스릴절 (屑)

攸 [유] 自得ㅣ然 자득할유 所也 곳유 迅走ㅣ然 획달아날유 遠貌ㅣㅣ 멀유 語助辭 어조사유 危貌 위태한 모양 (尤)

[illegible] [사] 施也 베풀사 (支)

攻 [공] 治也 다스릴공 代也 칠공 摘人過失 남의 허물을말할공 硏也 갈공 作也 지을공 習也 익힐공 堅也 굳을공 (冬)

[illegible] [부] [무] 撫也 어루만질부、무 義同 (虞)

改 [개] 易也 바꿀개 更也 고칠개 再也 거듭할개 新也 새롭게할개 造也 지을개 (賄)

[illegible] [굴] 不滑利ㅣ敁 걸끄러울굴 不穩敁ㅣ편치않을굴 (月)

㈣

[illegible] [교] 가리칠교、본받을교 敎古字

[illegible] [부] 도울부、붙들부 扶俗字

攽 [반] 賜也 줄반 分也 나눌반 頒同字 (删)

[illegible] [계] 開也 열어볼계 閑發 열계、가르칠계 導也 인도할계 發足 떠날계 啓同字 (霽)

[illegible] [담] 刺也 찌를담、짜를담 擊也 칠담、때릴담 (感)

[illegible]

유 所也곳유ㅣ然迅走회달아날유 攸譌字 尤

⿰今攴 금감 持也가질금ㅣ敢不齊층날감 侵 覃

⿰屯攴 돈 引也당길돈、끌돈 摩也문댈돈 顧

政 정 正也바르게할정、바를정 以法正民ㅣ정사정、정치정 祖稅조세정 征通 敬

⿰此攴 비 器破未離그릇금갈비 支

⿱令攴 변 速也속할변 先

⿰糸攴 균 墾田밭일굴균 眞

⿰巴攴 파 斂也거둘파 麻

放 방 逐也 養 을방、내칠방 捨也놓을방 肆也방자할방 效也모방할방 逸也놓아먹을방 散也흩어질방 不也고할방 置也걸어놓을방 依也의지할방 弘也넓힐방 棄也버릴방 至也이를방 漾

⿰飠攴 굴 不穩敨편치않을굴 不滑利ㅣ敨껄끄러울굴 敨同字 月

五

敊 시이 設也베풀시 捨也버릴시 布也펼시 移也옮길이 施古字 支 紙 寘

⿰臼攴 광 圃之四圍채마밭언저리광 陽

⿰几攴 가 難行가는데곤란당할가 哿

⿰乍攴 작자주 造也지을작 爲也할자 造也만들주 作同字 藥 箇 御

敀 박귀 逼也핍박할박 打也때릴박、귀 歸略字

⿰可攴 가 擊也칠가 箇

⿰巿攴 불 破也깨뜨릴불 理也다스릴불 物

敁 점 正分똑같이나눌점 以手稱物ㅣ손으로달아볼점 鹽

⿰氐攴 저 隱也숨을저 齊

敄 무 勉也힘쓸무 遇

故 고 緣故연고고 事也일고 舊也예고、오랠고 古事옛일고ㅣ意일부러고 承也上起下語고로고、까닭고 物ㅣ死也죽을고 喪事大ㅣ초상날고 使爲之固爲之짐짓고 事件사건고 先例옛습관고 變事변사고 指義글뜻고 遇

㪅 경갱 代也대신할경 改也고칠경 督夜行鼓踐ㅣ경이러을경 歷也지날경、再也다시갱 俗作更 庚 敬

敃 [민] 彊也강잉할민 强也굳셀민 勉也힘쓸민 暋同字 (軫)

敂 [구] 叩也두드릴구 擊也칠구 (宥)(有)

敀 [포] 手擊손으로칠포 (效)

敇 [제] 射也쓸제 (齊)

(六)

效 [효] 功也공효 象也、學也본받을효 驗也증험할효 倣也모방할효 勉也힘쓸효 獻也드릴효 致也이를효 效同字 傚通 (效)

敁 [활][기] 盡也다할활 喘息헐덕거릴기 (曷)(寘)

敏 [민] 亟也빠를민 敏捷민첩할민 聰也총명할민 敏略字 (軫)

敊 [축][수] 扁貌ㅣ㪤몹시앓을축 鳥名새이름수 獲也얻을수 (屋)(寘)

敉 [미] 撫也어루만질미 安也편안할미 愛也사랑할미 侎同字 (紙)

㪉 [잡] 會也모을갑 (合)

敋 [각] 手打之類손으로칠각 摑同字 (陌)

敕 [척] 鞭也채찍질할척 擊馬말때릴척 (陌)

㪏 [쇄] 刮也긁을쇄 印刷인쇄할쇄 改良고칠쇄 刷同字 (黠)

攱 [홍] 擊也칠홍、두드릴홍 (董)

敐 [진] 動也움직일진 (震)

㪐 [필] 輔也도울필 重也거듭필 弼古字 (質)

𢻂 [살][쇄][시] 戮也죽일살 降也내릴쇄 弑죽일시 殺古字 (黠)(卦)(寘)

𢼄 [계] 放也방자할계 侵也침노할계 (霽)

𢼒 [갈] 擊也칠갈 (黠)

㪔 [선] 散也흩을선 (霰)

𢼌 [양] 育也、長也기를양、자랄양 下奉上봉양할양 養古字 (養)(漾)

(七)

𢽗 [정] 盡也다할정 、극진할정 (迥)

㪿 [지] 𢻃也이길지 (紙)

㪝 [담] 盡也다할담 (合)

㪽 [양] 기를양、자랄양、봉양할양 養古字 (養)(漾)

敍 [서] 陳也베풀서 授也줄서 次第차례서 用也쓸서 序文서문서 述也지을서 敘同字 (語)

𢿘 [한] 止

也그칠칙 (翰)

敘 [서] 줄서、베풀서 敘同字

[illegible] [포] 屋欲壞집무너지려할포 (遇)

[illegible] [통] 引也끌통 扣也두드릴통 (董)

敗 [패] 壞也무너질패 自破壞패할패 毀也무너뜨릴패 覆也엎드릴패 滅亡멸망할패 損也덜패 成ㅣ못될패 腐也썩을패 (卦)

敖 [오] 長貌긴모양오 戲也游ㅣ희롱할오 傲也거만할오 遨同字 (豪)

敔 [어] 止樂器풍류그칠어 禁也금할어 (語)

敕 [칙] 誡也정성스러울칙 誡也경계할칙 制書칙서칙 謹也삼갈칙 理也다스릴칙 褒嘉표창할칙 正也바를칙 責讓辭꾸지람할칙 飭也신칙칙 勅同字 飭通 (職)

敒 [진][신] 理治다스릴진、理也다스릴신 伸也펼신 引戾돌이킬신 (震)(眞)

敓 [탈] 強取빼앗을탈 奪同字 (曷)

救 [구] 止也그칠구 拯也구원할구、건질구 護也匡ㅣ호위할구 助也도울구 正也바를구 捄通 (宥)

敢 [감] 忍爲구태어감 果ㅣ과단성있을감 勇也날랠감 敢篆字 (感)

[illegible] [발] 行緩ㅣ窣걸음더딜발 卒然별안간발 (月)

[illegible] [설] 揳也비틀설 (屑)

[illegible] [타] 安也편안할타 (哿)

[illegible] [소] 擊棄쳐버릴소 (肴)

敎 [교] 王命칙교교 訓迪가르칠교 宗ㅣ종교교 授也줄교ㅣ令법령교 告也알릴교 道德도덕교 學也학문교 效也본받을교 訓戒훈계할교、교훈교 敎通 (效)(肴)

[illegible] [진] 擊也치는소리진 喜悅즐거워할진 (軫)

[illegible] [섭] 擧手貌손들섭 不正貌정하지않는모양섭 (鹽)

敏 [민] 亟也빠를민 聰也 達也민첩할민 聰也총명할민 恭也、五音商曰ㅣ공손할민 勉也힘쓸민 悶也민망할민 足大指엄지발가락민 (軫)

[illegible] [괴] 休息쉴괴 (卦)

教 [교] 가

르칠교、종교교、학문교 敎同字

㪇 [살][쇄][시] 죽일살、내릴쇄、죽일시 殺古字 (黠)(卦)(寘)

八

敤 [과] 擊也칠과 硏也갈과 (哿)

⿰卓攴 [작][소] 奪取빼앗을작 撲也두드릴소 (藥)(篠)

敜 [녑] 閉也닫을녑 塞也막을녑 或音엽 (葉)

⿰豖攴 [탁][독] 擊也칠탁 投也던질탁 擊聲두드리는소리독 (覺)(屋)

⿰車攴 [비] 擊聲ㅣ毀대리는 소리비 毁也헐비 (齊)

⿰彔攴 [록] 剝也 殼聲깎는 소리록、박박긁히는 소리록、똑똑두드리는소리록 (屋)

⿰朋攴 [붕] 擊也칠붕 (庚)

⿰周攴 [주] 防止막을주 (尤)

⿱忽攴 [홀] 擊也칠홀 (月)

⿰厈攴 [활] 不滑깔깔할활 荒面거칠활 (月)

敝 [폐] 壞也무너질폐 衣敗옷해질폐 罷也파할폐 失敗실패할폐 弓握處활줌통폐 棄也버릴폐 弊、蔽通 (霽)

⿰空攴 [공] 擊也칠공 (東)

散 [산] 布也흩을산 分離헤어질산 酒尊술준산 藥石屑약가루산 琴曲廣陵ㅣ거문고곡조산 放也놓을산 閒ㅣ한가할산 不檢束흩으러질산 㪚俗字、⿰⿱龷冊攴同字 (翰)(旱)(寒)

敞 [창] 露也드러날창 開也열창 高曠爽塏地높고시원할창 豁也넓을창 (養)

敕 [칙] 誡也경계할칙 理也다스릴칙 責讓辭꾸짖을칙 敎俗字 (職)

⿰⿰亻隹攴 [삼] 鳥之啄物새쪼아먹을삼 (咸)

⿰奏攴 [주] 進言아뢸주 薦也천거할주 音樂풍류주 奏古字 (宥)

⿰乘攴 [죄] 邪也사악할죄 災也재앙죄 (佳)

⿰林攴 [산] 剝也벗길산 分離흩어질산 (旱)

⿰𠮷攴 [감] 구태어감、날랠감、과단성있을감 敢古字

敢 [감] 勇ㅣ용감할감 進取忍爲구태어감 果ㅣ과단성있을감 冒昧辭감히감 犯也범할감 (感)

⿰⿱日豖攴 [이] 侮也업신여길이

輕說쉽세말할이 (寘)

⿰⿱山王攴 [정][치] 召也부를정 斂也조세들거둘징 五音之一치성치 徵古字 (蒸)(紙)

敠 [철] 知輕重드레질할철

、무게짐작할철 食不速더디먹을철 (曷)

敟 [전] 主掌주장할전 常也항상전、떳떳할전 (銑)

敳 [예] 毀也 較

丨헐예、헐예 擊聲때리는소리예 (霽)

敋 [감] 鳥啄物새쪼아먹을감 (感)

⿰奄攴 [엽] 相着丨敲붙을엽 及也미칠엽 (葉)

⿰炎攴 [염] 以手散物손으로흩을염 (豔)

⿰豖攴 [탁][독] 擊也칠탁 擊聲두드리는소리독 ⿰豙攴同字 (覺)(屋)

敬 [경] 공경할경、삼갈경 敬略字

⿰耒攴 [괴] 毀也헐괴 (卦)

敦 [퇴][대][돈][단][조] 琢也쪼을퇴 怒也성낼퇴 聚也모을퇴 斷也끊을퇴 治也다스릴퇴 獨處貌곰송거릴퇴 軍後군사뒤퇴 追逼、槃類玉丨옥쟁반대、厚也두터울돈 大也클돈 勉也근면할돈 怒也성낼돈 詆也꾸짖을돈 誰何누가어찌할고할돈 追也핍박할돈、不慧渾丨흐리멍덩할돈、堅也세울돈 歲名困丨해이름돈 地名땅이름돈、聚也모일단 琢丨아로새길조 畫弓그림그린활조 彫、雕、弴通 (灰)(隊)(元)(阮)(願)(寒)

⿰帚攴 [부] 子之妻也며느리부 妻也지어미부、아내부 雌牝암컷부 美好예쁠부 婦古字 (有)

⿰肅攴 [구] 强擊세게칠구 (宥)

敨 [투] 展也펼투 (有)

九

⿰宮攴 [쾌] 古貨錢名돈이름쾌 (泰)

数 [수][촉][삭] 計也헤아릴수、셈칠수、셈수 細密빽빽할촉 頻屢자주삭、여러번삭 數略字 (麌)(遇)(沃)(覺)

敫 [약][교] 日影해그림자약 唱歌노래할교 (藥)(嘯)

⿰者攴 [도] 同伴같이할도、벗할도 (虞)

⿰耑攴 [취][타] 試也시험할취 量也헤아릴취、揣物輕重달타 (紙)(哿)

⿰冒攴 [모] 以手扶貌 부축할모 振也 다드릴모 (御)

⿰谷攴 [소] 攪也 잡아다릴소 擊也 칠소 攪也 어지러울소 (巧)

⿰赤攴 [권] 揮也 가릴권 拔也 던질권 打物柔之 나른하게두들길권 (霰)

⿸广攴 [도] 閉也 닫을도 塞也 막을도 杜同字 (麌)

⿰甚攴 [짐][집] 擊也 칠짐 擣石 돌로찧을짐 擣也 두드릴짐 (侵)(寢)

⿰韋攴 [위] 背反 배반할위 (微)

⿰春攴 [춘] 動也 움직일춘 亂也 어지러울춘 (軫)

⿰苟攴 [경] 공경할경、삼갈경 敬同字

敭 [양] 明之 밝힐양 揚通、揚古字 (陽)

敬 [경] 肅也 엄숙할경 恭也 공경할경 謹愼 삼갈경 憼同字 (敬)

⿰岸攴 [탄] 無文采 무늬없을탄 (翰)

⿰𦥑土攴 [훼] 壞也 헐훼、무너질훼 毁也 험담할훼 毀俗字 (紙)

⿰享攴 [쟁] 觸也 다닥칠쟁 撞也 두드릴쟁 (庚)

●十

⿰豙攴 [기] 弓勁 활이 팽팽할기 (支)

⿰乘攴 [기] 強也 굳셀기 硬弓 센활기 (支)

⿰盍攴 [합] 敲也 두드릴합 (合)

⿰兼攴 [감] 貪也 탐할감 物相値合 맞출감 (陷)

⿱夌攴 [승] 負之對 이길승 優也 나을승 勝古字 (蒸)(徑)

敲 [고][교] 두드릴고、곁매칠교 敲同字

⿰⿱山虫攴 [지] 刺也 찌를지 (紙)

⿰尃攴 [부] 陳也 베풀부 布也 펼부 敷本字 (麌)

⿰高攴 [고][교] 擊也 칠고 叩也 두드릴고 短杖 짧은 지팡이고 從旁擊 곁매칠교 (肴)(效)

⿰豈攴 [애] 有所治 다스림이 있을애 (灰)

⿰⿱龷月攴 [효] 空擊聲 헛치는소리효 (皓)

⿰⿱囟比攴 [비] 屋欲壞—敝 집쓸릴비 (支)

⿰豩攴 [낙][닉] 搦也 잡을낙 按也 손으로누를낙 (覺)

⿰⿱穴口攴 [동] 擊空之聲 쿵 울릴동 (冬)

⿰寒攴 [해] 辱也 욕할해 俗音개 (泰)

⿸广攴 [흘] 不安 편

처못할룰 月

(十一)

⿰票攴 [표] 擊也 칠표 肴

敳 [해] 至也이를해 齊

⿰畢攴 [필] 召使疾行불러 빨리오라할필 質

⿰鹿攴 [록] 獸皮有文가죽에 무늬있을록 屋

⿰㣎攴 [목] 敬也공경할목 和也화할목 美也아름다울목 昭ㅣ廟序사당차례목 穆古字 屋

⿰⿷匚品攴 [구][우] 쫓을구、칠우 敺同字

敹 [요] 揮也두를료 擇也가릴료 縫綴꿰맬료 蕭

敺 [구][우] 逐也쫓을구 驅古字、捶擊종아리칠우 歐、毆同字 虞

⿰參攴 [삼] 狹隘좁을삼 覃

⿰虘攴 [차] 以指按손가락으로누를차 取也취할차 麻

敻 [형] 遠也멀형 敬

⿰寅攴 [인] 擣也지찧을인 軫

整 [정] 齊也정돈할정 整譌字 梗

敵 [적] 拒抵대적할적 當也당할적 輩也무리적 仇也원수적 匹也짝적 對也대할적 啇同字 錫

數 [수][촉][삭] 幾也두어수 計也셀수、셈칠수 責也책망할수 枚也 算ㅣ셈수 理也이치수 運ㅣ운수수 命ㅣ팔자수 術也기술수 細密빽빽할촉 細也가늘촉 頻屢자주삭、여러번삭 疾也빠를삭 麌 遇 沃 覺

敶 [진] 告也고할진 列也벌릴진 陣、陳同字 震

敷 [부] 布也펼부 陳也베풀부 散也흩을부 廣索너를부 麌

(十二)

⿰𤔔攴 [란] 惰也게으를란 煩也번거로울란 亂也어지러울란 寒、

敿 [료] 小而長작고길료 篠

⿰喜攴 [회] 戲弄희롱할희 紙

⿰翕攴 [흡] 擊也칠흡、두드릴흡 古音급 緝

㪔 [산] 布也흩어질산、펼산 分離헤어질산 放也놓을산 散本字 翰 旱

⿸户⿱攵章 [착] 擊也칠착 覺

整 [정] 飭也신칙할정 齊也정돈할정 梗

整 [정] 정

돈홀졍 整同字

敾 [선] 補也 기울선 治也 다스릴선 (霰)

敲 [교] 繫也 맬교、동일교 (篠)

⿰肅攴 [숙] 打聲 때리는소리숙 (屋)

(十三)

⿰嚴攴 [엄] 毅也 굳셀엄 威也 엄할엄 嚴俗字

斂 [렴] 聚也 모들렴 收也 거둘렴 藏也 감출렴 取也 취할렴 殮同字 (琰)(豔)

⿰喿攴 [조] 把持 잡을조 ㅣ從 조조할조 操同字 (豪)(號)

⿰雷攴 [뢰] 摧也 꺾을뢰 碎也 부스러질뢰 (灰)

斀 [탁] [독] 去陰埜 불알벨탁 독義同 (覺)(屋)

斁 [도] [역] 敗也 패할도、무너질도 厭也 싫을역 解也 풀릴역 終也 마칠역 (遇)(陌)

⿰豊攴 [례] 讎敵 원수례 (霽)

⿰廉攴 [렴] 鼓初打 ㅣ鼓 북처음칠렴 (鹽)

⿰詹攴 [점] 擧手 손들점 (琰)

⿰㐭攴 [효] 悲也 슬퍼할효 (蕭)

(十四)

⿰算攴 [만] 小舂 쓿을반 除穀芒 까락바슬반 (阮)

⿰壽攴 [추] 惡也 미워할주 棄也 버릴주、수義同、魗同字、⿰壽殳通 (尤)

⿰聚攴 [충] 不迎自來 敄ㅣ 저절로올충 (送)

⿰豙攴 [충] 저절로올충 ⿰聚攴同字

⿰翟攴 [탁] 投也 줄탁 痛聲 ㅣ敄 아플탁 刺也 찌를탁 舂也 찧을탁 築也 다질탁 古音착 (覺)

斃 [폐] 死也 죽을폐 使之致死 죽일폐 踣也 엎어질폐 獘同字 (霽)

(十五)

⿱攵桼 [태] 池名 당이름태 (灰)

⿰慮攴 [려] 侵也 침노할려 (御)

⿰畾攴 [래] 推也 밀래 (隊)

⿰聶攴 [박] 打也 칠박 (覺)

⿰樂攴 [삭] 敄ㅣ 不足貌 정하지 아니할삭 (藥)

(十六)

斆 [효] 敎也 가르칠효 爲學之半 學古字 (豔)

⿰歷攴 [력] 亂也 어지러울력 (錫)

⿰⿱林隹攴 [산] 放繳 주살을놓을산 飛散 흩어져날을산 (旱)

⿰咸攴 [불] 理也 다스릴불 (物)

⿰盧攴 [로] 欺也 속일로 斂也 거둘로 (虞)

⿰褱攴 괴 壞之무너뜨릴괴 壞同字 (卦)

十七 ⿰霝攴 령 打也 칠령 (青)

十九 ⿰糞攴 분 掃除 쓸어버릴분 (問)

⿸厭攴 삼 厭也 싫어할삼 (覃)

十八 ⿰聶攴 녑 相及皺 | 서로마주칠녑 (葉)

十九 ⿰麗攴 려 數也 셀려 布也 펼려 (齊)

⿱䜌攴 변 更也 변할변 變同字 (霰)

二十 ⿰屬攴 촉 打也 칠촉 (沃)

文部

文 문 錯畫也 | 章也 무늬문 書契 | 字 글월문、글문、글자문 美也 아름다울문 善也 착할문 法也 법문 斑也 문채문 彩色 채색문 理也、法也 禮也 다스릴문 飾也 | 過 꾸밀문 (文)(問)

二 齐 자 제 재 | 衰衣下縫 상옷아래단할자 莊也、肅也 엄숙할재 致 | 潔也 재계할재 齊略字 (支)(霽)(佳)

三 斈 학 배울학、학문학 學略字

⿱文手 거 拉也 들거 擧也 받들거 行也 행할거 擧俗字

四 斉 자 제 재 상옷아랫단할자、엄숙할재、재계할재 齊略字

斈 학 배울학、학문학 學俗字

六 斋 재 재계할재、집재 齊略字

⿰𡵂文 미 隱也 은미할미 細也 작을미、가늘미 不明 희미할미 微通

斒 만 斑也 얼룩덜룩할만 (刪)

七 斎 재 | 戒、洗心潔也、莊也 恭也 재계할재 燕居室 집재 齊略字

⿱文言 예 聲美稱也 기릴예、칭찬할예 令聞 이름날예 譽略字 (魚)(御)

斍 각 교 寤也 깨달을각 知也 깨우칠각 夢醒 꿈깰교 覺略字 (覺)(效)

八 斑 반 雜也 駁文 아롱질반 相雜貌 얼룩질반 (刪)

斌 빈 文質貌 문채날빈 頒

ㅣ相雜貌 아롱질빈 彬同字 (眞)

斐 [비] 文章相錯萋ㅣ문채날비 分別文 아롱질비 (尾)

九

[illegible] [환] 文采ㅣ爛 문채날환 (翰)

[illegible] [란] 無文彩貌 문채없을란 (翰)

斒 [반] 色雜ㅣ斕 빛섞일반 (删)

十一

𣁆 [만] 無文采貌 문채없을만 (翰)

斄 [리] 微畫가늘게그을리 (支)

十四

辬 [반] 雜色아롱질반 相雜貌 얼룩질반 斑本字 (删)

十五

斔 [유] 十六斗 열여섯말들이유 斞同字 (麌)

十七

斕 [란] 色雜斒ㅣ빛섞일란 文采문채날란 (删)

斗部

斗 [두] 酒器 술그릇두 量名十升 말두、열되들이두 書形科ㅣ글씨두 星名 별이름두 忽也 문득두 㪷同字 (有)

𣁬 [두] 말두、별이름두 斗本字

三

斘 [승] 登也 오를승 昇通 (蒸)

四

㪺 [활] 量也 두량할활 (黠)

五

斟 [짐] 斟也ㅣ酌 짐작할짐 斟同字 (侵)

㪵 [반] 量物半分되어서반 나눌반 (翰)

六

㪳 [두] 配也 구기두 盃也 술잔두 (有)

料 [료] 理也 다스릴료 量也 計也 헤아릴료 數也 셀료 捋也 더듬을료 樂器小鼓소교료 材也 物ㅣ재료료 祿也 녹료 度也 헤아릴료 理也 다스릴료 (蕭)(嘯)

㪯 [흡] 入也 넣을흡 (洽)

酙 [곡] 量名受十斗 휘곡、열말들이곡 斛同字 (屋)

𣂖 [알] 斗量取物 말로되어담을알 (曷)

七

斛 [곡] 量名受十斗 휘곡、열말들이곡 酙同字 縠通、古音혹 (屋)

斜 [사][야] 散也 흩어질사 不正橫也 빗길사 抒也 잡아당길사 梁州谷名褒ㅣ고을이름야 (麻)

𣂔 [렬] 量也 헤아릴렬 (屑)

㪷 [두] 말두、별이름두 斗俗字

八

斞

방 量溢넘세될방 陽

斝 가 商爵 鬱鬯之尊玉옥잔가 馬

九

斟 짐 勺也구기짐 詩也ㅣ酌 짐작할짐 酌也잔질할짐 遲疑ㅣ愼、마음머뭇거릴짐 佮音침 侵

斛 조 斛旁耳古量器 귀달린휘조 庣同字 蕭

斞 유 量名十六斗역 여섯말들이유 斔同字 虞

十

⿰旁斗 방 量溢넘게 될방 陽

斡 알 간 旋也돌이킬알 轉也구를간 運也운전할간 柄也자루간 主也주장할간 旱

斠 각 平斗斛평미레각 고무래각 量也되질할각 覺

十一

⿰啇斗 적 量也말될적 錫

⿰婁斗 루 ⿰婁斗ㅣ兵奪人物 섬탈할루 掠也노략할루 有

⿰尉斗 위 울 火斗다리미위 持火展繒 다릴울 熨同字 未 物

二十

斢 주 兵奪人物ㅣ斢 군사노략질할주 古音두 有

十三

⿰蜀斗 축 斠也 평미레축 屋

⿰奧斗 구 挹也뜰구 酌也구기질할구 角斗容四升 뿔있는말구 虞

⿱䜌斗 권 抒滿가득히될권 或音연 願

斤部

斤 근 斫木器도끼근 權十六兩근근、열엿냥근 釿也대패근 剞劂之總稱날근 釿同字、明察ㅣ밝게살필근 問

一

斥 척 廣也넓힐척 逐也내칠척 指也가리킬척 擯也물리칠척 屛除 물리칠척 澤崖못가척、어덕척 望也망볼척 現也나타날척 醎地염밭척 候視엿볼척 陌

四

所 은 斧砧모탕은 文

斧 부 伐木用鐵具、도끼부 ㅣ鉞儀仗어월도부 鈇通 麌

斨 장 方銎斧 구멍모진도끼장 戕也죽일장 陽

五

斪 구 鋤屬호미구 斫也쪼갤구 虞

斫 작 擊也 刀ㅣ 쪼갤작、찍을작、切

也 베어낼 작 斮通 藥

斫 [척] 開也 열 척 陌

六

斷 [단] 截之 끊을 단 自絕 끊어질 단 決也 결단할 단 斷略字

[illegible] [과] 相擊 서로 칠 과 哿

八

斬 [참] 盡也 다할 참 截也 베일 참、끊을 참 斷首 목 베일 참 殺也 죽일 참 衰服不緝 ―衰 거상옷 참 豏

斮 [착][작] 斬也 벨 착 斫也 찍을 작 斫同字 覺 藥

斱 [기] ―剛 曲刀 새김칼 기 剞同字 支

[illegible] [붕] 斷也 끊을 붕 蒸

[illegible] [착] 斫也 쪼갤 착 劃也 깎을 착 斲同字 覺

斯 [사] 析也 쪼갤 사 此也 이 사 即也 곧 사 賤也 천할 사 辭已辭 말 그칠 사 支

九

[illegible] [정] 鎗也 세발 노구 정

新 [신] 革其舊 새로울 신 初也 새 신、처음 신 鮮也 고울 신 國名 옛 나라 이름 신 眞

㫁 [단] 끊을 단、끊어질 단、결단할 단 斷同字 旱

[illegible] [두] 甃屬 삽 두、보습 두 尤

十

新 [신] 새로울 신、새 신、고울 신 新本字

[illegible] [착] 斫也 쪼갤 착 削也 깎을 착 覺

[illegible] [단] 끊을 단 斷俗字

十一

[illegible] [우][구] 甃屬 보습 우 削也 깎을 구 尤

[illegible] [서] 斫也 끊을 서 擊也 칠 서 御

斳 [근] 芹菜 미나리 근

[illegible] [획] 斫也 벨 획

十二

斴 [린] 石間水聲 돌 사이로 흐르는 물소리 린 眞

十三

斵 [착] 斫也 쪼갤 착 削也 깎을 착 斲俗字

[illegible] [작] 大鋤 괭이 작 破也 깨어질 작 藥

斶 [촉] 人名 顔― 사람의 이름 촉 沃

十四

[illegible] [제] 斷也 끊을 제 齊

斷 [단] 自絕 끊어질 단 截之 끊을 단 翦也 갈길 단 廢也 폐할 단 殷也 조각낼 단 決也 결단할 단 專―― 한결같을 단 定也 정할 단 旱

十八

斸 [주] 鋤屬 호미 구 斫也 조결

十斫同字 (麌)

廿一

斸 [촉][착] 段也、조결촉 斫也 작을촉 钃通、작 義同、椓通 (沃)(屋)

方部

方 [방] 嚮也 방위방 矩也 모질방 術法 방법방 今也 이제방 有也 있을방 旦也 바야흐로방、또한방 比也 견줄방 常也 떳떳방 兼 簡책방 寄也 붙일방 倂舟 배서로연할방 醫書處ㅣ 처방할방 (陽)

二

㫃 [언] 旌旗、垂末 깃발언 (阮)

三

⿱丂方 [방][팽] 사결방、달 交橫사결방 驅馳달리팽 旁古字 (陽)(庚)

⿰方个 [천] 旗竿깃대천 (銑)

四

㫄 [방][팽] 사결방、달리팽 旁本字

斻 [항] 疲也 건널항 筏也 떼배항 (陽)

斺 [개] 結也 맺을개 本音 쇄 (卦)

於 [어][오] 居也 살어、거할어 語助辭 어조사어 往也 갈어 此也 여기어 代也 대신할어 地名商ㅣ 땅이름어 歎辭 탄식할오、오흡다할오 地名 땅이름오 鳴、烏、吁通 (魚)(虞)

五

旀 [며] 句讀椄續詞 하며며 新羅地名 땅이름며 (韓)

施 [시][이] 弛通、與也 줄시 捨也 버릴시 布也 펼시 惠也 은혜시 勞也 공로시 說也 베풀시 用也 不能御戚ㅣ 쓸시 加也 더할시 前後屈伸戚ㅣ 안팎 굽시능이시 喜悅貌ㅣㅣ 기꺼운모양시 姓也 성시、ㅣㅣ自得貌 제계할이、잘난체할이 斜也 비뚤어질이 移也 옮길이 延也 뻗을이 (支)(紙)(寘)

斿 [유] 旗旒 깃술유 旌旗末垂 깃발유 冕前後垂 면류관술유 游通 (尤)

㫕 [양] 旗也 기양 (養)

六

⿰方勿 [물] 州里所建旗 동리기물 (物)

旁 [방][팽] 大也 클방 交橫ㅣ午 사결방 廣也 넓을방 岐路 두갈래길방 混同ㅣ礴 섞일방、덩어리질방 驅馳 달릴팽 (陽)(庚)

旂 [기] 單將所建 기기 標也 표할기 旗同字 (支)

⿰方日 [엄] 羽葆 깃일산 엄 翳也 가릴엄 (琰)

旂 [기] 懸鈴旗 방울단기기、결련기
기 交龍旗 쌍룡그린기기 (微)

㫊 [려] 羇ㅣ寄客 나그네
려、순님려 旅古字 (語)

旆 [패] 繼旐旗 기패 旗揚貌ㅣ
ㅣ기날리는모양패 (泰)

旄 [모] 幢也 기모 牛尾 소의꼬리모 星名 별이름
모 前高後低 日ㅣ丘 어덕앞모높을모 犬足
개발털모 老也
늙은이모 (號)

旅 [려] 軍五百人 군사오백이려 寄客ㅣ羇 나그네려、순님
려ㅣ圉 여단려 衆也 무리려 陳也 베풀려 祭名
제사이름려 卦名 괘이름려 西
戎長 서융어른려 (語)

旃 [전] 語己辭 말그칠전 曲柄旗
자루굽은기전 旜、氈同字 (先)

七

族 [족][주] 同姓宗ㅣ(祖子孫三ㅣ自高祖至玄孫九ㅣ) 일가족、겨레족 衆
也 무리족 姓氏 성씨족 簇也 모일족 類也 동류족、正月律太ㅣ、樂
變也 節ㅣ 풍류가락주
簇同字 奏通 (屋)(宥)

旒 [류] 기술류、면류
관술류 旈俗字

旍 [정] 장목기정、表
할정 旌同字

旎 [니] 雲騰貌 구름피어오르니 盛也 성할니
旖旗從風貌 깃발펄펄날니 (支)(紙)

旌 [정] 表也ㅣ別 표할정
析羽置竿 장목기
정 (庚)

旒 [류] 旗旓 기술류 冕前後垂
면류관구슬류 旈同字 (尤)

旇 [피] 麾也 휘날릴피 旗
ㅣ靡 깃발휘날릴피 將
旗 대장
기피 (支)

旑 [아] 旖旗從風貌
깃발날릴아 (哿)

旉 [부] 陳也 베풀부 布也 펼
부 散也 흩을부 敷古字 (虞)

旋 [선] 疾也 빠를선 反也 돌이킬선 小便 오줌눌선、指揮周ㅣ 주선할선 懸鐘 종
달선 廻也 盤ㅣ 돌아다닐선 轉也 斡ㅣ 구를선 還通、遶也 돌릴선 (先)、(霰)

旊 [방] 搏埴工 옹
기장인방 (養)

八

[illegible] [수] 받을수
受同字

[illegible] [나] 旗貌 旑ㅣ 깃
발날릴나 (哿)

[illegible]

[엄] 比物長短길이를대어볼엄 (鹽)

旐 [조] 龜蛇旗建後寀거북과뱀그린기조 (篠)

九

旕 [엇] 地名、ㅣ每땅이름엇ㅣ時섯엇 (韓)

旔 [건] 捷也이길건 (願)

⿸㫃酉 [엄] 覆也덮을엄 (琰)

旒 [류] 旗末깃발류 冕前後垂玉藻十二ㅣ면류관 앞뒤에 느린구슬류 瑬見 (尤)

旓 [소] 旌旗之旒깃발소、기술소 (肴)

十

旗 [기] 將軍所建기기 將旗대장기 標也표할기 (支)

⿸㫃帝 [황] 酒家標旗술집표기황 ⿸㫃晃同字 (養)

旑 [의] 旗貌ㅣ旎깃발휘날릴의 雲貌구름이피어오를의 盛貌성할의 (支)(紙)

⿸㫃畚 [분] 覆舟之篷배덮는뜸분 (阮)

十一

⿸㫃婁 [요] 旗屬기요 旗貌기모양요 (篠)

⿸㫃軍 [휘] 幟也기휘 動也움직일휘 (御)

十二

⿸㫃晃 [황] 酒家望子술집표기황 (養)

⿸㫃胥 [우] 肩骨어깨뼈우 (語)

⿸㫃戠 [치] 旌旗屬標깃대치、표기치 幡也기치 幟同字 (寘)

十三

⿸㫃僉 [염] 證也표염 (鹽)

旚 [표] 旌旗飄貌깃발번드일표 (蕭)

旛 [번] 旂也기번 旗揚ㅣ기펄펄날릴번 (阮)

十四

⿸㫃猋 [표] 旗飛揚貌기날리는모양표 (蕭)

⿸㫃識 [치] 깃대치、표기치 幟同字 (寘)

十五

旝 [괴] 大將指揮旗대장이지휘하는기괴 (泰)

旞 [주] 裝羽旗깃으로꾸민기수 導車所載全羽차에꽂는기수 (有)

旜 [전] 曲柄旗자루굽은기전 旃同字 (先)

十六

旟 [여] 鳥隼旗새매그린기여 (魚)

十八

⿸㫃賣 [수] [유] 羽葆旗깃으로꾸민기수 旌也기유 (有)(寘)

十九

⿸㫃頯 [기] 失容貌얼굴빛변할기 (紙)

无部

无 [무] 有之對 없을무 不也 아닐무 空虛 빌무 無古字 (虞)

旡 [기] 氣塞 숨막힐기 (寘)

三

⿱旡口 [저] 口小貌 입작을저 (未)

五

既 [기] 已也 이미기 盡也 다할기 旣訛字 (未)

六

旣 [기] 이미기、다할기 旣俗字

⿱旡王 [계] 璧也 구슬계

旣 [기] 已也 이미기 盡也 다할기 小食 작게먹을기 (未)

⿰旡危 [괴] 一足 요외 발로설괴

八

⿰旡京 [량] 悲也 슬플량 酸楚 쓰라릴량 薄也 엷을량 (漾)

九

旤 [화] 殃也 앙화화 災害 재앙화 禍古字 (庚)

日部

日 [일] 太陽精 人君象 해일、날일 一晝夜 하루일 一曆數 날자일 往者 먼저일 晝也 낮일 ㅣ者 날점칠일 (質)

一

旧 [구] 對新之稱 昔也 옛적구 久也 오랠구 故ㅣ交誼 친구구 舊略字 (宥)

旦 [단] 明也 밝을단 朝也 아침단 曉也 새벽단 早也 일찍단 夜鳴盡ㅣ 밤에우는새단 狠慢 간측할단 (翰)

⿰日乙 [탁] 下滴貌 또닥또닥떨어질탁 (覺)

二

旭 [욱] 日初出 날돋을욱、햇발비칠욱 明也 밝을욱、빛날욱 ㅣㅣ小人憍蹇貌 교만할욱 (沃)

早 [조] 先也 먼저조 晨也 이를조、새벽조 蚤通 (皓)

旨 [지] 味也 맛있을지 意向 뜻지、뜻할지 美也 아름다울지 王言詔ㅣ 칙서지 (紙)

⿰日人 [대] 囊屬 부대대、자루대 帒俗字 (隊)

⿱日丁 [정] 空也 빌정 (迥)

⿰日力 [지] 意向 뜻지、뜻할지 美也 아름다울지、맛지 旨同字 (紙)

⿰日刀 [도] 日暮 해저물도 晦也 어두울도 (蕭)

旪 [협] 和也 화할협 助也 도울협 協古字 (葉)

旬 [순] 徧也 두루순 十日 열흘순 均也 고를순 妖星ㅣ始 요괴로운별순 滿也

가득할 순 (眞)

㊂

㫖 [지] 뜻지、아름다울지 旨俗字

时 [시] 때시、가끔시 時俗字

旰 [간] 盛貌ㅣㅣ성한모양간 日晚살늦을간、(翰)

旱 [한] 亢陽不雨가물한 渴水물없을한 (旱)

旵 [참] 日光照햇살비칠참

⿰日乞 [계] 暖也따뜻할계、따끈할계 (霽)

旴 [우] 晨也새벽우 日初出해처음돋을우 (虞)

⿱日廾 [공] 助也도울공 (冬)

⿰日亡 [망] 旱熱가물더위망 (陽)

旳 [적] 明也밝을적 (錫)

旲 [대] 日光햇빛대、살빛대 (灰)

㊃

旻 [민] 仁覆閔下어진하늘민 秋天가을하늘민 (眞)

旺 [왕] 光美빛살왕 物之始盛왕성할왕 日暈해무리왕 興ㅣ、盛ㅣ할왕 晧同字 (漾)

旹 [시] 辰也때시、끼니시 往往가끔시 期也기약시 時古字 (支)

旼 [민] 和貌ㅣㅣ화할민 (眞)

曶 [물][홀] ㅣ爽未明먼동틀물 尙 旻曉也새벽녘홀 昒同字 (物)(月)

昑 [금] 明也밝을금 (寢)

⿰日內 [눌] 日入色검검할눌 (月)

旽 [견][돈] 至誠ㅣㅣ지성스러울견 日欲出먼동틀돈 暾通 (銑)(元)

⿰日冘 [탐] 夕景저녁경치탐 (覃)

昐 [분] 日光햇빛분 (文)

昂 [앙] 擧也들앙 明也밝을앙 高也높을앙、헌앙할앙 ㅣㅣ焉行貌말성큼성큼걸을앙 軍容ㅣㅣ、低ㅣ군사형용앙 仰、卬通 (陽)

旿 [오] 日當午而盛明낮밝을오、한나절오、대낮오 (麌)

昏 [혼] 闇也어두울혼 日冥날저물혼 亂也어지러울혼 夭死어려서죽을혼 昬同字、婚通 (元)

明 [명] 夜ㅣ날샐명 光也 照也밝을명 著也나타낼명 顯也밝힐명 白也흰명 辨也분별할명 察名살필명 聽也총명할명 確也확실한명 視也볼명 晝也낮명 曉也깨달을명 通也통할명 中國王朝名왕조

의이름명 盟、孟通 (庚)

昀 [윤] 日光햇빛윤 (眞)

昁 [괘] 曇也흐릴괘 暗也어둘괘 (泰)

昃 [측] 해기울어질측 昃同

字 (職)

昍 [현] 明也밝을현 (元)

⿱天日 [계] 明也밝을계 姓也성계 (卦)(霽)

昃 [측] 日中則側西해기울어질측 仄通 (職)

昄 [판] 明也밝을판 大也클판 (潸)

昌 [창] 顯也나타날창 盛也성할창 美言、善也아름다운말창 日光햇빛창 物也물건창 (陽)

昊 [호] 夏爲ㅣ天여름하늘호 元氣廣大貌ㅣㅣ기운넓은모양호 皞通 (皓)

昗 [측] 해기울어질측 昃同字

昆 [곤][혼] 兄也형곤、맏곤 同也같을곤 後也뒤곤 後ㅣ孫也손자곤、후손곤 咸也다곤、昆弟、蜫、崑通、天形ㅣ侖하늘형용혼 西夷名서쪽오랑캐이름혼 人名漢公孫ㅣ邪사람의이름혼 混、渾通 (元)(阮)

昈 [호] 文彩貌ㅣㅣ문채날호、빛날호 明也밝을호 (虞)

昉 [방] 始也비롯할방 明也밝을방 (養)

昇 [승] 日昇해돋을승、날오를승 ㅣ平풍년들승 州名고을이름승 升通 (蒸)

昒 [물][홀] 未明ㅣ爽밝을녘물、먼동틀물 尚冥어둑새벽홀 曉也새벽녘홀 曶同字 (物)(月)

易 [이][역] 治也다스릴이 不難쉬울이 忽也쉽게여길이 安也편할이 情也게으를이、ㅣ書ㅣ經역서역 變也변할역 換也바꿀역 象也형상할역 涿州水名물이름역 (寘)(陌)

昕 [흔] 朔日大ㅣ초하루흔 日將出明之始날샐흔、해돋을흔 (文)

⿰日卆 [쉬] 周年同時돌쉬、첫생일쉬 晬俗字 (隊)

⿰日夬 [결] 日蝕일식할결 (屑)

⿰日公 [연] 日行해다닐연 ⿰日㕣通 (先)

昔 [석][착] 夜也밤석 古也옛석 前代往ㅣ옛적석 久也오랠석 [illegible] 日暮ㅣ저물때석 昨日晴ㅣ어제석 始也비롯할석 腊同字、舟理

錯 뿔뒤틀릴착 (陌)(藥)

五

昍 [단] 明也 밝을단 (翰)

昧 [말] 小星 작은별말 日中不明 낮에어두울말 (曷)

晄 [광] 明也 밝을광 (敬)

昛 [거] 明也 밝을거 (語)

昪 [변] 日光貌 햇빛환할변 喜樂貌 좋아할변 忭同字 (霰)

昨 [작] 隔一宵 어제작 累日 엇그제작、아래작 (藥)

昚 [신] 謹也 삼갈신 誠也 정성스러울신 愼古字 (震)

昝 [잠] 姓也 성잠 (感)

昜 [양] 光也 빛날양 陽古字 (陽)

[日它] [예] 日傾 해기울예 (霽)

昧 [매] 貪冒 탐할매 暗也 어두울매 愚也 둔할매 微明ㅣ爽 먼동틀매 斗後星 夷樂 별이름매 日入ㅣ谷 해들어가는곳매 (隊)(泰)

春 [춘] 歲之始 四時首 봄춘 男女情事 남녀의정사춘 和也 화할춘 甦回ㅣ 다시살춘 酒之異名 술춘 年齡ㅣ秋 나이춘 壯年靑ㅣ 젊은이춘 (眞)

昞 [병] 明也 밝을병 炳同字 (梗)

昺 [병] 밝을병 昞同字 (梗)

星 [성] 列宿總名 별성 ㅣㅣ點點 희뜩희뜩할성 歲月 세월성 樞要人物 중요한사람성 天文 천문성 (靑)

昣 [진] 明也 밝을진、빛날진 (軫)

昤 [령] 日光ㅣ曨 날빛영롱할령 (靑)

昢 [불] 日出 해돋을불 日未明貌 어둑새벽불 (月)

昡 [현] 日光 햇빛현 (先)

映 [영] 明相照 비칠영 照也 빛날영 暎同字 (敬)

昪 [변] 日光貌 날빛환할변 喜樂貌 좋아할변 昪同字 (霰)

昷 [온] 仁也 어질온 温、昷同字 (元)

昂 [앙] 明也 밝을앙 擧也 들앙 高也 높을앙 昻俗字 (陽)

昫 [구] 日出溫 햇빛따뜻할구 煦通、古音 후 (麌)(遇)

[日支] [도] 日色 햇빛도 (豪)

[日幼] [유] 乾也 마를유 (有)

昶 [창] 해길창 昶同字 (養)

昼 [주] 與夜爲界낮주 日中대낮주、한낮주 晝略字 宥

昶 [창] 通也통할창 明也밝을창 日長해길창 舒也펼창 養

昵 [닐][녜] 親近가깝게할닐 暱同字 禰廟아비사당녜 古音니 質 薺

昭 [조][소] 光也빛날조 著也나타날조 明也ㅣㅣ밝을조 炤通 ㅣ穆廟位소목소 詳也소명할소ㅣ代태평세월소 蕭 篠

昏 [혼] 日冥낮저물혼 闇也어두울혼 亂也어지러울혼 昬同字 元

是 [시] 此也이시 非之對옳을시 正也바를시 直也곧을시 紙

昱 [욱] 日光햇빛욱 明也밝을욱 屋

昲 [비] 乾物ㅣ曬말릴비 曝也빗쪼일비 未

昖 [연] 日行해다닐연 [illegible]同字 先

昴 [묘] 西陸宿名二十八宿ㅣ묘별묘 巧

昰 [하][시] 春之次季여름하 中國別稱나라하 此也이시 正也바를시 是本字、夏古字 禡 馬 紙

昳 [질] 日傾해기울어질질 俗音절 屑

六

[illegible] [명] 日暗날어두울명 迥

晭 [주] 光也빛주 宥

晊 [질] 大也클질 明也밝을질 質

晁 [조] 朝也아침조、東陽縣名ㅣ고을이름조 蟲名벌레이름조 朝古字 蕭 篠 陽

[illegible] [흘] 急速빠를흘 早也이를흘 質

晀 [조] 明也밝을조 篠

晑 [향] 午也대낮향、한낮향 半刻반각향 俗音상 養

晉 [진] 나갈진、억제할진 晋同字 震

晅 [훤] 日氣볕기운훤 乾也말릴훤、마를훤 烜同字 元

時 [시] 是也이시 辰也때시、끼니시 伺候문안할시 季節계절시 ㅣ刻시각시 伺也엿볼시 期也四ㅣ사시세시 往往가끔시 支

晃 [황] 明也밝을황 暉也햇빛황 光耀貌ㅣㅣ빛날황 晄同字 養

晄

[황] 햇빛황、빛날황 晃同字 (養)

晈 [교] 皎也 달밝을교 (篠)

眭 [괴] 別也 나눌괴

晉 [진] 抑也 억제할진 進也 나갈진 插也 꽂을진 卦名 괘이름진 周叔虞所封國名 나라이름진 (震)

晑 [향] 明也 밝을향 (養)

晏 [안] 安也 편안할안 晚也 늦을안 天淸하늘맑을안 鮮盛고울안 柔和ㅣㅣ부드러울안 (諫)

显 [현] 著也 明也 나타날현 明也 밝을현 達也 통달할현 顯俗字

春 [용] 擣米築地 방아찧을용 日入沒처가질용 靜也 고요할용 舂俗字 (冬)

晎 [홍] 日欲明ㅣㅣ날밝으려할홍、먼동틀홍 (董)

晒 [쇄] 曝也 햇빛쪼일쇄 日乾物햇빛쪼이어 말릴쇄 曬俗字 (卦)

晐 [해] 咸也 다해 備也 갖출해 古音개 賅通 (灰)

七

昬 [신] 샛별신、새벽신 晨同字

晨 [신] 曉也 새벽신 星名 샛별신 昧爽새일녘신 告ㅣ 아침을 아뢸신 (眞)

㫰 [랑] 明朗 밝을랑 曝也 별쪼일랑 朗通 (養)

晠 [성] 밝을성 晟과同字

晟 [성] 明也 밝을성 熾也 불꽃성 宋樂大ㅣ 송나라 풍류성 (敬)

晧 [호] 明也 밝을호 日出貌해돋을호 光也 빛날호 (皓)

晦 [회] 冥也 어둘회 月終昧也 그믐회 夜也 밤회 亡幾 얼마못될회 霧也、亡幾 아개회 晚也 늦을회 隱匿숨길회 (隊)

㬂 [경] 日高해높을경 (侵)

晗 [함] 曙也 날샐함 샐녘함 (覃)

晙 [준] 早也 이를준 明也 밝을준 (震)

㫲 [패] 暗也 어두울패 (隊)

晤 [오] 遇也 만날오 明也 밝을오 以言曉人 깨우쳐줄오 返照 저녁별오 (遇)

晚 [만] 末也 끝날만 暮也 저물만 後也늦을만 夕也 저녁만 (阮)

晛

[현][년] 日氣 볕기운현、햇발현 日光 햇빛년 (銑)(霰)

晩 [만] 늦을만、저물만 晩同字 (阮)

晥 [환] 白淨깨끗할환 皖同字 (潸)

晣 [절] 明也 ㅣㅣ밝을절 晢同字 (屑)

晡 [포] 申時신시포(午後四時) 暮也해질포 (虞)

杲 [간] 小赤붉을간. (潸)

晜 [곤] 父之兄弟삼촌곤 後也 ㅣ孫유래후손곤 (元)

晟 [성] 熾也불꽃성 明也밝을성 宋樂大ㅣ송나라풍류성 (敬)

晞 [희] 燥也말릴희 乾也마를희 日始升 햇빛치밀희 (微)

暈 [첩] 重也거듭첩 累也포갤첩 積也쌓을첩 白ㅣ布名 베이름첩 疊俗字 (葉)

晢 [절][제] 照也비칠절 明也밝을절 星光ㅣㅣ별빛제 (屑)(霽)

晝 [주] 日中낮주 地名 땅이름주 (宥)

⑧

晉 [진] 進也나아갈진 抑也억제할진 晋俗字 (震)

暑 [서] 熱也더위서、더울서 夏節여름철서 暑略字 (語)

晫 [탁] 明也밝을탁 (覺)

普 [보] 大也클보 博也넓을보 徧也두루보 日無色 햇빛점점할보 溥通 (麌)

晬 [쉬] 周年同時 돐쉬、첫생일쉬 (隊)

朚 [명] 月明달밝을명 (日)

昬 [혼] 闇也 어두울혼

暁 [효] 明也밝을효 曙也날샐효、새벽효 知也깨달을효 說也달랠효 曉俗字 (篠)

晽 [림] 欲所之ㅣ 알고저할림 (侵)

景 [경][영] 明也밝을경 光也빛경 ㅣ致경치경 大也클경 慕也 ㅣ仰사모할경 象也형상할경、明有境物之陰影 그림자영 衣也옷영 影通 (梗)

睒 [섬] 閃也번쩍일섬 電光번개빛섬 (琰)

暀 [왕] 光美ㅣㅣ 빛나고아름다울왕 旺同字 (漾)

晾 [량] 曬曝晒

ㅣ쪼일량 (陽)

晴 [청] 雨止日出無雲날개일청ㅣ明맑은날씨청 晴、殅同字 (漾)

晛 [예] 日昳해기울어질예 (霽)

晣 [제] 星光ㅣㅣ별빛찬란할제 晢同字 (霽)

睩 [록] 曐也흐릴록ㅣ (沃)

晻 [암][엄] 障也막힐암 暗也어둘암、日無光날흐릴엄、햇빛침침할엄 (感)(琰)

晼 [원] ㅣ晚日落해넘어갈원、날저물원 (阮)

睫 [첩] 日欲沒ㅣ曬해가떨어지려고껌벅거릴첩 (葉)

晳 [석] 明辨분석할석 (錫)

智 [지] 聰名사리에밝을지 心有所知知有所合지혜지 (寘)

晸 [정] 日出해돋는모양정 (梗)

晰 [석] 분석할석 晳同字 (錫)

晢 [석] 분석할석 晳同字

晹 [역] 日覆雲暫見해반짝날역 (陌)

⿰日穹 [궁] 日乾物볕에말릴궁 (送)

晴 [청] 雨止無雲갤청ㅣ明맑은날씨청 晴同字 (庚)

晷 [귀] 刻也시각귀 日景ㅣ刻해그림자귀 (紙)

晶 [정] 美石함나정 水ㅣ수정정 光也빛날정 精光ㅣㅣ맑을정、영채날정 (庚)

晁 [요] 日光照해비칠요 耀也빛날요 七曜요일요 曜古字 (嘯)

⿰日次 [자] 日輝날빛날자 (禡)

⿱日所 [서] 暖也따뜻할서 明也밝을서 (御)

晵 [계][견] 姓也성견 霽也비갤계 (霽)(霰)

⑨

⿱日男 [만] ㅣㅣ脩長멀만 末也끝만 引也당길만 曼俗字 (寒)(翰)(願)

曉 [효] 밝을효、날샐효、새벽효、깨달을효 曉俗字 (篠)

暄 [훤] 温也따스할훤 日暖날따뜻할훤 (元)

暉 [휘] 日光ㅣㅣ햇빛휘 發光빛날휘 (微)

暘 [양] 日出處ㅣ谷해돋는곳 明也밝을양 日乾物햇발쏘일양 (禡)

⿰日耎 [난] 温也따뜻할난 暖同字 (微)

晅 [긍][훤] 曝也볕쪼

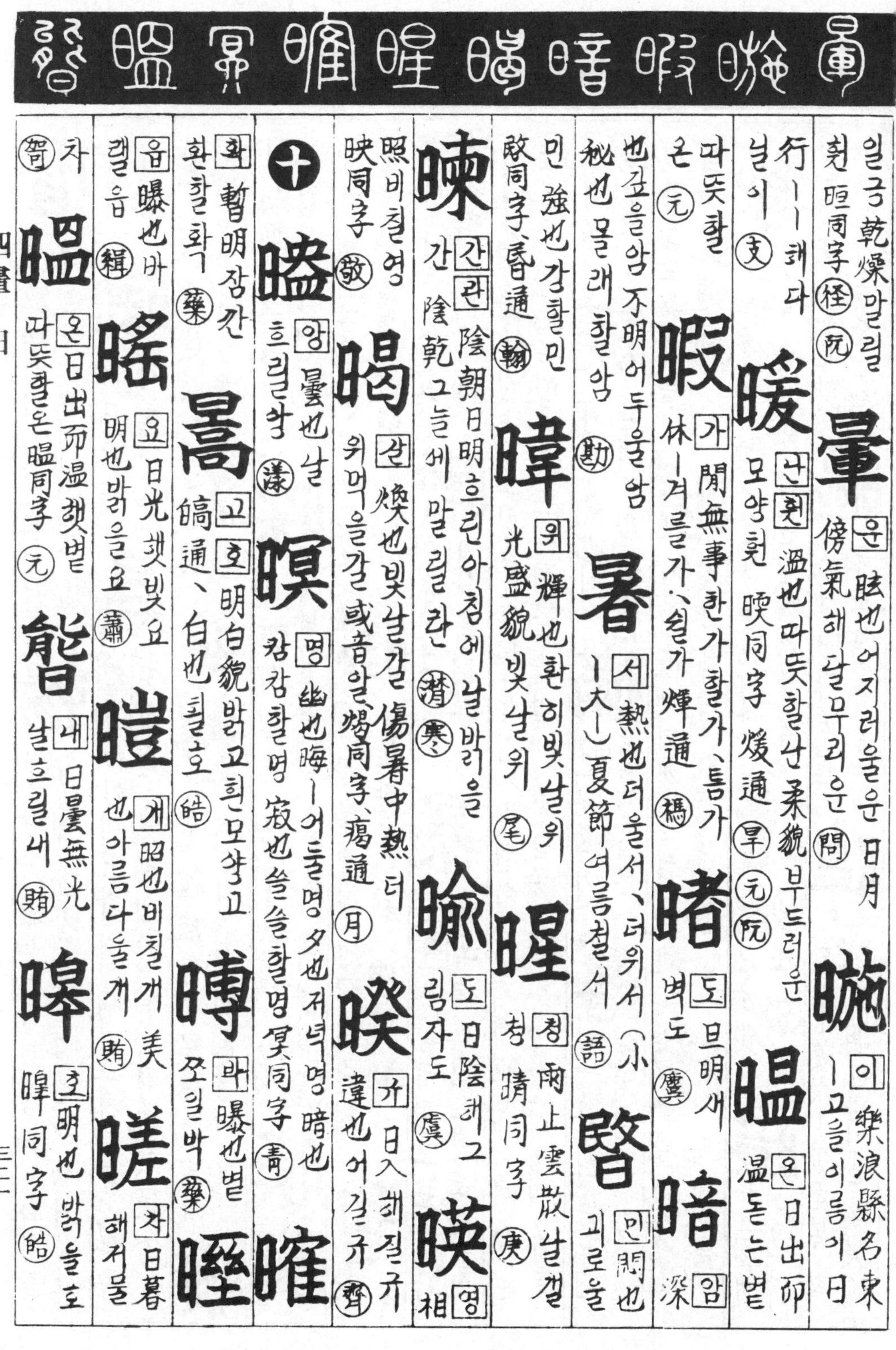

일금乾燥말릴 훤晅同字 ㊄霰 ㊤阮

暈 [운] 眩也어지러울운 日月傍氣해달무리운 ㊄問

暆 [이] 樂浪縣名東ㅣ고을이름이 日行ㅣㅣ해다날이 ㊤支

暖 [난][훤] 溫也따뜻할난 柔貌부드러운모양훤 暵同字 煖通 ㊤旱 ㊦元 ㊤阮

昷 [온] 日出而溫돋는볕따뜻할온 ㊦元

暇 [가] 閒無事한가할가、틈가 休ㅣ겨를가、쉴가 煇通 ㊄禡

睹 [도] 旦明새벽도 ㊤麌

暗 [암] 深也깊을암 不明어두울암 秘也몰래할암 ㊄勘

暑 [서] 熱也더울서、더위서(小ㅣ大ㅣ) 夏節여름철서 ㊤語

暋 [민] 悶也괴로울민 強也강할민 敃同字、睯通 ㊤軫

暐 [위] 輝也환히빛날위 光盛貌빛날위 ㊤尾

暒 [청] 雨止雲散날갤청 晴同字 ㊦庚

暕 [간][란] 陰朝日明흐린아침에날밝을간 陰乾그늘에말릴란 ㊤潸 ㊦寒

⿰日俞 [도] 日陰해그림자도 ㊦虞

暎 [영] 相照비칠영 映同字 ㊄敬

暍 [갈] 熯也볕쬘갈 傷暑中熱더위먹을갈 或音알、煬同字、瘍通 ㊅月

暌 [규] 日入해질규 違也어길규 ㊦齊

⑩

暡 [앙] 曇也날흐릴앙 ㊄漾

暝 [명] 幽也晦ㅣ어두울명 夕也저녁명 暗也캄캄할명 寂也쓸쓸할명 冥同字 ㊦青

⿰日崔 [확] 暫明잠간환할확 ㊅藥

暠 [고][호] 明白貌밝고흰모양고 皜通、白也흴호 ㊤皓

暷 [박] 曝也볕쪼일박 ㊅藥

⿰日巠 [읍] 曝也바랠읍 ㊅緝

暚 [요] 日光햇빛요 明也밝을요 ㊦蕭

暟 [개] 照也비칠개 美也아름다울개 ㊤賄

暛 [차] 日暮해저물차 ㊤哿

㬈 [온] 日出而溫햇볕따뜻할온 昷同字 ㊦元

⿱能日 [내] 日曇無光날흐릴내 ㊤賄

暤 [호] 明也밝을호 皞同字 ㊤皓

四畫—日

曆 [력] 數也셀력 書經재력 력 歲月세월력 ǀ曆 昭字 (錫)

暢 [창] 通也、達也통달할창 和ǀ화창할창 長也길창 充也찰창 琴曲거문고가락창 (漾)

暣 [기] 日氣볕기운기 (未)

㬎 [현][압] 微妙미묘할현 繭也고치현 著也뚜렷할현 光也빛날현、압義同 (銑)(合)

⿰日羊 [양][상] 焦也데울양 明也밝을양、상義同 (陽)

(十一)

暓 [무] 勉強힘쓸무 事也일무 職分직분무 務同字 (遇)(虞)

暶 [선] 明也밝을선 美也아름다울선 (先)

⿰日票 [표] 曬乾볕쪼여말릴표 (嘯)

暳 [혜] 衆星貌별반짝거릴혜 小星작은별혜 嘒通 (霽)

⿰日莽 [망] 黨ǀ不明희미할망 (養)

暵 [한] 燥也말릴한 乾也마를한 曝也쪼일한 旱也가물한 熯通 (旱)(翰)

暫 [잠] 卒也마칠잠 不久須臾잠시잠 蹔同字 (勘)

⿰日斬 [잠] 잠간잠、잠시잠 暫同字

暴 [포][폭] 急也급할포 猛也사나울포 侵也침노할포 橫取가로채갈포 徒搏맨손으로칠포 卒起ǀǀ갑자기일어날포 晞也마를포 傷也상할포 鄭地名땅이름포 虣同字、日乾볕에말릴폭 顯示ǀ露드러내어보일폭 曝同字 (號)(屋)

⿰日荒 [황] 旱熱也이큰더위황 (養)

暪 [만] 暗也어둘만 (阮)

暮 [모] 遲ǀ더딜모 日晩저물모、늦을모 夜也밤모 老也늙을모 莫通 (遇)

暱 [닐] 日近해가까울닐 親近친근할닐 昵同字 (質)

暯 [막] 冥也어둘막 (藥)

暬 [설] 近侍人ǀ御모실설 慢也거만할설 晦暝캄캄할설 媟同字 (屑)

⿰日曹 [조] 日光햇빛조 (豪)

暲 [장] 明也밝을장 日光上進햇발돋아오를장 (陽)

⿰日區 [구] 日暖따뜻할구 古音우 (尤)

暤 [호] 帝號大ǀ재호복희시호 明也밝을호 昊皞、

皓通 (皓)

⑫

暹 [섬] 進也 나아갈섬 日光昇 햇살오를섬 國名 나라이름섬 (鹽)

暺 [탄] 明也 밝을탄 (軫)

暸 [료] 明也 밝을료 (蕭)

⿰日肅 [숙] 曝也 볕쪼일숙 乾也 말릴숙 俗音속 (屋)

暨 [기] 及也 미칠기 與也 다못기 果毅貌 ㅣㅣ 굳셀기 洎通 (寘)

曇 [담] 佛名瞿ㅣ 부처이름담 雲布 날흐릴담 (覃)

曉 [효] 明也 밝을효 曙也 새벽효 知也 깨달을효 白也 사뢸효 開喩 유할효 遇也 만날효 說也 달랠효 快也 쾌할효 (篠)

暻 [경] 明也 밝을경 (梗)

曀 [에] 陰而風 흐리고바람불에 翳也 가릴에 (霽)

曈 [동] 日欲明ㅣ曨 날밝으려할동 (東)(董)

曆 [력] 數也 셀력 書經 책력력 歲月 세월력 ㅣ歷見 (錫)

暼 [별] 日勢欲沒 해떨어지려고우무러거릴별 (屑)

暿 [희] 盛熱 몹시더울희 盛貌 성한모양희 (紙)

曅 [엽] 빛날엽、밝을엽 曄同字

曃 [태] 不明貌 曖ㅣ 어두울태 (隊)

㬚 [철] 明也 밝을철 (屑)

⿰日敢 [감] 日出 해돋을감 (感)

曄 [엽] 明也 밝을엽 光也 빛날엽 震電貌 진동하는모양엽 盛貌ㅣㅣ 성한모양엽 (葉)

曂 [황] 明也 밝을황 煇ㅣ 환히밝을황 (漾)

⿰日翕 [흡] 日乾物 볕에말릴흡 (緝)

暾 [돈] 日始出 해돋을돈 性不爽利 溫ㅣ 수더분할돈 旽通 (元)

⑬

㬢 [희] 赫ㅣ 日光 햇빛빛희 曦俗字 (支)

曗 [엽] 빛날엽、밝을엽 曄同字

曎 [역] 日光 날빛역 (錫)

曖 [애] 昏昧 어두울침침할애 翳也 덮을애 不明 月晦ㅣ 날흐릴애、햇빛희미할애 (隊)

曓 [포] 猝也 창졸포 急也 급할포 (號)

曒 [교] 明也 밝을교 (篠)

曔 [경] 乾也 마

름경 明也 밝을경 敬

曏 향 前時접때향、아래향 明也밝을 향 往也 지난번향 向同字 漾 養

十四

曖 애 日光햇 빛애 泰

曜 요 光也照耀빛날요 日光照해비칠 요 日月五星七—요일요 耀同字 嘯

曃 대 茂也성 할대 隊

曙 서 東方 明동틀 서 明也 밝을서 曉也 새벽서、샐녘서 御

[illegible] 급 欲乾마르 려할급 緝

曘 유 日光햇 빛유 虞

矆 확 勇貌용 맹스러 울확 藥

曜 요 日光照해비칠요 耀也빛 날요 七曜요일요 曜同字 嘯

暴 포 폭 猛也사나울포 日乾햇빛쪼일폭 顯 也나타날폭 㬥本字 號 屋

曚 몽 日未明—曨날샐 녘몽、동틀몽 東

曛 훈 黃昏時日入餘光어 둑어둑할훈、땅거미 질훈 文

十五

曠 광 빌광、먼광、클 광 曠同字 漾

躳 궁 謹敬삼 갈궁 東

曝 포 폭 晒也 별쪼일포 日乾 볕에 말릴폭 暴通 號 屋

㬜 렵 日欲沒해떨 어지려할렵 葉

曞 려 日光盛燁햇 살퍼질려 霽

曠 광 遠也 멀광 空也 빌광 明也 밝을광 大也 클광 久也 오랠광 潤也 遠也 광활할광 遠也 미칠광 男性無室—夫홀아비광 漾

十六

曨 롱 日欲明曚—해돋으려할롱 曈—日出 해돋을롱、날밝을롱 東 董

㬦 옹 朗也명 랑할옹

曤 확 明也밝 을확 藥

曣 연 煥也따뜻할연 淸明청명할연 日出 無雲—曀해돋을때구름없을연 霰

曥 려 日色햇빛려 日 照해비칠려 魚

曦 희 日光赫— 햇빛희 支

十七

礴 박 曝也햇빛 에쬘일박 藥

曩 낭 曏也 지난번낭、아래낭 久也 오래낭 旣往저즘께낭 養

⑱ ⿰日爵 [조][작] 白也 흴 조 浮貌 맑을 작 皭俗字 嘯 藥

⿰日聶 [섭] 溫也 따뜻할 섭 ⿰火聶同字 葉

⑲ 曫 [란][만] 薄暮 땅거미질 란、만 義同 寒、刪

⿰日難 [난] 溫也 따뜻할 난

曪 [라] 曇天 날흐릴 라 哿

曬 [쇄] 日乾物 햇빛에 말릴 쇄 曝也 볕쪼일 쇄 晒同字 卦

⿰日巤 [렵] 日落 해질 렵 暮也 어두울 렵 屑

⑳ 曭 [당] 日不明 햇빛 희미할 당 養

⿰日矍 [확] 明也 밝을 확 本音 왁 藥

曮 [엄] 矜莊貌 엄연할 모양 엄 日躔 해다니는 길 엄 儼同字 琰

㉑ 曯 [촉] 照也 비칠 촉 燭通 沃

⿰日歷 [력] 星貌 별모양 력 錫

㉔ ⿰日靈 [령] 日光 햇빛 령 靑

曰部

曰 [왈] 謂也 이를 왈 語也 말할 왈、가로 왈 發語辭 말낼 왈 於也 에 왈 稱也 일컬을 왈 之也 의 왈 粵通、古音 월 月

② 臾 [용][궤][유] 縱ㅣ勸也 괴일 용 草器 삼태기 궤 須ㅣ俄頃 잠깐 유 捽抴 끄두를 유 臾俗字 腫 寘 虞

曳 [예] 引也 당길 예 牽也 끄을 예 徐也 ㅣㅣ 천천히할 예 拽、抴通 霽

曲 [곡] 節目委ㅣ 곡절 곡 不直屈ㅣ 굽을 곡 歌ㅣ詞ㅣ、軍伍部ㅣ 곡조 곡、가락 곡 懷抱心ㅣ 회포 곡 蠶器簿ㅣ 잠박 곡 鄕里鄕ㅣ 향곡 곡 沃

③ ⿱日子 [후] 不薄 두터울 후 重也 무거울 후 厚本字 有

更 [경][갱] 代也 대신할 경 改也 고칠 경 歷也 지날 경、再也 다시 갱 叓俗字 庚 敬

⿸尸日 [주] 낮 주 晝略字

④ 皀 [향] 氣芬芳 향내 향、향기 향 藥名 丁ㅣ沈ㅣ乳ㅣ 약이름 향 香本字 陽

曶 [홀] 鄭公子ㅣ 사람 이름 홀 輕視 가볍게 여길 홀 忽同字 月

⑤ ⿰日旬 [순] 均也 고

큰순 (眞)

曷 갈 盍也어찌아니하리오할갈 何也어찌갈 止也그칠갈 蟲名蝎也벌레이름갈 害通 (曷)

[冊曰] 책 告也고할책、이를책 (陌)

六

書 조 마을조 曹의俗字

書 서 文也글서 紀也쓸서、기록할서、적을서 著也글지을서 經籍總名책서、서적서 牘也편지서 六藝之一글씨서、(魚)

會 회 괴 聚衆모을회 畫也그릴괴 會古字 (泰)(曷)

七

曾 증 일찍증、지난증 曾略字

曹 조 局也마을조、輩也무리조 國名나라이름조 姓也성조、(豪)

曼 만 路也 遠也ㅣㅣ길멀만 長也길만 無極ㅣ衍끝없을만 末也끝만 引也이끌만 廣也넓을만 澤也윤택할만 美也아름다울만 (寒)(翰)(願)

八

朁 잠 曾也일찍참 (感)

曾 증 乃也이에증 嘗也일찍증 則也곧증 重也거듭증 經也지날증 姓也성증 曆通、古音층 (蒸)

最 최 善也착할최 極也가장최 勝也이길최 凡也대개최 優也넉넉할최 聚民백성모을최 (泰)

替 체 換也바꿀체 代也대신할체 廢也폐지할체 (霽)

九

會 회 괴 聚衆모을회 合也모둘회 適也맞출회 計也회계할회 朝覲조회할회 盟也맹서할회 弁中縫고깔꾸밀회 畫也그림괴 繪通 (泰)(曷)

[曰東] 동 遠聞鼓 鼙멀리들리는북소리동 (東)

十

[竝曰] 체 바꿀체、대신할체 替同字

朅 걸 흘 去也갈걸 勇也날랠걸 武壯貌위엄스러울흘 (屑)

[曰柬] 인 적은북켤 인 朄同字

朄 인 引樂鼙풍류끄는소리인 鼙小鼓적은북인 (震)

十一

[啓曰] 녕 니 告也고할녕、니 義同 (青)(支)

十二

[兟曰] 체 代也갈아들일체、대신할체 支也바꿀체 替同字 (霽)

十三

[illegible] 짐 益也 더할짐

⑮ [illegible] 조 日出於東方 동녘에해돋을조

⑯ [illegible] 조 局也마을조 羣也무리조 國名나라이름조 曹本字 篆

⑰ [illegible] 비 益也더할비 支

月部

月 월 太陰精水精土精 달월 三十日한달월 光陰歲ㅣ세월월 ㅣ光ㅣ下달빛월 月

② 肎 긍 可也즐길긍 著骨肉뼈사이살긍 肯同字 迴

有 유 取也취할유 無之對있을유 物體萬ㅣ만물유 得也얻을유 果然과연유 穀熟ㅣ年풍년유 保也가질유 餘也남을유 親也친할유 宥

③ 肌 기 기약할기、대기 期同字

[illegible] 외 吐也토할외 賄

[illegible] 기 ㅣ約기약할기 時也때기 期同字 支

④ 朌 반 분 賦也부세반 大首큰머리분 頒通 刪

[illegible] 오 明也밝을오 篆

肬 전 月落有名달지고도밝을전 銑

朊 원 月光微달빛희미할원 阮

朋 붕 友也벗붕 ㅅ同師同門同道ㅣ友ㄴ羣也ㅣ黨무리붕 五貝、다섯자개붕 兩尊二두단지붕 蒸

服 복 習也익힐복 衣也옷복 從也복종할복 事也일복 行也행할복 職也직책복 思也생각할복 用也쓸복 邦國九ㅣ나라복 盛矢器화살담는동개복 治也다스릴복 蠻夷荒ㅣ오랑캐복 親也친숙할복 車右騎수레첫째멍에복 屋

⑤ 舩 선 舟也배선 衣領옷깃선 船同字 先

朎 령 月光彩ㅣ朧달빛영롱할령 靑

朏 비 불 向曙色먼동틀비 三日月초사흘달비 月未盛明 달빛희미할비 불 義同 屋 月

朐 구 車軛 兩邊、

馬頸者 수레멍에
목구 軥同字 (虞)

六

朗 [랑] 밝을랑
朗俗字

[illegible] [삭] 초하루삭、북방
삭 朔古字

[illegible] [홍] 月明夜ㅣㅣ
달흐린밤홍 (董)

朔 [삭] 月一日 초하루삭 北方
북방삭 初也 처음삭 (覺)

[illegible] [삭] 月一日 초
하루삭 初
也 처음삭 北方북
방삭 朔俗字 (覺)

胶 [교] 月之白 달밝을교
白也 흴교 皎同字 (篠)

朒 [뉵] 朔月見東方 초하
루달이 동녘에 보
일뉵 不伸縮ㅣ
쪼그러질뉵 (屋)

朓 [조] 晦月見西 그믐달
서편에 뜰조 (蕭)(篠)

朕 [짐] 皇帝自稱 황제자
칭할짐 我也 나짐 徵
兆 조짐
짐 (寢)

七

皓 [호] 大水貌 물질펀할호
廣大 넓고클호 浩同字 (皓)

望 [망] 瞻也 볼망 遠視 바
라볼망 望同字 (陽)(漾)

朗 [랑] 明也 달밝
을랑 眼通 (養)

朖 [랑] 밝을랑
朗同字

朚 [황] 翌日 이
튿날황 (陽)

朙 [명] 밝
을명
明古
字

望 [망] 瞻也 바랄망 怨也 원망할망 責也 책망할망 爲人所仰
우러러볼망 弦ㅣ月 體 보름달망 祭名 제사이름망 名也 이름
망 去而不顧 가며 돌아
보지아니할망 望同字 (漾)

朘 [전] 縮也 오무
라질전 (先)

八

[illegible] [총] 赤也 붉을총
赤色 붉은빛총 (東)

朝 [조] 早也 이를조、아침조 君視政 조정조 臣下覲
君ㅣ會 조회할조 訪也 찾을조 國名ㅣ鮮 나라이름조 (蕭)

朜 [돈] 月光
달빛돈 (元)

期 [기] 信也 믿을기 約也 기약기 年老耄ㅣ 나이많을기 八達路ㅣ 여덟갈래길
기 會也 모일기 百年 백년기 當也 당할기 時也 때기 待也 기다릴기 限也 기한
기 必也 반드시기 口吃 입둔할기
契約 언약할기 周年 돌기 (支)

朞 [기] 周年復其時 돌기 〈三百有大旬有
有六日〉 巫也 두루할기 期、稘通 (支)

九

⿰月亙 긍 月出貌 달돋을긍 (徑)

朠 영 月色 달빛영 (庚)

⿰月幷 등 水超涌 물이솟아오를등 張口騁辭貌 말잘할등 滕同字 (蒸)

朡 종 坐礁 배가걸려나아가지못할종 至也 이를종 (東)

十

⿰月夌 릉 氷室 어름창고릉 厚氷 두꺼운어름릉 氷也 얼음릉 凌同字 (蒸) (徑)

⿰月荒 황 月色溥貌 달빛어슴프레할황 (養)

朢 망 月滿與日相丨 보름망 望同字 (漾)

⿰卓月 조 아침조、이를조 朝本字

十一

⿰月見 년 月出 달돋을년 (霰)

⿰月番 증 畦也 밭두둑증 坪也 큰들증 塍俗字 (蒸)

⿰月旋 선 便丨小貌 조그마할선 (銑)

十二

⿰月黑 흘 濁也 달흐릴흘 (黠)

朣 동 月欲明貌丨朧 달빛훤히비칠동 (東)

⿰月敦 돈 月光 달빛돈 朜同字 (元)

十三

⿰月敫 교 月之白 달밝을교 自也 흴교 皎同字

十四

⿸厥月 엽 月動貌 달이움직일엽 (葉)

朦 몽 月將入丨朧 달지려할몽 (東)

十六

⿰月羲 희 日光 달빛희 (支)

朧 롱 月初明朣丨 달빛훤히치밀롱 (東)

二十

⿰月黨 당 月昏丨⿰月荒 달빛흐릴당、어스름할당 (養)

木部

木 목 모 東方位 나무목 (五行之一 八音之一 巽爲丨) 質樸丨訥 질박할목 不柔丨強 강할목 棉織 무명목 丨瓜 모과모 (屋) (韓)

一

未 미 支名羊也 양미 不也 아닐미、못할미 幹名協合 지지미 (未)

札 찰 票也 표찰 小簡 편지찰 甲鱗 갑옷미늘찰 夭死 요사찰 扎通 (紙)

朮 출 山薊 삽주뿌리출 (藥名蒼丨白丨) 俗音술 (質)

末 말 木杪 端也 끝말 終也 마칠말 顚也 이

마말 盡也다할말 碎細가루말 減也덜말 (曷)

本 [본] 始也근본본 草木根柢밑본 舊也옛본 下也아래본 務後張ㅣ장본본 資本밑천본 眞正정말본ㅣ國我나본 書畫法帖체법본ㅣ人當者당자본ㅣ日今也이본 冊也책본 (阮)

(二)

朳 [팔] 無齒杷畚具고무래팔、곰배팔 (黠)

朱 [주] 赤色、南方位붉을주 (虞)

朴 [박] 木皮나무껍질박 質也질박박 大也클박 本也밑둥박 藥名厚ㅣ약이름박 樸同字 (覺)

[illegible] [보] 任也보둘보 持也지닐보 佑也도울보 保古字 (晧)

朷 [도][목] 木心나무고갱이도 桑木削刀뽕나무가지치는칼목 (豪)(屋)

朸 [력] 木理年輪나무결력 나이테력 (職)

朾 [정] 旗桿깃대정 地名땅이름정 (靑)

朿 [차] 芒也가시랑이차 (寘)

朵 [타] 나무아래로숙을타 朶同字

朶 [타] 木下垂ㅣㅣ나무아래로숙을타 手捉物손으로물건을잡을타 花ㅣ꽃송이타 動也움직일타 朵同字 (哿)

朼 [비] 調飮木匙주걱비 柶通 (紙)

朽 [후] 木腐也썩을후 臭也냄새후 亡也망할후 殀同字 (有)

机 [궤] 木名如楡可燒糞田느티나무궤 案屬책상궤 几通 (紙)

朹 [구] 山楂아가위구、아가배구 (尤)

朻 [규] 木下曲나무아래로굽을규 (尤)

(三)

村 [촌] 聚落마을촌ㅣ村시골촌 邨同字 (元)

呆 [모][매] 不知明者아무모 梅也매화나무매 某同字 (有)(灰)

杆 [간] 杇也 산뽕나무간 僵木쓰러진나무간 盾也방패간 臂衣팔찌간 (寒)

杅 [우] 浴桶목욕통우ㅣㅣ自得貌든든할우 (虞)

材 [재] 木直堪用재목재、늘미재 性質자품재ㅣ料재료재 才也재주재 (灰)

杏 [행] 果名似梅而甘살구행 銀ㅣ은행행 (梗)

杄 [천] 椐櫸木고염나무천 (先)

杈 [차] 歧枝木아귀차 捕魚具고기잡는작살차 農具ㅣ杷써레차 椏同字 (麻)

杇 [오] 塗墁器흙손오 塗也칠할오 圬同字 (虞)

李 [리] 姓也성리 果名多子者오얏리 行裝행장리、보따리 薦士謂之桃ㅣ선비천거할리 關驛行ㅣ여말리 (紙)

杊 [순] 木可爲鉏柄나무가호미자루될만할순 (眞)

杍 [자] 木匠목수자 治木器곱자자 梓通 (紙)

杉 [삼] 木名似松船材삼나무삼、으름나무삼 樧同字 (咸)

杋 [범] 木名수부나무범(俗呼水浮木) (咸)

杪 [초] 木相高貌나무가서로높을초 (篠)

杌 [올] 木無枝나무그루터기올 頑凶檮ㅣ흉악할올 不安수선할올 頑通 (月)

杓 [표][작] 北斗柄북두자루표 引也당길작 飮器桮ㅣ술잔작 繫也묶일작 勺同字 (蕭) (藥)

杤 [료] 次第차례료(日)

杣 [산] 樵人나무꾼산(日)

杖 [장] 几又類所以扶行者지팡이장 大梜몽둥이장 持也가질장 憑倚의지할장 仗通 (漾)

杔 [탁][척] 木名ㅣ櫨탁로나무탁 盞酒具ㅣ櫨술거를때쓰는체다리척、주자틀척 (藥) (陌)

杢 [목] 木手목수목、지위목(日)

来 [래] 來略字올래

杕 [체][타] 樹盛나무무성할체 木生高孤나무홀로우뚝할체 船尾小梢배의작은키타 梢通 (哿)

杘 [치] 籆柄자루치 小兒多詐嘐ㅣ아이꾀많을치 古音희 (眞)

条 [조] 小枝곁가지조 橋屬결조 ㅣ理조리조、까닭조 條略字 (蕭)

𣎴 [근] 柢也뿌리근 本也밑근、밑둥근 根同字 (元)

杗 [망][맹] 大梁대들보망 瘤梁고동보맹 棟也동자기둥맹 (陽) (庚)

杜 [두] 塞也막을두 甘棠아가위두 香草名향초이

음두 ⓐ

杠 [강] 旗竿깃대강 小橋외나무다리강 牀前橫木상앞에가로댄막대강 擧也올릴강 ㊟江

束 [속] 縛也묶을속 約也선약할속 ㅣ薪단나무속 錦五匹비단다섯끝속 ㊟沃

杙 [익] 文甡果익실과익(如梨木楷核) 橛也말뚝익 所以擊獸뭄치익 ㊟職

杚 [글] 摩也문지를글 平貌편편할글 ㊟月

杝 [이][치] 白椴피나무이(白楊類似) 析薪隨理나무결로쪼갤치 落也떨어질치 ㊟紙

杞 [기] 柳屬ㅣ柳산버들기 藥名枸ㅣ구기자기 可爲桮棬之屬개버들기 國名나라이름기 ㊟紙

㊃

杯 [배] 飮酒器잔배 盃也ㅣ棬밥그릇배 盃、桮通 ㊟灰

杮 [폐] 削木札대패밥폐 柿同字 ㊟隊

柹 [폐][시] 削木札자귀밥폐、대패밥폐 俗作果名감시 柿同字 ㊟隊 ㊟紙

杫 [지] 俎也도마지 本音시 ㊟寘

杭 [항] 方舟배서로연할항 天漢天ㅣ은하수항 禹貢揚州城고을이름항 渡也건널항 航同字 ㊟陽

杬 [완][원] 按摩身體몸만질완 木名나무이름원(近似桑椹) ㊟翰 ㊟元

杪 [초] 木末나무끝초、외조리초 末也끝초 小也작을초 ㊟篠

⿱止木 [곤] 窮苦곤할곤 苦心고심할곤 困古字 ㊟願

杰 [걸] 俊也준걸걸、호걸걸 ㅣ出뛰어날걸 傑俗字 ㊟屑

東 [동] 春也봄동 日出方동녘동、오른쪽동(日出於ㅣ月出於西) ㊟東

枋 [방][병] 染絣木蘇ㅣ단목방 魚肉고기살방、柄也자루병 柄同字 ㊟陽 ㊟禡

枅 [계][견] 屋櫨가름보계、견義同、枅俗字 ㊟齊 ㊟先

杳 [묘] 冥也아득할묘 深也깊을묘 寂也ㅣㅣ고요할묘 寬也너그러울묘 ㊟篠

杲 [고][호] 日出ㅣㅣ貌해돋을고 明也밝을고 高也높을고、호義同 ㊟皓

杵

[저] 摣衣砧ㅣ방망이저 擣穀舂ㅣ절구공이저 (語)

枆 [모] 冬熟桃겨울에 익는복숭아모 (豪)

构 [구] 楮木닥나무구 曲也구부러질구 (宥)

杴 [험] 鍬屬가래험 稀薟草火ㅣ희렴초험 (鹽)

杷 [파] 果名似杏枇비파나무파 平田器ㅣ銚 쇠스랑파 刀柄칼자루파 琵琶악기이름파 欛通 (禡)

枃 [진] 筬也바디진 凡織先經以ㅣ梳然使不亂사침대신 (震)

枇 [비] 果名ㅣ杷비파나무비 細櫛참빗비 所以載牲도마비 朼同字 (支)(紙)

枂 [월] 剜去木皮나무껍질벗길월 轂皃안장거와월 (月)

杶 [춘] 似漆琴 橁ㅣ참죽나무춘 櫄樗、橁同字 (眞)

杻 [뉴][추] 檍也싸리나무뉴 手械수갑추、조막손이추 (有)

苿 [화] 鍁名錕ㅣ칼이름화 犂鏵보습화 鋘、鏵同字 (虞)(麻)

极 [겁] 驢背負物나귀에 짐실을겁 (葉)

杸 [수] 兵器八稜無刃팔모진창수 擊也칠수 木名나무이름수 殳同字 (虞)

松 [송] 百木之長솔송 (ㅣ柏之有心也貫四時而不改柯易葉) 江名강이름송 番草甘ㅣ향풀송 地名ㅣ새 땅이름송 (冬)

枀 [송] 소나무송、솔송 松同字

板 [판] 木瓦널기와판 木片널판 笏也 手ㅣ수판판 反側뒤칠판 喪服背著부판판 打樂器풍류이름판 版同字 (潸)

杹 [화] 木芙蓉목부용화 (禡)

杺 [심] 車鉤心木수레그림쇠심 心黃色木심이누런나무심 (侵)

杼 [저] 織具ㅣ柚북저 長也길저 栩也栗屬도토리저 抒通 (語)

枉 [왕] 曲也굽을왕 屈也ㅣ駕왕림할왕、굽힐왕 寃抑人之不直원억할왕 (養)

枊 [앙] 繫系馬柱말뚝앙 (漾)

枏 [남][염] 木名梅也매화나무남、염義同、柟同字 (覃)(鹽)

枇 [척] 橘也 귤척 (職)
柢 [시] 碓衡방아채시 (支)
㭊 [석] 破木조갤석、빠갤석 分也나눌석 ㅣ鬍무시개석 析同字 (錫)

枡 [승] 升也量器 되승(日)
校 [효] 桷也서까래효 (肴)
枌 [분] 白楡흰느릅나무분 (文)
杇 [예] 宮名궁이름예 木名나무이름예 漢宮名 (霽)
析 [석] 分也나눌석 破木조갤석、팰석 虹蜺ㅣ鬍무지개석 (錫)
枢 [주][우] 本也밑둥주 北斗第星북두첫째별주 ㅣ楡木名느릅나무우 樞同字 (虞)(尤)
[木丰] [방] 木杖나무지팡이방 (講)
枝 [지] 散也흩어질지 木ㅣ柯가지지 手節손마디지 持也ㅣ梧가질지 (支)
枛 [초] 木刺나무가시초 (嘯)
枎 [부] 四布ㅣ疎퍼질부 (虞)

枏 [남][염] 木名梅ㅣ子매화나무남(似杏而酸似豫章美材)염 義同、楠同字 (覃)(鹽)
枑 [호] 行馬遮闌 梐ㅣ마름쇠호 (遇)
枕 [침] 繫牛杙소매는말뚝침 臥薦首具베개침 車後横木수레뒤가로댓대침 首㩜벨침 (寢)(沁)
枚 [매] 箇也낱매 幹也줄기매 馬鞭말채매 止喧銜ㅣ입에무는막대매 數物셀매 (灰)
果 [과] 驗也과연과 木實과실과、열매과 敢也과단할과 女侍、釋敎正ㅣ시녀과 因也맺힐과 決也결단할과 腹飽ㅣ然배부를과 獸名짐승이름과 勇也냅뜰과 殺敵도둑죽일과 赤體벌거벗을과 裸通 (哿)
枙 [와] 木節나무마디와、옹이와 (歌)
枘 [예] 柄也자루예 (霽)
枖 [요] 樹木繁盛나무번성할요 (蕭)(篠)
枒 [야] 車網바퀴테야 木名종려나무야(葉無陰也) 木相拒迦ㅣ가새목지를야 木枅杈ㅣ나무등걸야 椰同字、枒通 (麻)
枔 [심] 木葉나무잎사귀심 (侵)
林 [림] 叢生ㅣㅣ떨기로날림

叢木수풀림 盛貌、君也성한모양림 將軍星名羽ㅣ별이름림 荊州山名綠ㅣ산이름림 多有之貌많이있을림 (侵)

[木丏] [면] 吉貝솜면、목화나무면 棉同字 (先)

科 [주][두] 勺也구기주 水器세수통주 柱上方木栱ㅣ주두두 (虞)(有)

朹 [주] 滑車心棒 수레바키다는나무수 (虞)

㊄

[木禾] [화] 棺頭관머리화 (歌)

柅 [니][닐] 絡絲器柄얼레자루니 止車木수레고동목니 木名實如梨 꽃배나무니 茂盛貌ㅣㅣ성한모양니 萘也살필니 止也그칠닐 (紙)(質)

柈 [반] 盤也소반반 承皿쟁반반 板木村ㅣ널판반 槃同字、盤通 (寒)

枰 [평] 博局장기판평 木名회양목평 碁局바둑판평 (庚)

枲 [시] 牡麻씨없는삼시 草名ㅣ耳卽卷耳도꼬마리시 (紙)

枮 [첨] 斫木櫍모탕첨 (侵)

柄 [병] 持也잡을병 柯也자루병 權也권세병 棅同字、枋通 (敬)

柀 [피] 榧也비자나무피、비파피 (紙)

枿 [알][얼] 代木餘在槎ㅣ나무움알、或音얼 (曷)

枯 [고] 槁也마를고 槁木마른나무고 衰也榮ㅣ盛衰쇠잔할고 朽也썩을고 身弱몸이여윌고 (虞)

枱 [이] 耒柄따빗자루이 (支)

枴 [괘] 老人拄杖노인이지팡이짚을괘 (蟹)

架 [가] 起屋ㅣ집세울가 棚也시렁가 衣ㅣ횃대가 杙也 所以擧物들가락가 (禡)

柁 [타] 正船木키타 (柂於船尾)舵同字 (哿)

柹 [시] 감시 柿同字

柂 [이] 酒名柯ㅣ술이름이 杝同字 (支)

柿 [시] 감시 柹同字

柃 [령] 木瘤나무혹령、나무옹이령 (靑)

枳 [지][기] 似橘탱자지 害也해롭게할기 殹也사라구니기 (紙)(支)

枵 [효] 虛也빌효 ㅣ腹人饑주린배효 ㅣ然클효 (蕭)

枷 [가] 項械칼가 打穀具連ㅣ도리

매채가 枷通(麻)

枽 [엽][삽] 方木모진나무엽 渫也엷을엽、삽義同(葉)

枻 [예][설] 檝也돗대예 棜同槳 ㅣ正弓弩具檠ㅣ활도지개설(霽)(屑)

柹 [시] 赤實果 감시(紙)

柭 [발] 柱也欄ㅣ기동발、표말뚝말(曷)

枸 [구] 檗名ㅣ杞子 기자구(仙人杖根名地骨皮輕身益(氣)曲也굽을구 枳名ㅣ橘탱자子似椹爲醬(酒)골발구、구나무구 蒟通(有)(尤)(麌)

枹 [부][포] 鼓槌북채 부 椑同字、桴通、木叢生굴싸리포 苞通(虞)(尤)(肴)

柆 [랍] 析木나무꺾을 랍 拉同字(合)

柏 [백] ㅣ松잣백 椈也 측백나무백 栢同字(陌)

柉 [범] 木皮나무 껍질범(咸)

柎 [부] 木名椊ㅣ느릅나무부 花下萼꽃받침 부 編木以渡떼부 欄足난간발부 拊通(遇)(虞)

柫 [불] 擊禾連枷 도리깨채불(物)

柅 [니] 巻絲具실패 니 欐昵字(紙)

柇 [거] 柀也길 마거(魚)

柊 [종] ㅣ楑椎也 방망이종(東)

柍 [영][앙] 梅也매화나무영 屋端추녀끝앙(陽)(庚)

柋 [대] 蠶槌누에 시렁대(隊)

柌 [사] 鎌柄낫 자루사(支)

某 [모][매] 未定辭不知名者稱 아무모、古音무、梅古字(有)(尤)

柩 [구] 棺也 널구(宥)

柪 [요] 曲木굽은나무 요(肴)

查 [사] 訊也캐물을사 察也사실할사 水中浮木떼목사 槎、楂通(麻)

柧 [고] 稜角모질고 殿堂最高轉角處ㅣ棱대마루고 鄉飲酒爵술잔고 觚同字(虞)

柑 [감][겸] 橘屬滋味甘美감귤감 馬銜재갈겸 拑、鉗通(覃)(鹽)

柒 [칠] 桼 物木汁옻칠할칠 木名옻나무 칠 暗也캄캄할칠 漆俗字(質)

染 [염] 漬也물들염 茜屬꼭두서니염 柔弱荏ㅣ유약할염 汚也더럽힐염(琰)

柤

[사] 木閑 중방사 木名似梨而酸 아가위사 樝通 (麻)

柔 [유] 順也 유순할유 剛之對 부드러울유 安也 편안할유 耎也 연할유 殤也 약할유 草木新生 싹돋을유 柔道 유도유 (尤)

枀 [송] 소나무송、솔송 松同字

柘 [자] 山桑 산뽕나무자 (禡)

[illegible] [자] 산뽕나무자 柘同字

柙 [합] 香木 楓ㅣ 향나무합 藏獸檻 검승우리합 匣通 (洽)

柚 [유][축] 似橙而酢 橘ㅣ 유자유 織具受緯 杼ㅣ 북축 櫾、軸同字 (宥)(屋)

柛 [신] 木自死 나무절로죽을신、자고목신 (眞)

柜 [거] 木名似柳 皮可煮作飮 떡갈나무거 欅同字 (語)

柣 [질] 門限 문지방질 (質)

枱 [시] 臿也 삽시 手車 손수레시 (紙)

柝 [탁] 判也 쪼갤탁 夜警 刁斗 조두탁、목탁탁 欜通 (藥)

柢 [저] 根也 뿌리저 邸通 (薺)(齊)(霽)

栟 [변] 柱上木 欂櫨 주두변 (霰)

柠 [저] 皮可爲紙 닥나무저 紙幣 종이돈저 木名 감매나무저 楮同字 (語)

柞 [작][책] 櫟也 가락나무작、갈참나무작 除木 나무베일책 (藥)(陌)

柟 [남][염] 木名梅也 매화나무남、염 義同、枏俗字、楠同字 (覃)(鹽)

柬 [간] 擇也 가릴간 分別 분별할간 札也 편지간 簡、揀通 (潸)

柱 [주] 楹也 기둥주 撐也 버틸주 支也 고일주 塞也 막을주 拄通 (麌)(虞)

栍 [생] 路標長ㅣ 장승생 籤也 사슬생 (韓)

荣 [영] 영화영、오동나무영 榮略字

[木+冋] [경] 碁盤臺 바둑판경 [木+迥]同字 (迥)

柰 [내][나] 果名 蘋婆 사과내 那也ㅣ何 어찌내、나 義同、那通 (泰)(箇)

柭 [패][발] 木生枝葉 나무지엽돋을패 茂貌 무성할발 枝葉 나뭇가지발 (曷)

柮 [돌][올] 木頭 榾ㅣ 삭정이돌、마들가리돌 樹無

枝무지렁나무올 伐木殘株 밑동만남은나무올 櫨通 (月)

柯 [가] 枝也 가지가 斧柄 도끼자루가 (歌)

梅 [모] (木名、常棣喬木이며 梅와비슷함) 나무이름모(日)

桒 [상] 蠶食葉뽕나무상 日出處日扶ㅣ동쪽상 桑俗字

杤 [희] 櫲木상수리나무희(日)

柲 [비][필] 弓檠활도지개비 戈戟柄창자루비 閉通、필義同、鈚通 (眞)(質)

枇 [자] 無疵木 檢也 느릅나무자 (支)

柳 [류] 楊也버들유 宿名별이름류 姓也 성류 桺同字 (有)

栁 [류] 楊也버들유 姓也성류 柳同字 (有)

栄 [영] 辱之反 영화영 桐木오동나무영 屋梠之兩頭起者 추녀영 榮略字 (庚)

柾 [정] 木理好貌 나뭇결좋을정 木之正 나무바를정 (日)

柴 [시][채] 祭名 燔ㅣ시제지낼시 薪也 땔나무시 塞也 막을채 護也 지킬채 藩落 울타리채 㭰同字、古音재、寨通 (佳)(卦)

柵 [책] 編立竹木 울타리책、寨也 목책책 棧也 사다리책 (陌)

柖 [소] 樹搖 나무흔들릴소 (蕭)

柶 [사] 匕也 喪用角ㅣ 뿔숟가락사 ㅣ枝 윷사 (寘)

柷 [축] 作樂器ㅣ敔 풍류축 (屋)

六

栔 [설][계] 缺也 이지러질설 絕也 끊을설 戛也 ㅣㅣ 근심할설 本音결、刻也 새길계 (屑)(霽)

栓 [전] 桶ㅣ 통마개전 瓶ㅣ 병마개전 木釘 나무못전、말뚝전 (先)

栒 [순] 懸鐘磬具ㅣ簴 경쇠걸이순 木名 나무이름순 簨、筍同字 (軫)

栗 [률] 堅也 견고할률 果樹實有房多刺 밤률 慄也 戰ㅣ 두려워할률 謹敬 공손할률 主材 신주나무률 穀不秕 쭉정이률 樂名 풍류이름률 越等 건널률 (質)

栕 [이] 船杙水斗 배의물푸는바가지이 (支)

栘 [체] 棠棣 산매자나무체、당체나무체 ㅣ楊 파

드등나무쥐、사시나무쥐 古音세 (齊)

栴 [전] 香木一檀 향나무전 (先)

栳 [로] 柳器栲一 버들로짠고리로 (皓)

栚 [집] 木名 나무이름집 蠶薄 橫木 누에시렁대집 (寢)

栙 [항] 帆未張一欆 펴지않은돛항 鑝也 뜸항 (江)

⿱罒木 [괘] 杖也 지팡이괘 (寒)

栲 [고] 山樗類漆 북나무고 (皓)

栱 [공] 大杙 큰말뚝공 柱頭一枓 기둥머리공 (腫)

⿱共木 [공] 兩手共械 두손찬데수갑챌공 手械 수갑공 (腫)

⿰木衣 [려] 木名一松 소나무려 (箭笴用材似松極佳) (語)

柧 [괘][과] 藤屬 등나무괘、과 義同 (卦)(禡)

栞 [간] 斫木 나무깎을간 刊同字 (寒)

栯 [욱] 赤棣一李 산앵두욱 (屋)

栮 [니] 木耳 버섯니、느타리니 (生於枯木上形如人耳) (紙)

栰 [벌] 桴也 編木汎水 떼벌 筏、撥同字 (屑)

栜 [색] 棗也 대추색 棗通、或音칙 (陌)

栝 [괄] 柏葉松身 노송나무괄、전나무괄 檜同字 (曷)

枅 [견] 屋櫨 장여계、가로보계 (枅上承棟者) 견 義同 (齊)(先)

栭 [이] 櫨也 주두이 小栗 작은밤이 (支)

栫 [천] 柴木壅水 나무로방천할천 圍也 에울천 籬也 울타리천 捕魚具 깃천 (霰)

栧 [예] 楫也 돛대예 枻同字 (霽)

栟 [병] 一櫚 椶也 종려나무병 栟略字 (庚)

栠 [임] 木弱貌 나무연할임 (寢)

栣 [임] 나무연할임 栠同字

栩 [허] 喜貌 반가울허 橡也 栗屬 상수리나무허、참나무허 (麌)

栤 [평] 析木聲 나무패는소리평 (蒸)

⿰木赤 [초] 樹似茱萸 實味辛香烈 후추초 山一 난디나무초 香也 향기로울초 椒俗字 (蕭)

栢 [백] 椈也 측나무백、측백나무백 柏俗字 (陌)

校 [교][효]

計也세교할교 報也이를교 獵也사냥할교 箠ㅣ官장교교 敎受處學ㅣ학교교 ㅣ訂바로잡을교 訂書교정할교 檢也끎을교 技通 厩格마굿간교 學宮학궁효 (效)(肴)

株 [주] 幹也줄기주 根也뿌리주 木身대주 木數나무주、그루주 (虞)

栵 [례][렬] 木行生나무줄로날례 栭栗산밤렬、돌밤렬 (霽)(屑)

栒 [선] 箟也바디신 (震)

核 [핵][홀] 果中實씨핵 豆實실과핵、홀義同、覈通 (陌)(月)

案 [안] 著書起義기안할안 几屬책상안 考也상고할안 官府登錄등록할안 界也지경안 讞獄옥사의논할안 按通 (翰)

桌 [탁] 几案탁상탁 (覺)

桋 [이] 木名似作赤棟杞ㅣ가시목이 雌桑암뽕나무이 (支)

桍 [고] 枯木마른나무고 (虞)

根 [근] 本也밑근 柢也뿌리근 木株그루근 星名天ㅣ별이름근 始也시작할근 車名金ㅣ수레이름근 (元)

栻 [식] 推占木局점판식 (職)

桏 [한] 閾也문지방한 (刪)

桊 [권] 牛鼻環소코뚜리권 屈木盂휘어만든나무바리권 棬通 (霰)

桉 [안] 食器玉ㅣ주발안 案古字

桎 [질] 窒也구멍질 足械차꼬질 (質)

格 [격][락][각] 來也올격 法式ㅣ例격식격 至也이를격 書架度ㅣ책시렁격 究也궁구할격 正也바를격 感通감응할격 登也오를격 鬪也다툴격 資ㅣ자격격 標準方ㅣ표준할격 變革변혁할격 敵也대적할격、不入扞ㅣ막힐락、長枝긴가지각、회초리각 阻也막을각 止也그칠각 弁戲ㅣ五씨름할각 挌通 (陌)(藥)

栾 [란] 木名似欄槿산나무란 曲枅엄장부란 瘠貌파리할란 欒俗字 (寒)

桅 [외][괴] 檣也돛대외 染黃木치자나무외 (灰)(紙)

桀 [걸] 秀貌ㅣㅣ빼어날걸 凶暴흉포할걸 磔也찢을걸 夏王號하왕의이름걸 椅也멜걸 鷄棲杙닭의홰걸 傑、榤同字 (屑)

栿 [복] 梁也 들보복 以小木附於大木나무닷붙일복 (屑)

桄 [광] 織機 베틀광 充也 찰광 麵樹一榔 광랑나무광 (漾)

框 [광] 棺門관문광 門檔문골광 棺頭관머리광 (陽)

桁 [항][형] 浮橋배다리항 械也一楊차꼬항 衣架횃대항、屋橫木시렁형 葬具마개형 (陽)(庚)

桂 [계] 木名百藥之長 계수나무계 (霽)

栽 [재] 築墻長板담틀재 種蒔一殖심을재 (隊)

桃 [도] 果名櫻一胡一 앵두도 桃也복숭아도 竹名一枝대이름도 果名櫻 (豪)

栵 [형] 机也책상형 (青)

桑 [상] 其葉養蠶뽕나무상 日出處扶一해돋는곳상 地名窮一空一合一땅이름상 (陽)

枊 [공] 柜柳떡갈나무공 (冬)

染 [염] 茜屬꼭두서니염 以繒綵爲色물들일염 柔貌흐부들할염 染俗字 (琰)(豔)

朶 [타] 手把物잡을타 或音과 (馬)

桒 [상] 織具물레가락상(日)

桐 [동] 葉大材輕梧一오동나무동、一머귀동(多用琴材) (東)

桒 [상] 뽕나무상 桑俗字

桓 [환] 木名모감주나무환 武貌一一굳셀환 郵停一表표목환 難進盤一머뭇거릴환 下棺木하관틀환 公圭홀이름환 髻也서여머리환 (寒)

桙 [우] 浴器목욕통우 村同字 (虞)

桗 [타] 量也헤아릴타 木名나무이름타 桂也기둥타 (箇)

桔 [길] 藥名一梗도라지길(食用) 擧烽具봉화들길 櫟通、俗音결 (屑)

桜 [앵] 一桃一名含桃앵두앵 黑一벚나무앵 櫻略字 (庚)

桕 [구] 木名烏一오구나무구 一名鵶一아구나무구 桕俗字 (有)

七

栁 [류] 버들류 柳本字

桷 [각] 平柯바로뻗은가지각 榱也모진서까래각 (覺)

桬 [사] 一棠木名사당나무사 (麻)

桫 [사] 一

欏木名사라나무사 (歌)

桭 [진] 屋梠평고대 진、대청진 (眞)

桻 [봉] 木上나무끝봉 (冬、)

桶 [통][용] 六升入木方器여섯되들이통 통 斛也휘용 (董)(腫)

柰 [칠] 水名물이름칠 汁可髹物옻나무칠 桼、漆通 (質)

柸 [배] 飮器ㅣ棬술잔배 盃杯通 (灰)

桯 [정] 柱也기둥정 牀前几서안정 (靑)

桵 [유] 木名白ㅣ무리참나무유 木生叢ㅣ樸나무떨기로날유 犂也보습유 椲同字 (支)

桽 [문] 舟蓬배뜸문 (吻)

桲 [발] 梨屬榲ㅣ돌배발 杖也지팡이발 打穀具도리깨채발 (月)

栬 [부] 鼓槌북채부 枹同字、桴通 (虞)(先)

梛 [야] 梛子야자나무야 椰同字 枒通 (麻)

桴 [부] 鼓槌북채부 屋棟집마룻대부 枹通、筏也떼부 泭同字 (尤)(虞)

⿰木寽 [렬] 舟檣돛대렬 (屑)

桱 [경] 巻絲具얼레경 机也책상경 木名나무이름경 (徑)(靑)

桸 [희] 杇也나무석을희 杓也국자희 (支)

桹 [랑] 木名桄ㅣ광랑나무랑 船板뱃널랑 榔通 (陽)

桚 [찰] 壓也누를찰 笮也좁을찰 指刑손가락형벌찰 (曷)

梛 [나] 木名、竹柏나무이름나 (歌)

栵 [례] 券契어음조각례 (隊)

梁 [량] 木橋나무다리량 負棟대들보량 石絕水爲ㅣ돌다리량、징검다리량 以笱浦魚ㅣ발담량 亂走貌달음박질할량 跳ㅣ정정뛸량 強ㅣ굳셀량 樑同字 (陽)

梐 [좌] 早桃올된복숭아좌 麥李과실이름좌 (歌)

梀 [촉] 矩椽짧은추녀촉 楝也박달나무촉 (陌)

梜 [협] 箸也ㅣ提젓가락협 筴同字、古音겹 (葉)

梖 [패] 木名패염나무패 (泰)

梗 [경] 正直곧을경 山楡산느릅나무경 略也ㅣ槪대경개 病也병경 猛也強ㅣ억셀경 害也해로울경 塞也막힐경 撓也흔들경 人形、土偶놀음갈경

(梗)

梔 [치] 梔桃一名鮮支實可染黃 치자치 巵通 (支)

梒 [함] 櫻桃 앵도함 (覃)

[illegible] [저] 自枯木 말라죽은나무 (魚)

저

桾 [군] 梬棗一櫏 고욤나무군 (文)

桿 [한][간] 木梃 줄기한 棒也 몽둥이간 (旱)(寒)

梂 [구] 櫟房 도토리받침 구 (尤)

梑 [적] 木名 용 드릐적 (錫)

梐 [폐] 牢獄周一 우리폐 行馬一枑 마름쇠폐 遮欄一枑 목책폐、말장폐 (薺)

梓 [자] 楸也 노나무자 木工 목수자 故鄉桑一 고향자 家道橋一 우러러볼자 鋟書繡一 글새길자 (紙)

[illegible] [선] 鷹架매 시렁선 (霰)

梃 [정] 一枝直莖 외줄기정 杖也 막대정 勁直貌一然 꼿꼿할정 (迴)

梅 [매] 喪容一一 상재형용매 似杏實酢 매화나무매 雀一 갈매나무매 楊一 양매나무매 (灰)

梄 [유] 薪也 섶유 積也 쌓을유 標同字 (有)

梆 [방] 木鐸 목탁방 發響竹筒 대통철방 (江)

梏 [곡] 亂也 어지러울곡 貫也 뚫을곡 手械桎一 수갑곡、조목손이곡 (沃)

梌 [도] 梍也 쥐엄나무도 (皓)

栔 [제] 撮取 집어가질제 (霽)

梇 [롱] 地名一棟 땅이름롱 (送)

梍 [조] 皂莢 스므나무조、쥐엄나무조 (皓)

[illegible] [첩] 小葉 작은잎첩 竹箄 대자리첩 (葉)

梘 [견] 通水器 홈통견 筧同字 (銑)

柴 [주][취] 藏也 감출주 識也 표할주 口也 입주 觜也 부리주 石鍼 돌침취 (支)(紙)

梴 [천] 碓機 방아틀천、방아쌀개 천 木長貌 나무밋밋할천 (迴)

梵 [범] 西域釋書 불경범、중의 글범 吟聲一唄 읊을범、경읽을범 (陷)

條 [조] 長也 길조 一理 조리조、가다조 小枝 회초리조 達也 사무칠조 枝擧一目 조목조 繩也 노끈조 地名鳴一 땅이름조 橋屬 준조、평자조 擾亂一一

요란할 조 (蕭)

梡 [관] 四足俎 비발도마 관 斷木 토막 나무 관 虞俎名 우리나라 제기 관 (旱)

梟 [효] 懸首木上 목 베어 매달 효 不孝鳥 올빼미 효 健也 건장할 효 雄也 웅장할 효 禾名 樗蒲 주사위 효 (蕭)

棁 [절][탈] 梁上楹 藻ㅣ 동자기둥 절 大杖 작대기 탈 (屑)(曷)

梳 [소] 理髮櫛 얼레빗 소 (魚)

梏 [각] 杙ㅣ 藥名 탱자나무 각 (覺)

梢 [소] 木無枝柯 마들가리 소、좆가리 소 木杪 나무 끝 소 船尾 배 꼬리 소 船尾 키 꼬리 소 農具 喬ㅣ 장기자루 소 艄同字 (肴)

梠 [려] 楣也 문도리 려、문얼굴 려 櫋櫋連綿木 평고대 려 (語)

梣 [침] 靑皮木 물푸레 침 (侵)

梱 [곤] 成就貌 ㅣㅣ 성취한 모양 곤 門限 문지방 곤 柳箱子 상자 곤 匬同字 (阮)

梯 [제] 木稚 나무 어릴 제 木階 사다리 제 無隅角者 모퉁이 없을 제 階ㅣ 층계 (齊)

梮 [국] 山行所履 나무신 국 樺同字 (沃)

棼 [분] 香木 향나무 분 (文)

梦 [몽] 寐中神遊 꿈 몽 不明 어두울 몽、희미한 몽 幻像 화상 몽 夢俗字 (送)(東)

梧 [오] 支也 버틸 오 木名ㅣ桐 오동 오 偉貌 魁ㅣ 큰 모양 오 (虞)(遇)

械 [계] 器之總名 기계 계、틀 계 桎梏 수갑 계 器ㅣ 兵仗 무기 계、古音 해 (佳)

梫 [침] 桂也 계수나무 침、계나무 침 (侵)

梪 [두] 獨ㅣ 樹名 독두나무 두 木食器 나무 그릇 두 (宥)

梬 [영] 小柹 ㅣ棗 고욤나무 영 (梗)

梨 [리] 山樆 돌배 리 快 果 참배 리 蟲名 蛤ㅣ 벌레이름 리 棃同字 (支)

梭 [사] 織具 북 사 (歌)

梩 [리] 鍬也 가래 리 土擧 虆ㅣ 들것 리 (支)(紙)

梶 [미] 木杪 나무 끝 미 舵 선키 미 (尾)(日)

梺 [록] 山足 산기슭 록 守山林吏 산지기 록 麓俗字 (屋)

梹 [빈] 果名ㅣ榔 빈랑나무 빈

檳略字 (眞)

梻 [불] 佛供香木 향나무불(日)

⑧

棝 [고] ㅣ斗可以射鼠 쥐덫고 (遇)

棟 [동] 屋脊 檼 동사 기둥동 木名 나무이름동 (送)

棜 [어] 承尊器 책상바어 (御)

梚 [도] 木名 가래나무도 木枝四布 나무가지 퍼질도 (虞)

棃 [리] 山樆 배리 蟲名蛤 벌레이름리 梨同字 (支)

棅 [병] 持也 가질병 柄也 자루병 柯也 가지병 權也 권세병 本也 밑둥병 柄同字 (敬)

棚 [붕] 閣也 누각붕 棧架 시렁붕 矢藏 전동붕 古音 팽 (庚)

棙 [려] 琵琶撥 機也 關 비파고동려 (霽)

棘 [극] 執囚之處 가시성왁을극 小棗多刺 가시나무극 大弓 큰활극 鳥名ㅣ扈 새이름극 藥名天ㅣ 약이름극 牢獄 옥극 速也 급극 大戟 큰창극 戟、棘通 (職)

棄 [기] 忘也 잊어버릴기 捐也 버릴기 矢也 잃을기 (寘)

棊 [기] 根柢 뿌리기 圍碁 바둑기 棊通 (支)

棋 [기] 뿌리기、바둑기 棊同字

棗 [조] 棘實赤心果 대추조 (皓)

棔 [혼] 合歡木 자귀나무혼、상나무혼 (元)

棕 [종] ㅣ櫚ㅣㅣ名蒲葵 종려나무종 椶俗字 (東)

棆 [륜] 毋杶 두나무둥치륜 楡也 느릅나무륜 (眞)

栞 [간] 硏木 찍을간 栞同字 (寒、)

棇 [총] 樬同字

棓 [부] [방] 星名天ㅣ 별이름부 打也 때릴부 打穀具 도리깨방 棒通 (尤)(講)

[木+苪] [예] 草木垂實貌 ㅣㅣ 초목에 열매 달린 모양예 俗音 내 (霽)

棉 [면] 木ㅣ 주나라나무면、목화나무면 吉䅶 솜면 柹同字 (先)

棌 [채] 檞也 ㅣ椽 떡갈나무채、참나무채 (賄)

棐 [비] 木名似柏 비자나무비 輔也 도울비 篚、榧通 (尾)

棍 [혼] [곤] 束木 나무묶을혼 刑具 ㅣ杖 곤장곤 (阮)(願)

棎 [섬] 果名팔배섬 (鹽)

棒 [봉] 打也두드릴봉 杖也몽둥이봉 俗音방、棓通 (講)

棖 [정] 杖也막대정 楔也문설주정 古音쟁 (庚)

棑 [패] 盾也방패패 筏也뗏목패 (佳)

柄 [량] 松脂송진량 (養)

梱 [곤] 門橛문지방곤 成就貌마무릴곤 柳箱子버들상자곤 梱同字 (阮)

[木+疌] [삽] 木理起貌나무결일어날삽 (洽)

棷 [취][추][수] 藪也푸서리취 薪也섶추 郰—수풀수 古音최、菆同字 (泰)(尤)

[木+芟] [삽] 接也 接櫓째양삽 (陷)

棶 [래] 木名—椋박달나무래 (灰)

棣 [체][태] 通也통할체 郁李唐—아가위체 本名雀梅나무이름체 木名似櫻桃들벗꽃체、태 威儀——엄전할태 閑習貌——익숙할태 (霽)(隊)

[木+奄] [엄] —檢林檎능금엄 (琰)

棡 [강] 木名강나무강 木柵橫木목책가롯대강 (陽)

[亠/果] [위] 類也무리위 草木盛貌풀무성할위 (未)

棵 [과][환] 木名나무이름과 栔具괘협과 薪束나뭇단환 (𣝅)

棳 [철] 棒也방치철 縣名毋—고을이름철 (屑)

棠 [당] 木名如李無核沙—杜梨甘—아가위당 地名땅이름당 (陽)

棧 [잔] 閣也복도잔 棚也사다리잔 馬皁마판잔 棖車상여틀잔 小鐘작은쇠북잔 (大鐘曰鏞、小鐘曰—) —橋다리잔 —房전방잔 (潸)(諫)(華)

棤 [착] 木皮粗錯나무껍질거칠착 或音척 (藥)

棨 [계] 有旗戟前驅所執—戟矣 欄杆들계 (薺)

棱 [릉] 觚也모릉 四方木柧也네모진릉 威也위엄릉 殿角전각추녀릉 楞同字、稜通 (蒸)

棰 [추] 杖 擊매추 捶、箠通 (阮)

棲 [서] 息—새깃들서 息也—遲쉴서 牀也평상서 水草名—苴물풀이름서 往來貌——서성거릴서 栖同字 (齊)

棔 구 汲水具桔槔두레박구 俗音고 豪

棩 연 木曲나무굽을연 先

棬 권 屈木爲器桮ㅣ회어만든나무바리권 牛鼻拘ㅣ쇠코뚜레권 桊通 先

棯 임 ㅣ棗還味대추맛들일임 豔

森 삼 植也심을삼 盛也성할삼 木多貌나무빽빽들어설삼 侵

榙 탑 柱頭기둥머리탑 合

禁 금 机也책상금 洽

棫 역 自桵무리참나무역 木叢生ㅣ樸、桵自柞ㅣ나무무더기로날역 職

棪 염 木名재염 나무염 琰

棭 액 木名나무이름액 陌

棸 추 木名추 나무추 姓也성주 尤

棺 관 掩尸關널관 斂也염할관 林以掩屍令完ㅣ椁관관 寒

棹 도 所以進船在傍撥水노도 櫂同字 古音조 效

椑 비 벽 斧柯도끼자루비 溢屬鳥ㅣ鵧은갈비 圓榼둥근합비 飮器잔비 親身棺관벽 鼠李갈매나무비 支 齊 陌 (中)

椎 추 鐵ㅣ쇠뭉치추 鎚ㅣ방망이추 櫟也참나무추 擊也칠추 不曲ㅣ鈍뻣뻣할추 擣也짓찧을추 槌同字 支

椋 량 木名郞 梂也박달나무량 陽

棻 분 어지러울분 棼同字

棼 분 複屋重梁겹들보분 亂也ㅣ어지러울분 多木나무많을분 文

棽 림 木枝條棽蔚貌ㅣ麗나뭇가지무성할림 侵

椊 졸 以柄納孔ㅣ杌자루맞출졸 月

椌 공 강 器物質朴기물질박할공 柷也축풍류강 東 江

臬 곡 輿也수레곡 食牘밥상곡 沃

椄 접 形械형틀접 續木나무접붙일접 楔也문설주접、대일접 接枝접지접 葉

棿 예 危也위험할예 不安 机ㅣ불안할예 輗通 齊

㭿 앙 屋斜角飛ㅣ추녀앙 陽

椀 [완] 小盂주발완、바리완 盌同字 (旱)

椁 [곽] 度也잴곽 外棺관곽 槨同字 (藥)

𣗥 [유][위] 犂也보섭유 棫也、木名白떡갈나무유 農具굽정이위 白ㅣ作棫무리참나무유、桵와同字 (支)

椉 [승] 登也탈승、오를승 上也올릴승 算也곱칠승 乘本字 (烝)(径)

植 [식][치] 樹立세울식 栽也심을식 置也둘식 草木초목식 椎也방망이치 種也심을치 立也세울치 倚也의지할치 枝榦줄기치 枝幹 築城楨달굿대치 將領主帥之稱두목치 (職)(眞)

㭾 [굴] 自枯木풍당목굴 (斷) 木토막나무굴 (物)

椅 [의] 木名梓實桐皮노나무의、가래나무의 坐具ㅣ子의자의 (支)(紙)

椈 [국] 柏也측백나무국 (屋)

栟 [병] 椶也ㅣ櫚종려나무병 (庚)

㮁 [효] 梔子ㅣ桃치자나무효 (肴)

椆 [주] 川名내이름주 (尤)

椇 [구] 婦人之贄폐백탱자나무구 梨屬菱ㅣ괄배구 殷俎은나라제기구 枸、蒟通 (麌)

椏 [아] 樹枝杈ㅣ나무가지아귀질아、두가장귀질아 (麻)

椚 [문] 櫟也상수리나무문 (日)

椙 [창] 杉也삼나무창 杉俗字 (日)

椛 [화] 丹楓단풍나무화 (日)

椐 [거] 樻也인가목거、가마태나무거、영수목거 (魚)

椓 [탁] 官刑불알베일탁 擊也칠탁 斸 椓通 (覺)

椖 [방][병] 揭示게시판방 木片나무조각방 標也방방 取士之次第曰ㅣ방목방 筏也불기칠방 進船배밀방 船人뱃사공방、병 義同 牓、榜同字 (漾)(敬)

椒 [초] 山巓산마루초 似茱萸實辛香烈후추초 山ㅣ난디나무초 香也향기로울초 (蕭)

椘 [초] 叢木회초리초 國名초나라조 辛痛쓰라릴초 楚俗字 (語)(御)

検 [검] 枝也교정할검 (劍)

也 금제할겁 檢同字 ㊀琰

椔 치 木立死者 서서죽은 나무치 椔俗字 ㊀支

椧 명 筧也 홈통명 (寺名 慶州比ㅣ寺)(韓)

𣓌 초 후추초、향기로울초 椒同字 ㊀先

九

𣚍 면 (張勃吳錄) 交趾安定縣有木ㅣ樹高丈餘 목화나무면、주나무면 棉俗字

椽 연 榱也 서까래연 本音전 ㊀先

榐 언 積木爲障 나무로방천할언 ㊀阮 ㊀願

柝 탁 判也 쪼갤탁、크의목탁탁 柝同字 ㊀藥

梭 소 船之總名 배소 船、艘同字 ㊀豪

椳 외 與柂 외짓가지외 門樞 문지도리외、문고리외 ㊀灰 (韓)

𣘻 잔 柵也 사다리잔、閣也 복도잔 棧同字 ㊀潸 ㊀諫

椾 잔 사다리잔、복도잔 棧古字

椺 보 樑也 들보보 (韓)

椢 형 基盤臺 바둑판형 ㊀迴

椯 타 箠也 채찍타、종아리채타 ㊀哿

椔 치 木立死 서서죽은 나무치 ㊀支

椷 함 杯也 잔함 木篋函屬 궤짝함 容也 용납할함 本音감 ㊀咸

椶 종 椶櫚 종려나무종 (一名 蒲葵、ㅣ櫚 종려종) 棕同字 ㊀東

椸 이 楊前几 책상이、衣架 횃대이、옷걸이이 箷同字 ㊀支

椰 야 木名 야자나무야 梛同字 ㊀麻

椱 부 복 機足 베틀발부 履也 신복 ㊀有 ㊀屋

椴 단 椵也、木槿 피나무단 ㊀翰

椹 침 심 砧木櫍、木跌 모탕침、도끼바탕침 桑實 뽕나무열매심、오디심 葚通 ㊀侵 ㊀寢

椵 가 擧物具杙 들가락가 柚屬 유자가 囚械 칼가 ㊀馬 ㊀禡 ㊀麻

椿 춘 香椿 참죽나무춘 ㅣ當、ㅣ丈 어르신네춘 壽木大ㅣ 대추나무춘 ㊀眞

楂 사 樹下體 등걸사 果名 아가위사 栘也 떼

사 鵲鳴까치소리사 古音차 (麻)

楀 [우] 姓也 성우 木名 나무이름우 (麌)

楙 [무] 盛也 성할무 木瓜 모과나무무 茂通 (宥)

楕 [타] 器之圓而長者 둥글길쭉할타 器之狹長 길죽한그릇타 橢略字 (哿)

楓 [풍] 欇也 단풍나무풍 신나무풍 (東)

桮 [배] 飮酒器 잔배 羹盃 국바리배 杯同字 (灰)

楁 [객][격] 掛衣架 횃대객、옷걸이 鞍ㅣ 안장걸이격 (陌)(藥)

楃 [옥][악] 木帳 나무로만든장막옥 房帳 방장악 (屋)(覺)

栭 [이] 紅藍 잇꽃이 木耳 버섯이 (支)

楑 [규] 椎也 柊ㅣ 방망이규 (支)

楬 [할] 鼓也 북칠할 古音갈 (黠)

楆 [요] 細腰棗 허리잘룩한 대추요 (蕭)

楄 [편] 方木ㅣ部 모진나무편 棺中 窬狀ㅣ柎 칠성판편 短椽 桷ㅣ 짧은서까래편 (先)

楣 [모] 門樞上橫木 문설주모 (號)

椑 [계] 庋閣 찬장계 (卦)

[矜+木] [근] 矛柄 창자루근 鋤也 호미근 (眞)

楏 [규] 鋤柄 호미자루규 (齊)

楔 [설] 鼓也 칠설 棖也 문설주설 桂也 기둥설 以松有刺 노가주나무설 櫻桃 앵도설 (屑)

㮈 [내] 枯立木 죽은나무내 或音니 (薺)

楅 [복][벽] 牛角橫木ㅣ衡 쇠뿔에가로댄막대복 矢器 전동복、벽 義同 (屋)(職)

㮐 [성] 木參交以支炊之箕 쳇다리성 俎也 도마성 (梗)

楎 [휘][혼] 椷也 문지방휘 掛衣架 옷걸이휘 農具犁轅 쟁기술혼 (微)(元)

楉 [약] 果名ㅣ榴 석류약 (藥)

楊 [양] 逢閏倒長黃ㅣ 회양목양 蒲柳白ㅣ 버들양 葉長青ㅣ 왕버들양 圓葉栘ㅣ 사시나무양 (栘ㅣ弱蒂微風大搖) (陽)

楈 [서] 木名 나무이름서 (語)

[木+侯] [후] 木名、ㅣ櫟 나무이름

후果名、ㅣ桃과실이름후 (尤) **楇** [화][괘] 塗輪膏器바퀴에바르는기름통화 紡車收絲具자새괘 (箇)(敤) **[illegible]** [잡] 茂也무성할

잡木折聲나무부러지는소리잡 (洽) **楖** [즐] 縣名ㅣ裴고을이름즐ㅣ人쇠工새김장이즐、각수장이즐 木名ㅣ栗질률나무즐. (質) **楘** [목] 車轅皮束爲飾가죽으로감은차멍에목 (屋) **楗** [건] 門限木關ㅣ문지방건 鎖門橫木문빗장건 揵通 (阮) **楫** [접][즙] 短棹曰ㅣ노접 棹也돛대즙 檝同字 (葉)(緝) **㮚** [률] 果樹實有房多刺밤률 堅也단단할률 威嚴무서울률 栗古字 **業** [업] 創也처음읍 事也일업 事之일할업 危也위태할업 壯也씩씩할업 然已이미업 懸鐘木虛ㅣ종다는나무업 敬也ㅣㅣ공경할업 生理産ㅣ산업업 (葉) **楬** [갈] 止樂器그칠풍류갈 表識표할갈、패써술갈 篕通 (黠) **楚** [초] 國名熊繹所封초나라초 荊也싸리초 鮮明ㅣㅣ선명할초 叢木더부룩할초 高也翹ㅣ높을초 扑撻犯禮종아리칠초 辛痛아플초 憷、齼通 (語)(御) **楝** [련] 木名似槐苦ㅣ고련나무련 (霰) **楀** [우] 木ㅣ제웅우、허수아비우 偶通 (遇) **楜** [호] 胡椒후추호 (虞) **楩** [편] 南方大木似豫章편나무편 (先) **楥** [원] 卷絲具실감개원、얼레원 木名。柜柳나무이름원 履範신골원 楦通 (元) **楤** [총] 木名엄나무송 或音총 (董) **[illegible]** [포] 四十斤사십근포. (效) **楛** [호][고] 木名歸荊矢榦나무이름호 不堅단단치못할고 器物濫惡물건추잡할고 荊也싸리고 (麌) **楞** [릉] 四方木柧也네모질릉 棱同字 (蒸) **楦** [훤] 履模신골훤 楥通 (願) **[illegible]**

악 穽也함정악 (藥)

楡 유 西方、晩景서편쪽유 白枌느릅나무유 星名별이름유 鄕名枌ㅣ、晩景桑ㅣ시골이름유 (虞)

楟 정 木名棠梨아가위정 (青)

剿 초 剿木殺上나무끝뽀족하게깎을초、위뽀족하게깎을초 摷通 (效)

楣 미 門上橫梁인중방미、문웃설주미 (支)

楨 정 剛木단단한나무정 木名쥐똥나무정 築墻具ㅣ幹담틀정 (庚)

楢 유 柔木부드러운나무유 燎柴홰유 槱通 (尤)

楠 남 美材似豫章들메나무남 枏俗字 (覃)

楪 접 牀板널평상접 牑也창바라지접 (葉)

楽 악 요 락 八音之總名풍류악 好也좋아할요 喜也즐길락 樂俗字 (覺)(效)(藥)

楼 루 重屋다락루 山之銳嶺、봉우리루 樓俗字 (尤)

概 개 平斗斛평두목개 意氣절개개 大率梗대강개 槪略字 (隊)

楮 저 紙幣종이돈저 皮可爲紙닥나무저 木名감매나무저 (語)

㮛 시 木匙나무숟가락시 匙同字 (支)

楯 순 干也방패순 欄也난간순 拔擢뺄순 衷車상여순 官名陛ㅣ郎며슬이름순 盾、輴通 (眞)(軫)(震)

楾 천 通水管홈통천 (日)

榌 비 木梯사다리비、비게비 (韓)

楿 향 桂也계수나무향 (日)

楱 주 武陵小橘작은귤주、감자주 銕齒把鎒ㅣ쇠스랑주 (宥)

楰 유 鼠梓似山楸而黑산유자나무유 (虞)(麌)

㮔 첨 炊竈木、火杖부지깽이첨、부짓대첨 (豔)

㮒 경 山枌榆산느릅나무경 塞也막힐경 梗本字 (梗)

榀 품 土壁中編木외가지품 (日)

楻 황 旗竿기스대황 (庚)

榁 실 杜松두송실 (日)

楳 [매] 似杏實酢 매화나무 매 雀ㅣ 작매나무 매 楊ㅣ 양매나무 매 梅本字 (灰)

極 [극] 至也 지극할 극 中也 가운데 극 盡也 다할 극 窮也 궁진할 극 辰也 별 극 天地未分前 덩어리 극 棟也 대마루 극、하마루 극 方隅 한끝 극 遠也 멀 극 終也 마칠 극 要會無形體太ㅣ 君建中皇ㅣ 태극 극 (職)

槭 [위] 褻器ㅣ窬 요강 위 (微)

楴 [체] 整髮釵 비치개 체 摘髮 족집게 체 (霽)

楶 [절] 梁上短柱欂櫨 동자기둥 절、공대 절 (屑)

棽 [침] 陰也 그늘 침 (琰)

楹 [영] 窆棺具桓ㅣ 관괴임목 영 柱也 기둥 영 (庚)

檠 [구] 曲枝 굽은가지 구 (尤)

栁 [혁][격] 木下白 나무밑둥이 헐 혁 案脚 책상 격 柳誤字 (陌)

楷 [해] 法式 법 해 模也 본뜰 해、본보기 해 書名 해자 해 蟹孔子墓木 공자 묘소에 난 나무 해 古音 개 (佳)

楔 [설] 栗屑 밤부스러기 설 門限 문지방 설 (屑)

楺 [유] 屈木 나무휠 유、굽은나무 유 (有)

楸 [추] 苦ㅣ 산유자 추 棊局 바둑판 추 梓也、槐屬美木苦ㅣ 노나무 추、가래나무 추 萩通 (尤)

十

𣙯 [적] 屋之檼 마룻대 적、들보 적 (陌)

𣝘 [할] 正弓具 도지개 할 車之內軸 수레안바퀴 할 (曷)

榪 [마] 木片關定器物ㅣ子 나무로 괴맨 마ㅣ杓 주걱 마 (禡)

榎 [가] 木名楚也 싸리나무 가 苦茶 차이름 가 檟同字 (馬)

榕 [용] 南方樹名多陰樹 용나무 용 (冬)

榏 [익] 青雀舟 푸른새 그린 배 익 艗同字 (錫)

榫 [순] 斫木入竅 자루박을 순 (翰)

榩 [건] 米倉 쌀고 건、곳집 건 斫木鑕 모탕 건 (先)

榬 [원] 絡絲籰 자새 원、도투마리 원 懸鍾磬具 종다는 나무 원 (元)

榨 [자] 打油機 기름틀 자 壓酒器 술거르는 틀 자 醡同字 (禡)

梥 [송] 百木之長 솔송、소나무송 松古字 (冬、) 棎 [전] 樹長貌 棎ㅣ나무 긴모양전 俗音천 (銑) 梆 [랑] 嶺外 果檳ㅣ빈랑나무 랑 (陽)

楔 [결] 鷄杙 닭의 홰걸 (屑) 榦 [간][한] 築墻木 담틀간 木本根 밑줄기간 柄也 자루간 井上木欄 우물난간 한 (翰)

(寒、) 榥 [황] 讀書牀 책상황 樌同字 (養) 榧 [비] 木似柏 文木비자나무비 棐通 (尾) 榑 [부] ㅣ桑神木 日所出 해돋이 뽕나무 부 (虞)

榓 [필] 香木 향나무필 門限 문지방필 (質) 榖 [곡] 姓也 ㅣ梁성곡 木名 迷나무이름곡 楮也 닥나무곡 (屋) 榛 [진] 似

榣 [요] 樹動 나무 흔들릴요 (蕭) 椶 [츄] 木節 나무마디츄 (支) 㮨 [직] 木名 나무이름직 (職)

栗而小 개암나무진 蕪也 ㅣㅣ덧거칠진 (眞) 𣫌 [곡] 楮也 닥나무곡 姓也 성곡 穀同字 (屋) 樢 [오] 靑柹 푸른감오 (虞)

榡 [소] 未成器 건목칠소 (遇) 𣘗 [색] 木名 白ㅣ백색나무 색 梢也 나무가지색 (職) 榚 [요] 木長 나무길요 (蕭) 榘

[구] 正方器 곱자구 法也 법구 矩同字 (麌) 榜 [방][병] 取士之次第 曰ㅣ방목방 木片 나무조각방 標也 방방、병 義同、牓、搒 通 (養)(敬)

榠 [명] 果名 ㅣ樝 명자명 木梨 명사나무명 (靑) 榭 [사] 臺有屋 정자사 講武之屋 사정사 廟無室 사당집사 庫也 연장두는곳집사

(禡) 榮 [영] 名譽 명예영 華也 빛날영 辱之反 영화영 茂也 무성할영 桐木 오동나무영 屋翼 추녀영 血氣ㅣ衛 혈기영 (庚)

榟 [재] 研木椹 절구공이재 (齊) 槅 [혁][핵] 車軛 멍에혁 果中核 씨핵 (陌) 槄 [도] 木名 가나무도 (豪) 槇

[전] 顚木나머진、나무전、木梢나무끝전 ㊀先

榯 [시] 持門樞문설주시、木直堅나무곧게할시 ㊀支

榴 [류] 果名石ㅣ석류류、橊俗字 ㊀尤

榰 [지] 柱砥나무주추지(古用木今用石)支也이바지할지、搘同字 ㊀支

榼 [해] 酒樽술동해 ㊀賄

榧 [비] 木名나무이름비 ㊀寘

槃 [반] 樂也考ㅣ즐거울반、承皿쟁반반、不進ㅣ停머뭇거릴반、拌、盤同字 ㊀寒、

槀 [고] 枯木마른나무고、乾魚말린고기고、積也쌓일고、槁同字 ㊀皓

梒 [함] 梘也홈통함. ㊀覃

榱 [최] 椽也서까래최 ㊀支

榲 [올][온] 果名ㅣ桲돌배올、柱也기둥온 ㊀月 ㊀問

榿 [기] 木名人爲薪三年可燒나무이름기 ㊀支

榾 [골] 榾柮木頭ㅣ삭정이골、마들가리골、木中箭笴枸ㅣ살대나무골 ㊀月

槁 [고] 枯木마른나무고、枯也마를고、乾魚말린고기고、藥名ㅣ本약이름고、積也쌓일고 ㊀皓

榶 [당] 椀也주발당、栘也사시나무당 ㊀陽

榹 [사] 山桃산복숭아사(實小如梅)槃也소반사 ㊀支

榸 [되] 枯木根마른나무뿌리되 ㊀佳

榽 [혜][계] 木名ㅣ榼나무이름혜、束也묶을계 ㊀齊 ㊀霽

⿰木旅 [려] 松別種소나무려、梠同字 ㊀語

榻 [탑] 座也자리탑、牀也긴상탑、布也베이름탑、𣠽同字 ㊀合

⿰木芻 [추] 板木不正널판뒤틀릴추、午桊소코뚜레추 ㊀虞

榷 [교][각] 杠也橫木渡水외나무다리교、가、義同、獨取利도거리할각、搉通 ㊀效 ㊀覺

棞 [혼] 圓木未折통나무혼 ㊀元

⿰木挈 [길] ㅣ梗藥名도라지길、井上ㅣ轤드레박틀길、桔同字、本音결 ㊀屑

榺 [승] 織機持經者바디승、도토마리승 ㊀徑

榼 [합] 斞水器

뭉둥합 蓋也 무정합 酒器 술그릇합 (合)

梍 비 梅端椙木 평고대비 連檐木 부연비 (支)

槈 누 除草具 풀베는기구누 (宥)

構 구 合也 합할구 成也 이룰구 架屋 집세울구 構也 다닥나무구 結也 이을구 宿ㅣ 글머리지을구 (宥)

樴 특 杙也 말뚝특 (職)

榔 영 木名 나무이름영 (梗)

榊 신 神樹 신나무신 (日)

槖 탁 無底囊 전대탁、자루탁 冶器 도가니탁 橐俗字 (藥)

槔 고 汲水器 용두레고、두레박고 槹同字 (豪)

様 양 상 式也 貌 모양양 栩實 도토리상 樣略字 (漾)(養)

槊 삭 丈八矛 창삭 雙陸 장륙삭 矟同字 (覺)

槉 질 屋枅 기둥머리질 (質)

樓 소 船總名 배소 樓、艐、艘同字 (豪)

榔 혁 격 木下白 나무밑둥힐혁 案脚 책상격 (陌)

尌 주 生植之總名 나무수 植也 심을수 樹古字 (遇)(麌)

槑 매 似杏實 酢 매화나무매 雀ㅣ 각매나무매 梅也 매화나무매 梅、某古字

槌 추 퇴 擊也 칠추 架蠶簿之木 누에시렁추 擲也 던질추 椎同字 퇴義同、摘也 딸퇴 槌通 (寘)(灰)

槍 창 쟁 稍也 나무창창 距也 막을창 低也 낫을창 鎗同字、彗星欃ㅣ 혜성쟁 (陽)(庚)

槎 사 桴也 떼사 邪斫 엇깎을사、비스듬히깎을사 查通、古音차 (麻)

槓 공 梃也 ㅣ打 지렛대공 (送)

槇 전 ㅣ檀香木 향나무전、梅同字 (先)

槏 겸 렴 檢束 단속할겸 牖傍柱 창설주겸 欃也 난간렴 (琰)

槐 괴 冬取火木 虛星精 花可染黃色 회화나무괴、느티나무괴 櫰同字、俗音회 (灰)(佳)

⑪

槧 참 첨 削版 鉛ㅣ 분판참 [illegible] 樸始削 건목칠참 牘也 서판참 (感)(鹽)(豔)

槩 개 대강개, 절개개 槪同字
槦 용 木中箭笴살대나무용 兵架병기꽂는틀용 (冬)
槤 련 横、關木 문빗장련 (銑)
樧 살 山桃산복숭아살 (黠)
椅 기 取物以箸젓가락으로집을기 (支)
槪 개 大率梗ㅣ대강개 感觸經心서리절개 㯃樽칠한술동개 平斗斛말각이개(斗量時、用平斗木) 意氣節ㅣ절개개 槪同字 (隊)
槥 혜 小棺ㅣ櫝작은관혜 (霽)
槢 습 堅木굳은나무습 槭也틀습 (緝)
槨 곽 葬具外棺외관곽 椁同字 (藥)
槪 개 意氣節절개개 大率梗ㅣ대강개 槪同字
樥 봉 草木盛也초목무성할봉 (送)
槿 근 蕣也木ㅣ무궁화근 (吻)
槽 조 酒ㅣ술거르는틀조 溜器馬ㅣ말구유통조 茶碾茶ㅣ차거르는틀조 果名枸ㅣ과실이름조 琵琶石ㅣ檀ㅣ비파조 (豪)
樀 적 機上卷絲器도르마리적 屋四垂檐也추녀적 槌也방망이적 (錫)
槫 단 柩車영구차단 圓也、둥글단 (寒)
槯 최 木蘊積나무쌓을최 (灰)
⿰木茶 다 荈也노엽으로만든차다 茶樹차나무다 茗也차나무다 茶同字 (麻)
槼 규 ㅣ矩正圓器그림쇠규 ㅣ律法也법규 規同字 (支)
㯃 칠 杖材可桼物옻나무칠 、칠나무칠 桼同字、漆通 (質)
槔 고 汲水機桔ㅣ용두레고 두레박고 (豪)
槮 삼 積柴取魚고기깃줄삼 木長貌橚ㅣ나무긴모양삼 罧同字 (侵)
槬 화 鍾横大쇠북가로지걸화 (禡)
槭 색 축 殞落ㅣㅣ나무잎떨어질색 丹楓屬단풍나무축 (陌) (職)
槸 예 木相磨나무가서로개갈예 槷同字 (霽)
榔

…방 杖也지팡이방 或音부 講

槷 얼 辨正方位柱줄뫼어볼얼 射的과녁얼 不安兀ㅣ편치못할얼 臬通 屑

槺 강 虛也헛될강(委參差以梁) 陽

槱 유 薪也나무유 積也쌓을유 燎柴祭天화톳불놓고제지낼유 梄同字、楢、槱通 有 尤 宥

槴 호 取魚具통발호 虞

槲 곡 檞類ㅣ樕떡갈나무곡 도토리참나무곡 屋

槶 귀 筐當광주리 바다귀 或音궤 未

槵 환 可為念珠염주나무환 無患木무환나무환(此所謂當貫木ㅣ子二百單八個常自隨身、作可念珠) 諫

槻 규 堪作弓材물푸레나무규 支

榐 신 牀前橫木상앞에가로댄막대신 眞

⿰木將 장 상앗대장 槳同字

槳 장 橫楫前推櫂상앗대장(檝曰櫓橫曰ㅣ、長大曰櫓、短小曰ㅣ) 陽 養

⿰木旋 선 鷹架매시렁 선 椗同字 霰

槾 만 杇也泥ㅣ흙손만 梠也평고대만 墁同字、鏝通 寒

樁 장 용 杙也말뚝장 撞也두드릴용 江 冬

樂 악 락 요 八音總名풍류악 複姓ㅣ正두자성악 喜也즐길락 好也좋아할요 欲也하고자할요 覺 藥 效

樜 자 山桑산뽕나무자 柘同字 禡

樛 규 木枝曲垂나무가지늘어질규 周流ㅣ流두루떠다닐규 結맺을규 尤

檹 아 木盛ㅣ檥나무무성할아 樹枝長弱貌나무가지휘청거릴아 哿 歌

樆 리 山梨돌배리、메배리(在山曰ㅣ人植曰梨) 支

㮾 랑 木名ㅣ榆느릅나무랑 陽

⿰木兜 두 木根無枝椏곧은뿌리두 尤

樅 종 木名松葉柏身、崇牙貌전나무종 撞也칠종 冬

標 표 記也기록할표 表也표할표 擧也

들표 高枝높은가지표 木末나무끝표 旌旗기표 書也쓸표 (蕭)(篠)

樘 [탱] 支柱버팀목탱 橕同字、撐通 (庚)

樔 [소] 澤上守草樓풀막소(높위의초루) 橧巢너스레소 (肴)、

⿰木⿱覀乇 [천] 梮ㅣ木고욤나무천 樿同字 (先)

樉 [상] 木茂貌나무더부룩할상 (養)

樇 [수] 木長貌나무자랄수 (尤)

樕 [속] 小木樸ㅣ떡갈나무속 (屋)

⿱殹木 [예] 葉似棕櫚材質堅輕오목예 (齊)

樗 [화][저] 似杶가죽나무화 樺同字 惡木不材못쓸나무저 (禡)(魚)

⿰木酓 [함] 治橐韜불무자루함 罌也항아리함 (覃)

樊 [번] 姓也성번 籠也새장번 藩籬울타리번 紛雜貌ㅣ然어수선할번 (元)

⿰木竒 [간] 柄也자루간、손잡이간 (旱)

⿰木祭 [찰] 木搖動聲나무흔들리는소리찰 (黠)

⿰木産 [산] 果樹산나무산(樹子如桃、實長寸餘、二月花連著實五月熟色 (潸)

樏 [류] 盤中有隔榼찬합류 山行所乘썰매류 樏同字 (支)(紙)

樋 [통] 木名어름나무통 通水竇수통통 (東)(日)

樍 [적] 川柳물버들적 (錫)

⿰木庳 [괴] 木下交ㅣ樹나무밑둥치로얽힐괴 (支)

樎 [축] 喂馬器말구유통축 槽同字 (屋)

樑 [량] 負棟木대들보량、木橋나무다리량 梁俗字 (陽)

樓 [루] 銳嶺岑ㅣ뾰족한고개루 重屋다락루 兩肩玉ㅣ두어깨루 域ㅣ무루 聚也모일루 (尤)

櫁 [밀] 香木침향나무밀 (質)

権 [권] ㅣ柄권세권 稱錘저울질할권 權俗字

樝 [사] 果屬似梨而酸아가위사 柤通 (麻)

樞 [추][우] 本也근본추 棖也지도리추 要也주요할추 星名天ㅣ별이름추 中也가운데추 官名ㅣ密벼슬이름추 月也달추 木名似楡山느릅나무

우 虞

樚 [록] 井上所說汲水用機ㅣ 櫨두레박고패록 轆通 屋

樟 [장] 木名橡ㅣ예장 나무장 陽

模 [모] 以木爲規본뜰모 法也법모 形也ㅣ範모범할모 周公墓木주공묘에난나무모 橅、摹同字 虞

樫 [견] 栟木떡갈나무견 (日)

樣 [양][상]、式也모양양 栩實상수리상 様同字、橡通 漾 養

穎 [경][영] 錐柄송곳자루영 足几발달린궤경 筺也상자경 迥 梗

樠 [문][만] 松心木관솔문 松指貌솔진흐를문、만義同、木液出ㅣㅣ나무진솟을만 元 寒

榪 [흔] 平斗量木되깎이나무흔、평미레흔 眞

樤 [조] 橘屬귤조 小枝잔가지조 蕭

⓫

橄 [감] 交趾果名ㅣ欖감람 나무감 (熱帶地産) 感

榻 [탑] 牀也평상탑 布也모직탑 座也자리탑 榻同字 合

樻 [궤] 靈壽木영수목궤 椐也가마테나무궤 眞

樲 [이] 酸棗ㅣ棘신대추나무이 眞

樵 [초] 柴也땔나무초 採薪也나무할초ㅣ人나무하는이초 焚也불사를초 蕭

樳 [심] 木名似槐 심나무심 侵

樺 [화] 木名皮可貼弓벗나무화 樗同字 禡

樽 [준] 酒桶술단지준 止也그칠준 罇同字、尊通 元

樹 [수] 植也扶ㅣ심을수 立也세울수 木總名나무수 屛也막을수 獸名皮ㅣ짐승이름수 虞 遇

樴 [직] 繫系牛杙소매는말뚝직 橛也문지방직 職

樕 [추] 賨 咸열 매열 추 尤

樸 [박][복] 木素나무둥치박 質也질박할박 (土日坏、木日ㅣ) 朴通 小木叢生樕ㅣ떡갈나무복 木密나무빽빽할복 覺 屋

樷 [총] 灌木密生떨기총 聚也모을총 煩雜번잡할총 叢古字 東

樾 [월] 兩樹交陰두나무그늘

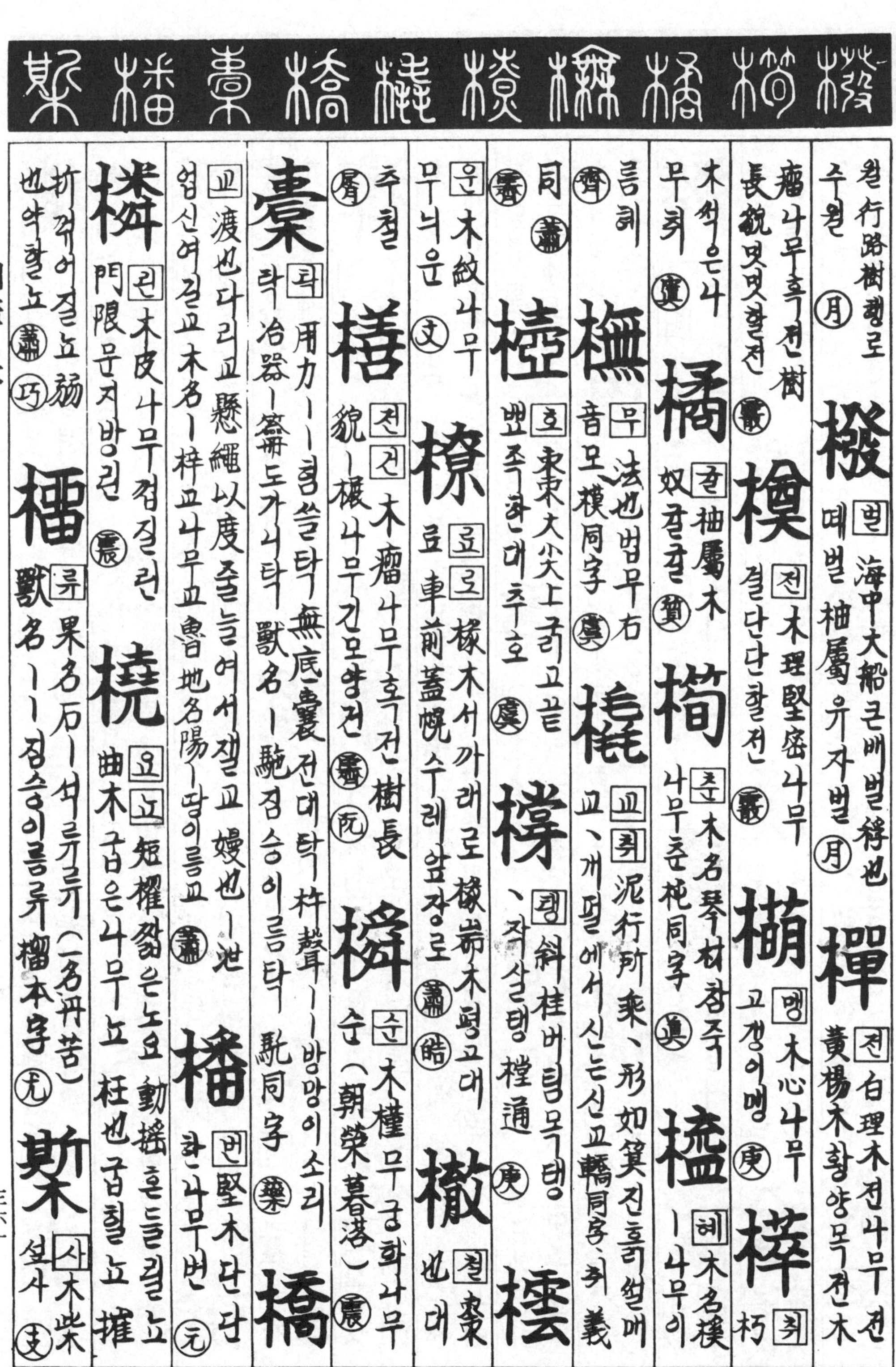

원 行路樹 행로수원 月

橃 벌 海中大船 큰배 벌 筏也 떼벌 柚屬 유자 벌 月

橝 전 白理木 전나무 전 黃楊木 황양목 전 木瘤 나무혹 전 樹長貌 멋멋할 전 霰

橂 전 木理堅密 나무결 단단할 전 霰

橗 맹 木心 나무고갱이 맹 庚

[illegible] 켸 朽木 썩은나무 켸 寘

橘 귤 柚屬木 奴귤 귤 質

橁 춘 木名琴材 참죽나무 춘 杶同字 眞

橀 혜 木名楑ㅣ 나무이름 혜 霽

橅 무 法也 법 무 右音 모 模同字 虞

橇 교 취 泥行所乘、形如箕 진흙썰매 교、개펄에서 신는 신 교 轎同字、취 義 同 蕭

⿰木壺 호 棗大尖上 큰 끝뾰족한 대추 호 虞

橕 탱 斜柱 버팀목 탱、자살 탱 樘通 庚

橒 운 木紋 나무늬 운 文

橑 료 로 椽木 서까래 로 橑嵱木 평고대 료 車前蓋幌 수레앞장 료 蕭 皓

橵 철 棗也 대추 철 屑

橏 전 건 木瘤 나무혹 전 樹長貌ㅣ[illegible] 나무 긴모양 전 霰 阮

橓 순 木槿 무궁화나무 순 (朝榮暮落) 震

橐 탁 用力ㅣㅣ 힘쓸 탁 無底囊 전대 탁 杵聲ㅣㅣ 방망이소리 탁 冶器ㅣ籥 도가니 탁 獸名ㅣ馳 짐승이름 탁 馲同字 藥

橋 교 渡也 다리 교 懸繩以度 줄늘여서 잴 교 嫚也ㅣ泄 업신여길 교 木名ㅣ梓 교나무 교 魯地名陽ㅣ 땅이름 교 蕭

橎 번 堅木 단단한 나무 번 元

橉 린 木皮 나무접질 린 門限 문지방 린 震

橈 요 뇨 短櫂 짧은 노 요 動搖 흔들릴 뇨 曲木 굽은나무 뇨 枉也 굽힐 뇨 摧折 꺾어질 뇨 弱也 약할 뇨 蕭 巧

橊 류 果名 石ㅣ 석류 류 (一名丹苦) 獸名ㅣㅣ 짐승이름 류 榴本字 尤

㯕 사 木柴 섶 사 支

樕 [서] 木下相支橕ㅣ나무밑둥 서로얽힐서 踏板발판서 (齊)

⿰木絜 [결] 汲水具ㅣ槹용드레결 揳同字、桔通 (屑)

檹 [의] 木嫋貌휘청거릴의 木節나무마디의 (支)

橆 [무] 蕃也번성할무 廡、蕪通、無同字 (麌)

⿱毳木 [취] 重擣거듭방아찔취 (霽)

橜 [궐] 말뚝궐 橛同字

橛 [궐] 門梱문지방궐 杙也말뚝궐 斷木토막나무궐 馬銜말재갈궐 擊鼓槌북채궐 (月)

橙 [증][등] 甘皮柑껍질단유자증 几屬등상등 凳通 (庚)(徑)

⿰木畀 [경] 犁田밭갈경 耕同字 (庚)

⿱⿰𠂤古木 [치] 分蠶누에나눌치 (寘)

槹 [고] 木四布나무퍼질고 木名牡ㅣ나무이름고 (虞)

橚 [숙] 長直貌ㅣ矗길고곧은모양숙 (屋)

機 [기] 發動所由고동기 織具ㅣ杼베틀기 氣運之變化기미기ㅣ械巧術기계기 樞會、眞氣、天ㅣ矩法 握ㅣ기회기 星名握ㅣ별이름기 幾通 (微)

橝 [점] 蠶槌누에시렁점 屋梠평고대점 木灰可染잿물들일점 (琰)

橞 [혜] 木名나무이름혜 (霽)

槹 [고] 汲水器두레박고、용두레고 木名나무이름고 (豪)

橬 [잠][심] 積柴水中取魚물고기깃잠 潛通、심 義同 (鹽)(侵)

橵 [산] 屋上瓦下布木ㅣ子산자가지산(韓)

橢 [타] 圓而長길게둥글타 車笭中器수레통가운데그릇타 (哿)

橠 [나] 木盛檹橠ㅣ나무무성할나 (哿)

橡 [상] 栩實상수리상、도토리상 樣通 (養)

檸 [녕] 果名영몽녕 (迥)

橨 [분] 木名나무이름분 器脚발분 (文)

橧 [증] 聚薪以居ㅣ巢、豕所寢섶을쌓고거처할증 (蒸)

橪 [연] 酸小棗산대추연 香草ㅣ支향내나는풀연 (銑)(先)

橏 [전] 山栗돌

밤전 山梅산매 자전 (先)(霰)

樴 [엽] 葉動貌잎이흔들거리는모양엽 (葉)

橤 [예] 花鬚頭點꽃술 방울예 垂也드리울 예 蘂、橤 通 (紙)

橦 [동][당] 木名、花可績나무이름동 陷陣車진뚫는수레동 木一截나무토막동 旗竿깃대당 幢通 (冬)(江)

[illegible] [파] 棠也아가위파 (麻)

[illegible] [와] 樹枝垂가지늘어질와 (哿)

[illegible] [의] 八駿之一白ㅣ말이름의(周穆王駿馬) (寘)

楬 [석] 木履나막신석 (陌)

橫 [횡] 縱之對비낄횡、가로횡 欄木난간목횡 不順ㅣ逆거스를횡 ㅣ暴사나울횡 黌、衡通 (庚)

橺 [간] 巨樹큰나무간 (潸)

㯖 [덕] 架木덕덕、너스레덕 地名땅이름덕(韓)

檸 [녕] 果名「檬」영몽녕 橣同字 (迥)

[illegible] [자] 地名ㅣ木城땅이름자(韓)

樣 [양][상] 모양양、도토리상 様俗字

[illegible] [추] 地名땅이름추ㅣ골이름추(韓)

橞 [혜] 木名나무이름혜 (霽)

(十三)

檒 [풍] 바람풍 風古字

椯 [취] 捶也회초리취 削也깎을취 (紙)

檑 [뢰] 推石自高下돌굴릴뢰 守城捍禦之具돌쇠뇌뢰 礧、礌同字 (灰)

檀 [단] 香木旃ㅣ향나무단(紫ㅣ、白ㅣ、黑ㅣ) 強韌木中車輻박달나무단 奚有樹 (寒)

橽 [달] 所以泄水수통달 檀木박달나무달 (曷)(韓)

橿 [강] 檍也박달나무강(一名萬年木) 鉏柄호미자루강 棧木사닥다리강 強盛貌ㅣ억셀강 (陽)

檋 [극] 雪泥所乘썰매극 山行履나막신극 直轅車멍에극 梮同字 (沃)

檍 [억] 杻也 弓材似棣細참죽나무억 杻也싸리나무억 檀也박달나무억(一名萬年木) (職)

[illegible] [간] 檀也박달나무간 柘也산뽕나무간 (翰)

橾

[수] 車軸中空수레바퀴통수 (虞)

⿰木豦 [거] 藩蘺울타리거 (魚)

檈 [선] 以繩轉軸가리질할선 圓案둥근책상선 (霰·先)

檎 [금] 果名林ㅣ似柰능금금 (侵)

檉 [정] 河柳兩師능수버들정 (庚)

檐 [첨] 屋四垂추녀첨 擔也멜첨 櫩、簷同字、古音염 (鹽)

檁 [름] 屋上橫木들보도리름 (寢)

⿰木虜 [로] 大盾큰방패로 櫓同字 (虞)

檃 [은] 屋脊접마룻대은 穩屋棟대공은 檼同字 (問)

檇 [취] 以木所擣찧을취 地名ㅣ李땅이름취 欈同字 (支)

⿰木感 [함] 木裂之나무근날함 (感)

⿰木貢 [공] 長木긴나무공 小杯작은잔공 (送)

檄 [격] 長牒羽ㅣ徵兵書격서격 敵惡 諭告격문격 過ㅣ과격할격 (錫)

⿰木散 [작] 木皮甲錯나무껍질질뒤들릴작 (藥)

⿰木黏 [삼] 木名삼나무삼 杉同字 (咸)

檓 [훼] 大椒굵은호초훼 (椒實大者名ㅣ) (紙)

檖 [수] 山梨楊ㅣ팔배나무수 (寘)

檔 [당] 床也책상당 橫木框ㅣ널발판당 (陽)

檕 [계] 桔槹上轉機橫木용드레채계、두레박채계 (齊)

橽 [삽] 枯也마를삽 (合)

樍 [석] 小柳갯버들석 (錫)

檧 [송] 小桶작은바구니송 箸籠桶ㅣ수저통송 (冬)

櫜 [고] 囊張大貌자루아가리벌릴고 (蕭)

檝 [즙] 橈也短ㅣ노즙 楫同字、접 義同 (緝·葉)

⿰木剽 [표] 柱也기둥표 表也표할표 標通 (篠)

檣 [장] 帆柱돛대장 艢同字 (陽)

檥 [의] 幹也줄기의 整舟向岸배댈의 立木表物푯대의 艤同字 (紙)

檘 [벽] 黃柏可染황경피나무벽 子ㅣ회양목벽 蘗同字 (陌)

檗 [벽] 회양목벽 檘同字 (陌)

檡 [석] 椑

柬고염석 계암석 (陌)

檠 경 등잔대경、활도지개경、발달린궤경 檠同字 (庚)(梗)(敬)

檜 회 괄 國名나라이름회 柏葉松身노송나무회 鄶通 괄 義同、括通 (泰)(曷)

楪 첩 屋上笮板산자널판첩 (葉)

檛 과 箠也말채찍과 過同字、箠通 (麻)

檠 경 正弓器활도지개경 燈架등잔대경 [木敬]同字、有足几발달린궤경 (庚)(梗)(敬)

檟 가 山楸伍員墓材가나무가 榎通 (馬)

[木禁] 금 杅門木格문막이은목책금、사립짝금 (侵)

檞 해 松樠也可合香솔나무고갱이해 (蟹)

檢 검 式也법검 校也교정할검 制也금제할검 東也검속할검 書署봉할검 書簽수결둘검 官名벼슬이름검 (琰)

十四

[木對] 대 車箱立木차에선간기둥대 轛同字 (隊)

檦 표 表也표할표 柱也기둥표 檦訛字

檮 도 不知貌ㅣ昧흐리멍덩할도 斷木토막나무도 草名풀이름도 頑凶ㅣ杌흉악할도 (豪)

[賏木] 삭 縣名ㅣ虜고을이름삭 (覺)

檗 벽 壁柱중깃벽 (陌)

檭 은 ㅣ杏은행나무은 (俗作銀杏) (眞)

檟 괘 筏木뗏목괘 (佳)

檯 대 燈臺등대대 几也상대 (灰)

檬 몽 果名檸ㅣ영몽몽 (東)

[木緊] 긴 木理密緻나무결참참할긴 (軫)

檰 면 杜冲두충면 (先)

樸 복 堅也굳을복 棗也대추복 叢也떨기복 (屋)

𧩼 둔 鈍也둔할둔 (阮)

[木冐] 핵 果中實씨핵 核古字 (陌)

櫈 등 卓子탁자등 (中)

檳 빈 果名ㅣ榔빈랑나무빈 (ㅣ榔樹無枝、實從心出、熱帶地產、藥用) (眞)

檻

[함] 欄也 난간함 一車 죄인타는수레함 圈也 어리함(養虎豹犀象者爲之圈) 轞通 (感)

櫜 [고] 弓皮 활집고 (蕭)

㯻 [곤] 櫜也 전대곤 束也 묶을곤 (阮)

櫂 [도] 楫也、進船木 노도 棹同字 (效)

櫃 [궤] 櫝也 궤궤 篋也 상자궤 匱同字 (寘)

檴 [확] 樸也 벚나무확 (藥)

檸 [녕] 果名也 양굴녕 (梗)

檵 [계] 枸杞枸一 구기자계 (霽)

㯠 [전] 香木 향나무전 (先)

櫄 [춘] 似樗可弓幹 참죽나무춘 杶、楯同字 (眞)

櫁 [밀] 香木 침향나무밀 榓同字 (質)

檷 [니] 卷絲具 실패니 (紙)

檶 [염] 泄手器 개수통염 鏡匳 경대염 (鹽)

檿 [염] 山桑材可弓幹車轅 산뽕나무염 (琰)

櫅 [자][제] 白棗 흰대추자 斷木 토막나무제 (支)(霽)

槖 [락] 判也 쪼갤탁 夜警 딱딱목탁탁 柝同字 (藥)

檽 [누][유] 木名一梓 누구나무누 木耳 버섯유 (宥)(有)

[木厭] [염] 산뽕나무염 檿同字

[監木] [함] 境确地彊一 메마른땅함 壏通 (感)

檼 [은] 椱 屋棟 대공은 屋脊 집마룻대은 櫽通 (吻)(問)

檾 [경] 似苧白麻 어저귀경 苘同字、顈通 (梗)(迥)

⑮

樚 [록] 柿也 감나무록 (屋)

櫏 [천] 樗棗東楛一 고욤천 (先)

[木遭] [조] 馬一溜器 말구유통조 茶 碓茶一 차거르는틀조 槽同字 (豪)

櫎 [황] 窓廡通名 창황 所以支器 그릇받침황 屛風之屬 장지황 或音광、榥同字 (養)

[木寫] [사] 机也、案也 책상사 (馬)

櫍 [질] 椹也 刑用斧一 모탕질 斫木臺 도끼바탕질 鑕通 (質)

櫌 [우] 鉏柄 호밋자루우 (尤)

櫋 [면] 屋根連接 지붕연접할면 (先)

櫐 [류] 似葛粗大山丨큶은츩류 (紙)

[illegible] [랍] 樹可放蠟 백랍나무랍 (煎汁爲油可作蠟燭) (合)

櫑 [뢰] 酒尊 雲雷象 술잔에뇌문새길뢰 劒上飾丨具칼자루에치장할뢰 (賄)

[illegible] [진] 絛線 실 갈피진 (眞)

櫢 [수] 樹盛貌丨檽 나무무성할수 (宥)

櫓 [로] 大盾 큰방패로 櫂也、進船具노로 城上望臺망대로 戰陣高巢車망보는수레로 艣同字 (麌)

櫡 [저] 飯具匙丨 젓가락저 筯、箸同字 (御)

櫕 [찬] 叢木회초리나무찬 積竹杖 대나무를쌓을찬 欑同字 (寒、)

櫖 [려] 山櫐큶은칡려 (魚)

樸 [박] 質也 진실할박 本也 밑둥박、등걸박 朴同字 (覺)

櫠 [폐] 柚屬丨椵 큰유자폐 (尤)

檈 [선] 以繩轉軸 가리절할선 圓案 둥근책상선 檈同字 (先)(霰)

櫚 [려] 椶也、栟丨종려나무려 (魚)

櫗 [멸] 木索 나무비비틀릴멸 (屑)

櫛 [즐] 梳枇總名 빗즐 理髮 빗질할즐 如丨齒丨比 즐비할즐 (質)

櫟 [력] 捎掠也 노략질할력 柞屬似樗苞丨도토리력 擽通 (錫)

櫝 [독] 函也 함독、궤독 (凡緘藏物皆曰丨) 棺也 널독 匵同字 (屋)

[illegible] [상] 鼓匡 북동상 (養)

櫞 [연] 果名 枸丨 둥근불수감연、연나무무연 (先)

[illegible] [가] 樹斜貌丨椏 나무삐뚜러질가 (哿)

[illegible] [류] 木名 나무이름류 (尤)

櫙 [우] 刺榆 스무나무우 (尤)

櫜 [고] 箭器 鞬 전동고 弓衣 활집고 韜也 칼집고 甲衣 갑옷집고 (豪)

(十五)

櫬 [친] 木槿 무궁화나무친 棺也 관친 薪也 땔나무친 藽通 (震)

欜 [탁] 警夜ㅋ斗목탁탁 柝通 (藥)

櫪 [력] 櫟也 가죽나무력 馬皂 마판력 [illegible] 누

에발 력 (錫)

橑 [료] 柏也 측백나무 료 橑俗字 (蕭)

櫨 [로] 果名 과실이름 로 柱上柎欂ㅣ 주두 로 (虞)

櫡 [저] 木名 저나무 저 (實似柞子可食) (魚)

櫫 [저] 有所表識 揭ㅣ표할 저 杙也 말뚝 저 (魚)

櫩 [염] 屋四垂 처마 염 砌也 섬돌 염 曲屋步廊 처마기슭 염 檐、簷同字 (鹽)

櫱 [얼][알] 木肄生萌ㅣ 나무싹날 얼 枿同字 木根生萌ㅣ 나무뿌리에 싹돋을 알 (屑)(曷)

櫭 [결] 木釘檢ㅣ 나무못 결 (屑)

櫮 [악] 花盛開貌 꽃활짝필 악 (藥)

檣 [장] 帆柱 돛대 장 檣同字 (陽)

龒 [롱] 난간 롱 櫳同字

櫳 [롱] 養獸所 우리 롱 檻也、房ㅣ簾ㅣ 난간 롱 窓也 창롱 龒通 (東)

櫰 [회] 槐之別名 회화나무 회、괴나무 회 (花可染黃) 槐同字 (佳)(灰)

櫇 [빈] 柰也ㅣ婆 사과 빈 檳通 (眞)

櫼 [섬] 細葉 잔잎 섬 (鹽)

[木+篙] [고] 竿也 상앗대 고 (豪)

[木+遀] [타] 器之圓而長者 둥글길죽할 타 器之狹長 길쭉한 그릇 타 橢俗字 (哿)

[木+霍] [곽] 枳木 탱자나무 곽 (覺)

櫯 [소] 染緋木 단목 소 (虞)

[木+褭] [요] 木長弱貌 나무 휘청거릴 요 (篠)

欄 [란] 階除木 난간 란 牛圈 외양간 란 欄略字 (寒)

槮 [참] 木實 나무열매 참 (刪)

[木+隸] [례] 箕柄 자루 례 (霽)

[illegible] [포] 長大貌 길고 클 포 (豪)

櫲 [여] 美材、ㅣ樟 여장나무 여 (御)

(十七)

櫽 [은] 檃栝 栝 휠은、줄목은、도지개 은 檃同字、檼通 (吻)

[木+戲] [희] 杓也 蠡也 구기 희 桸同字 (支)

[illegible] [산] 鎖門橫木 빗장 산 (刪)

櫹 [소] 木長貌 나무 밋밋할 소 (蕭)

櫻

[앵] 果名ㅣ桃앵도앵、비찌앵(一名含桃ㅣ)黑 ㅣ벗나무앵(仲夏之月以含桃先薦宗廟) (庚) **檈** [선] 果名ㅣ味맛든대추선 (先) **櫵**

[초] 採薪나무할초 柴也나무초 樵同字 (蕭) **欆** [섭] 箑也椰ㅣ 삿자리섭 (葉) **欀** [양][상] 木名交ㅣ교 양나무양 道上

木길위에선 나무상 (漾)(陽) **欅** [거] 木名似檀ㅣ柳떡갈나무거 柜同字 (語) **櫺** [령] 檻也난간령 有間隔 窓살창령、완자창령

(俗格子窓) 梠也、檐ㅣ 문도리령 櫺同字 (青) **[木+麋]** [미] 菱也마름미 (支) **櫼** [첨][삼] 楔也문설주첨 木名 스기목삼 櫼同字 (鹽)(咸)

櫾 [유] 似橙而酢 유자유 (宥) **欄** [란] 階除木句ㅣ난간란 牛圈외양간란 闌通 (寒) **欂** [박] 枅也、柱上方木ㅣ櫨 주

두박 壁柱주 깃박 (藥) **櫶** [억] 杶也참죽나무억 檀也박달나무억 杻也싸리나무억 檍同字 (職) **[木+斂]** [렴] 棯ㅣ 木名나

무이름 렴 (鹽) **鐎** [초] 生麻날삼초 (嘯) **鐒** [로] 麻也삼로 (號) **欃** [참] 檀木박달나무참 (一名木蘭) 通水管수

통참 彗星ㅣ槍혜성참 欃通 (咸) **櫷** [귀] 槐木一種 느티나무귀 **欖** [람] 交趾果名감람나무람 欖俗字 (感) (大)

欋 [구] 盤錯나무뿌리얼킬구 四齒杷쇠스랑구 (虞) **櫑** [뢰] 傀儡꼭두각시뢰 (賄) **欌** [장] 所以藏衣의장장(韓)

檦 [표] 表也표할표 高枝높은가지표 記也적을표 標本字 (蕭)(篠) **櫐** [류] 藤也등나무류 (尤) **[木+蹙]** [축] 車轅수레멍에목

축 (屋) **[聶/木]** [섭] 단풍나무섭 欇同字 **欇** [섭] 杖也지팡이섭 楓也단풍나무섭 (葉) **橬** [잠] 青皮木무

무레잠 梣同字 (侵)

檷 [지] 木枝 나무가지 지 (紙)

欈 [주] 木名 나무이름 추 地名 땅이름 추 檇、檇同字 (支)

[雜+木] [잡] 海鳥ㅣ鶆 물새이름 잡 交雜 섞일 잡 (合)

權 [권] 攝官 권세 권 謀也 모사할 권 稱錘 저울질 권 始也ㅣ輿 비로소 권 平也 평할 권 反經 권도 권 (先)

[木+翟+又] [조] 燔餘木 탄나머지 조 (效)

欆 [쌍] 未張帆 桴ㅣ펴지않은배돛 쌍 (江)

欉 [총] 草木叢生貌 떨기로날 총 (送)

(十九)

[木+纂] [찰] 木錐 나무꼬챙이 찰 或音 절 (屑)

[木+離] [리] 藩也 柴木ㅣ울타리 리 籬同字 (支)

欐 [려] 小船 거두려 梁也 들보 려 (齊)(霽)

欏 [라] 裂衣也 찢을 라 籬也ㅣ落 울타리 라 似枇杷杪ㅣ사라나무 라 (歌)

欑 [찬] 叢木 회초리 찬、떨기 찬 積竹杖 대막대 쌓을 찬 地名ㅣ函 땅이름 찬 (寒、)

欗 [련] 棚也 시렁 련 (銑)

[木+關] [전][관] 杙也 말뚝 전 手相關 서손댈 관 (先)(刪)

[木+難] [나] 木盛貌 나무무성할 나 (哿)

欒 [란] 木名 似槿 나무이름 란 瘦貌 ㅣㅣ파리할 란 曲枅 엽장부 란 (寒)

欛 [파] 刀柄 칼자루 파 欛訛字 (禡)

[木+簽] [첩] 飯臿 주걱 첩 (葉)

(二十)

欔 [곽] 犂也 보습 곽 鍬也 가래 곽 (藥)

檷 [니] 絡杼 얼레 니 (紙)

欕 [엄] 鵲不踏木 엄나무 엄 (韓)

欓 [당] 越椒 월나라 산초 당 木桶 나무통 당 (養)

[木+樊] [잠] 荒也 거칠어질 잠 (侵)

(二十一)

櫋 [면] 木密貌 나무빽빽할 면 (先)

欘 [촉] 斤柄自曲者 절로굽은자귀자루 촉 鋤也 호미 촉 (沃)

欙 [류] 山行所乘 屐下施鐵 樏 썰매 류 樏同字 (支)

[木+疊] [첩] 木名 有緜可爲布

나무이름 첩 (葉)

欛 [과] 刀柄 칼자루 파 把通 (禡)

欖 [람] 交趾果名 橄ㅣ 감람나무 람 (感)(勘)

欗 [란] 柱類木ㅣ 목란 란 (寒)

欚 [례] 大船 큰배 례 (薺)

櫩 [첨] 屋㽉 추녀 첨、처마 첨 擔也 멜 첨 檐同字 (鹽)

(二十二)

欜 [낭] 盛物器 나무 함지박 낭 (陽)

欝 [울] 滯也 幽也、悠思 답답할 울 木叢生 나무떨기로 날 울 鬱俗字 (物)

⿰木彎 [만] 曲木 굽은나무 만 (删)

(二十四)

欞 [령] 檻也 난간 령 柖也 평고대 령 櫺同字 (靑)

欕 [염] 木名、其膠爲香 향나무 염 (鹽)

(二十五)

欟 [관] 木名 나무이름 관 (日)

欠部

欠 [흠] 不足 부족할 흠 張口解悟 하품할 흠 疲乏 [감] ㅣ伸 기지개 흠 陷也 빠질 흠、감 義同 (監)(陷)

(二)

次 [차] 第也 차례 차 亞也 버금 차 師止 군사머무를 차 至也 이를 차 舍也 집 차 幄也 장막 차 中也 가슴 차、속 차 所也 곳 차 急遽 造ㅣ、胷月ㅣ 급거할 차 位置 자리 차 行也 행차 차 (寘)

(三)

⿰己欠 [해] 笑而破顏 웃을 해 [이] 欬也 기침할 이 (灰)(紙)

⿰尸欠 [이] 嘯也 휘파람 불 이 (支)

⿸尸欠 [의] 歎聲 탄식할 의 (支)

⿰亡欠 [감] 愚也 어리석을 감 本音 함 (覃)

⿰山欠 [치] 嘲笑 비웃을 치 冷笑 냉소 치 嗤同字 (支)

(四)

炊 [유] 呼犬聲 개부르는 소리 유 (虞)

⿰开欠 [경] 貪也 탐낼 경 欬也 기침할 경 (庚)

欦 [함] 含笑 빙그레 웃을 함 貪欲 탐낼 함 欲同字 (覃)

⿰加欠 [홀] 怒聲 성낸 소리 홀 (物)

⿰乞欠 [기] 希願 바랄 기

吃也 말더듬을 기 (未)

𣢁 [와] 嫋也 약할 와 (麻)

𧈭 [희] 戲笑貌 ㅣㅣ 희롱하고 웃는 모양 희 (支)

欧 [구] 姓 名성 구 吐也 토할 구 捶擊 쥐어박을 구 歌也 노래할 구 歐略字 (有)(尤)

㰠 [향] 貪欲 탐낼 향 (陽)

欤 [여] 疑辭 그런가 할 여 歟美辭 아름답다 할 여 歟略字 (魚)

欥 [일] 喜悅 기뻐할 일 (質)

欣 [흔] 歡有力 짐승이 힘있을 흔 笑喜也 기쁠 흔 草木盛貌 초목 싱싱할 흔 忻同字 (文)

㰦 [흠] 嗷也 재채기할 흠 (文)

㰧 [희] 呻吟聲 신음하는 소리 희 (支)

五

𣢑 [함] 或也 혹 그러할 함 (覃)

欱 [형] 含笑貌 웃음 머금을 모양 형 (敬)

欯 [해] 飲也 마실 해 (灰)

𣢏 [합] 鼻息 ㅣㅣ 코로 숨쉴 합 (洽)

𣢐 [신] 吟也 읊을 신 苦吟 앓을 신 呻同字 (眞)

𣢒 [궐] 開也 열 궐 (月)

㰼 [초] 氣上蒸 ㅣ歊 김 오를 초 健也 건강할 초 (蕭)

𣢓 [유][욱] 愁貌 근심할 유、욱 義同 (有)(屋)

𣢔 [거] 張口運氣 欠ㅣ 志倦則 ㅣ 하품할 거 呿同字 (御)

𣢕 [지] 嘆也 한탄할 지 吐也 토할 지 (寘)

𣢖 [필] 吹也 불 필 (質)

𣢗 [게] 笑也 ㅣ欯 웃을 게 (霽)

欪 [줄] 無慙咄ㅣ 부끄럼 없을 줄 笑也 웃을 줄 (質)

㰾 [니] 和樂 화락할 니 和悅 기뻐할 니 (支)

欨 [구] 笑意 웃을 구 吹也 불 구 欠也 하품할 구 (虞)

𣢘 [함] 或也 혹할 함、혹 그러할 함 㔆同字 (覃)

𣢙 [하] 大笑 ㅣㅣ 크게 웃을 하 張口出息 입 벌리고 숨쉴 하 呵通 (哿)

𣢚 [액] 笑語 ㅣ歅 웃고 말할 액 (陌)

𣢛 [희] 氣逆 상기할 희 (支)

六

㰾 [참] 欣也 기쁠참、貪也 탐낼참 (覃)

𣢘 [유] 吠犬聲 개부르는 소리유 欣同字 (虞)

𣢑 [걸] 逆氣 숨찰걸 (月)

䖃 [해] 笑聲 웃는 소리해 (灰)

欫 [갱] 咳也 기침할갱 (庚)

𣢕 [이] 뜻은 未詳

欯 [힐] 喜也 기뻐할힐、笑也 웃을힐 (質)

欬 [해][애] 大呼 廣ㅣ 크게 부를해、因風氣逆ㅣ嗽 기침할해、疾言謦ㅣ 일깰해、言笑謦ㅣ 말하고 웃을해 咳同字、飽食喘息 배불러 숨찰애 噫通 (隊)(卦)

𣢾 [격] 吹聲 부는 소리격 (錫)

𣢋 [축] 愁也 근심할축 (尤)

欧 [구] 토할구、쥐어박을구、노래할구 歐同字

欱 [합] 合也、歛受意 합할합、歠也 크게 마실합、歛受之意 주름잡을합 哈同字 (合)

𣢚 [애] 歎聲 탄식하는 소리애 (佳)

欨 [순] 悅也 기쁠순、信也 믿을순 氣逆 숨찰순 (眞)

㰳 [궤] 疲極 피곤할궤 (紙)

䘏 [술] 蟲鳴ㅣㅣ 벌레울술 (質)

𣢍 [괄] 飲聲 마시는 소리괄 (月)

㰯 [하] 息也 숨쉴하 (麻)

𣢏 [왕] 佞也 아첨할왕 (養)

七

㰰 [랑] 貪也 탐낼랑 (陽)

𣢟 [구] 小兒凶惡 數ㅣ 어린아이 흉악할구 (宥)

欷 [희] 悲泣氣咽 느껴 한숨쉴희、歎也 탄식할희、含泣歎聲 흑흑 느낄희 唏同字 (未)(御)

欲 [욕] 期願 辭 心所貪愛 하고자할욕、將然 장차 慾通 (沃)

㰮 [신] 指而笑 손가락질하며 웃을신、빈정거릴신 或音 진 (軫)

𣢧 [관] 哀曲誠也 정성스러울관、敬愛 사랑할관、至也 이를관、誌也 기록할관 款同字 (旱)

𣢦 [함] 含笑 웃음 머금을함、貪欲 탐낼함 欿同字 (覃)

欵 관 정성스러울관、기록할관 款俗字

軟 삭수 吮也빨삭 著也붙을삭 含吸머금을삭 嗽通、上氣咳ㅣ기침수 嗽、瘷同字 覺 肴

欱 합 喘也氣逆숨찰합 或音협 合

㰦 괴 太息크게한숨쉴괴 卦

飲 랑 貪也탐낼랑 陽

欸 애 然也그렇다할애 歎也탄식할애 唉同字 棹歌曰ㅣ乃노젓는소리애 灰 賄

八

𣢾 욱 축 혁 吹氣숨을불욱、축、혁 義同、吹貌부는모양혁 屋 沃 職

欺 기 詐也、謾也속일기 自昧其心스스로속일기 陵也업신여길기 妄也망녕될기 支

欹 의 歎美辭ㅣ與거룩하다할의 猗通 支

歚 사 沓美착기좋을사 紙

歀 희 息也한숨휘내쉴희 歎 탄식할희 欷同字 微 未

歁 감 動也움직일감 感

㰴 부 語而不受말하며받지않을부 有

𣢐 아 驢鳴歌ㅣ나귀울아 禡

㱂 전 呻吟신음할전 霰

欿 감 不足意ㅣ然뜻에차지못할감 愁貌근심하는모양감 感

欽 흠 思望意ㅣㅣ물끄럼히쳐다볼흠 敬也공경할흠 恭也공손할흠 ㅣ差皇欽임금의말흠 鍾聲有節종소리절도있게맞춰질흠 侵

欻 훌 毀暴起급히일어날훌 忽也홀연훌 動也ㅣㅣ움직일훌 疾貌빠를훌 幽邃歘ㅣ으슥할훌 歘同字 物

𣢏 혁 去涕눈물씻을혁 錫

歏 혼 不可知ㅣㅣ알지못할혼 暗昧어둘혼 元

款 관 衷曲誠也정성스러울관 敬愛사랑할관 誌也기록할관 款同字

歑 호 出氣太息숨길게내쉴호 歑謼字 虞

欼 치 齧齒也씹을치 或音최 紙

歀 [관] 정성스러울관、사랑할관、기록할관 款俗字

欶 [졸] 吮也빨졸口飮마실졸 (質)

欩 [릉] 陵也능가할릉 (蒸)

⿰此欠 [자] 無廉恥염치없을자 (支)

⿰育欠 [욱] 警言也놀랄욱 (屋)

⿰死欠 [자] 惛死而復生까무라쳤다깨날자 (寘)

⿰谷欠 [우][구] 嘔也구토할우 蹴鼻코찡그릴구 (有)

款 [관] 叩也두드릴관 衷曲誠也정성스러울관 敬也공경할관 至也지극할관 留也머무를관 塞也막힐관 ―曲관곡할관 科條조목관 誌也기록할관 心有所欲――하고자할관 馬疲―段말파리할관 潞―낙관관 (旱)

九

⿰畢欠 [온] 逆氣피기할온、딸꾹질할온 (願)

歃 [삽] 飮也마실삽 盟而―血입에피발러맹세할삽 唼通 (洽)

⿰咸欠 [함][감] 含笑방그레웃을함 叫也부르짖을감 (覃)(勘)

⿰壴欠 [이] 驢鳴―欭나귀울이 (紙)

⿰客欠 [가] 呼吸숨쉴가 (麻)

歂 [천] 疾息헐떡거릴천 姓也―孫―師성천 口氣引吸들여마실천 喘同字 (銑)

歈 [유] 相手弄笑―舞희학질할유 歌名吳―巴―노래이름유 (虞)

歇 [헐] 不貴헐할헐 休息쉴헐 泄氣나른할헐 幽邃貌으슥할헐 消散흐터질헐 竭也다할헐 (月)

⿰盍欠 [합] 大吸한숨에훅들이마실합 翕也마실합 欱同字 (合)

⿰昏欠 [혼] 不知알지못할혼 暗昧어두울혼 飮同字 (元)

⿰門欠 [하] 吹氣숨쉴하 飮也마실하 咽喉病목구멍병하 (麻)(禡)

欵 [관] 정성스러울관、사랑할관、기록할관 款同字

⿰甚欠 [감] 意不滿뜻에차지않을감 食不滿음식나쁠감 (覃)

歄 [과] 弱也가날플과 婐也예쁠과 (麻)

⿰匽欠 [언] 大呼用力크게부르짖어힘

四畫—欠

쓸언 怒腹섬낸배언 (願)

[illegible] [전] 呻也신음할전、끙끙거릴전 (霰)

[illegible] [이] 相笑서로웃을이 歋同字 (支)

歆 [흠] 饗也머일흠 神饗食氣—享흠향할흠 動也움직일흠 欲也욕심낼흠 —羨흠선할흠 動也으슥할흠 (侵)

[illegible] [섭][협] 欲也바랄섭 貪也탐낼섭 吹氣숨쉴협 (葉)

歅 [인][연] 人名善相者奏九方— 사람의이름인、연義同 (眞)(先)

十

歂 [쉬] 問也물을쉬 (寘)

歋 [이] 相笑—歋서로웃을이 (支)

[illegible] [혜] 歎息탄식할혜 (齊)

歊 [효] 氣出貌——김오를효、기운나오는모양효 熱氣더운김효 喧也지거릴효 (蕭)

[illegible] [협] 翕氣기운들이마실협 (葉)

[illegible] [유] 言也말할유 (有)

[illegible] [해] 急氣貌급한기운모양해 (卦)

[illegible] [답] 聲也소리답 (合)

歏 [치] 嘲笑조롱해웃을치 嗤同字 (支)

[illegible] [요] 氣出貌——기운날요、기운나오는모양요 (蕭)

歉 [겸][감] 小也작을겸 荒歲—穀不升흉년들겸 不足부족할겸 食不滿양에차지않을겸 貪也탐할감 嗛也부리감 (陷)

[illegible] [요] 기운날요 歊同字

[illegible] [사] 嗄也목쉴사 (麻)

[illegible] [합] 大啜훅들이마실합 欱通 (合)

[illegible] [대] 喜也기뻐할대 (灰)

[illegible] [족] 吹氣숨쉴족 (沃)

[illegible] [함] 貪也탐할함 (感)

歌 [가] 永言以聲노래가 詠也읊을가 曲合樂장단맞출가 謌同字、哥通 (歌)

歍 [오] 心有所惡若吐아니꼬울오 구역질할오、토악질할오 (虞)

十一

㱃 [음] 마실음、먹을음 飮同字

[illegible] [가] 聲音노래가 曲合樂장단맞출가 歌同字 (歌)

歓 [환] 喜樂기꺼울환、조…

…아할환 親也 친할환 歡略字

[習+欠] 랍 不滿貌 ㅣ欿 서운해할랍 合

[責+欠] 색 語笑[厂+欠]ㅣ 말하며웃을색 陌

[康+欠] 강 空也 빌강 四穀不升曰ㅣ 흉년들강 饑虛 주릴강 陽

歒 적 小人喜笑貌 선웃음칠적 錫

[辶+白+方+欠] 유 言也 말할유 有

[登+欠] 최 一擧盡食 한입에다먹을최 齧也 씹을최 嘬同字 卦

歑 호 出氣太息 숨길게내쉴호 吹也 불호 虞

歎 탄 太息 탄식할탄 稱美 아름답다할탄 讚和 화답할탄 嘆同字 寒、翰

㱃 음 마실음、먹을음 飲古字

歏 근 欠也 하품할근 震

[婁+欠] 루 小兒凶惡ㅣ欨 어린아이흉악할루 宥

歐 구 吐也 토할구 姓也 성구 捶擊 주어박을구 歌也 노래할구 刀名 칼이름구 嘔、毆通、俗音우 尤 有

⑫

[虒+欠] 시 喝聲 목쉰소리시 支

歘 훌 忽也 홀연할훌 暴起 급히일어날훌 欻同字 物

歗 소 吹聲 부는소리소 嘯古字 嘯

[黑+欠] 흑 唾聲 침뱉는소리흑 咳也 기침흑 職

歖 희 卒喜 갑자기기뻐할희 支

歔 허 抽息ㅣ欷 한숨쉴허 泣ㅣ 흑흑느껴울허 魚

歙 흡 섭 歛氣 기운거둘흡 縮鼻 코막힐흡 縣名 고을이름흡、섭 義同 緝 葉

⑬

歛 검 乞也 구걸할검 貪也 탐할검 覃

[臾+欠] 유 鹿鳴 사슴우는소리유 有

[虍+豆+欠] 희 相笑 서로웃을희 戲也 희롱할희 支

歜 촉 잠 人名 顏ㅣ 사람이름촉 盛氣怒 크게성낼촉 菖蒲菹 昌ㅣ 창포김치잠 沃 感

[鼓+欠] 혁 체 唾聲 침뱉는소리혁 小笑貌 조금웃을체 錫

[嗇+欠] 식 怯也 겁낼식 職

歕 분 吹氣貌 기운불분 潠也 뿜을분 噴同字 元

⑭

[illegible] 획 吐聲토하는소리획 (陌)

[illegible] 적 痛聲앓는소리적 (錫)

歟 여 歎美辭아름답다할여 助辭어조사여、그런가할여 與通 (魚)

[illegible] 읍 愚也어리석을읍 (合)

十五

歠 철 大飲크게마실철 啜通 (屑)

[illegible] 우 氣逆기운역할우 慨也歎ㅣ개탄할우 (尤)

十七

[illegible] 영 怒氣성낸기운영 (梗)

[illegible] 참 笑也웃을참 (咸)

[illegible] 축 接口입맞출축 (尾)

十八

[illegible] 초 飲酒盡杯술다마실초 (嘯)

[illegible] 엽 첩 ㅣㅣ氣動貌기운뜰엽 取也취할첩 (葉)

歡 환 親也친할환 喜樂기뻐할환 酒也ㅣ伯술이름환 樹名合ㅣ나무이름환 懽同字、驩通 (寒)

十九

[illegible] 란 권 欠也하품할란 心惑貌마음현혹될란、권義同 (寒)(霰)

二十

[illegible] 곤 어리석을곤 [illegible]同字

[illegible] 곤 不可知알수없을곤 愚也어리석을곤 (元)

二十

[illegible] 탄 吟息탄식할탄、한 숨쉴탄 歎同字 (翰)

止部

止 지 停也그칠지 己也말지 靜也고요할지 居也거할지 息也쉴지 心所安마음편할지 留也머무를지 禮節예절지 行儀거동지 語助辭어조사지 至也이를지 (紙)

一

正 정 平也평할정 方直不曲바를정 長也어른정 當也마땅할정 分辨분별할정 常也떳떳할정 平質질정할정 位階從之對벼슬정 豫期미리작정할정 長官장관정 直也곧을정 ㅣ肉살코기정 ㅣ鐵시우쇠정 歲首정월정 射侯畫布中과녁정 室向明處남쪽창정 政通 (庚)

此 완 개 行步貌가는모양완、개義同 (諫)(泰)

二

[illegible]

[정] 정월정、바를정 正古字

此 [차] 玆也、斯也 이차(彼之對) 止也 그칠차 (紙)

𣥖? [차] 이차、그칠차 此同字

❸

𣥂? [보] 煮也 삶을보 (麌)

𣦍? [신] 待也 기다릴신 (震)

步 [보] 徒行 걸을보、다닐보 倍跬 걸음보 人才特出 獨ー 사람특별히날보 運也 운수보(國ー、天ー) 水際 물가보 瘦頸 선창보 首飾 머리치장보 (遇)

❹

𣥠? [달] 蹈也 밟을달 (曷)

歨 [보] 徒行 걸음보、다닐보 倍跬 두발자취보 步俗字 (遇)

𣦂? [정] 歲首 정월정 方直 바를정 正古字 (庚)(敬)

𣥤? [근] 가까울근 近古字

武 [무] 健也 건장할무 威也 위엄스러울무 勇也、斷也 날랠무 跡也 자취무 剛也 굳셀무 繼也、接ー 이을무 樂名、冠卷 풍류이름무 北方玄ー 북방무 軍官虎班 호반무 (麌)

歬? [전] 不行步而進也 걷지않고 나아갈전 (先)

𣦃? [전] 鬪也 싸울전 競也 경쟁할전 戰古字 (霰)

𣥶? [려] 나그네려、손님려 旅古字

𣥐? [기] 岐路 갈림길기 (支)

歧 [기] 飛行貌ーー 둥둥떠다닐기 路二達 갈두 갈래길기 岐通 (支)

❺

距 [거] 搪也 찌를거 止也 그칠거 超ー 뛸거 違也 어길거 至也 이를거 抗也 막을거 戾也 어그러질거 距通 (語)

岥? [괴] 履也 밟을괴 (寘)

歪 [왜] 不正 비뚤어질왜、기울왜 本音외 (佳)

❻

峙? [치] 抗也 겨룰치 不前ー躇 주저할치 歭也 모을치 供具 받들치 歭同 峙通 (紙)

𣦆? [저] 盛物於器 담을저 (御)

𣦡? [근] 足踵 발꿈치근 跟同字 (元)

𣥐? [전] 싸울전 戰古字

歬 [전] 앞전 前古字

❼

𣥺? [도] 止也 머무를도 (虞)

❽

峀 [치] 이치 峀俗字
堂 [상] 掌拒 밋다닐상 (漾)
歸 [귀][궤] 還也 돌아올귀、돌아갈귀 餉也 먹일궤 歸同字 (御)(寘)

崪 [취] 待也 기다릴취 (寘)
㞙 [축] 至也 이를축 (屋)
㟻 [정] 止也 그칠정 (迥)
䟕 [담] 足跡重貌 발자국 포개결답 (合)

齒 [저] 盛物於器 담을저 齒同字 (御)
歬 [전] 𠝣刀가위전 齊斷 싹벨전 前古字 (先)

(九)

歮 [삽] 止也 머무를갑、그칠갑 (洽)
歲 [세] 年也 해세 年穀之成 곡식익을세 太ㅣ 태세세 時候 철후세 年齡 나이세 光陰 세월세 豊年 풍년세 星名 별세 (霽)
踵 [종] 足跟 발꿈치종 ㅣ武 繼也 이을종 躡也 밟을종 踵同字 (腫)
澀 [삽] 不滑 껄끄러울삽 酸苦 떫을삽 墻疊石成文ㅣ浪 돌무늬삽 澀、澁、濇同字 (緝)
䟤 [벽] 止也 그칠벽 (職)

(十)

歷 [력] 지날력、전할력 歷同字

歶 [후] 休息 쉴후 (尤)

(十一)

整 [정] 齊也 가지런할정、정돈할정 整同字 (梗)
𣦁 [적] 正齊 바를적 (陌)

(十二)

蹲 [준] 踞也 걸터앉을준 聚也 모을준 蹲同字 (阮)
蹻 [교][갹] 企也 바랄교 ㅣ擧足 발제겨디딜교 驕貌 교만할갹 蹻同字 (蕭)(篠)(藥)
歷 [력] 傳也 전할력 過也 지날력 行也 행할력 次也 차례력 盡也 다할력 靜也 고요할력 踰越 넘을력 釜鬲鍋ㅣ 다리굽은가마력 明也 역력할력 文章貌ㅣ錄 문체날력 列貌ㅣㅣ 벌린모양력 (錫)

(十三)

躄 [벽] 跛也 절름거릴벽 躄同字 (陌)
躇 [저][착] 躊ㅣ 住足 머뭇거릴저 不次超也 건너뛸착 躇同字 (魚)(藥)

(十四)

𣦦 [귀] 傷也 상할귀 (未)

歸 [귀][궤] 還也 돌아올귀、돌아갈귀 還所取之物 돌려보낼귀 嫁也 于ㅣ 시집갈귀 投也 던질귀 附也 붙좇을귀 許也 허락할귀 卦名ㅣ 妹괘이름귀 終也 끝귀 帰、皈同字 餉也 먹일궤 饋、飯同字 ㊞微 ㊞眞

⑯ 歷 [력] 積也 쌓을력 ㊞錫

⑳ 顰 [빈] 眉蹙 누살찌푸릴빈 效ㅣ强學 흉내낼빈 ㊞眞

叡 [예] 深明通達 밝을예 王也 임금예 聖人 성인예 叡同字 ㊞霽

歹部

歹 [알][대] 剔骨之殘 살발은 뼈알 逆也 거스릴대 ㊞曷 ㊞賄

歺 [알][대] 살발은뼈알、거스릴대 歹同字

歹 [대] 逆也 거스릴대 好之反 좋지않을대 惡也 괴악할대 ㊞賄

② 𣦸 [진] 盡也 다할진 絕也 끊을진 滅也 멸할진 善也 착할진 殄古字 ㊞銑

𣦶 [사] 죽을사 死同字

𣦼 [잔] 穿也 후빌잔 ㊞寒、

𣦹 [후] 剨也 저밀후、베일후 朽也 썩을후 朽同字 ㊞有

死 [사] 歿也 죽을사 絕也 끊일사 終也 마칠사 盡也 다할사 氣散 기운흩어질사 危險 위태할사 ㊞紙

③ 𣦽 [훌] 流也 흐를훌 ㊞質

𣦿 [결] 盡也 다할결 ㊞屑

𣧁 [체] 喘也 헐떡거릴체 極疲 고달플체 ㊞霽

𣦹 [후] 朽也 썩을후 ㊞宥

④ 𣧀 [천] 殘餘 나머지천 ㊞銑

𣧃 [주] 郡縣 고을주 行政區劃名 주 水中可居 섬주 州古字 ㊞尤

𣧆 [흉] 吉之反 흉할흉 禍也 재앙흉 暴虐 사나울흉 凶同字 ㊞冬

歾 [몰][홀] 죽을몰、다할홀 歿同字

歿 [몰][홀] 終也 죽을몰 舒緩貌 殟ㅣ 느즈러진모양몰 盡也 다할몰、홀 義同、沒通、歾同字 ㊞月

𣧈 [설] 夭死 일찍죽을설、단수할설 ㊞屑

𣧊 [찰] 癘疾 염병찰、夭死 일찍죽을찰

點 ⿰歹支 고 打也 칠고 挍也 견줄고 皓

⿰歹止 찰 厲疾 모진병찰、염병찰 黠

⿰歹丹 란 獸食餘 짐승먹던찌꺼기잔 寒

殁 몰 死也 죽을몰 舒緩貌 천천할몰 歿同字 月

⿰歹欠 자 死而復生 까무러첫다깨날자 支

⿰歹夬 계 極疲 몹시고달플계 死也 죽을계 霽

⿰歹內 눌 心亂殟ㅣ 심란할눌 月

殀 요 短折 요사할요 斷殺 끊을요 屈也 굽을요 夭同字 篠

⿰歹丑 류 欲死 죽으려할류 尤

五

⿰歹尔 진 다할진、멸할진 殄略字

殆 태 危也 위태할태 幾也 거의태 近也 가까울태 始也 비로소태 將也 장차태 賄

⿰歹囚 수 殘也 남을수 尤

殂 조 往死ㅣ落 죽을조 虞

殃 앙 禍也 재앙앙 罰也 벌앙 咎也 허물앙 ⿰礻央同字 陽

殄 진 盡也 다할진 絕也 끊어질진 滅也 멸할진 善也 착할진 本音 전 銑 軫

⿰歹失 질 厲鬼 염병귀신질 寘

⿰歹民 면 矜也 불쌍히여길면 銑

⿰歹乍 조 往死ㅣ落 죽을조 殂古字 虞

⿰歹句 후 剖也 저밀후、베일후、쪼갤후 ㅣ朽也 썩을후 ⿰歹后俗字 순 、以人從葬 죽은사람을따라죽을순 殉譌字 震

⿰歹冬 종 마칠종、끝낼종 終古字

⿰歹皮 피 剖開肉 살찢어버릴피 枝折 가지찢을피 披通 支 紙

⿰歹戌 설 盡也 다할설 屑

⿰歹出 굴 死而不朽 죽어썩지않을굴 ⿰歹屈同字 物

⿰歹立 읍 危也 위태로울읍 緝

⿰歹生 생 死而更生 죽엇다살아날생 庚

⿰歹古 고 枯也 마를고 殃也 재앙고 虞

六

⿱亠死 란 臨死時迷亂沒覺 ⿱𥫗死ㅣ 죽으려할란 翰

⿰死欠

[자] 死而復生 까무라쳤다 개날자 殀、殀同字 (眞)

列 [례] 病也 앓을례 (霽)

残 [잔] 凋傷 쇠잔할잔 害也 해할잔 餘也 나머지잔 殘略字 (寒)

⿰歹米 [미] 米半壞 반끔썩은쌀미、절미미 (薺)

殉 [순] 營也 경영할순 以人從葬 따라죽을순 求也 구할순 (震)

⿰歹各 [락] 卒死 殗ㅣ 갑자기죽을락 (藥)

⿰歹艮 [면] 矜也 불쌍할면 (銑)

⿰歹⿱巛山 [노] 限也 한할노 (號)

殊 [수] 絶也 끊어질수 異也 다를수 死也 죽을수 誅也 목베일수 傷也 상할수 語助辭 어조사수 (虞)

⿰歹先 [승] 欲死 ㅣㅣ 죽고자할승 (迥)

⿰歹肉 [잔] 禽獸食餘 짐승이먹던찌꺼기잔 殘同字 (寒)

殈 [혁] 卵坼不成 알터질혁 (職)

⿰歹戈 [설] 盡也 다할설 (屑)

⿰歹欠 [자] 死而復生 죽었다깨어날자 (眞)

七

⿰歹寽 [뢰] 病也 앓을뢰 (泰)

殐 [속] 殭也 죽어썩지않을속 (屑)

殑 [긍] 鬼出也 귀신나올긍 欲死 죽으려할긍 (蒸)

⿰歹見 [모] 飽厭 물릴모 俗音묘 (效)

殍 [표] 餓死 굶어죽을표 莩同字 莩、摽通 (篠)

⿰歹妥 [뇌] 弱也 猥ㅣ 약할뇌 (賄)

⿰歹斤 [석] 欲死貌 죽으려하는모양석 (錫)

⿰歹斨 [척] 裂也 찢을척 (陌)

⿰歹亭 [정] 腫也 부을정 (庚)

殌 [결] 死也 죽을결、경 義同 (月)(庚)

⿰歹角 [곡] 臨死畏 刧 죽기를 섭낼곡 (屋)

殏 [구] 死也 죽을구 終也 마칠구 (尤)

⿰歹卯 [묘] 殘骨 남은뼈묘 (效)

八

殙 [혼] 不明了 흐리멍덩할혼、혼미할혼 瞀也 아찔할혼 矜也 불쌍할혼 惛同字 (元)

⿰歹宛 [완] 人死貌 사람죽은모양완 (阮)

⿰歹奇

[기] 棄也버릴기 死也 大ㅣ죽을기 (支)

𣨙 [위] 枯死말라죽을위、시들위 病也병들위 (支)

𣨜 [마] 無也없을마 (禡)

殂 [조] 往死ㅣ落죽을조 殂古字 (虞)

殘 [잔] 害也、賊也해할잔 凋傷落零쇠잔할잔 餘也나머지잔 戔通 (寒)

殗 [엽][엄] 病而不甚ㅣ殜、病也병심치않을엽 重疊貌덥덥할엽 死也죽을엽 (葉)

𣩅 [악] 卒死ㅣ殆갑자기죽을악 (覺)

𣨼 [굴] 死而不朽죽어썩지않을굴 (物)

𣨛 [졸] 死也죽을졸(大夫死稱) 終也마칠졸 卒通 (質)(月)

殀 [요] 害也해할요 (蕭)

殔 [이] 瘞也理葬묻을이 (寘)

㱁 [심] 草木萎死초모ㅣ시들어죽을심 (沁)

殕 [부][무][복] 腐也썩을부 物腐生黴곪을무 곰팡이날무 斃也죽을복 (有)(麌)(職)

殜 [엽] 羸病병들엽 衰也쇠할엽 殜俗字 (葉)

殖 [식] 蕃也성할식 불을식 生也날식 種也심을식 增也많아질식 長也자라날식 平正ㅣㅣ평정할식 興生財利불릴식 骨ㅣ뼈식 (職)

𣨋 [어] 枯死말라죽을어 (語)

𣨶 [봉] 死也죽을봉 (腫)

𣩓 [강] 屍體시체강 송장강 (漾)

九

殜 [엽] 病也병들엽 (葉)

𣩃 [췌] 疲困피곤할췌 (隊)

㱢 [외] 不知人事ㅣ殘정신모를외 (賄)

殙 [혼] 心不明了흐리멍덩할혼 瞀也아찔할혼 未立名而死어려서죽을혼 殙本字 (元)

殦 [고] 枯也말라죽을고 (皓)

㱔 [화] 災害재앙화 殃也앙화 최 禍同字 (哿)

殬 [도] 敗也패할도 (遇)

𣩯 [려] 疾疫염병려 (霽)

殛 [극] 誅也죽일극 誅責귀양보낼극

극 (職) ⿰歹彥 [언] 弔生위문할 언 唁同字 (嚴) ⿰歹柬 [란] 破壞깨뜨릴란 (翰) ⑩ ⿰歹冥 [명] 昏晦어둘 명 夜也밤명

愚也어리석을 명 冥俗字 (靑) ⿰歹盍 [의] 物彫死시들어죽을의 (寶) 殕 [부] 썩을부、두부 腐同字 ⿰歹秦 [진] 盡也다

할진、극진할진 (眞) 殠 [추] 腐氣썩은냄새추 臭通 (肴) 殞 [운] 落也떨어질운 歿也죽을운 (軫) ⿰歹豈 [개] 殺

羊出胎양죽여태주낼개 胲胎첫아이밸개 (灰) ⿰歹宰 [재] 滅也멸망할재 (賄) ⿰歹高 [고] 曝也볕바랠고 (晧) ⿰歹鬼

[회] 愚也어리석을회 (賄) 殟 [올][온] 心亂ㅣ殉、病暋심란할올 胎敗낙태할올 病也병들온 極也극진할온 (月)(元) ⑪

⿰歹責 [지] 獸死짐승죽을지 病也병들지 (寘) ⿰歹貫 [관] 盡也다할관 (諫) ⿰歹焦 [소] 爛也불에데일소 (虞) ⿰歹崔

[최] 破也깨질최 (隊) 殢 [체][혜] 困極나른할체 滯也막힐혜 (霽) ⿰歹宿 [축] 收也거둘축 退也물러갈축 羸之反오그라

질축 縮同字 殤 [상] 未成人喪아이죽을상 (陽) ⿰歹寅 [인] 遠也멀인 (眞) ⿱莫歹 [막] 死而寂也죽어고요할막

(藥) 殣 [근] 瘞也묻을근 餓死굶어죽을근 (震) ⿰歹莫 [막] 죽어고요할 막 募同字 ⑫ ⿰歹最 [세] 瘦病파

리할세、마르는병세 (泰) ⿰歹斯 [사] 盡也다할사 死也죽을사 (寘) ⿰歹尞 [료] 敗也패할료 (嘯) 殨 [궤] 爛

也문드러질궤 腫決종기터질궤 (隊) 殫 [탄] 竭盡다할탄 (寒) 殧 [축][추] 終也마칠축 殄也죽을추 (屋)(有) ⿰歹賁 [분] 殘

骨살은썩고뼈만남을분 (問)

殩 [찬] 饋喪家食—孝상제먹일찬 (翰)

殪 [에] 殺也죽일에 死也죽을에 (霽)

(十三)

殜 [엽] 病也앓을엽 (葉)

𣩍 [벽] 죽으려할벽 𣩶同字

𣩶 [벽] 欲死죽으려할벽 (陌)

殁 [몰] 臨死之時迷亂沒覺—死죽으려할때가무러칠몰 (月)

殬 [두] 敗也괘할두、걸두 (遇)

殮 [렴] 殯也빈소할렴 衣也염할렴 斂通 (鹽)

殭 [강] 殭蠶自마른누에강 死不朽죽어썩지않을강 (陽)

殨 [예] 死物殘—죽은물건예 (隊)

(十四)

殯 [빈] 死體入棺不葬致—빈소빈 (死在棺將遷葬、柩賓遇之) 送葬歌상여소리빈 殮也염할빈 (震)

殟 [애][갑] 死也죽을갑 (合) 依也의지할애 (泰)

殗 [엽][업] 病也병들엽、나무오빼빼할엽 殁也죽을엽 殗同字 (葉)(鹽)

殦 [조] 牛羊死也소、양이죽을조 (嘯)

⿱畺死 [강] 사也자빠질강、넘어질강 (養)

(十五)

殲 [소] 爛也데어러질소 (虞)

殰 [독] 胎敗낙태할독 贕同字 (屋)

(十六)

殦 [려] 臚也배불룩할려 (魚)

⿱𦥯死 [욕] 屈而短貌구부려작아질욕 (屋)

⿰歹歷 [력] 幾至死境거의죽으려할력 (錫)

(十七)

殨 [란] 爛敗물러질란 (魚)

殲 [섬] 滅也멸할섬 盡也다할섬 (鹽)

(十九)

殯 [전] 沒落떨어질전、죽어넘어질전 (先)

⿰歹羸 [라] 畜產疫病병들라 (歌)

殳部

殳 [수] 兵器八稜無刃、書去팔모창수 擊也칠수 杸同字 (虞)

(四)

殴 [구] 捶擊쥐어박을구 毆略字

本音 우 (有)

𣪘 [담][근] 下擊上 칠더칠담 或音 침 治也 다스릴금 禁也 금할금 制也 제어할금 (咸)(侵)

(五)

𣪠 [살][쇄][시] 戮也 죽일살 降也 내릴쇄 弑也 죽일시 殺同字 (黠)(卦)(寘)

段 [단] 擇物 고를단 推物分片也 조각단 階也 층단 姓也 성단 馬名 款ㅣ 말이름 단 (翰)

(六)

殺 [살][쇄][시] 죽일살、내릴쇄、죽일시 殺俗字

㱿 [각] 皮甲 껍질각 殼同字 (覺)

殷 [은][안] 大也 클은 衆也 많을은、무리은 中也 가운데은 成湯國號 은나라은 盛貌ㅣㅣ 성한모양은 雷聲 우뢰소리은 殷通、赤黑色 검붉은빛안 (文)(删)

(删)

𣪊 [개] 笑也 웃을개 (灰)

(七)

𣪩 [구] 구할구 救同字

殶 [두] 遠而擊 멀리칠두 (尤)

㱿 [학] 嘔吐 토할학、구역질할학 㱿通 (覺)

𣪍 [감] 忍爲 구태여감 冒昧辭 감히감 勇也 날랠감 敢古字 (感)

殺 [살][쇄][시] 矢鏃 화살촉살 戮也 죽일살 散貌ㅣ然 흩은모양살 垂貌 驟ㅣ 드리운모양살 煞、䊛同 減也 감할쇄 疾也 빠를쇄 降也 내릴쇄、시 義同 弑同字、殺俗字 (黠)(卦)

㲈 [진] 動而喜貌ㅣㅣ 움직이며 기뻐하는모양진、擊也 칠진 (眞)

殸 [성] 소리성 聲古字

殹 [예] 聲相應 소리 마주칠예 (霽)

(八)

殽 [효] 雜錯混ㅣ 혼잡할효 亂也 어지러울효 豆ㅣ 核實 마른안주효 俎實 진안주효 肴、餚同字 淆通 (肴)

𣪏 [등] 挨也 부딪칠등 推也 밀등 (庚)

㱻 [각] 素也 본디각 皮甲 껍질각 質也 바탕각 從上擊下 내리칠각 殼同字、㱿通 (覺)

毃 [구] 謹也 삼갈구 屈也 구부릴구 強打 세게칠구 (宥)

𣪐 [공] 擊也 칠공 (東)

九

毅 [의] 果敢 굳셀의 妄怒 성발끈낼의 毅同字 (未)

毀 [훼] 壞也 무너질훼 燬之할훼 訾也 헐담할훼 瘦也 상게 얼굴파리할훼 小兒更齒 아이이갈훼 (紙)

[illegible] [계][격] 食養之─ 畜 먹어기를계 拂也 떨칠격 (霽)(錫)

[illegible] [준] 築也 쌓을준 (震)

殿 [전] 宸居宮─ 대궐전、전각전 軍後 후군전 下功 저은공전 (上功曰最、下功曰─) 呻也─屎 신음할전 鎮也 진압할전 (霰)

十

[illegible] [격][기][계] 相擊聲 마주치는소리격 勤苦用力 부지런히힘쓸기 拂也 물리칠격 戈戟類─兵 창격 食養 먹여기를계 喫通 (錫)(霽)

[illegible] [재] 殺也 戮也 죽일재 (賄)

[illegible] [동] 擊空聲 궁궁울리는소리동 (冬)

毃 [각] 橫擿 걸매로칠각 擊頭 머리따릴각 敲通 (覺)

[illegible] [계][개] 係也 맬계 害也 해할개 盡也 다할개 辱也 모욕줄개 (霽)(泰)

十一

毆 [구] 捶擊 쥐어박을구 本音우 (有)

毅 [의] 果敢 굳셀의 (─弘─剛) ─ㄴ妄怒 성발끈낼의 (未)

[illegible] [참] 擊也 칠참 (豏)

十二

[illegible] [쟁] 撞也 칠쟁、두드릴쟁 (庚)

[illegible] [령] 多聲 많은소리령 (庚)

[illegible] [소] 舜樂 大─ 풍류소 韶同字 (蕭)

[illegible] [착] 穿也 뚫을착、꿸착 (屋)

毈 [단] 卵壞不成子 알곯을단、알까지못할단 (翰)

[illegible] [쟁] 鎗也 쩌글쟁、다닥칠쟁 (庚)

毇 [훼] 精米 쌀쓿을훼、정미할훼 糳同字 (紙)

十三

㲉 [각] 鳥卵、物之孚 甲 새알각 (覺)

十四

[illegible] [곡] 未練枲 麻 삶지않은 삼곡 (屋)

[illegible] [갱] 不可近 가까이못할갱、멀리할갱 (庚)

[illegible] [예] 深明通達 밝을예 王也 임금예 賢也 어질예 叡籀字 (霽)

毉 [의] 交州木名 나무이름의 醫也 의원의 毉同字 (支) 毃 [수] 擊也 칠수 (尤) 毅 [의] 果敢 굳셀의 妄怒 성발끈낼의
毅隷字 (未) 毇 [찬] 小舂 조금 찧을찬 (願) ⑮ [illegible] [예] 美也 아름다울예 (霽) ⑰ [illegible] [감] 打鼓 북칠
감 (感) ⑲ [illegible] [룽] 聲也 소리룽 (冬) 毊 [효] 大磬似犁錧 큰경쇠효 (蕭) [illegible] [등] 鼓聲 북소리등
(蒸) [illegible] [렴] 鏡匣 경대 함렴 (鹽) ⑳ [illegible] [력] 别離 나눌력 떠날력 (錫)

毋部

毋 [무] 莫也 없을무 禁止勿爲辭 말무 地名 [illegible] ㅣ 땅이름무 無通、夏后冠 ㅣ 追 하우씨관무 (虞)(尤) 毌
[관] 貫也 꿸관 地名 ㅣ 丘 땅이름관 魏人複姓 ㅣ 丘儉 성관 貫通 (翰) ① 母 [모] 父之配、生我慈親 어미
모 (惟天地萬物父 ㅣ) 妻 ㅣ 聘 ㅣ 장모모 禽獸之牝 암컷모 ㅣ 體 모체모 俗音무 (有) ② 每 [매] 매양매、각각
매 每略字 ③ 毎 [매] 매양매、일상매、각각매 每本字 毎 [매] 매양매、각각매 每同字 每 [매] 凡也 무릇매 常也 매양
매 일상매 各也 각각매 貪也 탐할매 雖也 비록매 屢也 여러번매 草盛 풀성할매 數也 셈매 田美 좋은밭매 (賄)(灰) 毐 [애] 人無行 嫪 ㅣ 음란
할애 娭古字 (賄) ④ [illegible] [번] 獸足掌 짐승발바닥번 蹯古字 (元) 毑 [자] ㅣ 㜋、母也 어머니자 (哿) 毒 [독] 惡也 痛也 독할
독、아할독 痛也 아플독 害也 해할독 苦也 괴로울독 恨也 瘨 ㅣ 草 害茶 ㅣ 한할독 國名 나라이름독 憎也 미워할독 化育亭 ㅣ 기를독 (沃)

⑤ 毒 [독] 독할독、아할독 毒本字

毑 [자] 母也어머니자 紙

⑩ 毓 [육] 稚也어릴육、養也기를육 盛多郁—번성할육、많을육 育同字 屋

比部

比 [비][필] 類也같을비 校也비교할비 方也—例、刑官—部견줄비 庇通、和也화할비 蓛也아우를비 次也—鄰차례비 胡革帶鉤허리대갈구리비 虎皮—皐호피비 地名—蒲땅이름비 密也빽빽할비 及也미칠비 從也좇을비 頻也자주비 待也기다릴비 櫛具—余참빗비 卦名、失위괘이름비 偏也치우칠비 次也櫛—차례필、결번할필 支 紙 寘 質

⑤ 毘 [비] 도울비、밝을비、몸부드러울비 毗同字

㲋 [착] 獸名—青色似兔짐승이름착 藥

毗 [비] 明也밝을비 厚也두터울비 輔也、助也도울비 體柔旁—몸부드러울비 革帶鉤犀—혁대갈구리비 支

毖 [비] 愼密懲—삼갈비 勞也수고로울비 泉流貌샘물졸졸흐를비 寘

⑥ [illegible] [비] 도울비、밝을비 毗同字

[illegible] [비] 明也밝을비 厚也두터울비 助也도울비 體柔몸굽신거릴비 毗本字 支

⑨ 㲛 [결] 貕也다람결 屑

⑩ 毚 [시] 貕也담비시 寘

⑬ 毚 [참] 樹名—檀나무이름참 狡兔약은토끼참 咸

⑮ 𪚩 [박] 疾也빠를박 陌

毛部

毛 [모] 序齒나이차례모 髮—班白터럭반흰셀모 毫也眉髮之屬터럭모 草也풀모 羊也柔—양모 去—뢰할모 莎草떼모 氂同

字(豪)

㊁ 毝 [녕] 犬毛㲁ㅣ 개털녕 (徑)

㊂ 𣬛 [휘] (ㅣ下大將旗) 대장기휘 麾同字 (支)

㊃ 𣬩 [개] 獸毛細者 짐승의가는털개 (卦)

㲃 [삽] 眼睫長貌 속눈섭긴삽 (合)

𣬷 [괘] 多毛ㅣ毹 털많을괘 (泰)

𣬶 [분] 毛落 털빠질분 (文)

毟 [모] 拔引取 뜯을모 (日)

𣬜 [지] 輕毛 가벼운털지 毛纖 털로짠베지 (支)

𣬸 [염] (在頤日 鬚在頰曰) 高帝美鬚 구레나룻염 髥、髯同字 (鹽)

毞 [비] 罽也 털로짠베비 (支)

𣭈 [조] 毛起貌、털우수수일어날조 輕毛 가벼울조 (蕭)

㊄ 𣭋 [조] 鳥抱卵 알품을조 毣同字 (肴)

𣭌 [조] 鳥抱卵 알품을조 毣同字 (肴)

毧 [무] 毛密貌 털많이날무 (肴)

𣭎 [루] 毯席 담자리루、담방석루 (虞)

𣭍 [초] 鳥尾翹毛ㅣ 毹 새꽁지초 (蕭)

𣭏 [유] 毛 번털유 (虞)

𣭀 [책] 初生毛 갓난털책 (陌)

𣯛 [피] 毛也 털피 (支)

毡 [전] 蹍毛成片 전전 氈俗字 (先)

毠 [가] 毛衣 털옷가 (麻)

𣭁 [령] 毛結不理 털엉킬령 (靑)

𣭒 [구] 毛毯 담요구、담자리구 (虞)

𣭉 [생] 毛起貌ㅣ𣯳 털끝일어설생 (庚)

𣭇 [모] 旗懸牛尾幢也 소꼬리모 星名 별이름모 鹿 毛氄長 긴털모 老人 늙은이모 旄同字 (豪)(號)

𣭠 [진] 毛髮齊貌 털이가지런할진 (軫)

毞 [비] 毯類 담비 (支)

㊅ 㲇 [타][열] 羽毛解脫 털바꿀타、열 義同 (箇)(屑)

毨 [선] 毛落更生整理 털다시나서 고를선 (銑)

毢 [시] 張羽貌毸ㅣ 날개벌릴시 毸同字 (灰)

𣭶 [첩] 目睫長

四畫―毛

속눈섭 갈합 (合) **⿰毛戍** [수] 毛也 털수 (遇) **⿰舟毛** [전] 毛席 담 자리전 (先) **⿱羽羽毛** [목] 小好貌 함함할목 毛濕 털젖

을목 毸貌ㅣㅣ새와각하는 모양목 (屋) **⿱羽羽毛** [목] 털젖을목 ⿱羽羽毛同字 (屋) **毠** [여] 犬多貌 개털 많을녀 (魚) **毧**

[융] 細毛 가는털 융、솜털융 (東) **毦** [이] 兜上飾 투구치장할이 結毛爲飾 머리털이 羽毛飾 깃과 털로 꾸민이 錦名、兜羅ㅣ 비단

이름이 (眞) **毥** [순] 初生貌 솜털순 (震) ⊕七 **⿺毛束** [수] 氍毹 담요수 (虞) **⿰車毛** [수] ⿺毛束同字 담요수 **毬**

[구] 戱具 鞠九鞠 蹴 제기구、공구 紅荔枝 여주구 毛布花ㅣ 화모담요구 帶名團ㅣ 띠이름구 (尤) **⿰足毛** [연] 錦類 越ㅣ 비단연 (先) **毫**

[호] 極細秋ㅣ 극히가는호 長銳毛 가는고긴털호 數名 十絲 호 毫筆也 揮ㅣ 붓호 小也 조금호 豪通 (豪) **⿱沙毛** [사] 毛長貌 毿ㅣ 털긴모양

사 (歌) (麻) **⿰夾毛** [첩] 目毛 속눈섭 첩 睫、䀹同字 (葉) **⿰肖毛** [소] 새꽁지 소 ⿰能毛同字 **⿰犮毛** [발] 短毛 짧은 털발 (月)

毨 [선] 罽也 ㅣ毯 털로 짠베선 (先) **⿰孝毛** [호] 攬也 어지러울호 揉也 비빌호 (豪) **⿰來毛** [래] 班毛 얼룩털래 (泰) **毭**

[두][나] 罽也 담요두 毛[illegible][illegible]屬 담자리나 (肴) (藥) **⿰能毛** [소] 鳥尾毨ㅣ 새꽁지소 (蕭) ⊕八 **毱** [국] 毬也 蹴ㅣ 제기 국 踘同字 (屋)

毰 [배] 張羽貌 ㅣ毸 날개펼배 (灰) **⿺毛隹** [용][모] 多也 많을용 氄同字 ㅣ毨毛更生整理 털함치르르할모 毛同字 (腫) (號)

⿱知毛 [지] 毛多 털많을지 (紙) **⿰果毛** [구] 毯毹 담요구 (虞) **毯** [담] 毛席 담 자리담 (感) **⿰㝵毛** [두] 毛 사털

적을득 (職)

𣭉 [졸] 毛貌 털모양졸 毛生貌 털나는모양졸 (月)

𣮎 [리][래] 氂毛 어세털리 毛起 털일어날리 犬名 개이름리、래 義同 (支)

毳 [취] 毳名 면류관이름취 獸細毛 짐승의가는털취 柔美物甘ㅣ 부드럽고아름다울취 氈也ㅣ幕 담장막취 (霽)

毯 [담] 毛席 담요담 毤同字 (感)

毲 [랄] 織毛成罽 모직랄 (曷)

⑨

毰 [방] 罽也ㅣ毹 털로짠베방 (養)

毽 [건] 拋足之戲 具제기건 (願)

毱 [국] 養也 기를국 告也 고할국 盈也 찰국 蹋ㅣ毬子 제기국 鞠同字 (屋)

毹 [수] 織毛褥 담요수 (尤)

𣬛 [내] 多毛毻ㅣ 털많을내 (泰)

毸 [시] 張羽毰ㅣ 날개벌릴시 毢同字 (灰)

𣮏 [영] 毛布 털베영 (梗)

𣯉 [견][변] 長毛 긴털견 結毛不理ㅣ毵 털엉킬변 (銑)

𣰇 [유] 毛席氍ㅣ 털방석유、담요유 毹同字 (虞)

毠 [가] 毛衣、ㅣ毠 털옷가 (麻)

毹 [유] 毛席氍ㅣ 털방석유 (虞)

毷 [모] 解也 풀모、끄를모 解毛 털벗을모 (號)

毼 [갈] 罽也 氀ㅣ 털로짠피륙갈、담요갈 (曷)

毧 [용] 細毛 가는털용 (東)

毻 [타] 鳥獸解毛 새와짐승털갈다 (箇)

⑩

𣰅 [한] 長毛 긴털한 獸毛 짐승의털한 (翰)

氃 [당] 冠上飾 毫상모당 毲也ㅣ 毦담당 長貌 긴털당 (陽)

氄 [용] 罽也 털베용 (冬)

𣯧 [용] 細毛 가는털용 (東)

𣰆 [계] 魚網 물고기그물계 毛毲布 氍毹屬 모직계 罽同字 (霽)

𣯶 [용][옹] 毛盛貌 털성할용 毛聚貌 털이모일용 (腫)

毾 [답] 毛席ㅣ毲 털자리답 (合)

𣮉 [욕] 毛織褥 모직요욕 (沃)

㲘

할 毛布 털베할 曷

𣰈 기 毛文 털무늬기 얼룩거릴기 支

𣯶 사 毛羽婆娑 털너풀거릴사 歌

⑪

𣰟 루 罽也 ㅣ毲 털로짠베루 虞

氀 루 담루、담요 우 𣰟同字

𣰅 만 赤毛褥 붉은털요만 元

𣰉 내 毛髮衆貌 털많을내 卦

𣰆 리 白毡帽子 흰담모자리 支

𣰊 망 㲧ㅣ、毛布 털베망 養

氋 종 罽也 ㅣ氍 털로짠피륙종 冬

氁 모 毛段 털비단모 虞

𣰲 쇠 최 張羽貌 날개벌리는모양 쇠 羽貌 털러모양최 灰

毿 삼 毛長ㅣㅣ 털길삼 覃

氂 리 牛尾 소꼬리리 리 雜毛 잡털리 犛名十毫 호 犛牦、氂通 支

⑫

氅 창 析羽爲衣鶴ㅣ 학창의창 鷩同字、官人平常服ㅣ衣 창의창 養(韓)

𣰽 초 兜上毛布 두구 위의털치장초 蕭

氆 방 西蕃織 氆ㅣ 서양의털로짠 융방 養

𣰏 복 毛不理 氄ㅣ 털엉클복 屋

氃 동 散毛 氋ㅣ털 흩어질동 東

𣰙 등 동 氍毹細 올이밴털베등 𣰙同字、毛散貌 털흩어질동 蒸

氄 용 耎毛毛細毛 솜털용 腫

𣰗 담 毛席 담요담 㲜、毯同字 感

𣰋 등 罽也、毲ㅣ 털로짠베등 蒸

⑬

𣰡 녕 多貌犬 삽살개녕 庚

𣰨 람 毛長貌ㅣ 㲯 털긴모양감 覃

𣰶 첩 睫也 속눈섭첩 葉

氈 전 蹂毛成片 저전、담저전 毛席 담자리전、저방전 旃通 先

氊 전 담자리전 氈同字

𣰠 구 皮衣 갖옷구 箕ㅣ父業 대물림구 裘同字 尤

𣱈 빙 犬毛ㅣ毴 개털빙 蒸

𣰮 구 毛

毾탑요구、털요구 氍同字 (虞)

⿺毛盍 [애] 多貌 털많을애 (月)

⿺毛輿 [구] 毛毾 털요구、탑요구 氍、毹同字 (虞)

⿺毛葛 [렵][갈] 車翣 차에먼지막는것부치렵 (所以車中防禦風塵者ㅣ) 水草 물풀갈 (業)

氉 [조] 煩悶 毷ㅣ 답답할소 毛健 털빳빳할소 (號)

⿱畾毛 [거] 細毛 잔털거 (魚)

⿺毛留 [주] 氍毹 담요수 (虞)

⑮

⿺毛賣 [독] 旗也 기독 (屋)

氌 [로] 西番氆毛織氌ㅣ 서양융로、우단로 (虞)

⿺毛巤 [렵] 鬣也 갈기렵 (葉)

⑰

⿺毛襄 [양] 毛髮亂貌 발흐어진모양양 (陽)

⿺毛韱 [섬] 毛也 털섬 (鹽)

⑱

氍 [구] 織毛毾ㅣ毹 담요구、털요구、⿺毛臾、⿺毛輿同字 (虞)

⿺毛聶 [엽] 毛柔 털부드러울엽 (葉)

⑲

⿺毛麗 [수] 毛之逆 털거슬릴수 (虞)

廿

氎 [첩] 土番細毛布 세모직첩、가는털로짠베첩 (白ㅣ、金ㅣ、虛ㅣ) (葉)

氏部

氏 [씨][지] 婦人稱 각시씨 姓之所分ㅣ族 성씨씨 西域國名月ㅣ 서역나라이름지 俗音시 (紙)(支)

㊀

民 [민] 衆庶 백성민 (士農工商、爲四等ㅣ) (眞)

氐 [저] 至也 이를저 本也 근본저 西羌 오랑캐저 宿名 별이름저 賤也 천할저 抵、低同字 邸通 (齊)

㊁

氒 [궐][굴] 其也、助辭 그궐、그것궐 短也 짧을궐 番國、突ㅣ나라이름굴 厥古字 (月)(物)

㊃

氓 [맹] 백성맹 ⿰言民同字

⿰言民 [맹] 愚民 백성맹、어리석은백성맹 甿同字 (庚)

⿱亠民 [궐][굴] 그것궐、짧을궐 나라이름굴 氒同字

(五) 昬 [민] 平也 편할민 편 眞

⿰司氏 [사] 偵察也 살필사、엿볼사 問候 안부물을사 伺俗字 寘 支

(六) ⿰氏夫 [질] 觸也 찌를결 手拔物 뽑을질 屑

(十) ⿰氏垔 [인] 사卧엳 어질인、震

(十四) ⿱臼氏 [효] 誤也 그릇할효 效

气部

气 [기] [걸] 雲ㅣ 기운기 氣通、求乞 구걸할걸 乞通 末 物

(二) 気 [기] 날씨기、기운기、공기기 氣略字

氖 [기] [걸] 구름기운기、구걸할걸 气同字 末 物

(四) 氜 [음] 陰氣 그늘음 陰俗字、木作侌 侵

氜 [양] 陽氣 볃기운 양 陽同字 陽

氛 [분] 災殃 재앙분 氣也 기운분 妖氛ㅣ祲 요기로운기운분 祥氛ㅣ氳 상기로운기운분 文

氣 [기] 날씨기、숨기、공기기、힘기、정기기、氣古字 末

(六) 氤 [인] 天地合氣ㅣ氳 천지기운협할인 絪

⿰自气 [순] 逆氣 기운 거스릴순 眞 通 眞

氣 [기] 息也 숨기、候也 기운기、生之元精ㅣ 정기기、생기기 (陰陽風雨晦明六ㅣ) 空ㅣ 공기기 活動力 힘기 炁同字 末

(七) ⿹气肖 [소] 天氣 하늘기운소 天上雲ㅣ 하늘소 霄同字 蕭

(十) ⿹气晝 [소] 盡也 다할소 滅也 꺼질소、사라질소 釋也 풀릴소 散也 헤어질소 消同字 蕭

氳 [온] 氣盛 氛ㅣ 기운성할온 元氣交密 氤ㅣ 기운온 文

(十五) ⿹气養 [양] 氣也 기양 養

(十七) ⿹气票 [중] 心氣 심기중 送

水部

水 [수] 地之血氣五行之首位 물수 河川 강수 大水 홍수수 橫平準 고를수 紙

(一) ⿰氵乚 [흡] 水涸 물이마

글흡 緝

永 영 久也오랠영 長也길영 遠也멀영 梗

氶 승 奉也받들승 受也받을승 繼也이을승 承同字 蒸

氷 빙 凍也얼음빙 冰俗字 蒸

❷

求 구 索也구할구 覓也찾을구 乞也구걸할구 等也짝구 所望바랄구 尤

氵乙 줄 灑也물뿌릴즐 水出貌물나올즐 質

汃 팔 波相激聲彭ㅣ물결서로부딪치는소리팔 黠

汀 정 水名물이름정 水際平地물가정 泥淖ㅣ瀅진흙수렁정 玎同字 靑

氿 궤 水涯물가궤 泉仄出곁에서나오는샘궤 紙

氾 범 未定之辭듣뜰범 水延漫ㅣ濫물넘칠범 汎也넓을범 濟陰水名물이름범 姓也성범 鄭地名땅이름범 咸

氼 뇨 닉 溲也오줌뇨 沒也빠질닉 溺也약할닉 沈湎不反헤어나오지못할닉 溺古字 嘯 錫

氵几 기 水涯물가기 紙

汁 집 雨雪雜下진눈개비집 液也진액집、국물집 俗音즙 緝

氼 뇨 닉 오줌뇨、빠질닉 溺古字 嘯 錫

氻 륵 水聲물소리륵 職

汆 탄 浮也뜰탄 洓也헤엄칠탄 (人在水上曰ㅣ、人在水下曰溺) 阮

❸

汏 대 水激過사태날대 洗也씻길대 泰

汖 쾌 分枲皮삼껍질쾌 卦

氵彡 섭 波起湙ㅣ물결솟을섭 豔

汎 범 봉 漂也뜰범ㅣ剽輕也가벼울범 任風波自縱띄울범、떠나갈범 博也넓을범 水名물이름범 鄕名시골이름범 泛通、浮也뜰봉 陷 東

汊 차 遼東水名三ㅣ河물이름차 水歧流물나뉠차 禡

汍 환 涕泣ㅣ瀾눈물줄줄흘릴환 寒

汋 작 激水聲물결치는소리작 把取汲水물떠낼작 酌通 藥

汐 석 夕

潮저녁조수석、썰물석 (陌)

汑 [탁] 滑也 미끄러질탁 (藥)

汕 [산] 魚游水 물고기자맥질할산 罧也 통발산、반두산 韓國水名 물이름산 (諫)

汒 [망] 怱遽ㅣ若바쁠망 汒同字 (陽)

汝 [여] 姓也 성여 爾也 너여 弘農水名 물이름여 河南州名 고을이름여 (語)

汈 [인] 濕相著汈ㅣ젖어맞붙을인 (軫)

汒 [망] 怱遽ㅣ苦바쁠망 汒同字 (陽)

汔 [흘] 水涸 물잦을흘 幾也 거의흘 (物)

汓 [수] 足泳水上 헤엄칠수、발헤엄칠수 (尤)

汜 [사] 濛ㅣ日入處 해떨어지는곳사 水別復入 물결갈라졌다다시합할사 窮瀆 늪사、소사 止也 멈출사 河南水名 강이름사 (紙)

汞 [홍] 水銀 수은홍 (董)

汛 [신] 灑也 물뿌릴신 (震)

汗 [한] 水長貌 瀾ㅣ물질펀할한 (水無涯曰洋、ㅣ水廣大無際曰ㅣㅣ) 人液 땀한、진한 突厥酋長可ㅣ오랑캐괴수한 地名番ㅣ땅이름한 (翰)(寒)

氿 [구][궤] 數名 아홉구 聚也 모을구 九俗字 (尤)

汙 [오][와] 降殺隆ㅣ낮을오 濁水不流 물흐르지않을오、웅덩이오 穢也 더러울오 染也 물들오 小池 작은못오 去垢 빨오 意曲 굽을오 涴也 더러울와 鑿也 땅팔와 窊通 (虞)(遇)(箇)(麻)

江 [강] 水出岷山 강수강、물강 川之大者 강강 (江)

⿱北水 [북] 北方 방북 (紙)

汔 [흘] 水涸 물잦을흘 幾也 거의흘 汽同字 (物)

沌 [돈] 混ㅣ元氣未判 기운덩어리돈 水勢形容 물기운돈 轉 돌돈 不通塞也 막힐돈 沌同字 (阮)

汚 [오][호] 窊下地水 웅덩이오 穢也 더러울오 染也 물들일오 洿同字 (虞)(遇)

⿱宀水 [우] 雨古字 비우

池 [지][타] 飛貌差ㅣ석바퀴나

름지 穿地溜水 못지 黃帝樂名咸ㅣ 풍류이름지 幷州水名滹ㅣ 물이름타 沱通 (支)(歌)

㊃

泜 [지] 齊貌ㅣㅣ 가지런한모양지 (支)

汩 [골][멱] 亂也 어지러울골 治也 다스릴골 水聲 물소리골 浮沈ㅣ沒 골몰할골 湧波ㅣ淈 물결솟을골 通也 토통할골 滑通、長沙水名ㅣ羅 물이름멱 (月)(錫)

汥 [지] 水分流 물나뉘어흐를지 (支)

汩 [율] 水流 물흐를율 疾貌 奔ㅣ 빨리걷을율 光明ㅣ越 광명할율 步貌 걷는모양율 鼓動貌 북울릴율 (質)

汫 [경][정] ㅣ涏、水小貌 작은물경 ㅣ濙、水貌 물모양경 (迴)(靑)

汪 [왕] 池也 못왕 深廣 깊고넓을왕 鴈門縣名ㅣ陶 고을이름왕 (漾)

沿 [연] 緣水而下 물따라내려갈연 循也 좇을연 沿俗字 (先)

汾 [분] 太原水名 물이름분 水轉貌 温ㅣ 물구르는모양분、물괄괄할분 (文)

沂 [기] 靑州山名 산이름기 魯南洙名 물이름기 (微)

汱 [견][현] 水落貌 물떨어질견 伏水 물샐견、현 義同 (銑)

汰 [태] 洗也 淘ㅣ 씻길태 滑也 미끄러질태 太過 넘칠태 (泰)

汬 [경][정] ㅣ涏 氺貌 작은물경 水貌 물모양정 汫古字 (迴)(靑)

汽 [기][흘] 湯水蒸氣 물끓는김기 幾也 거의흘 (未)(物)

汻 [오] 水涯 물가오 (麌)

沃 [옥] 潤也 윤택할옥、기름질옥 灌也 물댈옥 柔也 부드러울옥 盛也ㅣ若 성할옥 ㅣ壤土肥 걸찰옥 洗盥ㅣ 세수할옥 壯姣 아리따울옥 (沃)

泓 [광] 水勢回旋 물구비쳐 돌아나갈광 迅流ㅣㅣ 물빨리흐를광 (庚)

汭 [예] 水北 물북쪽예 雝州水名 물이름예 水曲 물굽이예 水內、嬀ㅣ 물속예 芮通 (霽)

汴 [관][변] 陳留水名 물이름관 宋京 송나라서울관 汳通、汴同字或音변 (願)

汲 [급] 引也 당

四畫ㅣ水

긜읍 引水於井 물길을읍 遽也 급할읍 不休息 ㅣㅣ 부지런할읍 劇也 심할읍 緝

汸 [방] 併船 배아울러탈방 大雨ㅣ沱 큰비방 水名 물이름방 滂同字 陽

汥 [지] 水分流 물갈라흐를지 支

汹 [흉] 水勢 물결솟을거릴흉 涌水聲 물소리흉 洶同字 冬 腫

汶 [문] 兗州縣名 고을이름문 玷辱 더럽힐문 瑯琊水名 물이름문 問 吻

汳 [관] 물이름관、송나라서울관 或音변、汴同字

決 [결] 行流 물골터놓을결 斷也 결단할결 絶也 끊을결 別也 이별할결 破也 깨뜨릴결 ㅣ拾 射具 활깍지결 抉通 屑

汄 [칙] 水墊漏ㅣ 물흡이칙 職

汵 [감] 水入船隙 배틈으로물들감 水名 물이름감 淦同字 勘

沁 [심] 上黨水名 물이름심 以物探水 물속에서찾을심 沁

汿 [서] 溝渠 개천서、도랑서 語

沅 [원] 長沙水名 물이름원 元

沕 [매][물] 潛藏 잠들매、물 義同、深微貌 깊고자을물、오묘할물 物

沔 [면] 水流滿 물가득히흐를면 漢水別名 물이름면 先

沖 [충] 深也 깊을충 和也 화할충 虛也 빌충 動搖 흔들릴충 上飛 위로날을충 幼少 어릴충 垂貌ㅣㅣ 드리운모양충 鑿冰聲 얼음쪼는소리충 東

沄 [운] 沸貌 法ㅣ 끓을운 轉流 물콸콸흐를운 湓、紛通 文

沈 [침][심] 米色綠ㅣ 채색할침 沒也 잠길침 陵上滈水 장마물침 汁也 즙낼침 沉同字、湛通 姓也 성심 瀋通 侵 寢

沆 [항] 大水莽ㅣ 큰물항、물펀펀할항 水草廣大貌ㅣ茫 질펀할항、넓을항 ㅣ瀁 水深廣貌 물충충할항 養 陽

沇 [연] 流貌ㅣㅣ 물졸졸흐를연 沇同字 銑

㳅 [류] 水行 흐를류 覃也 번져나갈류 流古字 尤

沓 [답] 合也 합할답 重也 거듭답 貪也 탐할답 善言 誻｜｜말잘할답 水沸溢 물솟어넘칠답 遝、誻通 ㊀合

次 [연] 口中液 침연 涎本字 ㊀先

汪 [유] 潤也 윤택할유 濕也 젖을유 ㊀有

泫 [호] 水漫貌 물결편할호 ㊀號

沉 [침] [심] 酸上 澔水 장마물침 沒 잠길침 汁也 즙낼심 人姓｜성심 沈俗字 ㊀侵 ㊀寑

沍 [호] 凍也 얼호 閉塞 막힐호 涸通 ㊀遇

沒 [몰] 盡也 다할몰 沈也 잠길몰、빠질몰 過也 지날몰 死也 죽을몰 乾｜ 奪取 건으로빼앗을몰 泯也 망할몰 隱也 숨을몰 歿通 ㊀月

泐 [력] [륵] 水凝合貌 물얼어붙을력 石解散 돌부스러질륵 ㊀職

沐 [목] 濯髮膏｜ 머리감을목 治也 다스릴목 浴也 목욕할목 潤澤 윤택할목 細雨溟｜ 이슬비목 ㊀屋

沏 [절] [철] 水疾流 물빨리흐를절 水聲 물소리철 ㊀質 ㊀屑

沌 [돈] 元氣未判、혼돈할돈 不明貌 混｜어둘돈 轉轉 돌돈 塞也 不通 막힐돈 獸名 짐승이름돈 ㊀阮

沙 [사] 海邊 바닷가사 疏土水散石 모래사 數名 十鹿 수이름사 楚郡長｜ 고을이름사 砂通 ㊀麻

沘 [비] 水名 물이름비 ㊀紙

沚 [지] 小渚 물자지 詩同字 ㊀紙

沟 [구] 水聲 물소리구 ㊀尤

沞 [잡] 繞濕湆｜거우적실잡 ㊀合

泄 [예] [설] 出也 내칠예 散也 흩어칠예 怠緩貌 느릴예 漏也 샐설 瀉病 설사설 泄同字 ㊀霽 ㊀屑

沛 [패] 泗水縣名 고을이름패 舟行貌 배가는모양패 ｜然雨盛貌 비쏟아질패 有餘貌 넉넉할패 顚｜偃仆 자빠질패 容後偉貌 점잔을패 ㊀泰

沬 [패] 배가는모양패、비쏟아질패、넉넉할패 沛同字

沜 [반] 水涯 물가언덕반

輞川有芙蓉ㅣ泮同字 (翰)

沢 [뎍][셕] 水之鍾聚 陂也 못 뎍 光潤 윤뎍할 뎍 德也 뎍뎍 星名 별이름 셕 澤略字 (陌)(藥)

林 [추] 二流 두갈래 물 추ㅣ (紙)

没 [물] 沈也 잠길 물 盡也 다할 물 泯也 망할 물 没譌字 (月)

汱 [읍] 無聲出涕 눈물줄줄흘릴 읍、소리 없이 울 읍 沸聲 끓는소리 읍 泣同字 (緝)

五

沶 [시] 縣名 ㅣ鄕 고을이름 시 (眞)

隶 [비][불] 끓을 비、샘물 솟을 불 沸同字 (未)(物)

沸 [비][불] 涫也 鼎ㅣ 끓을 비 泉湧貌 샘솟을 불 (未)(物)

沬 [매][회] 邑名 고을이름 매 微昧之明 회미할 매 晝星 살별 매 洗面 낯씻을 회 靧通 (隊)

沫 [말] 泡也 湯華 물끓는거품 말 涎也 침 말 汗也 땀 말 跳波 물방울 말 西域水名 물이름 말 (曷)

沮 [저] 拒也 막을 저 漸濕 ㅣ洳 물이번질 저 止也 그칠 저 恐怖 공갈할 저 水名 扶風 물이름 저 壞也 무너질 저 漏也 샐 저 (語)

沍 [과] 水貌 물 모양 과 (哿)

沵 [려] 해로울 려、요기로울 려 沴同字 (霽)

泼 [발] 寒也 찰 발 灌漑 물댈 발 (月)

沭 [술] 東莞水名 물이름 술 (質)

沰 [락] 投石 돌던질 락 便落 떨어뜨릴 락 落也 떨어질 락 赭也 붉을 락 (藥)

沴 [려] 妖氣 요기로울 려 害也 해로울 려 水渚 물가 려 水不利 물맛 순치못할 려 (霽)

沲 [타] 定州河名 물이름 타 水流 물흐를 타 大雨貌 滂큰 비오는모양 타 (哿)

沱 [타] 大雨貌 큰비 타 水別流 물갈라질 타 涙貌 눈물흐를 타 河名 내이름 타 (歌)

河 [하] 四瀆、之一 황하수 하 大川 물 하、강 하 天漢 은하수 하 (歌)

油 [유] 雲盛ㅣ然 구름피어오를 유 膏也 기름 유 和謹貌 ㅣㅣ 공손할 유 武陵水名 물이름 유 (尤)

沺 [전] 水無際廣大 물가없을전 先 治 [치] 攻也 칠치 理也 다스릴치、가릴치 理效 효험치 校也 비교할치 所都處州郡所駐 고을치 眞 氵甲 [압] 低濕 ㅣ 插 습할압、축축할압 洽 泓 [홍] 清也 물맑을홍 水深 물깊을홍 庚 泏 [출] 水湧貌 물솟을출 質 泔 [감] 米汁潘瀾 쌀뜨물 감 煮也 삶을감 覃 沾 [첨][접] 濡也 젖을첨 漬也 적실첨 輕薄 경박한첨 自喜 스스로기뻐할첨 霑通 鹽 葉 沼 [소] 曲池 늪소、못소 篠 沽 [고] 賣也 팔고 買也 살고 漁陽水名 물이름고 語 泎 [색] 水落地聲 물떨어지는소리색 陌 氵弁 [변] 導水使平 물대어서 고르게할변 霰 泋 [회] 水波之紋 물결무늬질회 未 沿 [연] 從流而下 물따라 내려갈연 循也 좇을연 先 泂 [형] 遠也 멀형 寒也 찰형 深廣 깊고넓을형 迥通 迥 沿 [연] 물따라내려갈연 沿 同字 先 泌 [필][비] 水狹流 물좁게 흐를필 泉水 滑流貌 샘물졸졸흐를비 質 寘 沛 [조] 地名 ㅣ 州 땅이름조 遇 泍 [분] 泉湧貌 샘솟을분 吻 泊 [박] 檥舟 배대일박 休宿 쉴박 止也 그칠박 澹也 담쑥할박 流寓 漂ㅣ 표박할박 靜也 고요할박 藥 況 [황] 寒水 찬물황 矧也 하물며황 樣也 모양황 譬也 비유할황 茲也 이황 訪也 來ㅣ 찾아올황 琴名 修ㅣ 거문고이름황 況通 漾 泄 [설][예] 發越 발설할설 漏也 샐설 瀉病 물쏟을설 散也 흩을예 出也 내칠예 怠也 緩 게으르고 느릴예 洩同字 屑 霽 泆 [일] 水所蕩ㅣ 넘칠일 淫放 음탕할일 質 泇 [가] 水名 물이름가 麻 泉 [천] 水源 샘천

瀑布文ㅣ 폭포수천 錢名貨ㅣ 돈이름천 劍也龍ㅣ 칼이름천 (先)

洇 [남] 淹濕狀浥ㅣ 축축할남 (緝)

泅 [수] 浮行水上 발헤엄칠수 (尤)

泐 [륵] 石解散 돌결일어날륵 書簡 편지륵 (職)

泑 [유] 山名 산이름유 水黑色 물빛검을유 澤名 못이름유 水名 물이름유 (有)

法 [법] 制度憲章禮文刑律 법법 效也 본받을법 常也 떳떳할법 象也 형상법 ㅣ衣 장삼법 (洽)

泗 [사] 濟陰水名 물이름사 涕ㅣ 鼻出涕 콧물사 (寘)

泬 [혈] 空虛ㅣ寥 휑할혈, 빌혈 水從孔出 물이구멍으로나올혈 邪僻 回ㅣ 간사할혈 (屑)

泪 [류] 淚也 肝液 눈물류 淚同字 本音 뤼 (寘)

泫 [현] 流涕貌 눈물흘릴현 水深困ㅣ 물깊을현 露垂貌 이슬맺힐현 (銑)

泙 [평] 水聲 물소리평, 물결셀평 澎同字 (庚)

泚 [자] [체] 水清 물맑을자 鮮明 고울자 汗出貌 땀날체 (紙) (薺)

泛 [핍] [범] [봉] 水聲 물소리핍 浮也 뜰범 汎同字 覆也 덮을봉, 엎칠봉 覂通 (洽) (陷) (腫)

泏 [찰] 水流貌 물흐르는모양찰 (黠)

泜 [지] [치] 臨城水名 물이름지 南陽水名 물이름치 滍同字 (紙) (薺)

泩 [생] 水漲 물넘칠생 水深廣貌 물깊고넓을생 (庚)

注 [주] 水流射 물쏟을주 灌漑 물댈주 意所嚮着ㅣ 뜻둘주 記也 기록할주 措置 조처할주 釋經典 경서주낼주 註通 (遇)

泧 [월] 漲溢 넘칠월 大水 큰물월 (月)

泦 [국] 水文 물무늬국 水厓外 물가바깥국 (屋)

泥 [니] 涅通、水和土 수렁니、진흙니 滯也不通 막힐니 水濁 물이더러울니 塗也 바를니 醉也 술취할니 露

濡ㅣㅣ이슬에젖을니 柔澤貌 야들할니 (齊)(齊)

泞 [저] 澄也 맑을저 (語)

泝 [소] 順流下 물내리흐를소 逆流上ㅣ洄 물거스를소 溯、溯、遡同字 (過)

泣 [읍] 沸聲ㅣㅣ 끓는소리읍 無聲出涕 소리없이울읍 (緝)

泠 [령] 泉聲ㅣㅣ 샘소리령 丹陽水名 물이름령 凉意 서늘할령 (青)

泡 [포] 水上浮漚 물거품포 水名 물이름포 (有)

波 [파] 潤也 윤택할파 浪也 물결파 書名 僊ㅣ 책이름파 目光 눈광채파 月光 金ㅣ 달빛파 (歌)

泟 [정] 棗汁 대추즙정 赤也 붉을정 (庚)

泮 [반] 冰解 얼음풀릴반 半水諸侯學宮 반궁반 頖同字 泮、泮通 (翰)

沭 [술] 准安縣名 고을이름술 東莞水名 물이름술 (質)

盥 [관] 洗手器 손씻는그릇관 (翰)

泾 [괴] 水勢 물형세괴 (卦)

泭 [부] 水上ㅣ漚 물거품부 小筏 작은떼부 桴通 (虞)

泯 [민] 沒也 빠질민 滅也 잦을민、저질민 昏也 어두울민 盡也 다할민 水清貌 물맑을민 (軫)

泩 [즐] 濈也 흐를물 쏟아져흐를즐 (質)

泳 [영] 潛行水中 헤엄쳐영、무자맥질할영 (敬)

沒 [몰] 沈也 잠길몰 盡也 다할몰 隱也 숨을몰 沒略字 (月)

泰 [태] 大也 클태 通也 통할태 寬也 너그러울태 安也 편안할태 侈也 사치할태 尊 술준태 卦名 괘이름태 山名 산이름태 甚也 심할태 (泰)

沵 [제] 沇水東流爲濟 물이름제 濟同字 (薺)

泱 [앙] 水聲宏大 물소리우렁찰앙 水深廣 물충충할앙 廣大貌 퍼퍼할앙 水漂疾貌 물결빠를앙 (陽)(養)

⑥

洍 [사] 水別復入 물모여들사 江水 강물사 (紙)

泾 [계] 水浦 물가계、나루계 (卦)

四畫ㅡ水

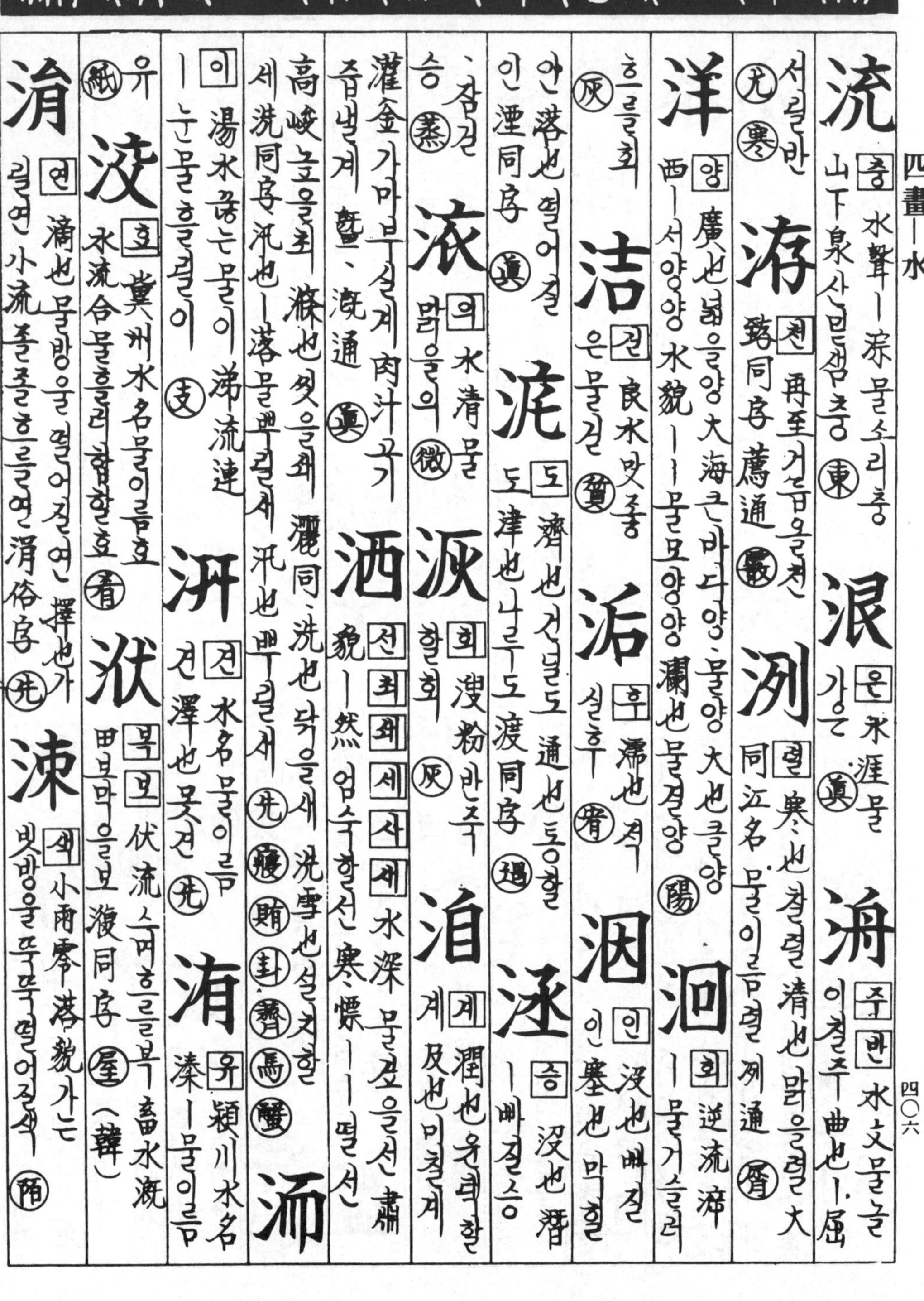

流 충 水聲ㅣ淙 물소리 충 山下泉 산밑샘 충 (東)
浪 은 氷涯 물가 은 (眞)
浻 주 반 水文 물놀이 철 주 曲也 ㅣ屈 서리 반 (尤)(寒)
洊 천 再至 거듭올 천 荐同 薦通 (霰)
洌 렬 寒也 찰 렬 清也 맑을 렬 大同江名 물이름 렬 冽通 (屑)
洋 양 廣也 넓을 양 大海 큰바다 양, 물 양 大也 클 양 西ㅣ 서양 양 水貌 ㅣㅣ 물모양 양 瀾也 물결 양 (陽)
洄 회 逆流 泝ㅣ 물거슬러 흐를 회 (灰)
洁 결 良水 맛좋은 물 결 (質)
洉 후 滯也 적설 후 (宥)
洇 인 没也 빠질 인 塞也 막힐 인 落也 떨어질 인 湮同 (眞)
[illegible] 도 濟也 건널 도 通也 통할 도 津也 나루 도 渡同 (遇)
洆 승 没也 ㅣ 빠질 승 (蒸)
洢 의 水清 물맑을 의 (微)
洃 회 洩粉 반죽할 회 (灰)
洎 계 潤也 윤택할 계 及也 미칠 계 灌釜 가마부실 계 肉汁 고기즙낼 계 (霽)、洗通 (眞)
洒 선 최 쇄 세 사 세 水深 물깊을 선 肅貌ㅣ然 엄숙할 선 寒慄ㅣㅣ 떨 선 高峻 높을 최 滌也 씻을 쇄 灑同、洗也 닦을 세 洗雪也 설치할 세 洗同 汛也ㅣ落 물뿌릴 사 汛也 뿌릴 세 (先)(...)(...)(...)(...)(馬)(蟹)
洏 이 湯水 끓는 물이 涕流連ㅣ 눈물흘릴 이 (支)
汧 견 水名 물이름 견 澤也 못 견 (先)
洧 유 潁川水名 溱ㅣ 물이름 유 (紙)
洨 효 冀州水名 물이름 효 水流合 물흘러 합할 효 (肴)
洑 복 보 伏流 숨어흐를 복 畜水溉田 보막을 보 潑同 (屋)(韓)
涓 연 滴也 물방울 연 擇也 가릴 연 小流 졸졸흐를 연 滑俗字 (先)
涑 색 小雨零落貌 가는 빗방울 뚝뚝 떨어질 색 (陌)

洦 [백] 淺水 얕은물 백 或音 맥 (陌)

洢 [이] 河南水名 물이름 이 (支)

洇 [인] 細波 가는 파도 인 (震)

洔 [지] 小渚 물가 지 沚 同字 (紙)

洘 [고] 水涸 물마를 고 (皓)

洣 [미] 江州水名 물이름 미 波也 물결 미 (薺)

洡 [래] 染色 물들 래 (隊)

洤 [천] 水源 샘 천 錢也 돈 천 劍名 칼이름 천 泉 古字 (先)

洗 [세][선] 承水器 물받는 그릇 세 滌也 씻을 세 洒 通, 潔也 정결할 선 律名 姑ㅣ 율이름 선 (薺)(銑)

洛 [락] 弘農水名 ㅣ水 낙수 락 漢都 ㅣ陽 한나라 서울 락 雒 通 (藥)

洙 [수] 水涯 물가 수 水名 ㅣ泗 물이름 수 (虞)

洠 [모] 水岸 물가 어덕 모 (尤)

津 [진] 液也 진액 진, 침 진 水渡處 나루 진 溢也 ㅣㅣ 넘칠 진 (眞)

洟 [이] 澤名 溫ㅣ 못이름 이 鼻液 콧물 이 (支)

洚 [홍][강] 水無涯 물가없을 홍 水不遵道 물벌차게 흐를 홍 水逆流 물거슬러 흐를 강 河內水名 물이름 강 (東)(送)(絳)

洜 [락] 水名 낙수 락 都也 ㅣ陽 서울 락 洛 古字 (藥)

洝 [안][알] 湯水 끓는 물 안 卑曲不平 窊ㅣ 구슬플 알 (翰)(曷)

洞 [동] 明徹 밝을 동 幽壑 골 동 疾流 빨리 흐를 동 深也 깊을 동 空也 빌 동 考敬 ㅣㅣ 공경할 동 相連 鴻ㅣ 서로 연할 동 (送)(董)

洩 [설][예] 漏也 샐 설 發越 발설할 설 歇也 쉴 설 泄 同字 飛翔貌 나는 모양 예 怠緩 게으를 예 舒散 퍼질 예 (屑)

洪 [홍] 大也 클 홍、넓을 홍 洚水 큰물 홍 姓也 성 홍 洚 通 (東)

洬 [속] 降雨 비올 속 (沃)

洫 [혁] 溢也 넘칠 혁 虛也 빌 혁 田間水道 溝ㅣ 봇도랑 혁 淢 通 (職)

流 [류] 刑罰之一 ㅣ配 귀양보낼 류 水行 흐를 류 不確實 ㅣ言 근거없을 류 恩澤 은혜 류

放也내칠류 布也펼류 求也구할류 等級上ㅣ下ㅣ등급류 下也내릴류 移行두를류 派也갈래류 (尤)

洿 오 호 濁水不流흐린물괴일오 窊下地水웅덩이오 涂也물들일호 汙、汚同字 (虞)

浀 곡 水名ㅣ池물이름곡 (沃)

洩 유 黑也검을유 汚也더러울유 (尤)

洮 조 洗濯ㅣ汰빨래할조 洗手손씻을조 隴西水名물이름조 (豪)

沐 휴 水沈退減물들었다빠질휴 (尤)

洯 결 清也、淨也맑을결、정결할결 厚志隱行조촐할결 潔同字 (屑)

派 과 물가닥과、나눌과、과별과 派同字 (卦)

洼 와 왜 曲也굽을와、왜 義同、陝西水名渥ㅣ물이름와 (麻)(佳)

派 과 分流물가닥과ㅣ遣보낼과 分也나눌과ㅣ別과별과 俗音패 (卦)

洱 이 弘農熊耳山水名물이름이、(紙)

洳 여 漸濕沮ㅣ축축할여 水名물이름여 (魚)(御)

洴 병 濯絮聲빨래하는소리병 洴俗字 (青)

洽 흡 合也합할흡 和也화할흡 霑濡젖을흡 周徧두루흡 (洽)

洺 명 州名고을이름명 易陽水名물이름명 (庚)

活 활 괄 蘇生살릴활 生也살활 盛動활발할활 水聲ㅣㅣ물소리괄 (曷)

洸 광 怒也성낼광 水涌물솟을광 武貌ㅣㅣ위험스러울광 (陽)

洲 주 水中可居섬주 陸地물주 渚也、水際물가주 (尤)

洶 흉 水聲ㅣ涌물소리흉 水勢ㅣㅣ물결형세흉 (冬)、(腫)

洵 순 현 渦中水웅덩이물순 信也민을순 出涕눈물흘릴순 漢中水名물이름순 遠也멀현、(眞)(霰)

洷 질 치 水也물질 濕也젖을치 (質)(寘)

洹 원 上黨水名물이름원 流也흐를원 (元)

治 치 理

也 가릴치、다스릴치 攻也 칠치、다듬을치 治同字 (支)

浅 천 水不深 얕을천 少聞 고루할천、견문좁을천 淺略字 (銑)

泍 분 水流急貌 물급히흐를분 (元)

洉 후 濡也 적실후 (宥)

洃 회 溲粉 반죽할회 (灰)

洀 주 반 水文 물노늘이칠주 曲也 ㅣ屈 서릴반 安也 편안할반 盤同字 (尤)(寒)

流 류 水行 흐를류 覃也 번저나갈류 流俗字 (尤)

沖 충 水遠 물아득히뻗칠충 (東)

㳣 건 竇也 구멍건 (阮)

泆 일 水岸 물가 어덕일 (質)

七

浪 랑 前山水滄ㅣ 물이름랑 流貌 물줄줄흐를랑 朝鮮郡名樂ㅣ 고을이름랑 武地名博ㅣ 땅이름랑 不精要孟ㅣ 맹랑할랑 不敬 허랑할랑 波也 물결랑 (陽)(養)(漾)

浧 영 泥濘 진창영 沈也 잠길영 (梗)

浩 호 水貌ㅣㅣ 물모양호 廣大ㅣ然 넓고클호 (皓)

浙 절 錢塘水名 물이름절 洗米 쌀씻을절 淛通 (屑)

浖 렬 山上有水 산위물있을렬 (屑)

浘 미 매 海洩ㅣ潤 바닷물샐미 泉底 샘밑매 (尾)(賄)

涑 숙 善也 착할숙 清也 맑을숙 漱同字、敕通 (屋)

浥 읍 엽 압 潤 濕 厭ㅣ 젖을읍 潤也 윤택할엽 水流下貌 물아래로흐를압 (緝)(葉)(洽)

浤 굉 海水騰湧 바다물용솟음할굉 (庚)

浚 준 取也 취할준 深也 깊을준 埈也 팔준 洵也 일준 須也 모름지기준 衛邑名 고을이름준 濬通 (震)

湓 분 水出 물날분 (願)

㴃 모 大水貌 큰물모 (效)

浦 포 水濱 물가포、개포 (虞)

浣 완 濯衣 옷빨완 澣同字 (旱)

浞 착 濕潤 적실착 人名寒ㅣ 사람이름착 (覺)

浛 함 沈也 잠

四畫 — 水

견함 覃

浢 두 河北水名물이름두 宥

浜 병 安船溝배메두는갯고랑병 浦名물가이름병 古音팽 庚

浟 유 水流貌물철철 흐를유 滺同字 尤

浝 방 大水큰물방 江

浡 발 海名바다이름발 興起貌ㅣ然우쩍일어날 발勃 通 月

涆 한 水濕潤貌촉촉히젖을한 旱

浮 부 溢也넘칠부 汎也뜰부 順流떠내려갈부 盛貌ㅣㅣ성한모양부 無定意ㅣ沉매인데없을부、정하지못할부 尤

浬 리 水名路里數물이수리 ㅣ泥 波斯酋長추장이름리 支

浭 경 水名물이름경 流也흐를경 庚

消 소 散也헤어질소 滅也사라질소、거절소 盡也다할소 釋也풀릴소 銷通 蕭

涀 견 高陵水名물이름견 小溝작은도랑견 霰

涂 도 차 途也길도 溝道도랑도 益州水名물이름도 沮洳축축할차 涂塗飾매질할차 虞 麻

浯 오 零陵溪名내이름오 琅邪水名물이름오 虞

浴 욕 澡身미역감을욕、목욕할욕 陰山水名물이름욕 沃

浰 련 리 急流급히흐를、련、리 義同 霰

浿 패 水涯물가패 樂浪水名물이름패 縣名고을이름패 泰 卦

涅 날 녈 水中黑泥앙금흙녈 涅黑검은물들일녈 ㅣ槃죽을녈、극락갈녈 屑 鹽

溲 수 小雨ㅣ微작은비수 濁也물흐릴수 水名물이름수 支

洱 즙 纔有水涖ㅣ물자즐자즐할즙 葉

𣴪 장 米飢蒸汽쌀찔장 漾

浲 봉 水名出單狐山물이름봉 逢同字 冬

[illegible] 욕 澡身미역감을욕、목욕할욕 潔浴意깨끗이할욕 浴同字 沃

浺 충 水深廣貌ㅣ

瀐물흐층층 할층 (東)

洭 광 水貌 물모양광 (陽)

泂 형 水回旋貌ㅣ澋 물뱅뱅돌형 (庚)

⿰氵⿱巛夂 찰 瀺也 물솟을찰 (曷)

海 해 滄溟百川朝宗 바다해 多也 많을해 廣也 넓을해 (賄)

⿰氵冄 담 高波 놉은 물결담 (覃)

浹 협 徹也 사무칠협 周也 두를협 挾同字 (葉)

浼 매 水平貌 물펑펑할매 汚也 더러울매 流貌ㅣㅣ 물모양매 (賄)

⿱每水 해 滄ㅣ 百ㅣ朝宗 바다해 廣也 넓을해 世界 세계해 海同字 (賄)

浶 로 恐懼貌 두려워할로 (豪)

浵 동 水深汪ㅣ 물깊을동 (冬)

浸 침 漬也 적실침 沈也 잠길침 沒也 빠질침 浸同字 (沁)

浸 침 沈也 잠길침 漬也 적실침 潤也 윤택할침 漸也 점점침 沒也 빠질침 寖、濅同字 湛、濅通 (沁)

涆 간 水迅流貌 물빨리흐를간 涸也 물마를간 (翰)

涇 경 安定水名 물이름경 通也 통할경 (青)

消 소 盡也 다할소 滅也 꺼질소、사라질소 釋也 풀릴소 消同字 (蕭)

⿰氵辛 신 硍神ㅣ妃 거시신 (眞)

⿰氵囘 회 青黑色 검푸를회 (隊)

涘 섭 水涯 물가사 (紙)

涉 섭 巡行跋ㅣ 돌아다닐섭 渡水 물건널섭 經也 지날섭 (葉)

涌 용 騰也 水溢 물솟을용 湧同字 (腫)

⿰氵⿱𠂉疋 선 回泉 도라설선 漩同字 (元) (霰)

涗 세 灰汁 잿물세 微温 미지근할세 (霽)

沙 사 開口始語 말시작할사 (麻)

涖 리 水聲耳ㅣㅣ 물소리리 臨也 임할리 莅通 (寘)

涊 년 汨沒 골몰할년 垢濁 典ㅣ 때질년 汗出 땀날년 邪媚態 간사히 아첨할년 (銑)

涓 연 滴也 물방울연 小流 졸

졸흐를연 撣也가릴연 潔也정결할연 官名中ㅣ벼슬이름연 涓本字 ㊀先

涍 [효] 水涯물가효 南郡水名물이름효 ㊀肴

涒 [군] 水流曲折물굽이쳐흐를군 倒飽症도포증날군 ㊀願

涎 [연] 水流貌물졸졸흐를연 口液침연 相連연할연 光貌ㅣㅣ빛난모양련 次、漾同字 ㊀霰

涔 [잠] 牛馬蹄中水 蹄ㅣ발자국속에고인물잠 漬也적실잠 淚下貌눈물줄줄흐를잠 雨多貌비축축올잠 魚也고기잡는못잠 ㊀侵

涕 [체] 淚也눈물체 泣ㅣ울체 ㊀齊 ㊀霽

涑 [족][수] 河東水名물이름속 澣也빨속 濯垢때씻을수 盪口양치할수 漱通 ㊀沃 ㊀尤

涏 [정][전] 小水샘물정 光澤貌빛나고윤택할 전 水流貌물흐르는모양전 ㊀迴 ㊀霰

八

涯 [애][의][아] 水畔물가애 厓通、의 義同、아 義同、窮盡意다할아 ㊀佳 ㊀支 ㊀麻

涬 [행] 自然氣기운행 引也끌행 ㊀迴

涭 [수] 水貌물모양수 ㊀有

[illegible] [감][한] 或也혹시감、혹은감、한、義同 ㊀覃 ㊀翰

涪 [부] 水泡물거품부 廣漢水名물이름부 ㊀尤

涮 [쇄][살] 洗也씻을쇄 水名물이름쇄 흡흡산、살 ㊀諫 ㊀黠

[illegible] [부] 水泡물거품부 水名물이름부 涪同字 ㊀尤

涰 [철] 泣也눈물흘릴철 ㊀屑

液 [액] 汁也 津ㅣ진액、즙액 潤也불릴액 解散헤칠액 ㊀陌

[illegible] [타] 砂石隨水流貌모래밀릴타 ㊀哿

淈 [굴][홀] 濁也흐릴굴 水出汨ㅣ물콸콸나올굴 治也다스릴홀 ㊀月

淋 [림] 山下水貌지적지적할림 澆也물댈림 寂也쓸쓸할림 病名병이름림 ㊀侵

淆 [효] 水濁물흐릴효 亂也어지러울효 雜也잡될

호 穀通 ㊀着

沱 [타] 砂石隨水流貌 모래밀려흐를타 水波相重貌 물결출렁거릴타 沲俗字 ㊀哿

涴 [완][와] 水廻曲貌 물굽이처돌완 泥著物 진흙묻을완 汚也 더럽힐와 汙通 ㊀阮 ㊀箇

涳 [공] 直流 곧게흐를공 細雨ㅣ濛 가는비공 ㊀東

淇 [기] 彰德縣名 고을이름기 河內水名 물이름기 ㊀支

淅 [석] 쌀일석、빗소리석 淅俗字

洴 [병] 漂濯ㅣ澼 빨래하는소리리병 ㊀青

淅 [석] 汰米 쌀일석 雨聲ㅣ瀝 빗소리석 ㊀錫

涵 [함] 沈也 잠길함 濡也ㅣ泳 젖을함 涵同字 ㊀覃

涷 [동] 暴雨 소나비동 ㊀東 ㊀送

涶 [타] 口液 침타 唾同字 ㊀箇

淁 [첩] 湧出 물솟을첩 ㊀緝

淀 [정] 如淵而淺 얕은웅덩이정 船泊 배댈정 俗音전 ㊀霰

淂 [득] 水貌 물모양득 得俗字 ㊀職

涿 [탁] 水滴流下 물방울떨어질탁 擊也 칠탁 上谷郡名ㅣ鹿 고을이름탁 ㊀覺

[氵+芺] [옥] 灌漑 물댈옥 沃本字 ㊀職

[氵+乳] [유] 酒厚 술진할유 ㊀虞

涼 [량] 風名 바람이름량 微冷 서늘할량 州名 고을이름량 薄也 엷을량 凉通、佐也 도울량 信也 믿을량 諒通 ㊀漾

涸 [학][후] 水渴 물자즐학、후 義同、沍通 ㊀藥 ㊀遇

淃 [권] 水廻旋貌 물돌아흐를권 水名 물이름권 ㊀霰

涾 [답] 沸溢 끓어넘을답 水波相連貌 물결출렁거릴답 ㊀合

淄 [치] 黑也 검을치 淄文水名 물이름치 青州縣名 고을이름치 ㊀支

涽 [혼] 濁水ㅣㅣ 흐린물혼 ㊀願

淴 [홀] 大清 극히맑을홀 極潔 극히정결할홀 黑青色 검푸른빛홀 合也 합할홀 ㊀月

涹 [와] 汚

涵 淤 淑 淢 淳 淒 淙 淡 淘 淄

穢涴ㅣ 더러울와 渥也 물에불릴와 歌

涵 함 水滿也 潭 물가득할함 泥水ㅣㅣ 진흙물함 感

淍 주 水匝물돌릴주 尤

⿰氵往 왕 往也 갈왕 養

淈 굴 水溢물넘을굴 質

淥 록 滲也 스밀록 水清 물맑을록 湘東水名 물이름록 漉通 屋

淤 어 泥也 진흙어 澱滓 앙금어 魚 御

淌 창 大波 큰물결창 蒸

⿰氵狂 왕 大水 큰물왕 養

淑 숙 清也 맑을숙 善也 착할숙 和也 화할숙 淑、俶同字 屋

淣 예 水際 물가예 齊

淦 감 豫章水名 물이름감 水入船隙 배틈으로물스밀감 汵同字 勘

淢 역 혁 疾流 빨리흐를역 悲傷貌惻ㅣ 서러울혁 城溝 성도랑혁、해자혁 洫通 職

淏 호 清也 맑을호 皓

淖 뇨 泥也 진흙뇨 效

淒 처 천 寒、涼 쓸쓸할처 雲起貌 구름피어오를처 寒風 찬바람처 洌疾貌 빠를천 齊

⿰氵昔 석 瀝也 방축석 俗音척 陌

⿰氵戽 호 舟中渫水器 자루달린두레박호 虞

⿰氵罔 망 大水 큰물망 養

淔 척 水名 물이름척 草名 풀이름척 職

⿰氵𠦝 조 地之血脈隨氣進退 조수조、밀물조 ㅣ紅 나리날조 潮本字 蕭

淙 종 장 水聲ㅣㅣ 물소리종、장 義同 冬 江

淗 국 水文 물결얼룩거릴국 屋

淡 담 水貌ㅣㅣ 물모양담 澹通、薄味 싱거울담 水滿澹ㅣ 물가득할담 濃對 묽을담 覃 感

游 유 浮行 헤엄칠유 順流 떠내려갈유 玩物適情 노닐유 游俗字 尤

淟 전 垢濁ㅣ涊 때낄전 銑

淘 도 淅米 쌀일도 水流 물흐를도 豪

淝 비 九江水名 물이름비

肥通 (微) **淚** [루] 目液 눈물루 (悲叩從目出) 俗音류 (寘) **淞** [숑] 吳郡江名 강이름숑 (冬) **渒** [비] 盛貌 성하비 舟行貌 배여날비 衆也 많을비 汝南水名 물이름비 (齊) **湾** [궁] 急流 빨리흐를궁 (送) **淜** [빙] 水聲— 滂 물소리빙 徒涉 건너물건널빙 (蒸) **浙** [제][절] 江名 강이름제 江名 강이름절 (霽)(屑) **淨** [정] 潔也 無垢 깨끗할정 맑을정 瀞同字 (敬)

淪 [륜][론] 小波 물놀이칠륜 沒也 빠질륜 氣未分渾— 기운혼천할론 (眞)(元) **凌** [릉] 馳也 달릴릉 歷也 지날릉 慄也 떨릉 水名 물이름릉 棱通 (蒸) **淼** [미][니] 水曠遠貌 물질펀할미 水滿貌 물가득하니 瀰俗字 (支)(紙) **淹** [엄] 留久 오래머무를엄 漬也 담글엄 水名 물이름엄 沒也 빠질엄 水涯 물가엄 (鹽)(豔) **淸** [청] 去濁遠穢 澄也 맑을청 靜也 고요할청 潔也 조촐할청 淸同字 (庚)

洴 [일] 口液 침일 或音역 (錫) **淫** [음] 奸也 간음할음 亂也 어지러울음 放也 방탕할음 溢也 넘칠음 過也 과할음 漬也 적실음 甚也 심할음 久也 오랠음 婬通 (侵) **淁** [접] 纔有水—泚 물자질자질할접 (葉) **淬** [쉬] 燒劒入水 칼담글쉬 染也 물들일쉬 犯也 범할쉬 古音쵀 (隊) **淰** [심][념] 水動—潤 물움직일심 濁也 흐릴심 魚驚躍貌 고기놀라 물살적념 (寢)(琰) **淼** [묘] 大水—茫 큰물묘 (篠) **添** [첨] 益也 加付 더할첨 (鹽) **淺** [천] 少聞—識 고루할천、듣고봄이 적을천 水不深 물얕을천 (銑) **淸** [청] 靜也 고요할정 去濁遠穢澄 맑을청 康直 청렴할청 潔也 정결할청 (庚) **淶**

[설] 治井 우물쳘설 漏也 샐설 渫同字 (屑)

渝 [조] 漬也 담글조、젹실조 漬也 맑을조 (肴)

淮 [회] 揚州 水名ㅣ水 회수회、물이름회 (佳)

淶 [래] 水名黃河支流 물이름래 (灰)

混 [혼][곤] 雜也 석일혼 濁也 흐릴혼 渾通 西戎ㅣ夷 서여오랑캐곤 (阮)(元)

淴 [올][홀] 急流 물빨리흐를올 水聲 물소리올 水貌 물모양홀 (月)

淯 [육] 縣名 고을이름육 水增 물불을육 (屋)

深 [심] 藏也 감출심 淺之對 깊을심 遠也 멀심 度淺 처어볼심 湥俗字 (沁)

[氵亝] [계] 定也 정할계 多威儀 다정할제 水名 물이름제 渡也 건널제 救也 구할제 濟古字 (齊)(霽)

淵 [연] 深也 깊을연 池也 못연 鼓聲ㅣㅣ 북소리둥둥할연 江中沙地 모래둑연 (先)

淳 [순] 流動 흘러움직일순 質樸 순박할순 清也 맑을순 (眞)

沮 [저] 濕也 젖을저 (御)

渀 [분] 奔也 빨리갈분 (願)

渋 [삽] 不滑 조잡할삽、깔깔할삽 酸苦 떫을삽 竹名 대이름삽 澁略字 (緝)

涇 [경] 遲久 더디고오랠경 (冬、)

[氵耶] [감][한] 或也 혹시감、혹운감、한 義同 鄉同字 (先)

淋 [섭] 물건널섭 涉古字

[氵冉] [담] 險波 험한파도담 (勘)

渊 [연] 池也 못연 深也 깊을연 淵俗字 (先)

涙 [루] 目液 눈물루 淚俗字 (眞)

湪 [단] 露多貌 이슬방울맺힐단 漙同字 (寒)

[氵缶] [운] 滓也 찌기운 (震)

浸 [침] 漬也 적실침 潤也 불릴침 沈也 잠길침 浸同字 (沁)

渉 [섭] 渡水 물건널섭 經也 거칠섭 지나쳐볼섭 涉同字 (葉)

泂 [앵] 水回旋貌 소용돌이

칠 영 (梗)

洇 [천] 水清貌 물깨끗할 천 (霰)

渴 [갈][걸] 欲飮 목마를 갈 急也 급할 걸 水涸 물 잦을 걸 渴略字 (曷)(屑)

畓 [소] 盡也 다할 소 釋也 풀릴 소 消古字 (蕭)

済 [제] 정할 제, 건널 제 濟略字

九

渣 [사] 義陽水名 물이름 사 瘁也 저 기사 溠同字 (麻)

渡 [도] 通也 통할 도 津也 나루 도 濟也 건널 도 江河 건널 도 (遇)

渢 [풍][범] 水聲ㅡㅡ 물소리 풍 浮貌 둥둥 뜰 범 中庸聲 ㅡㅡ 중용 소리 범 (東)(感)

渙 [환] 文貌ㅡ爛 문채 날 환 流散 흘러 흩어질 환 水盛 물 성할 환 散釋 풀어질 환 卦名 개이름 환 (翰)

湄 [맥] 淺水 얕은 물 맥 (陌)

湪 [단] 露多貌 이슬 방울 맺힐 단 漙同字 (寒)

渥 [악] 霑濡 비 젖을 악 潤澤 윤택할 악 (覺)

渠 [거] 深廣ㅡㅡ 깊고 넓을 거 溝也 도랑 거, 개천 거 笑貌 軒ㅡ 껄껄 웃을 거 大也 클 거 俗爲他人ㅡ儂 저 이 거 (魚)

湭 [추] 水源 물 근원 추 (尤)

渃 [약] 大水 큰 물 약 城名 성 이름 약 (藥)

減 [감] 耗也 해질 감 損也 덜 감 輕也 가벼울 감 引去 뺄 감 水名 물이름 감 (豏)

渚 [저] 小洲 모래톱 저 물가 저 水岐 물갈라질 저 睹通 (語)

渝 [유] 汚也 더러울 유 變也 변할 유 蜀水名 물이름 유 俗音 투 (虞)

湠 [난] 湯也 더운 물 난 浴水餘汁 목욕한 물 난 (翰)

渟 [정] 水止 물 괼 정 (青)

渤 [발] 國名 나라이름 발 海別支 ㅡ澥 바다 발 (月)

渦 [와] 騷也 시끄러울 와 水回 소용돌이 와 (歌)

渨 [외] 沒也 빠질 외 水澳曲 물굽이 외 波湧貌 ㅡ濕 물결 솟는 모양 외 俗音 위 (灰)

渻 [성] 水名 물이름 성 減少 물 줄 성 丘名 언덕 이름 성 (梗)

氿 [궤] 涸也 물마를궤 (紙)

渧 [제] 滴水 듣는물제、물방울제 (霽)

測 [측] 深也 깊을측 度也 헤아릴측 —清也 맑을측 又利意 ——날카로울측 或音칙 (職)

温 [온] 煖也 더울온 暖也 따뜻할온、따스울온 習也 익힐온 柔也 부드러울온 和也 화할온 自勝 —藉 온자할온 温同字 (元)(問)

渺 [묘] 水長貌 —— 물긴모양묘 (篠)

潒 [횡] 水石相激聲 돌에물부디치는소리횡 (庚)

渾 [혼] 戎名 吐谷— 오랑캐이름혼 濁也 —淪 흐릴혼 雜也 —清 섞일혼 厚貌 후할혼 混通 (元)

沇 [연] 濟水別名 물이름연 沇同字 (銑)

渶 [영] 水清 물맑을영 (庚)

浸 [침] 漬也 적실침 潤也 축축할침 浸同字 (沁)

湎 [면] 大水 湞、—큰물면 (霰)

渪 [유] 滞也 지체할유 霑也 젖을유 濡同字 (虞)

游 [유] 順流 순히흐를유 —浮行 헤엄칠유 玩物適情 놀유 旗旒 깃발유 斿、遊通 (尤)

渳 [미] 浴尸 송장목욕시킬미 水平貌 물젼죄히할미 (紙)

渲 [선] 小水 물져적져적할선 淋之 물적실선 書畫 —刷 거칠할선 (霰)

渫 [설][접] 散也 헤칠설 漏也 샐설 汚也 더러울설 治井 우물칠설 波貌 浹— 물결출렁거릴접 洩同字 (屑)(葉)

渭 [위] 隴西水名 —水 물이름위 心不安貌 沸— 속끓일위 (未)

渰 [엄] 雲起貌 구름피어오를엄 (琰)

渴 [갈][걸] 急也 급할갈 欲飮 목마를갈 水涸 물잦을걸 (曷)(屑)

港 [항] 水分流 물갈라져흐를항 水中航路 배다니는길항 —口 항구항 (講)

渱 [홍] 水沸涌濆— 물끓어솟을홍 (東)

渮 [가] 山名陽水名 물이름가 (歌)(哿)

洂 [역] 水流行貌 물흐를역 (陌)

渼 [미] 長

湄 安水名ㅣ陂 물이름미 波紋 물결무늬미 紙

湄 미 水草之交 물가미 支

渽 재 水名 물이름재 淸也 맑을재 灰

湔 견 淖耕 물가리할견 銑

湛 담 침 잠 樂之久也 즐거울담 媅通、沒也 빠질침 沉通、漬也 젖을잠 浸通、露貌 이슬모양잠 澄也 맑을잠 沒也 빠질침 安也 편안할잠 姓也 성잠 覃 蹛

湘 상 零陵水名 물이름상 烹也 삶을상 陽

渿 내 濺出 물솟을내 泰

湃 배 水聲澎ㅣ 물소리배 卦

湀 규 泉出샘나올규 紙

湗 봉 深泥 깊은진흙봉 宋

溲 수 浸溺 적실수ㅣ 小便 오줌수 水 調粉麪 반죽할수 溲同字 有 尤

湖 호 大陂 큰못호、물호 (圍陸大湛) 五ㅣ 揚州之浸 다섯물호 虞

湁 립 泉出貌 샘솟을립 緝

湅 련 熟絲 실삶을련 霰

湋 위 關中水名 물이름위 水回轉 물돌아갈위 微

渜 유 深也 깊을유 尤

湔 전 澣也 빨전 洗也 씻을전 蜀郡水名 물이름전 先

湓 분 驟雨 소나비분 水溢 물넘쳐분 潯陽水名 물이름분 水聲 물소리분 水湧 물솟을분 噴也 뿜을분 漬也 적실분 元 願 問

湆 읍 濕也 축축할읍 浥通 緝

湊 주 進也 나아갈주 水會 물모일주 宥

湇 읍 羹汁 국물읍 俗音 급 緝

湉 첨 水之靜流貌 물고요히흐를첨 鹽

湵 매 壞也 무너질매 灰

湑 서 露貌 이슬방울맺힐서 釀酒 술거를서 釃通 魚

湸 변 小便 오줌변 霰

湒 즙 沸湧 물끓어솟을즙 雨下 비올즙 或音 집 緝

湎

[면] 溺酒 술에 젖을면 流移ㅣ ㅣ물 젖을면 醽同字 (銑)

湌 [손][찬] 飯也 밥손 飧通、餐也 찬찬 餐通 俗音 천 (元)(寒)

湐 [백] 淺水 얕은물 백 (陌)

湍 [단] 急瀨激ㅣ 여울단 (寒)

湙 [역] 流也 흐를역 (陌)

湜 [식] 水清ㅣㅣ 물맑을식 持正貌 엄숙할식 (職)

湠 [탄] 廣也 넓을탄 (翰)

湝 [개][해] 水盛流貌 물성할개 寒也 찰해 (佳)

湸 [랑] 大水 큰물랑 (漾)

湤 [이] 水文 잔물결이 (支)

滋 [자] 味旨 맛자 多也 많을자 滋略字 (支)

湟 [황] 溺也 빠질황 冷水 찬물황 金城水名 물이름황 (陽)

湞 [정] 水名 물이름정 (庚)

湧 [용] 騰也 날칠용 水溢 물넘칠용 涌俗字 (腫)

湂 [거] 溝也 도랑거 (魚)

湾 [만] 水曲 물굽이만 港ㅣ 배대는곳만 灣略字 (刪)

⿰氵亝 [제] 定也 정할제 止也 그칠제 救也 구할제 濟古字 (齊)(霽)

湢 [벽] 水涌貌 물솟을벽 浴室 목욕간벽 (職)

⿰氵冒 [모] 水漲 물불을모 (號)

湣 [민][혼] 謚也 시호민 閔同、未定滑 사란할혼 (眞)(元)

湴 [픔] 深泥 수렁픔 (陷)

湳 [남] 西河水名 물이름남 (感)

⿰氵孥 [노] 漬濕 젖을노 (麻)

湦 [생] 人名 曹桓公孫ㅣ 사람의 이름생 (庚)

湥 [돌] 流也 흐를돌 (月)

溌 [발] 散水 물뿌릴발 水漏 물샐발 盛勢活ㅣ 활발할발 潑同字

湲 [원][환] 水聲潺ㅣ 물소리원 水流潺ㅣ 물졸졸흐를원、환 義同 (先)(刪)

⿰氵致 [치] 濕也 젖을치 (寘)

湱 [획] 波激聲 湱ㅣ 물결부딪치는소리획、파도소리획 (陌)

⿰氵⿸尸丰 [계] 洗米水 쌀뜨물계 (齊)

⿰氵岢 [가] 船著沙 배가모래에닿을가

을가 箇

渏 [가] 배가모래에닿을가 渏同字

湭 [추] 酒汁술즙낼추 尤

湮 [인] 沒也빠질인 塞也—鬱막힐인 落也떨어질인 眞

湯 [상][탕] 水貌물모양상 熱水물끓일탕 水名물이름탕 熱沃뒤할탕 陽 漾

渜 [난] 浴水餘汁목욕한물난 湯也더운물난 渜同字 翰

湨 [격] 河內水名물이름격 波激물결칠격 錫

湫 [초][추] 隘下웅덩이초 懸瀑龍—용추추 涼貌으스스할추 憂愁貌——쳐근심할추 水池늪추 篠 尤

湆 [삽] 濕也젖을삽 合

湩 [동] 鼓聲북소리동 乳汁젖동 腫 送

湶 [천] 샘천 泉同字

黎 [려] 衆也많을려 齊

㴜 [변] 周也두루변 普也널리변 徧同字 霰

溯 [소] 逆流而上물거슬러흐를소 泝古字 緝

滔 [도] 流貌물결치흐를도 聚也모일도 滔略字 豪

湿 [습] 霑潤젖을습, 축축할습 濕略字 緝

瀏 [유] 大澤큰못유 有

[氵+分+力] [분] 飛也나를분 文

満 [만] 盈溢넘칠만 充也가득할만 地名—洲땅이름만 滿略字 旱

十

涵 [함] 濡也젖을함 沈也잠길함 容也용납할함 涵本字 覃

溡 [시] 水名물이름시 雨水빗물시 支

溢 [일] 洋—넘칠일 器滿가득할일 質

源 [원] 水泉 本—근원원 元

溍 [진] 水名물이름진 震

溏 [당] 淖也진흙수렁당 池也연못당 陽

溎 [연][계] 大水貌물창일할연 水名물이름계 霰 寘

[氵+山+肖] [초] 峻波높은물결초 潲同字 嘯

準 [준][절] 平也평평할준 去規법준 均也고를준 倣

也 모방할주 樂器名 악기이름주 准通 鼻頭隆ㅣ코마루졀 埻通 (軫)(脣)

溠 [자] 豫州水名 물이름자 (禡)

溞 [소] 淅米聲 쌀이는소리소 (豪)

溝 [구] 水瀆 개천구、도랑구 田間水道ㅣ洫 밭도랑구 (尤)

溒 [원] 水流 물흐를원 (元)

溕 [몽] 微雨 이슬비몽 (送)

溓 [렴] 瀆也 담글렴 相著 붙을렴 薄冰 살얼음렴 中絶小水 물졀쳐할렴 濂同字 (鹽)(琰)

溟 [명] 小雨 이슬비명 海也 바다명 自然ㅣ涬 기운덩이명 暗也 어두울명 (迴)

溜 [류] 檐水流下 처마물류 낙수물류 霤通 (宥)

⿰氵貢 [공][감] 豫章水名 물이름공감、義同 灨同字 (送)(勘)

⿰氵峭 [초] 峻波ㅣ洴 높은물결초 (嘯)

溔 [요] 大水浩ㅣ 큰물요 (篠)

溗 [승] 水不流 물흐르지않을승 (蒸)

⿰氵窊 [와] 汙下 웅덩이와 不平貌ㅣ瀤 울멍줄멍할와 窊同字 (麻)

溘 [합] 奄忽 문득합、잠깐합 至也 이를합 (合)

溚 [답] 濕也 젖을답、축축할답 (合)

澁 [삽] 不滑 조잡할삽、갈깔할삽 酸苦 떫을삽 澀俗字 (緝)

⿰氵邕 [옹] 曹州水名 물이름옹 灉同字 (冬)(宋)

淪 [론] 水中曳船 배끌론 (願)

溻 [탑] 濕也 젖을탑 (合)

溽 [욕] 季夏ㅣ暑 늦더위욕 溽熱 무더울욕 濃厚 무르녹을욕 濕也 젖을욕 水名 물이름욕 (沃)

溺 [뇨][닉] 溲也 小便 오줌뇨 尿同字、溲通、沒也 빠질닉 弱也 약할닉 沈湎不反 헤어나지못할닉 (嘯)(錫)

溧 [률] 水涯 물가률 丹陽水名 물이름률 (質)

溥 [부][박] 廣也 넓을부 大也 클박 徧也 두루부 普通 水名 물이름박 敷同字 (虞)(藥)

溦 [미] 小雨溦ㅣ 이슬비

미 ㊙微

溾 외 汗濁ㅣ洿 더러울외 ㊙屋

溔 요 深不測ㅣㅣ 깊이모를요 ㊙篠

溹 색 降雨貌 비내리는모양색 ㊙陌

溸 소 흘러갈소 泝俗字

[氵+朕] 짐 流貌 물졸졸흐를짐 ㊙寢

溫 온 煖也 데울온 暖也 따뜻할온 習也 익힐온 和厚柔善 화할온 泉名 샘이름온 自勝ㅣ克ㅣ藉 온자할온 醞、蘊通 ㊙問

溩 오 水流 물흐를오 ㊙虞

溷 혼 濁也 흐릴혼 厠也 便所 뒷간혼 穢也 더러울혼 亂也 어지러울혼 圂同字 ㊙願

溴 취 水氣 물기운취 ㊙宥

溵 은 潁州水名 물이름은 水聲汩ㅣ 물소리은 濦同字 ㊙文

溳 운 波之相疊疊盡ㅣ 물결서로부딪칠운 ㊙翰

溶 용 閒寂 한적할용 消解 녹을용 安流 물결편히흐를용 ㊙冬

溯 소 삭 逆流 거슬러올라갈소 川名 물이름삭 泝、遡、溸同字 ㊙遇 ㊙覺

溮 사 水出瞻諸山 물이름사 ㊙禡

溰 기 白色光貌 흰빛반짝일기 ㊙微

溱 진 衆也 많을진 盛也 성할진 舒也 펼진 至也 이를진 水名 내이름진 臻通 ㊙眞

[氵+窄] 착 濕也 젖을착 ㊙藥

溲 수 溺也 오줌수 水調粉麵 반죽할수 浚俗字 ㊙尤

濅 침 잠길침、적실침 浸同字

溭 즉 波如鱗ㅣ減 물결이비늘같을즉 ㊙職

溪 계 谷間流水 시내계 谿、嵠、磎同字 ㊙齊

溼 습 霑潤陂下 젖을습 吏治急束ㅣㅣ、水光開合ㅣㅣ 급하게다스릴습 濕本字 ㊙緝

滃 옹 霧濃貌 안개자욱할옹 雲起 구름일어날옹 大水 큰물옹 湖名 호수이름옹 ㊙董

溿 반 水涯 물가반 ㊙翰

滂 방 渥也 젖을방 沛也 大雨 큰비방 汸、雱、雱、霶同字 ㊙陽

滐 걸 水激回旋 물이부딪치고돌걸 ㊙屑

[氵+閃] 섬 水動ㅣ

泊 물결출렁거릴섬 **湛** [탐] 淫也 잠길탐、빠질탐 濕也 젖을탐 (覃) **滀** [축] 水聚 물모일축 (屋) **滁** [저] 山

東水名 물이름저 (魚) **滄** [창] 東海均州水名 물이름창 寒也 서늘할창 (陽) **湥** [심] 淺之對 깊을심 度淺深 얕고깊은것헤아

릴심 深古字 (沁) **淋** [류] 흐를류、버나갈류 流同字 **滑** [골][활] 治也 다스릴골 俳諧ㅣ稽 익살스러울골 亂也 어지러울골

汨通、達也 미끄러울활 鄭地名 땅이름활 (月)(黠) **滍** [치] 南陽水名 물이름치 泜同字 (紙) **㴶** [각] 漬也 적실각 灌也

물댈각 (覺) **滎** [형] 河南水名 물이름형 小溝 실개천형 郡名ㅣ陽 고을이름형 (青) **滅** [멸] 火熄 불꺼질멸 自亡 멸할멸

盡也 다할멸 絶也 끊을멸 (屑) **滈** [호] 久雨 장마비호 水盛ㅣ汗 물넘칠호 長安名 물이름호 (皓) **滆** [격] 湖名 호수이름

격 或音 혁 (陌) **溘** [합] 湍流ㅣㅣ 藏 여울합 (合) **滏** [부] 磁州永名 물이름부 沸也 물끓을부 (虞) **滊** [힐][기] 鹽池

소금못힐 蒸氣 김오를기 (月)(未) **濛** [몽] 無知 어리석을몽 塗也 진흙이몽 (董) **滇** [전] 盛貌 성할전 汔汔ㅣㅣ 大水貌 물창일할

전 益州池名 못이름전 (先) **滜** [비] 水聲 물소리비 (寘) **滹** [사] 水涯 물가사 (支) **湛** [담][침][잠] 樂也 즐거울담 沒也

빠질침 安也 편안할잠 姓也 성잠 湛古字 (覃)(沁)(陷) **滋** [자] 味旨 맛자 潤殖 불을자 蕃也 번성할자 多也 많을자 益也 더할자 液也 진

액자 兹同字 孳、孜通 (支) **滉** [황] 水之深廣ㅣ瀁 물깊고넓을황 (養) **漽** [저] 研米槌 방아공이저 (齊) **滕**

[등] 鄫附庸國名나라이름등 水超涌물솟아오를등 ㊀蒸

滒 [가] 多汁즙많을가、견흐를가 滒也ㅣ溏수렁가 ㊀麌

濊 [혈] 滅멸할혈 ㊀月

滙 [회] 水回流물이돌아나갈회 器也그릇회 匯俗字 ㊀賄 ㊀隊

[illegible] [모] 清也재깃할모 ㊀麌

滔 [도] 流貌물결쳐흐를도 漫也물넘을도 ㊀豪

滓 [재] 澱也泥ㅣ、汁也渣ㅣ찌꺼기、앙금재 俗音자 ㊀紙

漢 [한] 嶓冢水名한수한 天河은하수한 男子놈한 國名나라한 漢略字 ㊀翰

済 [제] 定也정할제 止也그칠제 渡也건널제 救也구할제 濟本字 ㊀霽

滛 [음] 放也방탕할음 奸也간음할음 潰也적실음 淫誤字 ㊀侵

漳 [순] 清也맑을순 質樸순박할순 流動貌빙빙돌순 淳同字 ㊀眞

[illegible] [좌] 泥진흙좌 ㊀馬

滞 [체] 凝也엉길체 積也쌓일체 留也머물체 滯同字 ㊀霽

湶 [천] 샘천 泉同字

滝 [롱][랑][상] 沾漬젖을롱 細雨貌비부슬부슬올롱 昭州水名물이름랑 奔湍여울상 瀧俗字 ㊀東 ㊀江

⊕十一

滸 [허] 水涯물가허 俗音호 ㊀虞

滷 [로] 苦也쓸로 鹹、ㅣ苦地간수로 ㊀麌

滻 [산] 藍田水名물이름산 ㊀潸

滌 [척] 除也닦을척 洗也씻을척 旱氣바싹바싹마를척 燻風바람이훈훈할척 ㊀錫

滬 [호] 江名玄ㅣ강이름호 漁具통발호 ㊀麌

滌 [척] 洗也씻을척 除也닦을척 燻風바람이훈훈할척 ㊀錫

[illegible] [숙] 濕也젖을숙 ㊀錫

滴 [적] 水點滑ㅣ물방울적 瀝下스며내릴적 ㊀錫

漡 [상] 水廣貌물질편할상 ㊀陽

滫 [수] 久泔ㅣ瀡오랜뜨물수 ㊀有

滯 [체] 積也쌓일체 淹也막힐체 凝也엉

걷지 留也 오래머물계 漏也 샐계 (霽)

潷 [필] 泉湧ㅣ沸 샘솟아오를필 觱通 (質)

滰 [경][강] 盪也 거를경 乾麴 말리불을강 (敬)(養)

滮 [표] 流貌 물흐를표 水名ㅣ池 물이름표 (尤)

潵 [살] 寒也 추울살 (黠)

滵 [밀] 流貌 물졸졸흐를밀 (質)

[illegible] [요] 潟也 물빠질요 薄也 엷을요 人名 寒促子ㅣ 사람이름요 澆同字 (蕭)(嘯)

滲 [삼] 毛羽始生貌 부등깃함지르르할삼 漉也 거를삼 漏也 샐삼 流貌 물스며흐를삼 (沁)

滺 [유] 水流貌ㅣㅣ 물철철흐를유 浟同字 (尤)

滹 [호] 信都水名ㅣ沱 물이름호 (麌)

滿 [만] 充也 찰만 가득할만 盈溢 넘칠만 (旱)

滼 [반] 浮也 뜰반 (旱)

[illegible] [림] 寒也 찰림 瀶同字 (侵)

漑 [개] 滌也 씻을개 灌也 물댈개 徐流流ㅣ 천천히흐를개 (隊)

漓 [리] 秋雨淋ㅣ 가을비부슬부슬올리 水滲入地 물스며들리 水名 물이름리 灕 醨通 (支)

滾 [곤] 流貌 물꿈틀거려흐를곤 (阮)

漁 [어] 侵取ㅣ奪 낚아빼앗을어 捕魚 고기잡을어 (魚)

漀 [경] 側器傾水 그릇에 물따를경 側出泉 옆으로나오는샘경 (迥)

漐 [집] 汗出貌ㅣㅣ 땀날집 (緝)

[illegible] [장] 水深處立標 물깊은곳에 표세울장 (江)

[illegible] [삭] 水聲 물소리삭 (覺)

漂 [표] 流也 흐를표 浮也 뜰표 水中洗絮 빨래할표 飛貌ㅣㅣ 나는모양표 動也 움직일표 寒也 으스스할표 (蕭)(嘯)

漄 [애][의][아] 水畔 물가애、의애 義同、窮盡意 다할아 涯同字 (支)(麻)(佳)

漃 [적] 水淨ㅣ漻 물맑아 정결할적 (錫)

演 [연] 通也 통할연 長流 길게흐를연 潤也 윤택할연

廣也넓힐연 衍通 (銑)

漌 [근] 清也맑을근 (吻)

漇 [이] 漇同字

漆 [칠] 木名옻나무칠 塗料木汁옻칠할칠 黑也검은칠 暗也ㅣ夜캄캄할칠 岐周水名물이름칠 榛通 (質)

漅 [소] 盧州湖名호수이름소 巢同字 (篠)(肴)

漉 [록] 滲也스밀록 ㅣ瀘也걸을록 淥 盝通 (屋)

漎 [총][종] 水會ㅣㅣ물모일총 潨同、疾貌ㅣㅣ빠를송 (東)(腫)

㴾 [발] 海別名바다발 霧出貌안개자욱할 ㅣ海 後高句麗國名나라이름발 渤同字 (月)

漏 [루] 穿也뚫을루 泄也샐루 遺失忘ㅣ잊을루 屋西北隅집서북모퉁이루 壺水知時玉ㅣ누수루 (宥)

浇 [누] 水浇물거품누 (宥)

漈 [제] 水涯물가제 (霽)

漊 [루] 下水溝돌창루、도랑루 小雨不絕비지점거릴루 武陵水名물이름루 縣名ㅣ中고을이름루 (有)

漇 [사] 潤也흡치르르할사 流貌ㅣㅣ물질펀히흐를사 (紙)

漕 [조] 航般배질할조 水運轉ㅣ배로실어올길조 衛邑名고을이름조 (號)(豪)

漖 [시] 水中ㅣ사渚모래섬시 (紙)

漗 [총] 汲也물길을총 (東)

漙 [단] 露多貌이슬방울맺힐단 (寒)

漱 [수] 양치질할수 빨래할수 潄俗字

漲 [창] 溢也넘칠창 水滿물불을창 (漾)

漰 [붕] 水擊聲물결치는소리붕 地名땅이름붕 堋通 (蒸)

漘 [순] 水涯물가순 (眞)

漠 [막] 清也맑을막 廣大ㅣㅣ아득할막 磧鹵沙ㅣ사막막 恬靜淡ㅣ고요할막 (藥)

漚 [구] 水泡물거품구 久漬불릴구 (尤)

漮 [강] 空也빌강 (陽)

漯 [탑] 東郡水名물이름탑 (合)

漬 [지] 浸潤也담글지、적실지 漚也물

거품지 染也 물들일지 戩死 적승죽을지 寘

瀅 당 含也 굽당 陽

滕 등 波浪 물결등 蒸

漞 멱 長沙水名ㅣ羅 물이름멱 石名 硯材 돌이름멱 錫

漪 의 水波如錦文 비단결같은 물결의 支

滉 황 水廣貌 물넓을황 陽

漝 습 影也 그림자습 緝

漫 만 長遠貌 물질펀할만 水浸淫敗物 물러터질만 滲湛汗ㅣ 아득할만 徧也 두루할만 雲色 구름빛만 分散之形 흩어질만 漫也 거만할만 水廣ㅣㅣ 물넓을만 曼通 翰 寒

漦 시 順流 순히흐를시 涎沫 침방울시 支

⿰氵通 통 水聲 물소리통 東

湯 상 水流貌 물흐를상 陽

漢 한 丈夫賤稱 놈한 天河雲ㅣ 은하수한 嶓冢水名 한수한 國名 나라이름한 翰

⿰氵茛 랑 溝渠 涂ㅣ 도랑랑、개천랑 漾

漧 건 마를건 乾古字

漥 와 牛蹄跡水 소발자국에괴인물와 深也 깊은못와 麻

漨 봉 水名 물이름봉 浲同字 冬

漣 련 水紋ㅣ漪 물문채련 涕垂 눈물줄줄흘릴련 先

⿰氵咸 한 한수한、나라이름한 漢古字

漤 람 鹽漬果 과실장아찌람 水滴下ㅣ如 물방울람 感

漩 선 水之回ㅣ 물돌선 回泉 도래샘선 旋同字 先

漱 수 澣也 빨래할수 盪口 양치질할수 涑、嗽通 宥

漷 곽 확 水名 물이름곽、확 義同 藥 陌

漳 장 南郡水名 물이름장 州名 고을이름장 陽

⿰自出 왈 屈也 구부릴왈 黠

漘 순 汗出ㅣㅣ 땀날순 眞

湴 홍 大也 넓을홍 洚水 큰물홍 姓也 성홍 洪同字 東

漶 환 不分漫ㅣ 석일환 旱 翰

漴 총 水聲ㅣㅣ 물소

리충 雨急 소나비충 (東)

漵 [서] 浦也 개서、포구서 溪名 시내이름서 澳同字 (語)

漸 [점][참] 次也 차차점 稍也 점점점 進也 나아갈점 浸入 번질점 侵深 물들점 洽也 흡족할점 流入 물흘러들어갈점 沒也 빠질점 濕也 습할점 星名 별이름점 卦名 괘이름점 高也 높을참 嶄、巉通 (鹽)(咸)

漻 [료][류] 高遠貌 아득할료 清深 맑고깊을료 漻同字、流清 맑게흐를류 瀏通 (蕭)(有)

漹 [언] 西河水名 물이름언 (先)

澅 [치] 梁文水名 물이름치 黑也 검을치 青州縣名 고을이름치 淄俗字 (支)

淑 [숙] 清潔 조촐할숙 (屋)

満 [만] 盈溢 넘칠만 充也 가득할만 地名 땅이름만 滿俗字 (旱)

漺 [상] 淨也 물맑을상 冷也 찰상 (養)

漼 [최] 深也 깊을최 霜雪積聚—溰 서리와눈쌓일최 鮮明 선명할최 涕垂貌 눈물흘릴최 (賄)

潁 [영] 陽城水名 —川 물이름영 (梗)

漾 [양] 隴西水名 물이름양 波動 蕩— 물결일양 瀁通 (漾)

淰 [심][념] 濁也 흐릴심 水動貌— 물놀이칠심 魚驚貌 물고기놀라물살칠념 淰同字 (寑)(琰)

潅 [관] 漑也 물댈관 注也 물따를관 灌俗字 (翰)

漿 [장] 酢也 초장、두장 水米汁 뜨물장 蔵草 寒— 물장 蚌也 含— 조개장 (陽)

(十一)

𣵰 [활][괄] 生也 살활 水流聲 물콸콸흐를괄 活同字 (曷)

漭 [망] 大水—流 큰물망 野也 들망 曉色決— 새벽빛희미할망 漭同字 (養)

潏 [율][술][휼] 水流 泑— 물흐를율 水中小洲 모래톱술 泉湧 샘솟을휼 杜陵水名 물이름휼 (質)(屑)

漽 [저] 研米槌 방아공이저 漽同字 (齊)

潐 [초] 釃酒 술거를초 (嘯)

潎 [별] 水激—洌 물결서로다닥칠별 魚游—— 물고기

오락가락할변 (屑)

澹 [담] 淡水맑을담 薄味싱거울담 凝也엉길담 澹俗字 (感)(勘)

潔 [결] 淨也정결할결 清也맑을결 絜通 (屑)

潒 [상] 水急貌 漭ㅣ물쏟아져내려갈상 廣也넓을상 (養)

潑 [발] 散水 澆ㅣ물뿌릴발 盛勢 活ㅣ활발할발 水漏물쏟을발 魚跳고기뛸발 (曷)

澗 [간] 山夾水산골물간、시내간 磵、礀、㵎同字 (諫)

澖 [한] 廣也넓을한 無涯넓을한 㵎同字 (刪)

㵎 [간] 山夾水산골물간、시내간 澗本字

潓 [혜] 水波물결혜 (霽)

[氵最] [남] 影動그림자움직일남 (洽)

潘 [번][판] 淅米水쌀뜨물번、판義同、姓也성판 水名물이름판 (阮)(寒)

潣 [민] 水流貌물졸졸흘러내릴민 (軫)

[氵悶] [문] 水滿貌물이꽉찰문 (阮)

潤 [윤] 澤也윤택할윤 滋也불을윤 益也더할윤 飾也꾸밀윤 蜀布黃ㅣ촉나라베윤 (震)

潕 [무] 水涸물마를무 (麌)

潗 [집] 水沸ㅣㅣ물용솟음칠집 泉出湁ㅣ샘날집 (緝)

潙 [위][규] 益陽水名물이름위 河東水名물이름규 (支)

潟 [석] 鹹土鹵地소금밭석、개펄석(潮汐出入之地) (陌)

潠 [손] 含水噴물머금어뿜을손 噀同字 (願)

濡 [유] 漬也적실유 滯也막힐유 鮮澤곱고윤택할유 溺也오줌유 濡同字 (虞)

潛 [잠] 藏也감출잠 沈也잠길잠 浮游떠다닐잠 深也깊을잠 地名땅이름잠 漢水別名 沱ㅣ、魚所息물이름잠 鬵、㨻通、潜同字 (鹽)

[氵筑] [축] 樂器似箏비파축 拾也주울축 筑同字 (屋)

潚 [숙][축] 深清깊고맑을숙 疾也빠를축 姓也성축 (屋)(蕭)

潜 [잠] 잠길잠、감출잠 潛

俗字

潡 [돈] 大水큰물돈 敦同字 (阮)

濡 [유] 霑也젖을유 滯也 마힐유 濡同字 (虞)

濬 [준] 幽深깊을준 深通기개천을칠준 濬同字 (震)

潝 [흡] 不善貌옹졸할흡 水貌 疾流물쏟아져내려갈흡 (緝)

潞 [로] 歸德水名 물이름로 (遇)

潢 [황] 積水池웅덩이황 天河은하수황 水深廣물충충할황 星名별이름황 (陽)

潦 [로] 路上流水行ㅣ길바닥에흐르는물로 雨水빗물로 淫雨장마로 ㅣㅣ倒老也 헛늙을로 (皓)(號)

潺 [잔] 流涕貌 눈물졸졸흘릴잔 水流貌ㅣ湲 물졸졸흐를잔 (删)

潸 [산] 물 눈물줄줄흐를잔 潺同字

渢 [홍] 水風 물바람홍 (董)

澉 [감] 濁也흐릴감 、닥할감 (感)

潨 [총][종] 水會 물모일총、종 義同 (東)(冬)

潫 [만] 廻復貌 潫ㅣ 물빙빙돌아갈만 水深廣貌 물충충할만 (删)

潵 [산] 散水 물뿌릴산 (翰)

⿰氵奢 [차] 不潔貌 더러울차、흐릴차 (馬)

潴 [저] 水所停 물고일저 池也 못저 瀦同字 (魚)

滜 [고] 澤也 늪고、못고 岸也 언덕고 緩也 완완할고 虎ㅣ比 호피고 頂貌ㅣㅣ 와만스러울고 姓也 성고 告也 고할고 (豪)

漼 [최] 深也 깊을최 鮮明 고울최 垂涕貌 눈물줄줄흘릴최 霜雪積聚貌 눈서리쌓일최 漼同字 (賄)(灰)

⿰氵惡 [오][와] 窊下 웅덩이오ㅣ窐 鑿地爲窐 웅덩이와 汙俗字 (虞)(麻)

⿰氵費 [비] 泉湧 샘솟을비 水溢貌ㅣ渭 물출렁거릴비 沸同字 (未)

潶 [흑] 水濁 물흐릴흑 水名 물이름흑 (職)

⿰氵屠 [도] 山名 산이름도 潤也 불을도 (虞)

⿰氵⿱林月 [산] 눈물흐르는모양산 潸同字

潬 [단] 水中沙

渚 모래섬단 (覃)

澈 [철] 國名 나라이름철 水名 물이름철 (月)

漇 [설] 注也 물댈설 (屑)

潲 [소] 水激貌 물이 서로부딪칠소 養也 기를소 (巧) (效)

潸 [산] 涕淚流貌 눈물 줄줄흘릴산 (刪) (潸)

⿰氵⿱林夂 [子] 罧也 고기깃줄子 (冬月積草於水中以取魚) (肴)

潭 [담] 淵也 연못담、소담 岸也 물가담 深也 깊을담 (旱)

潮 [조] 地之血脈隨氣進退 조수조、밀물조 (早則ㅣ、晩則汐) ㅣ紅 나타날조 州名 고을이름조 魚名 望ㅣ 꼴뚜기조 (蕭)

潮 [조] 조수조、밀물조 潮同字

潰 [궤] 壞也 무너질궤 散也 흩어질궤 亂也 어지러울궤 怒也 성낼궤 (隊)

潯 [심] 瑯琊水名 물이름심 水涯 물가심 (侵)

⿰氵壹 [열] 流也 흐를열 俗音일 (屑)

⿰氵定 [식] 水淸 물맑을식 持正貌 엄숙할식 湜同字 (職)

漻 [료] 淸深 물충충할료 [류] 水淸貌 물맑을류 漻俗字 (蕭) (肴)

潾 [린] 水靑貌 물맑을린 交趾地名 金ㅣ 땅이름린 石間水 돌샘린 粼通 (震)

潼 [동] 高波 물결높을동 廣漢水名 물이름동 北極海名 바다이름동 (東)

⿰氵戠 [직] 黏也 차질직 (職)

⿰氵亂 [연] 從也 좇을연 (先)

浸 [침] 沈也 잠길침 濕也 젖을침 (寢)

澕 [화] 水深貌 물깊을화 (麻)

潽 [보] 水也 물보 (麌)

潿 [위] 濁不流 흐리어서 흐르지못할위 (微)

澄 [징] 淸也、湛也 맑을징 酒名 술이름징 瀓同字 (蒸)

⿰氵策 [색] 小雨零貌 빗방울 뚝뚝떨어질색 (陌)

澗 [한] 廣也 無涯 넓을한 濶同字 (刪)

⿰氵衖 [항] 水分流 물갈라질항 水中行舟道 뱃길항 ㅣ口 항구항 港本字 (講)

澀 삽 墻疊石成文ㅣ浪 돌담무늬삽 酸苦 떫을삽 不滑 깔깔할삽 澁、濇同字 (緝)

瀓 징 맑을징、술이름징 澄同字 (蒸)

澁 삽 깔깔할삽、떫을삽 澀同字 (緝)

㵄 한 貧寒、가난할한、찰한 (寒、)

澔 호 采色映耀ㅣ汗 채색빛날호 浩同字 (皓)

滛 임 久雨 장마임 (侵)

澅 홰 揚水 물끌어올릴홰 (卦)

澇 로 大波 큰물결로 潦通 (豪)

澆 요 漓也 흐를요 沃也 물댈요 薄也 엷을요 人名 寒、浞子ㅣ 사람이름요 本音교 (蕭)(嘯)

澉 감 無味 歠餟ㅣ 맛없을감 洗滌 澹ㅣ씻을감 (感)

澓 복 水洄貌 물돌아나갈복 伏流 은천으로흐를복 洑同字 (屋)

澐 운 大波 큰물결운 (文)

澑 류 檐水流下 낙수물류 蒸ㅣ水 증류수류 溜同字 (宥)

澎 팽 水聲ㅣ濞 물소리팽 (庚)

澒 홍 丹砂所化水銀 수은홍 元氣未分 濛ㅣ 덩어리질홍 相連貌 잇닿을홍 鴻通 (董)

[氵絮] 녀 濕也 젖을녀 (御)

澋 횡 水流旋回 물돌아나갈횡 (梗)

澌 시 水索也 물잦을시 盡也 다할시 散聲 목쉰소리시 嘶通 (齊)

澈 철 水澄 물맑을철 (屑)

澍 주 時雨 때맞춰오는비주 注流 물쏟을주 霔同字 注通 (遇)

濆 분 水涯 물가분 水名 물이름분 (文)

十三

[氵業] 업 水橫防木 물막는나무업 (葉)

澳 오 욱 水名 물이름오 深也 깊을오 水隈 물구비욱 隩同字、墺通 (號)(屋)

澯 찬 淸也 맑을찬 水貌ㅣ瀾 물출렁거릴찬 (翰)

澠 면 민 승 縣名ㅣ池 고을이름면 黽通、민義同、臨淄水名 물이름승 (銑)(軫)(蒸)

[氵董]

[동] 物落水聲 물에 풍덩 떨어지는 소리 동 ㊤董

凜 [름] 凄淸 차고 맑을 름 ㊤寢

澬 [자] 霖雨湊— 장마 자 武陵水名 물 이름 자 ㊥支

灉 [옹] 曹州水名 물 이름 옹 灘同字 ㊥冬 ㊦宋

澪 [령] 海中航路 배 다니는 선령 水落 물 떨어질 령 水名 물 이름 령 ㊥靑

澩 [학] 夏有水冬無水 여름에만 물 있을 학 涸泉 마른 샘 학 ㊇覺

⿰氵歇 [갈] 遲也 더딜 갈 渴也 목마를 갈、俗音 헐 ㊇曷

淈 [굴] 水深貌 물속 우쑹 우쑹할 굴 ㊇月

澮 [회][쾌][활] 井溝畎— 우물 도랑 회、쾌 義同 兩水合 두 물이 합쳐 흐를 활 ㊦泰 ㊦卦 ㊇黠

⿰氵敕 [련] 鍊鐵 쇠를 불릴 련 ㊦霰

⿰氵旨 [예] 燒松枝出 송진 낼 예 ㊦霽

澧 [례] 武陵州名 고을 이름 례 衡山水名 물 이름 례 醴通 ㊤薺

淰 [심] 水動貌 물 움직일 심 ㊤寢

滘 [예] 水貌 滘— 물 굽이칠 예 ㊦霽

澞 [우] 陵夾水 언덕 사이 물 우 ㊥虞

澦 [여] 瞿塘峽水名 灩—물 이름 여 豫同字 ㊦御

溦 [미] 水際 물가 미 細雨 가는 비 미 ㊥支 ㊥微

澥 [해] 海之別名 勃— 바다 별명 해 ㊤蟹

澤 [택][석] 潤也 윤택할 택 水鍾聚陂也 못 택 濯也 씻을 택 思也 은혜 택 雨露 비와 이슬 택 星名格— 별 이름 석 ㊇陌 ㊇藥

澡 [조] 洗也 씻을 조 ㊤晧

澣 [한] 濯衣垢 빨래할 한 (唐官制 十日一休以爲旬) 浣同字 ㊤旱

澨 [서][예] 水厓人所止 물가 서 水名 三— 물 이름 서、예 義同 ㊦霽

⿰氵睾 [택][석] 水之鍾聚陂也 못 택 光潤 윤택할 택 德也 덕택 택 星名格— 별 이름 석 澤同字 ㊇陌 ㊇藥

⿰氵愁 [수] 憂愁貌 근심할 수、저무를 수 ㊥尤

⿰氵崒 [졸] 沒也 빠질 졸 잠길 졸 ㊇月

濫 [질] 過濫 물 철철 넘칠 질 ㊇質

澱 [전] 滓也 찌꺼전 (霰)

澰 [렴] 水滿泛ㅡ 물철철넘을렴 水滿ㅡ灩 물가득할렴 斂同字 (琰)(豏)

濆 [분] 水名 물이름분 水漈 물가분 湧也 물솟을분 (文)(吻)

濅 [침] 大瀦 큰못침 漸也 점점침 浸同字 (沁)

[氵+剽] [표] 浮也 뜰표 寒也 으스스할표 水中打絮 빨래할표 漂同字 (蕭)(篠)

澳 [오][욱] 深也 깊을오 水名 물이름오 水限 벼랑욱 隩同字 (御)(屋)

[氵+盝] [록] 瀝也 거를록 竭也 다할록 盝同字、漉通 (屋)

澷 [만] 長遠貌 물질펀할만 謾也 부질없을만 渺茫貌 아득할만 漫俗字 (寒)(翰)

濄 [과][와] 水回貌 물돌아칠과 와 義同 (歌)

濇 [색] 不滑 깔깔할색 (職)

濂 [렴] 輕薄 엷고가벼울렴 道州溪名 시내이름렴 (鹽)

澴 [환] 波流轉貌 漩ㅡ 물결굼들거려 흐를환 (刪)

澶 [전][단] 衛地名ㅡ淵 땅이름전 漫遠 멀단 縱也 놓을단 (先)(翰)

[氵+葛] [갈] 波勢 물결갈 清也 맑을갈 (曷)

濃 [농] 露多貌 이슬맺힐농 淡之對 짙을 할농 厚也 두터울농 醲通 (冬)

[氵+羨] [선][연] 口液 침흘릴선 水溢貌 물넘칠연 (先)(霰)

濁 [탁] 蒲州水名 물이름탁 不清 混ㅡ 흐릴탁 木音 착 (覺)

澹 [담] 水貌ㅡ淡 맑을담 複姓ㅡ臺 성담 恬靜ㅡ泊 담박할담 凝也 엉길담 澹同字 淡通 (感)(勘)

澻 [수] 田間小溝 밭도랑수 通谷 골짜기수 (寘)

澺 [억] 川名 강이름억 (職)

[氵+罪] [최] 清也 맑을최 滜同字 (賄)

澽 [거][구] 乾也 마를거 曝也 말릴구 (御)(麌)

滜 [최] 新水狀 새로난물최 (賄)

[氵+遀] [수] 滑也 미끄러울수 瀡同字 (寘)(支)

激 [격] 衝也 찌를격 急烈 급할격 疾波 빠른물결

격 清聲ㅣ楚 맑은소리격 (錫)

澼 벽 漂絮洴ㅣ 빨래할벽 (錫) 괴 腸間水 창자사이물괴 (寘)

澾 달 滑也 미끄러울달 (曷)

澾 달 미끄러울달 澾同字 (曷)

澼 벽 水分流 물갈라져흐를벽 (陌)

渫 예 蒸葱 찐파예 (霽)

潽 음 水紋 물음

결무늬읍 沸聲 물끓는소리읍 (緝)

濊 회 예 활 深廣汪ㅣ 깊고넓을회、예 義同、濁也 흐릴예 礙流ㅣㅣ 거처흐를활 獩通 (泰)(隊)(曷)

澟 름 凄清 차고맑을름 (寢)

漬 지 漚也 물거품지、浸潤 담글지 漬本字 (寘)

渚 주 沚也 물가저 遮也 가

릴주 (語)

濉 수 浚儀水名 물이름수 睢通 (支)

濈 집 疾貌ㅣ然 빠를집、和也 화할집 角貌ㅣㅣ 뿔모양집 (緝)

漗 총 水聲 물소리총 (東)

湗 봉 泥也 진흙봉 (送)

䵘 답 積厚 두터울답 無賢愚之別ㅣㅣ 분별모를답 黑也 검을답 沓通 (合)

演 연 ㅣ劇、ㅣ出 펼연、長流 긴물줄기연 演古字 (銑)

濋 초 大水溢出別流 큰물넘쳐 따로흐를초 (語)

濢 취 吮也 빨취 飮也 마실취 (霽)

潑 환 弄水 물장난할환 (旱)

濞 비 水暴至聲 澇ㅣ 물급히 닥치는소리비

(寘)

濕 습 愁也 근심습 霑潤 젖을습 牛耳 驚動 소귀벌룩거릴습 隰同字 (緝)

瀥 호 混也 섞을호 (篠)

濔 니 미 衆也ㅣㅣ 많을니 水滿 물가득할니 廣也 평평할미 水多 물많을미 瀰同字 (薺)

𤁐 서 洞庭水名 물이름서 浦也 개서 漵同字 (語)

濟 제 救也 구할제 廣也 건널제 事遂 일이룰제 止也 그칠제 定也 정할제 水名 물이름제 衆盛貌ㅣㅣ、威儀貌ㅣㅣ 많고 성한 모양

제 (齊)

濴 영 물돌아나갈영 瀠同字 濘 녕 淖也、泥ㅣ 진흙녕、수렁녕 滑也 미끄러질녕 (迥)(徑) 潪 서 張

也 넘칠서 溝也 도랑서 (御) 滼 멱 水淺貌 물얕을멱 (錫) 濛 몽 微雨濛ㅣ 부슬비몽 上郅 水名 물이름몽 元氣未分鴻ㅣ

기운수전할몽、어두울몽 (東)(董) 瀯 영 水回貌瀠ㅣ 물돌아나갈영 (庚) 濙 형 小水洴ㅣ 작은물형 瀅通、海水洄漩瀅ㅣ

물돌아나갈형 (迥)(靑) 濜 진 急流貌ㅣ溳 물쏟아져흐를진 氣液 엉겨서괴질진 (眞)(軫) 濠 호 州名 고을이름호 鍾離水名

물이름호 壕通 (豪) 濡 유 滯也 지체할유 霑也 젖을유 鮮澤、含忍 참고견대할유 漬也 적실유 溺也 오줌유 濡、濡同字 (虞)

濦 은 水聲汨 물소리은 潁ㅣ水名 물이름은 瀫、濦同字 [illegible] 어 漁也 고기잡을어 (魚) 漠 맥 波也 파도맥

(陌) 濰 유 瑯琊水名 물이름유 (紙) 濢 취 水濕 누할취 (寘) 濥 인 水脈ㅣㅣ 물줄기인 水門 수문인 (軫)

[illegible] 알 取水 물길을알 (曷) 濱 빈 限也 끝빈 水際 也 近 물가빈 (眞) [illegible] 변 急流 여울변 旋流貌 물이돌아흐

를변 (銑) [illegible] 변 水波 물결변 (霰) 濤 도 大波潮頭 큰물결도 (豪) [illegible] 렬 灕也 여울렬 (曷) 濫 람 함

失實 실없을람 浮也 넘칠람 浮辭 뜬말람 ㅣ音 풍류소리음란할람 刑濫 남형할람 瀆也 담글람 氾也 범람할람 泉涌 샘물솟아오를함 浴器 목

욕하는통함 (勘)(賺)(陷) 瀸 섬 水滿 물가득할섬 (曷) 濯 탁 肥也 살찔탁 擀也 씻을탁 大也 ㅣㅣ 클탁 漑也 적실탁 光明

빗날닥ㅣ 山無草大童ㅣ 산에초목없을닥 (覺) 濬 [준] 幽深ㅣ哲 깊을준 浚通 川 개천을쳘준、팔준 浚通 (震) 濧 [대] 漬也 담

글대 濡也 젓을대 (隊) 瀞 [정] 瀞同字 찰정 瀞 [정] 冷寒、찰정 (徑) 瀣 [애][잡] 雲氣貌 구름 걸에 鬱陰晻ㅣ 그늘

질애 船著沙場 배가모래에걸릴삽 (泰)(合) ⿱臨水 [함] 沈物水中使冷 물어채울함 (陷) 濮 [복] 東郡水名 물이름복 (屋)

⿰氵寥 [료] 清深 맑고깊을료 漻同字 (蕭) 濩 [호][확] 湯樂大ㅣ 풍류호 流散布ㅣ 퍼질호 煮也 삶을확 雨流霤下貌 비흘러내리

는모양확 宮室深貌 궁실으슥할확 䨼通 (遇)(藥) ⿰氵聚 [추] 水急流 물급히흐를추 水聲 물소리추 (宥) ⿰氵臧 [장] 沒也 잠

견장、빠질장 (陽) ⿰氵開 [연] 深也 깊을연 (先) 濶 [활] 契ㅣ 勤苦 근고할활 乖ㅣ 어그러질활 簡ㅣ 간단할활 闊俗字 (曷) 濵

[빈] 水際 물가빈 近也 가까울빈 限也 끝빈 濱俗字 (眞) ⑮ 瀋 [심] 汁也 즙낼심 沈通、置水于器 그릇에물담을심 (寢)

㶁 [괵][획] 水裂去 물갈라져나갈괵 水聲ㅣㅣ 물소리괄괄할획 湱同字 (陌) [illegible] [철] 水澄 물맑을철 澈同字 (屑) ⿰氵皛 [호] 水

遠渺ㅣ 물질펀할호 (篠) ⿰氵畾 [뢰] 波湧貌 瀃ㅣ 물결용솟음칠뢰 (紙) 瀐 [잘][절] 滿也、가득할잘 水湍而旋貌 물이빠르고소

용돌이칠잘 水出貌 물날절 灑也 뿌릴절 (曷)(屑) 瀅 [형] 濴通、小水 적은물형 水澄 물맑을형 (迴)(徑) ⿰氵膠 [교] 大水貌

ㅣ潏 물벋창할교 (肴) 瀆 [독] 濁也 흐릴독 溝也 도랑독、개천독 慢也 거만할독 悤也 어지러울독 黷通 (屋) 濺 [천] 水

激뿌릴천 湔通、疾流ㅣㅣ 빨리흐를천 本音전 (霰)(先)

瀞 [정] 無垢潔也 개끗할정 淸也 맑을정 淨古字 (敬)

瀁 [양] 水貌流 ㅣ물모양양 水無限ㅣㅣ 물망망할양 漾通 (養)

[illegible] [즐] 泉湧 샘솟을즐 (質)

[illegible] [찰] 不淨[illegible]ㅣ 맑지못할찰、흐릴찰 (黠)

[illegible] [할] 不淨ㅣ[illegible] 흐릴할 (曷)

濼 [록][락][박] 濟南水名 물이름록、락 義同、陂澤호박、방죽박 (沃)(藥)

瀀 [우] 潤氣多貌 윤기많을우 深澤윤택할우 寬也 너그러울우 漬也 젖을우 (尤)

瀘 [려] 洗也 씻을려 漉水去滓 걸을려 澄也 맑을려 (御)

[illegible] [구] 飮水 물마실구 或音우 (宥)

瀄 [즐] 水流貌ㅣ汨 물흐를즐 (質)

[illegible] [사] 泄水門 물문터놓을사 留也 방축사 (寘)

[illegible] [렵] 水聲 물소리렵 (葉)

[illegible] [휴] 面汗 얼굴의땀휴 (尤)

[illegible] [란] 瀨也 여울란 歲名、涒ㅣ申年 해이름탄 灘俗字 (翰)(寒)

濿 [례] 履石波水 징검다리건널례 (霽)

[illegible] [적] 土得水沮 흐리이 물에풀어질적 (錫)

瀇 [왕] 停水貌 괴인물넘세날왕 極望ㅣ瀁 아득할왕、넓을왕 (養)(漾)

[illegible] [휘] 振去水 물내얼지를휘 (微)

[illegible] [려] 泄海水泥ㅣ 미려할려、물스밀려 (魚)

[illegible] [잡] 吳興、水名 물이름잡 波也 물결잡 (洽)

瀓 [증] 澂也 맑을증 (蒸)

濇 [색] 墻疊石成文ㅣ浪 돌담무늬색 不滑 껄끄할색 酸苦 떫을색 澀、澁同字 (緝)

瀉 [사] 吐也 토할사、개울사 傾也 洩水쏟을사 泄也 설사사 (馬)(禡)

瀊 [만] 水回旋 물돌만 潘同字 (寒)

瀎 [말][멸] 淨中ㅣ布 걸레말、멸 씻개말 拭滅 씻어없애

버릴맏 疾流貌 물쏟아져흐를멸 ㊐屑

灑 [새][쇄][사] 汎 뿌릴새 驚貌 깜짝놀랄새 쇄義同 潛洒 깨끗할사 灑俗字 ㊐蟹 卦 馬

瀏 [류] 草木聲ㅣ莅 초목소리류 水清貌、清明稱ㅣ亮 물맑을류 風聲颼ㅣ 바람소리류 ㊐尤 宥

瀑 [포][폭] 疾雨 소나기포 懸泉 폭포수폭 瀑同字 ㊐號 屋

滴 [적] 水點下 물방울떨어질적ㅣ 水注 물댈적 滴同字 ㊐錫

瀌 [표] 雨雪貌ㅣㅣ 눈비퍼부을표、져누개비조 ㊐蕭

氵閣 [곽] 流也 흐를곽 ㊐陌

瀍 [전] 河南水名 물이름전 ㊐先

漻 [료] 小水 작은물료 水清貌 물맑을료 ㊐篠

十六

瀘 [로] 牂牁水名 물이름로 ㊐虞

潭 [임] 水動貌 물이흔들릴임 ㊐寢

潢 [황] 小津 작은나루황 以船渡水 배로건널황 䑟也 데황 ㊐庚

瀖 [곽] 彩色眩曜ㅣ濩 채색휘황할곽 波聲ㅣ洴 물결소리곽 古音확 ㊐藥

潠 [선][취] 歆也 마실선 歃也 빨선 吮也 들이쉴선、취義同 ㊐霰 霽

滕 [등] 水湧 물솟을등 滕俗字 ㊐蒸

氵閻 [염] 汚也 더러울염 ㊐鹽

瀕 [빈] 迫也 임박할빈 水厓 물가빈 濱同字 ㊐眞

瀚 [한] 北海名 북해이름한 廣大貌浩ㅣ 질펀할한 ㊐翰

氵閼 [알] 水名金ㅣ 물이름알 ㊐曷

瀝 [력] 餘滴 물방울력 滲也 스밀력 飮食盡餘 찌꺼기력 雨聲淅ㅣ 부슬비오는소리력 微流 물졸졸흐를력 ㊐錫

瀛 [영] 神山ㅣ洲 신선사는산영 大海 큰바다영 ㊐庚

瀜 [륭] 水深沖ㅣ 물깊을륭 ㊐東

瀨 [뢰] 水流沙上石ㅣ、灘也 여울뢰 湍也 물결뢰 ㊐泰

瀩 [대] 水帶沙往來貌 물에모래밀릴대 ㊐隊

瀬 [뢰] 여울뢰、물결뢰 瀨同字

㵬 [곡] 水聲 물소리곡 本音혹 (屋)

澿 [선] 含水噴 물머금을선 (銑)

瀞 [정] 淸也 맑을정 無垢穢 정결할정 淨同字 (敬)

瀟 [소] 風雨聲ㅣㅣ 비바람소리소 水淸深 물맑을소 永州水名ㅣ湘 물이름소 (蕭)

瀧 [롱][랑][상] 雨貌 비부슬부슬올롱 沾漬ㅣ東 적을롱 瀑也 폭포롱 部州水名 물이름랑 奔湍 여울상 (東)(江)

潛 [잠] 沉也 잠길잠 藏也 감출잠 深也 깊을잠 潛俗字 (鹽)

瀣 [해] 露氣 이슬기운해 北方夜半氣 찬이슬해 (卦)

濴 [영] 水聲 물소리영 水迴旋貌 물빙돌아나갈영 小水 도랑물영 瀯同字 (庚)

瀦 [저] 小所停ㅣ澤 물고일저 (魚)

瀩 [데] 滴也 물방울이 떨어질데 瘧也 거를데 (震)

遺 [유][내] 魚行相隨貌、流貌ㅣㅣ 물고기떼지어 놀유 水泛沙ㅣ 泥 물에모래밀려갈내 (支)(隊)

瀤 [회] 北方水名ㅣ 澤 물이름회 (佳)

瀥 [호] 水漲 물불을호 滈同字 (覺)

瀡 [수] 滑也、滫ㅣ 미끄러울수 隨同字 (紙)

十七

灂 [조] 瀝也 거를조 浚也 걸조 釃也 술거를조 盡 다할조 (篠)

瀲 [렴] 水滿泛ㅣ 물넘칠렴 水溢灎ㅣ 渼 물번창할렴 澰同字 (琰)(豔)

瀱 [계] 泉出貌 샘풍풍솟을계 水聲 물계 無水ㅣ汋 물잦을계 (霽)

瀰 [니][미] 滿也 물가득할니 水貌 물모양 미 水瀰遠貌 물질펀할미 濔同字 (齊)(支)

瀷 [익] 瀷流 스며흐를익 (職)

澪 [령] 水曲 물굽이령 (靑)

瀯 [영] 水聲ㅣㅣ 물소리영 小水渟ㅣ 웅덩이물영 (庚)

灆 [람] 浮貌 물뜰람 (勘)

瀴 [영] 水遠貌ㅣ溟 물질펀할영 遙也 멀영 (庚)

瀶 [림] 寒、也 추

울림 降雨비내릴림 谷也골림 (侵) 瀵 [분] 汾陰水名물이름분 散也흩어질분 (問) 灀 [상] 殺物된서리칠상 (漾)

瀿 [번] 水暴溢물급히넘칠번 (元) 灁 [연] 深也깊을연 (先) 瀻 [대] 濁酒흐린술대 酒不淸술탁할대 (隊)

瀸 [첨] 淸也적실첨 洽也젖을첨 沒也빠질첨 泉水作渴건수샘첨 (鹽) 瀑 [포][폭] 疾雨소나기포 水泡물거품포 飛泉

폭포수폭 ㅣ瀑 俗字 (號)(屋) 濦 [은] 水聲汨ㅣ물소리은 穎川水名물이름은 瀔、澺同字 (文) 澄 [등] 小水相添盈貌물

모여들등 墱通 (徑) 瀺 [참] 水聲ㅣ灂물소리참 (咸) 瀹 [약] 煮也다릴약 漬也적실약 瀹熱데칠약 動搖潭ㅣ

흔들릴약 開滌疏ㅣ씻을약 (藥) 瀰 [미] 水草之交물가미 湄同字 (支) 瀾 [란] 泣貌流ㅣ우는모양란 大

波큰물결란 淋漓貌흠치르르할란 長貌길편할란 米汁쌀뜨물란 (翰) 瀼 [낭][양] 流貌泱물철철흐를낭、양 蘡州水名물

이름낭 露多ㅣㅣ이슬흠치르르할양 瀁同字 (養)(陽)

(十八)

灆 [람] 淸也물맑을람 (勘) 灅 [류] 水名물이름류 (紙)

⿰氵闖 [삼][심][람] 果勇날랠삼 水浮貌물뜰람 水疾流貌물빨리흐를심、삼 義同 (寢)(感)(勘) 灂 [작][조][색] 水聲瀺ㅣ ㅣ衆ㅣ물결치는소

리작 古音착、車轅漆塗수레채에옻칠할조 水落聲물떨어지는소리색 (覺)(嘯)(陌) ⿰氵⿵門見 [혁] 怫濾ㅣ沐 두려워할혁 (錫) 灈

[구] 水名물이름구 (虞) 灄 [섭] 西陽水名、筏類、물이름섭 雨露貌 澀ㅣ흠치르르할섭 (葉) ⿰氵⿱罒吳 [비] 水波물결비 (卦)

瀏 [류] 橧水流下ㅣ나수물류 留通 (有)

灊 [잠][심] 盧江縣고을이름잠 水名물이름잠 潛通、巴郡水名물이름심 (鹽)(侵)

灃 [풍] 咸陽水名물이름풍 豊、酆通 (東)

灉 [옹] 曹州水名물이름옹 灘、澭同字 (冬)(宋)

灌 [관] 注也대를관 澆也물줄관 漑也물댈관 漬也적실관 木叢生휘추리나무관 盡誠相告ㅣㅣ정성껏서로고할관 鳥名새이름관 祼通 (翰)

瀑 [포][폭] 沫也물거품포 疾雨소나비포 縣泉流下폭포폭 瀑同字 (號)(屋)

潘 [번] 米汁뜨물번 (元)

灁 [견] 水名물이름견 國名나라이름견 汧同字 (月)

⿰氵簡 [간] 漸也젖을간 (潸)

灋 [법] 法古字

瀪 [반] 泉水샘물반 (願)

濾 [려] 洗也씻을려 澄也맑을려 漉水去滓거를려 濾同字 (御)

⿰氵雜 [잡] 沸貌끓을잡 絶貌끓어질잡 (合)

(十九)

灘 [탄] 歲名涒ㅣ해이름탄 瀨也여울탄 (寒)(翰)

灖 [미] 流也흐를미 (御)

瀒 [색] 塞也막힐색 滿也가득할색 (職)

灑 [새][쇄][사] 汛也ㅣ掃물뿌릴새 驚貌ㅣ然깜짝놀랄새 쇄義同、사義同、ㅣ落깨끗할사 洒通 (蟹)(卦)(馬)

潐 [주] 波貌물결번득거릴주 (屑)

灕 [리] 湘南水名물이름리 流貌滲ㅣ질펀히흐를리 秋雨淋ㅣ가을비지정거릴리 漓同字 (支)

灧 [염] 水滿貌물가득할염 波動貌물결출렁거릴염 灩俗字 (豔)(琰)

灤 [란] 漏流스며흐를란 漬也적실란 橫流疐물비껴건널란 (寒)

瀹 [약] 熱貌 勺ㅣ물결결솟을약 泚陽水名물이름약 (藥)

⿰氵羅 [라] 長沙水名汨ㅣ물이름라 羅同字 (歌)

灒 [찬] 汗灑땀뿌릴찬 濺通 (翰)

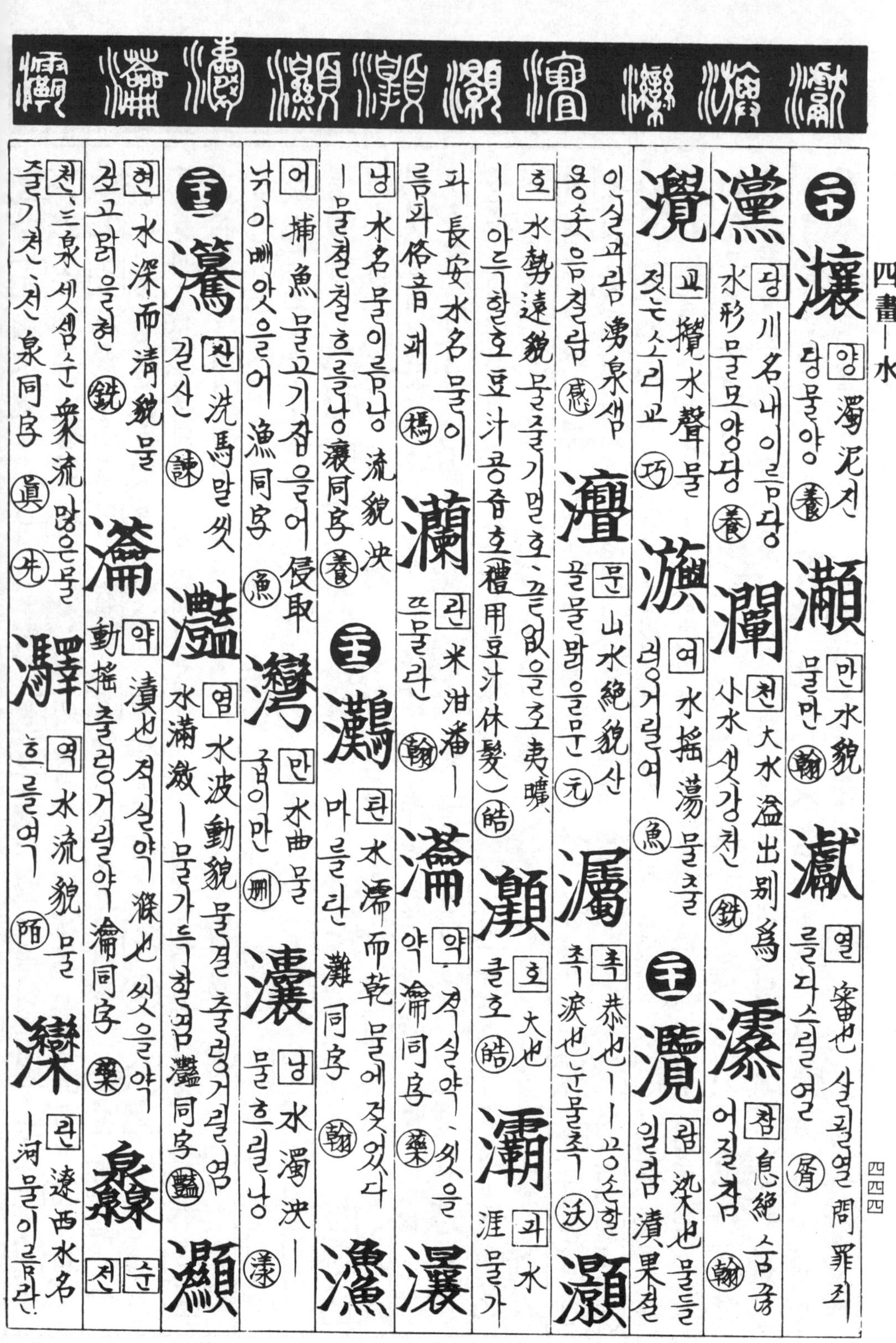

㉑ **瀼** [양] 濁泥 진당물양 ㊉養

瀩 [만] 水貌 물만 ㊉翰

⿰氵獻 [열] 齧也 살필열 問罪죄 믈다스릴열 ㊉屑

灙 [당] 川名 내이름당 水形 물모양당 ㊉養

灛 [천] 大水溢出別爲 사水 샛강천 ㊉銑

灊 [잠] 息絶 숨끊어질잠 ㊉翰

灚 [교] 攪水聲 물젓는소리교 ㊉巧

⿰氵與 [여] 水搖蕩 물출렁거릴여 ㊉魚

㉒ **灠** [람] 染也 물들일람 漬果 절이실과람 湧泉 샘용솟음칠람 ㊉感

⿰氵亹 [문] 山水絶貌 산골물맑을문 ㊉元

灟 [촉] 恭也 ㅣㅣ 공손할촉 涙也 눈물촉 ㊉沃

灝 [호] 水勢遠貌 물줄기멀호、끝없을호 夷曠、ㅣㅣ 아득할호 豆汁 콩즙호(禮用豆汁休髮) ㊉皓

⿰氵顥 [호] 大也 클호 ㊉皓

灞 [파] 水涯 물가파 長安水名 물이름과 俗音 패 ㊉禡

灡 [란] 米泔 潘ㅣ 뜨물란 ㊉翰

瀹 [약] 、적실약、씻을약 瀹同字 ㊉藥

灢 [낭] 水名 물이름낭 流貌 決ㅣ 물결칠흐를낭 瀼同字 ㊉養

㉒ **⿰氵鷬** [탄] 水濡而乾 물에젖었다마를탄 灘同字 ㊉翰

⿰氵魚 [어] 捕魚 물고기잡을어 侵取 낚아빼앗을어 漁同字 ㊉魚

灣 [만] 水曲 물굽이만 ㊉刪

灢 [낭] 水濁 決ㅣ 물흐릴낭 ㊉漾

㉓ **⿰氵篤** [찬] 洗馬 말씻길찬 ㊉諫

灩 [염] 水波動貌 물결출렁거릴염 水滿溢ㅣ 물가득할염 灧同字 ㊉豔

灦 [현] 水深而清貌 물깊고맑을현 ㊉銑

瀹 [약] 漬也 적실약 滌也 씻을약 動搖 출렁거릴약 瀹同字 ㊉藥

灥 [순] [천]、三泉 셋샘순 衆流 많은물줄기천、천 泉同字 ㊉眞 ㊉先

澤 [역] 水流貌 물흐를역 ㊉陌

灤 [란] 遼西水名 ㅣ河 물이름란

滿流 흐를란 (寒)

⿰氵蠱 [고] 水蟲一種 물벌레고 (虞)

㉔

⿰氵⿱罒癸 [괴] 水貌 물모양괴 (眞)

灆 [염] 醃鹽 소금에절일염 灆同字 (豔)

灧 [염] 水滿貌 물가득할염 波動貌 물결출렁거릴염 灔俗字

灨 [공] [감] 豫章 水名 물이름 공 湏同字、贛通 감 義同 (送)(勘)

㉘

灩 [염] 水滿 물가득할염 波動貌 물결출렁거릴염 灧同字 (豔)(琰)

㉙

灪 [울] 大水貌 —滃 물벌창할울 (物)

㉚

⿰氵驫 [부] 水聲 물소리부 (尤)

火部

火 [화] 燈— 등불화 —災 불날화 物燒而生光熱 불화 物體燬熱而成赤 붉을화 光也 빛날화 急也 급할화 燃也 탈화 逆上心— 화날화 南方位五行之一 불화 星名 별이름화 (哿)

㊀

火一 [계] [괴] 草器 삼태기괴 赤莧 당비름괴 蕢古字 (眞)(卦)

㊁

灯 [효] [도] 熱也 더울효 燒也 태울도 (肴)

灱 [효] [도] 더울효、태울도 炒同字

灵 [화] 불화 火古字

灰 [회] 燒餘燼 재회 —心 활기없을회 石— 석회 (灰)

炗 [광] 빛광 光本字

⿵几火 [화] 火起 불일어날화 火光 불타는빛화 (哿)

⿳⺈又火 [회] 재회 灰同字

⿱人灬 [재] 재앙재、[천] 벌재 災同字 (灰)

灯 [등] 烈火 불꽃등 燈通 (蒸)

㊂

⿱了灬 [치] 平也 평평할치 (眞)

⿰火刂 [주] 燒土란 흙구울주 (宥)

⿰火丂 [와] 燬也 따뜻할와 (箇)

⿱久灬 [구] [지] 질구、구을구 灸同字

灸 [구] 灼也 지질구、구을구 爇也 불구을구 사를구 —灼體療病 뜸뜰구 (有)(宥)

灴 [홍] 燎也 횃불홍 烘同字 (東)

灾 [재] 재앙재、천번재 災同字 (灰)

⿰扌火 [재] 재앙재、천번재 災古字

灵 [령] 신령령、혼백령 靈俗字 (青)

⿱天火 [점][담] 小熱 조금덥힐셤 燃也 태울셤 、담 義同、燎也 횃불담 (鹽)(覃)

灶 [조] 爨炊竈 부엌조、부뚜막조 竈俗字 (號)

⿱大火 [적] 붉을적 赤本字

灺 [사] 燭燼 촛동사、불똥사 (馬)

灻 [적] 붉을적 赤俗字 (陌)

災 [재] 天火 재앙재、천벌재 (天ㅣ流行)禍害 횡액재 烖同字 菑通 (灰)

炨 [타] 燒聲 타는소리타 或音차 (禡)

灼 [작] 炙也 구을작 燒也 사를작 煎盡 졸아없어질작、花盛貌 꽃활짝필작、昭也 밝을작 光也 빛날작 焯通 (藥)

四

⿰火予 [신] 燈燭餘燼 불똥신、촛동신 (震)

炂 [종] 熱化 그을종 熟汁 끓일종 (冬)

炄 [뉴] 半乾 炄ㅣ반쯤말릴뉴 (宥)

炅 [경] 光也 빛날경 (梗)

炁 [기] 날씨기、기운기 氣同字

炃 [분] 發火 불일어날분 焚也 불사를분 (文)

炊 [취] 地名ㅣ鼻 땅이름취 事ㅣ自ㅣ 밥지을취 爨也 불땔취 (支)

⿰日火 [광] 照明 비칠광、밝을광 (陽)

⿰火勿 [홀] 火氣盛 불기운성할홀 (物)

⿱而火 [난][훤] 溫也 더울난 柔貌 부드러울훤 暖同字 (旱)(元)

炙 [자][적] 親近薰之 김쏘일자、친근할자 膾ㅣ 냄새퍼질자、적 燔肉 고기구을자 (禡)(陌)

⿱次火 [사] 熄爚 사르다가멎을사 (支)

炆 [문] 熅也 연기날문 (文)

炉 [로] 火器 화로로 烈陽洪ㅣ 뫼약볕로 爐俗字 (虞)

⿰火支 [박] 火烈 불이심할박 (覺)

炘 [흔] 火盛貌 ㅣㅣ 불활활일어날흔 熱也 화끈거릴흔、이글이글할흔 (文)

⿱化火 [화] 照明 밝

을화 ㊂禡

炗 [광] 빛광、밝을 광 光古字

炈 [역] 陶竈煙窻 옹기가마굴뚝역 ㊂陌

⿰火内 [눈][내] 熱也 더울 눈 내 義同 ㊂願 ㊂泰

炎 [염] 熾也 불꽃성할염 焚也 태울염 火光上 불꽃염 ㊂鹽

炋 [배] 火也 불배 ㊂灰

⿱耂火 [자] 삶을자 煮同字 ㊂語

炓 [료] 火光貌 불빛、환할료 ㊂嘯

炔 [혈][결][계] 火始然 爇一 불피울 혈 煙盛貌 연기뭉게뭉게일어날결 光也 빛날계 ㊂屑 ㊂霽

炍 [반] 背也 배반할반 離也 달아날반 叛同字 ㊂翰

炌 [개] 明火 밝은불개 ㊂卦

炐 [방] 火光貌 불빛환할방 遇火脹起 불에데워 부풀어일어날방 ㊂緝

炒 [초] 熬也 볶을초 煼同字 ㊂巧

炕 [항] 炙也 구울항 乾也 마를항 亢通 ㊂漾

炑 [목] 火熾貌 불활활불을목 ㊂屋

炏 [개][염] 火盛貌 불이성할개、염 炎同字 ㊂卦 ㊂鹽

炖 [돈] 赤色 불붉을돈 從風火盛 바람결에 불성할돈 ㊂元

五

炡 [정] 煠也 一爚 데칠정 ㊂庚

⿰火宁 [저] 爥也 불기운저 ㊂語

炤 [소][조][작] 明也 밝을소 昭通、光也 비칠조 照通、明也 밝을작 灼、焯通 ㊂嘯 ㊂蕭 ㊂葉

炟 [달] 火起 불일어날달 獺一 다래달 ㊂曷 (韓)

炠 [압] 火乾 불에 말릴압 ㊂洽

炣 [가] 火也 불가 ㊂哿

炪 [출] 煙出貌 연기날출 暖也 따뜻할출 ㊂質

炫 [현] 火光 一耀 불빛환할현 明也 밝을현 ㊂霰

炥 [비] 燒貌 불물비 氣熱 기운터울비 ㊂未

盇 [개][합][잡] 覆也 뚜껑개、덮을개 蒲席 부들자리 합 齊下邑名 고을이름잡 姓也 성잡 蓋古字 ㊂泰 ㊂合

⿱禾火 [추] 金行之時 白藏節 가을

추 蕆月 세월추 姓也 성추 秋俗字 (尤)

炅 [인] 仍也 이할인 襲也 이을인 由也 말미암을인 因古字 (眞)

炪 [절][출] 火光 불빛절、빛날절 欝也 다부룩할출 煙貌 여기모양출 火聲 불소리출 (屑)(質)

炦 [별] 火氣 불기운별 氣上 김오를별 (屑)

炩 [령] 火也 불령 (敬)

炸 [작][사] 爆也 불터질작 灼也 기름에지질작、사 義同

炷 [주] 燈心 심지주 (麌)(遇)

点 [점] 汚也 더러울점 小黑 가무잡잡할점 一畫 글자에 점찍을점 缺ㅣ 흠볼점 點略字 (琰)

[火末] [말] 火色 불빛말 (曷)

炭 [탄] 石ㅣ 석탄탄 燒木未灰 숯탄 炮也 불똥탄 原素 원소탄 (翰)

炬 [거] 束葦爲燎 횃불거 焚也 불땔거 苣通 (語)

炶 [점] 火閃 불번쩍거릴점 古音함 (覃)

爲 [위] 造也 할위、하위 爲略字

炵 [동] 火焱 불꽃동 火盛 불활활붙을동 (冬)

[火幼] [유] 欲乾 ㅣ烟 시들유、거더거더할유 (有)

[illegible] [선] 火種 불씨선 或音천 (霰)

炯 [형] 光也 빛날형 明察ㅣㅣ 밝게살필형 (迥)

炳 [병] 光也 빛날병 明也 밝을병 著也 나타날병 昞同字 (梗)

炲 [태] 煙火所生煤也 그을음태 炱同字 (灰)

炴 [앙] 火光 불빛、앙 (養)

炮 [포] 裹物燒 싸서구을포 毛炙肉 구울포 刑名 ㅣ烙 형벌포 (殷紂王時行酷刑) (肴)

炰 [포] 炮也 스스로自矜氣健貌 까불거릴포 炮同字 (肴)

炱 [태] 煙火所生煤也 그을음태 (巧)

六

烆 [항] 炬也 횃불항 (庚)

[illegible] [온][오] 微火温肉 고기쪼일온 煨也 구울오 (阮)(豪)

烈 [열] 熱也 뜨거울열 火猛 불활활붙을열 寒氣 매울열 忠直 충직

할렬 威也ㅣ위엄스러울렬 毒也 독할렬 光也 빛날렬 猛也 맹렬할렬 業也 공렬 列通 屑

烍 [선] 野火 들불선 銑

[illegible] [환] 火光明 불빛밝을환 翰

烄 [교] 燃也 태울교 灰

烌 [후] 灰也 재후 尤

烟 [연] 火鬱氣 연기 기내연 (〈周禮〉 以其ㅣ被之) 煙俗字 先 眞

烝 [증] 炊也 찔증 火氣行 불김갈증 熏也 김오를증 冬、祭 겨울제사증 君也 임금증 語辭 어조사 증 厚也 두터울증 衆也 무리증 進也 나아갈증 蒸通 蒸

烜 [훤][훼] 乾也 말릴훤 光明 빛날훤 晅通 元 、官名、司ㅣ 벼슬이름훼 紙

烊 [양] 炙也 구을양 陽

烋 [휴][효] 福祿 복휴 美也 아름다울휴 和也 화할휴 尤 休通、氣健貌 기운건장할효 肴

烏 [오] 孝鳥 가마귀오 何也 어찌오、어디오 歎辭 탄식할오 秦曲名 곡조이름오 嗚同字 虞

烤 [고] ㅣ曬 불에 말릴고 號

烖 [재] 재앙재、천벌재 災古字

烘 [홍] 燎也 횃불홍 火乾物 불에 쪼여 말릴홍 東 送

㶳 [진] 火餘 불똥진 燼同字 震

烓 [계] 明也 밝을계 小竈 화덕계 [illegible]通、本音예 齊

㶴 [주] 火閃 불반짝거릴주 尤

烕 [혈] 消火 불꺼질혈 屑

烙 [락] 灼也 지질락 燒也 火鉞曰ㅣ 불사를락 藥

烔 [동] 熱氣 더운기운동 東

烑 [요] 光也 빛날요 蕭

烛 [충][촉] 旱也 가물충 燭也 촛불촉 燭略字 東 沃

⑦

[illegible] [봉] 봉화봉 烽同字

烹 [팽] 煮也 삶을팽 料理 요리팽 庚

[illegible] [혁] 燒麥 보리볶을혁 陌

[illegible] [작] 火盛 불성할작 藥

[illegible] [적] 火見貌 불보일적 錫

烴 [경] 焦臭 누

四畫—火

리내경 (迥)

烸 [회] 使乾 말릴회 (賄)

焣 [삽] 火乾 불에말릴삽 (洽)

烱 [경] 炎也 불꽃경 (梗)

烯 [희] 火色 불빛희 (微)

烳 [보] 炬也 횃불보 (麌)

[illegible] [훼] 火熾 불활활불을훼 燬同字 (紙)

[illegible] [철] 火燃 불당길철 火氣 불기운철 (屑)

烽 [봉] 煙火警邊 봉화봉 (晝燧夜ㅣ) 逢同字 (冬)

烺 [랑] 火貌 爣ㅣ 불이글이글할랑 (養)

[illegible] [자] 曝也 볕에쪼일자 束炭 숯을묶을자 (馬)

[illegible] [서] 衆也 무리서、뭇서、여러서 多也 많을서 支子 서자서 庶古字 (御)

焍 [제] 灼龜木 거북지지는나무제 (齊)

烄 [교] 放火照庭ㅣ 뜰에세운횃불교 放火 불놓을교 明也 밝을교 燎同字 (嘯)(篠)

[illegible] [훌] 火煨ㅣ 울훌 暖也 따뜻할훌 (物)

焅 [혹][곡] 旱氣 가무는기운혹 熱氣 뜨거운기운곡 (沃)

烿 [룽] 火氣 불기운룽、불길룽 古音융 (東)

焌 [준] 燃火 불땔준 (願)

㷀 [경] 憂也 근심할경 獨也 외로울경 煢同字 (庚)

焋 [장] 熏蒸 찔장、김오를장 (漾)

焄 [훈] 香臭 향내날훈 火上出 불김오를훈 (文)

烗 [애] 熱也 더러울애 輝也 빛날애 火盛貌 불이글이글할애 (灰)

焃 [혁] 明也 밝을혁 赫也 빛날혁 赤也 붉을혁 (陌)

黒 [흑] 黑略字 검을흑

焇 [소] 乾也 말릴소 爍也 녹일소 曝也 쬐일소 (蕭)

焉 [언] 何也 어디언、어찌언 疑也 의심쩍을언 語助辭 어조사언 (先)

尉 [위] 熨也 인두위 (未)

[illegible] [이] 는 人ㅣ欲 널름거릴이 먹고싶어할이 (支)

焊 [한] 火乾 불에말릴한 (旱)

[illegible] [발] 煙起貌 연기무럭무럭날발 蒸熱 熨火ㅣ

저는듯할발(月)

焆 결 火光불빛결(屑)

八

爲 상 南方大獸長鼻牙큰코끼리상 光耀빛날상 形也형상상 象古字(養)

焟 석 爆也절석(陌)

焞 퇴 순 돈 盛貌ㅣㅣ성할퇴 明也밝을순 灼龜炬거북등지지는홰돈 薄明어슴프레할돈(眞)(元)

焙 배 火乾불에말릴배(隊)

焚 분 火灼燒불탈분 燒也불사를분(文)

焜 혼 火光불빛혼 明也밝을혼 輝通(阮)

焝 혼 火燃불탈혼 火悶불번적거릴혼(元)

⿱龹長 추 火久불오래갈추(紙)

⿱林灬 분 불사를분 焚同

焠 쉬 燒刀納水以堅刃칼날담글쉬 灼也지질쉬 染也물들일쉬 淬同字(隊)

無 무 有之對없을무 不也아닐무 勿也말무 空虛빌무 草名文ㅣ풀이름무 蕪同字 毋通(虞)

焣 초 火乾불에말릴초(巧)

煮 자 삶을자 煮略字

⿱兼灬 겸 并也겸할겸 兩得둘얻을겸 總也모을겸 兼略字(鹽)

⿰火来 잡 湯煠淪也데칠잡 爇일잡 灼也구울잡 煠同字(洽)

焦 초 火燒黑탈초、볶을초 火傷델초 火之臭味불내날초 炙也구울초 思煩속태울초 乾也마를초 ㅣ點모일초 龘通(蕭)

⿰火宂 알 얼 煙起貌연기일어날알、얼 義同(曷)(月)

煢 경 投子주사위경 憂也근심할경(庚)

焼 소 焚也불붙을소 燔也불사를소 燃也탈소 燒略字(蕭)(嘯)

⿰火戒 해 火盛貌불이성할해(卦)

焴 욱 光也빛날욱(屋)

焾 총 暖也따뜻할총(東)

焬 석 乾也마를석(錫)

⿰多火 괴 多也많을괴 大也클괴(灰)

烱 강 燒刃칼

四畫—火

남머를 강 (漾)

焱 [혁][염] 火焰ㅣㅣ불꽃혁、염義同 (錫)(琰)

然 [연] 許諾 허락할연 言如是 그럴연、그렇다할연 承上接語 그러나연 燒也 사를연 如也 그렇다할연 斷定 이렇다할연 而也 그렇게연 燃通 (先)

焫 [열] 燒也 불사를열 爇同字 俗音 설 (屑)

焪 [궁] 乾也 말릴궁 盡也 다할궁 曝也 별쪼일궁 爐也 불통궁 (送)(東)

⿰火奄 [암] 埋火 불묻을암 (合)

⿱或火 [불] 火盛貌 불이글이글할불 ⿱咸火同字 (物)

焯 [작] 火氣 불김작 光貌ㅣ爍 빛날작 灼、炤通 (藥)

焮 [흔] 火氣 불김흔 炙也 구을흔 焚也 불사를흔 燿也 비칠흔 (問)

焰 [염] 火光 불빛염 爓同字 炎通 (琰)

尉 [위][울] 官名 벼슬이름위 候也 기다릴위 覆姓ㅣ遲 성울 熨古字 (未)(物)

烮 [렬] 火猛 불활활붙을렬 光也 빛날렬 暴也 사나울렬 烈古字 (屑)

九

煁 [심] 無釜竈 딴부엌심 烓也 炉屬 화덕심 (侵)

⿰火曷 [알] 中熱 더위먹을알 暍同字 (月)

⿰火𡿺 [노] 熱也 더울노 (皓)

⿰火風 [풍] 焚也 불사를풍 燒也 태울풍 (送)

煄 [종] 燃也 탈종 (冬)

煇 [훈][휘][운][혼] 灼也 지질훈 光也 빛날휘 輝通、日光氣 해무리운 暈通、赤色 붉을혼 煌火 불빛혼 焜通 (文)(微)(問)(阮)

煝 [미] 旱氣 가무는기운미 赫也 빛날미 (寘)

煢 [경] 獨也 외로울경 憂也 근심할경 㷀、惸通 (庚)

⿱垔火 [연][인] 연기연、내연、김인、기운인 煙同字

煆 [하] 錏ㅣ 頸鎧 목투구하 鍛俗字 (麻)

煜 [욱][읍] 火焰 불꽃욱 燿也 빛날욱 盛貌 성할욱、읍義同、火貌 불빛환할읍 (陌)(緝)

⿱咸火

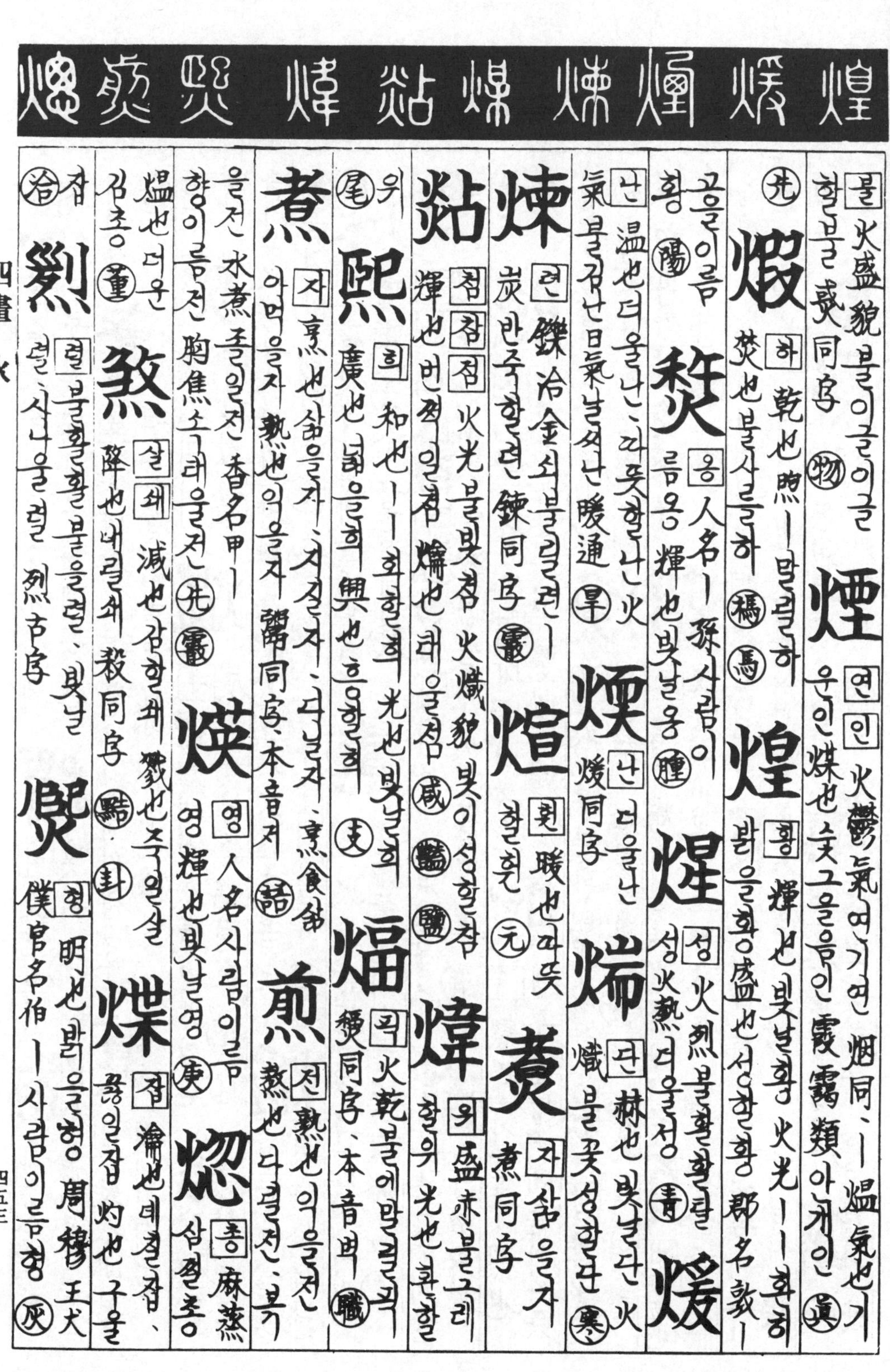

[불] 火盛貌 불이글이글할불 㶾同字 (物)

煙 [연][인] 火鬱氣 연기연 烟同、ㅣ熅 氣也 기운인 煤也 숫그을음인 霞靄類 아개인 (眞)(先)

煆 [하] 乾也 熙ㅣ 말릴하 焚也 불사를하 (禡)(馬)

煌 [황] 煇也 빛날황 火光ㅣㅣ 환히 밝을황 盛也 성한황 郡名 敦ㅣ 곧을이름황 (陽)

[illegible] [용] 人名ㅣ孫 사람이름용 輝也 빛날용 (腫)

煋 [성] 火烈 불활활할성 火熱 더울성 (青)

煖 [난] 溫也 더울난、따뜻할난 火氣 불김난 日氣 날씨난 暖通 (旱)

煗 [난] 더울난 煖同字

煓 [단] 赫也 빛날단 火熾 불꽃성할단 (寒)

煉 [련] 鑠冶金 쇠불릴련ㅣ炭 반죽할련 鍊同字 (霰)

煊 [훤] 暖也 따뜻할훤 (元)

煑 [자] 삶을자 煮同字

煔 [섬][잠][점] 火光 불빛섬 火熾貌 불이성할잠 爓也 번쩍일섬 爚也 태울섬 (咸)(豔)(鹽)

煒 [위] 盛赤 불그레할위 光也 환할위 (尾)

熙 [희] 和也 ㅣㅣ 화할희 光也 빛날희 廣也 넓을희 興也 흥할희 (支)

煏 [픽] 火乾 불에말릴픽 㷶同字、本音벽 (職)

煮 [자] 烹也 삶을자、지질자、다릴자、烹食 삶아먹을자 熟也 익을자 鬻同字、本音저 (語)

煎 [전] 熟也 익을전 熬也 다릴전、볶을전 水煮 졸일전 香名 甲ㅣ 향이름전 煦焦 소라울전 (先)(霰)

煐 [영] 人名 사람이름영 輝也 빛날영 (庚)

熜 [총] 麻蒸 삼졀총 熅也 더운김총 (董)

煞 [살][쇄] 減也 감할쇄 戮也 죽일살 降也 내릴쇄 殺同字 (黠)(卦)

煠 [잡] 瀹也 데칠잡、[illegible]일잡 灼也 구울잡 (洽)

烈 [렬] 불활활불을렬、빛날렬、사나울렬 烈古字

煚 [경] 明也 밝을경 周穆王犬僕官名伯ㅣ 사람이름경 (灰)

無 [무] 有之對 없을무 不也 아닐무 空虛 빌무 無同字 (虞)

煟 [위] 火光 불빛위 (未)

熖 [삽] 火燒殘餘 불탄 끝으머리삽 (洽)

尞 [료] 柴燎祭天 불놓고 천제지낼료 明火 불밝힐료 燎 橑通 (嘯)

𤈦 [멸] 火不明 불꺼바거릴

苂 [말] 不明 어두울말 (曷)

熅 [온] 鬱煙 내길온 氣也 煙김온 炭火 숯불온 煴同字 (元)(阮)

𤍽 [양] 融也 녹을양 炙燥 구워말릴양 對火 불쬘양 煬同字 (漾)(陽)

煣 [유] 以火屈木 불로 나무구워휠유 (有)

焰 [염] 火光 불빛염 熖俗字 (琰)

煤 [매] 石炭 석탄매 墨也 먹매 煙塵炱ㅣ 그을음매 (灰)

熏 [훈] 火炎上出 불길훈 灼也 지질훈 煙氣 연기오를훈 熏略字 (文)

𤏣 [주][유] 煪同字

煪 [주][유] 乾也 말릴주 燃也 태울주 火貌 불랄주 火也 불유 (尤)(有)

㱃 [추] 耳鳴 귀울추、귀머먹할추 (尤)

照 [조] 光發 빛날조 明所燭 비칠조 比較 비교할조 炤、曌通 (嘯)

煦 [후] 熱也 더울후 蒸也 찔후 日出溫 해돋아따뜻할후 覆育 품을후 惠也 베풀후 昫通 (麌)(遇)

煥 [환] 火光 불빛환 明也 밝을환 文貌ㅣ爛 빛날환 (翰)

煬 [양] 鑠也 녹일양 融和 화할양 炙燥 구워말릴양 (陽)(漾)

炤 [조] 明所燭 비칠조 光發 빛날조 比較 비교할조 照本字 (嘯)

煩 [번] 勞也 수고로울번 不簡 번거러울번 悶也 민망할번 思惱 괴로울번 干也 간섭할번 (元)

煨 [외] 火中熱物 불에묻어구울외 盆中火 그을릴외 煨同字 (灰)

⑩

𤎖 [초] 熬也 지질초、볶을초 炒同字 (巧)

𤏰 [구] 擧火 불켤구 烽火 봉화구 (宥)

煽 [선] 使

火爓 불붙일선 盛爓 불일어날선 ㊀霰 ㊀先

㷟 [퇴] 湯除毛 튀할퇴 煺同字 ㊀灰

煻 [당] 熱灰ㅣ煨 잿불당 煨火 구울당 ㊀陽

煺 [퇴] 튀할퇴 㷟同字

熓 [오] 火滅 불꺼질오 ㊀月

熑 [렴] 火不滅 불꺼지지않을렴 車輞 수레바퀴불로구워휠렴 煉

㊀鹽

尞 [소] 焚也 불붙을소 爇也 불사를소 野火 들불소 燒同字 ㊀蕭 ㊀嘯

粦 [린] 鬼火 도깨비불린 燐同字 ㊀震 ㊀眞

烝 [증] 冬日祭 겨울제사증 熱氣 더울증 ㊀徑

䁝 [경] 驚目貌 놀란눈모양경 ㊀迥

熐 [명] 匈奴部落ㅣ蠡 흉노의부락이름명 ㊀青

熌 [섬] 火行 불똥튈섬 火光 불번쩍거릴섬 ㊀琰

熏 [훈] 煙氣 연기오를훈 火氣上出 불김훈 灼也 지질훈 和悅 좋아할훈 燻同字 ㊀文

熁 [협] 火氣迫也 불로지질협 ㊀葉

羡 [치][자] 束炭 묶은숯치 乾也 말릴자、바짝말릴자 ㊀支 ㊀歌

熀 [녑] 火光盛貌 燁ㅣ 불빛이글이글할녑 ㊀葉

煋 [성] 赤也 붉을성 ㊀庚

㷤 [혹] 日出時赤 해돋을때불그레할혹 ㊀屋

㷠 [린] 火貌 불린 燐火 余燼 초롱린 ㊀軫

𤎜 [옹] 烟氣ㅣ然 연기자욱히낄옹 ㊀董

熉 [운] 黃色ㅣ然 누런빛운 ㊀文

煿 [박] 火乾 불에말릴박 爆通 ㊀覺

𤎒 [재] 小烹 살짝데칠재 ㊀賄

熅 [온] 氣也 煙ㅣ 기운온 爩烟 서린연기온 煖也 따뜻할온 火炙伸物 불에쪼여펼온 炭火 숯불온 ㊀文 ㊀問

熊 [웅] 似豕冬蟄 곰웅 光也 빛날웅 ㊀東

熙 [희] 光也 빛날희 興也 일어날희 和也 화할희 嬉也 기쁘할희 熈俗字 ㊀支

熇 [효][혹][학][고] 炎氣 불김효 熱也 뜨거울혹 炎熾 불꽃이글이글할혹 熾盛 불꽃성할학 乾也 마를고 ㊀蕭

(屋)(藥)(肴)

熄 [식] 畜火불묻을식 鎭火불끌식 滅火불꺼질식 亡也없어질식 終也마칠식 (職)

熂 [희] 燒草풀베어불사를희 (未)

熆 [합] 吹火불불합 (合)

熒 [형] 眩亂현란할형 疑惑의심낼형 通燈 燭光ㅣㅣ등불반작거릴형. 明也밝을형 光輝빛날형 星名ㅣ惑별이름형 (迥)(青)

煼 [초] 熬也볶을초 炒同字 (巧)

煨 [외] 火中熱物불에묻을외 盆中火燼그스릴외 煨同字 (灰)

熘 [초] 炒也볶을초 煼譌字 (巧)

焓 [함] 灼爛데일함 (感)

熕 [공] 大砲대포공 (日)

熔 [용] ㅣ鑄불릴용、녹일용 器模範거푸집용 鎔俗字 (鍾)(冬、)

十一

熸 [잠] 火滅불꺼질잠 本音점 (鹽)

熮 [료] 燒也불사를료 穴貌틈이빠끔할료 爛也무르익을료 (蕭)

熥 [동] 以火煖物불로더웁게할동 古音통 (東)

熛 [표] 飛火불똥튈표 怒也성낼표 赤也붉을표 光也빛날표 南方赤ㅣ怒남녘표 (蕭)

㷟 [퇴] 湯除毛퇴할퇴 煺同字 (灰)

熚 [필] 火貌ㅣ㸌불이확확할필 火聲불타는소리필 (質)

熤 [익] 人名張ㅣ사람이름익 煇也빛날익 (陌)

熧 [종] 火出穴불이구멍으로나올종 火連行불번질종 (冬)

熣 [최] 煤也그을음최 (灰)

熨 [위][울] 火斗다리미위 持火展繒다리미질울 尉同字 (未)(物)

熟 [숙] 深煮흐물할숙 生之反익을숙 食飪익힐숙 精審자세할숙 成也이룰숙 爛也무르익을숙 頃久한참동안숙 成也이룰숙 充分習得숙달할숙 歲稔풍년들숙 (屋)

熜 [총] 麻蒸삼겨릅총 熅也더운김총 熜本字 (董)

燥 [조] 燃也불사를조 (肴)

㷮 [조] 焦

也 달조 燒也 불사를조 火餘木 불탄나머지조 (豪)

熩 [호] 輝也 빛날호 (虞)

熡 [루] 火也 불꽃루 (尤)

熝 [록] 煉也 다련할록 (屋)

⿱殸火 [향] 火乾出 불에 말려낼향 (靑)

熞 [견] 灼鐵淬之 쇠달궈물에담글견 (先)

熢 [봉] 煙鬱 ㅣ烽 연기서릴봉 火氣 불기운봉 烽同字 (東)(冬)

⿱野火 [서] 野火 들불서 燒草 풀탈서 (語)

⿱逢火 [봉] 煙鬱邊 봉화봉 烽同字 (冬)

熠 [습] 鮮明 선명할습 盛光 환할습 羽貌 ㅣㅣ깃모양습 螢火 ㅣ燿 반딧불반짝거릴습 古音 읍 (緝)

熭 [위] 曝乾火 불에급히 말릴위 曝乾 쪼여말릴위 (霽)

熬 [오] 愁苦聲 걱정소리오、애타는소리오 乾煎 볶을오 淳ㅣ 八珍之一 팔진미오 磝同字 (冬)

燦 [찬] 輝也 빛날찬 (翰)

⿰火參 [조] 乾也 마를조 燥也 일조 無趣味 재미없을조 燥俗字 (號)(皓)

⿱炏大 [찬] 炊也 불땔찬 竈也 아궁이찬 炊也 밥지을찬 爨同字 (翰)

熪 [이] 火不絶貌 불꺼지지않을이 (支)

⿰火奉 [봉] 烟塵雜起 연기와티끌이자욱할봉 (董)

熂 [자][적] 燔肉 고기구울자 親近而薰之 쏘일자、친근할자 膾 날새고기자、적 義同; 炙俗字 (禡)(陌)

熲 [경] 火也 불빛경 輝也 빛날경 (迥)

勲 [훈] 功也 공훈 帥也 거느릴훈 勳略字 (文)

燩 [발] 煙起白 연기허옇게일어날발 (月)

熱 [열] 暑度 더위열 温也 더울열、뜨거울열 炎氣 불꽃기운열 激昂 흥분할열、一心 쏠릴열、하고자할열 誠也 정성열 (屑)

熯 [한][선] 炙也 구울한 乾也 마를한 火盛 불성할선 燒也 태울선 敬也 공경할선 暵同字 (翰)(銑)

熰 [구] 熱極 몹시뜨거울구 本音 우 (尤)

[火+离] [리] 帷中火 장막속불리 (支)

⊕十二

燃 [연] 使燒 태울연、燈節 연등절연 燒也 불사를연、불탈연 然通 (先)

燀 [천] 爟也 빛날천 光明貌 환할천 炊也 불땔천 火無炎 모닥불천 (銑)

熿 [황] 煇也 炫— 빛날황 (陽)

熾 [치] 炊也 불땔치 火盛 불성할치 (寘)

[雁+灬] [안] 火色 불빛안 (翰)

熻 [흡] 熱也 더울흡 (緝)

燁 [엽] 火盛 불이글이글할엽 燁貌 번쩍거릴엽 (葉)

烖 [치] 火盛 불활활붙을치 炊也 불땔치 熾同字 (寘)

燂 [담][심][첨][섬] 火焚 불사를담 灰爛也 잿불이힐심 湯瀹肉 고기삶을섬 灰爛 불사윌첨 燖同字 (覃)(侵)(鹽)

[火+雁] [안] 火色 불빛안 雁灬同字 (翰)

熺 [희] 밝을희、불성할희、넓을희、찔희 喜同字

熹 [희] 熾也 불성할희 明也 밝을희 光也 빛날희 博也 넓을희 炙也 구울희 烝也 찔희 微陽 희미할희 (支)

[雁+火] [안] 火色 불빛안 雁灬同字 (翰)

爉 [랍] 火聲 불소리랍 火也 불모양랍 爉同字 (合)

熸 [잠] 火滅 불꺼질잠 (鹽)

熷 [증] 取生肉 於竹中炙 고기 대속에넣어구울증 (蒸)

燈 [등] 燭火 초ㅅ불등 錠中置燭 등등、등잔등 靈草 金— 금등풀등 灯、鐙通 (蒸)

燄 [염] 炎也 불꽃염 火初燃 불처음당길염 火行貌 불번져서릴염 爓通 (琰)(豔)

燅 [잠] 湯中瀹肉 삶기데칠잠 温也 따스할잠 (鹽)

燸 [난][훤] 温也 더울난 柔貌 부드러울훤 暖同字 (旱)(元)

燗 [란] 酒温 술데울란 明也 밝을란 (翰)

[火+參] [조] 乾也 마를조 爍也 일조 無趣味 재미없을조 燥俗字

燆 [효][혹][고][학] 炎氣 불김효 炎熾 불꽃이글이글할혹 乾也 마를고 熾盛 [illegible]

꽃성할하 熇同字 (蕭)(屋)(肴)(藥)

燋 [초] 焦也그을릴초 然持火불당길초 灼龜炬거북의등지지는횃불초 (蕭)(嘯)

燉 [돈] 火盛貌불성할돈 地名一煌땅이름돈 (元)

燖 [심] 火熟物불에익힐심、삶을심 沈肉於湯데쳐낼심 燂同字 (侵)

燕 [연] 召公所封、國名연나라연 龜玄鳥제비연 安也편안할연 宴也잔치연 息쉴연 (銑)

⿱𤇾火 [광] 빛광 光同字

燊 [신][화] 役也부릴신 熾也성할신 炎和貌불꽃화할신 熾也활활탈화 (麻)

⿱僃灬 [괴][벽] 火乾불에말릴괴 乾也마를괴 熟也익힐벽 (眞)

⿱隊火 [수] 烽火봉화수 火也불수 自來火성냥수 燧同字 (寘)

燓 [번] 火田화전일으킬번 焚同字 (問)(文)

燔 [번] 炙也구울번 燒也사를번 (元)

⿱壽火 [주] 鎔金入範쇠불릴주 鑄古字 (遇)

⿱僃火 [괴][벽] 불에말릴괴、익힐벽 ⿱僃灬同字 (寘)(職)

燎 [료] 放火불놓을료 照也비칠료 地上露 火庭一뜰에세운횃불료 尞通 (嘯)(篠)

燌 [분] 燒也불사를분 火灼物燒불탤분 林火焚同字 (文)

燒 [소] 焚也불붙을소 燔也불사를소、불탤소 燃也불탈소 放火불놓을소 野火들불소 (蕭)(嘯)

燏 [율] 光也빛날율 (蕭)

燐 [린] 自起煌불일어날린 鬼火도깨비불린 螢火반딧불린 元素之一원소이름린 粦同一寸성냥린 (震)(眞)

(日) 燍 [사] 火焦臭타는내날사、화닥내날사 焦貌燋一타서눌을사 (支)

⿰白炎 [담][첨] 青黑繒검고푸른비단담 衣動貌옷펄렁거릴첨 (勘)(鹽)

⿱炏回 [릅][읍] 火貌불탈릅 侵火불을범할릅 火、舒貌불켤릅 火盛貌불활활붙을음 (寢)

⿰火草 [도][소] 急煎

볶히볶을도 急燃貌 볶히 클소 (效)

燙 [탕] 火傷 불에델탕 滌也 씻을탕 (漾)

[埶/火] [열] 溫也 더울열 誠也 정성열 熱本字 (屑)

燚 [일] 火貌 불모양일 (質)

(十二)

燵 [달] 寢火爐 자리속에넣는화로달 (日)

煏 [훌] 火煨 불에묻어구을훌 (物)

燳 [조] 明析燭 비칠조 光發 빛날조 照同字 (嘯)

燠 [우][오] 煖也 더울욱 熱在中 속답답할 오 痛聲 ——咻 앓을오 奧、澳通 (屋)(號)

燥 [조] 爍也 누일조 火乾 불에말릴조 水氣無 물기없을조 無趣味 재미없을조 古音소 (皓)(號)

燡 [역] 火甚 불성할역 (陌)

燮 [섭] 和也 —理 화할섭 炎也 불꽃섭 火熟 불에익힐섭 (葉)

㸁 [선][한] 火盛貌 불이글이글할 선 乾也 마를한 熯同字 (銑)

燬 [훼] 火烕 불꺼질훼 烈火 불이글이글할훼 焚壞 살라무너뜨릴훼 焜同字 (紙)

燫 [렴] 火不絕 불꺼지지않을렴 爁同字 (豔)

燣 [람] 焦黃 눌을람、누렇게볶을람 熱也 더울람 (覃)

燡 [역] 불성할역 燡同字

熝 [오] 埋灰煨物 재에묻어구을오 爊同字 (豪)

燭 [촉] 照也 비칠촉 蠟炬 초촉 明也 밝을촉 藥名 약이름촉 草名 풀이름촉 (沃)

營 [영][형] 度也 헤아릴영 造也 지을영 經— 경영할영 畢斜 영문영 治也 다스릴영 惶恐意 屛— 황송할영 往來也 오락가락할영 星名 —惑 별이름형 (庚)(青)

燩 [각][격] 曝也 볕쪼일각 火乾 불에말릴각 乾燥 말릴격 (覺)(錫)

熜 [총] 炬火 횃불총 (東)

燦 [찬] 光明 —爛 찬란할찬、빛날찬 粲通 (翰)

㷿 [험] 熱也 더울험 火貌 불클험 (豔)

燧 [수] 火也 불수 烽火 봉화수

(左佩金ㅣ、右佩木ㅣ) 取火於木鑽ㅣ 나무를질러 불낼수 取火於日、金ㅣ(又陽ㅣ) 햇빛으로 불낼수 自來火 성냥수 燧火同字 (眞)(中)

(十四)

爚 [약] 焚也 불사를약 電光 번갯불약 火飛 불똥튈약 爚同字 (藥)

爡 [획] 熱也 더울획 (藥)

燻 [훈] 灼也 불사를훈 和氣ㅣㅣ 기뻐할훈 火氣盛貌 불기운성할훈、불길치밀훈 熏同字 (文)

爔 [치] 火盛 불활활붙을치 炊也 불땔치 熾古字 (眞)

爁 [람] 火延 불번질람 (覃)

爀 [혁] 輝也 빛날혁 火色 불빛혁 赫通 (陌)

爘 [찬] 灼也 더울찬 (翰)

燺 [고] 火乾 불에쬘고 燥也 말릴고 (皓)

煏 [픽] 以火乾肉 불에고기말릴픽 古音벽 (職)

熆 [개] 火也 불개 (泰)

燿 [요] 照也 비칠요 光貌、炫ㅣ 빛날요 明貌 燿ㅣ 밝을요 耀通 (嘯)

爂 [표] 輕肥 가볍고 약할표 (蕭)

燸 [유] 溫也 따뜻할유 (虞)

燹 [희][선] 野火 들불희、선 義同、兵火 병화선 (眞)(銑)

燾 [도] 普覆 덮일도 照也 비칠도 幬通 (號)

燼 [신] 灰ㅣ火餘 감부기불신 餘也 나머지신 燈ㅣ燭餘 촛불똥신 災難後 재난의뒤신 㶳同字、俗音진 (震)

燽 [주] 現著 드러날주 明也 밝을주 (尤)

爂 [표] 飛火 불똥튈표 怒也 성낼표 光也 빛날표 熛同字 (蕭)

燽 [주] 燽(前條)同字

(十五)

𤓚 [절] 火熱 불에익힐절 燭餘燼 촛불똥절 俗音즉 (職)

爉 [랍] 火貌 불모양랍 火聲 불소리랍 (合)

爊 [오] 炰毛炙肉 튀할오 炙也 구울오 (豪)

爆 [폭][박] 火裂 불터질폭、폭발할폭 灼也 불사를박 火乾 불에말릴박 爆同字、煿通 (效)(覺)(藥)

𤒦 [약] 火氣 불기운약 (藥)

爄 [례][렬] 止火 불물릴례 火斷 불끌렬 (霽)(屑)
爊 [려] 山火 熫ㅣ 산불려 (御)
爌 [광][황] 寬明 화할황 밝을광 火光불빛 황 火光明貌 불빛 환할광 (漾)(養)
爇 [설] 燒也 불사를설 燃也 불탈설 爇同字 (屑)
爍 [삭] 灼ㅣ光貌 빛날삭 鑠通 (藥)
爅 [묵] 火貌 불탈묵 (職)
爇 [설] 燃也 불탈설 燒也 불사를설 本音열 焫、爇同字 (屑)
爕 [섭] 火熟 불에익힐섭 和也 화할섭 炎也 불꽃섭 燮俗字 (葉)
爒 [료][조] 炙也 구을료 燃也 불탈조 (嘯)(肴)

(十六)

爖 [롱] 發火 불필롱 火也 불모양롱 (東)
燔 [번] 宗廟火熟肉제사에 쓰는 고기번 (元)
燧 [수] 烽火 봉화수 ㅣ火也 불 取火於日金ㅣ 햇볕으로 불낼수 燧古字 (寘)
爐 [로] 火函 화로로 (火ㅣ、風ㅣ、香ㅣ、暖ㅣ) 列陽洪ㅣ 쬐약볕로 炉、鑪同字 (虞)
熽 [소] 燃燒 불탈소 (蕭)
爏 [력] 火貌 불반짝거릴력 (錫)
爗 [엽] 閃光 번쩍거릴엽 光盛 불이글이글할엽 燁同字 (葉)
燃 [련] 燃燒 불태울련 (銑)
爤 [랄][뢰] 毒也 해칠랄 火毒 불독뢰 (曷)(泰)
爋 [훈] 火乾 불에말릴훈 (問)
爔 [희] 火也 불희 日光赫曦 날빛희 (支)
燅 [섬] 以湯沃毛令脫 튀할섬 燂同字 (鹽)
爑 [초] 火所傷 델초 火之臭 불내날초 炙也 구을초、볶을초 焦、爑同字 (蕭)
燡 [역] 災也 재앙역 (陌)
燎 [료] 炙也 구을료 (篠)
爓 [엄] 火不明 불밝지못할엄 俗音엽 (葉)
燋 [조][작] 炬火 횃불조、작 義同、燋同字 (嘯)(藥)
爓 [염][섬] 火光 불빛염 沈肉于湯 고기데칠섬 火門、아궁이

섬 焰同字 燂通 (鹽)(鹽)

(十七) **爔** [회] 燒也 태울회 (眞)

爛 [란] 熟也、糜ㅣ 익을란 燭光ㅣ 촛불휘황할란 明也、燦ㅣ ㅣ 찬란할란 腐敗 썩을란 潰也 火傷 불에데어 벗어질란 (翰)

燩 [염] 火也 불염 (鹽)

⿱敫火 [염] 불염 燩同字

爚 [약] 電光 번개번쩍할약 火飛 불똥튈약 熱也 불사를약 (藥)

(十八) **爆** [폭][박] 火裂 포ㄱ발할포ㄱ 灼也 지질박 爆同字 (效)(覺)

爝 [조][작] 炬火 횃불조、작 義同 (嘯)(藥)

爙 [섭] 温也 따뜻할섭 俗音녑 (葉)

爟 [관] 擧火 불켜들관 烽火 봉화불관 取火於日 회경관 周官名 司ㅣ 주나라벼슬이름관 (翰)

爜 [총] 火貌 불달총 (東)

爞 [충] 旱熱ㅣㅣ 가물어뜨거울충 蟲通 (東)

⿰火闒 [담] 爛也 데어터질담 墮也 떨어질담 (合)

(十九) **⿱難火** [연] 𤏶(次) 條ㅣ 同字

⿱難火 [연] 燒也 사를연 許也 허락할연 如也 그럴듯할연 斷定이랑 다할연 然古字 (先)

爌 [광] 光貌 빛날광 (養)

爡 [철] 烟出 연기날철 (屑)

爢 [미] 데어터질미 爢同字

爢 [미] 爛也 데어터질미 壞也 무너질미 (支)

(二十) **爣** [당] 明也 밝을당、희할당 (養)

(二一) **爥** [촉] 照也 비칠촉 燭、矚同字 (沃)

爚 [약] 夏祭 여름제사약 禴、爚同字 (藥)

爤 [란] 燭光 촛불빛란 熟也 익을란 明也、燦 밝을란 腐敗 썩을란 爛同字 (翰)

(二二) **爨** [찬] 炊也 불땔찬 竈也 아궁이찬 부뚜막찬 炊也 밥지을찬 爨同字 (翰)

爨 [조] 鼎欲沸貌 솥 우려할조 (无)

(二三) **爣** [철] 竈中烟 아궁이속연기철 (屑)

(二四) **⿱雥灬** [초] 데일초

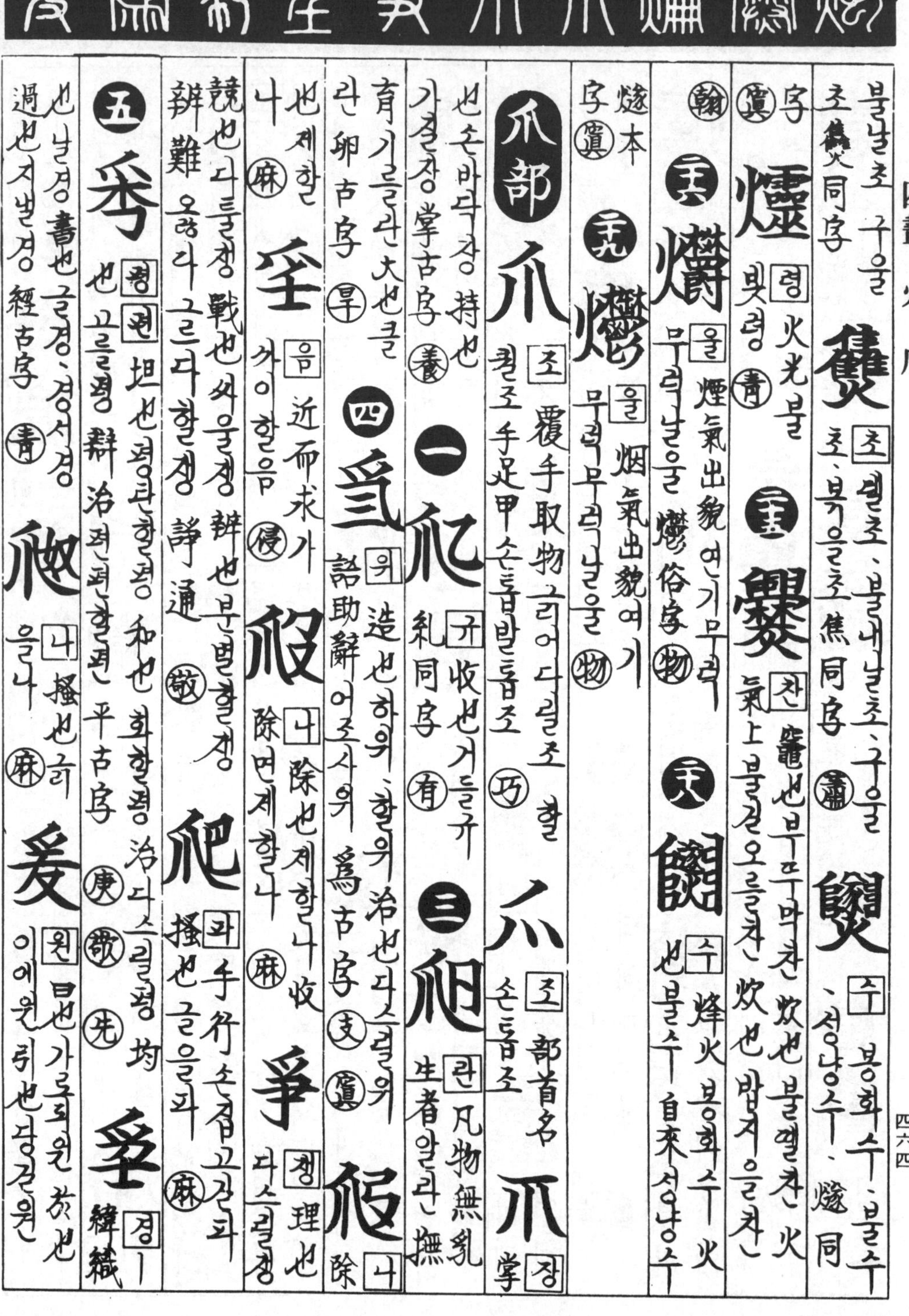

불날초 구울초 [illegible]同字

[illegible] 초 불땔초、불내날초、구울초 焦同字 [蕭]

[illegible] 수 봉화수、불수、성냥수、燧同字 [寘]

爧 령 火光불빛령 [靑]

二十五

爨 찬 竈也부뚜막찬 炊也불땔찬 火氣上불길오를찬 炊也밥지을찬 [翰]

二十六

[illegible] 울 煙氣出貌연기무럭무럭날울 爩俗字 [物]

二十八

[illegible] 수 烽火봉화수 火也불수 自來성냥수 燧本字 [寘]

二十九

爩 울 烟氣出貌여기무럭무럭날울 [物]

爪部

爪 조 覆手取物긁어다릴조 할퀼조 手足甲손톱발톱조 [巧]

爫 조 部首名 손톱조

爪 장 掌也손바닥장 持也가질장 掌古字 [養]

一

[illegible] 규 收也거둘규 糺同字 [有]

三

[illegible] 란 凡物無乳生者알란 撫也 育也기를란 大也클란 卵古字 [旱]

四

[illegible] 위 造也하위、할위 治也다스릴위 語助辭어조사위 爲古字 [支][寘]

[illegible] 나 除也제할나 [麻]

㸒 음 近而求가까이할음 [侵]

[illegible] 나 除也제할나 收 除也면제할나 [麻]

争 쟁 理也다스릴쟁 競也다툴쟁 戰也싸울쟁 辨也분별할쟁 辨難옳다그르다할쟁 諍通 [敬]

爬 과 手行손톱고갈파 搔也긁을파 [麻]

五

[illegible] 평 편 坦也평탄할평 和也화할평 治也다스릴평 均也고를평 辯治편편할편 平古字 [庚][敬][先]

[illegible] 경 一 經緯織也날경 書也글경、경서경 過也지날경 經古字 [靑]

[illegible] 나 搔也긁을나 [麻]

爰 원 曰也가로되원 於也이에원 引也당길원

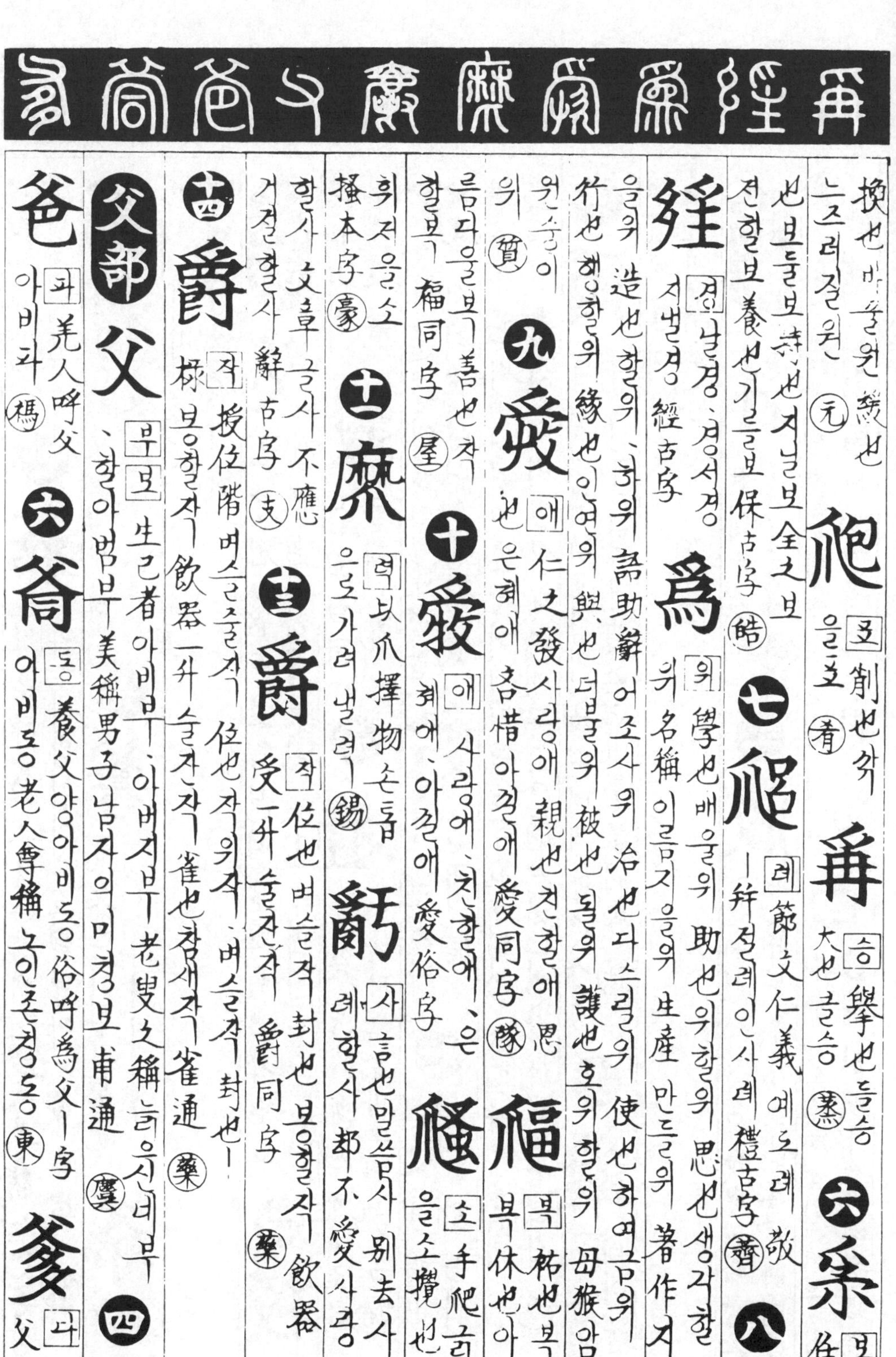

換也 바꿀원 緩也 느즈러질원 (元)

爮 [포] 削也 깎을포 (肴)

爯 [승] 擧也 들승 大也 클승 (蒸)

六 [爪+保] [보] 任也 보듬을보 持也 지닐보 全之 보전할보 養也 기를보 保古字 (皓)

七 [爪+呂] [례] 節文 仁義 예도례 敬一拜 절례 이사례 禮古字 (薺)

八 [爪+巠] [경] 날경、경서경 지날경 經古字

爲 [위] 學也 배울위 助也 위할위 思也 생각할위 名稱 이름지을위 生產 만들위 著作 지을위 造也 할위、하위 語助辭 어조사위 治也 다스릴위 使也 하여금위 行也 행할위 緣也 인연위 與也 더불위 被也 될위 護也 호위할위 母猴 암원숭이위 (質)

九 [爪+友] [애] 仁之發 사랑애 親也 친할애 思也 은혜애 吝惜 아낄애 愛同字 (隊)

[爪+畐] [복] 栫也 복 복 休也 아름다울복 善也 착할복 福同字 (屋)

十 [爪+愛] [애] 사랑애、친할애、은혜애、아낄애 愛俗字

[爪+蚤] [소] 手爬 긁을소 攪也 휘저을소 搔本字 (豪)

十一 [爪+厤] [력] 以爪擇物 손톱으로 가려낼력 (錫)

[爪+辛] [사] 言也 말씀사 別去 사례할사 却不受 사양할사 文章 글사 不應 거절할사 辭古字 (支)

十三 爵 [작] 位也 벼슬작 封也 보응할작 飮器 受一升 술잔작 爵同字 (藥)

十四 爵 [작] 授位階 벼슬줄작 位也 작위작、벼슬작 封也 祿 보응할작 飮器一升 술잔작 雀也 참새작 雀通 (藥)

父部

父 [부][보] 生己者 아비부、아버지부 老叟之稱 늙으신네부、할아범부 美稱男子 남자의미칭보 甫通 (麌)

四 爸 [파] 羌人呼父 아비파 (禡)

六 [父+同] [동] 養父 양아비동 俗呼爲父一字 아비동 老人尊稱 노인존칭동 (東)

爹 [다] 父

四畫—爪·父

也阿ㅣ아비다、아버지다 哿

⑦ **爺** [야] 俗呼爲父ㅣ字아비야老人尊稱노인존칭야、서방님야、도련님야 爺古字 麻

爸 [파] 羌人呼父아비파、아버지파 爸同字 馬

⑨ **㸙** [차] 父也아비차 㸙也 阿ㅣ사위차 麻

爺 [야] 父也ㅣㅣ아비야 老人尊稱노인존칭야 麻

爻部

爻 [효] 效也본받을효 變也변할효 交也사귈효 像也형상할효 易卦六十四ㅣ괘이름효 肴

④ **⿰木爻** [효] 楠也서 가래효 肴

㸚 [례] 明白밝을례 齊

⑤ **爼** [조] 祭享載牲器제기조 庖廚所用器도마조 俎訛字 語

⿰爻疋 [서] 通達이를서 遠也멀서 引也導인도할서 魚

⿰爻宁 [저] 進也나갈저 語

⑦ **爽** [상] 明也밝을상 清快ㅣ塏시원할상 差也어기어질상 早旦새벽상 微明昧ㅣ희희 밝을상 失也잃어버릴상 烈也매울상 過也지나칠상 輝也반짝일상 養

⑩ **爾** [이] 語助辭어조사이 汝也너이 近也가까울이 而已말이 其也그이 尒、尓同字 紙

⑪ **𤕨** [이] 汝也너이 近也가까울이 其也그이 爾本字

爿部

爿 [장] 判木左半조각널장 陽

② **⿰爿又** [장] 斬也장차장 幾也거의장 抑然辭문득장 且也또장 將同字 漾 陽

③ **⿰爿也** [이] 衣架횃대이、옷걸이이 榻前几책상이 椸同字 支

④ **牀** [상] 人所坐타마루상 臥榻ㅣ簀평상상 跨

床 결상 상、井幹 우물 나간 상 古音 장 (陽)

⿰爿卯 묘 地支 네째지지 묘、토끼 묘、茂也 무성할 묘 東方 동쪽 묘 卯古字 (巧)

牀 장 酢也 초장 水米汁相將 미음 장 葳草寒、꽈리 장 蚌也 조개 장 漿同字 (陽)

㊄

爼 조 俎也 도마 조 俎同字 (語)

牁 가 郡名 牂ㅣ 고을 이름 가 繫舟杙 배 매는 말뚝 가 (敬)

⿰爿令 령 牀第 마루 령 欞同字 (青)

⿰爿也 이 횃대 이 옷걸이 이 횃상 이 椸同字

⿰爿召 소 浴床 목욕상 소 柖同字 (蕭)

㊅

牂 장 盛貌 성할 장 牝羊 암양 장 太歲 태세 장 郡名 ㅣ牁 고을 이름 장 牂同字 (陽)

⿰爿兆 조 요 牀子 마루 조、요 義同 (篠)

㊆

⿰爿求 구 鑿首 끌 머리 구 (尤)

⿰爿西 장 醯也 식혜 장ㅣ油 간장 장 醬古字 (漾)

⿰爿杀 장 帆柱 돛대 장 檣同字 (陽)

㊇

⿰爿象 장 초장、미음 장 꽈리 장、조개 장 漿同字

⿰爿果 환 과 切木片 나무토막 환、薪束 나뭇단 과、木名 나무 이름 과 棵同字 (旱)(哿)

⿰爿戔 잔 飼羊屋 양의 우리 잔 (潸)

⿰爿空 공 穿垣 담 뚫을 공 (送)

㊈

⿰爿施 이 횃대 이、옷걸이 이、횃상 이 椸同字 (支)

牃 첩 牀板 마루 널판 첩 (葉)

㊉

牄 장 鳥獸食聲 새와 짐승 먹는 소리 장 (陽)

⑪

⿰爿責 책 牀棧 살평상 책、積聚 쌓일 책、簀也 삿자리 책 簀同字 (陌)

牅 용 垣也 담 용 墉同字 (冬)

⑫

⿰爿習 습 殳立貌 창 세울 습 (緝)

⿰爿賁 분 牀板 평상널 분 (文)

⿰爿黃 광 牀下橫 마루 밑 가롯대 광 (陽)

⑬

⿰爿戢 즙 殳立貌 창 우뚝 세울 즙 (緝)

牆 장 垣蔽 담 장

圄ㅣ獄也 오ㅣ장
牆同字 陽

䊏 염 檐也 추녀염 鹽

十三

牆 장 門屛ㅣㅣ차면담장 垣也 담장 追慕 사모할장 圖

ㅣ獄也 오ㅣ장
墻同字 陽

十六

𤖙 력 林簀 평상 錫 의 살력

十四

𤖢 령 林第 마루령 靑

片部

片 편 析開木ㅣ조각편 半也 쪼개편 二物事中一方 짝편 震

三

牠 이 羨也 넉이 支

牕 창 畫飾 그림으로 꾸밀창 陽

四

𤗀 추 追也 집박할추 裏

㸤 반 片也 조각반 刪

版 판 出ㅣ인쇄할판 判也 조각판 戶籍ㅣ圖 호적판 笏也 홀판 牌也ㅣㅣ벽할판 一丈長 한길판 築牆 담틀판 板通 潸

𤗁 배 版也 조각배 灰

𤗉 절 板也 널절 屑

𤗂 감 鍪屬 가래함 板也 널조각감 鹽 感

五

𤗇 화 棺也 널화 歌

𤗊 소 浴床 목욕상소 招同字 蕭

牉 반 半也 반쪽반 分也 나눌반 合也 모을반 片ㅣ 判同字 翰

𤗎 척 圻也 터질척 陌

𤗏 평 析木聲 나무 쪼개는소리평 庚

六

𤗚 시 조 几也 책상시 조義同 眞 蕭

𤗝 렬 破裂 깨질렬 屑

𤗞 수 防水板ㅣ牒 물막는널수 虞

脂 지 假家 가계지 盖舍 집이을지 支

𤗣 백 破物 깨뜨릴백 分也 나눌백 陌

牖 향 北窓 북창향 漾

𤗥 조 牒也 제사고기조 篠

七

𤗪 구 株也 골머리구 尤

𤗫 촉 迫也 재촉할촉ㅣ촉박할촉 沃

𤗬 라 艣別名 상앗대라 哥

八

𤗶 엄 屋檐端版掩雀 평고대엄 琰

牌 패 배 牓也

방불일괘 楯也방괘괘ㅣ 旨배지배 牌同字 佳
牌 괘 배 楯也방괘괘 牓也방불일괘 籍也 篁ㅣ호괘괘 下書手賊者四ㅣ旨지배배 佳
(韓) 牋 전 文書글전 表也표전 文體名문체이름전 先
[片+咅] 괘 版也조각괘 灰
[片+妾] 섭 小楔작은쐐기섭 小契符작은쪽섭 簡也서판섭 葉
牃 첩 札也簡也편지첩 書板글씨쓰는첩 疊布무늬좋은베첩 官廳公文通ㅣ공문첩 牒同字 葉
[片+忩] 창 戶也지게창 창창 牕俗字 江
[片+空] 공 腔也담 뚫을공 送
⑨ [片+柬] 련 木理解裂 나무결풀릴련 霰
牒 첩 官廳公文通ㅣ공문첩 札也편지첩 書板서판첩 訟辭송사첩 判任授官ㅣ紙첩지첩 疊布무늬좋은베첩 譜也족보첩 葉
牏 투 築牆板담틀투 便器오강투 窬通、俗音유 尤
[片+序] 락 柝也나눌락、조갤락 葉
[片+畐] 벽 判也나눌벽、조갤벽 職
牑 면 편 변 屋上簀、지붕덮는삿자리면 牀版평상조각편 牀簀살평상변 霰 先 銑
牐 삽 閉城門具、성무비ㅅ장삽 俗音잡 閘通 洽
牕 창 戶也、通孔창창、저게문창 窗俗字 江
⑩ 牔 박 屋岩板ㅣ風바공박ㅣ 藥
[片+𤰇] 괴 窓也창괴 [片+𤰇]模마루모양괴 牀橫枕평상의가로대괴 寘
[片+虒] 제 牓也방제 牌也호괘제 齊
牓 방 題也방불일방 標也표할방 牌也패꼬ㅈ을방 木片나무조각방 榜同字 養
⑪ [片+崔] 최 屋破狀ㅣ牘집모양허술할최 灰
[片+离] 리 破木나무쪼갤리、못쓸나무리 支
[片+率] 솔 板也널판자솔 質
[片+婁] 루 防水板牀ㅣ물막는널판루 虞
[片+悤] 창 戶

也 창창、지게창 窓同字、囱通 (江)

牖 [유] 向也 향할유 壁窓창유、바라지유 穿壁以木爲交窓 어살창유 開明밝을유、깨우칠유 導也 인도할유 誘通 (有)

⿰片習 [첩] 治也 다스릴첩 (葉)

⿰片虖 [하] 坼也 조갤하、열하 (禡)

(十一)

⿰片黄 [광] 牀横、木평상의가롯귀 광 (陽)

⿰片粦 [린] 䑳ㅣ、棱也 모질린 (震)

⿰片賁 [분] 牀板평상널 분 橨同字 (文)

⿰片貴 [괴] 屋破狀 ⿰片隹ㅣ집모양허술할괴 (灰)

(十三)

⿰片臺 [대] 木理逆削나무결거슬러깎을대 (賄)

⿰片壽 [수] 棺也 관수 (有)

⿰片業 [업] 虛上横版 부다는틀위에가로댄널엽 築墻版 담틀엽 (葉)

⿰片詹 [첨] 簷端板 평고대첨、처마끝널첨 (豔)

辧 [편] 半分 반편 革中絶 가죽중어질편 (霰)

(十五)

牘 [독] 樂器舂ㅣ풍류이름독 書板서판독 簡ㅣ편지독 公案공문독 (屋)

(十六)

⿰片歷 [력] 木障나무가막이력 (錫)

(十七)

⿰片毚 [참] 水門물문참 板也널판참 (陌)

牙部

牙 [아] 崇ㅣ북들아 牡齒어금니아 大將旗 대장기아 獸名騶ㅣ짐승이름아 (麻)

㸦 [호] 交也서로호 相關也 서로관계를맺을호 較也맞겨불호 互俗字 (遇)

(三)

⿰牙子 [아] 小兒어린아이아 (麻)

(六)

⿰牙艮 [간] 齧齒也씹을간 (潸)

(八)

⿰牙奇 [기] 虎牙범의어금니기 (支)

牚 [탱] 支也버틸탱 斜柱버팀목탱 或音당 (養)

(九)

⿰牙禹 [우] 齲 齒너리먹은이우、벌레먹은이우 (麌)

(十)

⿰牙豈 [애] 咀也씹을애、새김질할애 牙也어금니개 (灰)

牛部

牛 [우] 耕畜大牲 소우 星名 牽ㅣ별이름우 (尤)

㊁

牪 [구] 牡牛숫소구、황소구 (尤)

牞 [구] 牛多力소힘셀구 (尤)

牟 [모] 侵也 침노ᄒᆞᆯ모 大也 클모 牛鳴 소울모 奪也 빼앗을모 大麥也 보리모 取也 취ᄒᆞᆯ모 器也、敦ㅣ그릇모、세기모 倍也 갑모、갑절모 ㅣ首、閣道별모 國名나라이름모 鍪通、俗音무 (尤)

牝 [빈] 獸之雌암짐승빈、암컷빈 (軫)

㊂

[牛+干] [간] 牛停소머무를간 (寒)

牢 [로] 養獸圈 우리로 堅也 굳을로、견고ᄒᆞᆯ로 聊也 애오라지로 狴犴 옥로 牛也、太소로 愁也 쓸쓸ᄒᆞᆯ로 羊也、小ㅣ양로 海獸浦ㅣ물짐승로 通、俗뢰 (豪)

[牛+川] [순] 牛行遲소걸음더딜순 馴通 (眞)

牠 [타] 無角牛뿔없는소타 他獸 저짐승타 (歌)

牡 [모] 門關鍵、鑰也 빗장모 雄獸수컷모、숫짐승모 鍵也 열쇠모 ㅣ丹 모란모 本音무 (有)

牣 [인] 滿也、實ㅣ가득ᄒᆞᆯ인 寒也、充ㅣ막힐인 (震)

㊃

[牛+巴] [파] 天地角 천지각파 午角相背 자빠뿔파 (麻)

[牛+市] [쾌] 長足牛 다리긴소쾌 長牛 키큰소쾌 二歲牛 두살된송아지쾌 (泰)

牧 [목] 畜養場 목장목、畜養 기를목、治也 다스릴목 司也 맡을목 察也 살필목 田官 권농관목 鄙也 읍ᄎᆞᆯ목 郊外 교외목 ㅣ丹 목단목 梅同字 (屋)

[牛+尤] [유] 不動 움직지않을유 靜也 고요ᄒᆞᆯ유 (尤)

牦 [모] 野牛 들소모 (豪)

牥 [방] 良牛 좋은소방(如橐駞、日行二百里) (陽)

[牛+夭] [천] 牛食草소풀먹을천 (霰)

[分/牛] [분] 跳躑뛰고밟을분 (問)

牫 [가] 角也 뿔가 (歌)

[牛+斤] [건] 犍牛 불친소건 ㅣ爲 고을이름건 犍同字 (元)(先)

[牛+冉] [나] 흰꼬리나 [牛+刃]同字

[牛+刃] [나] 似牛自尾 흰꼬리나 (歌)

[牛+丰]

[언] 件也 물건언 牛二匹 두마리소언 ㊀霰

⿰牛比 [빈] 獸之雌 암짐승빈、암컷빈 鎖孔 열쇠구멍빈 牝同字 ㊀軫

⿱北牛 [비] 牛具 걸마비 ㊀寘

⿰牛不 [비] 使牛聲 소부리는소리비 ⿰牛丕同字 ㊀支

⿰牛今 [금] 牛舌病 소혀병금 ㊀沁

牨 [강] 水牛 물소강 黃牛 황소강 ㊀陽

⿰牛介 [개] 四歲牛 네살된소개 ㊀卦

⿰牛冘 [침] 水牛 물소침 或音 신 ㊀寢

物 [물] 事也 일물 有形萬ㅣ 물건물 만물물 財也 재물물 類也 무리물 相度 헤아릴물 相也 마날물 ㊀物

⿰牛斗 [과] 牡之大牛 큰황소과 ㊀歌

㊄

⿰牛由 [유] 目黑牛 눈검은소유 ㊀宥

牱 [가] 擊船杙 배매는말뚝가 牁、哥同字 ㊀歌

牲 [생] 未殺畜 牛羊豕、犧ㅣ 희생생 (六畜曰六ㅣ、飼養曰畜、將用之曰ㅣ) 獸類總稱 짐승생 ㊀庚

⿰牛㐌 [타] 牛無角 뿔없는소타 牠同字 ㊀歌

牠 [타] 뿔없는소 타 ⿰牛㐌同字

牯 [고] 牝牛 암소고 ㊀麌

牴 [저] 大ㅣ略也 대강저 觸也 받을저、찌를저 雜技、角ㅣ 씨름저 當也 당할저 抵通 ㊀薺

⿰牛平 [평] 班牛 얼룩소평 ㊀庚

⿰牛丕 [비] 使牛聲 소부리는소리비 ⿰牛不同字 ㊀支

⿰牛犮 [도] 牛徐行 소더디걸을도 ㊀豪

⿰牛句 [후] 犢也 송아지후 牛鳴 소울후 ㊀有

牭 [사] 四歲牛 네살된소사 ㊀寘

⿰牛冗 [용] 吳牛名 오나라소용 ㊀腫

⿰牛乍 [작] 山牛 산소작 ㊀藥

牮 [천] 土石防水 보막을천 ㊀霰

⿰牛各 [가] 멍에멜가 駕同字 ㊀禡

⿰牛同 [동] 無角牛 송아지동 뿔없는소동 犝同字 ㊀東

㊅

⿱㓞牛 [세] 牛之仰角 소친지가세、엇뿔세 ㊀霽

⿱龹牛 [권] 牛鼻捲 소코뚜레권 ㊀願

⿱夅牛 [수] 牛名 소이름수 ㊀尤

⿰牛因 [연] 牛尾縫 소꼬리에달

린솔연 ㊉先
오지전하는집승전 ㊉先

雄也수컷특 格別뛰어날특 ㊉職

牯 [커] 牛聲소우는소리커 ㊉紙

牷 [전] 犧牲희생전 純色牛순색소전、한빛털로생긴소전 體完牲전집승전

特 [특] 配짝특 挺호우뚝할특、특별할특 牡牛숫소특 獸三歲세살쯤된짐승특 但也다만특 獨也홀짐승특

㸸 [후] 牡牛황소후 ㊉有

牸 [자] 牝牛암소자 獸育子짐승새끼칠자 牝馬암말자 ㊉寘

㸌 [협] 牛健소건장할협 ㊉葉

㊆

犂 [려] [리] [류] 보습려、얼룩소리 무서워얼류 犁同字 ㊉齊 ㊉支 ㊉尤

𤛓 [속] 縛也묶을속、동일속、얽을속 約也약속할속 東俗字 ㊉沃

𤘨 [성] 赤牛붉은소성 騂同字 ㊉庚

𤘖 [사] 牝牛암소사 ㊉麻

𤙔 [도] 黃牛虎文칡소도 ㊉虞

㸣 [렬] 駁牛얼룩소렬 ㊉屑

牂 [장] 牝羊암양장 ㊉陽

牿 [곡] 牛馬牢외양간곡 ㊉沃

𤚐 [구] 角貌뿔모양구 ㊉尤

𤙜 [량] 班牛얼룩소량 ㊉陽

㹈 [사] 一歲牛한살된소사 ㊉霰

犉 [부] 黑脣牛입술검은소부 ㊉尤

牽 [견] 挽也잡아당길견、引也이끌견 連也연할견 速也속할견 星也名별이름견 舟索百丈ㅣ배끄는줄견 拘也거리낄견 ㊉霰

牻 [방] 黑白雜色牛희고검은얼룩소방 ㊉江

牼 [경] 牛膝下骨소무릎밑뼈경 ㊉庚

𤘦 [처] 牛角쇠뿔처 ㊉魚

犂 [려] [리] [류] 耕田具보습려 耕也밭갈려 駁牛얼룩소리 恐貌무서워얼류 犁同字 ㊉齊 ㊉支 ㊉尤

牣 [인] 滿也찰인 塞也막힐인 ㊉震

犎 [봉] 野牛들소봉 ㊉冬

犋 [괘] 二歲牛두살된소괘 犻同字 ㊉泰

牾 [오] 獸名짐승이름오 捂也거

수릴오 梧同字 (虞)

牲 [제] 牛馬行牲ㅣ 마소다닐제 (齊)

犀 [서] 南徼外牛似豕角在鼻 코에 뿔난소서 堅也 굳을서 瓠瓣 박씨서, 박속서 犀同字 (齊)

⿰牜肖 [초] 角尖 뿔날카로울초 (效)

⑧

犉 [순] 黃牛黑脣七尺 누른고입술검은소순 (眞)

⿱非牛 [비] 耦耕 쌍겨리할비 쌍소밭갈비 (尾)

⿰牜底 [저] 觸也 닥드릴저 大ㅣ 略也 대강저 角ㅣ 雜技 씨름저 牴同字 (齊)

犂 [리][려][류] 老人皮膚 늙은이살결리 駁牛 얼룩소리 耕田具 보습려 耕也 밭갈려 夜明頃 새벽려 恐貌 무서워할류 (支)(齊)(尤)

犀 [서] 南徼外牛似豕角在鼻 코에뿔난소서 堅也 굳을서 瓠瓣 박속서 (齊)

⿰牜㝵 [특] 鈍也 둔할특 特同字 (職)

⿱臤牛 [견] 牛不從引 소끌리지않을견, 소코세견 (霰)

⿰牜尭 [독] 牛子 소아지독 犢略字 (屋)

犆 [직][특] 緣也 선두를직 牛也 犆ㅣ 소직 一也 하나특 特同字 (職)

⿰牜罔 [강] 特牛 수송아지강 赤色牛 붉은소강 (陽)

⿰牜舍 [사] 牝也 암컷사 (禡)

⿰牜京 [량] 牻牛 얼룩소량 (陽)

⿱制牛 [세] 牛角直上 소뿔꼿꼿할세 (霽)

犇 [분] 牛驚 소놀라뛸분 奔同字 (元)

犄 [의] 牛名 소의 牛角 소뿔의 長也 긴의 倚也 기댈의, 의지할의 施也 베풀의 (支)

⿰牜卷 [권] 黑脚牛 다리검은소권 (先)

⿰牜卓 [뇨] 以角挑物 뿔로받을뇨 (肴)

⿰牜畐 [비] 牛齒現出 소이드러날비 (眞)

犃 [부] 牡也 수컷부 (有)

⑨

犑 [격] 牛也 소격 (錫)

犏 [편] 牛種 소편 (先)

⿰牜叟 [수] 三歲牛 세살된숫소수 (尤)

犍 [건] 犍牛 불친소건 獸名 짐승이름건 蜀郡名ㅣ 고을이름건 (元)

⿰牜俞 [유] 黑牛 검은소유 (虞)

犌 [가] 牛有力 소힘있을가 (麻)

⿰牛重 [중] 牛有孕소 새기밸중 (送)

犛· [리] 文牛 얼룩소리 微畫 희미하게 그릴리 (支)

⿰牛軍 [휘] 犂牛頭、얼룩소머리휘 (微)

犎 [봉] 牛名形如橐駝 소이름봉 (冬)

⿰牛悤 [총] 統也거느릴총 合也모을총 結也맺을총 摠俗字 (董)

⿰牛苗 [묘] 長尾牛 꼬리긴소묘 (肴)

⿰牛斗 [과] 無尾牛 동경소과、꼬리없는소과 無角牛 뿔없는소과 (歌)

⑩

⿰牛冓 [구] 六歲牛 여섯살된소구 (尤)

⿰牛馬 [모] 雄畜父 짐승모、수컷모ㅣ丹 모란모 牡同字 (有)

犃 [부] 雄也 수컷부 (虞)

⿰牛倉 [창] 牛名 소이름창 (陽)

⿰牛豈 [천] 牛緩 소굼뜰천、느린소천 (銑)

⿰牛秦 [진] 牛名 소이름진 (眞)

⿰牛虔 [건] 犍牛 불알깐소건 (元)

⿰⿱士牛殳 [구] 搾取牛乳 소젖짤구 (尤)

犖 [락] 超絶卓ㅣ 뛰어날락 駁牛 얼룩소락 分明ㅣㅣ 분명할락 明貌 밝을락 (覺)

犕 [비] 以鞍裝馬 말안장지울비 牛具齒 소이갖출비 (寘)

犙 [수] 無尾牛 꼬리없는소수、동경소수 (尤)

⿰牛畟 [직] 사牛 키작은소직 (職)

⿰牛旁 [방] 背白牛 등흰소방 (陽)

⿰牛原 [원] 似牛三足獸 세발짐승원 (元)

⿰牛骨 [골] 牛也 소골 (月)

⿰牛臭 [후] 似態獸屬 곰같은짐승후 (有)

犒 [호] 鎬軍 호괴할호、ㅣ師之牛 군사먹이소호 鎬同字 古音고 (號)

犗 [개] 騬牛 불친소개 畜健強者 짐승건장한놈개 官刑 불알썩일개 (卦)

犓 [추] 以芻飼牛 소꼴먹일추 (虞)

⿰牛氣 [희] 牛健 소굳건희 牛病 소병들희 (未)

⿰牛隺 [악] 白牛 흰소악 (覺)

⑪

⿱敏牛 [민] 山牛 산소민 (軫)

犛 [리][모] 西南徼外黑牛 검정소리 獸如牛而尾長可爲旌旄 소같고 꼬리긴짐

四畫—牛

승묘(支)(號)

犆 [조] 使牛소 부릴조(遇)

𤛓 [루] 求子牛암내난소 소루 俗音류(支)

𤛾 [랍] 牛牴소가 받을랍(合)

𤙽 [최] 白色牛 흰소최(灰)

𤛮 [근] 牛馴소길들일근 柔也부드러울근 善也착실할근(吻)

犙 [삼] 三歲牛 세살된소삼(覃)

𤛱 [적] 特牛황소적(錫)

𤜃 [위] 귀검은소위 犚同字

㹌 [산] 畜牲새끼기를산 飼畜짐승기를산(潸)

犚 [위] 黑耳牛귀검은소위(未)

𤜂 [용] 犎也 野牛들소용 猛獸似牛 領有肉堆 사나운짐승용(冬)

𤜁 [총] 縫也계맨총、홀총 統也거느릴총 合也합할총 總俗字(送)(董)

𤛑 [총] 引船淺水얕은데로배끌총 革乾가죽마를총(冬)

𤛿 [도] 無子牛새끼없는소도(豪)

(十二)

𤛹 [교] 乾肉鮮ㅣ말린고기교(篠)

𤛘 [심] 牛也 소심(侵)

𤜄 [증] 牛種 소증(蒸)

𤛲 [망] 牡牛 황소망

(中)

𤛟 [요] 牛馬騰躍曰ㅣ마소가솟아뛸요 俗音의(眞)

𤛫 [황] 牛名소이름황

𤛰 [박] 特牛황소박 未去勢牛불알깐소박(覺)

𤛳 [람] 抵也받을람(合)

犝 [동] 無角牛뿔없는소동(東)

𤛻 [돈] 貂也ㅣ皮돈피돈(韓)

𤛼 [궐] 牛也 소궐(月)

(十三)

𤜅 [환] 養犬豕개돼지기를환 豢同字(諫)

𤜆 [환] 劣也용렬할환(刪)

犠 [희][사] (宗廟之牲ㅣ희생희 ㅣ樽酒器술도가니사 犧俗字(支)(歌)

𤜈 [독] 송아지독 犢同字

犡 [례][뢰] 白脊牛등마루흰소려、뢰 義同(齊)(泰)

犩 [위] 牛也 소위(尾)

𤜉 [강] 脊長牛키큰소강 白牛흰소강 白脊牛등흰소강(陽)

(十四)

犪 [유] 牛葟소 자지유 (過)

⿰牜翟 [악] 白牛흰소 악 或音약 (覺)

⿰牜壽 [도][처] 牛無孕든소 도、처 義同 (豪)(灰)

十五

犥 [표] 黃白駁牛얼룩소표 (蕭)

犂 [리][려][류] ⿰牜黎 (次條)同字

⿰牜黎 [려][리][류] 耕田具八보습려 駁牛얼룩소리 恐貌무 서우절류 犂 同字 (齊)(支)(尤)

⿰牜營 [앵] 牛鳴聲소우는소리앵 犢也송아지앵 呼牛聲소부르는소리앵 (梗)

⿰牜憂 [요] 牛柔소 유순할요 ⿰牜夒同字 (篠)

犤 [괴] 短脚牛난장이소괴 (支)

⿰牜戠 [장] 善牛순한소장 (陽)

犣 [렵] 牛名소이름렵 (葉)

犡 [려][리] 白脊牛희등소 려、리 義同、犡同字 (霽)(泰)

犦 [박] 野牛中一、犎牛也들소박 (覺)

犢 [독] 사牛송아지독、작은소독、犢同字 (屋)

十六

犧 [희][사] 宗廟之物희생할희 帝號庖ㅣ주 희ᄊ희 酒器、ㅣ樽술동이사 戲同字 (支)(歌)

犨 [주] 白牛흰소 소주 牛息聲소숨소리주 出也내밀주 姓也성주 讎名고을이름주 犫通 (尤)

⿰牜褱 [회] 獸似牛四角네뿔돋은짐승회 (佳)

⿴衛牛 [위][계] 牛蹏소굽위 踐蹋마당밟을위 牴也받을계 (霽)(寘)

⿰牜𦏧 [순] 黃牛黑脣누른소검은입 술검은소순 犉本字 (眞)

⿰牜霍 [옥] 白牛흰소 소옥 (沃)

十七

⿰牜毚 [참] 牛角소뿔참 (陷)

⿰牜嬰 [영] 牛也소영 (庚)

⿰牜營 [영] 牛鳴소울영 犢也송아지영 喚牛子聲송아지부르는소리영 (梗)

十八

犩 [위] 蜀牛、大而肉重千斤촉나라소위 (微)

⿰牜雚 [간] 牛角쇠뿔간 (刪)

⿰牜㬥 [박] 犎名소이름박 犦同字 (藥)

⿰牜夒 [요] 善也좋을요 牛柔順소순할요 安也편안할요 ⿰牜憂同字 (篠)

二十

⿰牜夔 [규] 牛名소이름규 (支)

二十一

牛纍 [루] 求子牛아비내는소루 (文)

㉓ 犨 [주] 人名郤ㅣ사람이름주 犫通 (尤)

㉔ 牛靈 [령] 大牛큰소령 牛名소이름령 (靑)

犬部

犬 [견] 大狗也큰개견 (銑)

犭 [견] 犬同字큰개견

㊀ 犮 [발] 犬走貌개달아날발 (曷)

㊁ 犰 [기] 似兔獸토끼같은짐승기 (紙)

犭力 [력] 犬爭貌개으르릉거릴력 (職)

犯 [범] 抵觸다닥칠범 干也범할범 侵也침노할범 僭也참람할범 打勝이길범 起也일으킬범 (豏)

犰 [구] 獸名、ㅣ狳짐승이름구(熱帶産獸、形如穿山甲、逢敵則、縮身如毬) (尤)

㊂ 犵 [흘] 南蠻ㅣ狫남녘오랑캐흘 (質)

状 [장][상] 形也모양장 牒也문서장、상 俗音、狀俗字 (漾)

犭凡 [신] 小獸色黃食鼠족제비신 (震)

犳 [작] 有文獸名아롱짐승작 (藥)

犲 [시] 狼屬승냥이시、豺同字 (佳)

犴 [안] 野犬들개안 獄也、犴ㅣ옥안、우리안 豻同字 (翰)

犭巴 [시] 狼屬이리시 (紙)

㊃ 狆 [중] 長毛犬삽살개중 (日)

犿 [연] 逐虜犬호박개연 獟犬사나운개연 食人犬사람잡아먹는개연 (霰)

犭及 [잡] 犬之食개먹을잡 (合)

狮 [사] 猛獸狻猊食豹사자사 獅俗字 (支)

狃 [뉴] 狎也친압할뉴 犬性驕개성품교만할뉴 慣也익숙할뉴 習也익힐뉴 就也나아갈뉴 (有)(宥)

㹠 [돈] 豕子돼지새끼돈 豚同字 (元)

狁 [윤] 北狄玁ㅣ북녘오랑캐이름윤 (軫)

犹 [유] 獸名짐승이름유 (宥)

犭巿 [패] 犬怒개…

성낼괘 隊

犺 강 健狗 거셀한개강 ㅣ狼、怪獸 괴이한짐승강 猰ㅣ、不順貌 사나운짐승강 漾

⿰犭亘 현 似狗文少 獸짐승이름현 先

狂 광 失情錯亂 정신잃을광 心病 미칠광 躁妄 경망할광 暴也 사나울광 陽

⿰犭斤 은 犬吠聲 개짓는소리은 犬爭 개싸울은 狺同字 文

狀 장 상 牒也 문서장 形也 형상장 札也 편지장 類也 같을장 形容之 형상할장 陳也 베풀장、상 俗音 漾

献 괘 犬張貌 개이빨이웅성거릴괘 泰

犯 과 二歲牝豕 두살된암돼지과 豝同字 麻

犿 변 相從連ㅣ 서로쫓을변 元

⿰犭夬 결 獸名 짐승이름결 獸走貌 짐승달릴결 屑

狖 유 강아지부를유 ⿰犭攵同字

⿰犭爪 조 로 西南夷名 서남오랑캐조、로 義同 獿同字 巧 皓

⿰犭比 비 似豕獸名 돼지같은짐승비 紙

⿰犭互 호 長尾猨 꼬리긴원숭이호 遇

⿰犭攵 유 呼犬子ㅣ ㅣ강아지부를유 有

犽 아 蠻族名 오랑캐아 麻

犾 은 兩犬相齧 개서로물은、개마주짖을은 文

犼 후 山犬 산개후 有

狄 적 北ㅣ 북녘오랑캐적 樂吏ㅣ人 풍류맡은관원적 下士 아래벼슬적 畫雉衣、揄ㅣ 꿩그린옷적 遠也 멀적 逖、翟通 錫

⿰犭丮 극 獸名 짐승이름극 陌

⿰犭壬 정 人名 사람의이름정 青

五

狓 피 飛上貂ㅣ 너풀거릴비

狗 구 犬也 개구 未成毫犬 강아지구 有 支

⿰犭央 앙 貉也 담비앙 陽

⿰犭只 지 駁也 얼룩지 古音치 蟹

⿰犭弁 변 犬爭貌 개싸움할변 霰

狉 비 羣走ㅣㅣ 떼지어달아날비 貍子 살쾡이새끼비 豾通 支

狒 비 猿類ㅣ

ㅣ、脣長毛黑원숭이비、비비짐승이비 或音불 (洽)

犻 불 犬貌개모양불 (物)

狑 령 怜犬영리한개령 (靑)

⿰犭号 호 犬聲개소리호 (號)

⿰犭加 가 玃ㄴ큰원숭이가 암원숭이가 (麻)

⿰犭乏 범 犯古字 범할범

⿰犭术 출 兩首獸두머리짐승출 (質)

狏 이 頭白野犬머리흰들개이 𧲣同字 (支)

狐 호 妖獸性淫多疑여우호 疑詞의심할호 ⿰豸瓜同字 (虞)

⿰犭玄 현 性褊急성급할현 (先)

⿰犭占 첩 犬舐개핥을첩 (葉)

⿰犭付 부 羊ㄴ양부 (遇)

⿰犭申 신 狂ㄴ미칠신 (眞)

狎 압 忽ㄴ소홀하게여길압 習ㄴ익힐압 親近친압할압 輕ㄴ가벼울압 玩熟익숙할압 安ㄴ편안할압 古音합 (洽)

狍 포 獸ㄴ짐승이름포 (肴)

狊 격 鳥張兩翅새날개벌릴격ㅣ犬視貌개노리고볼격 猨屬、獸名원숭이종류격 (錫)

⿰犭乎 호 犬聲개소리호 (虞)

狋 의 은 권 犬怒貌개성난모양의 犬爭개싸울은 의은義同、代郡縣名ㅣ氏고을이름권 (微)(眞)(先)

⿰犭召 초 短尾犬동경개초 (蕭)

⿰犭主 주 黃犬黑頭몸누르고머리검은개주 (遇)

⿰犭去 겁 怯同字 무서워할겁 (葉)

狌 생 似猿人面能言、獸名원숭이생 野貓삵생 猩同字 (庚)

狔 니 從風貌猗ㅣ바람에너풀거릴니 (支)

狖 유 黑猿仰鼻長尾검은원숭이유 貁同字 (宥)

狕 요 獸種짐승요 (巧)

⿰白犬 박 조선개박 狛同字

狛 박 獸名짐승이름박 高麗犬조선개박 (陌) (旦)

狚 단 달 似猿猵ㅣ원숭이같은짐승단 巨猿猵ㅣ큰이리달 (旱)(曷)

狙 저 처 手長猿손긴원

승이저 伺也、注視엿볼저、살필저 詐也간사할저 見積거룰저 魚 御

狘 월 驚走貌놀라달아날월 獸名짐승이름월 古音활 月

⿰犭古 고 西域蕃族名오랑캐이름고

六

狪 동 獸名짐승이름동 蠻族名오랑캐이름동 東

狨 융 猴屬원숭이융 東

⿰犭⿱巛山 그 牝豨암 담비그 皓

狡 교 猾也교활할교、간사할교 狂也미칠교 小狗작은개교 疾也빠를교 巧

狟 훤 환 貉類담비와 犬行개다닐환 元 寒

犾 과 腰軀而行허리구부리고갈과 哿

狧 시 탑 犬舌取物개핥을시 貪欲意ㅣㅣ탐낼탑 舐也핥을탑 紙 合

狩 수 冬獵겨울에사냥할수 巡也순행할수、순수할수(季適諸侯曰巡ㅏ) 宥

⿰犭幷 연 逐虎大범쫓는개연

嚴

⿰犭因 열 연 獒ㅣ、獸名짐승이름열、연 義同 屑 先

狠 한 犬鬪聲개싸우는소리한 獸名짐승이름한 戾也어그러질한 很通、過度之意과도할한 本音간 阮

狦 산 人名、漢猎侯ㅣ사람이름산 惡犬악한개산 刪

狢 학 貈也담비학 本音각 藥

⿰犭曳 예 狸子살쾡이새끼예 霽

𤞁 항 犬不服牽擁ㅣ개끌려가지않을항 江

狤 길 狂也미친길 獸名ㅣ猑짐승이름길

質

狣 조 犬有力개힘셀조 篠

⿰犭合 답 犬食貌개먹을답 合

狥 순 疾速빠를순 周徧두루순 震

⿰犭休 휴 貅ㅣ豹屬표범휴 貅同字 尤

肰 견 偏急편협할견 有所不爲깔스러울견 猾同字 嚴 銑

独 독 單也홀로독 孤也외로울독 獨略字 屋

狭 협 隘也좁을협 狹俗字 洽

狫 로 刺字오랑캐이름로、자자로 獠同字 皓

七

⿰犭廷

[정] 猿類、猅ㅣ 원숭이 정 (青)

狿 [연] 獸名、獌ㅣ似狸而長 짐승이름 연 (先)

⿰犭羊 [양] 犬也、獚ㅣ 개 양 (合)

狴 [폐] 牢獄 、ㅣ犴 옥 폐、ㅣ犴 獸名 짐승이름 폐、野犬 들개 폐 (霽)

⿰犭孚 [화] 小犬、ㅣ狢 작은개 화 (歌)

狳 [여] 獸名、犰ㅣ 짐승이름 여 犰通 (魚)

狾 [제] 狂犬 미친개 제 猘同字 (霽)

⿰犭皃 [모] [막] 容儀 모양 모、얼굴 모、꼴 모 描畫 모 그릴 막 貌同字 (效)(覺)

狽 [패] 獸名、狼ㅣ 낭패 패、이리 패 (泰)

⿰犭足 [작] 宋種良犬 송나라 좋은개 작 猎同字 (藥)

⿰希犬 [희] 豕也 돼지 희 狶同字 (支)

狼 [랑] 獸名 이리 랑 (似犬銳頭白頰性名貪) ㅣ籍 낭자할 랑、와자할 랑 地名博ㅣ 땅이름 랑、ㅣ敗 낭패 랑 浪通 (陽)(漾)

⿰犭吾 [오] 猿也 원숭이 오 (虞)

狻 [산] 獅子、ㅣ猊 사자 산 (寒)

狺 [은] 犬爭吠聲ㅣㅣ 무는개 짖는 소리 은 犾同字 (文)

⿰犭孝 [효] 豕犬驚貌 개와 돼지가 놀랄 효 (肴)

狶 [희] 豕也 돼지 희 (支)

⿰犭肖 [소] 狂病 미치광이 소 (蕭)

狵 [방] 星名 별이름 방、犬多毛 삽살개 방 尨同字 厖通 (江)

⿰犭邪 [사] 猞ㅣ、獸名 짐승이름 사 (麻)

狸 [리] 野貓 삵 리 貍同字 (支)

狹 [협] 隘也 좁을 협 陜、陿同字、峽通 (洽)

⿰犭豆 [두] 犬吠聲 개짖는 소리 두 (宥)

⿰犭否 [배] 狸子 너구리새끼 배 (灰)

㹴 [경] 獸名 짐승이름 경、犬也 개 경 (庚)

⿰犭巠 [경] 狩也 사냥할 경 (迥)

⿰犭谷 [욕] 獸名、獨ㅣ 짐승이름 욕 (沃)

狷 [견] 才不足守有餘 조수할 견 懁急 조급할 견 性急 과러급을 견、괴협할 견 獧通、有所不爲 고집스러울 견 (霰)

⿰犭沙 [사] 廣西蠻族 종족이름 사

⿰犭求 [구] 雲南蠻族 오랑캐이름 구

八

猛 [굴] 獸名、猛ㅣ짐승이름굴 (物) **[犭昜]** [저] 犬怒張耳개성내어귀벌쭉거릴저 (陌) **狢** [교] 健也ㅣ犺건장할교 (篠)

[犭空] [강] 內空속빌강、창자강 馬膁말허구리강 歌曲調노래곡조강 腔同字 (江) **猅** [배] 短頭犬머리짧은개배 (佳)

猇 [효] 虎吼범울효 虎欲齧聲범으르렁거릴효 濟南縣名고을이름효 虓同字 (肴) **猕** [미] 猿屬ㅣ猴원숭이미 獼俗字 (支)

猗 [의][아] 歎美辭감탄사의 犗犬불친개의 美盛貌아름다운모양의 如生柔弱而美盛ㅣㅣ아름아름할의 長也길의 欹、漪通、弱貌ㅣ狔약한모양의 依也의지할의 加也더할의 倚同字、柔順부드러울아 (支)(紙)(哿)

猔 [종] 犬生一子외동이강아지종 (宋) **猑** [곤] 野馬들말곤 大犬큰개곤 (元)

猆 [비] 姓也성비 (微) **[犭疌]** [삽] 豕母어미돼지삽 (合) **㹴** [경] 彼ㅣ犬名개이름경 (庚) **猒** [염] 飽也배부를염 足也넉넉할염 安也편안할염 戰也싫을염 饜飡、厭同字 (鹽)(豔)

猏 [견] 三歲豕세살된돼지견 (先) **猓** [과] 似猴ㅣ然원숭이과、담비과 (哿)

[犭沓] [탑] 犬食개먹을탑 或音답 (合) **猍** [래] 貍也삵래 廣、西蠻族오랑캐이름래 (灰) **猈** [괘] 短脛狗발바리개괘 (一名案下狗) (蟹)

[犭戔] [잔] 犬咬개물잔 (潸) **狕** [교] 小狗하룻강아지교、적은개교 猾也교활할교 狡俗字 (巧)

猎 [작] 宋種良犬송나라좋은개작 獡同字 (藥) **犾** [은] 犬怒貌개성낼은 (震) **猉** [기] 犬子강아지기

(支) **猋** [표] 犬走也개달아날표 回風從下上회오리바람표 (蕭) **獎** [장] 嗾犬개를부추길장 (養) **[犭臽]** [함] 犬聲개

소리함 陌

猊 예 獅子、狻— 사자 예 霽

[illegible] 외 犬名 외거외 猧同字 歌

猖 창 駁也 狂—미쳐뛸 창 縱恣—披 너글거릴 창 陽

猙 쟁 獸名、似狐有翼、짐승이름 쟁 —獰 밉살스러울 쟁 庚

[illegible] 제 狂犬 미친개 제 狾同字 霽

猛 맹 威也 위엄스러울 맹 勇也 날랠 맹 惡也 사나울 맹、모질 맹 獸名 짐승이름 맹 嚴也 엄할 맹 縣名 고을이름 맹 梗

[illegible] 예 貎也 獵—돈 괴예 霽

猪 저 豕也 돼지 저 猪略字 魚

[illegible] 창 失意貌 섭섭할 창 望恨 섭섭할 창 悵俗字 漾

[illegible] 탁 猛犬 사나운개 탁 犬嚙 개물 탁 狩也 사냥할 탁 覺

猜 시 恨忌 시기할 시、샘낼 시 疑也 의심낼 시 懼也 두려워할 시 狠也 사나울 시 古音 채 灰

猝 졸 倉卒 창졸 졸 忽然 갑자기 졸 突出 뛰어나올 졸 卒通 月

猞 사 獸名 짐승이름 사

猟 렵 捷 取禽獸 사냥질할 렵 震也 진동할 렵 相差次 어긋날 렵 獵俗字 葉

九

[illegible] 제 시 犬名 개이름 제 獺屬 —猅 수달피 시 齊 紙

猫 묘 捕鼠獸 고양이 묘 貓俗字 蕭

[illegible] 돈 道犬 길잘든개 돈 獵犬 사냥개 돈 願

猥 외 鄙也 더러울 외 曲也 굽을 외 并雜 섞일 외 猥同字 賄

猢 휘 獸名 猨屬 산짐승이름 휘 微

猤 계 壯勇貌 獷—용맹스러울 계 寘

[illegible] 휘 산짐승이름 휘 [illegible]同字

[illegible] 휘 獸名 猨屬 산짐승이름 휘 微

猪 저 豕也 돼지 저 豬俗字 魚

猣 종 犬生三子 개새끼세마리 낳을 종 東

[illegible] 노 雌貉 암담비 노 猱同字 豪

猧 와 犬名 개이름 와 [illegible]同字 歌

[illegible] 영 似狐黃、

獮猴 猻 獠 猿 獻 猶 猷 猲 猬 猩

色獸 여우 같은 짐승 영 庚

[犭咸] 감 大名개 이름 감 感

猩 성 생 。似猿能言獸 ──성성이 성 狌同字 생 義同 庚 青

猨 원 似獮猴而長大 원숭이 원, 잔나비 원 猿本字 元

猦 풍 ─貍, 獸名 짐승 이름 풍 東

[交犬] 효 犬吠──개 짖을 효 效

猲 헐 갈 삽 獵犬 사냥개 헐, 갈 義同, 古音 할, 恐逼 겁박할 갑, 으를 갑 古音 겹 曷 月 洽

[犭胥] 서 猨屬 원숭이 서 魚

[犭音] 암 犬吠개 짖을 암 感

猬 위 刺鼠食瓜 고슴도치 위 未

[臭] 작 奔走 ─달아날 작 藥

猷 유 道 길 유, 謀 꾀 유, 圖 그릴 유, 可 옳을 유, 歎辭 탄식할 유, 若 같을 유, 猶通 尤

猶 유 似 같을 유, 玃屬 어미원숭이 유, 尙 오히려 유, 同 한가지 유, 舒遲 느릿느릿할 유, 可 가히 유, 未決 ─豫 머뭇거릴 유 尤 宥

猭 천 전 獸走貌 짐승 달아날 천, 전 義同 先

猱 노 猴 善升木 원숭이 노, 夒同字, 獶通 豪

献 헌 사 물 바칠 헌, 進 드릴 헌, 羞 음식 헌, 犬 개 헌, 酒樽 술단지 사, 獻俗字 願 歌

猰 알 雜犬 얼룩개 알, 犬 개 알 ─貐, 獸名 알유 짐승 알 猰同字 黠

獀 수 秋獵 가을 사냥할 수, 南越名犬, 獀─ 이름난 개 수, 獀同字, 蒐通 尤

猴 후 猴同字

猴 후 猱也, 獮─ 원숭이 후, 잔나비 후 尤

猯 단 貍屬, 似豚而肥 살쾡이 단 (猯之大者) 오소리 단 貒同字 寒

[犭耎] 누 犬怒貌 개 성낼 누 尤

猵 편 似猿, 狙 원숭이 같은 짐승 편 先

猳 가 羆 如熊 黃白文 누른 곰 희, 점박힌 큰 곰 가, 豭同字 麻

十

猿 원 猴屬 원

숭이원 貜 俗字(元)

⿰犭留 [류] 狗名 執ㅣ 사냥개류(尤)

猼 [박] 似人有翼獸 모양은사람같고날개잇는짐승박(藥)

⿰犭般 [반] 短尾犬ㅣ狐 동경이개반(寒)、

猺 [요] 狗種、獦ㅣ 개요 蠻種名、獏ㅣ 오랑캐요(蕭)

猾 [활] 黠也 꾀많을활 狡也 교활할활、간휼할활 亂也 어지러울활 獸名 짐승이름활(黠)

猲 [답] 獸走貌 짐승달아날답(合)

猽 [명] 小豕 작은돼지명(青)

⿰犭畟 [즉] 犬生三子 개새끼셋낳을즉(職)

⿰犭員 [원] 猴屬 원숭이원 猿同字(元)

猻 [손] 猴也 원숭이손(元)

猤 [혜] 東北夷名 동북오랑캐혜(齊)

⿰犭能 [웅] 獸名 곰웅 光也 빛날웅 態同字(東)

獀 [수] 가을에사냥할수 獀同字

猥 [외] 雜也 잡될외 妄也 망령될외 鄙也 더러울외、외람할외 曲也 굽을외 盛也 성할외 積也 쌓을외 多也 많을외 猥同字(賄)

獋 [호] 犬呼 개짖을호 鳴也 울호 咆也 우엉거릴호 獋本字(豪)

⿰犭栗 [률] 蠻族名 오랑캐이름률

⿰犭⿱⿱士冖犬⿰殳 [혹][구] 犬屬개 혹、구義同(屋)(肴)

⿰犭哥 [가] 貜也 큰원숭이가(麻)

獃 [애] 癡也 못생길에 失妄懮ㅣ 우두커니서있을에、뜻잃을에(灰)

⿰犭荒 [황] 狼屬이리황(陽)

⿰犭兼 [혐] 犬吠不止 개연속짖을혐 兩犬相爭 개맞싸울혐 古音함(豏)

獅 [사] 猛獸ㅣ子 사자사(獸之長也、狻猊、能食虎豹)(支)

⿰犭翁 [옹] 豬也 돼지옹(東)

⿰犭差 [차] 犬狂 개미칠차(歌)

獄 [옥] 所以繫囚牢 옥옥、우리옥 訟事 소송사옥(沃)

⿰犭恙 [양] 獸名 無恙 짐승이름양、무양양(北方荒野、有獸如獅、食人虎豹)恙也、病也 병양(漾)

⿰犭⿱㕣虫

[처] 犿也사냥할처 猇也삭살개처 (支)

⿰犭廷 [정] 猔也원숭이정 (青)

獂 [원] 獸名짐승이름원 豕也돼지원 豲名一道고을이름원 (元)

⑪

獏 [모] 貘와 同字

⿰犭孫 [삼] 犬吠聲개짖는소리삼 (謙)

獍 [경] 惡獸、梟一짐승이름경 (敬)

獎 [장] 賞也포장할장 勸也권면할장 助也도울장 嗾犬厲之개부릴장、개버릇사납게가르칠장 誘導유도할장 成也이룰장 獎同字 (養)

⿰犭帶 [체] 狂犬미친개체 (霽)

⿰犭巢 [조][로] 西南夷名서남오랑캐조、로 義同 (巧)(皓)

⿰犭婁 [루] 豬求子돼지암내낼두 (虞)

⿰犭庸 [용] 獸名짐승이름용 ⿰犭庸同字 (冬)

獌 [만] 似貍貙一스라소니만 狼屬、一狿이리만 (願)

獑 [참] 猿屬而白獸흰원숭이같은짐승참 (咸)

獋 [고] 人名夷一사람의이름고 (豪)

獔 [호] 貉類、一子담비호 (豪)

⿰犭⿱日長 [낭] 多毛犬삽살개낭 (江)

⿰犭𢼸 [전] 一猭、連延貌이을전 (眞)

⿰犭從 [종] 犬生一子개새끼하마리낳을종 猔同字 (宋)

⿰犭翏 [교] 獪也교활할교 擾也요란할교 (看)

獒 [오] 犬四尺큰개오、호박개오 猛犬사나운개오 (豪)

獻 [헌][사] 呈也바칠헌 進也드릴헌 羞也음식헌 酒樽술단지사 獻略字

獐 [장] 鹿屬、似鹿而體小無角노루장 麞同字 (陽)

⿰犭參 [삼] 犬容頭進개구멍에머리내밀삼 賊疾미워할삼、해할삼 獸名山一산짐승삼 (形似而、體長尺餘、捕食蝦蟹) (謙)(咸)

⑫

獆 [호] 犬吠개짖을호 咆也웅얼거릴호 鳴也울호 (豪)

獘 [폐] 死也죽을폐 敗壞허질폐 困也곤할폐 惡也폐다할폐 頓仆엎

드러질괘 獘同字 (壽)

獥 함 犬聲개소리 함俗音감 (感)

[犭彭] 광 犬也개 광 (庚)

[犭壹] 회 奧ㆍ涏名 獟ㅡ사람의 이름회 獩 俗字 (眞)

獗 궐 賊勢猖ㅡ도적형 세성할궐 (月)

獖 분 羊名 양이름분 犢 豕불친돼지분 (吻)

獳 노 犬也삽 살개노 (豪)

獠 요 조 夜獵밤에사냥할료 犬名ㅏ 獞오동 개료 西南夷 서남오랑캐조 獠通 (嘯) (巧)

獞 동 犬名개이름동 蠻種 獠ㅡ남녘오랑캐동 (東)

[犭番] 번 변 犬鬪聲개싸우는 소리번、변 義同 (元)(霰)

[犭然] 연 猴名、猓ㅡ원숭이 같은 짐승연 (先)

獛 복 ㅡ鈴、南方夷남 쪽오랑캐복 (屋)

[犭惢] 자 취 雌貉 암담비자、 취 義同 (紙)(寘)

獜 린 獜健 건장할린 獸名 짐승이름린 (眞)(震)

獚 황 犬大 큰개황 似狸 족제비황 (陽)

[犭爲] 위 蠻民오 랑캐위 (支)

獙 폐 狐屬여 우폐 (霽)

獝 휼 狂也 미칠휼 (質)

獟 교 요 勇也 날랠교 狂 犬미친개요 (蕭)(效)

[犭貴] 궤 蜼之小者、獿ㅡ 꼬리재진 작은원숭이궤 (霽)

獤 돈 貂也ㅡ皮 돈피돈 (韓)

獡 삭 犬隨人ㅡㅡ개가 사람따를삭 (藥)

獸 수 四足而毛 짐승 수 獸略字 (宥)

[犭單] 선 犬嘽개 물선 (先)

獢 효 短喙犬 부리 짧은개효 (蕭)

⑬

[犭禽] 치 鷙獸 억센 짐승치 (支)

獨 독 單也 홀로독 孤也、老而無子외로울 독 獸名、食猿 짐승이름독 (屋)

獧 현 견 疾也빠를 현、急也급할현、

跳也 뛸 현 操守 조수할 견 狷通 (銑)(霰)

獿 [소] 山ㅣ、山夫 산사람 소 (蕭)

獽 [양] 蠻族名ㅣ오랑캐 이름 양 獸名 짐승 이름 양 獽略字 (陽)

⿰睪犬 [도] 敗也 패할 도 (遇)

獸 [수] 四足而毛 짐승 수 獸同字

獪 [회][괘] 狡也 간교할 회、쾌 義同 (泰)(卦)

獩 [예] 東夷ㅣ貊 동녁 오랑캐 예 濊、薉通 (隊)

獫 [렴][험] 長喙犬 엽부리 긴 개 렴ㅣ狁 오랑캐 험 (豔)(琰)

⿰犭雍 [옹] 犬不馴 개 길들지 않을 옹 (江)

⿰犭廌 [재] 豪強貌、ㅣ獬 어셀 재 (佳)

⿰蜀犬 [독] 單也 홀로 독ㅣ孤也 외로울 독 獨同字 (屑)

獬 [해] 神羊ㅣ豸能別曲直 신통한 양 해 冠名 해갓 해 觟同字 (蟹)

獥 [격] 狼子 이리 새끼 격 古音 혁 (錫)

獶 [노] 獅犬 사자 새끼 노 多毛犬 삽살개 노 (豪)

⿰犭馵 [주] 鄉名 고을 이름 주 (遇)

獦 [갈] 短口犬 입 짧은 개 갈 (曷)

⿰犭達 [달] 水狗 수달 달、물개 달 獺同字 (曷)

⑭

獲 [획][확] 奴婢臧ㅣ 노비 획ㅣ取得 얻을 획 失志隕ㅣ 실심할 확 困迫 실심할 확 (陌)(藥)

⿰犭憂 [은] 山驟 산나귀 은 (問)

⿰犭監 [함] 虎聲 범의 소리 함 惡犬吠不止 사나운 개 짖음이 그치지 않을 함 (豏)

獮 [선] 殺也 죽일 선 秋獵 가을에 사냥할 선 (銑)

⿰犭舄 [삭] 犬驚貌 개 놀라는 모양 삭 (藥)

⿰犭與 [여] 歎聲 탄식하는 소리 여 사兒聲 아이 소리 여 犬子 개새끼 여 (魚)

獱 [빈] 獺屬、似狐 青色居水中 食魚 수달 빈 (眞)

獯 [훈] 北方匈奴 북녘 오랑캐 훈 (文)

獰 [녕] 惡也 영악할 녕 犬毛狰ㅣ 개털 녕 (庚)

獴 몽 蜼之者ㅣ獖 꼬리 재긴 작은 원숭이 몽 (東)

獳 누 怒犬貌 개 웅성거릴 누、개 성낼 누 姓也 사람 이름 누 (尤)

獵 렵 捷取禽獸 사냥 렵、사냥질할 렵 震也 진동할 렵 相差次 어긋날 렵 風聲 바람소리 렵 獵俗字

獷 광 犬也 개 광 麤惡貌ㅣㅣ 추악할 광 黃鼠 족제비 광 (庚)(韓)

(十五)

⿰犭樂 삭 驚鷲也 놀랄 삭 (藥)

⿰犭爪瓜 유 黑猿仰鼻長尾 검은 원숭이 유 狖 同字

⿰犭厲 려 狂也 미칠 려 (泰)

獵 렵 捷取禽獸 사냥 렵、사냥질할 렵 震也 진동할 렵 相差次 㨗ㅣ 어긋날 렵 風聲ㅣㅣ 바람소리 렵 (葉)

⿰犭窮 궁 似虎獸 범같은 짐승 궁 (東)

⿰犭頡 혈 有鱗獸 비늘 있는 짐승 혈 (山有獸名曰ㅡ) (屑)

獿 노 노 우 犬驚貌 개 놀랄 노 獼猴戲 원숭이 놀릴 노 犬名ㅣ獀 개 이름 우 (巧)(豪)(尤)

⿰犭畾 뢰 飛鼠似蝙蝠 나는 쥐 뢰、박쥐 뢰 (紙)

獸 수 禽ㅣ 飛曰禽走曰ㅣ、四足而毛 짐승 수 (宥)

⿰犭恥 치 狂犬 미친 개 치

(十六)

獺 달 찰 水狗 수달 달、물개 달、찰 義同、獭同字 (曷)(黠)

⿰雚犬 학 至也 이를 학 高也 높을 학 (覺)

⿰犭𢇇 련 兔走貌ㅣ猭 토끼 달아날 련、猿狖緣木貌 원숭이 나무에 오르는 모양 련 (先)

獙 련 獙(前條)과 同字

獹 로 良犬、韓ㅣ 좋은 개 로 (虞)

獻 헌 進也 드릴 헌 呈也 바칠 헌 羞也 음식 헌 犬也 羹ㅣ 개 헌 賢也 어질 헌 酒樽 술단지 사 (願)(歌)

⿰犭霝 령 良犬 좋은 개 령 ⿰犭靈 同字

⿰犭⿰黄犬 광 犬也 개 광 惡貌 추악할 광 鼪也 족제비 광 獷同字 (韓)

(十七)

獼 미 猿

屬·ㅣ猴 원숭이미 (支)

獑 [참] 犬聲 개소리참 (咸)

獽 [양] 野蠻族名 ㅣㅣ 오랑캐양 獸名 짐승이름양 (陽)

⿰犭霝 [령] 良犬 좋은개령 ⿰犭靈同字 (靑)

獩 [희] 豕也 돼지희 (支)

⿰犭嬰 [영] 獸名짐승이름영 (山海經、西山經) (庚)

十六

⿰犭瞿 [구] 搏也 두드릴구 玃也 원숭이구 (虞)

獶 [노] 猱也、善升木 원숭이노 古之善塗墍者ㅣ人 옛도역잘하는사람노 猱同字 (豪)

⿰犭璽 [선] 秋獵가을사냥선 殺也 죽일선 獮本字 (銑)

獾 [환][권] 貒也 왕살기환 野豚 너구리환 ·권 義同 (寒)(先)

十九

玀 [라] 蠻人、猓ㅣ 오랑캐라 (歌)

⿰犭憂 [우] 寬也 너그럴우 和也 화할우 ㅣ游 和柔 부드러울우 戲也 아양우 伊ㅣ佞媚貌 광대노름이우 劣之對 나을우 勝也 이길우 倡ㅣ俳ㅣ 광대우 無決心 결단성없을우 戲也 희롱할우 優同字

二十

玃 [확] 大猿 큰원숭이확 母猴 어미원숭이확 攫也 움킬확 貜同字 古音곽 (藥)

⿰犭斷 [기] 犬生一子 개새끼한마리낳기 (微)

玁 [험][렴] 匈奴別名 ㅣ狁 험윤오랑캐험 長喙犬 부리긴개렴 獫同字

二十一

⿰犭覽 [람] 犺猪族 오랑캐람 (感)

⿰犭鄉 [효] 犬毛黃 白色개털빛 누렬효 (蕭)

二十二

⿰犭囂 [효] 犬黃色 누런색 개효 (蕭)

二十四

⿰犭靈 [령] 良犬 좋은개령 (靑)

五畫

玉部

玉 [옥] 石之美者 구슬옥、옥옥 愛也 사랑할옥 成也 이룰옥 ㊀沃

王 [왕] 君也 임금왕 祖父之尊稱 —父 할아버지왕 五霸身臨天下 왕노릇할왕 往也 갈왕 長也 어른왕 盛也 왕성할왕 ㊀陽 ㊀漾

王 部首名 임금왕변

㊁

玐 [팔] 玉聲 옥소리팔 ㊀黠

玌 [박] 未琢玉石 덩어리옥박 璞同字 ㊀覺

玎 [쟁][정] 玉聲 —玲 옥소리쟁、정 義同 ㊀東 ㊀江

玏 [륵] 石次玉 珹—옥 다음가는돌륵 ㊀職

㊂

[illegible] [보] 玉器 옥그릇보 ㊀麌

玓 [적] 明珠色 —瓅 구슬빛이환할적 ㊀錫

[illegible] [공] 璧也 구슬공 ㊀腫

玒 [공][강] 玉名 옥이름공、강 義同 ㊀東 ㊀江

[illegible] [을] 高也 높을을 ㊀物

[illegible] [신] 遍也 두루신 ㊀震

玘 [기] 佩玉 패옥기、노리개기 ㊀紙

玕 [간] 美石次玉、琅— 아름다운돌간 ㊀寒

玔 [천] 玉環 옥고리천 玉製腕環 옥팔찌천 ㊀霰

[illegible] [우] 石似玉 옥돌우 玗本字

玗 [우] 石似玉 옥돌우、옥같은돌우 —琪 樹名 옥우기나무우 ㊀虞

玖 [구] 黑石次玉 옥다음가는 검은돌구 九通 ㊀有

㊃

玜 [공] 玉石 옥구슬이름공 ㊀東

[illegible] [잉] 玉器 옥그릇잉 ㊀蒸

[illegible] [몰] 玉名 —瑶 옥이름몰 ㊀月

玞 [부] 美石次玉、珷— 무부부、옥돌부 砆同字 ㊀虞

玤 [방] 玉中次玉 옥돌방 地名 땅이름방 ㊀講

玣 [변] 玉飾冠弁 옥으로꾸민관변、고깔꾸미개옥변 ㊀霰

玢 [분][빈] 玉紋貌 —豳 옥무늬분、빈 義同 ㊀文 ㊀眞

玟 [민] 石雉次玉、瑉— 옥다음가는돌민 珉同字 ㊀眞

玡 [아] 玉似骨 옥같은뼈아 ㊀禡

玠 [개] 大圭 큰서옥개、큰홀개 ㊀卦

玨 [각] 雙玉 쌍옥각 珏古字

玩 [완] 弄也 희롱할완 習也 익힐완 珍也 奇ㅣ 보배완 ㅣ賞 가지고놀완 (軫)

⿰王丑 [뉴] 衄鼻 인끄지뉴 鏡鼻 거울손잡이뉴 鈕古字 (有)

玦 [결] 玉佩 半環 노리개결 弓環 활각지결 (屑)

玧 [윤][문] 充耳玉 귀막이구슬윤 赤玉 붉은구슬문 (軫)(元)

玭 [빈][변] 珠之有聲者 소리나는진주빈 珠也 구슬변 蠙同字 (眞)(先)

玪 [감][음] 石之次玉者 옥돌감、음 義同 (咸)(侵)

玥 [매][모] 龜屬 玳ㅣ 대모매 蝐同字 瑁古字 (號)(陽)

玫 [매] 火齊珠ㅣ、瑰 불구슬매 (灰)

环 [배] 占吉凶玉、珓 배교 배、옥산통배 (灰)

五

玵 [감] 美玉 아름다운구슬감 (覃)

⿰王支 [결] 珮玉半璩 노리개결 玦本字 (屑)

玴 [예] 石似玉者 옥돌예 (霽)

玲 [령] 金玉聲 쟁그렁거릴령、금옥소리령 ㅣ瓏 鏤貌 아롱아롱할령 精巧 정교할령 鮮明 선명할령 (靑)

玳 [대] ㅣ瑁 龜屬 대모대 瑇通 (隊)

玼 [자][차][체] 玉病 옥티자 疵通、玉色 옥빛자 玉色鮮絜貌 옥빛깨끗할체 (哿)(紙)(薺)

玶 [평] 玉名 구슬이름평 (庚)

玻 [파] 寶石 ㅣ瓈 파려옥파、유리옥파 (一名水玉、瑩如水、堅如玉) (歌)

玷 [점] 玉病 옥티점 缺也 이지러질점 (琰)

玹 [현] 玉次石 옥돌현 玉色 옥빛현 姓也 성현 (先)

玸 [부] 玉文 옥의무늬부 玉名 옥이름부 (虞)

⿰王卭 [공] 玉環 옥고리공 (冬)

玽 [구] 石次玉者 옥돌구 (有)(宥)

玿 [소] 美玉 아름다운옥소 (蕭)

⿰王廾 [변] 飾弁玉 고깔꾸미개옥변 (霰)

珄 [생] 金色 금빛생 (庚)

珀 [박] 茯苓所化、琥ㅣ 호박박 古音 백 (陌)

珂 [가] 玉名 구슬이름가 白瑪瑙 흰마노가 螺屬、勒飾 굴레치장하는자개가 (歌)

珃 [염] 玉也 옥염 (琰)

珊 [산] 海中産動物、ㅣ瑚 산호산 (形如樹枝) 凋殘貌 조촐할산 珮玉聲ㅣㅣ 패옥소리산 (寒)

珆 [이][태] 如玉美石 옥돌이 龍ㅣ

有龍文圭玉용무늬있는홀옥례 (支)(灰)

珉 민 美石次玉옥다음가는돌민 玟同字 (眞)

珇 조 珪之凸起서옥머리도두룩할조、뾰족하서옥조 (麌)

珈 가 笄飾六ㅡ비녀치장가 (麻)

珍 진 寶也보배진 瑞玉서옥진 貴重귀중할진 食之美者맛좋음진 (眞)

珋 류 石也돌유 (有)

珌 필 佩刀下飾칼장식옥필 (質)

珊 산 海中産動物ㅡ산호산、瑚珊俗字

珏 각 곡 雙玉쌍옥각 곡 義同 (覺)(屋)

珐 법 ㅡ瑯법랑법 琺略字

珎 진 寶也보배 珍俗字

玺 새 王者印옥새새 璽俗字

六

珓 교 占具、杯ㅡ배교교、점치는산 (效)

珖 광 琯也옥피리광 玉名옥이름광 人名사람이름광 (陽)

[巩/玉] 공 玉帶옥띠공 (冬)

珥 이 五色玟石화반석이 玉名옥돌이 (支)

珕 려 蜃屬、佩刀飾자개로칼장식할려 (霽)

珒 진 玉名옥이름진 (眞)

珛 후 朽玉티박힌옥후 (宥)

珗 선 石次玉옥다음가는돌선 (先)

珚 연 玉名옥이름연 (先)

珘 주 玉也구슬주 (尤)

珙 공 大璧크고둥근옥공 玉名옥이름공 (腫)(冬)

珆 회 治玉、磨玉옥을갈회 (灰)

珠 주 蚌胎所生구슬주 眼珠눈동자주 (虞)

珝 후 玉名옥이름후 (麌)

[夙/玉] 숙 朽玉티있는옥숙 琢工옥공옥숙 (屋)

[王+夙] 숙 [夙/玉](前條)와同字

珞 락 頸飾、瓔ㅡ구슬로목에치장할락 (藥)

珡 금 七絃樂거문고금 琴本字

珢 은 간 石似玉옥돌은 傷玉부크러배어진흔적있는옥간 (願)

[王+臾] 유 次玉美石옥같은돌유 (虞)

[王+回] 괴 美也좋을괴 怪異괴이할괴 瓌同字

珣 순 玉器옥그릇순 東方美玉옥이름순 (眞)

珩 형 佩上玉노리개형 衡通 (庚)

珤 보 珍也보배보 寶

古字

玲 합 閉閉門 문 여닫을합 (洽)

珧 요 蜃屬、名海月、江ㅣ 조개이름요、자개 이름요 玉名 옥이름요 珧、蛑同字 (蕭)

珥 이 珥璫 귀의고리이 瑱也 귀막이 옥이 日旁氣 해무리이 (眞)

珦 향 玉名 옥이름향 (漾)

班 반 列也 벌려설반 別也 이별할반 次序 차례반 頒與 나누어줄반 車聲 수레소리반 同也 같을반 斑也 얼룩질반 般通 (刪)

珪 규 瑞玉 서옥규 圭同字 (齊)

珬 술 老鵬入海所化、珂類 자개술、옥이름술 (質)

珫 충 玉名ㅣ耳 귀걸이옥충 (東)

珮 패 帶也、ㅣ玉 패옥패、찰패 佩同字 (隊)

珯 노 文石瑪ㅣ 무늬진돌노 마노노 瑙、碯同字

琉 류 西域采石、ㅣ璃 유리돌류 泉州國名、ㅣ球 나라이름류 (尤)

珤 보 珍也 보배보 寶同字

㊆

珶 제 佩玉 패옥제 璏 ㅣ 노리개제 (齊)

玟 문 美玉 아름다운 옥도 (虞)

珵 정 佩玉 패옥정 珩也 노리개정 (庚)

珤 보 珍也 보배보 珤俗字

琜 도 美玉 아름다운 옥도 (虞)

珷 무 石似玉、ㅣ玞 무부부 옥돌 아름무 碔同字 (麌)

珽 정 玉名 옥이름정 笏也 옥홀정 (迥)

珋 류 寶石 보석류 金剛石 금강석류 (尤)(有)

珼 패 具飾 자개 장식패 (泰)

[illegible] 보 美玉ㅣ瑤 아름다운 옥보 (遇)

珺 군 美玉 아름다운옥 군 (問)

珸 오 美石珸ㅣ 옥돌오 瑦同字

珹 성 玉名 옥이름성 美珠 아름다운 구슬성 (庚)

現 현 玉光 옥빛 현 顯也 나타날현 今也 지금현、당장현 見通 (霰)

珿 착 축 等也 비등할착、축 義同 (覺)(屋)

琀 함 殯含玉 바함 옥함 含通 (勘)

琁 선 美玉 아름다운구슬선 璿、璇 同字 (先)

球 구 玉磬 옥경쇠구 美玉 아름다운 옥구 圓也 둥글구 球也 공구 地球 지구구 國名 琉ㅣ 나라이름구 璆同字 (尤)

琂 언 如玉美石 옥같은돌언 (元)

珸 오 美石、琨ㅣ옥돌오 虞

琅 랑 似珠、ㅣ玕옥같은돌랑 玉聲옥소리랑 宮門銅環문고리랑 琺ㅣ파리랑 陽 (中)

琄 현 佩玉貌ㅣㅣ패옥늘어질현 鞙通 古音견 銑

琇 수 ㅣ瑩美石 귀막이수 石次玉옥돌수 宥

理 리 治也다스릴리 道也도리리 治玉、文也무늬결리 正也바를리 木ㅣ남부경리 性也성품리 處置처치할리 賴也힘입을리 紙

琈 부 玉采ㅣ筍 옥문채부 尤

琔 전 玉石옥돌선 琁同字

琊 야 齊國郡名、琅ㅣ고을이름야 麻

琨 은 俗音 간 石似玉옥돌은 琨本字

琌 릉 大阜丘ㅣ언덕릉 陵同

⿰王車 차 ㅣ璖 자개차 (中)

八

⿰王忩 총 美石次玉옥같은돌총 璁同字 東

琕 병 刀室칼집병 珠名구슬이름병 鞞同字 迥

⿰王取 추 玉文옥무늬추 尤

⿰王囷 운 윤 齊也가지런할운、윤 義同字 吻 軫

琛 침 寶也보배침 賝同字 侵

璩 거 耳環귀고리거 魚

琚 거 佩玉、瓊ㅣ패옥거、노리개거 魚

⿰王夜 역 玉采옥무늬채역、아롱질역 陌

琙 역 人名、孫ㅣ 사람의이름역 職

琖 잔 夏爵名、玉ㅣ옥술잔잔 盞同字 潸

琘 민 美石次玉옥돌민 珉同字

琤 정 玉聲ㅣㅣ옥소리 정정할정 庚

琜 래 玉屬옥래 灰

琢 탁 治玉조을탁、옥다듬을탁 選擇가릴탁 古音착 覺

琟 유 如玉美石옥같은돌유 支

琠 전 玉名옥이름전 瑱通 銑

琡 숙 玉名옥이름숙 大璋큰홀숙 屋

⿱臤玉 한 美石次玉옥돌한 軫

琥 호 發兵虎符옥홀부호 松脂所化ㅣ珀호박호 麌

琦 기 玉也옥이름기 大貌、ㅣ瑋클기、허거로울기 支

⿱亞玉 악 白玉흰옥악 藥

琬 완 圭也서옥완、홀완 美玉ㅣ琰아름다운옥완 古音원 阮

琨

[곤] 美玉 아름다운옥곤 佩玉패옥곤 (阮)

琫 [봉] 刀鞘裝飾ㅣ珌 칼집장식옥봉 鞛同字 (董)

琩 [창] 瑩充耳ㅣ玩 귀막이옥창 耳璫 귀고리창 (陽)

琪 [기] 玉屬 옥이름기 (支)

琰 [염] 青玉 비취옥염 美玉名 아름다운옥염 (琰)

琭 [록] 玉貌ㅣㅣ 자잘구레한 옥록 (屋)

琯 [관] 以玉爲管 옥저관、옥소관、옥피리관、옥통소관 管通 (旱)

琮 [종] 祭地瑞玉ㅣ 지신제에 쓰는 옥종 (冬)、(宋)

琱 [조] 治玉ㅣ琢 옥다듬을조、畫也 아로새길조 彫、雕通 (蕭)

琴 [금] 七絃樂 거문고금 (侵)

琲 [배] 貫五百枚、珠ㅣ 구슬꿰미배 (賄)

琳 [림] 美玉 球ㅣ 아름다울옥림 (侵)

琵 [비] 胡琴 馬上樂器、ㅣ琶 비파비 (支)

琶 [파] 馬上樂器、琵ㅣ 비파파 (麻)

琺 [법] ㅣ瑯 법랑법 (洽)

琸 [탁] 人名、劉ㅣ 사람이름탁 (覺)

九

琿 [혼] 美玉 아름다운옥혼 或音훈 (元)

琾 [개] 大圭 큰서옥개 玠同字

瑄 [선] 大圓玉 크고둥근옥선 (先)

瑓 [랄] 玉也 옥랄 (曷)

瑃 [춘] 玉名 옥이름춘 (眞)

瑀 [우] 美石次玉、琚ㅣ 옥돌우 (麌)

瑋 [위] 玉名 옥이름위 奇玩 노리개위 (尾)

瑂 [미] 石似玉者 옥돌미 (尤)

瑁 [매][모] 瑇ㅣ 龜屬 대모매 蝐同字 (隊) 圭貝 서옥두겁모 冒通 (號)

瑅 [제] 玉名、ㅣ瑭 옥이름제 (齊)

瑆 [성] 玉光 옥빛성、빛날성 (青)

瑸 [빈] 玉文ㅣ璘 옥무늬어룽어른할빈 (眞)

瑇 [대] ㅣ瑁 龜屬 대모대 玳通 (隊)

瑊 [감] 美石次玉ㅣ玏 아름다운돌감、옥돌감 (咸)

瑈 [유] 玉石 옥이름유、구슬유 (尤)

瑉 [민] 石次於玉 琳ㅣ 옥다음가는돌민 俗音빈 (眞)

瑌 [연] 瓀也、蜀石黃ㅣ 옥돌연 碝同字 (銑)

瑑 [전] 圭上凸刻兆ㅣ 옥홀머리도두

무늬가아로새겨진전 彫玉爲文 옥새겨진전 ㊀霰

瑍 환 玉有文采 환옥환 ㊀翰

瑱 전 玉名 옥이름전 ㊀銑

瑎 해 黑石似玉 검은옥돌해 ㊀佳

瑏 천 玉也 옥천 ㊀先

瑒 창 圭瓚 祠宗廟者 제향에장식하는주창창 鬯通 ㊀漾

瑕 하 玉玷 옥티하 赤玉 붉은옥하 遠也 멀하 過也 허물하 遐通 ㊀麻

瑓 련 玉名 옥이름련 ㊀霰

瑔 전 玉名 옥이름전 貝名 조개이름전 ㊀先

瑛 영 玉光 옥광채영 (紫ㅣ皆石) 水晶 수정영 ㊀庚

瑖 단 玉石 옥돌단 ㊀翰

瑚 호 海中產物 珊ㅣ 산호호 宗廟祭器 ㅣ璉 호련호 ㊀虞

瑗 원 大孔璧 구멍큰옥원、도리옥원 人名 사람이름원 ㊀願

瑙 노 石次玉 옥돌노 碯同字 ㊀皓

⿱⿰王巨木 거 環屬 옥고리거 戎夷貫耳 오랑캐의귀고리거 ㊀魚

瑘 야 齊國郡名 고을이름야 琊同字 ㊀麻

瑜 유 美玉 아름다운옥유 ㊀虞

瑞 서 祥也 상서서 信玉、符ㅣ 홀서 古音수 ㊀寘

瑝 황 玉聲 옥소리황 鍾聲 종소리황 ㊀陽

⿰王突 돌 玉瑱 귀막이옥돌 ㊀月

⿰王咼 화 화할화 和의 古字

瑟 슬 絃樂 二十五絃 실물류의슬、비파슬、큰거문고슬 風聲 바람소리슬 潔鮮、矜莊貌 깨끗한체할슬 ㊀質

⑩

瑣 쇄 玉屑 옥가루쇄 細小 잘쇄、가늘쇄 繁猥貌 좀스러울쇄 門名 青ㅣ 문이름쇄 璅同字 ㊀哿

⿰王突 침 寶也 보배침 玉名 옥이름침 琛同字 ㊀侵

瑠 류 璢俗字 ㅣ璃 유리류

瑢 용 珮玉聲 瑽ㅣ 패옥소리용 ㊀冬

瑥 온 人名 吾瞿ㅣ 사람의이름온 ㊀元

瑤 요 ㅣ瓊 皆美玉 아름다운옥요 斗杓ㅣ光 북두자루요 瑤池 못이름요 ㊀蕭

⿰王追 퇴 治也 玉 옥광채낼퇴、옥다듬을퇴 ㊀灰

瑬 류 垂玉 冕飾 면류관드림옥류 旗末 기발류 旒通 ㊀尤

瑦 오 美石次玉 옥돌오 ㊀虞

⿰王旁 [방] ㅣ珸、玉礴옥방 (陽)

瑨 [진] 石之似玉옥돌진 璡同字 (眞)

瑩 [영][형] 瑱也瑩ㅣ아름다운옥영 明也밝을영 (榮) 名물류이름영、玉色光潔옥빛조촐할형 水鏡ㅣ然물맑을형 惑也의혹할형 熒同字 (庚)(徑)

瑫 [도] 美玉아름다운옥도 玉飾劒칼꾸미개옥도 (豪)

瑪 [마] 美石、ㅣ瑙옥돌이름마 碼同字 (馬)

瑱 [진][전] 以玉充耳귀마이옥전 玉名옥이름전、진 義同字 (震)(霰)

瑭 [당] 玉名、ㅣ璑옥이름당 (陽)

瑰 [괴] 石次玉옥다음가는돌괴 珍奇보배괴 火齊珠불구슬괴 瓌通 (灰)

瑮 [률] 玉英華옥무늬률 (質)

瑯 [랑] 似珠ㅣ玕낭간옥랑 琅俗字

瑴 [곡][각] 二玉相合쌍옥곡、각 㱿、珏同字

⿱𣪊玉 [곡][각] 二玉相合쌍옥곡、각 義同 珏同字 (屋)(覺)

瑵 [조] 車蓋일산조 수레덮개조 (玉ㅣ金ㅣ) (巧)

瑲 [창] 玉聲ㅣㅣ옥소리장 聲ㅣㅣ금류소리장 鏘同字 (陽)

瑳 [차] 玉色鮮白옥빛깨끗할차 巧笑貌상긋웃을차 (歌)(箇)

⿰王恩 [은] 玉也옥은 人名사람의이름은 (眞)

⑩

環 [환] 圓成無端옥고리환 璟略字

瑹 [서] 笏也홀서 (魚)

⿰王雩 [저][도] 玉屬옥저、도 義同 (魚)(虞)

⿰王貫 [곤] 美玉아름다운옥곤 琨同字、俗音관 (元)

瑿 [예] 黑玉검은옥예 (齊)

瑽 [종] 玉聲ㅣ瑢옥차는소리종 古音총 (冬)

瑾 [근] 赤玉붉은옥근 美玉ㅣ瑜아름다운옥근 (吻)(震)

璅 [쇠] 玉屑옥가루쇠 石之似玉옥돌쇠 門鏁자물쇠쇠 瑣同字 (支)

璀 [최] 玉光、ㅣ璨옥빛찬란할최 珠垂貌구슬주렁주렁달릴최 (賄)

璄 [경] 玉光옥빛경 璟同字 (梗)

璁 [총] 美石次玉옥같은돌총 (東)

⿱勒玉 [륵] 美石玉次옥다음가는돌륵 (職)

⿰王勒 [륵] 美石次玉옥다음가는돌륵 ⿱勒玉同 (職)

璂 [기] 飾弁玉ㅣ꾸미개

字 기 璂同字 (支)

琥 호 玉也 옥호 (虞)

璆 구 玉磬 옥경쇠구 美玉 아름다운옥구 玉聲 옥소리구 球同字 (尤)

璇 선 玉名 구슬선 星名、ㅣ璣 별이름선 璿同字 (先)

璈 오 樂器名 雲ㅣ 풍류이름오 (豪)

璉 련 宗廟祭器、瑚ㅣ 조묘제기련、호련련 (銑)

璌 인 場也 뜰인、마당인 (眞)

璊 문 玉赤色 붉은옥문 (元)

⿰王坐 좌 人名、景ㅣ 사람이름좌 (歌)

⿰王辛 반 駁也 어룽질반 紋也 무늬날반 (删)

瑹 도 玉名 옥이름도 (虞)

璩 거 環屬 옥고리거 璩俗字

璋 장 生男慶 弄ㅣ 아들낳은 경사장 半圭 반쪽서옥장 (陽)

⿰王婁 루 初秋祭祀 초가을제사루 (尤)

璓 수 유 美石次玉 옥돌수 (宥) 玉名 옥이름유 (有)

璃 리 西國寶 유리리、구슬이름리 (支)

⿱珏必 슬 絃樂二十五絃 거문고슬 瑟本字

(十三)

璔 증 玉貌 옥모양증 (蒸)

璚 경 赤玉 붉은옥경 佩玉 패옥경 瓊同字 (庚)

璒 등 石似玉者 옥돌등 (蒸)

璕 심 美石次玉 옥돌심 (侵)

璐 로 美玉 아름다운옥로 (遇)

璙 료 玉名 옥이름료 (蕭)

璑 무 三采玉 세빛옥무 玉名 옥이름무 (虞)

璖 거 環屬、戎夷所以貫耳者 귀고리거 (魚)

璠 번 魯寶玉 보배옥번 (元)

璣 기 小珠 작은구슬기 璿ㅣ天儀 ㅣ선기기 星名 별이름기 (微)

璟 경 玉光彩 옥광채날경 人名 사람이름경 璄同字 (梗)

璜 황 半璧 반쪽구슬은 패옥황 (陽)

⿰王替 잠 美石如玉 옥같은 돌잠 (侵)

璛 숙 琢玉工 옥장인숙 (屋)

璝 괴 石次玉 옥돌괴 瑰同字

⿰王棘 극 地名 땅이름극 玉名 옥이름극 (職)

璞 박 玉之未琢者 옥덩어리박 (覺)

璘 린 玉紋 옥무늬린 光彩 옥빛린 (眞)

璗 [탕] 金之美者 아름다운 금탕、황금탕 (養)

璍 [필] 靑白玉管 푸른옥피리필 (質)

[illegible] [로] 玉名 옥이름로 (豪)

[illegible] [찬] 玲也 보배로울찬、진기할찬 (霰)

[illegible] [선] 美玉名 아름다운 옥선 璿古字

[illegible] [력] 玉屬 옥력 (錫)

[illegible] [압] 婦人首飾 여자주미개 압 (合)

瑠 [류] ㅣ璃 유리류 琉、璢同字 (尤)

[illegible] [현] 隙也 틈 현 (先)

璡 [진] 石之似玉者 옥돌진 瑨同字 (眞)(震)

十三

璧 [벽] 瑞玉圜器 둥근옥벽 星名、東ㅣ 별이름벽 (陌)

[illegible] [의] 玉也 옥의 (寘)

璲 [수] 瑞玉 서옥수 佩玉 패옥수 (寘)

璱 [슬] 碧珠ㅣㅣ 푸른진주슬 淸淨鮮潔 조촐할슬 (質)

[illegible] [촉] 玉名 옥이름촉 (沃)

環 [환] 周廻 둘레환 還通、璧屬 둥근옥환 繞也 둘릴환 圜成無端 옥고리환 (諫)(刪)

[illegible] [력] 玉也 옥력 (錫)

[illegible] [옹] 玉器 그릇옹 (冬)

璭 [관] 金玉磨光 금옥을 광낼관、곤 義同 (旱)(願)

璯 [회] 玉飾冠縫 갓솔 솔구미거회 (泰)

璬 [교] 珮玉 차는옥교 (篠)

[illegible] [전] 以玉充耳 귀마개 이옥전 瑱同字 (霰)

璫 [당] 華飾耳珠 귀고리당 佩玉聲 패옥소리당 鋃鐺 방울당 空者貌ㅣ 관에 치장한 옥당 (陽)

[illegible] [갈] 美石似玉 옥같은 돌갈 (曷)

璪 [조] 冕飾貫玉 면류관 드림옥조 (皓)

璩 [거] 環屬 옥고리거 (魚)

琥 [호] 美石似玉 옥같은 돌호 (號)(皓)

璨 [찬] 璨也 玉光 옥빛 자관할찬 (翰)

[illegible] [수][선] 玉名 옥이름수 美玉 아름다운옥선 璇同字 (寘)(先)

璦 [애] 美玉名 아름다운옥애 (隊)

璥 [경] 玉名 옥이름경 (敬)

十四

璻 [취] 玉色 옥빛취 (紙)

璵 [여] 寶玉、璠ㅣ 보배옥여 (魚)

璺 [문] 玉破 옥깨어질문

玉器破末裂 옥그릇 금갈 문 ㊀問

璶 [신] 美石似玉 옥돌 신 ㊀震

璹 [숙][도] 玉器 옥그릇 숙, 도 義同 ㊀屋 ㊀號

璂 [기] 飾弁玉ㅣ 고깔 구미개 기, 고깔에 치장한 옥 기, 璂同字 ㊀支

璘 [린] 玉紋 옥무늬 린, 璘本字

瓁 [확] 璞也 다듬지 않은 옥 확, 古音 왁 ㊀藥

瓀 [연] 珢也 石次玉 옥돌 연, 碝同字 ㊀先

瓂 [개] 人名、向ㅣ 사람이름 개 ㊀泰

𤩽 [환] 似玉美石 옥같은 돌 환 ㊀黠 ㊀咼

璽 [새] 王者印玉ㅣ 옥새 새, 古音 사 ㊀紙

璾 [제] 玉病 옥의 티 제 ㊀齊

璼 [람] 白玉 흰옥 람 ㊀覃

璿 [선] 美玉 아름다운 옥 선, 渾天器 선기옥 선, 璇同字 ㊀先

璸 [빈] 珠名 진주이름 빈, 玉文理貌 옥무늬 어룽거릴 빈 ㊀眞

⑮

璣 [기] 小珠 잔구슬 기, 璣同字

瓋 [적] 瑕也 옥티 적 ㊀錫

璣 [기] 不圓珠 둥글지 않은 구슬 기 ㊀未

瓍 [전] 瓏ㅣ、果種 과실 전 ㊀霰

瓈 [려] 寶玉 파려옥 려, 유리 려 ㊀齊

瓆 [질] 漢人名、劉ㅣ 사람이름 질 ㊀質

瓚 [찬] 宗廟祭器玉ㅣ 옥잔 찬, 瓉俗字

瓅 [력] 明珠色、玓ㅣ 진주빛 환할 력 ㊀錫

瓊 [경] 赤玉 붉은 옥 경 ㊀庚

瓃 [뢰] 玉器 옥그릇 뢰 ㊀灰

瓄 [독] 玉器 옥그릇 독, 圭名 서옥이름 독 ㊀屋

⑯

瓏 [롱] 玉聲玲ㅣ 옥소리 쟁그렁거릴 롱, 明貌 환할 롱 ㊀東

瓍 [수] 珠也 진주 수 ㊀支

瓎 [랄] 玉也 옥 랄 ㊀曷

瓌 [괴] 怪異、괴이할 괴, 石次玉 옥돌 괴, 傀同字

瓐 [로] 碧玉 비취옥 로 ㊀虞

瓌 [괴] 玉名瓊ㅣ 옥이름 괴, 大貌ㅣ偉 큰모양 괴, 瑰通 ㊀灰

⑰

𤫊 [령] 靈巫以玉事神 무당 령 ㊀靑

瓖 [양] 馬之腹帶裝飾 말배띠 장식 양, 釵劍飾玉ㅣ嵌 비녀와 칼경이에 덧차 장할 양, 古音 상 ㊀陽

瓔 영 美石似玉 옥돌영 頸飾 구슬목걸이영 庚

瓕 시 弛弓 활부릴시 紙

⿰王燮 섭 石之次玉者 옥돌섭 葉

瓓 란 玉采 옥무늬란 翰

十八

瓇 유 노 요 玉也 옥유、노、요 義同 尤 豪 蕭

瓗 경 휴 유 赤玉 붉은옥경 휴、유 義同、瓊同字 庚 尤 齊

瓘 관 玉也 구슬관 珪也 홀관 人名、陳ㅣ 사람이름관 翰

瓙 도 玉也 옥도 號

十九

瓚 찬 宗廟祭器、玉ㅣ 종묘제향에 강신하는 옥잔찬 大圭 큰홀찬 翰

二十

瓛 환 桓ㅣ、公所執 서옥환、옥홀환 寒

二十一

⿰王甗 언 玉甗 옥시루언 銑

瓃 뢰 玉器 그릇뢰 灰

⿰王纍 루 玉器 옥그릇루 支

二十一

⿰王鬵 심 美石似玉 옥같은돌심 侵

二十四

⿰王靈 령 金玉聲 쟁그렁거릴령 玲同字

玄部

玄 현 黑也 검을현 天也 하늘현 幽遠 아득할현 先 黑赤色 검붉을현 清靜 고요할현 理之妙 현묘할현

四

玅 묘 精微、玄ㅣ 현묘할묘 妙同字 嘯

五

玆 자 현 此也 이자 濁也 흐릴자 黑也 검을현 幽遠 그윽하고 먼현 玄通 支 先

六

率 솔 률 수 領也 거느릴솔 循也 좇을솔 皆也 다솔 大略 ㅣ常 대강솔 用也 쓸솔 輕遽貌 경솔할솔 行也 행할솔 坦ㅣ 솔직할솔 上天 兜ㅣ 하늘이름솔 古音 술 帥通、約數 셈률 計也 계아릴률 表的 표할률、과녁률 帶緣 띠꿈구슬률 比例 비례률、鳥網 새그물수 渠ㅣ 장수수 質 眞

玈 로 黑色 검은빛로 虞

瓜部

瓜 과 蔓生蓏也 오이과 참외과 木ㅣ 모과과 麻

三

瓝 박 포 小瓜ㅣ瓠 조롱박박 藥名 오이지포 瓟同字

④

⿰瓜丰 [봉] 瓜多實貌 오이주렁주렁 맺힐 봉 唪通 (董)

⿰瓜冘 [짐] 靑皮瓜 검질 푸른 오이 짐 (沁)

⿰區瓜 [둔] 甌—瓜 屬 오이 둔 (元)

⿰分瓜 [반] 瑞瓜 상서로운 오이 반 (刪)

⑤

瓟 [박][포] 可爲飮器 —瓠 조롱박 박, 小瓜 조그마한 오이 박 瓝同, 醬名 오이지 포 (覺)(肴)

瓞 [질] 小瓜—瓞 자잘구레한 오이

[질] 小瓜—瓞 자잘구레한 오이 질, 북치 질 後裔, 瓜—후손 질 古音 절 (屑)

⿰口瓜 [子] 王瓜—𤬏 오이 구、참외 구 (尤)

⿰弗瓜 [질] 小瓜—瓞 자잘구레한 오이 질 後裔 瓜—후손 질 古音 절 瓞同字 (屑)

⿰古瓜 [여][고] 乾采 말린 채소 여 大瓜 큰 오이 고 菇同字 (語)(虞)

⿰令瓜 [령] 中國南方生小瓜 남쪽에서 나는 작은 오이 령 (靑)

⿰瓜瓜 [유] 根本微弱 밑 둥약할 유 (麌)

⑥

瓠 [호] 瓢也 표주박 호 瓦器 질 그릇 호 瓠也 박 호 (虞)(遇)

⿰舌瓜 [괄] 藥名—蔞 하눌타리 괄 瓜名 오이 이름 괄 苦同字 (曷)

⿰交瓜 [박] 小瓜 작은 오이 박 (覺)

⿰孰瓜 [뢰] 瓜中瓠—오이 속 뢰 傷 熟瓜 진무른 오이 뢰 (賄)

⿰吉瓜 [갈] 勁也 굳셀 갈 (黠)

⑦

⿰蜀瓜 [독] 盛醋器 초담는 그릇 독 (屋)

⿰奚瓜 [뇌] 瓜中瓤—오이 속 뇌 傷 熟瓜 진무른 오이 뇌 (賄)

⑧

⿰果瓜 [화] 瓜也 오이 화 (哿)

⿰咅瓜 [배] 瓜也 오이 배 (屋)

⑨

⿰奚瓜 [규] 王瓜—菇 쥐참외 규、[illegible] 하눌타리 규 藈同字 (齊)

⿰扁瓜 [편] 黃瓜 누런 오이 편、白—、瓜屬 오이 편 (先)

⿰昜瓜 [당] 瓜長貌 오이가 길 당 大瓜名 큰 오이 당 (養)

⿰侯瓜 [후] 王瓜 큰 오이 후 (尤)

⿰柬瓜 [련] 瓜中 오이 속 련 (霽)

⑩

⿱𤇾瓜 [형] 小瓜 작은 오이 형 (靑)

⿰䍃瓜 [요] 瓜也 오이 요 (蕭)

⿰區瓜 [온] —[illegible]、瓜屬 오이 온 (元)

⿺瓜兼 [렴] 瓜子 오이 씨 렴 (鹽)

⑪

⿺瓜繇 [요][소] 瓜名 오이 이름 요、소 義同 (蕭)

瓢 [표] 瓠瓜 박 표 容器

표주박 표 (蕭)

[illegible] 루 王瓜、瓝ㅣ 땅오이 루、큰오이 루 (尤)

⑬

[illegible] 희 瓠瓢 표주박 희 (支)

[illegible] 당 瓜中實 ㅣ瓤 오이씨 당

⑭

瓣 판 瓜中實 외씨 판、花ㅣ 꽃잎 판、果中實 실과씨 판 (諫)

⑯

[illegible] 로 酒器似壺、瓠ㅣ 호로병박 로 (虞)

[illegible] 연 瓢也 표주박 연 (阮) (銑)

⑰

瓤 양 瓜中實 외씨 양、오이속 양 (陽)

⑱

[illegible] 권 瓜蔕貌 구를 권 (先)

⑳

瓥 리 瓠杓 표주박 자루 리、瓠子 표주박 리 (霽)

瓦部

瓦 와 燒土蓋屋 기와 와、陶器總名 질그릇 와、紡塼 길쌈벽돌 와、佛國基本重量單位 그람(g) 와 (我衡二分六厘六毛餘) (馬) 新字

②

瓧 십 衡名 데카그람(10g) 십 (瓦十倍) 新字

[illegible] 청 甎也 벽돌 청 (靑)

[illegible] 와 施瓦於屋 기와덮을 와、瓦同字 (禡)

③

[illegible] 추 井甓 우물 벽돌 추、甃古字

[illegible] 와 山貌 산 모양 와 (馬)

[illegible] 익 坏也 날 기와 익 (職)

瓩 천 衡名 킬로그람(kg) 천 (瓦千倍)、電力單位 킬로와트(kW) 新字

[illegible] 두 瓦器 기와 그릇 두 (麌)

瓨 항 長頸、似罌 목긴 항아리 항、缸同字 (江)

④

[illegible] 배 未燒瓦 굽지 않은 기와 배 (灰)

瓪 판 牝瓦 암키와 판 (潸)

[illegible] 추 井甓 우물벽돌 추、鋪瓦 벽돌 깔 추 (宥)

瓫 분 盎也 동이 분、水溢 물 넘칠 분、盆、盆通 (元)

瓱 모 衡名 밀리그람(mg) 모 (瓦千分之一) 新字

[illegible] 강 大甕 큰 독 강 (陽)

瓰 분 衡名 데시그람(dg) 분 (瓦十分之一) (新字)

瓬 방 埴黏土 진흙 방、물칠 방 (養)

瓯 구 盌也 사발 구、甌略字

[illegible]

[담] 瓶也 물장군담 感 瓦屬 기와담

瓮 [옹] 罌也 독옹 送 甕同字

瓨 [형] 長頸壺 목긴병형 青 庚 酒器 술병형

瓰 [함] 似瓶有耳 귀있는병함 覃

瓲 [돈] 衡名 돈(t)돈(瓲千倍我衡二百六十貫飾當) 新字

五

瓵 [이] 甌㼜小甖 작은독이、두배기이 支

𤭛 [공] 缾也 물장군공 腫

𤬯 [날] 牝瓦 암키와날 點

𤬹 [용] 大甖 큰독용 宋

瓬 [광] 瓬屬 독광 甖屬 병광 敬

㼡 [사] 甎也 벽돌사 紙

㼣 [백] 井甃 우물벽돌백 陌

㼜 [앙] 大甖貌、甕ㅣ 큰독부리앙 盎同字 漾

㼠 [타] 瓦盌 질주발타、뚝배기타 缶也 장군타 歌

瓳 [호] 甎也 벽돌호 虞

瓴 [령] 似瓶有耳ㅣ甋 귀달린병령 青

𤬪 [령] 似瓶有耳ㅣ甋 귀달린병령 瓴同字 青

六

瓷 [자] 瓦器 오지그릇자 支

𤭁 [이] 甎也 벽돌이 瓶也 물장군이 支

㼤 [결] [계] 瓶也 병결、계 義同 霽 屑

瓶 [병] 汲水器 물장군병 酒水等所入器 병병 缾俗字 青

甀 [수] 罃也 목긴병수 瓶也 물장군수 虞

㼧 [동] 甍 수키와동 甂同字

𤭘 [고] 器名 그릇고 皓

瓸 [백] 衡名 헥터그람(100g) 백(瓦百倍) 新字

砙 [백] 鋪瓦 벽돌깔벽 陌

𤬲 [라] 甌也 사발라 飛甎戲 돌팔매질할라 哿

七

㼨

甋 [동] 牡瓦 수키와동 瓶同字 東

𤭑 [견] 瓮底孔 독밑구멍견 先

㼫 [범] 瓶貌 병모양범 瓦也 기와범 陌

瓰 [함] 似瓶有耳ㅣ귀달린병함 小瓶ㅣ甋 작은병함

㼥 [협] 半瓦 반쪽기와협 瓦相掩 기와가서로엄힌협 葉

𤭒 [척] 酒瓶 술병척 陌

⿰車瓦 [병] 甖屬 물장군병 (庚)

⿰成瓦 [성] 器也 그릇성 甁也 도성 (庚) (敬)

瓻 [치] 酒甁 술병치 (支)

⿰每瓦 [맹] 屋脊 지붕 대마루맹 甍同字 (庚)

⿰良瓦 [랑] 器也 그릇랑 (陽)

瓺 [장] 甇也 질그릇장 (陽)

八

⿰差瓦 [차] 瓦屑滌器 벽돌가루로 그릇닦을차 (麻)

⿰果瓦 [완][과] 大口甖 입큰 독완 과 義同 (旱) (馬)

⿰孟瓦 [맹] 瓴帶 시두레맹 (梗)

⿰幸瓦 [행][형] 耳甁 귀달린병행、형 義同 (梗) (迥)

瓽 [당] 大盆 큰소래기 당、큰동이당 (漾)

⿱占瓦 [점] 梠也 나무주초점 不平 支物 괴임벽돌점 (鹽)

⿱刧瓦 [려] 小甁 작은병려 (齊)

⿰陌瓦 [강] 大甕 큰독강 (陽)

⿰夾瓦 [새] 破也 깨질새、깨어질새 (隊)

⿰東瓦 [동] 缶也 장군동 (送)

瓶 [병] 汲水器 물장군병 甁本字

⿰卑瓦 [비] 甇也 목긴병비 (齊) (支)

甀 [추] 小口甖 부리작은항아리 추 地名 땅이름추 (支)

瓿 [부] 小甕 작은항아리 부 甁也 양병부 (有)

九

⿰耑瓦 [전] 瓮也 동이전 甎也 벽돌전 (先)

⿱此瓦 [준][연] 矛革 가죽다룰준 革矜 가죽바지준、연 義同 (震) (銑)

甅 [리] 衡名 세치리(瓦百分之一) 新字

⿱缸瓦 [항] 甖也 항아리항 (江)

甄 [견][진] 陶工 질그릇장이진、陶也 질그릇견 埴器 질그릇만들견 明也 밝을견 免也 면할견 察也 살필견 表也 표할견 (眞) (霰)

甂 [변] 小盆大口而卑下 자배기변 (先)

⿰俞瓦 [유] 甇也 항아리유 甁也 병유 (虞)

⿰殸瓦 [경] 石器 돌그릇경 (徑)

甌 [우] 盎也 물동이우 (有)

⿺是瓦 [제] 甂也 자배기제 (齊)

甃 [추] 井甓 우물벽돌추 (宥)

⿰咼瓦 [과] 飛甎戲 돌팔매질과 (歌)

[illegible] [력] 破瓦聲 、歷ㅣ기와

⿰翁瓦 [유] 甇

깨지는소리령 踢瓦聲ㅣㅣ 기와밟는소리령 (葉)

⿰皆瓦 [개] 牝瓦 암키와개 (佳)

十

甉 [함] 瓦屋 기와집함 施瓦於屋 기와덮을함 (咸)

⿰容瓦 [용] 罌也 항아리용 瓶也 병용 器也 그릇용

甈 [계] 破罌 깨진 질그릇계 (霽)

⿰盎瓦 [앙] 盎也 동이앙 (漾)

[illegible] [압] 瓦器 오지그릇압 (合)

甇 [앵] 長頸瓶 목긴병앵 罌同 (庚)

⿱艹瓦 [강][황] 甎瓨 독강、器也 그릇황 破甇 깨진병황 (江)(陽)

十一

甌 [구] 盆也 주발구 土瓨 움집구、駱越别種 西ㅣ 오랑캐구 古音 우 (尤)

⿰毄瓦 [격] 未燒瓦 굽지않은기와격 (屑)

⿰爽瓦 [창] 牟瓦 기와조각창 以碎瓦石去垢 그릇닦는기와가루창 (養)

⿱從瓦 [종][종] 甁也 병상、罌也 항아리상、종 義同 (江)(冬)

甋 [적] 甓也 벽돌적 (錫)

⿰累瓦 [뢰] 甎也 벽돌뢰 (賄)

甊 [루] 甁也 병루 小罌、瓿ㅣ 작은단지루 (有)

⿰票瓦 [표] 瓠瓜 박표 瓢同字

⿸康瓦 [강] 陶器、ㅣ瓬 질그릇강 庚通 (陽)

甍 [맹] 屋棟所以承瓦 대마루맹 ⿰亡瓦同字 (庚)

甎 [전] 燒墼 벽돌구울전 甓也 벽돌전 瓦也 기와전 (先)

⿸鹿瓦 [록] 甎也 벽돌록 (屋)

十二

甒 [무] 酒尊瓦ㅣ 술두루미무 (麌)

甑 [증] 甗屬 시루증 炊器 釜ㅣ 솥증 鬵同字 (徑)

⿰尊瓦 [준] 酒器 술동이준 (元)

⿰會瓦 [삽] 器破 그릇깨어질삽 (合)

⿱斯瓦 [사] 破甕聲 깨진독소리사 (支)

⿸厤瓦 [력] 瓦器 기와그릇력 (錫)

⿸虛瓦 [회] 缶也 장군회 器也 그릇회 (支)

甏 [팽] 瓦器 질그릇팽 (敬)

⿰童瓦 [동][종] 鏞甓 가는벽돌동 甕也 독종 (東)(宋)

⿰奠瓦 [정] 甁也 병정 (敬)

⿰留瓦 [류] 甓也 벽돌류 (支)

甐 [린] 敝也 해질린 動也 움직일린 (震)

十三

甕 [옹] 罌也 독옹 (送)

甑 [등] 瓦豆禮器 질세기등 登通 (蒸)

甓 [벽] 瓴甋也 벽돌벽 (錫)

⿱學瓦 [혹] 瓦器 질그릇혹 (屋)

十三 甔 [담] 受一石大罌 한섬들이독담 (覃)

⿰亶瓦 [선] 瓦器緣 질그릇전선 (霰)

⿸虛瓦 [희] 缶也 물장군희 (支)

⿰雷瓦 [뢰] 屋棟瓦 용마루기와뢰 (灰)

甗 [언] 사山작은산언 (銑)

十四 ⿸臨瓦 [함] 大瓮 큰독함 鑑通 (陷)

甖 [앵] 甖也 큰독앵 罌·罃同字 (庚)

⿺疑瓦 [의] 大罌 큰병의 (寘)

十五 甒 [무] 甒也 독무

十六 ⿰曇瓦 [담] 酒器 술독담 (覃)

⿺叢瓦 [용] [준] [준] 皮絝·𤮵用 가죽바지용·준、준義同 (腫)(震)(軫)

⿰盧瓦 [로] 酒器 술그릇로 (虞)

⿱龍瓦 [룡] 築土礱穀 여자매룡 (東)

甗 [언] 齊地名 땅이름언 (銑)(元)

十七 ⿰毚瓦 [참] 大盆罌屬 큰소래기참、두멍참 (陷)

⿰燮瓦 [섭] 瓦破聲 기와깨지는소리섭 (葉)

十八 ⿸瓦雚 [선] 跛行貌 절름거리며걸을선 (先)

⿰巂瓦 [규] 甑孔 시루구멍규 (齊)

⿰聶瓦 [접] 盎屬 동이접 (葉)

十九 ⿰畾瓦 [류] 지붕마루류 (宥)

⿰䜌瓦 [라] 瓦器 질그릇라 (麻)

二十 ⿰畾瓦 [뢰] 屋穩 지붕마루뢰 (灰)

二十四 ⿰靈瓦 [령] 귀달린병령 瓴同字 (青)

甘部

甘 [감] 五味之一 달감、嗜也 즐길감、美味 맛있을감、快意 상쾌할감、厭也 싫을감 (覃)

三 ⿱大甘 [대] 甘也 달대 (隊)

四 甚 [심] 劇也 심할심、尤也 더욱심、何也 무엇심 (寢)(沁)

五 ⿰甘瓦 [감] 甒也 술독감 (覃)

六 甛 [첨] 甘也 달첨、卧睡黑ㅣ 누어잠잘첨 (鹽)

甜 [첨] 甘也 달첨 甛同字

八 ⿰甘炎 [염] 甘也 달염 (琰)

⿺甚乚 [담] [흠] 室宇深邃貌 집이깊숙할담、盛貌 성할담、火盛貌 불이성할흠 (覃)(侵)

甝 [감] 白虎 흰범감 (覃)

甞 [상] 探味 맛볼상 嘗同字

九

⿰甘者 자 甘ㅣ糖草사탕풀자 蔗同字 柘通 (禡)

十

甉 겸 香也향기로울겸 俗音 첨 (鹽)

十一

⿸麻甘 감 調和화할 할감 調味조미할감 (覃)

十二

⿰甘覃 담 長味긴맛담 味也맛볼담 甘也달담 (覃)(勘)

十六

⿰甘閻 염 [illegible]也 달염 (鹽)

生部

生 생 產也낳을생、허사할생 出也날생 未熟날것생 未烹익지않을생 死之對산생 語助辭어조사생 自己謙稱나생 生活생활생 天然저절로생 殖也늘릴생 命也목숨생 成長자랄생 活物산것생 平生평생 疇昔접때생 鷄產卵닭이알낳을생 (庚)

三

⿰丿生 생 產也알낳을생 生同字

⿰生攵 성 繁統稱성 姓同字

四

⿰日生 청 雨止無雲날갤청 晴同字

五

⿱生毋 육 養也기를육 育同字 (屋)

甡 신 ㅣㅣ衆貌많을신 (眞)

六

產 산 生也낳을산 民業生ㅣ생산할산 地ㅣ、國ㅣ난곳산 (潸)

⿰因生 인 姻也혼인할인 (眞)

⿰生束 성 刺也찌를성 (敬)

七

甤 유 草木實垂ㅣㅣ초목에 열매다닥다닥맺힐유 (支)

甥 생 姊妹之子생질생 女胥사위생 外孫彌ㅣ외손자생 (庚)

⿰男生 생 姊妹之子생질생 甥同字

⿱努生 눈 弱也여약할눈 嫩俗字

甦 소 息也쉴소 死而復生깨날소 甦俗字 (虞)

九

⿰穌生 소 息也쉴소 死而復生깨날소 甦同字、穌通 (虞)

十一

[illegible] 황 華榮꽃다울황 (陽)

用部

用 용 可施行쓸용 使也、利ㅣ부릴용 以也써용 貨也재물용 器也그릇용、도구용 任也맡길용 通也통할용 (宋)

甩

【솔】投也 던질솔 捽同字

㊀ 甪 【록】仙名 ㅣ里 시선이름록 獸名 짐승이름록 複姓 성록 (屋)

㊁ 甬 【용】涌也 물솟아오를용 巷道 골목길용 斛也、量名 휘용 ㅣㅣ草木華貌 초목꽃필용 鍾鼻 쇠북꼭지용 水名 물이름용 埇通 (腫)

甫 【보】男子美稱 사나이아름다운칭호보 太也 클보 冠名 章ㅣ 관이름보 始也 처음보、비로소보 且也 또보 我也 나보 衆也 무리보 (麌)

㊂ ⿱夂用 【항】具也 갖출항、가질항 (江)

⿸广用 【용】可施行 쓸용 送 써용 用古字

㊄ ⿱艹⿸广用 【비】備也 갖출비 (寘)

㊅ 葡 【비】備也 갖출비 葡同字

㊆ 甯 【녕】願詞 차라리녕、원할녕 姓也 성녕 寧通 (徑)

㊉四 ⿰言庸 【용】城垣 성용 墉同字 (冬)

田部

田 【전】耕地 밭전、車名 수레이름전、水田 논전、鼓名 북이름전 獵也 사냥할전 蓮葉貌 ㅣㅣ 연잎둥글둥글할전 (先)(巳)

由 【유】從也 말미암을유 行也 행할유 用也 쓸유 自得貌 ㅣㅣ 마음에든든할유 經也 지날유 理ㅣ 까닭유 因也 인할유 繇通 (尤)

甲 【갑】介胄 갑옷갑 十干之首 첫째천간갑 始也 비롯할갑 法令 법령갑 科第 과거갑 第一 첫째갑、으뜸갑 草木初生ㅣ坼 떡잎날갑 魚蟲介殼 벌레껍질갑 ㅣ帳、殿也 대궐갑 某也 아무갑 鉀通 (洽)

申 【신】伸也 펼신 重也 거듭신 明約束 약속밝힐신 地支之第九位 아홉째지지신、欠伸 기지개켤신 猿也 원숭이신 伸通 (眞)

㊀ 甶 【불】鬼頭 귀신머리불 (物)

㊁ 男 【남】丈夫 사내남 子對父母曰ㅣ 아들남 爵名 벼슬이름남 (覃)

甸 【전】【승】畿內區域 경기전 治也 다스릴승 車名、乘ㅣ 수레승 乘通 (霰)(徑)

甿 【견】田中溝 밭도랑견、山谷水道 산골도랑견 畎同字

甹 【유】倒木生苗 넘어진나무에싹날유 (尤)

町 [정] 田區 밭지경정 田畝 밭두덩정 三千坪爲町步 정보정、지적경、市街、商街 시가정、장거리정 迴

甹 [병] 曳也 울병 青

㊂

甿 [맹][망] 田民 농부맹 氓同字、廣野 벌판망 庚 陽

画 [화][획] 形象繪也 그림화 分ㅣ 나눌획 古音 홰 畫同字 卦 陌

甾 [치] 翟類 꿩치 기名 새이름치 鶅同字 支

甽 [견] 田中溝 밭도랑견 畎古字

⿰田巛 [견] 田中溝 밭도랑견 畎同字

畃 [순] 善也 착할순 眞

亩 [맹][망] 田民 농부맹 廣野 벌판망 甿、氓同字 庚 陽

畀 [비] 賜也 줄비 寘

畁 [비] 賤也 천할비 卑俗字

⿱田十 [척] 鍬屬 가래척 職

⿰田干 [항] 鹵地 잔땅항 養

㊃

甾 [치] 楚丘 장군치 田一歲 하해된 밭치 菑同字 支

畊 [경] 犁田 갈경 耕古字

⿰田亢 [강] 陌也 밭사이길강 境也 지경강 養

⿰田夬 [계] 蹊也 길들계、소로길계 霽

畒 [무] 田壟 밭이랑무 畝本字 慣音 묘

⿰田戈 [지] 耕也 갈지 支

畇 [균][윤] 墾田 밭개간할균 墾辟貌 ㅣㅣ 갈아헤친 모양윤 畯同字 眞

⿰田少 [초] 耕田 밭갈초 效

畈 [판] 平疇 평평한 밭 두둑판 俗音 반 願

畉 [부] 耕田 밭갈부

界 [계] 境也 지경계、限也、 살피계 分畫 하정할계 離閒 이가할계 範圍 둘레계 卦

畋 [전] 獵也 사냥할전 平田 평평밭전 佃通 先

畍 [계] 境也 지경계 界同字

畏 [외] 恐懼 두려울외 怯也 겁낼외 忌也 꺼릴외 驚也 놀랄외 威通、古音 위 未

畎 [견] 田中溝 밭골랑견 山谷水道 산골물도랑견 甽、⿰田巛同字 先

畑 [전] 田也 밭전 (日)

⿱田乙 [외] 恐懼 두려울외 畏同字 古音 위

畓 [답] 水田 논답 (韓)

畐 [복] 滿也 찰복

幅也 나비 복 (屋)

五

畇 [구] 畦也 밭두둑 구 (尤)

畖 [조] 田也 밭조 (麌)

畘 [남] 田十畝曰— 밭열이랑 남 (覃)

畔 [반] 田界 밭두둑 반 邊側 畔— 가반 倍也 삽질반、밭반 (翰)

畐 [복] 柿也 복 福古字

畋 [과][괴] 小高貌、畷— 조금도두룩할 괴 耕也 밭갈 괴 (賀)(支)

畂 [유] 黑壤 검은흙 유 (有)

留 [류] 住也 머무를 류 止也 그칠 류 久也 오랠 류 遲也 더딜 류 費—凶命 횡사할 류 滯也 막힐 류 黃鳥 꾀꼬리 류 待也 기다릴 류 畱俗字 (尤)

畚 [분] 畚也 가래 분、삽 분 盛土器 흙삼태 분 (阮)

畜 [축][휴][추] 家—、六— 가축 축、육축 축 積也 쌓을 축 止也 그칠 축、養也 기를 휴 容也 용납할 휴 家養獸 집에서 기르는 짐승 축、獸可養 기를만한 짐승 휴 蓄通 (屋)(宥)

畛 [진] 田界畦— 밭지경 진 (眞)(軫)

畛 [진] 田界畦— 밭지경 진 畛同字 (眞)(軫)

畛 [진] 田界畦— 밭지경 진 畛同字

[illegible] [신] 申也 펼 신 重也 거듭 신 (眞)

畝 [무] 田壟 밭이랑 무 俗音 묘 (有)

畆 [무] 田壟 밭이랑 무 畝古字 俗音 묘 (有)

畟 [측] 進也 —— 나아갈 측 良耜、—— 보습 날카로울 측 畟子、瓌— 주사위 측 (職)

畠 [창] 田地 밭 창(日) (陽)

六

畢 [필] 竟也 마칠 필 盡也 다할 필 簡也 편지 필 兔網 토끼그물 필 星名 별이름 필 畢通 (質)

畡 [해] 入極界也 땅가장자리 해 極數 해수 해 本音 개 垓同字 晐同字 (佳)

[illegible] [진] 田界畦— 밭지경 진 畛古字

[illegible] [조] 田中穴 밭안의 구덩 조 田界 밭경계 조 (篠)

畍 [광] 垙也 갈래길 광 畦也 밭두둑 광 (陽)

畣 [답] 對也 대답 답 然也 그렇다할 답 答古字 (合)

畯 [타] 小高貌 —畷 조금도두룩할 타 (哿)

畊 [음] 韮畦 부추밭

공 (冬)、

略 [략] 簡也 가략할략 謀也、方ㅣ 꾀략 要也 대강략 利也 날카로울략 行取、ㅣ定 노략질할략 理也 다스릴략 省ㅣ 없앨략 忽也 홀할략 掠通 (藥)

畤 [치] 祭地神所依 교제터치 (紙)

[illegible] [례] 陷也 빠질례 區 畓 논배미렬 (霽)(薛)

異 [이] 不同 다를이 怪也 괴이할이 異略字

畧 [략] 簡也 가략할략 謀也 꾀략 略同字 掠通 (藥)

畇 [균] 墾田 밭개간할균 畇同字 本音 윤

畦 [휴] 五十畝 壟也 밭쉰이랑휴 區也 갈피휴 (齊)

畄 [류] 住也 머무를류 久也 오랠류 留略字

畨 [반][번][파] 直宿更也 번들번 遞也 갈릴반 老貌 하얗게 늙을파 (元)(寒)(歌)

㊆

畯 [준] 農夫 농부준 典田官 권농관준 (震)

[illegible] [렬] 耕田起土 밭갈아 흙뒤출렬 (屑)

番 [번][반][파] 數也 번수번、한번번 直宿更也 번들번 遞也 갈릴반 次也 차례반 南海地名ㅣ禺 땅이름반 勇貌 날랠파 老貌 하얗게 늙을파 (元)(寒)(歌)

畫 [화][획] 繪也 그림화 画同字 古音 홰、分ㅣ 그을획、나눌획 界限 한정할획 計策 꾀할획 書也 글씨획 規ㅣ 지휘할획 (卦)(陷)

異 [이] 不同 다를이 怪也 괴이할이 分也 나눌이 奇也 기이할이 異正字 (寘)

畬 [여][사] 開墾三年田 삼년된밭여、火種田 화전사、따비밭사 (魚)(麻)

畭 [여][사] 開墾三年田 삼년된밭여 火種田 화전사 畬同字 (魚)(麻)

畮 [무] 田壟 밭이랑무 慣音 묘 畝正字

畉 [부] 畚也 흙삼태부 (虞)

畱 [류] 住也 머무를류 停待 멈출류 留本字 (尤)

[illegible] [혜] 蔑也 밥담는 소쿠리혜 (霽)

畳 [첩] 重也 거듭첩 累也 포갤첩 疊略字 (葉)

町 [정] 野幅 들너비정 (目)

㊇

[illegible] [래] 不耕荒田 묵은밭래 (灰)

[illegible] [저] 米袋 쌀자루저 (語)

畊

[병] 簸也 쌀소쿠리 병 笞也 광주리 병 (青)

畵 [화][획] 形象繪也 그림 화 分ㅣ 나눌 획 古音 홰 畫俗字 (卦)(陌)

當 [당] 適可 마땅할 당 値也 당할 당 卽也 곧 당 敵也 대적할 당 順應 저합할 당、순응할 당 防也 방비할 당、마을 당 抵也 다닥칠 당 奏ㅣ、斷罪 범당 主也 주장할 당 承也 이을 당 出物質ㅣ 전당할 당 選也 뽑힐 당 底也 밑 당 (陽)

畤 [치] 儲置屋下 집에 저축할 치 備也 갖출 치 峙通 (紙)

畇 [구] 薤田 부추밭 구 (屋)

𤱿 [암][엄] 種田 밭에 심을 암、엄 義同 (感)(葉)

𤱷 [비] 壅水漑田ㅣ田 보 막아 논에 물댈 비 (支)

畱 [연] 高也 높을 연 (銑)

𤱺 [륜] 壟也 밭두둑 륜 (軫)

𢧢 [역] 界局 지경 역 邦ㅣ 나라 역 域古字

𤲀 [전] 鹿跡ㅣ疃 사슴 발자국 전 (銑)

畚 [분] 𤱻也 가래 분、삼태분 盛土器 삼태분 畚同字 (阮)

𤱻 [분] 𤱻也 가래 분 盛土器 삼태분 畚同字 (阮)

畷 [체][철] 田間道 밭사이 길 체、철 義同 (霽)(屑)

畺 [강] 境界 지경 강 限也 한끝 강 疆同字 (陽)

畹 [원] 田三十畝 밭 스무이랑 원 (阮)

畸 [기] 殘田 뙈기밭 기 異 기이할 기 ㅣ零數 餘數 나머지 기 (支)

九

𤳍 [주] 田也 밭 주 誰也 누구 주 疇字古字 (尤)

𤱪 [승] 稻田畦 논두둑 승 (蒸)

𤰶 [답] 蔭也 그늘 답 (感)

畼 [창] 地名 땅이름 창 (漾)

㽉 [연] 隙地 빈땅 연 城下田 성밑밭 연 堧、壖同字 (先)(霰)

畽 [톤][탄] 無廉隅 염우없을 톤 舍傍空地 마당 탄 疃通 (阮)(旱)

𤱡 [유] 良田 좋은밭 유、결찬 밭 유 (尤)

𤲊 [탄] 마당 탄 鹿跡 사슴 발자국 탄 疃同字 (旱)

十

畿 [기] 王國千里 경기 기 疆界 지경 기 門內 문안 기 圻通 (微)

𤳝 [순] 墾田 따비 밭 순 畇同字 (眞)

五畫ㅡ田

畾 [뢰] 田間밭 사이뢰 (灰)

[田差] [차] 殘薉田거친묵은밭차 (歌)

[田奚] [혜] 徑也 지름길혜 蹊同字 (齊)

[田共] [공] 畦 부추밭공 (冬)

十一

[田庶] [저] 畬也 삼대기저 (御)

[田參] [참] 田壟相聯 밭두렁서로이을참 (勘)

疁 [류] 火田 화전류 (尤)

畼 [장] 除也 마당장 祭ㅣ齊ㅣ 제사하는곳장 場同字 (陽)

[田堇] [한] 耕麥地 보리밭한 (翰)(旱)

疀 [잡] 鍤也 부삽잡 (洽)

十二

[田登] [등] 伸而長 펴서늘일등 (漾)

[田參] [참] 田壟相聯 밭두둑서로여할참 疁俗字 (勘)

畻 [증] 水田 논증 (迥)

[列異] [례] 別也 나눌례 구별할례 (霽)

[𠫓番] [반] 畨(次條)와 同字

[番去] [반] 黨也 떼반、輩也 무리반 (寒)

[舟番] [증] 畦也 밭두둑증 埒也 큰두둑증 塍古字 (蒸)

疄 [린] 田壟 밭두둑린 (眞)

疃 [탄] 鹿跡 鹿ㅣ 사슴발자국탄、마당탄 (旱)

十三

[巛田奚] [계] 簽也 밥소쿠리계 (齊)

[雍田] [옹] 培田 밭북돋울옹 英實 여뭅옹、마름옹 雍通 (冬)

疅 [강] 界也 지경강 (陽)

[畐畐] [부] 貳也 버금부 (宥)

十四

[田粦] [린] 田壟 밭두둑린 疄同字 (眞)

疆 [강] 境界 지경강 邊也 가여방강 限也 한할강 堅也 굳센강 畺、壃同字 (陽)

疇 [주] 田也、穀田日田、麻田日疇 ㅣ밭주 誰也 누구주 匹也 짝주 類也 무리주 曩也 지난번주 (尤)

[田需] [연] 陾地 비탈연 城下田 성밑밭연、[田耎]同字 (虞)

[巛田庶] [저] 畬也 삼대기저 (御)

十五

疈 [벽] 劈物使分析 물건쪼갤벽 祭冊 제수이름벽 (職)

十六

罍 [뢰] 酒器 술잔뢰 (畫雲雷形者) (灰)

纍 [류] 罪也 죄류 囚繫 갇힐류 索也 노류 係也 맬류 (支)(眞)

十七

疊 [첩] 重也 거듭첩 積也 쌓을첩 累也 포갤첩 (葉)

曡 [첩] 疉(前 疉의 本字

[illegible] [광] 秙稻 마른벼광 (梗)

十八

[illegible] [휴] 壟也 밭두둑휴 畦同字 (齊)

十九

𤳷 [로] 罍也 뇌문 놓은 술잔로 鑪同字

疋部

疋 [소] [필] 足也 발소 偶也 짝필、布 一疋 필필、匹通 (魚)(質)

疋 [아] 正也 바를아 雅、疋 同字 (馬)

三

疌 [섭] 機下足所履板 베틀디딜판섭 (葉)

四

胥 [서] 相也 서로서 皆也 다서 咠通 (語)

五

[illegible] [첩] 疾也 빠를첩 (葉)

六

䟽 [소] 稀也 드물소 通也 트일소 (魚)(御)

蛋 [단] 鳥卵 새알 단 延通 (翰)

七

踈 [소] 稀也 성길소 枝葉盛貌 十 무성 우거질소 疏同字 (魚)

[illegible] [소] 疏窓 영창소 (魚)

八

[illegible] [소] 清而疏 깨끗하고 성길소 (魚)

九

疐 [치] [체] 頓也 엎드러질치 跲也 미끄러질치 去本 꼭지딸체 嚔通 (寘)(霽)

疑 [올] [응] [의] 正也 立 바로설올、올 義同、定也 정할응、惑也 의심할의 似也 그럴듯할의 恐也 두려울의 嫌也 혐의할의 義同 (職)(物)(漾)(支)

十

𨈆 [제] 姓名 성제 (齊)

[illegible] [장] 趨走 추장할장、달아날장 或音창 (陽)

疐 [체] [치] 去本 꼭지딸체 跲也 미끄러질치 疐同字 (霽)(寘)

疒部

疒 [녁] 有疾倚 병들어 기댈녁 (陌)

二

疔 [정] 毒瘡 정정、헌데정 (青)

疓 [내] 病也 앓을내、병내 (蟹)

㽲 [교] 腹中急痛 배속켕길교 (巧)

疚 [구] 病也 병구 (尤)

㽰 [예] 病也 병들예、병예 (隊)

疒 [측] 傾也 기울측 水流貌也 물이콸콸흐를측 仄同字 (職)

㽲 [교] 腹中急痛 뱃속캥길교 ⿸疒开同字 (巧)

疕 [비] 頭瘡 머리헐비 (紙)

㊂

疚 [구] 久病 오랜병구 (宥)

疘 [공] 下部病、脫肛 밑빠질공、탈항증공 (東)

疙 [흘] 癡貌 어리석을흘、頭上瘡突起 쥐부스럼흘、머리종기흘 古音을 (物)

疞 [우] 病也 앓을우、병들우 (虞)

⿸疒子 [자] 心不快病 불쾌한병자 (紙)

疛 [주] 下腹痛 아랫배아플주 (有)

⿸疒土 [장] 嚴也 씩씩할장 端也 단정할장 莊同字 (陽)

⿸疒丸 [환] 接生瘡 어산부스럼환

疝 [산] 三陰急痛容於膀胱 산증산 (諫)

⿸疒丈 [장] 病也 장병、병들장 (養)

⿸疒下 [하] 痢疾 이질하 (禡)

疟 [두] 乳癰 젖멍울두 乳病 젖몸살두 (遇)

㊃

⿸疒反 [반] 癡騃 어리석을반 吐疾 토할반 (阮)

疢 [진] 熱病 열병진、美嗜爲病 감질진 (震)

疤 [파] 瘡痕 헌데자리파 (麻)

⿸疒木 [수] 腫病 부종수、습종수 俗音세 (霽)

疣 [우] 瘤也 혹우 肬同字 (尤)

⿸疒市 [지] 病也 병지、병들지 (紙)

⿸疒舟 [첨] 皮剝病 피풍첨 (鹽)

⿸疒斥 [척] 指也 가리킬척 開也 개척할척 斥同字 (陌)

疷 [기][저] 滯病 체증기、저 疧同字 義同、或音제 (支) (齊)

⿸疒分 [개] 痒病 옴개 疥同字 (卦)

疪 [피] 脚濕冷病 다리습냉병피 (霽)

疩 [췌] 病也 병들췌 勞也、焦 수고로울췌、파리할췌 瘁同字 古音취 (寘)

疫 [역] 厲鬼爲災 시환역、염병역 (陌)

疨 [하][아] 喉病 인후병하 (麻) 甚、疨ㅣ 병심할아 (麻)

⿸疒牛 [추] 病愈 병나을추 (尤)

疧 [기][저] 滯病 체증기

、저 義同 或音제 (支)(齊)

疢 [심][잠] 腹内宿病 뱃속병심 瘎同字 (侵)(豏)

疲 [합][흡] 病劣貌 병들어여윌합 瘦也 파리할합、흡 義同 (合)(緝)

疛 [금] 寒也 추울금 (侵)

疚 [섭][자] 欠氣 하품할섭、자具ㅣ、山名 산이름자 次同字 (葉)(支)

疥 [개] 痒疾 옴개 (卦)

⿸疒夭 [도] 疾也 병들도、앓을도 (豪)

疦 [혈] 瘡裏空 창구멍빌혈 (屑)

五

疲 [피] 勞也 느른할피 乏也 다할피 倦也 게으를피 罷通 (支)

⿸疒生 [생] 瘦也 파리할생 (梗)

疸 [단][달] 黃病 황달단 癉通 頭瘡、疙ㅣ 쥐부스럼달 (翰)(曷)

瘢痕 흠자、흠집자 黑類疾 주근깨자、검은사마귀자 玼通 (支)

疴 [아] 病也 병아 痾同字 (歌)

疶 [설] 痢也 이질설 (屑)

⿸疒瓜 [과] 瘡也 헌데과(春發爲燕ㅣ 秋發爲雁ㅣ) (歌)

疕 [좌] 病也 병들좌、痤同、ㅣ子 곱사등이좌 (哿)(中)

⿸疒危 [좌] 病也 병들좌(中) 곱사등이좌 疕同字 (歌)

疷 [자] 病也 병자

⿸疒去 [겁] 病也 병겁 (葉)

⿸疒出 [올] 病也 앓을올 帶下病 婦人病 대하증올 (月)

⿸疒布 [포] 痞也 속결릴포 (遇)

疳 [감] 小兒食病 감질병감 腫痛 종기아플감 花柳病 창병감 (覃)

⿸疒古 [고] 小兒口瘡 어린아이입병고 (遇)

疱 [포] 腫病 부르틀포、부풀포 (效)

疰 [주] 病染 병전염할주 (遇)

⿸疒术 [술] 狂走 미쳐달아날술 (質)

疪 [비] 病也 병들비 (寘)

⿸疒台 [해] 病也 병들해、앓을해 (灰)

疹 [진] 痘瘡 마마진、손님진 紅ㅣ 홍역진 癬ㅣ 皮外小起 두드러기진 胗同、熱病 열병진、홍역병진 疢通 (軫)(震)

疺 [핍] 瘦也 파리할핍 疲也 가쁠핍、고달플핍 (洽)

⿸疒尔 [노] 熱病 홧병노

역병진、疢同字 (震)

疷 [지] 毆傷맞아 서멍들지 (紙)

疺 [배] 癥結痛배 결릴배 (灰)

疼 [동] 痛也아플동 痋同字俗音등 (蒸)

疵 [자] 瑕也흠자 病也앓을자 (紙)

疽 [저] 瘡也종기저 癰ㅣ등창저 (魚)

[疒冉] [첨] 皮剝病피푸첨 [疒弁]同字 (鹽)

疾 [질] 病也병질 急也급할질 患也근심할질 怨也원망할질 憎也미워할질 惡也몹쓸질 速也빠를질 嫉通 (質)

痗 [무] 病也앓을무 (有)

痂 [가] 乾瘍헌데딱지가 (瘡生肉所蛻乾爲ㅣ) (麻)

[疒叟] [도] 病也병도 앓을도 (豪)

痁 [점] 瘧疾학질점 (鹽) 癧ㅣ멍들점 (鹽)(中)

[疒付] [보] 俛病몸펴지못하는병보 (麌)

痀 [구] 曲脊ㅣ僂곱사등이구 (虞)

[疒令] [령] 瘦貌파리할령 (青)

痱 [비] 瘤暑汗濕痤ㅣ땀띠비 (瘤熱膚疹如沸者曰ㅣ子) (未)

痃 [현] 痃積적병현 筋肉急縮病힘줄땅기는병현 (先)

病 [병] 疾加병들병 憂也근심할병 苦也괴로울병 痛也아플병 因也곤할병 (敬)

痄 [차][자] 瘡不合헌데아물지않을차、病甚、ㅣ痄병더날자 (馬)(麻)

痩 [수] 臞脊、파리할수 瘦瘦同字 俗音유 (宥)

[疒卒] [병] 疾加병들병、앓을병 病同字 (敬)

痆 [날][릴] 瘡痛부스럼아플날、허리쑤실날 痒也가려울날 (黠)(質)

痻 [민] 病也병민、앓을민 (眞)

[疒札] [찰] 小箭편지찰 申葉갑옷미늘찰 札同字 (黠)

症 [증] 病勢병증세증 (敬)

[疒今] [금] 牛舌病소혓병금 (沁)

六

[疒夆] [방] 肛腫꼼을방 (江)

痊 [전] 病除병나을전 (先)

[疒朿] [색][속][자] 寒病한기날색、속義同、寒粟소름돋을자 (陌)(屋)(寘)

痌

[통][동] 痛也 아플통 恫同 瘡潰 허뤼러질동 (東)

痋 [동][충] 動病 경충증 동、충 義同 (冬)(東)

⿸疒凹 [압] 病劣 파리할압 (洽)

痎 [해] 二日一發之瘧 하루거리해 古音개 (佳)

痍 [이] 傷也 다칠이 傷痕 흉저이 (支)

痐 [회] 腹中長蟲 회충배회、거위배회 蛕蛔同字 (灰)

⿸疒市 [상] 憂也 근심할상 通也 아플상 (漾)

⿸疒兇 [항] 腫也 부어오를항 (江)

痏 [유] 打傷 맞아서상할유 (紙)

痔 [치] 肛門病 隱ㅣ 치질치 (紙)

痑 [타] 馬病 말병타 疲也 고달플타 (哿)

⿸疒丙 [루] 瘡也 부스럼루 頸腫 목부를루 瘺 瘻、同字 (宥)(虞)

⿸疒文 [해] 疫病 역병해 (泰)

⿸疒列 [려] ㅣ疫(左傳) 疾下降 염병려、시화려 癩也 문둥병려 癘同字 (質)

⿸疒会 [음] 心疾 심질음、심병음ㅣ 單명들음 癊同字 (沁)

痠 [수] 臞瘠 파리할수、여윌수 細也 가늘수 瘦同字 (宥)

痕 [흔] 眼病 흔 리흔 (漾)

七

痘 [두] 胎毒、ㅣ瘡 손님두、마마두、두창두 (宥)

⿸疒肙 [연] 骨節酸痛 뼈마디저릴연、煩鬱 답답할연 憂也 근심할연 忿也 분할연 (先)

痗 [매] 病也 병매 (賄)(隊)

⿸疒孚 [부] 火傷 불에데일부 (尤)

痙 [경] 痙急 바람맞을경、풍증들경 (筋急縮而屈伸不利) (梗)

痚 [효] 喘也 헐떡일효 喉病、ㅣ瘷 인후증효 (肴)

⿸疒呂 [려] 瘡也 부스럼려 久病 고질병려 (語)

⿸疒吞 [관] 病而善食 먹기 좋아하는 병관 (願)

⿸疒辛 [심] 感寒體戰 오한날심、한증날심 (寢)

⿸疒良 [랑] 眼病 눈병랑 (漾)

⿸疒里 [리] 病也 병리 (紙)

痛 [통] 疼、楚 아플통 傷也 상할통 甚也 심할통 病也 병통 凡事盡力 지극할통 (送)

⿸疒希 [운][혼] 創肉反出 다친살 나올운、腫起 멍울설운 熱氣著膚 몸더울운、혼 義同、痛也

아플흔 問軫

痜 독 首瘍 병독 목 屋

⿸疒言 흘 多睡病 자는병흘 月

⿸疒壯 장 熱病 병장 열 漾

⿸疒㑴 침 醜貌醜惡 추악할침 나강이침 寢

疷 시 痒也 가려울시 麻

痟 소 渴病 조갈증소 頸痛 머리아플소 蕭

痞 비 氣隔不通 더부룩할비、답답할비 腹內結痛 뱃속결릴비 紙

痣 지 黑子 검은사마귀지 寘

⿸疒夾 협 病人氣息 병자의숨결협 葉

⿸疒酉 유 朽木臭 썩은나무냄새유 尤

痠 산 痛也、ㅣ疼 저릴산 寒

痢 리 腹痛瀉疾 이질리、곱똥리 寘

痡 부 病也 병들부 疲不能行 비척거릴부 古音 포 虞

痴 치 心神不慧 어리석을치、미련할치 狂也 미친광이치 癡同字 支

⿸疒余 자 저 瘡痕 부스럼자 국자저 義同 麻魚

⿸疒狂 광 熱病 열병광、미친병광 陽

疛 주 心腹疾 은결병주 小腹痛 하복통주 疛同字 有

⿸疒步 보 徒病 병도질보、병과질보 遇

痤 좌 小腫 뾰루지좌 癤也 멍울좌 歌

⿸疒兀 랄 馬脛瘍 말부스럼랄 曷

⿸疒奏 구 欠病 오랜병구 疚同字 有

⿸疒役 역 厲鬼爲災 염병역、시화역 疫同字 陌

痧 사 虎列刺 쥐통사 瘷疹 홍역사 霍亂 괴질사、곽란사 麻 (中)

⿸疒君 창 瘍也 부스럼창 痍也 상할창 瘡同字 陽

八

痮 장 腹脹 배부를장 漾

⿸疒來 래 뢰 久病 장걸래、오랜병래 惡病 癘也 염병뢰 灰隊

痭 붕 평 婦人帶下病 대하증붕 古音 븡 腹脹滿 단복고창평 庚徑

⿸疒易 역 病相傳染 전염할역 병 陌

痰 담 胸膈水病、ㅣ癖 담담、가래담 覃

⿸疒盍

[합][급] 寒病 추위에상하병 합、瘧也 학질금 ㊀合 ㊀侵

痯 [관] 懷憂病 근심병관 疲貌 곤할플관 ㊀旱

痳 [림] 尿道病、小便難通 임질림 痃痛 산증림 ㊀侵

痱 [비][배] 風病 풍병비 小腫 뾰루지비、배 義同 ㊀未 ㊀賄

⿸疒肥 [비][배] 風病 풍병 小腫뾰 루지비 痱同字義同 ㊀未 ㊀賄

痲 [마] 風熱病、痲木 홍역마 體失感覺 저릴마 ㊀麻

⿸疒空 [강] 喉病 목구멍병강 空谷貌 텅빈골강 ㊀江

⿸疒夋 [천] 小痒 조금가려울천 ㊀銑

⿸疒見 [예][애] 恨也 한탄할예 眼病 눈병애 ㊀霽 ㊀卦

痴 [치] 心神不慧 어리석을치、미련할치 癡同字 ㊀支

痵 [계] 心動 마음두근거릴계 ㊀寘

⿸疒卷 [권] 手屈病 손굽는병권 ㊀先

痺 [비] 痿ㅣ風寒濕崇脚氣 각기비 痹通 ㊀寘

⿸疒奈 [날] 痛也 앓을날 發也 벌레가쏠날 ㊀黠 ㊀曷

⿸疒叔 [축] 腹痛 배아플축 ㊀屋

⿸疒亟 [극] 疾也 빠를극 氣急 숨이급할극 ㊀職

⿸疒目 [맹] 目無瞳 청맹과니맹、장님맹 暗也 어두울맹 盲、俗字 ㊀庚

⿸疒尤 [우] 瘡也 부스럼우 ㊀尤

痸 [체] 癡病 어리석을체 ㊀霽

痷 [암][엽] ㅣ婪、汶意、닯을암、病也 앓을엽 瘦病 수척할엽 跛疾 절름발이엽 ㊀覃 ㊀葉

⿸疒敃 [긴] 脣腫 순종긴 ㊀軫

痺 [비] 鳥名 새이름비 痹通 ㊀支

痼 [고] 久固疾 고질고 ㊀遇

⿸疒果 [과] 秃病 대머리과 ㊀箇

⿸疒侖 [륜] 指病 손가락병륜 ㊀元

痻 [민] 病也 병들민 痻同字 ㊀眞

瘀 [어] 血瘀病 어혈질어 ㊀御

⿸疒奇 [의][기][애] 弱也 약할의 痓也 조기의 度藏 감출의、痓也 조기기 短貌 작을애 ㊀支 ㊀紙 ㊀蟹

⿸疒夌 [릉] 風病 풍병릉 ㊀徑

疴 [아] 病寠痰 병들아 痾同字 ㊀歌

痿 [위] 濕病 습병위 陰ㅣ、不起 자지늘어질위 兩足不能相及 잘름거릴위 ㊀支

⿸疒夜

[어] 血壅病 어혈질 어 瘀譌字 (御)

疪 [괴] 惡腫 악종괴 疥疾 옴괴 (佳)

㾡 [음] 心疾 심질음、심병음(一暈) 멍들음 瘖古字 (沁)

瘁 [췌] 病也 병들췌 勞也 焦一 파리할췌 萃、顇通、悴췌 (寘)

瘃 [촉][착] 手足寒、傷瘡 손발 얼어터질촉、착 義同 (沃)(覺)

瘂 [아] 瘖也 벙어리아 (不能發言) 啞同字 (馬)

九

瘇 [종] 脛氣足腫 발종기종、수종다리종 尰同字 (腫)

瘋 [풍] 頭風病 바람 머리풍、두풍풍 一瘲 미치광이풍 (東)

㾪 [생] 瘦也 파리할생 (梗)

㿥 [각] 瘡疾 부스럼각 (藥)

瘈 [계] 狂犬 개미칠계 瘈疾 가질계 (霽)

瘊 [후] 疣之小者 사마귀후 (尤)

瘉 [유] 病差 병나을유 病也 병유 愈通、癒同字 (麌)

𤸷 [상] 病也 병상、앓을상 (陽)

瘌 [랄] 病也 앓을랄 疥也 옴랄 藥毒痛一 약독날랄 (曷)

瘐 [수] 臞瘠 파리할수、여윌수 細也 가늘수 瘦、瘦同字 (宥)

㾫 [편] 半枯 편고증편、몸한쪽마를편 病也 병들편 (先)

瘏 [도] 困病 피곤할도、말병도 馬病 (虞)

㾖 [돌] 下部病 하초병돌 (月)

瘎 [심] 腹內痼病 배속병심 (侵)

瘍 [양] 頭瘡 머리헌데양 腫瘡 종기양 痒通 (陽)

㾡 [음] 胸中病 가슴앓이음 (沁)

瘦 [수] 臞脊 파리할수 瘦、膄同字 (宥)

㿉 [퇴] 陰莖萎病 자지 실들어지는병퇴 (灰)

瘝 [관] 病也 병들관 曠也 빌관 (刪)

瘷 [추] 縮也 움츠릴추 (宥)

瘄 [해] 老瘧無時發作 一瘧 오래된학질 때 없이 발작할해 (佳)

瘐 [유] 罪囚病死 죄인 병나 죽을유 憂而成病 근심하여 병될유 (麌)

癃 [륭] 罷病 파리할륭 老也 늙을륭 𤺋同字 (東)

瘖 [민] 病也 병들민 痻同字 (眞)

瘖

음 不能言、ㅣ瘂 벙어리음 喑通 ㊀侵

[疒+曷] 갈 內熱病속상갈할갈 傷暑더위먹을갈 暍通、古音알 ㊀曷 ㊀月

[疒+复] 부 勞也가쁠부 病再發 피로하여서 발하병부 ㊀宥

瘓 환 四體癱瘓不仁、癱ㅣ 중풍들환 ㊀旱

[疒+胡] 호 物阻喉中、ㅣ瘦 목에걸릴호 ㊀虞

瘔 고 因也곤할고 病不善乘ㅣ車 병들어차멀미할고 ㊀遇

[疒+苗] 묘 貌也모양묘 宗ㅣ祠 사당묘 廟同字 ㊀嘯

[疒+盍] 압 短氣숨가쁠 跛病 게실압 절름발이압 [疒+盍]同字 ㊀洽

[疒+寿] 치 隱瘡後病치 질치 痔同字 ㊀紙

瘨 전 狂也 미칠전 ㊀先

[疒+㚒] 부 朽也 썩을부 ㊀虞

[疒+発] 폐 痼疾고질폐 癈同字 ㊀隊

[疒+禹] 우 疣也 혹우 ㊀遇

瘕 가 腹病積塊적병가 喉病 목병가 ㊀馬

瘣 회 외 뢰 馬病말병회 腫也종기날회、骨節病 뼈마디아플외 痱病저리는병외、陰病음병뢰 ㊀灰 ㊀賄 ㊀灰

⊕十

[疒+馬] 마 眼病눈병마 惡氣著身몸에악기범할마 牛馬病蝕創 마소비루먹을마 ㊀禡

瘙 소 疥也옴소 腫也 종기사 ㊀號

[疒+骨] 골 膝病무릎병골 ㊀月

瘜 식 寄肉군살식、혹식、惡肉 속의식 ㊀職

[疒+衰] 쇠 減也덜릴쇠、이울쇠 耗也소모할쇠 衰同字 ㊀支

[疒+桑] 상 馬病말병상 ㊀養

[疒+高] 고 疥病옴고 癩也 무드릉병고 ㊀皓

瘛 계 小兒驚風、ㅣ瘲어린아이경기병계 古音체 ㊀霽

瘚 궐 氣逆기운질릴궐 厥通 ㊀月

瘠 척 瘦也파리할척 減少줄척 ㊀陌

瘝 관 病也병들관 曠也빈관、癏同字 ㊀刪

[疒+素] 색 脉動맥들먹거릴색 ㊀陌

瘞 예 埋也 묻을예 ㅣ薶、祭地제터예 墓所산소예 ㊀霽

[疒+豈] 애 痴病어리석은병애 ㊀灰

瘟 온 疫也온역온、염병온 ㊀元

[疒+然]

증 骨病 뼈골쑤실 증 骨蒸 뼈찌는듯할 증 (迥)

瘢 반 痍處已愈有痕 파자리 반、헌데자리 반 (寒)

瘡 창 瘍也 종기 창、부스럼 창 金ㅣ 연장에 다칠 창 痏也 헌데자리 창 痍也 상할 창 創通 (陽)

瘦 수 臞瘠 파리할 수、여윌 수 細也 가늘 수 瘐、同字 (宥)

瘣 외 病也 병들 외 木瘤 나무혹 외 山高峻貌 뫼 높을 외 古音 회 (賄)

瘤 류 疣也 혹 류 癅、俗字 (尤)

[illegible] 해 애 ㅣ嗽因風逆氣 기침할 해 飽食息 배불러 숨찰 애 欬同字 古音 개 (隊)(卦)

[illegible] 저 처 瘕也 다리부증날 저 瘢 부스럼자국 저、처 義同 (御)(魚)

瘥 채 차 病除 병나을 채 差通、小疫 작은역질 차 (卦)(歌)

瘧 학 寒熱病、痁也 학질 학 (隔日或每日間定時而先寒後熱之病) 古音 약 (藥)

[illegible] 취 퇴 病也 병 취 足腫 다리 종기 취、瘇疾 부스럼 퇴 男子陰部病 자지병 퇴 (寘)(賄)

[illegible] 험 렴 喉病 목병 험 臞疾 여위는병 렴 (鹽)

瘩 랍 惡瘡疙ㅣ 부스럼 랍 (合)

瘨 전 病也 병들 전 狂也 미칠 전、癲通 (先)

[illegible] 수 臞瘠 파리할 수、여윌 수 瘦、瘐、同字 (宥)

瘱 예 靜也 고요할 예 安也 편안할 예 瘱 同字 (霽)

[illegible] 하 大屋 큰집 하 (杜甫詩) 安得廣千萬間 門之廡 처마 하 廈同字 「夏」와 통함 (馬)

瘠 제 病也 병들 제 (禮記) 親ㅣ色容不盛此孝子之疏節也 瘠古字 (霽)

[illegible] 도 탁 法制 법도 도 丈天 재도 謀也 꾀할 탁 官名ㅣ支 벼슬이름 탁 瘦同字 (藥)(遇)

癓 미 心不快病 불편한 병 미 (微)

癍 반 痘疫發ㅣ 발반될 반 (刪)

[illegible] 압 短氣 숨가쁘게 쉴 압 跛病 절름발이 압 (合)

⑪

瘭 표 病名ㅣ疽 병이름 표 소리지기 표、솔 표 (肉中忽生點大者如豆細者如黍粟甚者如梅李有根痛傷心久則四面腫泡曰ㅣ疽) (蕭)

瘴

[괴] 轉筋전근될괴、뒤틀릴괴 (眞)

瘬 [창] 腹大漲배부를창 脹同字 (漾)

[疒殹] [의] 瘖也괴괴할의 呻吟聲앓는소리의 或音이 (支)

瘮 [침] 駭恐貌놀라서떨침 寒病한기날침 (寑)

瘰 [라] 疥瘡옴라 ㅣ癧筋結病연주창라 (哿)

瘯 [족] 疥瘯진버짐족、진옴족 (屋)

[疒帶] [대] [체] 婦人下部病ㅣ下대하증대 久痢오래이질체 (泰)(霽)

瘴 [장] 山川厲氣、ㅣ癘풍토병장 (漾)

瘱 [예] 靜也고요할예 安也편안할예 恭也공손할예 柔順婉ㅣ유순할예 密也빽빽할예 嫕同字 (霽)

瘥 [사] 瘡痂甲헌데딱지사 (麻)

[疒延] [선] 乾瘍마른버짐선 癬同字 (銑)

瘳 [추] 病愈병나을추 損也덜릴추 (尤)

[疒責] [적] 瘦也파리할적 (陌)

[疒匋] [조] 狂也미칠조 小兒病어린아이병조 (嘯)

瘵 [채] 勞病허로병채、노점병채 (卦)

瘸 [가] 手足病팔다리병가 (歌)

瘷 [수] 欬ㅣ上氣기침수、해소수 (宥)

[疒習] [습] 痺也저릴습 가 痛조금앓을습 (緝)

[疒表] [과] 禾苗蟲傷有病벼모종벌레먹어병들과 蟲災충재과 (歌)

[疒𡿺] [노] 事物撓心다닥뇌、고달플뇌 煩ㅣ번뇌할뇌 惱義同

瘺 [루] 瘻也부스럼루 頸腫목부을루 (宥) 久瘡오래된종기루 (虞) 瘻同字

[疒侌] [음] 心病심화병음ㅣ 暈멍들음 沁(中)

瘻 [루] 曲脊病ㅣ곱사등이루 頸腫목부을루 久瘡오래된종기루 (宥)

癕 [옹] 鼻塞不知香臭코막혀향내맡지못할옹 (冬)

瘼 [막] 病也병들막 (藥)

瘽 [근] 病也병들근 (文)

[疒叜] [수] 臞瘠파리할수、여윌수 (宥) 瘦同字

瘕 [하] 腹中積塊괴벽하 正字通堅者曰癥 有物形曰ㅣ 喉疾목병하 瘕同字 (麻)

瘲 [종] 小兒驚

五畫—疒

風病瘀ㅣ경 기증종 朱

⿸疒粒 랍 皮膚生粒 두드러기 랍 緝

⊕

療 료 治病 병고칠료 瘵同字 嘯

⿸疒皐 효 腫欲潰 종기곧효 蕭

癁 복 病復 병도질복 屋

⿸疒童 종 脛氣足腫 수종、다리종（漢書賈誼傳）天下之勢方病大瘇 瘇同字 腫

⿸疒叔 췌 瘤腫 혹췌 霽

癀 황 黃疸病 황달병황 陽

⿸疒貴 퇴 대 陰病 음부병퇴 자궁병퇴 血漏 대하증대 灰 隊

⿸疒崔 륭 罷病 들피병륭、파리할륭 老也 늙을륭 癃同字 東

⿸疒爲 위 口咼 입비뚤어질위 紙

⿸疒登 등 病甚 병심할등 蒸

⿸疒朁 참 침 痛也 아플참 憯也 미워할참ㅣ 怛悽也 슬플참 憯、憯、同字 感 琰

⿸疒彰 진 瘡 마마진、손님진 癮ㅣ 皮外小起 두드러기진 疹俗字 軫 震

⿸疒閑 간 小兒病 간기간 癲ㅣ 간질간 癎、𤺗同字 刪

癐 부 華外薄皮 살부 피부부 美也 아름다울부 膚同字 虞

[illegible] 계 頭瘡 머리헐계 禿病 머리털빠질계 霽

⿸疒創 창 瘍也 부스럼창 痍也 상할창 瘡同字 陽

癉 단 다 勞病 허로병단 黃病 황달단 疸、⿸疒亶通、다 義同、怒也 성낼다 勞也 수고할다 寒 翰 旱

癌 암 內腔生腫 암암、고약한 종기암 怪病 괴병암 感

癇 간 小兒病 간기간 癲ㅣ 간질간 刪

癎 간 癇（前條）同字

⿸疒貰 사 多病 병많을사 禡

⿸疒費 비 ㅣ痱、熱悶 열로 답답할비 盛腫 부어오를비 未

⿸疒敝 별 腫滿悶而皮裂 부어터질별、곪아터질별 屑

癈 폐 痼疾 고질폐 隊

⿸疒番 반 子宮病 자궁병반 病死 병들어 죽을반 寒

⿸疒舄 사 疥也 가려울사 麻

癅 류 疣也 혹류 尤

癄 초 減縮ㅣ瘁 초췌할초 憂

也 근심할 초 病也 병들 초 憔通 (嘯)(蕭)

癆 [로] 積勞瘦削 노점병 로 藥毒 약독날 로 痛也 아플 로 (號)

㾷 [서] 聲散 소리흩어질 서、목쉰 소리 서 (齊)

⿸疒虐 [약] 瘧也 학질 약 (藥)

瘩 [답] 疙ㅣ 두드러기 답 (合)

十三

癒 [유] 病差 병나을 유 愈通、病也 병들 유 (麌)(遇)

癏 [환] 病也 병들 환 瘝同 (刪)

癑 [농] 痛也 아플 농 瘡潰 종기곪아터질 농 膿血 설곪길 농 (送)

⿸疒亶 [단] 病也 병들 단 癉通 (旱)

癐 [괴][외] 病甚 병더칠 괴、喊聲 고함지르기 외 (泰)(支)

癘 [려] ㅣ疫 염병 려、시화 려 癩也 문둥병 려 瘴ㅣ、山川厲氣 장기 려 (霽)

癓 [미] 骭瘍 종아리 종기 미 (微)

癗 [뢰] 皮外小粟、痱ㅣ 두드러기 뢰 (賄)

癔 [억] 心病 심화병 억 (職)

癛 [름] 粟體寒、病 소름끼칠 름 (寢)

癖 [벽] 腹病、積聚 적병 벽 偏嗜 즐길 벽、버릇 벽 (錫)

癕 [옹] 惡瘡、疽也 등창 옹、헌데 옹 癰同字 (冬)、

⿸疒僉 [첨] 物毒入喉而痛 목구멍아플 첨 (鹽)

癚 [담] 癡也 어리석을 담 (勘)

⿸疒睪 [역] 病相傳染 병전염할 역 (陌)

⿸疒暑 [서] 中暑 더위먹을 서 (語)

癙 [서] 憂病 근심으로 난 병 서 (語)

⿸疒陽 [양] 頭瘡 머리헌데 양、傷也 상처 양 瘍同字 (陽)

癜 [전] ㅣ風斑片 어루러기 전 (皮膚上生斑之病) (霰)

⿸疒歈 [유] 引也 당길 유 揄譽言 칭찬할 유 揄俗字 (虞)(尤)

⿸疒賁 [분] 熱腫、ㅣ脹 종기 화끈거릴 분 病悶 병으로 번민할 분 (問)

⿸疒軍 [완][군] 手足痲痹 손발이 저릴 완、군 義同 (刪)(支)

十四

癮 [은] ㅣ疹、皮外小起 두드러기 은 癮同字 (吻)

⿸疒雝 [옹] 惡瘡疽也 등창 옹 헌데 옹 癰同字 (冬)

⿸疒纍 [라] 癧也 연주창 라 (哿)

⿸疒鼻

[비] 手冷손 시릴비 (眞)

⿸疒蒦 [확] 物在喉⿸疒蒦ㅣ 목에걸릴확 (藥)

⿸疒隺 [약] 病也、淫 ㅣ병약 (藥)

癐 [괘] 疲極 괴곤할괘 (卦)

癡 [치] 心神不慧 어리석을치、미련할치 疵病 주근깨치 狂也 미치광이치 痴同字 (支)

⿸疒疌 [첩] 獸之足病 짐승발병날첩 (洽)

⿸疒盍 [개] 喉病 목병개 (泰)

癟 [별] 不能飛 날지못할별 枯病 말라드는병별 (屑)

癠 [제] 病也 병들제 (齊)

⿸疒應 [응] 料瘦辭 當也 응당응、꼭응 物相感 응할응 應本字 (蒸)(徑)

⿸疒寧 [녕] 病也 앓을녕 (庚)

十三

⿸疒截 [절] 瘍之小者 멍울절、부스럼절 癤俗字 (屑)

癑 [동] 痛也 아플동、疼의俗字 (冬)

癥 [징] 腹中結塊 ㅣ瘕 어혈징、괴징 (蒸)

⿸疒樂 [료] 治病 병나을료 療同字 (嘯)

⿸疒編 [변] 骨風疾 뼈쑤시는병변 (銑)

⿸疒慮 [로] 痞也 속결릴로 (遇)

⿸疒盤 [반] 足疾 다리병반 (寒)

癤 [절] 瘍之小者 부스럼절 (屑)

癢 [양] 搔病 가려울양 使ㅣ 마음간지러울양 痒 懩 通 (養)

十六

⿸疒憲 [헌] 寒病 한기병헌 (阮)

⿸疒閻 [염] 足病 다리앓을염 瘡也 부스럼염 (豔)

癨 [곽] ㅣ亂吐病 곽란곽、구토할곽 古音확 (藥)

⿸疒盧 [로] 癰類 헌데로 (虞)

癧 [력] 筋節病、瘰ㅣ 연주창력 (錫)

⿸疒頹 [퇴] 下部病、ㅣ疝 산증퇴 (泰)

⿸疒穌 [소] 病也 병소 (虞)

癪 [적] 怒發 성발적

⿸疒龍 [룡] 病也 앓을룡 (宋)

⿸疒器 [기] 病也 병기 (寘)

癩 [라] 惡病 문둥병라 疥也 옴라 古音뢰 (泰)

⿸疒變 [표] ㅣ病名 술표、소리적기 (嘯) 표 瘭同字

十七

⿸疒營 [영] 發病 병날영 (庚)

⿸疒韱 [참] 病也 앓을참 (陷)

⿸疒冀

𤸷 「의」 病也병의、앓을의 (職)

癬 「선」 乾瘍마른옴선、마른버짐선 (銑)

癮 「은」 烟酒成等癖이박힐은、皮外小起ㅣ疹두드러기은 (吻)

癭 「영」 頸瘤목의혹영 (梗)

十八

癰 「옹」 疽也허디옹、등창옹(有疪ㅣ、癘ㅣ、腕ㅣ 多生於頸部或背) 癕、癃、癳同字 (冬)

癐 「유」「회」 裂癐貌상처자국터질유、愚也어리석을회 (紙)(卦)

⿸疒雚 「관」 病也병관、앓을관 (翰)

癯 「구」 瘠也파리할구 臞同字 (虞)

癠 「마」 偏病반신불수병마 (麻)

十九

癲 「전」 狂病미칠전、지랄병전 瘨同字 (先)

⿸疒羅 「라」 病也병라、앓을라 (箇)

癱 「탄」 四肢不仁사지들릴탄 筋脈瘋痺중풍증탄 (寒)

⿸疒蠆 「뢰」「려」 惡疾몹쓸병뢰、疫疾역병려 (泰)(霽)

⿸疒麗 「려」 變黑파리하고검을려 (霽)

癵 「련」 病體拘曲병들어몸이오그라질련 (先)

⿸疒羸 「리」 病疲병들어피곤할리 (支)

二十一

癳 「라」 疥也옴라 瘰同字 (哿)

二十二

⿸疒歡 「환」 痛也앓을환 (旱)

二十三

癴 「련」 病體拘曲병들어구부러질련 癵의俗字 (先)

癶部

癶 「발」 癶足漸行걸을발 (曷)

四

癸 「계」 天干之終열째천간계、方位則北북방계、婦人經水、天ㅣ몸날계、경도계、庚ㅣ、揆水물계 古音규 (紙)

癹 「발」 以足夷草발로풀뭉갤발 (曷)

発 「발」 起也일어날발、舒也펼발、發ㅣ見찾아낼발 發의略字 (月)

⿱癶攴 「발」 発(前條)同字

五

⿱癶示 「제」「채」 祀也제사제、기고제、姓也성채、邑名읍이름채 祭의俗字 (霽)(卦)

⿱癶弁 「등」 升也오를등、ㅣ位벼슬에오를등 登의古字 (蒸)

七

登 「등」 升也오를등、進也나아갈등、成也이룰등、尊也높일등、高也높을등、衆也무리등、ㅣ位벼슬에오를등、熟也익을등、乘也

달등 相應聲ㅣㅣ서로 응하는소리등 (蒸)

發 발 開也열발 起也일어날발 出行떠날발 興也일으킬발 動也움직일발 洩也누설할발 明也발명할발 放射矢발 ㅣㅣ疾貌빠를발 ㅣ見찾아볼발 舒也펼발 揚也날릴발 (月)

⿱癶疋 발 起也일어날발 舒也펼발 發、発、同字 (月)

⿱癶犮 맘 荒蕪田中難草김맘 (咸)

⿱癶廾 등 升也오를등 進也나아갈등 登의古字 (蒸)

㊉十一

⿱癶敢 배 ⿱癶敢(次條)와同字

⿱癶敢 배 賦斂부세배 (隊)

白部

白 백 배 西方色素흰백 告也말할백、아뢸백 明也분명할백 潔也깨끗할백、결백할백 光線밝을백 無也아무것도없을백 姓也성백、ㅣ개땅이름배 (陌)(禡)

㊀

百 백 맥 十之倍일백백 勵也힘쓸맥 行杖道驅人길잡이맥 (陌)

⿱白乚 가 ⿰白乚(次條)와同字

⿰白乚 가 姓也성가 地名땅이름가 (麻)

⿱白丨 백 배 西方色素흰백 告也아뢸백 潔也깨끗할백、결백할백 白의古字 (陌)(禡)

㊁

皀 흡 穀之馨香고소할흡 一粒낟알흡 ⿰白乚과同字 (緝)

皁 조 黑色검은빛조 馬櫪마판조 賤隸하인조 櫟實도토리조 (皓)

⿱白厶 향 氣芬芳향내향、향기향 藥名丁ㅣ沈ㅣ乳약이름향 香의古字 (陽)

皃 모 막 容儀모양모、꼴모、얼굴모、겉모 描畫모뜰막、遠也멀막 貌同字 (效)(覺)

㊂

的 적 明也밝을적 實也적실할적 射也板과녁적 標準목표할적、목표적 (錫)

⿰白干 한 白也흰한 皔同字 (旱)

⿱白川 메 布帛幅邊옷감가장자리며 (霽)

㊃

皅 파 花草白貌꽃이흴파 色不眞貌빛이참되지않을파 (麻)(禡)

皅 [파] 亂也 어지러울 파 (麻)

皇 [황][왕] 君也 ㅣ帝 황제 황、임금 황 大也 클 황 正也 바를 황 始也 비로소 황 歎美辭 아름다울 황 美盛貌 성할 황 光貌 ㅣㅣ 빛살 왕 嚴肅 엄숙할 왕 (陽)(養)

皉 [비] 明白 명백할 비 (齊)

皆 [개] 俱辭 다 개 同也 같을 개 (佳)

⿰白乞 [기] 候也 날씨 기、기후 기 息也 숨기 生之元精 생기 기、정기 기 氣의 古字 (未)

⿱白豆 [두] (笾)(籩)ㅣ祭器 나무제기 두、俎ㅣ禮器 예그릇 두 菽也 콩 두 豆의 古字 荳同字、斗通 (宥)

皈 [귀][궤] 還也 돌아올 귀、돌아갈 귀 還所取之物 돌려보낼 귀、내어놓을 궤 敀同字、餉也 먹일 궤 (論語陽貨) ㅣ孔子豚 饋通 歸同字 (微)(寘)

⿰白毛 [모] ㅣ期、九十歲 늙은이 모 耄의 俗字 (號)

⿰白巿 [발] 淺白ㅣ皌 희읍스름할 발 (曷)

五

皌 [말] 淺白、⿰白巿ㅣ 엷게 흴 말 (末)

⿰白此 [제][차] 白也 흴 제 鮮絜貌 선명할 제 玼通 (齊)(紙)

⿰白白 [백][교] 顯色素 흰빛 백 明也 분명할 백 絜也 깨끗할 백 白也 흴 교 白同字 (陌)(篠)

⿱白皿 [황][왕] 君也 임금 황 大也 클 황 ㅣㅣ 祭儀 嚴肅貌 엄숙할 왕 皇의 古字 (陽)(養)

⿱白夯 [종] 窮極 마지막 종、다할 종 竟也 마침내 종 末也 끝 종 終의 古字 (東)

皋 [고][호] 岸也 언덕 고 局也 판 고 澤也 못 고、늪 고 呼也 부를 호 皐同字 (豪)(號)

⿱白田 [황][왕] 君也 임금 황 祭儀嚴肅貌 엄숙할 왕 皇의 古字 (陽)(養)

六

皐 [고][호] 岸也 언덕 고 澤也 늪 고、못 고 告也 고할 고 緩也 느스러질 고 局也 판 고 ㅣ復 혼 부를 고 高也 높을 고 虎皮ㅣ比 범의 가죽 고 頑貌 완만스러울 고 姓也 성 고 澤同字、睪通、呼也 부를 호 (豪)(號)

皎 [교] 月光白 달밝을 교、달빛 흴 교 白也 흴 교 (篠)

⿱白舛 [성] 列宿總名 별 성 歲月 세월 성 星의 古字 (靑)

⿰白缶 [부] 白也 흴 부 (有)

⿱白皿 [황][왕] 君也 임금 황 祭儀嚴肅貌 엄숙할 왕 皇의 古字 ⿱白皿 ⿱白田

皕 皎 皙 皘 皚 皠 皛 皙 皓 皟

同字 ㊀陽 ㊀養

皏 〔평〕 淺薄色엷은빛평 ㊀梗

⑦

皓 〔호〕 白也흴호 光也빛날호 明也밝을호 潔也깨끗할호 ㊀皓

皒 〔아〕 白色흰빛아、흴아 ㊀歌

皖 〔환〕〔한〕 地名땅이름환、明星밝은별환 ㊀寒 ㊀旱 ㊀潸

皔 〔한〕 白也ㅣㅣ흴한 皯同字 ㊀旱

皕 〔벽〕 二百日ㅣ 이백벽 ㊀職

⿱白冬 〔종〕 窮極마지막종 末也끝종、終의古字 ⿱白务同字 ㊀東

⑧

皗 〔주〕 明也밝을주 白繪흰비단주 ㊀尤

晳 〔석〕 人色、白ㅣ사람의빛흴석 晳通 ㊀錫

⿰白卑 〔배〕 白皮흰가죽배 ㊀卦

⿰白隹 〔락〕 白鳥흰새락 白也흴락 皠同字 ㊀藥

⿰白彔 〔록〕 白獸흰짐승록 ㊀屋

皘 〔천〕 白貌희면건빛천 ㊀霰

⿱白番 〔파〕 白也흴파 皤同字

⿱明白 〔요〕 光也빛날요 燿同字 ㊀嘯

⿰白念 〔념〕 船木배나무념 ㊀豔

⑨

⿰白曷 〔갈〕 白也흴갈 ㊀曷

⿰白軍 〔휘〕 白也흴휘 ㊀微

⿰白春 〔춘〕 白也흴춘 ㊀軫

⿰白昜 〔당〕 明也밝을당 白色흰빛당 ⿰白黨同字 ㊀養

⑩

皚 〔애〕 霜雪色눈서리흴애 ⿱雨豈同字 ㊀篠

皝 〔황〕 氣容貌어무구황 盛也성할황、人名사람이름황 ㊀養

皛 〔효〕 明也밝을효 白也흴효 顯也나타날효 白飯흰밥효 ㊀篠

皜 〔고〕 白貌흴고、호 義同 暠、顥通 ㊀皓

皠 〔학〕 鳥肥澤貌새살찔학、윤택할학 翯同字 ㊀覺

⿱啇白 〔제〕 廢一偏低한쪽으로 지우저낮을제 ㊀霽

皞 〔호〕 明也밝을호 帝號、太ㅣ복희씨호、황제호 白貌흰모양호 昊通 ㊀皓

⿰白倉 〔창〕 船ㅣ선창 艙同字

⑪

⿱扶白 〔지〕 心有所知 知有所合슬기지 智同字 ㊀寘

皟 〔책〕 深白깊게흴책 淨也맑을책 瘠也파리할책 ㊀陌

⿰白麻 〔백〕 麻白貌삼이흴백 ㊀陌

⿰白票

[묘] 白色흰빛 묘、흴묘 (嘯)

皠 [최] 白也 흴최 高峻 높을최 (賄)

⿱殸白 [녕] 告也고할녕 (徑)

(十一)

⿰白菐 [복] 蒸白 貌심이흴 복 (屋)

皢 [효] 日白햇빛흴효 (篠)

⿰白登 [등] 白也 흴등 (迥)

皣 [엽] 白花흰꽃엽 光盛빛날엽 曄同字 (葉)

皤 [파] 頭白머리흴파 大腹배불룩할파 (歌)

⿰白爲 [위] 草花풀꽃위 蘤同字 (紙)

⿰白會 [송] 秦白예 우흴송 (東)

皥 [호] 白也 흴호 明也 밝을호 皞의俗字 (皓)

(十三)

皦 [교] 玉石之白옥과돌흴교 明也밝을교 皎也흴교 (篠)

⿰白業 [업] 白花흰꽃업 (葉)

⿱白臭 [성] 曐(次條)과同字 (靑)

皨 [성] 列宿總名별성 歲月세월 星의古字、曐同字 (靑)

⿰白愛 [애] 浄也깨끗할애 白也흴애 (隊)

⿰白零 [령] 白也 흴령 ⿰白霝同字 (靑)(養)

(十四)

⿰白書 [룡] 左石小門、ㅣ歷 좌우작은문룡 (東)

⿰白壽 [주] 詞也말주 誰也누구주 (尤)

⿰白晃 [황] 氣容貌엄숙할황 盛也성할황 皝의譌字 (養)

⿰白翟 [요] 白色희빛 요、흴요 (嘯)

⿰白蒙 [몽] 物上所生 白醭 곰팡이 지、서리맞을몽 (董)

(十五)

⿰白麃 [표] 白也흴표 禽毛變色 새털가질할표 (篠)

⿰白曄 [엽] 白花흰꽃엽 光盛빛날엽 (葉)

⿰白贊 [찬] 白也 흴찬 ⿰白贊의俗字 (曷)

皪 [력] 白貌的ㅣ 희끗희끗할력 潔也 희고깨끗할력 ⿰白歷同字 (錫)

(十六)

⿰白歷 [력] 潔也 희고깨끗할력 白貌희끗희끗할력 皪同字 (錫)

⿰白爲 [위] 花也 꽃위 (御)

⿰白霍 [학] 鳥白ㅣㅣ새흴학 白也셀학 (藥)

(十七)

⿰白夸 [엽] 白花흰꽃엽 光盛빛날엽 皣의本字 (葉)

⿰白靈 [령] 白也 흴령 ⿰白零同字 (靑)

(十八)

⿰白欒 [력] 潔也 희고깨끗할력 白貌 희끗희끗할력 皪

同字 (錫)

皭 [조][작] 白也 흴조 淨也 청결할작 (嘯)(藥)

⑲

皭 [조][작] 白也 흴조 淨貌 맑을작 皭同字 (嘯)(藥)

[白贊]

[찰] 白也 흴찰 (曷)

⑳

[白黨] [당] 白色 흰빛당 明也 밝을당 (養)

㉔

[白靈] [령] 白也 흴령 (青)

皮部

皮 [피] 剝獸取革 가죽피 (生曰ㅣ 理曰革 柔曰韋) 體表 겉질피、거죽피 姓也 성피 (支)

㊁

[皮刀] [피] 折枝 가시쳐올피、쳗을피 (紙)

[皮丁] [정] 皮膚急縮 살가죽당길정 (梗)

㊂

皯 [간] 面黑病 얼굴에 기미낄간 皯、皯同字 (旱)

[皮丸] [환] 瘑病 흑병환、箭筒、韇 ㅣ전동환、동개환 (寒)

[皮勺] [작] 皮皺 거죽주름살작 (藥)

玻 [간] 面黑氣 얼굴에 기미낄간 皯同字 (旱)

[皮勺] [박] 皮破 살가죽터질박 皮同字 (覺)

[皮攴] [박] 皮破 살가죽터질박 (覺)

㊃

[㐄皮] [벽] 劈麻 苧、ㅣ頭

삼모시갈라꼭지절비 不伸 ㅣ皺 조그라질비 (寘)

[皮內] [남] 皮皮(次條)과同字

[巾皮] [남] 柔革 가죽다룰남 (勘)

[山皮] [피] 器破未離 그릇금날피 (支)

[皮巳] [피] 赤瀼鼻 주독올른코피 (紙)

[开皮] [피] 開口貌、ㅣ硯 입딱벌릴피 (紙)

[虎皮] [과] 蹇也 절름거릴파、절름거릴파 曲足病 발비뚜러지는병파 (哿)(箇)

㊄

[央皮] [앙] 面色蒼 얼굴빛무를앙 (漾)

[皮皮] [척][력] 皺也 주름살척、姓也 성력 (陌)

[石皮] [소] 肉上魄膜 살갗소 (蕭)

[民皮] [민] 皮膚細ㅣ 살결에주름살질민 (軫)

[皮末] [말] 韈也 가죽신말 韈俗字

[皮友] [말] 皮也 가죽말 (曷)

皰 [포] 面皮所生如水泡 부풀포、여드름 痘痕 얽은자리포 (效)

[皮古] [고] 罪也 허물고 鼯 ㅣ磔也 사지찢을

고 障也 막을고 古同字 (虞)

皉 [자] 皮不伸 가죽오그라질자 (寘)

䀝 [추] 皮裂皺ㅣ 가죽터질추 (虞)

六

𤿭 [오] 皮堅 가죽단단할오 (肴)

𤿦 [담] 皮寬 가죽늘어질담 (合)

𤿙 [기] 困也 피곤할기 (寘)

𤿲 [순] 足坼 발터질순 (眞)

𤿷 [길] 皮黑 가죽검을길 (質)

七

𤿼 [달] 皮剝 가죽벗길달 (曷)

𤿽 [한] 射鞲ㅣ臂 활쏘는팔찌한 (翰)

𤿿 [소] 刀室 칼집소 (嘯)

皳 [구] 丸鞠 공구、제기구 (尤)

𥀀 [각] 皮乾貌 가죽이마를각 (覺)

𥀂 [흡] 皺ㅣ、老人皮膚貌 살가죽꼬그라질흡 (洽)

𥀃 [설] 攝取皮 꼬집어뜯을설 (屑)

皴 [준] 皮生細條ㅣ裂 살터져주름질준 (眞)

八

𥀇 [답] 腥羶 비릴답 皮瘦而寬貌 가죽이여위어펀할답

皵 [작] 皮皴 살가죽터질작 (藥)

𥀈 [의] 欸歎 美辭 아름답다할의、거룩하다할의 歌同字 猗通 (支)

𥀉 [록] 皮肉瘦惡ㅣ瘯 마른살결억센록 (屋)

𥀊 [감] 不平貌 평편하지않을감 (咸)

𥀋 [철] 皮斷意 가죽자를철 (屑)

𥀌 [전] 皮起 가죽부를튼전 (銑)

九

皶 [사] 鼻上皰 코에열꽃돋을사 粉刺 분가시사 皻의 俗字 (麻)

𥀍 [치] 皮黑 살검을치 (支)

𥀎 [두] 桑皮 뽕나무껍질두 (虞)

𥀏 [흡] 老人皮膚皺貌 늙은이피부에주름질흡 (合)

𥀐 [봉] 鳧屧 미투리봉、삼신봉 皮屧 가죽신봉、적두기봉 (董)

皷 [고] 樂器革音 북고 鼓俗字 (虞)

皸 [군] 凍裂ㅣ瘃 얼어터질군 (文)(問)

十

𥀒 [확] 卵孚 알속껍질확 本音 각 (覺)

𥀓 [비] 熊屬 猛獸 큰곰비

羆의古字 (支)

[illegible] 한 膜也 흘께기 한、살속의 얇은 가죽 한 (寒)

[illegible] 방 治履邊 신도리 방 (陽)

[illegible] 마 閉口 입다물 마 (麻)

[illegible] 추 粟體 소름 끼칠 추 (支)

皺 추 皺摺 주름질 추、주그러질 추 (宥)

十一

[illegible] 록 皮文 가죽무늬 록 (屋)

皻 사 皻鼻上皰 코에 열꽃 돋을 사、粉刺 분가시 사 (麻)

[illegible] 추 皮縮 가죽오그라질 추 (宥)

[illegible] 필 畫韋 그린 가죽 필、鞁也 슬갑 필、폐 필 (質)

[illegible] 만 皮脫離 가죽 벗어질 만 (阮)

[illegible] 만 [illegible](前條)와 同字

十三

[illegible] 달 皮外突起 부르틀 달 (曷)

皽 전 皮肉上魄膜 속거풀 전 (銑)

[illegible] 분 鼓也 북 분 (文)

[illegible] 만 皮脫離 가죽 벗어질 만、緩의 俗字 [illegible]同字 (阮)

[illegible] 학 皮乾 가죽 마를 학 (覺)

十四

[illegible] 염 瘍痂 헌데 딱지 염 (琰)

[illegible] 연 柔皮 다룬가죽 연、俗音 천 (銑)

[illegible] 연 [illegible](前條)와 同字 (銑)

十五

[illegible] 광 張大貌 크게 펼 광 (養)

[illegible] 독 [illegible]、箭器 전동 독、동개 독 韇同字 (屋)

皾 독 [illegible](前條)와 同字 (屋)

[illegible] 랍 腊也 비릴 랍 [illegible]通 (合)

[illegible] 박 墳起 부풀어오를 박、皮破貌 가죽터질 박 (覺)

[illegible] 말 足衣 버선 말 (月)

十六

[illegible] 려 皮也 가죽 려、腹皮 뱃가죽 려 (魚)

十九

[illegible] 섭 和貌 부드러울 섭 (葉)

[illegible] 견 皮起 부르틀 견 (銑)

皿部

皿 명 食器盤盂之屬 그릇 명 (梗)

二

[illegible] 기 器也 그릇 기 (紙)

三

[illegible] 복 器也 그릇 복 (覺)

⿱工皿 [과] 盤也 소반과 (哥)

⿱亐皿 [우] 飯器 바리우 밥그릇우 盂의 本字 (虞)

盂 [우] 飯器 밥그릇우 書名 글이름우 田獵陣名 사냥하는진우 (虞)

⿱亏皿 [우] 盂(前條)와 同字

⿱亡皿 [맹] 不贊要、ㅣ浪 맹랑할맹、거칠맹 (養)

盰 [간] 盤也 소반간 大盌 큰바리간

(寒)

⿱孑皿 [혈] 盤也 소반혈 本音결 (月)

四

盆 [분] 瓦器 동이분 盎也 소래분 乳房上骨 젖통의웃뼈분、젖가슴뼈분 藥名、覆ㅣ 약이름분 (元)

⿱乎皿 [하] 盂也 바리하、밥그릇하 (麻)

盅 [충] 器虛 그릇빌충 小杯 작은잔충 (東)

盄 [조] 器也 그릇조 (蕭)

盃 [배] 飲酒器 잔배 羹盃 국바리배 杯의 俗字 盃桮、同字 (灰)

盈 [영] 充滿 찰영 ㅣ縮 남을영 溢也 넘칠영 (庚)

盇 [합] 覆也 덮을합、合也 합할합 盍의 本字 (合)

盋 [발] 器也 그릇발 (曷)

⿱圭皿 [규] 鉢也 바릿대규 (支)

⿱今皿 [체] 小盒 방구리체 작은찬반체 (齊)

五

⿱用皿 [용] 大罌 큰병용 (宋)

盉 [화] 調味器 양념그릇화 調味 양념할화 (歌)

⿱仒皿 [익] 增也、加也 더할익 進也 나아갈익 多也 많을익 饒也 넉넉할익 盈溢 넘칠익 (陌)

⿱台皿 [해] 盛酒器 술담는그릇해 (賄)

⿱幼皿 [요] 器中不平 그릇속험할요 (效)

⿱从皿 [민] 器械 그릇민 (質)

⿳宀王皿 [저] 器也 그릇저 (語)

盌 [완] 鋺ㅣ 小盂은 바리완 椀同字 (旱)

⿱尣皿 [익] 增 加 더할익 饒也 넉넉할익 益同字 (陌)

⿱四皿 [온] 仁也 온화할온、어질온 (元)

⿱氐皿 [아] 酒杯 술잔아 (馬)

⿱犮皿 [발] 食器 盂屬 바리발、그릇발 鉢同字 (曷)

⿱氾皿 [범] 棓也 잔범 (鹽)(陷)

盎 [앙] 盆也、瓦器 동이앙 盛貌 ㅣㅣ 성할앙 (漾)

盍 [합] 何不之義 어찌아니할합 合

也 합할합 穫也 덮을합 合

六

盓 [유] 抒水小器 물긷는 그릇유 盍同字 有 宥

盡 [진] 竭也 다할진 終也 마칠진 盡의 俗字 軫

震

盔 [회] 首鎧 투구회 盆也 동이회 古音괴 灰

盒 [합] 有蓋食器 합합 船覆 속반뚜껑합 合

盠 [례] 器也 그릇례 霽

𥁐 [연] 椀也 주발연 醆也 술잔연 先

盂 [우] 盤ㅣ 旋流 웅덩이우 虞

盏 [잔] 最小杯 술잔잔 盞의 俗字 琖同字 潸

𥂝 [권] 屈木盂 나무바리권 霰

盜 [도] ㅣ賊、竊陰發私物非當有而取皆日 도적도、훔칠도 盗俗字 號

𥁸 [안] 盂也 바리안 밥그릇안 寒

孟 [맹][망] 長也 만맹 始也 첫맹 浪不精 要貌 맹랑할망 孟同字 敬 漾

盖 [개][합][갑] 覆也 뚜껑개 덮을개 苫覆 이엉덮을합 蒲席 부들자리합 齊下邑名 고을이름갑 盍通 蓋의 俗字 泰 合

七

盛 [성] 繁昌 성할성 茂也 무성할성 多也 많을성 大也 클성 長也 장성할성 姓也 성성 容受 담을성 薦穀 粢ㅣ 제향곡식성 成也 이룰성 整也 정제할성 敬 庚

盙 [보] 黍稷器ㅣ簋 대제기보 簠盙同字 麌

𥁃 [궤] 盛黍稷器簋 ㅣ 대제기궤 紙

𥁪 [뢰] 器名 그릇이름뢰 灰

盜 [도] 賊也 도둑도、훔칠도 號

𥁞 [아] 盛也 담을아 酒器 술그릇아 馬

𥁷 [조] 草田器 삼태기조 篠

𥁻 [촉][착] 盂也 바리촉 杯也 술잔착 沃 覺

𥁿 [맹] 誓約 맹세맹 信也 믿을맹、이름맹 盟의 本字 庚 敬

八

盝 [록] 漉也 거를록 盪同、漉通、櫝匣小者 작은궤록 屋

𥂖 [몽] 盛 滿豐ㅣ 가득할몽 東

盟 [맹] 約誓 信也 歃牲 맹세할맹 信也 믿을맹 河內邑名ㅣ津 고을이름맹 庚 敬

𥂦 [잔] 杯也 술잔잔 琖同字 潸

𥂀

五四〇

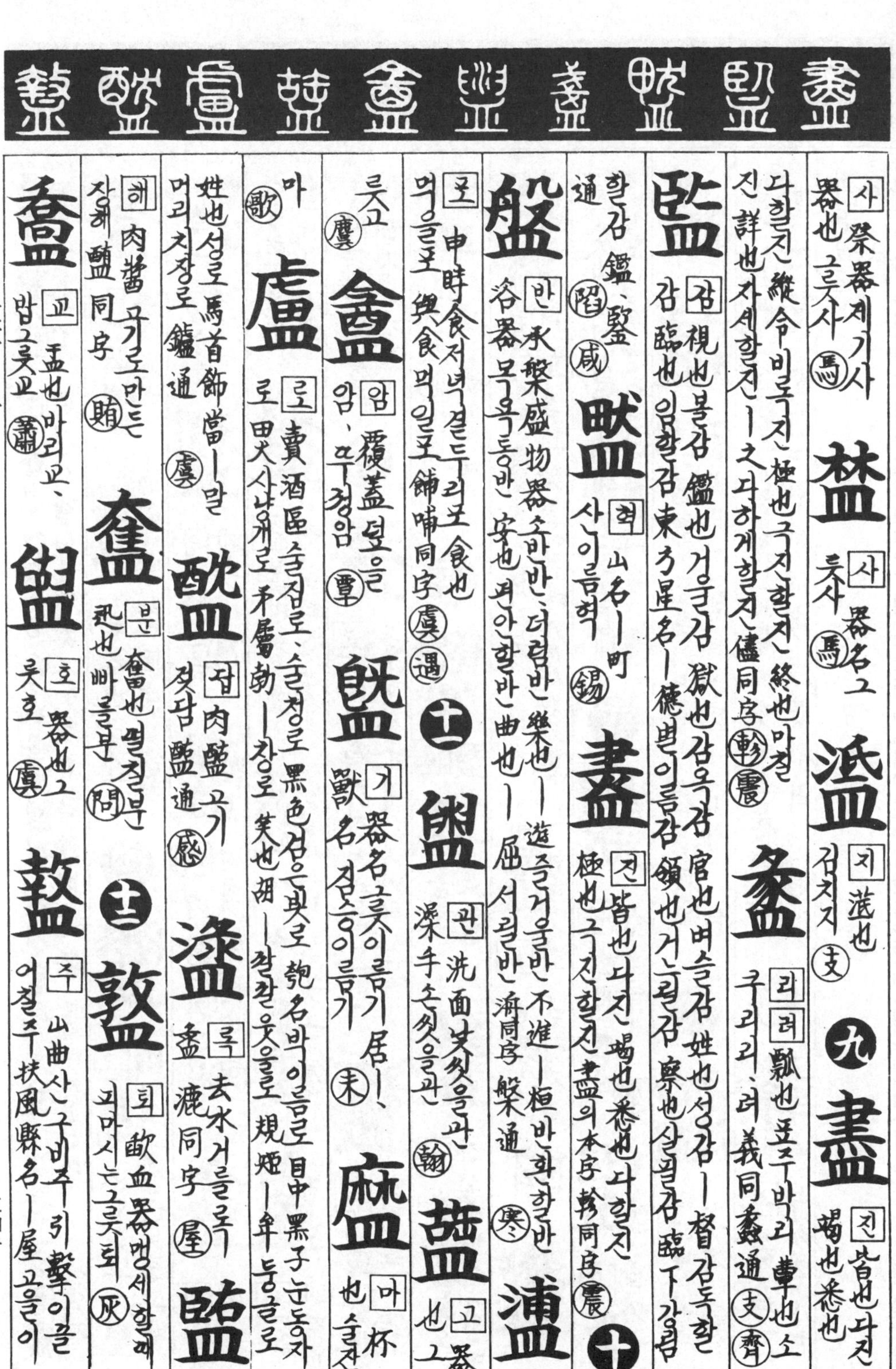

[사] 粢器제기사 器也그릇사 (馬)

𥁕 [사] 器名그릇사 (馬)

𥁰 [지] 滋也 거치지 (支)

(九)

盡 [진] 皆也다진 竭也悉也다할진 縱令비록진 極也극진할진 終也마칠진 詳也자세할진 ㅣ之다하게할진 儘同字 (軫)(震)

盠 [리][려] 瓢也표주박리 蠡也소구리리、려 義同 蠡通 (支)(齊)

監 [감] 視也볼감 鑑也거울감 獄也감옥감 官也벼슬감 姓也성감 ㅣ督감독할감 臨也임할감 東方星名ㅣ德별이름감 領也거느릴감 察也살필감 臨下강림할감 鑑、鑒通 (陷)(咸)

𥂕 [혁] 山名ㅣ町사이름혁 (錫)

𥁞 [진] 皆也다진 竭也悉也다할진 極也극진할진 盡의本字 𦧇同字 (震)

(十)

盤 [반] 承槃盛物器소반반、대야반 樂也ㅣ遊즐거울반 不進ㅣ桓반환할반 浴器목욕통반 安也편안할반 曲也ㅣ屈서릴반 洀同字 槃通 (寒)

𥂜 [포] 申時食저녁결두리포 食也먹을포 與食먹일포 餔哺同字 (虞)(遇)

(十一)

盥 [관] 洗面낯씻을관 澡手손씻을관 (翰)

盬 [고] 器也그릇고 (麌)

盦 [암] 覆蓋덮을암、뚜껑암 (覃)

𥃃 [기] 器名그릇이름기 居ㅣ、獸名짐승이름기 (未)

𥂼 [마] 杯也술잔마 (歌)

盧 [로] 賣酒區술집로、술청로 黑色검은빛로 匏名박이름로 目中黑子눈동자로 田犬사냥개로 矛屬창로 笑也胡ㅣ깔깔웃을로 規矩ㅣ弁둥글로 姓也성로 馬首飾當ㅣ말머리치장로 鑪通 (虞)

𥂴 [담] 肉醢고기젓담 醓通 (感)

盝 [록] 去水거를록 盝 漉同字 (屋)

𥃝 [해] 肉醬고기로만든장해 醢同字 (賄)

𥃈 [분] 奮也떨칠분 迅也빠를분 (問)

(十二)

𥂻 [뢰] 歃血器맹세할때피마시는그릇뢰 (灰)

𥂫 [교] 盂也바리교、밥그릇교 (蕭)

𥂽 [호] 器也그릇호 (虞)

盩 [주] 山曲산구비주 引擊이끌어칠주 扶風縣名ㅣ屋고을이름주

큰모주 (尤)

盪 [탕] 滌也 씻을탕 動也 움직일탕 推也 밀탕 大貌 ㅣㅣ 큰모양탕 震也 지탕할탕 滌器 그릇씻을탕 陸地行船 물배질할탕 (養)(漾)

[illegible] [교] 器也 그릇교 (巧)

[illegible] [고] 器也 그릇고 盬同字 (麌)

(十三)

盬 [고] 鹽池 소금밭고 不堅固 견고하지못할고 噬也 빨고、머을고 盬通 (麌)

⿱楊皿 [양] 杯也 술잔양 (陽)

⿱醢皿 [해] 肉醬 고기로만든장해 醢同字 (賄)

盦 [암] 覆蓋 뚜껑암、덮을암 盦同字 (覃)

⿱戔皿 [잔] 盃也 밥그릇잔、바리잔 (寒)

⿱頒皿 [소] 承物盤 물건얹는그릇소 (麌)

⿱鹵皿 [잡] 和五味而烹也 양념을넣고삶을잡 (合)

(十四)

⿱漻皿 [교] 撓使濁 휘정거릴교 器也 그릇교 小釜 작은가마교 (巧)

⿱獿皿 [교] ⿱漻皿(前條)와同字 (巧)

盭 [려] 戾也 돌아올려 盭譌字

(十五)

[illegible] [고] 諸也 모을고 鹽也 소금고 (麌)

[illegible] [려] 戾也 돌아올려 違也 어긋날려 胝也 곰배팔려 不行病跛 ㅣ、胝 건지못하는병려 草名綟綬 풀이름려 戾同字、綟通 (霽)

⿱畾皿 [뢰] 酒器 술항아리뢰、술단지뢰 (灰)

[illegible] [려] 戾也 사나울려 違也 어그러질려 不行病 발뒤뚝거릴려 盭同字 (霽)

(十七)

[illegible] [구] 樹也、樓也 심을구 (虞)

[illegible] [우] 田器 받가는제구우 (虞)

[illegible] [합] 酒器 술그릇합 貯水器 물통합 蓋也 뚜껑합 榼同字 古音갑 (合)

(十八)

[illegible] [저] 器也 그릇저 (語)

(二十一)

⿱⿰臣僉皿 [감] 鹽分 소금물감 灰瀘水 잿물감 汚垢洗料 비누감 鹼同字 或音감、험 (豏)

(二十四)

⿱贛皿 [감] 器蓋 그릇뚜껑감 小杯 작은술잔감 (勘)

目部

目 목 眼也 눈목 箇條 조목목 人童子 눈동자목 注視ㅣ之 지목할목 首魁 두목목 目下 지금목、당장목 題ㅣ 제목목 條件 조건목 品藻 품목목 網ㅣ 골을목 要也 종요로울목 名也 名ㅣ 명색목 (屋)

一

𥃦 교 目重皮 눈쌍가풀질교 (巧)

二

𥃩 추 교 요 眹也 눈곳할추 重瞼 쌍가풀눈섭교 義同 眅也 움펑눈요 (尤)(篠)(巧)

𥃫 적 目病 눈병적 (陌)

𥃭 목 眼也 눈목 名也 명색목 目의 古字 (屋)

旬 현 순 目搖 눈방울굴릴현 目眩 눈아찔할순 (霰)(眞)

𥃧 면 斜視 곁눈질할면 轉眼貌 눈흘겨굴릴면 眄의 俗字 (霰)

盯 정 直視 곧우바로볼정 (庚)

𥃰 복 目骨 눈뚱이뼈복 (屋)

三

𥃲 내 알 惡目 眳ㅣ 눈사나울알 뿔내 搯目 눈비빌알 眅의 俗字 (卦)(曷)

䀒 삼 瞻視 쳐다볼삼 (鹽)

𥃨 범 眖(次條)의 俗字 (陷)

𥄄 범 大目 큰눈범 (陷)

盰 간 張目 눈부릅뜰간 (翰)

𥃳 우 盱(次條)의 本字 (虞)

盱 우 張目ㅣㅣ 눈부릅뜰우 喜悅貌 睢ㅣ 눈웃음칠우 吾音 후 (虞)

𥃳 우 盱(前條)와 同字 (虞)

𥃵 천 遙視不明 눈멀어희미할천 (先)

𥃶 환 轉目 晥ㅣ 눈동자굴릴환 (翰)

𥄉 구 備也 갖출구 器也 그릇구、具의 本字 俱通 (遇)

盲 맹 目無瞳 피수맹、장님맹 暗也 어둘맹 蒙昧 몽매할맹 (庚)

䀕 인 視貌 볼인 眩也 눈부실인 (震)

𥃷 천 常視 눈여겨볼천、늘볼천 (霰)

盳 망 仰視 쳐다볼망 (陽)

直 직 치 不曲、準當 곧을직 正也 바를직 伸也 펼직 但也 다만직 侍也 번들직 則也 바로직 物價 값치 値通 (職)(眞)

𥄂 직 치 直(前條)의 俗字 (職)(眞)

見 [요] 深目요 은눈요 (效)

[illegible] [웅] 和也 화할웅 昭ㅣ明也 밝을웅 ㅣ通 융통할웅 融同字 (東)

[illegible] [수] 頭也 머리수 先也 먼저수 始也 비롯할수、처음수 君也 임금수 首의 古字 (有)(宥)

㊃

相 [상] 共也 서로상 質也 바탕상 視也 볼상 助也、儐也 도울상 導也 인도할상 扶也 붙들상 ㅣ術 상볼상 官名 벼슬이름상 選擇 가릴상 (陽)(漾)

[illegible] [원] 視也 볼원 (阮)

眴 [전] 轉視貌 徹ㅣ 눈알굴려볼전 大目ㅣ瞑 큰눈전、왕눈전 (先)

[illegible] [목] 睦也 화목할목 (屋)

[illegible] [진] 目之精 눈정기진 瞋怒目 눈부릅뜰진 或音짐 (寢)

眡 [시] 瞻也 볼시 比也 견줄시 視同字 (眞)

[illegible] [시] 眡(前條)의 俗字 (眞)

[illegible] [시] 眡(前前條)의 俗字 (眞)

[illegible] [천] 仰視 우러러볼천 (先)

[illegible] [혜] 恨視 눈흘겨볼혜 顧視 돌아볼혜 勤苦貌 가쁠혜 盻通 (霽)

眏 [결][혈] 目患 눈앓을결、驚視 눈휘둥그레볼혈 不定顧眄 흘금흘금볼혈 (屑)

[illegible] [수] 正視貌 똑바로볼수 潤澤貌 윤택할수 睟의 俗字 (眞)

県 [교] 斷頭倒懸 목베어거꾸로달교 (蕭)

[illegible] [녹] 視也 볼녹 (屋)

[illegible] [교] 県(前前條)와 同字

省 [성][생] 視也 볼성 審也 살필성 [illegible] 덜생 嗇也 인색할생 (梗)

[illegible] [순] 目藏 졸순 閉眼 눈감을순

[illegible] [민] 視貌 볼민 (眞)

盼 [반] 美目 아름다운눈반 流視貌 흘겨보는모양반 顧視 돌아볼반 盻通 (諫)

[illegible] [지] 目汁凝 눈즙엉길지、目傷眥 눈짓물지 眵의 俗字 (支)

[illegible] [체] 視也 察也 볼체 斜視 흘겨볼체 (霽)

[illegible] [혁] 擧目使之 눈짓할혁 或音혈 (職)

盾 [순][돈] 干ㅣ櫓屬 방패순 官名 鉤ㅣ 벼슬이름순、人名 晋趙ㅣ 사람이름돈 (軫)(阮)

[illegible] [민] 視貌 볼민 [illegible]同字 (眞)

明

眀 명 視瞭 눈밝을명 視也 볼명 明別字 庚

眣 부 望也 바랄부 虞

［目化］ 화 目動 눈깜작거릴화 麻

眄 면 斜視 곁눈질해볼면 轉眼 눈굴릴면 霰

眃 운 혼 不明貌 어두울운 疾視貌 빨리볼혼 文 阮

［目卬］ 앙 仰也 쳐다볼앙 陽

眇 묘 偏盲 애꾸눈묘 一目小 한눈작을묘 微也 작을묘 視也 볼묘 遠也 아득할묘 盡也 다할묘 精微 정미할묘 篠

眅 판 眼多白 눈에흰자위많을판 反目 흘겨볼판 白膜侵睛 눈동자에백태낄판 潸

［目市］ 괘 目不明 눈어두울괘 泰

眆 방 效也 본받을방 倣同字 養

眉 미 目上毛 눈썹미 側邊 가、어귀미、어조사미 支

眈 탐 視貌 노려볼탐 過也 지날탐 古音담 覃

看 간 視也 볼간 ㅡ護 간호할간、ㅡ守 지킬간 寒

盻 흘 視也 볼흘 質

［毛目］ 모 眊(次條)와 同字 號

眊 모 目少精 눈흐릴모 老ㅡ 눈어두울모 耄通 號

［目勿］ 매 遠視 멀리볼매 目迷 눈침침할매 隊

［勿目］ 흘 매 急視貌 급히볼흘 目迷 눈침침할매 月 隊

［取目］ 내 알 惡目睚ㅡ 악한눈내 泰 曷

［目斤］ 시 瞻也 볼시 視의 古字 寘

［目爪］ 시 視의 古字 寘

［目瓜］ 시 視의 古字 寘

［具目］ 구 備也 갖출구 具의 本字 遇

県 현 縣也 달현、매달릴현、州ㅡ 行政區域 四甸五郡 고을현、縣의 略字 先 霰

［目乎］ 흘 嚮也 향할흘 質

［目丐］ 면 邪視 옆으로 흘겨볼면 霰

［否目］ 부 見也 볼부 質

［目午］ 골 視也 볼골 質

五

［弗目］ 비 발 불 視貌 볼불 目不明貌 눈어두울비、발 義同 未 曷 物

［目弗］ 비 발 불 ［弗目］(前條)와 同字

眖 황 視也 볼황 (漾)

眎 시 瞻也 볼시 視의古字 (寘)

眕 진 目有所恨 한지그을진 重厚 진중할진 (軫)

映 앙 영 目不明貌 눈어두울앙 恨視 눈흘길앙、視也 볼영 (養)(敬)

眒 신 張目 눈부릅뜰신 引目 시선을끌신 疾貌 빠른모양신、鳥獸驚貌 새와짐승 놀란모양신 (震)

眐 정 獨視貌 홀로 보는모양정 (庚)

眑 유 요 深遠 깊고멀유、幽靜 고요할요 深目 눈깊을요 (有)(篠)

眀 구 左右視 좌우로두리번거리며 볼구 (遇)

眗 구 左右視 후후 둘러볼구 (虞)

眚 생 目病生翳 백태낄생 災診 재앙생 目病生翳 눈병생 過誤 그르칠생 損也 덜생 微傷 조금다칠생 妖病 요괴로운병생 (梗)

眘 신 謹也 삼갈신 誠也 정성스러울신 思也 생각할신 愼의古字 (震)

眙 이 치 擧目貌 눈치떠볼이 楚州縣名 盱ㅡ 고을이름이 直視 눈똑바로볼치 (支)(寘)

䀗 혈 결 驚視 깜짝놀라볼혈、目深 움폭눈이결 (屑)

眞 진 僞之反 참진 實也 진실로진 正也、鍊形畵像 바를진 原質 근본진 神也 신령진 天曰ㅡ宰 本元 天ㅡ 하늘진 精也 정할진 淳也 순박할진 楷書、書體之一 진서진 (眞)

䀧 훌 深目貌 움펑눈훌 目動 눈휘둥그럴훌 (質)

䀡 점 視也 볼점 窺也 엿볼점 目垂貌 눈내리깔점 覘、佔同 (鹽)

眜 말 目不明 눈희미할말 冒也 무릅쓸말 (曷)

眮 사 窺視 엿볼사 伺也 기다려볼사 覗同字 (支)

眛 매 目不明 눈어두울매 (隊)

眝 저 長眙 정신들여볼저 張目 부릅뜰저 (語)

眡 시 視貌 보는모양 視同字 (紙)

真 진 僞之反 참진 實也 진실할진 眞의俗字 (眞)

眠 면 翕目 졸면、조올면 無知 지각없을면 瞑也 잘면、亂也 어지러울면 茂密貌 무성할면 (先)

真 진 僞之反 참진、眞의

俗字

眑 [묘] 邪視眑ㅣ할긋 할긋할묘 (巧)

眨 [잡] 目動 눈움지일잡 ㅣ目 애꾸눈잡 (洽)

眹 [순] 以目通知 瞚瞬 눈짓할순 (震)

眢 [원][완] 目不明 눈어둘원 水涸井 물마른우물원 완 義同 (元)(寒)

眧 [초] 以目弄人 눈으로 사람희롱할초 (嘯)

眥 [자][제] 恨視 睚ㅣ 한하여볼자 目際 눈가자 眦同字. 目厓 눈가제, 눈초리제 (寘)(霽)

眣 [질] 目不正 눈바르지못할질 目露出貌 눈망울불거질질 眰同字 (質)

⿰目午 [질] 眣(前條)의 古字

眩 [현][환] 目無常主 현란할현 劇也 瞑眩ㅣ 독할현 視亂 瞑ㅣ 현혹할현, 아득할현, 風疾 어질병현 暗也 어두울현 惑也 의혹할환

看 [간] 視也 볼간 護也 ㅣ守 지킬간 看의 俗字 (寒)

⿱奴目 [노] ㅣ目 눈부릅뜰노 (麌)

省 [성][생] 視也 볼성 察也 살필성 嗇也 아낄생, 이마할생 省本字 (梗)

眫 [미] 視亂貌 어지러울미 魘也 마귀에 홀릴미 眯同字 (齊)(支)

⿱夗目 [무] 嫉妒人 ㅣ瞼 사람투기할무 (有)

⿰目弋 [니] 視也 볼니 (寘)

眽 [맥] 血理臓腑之氣分流四支 맥맥 山ㅣ 泉ㅣ 줄기맥 脈同字 (陌)

眜 [말] 惡視 몹시볼말, 눈흘볼말 耻也 부끄러울말 (黠)

眪 [병] 目明 눈밝을병 (梗)

六

⿰目开 [계] 蔽人視 사람을가리고볼계, 엿볼계 (霽)

⿱癶目 [계] ⿰目开(前條)와 同字 (霽)

⿰目舌 [괄][활] 目暗 눈어둘괄, 視也 볼활 怒視貌 눈부릅뜰활 (曷)(黠)

眭 [휴] 深目 움평눈휴 惡視 눈흘볼휴 (齊)

⿰目共 [홍] 目不明貌 눈어두울홍 (董)

眱 [이] 熟視不言 물그러미보고말없을이 (支)

⿰目各 [락] 眄也 볼락 (藥)

眰 [질] 目不正 눈뒤룩거릴질, 눈비뚤질 目露出貌 눈망울불거질질 眣同字 (質)

眮 [동] 轉目 눈굴릴동 目眶 눈자위동

怒視 눈흘겨볼 동 東

⿰目交 교 邪視 ―聊할 깃할 깃볼 교 巧

眯 미 메 魘也 마귀에 홀리미 物入目中 눈에 티 들어갈 미 視亂貌 어지러울 메

支 齊

⿰目式 식 目所記 눈여겨볼 식 眠標 안표할 식 職

眴 현 순 眩也 현란할 현 目動 눈움직일 현、以使人 눈으로 사람부릴 순 瞬通 霰

震

眤 이 熟視不言 말없이 물끄러미 바라볼 이 暱의 古字 支

眳 명 目暗 눈어둘 명 不悅貌 기뻐아니할 명 眉睫之間 눈섭사이 명 庚

⿰目合 섭 暗眼 눈흐릴 섭 眇也 애꾸눈 섭 目睫動 눈깜박일 섭 洽

⿰目亥 해 衆相視貌 ―矚 여럿이 서로 보는 모양 해 目大 눈부리부리할 해 灰

眲 액 輕視 얕잡아 볼 액、힐끗 볼 액、깔볼 액 陌

⿰目全 전 瞬目貌 눈깜박일 전 不明貌 눈어두울 전 先

眵 치 目汁凝 눈곱 낄 치 目傷眥 눈진물 치 支

眷 권 回視 돌아볼 권 顧念 돌봐줄 권 親屬 붙이 권 勤意 ――근념할 권 睠同字 霰

眶 광 目匡 눈두덩 광、눈자위 광 陽

眻 양 眉間 눈썹 사이 양 陽

眸 모 目瞳―子 눈동자 모 古音무 尤

⿱列目 미 目上毛 눈썹 미 側邊 가미 눌 래미、어저리 미 眉의 古字 支

⿱二目 시 瞻也 볼 시 比也 견줄 시 視의 古字 寘

着 저 착 明也 나타날 저 章也 ―名이 름이 높아질 저 드러날 저 알려질 저 附也 붙을 착 黏也 부딪칠 착 著의 俗字 魚 藥

⿱罒⿰刅刅 중 多也 많을 중 衆人 무리 중 眾의 古字 衆同字

眚 성 생 視也 볼 성 察也 살필 성 審也 살필 성 嗇也 아낄 생 인색할 생 省의 本字 梗

眽 맥 相視 ―― 서로 볼 맥 衺視 빗겨 볼 맥 陌

⿰目亢 황 目不明 눈어둘 황 睆 同字 陽

眾 중 多也 많을 중 衆人 무리 중 衆의 本字 送

眼 안 目也 눈 안 視也 볼 안 潸

眺 조 視也

볼조 望遠 멀리 바라볼조 (嘯)

⿰目⿱厶月 [연][견] 視貌 볼연 以側目相視 옆눈으로 서로 볼견 睊의 略字 (霰)(先)

眣 [진] 目精童子 눈동자진 兆也 幾微 빌미진 조짐진 (軫)

眹 [수] 斂容視瞭ㅣ 암전히 볼수 (尤)

⑦

⿰目甫 [보] 視也 볼보 (麌)

睂 [미] 눈썹미、眉의 本字 (支)

⿰目每 [목] 目病 안질목 (屋)

⿰目谷 [곡] 目開 눈올곡、大目 큰눈곡 目動 눈깜박일곡 (屋)

睆 [환] 光鮮貌 고울환、美好貌 아름답고 좋은 모양환 明星貌 별 반짝거릴환 遠視 멀리볼환 窮視貌、實貌 궁구히 보는 모양환 睆、睅通 (潸)

睃 [준] 視也 볼준 人名 사람이름준 (震)

睄 [초] 小視 잠깐 볼초 (效)

睅 [환] 大目 큰눈환 目出貌 눈 나오는 모양환 睆通 (潸)

⿰目凡 [교] 目重皮 눈쌍가풀 절교 肌同字 (篠)

睉 [자][세] 目小也 작은눈자 惡目ㅣ眇 사나운 눈자 惡目ㅣ眇 사나운 눈세 (馬)(卦)

睇 [제][계] 小視 흘겨 볼제 題通、視也 볼제 (霽)(齊)

⿰目廷 [정] 目出 눈솟을정 (梗)

睈 [정] 照視ㅣㅣ 비쳐볼정 (梗)

⿰目巠 [영][엽] 直視 바로볼영 視貌 볼엽 (迥)(洽)

⿰目豆 [두] 目汁凝ㅣ 眵 눈곱두 (尤)

眒 [신] 張目 눈부릅뜰신 引目 시선을 끌신 眒의 俗字 (震)

⿰目孝 [효] 偏目 애꾸눈효 瞎也 눈멀효 (效)(肴)

⿰目良 [랑] 目病 눈병날랑 (漾)

睊 [견][연] 側目相視 서로 곁눈질해 볼견 視貌 보는 모양견、視貌 볼연 (先)(霰)

⿰目劫 [섭] 急視貌 바삐 볼섭 (葉)

⿱折目 [제] 目光 눈광채제 美眼 눈고울제 (霽)

⿳大目夂 [훤][권][관] 視也 볼훤、권 義同 大目 큰눈관 (阮)(先)(翰)

⿰目王 [왕] 目泣淚滿ㅣㅣ 눈물 그렁그렁할왕 (陽)

⿰目貝 [곡] 閉目 눈감을곡 (陌)

⿰目甹 [빙] 視也 볼빙 (敬)

⿱殳目 [혁] 視

也 볼혁 眼也 눈혁 錫

睋 [아] 視也 볼아 望也 바랄아 歌

⿱沙目 [사] 偸視 곁눈질 엿볼사 歌

眡 [활][괄] 視也

불활 怒視貌 눈부릅뜰활、성나서볼활 目暗 눈어둘괄 䀏同字 點 曷

眇 [사] ⿱沙目(前前條)와 同字

⿰目夫 [섬] 目數動 ㅡㅡ 눈자주움직거릴섬 琰

䀹 [첩] 目旁毛 속눈섭첩 睫同 洽

⿱攸目 [추][도] 目不正 눈비뚤추、目不明 눈어둘도 重瞼 쌍가풀도 尤 豪

⿱罒皿 [권] 目圍 눈어저리권、눈시울권 霰

⿰目辰 [친][인][진] 瞋也 눈을부릅뜰친、視貌 볼인、薾也 번민할인、薾也 번민할진 眞 震 軫

⿱多目 [도] 多也 많을도 廛

⿰目延 [연] 見也 볼연 霰

⿰目巳 [안] 目也 눈안 眼의 本字

睌 [만] 無畏視 겁없이볼만 潸

⿰免目 [만] 睌(前條)과 同字 潸

睎 [희] 睎望也 흘겨바라볼희 慕也 사모할희 希通 微

睍 [현] 光鮮貌 ㅡ睆 고울현 好貌 ㅡ睆 좋은모양현 視貌 ㅡㅡ 물끄러미볼현 銑

⿰目夆 [완] 轉目 눈굴릴완、開目 눈뜰완 晼同字 翰 旱

⿰罒目 [목] 眼也 눈목、人眼童子 눈동자목 目의 古字 屋

⿰目壬 [유] 臥視 누워서볼유 尤

八

⿰目典 [전] 慚也 부끄러울전 銑

睒 [섬] 晶瑩 ㅡㅡ 빛날섬、밝을섬 暫視貌 잠간볼섬 琰

⿰目幸 [행] 瞑目貌 눈어둘행、눈감을행 迥

⿰目京 [량] 目病 눈병날량 眼同字 漾

⿰目召 [감][흡] 目深貌 눈우묵할감 目陷 눈자위꺼질흡 勘 洽

⿰目羌 [량] 目病 눈병날량 眼同字 漾

⿰目盲 [맹] 目無瞳 청맹과니맹、판수맹、장님맹 盲의 俗字 庚

睔 [곤] 大目 큰눈곤 願

⿰目表 [표] 著目視 눈여겨고볼표 蕭

⿰目昆 [곤] 睔(前前條)과 同字 願

⿱臤目 [한] 大目 큰눈한 潸

睆 완 轉目눈굴릴완 開目눈뜰완 目深貌ㅣㅣ눈깊은모양완 ㊞翰 ㊞寒

䁙 엄 암 目閉눈감을엄 암義同 ㊞緝 ㊞感

𥅴 혁 驚貌눈놀랄척 ㊞陌

䀿 렬 轉視눈굴려볼렬 ㊞屑

𥇦 진 目有所限한정있어볼진 重厚진중할진 眕同字 ㊞震

𥇒 정 見也볼정 ㊞徑

睖 릉 直視貌ㅣ瞪노리고볼릉 ㊞蒸

睘 경 目驚視눈놀라볼경 無依ㅣㅣ의지없을경 瞏同字 ㊞庚

睗 석 速見빨리볼석 ㊞陌

䁅 맹 有餘視된볼맹 ㊞梗

䁈 계 省也돌아볼계 窺也엿볼계 ㊞霽

睚 애 目際눈가애 恨視ㅣ眦밉게볼애、눈흘길애 ㊞佳 ㊞卦

𥉎 밀 묵 暫見얼핏볼밀、잠깐볼밀 細視자세히볼밀、묵義同 ㊞質 ㊞職

睛 정 目珠陽氣爲ㅣ눈동자정 ㊞庚

睞 래 遊眺흘금흘금볼래 傍視곁눈질할래 眷顧眄ㅣ돌아볼래 ㊞隊

睜 정 不悅視眳ㅣ노리고볼정 ㊞梗

䀸 창 失志貌실심할창 大目눈이클창 ㊞漾

睡 수 眠也坐寐졸수、졸음수 ㊞寘

𥉁 계 窺也돌아볼계 엿볼계 䁈同字 ㊞霽

睠 권 顧也돌아볼권 親屬붙이권 친척권 勤厚意ㅣㅣ근념할권 眷同字 ㊞霰

睟 수 正視바르게볼수 潤澤윤택할수、흡치르르할수 ㊞寘

督 독 董也감독할독 察也살필독 率也거느릴독 責也꾸짖을독 勸也권할독 中央가운데독 催促독촉할독 家ㅣ、長子맏아들독 大將대장독 ㊞沃

𥇛 제 目明눈밝을제 ㊞霽

𥈞 기 目一隻외눈기 ㊞支

睢 수 휴 浚儀水名물이름수 怒視恣ㅣ성내어볼휴 瞋視ㅣ盱눈부릅뜨고볼휴 濉通 ㊞寘 ㊞支

𥈀 혁 睡目貌잠자는눈혁 𥈠同字 ㊞職

𥈠 혁 睡目貌잠자는눈혁 ㊞職

䀹 子 左右視좌우

⿰目畀 비 睥(次條)와 同字 (齊)

睥 비 傍視貌 ㅣ睨 곁눈질하는 모양 비 睤同字 (霽)

睧 혼 目暗 눈어두울 혼 (元)

(尤)

睦 목 親也 친목할 목 和也 화목할 목 目順 눈매고울 목 信也 믿을 목 敬也 공경할 목 姓也 성 목 (屋)

⿱目幸 역 睪(次條)의 本字

睪 역 伺視 엿볼 역、기찰할 역 捕罪人 죄인잡을 역 (陌)

睪 역 睪(前條)의 古字 (陌)

睶 준 돈 鈍目 둔한 눈 준 視不明 눈어두울 돈 (震)(元)

睩 록 視貌 曼ㅣ 보는 모양 록 (屋)

睨 예 斜視 흘겨볼 예 日斜 해기울어질 예 (霽)

⿱米目 미 目上毛 눈썹 미 眉의 本字 (支)

睫 첩 目毛 眉ㅣ 속눈썹 첩 ⿰目疌、䀹同 (葉)

⿸户⿰目支 계 省也 돌아볼 계 窺也 엿볼 계 ⿱启目의 本字 (霽)

睬 채 注目貌 주목할 채 (賄)

⿱夂⿰目目 압 媢也 아첨할 압 (洽)

⿰目㓜 교 拗也 우길 교、비틀 교 (巧)

睭 주 深也 깊을 주 (有)

九

睱 하 緩視 천천히 볼 하 (禡)

睮 유 諂也 ㅣㅣ 아첨할 유 (尤)

⿰目修 척 失意視也 뜻잃고 볼 척 (錫)

⿱⿰目句灬 후 ㅣ瞜、笑貌 웃을 후 (虞)

⿱目火 경 目光 눈 광채 경 (迥)

⿰目冒 모 低目細視 눈굽혀 자세히 볼 모 (皓)

⿰目亭 증 정 安審視貌 자세히 보는 모양 증、目眵 눈곱 정 (庚)(青)

⿰目舀 알 目深黑貌 눈 깊고 검은 모양 알 (曷)

⿰目枼 첩 閉一目 한눈감을 첩 目眇視 한눈 찌긋할 첩 (葉)

⿱敃目 혼 煩悶 번민할 혼 (元)

⿰目若 말 視也 볼 말 (黠)

睃 수 無目 판수 수、장님 수 瞍 同字 (有)

⿱替目 창 直視也 바로볼 창 (絳)

⿰目替 창 ⿱替目(前條)와 同字 (絳)

睳 휴 瘠人視貌 여윈 사람 볼 휴

目瞢貌 눈어두울휴 (齊)

瞘 [구] 驚視貌 놀라서볼구 (虞)

瞛 [종] 相窺視 서로엿볼종 (董)

睼 [제] 迎視 마주볼제 坐見 앉아서볼제 (齊)

䁒 [즙] 目動 눈깜박일즙 淚貌 눈물날즙 (緝)

睽 [규] 乖也 어그러질규 異也 다를규 反目 눈돌이킬규 (齊)

睺 [후] 半盲 반과수후、한눈멀후 睺同字 (宥)

睶 [춘] 大目 큰눈춘、왕눈춘 (軫)

眏 [영] 深目 움펑눈영 視也 볼영 (庚)

睷 [건] 以目計算 눈으로셈할건 (元)

䁈 [재] 視也 볼재 反目 반목할재 (灰)

睹 [도] 見也 볼도 覩同字 (虞)

䁏 [요] 遠視 ㅡ眇 멀리볼요 (篠)

睗 [양] 眉間 미간양 (陽)

睴 [곤] 大目出 큰눈불거질곤 (願)

睺 [후] 半盲 반과수후、한눈멀후 (宥)

䁍 [흡] 目深 눈깊을흡 目陷 눈자위꺼질흡 昭同 (洽)

睲 [성] 目精照 눈에광채날성 (庚)

睻 [훤] 䁔 (次條)과同字 (阮)

䁔 [훤] 大目 큰눈훤、눈둥방울훤 (阮)

睧 [민] 俯視 굽어볼민 (眞)

睿 [예] 智也 지혜스러울예 通達 통달할예 深明 깊이밝을예 聖也 성인예 叡通 (霽)

䁞 [언] 目相戲 눈으로희롱할언 䁙同字 (銑)

睾 [고] 陰囊 腎丸 불알고 澤貌 ㅡ如 윤택할고 (豪)

䁀 [존][준] 貴也、高也 높을존 酒器 술준 罇同字 (元)

眰 [질] 目不正 눈뒤룩거릴질、눈비뚤질 眣同字 (質)

瞂 [벌] 盾也 방패벌 (月)

瞀 [무][목] 目不明貌 눈희미할무、무식할무 (宥) 雀ㅡ 밤눈어둘목 (屋)

瞁 [혁] 驚視貌 놀라보는모양혁 (陌)

䁱 [랄] 目子不正 눈바르지못할랄、눈엇뜨기랄 (曷)

十

瞉 [구] 無識 무식할구 愚也 어

五畫—目

리석을 구 (宥)

瞇 [미] 眇目애꾸 눈이미 (紙)

䁍 [식] 視無見瞎ㅣ 보지않을 식 (職)

䁢 [반] 轉目視 눈굴려볼 반 (寒)

䐣 [손] 目病눈병 손 (阮)

䁗 [개] 明也밝을 개 (賄)

䁙 [언] 目相戲눈으로 희롱할 언 䁙同字 (阮)

䁮 [요] 視 貌眇ㅣ 보는모양 요 美目어여쁜눈 요 (篠)

瞯 [간] 視也볼 간 (諫)

䐭 [진] 淫亂음란할 진 (眞)

䀺 [두] 目深也、ㅣ 瞘눈꿈 울두 (有)

䁠 [렴] ㅣ、目尾垂貌눈 꼬리처진눈 렴 (鹽)

瞥 [앵] 目淨貌눈밝은 모양 앵 或音영 (庚)

䁤 [묘] 一目小한 눈좌ㅣ 大할 묘 偏盲 애꾸눈 묘 眇同字 (篠)

瞑 [명] [면] 目不明눈어두울 명 翕目눈감을 명、翕目눈감을 면ㅣ眩、憒亂아찔할면 劇也 독할면 眠通 (靑)(徑)(先)

(霰)

䁕 [면] 翕目졸음면、졸면 寐也 잘면 眠同字 (先)

瞎 [학] [학] 去目精눈빼일 각 失明눈멀 학 (覺)(藥)

瞏 [경] 驚 視놀라볼 경 無依ㅣㅣ 비틀거릴 경 睘同字 (庚)

瞎 [할] 一目盲애꾸눈 할、한눈멀 할 (黠)

䁱 [면] 汚面낮더러울 면 (屑)

睰

䁐 [탑] 垂目貌눈내리뜨는모양 탑 (合)

𥉿 [막] 美目아름다운눈 막 深目움평눈 막 (覺)

䀮 [황] 目不明눈어울 황 䁜同字 (養)

䁘 [려] 索視貌찾아보는모양 려 (齊)

䁐 [구] 畏視두려워서볼 구 (遇)

䍶 [마] 視也볼 마 (禡)

䁔

䁐 [잡] 合眼坐睡ㅣ睡앉아졸 잡 欲睡貌졸음올 잡 (合)

瞍 [수] 目有眹無珠판수 수 장님수 瞍同字 (有)

瞋 [진] 怒而張目눈부릅뜰 진

(眞)

⊕

瞕 [장] 目生障翳눈에 예막생길 장 (漾)

䁱 [밀] 不可測측량 못할 밀 (質)

䁒 [책] 張目 눈

부읍울 책 陌

⿰目鹿 록 目淨瞜— 눈맑을록 屋

睖 등 美目아름다운눈등 蒸

⿰目戚 척 見也볼척 錫

⿰目旋 선 目好貌—— 눈매예쁠선 先

⿰目巠 경 視不分明—矓 눈희미할경 庚

瞚 순 開闔目數搖 눈깜작거릴순 震

⿰目祭 제 察也살필제 邪視곁눈으로볼제 視貌보는모양제 霽

⿰目規 규 眄視곁눈질해볼규 支

瞢 몽 맹 目不明눈어두울몽 義同、澤名雲—늪이름몽 夢通、悶也답답할맹 不明——캄캄할맹 懵同 東 送 徑

瞠 쟁 당 直視똑바로볼쟁 당義同 瞪同 庚 敬

⿰目魚 어 環眼馬둥근눈말어 魚

⿰目离 리 歷視거쳐볼리 支

⿰目郭 확 驚視놀라볼확 藥

瞜 루 偏盲—眼애꾸눈루 笑也眴—웃을루 尤 虞

瞞 만 平目반듯한눈만 匿情相欺속일만 慚也부끄러울만 目瞼低也눈시울나직할만 寒

瞛 종 目光눈에광채날종 冬

瞟 표 目小貌눈작고마할표 一目病한눈멀표 明察—瞭밝게살필표 篠 蕭

⿰目鳥 조 熟視익히볼조 嘯 蕭

瞘 구 深目貌눈깊은모양구 眗同字 尤

⿰目商 적 目堅눈곧두설적 陌

瞙 막 目不明눈어둘막 目瞖눈에백태낄막、예막막 藥

瞖 예 眼疾—膜안질예、눈에백태낄예 霽

⿰目虘 처 伺視엿볼처 覰同字 魚

⿰目[?] 신 張目눈부릅뜰신 引目시선을끌신 眒의古字 震

⿰目脩 척 추 失意視실의하여볼척 추義同 錫 尤

⿰目貫 관 直視貌노리고볼관 諫

⿰目條 척 추 ⿰目脩(前前條)와同字 錫 尤

⿱學目 조 明所燭비칠조 光發빛날조 照同字 嘯

⿰目崖 애 目際눈가애 —眦 恨視눈흘길애 睚

同字 (佳)(卦)

⿰目⿱少心 [묘] 一目小 한눈작을묘 偏盲 (篠) 애꾸눈묘 瞄、同字

睫 [첩] 目旁毛 속눈섭 섭첩 眏同字 (洽)

⿰目容 ...

[감] 困瞑眼 졸린눈감 (合)

⿰目梨 [리] 目眂 눈쌍가풀질리 (支)

⿰目斬 [참] ㅣ眼 눈꿈적일참 (中)

十一

⿰目爲 [위] 目 ...

好貌ㅣㅣ 눈예쁜모양위 (紙)

瞤 [순] 目動 눈깜박일순 (眞)

⿰目戠 [즙] 出淚 눈물날즙 (緝)

瞥 [별] 暫見 얼핏볼별 ㅣ然 눈깜박할별 睼、瞥見同 (屑)

⿰目曾 [증] 目小作態 瞢ㅣ 눈새꼿하게 모양지을증 (蒸)

⿰目黑 [홀][몽] 濁垢 때질홀 目不明 눈흐릴몽 (月)

(送)

⿰目尊 [존] 赤目 붉은눈존 (元)

⿰目翕 [흡][섭] 視貌 볼흡、眇視 한눈으로볼섭 (緝)(葉)

⿰目畫 [획] 目病 눈병획 (陌)

⿰目曆 [잠] 閉目內思 눈감고 생각할잠 (豔)

⿰目絜 [혈] 目赤貌 瞲ㅣ 눈붉은모양혈 (屑)

瞠 [당][정] 直視 똑바로볼정 俗音 당 瞠同字 (庚)

⿰目猋 [표] 惡視貌 반갑지않게 볼표、몹시볼표 (蕭)

瞦 [희] 瞳清 눈동자맑을희 (支)

⿰⺼曾 [잉][등] 美目 아름다운눈잉 見貌 크게볼잉、등義同、片ㅋ 한쪽등 (徑)(蒸)

瞧 [초] 偷視 곁눈질할초、䁦視 엿볼초 (蕭)

⿰目堯 [우] 目深 눈깊을우 深 눈움펑훌 (質)

(尤)

矚 [촉] 視也 볼촉 矚俗字 (沃)

⿰目逮 [태] 不明 瞹ㅣ 눈흐릿할태 (泰)

瞪 [증] 直視貌 바로볼증 (徑)

瞬 [순] 目自動 눈꿈적일순 須臾ㅣ息 잠깐순 眴通 (震)

瞫 [심] 竊視 엿볼심 低目視 눈내리깔고볼심 (寢)

瞲 [휼] 驚視 놀라볼휼 目 ...

瞭 [료] 目名 눈밝을료 遠視 ㅣ아득히볼료 (篠) [illegible] 正眸

瞰 [감] 俯視 굽어볼감 내려다볼감 矙通 (勘)

⿰目然 연 形狀乖戾어그러질연 銑

瞯 간·한 覸視엿볼간、한義同、矙同字 刪 諫

瞴 무 微視ㅣ婁잠깐볼무 尤

⿰目掌 징 定視물끄러미바라볼징 瞪俗字或音정 敬

⿰目買 매 視貌볼매 小視조금볼매 佳

瞵 린·련 目精눈정기린 視貌보는모양린 以目隨눈치챌련 震 眞

瞳 정 目珠ㅣ子瞖之精눈동자정 東

瞶 귀 極見죄다볼귀 目無精눈정기없을귀 未

瞮 철 目明눈밝을철 屑

瞯 한·간 覸視엿볼한、간義同 覵同 刪 諫

瞄 묘 一目小한눈작을묘 偏盲애꾸눈묘 眇ノ瞄同字 篠

⿰目莽 망 一目漢애꾸눈망 目不明눈흐릴망 養

瞟 표 目小貌눈자그마할표 一目病한눈멀표 瞟同字 篠

瞚 순 目自動눈깜박일순 ㅣ息須臾잠깐순 瞬同字 震

十三

瞍 수 瞽也눈멀수 찡그릴수 尤

瞸 엽 瞼也눈시울엽 葉

⿰目亶 전 視而止보고그칠전 銑

⿱雁目 응 定視정하고볼응 ⿰目應同字 蒸

⿱𦭝目 멸 眵也눈곱낄멸 赤目붉은눈멸 屑

瞹 애 目不明눈흐릿할애 隱也가리울애 泰

⿰目⿱罒長 현 兒始生目有翳갓난아이눈에여막배대있을현 銑

瞻 첨 仰視쳐다볼첨 우러러볼첨 鹽

⿰目黽 맹 直視貌ㅣ盯눈똑바로뜨고볼맹 庚

⿰目睪 역 明也밝을역 陌

瞿 구 驚視ㅣㅣ놀라볼구 心驚ㅣ然마음놀랄구 恐也두려울구 懼通 虞 遇

瞼 검 目上下弦屬脾病ㅣ澀 嗜臥눈아래눈시울검 琰

曌 조 目美눈고울조 武后自制爲名무측천의이름조 照同 嘯

瞽 고 盲也장님고、판수고 樂官、殷學ㅣ宗전악고、풍류관원고 殷代學校학교이름고 麌

⿰目𢼸

미 覗視 엿볼미 (支)

[illegible] 표 目小貌 눈자그마할 표 目病 한눈멀 표 瞟同字 (篠)(嘯)

[illegible] 가 視也 볼가 (禡)

[illegible] 당 視也 볼당 (陽)

[illegible] 휴 目多汁 눈곱지적지적할 휴、눈곱많을 휴 (尤)

睼 조 明所燭 비칠 조 光發 빛날 조 照同字 (嘯)

[illegible] 상 見也 볼상 (陽)

[illegible] 격 見也 볼격 (陌)

十四

[illegible] 주 ㅣ脈、目動貌 눈움직일 주 (尤)

[illegible] 혁 目赤 눈붉을 혁 (陌)

[illegible] 굴 目突 눈불거질 굴 (月)

[illegible] 찰 詳視 자세히볼 찰 (黠)

[illegible] 면 見也 볼면 명 면 密也 은밀할 면 명 (先)(青)

[illegible] 읍 目睛中枯 눈동자속 마를 읍 俗音 급 (緝)

瞴 무 瞴(目部十二畫)의 譌字

矇 몽 有眸無珠不見青盲 ㅣ瞍 청맹과니 몽 (東)

矃 녕 視也 볼녕 (迥)

矆 확 電光ㅣ睒 번갯불 확 大視 눈부릅뜨고볼 확 (藥)

[illegible] 감 瞻視 쳐다볼 감 (陷)

矅 요 誤視 잘못볼 요 睔同字 (嘯)

睔 요 誤視 잘못 볼요 睔同字

矄 훈 目暗 눈어두울 훈 (文)

[illegible] 명 眉濶 눈썹넓을 명、가넓을 명 (敬)

[illegible] 판 小兒白眼 아이 흰눈 판 (諫)

[illegible] 순 目動 눈굼적거릴 순 瞤同字 (眞)

[illegible] 몽 맹 目不明 눈어두울 몽 悶也 답답한 맹 瞢의 俗字 (東)(徑)

矎 휴 矎ㅣ、面垢貌 얼굴에 때질 휴 (齊)

矏 면 片目不明 외눈어둘 면 密也 빽빽할 면 (先)

瞵 린 련 目精 눈정기 린、눈동자 린 以目隨賊 눈치 챌 련 瞵의 本字 (眞)(震)(先)

矊 면 黑瞳 검은눈 동자 면 (先)

矉 빈 顰縮 이마 살찌푸릴 빈 恨張目 눈부릅뜰 빈 頻、顰同 (眞)

[illegible] 류 温故復習 복습할 류 決

意결심할류 宥

暘 양 日出 볕양、해양 明也 밝을양 陽同字 陽

十五

矃 매 邪視 곁눈질할매 目際 눈가매 怒目 성나서눈부릅뜰매 卦

䁅 려 視也 볼려 齊

𥌮 삭 력 美目 아름다운눈삭、暫視 잠깐볼력 瞥習見 얼른스쳐볼력 藥 錫

䁼 묵 視無見ㅣ瞀 뵈지않을묵 職

𥌨 렵 病眼 병난눈렵 葉

矌 광 目無珠 청맹과니광、눈동자없을광 漾

顛 전 仆倒 엎드러질전 ㅣ倒 거꾸로설전 顚同字 先

矍 확 驚顧ㅣㅣ 놀라돌아볼확 健貌ㅣ鑠 거자한확 失容、ㅣ然 눈휘둥글확 확 地名ㅣ相 땅이름확 古音곽 藥

矊 면 黑瞳 검은눈동자면 矏同字 先

矎 현 目不正 눈부실현 霰

𥈡 의 視也 볼의 支

䁾 멸 目眥傷赤 눈언저리다쳐서붉을멸 屑

𥌰 반 美目貌 아름다운눈반 删

十六

䁩 몽 寐言 잠꼬대할몽 東

𥌴 현 黑瞳子 검은눈동자현 錫

瞕 순 돈 鈍目 두한눈순 視不明 눈어두울돈 瞕本字 震 元

矒 몽 맹 目不明 눈어두울몽 悶也 답답할맹 瞢同字 東 徑

𥌬 언 目相戲 눈으로희롱할언 暥同字 銑

𥍋 유 目病 눈병유 支

矐 확 重目 겹동자확 光明 광세날확 害目失明 눈빼확 藥

矑 로 目瞳 눈동자로 視也 볼로 虞

𥌾 맹 視不明 瞑ㅣ 아리아리할맹 庚

𥍉 묵 聽ㅣ、欲睡貌 졸음올묵 驚貌 놀랄묵 職

矋 력 目淨ㅣ矓 눈맑을력 視明 밝게볼력 錫

䂀 희 瞬也 눈깜바할희 支

十七

𥍆 례 求視 자정하여볼례 齊

𥍄 섬 笑也 웃을섬 琰

𥍊

⿰矛勺 격 矛也 창격 錫

四

⿰矛殳 혁 역 矛也 창혁 小矛 작은창역 錫 陌

⿰矛丑 뉴 뉵 刺也 찌를뉴 뉵 義同 有 屋

矜 긍 근 환 驕也 교만할긍 戟鋋杷 창자루긍 哀也 슬퍼할긍 憫也 불쌍히여길긍 飾也 꾸밀긍 自賢 자랑할긍 惜也 아낄긍 兢也 두려울긍 敬也 一戒 공경할긍 尙也 우러러긍 兢同、矛柄 창자루근 穫同、老無妻 늙은홀아비환 鰥同 蒸 眞 刪

⿰矛亏 허 長矛 긴창허 錫

五

⿰矛戊 모 鉤兵、兵器長柄頭双 세모진창모 矛의古字 ⿰矛戊同字 古音무 尤

⿰矛号 형 호 矛屬 창형、호 義同 敬 皓

⿰矛它 시 短矛 짧은창시 支

⿰矛子 모 矛同字 尤

六

⿰矛冬 동 刺也 찌를동 矛也 창동 冬

⿰矛⿱巛夕 척 矛也 창척 錫

⿰矛危 궤 短矛 짧은창궤 紙

七

矞 율 錐穿 송곳으로뚫을율 瑞雲 상서구름율 詭詐 궤휼할율 神名一皇 귀신이름율 質

⿰矛各 격 矛也 창격 ⿰矛勺 同字 錫

務 채 矛也 창채 蟹

⿰矛侵 침 錐也 송곳침 侵

⿰矛良 랑 短矛 짧은창랑 陽

⿰矛夆 봉 二枝矛 두갈래진창봉 冬

⿰矛夋 찬 矛也 창찬 寒

⿰矛斤 제 矛也 창제 霽

矟 삭 丈八尺矛馬上所持 기창삭 槊同字 覺

八

矠 색 刺取魚鼈 작살질할색 陌

⿰柔內 납 柔也 부드러울납 合

⿰柔丑 뉴 輭也 연할뉴、부드러울뉴 有

九

⿰矛㚇 종 錐也 송곳종 東

⿰矛侯 후 矛屬 창후 尤

⿰矛侯 후 猴(前條)와同字 尤

⿰矛建 건 矛也 창건 阮

⿰矛悤 총 短矛 짧은창총 ⿰矛悤의俗字 冬

⿰矛施 사 시 短矛 짧은창사、시 義同 麻 支

⿰矛盾 순 돈 打身 蔽目 방패순

官名ㅣ鉤 벼슬이름 순 趙ㅣ 사람이름 도 盾同字 (軫)(阮)

⿰矛匽 [언] 戟三刃者 삼지창 언 (阮)

⿰矛皆 [용] 矛屬 창 용 ⿰矛茸同 ⿰矛夆通 (冬)

⿰矛央 [영] 以物飾矛 깃으로 꾸민 창 영 (庚)

(十)

⿰矛害 [개][갑] 矛屬 창 개、갑 義同 (泰)(合)

⿰矛茸 [용] 矛屬 창 용 (冬)

⿰矛罙 [금] 寠也 적을 금 (蒸)

⿰矛氣 [희] 戰也 싸울 희 弩也 쇠뇌 희 (眞)

⿰矛倉 [창][정] 矟也 창 창 槍同、彗星 欃ㅣ 혜성 정 (陽)(庚)

(十一)

⿰矛責 [척] 矛屬 창 척 (陌)

⿰矛堇 [근] 矛柄 창자루 근 鉏耰 호미 근 矜通 (眞)(文)

⿰矛逢 [봉] 二枝矛 두갈래진 창 봉 ⿰矛夆同字 (冬)

⿰矛悤 [총] 短矛 짧은 창 종 (冬)

(十二)

⿰矛童 [충] 短矛 짧은 창 충 (冬)

⿰矛昝 [색] 矠也 작살 색 (陌)

⿰矛出 [줄] 出也 날 줄 (質)

⿰矛象 [여] ⿰矛解ㅣ、矛屬 창 여 (御)

(十三)

⿰矛解 [해] 矛銳利貌 창 날카로울 해 (蟹)

⿰矛豊 [례] 戟屬、鈒也 손창 례 (霽)

⿰矛蚤 [리] 小矛 작은 창 리 (紙)

(十四)

⿰矛冒 [창] 短貌 짧을 창 (陽)

⿰矛爾 [미] 矛屬 창 미 (支)

⿰矛需 [연] 軟弱 여약할 연、가냘플 연 (銑)

⿰矛基 [근] 矛柄 창자루 근 鉏耰 호미 근 ⿰矛堇同字 (眞)(文)

⿰矛具 [서] 矛也 창 서 (語)

(十五)

⿰矛暴 [박] 唐衛仗名ㅣ稍 당나라 의장 이름 박 (覺)

(十九)

⿰矛贊 [찬] 鏦也 如戟兩旁鋒刃下有鐏銳 창 찬 (旱)

(二十)

矡 [확] 鋤也 호미 확 矛屬 창 확 (藥)

(二十一)

⿰矛爨 [찬] 小矟 작은 창 찬 鑹同字 (翰)

(二十二)

⿰矛爨 [찬] 鏦也 작은 창 (元史)ㅣ制如戟鋒刃兩旁微起下有鐏銳、⿰矛贊同字 (翰)

矢部

矢 [시] 箭也 화살 시 嚆矢 嚮音箭 소리살 시 誓也 맹세 시 直也 곧을 시 施也 베풀 시 糞也 똥 시 屎同字 (紙)

(二)

矣

[의] 語助辭 어조사의 語已辭、決辭 말그칠의 (紙)

矤 [신] 況也 하물며 신 矧同字 (軫)

⿰矢寸 [신] 況也 하물며신 矧과同字

⿱彐矢 [시] 箭也 살시 嚆矢 響箭 소리 살시 直也 곧을시 矢의 古字 (紙)

㊂

知 [지] 識也 알지 覺也 깨달을지 諭也 이룰지 主也 주장할지 欲也 하고자할지 智通 (支)

㊃

矧 [신] 況也 하물며신 齒本 이틀 신 笑貌 웃는모양신 訠同字 (軫)

⿱止矢 [족][주] 衆也 무리족 宗 ㅣ 일가족、겨레족 節 ㅣ樂變 풍류가락주 簇同字 奏通 族의 古字 (屋)(宥)

矦 [후] 五爵第二位 벼슬이름후 射布 과녁후 侯의 本字 (宥)

⿱[illegible]矢 [족] 矢 末金 살족 족 鏃 同字 (屋)

⿰矢攵 [신] 況也 하물며신 矤矧同字 (軫)

⿰矢壬 [영] 短小貌 짧고작을영 (迥)

㊄

⿰矢去 [겁] 矢 貌 살모양겁 (洽)

矩 [구] 正方器 곱자구 法也 법구 儀也 거동구 榘同 (麌)

⿰矢可 [지] 識也 알지 覺也 깨달을지 知同字 (支)

⿱召矢 [조] 短也 짧을조 (蕭)

⿰矢目 [단] 不長促也 짧을단 指人過失 남의허물지목할단 短同字 (旱)

⿰矢犮 [괄] ㅣ⿰矢舌、短貌 짧을괄 (黠)

⿺乚矢 [의][응][을][억] 不定惑也 의심할의、머뭇거릴의 定也 정할응 正立 바로설을、억、응 義同 疑古字 (支)(蒸)(物)(職)

⿰矢出 [철] 短貌 짧을철 (屑)

⿰矢比 [지] 短小貌 矲ㅣ 짧고작을지 (支)

㊅

⿸疒矢 [질] 病也 병질 患也 근심할질 疾의 古字 (質)

⿰矢至 [질] 短也 짧을질 (質)

⿰矢兆 [조] 矢也 화살조 (篠)

⿱从矢 [족] 矢末金 살촉족 鏃의 本字 (屋)

矪 [주] 射鳥箭 활고두리주 (尤)

⿰矢可 [지] 識也 알지 覺也 깨달을지 知의 古字 (支)

⿰身矢 [주] 射鳥箭 활고두리주 矪同字 (尤)

⿰矢吉 [갈] 短貌 짧을갈 (黠)

⿰矢⿱止丂 [족][주]

彖也무리족、일가족 節、樂變주류가락주 簇、簇同古字 奏通 (屋)(宥)

⿰矢宛 [궤] 倦也게으를궤 舉足望발돋음하여바라볼궤 (紙)

七

短 [단] 促也不長짧을단、數點잘못단 指人過失사람의허물지목할단、夭死젊어서죽을단 (旱)

⿰身矢 [사] [석] [야] [역] 發矢쏠사 指物而取맞쳐취할석、官名벼슬이름야、厭也싫을역 射同字 (禡)(陌)(禡)

⿰矢廷 [영] 小貌작을영 (梗)

矬 [좌] 身短나장이좌 短也 짧을좌 (歌)

⿰矢幸 [행] 小貌작을행 ⿰矢幸同字 (迥)

⿰矢見 [규] ㅣ矩正圓器그림쇠규 箴ㅣ以法正人바로잡을규 規의本字 (支)

八

⿰矢卑 [비] 短小貌ㅣ⿰矢比 짧고작을비 (齊)

⿰矢奇 [의] 短貌짧을의 痤也부스럼의 (紙)

矮 [왜] 短人난장이왜 縮也줄일왜 (蟹)

⿰矢屈 [굴] 短貌짧을굴 (物)

⿰矢甾 [별] 戾也어그러질별 (屑)

⿰矢卷 [괴] 短小貌짧고작을괴 (隊)

⿰矢叕 [철] 短身키작을철 (屑)

⿰矢幸 [행] 小貌작을행 (迥)

⿰矢亞 [아] 短也짧을아 (禡)

⿰矢夅 [행] ⿰矢幸(前前條)와同字

九

⿺昜矢 [당] 國名당나라당 荒ㅣ大言황당할당 唐의古字 (陽)

⿰矢皆 [개] 矲ㅣ、短貌짧을개、키작을개 (蟹)

⿰矢昜 [창] 傷也상처창 (陽)

十

⿱此矢 [치] 野鷄꿩치 ㅣ牲耿介士所執摯폐백치 雉同字 (寘)

⿰矢俟 [시] 待也기다릴시 (紙)

⿰矢留 [류] 疣也혹류 瘤의古字 (尤)

十一

⿰矢智 [지] 慧也슬기지 智와同字

⿰矢智 [지] 心有所知知有所合슬기지 聰明睿사리에밝을지 智同字 (寘)

⿰矢傷 [창] 傷也상처창、상처입을창 ⿰矢昜同字 (陽)

十二

⿰矢菐 [복] 短人난장이복 (屋)

⿰矢斷 [사] 短小貌짧고작을사 (支)

矯 [교] 揉箭正曲바로잡을교 詐也거짓교 擅也오로지할

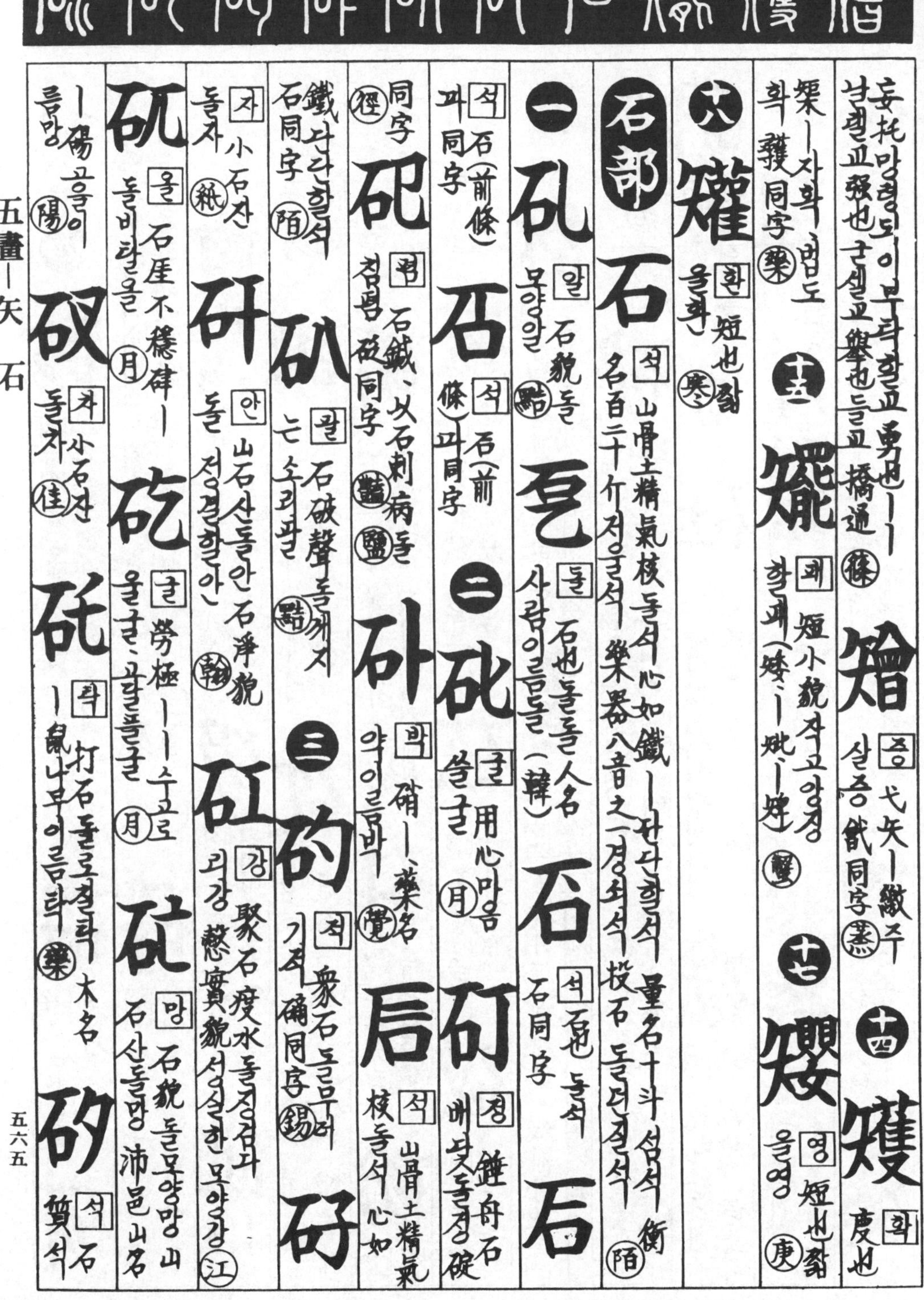

妄托망령되이부탁할교 勇也ㅣㅣ날랠교 發也쏠교 舉也들교 撟通 (篠)

矰 [증] 弋矢ㅣ繳주살증 䂬同字 (蒸)

⑭ 矱 [확] 度也 榘ㅣ자확 법도확 彠同字 (藥)

⑮ 矲 [패] 短小貌작고앙정할패 (矮ㅣ、𥏟ㅣ、矬) (蟹)

⑰ 矨 [영] 短也짧을영 (庚)

⑱ 矡 [확] 短也짧을확 (寒)

石部

石 [석] 山骨土精氣核돌석 心如鐵ㅣ 단단할석 量名十斗섬석 衡名百二十斤정량석 樂器八音之一경쇠석 投石돌던질석 (陌)

① 𥐒 [알] 石貌돌모양알 (黠)

乭 [돌] 石也돌돌 人名사람이름돌 (韓)

石 [석] 石也돌석 石同字

石 [석] 石(前條)과同字

石 [석] 石(前條)과同字

② 矻 [굴] 用心마음쓸굴 (月)

矴 [정] 錠舟石배닻돌정 碇同字 (徑)

𥐕 [폄] 石鍼、以石刺病돌침폄 砭同字 (豔)(鹽)

𥐘 [박] 礴ㅣ、藥名약이름박 (覺)

石 [석] 山骨土精氣核돌석 心如鐵단단할석 石同字 (陌)

矶 [괄] 石破聲돌깨지는소리괄 (黠)

③ 矵 [적] 象石돌무더기적 碻同字 (錫)

矷 [자] 小石잔돌자 (紙)

矸 [안] 山石산돌안 石淨貌돌정결할안 (翰)

矼 [강] 聚石渡水돌징검다리강 慤實貌성실한모양강 (江)

矹 [올] 石危不穩硉ㅣ돌비탈올 (月)

矻 [굴] 勞極ㅣㅣ수고로울굴、골똘할굴 (月)

𥐥 [망] 石貌돌모양망 山石산돌망 沛邑山名ㅣ碭고을이름망 (陽)

𥐡 [차] 小石잔돌차 (佳)

矺 [탁] 打石돌로칠탁 木名ㅣ鼠나무이름탁 (藥)

矽 [석] 石質석

비려석 陌

四

砂 사 沙也 모래사 丹ㅣ辰ㅣ주사사 藥名 縮ㅣ硼ㅣ약이름사 麻

砐 설 石山 돌산설 屑

研 연 礲也 갈연、연마할연 窮究 연구할연 研俗字 先 霰

矻 골 磨也 문지를골 月

砕 쇄 細破 부술쇄、부서질쇄 煩磨密잘쇄碎 隊

砑 아 碾也 여아 맷돌아、熨繒之具ㅣ刀 인두아 禡(中)

砐 업 山高ㅣ礏 산높을업 或音 압 葉

砒 비 ㅣ霜、毒石 비상비 硫同字 齊

砌 계 階甃 섬돌계 門限 문지방계 霽

砍 감 折也 꺾을감 感

砋 지 搗繒石 다듬이돌지 礪石 숫돌지 紙

砎 갈 개 硬也 단단할개 小石礣ㅣ 조약돌개 質 卦

[石丰] 봉 石次玉 옥돌봉 講

砏 분 雷聲ㅣ磤 우뢰소리분 文

砆 부 美石碔ㅣ 무부 옥돌부 玞同字 虞

硡 횡 石聲 돌소리횡 庚

砇 민 美石 次玉 옥돌민 玟同字 文

砅 려 履石渡水 돌밟고 물건널려 或音 례 霽

砉 혁 획 皮骨相離聲ㅣ然 백정의 칼쓰는 소리획、가죽과 뼈가 서로 떨어지는 소리혁、획義同 陌 錫

砄 결 石也 돌결 屑

砊 항 강 石聲ㅣ硠 돌소리항 金銀礦 금은 구덩이항、雷聲ㅣ磕 우뢰소리강 漾 陽

砃 단 赤石 붉은돌단 寒

五

砡 옥 齊頭貌 머리를 가지런히할옥 沃

砝 섭 硬也 단단할섭 石聲 돌소리접 葉

砠 저 石山戴土 돌산에 흙덮힐저 岨俗字 魚

砞 말 碎石 부서진돌말 曷

砟 사 碑石 비석사、빗돌사 禡

砥 지 磨石 숫돌지 平也 평평할지 玉名ㅣ砆 옥이름지 ㅣ礪、節操 닦을지 紙

砢 가 石貌 磊ㅣ 돌모양가 哿

砤

[라] 砣(次條)와 同字

砣 [타] 飛磚戲 팔매질할 타、碾輪石 연자매 타、맷돌 타 墒、碢同字 (歌)

砄 [절] 砲ㅣ、弩也 돌쇠뇌 절 (屑)

砍 [시] 石落聲 돌 떨어지는 소리 시 (支)

砧 [침] 擣衣石 방칫돌 침、다듬이돌 침 碪同 (侵)

砥 [지] 磨石 숫돌 지、平也 평평할 지 礪、節操 닦을 지

砥의 俗字 (紙)

砦 [채] 壘也 진칠 채、木柵 藩落 목책 채、울타리 채 寨同字 (卦)

研 [청] 碑材 비석돌 청 (靑)

砒 [자] 石名ㅣ黃 자황석 자 구러진 돌 자 (支)

䂢 [동] 石墜聲 돌 떨어지는 소리 동 (董)

砭 [폄] 石鍼、以石刺病 돌침 폄 砭同字 (鹽)(豔)

䂤 [부] 白水晶 흰 수정 부 (遇)

硁 [괴] 美石似玉 옥 같은 돌 괴 (卦)

砨 [액] 玉石砥ㅣ 옥 이름 액 (陌)

砬 [립] 藥石能制藥毒 약돌 립 (緝)

砇 [민] 美石次玉 옥돌 민 珉、玟同字 (眞)

硅 [주] 石櫃 돌궤 주 (麌)

砩 [페] 以石遏水 보막을 페 (隊)

砐 [년] 轢物器 맷돌 연、연자방아 년 碾本字 (銑)

砪 [모] 藥名 雲ㅣ 돌비늘 모 古音 무 (有)

砱 [령] 石孔 돌구멍 령、玉聲 옥소리 령、礫也 조약돌 령 (靑)

砮 [노] 石鏃 돌살촉 노 (虞)(麌)

砰 [팽] 水石聲 砯ㅣ 여울물소리 팽 (庚)

䂞 [노] 石鏃 돌살촉 노 砮同字 (虞)(麌)

砵 [반] 大石 큰돌 반 (寒)

砯 [팽] 水急打巖聲 물이 바위에 부딪치는 소리 팽 (庚)

䂶 [갑] 山側 산옆 갑 (洽)

砲 [포] 以機發石 돌쇠뇌 포、방포 포 大ㅣ、ㅣ擊 큰 대포 포 礮同字 (效)

砲 [포] 砲(前條)와 同字 (效)

砛 [진] 石不平貌 돌 험상스러울 진、防水石 방천돌 진、돌모루 진 (眞)

破 [파] 裂也 劈也 깨뜨릴 파、物壞 깨질 파、敗師 군사 패할 파、盡也 다할 파、讀ㅣ 다할 파、剖也 ㅣ竹之

勢갈라절과 曲名 극조이름과 (菌)

硌 [력][각] 二石相擊成聲 돌마주 부딪치는소리력、각 義同 (藥)(覺)

⿰石佘 [사] 石垂貌 砂— 돌드리울사 돌매달사 (馬)

砙 [갈] 小石 작은돌 갈、자갈갈 (黠)

⿰石旦 [선] 壇—除地祭處 재터선 墠同字 (霰)

⿰石尔 [진] 石重 密累積貌 돌빽빽히 쌓일진 (軫)

砶 [박] 琥—茯苓所化 호박박 珀同字 古音백 (陌)

六

⿰石兆 [요] 山田 돌자갈 밭요 古音교 (篠)

硇 [노] 藥石—砂 약돌노 (肴)

⿰石舟 [주] 石也 돌주 (尤)

⿱占石 [점] 撐柱 버팀대점 (豔)

⿰石臾 [유] 石似玉 옥같은돌유 (虞)

硈 [할] 堅固—然 견고할할 (黠)

硄 [광] 石色潤澤 돌빛윤택할광 (陽)

⿰石衣 [의] 石聲 돌소리의 (微)

⿰石因 [연] 石可硏墨 벼루연 石滑 돌연 (霰) 硯同字

硃 [주] 丹砂 주사주 (虞)

硅 [규] 礦石之一 玻璃原料、—素 유리만드는 흙규 石也 —酸形若水晶 돌규 (齊)

硉

⿰石戎 [홍] 石也 돌홍 (東)

硟 [선][손] 美石次玉 옥돌 선、손 義同 (先)(阮)

硂 [과] 盤石 반석과 펀펀한돌과 (麻)

硊

[률] 石轉 돌구를률 石崖 —矹 돌비탈질률 (月)

⿱巩石 [공] 水邊石 물가돌공 (腫)

⿱㓞石 [락] 磨刃利也 칼갈락 (藥)

硊

[위] 石山貌 硊— 돌산모양위 (紙)

硎 [형] 砥石 숫돌형 谷名 형곡형 (青)

研 [알] 石貌 모양알 (曷)

硍 [간] 石有痕 돌에흔적 있을간 (願)

硋 [애] 止也 극칠애 阻也 거리낄애 礙、碍、同字

硌 [락] 石貌 磊— 돌모양락 山上大石 큰바위락 (藥)

硏 [연] 礳也 갈연、연마할연 究也 궁구할연、연구할연 硯古字 (先)

硐 [동] 磨也 갈동 以刀通竹節 鍊— 대마디뚫을동 (董)

⿰石⿱巛山 [노] 磠

ㅣ文石무늬진돌노 磠의略字 (皓)

砑 [오] 碾也돌망치오 (遇)

⿰石刪 [벽] 疾雷벼락벽、벼개벽 (錫)

㊆

硝 [초] 藥石硭ㅣ망초초ㅣ石유리만드는돌초 古音소 (蕭)

硜 [경] 小人貌ㅣㅣ알랑알랑할경、작은사람모양경 硻同字 (庚)

⿰石尾 [미] 磨石돌갈미 (屋)

⿰石卆 [로] 石器돌그릇로 (豪)(皓)

硡 [굉] 石落聲돌떨어지는소리굉 (庚)

⿰石孚 [부] 石破聲돌깨뜨리는소리부 (尤)

⿰石兑 [예] 磨使消盡갈아없앨예 (霽)

硟 [천] 展繪石섬펴는돌천、챙치는돌천、방치돌천 (霰)

硠 [랑] 石聲ㅣ磕ㅣㅣ돌소리랑 堅也단단할랑 (陽)

硩 [척] 挑摘팔매질해서딸척 官名ㅣ蔟벼슬이름척 (錫)

硤 [협] 縣名ㅣ石고을이름협 (洽)

硨 [차] ㅣ磲、石似玉옥같은돌차 (麻)

⿰石甫 [보] 磑也ㅣ磌맷돌보 (麌)

硧 [용] 磨石숫돌용 (腫)

⿰石坐 [좌] 碎石부스러진돌좌 (哿)

⿰石矣 [시] 石墮聲돌떨어지는소리시 (紙)

⿰石形 [경] 磨石숫돌경 (庚)

硬 [경] 強也굳셀경、견강할경、억셀경 堅牢딱딱할경、단단할경 鞕同字 (敬)

硪 [아] 石巖바위아 山高硪ㅣ산높을아 (哿)

硫 [류] 藥石ㅣ黃유황류、석유황류 磂同 (尤)

硯 [연] 硏墨石벼루연 石滑돌연 (霰)

硭 [망] 藥石ㅣ硝망초망 (陽)

确 [학] 石地磽ㅣ자갈땅학 嶨同字 (覺)

⿰石系 [망] 藥石ㅣ硝망초망 硭同字 (陽)

硰 [사] 小石잔돌사 樓煩地名땅이름사 (麻)

⿰石赤 [적] 地名ㅣ城땅이름적(韓)

硱 [곤] 石落貌ㅣ碖돌떨어지는곤 (阮)

⿰石言 [언] 考也생각할언 (先)

硲 [곡] 峽也산골짜기곡

⑧

硼 [평][붕] 石名 평돌평 (庚) 藥名 ㅣ砂 약이름붕 (蒸)

硎 [형] 砥石 숫돌형 谷名 형구형 硎同字 (青)

硻 [경] 堅也 굳을경 剛也 굳셀경 (庚)

硊 [괴] 石貌 돌모양괴 碎也 부술괴 (佳)

硯 [연] 人名 사람의 이름연 研同字 (先)

硺 [탁] 擊也 칠탁 (覺)

⿰石⿱山厈 [학] 磆也 메돌학 大脣貌 입술두꺼울학 (覺)

碆 [파] ㅣ繳、石可爲弋鏃 돌살촉파 磻通 (歌)

碌 [록] 綠石 푸른돌록 石貌 돌모양록 石地不平ㅣ礫 자갈땅록 庸貌ㅣㅣ 용렬한모양록 錄通 (屋)

碄 [림] 深貌ㅣㅣ 깊을림 (侵)

碃 [정] 青石 푸른돌청 (青)

碴 [답] 踏碓舂米 방아디딜답、찧을답 (合)

⿰石來 [래] 磨也 갈래 (賄)

⿰石妻 [최] 磓也 매칠최 (隊)

⿰石卓 [조] 石高 돌높을조 (篠)

⿰石矣 [률] ㅣ矹、石崖貌 돌비탈률 礧也 돌굴릴률 硉同字 (月)

碁 [기] 圍ㅣ 바둑기 棊同字 (支)

碅 [균] 石危 돌위태할균 (眞)

⿰石長 [정] 磨也 갈정 塞也 막힐정 (敬)

硿 [공] 藥石ㅣ青 공청공 石落聲 돌떨어지는소리공 (東)

硾 [추] 鎭也 누를추 擣也 다듬을추 笮也 잘추 縋同字 (寘)

⿰石爭 [정] 破聲 깨어지는소리 정 石聲 돌소리정 (庚)

⿰石松 [숭] 地名 땅이름숭 (東)

碊 [천][잔] 阪也 언덕천 棧也 버릴잔 濺同字 (先)(潸)

⿰石隶 [대] 壅水爲堰 방죽대、못둑대 (隊)

碇 [정] 錘舟石 닻돌정 ㅣ泊 배멈출정 (徑)

碉 [주] 石室 돌집주 (蕭)

⿰石建 [첩] 山連貌 산이연접할첩 (葉)

碈 [민] 美石 次玉 옥돌민 碈、砇、玟 同字 (眞)

碎 [쇄] 細破 부술쇄、부서질쇄 煩ㅣ、靡密 잘쇄 (隊)

碍 [애] 阻也 마칠애、거리낄애 礙俗字 (隊)

碑 [비] 刻石紀功德 비석비、비돌비(宮室廟屋墓隧之碣鐫文於石皆曰ㅣ) (文)

[illegible] [아] 地形不平 硗ㅣ 지형험할아、돌자갈땅아、石名 돌이름아 (麻)

碏 [작] 敬也 공경할작 石雜色 잡된돌빛작 (藥)

碐 [릉] 石險 돌험할릉 (蒸)

碑 [비] 刻石紀功德 비비、비석비 碑의俗字 (支)

碮 [곤] 鍉病聲 괴로워할곤 (阮)

碒 [음] 深險 嶔ㅣ 내험할음 (侵)

碔 [무] 美石 珷玞 무부무 碱同 (虞)

碓 [대] 舂具 水ㅣ 방아대 水轓車 물방아대 (隊)

碯 [노] 碼ㅣ 文石 무늬진돌노 磠同字 (皓)

碖 [론] 石落貌 硱ㅣ 돌떨어질론 (阮)

碡 [독] 碌ㅣ、磨田器 돌곰방메독 (屋)

碗 [완] 器也 그릇완 (旱)

碕 [기] 曲岸 굽은낭떠러지기 長邊 머랑기 埼、隑同、崎通 (支)(微)

九

碢 [타] 飛碢戲 돌팔매타 碾輪石 맷돌타 여자매타 砣同字 (歌)

[illegible] [모] 前高後下丘 앞은높고뒤는낮은언덕모 (豪)

碈 [민] 美石次玉 옥돌민 碈、砇、琘、玟同字 (眞)

碝 [연] 美石次於玉 아름다운옥돌연 瑌同、瓀通 (銑)

[illegible] [거] 硨ㅣ、美石似玉 옥돌거 大蛤 큰조개거 磲同字 (魚)

[illegible] [개] 黑石似玉 옥같은돌개 (佳)

碠 [정] 石亭 돌정자정 (青)

碞 [암] 險也 험할암 山不齊貌 산높고낮을암 巖也 바위암 (咸)

碂 [종] 石也 돌종 (東)

碟 [철] 冶皮 가죽다룰철 (屑)

碨 [외] ㅣ碨、地不平 돌자갈땅외 ㅣ磊、石貌 바위옹두라지외 磈俗字 古音위 (屋)

砠 [저] 碪也 磾ㅣ 맷돌저 (語)

碦 [각] 堅石 단단한돌각 (陌)

[illegible] [타] 飛碢戲 돌팔매타 碾ㅣ石 여자매타 砣同字 (歌)

碥 [편] 乘降履石 노두돌편、디딤

돌편 水疾厓傾 물닥쳐언덕무너질편 古音변 (銑)

硤 [영] 石之有文彩者 화반석영、계석영 (庚)

碣 [갈][게] 碑也 비석갈、비갈 石特立 우뚝선돌갈 東海山名 |石산이름갈、立石 돌세울게 (月)(屑)(霽)

碧 [벽] 深青色 깊게푸를벽 青美石 푸르고아름다운 돌벽 (陌)

碩 [석] 大也 클석 充實 실할석 (陌)

碨 [외] 地不平 |磊 돌자갈땅외 |磊、石貌 바위오우두라지외 磈通 (尾)

(石+呈) [녈] 明礬別名 백반녈 (屑)

碫 [단] 礪石 숫돌단 打鐵 쇠를칠단 鍛同字 (翰)

碪 [침][암] 擣衣石 다듬잇돌침 山形 산모양암 砧同字 (侵)

碮 [제] 砧也 다듬잇돌제 隄也 방축두제 (齊)

碬 [하] 礪石 숫돌하 (麻)

(石+彖) [대] 落也 떨어질대 墜本字 或音추 (隊)

碭 [탕] 돌무늬탕 白氣 흰기운탕 盪也 넘칠탕 山名芒|산이름탕 (漾)

(石+界) [개][길] 硬也 단단할개 小石 조약돌길 砎의 俗字 (卦)(黠)

(石+垔) [인][진] 石也 돌진 山名 산이름인 (眞)

碑 [비] 刻石紀功德 비비、비석비 碑同字 (支)

(石+奓) [차] 石垂貌 |(石+尔) 돌매달아놓을차 (馬)

磁 [자] 石名可以引鐵 자석자、지남석자 |器 사기그릇자 (支)

(石+図) [자] 石名、可以引鐵 지남석자、자석자 磁의 略字 (支)

碱 [감] 鹽分 소금물감、灰盪水 잿물감 鹼의 俗字 (豏)

碯 [노] 文石 碼|마노노、무늬진돌노 瑙、瑙同字 (皓)

碰 [팽] 撞也 |搕 부딪칠팽 掽의 俗字 (敬)

碴 [사] 稜尖也 모지고뾰족할사 (麻)

(石+坻) [지] 礪石 숫돌지 (紙)

碡 [독] 磨田器 碌|발고르는기계독 (沃)

十

確 [확] 堅實 확실할확 堅也 굳을확 (覺)

(石+負) [사] 小石 조약돌사、자갈사 (哿)

碾 [년] 轢物器 맷돌년、연자방

아녀 (嚴)

碻 [확] 확실할확 確과同字

磌 [공] 擊石聲、돌 치는소리공 (東)

碼 [마] 英國度名三尺 야아드마 美石

次玉ㅣ瑙 옥다음 가는돌마 瑪同字 (馬)

磁 [자] 지남석자 磁同字

磐 [반] 石文 돌무늬반 鋪 石貌 돌을갈반 (刪)

礐 [락] 石 相扣聲ㅣ確 돌서로 부딪치는소리락 (覺)

䃢 [건] 礎也 주춧돌건 (先)

䃣 [설] 磨也 갈설 碎石 돌부술설 (有)

䃊 [격] 石地 惡 돌많고토박한땅격 (陌)

䃔 [궁] 石落聲 돌떨어지는소리궁 (江)

䃓 [구] 磄也 디딤돌구 甃井 벽돌우물구 礦也 돌무더기구 (有)

磂 [류] 石藥 硫黃 유황류 硫同字 (尤)

磆 [활] 藥名ㅣ石 활석활 滑通 (黠)

磃 [제][사] 㟐石磄ㅣ괴석계、사 館名ㅣ氏 館 집이름사 (齊)(支)

䃜 [오] 石阿 돌어덕오 小障 차며막오 (虞)

磄 [당] 㟐石ㅣ磃 괴상스러울당 (陽)

䂼 [악] 石 險 돌험할악 (覺)

磅 [방][팽] 隕石聲 돌떨어지는소리방 地形ㅣ礴 땅 울퉁불퉁할팽、英國貨幣單位名 파운드방、十二兩重 열두냥중방 (陽)(庚)

(中)

磊 [뢰] 衆石重疊ㅣㅣ 돌첩첩할뢰、돌무더기뢰 礨通、奇偉ㅣ落 기특할뢰 魁貌ㅣ砢 장대한모양뢰 (歌)

磇 [비] 石ㅣ霜 비상비 砒同字 (齊)

磉 [상] 柱下石 礎也 주춧돌상 (養)

磗 [박][착] 石ㅣ、岸也 어덕박 礫也 자갈착、조약돌착 (覺)

磈 [외] 石貌ㅣ礧 돌모양외、돌사닥다리외 古音위 (尾)

磏 [렴] 赤色 붉은숫돌렴 礛石 숫돌렴 礛同字 (鹽)

磋 [차] 磨也 갈차 (歌)(箇)

磎 [계] 石澗 시내계 溪通 (齊)

磌 [전] 柱下石 주춧돌전 石落聲 돌떨어지는소리전 (先)

磍 [할][알] 盛怒 磍ㅣ 대단히성낼할 石地不平

ㅣ磤 험하자갈땅할 磤 石地不平 땅가파를알 (黠) **磓** 퇴 추 落石돌떨어뜨릴퇴 鎭也 누를추 唾通 (灰)(眞) **磐** 반 大石반석 반、너럭바위

반 ㅣ牙、連結여이을반 ㅣ礡 、廣大貌 퀭뎅그렁할반 (寒) **磒** 운 落也 떨어질운 ㅣ石 별똥운 (文) **磑** 애 외 磨也 맷돌애 堅也 단

단할애、積也 쌓을외 (隊)(琰) **碏** 착 磢石 숫돌착 (藥) **磔** 책 刑名ㅣ市능지할책、찢을책 裂體剔肉死刑 육시할책 (陌) **碄**

력 霹靂벼락력、벽력력 明也 밝을력 礰同字 (錫) **磕** 잡 개 石聲 돌소리잡、石相築聲 돌쌓는소리개 磕同字 (合)(泰) **磤** 은 砏ㅣ、雷

聲우뢰소리은 (吻) **磖** 랍 破物聲ㅣ磼 깨지는소리랍 (合) **磈** 외 不平ㅣ硱 평탄치못할외 (尾) ⊕ **磞** 팽 擊

石돌깨릴팽 彧音붕 (庚) **磚** 전 燒墼甓也 벽돌전 瓦也 기와전 甎同字 (先) **磝** 오 山多小石 산에돌많을오 山高貌 산우뚝할오 (豪)

磛 참 山險 산험할참 (咸) **[石鹿]** 록 石也 돌록 (屋) **[石斬]** 참 山險 산험할참 磛과同字 **磍** 하 石裂 돌벌어질하

磨 마 治石琢ㅣ갈마 礳同字、石磑 맷돌마 摩擦 마질마 (歌) **[石商]** 적 水番車 물레방아 적 矴本字 (錫) **[石莫]** 막 沙

漠모래바닥막 (覺) **磠** 노 ㅣ砂、藥石 약돌노 硇同字 (肴) **磟** 륙 石輥ㅣ碡 돌음배륙 (屋) **磢** 창 瓦石洗物去

垢기와가루물건닦을창 (養) **[石康]** 앙 石聲 돌소리앙 (陽) **磣** 삼 物雜沙 모래섞일삼 (感) **磩** 족 碌ㅣ、石

地不平 돌자갈땅족 砮也 돌살촉족 (屋) **[石言]** 담 石ㅣ、藥名 약이름담 (感) **硻** 갱 堅也 단단할갱 (庚) **[石婁]** 루 石多

돌많을 루 (尤)

磧 [적] 水渚有石ㅣ歷 물가자갈 적, 沙漠 모래벌 적 (陌)

瑿 [예] 美石黑色 아름답고 검은 돌 예 (齊)

磦 [표] 山峰出貌 산봉우리 우뚝할 표 (蕭)

磥 [뢰] ㅣ象石 돌무더기 뢰, 磊과 同字

⿰石郭 [곽] 石棺 돌 관곽 (覺)

磪 [최] 險高 험하고 높을 최 (灰)

磩 [척] 碶ㅣ、石次玉 옥돌 척 (錫)

⿱孰石 [숙] 石聲 돌소리 숙 (屋)

磫 [종] 石路 돌길 종 (冬)

磬 [경] 樂器玉ㅣ石ㅣ 경쇠 경, 騁馬 말달릴 경, 僂身ㅣ折 몸구부릴 경, 縊也 목맬 경, 激事掉ㅣ 일격동할 경, 罄通 (徑)

磤 [은] 雷聲砏ㅣ 우뢰소리 은, 殷 隱通 (文)(吻)

十二

礄 [궤] 敗也 파할 궤, 毀同字 (紙)

⿰石虛 [허] 輕石 가벼운 돌 허 (魚)

⿰石斯 [시] 磨也 갈 시 (支)

⿰石朁 [잠] 石門 돌문 잠, 小石 자갈 잠 (侵)

⿰石欽 [금] 深險連延貌ㅣ硷 깊고 험하게 연한 모양 금 (侵)

磯 [기] 水激石 물이 돌에 부딪칠 기, 水中磧 물속 자갈 기、낚시터 기 (微)

磲 [거] 石似玉 硨ㅣ 옥같은 돌 거, 大蛤 큰 조개 거 (魚)

⿰石厥 [궐] 發石 돌 뜰 궐 (月)

⿱厥石 [궐] 돌뜰 궐, ⿰石厥와 同字

磷 [린] 玉石符采ㅣㅣ 옥과 돌이 무늬날 린, 雲母 돌비늘 린, 薄石 얇은 돌 린 (眞)(震)

磳 [증] 石貌 돌모양 증 (蒸)

磶 [석] 礎也 주춧돌 석 (陌)

⿰石肅 [숙] 砥石玄ㅣ 검은 숫돌 숙 (屋)

磵 [간] 磎ㅣ、山夾水 산골시내 간、석간수 간, 澗通 (諫)

磴 [등] 登陟路 올라가는 길 등, 巖ㅣ石橋 돌다리 등、돌사닥다리 등, 嶝同字 (徑)

磻 [반][파] 鳳翔溪名 시내이름 반, 潘通、파 石碆 돌살촉 파 (寒)

磸 [정] 錐舟石 닻돌 정, 矴、碇 과 同字 (徑)

⿱敦石 [돈] 石可踞 걸터앉을 돌 돈 (元)

磹 [점] 電光磹ㅣ번개불번쩍거릴점 琰

[石+童] [당] 石貌돌소리당 江

[石+最] [최] 小石자갈최 泰

磺 [광][황] 銅鐵樸石쇳돌광、石名、硫黃돌이름황 梗 陽

[石+毳] [취] 石破돌깨어질취 本音철 霽

[隆/石] [륭] 石落聲硠ㅣ돌떨어지는소리륭 東

磼 [잡][섭] 山高貌ㅣ礏산높은모양잡 物 合 破聲磼ㅣ물건깨지는소리섭 葉

磾 [제] 染色黑石물들이는검은돌제 人名金日ㅣ사람이름제 灰

磽 [교] 磽地자갈땅교 堅硬단단할교 石不平돌편편치못할교 磬石경쇳돌교 墽通 肴

礁 [초] 水中巖 暗ㅣ암초초 水中石물속돌초 (中)

磿 [력] 石聲ㅣㅣ조약돌대그락대그락 燕宮名、ㅣ室연나라궁이름력 錫

[石+肅] [소] 破也깨질소 篠

磵 [간] 磎ㅣ山夾水산골시내간 澗同字

⑬

礊 [혁] 鞭聲채찍소리혁 陌

礆 [검] 石險돌험할검 琰

礉 [교][핵] 石不平돌험할교 磽同字、刻也각박할핵 效 陌

礈 [추] 落也떨어질추 墜、磓同字 寘

礎 [초] 柱下石礩也주춧돌초 語

[石+戡] [침] 用石琢돌로칠침 寢

礍 [갈] 石貌돌모양갈 曷

[石+戢] [즙] 石高돌높을즙 緝

礧 [뢰] 推石自高而下돌내려굴릴뢰 衆石돌무더기뢰 礨同字 隊 錫

[石+廉] [렴] 礪石숫돌렴 鹽

[石+詹] [담] 藥名石ㅣ治癤약이름담(石ㅣ、石中有、汁如膽汁酸辛氣寒、治諸石癤石淋、目痛) 感

[石+嵬] [외] 石多貌돌많을외 賄

礏 [급] 山高貌磼ㅣ산높은모양급 緝

礔 [벽] ㅣ礰벽력벽 霹同字 錫

礐 [각] 石聲돌소리각 覺

礓 [강] 小石ㅣ礫조약돌강 陽

礒 [의] 巖也바위의 紙

磄 [당] 底也 밑당 (漾)

𥗼 [uncertain headword] [향] 聲之外曰ㅣ 即影ㅣ 소리울릴향 아기향 響同字 (漾)

碱 [uncertain headword] [감] 封禪所用石 篋 돌함감 (感)

⑭

礙 [애] 止也 그칠애 距也 항거할애 妨也 방해로울애 阻也 거리낄애 碍同字 (隊)

礗 [빈] 碑石聲 돌부딪는소리 뚜리는소리빈 (眞)

礊 [격] 夜警鼓 야경북격 (錫)

礰 [uncertain headword] [력] 耕具石犁 돌보습력 (錫)

礘 [급][압] 磼ㅣ、石聲 돌소리급、石貌 돌모양압 (緝)(合)

礠 [자] 지남석자 磁同字

礚 [개] 石聲 磤ㅣ 돌소리개 磕同字 (泰)

礞 [몽] 礞石青ㅣ石 청몽석몽、약이름몽 (東)

礛 [감] 磨玉礪石ㅣ礸 옥가는숫돌감 (感)

磜 [찰] 妻ㅣ、石名 돌이름찰 (黠)

礜 [여] 石名白ㅣ、毒鼠 肥礜 돌이름여 (御)

⑮

礧 [뢰] 推石自高下 돌굴려내릴뢰 礌、檑同字、山貌 磈ㅣ 산높을뢰 (隊)(紙)

礣 [말] 小石 자갈말 堅也 단단할말 (曷)

礦 [광][황] 金銀銅鐵樸 쇠돌광 石名 돌이름황 鑛、礦同字 (梗)

礤 [찰] 粗石 거친돌찰、결고러운돌찰 (曷)

䃑 [uncertain headword] [반] 반석반 磐同字

礥 [혼][현] 難貌 어려운모양혼、艱險 간험할현 剛強 딱딱할현 (眞)(先)

䃼 [uncertain headword] [섬] 電光ㅣ礔 번개빛섬 礛石 무쇳돌섬 䃼同字 (豔)

𥗱 [uncertain headword] [수] 石也 돌수 (有)

𥗝 [uncertain headword] [려] 石堅 돌단단할려 石名 돌이름려 (語)

礬 [번] 涅石 백반번(藥材、染料) 花名 山ㅣ 꽃이름번 俗音 반 (元)

礨 [뢰] 小穴ㅣ空 작은구멍뢰 小封 개미둑뢰 磊同字 (賄)

礫 [력] 小石 자갈력 丹沙 주사력 (錫)

礩 [질] 柱下石 주춧돌질 (質)

礪 [려] 砥石 숫돌려 磨也 갈려 (霽)

⑯

䃮 [uncertain headword] [친] 水中石 물속돌친 (震)

礸 [uncertain headword] [저] 治玉礪石 礛ㅣ 옥가는숫돌저 (魚)

礭 [각] 鞕也 저적각 確通 (覺)

礰 [력] 迅雷霹ㅣ 벼락력 的ㅣ、明也 밝을력 靂礰同字 (錫)

礮 [포] 以機發石 石장군포 포兵、機彈 돌라、알포、돌쇠뇌포、砲同字 (效)

礱 [롱] 礱也 磨ㅣ 갈롱 磑也 맷돌롱 (東)(送)

[illegible] [뇨] 山曲 산굽을뇨 꼬불할뇨 (篠)

[illegible] [영] 石名 돌이름영 [illegible]也 와상할영 (庚)

礲 [롱] 礱과同字

[illegible] [괴] 小石 조약돌괴 (灰)

十七

[illegible] [양] 軟石 연한돌양 (養)

[illegible] [란] 玉石貌 옥돌란 (翰)

[illegible] [박] 石聲 돌소리박 (藥)

[illegible] [섬][섭] 電光ㅣ磹 번개섬 或音섭 [illegible]同字 磕石 부싯돌섬 (葉)

礴 [박] 地形窮ㅣ 땅형세박 礴體盤ㅣ 벌거벗을박 充塞 가득할박 廣礴 넓게덮을박 (藥)

十八

[illegible] [잡] 雜石多貌 잡석많을잡 (合)

[illegible] [구] 青礶石 푸른숫돌구 (虞)

礧 [뢰] 돌무더기뢰 磊의俗字

[illegible] [궐] 石也 돌궐

[illegible] [잡] 잡돌많을잡 [illegible]과同字

[illegible] [구] 青礶石 푸른숫돌구 (虞)

十九

礸 [찰] 거친돌찰 磜과同字

[illegible] [라] 돌무더기라 砢同字

[illegible] [마] 治玉琢ㅣ 옥다듬을마 磨本字 (歌)

二十

礹 [엄] 石山 돌산엄 (鹽)

二十一

[illegible] [란] 玉石貌 옥돌란 (翰)

[illegible] [파] 砝也 방칫돌파 (禡)

二十二

[illegible] [라] 石山 돌산라 (哿)

[illegible] [낭] 山隈 산모룽이낭 [illegible]同字 (養)

二十九

[illegible] [울] ㅣ[illegible]、小石 작은돌울 (物)

示部

示 [시][기] 呈也 바칠시、垂ㅣ 보일시、敎也 가르칠시、視通、神ㅣ 귀신기、祇同字 (寘)(支)

⺬ [시][기] 바칠시、귀신기

示同字

示 [시] 部首名 (보일시변)

● 一

礼 [례] 예도례、인사례 禮(示部十三畫)의古字

礼 [례] 예도례 인사례 禮古字

礼 [례] 禮(示部十三畫)의略字

● 二

礽 [잉] 福也 복잉 就也 나아갈잉 (蒸)

礼 [비] 祉同字 奉祭 제사지낼비

示 [수] 神禍 빌미수 祟와同字

● 三

社 [사] 主土神 ｜稷 땅귀신사、사직사 ｜圍、會｜ 단체사 ｜說 세상사 ｜日 사일사(立春立秋後、五戊爲｜) 圍合結｜ 둘레사、모일사 (馬)

杜 [사] ｜圍 단체사 社同字

祁 [기] 大也 클기 盛也 성할기 衆多｜｜ 많을기 (支)

礿 [약] 春祭名 봄제사약 (藥)

祀 [사] 祭也 제사사、年也 해사 禩通 (紙)

● 四

祆 [천] 火｜귀신천 波斯拜火教 종교이름천 (先)

衼 [계] 祭山사、제지낼계 庪同字 (紙)

祅 [요] 災也 재앙요 (蕭)

祄 [개] 祐也 하늘이 도울개 (卦)

祈 [기] 禱也 求福 기도할기、빌기 告也 고할기 報也 갚을기 徐也｜｜ 천천할기 (微)

祈 [기] 기도할기 祈同字

祇 [기] [지] 地神 지신기、安也 편안할기、大也 클기 不通、敬也 공경할지 但也 다만지 適也 마침지 秖通 (支)

神 [충] 虛也 빌충 (東)

祉 [지] 福也 복지 (紙)

祉 [지] 복지 祉同字

祔 [부] 祭名 제이름부 (虞)

秕 [비] 奉祭 제사지낼비 (紙)

祋 [대] [탈] 殳也 창대、탈 義同 (泰)(曷)

祊 [팽] 廟門祭神 사당문제사팽 閍通 (庚)

祈 [기] 祺의古字、吉也 길할기

祸 [화] 災害 재앙화 禍의俗字

衣 [두] 머리두 頭의古字

示 [수] 빌미수 祟와同字

● 五

祓

[불] 祭名除災求福 제사이름불、푸닥거리할불 除也 덜불 潔也 맑을불 ㊀物

祏 [석] 廟中藏主石室宗ㅣ 종묘돌감실석 ㊀陌

䄙 [유] 祝神詛也 예방할유 䄙의 古字

祐 [우] 神助 귀신이도울우 幸也 다행할우 ㊀宥

祐 [우] 다행할우 祐同字

祠 [가] 祭也 제사가 ㊀歌

䄚 [예] 祭也 제사예 ㊀霽

祕 [비] 密也 비밀할비 隱也 ㅣ閉不宣 가만히할비、숨을비 神也 귀신비 秘同字 ㊀寘

𥘱 [불] 祭名、除災求福 불제사불、푸닥거리불 祓과同字

祔 [부] 祭名 제사이름부 合葬 합장할부 ㊀遇

𥘿 [주] 廟中石室 돌감실주 ㊀麌

祖 [조] 父之父 할아비조 始也 비로소조 本也 근본조 道神祭 길제사조 ㊀麌

祖 [조] 할아비조 祖와同字

䄃 [앙] 殃과同字 咎也 허물앙

祗 [지] 敬也 공경할지 謹也 삼갈지 ㊀支

祚 [조] 福也 복조 位也 지위조、자리조 歲也 해조 祿也 녹조 ㊀遇

祘 [성] 省也 살필성 ㊀翰

祙 [미] 山神 산귀신미 ㊀寘

祝 [주][축] 祭贊願也 축원할주、빌축 贊主人饗神者 巫ㅣ 빌축 織也 짤축 斷也 끊을축 始也 비로소축 呪通 ㊀宥 ㊀屋

祝 [축][주] 빌축、축원할주 祝同字

祛 [거] 卻也 물리칠거 強健ㅣㅣ 굳셀거 散也 흩어질거 禳也 기도할거 ㊀魚

祜 [호] 福也 복호 ㊀麌

神 [신] 靈也 陰陽不測之謂 귀신신、영검할신 ㅣ明 신통할신 天ㅣ 하느님신 ㅣ經 정신신 ㊀眞

神 [신] 귀신신 神同字

祠 [사] 廟也 사당사 (將營宮室、先立ㅣ堂) 春祭名 봄제사이름사 ㊀支

祟 [수] 神禍 빌미수 (禍咎之徵鬼神所以示人) ㊀寘

𥘸 [수] 빌미수 祟와同字

祭 [제][채] 제사제、성채 祭의俗字

祡

五畫—示

祡 [시] 燔柴祭天 횃불켜고 천제지낼시 柴通 (佳)

𥙆 [사] 제사사 祀同字

𥘻 [사] 제사사 祀와同字

祗 [지] 공경할지、삼갈지 祗同字

祢 [니] 親廟 아비사당니 禰同字 本音녜 (齊)

祖 [조] 할아비조、조상조 祖의古字

❻

祦 [오] 福也 복오 (虞)

𥘯 [맥] 神也 귀신맥 (陌)

祣 [려] 山川祭名 여제사려 (語)

祵 [인] 潔祀 정결히제사지낼인 禋同字 (眞)

祥 [상] 幸福 상서상 福也 복상 吉也 길할상 吉凶之兆、災異 조짐상 祭名 제사상(父母喪期 而小ㅣ、再期而大ㅣ) 善也 착할상 詳通 (陽)

祥 [상] 상서상 祥同字

祤 [우] 縣名 祋ㅣ 고을이름우 (麌)

祫 [협] 合祭先祖 조상과 합제지낼협 (洽)

祧 [조] 遷遠祖廟 체천할조、사당조 (蕭)

祪 [궤] 廢廟之主 폐한 사당 신궤 祖也 할아비궤 (紙)

票 [표] 動搖貌 흔들릴표 火飛 불날릴표 傳ㅣ 무서운표、표표、쪽지표 輕擧貌 가벼울표 勁疾ㅣ姚 날랠표 嫖同字 (蕭)(嘯)

祮 [활] 祭也 제사활 (曷)

祩 [주] 詛也 방자할주、저주할주 (虞)

祭 [제][채] 祀也 人事至於神 제사제、가고제、姓也 성채 (霽)(卦)

祬 [지][기] 공경할지、편안할기 祇의古字

𥘵 [도] 祈神求福 빌도 禱와同字

𥘶 [앙] 허물앙 殃의古字

祮 [고] 禱也 빌고 祰 同字

❼

祰 [고] 禱也 빌고 告祭 고유제고 (皓)

禉 [유] 燎柴祭天 횃불켜고 천제지낼유 槱通 (有)

𥙮 [초] 福也 복초 (蕭)

𥙷 [사] 산 제사 社의古字

祱 [세] 祭也 제사세 (霽)

䄆 [활] 祭也 제사활 祮의本字

䄉 [아] 盛也 성할아 祭也 제사아 容貌美好 얼

큰 예쁠 가 ㊀歌

禍 화 災害 재앙 화 禍의 古字

祲 침 日傍暉氣 해무리 침 精氣 感祥 상서 침 盛也 왕성할 침 (侵)

新 제 절 설 安徐貌 천천할 제 捌也 끊을 절 斷 猶連 부러질 설 折同字 (齊)(屑)

祴 개 塼道 甓ㅣ 벽돌 깐 길 개 古樂章名 ㅣ夏 하나라 풍류 이름 개 (佳)(灰)

𥙊 사 단 제사 사 社의 古字

祳 신 祭社生肉 사직에 제사 지내는 날고기 신 脤同字 (軫)

禄 록 福也 복 록 祿의 俗字

祶 체 大ㅣ王者大祭名 체 제 체 禘와 同字

祷 도 빌 도 禱의 略字

八

䄍 자 年終祭名 납향제 자 (夏曰清祀 商曰嘉平 周曰ㅣ 秦曰臘) 蜡通 (禡)

䄋 엄 禳也 기도할 엄、빌 엄 (琰)

䄌 철 重祭 철제 철 醊也 강신제 철 (屑)

祹 도 福也 복 도 吉祥 상서 도 神也 귀신 도 (豪)

祿 록 福也 복록 록 俸給 녹봉 록、요록 록 善也 착할 록 穀也 곡식 록 火神回ㅣ 불귀신 록 (屋)

祺 기 吉也 길할 기 祥也 상서로울 기 (支)

祽 쵀 月祭 월제 지낼 쵀、삭제 쵀 (隊)

祻 고 祭也 제사 고 (遇)

祼 관 祭 酌鬯以ㅣ地 강신할 관 灌通 (翰)

䄢 기 好也 좋을 기 (支)

禌 치 安也 편안할 치 (支)

祅 요 災也 재앙 요 祆同字 (蕭)

禀 품 給也 줄 품 受命 명 받을 품 白事 여쭐 품 天賦性質 성품 품 稟俗字 (寢)

䅗 임 염 穀熟 풍년 들 임、여물 임 稔同字 염義同 (寢)

禄 록 福也 복록 祿과 同字

禁 금 制止 금할 금、금지할 금 止也 그칠 금 天子所居宮ㅣ 대궐 금 承會尊器 술자대 금 勝也 이길 금 當也 당할 금 劫持 겁박할 금 (沁)(侵)

禅 선 靜也 고요할 선 禪의 略字

禂 도 禱馬祭 말제사 지낼 도 𩦲同字 (皓)

禍 [화] 재앙화 禍의古字
⿱龹⿰示㔾 [권] 祠也 제사이름권 福也 복권 (願)
祼 [관] 祭酌鬯以ㅣ地강 신제관 祼과同字
⿰礻坴 [록] 見也 불록 (屋)
禃 [식] 專一으로 지할식 (職)

九

禌 [자] 息也 쉴자 (支)
禉 [유] 燎柴祭天神 불켜고천제지낼 우禉의 譌字
禈 [휘] 祭也 제사휘 (微)
⿰礻青 [시] 燔柴祭天 시제 지낼시 柴同字
⿰礻皇 [황] 榜ㅣ祭名 제이름황 (陽)
⿰礻壴 [팽] 廟門祭 사당문 제사팽 祊同字 (庚)
⿰礻矦 [후] 求福 복구할후 祈也 빌후 (尤)
禋 [인] 精意以亯제 사정성스러이 지낼인 禋通 (眞)
禊 [계] 除惡祭 祓ㅣ、三月上巳水嬉 푸닥거리할계 古音 혜 (霽)
禍 [화] 災也 화재화 殃也 재앙화 害也 해로울화 (箇)
⿰礻咼 [화] 재앙화 禍와同字
福 [복] 祐也、德也 복복 休也 아름다울복 吉祥상 서복 善也 착할복 祭祀胙肉 음복할복 (屋)
福 [복] 복복 福同字
禎 [정] 祥也 상서정 (庚)
禎 [정] 상서정 禎同字
禓 [양][상] 道上祭 길제사양 道神 길귀신양 逐強鬼 귀신쫓을상 (陽)
禐 [원] 佩也 노리개원 (霰)
禒 [사] 祭餘肉 제사 (銑)
禑 [오] 福也 복오 (虞)
禘 [제] 王者大祭ㅣ 나라의큰제향제 (霽)
禔 [지][시][제] 福也 복지、시 義同、安也 편안할제 福也 복제 (支)(齊)
禗 [사] 神不安欲去ㅣㅣ 귀신이 불안하여 가고저할사 (支)
⿰礻胥 [서] 祭器제 가서 (語)
禖 [매] 天子求子祭名高ㅣ 천자의아들비는제사 매(仲春之月以太牢祠高ㅣ) (灰)
禕 [의] 美也 아름다울의 珍貴보배로울의 嘆辭 탄식할의 (支)
⿰祟攴 [쇄] 間吉凶무 구리할쇄 (隊)

五畫—示

[illegible] 신 귀신신 神의本字

[illegible] 사 단계사 社의古字

[illegible] 재 戒、洗心潔也、莊也、恭也 재계할재 燕居室 집재 齋의本字 (支)

禅 선 靜也 고요할선 禪의略字

十

[illegible] 류 祝神詛也 예방할류、방법할류 (宥)

禚 작 齊地名 땅이름작 (藥)

禜 영 除災祭 재앙을쫓는제영 禳風祭雨 기우제영 (敬)

禛 진 以眞受福 복받을진 (眞)

[illegible] 복 복복 福의古字

禝 직 后ㅣ、堯臣周祖先주 나라의조상이름직 (職)

[illegible] 도 빌도 禱의古字

[illegible] 도 빌도 禱의古字

[illegible] 방 春祭 봄제 사지낼방 (庚)

禡 마 師旅所止地祭名 진터제사이름마 (禡)

[illegible] 명 福也 복명 (青)

禠 사 福也 복사 (支)

禟 당 神祐 도울당 (陽)

[illegible] 침 精氣感祥 상서침 祲의本字

[illegible] 복 복복 福의古字

十一

禃 저 告神明令加殃 삼ㅣ呪 저주할저 詛古字 (御)

[illegible] 필 竈祭 조왕제필 (質)

[illegible] 창 祠不恭貌 제사가공경치못할창 祭壇不毁貌 제단을헐지않을창 (江)

[illegible] 조 祐也 신명의도움조 豕祭 돼지로제사지낼조 (豪)

[illegible] 리 福祥 복리 (支)

[illegible] 루 飮食祭 음식제루 (尤)

[illegible] 훤 姓也 성훤 (先)

[illegible] 영 穗也 이삭영 穎의俗字

[illegible] 봉 負山之神 산귀신봉 (冬)

[illegible] 척 福也 복척 (錫)

[illegible] 인 정결히지낼인 禋의俗字

禦 어 扞也 拒也 막을어 止也 그칠어 御通 (語)

[illegible] 신 귀신신 神의古字

[illegible] 박 久視也 오래볼박 (覺)

十二

禨 기 祥也 상서기 祟也 빌미기 沐飮酒 목욕한뒤에 먹는술기 (微) (未)

禭(礻惠) [혜] 祭也 제사 혜 (霽)

(礻虛) [허] 耗鬼 주린귀신 허 (魚)

禫 [담] 除服祭 大祥後間一月行 담제 담 (父母喪期而小祥又期而大祥中月而ㅣ) (感)

(礻曹) [조] 祐也 신명의 도울 조 (礻曹) 同字

(礻焦) [초] 樵也 마를 초 醮의 本字 [초] 冠娶祭名 초례 제 초

禩 [사] 祀와 同字、제사 사

禪 [선] 傳位 전위할 선 除地封ㅣ 터닦을 선 靜也 고요할 선 僧也 중 선 (ㅣ有五外道ㅣ、凡夫ㅣ、小乘ㅣ、大乘ㅣ、最上乘ㅣ) 嬗同字 (霰)(先)

禧 [희] 福也 복 희 吉也 길할 희 釐通 (支)

(毳示) [취][찬] 謝絕 사절할 취 祭貌 자주 제지낼 취、찬 義同 (霽)(旱)

(礻尞) [료] 燔柴祭天 홰불켜고 천제지낼 료 燎通 (嘯)

(礻喬) [결] 不祥 재앙 결 (屑)

(礻番) [번][파] 祭熟肉 삶은 제사고기 번、大腹 배불룩할 파 膰 同字 (元)(歌)

(彭示) [팽] 廟門祭 사당문 제사 팽 祊의 本字

十三

禮 [례] 節文仁義也 예도 례 敬ㅣ 절 례 (薺)

禬 [회] 除殃祭名 재앙 제하는 제사 회 (泰)

(礻遂) [수] 神名 귀신이름 수 祭名 제사이름 수 (高句麗國、在遼東之東千里國東有大穴號ㅣ神、以十月而祭之) (寘)

(礻亶) [선] 祭天 천제지낼 선 讓也 사양할 선 (霰)

禯 [농] 厚祭 후한 제사 농 (冬)

禒 [록] 福也 복 록 祿과 同字

(礻曷) [계] 拜、兩膝隱地 꿇어앉을 계 跪同字 (紙)

(礻睪) [역] 祭之明日 제사이튿날 역 (殷曰肜、周曰ㅣ) 繹通 (陌)

十四

禱 [도] 祈神求福 빌 도、기도할 도 (皓)(號)

禰 [니] 新廟 아비사당 니 (生稱父死稱考入廟稱ㅣ) 本音 녜 (薺)

(礻齊) [자][제][재] ㅣ衰 衣下縫 상옷아랫단 혼 자 莊也 씩씩할 제 肅也 엄숙할 재 致ㅣ 潔也 재계할 재、齋同字 (支)(霽)(齊)(佳)

⿰示厭 염 禳也 도액할 염、예방할 염 厭通 (琰)

⿰示翟 조 遷遠祖廟 체천할 조、천묘할 조 祧의古字 (蕭)

⑮

⿰示巤 랍 祭也 제사 랍 (葉)

⿰示复 우 福也 복 우 (有)

禲 려 浮行神鬼 災 귀신의 재앙 려 古帝王無後鬼 여귀 려 厲同字 (霽)

⑯

⿰示盧 려 祭山川 산천 제사 려 旅同字 (語)

⿰示賴 뢰 祝詛 殊ㅣ 저주할 뢰 隤壞也 무너질 뢰 (泰)(隊)

⑰

禴 약 夏祭名 여름제사이름 약 春祭名 봄제사 약 礿同字 (藥)

⿰示璽 선 殺也 죽일 선、秋獵 가을사냥 선 獮同字 (銑)

⿰示霝 령 神名 귀신이름 령 靈同字 (靑)

禳 양 祈也 빌 양、기도할 양 (陽)

⑱

⿰示題 제 福也 복 제 (霽)

⑲

⿰示繭 견 敬也 공경할 견 (銑)

禶 찬 詛呪 저주할 찬、祝神 귀신에게 빌 찬 (翰)(旱)

禷 류 以事類祭天神 천제지낼 류 類通 (寘)

⑳

⿰示巂 건 祭也 제사 건 (元)

内部

内 유 獸足蹂地 짐승의 발자국 유 (有)

④

禹 우 夏后名 하후씨 우(夏之王皆名之號) 舒也 펼 우 徐緩 느즈러질 우 姓也 성 우 (麌)

禺 옹·우 廣州地名番ㅣ 땅이름 옹、우 義同、日左己日ㅣ中 사시 우 獸名似獼猴 짐승이름 우 (冬)(虞)(遇)

禼 우 禹의古字 하후씨 우

⑥

离 리 明也 밝을 리 麗也 고울 리 散也 헤질 리 卦名 괘이름 리 獸名 짐승이름 리 離同 (支)

⑦

⿱巛禺 비 獸名ㅣㅣ 짐승의 이름 비 狒同字 (未)

禼 설 殷祖名 은나라 시조이름 설 卓也 높을 설 偰同字 (屑)

⑧

禽

禽 금 鳥也飛ㅣ새금 執獲사로잡을금 戰勝 (侵)

禼 설 높을설 卨의古字

九

萬 만 일만만 萬의古字

[illegible]

비 비비짐승비 𥜽와同字

十二

[illegible] 비 비비짐승 비 𥜽와同字

十三

[illegible] 비 猿類ㅣㅣ원숭이비 狒同字 (未)

[illegible]

비 비비짐승 비 𥜽와同字

禾部

禾 화 稼之總名곡식화 嘉穀 二月生八月熟벼화 和通 (歌)

禾 계 애 曲止木頭而不能上貌 나무끝을구부려올라가지못할계애 義同 (齊)(隊)

禾 화 首部名 벼화(벼)

一

[illegible] 옥 구슬옥 玉과同字

二

秀 수 榮茂빼어날수 茂也무성할수 禾吐華이삭수、벼패일수 美也아름다울수ㅣ才 수재수 (宥)

秃 독 無髮모지라질독ㅣ頭 대머리독ㅣ山 민둥산독 (屋)

私 사 不公사사사、사정사 己稱나사 自爲姦ㅣ 간사사、女子之姊妹夫謂ㅣ 형제의남편사 (支)

秉 병 把也잡을 병 秉同字

[illegible] 비 穀下成實쭉정이비、秕 더러울비 秕同字 (紙)

[illegible] 묘 秀也빼어날묘 (篠)

秂 인 禾結貌 곡식결실할인 (眞)

三

秆 간 禾莖벼줄기간 稈同字 (旱)

秄 자 培也북돋울자 (或耘或耔) (紙)

[illegible] 우 禾不秀 벼패지않을우 (虞)

[illegible] 결 禾把벼묶음결 (屑)

[illegible] 망 稻稃등겨망 (陽)

秅 타 차 穀數곡식수효타、國名烏ㅣ나라이름차 (麻)

秈 선 稅也메벼 선 秈同字 (先)

秇 예 才能재주예、文也글예、藝의古字 (霽)

秉 병 把也잡을 禾束

웅금병、벼묶음병 十六斛 열여섯병、휘병 ㊩梗

[禾+弋] [의] 稈也 짚의 ㊩職

[禾+己] [기] 禾名 穋ㅣ 벼이름기 白粟 흰조기 ㊩紙

[禾+勺] [초] 禾穗垂貌 벼이삭숙은모양초 ㊩篠

[禾+乞] [흘] 屑米細者 쌀가루흘 稻生 벼싹날흘 ㊩屑

[禾+刀] [리] 吉也 이로울리 利同字

秊 [년] 해년 年의本字

[禾+也] [이] 禾相倚遷 모벌이、遷也 옮길이 移 ㊩支

㊃

秋 [추] 金行之時 白藏節 가을추 歲月 千ㅣ 세월추 趨蹌ㅣㅣ 추장할추 穀物豊作 풍년추 穀物收穫 추수추 愁也 근심추 時也 때추 騰貌 馬ㅣㅣ 말뛰놀추 ㊩尤

[禾+夫] [부] 再生稻 벼움날부 ㊩虞

[禾+不] [비] 黑黍 검은기장비 秠同字

秌 [추] 가을추 秋의本字

种 [충] 稚也 어릴충 冲同字 ㊩東

科 [과] 程也 과정과、한정과 本也 근본과、밑둥과 條也 조목과 品也 품수과 等也 무리과 坎也 웅덩이과 取人條ㅣ第 과거과 罪責處罰ㅣ料 벌쓸과 法也、金ㅣ玉條 법과 ㊩歌

秎 [분] 禾束 벼묶음분、볏단분 ㊩文

秕 [비] 穀不成實 쭉정이비 穢也 더러울비 稗也 가라지비 粃同字 ㊩紙

秓 [지] 稈也 벼줄기지、짚지 ㊩支

秖 [지] 稻熟 벼익을지 適也 마침지 祇通 ㊩支

[禾+巴] [과] 稏、稻名과 아벼과 穲과同字

秒 [묘][초] 禾芒 볏가락묘 ㅣ忽、微妙 세미할묘、ㅣ針 초침초 ㊩篠 (韓)

秏 [모] 減也 덜모 稻也 벼모 ㅣ亂、不明貌 어두울모 耗通、古音호 ㊩號

[禾+勿] [이] 이로울이 利의古字

[禾+丑] [뉴] 禾耎弱 벼여약할뉴、묘뉴 ㊩有

[禾+开] [견] 小束 작은단견 十束 열묶음견 ㊩銑

秐 [운] 鉏 除苗間草 김맬운 耘同字 ㊩文

秔 [갱] 稻不黏 메벼갱 粳、稉同字 ㊩庚

[禾+仌] [어] 草也 풀어 ㊩魚

[禾+牙] [아] 苗初 茁 싹아

稻束볏단아 (麻)

穀 [곡][구] 禾稼總名곡식곡、나도알곡 乳也젖구 穀同字 穀通함 (屋)(宥)

[禾采] [수] 禾成벼이을수 禾穗벼이삭수 (寘)

[禾亽十] [찬] 禾聚볏가리찬 穳同字 (寒)

[禾內] [여] 内也들여 私一、心輕薄경박할여 (寘)

[禾卉] [분] 走也달아날분 奔同字

[禾旡] [기] 種、稠也빽기、빽빽할기 穊同字 (寘)

秖 [지] 茂也무성할지 (支)

[禾犁] [려] 耕也받갈려 (齊)

五

租 [조] 稅也부세조、구실조 積也 蓋一 쌓을조 己收禾正一 벼조 (虞)(中)

[禾加] [가] 禾也벼가、나락가 (麻)

秞 [유] 禾黍盛벼와기장무성할유 (尤)

秘 [비] 密也비밀할비 祕俗字 (寘)

[禾付] [부] 米殼麤糠등겨부 왕겨부 稃의俗字 (虞)

秙 [고] 禾不實一穛벼여물지않을고 (遇)

[禾弗] [필] 禾重生一 櫛움벼필 (質)

[禾也] [이] 옮길이 移俗字

秜 [니] 自生稻돌벼니、피니 或音리 (支)

[禾半] [반] 物相和섞일반、화합할반 (旱)

秛 [비] 禾租벼의조세비 (支)

秥 [점] 禾也벼점 (鹽)

秠 [비] 黑黍검은기장비 (支)(紙)

秤 [칭] 衡也저울칭 稱通、百斤백근칭 (徑)(韓)(中)

秅 [두] 漢侯國名한의후국두 (遇)

秡 [발] 禾傷벼상할발 (曷)

秣 [말] 飼馬穀말먹이말、飼也말먹일말 衡也저울말 䬴同字 (曷)

秦 [진] 伯翳所封國名나라진 禾名벼이름진 (眞)

秧 [앙] 禾苗모앙 (陽)

秩 [질] 序也차례질、俸給봉급질、品一、祿廩품수질 常也떳떳할질 秩、祑通 (質)

秨 [작] 禾搖動貌벼흔들릴작 (藥)

秭 [자] 數名、億之千倍천억자 縣名、

ㅣ歸 고을 이름 자 (秭)

䄷 [석] 十斗 섬 석 石通 (陌)

秬 [거] 黑黍 검은 기장 거 (語)、

秖 [지] 稆始熟 벼 청음의 을지 (支)

秫 [출] 黏粟 차조 출 古音 술 (質)

称 [칭] 銓也 저울질할 칭 言也 일컬을 칭 稱의 略字 (蒸)(徑)

称 [칭] 일컬을 칭 稱 俗字

⿰禾白 [박] 禾不實 벼 익지 않을 박 (藥)

秧 [초] 禾穗垂貌 이삭 고개 숙일 초 杪의 俗字 (篠)

秈 [치] 賣穀 곡식 팔 치 (寘)

⿱禾示 [서] 禾屬粘爲秫不粘爲ㅣ 메기장 서、기장 서 黍同字 (語)

秕 [채] 禾也 벼 채 (蟹)、

秢 [령] 禾始熟 벼 처음 익을 령 年也 나이 령 齡通 (靑)

六

⿰禾夷 [제] ㅣ稗、穢草 가라지 제、강아지풀 제 稊와 同字

秱 [동] 禾盛貌 벼 마디 길 동、벼 무성할 동 禾節 벼 마디 동 (東)

⿰禾存 [존] 禾積 벼 쌓을 존 (願)

⿰禾次 [차] 穊也 배게 심을 차 (寘)

⿰禾兆 [도] 自生禾 피 도、돌벼 도 (蕭)(有)(豪)

秶 [자] 稷也 피 자、메기장 자 (支)

秳 [괄][활] 禾生貌 벼 날 괄 舂粟不潰 조 닦여지지 않을 활 (黠)(曷)

⿰禾如 [녀] 臭草 썩은 냄새나는 풀 녀 (魚)

秴 [합] 耕也 밭갈 합 種也 씨 뿌릴 합 (合)

⿰禾巟 [황] 凶年 흉년 들 황 空也 빌 황 ⿰禾荒同字 (陽)

⿰禾戎 [욕][용] 厚也 두터울 욕、黑黍 검은 기장 용 (屋)(腫)

秵 [인] 禾華 벼 꽃 인 (眞)

秹 [임] 禾弱 벼 약할 임 (寢)

⿰禾曳 [예] 收禾 벼 거둘 예 禾名 벼 이름 예 (霽)

⿱巩禾 [공] 晚稻 늦사리 벼 공 (冬)

秷 [질] 禾穗 벼 이삭 질、刈禾聲 벼 베는 소리 질 挃同字 (質)

秸 [갈] 禾稾 짚고갱이 갈。볏짚 갈 稭同字 (黠)

⿰禾列 [렬][례] 黍穰 기장

줄기결、기장질결、려 義同 (脣)(霽)

䅋 [학] 木屬 벼학 (藥)

案 [안] 糳禾벼 갈안 (翰)

移 [이] 遷也 옮길이 變也 변할이 禾相倚遷 모낼이 (支)

⿰禾劦 [례] 長禾긴 벼례 (霽)

秅 [투] 地名땅 이름투 (遇)

⿰禾卆 [최][졸] 會ㅣ 聚也 모을최 禾聚貌 볏가리졸 稡과 通 (泰)(月)

⿰禾兇 [종] 禾束볏단종、벼 묶을종 稯同字 (東)

粟 [속] 黍屬米月 穀稱 조속、좁쌀속 粟의 古字 (沃)

⿰禾百 [계] 滯也 마힐계、머물을계 (齊)

七

⿰禾尃 [부] 禾積 벼쌓을부 볏가리부 稗 通 (虞)

稀 [희] 踈也 드물희、성길희 少也 적을희 淡也 맑을희 希同字 (微)

⿰禾列 [렬] 禾行列不齊 벼포기 고르지않을렬 (屑)

稄 [측] 禾密貌、穡ㅣ 벼빽빽한 모양측 (職)

稾 [고] 禾稈볏짚고 文草사초고、원고고 稿、稾同字 (皓)

稃 [부] 穀類外糠 등겨부、왕겨부 (虞)

稆 [려] 自生稻 돌벼려 穭同字 (語)

稇 [곤] 成熟 곡식익을곤 (阮)

稅 [세][태][탈] 거둘세、추복입을태、풀을탈 稅 同字

稈 [간] 禾莖 稭稾 벼줄기간、볏짚간、秆同字 (旱)

稅 [세][태][탈] 租也 부세세、구실세 斂也 거둘세 捨也 놓을세、버릴세 休息ㅣ駕 쉴세、追服 추복입을태(日月已過 聞喪而服曰ㅣ) 解也 풀탈、끄를탈 梲通 (霽)(泰)(曷)

⿰禾肙 [견] 麥莖 보리줄기견、보릿대견 (先)

⿰禾告 [곡] 禾熟 벼익을곡 (沃)

⿰禾廷 [정] 稻麥傑立貌 벼우뚝설정、우뚝설정 (徑)

⿰禾孛 [필] 禾重生ㅣ穪 움벼필 穪과 同字

⿰禾秀 [우] 分也、別也 나눌우、가를우 (有)

稂 [랑] 草名、似莠害苗 강아지풀랑 蓈同字 (陽)

⿰禾尾 [미] 鐾也 죽미、범벅미 (尾)

程 [정] 式也 법식 정 限也 한정 정 量也 헤아릴 정 準也 준할 정 課也 과정 정 道里 길 잇수 정 —度 도수 정 品也 품수 정 姓也 성 정 (庚)

稉 [갱] 稻不黏 메벼 갱 秔과 同字

秳 [비] 黑黍 검은 기장 비 秠와 同字

[illegible] [견] 小束 작은 묶음 견 (銑)

稊 [제] 野生 —稗 강아지풀 제、가라지 제 稊同字 (齊)

[illegible] [섭] 收穀 곡식 거둘 섭 (葉)

稌 [도] 稬稻也 찰벼 도 (虞)(麌)

稍 [초] 漸也 —— 점점 초 小也 작을 초 稟食 녹식 초、녹 초、均也 고를 초 (巧)(效)

程 [정] 式也 법 정、課— 과정 정 道里 길 정 程同字 (庚)

[illegible] [구] 木曲也 굽은 나무 가지 구 椦—曲 不伸之意也 뻗지 않을 구 (麌)

[illegible] [직] 黍屬 五穀之長 피 직、메기장 직 后— 農官 농관 직 稷의 古字 (職)

[illegible] [별] 禾香 벼 향기 별 (屑)

[illegible] [망] 稃稻 등겨 망 [illegible]과 同字

[illegible] [착] 今年枯而來年自生稻 금년에 말라죽고 내년에 자생하는 벼 착 (覺)

八

[illegible] [엄] 禾不實 벼 쭉정이 엄 (琰)

稏 [아] 稻名 䆉— 벼 이름 아 (禡)

[illegible] [비] 禾穗貌 벼 이삭 모양 비 (尾)

稒 [고] 縣名 —陽 고을 이름 고 棝同字 (遇)

[illegible] [승] 麻屬 삼 승 (蒸)

稑 [륙] 禾名 穜— 벼이름 륙 旱熟稻 올벼 륙 穋同 (屋)

[illegible] [치] 禾死 벼 죽을 치 耕也 갈 치 (支)

[illegible] [거] 黍也 穃— 기장 거 (魚)

[illegible] [의] 禾茂貌 벼 무성할 의 (支)

稐 [륜] 禾束 벼 단 륜、파발 륜 (阮)

[illegible] [정] 稻麥傑立貌 상이 사정 [illegible]과 同字

[illegible] [괘] 似禾而實細 돌피 괘 細也 잘 괘 (卦)

稔 [임] 穀熟 풍년들 임、곡식이 익을 임 年也 해 임 積久 오랠 임 俗音 염 (寢)

稖 [방] [부] 鑼器 보

습방 耕也 鑼ㅣ받 갈부 秸、同字。講 尤

稕 준 稈束 짚묶음 준、짚단 준 震

䅌 권 禾相近 벼포기 서로 가까울 권 阮

䅘 래 小麥來 麳 밀 래 灰

稇 곤 束也 묶을 곤、쿨단 곤、或音 혼 阮

䅑 제 禾貌 벼 모양 제 霽

稙 직 早種禾 일직 심은 벼 직、조도 직、오자 강이 직(ㅣ穉、菽麥先種曰ㅣ、後種曰穉) 職

䄸 괘 似禾而實細 돌피 괘 稗와 同字

稘 기 豆莖 콩 줄기 기 周年 일주년 기 朞通 支

䅪 관 禾病 벼 병들 관 旱

䅛 창 穅也 겨 장 陽

稜 릉 畦ㅣ 밭두둑 릉 藥名三ㅣ 약 이름 릉 廉角觚ㅣ 모질 릉 神靈之威 신령의 위엄 릉 勢也 형편 릉 楞通 徑 蒸

稚 치 幼禾 어린 벼 치 晩也 늦을 치 少也 幼稺 어릴 치 稺同字 寘

䅦 험 禾傷肥 벼 주저앉을 험 鹽

稄 측 禾束 볏단 측 벳다발 측 職

稠 주 密也 주밀할 주 穊也、穊也 빽빽할 주 多也 많을 주 濃也 무르녹을 주 或音 조 尤

稞 과 麥也 보리 과 無芒麥 중보리 과 無皮穀 알곡식 과 哿

䅝 공 稈也 볏대 공 藁也 짚 공 東

稟 품 白事 품할 품、여쭐 품 天賦性質 성품 품 給也 줄 품 受命 명 받을 품 寢

稛 균 束也 묶을 균 滿也 가득할 균 軫

䅜 타 小積 작게 쌓을 타 哿

稡 최 졸 聚也 會ㅣ 모을 최 禾聚貌 벼 포기 모을 졸 泰 月

𥝢 렬 례 黍穰 기장 줄기 렬 黍穰 기장 짚 렬 梸의 本字 례 義同 屑 霽

稶 욱 黍稷盛貌 서직 이성한 모양 욱 屋

𪏰 렬 례 禾와 同字 기장 짚 렬

黎 례 黑木 검은 나무 례 齊

𥞨 직 피 직、메기장 직 稷과 同字

𥟌

창 穡也 볏단창、볏다발창 (漾)

[illegible] 화 稽頭 관의 머리화 (歌)

[illegible] 목 敬也 고경할목 和也 화할목 穆의古字

稤 숙 各宮薪事者 ㅣ宮 숙궁숙 (藥)

⑨

[illegible] 성 稀也 드물성 (青)

[illegible] 옥 禾芒벼 거럭옥 (屋)

[illegible] 기 禾長穗 긴벼이삭기 (眞)

[illegible] 의 禾茂貌 벼무성할의 𥝢의本字

[illegible] 추 稔實 벼알여물추 (宥)

[illegible] 제 강아지풀제 稊와同字

稨 변 籬上豆 울콩변 (先)

[illegible] 수 草名 풀이름수 (麌)

稧 결 계 禾稈 볏짚결、계 修ㅣ계계 秧稻 벼수단계 (屑)(霽)

[illegible] 와 위 多也 많을와、위 義同 (歌)(紙)

稬 나 稻之黏者 찰벼나 穤同字 (箇)

[illegible] 과 라 중보리과、알곡식라、稞와同字

[illegible] 타 단 禾垂貌 벼고개숙은모양타、단 義同 (哿)(寒)

[illegible] 수 禾苗好美 고갱이나올수 穟와同字

稭 개 갈 禾藁去皮祭天爲席 짚고갱이개、갈 義同 (哿)(寒)

[illegible] 황 행 禾ㅣ、黍也 기장황、행 義同 (陽)(庚)

[illegible] 집 種也 심을집 本音즙 (緝)

[illegible] 자 禾生貌 벼날자 䅆와同字

稫 벽 禾密ㅣ稄 벼빽빽할벽、보일벽 (職)

種 종 類也 종류종 短髮ㅣㅣ 머리털모지라질종 ㅣ子 씨종 物物 가지종 蓺植 심을종 布也 펼종 (腫)(宋)

[illegible] 렴 香也、芳香 향기날렴 (鹽)

[illegible] 묘 穮ㅣ 禾不實 벼이지않을묘 (有)

[illegible] 알 禾擧出苗 고갱이알 (月)

[illegible] 목 敬也 공경할목 穆의俗字

稱 칭 言也 말할칭 銓也 저울질할칭 揚也 드날릴칭 擧也 들칭 名號 일컬을칭 偁同字、愜也 마음에맞갖을칭 副也 맞을칭 相等參ㅣ 같을칭 度也量也 헤아릴

칭 衣單複具별칭 秤通 (蒸)(徑)

稖 [염] 苗齊等ㅣㅣ이삭가지런할염 (鹽)

稰 [서] 熟穫 타작할서、강은건이할서 祭神

米 고시쌀서 (語)

稯 [종] 禾束十莒벼뭇 음종、벼단종 (東)

⿰禾卿 [슬] 狒ㅣ禾重生읍 벼슬 稻의 俗字

⿰禾鬼 [직] 괴 직 稷과 同字

⿰禾則 [측] 禾稠密貌벼 빽빽할측、(職)

稻 [도] 벼도 稻의 俗字

稥 [향] 芳香향기향 (陽)

稜 [지][기] 止也머무를지、구철지 枝果가지에 달린열매기 ㅣ首蛇、兩頭蛇머리둘뱀기 (紙)(寘)

⿰禾咠 [즙] 稠也빽빽할즙 (緝)

穀 [곡] 곡식곡 穀略字

⊕十

⿰禾唐 [당] 黍也ㅣ秬기장당 玉蜀黍옥수수당、강냉이당 (陽)

⿰禾盍 [애] 稻小把벼의작은단애 稻種벼의씨애 (卦)

稴 [렴][겸] 稻不黏메벼렴、겸 義同 (鹽)(琰)

⿰禾虒 [사] 禾세벼 벨사 (支)

⿰禾骨 [골] 禾莖벼줄기골 (月)

⿰禾旁 [방] ㅣ稈、稷也 메기장방 (陽)

⿰禾倉 [창] 禾穗벼이삭창 (漾)

⿰禾栗 [률] 積禾貌ㅣㅣ벼쌓은모양률 (質)

稷 [직] 黍屬五穀之長메기장직、피직 農官名 后ㅣ공과직 土神、社ㅣ사직직、흙귀신직 (職)

⿰禾鬯 [창] 穧也 곡식거둘창 (漾)

稶 [욱] 黍稷盛貌서속우거질욱 (屋)

⿰禾豈 [은] 飽也배부를은 饐과 同字

稵 [자] 禾生貌벼날자 滋同字 蒔也씨뿌릴자 (支)

⿰禾耆 [시] 麥下種보리그루에심을시 (支)

⿰禾留 [류] 禾盛벼무성할류 (尤)

⿰禾尃 [부][포] 禾鑽積볏가리부、벼쌓을부、大豆큰콩포 秿通 (虞)

稺 [치] 幼禾어린벼치 幼小어릴치。稚同字 (寘)

⿰禾畜 [축] 積聚之意쌓을

五畫ㅣ禾

축 蓄同、畜通 屋

稹 진 密也 빽빽할진 叢也 무더기진 聚物 물건모을진 軫

穩 온 盛也 번성할온 文

[禾羔灬] 작 곡 녹 禾皮 벼껍질 작곡、녹 義同 藥 沃

稻 도 水田種秔 穀ㅣ 벼도 皓

[禾桀] 걸 禾出貌 베펠걸 屑

[禾素] 삭 색 禾貌 벼삭、禾穗 벼이삭색 藥 陌

[禾荒] 황 흉년들황 穔과同字

稽 계 考也 상고할계 留止 머무를계 財滯 저축할계 薺 貌滑ㅣ의살부릴계 計也 계교할계 議也 의논할계 至也 이를계 同也 같을계 下首 머리숙일계、구부러질계 齊 薺

稼 가 種穀也 곡식심을가 禡

稿 고 禾稈 볏짚고 文草 초고、원고고 稾同字 皓

穀 곡 禾稼總名 곡식곡、낟알곡、善也 착할곡 生也 삶곡 養也 기를곡 祿也 녹곡 穀通 屋

稾 고 볏짚고、원고고 稿同字

[禾必小] 별 急性 급할별 屑

秦 진 禾名 진벼진 伯翳所封國名 진나라진 眞 秦의籒文

耨 누 耘田器 호미누、薅田 김맬누 耨同字 宥

[禾茸] 용 穠ㅣ、芳也 향기로울용 稍也 벼용 冬

[禾冓] 강 耕也 밭갈강 耩과同字

[禾致] 치 禾稠貌 벼빽빽할치 寘

穂 수 禾成秀 이삭수 穗의略字

[禾勹黍] 려 ㅣ民、衆也 무리려 ㅣ明、天欲曙 동틀려 黎同字 齊

穆 목 穆略字、공경할목

⓫

[艹秦] 찬 禾聚 볏가리찬 穳의俗字

[禾啇] 적 離而種之 모종낼적、피어심을적 錫

[禾窒] 질 穫禾聲 벼베는소리질 秷俗字

穄 제 稷也 기장제、피제 (似黍黑而不黏) 霽

[禾覀灬] 초 物縮少 물건줄초 嘯

[禾悤] 총 禾

東벼묶을종 (董)

穛 [근] 穰草랑은풀근 (震)

穅 [강] 穀皮겨강 樂器名악기이름강 糠同字 (陽)

䆉 [률] 穲米곳은쌀률 (質)

穆 [목] 和也화할목 敬也공경할목 美也아름다울목 廟序昭ㅣ사당차례목 穋同字、繆通 (屋)

𥡴 [계] 考也상고할계 議也의논할계、下首머리숙일계 稽의俗字 (齊)(薺)

稴 [겸] 겸할겸 兼의古字

𥡞 [신][족] 穀名곡식이름신 草木叢초목더부룩할족 (眞)(屋)

稌 [도] 禾穗벼이삭도 (虞)

𥢶 [상] 禾貌벼상 (養)

𥣥 [라] 穀積낟가리라、곡식쌓을라 (歌)

穈 [미][문] 黍屬기장미 粥也미음미 糜同字、赤苗嘉穀붉은차조문 虋通 (支)(元)

䅉 [사] 赤ㅣ、紅稻붉은벼사、산올벼사 (麻)

穇 [삼] 穗不實穗ㅣ쭉정이이삭삼 稗也피삼 禾長벼길찰삼 (感)

䅬 [부] 禾穦積볏가리부 벼쌓을부 稗、穦同

字 (麌)

𥢷 [예] 才能재주예 藝와同字

積 [적][자] 堆疊쌓을적 聚也모을적 ㅣ量、面ㅣ넓이적、儲也委ㅣ저축할자 積通 (陌)(寘)

穊 [기] 稠密빽빽할기、배게ㅣ種배이게심을기 (寘)

𥣂 [리] 穗秀而垂ㅣㅣ벼이삭수그러질리 (支)

穋 [륙] 穜ㅣ禾名동륙벼륙、早熟稻올벼륙 稑同字 (屋)

䅺 [묘][표] 禾芒벼까끄라기묘、벼까끄라기표 稻苗秀出상이삭묘 (篠)(蕭)

穌 [소] 息也쉴소 舒悅기쁠소 死而復生재날소 太西救世主曰耶ㅣ예수소 蘇通 (虞)

穎 [영] 穗也이삭영 錐鋒송곳끝영 才能拔出빼날영 (梗)

𥢓 [총] ㅣ移、ㅣ禾벼뻘종 (冬)

𥡗 [만] 赤ㅣ、稻名벼이름만 荒田거친밭만 (刪)

穉 [치] 幼禾어린벼치 稺와同字

𥣧 [자][적]

五畫—禾

委ㅣ儲也 쌓을자、저축할자 累聚堆疊 물건저、모을저ㅣ量面ㅣ넓이저 積同字 寘 陌

穐 추 가을추 龝 秋와同字

⿰⿱禾田禾 종 씨 종、종자종 種의古字

穏 온 편안할온 穩의略字

⿱殸禾 형 香遠聞 향내 멀리날형 馨同字 青

⿰禾⿹勹禾 려 ㅣ民、衆也 무리려、동틀려 黎同字

⿰禾⿱卄冂 미 문 穄屬 기장미 赤苗 嘉穀 조문 穈同字 元

⿰禾㒸 수 고갱이나올수 穟와同字

⑫

穔 황 野麥 들보리황 野穀 들곡식황 陽

穓 의 耕也 갈의 職

⿰禾賁 분 穀米蘋貌穩ㅣ자부르지않은곡식분 吻

⿰禾留 류 禾盛 벼성할류 尤

⿰禾朁 잠 禾欲秀 벼패려고할잠 侵

穕 집 土ㅣ、農具 농사연장집 葉

⿰禾華 화 禾盛貌 벼무성할화 麻

穛 착 早取穀 풋바심할착 覺

穘 효 禾傷 벼상할효 肴

⿰禾草 착 초 特止 우뚝머무를착 卓立 우뚝설착、卓也 탁자초 冒也 범할초 覺 效

⿰禾務 로 野豆 들콩로 豪

穜 충 동 禾名ㅣ稑 벼이름충、先種晚熟 늦벼동 重通 東

⿰禾⿱罒灬 매 禾傷雨生黑斑 벼가비에상하여대모양있을매 隊

穖 기 禾也 벼기 尾

穗 수 禾成秀 벼이삭수、벼고갱이수 麥穎 보리이삭수 穟同字 寘

⿱⿰禾尤否 고 호 屈止 굽으리고머무를고 綢繆 여귀를호、철호 皓 號

⿰禾風 수 줄수 搜同字

穙 목 복 禾貌 벼목、積也 쌓을복 屋

穚 교 禾秀 벼패여날교 莠草茂 穚貌 가라지풀무성할교 蕭

⿱𡗗秝 진 禾名 진벼진、진나라진 秦 本字

⿰禾粟 속 禾穗 벼이삭속 沃

⿰⿱禾田禾 종 씨종、종자종 種의古字

稺 [치] 어린벼치 穉와同字

⑬

穦 [자] 積禾 벼쌓을자、벼가리자 (支)

積 [적] 쌓을적、昔 이적 積의本字

穡 [색] 斂ㅣ、農也 거둘색 吝惜 아낄색 農ㅣ농사색 穑同字 (職)

穠 [농] 華木稠多貌 꽃과나무 빽빽히 많은모양 농 (冬)

稴 [렴] 草不結實 풀에 열매맺지 않을렴 (鹽)

穑 [색] 斂ㅣ農也 거둘색 穡과同字

䆃 [도] 擇也 가릴도 沿栗 요정할도 瑞禾 상서로운 벼도 (晧)(號)

𥢢 [혈] 麥全貌 보리 온전할혈 (屑)

䆄 [전] 禾束 벼단전 (霰)

羸 [라] 積 쌓을라 穀 곡식 (歌)

𥣂 [령] 草莖疎 풀줄기 성길령 (靑)

穓 [고] 饐餻 엿고 (豪)

穟 [수] 禾苗好美 고갱이 나올수 穗同字 (眞)

𥣨 [괴] 糠也 겨괴 (泰)

穢 [예] 惡也 악할예 汚也 더러울예 荒也 거칠예 使也 汚 더럽힐예 田中雜草 김예 薉通 (隊)

𥢶 [결] 長禾 긴벼결 (屑)

穣 [양] 禾莖 볏줄기양、볏짚양 穰의略字

⑭

穨 [퇴] 暴風 심한바람퇴 禿貌 모지라질퇴 頹通 (灰)

𥢌 [의] 黍稷盛貌 서직무성할의 (紙)

穧 [제] 穫 베인벼제 禾把 벼웅큼제

(曆)

穤 [나] 찰벼나 稬의俗字

𥢊 [녕] 禾芒 벼꺼러기녕 벼 절고러기녕 (庚)

穥 [여] 蕃盛貌 ㅣㅣ 서속 번성할여

(語)

穦 [빈] 香氣 향기빈 (眞)

穫 [확][호] 세 穀 곡식거둘확 困迫貌ㅣ 곤박할확ㅣ、扶風地名 焦ㅣ땅이름호 (藥)(遇)

穩 [온] 安也 편안할온 聚穀 곡식 모을온 (阮)

穪 [칭] 일컬을칭 稱의俗字

穉 [치] 幼禾 어린벼치 稺와同字

⿰禾聚 추 수 麻束삼단추 積禾볏가리추 俗音충、聚也모을수 (麌)(有)

穐 추 가을추 秋同字

⿱𥫗⿱目禾 찬 禾聚볏가리찬 穳同字

⿰禾舄 상 柔也부드러울상 (漾)

穙 복 草盛貌풀무성하게자랄복 (屋)

⿰禾翟 적 黏米찰쌀적

(錫)

十五

穳 찬 볏가리찬 穳俗字

⿰禾畾 뢰 秲ㅣ、稻名벼이름뢰 (隊)

穲 파 稻名ㅣ稏 벼이름파 耙同字 (禡)

穭 려 自生稻돌벼려 或音로 (語)

⿰禾憂 우 把數웅큼수우 (尤)

⿰禾蔑 멸 禾也벼멸 (屑)

穮 표 耘田除草김맬표 (蕭)

穬 광 芒粟거럭조광 稻不熟벼여물지않을광 (梗)

穡 색 收穫曰ㅣ곡식거둘색、곡식타작할색 吝惜인색할색 嗇同字 (職)

⿰禾戠 제 穳也벼베어쌓을제 (霽)

⿰禾卿 즐 禾重生、秭ㅣ움벼즐 櫛同字 (質)

[illegible] 담 肩荷멜담、任也말을담 擔과同字

十六

⿰禾龍 롱 禾病벼병들롱 (東)

⿰禾章 준 束稈짚단준 稕의古字

穐 추 가을추 秋同字

⿰禾䒞 미 散種씨흩을미、씨뿌릴미 (眞)

穤 유 相勸導也꾀일유、달랠유 引也당길유 誘同字 (有)

⿰禾囂 뇨 衡不擧저울대오르지않을뇨 (篠)

十七

穇 삼 穇不實穇쭉정이이삭삼、피삼 穇과同字

⿰禾薦 천 獸類所食草짐승먹는풀천、꼴천 (霰)

⿰禾韱 섬 禾不實穇ㅣ벼쭉정섬 (鹽)

穰 양 禾莖벼줄기양 物豊盛물건풍성할양 禾實豊벼잘여물양 人多苦ㅣ사람많을양 衆也ㅣㅣ무리양 繁盛번성할양 (養)

十八

穱

[작] 稻下種麥벼그루에보리심을작 覺

䆉 [권] 禾熟黃벼익어누릴권 元

穓 [분] 糞田거름분 紫稻상무벼분 稻不黏벼차질지않을분 問

𥣬 [섭] 禾動於風벼가바람에흔들릴섭 葉

穖 [묘] 禾芒벼가스랑이묘

𥢳 [분] 糞田거름분 紫稻상무벼분 稻不黏벼차질지않을분 穓의本字 問

十九

穳 [찬] 禾聚也벼베어쌓을찬 寒

穲 [리] 五穀行列ㅣㅣ곡식포기가지런할리 支

二十

𥣫 [곽] 染料草물감풀곽 藥

𥤐 [당] 黃穀누른곡식당 養

二十一

𥤚 [령] 蔓生草넝쿨풀령 青

龝 [추] 가을추 秋의古字

二十四

𥤆 [염] 禾也벼염 鹽

𥤵 [령] 草莖疎풀줄기성길령 秢同字 青

二十五

𥣰 [국] 나라국 國의古字

穴部

穴 [혈] 窟也굴혈、구멍혈 土室움혈(上古ㅣ居而野處) 孔隙틈혈 壙也굿혈、광중혈 屑

一

穵 [알] 手深穴구멍우빌알 大穴큰구멍알 黠

二

究 [구] 窮理궁리할구 極也궁구할구 推尋也추심할구 相憎惡ㅣ서로미워할구 謀也꾀할구 竟也마칠구 宥

𥤢 [정] 穿也뚫을정 庚

𥤣 [전] 深也깊을전

穾 [요] 深也깊을요 篠

三

穸 [석] 墓穴窀ㅣ무덤굴석、굿석 陌

穹 [궁] 高也높을궁 天也ㅣ蒼하늘궁 大也클궁 窮也궁할궁 東

空 [공] 虛也빌공 天也하늘공 穴也구멍공 大也클공 窮也궁할공 缺也ㅣ乏이지러질공、[illegible]을공 官名司ㅣ벼슬이름공 孔通 董 東

𥤓 [자] 글자자

宇의 古字

𡉏 색 以土塞穴 흙으로구멍막을색 職

𥤢 망 穴也 一寖 구멍망 空也 빌망 養

穻 우 窓也 창우 虞

穾 노 窒也 막을노、막힐노 虞

究 구 궁리할구 究의 俗字

㝛 학 酷也 苛也 사나울학、혹독할학 殘也 해롭게할학 虐同字 本音 약 藥

突 돌 出貌 우뚝할돌 衝 다닥칠돌 突과 同字

𥤦 육 肉 고기육 肉과 同字

四

窀 둔 葬穴 一窆 무덤굴둔 埋也 묻을둔 古音 준 眞

宖 굉 大屋 큰집굉 庚

突 돌 出貌 우뚝할돌 斯也 속일돌 觸也 부딪칠돌 猝急 급할돌 煙出竈 굴뚝돌 月

穾 요 隱暗處 깊숙할요 複室 고방요 窔、宎 同 嘯

突 혈 결 穿也 뚫을혈 空也 빌혈 결 義同 屑

穿 천 通也 통할천 鑽也 뚫을천 穴也 구멍천 貫也 꿸천 先 霰

𥤱 중 穿也 뚫을중

東

𥥉 연 走皮革 가죽다룰연 銑

穽 암 엄 閉也 닫을암、弇俗字、穽俗字、엄 義同 感 琰

𥤸 삼 突 深也 깊을삼 侵

穽 정 穿地陷獸坑 구덩이정、함정정 敬

窊 완 窟也 구멍완 寒

窂 로 獸欄 짐승우리로 牢同字 豪

孔 규 穴也 구멍규 竅와 同字

窅 음 深也 깊을음 深同字 沁

㝡 적 靜也 고요할적 寂과 同字

窉 비 氣下泄 방귀비 窡와 同字

𥥛 수 深也 깊을수 寘

窀 비 器也

𥥶 알 穿也 뚫을알 黠

窃 절 盜也 좀도둑절 察貌 가만할절 竊의 俗字

五

窅

[요] 深目 움펑눈요、눈움쑥할요、深遠 아말요、깊고먼요 窈同、窅通 (篠)

⿱穴可 [규] 宮闕深幽貌 궁궐안이깊을규 (篠)

⿱穴弘 [굉] 幽深아득할굉 (庚)

窄 [착] 狹也 陿也 좁을착 迫也 기일착 古音책 (陌)

穼 [세] 深也 깊을세 (霽)

窈 [요] 靜也 고요할요 幽閒ㅣ窕 안존할요 深也 ㅣㅣ깊을요 姿美 고울요 (篠)

窆 [폄] 下棺 하관할폄 葬也 장사지낼폄 封通 (豔)

⿱穴由 [주] 岩穴 바위구멍주 岫의 籀文

⿱穴甲 [압] 刺脈 맥찌를압 (洽)

窇 [박] 土窟 움박、굴박 穴也 구멍박 (覺)

窊 [와] 汙下 웅덩이와 汙、窪、窳通 (麻)

⿱穴丙 [병] 穴也 구멍병 三月稱 삼월병 (三月爲ㅣ) 寎同 (梗)

⿱穴令 [령] 井也 우물령 (青)

⿱穴皿 [명] 窟也 굴명 (梗)

⿱穴身 [적] 고요할적 寂과 同字

⿱穴失 [일] 穴也 구멍일 (質)

⿱穴本 [로] 養也 기를로 堅也 굳을로

窋 [줄] 物將出穴貌 구멍에나오는모양줄 (質)

⿱穴且 [저][조] 石山戴土 돌산에흙덮일저 山路險也 험한산길조 岨同字 (魚)(語)

窌 [교] 地藏 움교 窟也 굴교、움교 窌、窖通 (效)

⿱穴火 [심·탐] 深也 깊을심 窨ㅣ、黑也 검을심 埋柩 널을묻을심 煙突 굴뚝심、탐 義同 (侵)(感)

⿱穴示 [괴] 排泄 샐괴 (寘)

⿱穴发 [발] 股上小毛 정강이털발 胈의 譌字

⿱穴石 [탕] 過也 지날탕

⿱穴正 [요] 燒瓦 기와구을요 (蕭)

六

⿱穴育 [우] 空也 빌우 (宥)

⿱穴同 [동] 通也 통할동 (東)

⿱穴共 [공] 空也 빌공 (送)

⿱穴危 [귀] 穴也 구멍귀 (紙)

⿱穴吒 [타] 物將出穴貌 뽀조이내밀타 本

音차 (禡)

窒 [질][절] 塞也 막힐질、막을질 滿也 가득할질 질ㅣ素、淡氣 왼소이름질、질 義同 (質)

盇 [혈] 心臟上房 심방혈 空

也 빌혈 (屑)

⿱穴合 [합] 相當ㅣ合 상당할합 겨맞을합 古音 잡 (合)

窅 [요] 冥也 어두울요 遠也 멀요 隱也 숨을요 深也 깊을요 (篠)

窏 [오] 卑也 낮을오 (虞)

窑 [요] 燒瓦竈 기와가마요 窯同字 (蕭)

窐 [규] 甑孔 시루구멍규 ⿰圭鬲同字 (齊)

窔 [요] 室東南隅 집동남모퉁이요、웃목구석요 (嘯)

窓 [창] 戶也、通孔 창창、지게문창 窻俗字 (江)

⿱穴言 [두] 穴也 구멍

두 至水穴 물구멍에이를두 決也 깨뜨릴두、쌜두

窕 [조] 幽閒 窈ㅣ 아리따울조 深也 으슥할조 靜也 고요할조 細也 가늘조 (篠)

⿱穴火 [심] 烟突 굴뚝심 (侵)

⿱穴去 [천] 뚫을천 穿과同字

⿱穴吏 [시] 穴也 구멍시 (寘)

⿱穴亘 [원] 卑墻 낮은담원 垣과同字

⿱穴舛 [교][료] 地藏 움교、굴교 窌의譌字 료 義同 (效)(肴)

⿱穴臣 [환] 宦也 벼슬환、仕也 부릴환 宦의俗字 (諫)

⿱穴向 [향] 향할

향、바라볼향 向과同字

七

窌 [류] 濟北地名石ㅣ 땅이름류 (宥)

⿱穴廷 [정] 穴也 구멍정 (青)

⿱穴抉 [결] 穴

貌 구멍결 空也 빌결 穿也 뚫을결 (屑)

⿱穴豆 [두] 陷穽 함정두 (宥)

⿱穴木 [다] 窊ㅣ、深貌 깊을차 (麻)

⿱穴良 [랑] 康

ㅣ、宮室空貌 집휑뎅그렁할랑 穴也 구멍랑 (陽)

窌 [류] 石濟北地名 땅이름류 窌通 (效)

⿱穴巠 [경] 空也 빌경 (徑)

窗 [창] 창창、지게문창 窻本字

窘 [군] 迫也 군색할군、急也 급할군 困也 곤할군 僒同字 (軫)

窖 [교] 地藏 大ㅣ 지함

교、움교 窌通 (效)

⿱穴見 [멱] 覓과 同字 (錫)

⿱穴孝 [효] 豁也 넓을효 高也 높을효 (肴)

⿱穴炎 [삼] 煙突 굴뚝삼 (侵)

⿱穴冊 [작] 爵의 古字 벼슬작

⿱穴肙 [견] 狹穴 좁은 구멍견 (銑)

⿱穴求 [구] 深也 깊을구 (尤)

⿱穴弇 [암] [엄] 窒也 막힐암、막을암、蓋也 덮을엄、무정엄 (感)(球)

⿱穴甬 [통] 圓孔 둥근 구멍통 (送)

⿱穴弄 [롱] 穴也 구멍롱 (送)

⿱穴別 [규] 穴也 구멍규 竅와 同字

⿱穴務 [문] 太原水名 물이름문 溫ㅣ水 貐 물콸콸흐를문 汾의 譌字 (文)

⿱穴冥 [녕] 天也 하늘녕 (青)

⿱穴貝 [빈] 賓의 古字 손님빈

⿱穴寇 [구] 鈔也 노략질할구 暴也 사나울구 (宥)

⿱穴家 [천] 구멍천 통할천 穿과 同字

窣 [출] [졸] 勃ㅣ行後貌 느릿느릿 걸을졸 窣同字、졸義同 (月)

⿱穴身 [천] 孔也 구멍천 通也 통할천 (先)

⿱穴邪 [효] 窖穴 굴효 (效)

⿱穴殺 [구] 鈔也 노략질할구 暴也 사나울구 (宥)

⿱穴柬 [사] 穴也 구멍사 [illegible]의 譌字

⿱穴殳 [구] 궁리할구 究와 同字

⿱穴坐 [온] 座所 자리온 (阮)

⿱穴呆 [경] 遠也 멀경 鹿名 사슴이름경 (球)

八

⿱穴林 [람] 聚土 흙긁어 모을람 (感)

⿱穴卦 [괘] 博局方目 바둑판 줄괘 (卦)

⿱穴朋 [붕] 葬後平土 평토할붕 (迴)

窠 [과] 空也 빌과 窠也 새집과 (穴中曰ㅣ樹上曰巢) 空也 빌과 穴也 구멍과 (歌)

窞 [담] 坎中小坎 구덩이속 작은 구덩이담 (感)

⿱穴委 [와] 藏也 숨길와 窟也 굴와 (歌)

窟 [굴] 土中孔穴 구멍굴 土室 營ㅣ 굴굴、움굴 (月)

⿱穴炎 [담] 煙突 굴뚝담 深也 깊을담 (咸)

窾 [관] 深穴깊은 구멍관 (寒)

窴 [전] 山下穴산 밑구멍전 (霰)

⿱穴最 [최] 第一가장최 最와同字

窡 [찰] 穴中見구멍이 속으로볼찰 (黠)

窣 [솔] 行緩貌勃ㅣ더디게 걷는모양솔 枝撑聲窸ㅣ나무가지우지직거리는솔 自穴中出구멍으로나올솔 佮音졸 (月)

⿱穴或 [획] 逆風聲ㅣ然바람 마주치는소리획 (陌)

⿱穴注 [유] 器之傷痕그릇흠유 (麌)

⿱穴匝 [이] 房之東北還방동북 구석이 ⿱穴匝의譌字

窛 [구] 猛也사나울구 (宥)

窬 [유][두] 과장문유、문곁구멍두 ⿱穴兪와同字

⿱穴复 [감][엄] 蓋也뚜정감 大荒山名ㅣ卅산이름엄 弇의古字 (覃)(琰)

⿱穴金 [갑] 帀也둘릴갑 (合)

⿱穴具 [녕] 大也클녕 天也하늘녕 明也밝을녕 (青)

⿱穴具 [명] 昏晦어둘명 冥의古字

⿱穴奄 [엄] 斂也거둘엄 隱翳遮也가릴엄、마을엄 掩同字 (琰)

⿱穴采 [미] 寐也잘미

九

窻 [창] 지게문창 窗과同字

⿰火空 [홍] 光色빛홍 火貌불홍 (東)

窪 [와] 深也깊을와 溝也개천와 窊也웅덩이와 清水맑은물와 窊通 (麻)

⿱穴复 [부] 鳥抱卵새알품을부 (宥)

窩 [와] 藏也감출와 窟也굴와 穴也居움직와 蜂ㅣ벌집와 (歌)

窨 [음] 地室藏酒窖술두는움음 (沁)

窫 [알] 空大貌비고클알 靜也고요할알 (黠)

⿱穴爵 [작] 벼슬작 爵의古字

⿱穴兪 [유][두] 穿板爲戶과장문유、門傍小竇문곁구멍두 褻器械ㅣ요강두 (虞)(宥)

窬 [유][두] 과장문유、문곁구멍두 ⿱穴兪同字

窖 [교] 地藏굴교、지장교

竄 [찬] 匿也

숨길찬 竄과同字

⿱穴朵 [자] 山桑 산뽕나무자 柘同字 蔗와通 (禡)

窻 [창] 창창、지게문창 窗窓同字

⿱穴是 [식] 是也 이식 寶也 참식 止也 부식 寔同字 (職)

⿱穴屋 [굴] 孔穴 굴굴 土室 움굴 窟과同字

⿱穴炳 [병] 穴也 구멍병 三月 삼월병 ⿱穴丙同字

(梗)

十

窮 [궁] 極也 다할궁 究也 궁구할궁 竟也 마칠궁 困屈 막힐궁 竆同字 (東)

窯 [요] 燒瓦竈 기와굽는가마요 陶器 오지그릇요 窑同 (蕭)

窳 [유] 苦ㅣ、器缺也 그릇이지러질유 惰ㅣ 弱也 약할유 獸名 짐승이름유 㝅通 (麌)

窰 [요] 기와굽는가마요 窯

⿱穴秊 同字

⿱穴秊 [료] 屋深寥ㅣ 집안윽할료 俗音 초 (肴)

⿱穴兗 [연][준] 柔皮 다룬가죽연 獵䍐 가죽바지준 (銑)(震)

⿱穴冓 [子] 穴也 구멍구 (宥)

窱 [조] 深遠 窈ㅣ 아득할조 、깊고멀조 窕通 (篠)

窴 [전] 塞也 메울전、막을전 滿也 가득할전 塡同字

(先)

⿱穴怨 [원] 宛屈 원굴원

⿱穴氣 [비] 氣由下泄 방귀비 放氣 방귀뀔비 (寘)

⿱穴軒 [헌] 穴中 구멍속헌 (先)

⿱穴敢 [子] 窮究 궁구할구 深也 깊을구 謀也 꾀할구 (宥)

⿱穴坐 [온] 坐也 앉을온 (阮)

⿱穴匊 [국] 窮也 궁구할국 (屋)

⿱穴員 [운] 雲起貌 구름피어날운 雷也 벼락운 (吻)

⿱穴亘 [요] 遠也 멀요 隱也 숨을요 (篠)

窴 [전] 塞也 막을전、막힐전 (先)

⿱穴复 [부] 鳥抱卵 새알품을부

⿱穴留 [류] 穴也 구멍류

⿱穴叙 [죄] 塞也 막을죄

⿱穴恚 [요] 窯也 기와가마요

十一

⿱穴啇 [적] 兔窟 토끼굴적 (陌)

⿱穴堅 [견] 不動貌 움직이지않을견 (銑)

⿱穴區 [우] 山穴 메구멍 산구멍우 (虞)

⿱穴悉

[실] 聲也ㅣ窣 바람에부딪치는소리실 白穴中出 구멍으로나올실 (質)

⿱穴曼 [만] 穴黑貌 구멍검을만 (寒)

⿱穴參 [료] 空寂 고요할료 藏也 감출료 深遠貌 아득할료 (篠)

窵 [조] 深也ㅣ窅 깊을조 (嘯)

⿱穴庸 [용] 器病 窳ㅣ 그릇깨질용 (冬)

⿱穴淡 [담] 薄而大 盎ㅣ 엷고큰담 (勘)

窶 [구] 貧無禮 가난하여예절없을구 戴器名ㅣ數 이는그릇구 ㅣ數、戴貝 또아리구 寠通 (麌)

⿱穴⿰糸吾 [오] 아궁이오 窹同字

窹 [오] 竈也 아궁이오、부뚜막오 (遇)

⿱穴惈 [예] 睡語 잠꼬대예 (霽)

窷 [료] 穿也 뚫을료 (蕭)

⿱穴彔 [미] 寐也 잠잘미 (寘)

窺 [규] 小視 엿볼규 闚同字 (支)

窗 [창] 戶也 창창 窻同字、囪通 (江)

⿱穴漸 [점] 漸也 점점점 地名ㅣ縣 땅이름점 (沁)

窱 [조] 深遠 깊고먼조 遠也 아득할조 深也 깊을조

⿱穴康 [강] 空也ㅣ窗 빌강 家靜 집조용할강 (陽)

⿱穴偶 [절] 竊也 몰래훔칠절

邃 [수] 窮也 궁구할수、다할수 深遠 깊고먼수 (寘)

竆 [궁] 極也 과할궁 究也 궁구할궁 窮과同字

窼 [초] 鳥巢 새집초、새보금자리초 鳥穴中 새구멍초 (肴)

⿱穴⿱夂各 [달] 入食張頰 빰불룩거릴달、음식씹을달 圓面 얼굴둥글달 (黠)

(十一)

⿱穴復 [복] 穴室 움복 窟也 굴속복 (屋)

⿱穴留 [류] 穴也 구멍류 (宥)

窾 [관] 空也 빌관 (旱)

⿱穴啇 [혈] 空貌 고요할혈 穿貌 뚫을혈 (屑)

⿱穴焦 [추] 穴中鼠聲 구멍에쥐소리날추 (尤)

⿱穴覃 [담] 曲內 안으로굽을담、굽은속담 (感)

⿱穴登 [정] 屋響 집울릴정 畫繪 그림정 (靑)

窿 [륭] 天形穹

丨하늘형용 룽 隆通 (東)

窿 [총][동] 空也 빌 총 作也 일울 총、만들 총 躁也 떠들 총、丨籠、闇也 어두울 동 (冬)(董)

⿱穴正見 [탱] 正視 바로볼 탱 赤色 붉을 탱 或音 정 (庚)

竁 [취][천] 穿壙 始穴 광중팔 취、금정 놓을 취、천 義同 (霽)(霰)

⿱穴過 [과] 窟也 굴 과 巢也 보금자리 과 (歌)

⿱穴規 [규] 小貌 엿볼 규 窺同字 (支)

⿱穴弇 [찬] 숨을 찬 竄同字

⿱穴惺 [성] 大悟 크게 깨달을 성 (青)

⿱穴粿 [예] 睡語 잠꼬대할 예 戱言 헛소리 예 囈同字 (霽)

⿱穴番 [반] 水洄 물 거스를 반 淵也 소 반 止水丨淵 (寒)

⿱穴梁 [조] 深貌 깊은 모양 조

⿱穴貢 [공] 磺同、削也 깎을 공 穴也 구멍 공 (董)

⿱穴敢 [규] 穴也 구멍 규 穴也 빌 규 竅同字 古音 교 (嘯)

⿱穴夋 [준] 柔皮 다룬 가죽 준 (震)

⿱穴叙 [찬] 匿也 숨길 찬 隱也 숨을 찬 竄의 古字 (翰)

⿱穴尞 [료] 穿也 뚫을 료 舍也 집 료 空也 빌 료 (蕭)

⿱穴鈙 [구] 極也 다할 구 謀也 꾀할 구 推尋 궁구할 구 窮、究同字

⑬

⿱穴盍 [조] 부엌 조、부뚜막 조 竈와 同字

⿱穴敫 [규] 穴也 구멍 규 穴也 빌 규 (嘯)

竄 [찬] 逃也 도망할 찬 匿也 숨길 찬 驅逐 誅丨、改易 點丨 쫓을 찬 隱也 숨을 찬 丨改 고칠 찬 (翰)

⿱穴豦 [거] 穴也 구멍 거 (魚)

⿱穴豙 [취] 塞也 막힐 취、막을 취

⑭

⿱穴恙 [요] 燒陶 오지그릇 구울 요

⿱穴監 [람] 薄而大丨 ⿱穴炎淡 얇고 클 람 (覃)

⿱穴䑕 [찬] 숨을 찬 竄과 同字

⿱穴躳 [궁] 다할 궁、궁구할 궁 窮과 同字

⿱穴黽 [조] 爨炊 竈 부엌 조、부뚜막 조 竈同字 (號)

⿱穴㯅 [예] 睡語 잠꼬대 예 驚也 놀랄 예 (霽)

⿱穴躬 [궁] 廣而深也 넓고 깊을 궁 夏后時 夸羿國 나라 이름 궁

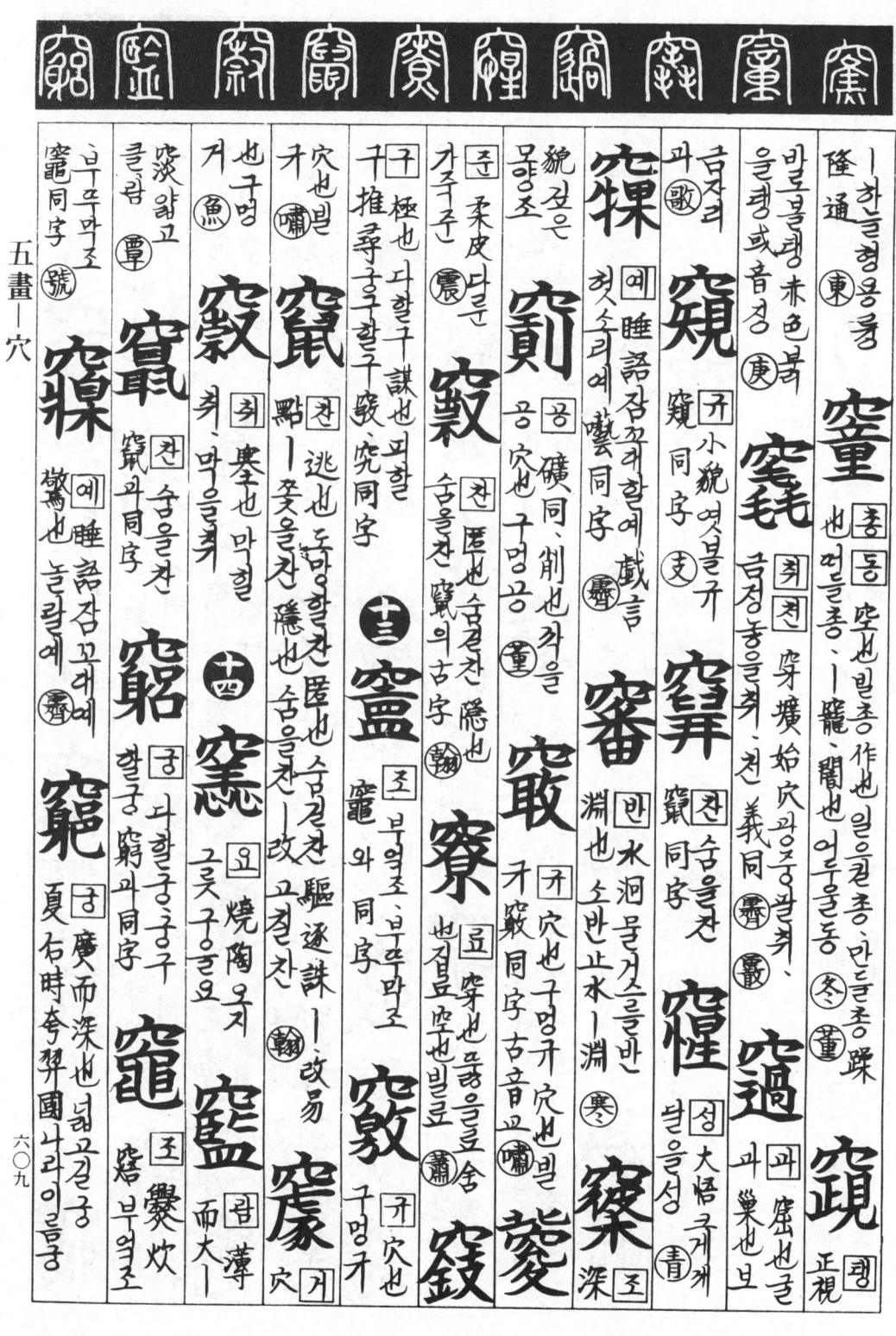

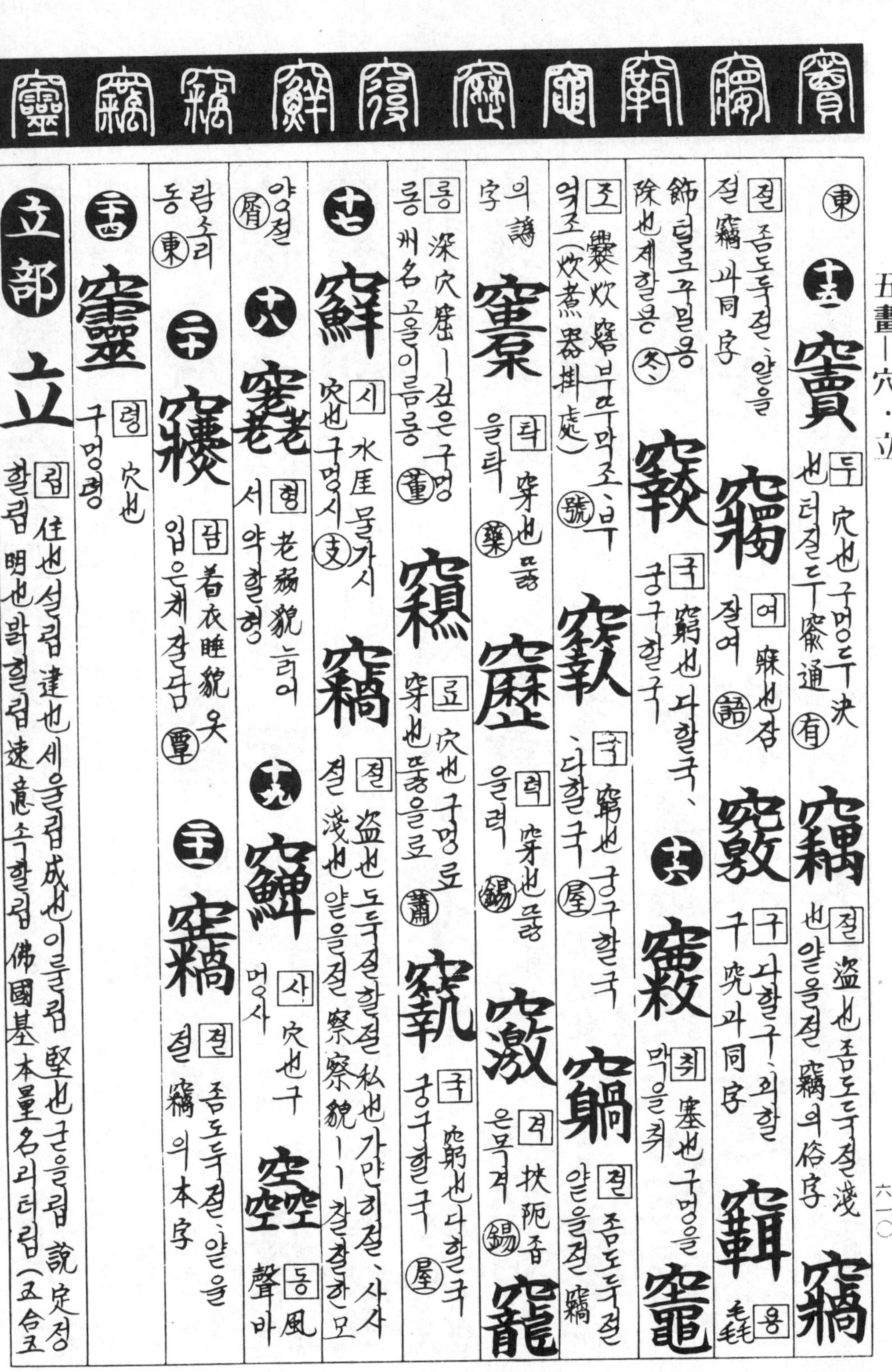

(東) ⑮ 竇 [두] 穴也 구멍두 決也 터질두 竇通 (有) 竊 [절] 盜也 좀도두절 淺也 얕을절 竊의俗字 竊 [절] 좀도두절、얕을절 竊과同字

竊 [여] 寐也 잠여 (語) 竅 [구] 다할구、괴할구 究과同字 竉 [용] 毛毛

飾 덮을구 무딘몽 除也 세할몽 (冬、) 竅 [국] 궁구할국 ⑯ 竇 [색] 塞也 구멍을 막을색 竈

[조] 爨炊竈 부뚜막조、부엌조(炊煮器掛處) (號) 竅 [국] 窮也 다할국、다할국 [국] 窮也 궁구할국 (屋) 竊 [절] 좀도두절 얕을절 竊

의 譌字 窾 [락] 穿也 뚫을락 (藥) 歷 [력] 穿也 뚫을력 (錫) 竅 [격] 扶阨 좁은목격 (錫) 竈

[롱] 深穴 窿 — 깊은구멍롱 州名 고을이름롱 (董) 窵 [료] 穴也 구멍료 穿也 뚫을료 (蕭) 窮 [국] 窮也 다할국 궁구할국 (屋)

⑰ 竁 [시] 水匿 물가시 穴也 구멍시 (支) 竊 [절] 盜也 도두절할절 私也 가만히절、사사절 淺也 얕을절 察察貌 — 찰찰할모

양절 (屑) ⑱ 竉 [형] 老弱貌 늙어서 약할형 ⑲ 竊 [사] 穴也 구멍사 空 [동] 風聲 바

람소리동 (東) ⑳ 竊 [담] 着衣睡貌 옷입은채 잘담 (覃) ㉑ 竊 [절] 좀도두절、얕을절 竊의本字

㉔ 靈 [령] 穴也 구멍령

立部

立 [립] 住也 설립 建也 세울립 成也 이룰립 堅也 굳을립 說定정 할립 明也 밝힐립 速意 속할립 佛國基本量名 리터립 (五合五

ㄅ四抄三撮) ㊜緝

㊁

竍 [십] 佛國量名 데카리터십 (立十倍、五升五合餘)

竌 [처] 正也 바를처 ㊜御

⿰立卜 [역] 又也 또역 承上之辭也 또한역 亦과同字

⿱立几 [원] 倚也 기댈원 ㊜阮

㊂

⿱立儿 [원] 倚也 기댈원 ⿱立几과同字 ㊜阮

⿰立巳 [사] 待也 기다릴사 竢同字 ㊜紙

⿱立廾 [부] 登也 오를부 ㊜宥

竏 [천] 佛國量名 (立千倍、五石五斗四升三合餘) 킬로리터천

㊃

竔 [승] 佛國量名 (約五合五勺) 리터승

⿰立戈 [변] 竚也 우두커니설변 ㊜月

竓 [모] 佛國量名 (立千分之一) 미리리터모 新字

⿰立殳 [촉] 齊謹 제재할촉、等也 같을촉 娖同字 ㊜屋

竕 [분] 佛國量名 (立十分之一 五勺五毛餘) 데시리터분 新字

⿰立巴 [과] 短貌 짧은모양과 ㊜馬

竑 [횡] 廣也 넓을횡、量度 헤아릴횡 ㊜庚

竒 [가] 異也 이상할가 秘也 숨길기 偶數之對 홀수기 奇의俗字 ㊜支

㊄

站 [참] 驛也 역마을참、獨立 홀로설참 久立 오래설참 ㊜陷

竘 [구] 治也 다듬을구 健也 건장할구 ㊜有

竜 [룡] 鱗蟲長能幽能明能細能巨能短、能長春分而登天秋分而潛淵想像上神靈動物 용룡 神名 귀신이름룡 龍의古字

⿱丅立 [참] 驛也 역마을참、久立貌 우두커니설참 站同字 ㊜陷

⿰立主 [주] 待也 기다릴주 ㊜麌

竚 [저] 久立 오래설저 企也 바랄저 佇同字 ㊜語

⿰立且 [작] 恐懼 겁낼작 두려울작 ㊜藥

⿰立民 [맹] 愚民 백성맹、어리석은백성맹 氓의譌字 ㊜庚

竝 [병][반][방] 併也 아우를병 比也 견줄병、皆也 다병 相扶 서로붙을병 並同、傍通、與、入同處 작할반 牂柯縣名 고을이름반 違也 어긋할방 迸也 가까울방 傍同、㊜迥 ㊜旱 ㊜漾

⿰立尼 [니] 水土 진흙니 (齊)

⿰立可 [치] 野鷄 꿩치 ㅣ性耿介士所摯폐백치 雉同字 (寘)

⿰立伐 [벌] 竝也 우두커니설벌 ⿰立戈과同字

⿰立戉 [월] 竝立 우두커니설월 (月)

竛 [령] 行不正ㅣ竮 비척거릴령、비실거릴령 伶通 (青)

⿰立圣 [회] 皮也、藏食物 차장회 (卦)

六

⿰立亥 [해] 神名 신이름해 起也 일어날해 (賄)

竟 [경] 終也 미칠경 窮也 궁구할경 際也 지경경 畢ㅣ필경경 境通 (敬)

⿰立戈 [벌] 우두커니설벌 ⿰立伐과同字

章 [장] 采也 문채장 文也 글장 明也 ㅣㅣ밝을장 表也 표할장 印款 인장장 條也 장정장 大材木 큰재목장 (陽)

⿱在立 [재] 있을재 在와同字

⿰立寺 [대] 俟也 기다릴대、遇也 대접할대 待同字 (賄)

竡 [백] 佛國量名(立百倍 五斗五升四合餘) 헥토리트르백 新字

竮 [병] 竛ㅣ行不正 비틀거릴병 ⿰立屏과同字

七

⿰立肖 [초] 立貌 선모양초、우뚝설초 (嘯)

⿰立孛 [발] 撥物聲 물건누르는소리발 (月)

⿰立甫 [포] 物之端 끝포 (虞)

望 [망] 瞻也 볼망、怨也 원망할망 遠視 바라볼망 望同字 (陽)(漾)

竢 [사] 待也 기다릴사 俟同字 (紙)

童 [동] 幼也 ㅣ蒙 아이동 盛貌 ㅣㅣ 우뚝우뚝할동、빼죽빼죽할동 山無草木 민둥산동 無角羊 뿔없는양동 (東)

竣 [준][전] 退立 물러설준 事畢 일마칠준 止也 그칠준 踆通、전 義同 (眞)(先)

竤 [횡] 度量 헤아릴횡 (庚)

⿰立匋 [수] 竢也 기다릴수

竦 [송] 敬也 공경할송 懼也 두려울송 上也 높을송 聳也 솟을송 悚通 (腫)

⿰立足 [촉] 齊謹 제계할촉 等也 갈을촉 (屋)

竧 [빙] 使也 부릴빙 (青)

⿰立夾 [렵] 行不正 비틀거릴렵 (葉)

⿰立身

춘 정 端正貌 몸다정할춘 人名 사람이름정 吻 敬

端 단 正也 바를단 緖也 실마리단 始也 비롯할단 端의 譌字 寒

八

竩 의 人所宜 옳을의 理也 다스릴의 親好 의의 誼의 古字 眞

⿰立昔 작 驚也 놀랄작 懼也 겁낼작 藥

⿰立忝 첨 恭也 공손할첨 琰

⿰立屈 괴 獨立貌 ㅣ然 홀로 선모양괴 俗音 외 賄

⿰立卓 조 高危ㅣ嶢 높고 위태할조 嘯

⿰立彔 록 鬼見ㅣㅣ 귀신볼록 屋

⿰立取 주 傴ㅣ、羸也 파리할주 虞

⿰立享 대 重也 포갤대 木實垂貌 나무열매 늘어질대 賄

⿰立畀 비 걸음비틀거릴 비 竨와 同字

竨 비 行不正 걸음비틀거릴비 立貌ㅣㅣ 우뚝설비 齊

竪 수 立也 세울수 서있을수 童僕之未冠者 더벅머리수 僕也 종수 豎俗

⿰立隶 字 虞

⿰立委 와 痿立貌 약하게설와 箇

竫 정 停安也 머물러편안할정 靜也 고요할정 擇也 가릴정 梗

⿰立隶 리 踞也 임할리 從也 좇을리 蹴也 뚫을리 眞

竜 룡 용룡 龍의 古字

⿱立尨 룡 용룡 龍의 古字

九

端 단 物首 끝단 正也 단정할단 萌也 싹단 始也 비로소단 專也 오로지단 緖也 실마리단 耑通 寒

竰 리 佛國量名(立百分之一) 센티리터 新字

竪 수 立也 설수 遇

竮 병 비틀거릴 병 竮과 同字

⿰立复 복 邪也 사특할복 屋

⿰立甚 침 坐立不移貌 우두커니설침 侵

⿰立須 수 立而待 서서기다릴수 虞

竬 구 立也 설구 麌

竭 갈 걸 盡也 다할갈 涸也 고갈할갈 걸 義同 月 屑

十

⿰立芻 수 立待 서서기다릴수 기다릴주 虞

⿰立奚 혜 待也 기다릴혜 薺

竩 [전] 塞也 막을전 (先)

⑪

竪 [계] 窮究 궁구할계 (卦)

竮 [병] 行不正 竛ㅣ 비틀거릴병 竛竮同 (靑)

⿱廷立 [촉] 立待 서서기다릴촉 (屋)

⿱音見 [경] 盛也 성할경 爭也 다툴경 逐也 쫓을경 競同字 (敬)

竱 [전] [단] 等也 가지런할전、단 義同 (銑) (翰)

⑫

竲 [증] 高也 높을증 (蒸)

竳 [등] 立貌 竲ㅣ 우뚝설등 (蒸)

⿱龍立 [롱] 行不正貌 비뚝거릴롱 (冬)

⿰立堯 [요] 高危 竧ㅣ 높고위태할요 或音교 (蕭)

⿱須立 [수] 久待 오래기다릴수 頦同字 須通 (虞)

竴 [준] 喜也 기뻐할준 (眞)

⑬

⿰立義 [의] 形也 꼴의、法也 법도의、宜也 좋을의 儀同字 (支)

⿱立重 [동] 幼也 아이동 童과同字

⿰立羸 [라] 弱立 약하게설라 (箇)

⿰立奇 [기] 正立 바로설기 (紙)

竵 [화] 不正 바르지않을화 (佳)

⑭

⿰立需 [수] 久待 오래기다릴수 (虞)

⿱童土 [동] 幼也 아이동 童과同字 (東)

⑮

競 [경] 爭也 다툴경 強也 굳셀경 盛也 성할경 高也 높을경 逐也 쫓을경 遽也 문득경 競同 (敬)

竷 [감] 擊鼓 북칠감 舞曲名 춤노래이름 和悅聲 기꺼워하는 모양감 (勘)

⿱章共 [룡] 용룡 龍의 古字

⑯

⿰立韋 [뢰] 重聚貌 포개어모을뢰 (賄)

⿰立賁 [동] 鐘聲 종소리동 (東)

⑰

⿰立員 [동] 鐘聲 종소리동 ⿰立賁과同字 (東)

竸 [경] 다툴경、쫓을경 竸과同字

⿱立商 [상] 行貨ㅣ賈 장수상 裁度 헤아릴상 商의 籒文 (陽)

六畫

竹部

竹 [죽] 冬生草頁質虛中深根 勁節대죽 笛也피리죽 ㊀屋

㊁

竻 [륵] 竹根대뿌리륵 ㊀職

竺 [독][축] 厚也두터울독 篤同字 西域天ㅣ나라이름축 ㊀沃 ㊀屋

⿱⺮丁 [정] 竹函대함정 箱也상자정 ㊀迥

⿱⺮几 [기] 南ㅣ宿名별이름기 ㅣ簸、去糠具키기 坐展足狀걸터앉을기 箕의古字

⿱⺮乂 [의] 竹也대의 ㊀紙

⿱⺮厶 [전] 折竹대쪼갤전 ㊀先

㊂

竽 [우] 大笙큰생황우 (三十六簧樂) ㊀虞

竼 [봉] 織竹編箬覆船배뜸봉 蓬同字 ㊀東

⿱⺮子 [우] 도생황 우竽譌字

⿱⺮弋 [익] 竹索대로만든밧줄익 ㊀職

笀 [망] 芒草 笀也 가스랑이망 ㊀陽

⿱⺮己 [기] 竹席대자리기 ㊀紙

⿱⺮土 [축][독] 天ㅣ西域國名나라이름축 厚也두터울독 竺、篤同字 ㊀屋 ㊀沃

⿱⺮卮 [지] 筐類피리 지 [illegible]同字 ㊀支

⿱⺮亐 [우] 큰생황우 竽同字

竿 [간] 竹梃대줄기간 漁ㅣ낚싯대간 ㊀寒

⿱⺮勿 [운] 簫也퉁소운 ㊀吻

㊃

笈 [급][접] 書箱책상자급、驢上負나귀길마접 极同字 ㊀緝 ㊀葉

笄 [계] 女子安髮簪也 비녀계 笄同字 ㊀齊

笇 [산] 筭也셈대산 竹器대그릇산 算同字 ㊀翰

笆 [파] 編竹圍之ㅣ籬대울타리파 竹有刺가시대파 ㊀麻

笅 [효][교] 小簫단소효 竹索대새끼효 筊同字 교義同 ㊀肴 ㊀巧

⿱⺮互 [호] 收繩具줄감는기구호 懸肉竹格고기걸어두는대살호 竹名대이름호 ㊀遇

⿱⺮公 [종] 長節竹마디긴대종 ㊀冬

笍 [체][예] 羊

車竹垂也 양차의 채찍 별、小車具 작은수레 기구 별、채 義는 별과同、竹名 대이름 예 (屑)(霽)

笉 [신] 笑貌 웃는모양 신、竹索 대줄 신 (軫)

笌 [아] 笋也 죽순 아 (麻)

⿱⺮六 [륙] 竹也 대 륙

⿱⺮方 [방] 竹籠 죽롱 방 (陽)

笊 [조] 竹器 一籬 조리 조 (巧)(效)

⿱⺮开 [항] 覓魚具 고기 찾는 기구 항 (漾)

笋 [순] 竹胎萌生嫩芽 죽순 순、새싹 순 筍同字 (軫)

⿱⺮屯 [둔] 窖穀 竹篅 둥구미 둔 (阮)

笑 [소] 喜而解顔啓齒 웃을 소、웃음 소 咲同字 (嘯)

⿱⺮市 [시] 王竹 큰대 시 (長至百丈) (紙)

笐 [항] 衣架 횃대 항、옷걸이 항、竹名 대이름 항、稻架 벼걸이 항 桁通 (漾)

笎 [원] 竹文 대무늬 원 (元)

笏 [홀] 手版 홀 홀 (有位者朝見時、所執曰一、有事則書于以備遺忘) (月)

⿱⺮氏 [시] 匕也 술 시、술가락 시 鍉也 열쇠 시 匙同字 (支)

笓 [비][필] 眞梳 참빗 비、列也 벌일 필 (寘)(質)

⿱⺮舟 [항] 竹編捕魚具 통발 항 (漾)

笔 [필] 作字述書 붓 필 筆과同字 (質)

笒 [함][금] 實中竹 속비대 함、竹籤 첨대 금 (覃)(沁)

⿱⺮欠 [감] 水竹 작은대 감 (琰)

⿱⺮卜 [복] 小擊 작게칠 복 (屋)

⿱⺮冗 [항] 竹名 항대 항、衣架 옷걸이 항、횃대 항 笐의 譌字 (漾)

⿱⺮开 [기] 별이름 기、걸어앉을 기 箕의 古字

⿱⺮互 [호] 收繩具 줄감는 기구 호、懸肉竹格 고기 걸어두는 대살 호 ⿱⺮互同字 (遇)

五

笟 [고] 以篾束物 대테 고 箍同字 (質)

⿱⺮宁 [저] 織具 북 저、長也 길 저、栗屬 도토리 저 杼同字 (語)

笠 [립] 簦也 삿갓 립、頭冠 갓 립、一檐 갓양대 립 (緝)

⿱⺮犮 [발] 捕魚竹器 통발 발 (曷)

筑 [축] 樂器似箏 축 축、비파 축

拾也 주울 축 箿의 譌字 屋

笜 [줄] 竹筍生貌 대순 삐죽삐죽 나올 줄 質

笛 [적] 樂管七孔 篴저적、피리적 孔羌ㅣ 날라리 적 錫

笝 [납][남] 繫舟竹索 배매는 댓줄 납、補籬 울타리 얽어맬 납 合 洽

笟 [호] ㅣ簏、籥筒 전동 호 箶同字 虞

笞 [태] 笞打 매질할 태、볼기칠 태、태장 태 古音 치 支

笏 [건] 筋本 힘줄 뿌리 건、筋大貌 힘줄 클 건 願

笚 [감] 竹名 대이름 감、實中大竹 속이 비지 않고 찬 대 감 感

笖 [이][제] 筍也 죽순 이、筍生貌 죽순 날 제 紙

笘 [섬] 習字板ㅣ畢 부과 섬 琰

竾 [지] 笙類 피리 지 箎、篪同字 支

笙 [생] 女媧樂器ㅣ簧匏音 저 생、생황 생 (女媧所作、大者有十九管、小者有十三管) 竹席 桃ㅣ 대자리 생 庚

笡 [차] 逆斜貌 빗겨 거스를 차、桂距 버팀기둥 차 禡

笥 [사] 竹方器 衣篋 옷상자 사 寘

笢 [민] 竹皮 대껍질 민、櫛也 빗 민 軫

笭 [녑] 竹名皮如霜白也 접질 흰 대 녑、竹ㅣ 小箱 작은 상자 녑 葉

笷 [요] 竹節 대 마디 요 效

笶 [허] 盛飯器竹 대밥그릇 허 魚

箛 [고] 竹名 대이름 고、取魚器 고기 잡는 그릇 고 箬通 虞

笤 [소] 竹箒 비 소 蕭

符 [부] 兩相ㅣ合而不差 병부 부、信也 믿을 부、徵也 驗也 징험할 부、護ㅣ 부적 부、ㅣ合 꼭 맞을 부、證驗 증거 부、祥瑞 상서 부 虞

笩 [괘] 飛揚 까불을 괘 泰

笓 [피] 가죽 피、접질 피、皮의 古字 支

笨 [분] 竹裏 대속 분、대청 분、麤率 지저분할 분、肥大 투박할 분、愚ㅣ 못생길 분 吻

笧 [책] 簡編 책 책、文書 문서 책、冊과 同字 陌

第 [제] 次也 차례 제、宅也 집 제、但也 다만 제、且也 또 제、科ㅣ 과거 제、等ㅣ 등제 제、弟同

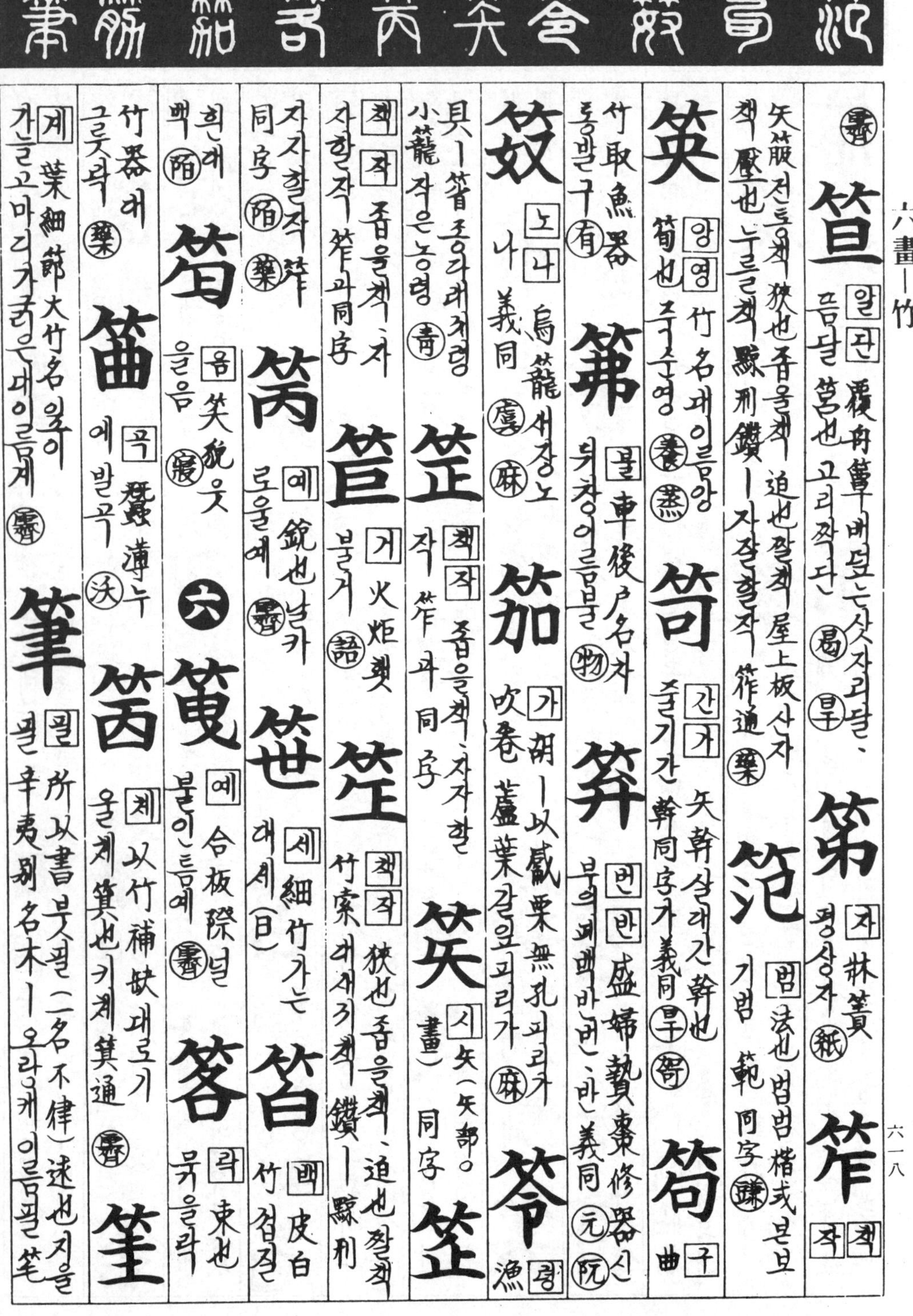

同字 (質)

⿱竹舛 전 以竹貫物 대꼬챙이 전 或音 천 (銑)

筋 근 骨絡肉力 힘줄 근 力也 힘 근、기운 근 觔同字 (文)

筊 효 小簫 작은 퉁소 효 竹索 대새끼 효、교 義同 笅同字 (肴)(巧)

⿱竹江 강 筏也 뗏목 강 (江)

等 등 輩也 무리 등 齊也 가지런할 등 級也 등급 등 稱量經重 헤아릴 등 均一 고를 등 比較 비교할 등 待也 기다릴 등 類也 같을 등 階段 계단 등 (迥)

⿱竹任 임 單席 홑돗자리 임 (寢)

筇 공 蜀竹可爲杖 공대 공 扶老 지팡이 공 (冬)

筈 괄 箭末受弦處 살오늬 괄 栝通、將然之意 그러할 괄 (曷)(日)

筄 요 屋笮 산자 요 (嘯)

筃 인 車蓐 차 방석 인 (眞)

⿱竹列 례 籌也 산가지 례 (霽)

⿱竹朱 추 창 箠籆 돛대 추、張帆 돛달 창 (眞)(講)

⿱竹老 로 柳器 等ㅣ 버들고리 로 (皓)

⿱竹匠 희 取蟣枇 참빗 희 (支)

筅 선 鍋釜洗 帚 솥솔 선

筌 전 藏魚竹器 다래끼 전、통발 전 (先)

筏 벌 桴也 떼 벌 (編竹渡水者曰ㅣ) 栰、橃同字 (月)

⿱竹考 고 竹器 ㅣ⿱竹老 대고리 고 (皓)

筎 여 竹皮爲塞 舟에 껍질 여 (魚)

筍 순 竹萌 죽순 순、대순 순、簨、箕通、笋同字 (軫)

筒 통 竹名 대이름 통 射ㅣ 사통 대통 詩ㅣ、律ㅣ 통 통 (東)

笧 산 책 編竹爲落 대바자 산 書籍 책 책 冊同字 (諫)(陌)

⿱竹充 충 竹尖貌 대끝 이뾰족할 충 (送)

筐 광 方形竹器 모진 대광주리 광 牀也 평상 광 (陽)

筑 축 樂器似箏 축 축、비파 축 拾也 주울 축 水名 물이름 축 瀫同字 (屋)

答 답 對也 대답 답 報也 갚을 답 麤ㅣ布 굵은 베 답 然也 그렇다 할 답 竹笛 죽창 답 當也 마땅

칼담 畣 同字 ㊀合

笄 [계] 簪也(女子安髮男子係冠具) 비녀계 ㊀齊

策 [책] 謀也 筭ㅣ 꾀책 馬箠 채찍책 簡冊 책책 葉聲ㅣㅣ 잎사귀소리책 簭也 龜ㅣ 시초책 鐵杖 金ㅣ 쇠지팡이책 星名 天ㅣ 별이름책 筴同字 ㊀陌

⿱竹朵 [타][차] 竹名 대이름타 箠也 채찍차 ㊀哿 ㊀麻

筕 [행] 竹簞ㅣ篖 대삿자리행 ㊀庚

⿱竹耳 [용] 斑竹 아롱진대용 ㊀冬

⿱竹巸 [희] 取蟣箆 참빗희 서캐훑이희 篦同字 ㊀支

⿱竹丞 [승] 竹炬 대홰승 ㊀蒸

⿱竹肌 [축] 비파축、주 筑과同字

⿱竹仲 [중] 籥也 不大不小中ㅊ 크지도작지도않은 괴리중 竹種 대이름중 ㊀送

⿱竹臾 [유] 黑竹 검은대유 ⿱竹臾와同字 ㊀虞

⿱竹囟 [남][닙] 繫舟竹索 배매는닻줄남 補籬 울타리얽어맬닙 ⿱竹囟同字 ㊀合 ㊀洽

⿱竹刎 [문] 截竹 대를가르는문 ㊀吻

⿱竹夹 [책][협] 謀也 계교책 策同字、箸也 젓가락협 筴의俗字 古音겹 ㊀陌 ㊀洽

⿱竹英 [영] 竹筍 죽순영 ㊀庚

⿱竹兆 [요] 屋上簿也 지붕위의발요 ㊀嘯

㊆

筡 [도][서] 中空 속빈도、竹 筐箙ㅣ 대광주리서 ㊀虞 ㊀魚

⿱竹沂 [은] 大笎 큰저은 ㊀文

⿱竹囤 [둔] 容穀竹篅 둥구미둔 ⿱竹屯과同字 ㊀阮

筞 [책] 筭ㅣ 謀也 꾀책 簡冊 책책 策의俗字 ㊀陌

⿱竹求 [구] 小籠 작은종다래끼구 ㊀尤

筟 [부] 竹中衣 대청부 織緯者 바디부 ㊀虞

⿱竹寽 [률] 射鳥竹管 새쏘는총률 ㊀質

筩 [통][용] 竹筒 律本 대통통 捕魚鉤 갈구리통 구시통 甬同、筒通 箭室 전동용 ㊀東 ㊀腫

⿱竹折 [제] 竹席、簟也 대자리제 ㊀霽

筪 [갑] 竹箱 대상자갑 竹名 대이름갑 ㊀合

筧 [견] 以竹通水 대홈통견 梘同字 ㊀銑

⿱竹貝

⿱竹氏 [지][질] 竹器 대그릇지、차 也 둥글지、질 義同 (寘)(質)

⿱竹酉 [주] ㅣ蕘 제草 풀주 ㅣ象 獸食 짐승먹이주 匊菊同字 (虞)

⿱竹妙 [묘] 藥名 약이름 묘 (嘯)

⿱竹豆 [두] 禮器 제기두、木器 나무그릇두 梪同字 (宥)

筥 [거] 盛米圓篋 둥근광주리거 稭名 벼단거 (語)

⿱竹尨 [미] 帚也 비미 (屋)

⿱竹耴 [첩] 小葉 작은 잎사귀첩 (葉)

⿱竹邑 [읍] 捕魚具竹器 통발읍 (緝)

筤 [랑] 幼竹 어린대랑 蒼ㅣ (陽)

筦 [관] 樂器如六孔 쌍피리관、主當 주관할관、筆疋 붓대관、樞要 고동관、ㅣ鍵 열쇠관、截竹 대통관、管同字 (旱)

⿱竹肑 [락] 手足指節鳴 손가락 마디울 락 (覺)

⿱竹夆 [향][봉] 酒篘ㅣ籔 술거르는 용수향、車奉 수레뜸봉 (江)(東)

⿱竹呈 [정][청] 答ㅣ、筳也 대자리정、竹器 대그릇청 車中筳 차안에 깔는 자리정 (庚)(青)

⿱竹删 [산] 竹製盛飯器 대밥통산 (寒)

⿱竹利 [리] 竹籬笆ㅣ 대울타리리 (支)

⿱竹剳 [첩] 削物使薄 깎아얇게할첩 (鹽)

⿱竹別 [괄] 分契 엄조각괄、劀竹 대조켤괄 (質)

⿱竹角 [각] 竹椽 대서까래각 (覺)

⿱竹色 [파] 用以取草泥 ㅣ갈퀴파 (麻)

筠 [균] 竹皮 대껍질균 (眞)

筬 [성] 織具所以持經 바디성 (庚)

⿱竹夋 [사] 梭也 북사 (歌)

筯 [저] 匙ㅣ 젓가락저 著同字 (御)

筭 [산] 籌也 주가지산、셈대산 笇同、計數 수놓을산、셈놓을산 算同字 (翰)(旱)

筮 [서] 蓍卜 시초점서 (霽)

筳 [정] 竹片 대쪽정、細竹 가는대정、紡綫鋌ㅣ子 가락정 (青)

筰 [작] 竹索 대새끼작、대동아줄작 筊也 은룡소작 引舟繩 배끄는줄작 (藥)

筲 [소] 竹器容斗二升 한말두되들이 대그릇소 飯器 밥통소 (肴)

⿱竹告

[언] 大簫 큰 퉁소 언 (元)

筱 [소] 細竹 가는 대 소 (篠)

筱 [소] 細竹 가는 대 소 (篠)

筴 [협][책] 箸也 젓가락 협, 謀也 계교 책 (洽)(陌)

篣 [팽] 蓬也 배 수레 어쌔우는 거적 팽 (青)

筵 [연] 竹席 대자리 연, 王者講席 經ㅣ 왕이 강하는 자리 연 (先)

筂 [지] 堅竹 단단한 대 지 (支)

筷 [쾌] 箸也 젓가락 쾌

[illegible] [차] 籠也 종다래끼 차 (歌)

筭 [산] 셈놓을 산, 算의 略字

築 [축] 擣也 다질 축, 積重 쌓을 축, 築同字 (屋)

節 [절] 마디 절, 節과 同字

⑧

[illegible] [망] 竹名 數節 마디 짧은 대 망 (養)

箁 [부] 竹葉 대 잎 부 (有)

箆 [비] 釵ㅣ齊毛 비치개 비, 竹器 대 그릇 비, 髮具密櫛 참빗 비, 篦同字 (齊)

箅 [폐] 甑底所蔽 箔 시루 밑에 까는 발 폐 (霽)

箇 [개] 數也, 枚也 낱개 개, 個同字, 个通 (箇)

箄 [비][폐] 捕魚器 가리비, 종다래끼 비, 小籠 작은 농 비, 梳也 빗 비, 篦同字, 甑底蔽 시루 밑 폐 (支)(齊)(佳)

[illegible] [조] 竹名 대 이름 조, 竹篠 대 가장이 조 (篠)

箃 [추] 竹黃 대 누를 추 (尤)

䈁 [륜] 推船竿 배 미는 대 륜 (眞)

箳 [병] 門扉ㅣ筝 대 사립문짝 병 (青)

[illegible] [전] 典의 古字, 大篋 큰 상자 전 (銑)

[illegible] [조] 罾類漁具 가리 조, 罩同字 (效)

箈 [지] 篠也 가는 대 순 지, 水中魚衣 前萌 말풀 지 (一名 箭萌) (支)

[illegible] [점][전] 連紙 箔 종이 뜨는 발 점, 蔽絮簀 솜 발 전 (鹽)(先)

箊 [어] 葉薄竹 잎사귀 엷은 대 어 (魚)

箉 [대] 籃之淺而長者 얕고 긴 바구니 대 (泰)

箋 [전] 記書 表札 쪽지 전, 註也 주낼 전, 文體名 전 문전, 表識書也 표하여 기록할 전, 牋

同字 ㊉先

[illegible] [확] 收絲器 자세확 籆同字 ㊉藥

筶 [고] 進船竿 상대고 篙同字 ㊉豪

箑 [삽] 扇之 別名 부

채삽 [illegible]同、[illegible]通 ㊉洽

箌 [조] 罾類漁具 가리조 [illegible]同字 ㊉效

箐 [정][천] 小籃 箵ㅣ바구니 정、竹弓 대로 만든 활 천 ㊉庚 ㊉霰

箙 [복] 盛矢器 전동 복 鞴、韛同字 ㊉屋

箘 [균] 美竹 箭材 살대 균、아름다운 대 균 筍也 대순 균、죽순 균 ㊉軫

[illegible] [국] 竹根 대뿌리 국 ㊉屋

算 [산] 計數 셈놓을 산 籌也 산술 산、주산가지 산 筭同字 ㊉旱

箒 [추] 箕ㅣ、彗也 비 추 帚同字 ㊉有

箓 [록] 竹高篋 높은 대상자 록 ㊉屋

[illegible] [항] 竹竿 낚싯대 항 ㊉漾

箔 [박] 簾也 발 박 金屬薄 展金 금박 박 薄通 ㊉藥

[illegible] [삽] 竹翣 대아삽 삽 箑、翣通 ㊉洽

箕 [기] 簸揚去糠具ㅣ帚 키 기、챙이 기 宿名 南ㅣ 별이름 기 展足狀ㅣ坐 발 벗고 앉을 기 風師名、ㅣ伯 바람의 신 기 ㊉支

箎 [호] 長竹、長至百丈 긴 대 호 ㊉虞

[illegible] [파] 竹笮 대산자 파 ㊉麻

箏 [쟁] 瑟類 合ㅣ 쟁쟁 簷前鐵馬風ㅣ 풍경 쟁 ㊉庚

[illegible] [고] 以竹束物 대테 멜 고 箍同字 ㊉虞

箚 [차] 牋ㅣ、以奏事、非表非狀ㅣ子 차자 차 전갈할 차 以針刺 침줄 차 錄也 기록할 차 本音 잡 ㊉洽

箜 [공] 絃樂 瑟類ㅣ篌 공후 공、거문고 공 ㊉東

箛 [고] 笳也 피리 고、초금 고 竹名 대이름 고 ㊉虞

箠 [추] 馬策 채찍 추 笞形 볼기칠 추 ㊉紙

箝 [겸] 鉗攝 족집게 겸、재갈 겸 鎖頸 목칼 겸、목에 칼 씌울 겸 箝同字 鉗通 ㊉鹽

箟 [균] 살대 균、죽순 균 箘과 同字

[illegible] [념] 挽舟索 배 끄는 줄 념 (一名 百丈) ㊉鹽

箭 [전] 矢也

살전 藥名赤약이름전 箭同字 (霰)

管 [관] 截竹대롱관 主當주관할관 사見ㅣ窺소견적을관 樂器如篪六孔쌍피리관 筆彄붓대관 樞要고동관 ㅣ鍵열쇠관 筦同、琯通 (旱)

⿱竹屈 [굴] 洗物刷子그릇닦는솔굴 (物)

篼 [도] 牛飼筐소먹이그릇도 (虞)

⿱竹⿺辶具 [잔] 匱 (巳部十四畫)과同

箢 [원] 竹器대그릇원 竹名대이름원 (阮)

箣 [책] 謀也꾀책 策과同字 (陌)

⿱竹⿵冂朿 [책] 책、문서책 冊과同字

⿱竹沓 [답] 竹冒대로만든덮개답 (合)

⿱竹胥 [수][즙] 竹也대수、覆也덮을즙 (虞)(緝)

⿱竹鉆 [겸] 鐵鑷箝 재갈겸、족집게겸 鑷 項목잡을겸 箝同字 (鹽)

⿱竹㒼 [만] 竹器대그릇만 節也 대서과만 篇同字 (旱)

⿱竹沮 [저] 竹名대이름저 水澤못저 (魚)

⿱竹奧 [오] 柳筐버들고리오 地名ㅣ땅이름오 (號)

九

箭 [전] 矢也화살전 藥名赤ㅣ약이름전 (霰)

箬 [약] 竹皮대껍질약 蒻同 (藥)

⿱竹義 [재] 種也ㅣ종심을재 栽同字 (灰)

⿱竹堇 [긴] 皮白竹껍질흰대긴 (軫)

⿱竹枼 [엽] 竹篛대쪽엽 (葉)

簨 [순] 簴懸鐘磬格북다는틀순 ⿱竹具同字 (軫)

箮 [훤] 竹花대꽃훤 (元)

⿱竹甚 [잠] 首笄비녀잠 聚也모을잠 發病병날잠 簪同字 (侵)(覃)

⿱竹度 [도] 簪也비녀도 (遇)

⿱竹畐 [박][복] 巨竹名큰대이름박、織機具북복 (覺)(屋)

⿱竹俠 [계][과][픽] 篷也뜸계 筐也광주리계、ㅣ篷簷也 수레휘장과、車枸簍수레포장살픽 (隊)(灰)(陌)

箯 [편] 竹輿대남여편 ㅣ轝、土器들것편 (先)

⿱竹昜 [탕] 闊節大竹왕대탕 簜同字 (陽)

箴 [잠] 綴衣바늘잠 規戒경계할잠 石刺病돌침잠 針通 (侵)

⿱竹享 [순] 竹胎 죽순 순 筍同字 (軫)

箳 [병] ｜風 병풍 병 蔽也 덮을 병 屛의 俗字 (梗)(青)

箱 [상] 篋也、｜子 상자 상 車服 수레곳간 상 廩米也 곳집 상 (陽)

⿱竹勁 [경] 筋竹 대이름 경 (敬)

⿱竹耶 [야] 海濱生竹 바닷가에 나는 대 야 (麻)

箷 [이] 衣架 횃대 이 椸同字 (支)

⿱竹曷 [갈] 竹䈞 대갈 (曷)

⿱竹是 [시][이][제] 笙簧 생황 시、几也 책상 이、竹器 대그릇 제 (支)(齊)

箵 [성] 漁具箵笭｜고기 다래끼 성 小籠、車笭 종다래끼 성 (青)(梗)

箶 [호] 箶室｜簏 전동 호 (虞)

⿱竹叚 [가] 葦也 갈대 가 笳也 갈잎피리 가 (麻)

箾 [소][삭] 舞者所執象｜상소 소 簫通、舞曲桓｜춤곡조 삭 (蕭)(覺)

⿱竹恪 [각] 籠也 광주리 각 杯格也 술잔 각 (藥)

箽 [동] 竹器 대그릇 동 竹根 대뿌리 동 (董)

⿱竹洛 [락] 籬｜울타리 락 (藥)

箼 [옥] 竹叢 대빽빽할 옥、대총총할 옥 (屋)

箸 [저] 飯具匙｜젓가락 저 櫡同字 (御)

箹 [약][요] 小箹 작은 피리 약、竹節 대마디 요 (覺)(效)

篵 [좌] 席也 돗자리 좌 縣名｜大 고을이름 좌 (哿)

⿱竹甾 [첩] 竹葉 대잎 첩 (葉)

⿱竹⿱羊廾 [괘] 대쪽 괘 箉와 同字

箉 [괘] 竹片 대쪽 괘 ⿱竹⿱羊廾同字 (卦)

箻 [률] 射鳥竹管 새 쏘는 총 률 竽同字 (質)

箆 [비] 編竹小盤 대쟁반 비 (支)

⿱竹茲 [자] 竹名 자죽 자、竹盛 대성할 자 (支)

⿱竹亭 [정] 竹欄干 대난간 정 (庚)

箿 [삽] 竹器絲編 대그릇 가루 걸을 삽 (合)

節 [절] 竹｜ 대마디 절 操也 절개 절 檢制 절제할 절 示信符｜인절 時候 때 절 樂｜풍류가락 절 卦名、符｜、時｜、樂｜ 괘이름 절 (屑)

⿱竹建 [건][섭]

竹名대이름건、行書행서섭 銑 洽

䈚 [태] 竹萌죽순대 箈通 灰

篟 [침] 工人用墨尺먹자침 墨漬筆붓에먹적을침 沁

篁 [황] 竹叢대포기황、대수풀황 竹竹林 대밭황 陽

範 [범] 法也式也 법범 模也 골범、본보기범 常也 떳떳할범 范同字 豏

篂 [성] 車蔽箳ㅣ수레덮는발성 靑

箉 [괘] 竹笋ㅣ筍죽순괘 矢竹살대괘 卦

篇 [편] ㅣ章 글편 書冊책편 編次편차할편 先

篅 [천] 盛穀圓器대둥구미천 先

篆 [전] 書也전자전 夏ㅣ、轂約하전수레전 (大者、周史籒、所作小ㅣ者、秦李斯所作) 繫鐘帶쇠북매는띠전 銑

篒 [유] 黑竹검운대유 尤

篧 [작] 盛米具조리작 藥

篊 [홍] 以竹爲漁梁대어살홍 篢也홈통홍 送

築 [축] 擣也다질축 積重쌓을축 拾也주울축 築同字 屋

萴 [즉] 斷聲물끊는소리측 屑

䈝 [서] 籍ㅣ、竹名대이름서 箕屬키서 魚

篋 [협] 箱ㅣ、大曰箱狹而長曰ㅣ 행담협、상자협 匧同字 葉

彖 [려][리][라] 瓠瓢표주박려、蚌屬방이리 蚌屬소라라 蠡同字 齊 支 哿

篌 [후] 絃樂箜ㅣ 공후후 尤

𥲅 [수] 量名휘수 窶藪 盆또아리수 籔同字 麌 有

篗 [원][완] 斷竹대를잘름원、筩ㅣ竹櫝대서판완 霰 旱

𥳑 [사] 竹方器衣篋옷상자사 笥同字 寘

篍 [초][추] 吹簫勸役통소불어여사시킬초、竹簫대통소추 蕭 尤

䈬 [영] 竹器箱屬상자영 籯同字 庚

䈣 [정] 竹名대이름정 人名사람이름정 敬

𥲤 [부] 竹靑皮대푸른껍질부 虞

筶

[고] 竹名대이름고 捕魚具토읍고 (虞)

筈 [할] 拾也 주울할

箹 [박] 手足指節鳴손발마디소리날박 箹同字 (覺)

箠 [추] 馬策채찍추 笞刑볼기채추 箠同字 (紙)

箆 [비] 釵ㅣ齊毛비치개비 竹器대그릇비 篦同字 (齊)

筡 [사] 竹名ㅓ也 대이름사 (賄)

筋 [근] 骨絡肉力힘줄근 力也힘근、기운근 筋同字 (文)

筑 [축] 쌓을축、다질축 築과同字

篎 [묘] 小笛작은저묘、세피리묘 篎同字 (篠)

箝 [겸] 鉗(金部五畫)과同字

䈹 [격] 竹履대신격 䈹同字 (陌)

十

篔 [운] ㅣ簹、大竹 왕대운 (文)

築 [축] 積重쌓을축 擣也다질축 (屋)

篠 [소][조] 細竹가는대 소、조 義同 (篠)

篛 [약] 筍也죽순약 竹皮대껍질약 箬同 (藥)

䈹 [격] 竹履대신격 (陌)

篙 [고] 進船竿상앗대고 筶同字 (豪)

䈂 [려] 筲也盛飯器밥담는그릇려 (語)

篚 [비] 圓形竹器둥근대광주리비(方曰筐圓曰ㅣ) (尾)

簑 [권] 絡絲篗자새권、얼레권 (元)

䈕 [척] 擊也 칠척 (陌)

篗 [수] 篘也 용수수 (尤)

𥳓 [선] 箑也 부채선 (霰)

𥰭 [요] 竹枝也가지요 (蕭)

篖 [당] 竹席符ㅣ 대자리당 (陽)

筟 [부] 竹有斑文자문죽부、아로새부 (尤)

篎 [묘] 小管작은저묘、세피리묘 篎同字 (篠)

篒 [식] 搔耳具귀우비개식 (職)

𥱊 [미] 竹名대이름미 篃의籀文

篗 [확] 卷絲器자새확、얼레확 (藥)

篕 [합][계] 竹席거자리 합、계 義同 (合)(泰)

篘 [추] 漉酒용수추 𥳛同字 (尤)

篝

[구] 簝火籠 배롱구、불덮개구 貟物笭 종다래끼구 篝同字 (尤)

篟 [천] 竹茂貌 대우거질천 青竹 푸른대천 (霰)

篞 [녈] 中管 죽피리녈 (屑)

䈫 [납] 纜舟竹索 배매는대동아줄납 (洽)

䈵 [옹] 竹盛貌 대가무성할옹 (東)

篏 [겸] 籠 썬대농겸、종다래끼겸 (鹽)

篊 [홍] 用以㷭物者 정그레홍、너스레홍 (送)

篥 [률] 勁竹 쟁쟁한대률 蕃樂成觱ㅣ 오랑캐풍류이름률 (質)

篦 [비] 髮具密櫛 참빗비 篝筌 통제비 毛釵ㅣ 비녀비 竹器 대그릇비 箄通 (齊)

䈤 [소] 竹聲 ㅣㅣ대소리소 (豪)

篧 [착] 捕魚籠 가리착、고기잡는발착 (覺)

篨 [차][자] 洞簫 篸ㅣ 퉁소차 竹貌 篸ㅣ 대모양차、炭籠 숯둥구미자 (麻)(馬)

䈊 [가] 箏也 주자가 (歌)

䈊 [가] 주자가 䈊同字 (歌)

𥲞 [반] 捕魚笱 통발반 竹名 ㅣ籛 대이름반 (寒)

䈋 [답] 窓扇 창짝답 (合)

箺 [서] 著鬲ㅣ 시루서 箺의 古字 (魚)

䈲 [도] 飯牛器 소먹이는그릇도、소구유도 (豪)

𥳄 [국] 訊ㅣ窮理罪人 추사 반을국 鞫同字 (屋)

𥮑 [호] 被也 입을호 (虞)

篤 [독] 厚也 두터울독 固也 견고할독、굳을독 純也 순전할독 疾甚 병위독할독 馬行頓遲 말걸음두할독 竺通 (沃)

䈯 [진] 箭也 화살진 器名 그릇진 (眞)

篣 [방] 箕屬 키방 笞擊 볼기칠방 搒同字 (陽)

𥳇 [구] 箴也 織具 바디구 (遇)

𥳍 [잠][담] 撥馬 말몰는그림을잠 刷馬篼 말큰겅이담、 (覃)

篢 [공] 竹笠 대삿갓공 (東)

篡 [찬] 逆奪 빼앗을찬 (諫)

䈾 [소] 飯亩 주걱소 (巧)

篨 [저] 竹席籧ㅣ대자리저 不能俯病籧ㅣ구부리지못하는병저 魚

䈼 [순] 竹胎萌生嫩芽죽순순 대싹순 筍과同字 彰

篩 [사] 大竹광주리사 竹器 去麤取細체사 支

篫 [선] 竹也 대선 嚴

篪 [지] 橫吹笛옆으로부는저지(管有八孔) 箎同字 支

簒 [순] 죽순순 筍과同字

篫 [족] 積也손으로쌓을족 屋

篪 [지] 摢ㅣ橫吹管樂저지 篪同字 支

𥲤 [부] 竹簀대의서관부 篰同字 有

䈗 [삭] 竹紐대동아줄삭 藥

筊 [효] 竹索대서까효 小簫작은퉁소효 篍同字 肴 巧

䉑 [모] 竹箱대상자모 過

䈞 [족] 쌓을족、다질축 築과同字

䈶 [용] 文竹자문죽용 冬

篬 [창] 竹色青貌ㅣㅣ 대빛푸를창 陽

篭 [롱] 箱屬농롱、채롱롱 笭也 종다래끼롱 包擧ㅣ物얽을롱 籠同字 東 董

䉌 [녀] 織機베틀녀 魚

簑 [사] 雨衣도롱이사 歌

笿 [락] 籬也울타리락 藥

篾 [멸] 竹皮대껍질멸 桃枝竹名대이름멸 篾同字 肴

箅 [심] 劇也심할심 甚古字 寢

䈌 [구] 窮究意궁구할구 麴의古字 屋

䈂 [대] 禦雨笠子삿갓대 籉의譌字 灰

篹 [찬][산][전] 逆奪빼앗을찬 譔、簒同、竹筥籬ㅣ대소쿠리산、述也시울전 具食반찬전 饌、撰通 旱 霰

十一

篲 [세][수] 彗孛꼬리별세、제성세、竹帚대비수 彗通 霽 寘

篰 [부] 竹簀대의서관부 有

篱 [리] 竹器笊ㅣ 대조리리 支

篵 [종] 病枯竹삭은대종 東

篳 [필] 柴

門사립무골ㅣ路柴車나무 실은 수레골 篳通 (質)

䈇 [수] 十六斗稱 열여섯말수 炊籅 조리수 (虞)

𥳇 [곡] 大箱 큰상자곡

篴 [적] 樂管七孔 篴피리적、저적 羌ㅣ、三孔 날나리적 笛同字 (錫)

𥳐 [수][습] 竹帚 대비수、修船具 배고치는기계습 (嚴)(緝)

𥴊 [상] 竹貌 대모양상 (養)

𥳇 [종] 竹也 대종 (東) 篋也 채담종

𥳻 [권] 竹桂 대권 (圓) 𥶍 소쿠리권 (元)

篿 [전][단] 折竹卜篿ㅣ점대전、圓竹器 고리짝단、둥근대그릇단 (先)(寒)

𥳫 [근] 皮白竹 껍질흰대근 (文)

𥳽 [멸] 竹皮 대껍질멸

篾과同字 (屑)

筲 [초][삭] 船舵尾 키꼬리초、키끝초、飯帚 솔솔삭 (效)(覺)

𥶖 [묘] 細竹 가는대묘 (蕭)

篺 [쾌][비] 筏也 뗏목쾌、비 義同 (蟹)(支)

篼 [두] 竹輿ㅣ子 대남여두 飮馬器 말구유통두 (尤)

𥱺 [괘] 大桴 큰떼괘 (佳)

篽 [어] 禁苑 나라동산어 籞同字 (語)

𥲗 [포] 沈水取魚具 가리포 (遇)

篾 [멸] 折竹 쪼갠대멸 竹皮 대껍질멸 竹名 대이름멸

簚同字 (屑)

篷 [봉] 編竹覆舟 대뜸봉 小舟 배봉 艂同字 (東)

篸 [잠] 針也 바늘잠 首笄 비녀잠 簪同字 (覃)(侵)

篶 [언] 黑竹 흑죽언 (先)

簀 [책] 牀棧 살평상책 葦薄 갈대발책 積聚 쌓아모을책 簟也 삿자리책 (陌)

簂 [궤] 婦人首飾 섭지궤、머리치레궤 (隊)

簁 [사] 竹器有孔除麤取細 체사 篩同字 (紙)

簅 [산] 大籥似笛 큰피리산 (潸)

𥳁 [려] 盛飯器 밥소쿠리려 䈿同字 (語)

䉹 [령] 竹名 대이름령 (青)

𥳰 [맥][멱] 車覆 수레덮개맥、멱 義同

(陌)(錫)

簈 [명] 盛絮籠 솜담는 광주리 명 (庚)

簃 [이] 樓邊小屋 누각에 달아진 작은집 이 (支)

⿱竹⿰㡀瓦 [렴] 編竹曝物 엮은대렴 대렴 (葉)

⿱竹巢 [소] 大笙 큰생황 소 (肴)

⿱竹庶 [서] 筐也 대광주리 서 (御)

簉 [추] 齊飛 가지런히 나를 추 倅也 副也 버금 추 (宥)

簆 [구] 筬也 織具 바디 구 (宥)

⿱竹㒳 [만] 竹器 대그릇 만 節也 대서과 만 (旱)

簇 [족][주] 小竹也 가는대 족 聚也 모을 족 蔟通、주 義同 或音 족 (屋)(宥)

⿱竹紨 [부] 篾也 대 껍질 부 (遇)

⿱竹衒 [현] 箭笴 살대 현 (先)

簋 [궤] 盛黍稷器 簠ㅣ 대제기 궤、보궤 궤 (紙)

⿱竹將 [장] 有節割 마디두고 쪼갠대 장 (養)

⿱竹累 [류] 盛土籠 삼태기 류 法網 법류 (紙)

簌 [속] 篩也 체 속 茂密貌 무성하고 빽빽한 모양 속 (屋)

⿱竹⿸厂孚 [호] 籠也 광주리 호 (遇)

簍 [루] 竹籠 대농루、대상자 루 盛土籠 삼태루 (有)

⿱竹淡 [담] 甘竹 단대 담 大竹 큰대 담 (勘)

箳 [병] 車覆ㅣ篂 수레가림 병 (車上障塵者、前曰籓、後曰ㅣ) (梗)

⿱竹通 [통] 無節竹 마디없는대 통 (東)

⿱竹措 [착] 刺魚具 작살 착 刺也 찌를 착 擉同字 (覺)

篝 [구] 覆火籠 배롱 구、불덮개 구 負物笭 부담롱 구 篝同字 (尤)

簏 [록] 書ㅣ竹筐 대상자 록 (屋)

⿱竹衺 [나] 鳥籠 새장 나、조롱 나 (麻)

⿱竹曼 [만] 竹名 대이름 만 (寒)

⿱竹陡 [도] 架也 시렁 도 (遇)

⿱竹⿱巩木 [축] 쌓을 축、다질 축 築의 本字

⿱竹敝 [괴] 箭竹 살대 괴 (灰)

⿱竹⿺辶坐 [좌] 短也 짧을 좌 身短 난쟁이 좌 矬同字 (歌)

⿱竹⿰豸皮 [추] 捕魚具 통발 추 (宥)

⿱竹逸 일 置也 둘일 ⓐ質

⿱竹畐 치 楚岳장구치 田一歲한 해된밭치 菑同字 ⓐ支

⿱竹剖 독 惡也 악할악、독할독 毒의古字

沃

⿱竹釣 조 釣竹 낚시대조 嘯

篡 찬 篹의俗字 逆奪 빼앗을찬 諫

⿱竹悤 창 籬也 울타리창 江

⿱竹旅 려 밥소쿠리려 ⿱竹彖와同字

⿱竹軟 연 釣針 낚시바늘연 銑

⿱竹剪 전 齊斷 削滅 갈결전 除也 베어없앨전 翦同字 銑

⿱竹盍 렴 鼓也 북렴 鹽

⿱竹彫 조 箒也 대솔조、대솔솔조(日)

⿱竹意 주 箸也 젓가락주 躊躇 주저할주 尤

(十一)

簜 탕 簜節大竹 굵은대탕 養

簙 박 局戲大ㅣ 장기박 藥

⿱竹復 복 竹實 대열매복 屋

⿱竹義 먹 白狗皮、素ㅣ 흰개가죽먹 錫

⿱竹輋 반 車篷 수레뜸반 阮

⿱竹觚 고 竹簡 대쪽고 稜也 모질고 觚通 虞

⿱竹斯 시 篩也 체시 竹篩 대마다시 支

⿱竹敝 폐 簿籌 주사위폐 霽

簟 점 竹席 삿자리점 竹名 대이름점 琰

⿱竹毳 체 치 擣也 찧을 체、치 義同 霽 寘

簞 단 小筐 소쿠리단、도시락단 笥也 상자단 寒

⿱竹發 폐 竹席 대자리폐 ⿱竹廢同字 隊

簝 료 로 宗廟盛肉竹器 종묘에 고기담는대제기료、로義同 蕭 豪

簡 간 札也 편지간 記文竹牒 대쪽간 略也 간략할간 易也 쉬울간 分別 분별할간 要也 중요로울간 求也 구할간 誠也 진실로간 檢閱 점고할간、검열할간 閱也 열람할간 選也 가릴간 大也 ㅣㅣ 큰간 柬通 潸

⿱竹閒 간 간략할간 簡同字

⿱竹媚 미 冬生筍 겨울에 나는 죽순미 寘

簠 보 盛黍稷器 ㅣ簋 대제기보、보(外方內圓曰ㅣ 容一斗二升)

蓋同字 麌 遇

⿱竹隆 룽 篁也、竹叢 대숲룽 東

⿱竹隊 쉬 竹筵 대자리쉬 竹徑 대밭오솔길쉬 寘

⿱竹蛩 공 畚ㅣ籠 수레덮는대뜸공 車弓 수레활공 冬

簢 민 竹中空대 속빈민 軫

⿱竹須 수 魚筌 고기다래끼수 虞

⿱竹滅

잠 規戒諫誨辭 경계할잠 綴衣바늘잠 箴同字 侵

簦 등 御雨長柄笠蓋 우산등 蒸

簥 교 大管 큰저교 蕭

⿱竹無 무 모 皮黑竹 검은대무、모 義同 虞

⿱竹軲 고 竹皮대 껍질고 虞

籓 번 大箕、큰키번 蔽也 덮을번、가릴번 元

簣 궤 盛土器 삼태궤 匱通 寘

⿱竹棓 보 簾也 발보、竹器 대그릇보 麌

簬 로 美竹箭材 화살만드는대로、살대로 遇

篴 적 管樂 저적 笛同字 錫

簫 소 管樂 퉁소소 ㅣ韶舜樂소소 弓末 활고지소 箾通 蕭

簨 순 ㅣ簴懸鐘磬格 북다는틀순 軫

⿱竹軨 령 車笭 수레덮개령 籠也 광주리령 迴

簩 로 竹名 대이름로 (ㅣ竹有毒、夸人爲觚刺獸則死) 豪

⿱竹最 채 竹帚 대비채 泰

篪 제 琴名ㅣ鍾 거문고제 霽

簪 잠 首笄 비녀잠 聚也 모을잠 發病 병날잠 侵 覃

⿱竹殘 잔 竹籤 대로만든점대 찬 笭也 작은통찬 寒

簧 황 女媧樂 笙ㅣ 생황황 巧言ㅣ鼓 공교로이하는말황 陽

⿱竹陽 양 ⿱竹奇ㅣ、竹席 대자리양 陽

⿱竹圌 천 竹器盛穀圓囤 대둥구미천 篅同字 先

⿱竹怨 예 初生筍 어린죽순예 支

⿱竹粦 린 竹中實 대속찰린 震

⿱竹童 동 竹器 대그릇동 董

⿱竹曾

[증] 笠也 삿갓증 (蒸) [illegible] [주] 算也 숫가지주 籌(竹部十四畫)同字 [illegible] [순] 대나무순 筍同字 [illegible] [축] 쌓을축 築과同字 [illegible] [신] 蕈

[illegible] [둔][전] 榜也 채찍둔 매둔 摯也 걸전 [illegible]同字 (元)(霰) [illegible] [류] 盛土竹籠 삼태기류 法細 법류 纍同字 (紙) [illegible] [산] 竹

也 대자리신 삿자리신 (眞) [illegible] [운] ㅣ簹、大竹 왕대운 [illegible]同字 (文) [illegible] [전] 矢也 살전 箭同字 (霰) [illegible]

器 대그릇산 (翰) [illegible] [효] 筍也 죽순 爻本音교 (巧) [illegible] [서] 卜ㅣ 蓍點 시초점서 筮의古字 (霽) [illegible] [취] 絡絲具

실채취 (寘) (十三) [illegible] [치] 幼竹 어린대치 [illegible] 同字 (紙) 簳 [간] 小竹 箭材 살대간 薏苡ㅣ珠 율무간 笴同字 (旱) [illegible]

[치] 어린대치 [illegible]와同字 [illegible] [례] 細軟竹 가늘고 연한대례 (霽) [illegible] [로] 美竹 箭材 화살대로 簬 [illegible] [미] 竹

名 대이름미 (微) [illegible] [갈] 止樂器木虎 갈풍류갈、그칠풍류갈 楬通 (黠) 簾 [렴] 箔也 발렴(天子外屏諸侯內屏大夫以ㅣ

士以帷) (鹽) 簺 [새] 簙ㅣ、戲具 상륙새、박새새 (隊) 簻 [과] 箠也 말채찍과 策也 대마대과 檛同字 (歌) 簹

[당] 大竹 篔ㅣ 왕대당 (陽) [illegible] [구] 覆火籠 배로우、불모개구 篝同字 (尤) [illegible] [파] 揚米去糠 가부를파、ㅣ箕 키파 (哿)(箇)

簽 [첨] 押署 이름둘첨 ㅣ籯 저도옹첨 籠也 농첨 ㅣ書、文字以爲表識 제목첨 信書 편지첨 (鹽) [illegible] [견] 戶籍、ㅣ籍 호적견 (銑)

[illegible] [건] 筋鳴 힘줄울건 (元) [illegible] [거] 飲牛器 소먹이그릇거 養蠶箔 누에치는그릇거 (語) 簶 [록] 胡ㅣ、箭室

簷 [첨] 屋檐也 처마 첨、기슭 첨 (鹽)

⿱竹夆 [봉] 蒿也 欒亂草 쑥 봉ㅣ盛貌 더부룩할 봉 蓬同字 (東)

⿱竹⿰扌蒦 [확][호] 捕魚具 통발 확、호 義同字 (藥)(遇)

簴 [거] 所以懸鼓筍ㅣ 북다는 틀 거 虡同字、鐻通 (語)

⿱竹奧 [욱] 漉米藪炊ㅣ 조리 욱 (屋)

⿱竹殿 [둔][전] 榜也 채찍 둔、매 둔 (元)(霰) 擊也 칠 전

⿱竹隔 [격] 竹帳ㅣ子 대장지 격、대차면 격 (陌)

⿱竹遇 [구] 竹器 대그릇 구 (遇)

⿱竹亶 [단] 繚束 배끄는 줄 단、俗音 담 (覃)

簿 [부][박] 籍也 문서 부、첩 부 領也 거느릴 부 手版 홀 부 車駕鹵ㅣ 의장 부、蠶具 누에발 박 箔通 (覺)(藥)

簙 [박] 行碁ㅣ奕 바둑 둘 박 (藥)

⿱竹廆 [괴] 竹節 대마디 괴 (賄)

⿱竹解 [해] 竹名 대 이름 해 (蟹)

⿱竹愍 [민] 竹中空 대 속빌 민 (軫)

籔 [수] 量名 휘 수(受十六斗) 窶藪 盆 또아리 수 藪의 略字 (麌)(有)

⿱竹⿱皿回 [색] 篩也 체 색 (軫)

⿱竹㨨 [류] 竹聲 대소리 류、竹名 대이름 류 籓의 俗字 (尤)

篹 [산] 器也 그릇 산 (翰)

⿱竹塼 [박] 局戲 六주사위 박、簙의 譌字 (藥)

⿱竹粲 [찬] 竹籤 대로 만든 점대 찬 笭也 작은 통 찬 籛同字 (寒)

⿱竹搶 [창] 竹矛 대창 창 (漾)

簀 [책] 牀版 마루바닥 책 (陌)

十四

籆 [확] 收絲器 자세 확、얼레 확 籰同字 (藥)

籃 [람] 大篝 큰 물우리 람 筐也 바구니 람 (覃)

籅 [여] 筐也 대상자 여、쾌 담 여 (魚)

⿱竹僕 [박] 竹種 대이름 박 (藥)

⿱竹匱 [궤] 簣也 삼태기 궤 (寘)

⿱竹領 [령] 盛飯筐 밥 담는 광주리 령 (徑)

籉 [대] 禦雨笠子 삿갓 대 (灰)

⿱竹署 [서] 踈篩 성긴 체 서 (御)

⿱竹⿰镸肖

초 竹枝長대 가지긴초 (巧) 篙 호 船竿상앗대호 (豪) 籈 전 所以擊祝鼓敔者 축절풍류채진 (眞) 篵 총 箸筒젓

가락통 총 (董) 篝 구 司熏衣옷말리는배롱구 筤也 籠대소쿠리구 (尤) ⿱竹滿 만 竹器대그릇만 篾也 대서과만 篇同字 (旱) ⿱竹端

관 竹名대이름관 (寒) 籌 주 算也 숫가지주、셈대주 ㅣ畫 셈놓을주 ㅣ略 모략할주 籤也 제비주 (尤) ⿱竹衆 총 取魚器、籠ㅣ

고기잡는대그릇총 (東) 籋 섭 足錔 발자물쇠섭 鉗也 족집개섭 躡也 밟을섭 躡字同、鑷通、古音녑 (葉) 籊 적 竹貌 ㅣㅣ대모

양적 대쭉쭉뻗을적 (錫) ⿱竹翣 삽 扇也 부채삽 箑同字 (洽) 籍 적 簿書 문서적 書ㅣ 서적적 戶口圖ㅣ 호적적 狼ㅣ 와자할적 籍

聲ㅣㅣ 말소리적 ㅣ沒 압수할적 耤通 (陌) ⿱竹幛 격 竹障 대창살격 (陌) ⿱竹堂 축 쌓을축 築古字 ⿱竹建 삽 破竹片

대조각삽 (洽) ⿱竹幕 멱 覆食巾 밥보자기멱 ㅣ歷、煙貌 연기자욱히덮힐멱 ㅣ羅 婦人所戴 족두리멱 冪幂同字 (錫) ⿱竹巢 소 大

笙 큰생황소 鳥巢 새보금자리소 (肴) (十五) ⿱竹毅 의 竹名 대이름의 竹節 대마디의 (未) ⿱竹廢 폐 竹席 대자리폐 (隊)

⿱竹劉 류 竹名 대이름류 (尤) 籐 등 蔓生似竹 등등、등나무등 藤通 (蒸) ⿱竹溜 류 竹聲 대소리류 (尤) ⿱竹皺

추 捕魚器 고기잡는기구추 (宥) ⿱竹遷 천 扳稻具 벼훑이천 (先) 籑 찬 述也 지을찬 具食 반찬찬 撰、饌通 (潸) ⿱竹緩

환 簾也 발환 (旱) ⿱竹幡 번 大箕 큰키번 蔽也 울타리번 울대번 籓同字 (元) ⿱竹畾 대 稻米磑 쌀씷는 맷돌대、뢰 義同字 (隊)

⿱竹區 [구] 竹器以息小兒 아이앉히는대등우리구、구좌구 或音우 (尤)

籀 [주] ㅣ文、大篆 큰전자주 周太史 주나라태사이름주 繇通 (宥)

籓 [번] 大箕 큰키번 藪也 울타리번、바자번、울번 (元)

⿱竹愍 [민] 竹中空 대속빈민 篔同字 (軫)

籔 [수] 漉米器 쌀거르는그릇수 炊䉛 조리수 頭戴薦盆 寠ㅣ 또아리수 量名受十六斗 열여섯말들이수 (有)(麌)

⿱竹慧 [혜][세] 竹篲 비혜 竹篲 비세 彗의古字 (霽)(寘)

⿱竹隤 [퇴] 竹筆 대붓퇴 (灰)

⿱竹爲 [사] ⿱竹華也 채 체사 (馬)

⿱竹罽 [계] 竹實 대열매계 ⿱竹罽同字 (霽)

十三

⿱竹衛 [위] 細竹 가는대위 (寘)

⿱竹燕 [연] 竹病 대병들연 (鹽)

籛 [전] 彭祖姓 팽조의성전 (先)

⿱竹辨 [편] 蘆葉笛 갈잎피리편 (銑)

籙 [록] 籍也 호적록 圖ㅣ 비기록 ㅣ冊 箱 책장록 (沃)

籚 [로] 戟柄 창자루로 筐也 광주리로 積竹 쌓인대로 (虞)

籐 [등] 熱地生植物 등나무등、등등 藤同字 (蒸)

⿱竹頰 [첩][엽] 篋也 키로가불 첩、엽 義同 (葉)

⿱竹毀 [훼] 毀(殳部十二畫)과同字

籗 [착][곽] 罩也 가리착、捕魚籠 종다래끼곽、통발곽 (覺)(藥)

⿱竹隨 [수] 籠也 채롱수 (支)

⿱竹鞠 [국] 窮究意 궁구할국 鞫古字 (屋)

籜 [탁] 竹皮 대껍질탁 (藥)

⿱竹殽 [효] 竹索 대새끼효 小簫 작은퉁소효 筍也 죽순효 (肴)(巧)

籋 [니] 箱也 상자니 (紙)

⿱竹縠 [혹] 篗也 자새혹、얼레혹 (屋)

⿱竹賢 [현] 竹枯 대마를현 (霰)

篽 [어] 籞同字

籟 [뢰] 簫名三孔 籥而 피리뢰 孔竅機 구멍속에소리나는경뢰 (泰)

籞 [어] 池ㅣ、禁苑 나라동산어 篽同字 (語)

籠 [롱] 箱屬 농롱、채롱롱 笭也 종다래끼롱 包擧ㅣ物 물건 싸서 들롱 鳥檻 새장롱 箱ㅣ、竹器 대상자롱 (東)(董)

籯 [영] 箸筩 젓가락통영 籠也 농영 (庚)

籙 [례] 竹簡 대쪽 편지례 (霽)

籣 [린] 擯也 덜린、상할린 植也 심을린 (震)

(十七)

籋 [미] 竹皮 대껍질미 (支)

籅 [여] 竹輿 대 남여여 (魚)

籥 [약] 管ㅣ、樂器似笛 피리약 (有三孔或六孔者) (藥)

籢 [렴] 鏡ㅣ、鏡匣 경대렴 (鹽)

𥳷 [선] 人戶版籍、籣ㅣ 호적선 (先)

籑 [접] 簸也 까부를접 俗音 엽 (葉)

籣 [란] 盛弩矢箙器 도지개란 (寒)

籤 [첨] 標識 찌지 붙인첨 竹ㅣ、用以卜者 점대첨 書ㅣ 서상대첨 驗也 증험할첨 韱同字 (鹽)

𥸌 [국] 訊ㅣ、窮理罪人 죄사 받을국 鞫同字 (屋)

籙 [리] 竹簡 대쪽 편지리 箠也 채찍리 (寘)

𥸢 [계] 竹實 대열매계 (霽)

𥷺 [양] 包也 쌀양 麤米 竹器 조리양 (陽)

籧 [거] 竹席ㅣ篨 대자리거 醜病 곱사바라기거 養蠶器 양잠기거 (魚)(語)

籦 [종] 枝多竹 가지 많은 대종 (冬)

簭 [서] 卜蓍點 시초 점서 筮同字

𥶺 [둔][전] 榜也 계적둔、매둔 擊也 칠전 殿同字 (元)(霰)

𥶽 [저] 酢菜 김치저、침채저 澤生草 푸서리저 菹同字 (魚)

(十八)

𥸩 [렵] 竹笪 대자리렵 (葉)

𥸉 [착][조] 捕魚具 대롱발착、擙罶 떠올리는 그물조 (覺)(肴)

𥸟 [잡] 簾也 발잡 (合)

籗 [관] 竹杼 대북관 (寒)

𥸶 [쌍] 帆也 돛쌍 酒篘 용수쌍 (江)

𥸍 [개] 黑竹 검은대개 (佳)

𥸥 [전] 細削竹 잘게

작은대 전 ㊀先

篽 [어] 나라동산 어 籞와 同字 ㊀語

[illegible] [관] 視也 볼 관 示也 보일 관 觀의 古字 ㊀寒

⑲

籬 [리] 藩ㅣ 울타리 리 笊ㅣ、竹杓 조리 리 欐同字 蘺通 ㊀支

籩 [변] 祭祀燕享器ㅣ豆 변두 변、대제기 변 ㊀先

籫 [찬] 竹器 대그릇 찬 ㊀旱

[illegible] [퀘] 舂也 방아찧을 퀘 [illegible]同字 ㊀紙

[illegible] [둔][전] 榜也 계적 둔 擊也 칠 전 [illegible]、[illegible]同字 ㊀元 ㊀霰

[illegible] [저] 筐也 광주리 저、조리 저 ㊀御

籮 [라] 箕也 키 라 筐也 광주리 라 ㊀歌

[illegible] [미] 竹皮 대껍질 미 ㊀支

籭 [사] 竹器有孔除麤取細 체 사 簁同 蘺同 ㊀佳

[illegible] [퀘] 舂也 방아찧을 퀘 ㊀紙

⑳

籠 [롱] 筐也 광주리 롱 箱也 상자 롱 ㊀東

籰 [확] 收絲器 자새 확、얼레 확 篗、[illegible]同字 ㊀藥

[illegible] [엄] 射雉翳 꾸집게 엄 禦也 막을 엄 ㊀鹽

籯 [영] 竹器 箱屬 상자 영 ㊀庚

簬 [로] 美竹箭材 화살만드는대 로 簵同字 ㊀遇

㉑

[illegible] [감] 有毛竹 털난대 감 [illegible]同字 ㊀感

[illegible] [관] 視也 볼 관 觀同字 ㊀寒

[illegible] [새] 瑟也 거문고 새 ㊀蟹

[illegible] [변] 竹簡 대쪽 편、편지 변 ㊀銑

㉒

[illegible] [확][악] 捕魚具 고기잡는 발 악、확 義同 ㊀藥

㉔

[illegible] [잠] 綴也 맺을 잠 緝也 가선할 잠 簪同字 ㊀感

[illegible] [감] 有毛竹 털난대 감 ㊀感

[illegible] [령] 竹屬 대 령 竹器 대그릇 령 ㊀青

籗 [착] 捕魚籠 통발 착 捕魚具 가리 착 ㊀藥 ㊀覺

㉖

籲 [유] 呼也 부르짖을 유 和也 화할 유 龥同字 ㊀遇

米部

米 미 穀實精糳쌀미、낟알미 虞名ㅣ廩우나라태학이름미 敉通、佛國基本度名、我度三尺三寸三分 미터미 齊 (韓)

一

粎 기 粰米부서진쌀기 寘

二

籵 십 佛國度名、米十倍 데카미터십 (韓)

籴 적 잡 買穀곡식을살적 不一섞일잡、잡될잡 雜通 錫 合

籸 신 粉滓녹말신 粥凝범벅신 籸의譌字 眞

𠙹 치 上ㅣ下牙口齘骨이치 年也나이치 齒의略字 紙

𥸤 정 米餌맛없는밥정 徑

三

𢍏 국 兩手撮動움킬국 屈掌움큼국 掬同字 屋

籾 인 稻也벼인、나락이인 (日)

粁 천 佛國度名、米千倍 킬로미터천 (韓)

籽 자 種子、ㅣ粒씨앗자 紙

粂 구 久米의合字、陳臭米묵은쌀구 (日)

籺 흘 米粉糠ㅣ쌀가루흘 堅麥굳은보리흘 麧同字 月

𠧢 속 黍屬米有殼稱조、좁쌀속 粟의古字 沃

籹 여 蜜餌粔ㅣ약과여、중배끼여 語

𥸥 신 米滓쌀찌끼신、碎米싸라기신 眞

𥸣 홍 陳臭米묵은쌀냄새날홍 東

类 류 善也착할류 肎 似같을류 分也나눌류 類同字 寘

籸 신 粉滓무거리신、녹말신 粥凝범벅신 眞

籼 선 稉也메벼선 私同字 先

粍 척 屑米飯싸라기밥척 粘也차질척 陌

四

粃 비 不成粟ㅣ糠쭉정이비 ㅣ政나쁜정치비 紙

粄 관 屑米餅쌀가루떡관 團子경단관 旱

𥸯 멸 屑米싸라기멸 屑

粅 물 粉貌ㅣㅣ가루모양물 物

𥸧 기 赤米붉

은쌀거 粐同字

粆 사 砂糖사 쌍사 麻

粎 기 赤米붉은쌀기 支

粇 강 穀皮겨강 粃ㅣ煩碎 벼겨할강 穅同字 陽

粊 비 惡米궂은쌀비 紙

粌 돈 䊐ㅣ 餌也 흰떡돈 元

粉 분 研米가루분 燒鉛所以傅面潤色ㅣ飾 분분 白灰 塗壁 회석벽할분 佛國度名、米千分ㅣ데시미터분 吻 (日)

粏 태 糠湯也 겨로만든국태 (日)

粋 쇠 純也 순전할쇠 精也 정밀할쇠 隊

粁 료 量也 결료、말질할료 ㅣ理 計也 교계할료 度也 헤아릴료 料同字 蕭 嘯

粍 모 佛國度名、米千分之ㅣ밀리미터모 韓

粆 료 결료、말질할료 料同字

粈 뉴 雜飯 잡곡밥뉴、비빔밥뉴 有

五

粔 거 ㅣ籹、蜜餌 약과거、중배끼거 粔籹 寒具 전병거 語

[illegible] 가 米也 쌀가 麻

粙 주 稻之結實 벼알들을주 宥

粚 리 所以黏鳥끈끈이리、새잡는끈끈이 黐同字 支

粭 이 餄餳 엿이 支

粐 저 盛米貌 쌀담을저 語

[illegible] 호 粥也 죽호 煮米爲粥 죽쑬호 虞

粄 분 屑米餅 싸라기떡분

粞 시 糟也 찌꺼시 眞

粜 조 賣米 出穀쌀조 꽉조 糶同字 嘯

粘 점 相著也 붙을점 飯ㅣ 끈끈할점 黏同字 鹽

粑 파 餌也 흰떡파 歌

[illegible] 멸 粖也 미음멸 屑

[illegible] 명 미 漬米 물에담근쌀명、縣名ㅣ令 골이름미 靑 支

[illegible] 미 深也 깊을미 冒也 무릅쓸미 罝也 들미 紙

粄 반 粉也 가루반 願

粰 부 穀皮 겨부 虞

粕 박 酒滓 糟ㅣ 재강박 油ㅣ 깻묵박、비지박 魄

通 (蘗)

粖 말 饘也 糜粥 미음 말、죽 말 (曷)

粊 비 惡米也 은쌀 미 (眞)

粗 조 추 略也 간략할 조、疏也 성길 추 物不精 추할 추 大也 클 추 (虞)(虞)

粆 사 滓也 찌끼 사 (麻)

粓 감 洗米汁 쌀뜨물 감 (覃)

[米丕] 배 磨麥之粥 간보리죽 배 (灰)

粒 립 米顆 ―食 쌀알 립、낟알 립 立通 (緝)

粄 반 屑米餅 싸라기떡 반 (旱)

粝 려 랄 麁䊪 ―米不精 궂은쌀 려、脫粟 애찧은 조쌀 랄、糲의 俗字 (霽)(曷)

粲 찬 精鑿 을 찬、食 餐은 쌀밥 찬、정한 쌀밥 찬 粲同字 (翰)

粣 색 扁―米煎 전병 색 (陌)

六

粟 속 黍屬 조 속、米有殼稱 곡식 속 (沃)

粞 서 米碎 싸라기 서 (齊)

[米向] 향 饋也 먹일 향、饁也 점심 향 餉同字 古音 상 (陽)

粡 동 粗米也 은쌀 동 (東)

[米先] 신 粥凝 죽엉길 신、粉滓 무거리 신 (眞)

粢 자 祭飯 ―盛 제메 자、젯밥 자、稷也 明― 기장 자、괴자 (支)

粠 홍 陳臭米 묵은쌀 홍 [米工]同字 (東)

[巩米] 공 精米 정한 쌀 공 (冬)

[米朿] 색 壞米、糒― 상한 쌀 색、餠 相黏 떡 덩어리질 색 (陌)

粣 색 扁―米 전병 색 (陌)

[米刪] 살 糝也 섞을 살 (曷)

[米耳] 문 들을 문 聞의 古字

粧 장 粉飾 단장할 장 妝同字 (陽)

[米多] 담 黏也 차질 담 (覃)

粨 백 佛國度名、米百倍 헥터미터 백 (韓)

粥 죽 육 糜也 미음 죽、饘也 죽 죽、卑謙貌 ―― 겸손한 모양 죽、鬻通、賣也 팔 육 北狄葷― 북쪽 오랑캐 육 (屋)

[自米] 구 熬米 볶은 쌀 구 (有)

粦 린 鬼火 도깨비불 린、螢火 반디불 린、燐同字 (震)(眞)

粤

월 語辭發端 어조사 월(于也、於也) 審愼詞 곰곰히 생각할 월 曰、越 通 (月)

[illegible] 족 조 속、좁쌀 속 粟과 同字

[illegible] 괘 研米泥羹 살 갈아 국에 탈 괘 (隊)

[illegible] 환 白米 흰 쌀 환 (寒)

⑦

粰 부 穀皮 왕겨 부 饘也 된죽 부 (尤)

[illegible] 괘 粉末 가루 괘 (隊)

[illegible] 삼 蜜漬瓜實 정과 삼 (感)

[illegible] 권 환 粉也 가루 권 粉餌 가루떡 환 (阮)(寒)

[illegible] 초 細粉 고운 가루 초 (篠)

粮 량 糧也 양식 량 糧同字 (陽)

[illegible] 매 酒本 술밑 매 一麴、酒母 모주 매 酥同字 (灰)

[illegible] 포 餌也 굳떡 포、엿 포 (遇)

[illegible] 서 糧米 양식쌀 서 祠神米 제사쌀 서 (語)

[illegible] 강 穀皮 겨 강 糠의 古字

[illegible] 윤 氣盈朔虛積餘附月 윤달 윤 閏의 古字 (震)

粳 갱 稻不粘 메벼 갱 秔、粳同字 (庚)

[illegible] 은 犬吠聲 개 짖는 소리 은 犬爭 개 싸울 은 狺同字 (文)

[illegible] 불 屑米外 싸라기 불 (月)

粱 량 稻穀名似粟而 穀之長 기장 량 (陽)

[illegible] 미 粥 糜죽 미 (寘)

[illegible] 류 熬米 볶은 쌀 류 (尤)

[illegible] 간 米粉 쌀가루 간 (諫)

粲 찬 鮮好貌 一一 선명할 찬 明也 밝을 찬 笑貌 一然 웃는 모양 찬 精鑿食 정한 쌀밥 찬 餐通 (翰)

⑧

粹 수 精也 정할 수 不雜 純一 순수할 수 全也 온전할 수 (寘)

[illegible] 록 火爆米 불에 말린 쌀 록 (屋)

[illegible] 죽 육 糜一饘 미음 죽、죽 죽、北狄葷粥 북쪽 오랑캐 육 粥同字 (屋)

[illegible] 혼 餅也 떡 혼 (元)

[illegible] 면 翕目 졸 면、寐也 잘 면 眠同字 (先)

粿 과 無皮穀 알곡식 과、精米 정한 쌀 과 (哿)

粚 치 膠也 쌀풀 치

精 정 정

령정、가릴정 精同字

⿰米卷 권 粥稠貌 죽된모양권 (阮)

粼 린 水淸｜｜물맑을린 水出石間 물이돌틈에서날린 潾通 (震)

粻 장 食米糧也 양식장 餭也 엿장 (陽)

粽 종 蘆葉裹米角黍 주악종、송편종 糉同字 (送)

粿 과 흰쌀과

粺와 同字

⿰米周 주 團子餠 도래떡주、경단주 (尤)

粺 패 精米 정한쌀패、흰쌀패 (卦)

精 정 靈也 정령정、擇也 가릴정 專一 정할정 眞氣 정기정、정신정 細也 세밀할정 潔也 깨끗할정 明也 밝을정 熟也 익숙할정 ｜蟲 정충정 (庚)

⿱利米 리 軟粥 묽은죽리 (支)

⿰米非 비 惡米 궂은쌀비 粊와 同字 (寘)

粸 기 餠也 떡기 (支)

粷 국 粉也 가루국 (屋)

⿰米斤 석 洗米 쌀씻을석 (錫)

糀 화 麴也 누룩화 (日)

⿰米向 향 먹일향、점심향 餉과 同字

⿸广⿱彐米 강 安也 편안할강 康의 本字 (陽)

粲 찬 明盛貌 빛날찬

⿰米⿸尸矢 히 시 殿｜ 呻吟 아파서 끙끙거릴히 糞也 똥시 ⿸尸矢、屎 同字 (支)(紙)

⿰米隹 정 정령정、가릴정 精과 同字

⑨

⿰米冑 주 稻實 나락알주 米也 쌀주 (宥)

糇 후 乾食｜糧 말린밥후 餱同字 (尤)

⿱卤米 속 조속、좁쌀속 粟의 本字

糈 서 소 糧也 양식서 祀神米 고사쌀서、饊也 사자소 馭通 (魚)(語)

⿰米畐 픽 以火焙肉 불에 구기말릴픽 (職)

糉 종 蘆葉裹米角黍 송편종、기장종 粽同字 (送)

糅 유 色混雜｜섞일유 亂也 粉｜ 어지러울유 雜飯 잡곡밥유 (宥)

⿰米皇 황 祭米 제사쌀황 (陽)

⿰米南 남 雜穀粥 잡곡죽남 (感)

糲 랄 粗飯 추한 밥랄 曷
粩 건 粥也 죽건 元
糌 계 米別名 쌀계 佳
糗 영 精米 정한쌀 영 庚

糆 면 屑米가루 면 麪同字 霰
糔 지 黏也 차질지 秖
糖 당 精米 정미당 陽
糂

糝 삼 米粒和羹 국죽삼 雜也 섞일삼 米屑 쌀가루삼 黏也 차질삼 糝同字 感
糒 번 燒稻取米 벼볶아 쌀만들번 銑
糨

䊭 할 白米 흰쌀할 曷
糊 호 黏也 풀호、풀칠할호 糢ㅡ、漫貌 모호할호(駝背錦糢ㅡ) 漫通 虞
粿 시 屎 屎 똥오줌시

或音 지 秖
粶 리 僕也 종리、노복리
糈 서 碎米 싸라기서 齊
粪 분 糞同字 똥분
粟

糏 연 細米 잔쌀연 熟也 익을연 研同字 先
糜 미 愛也 사랑할미 齊
粽 자 稻餅、ㅡ餻 이절미자 支
糞

同字 동분 糞 問
糎 리 佛國度名、米百分之一 센치미터리(韓)
糍 자 飯餅糗餌餻也 이절미자 餈同字 支

十

糕 고 餌也 餈ㅡ 인절미 고 餻同字 豪
糏 설 舂餘米麥破 싸라기설 屑
糊 추 濾取 粉末 노추

말추 양 금추 尤
糙 퇴 粉餌 가루떡퇴 灰
糐 부 團餌 둥근주계 비부、경단부 虞
糔 주 汁也 국물주

搜也 반죽할수 有
糥 녁 粉餌 가루떡녁 錫
穀 곡 穀同字 곡식곡
糠 함 稻不黏 메벼함 感

糒 비 單糧糗ㅡ 구량비 乾飯 마른밥비、매 義同 寘 卦
𥽴 번 반 파 數也 번수번、하번번 遊也 갈리반 次也 차례반 老貌

하얗게 늙을 파 番의 古字 (元)(寒)(歌)

糖 [당] 飴也 엿 당 砂ㅡ 사탕 당 或音 탕 (陽)

⿰米隹 [적] 買穀入米 쌀 사들일 적 糴ㅡ病 貌 빠를 저 糴同字 (錫)

粹 [쉬] 粉滓 무거리 쉬 (隊)

⿰米旁 [방] 玉蜀黍 옥수수 방 (庚)

⿰米咠 [수] 粮米 양식 수

⿰米隻 [척] 營也 경영할 척 (陌)

⿱艹糞 [분] 盡也 다할 분 (問)

糗 [구] 乾飯屑、熬米麥 마른밥 가루 구 (有)

(十一)

糙 [조] 粗米 거친 쌀 조 米穀雜 잡곡 조 (號)

⿰米崔 [최] 精米 정한 쌀 최 (灰)

糞 [분] 穢也 똥 분 培也 거름할 분 掃除 쓸 분 治也 다스릴 분 (問) 糞同、坌通

⿰米啇 [적] 壞米ㅡ糠 상한 쌀 적 (陌)

⿰米專 [단] 粉餌 수단 단、경단 단 糰同字 (寒)

⿰米率 [률] 穤米 근 은쌀 률 (質)

⿰米戚 [죽] 熬米餅 쌀 볶아 만든 떡 죽 (屋)

糛 [당] 飴也 엿 당 沙ㅡ 사탕 당 糖同字 或音 탕 (陽)

糚 [장] 粉飾 분단장할 장 粧同字 (陽)

糜 [미] 饘也 죽 미 爛也 물크러질 미 糏也 싸라기 미 (支)

⿰米殺 [살] 흩을 살 ⿱殺米同字

⿱殺米 [살] 散也 흩을 살 放也 내칠 살 撒、蔡、摋通 (曷)

糝 [삼] 米屑 쌀가루 삼 雜也 잡될 삼 以米和羹 국죽 삼 黏也 차질 삼 糂同字 (感)

⿰米冓 [비][배] 말린 밥 비 糒同字、배 義同

⿰米竟 [강] 米醬 쌀 메주로 담은 장 강 糜粥 미음 강、ㅡ子 풀 강 (漾)(中)

糨 [강] 쌀 메주로 담은 장 강 ⿰米竟同字

⿱弅米 [분] 똥 분、거름 분 糞의 古字

⿱⿱大夰帶 [분] 똥 분、거름 분 糞의 古字

糒 [비][배] 糗ㅡ 乾飯 말린 밥 비 糒의 本字 배 義同 (寘)(卦)

⿱𥝢米 [리] 穀名 곡식 이름 리 (支)

⿰米曼 [만] 飯澤ㅣㅣ밥윤택할만、밥웃물만 (寒)

糢 [모] 漫貌ㅣ糊 모호할모、흐릴모、어름어름할모 模通 (虞)

糟 [조] 酒滓ㅣ糠 술지강조、자게미조 醩同字 (豪)

糠 [강] 穀皮겨강 粃ㅣ煩碎번쇄할강 穅同字 (陽)

⿰米責 [색] 白米흰쌀색 (陌)

⿰米㒼 [문] 粉滓가루찌꺼문 (元)

(十一)

糯 [나] 黏稻찰벼나 穤同字 (箇)

⿳亡口⿲月米凡 [라] 積米쌀쌓을라 (歌)

⿰米离 [리] 所以黏鳥ㅣ膠 새잡는풀리 (支)

⿰米棐 [비] ⿰米非와同字 惡米굳은쌀비

⿰米費 [비] 屁也방귀결 비 獸名짐승이름비 (未)

糗 [구] 熬米麥볶은쌀구 乾飯 屑미숫가루구 糗同字 (有)

⿰米菐 [복] 穤米궂은쌀복

⿰米喜 [치] 酒食술과밥치 大祭黍稷서직치、기장치 食熟음식익을치 饎同字 (寘)

⿰米壹 [열] 糉也송편열 (屑)

糧 [량] 穀食、糒資ㅣ곡식량、양식량 粮同字 (陽)

⿰米黃 [황] 麴黴누룩곰팡날황 (陽)

⿰米焦 [착] 早收穀곡식바심착、일찍추수할착 (生穫曰ㅣ 熟穫曰穧) (覺)

⿰米⿱彔灬 [록] 火爆米볶은쌀록 粶同字

⿰米覃 [담] 雜糜섞은미음담 滓也찌기담 水糜묽은미음담 (感)

糤 [산] 饊餭熬稻 산자산 饊同字 (旱)

⿰米肅 [소] 糜也미음소 (嘯)

⿰米番 [반] 米汁뜨물반 (寒)

⿱毳米 [취] 穀再舂意곡식두번찧을취 (霽)

⿰米鹿 [추] 米不精궂은쌀추 (虞)

⿰米冡 [담] 黏也차질담 (覃)

(十二)

糪 [벽] [괄] 飯之未熟선밥벽 ⿰米贊 同字 餅半熟선떡괄 (陌) (黠)

⿰米睪 [석] 淅米ㅣㅣ쌀일을석、쌀씻을석 (陌)

⿰米亶 [전] 濃粥된죽전 饘同字 (先)

⿰米喿 [삼] 米穀雜궂은쌀삼、

쉬은쌀 삼 (感)

⿰米罪 [최] 赤米 붉은쌀최 (賄)

⿰米當 [당] 달당, 사탕당 糖과同字

糫 [환] 粔籹 膏ㅣ 약과환 (刪)

⿰米資 [자] 粉餌 가루떡자 (支)

⿰米零 [령] 米餌 쌀떡령 (靑)

⿰米毀 [훼] 精米 정한쌀 훼 毇同字 (紙)

十四

⿱監米

[함] 饘也 범벅함 粥也 죽함 (豏)

糯 [나] 稻之黏者 찰벼나 稬同字 (箇)

糴 [조][적] 穀也 낟조, 적義同 (嘯)(錫)

糰 [단] 粉餌 수단단, 경단 단ㅣ子 단자단 (寒)

十五

⿰米夒 [령] 米餅 쌀떡 령 ⿰米零同字 (靑)

糲 [려][랄] 米不精 ㅣ궂은쌀려ㅣ 麤 脫粟 애찧은 조쌀 (霽)(曷)

⿰米蔑 [멸][말] 粥也 죽멸, 麥粉 밀가루말 (屑)(曷)

⿰米廣 [광] 穀芒 곡식가 스랭이광 (梗)

⿰米垂 [령] 쌀떡령 ⿰米零同字

⿰米敷 [부] 粉餌 가루떡부 (虞)

⿰米樂 [력] 雜糅食 섞은밥력 (錫)

十六

⿱夊米 [구] 酒母 누룩 국 (屋)

⿰米霍 [학] 炒黍 볶은 서직학 (藥)

糵 [얼] 酒媒 麴ㅣ누 룩얼 糱同字 (屑)

⿰米諸 [저] 糧也 양식 저 (魚)

糳 [착] 精舂米 희게찧은쌀착ㅣ 정한쌀착 鑿通 (藥)

糴 [적] 買穀 곡식살적 糶ㅣ, 疾貌 빠를적 籴同字 (錫)

十七

糷 [란] 飯黏相著 밥질 란 爛同字 (翰)

⿰米襄 [양] 雜也 섞일양 (漾)

⿰米霝 [령] 쌀떡령 ⿰米零과同字

⿰粟雈 [산] 豆團子 콩경단산 玄米하번찧은쌀산 (諫)

糱 [얼] 麴ㅣ 酒媒 누룩얼 糵同字 (屑)

十八

⿰米䜌 [반] 屑米餅 쌀라기떡 반 (旱)

⿰黹米 [미] 繡文 수놓은무늬미 繡文如聚 細米 쌀무늬놓은미 ⿰糸米同字 (薺)

十九

糶 [조] 賣 米出

穀곡식팔조 粜同字 (嘯)

糓 [혹] 粗糠거친겨혹 (陌)

糜 [미] 碎糠등겨미 舂米쌀찧을미 賣米쌀팔미 (支)

糶 [조] 雜於米穀쌀에섞을조 (號)

䊮 [벽][괄] 飯腥선밥벽 餅半熟선떡괄 糳同字 (陌)(黠)

糭 [견] 粉也쌀가루견 (霰)

䊑 [련] 餌熬볶은쌀련 黏也차질련 (霰)

(二十)

糷 [란] 밥지을란 糷과同字

糛 [당] 달당、사탕당 糖과同字

糤 [산] 䃺粟곡식갈산 (潸)

(二十一)

糷 [란] 飯黏相著밥질란、밥들어붙을란 (翰)

糳 [착] 精白米정한쌀착 (藥)

(二十四)

䉹 [령] 쌀떡령 糯과同字

(二十七)

𥻆 [촉] 黍屬조속 米有殼稱겉곡식촉 粟古字 (沃)

糸部

糸 [멱][사] 細絲가는실멱、絲之半數극히적은수사 (錫)(支)

(一)

糺 [규] 收也거둘규 糾同字 (有)

系 [계] 緒也실마리계 繫也맬계 繼也이을계 血統계통계 胤也맏아들계 族譜족보계 繫通 (霽)

(二)

糾 [규][교] 繩三合삼노규 察也살필규 督也동독할규 質問물을규 彈也탄핵할규 纏也동여맬규 絢也꼬을규 擧也들규 戾也어기어질규 繚貌ㅣㅣ얽킬규、愁結蹻ㅣ맺을교 笠輕擧삿갓가든할교 舒遲蹻ㅣ종용할교 (有)(篠)

紌 [구] 引急급히당길구 求也구할구 絿同字 (尤)

𥾃 [정] 繩緊 緈 織貌노끈팽팽히끌정 引也잡아당길정 (梗)

𥾆 [공] 紡績길삼할공、잘공 (東)

𥾅 [공] 잘공 紉 講字

糺 [교][규] 蹻ㅣ愁結맺힐교 合ㅣ모둘규 糾同字 (篠)(有)

𥾇 [조] 倒懸거꾸로달조 (篠)

𥾈 [줄] 一疋하나줄 (質)

紈

[계] 義亡 未詳

㊂

紀 [기] 絲也 벼리기 記也 기록기 着也 十二年 열두해 法也 綱ㅣ 법기 理也 다스릴기 歲也 해기 (支)

糺 [교][규] 맺힐교、모을규 糾同字

[糸口] [구] 牝鈕 암단추구(中)

紃 [순] 條也 시에실선두를순、실끈순 法也 법순 紃同字 (眞)

級 [급] 等次 등급급、차례급 級同字 (緝)

[糸乇] [순][준][돈] 絲也 실순 粹也 순수할순 冠飾 선두를준 包束 꾸밀돈、묶을돈 純同字 (眞)

(彰)(元)

[糸弓] [면][현] 弦(弓部五畫)과 同, 微也 작을면、가늘면 弦에보라

紂 [순] 시에실선두를 순 紃과 同字

[糸亓] [기] 綺采蒼艾色 쑥빛비단기、履飾 신코꾸미개 綦同字 (支)

紒 [축] 解也 풀축

紉 [인] 絲貫鍼 바늘에실꿸인 索也 줄인 (眞)

紈 [환] 素也 흰김환 氷ㅣ (寒)

紇 [흘] 絲下也 실끝흘 束也 묶을흘 大絲 굵은실흘 (月)

紅 [홍][공] 絳也 붉을홍 (南方色) 顏料 臙脂 연지홍、女ㅣ 女ㅣ 여공공 功、工通 (東)

約 [약][요] 期也 기약할약 結也 맺을약 誓也 맹서할약 儉也 검소할약 簡也 간약할약 大率 대개약 省也 덜약 柔弱 淖ㅣ 유약할약 檢也 단속할약 貧窮 구차할약、信也 믿을요 契也 약속할요 (藥)(嘯)

紆 [간] 摩衣 而展 옷만저질간 (諫)

紂 [주] 馬緧 말고삐주 商王 辛號 상왕이름주 (有)

[糸子] [결] 絲束 실묶음결 (屑)

[糸才] [순][치] 粹也 순전할순 純通、黑色 검은빛치 緇通 (眞)

紁 [차] 衣襠 속바지차 衩通 (禡)

紃 [순] 條也 圓采 실끈순、循也 좇을순 法也 법순 (眞)

紆 [우] 縈也 얽힐우 紆也 얽을우 屈曲 굽을우 (虞)

㊃

紋 [문] 織文 무늬문 文彩、錦綺黼黻

文무늬 문 (文)

[糹旬] [현] 采成文 계속무늬 현 絢同字 (霰)

[糹刄] [인] 絲貫箴 바늘에실 꿸인 紉의 譌字 (眞)

紖 [진][인] 牛鼻繩 소고삐진、牽車紼 수레끄는줄인 (軫)(震)

[糹夬] [괘] 細絲 가는실괘 (卦)

[糹木] [목] 繩也 줄목、노끈목 (屋)

[夵/糸] [기] 쑥빛비단 기 綦見 (支)

[糹少] [사] 縝屬 깁사 毛織物之 羅ㅣ 나사사 [沙/糸]同字 (麻)

紕 [비][치] 繒欲壞 비단삭으려할비 邊飾 가주리비 紕庆ㅣ繆 어그러질비 飾也 꾸밀비 織組也 짤비、績苧 길삼모시치 (支)(寘)(紙)

紒 [계][결] 束髮 상투계 髻通、結也 맺을결 結通 (霽)(屑)

紓 [서] 緩也 더딜서、늦어질서 解也 풀어질서 舒通 (魚)(語)

紑 [부] 衣潔 옷정결할부 (尤)

純 [순][돈][준] 粹也 순수할순 篤也 도타울순 全也 온전할순 天眞 천진할순 絲也 실순 衣緣、冠飾 옷선순、包束 꾸릴돈、묶을돈 純通、衣緣 옷선준 (眞)(元)(軫)

紐 [뉴] 結也 단추뉴 맺을뉴、牡鈕 수단추뉴 (有)(中)

[糹亢] [경] 汲井索 두레박줄 경 統、綆譌字 (梗)

[糹斗] [두] 告也 고할두 黃絲 누런실두 (有)

[兴/糸] [총] 合也 합할총 모을총 總同字

[糹犬] [치] 異色繒이 섞저깁치 (支)

[㞢/糸] [총] 輕絹 동견총 絲數 혼솔총 總의 古字 (送)

絘 [감][자] 絲貌 실모양감 績而緝所 매듭자 (覃)(支)

紌 [구] 白絹絲 흰비단실구 (尤)

納 [납] 入也 들일납 包容 너그러울납、용납할납 受也 받을납 獻也 바칠납 內通 (合)

[糹开] [호] 자세호 [糹互]와 同字

紊 [문] 亂也 어지러울문、얽힐문 (問)

[糹互] [호] 收繩具 자새호、얼레호 (遇)

紘 [굉] 宏也 넓을굉、클굉 冕飾 면류관끈굉 八ㅣ維 벼리굉 紭同字 (庚)

[糹亢]

경 汲水索두레박줄경 綆同字

㡆 호 과 履也 신호 과 義同 虞 馬

䊽 지 挽舟繩배 끄는줄지 支

紡 방 治麻ㅣ績、網絲 길쌈방 養

紞 담 冕前垂紐면류관앞드림담 感

紝 임 織也 짤임、길쌈할임 絍同字 侵

紟 금 衣系 옷고름금 結衣者단추금 單被홑이불금 衿通 侵 沁

紜 운 物多紛ㅣ 얼크러질운、어지러울운 文

素 소 白也 흴소 本也 본디소、바탕소 物朴也 물건질박할소 誠也 성실소 元來 원래소 空也 빌소 無色 순색소 愫通 遇

級 급 等ㅣ 階ㅣ 층급급、차례급、층급 絲次第 실갈피급、編魚二十 두름급 緝 (韓)

紛 분 雜也 잡될분 亂也 어지러울분 衆也 많을분 文

紙 지 楮皮所成 종이지 楮疏 종이이름지 帋同字 紙

䋎 염 韠ㅣ、蔽鄣 앞가리마염 鹽

毛 모 絹帛ㅣ起如刺 비단털모 豪

䋂 효 綠色衣 녹색옷효 黃色衣、嫁者著也 황색옷효 肴

索 삭 색 索也 노삭、줄삭、새끼삭 盡也 다할삭 散也 흩어질삭 懼貌ㅣㅣ 두려워하는모양삭 縈紆 얽힐삭、求也 찾을색 搜也 수색할색 探也 탐지할색 法也 법색 藥 陌

紤 규 鏡也 거울규 有

𦀗 효 綠色衣 녹색옷효 黃色衣 황색옷효 殺同字

紣 최 췌 綷(糸部八畫)의 俗字

紤 기 쑥빛비단기 綦、綨同字 支

䋆 조 以繩縛人 끈으로 묶을조 嘯

紼 불 印組 인끈불 纏也 얽을불 紱同字 物

紁 절 斷也 끊을절 屑

紇 흘 絲下 실끝흘、束也 묶을흘 大絲 굵은실흘 紇同字 月

䋄 망 佃漁그물망 網同字 養

𥾵 오 孝鳥 까마귀오 何也 어찌오、어디오

爲同字 (虞)

絓 [결] 맺을결、마칠결 結과同字 **絲** [사] 蠶所吐、細條之稱 실사 絲同字 (支) **𥿍** [과] 散絲 흩어질과

실과 紙 譌字 (卦) **紮** [찰] 纏束묶을찰 纏弓弝활줌동여매찰 駐屯머무를찰 扎紮同字 (黠) **紂** [주] 뜻 未詳 **紲**

[설] 緤ㅣ繫也맬설 馬韁 말고삐설 紲同字 (屑)

五

紴 [파][피] 錦紋水ㅣ비단무늬파、條也실띠피 (歌)(紙) **紲** [설] 繫也

맬설 牛馬牽繩 말소고삐설 弓鞁 궁창설 絏、緤同字 (屑) **紵** [저] 綮屬絺ㅣ모시저 緒、苧通 (語) **紱** [불] 印組 인끈불

纏也 얽을불 紼、韍通 (物) **紱** [불] 紱同字 얽을불 **細** [세] 微가늘세、세밀할세 小也잘세、작을세 奸ㅣ좀놈세 (霽)

(糸疋) [소][거] 疏同 繼也 기울소、거 義同 (魚)(語) **紮** [찰] 纏束묶을찰 纏弓弝활줌 동여매찰 駐屯머무를찰 (黠) **累**

[루][류] 縈也 얽힐루 綠生연좌할루 繫也係ㅣ매일루、동일루 疊也포갤루 㨼也 옥디루 增也더할루 俗音류 絫通、多貌여럿루 (支)(紙)(甲) **緍**

[민] 釣絲낚싯줄민 (眞) **紬** [주] 大絲繒명주주 緒也、綴集ㅣ繹잣을주 引其端緒실뽑을주 綴集모을주 (宥) **紭** [횡] 網

網베리횡、그물베리횡 係也벼리횡、이을횡 宏、紘通 (庚) **紩** [질] 縫也꿰맬질 索也노질 (質) **紕** [계] 帛文비단무늬계 (霽) **絮** [녀][나]

綎 [정] 馬飾말갈기꾸미는실정、말치장정 (庚) **紫** [자] 北方黑赤間色검붉을자、자줏빛자 (紙) **絮**

敝絮묵은솜녀、相著貌綷ㅣ서로붙을나 絲亂실엉킬나 (魚)(馬) **紙** [저] 絲滓실찌꺼기저 (齊) **紨** [부] 粗紬거친명주부 布也

베부 大絲 굵은실부 續也 이을부、견삼부 (虞)

紇 결 一縷絲 실 한올결 (屑)

紳 신 大帶 큰띠신 束也 묶을신 仕官搢ㅣ 벼슬아치신 ㅣ士 점잖은사람신、신사신 (眞)

紺 감 青而含赤色 아청감、연보라빛감 (勘)

紻 양 纓也 갓끈 양관끈양 (陽)

⿰糸旦 란 補縫 꿰맬란、혼솔기울란 綻同字 古音잔 (虞)

紷 령 絮也 솜령 (青)

⿰糸可 아 細繒 가는비단아 練繒 마전한비단아 (歌)

紸 주 繼也 이을주 冕傍纊 면류관귀에난솜주 (遇)

紶 거 絲繩 실끈거 緒也 실마리거 (語)

紹 소 繼也 이을소 相助ㅣ介 소개할소 緊糾 단단히얽을소 (篠)

⿰糸末 말 면 束衣 옷맬면 足衣 버선말、면 義同 (月) (屑)

絀 출 縫也 꿰맬출 退也 물리칠출、굴 曲也 굽힐굴 屈伸 贏ㅣ 굴신할굴 詘同字 (質) (物)

紼 불 亂絲 흩어진실불 引柩索 관끄는줄불 蔽也 가릴불 韍、紱通 (物)

紿 태 絲縈難理 실엉킬태 欺也 속일태 詒通 (賄)

⿱弗糸 불 흩어진실 불 紼同字

紾 진 轉也 굴를진 引捩 비틀진 (軫)

⿰糸戉 월 細布 가는베월 采繒 채색비단월 紵布 반베월 (月)

紽 타 絲數 실마리타、실수효타 縫也 꿰맬타 縫際 실밥타 (歌)

終 종 竟也 마칠종、마침내종 窮極 마지막종、다할종 末也 끝종 卒也 죽을종 (君子曰ㅣ、小人曰死) (東)

絁 시 繒屬 비단시 紬也 명주시 (支)

絃 현 八音之絲、管ㅣ 줄풍류현 弦通 (先)

組 조 印紱、綬也 인끈조 條也、ㅣ紃 땋은실조 織也 짤조 事物構成 만들조 (虞)

絇 구 履頭飾 신코구 빈구 罥罟別名 올가미는그물구 屨同字 (虞) (遇)

絅 경 急引 급히당길경 捕魚 고기잡

옷경 襌衣也 홑옷경 褧同字 (青)(徑)

絆 [반] 馬縶羈ㅣ 말옭아맬반 馬羈 말굴레반 (翰)

縐 [추] 蹙也 주름추、구길추

緢同字 (肴)

絈 [맥] 頭巾 두건맥 (陌)

絣 [반] 馬髦飾 말갈기치장할반 縏同字 (寒)

紾 [진] 轉也 구를진 引捩 비틀진 袗同字 (軫)

経 [경] ㅣ緯、織也 날경 常也 떳떳할경 營也 경영할경 經의俗字 (青)

絝 [도][요] 瓦器 질그릇도 ㅣㅣ和樂 화락할요 陶同字 (豪)(蕭)

[illegible] [륜][관] 青絲綬 푸른실끈륜 釣鐵 낚싯줄륜、青絲綬巾名 관건관、綸의俗字 (眞)(刪)

結 [고] 草名ㅣ縷 골루풀고、망개고 (虞)

絣 [병] 結也 맺을병

[illegible] [경] 綆의譌字 두레박줄경

[illegible] [요] 襪頭 버선목요 [illegible]同字 (效)

紓 [서] 緩也 늘어질서、늦을서 解也 풀서 紓의譌字 (魚)(語)

絉 [술] 繩也 끈술、줄술

紀 [기] 維也 벼리기、記也 기록할기 歲也 해기 紀同字 (紙)

六

結 [결] 締也 맺을결 終也 마칠결 ㅣ局 나중결 紒通、稅禾百覓 목결 (屑)(霽)

紝 [임] 機縷 짤임、길쌈할임 絍同字 (沁)

絏 [설] 縲ㅣ、繫也 맬설 (屑)

絖 [광] 細綿也 고운솜광 纊同字 (漾)

絑 [추] 繩懸 줄에달리추 縋同字 (寘)

絗 [골] 縷縈 실우리골、실둘릴골 (月)

絔 [백] 補也 보충할백 (陌)

[illegible] [향] 綿也 솜향 (養)

絓 [괘] 結也 맺을괘 礙也 거리낄괘 懸也 달괘 (卦)

[illegible] [율] 長貌 긴모양율 (質)

絚 [견] 緊結 줄당겨맬견 (先)

絒 [수] 紈也 흰비단수 (尤)

絕 [절] 斷也 끊을절 冠也 으뜸절 超也 뛰어날절 過也 지날절

謝ㅣ마을절 滅也 멸할절 極也 극진할절 廢也ㅣ食 폐할절 隔也 막힐절 橫斷 자를절 斋也 지이할절 止也 그칠절 決也 결단할절 相距遠 떨어질절 屑

絇 [주] 綿也 솜주 尤

絑 [주] 赤色繒 붉은비단주 虞

絎 [행] 縫紩 바느질할행 敬

絍 [임] 길쌈할임 紝과同字

絘 [차] 績所未緝 절차 列肆 稅布 지자 구실베차 寘

絜 [혈] [결] 度也ㅣ矩 잴혈 헤아릴혈 約束 약속할혈、麻ㅣ耑 삼한올결 靜也 고요할결 清也 조촐할결 霽 屑

⿱次糸 [자] 理絲 실다듬을자 寘

絚 [긍] ㅣ瑟、急 張絃 줄팽 길긍、줄질긍 大索 굵은줄긍 緪通 徑 蒸

⿰糸耳 [이] 纚盛貌ㅣㅣ 고삐늘어질이 紙

絤 [선] 縷也 실선 畫ㅣ 줄친선 線과同字 霰

絢 [현] 釆成文 채색무늬 현、무늬날현 霰

給 [급] 足也 족할급 贍也 넉넉할급 供也 줄급 口捷 말잘할급、말민첩할급 緝

⿰糸屰 [역] 印綬 인끈역 縌同字 陌

絟 [전] 細布 고운베전、가는베전 葛也 칡전 先

紶 [격] 葛布 가는칡베격 綌의俗字 陌

絠 [개] 彈彄 활줄다리게 解繩 끈을풀게 卷冠 관에감을게 賄

絙 [환] 緩也 느즈러질환 寒

絡 [락] 聯也 연락할락 脈也 經ㅣ 맥락、경락락 包ㅣ 쌀락 生麻 생삼락 連也 얽을락 筋也 힘줄락 ㅣ石 담쟁이락 藥

絝 [고] 股衣 바지고 袴同字 遇

絞 [교] 縊也ㅣ刑 목매죽일교 急也 급할교 斂布 염베교(小斂布ㅣ) 巧

⿰糸羽 [의] 翅也 날개의 敬也 공경할의 翼과同字 職

絣 [병] 無文綺 무늬없는비단병 續也 이을병 振墨繩 먹줄튕길병 絣同字 庚

絨 [융] 練熟絲 삶은실융、익힌실

웅 細布가는베웅 東

絧 [동] 布名베이름동 連也이을동 直馳貌鴻ㅣ곧게달릴동 東

⿰糸米 [미] 繡文수놓은무늬미 米通

齊

絭 [권] 攘臂繩팔져즌권 霰

⿰糸式 [직][지][치] 布帛總名졀직、旗也기치 治絲실다듬을지、실뽑을지 織과同字

職 眞

⿰糸瓜 [과] 散絲흩어진실과 卦

絩 [조] 絲數실수효조 五色絲색실조 嘯

絪 [인] 枲麻수삼인 元氣ㅣ縕원기인 茵也자리인 鞇通 眞

絬 [설] 堅也굳을설 屑

絰 [질] 喪服麻帶수질、요질질 屑

⿰糸朶 [타] 冕前垂物면류관앞드림타 哿

絯 [해][혜] 束也묶을해 挂也걸해、大絲굵은실해 蟹 賄

絮 [서][처][여] 敝綿絮餘헌솜서(棉花去實曰ㅣ) 調羹국가맞출처 絲亂실칠처、姓也성여 御 魚

絫 [류] 疊也포갤류 增也더할류 數名十黍수의이름류 累와古字 紙

統 [통] 總也거느릴통 紀也벼리통 緖也실끝통 本也근본통 承也이을통 血ㅣ혈통 ㅣ計、ㅣ一 합칠통 宋

絳 [강] 大赤色진붉을강 染草名강초강 地名땅이름강 絳

絵 [회] 畫也그림회 會五采繡也 수놓을회 繪의略字 泰

⿰糸丑 [추] 蹙也주름추、구길추 細絺가는칡베추 縐의俗字 宥

⿰糸妟 [영] 冠系갓끈영 馬鞅말가슴걸이영、말북두영 纏也얽힐영 纓의略字 庚

⿰糸囟 [세] 微也가늘세 密也세밀할세 小也잘세、작을세 細의古字 霽

⿰糸朵 [타] 면류관앞드림타 ⿰糸朶와同字

⿰糸缶 [무] 不

和화하자 양울무 尤

⿰糸安 [구] 舒也펼구 尤

⿰糸刍 [추] 주름추 縐의譌字

⿰糸孕 [타] 면류관앞드림 타 ⿰糸朶와同字

絜 [계][경] 纖繪 두를계 戟衣 창집계 筋肉結處 힘줄얽힐경 絜와同字

⿰糸亦 [역] 絡絲 실얽을역 (陌)

⿰糸羊 [상] 高也 높을상

絳 [강] 짙게붉을강 綘과同字

絲 [사] 細條之稱 실사 蠶之所吐 비 가는실사 數名 十忽 수이름사 絃器 풍류그릇이름 사 (支)

⿱𢦏糸 [지] 撮束 묶을지 (紙)

㊆

絺 [치] 細葛布 가는갈포치 (支)

絹 [견] 繒如麥稍 깁견、비단견 (霰)

絛 [도] 編絲繩 엮은실도 纓飾 끈도 韜同字 (豪)

絸 [견] 蠶房 고치견 足病 발부르틀견 ㅣ聲氣微細 목쉴견 繭의古字 (銑)

⿰糸辛 [증] 繒也 깁증、비단증 (蒸)

⿰糸忌 [기] 連針 바늘기 秤繚 저울끈기 (寘)

絻 [문] 始發喪之服 상복문 紼也 당기는줄문(舟引棺者ㅣ) 免通 (問)

綀 [소] 絡屬花ㅣ 화문포소 粗葛布 굵은갈포소 (魚)

絼 [진] 牛鼻繩 쇠고삐줄진 (軫)

⿰糸呈 [정] 帶ㅣ 絲綬 끈술 정 綎과同字 (靑)

經 [경] 書也 경서경 過也 지날경 常也 떳떳할경 凡織縱絲曰ㅣ 橫曰緯 날경 營也 경영할경 法也 법경 治也 다스릴경 界也 지날경 直也 곧을경 縊也 목맬경 織綜絲 서경 (靑)(徑)

綍 [발] 大索 굵은줄발 王言 綸ㅣ 윤발발 紼通 (物)

綎 [정] 綬也 당길끈정 띠술정 縊同字 (靑)

緫 [총] 縫也 꿰맬총、홀총 統也 거느릴총 合也 합할총 皆也 다총 總의本字 (送)(董)

綏 [수][유] 安也 편안할수 車轡 退軍曰ㅣ 交ㅣ 死ㅣ 수레고삐수 退軍 물러갈수 狐貌ㅣㅣ 여우모양수、旗旄下垂 깃발 늘어질유 緌同字 (支)

綋 [굉] 宏也 클굉、넓을굉 冕飾組 끈굉 紘의俗字 (庚)

綉 [수] 錦ㅣ 一片爲

ㅣ비단조각에수놓을수 或音투 (省)

⿱折糸 [편] 編纑 역은줄변 (屑)

綈 [제] 厚繒 弋ㅣ두터운비단제 (齊)

綇 [주] 絆前足 발잡아맬수 (有)

綌 [격] 葛布 絺ㅣ 麁麤曰ㅣ 굵은갈포격 葛布가는칡베격 (陌)

綄 [환] 船上風 候標 배위 바람맞는 기시환 (寒)

綃 [초] 生絲 綺屬 생초초 采繒 색비단초 古音소 (蕭)

⿰糸余 [서] 緩也 더딜서 解也 풀어질서 紓同字 (魚)

綂 [통] 總也 거느릴통 紀也 벼리통 緒也 실마디통 統의俗字 (董)

綅 [침] 絳綫 잡옷침、붉은실침 繒名 비단이름침 (侵)

綁 [방] 縛也 결박할방、묶을방、얽을방 (陽)

綆 [경] 汲水器繩 두레박줄경 緪同字、或音갱 (梗)

絾 [성] 織也 짤성 (庚)

⿰糸劫 [겁] 補縫 옷기울겁 (葉)

絿 [구] 急也 급할구 求也 구할구 嚴也 엄할구 紌同字 (尤)

絽 [려] 紩衣ㅣ 緊 옷꿰맬려 絣織 줄지게짠베려 (語)

綒 [부] 麁麤網 굵은그물부 (虞)

綐 [예] 細紬 가는명주예 (霽)

綑 [곤] 織也 짤곤 捆通 (阮)

紗 [사] 絹屬 縠也 깁사 毛織物之羅 나사사 紗와同字 (麻)

⿱沙糸 [사] 絹屬 비단사 紗同字 (麻)

⿰素勺 [약] 縞也 흰비단약 練帛 마전한비단약 (藥)

綔 [호] 佩印条 인끈호 (遇)

⿰糸每 [번] 亂絲 헝클어진실번 (元)

⿰糸志 [지] 治絲 실가릴지 織古字 (寘)

緐 [번] 馬髦飾 말갈기치장번 馬腹帶 말배때끈번 (元)

絅 [경] 急引 捕魚 낚을경 禪衣 홑옷경 絅의譌字 (青)(徑)

⿰糸里 [리] 文也 문채리 (支)

継 [계] 續也、紹也 이을계 繼의俗字 (霽)

綖 [연] 冕

前後垂覆면류관싸개연 (銑)(先)

緇 [치] 黑色검을치 緇、緇同字 (支)

絙 [환] 緩也느즈러질환 絙의本字 (寒)

絺 [지] 종이지 紙의俗字

綊 [협] 縫也 紝ㅣ면류관싸개협 (葉)

⿰糸忍 [이] 繩墨먹줄이 絣也점박이이(日)

続 [속] 繼也이을속 續의略字 (沃)

綻 [선] 牛馬繫바선 縼과同字 (霰)

綘 [봉] 以鍼紩衣꿰맬봉 彌ㅣ 補合마무를봉、미봉봉 縫과同字 (冬)(宋)

⿱㬥糸 [국] 約也묶을국 纏也동여얽을국 手連也이을국 㬥系과同字 (沃)

⿰糸㐬 [류] 旗旓깃발류 (尤)

八

⿰糸咅 [부] 治敝絮묵은솜필부 (虞)

緁 [접] 績縷실 이을접 (葉)

綠 [록] 青黃間色초록록 빛록 王名綠오이름록 (沃)

綝 [침] 綅也기울침、꿰맬침 止也그칠침 (侵)

綞 [타] 絲之結束실뭉치타 或音추 (哿)

⿰糸居 [구] 屨頭飾신코꾸미개구、그물구 絇와同字 (虞)(遇)

縳 [전][세] 縛也묶을전 繐의俗字 (銑)(霽)

綟 [려] 綠色초록려 빛려 綟線也실려

綜 [종] 機縷以絲交錯씨종 總聚錯ㅣ모을종 ㅣ校자세할종 (宋)

⿰糸空 [공] 長絲긴실공 (送)

⿰糸兒 [아][세] 纏也동일아、얽울아、새 義同 (支)(佳)

⿰糸⿵冂可 [아] 細繒가는비단아 縞練희게마전할아 (歌)

綡 [랑] 褁頭巾머리싸는수건랑 (陽)

綢 [주][도] 纏也ㅣ繆얽을주、藏也감출도 纏也얽을도、동일도 韜也쌀도 (尤)(豪)

綧 [준] 布帛幅廣베와비단폭넓이준 (軫)

綣 [권] 厚情繾ㅣ정다울권 不離繾ㅣ서로따를권、떠나지않을권 (阮)

⿰糸爭 [쟁] 急絃聲풍류줄켕길쟁

赤紐 붉은 끈 정 (庚)

綰 [관] 繫也 맬 관、얽을 관 貫也 꿸 관 (潸)

綮 [경][계] 살과 힘줄 얽힌 곳 경、두터운 비단 계 綮과 同字

綱 [강] 總綱大繩 벼리 강 總要 근본 강 法紀 법 강 ㅣ領、紀ㅣ 대강 강 (陽)

綮 [경][계] 筋肉結處 肯ㅣ 힘줄 얽힌 경、緻繒 두터운 비단 계

戟衣徽幟 기달린 창 계 (迴)(薺)

⿰糸⿱𠆢青 [쳑] 帛青經縹緯 연옥색 욕 (屋)

綫 [선] 縷也 細絲 가는 실 선 線同字 (霰)

綪 [천][쟁] 붉은 비단 천、고빈 쟁 精과 同字

綪 [천][쟁] 赤繒 붉은 비단 천、結而又屈 굽힐 쟁 (霰)(庚)

綬 [수] 所以承受印環 인끈 수 (有)(宥)

絵 [금] 衣系 옷고름 금、結衣者 단추 금 單被 홑이불 금 衿의 譌字 (侵)(沁)

綩 [원] 紘也 갓끈 원 纁色衣 분홍빛 옷 원 罔也 그물 원 (阮)

維 [유] 綱也 벼리 유 發語辭 발어사 유 係也 이을 유 獨也 오직 유 方隅 모퉁이 유 連結也 연하여 맬 유 此也 이 유 ㅣ新 개혁 유 ㅣ持 끌어갈 유 惟、唯通 (支)

綥 [기] 帛蒼艾色 비단 쑥색 기 蕎屑 짚북더기 기 (支)

⿹𢦏糸 [직][지][치] 布帛總名 짤 직 治絲 실다듬을 지、실뽑을 지 徵也、旗也 기 치 織의 古字

綦 [기] 綺釆蒼艾色 쑥빛 비단 기 履飾 신들메끈 기 (支)

綨 [기] 쑥빛 비단 기 綦同字

⿱邵糸 [소] 繼也 이을 소 緊糾 얽을 소 紹의 古字 (篠)

絣 [병] 振繩墨 먹줄 튀길 병 布名 베 이름 병 絣同字 (庚)

⿰糸來 [래] 強毛 센 털 래 毛起 털일 래 (灰)

⿱㬥糸 [국] 約也 묶을 국 纏也 동여 얽을 국 連也 이을 국 (沃)

綯 [도] 糾絞 繩索 새끼줄 설 도 絞也 급할 도 陶通 (豪)

網 [망] 漁具 그물 망 法也 법 망 ㅣ羅 온통 망 ㅣ槖 망타기 망 (養)

綵 [채] 繒繒 五ㅣ備

계적비단계(五色綢曰ㅣ) 賄

緁 [첩] 衣縫 옷계맬첩 葉

緀 [처] 文章相錯ㅣ斐 무늬좋을처 萋通 齊

綾 [릉] 紋繒ㅣ紈 무늬놓은비단릉 蒸

綿 [면] 纊也 솜면 纏也 얽을면 連ㅣ연할면 細也 잘면 緜通 先

[illegible] [염] 䋉絲 以手振出緒 고치실뽑아낼염 豔

綼 [벽] 飾裳在幅 치마폭치장할벽 錫

綻 [탄] 衣縫解ㅣ裂 옷터질탄 ㅣ露 나타날탄 破ㅣ 파할탄 諫

綽 [작] 寬也 너그러울작 多也 많을작 緩也 더딜작 靜淑 정숙할작 繛通 藥

綹 [류] 絲二十縷 실스무오리류 緯十縷 열오리류 有

綺 [기] 文繒細綾 무늬비단기 美也 아름다울기 紙

綷 [최][채] 紈素聲ㅣ縩 깁소리최、五采繒 오색비단채 賄 隊

綶 [과] 纏束 얽어동여맬과 哿

綸 [관][륜] 青絲綬 푸른실끈관 巾名 건이름관、青絲綬 푸른실끈륜 綱也 벼리륜 釣繳 낚싯줄륜 王言絲ㅣ 사륜륜(王言如絲其出如ㅣ) 纏裹彌ㅣ 얽어쌀륜 揉雜紛ㅣ 분잡할륜 草名 풀이름륜 刪 眞

綴 [체][철] 連也 연결할체、이어맬체 緝也 선두를체、철 義同、止也 그칠철 聯也 이을철 結也 맺을철 舞列 춤나란히출철 霽 屑

綳 [팽] 束也 묶을팽 繃同字 庚

緂 [담] 帛青黃色 누른빛담 衣色鮮明 옷빛깔고을담 約也 길쌈담 覃

緅 [추] 青赤色 아청빛추(卽鴉青色) 尤

綜 [종] 染色繒 물들인비단종 冬

緄 [곤] 繡帶 수놓은띠곤 繩也 노끈곤 阮

綪 [쟁] 直也 곧을쟁 迥

緆 [석] 細布 가는베석 熟布 누은베석、익힌베석 裼同字 陽

緇 [치] 黑色 검을치 支

緊 [긴] 急也 급할긴 ㅣ要 요긴할긴 軫

也 얽을진 縮也 움츠릴긴 (軫)

緉 [량] 雙履 신한켤레량 絞也 맬량 (漾)

緋 [비] 絳色 짙게붉은빛비 赤練 붉은비단비 (微)

紾 [진] 纏也 베올진 (軫)

緌 [유] 冠纓下垂 관끈늘어질유 旌也 기유 綏通 (支)

⿰糸忽 [홀] 細小 잘홀 (月)

⿰糸屈 [굴] 結也 맺을굴 布服 황후의 옷굴 (月)

⿹戈糸 [직] [지] [치] 짤직、실다듬을지、실뽑을지 기치 織의 古字

緍 [민] 被也 입헐민、입을민、釣繳 낚시줄민 錢貫 돈꿰미민 緡과 同字

⿴囗糸 [망] 佃漁 그물망 網과 同字

緎 [역] 縫也 꿰맬역 裘之界域 갖옷혼솔역 (職)

綷 [접] 緁續 실이을접 緁同字

⿰糸步 [섭] 繪屬 비단섭 (葉)

緒 [서] 絲耑 실마리서 실끝서 緖의 略字

⿱癶糸 [소] 白也 흴소 生帛 생초소 空也 빌소 本也 바탕소、본디소 元ㅣ 원소소 素同字

練 [련] 湅繒 이길련、눌련 凡技能之求其熟 이힐련 練의 略字

緝 [집] 績也 길쌈집 繼續 이을집 緝同字 (緝)

続 [속] 이을속 續과 同字

総 [총] 합할총、다총 總과 同字

繠 [예] 花蘂頭點 꽃의예、꽃술방울예 垂也 드릴예 蘂와 同字

継 [계] 이을계 繼 同字

⿰孚系 [호] 絲纑 실끈호、끈호 (遇)

⿰糸枽 [설] 繫也 맬설 緤 絏과 同字

緤 [첩] 西國布名 서쪽나라비단

⿰糸柔 [첩] 毛織모직첩 (葉) (鹽)

九

緗 [상] 淺黃 아황빛상 누르스름할상 (陽)

緒 [서] 絲耑 실끝서、실마리서 基ㅣ 事業 기업서、사업서 殘餘 나머지서 發端 시초서 (語)

緮 [답] 緮也 비단답 (合)

⿰糸背 [배] 繻也 속적

삼배 (豫)

綫 [선] 縷也 실선、줄선 針ㅣ바느질할선 路也 길선 綫 俗字 (霰)

縀 [하][단] 履跟帖 신뒤축 실하 段同字、단義

同 (麻)(翰)

緡 [민] 絲緒 실끝민 錢貫 돈꿰미민 釣繳 낚싯줄민 被也 입을민 緍同字 紙通 (眞)

緜 [면] 新絮纊 柔曰 햇솜면 不絶ㅣㅣ 끊어지지않을면 鳥聲ㅣ蠻 꾀꼬리소리면 纏也 얽을면 長也 길면 連也 연할면 綿通 (先)

緝 [집] 績也 길삼집 繼續 이을집 集也 모을집 光也ㅣ熙 빛날집 咠通 (緝)

綇 [수][송][술] 絆也 올가맬수、송義 수와同、錦名 비단이름술 (麌)(腫)(質)

緛 [연] 縮也 쪼그라질연 衣戚 주름연 (銑)

緘 [함] 封也 봉할함 束也 묶을함 縢也 꿰맬함 俗音감 (感)

緙 [격] 紩也 꿰맬격 不成意이루지못할격 (陌)

⿰糸柔 [뉴] 雜色繒 잡색비단뉴 (宥)

締 [체] 結不解也 맺을체 閉也 닫을체 닫힐체 (霽)

⿱敄糸 [무] ⿰糸須也 비단무 縳也 묶을무 (尤)

⿰糸㒸 [수] 佩玉組 綬也 인끈수、노리개끈수 繸와同字

⿰糸寺 [저] 絺ㅣ⿱林糸 屬蜀 모시저 紵의 古字

緤 [설] 繫也 맬설 絏 同字 (屑)

縁 [연][단] 因也 이연할연 后服 단옷단 緣의 略字

⿰糸盾 [순] 衣之督脊 옷등솔순 (眞)

⿰糸畐 [폭][핍][복] 布帛廣狹 폭폭 行縢 행전핍 幅本音복과同字

緢 [묘] 絲施 실바대묘、실드믈묘 旄絲 기슬묘 (蕭)

緣 [연][단] 因也 循也 인할연 連絡緣ㅣ 인연연 衣純ㅣ飾 옷선두를연、后服 황후의옷단 褖通 (霰)(翰)

緟 [종] 增也 더할종 重也 거듭할종 (冬)

緧 [추] 縮也 쪼그라질추、오그릴추ㅣ紋 구김살추 繪文 비단무늬추 縬과同字

緥 [보] 小

⿰糹秋 [추] 紂也 馬鞧 말고삐 추 馬服後 革 말 뒷거리 추 ｜鞦通 ㊇尤

⿰糹皆 [개] 大絲 큰 실 개 ㊇佳

緫 [총][종] 帛青也 비단 푸른빛 총 輕絹 ㊇冬 은 비단 총、絲數 실수효 종 ㊇東

⿰糹乘 [승] 麻布 삼베 승 ㊇蒸

緪 [긍] 大索 동아줄 긍 縆通 ㊇蒸

緬 [면] 遠也 ｜藐 멀 면 改葬禮 면례할 면 思貌 ｜然 생각하는 모양 면 微絲 가는 실 면 ㊇銑

⿰糹盈 [정] 긴 술 정 綎과 同字

⿰糹亭 [정] 帶｜絲綬 띠 술 정 綎의 俗字

⿰糹南 [남] 細織 가늘게 짤 남 ㊇侵

緩 [완] 舒也 遲｜ 放縱 느즈러질 완、더딜 완 寬也 너그러울 완 ㊇旱

編 [편][변] 次簡 책편 편 織也 짤 편 錄也 기록할 편 婦人假紒副｜ 첩지 편 以繩次物 얽을 편 列也 벌릴 편、緶也 ｜髮 머리땋을 변 辮同字 ㊇先 ㊇銑

緧 [추] 말고삐 추 鞦와 同字

⿰糹秌 [추] 말고삐 추 鞦와 同字

緦 [시] 十五升布 보름새베 시 三月服 석달복 시、시마복 시 ㊇支

緯 [위] 織橫絲 經｜ 씨 위、경위 위 星右旋 별 오른쪽으로 돌 위 (五｜ 卽五星 言｜者 二十八宿隨天左轉爲經 五星右旋爲｜) 圖｜ 점서 위 ㊇未

緰 [유][요] 裂繒 비단 찢을 유、帛也 비단 요 ㊇虞 ㊇蕭

緭 [위] 繒也 헌 비단 위 ㊇元

⿰糹胄 [주] 業也 업 주 緒也 실마리 주 ㊇宥

⿰糹屖 [치] 結固 매듭 치 ㊇眞

⿰糹臿 [잡] 縫也 꿰맬 잡 ㊇洽

⿰糹封 [봉] 枲履 미투리 봉 小兒革鞋 아이 가죽신 봉 ㊇董

緱 [구] 劍頭飾 칼자루 감을 구 地名 ｜氏 땅이름 구 ㊇尤

練 [련] 湅繒 누자로 짠 비단 련 小祥服 연복 련 凡技能之求其熟 익힐 련 閱歷 겪을 련 選也 가릴 련 鍊通 ㊇霰

緲 [묘] 微也 縹

ㅣ적을묘 遠視貌 아득할묘 (篠)

⿸广絜 [철] 廣帶 넓은띠철 (屑)

緷 [혼] 百羽 백깃혼、장목혼 大束 큰묶음혼 束羽 묶은깃혼 (元)(阮)

緺 [왜][과] 紫青印綬 아청빛실끈왜、푸른실끈왜、과 義同 (佳)(麻)

⿰糸垔 [인] 蠢動貌 꿈틀거릴인 (眞)

緻 [치] 密也 도곡할치、빽빽할치 縫補敝衣 헌옷기울치 (寘)

⿰糸斗 [과] 紋絲 비단의 문채과 理絲 실다스릴과 (歌)

縕 [온] 舊絮ㅣ袍 묵은솜온 枲麻 모시온 盛貌 紛ㅣ 성할온 元氣 絪ㅣ 기운덩이온 亂麻 엉킨삼온 緼同字 (文)

緶 [편][변] 縫也 꿰맬편 交枲 삼얽힐편、褰衣 옷걸어질변 (先)(銑)

緵 [종] 布縷 베올종 魚網九罭 고기그물종 百囊罟 그물종 (東)(送)

⿰糸禺 [우] 隅也 구석우 (尤)

⿰糸奓 [차] 相著貌ㅣ⿱杀糸 서로붙을차 或音저 (馬)

緹 [제] 赤帛 붉은비단제 赤色 붉을제 (霽)

綃 [초] 生絲綺屬 생초초、采繪 색비단초 綃와 同字 古音 소

⿰糸矦 [구] 劍頭飾 칼자루감을구 地名 땅이름구 緱와 同字

⿰糸圶 [등] 緪也 노끈등 緘也 꿰맬등 行ㅣ 纏脛 행전등 縢과 同字

⿰糸要 [요] 衣襻 옷고름요 ⿰衤要同字 (蕭)

⿰糸杲 [거] 綵也 오색비단거 (魚)

⿰糸前 [전] 織一番 베한감짤전 (先)

緾 [전] 繞也 두를전 束也 묶을전 繳也 얽을전、約也 동일전 纏의 略字

紼 [불] 亂絲 엉킨실불 引柩索 상여줄불 蔽也 가릴불 紼과 同字

⿰糸屋 [우] 喪中束手 묶을우 (宥)

⿰糸貞 [정] 赤色 붉은색정 (庚)

⿰糸施 [시] 絺紬 명주시 細也 가늘시 纏와 同字

縄 [승] 索也 노승 直也 먹줄승 法也 법승 彈治 다스릴승 繩의 俗字

⿰糸怠 [태] 絲縈難理 실엉킬태 欺詒 속일태 紿와 同字

縱 [총][종] 急遽 바쁠총 橫之 對直也 세로종 縱의 俗字

緈 [행] 直也 곧을행 綷、緈 同字

縃 [서] 皆也 다서 相也 설독미 蝴蝶 나비서 胥와 同字

繫 [계] 繫也 맬계 緖也 실마디 계 繼也 이을계 繫의 譌字

総 [총] 합할총、거느릴총 總의 俗字

繴 [벽] 鳥網 새그물벽 魚網 흘치그물벽 繴의 譌字

緇 [치] 黑色 검은빛치 紂通 ⓢ支

綡 [경] 冠紐 관끈경

綫 [선] 줄실선 線과 同字

緎 [위] 甲鱗縫縷 갑옷미늘위 늘다는실의 (日)

綆 [경] 汲水 두레박줄경 綆 同字 ⓢ梗

縇 [선] 衣緣日ㅣ 선선、선두를선 (韓)

⑩

緼 [온] 枲麻 묵지온 縕과 同字

縑 [겸] 并絲繒 합사로짠비단겸 (縕爲翁須作單ㅣ衣) ⓢ鹽

縎 [골] 結ㅣ不解 맺을골、맺힐골 ⓢ月

縏 [반] 小囊 작은주머니반 ⓢ寒

䌆 [귀] 黑繒 검은비단귀 ⓢ眞

縐 [추] 蹙也 주름질추、구길추 細絺 가는칡베추 ⓢ宥

縍 [방] 治履邊 신가재변방 ⓢ陽

緈 [행] 直也 곧을행 綷의 本字

縋 [추] 繩懸 줄에매달추 ⓢ眞

縹 [률] 綵繒 채색비단률 ⓢ質

縊 [의][액] 自頸懸繩阸頸 목멜의、액 義同 ⓢ霽

縉 [진] 赤繒色 분홍빛진ㅣ紳 흘꽂을진、양반진 搢通 ⓢ震

緅 [추] 馬鞦 말고삐추 鞦通 ⓢ尤

綣 [건] 縮也 줄어들건 오그라질건 ⓢ銑

縭 [리] 惡絮、繂ㅣ 궂은솜리 ⓢ支

縌 [역] 印綬 인끈역 ⓢ陌

絡 [락] 絮也 솜락 ⓢ藥

䌅 [당] 大繩 큰줄당 ⓢ陽

縪 [비] 竹器 대그릇비

錦名 비단이름비 尾

⿱𠂹糸 소 흴소、질박할소 바탕소 素의本字

縈 영 繞也 얽힐영 繫也 맬영 庚

縒 착 亂也 ㅣ縒 실엉킬착、어지러울착 藥

⿰糸畀 번 馬腹帶 말배때 (음번) 䋣과同字

縓 전 絳色 붉은빛전 先

綅 침 絳綫 잡옷침、붉은실침 綅와本字 侵

⿰糸畐 혁 生絲 생사혁 陌

縨 황 統(糸部大畫)과同字

⿰糸留 류 綺屬 비단이름류 尤

⿰糸戠 직 짤직 織의俗字

縚 도 編絲繩 땋은실도 纓飾 끈도 絛와同字

縝 진 結也 맺을진 密也 빽빽할진、톡톡할진 縷也 실오라기진 軫

縤 삭 색 繩也 노삭、새끼삭 縈紆 얽힐삭 求也 찾을색 搜也 더듬을색 索의俗字

縘 계 縛也 얽을계、結也 맺을계 滯留 머물게 繫와同字

縗 최 衰服 斬ㅣ齊ㅣ 상옷최 縗同、衰通 灰

⿰糸蚤 소 조 繹繭出絲 고치켤소、고치실뽑을소 薦玉采藉 옥받침조 繅와同字

縖 할 束物 묶을할、동일할 黠

⿰糸⿱出木 수 緯綏 씨실수 寘

⿱朔糸 삭 封也 봉할삭

縛 박 繫束也 얽을박、동일박 束 面ㅣ 면박할박 藥

縜 운 持網紐 그물고운 籠網者 벼리동인노끈 眞

⿱𠂹糸 소 바탕소、원래소 素의本字

⿰糸⿱日羽 탑 从索罥物 얽을탑、노올무탑 合

縢 등 緘也 봉할등、꿰맬등 纏脛 行ㅣ 행전등 繩也 노끈등 約也 묶을등 蒸

縡 재 事也 일재 載也 실을재 載通 賄 隊

縣 현 繫也 달릴현、달현 絶也 끊어질현 懸同字 四甸五鄙 州ㅣ 中國赤ㅣ 고을현 霰

縞 호 素也 白繒 흰비단호 (練繒精繒)

縷紋 줄진호 古音교 (皓)(號)

縟 [욕] 繁采色 번화한채색욕 飾也 꾸밀욕 細也 가늘욕 (沃)

緻 [치] 針縷刺ㅣ 바느질할치 (寘)

縠 [곡] 縐紗 저사곡 細縳霧ㅣ動 霧ㅣ以徐步 고운비단곡 (屋)

緂 [담] 靑黃色 초록빛담 毯同字 (感)

絢 [현] 采成文 채색현 무늬현 絇과同字

[illegible] [격] 葛布 가는칡베격 綌과同字 (陌)

縩 [체] 帶也 띠체 (卦)

縤 [소] 生繪 생사로짠 비단소 (遇)

縫 [봉] 꿰맬봉 縫의略字

繁 [번][반] 多也 많을번 盛也 성할번 雜也 번잡할번 馬腹帶 말배때끈반 緐의略字

[illegible] [계] 이을계 系의籀文

繇 [요][유][주] 隨也 따를요 茂也 성할요 從也 좇을유 和柔 부드러울유 占辭 괘주 䌛의譌字

緇 [치] 검을치 緇와同字

縔 [소][조] 繹繭出絲 고치켤소 薦玉采藉 옥받침조 繰의譌字

緊 [긴] 束縛 묶을긴 (軫)

綼 [벽] 碧(石部九畫)과同字

[illegible] [강] 總綱 大繩 벼리강 領紀ㅣ 벼리강 綱의俗字

[illegible] [삭][색] 繩也 노삭 새끼삭 求也 찾을색 索의譌字

縞 [교] 袴紐 바지단추 繑의俗字

[illegible] [도] 糾絞繩索 새끼줄도 綯와同字

[illegible] [무] 絹也 비단무 縛也 묶을무 繆의譌字

縱 [종][총] 세로종, 바쁠총 縱의略字

[illegible] [렵] 紇ㅣ 실매듭렵 (叶)

(十一)

縫 [봉] 鍼紩衣 꿰맬봉 彌ㅣ 미봉봉 補合 암구를봉 大衣ㅣ掖 큰옷솔기봉 衣會 혼솔봉 縫逢 (冬)(宋)

[illegible] [혼] 結也 맺을혼 (阮)

縪 [필] 止也 그칠필 冠縫 관솔기필, 갓혼솔필 (質)

縩 [채] 鮮衣ㅣ 선명한옷채 (質)

縮 [축] 亠嬴 之反오

그리칠축、줄축 直也 곧을축 收也 거둘축 退也 물러갈축 不及 못자랄축 局ㅣ 쭈그릴축 古音 숙 (屋)

䌌 [첩] 鮮明衣 緹ㅣ 고운옷첩 (葉)

縭 [리] 帨也 차는수건리 褵也 관꾸리 帶也 띠리 婦人褘 부인의 제복리 香囊 향주머니리 以絲介履 실꿰멜리 褵同字 (支)

縬 [축] 縮也 움츠러질축、쪼그라질축ㅣ敍 구김살축 繒文 비단무늬축 (屋)

⿱戚糸 [축] 쪼그라질축、구김살축 縬과 同字

縦 [종][종] 橫之對 세로종 直也 곧을종 竪也 세울종 從通、雖也 비록종 發也 더질종 放也 놓을종、亂也 어지러울종 置也 둘종、急遽ㅣㅣ 바쁠총、총총할총 (冬、宋、董)

縯 [인][연] 長也 길인 引也 당길인、연 義同 (軫、銑)

綃 [소] 維舟 배맬소 (肴)

縶 [첩] 繫馬 말맬첩 拘執 가둘첩 馽 同字 (緝)

縸 [모][마] 惡絮 궂은솜모 張羅貌 絡ㅣㅣ 그물칠마 펼칠 모양마 (遇、藥)

⿰糸鳥 [조] 懸也 매달조 (篠)

縴 [견] 惡絮ㅣ綫 궂은솜견 (先)

縵 [만] 無紋繒 무늬없는비단만 寬心 마음너그러울만 調絃 줄고를만、緩也ㅣㅣ 늘어질만、더딜만 (翰、寒、諫)

⿰糸堅 [견] 緊也 긴요할견 (先)

⿰糸執 [내] 絮亂貌 솜흐트러질내 (卦)

⿰糸覓 [멱] 繩索 노멱 (錫)

縲 [류] 黑索 검은노류 罪也ㅣ絏 징역죄류 纝同字 纍通 (支)

⿱启糸 [계][경] 緻繒 도톡할계 筋肉結處 힘줄얽힌경 綮와 同字

縳 [견][전] 紡絲 울견、나이실견 白而鮮色 곱고선명한 빛전 羽數束名 장부전(十羽爲審 百羽爲摶 爲ㅣ) 束也 묶을전 (銑)(霰)

⿱略糸 [략] 紩衣 紹ㅣ 옷꿰맬략 (藥)

縰 [사] 韜髮 머리쓰개사 黑繒 검은비단 댕기사 衆多ㅣㅣ 많을사 連屬ㅣ迤 연속할사 纚同字 (紙)

縷

[루] 縷也 실루 委曲貌ㅣ곡진할루 衣敝藍ㅣ 옷남루할루 (虞)

縬 [찰] 結也 맺을찰 縫餘 가외밥찰 繓의俗字

縼 [선] 牛馬繫 말소긴바선 (霰)

縹 [표] 青白色 옥색빛표 輕飛貌 훌쩍날표 (篠)

[illegible] [록] 純絆 순전할록 (屋)

縺 [련] 亂也 실얽힐련 (先)

[illegible] [곤][미] 束縛 묶을곤、分也 나눌미 縻同字 (軫)(支)

縻 [미] 繫也 맬미、얽을미 牛繮 소고삐미 (支)

[illegible] [곤][미] 묶을곤、나눌미 縻와同字

總 [총] 統也 거느릴총 合也 합할총 皆也 다총 括也 글을총 聚也 모을총 ㅣ角 총각총 束髮ㅣ角 머리딸총 禾稾 볏집총 摠、揔、縂同字 (董)

繀 [쇄] 織ㅣ 실돗쇄、실을 무는 얼레쇄 (隊)

績 [적] 緝麻 길쌈적 功業 공적적 成也 이룰적 繼也 이을적 事也 일적 勣通 (錫)

[illegible] [질] 結也 맺을질 (屑)

繆 [무][규][류][목] 絲千縷 실천오리무 纏綿綢ㅣ 얽을무 絞也 ㅣ經 목맬규、錯也 紕ㅣ그릇질류、어긋날류 姓也 성류 戾也 어그러질류 惡諡 몹쓸시호목 穆通 (尤)(宥)(屋)

繃 [붕] 束也 묶을붕、얽을붕 卷也 감을붕 綳、繃同字、俗音 팽 (庚)

繂 [률] 維舟大索 배닻줄률 籍玉韋 ㅣ 옥 깔아 놓은 방석률 (質)

繄 [예] 黑繒 검은비단예、語助辭 어조사예 歎辭 탄식하는 소리예 (齊)

緐 [반][번] 말배때끈반、성할번 번잡할번 繁과同字

繰 [소][조] 繹繭出絲 고치켜내일소 繅同字 薦玉采藉 옥받침비단조 (ㅣ有五采) (豪)(皓)

繁 [반][번] 馬服帶ㅣ纓 말배때끈반 緐同字 盛也 성할번 多也 많을번 雜也ㅣ蕪 번잡할번 (寒)(元)

[illegible] [세] 細布 가는베 繐同字 (霽)

縿 [삼] 旗幅 기폭삼 幓同字 纖通 (咸)

繇

요 유 주 隨從 따를요 (茂也) 무성할요 (厥草惟ㅣ) 役也 부역할요 從也 말미암을유 行貌 ㅣㅣ 걷는모양유 和柔 優ㅣ 유순할유 傜、謠、由通、占辭 爻ㅣ 점괘주 籀通 蕭 尤 肴

緰 두 繻縩結囊 실로짠 주머니두 尤

繈 강 錢貫 돈꾸러미 강 鏹同字 養

編 편 縫也 꿰맬편、褰衣 옷걷을편 交枲 얽힐편 緶과 同字 或音 변

⿰糸區 우 漚麻 삼불릴우 有

繊 섬 羅縠細 가늘섬 纖의 略字

⿰糸⿱穴夂 종 끝종 終과 同字

⿰糸頃 경 襌衣 홑옷경 草名 어저귀경 青

⿰糸⿱大貝 요 纏也 동일요、얽을요 繞也 두를요 繚와 同字

緃 종 총 橫之對 直也 세로종 急遽 바쁠총 縱과 同字

緣 인 진 牽車紼 수레끄는줄인 牛鼻繩 소고삐진 紖과 同字

緄 혼 縫也 꿰맬혼 元

十一

⿰糸頁 수 두앞발동일수 纇와 同字

纇 주 粹前兩足 두앞발동일수 虞

繎 연 深紅色 새빨갈연 絲難理 실얽힐연 先

繑 교 袴紐 바지끈교、바지단추교 蕭

⿱⿰多頁糸 주 두앞발동일주 纇와 同字

⿱黑糸 목 黑絲 검은실목 屋

繏 선 蠶巢懸繩 누에집매다는 줄선 蜀錦名 비단이름선 霰

纆 묵 索也 줄묵 새끼묵 職

⿰糸奢 차 相著貌 ㅣ[illegible] 서로붙을차 紾와 同字

繒 증 帛之總名 비단증 國名 나라이름증 蒸

繓 찰 結也 맺을찰 縫餘 가위밥찰 曷

⿰糸無 무 繰淹殘餘 실 켜고 나머지무 虞

織 직 지 치 經緯相成、布帛總名 짤직、낭이직 緎同字 治絲 실다듬을지、실뽑을지 紩通、幟也 기치 幟同字 職 寘

纀 복 纏頭巾 머리동여매는 수건복 沃

⿰糸集

[집] 合也 합할집 鏶 夷貨名 오랑캐의 재물집、집 義同 (葉)(緝)

繐 [세] 細疎布 가늘고 성긴 베세 縗 同字 (霽)

繜 [심] 績也 이을심 (侵)

繕 [선] 補也 기울선、계맬선 寫也 글씨쓸선 治也 다스릴선 緝也 길삼할선 勁通 (霰)

縕 [은] 縫衣相著 맞계맬은、비단은 絣也 점은 繜의 譌字

繘 [율] 汲水器綆 두레박줄율 (質)

⿰糸焦 [초] 生枲未漚 생모시초 (蕭)

繗 [린] 紹也 이을린 (眞)

繖 [산] 笠類 우산산、일산산、傘同字 (旱)

繛 [작] 緩也 너그러울작、더딜작 瑩白貌 희고깨끗할작 婥通 (藥)

繙 [번] 繹也 번역할번 旗貌 繽一 기펄렁거릴번 (元)

繚 [료] 纏也 얽을료、동일료 繞也 둘릴료、理也 다듬을료、다스릴료 祭名 제사이름료 (蕭)(嘯)(篠)

緐 [번][계] 劍帶 칼끈번、惡絮 굿은솜계 (屑)(中)

⿰糸黃 [황] 繩束 줄로 동일황 (漾)

繠 [예] 垂也 드리울예 葺也 기울예 君羣集 모여들예 蘂通 (紙)

繞 [요] 纏也 얽힐요、동일요 圍也 둘릴요 遶同字 (篠)

繟 [천] 帶緩 띠늘어질천 寬綽 너그러울천、너그러질천 (銑)

繝 [간] 紋也 무늬간 (諫)

⿰糸⿴衣東 [상] 淺黃 누르스름할상 (陽)

繜 [준] 小衣 犢鼻 잠방이준、쇠코잠방이준 聚也 모을준 撙通 (阮)

繡 [수] 五采刺文 수놓을수 姓也 성수 (宥)

⿰糸絫 [류] 綱絡 黑索 금을줄류 纍와 同字

繢 [귀][궤] 織餘 끝은궤 畫也 그림궤 繪也 수놓을궤 繪同、귀 義同 (泰)(隊)

⿰糸縢 [등] 緪也 노끈등 緘也 계맬등 行一 纏脛 행전등 縢과 同字

⿰糸彭 [팽] 結也 맺을팽 (庚)

⿰糸⿱林心 [견] 縮也 오

구라질견、줄어들견 銑

繾 [쾌][회] 黴也 검은고희쾌 乖戾繹ㅣ어긋질쾌、縕也 노희 破聲 깨지는소리희 兩頭縶 두끝맬희 卦 陌

[illegible] [삭] 大絢 극은줄삭 藥

繧 [운] 采色 채색운 (日)

纗 [수] 細密羅 독배단섬수 符帛 비단보람수 繻와同字 虞

繪 [회] 畫也 그림회 會五采繡也 수놓을회 繪의俗字

繻 [수] 독배단섬수 繻와同字

縈 [소] 白也 흴소 物朴 질박할소 本也 바탕소、부디소 藥 素의譌字

纂 [찬] 集也 책펴낼찬、모을찬 旱 纘也 이을찬 篹纂과同字

[illegible] [번] 馬腹帶 말배때끈번 緐과同字

繥 [희] 笑也 웃음희 樂也 즐길희 支

繰 [소][조] 繹繭出絲 고치켤소、고치실뽑을소、오그바는침조 繅와同字 豪 皓

繛 [작] 緩也 너그러울작、 瑩白貌 깨끗할작 藥

⑬

繪 [회] 畫也 그림회 繡也 수놓을회 繢同字 隊 泰

繳 [작] 生絲縷 생실오리작 藥

繰 [조][소] 紺色繒 아청도견조、 繹繭 고치켤조 繅通 皓 豪

繳 [교][격] 纏也 얽을교、弋箭繒ㅣ、주살격 ㅣ還 돌려보낼격 篠 藥

繮 [강] 馬紲 말고삐강 韁同字 陽

緩 [완] 寬也 너그러울완、緩의古字

縸 [엽] 縛也 얽을엽 縫也 補衣 옷꿰맬엽 葉

繵 [담] 緩也 늘어질담 覃

纑 [려] 緩也 인끈려 霽

繯 [현][환] 絡也 얽을현、環也 둘릴현 繫也 맬현、薄繒 엷은비단환 銑 諫

繬 [색] 縫也 交合 합쳐꿰맬색 職

䋦 [저] 綿絮 裝衣 옷에솜둘저 紵同字 語

[illegible] [랍] 薄繒 엷은비단랍 合

繭 [견] 蠶房 누에고치견 絹布 비단견 居喪客ㅣㅣ 거상하는 형용

견 足病발부르틀견 ㅣ聲、氣微細목쉰견 趼通 (銑)

繫 [계][혜] 縛也맬계 維也얽을계 約束약속할계 結也맺을계 滯留머물게 續也이을계 係、系同字 혜 義同 (霰)(霽)

[糸歲] [세] 繐布마전 한베세 (霽)

緪 [승] 索也노승、줄승 直也곧을승、머물승 衆多ㅣㅣ많을승 繼也이을승 法也법승 治也다스릴승 譽也칭찬할승 彈治탄핵할승 (蒸)

[糸禁] [금] 絲也실금ㅣ碧所用藍染쪽물들일금 (沁)

繧 [운] 染間色간색물들일운 (問)

繲 [해] 澣衣옷빨해 古音개 (卦)

[辟/糸] [벽] 鳥網새그물벽 魚具그물벽 (錫)

繵 [전][단] 單衣홑옷전 纏繞ㅣ繞얽힐전、紫色자주색단 緞也노단 腰帶허리띠단 束也묶을단 檀通 (先)(寒)(旱)

[糸僉] [렴] 纏索노끈렴 蠶箔懸繩누에발다는줄렴 (琰)

[糸辟] [벽] 織絲爲帶분합띠벽 絜也 縑ㅣ솜벽 (陌)

[糸羨] [연] 纏也얽을연 (霰)

[糸譱] [선] 補也기울선、계맬선 治也다스릴선 繕과同字

繹 [역] 理也다스릴역、풀역 (抽絲曰ㅣ言解曰ㅣ) 抽絲실뽑을역 不絕絡ㅣ잇달을역 陳也베풀역 尋究紬ㅣ궁구할역 光采ㅣㅣ광채역、빛날역 繹同、襗通 (陌)

[糸雋] [찬] 책편찬할찬、모을찬 篹과同字

繸 [수] 佩玉組、綬也인끈수、노리개끈수 (寘)

[糸夤] [연][인] 長也、길연 引也당길연 縯과同字 (銑)(軫)

[糸歉] [겸] 뜻굳게가질겸 [咸欠/糸]과同字

[咸欠/糸] [겸] 持意堅固뜻굳게가질겸 閉口입다물겸 (鹽)

繶 [억] 條繩땋은노억 (赤ㅣ黃ㅣ) 屨縫中紃신변나억、신혼솔억 屨下緣신아래선억 (錫)(職)

[糸蜀] [촉] 帶也띠촉 綴領紐깃걸어매는끈촉 [糸屬]과同字

繷

[긍] 盛多紛ㅣ성하고많을긍 (董)

⿳亡口⿲月糸凡 [라] 綾敉비단무늬라 (歌)

[illegible] [슬] 絑也문채슬 (質)

⿰糸⿱罒幸 [역] 다스릴역 繹同字

[illegible] [만] 繒無文무늬없는비단 만 寬心너그러울만 縵의俗字

⿰糸零 [령] 絮也 솜령 (靑)

⿰糸蜜 [밀] 빽빽할밀 密과同字

⿰糸廌 [천] 鞍具언치천 韉과同字 本音전 (先)

⿰糸畺 [강] 馬紲말고삐강 繮과同字 (陽)

⿰糸寅 [연][인] 길연 당길인 縯과同字

十四

⿰糸倉 [잔] 積也 쌓을잔 (旱)

⿰糸爾 [시] 封也 봉할시 (支)

繻 [수] 細密羅고운깁수 帛符비단증부수 繻同字 ⿰糸務通 (虞)

繼 [계] 續也、紹也이을계 (霽)

⿰糸聚 [추] 絺也칡베추 갈포추 縐同字 (宥)

⿰糸尉 [조] 帛青白色옥색빛조 輕飛貌훌적날을조 繰와同字 (篠)

辮 [변] 交也 땋을변 繆也 얽을변 紐也 맺을변、단추변 編通 (銑)

繢 [궤] 織餘 짜든옷끝궤 (寘)

繽 [빈] 盛貌ㅣ紛 성한모양빈 衆也 ㅣㅣ무리빈 亂也 어지러울빈 (眞)

⿰糸翟 [도] 青黄間色 초록빛도 (號)

⿰糸㥯 [은] 縫衣相著 맞꿰맨은 絣也 깁은、비단은 (吻)

⿰糸蒙 [몽] 絲亂緒貌 실끝얽힌모양몽 (東)

纁 [훈] 淺絳色 분홍빛훈 三染成 세번물들일훈 (文)

⿰糸旣 [계] 西方毳布 氈毲類 전계、털로짠베계 罽와同字 (霽)

纀 [복] 帕裳幅 옷의폭을자를복 帕也 머리수건복 (沃)

⿰糸罽 [계] 전계、털로짠베계 罽와同字

繾 [견] 不相離ㅣ綣 다정스럴견、떨어지지않을견 不己ㅣ綣 마지않을견 (銑)

繿 [람] ㅣ縷、敝衣 옷해질람 襤과同字 (覃)

繅 [소][조] 고치켤소、옥받침조 繰의本字

⿰糸壽 [주] 大

絲繪 명주주 緒也 실끝주 引其端緒 실뽑을주 紬의俗字 (尤)(宥)

縒 [착] 一綜亂也 얽힐착、어지러울착 실엉킬착 縒의 本字 (藥)

纂 [찬] 集也 모을찬、편찬할찬 繼也 이을찬 纘同字 攢通 (旱)

縦 [총][종] 急遽 바쁠총、橫之對 直也 세로종 縱과同字 (董)(冬、)

⿰糸齊 [제] 文絣 무늬놓은비단제 (日)

⿰糸屖 [지] 紩也 꿰맬지、홀지 (寘)

⿰糸疑 [의] 帶也 띠의 (紙)

(十五)

纈 [힐] 結也 맺을힐 文繒 무늬있는비단힐 (屑)

纋 [우] 笄巾 비녀댕기우 笄之中央以安髮 흰댕기우 (尤)

纉 [찬] 繼也 이을찬 綜集 올모을찬 纘의俗字 (旱)

⿰糸暴 [박] 黼領 수놓은옷깃박 表也 겉옷박 襮과同字 (藥)

⿰糸寬 [환] 船上風候標 풍기환、배위바람표환

繐 [세] 細布 가는베세 (霽)

縩 [채] 紈素聲 깁와삭거릴채 (泰)

纆 [묵] 三合繩 세겹노묵、一牽 말고삐묵 (職)

⿰糸巤 [랍] 絲之雜錯 실엉킬랍 (洽)

纇 [뢰] 絲節 실매듭뢰 疵也 사마귀뢰 戾也 어그러질뢰 (隊)

纅 [약][력] 色絲 색실약 治絲 실다듬을력 (藥)(銑)

繂 [률] 擧船索 배끄는줄률 (質)

纊 [광] 細綿 고운솜광 絖同字 (漾)

繂 [률] 素帛 흰비단률、생비단률 索也 밧줄률 綍也 고는줄률 (質)

⿰糸著 [저] 綿絮衣 옷에솜둘저 緒、紵와同字 (語)

繳 [부] 粗紬 거친명주부、布也 베부 大絲 굵은실부 續也 이을부 績也 길쌈부 紨와同字 (虞)

纎 [섬] 가늘섬 纖의俗字

⿰糸畾 [뢰] 木偶傀一 꼭두각시뢰、허수아비뢰 (賄)

纏 [전] 繞也 얽을전 束也 묶을전 約也 동일전 徽也 줄살전 (先)(霰)

⿰糸蔑 [멸] 細也 가늘멸 (屑)

纍 [류] 罪也 죄류

索也 노을 류, 累、縲通、囚繫 갇힐 류, 失志ㅣㅣ 뜻잃을 류, 係也 맬 류, 聯絡 얽크러질 유 (尤)(支)(寘)

續 [속] 繼也 이을 속 (沃)

十六

[illegible] [린] 擣衣 옷다듬을 린 (眞)

[illegible] [력] 張繩定界 줄쳐 울력、줄칠 력 (錫)

[illegible] [초] 生枲 생삼 초, 布屬 베 초 (蕭)

[illegible] [권] 束也 묶을 권、동일 권 (眞)

[illegible] [랍] 衣敝ㅣ縐 옷 해질 랍 (合)

繏 [선] 蠶巢懸繩 누에 잠 매다는 줄 선, 縼과 同字 (霰)

[illegible] [붕] 束也 묶을 붕、卷也 감을 붕, 繃의 譌字

纒 [전] 繞也 두를 전, 束也 묶을 전, 纏의 俗字

[illegible] [견] 蠶房 고치 견, 足病 발부르틀 견, 繭과 同字 (銑)

纑 [로] 布縷 베올 로, 麻絲 삼실 로, 練麻의 흰베올 로 (虞)

繖 [산] 蓋也 笠類 일산 산, 傘同字 (旱)

[illegible] [람] 維舟索 닻줄 람, 纜의 俗字 (勘)

[illegible] [종] 直也 곧을 종 (冬)

十七

纕 [양] 佩帶 蕙ㅣ 패옥 띠 양, 馬腹帶 말복두 양、말배 때는 양, 捲臂 팔걷은 양, 式音 상 (陽)

[illegible] [계] 西方毳布 氈毲類 털로 짠 베 계, 罽同字 (霽)

纔 [재][삼] 僅也 겨우 재, 暫也 잠간 재, 始也 비로소 재, 才通、微黑色帛 雀頭色 엷게 검은빛 삼 (灰)(咸)

纓 [영] 冠系 갓끈 영, 馬鞅 繁纓ㅣ 말고삐 영, 索也 노 영, 纏也 얽휘 영 (庚)

[illegible] [천] 鞍具 언치 천, 韉과 同字 (先)

纛 [도][독] 羽葆幢 大皂旗 둑기 도, 纛과 同字 (號)(沃)

纖 [섬] 細也 가늘 섬, 儉嗇 아낄 섬, 纖同字 韱通 (鹽)

[illegible] [약] 絲也 실 약 (藥)

[illegible] [면] 細也 가늘 면, [illegible]의 譌字 (屑)

[illegible] [선] 縷也 실 선、畫ㅣ 줄칠 선, 綫、線과 同字 (霰)

十八

[illegible] [율] 汲水綆 두레박 줄 율, 繘의 古字 (質)

[illegible] [권] 幘也 ... 권

뎡이컨、궁차컨 (先)

⿰糸⿱亯風 [라] 不均貌 고르지않을라 不細貌 가늘지않을라 (箇)

⿰糸叢 [총] 合絲而織 실꼬아서짤총 (東)

⿰糸蹙 [축] 縮也 오그라질축、줄어들축、축날축 (屋)

纁 [훈] 淺絳色 분홍빛훈 三染成 세번물들일훈 纁과同字

⿰糸聶 [녑] 絲連結處 실이음매녑 (葉)

⿰糸⿱亼⿱罒王 [시] 綿紬 명주시 細也 가늘시 ⿰糸⿱亼⿱罒王와同字 (支)

纗 [수] 繫也 맬수 紳帶 큰띠수 (支)

⿱䜌黽 [비] 馬韁轡也 고삐비 轡와同字 (寘)

(十九)

纚 [사][리][라] 纚布韜髮 치포건사、머리털감출사 連纚ㅣ迤 여할사 縱通、縷也、笮也 관끈리 長貌 颯ㅣ 긴모양라 索貌ㅣㅣ 노끈모양라 (紙)(支)(敬)

纘 [찬] 繼也 이을찬 纂集 올모을찬 纂通 (旱)

⿰糸覈 [핵] 衣領 內옷깃안학 (陌)

纙 [라] 錢緡 돈꿰미라 (箇)

纛 [도][독] 羽葆幢 깃일산도 軍中大旗皀旗 군중에큰기도 翿同、독義同 (號)(沃)

⿰糸爰 [완] 遲ㅣ 느즈러질완、더딜완 緩의本字 (旱)

⿰糸⿱亯風 [라] 不均貌 고르지않을라 不細貌 가늘지않을라 ⿰糸⿱亯風와同字

⿰糸⿱爾至 [시] 綿紬 명주시 細也 가늘시 (支)

⿰糸靡 [마] 行貌 가는모양마 (哿)

(二十)

⿰糸⿱爾至 [시] 紬也 명주시 ⿰糸⿱亼⿱罒王同字 (支)

(二十一)

⿰糸⿱爾至

纝 [류] 綱絡黑索 검은노끈 물줄루 纍同字 (支)

纜 [람] 維舟索 배닻줄람 纜同字 (勘)

⿰糸屬 [촉] 帶也 띠촉 綴領紐 깃걸어매는끈촉 (沃)

(二十一)

纕 [낭] 緩也 너그러울낭 (漾)

(二十二)

⿰糸戀 [련] 不斷 끊어지지않을련 (霰)

(二十二)

⿰糸⿱矛⿰冏糸 [율] 汲水綆 두레박줄율 繘의籀文

缶部

缶 [부] 盎也 장군부(大腹斂口秦人)鼓以節歌 질장구부 缻、缸通 (有)

缶 [부] 盎也 장군부 鼓以節歌 질장구부 缶의俗字

⿵几缶 [풍] 바람풍 風과同字

②

缷 [사] 解載車馬 짐부릴사 脫衣解甲 벗을사 落也 떨어질사 卸의俗字

③

⿰缶亏 [우] 汲水器 두레박우 ⿰缶于同字 (虞)

缸 [항] 長頸罌 항아리항、목긴병항 瓨同字 甁通 (江)

⿰缶于 [우] 汲水器 두레박우 ⿰缶亏와同字 (虞)

④

缺 [결] 虧也 毁也 이지러질결 器破 깨질결、그릇이빠질결 電光裂—번개번쩍거릴결 鈌同字 (屑)

⿰缶犬 [계] 吹火 불을불계 (霽)

⿰缶支 [기] 器名 그릇이름기 (支)

䍃 [요][유] 瓦器、甁也 질병요 甕也 독그릇 우 (蕭)(尤)

⿰缶开 [형] 似鍾長頸器 종같고목긴 그릇형 酒器 술그릇형 (青)

缼 [결] 缺 이빠질결 缺과同字

⑤

缻 [부] 장군부 缶와同字 (有)

⿰缶戉 [월][활] 度也 넘을월、건널월 蒲席 부들자리활 越의古字 (月)(曷)

⿰缶宁 [저] 米袋 쌀주머니저 (語)

⿱此缶 [추] 甁也 물장군추 (宥)

⿰缶只 [제] 缺也 이지러질제 (蟹)

缽 [발] 盂屬食器 바리때발 鉢의俗字 (曷)

⿰缶乏 [탑] 下平鍉 밑이납작하자배기탑 甁也 물장군탑 (合)

⿰缶令 [령] 瓦器似甁有耳 조가자리달린 질장구령 ⿰缶霝과同字 (青)

⿱工缶 [공] 大甕 큰독공 (腫)

⿰缶占 [점] 缺也 이지러질점 (琰)

⑥

缿 [항] 貯金器 돈모으는 벙어리그릇항 受書器 ㅣ筩 무서함항、항통항 (講)

⿰缶交 [교] 樂器以土爲之 질장구교 吹火器 풀무교 (有)

缾 [형] 似鍾長頸器 종같고목이긴 그릇형

⿰缶并 缾의本字 (青)

⿰缶圭 [계] 好器 좋은그릇계 (佳)

⿱罒缶 [기] 盛形皿 그릇기 度量 도량기 器와同字 (眞)

⿰缶幷 [병] 汲水器 물장군병 缾의俗字 (青)

(七)

⿰缶舌 [배] 缶也 장군배 (灰)

⿰缶孚 [부] 未燒瓦 굽지않은기와부 (虞)

⿰缶巠 [형] 頸長器 목긴그릇형 (庚)

(八)

⿰缶岡 [강] 罋也 독강 (陽)

⿰缶或 [역] 瓦器 오지그릇역 (職)

⿰缶咅 [보][부] 小缶 작은장군보、부義同 (有)(尤)

缾 [병] 汲水器 물장군병 瓶同字 (青)

⿰缶戔 [잔] 酒器 玉爵 옥술잔잔 (潸)

⿱尚缶 [당] 大盆 큰소래기당、큰동이당 ⿱尚瓦과同字 (漾)

(九)

⿰缶屛 [병] 汲水器 물장군병 缾과同字 (青)

⿰缶是 [제] 缶也 장군제 (齊)

⿰缶重 [종] 量名 말이름종 (六斛四斗入) (冬)

(十)

⿰缶留 [류] 甑也 시루류 (宥)

罃 [앵] 長頸瓶 목긴병앵 瓦器 질그릇앵 罌甖同字 (庚)

⿱垂缶 [수][추] 瓶也 물장군수、추義同 (支)

⿰⿱士⿱冖缶殳 [곡][구] 未燒瓦器 굽지않은질그릇곡、구義同 (屋)(宥)

(十一)

⿰缶壽 [하] 孔隙 틈하、裂也 터질하、갈라질하 罅同字 (禡)

罄 [경] 盡也 다할경 懸ㅣ 器中空 그릇속빌경 (徑)

⿰缶瓶 [저] 盛米 쌀을소복히담을저 ㅣ盛米也

⿰缶雩 [하] 孔隙 틈하 裂也 터질하、금갈하 罅와同字 (禡)

⿰缶屏 [병] 물장군병 缾과同字

⿰缶崔 [최] 器名 그릇이름최 (灰)

(十二)

罇 [준] 酒器 瓦尊 술동준 술준 樽同字 尊通 (元)

⿰缶單 [선] 瓦器綠 질그릇저선 (霰)

(十三)

罋 [옹] 甖也 독옹 瓦瓮 기와창옹 甕同字 (送)

罊 [계] 器中空 그릇속빌계 (霽)

⿰缶專 [천] 瓦器 질그릇 천 甎同字 (願)

(十四)

罌 [앵] 瓶總名 병앵 甖、罃同字 (庚)

⿱舋缶 [흔] 器裂 그릇 터질흔 (震)

⿱監缶 [함] 陶器 질그릇 함 甗通 (陷)

(十五)

罍 [뢰] 酒器 술잔뢰 與器皆畫雲雷 세수그릇뢰 (灰)

⿰缶齒 [알] 器缺 그릇이지러질알 (黠)

(十六)

罏 [로] 罍也 뇌분로 은술잔로 (虞)

罎 [담] 甒屬 목긴항아리담 壜同字 (覃)

(十七)

⿰缶薦 [천] 瓦器 질그릇천 紡錘 물레가락천、북천 (願)(霰)

⿰缶霝 [령] 瓦器似瓶有耳 귀달린 병령 (青)

⿱霝缶 [령] 瓦器似瓶有耳 귀달린 질장군령 ⿰缶霝과 同字 (青)

(十八)

⿱瓔缶 [앵] 瓶總名 양병앵 罌과 同字 (庚)

罐 [관] 汲水器 물동이관 洋罐 양철통관 (翰)

罋 [옹][옹] 汲瓶 두레박 옹、옹 義同 (冬)(送)

(二十)

⿱獻缶 [알] 缺也 이지러질알 (黠)

网部

网 [망] 羅罟總名 그물망 (養)

冈 [망] 그물망 网과 同字 (養)

罒 [망] 그물망 网과 同字

⿱罒儿 [사] 數名 넷사 四의 古字

罓 [망] 그물망 网과 同字

⿵冂川 [망] 网과 同字

网 [망] 그물망 网과 同字

(二)

⿵冂亡 [망] 그물망 网의 古字

⿱罒丁 [정] 小罟 작은그물정 (青)

(三)

罔 [망] 無也 없을망 誣也 속일망 結也 맺을망 無知 아는것 없을망 網通 (養)

⿱罒亏 [월] 于也、於也 말내킬월 審愼之詞 음음히 생각할월 粤과 同字

⿱罒弓 [적] 捕魚繫網 고기를 그물에 매어둘적 (錫)

⿱罒亡 [망] 없을망 罔의 古字

⿱罒干 [한] 드물한、기한 罕과 同字 (養)

罔

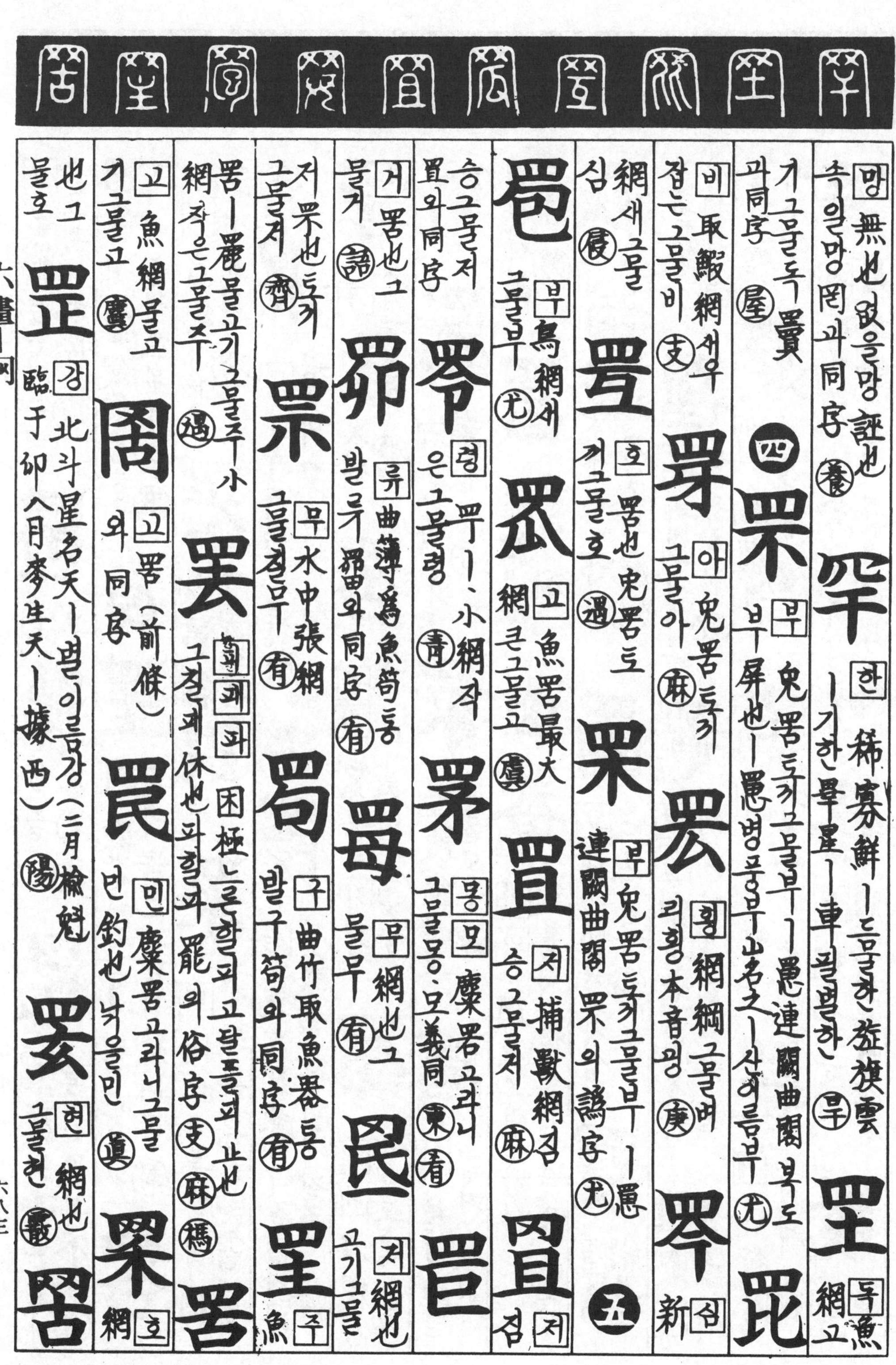

罔 [망] 無也없을망 誣也속일망 罔과同字 (養)

罕 [한] 稀寡鮮ㅣ드물한 旌旗雲ㅣ기한 畢星ㅣ車필별한 (旱)

罜 [독] 魚網고기그물독 ㅣ䍡과同字 (屋)

四

罘 [부] 兎罟토끼그물부 ㅣ罳連闕曲閣 복도부 屛也ㅣ罳병풍부 山名之ㅣ산이름부 (尤)

䍇 [비] 取鰕網새우잡는그물비 (支)

⿱罒牙 [아] 兎罟토끼그물아 (麻)

⿱罒厷 [횡] 網綱그물벼리횡 本音굉 (庚)

⿱罒今 [심] 新網새그물심 (侵)

⿱罒互 [호] 罟也 兎罟토끼그물호 (遇)

⿱罒木 [부] 兎罟토끼그물부 ㅣ罳連闕曲閣 罘의譌字 (尤)

五

罦 [부] 鳥網새그물부 (尤)

罛 [고] 魚罟最大網큰그물고 (虞)

罝 [저] 捕獸網짐승그물저 (麻)

⿱冈且 [저] 짐승그물저 罝와同字

⿱罒令 [령] 罟ㅣ、小網작은그물령 (靑)

罞 [몽][모] 麋罟고라니그물몽·모 義同 (東)(肴)

⿱罒巴 [거] 罟也그물거 (語)

⿱罒卯 [류] 曲簿爲魚笱통발류 罶와同字 (有)

⿱罒母 [무] 網也그물무 (有)

⿱冈民 [저] 網也고기그물저 罘也토끼그물저 (齊)

⿱罒不 [무] 水中張網그물칠무 (有)

⿱罒句 [구] 曲竹取魚器통발구 笱와同字 (有)

罜 [주] 魚罟ㅣ麗물고기그물주 小網작은그물주 (遇)

罢 [피][파] 困極느른할피 고달플피 止也그칠피 休也 파할파 罷의俗字 (支)(麻)(碼)

罟 [고] 魚網물고기그물고 (麌)

⿵冈古 [고] 罟(前條)와同字

罠 [민] 麋罟고라니그물민 釣也낚을민 (眞)

⿱罒呆 [호] 網也그물호

罡 [강] 北斗星名天ㅣ별이름강 (二月魁臨于卯八月參生天ㅣ據酉) (陽)

⿱罒玄 [현] 網也그물현 (霰)

⿵冈古

[고] 魚網 물고기그물고 罟의本字 (虞)

⿱罒包 [부] 鳥網 새그물부 ⿱罒包의本字 (尤)(虞)

罠 [민] 麋網 罟也 고라니그물민 罠의本字 (眞)

⿱罒台

罝 [저] 捕獸網 짐승그물저 罝의本字 (麻)

(六)

罣 [괘] 礙也 거리낄괘 罥也 어리 걸릴괘 罟也 그물괘 絓同字 (卦)

[압][갑] 鳥網 새그물 압·잡 義同 (合)

⿱罒儿 [광] 滿網 그물에 가득할광 (庚)

⿱罒木 [미] 周行 두루다닐미 網也 후리그물미 罙同字 (支)

⿱罒米 [미] 두루다닐미、후리그물미 罙의本字

(七)

⿱罒良 [랑] 廣大貌 莽ㅣ 질펀할랑 廣張網 그물넓게칠랑 (漾)

罦 [부] 翻車大網 새그물부 (虞)

⿱罒否 [부][비] 兔罟 토끼그물 부·비 義同 (尤)(支)

⿱罒毋 [모][매] 雉網 꿩그물 모·매 義同 (虞)(灰)

⿱罒弟 [제] 兔網 토끼그물제 (齊)

⿱罒冢 [몽] 覆網 덮은그물몽 (東)

罥 [견] 綰也 얽 걸견 挂也 걸릴견 羂同字 (霰)

⿱罒呂 [려] 網也 그물려 (御)

(八)

罨 [엄][압] 網魚 후리질할엄 압義同、覆也 덮을엄 (琰)(合)(中)

罧 [삼][림] 積柴取魚 물고기섶 줄삼 槮通、림義同 (侵)(沁)

⿱罒固 [고] 捕魚具 고기잡는 그물고 (遇)

⿱罒叕 [철] 鳥網 새그물철 罬과同字 (屑)

⿱罒翟 [조] 새덮치기조 罩의本字 (效)

⿱罒奄 [엄][압] 網也 그물엄 罨과同字 압義同 (琰)(合)

⿱罒非 [죄] 죄줄죄 罪의本字

罬 [철] 鳥網 새그물철 (屑)

⿱罒直 [치] 둘치、베풀치 置의本字

⿱罒毛 [계] 氈類 담자리계 (霽)

署 [서] 書也 쓸서、官舍 마을서、과청서 羅絡 그물칠서 署의略字 (御)

罯 [담] 網也 그물담 覆也 덮을담 (合)

⿱罒或 [역] 魚

網綫罟九ㅣ물고기 그물역 (職)

罫 [괘] 棋局線·間 바둑판 정과 괘 礙也 거리낄 괘 古音 회 (卦)

置 [치] 止也 둘 치 說也 베풀 치 安也 안치할 치 棄也 廢ㅣ 버릴 치 驛也 郵ㅣ 역 치 (眞)

⿱罒隹 [조] 覆鳥 새 덮치기 조 (效)

罩 [조] 가리 조 罩와 同字

罬 [선] 魚網 고기 그물 선 (霰)

罩 [조] 捕魚器 罾類 가리 조 𦊓同字 (效)

罪 [죄] 罰惡 죄줄 죄 魚網 물고기 그물 죄 (賄)

罛 [고] 魚罟最大網 큰 그물 고 罛同字 (虞)

九

⿱罒紂 [라] 鳥罟 새그물 라 綺穀 집 라 列也 벌릴 라 羅와 同字 (歌)

罯 [암] 覆也 덮을 암 魚網 고기 그물 암 (感)

罰 [벌] 小辠賞之對 벌줄 벌 天ㅣ、處ㅣ 벌받을 벌 ㅣ責 꾸짖을 벌 (月)

⿱罒函 [함] 冕也 면류관 함 (感)

罞 [무] 破網 해진 그물 무 (有)

⿱罒豖 [추][유] ⿱罒豖의 譌字

罳 [시][새] 屛也 遮面 병풍 시、차면할 시 官殿簷間罘ㅣ 대궐 처마 기슭 시、새 義同 (支)(灰)

署 [서] 관청 서、둘 서、그물 서 署와 同字

罱 [남] 夾魚具ㅣ 網 그물 남 (感)

署 [서] 官舍 마을 서 表記 표할 서、쓸 서 置也 둘 서 羅絡 部ㅣ 그물칠 서 (御)

⿱罒削 [삭] 罹於網 그물에 걸릴 삭 (覺)

十

罷 [파][괘][피] 休也 파할 파 了也 마칠 파 廢黜 내칠 파、止也 그칠 파 遣囚 귀양보낼 파 閩人呼父郎 아비 파 困極ㅣ弊 노곤할 피、고달플 피 ㅣ癃 잔병 피 疲通 (禡)(蟹)(支)

⿱罒⿰瓜瓜 [여] 廣網 넓은 그물 여 (魚)

罶 [류] 曲簿爲魚笱 통발 류 罶와 同字 (有)

⿱罒兼 [겸] 網絲 그물실 겸 (鹽)

罵 [매] 惡言、詈也 꾸짖을 매 욕설할 매 俗音 마 (禡)

罽 [계] 細毛 가는털 계 (霽)

罸 [벌] 벌줄 벌、벌받을 벌

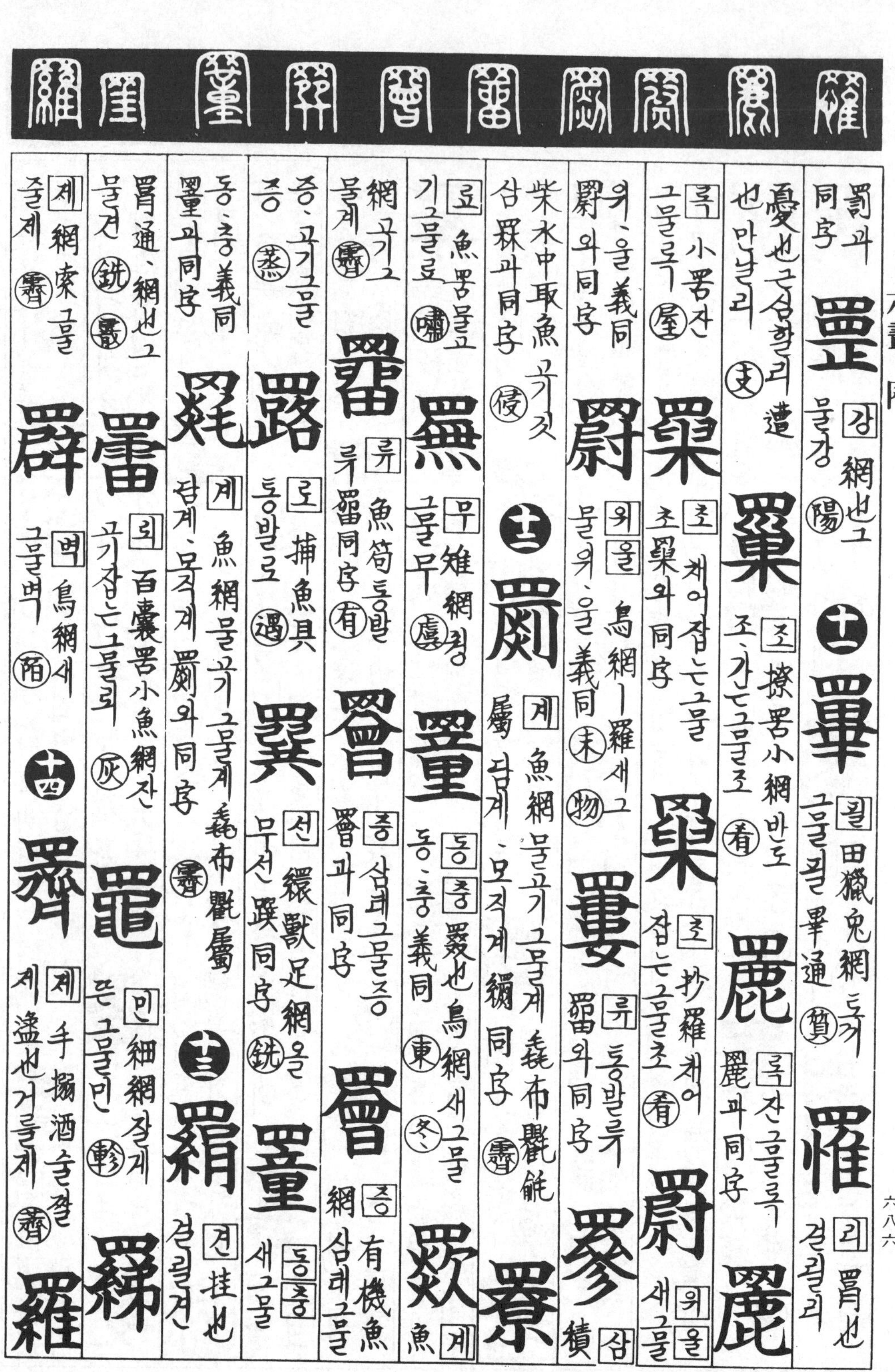

罰과 同字

罡 강 網也 그물강 (陽)

⑪

罼 필 田獵兎網 토끼그물필 畢通 (質)

罹 리 罥也 걸릴리 憂也 근심할리 遭也 만날리 (支)

罺 조 撩罟小網 반도조、가는그물조 (肴)

⿱罒麗 록 잔그물록 䍡과同字

䍡 록 小罟 잔그물록 (屋)

⿱罒果 초 채어잡는그물 초 罺와同字

⿱罒巢 초 抄羅 채어잡는그물초 (肴)

罻 위 울 새그물위、울 義同 罻와同字

罻 위 울 鳥網 羅 새그물위、울 義同 (未)(物)

⿱罒要 류 통발류 罶와同字

⿱罒參 삼 積柴水中取魚 고기깃삼 罧과同字 (侵)

⑫

罽 계 魚網 물고기그물계 氂布氈毼 屬 담계、모직계 繝同字 (霽)

⿱罒景 료 魚罟 물고기그물료 (嘯)

⿱罒無 무 雉網 꿩그물무 (虞)

罿 동 충 罬也 鳥網 새그물 동、충 義同 (東)(冬)

罬 계 魚網 고기그물계 (霽)

罶 류 魚笱 통발류 罶同字 (有)

罾 증 삼태그물증 罾과同字

罾 증 有機魚網 삼태그물증、고기그물증 (蒸)

⿱罒路 로 捕魚具 통발로 (遇)

⿱罒巽 선 繯獸足網 올무선 ⿰足巽同字 (銑)

⿱罒童 동 충 새그물동、충 義同 罿과同字

⿱罒⿰叉毛 계 魚網 물고기그물계 氂布氈屬 담계、모직계 罽와同字 (霽)

⑬

羂 견 挂也 걸릴견 罥通、網也 그물견 (銑)(霰)

⿱罒畾 뢰 百囊罟 小魚網 잔고기잡는그물뢰 (灰)

⿱罒黽 민 細網 잘게 뜬그물민 (軫)

⿱罒綈 제 網索 그물줄제 (霽)

⿱罒辟 벽 鳥網 새그물벽 (陌)

⑭

⿱罒齊 제 手擟酒 술걸제、漉也 거를제 (霽)

羅

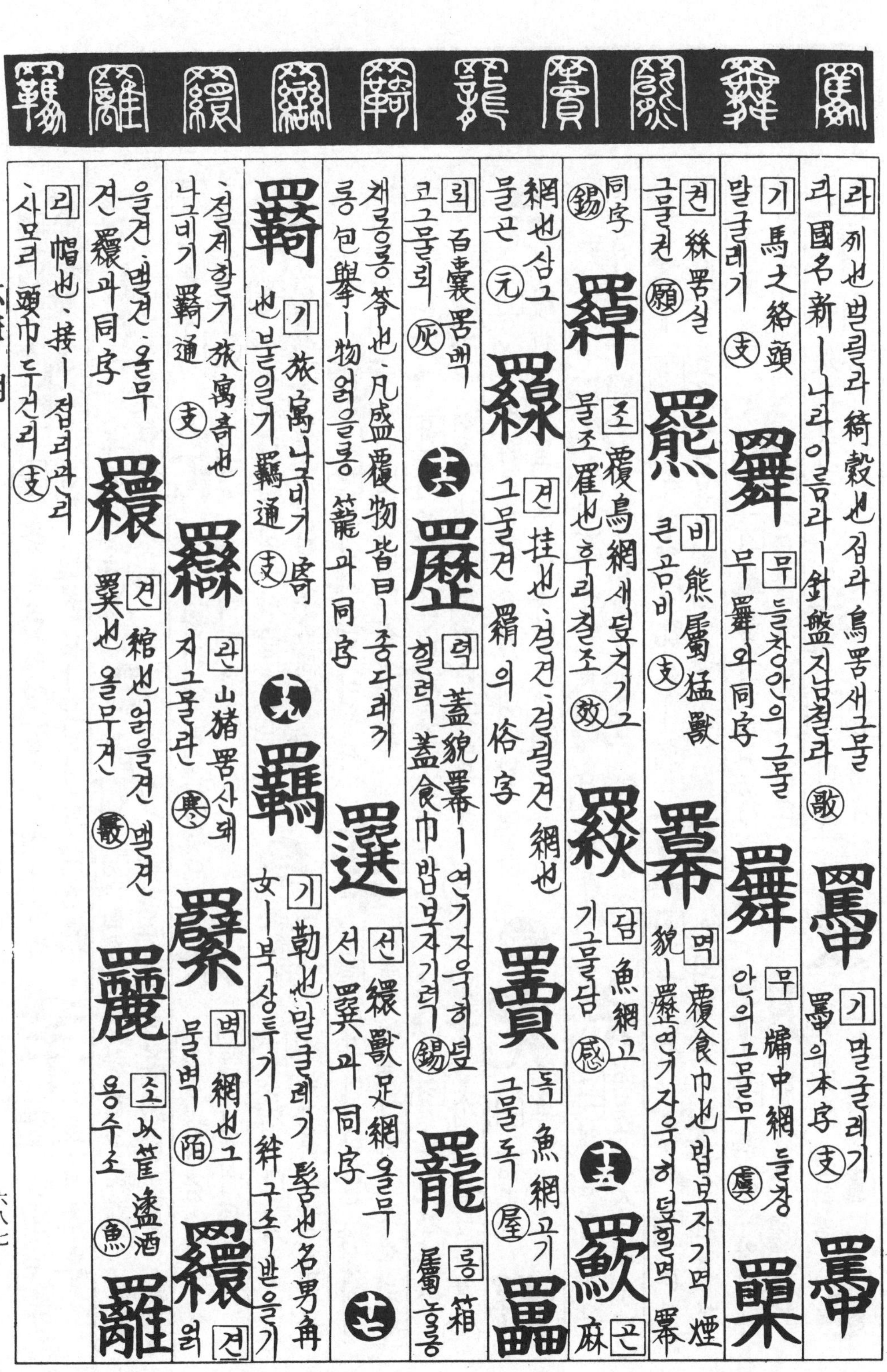

[라] 列也벌릴라 綺縠也깁라 鳥罟새그물
라 國名新ㅣ나라이름라 ㅣ針盤지남철라 (歌)

⿱罒⿱馬巾 [기] 말굴레기
⿱罒⿱馬巾의本字 (支)

⿱罒⿱馬巾 [기] 馬之絡頭
말굴레기 (支)

⿱罒舞 [무] 들창안의그물
무 ⿱罒舞와同字

⿱罒舞 [무] 幭中網 들창
안의그물무 (虞)

⿱罒果 [권] 絲罟실
그물권 (願)

羆 [비] 熊屬猛獸
큰곰비 (支)

羃 [멱] 覆食巾也 밥보자기멱 煙
貌ㅣ⿱罒歷연기자욱히덮힐멱 冪
同字 (錫)

罩 [조] 覆鳥網새덮치기그
물조 罩也 후리철조 (效)

⿱罒叕 [담] 魚網고
기그물담 (感)

十五

⿱罒⿰魚欠 [곤] 麻
網也 삼그
물곤 (元)

⿱罒綠 [견] 挂也、걸견、걸릴견 網也
그물견 羂의俗字

⿱罒買 [독] 魚網고기
그물독 (屋)

⿱罒畾 [뢰] 百囊罟백
코그물뢰 (灰)

十六

⿱罒歷 [력] 蓋貌罩冪ㅣ연기자욱히덮
힐력 蓋食巾밥보자기력 (錫)

⿱罒龍 [롱] 箱
屬농롱
채롱롱 笭也、凡盛覆物皆曰ㅣ종다래기
롱 包擧ㅣ物얽을롱 籠과同字

⿱罒選 [선] 繯獸足網올무
선 ⿱罒巽과同字

十七

羇 [기] 旅寓나그네기 寄
也 붙일기 羈通 (支)

十九

羈 [기] 勒也말굴레기 髻也名男角
女ㅣ북상투기ㅣ絆구속받을기
、견제할기 旅寓寄也
나그네기 羇通 (支)

⿱罒䜌 [관] 山猪罟산돼
지그물관 (寒)

⿱罒辟 [벽] 網也그
물벽 (陌)

⿱罒繯 [견] 얽
을견、맬견、올무
견 繯과同字

⿱罒繯 [견] 綰也얽을견 맬견
罥也 올무견 (霰)

⿱罒麗 [소] 以筐漉酒
용수소 (魚)

⿱罒離 [리] 帽也、接ㅣ 접리과리
、사모리 頭巾두건리 (支)

羊部

羊 [양] 柔毛畜양양 一鳥名商―새이름양 遊也相―노닐양 芈同字 陽

芈 [양] 羊의本字 양양、노닐양

一

芈 [미] 羊鳴양울미 楚姓성미 紙

二

羌 [강] 西戎名오랑캐강 詞端 詞말끝낼강 羗同字 陽

⿰羊人 [분] 白色羊흰색양분 元

羗 [강] 羌과同字

⿱⺷木 [강] 오랑캐강、말끝낼강 羌과同字

⿱人羊 [달] 小羊새끼양달、어린양달 美也아름다울달 生也날달 羍과同字 曷

三

美 [미] 嘉也아름다울미 好也예쁠미、좋을미 甘也맛날미 媺同字 紙

⿱土羊 [달] 새끼양달、아름다울달、날달 羍과同字

羍 [달] 小羊어린양달、양새끼달 美也아름다울달 生也날달 達通 曷

羑 [유] 進善착하게말할유 導也인도할유 ―里、殷獄名유리옥유 有

⿰羊彡 [양] 善也착할양 美也아름다울양 陽

羑 [유] 導也인도할유 進善착하게말할유 殷獄名―里은나라옥유 有

四

羓 [파] 腊羼포파 麻

羜 [서] 野羊들양서 魚

羦 [완] 野羊들양완 寒

羒 [분] 牝羊암양분 文

羔 [고] 羊子양새끼고、염소고(大曰羊小曰羔) 豪

牂 [장] 牝羊암양장 郡名―牱고을이름장 牂同字 陽

⿰羊互 [저] 숫양저 羝와同字

⿰羊厶 [저] 牡羊 性善抵觸숫양저 羝와同字 齊

羑 [유] 進善착하게말할유 導也인도할유 羑와同字 有

⿰月羊 [장] 羝羊수양장 牛胃양양 陽(韓)

羕 [양] 水長물이길양 長也길양 漾

羙 [고] 새끼양고 羔와同字

羖 [고] 牝羊𦍼암양고 羖同字 麌

五

羋 지 羊名양 이름지 支 ⿰羊瓦 유 小兎새끼 토끼유 尤 羒 분 白牡羊흰 숫양분 文 ⿰羊母 장 牝

羊암양장 盛貌성할장 牂과同字 陽 ⿱古羊 고 罪也허물고 辜ㅣ磔也 사지찢을고 障也막을고 必也반드시고 辜와同字 ⿰羊古 고 ㅣ

䍽、牝羊、암양고 羖와同字 麌 羝 저 牡羊性善抵觸 숫양저 齊 羜 저 小羊어린양저 (五月羔、未成羊) 語 羞

수 恥也ㅣ惡부끄러울수 膳也반찬수 滋味庶ㅣ음식수 供物진찬할수 尤 ⿰羊匃 갈 羯羊불친양갈 上黨地名 땅이름갈 羯과同字 月

羛 의 魏郡地名、ㅣ陽 땅이름의 紙 ⿰羊平 평 駁毛羊 얼룩양평 庚 ⿰羊出 돌 羊名양 이름돌 月 ⿰羊它

타 野羊 들양타 歌 羚 령 似羊而大角 영양령、뿔큰양령 ⿰羊霝、⿱霝羊、麢同字 青 ⿰羊末 말 胡羊名 ㅣ羯말갈말 ⑥

⿰彡羊 상 많을상 ⿰多羊과同字 陽 ⿰羊字 자 牝羊 암양자 紙 ⿰羊同 동 無角羊뿔없는양동、애양동 東 ⿰羊危

궤 羊角不齊貌 양뿔가지런하지않을궤 紙 ⿰羊亘 완 野羊 들양완 寒 羠 이 野羊 羱ㅣ 들양이 支 羕

양 水長물근원 긴양 羕同字 漾 ⿰羊兆 조 一歲牝羊 한살된암양조 篠 ⿰多羊 상 多也많을상 陽 ⿰羊因 인 黑羊

검은양인 ⿰羊垔同字 眞 ⿰羊丸 집 操持잡을집 守也지킬집 捕也잡을집 執과同字 緝 着 착 觸也부딪칠착 到도착할착

藥 羡 이 廣也넓을이 郡名沙ㅣ ㅣ고을이름이 羨同字 支 羢 융 細毛가는털융 冬 ⿰羊匊 저 牡羊性

善抵羭 숫양 저 羝와 同字

䍲 [우] 胡羊 오랑캐양 우 되양 누 羺와 同字 (尤)

𦍧 [결] 牡羊 숫양 결 (屑)

⑦

群 [군] 羣仝 무리 군 衆也 많을 군 隊也 떼 군 朋友 벗 군 獸三為ㅣ 짐승 세마리 군 聚也 모을 군 (文)

𦍫 [부] 牝羊 암양 부 (尤)

𦍬 [천] 羊之長尾 꼬리긴 양 천 (霰)

𦍮 [판] 毛長羊 털긴 양 판 似羊獸 양같은 짐승 판 (寒)

𦍭 [조] 一歲牝羊 한살된 암양 조 䍶와 同字 (篠)

䍮 [여] 野羊 들양 여 (魚)

觲 [해] 신통한 양 해, 해갓 해 獬와 同字

䍽 [해] 神羊能別曲直 신통한 양 해 冠名 해갓 해 獬와 同字 (蟹)

善 [선] 良也 착할 선 吉也 길할 선 好也 좋을 선 善의 古字 (銑)(霰)

義 [의] 由仁得宜 옳을 의 人所可行道理 의리 의 意味 뜻 의 誼同字 (寘)

羧 [최] 羊病 양의 병 최 (灰)

羦 [환] 野羊 ㅣ羝 들양 환 (寒)

𦍯 [장] 牝羊 암양 장 盛貌 성할 장 牂과 同字 (陽)

羥 [간][경] 羊名 양이름 간 경 義同 (刪)(庚)

羨 [선][연] 貪慕 歆ㅣ 부러워할 선 餘 衍 奇ㅣ 남을 선 溢也 넘칠 선 長也 길 선 延也 墓道 광중길 연 盛貌 성한 모양 연 (霰)

羣 [군] 무리 군, 떼 군 群과 同字

⑧

䍥 [결][길][궐] 病也 앓을 궐 羊病 양의 병 궐 羊躍死 양이 뛰고 가 죽을 궐 跳貌 뛸 궐 (屑)(月)

䍬 [치] 犀也 끌 치 (寘)

䍴 [위] 羊聚 양모일 위 羊疫 양역 위 (寘)

䍳 [역] 伺視 엿볼 역, 기찰할 역 睪의 古字 (陌)

羫 [강][공] 骨體 뼈대 강 羊腔 양의 갈빗대 강 羊腊 양고기 조금 腔과 同字 (江)(送)

䍶 [예] 胡羊, 羺ㅣ 오랑캐 양 예 (齊)

羴 [잔] 羊屋 양우리 잔 (馬必作驏 豕必作豩 必作ㅣ) (潸)

羑 유 相勸導也 꾀일유 달랠유 유리也 당길유 誘와同字

羘 쟁 羊子 양의 새끼쟁 庚

䍵 동 一角羊 외뿔난양동 東

䍁 역 羊表縫皺 양가죽옷을 꿰맨여 職

九

䍪 무 大月羊 여섯달된양무 遇

羹 갱 五味和肉臛也 국경 羹의俗字 庚

羯 갈 羠羊 불친양갈 上黨地名 땅이름갈 匈奴別部 오랑캐부락갈 月

䇞 순 熟也 익을순 賣物 팔순 眞

䍲 알 騬羊 불알깐양알 羯과同字 黠

䍴 유 耎也 연약할유 柔華 다룬가죽유 尤

𦍺 위 羊相逐貌 ㅣㅣ양 서로쫓는모양위 尾

羬 암 大羊 큰양암 咸 겸 義同 鹽

䍧 간 羊名 양이름간 刪

䍆 예 黑羊 검은양예 齊 인 羣羊相積 양모을인

羭 유 黑牡羊 검은숫양유 美也 아름다울유 山神 산신유 虞

䍐 국 羊名 양이름국 職

十

𦏁 구 搾取羊乳 양의젖짜낼구 尤

𦏄 박 부 去勢羊 불친양박、獸名 짐승이름부 藥 遇

䍲 알 騬羊、吴ㅣ 불알깐양알 黠

𦏱 랍 鼓名 북이름랍 合

䍻 골 羊名 양이름골 月

羲 희 氣也 기운희 伏ㅣ古聖 복희희 ㅣ和 벼슬이름희 羲의古字 支

羱 완 野羊 들양완 (角大可以爲器亦善鬪) 寒

䍹 고 羊子 새끼양고、염소고 羔와同字 豪

𦏲 전 羊臭 노린내날전 羶과同字 先

十一

䍪 무 生經 大月羊 여섯달된양무 䍪와同字 遇

𦏓 진 羊名 양이름진 震

羲 희 氣也 기운희 帝號、伏ㅣ 복희희

姓也 성희 官名ㅣ和 벼슬이름희 支

羦 환 角細形大羊 뿔가늘고모양이큰양환 ⿰羊覓과同字 寒

⿰羊責 지 集也 모을지 羊疫 양역지 眞

羥 경 간 義同 ⿰羊巠의 譌字 양이름경、간

⿰羊婁 루 四角羊 뿔넷난양루 尤

⿰羊惠 환 無口獸 입없는짐승환 刪

十二

⿰羊覓 환 角細形大羊 뿔가늘고모양큰양환 寒

⿰羊替 잠 ⿰羊朁과同字

羺 누 胡羊 오랑캐양누、되양누 羺와同字 尤

⿰羊朁 잠 羊腌 젓담근양고기잠 覃

⿰羊垔 예 인 검은양예、양모일인 ⿰羊黑의 本字

⿰羊童 동 無角羊 뿔없는양동 東

羴 전 羊臭 노린내날전 羶과同字

⿰羊厤 력 羖ㅣ山羊 산양력、메양력 黑色牡羊 검은숫양력 ⿰羊歷의 略字

⿰羊巽 선 一年生羊 한살된양선 美味 맛날선 霰

⿰羊黑 예 인 黑羊 검은양예 齊 羣羊相積 양모일인 ⿰羊垔과同字 眞

⿰羊厥 궐 長毛羊 털긴양궐 月

羵 분 土中怪ㅣ羊 흙속괴이한양분 文 吻

羳 번 黃腹羊 누런양번 元 매

十三

羷 검 렴 羊角捲三匝 양의뿔비틀렴 검羊名 양이름검、렴 義同 琰 黠

⿰羊蜀 독 羊長六尺 여섯자되는양독 屋

⿰羊解 해 신도용한양해 獬와同字 蟹

⿰羊賫 지 集也 모일지 羊疫 양역지 ⿰羊責의 本字 寘

羸 리 瘦也 파리할리 弱也 약할리 覆也 뒤집을리 病也 병들리 支

羹 갱 臛也 국경 (五味和肉ㅣ) 庚

羶 전 羊臭 양냄새날전、노린내날전 羴、⿰羊矣同字 先

⿰羊睘 환 無口獸 입없는짐승환 ⿰羊惠과同字

十四

⿱與羊 여 肥

羊살전 양여 (魚)

羺 [누] 胡羊ㅣ羓 오랑캐양누 (尤)

⿱羊壽 [선] 良也 착할선 好也 좋을선 善과同字 (銑)(霰)

⿳亠口⿰羊羊 [영] 秦姓 성영 解也 풀영 滿也 가득할영 餘也 남을영 端也 끝영 嬴과同字 (庚)

⿰羔欠 [고] 새끼양고、염소고 羔와同字

⑮

羼 [찬] 羊相雜 양서로섞일찬 相出前 서로다투어나갈찬 古音산 (諫)(潸)

⿰⿳亠口羊丮 [숙] 食飪生之反 익을숙 熟의本字 (屋)

⿰羊賣 [매] 垢膩貌ㅣ⿰羊褱 비계길매、때길매 (卦)

⿰羊截 [암] 大羊 큰양암 羬과同字

⿰各養 [망] 意 未詳

⿰羊⿱山敢 [고] 意 未詳

⿰羊廋 [양] 人名 사람이름양 (養)

⑯

⿰羊曆 [력] 산양력、검은숫양력 ⿰羊歷과同字

⿰羊歷 [력] 山羊名 羖ㅣ 산양력 黑色牡羊 검은숫양력 ⿰羊曆同字 (錫) ⿰羊厤

⿰羊褱 [회] 垢膩貌 ⿰羊賣ㅣ 때끼인모양회 (卦)

⑰

⿰羊氈 [전] 누린내날전 羶과同字

⿱羊黑 [혹] 小羊 새끼양혹 (沃)

⿰羊霝 [령] 大羊 큰양령 羚同字 (青)

⑱

⿱⿱羊言灬 [선] 착할선 善과同字

⑲

⿰羊亶 [전] 누린내날전 羶 同字 ⿰羊氈의譌字

⑳

⿱羊雚 [전] 意 未詳

㉑

⿱羊⿰音良 [장] 意 未詳

譱 [선] 착할선、실할선 善과同字

㉔

⿰羊靈 [령] 似羊而大角 영양령 뿔큰양령 羚과同字 (青)

⿱羊⿰羌羌 [양] 意 未詳

羽部

羽 [우] 鳥翅 깃우 五音之一 우성우 (五聲 宮、商、角、徵、羽) 舒也 펼우 聚 모을우 (麌)(遇)

羽 [우] 깃우 羽와同字

③

⿰丑羽 [공] 날아날공 羾과同字

羾 [공] 飛至 날아올공 (送)

⿱夭羽 [소] 羽也 깃소 (蕭)

⿰王羽

[홍] 飛聲 나는소리홍 [굉] 至也 이를굉 (東)

𦐂 [치] 燕飛貌 제비날치 (支)

羿 [예] 古射師名 옛적활스승의이름예 (霽)

𦏸 [무] 所以節音樂手ㅣ足 蹈 춤출무、춤무 舞의古字 (麌)

𦐃 [익] 翅也 날개의 敬也 공경할익 扶也 붙들익 翼의古字 (職)

𦏺 [안] 飛貌 나는모양안 (潸)

四

𦐏 [랍] 盛飛貌 성하게날랍 (合)

𦐊 [익] 날개익 翼의古字

𦐈 [파] 飛貌 나를파 (麻)

𦐒 [남] 羽弱 깃이약할남 羽也 깃남 䎉也 가는솜털남 (感)

𦐦 [시] 羽多貌 깃털많을시 飛貌 힘차게날시 (支)

翄 [시] 날개시、깃시 翅와同字

翅 [시] 鳥翼 날개시、깃시 啻同 뿐시 翄同字、啻通 (寘)

𦐆 [시] 날개시、깃시 翅와同字

𦐓 [굉] ㅣㅣ 蟲飛貌 벌레풀풀날굉 翃과同字 (庚)

翆 [취] 青羽雀 비취 翡石 비취석취 翠와同字 (寘)

𦐐 [옹] 아비옹 늙은이옹 翁과同字

翂 [분] 飛貌 팔팔날분 羽貌 가볍게날분 (文)

𦐑 [옹] 아비옹、늙은이옹 翁과同字

𦐘 [황] 持羽而舞 깃들고춤출황 (陽)

翁 [옹] 文也 아비옹 老稱 늙은이옹 鳥頸下毛 새목아래털옹 飛貌 나는모양옹 (東)

翃 [굉] 蟲飛貌 ㅣㅣ 벌레나는모양굉 (庚)

𦐛 [연] 飛貌 나는모양연 (銑)

𦐝 [습] 飛貌 나는모양습

𦐖 [항] 鳥飛上下貌 翓ㅣ 새날아오를락내리락할항 頏通 (陽)(漾)

翀 [충] 直上飛貌 치떠날을충 冲通 (東)

五

翊 [익] 轉也 도울익 敬也 ㅣㅣ 공경할익 郡名 馮ㅣ 고을이름익 飛貌 날을익 翼、通 (職)

翓 [호] 人名也 사람이름호 (虞)

𦐚 [보] 矢羽 살깃보 (晧)

𦐇 [보] 살깃보 䎂와同字

翌 [익] 다음날익 翌과同字

翌 [익] 明日이튿날익、다음날익 (職)

䎃 [염] 翼下細毛깃밑솜털염 (琰)

𦐓 [염] 깃밑솜털염 䎃과同字

翋 [랍] 飛也날을랍 (合)

翍 [피] 張羽貌날개벌릴피 披通 (支)

翈 [압] 翮上短羽쭉지위의짧은깃압 (洽)

𦐑 [예] 낮게날을예 䎖와同字

𦐙 [예] 低飛낮게날을예 䎖와同字

翇 [불] 춤추는깃불 𦐯과同字

翉 [분] 飛起날아오를분 (阮)

翇 [불] 樂舞執全羽以祀社稷춤추는깃불 (物)

翎 [령] 鳥羽새깃령、날개령 矢羽살깃령 (青)

習 [습] 學ㅣ鳥數飛날기익힐습 重也거듭습 習과同字 (緝)

𦐒 [료] 高飛높이날을료 (嘯)

𦐂 [지] 八寸여덟치、少也적을지 短也짧을지 咫와同字 (紙)

𦐤 [박] 나는모양박 𦑊과同字

習 [습] 鳥數飛學ㅣ風ㅣ익힐습 慣也익을습 和舒ㅣㅣ화할습 重也거듭습 近ㅣ、狎也가까이할습 (緝)

翐 [질] 飛貌ㅣㅣ펄펄날을질、가볍게날질 (質)

翏 [료] 飛貌사는모양료 風聲ㅣㅣ바람소리료 (蕭)

翠 [취] 靑羽雀비취취 翠의譌字

翑 [구] [우] 羽曲날개굽을구 後足白馬뒷발흰말구、箭羽화살에붙이깃우 (虞) (遇)

𦐨 [구] [우] 날개굽을구、화살에붙인깃우 翑와同字

𦐧 [초] 鳥尾翹貌새꼬리쳐들초 (蕭)

𦐝 [박] 飛貌나는모양박 𦑊과同字 (藥)

(六)

𦐵 [주] 高飛높이날을주 (虞)

𦐈 [예] 낮게날을예 䎖와同字

䎖 [예] 低飛낮게날을예 (霽)

𦐹 [휼] 飛去貌

훨훨날아갈 훌 (質)

翢 도 毒縣也、今之羽葆幢으로 덮을도、깃일산도 翿와同字 (號)(豪)

[舟羽] 주 弱羽 약한깃주、부드러운깃주 (尤)

翓 힐 頡飛上下 오르락내리락할힐

翗 해 高飛 높이날을해 (賄)

翍 바 飛去날아갈바 (藥)

[羽各] 바 날아갈바 翍과同字

[米羽] 치 高飛높이날치 (紙)

翔 상 回飛翺——빙돌아날상、莊敬貌——공경하는모양상、엄숙할상 (陽)

翕 흡 合也 합할흡、聚也 모을흡、盛也 성할흡、斂也 거둘흡、動也 움직일흡、引也 당길흡 (緝)

[羽無] 부 細毛가는털부、솜털부 [羽甫]와同字 (虞)

翖 흡 합할흡、거둘흡 翕과同字 (緝)

[合羽] 흡 합할흡、거둘흡 翕과同字

[比/羽] 횡 群鳥弄翅무리새가날으며희롱할횡、飛聲나는소리횡 [羽翁]과同字 (庚)

[羽开] 예 활쏘는이름 예 羿의本字 (霽)

[羽/日] 몰 沈也잠길몰、盡也다할몰、過也지날몰 沒의古字 (月)

[羽飛] 비 날을비 飛의古字

[羽/白] 우 벗우、동무우 友의古字

[羽/冂] 우 벗우、동무우 友의古字

[羽/彐] 륙 殺也죽일륙、刑也욕시할륙、厚也오록할륙 戮의古字 (屋)

七

[羽/夾] 삽 捷也빠를삽、휘날을삽 (緝)

[合羽] 함 小鳥飛貌작은새나는모양함 (覃)

[羽兒] 박 打羽而飛깃치며날을박 (藥)

[攸羽] 소 깃소리조 翛와同字

翛 소 羽聲——깃소리조、날개치는소리조、羽破——깃모지라질조 (蕭)

[肖羽] 소 鳥毛 羽깃털소 (蕭)

[羽甫] 부 細毛가는털부、솜털부 (虞)

[羽瓜] 녑 急飛급히날을녑 (洽)

[羽辛] 신 羽多깃많을신 (眞)

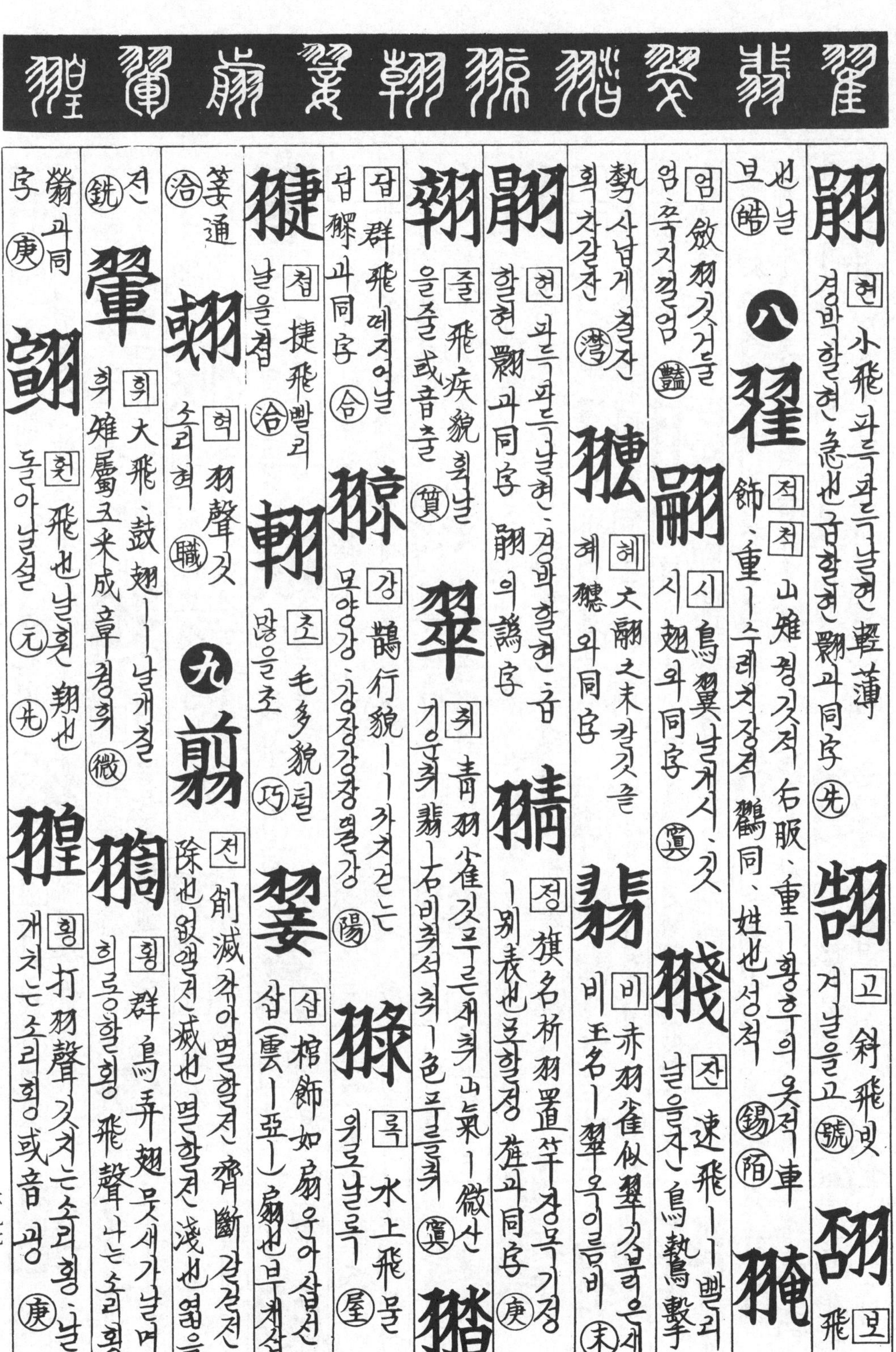

䎗 [현] 小飛 파득파득날현、輕薄 경박할현、急也 급할현 翾과同字 (先)

䎋 [고] 斜飛 빗겨날을고 (號)

䎙 [보] 飛也 날보 (皓)

八

翟 [적][척] 山雉 꿩깃적、右服、重翟 황후의옷적、車飾、重翟 수레치장적、鸐同、姓也 성적 (錫)(陌)

䎨 [엄] 斂羽 깃거둘엄、쪽지걸엄 (豔)

翨 [시] 鳥翼 날개시、깃시 翅와同字 (寘)

䎒 [잔] 速飛ㅣㅣ 빨리날을잔、鳥摯鷙擊勢 사납게칠잔、휘차갈잔 (潸)

[illegible] [혜] 大翮之末 칼깃을혜 䎚와同字

翡 [비] 赤羽雀似翠 깃붉은새비、玉名ㅣ翠 옥이름비 (未)

[illegible] [현] 파득파득날현、경박할현、급할현 翾과同字 翾의譌字

䎐 [정] 旗名 析羽置竿 장목기정、ㅣ別 表也 표할정 旌과同字 (庚)

䎌 [줄] 飛疾貌 훨날을줄 或音 출 (質)

翠 [취] 青羽雀 깃푸른새취、山氣ㅣ微 산기운취、翡ㅣ 右 비취석취、ㅣ色 푸를취 (寘)

𦑤 [답] 群飛 떼지어날답 [illegible]과同字 (合)

[illegible] [강] 鶬行貌ㅣㅣ 까치걷는모양강、강장강장걸을강 (陽)

[illegible] [록] 水上飛 물위로날록 (屋)

[illegible] [첩] 捷飛 빨리날을첩 (洽)

[illegible] [초] 毛多貌 털많을초 (巧)

翣 [삽] 棺飾如扇 운아삽 삽(雲ㅣ亞ㅣ) 扇也 부채삽 箑通 (洽)

[illegible] [혁] 羽聲 깃소리혁 (職)

九

翦 [전] 剗滅 쳐서멸할전、齊斷 갈길전、除也 없앨전、滅也 멸할전、淺也 엷을전 (銑)

翬 [휘] 大飛、鼓翅ㅣㅣ 날개칠휘、雉屬五采成章 꿩휘 (微)

[illegible] [횡] 群鳥弄翅 뭇새가날며 희롱할횡、飛聲 나는소리횡 [illegible]과同字 (庚)

翧 [훤] 飛也 날훤、翺也 돌아날선 (元)(先)

[illegible] [횡] 打羽聲 깃치는소리횡、날개치는소리횡 或音 광 (庚)

翦 전 齊斷削滅 갈길전 除也 베어없앨전 覯과 同字

⿰羽是 시 억세깃시、장깃시 翨와 同字

翨 시 鳥之彊羽 억세깃시、장깃시 官名ㅣ氏 벼슬이름시 寘

⿰是羽 시 羣飛ㅣㅣ 떼지어날을시 提通 支

翭 후 깃처음난는 모양후ㅣ깃밑등후ㅣ翭와 同字

翭 후 羽初生 깃처음난는모양후 羽根 깃밑동후 尤

⿰侯羽 후 羽初生 부등깃날후 羽根 깃밑동후ㅣ翭와 同字

⿱羽者 저 날아떠오를저 翥와 同字

⿰羽爰 환 翾飛 늘락늘락 날을환 旱

翥 저 飛上 날아떠오를저 御

翩 편 飛貌ㅣㅣ 나는모양편、輕擧貌ㅣㅣ 훌쩍날을편 往來貌 聯ㅣ 왕래모양편 先

翿 도 독 두 羽葆幢大皂 독기도、두 義同 제사지내기독 纛와 同字 독 韓音 號 沃

⿰㚇羽 종 날개움츠리고 날을종 翪과 同字

翪 종 竦翼而飛 날개움츠리고 날을종 東

翫 완 遊觀 구경할완、貪也 탐낼완 習狃 익숙할완 狎也 친압할완 貪愒 아낄완 厭也 싫을완 忨通 翰

⊕

翯 혹 학 鳥羽肥澤ㅣㅣ 새깃흠치르르할혹、학 義同 皠同字 沃 覺

⿰羽尃 부 翮下羽 솜털부 부등깃부、 虞

⿱罒羽 답 飛也ㅣㅣ 날답 合

翮 핵 녁 羽本 깃촉핵、쭉지핵 勁羽 칼깃핵 曲脚鼎 다리굽은솥녁 鬲同字 陌 錫

⿱熒羽 횡 羣鳥弄翅 뭇새가 날개 희롱할횡 飛聲ㅣㅣ 나는소리횡 或音굉 庚

翰 한 羽也 날개한 幹也 줄기한 飛也 날을한 筆也 붓한 書詞 글한、편지한 天鷄 천계한 白色馬 흰말한 官名ㅣ林 벼슬이름한 寒 翰

⿰卓羽 답 飛貌 날을답 合

⿰罙羽 답 飛也ㅣㅣ 날

답 (合)

翿 도 纛也、今之羽葆幢독도、翳也 덮을도、깃일산도 翿와同字 (號)(豪)

翵 유 鳥飛貌 ㅣㅣ새 훨훨 나는 모양유 (尤)

⿰冒羽 부 飛貌 나는 모양부 (虞)

⿰羽尃 부 翮下細毛 솜털부 ⿰羽尃와同字 (虞)

翄 치 ㅣ褫 燕飛貌 제비가 날치 (支)

⑪

翳 예 語助辭 어조사예 緊通、掩也 가릴예 羽葆 깃일산예 鳥名、似鳳 새이름예 (齊)(霽)

⿰羽鳥 후 羽初生 부둥깃날후 羽根 깃밑둥후 翭와同字 (尤)

⿱羽異 익 翅也 날개익 翼과同字 (職)

⿰羽壽 도 둑도、덮을도、깃일산도 翿와同字

⿰羽連 련 飛而相反貌 날아서 서로 따를련 (先)

⿰羽甚 혜 文翮之末 칼깃끝혜 ⿰羽惠同字 (霽)

⿰羽菐 한 高飛 높이 날을한 俗音환 (翰)

⿰西羽 요 高飛 ㅣㅣ 높이 날을요 (蕭)

⿱艹翁 훙 蟲飛聲 벌레소리훙 飛貌 ㅣㅣ 나는 모양훙 (蒸)

⑫

翹 교 擧手也 들교 高貌 ㅣㅣ 높은 모양교 秀起貌 우뚝한 모양교 (蕭)

⿰肅羽 숙 羽聲 ㅣㅣ 깃소리 숙 飛也 날올숙 (屋)

翼 익 翅也 날개익 敬也 공경할익 扶也 붙을익 衛也 호위할익 星名 별이름익 舟名 배이름익 翊通 (職)

翻 번 飛也 날번 反覆 뒤집힐번、엎치락뒤치락할번 飜同、拚、幡通 (元)

翺 고 遨遊 ㅣ翔 노닐고 (豪)

⿰喬羽 교 仄飛 날개 쳐 들고 날을교 高飛 높이 날을교 (蕭)

⿰羽喬 교 날개 쳐 들고 날을교、높이 날을교 ⿰喬羽와同字 (蕭)

⿰童羽 동 飛貌 나는 모양동 (送)

⿰曾羽 증 擧也 들증 翥飛 높이 날증 (蒸)

⿰羽惠 혜 文翮之末 칼깃끝혜 (霽)

⿰粦羽 린 飛也 날린 (眞)

⿰羽堯 교 들교、높은 모양교 翹와同字

⿱羽堯

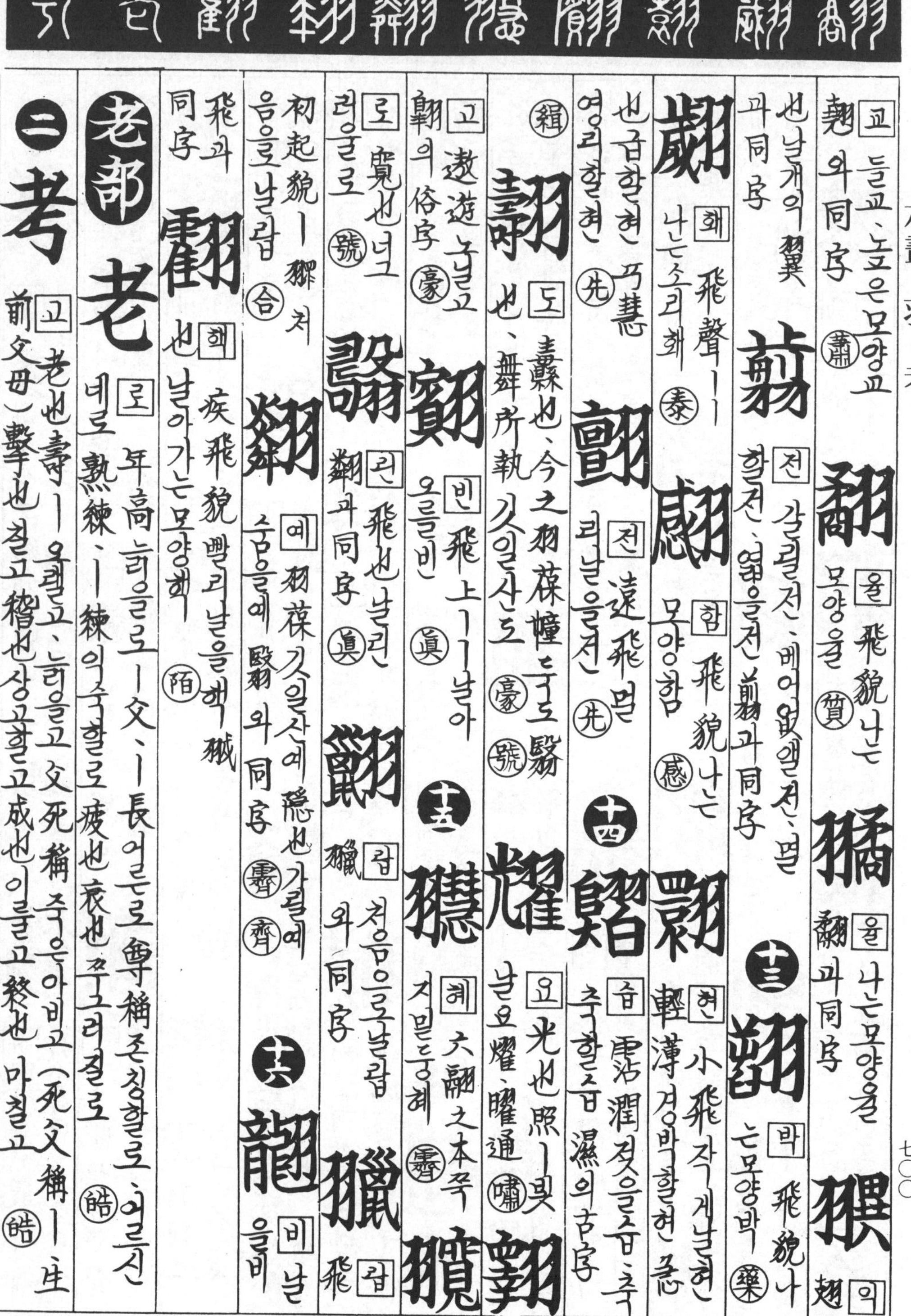

翹 [교] 들교、높은모양교 翹와同字 (蕭)

翻 [울] 飛貌 나는모양울 (質)

獝 [율] 나는모양울 翻과同字

[익] 翅

也 날개의 翼과同字

翦 [전] 갈릴전、베어없앨전、멸할전、옅을전 翦과同字

十二

[박] 飛貌나는모양박 (藥)

翽 [홰] 飛聲ㅣㅣ 나는소리홰 (泰)

[함] 飛貌 나는모양함 (感)

翾 [현] 小飛 작게날현 輕薄 경박할현 急也 급할현 巧慧 영리할현 (先)

[전] 遠飛 멀리날을전 (先)

十四

[습] 雨沾潤 젖을습、축축할습 濕의古字

翿 [도] 纛也、今之羽葆幢 둑도 翳也、舞所執 깃일산도 (豪)(號)

耀 [요] 光也 照ㅣ빛날요 燿、曜通 (嘯)

[고] 遨遊 놀고 翱의俗字 (豪)

[빈] 飛上ㅡㅡ 날아오를빈 (眞)

十五

[혜] 六翮之本 쭉지밑둥혜 (霽)

[로] 覔也 넓리울로 (號)

[린] 飛也 날린 翻과同字 (眞)

[랍] 청음으로날랍 ㅇ와同字

[랍] 飛

初起貌ㅣ翐 처음으로날랍 (合)

翳 [예] 羽葆 깃일산예 隱也 가릴예 숨을예 翳와同字 (霽)(齊)

十六

[비] 날음비

飛과同字

翽 [해] 疾飛貌 빨리날을해 也 날아가는모양해 (陌)

老部

老 [로] 年高 늙을로 ㅣ父、ㅣ長 어른로 尊稱 존칭할로、어르신네로 熟練、ㅣ練 익숙할로 疲也 衰也 쇠할로 (皓)

二

考 [고] 老也 壽ㅣ 오래고、늙을고 父死稱 죽은아비고 (死父稱ㅣ生前父母) 擊也 칠고 稽也 상고할고 成也 이룰고 終也 마칠고 (皓)

耂 [수] 老人僂行追從 늙은이 따라갈수 㚅와同字 遇
考 [고] 오랠고、상고할고、마칠고 考의俗字 皓

四

耆 [기][지] 老也 늙은이기 長也 어른기 師也 스승기、致也 이를지 底通 支 紙
耄 [모] 九十歲ㅣ期 구십세모、늙은이모(自八十至九十歲) 眊通 號
者 [자] 卽物之辭 놈자、것자 此也 이자 者의俗字 馬
㚅 [수] 老人僂行追從 늙은이 따라갈수 遇
耄 [모] 구십세모、늙은이모 耄와同字

五

耇 [점] 老人面上如點、검버섯점 琰
耇 [점] 老人面上如點 늙은이 얼굴의 검은버섯점 琰
耇 [구] 머리길구 耇와同字
㪕 [도] 七十歲老人 칠십늙은이도 號
耇 [구] 長命 명길구 老壽 오래살구 耇同 有
者 [자] 語助辭 어조사자 卽物之辭 놈자、것자(卽如彼ㅣ此ㅣ) 此也 이자 馬

六

耋 [질] 팔십세노인질 耋과同字
耊 [질] 八十歲老人 팔십노인질 古音절 屑
耆 [기][지] 老也 늙은이기 致也 이를지 耆와同字 支 紙
耈
[혼] 耄也 늙은이혼 元

大

耄耄 [수] 命也 목숨수 年齡 나이수 長生 오래살수 壽의古字 宥 有

而部

而 [이] 承上起下辭 말이을이 於也 에이 汝也 너이 如也 같을이 乃也 이에이 語助辭 어조사이 支

二

㖠 [이][환] 圓狀物旋轉貌 둥근것이 잘돌아가는 이、환 義同 㖠의 譌字 支 寒
耏 [이][내] 頰鬚 구레나룻이 剃鬚 수염깎을내 耏와同字

三

耐 [내] 忍也 견딜내、참을내 能通 隊
耍 [솨] 戲也 희롱할솨 利也 이할솨 或音사 馬
耏 [이][내] 頰鬚ㅣㅣ

六畫ㅣ老·而

구레나룻이、剃鬚수염깎을내(古時刑罰) 攴 隊

婀 [이] 媚也아첨할이 女名 여자이름이 攴

[illegible] [이][환] 圜狀物旋轉

耎 貌 둥근것이 잘돌이 환 義同 攴 寒

耑 [단][전] ㅣ緖、物首 끝단 正也 단정할단 端 古字、穴也 구멍전 專也 오로지전 寒 先

[연] 罷弱 여약할연、가냘플연 輭同字 銑

四

耎 [난] 縮也 조그라들난、움추러질난 旱

[illegible] [이] 煑熟 삶아익힐이 攴

五

[illegible] [이] 瓦也 기와이 攴

六

[illegible] [이] 連續이을이 攴

七

[illegible] [뉵] 憂貌 근심하는모양뉵、쌀쳐무릴뉵 屋

八

[illegible] [불] 裳繡兩己相背보불불 黻、亞同、芾通 物

九

[illegible] [전] 小卮작은잔전 [illegible]의 譌字 銑

十

[illegible] [전] 小卮작은잔전 銑

[illegible] [이][내] 頰鬚구레나룻이、剃鬚、古時刑罰 수염깎을내 耏와同字 攴 隊

[illegible] [보] 裳繡斧形ㅣ黻 보불보 黼同字 麌

耒部

耒 [뢰] 手耕曲木ㅣ耟 따비뢰、쟁기뢰、굽정이뢰、훌청이뢰 隊

耒 [래] 至也올래 來의略字

二

[illegible] [뢰] 縣名、ㅣ陽고을이름뢰 賄

[illegible] [정] 耒之下木 쟁기술정 青

[illegible] [뢰] 따비뢰、쟁기뢰、훌청이뢰 耒의本字 隊

三

[illegible] [걸] 平量 골게두량할걸 俗音글 物

耔 [자] 培苗本 북돋울자 芓同、秄也 김맬자 紙 支

[illegible] [타] 鼠也 ㅣ子 쥐타(中)

[illegible] [사] 耒末刃也 보습사 耜와同字 紙

四

耗 [모] 虛也빌모、亂也어지러울모、減也줄모、盡也다할모

號

耕 경 犂田 밭갈경、흐미질할경 畊同字 庚

耗 모 虛也 빌모 減也 감할모、덜릴모 秏와同字 號

耘 운 除苗間草 김맬운 秐同字 支

耙 파 犂屬起土田器 쇠시랑파 碼

耖 초 重耕田 밭거듭갈초、農具如耙 써레초 效

耕 경 밭갈경 耕과同字

㊄

耕 경 밭갈경 耕의本字 庚

耕 증 耒柄 따비자루증 蒸

耟 거 耒末 따비술거 耜通 語

耚 피 耕也 밭갈피 小高貌 조금높을피 支

耞 가 打穀具連ㅣ 도리깨가 枷通 麻

耛 치 除草耘ㅣ 김맬치 支

耜 사 臿也 耒耑 刃 따비날 보습끝사 耙同字 耟通 紙

耝 저 耕而起土 갈아흙덮을저 縣名 ㅣ城 고을이름저 御

㊅

䎂 객 直耕 곧은 게갈객 陌

耠 합 耕也 밭갈합 겨리질할합 合

䎈 전 深耕 깊이갈전 耕也 갈전 先

䎀 규 와 田器 長耒 긴쟁기규、耕也 갈와 齊 歌

㊆

䎎 국 耕麥 보리갈국 沃

䎃 소 種也 심을소 效

䎐 사 耒末 쟁기날 보습사 耜와同字 紙

耡 조 저 서 殷稅也 부세조、共耕할저 (井田八區八家共作) 助通 田器 助耕 호미서 鉏同字 御 魚

㊇

䎙 륜 束禾 벼묶음륜 眞

䎚 위 大耒 큰따비위 支

䎎 균 곤 禾束 벼묶음균、才義同 軫

䎎 치 耕也 밭갈치 火田 화전치 支

䎒 누 打穀具 도리깨누 職

䎓 곤 種也 심을곤 阮

耤 적 帝王親耕之田 적전적、친경할적 借也 빌릴적 籍通 陌

䎗 암 엽

種也심을엽 암 義同 (葉)(感)

𦓤 [구] 耕麥보리갈구 耩과同字 (沃)

𦓿 [래] 利ㅣ잘드는보습래 耕也밭갈래 (灰)

𦔂 [염] 利耜날카로운보습염 (琰)

䎧 [방][부] 田器보습방、耕也鑼ㅣ밭갈부 耜同字 (講)(尤)

𦔆 [패] 種也심을과 (卦)

𦔅 [역] 耕也밭갈역 (陌)

耘 [운] 除苗間草김맬운 耘과同字 (文)

九

𦔳 [종] 類也종유ㅣ子씨종

蓺植심을종 種과同字 (腫)(宋)

𦔡 [창] 不耕而種밭갈지않고심을창 或音총 (江)

𦔉 [벽] 禾也벼벽 治黍稷담을벽 (職)

𦔏 [영] 草盛貌풀무성할영 (庚)

𦔐 [돌] 耕也밭갈돌 (月)

𦔑 [성] 麥也보리성 (梗)

耦 [우] 耒也쟁기우、따비우 配也짝우 竝耕겨리우、쌍갈리우 奇ㅣ짝수우、짝맞을우 射ㅣ활짝우 偶通 (有)

十

䎧 [방][부] 鑼器보습방 耕也鑼밭갈부 䎧의譌字

𦔚 [합] 耕也밭갈합、겨리질할합 䎧과同字 (合)

耨 [누] 刺也除草김맬누 耘田器호미누 (宥)

𦔯 [부] 耘田器장기부 (遇)

耩 [강] 耕也밭갈강 (講)

𦔮 [기] 麥下種보리씨뿌릴기 (支)

𦔰 [운] 김맬운 耘의本字

𦔭 [용] 草盛貌풀무성할용 (腫)

十一

耬 [루] 播種具씨뿌리는글즈루 犂也보습루 (尤)

𦔺 [한] 冬耕겨울갈이한 (翰)

𦔹 [살][책] 農具농기구살 播種灰中재속에씨뿌릴책 (黠)(陌)

𦔻 [체][적] 不耕而種대우칠체、갈지않고심을제、적義同 (霽)(錫)

𦔳 [만] 不蒔田묵은밭만 (翰)

𦔼 [리] 播種씨뿌릴리 (支)

十二

𦕀

⿰耒異 [의] 耕也밭갈의 (職)

耮 [로] 摩田器고무래로、번지로 (皓)

耭 [기] 耕也밭갈기 (微)

⿰耒斤 [작] 作畦밭고랑지을작 姓也성작 (藥)

⿰耒尋 [누] 耘田器호미누 薅田김맬누 耨와同字 (宥)

⿰耒啇 [제] 不耕而播種갈지않고심을제 (霽)

⿰耒童 [동] 播種씨뿌릴동 本音당 (江)

(十三)

⿰耒禽 [리] 播種씨뿌릴리 (支)

⿰耒會 [회] 柄長耒자루긴쟁기회 本音괴 (泰)

⿰耒昜 [만] 不蒔田묵은밭만 ⿰耒曼과同字 (寒)

⿰耒睪 [석] 深耕깊이갈석 (錫)

(十四)

⿰耒蒦 [확] 刈穀곡식베일확 (藥)

(十五)

耰 [우] 破塊椎곰방메우 布種摩田器고무래우 (尤)

⿰耒麃 [표] 除田穢김맬표 穮同字 藨通 (蕭)

耬 [루] 播種具씨뿌리는그릇루 犂也보습루 耬의古字 (尤)

⿰耒罷 [피] 長耒긴따비피 (文)

(十六)

⿰耒瞿 [구] 耜也보습구 (虞)

⿰耒翼 [직] 耕也밭갈직 (職)

(十九)

⿰耒靡 [마] 廣耕넓게갈마 (箇)

耳部

耳 [이] 主聽귀이 語決辭말끝날이、뿐이 柔從ㅣㅣ순종할이 凡附於兩旁如人ㅣ者亦曰ㅣ조자리이 盛也성할이 八代孫여덟대자손이 (紙)

(一)

耴 [첩] 耳下垂귀뿌리첩 (葉)

(二)

耵 [정] 耳垢ㅣ聹귀에지정 (迥)

(三)

⿱亼耳 [문] 聽ㅣ耳受聲들을문、令ㅣ名達이름날문 風ㅣ소문문 聞의譌字 (文)(問)

⿱疋耳 [서] 待也기다릴서 胥通 (魚)

耷 [답] 大耳큰귀답 或音흡 (合)

⿰耳幺 [요] 耳鳴聊ㅣ귀울요 (蕭)

耶 [야] 語助辭어조사야 疑問辭그런가야 邪通 (麻)

耳工 공 耳聞鬼聲 귀신소리들을공 (東)

④

耳月 월 耳斬 귀베일월 (月)

耽 탐 虎視貌 ㅣㅣ범의보는모양탐 過樂 즐겨할탐 耳大而垂 귀축처질탐 深遠 깊고멀탐 耽誤 그릇될탐 本音담 (覃)

耿 경 小明 ㅣㅣ반짝거릴경 光也 빛날경 心不安 ㅣㅣ마음편치않을경 介也 경개할경 憂也 근심할경 烱同字 (梗)

耻 치 慚也 부끄럴치 辱也 욕될치 恥의俗字

耳壬 청 聆也 들을청 受也 받을청 偵察 수소문할청 聽의古字 (徑)(青)

耺 운 耳中聲 귀청울릴운 (文)

耳夫 부 希望 바랄부 희망할부 (虞)

耴 섭 용 便也 부릴섭、용 義同 (葉)(腫)

耹 금 音也 소리금 地名 ㅣ遂 땅이름금 (侵)

耼 담 耳曼無輪 귀바퀴없을담 老子名 노자이름담 聃同字 (覃)

耳天 전 진 以玉充耳 귀막이옥전 玉名 옥이름전、진 義同 瑱과同字 (震)(霰)

耸 용 高也 솟을용 聾也 귀막힐용、귀먹을용 敬也 고경할용 奬也 장려할용 聳의本字 (腫)

耾 횡 굉 大聲 큰소리횡、聾也 귀먹을굉 耳語 귀속말굉 (庚)

聀 직 主也 주장할직 執掌 맡을직、직분직 職의俗字 (職)

耳力 계 耳聽 귀밝을계 (霽)

耳丂 빙 諸侯相問 사신보낼빙 娶也 장가들빙 徵召 부를빙 聘과同字 (敬)

耳冈 망 聽也 귀밝을망 耳疾 귀병망 耳罔과同字 (養)

⑤

聅 철 軍法以矢貫耳 화살로귀뀔철 (屑)

耳占 점 耳小垂 귀조금늘어질점 (鹽)

聈 유 靜也 고요할유 (有)

聇 정 行也 갈정 (庚)

聉 달 월 뢰 無知意 무지할달、어리석을달、월 義同 癡癩貌 어리석을뢰 (黠)(賄)

聆 령 以耳取聲 聽 들을

령 曉也 깨달을령 (青)

聊 [료] 賴也 힘입을료、애오라지료 耳鳴 귀울료 願也 원할료 ㅣ浪、放曠 방탕할료 語助辭 어조사료 (蕭)

聄 [진] 告也 고할진 聽也 들을진 (軫)

耼 [담] 귀바퀴없을담、노자 이름담 聃의 俗字

聁 [비][밀] 恥也 부끄러울비、밀 義同 (寘)(質)

聃 [담] 耳曼無輪 귀바퀴없을담 老子名 노자이름담 聃과 同字 (覃)

⿰耳冊 [청] 聆也 들을청 受也 받을청 聽과 同字 (徑)(青)

聟 [서] 女之夫 사위서 胥、婿 同字 (霽)

⿰耳尔 [진] 告也 고할진 聽也 들을진 聄과 同字 (軫)

⿰耳申 [이] 佚牲告神 희생을 바치고빌이 (寘)

⿰耳卯 [묘] 地支 네째지지묘、토끼묘 茂也 무성할묘 東方 동쪽묘 卯의 古字

⑥

聏 [뉵][이] 恥也 부끄러울뉵 和也 화할이 (屋)(寘)

⿰耳井 [성] 智德過人、人格最高者 성인인、착할성 聖의 古字

⿰耳系 [청] 들을청、받을청 聽의 古字

聑 [접] 安也 편안할접 (葉)

⿰耳朱 [주][부] 自也 힐주 源也 근원주 聲 소리주 呼也 부를주 부義同 (遇)

聐 [알] 癡不聽貌 ㅣㅣ 멍청이알 無覺 감각없을알 或 얼 (屑)

聫 [련] 相繼不絶 련이을련、잇달을련 關ㅣ 관계할련 聯과 同字 (先)

聎 [조] 耳疾 귀앓을조 ㅣ鳴 귀울조 (蕭)

⿰耳共 [홍] 耳鳴 귀울홍 귀속졍할홍 (東)

聒 [괄] 聲擾讙語 요란할괄、떠들석할괄 愚也 어리석을괄 無知貌 ㅣㅣ 지각없을괄 (曷)

⑦

聖 [성] 智德過人、人格最高者 성인성 睿也 착할성 通也 통할성 至極之稱 지극한성 至ㅣ 거룩할성 天子尊稱 ㅣ上 임금성 其道之長者 詩ㅣ 잘할성 (敬)

⿰耳北 [조] ㅣ疾 귀앓을조 ㅣ鳴 귀울조 聎와 同字 (蕭)

⿰耳夾 [렵] 耳垂 귀뿌리처질렵 幘也 머리수건렵 (葉)

⿰耳宏 횡 굉 大聲 바람소리 횡、耳語 귓속말 굉 耾과 同字 庚

聖 성 성인 성、착할 성 聖과 同字 敬

聘 빙 諸侯相問 사신보낼 빙 徵召 부를 빙、청할 빙 娶也 장가들 빙 娉通 敬

聕 호 耳聞 들을 호 長耳 긴 귀 호 皓

⿰耳斤 제 近聞 가까이 들을 제 霽

⿰耳吾 오 聽也 들을 오 遇

⿰耳隶 홍 耳中鳴ㅣㅣ 귀속 울 홍 董

⿰耳卒 료 賴也 애오라지 료、힘입을 료 耳鳴 귀청 쟁쟁할 료 ㅣ浪、放、曠 방랑할 료 聊와 同字 蕭

⿱夆耳 문 聽ㅣ 耳受聲 들을 문 令ㅣ 名達 이름날 문 聞의 古字

⿰耳几 첩 耳下垂肉 귀뿌리 첩 耴과 同字

⿰耳囱 총 耳明通察 귀밝을 총 敏捷 민첩할 총 聰과 同字 東

⿰耳⿱氏口 괄 聲擾語 떠들썩할 괄、요란할 괄 ㅣㅣ無知貌 덤덤할 괄 聒의 本字 曷

⿰耳丣 료 애오라지 료、힘입을 료 聊의 本字

⿰耳申 신 儵ㅣ、疾貌 빠를 신 震

八

聚 취 集會 모을 취、모일 취 斂也 거둘 취 衆也 많을 취 積ㅣ 쌓을 취 俗音 추 麌 遇

⿰耳彔 록 蜥蜴 도마뱀 록 屋

⿰耳昏 성 無形而響也 형태없고 울릴 성 庚

⿰耳周 주 耳也 귀 주 明也 밝을 주 有

聞 문 耳受聲、聽ㅣ 들을 문 聲徹 들릴 문 傳說 소문 문 達名令ㅣ 이름드러날 문 文 問

⿰耳宁 저 耳患膿 귀에지 앓을 저 霽

⿰耳奇 기 側耳 귀 기울일 기 支

⿰耳垂 타 耳垂 귀뿌리 늘어질 타 哿

⿰耳奄 엄 耳也 귀 엄 琰

聙 정 聽也 귀 밝을 정 庚

⿰耳罔 망 聽也 귀밝을 망 耳疾 귀병 망 養

⿰耳制 체 聞也 들을 체 適意 마음에 들 체 霽

聝 괵 斷耳 귀 베일 괵 陌

⿰耳典 전 慚也 부끄러울 전 ⿰忄典

의譌字

⿰朿耳 [자] 聽不相當잘못들을자 (眞)

⿰耳卸 [사] 遙聞멀리들을사 (禡)

聢 [정] 決定之意확실할정、흔들할정、부명할정(日)

聠 [병] 閉耳귀닫을병 (庚)

⿰耳⿱夂人 [취] 會也모을취 邑落居也고을취ㅣ斂也거둘취 衆也많을취 聚와同字 (遇)(麌)

聟 [서] 女之夫사위서 壻俗字 (霰)

聡 [총] 耳明通察귀밝을총 聰과同字

九

聤 [정] 耳出惡水귀에진물흐를정 (青)

⿰耳音 [이] 聽音不敢言소리는듣고감히말못할이 (眞)

⿱面耳 [외] 聵也귀머거리외 (卦)

⿰耳秋 [추] 耳鳴귀울추 ⿱秋耳同字 (尤)

聦 [총] 귀밝을총 聰의俗字

聨 [련] 연이을련、잇다을련 聯의俗字

⿰耳⿱巳灬 [련] 相繼不絕연이을련、잇닿을련 聯과同字

聧 [규] 聾之甚者귀머거리규 (齊)

⿰耳晏 [연][안] 耳戲귀흔들연、안義同 (霰)(諫)

⿰剌耳 [랄] 誤聞잘못들을랄 (曷)

⿰耳剌 [랄] 잘못들을랄 ⿰剌耳과同字

聥 [구] 驚也놀랄구 張耳有所聞ㅣ귀쫑긋서릴구 (虞)(遇)

⿰夾耳 [협] 耳垂귀뿌리처질협 (葉)

⿰耳夋 [수] 聰也귀밝을수 ⿰耳叟同字 (宥)

⿰耳頁 [뢰][알] 癡也어리석을뢰、알義同 (泰)

⿰民耳 [문] 들을문 聞의古字

⿰耳酋 [추] 귀울추 ⿰耳秋와同字

⿰耳星 [성] 耳明귀밝을성 (青)

十

⿰耳荅 [답] 耳大垂貌귀가축처질답 (合)

⿰耳叟 [수] 聰也귀밝을수 ⿰耳夋와同字 (有)

⿰耳冥 [면][명] 注意而聽잠심하여들을면、새기어들을면 進言아뢸명 (先)

⿰耳宰 [재] 聽而不聽멍청이재、귀머거리재 (賄)

聬 [옹] 耳聲귀에서소리날옹

(董)

聹 [영] 聲也 소리영 (庚)

聺 [렴] 耳垂 귀늘어질렴 (琰)

[耳+骨] [골] 耳中聲 귀속 정할골 (月)

聫 [련] 이을련 聯의俗字

[耳+眞] [전] 聲盈耳 소리가귀에찰전、귀에정할전 (先)

[耳+恧] [뉵] 耻也 부끄러울뉵 (屋)

⑪

聰 [총] 耳明 귀밝을총(反聽之謂 一 內視之謂明) 察也 살필총 通也 통할총 敏捷 민첩할총 聦、聡同字 (東)

聴 [청] 들을청 聽의俗字

[耳+票] [표] 僅聞 겨우들을표 行聽 가며들을표 (嘯)

聳 [용] 高也 솟을용 聾也 귀먹을용 敬也 공경할용 獎也 장려할용 (腫)

[耳+習] [접] 耳也 귀접 (葉)

[耳+巢] [조] 耳中聲 귀울릴조 聠也 귀에서소리울초 (肴)

[耳+祭] [제][찰][철] 聧也 귀밝을제! 찰、철 義同 (霽)(黠)(屑)

[耳+曹] [조] 耳鳴 一一 귀울조 (蕭)

聱 [오] 不聽 一牙 알아듣지못할오 聱不平易 말더듬할오 (肴)

聊 [료] 耳中鳴 귓속쟁쟁할료 (蕭)

[耳+郭] [곽] 大耳 큰귀곽 (藥)

聲 [성] 音也 소리성 一教 소리들릴성 名譽 기릴성、명예성 樂也 풍류성 (庚)

[耳+豕] [애] 聾者 귀머거리애 (卦)

[耳+窒] [질][달][저] 聽不相當 잘못들을질 聾也 귀머거리달、귓병저 (質)(曷)(霽)

聯 [련] 相繼不絕 一綿、一蟬 一연할련 연이을련 關一 관계할련 (先)

[耳+啇] [적] 耳孔深 귓속깊을적 (陌)

⑫

聶 [섭][접] 附耳私語 소곤거릴섭 攝也 잡을섭 地名 땅이름섭 姓也 성섭 牒也 죄척접 牒同字 (葉)

聵 [외] 生而聾者 천생귀머거리외、배내귀머거리외 或音 회 (卦)(隊)

職 [직] 主也 주장할직 品秩 벼슬직 執掌 맡을직 分也 직분직 貢也 공직할직 常也 떳떳할직 (職)

[耳+覃] [담] 喧也 시끄러울담、소란할담 (覃)

[耳+黑]

[골] 耳黑貌 귀검을골 耳中聲귀울릴골 濁垢 귀에지골 (月)

⿱⿰金氏耳 [괄] 聲擾讙語 떠들석할괄、요란할괄 無知貌 덩덩할괄 聒과同字 (曷)

⿰耳系 [련] 係也 맬련、이을련 (先)

⿰耳荅 [답] 耳也 귀답 (合)

⿰耳票 [표] 僅聞 겨우들을표、行聽 가며들을표、聽의譌字

聾 [롱] 耳聾無聞 귀먹힐롱 聾의俗字

⿱敝耳 [별] 暫聞 잠깐들을별、언뜻 들을별 (屑)

⑬

⿰耳當 [당] 耳下垂 귀처져붙을당 (陽)

⿰耳農 [농] 聽雷者耳ㅣㅣ 귀멍멍할농 耳中鳴 귀속정할농 本音낭 (冬)

聸 [담] 垂耳 귀늘어질담 (南) 又國名ㅣ耳 나라이름 儋 通 (覃)

⿰耳喿 [조] 耳鳴 귀울조 (篠)

聱 [오] ㅣ牙不聽 못들은체할오 辭不平易 말더듬더듬할오 聱의本字 (肴) (號)

⑭

⿰耳㬎 [집][습] 牛馬動耳貌ㅣㅣ 마소 놀라귀쫑긋하는집、습 義同 (緝) (合)

聹 [녕] 耳垢聤ㅣ 귀에지녕 (青)

⿰耳悳 [청] 들을청 聽의俗字

聻 [적][니] 鬼名 귀신이름적 語助辭 어조사적 指示 손가락질할니 (陌) (紙)

⿰耳祭 [절] 聽也 귀밝을절 或音철 (屑)

聾 [외] 耳聾 배내귀머거리외、천생 귀머거리외 聵와同字 (卦)

⑮

聮 [련] 잇닿을련、연할련 聯과同字

⿰耳廣 [광] 耳廣 귀넓을광 或音확 (漾)

⑯

聾 [롱] 耳聾無聞 귀먹을롱 闇也 캄캄할롱 (東)

聽 [청] 聆也 들을청 受也 받을청 從也 좇을청 斷也 결단할청 待也 기다릴청 謀也 꾀할청 偵察 수소문할청 任也 맡을청 (青) (徑)

⿰耳歷 [력] 詳聞 자세히들을력 (錫)

⿰耳龍 [롱] 귀먹을롱 聾과同字

⑰

⿰耳闋 [월][외] 聾之甚者 귀머거리 월、외 義同 (黠) (卦)

聿部

聿 [율] 遂也 마침내율 述也 지을율 惟也 오직율 自也 스스로율 筆也 붓율 循也 좇을율 發聲 소리낼율 (質)

聿 [녑] 竹也 대녑 (葉)

二

津 [전] 義也 뜻전 進也 나아갈전 (先)

三

𦘒 [진] 以筆飾也 붓으로꾸밀진 好書 글씨좋아할진 (眞)

四

肂 [사] 陳尸於坎 토감할사、하관할사 殯也 외양간사 吏端辭 말끝고칠사 故也 고로사 展也 벌일사 (寘)

肁 [조] 謀也 꾀할조 開也 열조 始也 비로소조 (篠)

五

畵 [화][획] 形像繪也 그림화 分ㅣ 그을획、나눌획 計策 꾀할획 畫의 俗字

⿱聿⿰冂米 [숙] 恭也 공손할숙 敬也 공경할숙 肅의 俗字 (屋)

⿱聿⿰心力 [숙] 공손할숙 肅의 古字

六

⿱聿回 [주] 與夜爲界 낮주 晝의 籀文

七

肅 [숙] 嚴貌 ㅣㅣ 엄숙할숙 恭也 공손할숙 敬也 공경할숙 戒也 경계할숙 進也 나아갈숙 整也 정제할숙 聲也 ㅣ雝 소리숙 國名 나라이름숙 (屋)

肄 [이] 習也 익힐이 勞也 수고로울이 嫩枝 곁가지이 (寘)

肆 [사] 放恣 방자할사 陳也 베풀사 店也 市ㅣ 저자사 緩也 더딜사 長也 길사 究也 궁구할사 (寘)

⿱聿⿰心巴 [숙] 공손할숙 肅의 古字

八

肇 [조] 始也 비로소조 敏也 민첩할조 (篠)

⿱聿⿰心冂 [숙] 공손할숙 肅의 古字

肈 [조] 비로소조、민첩할조 肇와 同字

書 [서] 글씨서、쓸서 書의 古字

十四

⿰⿱聿心昜 [사] 放恣 방자할사 陳也 베풀사 肆의 古字 (寘)

肉部

肉 [육][유] 肌也 살육、고기육 ㅣ身、ㅣ感 몸육 肥也 살찔유 滿也 찰유 璧邊 벽둘레유 鐘體 정울추유 (屋)(宥)

月

육 유 살육、고기육、살질유 저울추유 肉과同字

㊁

肴 효 俎實啖肉 안주 효 肴와同字 (肴)

肌 기 膚肉 살기 (人身四肢附骨者 皆曰ㅣ) (支)

肙 원 小蟲 작은벌레원 空也 빌원 動也 움직일원 (霰)

肋 륵 脅骨 檢勒五臟 갈빗대륵 (職)

肌 궐 喉肉 목의살궐 (質)

肊 칠 肥滑 살져서 미끄러질칠 (質)

肸 흘 振也 떨칠흘 (物)

肎 긍 즐길긍、뼈사이살긍 肯과同字

肎 긍 可也 즐길긍 著骨肉 뼈사이살긍 肯과同字

肍 구 肉醬 고기로 장담글구 (尤)

㊂

肓 황 心上鬲下曰ㅣ 흉격황、명치끝황 (陽)

肒 붕 한 乳也 젖붕 擾而生創 긁어 부스럼날한 肒本字 (東)(翰)

肜 융 商祭名 상나라융、제사이름융 洽也 다스릴융 和也 화할융 (東)

肝 간 ㅣ膽 木藏 간간 ㅣ膽 마음간 ㅣ要 요긴할간 (寒)

肘 주 臂之關節 팔꿈치주 寸口手腕動脈處 팔뚝주 (有)

肙 연 小蟲 작은벌레연 撓動 요동할연 (先)

𦘬 훈 羊肉羹 양고기국훈 (問)

肚 두 腸ㅣ 胃也 밥통두 (麌)

肷 여 魚腐 생선썩을여 肞와同字 (語)

肛 항 大腸ㅣ門 분문항、종우명항 脹大膵ㅣ 배뚱뚱할항 (江)

肕 인 堅肉 질긴고기인 (震)

肖 초 소 類似 닮을초 似也 같을초 小也 작을초 模倣 본받을초 衰微 쇠약할소 失散 흩어질소 (蕭)(嘯)

肖 초 소 닮을초、쇠약할소 肖와同字

肔 이 刳腸 창자가를이 (紙)

肒 와 斷足 발을자를와 (馬)

𦘹 도 大腹 큰배도 (虞)(遇)

肞 여 魚腐 생선썩을여 (語)

肑

[적] 腸下肉 창자밑살적 (錫) [박] 指節 손가락마디울박 (覺)

肒 [환] 搔而生瘡 긁어부스럼날환 (翰)

⿰肉丸 [환] 긁어부스럼날환 肒同字

肐 [얼][흘] 胸骨 가슴뼈얼、一肘 팔굽치흘 (職)(物)(中)

肎 [긍] 즐길긍、뼈사이살긍 肯의 古字

胘 [현] 牛胃 소천엽현 (先)

育 [육] 養也 기를육、자랄육 育의 本字

肐 [얼][흘] 胸骨 가슴뼈얼 體動貌 몸흔들흘 一肘 팔굽치흘 肐과同字 (職)(物)

肞 [차] 腶一脯也 포차

(四)

肢 [지] 體也 四一 사지지、팔다리지 胑同字 (支)

⿰月壬 [임] 大熟肉汁 곰국임 (寢)

肨 [방] 腹脹 배불룩할방 臭也 퀴퀴할방 (絳)

⿰月丑 [주][뉴][유][육] 肘也 팔굽치주 肘同字、食肉 먹는고기뉴、善肉 좋은고기유、出鼻血 코피흘릴육 (有)(宥)(屋)

肩 [견] 膊上 어깨견 三歲獸 세살된짐승견 委任 맡길견 克也 이길견 能也 능할견 負擔 멜견 (先)

肦 [분][반] 大首貌 머리클분、賦也 부세반、구실반 (文)(刪)

⿰月反 [반] 肉也 고기반 (翰)

肤 [부] 革外薄皮 살부 피부부、美也 아름다울부 大也 클부 膚와同字 (虞)

肣 [금][함] 斂也 거둘금、舌也 혀함 牛脯 쇠고기포함 (侵)(覃)

⿰月及 [합] 肥也 살찔합 (合)

朊 [완] 胃府 밥통완 (旱)

肥 [비] 多肉 살찔비 一料 거름비 地名 땅이름비 (微)

股 [고] 脛本 髀幹 다리고 支 쾌나 넓고 (虞)

⿰月夬 [결] 肛門 똥구멍결 (屑)

⿱夂肉 [자] 肉也 고기자 (禡)

⿰月互 [지] 胼一皮 厚也、더께질지 못박힐지、구덩살지 繭也 부르틀지 胝와同字 (支)

肧 [배] 婦孕一月 一胎 아이밸배、胚、姙同字 (灰)

⿰肉云 [운] 등살운 朋와

同字

肕 [윤] 瘡痕흉질윤 脊肉등살윤、등심윤 侌音인 (震)

肻 [긍] 즐길긍 뼈사이살긍 肯과同字

肙 [홍] 膺也 가슴홍 喧擾홍 떠들석할홍 匈과同字 (冬、宋)

肯 [긍] 可也 즐길긍 著骨肉 뼈사이살긍 (迥)

胥 [서] 皆也 다서 相也 서로서 胥의古字 (魚、語)

肬 [우] 贅肉혹우、사마귀우 (尤)

肭 [눌] 海狗、膃ㅣ물개눌 肥也 살찔눌 (月)

肫 [순] 懇誠貌 정성스러울순 面顴 광대뼈순 諄通 (眞)

肮 [항] 咽也 목구멍항 或音강 (漾)

肪 [방] 脂也 비계방、기름방 肥也 살찔방 (陽)

胝 [지] 鳥藏、胘ㅣ새창자지 (支)

肰 [연] 犬肉개고기연 (先)

育 [육] 養也 기를육 生也 發ㅣ발육할육 ㅣ成자랄육 毓同字 (屋)

肸 [힐][흘] 響布盛作소리울릴힐 大貌、佛ㅣ클힐、흘義同 (質)(物)

肷 [월] 牛肉쇠고기월 (質)

肹 [힐] 響布盛作소리울릴힐 佛ㅣ大貌 클힐 肸과同字 (質)(物)

肶 [비] 牛胃 밀며구나비 (支)

肺 [폐][패] 金藏主魄 부아폐、허파폐 親也 친할폐 衷心마음속폐 成貌성한패 (隊)(泰)

[月+冘] [탐] 肉汁滓 국지꺼기탐 (感)

肳 [문] 口脣邊 입술문 物出邊 뾰족나온곳문 吻과同字 (吻)

肴 [효] 俎實啖肉 안주효 餚同字 (肴)

[月+冊] [람] 肉破살찢칠람 (覃)

肵 [기][근] 尸之所食俎 시동이먹는도마기、敬也 공경할근 (微)(問)

肐 [괘] 腰痛허리아플내 (隊)

肱 [굉] 臂之上部 팔굉 厷同字 (蒸)

[肴 이체자] [효] 俎實啖肉 안주효 肴와同字 (有)

[月+卜] [묘] 膂

下雨傍虛散處 최구릐모 ㊀篠

脪 [찬] 脂也 곳기 기름찬

脊 [얼][훌] 胸骨 가슴뼈얼 體動貌 몸흔들흘 肐과同字 ㊀職

物

育 [제] 子初生所繫包斷之 爲ㅣ 배꼽제 臍와同字 ㊀齊

肚 [도] 大腸 큰창자도 ㊀虞

胤 [윤] 子孫相承也 繼也、嗣也、續也 맏아들윤 習也 익힐윤 胤과同字 ㊀震

胊 [순] ㅣ䏰、蜀縣名 고을이름순 (中) 蚓也 ㅣ䏰 지렁이순 胸과同字 ㊀軫

五

胃 [위] 腸ㅣ、脾ㅣ、穀腑 밥통위 星名 별이름위 姓也 성위 ㊀未

胂 [신][이] 伸身 몸펼신、背脊肉 등심이 ㊀眞 ㊀支

肩 [견] 膊上 어깨견 克也 이길견 負擔 멜견 肩의本字 ㊀先

胄 [배] 婦孕一月曰ㅣ 胎 아이밸배 胚와同字

胆 [단] 口脂澤 청미캐단 肉ㅣ 어깨벗어멜단 ㊀旱 ㊀寒

胈 [발] 股上細毛 정강이털발 ㊀曷

脡 [정] 煮魚煎肉 생선구울정、고기저정 ㊀庚

胉 [박] 脇也 허리뼈박、膂也 갈비박、어깨쭉지박 ㊀藥

胅 [질] 骨差 뼈마디틀 길질、삘질 ㊀屑

朐 [구] 脯也 포구、遠也 멀구 草名 풀이름구 ㊀虞

䏞 [말] 腹也 배말 ㊀曷

胇 [필][비] 身大ㅣ 胖 장대할비 필 乾也 마를비 ㊀質 ㊀未

䏟 [별][필] 肥肉 살찐고기별、大貌 클필 ㊀屑 ㊀質

胓 [평] 牛羊脂 기름평 膜脹 배불룩할평 ㊀庚

胑 [지] 四ㅣ 體也 팔다리지 肢와同字 ㊀支

胔 [자] 鳥獸殘骨 짐승의뼈지 腐肉 썩은고기자 骴同字 ㊀眞

朏 [굴][찰] 臀也 볼기굴 曲脚 굽은다리굴 膝疾 무릎병찰 ㊀月 ㊀黠

胕 [부] 臟ㅣ 장부부、육부 腑와同字 ㊀麌

胏 [자] 食所遺 밥찌꺼자 脯有骨

포에 뼈 섞일 자 (紙)

⿰月市 [시] 肉生 새살날 시 (寘)

⿰立月 [급] 고기국 급 ⿰月立과 同字

胍 [고] 臀也 볼기 고 尻同字 (虞)

⿰月立 [급] 肉羹 고기국 급 (緝)

胎 [태] 孕也、懷姙 애밸 태 物始 胚― 시작 태 (灰)

⿰月冬 [동] 痛也 아플 동 疼의 古字 (冬)

胋 [점] 肥也 살찔 점 肉羹 고기국 점 (鹽)

背 [배] [패] 脊也 등 배 負也 질 배 當北 집 북편 배、棄也 버릴 패 違也 배반할 패 反面 얼굴 돌이킬 패 偝同字、倍通 (隊)

⿰月冊 [산] 脂肪 기름 산 (寒)

胒 [니] 肥也 살찔 니 乾脯 난도질한 고기포 니 (齊)

⿱加月 [가] 瘡痂 딱지 가 疥瘡 옴 가 (麻)

胞 [포] 胎衣 태보 포 (肴)

胆 [저] 蠅之所生肉中蟲 구더기 저 蛆通 (魚)

胛 [갑] 背上兩髆間肩甲 어깨죽지 갑 (洽)

胚 [배] 胎婦孕 애밸 배 肧와 同字 (灰)

⿰月司 [사] 頭會 백회 사 頂門 정수리 사 (寘)

胘 [현] 牛胃 소 천엽 현 (先)

⿰月尔 [진] 역질 진 胗와 同字

胙 [조] 祭餘肉 제지낸 고기 조 福也 복 조 報也 갚을 조 (遇)

肜 [진] 痘瘡 역질 진 疹古字 (軫)

⿰月主 [주] 身直 몸 곧을 주 (麌)

胖 [반] 大也 肥― 살찔 반、클 반 牢體肉 반쪽 고기 반 胸側薄肉 안심 반 (翰) (寒)

⿱夗月 [완] 手―臂 팔뚝 완 腕과 同字 (翰)

⿰半月 [반] 살찔 반、클 반 胖과 同字

胞 [포] 태보 포 胞와 同字

胜 [성] 犬膏臭 개기름냄새 성 生肉 날고기 성 腥通 (靑)

胝 [지] 皮厚 胼― 못박힐 지、구덩살 지 繭也 부르틀 지

胡 [호] 何也 어찌 호 壽也 오래살 호 遐遠 멀 호 牛頷垂 소턱주머니 호 菰米 彫― 줄 호 大笑 盧― 깔깔 웃을 호 ―虜 오랑캐 호 (虞)

胟 [무] 將指

엄지큰가락 무 ㊒

胠 거 겁 협 開發 열거, 脅也 갈비거 겁 義同, 軍之右翼 오른편군대겁, 脅也 갈비협 開也 열협 ㊣魚 ㊣語 ㊣葉 ㊣洽

𦙾 거 겁 협 열거, 갈비거 겁 義同 갈비협, 열협 胠와 同字

胍 고 大腹, ㅣ肫 배 등등할고 ㊣豪

胋 고 曝也 쬐일고 股와 同字

𦘺 산 脂肪 기름산 𦘺과 同字 ㊣寒

胷 흉 가슴흉 胸의 俗字

𦙛 도 大腹 큰배도 肚와 同字 ㊣遇

肺 폐 패 金藏主魄 부아폐, 허파폐 盛貌 성할패 肺와 同字 ㊣隊 ㊣泰

脄 매 背傍肉 등살매 ㊣隊

𦙶 가 瘡痂 딱지가 疥瘡 옴가 痂와 同字 ㊣麻

胔 자 脯有骨 포자, 食所遺 밥찌꺼기자 胏와 同字 ㊣紙

𦙃 자 포자, 밥찌꺼기자 胔와 同字

胦 앙 臍也 배꼽앙 脖ㅣ ㊣陽

肩 견 어깨견, 맬견 肩과 同字

䏙 람 肉破 살해질람 冊과 同字 ㊣覃

脉 맥 血理臟腑之氣分流罒叉 맥맥 山ㅣ泉 줄기맥 脈의 俗字

胤 윤 繼也, 續也 이을윤 嗣也, 子孫相承 맏아들윤 習也 익힐윤 ㊣震

胣 이 刳腸 창자끄을이 ㊣紙

胥 서 相也 서로서 皆也 다서 蝴蝶 나비서 待也 기다릴서 蓄積 쌓을서 捕盜追ㅣ 도적잡을서 胥와 通 ㊣語

㊅

胮 방 腹脹貌ㅣ肛 배불룩할방, 보창할방 腫也 부을방 ㊣江

䏦 첨 괄 肥也 살찔첨 脂也 기름괄 ㊣鹽 ㊣黠

䏧 나 치 不密 輕膨 성길나 肉之肥美 살찌고연할치 ㊣麻 ㊣紙

胺 알 肉腐臭 고기썩을알 ㊣曷

䏓 흡 體也 몸흡 肩也ㅣ膊 어깨죽지흡 ㊣緝 (中)

䘐 설 脂肪 기름설 ㊣屑

胹 이 煮熟 익힐이, 삶을이 ㊣支

胇 [무] 背也 등어리무 (尤)

胶 [호] 脛骨也 다리뼈호 (肴)

胣 [이] 家肉 돼지고기 胰通 (支)

胷 [흉] 가슴흉、마음흉 胸과同字 (冬)

胵 [치] 鳥胃 膍ㅣ 새밥떠구니치 臟腑總稱 오장육부치 (支)

胸 [흉] 膺也 가슴흉 心情 마음흉

胱 [광] 水腑 膀ㅣ 오줌통광 (陽)

胲 [해] 足之大指 엄지발가락해 備也 갖출해 古音개 頰肉 볼살해 (灰)(賄)

胰 [이] 夾脊肉 등심이 胣通 (支)

胳 [각] 腋下 겨드랑이각 牲後頸骨 목청뼈각 (藥)

胯 [과][고] 兩股間 사타구니과 袴通、股也 다리고 (遇)(禡)

胴 [동] 大腸 큰창자동 (送)

胭 [연] 嗌也 목구멍연 ㅣ脂 연지연 (先)

胺 [알] 고기썩을알 胺과同字

能 [능][내][태] 善也 착할능 勝任 능할능 能屬 足似鹿 곰능 三足鼈 세발자라내 耐通、星名 별이름태 (蒸)(泰)(隊)

胻 [행] 脛也 종아리행 (庚)

胼 [변] 胝ㅣ 皮堅 더께질변、못박힐변、구덩살변 骿의俗字 (先)

朓 [조] 祭肉 제사고기조 (嘯)

脀 [증] 熟肉 익은고기증 (蒸)

脀 [승][증] 癡也 어리석을승 以牲實鼎 희생잡아 솥에 담을증 (蒸)(蒸)

脂 [지] 膏也 기름지、비계지 臙ㅣ 연지지 肥也 살찔지 (支)

腴 [수] 瘠也 파리할수 膄의俗字 (月)

胾 [자] 切肉大臠 산적점자 (寘)

䏻 [내][능][태] 三足鼈 세발자라내 善也 착할능 勝任 능할능 能屬 足似鹿 곰능 星名、台也 별이름태 能의俗字

胿 [규] 大腹 큰배규、배불룩할규 孔也 구멍규 (齊)(霽)

䏰 [흔] 足踵 발뒤굼치흔 (元)

腡 [와] 手足曲病 손발구부러지는병와 (麻)

脅 [협] 腋下 갈비협 威

力恐人ㅣ迫 위협할협、으를협 歛也 거둘협 責也 책망할협 (葉)

脃 [취][절] 物易斷 여린할취、부드러지기쉬울취 毳也 약할취 (霽)

脄 [매] 背肉 등심매、등살매 (灰)

⿰月𡿺 [뇌] 頭髓 머릿골뇌、정신뇌 腦와 同字 (皓)

脌 [에] 肥也 살찔에 (賄)

脔 [련] 切肉 산적련、점련 臛臞也 저리할련 臠의 俗字 (銑)

脙 [후] 瘠腹 파리한배후、腹脊間 배와 등사이후 (尤)

⿱罒肉 [위] 腸ㅣ脾 밥통위、위 胃와 同字 (未)

䏰 [이] 筋強 힘줄강할이 (寘)

⿱習肉 [서] 割肉 설은고기서 (震)

朐 [순] 蜀縣名 ㅣ肕 고을이름순 蚓也 ㅣ肕 지렁이순 (震)(中)

脈 [맥] 血理藏之氣分流叟 맥맥 山ㅣ 泉ㅣ 줄기맥 脉과 同字 (陌)

脊 [척] 背呂 등마루척 條理、理也 倫ㅣ 조리척、결척 積也 쌓울척 (陌)

脆 [취] 小而物易斷 연할취、쉬울취 毳也 약할취 脃의 俗字

脇 [협] 腋下 갈비협 ㅣ迫 위협할협 責也 책망할협 脅과 同字 (葉)

脈 [맥] 血絡 맥맥、핏줄맥 血ㅣ、山ㅣ 줄기맥 脉 同字 (陌)

胯 [고][과] 股也 다리고 兩股間 사타구니과、샅과 跨와 同字 (遇)(禡)

胷 [흉] 膺也 가슴흉 心情 마음흉 胸과 同字 (冬)

胅 [협] 大腹 큰배협 (葉)

⿰月䎾 [산] 脂肪 기름산 ⿰月冊과 同字 (寒)

⿰月邑 [포] 胎衣 태보포 文所生曰同 한배포、동포포 胞의 譌字 (肴)

⿰月虫 [저] 蛆也 구더기저 疽通 (魚)

胁 [협] 갈비협、위협할협 책망할협 脇의 略字

⿰月朱 [주] 血球 결구주 (肴)

脋 [협] 갈빗대협、위협할협 脅의 俗字

七

脖 [발] 膊也 ㅣ胦 배꼽발 (月)

脘 [완] 胃府 중완완 (胃之受水

轂者曰ㅣ膞上五寸爲上ㅣ、四寸爲中ㅣ、三寸爲下ㅣ) 本音한 (旱)

脚 [겁] 腋下 겨랑 빈겁 (業)

脗 [문][민] 合也 합할문、민 義同 (吻)(軫)

脚 [각] 脛也 다리각、종아리각 足也 발각 (藥)

脕 [만][문] 美也 예쁠만 草芽新生 풀새로날문 (願)(問)

脙 [구] 瘠也 파리할구 (尤)

䏰 [인] 蜀縣名、朐ㅣ 蚯蚓 朐ㅣ 지렁이인 (震)(中)

脠 [전] 生肉醬 날고기젓 전 或音 선 (先)

脟 [렬] 脅肉 갈비살렬 腸脂 창자기름결렬 臠通 (屑)

脡 [정] 脯朐 포정 (迥)

脞 [좌] 細碎 叢ㅣ 좀스러울좌 잘좌 (哿)

脝 [형] 脹貌 膨ㅣ 배불룩할형 (庚)

⿰月志 [지] 黑子 사마귀지 痣同字 (寘)

脜 [유] 面和貌 얼굴부드러울유 (尤)

脛 [경] 膝下骨 종아리경、정강이경 直貌 꼿꼿할경 古音 형 (迥)(徑)

⿰月赤 [해] 肉也 고기해 (陌)

腳 [각] 脛也 종아리각、다리각 足也 발각 脚과 同字 (藥)

⿰月局 [극] 身也 몸극 肥也 살찔극 (屋)

⿰月成 [성] 肥也 살찔성 (敬)

脣 [순] 口耑 입술순 齒垣 입몸순 (眞)

⿰月旱 [한] 用創藥名 膢ㅣ 창병에 쓰는 약이름한 (翰)

脩 [수] 脯也 束ㅣ 포수 長也 길수 治也 닦을수 敬也 공경할수 乾也 마를수 修通 (尤)

脥 [협] 面兩旁 뺨협 綫ㅣ 徐言譬說 천천히 말할협 頰과 同字 (葉)

脤 [신] 祭社生肉 사직제지낸 고기신 裖同字 (軫)

⿰月尨 [몽][망] 豐大貌 풍만할몽 膧ㅣ 也 부을몽 豐肉 풍만한살망 身大貌 몸큰모양 (腫)(講)

⿰月肖 [소] 物之尖銳 끝뾰족소 (效)

胿 [괘] 胃脘、ㅣ脛 밥통괘 或音비 (齊)

脳 [질] 脂

六畫ㅡ肉(月)

皮기름집질접 (屑)

脢 [매] 背肉 膂脊등심매 (灰)(隊)

脒 [체][철] 鼻不正 고삐뚤어질체、骨差 뼈어긋날철 (齊)(屑)

⿰月合 [합] 領也 적합 (感)

脧 [최] 赤子陰部 어린아이불알최 減也 덜릴최、덜최 (灰)

脨 [축][척] 炙著 구운젓가락축、瘦也 여윌척 (沃)(陌)

脫 [탈][태] 免也 벗을탈、벗어날탈 略也 간략할탈 誤也 그르칠탈 物自解 풀어질탈 或然之辭 혹그러할탈 遺也 끼칠탈 肉去胥 과고할탈 肉去骨 고기뼈발릴탈、舒遲貌 천천할태、더딜태 娧通 (曷)(泰)

脪 [은] 腫起 부울은 痛通 (震)

腘 [괵] 脚曲 다리굽을괵 (陌)

脭 [녈] 腫也 부울녈 (屑)

⿰月夆 [완] 腕節 손목완 (翰)

⿰月更 [경] 食骨揷咽 뼈가목에걸릴경 (梗)

脳 [뇌] 머리골뇌、정신뇌 腦의 略字

脰 [두] 項也 목두 (宥)

胫 [정] 精肉 정한고기정 (庚)

⿰月吾 [어] 馬目白者 고리눈말어 ⿰月魚와 同字 (魚)

⿰月炙 [자][적] 燔肉 구운고기자、구울적 義同 炙와 同字 (禡)(陌)

脮 [뇌] 肥也 살찔뇌 퇴 (賄)

脬 [포] 膀胱 尿ㅣ 오줌통포 (肴)

脲 [뇨] 오줌뇨 尿와 同字

脱 [탈][태] 免也 벗어날탈、벗을탈 舒遲貌 천천할태、더딜태 脫과 同字 (曷)(泰)

脯 [포] 腊也 乾肉 포포 (麌)

⿰月邑 [읍] 鹽清肉 절인고기읍 (葉)

八

⿰月屈 [굴] 臀骨 볼기뼈굴 (月)

⿰月豖 [착] 臀也 볼기착、肥也 살찔착 (覺)

⿱齊月 [계] 朏腸 장자지계 臍와 同字 (齊)(薺)

腅 [담] 肉也 고기담 肌膚 살갗담 (勘)

⿰月甲 [비] 지라비 脾의 略字

脾 [비] 土藏ㅣ胃 지라비、비위비 (支)

⿰月表 [표] 肥

貌 살결조 膲와同字 (蕭)

脽 [수] [주] 尻也 꽁무니수, 臀也 볼기수, 추 義同 (支)(尤)

脊 [계] 腓腸 장딴지계, 종아리계 (紙)

腱 [첩] 肩端骨 어깨죽지 지뼈첩 (葉)

膝 [첩] 札也 簡也 편지첩 書板 글씨판첩 牒의 俗字 (葉)

脺 [수] [졸] 顏面光澤 얼굴윤택할수 膅也 머리털미수 耎易破 연할졸 (寘)(月)

腤 [부] 豕肉醬 돼지고기장부 (尤)

腼 [량] 味多 맛있을량 (養)

腅 [잔] 禽獸食滓 짐승먹던 찌끼잔 殘同字 (寒)

腦 [함] 頤也 턱함 (口上曰臄 口下曰—) (覃)

[illegible]

腸 [방] 腹脹滿 배불룩할방 (陽)

脹 [창] 腹滿鼓— 배부를창, 창증날창 張也 벌어질창 (漾)

胼 [변] 皮堅 胝— 못박힐변 (先)

腃 [권] 구덕살권 腁同字 (先)

腄 [수] 臀也 볼기수 縣名 黃— 고을이름수 (支)

腂 [과] 腫赤皃 울과 (箇)

腃 [커] [권] 筋節急 힘줄당길권 吻也 입술권 (寘)(先)

腈 [청] 血質 질청 (青)

腊 [석] 乾肉 포석 昔通 (陌)

䐄 [함] 고기먹어서 싫지않을함 昭同字

䏚 [함] 食肉不厭 고기먹어서 싫지않을함 (陷)

腋 [액] 左右脅間 胳— 겨드랑이액, 겨드랑이 掖通 (陌)

脟 [쟁] 足跟筋 발굽힘줄쟁 (庚)

腕 [완] 胃府 중완완 脘과 同字 (旱)

腆 [전] 厚也 두터울전, 많이 차려놓을전 設膳多 많이차려놓을전 善也 착할전 至也 지극할전 (陌)

[illegible] [전] 두터울전, 많이 차려놓을전 善也 착할전 腆과 同字

[illegible] [레] 跛 모절름

腇 [뇌] 耎弱 — 연약할뇌 (賄) 발이래 (霽)

腞 [록] 脂也 기름록 肥也 살질록 (沃)

[illegible] [군] 腸

中脂肪 창자속기름군 (軫) 肘膝後肉如塊者 사려군

⿰月奇 [기] 分牲 희생나눌기 美也 글기 (寘)

⿰月召 [순] 口耑齒垣 입술순 脣과同字 (眞)

腔 [강] 內空 속빈강、창자강 骨體 뼈대강 馬膝 말허리강 歌曲調 노래곡조강 (江)

腏 [철][체] 骨間 髓 뼈속기름철、祭酹 강신산제 (屑)(霽)

腐 [부] 朽也 썩을부 爛也 물클부 宮刑 불알썩히는 형벌부 豆— 두부부 (麌)

⿰月直 [직] 黏也 흔흔할지 頭髮積有脂膏 머리결윤지 (職)

腍 [임] 熟也 익을임 飫也 배부를임、물컬음임 味好 맛좋을임 (寢)

腌 [엄][엽] 절인고기엄、엽義同 腌과同字

⿰月欣 [흔] 瘠也 상한살이 뼈어져나올흔 瘡中冷 부스럼안이 찰흔 脪同字 (問)

腌 [엽][엄] 鹽漬 魚肉 절인고기엽、엄義同 (葉)(鹽)

腎 [신] 水藏 콩팥신 藏精作強之官 불알신、陰莖 자지신 (軫)

腉 [예] 乳醬 젖국지예 (佳)

腒 [거] 乾雉 건치거、꿩포거 (魚)

腓 [비] —腸、脛腨 장딴지비 病也 병들비 避也 피할비 (微)

⿰月甾 [자] 肥貌 살포올롱할자 (寘)

⿰月局 [구] 女陰 음문구 (虞)

⿰月罔 [망] 筋系纏繞 힘줄얽힐망 (養)

腑 [부] 臟— 心脾肝肺腎五臟 小腸胃膽大腸膀胱命門六— 장부부、육부부 胕同字 (麌)(遇)

⿰月枼 [첩] 편지첩、글씨판 牒과同字

⿰月命 [포] 面生氣起如水泡 여드름포、부플포 皰와同字 (効)

⿰月內 [눌] 膃— 海狗 바닷개눌、물개눌 肥也 살찔눌 肭과同字 (月)

腖 [동] 肉赤 고기붉을동 (送)

⿰月昆 [혼] 餛과同 蟲總稱 벌레혼 圓長貌 둥굴고길혼 (阮)

⿰月乳 [유] 湩也 젖유 生也 낳을유 —之 젖먹일유

乳와同字 (麌)

腏 [기] 長跪 길게꿇어 앉을기 跽同字 (紙)

能 [내][능][태] 세발자라내、능할능、별이름태 能과同字 (泰)(蒸)(灰)

腕 [완] 手ㅣ팔뚝완 臂也 팔뚝완 挽、臂、脅同字 (翰)

肴 [효] 俎實 啖肉 아주효 肴와同字 (肴)

⑨ **腴**

[이][눈][노] 有骨雜醢 뼈섞인젓이、軟也 연할눈 臂節 팔꿈치노 (支)(願)(號)

腲 [외] 皮也 가죽외 (未)

腤 [암] 烹也 삶을암 煎油魚 전유어암 (覃)

胼 [암] 삶을암 腤과同字

𣎆 [라] 獸名 짐승이름라 (哿)

腥 [성] 生肉 날고기성 肉臭 누린내날성、비릴성 穢也 더러울성 胜 鮏 通 (青)

腟 [질] 肉生 새살날질 女子陰部 보지질 膣同字 (質)(巨)

腠

[주] 皮膚ㅣ理 피부주、살갗피주 (宥)

[月+亭] [정] 脯也 포정 (青)

腡 [라] 蚌屬 소라라 螺와同字 (歌)

[月+壴] 膳 [추] 也 반찬추 姘也 골울추 (遇)

腢 [우] 髃前骨 어깨앞뼈우 肩頭 어깨죽지우 (尤)(有)

腞 [전] 篆也 새길전 (銑)

[月+春]

[준] 肥也 살찔준 (軫)

腛 [악] 脂豐 기름진악 기름많을악 (覺)

腜 [매] 如孕ㅣ兆 첫애밸매 美貌 아름다울매 (灰)

[月+秋]

[수][추] 膕也 오금수 曲ㅣ 팔다리오금추 (尤)(中)

腦 [뇌][노] 頭髓 머리골뇌、정신뇌、俗音 노 匘同字 (皓)

[月+咠] [집] 脂也 비계집 和也 화할집 (緝)

腨 [천] 腓ㅣ足肚 장딴지천、어복천 (銑)

[月+癸] [규] 醜也 醜ㅣ추하게생길규、곱사등이규 (支)

[月+奓] [차] 不密ㅣ膠 성길차 (麻)

腧 [수] 針灸ㅣ穴 침놓는혈수 (尤)(中)

腩 [남] 肝炙 간과남 저며절남 (感)

腪 [운] 膜也 홀떼기운 ㊀問

腱 [건] 筋之本 힘줄건 ㊀先 ㊀願

腳 [각] 脛也 종아리각、다리각 脚同 足也 발각 ㊀藥 (中)

腴 [유] 腹下肥 아랫배살찔유 肥也 살찔유 肥田膏— 기름진밭유 ㊀虞

⿱襾月 [요] 허리요 腰와同字 ㊀蕭

腯 [돈][돌] 肥也 살찔돈、豕肥 돼지살찔돌 ㊀願 ㊀月

⿰月垔 [연] 嗌也 목구멍연 ㊀眞

腞 [돈][돌] 살찔돈、돼지살찔돌 腯과同字 ㊀願 ㊀月

腮 [시] 頰也 볼시 顋의俗字 ㊀灰

腰 [요] 身體之中 허리요 要通 ㊀蕭

⿰月胃 [위] 밥통위、양위 胃와同字

腫 [종] 癰也 종기종 瘇 肉浮滿 부을종 ㊀腫

腬 [유] 肥也 肉美貌 살찔유 어여쁜모양유 ㊀尤

⿰肉皆 [개] 여윌개 ⿰月皆와同字 ㊀佳

⿰月皆 [개] 瘦也 여윌개 ㊀佳

腭 [악] 齒齦 잇몸악 齶과同字 ㊀藥

⿰月叏 [각] 牛舌 소혀각 大笑 크게웃을각 ㊀藥

⿰月昏 [문] 吻也 입술문 聚筋 모인힘줄문 ㊀吻

⿰月者 [저] 豕也 돼지저 水所停 물이괼저 豬와同字 ㊀魚

腷 [픽] 意不泄 뜻막힐픽、답답할픽 鷄打羽聲 —膊 닭의 날개치는 소리픽 ㊀職

⿰𠂤月 [출][류][수] 祭肉 제사지낸고기류、률義는 률同 師祭 장음제사수 ㊀質 ㊀寘

腲 [외] —腇貌 살찔외 舒遲貌 느릿느릿할외 ㊀賄

⿰月屎 [히] ⿰口尸也 신음할히 大笑貌 크게웃을히 ㊀支

⿰月叚 [가] 腹病 창자병가 ㊀麻

腶 [단] 脯也 —脩 약포단 ㊀翰

腸 [장] 心肺脾大小—水穀道 창자장 —心 마음장 國名 無— 나라이름장 ㊀陽

⿰月扁 [구] 女子陰部 보지구 ㊀虞

⿰月侌 [음] 胸病 가슴병음 ㊀沁

腺 [선] 頸腋核 멍울선 肉孔 살구멍선、땀줄기선 (日)

[illegible]

[혹] 殼也 주일혹 辱也 욕할혹 𣪊과同字 ㊃屋

⿱𡴀月 [뇌] 머리골뇌 腦와同

胃 [위] 밥통위 양위 胃와同字

⿰月矦 [후] 咽也 목구멍후 喉와同字 ㊃尤

⿰月見 [혁] 見也 볼혁 ㊃陌

⿰月朿 [슬] 脛骨節 무릎슬、종지뼈슬 膝과同字 ㊃質

⿰月幸 [절] 違骨 뼈어긋날절 ㊃屑

⿰月曷 [예] 胸也 가슴예 ㊃霽

腹 [복] 五臟總括 배복 厚也 두터울복 抱也 안을복 ㊃屋

⑩

腿 [퇴] 股也 넓적다리퇴 脛也 정강이퇴 ㊃賄

膂 [려] 力也 힘려 脊骨 등성마루뼈려、곱사등이뼈려 肉也 뼈려 呂通 ㊃語

⿰月弱 [약] 膜也 살속의얇은가죽약 肥腝 여할약 肉也 살약 ㊃藥

⿰月氣 [기] 塊病 적병기 ㊃寘

⿰月芻 [추] 脯也 포추 膳也 반찬추 一姘也 어여쁠추 皺也 주름살추 ㊃肴

膈 [격] 心脾間 명치격 懸鍾格 쇠북틀격 ㊃陌

⿰月冓 [구] 足曲 발굽을구 ㊃尤

膄 [수] 瘠也 파리할수 瘦同字 ㊃肴

⿱齊月 [제] 子初生所繫包斷之爲 배꼽제 臍와同字 ㊃齊

膃 [올] 海狗一肭 해구올 肥也 살찔올 ㊃月

膅 [당] 脚肥 다리살찔당 ㊃陽

⿱旅月 [려] 脊骨 등성마루뼈려、등사이뼈골 力也 힘셀려 膂와同字 ㊃語

⿰月荒 [황] 肉間 살과살사이황 猴一南蠻國名 남쪽오랑캐이름황 ㊃陽

⿰月眞 [진] 肉脹起 부어오를진 ㊃眞

膁 [겸][엄] 腰之左右 허구리겸、美味 맛좋을엄 ㊃琰 ㊃鹽

⿰月貞 [쇄] 膏腴 기름홀떼기쇄 ㊃哿

膀 [방] 水脬一胱 오줌통방 ㊃陽

膆 [소] 肥也 살찔소 嗉受食處 목구멍소、밀떠구니소 ㊃遇

⿰月差 [차] 腹鳴 배꿇을차 ㊃歌

⿰月倉 [창] 皮膓 겁질상할창 ㊃養

⿰月追

[추] 重腿足腫수족다리추、발부을추 (寘)

腱 [건] 筋之本힘줄건 腱과同字 (元)(願)

⿰月留 [류] 疣也혹류 瘤와同字 (尤)

膌 [적] 瘦也파리할적 死骨뼈다귀적 (陌)

⿰月高 [고] 犒와同字 蒿也 김오를고 (號)

⿰月盍 [갑] 欲睡졸릴갑 (合)

臃 [옹] 臭也냄새날옹 肥也살찔옹 ⿰月翁과同字 (董)

⿰月翁 [옹] 臭也냄새날옹 肥也살찔옹 (董)

膊 [박] 肩也어깨박 磔也능지할박、말릴박 脯也포박 界埒지경박 腷ㅣ擊聲닭이날개치는박 髆通 (藥)

⿰月函 [함] 頤也턱함 脑과同字 (覃)

⿰月蚤 [조] 犬豕膏臭 비린내조、누린내조 臊와同字 (豪)

膉 [의] 脰肉목덜미살의 (陌)

膗 [화] 肉羹고깃국화 臛同字 (藥)

⿰月息 [식] 鼻中寄肉 곳속군살식 (職)

⿰月宮 [궁] 腐刑불알썩힐궁 (東)

⿱𡨄月 [새] 體顫 몸떨새 (隊)

⿰月脩 [수] 耽也부드러울수 無ㅣ滋味음식수 羞와同字 (尤)

⿰月蚩 [치] 目之凝 눈곱치 (支)

⿸厂⿱月口 [이] 豕肉 제육이 (支)

膎 [해] 脯也포해 肉肴고기안주해 肌也살해 (佳)

⿰月耆 [기] 즐길기、좋을기 嗜와同字

膜 [막][모] 肉間脈ㅣ흘떼기막 南ㅣ番人拜稱절모 膜의俗字 (藥)(虞)

胍 [와] 脯也포와 肌膚살와 (麻)

膍 [비] 鳥腸胃ㅣ胵새멀떠구니비 牛百葉처녑비 厚也두터울비 臍也배꼽비 肶同字 (齊)

膏 [고] 脂也기름고 沃也ㅣ梁기름질고 心下肓ㅣ명치끝고 甘也달고ㅣ藥고약고 肥也ㅣ梁살찔고 (號)

⿰⿳士冖月殳 [곡] 足跗발등곡 (屋)

膋 [료] 腸間脂膏창자의발기름료 膫通 (蕭)

胤 [윤] 子孫

相承也 맏아들윤 習也 익힐윤 胤의古字 (震)

腡 라 手文 손금라 (歌)

十一

⿰月産 잔 皮膗 가죽부을잔 (潸)

⿰月習 접 爚也 비칠접 薄切肉 얇게썬고기접 (葉)

膛 당 肥貌 뚱뚱할당 (漾)

膜 막 모 肉間胲ㅣ 흘떼기막、南ㅣ、番人 拜稱 길게절할 모 (藥)(虞)

膘 표 牛脅後髀前合革肉 허구리살표 魚ㅣ 부레표 (篠)

膗 최 形醜貌 ⿰月累ㅣ 형용추악할최 俗音 수 (支)

⿰月強 강 筋強 힘줄셀강 (養)

⿰月累 루 形醜貌ㅣ膗 형상추악할 루 脯也 포루 俗音 류 (紙)

⿰月責 책 魚子脯 물고기새끼포책 (陌)

⿰月虘 자 皰鼻如榴 주독오른코자 (麻)

膚 부 革外薄皮 피부부、겁질부 살갗부 美也 아름다울 부 大也 클부 (虞)

⿰月鹿 록 腹鳴 배울 울록 (屋)

⿰月從 종 肥大症 살쪄는병종 肥也 살찔종 (冬)

腸 장 水穀道 창자장 腸의俗字 (陽)

⿰月曹 조 脆也 연할조 腹鳴 배에서소리날조 (豪)

⿰月寅 인 脊肉 등심 인 (眞)

膕 괵 膝後曲節 오금괵 (陌)

膒 구 以脂漬皮 가죽에기름먹일구 久脂 오래된기름구 或音 우 (尤)

⿱𠦬月 척 背呂 등성마루 척 脊과同字 (陌)

膞 전 臠也 고기점전 腸也 腓ㅣ 창자 전 作器具 절구로만드는틀전 (銑)(先)

⿰肉莫 막 肉間胲 흘떼기막 南ㅣ 番 人拜 절모 膜과同字 (藥)(虞)

⿰月魚 어 馬目白者ㅣ 괴눈박이어 (魚)

膝 슬 脛骨 節무릎 슬、종지뼈슬 良馬齒 좋은말슬 厀同字 (質)

膠 교 黏膏 아교교、부레교 固也 굳을교 不通 옹색할교 鷄鳴 닭울교 周時代學校 주나라

하교 和也 擾也 요란할교 附着붙을교 (肴)(巧)

膟 [률] 腸間脂肪 발기름률 (質)

⿰月昏 [순] 입술순 脣과 同字

⿰月眷 [잉][등] 大視貌 크게볼잉 美目아름다운눈잉 雙也쌍잉 增益더할잉 送也보낼잉、등 義同 (徑)(蒸)

⿰月羞 [수] 부끄러울수、음식수 羞와 同字 (尤)

膄 [밤] 淫也음탕할밤、河東方言 (?)

膣 [질] 肉生새살날질 生殖口㾐道보지질 腟同字 (質)

膢 [루] 秋獵祭貙ㅣ 입추제루 가을사냥제사루 祈穀食新 離ㅣ새곡식천신할루 (虞)(尤)

⿱既月 [궤] 腰痛ㅣ腰 허리아플궤 (隊)

(十一)

膨 [팽] 大腹배불룩할팽 (庚)

膰 [번][파] 祭餘肉제지낸고기번 燔同、大腹배불룩할파 (元)(歌)

⿰月巽 [손] 切肉混血 고기썰어피에섞을손 (阮)

⿰月肅 [수][소] 乾魚腊ㅣ 말린고기수 臛也 곡국조 鱐通 (尤)(嘯)

膬 [취] 小耎物易斷 여릴취 취쉬울취 脆也 약할취 脆와 同字 (霽)

膫 [료] 炙也구울료、치질료 腸脂발기름료 膋通 (嘯)

膭 [괴] 肥大貌 뚱뚱할괴 (灰)

膩 [니] 肥也살찔니 滑也미끄러울니 垢也때니 (眞)

膮 [효] 豕羹돼지고기국효 (蕭)

膦 [련] 無力ㅣ腰 힘없을련 (銑)

膧 [동] 尻骨볼기뼈동 (東)

⿰月幾 [기] 頰肉볼살기 (微)

⿰月齊 [제] 臍也 배꼽제 (齊)

⿰月皐 [효] 腫欲潰 腫ㅣ종기 리지리할효 (蕭)

⿰月曾 [증] 肥也 살찔증 (蒸)

膱 [직] 脯脡자루치포직 肉敗고기썩을직 (職)

⿰月覃 [담] 食美味 맛있을담 肥也살찔담 厚味맛이두둑할담 (勘)

⿰月奢 [차] 瘡痕부스럼자국차 (麻)

膲 [초] 無形之府、三ㅣ삼초

主 (蕭)

膆 [묘] 腄欲潰ㅣ脾종 가리지리할묘 (嘯)

膳 [선] 具食美羞 반찬선 食也 먹을선 饍同字 (銑)

臑 [이] 煮也 삶을이 (支)

膯 [등] 飽猒 몸불릴등 (蒸)

膪 [치] 다물치 治의 古字

⿰月朁 [잠] 缺脣 어청이잠 脣病잠 술병잠 (覃)

⿰月畫 [획] 曲脚中 오금획 (陌)

⿰月厥 [궐] 臀骨 볼기뼈궐 (月)

⿱⿰夫夫月 [척] 등성마루척 脊과 同字 (陌)

膴 [무] 大也 클무 多也 많을무 膴也 포무 法也 법무 厚也 두터울무 美也 아름다울무 (虞) (麌)

⿰耂肉 [눈] 弱也 연약할눈 艶也 고울눈 嫩의 俗字 (願)

⿰月絜 [결] 喉脈 목의맥결 (屑)

⿰月條 [조] 비리내조、누린내조 臊와 同字 (豪)

⿱敝月 [비] 팔비 팔뚝비 臂와 同字

膵 [췌] 甜肉經 첨육경 췌、지라췌 (日)

(十三)

膺 [응] 胸也 가슴응 受也 받을응 親也 가까울응 擊也 칠응 當也 당할응 馬帶 부두응 應通 (蒸)

臋 [둔] 볼기둔 臀同字

臀 [둔] 腿也 臋髀也 볼기둔 (元)

膿 [농] 腫血 고름농 (冬)

膁 [렴] 脛也 정강이렴 (鹽)

⿰月當 [당] 耳下凹處 귀밑 오목한곳당 (陽)

⿰月桼 [슬] 무릎슬 膝의 俗字

膾 [회] 魚肉細切 회회、회칠회 ㅣ炙 날고기회 鱠同字 (泰)

⿰月過 [과] ㅣ疝 불부를과 大腿 다리과 (麻)

⿰月奧 [욱] 鳥胃 새멀떠구니욱 (屋)

膻 [전][단] 兩乳間 젖사이전 羊臭 누린내전 (先) 意也 뜻전、ㅣ裼 어깨벗어멜단 (旱)

膽 [담] 肝之腑 쓸개담 拭治 씻을담 (感)

⿰月遀 [수] 骨中脂 뼛속기름수 髓와 同字 (紙)

膹 [분][비] 臛也 고깃국분 汁多臛 고깃국비 (吻)

膹 [분][비] 곰국분、고기국비 膹과同字

膷 [향] 牛肉羹소고기국향、곰국향 (陽)

⿰月黽 [잉] 懷姙아이밸잉 孕과同字 (經)

⿰月睪 [탁] 肥貌살통통할탁 (藥)

⿰月⿱罒重 [나] 肉醬육장나 ⿰耳各 也시끄러울나 (歌)

⿱雍肉 [옹] 惡瘡疽 也등창옹、헌데옹 癰과同字 (冬)

臂 [비] 肱也팔비 팔뚝비 (自肩至肘曰臑、自肘至腕曰臂) (寘)

⿱辟肉 [비] 팔비 臂와同字 (寘)

臃 [옹] 腫也종기옹 (冬)

⿰月辟 [벽][백] 臍也배꼽벽 積病곡질병벽 豆核콩씨백 (錫) (陌)

臈 [랍] 歲終合祭諸神납향제사랍 陰曆十二月異名섣달랍 臘의俗字 (合)

臄 [각] 口上阿웃입술각 切肉저민고기각 (藥)

臇 [전] 臛也곰국전 小汁臛지짐이전 (先)

⿱⿰氵聿月 [유] 液也진액유 國名나라이름유 (有)

臊 [조] 犬豕脂臭돼지기름내조 누린내조 古音소 (豪)

⿰月厀 [슬] 무릎슬 膝과同字

臉 [검] 目下頰上 頰也빰검 (球)

⿰月窟 [굴] 臀也볼기굴 (月)

臆 [억] 胷也가슴억 滿也가득할억 意也뜻억 億通 (職)

臅 [촉] 臆中脂가슴속기름촉 狼ㅣ膏승냥이기름촉 (沃)

(十四)

臏 [빈] 膝蓋骨종지뼈빈 髕同字 (軫)

⿰月鼻 [비] 肥壯살뚱뚱히졀비 (寘)

⿰月圂 [혼] 肥也살찔혼 (願)

臑 [노] 臂節팔마디노 (號)

臐 [훈] 羊臛양국훈 (文)

⿰月㬎 [읍] 脯也포읍 乾也말릴읍 (緝)

⿰月寧 [녕] 耳中垢귀에지녕 (迥)

臘 [랍] 歲終合祭諸神납향제사랍、섣달랍 臘의俗字

臎 [취] 鳥尾上肉새꽁무니살취 肥也살찔취 踝骨복사뼈취 (寘)

臞 요 소 瘠也 여윌요 尖貌 뾰족할소 (嘯)(效)

膊 보 雉子肉 꿩고기보 (虞)

⿰月壽 주 髀後 엉덩이주 (尤)

臍 제 子初生所繫胞斷之爲ㅣ 배꼽제 (齊)

⿰月監 함 餅中肉 떡속고기함 (陷)

⿰月夢 륵 脅骨檢勒五臟 갈빗대륵 肋과同字 (職)

膁 함 餅中肉 떡속고기함 ⿰月監과同字 (陷)

⿱賏月 영 頸瘤 목의혹영 癭과同字 (梗)

臓 장 五腑也 오장장 臟의略字 (漾)

臛 학 善肉 좋은고기학 (藥)

⿰月黃 황 腫病 부황들황 (陽)

⿰月疑 니 응 脂也 기름질니 肥也 살찔응 니、응義同 (眞)(蒸)

⿰月對 대 茂也 무성할대 (隊)

朦 몽 肥大貌 풍풍할몽 豐也 풍부할몽 (東)

⿰月馮 빙 腫滿 부어서 퉁퉁할빙 (徑)

十五

⿰月賣 독 殰胎 낙태할독 殰의古字 (屋)

⿰月質 질 金創藥 ㅣ胖 금창약질 (質)

⿰月養 양 欲也 ㅣ메 스치울양 (養)

⿰月樂 박 ㅣ犖、亂雜 뒤섞인박 祭肉 제사고기박 (覺)

⿰月幾 기 頰肉 빰의살기 (微)

臘 랍 歲終合祭諸神 납향제랍 終月 섣달랍 (陰歷十二月異名) (合)

⿰月暴 박 肉腫起貌 살이부어오를박 (覺)

臕 표 肥貌 살찔표 膘同字 (蕭)

⿱興月 홍 腫痛 붊아 쑤실홍 (徑)

⿰月覓 곤 臀也 볼기곤 尻也 꽁무니곤 (元)

膌 적 瘠也 파리할적 死骨 빠다귀적 脊의本字 (陌)

⿰月韱 섬 羹也 국섬 臘과同字 (鹽)

⿰月熏 훈 羊臛 양고기국훈 臐과同字 (文)

十六

臚 려 腹前 아랫배려 陳也 베풀려 腹彭脹 배불룩할려 (魚)

臙 연 紅藍花汁ㅣ脂 연지연 咽也 목구멍연 蚌粉조

거가루연 胭通 (先)

臛 [확] 肉羹 고깃국 확 燻也 눈쁨 확 (沃)(藥)

朧 [룡] 肥貌 살찔 룡 (董)

膭 [유] 肥也 살찔 유 肉痛 살이아플 우 (支)(眞)

臔 [염] 沈肉於湯中 삶을 염 (鹽)

⿰月肅 [수] 肉羹 곰국 수 乾魚尾 건어 꼬리 수 (尤)

臇 [최] 臞也 구 곰 최 (支)

膸 [수][유] 骨中脂 뼈속기름 수 孔也 구멍 유 髓同字 (有)

⿰月嬴 [영] 大便 똥 영 (庚)

(十七)

膞 [박] 劊肉 저민 고기 박 (藥)

臝 [라] 赤體 벌거벗을 라 果ㅣ 栝樓 과라나무 라 蜾ㅣ 細腰蜂 나나니벌 라 (哿)

⿱谷肉 [확] 肉羹 곰국 확 臛과 同字 (藥)

⿰月襄 [양] 肥也 ㅣㅣ 살찔 양 盛也 성할 양 (養)

⿰月韱 [섬] 羹也 국 섬 (鹽)

膺 [응] 胸也 가슴 응 親也 친할 응 ⿱齊月의 古字 (蒸)

⿰月闌 [란] 熟也 익을 란 (寒)

⿰月嬰 [영] 嗌也 목구멍 영 頸也 목 영 (梗)

(十八)

⿰月聶 [녑] 肉動 살떨릴 녑 (葉)

⿰月雚 [천][환] 醜也 ㅣ睽 추할 권 獸名 짐승이름 환 (元)(寒)

臟 [장] 腑也 五ㅣ 오장 장 (心、肝、肺、脾、腎) 藏通 (漾)

臞 [구] 瘠也 파리할 구 癯同字 (虞)

⿰月⿱𦥯火 [표] 牛脅後髀前合革肉 허구리 살 표 소불기 표 魚ㅣ 부레 표 膘의 本字 (篠)

(十九)

⿱難肉 [니] 雜骨醬 뼈 섞인 젓 니 (齊)

⿰月靡 [마] 泄病ㅣ痲 설사병 마 (歌)

⿰月縣 [련] 驢馬腹胅貌 당나귀 배불룩할 련 (先)

⿰月羅 [라] 腹下肉 배 아래살 라 (麻)

臠 [련] 切肉 산적점 련 臞也 파리할 련 脟通 (銑)

(二十)

⿰月蘇 [수] 甘酒 단술 수 酥同字 (虞)

⿰豆肉 [두] 項也 목구두 脰와 同字 (宥)

⿰月矍 [구] 人名 사람 이름 구 (魚)

(廿三)

⿰月戀

[과] 驢腸胃니 키창자과 (歌)

臣部

臣 [신] 事君之稱 시하신 (仕於公曰ㅣ仕於家曰僕) 惶恐之辭 主ㅣ 두려울신 (眞)

𦣝 [이][애] 頤也 턱이、애 義同 (支)(灰)

二

臥 [와] 偃也 寐也 누울와 休息 쉴와 (箇)

卧 [와] 누울와、쉴와 臥와 同字 (箇)

臤 [간][견] 堅也 굳을간、견 義同 (支)(灰)

四

𦣠 [망] 바라볼망、볼망 望의 古字

五

⿰臣亦 [진] 明也 밝을진、환할진 明朗 명랑할진 (軫)

六

臦 [광] 乖也 어그러질광 (漾)

𦣣 [광] 어그러질광 臦과 同字

𦣤 [광] 乖也 어그러질광 人名 사람이름광 (漾)

八

臧 [장] 善也 착할장 厚也 두터울장 奴婢 종장 藏也 숨길장 臟也 장부장 (陽)

𦣱 [고] 獨也 외로울고 孤와 同字 (虞)

十一

臨 [림] 莅也 임할림 監也 볼림 大也 클림 卦名 괘이름림 君ㅣ 군림할림 衆哭 여럿이 울림 偏向以尊 왕림할림 暫也 잠시림 (侵)(沁)

臩 [광][경] 驚走貌 놀라달아날광 往來貌 왔다갔다할광 人名 사람의 이름경 (養)(梗)

𦤀 [장] 善也 착할장 厚也 두터울장 奴婢 종장 臧의 籀文 (陽)

十二

𦣿 [림] 莅也 임할림 君ㅣ 군림할림 臨의 古字 (侵)(沁)

𦤁 [복] 給事者 심부름군복 附也 붙일복 僕의 古字 (沃)

十五

𦤂 [환] 堅也 굳을환

二十三

⿰臣絲 [림] 임할림、군림할림 臨의 古字

自部

自 [자] 己也 몸소자 躬親 스스로자 由也 부터자 從也 좇을자 無勉強ㅣ然 저절로자 (寘)

𦣹 [자] 스스로자、몸소자 自와同字

一

⿴囗自 [자] 스스로자、몸소자 自의古字

⿻自丨 [백] 흰백 白의古字

⿰自乚 [교] 自重자중할교 (篠)

二

⿺乚自 [혜] 은혜혜 惠의古字

三

臭 [취] 냄새취 臭의略字

⿱自丁 [경] 首都也 서울경 大也 큰경 京과同字 (庚)

四

臭 [취] 氣通於鼻 냄새취 敗也 썩을취 香也 향기취 本音 추 (宥)

⿰自反 [귀] 돌아올귀、돌아갈귀 歸의略字

⿱自王 [황] 임금황 皇의本字

⿱自云 [운] 구름운 雲과同字

臬 [얼] 法也 법얼 門橛 문지방얼 射的 과녁얼 極也 극진할얼 埶、闑通 (屑)

五

⿱自缶 [황] 임금황 皇의古字

六

臮 [기] 衆與詞 다못기 暨古字 (寘)

⿱自冬 [종] 끝종、끝칠종 終과同字

皐 [고][호] 岸也 언덕고 澤岸 못언덕고 皋俗字、呼也 부를호 (豪)

臰 [취] 냄새취 臭의俗字 (號)

八

⿰臭夬 [열] 臭發 냄새날열 (屑)

九

⿰臭犮 [발] 病也 병발 기운발 (曷)

臱 [면] 不現於眼 뵈지않을면 (先)

十

⿰目臭 [신] 腋臭 암내신 腋氣病 겯등냄새신 (震)

⿰臭危 [얼] 不安貌 위태할얼、불안한모양얼 隉同字 (屑)

⿸厂臬 [얼] 위태할얼 臲同字 (屑)

十一

⿰孛臭 [발] 臭氣 좋지못한냄새발 (曷)

⿰氵⿱自侖 [피] 好貌 좋을피 魚名 고기이름피 (寘)

⿰臭邑 [업][고] 臭也 냄새날업、고義同 (葉)(蕭)

十三

⿰臭⿱木不

[내] 臭發냄새날내 (佳)

(月)

𦤙 [할] 物敗氣키키할、犬臭氣개비리내할 臭也냄새할 (曷)

𦤚 [해] 臭也냄새날해 (卦)

𦤛 [비] 犬初生子개새끼 첫배비、무녀리비 (寘)

十四

𦤝 [올] 病氣병기운올

二十

𦤞 [불][필] 釋迦年尼부처불 輔也도울불 覺也깨달을불 興也흥할필 輔也도울필 佛과同字 (物)(質)

至部

至 [지] 到也이를지 極也지극할지 節氣冬ㅣ절기지 (寘)

一

𦤳 [지] 이를지、절기지 至의古字

𦤴 [지] 이를지、절기지 至의古字

二

𦤵 [지] 이를지、절기지 至의古字 (寘)

三

致 [치] 至也이를치 極也극진할치 送也부낼치 使之招ㅣ불러올치 趣也風ㅣ풍치치 𦤺同字 (寘)

四

𦤶 [치] 이를치、풍치치、극진할치 致와同字

𦤺 [치] 이를치、풍치치、극진할치 致와同字

致 [치] 이를치、극진할치 致와同字

五

𦤻 [질] 不循어그릴질 질질 (質)

六

臸 [진] 至也이를진 前進나아갈진 (眞)(震)

𦤼 [천] 再也거듭천 至也이를천 頻也자주천 洊同、薦通 (霰)

致 [옥] 舍也집옥 舍蓋집붕 屋의古字 (屋)

𦤽 [질] 年之至여든살질 (質)

𦤾 [격] 別也가지격、각각 至也이를격 (覺)

七

𦤿 [수] 進也나아갈수 習也익힐수 (尤)

𦥀 [대] 築土觀ㅣ榭 四方而高者도대대、집대 輿ㅣ賤稱종대、하이대 官廳관청대 臺의俗字 (灰)

八

臺 [대] 築土觀四方而高者대대、돈대대

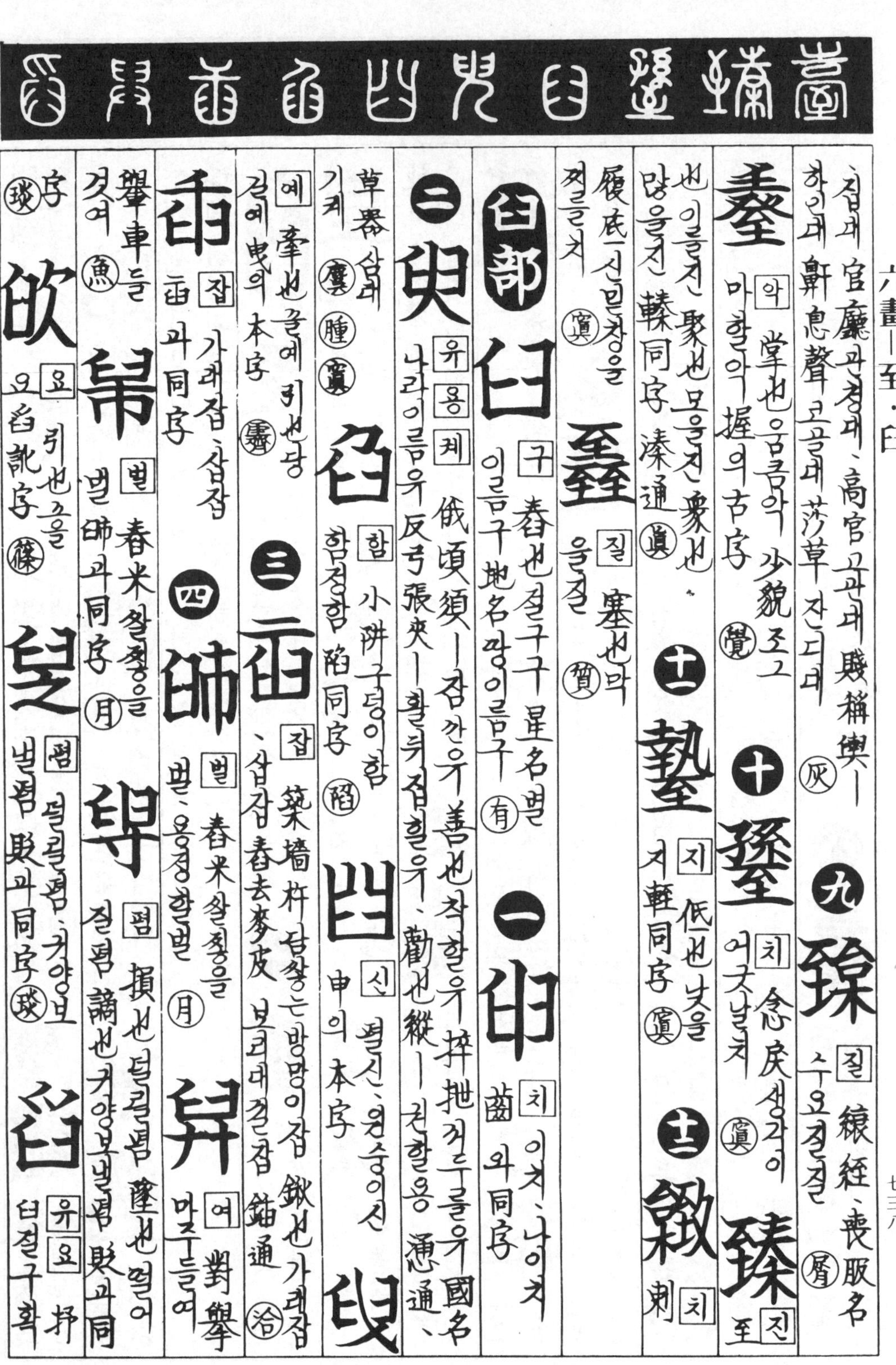

집대 官廳과 경대、高官 고관대 賤稱輿ㅣ 하인대 齁息聲 코골대 莎草 잔디대 (灰)

九

[illegible] 질 縗經、喪服名 수요질질 (屑)

[illegible] 악 掌也 움큼악 少貌 조그마할악 握의 古字 (覺)

十

[illegible] 치 念戾 생각이 어긋날치 (寘)

臻 진 至 이를진 聚也 모을진 衆也 많을진 轃同字 溱通 (眞)

十一

[illegible] 지 低也 낮을지 輊同字 (寘)

十二

[illegible] 치 刺 履底ㅣ 신밑창을 찌를치 (寘)

[illegible] 질 塞也 막을질 (質)

臼部

臼 구 舂也 절구구 星名 별이름구 地名 땅이름구 (有)

一

[illegible] 치 齒와 同字 이치、나이치

二

臾 유 용 궤 俄頃 須ㅣ 잠깐유 善也 착할유 捽抴 끌유 國名 나라이름유 反弓 張夾ㅣ 활뒤집을유、勸也 縱ㅣ 권할용 慂通、草器 삼태기궤 (虞)(腫)(寘)

臽 함 小阱 구덩이함 함정함 陷同字 (陷)

[illegible] 신 펼신、원숭이신 申의 本字

[illegible] 예 牽也 끌예 引也 당길예 曳의 本字 (霽)

三

臿 잡 築牆杵 담쌓는 방망이잡 鍬也 가래잡、삽잡 舂去麥皮 보리대낄잡 鍤通 (洽)

[illegible] 잡 가래잡、삽잡 臿과 同字

四

[illegible] 별 舂米 쌀찧을별、용경할별 (月)

舁 여 對擧 마주들여 舉車 들것여 (魚)

[illegible] 별 舂米 쌀찧을별 [illegible]과 同字 (月)

[illegible] 폄 損也 덜릴폄 墜也 떨어질폄 謫也 귀양보낼폄 貶과 同字 (琰)

[illegible] 요 引也 끌요 臽訛字 (篠)

[illegible] 폄 덜릴폄、귀양보낼폄 貶과 同字 (琰)

[illegible] 유 요 抒 臼 절구확

글이날아 抗同字、揄通;요 義同 尤 篠

五

舂 [용] 擣米築也 방아찧을용 鍾聲ㅣ容 쇠북소리용 靜也고요할용 築地땅다질용 摏同、本音숑 冬

[illegible] [치] 上ㅣ下牙口斷骨이치 年也 나이치 類也 갈을치 齒와同字 紙

[illegible] [서] 穴蟲似獸 善盜 쥐서 首鼠 ㅣ持兩端 우물쭈물할서 ㅣ賊 좀도둑서 愁也근심할서 鼠의謂字 語

[illegible] [말] 舂米碎之 싸라기말 曷

六

舃 [석] 履也신석(舃服用鞋) 大也아감찰석 光也 빛날석 陌

[illegible] [석] 赤ㅣ舃服用履신석 光也 빛날석 舃과同字 陌

七

[illegible] [위] 造也 하위、할위、治也 다스릴위 使也 하여금위 助也 위할위 爲의古字 支 寘

[illegible] [박] 舂也 찧을박 藥

與 [여] 以也 共爲 더불여 反也 미칠여 如也 같을여 善也 좋아할여 數也 셈할여 待也 기다릴여 黨也 무리여 施予 줄여 和也 화할여 干也 參ㅣ 참여할여 翼翼 蕃廡貌 너울너울할여 語助辭 어조사여 御 魚

[illegible] [요] 求也 구할요 察也 살필요 欲也 하고자할요 要의本字 蕭 嘯

[illegible] [흥] 起也 일어날흥 盛也 성할흥 悅也 기쁠흥 興의略字 蒸 徑

[illegible] [구] 외삼촌구、시아비구 舅와同字

舅 [구] 母之兄弟 외삼촌구 夫之父 시아비구 妻父 장인구 有

[illegible] [용] 擣米築地 방아찧을용 靜也고요할용 容鍾聲 쇠북소리용 舂과同字 冬

[illegible] [견] 土塊흙덩이견 銑

八

[illegible] [추] 擊杵공이로칠추 寘

[illegible] [신] 伸也 펼신 欠伸 기지개켤신 重也 겹칠신 猿也 원숭이신 申의古字 眞

九

興 [흥] 起也 일흥、일어날흥、舉也 일으킬흥 盛也 성할흥 悅也 기쁠흥 感物而發 감동할

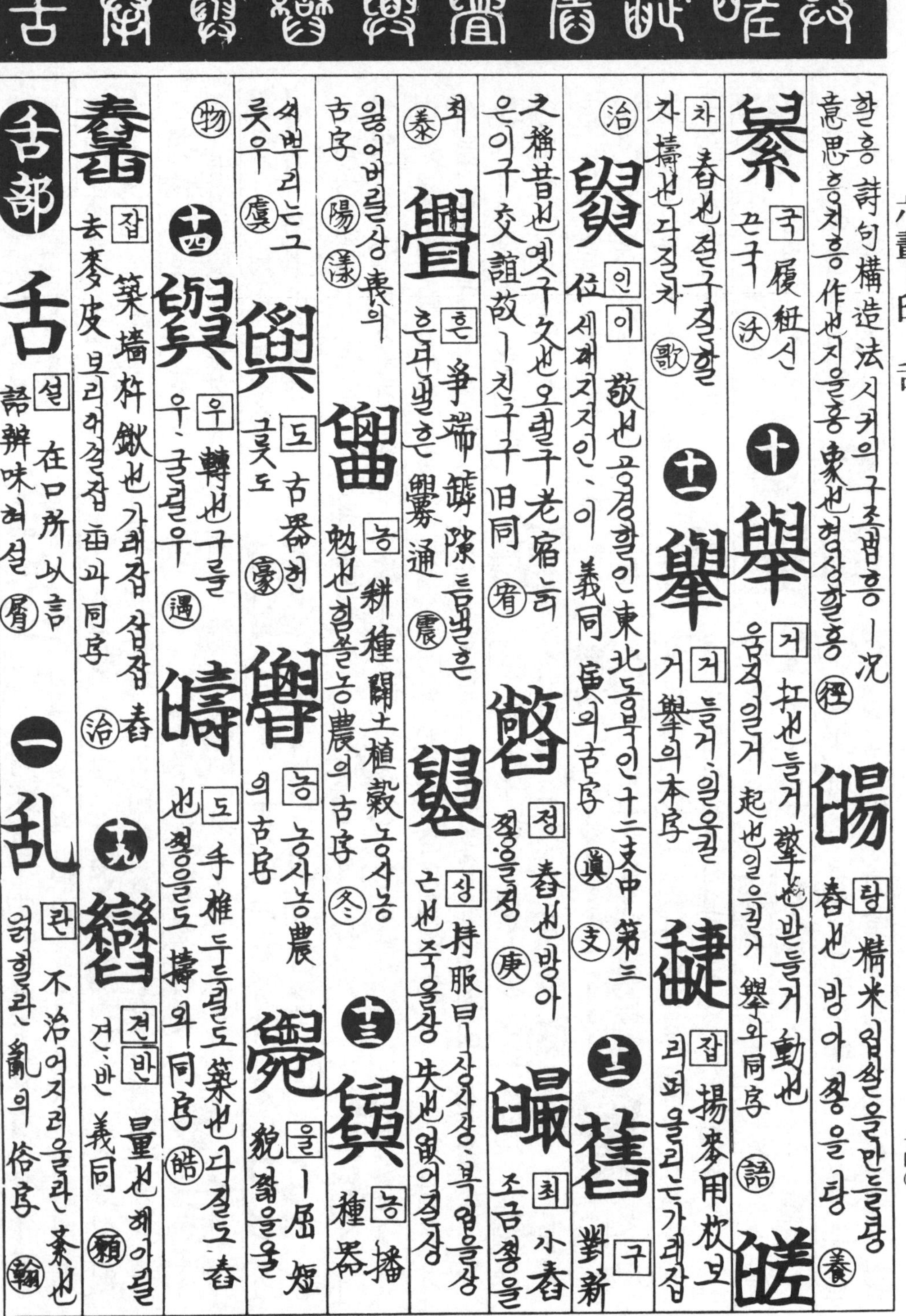

할흥 詩句構造法 시귀의구조법흥 ㅣ況 意思흥치흥 作 지을흥 象 형상할흥 (徑)

暘 [당] 精米 쌀을만들당 舂 방아 찧을당 (養)

[국] 屐紐 신끈국 (沃)

⑩ 舉 [거] 扛 들거 擧 받들거 動 움직일거 起 일으킬거 舉와 同字 (語)

[차] 舂 절구질할차 擣 다질차 (歌)

⑪ 擧 [거] 들거、일으킬거 舉의 本字

[잡] 揚麥用杴 보리 올리는 가래잡

[인][이] 敬 공경할인 東北 동북인 十二支中 第三 位 세째지지인、이 義同 寅의 古字 (眞)(文)

⑫ 舊 [구] 對新 之稱 昔 예구 久 오랠구 老宿 늙은이구 交誼故ㅣ 친구구 旧同 (宥)

[정] 舂 방아 찧을정 (庚)

[최] 小舂 조금 찧을최

[흔] 爭端 다툼흔 罅隙 틈흔 흔단낼흔 釁 通 (震)

[상] 持服 日ㅣ 상사상、복입을상 亡 주을상 失 잃어질상 잃어버릴상 喪의 古字 (陽)(漾)

[농] 耕種 闢土 植穀 농사농 勉 힘쓸농 農의 古字 (冬)

⑬ [농] 播種 器

[도] 古器 그릇도 (豪) 써버리는그릇우 (虞)

[농] 농사농 農의 古字

[울] ㅣ屈 短 貌 짧을울

(物)

⑭ [우] 轉 구를우、굴릴우 (遇)

[도] 手推 두드릴도 築 다질도、舂 찧을도 擣와 同字 (皓)

[잡] 築墻杵 鍬 가래잡 삽잡 舂 去麥皮 보리껍질잡 臿과 同字 (洽)

⑮ [전][반] 量 헤아릴 견、반 義同 (霰)(願)

舌部

舌 [설] 在口所以言 語辨味 혀설 (屑)

① 乱 [란] 不治 어지러울란 紊 얽힐란 亂의 俗字 (翰)

㊁ 舍 [사] 釋也 놓을사 屋也 집사 止息 쉴사 弛也 베풀사 置也 둘사 廢也 폐할사 赦也 용서할사 捨通 (馬)(禡)

舎 [사] 집사、쉴사 舍와同字

㊂ ⿰舌也 [지] 以舌取物 핥을지 舐、舓同字 (紙)

㊃ ⿰舌今 [금] 口閉 입다물금 唫同字 (沁)

⿰舌攵 [활] 盡也 다할활 (黠)

⿰舌支 [기] 喘也 숨찰기 헐떡거릴기 (寘)

⿰舌冘 [전][연] 嚥也 삼킬전 嗽也 기침할연 吮과同字 (銑)

舐 [지] 以舌取物 핥을지 舓同字 本音시 (紙)

舑 [담] 吐舌貌 舚舑丨 혀빼물담 (覃)

㊄ ⿰舌氐 [지] 以舌取物 핥을지 舐의 譌字 本音시 (紙)

⿰舌冊 [담] 舚丨 吐舌貌 혀빼물담 舑의 譌字 (覃)

㊅ 舒 [서] 伸張 펼서 徐也 천천할서 閒也 丨遲 한가할서 辭也 자세할서 緩也 늣을서 (魚)

[illegible] [첨] 至也 이를첨 瞻也 볼첨 丨丨가 言 소곤거릴첨 譫의 俗字 (鹽)

㊆ 辞 [사] 言也 말씀사 別去 사례할사 不應 거절할사 文章 글사 辭의 俗字 (支)

⿰舌延 [전] 言不正 말바르지 않을전 (先)

㊇ 舕 [담] 혀빼물담 舑과同字

⿰舌沓 [답] 大食 크게먹을답 (合)

⿰舌受 [사] 말씀사 辭와同字

⿰舌炎 [담] 舚丨 吐舌 혀빼물담 舕舑과同字 (覃)

舓 [지] 以舌取物 핥을지 舐同字 (紙)

[illegible] [활] 細紬稱 가는명주실활 (黠)

⿱⿰氺舌日 [답] 크게먹을답 ⿰舌沓과同字

舔 [첨] 以舌取物 핥을첨 (琰)

㊈ 舖 [포] 문고리포 鋪의 俗字

⿰舌是 [지] 以舌取物 핥을지 舓、舐와同字 (紙)

⿰舌枼 [답][첩] 犬食聲 개먹는소리답 飲也 마실답 又 舐 홀짝거릴첩 적게핥을첩 (合)(葉)

舗

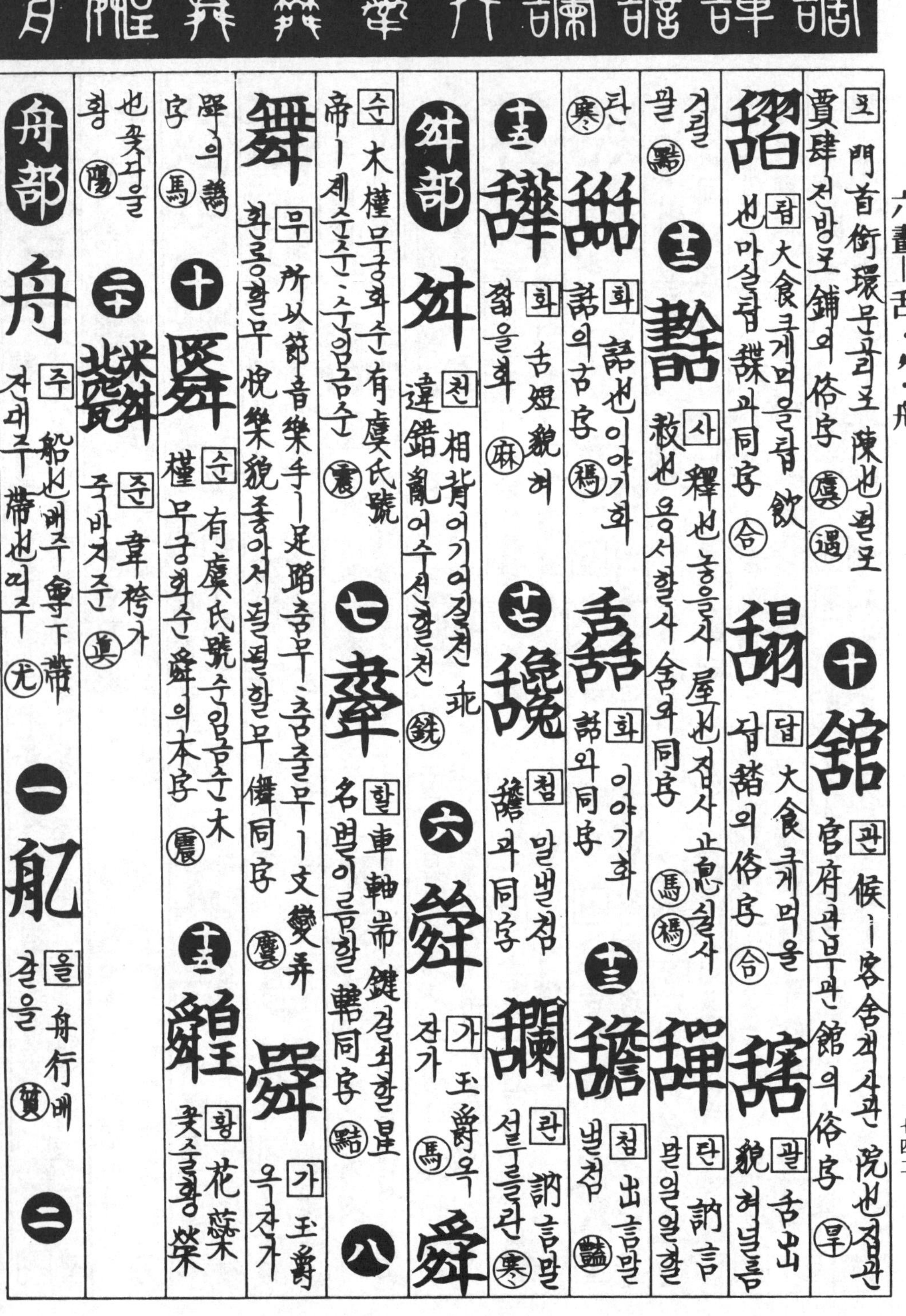

舖 [포] 門首衙環문고리포 陳也펼포 賈肆전방포 鋪의 俗字 (虞)(遇)

⑩

舘 [관] 候ㅣ客舍객사관 院也집관 官府관부관 館의 俗字 (旱)

䑙 [탑] 大食크게먹을탑 歙也마실탑 䍇과 同字 (合)

𦧲 [답] 大食크게먹을답 䑙의 俗字 (合)

舙 [괄] 舌出貌혀날름거릴괄 (黠)

⑪

𦧺 [사] 釋也놓을사 屋也집사 止息쉴사 赦也용서할사 舍와 同字 (馬)(禡)

𦧶 [탄] 訥言말얼얼할탄 (寒)

𦧧 [화] 話也이야기화 話의 古字 (禡)

𦧳 [화] 이야기화 話와 同字

⑬

譫 [첨] 出言말낼첨 (鹽)

⑮

𦨁 [화] 舌短貌혀짧을화 (麻)

⑰

䑪 [첨] 말낼첨 譫과 同字

䑫 [란] 謰言말설구를란 (寒)

舛部

舛 [천] 相背어기어질천 乖違錯亂어수선할천 (銑)

⑥

𦨉 [가] 玉爵옥잔가 (馬)

舜 [순] 木槿무궁화순 有虞氏號 帝ㅣ제순순·순임금순 (震)

⑦

舝 [할] 車軸耑鍵걸쇠할 星名별이름할 轄同字 (黠)

⑧

舞 [무] 所以節音樂手ㅣ足蹈춤무·춤출무ㅣ文變弄 희롱할무 悅樂貌좋아서펄펄할무 儛同字 (麌)

𦨊 [가] 玉爵옥잔가 斝의 譌字 (馬)

⑩

𦨋 [순] 有虞氏號순임금순 木槿무궁화순 舜의 本字 (震)

⑮

𦨌 [황] 花藥榮꽃술황 榮也꽃다울황 (陽)

⑳

𦨍 [준] 韋袴가죽바지준 (眞)

舟部

舟 [주] 船也배주 尊下帶잔대주 帶也띠주 (尤)

①

𦨈 [을] 舟行배갈을 (質)

②

⿰舟卩 [복] 衣也 옷복 治也 다스릴복 行也 행할복 服과同字 (屋)

⿰舟人 [복] 服의 古字

⿰舟了 [료] 船小而長 작고 긴배료 (篠)

⿰舟几 [복] 옷복、다스릴 복 服의 古字

⿰舟川 [올] 船行不安 배가불올 (月)

舠 [도] 小船 거룻도、작은배 도 (豪)

㊂

舡 [강][선] 解 吳船 오나라배 강 本音향 선 船通 (江)(先)

⿰舟弋 [가] 小舟 작은배가 ⿰舟戈也 배 이름가 ⿰舟戈의 譌字 (歌)

⿰舟乇 [랍] 船泊 배멜랍 (合)

⿰舟乞 [올] 播舟 배움직일올 (質)

⿰舟彡 [침] 舟行相續 배서로잇대어갈침 (侵)

舢 [산] 從船也 ㅣ板 船종선、산판산 (刪)

⿰舟几 [올] 舟行 배갈올 (月)

⿰舟叉 [차] 艑ㅣ 小船 거루차 艖와同字 (麻)

㊃

⿰舟支 [반] 旋也 돌이킬반 樂也 즐길반 ㅣ의하반 大船 큰배반 般의 古字 (寒)(刪)

⿰舟今 [금] 新舟 새배금 舟也 배금 (沁)

舨 [판] 舟也 艫ㅣ 배판 (潸)

⿰舟太 [태] 舟行 배갈태 (泰)

舩 [선] 舟也 배선 衣領 옷깃선 船과同字 (先)

⿰舟日 [일] 舟飾 배꾸밀일 (質)

航 [항] 方船、船也 배항 以船渡水 배질할항、건널항 杭通 (陽)

舥 [파] 浮梁 배다리파、선창파 (麻)

⿰舟少 [초] 船不安 배위태할초 (肴)

⿰舟𠬝 [복] 옷복、다스릴 복 服의本字

舫 [방] 兩船連結 배연결할방 船人 뱃사공방 (漾)

般 [반] 還也、反也 되돌아올반 布也 펼반 多也 많을반 全ㅣ 모두반 樂也 즐길반 移也 옮길반 (刪)(寒)

⿰舟区 [제] ㅣ艢、水戰船 싸움배제 ⿰舟氐의 譌字 (齊)(霽)

⿰舟戈 [가] 小船 작은배가 (歌)

㊄

⿰舟氐 [제] 戰船ㅣ艢 싸움배제 (霽)

舵 [타] 正船木 키타 柁同字

字 哿

舷 현 船邊 뱃전현 先

艴 불 大船큰 배불 物

⿰舟付 부 舟短而深船고깊은 배부 艀同字 過

舳 축 船尾배꼬리 축、고물축 屋

⿰舟句 구 大船ㅣ⿰舟鹿 큰배 구(洲名ㅣ⿰舟鹿) 尤

舴 책 小舟ㅣ艋 작은배책 陌

舲 령 小船有窓창 있는작은배령 青

舵 타 船木키타 柁와同字

舶 박 航海大船큰배박、당두리배박、本音백 陌

船 선 舟선배선、衣領옷깃선 舩同字、舡通古音전 先

舸 가 大船큰배가 哿

⿰禾舟 영 舟行배떠날영 敬

⿰舟召 초 吳船오나라배초 蕭

⿰舟夗 원 舟선배원 ⿰舟宛과同字 院

⿰舟目 외 漕運船조우선외 ⿰舟眉

舺 갑 長船긴배갑 洽

⿰舟舌 와同字 未

六

⿰舟兆 도 江中大船ㅣ舸강가운데 큰배도、도가배도 豪

⿰舟舌 활 舟行배갈활 曷

⿰舟聿 진 津선 진액진、참진 水渡處나루진 盜선 넘칠진 津과同字 眞

⿰舟巳 범 舤선 뱃전범 咸

⿰舟卬 공 小舟거룻배공 可憎貌ㅣ松 가증스러울공 棵과同字 冬

舽 방 吳船ㅣ舡 오나라배방 江

舼 공 홍 小船작은배공 船선 배홍 冬 東

⿰舟同 동 충 艨ㅣ戰船 몽동배동 戰船 艦 싸움배동、충 義同 艟과同字 東 冬

七

艆 랑 扣艆 뱃전철랑 舷선 뱃전랑 陽

⿰舟今 금 新舟새배금 舟선 舲과同字 沁

艁 조 以舟爲梁ㅣ首선 창조、배로다리놓을조 皓

艅 여 渡船나룻배여 (吳船名ㅣ艎) 魚

艀 부 端艇거룻배 부、종선부 尤

艂 봉 舟名배이름봉

(東)

艀 [부] 短而深舟 艊고속 작은배부 艀·艀通 (遇)

艼 [형] 載鹽船 소금배형 (庚)

艇 [정] 길고 작은배정 艇과 同字

艇 [정] 狹長小船 길고 작은배정 (迥)

舭 [도] ㅣ舠 江中大船 도가배도 강가운데 큰배도 舭와 同字 (豪)

艄 [소] 船尾 고물소 哨船金 趙 정금하는 배소 梢通 (肴)

艃 [리] 長形小船 길고작은배리 (支)

䑐 [제] 小船 작은배제 船名 배이름제 (霽)

八

艋 [맹] 小舟 舴ㅣ 작은배맹 (梗)

艍 [거] 小舟 거룻배거(韓)

䑽 [진] 나루진 津의 古字

艌 [념] 舊船修理 낡은배수리할념 挽船 배끄을념 (鹽)

𦪇 [륜] 船之橫木 배밑창나무륜 (眞)

艓 [섭] 舟行疾 배빨리갈섭 (葉)

䑵 [배] 艪後所排水 키배、고물배 (卦)

艒 [조][도] 小船 작은배 조、도、義同 (蕭)(豪)

艗 [의] 青雀舟 鷁首의 배의 艗과 同字 (錫)

䑩 [청] 輕船 가벼운배청 俗音천 (霰)

䑲 [도] 行舟 배띄워놓을도

䑱 舵번 키 도 (效)

朕 [짐] 我번 나짐 兆번 조짐짐 빈미짐 朕의 古字 (寢)

艊 [박] 海中大船 큰배박 舶과 同字 (陌)

䑱 [원] 舟번 배원 (阮)

九

艐 [종] 船着沙不行 배걸릴종 國名 三ㅣ 나라이름종 (東)

艓 [접] 小舟 거루접 ㅣ子 사공접 (葉)

䑺 [범] 舟上幔使風 돛범 帆과 同字 (咸)

䑿 [진] 水渡處 나루진 溢번 넘칠진 津의 古字 (眞)

䑸 [계] 長船 긴배계 (霽)

艘 [소] 船總名 배소 艘와 同字 (蕭)

艎 [황] 吳船 艅ㅣ 오나라 大船 큰배황 (陽)

艏 [수] 船首 뱃머리수 (有)

艅 [유] 刳空木中作船 흠배유 (虞)

艐 [돌] 釣舟 낚싯배돌 (月)

⿰舟胃 [위] 漕運船 조운선위 (未)

⿰舟斿 [유] 舟浮 배뜰유 (有)

⿰舟咠 [급] 舟行 배갈급 (緝)

艛 [루] 艛ㅣ樓船名 발루ㅣ배루、누선루 艛의略字 (尤)

艑 [편][변] 小舟 거루편、ㅣ艖 舟名변 차배변 扁通 (先)(銑)

⿰舟曷 [칠] 大船 큰배칠 𦩷과同字 (月)

艒 [목][모] ㅣ艄 小舸 작은배목、모義同 (屋)(號)

❿

⿰𠦝舟 [조] 朝와同字 아침조、이를조

艘 [소] 船總名 배소 梭同字 (蕭)

⿰舟昜 [탑] 廣大船 큰배탑 (合)

艏 [수] 船首 뱃머리수 艏와同字 (有)

艗 [익] 靑雀舟 푸른새그린배익 榏同、鷁通 本音역 (錫)

艙 [창] 甲板底 갑판밑창 船ㅣ 선창창 (中)

艖 [차] 小舸名 艑ㅣ작은배차、거루차 般同字 (麻)

艇 [정] 小船 거루정、작은배정 艇과同字 (迥)

艕 [방] 廣船 넓은배방 (漾)

⿰舟冓 [구] ㅣ艛 大船 큰배구 ⿰舟句와同字 (尤)

⿰舟兼 [겸] 底深 船밑깊은배겸 (鹽)

⿰舟翏 [추] 海船 대양선추 舷선 뱃머리추 (尤)

⿰舟豈 [애] 底廣船 밑넓은배애 (灰)

⓫

艜 [대] 長狹艇名 길고좁은배대 (泰)

⿰舟桼 [등] 水超涌 물이솟아오를등 張口 騁辭貌 말줄줄할등 滕과同字 (蒸)

⿰舟畐 [부] 積船多貌 배에많이실을부 舟번배부 (宥)

⿰舟羞 [수] 進船 배밀고저어나아갈수 (尤)

⿰舟鳥 [조] 船長貌 배긴모양조 舟種 배조 (篠)

艚 [조] 小舟 작은배조、거루조 (豪)

⿰舟將 [장] 橫楫 상앗대장 槳과同字 (養)

⿰舟習 [습] 覆船具 배차일습 (緝)

艛

[루] 樓船 艐ㅣ 다락 있는배 루 (尤)

䑬 [록] 船名 艒ㅣ 구록배 록 (屋)

艁 [조] ㅣ首 以舟爲梁 선창 조 船의 俗字

𦪑 [부] 短而深舟 짧고 속깊은 배 부 艀와 同字 (遇)

𦪞 [체] 舟危貌 배가 위태할 체 (霽)

𦪷 [숙] 艒ㅣ、小舠 작은배 숙 (屋)

十二

䑠 [료] 小長船 작고 긴배 료 (蕭)

䒀 [발][벌] 樓船ㅣ艛 다락있는 배 발、海茂 떼배 벌 (曷)(月)

𦫙 [돈] 大船 큰배 돈 (願)

𦫛 [위] 運送船 운송선 위 (未)

𦫜 [등] 緘閉 봉할 등 (蒸)

𦪝 [방] 廣船 넓은배 방 艕과 同字 (漾)

𦪹 [탑] 大船 큰배 탑 (合)

𦫌 [칠] 繫船杙 배매는 말뚝 칠 (月)

𦪽 [준] 船底孔 배밑구멍 준 (願)

𦪒 [횡][황] 筏也 뗏목 횡、황 義同 艎同字 (庚)(陽)

艟 [동][충] 戰船 艨ㅣ 싸움배 동 舸同字、충 義同 (東)(冬)

艞 [요] 船泊街板 배발판 요 或音 조 (蕭)

𦫖 [요][뇨] 短櫂 노 요、動亂貌 흔들릴 요、枉也 굽힐 뇨 摧折 꺾을 뇨 橈와 同字 (蕭)(巧)

䑿 [숙] 艒ㅣ、小舠 작은 배 숙 𦪷과 同字 (屋)

十三

艤 [의] 整舟向岸 배댈 의、배댈의 檥同字 (紙)

艡 [당] 兵船 艇ㅣ 싸움배 당 (陽)

艣 [로] 所以進舟 似槳而長 船具 상앗대 로 櫓通 (麌)

𦫀 [령] 小舟有窓 창있는 작은배 령 舲과 同字 (靑)

艥 [즙][접] 棹也 돛대 즙、노 즙 短棹曰ㅣ 노 접 楫과 同字 (緝)(葉)

𦫁 [차] 艑ㅣ 小舠 거루 차 艖의 本字 (麻)

𦫂 [달] 戰船 ㅣ艟 싸움배 달 (曷)

䑝 [비] 船釘 배못 비 (尾)

𦫗 [헐] 大船 큰배 헐 (月)

艢 [장] 帆柱 돛대 장 艢同字 (陽)

十四

艩 제 船之承艣凸物 노거리제 齊

艧 확 舟也 배확 藥

艨 몽 戰船ㅡ艟 싸움배몽(狹而長曰ㅡ艟 以衝突敵船) 東

[舟+無] 무 長舟 긴배무 虞

艦 함 戰船四方施板以禦矢石 싸움배함(今稱海軍曰ㅡ隊、戰船曰軍ㅡ) 豏

十五

[舟+墨] 묵 釣船 낚시배묵 屋

艪 로 所以進舟似槳而長船具 상앗대로 艣、櫓와 同字 麌

[舟+賛] 차 거루차 艖의 俗字

[舟+蠡] 례 大船 큰배례 齊

十六

[舟+騰] 등 馳也 달릴등 踊躍 뛰놀등 升也 날오를등 騰과 同字 蒸

艫 로 船頭 뱃머리로 船後部 뱃고물로 船相屬舳ㅡ 배서로잇달로 虞

[舟+歷] 력 往來船 왕래하는배력 錫

[舟+龍] 룡 小船上安蓋者 갑판룡、뚜껑덮은적은배룡 冬

艢 장 颿柱 돛대장 艢 檣과 同字 陽

[龍+舟] 습 覆船具 배차일습 艢과 同字 緝

十七

[舟+霊] 령 창있는배령 艫와 同字

艬 참 大船 큰배참 咸

[舟+霝] 령 舟有窗者 창있는배령 舲同字 青

十八

艭 쌍 船名艭ㅡ 큰배쌍 배이름쌍 本音상 江

十九

[舟+蠡] 례 江中大船 강가운데있는큰배례 艬와 同字 齊

二十

[舟+蠡] 례 江中大船 강가운데있는큰배례 齊

艮部

艮 간 止也 그칠간 限也 한정할간 方位 간방간 卦名 괘이름간 願

一

良 량 善也 어질량、착할량 頗也 자못량 首也 머리량 夫稱ㅡ人 남편량 誠也 진실로량 深也 깊을량 器工 장인량 能也 능할량 ㅡ有以 때무량 陽 漾

三

[弓+艮] 맹 愚民 백성맹

어리석은백성맹 氓의 譌字 ㊅庚

⑪ 艱 간 難也 어려울간 憂也 근심할간 (遭父母之喪曰丁—亦作丁憂) ㊅刪

⑭ ⿰堇艮 간 難也 어려울간 憂也 근심할간 艱과同字 ㊅刪

色部

色 색 五采빛색 顏氣낯색、기색색 美女예쁜여자색 求物—물건구할색 行—모양색 驚也놀랄색 怒也作—곳대올릴색 ㊅職

④ ⿰⺈色 혜 黃病色황달빛혜 ㊅齊

⑤ ⿰白色 파 色不眞正빛참되지않을파 ㊅禡

⿱癶色 발 無色빛없을발 淺色엷을발 ㊅曷

艴 불 발 怒也—然성발끈낼불 怒色—如성내빛발 ⿰孛色同字 勃通 ㊅物 ㊅月

⿰木色 말 無色색없을말 淺色색엷을말 ㊅曷

⿰央色 앙 氣上기운올앙 ㊅養

⑦ ⿰孛色 불 발 —然色怒성발끈낼불、발 義同 艴과同字

⑧ ⿰方色 방 ⿰旁色—無色색없을방 ⿰旁色과同字 ㊅養

⿰彥色 안 顏角容也얼굴안 顏과同字 ㊅刪

⿰并色 병 縹色옥색병 (玉色) ㊅青

⑩ ⿰旁色 방 ⿰旁色—無色색없을방 ㊅養

⿰冥色 명 青黑色검푸를명、閉目눈감을명 ⿰冥色의 譌字

⿰窊色 와 色脫빛없을와 ㊅禡

⿰盎色 앙 色深而惡貌색이깊고나쁠앙 ㊅講

⿱冥色 명 青黑色—靘검푸를명、아청빛명 閉目눈감을명 瞑通 ㊅青 ㊅敬

⑪ ⿰曾色 증 顏色凶惡얼굴빛흉할증 ㊅蒸

⿰茫色 망 ⿰茫色—無色색없을망 ㊅養

⑬ 艶 염 光彩고울염 容色豐滿얼굴탐스러울염 豔同字 ㊅豔

⑭ ⿰鼻色 포 面生氣起如水泡여드름포 부풀포 皰와同字 ㊅效

⿰熏色 훈 物被熏色불에누룰

흉 (問)

[illegible] 몽 醜也 추할몽 (東)

(十六)

[illegible] 몽 맹 顏色惡貌 낯빛흉할몽、神不爽貌 귀신이 분명치 않을맹 (蒸)(徑)

(十八)

豔 염 光彩고울염 容色豐滿얼굴탐스러울염 艶의本字 (豔)

艸部

艸 초 철 百卉總名 풀초 芽貌 풀과곳과돋날철 (皓)(屑)

(一)

艹 部首名 초두믿

丄 초 艸의俗字

(一)

𦫳 개 과 羊角開貌 양의뿔벌어진모양개 乖義同 (蟹)(馬)

(二)

芀 조 葦華 갈대꽃조 (今人取之爲帚曰―帚也) (蕭)

艻 륵 香草蘿― 향풀륵 藥名牛脂― 약이름륵 (職)

艼 정 ―熒艸名藺也 정풀정 酩貌 艼― 취한모양정 酊同字 (青)(迥)

艾 애 예 蕭也灸草 쑥애 老也耆― 늙은이애 養也頤― 기를애 美好少― 예쁠애 安也保― 편안할애 忿通、治也―安 다스릴예 鎌也 낫예 穫也 베어들일예 乂通 (泰)(隊)

艽 교 규 구 藥名秦艽草 망초교、규義同、荒野 거친들구 (肴)(支)(尤)

[illegible] 사 죽을사 死와同字

艿 잉 陳根不芟新草相仍[illegible] 묵은뿌리에서로싹날잉 芿同字 (蒸)

[illegible] 우 벗우 友의古字

[illegible] 개 庋也이 그릇걸개 (蟹)

(三)

[illegible] 재 蔽也 기령 풀재 (灰)

芋 후 우 클후、토란우 芋와同字

芋 후 우 大也 클후 訏通 芋蹲鴟 토란우 (虞)(遇)

[illegible] 구 草也 풀구 (尤)

[illegible] 신 蒿類다 북쑥신 (震)

艺 의 羊桃 양도의 (草名銚―) (職)

芇 면 賭也 내기할면 相當 비길면 (先)

芄 환 莞也 ―蘭 왕골환 雚通 (寒)

芉 간 草名蔽― 쑥간 蓮子 연밥간 (旱)

芃

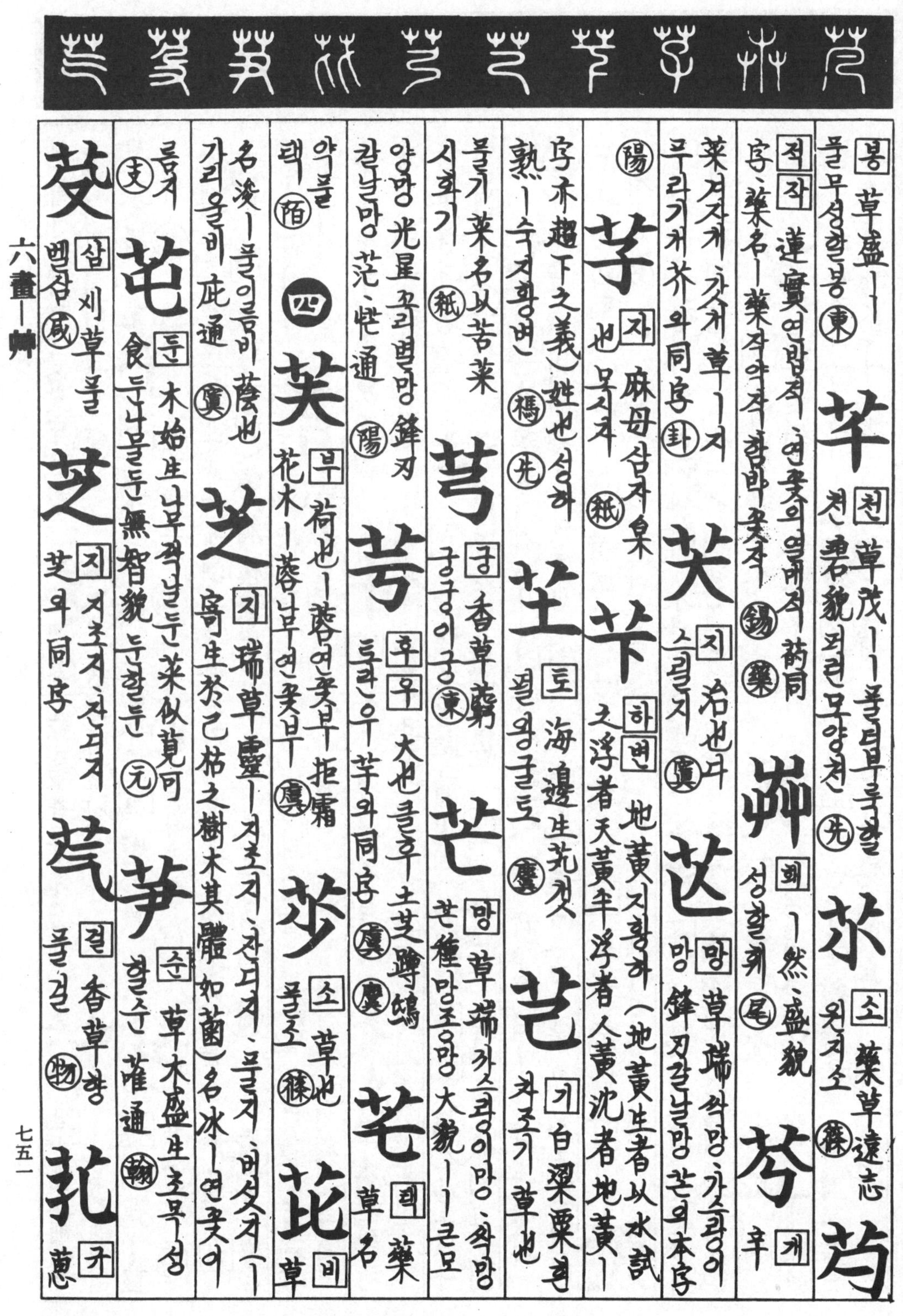

봉 草盛ㅣㅣ 풀무성할봉 東

芊 천 草茂ㅣㅣ 풀더부룩할천 蒼貌 퍼런모양천 先

[艹+小] 소 藥草遠志 원지소 篠

芍 적 자 蓮實 연밥적, 연꽃의열매적 菂同字、藥名ㅣ藥 작약작 함박꽃작 錫 藥

芔 훼 ㅣ然、盛貌 성할훼 尾

芥 개 辛菜 겨자개 갓개 草ㅣ 지푸라기개 芥와同字 卦

芖 지 治也 다스릴지 寘

芒 망 草端 싹망、가스랑이 망 鋒刃끝날망 芒의本字 陽

芓 자 麻母 삼자 枲也 모시자 紙

芐 하 변 地黃 지황하(地黃生者以水試之浮者天黃半浮者人黃沈者地黃ㅣ字亦趨下之義) 姓也 성하 熟ㅣ 숙지황변 禡 先

芏 토 海邊生莞 갯왕골토 麌

芑 기 白粱粟 흰차조기 草也 풀기 菜名似苦菜 시화기 紙

芎 궁 香草 藭 궁궁이궁 東

芒 망 草端 가스랑이망、싹망 芒稚 망조망 大貌ㅣㅣ 큰모양망 光星 꼬리별망 鋒刃 칼날망 茫、恾通 陽

芌 후 우 大也 클후 土芌蹲鴟 토란우 芋와同字 虞 麌

[艹+少] 소 草也 풀소 篠

[艹+乇] 택 藥草名 약풀택 陌

四

芙 부 荷也ㅣ蓉 연꽃부 拒霜花木ㅣ蓉 나무연꽃부 虞

芘 비 草名 蔆ㅣ 풀이름비 蔭也 가리울비 庇通 寘

芝 지 瑞草靈ㅣ 지초지、잔디지、풀지、버섯지(ㅣ寄生於已枯之樹木其體如菌) 名冰ㅣ 연꽃이름지 支

芚 둔 木始生 나무처음날둔 菜似莧可食 둔나물둔 無智貌 둔할둔 元

芛 순 草木盛生 초목성할순 蕣通 軫

芟 삼 刈草 풀벨삼 咸

[艹+乏] 지 지초지、잔디지 芝와同字

芞 걸 香草 향풀걸 物

芁 구 葸

也 과규 病脈 旁實中空 병든맥가운데허할규 (尤)

芠 [문] 草類 풀문 不分明貌 분명치않을문 (文)

芣 [부] 車前草 ㅣ苢 질경이부、길경 구부 (尤)

⿱艹牛 [우] 藥名 牛膝 쇠무릎우 (尤)

芯 [심] 燈心草 등심초심 (侵)

芭 [파] 甘蕉 ㅣ苴 파초파 (麻)

芮 [예] 草生貌 풀뾰족뾰족할예 水涯 물가예 (ㅣ之言內也 水內曰隩、水外曰鞫) 繫楯後帶 방패끈예 姓也 성예 (霽)

芪 [기] 藥名 黃ㅣ 단너삼기、황기기 (支)

芩 [금] 鹿食草 사슴먹이풀금、黃ㅣ 약이름금 (侵)

芫 [원] 草名 魚毒 고기잡는풀원 (煑ㅣ投水中則魚死而浮出 故以爲名) (元)

⿱艹卜 [복] 草生貌 풀자랄복 小擊 조금두드릴복 (屋)

芬 [분] 香也 향기분 亂也 ㅣㅣ 어지러울분 名譽 이름날분 (文)

芦 [호] 地黃 지황호 蒲也 부들호 蘆略字 (虞)

芧 [서][저] 栩也 도토리나무서、저 義同、苧同字 (語)

芥 [개] 辛菜 겨자개 草ㅣ 지푸라기개 纖ㅣ 티끌개 (卦)

芨 [급] 藥名、白ㅣ 백급、급대왕풀급 (白ㅣ葉似初生椶苗 開花紅紫色 中心如舌) (緝)

芢 [인] 種子 씨인 草名 풀이름인 (眞)

芡 [검] 水果 鷄頭 마름검、가시연밥검 (琰)

芜 [침] 知母ㅣ藩 지모침 蒊同字 (侵)

芰 [기] 水栗 四角蔆 세발마름기 (寘)

芸 [예] 才能 재주예 文也 글예 準也 대중할예 藝의 略字 (霽)

芺 [요] 薊屬 野芺 엉겅퀴요 (草名 鉤ㅣ、又苦味草) (篠)

芵 [결] 薢若ㅣ光 초결명결 (屑)

芷 [지] 藥名 白ㅣ 구리때지、궁궁이지 香草 향풀지 (紙)

芴 [물][홀] 菲也 土苽 순무물 纖密貌 ㅣㅣ 빽빽할물、惚也 황홀할홀 惚同字 (物) (月)

芸 [운] 香草 향풀운 多貌 촘촘할운 花盛貌 꽃성할운 (文)

芳 [방] 芬ㅣ香氣 꽃다울방 聲譽之美 이름빛날방 德行之美 덕스러울방

芳과同字 (陽)

花 [화] 꽃화 花와同字

芲 [화] 꽃화 花의略字

花 [화] 꽃화 花와同字

芳 [방] 芬ㅣ香氣 향기방 聲譽之美 이름빛날방 德行之美 덕스러울방 (陽)

花 [화] 草木之葩 꽃화 花開也 꽃필화 娼妓異名 기생의별명화 消耗 써없앨화 華 蘤通 (麻)

芹 [근] 水菜 楚葵 미나리근 (文)

芼 [모] 菜也 나물모 擇也 가릴모 (豪)(號)

芐 [호] 爲繩草名 노끈만드는풀호 (遇)

[illegible] [우] 벗우 友의古字

苀 [항] 蒲也 부들항 항(草名) (陽)

苅 [예] 芟草 풀벨예 殺也 죽일예 刈의略字 (隊)

芾 [비] [패] [불] 木盛 蔽ㅣ 나무성할비 、과義同 草木盛 초목우거질불 黻通 (未)(泰)(物)

芽 [아] 萌也 싹아 始也 비롯할아 (麻)

芿 [잉] 草生 풀싹잉 艿同字 (徑)

茚 [앙] 菖蒲 창포앙 (陽)

苒 [염] 草盛貌 풀우거질염 荏ㅣ展轉 덧없을염 그렁저렁할염 苒과同字 (琰)

芻 [추] 刈草ㅣ蕘 풀베일추 飼牛馬之草 꼴추、짐승먹이추 僧曰苾ㅣ 중추 (虞)

[illegible] [의] [을] [응] [억] 不定惑也 의심할의、머뭇거릴의 定也 정할응 正立 바로설을、억、을과義同 疑의古字 (支)(蒸)(物)(職)

[illegible] [발] 小貌 작은모양발 (曷)

芇 [만] 匹敵 맞겨룰만 ㅣ朞 바둑비길만 (寒)

[illegible] [일] 草色 풀빛일 (質)

苁 [종] 隨也 따를종、좇을종 舒緩貌 조용할종 同宗 친척종 從의古字 (冬)(宋)(董)

[illegible] [췌] 聚也 모을췌 卦名 괘이름췌 萃의略字

[illegible]

보 ㅣ提摩伽陀國樹名보리나무보、佛號ㅣ薩보살보ㅣ薩子也 개칠보 菩의略字 (遇)
제 시 ㅣ擧也 들제 挈也 끌제、당길제、擲也 던질제 群飛貌 떼지어날을시 提의略字 (齊)(支)

芓 우 ㅣ藤藥名 소무릎우 (尤)

五

苓 령 卷耳도꼬마리령 藥名茯ㅣ풍뱅이령(千年之松下、有茯ㅣ) 菌類豬ㅣ저령령 大苦草쓴바귀령 藘通 (靑)

芸 거 세 草器풀베는기구거 (魚)

苜 목 菜名ㅣ蓿거여목목(馬嗜ㅣ蓿)連枝草

苙 립 藥名白芷구리때립 畜欄짐승우리립 (緝)

苘 경 枲屬似苧어저귀경 蘔同字 (屋) (迥)

苛 가 小草잔풀가 煩細가다로울가 酷也가혹할가 譴也꾸짖을가 擾也흔들가 察也살필가 疥也옴가 (歌)

苕 초 草名陵ㅣ능초풀초 高貌우뚝한모양초 (蕭)

苗 묘 싹묘、이삭묘 苗와同字

苗 묘 穀草初生싹묘 務也이삭묘 胤也ㅣ裔이을묘 象也무리묘 胤也 裔ㅣ이을묘 (蕭)

菭 태 蘚也 이끼태、갈태(高有瓦ㅣ卑有澤葵散巖屢貫者曰石髮補空田者曰垣衣在屋曰昔邪在水曰陟釐)落同字 (灰)

苑 원 囿也 禁ㅣ나라동산원 ㅣ風大風큰바람원 (阮)

苒 염 草盛貌 풀우거질염 展轉荏ㅣ덧없을염 (琰)

苐 제 草名 제풀제 複姓 不ㅣ성제 稊同字 (齊)

苟 구 誠也 진실로구 草率ㅣ且 구차할구 但也 다만구 纔也 겨우구 草也 풀구 若也 만약구 (有)

苡 이 薏ㅣ實如珠辟瘴氣 율무이(俗謂ㅣ米可煮粥磨麵並爲藥用) 芣ㅣ질경이이 (紙)

若 약 야 만약약、젊을약、반야야、절야 若과同字 (藥)(馬)

苠 민 竹膚속대민 衆多貌많은모양민 (眞)

若 약 야 如也같을약 汝也너약 順也순할약 豫及辭및약 假說辭만약약 年少젊을약 杜ㅣ香草두약풀약、般ㅣ梵語반야야 僧居蘭ㅣ절야 綏貌ㅣㅣ이는모양야 (藥)(馬)

芘 비 草木花盛貌초목에꽃이무성할비 (支)

苳 동 冬生苣ㅣ겨우살이동 (冬)

苴 저 차 자 有子麻암삼저 路潰包ㅣ꾸러미저 喪杖내지팡이저 履藉신바닥저 水中浮草마름풀차、土ㅣ和糞草거름풀자 (魚)(麻)(馬)

苯 분 草叢生ㅣ蕁풀더부룩하게날분 (阮)

苰 홍 胡麻蘿ㅣ고마자홍 (蒸)

苮 선 草名似莞놓향이선 (先)

英 영 華也꽃부리영 智出萬人영웅영 樂名五ㅣ풍류이름영 雲貌ㅣㅣ구름모양영 美也아름다울영 韺通 (庚)

苫 점 編茅覆屋名白蓋이엉점 喪席거적자리점(居倚廬寢ㅣ)廉ㅣ書貌글씨흘려쓸점 本音섬 (鹽)(豔)

苪 병 明著나타날병 (梗)

茵 수 芝也지초수 (尤)

苩 파 백 花也꽃파、姓也 百濟有ㅣ氏성백 (麻)(陌)

苭 요 草長生貌풀이자라는모양요 (篠)

苧 저 ㅣ麻可爲布縷모시저 紵、苧同字 (語)

苨 니 似蔘薺ㅣ겨로기니 (薺)

苣 거 菜名萵ㅣ상치거 胡麻ㅣ藤흑임자거 炬通 (語)

苢 이 薏ㅣ實如珠辟瘴氣율무이(俗謂ㅣ米可煮粥磨麵並爲藥用) 芣ㅣ질경이이 苡와同字 (紙)

茊 자 작 土苴두엄자 縣名茊ㅣ고을이름자 山名ㅣ領산이름작 (藥)

苺 매 覆盆蛇ㅣ뱀딸기매 (賄)

苾 필 馨香也ㅣ芬향기날필ㅣ芻草名필추풀필 咇同字 (質)

苵 질 䅿草似稗蕛돌피질 (屑)

苶 날 엽

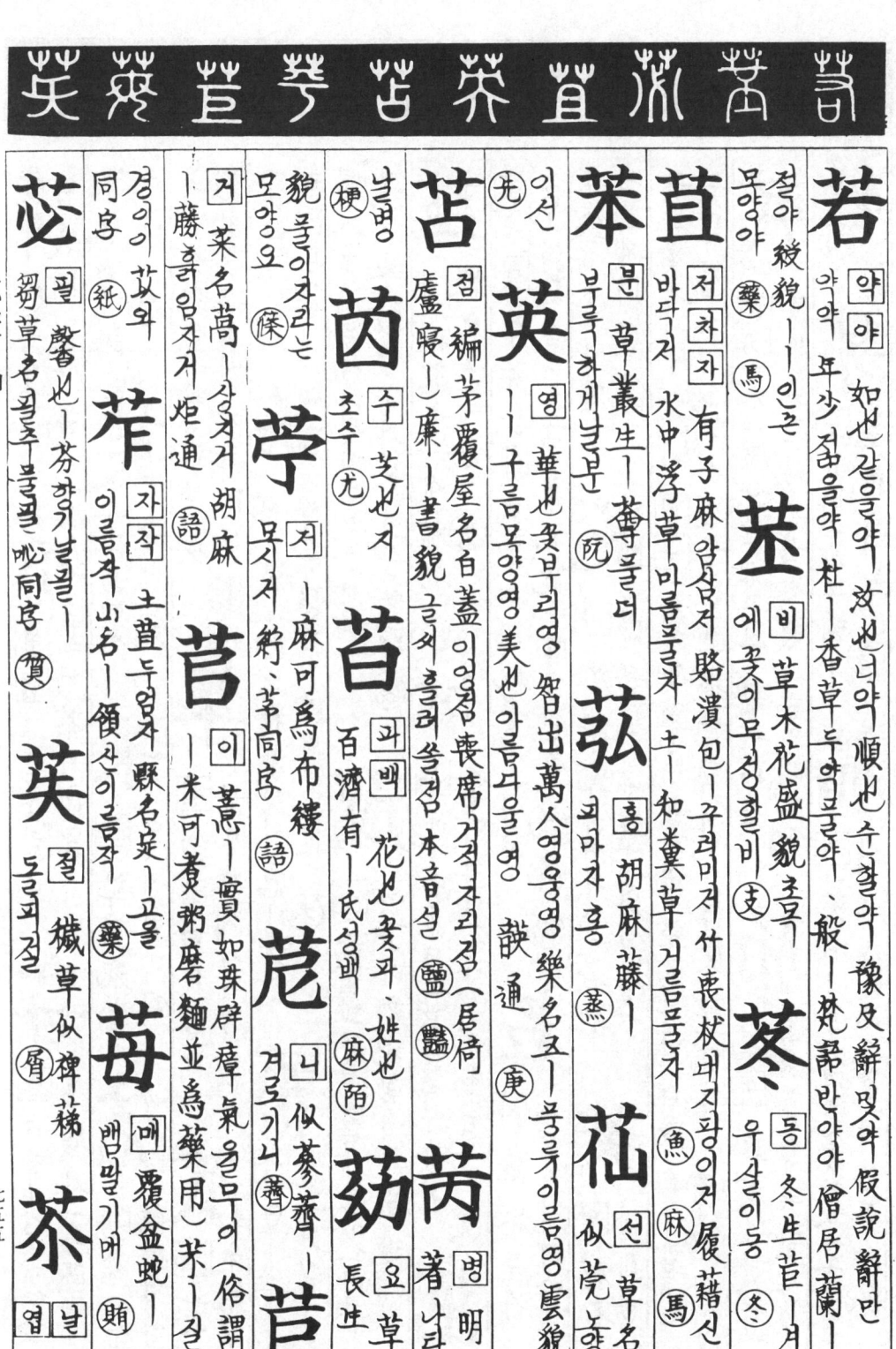

疲貌ㅣ然 고달플날 녑義同 ㉠脣 ㉠葉 **苶** [날][녑] 고달플날、녑 義同 茶과同字 **苷** [감] 甘草감초감 (一名靈通 一名國老ㅣ

最爲衆藥之主) ㉠覃 **苵** [시] 蒿也 쑥시 ㉠紙 **茉** [모] 草盛貌 풀이무성할모 ㉠皓 **苋** [황] 㤺ㅣ狂貌 당황할

황 自失貌 심심할황 沖漠難狀 황홀할황 怳과同字 ㉠養 **苹** [평] 蘋蕭可食 다북쑥평 林檎사과평 ㉠庚 **苽** [고] 茭米 彫胡

줄고、줄고 菰同字 ㉠虞 **苿** [미] 滋ㅣ物之精液 맛의미 意ㅣ뜻미 嘗味 맛볼미 味와同字 ㉠未 **茀** [불] 草盛ㅣㅣ 풀우거질불

婦人首飾 부인머리치장불 福也 복불 車蔽翟ㅣ 차덮는보불 芾通 ㉠物 **茂** [무] 草盛 무성할무 美也 아름다울무 勉也 힘쓸무 楙通 ㉠宥

茬 [생] 花蕊 꽃술생 植物總名 초목생 ㉠庚 **苻** [부] 草名鬼目 귀목풀부 姓也 성부、草之莩甲也 겉껍질부 ㉠尤 **茁**

[줄][절][촬] 草芽 풀싹줄 草初生貌 풀처음날절、草出貌 풀나는모양촬 肥貌ㅣ壯 살찔촬 ㉠質 ㉠屑 ㉠黠 **苙** [자] 蓐席 돗자 重也 거듭자 草

木盛多 초목우거질자 茲와同字 ㉠支 **茈** [자] 茈紫草 지치자 草名葧薺 올메자 子薑 생강자 ㉠支 **茉** [말] 花名ㅣ莉 말리

꽃말리 柰사과꽃말 ㉠曷 **茇** [발][불] 蘂葉名 葦ㅣ 결발발 草舍 초막발 草名ㅣ葀 발 팔풀발 草根 풀뿌리발 舟索 뱃줄불 ㉠曷 ㉠物

莞 [관][간] 小蒲 골풀관、왕골관 𦸣과同字 茅屬 띠간 姓也 성간 菅의古字 ㉠寒 ㉠刪 **茆** [모][류] 蓴菜 순나물묘 鳧葵 蓴菜草 순채

유 ㉠巧 ㉠有 **茅** [모] 菅也 띠모 前ㅣ 旌識 표기모 ㉠肴 **茄** [가] 菜名ㅣ子 가지가、芙蕖莖 연줄기가 五ㅣ藥名 오가피가 俗音가 ㉠麻

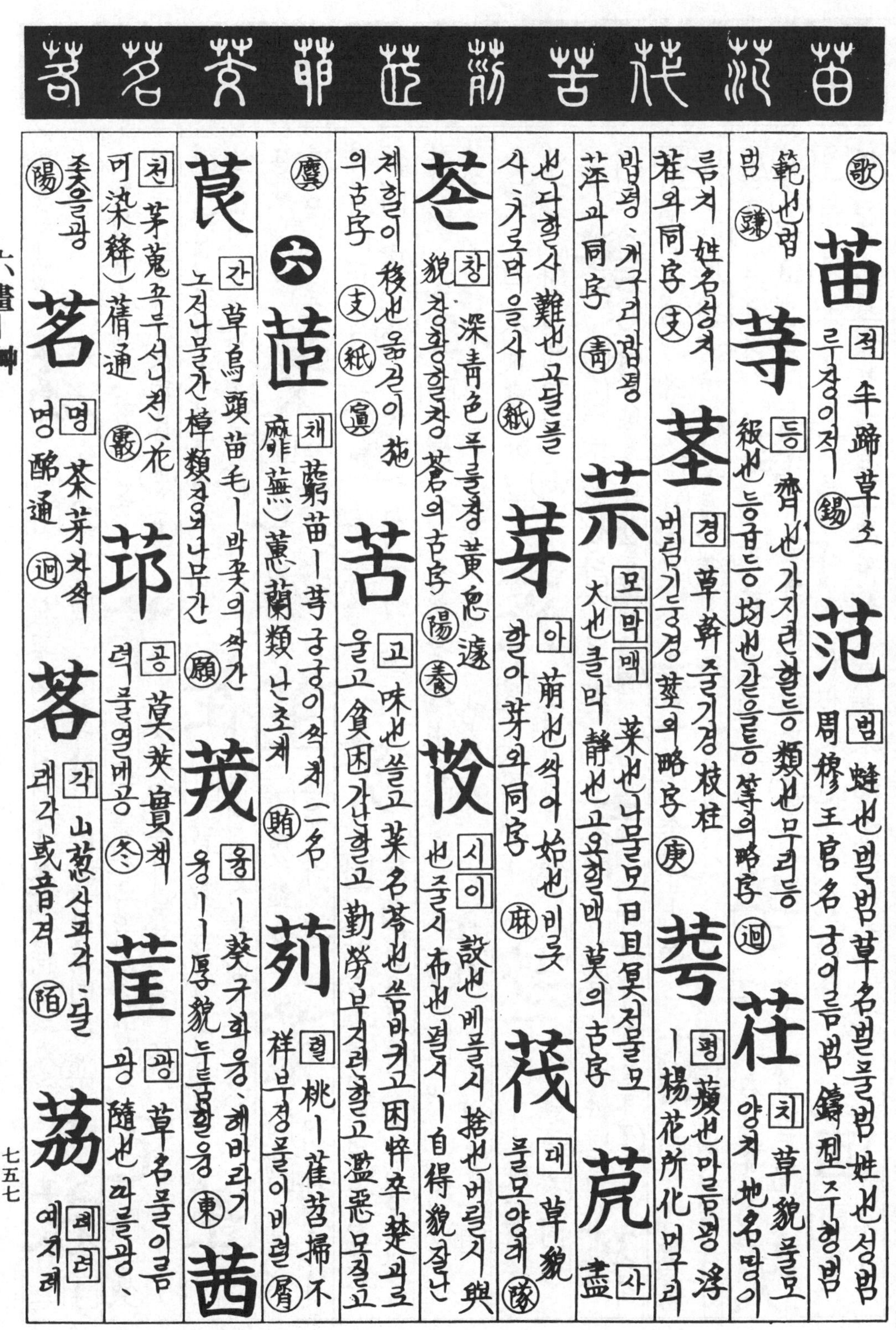

(歌) **苗** [적] 牛蹄草소루장이 적 (錫)

范 [범] 蜂벌 벌범 草名풀범 姓성 범 周穆王官名 궁이름범 鑄型주형범 範법 범 (豏)

䓁 [등] 齊가지런할 등 類무리 등 級등급 등 均고를 등 等의 略字 (迥)

茌 [치] 草貌풀모양치 地名땅이름치 姓名성치 (支)

茎 [경] 草莖줄기경 枝柱버팀기둥경 莖의 略字 (庚)

苹 [평] 蘋마름평 浮ㅣ楊花所化 머구리밥평、개구리밥평 萍과 同字 (青)

茻 [모][막][매] 菜나물모 日且冥저물모 大큰 말모 靜고요할매 莫의 古字

荩 [사] 盡다할사 難고달플사 夫가로막을사 (紙)

芽 [아] 萌싹아 始비롯할아 芽와 同字 (麻)

茷 [대] 草貌풀모양대 (隊)

苍 [창] 深青色푸를창 黃色遽貌창황할창 蒼의 古字 (陽)(養)

荍 [시][이] 設베풀시 捨버릴시 與줄시 布펼시 ㅣ自得貌잘난체할이 移옮길이 施의 古字 (支)(紙)(寘)

苦 [고] 味쓸고 菜名荼씀바귀고 困悴卒楚괴로울고 貪困가난할고 勤勞부지런할고 濫惡모질고 (麌)

⑥

茝 [채] 蘼苗ㅣ芎궁궁이싹채 (一名蘼蕪) 蕙蘭類난초채 (賄)

茢 [렬] 桃ㅣ葦苕掃不祥부정풀이비렬 (屑)

茛 [간] 草烏頭苗毛ㅣ바곳의 싹간 桿類오리나무간 (願)

茙 [융] ㅣ葵접시꽃융、해바라기융 ㅣㅣ厚貌두둑할융 (東)

茜 [천] 茅蒐꼭두서니천 (花可染絳) 蒨通 (霰)

茳 [공] 莫莢實씨려풀열매공 (冬)

茪 [광] 草名풀이름광 隨따를광、좇을광 (陽)

茗 [명] 茶芽차싹명 酩通 (迥)

茖 [각] 山葱산파각、달래각 或音격 (陌)

荔 [례][려] 예지례

향풀려 荔와同字

荔 [례][려] ㅣ枝 果名 예지례 (ㅣ枝樹高五大丈、靑花朱實) 香草 薜ㅣ 향풀려 荔同字 (眞)(霽)

茠 [호][휴] ㅣ刺 除草 김맬호、薅也 그늘질휴、덮을휴 休同字 (豪)(尤)

茮 [조][됴] 茮也 수유씨조 草長生貌 풀자랄됴 (蕭)(篠)

茫 [망] 廣大ㅣㅣ 아득할망 水貌 滄ㅣ 물질펀할망 漠然 막연할망 芒通 (陽)

茬 [치] 草貌 풀모양치 地名 땅이름치 荏同字 (支)

茅 [모] 鹿麥 귀은보리모 (尤)

茭 [교] 乾芻 마른꼴교 (肴)

茥 [규] 覆盆子 딸기규 (齊)

茦 [자][책] 草之刺針 풀가시자 莿同字、책義同 (寘)(陌)

茤 [다] 芰也 마름다 (歌)

茨 [자] 以茅蓋屋 새이엉자 草名 蒺藜 남가새자 積也 쌓을자 (支)

荘 [장] 嚴也 씩씩할장 端也 단정할장 別ㅣ 별장장 莊의略字 (陽)

若 [구] 決明 薢ㅣ 초결명구 (有)

[illegible] [타] 木枝垂貌 나무가지늘어질타 (哿)

茪 [광] 決明 英ㅣ 초결명광 (陽)

[illegible] [증] ㅣㅣ 純一貌 순일할증 蒸同字 (蒸)

茟 [율][위] 赤藜 명아주율、花蕾 꽃망울위 봉오리위 (質)(賄)

[illegible] [족] 草木叢生 초목이떨기로날족 (屋)

茱 [수] 藥名ㅣ萸 수유수 (九月九日 折ㅣ萸房插頭可辟惡氣) (虞)

茳 [강] 香草ㅣ蘺 향풀강 (江)

茵 [인] ㅣ蔯蒿也 사철쑥인 蓐席 자리풀인 요인 鞇通 (眞)

茰 [유] 茱ㅣ 藥名 수유유 萸와同字 (虞)

[illegible] [괄] 藥名ㅣ蔞 하눌타리괄 (曷)

茯 [복] 藥名ㅣ苓 복령복、복나이복 (松栢脂入地千年化爲苓ㅣㅣ化爲琥珀且精氣不盛止爲附結本根旣不離本故曰ㅣ神) (屋)

茴 [회] 藥名ㅣ

香회향회(有大丨香、小丨香)藥草芎風葉 방풍잎회 (灰)

茉 [대] 果垂과실주렁주렁달릴대 (隊)

茹 [녀][여] 食也먹을녀、茅根띠뿌리여 受也받을여 度也헤아릴여 柔也부드러울여 染草丨藘꼭두선이여 (語)(魚)

[艹+皿] [혈] 蒨也地丨꼭두서니혈、잇혈 (屑)

茺 [충] 藥名丨蔚 익모초충 (東)

茷 [패] 草葉茂盛풀잎무성할패 有法度丨丨법도있을패 (泰)

茸 [용] 草生貌丨丨풀뾰족뾰족날용 不肖闒丨못생길용 美貌手에뿔용 鹿丨亂貌너풀거릴용 鹿角鹿丨녹용용 䓊通 (冬)(腫)

茶 [다] 茗也찻물다(飮眞丨令人少眠) 梌同 或音차 (麻)

茲 [자] 蓐席돗자리자 重也거듭자 此也이자 草木盛貌초목우거질자 西域國名龜丨나라이름자 滋通 (支)

茻 [망] 衆草相雜잡풀우거질망 (養)

荁 [한] 草名풀이름한 (寒)

茼 [동] 香菜丨蒿 쑥갓동 (東)

荀 [순] 풀이름순 荀同字

荀 [순] 草名풀이름순 姓也성순 國名나라이름순 (眞)

茽 [중] 草貌叢最生풀무더기로날중 (送)

莄 [천] 하늘 天의古字

荂 [과] 花也꽃과 (麻)

荅 [답] 小豆좀콩답、콩답 當也당할답 (合)

茿 [축] 河柳능수버들축 萹丨쇠풀축 (屋)

荃 [전] 香草향풀전 芥粉겨자가루전 (先)

荋 [이] 草多貌풀많을이 菌也버섯이 (支)

荐 [천] 薦席자리깔천 再也거듭천 雜草풀천 𦿁通 (霰)

草 [초] 百卉總名세초、풀초 文藁글초할초 粗也丨率초솔할초 苟簡丨丨초초할초 創初비롯할초 草書、書體之一 초서초 艸通 (晧)

[艹+曲] [곡] 蠶薄누에발곡 (沃)

荇 [행] 接余水菜蘋類마름풀행 莕

同字 ㊞梗

芪 [기] 藥草 약플기 ㊞紙

荈 [천] 晩取茶 늦차천 ㊞銑

荊 [형] 楚也 글싸리형 花名紫ㅣ 꽃이름형 山名 산이름형 ㅣ妻 내형 荊杖 곤장형 ㅣ棘 가시형 本音 경 ㊞庚

芹 [근] 若菜 오랑캐꽃근 烏頭藥名 오두근 菫의古字

荼 [다] 苦也 차 풀다 茶와 同字 ㊞麻

荄 [해] 草根 풀뿌리해 ㊞佳 ㊞灰

茭 [교] 餓死 굶어죽을교 殍와同字 ㊞篠

荏 [임] 大豆 ㅣ菽 왕콩임 白蘇可油 들깨임 柔也ㅣ染 부드러울임 ㊞寢

荕 [근] 骨也 빼근

[illegible] [괴] 菅ㅣ茅類 기령풀괴 蒯와同字 ㊞卦

荓 [평] 馬帚 말비플평、苹同字 ㊞青

荗 [술] 藥名 莪ㅣ 약이름술 艾也 쑥술 ㊞質

荒 [황] 거칠황 荒과同字

荒 [황] 거칠황 荒과同字

荒 [황] 蕪也 거칠황 大也 클황 廢也 폐할황 饑也 四穀不升 흉년들황 蠻夷ㅣ服 오랑캐황 遠也 멀황 ㊞陽

荑 [이][제] 白蕢 흰비름이 (一名莁ㅣ) 茇세베일이、茅始生 띠처음날제、띠싹제 ㊞支 ㊞齊

茬 [치] 五味子ㅣ藸 오미자치 ㊞支

荍 [교] 錦葵花 금규화교 (一名荊葵) ㊞蕭

荖 [배] 果名 蒟醬 구장배

[illegible] [모][마][맥] 菜也 나물모 日且冥 저물모 無也 없을마 靜也 고요할맥 莫의古字 ㊞遇 ㊞藥 ㊞陌

[illegible] [황] 蕪也 거칠황 廢也 폐할황 荒의本字 ㊞陽

荆 [형] 楚也 글싸리형、광대싸리형 刑杖 곤장형 荊의古字 ㊞庚

[illegible] [차] 惡也 버금차 茅也 차례차 至也 이를차 次의古字 ㊞眞

[illegible] [택] 黃、精 황정택 (日)

[illegible] [망] ㅣ廣大貌 망망할망 滄ㅣ水貌 물이 질펀할망 漠然 마여할망 茫과同字 ㊞陽

七

荳 [두] 菽也 콩두 藥名 약이름두 ㊞宥

荘

두 香草ㅣ蘅두 형풀두 杜通 (虞)

莩 발 鳧茈ㅣ薺 나물발、ㅣ (月)

⿱艹沂 절 斷草 풀벨절 (屑)

⿱艹⿰犭斤 운 의 草多 貌풀많을은、의 義同 (文)(支)

苪 음 水蒜 물에 난마늘음 (侵)

荵 인 草名ㅣ冬 인동풀인 (軫)

⿱艹折 절 斷 草풀 자를절 竹席 대자리절 (屑)

⿱艹扶 부 荷葉將落時 연잎이울부 (虞)

荷 하 蓮花연꽃하 擔번 멜 하 怨聲ㅣㅣ 원망할하 藥名薄ㅣ박하하、負번짐 하 加번 더할하 (敬)(哿)

荱 미 草垂 풀 늘어질미 (未)

⿱艹吻 문 山漆산 칠나무문 (吻)

荷 하 芙蓉芙蕖之總名蓮花연꽃하ㅣㅣ怨怒聲원망 할하 加번 더할하 擔번 멜하 荷와 同字 (歌)(哿)

⿱艹抐 납 葹ㅣ、草 名풀이름납 草密貌 풀이 빽빽할납 (緝)

⿱艹劬 구 草名풀이름 구 蒟와同字 (虞)

莁 무 白蕢ㅣ蕢 흰비름무 (虞)

莂 별 種 概移蒔모종낼별 佛家 作文중의글별 (屑)

荾 수 華中臍꽃 심수 荽同字 (支)

莃 희 食用菜蔬 희나물희 (微)

荽 유 香菜胡ㅣ 호유나물유 (支)

荃 분 以草爲界풀로 지경정할분 (願)

荺 윤 蓮根연뿌 리윤 筍번 대순 윤 (軫)

荻 적 萑번 蘆屬갈대 적 달적 蔏同字 (錫)

荹 보 亂蒿짚 북더기보 (遇)

⿱艹忌 기 草名 풀이름기 其通 (寘)

⿱艹私 사 茅莠 띠싹사 (支)

荼 도 苦菜씀바귀도ㅣ毒惡物 쓸도 神名神ㅣ귀신이름도 (虞)

茶 혁 격 草盛貌풀이성할혁 嚇번 성낼혁 ㅣㅣ芣、懼번 두려워할격 (錫)(陌)

茮 추 蒿번 맑은대쑥추 木名 가래나무추 萩와同字 (尤)

荊

[모][묘][류] 蓴菜鳬葵순나물묘、묘義同 茅通、蒲柳갯버들류 茆本字 (着)(巧)(有)

茆 [류][묘] 鳬葵蓴菜草순채 류 蓴菜순나물묘 茆의本字 (巧)(有)

莄 [경] 草莖풀줄기 경 草也풀경 (梗)

莆 [보] 萐ㅣ堯時扇凉瑞草 삽보、풀보 地名땅이름보 (麌)

莐 [침] 知毋ㅣ藩 모침 芡同字 (侵)

莍 [출] 茱萸子聚生成房貌 수유씨 돋는모양출 (尤)

莯 [지] 榆莢조엽 지 菹也무서귀 지 (支)

萿 [괄] 草名活ㅣ 활괄 초괄 (曷)

莒 [거] 草名可爲結繩모시풀거 國名나라이름거 邑名고을이름거 (語)

莋 [작] 食草풀먹을작 地名땅이름작 (陌)

𦬸 [충] 蔚藥名익모초 충 茺과同字 (東)

莉 [리] 茉ㅣ南越花名말리꽃리、사과꽃리 (寘)

莈 [역] 芰也마름역、가시연밥역 (陌)

莊 [장] 嚴也씩씩할장 端也단정할 장 敬也공경할장 錢ㅣ가게장 大達街육거리장 別ㅣ 별장장 姓也성장 (陽)

莅 [리] 臨也임할리 位也자리리 臨席임석할리 涖通 (寘)

莎 [사][수] 香附子향부자 사 煩擱挼ㅣ비빌 사ㅣ草잔디수 莏同字 (歌)(支)

莜 [조] 蓧也부추조 耕田器삼태기조 (嘯)

莛 [정] 草莖也풀줄거리정 屋梁들보정 (青)

萏 [함] 花開ㅣ菡꽃필함 花蕊꽃술함 (勘)

莘 [신] 藥名細ㅣ약이름신 衆貌많은모양신 長貌기름한모양신 國名나라이름신 (眞)

𦭺 [지] 藥草遠ㅣ원지지 (寘)

莙 [군] 菜名ㅣ薘근대군 (軫)

莗 [차] 藥草ㅣ前子차전자차 (麻)

莚 [연] 不斷蔓ㅣ만연할연、덩굴뻗을 연 草名풀이름연 (霰)

䓐 [침] 覆也덮을침 (寢)

莕 [행] 接餘水菜마름 풀행 荇同字 (梗)

莔 [맹] 藥草貝母 약재모맹 (庚)

苩 [백] 藍之別名 쪽백 (陌)

莓 [매] 苺也이끼매 山ㅣ草實나무딸기매 ㅣㅣ美田걸찬밭매 (灰)

莖 [경] 草幹줄기경 枝柱버팀기둥경 (庚)

莞 [관][완] 草名苻蘺왕골관 小蒲席왕골자리관 菅同、笑貌ㅣ爾빙긋이웃을완 (寒)(潸)

莝 [좌] 斬芻여물좌 輕少경소할좌 (箇)

[illegible] [첩] 小葉작은잎첩 (葉)

䓗 [총] 草盛貌 菶ㅣ풀덥수룩할총 蔥의本字 (東)

莪 [아] 蒿屬蘿ㅣ새발쑥아、다북쑥아 (歌)

莫 [막][맥][모] 勿也말라 無也없을막 定也정할막 薄也엷을막 大也클막 茂也무성할막 謀也꾀할막、靜也고요할맥 菜也무성할모 日且冥날어두울모 暮同字 (藥)(陌)(遇)

莧 [한][현] 莔也괘모현 商陸草자리공현、비름현 (諫)(霰)

莦 [소] 惡草모진풀소 (肴)

莨 [랑] ㅣ菪毒草초우엉랑、이아리풀랑 (陽)

莥 [뉴] 鹿豆돌콩뉴 (有)

莩 [표][부] 葭中白皮갈청부 餓死굶어죽을표 (虞)(篠)

茿 [축] 河柳능수버들축 萹ㅣ쇠물축 筑의本字 (屋)

莢 [협] 豆角콩꼬투리협 瑞草蓂ㅣ책력풀협 (葉)

[illegible] [영] 華也꽃부리영 智出萬人영웅영 美也아름다울영 英과同字 (庚)

莣 [망] 망풀망 莣과同字

䒽 [망] 似茅杜榮도리미망 망풀망 (陽)

莠 [유] 害穀草稂ㅣ가라지유 醜也추할유 (有)

莤 [숙] 束茅灌鬯酒강신할숙 滑也거를숙 (屋)

萲 [훤] 忘憂草ㅣ名宜男草 원추리훤 萱과同字 (元)

[illegible] [부] 花盛貌 꽃성할부 (虞)

六畫—艸

華 [회] 빛날화、영화화、華의俗字

莧 [묘][마] 遠也 멀묘 小也 작을묘 輕視貌 쉽게보는 紫草 자초마 美也 아름다울마 藐와同字 ㊀篠 ㊀覺

葅 [저] 淹菜 김치저 菹와同字 ㊀魚

萈 [환][완] 莞苻蘺 골관、왕골관 ―爾 笑貌 빙그레웃는모양완 莞과同字 ㊀寒 ㊀潸

荓

苹 [평] 蘋也、浮―楊花所化 개구리밥평 萍同字 ㊀青

葡 [비] 具也 갖출비 成也 이룰비 防也 방비할비 備의古字 ㊀寘

葉 [엽][섭] 枝―花之對 잎엽 南陽縣名 고을이름섭 葉과同字 ㊀葉

茣 [오] 菩(艸部七畫)와同字

荄 [지] 菹也 김치지 ㊀支

苐 [제] 草木初生貌 초목이처음날제 ㊀齊

莬 [면] 蔣閭―人名 사람이름면 盛也 성할면 葂과同字 ㊀阮

莰 [이] 彼也 저이 維惟也 오직이、다만이 伊의古字 ㊀支

華 [회] 榮也 色也 빛날회、영화회 花開也 꽃필회 華와同字 ㊀禡 ㊀麻

㊇

莿 [자] 草之刺針 풀가시자 茦同字 ㊀寘

菈 [랍] 折也 꺾을랍 菜菔 무랍 壞聲 무너지는소리랍 ㊀合

菉 [록] 綠色 초록빛록 (一名王芻) ㊀沃

茍 [후] 藷也 감자후 ㊀虞

菊 [국] 秋華 국화국 鞠古字 ㊀屋

萞 [백] 木棉 목화백 ㊀陌

菅 [간][관] 茅也 띠간 姓也 성간 小蒲 왕골관、골관 莞同字 ㊀删 ㊀寒

菆 [찬][추] 積木以殯―塗 초빈할찬 欑通、草叢 풀더부룩할추 矢之善者 좋은살추 ㊀寒 ㊀尤

菄 [동] 白山菊 흰산국화동 ㊀東

菇 [고] 王瓜 쥐참외고 蔟― ㊀虞

菁 [정][청] 菜名蕪― 무우청、순무우정 韭花 부추꽃정 三脊茅 세모창띠정 茂貌 ―― 무성한모양청 ㊀庚 ㊀青

菂 [적] 蓮實 연밥적 芍同字 ㊀錫

菀

[울][원] ㅣ然盛貌 무성할울 茂木나무우거질원 (物)(阮)

⿱艹泥 [니] 露濃ㅣ이슬많울니 泥通 (齊)

莾 [무][망][모] 추솔할무 우거질망、묵은풀모 莽와同字

莽 [무][망][모] 粗率ㅣ추솔할무、망義同 草深貌풀우거질망、毒魚草엿귀풀망、宿草묵은풀모 莽同字 (尤)(陽)(虞)

葱 [총] 葷菜파총(ㅣ白ㅣ根)파뿌리총 青也푸를총 蔥과同字 (東)

蕫 [과] 과실과、과자과 菓와同字

菓 [과] 木實熟成과실과、실과과 ㅣ子과자과 果同字 (哿)

苛 [하][가] 菔草무우하 澤名늪이름가 (歌)

菔 [복][북] 蘆菔ㅣ蘿蔔作菔ㅣ무우북 북義同 蔔通 (屋)(職)

⿱艹盱 [후] 藥草蛇床뱀도랏후 (虞)

萂 [미] 五味子오미자미 (未)

菎 [곤] 香草향풀곤 (元)

菊 [국] 秋華국화국 菊과同字 (屋)

菌 [균] 세균균、곰팡이균 菌과同字

菌 [균] 地蕈버섯균 微ㅣ곰팡이균(寄生他物體曰細ㅣ恆爲傳染病之媒介者) 細ㅣ세균균 槿也朔ㅣ무궁화균 (軫)

菑 [치][재] 田一歲따비밭치、災也재앙재 菑同字 (支)(灰)

菒 [고] 枯草마른풀고 (皓)

蒩 [서][조] ㅣ蒕、似韭부추서ㅣ菇서고서、조義同 (魚)(虞)

菛 [문] 赤粱粟붉은기장문、ㅣ冬 蘠蘼맥문동문 虋과同字 (元)

菜 [채] 蔬也나물채 飯饌반찬채 (隊)

菖 [창] ㅣ蒲似蒜창포창(ㅣ蒲蒲類之昌盛者) (陽)

⿱艹乖 [괴] 頭寬中狹절룩할괴、바르지않을괴 本音가 (麻)

菕 [론] 木名는나무론 ㅣ蘿香草논으로풀론 (元)

菗 [주] 地榆ㅣ蓀외나물주 (尤)

⿱艹死 [심] 苗心蝱食枯死이삭벌레먹어죽을심 (侵)

菘 [숭] 菜名 배추숭 (東)

菜 [채] 蔬也 나물채 飯饌 반찬채 菜와同字 (隊)

菟 [토][도] 藥名ㅣ絲 새삼토 兎也 토끼토 虎也 於ㅣ범도 朝鮮郡名 玄ㅣ고을이름토 (遇)(虞)

⿱艹近 [근] 草名白艾 흰쑥근 (眞)

菧 [저] 薺苨 게로기저 (根似桔梗) (齊)

菥 [석] 大薺ㅣ蓂 큰냉이석 (錫)

⿱艹泜 [지] 漬菜 김치지 (支)

菤 [권] 草名ㅣ耳 도꼬마리권 卷同字 (銑)

菨 [접] 荇菜水草 미나리접 마름풀접 (一名接余) (葉)

菣 [긴] 香蒿蔚屬 제비쑥긴 堅同字 (震)

菩 [보] ㅣ提摩伽陁國樹名 보리나무보 (ㅣ提高二丈餘葉如卵形而大實如櫻桃子可作念珠) 佛號ㅣ薩 보살보 ㅣ薩了也 깨칠보 (佛覺道曰ㅣ薩) (虞)

葄 [작] 食草 풀먹을작 地名 땅이름작 莋의俗字 (藥)

荓 [병] 草名馬帚 말솔풀병 人名趙青ㅣ 사람이름병 使也 하여금병 (青)

萩 [삼] 蓛(艸部九畫)의譌字

菡 [함] 草木花未發 꽃봉오리함 ㅣ萏芙蓉 연봉오리함 菌同字 (咸)

菠 [파] 菜名 ㅣ薐 시금치파 (歌)

⿱艹抱 [포] 鳥抱卵 새알품을포 覆也 덮을포 (號)

莉 [리] 地名 땅이름리 衆也 무리리 ㅣ庶無干戈之役 黎의古字 (支)

蓳 [근] 苦采 오랑캐꽃근 烏頭藥名 오두근 (吻)(震)

菪 [랑] 毒草莨ㅣ 초우엉랑、이아리풀랑 (莨ㅣ葉圓而光有毒悞食令人狂亂甘汁解之) (漾)

華 [화] 榮也 빛날화 花開也 꽃필화 ㅣ夏 나라이름화 (中ㅣ) 白也 흴화 破也 쪼갤화 花同、西嶽名太ㅣ 산이름화 榮也 영화화 (禡)(麻)

菭 [태] 水衣 이끼태 苔同字 (灰)

菱 [릉] 芰也 마름릉 (三角四角曰芰 兩角曰ㅣ) 蔆

同字 (蒸)

菰 [고] 菱米 蔣也 고미고 (虞)

菰 [고] 草盛貌 풀우거질고 菱米 雕胡고미고 橋名 다리이름고 (虞)

菻 [름] 艾也 쑥름 國名 ㅣ나라이름름 (寢)

菷 [추] 彗也 비추 掃也 쓸추 帚의 俗字 (有)

菼 [담] 以莘萑之初生 薍담 수담 (感)

莔 [맹] 貝母 패모맹 莔과 同字 (庚)

莽 [망] 春麥 봄보리망 (養)

䓓 [주] 五色葵 오색촉규화주 (尤)

菶 [봉] 草茂盛貌ㅣ풀우거질봉 實多 열매많을봉 (董)

䕨 [룡] 용룡 龍의 古字

𦱌 [공] 莖之中空 줄기속빌공 (東)

菲 [비] 菜名 葑類 나물이름비 香也 芳ㅣ향기로울비 草茂貌 芳ㅣ풀우거질비 薄也 엷을비 妄目ㅣㅣ둔할비

菴 [암] 蕳草ㅣ蕳 진주봉암、쑥암 草舍 초막암、암자암 庵通、 醫蓄ㅣ藹 가리울암 (覃)(勘)

𦱉 [목] ㅣ蓿大 宛草 가여목목 連枝草 연지초목 苜과同字 (屋)

菿 [도] 草木倒 초목거꾸러질도 (號)

菾 [첨] 菜名 채첨 (鹽)

蒔 [시] ㅣ蘿 小茴香 소회향시 更 種植也 모종낼시 蒔와同字 (支)(寘)

菽 [숙] 衆豆總稱 콩숙 尗、叔通 (屋)

𦯡 [선] 秔也 메벼선 私 秈과同字 (先)

菹 [저] 酢菜 김치저、절인채저 澤生草 풀서리저 葅同字 (魚)

菺 [견] 蜀葵 촉규화견 (先)

菸 [어][연] 不鮮ㅣ邑 시들어 臭草 썩은풀연 物不鮮 물건부정할연 蔫通 (魚)(先)

𦯀 [황] 凶年 흉년황 空也 빌황 秔、糀과同字 (陽)

萌 [맹] 草芽 풀싹맹 (凡草木始生皆曰ㅣ) 始也 비롯할맹 耕也 밭갈맹 (庚)

䓊 [답] 荷葉 覆水연

요물에묘 흰답 (合)

萉 [비][복] 避也 피할비 枲實也 삼씨비、菔也 무우복 (微)(未)(屋)

萇 [장] 木名ㅣ楚 보리수장、장초나무장(今羊桃) (陽)

蓖 [비] 蓖麻子 피마자비、아주까리비 或音배 (齊)

萆 [비][벽] 萆草ㅣ薢 흰멸애비、蓑衣 도롱이벽 蔽也 가릴벽 (支)(錫)

萊 [래] 藜草 명아주래 田休不耕 밭묵힐래 蒿ㅣ草ㅣ田廢生草 쑥래 (灰)

萃 [취] 聚也 모을취 卦名 괘이름췌 瘁通 (眞)

萅 [춘] 봄춘 春의本字

萁 [기] 豆莖 豆ㅣ콩대기 草名 풀기 (支)

萄 [도] 蔓果 葡ㅣ포도도、머루도 (豪)

萋 [처] 草盛ㅣㅣ 풀무성할처 雲行貌 구름뭉게뭉게갈처 文貌ㅣ斐 문채모양처 ㅣ且 굽실거리는모양처 緀通 (齊)

苛 [가] ⿱艹訶(艸部十四畫)와同字

萎 [위] 枯也 이울위、마를위 衰也 쇠약해질위 草名 풀이름위 病也 병이날위 (支)

萍 [평] 浮ㅣ楊花所化 개구리밥평 蘋也 마름평(浮生水上) (靑)

董 [동] 正也 바를동 督之用也 감독할동 蓮根 연뿌리동 骨ㅣ雜饍 비빔밥동 董과同字 (董)

萛 [모][마][맥] 菜也 나물모 無也 없을마 大也 큰마 靜也 고요할맥 莫의古字 (遇)(藥)(陌)

萺 [즙] 修補覆蓋 기울즙、수집할즙 覆蓋 지붕이을즙 葺과同字 (緝)

萐 [삽] 瑞草ㅣ莆 삽보풀삽 (ㅣ莆王者有孝德則生於厨) (洽)

萐 [삽] 삽보풀삽 萐의本字

塟 [장] 藏也 감출장 埋也 묻을장、장사지낼장 葬과同字 (漾)

⿱艹典 [전] 法也 법전 主也 맡을전、書也 책전 模範 본보기전 典과同字 (銑)

⿱艸右 [약][야] 從也 좇을약、야義同、若籀文

⿱艸叩 [야][약] 般ㅣ梵語 반야야 如也 같을약 年少也 젊을약 假說辭 만약약

若의古字 (馬)(藥)

莟 [담] 萏華貌꽃핀모양담 芙蓉菡ㅣ연꽃봉오리담 萏同字 (感)

[illegible] [지] 香附子향부자지 (支)

[illegible] [운] 香草향풀운、궁궁이운 花盛貌꽃성할운 芸과同字 (文)

莀 [농] 耕也밭갈농 (冬)

[illegible] [비] 花盛貌꽃성할비 (微)

荠 [자][제] 疾藜別名남가새자 甘菜냉이제 薺의俗字 (支)(齊)

荆 [형] 楚也초나라형 荊也가시형 山名산이름형 州名고을이름형 花名紫ㅣ꽃이름형 (庚)

著 [저][착] 明也、章也나타날저 ㅣ名이름호야결저、널리알려질저 附也 黏也부딪칠착 置也둘착 著의略字 (魚)(御)(藥)

莧 [관][완] 草名莞蘺왕골관 ㅣ爾笑貌빙그레웃는모양완 莞의譌字 (寒)(潸)

[illegible] [훌][훌] 疾也빠를훌、훌義同 (物)(月)

萑 [환][추] 蓷也달환、益母草익모초추 草多貌풀우거질추 (寒)(尤)

[illegible] [시] ㅣ蘿小茴香소회향시 更種植也모종낼시 蒔의本字 (支)(寘)

[illegible] [초] 草名陵ㅣ풀이름초、능초풀초 高貌ㅣ우뚝한모양초 苕와同字 (蕭)

[illegible] [방] 牛ㅣ藥名우방자방、우어방 蒡과同字 (陽)

菙 [수] 荆也싸리수 杖也막대기수 (紙)

[illegible] [마] 枲屬삼마 白ㅣ黃ㅣ朝廷綸命임금의말씀마 胡ㅣ깨마 麻와同字 (麻)

[illegible] [책] 箸ㅣ謀也꾀책 馬箠채찍책 策의譌字

[illegible] [자] 蓐席돗자리자 重也거듭자 草木盛多우거질자 茲의古字 (支)

[illegible] [장] 묻을장、장사지낼장 葬의古字

[illegible] [추] ㅣ蕘세 草꼴추、짐승먹이추 僧曰苾芻중추 芻와同字 (虞)

[illegible] [늦] 晚也늦을늦 (韓)

[illegible] [상] 持服曰ㅣ상사상、복입을상 失也없어질상

襃과同字 (陽)(漾)

菻 [침] 痥也 가쁠침、지칠침 (日)

莾 [모][마][매] 나물모、없을마、클마、고요할매 莫의古字 (遇)(藥)(陌)

䓔 [구] 草相糾貌 풀이설고얽힐구 (尤)

⑨

萬 [만] 千之十倍 일만만 多數ㅣ邦 여러만、많을만 若也 만일만 決也 결단코만 蜂名 벌이름만 舞名 춤이름만 万同字 (願)

萪 [과] 藤也 등나무과 (歌)

萫 [향] 菜羹 나물국향 (漾)

萮 [유] 木耳 나무버섯유 (尤)

萳 [남] 草名 풀이름남 (感)

萭 [우] 姓也 성우 (麌)

萴 [측] ㅣ子 藥名 약이름측、즉자측 (職)

蓩 [무] 細草叢生 잔풀이떨기질무 (宥)

䓯 [독] 地柳 땅버들 독 薃과同字 (沃)

𦾰 [호] 草木葉折糞 풀거름할호、절초할호 (號)

萩 [추] 蒿也 다북쑥추 木名 가래나무추、싸리추 楸通 (尤)

萲 [훤] 忘憂草 一名宜男草 원추리훤 萱과同字 (元)

萻 [암] 野草 들풀암 (覃)

落 [락] 零也 떨어질락 聚也 村ㅣ마을락 天也 碧ㅣ하늘락 蕭索冷ㅣ쓸쓸할락 難合ㅣㅣ헤어질락 始成ㅣ成祭 낙성제지낼락 酒名桑ㅣ술이름락、ㅣ논마지기락 (藥)(韓)

萶 [춘] 草春生 봄에풀날춘 推也 밀춘 雜也 섞일준 (軫)

䓉 [사][야][도] ㅣ菰茆穗 띠싹사 蓄積 쌓을야 禾穗 벼이삭도 萪와同字 (麻)(虞)

萵 [와] 菜名ㅣ苣 부루와、상치와 (歌)

莦 [소] 葉落莖立 줄기만남을소、마늘가리소 (蕭)

蕛 [이][제] 莛ㅣ草名 一名白蕢 희비름이 茅始生 띠싹제 처음날제 荑와同字 (支)(齊)

萸 [유] 茱ㅣ藥名 수유유 (九月九日折茱ㅣ房揷頭可辟惡氣) 萸同字 (歌)

萸 [유] 수유 유 茰同字

茵 [인] ㅣ蔯蒿也 사철쑥 인 褥也 요 인 茵과同字 (眞)

萹 [변] ㅣ蓄 옥매듭 변 (先)

萰 [련] 白蘞 가위톱 련 青盛貌 퍼렇게 우거질 련 (霰)

萱 [훤] 忘憂草 원추리 훤 (一名宜男草) (元)

萯 [부] 王瓜草名 쥐참외 부、땅외 부 (有)

萼 [악] 花跗 꽃받침 악 蕚同字 (藥)

蔽 [괴] 草名 茅類 골이름 괴 蒯同字 (卦)

落 [락] 零也 떨어질 락 村ㅣ聚 마을 락 落과同字 (藥)

蒨 [의] 蔕也 꼭지 의 莎也 떼 의、잔디 의 蒨의俗字 (紙)

䓨 [영] 菊花 국화 영 蘡과同字 (庚)

葀 [괄] 瑞草 상서로운 풀 괄 (曷)

葁 [강] 禦濕菜 생강 강 薑、薑의 俗字 (陽)

萿 [활] 藥草 獨ㅣ 약초이름 활 (曷)

葆 [보] 草盛 풀 더부룩할 보 韜藏 감출 보 羽ㅣ蓋也 일산 보 寶也 보배 보 (皓)

葂 [면] 盛也 성할 면 蔣閭ㅣ人名 사람이름 면 莬同字 (阮)

葅 [저] 김치 저 菹와同字

葃 [적][작] ㅣ菇 烏芋 오우 적 菜名 나물이름 적、작 義同 (陌)(藥)

蒩 [자] 芹也 미나리 자 (麻)

葄 [조] 薦也 깔개 조 (遇)

菹 [저] 淹菜 김치 저 菹、葅 同字 (魚)

葉 [엽][섭] 枝ㅣ花之對 잎 엽、잎사귀 엽 世代 세대 엽 (詩經 昔在中ㅣ有震其業) 姓也 성 엽 南陽縣名 고을이름 섭 (葉)

蔦 [부] 水鳥 鷖屬 물오리 부、청둥이 부 蔦鳧의 俗字

䓯 [도] 香草 향풀 도 (遇)

葌 [간] 茅屬 메간 (吳林之山其中多ㅣ草) (刪)

葊 [암] 蒿草 ㅣ閭 진주뽕 암 草舍 절 암、암자 암 ㅣ藹翳薈 가리울 암 菴의古字 (覃)(勘)

葍 복 葍也 메모복、 순무우복 ㊀屋

葉 엽 섭 枝ㅣ花之對 잎엽 南陽縣名 고을이름섭 葉과 同字

葎 률 藥名ㅣ草 한삼률、 너삼률(似葛、莖有細刺) ㊀質

葇 유 蘇也 藭ㅣ 들깨유 香ㅣ 노야기유 ㊀尤

葈 사 藥名ㅣ耳 도꼬마리사 (一名卷耳) ㊀紙

[illegible] 시 野芹 돌미나리 시 藥名ㅣ胡 시호시 ㊀佳

葖 돌 菔也 무우돌 ㊀月

[illegible] 연 蔓也 넌출연 ㊀先

著 착 저 被服 입을착 附也 붙을착 置也 둘착 着也 다다를착 官名ㅣ作 벼슬이름착 着同字 輯纂 편찬할저 明也 밝을저 述也 지을저 ㅣ名 분리약려절저 太歲在戊曰著雍ㅣ 무년저 ㊀藥 ㊀御 ㊀魚

葒 홍 馬蓼水草 요화홍、 여뀌풀홍 ㊀東

葓 홍 여뀌풀홍 葒과 同字

葑 풍 봉 蕪菁 무우풍 豐同字 봉 義同 菰根 방카뿌리봉 ㊀東 ㊀冬 ㊀宋

葔 후 香ㅣ 附子 향부자후 ㅣ名ㅣ莎 후사후 ㊀尤

葐 분 ㅣ蒀盛貌 자욱할분、 성할분 馥ㅣ 香也 향기분 罷ㅣ 藥名 팔기분 ㊀元

[illegible] 예 草生貌 풀돋아날예 ㊀霽

葋 구 蘆也 갈대구 ㊀虞

[illegible] 신 梁黃草 갈풀신 忠ㅣ 進也 나아갈신 餘也 남을신 藎과 同字 ㊀震

[illegible] 저 차 자 有子麻 암삼저 苞ㅣ 賂遺 꾸러미저 水中浮草 마름풀차 土ㅣ 和糞草 거름풀자 苴와 同字 ㊀魚 ㊀麻 ㊀馬

菑 치 재 田一歲 한해된밭치 災也 재앙재 甾同字、 灾通 ㊀支 ㊀灰

葙 상 鷄冠花 꽃송곳 맨드라미꽃상 ㊀陽

[illegible] 연 枯木生耳 버섯연 ㊀銑

葚 심 桑實 오디심 椹、 黮通 ㊀寢

葛 갈 蔓生絺綌草 칡갈(取其纖維布取其根而作

粉食用) (曷)

⿱艹昬 민 竹膚속대민 衆多貌많은모양민 芪과同字

蔫 묘 山蔫산매자묘、산말기묘 蒯屬지령풀묘 蔗와同

(蕭)

葭 가 蒹ㅣ蘆갈대가 (麻)

葩 파 花也꽃송이파 (麻)

葪 계 割也베일계 梗刺蔕ㅣ 목걸릴계 (霽)

葧 발 葧ㅣ白蒿새발쑥발 成貌성한모양발 (月)

葫 호 草名풀이름호 大蒜큰마늘호 (虞)

葥 전 藥名草車ㅣ질경이전 (先)

葦 위 大葭갈대위(初生爲葭 稍大爲蘆、長成爲ㅣ) (尾)

癹 발 除草풀뽑을발 (曷)

董 동 督也동독할동 正也바를동 固也굳을동 蓮根연뿌리동 雜鐥骨ㅣ비빔밥동 董同、古物骨ㅣ골동 (董)

⿱艹拜 배 草名青蘩蔡 큰명아주배 (卦)

葟 황 茂也ㅣㅣ 무성할황 (陽)

葞 미 春草봄풀미 春麥봄보리미 (紙)

⿱艹昜 탕 不自收斂儻ㅣ 방탕할탕 蕩通 (養)

葠 삼 人ㅣ神草인삼삼 ㅣ沙더덕삼 蔘同 (侵)

葝 경 山薤산염교경、산부추경 草名쥐꼬리풀경 (庚)

葡 포 葡果ㅣ萄포도포、머루포(一名草龍) 歐洲國名ㅣ萄牙나라이름포 (虞)

葸 사 畏懼貌겁낼사 (紙)

葴 침 草名馬藍쥐리침、청디침 (侵)

葳 위 草木盛ㅣ蕤 초목성할위 (微)

葵 규 向日花해바라기규 百采之主아욱규 蜀ㅣ촉규화규 (支)

葯 약 약 白芷葉香草구리때잎약、약 義同 藥也약약 (藥) (覺)

葰 준 유 사 大也클준 薑屬생강유、上黨縣名ㅣ人고을이름사 (震) (支) (馬)

葮 단 槿花무궁화단 (軫)

葱 [총] 草盛貌 葦ㅣ 풀더부룩할총 (東)

莇 [묘] 草細莖 가는 풀줄기묘 (篠)

莽 [장] 묻을장 葬과同字

葬 [장] 藏也 埋也 장사지낼장、묻을장 영장장 葬、塟同字 (漾)

葶 [정] 大葶ㅣ藶 두루미냉이정 한새냉이정 野芥 들겨자정 (青)

蒂 [체] 根ㅣ果蔕實 꼭지체 小刺 가시체 根本 뿌리체 蔕와同字 (霽)

莬 [유] 桑皮 뽕나무 껍질유 (虞)

蒃 [전] 書也 전자전、夏ㅣ穀約하 전수례전 篆과同字 (銑)

菝 [발] 草木根 물뿌리발 (曷)

萦 [삭][색] 蓑의 譌字

蓁 [진] ㅣ艽 藥名 망풀진 ㅣㅣ盛貌 풀더부룩할진 蓁과同字 (眞)

葌 [간] 蔬菜 채소간 (寒)

葝 [경] 山薤 산부추경 草名 쥐꼬리풀경 葝과同字 (庚)

莔 [목] ㅣ蓿 大宛草 거여목목 連枝草 연지초목 苜과同字 (屋)

葽 [요] 草名 遠志 아기풀요 (一名王蕢)草 盛貌 풀더부룩할요 (蕭)

葼 [종] 細枝 나무회초리종 染草 물들이는풀종 (東)

蓀 [손] 蘭ㅣ香草 난초손 菖蒲 창포손 蓀과同字 (元)

葻 [람] 風草 바람에 흔들리는풀람 (覃)

草 [초] 풀초 草와同字

葺 [즙] 覆蓋 지붕이울즙 修補覆蓋 기울즙、수리할즙 (緝)

葐 [온] 盛貌 성할온 香貌 향기로울온 (文)

葷 [훈] 臭菜 葱 蒜 韮之屬 마늘훈 熏通 (文)

菆 [주] 鳥巢 새집주 (宥)

蒽 [총] 葷菜과총 ㅣ白ㅣ根 파뿌리총 青也 푸를총 葱의 俗字 (東)

蒨 [천] 茅蒐草名 花可染絳 꼭두서니천 茜과同字 (霰)

藜 [려][리][류] 耕田具 보습려 夜明頃 새벽

려 駁牛 얼룩소리 恐貌 무서워 (齊)(支)(尤)
멀루 犂와同字

薢 [해][개] 脫也 벗을개 解의古字 / 鮭也 조개해 / 綫也 풀릴개 (蟹)(卦)

萫 [향] 獻也 드릴향 宴也 잔치지낼향 享과同字 (養)

菰 [호] 草多貌 풀많을호 (虞)

[illegible] [장] 묻을장 장사지낼장 葬과同字

若 [약] 만약약、좋을약 若과同字

[illegible] [검] 乖也 어길검 (鹽)

蓁 [형] 草旋 풀얽힐형 縈과同字 (青)

茖 [락] 葉落也 떨어질락 (藥)

荾 [수] 華中鬚 꽃술수 荾와同字 (支)

茜 [훌] 草盛貌 풀성할훌 人名 孫ㅣ 사람이름훌 (物)

[illegible] [구] 草也 풀구、徂也 다만구 ㅣ且 草率 구차할구 若也 만일구 苟와同字 (有)

蒷 [휘] 類也 무리휘 蝟也 고슴도치휘 集也 모을휘 彙와同字 (未)(韓)

[illegible] [괴] 頭寬中狹 절름할괴 草名 풀이름괴 菲의譌字 (佳)

[illegible] [륙] 大藜、藥名 명아주륙 (屋)

[illegible] [장] 묻을장、장사지낼장 葬과同字

[illegible] [멸] 目不明也 눈밝지않을멸 (屑)

药 [구] ㅣ醬 華茇 구장구 / 궐발구 蒟의譌字

[illegible] [천] 하늘천 天의古字

[illegible] [미] 草名 蘠ㅣ 蘼冬 풀이름미、맥문동미 蘼와同字

蒁 [술] 藥名 蓬莪茂 약이름술 (質)

蓚 [수] 植物毒汁 有機酸類 식물독즙수 (尤)

葹 [시] 草名 卷ㅣ 풀이름시 菜豆 노구두시 (支)

● 十

蒗 [랑] 藥名 ㅣ毒 독도기랑 (陽)

蒀 [온] 盛貌 蒀ㅣ 성한모양온 (文)

蒘 [나] 粘草 蘮ㅣ 찰풀나 (麻)

蒄 [관] 蒄(艸部九畫)의譌字

蒙 몽 穉也 어릴몽 草名女蘿 삼너출몽 覆也 덮을몽 被也 입을몽 冒也 무릅쓸몽 飛揚蔑— 날릴몽 欺也 속일몽 草名 풀이름몽 冡同字 東

蒒 사 海草實如大麥 씨락풀사 支

蒑 은 草色青 풀빛푸를은 文

蒓 순 水葵 순나물 蓴同 眞

蔢 사 草木茂盛貌 초목이우거진모양사 歌

蒔 시 —蘿 小茴香 소회향시、更 種植也 모종낼시 蒔同字 支 寘

葋 구 熊虎之子 곰과범의새끼구 豿와同字 有

营 궁 香草 芎藭 궁궁이궁 東

蒐 수 草名 茅— 꼭두선니수(司梁絳色) 聚也 모을수 隱也 숨을수 求索 찾을수 春獵 봄사냥수 捜通 尤

薇 미 薇也 고비나물미 紫—花名 백일홍미 장미미、薇의籀文

蒝 원 莖葉廣布 줄기와잎퍼질원 元

蒚 력 핵 山蒜 산마늘력 蒲黃 부들꽃핵 錫 陌

蒞 리 臨也 당을리 位也 자리리 莅와同字 寘

菡 함 花未發 봉오리함 芙蓉— 연봉오리함 菡同字 感

䓃 적 草木盡於旱 초목이가뭄에마를적 錫

蒖 진 蕁菜 순채진 眞

蒗 랑 譙郡渠名—蕩 도랑이름랑 漾

蔚 위 울 牡蒿 제비쑥위 蓊—草木盛貌 초목우거진모양위 깨名 고을이름울 蔚와同字 未 物

蒜 산 葷菜 胡荾 마늘산(俗謂小—) 翰

葘 치 재 田—歲 따비밭치 災也 재앙재 菑의譌字 支 灰

蒟 구 積草 풀쌓을구 尤

蒤 도 藥草 虎杖 감제도 萎葉 시든잎도 虞

蒧 점 草名 풀이름점 琰

蒠 식 菜也 나물식 職

薛 설 藾蒿草名 설풀 설 姓也 성 설 薢과 同字 屑

蒡 방 牛ㅣ藥名 우엉 방、우방자 방 陽

葰 유 준 사 薑屬 생강 유 古音 수 (大也 클 준 上黨縣名ㅣ人 고을이름 사 荾 同字 支 震 馬

蒢 제 地楡 藸ㅣ 외나물 제 蘵也 黃ㅣ 깨꽈리 제 魚

蒟 구 ㅣ醬 華茇 구장 구、구장 구 (ㅣ醬 緣樹而生其子、如桑椹 正青、長三寸 以蜜藏而食之) 枸通 麌

蒣 저 ㅣ蕷 甘蔗 감자 저 藷와 同字 魚

莤 주 酒液 술 전에 주 尤

蒨 천 ㅣㅣ草盛貌 풀 더부룩할 천 鮮明貌 선명할 천 姓也 성 천 茜通 霰

䓕 담 似葦萑之初生 亂 담담 菼과 同字 感

[艹+耿] 경 芋莖 고위 경 梗

蒫 차 薺實 냉이씨 차 歌

蘜 국 국화 국 鞠과 同字

蒦 약 度也 셀 약 尺也 자 약 藥

菄 률 蔆也 마름 률 質

蔓 침 覆也 덮을 침 蔓의 本字 寢

𦺌 축 河柳 능수버들 축 蒂 쇠풀 축 茺과 同字 屋

蒥 류 香草 향풀 류 尤

蓴 박 大蘘荷ㅣ苴 큰 양하 박 藥

蒩 조 祭事 藉 제사 자 리조 土茹 땅가지 조 麌

蒩 조 茅ㅣ 用以藉祭 깔자리 조 虞

蒲 포 水草可作席 부들 포 菖ㅣ 창포 포 (一名白菖、端午製ㅣ劍者 即此故 陰歷五月 亦曰ㅣ節) ㅣ柳 楊也 개버들 포 虞

萷 고 茅類 菅ㅣ 기령과 蔽 同字 卦

萑 욱 山韭 산부추 욱 屋

蓍 천 茅蒐 草名花可染絳 꼭두서니 천 茜과 同字 霰

荅 답 荷葉覆水 연잎 물에 덮을 답 沓과 同字 合

蒱 포 樗ㅣ 戲具 저포 포、놀음 포

(虞)

蒭 [추] 蒭치草꼴추 芻와同字 (虞)

蒸 [증] 炬也횃증 薰ㅣ찔증 麻中幹삼대증(麤曰薪、細曰ㅣ) 衆也무리증 薪也섶증 烝同 烝通 (蒸)

蒿 [호] 蓬屬다북쑥호 眛塵ㅣ目눈에티들어갈호 蒿出ㅣ氣김오를호 (豪)

蓞 [읍] 草密貌풀이빽빽할읍 (緝)

蓖 [비] ㅣ麻피마자비 (霽)

蒻 [약] 蒲下白者부들밑둥흰약 草名蒟ㅣ구약풀약 (藥)

蒼 [창] 深青푸를창 ㅣ生百姓백성창 ㅣ卒急遽창졸창 ㅣ浪華髮흰털창 ㅣ天하늘창 莽ㅣ草野色풀난들질펀할창 (陽)(養)

蔦 [오] 荻也갈대오 (虞)

蓋 [증] 葅也김치증 푸성귀증 (蒸)

蒹 [겸] 葦屬ㅣ葭似萑而細갈겸、갈대겸 (鹽)

蒸 [증] 麻中幹삼대증 衆也무리증 薰찔증 烝과同字 (蒸)

蒺 [질] 旱草ㅣ藜남가새질 藥草ㅣ藜질려질 (質)

蒵 [혜][계] 草也풀혜 欙ㅣ신들메은계 (齊)

蒴 [삭] 藥名ㅣ藋말오줌나무삭 (覺)

蒶 [분] 積草풀쌓을분 (文)

蒳 [납] 香草芥ㅣ향내나는풀납、개납풀납 (合)

蒷 [운] 香草향풀운、궁궁이운 多貌흔흔할운 芸과同字 (文)

䔁 [리] 豆種콩리 (支)

蒈 [기][애] 菜似蕨生水中물속에난는고사리기 乾菜마른나물애 (尾)(灰)

蓆 [석] 大也클석 草名ㅣ莫석구풀석 (陌)

蓱 [평] 蘋也마름평 浮ㅣ楊花所化개구리밥평 蓱의俗字 (青)

蓇 [골] 莖也풀줄기골 草名ㅣ草골초골 (月)

蓂 [명][멱] 知母草ㅣ莢책력풀명 大薺菥ㅣ굵은냉이멱、두루미냉이멱 (青)(錫)

蓄 [축] 積也쌓을축 聚也모을축 藏也감출축

稸同字、畜通 (屋)

[艹+耗] [용] 草亂貌 풀어수선할용 (腫)

[艹+耼] [담] 葱也 파담 (覃)

蓀 [손] 香草 蘭ㅣ 난초손 향풀손 菖蒲也 창포손 (元)

蓁 [진] 草盛ㅣㅣ 풀성할진 藥名ㅣ艽 망풀진 (眞)

[艹+秈] [뉴] 鹿豆 돌콩뉴 莥와同字 (有)

蓋 [개][합][갑] 覆也 덮을개、뚜껑개 大凡 대개개 傘也 우산개 掩也 가릴개 苫也 白茅 여개 苫覆 이엉덮을합 蒲席 부들자리합、齊下邑名 고을이름갑 姓也 성갑 (泰)(合)

菏 [하][가] 蔊草 무우하 澤名 늪이름가 荷와同字 (歌)

蓑 [사] 備雨草衣 도롱이사 簑同字 (歌)

葒 [홍] 草菜之心 장다리홍 蕻과同字 (送)

[艹+朐] [구] 草名 풀이름구 蒟와同字 (虞)

蓎 [당] 女蘿ㅣ蒙 소나무겨우살이당 (陽)

蓏 [라] 草實 果ㅣ 풀열매라 (木實曰果 草實曰ㅣ) 胡瓜 오이라 (哿)

蓍 [시] 筮草 蒿屬 시초시、뺑대쑥시 (支)

[艹+瓜] [급] 冬、瓜 동아급 (緝)

[艹+坐] [좌] ㅣ拜失容節猶 詐也 구벌할좌 (箇)

蓐 [욕] 陳草復生 묵은풀에 움돋을욕 藨也 갈욱、자리욱 秋神ㅣ收 가을맡은귀신욕 (沃)

蓊 [옹] 草木盛貌ㅣ鬱 초목성할옹 染黃草 옹풀옹 (董)

蓉 [용] 蓮花芙ㅣ 연꽃용 (一名拒霜花 一名木蓮) 藥名蓯ㅣ 약이름용 (冬)

蒷 [공] 結實 결실될공 (送)

蓈 [랑] ㅣ禾 董粟之米生而不成者 쭉정이랑 莠屬 가라지랑 稂同字 (陽)

蓓 [배] 黃ㅣ 草名 황배풀배 ㅣ蕾 始華 꽃망울배 (賄)

[艹+華] [홰] 不正 비뚤어질홰 (佳)

蔱 [살] 茱萸 수유살 茥 蔱ㅣ藾 흰비름살 (黠)

薑 [강] 御濕菜 생강강 薑과同字 (陽)

[illegible]

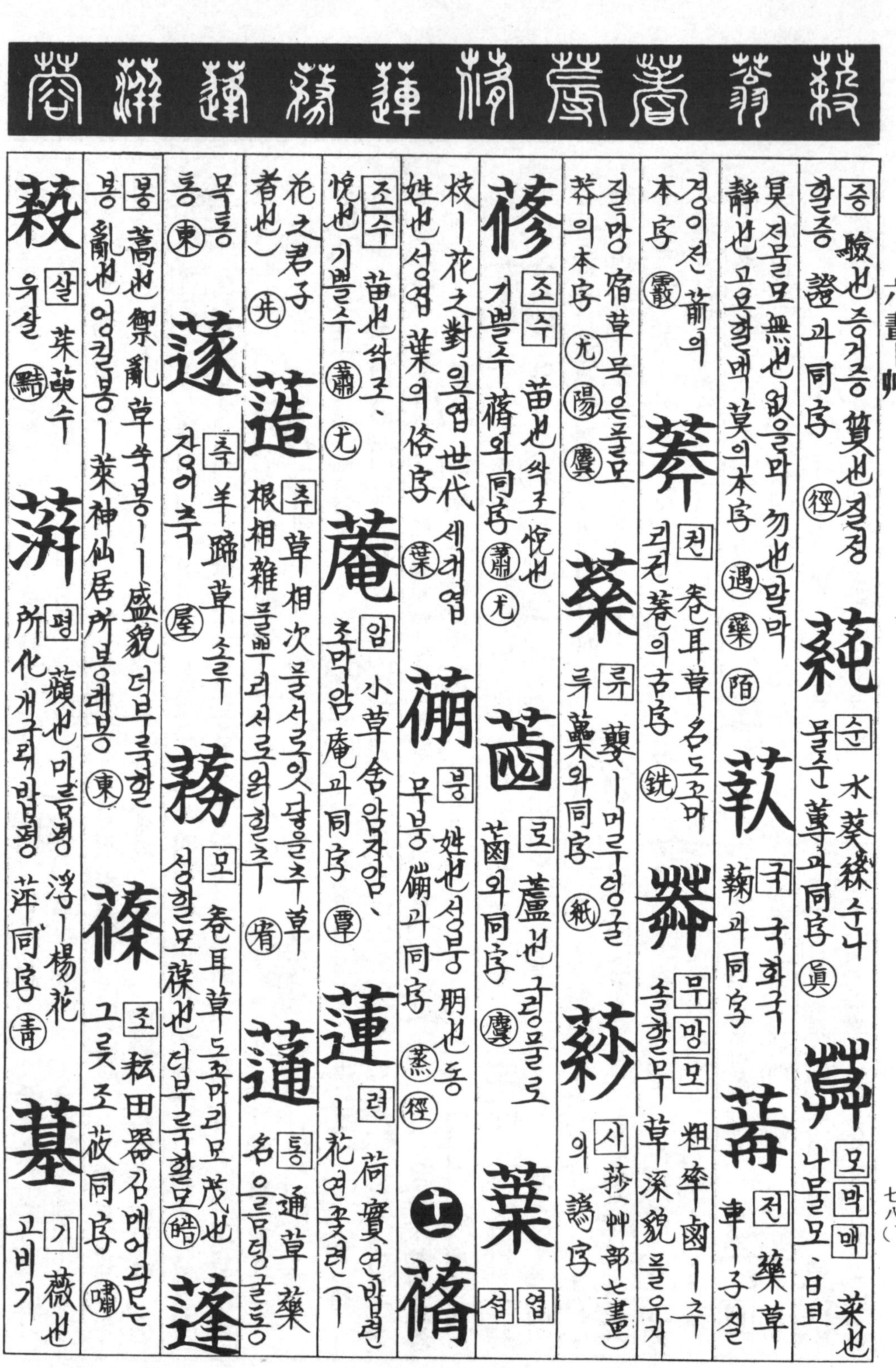

䔿 𦺦 蓋 蓬 蓬 蓯 蒿 蒿 蔽 蓛

[증] 驗也 험증 증거증 證과同字 質也 질정 徑

蒓 [순] 水葵 蓴 수나물순 蓴과同字 眞

𦼮 [모][마][맥] 菜也 나물모、日且冥 저물모 無也 없을막 勿也 말막 靜也 고요할맥 莫의本字 遇 藥 陌

蘜 [국] 국화국 鞠과同字

葥 [전] 藥草 車ㅣ子 질경이전 葥의本字 霰

菤 [권] 卷耳草名 도꼬마리권 菤의古字 銑

𦲷 [무][망][모] 粗率鹵ㅣ 추솔할무 草深貌 풀우거질망 宿草 묵은풀모 莽의本字 尤 陽 虞

莏 [사] 莎(艸部七畫)의 譌字

蘽 [류] 蘡ㅣ 머루덩굴류 藟와同字 紙

𦿢 [로] 蘆也 구렁풀로 𦿢와同字 虞

葉 [엽][섭] 枝ㅣ 花之對 잎엽 世代 세대엽 姓也 성엽 葉의俗字 葉

蓚 [조][수] 苗也 싹조 悅也 기쁠수 蓨와同字 蕭 尤

蒯 [붕] 姓也 성붕 朋也 동무붕 倗과同字 蒸 徑

(十一)

蓨 [조][수] 苗也 싹조、悅也 기쁠수 蕭 尤

菴 [암] 小草 숨암 자암、초막암 庵과同字 覃

蓮 [련] 荷實 연밥련 ㅣ花 연꽃련(ㅣ花之君子) 先

蓫 [추] 草相次 풀서로잇달을추 草根相雜 풀뿌리서로얽힐추 宥

蓪 [통] 通草藥名 으름덩굴통 목통 東

蓫 [축] 羊蹄草 소루장이축 屋

蓩 [모] 卷耳草 도꼬마리모 茂也 성할모 蓩也 더부룩할모 晧

蓬 [봉] 蒿也 쑥봉 ㅣㅣ 盛貌 더부룩할봉 亂也 어지러울봉 ㅣ萊 神仙居所 봉래봉 東

蓧 [조] 耘田器 김매는그릇조 莜同字 嘯

蔱 [살] 茱萸 수유살 黠

蓱 [평] 蘋也 마름평 浮ㅣ 楊花所化 개구리밥평 萍同字 靑

綦 [기] 薇也 고비기

蓁와同字 (支)

菼 담 瓜菹 盪ㅣ 외김치담 (覃)

蓯 총 종 草盛貌 莑ㅣ 풀무성할총 / 藥名 肉ㅣ蓉 약이름종 (董)(冬)

蓰 사 物數五倍 다섯갑절사 / 草名 풀이름사 (紙)

蕁 순 水葵 蒓ㅣ 수채순、순나물순 / 蒓同字 (眞)

[illegible] 심 蒲類 부들심 (侵)

蓳 긴 香薑 제비쑥긴 / 菫同字 (震)

[illegible] 전 以色飾紙 조이에물들일전 (先)

[illegible] 사 야 도 ㅣ菘 미쏴사、蓄積 쌓을야、禾穗 벼이삭도 (麻)(虞)

蔀 부 障明小席 거적부、閏餘一之數ㅣ 首부수부、일흔두살부(七十二歲爲一ㅣ、二十ㅣ爲一紀) 草名 蔀ㅣ 서부풀부 (麌)

蓹 어 地名 땅이름어

蓷 퇴 益母草 익모초퇴 (灰)

蔲 구 荳ㅣ 藥名 두구씨구 (草則藿、蒳荳ㅣ) (宥)

蓶 유 菜蔬 푸성귀유 / 채소유 萸通 (紙)

蓺 예 種也 심을예 / 埶同字 藝通 (震)

[illegible] 첩 編草障戶 풀거적첩、떼적첩 (葉)

蓼 료 륙 辛菜 여뀌료 國名 오나라료、草長ㅣㅣ 풀길륙 (篠)(屋)

蓲 구 藲也 갈구 / 荻也 갈대구 (尤)

蓿 숙 菜名 苜ㅣ 거여목숙 (屋)

蓽 필 ㅣ茇 藥名 약이름필 荊也 회초리필、柴門 사립문필 篳通 (質)

蓾 로 蘆也 그령풀로 (麌)

蔆 릉 ㅣ角 菱也 마름릉 菱同字 (蒸)

蔐 적 蘆屬也 갈대적 / 荻과同字 (錫)

[illegible] 달 草名 [illegible] 활달 / 초달 芅과同字 (曷)

蔑 멸 無也 없을멸 / 微也 작을멸 輕易 업신여길멸 削也 깎을멸 / 棄也 버릴멸 (屑)

菤 천 草木之動貌 초목흔들릴천 本音선 (先)

蔈 표 草木 零落 …

어설요 禾未차 락요 摽通 (篠)

蓑 곤 以土壅苗根 북돋울곤 (阮)

䓍 기 至也 이를기 (寘)

蔊 한 辛味菜 사갓한 (旱)

䓤 괄 藥名ㅣ蔞하눌타리괄 菩과同字 (曷)

蔋 적 旱氣가무 논기운적 (錫)

蔆 릉 ㅣ角菱 번마름릉 蓤과同字 (蒸)

莞 관 완 草名莞蘺 왕골관 ㅣ爾 笑貌빙그레웃는모양완 莧의俗字 (寒)(潸)

蓒 허 葀ㅣ 꼭허 虎ㅣ 藥草호허허 (語)

蔃 강 百合ㅣ菜 개나리강 (陽)

蔂 류 蔓草덩굴풀류 盛土籠삼태류 虆同字 (支)

蕑 연 麗也고울연 甚也 종명할연 姸과同字 (先)

蔁 장 ㅣ柳、當陸 산우엉장 (陽)

䕀 포 乾魚말린생선포 (虞)

蓓 배 花蕾꽃봉오리배 (賄)

蔌 수 속 菜蔬總稱 나물수、푸성귀수、속 義同、ㅣㅣ陋也더러울속 ㅣㅣ風威바람서슬속 (有)(屋)

蔕 체 果蓏綴實根ㅣ꼭지체 小刺가시체 根本뿌리체 蔕、蒂同字 (霽)

蔫 훈 ㅣ蒿蒸氣 出貌김오를훈 훈증할훈 葷通 (文)

蔑 멸 無也없을멸 微也작을멸 削也깎을멸 輕易업신여길멸 蔑과同字 (屑)

蔓 만 葛屬延茂 덩굴만、넌출만 延也뻗칠만、菁也순무우만 (願)(寒)

蓶 최 花垂貌꽃늘어질최 (灰)

蒔 시 ㅣ蘿小茴香 회향시 更種植也 모종낼시 蒔와同字 (支)(寘)

蔎 설 香也향내날설 香草풀이름설 (屑)

蔍 록 忘憂草 원추리록 (屋)

蔄

상 大藜명아주상 (藥名ㅣ蘆) (陽)

蔔 복 薝ㅣ梔子花치자꽃복 菔同字 (職)

䓫 의 禾茂벼무성할의 (支)

蔙

선 藥名ㅣ蘐 하국선 (霰)

蔞 [루] 似艾ㅣ蒿 물쑥루 (虞)(尤)

蔡 [채][살] 法也 법받을채 龜也 거북채 ㅣ仲所封國名 채나라채 殺也 죽을살、귀양보낼살 糳通 (泰)(曷)

蔪 [담] 葱也 파담 蔪과同字 (覃)

蔛 [곡] 藥草名 ㄱ야곡풀곡、석북초 국 (屋)

蔚 [위][울] 牡蒿 제비쑥위 蓊ㅣ草木盛貌 초목우거질위 文密貌 잔무늬위 慰同、州名 고을이름울 蔚同字 (未)(物)

蔜 [오] 鷄腸草 닭의밑씻개오 (豪)

蘔 [경] 似芹 어저귀경 苘同字 (迥)

蔝 [미] 鷄腸草 닭의장풀미 (齊)

蔗 [자] 甘ㅣ砂糖草 사탕풀자 柘通 (禡)

䓯 [독] 惡也 독할독 害也 해할독 毒의古字 (沃)

蔘 [삼] 人ㅣ神草 인삼삼 沙ㅣ더덕삼 蓡、薓同字 參通 (侵)

蔖 [차][사] 蓾ㅣ蒯類 기령풀차、楚葵 미나리사 (歌)(麻)

𦺐 [슬] 牛ㅣ藥草 쇠무릎슬、우슬슬 藤과同字 (質)

萃 [률] 草芽甲出 풀아기들률 (質)

𧐐 [밀] 蜂甘飴 꿀밀 蜜과同字 (質)

蔤 [밀] 荷本 연근밀、연밑둥밑 (質)

蔣 [장] 菰ㅣ水草 과장풀장 姓也 성장 國名 나라이름장 (陽)(養)

𦵏 [장] 묻을장 葬과同字

蔢 [파] 薄荷 박하파 草木茂盛 초목무성할파 果名 蘋ㅣ사과파 (歌)

蔥 [총] 葷菜 파총ㅣ白ㅣ根 파뿌리총 青也 푸른총 佳氣ㅣㅣ 좋은기운어릴총 葱、蒽同 (東)

蔟 [족][주] 聚也 모을족 簇、族通 正月別稱 정월주 (屋)(宥)

蔠 [종] 草名ㅣ葵 풀이름종 (東)

葘 [치][재] 田一歲 묵정밭치 災也 재앙재 菑와同字 (支)(灰)

蕞 [체][최][절] 綿ㅣ表位 띠묶어표할

제、小貌 자그마할 체 · 줄、체와 義同 蕞의 俗字 (泰)(灰)(屑)

蔧 [세][혜] 草 篲帚 풀비 세、草名 풀이름 혜 (霽)(眞)

蔫 [언][연] 物不鮮 시들 언、이울 언、蔫通、臭草ㅣ荽 석은풀 연 (先)(霰)

⿱艹移 [이] 萎也 시들 이 (支)

蔦 [조] 겨우살이 조 · 蔦와 同字

蔦 [조] 寄生草 겨우살이 조、담쟁이 덩굴 조 (ㅣ與女蘿施于松栢) (篠)(嘯)

萹 [루] ㅣ蘆、藥草 약초이름 루 (宥)

菎 [곤] 香草 향풀 곤 · 䔋과 同字 (元)

蔮 [궤] 無笄者 緇布冠 잠없는 치포관 궤 (隊)

萅 [춘] 歲之始 四時首 봄 춘、男女情事 남녀의 정사 춘、和也 화할 춘 · 春의 古字 (眞)

蔬 [소] 草菜通稱 푸나물 소 (食用菜ㅣ) (魚)

蕱 [소] 荷根細者 가는 연뿌리 소 (巧)

蔭 [음] 庇護 덮을 음、가리울 음 陰 景 그늘질 음 · 廕、䕃 同字 (沁)

蔩 [인] 王瓜 쥐참외 인、광외 인 (一名土瓜) (眞)

蔪 [점] 麥秀 ㅣㅣ 보리 팰 점、草相 ㅣ苞 풀 더부룩할 점 (鹽)(琰)

⿴囗⿱艹禾 [균] 野鹿豆草名 들콩 균、누루풀 균 (軫)

⿱艹庳 [비] 細莧 가는 왕풀 비 (紙)

蓳 [근] 올방개 꽃 근 · 菫의 古字

蕅 [우] 芙蓉根 연뿌리 우 · 藕、蕅와 同字 (有)

⿱艹耄 [모] ㅣ期 ㅣ九十歲 늙은이 모 · 耄와 同字 (號)

⿱艹業 [신] 藥名 細ㅣ 약이름 신、長貌 긴 모양 신、象多貌 많은 모양 신 · 莘과 同字 (眞)

⿱艹殍 [표] 餓死 굶어 죽을 표 · 殍와 同字 (篠)

蔯 [진] 茵ㅣ 蒿也 더위지기 진、사철쑥 진 (眞)

蘤 [파] 華也 꽃봉오리 파 · 葩와 同字 (麻)

蔜 [발] 盛也 성할 발、發也 무성할 발 (月)

蓽 [필] 荊也 회초리 필、ㅣ茇 藥名 약이름 필 · 篳의 古字 (質)

蓳 [근] 堇菜 올방개 꽃은

烏頭藥名 오두 큰 菫의古字 (震) (吻)

蕉 [어] 萑也 들개어 (魚)

[艹+豦] [거] 肥料草 거름풀거 (語)

蓐 [욕] 陳草復生 새싹욕 蓐也 자리욕 蓐과同字 (沃)

蕐 [화] 榮也 色也 빛날화 花開也 꽃필화 華의古字 (禡) (麻)

葴 [침] 酸漿 꽈리침 (侵)

[艹+朔] [구] 艽(艸部二畫)와同字

[艹+鼓] [시] 蓍也 숙시 苵와同字 (紙)

蔵 [장] 似亂草名 장물장 隱也 蓄也 감출장 物所蓄 곳집장 藏의略字

[艹+烝] [증] 驗也 증거증 質也 질정할증 證과同字 (徑)

蔴 [마] 枲屬 삼마 (麻)

[艹+造] [조] 作也 만들조 至也 이를조 時代 때조 造와同字 (皓) (豪)

[艹+猜] [천] ㅣㅣ草盛貌 풀더부룩할천 鮮明貌 선명할천 蒨과同字 (霰)

蒨 [천] 풀더부룩할천 倩과同字

[艹+陸] [륙] 大藜 명아주륙(藥名 蔏ㅣ) (屋)

(十一)

[艹+毒] [독] 地柳 땅버들독 (沃)

[艹+皐] [고] 草盛貌 풀성할고 (豪)

[艹+悶] [맹] 在也 ㅣㅣ 잎을맹 (庚)

[艹+敎] [교] 乾芻 마른꼴 교 茭의古字 (肴)

[艹+肴攵] [효] 黃茅根 구랭이 뿌리효 (肴)

[艹+腤] [부] 草ㅣ菹 김치부 (尤)

[艹+揆] [귀] 冬ㆍ葵 겨울아욱귀 薺實 냉이씨귀 蘬와同字 (支)

[艹+富] [부] 細蕾찬 무우부 (宥)

蕑 [간] 茅蕑 띠간 葌과同字 (刪)

蕂 [승] 苣ㅣ 胡麻 검은깨승、흑임자승 (徑)

[艹+嫂] [수][소] 鷄腸草 닭의장풀수、소 義同 (尤) (皓)

蕃 [번] 茂也 번성할번 多也 많을번 滋也 불을번 息也 쉴번 ㅣ國 야만번 藩通 (元)

蔿 [위] 草也 풀위 姓也 성위 州名 고을이름위 (紙)

[艹+睆] [관][완] 草名 苻蘺 왕골관 ㅣ爾而笑

빙그레 웃는모양 완 莞과同字 (寒)(潸)

⿱艹酤 고 醋菹 초김치 고 (一名 菲菹) (過)

薴 녕 蘇也 들깨 녕 (迥)

蕀 극 葽草 遠志 아기풀 극 (一名 ㅣ莞, 又天門冬) (職)

蔾 리 려 납가새 리, 려 蒺ㅣ旱草 질려풀 리 義同 (支)(齊)

蕁 담 海藻 마름 담 藥名 知母 지모 담 (覃)

⿱艹巽 손 蘭ㅣ香草 난초 손 菖蒲 창포 손 蓀과同字 (元)

⿱艹異 이 麻也 삼 이 (眞)

蔽 폐 掩也 가릴 폐 盡也 다할 폐 定也 정할 폐 獘通 (霽)

⿱艹傅 부 蔀(艸部十五畫)과同字

⿱艹然 연 野生豆 들콩 연 (先)

⿱艹琴 금 草名 三稜莖 매자기 줄기 금 (侵)

蕋 예 花內植物傳種之器官 꽃술 예 花也 꽃 예 藥名 石ㅣ 약이름 예 蘂同字 (紙)

⿱艹虻 맹 貝母 패모 맹 莔과同字 (庚)

蕇 전 山芥 산겨자 전 葶藶 두루미냉이 전 (銑)

蕆 천 敕也 경계할 천, 시칙할 천 備也 갖출 천 (左傳, 寡君, 朝以ㅣ陳事) (銑)

蕈 심 菌也 버섯 심 (地菌俗稱地ㅣ) (侵)

蕅 우 芙蓉根 연뿌리 우 藕와同字 (有)

⿱艹犂 려 草茂貌 풀성할 려 國名 新ㅣ 나라이름 려 (齊)

蕎 교 野芹 들미나리 교 (一名 馬芹) (賀)

⿱艹勞 로 薅也 김맬 로 野生豆 들콩 로 (豪)

⿱艹觚 고 彫胡菱米 고미 고 菰의 俗字 (虞)

蕉 초 芭ㅣ草名 파초 초 薪也 땔나무 초 ㅣ萃也 파리할 초 (蕭)

蕐 화 榮也 色也 빛날 화 華同字 (麻)

⿱艹隋 의 蔕也 꼭지 의 莎也 잔디 의 뎨의 (紙)

蕓 운 ㅣ薹菜名 평지 운 香草 운풀 운 (文)

蕒 매 菜名 野苣 들상치 매 (一名 苦苣) (蟹)

⿱艹報 [보] 荒也 거칠보、菜也 나물보 (豪)

蕑 [간] 野蘭 들난초간 (一名都梁香殺蟲除毒) 本音 련 (刪)

蕕 [유] 臭草 냄새나는풀유、유풀유 (尤)

蔊 [한] 酸漿 꽈리한 (寒)

蕖 [거] 蓮花芙ㅣ 연꽃거 (魚)

蕎 [교] 白花穀ㅣ麥 모밀교、藥名大戟 호랑버들교 (蕭)

⿱艹項 [항] 向日葵 해바라기항 (漾)

⿱艹滌 [유] 藥名澤瀉 쇠귀나물유 (尤)

⿱艹揉 [유] 香ㅣ 노야기유、釀ㅣ蘇也 들깨유 葇와同字 (尤)

⿱艹畾 [뢰] 菜也 나물뢰 (賄)

蕏 [저] 五味子 오미자저 藸와同字 (魚)

⿱艹止止 [예] 花內植物傳種之器官 꽃술예 蕊의俗字 (紙)

蕙 [혜] 蘭屬香草 난초혜、향풀혜 性情美 성품좋을혜 (霽)

⿱艹戟 [극] 藥名大ㅣ 버들옷극 (陌)

⿱艹敦 [돈] 草盛貌 풀이성할돈 (元)

蕢 [궤][괴] 草器 둥구미궤、삼태기궤 臾通、赤莧 붉은비름괴 (寘)(卦)

⿱艹澁 [습] 草聲 풀소리습 (緝)

蕜 [비] 悵也 슬플비、섭섭할비 (尾)

蕛 [제] 似稗布地生 穢草 늘피제 (齊)

蕝 [체][절] 綿ㅣ束茅表位 띠묶어표할체、절義同 本音제 蕞同字 (霽)(屑)

蕚 [악] 花跗 꽃받침악 萼과同字 (藥)

蕞 [최][체][절] 小貌ㅣ爾 조그마할최、綿ㅣ表位 띠묶어표할체、절義同 蕝同字、蕝通 (泰)(霽)(屑)

蕘 [요] 지草 풀베일요 採薪 蒭ㅣ 나무할요 蕪也 거칠요 (蕭)

⿱艹𥞌 [저] 오미자저 藸와同字

蕗 [로] 甘草 감초로 草名 蘩ㅣ 물감나무로 (遇)

⿱艹廢 [폐] ⿱艹廢(艸部十五畫)와同字

蕡 [분] 麻子 삼씨분 草木多實 열매많이열릴분 (文)

菆 [찬][추] ㅣ塗 積木以殯 초빈할찬 矢之善者 좋은화살추 菆와同字 (寒)(尤)

蕣 [순] 木槿무궁화순 舜同字 (震)

葪 [게] 가草차 풀게 (霽)

菩 [의][억] 蓮子연밥의 苡華珠율무의 蓮心연밥알억 薏의古字 (寘)(職)

蕤 [유] 葳ㅣ 盛貌더부룩할유 花垂貌꽃늘어질유 俗音 수 (支)

藹 [애] 蓋也덮을애 清也맑을애 微也희미할애 (泰)

蒘 [녀] 黏着들러붙을녀 (魚)

蓧 [조] 竹器삼태기조 蓧와同字 (嘯)

蕿 [섭] 屐也 木履나막신섭、척 두기섭、屟、屧、蘖과同字

蕢 [자] 水菜물나물자 (支)

蓃 [유] 蒦(艸部九畫)과同字

蕆 [전] 草名풀이름전 (銑)

蕺 [집] 草名풀이름집

蕩 [탕] 大也ㅣㅣ클탕 廣遠질펀할탕 無檢放ㅣ방탕할탕 法廢板ㅣ법없어질탕 掃ㅣ소탕할탕 盪通 (養)

蕜 [비] 草名풀이름비 (尾)

䕃 [음] 庇也덮을음 陰景그늘음 蔭과同字 (沁)

䓴 [연] 紅藍草、染草잇연 (銑)

蕪 [무] ㅣ穢 荒也거칠무 亂雜어지러울무 ㅣ菁무우무 (虞)

蕧 [복] 藥名 蕿ㅣ하국복 ㅣ盆草 말기년출복 (一名 金佛草) (屋)

蕦 [수] 菁也순무우수 菜名似羊蹄稍細味可食 나물이름수 (虞)

蕥 [아] 無實穀쭉정이아 (馬)

蓴 [준] 茇本ㅣ 草叢生 풀다부룩이날준 (元)

蕛 [제] 蕛(艸部十二畫)과同字

蕫 [동] 似蒲而細鼎 ㅣ자오락동 (董)

蕺 [직] 苦ㅣ까마중직 蘵과同字 (職)

蕵 [손] 菜名ㅣ蕪손무손 蕵과同字 (元)

䔫 [산] 草名풀이름산 (旱)

蕭

[소] 蕭也 쑥소 ㅣ條 寂寥貌 쓸쓸할소 馬鳴 말우는소리소 風聲 바람소리소 斧名 도끼이름소 (蕭)

蒜 [사] 兔ㅣ 藥草 새삼사 (支)

⿱艹款 [관] 藥名ㅣ冬 시금초관 (旱)

⿱艹晻 [암] 蘩茂 무성할암 (感)

⿱艹⿰舀欠 [담] 菡ㅣ 芙蓉葩華貌 연봉우리담 萏、䕡과同字 (感)

⿱艹⿰糸巿 [지] 草名 卷耳 도꼬마리지 (紙)

⿱艹⿰氵⿱甫又 [박] 不厚 얇을박 ㅣ林 ㅣ草叢 풀서리박 薄과同字 (藥)

⿱艹禛 [장] 嚴也 씩씩할장 剛ㅣ 벋장장 姓也 성장 莊의古字 (陽)

⿱艹⿱㠯心 [혜] 仁也 어질혜 思也 은혜혜 、더할혜 惠의古字 (霽)

⿱艹⿱𠂇巾 [근] 오랑캐꽃근 烏頭 藥名 오두근 菫의本字 (震)(吻)

⿱艹棊 [기] 薇也 고비기 蘻와同字 (支)

⿱艹⿱甫皿 [보] ㅣ簋 盛黍稷器 보궤보 簠의本字 (麌)

⿱艹津 [전] 葏(艸部九畫)과同字

⿱艹堇 [근] 苦菜 오랑캐꽃근 烏頭 藥名 오두근 菫의古字 (震)(吻)

⿱艹⿺走圭 [추][환] 草多貌 풀우거질추 茺蔚又名 益母蓷也 익모초추 亂也 달환 萑의本字 (支)(寒)

⿱艹般 [복] 蘆ㅣ 蘿葍 作萊 무우복 菔의古字 (職)

⿱艹⿰禾秀 [유] 稂ㅣ 害穀草 가라지유 醜也 추할유 莠와同字 (有)

⿱艹巤 [렵] 草動 풀흔들릴렵 ⿱艹巤과同字 (葉)

⿱艹叓 [기] 菜名 나물이름기 蘷의略字 (支)

⿱艹⿰炎欠 蕤(艸部十二畫)의俗字

⿱艹稀 [희] 藥名ㅣ蓤 약이름희 (微)

⿱艹⿱吾心 [오] 意는 未詳

蕨 [궐] ㅣ鼈 菜名 薇屬 고사리궐 (月)

薀 [온] 藻屬 마름온 積也 쌓일온 習也 익힐온 蕰과同字 (吻)(問)

⿱艹⿱囟日 [천] 茅蒐 草名 花可染絳 꼭두서니천 茜와同字 (霰)

⿱艹叅 [삼] 人ㅣ 神草 인삼삼 蔘과同字 (侵)

⿱艹⿱取灬 [취] 意는 未詳

蓿 [숙] 苜ㅣ

連枝草거여목숙 蓿과同字(屋)

蔍 독 蔍(艸部十二畫)의俗字

舊 구 對新之稱 昔也예적 구 久也오랠구 舊의俗字(宥)

⑬

蕹 옹 萃也모을옹 落葵、草名덩굴풀 이름옹(冬)

萐 삽 萐(艸部十二畫)과同字

蒩 저 酢菜김치저、겨채저 澤生草 무서리저 菹와同字(魚)

蘧 거 苦菜ㅣ曹사 라부루거(魚)(語)

蕻 홍 草菜之心長장다리홍(送)

𦽑 칭 黑芝麻검은깨칭(蒸)

蕺 즙 筆管菜似蕎麥 모밀나물즙(緝)

蕽 농 蘆花 花蓬 갈꽃농(冬)

𦼮 간 莖木 거리간(旱)

蕍 유 圓草席 방석유 俗音투(有)

蕷 여 薯ㅣ山 藥마여、산약여 藇、䉤通(御)

蕶 령 草零落 풀이울령(青)

蕸 하 荷葉 연잎하(麻)

蕼 사 菫也 쓴바귀사 寬也너그러울사 徙也처처사(寘)

蕿 헌 忘憂草 一名宜男草 원추리헌 萱、蘐의俗字(元)

蕰 온 藻屬마름온 水草有文문채있는수초온 蘊通、積也쌓일온 習也익힐온(吻)(問)

蘬 회 草名芋之惡者 못된감자회(賄)

薁 우 山生葡萄類 蘡ㅣ새머루욱(屋)

蕾 뢰 蓓ㅣ始華꽃봉우리뢰 花綻貌꽃방긋할뢰(賄)

蕇 전 細菔가는무전、염무전(銑)

蓫 수 禾苗好美곡갱이나올수 穟와同字(寘)

薂 격 蓮實 연밥격(錫)

薄 박 不厚얇을박 少也적을박 輕也가벼울박 聊也힘입을박、외오라지박 集也모을박 被也엄할박 林ㅣ草叢풀떨기박 帷ㅣ簾也발박 ㅣㅣ疾驅빨리달릴박 迫也핍박할박、다다를박 ㅣ暮땅거미박 嫌

也 협의 한바ㅣ博也 넓을박 ㊉藥

薃 호 侯莎 향부자호 ㊉晧

[illegible] 섭 나막신섭 [illegible]과同字

薊 계 朮也 삽주계 涿郡地名 고을이름계 鄚同字 ㊉霽

[illegible] 주 地榆ㅣ蒢의 나물주 [illegible]와同字 ㊉尤

[illegible] 미 薇也 고비미 花名紫ㅣ 배일홍미 花名薔ㅣ 장미화미 ㊉微

[illegible] 미 薇也 고비미 花名薔 장미꽃미 薇와同字

薈 회 草多ㅣ蔚 풀우거질회 鴻ㅣ䪜菜 염교회 障也 막을회 雲霧起 구름일어날회 俗音외 ㊉泰

[illegible] 절 [illegible]ㅣ織草 풀꾀절 茢通 ㊉屑

薉 예 汙也 더러울예 荒蕪田中雜草 김묵을예 穢、獩 通 ㊉隊

薅 호 拔去田草 김맬호 ㊉豪

[illegible] 호 김맬호 薅와同字

[illegible] 택 葛蔓ㅣ 덩굴택 ㊉陌

薆 애 ㅣ薱 草木盛貌 초목성할애 香氣觸鼻 향기어릴애 ㊉隊

薄 박 얇을박 薄과同字

[illegible] 단 草蔓布地 덩굴땅에퍼질단 ㊉寒

[illegible] 걸 香草ㅣ車 향풀걸 藒과同字 ㊉屑

[illegible] 섭 屧也 木履 나막신섭、 적두기섭、屧、屟과同字 ㊉葉

薌 향 穀氣 곡기향 香也 향기향 粱也 기장향 ㊉陽

[illegible] 어 ㅣ池 ㅣ禁苑 나라동산어 籞의 古字 ㊉語

薗 원 圃之樊樹果所 동산원 樊也 울타리원 園과同字 ㊉元

薖 과 寬大貌 너그러울과 饑意 허기질과 草名 풀과 ㊉歌

薘 달 馬舃草名 질경이달、풀이름달 菜名 蒷ㅣ 근대달 ㊉曷

薕 렴 蒹也 갈렴 ㊉鹽

薙 치 체 치 草 풀깎을치 、체 義同 ㊉紙 ㊉霽

蔘 삼 人ㅣ 인삼삼 (一名神草) ㊉侵

薔 색 장 澤生

者蔘 물여뀌 석ㅣ 薔薇 장미꽃 장 (職)(陽)

薏 [의][억] 草珠ㅣ苡 율무 의 蓮子 연밥 의 蓮心 연밥속 억 (寘)(職)

薎 [멸] 飛揚貌 날아오를 멸 細也 가늘 멸 (屑)

蔆 [릉] 菠ㅣ草 시금치 릉 (蒸)

蕒 [오] 瓜蔓 외덩굴 오 (晧)

蓤 [륙] 大藜 명아주 륙 蓙同字 (屋)

薍 [완] 菼也 갈대 완 (潸)

薑 [강] 禦濕菜 생강 강 薑同字 (陽)

蘄 [기] 水栗四角 蔆 새발마름 기 芰의 古字 (寘)

蓎 [당] 樹名 莖荑 늘버나무 당 (陽)

薋 [자] 積也 쌓을 자 惡草 蒺藜 남가새 자 薺通 (支)

蕛 [치] 幼禾 어린벼 치 幼小 어릴 치 稚、穉의 俗字 (寘)

薜 [폐][벽] ㅣ荔香草 담장이 덩굴 폐 山麻 돌삼 벽 (麻生山中者名ㅣ) 當歸 승검초 벽 的義同、辟同字 (霽)(陌)

薚 [탕] 商陸 자리공 탕 (陽)

蔄 [가] 薄荷藥名 박하 가 (菌)

薛 [설] 賴也 다북쑥 설 國名 설나라 설 姓也 성 설 辥同字 (屑)

蕵 [손] 菜名ㅣ蕪 손무 손 (元)

薼 [건] 瓜病 외병들 건 俗音 간

蕕 [유] 臭草 유풀 유 냄새나는 풀 유 蕕와 同字 (尤)

薝 [담] ㅣ蔔花名 치자꽃 담 (感)

蘞 [렴] 藥名 白ㅣ 가위톱 렴, 견동찰 렴 蘞通 (琰)

蘖 [얼] 餘枿 나무 끄트머리 얼 (屑)

薠 [번] 青ㅣ似莎 때번、잔디 번 (元)

薦 [천] ㅣ擧 천거할 천 祭也ㅣ新 천신할 천 (無牲而祭曰ㅣ) 席也 자리 천 (莞曰席、藁曰ㅣ) 進也 드릴 천 草稠 풀모도록할 천 薦也 뭇 천 (獸之所食) (霰)

菼 [담] 似葦 萑之初生 薍 물억 菼의 俗字 (感)

蔦 [부] 水鳥 鷖鳧屬 물오리 부 鳧의 俗字 (虞)

薪 [신] 蕘

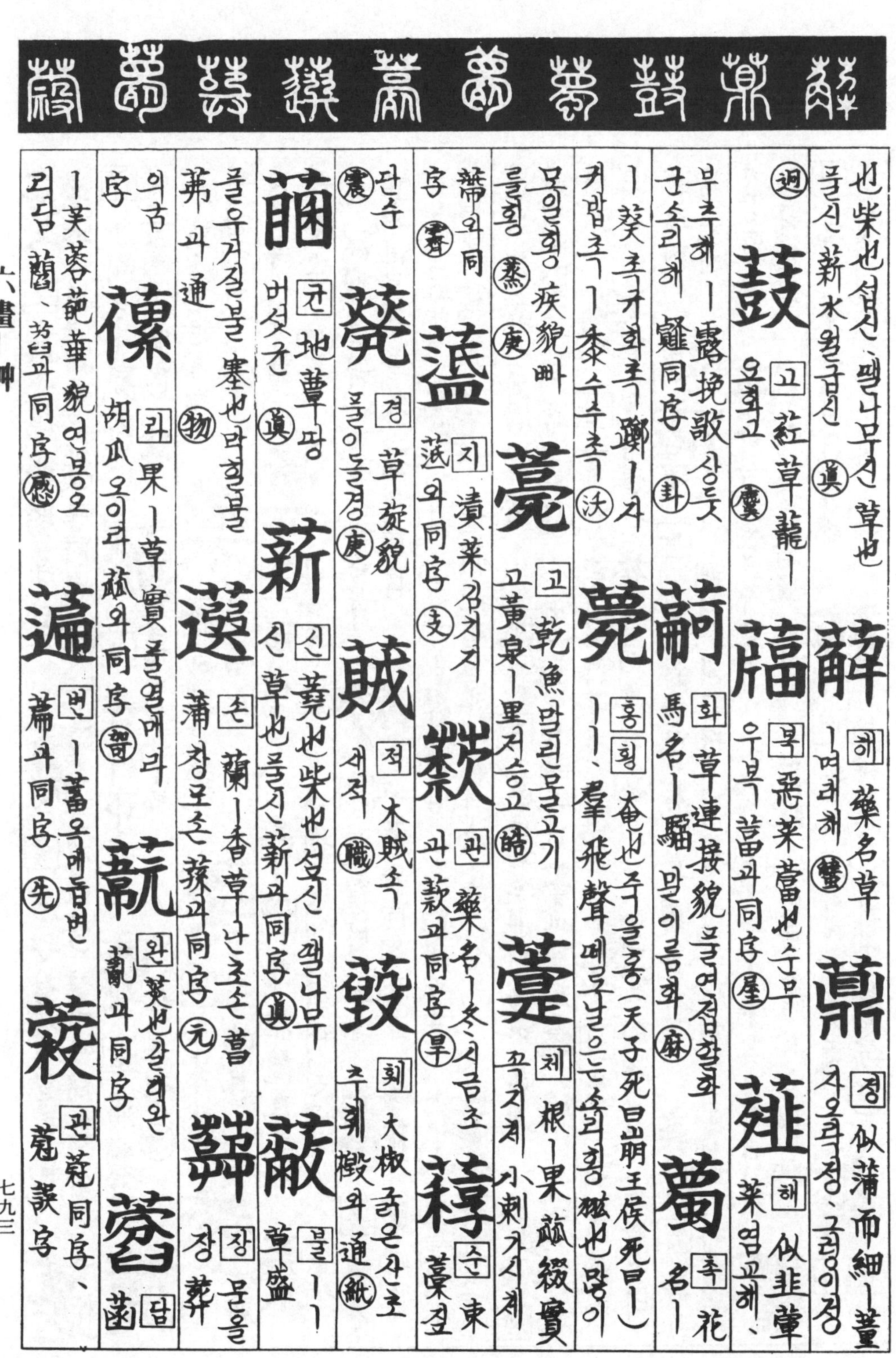

也 柴也 섶신、땔나무신 草也 풀신 薪水 월급신 (眞)

薢 [해] 藥名草 ㅣ여러해 (蟹)

薡 [정] 似蒲而細 ㅣ董 자오락정、그령이정

薣 [고] 紅草 蘢ㅣ 오횩고 (麌)

⿱艹偪 [복] 惡菜 葍也 순무 우복 葍과同字 (屋)

薤 [해] 似韭葷菜 염교해、부추해 ㅣ露 挽歌 상둣군소리해 䪥同字 (卦)

⿱艹⿰冊可 [화] 草連接貌 풀여접할화 馬名ㅣ騧 말이름화 (麻)

薥 [촉] 花名ㅣ葵 촉규화촉 躅ㅣ자 카밥촉 ㅣ黍 수수촉 (沃)

薨 [훙][횡] 奄也 죽을훙 (天子死曰崩 王侯死曰ㅣ) ㅣㅣ、 群飛聲 떼로날으는소리횡 衆也 많이 모일횡 疾貌 빠를횡 (蒸)(庚)

薧 [고] 乾魚 말린물고기 고 黃泉ㅣ里 저승고 (皓)

⿱艹是 [체] 根ㅣ 果蓏綴實 꼭지체 小刺 가시체 蔕와同字 (霽)

⿱艹盄 [지] 漬菜 김치지 菹와同字 (支)

⿱艹款 [관] 藥名ㅣ冬 시금초 관 款과同字 (旱)

⿱艹稕 [순] 東 [illegible] 단순 (震)

⿱艹勁 [경] 草旋貌 풀이돌경 (庚)

⿱艹賊 [적] 木賊 속새적 (職)

藙 [회] 大椒 큰산초 주회 檓와通 (紙)

⿱艹⿰臣囷 [균] 地蕈 땅버섯균 (眞)

薪 [신] 蕘也 柴也 섶신、땔나무신 草也 풀신 薪과同字 (眞)

⿱艹敝 [불] ㅣㅣ 草盛 풀우거질불 塞也 막힐불 茀과通 (物)

⿱艹選 [손] 蘭ㅣ 香草 난초손 菖蒲 창포손 蓀과同字 (元)

[illegible] [장] 물올 장 莽

⿱艹褁 [라] 果ㅣ 草實 풀열매라 胡瓜 오이라 蓏와同字 (哿) 의古字

⿱艹⿰高元 [완] 荂也 갈대완 蘬과同字

⿱艹⿸厂𠯑 [담] 菡ㅣ 芙蓉 菡華貌 연봉오리담 藺、菡과同字 (感)

⿱艹遍 [변] ㅣ蓄 옥매듭변 萹과同字 (先)

⿱艹⿰衣殳 [관] 莞同字、 莞 誤字

[illegible] 모 蘩蔞鷄腸草닭의밑씻개오 蔜와同字 (豪)

[illegible] 얼 庶子첩자식얼 盛飾자정할얼 孼과同字 (屑)

[illegible] 모 ㅣ朔九十歲늙은이모 耄와同字 (號)

[illegible] 첩 䛟(艸部十畫)의古字

蓡 심 蒲類부들심 (侵)

[illegible] 회 草名惡芋곳되강자회 (灰)

[illegible] 약 약약 藥의俗字

薬 약 약약 藥의略字

[illegible] 밀 荷本연뿌리밀 蔤의俗字 (質)

蘽 류 藤也등나무류 (寢)

[illegible] 구 草相繞生풀이서로얽키어날구

[illegible] 유 調順풀우거질유 曲直之휘일유 直也바로잡을유 揉와同字

[illegible] 교 乾芻마른꼴교 茭와同字 (肴)

[illegible] 복 惡菜蓄也순무우복 葍과同字 (屋)

薫 훈 香草似靡蕪향풀훈 灼也뙤울훈 熱也더울훈 薰의略字 (文)

[illegible] 공 감 小杯작은잔공 箱類상자감 器蓋뚜껑감 匳과同字 (送) (感)

[illegible] 만 蔓屬延也덩굴만 善也순무우만 蔓과同字 (願) (翰)

[illegible] 함 意는未詳

[illegible] 진 實如小栗개암나무진 蓁也덧거칠진 榛과同字 (眞)

[illegible] 아 蘿ㅣ蒿屬美菜바북쑥아、새발쑥아 義와同字 (歌)

(十四)

[illegible] 박 不厚얇을박 林ㅣ草叢풀서리박 聊也외오라지박 薄과同字 (藥)

[illegible] 얼 첩의자식얼 치장할얼 孼과同字

薸 표 浮萍草개구리밥표 (蕭)

[illegible] 방 牛ㅣ藥名우방자방、우엉방 蒡의本字 (陽)

薹 대 蕓ㅣ菜名평지나물대、장다리대 夫須草끼대 (灰)

薶 매 藏也묻을매、감출매 地神祭지신제매 埋同字 (佳)

薺 자 제

蒺蔾 납가새자 采ㅣ 藥名 채계 풀우자 茨通、甘菜 냉이계 菎蒘 게로기계 茨通 (支)(齊)(霽)

薳 [원][위] 藥草 遠志 아기풀원 蔿通、草也 풀위 (阮)(紙)

蘋 [빈] 草名 비글비) 萍也 머구리밥빈 蘋同字 (眞)

薴 [녕] 草亂貌 풀어지러울녕 (庚)

薱 [대] 薆ㅣ 鬱 蔥貌 빽빽히 들어설대 (隊)

薵 [주] 蔥也 파주 覆也 덮을주 (尤)

薯 [서] ㅣ蕷 藥名 마서、감자서 藷同字 (御)

薰 [훈] 香草似蘼蕪 향풀훈 灼也 훈할훈 熱也 더울훈 (文)

薩 [살] 菩ㅣ 佛號 보살살 (菩普也 ㅣ濟也 能普濟衆生) (曷)

薷 [유] 藥名 香ㅣ 향유유、노야기유 (尤)

⿱艹榮 [영] 草旋 풀엉길영 (庚)

⿱艹廩 [름] 莪 蘿ㅣ蒿 뺑쑥름 (寢)

薿 [의][억] ㅣㅣ 茂也 무성할의、억 義同 (紙)(職)

⿱艹漫 [만] 葛屬 延也 넌출만(덩굴만) 菁也 순무우만 蔓의 譌字 (願)(翰)

⿱艹漻 [료][륙] 国名 우나라료 草長ㅣㅣ 풀의긴모양륙 蓼同字 (篠)(屋)

藁 [고] 禾稈 짚고 文草 글초잡을고 席也 거적고、자리고 稿同字 (皓)

藃 [호] 暴起貌 결호 俗音 고 (號)

⿱艹熒 [형] 藥草 蔞蘱 들개나리형 (一名 笑草) (靑)

藄 [기] 薇也 고비기 (支)

⿱艹⿰耎瓦 [렵] 草疎貌 풀성기게날렵 (葉)

蔡 [찰] 草芥 북더기찰 (黠)

⿱艹甄 [전] 草名ㅣ菥 개비름전 (眞)

⿱艹緐 [번] 白蒿 새발쑥번 蘩의 本字 (元)

⿱艹塵 [진] 茵ㅣ 蒿也 사철쑥진 蔯과 同字 (眞)

薾 [이] 花盛 꽃번성할이 (紙)

⿱艹漅 [조] (水草有文) ㅣ于以采 마름조 文也 글조 鳧兒喜悅也 좋아할조 藻와 同字

(皓) **蔪** 점 麥秀불리펄점 草相ㅣ苞덤부룩할점 세草풀벨점 蘄과同字 (鹽)(琰) **藂** 총 灌木떨기나무총 叢同

字 (東) **藉** 자 적 薦也깔자 助也도울자 借也빌릴자 憑ㅣ빙자할자 慰ㅣ厚待대접할자 狼ㅣ雜亂어수선할적 ㅣ甚盛也성할적 貢獻드릴적 ㅣ田임금이가는밭적 名稱ㅣ일컬을적 (禡)(陌)

[艹+碭] 탕 莨ㅣ毒草초우엉탕、아이리풀탕 菪과同字 (漾)

藋 조 藜ㅣ명아주조 藥名蒴ㅣ말오줌나무조 (嘯)

藍 람 染青草쪽람 ㅣ縷敝衣옷해질람 伽ㅣ절람 姓也성람 (覃)

[艹+精] 정 仙ㅣ草黃ㅣ둥굴레풀정 (庚)

[艹+遙] 요 蘨(艸部十畫)의俗字

藊 변 白扁豆백변두변 (銑)

[艹+銚] 요 長也너삼대요 (蕭)

[艹+睽] 규 王瓜ㅣ菇쥐참외규、늙은하늘타리규 (齊)

藇 여 서 美貌아름다운모양서 草名 藷ㅣ마여 藇通 (御)(語)

[艹+遜] 손 蕳ㅣ香草난초손 菖蒲창포손 蓀의俗字 (元)

[艹+拳] 권 草名 권훗권 (銑)

[艹+遘] 구 交積材재목어긋매겨쌓을구 奧房깊방구 冓의俗字 (宥)

[艹+罰] 벌 草枯萎縮풀시들시들할벌 (月)

[艹+僕] 박 花落꽃떨어질박 (藥)

藑 경 ㅣ茅香草향풀경 (庚)

藏 장 似薍草名장풀장 隱也감출장、物所蓄광장、곳집장 (漾)

藎 신 染黃草염황초신 進也나아갈신 餘也남을신 (震)

[艹+餕] 준 祭餘제사퇴물준 食餘먹던음식준 餕同字 (震)

[艹+盧] 로 賣酒區술집로 田犬사냥개로 黑色검은빛로 盧와通 (虞)

[艹+蜜] 밀 荷本연근밑、연뿌리밀 蔤과同字 (質)

[艹+龠] 약 雀麥귀리약 蘥의俗字 (藥)

葛 걸 香草 ㅣ車 향풀걸 藒과同字 (屑)

[艹暢] 창 草茂貌 풀무성할창 (漾)

[艹皆] 초 草生長貌 풀자랄초 (巧)

[艹畼] 창 地名 땅이름창 不毛田 곡식나지않는밭창 暘과同字 (陽)

[艹領] 령 鹿食草 ㅣ言풀령、사슴먹이풀령 (靑) 苓과同義

藐 막 묘 染紫草 붉은물들이는풀막 美也 아름다울막 ㅣㅣ忽略 약간막 邈通、小也 작을묘 弱也 약할묘 遠也 멀묘 輕視 업게볼묘 (覺)(篠)

蔱 찰 除草 풀뽑을찰 (黠)

[艹戴] 렬 蘵草 蕛ㅣ기음렬 돌피렬 芵、戴同字 (屑)

[艹耄] 모 늙은이모、구십세모 耄와同字

[艹溫] 저 淹菜 김치저 菹와同字 (魚)

藒 걸 香草 ㅣ車 향풀걸 (屑)

[艹若古字] 약 젊을약、만약 若의古字

[葬古字] 장 묻을장、장사지낼장 葬의古字

[艹棶] 애 意는 未詳

[艹榛] 진 實如小栗 개암나무진 蕪也 덧거칠진 榛의古字

[艹囟細] 견 意는 未詳

[艹辭] 폐 掩也 가리울폐 盡也 다할폐 定也 정할폐 蔽와同字 (霽)

[艹熊] 피 菝也 牛尾 쇠꼬리피、풀이름피 蘢와同字 (支)

[艹擊] 격 藪(艸部十三畫)의古字

[艹夢] 몽 帚草 비를만드는풀몽 蘖也 싹날몽 (東)

[艹匱] 궤 괴 草器 삼태기궤 赤莧 당비름괴 蕢와同字 (寘)(卦)

十五

[艹誰] 수 入草器 풀담는그릇수 (尤)

藕 우 芙蓉根 연뿌리우 蕅同字 (有)

[艹屧] 섭 展也 木屨 나막신섭、적 두기섭 屧、屟과同字 (葉)

[艹樵] 초 散木 땔나무초 采薪 나무할초 樵와同字 (蕭)

[艹潐] 잠 湛也 젖을잠 (陷)

藘 려 染絳草 茹ㅣ 꼭두서니풀려 姓也 성려 蘆通 (魚)

[艹賫]

[간] 莖餘草 莚여물 찌끼간 本音한 (刪)

[illegible] [체] 根ㅣ果蓏綴實 꼭지체 小刺 가시체 蔕와同字 (霽)

藙 [의] 吳茱萸 오수유 의 (未)

藚 [속] 藥草 水舄 쇠귀나물 속 澤瀉 택사속 (沃)

⿱艹敷 [부] 蒪(艸部十二畫)와同字

⿱艹廢 [폐] 蕟(艸部十二畫)同字

⿱艹樊 [번] 草名 번풀번 (元)

藛 [사] 藥草 澤ㅣ쇠귀나물사 (馬)

⿱艹膝 [슬] 牛ㅣ 藥草 쇠무릎 슬 (質)

䕡 [려] 蒿也 들쑥려 藥名 菴ㅣ 진주봉려 (魚)

⿱艹夢 [명] 新睡起貌 잠깨어 어릿거릴명 (徑)

⿱艹鼠 [렵] 草動 풀 흔들릴렵 (葉)

⿱艹魯 [로] 蘆也 그령풀 로 滷와同字 (麌)

⿱艹潦 [로] 乾梅實 마른매실로 (皓)

⿱艹興 [흥] 蕓也 장다리흥 (蒸)

⿱艹遬 [속] 白茅 흰띠속 (屋)

⿱艹齒 [치] 이치 齒와通

⿱艹殤 [탕] 商陸 자리공탕 薚의俗字 (陽)

⿱艹蹄 [제] 草名羊蹄 소루장이제 (齊)

藝 [예] 才能 재주예 文也 글예 法也 법예 準也 대중할예 種也 심을예 禮樂射御書數 六ㅣ 여섯가지재주예 極也 극진할예 埶通 (霽)

藜 [려] 蒿類 羹菜 명아주려 梁 美玉名 懸ㅣ 아름다운 옥려 青ㅣ ㅣ杖 청려장려 (齊)

⿱艹槧 [참] 代木나무벨참 (豏)

⿱艹肆 [사] 菫也 씀바귀사 覽也 너그러울사 蕼의本字 (寘)

⿱艹能 [피] [illegible]也 牛尾 쇠꼬리풀이름피 (支)

⿱艹適 [적] 蘆屬 萑也 갈대적 荻과同字 (錫)

⿱艹膝 [등] 등나무등 藤과同字

藤 [등] 蔓生木 藟 등나무등 籘 通 (蒸)

⿱艹⿰彳尋 [담] 海藻 마름담 藥名 知母 지모담 蕁과同字 (覃)

⿱艹磊

[약] 風吹水貌 물놀이칠 약 蘥蒻의 譌字 (藥)

[艹+疐] [체] 東李去ㅣ 꼭지 체 (霽)

藟 [류] 葛藟 칡덩굴 류 虆通 (紙)

藠 [교] 薤類ㅣ子 자총이 교 부추 교 本音효 (嘯)

[艹+膚] [부] 草名地ㅣ 대싸리 부 (苗可以爲帚) (虞)

藩 [번] 藩籬 울타리 번 守護 지킬 번 藩과 同字 (元)

蘈 [퇴] 草名牛蘈 소루쟁이 퇴 (一名羊蹄) (灰)

藨 [표] 山莓 산딸기 표 耘也 김맬 표 穮通 草名鹿藿 녹두잎 표 (蕭)(篠)

藦 [마] 草名蘿藦 새박 마 (箇)

藩 [번] 藩籬 울타리 번 ㅣ屛 제후나라 번 守護 지킬 번 蕃通 (元)

藥 [약] 金石草木劑皆曰ㅣ 약 약 (史記、神農氏嘗百草始有醫ㅣ) (藥)

藢 [치] 紫芋 검붉은 토란 치 (紙)

藫 [담] 水苔 물이끼 담 海藻 말 담 (覃)

[艹+禾+昷] [저] 酢菜 김치 저 澤生草 무서리 저 菹와 同字 (魚)

藰 [류] 章藰 산우엉 류 (有)

[艹+鄲] [기][근] 芹也 미나리 기 求也 구할 기 山ㅣ 藥名 승검초 근 蘄와 同字 (支)(文)

[艹+尉+心] [위] 益母草 익모초 위 蔚同字 (未)

[艹+穄] [제] 似稗布地生穢草 돌피 제 蕛와 同字 (齊)

[艹+辥] [설] 藾蒿草名 설물 설 國名 설나라 설 姓也 성 설 薛의 本字 (屑)

[艹+鄭] [적] 藡(艸部十七畫)과 同字

藭 [궁] 芎ㅣ 香草 궁궁이 궁 藥草名 개 芎 천궁 궁 (東)

[艹+𠦝+柬] [간] 蕑(艸部十四畫)의 本字

藪 [수] 大澤 큰늪 수 林ㅣ 숲 수、淵ㅣ 물 수 窶ㅣ 戴器 똬리 수 棷通 (有)

[艹+頡] [혈] 馬蓼 龍ㅣ 말여뀌 혈 (屑)

[艹+𠦝+敢] [조] 水草有文 ㅣ于以采 마름 조 藻와 同字 (皓)

[艹+礻+曷] [갈] [illegible](艸部十三畫)과 同字

[艹+潟] [석] 蕮(艸部十二畫)과 同字

蘘 [양] ㅣ荷一

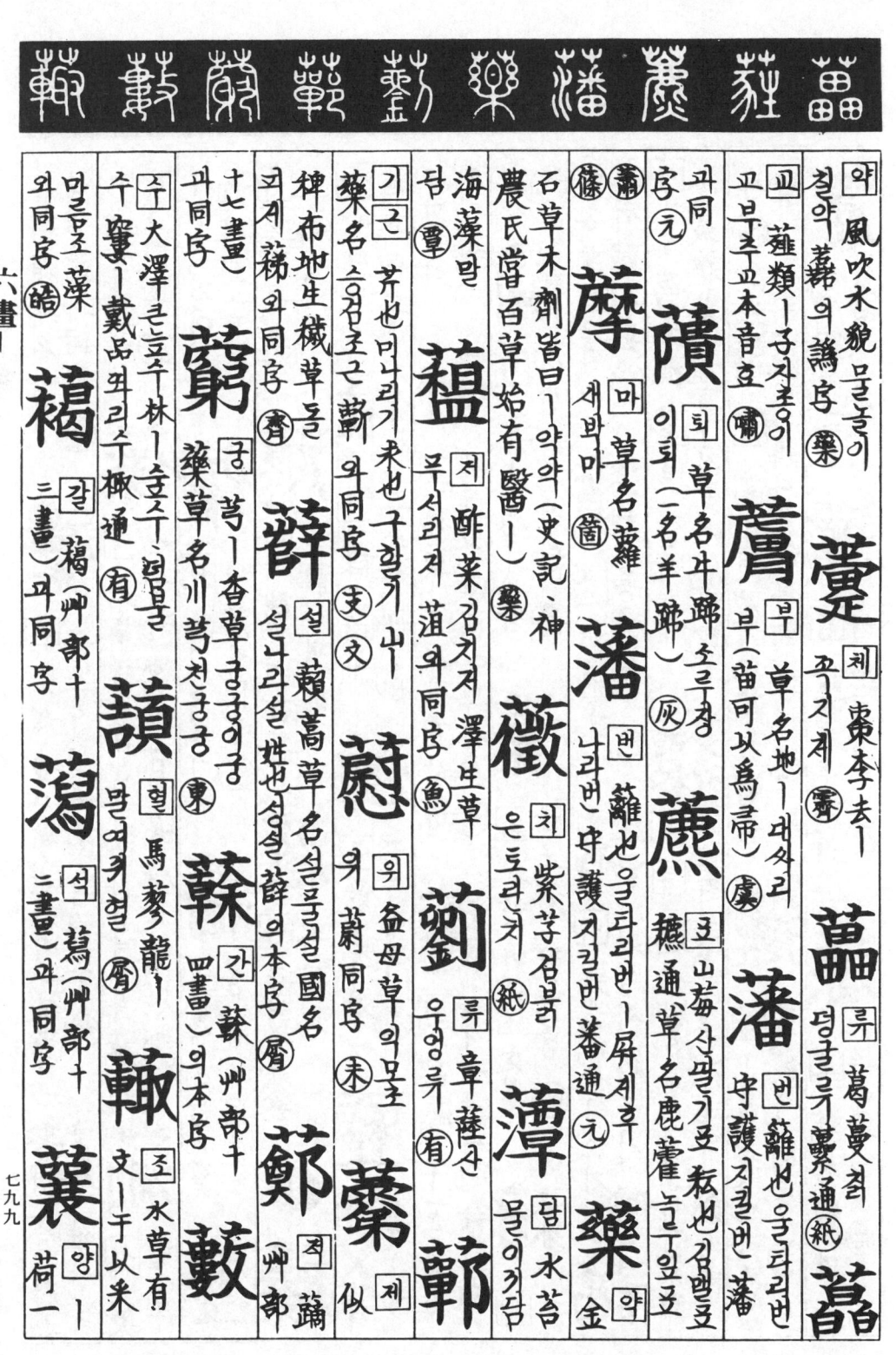

名蓄殖草名양하 물양 蘘과同字 (陽)

藁 [고] 禾稈짚고 席也거적고 文草글초 짚울고 藳와同字 (皓)

稸 [축] 積也쌓을축 聚也모을축 蓄과同字 (屋)

𦾝 [복] 給事者시중꾼복 附也붙일복 隸也종복 隱也숨길복 僕과同字 (沃)

蕲 [전] 藥草 車ㅣ子 질경이전 葥과同字 (霰)

薾 [니] 薺ㅣ 져로기 니 苨와同字 (薺)

瞢 [몽] 꿈몽、희미할몽 夢과同字

䔲 [증] 증거증 證과同字

蘉 [맹] 蘉(艸部十大畫)과通

𨮴 [증] 증거증 𨮴과同字

⑯

藤 [등] 등나무등 藤과同字

蘸 [초] 散木땔나무초 樵同字 (蕭)

藚 [독] 藥名ㅣ活 땅두릅독 (屋)

藶 [력] 大薺 葶ㅣ두루미냉이력 (錫)

薂 [효] 株根그루뿌리효 竹筍대순효 蓮根연뿌리효 (肴)

蘐 [훤] 忘憂草一名宜男草 원추리훤 萱과同字 (元)

藺 [린] 草名 馬ㅣ 고양이린 姓也 성린 (震)

藻 [조] 水草 말조 文也 글조 藻、薻同字 (皓)

藸 [저] 五味子 茎ㅣ 오미자저 豬同字 (魚)

蘫 [함] 蓄也 受 봉오리함 (感)

藷 [저] 番薯 甘ㅣ 마저、감자저 俗音서 (御)

藹 [애] ㅣㅣ盛多貌 수두룩할애 草木叢雜貌 초목우거질애 (泰) (賄)

藐 [묘][막] 遠也멀묘 小也작을묘 紫草 지초막 美也아름다울막 藐와同字 (覺) (藥)

藺 [담] 菡ㅣ芙蓉花華貌 연봉오리담 萏과同字 (感)

蘧 [릉] ㅣ角菱也 마름릉 蔆과同字 (蒸)

蘏 [영] 菊花 국화영 (庚)

蘀 [택] 藥名ㅣ瀉 쇠귀나물택 (陌)

藔 [로] 乾梅實 마른매실로 (晧)

⿱艹憑 빙 草木茂盛초목무성할빙 蒸

蕁 담 海藻마름담、지모 담 蕁、蕁과同字 覃

蕣 순 木槿 朝華 暮落무궁화순 蕣과同字 震

蕋 예 꽃술예、꽃수염예 蕊의譌字 紙

蘷 기 草名풀이름기 支

蘂 예 花心鬚꽃술예、꽃수염예 (花外曰萼花內曰ㅣ) 惢同字 紙

薑 강 생강강 薑과同字

蘁 오 악 逆也거스를오 忤通、華跗꽃받침악 萼通 遇 藥

蕁 담 海藻마름담 藥名知母지모담 蕁과同字 覃

蘀 락 隕ㅣ草木皮葉落陊地초목껍질과잎사귀떨어질락、이울락 槁也 마를락 藥

⿱艹爇 섭 蟄人野草ㅣ麻풀쐐기섭、도사물섭(ㅣ麻拂人肉體、卽成瘡疱) 鹽

藽 친 木槿무궁화친 櫬通、 震

藾 뢰 ㅣ蕭莽也 닥북쑥뢰、맑은대쑥뢰 蔭也 덮일뢰 그늘질뢰 泰

藿 곽 豆葉콩잎곽 藥草ㅣ香곽향곽 本音확 藥

蘄 근 기 山ㅣ藥名승검초근 芹也미나리근 求也구할기 馬銜말자갈기 草名풀이름기 文 支

⿱艹䪥 해 似韭葷菜一名鴻薈염교해、부추해 ㅣ露挽歌상두군소리해 薤와同字 卦

⿱艹皤 파 白蒿흰쑥파 歌

蘢 롱 룡 紅草요화롱 馬蓼말여뀌롱 東 冬

薎 멸 目眥傷눈가장자리진무를멸 矆의譌字 屑

蘋 빈 大萍큰개구리밥빈、마름빈) 薲同字 眞

⿱艹積 지 적 草積풀쌓을지 草名풀이름지、적 義同 積同字 寘

蘜 국 국화국 菊과同字

⿱艹瓢 표 浮萍머구리밥표 薸와同字 蕭

蘈 퇴 草名牛ㅣ소루장 이퇴암눈비야기풀퇴 灰

蘉 망 勉也힘쓸망 陽

薧 [고] 乾魚말린고기고、ㅣ里黃泉황천고、저승고 薨와同字 (皓)

蘊 [온][운] 藻屬마름온 聚草蘊火東ㅣ풀모아불사를온 積也쌓일운 蘊通 (吻)(問)

蕿 [손] 蘭ㅣ香草난초손 菖蒲창포손 蓀과同字 (元)

蘇 [소] 紫ㅣ草名차조기소 扶ㅣ木名부소나무소ㅣ氣索貌가무러칠소 樵ㅣ取草나무할소 死而復生깨어날소 國名나라이름소 穌通 (虞)

蘆 [로][려] 葦也갈로 (葦之未秀者爲ㅣ) 茹ㅣ蒨也꼭두서니려 漏ㅣ藥名범고채려 藘通 (魚)

蘅 [형] 香草杜ㅣ꼼족형、두형초형 (庚)

蔞 [루] 蒿从艾물쑥루 蔞와同字 (尤)(虞)

蘌 [어] 揜也가릴어 地名ㅣ況땅이름어 (語)

蘁 [저] 酢菜김치저 澤生草무서리저 菹와同字 (魚)

藨 [천] 獸之所食草薦也쑥천、꼴천 薦과同字 (霰)

蘘 [양] ㅣ荷一名蕌蒩草名양하풀양 蘘과同字 (陽)

蘵 [치] ㅣ鶩ㅣ疾驅달릴치 傳達전할치 馳의古字 (支)

薹 [모] 늙은이모、구십세모 耄와同字

薜 [폐][벽] ㅣ荔香草승검초폐、山麻돌삼폐 벽義同 薜의本字 (霽)(陌)

蕢 [궤][괴] 草器삼태기궤 赤莧당비름괴 蕢의本字 (寘)(卦)

藳 [름] 빙쑥름 藳과同字 (寑)

薰 [훈] 香草似蘼蕪향풀훈 灼也훈할훈 熱也더울훈 薰과同字 (文)

藎 [신] 染黃草갈골신 忠ㅣ進也나아갈신 餘也남을신 藎과同字 (震)

蘉 [맹] 蘉(艸部十五畫)과同字

蘑 [린] 蕣(艸部十二畫)과同字

蘢 [기] 騏ㅣ名馬日行千里천리마기 騏와古字 (寘)

薧 [로] 乾梅實마른매실로 藻와同字 (皓)

蘑 [마] ㅣ菇 고 표마(中)

蘭 [란] 난초 란 蘭의 略字

蘐 [훤] 忘憂草 망우초 훤、훤초 훤 (元)

[illegible] [섭] 野草、ㅣ麻 풀 섭 기섭、독풀 섭 (鹽)

蕃 [번] 藥名 知母 지모 번 (元)

蘛 [료] 乾梅之屬 마른매실 료 (蕭)

蘸 [착] 藥名附子 부자 착 (覺)

[illegible] [축][잠] 怒也 盛氣 크게성낼 축 菖蒲 菹 昌ㅣ 창포김치 잠 歜과同字 (沃)(感)

蘔 [경] 急引 捕魚 낚을 경 襌衣 홑옷 경 絅과同字 (靑)(徑)

蘜 [국] 국화 국 菊과同字

蘰 [만] 葛屬 延也 넌출 만 靑也 순무우 만 蔓、漫과同字 (願)(翰)

(十七)

蘚 [선] 苔也 瓦ㅣ 이끼 선 瓦ㅣ 기와옷 선 (銑)

蘸 [착] 藥草名附子 부자 착 蘸과同字 (覺)

䕸 [적] 鄭(艸部十五畫)과 通

蘜 [국] 국화 국 菊과同字

蘛 [욱] 茂也 무성할 욱 花開敷ㅣ 꽃필 욱 (屋)

蘞 [험][렴] 맵고독한 풀 험、진동할 렴、가위톱 렴 蘞의 譌字

蘞 [험][렴] 辛毒草 맵고독한 풀 험 白ㅣ 藥名 진동찰 렴、가위톱 렴 蘞同 (鹽)(豔)

蘼 [미] 蘪(艸部十八畫)과同字

蔞 [루] 鷄腸草 蔞ㅣ 닭의밑씻개 루 (虞)

蘘 [양] 草名ㅣ荷 양하 풀 양(一名 蘲菹) (陽)

蘗 [벽] 黃木 황경피 나무 벽 檗同字 (陌)

蘙 [예] 草盛ㅣ薈 풀성할 예 (霽)

蘖 [얼] 萌ㅣ 싹 얼、벤 나무에 싹날 얼 (屑)

蘜 [국] 鞠(艸部十八畫)과 同字

蘣 [투] 禾苗發出 베싹 뺄 투 (有)

蘸 [조] 魚醬 어장 조 (遇)

蘠 [장] ㅣ薇 花名 장미꽃 장 蘠同字 (陽)

蘵 [고] 醋菹 一名 菲菹 초김치 고 蘬와同字

六畫ㅣ艸

過 **蘡** 앵 蘡草ㅣ薁머루넌출앵(葉似葡萄而小) 庚

藋 조 蔾類명아주조 嘯

藆 건 草名건초건 蘗의俗字 銑

韱 섭 山韭산부추섭 韱同字 鹽

[illegible] 구 蒿類쑥구 宥

蘤 위 화 花也꽃부리위、화義同、花古字、華通 紙 麻

蘧 거 瞿麥석죽화거、패랭이꽃거 自得貌ㅣㅣ마음에든든할거 魚

蘥 약 省麥귀리약(ㅣ名燕麥) 藥

[illegible] 의 草名풀이름의 職

薿 의 草盛貌풀이무성할의 紙

蘮 계 粉草ㅣ蘩철풀계 姓也성계 霽

蘯 탕 廣遠貌넓고클탕 大也클탕 放ㅣ無檢束방탕할탕 平易也평탄할탕 蕩과同字 養

蘪 미 芎藭苗ㅣ蕪궁궁이싹미 支

蘩 번 白蒿흰새발쑥번 元

蘫 람 瓜菹외김치람 覃

藑 경 ㅣ茅香草경모풀경 藑의譌字 庚

蘬 귀 冬、葵겨울쑥갓귀 馬蓼말여뀌귀 薺實냉이씨귀 支

蘨 요 草盛貌풀더부룩할요 蕭

蘭 란 香草ㅣ蓀ㅣ花난초란 木ㅣ花名朝搴목란꽃란 國名和ㅣ나라이름란 寒

[illegible] 의 蔕也꼭지의 荍也떼의자지의 [illegible]의俗字 紙

[illegible] 혈 紅也요화혈、말여뀌혈 屑

蘦 령 甘草감초령 落也떨어질령 苓通 靑

蘼 미 ㅣ蕪香草궁궁이싹미 蘪와同字 支

[illegible] 유 木耳나무버섯유 蕕와同字 虞

[illegible] 예 蓺(艸部十三畫)와同字

藻 조 水草有文마름조 文也글조 鳥兒喜悅也좋아할조 藻와同字 皓

藎 신 染黃草갈골신 忠ㅣ

進也나갈신 餘也남을신 蘯과同字 震

蕠 끈 香草향풀 끈 菎과同字 元

藷 저 ㅣ藇甘蔗미저 藷藇의譌字 魚

藉 자 적 薦也깔자 助也도울자 借也빌릴자 狼藉亂어수선할적 藉의古字 禡 陌

蘖 얼 餘枿나무끄트머리얼 蘖의譌字 屑

薐 료 乾梅之屬마른매실료 藔와同字 蕭

䕭 화 ㅣ騮駿馬名부절따말화 驊의同字 麻

⑥ **䕹** 잡 戶簾무에늘어선발잡 合

𧃵 직 黃蒢꽈리직 職

䕸 개 禾藁去皮稭也짚고갱이개 稭同字 佳

蘲 류 土籠삼태기류 蔂同字 支

𧄍 교 藥名連ㅣ어리나무교 蕭

䕺 총 草叢生풀떨기총 株也그루기총 東

蘵 직 苦ㅣ땅꽈리직 蘵과同字 職

蘳 회 휴 黃華노란꽃화 花葉貌꽃잎모양화、휴 義同 馬 支

蘴 풍 蕪菁苗무우싹풍 葑通 東

䕲 천 獸之所食草薦也쑥천、풀천 薦과同字 霰

虉 역 草有雜色似綬여뀌풀역 鷊과同字

䕄 첩 花開꽃필첩 洽

蘸 착 藥草名附子부자착 藮과同字 覺

藮 초 散木쌜나무초 采薪나무할초 樵와同字 蕭

蘃 예 花心鬚꽃술예 蘂와同字 紙

薓 삼 人ㅣ인삼삼 蓡의譌字 侵

蘺 리 香附子草名향부자리 支

䕊 소 焚也불붙을소 燔也불살을소 野火들불소 燒의譌字 蕭 嘯

蕫 동 鼓鳴ㅣㅣ북울릴동 董

𧄦 구 蘧也ㅣ麥패랭이꽃구 虞

𧄯 저 ㅣ藇甘蔗마저、감자저 藷와同字 魚

蘈 퇴 草

名牛蹄소루장이 蕒의譌字 灰

(十九)

虋 문 赤粱粟붉은기장문 ㅣ冬、蘠蘼 맥문동문 虋과同字 元

蘱 류 芧屬蒯蕈그령류、차오락류 眞

⿱艹鷊 역 綬草인끈풀역 鷊과同字 錫

蘹 회 ㅣ香、草名풀이름회 佳

蘺 리 香草芷江ㅣ향풀리 芎藭궁궁이싹리 蘺離通 支

[illegible] 란 蓴菜순채란 鳧葵마름풀란 虊과同字 寒

蘻 계 草連貌풀여섬할계 毒 草名풀이름계 霽

⿱艹麗 려 미 草木附著地而生貌초목이 땅에붙어서자랄려、미義同、蘪同字 霽

⿱艹難 연 草名풀이름연 熱也비울연 先

蘸 잠 以物淬水물에담글잠 陷

蘿 라 女ㅣ托松而生새삼넌출라 ㅣ蔔菜也무우라 蒔ㅣ香也시라향라 藤ㅣ대명풍이넌출라 薜ㅣ담쟁이넌출라 藤ㅣ칡라、갈라 歌

蘼 미 草名虋冬、蘠ㅣ풀이름미、맥문동미 支

⿱艹躅 촉 花名⿱艹躑ㅣ철쭉꽃촉 草촉풀촉 沃

蘽 류 蘡也山ㅣ산머루류 紙

蘾 괴 藥名苗香회향괴 卦

蘵 식 苦蔘쓴너삼식 職

⿱艹顛 전 草頭풀머리전 先

[illegible] 첩 花突開꽃필첩 [illegible]과同字 洽

蘤 화 榮也色也빛날화、영화화 花開也꽃필화 白也흴화 華와同字 碼 麻

⿱艹疆 강 생강강 薑과同字

蘷 기 菜名나물이름기 支

⿱艹贊 찬 蘡草牡ㅣ담쟁이덩굴찬 翰

⿱艹穛 조 藜類명아주조 藋와同字 嘯

[illegible] 얼 妖也요물얼 蠥의俗字 屑

⿱艹竆 궁 芎ㅣ香草궁궁이궁 藥草名川芎천궁궁 藭과同字 東

蘴 등 睡覺夢ㅣ잠깨어어리석한

등 (徑)

蘏 영 菊花국화꽃영

虀 제 醯醬所和양념할제 細切잘게썰제 (霽)

蓸 조 曹艸部十一畫(二)의 古字

櫬 친 木槿무궁화친 藽과同字 (震)

藂 취 會也모을취 邑落居也고을취 積也쌓을취 聚와同字 (遇)(虞)

藋 조 蓧藿類명아주조 藋와同字 (嘯)

蘿 라 리 菜名、葉似竹나물이름라、리義同 (歌)(支)

蘙 의 蒂也꼬지의 莎也떼의잔디의 蕦와同字 (紙)

藭 궁 芎ㅣ香草궁궁이궁 천궁궁 藭의本字 (東)

蘘 양 ㅣ荷一名蕌葙 草名양하풀양 蘘과同字 (陽)

蘕 릉 芰也마름릉 蔆의古字 (蒸)

薺 제 醯醬所和細切양념할제 虀와同字 (霽)

二十

蕯 살 弓矢화살(韓)

虂 로 草名蔠葵머루덩굴로 (遇)

虃 첨 草名첨풀첨、지미풀첨 本音섬 (鹽)

虉 역 綬草인끈풀역 鷊同字 (錫)

藾 의 欓子吳茱萸오수유의 藙와同字 (未)

蘟 음 似蒜生水中물마늘음 蔭과同字 (侵)

二十一

齏 제 양념할제 虀와同字

虆 류 蔓也덩굴류 藟通 (支)(紙)

蘺 리 江ㅣ芎藭苗香草궁궁이싹리 蘺와同字 (支)

二十二

虇 권 蘆筍관순권 (阮)

虉 역 草有雜色似綬여물역、인끈풀역 鷊同字 (錫)

虈 효 白ㅣ正래 지효 (蕭)

蘙 억 數名억억、安也편안할억 供也이바지할억 人民이니억 億과通 (職)

蘘 낭 草貌풀모양낭 (漾)

虋 문 赤粱粟붉은기장문 虋의譌字 (元)

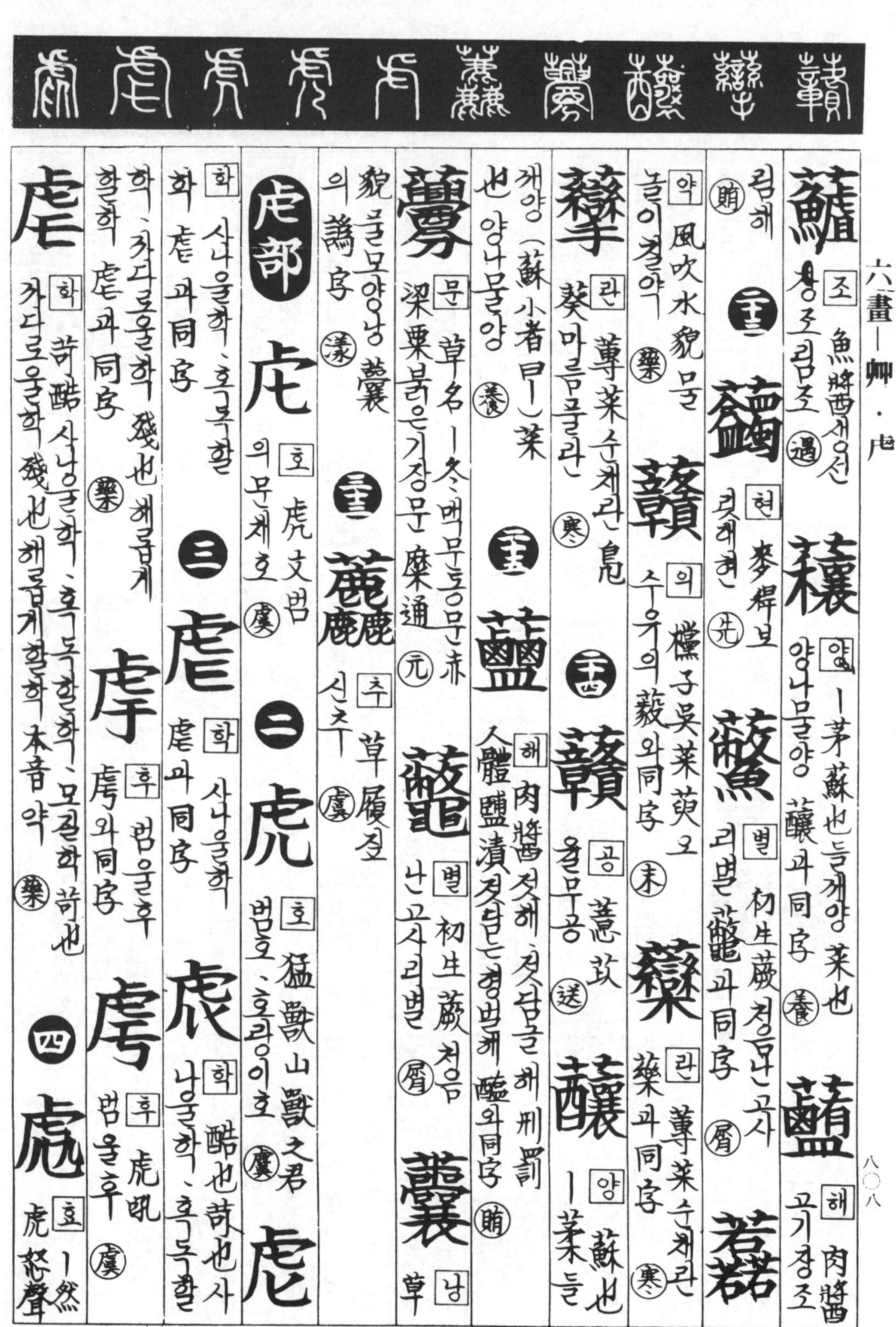

蘸 [조] 魚醬새선 젓조림조 (遇) 蘘 [양] ㅣ茅蘇也 들깨양 菜也 양나물양 蘘과同字 (養) 藍 [해] 肉醬 고기장조 김해 (賄)

⑮ 蘺 [현] 麥稈보 릿대현 (先) 蘼 [별] 初生蕨 청무난고사 리별 𧅭과同字 (屑) 蘿 [약] 風吹水貌 물 놀이칠약 (藥) 蘱 [의] 欓子吳茱萸고 수유의 藙와同字 (未) 蘭 [란] 蕁菜수채란 藥과同字 (寒)

蘩 [란] 葵마름풀란 (寒) 蘗 [란] 蕁菜수채란 鳧 ⑯ 蘺 [공] 薏苡 율무공 (送) 蘘 [양] ㅣ茅蘇也 ㅣ茉 들 깨양(蘇小者曰ㅣ)菜 也 양나물양 (養)

⑰ 蘸 [해] 肉醬젓해、젓담 글해 刑罰 人體鹽漬 젓담는형벌해 醢와同字 (賄)

虋 [문] 草名ㅣ冬 맥문동문 赤粱粟 붉은기장문 麋 通 (元) 蘼 [별] 初生蕨 청음 난고사리별 (屑) 虆 [낭] 草

貌 글모양낭 虆 의 譌字 (漾) ㉓ 蘼 [추] 草履짚 신추 (虞)

虍部

虍 [호] 虎文범 의무늬호 (虞) ② 虎 [호] 猛獸山獸之君 범호、호랑이호 (虞) 虐

[학] 사나울학、혹독할 학 虐과同字 ③ 虐 [학] 사나울학 虐과同字 虎 [학] 酷也 苛也 사 나울학、혹독할

학、가다로울학 殘也 해롭게 할학 虐과同字 (藥) 虖 [후] 범울후 虖와同字 虖 [후] 虎吼 범울후 (虞)

虐 [학] 苛酷 사나울학、혹독할학、모질학 苛也 까다로울학 殘也 해롭게할학 本音 약 (藥) ④ 虓 [효] 虎怒聲 ㅣ然

범고함지를호 人名 사람이름호 ㊀肴

虑 [필] 愁也 근심할필、애태울필 ㊀質

虓 [효] 彪와同字 범고함지를효

虒 [사] 委ㅣ 虎之有角者 뿔있는범사 ㊀支

[illegible] [예] 虎貌 범모양예 ㊀隊

[illegible] [역] 虎聲 범의소리역 ㊀陌

[illegible] [학] 사나울학、혹독할학 虐과同字

虔 [건] 敬也 공경할건 強取 빼앗을건 殺也 죽일건 ㊀先

㊄

[illegible] [합] 香木 향나무합 藏獸 檻우리합 柙과同字 ㊀洽

[illegible] [학] 사나울학、혹독할학 虐과同字

[illegible] [학] 사나울학、혹독한학、까다로울학 虐과同字 ㊀藥

[illegible] [로] 飯器 밥그릇로 虎文 범의무늬로 ㊀虞

虙 [복] 虎貌 범의모양복、범의모양복 帝號 ㅣ犧 복희씨복 宓同字 ㊀屋

虚 [허] 빌허 虛의俗字

[illegible] [호] 탄식할호、큰소리지를호 虖의本字

虖 [호] 歎也 탄식할호 大聲 큰소리지를호 呼、嘑通 ㊀虞

虛 [허] 空也 빌허 ㅣ言 거짓말할허 虚와同字 ㊀魚

[illegible] [올] 범이노리고볼올 [illegible]과同字

[illegible] [올] 虎視貌 범이노리고볼올 ㊀物

䖏 [처] 곳처、처처할처 處의俗字

處 [처] ㅣ所 곳처、居也 살처 止也 그칠처 定也 정할처 ㅣ置 分別 처치할처 (如處ㅣㅣ事 用刑ㅣ斬ㅣ殺 以法律) 未嫁ㅣ女 처녀처 士未仕 처자처 處ㅣ子 처할처 処同、處通 ㊀御 ㊀語

[illegible] [의] 虎息 범의숨쉴의 ㊀未

[illegible] [합] 虎也 범합 ㊀洽

㊅

虛 [허] 空也 빌허、헛될허 罄也 다할허 次也 버금자리허 星名 별이름허 天空 하늘허 故城 터허 ㅣ言 거짓말허 ㅣ弱 약할허 虚同字 ㊀魚

虜 [로] 掠

也 사로잡을로(莊得白ㅣ、斬得曰獲)奴隸 종로 擄同字 (麌)

虐 [학] 사나울학、혹독할학 虐의古字

⿰亻虎 [운] 虎聲 범의소리 은 (文)

⿸虍白 [맥] 白虎 흰범맥 (陌)

七

虜 [로] 사로잡을로 虜와同字

⿸虍古 [고] 虎息 범이숨쉴고 (麌)

⿰令虎 [령] 虎屬、사자形 범령 (青)

䖒 [희] 古陶器 옛날그릇희 (支)

⿰足虎 [발] 虎行貌 범이걸을발 (黠)

⿸虍勿 [호] 범호 虎의古字

⿸虍且 [차] 猛也 모질차 (歌)

⿰甘虎 [함] 虎聲 범의소리함 (感)

虞 [우] 慮也 艱ㅣ 염려할우 樂也 驩ㅣ 즐길우 安也 편안할우 備也 갖출우 誤也 그르칠우 葬後祭禮 우제지낼우 帝舜國號 나라이름우 山澤官名 우벼슬우 (虞)

⿸虍白 [멱] 白虎 흰범멱 虒과同字 (錫)

號 [호] 大呼 부르짖을호 大哭 크게울호 名稱 이름호 諺同、召也 부를호 ㅣ令 호령호 謚也 시호호 名稱이름호 号、號同字 (豪)(號)

⿸虍冬 [종] 赤黑文虎 검붉은얼룩범종 (東)

⿰甲虎 [합] 習貌의 칠합 (洽)

八

虡 [거] 栒ㅣ 栒名 쇠북틀설주거 (語)

⿸虍林 [반] 虎文 범의무늬 채반 彬과同字

盧 [로] 壚 甗同

⿸虍勿 [호] 범호 虎와同字

⿸虍且 [조] 大也 클조 往也 갈조 (麌)(過)

⿸虍白 [멱] 白虎 흰범멱 虒과同字 (錫)

⿸虍用 [용] 用也 쓸용 常也 떳떳할용、항상용 愚也 어리석을용 庸의譌字 (冬)

⿰交虎 [교] 虎聲 범의소리교 (巧)

⿸虍非 [호] 不見 보지못할호 (麌)

九

⿸虍咸 [암] 雄虎文 범암 (咸)

虢 [괵] 國名ㅣ仲所封 괵나라괵 (陌)

䖈 [개] ㅣ歌軍勝樂 싸움이긴풍류개 善也 착할개 樂也 즐거울개 凱와同字 (賄)

䖔 [열] 虎睡 호랑이가 졸열 (屑)

虣 [포] 虐也、猛也 혹독할포、사나울포 急也 급할포 周官名可ㅣ 벼슬이름포 暴通 (號)

十

䖑 [숙] 虎入林中 범이 숲에 들숙 (屋)

虤 [현] 虎怒 범이 성낼현 (銑)

䖐 [반] 虎文 범의 문채반 彪과同字 (刪)

䖠 [제] 鬭很而不動貌 점몽이 쾌려군어옴지이지 않을게 (霽)

䖘 [도] 虎也 鳥ㅣ 범도 (虞)

䖗 [강] 虎種 범강 (陽)

䖚 [처] 곳처 處와同字

䖝 [주] 虎狎貌 범이 친압해질주 (尤)

䝘 [치] 用也 쓸치 (寘)

䖤 [요] 不安貌 뒤뚱거릴요 (嘯)

䖙 [고] 姑息 잠시쉴고 (虞)

虦 [잔] 털몽근범잔 虥과同字 (刪)

十一

䖛 [도] 烏ㅣ虎也 범도 䖘와同字 (虞)

虥 [잔] 虎淺毛ㅣ貓 털몽근범잔 (刪)

䖪 [조] 往也 갈조 (遇)

十二

𤑸 [홍] 燎也 횃불홍 火乾物 불에 쬐어 말릴홍 烘과同字 (東)

虧 [휴] 缺也 이지러질휴 少也 적을휴 氣損 기운덜릴휴 虧同字 (支)

虨 [반] 虎文 범의 문채반 䖐同字 (刪)

十三

䖅 [령] 神也 신령령 魂魄 혼백령 神之精明 신통한령 靈과同字 (靑)

䖵 [함] 범의 소리함 䖶과同字 (咸)

䖶 [함] 虎聲 범의 소리함 (咸)

虩 [혁] ㅣㅣ恐懼貌 두려워할혁 蠅虎 거미혁 虩의 譌字 (陌)

䖺 [사] 虎貌 범의 모양삭 (藥)

虧 [휴] 缺也 이지러질휴 氣損少也 덜릴휴 虧와同字 (支)

䖿 [호] 土釜 흙가마호 (號)

䖪 [조] 且

徃 도갈조 粗 同字 (虞)(遇)

虪 [먹] 白虎 흰범먹 (陽) 虪의 俗字

虩 [혁] 恐懼ㅣㅣ 두려워할 혁 蠅虎蟲 거미혁 (陌)

䖒 [오] 虎 번ㅣ 菟 범오 (虞)

十三

虨 [한] 범의무늬계반 彪의 俗字

虪 [종] 赤黑文虎 검붉은얼룩범종 䖆과 同字 (東)

虪 [색] 虎驚貌 범이놀랄색 或音 속 (陌)

十四

虪 [격] 虎聲 범의 소리격 (陌)

虢 [격] 恐 번두려워할 격 (陌)

虪 [격] 虎聲 범의 소리격 (陌)

虪 [패][백] ㅣ業把持諸侯之權 으뜸패、月始生ㅣㅣ然朔死ㅣ望生 달력백 霸 同字 (禡)(陌)

虪 [은] 兩虎爭聲 범싸우는소리은 口氣出 입김내보낼은 (眞)

十五

虪 [혁] 虎聲 범의 소리혁 本音 격 (陌)

十六

䖩 [려] 細切肉 가늘게 끊은 고기려 (語)

十七

虪 [저] 器物 그릇저 (語)

二十

虪 [숙] 黑虎 검은범숙 (屋)

虫部

虫 [충][훼] 鱗介總名 벌레충 虺音훼、蟲略字 (尾)

一

虬 [알] 蟲聲 벌레소리알 (黠)

虯 [규] 뿔없는 용규 虯의 俗字

二

虯 [규] 龍之無角者 뿔없는용규 駕 形ㅣ 蚴ㅣ 멍애형용규 虬同字 (尤)

虮 [기] 蟲名 密ㅣ 밀기벌레기 (支)

匿 [닉] 蟲食病 벌레먹는병닉 (職)

虰 [정][증] 蜻蛉ㅣ蛵 잠자리정 螘蠪ㅣ 개미증 (靑)(蒸)

虱 [슬] 齧人蟲 이슬 蝨과 同字 (質)

三

虶 [우] 그리마우、치자리 우 虷와 同字

螣 [등][특] 神蛇似龍 興雲霧 등뱀등

蝗屬食葉蟲 황충특、벼메뚜기 특 螣과同字 (蒸)(職)

𧈞 [주] 海蟲바다벌레주 (有)

虸 [자] 害稼蟲—蚄 며루자、자방벌레자 (紙)

蚕 [천] 蟲之曳行벌레굼틀거릴천 (銑)

虷 [간] 井中赤蟲정갑이간、장구벌레간 犯也범할간本音한 (寒)

虹 [홍][강][항] 螮蝀—蜺무지개홍 䖬通、泗州縣名고을이름강 劍名流彩—칼이름항 潰也무너질항 (東)(絳)(江)

虵 [이][타][사] 委—自得貌든든할이、타義同、毒蟲뱀사 蛇의俗字 (支)(歌)(麻)

虴 [택] 蚱蜢벼메뚜기택(一名稻螽) (陌)

虶 [우] 蚰蜒蚨—그리마우、치자리우 (虞)

虳 [굴][적] 鼠也쥐굴、적義同 (物)(錫)

𧈬 [원][완] 蠑—蜥蜴도롱룡원 虺類毒蛇가지독사완、蚖의譌字 (元)(寒)

虼 [흘] —蚤벼룩흘 (中)

䖟 [맹] 등에맹 蝱과同字

𧈪 [원][완] 도롱룡원、자라독사완 𧈬과同字

𧈢 [충][훼] 벌레충、훼義同、虫同字

虻 [맹] 蚊—齧人飛蟲등에맹 蝱同字 (庚)

虽 [수] 設兩辭假令비록수 蟲名벌레이름수 雖와同字 (支)

䖬 [홍][강][항] 螮蝀—蜺무지개홍 虹通、泗州縣名고을이름강 潰也무너질항 (東)(絳)(江)

虺 [훼][회] 蛇虺이무기훼 —— 小蛇聲적은뱀소리훼、—隤馬病비루먹을회 瘣同字 (尾)(灰)

𧈡 [홍][강][공][항] 螮蝀무지개홍 泗川縣名골이름강、공、義同、潰也어지러울항、무너질항 劍名流彩—칼이름항 䖬과同字 (東)(絳)(送)(江)

𧈧 [올] 蛤蟹게올 (月)

④

蚊 [문] 齧人飛蟲蚋也모기문 蟁同字 (文)

蚄 [방] 害稼蟲虸—자방벌레방 (陽)

蚏 [월] 似蟹而小방게월

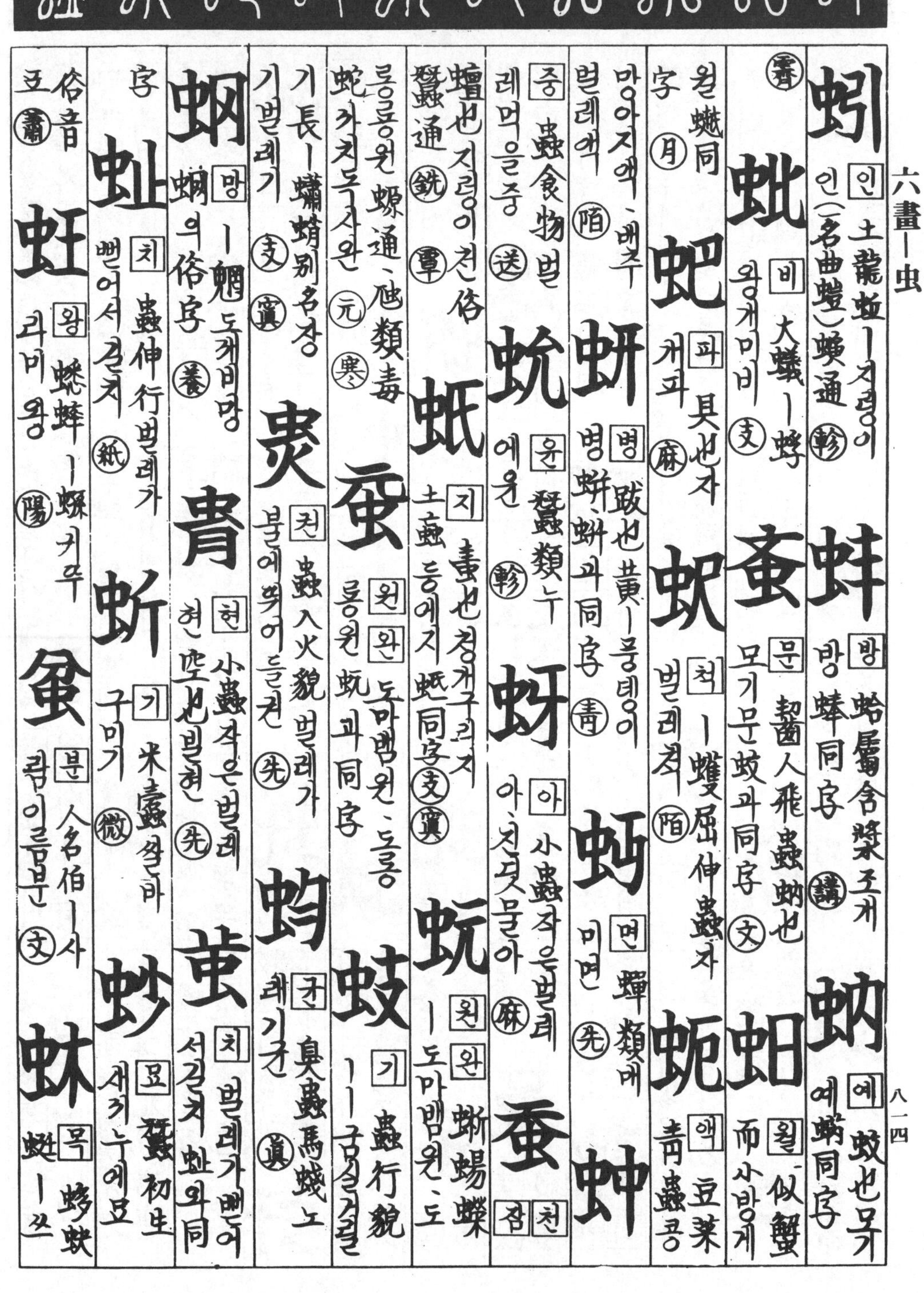

蚓 [인] 土龍 蚯ㅣ 지렁이 인 (ㅣ名曲蟺) 螾通 (軫)

蚌 [방] 蛤屬 含漿 조개 방 蜯同字 (講)

蚋 [예] 蚊也 모기 예 蜹同字 (霽)

蚍 [비] 大蟻 ㅣ蜉 왕개미 비 (支)

蚉 [문] 齧人飛蟲 蚋也 모기 문 蚊과 同字 (文)

蚎 [월] 似蟹而小 방게 월 蠘同字 (月)

蚆 [파] 貝也 자개 파 (麻)

蚇 [척] ㅣ蠖 屈伸蟲 자벌레 척 (陌)

蚅 [액] 豆菜靑蟲 콩망아지 액、배추벌레 액 (陌)

蚈 [병] 跋也 黃ㅣ 풍뎅이 병 蛢、蚲과 同字 (靑)

蚒 [면] 蟬類 매미 면 (先)

蚛 [중] 蟲食物 벌레먹을 중 (送)

蚢 [윤] 蠶類 누에 윤 (軫)

蚜 [아] 小蟲 작은벌레 아、진딧물 아 (麻)

蚕 [천] [잠] 蟺也 지렁이 천 俗 蠶通 (銑) (覃)

蚳 [지] [illegible]也 청개구리 지 土蟲 등에 지 蚔同字 (支) (寘)

蚖 [원] [완] 蜥蜴 蠑ㅣ 도마뱀 원、도롱롱원 螈通、虺類毒蛇 가치독사 완 (元) (寒)

⿱元虫 [원] [완] 도마뱀 원、도롱룡원 蚖과 同字

蚑 [기] 蟲行貌 ㅣㅣ 굼실거릴 기 長ㅣ 蟰蛸別名 장기벌레 기 (支) (寘)

[illegible] [천] 蟲入火貌 벌레가 불에 뛰어들 천 (先)

蚼 [구] 臭蟲 馬蟻 노래기 구 (眞)

蛧 [망] ㅣ魍 도깨비 망 蝄의 俗字 (養)

[illegible] [현] 小蟲 작은벌레 현 空也 빌 현 (先)

蚩 [치] 벌레가 뻗어서 갈 치 ⿰虫止와 同字

⿰虫止 [치] 蟲伸行 벌레가 뻗어서 갈 치 (紙)

蚚 [기] 米蠹 쌀바구미 기 (微)

⿰虫少 [묘] 蠶初生 새끼누에 묘 俗音 묘 (蕭)

蚟 [왕] 蟋蟀 ㅣ蠼 귀뚜라미 왕 (陽)

蚠 [분] 人名 伯ㅣ 사람이름 분 (文)

蚞 [목] 蟧蚗 蜓ㅣ 쓰

르라미 목 (屋)

虺 [훼][회] 蝪蛇 독사훼 虺同字 (尾) 馬病ㅣ㿉 말병들회 (灰)

蚡 [분] 地鼠伯勞所化 두더지분 鼢同字 (文)

蚝 [자] 斑蝥龍ㅣ 갈래자 蛓通 (寘)

蚢 [항] 食蕭蠶 쑥누에항 (陽)

蚘 [회][우] 人腸中長蟲 회충회 九黎君號 蚩ㅣ 사람이름우 尤通 (灰)(尤)

蚙 [금] 蟲連行貌 벌레가 줄지어갈금 (侵)

蚗 [결] 蟬類蛥ㅣ 쓰르라미결 蚊也 도롱룡결 本音 열 (屑)

蚎 [뉵] 蚰蜒ㅣ蚭 지차리뉵、그리마뉵 (屋)

蚥 [보] 蟷蜋蝫ㅣ 버마재비보、연가시보 本音부 (虞)

蚣 [공][송] 毒蟲蜈ㅣ 지네공(一名百足蟲) 蝗也ㅣ蝑 메뚜기송 蜙通 (東)(冬)

蚤 [조] 벼룩조 蚤와同字

蚤 [조] 嚙人跳蟲 벼룩조 早也 일찍조 爪同字 (皓)

蚥 [보] 黃甲小蟲喜食瓜葉 노랑등에보、외벌레보 (麌)

蚪 [두] 蝌子蝌ㅣ 올챙이두、개구리새끼두 高陽書名 글이름두 (有)

蚩 [치] 蟲名 치벌레치 愚貌 어리석을치 侮也 업신여길치 蚩와同字 (支)

蚕 [잠] 吐絲蟲 누에잠 地名 땅이름잠 蠶과同字 (覃)

蚧 [개] 燕雀所化한조개 개 蛤ㅣ 도마뱀개 (卦)

蚨 [부] 小蟲青ㅣ 청부부、물나비부 (虞)

蚽 [부] ㅣ江、水蟲如蟹 물벌레부 (尤)

毒 [독] 독할독 毒의古字

蚺 [염] 大蛇可食尾圓無鱗身有斑文 먹는구렁이염、염뱀염 (鹽)

蚩 [치] ㅣㅣ愚貌 어리석을치 侮也 업신여길치 蟲名 벌레치 星名ㅣ尤旗 별이름치 人名ㅣ尤 사람이름치 (支) ❺

蚯 [구] 土龍ㅣ蚓 지렁이구 (尤)

蚕 [모] 食苗根蟲 게심이모、누리모 蟊와同字 (尤)

蛆 [철] 蟄也 벌레숨을철 蟄

과同字(骨)

蚶 [감] 蚌屬魁陸살조개감 本音 함(覃)

蚷 [거] 馬蚿商ㅣ노래기거(語)

蚵 [가] 蜥蜴ㅣ蠪도마뱀가 蟲名蝸ㅣ벌레이름가 本音 하(歌)

蚸 [력] 細長蟲蠖ㅣ가늘고 긴메뚜기력 蝷同字(錫)

蚴 [유] 龍貌ㅣ蟉용굼틀거릴유(靑龍ㅣ蟉於東廂)(有)

蚹 [부] 蛇腹下橫鱗뱀의배비늘부 蝸牛달팽이부(遇)

蚱 [책] 蝗類ㅣ蜢메뚜기책(陌)

蚰 [유] 蚰蜒ㅣ蜒광지비유、노래기유(尤)

蚲 [평] 蟲也등에평(庚)

蜿 [원] 盤旋貌굼틀거리는모양원 蚯蚓지렁이원(元)

蚳 [지] 蟻卵ㅣ醢왕개미알지(支)

蚭 [니] 蚰蜒蚭ㅣ지차리니、그리마니(支)

蚾 [파] 蟾也두꺼비파

蚺 [염] 大蛇可食尾圓無鱗身有斑文而似黽 염뱀염、먹는구렁이염 蚦의 俗字(鹽)

蚕 [밀] 굴밀 蜜과同字

蚻 [찰] 小蟬작은매미찰、쓰르라미찰(黠)

蚢 [용] 小蟲蝡行작은벌레갈용(腫)

蚼 [구] 蟻也蚼蚍개미구 犬名사람잡아먹는개구(有)

䖪 [굴] 蛣ㅣ、木蠹나무좀굴 蝠과同字(物)

蚊 [문] 齧人飛蟲蚋也모기문 蚊의本字、蟁과同字(文)

蛇 [사][이][타] 毒蟲뱀사(牛以鼻聽ㅣ以眼聽)自得貌委ㅣ든든할이、타義同、它通(麻)(支)(歌)

蜐 [겁] 紫貝石ㅣ겁 붉은조개겁(葉)

蛁 [조] 蛁也ㅣ蟧쓰르라미조、참매미조(蕭)

蛩 [공] 稻蟲벼메뚜기공 獸名ㅣㅣ짐승이름공(狀如馬、名ㅣㅣ走百里) 蛬通(冬)

蛛 [주] 나무좀주 蛀와同字

𧊅 [가] 食米蟲쌀바구미가(麻)

蛀 [주] 食木蟲 나무좀 주 (遇)
蚸 [석] 螳螂 버마재비 석 (陌)
蚿 [현] 百足蟲馬ㅣ 노래기 현 (先)
蛂 [별] 甲蟲蟦蛂 풍뎅이 별 (屑)
[虫司] [자] 毛蟲쐐기 자 蛓 螆와 同字 (寘)
蛆 [저] 蠅乳肉中蟲 구더기 저 蝍ㅣ蜈蚣 지네 저 胆通 (魚)
蚌 [방] 蛤屬含漿 조개 방 蚌과 同字 (講)
[此虫] [자] 蟲名 벌레이름 자 (支)
蛍 [형] 腐草所化 一名丹鳥 一名宵燭 개똥벌레 형 螢의 略字 (靑)
蛈 [철] 蛈蝪ㅣ母 도르래 철 土蛛 땅거미 철 或音 설 (屑)
虵 [사][이][타] 뱀 사 든든할 이、타 義同 蛇의 俗字
蛉 [령] 赤卒蜻ㅣ 고추잠자리 령 螟ㅣ桑蟲 뽕나무벌레 령 蠕通 (靑)
蛄 [고] 穴蟲螻ㅣ 도르래 고、하늘밥도둑 고 (鼫鼠 蔡邕以爲螻ㅣ) 蟬類蟪ㅣ 쓰르라미 고 (虞)
[虫必] [필] 黑蜂 검은벌 필 (質)
蛅 [염] 蛓也ㅣ蟖 쐐기 염 (鹽)
蛃 [병] 白蟫 흰좀 병 (衣書中蟲 一名ㅣ魚 衣魚) (陽)
蛋 [단] 鳥卵 새알 단 蜑通 (翰)
蚩 [치] 蟲名 치벌레 치 愚貌 어리석을 치 蚩와 同字 (支)
[垂虫] [서] 葱蟲 파벌레 서 (語)
蚫 [보] 全鰒 전복 보 (日)
蛊 [고] 腹蟲 회 고 事也 일 고 ㅣ惑亂也 고혹할 고 蠱와 同字 (麌)

六

蛔 [회] 腹中蟲 회충 회、거위 회 蛕同字 蚘通 (灰)
蛒 [격] 蛭也 거머리 격 (陌)
蛑 [모] 大蟹蝤ㅣ 큰게 모、바다게 모 (尤)
蛓 [자] 毛蟲 쐐기 자 螆同字 (紙)
蛐 [곡] 蚓也 지렁이 곡 (沃)
蛙 [왜][와] 蝦蟇 개구리 와 淫聲 음란한 소리 왜、와 義同 (麻)(佳)
[虫匡] [광] 大蝦 큰 새우 광 (陽)
[虫同]

[동] 蟲也벌레동 (東)

蛜 [이] 鼠婦ㅣ蝛쥐며느리이 (支)

蛝 [한] 大蟻蚍蜉子 왕개미알한 (刪)

蛛 [주] 網蟲蜘ㅣ거미주 鼄同字 (虞)

蛞 [활] 蝌斗無殼ㅣ蝓집없는달팽이활、을달팽이활 蝌蚪ㅣ東올챙이활 (曷)

蛚 [렬] 蛩也 蜻ㅣ귀뚜라미렬 (屑)

蛟 [교] 龍屬도룡룡교 (肴)

蛗 [부] 蝗也稻蝨벼메뚜기부 (有)

蛘 [양] 痒也근질근질할양 强ㅣ바구미양 (陽)

蛕 [회] 腹中蟲회회、거위회 土蟲흙벌레회 蛔同字 (賄)

蛡 [익] 蟲之翎行벌레긴익 蜂房봉방익 (職)

蚰 [곤] 蟲之總名 벌레곤 (元)

[illegible] [화] 螌也 쏠화 (麻)

[illegible] [유][수] 蜘蛛거미유 蠨蟲類 집게벌레수 (虞)

蛥 [설] 蟬類ㅣ蚗쓰르라미설 (屑)

蛩 [공] 귀뚜라미공 蛬과同字

[illegible] [후] 蚍蜉큰개미후 (有)

蛣 [길] 咲糞ㅣ蜣말똥구리길 蟹奴蠊ㅣ방게길 食木蟲나무좀길 (質)

蛤 [합] 蚌類조개합 (雀入大水爲ㅣ) (合)

[illegible] [합] 조개합 蛤과同字

蛢 [병] 跛也 黃ㅣ풍뎅이병 蟥의俗字 (青)

蛇 [차] 水母물어미차、해파리차 (形如羊胃無目以鰕爲目) 鮓同字 (禡)

蛡 [이] 餌也낚시밥이 (寘)

蛴 [석] 蜥ㅣ蝎虎도마뱀석 蜴의俗字 (陌)

蛪 [예] 寒蜩말매미예、虹ㅣ암무지개예 蜺와同字 (齊)

蛮 [만] 南ㅣ鴂舌人되만、오랑캐만 綿ㅣ鳥聲새소리만 野ㅣㅣ行야만만 蠻의略字 (刪)

[illegible] [찰] 小蟬쓰르라미찰 蚻의譌字 (黠)

蛬 [공] 蛩蛬귀뚜라미공 蛩通 (腫)

[illegible] [공] ㅣㅣ獸名공공이공 蛩蛬귀뚜라미공 蛩과同字 (冬)

蛭 [질] 血食蟲거머리질 蟣也서캐질

(貨)

蛧 [망] ㅣ魍 도깨비망 (養)

䖴 [요] 蜃屬 조개이름요、자개이름요 玉名 옥이름요 珧와 同字 (蕭)

蛦 [이][제] 螗ㅣ 秋蟬 가을매미이 제 義同 (支)(齊)

蛪 [하][석] 螫毒 독을쏠 하、석 義同 (藥)(陌)

蚈 [견] 螢火 반딧불견 (腐草化爲螢ㅣ) (先)

⑦

𧊵 [구] 그리마구 蛷와 同字

蛷 [구] 多足蟲ㅣ螋 그리마구 (尤)

蛤 [계] 土蜂 땅벌레 계 蠮同字 (霽)

蛺 [협][접] 野蛾ㅣ蝶 나비 협、접 義同 (洽)(葉)

蛶 [렬] 蟲名 벌레이름렬 (屑)

蛸 [소] 桑蟲 螵ㅣ 뽕나무벌레소 蟢子 蠨ㅣ 발기 거미알소 (蕭)(肴)

蛻 [세][태] 蛇蟬類脫皮 허물 벗을세、태 義同 (霽)(泰)

蛵 [형] 蜻蛉 虰ㅣ 잠자리형 (靑)

蝝 [회] 豖掘地 돼지땅뒤질 회 蛸也 땅두더지회 (灰)

蛹 [용] 繭蟲 번데기용 (蠶蟲化爲ㅣㅣ化爲蛾 繭蟲) (腫)

蜄 [진] 動也 움직일진 蜃通 (軫)

蜈 [오] 毒蟲ㅣ蚣 지네오 (虞)

蜃 [신] 大蛤 큰조개신 蛟屬이슴 신、이무기신 (如蛇而大有角如龍狀紅鬣) 蜄通 (軫)(震)

蜁 [선] 螺也ㅣ蝸 소라선、달팽이선 (先)

蜂 [봉] 螫人飛蟲 벌봉 蠭同字 (冬)

䖸 [아] 누에나비아 蛾와 同字 (歌)

蛾 [아] 蠶蛹所化ㅣ羅 누에나비아 ㅣ眉 나비눈썹아 (歌)

蛽 [패] 海介蟲 자개패 조개패 貨也 재물패 錦名 비단패 貝의 俗字 (泰)

蛘 [양] 痒也 근질근질할양 强ㅣ 바구미양 蛘의 本字 (陽)

蛼 [차] ㅣ螯 차오자 하 합자 (麻)

蜀 [촉] 葵中蠶 촉규화벌레촉 大鷄 큰닭촉 地名 땅이름촉 (沃)

蜈 [오] ㅣ蚣 지네오 (虞)

蜑

사 ㅣ雞、蟲名벌레이름사 呼ㅣ、病名병이름사 (麻)(歌)

蜇 철 螫벌레쏠철 (屑)

蜌 폐 淡菜海ㅣ홍합폐(一名紅蛤) (齊)

[虫赤] 동 赤蟲붉은벌레동 (冬)

蜍 서 似蛙蟾ㅣ두꺼비서(腹下有丹書入字者眞蟾ㅣ地) 蠩同字 (魚)

蜆 현 小蛤가막조개현 湖名호수이름현 (先)

蜉 부 大蟻蚍ㅣ왕개미부 渠略ㅣ 蜉蝣하루살이부(朝生暮死) (尤)

蚳 지 蟻 벌개미지 (支)

蜎 연 견 蟲行ㅣㅣ벌레굼틀거릴연 屋中深廣貌蜵ㅣ 집속깊고넓을연、水中蟲ㅣ蠉장구벌레견 (先)(霰)(銑)

蜐 겁 石ㅣ거북손겁 (葉)

[虫耴] 엽 蟲行貌벌레기어갈엽 (葉)

蜑 단 南方夷남녘오랑캐단 蛋通 (旱)

[利/虫] 리 참조개리 蜊와同字

蜊 리 海蚌蛤ㅣ참조개리 (支)

蜋 랑 량 螳ㅣ臂有斧범아재비랑 轉丸蟲蜣ㅣ말똥구리랑 (陽)

蜏 유 蜉蝣하루살이유(朝生暮死) (有)

[虫弟] 제 小蟬작은매미제 (齊)

蜒 연 蚰ㅣ百足蟲 망지네연 龍貌、蜿ㅣ굼틀거릴연 (先)

蜓 정 전 赤卒蜻ㅣ고추잠자리정、蛇醫蝘ㅣ도마뱀전 (青)(銑)

虱 슬 齧人蟲이슬 蝨과同字 (質)

蜨 접 蝴ㅣ野蛾들나비접 蝶과同字 (葉)

八

蜚 비 負阜蠜개자치비 蠦蜰짐승이름 비 臭惡之蟲떡풍뎅이비 (尾)(微)

[虫妾] 잡 蟲多貌벌레가많을잡 (合)

蜙 송 蝗類ㅣ蝑다리로우는메뚜기송、베짱이송 蚣通 (冬)

蜘 지 網蟲ㅣ蛛거미지 鼅同字 (支)

蜜 밀 蜂釀甘飴벌꿀밀 (質)

[虫空] 공 蟬蛻ㅣ皮매미허물벗은껍질공 (東)

蜛

[거] ㅣ蠩、蟲名벌레이름거 (魚)

⿰虫夜 [사] 蟹蠫게젓사、蝑通 (禡)

蜦 [륜] 行貌蝹ㅣ기어갈륜、굼실거릴륜 大蝦蟇찰그머리륜 蜧通 (眞)

蜟 [욱] 蟬蛭未蛻허물안벗은매미욱 (屋)

⿰虫坴 [륙] 圓蚧有文魁ㅣ강요주륙、둥근조개륙 (屋)

⿰虫帚 [부] 螻也鼠ㅣ쥐며느리부 (有)

蜠 [균] 貝也자개균 (軫)

蜞 [기] 小蟹蟚ㅣ방게기、水蛭거머리기 (支)

⿱其虫 [기] 방게기、거머리기 蜞와同字

蜡 [사] 蠅蛆쉬사 年終祭名납향제사사 古音자 (禡)

⿱利虫 [리] 蟲名蝛ㅣ벌레이름리 (支)

蜢 [맹] 蝗類蚱ㅣ메뚜기맹 (梗)

蜫 [곤] 蟲也벌레곤 昆通 (元)

蜨 [접] 野蛾들나비접 蝶과同字

⿰虫虎 [호] 蜘蛛거미호 (ㅣ名蠅虎) (虞)

⿰虫奇 [기] 鼅也거미기 蟬也매미기 (支) (紙)

蜩 [조] 螗ㅣ蟬也말매미조 (蕭)

蜧 [려] 大蝦蟇두꺼비려 神蛇여맴려 (霽)

蜪 [도] 蝗子未翅蝝ㅣ날개덜난메뚜기도 (豪)

⿱尤虫 [우] 蜘蛛거미우 (尤)

蟴 [사] 蚣蝑ㅣ螽황새메뚜기사 (以長足相摩發聲) (支)

蜣 [강] 轉丸蟲蛣ㅣ말똥구리강 (陽)

蜥 [석] 蛇醫ㅣ蜴도마뱀석 (在草曰ㅣ蜴在壁曰蝘蜓) (錫)

蜮 [역] 短狐一名射影人影見水中投影則殺之물여우역 (職)

蜲 [위] 鼠婦ㅣ蝚쥐며느리위 (紙)

蜰 [비] 臭蟲蠦ㅣ떡풍뎅이비、빈대비 (尾)

蜳 [윤][돈] 氣不安定蝀ㅣ가슴두근거릴윤、아찔할윤、돈義同 (軫) (元)

蜉 [부] 蝗類ㅣ螽메뚜기부 (有)

⿰虫長 [장] 蛐蟮ㅣ蠰큰마장、치자리장、ㅣ蜋바퀴장 (陽) (中)

蛢 [병] 蛂也 黃— 풍뎅이 병 (青)

蜵 [연] 深廣—蜎 깊고 넓을 연(屋中深廣) (先)

䖟 [맹] 등에 맹 蝱·虻同字 (庚)

蜯 [방] 蛤屬 含漿 조개 방 蚌과 同字 (講)

蜴 [석] 蜥虎蜥— 도마뱀 석 古音역 (陌)

蜬 [함] 蠃小者 작은 소라 함 (覃)

[illegible] [잔] 蟲名 馬— 노래기 잔 (潸)

蜭 [함] 毛蠹 쐐기 함 (感)

蝫 [답] 蛘也 —蠚 딱정벌레 답 小蝱 작은 등에 답 (合)

[illegible] [굴] 木蠹 蛣— 나무좀 굴 [illegible]同字 (物)

蝶 [전] 蟲也 번데기 전 (銑)

蜱 [비] 蟷蠰子 —蛸 버마재비 비 (支)

蜸 [견] 蠶也 누에 견 或音간 (銑)

蜷 [권] 屈曲不行貌 움추릴 권 (先)

蜹 [예] 蚊也 모기 예 藍鷄蟣蠓 하루살이 예, 바구미 예 蚋同字 (霽)

蜾 [과] 細腰蜂 —蠃 나나니벌 과 (哿)

蜺 [예] 雌虹 암무지개 예 蟬黑而赤 亂鳴 붉게 미예, 말매미 예 蛪同字 (屑)(霽)

蜽 [량] 蝄—蟲名 벌레 량 蝄— 木石怪 두억시니 량 (養)

蜻 [청] 胡離 —蛉 잠자리 청 蟋蟀— 蜊 귀뚜라미 청 (庚)

蜼 [류][유] 似獼猴尾歧 꼬리 째진 원숭이 류, 유 義同 (紙)(宥)

蜿 [원][완] 龍貌 —— 꿈틀거릴 원 虎行貌 설렁설렁 걸을 완 龍動貌 蟠— 용꿈틀거릴 완 (元)(阮)(寒)

蝂 [판] 蝜— 似蜆 부판벌레 판 (蝜—者 善負小蟲也 行遇物輒取仰首負之 雖困極不止) (潸)

蝀 [동] 虹也 螮— 무지개 동 (東)

蝁 [악] 虺屬 大眼有毒 눈큰독사 악 (藥)

蝃 [체] 虹也 —蝀 무지개 체 螮同 (霽)

蛧 [망] —蜽 山川精物 狀如小兒 두억시니 망, 도깨비 망 (養)

蝳 [독] 蜘蛛 거미 독 螯也 가리 독 龜也 거북이 대 (沃)(隊)

螀 [장] 蟬屬 쓰르라미 장 螿과 同字 (陽)

蚕 [잠] 누에 잠 蠶의 略字

[illegible]

蚒 [동] 赤色붉을동 (冬)

蝍 [기] 蝍也蝍ㅣ전갈기 (支)

蜮 [역] 含沙射人短狐 호역(一名射影) (職)

蚕 [잠] 누에잠 蠶의略字

蝇 [승] 逐臭蟲파리 승 蠅의俗字 (蒸)

(九)

蝍 [즉] 蝍蛆ㅣ蛆 지네즉 (職)

蝌 [과] 蛙子ㅣ蚪올챙이과(狀如河豚頭圓身上靑黑色如出有尾無足稍大則足生尾脫) (歌)

⿰虫耑 [천] 蟲動ㅣ蝡벌레굼실거릴천 (銑)

⿱科虫 [과] 올챙이과 蝌와同字

蝕 [식] 日月食일식식、월식식(日月虧曰ㅣ稍小侵虧如蟲食草木之葉)蟲食벌레먹을식 (職)

蝎 [할] [갈] 桑蠹뽕나무좀할(ㅣ盛則木朽、螫蟲전갈갈 俗音헐 (曷) (月)

蝏 [정] 馬刀ㅣ蜓말씹조개정、맛살조개정 (靑)

蝔 [개] 雨蛙참개구리개 (佳)

蝐 [모] 鼊屬瑇瑁대모모 瑁同字 (隊)

蝓 [유] 蝸牛無殼蛞달팽이유 (虞)

蝱 [범] 蜂벌범 范通 (豏)

蛹 [용] 蠶化爲ㅣㅣ化爲蛾 繭蟲번데기용 蛹과同字 (腫)

蝚 [유] 蝚蛞도르래유 國名蝚ㅣ나라이름유 (尤)

蝞 [미] 似蝦寄生龜甲蟲거북딱지속에붙은새우미 (寘)

蝘 [언] 守宮ㅣ蜓도마뱀언 (阮)

蝙 [편] 仙鼠ㅣ蝠박쥐편 蝠夜藏不敢書行) (先)

蝗 [황] 食苗蟲황충황 (陽)

蚴 [유] ㅣ蟉용굼틀거리는모양유 (有) (尤)

⿰虫星 [성] 蜻蜓잠자리성 (靑)

蝑 [서] 蝗類蚣ㅣ다리로우는메뚜기서 蝑通

蠡 [려] [리] [라] 瓠瓢표주박려 蟲齧木中좀먹을려 蝸屬달팽이리 蚌屬소라라 瘰病옴라 蠡와同字 (齊) (支) (歌) (哿)

蝤 [유] [추] ㅣ蛑大蟹큰게유 ㅣ蠐木蟲나무좀추 (尤)

蝃

[모] 蜘蛛거미모 蛛蝥蟲名벌레이름모 ㊍宥

蝣 [유] 渠略蜉ㅣ하루살이유 ㊍尤

蝦 [하] 蟾蜍ㅣ蟆두꺼비 하、청개구리하 鰕通 ㊍麻

蝠 [복] 飛鼠伏翼蝙ㅣ박쥐복 (蝙蝠千歲體白如銀) ㊍屋

蝟 [위] 刺鼠고슴도치위 (形似鼠毛岐而刺如栗房) 彙通 ㊍未

螄 [시] 強蛘蛅ㅣ바구미시 ㊍支

螋 [수] 蠷ㅣ、多足蟲 그리마수 蝬同字 ㊍尤

蝡 [윤][연] 蟲動貌 굼질거릴윤 蟲行ㅣㅣ굼들거릴연 蠕同字 ㊍軫 ㊍銑

蝜 [부] 善負小蟲ㅣ蝂 부판벌레부 ㊍有

蝝 [연] 螽子蝗類 메뚜기새끼연 ㊍先

蝛 [위] 鼠婦蛜ㅣ쥐며느리위 ㊍微

蝥 [모] 食穀毒蟲盤ㅣ 가뢰모 或音모 ㊍肴

蝪 [탕] 土蛛 螲蟷땅거미탕、도르래탕 ㊍陽

蛢 [병] 馬刀蜱ㅣ말씹조개병 ㊍梗

蝩 [중] 蠶晩生두번누에중 (謂之原蠶) ㊍冬

蝧 [영] 蜂類 벌영 ㊍庚

蝨 [슬] 齧人蟲이슬 (ㅣ生於我而我非ㅣ父母ㅣ非我子孫) ㊍質

蝲 [랄] 蟲名벌레이름랄 ㊍曷

蟌 [총] 蜻蜓잠자리총 ㊍東

[虫+風] [풍] 蟲窟벌레굴풍、벌레집풍 ㊍東

蝴 [호] 野蛾ㅣ蝶 들나비호 ㊍虞

[虫+泉] [천] 貝也자개천 泉同字 ㊍先

蝵 [추] 蜘蛛거미추 ㊍尤

蝺 [우] 青蚨蟱ㅣ청부우、물나비우 ㊍虞

蝶 [접] 野蛾、蝴ㅣ들나비접 ㊍葉

蝯 [원] 猨也 腕長猨 원숭이원 ㊍元

蝰 [규] 蠶蛹번데기규 虺ㅣ작은뱀규 ㊍齊

蝮 [복] 毒蛇독사복、살모사복 ㊍屋

蝱 [맹] 齧人飛蟲등에맹 虻同字 ㊍庚

蝭 [제] 蟬也ㅣ蟧쓰르라미제 ㊍齊

蝸

[와]와 陵螺ㅣ牛달팽이와、왜 義同、古音과 麻 佳

蛹 [용] 蠶化爲ㅣㄱ化爲蛾繭蟲 번데기용 蛹과同字 腫

[illegible] [전][정] 蜓ㅣ蚰屬도마뱀전 蜻ㅣ赤卒잠자리정、번거숭이정 蜓과同字 銑 靑

蝺 [구] 好貌예쁠구(惠子之言ㅣ焉美無所用) 麌

蝻 [남] 害穀蟲곡식벌레남 覃

蝹 [운] 龍貌ㅣㅣ용굼틀거릴운 眞

蜤 [석] ㅣ蜴蛇醫도마뱀석 蜥과同字 錫

[illegible] [의] 蠮ㅣ蚍蜉왕개미의 浮ㅣ醪汁滓酒술구더기의 蟻와同字 紙

螻 [루] ㅣ蛄土蟲도르래루ㅣ蜮蛙也청개구리루 蠼의略字 尤

蛚 [렬] 蜻ㅣ蛩也귀뚜라미렬 蜊과同字 屑

蚧 [개] 燕雀所化조개개 蛤ㅣ동아뱀개 蚧와同字 卦

蝷 [력] 細長螽螇가늘고긴메뚜기력 蚸과同字 錫

⑩ 十

螇 [해] 似蜙蝑而細長ㅣ蜥방아깨비해 本音계 齊

螂 [랑] 螳ㅣ臂有斧버마재비랑 蜣ㅣ轉丸蟲말똥구리랑 蜋과同字 陽

[illegible] [궁] 守宮蜥蜴도마뱀궁 東

螅 [실] ㅣ蟀、二名促織귀뚜라미실 蟋과同字 質

螄 [사] 螺也소라사 支

螆 [자] 毛蟲쐐기자 蛓와同字 眞

螃 [방] 蟹也ㅣ蜞방게방 陽

螗 [당] 蜩也주할매미당 陽

蟘 [특] 食苗葉蟲벌레이름특、황충특 螣同字 職

螌 [반] 毒蟲ㅣ蝥갈외반、반묘반(一名 班貓 體長五六分 黃足斑文鳥腹犬喙秋食豆花爲ㅣ蝥) 刪

螈 [원] 晩蠶두벌누에원 蠑ㅣ蜥蜴도마뱀원 原蠶同字 元

[illegible] [지] 蛭也거머리지 支

螉 [옹] 細腰蜂蠮ㅣ허리가는벌옹 東

螋 [주] 蠷ㅣ多足蟲그리마수

蝬과同字 (尤)

螖 [활] 小蟹ㅣ蠌 방게활 (黠)

⿰虫盍 [합] 蚌也 蟠ㅣ 각 정벌레합 (合)

⿸疒⿱至虫 [질] 蟲名ㅣ秎 벌레이름질 蝍과同字 (質)

螐 [오] 食菜蟲ㅣ蠋 배추벌레오 (虞)

螑 [후] 伸頸低昂趄ㅣ목 들고 끄덕거릴후 (宥)

螏 [질] 蟲名ㅣ蝍 벌레이름질 (質)

⿰虫桀 [걸] 蟲名土ㅣ 벌레이름걸 土蝁 땅메뚜기걸 (屑)

融 [융] 和也 화할융 明也 昭ㅣ 밝을융 ㅣ通 융통할융 神名祝ㅣ也 귀신이름융 柔也 부드러워질융 (東)

螎 [융] 화할융、융통할융 融과同字 (東)

⿱氐虫 [지] 蟻卵 개미알지 (支)

蛢 [계] 螢火 반딧불계 (齊)

⿰虫恭 [공] 蟋蟀 귀뚜라미공 (冬)

⿰虫孫 [손] 蟋蟀ㅣ 蚟 귀뚜라미손 (元)

螒 [한] 沙鷄 글가리한 (翰)

螕 [비] 牛蝨 진드기비、비루비 (齊)

蝹 [운] ㅣㅣ 龍貌 용꿈틀거릴운 蝹과同字 (眞)

⿰虫哲 [석] 蜴蛇醫 도마뱀석 蜥의俗字 (錫)

⿱⿰天申虫 [잠] 食桑蟲 누에잠 蠶의俗字 (覃)

⿱能虫 [내] 蝱也 등에내 (隊)

⿱幾虫 [기] 蝨子 서캐기 蟣와同字 (尾)

⿰虫高 [교] 蟲也 벌레교 (篠)

⿱木蚰 [두] 白魚 木蠹 좀두 蝕也 벌레먹을두 蠹의古字 (遇)

螛 [할] 龍搖目吐舌 용이 눈굴리고 혀날름거릴할 (曷)

螘 [의] 蚍蜉 개미의 酸汁滓酒浮ㅣ 술구더기의 蟻同字 (紙)

螜 [곡] 螻蛄 도르래곡、땅강아지곡 (屋)

螓 [진] 蟲名似蟬廣額 매미진 大蠅 蝴ㅣ 왕파리진 (眞)

⿱叉䖵 [조] 嚙人跳蟲 벼룩조 早也 일찍조 蚤와同字 (皓)

螔 [이] 蝸牛ㅣ蝓 달팽이이 (支)

䗚 [박] 蟷蜋卵ㅣ蟭

버마재비 알락 (藥)

蚶 [감] 瓜蟲의 벌레 감 (勘)

螣 [특][등] 蝗屬食葉蟲 황충 특、며 메뚜기 특 或 蟘同字、神蛇似龍與雲霧 등뱀 등 (職)(蒸)

蜸 [지] ㅣ蠶 蚳蜉子 卽蟻卵 개미 알 지、왕개미 알 젖지 蚳의 古字 (支)

螠 [의] 小黑蟲 善經ㅣ女 목매어 죽는 벌레 의 (眞)

螢 [형] 腐草所化 一名丹鳥宵燭 반딧불 형、개똥벌레 형 (靑)

螞 [마] 馬蛭ㅣ蟥 말거머리 마ㅣ蚱 메뚜기 마 (馬)

蝥 [모] 食苗根蟲 게심이 모、누리 모 蟊와 同字 (尤)

螟 [명] 食苗唐蟲 며루 명 桑蟲ㅣ蛉 뽕나무벌레 명 (靑)

螝 [회] 蠶蛹 누에 번데기 회 (隊)

䗂 [요] 蜃屬 조개이름 요、자개이름 요 玉名 옥이름 요 珧와 同字 (蕭)

螷 [병] 馬刀蜌 말씹조개 병 蛢과 同字 (梗)

蠐 [제] 蝗子 메뚜기 새끼 제 (霽)

螩 [조] 寸白蟲 촌백충 조 (篠)

螅 [실] ㅣ蟀、一名保織 귀뚜라미 실 蟋과 同字 (質)

蚩 [치] 嘲笑 비웃을 치 嗤와 同字 (支)

螝 [회] 蠶蛹 누에 번데기 회 螝와 同字 (隊)

蚕 [잠] 누에 잠 蠶과 同字

蝡 [윤][연] 動貌 꿈실거릴 윤ㅣㅣ蟲行 꿈틀거릴 연 蠕과 同字 (軫)(銑)

[illegible] [추] 次ㅣ、蜘蛛 거미 추 (尤)

螦 [소] 穴舟蟲 배좀 소 (蟰)

[illegible] [두] 蝌蚪 올챙이 두 (有)

[illegible] [유] 大斗 四斗、ㅣ斛 예수되 말 유 (虞)

蛩 [공] 蟋蟀 귀뚜라미 공 蛬과 同字 (腫)

⑪

蝪 [상] 蟷ㅣ蟲名 여가시 상 蠰과 同字 (漾)

螪 [상] 蟲名ㅣ蚵 벌레이름 상 (陽)

[illegible] [축] 百足蟲 馬ㅣ 노래기 축 (屋)

螲 [질] 螲蟷 도르래 질 (質)

螫 [석] 蟲行刺毒 벌레쏠석 (陌)

[虫赦] [석] 螫과同字 벌레쏠석 (陌)

[虫虘] [저] 蠅乳肉中蟲 구더기 저 蛆와同字 (魚)

[虫造] [조] 嚙人跳蟲 벼룩조 早也 일적조 蚤 蝨와同字 (皓)

[飠虫] [식] 蟲食벌레먹을식 日月食일식식、월식식 蝕과同字 (職)

螬 [조] 地蠶蠐ㅣ 굼벵이조 (豪)

螸 [유] 蠭醜벌구멍유 (虞)

螭 [리] 蛟龍赤ㅣ교룡리 似龍無角體小뿔없는용리 [illegible]同字 (支)

[虫區] [구] 稺蠶어린누에구 (遇)

螮 [체] ㅣ蝀虹也무지개체 蝃同字 (霽)

[虫畧] [락] 蜉蝣하루살이락 蟟과同字 (藥)

螼 [근] 蚓也지렁이근 (軫)

[虫魚] [어] 蠹蟲也좀어 (魚)

[虫從] [종] 小蜂 螉ㅣ작은벌종 (冬)

[知虫] [지] ㅣ蛛網蟲거미지 蜘의俗字 (支)

螻 [루] 有翅土蟲蛄도르래루(一名天ㅣ 穴土而居吸風食土喜就燈光) 蛙也ㅣ蟈청개구리루 (尤)

螵 [표] 桑蟲ㅣ蛸뽕나무벌레표、사마귀알집표 (蕭)

螴 [진] 氣不定貌기운정치못할진 ㅣ蜳蟲行貌벌레굼실거릴진 (眞)

[巨虫] [거] 蜉蝣ㅣ蟟하루살이거 蟝와同字 (魚)

螳 [당] 臂有斧ㅣ蜋사마귀당、연가시당 (陽)

螺 [라] 蚌屬소라라 蠃俗字 (歌)

螰 [록] 蜓蚞螇ㅣ쓰르라미록、철매미록 (屋)

[甘虫] [감] 桑葚上蟲뽕오디벌레감 瓜蟲외벌레감 (覃)

螯 [오] 蟹屬倒行가재오 蟹之鋏狀肢게엄지발오 鰲通 (豪)

[虫尉] [위] 왕개미위 螱와同字

螱 [위] 飛蟻나는개미위、왕개미위 [虫尉]同字 (未)

[虫逢] [봉] 螫人飛蟲벌봉 蜂、蠭과同字 (冬)

蠭

[봉] 벌봉 蜂、蠭과同字

⿰虫康 [강] 蜻蜓ㅣ蛃 잠자리강 (陽)

螽 [종] 蝗類阜ㅣ메뚜기종 蟓同字 (東)

蟃 [만] 桑蟲螟蛉 뽕나무벌레만 獸名ㅣ蜒 짐승이름만 (願)

蟀 [솔] 蛩也 蟋ㅣ 귀뚜라미솔 (一名吟蛩、秋初生得寒則鳴) (質)

⿰虫責 [책] 小貝 작은자개책 (陌)

螿 [장] 蟬屬寒蜩 쓰르라미장、잠매미장(似蟬而小色青) (陽)

蟁 [문] 齧人飛蟲蚋也 모기문 蚊과同字

螾 [인] 蟬屬寒螿 쓰르라미인、蚯ㅣ土龍 지렁이인 蚓通 (眞)(震)

⿰虫樂 [락] 蜉蝣 하루살이락 (藥)

蟂 [교] 水蟲ㅣ獺 교달벌레교(形似蛇而有四足) (蕭)

⿱氏䖵 [지] ㅣ醢蚍蜉子蟻卵 개미알지 蚳의籀字 (支)

蟄 [칩] 蟲藏 벌레움츠릴칩 和集貌ㅣㅣ 우물거릴칩 (緝)

蟅 [자] 쥐며느리자 䗪와同字 (禡)

䗪 [자] 蟲名鼠婦 쥐며느리자 (禡)

蟋 [실] 蛩也ㅣ蟀 귀뚜라미실(一名保織) 螅、蟋同字 (質)

⿰虫宿 [숙] 尺蠖蟲 자벌레숙 (屋)

蟉 [료] [류] [규] 龍首動貌 蜩ㅣ 용머리움들거릴료、용움들거릴류、龍貌蚴ㅣ 용구비칠규 (蕭)(尤)(有)

⿰虫習 [습] 螢火ㅣ蜦 반딧불습 (緝)

蟈 [괵] 螻ㅣ 청머구리궉 古音괵 (陌)

蟊 [모] 食苗根蟲 게심이모、누리모 (尤)

蟇 [마] 두꺼비마、개구리마 蟆와同字

蟆 [마] 蟾類蝦ㅣ 두꺼비마、개구리마 蟇同字 (麻)

蟤 [전] [단] 美魚 전어전、魚名 고기이름단 鱄과同字 (先)(寒)

蟍 [리] 蛦蚿蟍ㅣ 지네리 (支)

⿰虫連 [련] 蟲盤屈貌 蜷ㅣ 벌레서릴련 (先)

蟱 [무] 蜻蜓 잠자리무 (尤)

⿰虫務 [무] 多足蟲

ㅣ蛛 그리마 무 (遇)

蟌 [총][자] 蜻蛉 잠자리 총 (東) 毛蟲 쐐기 자 (寘)

蚪 [두] 蝌ㅣ 䗒子 올챙이 두 蚪와 同字 (有)

⿰虫族 [족] 蟲集貌 벌레모일 족 (屋)

蝮 [복] 毒蛇 독사 복 蝮과 同字 (屋)

⿰虫麼 [자] 鼠婦 쥐며느리 자 蟅와 同字 (禡)

⿰虫麻 [마] 蝦ㅣ 蟾類 두꺼비 마 蟆와 同字 (麻)

蟑 [장] 蟲名ㅣ螂 産於廚 牡等處 바퀴벌레 장 (陽)

⿰虫強 [강] 食米蟲 바구미 강 (陽)

⿰虫鳥 [교] ㅣ獺 水蟲似蛇四足能害人 곱벌레 교 蟂와 同字 (蕭)

(十一)

蟖 [사] 蠽也 蛅ㅣ 쐐기 사 (支)

⿰虫衆 [중] 螽也 메뚜기 중 (送)

蟝 [거] 蜉蝣ㅣ蟝 하루살이 거 ⿱渠虫同字 (魚)

蟴 [사] 蠽也 쐐기 사 蟖와 同字 (支)

⿰虫童 [종] 蝗也 蠜ㅣ 황충 종 (冬)

蟔 [묵] 蛅蟖 쐐기 묵 古音 목 (職)

蟓 [상] 食桑蟲 누에 상 (養)

蠘 [월] 小蟹 蟛ㅣ 방게 월 蚏同字 (月)

蟒 [망] 大蛇 구렁이 망 (一名王蛇) (養)

蟕 [주] 大龜ㅣ 큰 거북 주 (支)

蟗 [추] 蜘蛛次ㅣ 거미 추 (尤)

蟟 [료] 蛁蟟 쓰르라미 료 (蕭)

蟞 [별] 蟻也 개미 별 羌名 오랑캐이름 별 (屑)

蟠 [반] 屈曲 서릴 반 伏也 엎드릴 반 龍也 용서릴 반 (寒)

蟙 [직] 蝙蝠ㅣ蠌 박쥐 직 (職)

蟚 [팽] 방게 팽 蟛과 同字

蟛 [팽] 似蟹而小ㅣ蜞 방게 팽 (庚)

蟘 [특] 食苗蟲 황충 특 螣同字 (職)

蟜 [교] 螘也 蠆ㅣ 개미 교 龍夭ㅣ 용꿈틀거릴 교 人名ㅣ牛 사람이름 교 (篠)

蟦 [비][분] 水母 물어미 비 蠐螬 굼벵이 비 蠐也 굼분 (微) (元)

⿰虫華 [화] 大蛇 큰 뱀 화 (麻)

蟪

[혜] 蟪蛄ㅣ蛄쓰르라미혜 (霽)

蟦 [관] 螺也소라관 (翰)

蠾 [촉] 蚕也버룩촉 蠋의俗字 (沃)

蟩 [궐] 井中蟲우물벌레궐 장구벌레궐 (月)

蟨 [궐] 獸名짐승궐 (月)

蜳 [돈] 青蚨ㅣ蝺청부벌레돈、나비돈 (元)

蟧 [로] 小蟬蝭ㅣ쓰르라미로 蚏蟧방게로 (豪)

蟫 [담][음][심] 衣書蠹白魚좀담、음 義同、物動貌움직일심 (覃)(侵)

蟤 [전] 屈曲貌蜿ㅣ꿈틀거릴전、서릴전 (先)

蟣 [기] 蝨子서캐기 (尾)

蟭 [초] 螳蜋卵螵ㅣ범아재비알초 (蕭)

蟢 [희] 蛛蠨蛸ㅣ거미희 (紙)

蟥 [황] 蚑也ㅣ蛢풍뎅이황 (陽)

蟠 [반] 屈曲서릴반、伏也엎드릴반 龍ㅣ용서릴반 蟠과同字 (寒)

蟬 [선] 蜩也매미선 冠飾관구밀선 舞盤曲貌蜿ㅣ굼실거릴선 (銑)

蟲 [충] 毛羽鱗介類總名벌레충 氣熏人ㅣㅣ김오를충 虫、爞通 (東)

蟒 [린] 螢火반딧불린 (震)

蠀 [자] 蠍也전갈자 (寘)

蝁 [오] 甲蟲풍뎅이오、딱정벌레오 (豪)

蟮 [선] 蚓也土ㅣ지렁이선 (銑)

蟓 [서] 鼠婦쥐며느리서 (一名蟠ㅣ) (微)

蟯 [요] 腹中短蟲회요、촌백충요 (蕭)

蟯 [요] 회요 蟯와同字

蟵 [축] 蟲名尺蠖자벌레축 (屋)

蟱 [모] 蜘蛛蟱ㅣ거미모 (尤)

蟰 [소] 長脚蛛발긴거미소 (蕭)

蟓 [조] 齊也음조

蟼 [등] 蜉蝣하루살이등 (日)

蠉 [천] 兎罥토끼그물천 (霰)

龜 [귀][균][구] 甲蟲之長外骨內肉天性無雄以蛇爲雄거북귀 ㅣ卜점칠귀 手凍皸瘃손얼어터질균、西域屬國ㅣ兹나라이름구

龜와同字 ㊉支 ㊉眞 ㊉尤

蟳 [심] 蟳蚌 큰게 심, 솔개심 ㊉侵

[羊+䖵] [양] 痒也 근질근질할양 ㅣ바구미양 蛘과同字 ㊉陽

⑬

蟹 [해] 介蟲旁行게해(一名無腸公子又郭索) ㊉蟹

蟾 [섬] 蛙屬ㅣ蠩두꺼비섬(ㅣ蜍壽三千歲者頭上有角頷下有丹書〈字〉)月影ㅣ光달그림자섬 本音첨 ㊉鹽

蟺 [선] 相糾蜿ㅣ서로뒤틀릴선 蚯蚓지렁이선 ㊉銑

蟻 [의] 蚍蜉개미의 ㅣ裳검을의 浮ㅣ醪汁滓酒술구더기의 ㊉紙

蠡 [려] [리] [라] 瓠瓢표주박려 蟲齧木中좀먹을려 人名范ㅣ사람이름려 疥病옴려 蚌屬소라라 蠃와同字 ㊉支 ㊉歌 ㊉哿 ㊉薺

蟷 [당] 蟲名ㅣ蠰버마재비당 사마귀당(別名螗蜋) ㊉陽

[虫+畺] [강] 死蠶죽은누에강, 백강잠강 ㊉陽

蠏 [해] 게해 蟹와同字 ㊉蟹

蟶 [정] 蚌屬가리맛정 긴맛살조개정 ㊉庚

䗶 [랍] 蜜滓꿀찌끼랍 蠟의俗字 ㊉合

蟼 [경] 蛙屬蝦蟆 청개구리경 ㊉庚

蠃 [라] 蚌屬소라라 螺同字 彖蟲通、細腰蜂蜾ㅣ나나니벌라 ㊉哿

蠌 [책] 小蟹 蟦ㅣ방게책 ㊉陌

蠇 [려] 牡ㅣ蚌屬굴려 蠣와同字 ㊉霽

蠅 [승] 逐臭飛蟲파리승 古音 옹 ㊉蒸

蠭 [봉] 螫人飛蟲벌봉 蜂과同字 의古字 ㊉冬

[虫+過] [과] 蟲名벌레이름과 ㊉箇

蟋 [실] ㅣ蟀、一名促織귀뚜라미실 蟋과同字 ㊉質

蠆 [채] 螫蟲蜂ㅣ벌채 全蝎전갈채 ㊉卦

蠀 [자] 桑木蟲뽕나무벌레자 ㊉支

[虫+意] [의] 小蜂작은벌의 ㊉職

蠁 [향] 蛹也누에번데기향 肸ㅣ盛作퍼질향 ㊉養

[虫+毄] [계] 긴메뚜기계 蟿와同字

蠂 [섭] 蝗也메뚜기섭 ㊉葉

蟿

蟍 계 蟍蚚ㅣ螽蟲긴 메뚜기계 霽

蠈 적 食苗節蟲、蟊ㅣ마디충적、개심이적 屋

蠘 적 마디충적 蠈과同字

蠋 촉 似蠶桑蟲뽕나무벌레촉 藿ㅣ콩망아지촉 菜蟲배추벌레촉 沃

蠓 옹 蝆也쌀바구미옹 冬

蟷 당 ㅣ蠰、蟲名사마귀당 蟷과同字 陽

蟷 당 사마귀당 蟷의譌字

蝒 면 蟬屬馬蜩 말매미면 先

𧒂 종 蟲類메뚜기종 ㅣ蝗 螽의本字 東

蝟 위 似鼠毛岐而刺如栗 房고슴도치위 蝟의本字 未

蠥 얼 妖也요물얼 孼과同字 屑

蟒 망 大蛇구렁이망 蠎과同字 養

蠆 갈 할 螯蟲비개갈 桑蠹蝤蠐나무좀할 蝎과同字 曷

蠹 전 蟲也벌레전 蠹의譌字 銑

蟞 오 蟹屬倒行가재오 螯와同字 豪

蠍 헐 蠆類虎ㅣ전갈헐、蠍音갈、蝎通 月

蟄 칩 蟲藏벌레움츠릴칩 蟄과同字 緝

蜑 연 단 蟲形貌蜿ㅣ벌레모양연 南海夷種也남해오랑캐단 銑 旱

蠠 밀 꿀밀 蜜과同字

蠀 자 毛蟲쐐기자 蛓와同字 寘

蠊 렴 蜚ㅣ떡풍뎅이렴(一名石薑) 鹽

蠉 현 水中小赤蟲장구벌레현 蟲行貌벌레굼실거릴현 先

十四

蠑 영 水宮ㅣ螈 도마뱀영 庚

蠒 견 蠶房고치견 緝

布비단견 繭 · 과同字 銑

蠔 호 蚌也굴호 地名ㅣ石땅이름호 豪

蠙 빈 변 蚌之別名珠母也진주조개빈、변 義同、玭同字

眞 先

蠕 유 연 微動貌굼실거릴유 ㅣㅣ蟲行벌레길연 虞 銑

𧕴 유 蟲之小者자은등에유 寘

蠐

[제] 地蠶ㅣ螬 굼벵이제 (齊)

⿱自蚰 [부] 蝗也ㅣ螽 메뚜기부 ⿱阜蚰同字 (有)

⿱卑蚰 [비] ㅣ蛸 蟷蠰子 여가시새끼비 蜱와同字 (支)

⿱東蚰 [동] 蝌蚪 올챙이동 (東)

蠓 [몽] 似蠛蠓 바구미몽、하루살이몽 (春夏之月有ㅣ蚋者因雨而生見陽而死) 醯鷄 초바구미몽 (董)

⿱瓦蚰 [렵] 蟲行貌 벌레가는렵 (葉)

蠗 [탁] 小蜃 작은조개탁 禺屬 우작숭탁 (覺)

⿱雨蚰 [지] ㅣ蠤 蚍蜉子 왕개미알지 蚳와同字 (支)

蠘 [절] 似蟹大殼 게절 (屑)

蠖 [확] 屈伸蟲 尺ㅣ 자벌레확 桑上蟲 뽕벌레확 (藥)

⿰虫團 [단] ㅣ魚 자라단 (寒)、

十五

蠟 [랍] 蜜滓 밀랍、굳찌기랍 燭也 초랍 白ㅣ 백납랍 (合)

蠢 [준] 蟲動 벌레굼실거릴준 愚也ㅣㅣ 어리석을준 (軫)

蠡 [려][리][라] 虫齧木中 좀먹을려 蚌屬 名王餘ㅣ 조개려 瓠瓢 표주박려 蠡通、蚌屬 달팽이리 人名 范ㅣ 사람이름리 螺屬 소라라 疥病 옴라 蠃 瘰通 (齊)(支)(歌)(哿)

蠆 [채] 毒蟲名 독벌레이름채 (泰)

⿰虫墨 [묵] 蝙蝠蟙ㅣ 박쥐묵 (職)

⿱者蚰 [저] 毒蟲 독한벌레저 (御)

蟁 [문] 齧人飛蟲 모기문 蚊同字 (文)

⿱黽蚰 [민] 黽勉ㅣ没 강잉할민、힘쓸민 (賀)

蠜 [번] 阜螽 메뚜기번 (元)

蠛 [멸] 似蚋亂飛ㅣ蠓 바구미멸、하루살이멸 (屑)

⿰虫廷 [정] 蠶之二眠 누에두잠잘정 (靑)

⿰虫養 [양] 蠶也 누에양 (養)

蠝 [뢰] 飛鼠 박쥐뢰 (灰)

蠚 [학] 毒螫 쏠학 (藥)

⿱毗虫 [비] ㅣ蜉 蟻之大者 왕개미비 蚍와同字 (支)

⿱苗蚰 [묘] 蟧也 쓰르라미묘 (肴)

蠣 [려] 蚌屬牡ㅣ 굴려 (附石而生 魂礧相連如房呼爲ㅣ房) (霽)

⿱罒⿱虫皿

[전] 明也 밝을견 賦除也 덜견 馬ㅣ蟲名 바다물견 蠲과 同字 (先)

蠵 [휴] 嗤ㅣ大龜、雄曰玳瑁 雌曰蠵 큰거북휴 蠵의 俗字 (齊)

蠉 [현] 井中小赤蟲 장구벌레현 蟲行貌 벌레굼실거릴현 蠉과 同字 (先)

(十六)

⿰虫歷 [력] 野蠶 들누에력 (錫)

蠥 [얼] 妖也 요괴얼 요물얼(禽獸蟲蝗之怪) 憂也 근심얼 孽通 (屑)

⿰虫貴 [유] 肥ㅣ、蛇屬 뱀유 (支)

蠹 [두] 白魚木蟲 좀두 蠧와 同字 (遇)

蠦 [로] 臭蟲ㅣ蜰 떡궁뎅이로、빈대로 (虞)

蠽 [전] 蟬也 매미울전 (先)

⿱能虫 [누][능][내] 蝱也 등에누 蚌屬 조개능、내 義同 (職)(迥)(隊)

蠨 [소] 蟢子ㅣ蛸 납거미소 바퀴소(長足蛛) (蕭)

⿱原䖵 [원] 重蠶也 두벌누에원 螈同字 (元)

⿰虫憲 [혼] 蚯蚓 寒ㅣ 지렁이혼 (吻)

⿱展䖵 [전] 蟲也 벌레전 (銑)

蠡 [리] 劙也 벨리 (眞)

蠩 [저] 蝫ㅣ、似鼁蟾ㅣ 두꺼비저 蟲名 蝫ㅣ 벌레이름저 (魚)

⿱天䖵 [잠] 누에잠 蠶과 同字

⿰虫戔 [잔] 蟲名 馬ㅣ 노래기잔 ⿰虫戔과 同字 (潸)

⿱隹⿵冂䖵 [전] 蟲食瘡 벌레먹는창벽 전 ⿱隹⿵冂䖵과 同字 (銑)

⿱豈䖵 [의] 蚍蜉蟻也 말개미의 醪汁滓 酒浮ㅣ 술구더기의 螘와 同字 (紙)

⿱⿰镸彐䖵 [채] 螫蟲 벌레채 全蝎 전갈채 蠆의 本字 (卦)

⿱龍䖵 [룡] 螘也 개미롱(赤駁文蟻) (東)

蠭 [방] 姓也 성방 (江)

蟁 [문] 齧人飛蟲 蚋也 모기문 蚊과 同字 (文)

⿱冥䖵 [명] 食苗蟲 며루명 桑蟲 뽕나무벌레명 螟과 同字 (青)

(十七)

⿰虫霝 [령] 桑蟲 螟ㅣ 뽕나무벌레령 蛉通 (青)

⿰虫鮮 [선] 蛇也 뱀선 (銑)

蠰 [상] 蟲名 蠷ㅣ 연가시상 (漾)

⿱匿䖵 [닉] 蟲食之病 벌레먹는병닉

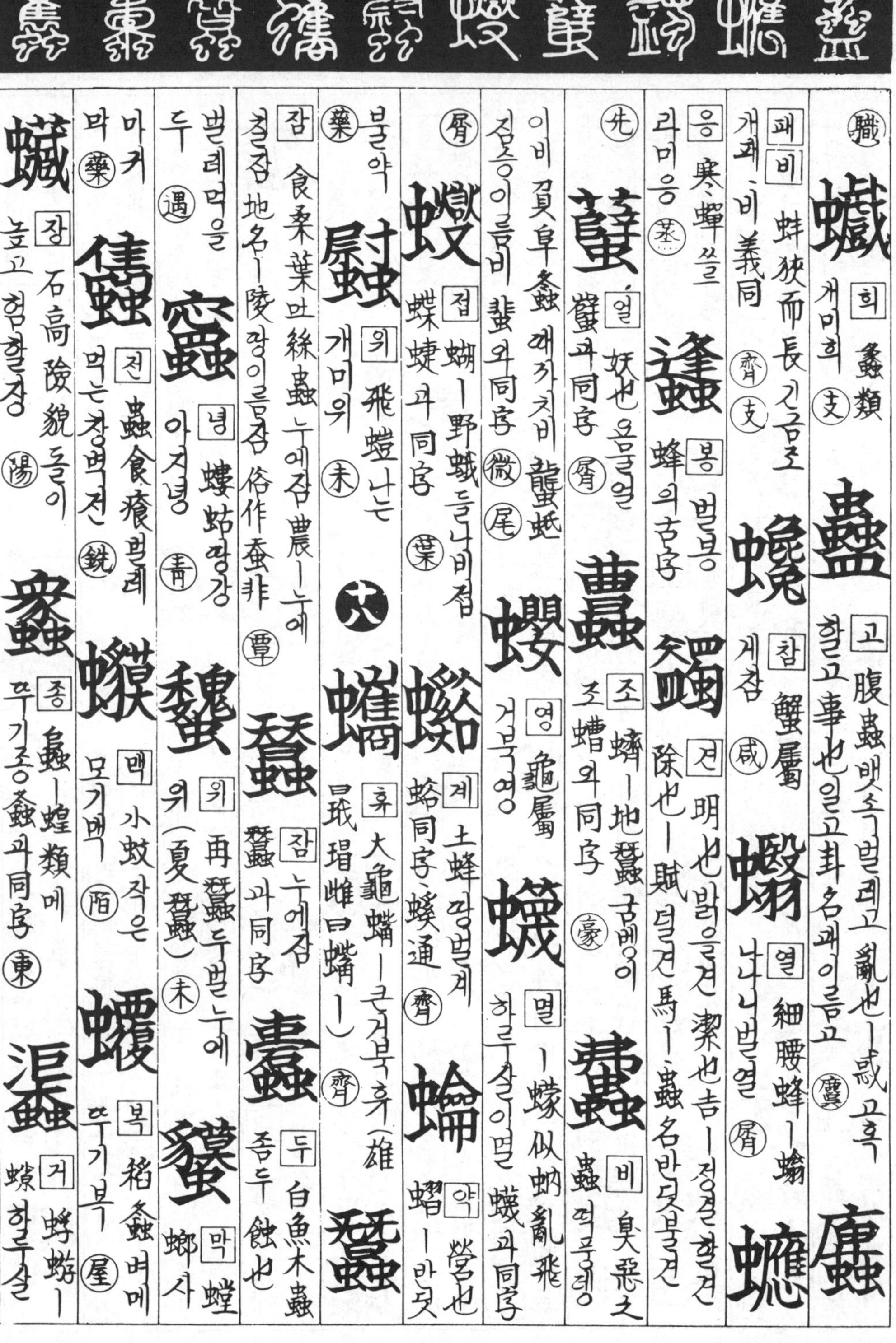

(職)

蠘 희 蠡類 개미희 (支)

蠱 고 腹蟲뱃속벌레고 亂也ㅣ惑고혹할고 事也일고 卦名괘이름고 (麌)

蠯 패 비 蚌狹而長긴조개패, 비 義同 (齊)(支)

⿰虫毚 참 蟹屬 게참 (咸)

蠮 열 細腰蜂ㅣ螉 나나니벌열 (屑)

⿰虫應 응 寒蟬쓰르라미응 (蒸)

蠭 봉 벌봉 蜂의古字

蠲 견 明也밝을견 潔也吉ㅣ정결할견 除也ㅣ賦덜견 馬ㅣ蟲名반딧불견 (先)

蠥 얼 妖也요물얼 䗣과同字 (屑)

蠤 조 蠐ㅣ地蠶굼벵이조 螬와同字 (豪)

⿱非䖵 비 臭惡之蟲 퍼구령이비 負阜螽 때가치비 蠪蚳 짐승이름비 蜚와同字 (微)(尾)

⿰虫嬰 영 龜屬 거북영

蠛 멸 ㅣ蠓似蚋亂飛 하루살이멸 蠛과同字

(屑)

蠂 접 蝴ㅣ野蛾들나비접 蝶蜨과同字 (葉)

⿰虫谿 계 土蜂땅벌계 螸同字、螇通 (齊)

⿰虫龠 약 螢也 蠗ㅣ반딧불약 (藥)

⿱尉䖵 위 飛蟻나는개미위 (未)

(十八)

蠵 휴 大龜蠵ㅣ큰거북휴 (雄曰玳瑁雌曰蠵ㅣ) (齊)

蠶 잠 食桑葉吐絲蟲누에잠 農ㅣ누에칠잠 地名ㅣ陵땅이름잠 俗作蚕非 (覃)

⿱天蠶 잠 누에잠 蠶과同字

蠹 두 白魚木蟲좀두 蝕也벌레먹을두 (遇)

⿱寍䖵 녕 螻蛄땅강아지녕 (青)

⿱魏虫 위 再蠶두번누에위 (夏蠶) (未)

⿱貘虫 막 螳螂사마귀막 (藥)

⿱雋䖵 전 蟲食瘡벌레먹는창병전 (銑)

⿰虫蔑 맥 小蚊작은모기맥 (陌)

⿰虫覆 복 稻螽벼메뚜기복 (屋)

⿰虫藏 장 石高險貌돌이높고험할장 (陽)

⿱䍃䖵 종 螽ㅣ蝗類메뚜기종 螽과同字 (東)

⿱渠䖵 거 蜉蝣ㅣ 蟝하루살

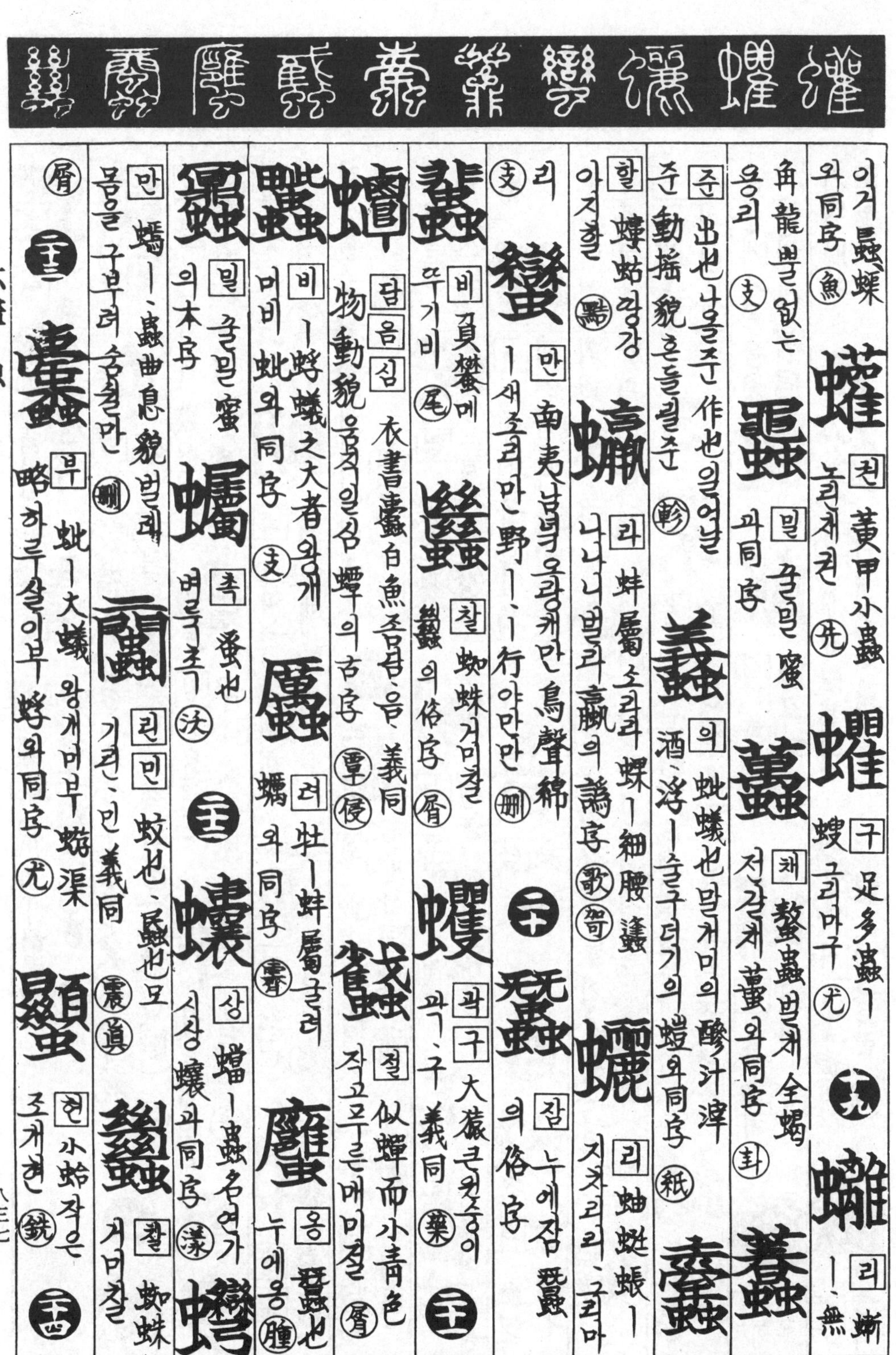

이거 蝨蝶와同字 (魚)

蠸 [권] 黃甲小蟲 뇌리채권 (先)

蠷 [구] 足多蟲ㅣ蠼 그리마구 (尤)

(十九)

[illegible] [리] 螭ㅣ、無角龍 뿔없는 용리 (支)

[illegible] [밀] 꿀밀 蜜과同字

[illegible] [채] 螫蟲 벌채 全蝎 전갈채 蠆와同字 (卦)

蠢 [준] 出也 나올준 作也 일어날준 動搖貌 흔들릴준 (軫)

[illegible] [의] 蚍蜉也 말거미의 醭汁滓 酒、浮ㅣ 술구더기의 螘와同字 (紙)

[illegible] [할] 螻蛄 땅강아지할 (黠)

[illegible] [라] 蚌屬 소라라 螺ㅣ細腰蠭 나나니벌라 蠃의 譌字 (歌)(哿)

[illegible] [리] 蚰蜒 蛝ㅣ 지차리、그리마리 (支)

蠻 [만] 南夷 남녘오랑캐만 鳥聲綿ㅣ 새소리만 野ㅣ、ㅣ行 야만만 (刪)

(二十)

[illegible] [잠] 누에잠 蠶의 俗字

[illegible] [비] 負蠜 메뚜기비 (尾)

[illegible] [찰] 蜘蛛 거미찰 蠿의 俗字 (屑)

蠼 [곽][구] 大蝯 큰원숭이 곽、구 義同 (藥)

(二十一)

[illegible] [담][음][심] 衣書蠹白魚 좀담、음、義同 物動貌 움직일심 蟫의 古字 (覃)(侵)

蠽 [절] 似蟬而小青色 작고 푸른 매미절 (屑)

[illegible] [비] ㅣ蜉 蟻之大者 왕개미비 蚍와同字 (支)

[illegible] [려] 牡ㅣ 蚌屬 굴려 蠣와同字 (霽)

[illegible] [옹] 蠶也 누에옹 (腫)

[illegible] [밀] 꿀밀 蜜의 本字

蠋 [촉] 蚕也 벼룩촉 (沃)

(二十二)

[illegible] [상] 蟷ㅣ、蟲名 여가시상 蠰과同字 (漾)

[illegible] [만] 蟃ㅣ、蟲曲息貌 벌레 몸을 구부려 숨쉴만 (刪)

[illegible] [련][민] 蚊也、𧍧也 모기련、민 義同 (震)(眞)

蠿 [찰] 蜘蛛 거미찰 (屑)

(二十三)

[illegible] [부] 蚍ㅣ大蟻 왕개미부 蟱渠 略하루살이부 蜉와同字 (尤)

[illegible] [현] 小蚌 작은 조개현 (銑)

(二十四)

[illegible] [령] 螢也 반디령 개똥벌레령 (靑)

蠂 [초] 蟷蜋卵蜱ㅣ 버마재비알초 蟭와同字 (蕭)

血部

血 [혈] 水穀精氣피혈 (凡有ㅣ氣者莫不尊親)ㅣ族ㅣ統 붙이혈 熱ㅣ 싸와할혈 (血氣方剛) (屑)

㊁

衂 [뉵] 鼻血코피뉵 敗也패배할뉵 衄과同字 (屑)

[illegible] [정] 숨쉴정 [illegible]의本字

㊂

[illegible] [정] 息也숨쉴정 (靑)

[illegible] [경] 見定볼고정할경 (靑)

衂 [뉵] 코피뉵, 패배할뉵 衄과同字

衁 [황] 血也피황 (陽)

卹 [술][솔] 憂愍서정할술 掃塵먼지털이술 卹의譌字 (質)(月)

㊃

[illegible] [황] 血也피황 衁과同字 (陽)

衃 [배] 凝血 어혈배, 멍들배 (灰)

[illegible] [결] 破也 찢을결 (屑)

[illegible] [뉵] 코피뉵, 패배할뉵 衄과同字

[illegible] [황] 血上心 피돌아올황 (養)

衄 [뉵] 鼻血코피뉵 敗北 패배할뉵 衄同字 (屋)

[illegible] [담] 意未詳

㊄

[illegible] [맥] 血理臟腑之氣分流四支 맥맥 山ㅣ泉ㅣ 줄기맥 脈과同字 (陌)

衅 [흔] 以血塗器祭 짐승피로그릇칠하여 제사지낼흔 釁同字 (震)

[illegible] [혈] 心臟上旁 심방혈 (月)

㊅

衆 [중] ㅣ人 무리중 多也 많을중 低同字, 藥名 貫ㅣ 궈비뿌리중 (送)(東)

衉 [객] 面汗血 얼굴에피묻을객 喀血 각혈할객 喀同字 (陌)

衇 [맥] 줄기맥 脈과同字

衈 [이] 耳血귀피이 (寘)

[illegible] [맥] 줄기맥 脈과同字

㊆

䘒 [최] 赤子陰莖어린애자지최 (灰)

[illegible] [만] 塗血피칠할만 (旱)

[illegible] [맥] 줄기

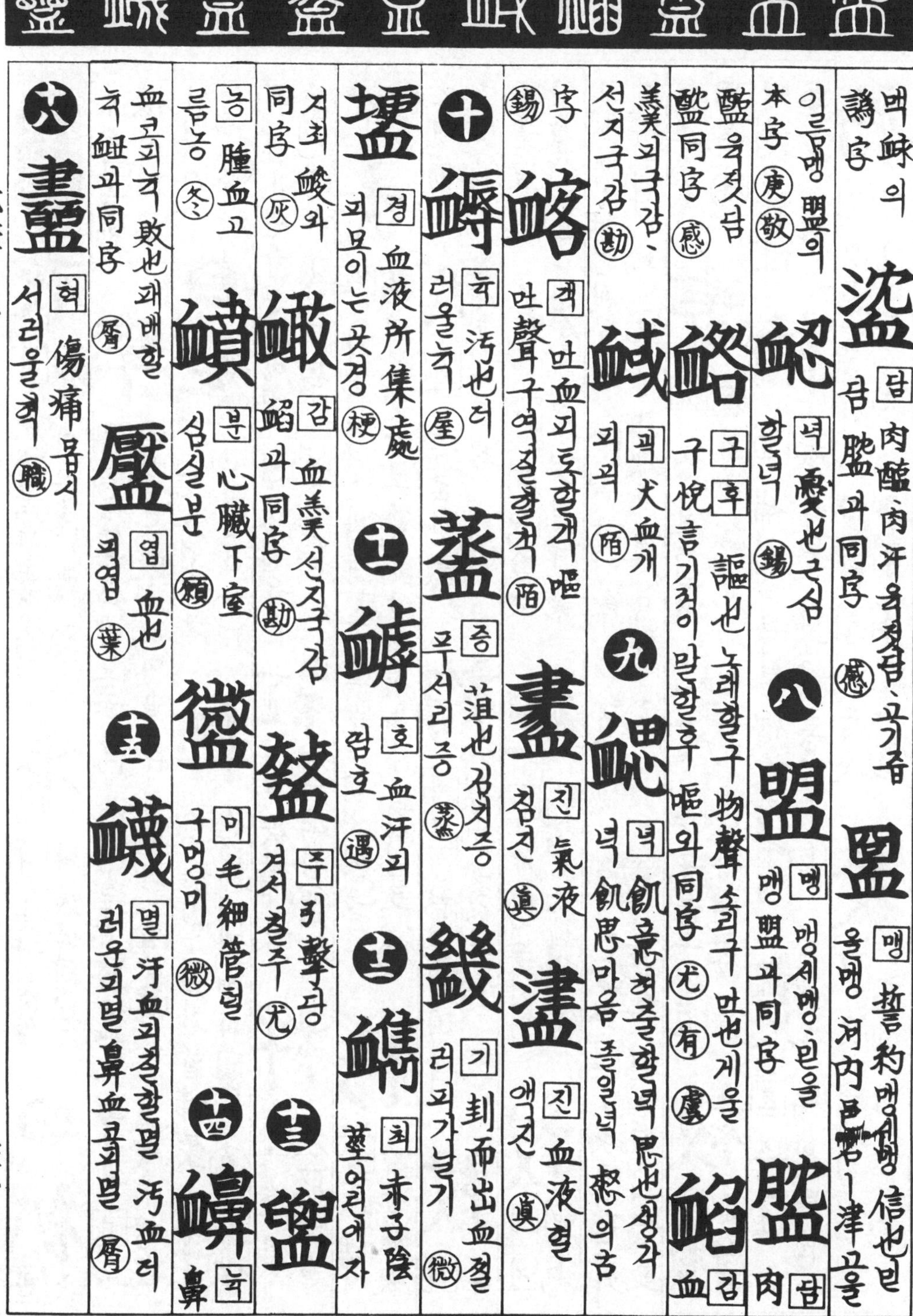

맥䘑의 譌字

盪 담 肉醢、肉汁 육즙담、고기즙 感

盟 맹 誓約 맹세맹 信也 믿을맹 河內邑名 津고을 이름맹 盟의 本字 庚 敬

衂 뉵 憂也 근심할뉵 錫

八

盟 맹 맹세맹、믿을맹 盟과同字

䀋 담 肉醓 육젓담 醓同字 感

䘔 구 후 謳也 노래할구 物聲 소리구 吐也 게울구 悅言 기꺼이 말할후 嘔와同字 尤 有 虞

衉 감 血羨 피국감、선지국감 勘

䘸 괵 犬血 개피괵 陌

九

䘺 뇌 飢意 허출할뇌 思也 생각뇌 飢思 마음 졸일뇌 惄의 古字 錫

䘩 객 吐血 피토할객 嘔吐聲 구역질할객 陌

盡 진 氣液 침진 眞

𧗊 진 血液 혈액진 眞

十

衄 뉵 汚也 더러울뉵 屋

𥃲 증 菹也 김치증 무서리증 蒸

𧗃 기 刲而出血 찔러 피가날기 微

𥂖 경 血液所集處 피모이는곳경 梗

十一

䘗 호 血汗 피땀호 遇

十二

䘒 최 赤子陰 朘 어린애자지최 朘와 同字 灰

䘓 감 血羨 선지국감 衉과 同字 勘

盩 주 引擊 당겨서 칠주 尤

十三

盥 농 膿血 고름농 冬

𧗼 분 心臟下室 심실분 願

𥃒 미 毛細管 털구멍미 微

十四

𧗿 뉵 鼻血 코피뉵 敗也 패배할뉵 衄과同字 屑

䘙 엽 血也 피엽 葉

十五

衊 멸 汗血 피칠할멸 汚血 더러운피멸 鼻血 코피멸 屑

十六

衋 혁 傷痛 몹시 서러울혁 職

衣部

衣 의 庇身上衣裳옷의 服之입을의 (微)(未)

⿱衣 의 옷의、입을 의 衣와同字

二

⿰衤八 반 衣系 옷고름반 襻과同字

卒 졸 줄 畢伍 항오졸 忽遽 바쁠졸 終盡 마칠졸 旣也 이미졸 卒과同字 (月)(質)

⿰衤了 료 小袴校 ㅣ잠방이료 (篠)

三

⿰衤弓 궁 衤躬也 옷등걸궁 (東)

⿰衤巾 건 帨也 수건건 首飾蒙也 머리건건 巾과同字 (眞)

衧 우 往也 갈우 是也 여기우 曰也 말할우 爲也 할우 于와同字 (虞)(魚)

⿰衤工 강 衣帶 옷의띠강 (陽)

衦 간 摩展衣服 옷펼간 (旱)

表 표 外也 겉표、바깥표 上衣 웃옷표 明也 밝을표 識也 표[illegible]올표 蔓也 글표 衆出ㅣㅣ 뛰어날표 (篠)

衫 삼 小襦 적삼삼 衣之通稱 옷삼 (咸)

⿰衤犬 반 옷고름반 襻과同字 (諫)

⿰衤勺 작 표 衫也 적삼작 襟也 옷깃표 (錫)(效)

衬 제 手取손으로 잡을제 (霽)

⿰衤乇 탁 開衣令大 옷 젖힐탁 (藥)

衪 이 衣緣 옷선이 袖也 소매이 (支)

衩 채 차 襟也 옷깃채 衽也 褸ㅣ 옷자락차 (卦)(禡)

⿰衤弋 의 罩衫 웃옷의、적삼의 (職)

四

⿱𠂉表 표 上衣 웃옷표 外也 겉표 出衆표 할표 表와同字 (篠)

⿱龶衣 표 웃옷표、겉표 表의古字

⿱丰衣 표 웃옷표、겉표 表와同字

袚 발 蠻服 오랑캐옷발 袚의譌字 (曷)

衲 납 補也 기울납 僧衣 장삼납 琴名百ㅣ 거문고이름납 (合)

⿱召衣 초 수의초 袑와同字

衯 분 衣長貌 옷치렁거릴분 (文)

袑 초 死者衣 수의초 (蕭)

⿱分衣 분 옷치렁거릴분 衯과同字 (文)

袚 발 袯也옷 소매발 曷

衰 쇠 최 殘微쇠할쇠 弱也약할쇠 耗也모손할쇠 衰同、等也같을최、喪服상복최、제복최 縗通 支 灰

⿰衤斗 두 衫也 적삼두 有

⿰衤夫 부 衣前襟옷 앞섭부 虞

衮 곤 九章法服龍ㅣ衣곤룡포곤、임금의옷곤（天子法服䙶衣）阮

衱 겁 衣裾옷뒷자락겁 衣領옷깃겁 袷通 葉

衶 중 袴也 바지중 腫

衳 종 褌也 속바지종 冬

袾 주 短衣짧은옷주 內衣 속옷주 株와同字 虞

⿰衤少 표 袖端소매끝표 卷帙飾 책가위표 褾와同字 篠

⿱比衣 비 袖也소매비 支

衴 담 衾緣이불깃담 感

衵 일 婦人近身衣 속곳일 質

⿰衤互 호 短衣짧은옷호 遇

袡 염 嫁衣襜ㅣ활옷 염 衣緣옷선염 鹽

衷 충 中也가운데충 誠也정성충 褻衣、方寸所蘊속옷충 善也착할충 正也바를충 當也당할충 斷其中折ㅣ절충할충、알맞을충 東 送

衺 사 不正비뚤사 麻

衸 개 脚絣행전개 衣幅옷폭개 卦

袀 균 戎服군복균 純也 수전할균 眞

衵 뉴 衣柔貌옷 부드러울뉴 有

衾 금 被也衣ㅣ이불금 侵

衽 임 衣襟옷섶임、옷깃 임 臥席요임 袵同字 沁

衾 금 寢衣이불금 侵

衼 지 袈裟衣衼ㅣ 가사지 支

衿 금 衣領옷깃금 士服青ㅣ도포금 襟通、結也衣系옷고름금 紟通 侵 沁

衹 기 袈裟ㅣ衹 가사기 支

袁 원 衣長貌 옷치렁거릴원 姓也성원 元

袧 구 상복치마양쪽주름구 접을구 褠와同字 宥

⿰衤兀 개 脚絣행전개 衣幅옷폭개 衸와

同字

袂 [메] 袖也소매메 霽

⿰衤攵 [구] 拯也건질구ㅣ援구원할구 助也도울구 救와同字 宥

袢 [반] 衣系옷고름반、襻과同字 諫

⿴衣力 [력] 纏也얽을력 錫

⿴衣工 [홍] 長衣장옷홍

⿴衣爪 [조] 覆棺衣관보조、수의조

袄 [오] 袍屬도포오 襖의略字 皓

衼 [기] 袖也소매기

⑤

袋 [대] 囊也주머니대 자루대 帒同字 隊

衲 [랍] 衣敝옷해질랍 合

⿰衤正 [정] 小兒服衣아이옷정 庚

袏 [좌] 衣包囊옷보좌 리좌 襌衣홑옷좌 箇

袎 [요] 襪頸버선목요 效

袐 [필] 刺也、찌를필 質

袍 [포] 長襦두루마기포 衣前襟앞섶포 靑ㅣ朝服관리포 平常禮服 道ㅣ도포포 豪

⿱此衣 [괴][제] 衸옷자락여밀제 寘 衣不伸옷구길괴、衣交 霽

⿱奴衣 [나] 敝衣헤진옷나 麻

⿰衤宁 [저] 敝衣헤진옷저 語

袉 [타] 裾也옷자락타 哿

袊 [령] 婦人嫁服直ㅣ활옷령 梗

袈 [가] 僧衣ㅣ裟가사가 麻

⿰衤术 [출] 麤縫드물게홀출 質

衹 [저] 汗襦ㅣ裯땀받기저、속적삼저 齊

袘 [이] 衣中옷속이 裳下緣치마선이 支 寘

袜 [말] 腰帶허리띠말 脚衣收束대님말、足衣버선말 韈韤同字 曷 月

袗 [진] 袨服고운옷진 單衣홑옷진 畫衣수놓은옷진 裖同字 軫

袝 [부] 盛服성한옷부 遇

袕 [술] 衣開孔옷구멍날술 質

袔 [하] 衣袖소매하 ⿰衤賀同字 箇

⿰衤甲 [갑] 襦也적삼갑 洽

⿱可衣 [아] ㅣㅣ、衣長好貌옷치렁치렁할아 哿

袖 [수] 衣袂소매수 褏同字、褎通 宥

⿰衤弗 [발] 蠻

服옷과깨옷발 袚과同字 (曷)

袑 소 袴襠 바지소 (篠)

袒 단 탄 偏脫衣ㅣ裼 옷벗어멜단 衣縫解옷솔터질탄 襢、綻通 (旱)(諫)

⿰衤此 자 換着衣옷갈아입을자 (紙)

袙 파 幞也머리동개 과帕同字 (禡)

袚 발 蠻服오랑캐옷발 (曷)

袤 무 延互南北뻗칠무 (史記延ㅣ萬餘里) (宥)

袞 곤 龍ㅣ衣、九章法服곤룡포곤、임금의옷곤 衮과同字 (阮)

袌 포 褱也아름포 挾也안을포 抱同字 (皓)

袧 구 喪服辟兩側상옷구 (尤)

袨 현 好衣盛服고운옷현 (霰)

⿰衤出 굴 短衣⿰衤充ㅣ짧은옷굴 ⿰衤屈同字 (物)

袪 거 衣袂소매거 袖口소매부리거 (魚)

袥 탁 披開衣領옷깃헤칠탁 衣衸옷자락탁 (藥)

被 피 寢衣이불피 加也더할피、覆也덮을피 及也미칠피 著也나타날피 首飾꽃은머리피 (紙)(寘)

⿰衤宂 용 長衣긴옷용 (宋)

袢 번 ㅣ延衣熱옷곽동일번、옷더러울번 近身內衣속옷번 (元)

袠 질 칼집질、봉급질、책서질 袟과同字 (質)

袮 녜 니 禮時首飾장례때의머리치장녜 禰ㅣ衣 好貌옷이좋을니 (齊)(紙)

袟 질 劍衣칼집질 俸給봉급질 袟序질서질 帙、秩通 (質)

袣 예 長衣긴옷예 (霽)

⿴衣可 아 ㅣㅣ衣長好貌옷치렁치렁할아 可衣와同字 (哿)

❻

袶 강 草名풀이름강 (絳)

⿰衤戔 예 長衣긴옷예 袣와同字 (霽)

⿰衤亦 역 長衣긴옷역 (陌)

裓 수 ⿰身付ㅣ著衣옷입을수 ⿰身俞와同字 (遇)

袹 말 맥 始喪服邪巾ㅣ頭상복말、두건말 腹帶배띠맥 (黠)(陌)

袷 겁 섭 曲領둥근깃겁、곱은깃섭 衱通、合衣겹옷겹 裌通 (葉)(洽)

袺

[절] 執衽옷섶잡을결 (屑)

袴 [고][과] 脛衣바지고 絝同字、兩脚間사타구니과 胯通 (遇)(禡)

袳 [치] 張衣옷펼치 (紙)

袵 [임] 옷섶임、옷깃임、옷임 衽과同字

衺 [이][치][나] 長衣貌衺ㅣ옷치렁거릴이、치、나、義同 (紙)(哿)(支)

⿱任衣 [임] 衣襟옷섶임、옷깃임 臥席요임 衽과同字 (沁)

袱 [복] 包ㅣ、帊也보자기복 (屋)

⿰衤朿 [척] 蔽膝무릎받침척 (陌)

袸 [존] 衣帶옷띠존 (元)

⿰衤交 [교] 小袴잠뱅이교 (篠)

⿱如衣 [녀] 해진옷녀 袽와同字

袽 [녀] 敝衣袾ㅣ해진옷녀 (魚)

⿰衤聿 [제] 腹帶배띠제 (齊)

袼 [각] 衣袂接處腋縫겨드랑이솔기각 (藥)

袾 [주] 短衣ㅣ襦짧은옷주 朱衣붉은옷주 內衣속옷주 (虞)

袻 [이] 衣之縮皺옷구김살이 (支)

袿 [규] 婦人上衣부인옷옷규 (齊)

⿰衤式 [식] 裝也꾸밀식、치장할식 (職)

⿰衤朵 [타] 衣ㅣ、袖也소매타 (哿)

裝 [장] 裹也행장장、옷짐장 飾也꾸밀장 裝의俗字 (陽)

⿰衤同 [동] 袴也바지동 (東)

⿰衤充 [충] 短衣ㅣ裾짧은옷충 (東)

⿰衤列 [렬] 破也찢어질렬 繒餘비단자투리렬 分裂갈릴렬 裂의古字 (屑)

⿱列衣 栵(前條)와同字

衦 [간] 古衣헌옷간 (諫)

⿰衤旬 [순] 領端깃순 끈순 (眞)

裂 [렬] 破也찢을렬 繒餘비단자투리렬 分裂갈릴렬 縫也옷터질렬 (屑)

裀 [인] 近身衣複 褥속옷인 (眞)

裁 [재] 製衣ㅣ縫옷마를재 度也헤아릴재 判決판결할재、鑒別品ㅣ품재할재 財通 (灰)(隊)

⿰衤目 [간] 古衣헌옷간 (諫)

⿰衤戎 [융] 單服子복융 (東)

⿱龹衣 [권] 機也버

선권 阮

裹 [력] 纏裹 동여쌀력 褎과同字 錫

裗 [류] 裞也 衣縷 실흐류、옷혜질류 襟也 옷섶류 尤

裹 [력] 동여쌀력 裹의 譌字

裹 [력] 纏裹 동여쌀력 錫

裪 [화] 袂也 앙화화 災害재앙화 禍와同字 哿

七

裎 [정] 裸體 벌거벗을정 梗 庚

裊 [뇨] 曳貌 끄을뇨、끌릴뇨 輭美ㅣ娜 간들거릴뇨 駿馬名 騕ㅣ 말이름뇨 褭通 篠

裲 [룡] 衣一件옷 한벌룡 送

裋 [수] 長襦ㅣ褐 두루마기수 麌

裍 [곤] 綦衣 옷잡아맬곤 阮

䘺 [목] 衣縫 혼솔목、솔기목 屋

[衤兒] [한] 小兒涎巾 아이침받기한 潸

裌 [겹] 複衣 겹옷겹 袷通 洽

裏 [리] 衣內 옷아리 表ㅣ 속리、아리 裡同字 紙

裘 [구] 皮衣 갓옷구 箕ㅣ之業 대를물려줄구 尤

裘 [구] 갓옷구 대를물려줄구 裘와同字

[衤忌] [기] 繫也 맬기 㡧와同字 寘

裙 [군] 下裳 치마군 帬同字 文

[衤肖] [초] 襟也 옷깃초 肴

裔 [예] 衣裾 옷뒷자락예 邊也 四ㅣ 변방예 種類 苗ㅣ 씨예、싹예 後嗣 후손예 (遠代子孫、謂之ㅣ) 流 흐를예 ㅣ貌 갈예 霽

裕 [유] 寬也 너그러울유 饒也 넉넉할유 綏也 늘어질유 遇

[衤孛] [비] 衣袖 옷소매비 未

裖 [진] 單也 홑옷진 袗同字 軫

裑 [신] 衣身 卽前後幅部分 옷등결신 眞

[衤我] [아] 衣服盛飾 옷모양낼아、옷치장할아 歌

裒 [부] 減也 덜부 聚也 모을부 掊通 尤

[衤肙] [견] 縜也 줍을견 先

[衤良] [랑] 衣敝 옷해질랑 養

裡 [리] 衣內 옷아리 表ㅣ 아리、속리 裏의

俗字 (眞)

裓 [극] 衣裾 옷뒷자락극 (職)

⿰衤條 [혜] 袖也 소매혜 ⿰衤係와 同字 (佳)

裟 [사] 佛衣 袈ㅣ 가사사 毠通 (麻)

⿰衤束 [착] 短衣 짧은옷착 (覺)

裞 [세] 贈死者被衣 수의세 闐衰 追服 추복입을세 (霽)

⿰衤或 [격] 前襟 앞깃격 (陌)

⿰衤延 [선][연] 車幌 수레포장선 巾ㅣ也 피륙선、연 義同 (先)

装 [장] 봇짐장、행장장 裝과 同字

裝 [장] 裹也 봇짐장 齎也 행장장 飾也 ㅣ束 묶을장 (陽)

裛 [읍][엽] 纏也 얽을읍 香襲衣 옷에향내밸읍 書囊 글주머니 읍、엽 義同 (緝)(葉)

裚 [제] 斷衣 옷끊을제 (霽)

⿰衤几 [첩] 衣領 옷깃첩 (葉)

裠 [군] 下裳 치마군 裙과 同字 (文)

補 [보] 綴也 기울보 數名 十垓曰ㅣ 수이름보 助也 도울보 裨也 더할보 修繕 수선할보 (麌)

⿰衤夋 [준] 袴⿰衤同 바지통준 (眞)

⑧

裨 [비] 補也 도울비 益也 더할비 小也 작을비 與也 줄비 偏將 비장비 朝服ㅣ冕 조복비 (支)

裴 [배] 성배、치렁치렁할배 裵와 同字 (灰)

裰 [탈][철] 補也 기울탈、철 義同 (曷)

⿱叕衣 [탈][철] 裰(前條)과 同字

裯 [도][주] 衣袂 소매도 襌衣 홑옷주 襌被 홑이불주 幬通 (豪)(尤)

裱 [표] 領巾 목수건표 (嘯)

裮 [창] 衣不帶 띠아니띨창 (陽)

⿰衤㡀 [별] 袖袂 옷소매별 蔽衣 헤어진옷별 (屑)

⿰衤函 [함] 袖也 소매함 (覃)

⿰衤夜 [액] 衣掖下ㅣ縫 겨드랑이 솔기액 縫ㅣ大衣 큰옷액 襜也 수레휘장액 掖通 (陌)

裪 [도] 袖也 襦ㅣ 소매끝도 (豪)

⿰衤彔 [록] 衣聲ㅣ褳 옷소리록 (屋)

⿰衤松 [총] 小袴 작은바지총 蔽膝 무릎가리

개총 (腫)

裫 [연] 袖曲處소매드려연 (先)

裩 [곤] 褻衣合襠잠방이곤 褌과同字 (元)

裬 [릉] 馬腹下帶말복두릉 (蒸)

裧 [첨] 披衣옷헤칠첨 車幨수레휘장첨 (豔)

袲 [계] 開衣옷헤칠계 本音체 (齊)

裣 [금] 衣領옷깃금 衣系結也옷고름금 衿과同字 (侵)(沁)

裴 [배] 姓也성배 衣長貌치렁치렁할배 裵同字 (灰)

⿰衤空 [공] 衣袂옷소매공 (東)

裹 [과] 包也쌀과 纏얽을과 (哿)(箇)

⿰衤妾 [첩] 衣衿옷깃첩 (葉)

裷 [권] 幞巾복건권 (阮)

裶 [비] ㅣㅣ曳衣貌옷질질끌비 (微)

⿰衤靑 [선] 緆也가선 (霰)

⿰衤卒 [쉬] 副衣여벌옷쉬 罩衣홑옷쉬 或音최 (隊)

⿰衤疌 [칩][삽] 襟緣깃의단칩 續衣옷게맨칩、粒ㅣ衣敝옷헤질삽 (葉)(洽)

裳 [상] 下衣帬也치마상 盛貌성할상 (陽)

⿰衤臽 [갑] 帽子모자갑 弁缺四隅네모진주한꼬깔갑 帢과同字 (洽)

裲 [량] 栢腹ㅣ襠배자량 (養)

裸 [라] 赤體벌거벗을라 ㅣ蟲털없는벌레라 躶、臝同字 (哿)

⿰衤戔 [잔] ㅣ褯어린애기저기잔 (寒)

⿰衤兒 [예] 衣褸옷헤질예 시침실예 (霽)

⿰衤怱 [종] 嬰兒衣어린애의옷종

⿰衤制 [제] 마를제、치울제、만들제 製와同字 (霽)

裾 [거] 袍也衣後옷뒷자락거 (魚)

製 [제] 裁也마를제 造也지을제 式也법제제、본새제 雨衣우장옷제 (霽)

裻 [독] 背縫등솔기독 衫襦横者소매등독 (沃)

⿰衤宛 [원] 袖端屈處소매도련원 (阮)

裺 [암] 衣寬옷너그러울암 (陷)

裼 [석][체] 露肩袒ㅣ어깨드러낼석 裘

單등거리석、褯也 포대기제 褅通 (錫)(霽)

⿰衤定 [탄] 衣縫解 솔기터질탄 綻同字 (諫)

⿰衤鬼 [외] 垢衣 때묻은옷외 (灰)

褂 [괘] 馬— 마고자괘 (卦)

褁 [척] 囊也 가루척 주머니척 (陌)

褄 [처] 圍腰下衣 두렁치마처 이처、이마처 (日)

⿰衤屈 [굴] 短衣 杬— 짧은옷굴、등거리굴 ⿰衤出同字 (物)

⿰衤其 [기] 綦也 맬기 (寘)

⿰衤朋 [팽] 束也 묶을팽 綳과同字 (庚)

⿰衤官 [관] 袴⿰衤同 바지등관 (願)

⿰衤金 [강] —褓 負兒衣 포대기강 襁과同字 (養)

裿 [기] 內衣 속적삼기 (紙)

九

⿰衤青 [타] 無袖之衣 소매없는옷타 (箇)

⿰衤臿 [삽] 衣重緣 옷겹선삽 (緝)

褍 [단] 衣正幅 玄— 옷바른폭단 端通 (寒)

⿰衤关 [체] 補也 기울체 (霽)

⿰衤突 [돌] 褌襠 잠방이돌 (月)

褊 [편] 衣貌 —褼 옷너풀거릴편 急也 급할편 衣小 옷이몸에결편 狹也 좁을편 古音변 (銑)(先)

褈 [종] 重複 거듭종 (冬)

䙅 [요] 衣襻 옷고름요 ⿰糸要同字 (蕭)

褆 [제] 衣厚 —— 옷두터울제 (齊)

⿰衤屋 [악] 覆帳形如屋 장막악 軍旅之帳 군막악 幄과同字 (覺)

複 [복][부] 重衣 겹옷복 (衣服有裏曰—) 上下道 복도복 復通、重也 거듭할부 (屋)(宥)

⿰衤兹 [자] 袂也 옷소매자 (支)

⿰衤垔 [인] 近身衣 속옷인 複袳 겹옷인 裀과同字 (眞)

褌 [곤] 褻衣 合襠 속곳곤、잠방이곤 裩同字 (元)

褋 [접] 襌衣 홑옷접 (葉)

⿰衤施 [이] 衣中 옷속이 裳下緣 치마선이 袘와同字 (紙)(寘)

⿰衤冒 [모] 小兒頭衣 어린아이 남바위모、모자모 (號)

⿰衤虔 [건] 袴也 바지건 搴也 걷을건 褰과同字 (先)

褐

褐 [갈] 毛布 털로짠베갈 麤布 굵은베갈 賤者所服 갈옷갈 (曷)

褎 [유][수] 盛飾貌 옷치레할유 不進也 나아갈유 禾盛貌 벼성할유 袂也 소매수 袖通 (宥)

⿰衤㚇 [종] 襌衣 홑옷종 (東)

裣 [금] 衣領 옷깃금 衣系結也 옷고름금 襟、衿과同字 (侵)(沁)

褗 [언] 衣領 옷깃언 (阮)

褕 [유][요] 直裾 襜ㅣ 괘자유 翟羽飾衣 꿩의깃으로 꾸민옷유 皇后服 ㅣ狄 황후의옷유、요적옷요 (虞)(蕭)

䙈 [호] 衣腋 옷겨드랑이호 (虞)

⿴衣胡 [호] 옷겨드랑이호 䙈와同字

褓 [보] 小兒被 襁ㅣ 포대기보 緥同字 (皓)

⿱封衣 [봉] 禾履 미투리봉 (董)

褑 [원] 佩玉之帶 패옥띠원 (願)

褒 [포] 大裾 옷뒷길포 揚美 獎飾 포장할포 ㅣ明 長襦 포도포 襃의俗字 (皓)

褏 [유][수] 옷치레할유、나아갈유、소매수 褎와同字 (宥)

⿰衤畏 [외] 垢衣 때묻은옷외 (灰)

褖 [단] 后服 황후의옷단 黑衣 士妻命服 선비의아내옷단 緣通 (翰)

褙 [배] 襦也 배자배、저고리배 褙ㅣ 배접할배 (隊)(中)

⿰衤癸 [규] 衣之分裾 옷뒤들일규 (霽)

⿰衤盾 [순] 衣也 옷순 (眞)

⿰衤⿱覀大 [연] 衣縮 옷구길연 (銑)

褘 [위][휘] 帳也 장막위 美也 아름다울위、幃通、后祭服 翟ㅣ 황후의제복휘 (微)

⿰衤侯 [후] ㅣ褕、小衫 작은적삼후 (尤)

褛 [루] 襤ㅣ 衣敝 옷해질루 紩衣 옷꿰맬루 褸의略字 (麌)

⿰衤咸 [삼] 旗斿 깃발삼 (咸)

⿰口⿴衣多 [치] 張衣 옷펼치 袳와同字 (紙)

⿹戈⿱叀衣 [낭] 寬也 너그러울낭 ⿰衤襄과同字 (養)

褚 [저] 綿絮裝衣 옷에솜둘저 囊也 주머니저 蓄也 쌓을저 覆棺物 구의저、관덮개저 姓也 성저 紵通 (語)

裺

[구] 單衣袖狹者 소창옷구 臂ㅣ 팔찌구 構와同字 (尤)

⿴衣冏 [예] 衣裾 옷뒷자락예 四邊也 변방예 後ㅣ 후손예 流貌 흐를예 裔와同字 (霽)

⿰衤契 [치] 敝衣 헌옷 어진옷치 (紙)

褔 [부] 衣一襲옷 한벌부 (宥)

⿴衣甶 [예] 衣裾 옷뒷자락 예 四邊也 변방예 後ㅣ 후손예 流貌 흐를예 裔⿴衣冏와同字 (霽)

⿱長衣 [가] ㅣ裟、僧衣 가사가 袈와同字 (麻)

袧 [구] 祭服 제복구 (有)

袷 [할] 上衣 저고리할 褐과同字 (曷)

⿴衣缶 [포] 大裾 옷뒷길포 揚美將大飾 포장할포 明長襦 도포포 褒、襃의 譌字 (豪)

⑩

⿰衤奚 [혜] 袖也 소매혜 (佳)

⿰衤芻 [추] 衣不伸옷 구길추 (宥)

⿰衤師 [사] 衣破貌 옷이 떨어질사 (支)

⿰衤盍 [합] 婦人上衣 계집저고리 합 (合)

褥 [욕] 藉也 裀ㅣ 요욕 (沃)

構 [구] 袖狹襌衣 소매좁은 홑옷구 臂ㅣ 팔찌구 (尤)

⿰衤尃 [박] 單衣 홑옷박 (陌)

⿰衤鬲 [격] 衣表옷 안격 (陌)

⿰衤犀 [지] ⿰衤犀(衣部十一畫)와同字

⿰衤索 [삭] 衣聲 옷버석 버석할삭 (藥)

褟 [답] 衣也 옷답 (合)

⿰衤射 [사] 衣也 옷사 (禡)

褞 [온] 褐衣 굵은 베옷온 (元)

褽 [외] 薦也 깔외 衣杜 옷기슭외 褽와同字 (未)

襃 [포] 大裾 옷뒷길포 明長襦 도포포 褒의本字 (豪)

褡 [답] 衣敝 옷헤질답 小被 襤ㅣ 처네답 (合)

褯 [자][석] 小兒服 어린애옷자 藉也 자리석 (禡)(陌)

⿰衤差 [차] 衣長貌 옷 긴모양차 (哿)

褧 [경] 衣無裏 襌也 홑옷경 縠也 저사경 (迥)

褩 [반] 衣表옷 거죽반 (寒)

褦 [내] 凉笠 ㅣ襶 패랭이내、평량자내 不曉事 ㅣ襶 부분부[illegible]

읍내 隊

⿱系衣 [려] 急心纏 급히 동일려 錫

⿰衤衰 [최] 衰服 상옷최、상복최 縗와同字 灰

⿰衤莫 [말] 足衣 버선말 襪과 同字 月

褢 [회] 袌衿藏物 품을회 佳

褪 [퇴] 卸衣 옷벗을퇴 花謝 꽃떨어질퇴 或音 톤 願

⿰衤殺 [쇄] 衣削幅 사폭쇄 卦

褫 [치] 蓐衣ㅡ氈 요잇치 神志喪失ㅡ魄 넋잃을치 奪衣也 옷빼앗을치 解衣 옷고을치 脫也 벗을치 紙 寘

褣 [용] 襛褣 버선목용 宋

褱 [회] 念思 생각할회 歸也 돌아갈회 安也 편안할회 懷의 古字 佳

褰 [건] 袴也 바지건 攐衣 옷걷을건 褰也 팔걷을건 先

褲 [고] 袴也 바지고 遇

⿰衤畜 [축] 藏也 감출축 貯也 쌓을축 屋

褭 [뇨] 以組帶馬 말북두뇨 騕ㅡ 준마뇨 裊通 篠

⿰衤害 [할] 上衣 저고리할 曷

褮 [형] 袨也 옷에구멍날형 庚

褬 [상] 褬ㅡ、衣敝貌 옷해어질상 養

⑪

褶 [습][첩] 騎服 습갑습 襲衣也 緝 덧옷첩 袷衣 겹옷첩 葉

⿰衤從 [종] 襌衣ㅡ褋 홑옷종

腫

裔 [예] 裾也 옷뒷자락예 人名 明ㅡ之 사람이름예 霽

褷 [시] 襹ㅡ、毛羽衣貌 털옷모습할시 襹同字 支

褹 [예][날] 複襦 겹저고리예 袂也 옷소매예、날 義同 卦 黠

⿰衤區 [구] 小兒涎衣 어린애침받기구 頭衣 머리쓰개구 尤

褺 [첩] 重衣 겹옷첩 巴郡 縣名 고을이름첩 葉

褵 [리] 衣帶、婦人褘 돌띠리 縭通 支

⿰衤曼 [만] 胡衣 오랑캐옷만 寒

褸 [루] 衣敝 襤ㅡ 옷해질루 紩衣 옷꿰멜루 麌

褽 [의] 薦也 깔의 衣褚 옷깃의 賄

⿰衤崩 [붕] 束也 묶을붕 卷也 감을붕 繃

과同字 ㊄庚

⿰衤速 속 衣聲 祿ㅣ 옷소리 속 ㊄屋

⿱殹衣 예 小兒涎衣 어린애 침받기 예 ㊄齊

裮 창 短敝衣 짧고 해진 옷 창 式音 용 ㊄冬

⿰衤鳥 조 短衣 짧은 옷조 ㊄蕭 ㊄篠

⿰衤無 척 被袖 견랑 이 솔기척 ㊄陌

⿰衤盍 합 前後兩當衣ㅣ 襠 더러 합、배자 합 ㊄合

褿 조 襟也 옷깃 조 ㊄豪

⿰衤卒 졸 短衣 裕ㅣ 짧은 옷 졸 ㊄質

襀 적 衣襉 襞襀ㅣ 옷주름 잡을 적 積通 ㊄陌

褾 표 袖端 소매끝 표 卷帙飾ㅣ 褙 책가위 표 ㊄篠

襁 강 負兒衣ㅣ 褓 포대기 강 ㊄養

⿰衤商 체 褓也 포대기 체 褅와 同字 ㊄霽

褻 설 私服 사복 설 褻衣 속옷 설 猥ㅣ 더러울 설 親也 친할 설、친근할 설 媟通 ㊄屑

褼 선 衣貌 褊ㅣ 옷 너풀거릴 선 ㊄先

襂 삼 羽衣垂貌ㅣ 纚 깃옷 느러질 삼 中帶 허리띠 삼 ㊄侵 ㊄咸

襄 양 贊也 도울 양 平也 평평할 양 上也 오를 양 駕也 멍에 양 除也 뽑아버릴 양 成也 이룰 양 ㊄陽

⿰衤复 부 복 重也 거듭 부 重衣 겹옷 복 上下道 보도 복 複의 本字 ㊄宥 ㊄屋

⿰衤逢 봉 以鍼紩衣 꿰맬 봉 䙖ㅣ 補合 마무를 봉 縫과 同字 ㊄冬 ㊄宋

襅 필 襷也 옷끈 필 神服 무당의 옷 필 衣帶 의대 필 (日)

⿰衤咸 초 鮮也 선명할 초 好衣 고운 옷 초、깨끗한 옷 초 ㊄語

襃 포 揚美 포장할 포 大裾 옷뒷길 포 邑名ㅣ斜 고을이름 포 ㊄豪

十三

⿰衤費 비 周衣 두루마기 비 ㊄未

襆 복 두건 복、치마폭 복 幞과 同字 ㊄沃

襈 선 衣緣 서선 ㊄霰

襋 극 衣領 옷깃 극 ㊄職

⿰衤賀 하 袖也 소매 하 袔同字 ㊄箇

⿰衤晉 제 緵也 꿰맬 제 ㊄霽

⿰衤喬 결 袖也 소매 결

(屑)

襨 등 毛織帶모 직띠등 (蒸)

襊 촬 衣游縫시침할촬 冠검은베로만든관촬 (曷) 緇布

襉 간 殺 縫裙

幅相襴 치마주름간 (諫)

襀 적 無袖衣소매없는옷적 襀와同字 (錫)

褅 제 褅也처네제、포대기제 褅通 (霽)

襒 철 揭衣渡옷걷고건널철 (月)

䙢 증 袷衣겹옷증 (徑)

襌 단 單衣無裏홑옷단 (寒)

襢 위 옷꼬겔위 䙡와同字

𧞤 위 옷꼬겔위 䙡와同字

䙌 회 棉覆과 덮개회 (灰)

䙡 위 重衣옷꼬겔위 (尾)

襍 잡 五色合쉬 일잡 雜同字 (合)

䙏 식 裝飾꾸밀식 拭同字 (職)

襎 파 長袖긴소매파 (箇)

䙊 초 拭也닦을초 (篠)

襏 발 雨衣ㅣ襫도롱이발、늬역발 (曷)

𧝯 저 裝衣옷치장할저 (語)

褢 괴 大貌엄전할괴 偉也클괴 怪異괴이할괴 傀와同字 (賄)(灰)

襓 요 劍衣칼전대요 (蕭)

𧞧 별 떨칠별 襒과同字

襒 별 拂也떨칠별 (屑)

䙌 건 袴也바지건 褰也걷을건 褰과同字 (先)

𧞮 횡 小被ㅣ袷 처네횡 (庚)

𧝗 거 衣系옷고름거 (魚)

𧞔 전 后妃服후비의의복전 丹縠衣붉은저사옷전 襢과同字 (銑)

𧞔 전 后妃服후비의의복전 丹縠衣붉은저사옷전 襢通 (銑)

褿 조 前襟앞깃조 (號)

𧞤 력 急繩裹동여쌀력 (錫)

䙆 귀 紐끈귀 (寘)

襐 상 未笄冠者首飾아이머리꾸미개상、맹기상 (養)

襑 심 탐 衣大옷클심、탐 義同 (侵)(感)

十三

襏 [해] 衣領中骨 깃바는짐해 (陌) 襖 [오] 袍屬 도포오 (皓) 襘 [괴] 帶所結 띠맨괴 領交會 옷고름괴 (泰)

襩 [독] 衣背縫 옷등솔독 (沃) 襜 [첨] 衣整貌ㅣ如 옷가지런할첨 車帷 수레휘장첨 幨通、衣蔽前 앞치마첨 䄡同字、韂通 (鹽)

⿰衤豦 [거] 衣也 옷거 (御) 禫 [담] 除服祭名 담제담 禫과同字 (感) 襛 [농] 衣厚 옷두터울농 盛也 성할농 (冬)

襚 [수] 贈死衣 수의수 贈衣 의복을줄수 襚同字 (寘) ⿰衤雍 [옹] 靴襪 말옹 (冬) ⿰衤零 [령] 衣光 옷빛령

⿰衤靈同字 (靑) 襟 [금] 交衽 옷섶금 胸ㅣ 가슴금 衿通 (侵) 襝 [첨] 車帷 수레휘장첨ㅣ如 衣整貌 옷가지런할첨 衣蔽前 행주

치마첨 襜과同字 (鹽) ⿳亡口⿲月衣凡 [라] 赤體 벌거벗을라 ㅣ蟲 털없는벌레라 裸의本字 (哿) ⿰衤過 [과] 大衣 큰옷과 (禡) ⿰衤葉

[접] 襌衣 홑옷접 褋과同字 (葉) 襗 [락] 褻衣 속옷락 (陌) ⿰衤葛 [갈] 毛布 털베갈 麤布 굵은베갈 褐과同字 (曷) 襞

[벽] 帬褶ㅣ積 치마주름벽 疊衣 옷접을벽 (陌) 襄 [양] 도울양、오를양、뽑아버릴양 襄과同字 (陽) 襢 [전] [단] 喪 盧不障

ㅣ簀 여마전 后服丹縠衣 붉은저사옷전 肉袒 옷벗어메단 袒同字 (銑) (旱) 襡 [촉] 長襦 긴두루마기촉 連腰衣 袿ㅣ 통치마촉 (沃) ⿴衣贊

[양] 贊也 도울양 上也 오를양 除也 뽑아버릴양 襄과同字 (陽) ⿰衤剽 [표] ⿰巾剽(巾部十三畫)와同字 ⿰衤畺 [강] ㅣ褓 負兒衣 포대기강 繈

과同字 (養) 襠 [당] 袴屬 襌ㅣ 잠방이당、속곳의당 衣名 裲ㅣ 배자당 (陽) ⿰衤爲 [상] 未笄冠者首飾 아이머리꾸미개상 뎅기상 襐과同

字 (養)

⑭ 襤 [람] 敝衣ㅣ褸옷 해진람 繿同字 (覃)

[illegible] [뇨] 奴服하인옷뇨 (黠)

襣 [비] 犢鼻襌쇠코잠방이비 (寘)

[illegible] [옹] 㽂毹細毛솜털 옹 毹과同字 (腫)

[illegible] [개] 上衣옷 옷개 (卦)

[illegible] [훈] 淡紅色연분홍빛훈 (文)

[illegible] [축] 好衣貌좋은옷축 (屋)

襆 [복] 頭巾두건복 裳削幅치마폭복 襆·幞과同字 (沃)

[illegible] [자] 小兒衣帶어린아이들띠자 (禡)

[illegible] [여] 衣揚貌옷날릴여 (魚)

[illegible] [락] 衣至옷끌릴락 (覺)

[illegible] [은] 內衣속옷은 裏相着속서로붙을은 (隱) 과同字 (問)

[illegible] [몽] 着衣옷입을몽 (東)

[illegible] [자] 衣下縫옷단홀자 (齊)

[illegible] [몽] 襠배자몽 (冬)

[illegible] [자] 衣下縫옷단홀자 (支)

襦 [유] 短衣저고리유、紙衣ㅣ衫유삼유 布笠匠曰ㅣ匠베쐐기갓장이유 (虞) (韓)

[illegible] [렵] 衣相着옷설로닿을렵 (葉)

[illegible] [혼] 百衲장목혼 大東큰묵음혼 襌과同字 (元)(阮)

[illegible] [대] 皇室所御服 衣ㅣ의대대 (韓)

[illegible] [옹] 強반강할옹、굳셀옹 (東)

襜 [첨] 車帷수레휘장첨 如衣整貌옷가지런할첨 襜과同字 (鹽)

[illegible] [과] 包衣옷싸과 (箇)

⑮ [illegible] [구] 小兒涎衣턱받기구 樞와同字 (尤)

[illegible] [선] 衣貌褊ㅣ옷모양선 [illegible]同字 (先)

[illegible] [축] 好衣鮮明한옷좋고 화사할축 (屋)

[illegible] [수] 長襦두루마기수、긴저고리수 裋와同字 (虞)

襭 [혈] 以衣衽扱物옷깃혈 擷同、偕音힐 (屑)

襬 [피] 裙치마피 (支)

[illegible] [람] 衣敝옷해질람 (合)

襫 [석] 雨衣襏ㅣ도롱이석 (陌)

襮 [박] 黼領수놓은옷깃박

表也겉죽 박 ⓐ藥

襻 [반] 衣系옷고름반 襻과同字 ⓐ諫

襳 [섬][삼] 長帶긴띠섬 旗斿깃발 삼 纖과同字 ⓐ鹽 ⓐ咸

⿰衤截 [절] 小衣자은옷절 ⓐ屑

⿰衤畾 [뢰] 劍飾칼치장뢰 ⓐ灰

襃 [포] 前襟앞깃포 ⓐ號

襮 [표] 上衣웃옷표 外也겉표 出象표할표 表와同字 ⓐ篠

⿰衤麃 [표] 上衣웃옷표 外也겉표 出象표할표 表의古字 ⓐ篠

襪 [말] 足衣버선말 韈、袜同字 ⓐ月

襩 [촉] 長襦긴두루마기촉 長襦連腰衣도다리치마촉 襡과同字 ⓐ沃

⑯

襲 [습] 重衣옷껴입을습 合也합할습 斂尸염습할습 嗣爵承ㅣ벼슬이물릴습 掩其不備불ㅣ엄습할습 反復반복할습 重疊중첩할습 ⓐ緝

⿰衤篤 [독] 背縫등솔기독 衫襦橫者소매스등독 裻과同字 ⓐ沃

襱 [랑] 袴兩股바지양쪽가랑이랑 ⓐ東

襯 [친] 近身衣속옷친 接近접근할친 施與베풀친 ⓐ震

襰 [뢰] 衣敝옷해질뢰 ⓐ蟹

⿰衤遺 [수] 贈裘주검옷수 贈衣의복을줄수 襚와同字 ⓐ寘

⿰衤畺 [강] ㅣ褓負兒衣포대기강 襁과同字 ⓐ養

𧞫 [독] 衣聲옷소리독 ⓐ屋

𧞣 [속] 衣聲옷소리촉 新衣貌새옷촉 ⓐ屋

⿰衤屖 [지] 褷(衣部十一畫)와同字

⑰

襴 [란] 裳與衣連ㅣ衫난삼란 ⓐ寒

襳 [섬][삼] 長帶긴띠섬 旗斿깃발삼 ⓐ鹽 ⓐ咸

⿰衤蹇 [건] 袴也바지건 扱衣옷걷을건 褰同字 ⓐ先

⿰衤嬰 [영] 作襞衣주름잡을영 ⓐ敬

⑱

⿰衤巂 [계] 一幅布巾외폭헝겊계 ⓐ齊

⿰衤與 [표] 袖端소매끝표 卷帙飾책가위표 褾와同字 ⓐ篠

襷 [거] 肩條멜빵거、질빵거(日)

⿰衤蹙 [축] 好也좋을축 鮮明貌빛날축、선명할축 ⓐ屋

襮

[폭][박] 襮領 수놓은옷깃폭、表也 거죽박 襮古字 (沃)(藥)

襶 [대] 不曉事 襶ㅣ 미욱할대、부추 없을대 涼笠 襶ㅣ 평량자대 (隊)

襵 [접] 襞積 주름접을접 帆通 (葉)

⑲

襹 [시][사] 毛羽衣貌 襹ㅣ 털옷부풋부풋할시、사 義同 褷同字 (支)

⿰衤羆 [피] 裙也 치마피 襬와同字 (寘)

⿰衤羅 [라] 婦人上衣 계집옷 옷라 (歌)

⿰衤離 [리] 衣帶 옷띠리 褵와同字 (支)

⿰衤藝 [예] 袂也 소매예 (霽)

襻 [반] 衣系ㅣ帶 옷고름반 袢同字 (諫)

襩 [촉] 長襦 긴두루마기촉、홍다리치마촉 襩、⿰衤屬과同字 (沃)

襺 [견] 新綿著衣 핫솜옷에둘견 (銑)

⿱龍衣 [곤] 龍ㅣ衣九章法服 곤룡포곤、임금의옷곤 袞과同字 (阮)

襸 [찬] 鮮衣 고운옷찬 (翰)

⑳

⿰衤𣍘 [조] 襟也 옷깃조 褿의本字 (豪)

⿰衤薦 [전] 袴也 바지전 (先)

⿰衤蠒 [견] 新綿著衣 핫솜옷에둘견 襺과同字 (銑)

㉑

⿰衤䜌 [곤] 龍衣 곤룡포곤、임금의옷곤 袞의俗字 (阮)

⿰衤屬 [촉] 長襦 긴두루마기촉 長襦連腰衣 동다리치마촉 (沃)

襳 [삼] 小襦 적삼삼 衣之通稱 옷삼 衫과同字 (咸)

㉒

⿰衤囊 [낭] 寬也 너그러울낭 (漾)

㉔

⿰衤靈 [령] 衣光 옷광채날령 ⿰衤零同字 (青)

行部

行 [행][항] 步行 다닐행 往也 갈행 道路 길행 運也 조ㅣ오행행(金、木、水、火、土) 書體 ㅣ서행 用也 쓸행 器不牢ㅣ盬 그릇견고치못할행 歌ㅣ 노래행、身之所ㅣ 행실행 巡ㅣ 순행할행 等輩 항렬항 剛強ㅣㅣ 굳센항、列也 항오항 市長 시장항 (庚)(梗)(陽)(養)

㈡

⿴行八 [도] 路

也 길도 理也 이치도、행정구역 이름도 道와同字

⿴行人 [도] 路也 길도 理也 이치도 從也 따를도 行政區域 행정구역 이름도 道의 籀文 (皓)(號)

⿴行九 [계] 車軸兩轊間 굴대끝계 法也 법계 稽也 같을계 軌의古字 (紙)

三

衎 [간] 樂也 즐길간 信也 믿을간 本音 한 (翰)

衍 [연] 茂盛 蕃一 성할연 流也 흐를연 廣也 넓을연 水溢 물넘칠연 自恣 游一 스스로방자할연 無極 曼一 번울연 美也 아름다울연 演通 (銑)(霰)

四

衏 [원] 樂人衏一 악공원 (霰)

⿴行午 [어] 侍也 모실어 (御)

⿴行开 [형] 步行貌 걷는모양형 (青)

⿱不行 [랍] 不能行者 앉은뱅이랍 (合)

⿴行亢 [항] 樂人一衏 악공항 (陽)

五

衒 [현] 行且賣 팔러다닐현 自矜 自謀 자랑할현 眩通 (霰)

術 [술] 技也 꾀술、재주술 術과同字 (質)

術 [술] 技也 꾀술、재주술 기술할술 方法 방법술 業也 업술 神仙之法 술법술 心之所由 심술부릴술 邑中道 거리술 (質)

⿴行令 [령] 道也 길령 (青)

六

街 [가] 四通道 네거리가 大路 큰길가 星名 天一 별이름가 (佳)

衕 [동] 通街 거리동 (送)

⿴行各 [각] 倦也 게으를각、느릴각 (藥)

⿴行𢼸 [미] 隱也 은미할미 細也 작을미、가늘미 不明 희미할미 微와同字 (微)

衔 [함] 馬口勒 재갈함、口物 머금을함 感也 느낄함、감동할함 銜의俗字 (咸)

術 [술] 技也 꾀술、재주술 神仙之法 술법술 術과同字 (質)

衖 [항] 里中道 거리항、골목항 邑里 마을항 官中長廡 복도항 巷과同字 (絳)

七

衙 [아] 官府 마을아 蜂一 벌집아 迓通 (麻)

⿴行彥 [현] 行且賣 팔러다닐현 自矜 自媒 자랑할현 衒과同字 (霰)

八

⿴行戔 [천] 迹也 자취천 地名 長一 땅이름천 ⿰彳戔과同字 (銑)

九

衝 [충] 突也충돌할충、찌를충 道路거리충 動也충동할충 突破돌파할충 車名수레충 衝同字 (冬)

衚 [호] 衕也ㅣ衕서울거리호 (虞)

衜 [금] 暗行貌가만히갈금 本音흠 (沁)

[illegible] [회] 美也아름다울회、좋을회 (微)

十

衞 [위] 護也호위할위 防也막을위 康叔所封國名나라이름위 宿ㅣ 榮ㅣ수위할위 (霽)

衠 [순] 正也바를순 不雜순전할순 (眞)

[illegible] [소] 淨也정결할소 (遇)

衟 [도] 路也길도 理也이치도 從也좇을도、行政區域행정구역이름도 道의古字 (晧)(號)

衡 [형][횡] 秤也 權ㅣ저울대형、저울형 車軛수레멍에형 眉目之間눈통이형 渾天儀王ㅣ옥형 樓殿邊欄楯난간형 官名阿ㅣ벼슬이름형 殿邊欄楯전각가난간형 과中央말가운데형 縱之對가로횡 橫通 (庚)

衛 [위] 호위할위、막을위 衞와同字

十一

䘙 [솔] 統也거느릴솔 (質)

十二

[illegible] [충] 突也충돌할충 動也충동할충 衝과同字 (宋)

十六

[illegible] [구] 通ㅣ四達衢네거리구 衢와同字 (遇)

十八

衢 [구] 四達衢通ㅣ 九ㅣ네거리구 星名天ㅣ별이름구 (遇)

襾部

襾 [아] 覆也덮을아 (禡)

西 [서] 日入方位서녘서 ㅣ瓜수박서 ㅣ洋서양서 (齊)

一

[illegible] [명] 同也같을명 (靑)

二

[illegible] [고] 覆也덮을고 (虞)

三

要 [요] 取調취조할요 求也구할요 察也살필요 約也언약요 會也모일요 劫也겁박할요 勒也억지로할요 待也기다릴요 招也부를요 欲也하고자할요 腰也허리요 必也반드시요 要同字 (嘯)

[illegible] [선] 升高貌높은데에오를

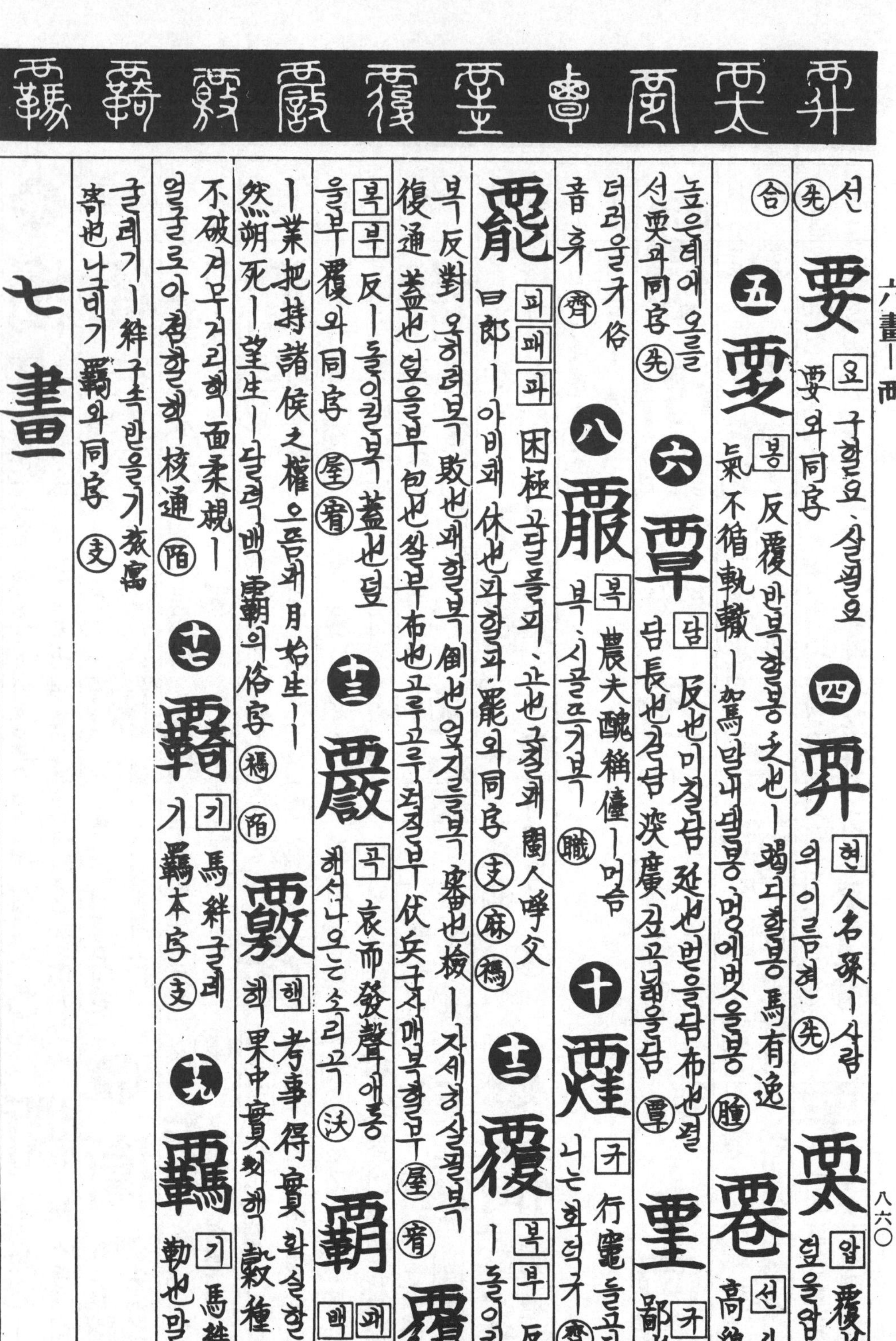

선 先

要 [요] 구할요、살필요 要와同字

四

覀幵 [현] 人名孫ㅣ사람의이름현 先

覀太 [압] 覆也 덮을압 合

五

覂 [봉] 反覆 반복할봉 乏也ㅣ竭다할봉 馬有逸氣不循軌轍ㅣ駕馬 말내달릴봉、멍에벗을봉 腫

覀升 [선] 升 高貌 높은데에오를선 覀太과同字 先

六

覃 [담] 反也 미칠담 延也 번을담 布也 펼담 長也 긴담 深廣 깊고넓을담 覃

覀重 [구] 鄙也 더러울구 俗音추 齊

八

覀服 [복] 農夫醜稱ㅣ傖ㅣ머슴복、시골뜨기복 職

十

覀遲 [구] 行竈 들고다니는화덕구 齊

罷 [피][패][파] 困極 극할피、止也 그칠파 罷人呼父曰郎罷ㅣ아비파 休也 파할파 罷와同字 支 麻 禡

十二

覆 [복][부] 反ㅣ돌이킬복 反對 오히려복 敗也 패할복 倒也 엎질를복 審也 檢ㅣ자세히살필복 復通 蓋也 덮을부 包也 쌀부 布也 고루고루퍼질부 伏兵 군사매복할부 屋 宥

覆 [복][부] 反ㅣ돌이킬복 蓋也 덮을부 覆와同字 屋 宥

十三

覈 [곡] 哀而發聲 애통해서나오는소리곡 沃

覇 [패][백] ㅣ業 把持諸侯之權 으뜸패 月始生ㅣㅣ然 朔死ㅣ望生ㅣ달넉백 霸의俗字 禡 陌

覈 [핵] 考事得實 핵실할핵 果中實 씨핵 覈種 不破 거무지러핵 面柔靦ㅣ얼굴로아첨할핵 核通 陌

十七

覊 [기] 馬絆 굴레기 羈本字 支

十九

羈 [기] 馬絆 勒也 말굴레기 ㅣ絆 구속받을기 旅寓 寄也 나그네기 覊와同字 支

七畫

見部

見 [견][현] 視也볼견 會ㅣ만날볼견 當也당할견 識ㅣ식견 견 露也드러날현 顯也나타날현 朝ㅣ뵈올현 現通 (霰)

②

覌 [관] 視也볼관 覵也대볼관 壯ㅣ 奇ㅣ구경관 觀의略字 (寒)(翰)

③

覍 [극] 見也 볼극 (職)

規 [관] 볼관、구경관 觀의略字

覔 [몽] 進也 나갈몽 (東)

④

規 [규] 正圓器矩ㅣ그림쇠규 法也법규 以法正人箴ㅣ바를규 ㅣ諫간할규 計也ㅣ求구할규 謀也꾀할규 違法법어길규 鳥名子ㅣ두견새규 嫢同字 雉通 (支)

䙿 [시] 竊視 엿볼시 (支)

覐 [각][교] 寤也 曉也 깨달을각 明也 밝힐각 夢醒 꿈깰교 覺의古字 (覺)(效)

覔 [멱] 求也 구할멱 尋也 찾을멱 覓의俗字 (錫)

覑 [편] 視貌 슬쩍볼편 人名 士ㅣ사람의이름편 (銑)

覓 [멱] 尋也 찾을멱 求也 구할멱 覔覓同字 (錫)

覒 [모] 觀也 볼모 (豪)

𧠇 [모] 볼모 覒와 同字

𧠄 [렴] 察視 살펴볼렴 覝의 譌字 (鹽)

現 [현] 大板 큰관자현 (銑)

𧠟 [액] 善驚貌 잘놀랄액 (陌)

覓 [막] 求也 구할막 (藥)

𧠅 [니] 開口貌 입다물니 (支)

䙹 [시] 瞻也 볼시 比也 견줄시 效也 본받을시 視와 同字 (寘)

⑤

𧠒 [시] 誘引 우인할시 (支)

𧠪 [별] 過目暫見 언뜻볼별 瞥也 별별 瞥同字 (屑)

梘 [미] 見也 볼미 (未)

覙 [진] 視也 볼진 (軫)

覚 [각][교] 寤也 曉也 깨달을각 明也 밝힐각 夢醒 꿈깰교 覺의略字 (覺)(效)

覘 [첨] 窺視 엿볼첨 候也 기다려볼첨 本音점 (鹽)

𧡂 [별] 過目暫見 언뜻볼별 瞥也 별별 覕의譌字 (屑)

覗 [시] 伺候 기다려볼

시 面柔視ㅣ얼굴로아첨할시 (支)

覗 사 伺也窺覘 엿볼사 (支)

⿰氐見 미 病人視貌병든사람볼미 (微)

⿰民見 미 병든사람볼미 ⿰氐見와同字

覤 액 善驚貌잘놀랄액 ⿸虎見과同字 (陌)

⿱夰見 철 혈 見也볼철、혈義同 (屑)

⿰召見 소 교 見也볼소 召也부를소、謁見뵈올교 遠也멀교 (嘯)(蕭)

視 시 瞻也볼시 比也견줄시 效也본받을시 看待대접할시 眂同字 (寘)

六

⿰冋見 침 볼침 ⿰舟見와同字

⿰舟見 침 視也볼침 (沁)

⿰木見 척 柔也ㅣ⿰木見 다조곳할척 (錫)

⿰至見 적 見也볼적 覿과同字 (錫)

질 目不正눈비뚤질 日露出貌눈망울불거질질 眰、眣과同字 (質)

⿱𠂢見 맥 살펴볼맥 覛과同字

⿰光見 황 視也볼황 (陽)

⿰見𠂢 맥 살펴볼맥 ⿰亻覛의籒文

覛 맥 衺視흘깃볼맥 密察살펴볼맥 䀎同字 (陌)

⿰見交 각 교 寤也 曉也 깨달을각 明也밝힐각 夢醒 꿈깰교 覺의古字 (覺)(效)

覜 조 視也뵈일조 諸侯三年大相聘曰ㅣ 삼년만큼보내는큰사신조 (嘯)

七

⿰月見 침 私出頭視가만히머리내밀고볼침 (侵)

覡 격 男巫사내무당격、박수격(能齊肅事神名在男曰ㅣ在女曰巫) (錫)

⿰卣見 유 下視探物내려다보며더듬을유 ⿰臾見와同字 (尤)

⿰目見 침 私出頭視가만히머리내밀고볼침 ⿰月見의譌字 (侵)

⿰志見 지 審視자세히볼지 (寘)

⿰赤見 혁 見也볼혁 地名ㅣ峴땅이름혁 (陌)

⿰宊見 요 深視굽어지게볼요 (篠)

⿰告見 고 久視貌오래볼고、우두커니볼고 (號)

覠 군 大視크게볼군 人名ㅣ사람의이름군 (眞)

覞 요 並視아울러볼요 (嘯)

⿰豸見 부 視也볼

부 (尤)
覝 [렴] 察視살펴볼렴 (鹽)
八
覣 [위] 好視좋게볼위 (支)
⿰厓見 [애] 笑視웃고볼애 (蟹)
⿰兒見 [예] 斜視흘겨볼예、日斜해기울어질예 睨와同字 (霽)
⿰彔見 [록] 共視한가지로볼록 眼曲 而視눈꼽부장하게볼록 (屋)
⿰叕見 [세] 破碎부스러뜨릴세 (霽)
覥 [전] 丨然慚貌무안할전、부끄러울전、물끄러미볼전 ⿰典見과同字
⿰典見 [전] 丨然慚貌무안할전、부끄러울전 ⿱覀見물끄러미볼전 醜覥과同字 (銑)
⿰知見 [적] 目赤눈붉을적 遙視멀리바라볼적 覿과同字 (錫)
覤 [혁] 驚貌丨 丨깜짝놀랄혁 (陌)
⿰皀見 [구] 家視貌여럿이볼구 (宥)
⿱賚見 [래] 속속들이볼래 ⿰來見와同字
⿰幸見 [친] 愛也사랑할친、近也친할친、戚九族일가친 親과同字 (眞)(震)
⿰來見 [래] 內視속속들이볼래 (隊)
覶 [라] 次序차례라 丨縷委曲자세히볼라 好視좋게볼라 ⿰亂見와同字 (歌)
覢 [섬] 視貌丨丨흘긋볼섬 暫見언뜻볼섬 睒通 (琰)
⿰東見 [동] 視貌보는모양동 (送)
九
⿰鼻見 [규] 淫視음란하게볼규 (支)
覦 [유] 欲得覬丨넘겨다볼유 (虞)
⿰罒見 [악] 久視오래볼악 (藥)
⿰單見 [혼][운] 視也볼혼、운 ⿰冒見(見部十畫)同 (元)
⿰英見 [영] 見也볼영 (梗)
⿰亶見 [선] 見也볼선 (銑)
覑 [편] 斜視비껴볼편 (先)
⿰秋見 [추] 悶視민망히볼추 (宥)
親 [친] 愛也사랑할친、近也친할친、躬也몸소친、自也손수친 丨戚九族겨레친、일가친 친丨父母兄弟妻子육친친 婚家가돈친 親庭친정친 (眞)(震)
覩 [도] 見也볼도 睹古字 (麌)
⿰爰見 [훤][원] 大視貌크게볼훤、원 義同 (阮)(先)

覩 [생] 脚踀 조아릴 드러낼생 ㊀梗

題 [제] 現也 들어낼제 ㊀齊

覃 [견] 見也 볼견 ㊀先

覧 [람] 周觀 두루볼람 覽의俗字 ㊀感

覘 [담] 徐視 천천히볼담 ㊀感

覙 [제] 直視 바로볼제 ㊀霽

覢 [계] 見也 볼계 ㊀寘

覣 [계] 伺候 문안할계 ㊀霽

覤 [상] 信也 믿을상 ㊀養

十

覦 [유] 下視探物 내려다보며 찾을유 ㊀尤

覫 [방] 側視貌 곁눈질할방 ㊀養

覩 [기] 視也 볼기 暨同字 ㊀支

覥 [전] ㅣ然慚貌 무안할전 부끄러울전 面見 물끄러미볼전 靦과同字

覼 [뢰] 恃也 믿을뢰 豪也 호협할뢰 賴와同字 ㊀泰

覯 [구] 遇見 만나볼구 成也 이룰구 ㊀宥

覮 [요] 竝視 아울러볼요 覞의俗字

覮 [요] 竝視 아울러볼요 覞과同字 ㊀嘯

兜見 [두] 目蔽垢 눈곱낄두 ㊀尤

䚋 [운] 姓也、ㅣ 평성운 ㊀問

覬 [기] 希望 ㅣ覦 넘겨다볼기、희귀할기 ㊀寘

䚓 [견] 遠視 멀리볼견 望也 바라다볼견 ㊀先

覭 [명] 暗處密竊 어두운데서 엿볼명 ㊀青

十一

覰 [루] 細視 자세히볼루 片盲 ㅣ瞜 애꾸눈루 ㊀尤

䚆 [예] 視貌 흘깃거릴예 ㊀霽

䚍 [책] 憎視 밉게볼책 ㊀陌

覩 [창] 直視 바로볼창 ㊀江

覭 [표] 所見省察 둘러볼표 ㊀蓧

覲 [근] 諸見 뵈올근 諸侯秋見 天子曰ㅣ 제후가 가을에 천자 볼근 ㊀震

覱 [참] 避也 피할참 ㊀咸

観 [관] 視也 볼관 闕也 대궐관 壯ㅣ 奇ㅣ 구경관 觀의略字 ㊀寒 ㊀翰

覰 [처] 伺視 엿볼처 覷同字 ㊀御

十二

覕 [별] ㅣ然暫見 눈깜짝할별 잠간볼별 瞥과同字 ㊀屑

覢 [린] 親也 친할린 ㊀震

⿰𨸏見 고 見也볼고 不ㅣ사람이름고 豪

⿰咎見 적 目赤눈붉을적 遙視멀리바라볼적 錫

覶 라 次序차례라 ㅣ縷委曲자세히볼라 好視좋게볼라 覼同字 歌

⿰覃見 심 深見깊이볼심 下視아래로내려다볼심 寢

覰 처 伺視엿볼처 覷와同字 魚

⿰買見 매 小視조금볼매 佳

覵 한 간 覸也엿볼한、雜也섞일간 瞯同 刪 諫

⿰章見 당 直視똑바로볼당 江

覴 등 층 久視오래볼등、直視똑바로볼등、층義同 蒸 徑

十三

覺 각 교 寤也깨달을각 知也알각 曉也깨우칠각 直也곶곶할각 大也클각 明也밝을각 夢醒꿈깰교 覺 效

覹 미 伺也엿볼미 微

覰 처 伺視엿볼처 覷과同字 魚

覹 미 身隨몸을굽힐미、笑을미 覹와同字

十四

覹 미 엿볼미 覹와同字

覼 라 好視좋게볼라 委曲ㅣ縷곡진할라 歌

覽 람 視也볼람 周視두루볼람 感

覾 빈 暫視ㅣ⿰樊見 잠간볼빈 震

十五

⿰審見 심 詳也살필심 鞫事알아낼심 ㅣ理심문할심 審과同字 寢

覿 적 見也볼적 覿通 錫

⿰肩見 간 견 很視괘려굿지볼간、견義同 刪 銑

⿰厲見 려 病視병시볼려 霽

⿰樊見 번 暫視覾ㅣ잠간볼번 元

十七

⿰靁見 재 注視눈여겨볼재 支

⿰侖見 요 誤視、眩也不定할료 못볼요、그릇볼요 嘯

十八

觀 관 視也볼관 示也보일관 闕也대궐관、容貌儀ㅣ모양관 樓ㅣ道宮집관 奇ㅣ壯ㅣ구경관 遊也놀관 翰

⿰巂見 유 視也볼유 齊

十九

⿰麗見 리 求也구할리 索視貌살퍼

불괴려 義同 (寘)

角部

角 [각] [록] 獸所戴芒ㅣ뿔각 觸也저를각 競也다툴각 校也비교할각 額骨이마의뼈각 隅也모퉁이각 吹器대평소각 量器휘각 頭髻總ㅣ쌍상투각 四皓之ㅣ里신선이름록 (覺)(屋)

一

⿰角乚 [규] 角上曲貌뿔굽은꼬부랑할규 觓와同字 (尤)

二

觓 [규] 角上曲貌뿔굽을꼬부랑할규 (尤)

觔 [근] 骨絡肉力힘줄근 力也힘근 筋과同字 (文) 근근、斫木器도끼근 釿也도끼근 斤과同字 (文)(問)

⿰角丂 [다] 角短貌뿔짧을다 (歌)

⿰角丁 [형] 牛角之長貌쇠뿔긴형 衡의俗字 (庚)

三

⿰角巾 [신] 二千枚스무개신 (眞)

⿰角叉 [차] 觰也띠장식차 (麻)

⿰角工 [강] 橫關對擧마주들강 扛과同字 (江)

四

⿰角旡 [기] 角也뿔기 (寘)

⿰角少 [소] 角匙뿔숟가락소 (肴)

⿰角巴 [파] 牛角張소뿔뻗칠파 (麻)

⿰角几 [담] 比也비교할담 ⿰角冘과同字 (覃)

⿰角支 [치] 차치、뿔술잔치 觶의古字

⿰角冘 [담] 比也비교할담 (覃)

⿰角玄 [저] 觸也저를저、받을저 角ㅣ씨름저 觝와同字 (齊)

⿰角攴 [치] 鄉飮酒色角잔치 罰爵벌술잔치 解와同字 (寘)(支)

⿰角牙 [기] 角也뿔기 ⿰角旡와同字 (寘)

⿰牜角 [삭] 角長뿔긴삭 (覺)

觗 [지] 合也합할지、만날지 解同字 (寘)

⿰角公 [강] 擧角뿔들강 (江)

觖 [결] 擿ㅣ들처낼결 不滿ㅣ望서운할결 望也바랄결 (屑)

⿰角化 [와] 角也뿔와 (歌)

⿱角千 [촉] 觝也받을촉、찌를촉ㅣ目눈흘길촉 犯也범할촉 觸의古字 (沃)

⿰牜角 [추] 略也대략추 麤ㅣ不精추할추ㅣ大

也클추 疏也성긜추 麤觕同 ㊀虞

五

⿰角巨 [거] 鷄ㅣ면리발톱거 相ㅣ저날거 抵也겨룰거 距와同字 ㊀語

⿰角甘 [겹] 喙也부리겹 ㊀謙

⿰角且 [저] 받을저 觝와同字

⿰角石 [학] 角也뿔학 治角뿔다듬을학 觷의俗字 ㊀覺

⿰角厷 [곤] 大魚고어곤 禹父名사람이름곤 鯀鮌과同字 ㊀阮

⿰角它 [타] 牛無角뿔없는소타 牠와同字 ㊀歌

觛 [단] 가盃자은술잔단 ㊀旱

觚 [고] 酒爵술잔고 方也모질고 竹簡대쪽고 角也뿔고 柧觚通 ㊀虞

⿰角勺 [약] 屋角집뿔다귀약 ㊀覺

⿰角囚 [수] 角也뿔수 ㊀尤

⿰角四 [사] 角器뿔그릇사 ㊀寘

觝 [저] 觸也 戱名角ㅣ받을저 角ㅣ씨름저 抵同字 ㊀薺

觜 [자][취] 西方宿名ㅣ觽자 별자(二十八宿之一)、喙也부리취 嘴通 ㊀支 ㊀紙

⿰角古 [고] 酒爵술잔고 觚의俗字 ㊀虞

六

触 [촉] 觝也받을촉、찌를촉、過也지날촉 犯也범할촉 觸의俗字 ㊀沃

觧 [해][개] 判也쪼갤해、빠갤해 緩也풀릴해 散也헤칠개 解의俗字 ㊀蟹 ㊀卦

觤 [궤] 角ㅣ長뿔하나긴궤、짝뿔궤 ㊀紙

觥 [광] 大也클광 酒器兕ㅣ뿔술잔광 剛直ㅣㅣ꼿꼿할광 觵通 ㊀庚

解 [해][개] 判也쪼갤해、빠갤해 緩也풀해 曉也깨우쳐줄해 物自散흩어질해 釋也풀개 散也헤칠개 發也ㅣ頷발산할개 脫벗을개 ㊀蟹 ㊀卦

觠 [권] 曲角、捲也굽은뿔권 ㊀先

衡 [형] 牛角之長貌쇠뿔길형 ㊀庚

觡 [격] 鹿有枝角사슴뿔격(麋角有枝曰ㅣ 無枝曰角)有枝角가장귀는뿔격 ㊀陌

觟 [해] 神羊能別曲直신통한양해 冠名해갓해 獬와同字 ㊀蟹

⿰角亘 [훤] 角匙뿔숟가락훤 ㊀阮

⿰角民 [혼] 角也뿔혼 ㊀阮

⿰角先 [선] 角

也뿔선 (銑)

⿰角多 [파] 角曲뿔굽을파 (麻)

觢 [서] 兩角竪、一角仰 두뿔곤두설서 (霽)

七

觩 [구] 角上曲貌뿔은굽은모양구 弓健貌활드는듯할구 斛同、捄通 (尤)

⿰角辰 [치] 鄉飮酒色角잔치 罰爵벌술잔치 觶와同字 (寘)(支)

⿰角肖 [초] 牛角開貌소뿔뾰어진모양초 角上銳뿔을뾰족할초 (巧)(效)

⿰角秝 [혼] 牛角上之水쇠뿔위의물혼 (阮)

⿰角希 [희] 好角좋은뿔희 (紙)

⿱折角 [서] 兩角竪두뿔곤두설서 觢과同字 (霽)

⿰角宜 [의] 獸角짐승의뿔의 (支)

觫 [속] 懼貌觳ㅣ곱송거릴속、두려워할속 (屋)

⿰角告 [곡] 象也코끼리곡 浴象牙상아다듬을곡 本音혹 (沃)

⿰角多 [차] 角不正뿔뒤틀어질차 (紙)

觪 [성] 角弓調利뿔활이고를성、점화로고를성 觲同、騂通 (庚)

八

⿰角酉 [추] 卷糸具실꽤 주⿰角酋의譌字 (尤)

觬 [예] 角曲뿔굽을예 (齊)

⿰角卓 [낙] 握也잡을낙 或音착 (覺)

⿱殸角 [곡] 쇠뿔곡 ⿰角戉와同字

觭 [기] 兩角俯仰어긋난뿔기、처지가기(角一俯仰) 得也얻을기 雙也외짝기 奇通 (支)

⿰角戉 [곡] 牛角쇠뿔곡 (屋)

⿰角昆 [혼] 角圓貌뿔둥그스럼할혼 (阮)

⿰角發 [결] 角觿뿔에반할결 (屑)

⿰角周 [주] 龍角용뿔주 (尤)

⿰角卒 [졸] 角初生뿔처음날졸 (質)

⿰角侖 [론] 擊球遊공칠론 (願)

⿰角來 [래] 角心뿔심래 俗音대 (賄)

⿰角戔 [잔] 夏爵名玉ㅣ옥술잔잔 琖과同字 (潸)

⿰角得 [대][래] 人名、宋都사람이름대 ⿰角來(角部八畫)와同 (賄)

⿰角卑 [패] 角横倒貌뿔비뚜름할패 (齊)

九

⿰角宣 [훤] 角揮뿔휘두를훤 (先)

⿰角思

[새] 角中骨뿔 속뼈새 灰

⿰角是 [제] 角簪뿔 비녀제 齊

⿰角耑 [단] 獸名似豕角ㅣ각단 돼지같은짐승단 寒

⿱丩角 [국] 曲角굽은뿔국 沃

⿰角隋 [타] 牛無角뿔없는소타 牠와同字 歌

⿰角咼 [과] 角多貌뿔많을과 馬

⿰角酋 [추] 卷系具 실괘추 尤

觰 [다] 角根뿔 뿌리다 麻

⿰角畏 [외] 角中曲貌뿔가운데가굽을외 賄

⿰角咠 [집] 角多ㅣㅣ 뿔옹총할집 和也화할집 戢通 或音즙 緝

觱 [필] 觱篥ㅣ栗 대평수필 泉水貌 샘물솟을필 風寒ㅣ發 바람찰필 滭、滭通 質

⿰角枼 [철] 角也뿔철 帶飾 띠장식철 (天子革帶玉鉤ㅣ 太子革帶金鉤ㅣ) 屑

⿰角帝 [체] 觸也 받을제 齊

⊕十

⿰角虒 [치] 角傾 뿔기울어질치 紙

⿰角弱 [약][낙] 弓偏而弱貌 활이들어져약할약 觮(角部五畫)과同 藥

觲 [성] 用角低仰調和貌 부드러울성 弓調貌 활고른모양성 庚

⿰角虎 [치] 角傾뿔기울어질치 ⿰角虒와同字 紙

⿰角⿸虍支 [치] (前條)와同字

⿰角支 [치] 刺之履底 신밑져흘치 寘

⿰角秦 [진] 角齊뿔가지런할진 軫

⿰角色 [단] 角ㅣ獸名似豕각단 돼지같은짐승단 ⿰角耑과同字 寒

⿰角罘 [곤] 大魚 곤어곤 禹父名사람이름곤 鯀과同字

[화] 角貌뿔화 ⿰角畏과同字

⿰角畱 [구] 角上曲貌 뿔은구부랑할구 斛의俗字 尤

觳 [곡][각] 懼貌ㅣ觫 죽음을두려워할곡 盡也 다할곡 薄也 엷을곡 無潤 윤기없을각 코리할각 校也 비교할각、견주어볼각 競也 다툴각 斛通 屋 覺

⿰角氣 [기] 好角 좋은뿔기 本音희 寘

⿰角旁 [방] 奉上酒 술올릴방 ⿰酉旁과同字 陽

⿰角枼 [설] 鞢皮 가죽다룰설 屑

⊕十一

䚢 [저] 觰也 저 글저 (齊)

觩 [류] 角曲 뿔굽을류 (尤)

觴 [상] 酒巵總名 잔상 觴同 (陽)

觪 [성] 角弓調利 점화드릴성 角弓調利 뿔활이 골을성 觲의俗字 (庚)

𧤏 [괵] 掌耳批 뺨때릴괵 抴也 칠괵 摑과同字

⑫

觼 [결] 有舌鐶 자물쇠 있는 고리결 觼同、鐍通 (屑)

觵 [광] 象角酒器兕ㅣ 뿔술잔광 觥通 (庚)

觷 [후] 角錐解結 뿔송곳후 童子帶 어린아이띠후 觿와同字 (齊)

觩 [류] 角曲 뿔굽을류 觩와同字 (尤)

𧤼 [살][쇄][시] 戮也 죽일살 降也 내릴쇄 殺也 죽일시 殺의古字 (黠)(卦)(寘)

觱 [필] ㅣ栗 蕃樂 대평소필 ㅣ發 風寒 바람이 쌀쌀할필 觱과同字 (質)

𧤛 [궐] 以角觸之 뿔로받을궐 (月)

𧤸 [현] 以角不齊 뿔고르지않을현 (先)

觶 [치] 鄉飲酒器 향음주에 쓰는 너되들이잔치 (四升〈角〉) 罰爵 벌술잔치 (寘)

䚛 [다] 角之大者 뿔뿌리다 觰와同字 (麻)

𧤴 [간] 卷糸貝 실꿰간 (諫)

⑬

觷 [학] 角也 뿔학 治角 뿔다듬을학 (覺)

觸 [촉] 觝也 받을촉、저를촉 犯也 범할촉 ㅣㅣ目 느낄촉 마음에비칠촉 過也 지날촉 (沃)

𧥃 [환] 角貌 뿔환 (刪)

觽 [휴] 뿔송곳휴 어린아이띠휴 觿와同字

𧥄 [집] ㅣㅣ 角多貌 뿔옹긋종긋할집 和也 화할집 觶과同字 (緝)

觷 [격] 以角飾杖頭 뿔로지팡이에마구리할격 (錫)

⑭

𧤻 [감] 角也 뿔감 (咸)

觺 [의][억] 角利ㅣㅣ 뿔끝날카로울의 억 義同 (支)(職)

⑮

𧣾 [결] 有舌鐶 비녀장있는 고리결 觼同 (屑)

𧥉 [광] 以角刺之 뿔로찌를광 (庚)

觻 [력][록] 角鋒 뿔끝력、縣名 고

올이름록 (錫)(屋)

⿰角麃 [표] 角名뿔이름표 鑣(金部十五畫)과同 (蕭)

⑯

觾 [연] 鳥名旟― 전연연 (霰)

觿

[필] ―栗蕃桀대광스럴 觱發風寒 바람이쌀쌀할필 觱 과同字

觽 [휴] 角錐解結뿔송곳휴 童子帶어린이패휴 觿와同字

⑰

⿰角毚 [참] 角貌뿔의모양참 (咸)

⑱

⿰角龜 [자] 蠵―큰거북자、참 박인거북이자 (支)

觿 [휴] 角錐所以解結 뿔송곳휴 童子帶휴자 미휴 (支)(齊)

⿰角雚 [권] 揮角뿔휘 두를권 (元)

⑲

⿰角麗 [려][사] 角也뿔려 分也나눌사 (齊)(紙)

⿸角蜀 [촉] 觸也받을촉、찌를촉 過也지날촉 犯也범할촉 觸과同字 (沃)

⑳

⿰角麗 [려][사] 角也뿔려 分也나눌사 ⿰角麗 (齊)(紙)

言部

言 [언][은] 語也말할언 辭章말씀언 (直―曰―、論難曰語) 語辭어조사언、我也나언 高大貌―― 높고큰모양언、거허할은 意氣和侃貌심사화평할은 (元)

㊀

⿰言丂 [사] 言也말사、文也글사 ―訟 告也고할사 詞의古字 (支)

㊁

⿰言乃 [잉] 厚也후할잉 ⿰言乃 (蒸)

訂 [정] 評議의논할정 正定 바로잡을정 (迥)(徑)

計 [계] 數也셈계、셀계 會―회계 計謀策꾀할계 계교계 (霽)

訄 [구] 급할구 訄와同字

訄 [구] 迫也급할구 (尤)

訆 [규] 呼也부를규 叫와同字 (嘯)

訃 [부] 告喪부음부 至也이를부 赴通 (遇)

⿰言匕 [비] 具也갖출비 ⿰言比와同字 (紙)

⿰言刂 [전] 聲也소리견 本音천 (先)

訇 [굉] ―然우뢰소리굉 大聲訇―큰소리울릴굉 (庚)

㊂

⿺廴言 [란] 大也클란 發語辭乃也이에란 欺也속일란 誕과同字 (旱)(諫)

訊 [신] 問也물을신 鞫罪죄물을신

責也 꾸짖을신 治也 다스릴신 誶、迅通 震

訊 [신] 물을신 訊의俗字

訉 [범] 多言 수다할범 陷

訐 [알] 發人陰私 들춰낼알 月

訓 [훈] 誨也 후계할훈、가르칠훈 說也 教 뜻일러줄훈 導也 인도할훈 誡也 경계할훈、신칙할훈 ㅣ詁、註解 주낼훈 問

訏 [와] 拒絶 거절할와、훙울와 歌

訏 [우] 詭也 속일우 大也 ㅣㅣ 클우 麌

訌 [홍] 訟言相陷 모함할홍 潰也 넘어뜨릴홍 敗也 패할홍 亂也 어지러울홍 虹通 東

訫 [신] 미듬을신 信의古字

訍 [차] 異言 딴말할차 諛同 許也 허가할차 禡 麻

訋 [조] 聲也 소리조 嘯

訇 [구] 詳問 상세히물을구 有

夸言 [과] 矜ㅣ大言 자랑할과 誇의古字 麻

討 [토] 征也 칠토 治也 다스릴토 詞也 꾸짖을토 探也 더듬을토 誅也 벨토 求也 구할토 尋也 찾을토 皓

訒 [인] 鈍也 둔할인 難也 어려울인 言難出 말더듬을인 言不易發 말쉽게 발하지못할인 震

訆 [기] 呻也 高聲 소리지를기 笑聲 웃음소리기 支

訑 [이][타][탕] 淺意自得 자랑할이 訑ㅣ、施通 欺也 속일타 放也 慢ㅣ 방탕할탕 誕通 支 歌 翰

⿱巛言 [훈] 誨也 후계할훈、가르칠훈 訓과同字 問

訙 [신] 問也 물을신 治也 다스릴신 鞫罪 죄를조사할신 訊의古字 震

訰 [준] ㅣㅣ亂也 어지러울준 諄과同字 震

託 [탁] 憑依 寄也 부탁할탁 信任 맡길탁 稱ㅣ 핑계할탁 委也 위탁할탁 侂同 藥

記 [기] 疏也、錄也 기록할기、적을기 ㅣ憶 기억할기 奏ㅣ 書也 글기 志也 뜻기 寘

訔 [은] 爭論ㅣㅣ 시비할은 眞

訕 [산] 誹謗 비방할산 刪 諫

訖 [흘][글] 至也 이를흘 終也 마칠흘 迄通 物

詍

[예] 一丨 多言잔말할예、飾言말꾸며서할예 詍와同字 (霽)

訁八 [산] 毁語誹謗나무랄산、비방할산 訕의俗字 (諫)

許 [헌] 爭語말다툼할헌、怒也성낼헌 訮과同字 (先)

訧 [우] 罪也허물우、過也허물할우 訧와同字 (尤)

㊃

訛 [와] 僞也거짓말와、舛也어기어질와、謬也그릇될와、動也소동할와、化也화할와 譌同 (歌)

訁支 [치] 快也쾌할치、不知모를치 (寘)

訤 [효] 言不恭謹말불공할효 誵와同字 (肴)

訁兮 [예][혜] 誠也정성예、應答대답할예、誠言성실한말할예 (霽)(薺)

訟 [송] 爭辯소송할송、다툴송、責也꾸짖을송、公也여러사람에게관계되는일송、讚辭찬사할송、衆論異同聚ㅡ시비할송、卦名괘이름송 (宋)

訁夫 [부] 語助辭어조사부 (虞)

訠 [신] 況也하물며신、齒本이틀신 矧同、哂通 (軫)

訜 [분] 語不定ㅣ詃말정하지못할분 (文)

訝 [아] 疑怪의심할아、迎也맞을아 (禡)

訁月 [왈][월] 怒也성낼왈、訶也꾸짖을왈、월義同 (黠)(月)

訁斗 [두] 誘也꾀일두 (有)

訁乃 [잉] 厚也후할잉 訒과同字 (蒸)(支)

訞 [요] 巧言간교하게말할요、災也ㅣ孽재앙요 (蕭)

䛐 [호] 記也기록할호 (遇)

訏 [호] 記也기록할호 䛐와同字 (遇)

訁介 [해] 言善말잘할해 (卦)

訧 [우] 罪也허물우、過也허물할우 (尤)

訦 [심] 信也믿을심 (侵)

訨 [지] 許也들쥐날지 (紙)

訁攵 [요] 徒歌無章曲노래요、言ㅣ傳소문요、풍설요 謠와同字 (蕭)

訁㞢 [시] 言志커글시、樂章풍류가락시、承也、持也받들시 詩의古字 (支)

訥 [눌] 言難謇ㅣ말더듬거릴눌、遲鈍지둔할눌 (月)

夂言 [유] 從

也 좇을우 尤

訜 [비] 具也 갖출비 紙

訢 [흔][은] 喜也 기꺼울흔 欣通、和敬貌 ㅣㅣ 공손할은 誾通 文 眞

訡 [음] 吟也 읊을음 吟同字 侵

訣 [결] 別也 이별할결 方術要法 비결결 死別 영결할결 絕也 끊을결 辭也 사례할결 屑

[言+卬] [양] 乞也 구걸양 漾

[月+言] [유] 從也 좇을유 [夂+言]와 同字 尤

訪 [방] 謁見 뵈올방 問也 물을방 議也 의논할방 尋也 찾을방 謀也 꾀할방 漾

訯 [사] 多言 지절일사 馬

[言+王] [광] 欺也 속일광 誑과 同字 漾

[言+欠] [음] 泣也 울음 侵

[言+毛] [호] 信也 소식호 號

訫 [신] 믿을신、참될신 信과 同字

[言+日] [과] 言遲 말더딜과 箇

訬 [초][묘] 輕也 가벼울초 遙也 흔들초 速也 빠를초 高也 높을묘 效

[言+丑] [뉵] 含羞 부끄러워할뉵 屋

設 [설] 陳也 베풀설 作也 지을설 假借辭 가령설 置也 둘설 備也 갖출설 屑

訩 [흉] 亂也 어지러울흉 訟也 송사할흉 ㅣ象語 시끄러울흉 訩과 同字 冬

訩 [흉] 訟也 송사할흉 亂也 어지러울흉 盈也 찰흉 ㅣㅣ象語 떠들썩할흉 詾同字 腫

許 [허][호] 約與之 허락할허 聽也 들을허 可也 허가할허 從也 좇을허 進也 나아갈허 所也 곳허 期也 기약할허 語助辭 어조사허 國名 나라이름허 象力聲 ㅣㅣ 여럿이 힘쓰는 소리호 語 虞

[言+匀] [군] 欺也 속일군 震

[言+云] [운] 言語不定 [言+彡]ㅣ 말 회영설수설할운 文

詽 [연] 多言 말수다할연 縣名 ㅣ邯 고을이름연 鹽

[己+言] [기] 忌也 꺼릴기 志也 뜻기 諅의 古字 寘

訖 [흘][글] 至也 이를흘 終也 마칠글 訖의 本字 物

[言+戈] [식] 知也 알식 識同字 職

訰 [준] 亂也 ㅣ

ㅣ어지러울준 (震)

訰 [준] 어지러울준 訰과同字

[illegible] [반] 矜也자랑할반 (寒)

訇 [굉] 訇ㅣ大聲묻소리울릴굉ㅣ然우뢰소리굉 訇의籀文 (庚)(先)

訮 [현] 爭語말다툼할현 怒也성낼현 詽과同字 (先)

[illegible] [임] 思也생각할임 (侵)

[illegible] [저] 詞也꾸짖을저 誹謗할저 비방할저 詆와同字 (齊)(薺)

訲 [억] 快也쾌할억 (職)

誷 [망] 誷也속일망 謂과同字 (養)

訨 [치] 離別이별할치 臺名대이름치 誃와同字 (紙)

[illegible] [결] 頭傾머리기울결 결의譌字 (屑)

[illegible] [애] 不平聲불평하는소리애 (卦)

訳 [역] 傳ㅣ四夷之言者통변할역 詁釋經義번역할역 譯의略字 (陌)

[illegible] [훈] 誨也가르칠훈 導也인도할훈 訓과同字 (問)

詉 [나] 言不正말바르지아니할나 (麻)

[illegible] [완] 發也 말시작할완 (翰)

[illegible] [희][령] 息也숨쉴희 象聲와자할령 咽와同字 (寘)(青)

五

訶 [가] 大言而怒責여정내어꾸짖을가 譴也꾸짖을가 呵同字、佫音하 (歌)

訴 [소] 告也하소연할소 訟也송사할소 (遇)

[illegible] [소] 하소연할소、조아할소 訴의本字

[illegible] [진] 볼진、대볼진、병볼진 診과同字

[illegible] [진] 볼진、대질을진 診과同字

診 [진] 視也볼진 驗也증험할진 候脈ㅣ察맥짚을진、병볼진 (軫)(震)

註 [주] 解也 訓釋주낼주、글뜻새길주 記物기록할주 記入기입할주 (遇)

訷 [신] 舒也펼신 欠ㅣ기지개켤신 伸과同字 (眞)

[illegible] [주] 祝也빌주 人名楊ㅣ사람의이름주 (宥)

訸 [화] 平也화평할화 和同字 (歌)

[illegible] [갑] 多言수다할갑 (洽)

訹 [수][술]

誇也 괴일수、술義同 (有)(質)

䛄 [원] 慰也 위로할원 慧也 원망할원 訑과同字 (類)

訑 [원] 慰也 위로할원 從也 좇을원 慧也 원망할원 (類)

訮 [연] 笑貌 웃을연 善言 말잘할연 (銑)

訵 [치] 陰知 은근히알치 何察 살필치 (支)

訾 [자] 毁也 헐어서 말할자、훼방할자 量也 요량할자 思也 생각할자 病也 병들자 欲點 결점자 限也 한정할자 訿同字 (支)(紙)

証 [정][증] 諫也 간할정 證俗字 (徑)

訽 [구] 罵也 꾸짖을구 恥也 부끄러울구 辱也 욕될구、욕구 (有)

⿰言乎 [호] 欺也 속일호 呼同字 (虞)

詃 [전] 誇也 괴일전 詐也 속일전 (銑)

訿 [자] 誇毁 훼방할자 訾同字 (紙)

詂 [부] 言有所依 믿음직할부 古賣 구실부 (遇)

詀 [잠][점][첩] 謔也 희학질할잠 被誑 속일잠 轉語 말전주할점 多言 잔소리할첩 (咸)(鹽)(葉)

⿰言厄 [애] 氣逆作聲 재채기할애 呃와同字 (卦)

詅 [령] 賣也 팔령 護也 자랑할령 (青)

詆 [저] 訶也 꾸짖을저 訐也 알소할저 訾也 흉볼저 (齊)(薺)

⿰言矢 [시] 爲志 뜻할시 記錄 기록할시 (寘)

⿰言民 [면] 誘言 꾀이는 말면 (霰)

詄 [질] 忘也 잊을질 誤也 그릇될질 (屑)

詇 [앙] 智也 슬기로울앙 早知 미리알앙 (養)

⿰言布 [포] 諫也 간할포 敷陳 베풀포 (遇)

詁 [고] 通古今言明其故訓— 훈고할고、고증할고 (麌)(遇)

訉 [범] 急言 말급할범 (感)

⿰言只 [혜] 喜笑不止 기뻐서 웃음그치지 못할혜 (齊)

⿰言女 [녕] 才也 재주녕 諂也 아첨할녕 佞과同字 (徑)

詈 [리] 罵— 꾸짖을리 (正斥曰罵 旁反曰—) (寘)

詌 [감] 口閉不言 입다물감 (勘)

詉 [나][노][뇨] 語

不解말알아듣을수없을나、惡言악담ㅗ 譃聲듣길ㅗ (麻)(遇)

訧 [혈] 怒也성낼혈 (屑)

䛌 [포] 亂語ㅣ譜말수선스러울포 詢通 (豪)

評 [평] 品論평론할평、量也요량할평、헤아릴평 訂也고칠평 平也 言고르할평 (庚)(敬)

訑 [이][타][란] ㅣㅣ自得貌又淺意자랑할이 欺也속일타 ㅣ慢방랑할란 詑와同字 (支)(歌)(翰)

詒 [이][태] 贈言遺也줄이、기질이 懈倦貌誒ㅣ느른할이 貽同字、欺也속일태 紿同字 (賄)(隊)

詑 [이][타] 自得貌ㅣㅣ자랑할이 訑同、欺也속일타 (支)(歌)

詓 [거] 聲也소리거 (語)

謩 [모] 計也꾀모 圖也도모할모 議也의논할모 謀의古字 (尤)

詎 [거] 豈也어찌거 未知詞모를거 (語)(御)

詏 [요] 逆也거스를요 (效)

詍 [예] 多言ㅣㅣ잔말할예 飾言말꾸며서할예 (霽)

詐 [사] 欺也속일사 僞也거짓사 詭譎간사할사 (禡)

誠 [자] 謀也꾀자 人名崇ㅣ사람의이름자 (寘)

諕 [효][호] ㅣ然虛大貌큰체할효 風聲바람소리호、唬와同字 (蕭)(豪)

詊 [반] 巧言말잘할반 (翰)

詋 [주] 請神加殃방자할주 咀ㅣ저주할주 呪와同字 (宥)

詔 [조] 上命ㅣ勅조서조 敎也가르칠조 告也고할조 (嘯)

詒 [이][태] 贈言遺也줄이 誒懈倦貌느른할이 欺也속일태 詒와同字 (支)(賄)

詛 [조] 精神加殃ㅣ呪저주할조、방자할조 盟誓맹서할조 阻通 (語)(御)

詞 [사] 言也말씀사 告也ㅣ訟고할사 文也글사 (支)

詘 [굴] 曲也굽을굴 辭塞말막힐굴 喜矢節貌充ㅣ기뻐서절조잃을굴 屈通 (物)

詗 [형] 刺探염탐할형 伺候기다릴형 明悟똑똑할형 知處告言고발할형 (敬)(迥)

詙 [발] 神農妃、聽ㅣ신농씨부인이름발 (黠)

訑

七畫 — 言

[나] 呼入사람부를나、言不通말통하지못할니 (齊)(薺)

詛 [달] 不靜조용하지아니할달 (曷)

詖 [피] 辯也말잘할피 佞也간사할피 不正險—험피할피 (支)(寘)

誹 [비] 言急말급할비 多言말많을비 (未)

詜 [도] 言不節—謟말절차없을도 (豪)

詝 [저] 智也슬기로울저 (語)

[illegible] [변] 善言말잘할변 論爭논쟁할변 分別가릴변 辯의俗字 (銑)

[illegible] [사] 言也말사 文也글사—訟 告也고할사 詞와同字 (支)

䛑 [밀] 靜也고요할밀 寧安也편안할밀 謐과同字 (質)

詠 [영] 歌也長言읊을영 咏同字 (敬)

詑 [이][타][탄] 자랑할이、속일타、방탕할탄 訑과同字 (支)(歌)(翰)

[illegible] [변] 말잘할변 辯의俗字

[illegible] [염] 言未盡말다못할염 (豔)

[illegible] [변] 말잘할변 辯의古字

[illegible] [잉] 厚也후할잉 䚮의譌字 (蒸)(支)

[illegible] [이][타][탄] 自得貌又淺意자랑할이 欺也속일타 慢—방탕할탄 訑의俗字 (支)(歌)(翰)

詉 [나] 詉不解拏—말알아듣지못할나 (麻)

⑥

詣 [예] 至也이를예 進也나아갈예 往也갈예 學業深入造—학업깊이들어갈예 (霽)

詡 [허] 和也화할허 普也넓을허 大言장담할허 敏而有勇민첩하고날랠허 俗音후 (麌)

詢 [순] 咨也물을순 信也믿을순 謀也꾀할순 (眞)

試 [시] 用也—驗시험할시 探也 嘗—더듬을시 較也 明—비교할시 (寘)

詤 [황] 夢言잠꼬대할황 詐也속일황 (陽)

詥 [합] 和也화할합 (合)

詩 [시] 言志也귀글시 樂章풍류가락시 承也받들시 持也가질시 經書名시전시 (支)

[illegible] [나] 拏也끌어당길나 (麻)

詨 [효] 叫呼부르짖을효 (肴)

誐 [예] ㅣㅣ多言자랑할예 飾食말꾸며서할예 譺와同字 (霽)

詧 [절] 正言바른말할절 嚓、⿰言祭와同字 (屑)

⿰言己 [기] 發人之惡발하여할기 폭로할기 (紙)

詯 [퇴] 譢와同字

⿰言任 [임] 信也믿을임 念也생각할임 (侵)

⿱招言 [락] 歎美言칭찬할락 (藥)

⿰言休 [축] 聞香貌 譃ㅣ 향내맡을축 (屋)

詰 [힐] 問也물을힐 責讓꾸짖을힐 治也다스릴힐 謹也삼갈힐 明旦밝은아침힐 俗音길 (質)

詮 [전] 評論事理평론할전 具也갖출전 理也다스릴전 (先)

⿰言厄 [외] 惰也게으를외 (佳)

詑 [타] 誇也자랑할타 [illegible]也 言而驚人후릴타 驚ㅣ신통할타 誕也속일타 俗音차 (禡)

詬 [구][후] 罵也꾸짖을구 恥辱욕할구 無志節 奊ㅣ지조없을구、후 義同 (有)(宥)

⿰言乇 [락] 毁也헐락、비방할락 (藥)

詭 [궤] 詐也속일궤、간사할궤 異也다를궤 責也꾸짖을궤 弔ㅣ至怪괴이할궤 (紙)

詪 [간][현] 不聽從듣지않을간、爭言말다툼할현 (阮)(銑)

⿰言朶 [타] 言相誇말자랑할타 (箇)

⿰言妄 [망] 誑也속일망 (漾)

⿰言史 [사][간] 忘也잊을사 諍也直言以悟人간할간 諫의古字 (寘)

詯 [회] 膽氣充滿聲在人上말소리우렁찰회 (隊)

詗 [회] 膽氣充滿聲在人上말소리우렁찰회 詯와同字 (隊)

話 [화] 言也이야기화、말할화 善言말잘할화 (卦)

⿰言卡 [롱] 嘲也조롱할롱 咩也소근거릴롱 哢과同字 (送)

⿰言朩 [적] 靜也、安也고요할적 㝛也쓸쓸할적 寂과同字 (錫)

詳 [상][양] 審也자세할상 悉也다할상 詐也거짓양 佯通 (陽)

詺 [명] 辨別物名물건이름분변할명 (敬)

詸 [미] 隱語수수께끼 謎와同字 (霽)

詻 [액] 論訟 송사논난할액、辭厲ㅣㅣ 말불근거릴액 陌

誎 [자] 諷ㅣ下以風刺 비우하여 나무랄자 刺通 寘

[illegible] [안] 剛猛 용맹스러울안 俗言俚 [언] 諺상말언 諺의古字 翰 霰

詶 [수] 以言答 수작할수、대답할수 酬同字 尤

[illegible] [야] 敬言答聲 喏ㅣ 공손히대답할야 喏와同字 馬

詷 [동] 急言 詷ㅣ 말더듬거릴동、급히말할동 輕薄 경박할동 送

詵 [선] 衆多ㅣㅣ 많을선 致言 말전할선 俗音신 眞

訹 [술] 靜也 고요할술 質

詴 [외] 呼人 사람부를외 灰

[illegible] [주] 多言 수다스러울주 尤

該 [해] 其也 그해、備也 갖출해、ㅣ當也 마땅할해、皆也 다해、兼也 겸할해、軍中約 군호해 灰

[illegible] [치] 詺也 물건이름기록할치

訮 [현] 爭語ㅣㅣ 말다툼할현、怒也 성낼현 尤

詿 [괘] 誤也 그릇할괘 卦

詼 [회] 嘲也 조롱할회、調也 고를회、譏戲 기롱할회、詼也 희학할회 ㅣ諧 재담할회、익살회 俗音괴 灰

誀 [이] 誘也 꾈이 寘

詹 [첨] 至也 이를첨、瞻也 볼첨、小言ㅣㅣ 소곤거릴첨、官名 ㅣ事 벼슬이름첨 鹽

訽 [구] 毁也 헐뜯할구、헐구 有

訩 [흉] 송사할흉、수군거릴흉 詾과同字

誂 [조] 相呼誘 서로꾀일조、卒然 별안간조、ㅣ戲弄言 희롱지거리할조 篠

誄 [뢰] 諡也 시호뢰、哀死而述其行 제문뢰、행장뢰 紙

誁 [병] 助言 도와말할병、人名 不ㅣ 사람의이름병 梗

誅 [주] 戮也 벨주、責也 꾸지람할주、剪除 베일주、갈길주 罰也 벌줄주 虞

詾 [흉] 訟也 송사할흉、衆言 수군거릴흉、喧戾聲 떠들석할흉 哅同 冬

誃 [치] 離別 이별할치、臺名 대이름치 紙

[illegible]

[고] 文言告曉 깨우쳐 고할 고 敎也 가르칠 고 誥의 古字 (號)

⿰言彐 [초] 弄人 조롱할 초 (巧)

誷 [망] 誣也 속일 망 (陽)

⿰言全 [무] 欺罔 속일 무 詐也 간사할 무 誣와 同字 (虞)

詽 [염] 多言一一 말 수다할 염 訮의 本字 (號)

訟 [송] 爭辯 송사할 송、시비할 송 訟의 古字 (宋)

⿰言冊 [산] 毁語 誹謗 나무랄 산、비방할 산 訕과 同字 (諫)

⿰言彔 [려][록] 一因覓省 사실할 려 一恪常 변치 않을 록 記也 기록할 록 錄과 同字 (御)(屋)(沃)

⿰言囟 [신] 問也 물을 신 治也 다스릴 신 訊의 古字 (震)

⿰言毛 [질] 忘也 잊을 질 詄也 글 그릇할 질 詄의 本字 (屑)

誇 [과] 大言矜一 자랑할 과 侉同 (麻)

⿰言夲 [과] 矜一大言 자랑할 과 誇와 同字 (麻)

誆 [광] 欺也 속일 광 誑과 同字 (漾)

⿰言又 [고] 文言告曉 깨우쳐 고할 고 敎也 가르칠 고 誥의 古字 (號)

⿰言㔾 [설][열][세] 告也 고할 설 辭也 말씀 설 序述 글 설 喜樂 기쁠 열 誘也 달랠 세 舍也 쉴 세 說의 譌字 (屑)(霽)

⿰言史 [유] 諂也 아첨할 유 諛의 俗字 (虞)

⿰言⿱夂木 [뢰] 謚也 시호 뢰 哀死而述其行 문지뢰 誄의 譌字 (紙)

訵 [신] 微笑 빙그레 웃을 신 嘲笑 비웃을 신 哂의 俗字 (軫)

詈 [리] 罵一 꾸짖을 리 詈의 篆文 (寘)

⿰言戌 [수][술] 誘也 꾀일 수、술 義同 訹의 俗字 (有)(質)

⿰言聿 [산] 毁語 誹謗 나무랄 산 비방할 산 訕과 同字 (諫)

誠 [성] 敬也 공경할 성 審也 살필 성 純一無僞 정성 성 誠과 同字 (庚)

⿰言巨 [저] 訶也 꾸짖을 저 詆 詆와 同字 (齊)

誉 [예] 聲美 稱也 칭찬할 예 令聞 일흠날 예 譽의 略字 (魚)(御)

⿰言其 [기] 謀也 꾀할 기 (寘)

❼

誌 [지] 記也 기록할 지 史傳記事文 사기 지 志識通 (寘)

認

[인] 辨識알인 許也ㅣ미허락할인 (震)

⿰言余 [도] 言不明.詾ㅣ말분명치못할도 (虞)

誎 [속] 督促독촉할속 (屋)

誒 [희] ㅣ笑선웃음칠희 娛也즐길희 嘆聲탄식하는소리희 (支)

⿰言旱 [한] 多言수다할한 大言크게말할한 (旱)

⿰言丑 [노] 謎也수수께끼노 喜也기쁠노 (豪)

⿰言夾 [접] 多言떠들어댈접 妄語망녕되게말할접 (葉)

誋 [기] 誡也경계할기 (寘)

⿰言㕣 [함] [합] 誕也허탄할함 머ㅣ怒言성내어말할합 譀의俗字 (勘)(洽)

誏 [랑] 浪言뜬말할랑 (養)

誓 [서] 約信戒也맹세할서 約束약속서 告也고할서 警戒경계할서 (霽)

誖 [패] [발] 亂也어지러울패 乖也어그러질패 逆也거스를패 悖同字 발 義同 (隊)(月)

⿰言求 [구] 禁也금할구 助也도울구 (宥)

誆 [광] 欺也속일광 誑同字 (漾)

誔 [정] 欺也속일정 (梗)

誐 [아] 狡猾詐ㅣ간사할아, 교활할아 (歌)

⿰言豆 [두] 不能言ㅣ讕말머뭇거릴두 (宥)

誘 [유] 導也인도할유 敎也가르칠유 引也이끌유 進也나아갈유 相勸서로권할유 牖通 (有)

誕 [탄] 降ㅣ탄생할탄 大也클탄 乃也이에탄 天子生日ㅣ降탄강할탄 育也기를탄 欺也속일탄 濶也넓을탄 妄也허탄할탄 放也방탕할탄 (旱)(軫)

⿰言川 [짐] 言美말아름다울짐, 말잘할짐 (鹽)

⿰言𠬶 [침] 私語소근거리며말할침 (侵)

誙 [경] 言確말확실히할경 君羣趨貌ㅣㅣ여러사이굽신거릴경 (庚)

詥 [암] ㅣ阿語不決말결단못할암 ⿰言奄과同字 (覃)

詐 [자] 慙語부끄러운말자 (禡)

話 [화] 語也이야기화 善也착한말화 語의本字 (禡)(卦)

誹 [비] 錯謬그릇할비 (支)

⿰言別 [별] 言析理말로판단할별 (質)

八八二

[言+禿] 독 狡猾 ㅣ 교활할독 欺詆 속일독 屋

[亻+言] 혜 待也 기다릴혜 齊

[言+义] 의 理也 다스릴의 人所宜 옳을의 誼同字 寘

誚 초 以辭相 서로주 짖을초 譙同字 嘯

語 어 告人 말씀어 論難 논란할어 御

誒 사 倭言、妄言 주걸할말사 禡

誠 성 純一無僞 정성성 信也 믿을성 敬也 공경할성 審也 살필성 眞、實 진실할성 庚

詡 회 言長 말 느릿느릿할회 隊

誟 효 叫呼 부르짖을효 詨와同字 肴

[孝+言] 교 效也 본받을교 訓也 갈르칠교 學也 학문교 敎의古字 肴 效

誡 계 警敕辭 경계할계 告也 고할계 命也 명할계 卦

誣 무 欺罔以無爲有 속일무 誹也 간사할무 虞

[言+甹] 추 不決 ㅣ 譖 결단하지 못할추 尤

[言+坐] 좌 以言斫人 꾀잔줄좌 箇

誥 고 文言告曉 깨우쳐고할고 敎也 갈르칠고 號

[言+何] 하 喧也 시끄러울하 歌

[言+赤] 혁 内侮 속으로 업신여길혁 錫

[言+希] 희 語聲 말소리희 寘

[言+吴] 오 謬失 그릇할오 誤와同字 遇

誦 송 讀也 외울송、읽을송 怨也 원망할송 言也 말할송 諷也 풍유할송 宋

[言+足] 촉 言急貌 급할촉 沃

誢 현 諍語 간하는말현 銑

[差+言] 차 咨也 슬플차 歎也 탄식할차 惜也 가엾을차 瞬間 잠간동안차 嗟와同字 禡 麻

[罒+言] 령 신령령 靈의古字

誤 오 謬也 그릇할오、잘못할오 失也 잃어버릴오、悟同字 遇

[言+㐬] 무 欺罔 속일무 誹也 간사할무 誣와同字 虞

說 설 열 세 辭也 말씀설 告也 고할설 解也 풀설 序述 설명할설 喜也 樂也 기쁠열 悅同、誘也 달랠세 舍也 쉴세 屑 霽

誧 포 大也 클포 諫也 간

할조 人相助서로도울조 謀也꾀할조 (虞)(遇)

誩 [경] 競言다투어말할경 (敬)

誨 [회] 教訓가르칠회 (隊)

[illegible] [활] 頑也완고할활 (黠)

[illegible] [눌] 謇ㅣ遲鈍言難말더듬거릴눌 訥의籒文 (月)

誫 [진] 動也움직일진 (震)

[illegible] [녕] 怒也성낼녕 [illegible]과同字 (屑)

[illegible] [녕] 성낼녕 [illegible]의譌字

[illegible] [조] ㅣ呪精神加殃방자할조、저주할조 盟詛맹서할조 詛、謯와同字 (語)(御)

[illegible] [간] [현] 不聽從듣지않을간、爭言말다툼현 詪의本字 (阮)(銑)

[illegible] [망] 相責서로책망할망 [illegible]과同字 (漾)

[illegible] [조] 相呼誘꾀일조 卒然별안간조 誂와同字 (篠)

[illegible] [치] 無智어리석을치 (支)

[illegible] [형] 知處告言고발할형 明悟똑똑할형 詗과同字 (迥)(敬)

[illegible] [송] 爭辯소송할송 讚辭찬사송 訟의古字 (宋)

[illegible] [와] 拒響거역해서대답할와 (歌)

[illegible] [선] 착할선、좋을선 善과同字

説 [설] [열] [세] 告也고할설 序述글설 喜樂기쁠열 誘也달랠세 說과同字 (屑)(霽)

読 [독] [두] 誦書글읽을독 句ㅣ文辭絕處귀절두、토두、讀의略字 (屋)(宥)

[illegible] [미] 隱語수수께끼미 謎의譌字 (霽)

[illegible] [소] [수] 少也적을소 誘也꾀일소 私詈중얼거릴수 謏와同字 (篠)(有)

[illegible] [봉] [illegible]의俗字

[illegible] [혜] [하] ㅣㅣ髁不正貌비뚤혜 怒言성내어말할혜 誒와同字 (齊)、(齊)(禡)

八

[illegible] [장] 誑也譸ㅣ속일장 (陽)

[illegible] [창] 發歌노래할창 導也인도할창 唱과同字 (漾)

[illegible] [오] 相毁서로훼방할오、隱語ㅣ謎수수께끼할오 (虞)(中)

[illegible] [익] 笑貌빙그레웃을익 謚과同字 (陌)

[illegible] [궁] 多言말수다할

궁 問也 물을궁 (送)

詾 [도] 往來言 왕래하는말도 詾通 (豪)

⿰言㳄 [전] 言不定ㅣ譊 말정하지못할전 (銑)

誸 [현] 言急 말급할현 (先)

誶 [수][쇄][신][줄] 責讓 詬也 꾸짖을수、쇄 義同、訊也 물을신、물어볼신、責罵 몰아세울줄 (寘)(隊)(震)(質)

詘 [굴] 詭異 괴이할굴 (物)

⿰言疌 [첩] 多言모ㅣ 말날신거리첩、말잘할첩 (葉)

誰 [수] 孰也 누구수 誰問ㅣ何 누구나수 發語辭 발어사수 (支)

⿰阝⿱左言 [회] 毁謗 훼방할회 (灰)

課 [과] 稅也 부세과、구실과 試也 시험할과 程也 과시과、한시과 第也 차례과 工ㅣ勸 공부과 功也 공무과 (歌)

誷 [망] 誣也 속일망 (先)

⿰言坴 [행] 怒也 성낼행ㅣ直 바를행 ⿰言幸과同字 (敬)

誺 [치] 以言相誙 말로속일치 白ㅣ 울림소리치 不知 모를치 (支)

誾 [은] 和悅貌ㅣㅣ 화평할은 訢通 (眞)(文)

⿰言咎 [구] 毁也 훼방할구 (有)

⿰言幸 [행] 怒也 성낼행ㅣ直 바를행 (敬)

誻 [답] 妄語 망녕되게말할답 多言 자말할답 譅同字 (合)

誵 [효] 言不恭謹 말불공할효 (肴)

誹 [비] 謗也 비방할비 謗言 怨ㅣ 중얼거릴비、웃망할비 (微)

⿰言⿱耂月 [타] 退言 말물리칠타 (歌)

誴 [종] 樂也 즐거울종 (冬)

說 [나] 以言窺知人之心情 떠볼나 (佳)

誼 [의] 人所宜 옳을의 理也 다스릴의 親好의의 義同字 (寘)

調 [조][주] 和也 고를조 柔也 부드러울조 選也 가릴조 賦也 구실조、부세조 樂律音ㅣ 가락조、곡조조 重也 거듭주 適也 맞을조、적당할조 韻致才ㅣ 운치조 計也ㅣ度 회계할조 輖 同字 (嘯)(尤)

調 [조][주] 和也 고를조 柔也 부드러울조 選也 가릴조 飢朝也 아침주 調와同字 (嘯)(蕭)(尤)

諅 [기] 忌也 꺼

렬기 志也뜻기 (寘)

[言畀] 〔비〕 악담할비 諀와同字

諀 〔비〕 惡言악담할비 訾言毁헐어말할비 (紙)

[臥言] 〔감〕 領也거느릴감 察也살필감 視也볼감 ㅣ督감독할감 監의古字 (咸)(陷)

[言昆] 〔혼〕 語不明말부명하지못할혼 (阮)

[言叕] 〔철〕 喧也시끄러울철 (屑)

[言皐] 〔뢰〕 誄와同字

[言忠] 〔지〕 言不懈말부지런할지 (齊)

[言居] 〔거〕 言有則말법도있을거 (御)

諂 〔첨〕 佞言曰ㅣ아첨할첨 (面從曰諛) (琰)

[言昔] 〔습〕 多言말많을습 (緝)

諈 〔추〕 ㅣ諉핑계할추 訐也알소할추 (寘)

[言卓] 〔착〕 人名 韓ㅣ사람의이름착、인명착 (覺)

[⺍冖言] 〔오〕 鴉鳴聲가마귀우는소리오 (豪)

[言事] 〔사〕 入言말받아들일사 (寘)

[言奄] 〔엄〕 矛也줄엄 (豔)

[言函] 〔감〕 笑語ㅣ謔웃고말할감 (合)

詆 〔저〕 訶也꾸짖을저 誹謗흉볼저、비방할저 詆의俗字 (齊)(齊)

[言芺] 〔요〕 巧言간교한말할요 笑也 ㅣ蔞세상요 詄와同字 (蕭)

諆 〔기〕 謾言속이는말기 謀也꾀기 (支)

談 〔담〕 言論말씀담 圍碁手ㅣ바둑둘담 (覃)

[言林] 〔침〕 善言착한말침、말잘할침 (侵)

[言桼] 〔첩〕 軍中反間이간할첩 諜과同字 (葉)

[言制] 〔제〕 語不正말바르지못할제 (霽)

[言自] 〔면〕 慧黠총명할면 欺也속일면、거짓할면 (先)

諄 〔순〕 誠懇貌지극할순 誨言重複ㅣㅣ거듭이를순 (眞)

請 〔청〕 乞也청할청 謁也뵈올청 扣也물을청 秋朝見가을에조회할청 (梗)(敬)

諉 〔위〕 託言推ㅣ핑계할위 委也버릴위 (寘)

[言彔] 〔록〕 謔也희학질할록 (沃)

諊 〔국〕 養也기를국 窮曲也구부릴국 盈也찰국 蹋毬子제국기국 鞠과同字 (屋)

諫 [동] 言多也 잔말할동 ㊀董

請 [청] 乞也 청할청 謁也 뵈올청 ㊀敬 ㊀梗

識 [식][지] 見ㅣ知也 認也 알식 記也 기록할지 識의 古字 ㊀職 ㊀寘

[illegible] [추] 꾀할추、물을추 諏와 同字

諏 [추] 聚謀 꾀할추 咨事 물을추 星名 별이름추 娵通 ㊀虞 ㊀尤

諍 [쟁] 救正諫也 간할쟁 ㊀敬

諆 [기] 語相戲 말로 희롱할기 ㊀支

諻 [망] 責也 꾸짖을망、책망할망 ㊀漾

謏 [수] 口授 말전할수 ㊀宥

諕 [하][확] 詐也 속일하 驚貌 ㅣ잠작 놀랄확 諕와 同字

諕 [하][확] 詐也 속일하 許同、驚貌ㅣ然 잠작 놀랄확 ㊀禡 ㊀陌

論 [론][륜] 議也 의논론 思也 생각할론 細繹討ㅣ 토의할론 글뜻풀론 說也 말할론 辯也 변론론 青理倫 차례륜 ㊀眞 ㊀元

[illegible] [섬] 無實言 거짓말할섬 ㊀豔

諒 [량] 信也 믿을량 思也 생각할량 義理 의리량 知也 알량 亮同字 ㊀漾

諑 [착] 譖訴 참소할착 責也 꾸짖을착 ㊀覺

諓 [전] 善言 착한말전、좋게말할전 諂言 아첨할전 巧讒貌ㅣㅣ 공교하게 참소하는모양전 ㊀先

諐 [건] 過也 허물건 愆同字 ㊀先

諔 [숙] 詭也 속일숙 人名 崇ㅣ 사람의 이름숙 ㊀屋

[illegible] [신] 물어볼신 訊의 古字

[illegible] [부] 言有所依 믿음직한말부 口實 구실로할부 誧와 同字 ㊀遇

諎 [채][차] 大聲 큰소리채 鳴也 울차 ㊀陌 ㊀禡

諗 [심] 告也 고할심 謀也 꾀할심 相思念 설 생각할심 ㊀寢

誣 [무] 欺妄 속일무、기망할무 誣同字

謻 [이] 別門 따로문이 誃와 同字 ㊀支

[illegible] [충] 貪也 탐할충

諘 [표] 讃也 찬할표 ㊀篠

[illegible] [원] 慰也 위로할원 從也 좇을원 ㊀阮

謗 [방] 毀也 헐어말할방 訕也

나부랄방 謗의本字 (陽)(漾)

誄 [뢰] 謚也시호뢰 哀死而述其行제문뢰 誄의本字 (紙)

謁 [알] 請ㅣ白也아뢸알 請見뵈올알 謁의略字 (月)

諙 [화] 誤也그릇칠화 (卦)

[illegible] [혜] 待也기다릴혜 徯의譌字 (齊)

諸 [제] 衆也모을제 ㅣㅣ辯給말잘할제 諸의略字 古音저 (魚)

諷 [풍] 誦也외울풍 ㅣ諫微刺 비유로자할풍 諷의俗字 (送)

詀 [잠][점][첩] 謔也희학질할잠 被誑속일잠 轉語말전주할점 多言잔소리할첩 詀의譌字 (咸)(鹽)(葉)

諚 [정] 命也분부할정 명할정 (日)

[illegible] [초] 弄言농담할초 譋와同字 (巧)

誕 [탄] 大也클탄 育也기를탄 降ㅣ탄생할탄 誕과同字 (旱)(諫)

訿 [자] 量也어림할자 思也생각할자 誹謗비방할자 呰와同字 (支)(紙)

諝 [서] 才智之稱슬기서、諝와同字 (魚)(語)

諗 [총] 急言貌ㅣ詷더듬거릴총 謥、謥과同字 (送)

諾 [낙] 應辭 答也대답할낙 許也허락할낙 諾과同字 (藥)

諜 [첩] 畢中反閒이간할첩、반간할첩 諜과同字 (葉)

謐 [밀] 靜也고요할밀 寧ㅣ安也편안할밀 謐의譌字 (質)

詢 [순] 謀也꾀할순 咨也물을순 信也믿을순 詢과同字 (眞)

九

諛 [유] 諂也아첨할유 (虞)

[illegible] [콰] 慧也민첩할콰 (哿)

[illegible] [과] 急言말급할과 (禡)

諢 [원] 弄言농담원 (願)

諤 [악] 直言謇ㅣ곧은말악 (藥)

諠 [훤] 譁也지껄일훤 忘也잊을훤 (元)

[illegible] [차] 諍競말다툼할차 不解ㅣ敎알지못할차 譇와同字 (麻)

[illegible] [운] 頑也완악할운 (眞)

諟 [시] 是也이시 理也다스릴시 諦也、審也살필시 (紙)

謚 [시] 立號以易名시호시 誄

行행장시 (寘)

謢 [락] 欺也속일락 (藥)

諕 [후] 言也말할후 (宥)

諕 [후] 말할후 諕와同字

䛔 [극] 訥言말더듬거릴극 (職)

諝 [서] 知也지혜있을서 智 才之稱슬기서 (魚)(語)

諜 [첩] 軍中反間이간할첩 諜通 (葉)

諞 [편] [변] 巧言공교한말편、변 義同 (先)(銑)

諨 [회] 膽氣充滿聲在人上말소리우렁찰회 詯와同字 (隊)

謷 [리] 罵ㅣ꾸짖을리 詈詈의俗字 (寘)

譊 [노] 詬相侮설욕할노 (皓)

謏 [소] [수] 小也작을소 誘也꾀일조 私罵속으로욕할수 謏同字 (篠)(宥)

諧 [해] 和也화할해 合也합할해 齊ㅣ書名글이름해 調也고를해 笑諧 詼ㅣ기롱지거리할해 (佳)

諑 [천] 相責서로책망할천 (霰)

諮 [자] 問也물을자 謀也꾀자 咨同字 (支)

𧨾 [유] 相勸導也꾀일유, 달랠유 敎也가르칠유 進也나아갈유 誘와同字 (有)

諭 [유] 告也고할우 譬也비유할우 諭와同字 (遇)

諰 [시] 懼貌눈휘둥글할시 直言곧은말시 (紙)

諬 [계] 開發열계、가르칠계 導也인도할계 啓와同字 (薺)

䛤 [랄] 詬聲말소리랄 (曷)

諭 [유] 告也고할우 曉也효유할유 譬也비유할우 (遇)

誁 [병] 助言도와말할병 人名不ㅣ사람이름병 誁과同字 (梗)

誡 [계] 言警경계할계 誡同 (卦)

諪 [정] 調也고를정 (青)

諩 [보] 籍錄世系족보보 譜同字 (虞)

諫 [간] 直言以悟人간할간 官名벼슬이름간 諷也풍간간 (諫)

諨 [복] 備也갖출복 (屋)

諦 [제] 審也살필제 (霽)

諥 [종] 言相觸말서로마주칠종 (宋)

𧩸 [소] 告也하소연할소 愬也소송할소 訴와同字 (遇)

諯

[전] 相讓 서로 사양할전 (先)

諳 [암] 知也 알암 記憶 기억할암 曉也 깨달을암 悉也 다암 熟聞 익히 들을암 (覃)

[illegible] [훼] 謗也 비방할훼 (紙)

諞 [변] 善言 말잘할변 分別 가릴변 論爭 논쟁할변 辯과同字 (銑)

諸 [제] 衆也 모을제 辭給 ㅣㅣ말잘할제 語助辭 어조사제 衣名ㅣ于 옷이름제 俗音저 (魚)

諶 [심] 信也 믿을심 測也 헤아릴심 (侵)

諵 [남] 多言ㅣㅣ 말많이할남, 재잘거릴남 語聲 呫ㅣ 들날남 (咸)

誺 [치] 不知 모를치 白ㅣ울렴소리치 誺와同字 (眞)

諴 [함] 和也 화할함 誠也 정성함 (咸)

諷 [풍] ㅣ刺 비유로 간할풍 誦也 외울풍 風通 (送)

[illegible] [사] 慙語 부끄러운말 사 詐와同字 (禡)

諱 [휘] 避也 피할휘 忌也 꺼릴휘 隱也 숨길휘 生名死ㅣ 죽은이름휘 (未)

諲 [인] 敬也 공경할인 恭也 공손할인 (眞)

諺 [언][안] 俗言 俚語 속된말언, 상말언, 不恭 공손하지 않을안 剛猛 사나울안 喭同 (霰)(翰)

[illegible] [가] 巧言ㅣ諂 교묘한말가 (禡)

[illegible] [감] 領也 거느릴감 察也 살필감 視也 볼감 監의古字 (咸)(陷)

謁 [알] 請見 뵈올알 請ㅣ 白也 아뢸알 (月)

諿 [집] 和也 화할집 咠或音즙 (緝)

[illegible] [삽] 多言 말많을삽 語笑貌 웃고말할삽 (洽)

諾 [낙] 答也 대답할낙 許也 허락할낙 (藥)

謀 [모] 計也 계교할모 圖也 도모할모 議也 의논할모 咨難慮患 꾀할모 俗音무 (尤)

諼 [훤] 忘也 잊을훤 詐也 거짓훤 (阮)

諻 [황] 大聲 큰소리황 (庚)

[illegible] [시] 多言 말수다할시 (支)

[illegible] [암] 悉也、知也 알암 記憶 기억할암 曉也 깨달을암 諳과同字 (覃)

諽 [격] 飾也 꾸밀격 更也 고칠격 (陌)

[illegible] [원] 慰也 위로할원 從也 좇을원 懟也 원망할원

원 詑과同字 頣

諹 양 讚也 칭찬할양 陽

諏 주 奏也 아뢸주 人名 希ㅣ사람이름주 尤

譈 치 笑也 웃음치 寘

謂 위 與之言也 이를위 稱也 일컬을위 告也 고할위 未

誢 간 현 不聽從 듣지않을간 爭言 말다툼현。 諫의 古字 誢의 俗字 阮 銑

諄 순 ㅣㅣ 誨言重複 간곡히이를순 誠懇貌 지극할순 諄의 俗字 眞

謥 총 急言貌ㅣ詷 더듬거릴총 謥의 俗字 送

䚻 요 徒歌無章曲 노래요、言ㅣ傳소문요、풍설요 謠의 略字 蕭

諆 기 人名 與ㅣ사람의 이름기 寘

訶 가 譴也 꾸짖을가 大言而怒責 성내어꾸짖을가 訶와同字 歌

訪 방 詢問 물을방 漾

諿 제 多也 많을제 霽

諄 순 咨也 물을순 詢同字 眞

誡 계 擊救辭命也 경계할계 告也 고할계 誡와同字 卦

誃 이 타 ㅣㅣ 自得貌 자득할이 欺也 속일타 詑와同字 支 歌

䛕 삽 多言 말많을삽 語笑貌 웃음이많을삽 譅과同字 洽

諚 주 ㅣ張 誑也 속일주 譸의 本字 尤

譽 변 判也 판단할변 區別 구별할변 別也 분별할변 辨과同字 諫

譔 선 述也 지을선 善也 가릴선 譔의 本字 銑 霰

譃 혜 하 䚷不正貌 비뚤혜 詬恥辱 부끄러울하 霽 箇 怒言 성내어말할차 謑와同字 齊 禡

十

䜭 차 異言 失也 말다를차 禡

謄 등 移寫 베낄등、등사할등 蒸

초 弄言 농담할초 相擾 거드릴초、서로흔들초 巧

謉 괴 慚也 부끄러울괴 愧와同字 寘

謆 선 以言感人 말로감동시킬선 霰

謈 포 痛呼聲 呼ㅣ 부르짖을포 豪

謚 애 謹也 삼갈애 灰

謇 건 吃也 難言 말더듬거릴건 直言ㅣ諤 곧은말할건

(銑)

謓 [진] 恚怒 성낼진 화낼진 嗔同字 (眞)

[illegible] [기] 怒也 성낼기 (支)

謔 [학] 調戲ㅣ浪 희롱할학 (藥)

謍 [영] 小聲 속삭거릴영 (庚)

[illegible] [답] 妄語 망녕되게말할답ㅣㅣ 多言 잔말할답 [illegible]과同字 (合)

謎 [영] 隱語 수수께끼미、숨은말미 謎通 (霽)

謌 [가] 聲音 노래가 曲合樂 장단맞출가 歌와同字 (歌)

謏 [소][수] 小也 작을소 誘也 꾀일소、私 罵 중얼거릴수 [illegible]俗字 (篠)(宥)

謋 [회] 速也ㅣ然 빠를회 (陌)

[illegible] [질] 語急 말급할질 (質)

[illegible] [기] 言也 말할기 (微)

謐 [밀] 靜也 고요할밀 安也 편안할밀 (質)

譝 [승] 促言 말재촉할승 (徑)

[illegible] [합] 多言 말수다할합 (合)

[illegible] [소] 하소연할소 [illegible]와同字

[illegible] [소] 告也 하소연할소 譖也 참소할소 訴와同字 (遇)

謙 [겸] 讓也 사양할겸 致恭不自慢 겸손할겸 卦名괘이름겸 (鹽)

[illegible] [체] 泣也 울체 謕의 [illegible]字 (齊)

謵 [탑] ㅣ[illegible]、多言 말많을탑 (合)

謕 [체] 泣也 울체 嗁、啼同字 (齊)

謖 [속] 起也 일어날속 峻挺ㅣㅣ 높고꼿꼿할속 (屋)

[illegible] [건] 口吃 말더듬을건 謇同字 (阮)

謗 [방] 毀也 헐어말할방 訕也 나무랄방 (陽)(漾)

[illegible] [희] 語氣 말기운희 (未)

謒 [창] 語輕 말경하게할창 (陽)

[illegible] [증] 語煩ㅣ仍말 번거로울증 (蒸)

謑 [혜][하] 不正貌ㅣ髁 비뚤혜、간사할혜 恥辱ㅣ詬 후욕할혜、怒言 성내어말할하 (霽)(禡)

[illegible] [소] 譜也 와울조 (遇)

䌛 [유] 從也 말미암을유 行也 행할유 用也 쓸유 由、繇와同字 (尤)

謞 [학] 崇讒慝ㅣㅣ 간특할학 熇同字 (藥)

[illegible] [류] 祝神詛也 예방할류 방자할류 [illegible]와同字 (宥)

謜

[원] 徐語 천천히 말할 원 ㅣㅣ 和悅 가직울 원 (元)

謝 [사] 辭ㅣ 사례할 사 退반 물러갈 사 衰반 이울 사 告반 고할 사 (禡)

謚 [익] 笑貌 빙그레 웃을 익 (陌)

講 [강] 論반 강론할 강 誦반 외울 강 習반 익힐 강 和解 강화할 강 究반 강구할 강 (講)

謘 [지] 語 謘謘 말거듭이 들지 (支)

𧪞 [식] 休반 쉴 식 止반 그칠 식 呼吸 숨쉴 식 息의 古字 (職)

䛢 [마] 多言 말 많을 마 (禡)

謊 [황] 夢言 잠꼬대할 황 詐반 속일 황 謊의 俗字 (陽)(養)

䜑 [오] 相毁 서로 훼방할 오 謚의 俗字 (虞)

謹 [근] 愼반 삼갈 근 敬반 공경할 근 專반 오로지 근 謹의 略字 (吻)

誑 [광] 欺반 속일 광 誑의 本字 (漾)

諰 [시] 懼貌 눈휘둥글할 시 直言 곧은 말할 시 諰의 本字 (齊)

誖 [발] 言亂 말 어지러울 발 (月)

詢 [순] 謀반 꾀할 순 咨반 물을 순 信반 믿을 순 詢과 同字 (眞)

斳 [서] 悲聲 슬픈 소리 서 嘶와 同字 (齊)

譖 [전] 小息 조금 쉴 전 (銑)

謑 [하] 誑반 속일 하 (禡)

誇 [화] 應반 대답할 화 (虞)

論 [륜][론] 言有理 倫반 차례 륜 說반 말할 론 議반 의론할 론 論의 本字 (眞)(願)(元)

諽 [격] 語不相入 말서로 들지 못할 격 (陌)

諝 [서] 才智之稱 슬기 서 諝와 同字 (魚)(語)

謟 [도] 疑반 의심할 도 慆通 (豪)

諀 [비] 叱聲 꾸짖는 소리 비 (支)

謠 [요] 徒歌無章曲 노래 요 風說ㅣ言 소문 요, 풍설 요 (蕭)

十一

謥 [총] 急言貌ㅣ詷 더듬거릴 총, 급히 말할 총 (送)

繇 [유] 從반 말미암을 유 行반 행할 유 用반 쓸 유 由와 同字 (尤)

謑 [하] 誑반 속일 하 (禡)

謣 [우] 妄言 망령된 말 우 (虞)

謤 [표] 言輕 말가

버울 丑 (蕭)

謨 [모] 汎議將定其謀 꾀모 (虞)

謦 [경] 欬聲 기침소리경 (迥)(徑)

謩 [모] 汎議將定其謀 꾀모 謨와同字 (虞)

(言+羕) [양] 聲變 소리변할양 (漾)

(言+隹土) [퇴][최] 讁也 허물할퇴 落也 떨어질퇴、최 義同 (灰)

(言+非土) [비] 錯謬 그릇할비 誰와同字 (支)

(言+祭) [절] 正言 바른말절 嗏同字 (屑)

(言+鹵) [로] 言不定ㅣ譗횡 당허말할로 (虞)

(言+累) [류] 論也 시호류 哀死而述其行 행장류 讄와同字 (紙)

謧 [리] 多言ㅣ詍 말수다할리 (支)

(言+犀) [지] 語諱 諱말거듭이를지 謘와同字 (支)

(言+竟) [경] 盛也 성할경 彊也 굳셀경 爭也 다툴경 逐也 쫓을경 競、竸、競과同字 (敬)

(言+爽) [차] 異言 판말할차 詐也 말각할차 (言+叉)와同字 (禡)(麻)

(言+竟) [경] 彊語 말다툴경 (敬)

(言+商) [상] 度也 헤아릴상 (陽)

謯 [조] ㅣ呪 請神加殃 방자할조、저주할조 盟誓 맹세할조 詛와同字 (語)(御)

謫 [적] 咎也 허물적 罪也 죄적 罰也 벌할적 譴責 꾸짖을적 瑕也 흉볼적 變氣 기운변할적 怒也 성낼적 讁同字 (陌)

謬 [류] 誤也 그릇할유、亂也 어지러울류 欺也 속일류 差也 어긋날류 妄言 망령되게말할류 俗音무 (宥)

謮 [책] 怒也 성낼책 讓也 꾸짖을책 (陌)

(言+庚欠) [작] 속일작、꾸짖을작 謶와同字

謴 [곤] 語不明 말분명하지못할곤 (阮)

謷 [오] 不肖、人語 주된거클오、버릇없는말오 悲泣 흐느낄오 衆口愁聲 ㅣㅣ 여럿이근심하는소리오 倨也 거만할오 譊也 희롱할오 志遠 뜻이멀오 傲通 (肴)(號)

謱 [루] 委曲 觀ㅣ 곡진할루 (虞)

謰 [련] 繁絮 말전주할련 語亂ㅣㅣ 말어지러울련 (銑)

(言+屚) [루] 暴怒ㅣ謞 불끈성낼루 (宥)

謲 [침] 譏也 흉볼침 (寢)

謏

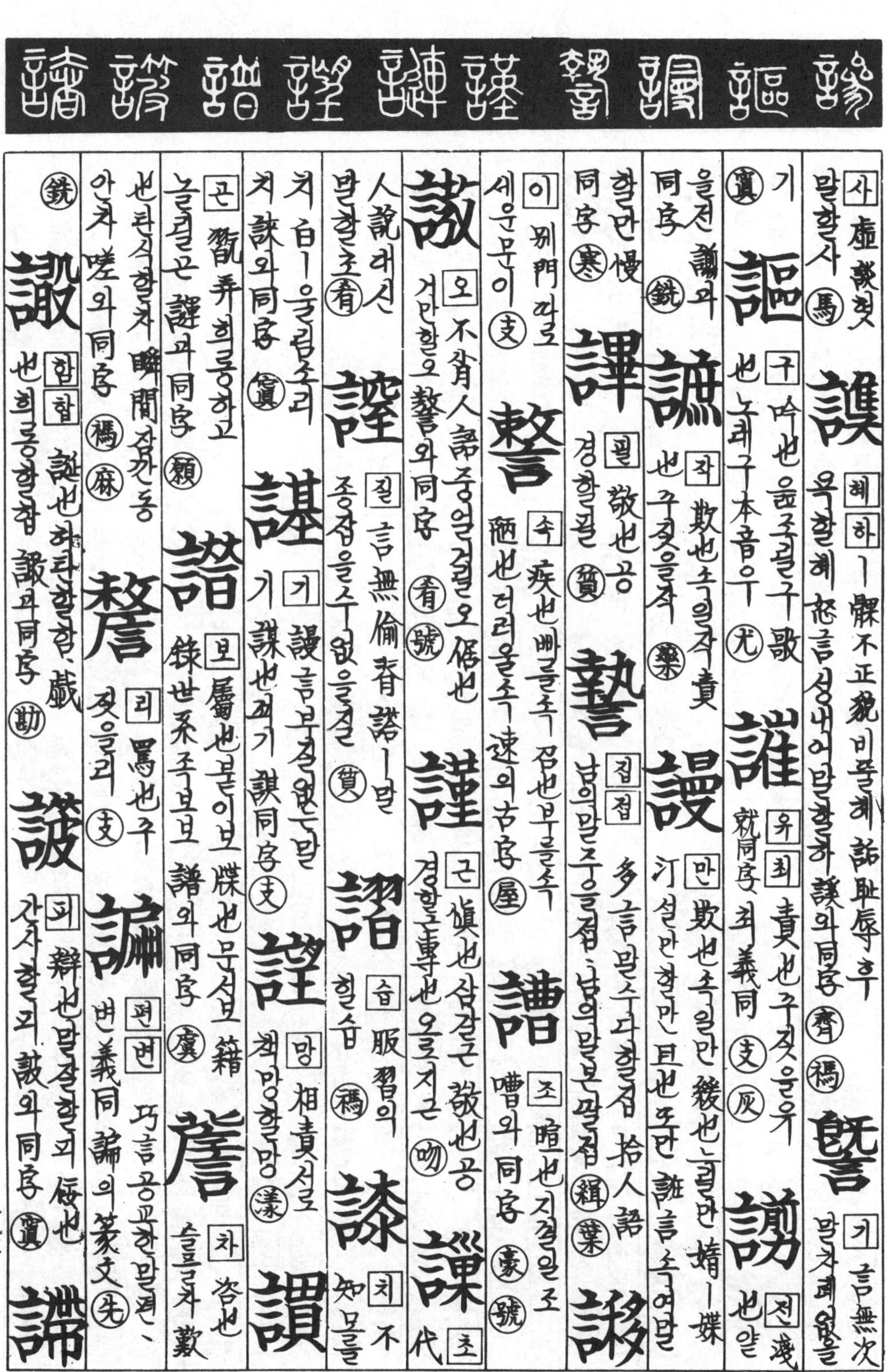

제 審諦諟ㅣ 살필제 (齊)

⿱殹言 예 譍번 대답할예 (霽)

謽 강 詞不屈말빳빳할강、말굳셀강 (漾)

譹 호 효 大叫크게부르짖을호、號번부르짖을호 叫번부르짖을효 (虞)(遇)(肴)

⿰言酓 암 悉번 知번 알암 記憶기억할암 曉번 깨달을암 諳과同字 (覃)

⿰言奄 암 語不決ㅣ何 말결단못할암 (覃)

十

⿰言賀 하 應語대답할하 (箇)

謿 조 嘲번 희롱할조 輕蔑경멸할조 嘲와同字 (肴)

⿰言皐 호 相欺ㅣ讀서로속일호 (號)

譀 함 합 誕번 허풍할함 戲번 희롱할함、마ㅣ、怒言성내어말할함 (勘)(洽)

⿰言貴 회 中止그칠회 悟번 깨달을회 (泰)

譅 습 謵번 어눌할습 (緝)

⿰言射 사 辭번 말씀사、告번 고할사 拜ㅣ사례할사 謝와同字 (禡)

譄 증 加번 더할증 人名사람이름증 (蒸)

譇 차 語競말다툴차 不解ㅣ敫알지못할차 (馬)

譃 후 妄言망령된말후 (虞)

䜌 련 言不絕말잇대일련、治번 다스릴련 (霰)

⿰言尋 탐 言不正而違번 말어긋날탐 (感)

譁 화 讙번 喧ㅣ시끄러울화、지껄일화 (麻)

譂 전 妄言망령된말전 (銑)

⿰言就 추 謏번 아첨할추 (宥)

⿰言絫 류 謚번 시호류 哀死而述其行행장류 誄와同字 (紙)

⿰言歮 습 어눌할습 譅과同字

⿱斯言 서 悲聲슬픈소리서 (齊)

⿰言斯 서 슬픈소리서 ⿱斯言와同字

⿰言翕 흡 疾言말빨리할흡 (緝)

譎 휼 詐번 간사할휼、詭번 괴휼할휼、속일휼 (屑)

⿰言尞 료 巧言ㅣ譊 말잘할료 (蕭)

⿰言閒 란 逸言방랑할란 謾ㅣ誣毀속여말할란 讕과同字 (寒)(翰)

⿰言壴 예 審諦ㅣ諦살필예 或音의 (齊)

譊 뇨 恚呼불멘소리할뇨

鳴也 울오, ㅣㅣ 爭聲 다투는 소리오 (肴)

譌 [와] 謬也 그릇와, 와전할와, 化也 화할와, 妖言 요괴스러운 말와. 訛同字 (歌)

譈 [대] 怨也 원망할대, 惡也 미울대 (隊)

譱 [선] 善言 좋은말선 (銑)

證 [증] 驗也、候也 증험할증、보증할증、질정할증 (徑)

譆 [희] 痛呼、懼聲 소리지를희 (支)

⿱暑言 [포] 呼ㅣ 痛冤聲 부르짖을포. ⿱暴言와 同字 (皓)

譑 [교] 發罪糾ㅣ 죄들추어낼교 (篠)

⿰言勞 [로] 聲多 소리많을로 (號)

⿰言發 [발] 發言 말할발 (月)

譏 [기] 誹也 나무랄기, 誚也 꾸짖을기, 伺察 엿볼기 (微)

譐 [준] 聚語 수군거릴준, 噂同字 (阮)

⿰言惡 [오] 憎也 미워할오, 相毁 서로훼방할오 (遇)

譕 [무] 言行莫先 언행이같을무 (虞)

譗 [잡] 言不倫脊 ㅣ譶 말종잡을수없을잡 (洽)

⿰言厤 [력] 巧言 謙교묘한 말력, 讈과 同字 (錫)

識 [식][지] 知也 認也 알식, ㅣ見 식견식, 記也 기록할지 (職)(寘)

謫 [적] 罰也 벌할적 (陌)

⿰言⿱者月 [타] [illegible]也 민첩할타, 請와 同字 (歌)

譓 [혜] 多智 슬기많을혜, 順也 순할혜, 辨察 분변할혜 (霽)

⿱隋言 [수] 相毁 서로훼방할수 (寘)

⿰言喦 [암] 戲言 희롱할암 (咸)

譔 [선] 述也 지을선, 選也 가릴선, 善也 기릴선 (銑)(霰)

譒 [파] 敷也 펼파, 播同字 (箇)

譖 [참] 讒也 참소할참, 不信 거짓말참, 僭通 (沁)

⿰言⿱覀而 [누] 詎ㅣ 不能言 말더듬거릴누, 譳의 俗字 (宥)

譜 [보] 屬也 붙일보, 牒也 문서보, 籍錄 世系 족보보, 諩와 同字 (麌)

⿰言⿱此早 [자] 量也 어림할자, 思也 생각할자, 缺點 결점자, 誹謗 비방할자 (訾)

警 [경] 戒也 敕也 경계할경, 戒行 계엄할경, 寤也 깨달을경, 警의 略字 (梗)

⿰言桼

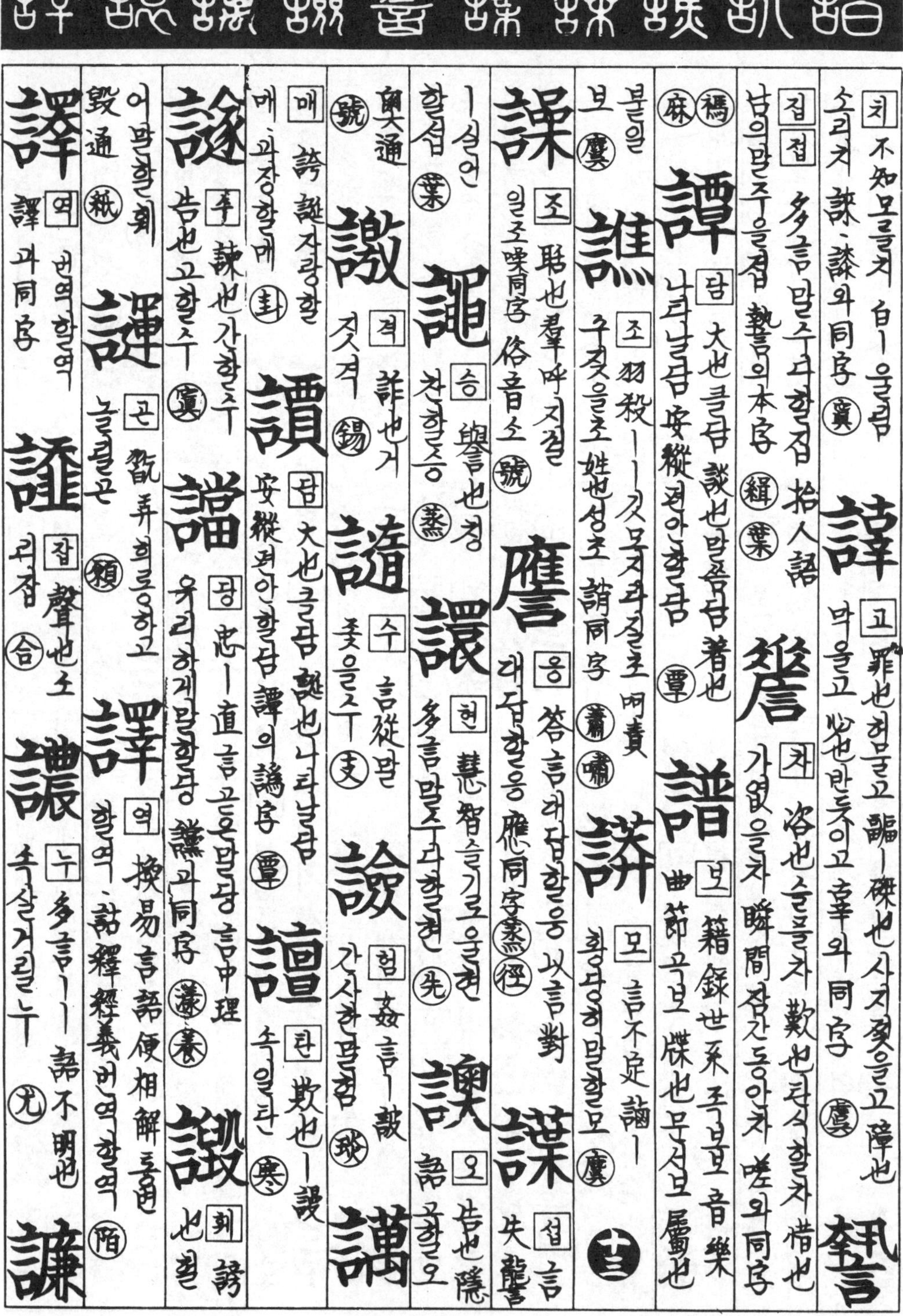

[치] 不知모를치 白ㅣ울림소리치 詠、謑와同字 (寘)

⿰言辜 [고] 罪也허물고 䛛ㅣ㵮也사지못을고 障也막을고 訟也만두이고 辜와同字 (虞)

讋 [집][접] 多言말수다할집 拾人語남의말주울집 讋의本字 (緝)(葉)

⿱差言 [차] 咨也슬플차 歎也탄식할차 借也가엾을차 瞬間잠간동안차 嗟와同字 (禡)(麻)

譚 [담] 大也클담 談也말씀담 著也나타날담 安縱편안할담 (覃)

譜 [보] 籍錄世系족보보 音樂曲節곡보보 牒也문서보 屬也붙일보 (麌)

譙 [조] 㘗殺ㅣㅣ깃못자랄조 主呵責꾸짖을조 姓也성초 誚同字 (蕭)(嘯)

譕 [모] 言不定 譕ㅣ황당히말할모 (虞)

⑬

譟 [조] 聒也君羣呼지껄일조 噪同字 俗音소 (號)

譍 [응] 答言대답할응 以言對대답할응 應同字 (蒸)(徑)

⿰言葉 [섭] 言失讋ㅣ실언할섭 (葉)

譝 [승] 譽也칭찬할승 (蒸)

譞 [현] 慧智슬기로울현 多言말수다할현 (先)

⿰言奧 [오] 告也 隱語고할오 奧通 (號)

譤 [격] 詐也거짓격 (錫)

譢 [수] 言從말좇을수 (支)

譣 [험] 姦言ㅣ詖간사한말험 (琰)

⿰言萬 [매] 誇誕자랑할매, 과장할매 (卦)

⿰言賈 [담] 大也클담 誕也나타날담 安縱편안할담 譚의譌字 (覃)

譠 [란] 欺也ㅣ謾속일란 (寒)

⿰言彖 [추] 諫也간할추 告也고할추 (寘)

譡 [당] 忠ㅣ直言곧은말당 言中理우리하게말할당 讜과同字 (漾)(養)

⿰言𣪘 [훼] 謗也헐훼 어지럽힐훼 毁通 (紙)

諢 [곤] 詼諢弄희롱하고 놀릴곤 (願)

譯 [역] 換易言語使相解통역할역、詁釋經義번역할역 (陌)

⿰言睪 [역] 번역할역 譯과同字

譅 [잡] 聲也소리잡 (合)

譨 [누] 多言ㅣㅣ語不明也수다스러울누 (尤)

譧

䜋 𧬇 譼 譺 諴 䜁 議 譫 譬 讓 譋

[점] 詖詀 속올점 詀同字 (陷)

譩 [의] 悆也 부할의 傷也 상할의 (支)

譤 [경] 경계할경 계엄할경 警과同字

警 [교] 詃也 알숙할교 痛呼 소리지를교 (肅)

警 [경] 戒也 경계할경 起也 경동할경 戒行 계엄할경 、수행할경 寤也 깨달을경 告非常 주의시킬경 (梗)

䜋 [홰] 衆聲 여러소리홰 噦通 (泰)

譪 [애] 盡力 힘다할애 多貌 많을애 (泰)

讄 [외] 告也 고할외 與之言 이를외 稱也 일컬을외 謂의本字 (未)

諴 [흠] 怒也 言성내어말할흠 (沁)

譁 [하] 譹와同字

譱 [선] 良也 착할선 吉也 길할선 多也 많을선 ㅣ之 옳게여길선 善同字 (銑)(霰)

謬 [류] 誤也 그릇류 亂也 어지러울류 欺也 속일류 差也 어긋날류 謧와同字 (宥)

謇 [건] 難言 吃也 말더듬거릴건 (銑)

諵 [삽] 多言 말많을삽 語笑貌 웃으며말할삽 譅과同字 (洽)

䜑 [향] 暫也 잠깐향 不美言 좋지않은말향 (漾)

譔 [과] 相誤 서로그릇할과 (禡)

議 [의] 語也 말할의 謀也 꾀할의 定事之宜 의논할의 (寘)

譮 [홰] 怒辭 성난말홰 (卦)

譫 [섬] 多言 중얼거릴섬 心病ㅣ妄 헛소리할섬 吉音 점 (鹽)

䜎 [과] 急言 말급할과 本音 화 譌와同字 (卦)(禡)

譺 [업] 語笑 말하며 웃을업 (洽)

譬 [비] 喩也 비유할비 曉也 깨우칠비 匹也 짝비 (寘)

誳 [굴] 詭異 괴이할굴 詘의本字 (物)

譾 [전] 語煩 말번거로울전 (銑)

讓 [양] 謙也 사양할양 責也 꾸짖을양 讓의略字 (漾)

謭 [별] 言析理 말로판단할별 譾과同字 (屑)

譋 [하] 怒貌 성낼하 (歌)

謷 [오] 不肖人語 중얼거릴오 ㅣㅣ悲泣 훌적거릴오 倨也 거만할오 謷와同字 (肴)(號)

護

호 保ㅣ擁全호위할호 救助구조할호 官名벼슬이름호 護와同字 遇

⑭

譴 견 責也 詰也 꾸짖을견 怒也 성낼견 譴問 카양갈견 霰

[illegible] 철 細語속삭거릴철 屑

[illegible] 압 笑語 諳ㅣ웃고말할압 合

[illegible] 망 責望책망할망 欺也속일망 漾

[illegible] 면 慧黠영리할면 先

[illegible] 답 재잘거릴답 譶과同字 合

譶 답 疾言말재잘거릴답 合

[illegible] 초 代人說대신말할초 謏의本字 肴

譈 대 怨也원망할대 懟와同字 隊

護 호 擁全保ㅣㅣ호위할호 救也구조할호 助也도울호 官名벼슬이름호 遇

譳 누 不能言 詉ㅣ말머무거릴누 宥

譸 주 詶也ㅣ張속일주 尤

譽 예 聲美 稱也칭찬할예 令聞이름날예 樂也즐길예 譽·譽와同字 魚 御

[illegible] 추 罵也욕할추 宥

[illegible] 제 言多수다할제 霽

[illegible] 예 恨也한한할예 霽

[illegible] 진 視也볼진 驗也증험할진 候脈맥볼진 診同字 彰

[illegible] 몽 言不明말분명하지못할몽 東

[illegible] 녕 小言소삭거릴녕 庚

譺 의 억 嘲戲기롱할의 欺佛也속일의 齊敬삼가할억、삼갈억 卦 職

[illegible] 의 억 속일의 삼가할억 譺와同字

譹 호 號也 哭聲부르짖을호 謼同字 豪

譻 앵 聲也 鳴也ㅣㅣ방울달랑거릴앵 聲也ㅣㅣ소리앵 庚

[illegible] 답 言諮相反말다툼할답 妄 諮망령되게말할답 諮同字 合

[illegible] 지 言支逸出말허수나갈지 謘와同字 支

譼 감 지켜볼감 監의古字

[illegible] 단 言惑 誘ㅣ말의혹날단 旱

[illegible] 격 多言貌말많이할격 陌

議 의 語也말할의 謀也꾀할

의 定事之宜의ㄴ할의 議의本字 (寘)

譄 등 多言말 많을등 (蒸)

論 륜 론 言有理倫也 차례ㄱ진 說也 말할론 議也 의논할론 論의 俗字 (眞)(願)(元)

謍 영 發聲貌 소리날영 (庚)

⿰言毚 참 僭也 참람할참 僭也 간악할참 讒의略字 (咸)

譽 예 稱也 聲美 기릴예、칭찬할예 令聞이름날예 義同、樂也 즐거울예 俗音여 (魚)(御)

䜃 대 明審자세히 살필대 (灰)

⿰言僕 박 以言蔽말로방해막이할박 (屋)

⑮

讀 독 두 誦書글읽을독 樂名풍류이름독、文節絶處句ㅣ귀절두、도두 (屋)(宥)

⿰言虢 곽 多言말 많을곽 (陌)

⿰言賞 당 忠ㅣ直言곧은말당 言中理옳은하게말할당 讜과同字 (漾)(養)

謈 표 포 惡怒미워하고성낼포、呼ㅣ부르짖을포 本音박 (效)(覺)

⿰言厲 매 誇誕자랑할매 譪와同字 (卦)

⿰言樂 략 狂言ㅣ謊 미친말략 (藥)

⿰言遲 지 言之逸出 말흘러나갈지 (支)

⿰言鼠 렵 多言饒舌 지절일렵 (葉)

⿰言寫 사 以言寫志말로속시원하게할사 (馬)

⿰言蔡 살 散言허튼말살 (曷)

譓 혜 辨察분별하여살필혜 (霽)

⿰言慮 려 詐也거짓려 (御)

⿰言質 질 野人言상스러운말질 (質)

譾 전 淺也얕을전 (銑)

⿰言⿱侖言 륜 론 차례륜、말할론 의논할론 論과同字

⿰言⿱䀠瓜 과 相誤서로그릇할과 ⿰言⿱䀠大와同字 (禡)

讁 적 責也꾸짖을적 謫同字 (陌)

⿰言𦏧 순 ㅣㅣ誨言重復거듭이를순 誠懇貌지극할순 諄의古字 (眞)

⿰言⿺辶無 작 欺也속일작 責也꾸짖을작 譕과同字 (藥)

⿸雁言 응 荅言대답할응 以言對대답할응 譍의本字 (蒸)(徑)

⿰言憂 우 聞香貌냄새맡을우 (屋)

譞 현 有所求경영할현、욕심낼현 流言

뜯소문 현 (霰)

⿰言魯 [제] 象也모을제ㄱㄱ 辭給말잘할제 語助辭어조사제 諸와同字 (魚)

讄 [류] 誄也시호류 哀死而述其行행장류 誄讄同字 (紙)

讖 [참] 圖ㄱ符命참서참、비결참 讖의俗字 (沁)

讃 [찬] 明也밝을찬 佐也도울찬 稱美기릴찬 讚과同字 (諫)

讅 [심] 詳也살필심 鞫事알아낼심 理심문할심 審과同字 (寑)

變 [변] 변할변 變의俗字

變 [변] 化也변할변 更也改也고칠변 災異재앙변 變의俗字 (銑)

謹 [근] 愼也 忠也 삼갈근 敬也공경할근 專也오로지근 謹과同字 (吻)

譆 [액] 聲也소리액 (陌)

⿰言罣 [괘] 誤也그릇할괘 詿와同字 (禡)

十六

⿰言憲 [헌] 狼戾ㄱ摶낭자할헌 (阮)

䜩 [연] 잔치연 讌와同字

讋

⿰言瞿 [섭] 懾也두려울섭 失氣言맥없이하는말섭 (葉)

⿰言噩 [악] 直言蹇言ㄱ곧은말악 諤同字 (眞)

⿱頻言 [빈] 多言수다할빈 (藥)

⿲亻言隹 [수] 仇也원수수 匹也짝수 校也비교할수 償也갚을수 言相ㄱ對대거리할수 用也쓸수 (尤)

讗 [해] 誡也경계할해 (卦)

讉 [유] 怒也성낼유 (支)

變 [변] 化也변할변 災異재앙변 (天ㄱ成形) 改也更也고칠변 死喪죽을변 (霰)

讈 [력] 巧言讈ㄱ교묘한말력 (錫)

讇 [첨] 諛佞아첨할첨 諂古字 (琰)

讌 [연] 會飮잔치연 合語ㄱ坐모여말할연 讌、醼、宴同字 (霰)

⿱䍐言 [변] 善言말잘할변 論爭논쟁할변 分別가릴변 辯과同字 (銑)

⿱䍐言 [변] 善言말잘할변 論爭논쟁할변 分別가릴변 辯과同字 (銑)

讙 [획] 言壯貌말우락할획 數相怒성말은뇌혹 讗과同字 (陌)

諄 [순] 誨言重複ㄱㄱ거듭이를순 人名崇ㄱ사람의이름순 (眞)

⿱誠言 [함] 愛也사랑할함 (覃)

⿰言親

[친] 訓言 훈계할 친 (震)

衞 [외] 夢言不慧 잠고대할 위 詐也 거짓 위 僞通 (霽)

譱 [선] 正也 바를 선 (霰)

⑰

讐 [수] 匹也 짝 수 仇也 원수 수 校也 비교할 수 售也 償也 갚을 수 讎와 同字 (尤)

譮 [회] 中止 그칠 회 悟也 깨달을 회 讀의 本字 (賄)

讒 [참] 僭也 참소할 참 佞也 崇飾惡言毁善害能 아첨할 참 (咸)

論 [요] 誤也 그르칠 요 (嘯)

讖 [참] 符命圖ㅣ將來驗ㅣ緯 참서 참 비결 참 (沁)

譹 [화] 喧ㅣ讙也 들렐 화, 지껄일 화 譁의 本字 (麻)

[言+蹇] [건] 口吃 難也 말더듬거릴 건 (阮)

謇 [건] 難言 吃也 말더듬거릴 건 ㅣ諤直言 곧은말 건 謇言과 同字 (阮)(銑)

讕 [란] 逸言 방탕할 란 詆毁詆 ㅣ속여말할 란 (翰)

隱言 [은] ㅣ者 隱言 숨겨말할 은 迷也 수수께끼 은 讔과 同字 (吻)

讓 [양] 謙也 사양 양 責也 주짓을 양 與也 줄 양 (漾)

[言+邁] [매] 誇誕 자랑할 매 講와 同字 (卦)

譻 [앵] 怒也 성낼 앵 (庚)

讔 [은] 隱言ㅣ者 숨겨말할 은 迷也 수수께끼 은 (吻)

⑱

讙 [훤][환] 譁也 지껄일 훤 喧 同字 환 義同, 喜悅 기쁠 환 (元)(寒)

[言+暴] [표][포] 恶怒 미워하고 성낼 포 呼ㅣ 부르짖을 포 謈의 本字 (效)(覺)

[言+雝] [퇴][회] 謀也 떨릴 퇴, 시끄러울 회 회 義同 (灰)

[言+軍] [원] 弄言 농담 원 諢과 同字 (願)

[言+遝] [답] 妄語 망녕되게 말할 답 ㅣ多言 잔말할 답 譶과 同字 誻의 俗字 (合)

譩 [희] 和樂聲 화락한 소리 희 悲恨聲 한숨쉴 희 强笑 억지웃음 희 自得 시침뗄 희 嘻와 同字 (支)

[言+闒] [답] 言多 수다할 답 (合)

讘 [섭] 多言 詀ㅣ 속살거릴 섭 俗音 첩 (葉)

讗 [휘][획] 誇也 ㅣㅣ 자랑할 휘 言壯貌 말우람찰 획 數相怒 성발끈낼 획 (陌)

⑲

[言+離] [리] 多

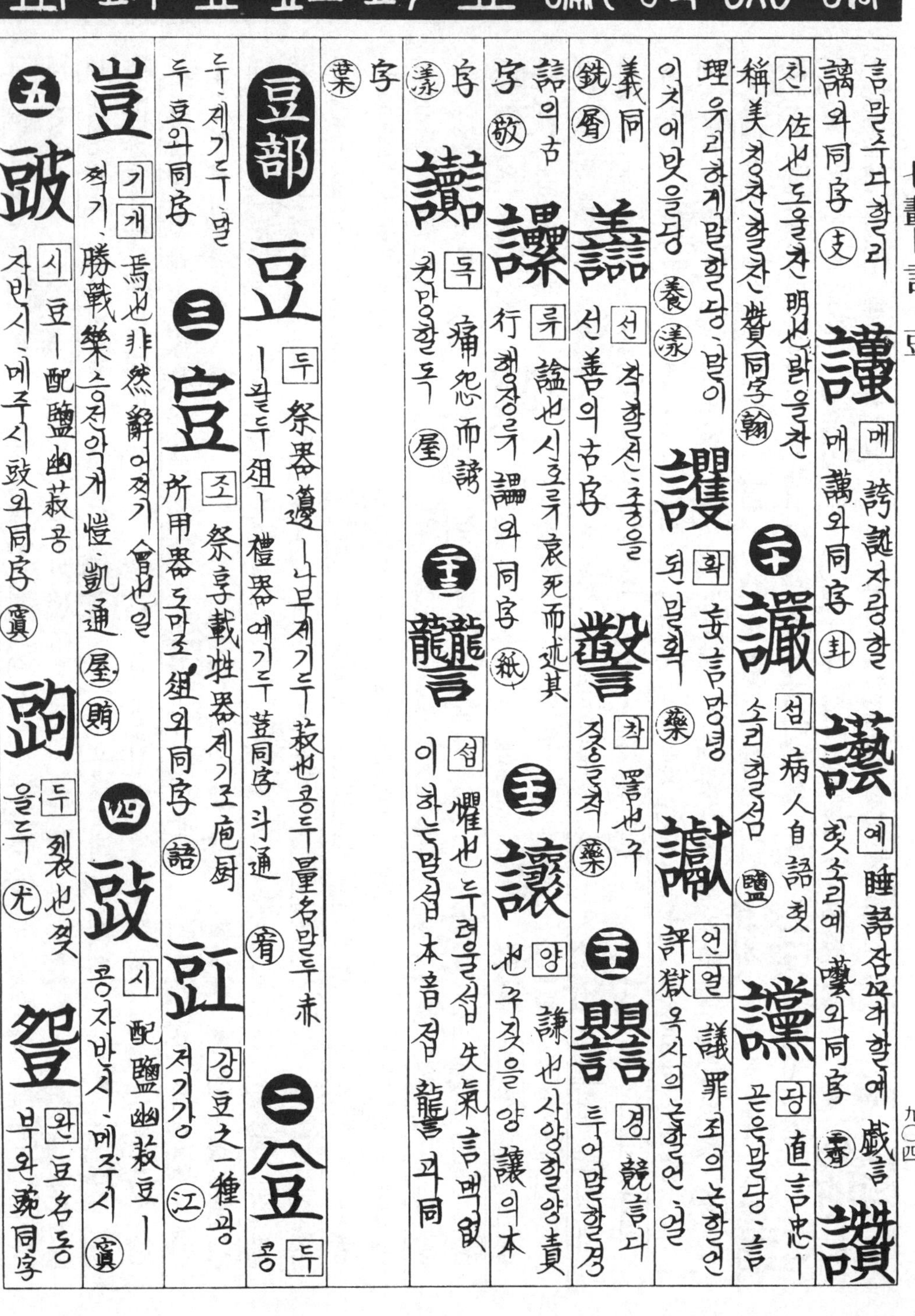

言말수다할리 謧와同字 (支)

[illegible] [매] 誇誕자랑할매 [illegible]와同字 (卦)

讛 [예] 睡語잠꼬대할예 歲言헛소리예 囈와同字 (霽)

讚 [찬] 佐也도울찬 明也밝을찬 稱美칭찬할찬 贊同字 (翰)

二十

讝 [섭] 病人自語헛소리할섭 (鹽)

讜 [당] 直言也곧은말당、言理유리하게말할당、말이이치에맞을당 (養)(漾)

[illegible] [확] 妄言망녕된말확 (藥)

讞 [언][얼] 議罪죄의논할언 讞獄옥사의논할언、얼 義同 (銑)(屑)

譱 [선] 착할선、좋을선 善의古字

[illegible] [착] 詈也주지정을착 (藥)

二十一

[illegible] [경] 競言다투어말할경 誩의古字 (敬)

[illegible] [류] 誄也시호류 哀死而述其行행장류 讄와同字 (紙)

二十二

讓 [양] 謙也사양할양 責也꾸짖을양 讓의本字 (漾)

讟 [독] 痛怨而謗원망할독 (屋)

二十三

讋 [섭] 懾也두려울섭 失氣言맥없이하는말섭 本音접 [illegible]과同字 (葉)

豆部

豆 [두] 祭器籩ㅡ나무제기두 菽也콩두 量名말두 赤ㅡ팥두 俎ㅡ禮器예기두 荳同字 斗通 (宥)

二

[illegible] [두] 콩두、제기두、말두 豆와同字

三

[illegible] [조] 祭享載牲器제기조 庖厨所用器도마조 俎와同字 (語)

豇 [강] 豆之一種광저기강 (江)

豈 [기][개] 焉也非然辭어찌기 會也일찌기、勝戰樂승전악개 愷、凱通 (尾)(賄)

四

豉 [시] 配鹽幽菽豆ㅡ콩자반시、메주시 (寘)

五

[illegible] [시] 豆ㅡ 配鹽幽菽콩자반시、메주시 豉와同字 (寘)

[illegible] [두] 裂也찢을두 (尤)

[illegible] [완] 豆名동부완 豌同字

(寒) ⑥

豊 [례] 節文仁義 예도례 敬ㅣ拜 절례 이사례 禮의古字 (齊) [풍] 豆之ㅣ滿者 왕콩풍 大也 클풍 有年풍년풍 豐의略字 (東)

登 [등] 禮器瓦豆 질제기 등 甑同字 鐙通 (蒸)

䜶 [강] 豇豆ㅣ䜶 광저기강 (江)

生豆 들콩참 豉也 콩자반참 (侵)

䝁 [매] 豆碎萁 콩깍지매 (賄)

䜽 [비] 白扁豆 백편두비、콩비 豍와同字 (齊)

⑦

豉 [촉] 가豈 팥촉 (屋)

䜳 [침] 野

⑧

豎 [수] 立也 세울수 直也 곧을수 童僕未冠 內廷小臣 더벅머리수、아이종수 (麌)

𧯷 [등] 瓦豆禮器 제기 등 登의本字 (蒸)

豍 [비] 白扁豆 백편두비 (齊)

豌 [완] 西胡豆名 완두완 동부완 𧯸同字 (寒)

䜭 [감] 豉味厚也 된장 맛있을감 (勘)

𧯸 [완] 완두완 豌과同字

䜺 [책] 磨豆 비지책 간콩책 (陌)

䜻 [기] 豆ㅣ 豆莖 콩대기 菜名似蕨기 나물기 草也 풀기 萁와同字 (支)

𧯹 [풍] 豆之ㅣ滿者 왕콩풍 大也、多也 클풍 有年풍년풍 豐의古字 (東)

䜲 [욱] 豆也 콩욱 (屋)

䜹 [정] 張幕 장막칠정

(青) ⑨

𧰀 [목] 豆萁콩 깍지목 (屋)

䒭 [근] 敬承 받들근 伸也 펼근 婚姻 혼인근、표주박근 巹과同字 (吻)

䝃 [시] 豆ㅣ 配鹽幽菽 콩자반 시、메주시 豉와同字 (寘)

䜪 [음] 幽豆 메주 만들음 (侵)

𧰃 [음] 메주만들음 䜪과同字

豰 [목] 豆萁 콩깍지목 𧰀과同字 (屋)

䜼 [유] 變色豆 빛변한 콩유 (虞)

⑩

豐 [례] 節文仁義 예도례 敬ㅣ拜 절례 이사례 禮의古字 (齊) [풍] 豆之ㅣ滿者 왕콩풍 大也、多也 클풍 有年풍년풍 豐의略字 (東)

𧯷 [함] 豆半生 덜삶은콩함 餅中豆 떡속에든 콩함 (豏)

䝂

[비] 騎兵用鼓 군사의북비 (齊)

⿰巾登 [등] 舒也 펼등 (蒸)

鼕 [동] 鼓聲 북소리동 (東)

豎 [수] 立也 세울수 內豎小臣 내시수 童僕未冠者 더벅머리수 豎의 籀文 (麌)

⿰豆留 [류] [료] 豌豆 완두콩류 豆也 콩료 (尤) (蕭)

豋 [료] 野豆 들콩료 ⿰豆尞 同字 (豪)

⑪

豐 [풍] 有年 풍년풍 多也 많을풍、후할풍 大也 클풍 厚也 두터울풍 盛也 성할풍 邑名 고을이름풍 卦名 괘이름풍 (東)

⿰豆婁 [루] 白豆 흰콩루 (尤)

⿱癶⿰豆殳 [등] 升也 오를등 進也 나아갈등 成也 이룰등 高也 높을등 衆也 많을등 登의 籀文 (蒸)

⿰豆畢 [필] 豌豆 동부필、완두필 (質)

⿰豆咨 [의] 醇美 아름다울의 大也 클의 懿와 同字 (寘)

豒 [질] 次序 차례질 品ㅣ 秩稟 품수질 淸明 맑을질 常也 떳떳할질 謹也 삼갈질 秩의 古字 豑와 同字 (質)

⿰豆臾 [여] 量也 헤아릴여 (魚)

⿰豆耑 [단] 黃色 누른빛단 (蒸)

⑫

⿰豆兼 [렴] 打鼓 북칠렴 (鹽)

⿰豆尞 [로] 野豆 들콩로 豋 同字 (豪)

⿰豆眞 [전] 鼓聲 북소리전 (先)

⑬

⿰豆國 [국] 鼓聲 ㅣ⿰豆歷 북소리국 (職)

⿱虎豆 [호] 土釜 흙솥호 (皓)

豑 [질] 차례질 秩과 同字

⿱瓦豆 [렴] 打鼓 북칠렴 (葉)

⑭

⿰豆㬎 [접] 黃色荳 누런콩접 (葉)

⑮

⿰豆幾 [비] 相摩近 맞비빌비 (微)

⑰

⿰豆韱 [렴] 鼓聲 북소리렴 (葉)

⑱

⿰豆歷 [력] 鼓聲 ⿰豆國ㅣ 북소리력 (錫)

⿰豆雙 [쌍] 豇豆 ⿰豆夅ㅣ 광저기쌍 (江)

⑳

⿰豆熏 [훈] 鼓鳴 북울릴훈 (文)

豓 [염] 容色豐滿美也 탐스러울염 歆羨 부러워할염 豔과 同字 (豔)

⑳

豔 [염] 美也 고울염 容色豐滿 탐스러울염 얌전할염 歆羨 부러워할염 (豔)

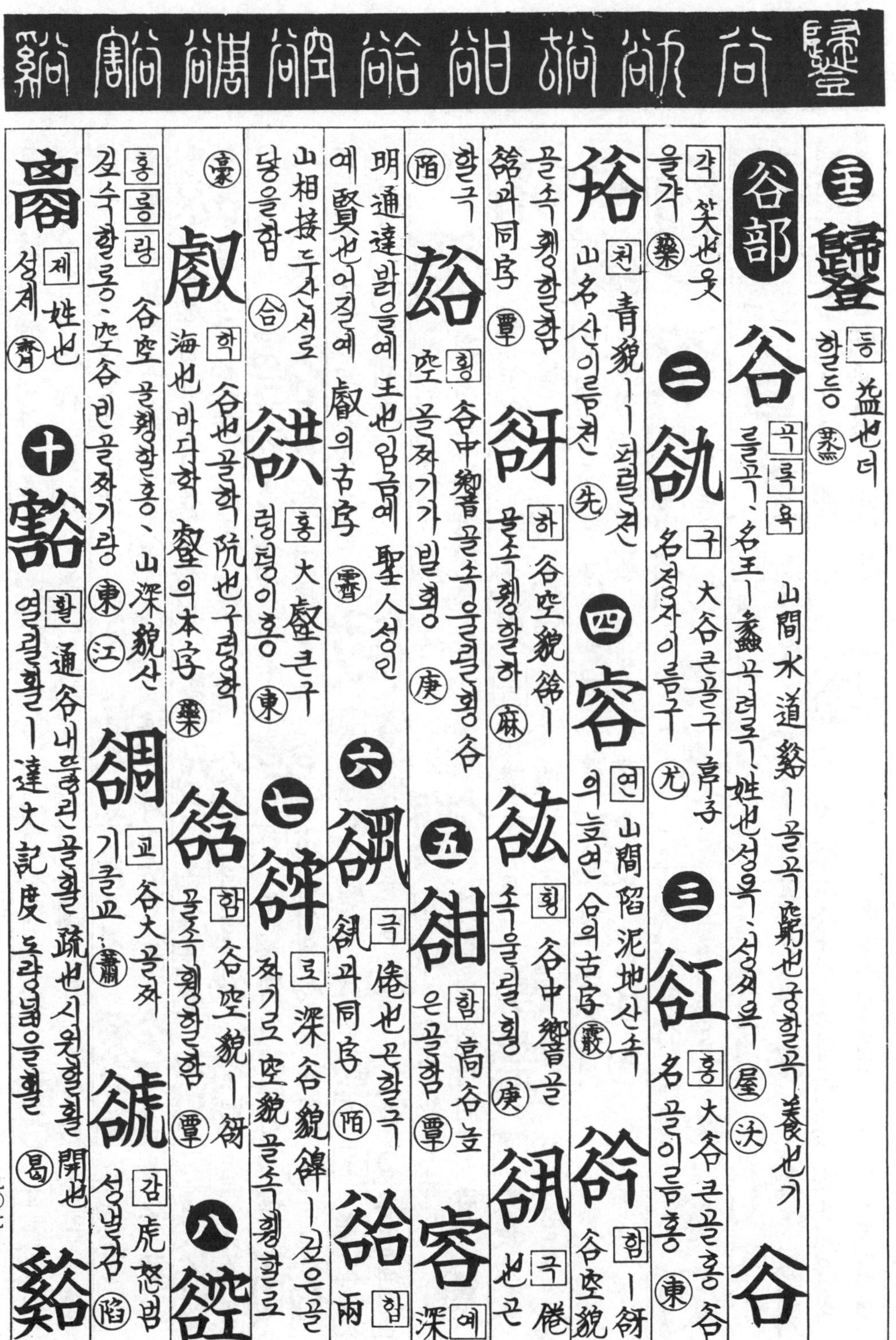

(主) [illegible] [등] 益也더할등 (蒸)

谷部

谷 [곡][록][욕] 山間水道谿ㅣ골곡 窮也궁할곡 養也기를곡、名王ㅣ蠡곡려록、姓也성욕、성씨욕 (屋)(沃)

谷 [갹] 笑也웃을갹 (藥)

㊁ 谸 [구] 大谷큰골구 亭子名정자이름구 (尤)

㊂ ⿰谷工 [홍] 大谷큰골홍 谷名골이름홍 (東)

⿰谷千 [천] 靑貌ㅣㅣ푸를천 山名산이름천 (先)

㊃ 容 [연] 山間陷泥地산속의늪연 合의古字 (霰)

⿰谷今 [함] ㅣ谺 谷空貌골속휑할함 谽과同字 (覃)

谺 [하] 谷空貌谽ㅣ골속휑할하 (麻)

⿰谷玄 [횡] 谷中響音골속울릴횡 (庚)

谻 [극] 倦也곤할극 (陌)

谹 [횡] 谷中響音골속울릴횡 谷空골짜기가빌횡 (庚)

㊄ ⿰谷甘 [함] 高谷높은골함 (覃)

⿱宀谷 [예] 深明通達밝을예 王也임금예 聖人성인예 賢也어질예 叡의古字 (霽)

㊅ 谻 [극] 倦也곤할극 谻과同字 (陌)

⿰谷合 [합] 兩山相接두산서로닿을합 (合)

谼 [홍] 大壑큰구렁이홍 (東)

㊆ ⿰谷卒 [로] 深谷貌谷卑ㅣ깊은골짜기로 空貌골속휑할로 (豪)

㕡 [학] 谷也골학 阬也구렁학 海也바다학 壑의本字 (藥)

谽 [함] 谷空貌ㅣ谺 골속휑할함 (覃)

㊇ 谾 [홍][롱][랑] 谷空골휑할홍、山深貌산깊숙할롱、空谷빈골짜기랑 (東)(江)

⿰谷周 [교] 谷大골짜기클교 (蕭)

⿰谷虎 [감] 虎怒범성낼감 (陷)

⿱齊谷 [제] 姓也성제 (齊)

㊉ 豁 [활] 通谷내뚫린골활 疏也시원할활 開也열릴활ㅣ達大記度도량넓을활 (曷)

谿

[계] 水注川 澗 시내계 ㅣ子孫·활이름계 俗作 溪 (齊)

谿 [혜] 反戾어그러질혜 怒爭 勃ㅣ성내어다툴혜 (齊)

豁 [활] 通谷내뚫린골활 疏也 開也 소통할활 達大 記度 도량넓을활 豁과同字 (曷)

⊕十一

⿰谷曼 [만] 亭名정자이름만 (寒)

⿰谷翏 [료] 谷深골깊을료 (蕭)

⿰谷京 [극] 壁際孔틈극 怨ㅣ 釁也 틈날극 隙·隙과同字 (陌)

⊕十二

⿰谷勞 [로] 谷空貌 골빌로 (號)

⿰谷間 [간] 山夾水산골물간 水名물이름간 澗과同字 (諫)

⿰谷㬅 [만] 亭名정자이름만 ⿰谷曼과同字 (寒)

⿰谷⿱害土 [학] 谷也골학 阬也구렁학 海也 바다학 壑과同字 (藥)

⿰谷閒 [간] 山夾水산골물간 水名물이름간 澗과同字 (諫)

⿰谷敢 [함] 開也열릴함 深谷貌골깊을함 (感)

⿰谷皇 [호] 深谷貌깊은골짜기호 (豪)

⿰谷開 [하] 谽ㅣ谷空貌골속휑할하 谺와同字 (麻)

⊕十三

⿰谷閜 [하] 谽ㅣ谷空貌골속휑할하 谺와同字 (麻)

⊕十四

⿰谷詹 [신] 深谷깊은골신 (震)

⊕十五

⿰谷賣 [독] 通溝도랑독 할독 瀆古字 (沃)

⊕十七

谾 [롱] 大長谷크고긴골롱 (東)

⊕二十

⿰谷闞 [함] 開也열릴함 深谷貌골깊을함 ⿰谷敢과同字 (感)

⊕二十四

⿰谷靈 [령] 岩穴바위구멍령 (青)

豕部

豕 [시] 豚也돼지시、돋시 (紙)

⊕一

豖 [축] 豕絆足行ㅣㅣ발얽은돼지걸음축 (屋)

⊕二

⿰豕丁 [정] 豕貌돼지모양정 (青)

⊕三

⿱丿豕 [시] 돼지시 豕와同字

豩 [한] 豕走貌돼지달아나는모양한 (旱)

豘 [돈] 小豕새끼돼지돈 魚名河ㅣ복돈 圈ㅣ우리속돼지돈 豚과同字 (阮) (願)

豗 [회] 相擊맞다부딪칠회 鬨聲ㅣ喧ㅣ싸우는소리회 떠들석할회 豕掘돼지흙팔회

(灰) 𧰲 [회] 豕掘土돼지 흙뒤질회 (灰) 豖 [축] 豕行돼지 걸어갈축 (沃)

㊃

豟 [액] 大豕 큰돼지 지액 豟과 同字 (陌)

豛 [역] 豚也 돼지 지역 (陌)

豘 [돈] 小豕 새끼돼지돈 魚名 河ㅣ 복돈 圈ㅣ 우리속돼지돈 豚과同字 (阮)(願)

豚 [돈] 豬子 돼지돈 魚名 河ㅣ 물돌돈、行不擧足 圈ㅣ 우리속돼지돈 (元)(阮)

豙 [의] 豕怒也 毛堅 돼지성나 털일어날의 豪와同字 (未)

彖 [시] 豕也 돼지시、돝시 (紙)

豗 [회] 相擊也 맞부딪칠회 喧ㅣ 閧聲 떠들석할회 豗와 同字 (灰)

豝 [파] 牝豕 二歲 두살된 암퇘지파 (麻)

豜 [견][연] 大豕 큰돼지견 三歲豕 세살된 돼지견、麢也 노루연 豣의 俗字 (銑)(霰)

𧰶 [우] 大豕 큰 돼지우 (尤)

𧰹 [웅] 獸名 似豕山居冬蟄 곰웅 光也 빛날웅 熊과同字 (東)

㊄

豠 [처] 小豕 작은 돼지처 (魚)

𧰿 [역] 豚也 돼지역 豛의 俗字 (陌)

象 [상] 南方大獸長鼻牙 코끼리상 形也 형상할상 光耀 빛날상 法也 법받을상 通言官 역관상 水牲罔ㅣ 물귀신상 舞名 춤이름상 樽名 상술 준상 (養)

𧰨 [시] 豕也 돼지시 豕의 譌字 (紙)

𧰼 [애] 瘠豕 마른 돼지애 (賄)

𧰸 [령] 藥名 豬ㅣ 약이름령 (青)

𧰾 [무] 牝豕 암퇘지무 (有)

象 [상] 南方大獸長鼻牙 코끼리상 法也 법받을상 光耀 빛날상 形也 형상할상 象의 俗字 (養)

豟 [액] 大豕 큰돼지액 (陌)

豰 [락] 擊也 칠락 (覺)

豞 [구] 豕鳴 돼지가 꿀꿀할구 (有)

㊅

豢 [환] 養畜 芻ㅣ 칠환、기를환 (養牛馬曰芻 犬豕曰ㅣ) (諫)

𧰺 [애] 老豭 늙은 숫돼지애 (泰)

𧱛 [선] 牝豕 암돼지선 (先)

豥 [해] 豕白蹢 네굽흰

돼지 해 (蟹)

狪 [동] 山豬 멧돼지 동 (東)

𧱂 [산] 豕羣 돼지떼 산 (寒)

兕 [시] 一角野牛 외뿔난 들소 시 古音사 兕와同字 (紙)

豤 [간] 齧也 씹을 간 款誠 정성스러울 간 (阮)

貆 [원] 豕屬 (山海經) 乾山有獸狀如牛而三足 名曰ㅣ 돼지 원 獸也 짐승이름 원 獂·貆과同字 (元)

豦 [거] 猿類 원숭이 거 (魚)

貄 [사] 狸子 삵의 새끼 사 貄와同字 (寘)

豗 [회] 豗也 서로부딪칠 회 豗同字 (灰)

豑 [시] 去勢豕 불친 돼지 시 (紙)

豻 [간] 大豬 큰돼지 간 (旱)

豜 [연][견] 齧 노루 연 大豕 큰돼지 견 三歲豕 세살된 돼지 견 (霰)(銑)

㊆

豟 [지] 大豕 큰돼지 지 (支)

𧰿 [울] 豬也 돼지 울 (質)

𧱈 [효] 豕走 돼지 달아날 효 (效)

豧 [포] 豕聲 돼지소리 포 豕也 돼지 저 조 (遇)

豙 [의] 豕聲 怒也 毛堅 돼지성나 털일어날 의 或音의 (未)

豲 [회][환] 貉屬 담비새끼 회·환 義同 貆의 本字 (元)

𧰵 [간] 齧也 씹을 간 款誠 정성스러울 간 豤의 本字 (阮)

𧱐 [종] 牡豕 숫돼지 종 豵의 譌字 (宋)

豛 [역] 豚也 돼지 역 豰과同字 (陌)

䐁 [돈] 小豕 새끼돼지 돈 漁名 河豚 복돈 圈ㅣ 우리속 돼지 돈 豚의 籒文 (阮)(願)

豨 [희] 大豕 큰돼지 희 神獸 卦豕 시령스러운 짐승의 星名 별이름 희 (微)(尾)

𧱏 [두] 尾星名 龍ㅣ 별이름 두 (宥)

豩 [빈] 二豕 쌍 도둘 빈 (眞)

𧱓 [처] 小豕 작은돼지 저 豠와同字 (虞)

豪 [호] 俊也 호걸 호 俠也 호협할 호 (智過百人) 豕鬣 돼지갈기 호 毫通 (豪)

㊇

𧱔 [강] 豕肉之中空 돼지고기 속빈 강 (江)

𧰿 [령] 豬ㅣ 藥名 약이름 령 豨과同字 (青)

𧱕 [굴] 돼지흙뒤질 굴 豰와同字

𧲸 [굴] 豕發土

돼지흙뒤 질굴 (屑)

⿰豕余 [유] 豕子 돼지새끼유 ⿰豕酋와同字 (支)

⿰豕疌 [삽] 老母豬 늙은돼지삽 ⿰豕疌과同字 (洽)

⿰豕取 [추] 小母豬 작은암돼지추 豵와同字 (虞)

豤 [간] 齧也 씹을간 款誠 정성스러울간 貇과同字 (阮)

⿰豕肩 [견][연] 大豕 큰돼지견 三歲豕 세살된돼지견 廬圈也 돈우리연 ⿰豕幵과同字 (銑)(霰)

豵 [종] 牡豕 숫돼지종 (宋)

⿰豕介 [매] 頑惡ㅣ豥 완악할매 (泰)

九

豫 [예] 旱也 先也 머저예 미리예 猶ㅣ머뭇거릴예 悅也 기쁠예 游也 놀예 參與 참여할예 逸也 편안할예 卦名 괘이름예 獸名 猶ㅣ짐승이름예 預通. 俗音 여 (御)

⿰豕奏 [주] 皮理堅厚之豕 살결두터운돼지주 (宥)

貒 [단] 似豕而肥 오소리단 貒同字 (寒)

⿰豕便 [변] 大豕 큰돼지변 (先)

豬 [저] 豕 돼지저 水所停 물괴일저 瀦名 孟ㅣ 못이름저 瀦通 (魚)

⿰豕畏 [전] 齧也 씹을전 (銑)

⿰豕俞 [유] 豪豬 별名 豲ㅣ 산돼지유 (虞)

⿰豕軍 [군] 小野豕 작은산돼지군 (問)

⿰豕殼 [락] 行也 갈락 (覺)

豭 [가] 牡豕 숫돼지가 (麻)

⿰豕虒 [해] 豕白蹄 네굽흰돼지해 豥와同字 (蟹)

⿱⿱豖攴 [돈] 小豕 새끼돼지돈 魚名 河ㅣ 복돈 圈ㅣ 우리속돼지돈 豚과同字 (阮)(願)

⿱⿱豖攴 [돈] 새끼돼지돈. 우리속돼지돈 豚과同字

十

⿰豕舌 [쾌] 頑惡 豥ㅣ 완악할쾌 (卦)

⿰豕氣 [희] 豕息 돼지숨쉴희 (未)

豲 [원][환] 豕屬山猪 산돼지원 豪豬 멧돼지환. 큰돌환 貆同字 (元)(寒)

⿰豕昷 [온] 豕名ㅣ豬 돼지이름온 (元)

豳 [빈] 周始封國 나라이름빈 汶西州名 고을이름빈 頒同字 (眞)

⿰豕冥 [명] 小豚 작은돼지명 (青)

⿱⿰豕豕凡 [봉] 새봉. 봉황봉 鳳의古字

豯 [혜] 豕生三月 석달된돼지혜 (齊)

⿰⿱𡉉豕殳 [혹] 白

狐子흰여우 새끼호 屋

⑪

䝻 용 獸名짐승이름용 䝻과同字 䝻의 俗字

貗 루 求子牝豕암내낸돼지루 尤

豵 종 一歲豚햇돼지종、어린돼지종 豕生三子세새끼돼지종 東

䝏 패 逐犬개좇을패 佳

豴 적 豕蹄돼지굽적 錫

豧 만 肥豕살찐돼지만 豕世돼지만 寒

豜 견 연 大豕큰돼지견 三歲豕세살된돼지견 麕世노루연 豣과同字 銑 霰

𧲆 멱 頭黑𩠐白豕머리검고몸흰돼지멱 錫

⑫

䝢 린 大豕큰돼지린 眞

𧳜 충 土豬땅돼지충 東

𧳟 증 층 豕所寢檜돼지우리증 圈世우리층 蒸

𧳰 유 豕子돼지새끼유 支

豷 희 豕息돼지숨쉴희 人名사람의이름희 豷同字 眞

⑬

𧴀 수 牝豕암돼지수 支

豶 분 去勢豕불알깐돼지분 除世세할분 文

⑭

豰 혹 豕聲돼지소리혹 屋

豩 빈 二豕쌍돌빈 豩과同字 眞

䝈 삽 老母豬늙은암돼지삽 洽

䝘 추 小母豬작은암돼지추 虞

𧴄 몽 山猪산돼지몽 東

䝉 몽 돼지몽 䝉과同字

⑮

𧴌 렵 豕長毛돼지의긴털렵 葉

𧴎 박 小豕작은돼지박 屋

⑯

䝥 환 野豬、曰牡狼들돼지환 寒

𧴊 접 豕別名 梁州謂豕曰ㅣ돼지접 𧴊同字 葉

⑲

𧴗 곤 혼 兄世맏곤、형곤 後世뒤곤 後ㅣ孫世손자곤 同世같을곤 ㅣ侖夫形덩어리혼 西夷名서쪽오랑캐이름혼、昆과同字 元 阮

豸部

豸 치 채 無足蟲발없는벌레치 神羊獬ㅣ신령한치 解世풀치、채 義同、廌同字 紙 蟹

㊁

𧲣 력 犬世개

력 (職)

㊂

豹 [표] 猛獸似虎圜文표범표 아롱범표、(效)

⿰豸乇 [탁] 驢文牛毋之獸 드기탁 (陌)

豻 [간] [안] 野犬似狐 들개안 獄也옥 안 犴同字 野犬 들개간 (寒)(翰)

豺 [시] 狼屬 승냥이시、 늑대시 古音재 (佳)

㊃

⿰豸亢 [학] 狐ㅣ似貍睡斑毛 담비학 貈과 同字 (藥)

⿰豸廾 [옹] 獸似豕돼지 같은짐승옹 (冬)

豜 [견] 大豕큰 돼지견 (先)

⿰豸月 [학] 狐ㅣ似貍 睡斑毛담비 학 貈貉과 同字 (藥)

⿰豸殳 [의] 果敢군셀의 妄怒성 발끈낼의 毅와 同字 (未)

豝 [파] 獸醜狀짐승 형상 추할파 (麻)

豽 [날] 獸似貍삵같 은짐승날 (黠)

⿰豸元 [완] 狐也여 우완 (寒)

⿰豸木 [휴] 貔ㅣ摯獸비휴짐 승휴 ⿰豸木 貅와 同字 (尤)

豼 [비] 獸名비휴짐 승비 (支)

㊄

⿰豸瓜 [호] 妖獸여우호 疑詞 의심할호 狐와 同字 (虞)

⿰豸乍 [잔] 無足蟲발없 는벌레잔 (潸)

豿 [구] 熊虎之子범 의드기구 (有)

⿰豸犮 [비] 豼也발없는 벌레비 (未)

豾 [비] 貍子삵의 새끼비 (支)

⿰豸央 [앙] 貉也 ㅣㅣ담 비앙 (陽)

⿰豸史 [사] 貁也담비사 ⿰豸史와 同字 (寘)

⿰豸坐 [좌] 獸也짐 승좌 (哿)

貂 [초] 鼠屬黃黑色돈피 초 蟬ㅣ冠飾초미초 鼦同字 (蕭)

貊 [맥] 蠻ㅣ오랑캐맥 靜也고요할맥 食鐵 似熊夷맥이맥 貘과 同字 (陌)

貁 [유] 似猿仰鼻長 尾긴숭이유 狖同字 (宵)

⿰豸圣 [거] 猛也사 나울거 (魚)

貀 [갈] 無前足獸앞발 없는짐승갈 (黠)

⿰豸伏 [복] 狐也여우복 ⿰豸伏과 同字 (屋)

⿰豸冬 [동] 有角獸뿔 난짐승동 (冬)

⿰豸木 [휴] 貔ㅣ摯獸비휴 짐승휴 貅와 同字 (尤)

㊅

⿰豸伏 [복] 狐也여 우복 (屋)

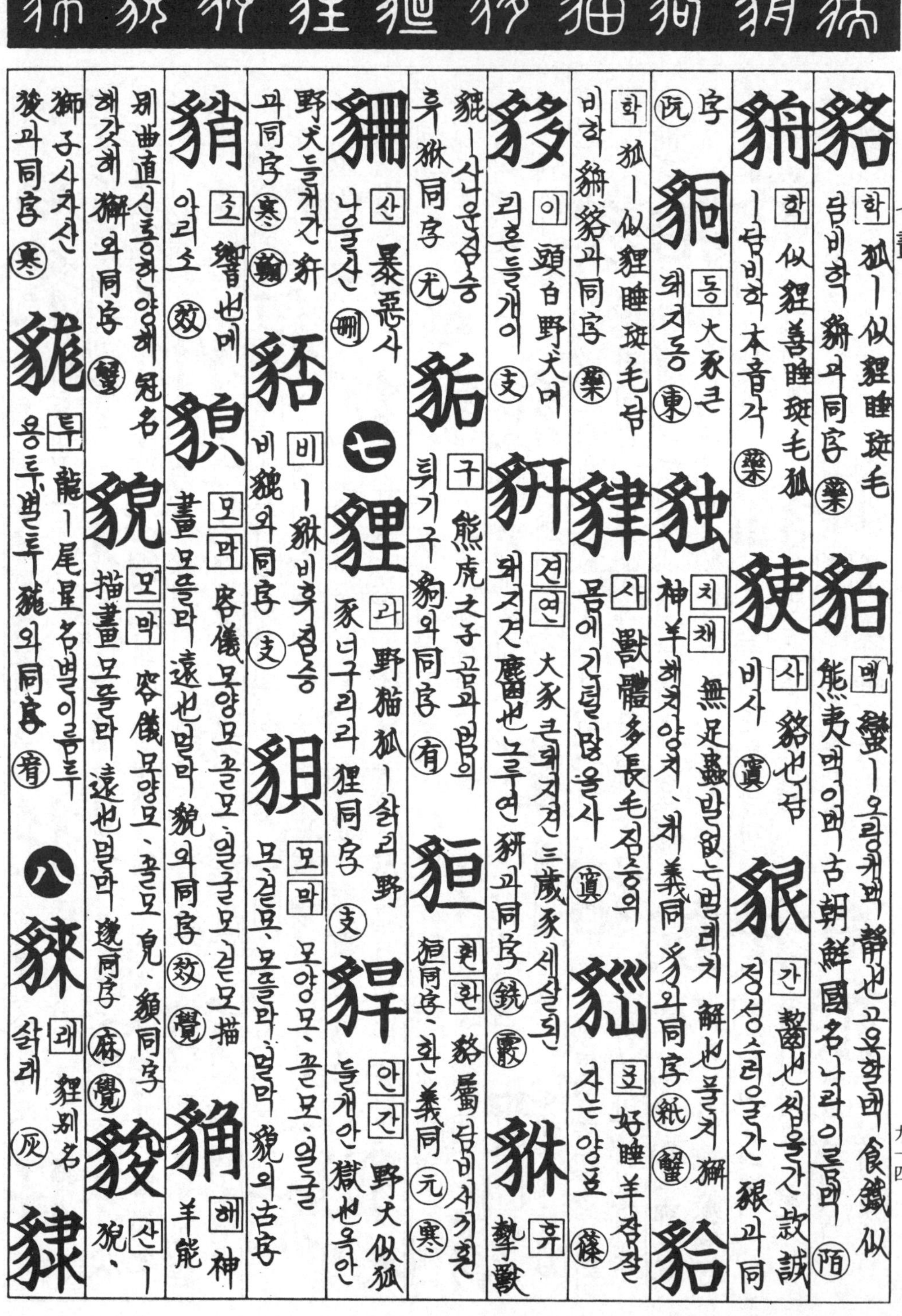

貉 [학] 狐ㅣ似貍睡斑毛 담비학 貈과同字 (藥)

貊 [맥] 蠻ㅣ오랑캐맥 靜也고요할맥 食鐵似熊北貘이맥 古朝鮮國名나라이름맥 (陌)

貈 [학] 似貍善睡斑毛狐ㅣ담비학 本音각 (藥)

⿰豸吏 [사] 貉也담비사 (寘)

貇 [간] 齧也씹을간 款誠정성스러울간 豤과同字 (阮)

⿰豸同 [동] 大豕큰돼지동 (東)

⿰豸虫 [치][채] 無足蟲발없는벌레치 解也풀치 獬 神羊해치양치、채 義同 豸와同字 (紙)(蟹)

⿰豸合 [학] 狐ㅣ似貍睡斑毛담비학 貈貉과同字 (藥)

貄 [사] 獸體多長毛짐승의몸에긴털많을사 (寘)

⿰豸⿱巛山 [요] 好睡羊잠잘자는양요 (篠)

⿰豸多 [이] 頭白野犬머리흰들개이 (支)

豣 [견][연] 大豕큰돼지견 三歲豕세살된돼지견 麃釁也그루연 豜과同字 (銑)(霰)

貅 [휴] 摯獸 貔ㅣ사나운짐승휴 ⿰犭休同字 (尤)

⿰豸后 [구] 熊虎之子곰과범의새끼구 豿와同字 (有)

貆 [훤][환] 貉屬담비새끼훤 狟同字、환 義同 (元)(寒)

⿰豸冊 [산] 暴惡사나울산 (刪)

(七)

貍 [리] 野貓狐ㅣ삵리 野豕너구리리 狸同字 (支)

貋 [안][간] 野犬似狐들개안 獄也옥안 野犬들개간 犴과同字 (寒)(翰)

⿰豸舌 [비] ㅣ貅비휴짐승비 貔와同字 (支)

⿰豸貝 [모][막] 모양모、꼴모、얼굴모 겉모、모뜰막 멀막 貌의古字

⿰豸肖 [소] 響也메아리소 (效)

貌 [모][막] 容儀모양모 꼴모、얼굴모 겉모 描畫모뜰막 遠也멀막 貎와同字 (效)(覺)

貎 [모][막] 容儀모양모、꼴모 皃、⿰豸頁同字 描畫모뜰막 遠也멀막 邈同字 (麻)(覺)

⿰豸角 [해] 神羊能別曲直신령한양해 冠名해각시해 獬와同字 (蟹)

⿰豸發 [산] ㅣ猊、獅子사자산 狻과同字 (寒)

⿰豸尨 [두] 龍ㅣ尾星名별이름두 용두별두 ⿰豸尨와同字 (宥)

(八)

⿰豸來 [래] 貍別名 삵래 (灰)

貄

[사] 貍子삵의 새끼사 (寘)

⿰豸沓 [답] 海狗也 물개답 (合)

⿰豸虎 [호] 大呼부르짖을호 大哭엉엉울호 鷄鳴닭울호 召也부를호 名稱이름호 號와 同字 (豪)(號)

貏 [피] 漸平貌ㅣ豸점점평평할피 (紙)

⿰豸吏 [사] 貄也담비사 貄와 同字 (寘)

⿰豸奇 [의] 犗犬불친개의 (支)

⿰豸来 [래] 貍別名삵래 ⿰豸来의 譌字 (灰)

貎 [예] 貎ㅣ주예예 鹿子사슴새끼예 (齊)

⿰豸卓 [조] 豸也발없는벌레조 (效)

九

⿰豸柔 [요] 如猿而小紫黑色검붉고 적은원숭이같은짐승요 猱通 (篠)

⿰豸𡿺 [노] 雌貉암담비노 (皓)

貓 [묘] 捕鼠獸 고양이묘 猫正字 (蕭)

⿰豸酉 [유] 良犬좋은개유 (尤)

⿰豸爰 [원] 猨也 腕長猿원숭이원 蝯과 同字 (元)

⿰豸胃 [위] 似鼠毛岐而刺如栗房고슴도치위 蝟와 同字 (未)

⿰豸重 [종] 乳也젖종 (宋)

貒 [단] 오소리단 貒과 同字 (元)

豬 [저] 豕也돼지저 水停물이괼저 澤名孟 못이름저 豬와 同字 (魚)

⿰豸彖 [단] 오소리단 貒과 同字

⿰豸契 [설] ㅣ貐似貙虎爪짐승이름설 ⿰豸契과 同字 (黠)

⿰豸耑 [단] 貛也 似豕而肥오소리단 狼牡숫이리단 (寒)

⿰豸頁 [모][막] 容儀모양모、꼴모、얼굴모、겉모 描畫모뜰막 遠也멀막 貌、皃와 同字

貐 [유] 似貙⿰豸契ㅣ스라소니같은짐승유 (虞)

⿰豸契 [설] 似貙虎爪ㅣ貐스라소니같은짐승설 俗音알 (黠)

貑 [가] 牡豕숫돼지가 豭와 同字 (麻)

十

⿰豸弟 [비] 猛也사나울비 (支)

貔 [비] 猛獸名ㅣ貅사나운짐승비 豼同字 (支)

貕 [해] 豬子돼지새끼해 澤名ㅣ養늪이름해 (養)(齊)

⿰豸原 [원] 豕屬돼지원 (乾山有獸狀如牛而三足名曰獂) 짐승이름원 獂과 同字 (元)

⿰豸員 [원] 猴屬원숭이원 猿、猨과

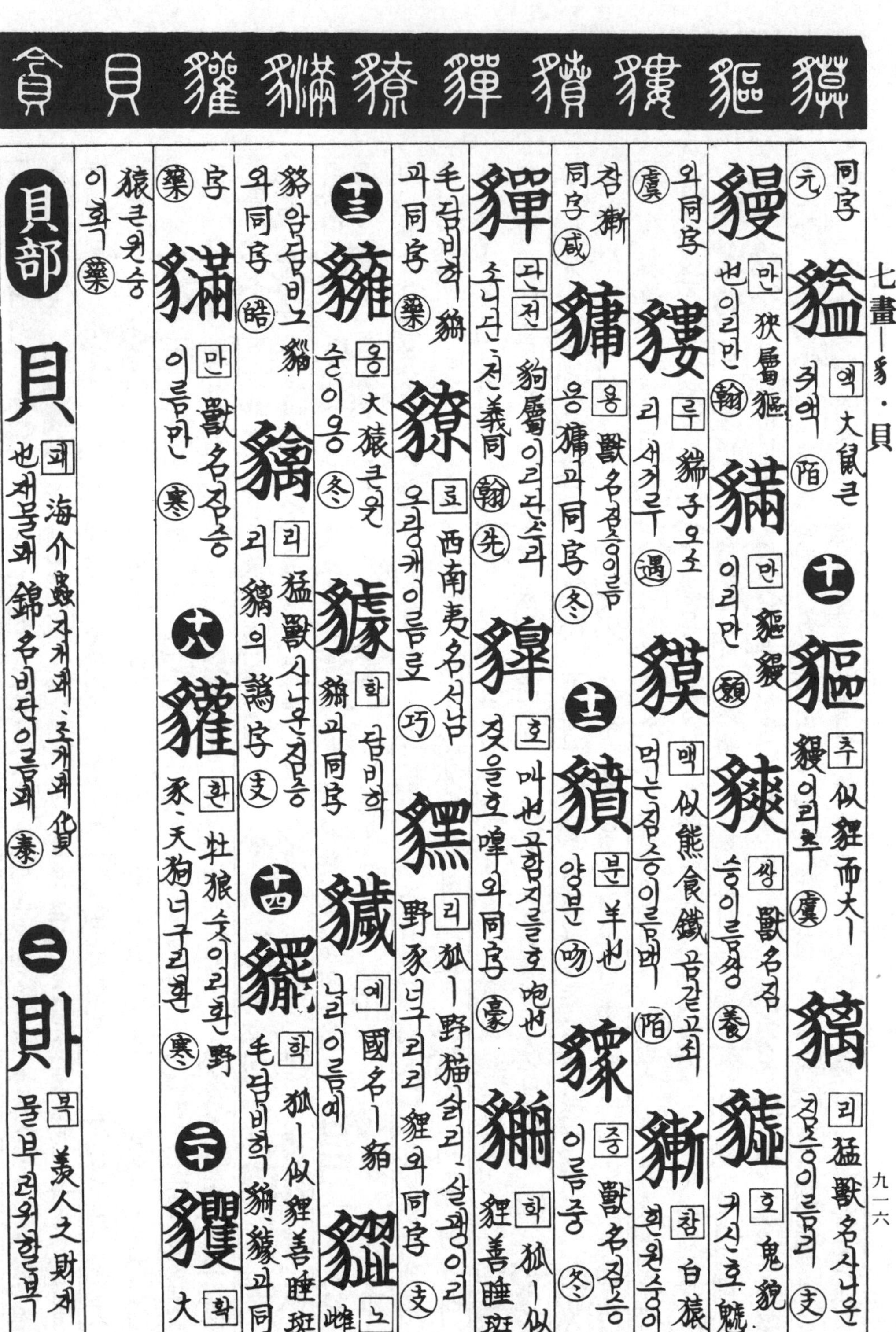

同字 元

貖 [액] 大鼠큰쥐액 陌

⑪

貙 [추] 似貍而大ㅣ貗이리추 虞

⿰豸离 [리] 猛獸名사나운짐승이름리 支

⿰豸曼 [만] 狄屬貙이리만 翰

⿰豸㒼 [만] 貙⿰豸曼이리만 願

⿰豸爽 [쌍] 獸名짐승이름쌍 養

⿰豸虛 [호] 鬼貌귀신호 魖외同字 虞

貒 [루] 貒子오소리새끼루 遇

貘 [맥] 似熊食鐵곰같고쇠먹는짐승이름맥 陌

⿰豸斬 [참] 白猿흰원숭이참 獑同字 咸

⿰豸庸 [용] 獸名짐승이름용 ⿰豸庸과同字 冬

⑫

⿰豸賁 [분] 羊也양분 吻

⿰豸衆 [중] 獸名짐승이름중 冬

貚 [단][전] 豹屬이리단、과 숫은단、전 義同 翰 先

⿰豸皐 [호] 매번곰합지를호 咆也 짖을호 嘷와同字 豪

貈 [화] 狐ㅣ似貍善睡斑 毛담비학 貈과同字 藥

⿰豸尞 [료] 西南夷名서남오랑캐이름료 巧

⿰豸黑 [리] 狐ㅣ野猫삵괭이리、살쾡이리 野豕너구리리 貍와同字 支

⑬

⿰豸雍 [용] 大猿큰원숭이용 冬

⿰豸豦 [화] 貈과同字 담비하

⿰豸歲 [예] 國名ㅣ貊 나라이름예

⿰豸巤 [노] 蜼

貉암담비고 貈와同字 皓

⿰豸离 [리] 猛獸사나운짐승리 ⿰豸离의譌字 支

⑭

⿰豸罷 [학] 狐ㅣ似貍善睡斑 毛담비학 貈、⿰豸豦과同字 藥

⿰豸滿 [만] 獸名짐승이름만 寒

⑱

貛 [환] 牡狼숫이리환 野豕、天狗너구리환 寒

⑳

貜 [확] 大猿큰원숭이확 藥

貝部

貝 [패] 海介蟲자개패、조개패、貨也재물패 錦名비단이름패 泰

②

⿰貝卜 [부] 羨人之財재물부러워할부

屋

貞 정 正也 곧을정 固也 굳을정 庚

負 배 河神 물귀신배 灰

貟 화 財也 재물화 賂也 선물할화 以物售人 팔화 ㅣ物 물건화 貨의 本字 箇

負 부 背荷物 짐질부 敗也 질부 受貸不償 빚질부 蒙也 ㅣ傷 입을부 背恩 저바릴부 有所恃 믿을부 有

貟 원 운 官數 관원원 幅ㅣ 周也 둘글원 益也 더할운 員과 同字 先 支

三

財 재 貨也 재물재 人所寶 보배재 裁、材通 灰

𧴪 쇄 貝介聲 자개소리쇄 寄

貢 공 獻也 바칠공 稅也 세바칠공 送

貤 시 이 物重數 물건무게시、延也 뻗을시 移也 옮길이 賞貣爵 상줄이 賓 支

貣 득 從人求物 假ㅣ 빌득 貸通 職

𧴫 득 獲也 얻을득 貪也 탐할득 滿足 만족할득 捕也 잡을득 得의 俗字 職

𧴬 봉 贈死者 부의 봉 賵의 古字 送

𧵊 쇄 貝介聲 자개소리쇄 𧴪의 俗字 寄

䝿 인 堅牢 굳을인 震

四

𧴺 민 稅責 부세민、구실민 眞

賢 현 有德行 어질현 善也 좋을현 大穿孔 구멍현 賢의 略字 先

貦 완 好也 좋을완 翰

責 책 채 誚也 꾸짖을책 求也 조를책 任也 맡을책 誅也 나무랄책 迫取 재촉할책 自訟 제탓할책 負債 빚채 債同字 陌 卦

貫 관 穿也 꿸관 達也 달할관 中也 맞힐관 本ㅣ 鄉籍 관향、본관관 緡錢 돈꿰미관 規繩 條ㅣ 져양줄관 翰

貪 탐 欲物愛財 탐할탐、욕심낼탐 覃

販 판 賤買貴賣者 장사판、팔판、무역할판 願

貨 화 財也 재물화 物ㅣ 물건화 賂也 선물할화、뇌물화 箇

貧 빈 乏也 無財 가난할빈、구차할빈 眞

貰 사 貰買 세낼사 遠也 멀사 賖와 同字 麻

貥 항 大貝 큰자개항

陽

貯 [저] 野也 저축할저 野同字 語

貸 [문] 財殖 전낭 이늘문 韻

貰 [세][사] 貸也 빌릴세 賖也 세낼세 、仟 義同 貰와同字 壽 禡

貭 [질][지] ㅣ劑券也 문서질 교也 바를질 成也 이룰질 主也、樸也 바탕질 交ㅣ以物相贅 제배지 質의略字 質 寘

貝冘 [탐] 耳大而垂 귀축쳐질탐 耽耽과同字 覃

貝支 [지] 黃貝 누른자개지 貾와同字 支

貝少 [폄] 損也 덜릴폄 墜也 떨어질폄 어길폄 論也 귀양보낼폄 減也 감할폄 貶과同字 琰

貝巴 [파] 貝也 자개파 蚆의俗字 麻

貝才 [재] 貨也 재물재 賄也 뇌물재 所寶 보배재 財와同字 灰

貝幺 [구] 洽也 다스릴구 宥

貿 [무] 交易財貨 물아살무、무역할무 ㅣ無識貌 어리석을무 貿와同字 宥

五

貰 [세][사] 賖也 세낼세 貸也 줄세、仟 義同、賣罪 죄요서할사 壽 禡

貯 [저] 積也 쌓을저、저축할저 藏也 감출저 置也 둘저 貯、貝宁同字 語

貝尓 [진] 富也 풍부할진 贈給 넉넉할진 賑과同字 軫 震

貳 [이] 二也 두이 副也 버금이 疑也 의심할이 攜ㅣ의심날이 重複거듭이 代身 대신이 匹也 짝이 二心 두마음이 二同字 寘

貝卜 [소] 卜問財 복채소 語

貲 [자] 財也 재물자 貨也 재물자 訾同字 支

貝皮 [괴] 與也 줄괴 寘

貝示 [시] 示財 재물보일시 寘

貝央 [앙] 無極限한량없을앙 養

貝句 [구] 洽也 다스릴구 宥

費 [비] 散財用耗損 없앨비、허비할비 魯邑名 고을이름비 未

貝生 [성] 財也 재물성 敬

貝主 [주] 財也 재물주 遇

貝乍 [작] 財也 재물작 藥

貝兄 [황] 賜也 與也 줄황 漾

貸 [대][특] 借施 빌릴대、주일대 以物與人更還其主 假也 갚을대 借也 빌릴특 貣同字 隊 職

貶 [폄] 損也 덜릴폄 論也

가양부셔질 減也 덜질 墜也 떠러질 抑也 찍을질 減也 감할질 (琰)

[貝+甘] 감 貪財一賺 재물탐낼감 (覃)

買 매 市也 一賣 살매 (蟹)

貶 편 財增 낭눌편 (銑)

貴 귀 位高尊也 노플귀 物不賤 귀할귀 (未)

貽 이 遺也 기칠이 貺也 줄이 (支)

貼 첩 依附 붙일첩 黏置 접어둘첩 以物爲質 전당할첩 (葉)

[貝+古] 고 가 坐賣 앉은장사고 售直 값가 姓也 성가 賈賣와同字 (麌)(禡)

貾 지 黃貝 누른자개지 (支)

賈 고 가 坐賣 앉은장사고 售直 값가 姓也 성가 賈와同字 (麌)(禡)

貿 무 財貨交易 물아살무、무역할무 無識貌一 무식한모양무、어릿어릿할무 瞀同字 (宥)

賁 비 분 본 飾也 꾸밀비 卦名 괘이름비、大也 클분 勇也 虎一 날랠분 (寘)(文)(元)

[貝+玄] 현 售也 賣也 팔현 衒同字 (霰)

[丁+貝] 정 이마정 頂과同字

[夗+貝] 무 交易財貨 무역할무 一無識貌 어릿어릿할무 貿와同字 (宥)

賀 하 稱慶 朝一 하례하 慶也 勞也 경사하、위로할하 (箇)

貤 시 이 物重數 물건무게시 延也 번을이、뻗칠이 貤와同字 (寘)(支)

六

[宀+貝] 과 少也 적을과 罕也 드물과 喪夫者皆曰一 과부과 寡와同字 (馬)

[卉+貝] 비 분 飾也 꾸밀비 大也 클비 虎一勇也 날랠분 賁과同字 (寘)(支)(元)

賆 변 益也 더할변 (先)

資 자 貨物 재물자 賴也 憑也 자뢰자 一木 밑천자 取也 취할자 用也 쓸자 材質 바탕자 助也 도울자 稟也 품할자 (支)

賄 회 財帛總名 재물회 一賂 뇌물회 (金玉曰貨布帛曰一) 贈送 선물할회 (賄)

貺 황 賜也 줄황 (漾)

賅 해 이상할해 賌와同字

賌 해 陰陽奇秘之要 奇一 이상할해 賅同字 侅音

거 (庚)

⿰貝危 [와][궤] 財也 재물와·보매와 賄同字 (馬)

⿰貝句 [형] 貨也 재물형 (庚)

賃 [임] 傭也 품팔이임 借也 빌임 以財雇物 세낼임 俗音 남 (沁)

賂 [뢰] 賄—以財與人 뇌물뢰 遺也 줄뢰 遺也 끼칠뢰 本音로 (遇)

⿰貝寺 [재] 재물재 財와同字

⿰貝寺 [치] ⿰貝寺財 재물모을치 (紙)

⿰貝次 [자] 貨也 재물자 取也 취할자 用也 쓸자 助也 도울자 稟也 자품자 資와同字 (支)

⿰貝兄 [황] 賜也 줄황 貺의古字 (漾)

⿰貝㠯 [이][원] 遺送 보내줄이 원義同 (支)(願)

⿱㫗貝 [빈] 小雀 작은참새 빈 ⿰賓隹의古字 (眞)

⿱齊貝 [채][책] 負 債 빚채 誚也 꾸짖을책 任也 맡을책 追取 재촉할책 責의古字 (佳)(陌)

⿰貝戎 [적] 도둑적 賊와同字

賉 [휼] 分賑 기민먹일휼, 진휼할휼 卹同字, 俗音 술 (質)

賊 [적] 寇—盜也 도둑적 傷害 殘— 해칠적 상할적 不忠、逆— 역적적 古音 즉 (職)

⿰貝安 [애] 貯也 쌓을애 (卦)

⿱劦貝 [협] 財也 재물협 (葉)

⿰貝㕘 [린] 貪食 음식탐낼린 (軫)

賈 [고][가] 坐賣 앉은장사고、售直 값가 姓也 성가 價同字 (麌)(禡)

⿱音貝 [세][사] 貸也 빌릴세、줄세 賒也 세낼세 寬罪 죄사할사 貰와同字 (霽)(禡)

貿 [무] 交易財貨 물아살무、무역할무 ㅣ—無識貌 어릿어릿할무 貿、 貿와同字 (宥)

賍 [장] 吏受賂非理所得財 장물장 贜의 俗字 (陽)

⿱爻貝 [효] 煩也 번거로울효 (蕭)

⿱网貝 [매] ㅣ賣市也 살매 買의 本字 (蟹)

⿱来貝 [래] 積也 쌓을래 (賄)

⿰貝𠂢 [신] 質物 전당신 (軫)

⿰亻責 [화] 財也 재물화 賂也 선물할화 以物售人 팔화 物 물건화 貨와同字 (箇)

⿰貝交 [교] 月之白 달밝을교 日光 햇빛교 白也 흴교 皎와同字 (篠)

⑦

⿰貝夋 [순] 益也 늘

순 加也더할순 (霰)

賄 회 財帛總名재물회 贈送선물회 賄와同字 (賄)

賏 영 連貝頸飾자개이어궤목치장영 (敬)

賌 개 深堅굳고굳을개 (隊)

賛 찬 害物貪財물건을해하고재물을탐낼찬 (寒)

貿 무 交易財貨무역할무 貿와同字

賦 부 稅也구실부 斂也거둘부 量也헤아릴부 給與줄부 稟受받을부 賦와同字 (遇)

貿 무 무역할무 貿의本字

賕 구 賕也以財枉法장전구、탐장구 (尤)

賓 빈 손님빈 賓의本字

賓 빈 손님빈 賓의本字

賱 운 紛ㅣ數亂物多엉클어질운、어지러울운 紜과同字 (文)

賓 빈 客也손빈、손님빈 賓ㅣ導也인도할빈 懷德인도할빈ㅣ服懷德복종할빈 賓의古字 (眞)

賦 부 稅也구실부 量也헤아릴부 給也줄부 稟受받을부 (遇)

責 채 책 負債빚채 請也구할책 任也말을책 責、債과同字 (佳)(陌)

賓 빈 손님빈 賓와同字

賓 빈 客也손빈 導也寅ㅣ인도할빈 懷德ㅣ服복종할빈 姓也성빈 敬也공경할빈 律蕤ㅣ률이름빈 (眞)

賂 린 貪也탐낼린

賬 질 貨也재물질 (黠)

賑 진 救也ㅣ贍기민먹일진 富也부자진、무성할진 贍給넉넉할진 (震)

賖 사 貰買세낼사、외상사 遠也멀사 久也오랠사 (麻)

賫 재 持遺정어줄재 裝送싸보낼재 齎同字 俗音제 (齊)

賻 보 財相酬재물로서로갚을보 (遇)

八

賙 주 給也贍ㅣ줄주、진휼할주 周通 (尤)

賥 완 小有財ㅣ재물조금있을완

(旱)

賠 배 補償물어줄배、배상할배 (灰)

賞 상 賜有功상줄상 玩也구경할상 嘉也아름다울상 稱美칭찬할상 (養)

賀 [지] 以財貿 저당지 (支)

賝 [침] 寳也 보배침 探、琛同字 (侵)

䝿 [기] 赤貝 붉은자개기 (寘)

𧵳 [량] 稅也 부세량

(陽)

賚 [뢰] 줄뢰 賚와同字

賫 [뢰] 賜也 予也 줄뢰 (隊)

賜 [사] 錫也 上予下 줄사 惠也 은혜사、고마울사 (寘)

賟 [전] 富裕넉넉할전 (銑)

䝋 [종] ㅣ布 南蠻賦 오랑캐부세종 賨과同字 (冬)

䝼 [청] 受賜받을청 (庚)

質 [질] [지] 主也、樸也 바탕질 成也 이룰질 朴也 질박할질 以物相贄交ㅣ 폐백지 贄通 (寘)(質)

賚 [뢰] 賜也 予也 줄뢰 (隊)

賎 [천] 천할천 賤과同字

賥 [수] 貨也 재물수 (寘)

賤 [천] 卑下不貴 천할천 價低 흔할천 ㅣ妾 첩천 (霰)

賒 [사] 不交 사가지않을사 (麻)

賣 [매] 出貨 賣帑物 팔매 詐也ㅣ友 속일매 (卦)

貫 [관] 穿也 꿸관 中也 마칠관 本ㅣ鄉籍 본관 貫과同字 (翰)

賰 [거] 賣也 팔거 (魚)

賡 [갱] 續也ㅣ載 이을갱 (庚)

賢 [현] 有德行 어질현 善也 좋을현 勝也 나을현 大穿孔 구멍현 賢同字 (先)

䞏 [균] 貝屬、蛔 자개균 (眞)

賨 [종] 蠻賦ㅣ布 오랑캐부세종 (冬)

賓 [복] [밀] 伏也 엎드릴복 姓也 성복 默也 잠잠할밀 宓과同字 (屋)(質)

贊 [찬] 佐也 도울찬 明也 밝힐찬 頌也 기릴찬 讚과同字 (翰)

賹 [애] 豐裕 넉넉할애 人名 사람이름애 (卦)

賬 [장] 計簿 치부책 장부장 (養)

賧 [담] 蠻夷以財贖罪 오랑캐재물로 속죄할담 (勘)

購 [구] 以財求 設賞募 살구、구해드릴구 購와同字 (宥)

賦 [부] 稅也 구실부 斂也 거둘부 量也 헤아릴부 稟受 받을부 賦와同字 (遇)

賈 [귀] 位高 尊也 귀할귀、높을귀 貴와同

字 (未)

𧶘 [비] 稅也부세비 (未)

九

賅 [후] 貪財기염낼후 龍貝出海南자개후 (肴)

䞈 [치] 蓄財재물모을치 時와同字 (紙)

貸 [귀] 귀할귀、높을귀 貴와同字

賗 [단] 小有財賧ㅣ재물조금있을단 (旱)

贄 [표] 散匹帛與三軍봉주줄표 (嘯)

䝿 [앵] 瓦器항아리앵 罌과同字 (庚)

賵 [봉] 贈死助喪車馬 賵ㅣ부의봉 (送)

賝 [침] 寶貝也보배침 琛의本字 (侵)

賥 [치] 賑也진휼할치 (寘)

賶 [잡] 博戲名노름잡 賭과同字 (洽)

賲 [보] 和債物者 거간군보 (皓)

𧸁 [재] 財化貨재물재、재화재 (灰)

賱 [운] 富有ㅣ賰넉넉할운 (吻)

賴 [뢰] 蒙也힘입을뢰 恃也믿을뢰 藉也자뢰할뢰 (泰)

賏 [언] 物相當물건알맞을언 (阮)

賟 [연] 小有財작은재물연 (銑)

賰 [춘] 富有賱ㅣ넉넉할춘 (軫)

䞍 [정] 賣而不得利밑질정 (敬)

賭 [도] 博奕取財내기도 (麌)

賶 [잡] 博戲名노름잡 (洽)

賥 [소] 卜問財복채소 娶와同字 (語)

賮 [신] 珍貨琛ㅣ보배신、재물신 送行財幣노자신、노수신 贐同字 (震)

十

賷 [재] ㅣ咨歎辭탄식할재 行道所用遺也、裝也쌀재 古音자 齎와同字 (支) (齊)

賹 [애] 寄人物부쳐보낼애、남에게보내는물건애 (卦)

賺 [잠] 重賣거팔잠、되팔잠 賺同字 (陷)

賸 [잉] [승] 送也보낼잉 副也버금잉 以物相增加더할잉 餘也남을승 益也더할승 (徑)

賻 [부] 以貨助喪부의부 (遇)

贅 [폐] 困惡궁생 슬퍼울폐 (霽)

貽 [이] 遺也줄이 賜也내릴이 (支)

賥 [취] 屬也붙일취 贅也데릴사위취

會也 모을회 教賁의 古字 (書)

賶 [창] 積貨 재물 쌓을창 (漾)

賾 [색] 幽深難見 깊숙이 볼기어려울색 (陌)

賝 [침] 寶也 보배침 琛同字 (侵)

⿰貝直 [정] 賣也 팔정、

⿱⿰虫氏貝 [첩] 財也 보배첩、재물첩

⿱豈貝 [매] 出貨 鬻物 팔매 賣의 本字 (卦)

⿰貝骨 [쇄] 骨也 뼈쇄 (箇)

⿱敕貝 [자] 貨也 재물자 取也 취할자 資와同字 (支)

⿰分貝 [분] 大頭 머리클분

⿱來貝 [뢰] 賜也 予也 줄뢰 賚와同字 (隊)

賽 [새] 報祭ㅣ神 고사지낼새 報也 갚을새 相誇勝 내기할새 塞通 (隊)

購 [구] 以財求設賞募 살구、구해들릴구 (宥)

十一

⿱商貝 [상] 장사상、헤아릴상 商과同字

賿 [료] 錢之度 돈료 (肴)

⿰貝戠 [부] 거둘부、한울부 賦와同字

賾 [색] 幽深難見 깊을색 嘖과同字 (陌)

⿱書貝 [궤][괴] 草器 삼태기궤 赤 蕢 당비릉괴 蕢와同字 (寘)(卦)

贈 [증] 送遺 줄증 增也 더할증 贈의略字 (徑)

⿰貝密 [밀] 水流 물흐를밀 (質)

⿰貝武 [빈] 예쁠빈 贇과同字

⿱斌貝 [빈] 美好貌 예쁠빈 (眞)

⿱⿰目又貝 [해] 纔然、僅也 겨우해

贄 [지] 帛也 執ㅣ폐백지 (男ㅣ玉帛 禽鳥 女ㅣ榛栗棗脩) (眞)

⿱亦貝 [매] 팔매 賣의古字

⿱彪貝 [현] 分別 분별할현 西海獸名 짐승이름현 贙과同字 (霰)

⿰貝參 [삼] 賭也 내기할삼 (感)

⿰貝婁 [루] 貪也 탐낼루 (宥)

⿰⿱目貝攴 [패] 毁也 헐어질패 壞也 潰也 무너질패 滅亡 멸망할패 敗의古字 (卦)

贓 [장] 吏受賂非理所得財 장물장、장물할장 贓과同字 (陽)

⿰分賓 [빈] 亂飛 어지러이 날빈 (眞)

⿰貝惠 [환] 支財 化貨 재물 지탱할환 (諫)

⿱殹貝 [의] 益也 더할의 嫕

孥글어없을의 寘

贅 [췌] 屬也붙일췌 餘剩군것췌 疣瘤附ㅣ군살췌、혹췌 質也데릴사위췌、전당할췌 會也모을췌 霽

十一

⿰貝都 [도] 賭勝내기하여이길도 虞

⿰貝尞 [료] 陸居貝물에사는조개료 蕭

⿰貝爲 [귀] 財也재물귀 寘

⿰貝尞 [료] 陸居貝물에사는조개료 ⿰貝尞의譌字 蕭

⿰貝喬 [교] 大貝큰자개교 效

賸 [잉][승] 送也보낼잉 以物相增加더할잉 益也더할승 餘也남을승 賸과同字 徑

⿰貝敢 [함] 賄也뇌물함 陷

⿱𦥑貝 [귀] 位高尊也귀할귀 物不賤귀하여길귀 貴의古字 未

⿰貝冓 [구] 以財求設 賞募살구 구해드릴구 購와同字 宥

⿰貝黹 [징] 隨貝也전당잡힐징

⿰乂賓 [빈] 不見貌보이지않을빈

⿰貝貴 [유] 失也잃어버릴유 餘也남을유 贈也줄유 鬼也먹일유 遺의俗字 支 寘

⿱敖貝 [췌] 屬也붙일췌 會也모을췌 贅와同字 霽

贗 [안] 不直也바르지못할안 僞物가짜안 諫

⿰貝戠 [재] 재물재 財와同字

⿰貝覃 [담] 買物先入直물건값선받을담 錦ㅣ채마구리주릴담 感

贊 [찬] 佐也도울찬 明也밝힐찬 頌也찬송할찬、기릴찬 進也나아갈찬 參也참여할찬 賛同字 翰

⿱敝貝 [폐] 帛也폐백폐 禮物예물폐 財也재물폐 幣와同字 霽

贈 [증] 送遺줄증 增也더할증 徑

⿱曾貝 [증] 줄증、더할증 贈과同字

⿰貝需 [연] 小有財작은재물연 ⿰貝耎과同字 先

十二

贏 [영] 有餘남을영 長成자랄영 庚

贍 [섬] 足也富ㅣ넉넉할섬 賙給줄섬、도울섬 豔

⿰貝歲 [설] 虫名鼠姑쥐며느리설 屑

賺 [잠] 重賣되파이칠잠 陷

⿰貝萬 [만][려] 貸也재물란 ⿰貝萬과同字 賴

⿰貝路 [뢰] 遺也줄뢰 賂의譌字

⿰貝彖· [수] 賻儀부

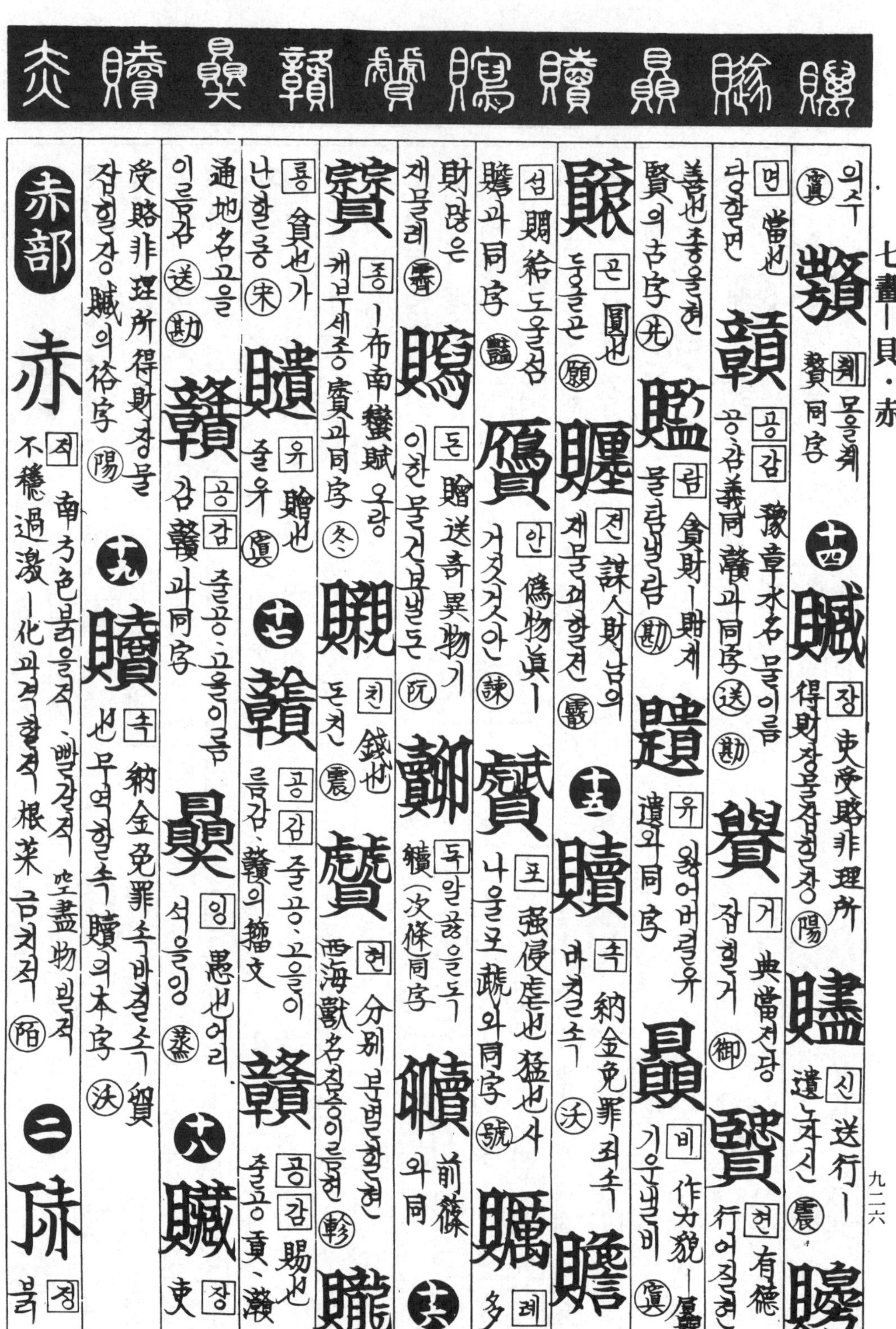

의수 (寘)

贅 췌 모을췌 贅同字

十四

贓 장 吏受賂非理所得財 장물 잡힐장 (陽)

贐 신 送行一 遺 노자신 (震)

⿰貝臱 면 當也 당할면

贑 공 감 豫章水名 물이름 공 감 義同 灨과同字 (送)(勘)

⿱舉貝 거 典當 저당 잡힐거 (御)

贒 현 有德 어질현 善也 좋을현 賢의古字 (先)

⿰貝監 람 貪財一 ⿰貝冊 계 물탐낼람 (勘)

⿰貝遺 유 잃어버릴유 遺와同字

贔 비 作力貌 一屭 기운낼비 (寘)

⿰貝袞 곤 圓也 둥글곤 (願)

⿰貝廛 전 謀人財 남의 재물꾀할전 (霰)

十五

贖 속 納金免罪 죄속 바칠속 (沃)

贍 섬 賙給 도울섬 贍과同字 (豔)

贗 안 僞物 眞一 거짓것안 (諫)

⿸虎武貝 포 强侵 虐也 猛也 사나울포 虣와同字 (號)

⿰貝厲 려 多財 많은 재물례 (霽)

⿰貝鳥 돈 ⿰貝會 送奇異物 기이한 물건보낼돈 (阮)

⿱卿貝 독 알곯을독 贕(次條)同字

贕 前條와同

十六

賨 종 一布 南蠻賦 오랑캐 부세종 賨과同字 (冬)

⿰貝親 친 錢也 돈친 (震)

⿸虒貝 헌 分別 분별할헌 西海獸名 짐승이름헌 (軫)

贚 롱 貧也 가난할롱 (宋)

⿰貝遺 유 贈也 줄유 (寘)

十七

贛 공 감 줄공、고을이름감、灨의籒文

贛 공 감 賜也 줄공 貢、灨通 地名 고을이름감 (送)(勘)

贛 공 감 줄공、고을이름감 灨과同字

⿱昍貝 잉 愚也 어리석을잉 (蒸)

十八

贜 장 吏受賂非理所得財 장물 잡힐장 贓의俗字 (陽)

十九

⿰貝𧶠 속 納金免罪 속바칠속 貿也 무역할속 贖의本字 (沃)

赤部

赤 적 南方色 붉을적、빨갈적 空盡物 빌적 不穩過激 一化 과격할적 根菜 금치적 (陌)

二

䞓 정 붉...

은빛정 䞓와同字

䞓 [정] 赤色붉은빛정 庚

三

䞗 [홍] 皮肉腫赤곪아붉을홍 腫毒종독홍 東

四

赦 [사] 釋罪죄사할사、용서할사 禡

䞒 [지] 婦人面飾䞐ㅣ연지지 支

赥 [혁] 笑聲ㅣㅣ깔깔웃을혁 赤빛붉을혁 錫

五

䞕 [년] 笛聲[illegible]ㅣ피리늘어지게불년 赧同字 霰

䞑 [동] 赤色붉을동 赨과同字 冬

赧 [난] ㅣ然面慚赤무안할난、얼굴빛붉을난 赧通 潸

六

𧹛 [동] 赤色붉을동 董

赨 [동] 赤色붉을동 冬

赩 [혁] 大赤심빨갈혁 職

𧹞 [난] ㅣ然面慚赤얼굴빛붉을난、무안할난 赧의本字 潸

七

赫 [혁] 火赤貌붉은모양혁、붉을이글이글할혁 烜ㅣ發빛빛날혁 光明ㅣ戲밝을혁 盛빛ㅣㅣ성할혁 顯빛나타날혁 怒發벌컥성낼혁 陌

䞐 [정] 赤色빛갈정 赬同字 庚

䞙 [미] 赤尾붉은꼬리미 尾

䞘 [함] 淺赤色분홍빛함 覃

八

䞙 [미] 赤尾붉은꼬리미 䞙와同字 尾

九

赭 [자] 赤土붉은흙자 赤빛붉을자 罪人服죄인의옷자 馬

赬 [정] 赤色붉은빛정 䞐同字 庚

赮 [하] 東方赤色貌붉은빛하 霞同字 麻

䞛 [련] 鑠冶金쇠불릴련ㅣ炭반죽할련 煉과同字 霰

䞞 [혁] 絳色빨갈혁 職

䞝 [연] 婦人飾ㅣ䞒연지연 先

十

䞠 [혹] 反絳도로물들여빨갈혹 屋

䞡 [혹] 日出之赤햇발붉을혹 屋

䞣 [한] [간] 濁빛흐릴한 赤色붉은색한、빨간색한、甚赤몹시붉을간 旱 翰

赯 [당] 面色紫얼굴붉을당 陽

十一

䞤 [혹] 日出之赤햇빛붉을혹 䞡과同字 屋

赩 [흡] 赤貌붉을은모양흡 (緝)

⑪

𧹯 [치] 火盛불활활붙일치 熾의古字 (寘)

𧹷 [유] 火色불빛유 𧹷와同字 (虞)

⑭

𧹳 [혁] 濃赤色짙은붉은빛혁 (職)

𧹔 [유] 火色불빛유 (虞)

⑮

𧹶 [등] 錠中置燭등잔등 點火取明등불등 燈과同字 (蒸)

走部

走 [주] 奔也달릴주 疾趨빨리달아날주 往也갈주 僕也하인주 (宥)

赱 [주] 달릴주 달아날주 走와同字

辵 [주] 달릴주 走와同字

①

𧺆 [규] ㅣㅣ武貌헌걸찰규 勇也날랠규 赳와同字 (尤)

②

赳 [규] 武貌ㅣㅣ헌걸찰규 勇也날랠규 빠를규 (宥)

𧺐 [력] 步也걸을력 (職)

赴 [부] 奔也달릴부 趨而至다다를부 (遇)

赳 [규] ㅣㅣ武貌헌걸찰규 勇也날랠규 赳의譌字 (尤)

③

起 [기] 興也일어날기 擧事일을일으킬기 動作ㅣ居기동할기 立也설기 (紙)

赹 [지] 走也달아날지 (支)

𧺒 [속] 疾也빠를속 (沃)

赹 [경] 獨行貌혼자갈경 (庚)

𧺌 [산] 跳躍뛸산 (刪)

赶 [도] 步行걸어다닐도 輩也무리도 弟子제자도 修業者학업을닦는사람도 徒와同字

赶 [질] 碎也부술질 (質)

赶 [간] 逐也쫓을간 擧尾走꼬리뻗치고달아날간 趕同字 (旱)

𧺐 [재] 起去일어날재 (灰)

𧺗 [굴] 走貌달아날굴 (物)

赽 [글] 直行곧갈글 (質)

④

赾 [근] 難也어려울근 (吻)

赴 [척] 越也넘을척 (陌)

趙 [경] 獨行혼자갈경 (庚)

𧺛 [탐] 徘徊머뭇거릴

림 (感)

趌 [글] 直行 곧갈 글 趌의 本字 (物)

赻 [선] 生魚 생선 선 善也 좋을 선 明也 (虞) 빛날 선 少也 적을 선 鮮과 同字 (先)(銑)

⿺走日 [율] 遠走 멀리 달아날 율 (質)

赼 [자] ㅣ趄 難行 머뭇거릴 자 망서릴 자 趑의 俗字 (支)

⿺走帀 [잡] 急貌 달음박질할 잡 (合)

⿺走西 [오] 東夷之舞 동녘 오랑캐 춤 오 (虞)

⿺走殳 [투] 自投下 스스로 떨어질 투 (宥)

趜 [구] 足屈而不伸 발꼬부라질 구 (尤)

⿺走予 [취] ㅣ向 疾也 추창할 취 指意 뜻 취 (〈詩〉 左右ㅣ之) (〈孝經序〉 五經之指ㅣ) 本音 추 趣와 同字 (遇)

⿺走从 [종] 急行 빨리갈 종 (冬)

赽 [결] 踶也 찰 결 馬疾行貌 말달려갈 결 (屑)

⿺走支 [기] 猿之昇樹 원숭이 나무에 오를 기 (支)

⿺走仆 [북] 僵也 넘어질 북 ⿺走咅과 同字 (職)

赿 [저] 趑也 달아날 저 走貌 달릴 저 趑와 同字 (齊)

⿺走乚 [사] 移也 옮길 사

⿺走甘 [차] 超也 넘을 차

㊄

⿺走去 [찰] 走去 달아나갈 찰 (曷)

趁 [진][전] 逐也 쫓을 진 行不進 ㅣ䞪 머뭇거릴 진 / 전 踐也 밟을 전 蹍同字、本音 년 (震)(銑)

趀 [자] 倉卒 갑작스러울 자 (支)

趉 [줄] 走出 달아나올 줄 (質)

⿺走白 [백] 越也 넘을 백 趨也 급할 백 迫同字 (陌)

趂 [진] 驅ㅣ 다다를 진 逐也 달려서 쫓을 진 (震)

⿺走石 [척] 緩步 천천히 걸을 척 (錫)

⿺走玄 [현] 遠也 走 멀리 달아날 현 (先)

⿺走旦 [단] 直行 곧장갈 단 (旱)

超 [초] 越也 躍過 뛰어넘을 초、뛰어날 초 卓也 높을 초 (蕭)

⿺走犮 [발] 忙行 바삐갈 발 行貌 가는 모양 발 (曷)

趄 [저] 不進 趑ㅣ 머뭇거릴 저、망서릴 저 (魚)

⿺走巨 [거] 步也 걸음 거 (語)

⿺走玉 [옥] 跛足 절뚝발이 옥 (沃)

⿺走弗 [불][비] 走貌 달아날 불 跳也 뛸 불、비 義同 (物)(未)

趃

[질] 大走 크게 달아날질 屑

趃 [옹] 急走 급히 달아날옹 冬

趄 [차] 留也 머물차 馬

越 [월][활] 過度 넘을월 度也 건널월 遠也 멀월 超也 뛸월 於也 이에월, 어조사월 發揚 날릴월 失也 잃을월 墜也 떨어질월 南蠻總名 월나라월 粤通、蒲席 부들자리활 瑟孔 비파구멍활 月 曷

䞘 [구] 走而顧 달아나며 돌아볼구 虞

䞖 [십] 走貌 달아날십 緝

䞓 [반] 走貌 달아나는 모양반 旱

䞢 [작] 忙走 바삐 달아날작 藥

趆 [저] 趨也 달아날저 走貌 달릴저 齊

䞚 [체] 越也 넘을체 度也 건널체 霽

䞒 [지] 度涉 淺瀨 얕은 여울 건널지 紙

趉 [굴] 卒起而走 별안간 달아날굴 物

䞍 [취] 쫓취 趣와 同字

䞝 [저] 趨也 달아날저 走貌 달릴저 趆의 譌字 齊

䟕 [월][활] 度也 넘을월 遠也 멀월 超也 뛸월 南蠻總名 월나라월 瑟孔 슬구멍활 越과 同字 月 曷

趋 [추][촉] 走也、行也 달아날추 疾也 빠를추 趨의 俗字 虞 沃

䞠 [구] 跛行 절름거릴구 有

六

趌 [길] 怒走 성내고 달아날길 質

䞛 [유] 急走 급히 달아날유 宥

趑 [자] 難行 ㅣ趄 머뭇거릴자 支

趐 [혈] 進也 나아갈혈 象鳥叢飛 새가 떼지어 날혈 屑

𧻆 [결] 跳貌 뛸결 屑

䞥 [주] 佇立 서 있을주 尤

䞩 [흡] 跛行 절흡 洽

趚 [척] 側行足 옆으로 걷는 발척 陌

䟓 [맥] 越也 넘을맥 走貌 달아나는 모양맥 陌

䞔 [병] 제할병 𧼈同字

䞨 [협] 勇走 날쌔게 달아날협 豔

䞨 [기] 擧足半步 반걸음기 紙

䞐 [희] 遠走 멀리 달아날희 微

趍 [추] 走也 추장할

九三〇

추 趨俗字 (虞)

⿺走后 [후] 趮行 걸어갈후 (有)

趎 [주] 人名南榮ㅣ 사람의이름주 (虞)

⿺走各 [격] 僵也ㅣ趚 자빠질격 (陌)

趏 [활] 蒲席 부들자리활 越同字 (曷)

⿺走戌 [홀] 走也 달릴홀 (質)

⿺走匠 [장] 行貌 갈장 (漾)

趓 [타] 擲也 던질타 (哿)

⿺走危 [궤] 跪也 꿇을궤 (紙)

趔 [렬] ㅣ起 자빠지려고할렬 (屑)

⿺走亘 [원] 居處相換 처소바꿀원 (元)

⿺走支 [후] 走也 달아날후 (尤)

趒 [조] 躍也 뛸조 越也 넘을조 (嘯)

⿺走并 [차] 留也 머물차 ⿺走并와同字 (馬)

⑦

⿺走否 [부] 僵也 엎드러질부 (遇)

⿺走求 [구] 違也 어긋날구 (尤)

趖 [사] 疾行 빨리달아날사 (歌)

⿺走里 [리] 欲走而留 달아나려다머무를리 (灰)

⿺走旱 [간] 追也 쫓을간 趕同字 (旱)

⿺走君 [운] 亂也 어지러울운 走貌 달아나는모양운 (吻)

趙 [조] 國名 造父所封 조나라조 刺也 찌를조 趨也 추창할조 久也 오랠조 (篠)

⿺走希 [희] 走貌 달아날희 (微)

⿺走夾 [삽] 疾行 빨리갈삽 (洽)

⿺走赤 [척] 急走 급히달아날척 (陌)

⿺走孚 [부] 速也 속할부 (遇)

⿺走谷 [혹] 倒也 거꾸러질혹 (屋)

⿺走余 [도] 伏地 趙ㅣ 짜에 엎드러질도 (虞)

⿺走甫 [포] 匍匐 길포 (虞)

⿺走夋 [준] 行速 걸음빨리걸을준 (眞)

⿺走折 [서] 踰也 넘을서 (霽)

⿺走足 [족] 局小貌 ⿺走足ㅣ 국축할족 (沃)

⿺走告 [혹] 越也 넘을혹 (屋)

⿺走秀 [두] 跳也 뛸두 過也 지날두 (宥)

⿺走犀 [혁] 獸走 짐승달아날혁 (錫)

⿺走甬 [용] 踊也 뛸용 踊同字 (腫)

⿺走狂 [광] 遑急走貌 급히갈광 (陽)

⿺走具 [저] 趑ㅣ 不進 머뭇거릴저 趄의譌字 (魚)

⿺走束 [속] 走聲

달아나는소리속 屋

⿺走步 [ㅣ] 指意 뜻취 (〈孝經序〉五經之指ㅣ) ㅣ向 疾也 추장할취 (〈詩〉左右ㅣ之) 本音추·趣와同字 遇

⿺走呈 [녕] 急行급히

갈렬 月

⿺走豆 [후] 趨行不進貌 저주할ㅣ 有

⿺走垂 [취][촉][추] 뜻취 本音추, 재촉할촉, 주마벼슬주 趣와同字 遇 沃 有

八

⿺走咅 [부] 僵也 넘어질부 職

趛 [음] 低頭疾行 머리숙이고빨리갈음 寢

趜 [국] 窮也 궁할국 屋

⿺走發 [결][철] 小跳貌 팔짝ㅣ팔짝뛸결 跳也 뛸철 屑

⿺走或 [혁] 盜走 몰래달아날혁 職

⿺走刺 [척] 側行足 옆으로걷는발자 趚과同字 陌

⿺走囷 [군] 赴也 다다를군 奔也 달아날군 吻

趞 [척] 側行 옆으로걸어갈척 錫

⿺走玆 [현] 急走貌 급히달릴현 先

⿺走周 [조] 踉貌 종종뛸조 肴

⿺走奄 [압] 急走 급히달아날압 合

⿺走尚 [쟁] 躍貌 ⿺走周ㅣ 뛰는모양쟁 庚

⿺走念 [음] 俯首疾行 머리숙이고빨리갈음 寢

⿺走昜 [척] 狂走 趯ㅣ 미쳐서달아날척 錫

⿺走卓 [초][탁] 五月風船ㅣ 오월바람초 超也 뛸초 遠也 멀탁 逴同字、本音착 效 覺

⿺走夌 [릉] 越也 넘을릉 蒸

⿺走取 [근][긴] 行貌 갈근 緩行貌 느릿느릿갈긴 軫 眞

⿺走東 [동] 狂走 미쳐뛰어나갈동 東

⿺走隹 [유] 動也 움직일유 地名 땅이름유 紙

⿺走否 [부] 僵也 엎드러질부 ⿺走咅의 譌字 遇

⿺走宕 [탕] 逸遊 놀탕 漾

⿺走厤 [철] 挑起 헤치고일어날철 蹶也 뛸철 ⿺走絕과同字 月

⿺走卑 [비] 小步 자박자박걸을비 支

⿺走叚 [추][촉] 走也、行也 달아날추 疾也 빠를촉 趨와同字 虞 沃

⿺走肴 [효] 走貌 달아날효 肴

⿺走彔 [촉] 小兒行 趢ㅣ 어린애 타달타달걸을촉 沃

⿺走奇 [기] 猿之昇樹 원

숨이나무에오를기 ⿺走支와同字 (支)

⿺走卷 [권] 屈脊而走구부리고 달아날권 ⿺走雚과同字 (先)

⿺走屈 [굴] 走也달아날굴 (物)

⿺走來 [래] 到也이를래 來同字 (灰)

⿺走弗 [불] 走也달아날불 (吻)

趢 [록] 局小貌 ㅣ趗국축할록 (沃)

⿺走林 [람] ㅣ趍、走貌달아날람

趣 [취 추 촉] ㅣ向疾也추창할취 指意뜻취 ㅣ味취미취 疾也빠를취 (遇) 掌馬官ㅣ馬추마벼슬이름추 (有) 催也재촉할촉 促同字 (沃)

⿺走叛 [반] 背也배반할반 離也달아날반 叛과同字 (翰)

⿺走虎 [치] ㅣ隲、輕薄경박할치 ⿺走虒와同字 (支)

⑨

⿺走㓞 [계] 뛰어날계 ⿺走契와同字 (霽)

⿺走契 [체] 超特뛰어날체 超踰跛뛰어넘을체 (霽)

⿺走𡨄 [숙] 脊曲未伸者곱사등이숙 (屋)

⿺走兪 [유] 越也넘을유 踰와同字 (虞)

⿺走兒 [최] 進行나아갈최 (灰)

趧 [제] 夷舞오랑캐춤제 (齊)

⿺走胃 [울] 急遽行갑자기갈울 (物)

⿺走臿 [삽] 疾行빨리갈삽 (洽)

⿺走曷 [걸] 怒走성내고 달아날걸 (月)

⿺走盾 [춘] 逃也도망할춘 (眞)

⿺走重 [종] 斜行비뚜루걸을종 (宋)

趪 [황] 直走곧 달아날황 (陽)

⿺走昜 [탕] 進行나아갈탕 (陽)

⿺走勇 [용] 勇行날쌔게갈용 (腫)

⿺走𡿺 [불] 正步바르게 달아날불 (物)

⿺走夅 [락] 年步한 걸음락 (陌)

⿺走矦 [후] 跛行절뚝거릴후

⿺走剿 [조] 摷也쳐를조 (篠)

⿺走臿 [삽] 疾行빨리갈삽 ⿺走臿과同字 (洽)

⿺走屛 [병] 제할병 ⿺走并同字

⿺走香 [활] 蒲席부들자리 趏과同字 (曷)

⿺走复 [복] 小兒手據地行趙ㅣ어린아이길복 (屋)

趦 [자] ㅣ趄難行머뭇거릴자、망서릴자 趑와同字 (支)

趥 [추] 徒步行貌타달거릴추

걷는모양추 蹴 번찰추 (尤)

⊕十

⿱寒走 [헌] 走貌달아날 헌 或音건 (元)

⿺走晏 [언] 烟上升연기오를언 (阮)

⿺走留 [해] 留번머무를해 (灰)

⿺走差 [치] 僵번자빠질치 (支)

⿺走敚 [글] 走貌달아난는모양글 (物)

⿺走臭 [훙] 疲行기운없이갈훙 (送)

⿺走秦 [진] 至번이를진 聚번모을진 衆번많을진 臻과同字 (眞)

⿺走疾 [질] 走遽빨리달아날질 (質)

⿺走虔 [건][간] 跛行절둑거릴건、간 義同 (先)(刪)

趨 [추][촉] 走번달아날추 ㅣ蹌捷步잘추걸을추、추창할추 疾번빠를촉 (虞)(沃)

⿺走烏 [오] 輕走가볍게달아날오 (虞)

⿺走豈 [해] 急走급히달아날해 (灰)

⿺走骨 [활] 速走속히달아날활 (黠)

⿺走虒 [치] 輕薄ㅣ傷경박할치 (支)

⿺走眞 [전] 猝走별안간달아날전 (先)

⿺走素 [색] 僵번超ㅣ자빠질색 (陌)

⿺走䍃 [요] 遠行멀리갈요 (蕭)

⊕十一

⿺走票 [표] 輕行사뿐사뿐걸을표、걸음가벼울표 (蕭)

⿺走焉 [언] 緩行천천히걸을언 (阮)

⿺走巢 [초] 競走다투어달아날초 (肴)

⿺走崔 [최] 逼번핍박할최 ㅣ步、驢馬具나귀등에매는기구최 (灰)

⿺走專 [단] 擊번후려칠단 握번잡을단 揣度헤아릴단 摶과同字 (寒)

⿺走雀 [저] 斜進비꼬루갈저 (語)

⿺走章 [장] 勇行날쌔게걸을장 (陽)

⿱斬走 [잠] 疾騰빨리오를잠 不久잠깐잠 (勘)

⿺走曼 [문] 行遲더디걸을문 (元)

⿺走畢 [필] 止行머물필 淸道警ㅣ길치울필 蹕同字 (質)

⿺走鳥 [천] 獸走貌짐승달아날천 猭과同字 (先)

⿺走斬 [잠] 疾騰빨리오를잠 不久잠깐잠 ⿱斬走과同字 (勘)

⿺走將 [장] ㅣㅣ行貌종종걸음칠장 蹡의俗字 (陽)

⿺走啇 [적] 正行바로걸을적 (陌)

⿺走耑 [축] 直번곧을

축 (屋)

趢 [록] 走聲 달아나는 소리 록 (屋)

⿺走責 [척][책] 倉卒 갑자기 척 怱遽 황급할 척 (陌) 惡智 나쁜 꾀 책 急走 급히 달아날 책

⿺走參 [참] 走貌 달음질할 참 달아나는 모양 참 (覃)

⿺走覓 [멱] 狂走ㅣ趨 미처서 달아날 멱 (錫)

⑫

⿺走厥 [궐] 挑起 헤치고 일어날 궐 蹶也 뛸 궐 (月)

⿺走曼 [문] 行遲 더디 걸을 문 ⿺走曼과 同字 (元)

⿺走參 [참] 走貌 달음질할 참 ⿺走參과 同字 (覃)

趬 [교] 行輕貌 사뿐사뿐 걸을 교 擧足 발 들 교 (蕭)

趭 [초] 奔走貌 달음질할 초 (嘯)

趯 [작] 輕行 가볍게 갈 작 行貌 갈 작 (藥)

⿺走雜 [잡] 疾走貌 빨리 달아날 잡 (合)

⿺走童 [동] 輕步 사뿐사뿐 걸을 동 (董)

⿺走戢 [집] 走貌 달릴 집

⿺走矞 [귤] 狂走 미처 뛰어나갈 귤 (質)

⿺走覃 [담] 走也 달아날 담 驅步 趨ㅣ 몰아 달릴 담 (覃)

⿺走幾 [기] 遠走 멀리 달아날 기 (微)

趪 [황] 威武貌ㅣㅣ 위엄스러울 황 走也 달아날 황 (陽)

⿺走厤 [력] 速行 속히 갈 력 (錫)

⿺走尞 [료] 脚長貌 다리 성큼할 료 (蕭)

⿺走朋 [선] 始走意 빨리 달아날 선 (霰)

趫 [교] 緣木善走 輕ㅣ 나무에 잘 오를 교 健也 건장할 교 善走 잘 달아날 교 (蕭)

⿺走畟 [직] 行聲ㅣㅣ 걷는 소리 직 (職)

⿺走肅 [숙] 正走 바로 달아날 숙 (屋)

⿺走爲 [와] 躊躇 주저할 와 (歌)

⑬

⿺走豦 [거] 犯行 범할 거 小步貌 조금 걸을 거 (魚)

⿺走亶 [전] 趁也 다다를 전 轉也 구를 전 行難 머뭇거릴 전 邅同字 (先)

⿺走蜀 [촉] 小兒行 잡바자바 걸을 촉 어린애 걸음 촉 (沃)

⿺走辟 [벽] 遠走 멀리 달아날 벽 (陌)

⿺走咸 [함] 跳上 뛰어 오를 함 (感)

⿺走詹 [점] 疾走 빨리 달아날 점 (琰)

趮 [조] 疾也 빠를 조 太急 급할 조 躁同字 (號)

趬 교 從也 따를교 (嘯)

趡 잡 疾走貌 빨리달아날잡 趡의 譌字 (合)

趞 질 走也 달릴질 (質)

趛 금 低首疾走 고개숙이고 빨리달아날금 (寢)

趮 환 疾行 빨리갈환 (元)

十四

趣 여 安行 편안히여걸을여 (魚)

趥 제 登也 升也 오를제 躋와 同字 (齊)

趪 곽 脚長다리길곽 (陌)

趭 순 균 走貌 달리는모양순, 균義同 (眞)

趯 적 跳也 ㅡㅣ 팔짝뛸적 (錫)

趯 적 팔짝뛸적 趯와 同字 (錫)

趩 분 走也 달아날분, 빨리갈분 趨事恐後 분주할분 有變急赴 급히달아날분 追覆敗 패할분 奔과 同字 (元) (願) (問)

趲 길 斜進 비뚜로갈길 趲과 同字 (質)

十五

趬 변 走頓 달아나다넘어질변 (先)

趰 전 移也 옮길전 (先)

趲 찬 散走 흩어져달아날찬 逼也 쫓을찬, 핍박할찬 趲과 同字 (翰)

趲 길 斜進 비뚜로갈길 (質)

趯 변 走頓 달아나다넘어질변 趯의 本字 (先)

趬 엄 疾走 빨리달아날엄 (琰)

趩 걸 欲走 달아나려고할걸 (質)

趪 독 獨行 혼자갈독 (屋)

趯 력 삭 動也 움직일력 走也 달릴력, 삭 義同 (錫) (藥)

十六

趭 헌 走意 달아나려할헌 (願)

趩 분 走也 달아날분, 빨리갈분 趨事恐後 분주할분 有變急赴 급히달아날분 追覆敗 패할분 奔과 同字 趩의 本字

趚 력 行貌 가는모양력 盜行 몰래갈력 趚同字 (錫)

趲 선 走也 달릴선 大也 클선 (霰)

十七

趯 결 走意 달릴결 (屑)

趯 약 行貌 갈약 躍 뛸약 (藥)

趯 령 犬走貌 개달아날령 (靑)

十八

趩 익 攘手 如翼而

走손벌리고달아날익 (職)

⿺走雚 [권] 屈脊而走굽후리고달아날권 (先)

⿺走瞿 [구] 走顧貌달아나며돌아볼구 (虞)

⑲ 趲 [찬] 散走흩어져달아날찬 逼也핍박할찬 (旱)

⑳ ⿺走矍 [곽] 大步무럭무럭걸을곽 (藥)

㉑ ⿺走蠡 [추] 進貌나아갈추

足部

足 [족][주] 趾也발족 滿也흡족할족 止也그칠족 無欠넉넉할족、益也添物더할주 便僻ㅣ恭과히공손할주 (沃)(遇)

①

𧿹 [궈] ㅣ踑足行不正비틀거릴궈 ⿰𧾷卜와同字 (宥)

𤴓 [정] 바를정、옳을정 正의古字

②

趴 [팔] 手行엉금엉금길팔

(日)

⿰𧾷丁 [정] 脚細長跉ㅣ다리가늘고길정 (庚)

⿰𧾷刂 [궈] ㅣ踑足行不正비틀거릴궈 ⿰𧾷卜 𧿹와同字 (宥)

⿱人足 [기] 擧踵望也바랄기 計劃也계획할기 思也절실하게생각할기 企의譌字 (寘)(紙)

⿰𧾷卜 [부] 走也달아날부 (遇)

⿰𧾷斗 [궈] 足行不正ㅣ踑비틀거릴궈 (宥)

③

⿰𧾷山 [지] 足也발지、발굼치지 止也그칠지 南蠻交ㅣ땅이름지 趾와同字 (紙)

⿰𧾷巳 [방] 跋也밟을방 (陽)

⿱亼足 [기] 擧踵望也바랄기 計劃也계획할기 思也절실하게생각할기 企、⿱人足와同字 (寘)(紙)

⿰𧾷亐 [우] 걸터앉을우 ⿰𧾷于와同字

⿸尸足 [거] 살거 居와同字

⿰𧾷于 [우] 踞也걸터앉을우 (虞)

⿰𧾷干 [간] 脛骨정강이뼈간 (翰)

⿰𧾷斤 [기] ㅣ踞 長踞걸터앉을기 踑와同字 (支)

⿰𧾷几 [월] 斷足意발굼치벨월 刖同字 (曷)

⿰𧾷叉 [차] 歧道갈림길차 踏也밟을차 (禡)

⿰𧾷凡 [삽] 歛

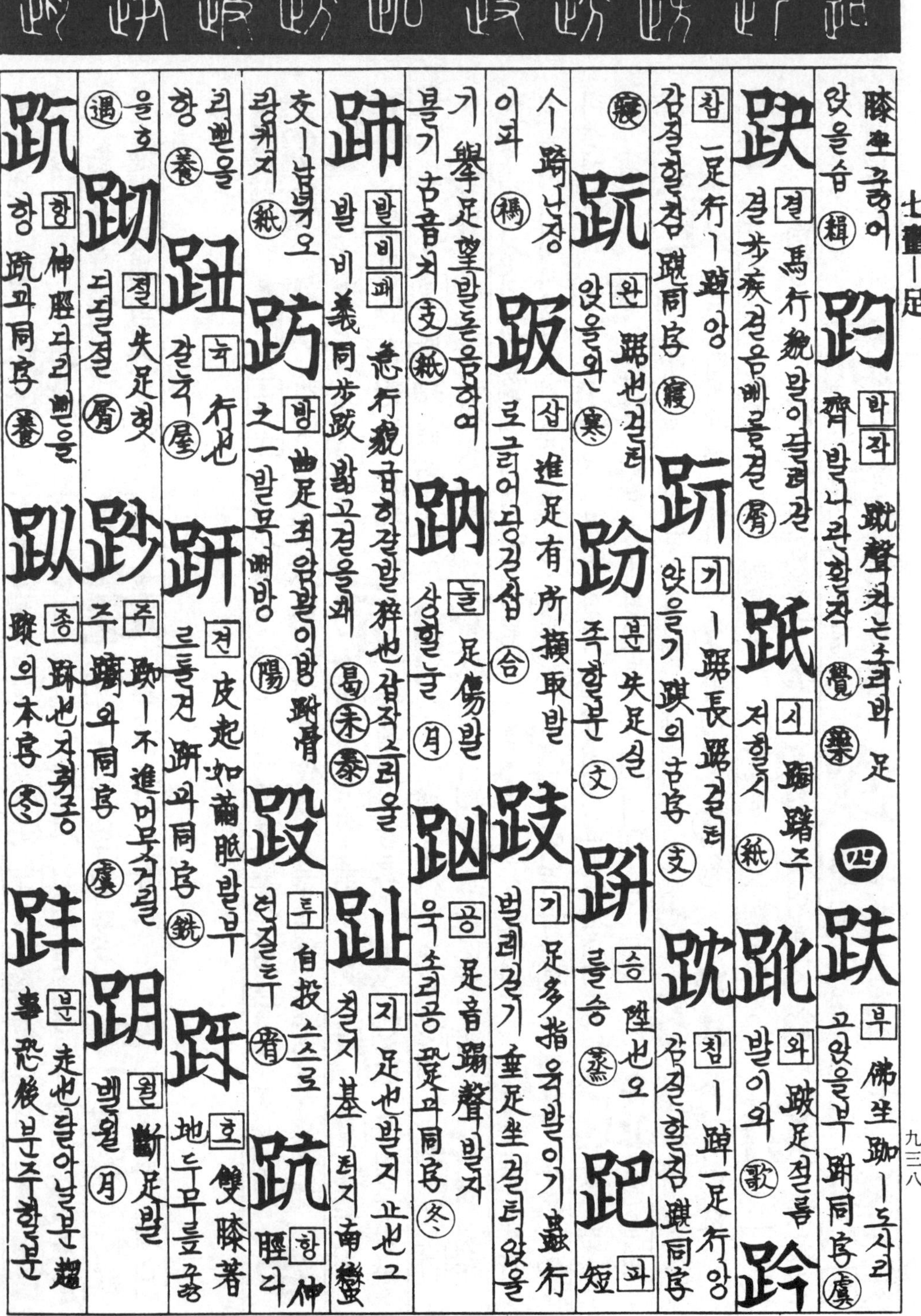

膝坐굽어앉을습 (緝)

趵 [파][작] 趵聲차는소리바 足齊발나란할작 (覺)(樂)

四

趺 [부] 佛坐跏ㅣ도사리고앉을부 跗同字 (虞)

趹 [결] 馬行貌말이달리는결 步疾걸음빠를결 (屑)

跃 [시] 蹢躅주저할시 (紙)

跎 [와] 跛足절름발이와 (歌)

趻 [참] 一足行ㅣ踔앙감질할참 踸同字 (寢)

趼 [기] ㅣ踦長踦걸터앉을기 踑의古字 (支)

䟴 [침] ㅣ踔一足行앙감질할침 踸同字 (寢)

䟍 [완] 踞번걸터앉을완 (寒)

䟑 [분] 失足실족할분 (文)

䟓 [승] 陞번오를승 (蒸)

跁 [파] 短亇踦난장이파 (禡)

趿 [삽] 進足有所擷取발로긁어당길삽 (合)

跂 [기] 足多指육발이기 蟲行벌레걸기 垂足坐걸터앉을기 擧足望발돋음하여볼기 古音치 (支)(紙)

䟜 [눌] 足傷발상할눌 (月)

䟶 [공] 足音蹋聲발자욱소리공 跫과同字 (冬)

䟆 [발][비][패] 急行貌급히갈발 辨也삽작스러울비 義同 步跋밟고걸을패 (曷)(未)(泰)

趾 [지] 足也발지 교번그칠지 基ㅣ터지 南蠻交ㅣ남녀오랑캐지 (紙)

趽 [방] 曲足죄외발이방 踋骨之一발목뼈방 (陽)

䟖 [두] 自投스스로던질두 (宥)

䟘 [항] 伸脛다리뻗을항 (養)

䟓 [뉵] 行也갈뉵 (屋)

趼 [견] 皮起如繭胝발부르틀견 跰과同字 (銑)

䟙 [호] 雙膝著地두무릎꿇을호 (遇)

䟤 [절] 失足헛디딜절 (屑)

䟕 [주] 踟ㅣ不進머뭇거릴주 躊와同字 (虞)

跀 [월] 斷足발벨월 (月)

𧿨 [항] 伸脛다리뻗을항 䟘과同字 (養)

䟝 [종] 蹤번자취종 蹤의本字 (冬)

䟷 [분] 走번달아날분 趨 奔恐後분주할분

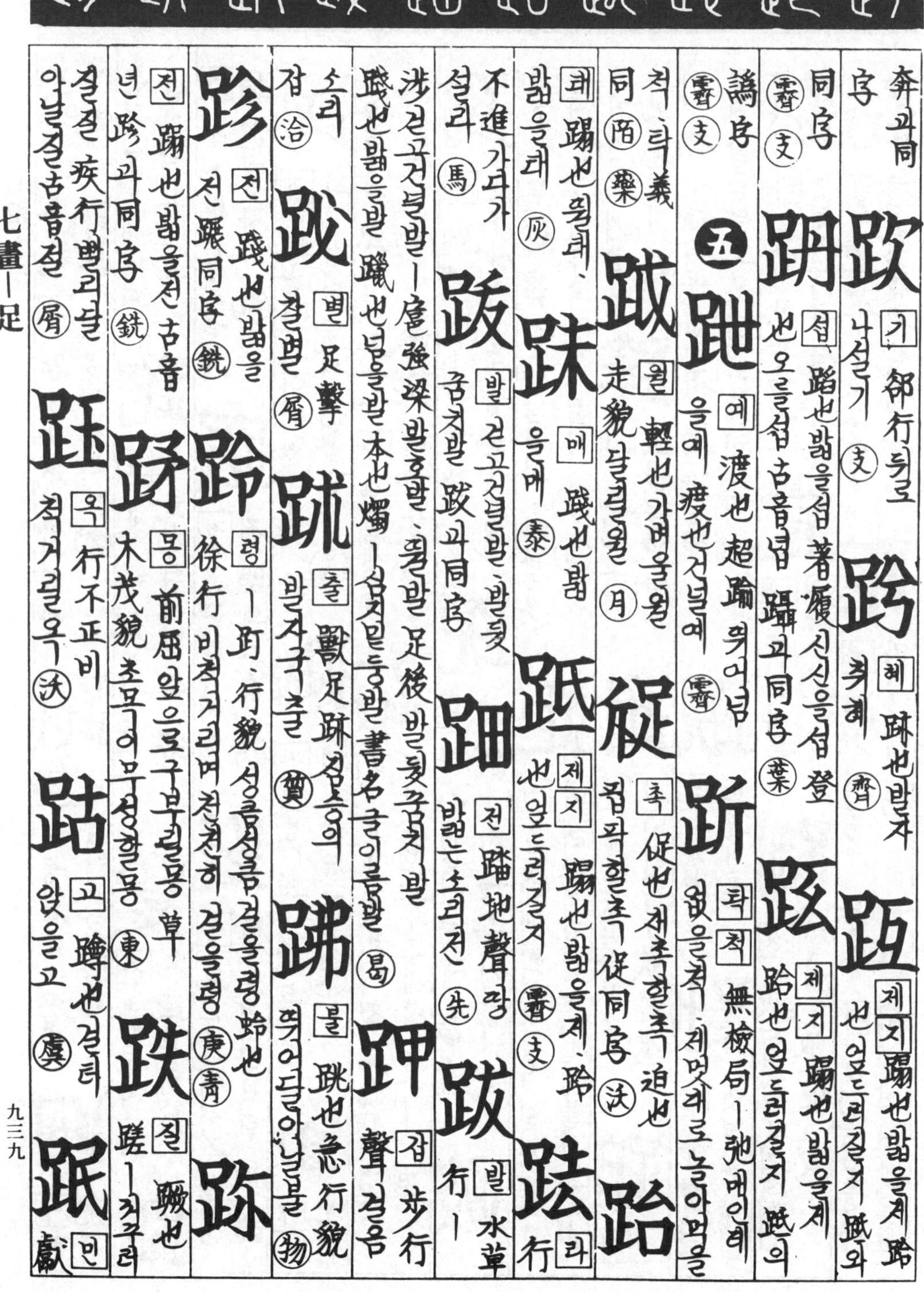

奔과同字 跂 [기] 郤行뒤로나설기 (支) [illegible] [혜] 跡也발자취혜 (齊) 䟝 [제지] 踶也밟을제 跢也얼드러질지 踶와

同字 (齊)(支) [illegible] [섭] 蹈也밟을섭 著履신신을섭 登也오를섭 古音녑 躡과同字 (葉) [illegible] [제지] 踶也밟을제 跢也얼드러질지 踶의

譌字 (霽)(支) 五 跇 [예] 渡也 超踰뛰어넘을예 渡也건널예 (霽) 跅 [탁척] 無檢局 ― 弛 메인데없을척 제멋대로놀아먹을

척 탁義 同 (陌)(藥) [illegible] [월] 輕也가벼울월 走貌달릴월 (月) 踀 [촉] 促也재촉할촉 迫也핍박할촉 促同字 (沃) 跆

[태] 蹋也밟을태、밟을대 (灰) 跊 [매] 踐也밟을매 (泰) [illegible] [제지] 蹋也밟을제、跢也얼드러질지 (霽)(支) [illegible] [라] 行

不進가다가설라 (馬) 䟦 [발] 걷고넘어질발、발뒤꿈치발 跋과同字 [illegible] [전] 踏地聲땅밟는소리전 (先) 跋 [발] 水草行 ―

涉걷고건널발 ―扈強梁발호할발、밟을발 足後발뒤꿈치발 蹍也밟을발 蹶也넘어질발 本也밑본 燭―심지밑동발 書名글이름발 (曷) [illegible] [갑] 步行聲걸음

소리 잡 (洽) [illegible] [별] 足擊찰별 (屑) [illegible] [출] 獸足跡짐승의발자국출 (質) [illegible] [불] 跳也急行貌뛰어달아날불 (物)

跈 [전] 踐也밟을전 蹍同字 (銑) 跉 [령] ―跰、行貌 성큼성큼걸을령 蛉也 徐行비척거리며천천히걸을령 (庚)(青) [illegible]

[전] 蹍也밟을전 古音년 跈과同字 (銑) [illegible] [몽] 前屈앞으로구부릴몽 草木茂貌초목이무성할몽 (東) 跌 [질] 蹶也 蹉 ― 치구러

절절 疾行빨리달아날절 古音절 (屑) [illegible] [옥] 行不正비척거릴옥 (沃) 跍 [고] 蹲也걸터앉을고 (虞) [illegible] [민] 𢧈

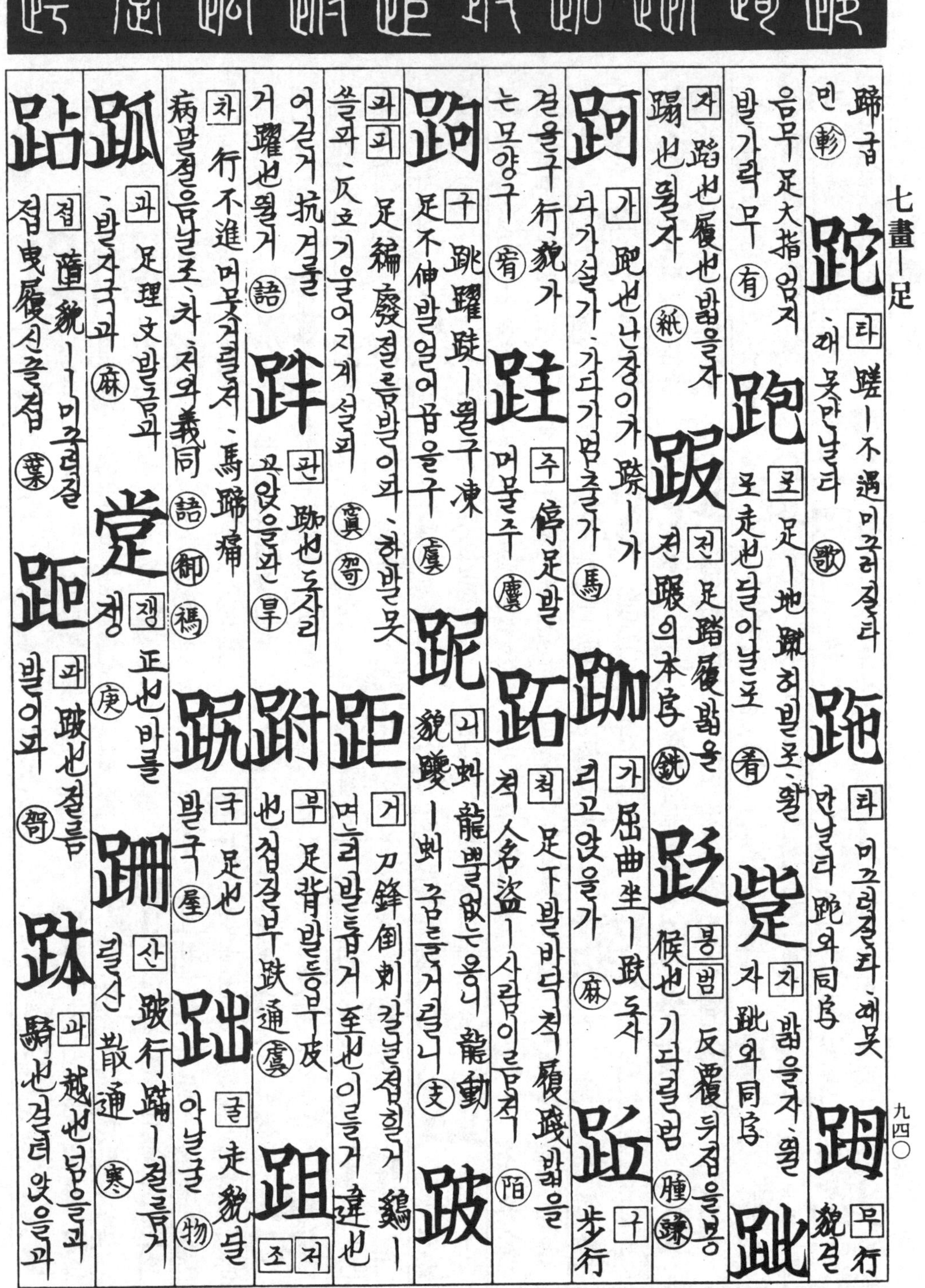

蹄급민(彰)

跎 [타] 蹉ㅣ不遇 미그러질타、때못만날타(歌)

⿰𧾷也 [타] 미끄러질타、때못만날타 跎와同字

踇 [무] 行貌걸음무 足大指 엄지발가락무(有)

跑 [포] 足ㅣ地 跑허빌포、될포 走也 달아날포(看)

⿱此足 [자] 밟을자、될자 跐와同字

跐 [자] 踏也 履也 밟을자 蹋也 될자(紙)

⿰𧾷反 [전] 足踏履 밟을전 蹍의本字(銑)

⿰𧾷乏 [봉][범] 反覆 뒤집을봉 候也 기다릴범(腫)(豏)

跒 [가] 跒也 난장이가 跺ㅣ가 다가설가、가다가멈출가(馬)

跏 [가] 屈曲坐ㅣ趺 도사리고앉을가(麻)

⿰𧾷斤 [구] 步行 걸을구 行貌 가는모양구(宥)

跓 [주] 停足 발머물주(麌)

跖 [척] 足下 발바닥척 履蹠 밟을척 人名 盜ㅣ 사람이름척(陌)

跔 [구] 跳躍 跿ㅣ 뛸구 凍 足不伸 발얼어곱을구(虞)

跜 [니] 蚴ㅣ 龍뿔없는용니 龍動貌 蹉ㅣ蚴 꿈틀거릴니(支)

跛 [파][피] 足偏廢 절름발이파、한발못쓸파、反 기울어지게설피(寘)(哿)

距 [거] 刀鋒倒刺 칼날젖힐거 鷄ㅣ 며느리발톱거 至也 이를거 違也 어길거 抗也 겨룰거 躍也 뛸거(語)

跘 [관] 跏也 도사리고앉을관(旱)

跗 [부] 足背 발등부 皮也 접질부 趺通(虞)

跙 [저][조][차] 行不進 머뭇거릴저、馬蹄痛 病 말절음발조、차 저와義同(語)(御)(禡)

⿰𧾷亢 [국] 足也 발국(屋)

⿰𧾷出 [굴] 走貌 달아날굴(物)

⿰𧾷瓜 [과] 足理文 발금과、발자국과(麻)

⿱爭足 [쟁] 正也 바를쟁(庚)

跚 [산] 蹣行 蹣ㅣ 절름거릴산 散通(寒)

跕 [접] 墮貌ㅣㅣ 미끄러질접 曳履 신끌접(葉)

⿰𧾷叵 [파] 跛也 절름발이파(哿)

⿰𧾷本 [과] 越也 넘을과 騎也 걸터앉을과

踦ㅣ不進머뭇거릴과 跨와同字 ㊉麻 ㊉馬

跙 조 東階主人接賓處조계 섬돌조 阼와同字 (遇)

跈 니 전 脚破다리부러질니 踼번밟을전 跈과同字 (薺)

㊅

跣 선 徒足履地맨발로다닐선 旋 行貌蹁ㅣ돌아다닐선 躚通 (銑)

跟 근 足踵발뒤굼치근 (元)

跢 다 小兒行어린아이걸을다 (箇)

跗 복 屈手足伏地움흠어엎드릴복 (屋)

跤 교 脛번종아리교 (肴)

跨 과 騎번걸터앉을과、탈을과 越번넘을과 不進跨ㅣ머뭇거릴과 (馬)

⿱亦足 기 氣塞숨막힐기 旡와同字 (未)

跡 적 步處前人所留자취적 迹、蹟同字 (陌)

⿰𧾷匡 광 急行급히갈광 (陽)

跠 이 踞번걸터앉을이 夷同字 (支)

⿰𧾷朶 타 行貌가는모양타 (哿)

跧 잔 전 伏번엎드릴잔 踐번찰잔、전義同 (刪)(先)

⿰𧾷亥 해 急行급히갈해 (隊)

跚 산 蹣ㅣ跛行절름거릴산 蹣과同字 (寒)

路 로 直번길로、大번클로、車번수레로、樞要중요할로 鼓名북이름로、姓번성로、勞번고달플로 輅通 (遇)

跪 궤 拜ㅣ兩膝隱地꿇어앉을궤、무릎꿇을궤 (紙)

跩 세 踰번넘을세 (霽)

跅 차 岐道갈래진길차 (禡)

⿰𧾷乇 락 跣번맨발락 踱同字 (藥)

⿰𧾷欠 답 ㅣ伏길답 蹹과同字 (合)

⿰𧾷聿 률 後退ㅣ跌뒷걸음칠률 (月)

跫 공 강 足音蹋聲발자국소리공、강義同 (冬)(腫)

⿰𧾷尗 척 축 ㅣㅣ行平易편편할척ㅣ踖行敬謹조심해서걸을축 踧과同字 (錫)(屋)

⿰𧾷吉 길 步行걸을길 (質)

⿰𧾷存 존 踞번걸터앉을존 蹲同字 (阮)

⿰𧾷舌 괄 踐번밟을괄 蹴번찰괄 (曷)

⿰𧾷同 동 走貌달아날동 (東)

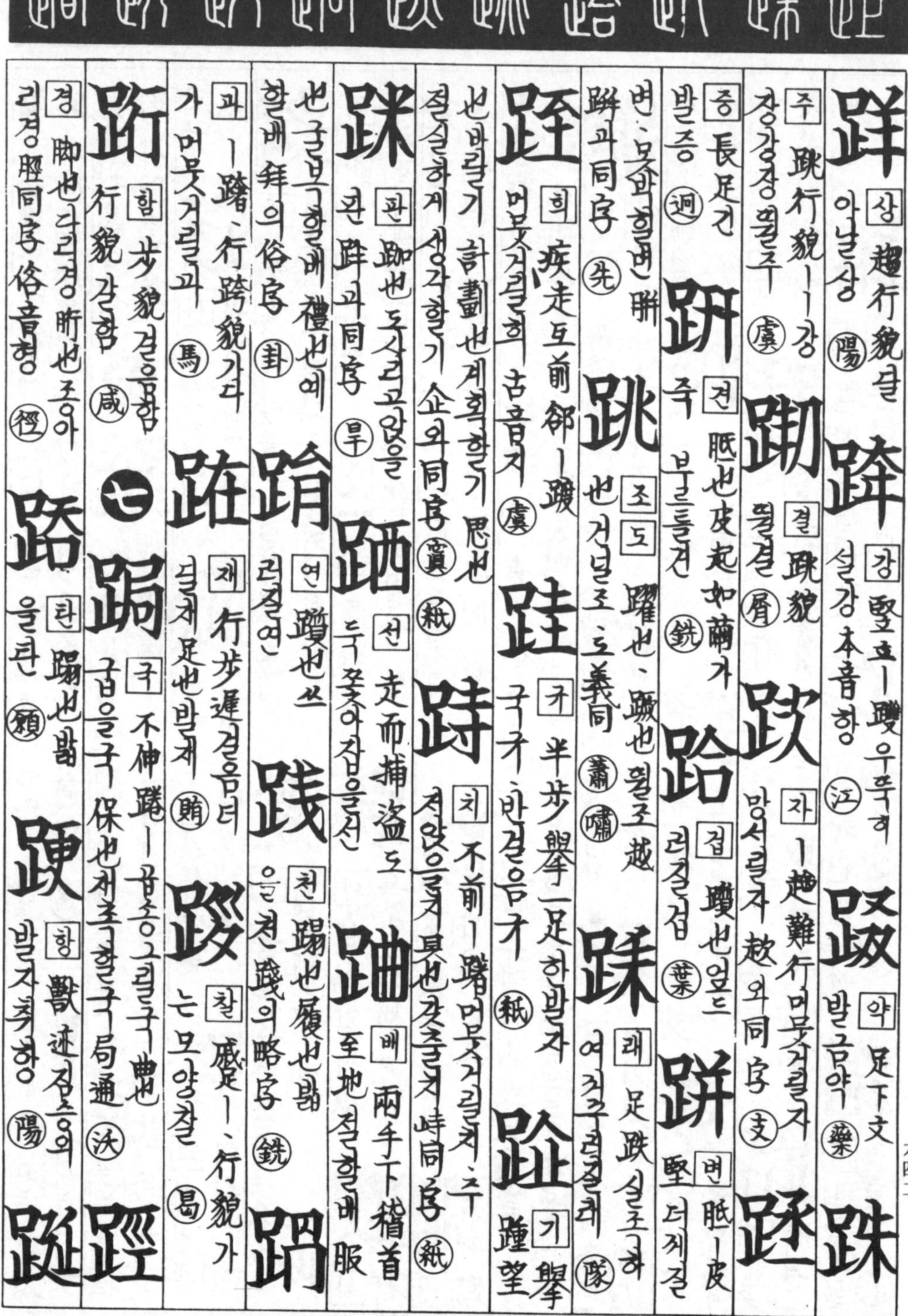

蹉 [타] 蹉ㅣ不遇 미끄러질타 跎·跪와同字 (歌)

⿰𧾷求 [구] 蹈也 밟을구 (尤)

⿰𧾷辛 [선] 步也 걸을선 行也 갈선 (先)

⿰𧾷坐 [좌] 詐拜 거짓절할좌 (箇)

⿰𧾷疋 [선] 靜行 조용히갈선 (霰)

⿰𧾷足 [축] 謹也 삼갈축 (屋)

跿 [도] 跳也ㅣ跔 뛸도 (虞)

⿰𧾷弟 [제] 踏也 밟을제 (霽)

跾 [축][추] 疾也 빠를축 長也 길축 足病 발병날추 (屋)(尤)

⿰𧾷旱 [한] 偏足 외발로설한 (旱)

跽 [기] 兩膝着地長跪 길게 꿇어앉을기 (紙)

踃 [소][초] 動也 跳ㅣ움직일소 足筋急 발의힘줄당길초 (蕭)(嘯)

⿰𧾷岑 [잠] 跡蹟之停水 걸음의 발자국에 괴인물잠 (侵)

踄 [보][박] 蹈也 밟을보 박義同 (遇)(藥)

踆 [준] 止也 그칠준 伏也 엎드릴준 退也 물러갈준 完也 일마칠준 蹲也 事ㅣ 걸터앉을준 踆通 (眞)

踂 [섭] 兩足不相過 두발모울섭、두발오그라붙을섭 俗音녑 (葉)

⿰𧾷辰 [진] 動力 就事 일할진 (震)

⿰𧾷折 [체] 踰也 넘을체 跳也 뛸체 (霽)

⿰𧾷困 [곤] 瘃足 얼어터진발곤 跰也 자칫곤 蹞의譌字 (阮)

⿰𧾷兆 [조][도] 躍也 躑也 뛸조、越也 건널조、도義同、趒·跳와同字 (蕭)(嘯)

踈 [소] 稀也 드물소 枝葉盛貌 나뭇잎우거질소 疏의訛字 (虞)

⿰𧾷貝 [패] 踏也 밟을패 狽同字 (泰)

踇 [무] 行貌 가는모양무 (有)

⿰𧾷余 [도] 不履 맨발도 (遇)

⿰𧾷那 [나] 跌也 실족하여 거꾸러질나 (歌)

⿰𧾷豆 [두] 跌足 미끄러질두 (尤)

⿰𧾷武 [무] 跡也 발자국무 (麌)

⿰𧾷見 [언] 行步不正貌 걸음바르지못할언 (霰)

⿰𧾷寽 [렬] 踰也 넘을렬 (屑)

⿰𧾷呈 [정] 里數 잇수정 (庚)

⿰𧾷幷 [기] 曲脛 굽은정강이기 (支)

踅 [예] 一足行 앙감질할예 (霽)

踉 [랑][량] 勇躍跳ㅣ뛸량 行不迅천천히걸을랑; 急行ㅣ蹌급히걸을량 (漾)(陽)

跕 [첩] 足長발이 길첩 (屑)

[illegible] [포] 馬蹄痕말굽자국포 (虞)

踋 [각] 脛也다리각 足也발각 脚과同字 (藥)

踧 [척][축] ㅣㅣ行平易평평할척 ㅣ踖行敬謹조심해서걸을축 蹙과同字 (錫)(屋)

[illegible] [과] 越也넘을과 騎也걸터앉을과 踦ㅣ不進머뭇거릴과 跨와同字 (麻)(馬)

[illegible] [조] 跳跟뛸조 (蕭)

趺 [부] 跏ㅣ佛坐도사리고앉을부 跗와同字 (虞)

踦 [기] 蹀也밟을기

踊 [용] 跳也뛸용 刖足屨ㅣ貴뒷축없는신용 踴通 (腫)

[illegible] [열] 踏楚가시밟을열 (屑)

八

踏 [답] 踐也밟을답 蹋同 (合)

[illegible] [부] 足背발등부 皮也접질부 跗의俗字 (虞)

踔 [초][탁] 踰也넘을초 踶也밟을초、卓立高遠우뚝설탁 行貌跉ㅣ걷는모양탁 俗音착 (效)(覺)

踑 [기] 長踞ㅣ踞걸터앉을기 (支)

踐 [천] 蹋也 履也밟을천 (銑)

跻 [제] 登也 升也오를제 隮와同字 躋의古字 (齊)

[illegible] [록] 行貌갈록 恭也공순할록 蹗同 (屋)

[illegible] [철][결] 跳也뛸철 小跳뛸결 좌끌척 뛸결 (屑)

[illegible] [창] 踞也걸터앉을창 (養)

[illegible] [아] 岐路갈림길아 (麻)

[illegible] [치] 立也설치 (葉)

踻 [굴] 力也힘굴 (物)

踘 [국] 毬戲蹴ㅣ제기찰국 鞠同字

踛 [륙] 跳也뛸륙 (屋)

[illegible] [분] 走也달아날분 趨事恐後분주할분 有變急走급히달아날분 奔과同字 (元)(願)

踖 [적] 行敬謹 踧ㅣ조심하여걸을적 躐也뛸적 踐也밟을적 (陌)

[illegible] [전] 迹也자국전 (銑)

[illegible] [량] 踞也걸터앉을량 (養)

[illegible] [득] 急

行貌빨리갈득 職

踕 첩 足疾발빠를첩 葉

踗 념 輕步사뿐사뿐걸을념 葉

踥 접 ㅣ躞 行貌 저벅저벅걸을졉 屧也밟을졉 蹀과同字 葉

⿰足走 사 徙也천천히걸을사 蹝와同字 紙

⿰足炎 염 疾行ㅣㅣ빨리걸을염 琰

⿱林足 초 叢木회추리초 荊也가시나무초 鮮明貌고울초 國名초나라초 楚와同字 語 御

踓 유 狂走貌미쳐서달아날유 紙

踒 와 위 유 足跌넘어질와、실족할와 踠通 折足다리부러질와 蹦以兩足두발로밟을유 歌 支 紙

跔 구 跔也손발곱을구 虞

⿰足戾 려 跛行걸음절려 霽

⿰足豖 촉 탁 走也달아날촉 跳也뛸탁 沃 覺

踣 부 복 僵也엎드러질부 偃也쓰러질부 仆同、복義同 宥 職

⿰足隶 돌 跌ㅣ、行而不進貌 걸어도나아가지않을돌 踤也짓밟을돌 月

⿰足官 관 逃也도망할관 本音환 翰

跰 변 皮上堅ㅣ胝 못박힐변 先

踝 과 足骨 跟也복사뼈과 馬

踜 릉 蹓也머물릉 蹶也엎드러질릉 蒸

踞 거 蹲也 據坐걸터앉을거 御

⿰足奄 압 跛足절름발이압 合

踙 섭 兩足不相過 두발오그라붙을섭 古音녑 踂의譌字 葉

⿰足長 장 跪也꿇어앉을장 陽

⿰足困 곤 瘃足얼어터진발곤 跡也자취곤 阮

踚 륜 勇步날래게걸을륜 眞

跙 저 馬足病말발병저 語

⿰足非 비 刖足발굼치벨비 腓同字 未

踤 졸 蹴也찰졸 蹋也밟을졸 質

踦 기 跛也절름발이기 傾側기울어질기 支

踠 원 屈也굽힐원、굴할원 馬跌말넘어질원 阮

踟 지 不進ㅣ蹰머뭇거릴지 支

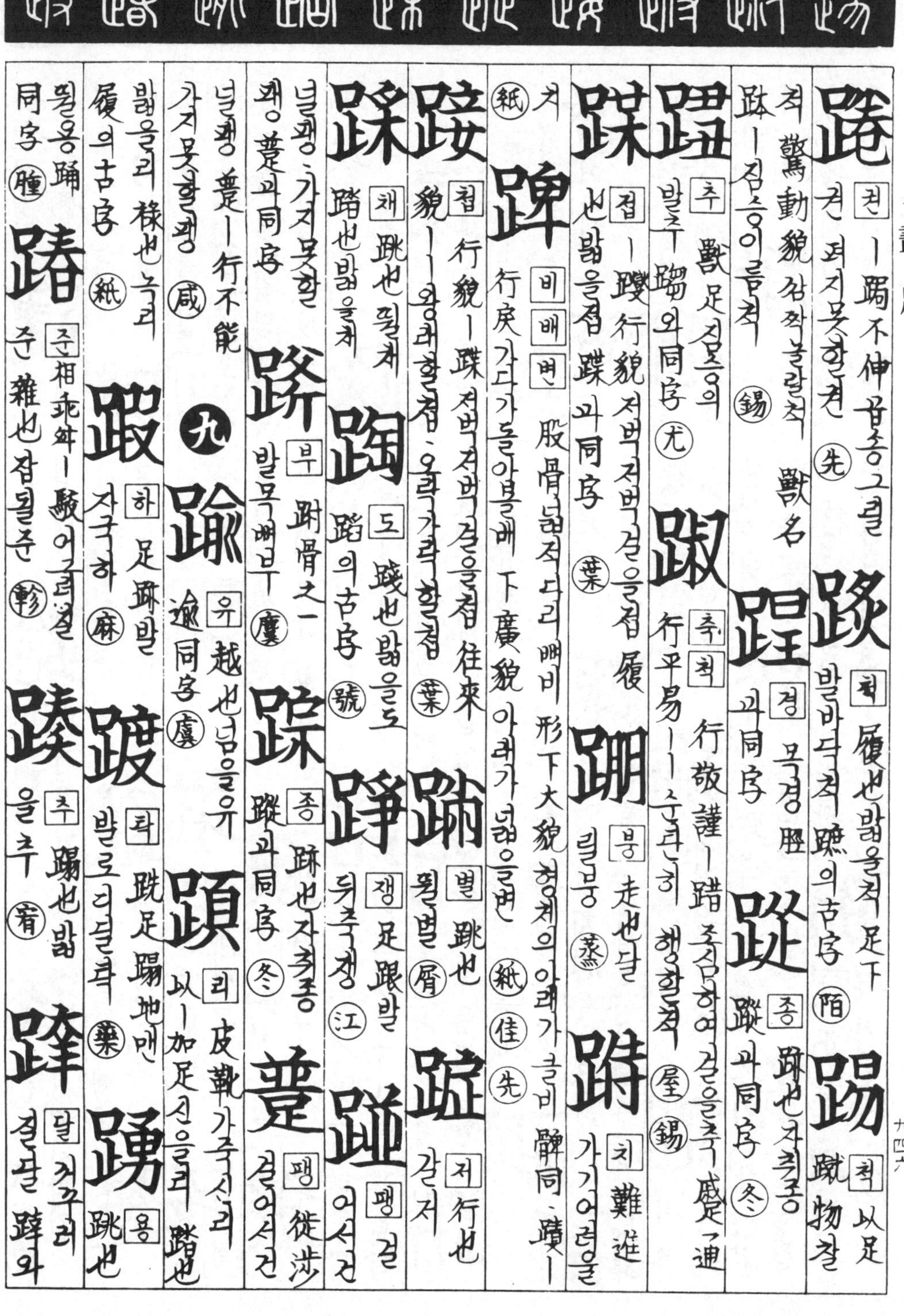

踡 권 ㅣ跼不伸 곱송그릴 권, 펴지못할 권 先

跖 척 履也 밟을 척 足下 발바닥 척 蹠의 古字 陌

踢 척 以足踢物 찰 척 驚動貌 깜짝놀랄 척 獸名 跊ㅣ 짐승이름 척 錫

踁 경 목경 脛과 同字

踨 종 跡也 자취 종 蹤과 同字 冬

踿 추 獸足 짐승의 발추 蹋와 同字 尤

踧 축 척 行敬謹ㅣ踖 조심하여 걸을 축 感 蹙과 通 行平易ㅣㅣ 순탄히 행할 척 屋 錫

踕 접 ㅣ躞 行貌 저벅저벅 걸을 접 履也 밟을 접 蹀과 同字 葉

蹦 붕 走也 달릴 붕 蒸

踟 치 難進 가기어려울 치 紙

踔 비 배 변 股骨 넓적다리 뼈 비 形下大貌 형체의 아래가 크기 비 髀同、蹕ㅣ 行戾 가다가 돌아볼 배 下廣貌 아래가 넓을 변 紙 佳 先

踥 첩 行貌ㅣ蹀 저벅저벅 걸을 첩 往來貌ㅣㅣ 왕래할 첩、오락가락할 첩 葉

踄 별 跳也 뛸 별 屑

踀 저 行也 갈 저

踩 채 跐也 밟을 채 踏也 밟을 채

踘 도 踐也 밟을 도 蹈의 古字 號

踭 쟁 足跟 발뒤축 쟁 江

踫 팽 걸어서건널 팽、가지못할 팽 䟹과 同字

跻 부 跗骨之一 발목뼈 부 虞

踪 종 跡也 자취 종 蹤과 同字 冬

䟹 팽 徒涉 걸어서건널 팽 䟹ㅣ行不能 가지못할 팽 咸

九

踰 유 越也 넘을 유 逾同字 虞

蹞 리 皮鞾 가죽신 리 以ㅣ加足 신을 리 蹝也 밟을 리 樑也 누리 履의 古字 紙

蹃 하 足跡 발자국 하 麻

踱 탁 跣足蹋地 맨발로 디딜 탁 藥

踴 용 跳也 뛸 용 踊 同字 腫

踳 준 相乖舛ㅣ駁 어그러질 준 雜也 잡될 준 軫

𨄔 추 蹋也 밟을 추 宥

躂 달 거꾸러질 달 蹥와

同字

踑 [거] 行不正괴ㅣ 비틀거릴거 (肴)

踺 [건] 行步速걸 음속할건 (願)

𨂿 [계] 脛肉경 강이살계 (眞)

踵 [종] 足跟 발뒤꿈치종 繼也ㅣ武 이을종 接也 접할종 躡也 밟을종 因也 인할종 (腫)

踶 [제] 蹋也 찰제、밟을제、獸足 굽제 짐승의발제 蹄同字 (薺)(齊)

𨂂 [치] 踏也 밟을치 (寘)

路 [가] 腰骨 허리뼈가 骼와同字 (禡)

𨂴 [악] 追也 급할악 (覺)

𨃚 [돈][둔] 隱也 숨을둔 避也 逃也 도망할돈、둔 義同 遯과同字 (願)(阮)

𨁅 [즉] 迫也 핍박할즉 (職)

𨇌 [무] 跪也 굽어앉을무 (遇)

踷 [다] 斜行 비스듬히갈다 (馬)

𨂖 [달] 跌也 자주러질달 、躂과同字

踼 [탕] 逸也 跌ㅣ 미끄러질탕 (漾)

踔 [탁] 緌也 늘어질탁 (藥)

𨁴 [규] 開足 발벌릴규 (齊)

𨂟 [채] 急行 급히갈채 (灰)

踻 [과] 足理 발금과 (麻)

𨂾 [추][축] 行貌 걷는모양추 踏也 밟을추 迫也 핍박할축 (尤)(屋)

踸 [침] ㅣ踔 一足行 앙감질침 趻同字 (寢)

踹 [단] ㅣ足 발구를단 足跟 발꿈치단 (寒)

䠊 [천] 正步 단정하게걸을천 (霰)

𨃎 [안] 迹也 자취안 (潸)

踽 [우] 獨行貌ㅣ踽 홀로행할우 古音구 (麌)

𨃊 [변] 遠行 멀리갈변 (先)

踾 [복] 聚也 모을복 (屋)

𨀮 [하] 여름하 夏의古字

踿 [축] 近也 가까울축 (屋)

𨃹 [독] 不正行 비뚜로갈독 (沃)

蹀 [접] 行貌ㅣ躞 저벅저벅걸을접 履也 蹈也 밟을접 (葉)

蹳 [발] 踏草 풀밟을발 (曷)

䠒 [호] 屈膝 무릎굽힐호 (虞)

𨃞 [혼] 步行 걸을혼 (願)

踏 [사] 履也 밟을사 (麻)

𨂫

(수) 深也 깊을수

⿰⻊矣 (락) 涉也 건널락 樂

⿰⻊里 (전) 日運行해길전 星次 별자리전 躔과同字 先

踊 (용) 跳也 뛸용 踴의俗字 腫

⿰⻊虎 (제) 筌—取魚兎器 토끼올무제 獸足굽제 蹄와同字 齊

⿰⻊查 (사) 履也 밟을사

⿰⻊屏 (병) 急行 급히갈병 靑

⿰⻊巽 (선) 買獸足網올무선 ⿰⻊巽과同字 銑

⿰⻊若 (야) 小兒始行貌 ⿰⻊若—어린애 타달타달걸을야 馬

⿰⻊怱 (총) 遽行 바삐갈총 東

蹂 (유) 踐也 履也 밟을유 —黍 쌀씻을유 尤 有 宥

⿰⻊舌 (삽) 足動 발움직일삽 洽

蹁 (편) 旋行 —躚 돌아걸을편 足不正 발비뚜러질편 先

蹄 (제) 獸足굽제 取魚兎器筌— 물고기와토끼올무제 齊

十

蹇 (건) 跛也 절건, 절름발이건 險難 험할건 偃—驕傲 교만할건 阮

⿰⻊䍃 (요) 跳也 뛸요 蕭

⿰⻊窊 (와) 踏地用力—踏 힘써디딜와 禡

⿰⻊辛 (살) 不正行 비뚜로갈살 曷

蹉 (차) 失時—跎 때잃을차 跌也 미끄러질차 過也 지날차 哿

蹋 (답) —鞠兵勢 제기찰답 踐也 밟을답 踏同字 合

踏 (답) 跳也 뛸답 履也 밟을답 合

⿰⻊栗 (률) 踐也 밟을률 質

蹈 (도) 踐也 밟을도 舞— 춤출도 號

⿰⻊鬼 (괴) 跛也 절름발이괴 蟹

蹆 (퇴) 股也 넓적다리퇴 腿와同字 賄

跨 (과) 越也 넘을과 騎也 걸터앉을과 踦—不進 머뭇거릴과 跨와同字 麻 馬

⿰⻊旁 (방) 急行 踉—급히걸을방 陽

⿰⻊畜 (축) 肥足 살찐발축 屋

⿰月⿱癶足 (등) 踜—、行貌 걷는모양등 蒸

⿰⻊荼 (다) 難進而도가 다가설다 麻

⿰⻊芻 (추) 獸足 짐승의발추 尤

⿰⻊臭 (홍) 疲行 기운없이갈홍

趙과同字 (送)

蹊 [혜] 徑路 穿徑 지름길 혜 ㅣ道 소롯길 혜 徯同字 (齊)

蹝 [척] 磔也 찢어발길 척 (陌)

⿰足高 [교] 脛也 종아리 교 (肴)

踊 [용] 行貌 걷는모양 용 行也 걸을 용 (冬)

⿰足蚤 [소] 跳也 뛸 소 (號)

蹐 [척] 小步 累足 종종걸음 척、발소리없이 걸을 척 (陌)

蹎 [전] 仆也 엎드러질 전 跋也 넘길 전 (先)

⿰足奔 [분] 走也 빨리갈 분 趨事恐後 분주할 분 奔과同字 (元)

⿰足唐 [당] 跌ㅣ 逸也 미끄러질 당 踼의俗字 (漾)

蹌 [창] 趨也 추창할 창 舞貌ㅣㅣ 춤너풀너풀출 창 (陽)

⿰足般 [만][반] 蹣也 넘을 만 ㅣ跚 跛 行貌 절뚝거릴 반 蹣과同字 (寒)

蹍 [전] 足踏 履也 밟을 전 跈同字 (銑)

⿱展足 [전] 밟을 전 蹍과同字

⿱般足 [반] 屈足 굽은발 반、곰장이 반 (寒)

⿰足息 [기] 長跪 꿇어앉을 기 跽의 譌字 (紙)

⿰足徒 [도] ㅣ跔 跳也 뛸 도 跿와同字 (虞)

⿱婁足 [착] 謹也 삼갈 착 善也 착할 착 (覺)

蹏 [제] 獸足 굽 제 蹄 小紙ㅣ耕 얇은 저지 제 (齊)

⿰足葉 [접] ㅣ躞 行貌 저벅저벅 걸을 접 履也 밟을 접 蹀과同字 (葉)

⿰足頁 [훈] 立也 설 훈

⿰足⿱列木 [책] 磔也 찢어발길 책 䟩과同字 (陌)

⿰足高 [교][갹] 企也 발돋울 교 ㅣ擧足 한발내디딜 교 武貌 날쌜 교 草履 짚신 갹 驕貌 교만할 갹 蹻와同字 (蕭)(篠)(藥)

蹑 [섭] 蹈也 밟을 섭 著履 신 신을 섭 登也 오를 섭 躡의 略字 (葉)

⑪

蹔 [잠] 不久 잠깐 잠 暫同字 (勘)

⿰足条 [조][도] 躍也 뛸 조、도 義同 跳와同字 (蕭)(嘯)

⿰足戚 [축] 迫也 쭈그러질 축 顰ㅣ愁貌 찡그릴 축 蹙과同字 (屋)

踾 [복] 匍也 길 복 匐俗字 (屋)

蹗 [록] 疾走 빨리 달아날 록 (屋)

蹬 [등] 行貌 걷는 모양 등 (迥)

⿰足梁 [량] 走也 달아날 량 (陽)

踼 [탕] 跌

ㅣ逸也 미끄러질 탕 踼의 俗字 ㊀漾

踴 용 蹦也 밟을 용 古音 용 ㊀冬

⿰足翏 료 遠走 멀리 달아날 료 ㊀宥

蹕 필 淸道 止行 ...

蹩ㅣ 걸치울 필 躄同字 ㊀質

蹙 축 迫也 궁박할 축、쭈그러질 축 愁貌 蹙ㅣ 찡그릴 축 顣同字 ㊀屋

⿰足豕 촉 躅也 자축촉 ㊀沃

⿰足區 구 跛行 절구 ㊀虞

⿰足票 표 輕行 사뿐사뿐갈 표 ㊀蕭

⿰足祭 철 疾行 빨리 갈 철 ㊀屑

⿰足基 기 本也 근본 기 ㊀支

⿰足崔 최 蹉ㅣ、急甚 몹시 심할 최 ㊀灰

⿰足屚 루 輕踏 사뿐 밟을 루 ㊀宥

⿰足習 첩 ㅣ足 小步 저어걸을 첩 ⿱埶足과 同字 ㊀葉

⿱埶足 첩 小步ㅣ足 종종걸음 첩、지어걸을 첩 ㊀葉

蹜 축 足迫 찰 축 擧足 반들 축 曳踵 발들어 디딜 축 古音 숙 ㊀屋

⿰足副 복·북 手行 엉금엉금 걸 복 盡力奔趨 달음박질할 복、북 義同、匐의 俗字 ㊀職 ㊀屋

⿰足查 차 跫音 발자국소리 차 ㊀哿

⿰足敢 최 行貌 걷는 모양 최 ㊀泰

⿰足專 전 踵也 발뒤꿈치 전 ㊀銑

踒 와·위·유 跌也 거꾸러져 넘어질 와、足折 다리부러질 외 蹋以兩足 두발로 밟을 유 踒와 同字 ㊀歌 ㊀支 ㊀紙

⿰足敖 오 게의 집게발 오 ⿱敖足와 同字 ㊀豪

蹞 규 半步 擧一足 한발자국 규、한걸음 규 跬와 同字 ㊀紙

⿱敖足 오 蟹鉗脚 게의 집게발 오

蹠 척 履也 밟을 척 足下 발바닥 척 跖同字 ㊀陌

蹟 적 前車行ㅣ 사적 적、행사 적 迹同字 ㊀陌

⿰足族 족 足曲 발굽부러질 족 ㊀屋

蹝 사 徐行 천천히 걸을 사 屣通 ㊀紙

蹡 장 行貌 ㅣㅣ 걷는 모양 장、종종걸음 칠 장 ㊀陽

⿱將足 장 종종걸음 칠 장 蹡과 同字

⿱帶足 제·대 去也 갈 제、ㅣ足 行앙 감질할 제 姓也 성 체 ㊀霽 ㊀泰

蹚 당 跛也 미끄러질 당 ㊀陽

蹛

[대] 北虜地名 땅이름대 踶也 밟을대 (泰)

⿰足巢 [조] 行捷 걸음빠를조 (肴)

蹤 [종] 跡也 자취종 蹤同字 (冬)

⿱夢足 [몽] 疲行貌ㅣ蹊 다리절절을몽、걸음곱은 모양몽 (送)

蹣 [반][만] 跛行貌ㅣ跚 절름거릴반 踰也 넘을만 (寒)

⿰足康 [강] 散走 흩어져달아날강 (漾)

⿰足參 [조] 動也 움직일조 不安靜 바시랠조 急進 疾也 빠를조 躁와同字 (號)

蹥 [련] 跟也 발뒤축련 (先)

⿰足鹿 [록] 疾走 빨리달아날록 蹗의俗字 (屋)

蹢 [척][적] 跳貌ㅣ躅 뛰는모양척、장창 뛸척 躑同、蹠也 굽적 (陌)(錫)

⿰足彖 [례] 疾行貌 빨리걸을례

蹏 [제] 발굽제 蹄와同字

⿰足鳥 [국] 跼ㅣ不伸 곱송그릴국 俛也 구부릴국 曲也 굽을국 跼과同字 (沃)

⿰足兪 [유] 越也 넘을유 踰와同字 (虞)

⿰足夌 [륵] 擧足 발을들륵

蹷 [궐] 氣從下起 기운치밀궐 蹶蹷과同字 (月)

(十二)

蹪 [퇴] 躓 엎드러질퇴 (灰)

蹨 [연] 逐也 좇을연 蹈也 밟을연 (銑)

⿰足敝 [별] 절름발이별、蹩을별 蹩과同字

蹩 [별] 跛也 절름발이별 踶也 밟을별 (屑)

⿰足巽 [선] 罥䟆足網 올무선 (銑)

⿰足單 [타] 小兒行態ㅣㅣ 아장아장걸을타 (哿)

⿰足敢 [철] 車跡 수레자국철 迹也 자취철 轍同字 (屑)

⿰足習 [지] 蹋也 밟을지 頓也 자을지 (寘)

蹰 [주] 踟ㅣ不進 머뭇거릴주 躕의俗字 (虞)

蹲 [준] 踞也 걸터앉을준 聚也 모을준 ㅣㅣ 舞貌 춤움직거려 출준 (阮)

蹭 [층] 失路貌 길잃은모양층、어정거릴층 (徑)

⿰足朁 [잡] 留也 머물잡 ⿰足晉과同字 (合)

蹮 [선] 蹁ㅣ 舞貌 춤너풀거려 출선 躚과同字 (先)

⿰足沓 [잡] 留也 머물잡 (合)

蹯

⿱番足 [번] 獸足掌짐승의발바닥번 (元)

⿱番足 [번] 獸足掌짐승의발바닥번 (元)

⿰足尌 [수][주] 立변설수、躇변머뭇거릴주 (遇)(虞)

躇

⿰足取 [저] 踙ㅣ머뭇거릴저 (魚)

⿰足最 [최] 忙行바삐갈최 (泰)

⿰足登 [등] 失勢貌어정거릴등 履변밟을등 (徑)

⿰足矞 [출] 狂走미쳐달아날출 (質)

⿰足嵐 [람] 急行바삐갈람 (覃)

⿰足閒 [감] 以足踏地而敬발장단맞추며 늘녀할감 (感)

⿱無足 [무] 蹄변발자국무 蹴와同字 (虞)

⿰足咼 [와] 動변움직일와 化변변화할와 謬변거짓말와 譌書사투리와 吪와同字 (歌)

⿰足頁 [수] 走변달아날수

⿰足肅 [소] 正行단정히갈소 (嘯)

蹢 [척][적] ㅣ躅跳貌징초올뛸척 蹄변굽적 蹢의古字 (陌)(錫)

⿰足散 [산][설] 行貌걷는모양산、설 義同

(胥) **蹱** [종] 小兒行步어린애걸음종 (冬)

⿰足聿 [필] 走변달아날필 (質)

⿰足荅 [답] 跳변뛸답 履변밟을답 踏과同字

(合) **蹺** [교] 企변바랄교 擧足발치켜드딀교 蹻同字 (齊)

蹸 [린] 車轢수레에밟힐린 躙、轔同字 (震)

⿱祭足 [계] 拜ㅣ两

膝隱地꿇어앉을궤 跪와同字 (紙)

蹷 [궐] 氣從下起기운치밀궐 蹶과同字 (月)

蹵 [축] 찰축 蹴과同字

⿰足異 [칙] 步行聲걷는소리칙 (職)

蹴 [축] 蹴변찰축 踏변밟을축 蹵同字 (屋)

蹡 [장] 跪변꿇어앉을장 蹌의俗字 (陽)

⿰足發 [발] 足拔物발로물건찰발 (曷)

蹶 [궐][계] 僵변쓰러질궐 跌변미끄러울궐 拔변뺄궐 跳변뛸궐 行遽급히걸을계 (月)(霽)

躊 [주] ㅣ躇進退머뭇거릴주 躕와同字 (尤)

⿰足堯 [교] 行변걸을교 (篠)

蹼 [복] 鳥兒足오리발복 (屋)

⿰足悲 [비] 刖足발꿈치벨비 ⿰足非와同字 (未)

蹻 [교][각] 一擧足발제겨드딜교 武貌ㅣㅣ위엄스러울교 剛直강직할교 草履짚신각 驕貌교만할각 走貌ㅣㅣ닫는모양각 企也바랄교 蹺同字 (篠)(藥)(蕭)

踖 [척] 跛ㅣ敬貌조심해서걸을척 踐也밟을척 躩也뛸척 踖의古字 (陌)

蹹 [답] ㅣ伏엎드릴답 踏同字 (合)

⿰𧾷⿱覀夫 [표] 輕行사뿐사뿐갈표 ⿰𧾷票와同字 (蕭)

⿰𧾷发 [발] 足蹴物찰발 蹳과同字 (曷)

⿰𧾷敖 [각][오] 步也걸을 각、오 義同

⿰𧾷絛 [조] 動也움직일조 不安靜바시댈조 急進疾也빠를조 躁와同字 (號)

⿱射足 [적] 謹也삼갈적

⿰𧾷耎 [난] 縮也쪼그라들난 耎과同字 (旱)

⿰𧾷弱 [답] 踐也밟을답 蹋踏과同字 (合)

⿰𧾷⿱先日 [륙] 趜也들륙

蹚 [당] 跛也미끄러질당 蹬과同字 (陽)

踳 [준] ㅣ駁相乖어그러질준 雜也잡될준 踳의本字 (軫)

⿰𧾷⿱佥口 [점] 馬急行말달려갈점 ⿰𧾷詹과同字 (鹽)

⿰𧾷属 [촉] 跦也자축거릴촉 蹢ㅣ行貌강동강동뛸촉 花名躑ㅣ철쭉꽃촉 躅과同字 躅의略字 (沃)

十二

⿰𧾷禁 [금] 坐也앉을금 (侵)

⿰𧾷⿱𫝀囟 [렵] 踐也밟을렵 ㅣ等躐也넘을렵 躐과同字 (葉)

⿰𧾷睪 [락] 跣足맨발락 벗을락 (藥)

躄 [벽] 跛也절름거릴벽 (陌)

躃 [벽] 절름거릴벽 躄과同字

⿰𧾷頍 [기] 擧足발들기 (紙)

⿰𧾷楚 [조] 馬蹄痛病말저는병날조 (語)

⿰𧾷閘 [첨] 擧足발돋움할첨 (琰)

躂 [달] 跌也미끄러질달 (曷)

躅 [촉] 跦也자축거릴촉 行貌蹢ㅣ강동강동뛸촉 花名躑ㅣ철쭉꽃촉 (沃)

⿰𧾷亶 [전] 移也옮길전 (銑)

⿰𧾷雀 [삽] 獨行홀로갈삽 (合)

躁 [조] ㅣ急성미급할조 動也움직일조 不安靜바시댈조 急進疾也빠를조 (號)

⿰𧾷睘 [견] 疾跳빠르게뛸견 (霰)

躇

[저][차] 住足躕ㅣ머뭇거릴저、招반不次건너뛸착 (魚)(藥)

躆 [거] 手據손으로짚을거 動作倚ㅣ움직거릴거 (御)

⿰足頁 [번] 獸足掌짐승의발바닥번 蹯同字 (元)

⿺足彭 [팽] 踏地聲땅밟는소리팽 (敬)

⿺足堇 [돈] 艀舟조선돈 零반남을돈 (阮)

蹬 [등] 蹬ㅣ、行貌걷는모양등 (蒸)

⿰足㒸 [수] 深반깊을수 (遇)

蹬 [지] 頓반쓰러질지 踣반밟을지 躓과同字 (寘)

⿰足戠 [적] 踐害밟아해할적 (職)

⿺足煩 [번] 獸足掌짐승의발바닥번 蹯 蹞과同字 (元)

躈 [규] 馬尻骨말궁둥이뼈규 蹄반발굽규 (嘯)

⿰足盾 [둔] 頓ㅣ노둔할둔 不利무딜둔 鈍과同字 (願)

⿰足歲 [괴] 小溺조금씩걸괴 倦반게을를괴 (隊)

⿰足翕 [답] ㅣ鞠兵勢제기찰답 踐반밟을답 蹋과同字 (合)

⿰足義 [치] 飲酒器자치 臙脂染草 名草여지치 危와同字 (支)

⿰足詹 [첨] 馬急行말달려갈첨 或점 (鹽)

十四

躋 [제] 登반 升반오를제 隮同字 (齊)

⿺足巠 [경] 一足行앙감질할경 (徑)

⿰足聚 [주] 醉倒취하여넘어질주 (宥)

躊 [주] 進退ㅣ躇머뭇거릴주 (尤)

躍 [약][적] 跳반 進반뛸약、적 義同 躍의本字 (藥)(錫)

蹸 [린] 車踐수레에밟힐린 躪의本字 (震)

⿰足爾 [녈] 踏반밟을녈 (銑)

⿰足頗 [파][피] 足偏廢절뚝발이파 仄立기울어지게설피 跛와同字 (哿)(寘)

躌 [무] 踐반밟을무 (麌)

⿰足馮 [빙] 蹋地聲땅밟는소리빙 (徑)

⿰足㬎 [답] 밟을답 踏과同字

⿰足㥯 [온] 安반안온할온 (阮)

⿰足僕 [복] 鳧鴈駢跖오리발복 蹼과同字 (屋)

躍 [약][적] 跳반、超반뛸약、進반나아갈약、적 義同 (藥)(錫)

⿰足⿱皇方 [변] 行不正걸음바르지못할변 (先)

⿰足㡭 [단] 踐

處발자 국단(翰) 𨇨 [착] 行疾걸음 빠를착(覺) 躤 [적][자] 踐也밟을 적 자義同(陌)(禡) 躠 [살][설] 行貌跋 ㅣ돌쳐갈살

旋行、蹩ㅣ매암돌설 蹩과同字(曷)(屑) ⑮ 躐 [렵] 踐밟을렵 踰 也ㅣ等넘을렵(葉) 𨆷 [광] 路曠遠갈 넓고멀광(漾) 躈

[철] 迹也자취철 躈과同字(屑) 躓 [지] 頓也쓰러질지 跲 也밟을지 疐同字(寘) 躦 [찬][차] 踳也걸터앉을찬 蹵 音발자국소리차 躦과同字

(歌) 躕 [주] 不進踟ㅣ머 뭇거릴주(虞) 𨈇 [뢰] 破行절름 거릴뢰(泰) 躖 [단] 踐處발자국단 𨇼、躖의本字(旱)

躔 [전] 日運行해갈전 星次별자리전 踐也밟을 전 行也행할전 獸跡짐승의자취전(先) 躋 [자] 踏也밟 을자(歌) 蹬

[등] 臥也누울등 盡也다할등(徑) 蹢 [지] 礙也거리낄 지 疐同字(寘) 𨇖 [포] 行貌 갈포(號) 蹐 [척] 小步累 足발을맞출척

디딜척 蹐 의本字(陌) 躒 [력] 動也움 직일력(錫) 躑 [척] 躑貌ㅣ躅머뭇거릴척 花名ㅣ躅철쭉꽃척(陌) 躨 [요] 小兒 足

動발움직 일요(篠) ⑯ 躛 [위][회] 衛也호위할위 過也허물위 譌 也그늘위 不信거짓위、회義同(霽)(卦) 躘 [룡] 小兒 步行이

리에걸 음룡(冬) 躘 [룡] 步行貌걸 음새룡(東) 𨈄 [살] 行貌跋ㅣ걷는 모양살 躠同字(曷) 躠 [설] 旋行蹩 ㅣ매암돌설

(屑) 𨇦 [력] 足所經踐 지날력(錫) 䠬 [등] 馳也달릴등 升也날칠등 踊躍뛰놀등 騰과同字(蒸) 躗 [귀] 跳 也뛸귀

僵也쓰러질귀 ㅣ洩、苦 蒙쓴채주귀(霽) 蹪 [퇴] 蹪사일드러질 퇴 蹪와同字(灰) 𨇪 [뢰] 跋足절름 발이뢰(泰) 躚

[선] 蹁ㅣ、舞貌 춤너훌거릴 춤출선 (先)

躪 [린] 車轢 수레에 갈릴린 (震)

⿰足盧 [려] 傳也 전할려 上語下 傳말씀을 전갈할려 (魚)

(十七)

⿰足闋 [궐][궤] 僵也 쓰러질궐 蹶也 미끄러질궐 行遽 급히걸을궤 動也 움직일궤 蹶와同字 (月)(霽)

躠 [살][설] 行貌、跋ㅣ돌쳐갈살 旋行、蹩躠ㅣ맴돌설 ⿱薛足과同字 (曷)(屑)

⿱薛足 [살][설] 行貌、跋ㅣ돌쳐갈살 旋行、蹩躠ㅣ맴돌설 (曷)(屑)

⿰足毚 [삼] 疾步 빨리걸을삼 (陌)

⿰足龠 [약] 登也 오를약 躍也 뛸약 履也 신을밟을약 行也 걸을약 (藥)

⿰足頻 [규] 半步擧一足 한발자국규、반걸음규 跬와同字 (紙)

躟 [양] 行遽距ㅣ바삐걸을양 (陽)

蹮 [선] 蹁ㅣ舞貌 춤너풀거려출선 蹮、躚과同字 (先)

⿰足閻 [탐] 跕足而望 넘어다볼탐 (豔)

⿸广⿱欮足 [궐] 氣從下起 기운치밀궐 蹷과同字 (月)

⿰足蹇 [건] 跛也 절건 險難 험할건 偃ㅣ驕傲 교만할건 蹇의俗字 (阮)

⿰足鮮 [선] 病不能行 跰ㅣ병들어 능히걷지 못할선 비척비척할선 躚同字 (先)

⿰足韱 [참] 步行貌 걸음새참 (陌)

躝 [란] 踰也 넘을란 (寒)

躞 [섭] 書畫軸心玉ㅣ족자마구리섭 行貌 蹀ㅣ저벅저벅걸을섭 (葉)

(十八)

躢 [답] 踐也 밟을답 踏과同字 (合)

⿰足雚 [권] 曲脊行 등구부리고걸을권 (先)

躖 [단] 踐處 발자국단 躖과同字 (旱)

躡 [섭] 蹈也 밟을섭 著履 신신을섭 登也 오를섭 俗音녑 (葉)

⿰足雙 [쌍] 竦立⿰足雙ㅣ곱송그리고설쌍、우뚝설쌍 (江)

躤 [적] 踐也 踖ㅣ밟을적 (陌)

⿰足閻 [탐] 跕足而望 너머다볼탐 躢과同字 (豔)

躣 [구] 行貌 굼들굼들할구 (虞)

⿰足戚 [축] 躡也 踏也 찰축、밟을축 蹴과同字 (屋)

(十九)

躦 [찬] 蹲也 걸터앉을찬

(寒)

[illegible] [변] 行不正걸음바르지못할편 蹁과同字 (先)

[illegible] [라] 失道길잃을라 (箇)

躎 [미] 行貌걷는모양미 (紙)

[illegible] [련] 足病발병련 (先)

躧 [새][사] 小履無跟작은신뒷축없는신사 徐也行貌천천히걸을사 (蟹)(紙)

㉠ 二十

[illegible] [전] 頂也이마전 仆倒엎드러질전 傾斜비두름할전 顚과同字 (先)

[illegible] [기] 虯龍動貌꿈틀거릴기 (支)

躪 [린] 踐也、蹂ㅣ짓밟을린 躙同字 (震)

躩 [곽] 屈足발을굽힐곽 (藥)

二十一

[illegible] [약] 登也오를약 躍也뛸약 履也신으로밟을약 行也걸을약 蹫과同字 (藥)

[illegible] [촉] 跡也자취촉 蹢ㅣ行貌강동강동걸을촉 花名躑ㅣ철쭉꽃촉 躅과同字 (沃)

[illegible] [축] 急也급할축 (屋)

二十二

躨 [기] 跜跳ㅣ龍動貌꿈틀거릴기 躨와同字 (支)

[illegible] [첩] 走聲달아나는소리첩 (葉)

二十三

[illegible] [약] 登也오를약 躍也뛸약 履也신을밟을약 蹫과同字 (藥)

身部

身 [신] 躳也몸신 懷孕有ㅣ아이밸신 親也몸소신 給符告ㅣ척지신、꽤지신 娠通 (眞)

[illegible] [아] 牡齒어금니아 大將旗대장기아 象牡齒코끼리어금니아 崇ㅣ부들아 牙와同字 (麻)

身 [궐][굴] 其也、助辭그궐 短也짧을궐 蕃國나라이름궐 厥의古字 (月)(物)

三

[illegible] [담] 好也좋아할담 耽과同字 (覃)

躬 [궁] 身也몸궁 親也몸소궁 親行몸소행할궁 躳同字 (眞)

[illegible] [릉] 身也몸릉 (蒸)

四

[illegible] [로] 火器화로로 烈陽共ㅣ뙤약볕로 爐와同字 (虞)

[illegible] [소] 體長貌몸이길소 (江)

躭

[탐] 耳大而垂귀축처질탐 耽의俗字 (覃)

⿰身史 [설] 使也부릴설 (屑)

⿰身冉 [담] 耳曼無輪귀바퀴없을담 聃과同字 (覃)

⿰身比 [비] 體柔⿰身夸ㅣ몸부드러울비 (支)

⿰身支 [지] 四ㅣ體也팔다리지 肢胑와同字 (支)

躮 [분] 子也對人己子謙稱아들분 (日)

⿰身𠬝 [복] 옷복、좇을복 服과同字

⿰身殳 [담] 肝之腑쓸개담 挑治쓸개담 膽과同字 (感)

⿰身攴 [사] 쏠사 射 ⿰身矢와同字

⿰身戈 [아] 나아、우리아 我와同字

⿰身亢 [강] 躴ㅣ身長키클강 躿과同字 (陽)

五

⿰身出 [친] 走貌달아날친 모양친 (眞)

⿰身犮 [발] 走也달아날발 (曷)

⿰身主 [주] 身直貌몸꼿꼿할주 (麌)

⿰身匀 [궁] 恭貌공손할궁 (東)

⿰身冉 [담] 耳曼無輪귀바퀴없을담

⿰身付 [부] 著衣ㅣ褕옷입을부 (遇)

⿰身丘 [구] 四體허우대구、몸구 軀의俗字 (虞)

⿰身矢 [사][석][야][역] 發矢쏠사 指物而取맞쳐취할석 官名벼슬이름야 厭也싫을역 射와同字 (禡)(陌)(禡)(陌)

躰 [체] 몸체 體의俗字

⿰身立 [친] 身端몸단정할친 (吻)

⿰身台 [궁] 身也몸궁 躳과同字 (東)

⿰身只 [지] 팔다리지 胑와同字

六

⿱任身 [임] 懷孕아이밸임 姙、妊과同字 (侵)

⿰身舌 [괄] 聲擾讙語떠들썩할괄 無知貌무지할괄 聒과同字 (曷)

⿰身向 [향] 仰向처다볼향 (漾)

躱 [타] 避也피할타 躲와同字 (哿)

⿰身亥 [해] 驚起놀랄해ㅣ鼓북울릴해 駭의俗字 (蟹)

躲 [타] 避也피할타 (哿)

⿰身自 [자] 스스로자、몸소자 自와同字

⿰身夸 [과] 體柔ㅣ⿰身比몸부드러울과 (麻)

⿰身孕 [잉] 懷姙아이밸잉 孕과同字 (徑)

⿰身同 [동] 身不端䑋ㅣ몸단정치못할동 或音통 (董)

⿰身夆

[과] ㅣ躭 體柔 몸구부러울과 䠸와同字 (麻)

䠷 [조] 軆長 몸후리후리할조 (嘯)

䠶 [빙] 諸侯相問 사신보낼빙 娶也 장가들빙 徵召부를빙 聘과同字 (敬)

⑦

𨉁 [인] 凝視 엿볼인、줄곧볼인 (旦)

𨉖 [정] 身長直 몸곧고 곧을정 (迥)

䠙 [비] 몸부드러울비 躭와同字

䠊 [비] 躭ㅣ 體柔 몸부드러울비 躭와同字 (支)

躴 [랑] 身長ㅣ躿 키클랑 (陽)

䠞 [축] 찰축、밟을축 蹴과同字

躳 [궁] 身也 몸궁 親也 몸소궁 躬本字 (東)

䪺 [매] 蠻ㅣ 오랑캐매 静也 고요할매 食鐵似熊 夷맥이매 貊과同字 (陌)

⑧

躺 [당] 臥也 누울당

䠼 [화] 敎小兒禮 가르칠화 (旦)

躸 [기] 身也 몸기 隻也 외짝기 (支)

䠻 [왜] 短人 난쟁이왜 縮也 줄일왜 矮와同字 (蟹)

䠱 [국] 曲躬 몸굽힐국 (屋)

𨉥 [도] 身長 몸길도 軇와同字 (號)

𨈔 [옥] 寶也 보배옥 𨊤과同字 (沃)

躶 [라] 赤體 벌거벗을라 ㅣ蟲 털없는 벌레라 倮同字 (哿)

𨈹 [사] [석] [야] [역] 쏠사、맞쳐 처할석、벼슬이름야、싫을역 射와同字 (禡) (陌) (禡) (陌)

躬 [궁] 曲躬 몸굽힐궁 (送)

⑨

𨉆 [미] 行動也 행동할미 (紙)

䠳 [하] 屈身 몸굽힐하 (麻)

𨉣 [수] 著衣 䠽ㅣ 옷입을수 (遇)

𨉛 [황] 鐘聲 종소리황 (陽)

躽 [언] 曲身 몸굽힐언 怒腹ㅣ體 성내배언 (阮)

𨉗 [면] 𡝩也 길면 面와同字

𨉕 [중] 孕也 아이밸중 (宋)

⑩

𨊊 [체] 몸체 體와同字

䠶 [빙] 諸侯相問 사신보낼빙 娶也 장가들빙 徵召부를빙 聘의俗字 (敬)

𨊂 [랑] 身長ㅣ躿 키클랑 躴과同字 (陽)

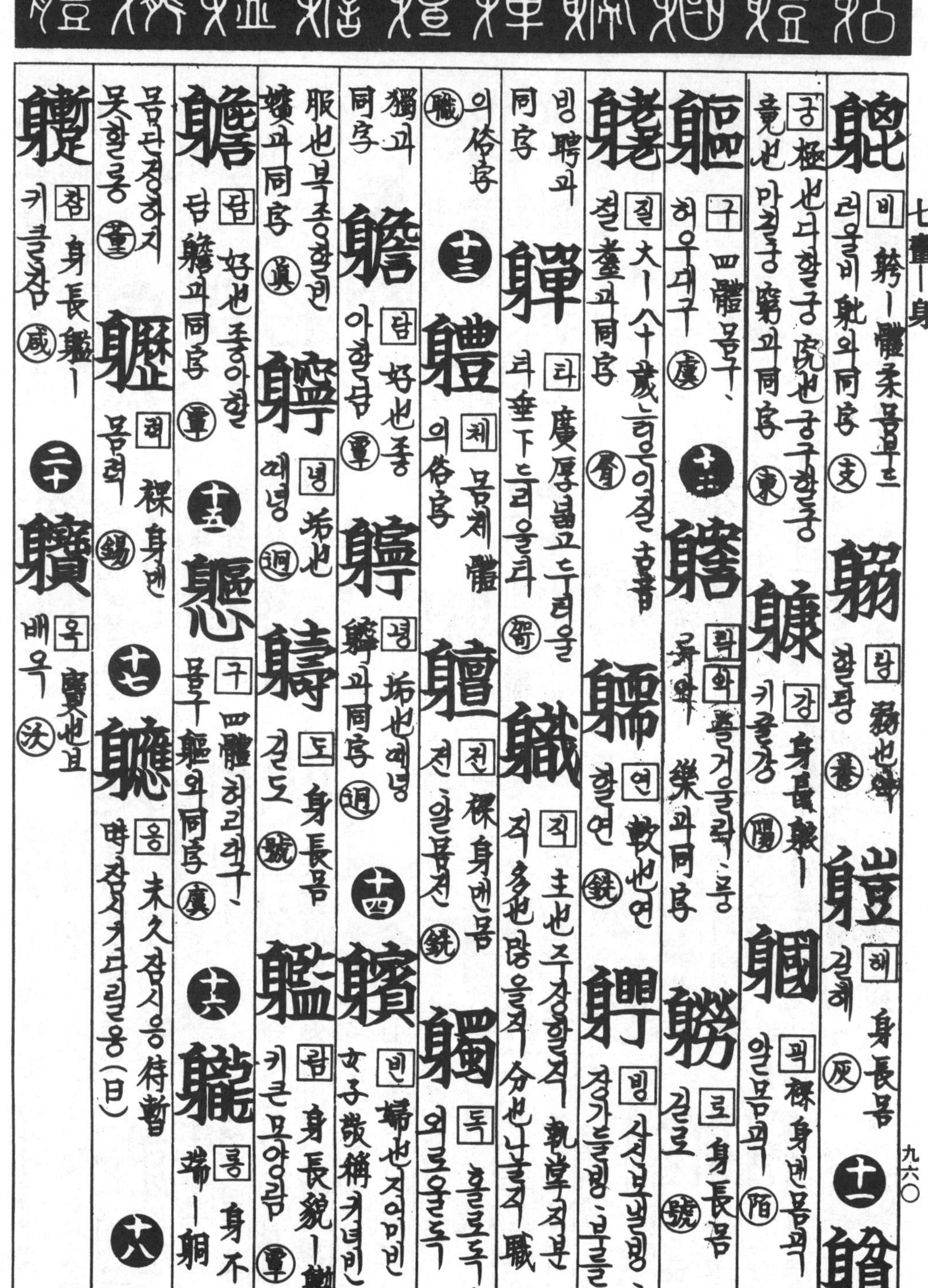

⿰身皃 비 ⿰身夸ㅣ軆柔 몸부드러울비 ⿰身比와同字 (支)
⿰身弱 랑 [illegible]也 할랑 (養)
⿰身豈 해 身長 몸길해 (灰)
十一
⿰身貪 궁 極也 다할궁 究也 궁구할궁 竟也 마칠궁 窮과同字 (東)
躿 강 身長 躿ㅣ 키클강 (陽)
⿰身國 괵 裸身 맨몸괵 알몸괵 (陌)
軀 구 四體 몸구、허우대구 (虞)
十二
⿰身舍 락 악 즐거울락、풍류악 樂과同字
⿰身勞 로 身長 몸길로 (號)
⿰身耋 질 大ㅣ 八十歲늙은이질 古音 철 耋과同字 (屑)
⿰身需 연 軟也 연할연 (銑)
⿰身聘 빙 사신보낼빙、장가들빙、부를빙 聘과同字
⿰身單 타 廣厚 넓고두터울타 垂下 드리울타 (哿)
軄 직 主也 주장할직 執掌 직분직 多也 많을직 分也 나눌직 職의俗字 (職)
十三
軆 체 몸체 體의俗字
⿰身亶 전 裸身 맨몸전、알몸전 (銑)
⿰身蜀 독 홀로독、외로울독 獨과同字
⿰身詹 담 好也 좋아할담 (覃)
⿰身寧 녕 疒也 대녕 ⿰身寧과同字 (迥)
十四
⿰身賓 빈 婦也 지어미빈 女子敬稱 겨니빈 服也 복종할빈 ⿰身賓과同字 (眞)
⿰身寧 녕 疒也 대녕 (迥)
⿰身壽 도 身長 길도 (號)
⿰身監 람 身長貌 ⿰身監ㅣ⿰身匿 키큰모양람 (覃)
⿰身詹 담 好也 좋아할담 ⿰身詹과同字 (覃)
十五
⿱⿰身區心 구 四體 허리구、몸구 軀와同字 (虞)
十六
⿰身龍 룡 身不端 ⿰身龍ㅣ⿰身同 몸단정하지 못할롱 (董)
⿰身歷 력 裸身 맨몸력 (錫)
十七
⿰身應 응 未久 잠시응 待暫時 잠시기다릴응 (日)
十八
⿰身𪊋 참 身長 ⿰身監ㅣ 키클참 (咸)
二十
⿰身賣 옥 賣也 배옥 (沃)

車部

車 [거][차] 輅也 수레거 輿輪之總名 바퀴거 網名 罾ㅣ 그물거 齒根 잇몸거、차 義同 姓也 성차 (魚)(麻)

一

軋 [알] 勢相傾 앗을알 불화할알 車輾수레삐걱거릴알 無垠軋ㅣ 가없을알 (黠)

二

軌 [궤] 車軸兩轍間 수레바퀴사이궤、굴대궤 法也 법궤 循也 좇을궤 (紙)

⿰車巳 [범] 車軾前 차앞턱나무범 軓同字 (豏)

⿰車丩 [구] 車後수레뒤구 (尤)

⿱車厶 [세] 車軸頭굴대끝세 軎와同字 (霽)

軍 [군] 旅也 군사군 (五師爲ㅣ) 衆也 무리군 師所駐 진칠군 (支)

⿰車丁 [정] 停車수레머물정 (青)

⿰車力 [륵] 彩也 채색륵 (質)

⿹勹車 [군] 衆旅 군사군 師所駐 진칠군 軍의本字 (支)

三

軓 [선] 車跡수레자국선 (霰)

軎 [세] 車軸頭 바퀴굴대끝세 (霽)

軏 [월] 車轅端持衡木 멍에막이월 (月)

軒 [헌] 大夫車 초헌헌 檐宇 추녀끝헌 笑貌ㅣ渠 껄껄웃을헌 自得貌ㅣㅣ 자득할헌 欄板ㅣ檻 툇마루헌 樂說ㅣ縣 풍류틀헌 肉膾麤切 육회굵게저민헌 (願)

⿰車工 [공][강] 轂中鐵 바퀴통옥쇠공 鐙也 등잔강 釭俗字 (東)(江)

軔 [인] 礙車止輪木 바퀴고임나무인 中國尺、八尺 여덟자길이인 (震)

⿰車乇 [돈] 兵車 싸움수레돈 軘과同字 (元)

⿰車川 [준] 下棺車 하관하는수레준 (眞)

軓 [범] 車軾前 차앞턱나무범 ⿰車巳과同字 (豏)

軑 [대] 轄也 바퀴통감기쇠대 (霽)

四

⿰車支 [진] 列也、布也 벌릴진 故也 묵을진 久也 오랠진 告也 고할진 陳의古字 (眞)(震)

軚 [대] 轄也 바퀴통감기쇠대 軑의譌字 (霽)

⿰車反 [반] 車耳反出수레휘장반 (阮)

⿰車攵 [진] 列也 布也 벌릴진 故也 묵을진 久也 오랠진 陳의古字

軜 [납] 驂馬內

轡繫軾者 말속곱삐 납 ㊀合

⿰車乚 [심] 車軜心木 수레심 심 ㊀侵

軗 [수] 車引 수레끌 수 ㊀虞

軖 [광] 紡車 물레 광 一輪車 외바퀴수레 광、동자광 ㊀陽

軘 [돈] 兵車 번싸움수레 둔 ㊀元

⿰車公 [용] 車行貌 수레가는모양 용 ㊀冬

⿰車巳 [액] 轅端橫木駕馬領者 멍에 액 軶同字 ㊀陌

⿰車元 [월] 車轅耑特衡木 멍에막이 월 軏과同字 ㊀月

⿰車冗 [용] 輕車 가벼운수레 용 軵과同字 ㊀腫

較 [각][교] 車耳車上曲銅 수레귀 각 ㅣ然 明 밝을 각 比ㅣ 비교할 교 ⿰車爻와同字 ㊀覺 ㊀效

⿰車勾 [구] 車軛兩邊叉馬頸者 멍에 구 ㅣ牛 소멍에 구 ㅣ夏后車名 수레이름 구 軥와同字 ㊀虞 ㊀尤

⿰車亢 [강] ⿰車亢번수레 바탕 강 ㊀漾

軟 [연] 柔번 부드러울 연、연할 연 輭俗字 ㊀銑

軝 [기] 車轂之旁出者 수레굴통맨끝 기 ㊀支

軞 [모] 君王所乘ㅣ車 임금의타시는수레 모 公車 공거 모 ㊀豪

⿰車夫 [부] 轄번 바퀴비녀장 부 ㊀虞

⿰車父 [보] 兩旁夾車木 수레덧방나무 보 頰骨 광대뼈 보 助번 도울 보 輔와同字 ㊀麌

⿰車互 [저] 수레뒤채 저 軧와同字

⿰車尹 [현] 車蓋骨 수레주정살 현 ㊀銑

⿰車互 [저] 大車後 수레뒤채 저 軧와同字 ㊀齊

⿰車厷 [굉] 車聲 수레소리 굉 或音 횡 ㊀蒸

軣 [굉] 車聲 수레모는소리 굉 古音 횡 轟의略字 ㊀庚

⿰車止 [태] 車傾 수레기울어질 태 軩와同字 ㊀賄

⿰車戶 [로] 轆ㅣ 汲水器 두레박틀 로 轤의略字 ㊀虞

軡 [금] 新車 새수레 금 地名 땅이름 금 ㊀侵

転 [전] 動運 구를 전 回번 돌 전 遷번 옮길 전 運之 굴릴 전 轉의略字 ㊀銑 ㊀霰

⿰車月 [월] 釭번 바퀴통쇠 월 ㊀月

⿰車巴 [파] 畢車 구사수레 파 ㊀麻

⿰車勺 [연] 車輞 덧바퀴 연 輭의俗字 ㊀銑

⿰車壬

[님] 約車물레님 (侵)

五

軪 [요] 車聲수레소리요 (肴)

軥 [구] 車軛兩邊叉馬頸者 멍에목걸이구 、ㅣ午쇠멍에구 夏后車名하후씨수레이름구 (虞)(尤)

軩 [태] 車傾수레기울어질태 (賄)

軮 [앙] 遠相映貌멀리서로비치는모양앙 無涯際ㅣ軋

전할양 縣名고을이름양 (陽)

軲 [고] 車也수레고 (虞)

軷 [발] 車破聲수레깨지는소리발 (黠)

軳 [포] 戾也돌아올포 (肴)

軫 [진] 수레뒷턱나무진 軫과同字

軫 [진] 車後横木수레뒷턱나무진 軫과同字 (軫)

軫 [진] 車後横木수레뒷턱나무진 動轉구를진 痛也아플진 動也움직일진 地形盤曲貌길꼬불꼬불할진 千人宿名별이름진 (軫)

軬 [반] 車上篷수레뜸반 (阮)

軨 [령] 獵車사냥수레령 車欄수레난간령 獸名짐승이름령 (青)

軧 [저] 大車後큰수레뒷채저 (薺)

⿰車弘 [굉] ㅣㅣ 車聲수레소리굉 或音횡 ⿰車厷과同字 (蒸)

軦 [황] 蟲名黃ㅣ벌레이름황 (漾)

⿰車𠬝 [년] 轢也수레에갈릴년 (銑)

⿰車它 [타] 車疾馳차빨리달아날타 (歌)

⿰車卯 [류] 載柩車관실는수레류 (有)

軵 [용] 輕車가벼운수레용 (腫)

⿰車玉 [경] 車堅수레튼튼할경 ⿱殸車과同字 (庚)

⿰車民 [민] 輞也바퀴둘레민 (眞)

軴 [주] 車止也수레머무를주 (遇)

⿰車己 [니] 軾也차앞턱나무니 (支)

⿰車石 [차] ㅣ磲石似玉옥돌차 硨와同字 (麻)

軶 [액] 轅端横木駕馬領者멍에액 軛本字 (陌)

⿱巩車 [공] 車輪外圍바퀴둘레공 (腫)

軰 [배] 類也무리배 比也견줄배 排列수서배 輩의俗字 (隊)

⿰車弁 [반] 車上篷수레뜸반 軬

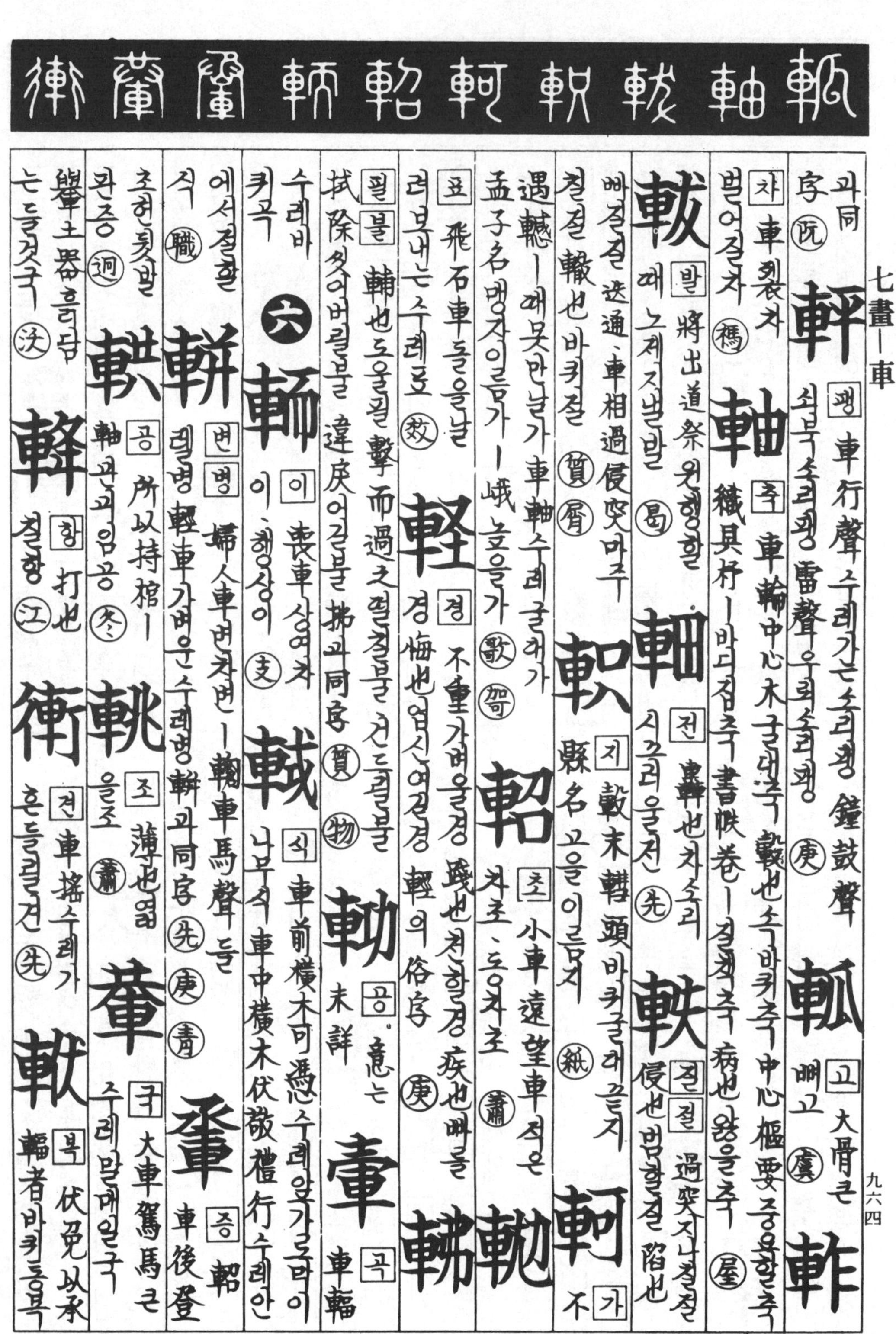

과同字 (阮)

軯 [팽] 車行聲 수레가는소리팽 鏗鼓聲 쇠북소리팽 雷聲 우뢰소리팽 (庚)

軱 [고] 大骨 큰뼈고 (虞)

⿰車乍 [차] 車裂차 벋어질차 (禡)

軸 [축] 車輪中心木 굴대축 轂也 속바퀴축 中心樞要 중요할축 織具杼ㅣ 바디집축 書帙卷ㅣ 책축 病也 앓을축 (屋)

軷 [발] 將出道祭 원행할때 그제지낼발 (曷)

⿰車田 [전] 車聲也 차소리 시끄러울전 (先)

軼 [질][철] 過突 지나칠철 侵也 범할질 蹈也 빠질질 迭通、車相過侵突 마주칠질 轍也 바퀴질 (質)(屑)

軹 [지] 轂末轄頭 바퀴굴대끝지 縣名 고을이름지 (紙)

軻 [가] 不遇轗ㅣ 때못만날가 車軸 수레굴대가 孟子名 맹자이름가 ㅣ峨 높을가 (歌)(哿)

軺 [초] 小車遠望車 작은차초、도옹차초 (蕭)

軳 [포] 飛石車 돌을날려보내는수레포 (效)

軽 [경] 不重 가벼울경 戲也 천할경 疾也 빠를경 侮也 업신여길경 輕의 俗字 (庚)

⿰車弗 [필][불] 輔也 도울필 擊而過之 쳐지날불 건드릴불 拭除 씻어버릴불 違戾 어길불 拂과同字 (質)(物)

⿰車功 [공] 意는 未詳

⿱亠車 [곡] 車轂 수레바퀴곡

六

輀 [이] 喪車 상여차이、행상이 (支)

軾 [식] 車前橫木可憑 수레앞가로막이나무식 車中橫木伏敬禮行 수레안에서절할식 (職)

軿 [변][병] 婦人車 부인차변 ㅣ輣車馬聲 둔릴병 輕車 가벼운수레병 輧과同字 (先)(庚)(青)

⿱丞車 [증] 軺車後登 초헌뒷발판증 (迥)

輁 [공] 所以持棺ㅣ軸 관고임공 (冬)

⿰車兆 [조] 薄也 엷을조 (蕭)

輂 [국] 大車駕馬 큰수레말매일국 轝土器 흙담는들것국 (沃)

⿰車夅 [항] 打也 칠항 (江)

⿴行車 [견] 車搖 수레가흔들릴견 (先)

⿰車犬 [복] 伏兔以承輻者 바퀴통복

車下縛바퀴테복 轐의俗字 屋

軯 방 轟也수레소리 시끄러울방 徑

[車+曳] 예 輀也상여예 霽

[車+次] 차 以漆飾車수레에 칠할차 寘

輇 전 量人物사람을 달전 柩車 상여차전、행상전 銓同字 先

[車+𠂤] 되 車盛貌수레성할되 輴와同字 火

輆 해 礙也거리질해 賄

輈 주 車轅수레채주 強梁貌ㅣ張발호할주 尤

[車+多] 계 礙也거리질계 霽

[車+色] 색 戾軫ㅣ轉비틀색 職

輄 광 車下橫木수레믿가로나무광 轅과同字 陽

較 교 각 相角不等比ㅣ비교할교 校同 車耳車上曲銅수레귀각 明也ㅣ然밝을각 略也大ㅣ대강각 競也獵ㅣ다툴각 效 覺

輷 횡 君羣車聲亂수레소리 요란할횡 庚

[車+丞] 증 郼車後登초헌뒤발판증 輦과同字 蒸

輅 로 핵 大車也天子所乘玉ㅣ천자타는차로 大車큰수레로、車前橫木수레앞가로나무핵 遇 陌

[車+艮] 혼 車前裝飾차앞치장혼 元

載 재 乘也실을재、실재 記也기록할재 始也비롯할재 滿也가득할재 則也곧재 受也받을재 年也해재 書也글재 運也운전할재 語助辭어조사재 勝也이길재 縡同字 隊 賄

[車+旨] 간 視也볼간ㅣ護員지킬간 看과同字 寒

輊 지 車前低也앞낮은수레지 車前重수레앞무거울지 寘

[車+乞] 흘 言蹇難말더듬을흘 喫也먹을흘 笑聲웃는소리흘 吃과同字 物

輕 갱 石動돌움직일갱 敬

[車+斗] 간 알 轉也구를간 運也옮길간、主也주장할간 旋也돌알 斡과同字 旱 曷

七

[車+谷] 욕 車枕前수레앞괴일욕 沃

[爿+車] 장 修車차수할장 漾

[車+狂] 광 물레광 [illegible]譌字

[車+炗] 광 紡車물레광 一輪車동차광 輄의本字 陽

⿰車耶 [류] 喪車 상여 차 류 輀同字

⿰車胥 [집] 和也 睦也 화목할 집 斂也 거둘 집 聚也 모을 집 輯과 同字 (緝)

⿰車余 [서] 車鈴 차에 다는 방울 서 (魚)

⿰車辛 [성] 長車 긴 수레 성 (庚)

輕 [경] 不重 賤也 천할 경 侮也 업신여길 경、疾也 빠를 경 (庚)

⿰車皃 [묘] 引車 차 끌 묘 (效)

輔 [보] 兩傍夾車木 수레 덧방 나무 보 頰骨 광대뼈 보 弼也、助也 도울 보 (麌)

⿰車良 [량] 兵車 군사 수레 량 (陽)

⿰車兒 [예] 轅端持衡者 수레채 마구리 예 輗와 同字 (齊)

⿰車后 [제] 礙也 거리낄 제 ⿰車后와 同字 (齊)

輓 [만] 引車 수레 끌 만 哀悼 애도할 만 挽同字 (願)

⿰車氐 [지] 車之器具 수레 여장 지 (支)

⿰車身 [전] 喜動貌 기꺼이 움직일 전 (先)

⿰車彖 [추] 杼ㅣ織具 바디집 축 卷ㅣ書帙 책 축 轂 수레바퀴 축、病也 앓을 축 軸의 俗字 (屋)

⿰車頁 [현] 車蓋骨 수레 뚜껑 살 현 ⿰車甲과 同字 (銑)

⿰車酉 [유] 輕車 가벼운 수레 유 輕也 가벼울 유 輶와 同字 (尤)

輐 [완] 刓去圭角 둥글릴 완 (翰)

⿰車甸 [전] 車聲 수레 모는 소리 전 (先)

輑 [군] 車軸相連 굴대 이을 군 (眞)

輎 [소] 兵車 군사 수레 소 (肴)

輒 [첩] 忽然 홀연 첩 每事卽然 번번이 첩 足疾 발병 들 첩 車兩輢 수레에 버팅기 끗는 틀 첩 專也 오로지할 첩 車相倚 수레 서로 의지할 첩 (葉)

八

⿰車爭 [쟁] 車聲 수레 소리 쟁 (庚)

⿰車彔 [록] 轆ㅣ車槊 머에 채에 가죽 리할 록ㅣ轤 汲水器 두레박 틀 록 轆과 同字 (屋)

輛 [량] 車數詞 수레 수효 량 車ㅣ 수레 량 百乘 백 수레 량 (養)

輖 [주] 低也 낮을 주 重載 짐 무겁게 실을 주 (尤)

輚 [잔] 臥車ㅣ輅 누워 타는 차 잔 兵車 싸움 수레 잔 轏同字 (潸)

輗

[예] 轙端持衡者수레채마구리에 梘通 (齊)

輙 [첩] 每事即然번번이첩 忽然문득첩 足疾발병날첩 輒과同字 (葉)

輘 [릉] 踐踏ㅣ轔수레에깃밟힐릉 車聲ㅣ轔수레모는소리릉 (蒸)

輞 [망] 車輪外圍바퀴테 망기名내이름망 (養)

輝 [휘] 光빛날휘 輝同字 (微)

輟 [철] 止也그칠철 歇也거둘철、쉴철 (屑)

⿱乘車 [승] 副車짝르는수레승 (蒸)

軜 [납] 驂馬內轡繫軾前者속고삐납 軜의譌字 (合)

⿲王車王 [복] 車笭閒皮篋盛弩者수레상자복、전동복 箙同字 (屋)

輓 [완] 車後壓차뒤로누울완 (元)

輜 [치] 載衣物車짐수레치 覆車휘장친수레치 (支)

⿰車坴 [륙] 軸也바퀴살바퀴륙 (屋)

⿱旦車 [국] 直轅車끝은멍에의수레국 土轝車흙실는수레국 (沃)

⿰車卷 [권] 牽車차끌권 (霰)

⿰車攵 [철] 歇也거둘철 止也그칠철 輟과同字 (屑)

輡 [감] 車行不平ㅣ轗수레길울퉁불퉁할감 轗同 (感)

⿰車奄 [압] 車之器具수레연장압 (合)

輠 [과] 篝也 車盛膏器수레기름통과 (哿)

⿰車訇 [횡] ㅣㅣ車聲수레가는소리횡 轒ㅣ大聲큰소리지를횡 輷의譌字 (庚)

⿰車念 [총] 檻車載囚者죄수싣는차총 함거총 轗과同字 (東)

⿰車尚 [당] 鐵軸쇠심대당 (陽)

⿸广車 [증] 輡車後登주된발판증 ⿱登車과同字 (蒸)

⿰車卓 [조] 車弓수레우장대조 (效)

輥 [곤] 轉速빠르게구를곤 (阮)

⿰車沓 [답] 釭쇠바퀴통속쇠답 (合)

輤 [천] 柩車之蓋상여무장천 (霰)

⿰車氐 [저] 大車後수레뒤채저 軧와同字 (齊)

輣 [팽] 兵車有樓군사수레팽 (庚)

輢 [의] 車旁兵

所插處 수레에 병장기 꽂는 틀의 寘

⿰車從 종 車跡 수레바퀴자국종 ⿰車從과同字 冬

輍 욕 車枕前 수레앞과 앞욕 輅과同字 沃

輨 관 ㅣ轄 굿대관 車轂端鐵 굴통을 휘감쇠관 錧通 旱

輊 지 車前低也 앞낮은수레지 輕와同字 寘

輂 재 車抵階 차섬돌에 받재 輂와同字 佳

翬 회 奮也 뽐낼휘 振也 휘두를휘 指ㅣ 지휘할휘 揮와同字 微

⿰車亶 갱 車聲 수레소리갱

輬 량 臥車 輼ㅣ 누워서 타는수레량 陽

輼 운 軍車 군사수레운 文

⿰車隹 퇴 車盛貌 수레성할퇴 灰

輂 재 車抵階 차섬돌에 댈재 輂와同字 佳

輫 배 車箱 수레난간배 佳

輩 배 類也 무리배 比也 견줄배 排列 순서배 隊

輪 륜 車所以轉 수레바퀴륜 高大ㅣ焉 높고클륜 委曲ㅣ囷 위곡할륜 迴旋ㅣ轉 돌륜 外周 둘레륜 眞

⿰車肯 갱 車鞕 차채찍갱 庚

⿰車昏 민 車伏兎下革 차바탕가죽민 ⿰車昏과同字 軫

輧 변 병 婦人車 부인의수레변、車馬聲ㅣ輷 거마소리병 輕車 가벼운수레병 先 庚 青

輦 련 駕人以行 玉연련 輓運 당겨운전할련 宮道曰ㅣ 道京師曰ㅣ下 궁중의길련 銑

九

⿰車皆 해 登車 차에 오를해 佳

輭 연 車輞 덧바퀴연 柔也 연할연 軟同字 銑

輮 유 踐也 짓밟을유 使直者曲 구부러뜨릴유 蹂同字、車輞 바퀴고임유 車輞 덧바퀴유 有 宥

⿰車貞 경 堅也 수레튼튼할경 庚

⿰車客 핵 輓車當胷橫木 수레채앞마구리핵 輅同字 陌

⿰車屏 변 병 婦人車 편차변 ㅣ輷車馬聲 들릴병 輕車 가벼운수레병 輧과同字 先 庚 青

⿰車咼 과 車膏器 차기름그릇과 輠同字 哿

轂

[종] 輪也 바퀴 종 䡯同字

輡 [민] 車伏兎下革 차바탕 민 가죽 민 輅同字 (軫)

䡯 [종] 輪也 수레바퀴 종 轂과 同字 (董)

𨎮 [추] 輻也 바퀴살 추 (尤)

輯 [집] 聚也 모을 집 和也、睦也 화목할 집 斂也 거둘 집 集合 모일 집 本音 즙 (緝)

輴 [순] 喪車 龍ㅣ 상여차 순 泥行所乘 진 길에 타는 썰매 순 古音 춘 (眞)

輵 [갈] 曠遠 轇ㅣ 넓고 먼 갈 戟形 轇ㅣ 세갈래 진 갈 馳驅貌 몰아 달릴 갈 (曷)

輷 [횡] 車聲 ㅣㅣ 수레 소리 횡 大聲 轟ㅣ 큰 소리 지를 횡 轟同字 (庚)

𨍰 [서] 車下 수레 아래 서 樜同字 (語)

輸 [수] 隤也 떨어뜨릴 수 寫也 쏟을 수 送也 보낼 수 委ㅣ 수운할 수 本音 유 (虞)

䡣 [혼] 車相避 수레 서로 피할 혼 (元)

輲 [천] 載柩車 상여 천 (銑)

輳 [주] 競聚 輻ㅣ 바퀴살 몰 주 다투어 몰려들 주 (宥)

輱 [함] 車聲 차소리 함 本音 감 (咸)

輂 [목] 轅也 멍에 채 끝 목 (屋)

輰 [양] 飾車 치장한 수레 양 ㅣ임금의 수레 양 (陽)

𨎍 [락] 迴轉也 돌 락 (藥)

輪 [변] 小車 작은 수레 변 (銑)

輶 [유] 輕車 가벼운 수레 유 輕也 가벼울 유 (尤)

𨍢 [황] 키也 골 황 (庚)

𨍴 [수] 暢也 절 수 (寘)

𨍏 [곡] 車輻所湊 수 바퀴 곡 推ㅣ 薦人 천거할 곡 轂과 同字 (屋)

輺 [치] 載衣物車 짐수레 치 軿車 휘장 친 수레 치 輜와 同字 (寘)

𨍱 [헌] 大夫車 초헌 헌 ㅣ渠 笑貌 껄껄 웃을 헌 因膾 [illegible] 切 고기 잘게 저민 헌 軒과 同字 (元) (願)

𨍭 [집] 和也 睦也 화목할 집 斂也 거둘 집 聚也 모을 집 集合 모일 집 輯과 同字 (緝)

䡛 [저] 車也 수레 저 樜同字 (魚)

䡊 [포] 飛石車 돌을 날려 보내는 수레 포、軳의 譌字 (效)

輹 [복] 伏兎以承輻者 바퀴통 복 車下縛 바퀴테 복 (屋)

七畫—車

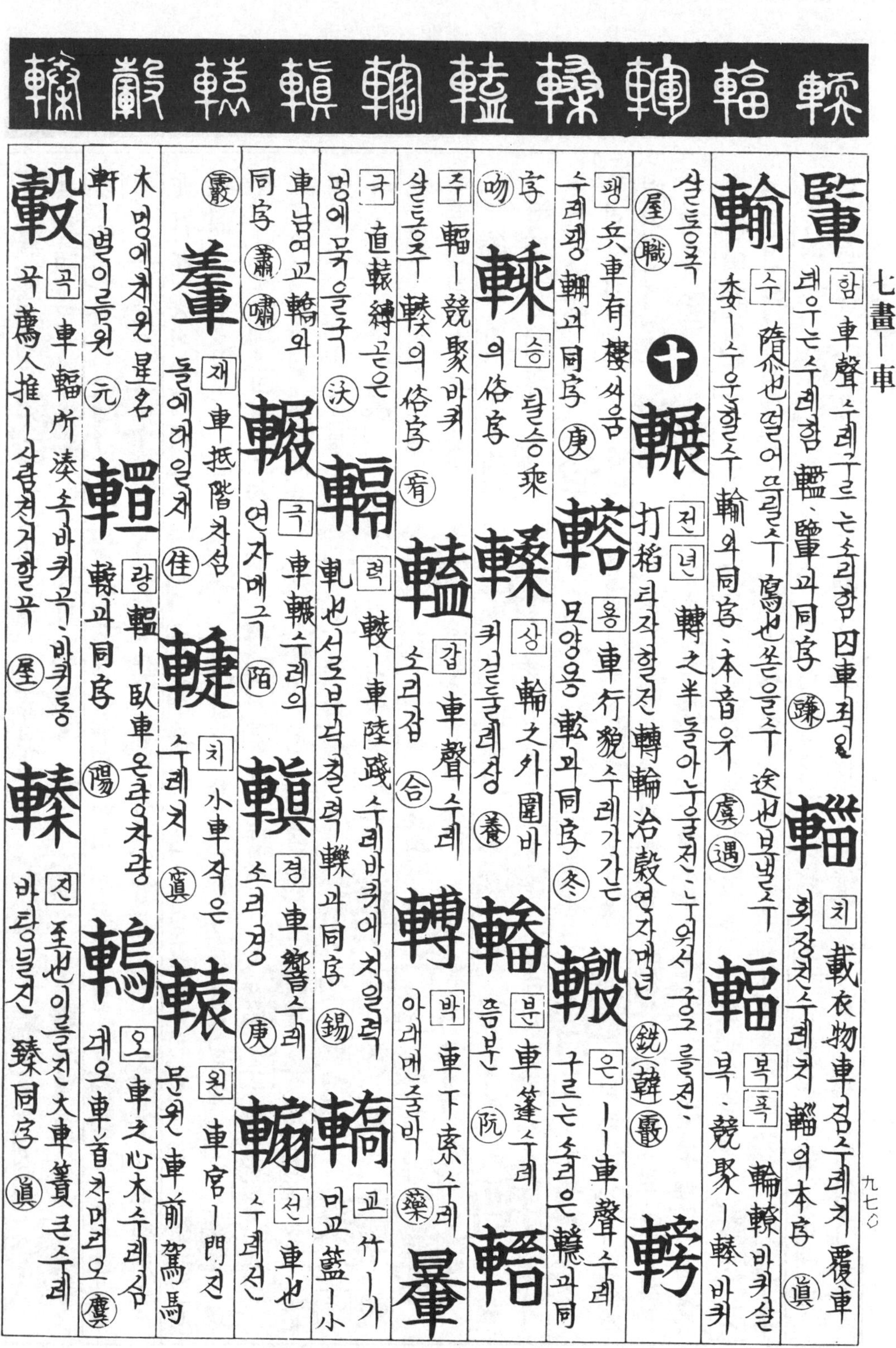

䡴 함 車聲 수레구르는소리함 四車 좌오 태우는수레함 轞、轚과同字 ㉿謙

輜 치 載衣物車 짐수레치 覆車 휘장친수레치 輜의本字 (眞)

輸 수 墮也 떨어뜨릴수 寫也 쏟을수 送也 보낼수 委ㅣ수운할수 輸와同字、本音유 (虞)(遇)

輻 복 폭 輪轑 바퀴살 복、競聚ㅣ輳 바퀴살통옥 (屋)(職)

⑩

輾 전 년 轉之半 돌아누울전、누워서 궁굴 틀전、打稻 타작할전 轉輪治轂 연자매전 (銑)(韓)(霰)

䡙 팽 兵車有樓 싸움수레팽 輣과同字 (庚)

輍 용 車行貌 수레가가는 모양용 軩과同字 (冬)

䡈 은 ㅣㅣ車聲 수레 구르는 소리은 轞과同字 (吻)

䡕 승 탈승 乘의俗字

䡦 상 輪之外圍 바퀴걸둘레상 (養)

轓 분 車篷 수레 흠분 (阮)

轃 주 輻ㅣ競聚 바퀴살통주 輳의俗字 (宥)

䡷 갑 車聲 수레소리갑 (合)

䡏 박 車下索 수레 아래맨줄박 (藥)

暈 국 直轅縛 곧은 멍에묶을국 (沃)

䡸 력 轣ㅣ車陸踐 수레바퀴에치일력 軋也 서로부딪칠력 轢과同字 (錫)

轎 교 竹ㅣ가마교 籃ㅣ小車 남여교 轎와 同字 (蕭)(嘯)

䡇 극 車輾 수레의 연자매극 (陌)

䡩 경 車響 수레소리경 (庚)

䡲 선 車也 수레선 (霰)

輂 재 車抵階 차섬 돌에 차일재 (佳)

䡢 치 小車 작은 수레치 (寘)

轅 원 車宮ㅣ門 원 문원 車前駕馬 木 멍에 처원 星名 軒ㅣ별이름원 (元)

䡼 량 轀ㅣ臥車 온량차량 輬과同字 (陽)

䡧 오 車之心木 수레심대오 車首 차머리오 (虞)

轂 곡 車輻所湊 속바퀴곡、바퀴통곡 薦人推ㅣ 사람천거할곡 (屋)

轃 진 至也 이를진 大車簣 큰수레 바탕널진 轃同字 (眞)

轁 도 藏也감출도 寬也너그러울도 劍衣칼전대도 ㅣ略兵法도략도 韜의 譌字 豪

轄 할 車軸鐵鍵굴대비녀장쇠할 바퀴빗나장쇠할 車聲수레소리할 管ㅣ맡아볼할 鎋、舝同字 黠

⿰車具 경 車堅수레튼튼할경 庚

⿰車唐 당 輂車군사수레당 陽

轀 온 臥車ㅣ輬누워서타는 수레온 文

⿰車岳 초 小車작은차초 軺同字 蕭

⿱巛車 경 一輪車외바퀴차경 庚

⿰車囫 훌 車軸수레심대훌 月

⿰車鬼 회 轉也구를회 賄

輿 여 車底수레바탕여 佳氣扶ㅣ아름다운기운여 象也무리여 始也權ㅣ비롯할여 負荷짐질여 天地總名堪ㅣ천지여、舁ㅣ남여여 魚御

⿸鹿車 련 당길련 輦의 古字

擊 격 ㅣ手部十三畫과同字

十一

轆 록 車聲轣ㅣ명에에가죽굴레할록 車軌道轣ㅣ바퀴사이길록 汲水器ㅣ轤두레박틀록、물건달아올리는바퀴록 屋

⿰車逢 봉 車聲수레소리봉 東

輜 치 載衣物車짐수레치 覆車휘장친수레치 輺와同字 寘

輱 감 ㅣ軻坎壈기험할감 轗不遇때못만날감 轗과同字 感勘

⿰車康 강 送死人紙簍죽은사람실고가는상여가강 陽

⿰車貭 지 車前低也앞낮은수레지 輊와同字 寘

轊 예 車軸頭굴대끝예 霽

⿰車复 복 伏兔以承軸者바퀴통복 車下縛바퀴복 輹과同字 屋

轉 전 動也움직일전 旋也돌전 輾ㅣ돌아누울전 變遷변할전 遷也옮길전 運之굴릴전 銑霰

⿱癶車 경 車堅수레튼튼할경 庚

轇 교 ㅣ轕서갈래질교 長遠貌아득할교 肴

轈 소 兵高車加巢以望敵망대수레소 巢同字 肴

⿰車益 수 載柩車상여수레수 尤

⿰車袞 곤 轉

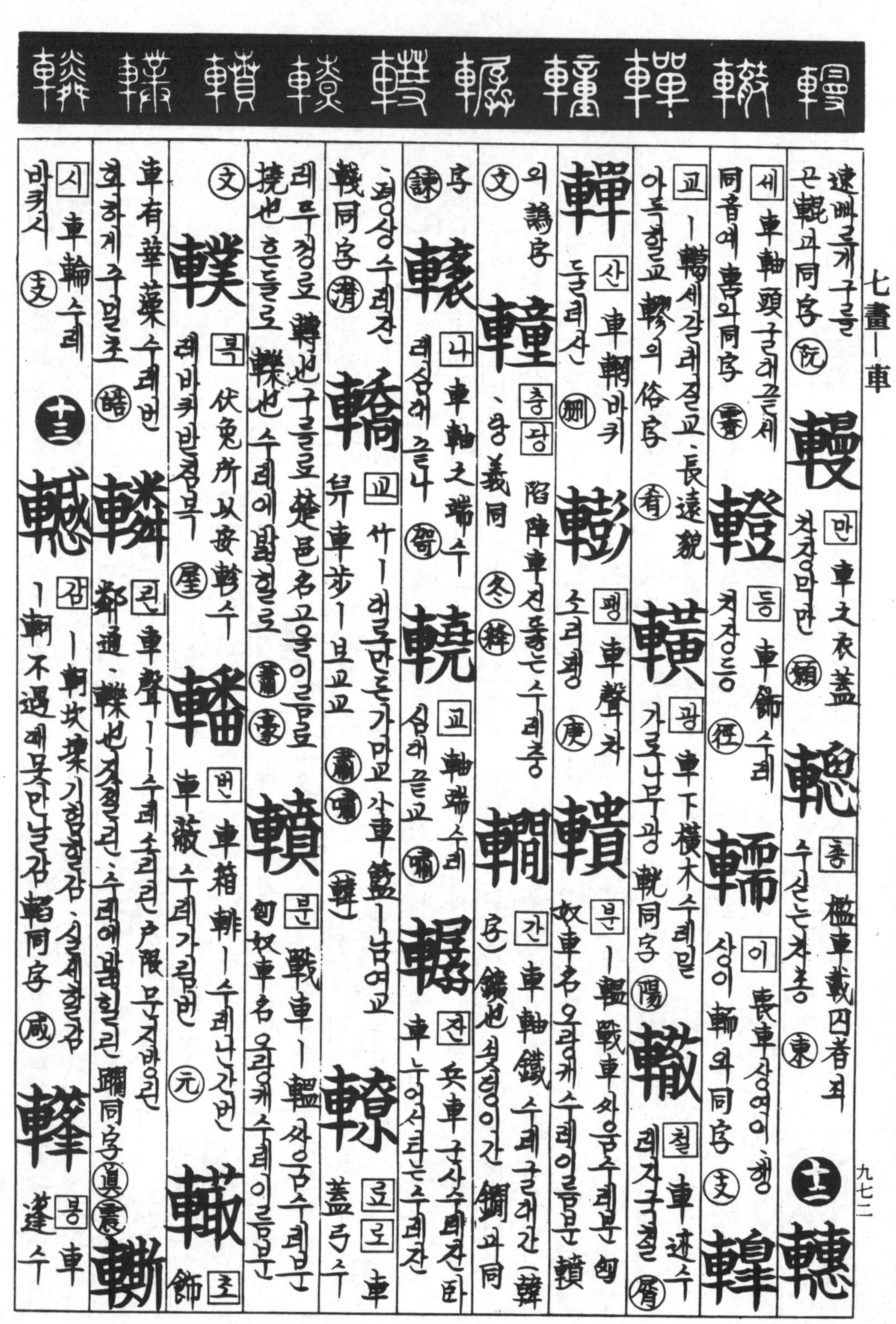

逮빠르게구를곤 輥과同字 (阮)

[illegible] 만 車之衣蓋 차장막만 (願)

[illegible] 총 檻車載囚者죄수싣는차총 (東)

(十二)

[illegible]

세 車軸頭굴대끝세 同音에 𨍏와同字 (霽)

[illegible] 등 車飾수레 차장등 (徑)

轜 이 喪車상여이、행 상이 輀와同字 (支)

[illegible]

교 ㅣ轇세갈래질교、長遠貌 아득할교 轇의俗字 (肴)

[illegible] 광 車下横木수레밑가로나무광 輄同字 (陽)

轍 철 車迹수레자국철 (屑)

[illegible] 산 車輞바퀴둘레산 (刪)

[illegible] 팽 車聲차소리팽 (庚)

轒 분 ㅣ轀戰車싸움수레분 匈奴車名오랑캐수레이름분 轒

의 譌字 (文)

[illegible] 충 당 陷陣車진치는수레충 、당義同 (冬)(絳)

[illegible] 간 車軸鐵수레굴대간 (轓字) 鏟也쇳덩이간 鐗과同字 (諫)

[illegible] 나 車軸之端수레심대끝나 (哿)

[illegible] 교 軸端수레심대끝교 (嘯)

轏 잔 兵車군사수레잔 車누어서타는수레잔、쥐상수레잔 轏同字 (潸)

轎 교 竹ㅣ대로만든가마교 小車籃ㅣ남여교 昇車步ㅣ보교교 (蕭)(嘯) (轎)

轑 료 로 車 蓋弓수레두정로 轉也구를로 楚邑名고을이름로 撓也흔들로 轢也수레에맬힐로 (蕭)(豪)

轒 분 戰車ㅣ轀싸움수레분 匈奴車名오랑캐수레이름분

(文)

轐 복 伏兔所以安軫수레바퀴반침복 (屋)

轓 번 車箱轓ㅣ수레나가린번 車蔽수레가림번 (元)

[illegible] 초 飾 車有華藻수레번화하게꾸밀초 (皓)

轔 린 車聲ㅣㅣ수레소리린 戶限문지방린 鄰通、轢也짓밟을린、수레에발힐린 躪同字 (眞)(震)

[illegible]

시 車輪수레바퀴시 (支)

(十三)

轗 감 ㅣ軻坎壈기험할감、실세할감 ㅣ軻不遇때못만날감 輡同字 (感)

[illegible] 봉 車 蓬수

레믐봄 (東)

⿰車嗇 [색] 氣結기운맺힐색 (職)

⿰車當 [당] 車床수레바탕당 (陽)

轕 [갈] 轇ㅣ驅貌달리는모양갈 曠遠먼할갈 (曷)

⿰車戠 [집] 和也睦也화목할집 聚也모을집 集合모을집 輯의俗字 (緝)

轚 [격] 車轄相轚굴레서로부딪칠격 迫隘處ㅣ좁은길격 挂也결릴격 (錫)

⿰車楘 [목] 車轅皮束爲飾가죽으로감은차멍에목 楘의譌字 (屋)

⿺辶⿰車⿱山皿 [천] 繕治車수레중수할천 ⿱篹車同字

⿰車豦 [거] 車輞바퀴둘레거 (魚)

⿰車兼 [렴] 車輞바퀴둘레렴 (鹽)

⿰車⿺辶⿱亼豕 [수] 車之裝飾수레치장수、임금의수레수 (寘)

轙 [의] 車衡載轡者수레에고삐매는고리의 (紙)

轘 [환] 車裂人받길환、수레에찢어죽일환 地名ㅣ轅땅이름환 (諫) (刪)

⿰車稟 [람] 車不進軺ㅣ수레잘아갈람 (咸)

(十四)

⿱篹車 [선] 繕治車수레중수할선 (霰)

轛 [대] 車箱立木수레난간궁궤 (隊)

⿰車㥯 [은] 車聲ㅣㅣ수레소리은 (吻)

⿱臨車 [함] 수레소리함 轞과同字

轞 [함] 車聲수레소리함 四車죄인태우는수레함 檻通 (豏)

轜 [이] 喪車상여이、행상이 輀와同字 (支)

轝 [여] 車底수레바탕여 堪ㅣ天地總名천지여 象也무리여 舁ㅣ남여여 輿와同字 (魚) (御)

⿰車衡 [형] [횡] 枰也저울형 車軛수레멍에형 縱之對가로횡 衡과同字 (庚)

⿰車蓋 [개] 車聲轕ㅣ수레소리개 (泰)

轟 [굉] 車聲수레모는소리굉 大砲 雷鳴ㅣㅣ울릴굉 古音횡 (庚)

(十五)

⿰車慧 [예] 車軸頭굴대끝예 轊의俗字 (霽)

⿰車質 [지] 車前低也앞낮은수레지 輊와同字 (寘)

⿰車⿱乇品 [락] 車轉聲차소리락 (藥)

轢 [력] 車陵踐轢ㅣ수레바퀴에 치일 력, 不和軋ㅣ화목하지 못할 력 (錫)

𨏿 [삼] 車聲 수레소리 삼, 轞의 俗字 (咸)

轡 [비] 馬轡靶也 고삐 비 (寘)

轆 [록] 轆ㅣ車桑 멍에 처에 가죽 대할 록, 轤汲 水器 두레박틀 록, 轣과 同字 (屋)

輚 [거][차] 수레 거, 성 차, 車의 籀文

轠 [뢰] 車連ㅣ轤 수레 잇닿을 뢰, 擊也 칠 뢰, 觸也 저를 뢰、부딪칠 뢰 (灰)

䡫 [봉] 車聲 수레소리 봉, 䡫의 俗字 (東)

䡵 [찬] 䡵과 同字

⑯

轙 [의] 車衡載轡者 수레에 고삐 매는 고리 의, 轙와 同字 (紙)

轍 [철] 車迹 바퀴자국 철, 轍과 同字 (屑)

轃 [진] 車後橫木 수레 뒷턱 나무 진, 車多貌 수레 많을 진, 痛也 아플 진, 軫과 同字 (軫)

轤 [로] 汲水器 轆ㅣ 두레박틀 로、활거 로 (虞)

轐 [복] 車笭間皮篋盛弩者 수레상자 복, 轐과 同字 (屋)

𨏬 [룡] 車軸頭 바퀴 굴대 끝 룡 (東)

顰 [빈] 眉蹙 눈살 찌푸릴 빈, 效ㅣ强學 흉내낼 빈, 顰의 譌字 (眞)

䡹 [지] 車前低也 앞이 낮은 수레 지, 輊와 同字 (寘)

轣 [력] 軌道ㅣ轣 바퀴 사이 길 력, 轢也 수레바퀴에 치일 력 (錫)

⑰

轡 [비] 馬轡靶也 고삐 비, 轡와 同字 (寘)

𨏿 [삼] 車聲 수레소리 삼 (咸)

䡙 [팽] 車聲 차소리 팽, 䡙、輣과 同字 (庚)

䡼 [령] 獵車 사냥 수레 령, 車欄 수레 난간 령, 獸名 짐승 이름 령, 軨과 同字 (青)

𨏽 [박] 車之裝飾 수레 치장 박 (陌)

⑱

䡾 [캑] 車之重複 수레 겹칠 캑 (陌)

𨐌 [휴] 輪轉一周 바퀴 한 번 돌 휴 (齊)

⑲

䡴 [람] 車不進 수레 잘 안 갈 람、수레 머뭇거릴 람, 轞과 同字 (感)

𨐊 [련] 綴也 이을 련

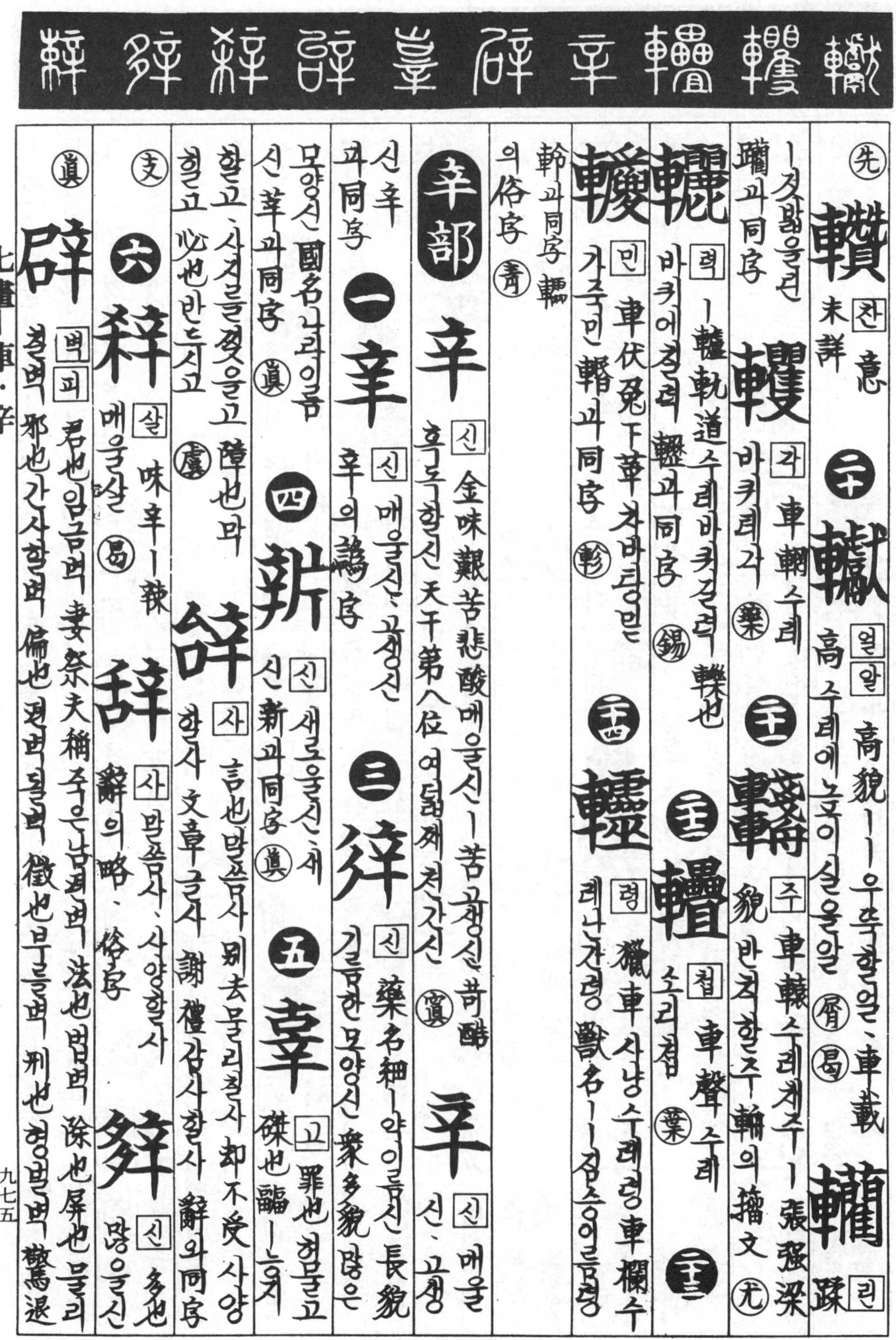

㊉先 轒 찬 意 未詳 ⊕二十 轗 얼알 高貌｜｜우뚝할얼、車載 高 수레에 높이 실을알 ㊉屑 曷 轥 린 蹂｜짓밟을린 躪과同字

轣 각 車輣 수레 바퀴테각 ㊉藥 ⊕二十一 轤 주 車轅 수레채주｜張强梁 貌 반치할주 轔의 籀文 ㊉尤

轣 력 ｜轆 軌道 수레바퀴길력 轢也 바퀴어칠력 轣과同字 ㊉錫 ⊕二十二 轤 첩 車聲 수레소리첩 ㊉葉 ⊕二十三

轗 민 車伏兎下革 차바탕민 가죽민 輻과同字 ㊉軫 ⊕二十四 轤 령 獵車 사냥수레령 車欄 수레난간령 獸名｜｜짐승이름령

輪과同字 轤 의俗字 ㊉青

辛部

⊕ 辛 신 金味 辣苦 悲酸 매울신｜苦 고생신 苛酷 혹독할신 天干第八位 여덟째천간신 ㊉眞 辛 신 매울신、고생신 辛과同字

⊕一 辛 신 매울신、고생신 辛의 譌字 ⊕三 辛 신 藥名細｜약이름신 長貌 길쭉한모양신 衆多貌 많은모양신 國名 나라이름 신 莘과同字 ㊉眞

⊕四 新 신 새로울신、새신 新과同字 ㊉眞 ⊕五 辜 고 罪也 허물고 磔也 疈｜능지할고、사지를찢을고 障也 막힐고 必也 반드시고 ㊉虞

辞 사 言也 말씀사 別去 물러날사 却不受 사양할사 文章 글사 謝禮 감사할사 辭와同字

㊉支 ⊕六 辢 살 味辛｜辣 매울살 ㊉曷 辝 사 말씀사、사양할사 辭의略、俗字 辛 신 多也 많을신

㊉眞 辟 벽 피 君也 임금벽 妻祭夫稱 죽은남편벽 法也 법벽 除也 물리칠벽 屛也 물리칠벽 邪也 간사할벽 偏也 편벽될벽 徵也 부를벽 刑也 형벌벽 驚退

ㅣ易 놀라물러갈벽 明也 밝을벽 開墾 땅갈벽 闢也 열릴벽 避也 피할벽 避同字 陌 寘

𨐋 [신] 藥名 𨐋ㅣ 약이름신 長貌 길음한모양신 衆多貌 많은모양신 莘과同字 眞

辠 [죄] 罰惡 허물죄 魚罔 고기그물죄 罪의古字 賄

⑦

辣 [랄] 味辛 甚몹시매울랄 酷烈 매서울랄 辢同字 曷

辡 [변] 罪人相訟 죄인서로송사할변 銑

𨐲 [랄] 味辛甚 몹시매울랄 酷烈 매서울랄 辢과同字 曷

⑧

𨐳 [랄] 몹시매울랄 辣의俗字

辤 [사] 말씀사 辭와同字

辟 [피][벽] 避也 피할피 君也 임금벽 辟과同字 紙 錫

⑨

辦 [판] 致力 힘쓸판 판단할판 具也 갖출판 諫

辥 [설] 辠也 허물설 姓也 성설 國名 나라이름설 薛通 屑

辨 [변] 判也 판단할변 別也 분별할변 區別 구별할변 井地九夫爲ㅣ 아홉갈피변 具也 갖출변 徧通 銑

辧 [변] 판단할변 辨과同字

𨐨 [벽] 治也 다스릴벽 陌

𨐮 [시] 末端 까비끝시 紙

𨐿 [고] 辛而苦 쓰고매울고 遇

⑩

𨑁 [겸] 艱也 어려울겸 鹽

𨐼 [벽] 治也 다스릴벽 辟과同字 陌

⑪

𨐵 [빈] 駁也 얼을빈 眞

辬 [반] 駁也 얼룩을반 斑也 무늬반 刪

辭 [사] 言也 말씀사 文章 글사 感謝 감사할사 别去 물러갈사 不應 거절할사 却不受 사양할사 辤 辭通 支

𨑅 [변] 憂也 근심할변 銑

⑬

𨑆 [경] 盛也 성할경 彊也 굳셀경 爭也 다툴경 遽也 급할경 競과同字 敬

𨑇 [시] 牡麻 수삼시 草木名 도꼬마리시 枲의籀文 紙

⑭

辯 [변] 善言 말잘할변 諷論 풍유할변 論爭 논쟁할변 分別 가릴변 銑

⑮

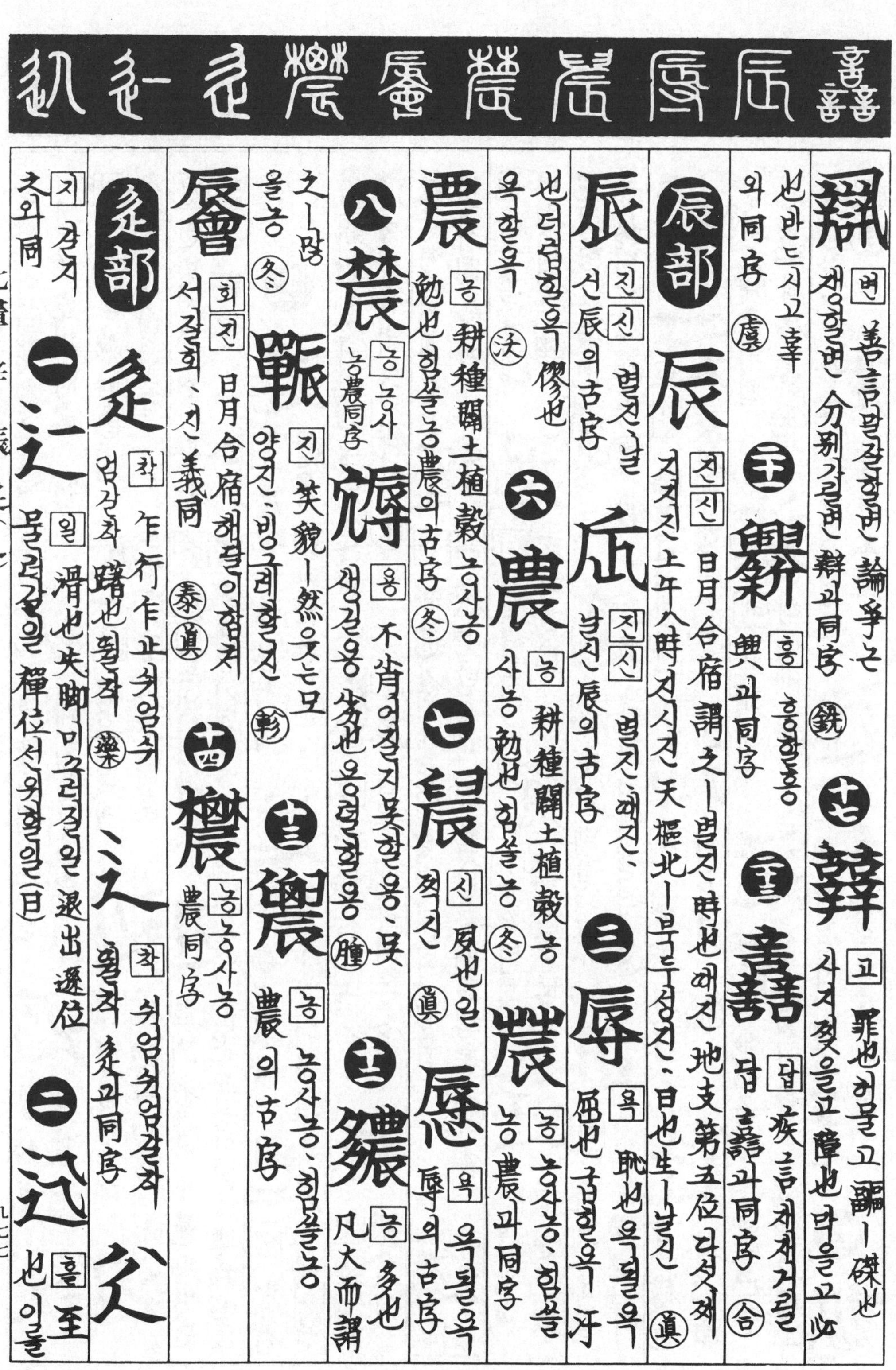

辯 [변] 善言말잘할변 論爭논쟁할변 分別가릴변 辨과同字 (銑)

(十七) 辜 [고] 罪也허물고 辜ㅣ磔也사지찢을고 障也막을고 必也반드시고 辜와同字 (虞)

(十二) 𨐨 [흥] 興과同字 흥할흥

(十三) 譶 [답] 疾言재재거릴답 譶과同字 (合)

辰部

辰 [진][신] 日月合宿謂之ㅣ별진 時也때진 地支第五位다섯째지지진 上午八時진시진 天樞北ㅣ북두성진、日也날진 生ㅣ날신 (眞)

𠨑 [진][신] 별진、날신 辰의古字

𠨑 [진][신] 별진、때진、날신 辰의古字

(三) 辱 [욕] 恥也욕될욕 屈也굽힐욕 汙也더럽힐욕 僇也욕할욕 (沃)

(六) 農 [농] 耕種闢土植穀농사농 勉也힘쓸농 (冬)

辳 [농] 농사농、힘쓸농 農과同字

䢉 [농] 耕種闢土植穀농사농 勉也힘쓸농 農의古字 (冬)

(七) 晨 [신] 夙也일찍신 (眞)

𨑃 [욕] 욕될욕 辱의古字

(八) 𨑈 [농] 농사농 農同字

𨑉 [용] 不肯어질지못할용、못생길용 劣也용렬할용 (腫)

(十一) 𨑊 [농] 多也 凡大而謂之ㅣ많을농 (冬)

䢅 [진] 笑貌ㅣ然웃는모양진、빙그레할진 (軫)

(十三) 𨑋 [농] 농사농、힘쓸농 農의古字

𨑌 [회][진] 日月合宿해달이합쳐서잘회、진 義同 (泰)(眞)

(十四) 𨑍 [농] 농사농 農同字

辵部

辵 [착] 乍行乍止쉬엄쉬엄갈착 踏也뛸착 (藥)

辶 [착] 쉬엄쉬엄갈착 辵과同字

⻍ [지] 갈지 之와同

(一) 辷 [일] 滑也失脚미끄러질일 退出遜位禪位선위할일 (日)

(二) 迄 [흘] 至也이를

흘씻—이르리미칠흘 竟也 마침흘 迄과同字 物

⿺辶九 계 굴러계、좇을계 軌의古字

迈 잉 行也 갈잉 蒸

込 입 入滿之意 담을입 入也 질입、찰입 (日)

⿺辶入 입 담을입、질입 込와同字

边 변 변방변、갓변 辺과同字

辺 변 변방변、갓변 邊의略字

辻 십 四衢里 네거리십 大道路 큰길십 (日)

边 변 側也 가변—邑 변방변 陲也 모퉁이변 邊의略字 先

三

⿺辶子 유 遨也 놀유 旅行여행유 游와同字 尤

⿺辶亡 부 安也 편안할부 撫同字 虞

迆 이 邪行 비슥거릴이 斜行 가만가만갈을이 連接— 邐이졸졸을이、여할이 紙

⿺辶乇 둔 邅難行 머뭇거릴둔 迍과同字 眞

迅 신 疾也 빠를신 狼子有力어쉴신 迅과同字 震

过 변 側也 가변—邑변방변 邊의略字 先 과 越也 넘을과 經也지날과 過의略字 哿 歌

迄 흘 至也 이를흘 竟也 마침내흘 物

⿺辶己 기 일어날기 起의古字

起 기 일어날기 起의古字

⿺辶亏 오 우 曲也 굽을오 避也 피할오 遠也 멀오、우 義同 迂와同字 虞 虞

⿺辶凡 신 疾也 빠를신 狼子有力어쉴신 震

⿺辶丌 기 進之上바칠기 辭助辭어조사기 寘

迀 간 進也 나아갈간 求也 구할간 寒

⿺辶山 천 蹮步 늘짓늘짓걸을천 先

迁 천 徙也 移也 옮길천 變易바꿀천 遷의俗字 先

达 체 足滑미끄러질체 霽

迂 우 오 曲也 굽을우 遠也 멀우 避也 피할우 濶也 오활우、오 義同 虞 麌

⿺走土 도 걸어다닐도 辻의本字

辻 도 步行걸어다닐도 輩也 무리도 徒의本字 虞

四

⿺走从

[종] 隨번 따를종、좇을종 同宗 천척종 從과同字 ㊞冬 ㊞宋 ㊞董

⿺辶日 [질] 近번 가까울질 ㊞質

⿺辶夬 [혈] 走번 달아날혈 ㊞屑

⿺辶予 [서] 천천히서、서서 徐과同字

迋 [광][왕] 欺번 속일광 誑同字、往번 갈왕 恐懼 두려울왕 ㊞養 ㊞漾

⿺辶内 [퇴] 却번 물러갈퇴、去번 갈퇴ㅣ之 물러갈퇴 退의古字 ㊞隊

迊 [발] 急走 급히달아날발 前頓 엎어질발 ㊞曷

⿺辶方 [방] 急行 달아날방 ㊞養

⿺辶帀 [잡] 周번 두를잡、주위잡 匝同字 ㊞合

⿺辶支 [기] 避번 피할기 ㊞寘

迎 [영] 迓번 接번 맞을영 逢번 만날영 婿迓婦親ㅣ친영할영 出ㅣ마중나갈영 ㊞庚 ㊞敬

⿺辶卬 [영] 맞을영 迎과同字

⿺辶斗 [두] 穀不滿斛마 두리두 ㊞韓

⿺辶乞 [신] 빠를신 迅과同字

⿺辶犬 [체] 머무러질체 达의譌字

⿺辶⿱从工 [종] 隨 따를종、가까운친척종 從의本字 从(彳部ㅣ畫)同字

⿺辶氺 [순] 廻번 돌순 視行 순행할순 巡의譌字 ㊞眞

⿺辶巛 [종] 從번 따를종 从同字 ㊞冬

这 [저][언][갓] 迎번 맞을저 此번 여기저 迎번 맞이할언 條條 가지가지갓 這의俗字 ㊞馬 ㊞願

⿺辶几 [종] 따를종 从과同字

还 [환][선] 反번 돌아올환 償번 돌려보낼환 周ㅣ轉번 돌선 速번 빠를선 還의略字 ㊞刪 ㊞諫 ㊞先

⿺辶亥 [제] 退번 물러갈제 ㊞霽

迚 [중] 雜如之何 어쩌할수없을중 ㊞

迕 [오] 遇번 만날오 違번 어길오 逆번 거슬를오 交雜 錯ㅣ 섞일오 ㊞遇 ㊞麌

返 [반] 還번 復번 돌아올반 返과同字 ㊞阮

⿺辶开 [기] 使近 가까이할기 ㊞紙

⿺辶廿 [렬] 遮遏 막을렬 迣의譌字

迒 [항] 免跡 토끼자취항 ㊞陽

迓 [아] 迎번 맞을아 ㊞禡

⿺辶尤 [우] 經過 지날우、경과

할우 尤

⿺辶止 [지] 移也옮길지 紙

近 [근] 가까울근 近과同字

返 [반] 還也돌아올반 復也회복할반 阮

近 [근] 不遠가까울근 庶幾거의근 似也닮을근 通俗천할근 ㅣ親친척근 附也붙일근 親也가까이할근 吻 問

运 [운] 走貌달아나는모양운 吻

⿺辶太 [체] 足滑미끄러질체 迖의譌字 霽

⿺辶公 [송] 遷也옮길송 冬

迌 [돌] 詆訑貌교활한모양돌 月

迍 [둔] 難行ㅣ邅머뭇거릴둔 屯同字 眞

[illegible] [적] [조] 至也이를적、조 義同 錫 嘯

五

迢 [초] 遠也ㅣ遞멀초 高也높을초 蕭

⿺辶半 [반] 去也갈반、떠날반 翰

⿺辶冗 [용] 行也갈용 腫

迡 [니] 近也가까울니 霽

⿺辶且 [조] 行也갈조 祖同字 虞

迟 [척] 曲行굽게갈척 陌

⿺辶㕣 [연] 行也갈연 銑

迠 [첩] 行也갈첩 걸을첩 葉

迦 [가] 釋ㅣ佛號부처의이름가 麻 歌

迣 [렬] 車駕淸道길치울렬 遮遏막을렬 迾의古字 屑

⿺辶四 [수] 拘留가둘수 수:구류할수 尤

⿺辶井 [세] 遊步놀며걸을세 霽

述 [술] 譔也지을술 修也닦을술 纂言著ㅣ저술할술 續也이을술 循也繼ㅣ좇을술 ㅣ職諸侯朝조회할술 布陳밝힐술 質

迫 [박] 逼也近也急也핍박할박 急也서두를박 縮也줄일박 迫과同字 陌

迪 [적] 進也나아갈적 順也순할적 開發導ㅣ열어줄적 至也이를적 錫

⿺辶氐 [제] 驚也놀랄제 霽

迫 [박] 逼也핍박할박 急也급할박 窘ㅣ궁할박 곤란할박 近也가까울박 縮也줄일박 陌

迨 [태] 及也미칠태 逮同字 賄

⿺辶戉 [월] [활] 渡也넘을월、건널월 遠也

멀월 琵孔실구멍활
越과同字 月 曷
遹의略字 紙

迧 진 列也 布也 벌릴진 久也 오랠진 陳과同字 眞 震

迥 형 夐遠 멀형 光輝 빛날형 迥

迩 이 孔一竅一 近也 가까울이

迆 이 타 自得貌 逶一 든든할이 迆同字、行貌 逶一 어정거릴타 支 歌

[辶+氏] 지 수 足不進貌 발이나아가지않을지 逐(辵部九畫)의古字 寘

迡 지 久也 오랠지 稽也 더딜지 徐行 천천할지 遲와同字 支 寘

[辶+此] 지 渡 涉淺瀨 얕은여울 거닐지 趾와同字 紙

迹 적 足一 발자국적 凡有形可見者 발자국적 成業 업적적 迹의古字 陌

[辶+且] 조 行也 갈조 [辶+且] 徂와同字 虞

迁 천 疾也 빠를천 頻繁 찾을천 遄의古字 先

[辶+至] 적 조 至也 이를적、조 義同 [illegible]과同字 錫 嘯

迱 이 타 自得貌 逶一 든든할이 旁行一 邐에 둘러갈이 迆同字、行貌 逶一 어정거릴타 、구불거릴타 支 歌

迂 우 遠、行也 갈우

迭 질 대신질 迭과同字

迭 질 更遞 갈마들일질 侵突침노할질 一代 대신질 軼通 屑

迮 책 迫也 궁박할책 절책

起也 一一발큰일어날궤 陌

迋 왕 去也 갈왕 時時 이따금왕 向也 향할왕 往의古字 養 漾

逃 도 避也 피할도 달아날도 逸去 도망할도 逃의俗字 豪

六

迷 미 惑也 미혹할미 未決 망설일미 亂也 희미할미、어지러울미 齊

迴 회 돌회 回와同字

[辶+曳] 세 踰也 넘을세 泄同字 霽

[辶+而] 연 行步遲 걸음더딜연 銑

[辶+朿] 적 발자국적、자취적 迹과同字

[辶+羊] 양 欲行不進 머뭇거릴양 陽

迹 적 足一 발자국적 凡有形可見者 曰一 자취적 成業 업적적 追後 뒤따를적 跡、蹟同字 陌

迺 내 驚

聲也 놀라소릐지를내 往也 갈내 至也 이를내 語助辭 어조사내 汝也 너내 賄

逘 혜 走也 달아날혜 陽

⿺辶至 치 走貌 달아날치 支

迷 미 惑也 반ᄒᆞᆯ미、미혹ᄒᆞᆯ미 亂也 흐릴미 ᄒᆞᆫ미 未決 망서릴미 迷와同字 齊

迻 이 遷徙 옮길이 移同字 支

迵 동 遇也 지날동 達也 통달ᄒᆞᆯ동 送 東

⿺辶有 유 步行貌 걸을유 宥

⿺辶印 인 走也 달아날인 軫

迂 우 怱ㅣ 牀也 평상마루우 虞

逄 후 後也 뒤후 後의古字

送 송 보낼송 送와同字

送 송 遣也 보낼송 餞也 전송ᄒᆞᆯ송 善射縱ㅣ 활잘쏠송 贈也 줄송 送

逃 도 避也 달아날도、피ᄒᆞᆯ도 亡也 도망ᄒᆞᆯ도 逸去 도망갈도 脫也 빠져나갈도 豪

退 퇴 물러갈퇴 退와同字

退 퇴 去也 물러갈퇴 却也 물리칠퇴 遜讓 謙ㅣ 겸양ᄒᆞᆯ퇴 隊

⿺辶戉 훌 衆人之走貌 여럿이 달아날훌 質

迾 렬 車駕淸道 길치울렬 遮遏 막을렬 屑

迿 준 先也 먼저준 本音순 震

追 추 퇴 逐也 쫓을추 逮也 따를추 隨也 따를추 鐘紐 종꼭지퇴 追와同字 灰 支

⿺辶合 합 行相及ㅣ遝 겹겹서로 미칠합、뒤미처갈합 合

迼 결 跳也 뛸결 屑

追 추 퇴 逐也 쫓을추 上溯已往 미룰추 隨也 따를추、治玉ㅣ琢 옥다듬을퇴 鐘紐 쇠북꼭지퇴 夏冠名 毋ㅣ 하후씨관이름퇴 頧通 支 灰

逃 도 달아날도、도망ᄒᆞᆯ도 逃과同字

⿺辶卒 졸 줄 軍伍 항오졸 僕ㅣ從ㅣ 종졸 終盡 마칠줄 卒과同字 月 質

迣 렬 遮遏 막을렬 迣과同字

迸 병 散走 흩어져달아날병 迸의俗字 敬

⿺辶廷 정 뜰정 庭과同字

逈 형 寥遠 멀형 光輝 빛날형 迥의俗字 迥

⿺辶⿸厂欠

[회] 志大넓을회 拓也넓힐회 恢와同字 (灰)

逆 [역] 不順거스를역 迎也맞을역 ㅣ賊역적역 逆과同字 (陌)

⿺辶次 [자] ㅣ趑難行머무거릴자 망서릴자 趑와同字 (支)

逅 [후] 不期而會曰邂ㅣ 우연히만날후 (宥)

逄 [방] 塞也막힐방 姓也성방 (江)

逆 [역] 不順거스를역 迎也맞을역 ㅣ賊역적역 反也배반할역 拂也걸칠역 (陌)

⿺辶川 [도] 달아날도 逃의古字

⿺辶聿 [율] 分布나누어줄율 (質)

适 [괄] 疾也빠를괄 人名南宮ㅣ사람이름괄 (曷)

七

逋 [포] 欠ㅣ官物포흠할포 亡匿不還도망하여숨어돌아오지않을포 (虞)

退 [퇴] 壞也무너질퇴 (卦)

透 [투] 通也통할투 徹也사무칠투 過也지나칠투 ㅣ明환할투 (宥)

途 [도] 길도 途와同字

途 [도] 道也、路也길도 (虞)

逑 [구] 匹也짝구 聚斂모을구 (尤)

逕 [경] 相去遠ㅣ庭동안뜰경、먼경 步道길경 至也이를경 直也곧을경 近也가까울경 徑同字 (徑)

這 [저][언][갓] 此也이것저、여기저 迎也맞을저 迎也맞이할언 (韓) 條條가지가지갓 (禡) (穎)

逐 [축][적] 물리칠축、말달릴적 逐와同字

透 [투] 通也통할투 過也지나칠투 透와同字 (宥)

逐 [축][적] 追也쫓을축 斥也물리칠축 馳貌ㅣㅣ말달릴적 (屋)(錫)

逎 [주] 勁也굳셀주 盡也다할주 固也굳을주 遒의古字 (尤)

逍 [소] 自適ㅣ遙노닐소、거닐소 (蕭)

⿺辶复 [퇴] 물러갈퇴 退의古字

逌 [유] 笑貌ㅣ爾빙그레할유 由也말미암을유 攸同字 (尤)

⿺辶更 [경] 兎徑、兎路토끼길경 (庚)

遆 [체] ㅣ代更迭갈마들체 迢ㅣ遠也멀체 傳ㅣ驛也역체 遞의俗字 (霽)

遆 [체] 역말체

멀체 遞와同字

递 체 遞와同字 멀체、여닫체

逝 서 往也、行也 갈서 過也 지나갈서 死也 죽을서 發語辭 이에서 (霽)

逞 정 通也 통할정 快也 쾌할정 解也 풀정 不檢 구속아니할정 (梗)

逜 오 寤也 깨우칠오 相覊 서로관여할오 (遇)

速 속 疾也 빠를속 召也 부를속 醜也 더러울속 鹿跡曰ㅡ 사슴발자취속 急也 서둘속 (屋)

逛 광 走貌 달아날광 遊也 놀광 瞪貫也 구경할광 (養)

通 통 통할통、통을 통 通과同

𨒪 변 가변 邊의 俗字

迺 첩 走貌 달아날첩 (葉)

通 통 達也 통할통、통길통、사무칠통、亨也 형통할통 暢也 도통할통 交好 사귈통 ㅡ過 지날통 總也 모두통 往來 다닐통 姦ㅡ 간음할통 文書數詞ㅡㅡ 번통 (東)

逖 적 遠也 疏ㅡ 멀적 (錫)

适 괄 疾也 빠를괄 人名南宮ㅡ 사람이름괄 适의 本字 (曷)

逗 두 止也 ㅡ遛 머무를두 (宥)

遆 흔 迎也 가서 맞이할흔 (軫)

逌 유 ㅡ爾 笑貌 빙그레할유 道의 譌字 (尤)

逕 정 草逕 풀속길정

連 련 接也 聯也 연할련、續也 이을련、牽也 끌릴련、難也 ㅡ蹇 어려울련 遲久 더딜련 (霰)(銑)

逡 준 行不進 ㅡ巡 주저할준 退也 물러갈준 (眞)

逩 기 捐也 버릴기 忘也 잊어버릴기 遺也 잃을기 棄의 古字 (寘)

造 조 지을조、만들조 造와同字

逢 봉 遇也 만날봉 迎也 맞을봉 鼓聲ㅡㅡ 북소리봉 (東)

造 조 作也 지을조、만들조 至也 이를조 始也 처음조 來也 올조 就也 나아갈조 急遽ㅡ次 잠깐조、급거할조 時代 때조 (皓)(號)

速 속 速과同字 빠를속

逰 유 遊의 古字 놀유

𨑹 변 側也 가변 ㅡ邑 변변 방변 邊 邉과同字

(先)

通 [통] 통할통 通과同字

逌 [유] 爾笑貌 빙그레할유 逌와同字 (尤)

遆 [체] ㅣ代更迭 갈마들일체 遠也 멀체 傳ㅣ驛也 역말체 遞와同字 (齊)

遥 [요] 遠也 멀요 逍ㅣ徜徉 노닐요 遙와同字 (蕭)

逃 [도] 달아날도 逃과同字

逈 [형] 遠也 먼형 (迥)

(八)

迸 [병] 散走 흩어져달아날병 趙同字 (敬)

⿺辶疌 [첩] 疾走 빨리달아날첩 (葉)

逮 [체][태] 及也 미칠체 繫四잡아갈체 及也 미칠태 追也 쫓을태 逮와同字 (霽)(賄)(隊)

週 [주] 주일주 週와同字

週 [주] 周也、匝也 두루주 日、月、火、水、木、金、土 七曜日 謂之ㅣㅣ 주일주、이레주 (尤)

逭 [환] 逃也 도망할환 迭也 갈마드릴환 (翰)

逮 [체][태] 及也 미칠체 繫四잡아가둘체 安和貌 ㅣㅣ안화한체 及也 미칠태 追也 쫓을태 追、隸同字 (霽)(隊)

逪 [착] 交雜 섞일착 (藥)

逯 [록] 忽然往來할적 갔다올록 行謹ㅣㅣ 걸음삼갈록 善行貌 조심히걸을록 (屋)

逫 [결][줄] 遠也 먼결、氣出 遲貌 굼뜰줄 (屑)(質)

逨 [래] 至也 이를래 來也 올래 (灰)

逩 [분] 走也 달아날분 (願)

逰 [유] 놀유 여행할유 遊의俗字

⿺辶𣶒 [연] 行貌 갈연

(先)

⿺辶壬 [임] 過也 지날임 (侵)

逷 [적] 疏ㅣ遠也 멀적 逖의古字 (錫)

⿺辶亞 [아] 次第行 차례로갈을아 次也 버금아 (禡)

⿺辶育 [욱] 轉也 구를욱 (屋)

⿺辶关 [송] 보낼송 送의籀

逴 [탁][착] 遠也 멀탁 蹇也 절름거릴탁 超絶 뛰어날착 탁義同 (覺)

(藥)

逃 [도] 달아날도 逃의俗字

⿺辶帚 [귀] 돌아갈귀 歸와同字

進 [진] 나아갈진 進과同字

進 [진] 前

ㅣ나아갈진 登번 오를진 薦번 천거할진 效번 본받을진 加번 더할진 近번 가까이할진 進物 선물진 ㊉震

逸 [일] 縱번 놓아줄일 遁번 도망할일 隱번 숨을일 失번 잃을일 過失 허물일 放번 놓을일 奔ㅣ달아날일 偃번 쉬어날일 樂번 편안할일 佚同字 ㊉質

⿺辶攸 [유] 從번、말미암을유 行번 행할유 由와同字 ㊉尤

逸 [일] 놓을일 逸과同字

逶 [위] 衺行貌ㅣ迤 비틀거릴위 ㊉支

⿺辶青 [청] 맑을청 淸과同字

逯 [피] 도망할피、피할피 避의古字

⿺辶奇 [퇴] 下墜 摧번 무너질퇴 崔ㅣ蹉 跎 미끄러질퇴 隤와同字 ㊉灰

逕 [경] 가벼울경 輕의古字

⿺辶圭 [자] 移번 옮길자 迆와同字 ㊉紙

⿺辶爾 [수] 達번 사무칠수 進번 나아갈수 㒸번 갖출수 遂의古字 ㊉寘

⿺辶侃 [건] 過번 허물건 諐과同字 ㊉先

⿺辶㞷 [왕] 갈왕 往의古字

遰 [체] 보낼체、역마체 遞과同字

迥 [과] 越번 넘을과 經번 지날과 過의俗字 ㊉哿 ㊉歌

迸 [송] 보낼송 送과同字

逵 [규] 九達 道길거리규、큰길규 ㊉支

⿺辶乇 [적] 進번 나아갈적 循道 順번 순할적 蹈번 밟을적 至번 이를적 迪과同字 ㊉錫

九

逾 [유] 遠번 ㅣ邁 멀유 過번 지날유 越번 넘을유 ㊉虞

遂 [수] 因번 인할수 竟번 마침내수 成就 성취할수 結果 마칠수 達번 통달할수 進번 나아갈수 盡번 다할수 具번 갖출수 從志 뜻과같을수 ㊉寘

遀 [수] 따를수 隨의古字

⿺辶枼 [섭][엽][치] 遫ㅣ、走貌 달릴섭 䫋번 앞으로엎어질엽 不進貌 나아가지않을치 ㊉葉 ㊉寘

⿺辶卤 [유] 비우러할유 逌와同字

逿 [탕] 倒번 거꾸러질탕 蕩번 마음누근거릴탕、방탕할탕 蕩逿 ㊉漾

遁 [돈][둔] 逃번 달아날돈 隱번 숨을돈 避 피할돈、둔 義同

(元)(頹)

逌 [도] 길도 道와同 ⿺辶重 [동] 움직일동 動의古字 逽 [낙] 進也 나아갈낙 (藥) 逼 [핍] 近也 가

까울핍 迫也 핍박할핍 驅也 구축할핍 窮ㅣ궁핍할핍 (職) ⿺辶彖 [둔] 遷也 옮길둔 逃也 달아날둔 小豕也 새끼돼지둔 (阮)(元) ⿺辶蚩 [천] 閒

步한가하 걸을천 (銑) 遊 [유] 놀유 遊와同字 逗 [수] 走也 달아날수 (遇) 遈 [식] 流行貌 흘러갈식 (職) 遇 [우] 道

道路相逢만날우 遭也 마주칠우 意外 뜻밖에우 遇와同字 (有) 遉 [정] 邏候 순라꾼정 偵也 염탐할정 (敬) 遇 [우] 道路相逢

만날우 待也 기다릴우 接也 대접할우 遭也 마주칠우 (遇) 遊 [유] 遨也 놀유 友也 交ㅣ벗사귈유 旅也 나그네유 游同字 (尤) ⿺辶枷

[가] 猶犬牙左右相制ㅣ互좌우로걸을가 (麻) 遄 [천] 疾也、速也 빠를천 頻繁잦을천 (先) 遃 [언][안] 行貌갈언 遨也 놀안 (銑)

(翰) 遅 [지] 늦을지 遲의俗字 遟 [지] 오랠지、늦을지 遲의略字 遂 [수] 達也 사무칠수 進也 나아갈수 具也 갖출수

遂와同字 (寘) ⿺辶聿 [전][진] 至也 이를전 渡也 나루진 津古字 (先)(眞) 道 [도] 路也 길도 路也 밝을도 理也 이치도 順也 순할도 仁義忠孝

之德義 도리도 言也 말할도 由也 말미암을도 從也 좇을도 行政區域名 행정구역이름도 (皓)(號) 遑 [황] 急也 급할황 暇也 겨를황 (陽) 遏

[알] 絶也 끊을알 止也 그칠알 按通 (曷) ⿺辶屛 [병] 散走 흩어져 달아날병 迸과同字 (敬) 遐 [하] 遠也 멀하 何也 무엇하 瑕通 (麻)

過 [과] 經也 지날과 越也 넘을과 誤失 그릇할과 罪衍 허물과 ㅣ去 지나날과 (箇) 過 [과] 지날과 過과同字 遍 [편] 두루편

遖과 同字

遌 [악] 心不欲見而見 반갑지 않을악 遇也 만날악 (業)

遍 [편] 周也 두루 편 徧同字 (霰)

運 [운] 운전한운、옮길운 運의 古字

運 [운] 行也 행할운 轉也 운전할운 動也 움직일운 徙也 옮길운 曆數ㅣ作 운수운 土地南北曰ㅣ 땅길이운 (問)

道 [도] 길도 道와 同字

[illegible] [삽] 疾步 빨리 걸을 삽 行貌 갈삽 (洽)

[illegible] [퇴] 물러갈퇴 退의 古字

[illegible] [송] 보낼송 送과 同字

違 [위] 背也 어길위 不決 依ㅣ 미적미적할위 離也 떠날위 異也 다를위 (微)

逹 [달] 達(次條) 同字

達 [달] 통달할달、이를달、達과 同字

達 [달] 通也 통달할달 到也 이를달 配送 보낼달 成就 이룰달 顯也 나타날달 決也 결단할달 生也 날달 薦也 천거할달 放恣 挑ㅣ 방자할달 (曷)

遒 [주] 勁也 굳셀주 健也 건장할주 固也 굳을주 盡也 다할주 聚也 모을주 迫也 핍박할주 (尤)

[illegible] [종] 步行貌 걸을종 (東)

選 [선] 撰也 가릴선、뽑을선 選과 同字 (銑)(霰)

逺 [원] 멀원 遠의 古字

遀 [수] 좇을수 遂同字

還 [환][선] 久也 돌아올환 周ㅣ 轉也 돌선 速也 빠를선 還과 同字 (刪)(諫)(先)

[illegible] [수] 達也 사무칠수 進也 나아갈수 遂의 古字 (寘)

遖 [남] 贊美歡辭 칭찬할남(日)

[illegible] [렴] 盛香器 향합렴 奩과 同字 (鹽)

[illegible] [천] 옮길천、바꿀천 遷의 古字

[illegible] [부] 奔也 달릴부 趨而至 다다를부 赴와 同字 (遇)

逯 [답] 行 오가다 가설답 (合)

[illegible] [렬] 車駕淸道 길치울렬 遮遏 막을렬 迾과 同字 (霽)

十

遙 [요] 遠也 멀요 徜徉 逍ㅣ 노닐요 (蕭)

[illegible] [조] 作也 지을조、만들조、至也 이를조 時代 때조 造의 俗字 (皓)(豪)

[illegible]

逋 遷 遡 遜 遞 遠 遝 遣 遨 遫

고 欠負官物고음할고 亡也도망갈고 逋의譌字 (虞)

遷 천 옮길천 遷의俗字

遉 치 칙 圓澗 딋가치 側也기울칙 本音 측 廁의古字 (眞)(職)

迮 책 迫也걸책 ㅣ起也닐어날책 迮의俗字 (陌)

遝 답 行相及 迨ㅣ뒤미처따를답 雜ㅣ뒤섞일답 (合)

遚 수 不進멈출수 나아가지않을수 (宥)

遛 류 逗ㅣ止也머무를류 遛와同字 (尤)

遜 손 恭겸손할손 謙손할손 順也순할손 遁也도망할손 辭避사양할손 愻同字 (願)

遑 창 過也지날창 날창 (漾)

遞 체 更迭ㅣ代갈마들일체 驛也역말체 遠也멀체 迢ㅣ멀체 (齊)(霽)

遟 지 늦을지 遲의籒文

遠 원 遙也멀원 高奧심오할원 離也ㅣ之멀리할원 (阮)(願)

遘 구 遇也만날구 (宥)

違 위 어길위 違와同字

遙 축 行貌가는모양 축 갈축 (屋)

遄 전 진 至也이를전 渡也나루전 津의古字 建의略字 (先)(眞)

遳 송 보낼송 送의古字

遜 병 幽也아득할병 (庚)

遻 송 보낼송 送의古字

道 도 길도 道의古字

違 위 어길위 違와同字

遣 견 送也보낼견 祛也물리칠견 逐也쫓을견 遣과同字

遾 삽 疾步빨리걸을삽 行貌 잡삽 逆과同字 (洽)

遢 답 穩行貌 遢ㅣ천천히걸을답 不謹卑 邋일삼가지않을답 (合)

遡 소 逆流거스를소 迎也맞을소 鄉也향할소 訴也호소할소 泝同字 (遇)

遬 술 續也이을술 述의籒文

遣 견 送也보낼견 放逐쫓을견 祛也물리칠견 祖奠견전제견 노제지낼견 (銑)(霰)

遝 급 逮也미칠급 못급 과와급 兼

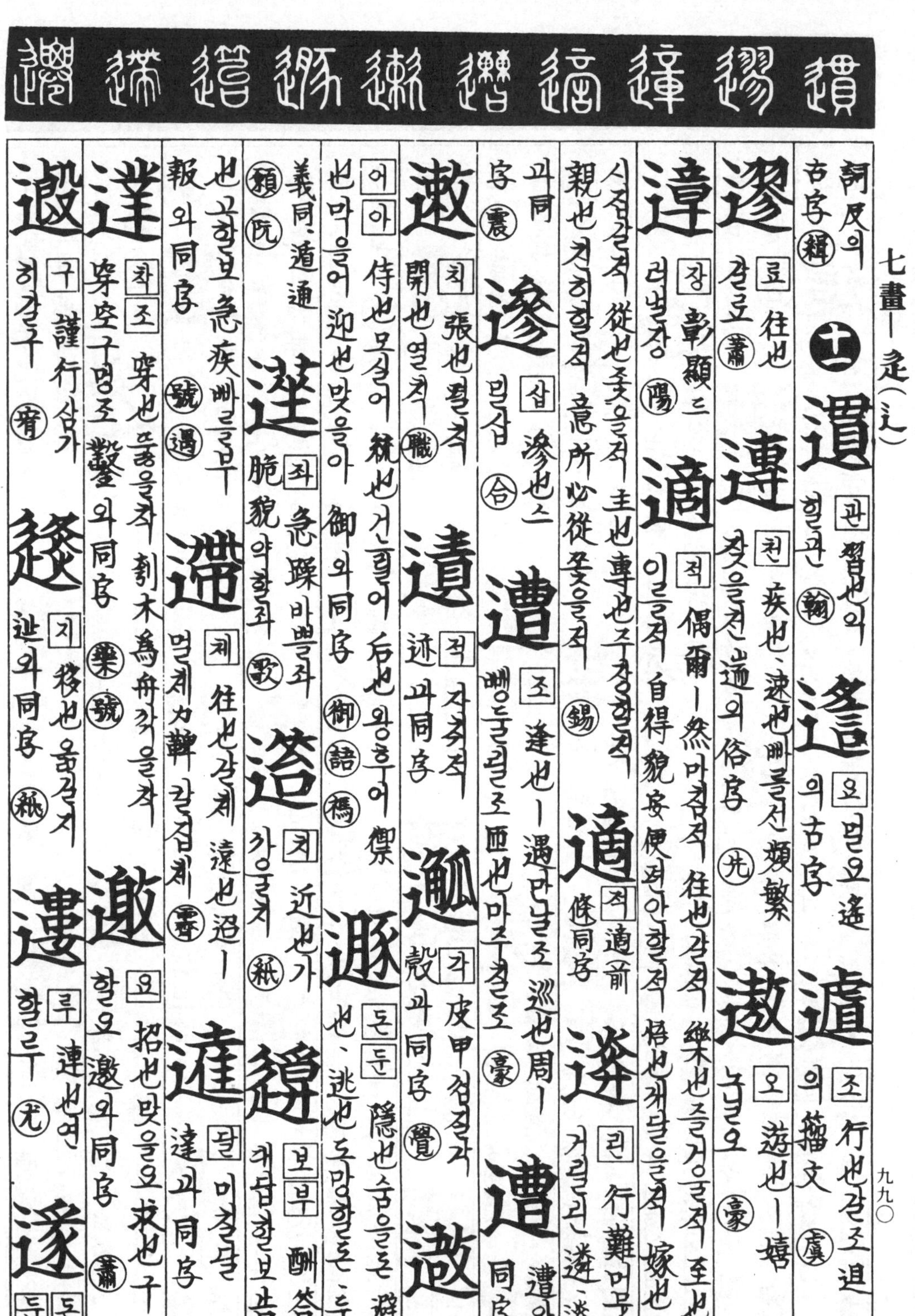

訶反의 古字 (緝)

⑪

遦 [관] 習也익힐관 (翰)

⿺辶䍃 [요] 멀요 遙의 古字

⿺辶直 [조] 行也갈조 追의 籒文 (虞)

⿺辶翏 [료] 往也갈료 (蕭)

⿺辶專 [천] 疾也、速也빠를천 頻繁찾을천 遄의 俗字 (先)

遨 [오] 遊也ㅣ嬉놀오 (豪)

遧 [장] 彰顯드러날장 (陽)

適 [적] 偶爾ㅣ然마침적 往也갈적 樂也즐거울적 至也이를적 自得貌安便편안할적 悟也깨달을적 嫁也시집갈적 從也좇을적 主也專也주장할적 親也친히할적 意所必從좇을적 (錫)

⿺辶啇 [적] 適(前) 倏同字

遴 [린] 行難머뭇거릴린 遴、遴과同字 (震)

⿺辶參 [삼] 滲也스믈삼 (合)

遭 [조] 逢也ㅣ遇만날조 巡也周ㅣ뺑돌릴조 匝也마주칠조 (豪)

⿺辶曺 遭와 同字

⿺辶敕 [치] 張也펼치 開也열치 (職)

⿺辶責 [적] 자취적 迹과同字

⿺辶觚 [각] 皮甲껍질각 殼과同字 (覺)

⿺辶敔 [어][아] 侍也모실어 禁也거늘어 后也왕후어 禦也막을어 迎也맞을아 御와同字 (御)(語)(禡)

遯 [돈][둔] 隱也숨을돈 避也、逃也도망할돈、둔 義同. 遁通 (願)(阮)

遳 [좌] 急躁바쁠좌 脆貌약할좌 (歌)

⿺辶答 [치] 近也가까울치 (紙)

⿺辶尃 [보][부] 酬答대답할보 告也고할보 急疾빠를부 報와同字 (號)(遇)

遰 [체] 往也갈체 遠也迢ㅣ먼체 力韓갈짐체 (霽)

達 [달] 미칠달 達과同字

⿺辶丵 [착][조] 穿也뚫을착 斲木爲舟깎을착 穿空구멍조 鑿와同字 (藥)(號)

邀 [요] 招也맞을요 求也구할요 邀와同字 (蕭)

⿺辶殸 [구] 謹行삼가히갈구 (宥)

⿺辶癸 [지] 移也옮길지 迻와同字 (紙)

遱 [루] 連也연할루 (尤)

⿺辶彖 [돈][둔]

逃也 달아날둔 隱也 숨을둔、둔 義同、遁과同字 ㊀阮 ㊀願 𨘢 환 돌아올환 還과同字 𨗨 양 走也 달아날양 漾 遾

참 치 遟也 머뭇거릴참 行貌 가는모양치 咸 寘 𨕥 아 나아 我과同字 遮 차 蔽也 가릴차 攔也 遏也 막을차 要也 중요로울차 語多

周ㅣ 잔말할차 這也 이것차 麻 遬 속 謖慤齊ㅣ 공손할속 促也 줄어들속 屋 𨘗 차 蔽也 가릴차 攔也 遏也 막을차 遮와同字 麻

𨗋 종 𨘂步 천천히걸을종 冬 十一 𨘑 초 疾走 빨리 달아날초 篠 𨙝 상 行步貌 걷는모양상 養 遴

린 行難 머뭇거릴린 貪也 탐할린 遴也 掄才 뽑을린、가릴린 震 遵 준 지킬준 遵과同字 𨗰 무 迹也 자취무 麌 𨙧

준 循也 좇을준 行也 행할준 ㅣ奉、ㅣ守 지킬준 眞 𨗚 준 지킬준 遵과同字 遟 지 오랠지 더딜지 遲와同字 遲

지 𨘂也 더딜지 久也 오랠지 徐行 천천할지 時機失때 놓칠지 息也 쉬일지、待也 기다릴지 乃也 이에지 支 寘 𨘥 유 남을유 遺의古字 遹

휼 좇을휼 遹의本字 遺 유 贈也 기증유、줄유 餽也 먹일유 失也 잃어버릴유 餘也 남을유 加也 더할유 陳迹 자취유 棄也 버릴유 忘也 잊을유

寘 支 遹 휼 循也 좇을휼 述也 지을휼 發語辭 이에휼 回邪 간사할휼 古音 율 質 𨘥 유 남을유 遺古字 選

선 가릴선 選과同字 選 선 擇也 가릴선 數也 셀선 遣也 보낼선 貸與自ㅣ 재물선 須臾사ㅣ 잠깐사이선 擇也 銓ㅣ 뽑을선、가릴선 環舞 둥글게춤출선

銑 霰 巽通 𨙌 천 疾也 速也 빠를천 頻繁 잦을천 遷과同字 先 䢄 류 止也 逗ㅣ 머무를류 尤 遶 요 圍

七畫— 辵(辶)

也 둘릴 요 繞同 (蓧)

⿺辶蒀 [원] 멀 원 遠의 古字

⿺辶䙴 [천] 옮길 천 遷과 同字

遷 [천] 移也、從也 옮길 천 變易 바꿀 천 諭也 귀양보낼 천 去下之高 오를 천 徙官 벼슬 옮길 천 (先)

逹 [잡] 行書貌 초서 쓴 모양 잡 (洽)

⿺辶善 [초] 充也 찰 초 (效)

遪 [삽] 澀也 스밀 삽 遪과 同字 (合)

⿺辶霆 [정] 疾雷 벼락 정 陰陽相薄激而爲ㅣ電 번개 정 霆과 同字 (青)(徑)

⿺辶曹 [조] ㅣ遇 逢也 만날 조 周ㅣ 巡也 빼돌릴 조 遭와 同字 (豪)

⿺辶粦 [린] 行難 머뭇거릴 린 遴과 同字 (震)

⿺辶𡍮 [천] 옮길 천 遷과 同字

⿺辶爾 [진] 나아갈 진 進의 古字

⿺辶𣪊 [구] 謹行 삼가갈 구 [illegible]의 本字 (宥)

逪 [착] 交雜 섞일 착 逪과 同字 (藥)

⿺辶啇 [적] 往也、如也、至也 갈 적 從也 좇을 적 適의 本字 (陌)(錫)

⿺辶爲 [위] ㅣ迤 衺行貌 비틀거릴 위 逶와 同字 (支)

⿺辶幾 [기] 멎기 幾와 同字

⿺辶絲 [변] 振繩墨 먹줄 튕길 변 (先)

⿺辶罕 [오] 遇也 만날 오 違也 어길 오 忤通 (遇)

⿺辶貴 [유] 남을 유 遺와 同字

⿺辶尞 [료] 遠也 멀 료 契丹國名 나라이름 료 川名ㅣ河 강이름 료 (蕭)

⿺辶喬 [취] [교] 泥行所乘 진흙썰매 취 교 義同 橇의 俗字 (霽)(蕭)

⿺辶䙴 [천] 옮길 천 遷과 同字

⿺辶隋 [수] 따를 수、좇을 수 隨와 同字

⿺辶甫 [포] 欠負官物 포흠할 포 亡也 도망갈 포 逋와 同字 (虞)

⑬

⿺辶辟 [피] 逃也 피할 피 隱遁 숨을 피 違也 어길 피 厭也 싫어할 피 辟同字 (寘)

⿺辶詹 [섬] 速行 속히 갈 섬 (豔)

⿺辶僉 [첨] 欲近 가까이 할 첨 (琰)

⿺辶羨 [선] [연] 行貌 가는 모양 선 遮也 가려막을 선 移也 옮길 선 연 義同字 (霰)(先)

⿺辶會 [회] 周繞 두를 회 (泰)

邀

요 迎也맞을요 求也구할요 呼也부를요 (蕭) **邁** 매 遠行멀리갈매 過也지나갈매 老也늙을매 勵也힘쓸매 ㅣㅣ不顧돌아보지않고갈매 (卦) **⿺辶竝**

서 及也、逮也미칠서 或音시 (霽) **遽** 거 急也급할거 卒也창졸거 懼也두려울거 窘也군색할거 驛車傳ㅣ역말수레거 (御) **邀**

유 貴玉귀한구슬유 (尤) **⿺辶望** 유 남을유 遺의古字 **⿺辶⿱覀巳** 천 옮길천 遷과同字 **⿺辶条** 도 무리도 徒의古字 **⿺辶罪**

체 태 及也미칠체 繫囚잡아가둘체 及也미칠태 追也쫓을태 逮와同字 (霽)(隊) **⿺辶⿱罒悉** 우 근심우 憂의古字 **遰** 대 여 대 帶

와 同 **⿺辶登** 등 ㅣ賧詔、夫詔國之一名주나라이름등 (蒸) **⿺辶胡** 요 遠也멀요 遙ㅣ徜徉노닐요 遙와同字 (蕭) **邅** 전 難

行貌迍ㅣ머뭇거릴전 轉也굴릴전 逐也쫓을전 (先)(霰) **還** 환 돌아올환 還과同 **⿺辶雷** 적 뢰 雨也비적 降雨貌비오는모양적、뢰

義同 (錫)(賄) **⿺辶⿱艹昜** 탕 過也지날탕 (陽) **邂** 해 不期而遇ㅣ逅우연히만날해 (卦) **⿺辶業** 착 鑿也뚫을착 (藥)

還 환 선 返也돌아올환 退歸돌아갈환 復也회복할환 償也갚을환 顧也돌아볼환 繞也돌릴환 轉也周ㅣ돌선 便捷가벼울선 速也빠를선 旋同 (刪)

(諫)(先) **⿺辶敫** 오 ㅣ嬉遨也노닐오 遨와同字 (豪) **⿺辶⿱臼幵** 유 남을유 遺의古字 **十四** **⿺辶⿱聿幸** 회 현 해 無 違意틀릴

없을회、현、해 義同 (泰)(霰)(泰) **邃** 수 深遠幽ㅣ깊숙할수 (寘) **⿺辶帶** 체 留也머물체 凝也엉길체 滯와同字 (霽) **邉**

변 변방변 邊의俗字 **邇** 이 近也가까울이 孔ㅣ密ㅣ 迩同字 (紙) **⿺辶⿱艹⿱目寸** 변 ㅣ豆、祭祀燕享器변두 그릇제기변 籩과同字 (先)

[辶+開] [준] 마를 준、좇을 준 遵의 古字

[辶+翟] [적] 躍也 뛸 적 (錫)

[辶+粦] [린] 行難 머뭇거릴 린 揄才選也 가릴 린 遴의 本字 (震)

[辶+連] [련] 이을 련 連과 同字

[辶+疌] [삽] 疾行 빨리 갈 삽 (洽)

[辶+婁] [루] 連也、行步不絕之貌 연할 루 𨘗와 同字 (尤)

逹 [달] 打也 종아리 칠 달、매 맞을 달 撻의 古字 (曷)

[辶+貌] [막] 遠也 멀 막 邈也 아득할 막 輕視 업신여길 막 悶也 ㅣㅣ 민망할 막 藐 同字 (覺)

[辶+頡] [힐] 捋取 딸 힐 摘取 잡아 뽑을 힐 古音 혈 擷과 同字 (屑)

[辶+曺] [조] ㅣ遇、逢也 만날 조 匝也 마주칠 조 遭와 同字 (豪)

[辶+雷] [퇴] 물러갈 퇴 退와 同字

(十五)

[辶+臱] [변] 側也 가 변 ㅣ邑 변방 변 旁 近 곁할 변 陲也 모퉁이 변 (先)

[辶+睘] [환] 還의 本字

[辶+賣] [독] 慣也 익을 독 易也 넘볼 독 (屋)

遰 [제] 멀 제 遞와 同

[辶+酥] [돈][둔] 隱也 숨을 돈 避也、逃也 도망할 돈、둔 義同 遯과 同字 (願)(阮)

[辶+喜] [규] 九達道 길거리 규 逵와 同字 (支)

邌 [려] 徐行貌 천천히 걸을 려 天欲明 ㅣ明 먼동 틀 려 黎同 (齊)

[辶+僉] [렴] 盛香器 향합 렴 奩과 同字 (鹽)

邋 [랍] 行貌 ㅣ遢 천천히 걸을 랍 不謹 ㅣ遢 삼가지 않을 랍 (合)

邍 [원] 언덕 원 原의 古字

[辶+輦] [련] 王ㅣ 駕人以行 연 련 輓運 당길 련 輦과 同字 (銑)

(十六)

邍 [원] 廣原 넓은 언덕 원 (元)

[辶+隺] [퇴] 下隊 摧也 무너질 퇴 崔ㅣ 蹉跎 미끄러질 퇴 隤와 同字 (灰)

[辶+頁] [막] 遠也、邈也 멀 막 아득할 막 邈의 本字 (覺)

[辶+須] [막] 遠也、邈也 멀 막 輕視 업신여길 막 邈의 本字 (覺)

[辶+豖+敢] [돈][둔] 隱也 숨을 돈 避也、逃也 도망할 돈、둔 義同 遯의 古字 (願)(阮)

[辶+歷] [력] 近也 가까울 력 (錫)

(十七)

[辶+賣]

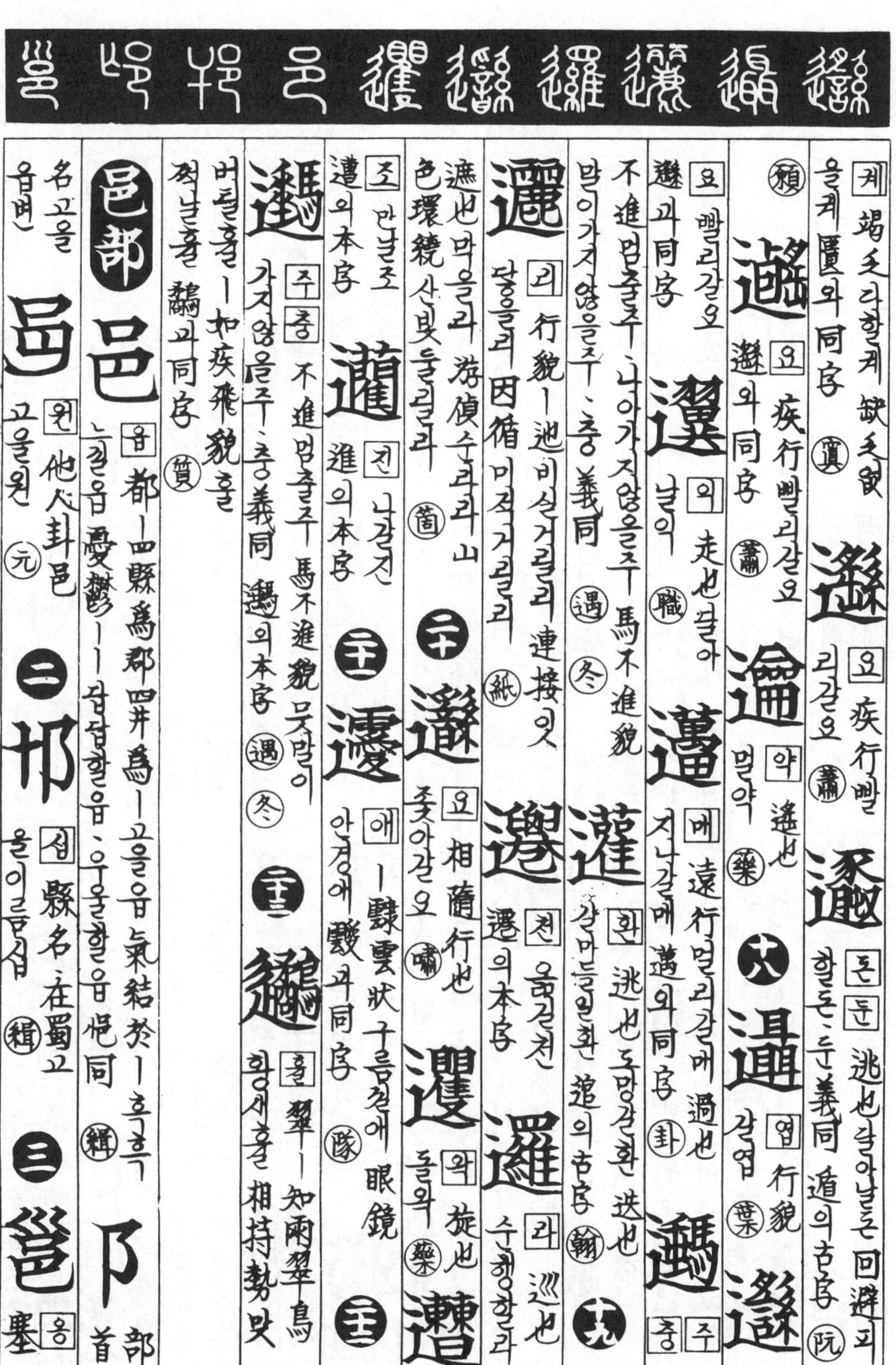

[계] 竭也다할계 缺也飮읍계 匱와同字 (寘)

邎 [요] 疾行빨리갈요 (蕭)

遯 [돈][둔] 逃也달아날돈 回避피할돈、둔義同 遁의古字 (阮)

(穎)

邎 [요] 疾行빨리갈요 邎와同字 (蕭)

瀹 [약] 遙也멀약 (藥)

⑱

遷 [엽] 行貌갈엽 (葉)

邎 [요] 빨리갈요 邎과同字

遷 [외] 走也달아날외 (職)

邁 [매] 遠行멀리갈매 過也지나갈매 邁와同字 (卦)

邁 [주][중] 不進멈출주、나아가지않을주 馬不進貌말이가지않을주、중義同 (遇)(冬)

邂 [환] 逃也도망갈환 迸也갈마들일환 逭의古字 (翰)

⑲

邐 [리] 行貌ㅣ迤비실거릴리 連接잇닿을리 因循미적거릴리 (紙)

遷 [천] 옮길천 遷의本字

邏 [라] 巡也순행할라 遮也막을라 遊偵순라라 山色環繞산빛둘릴라 (箇)

⑳

邎 [요] 相隨行也좇아갈요 (嘯)

䢩 [곽] 旋也돌곽 (藥)

遭 [조] 만날조 遭의本字

進 [진] 나갈진 進의本字

㉑

靉 [애] ㅣ靆雲狀구름낄애 眼鏡안경애 靉과同字 (隊)

㉒

邁 [주][중] 不進멈출주 馬不進貌말이가지않을주、중義同 邁의本字 (遇)(冬)

㉓

鷸 [휼] 翠ㅣ知雨翠鳥황새휼 相持勢맞버틸휼 ㅣ如疾飛貌휼적날휼 鷸과同字 (質)

邑部

邑 [읍] 都ㅣ四縣爲郡四井爲ㅣ고을읍 氣結於ㅣ흐흑느낄읍 憂鬱ㅣㅣ답답할읍、우울할읍 悒同 (緝)

阝 部首名(고을읍변)

邑 [원] 他人封邑고을원 (元)

㉡

邔 [섭] 縣名、在蜀고을이름섭 (緝)

㉢

邕 [옹] 塞

번마힐옹 和번화할옹 人名蔡사람이름옹 ㉧冬

邔 [기] 廣大之邑넓은고을기 ㉡紙

邨 [촌] 마을촌、동네촌 村、邨과同字

邗 [한] 吳水名ㅣ溝 물이름한 ㉧寒

邛 [공] 勞번고달플공 病번병들공 亂번어지러울공 蜀地名臨ㅣ땅이름공 ㉧冬

邘 [우] 鄭地名周武王者所封 우나라우 ㉧虞

⿰才阝 [재] 鄕名시골이름재 ㉧灰

⿰亐阝 [우] 우나라우 邘와同字

邙 [망] 洛陽山名 北ㅣ북망산망 ㉧陽

㉣四

邢 [형] 周公子所封國나라이름형 姓번성형 郉同字 ㉧青

邞 [부] 縣名고을이름부 ㉧虞

邡 [방] 訪問찾을방 地名땅이름방 訪同字 ㉧陽

邧 [원] 秦邑名고을이름원 ㉧元

邨 [촌] 墅번聚落마을촌 俗作村 ㉧元

邪 [사] [야] 不正姦思ㅣ佞간사할사 不祥ㅣ氣사기사 下地汙ㅣ축축할 땅야 鍥名莫ㅣ칼이름야 語助疑辭어조사야 地名땅이름야 ㉧麻

挹 [방] 나라방 邦과同字

邦 [방] 國名나라방 封번봉할방 ㉧江

邤 [흔] 鄰번이웃흔 ㉧文

郍 [나] 何번어찌나 大번클나 那의本字 ㉧歌

⿰云阝 [운] 漢南國名운나라운 衛地 땅이름운 鄖과同字 ㉧文

那 [나] 何번어찌나 大번클나 多번많을나 安번편안할나 盡번다할나 都번도읍나 語助辭어조사나 彼번저나 ㉧歌 ㉡哿 ㉢箇

邥 [심] 地名ㅣ垂 땅이름심 ㉧侵

邠 [빈] 周太王國나라이름빈 州名고을이름빈 ㉧眞

⿰支阝 [기] 峻번높을기 分支두개로갈라질기 岐와同字 ㉧支

⿺走邑 [기] 두개로갈라질기 ⿰支阝와同字

⿰巿阝 [패] 泗水縣名패수패、고을이름패 舟行貌둥둥뜰패 沛와同字 ㉧泰

㉤五

邳 [비] 泗州縣名下ㅣ 고을이름비 ㉧支

邯

[한][함] 趙都ㅣ鄲 주나라 서울한、함 義同 (寒)(覃)

那 [나] 어찌나 郍의 譌字

邱 [구] 丘也 언덕구 地名 땅이름구 (尤)

部

[태] 后稷所封 태나라태 (灰)

[丘+邑] [구] 언덕구 邱와 同字

邲 [필] 鄭地名 땅이름필 美貌 예쁠필 (質)

[北+邑] 邶과 同字

郈 [후] 魯邑名 땅이름후 郈와 同字 (宥)

郄 [극] 姓也 성극 郤과 同字 (月)

邱 [구] 丘也 언덕구 地名 땅이름구 邱의 本字 (尤)

邹 [추] 魯縣古邾婁國 추나라추 鄒의 略字 (尤)

邪 [사][야] ㅣ佞姦思不正 간사할사 不祥ㅣ氣 사기사 汙ㅣ不地 추축한 땅야 邪와 同字 (麻)

邶 [패] 故商邑朝歌 地 땅이름패 (隊)

邵 [소] 晉邑名 땅이름소 姓也 성소 召同字 (嘯)

邦 [방] 國也 나라방 封也 봉할방 邦의 古字 (江)

邴 [병] 鄭邑名 땅이름병 和適貌ㅣㅣ 맞갖을병 姓也 성병 丙通 (梗)

邸 [저] 貴人之宅 집저 郡國京舍 주막저、사처저、관저저、主本홀 바탕저 屛也 皇ㅣ 병풍저 (薺)

⑥

郁 [욱] 文盛貌 문채성할욱 ㅣ氣厚 濃ㅣ 정욱할욱 香氣 향내날욱 (屋)

邦 [방] 나라방、봉할방 邦과 同字

[丑+阝] [추] 추나라추 鄒와 同字

[北+阝] [구] 언덕구 邱와 同字

[彐+阝] [추] 魯縣古邾婁國 추나라추 鄒와 同字 (尤)

郋 [혜] 汝南郋陵里名 마을이름혜 (齊)

[冊+阝] [산] 剷除 깎을산 除也 제할산 定也 정할산 刪과 同字 (刪)

郈 [후] 魯邑名 고을이름후 (有)

[巷+邑] [항] 里中道 동네길항 巷也 골목항 巷同 (絳)

郲 [래] 縣也 고을이름래 (隊)

[那] [사][야] 간사할사、축축한 땅야 邪의 本字

郇 [순] 文王後所封 地名 땅이름순 (眞)

郊

교 邑外들교 市外시외교 肴

⿰厄阝 커 遠里먼마을커 紙

郃 합 馮翊縣名 고을이름합 合

郄 극 壁際 孔틈극 隙과同字 陌

⿰如阝 안 當陽里名 마을이름안 寒

郅 질 至也이를질 登也오를질 質

邾 주 魯附庸國 나라이름주 姓也성주 虞

⿰扌邑 츄 고을이름츄 鄹와同字

邿 시 附庸國 시나라시 山名산이름시 支

邽 규 縣名 上ㅡ下ㅡ 고을이름규 齊

郎 랑 男子稱 사내랑 婦稱夫 남편랑 官名벼슬이름랑 郞의略字 陽

⿱耆邑 기 지 老也늙은이기 師傅스승기 致也이를지 耆와同字 支 紙

⿰卸阝 사 解載車馬짐부릴사 脫衣解甲벗을사 卸의俗字 禡

⑦

⿰辰阝 신 小邦 작은나라신 眞

郔 연 地名땅이름연 先

郚 오 魯邑名고을이름오 虞

郘 려 亭名정자이름려 語

郶 부 城外大郭 성곽부 地名땅이름부 有

郛 부 城外大郭 성곽부 虞

⿰肖阝 소 郡也고을소 效

郜 고 文王子所封國 나라이름고 號

⿰余阝 도 縣名고을이름도 虞

郖 두 津名ㅡ津나루이름두 尤

郕 성 國名나라이름성 魯邑고을이름성 庚

郗 치 河內邑名고을이름치 支

郙 부 亭名정자이름부 虞

郞 랑 男子稱사내랑 婦稱夫남편랑、낭 官名벼슬이름랑 陽

郝 학 扶風地名땅이름학 藥

郡 군 縣所屬고을군 (行政區域之一) 問

郟 겹 河南邑名ㅡ鄏 고을이름겹 洽

郠 경 邑名고을이름경 梗

邫 방 나라방 봉할방

邦과 同字

郡 [군] 고을군 郡의 俗字

郟 [비] 下ㅣ 泗州縣名 땅이름비 邳와同字 (支)

郢 [영] 楚地名 땅이름영 (敬)

郤 [극] 隙也 틈극 姓也 성극 (陌)

郣 [발] 地之起者 땅보옷할발 (月)

𨛜 [항] 里中道 거리항、골목항 邑里마을항 巷과同字 (絳)

八

𨛱 [당] 머무는곳당 郒과同字

郒 [당] 住所 머무는곳당 (養)

𨛮 [괘] 鄉里마을괘 (灰)

部 [부] 分也나눌부 行伍ㅣ曲대부、항오부 統也거느릴부 署也마을부 界也지경부 (麌)

郔 [엄] 國名엄 나라엄 (琰)

都 [도] 도읍도、고을도 都의 略字

郰 [추] 魯縣名 邾婁國나라 이름추 鄒鄹와同字 (尤)

鄉 [향] 五州百家之內 시골향 生也 고향향 鄉의 略字 (陽)

郜 [고] 文王子所封國 나라이름고 郜와同字 (號)

𨛦 [호] 扶風縣名 땅이름호 鄠와同字 (麌)

𨛷 [도] 고을도 都의 古字

𨛵 [도] 天子所居 도읍도 總也 도무지도 都와同字 (虞)

郲 [래] 地名 時ㅣ 땅이름래 山名 邔ㅣ 산이름래 (灰)

郳 [예] 國名 나라이름예 (齊)

郱 [병] 地名齊地 땅이름병 (青)

郴 [침] 桂陽縣名 땅이름침 (侵)

𨜒 [취] 모일취、쫓을취 聚와同字

郵 [우] 驛也 역말우 ㅣ遞 우편우、우체우 過也 지날우 (尤)

郯 [담] 少昊後所封 나라이름담 (覃)

郰 [추] 縣名 魯下邑 孔子之鄉 땅이름추 고을이름추 (尤)

𨛭 [석] 鄉名 고을이름석 (錫)

郬 [청] 地名 땅이름청 (庚)

郫 [비] 益州地名 땅이름비 (支)

郭 [곽] 外城 성곽곽 外圍 둘레곽 姓也 성곽 (藥)

郪 [처] 齊地ㅣ丘 땅이름처 (齊)

郞

[저] 郡國京舍사처저、주 막저 邸의俗字 (齊)

[咅邑] [부] ㅣ曲行伍 례부 分也나눌부 署也 마을부 部와同字 (麌)

⑨

郭 [위] 聚也 모을위 (御)

郥 [격] 邑名ㅣ陽고을이름격 (錫)

郿 [미] 地名땅이름미 魯邑名고을이름미 (支)

鄃 [유] 縣名고을이름유 (虞)

鄊 [향] 마을향 巷 과同字

郾 [언] 潁川縣名고을이름언 (願)

都 [도] 天子所居도읍도 ㅣ市도시도 總也도무지도 居也거할도 盛也성할도 歎美辭 아아도 (虞)

[多邑] [옹] 盛多貌성하게많을옹 (董)

[契邑] [계] 고을이름계 [契阝]와同字

[契阝] [계] 上谷縣名黃帝後所封 고을이름계 薊通 (霽)

[県灬阝] [교] 鉅鹿縣名땅이름교 鄡와同字 (蕭)

[厘阝] [전] 百畮一家之居터전전 市邸전방전 廛과同字 (先)

鄉 [향] 시골향、고향향 鄕과同字

[畐阝] [력] 南陽縣名땅이름력 姓也성력 酈과同字 (錫)

[乡郎] [향] 시골향、고향향 鄕의俗字

鄆 [운] 魯地名땅이름운 姓也성운 (問)

[叟阝] [수] 狄國名ㅣ瞞나라이름수 鄋의本字 (尤)

郈 [후] 地名땅이름후 (宥)

鄅 [우] 國名나라이름우 (麌)

鄈 [규] 汾陰地名땅이름규 (支)

[垂邑] [우] 역말우、우편우 郵의俗字

郵 [우] 驛也역말우 ㅣ遞우편우 郵와同字 (尤)

[面阝] [술] [솔] 憂愍걱정할술 埽塵먼지쓸이술 卹과同字 (質) (月)

鄄 [견] 地名땅이름견 (先)

郄 [극] 姓也성극 郤과同字 (陌)

鄀 [약] 國名나라이름약 楚邑고을이름약 (藥)

鄂 [악] 楚地名땅이름악 外見貌ㅣ然나타날악 辯厲ㅣㅣ말성하게할악 垠也언덕악 愕也놀랄악

額번이마악 諤、愕通 (藥)

⑩

鄏 [옥] 河南地名郟ㅣ땅이름욕 (沃)

[益+阝] [익] 地名땅이름익 (陌)

郖 [두] 津名ㅣ津나루이름두 邙와同字 (尤)

[鬼+阝] [외] 不平坦평탄하지않을이할외 (賄)

鄖 [운] 漢南國名나라이름운 衛地名땅이름운 (文)

鄉 [향] 시골향、고향향 鄕의 譌字

鄕 [향] 萬二千五百户 일만이천오백호향 外邑 시골향 生地고향향 周代行政區劃名향향 嚮、向通 (陽)

鄒 [추] 魯縣古邾婁國 나라이름추 (尤)

鄑 [자] 邑名고을이름자 (支)

鄓 [격] 邑名ㅣ陽고을이름격 鄓의 譌字 (錫)

鄐 [축] 邑名고을이름축 (屋)

鄔 [오] 鄔地名땅이름오 汾州城名성이름오 (麌)

鄍 [명] 晉邑名고을이름명 (青)

鄎 [식] 齊地名땅이름식 (職)

鄋 [수] 狄國名ㅣ瞞오랑캐나라이름수 (尤)

鄗 [교][호][학] 滎陽水名敫ㅣ물이름교 常山邑名고을이름호 晉邑名고을이름학 (肴)(皓)(藥)

郇 [순] 文王後所封地순 나라순 郇과同字 (眞)

⑪

鄙 [비] 陋번더러울비、더럽힐비 都之對五百家都ㅣ오백집비 시골비 邊邑邊ㅣ변방비 嗇財ㅣ吝인색할비 卑賤비천할비 (紙)

[倝+阝] [간] 地名땅이름간 地乾땅마를간 (寒)

[商+阝] [상] 行貨ㅣ賈장수상 裁度헤아릴상 商과同字 (陽)

鄠 [호] 扶風縣名고을이름호 (麌)

鄣 [장] 莒國邑名고을이름장 障同字 (陽)

郲 [래] 巍ㅣ、山險怪狀산이험준할래 (齊)

[虘+阝] [차] 沛邑名고을이름차 (歌)

鄜 [부] 馮翊縣名고을이름부 (虞)

鄛 [소] 南陽棗陽縣고을이름소 或音초 (蕭)

鄝 [료] 國名舒ㅣ나라이름료 (篠)

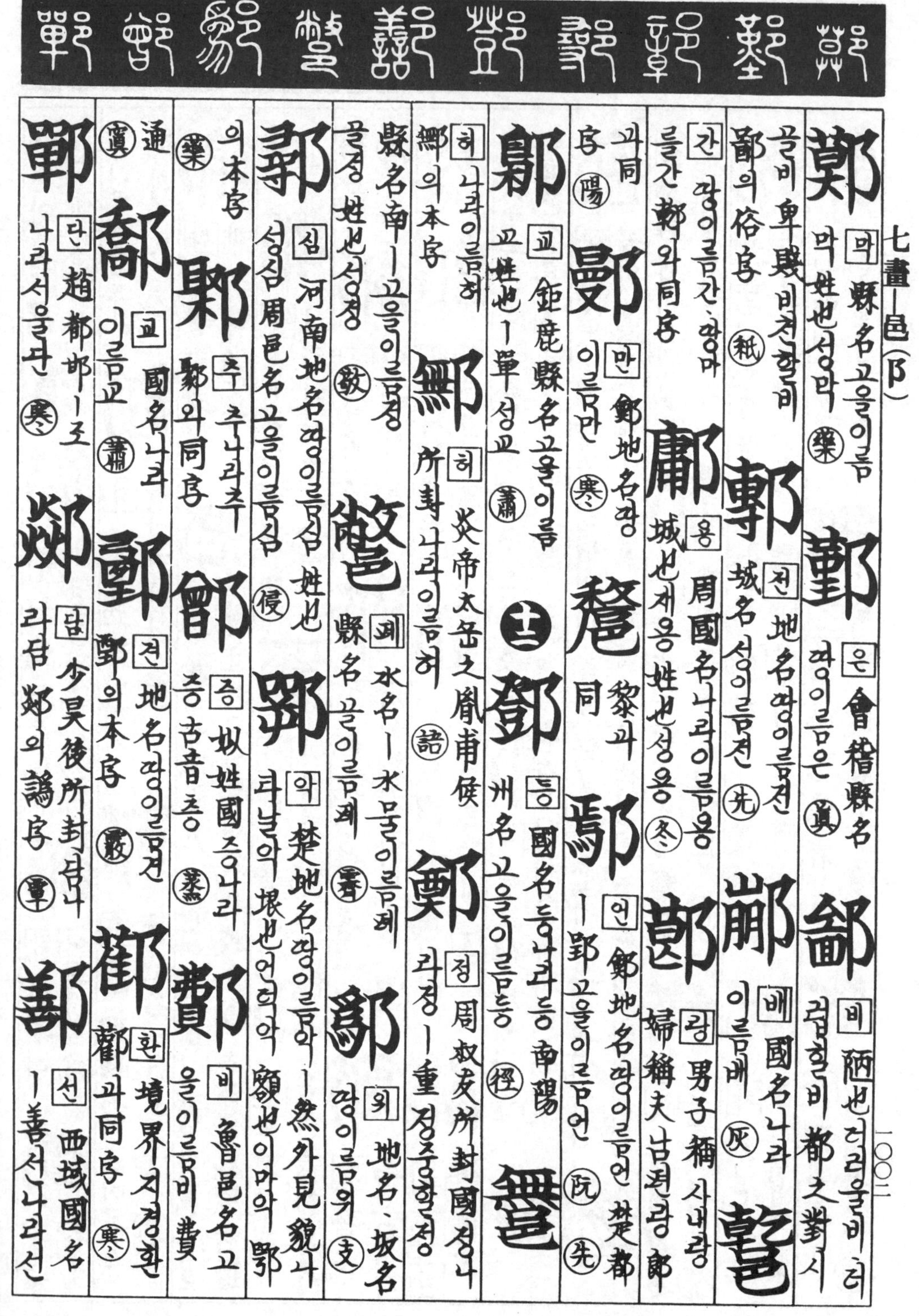

鄚 막 縣名고을이름 막 姓성막 (藥) 鄖 운 會稽縣名 땅이름운 (眞) 鄙 비 陋더러울비 더럽힐비 都之對시
골비 卑賤비천할비 鄙의俗字 (紙) 鄟 전 地名땅이름전 城名성이름전 (先) 𨜒 배 國名나라이름배 (灰)
간 땅이름간、땅마를간 鄭와同字 鄘 용 周國名나라이름용 城벽채용 姓성용 (冬) 郞 랑 男子稱사내랑 婦稱夫남편랑 郎
과同字 (陽) 鄤 만 鄭地名땅이름만 (寒) 𨞰 黎과同 鄢 언 鄭地名땅이름언 楚都ㅣ郢고을이름언 (阮)(先)
鄡 교 鉅鹿縣名고을이름교 姓성ㅣ單성교 (蕭) 十二 鄧 등 國名등나라등 南陽개名고을이름등 (徑)
허 나라이름허 鄦의本字 鄦 허 炎帝太岳之胤甫侯所封 나라이름허 (語) 鄭 정 周叔友所封國 정나라정 ㅣ重정중할정
縣名南ㅣ고을이름경 고을경 姓성경 (敬) 鄨 례 水名ㅣ水물이름례 縣名고을이름례 (薺) 鄬 위 地名、坂名 땅이름위 (支)
鄩 심 河南地名땅이름심 姓성심 周邑名고을이름심 (侵) 鄂 악 楚地名땅이름악 ㅣ然外見貌나타날악 垠언덕악 額이마악 鄂
의本字 (藥) 鄹 추 추나라추 鄒와同字 鄫 증 姒姓國 증나라증 古音층 (蒸) 鄪 비 魯邑名고을이름비 費
通 (眞) 鄗 교 國名나라이름교 (蕭) 鄽 전 地名땅이름전 鄽의本字 (霰) 鄱 환 境界지경환 鄱과同字 (寒)
鄲 단 趙都邯ㅣ조나라서울단 (寒) 鄰 담 少昊後所封 담나라담 郯의譌字 (覃) 鄯 선 西域國名 ㅣ善선나라선

(嚴) 鄮 [무] 縣名 고을이름무 (宥)

鄰 [린] 近也 이웃린 親也 比也 이웃할린 相連接 연접할린 輔弼臣— 도울린 車聲 수레구르는소리 린 (眞)

鄰 [린] 이웃린 鄰과 同字

鄑 [자] 고을이름자 鄑의 俗字

鄱 [파] 楚地名 땅이름파 湖名 호수이름파 (歌)

⿰奠邑 [정] 周叔友所封國 나라이름정 姓也 성정 鄭과 同字 (敬)

⓭

⿰義阝 [의] 地名 땅이름의 (紙)

鄵 [조] 地名 땅이름조 (號)

鄶 [회] 祝融後所封國 나라이름회 古音괴 (泰)

⿰會邑 [회] 나라이름회 鄶와 同字

鄴 [업] 魏郡 縣名 고을이름업 姓也 성업 (葉)

鄷 [풍] 水名 물이름풍 周文王所都 땅이름풍 酆의 俗字 (東)

⿰盟阝 [맹] 古縣名在義昌 고을이름맹 (敬)

鄭 [구] 抱也 끌구 酌也 구기질할구 鄭의 譌字 (虞)

鄳 [맹] 江夏縣名 고을이름맹 (庚)

⿰邕臭 [옹] 臭也 썩은 냄새날옹 (送)

⓮

⿰耤阝 [적][작] 地名 땅이름적、작 義同 (陌)(藥)

鄸 [몽] 邑名 書地 고을이름몽 (東)

⿰皀邑 [향] 시골향 고향향 鄉의 本字

⿰鼻阝 [의] 割鼻 코베일의 割也 베일의 劓과 同字 (寘)

⿰壽阝 [수] 蜀水名 물이름수 濤同字 (尤)

鄰 [린] 近也 이웃린 輔弼臣— 도울린 動聲 수레구르는소리린 鄰의 本字 (眞)

鄛 [소] 南陽棗陽縣名 땅이름소 鄛의 本字 (肴)

鄹 [추] 추나라 추 鄒와 同字

⓯

鄾 [우] 地名 땅이름우 (尤)

⿰麃阝 [부] 馮翊縣名 땅이름부 鄜와 同字 (虞)

⿰美阝 [량] 不—邑名 고을이름량 (陽)

鄺 [광] 姓也 성광 (養)

鄻 [련] 邑名周地 땅이름련 (銑)

酇 [찬][차] 聚也 마을찬 南陽縣名

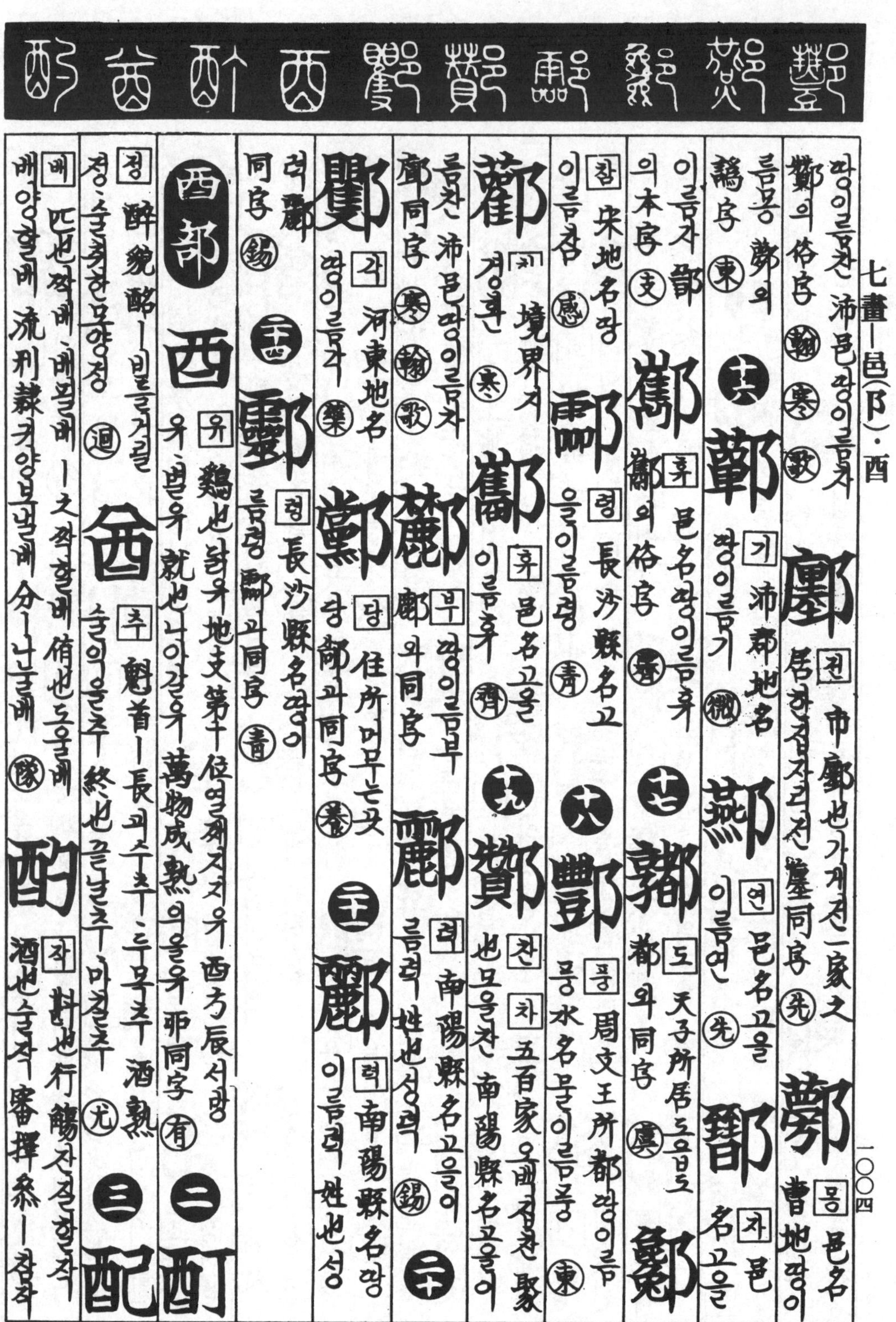

땅이름찬 沛邑땅이름차 鄿의 俗字 翰 寒 歌

鄽 [전] 市鄽也가게전 一家之居하는집자리전 廛同字 先

鄸 [몽] 邑名 曹地땅이름몽 蒻의 譌字 東

⑯ 鄿 [기] 沛郡地名 땅이름기 微

鄴 [연] 邑名고을이름연 先

鄑 [자] 邑名고을이름자 鄫의 本字 支

⑰ 鄺 [후] 鄺의 俗字 邑名땅이름후 尤

鄯 [도] 都와 同字 天子所居도읍도 虞

鄪 [참] 宋地名땅이름참 感

酃 [령] 長沙縣名고을이름령 靑

⑱ 酆 [풍] 周文王所都땅이름풍 水名물이름풍 東

酄 [환] 境界지경환 寒

鄺 [후] 邑名고을이름후 齊

⑲ 酇 [찬] [차] 五百家오백집찬 聚也모을찬 南陽縣名고을이름차 름찬 沛邑땅이름차 鄼同字 寒 翰 歌

酈 [부] 鄜와 同字 땅이름부

酈 [려] 南陽縣名고을이름려 姓也성려 錫

⑳ 酈 [력] 南陽縣名땅이름력 姓也성력 酈同字 錫

酈 [각] 河東地名 땅이름각 藥

酅 [당] 住所머무는곳당 鄺과同字 養

㉑ 酈 [력] 南陽縣名땅이름력 姓也성력 酈同字 錫

㉔ 酃 [령] 長沙縣名땅이름령 酃과同字 靑

酉部

酉 [유] 鷄也닭유 地支第十位열째지지유 西方辰서방유 就也나아갈유 萬物成熟의뜻유 丣同字 有

② 酊 [정] 醉貌酩―비틀거릴정, 술취한모양정 迥

酋 [추] 魁首―長괴수추, 두목추 酒熟술익을추 終也끝날추, 마칠추 尤

③ 配 [배] 匹也짝배, 配필배 ―之짝할배 侑也도울배 流刑隸귀양보낼배 分―나눌배 隊

酌 [작] 斟也行觴자질할작 酒也술작 審擇叅―참작

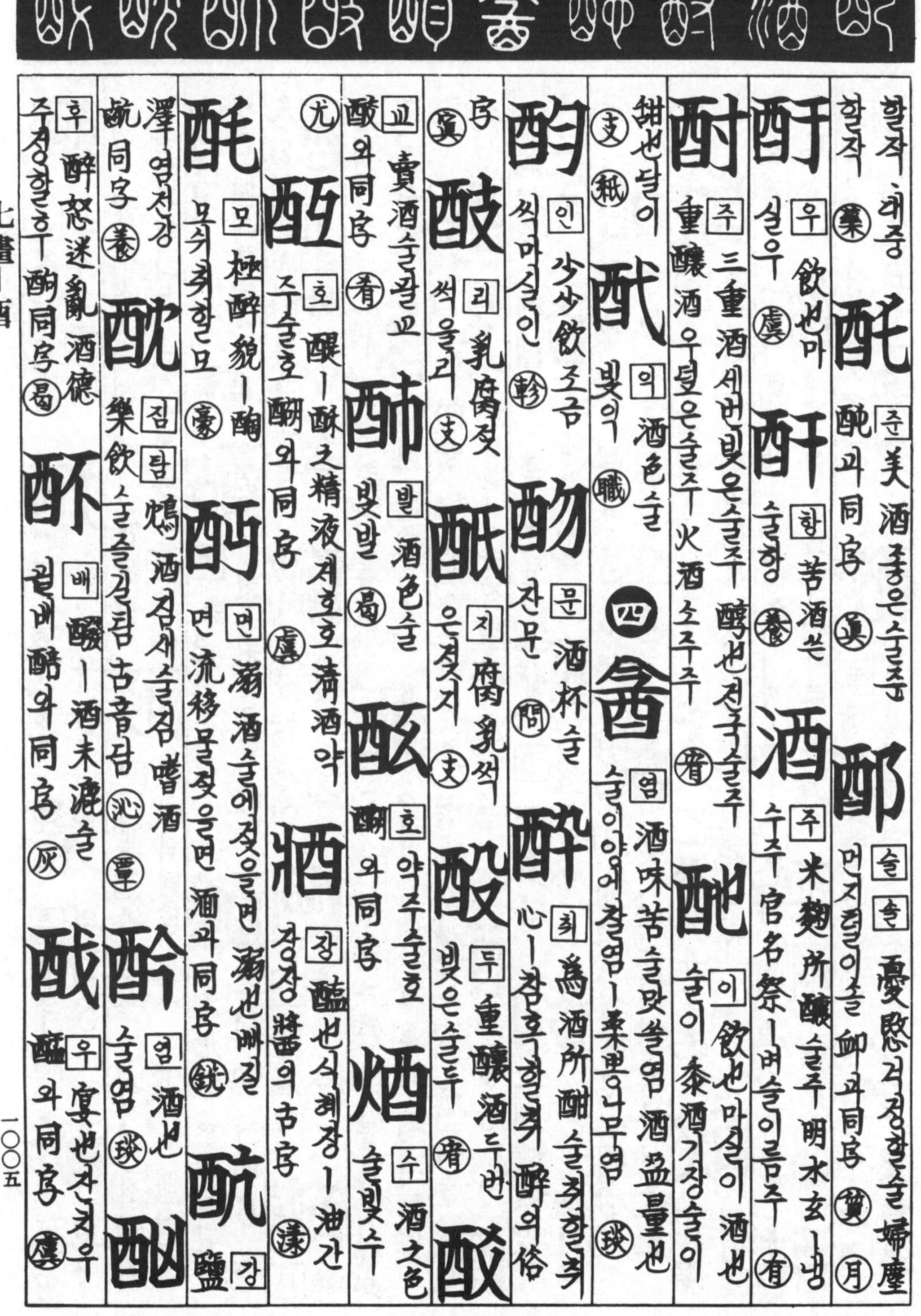

할작, 대중 (藥)

[酉+乇] [준] 美酒 좋은술준 醇과同字 (眞)

[酉+卩] [술][슬] 憂恐 거정할슬 婦塵 먼지털이슬 卹과同字 (質)(月)

할작 (藥)

[酉+于] [우] 飮 마실우 (虞)

酐 [항] 苦酒 쓴술항 (養)

酒 [주] 米麴所釀 술주 明水玄ㅣ 냉수주 官名 祭ㅣ 벼슬이름주 (有)

酎 [주] 三重酒 세번빚은술주 醇 전국술주 重釀酒 우덧은술주 火酒 소주주 (宥)

酏 [이] 飮 마실이 酒 술이 黍酒 기장술이 甜 단술이 (支)(紙)

[酉+弋] [익] 酒色 빛익 (職)

四

酓 [염] 酒味苦 술맛쓸염 酒盃量 술이야여 찰염 ㅣ桑 뽕나무염 (琰)

[酉+刃] [인] 少少飮 조금씩마실인 (軫)

[酉+勿] [문] 酒杯 술잔문 (問)

酔 [취] 爲酒所酣 술취할취 心ㅣ 잔혹할취 醉의俗字 (寘)

[酉+支] [리] 乳腐 젖썩을리 (支)

[酉+氏] [지] 腐乳 썩은젖지 (支)

酘 [두] 重釀酒 두번빚은술두 (宥)

[酉+殳] [교] 賣酒 술팔교 酵와同字 (肴)

[酉+巿] [발] 酒色 술빛발 (曷)

[酉+瓦] [호] 醐와同字 약주술호

[酉+西] [수] 酒之色 술빛수 (尤)

[酉+互] [호] 醍ㅣ 酥之精液 제호호 淸酒 약주술호 醐와同字 (虞)

[酉+丬] [장] 醢 식혜장 ㅣ油 간장장 醬의古字 (漾)

酕 [모] 極醉貌ㅣ 酶 모주취할모 (豪)

[酉+丏] [면] 溺酒 술에젖을면 溺 빠질면 流移 물젖을면 湎과同字 (銑)

[酉+亢] [강] 鹽澤 염전강 鹹同字 (養)

酖 [짐][탐] 鴆酒 짐새술짐 嗜酒 樂飮 술즐길탐 古音 담 (沁)(覃)

酓 [염] 酒 술염 (琰)

[酉+凶] [후] 醉怒迷亂酒德 주정할후 酗同字 (遇)

[酉+不] [배] 醱ㅣ 酒未漉 술거를배 醅와同字 (灰)

[酉+戈] [우] 宴 잔치우 醧와同字 (虞)

七畫—酉

酕 준 美酒 좋은술준 (眞)

[illegible] 과 酒之色 술빛과 (歌)

[illegible] 주 술주 酒와同字

[illegible] 짐 勺 번 구기짐 | 酌計 번 짐작할짐 | 堪遲疑 마음머뭇거릴짐 斟과同字 (侵)

[illegible] 교 賣酒 술팔교 [illegible]、[illegible]와同字 (肴)

酙 짐 짐작할짐、마음머뭇거릴짐 斟의俗字

㊄

酟 첨 和번 화할첨 달첨、쉬울첨 (鹽)

[illegible] 체 酒紅色 빛붉은술체 醍와同字 (齊)

[illegible] 령 ㅣ醁 美酒 좋은술령 醽과同字 (靑)

[illegible] 사 糟번 재강자 (支)

[illegible] 가 苦酒 쓴술가 (馬)

酡 타 醉容 취한얼굴타 (歌)

[illegible] 타 취한얼굴타 酡와同字

[illegible] 거 갹 斂錢共飲酒 술추렴거 斂錢 추렴걷을거、갹 義同、醵와同字 (御)(藥)

酢 초 작 酸漿 酸번 초초、단것초、醋通 酬ㅣ 술권할작、수작할작 (遇)(藥)

[illegible] 동 酒腐 술썩을동 (冬)

[illegible] 고 酒杯 술잔고 (虞)

[illegible] 초 美醬 좋은장초 (虞)

[illegible] 발 酒氣 술기운발 (曷)

[illegible] 후 醉怒 주정할후 酗同字 (遇)

酣 감 樂酒不醉 술즐길감 酒 樂飲洽 술얼근할감 (覃)

[illegible] 포 酒之色 얼굴붉어질포 美人醉面 계집취한얼굴포 (效)

[illegible] 반 和酒麴餅起 ㅣ떡에술빚어봉을반 畚과同字 (願)

酥 수 酪屬牛羊乳 타락죽수 (虞)

[illegible] 앙 濁酒 막걸리앙 醠 同字 (養)

[illegible] 박 糟ㅣ酒滓 지게미박、油ㅣ 깻묵박、비지박 粕과同字 (藥)

[illegible] 발 酒色 술빛발 [illegible]의譌字 (曷)

酤 고 買酒 술살고 賣酒 술팔고 ㅣ宿酒 단술고 (虞)(遇)

[illegible] 필 酒飲盡 술다마실필 술을다마실필 (質)

[illegible] 한 和酒 麴餅起

ㅣ떡에술비저넣을 반 (刪)

䤈 [반] 떡에술빚어넣을 반 䤈과同字

酥 [영] 醟酒 주정할 영 醟과同字 (敬)

⑥

䣷 [저] 酌也 잔질할 저 (魚)

䣵 [이] 重釀酒 두번 빚은술 이 (寘)

䣭 [괄] 甜也 단 전 국술 괄 (曷)

聈 [이] 두번 빚은술 이 䣵와同字

酬 [수] 勸酒 술권할 수 報也 갚을 수 周也 두루 수 醻同字 (尤)

酨 [재] 酢漿 초재、간것 釋米汁 뜨물 재 (隊)

酗 [후] 醉怒迷亂 酒德 주정할 후 酗酌와同字 (遇)

酡 [외] 醉貌 취할 외 (灰)

酮 [동] 馬酪 말젖 동 酢也 초 동 酒壞 신술 동 (東)

酵 [교] 賣酒 술팔 교 (肴)

酭 [우] 勸酒也 술권할 우 (宥)

酦 [벌] 釀也 술빚을 벌 (月)

酎 [수] 勸酒 술권할 수 報也 갚을 수 酬의俗字 (尤)

酗 [후] 醉怒迷亂酒德 주정할 후 酗의俗字 (遇)

䤁 [남] 饜飽 물릴 남 (勘)

酪 [락] 乳漿 소젖 락 다락 락 (藥)

酫 [철] 鹽藏物 소금절이 철 (屑)

酩 [명] 醉貌 ㅣ酊 비틀거릴 명、술취할 명 甘酒 단술 명 (迥)

⑦

酴 [도] ㅣ醾 重釀酒 두번빚은술 도 酒母 술밑 도 (虞)

酺 [포] 飲酒作樂大ㅣ 모여술잔치할 포、會飲 여럿이 술마실 포 除烖祭 고사지낼 포、푸닥거리할 포 (虞) (遇)

酼 [해] 肉醬 젓해 젓담을 해 醢의 譌字 (賄)

酓 [함] 酒之色 面赭色 술빛 함 (覃)

醚 [미] 醉也 취할 미 醚의 譌字 (齊)

酹 [뢰] 餟祭酒沃地 강신 술 뢰 (泰) (隊)

酸 [산] 酢味 실 산 悲痛 슬플 산、아플 산 ㅣ素 산 소산 致力所難 고될 산 (寒)

酶 [매] 酒本 술밑 매 누룩 매 媒通 (灰)

酵

효 以酒母起麪發ㅣ술괼효 俗音교 (效)

酷 혹 虐也혹독할혹 甚也심할혹 慘也참혹할혹 痛恨원통할혹 酒厚味술맛텁텁할혹 本音곡 (沃)

⿰酉巠 영 酒醒술깰영 (迥)

酲 정 病也술병정 醉覺술깰정 (庚)

酮 견 釃也술거를견 (先)

酳 윤 酒漱口술로양치질할윤 飮酒安食한주윤 (震)

⿱曹酉 조 ㅣ粕酒滓지게미조 糟의籒文 (豪)

八

⿰酉京 량 漿也맑은장량 雜味잡된맛스량 (漾)

醁 록 美酒名醽ㅣ 맛좋은술록 (沃)

⿰酉隹 유 和肉酒 고기든술유 (支)

⿱智酉 지 제 酒也술지 酒紅色빛붉은술제 醍同字 (支)(齊)

醑 서 美酒좋은술서 釃酒술거를서 湑와同字 (語)

醋 작 초 主客相酌酬ㅣ잔돌릴작 酸漿초초 (藥)(遇)

⿰酉字 자 壓酒具술거르는제주리자 醡의譌字 (禡)

酓 음 마실음 飮과同字

醘 해 肉醬젓해 젓담글해 醢의譌字 (賄)

醊 제 철 祭酹酒聯祭잔부어놓을제、철 義同 (霽)(屑)

⿰酉盂 우 宴也잔치우 (虞)

醉 취 爲酒所醉술취할취 心ㅣ취하게할취 潰也궤란할취 (寘)

⿰酉炎 담 酒醋薄也술맛시크름할담 (勘)

⿱尚酉 상 探味맛볼상 試也시험할상 曾也일찍상 嘗의俗字 (陽)

⿱⿰爿夕酉 장 간장장 醬의本字

⿰酉音 역 음 암 醅滓술찌끼며 酒聲술소리음、암、義음 과同字 (錫)(侵)(覃)

醅 배 酒未漉醱ㅣ거르지않은술배 (灰)

醆 잔 酒微清술부유스름할잔 夏爵名벼슬이름잔 盞也술잔잔 (潸)

醄 도 極醉貌酕ㅣ 몹시취할도 (豪)

醇 순 不澆酒진국술순 純粹순수할순 重也중할순

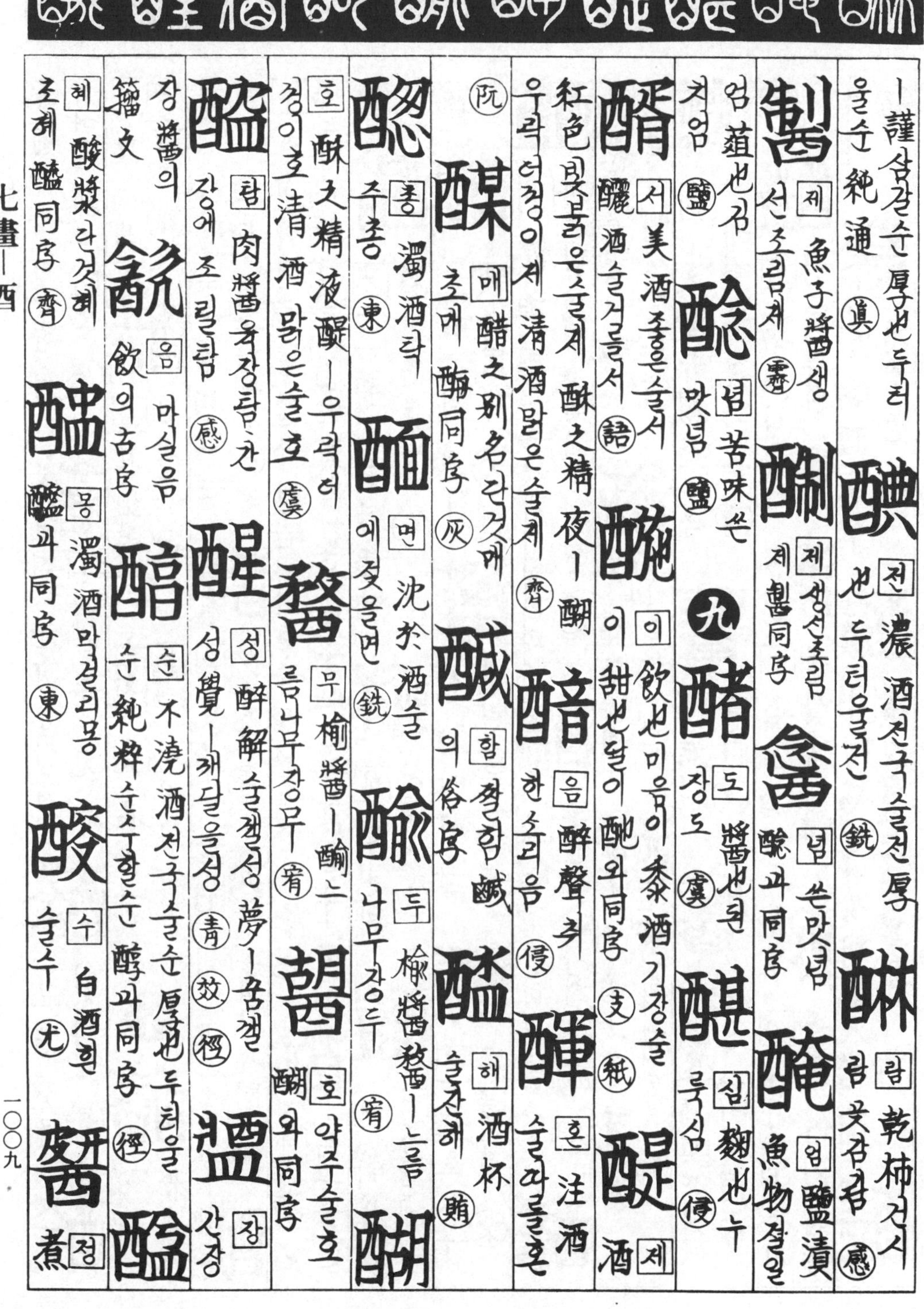

ㅣ謹삼갈순 厚也두터울순 純通 (眞)

[酉典] 전 濃酒전국술전 厚也두터울전 (銑)

醂 람 乾柿건시 람 곶감감 (感)

[制酉] 제 魚子醬생선조림제 (霽)

[酉制] 제 생선조림제 [制酉]同字

[酓酉] 념 쓴맛념 醶과同字

醃 엄 鹽漬 魚物절일엄 菹也김치엄 (豔)

[酉念] 념 苦味쓴맛념 (豔)

九

醏 도 醬也젓장도 (虞)

[酉甚] 심 麴也누룩심 (侵)

醍 제 酒紅色빛붉은술제 酥之精液ㅣ醐우락더정이제 清酒맑은술제 (齊)

醑 서 美酒좋은술서 釃酒술거를서 (語)

[酉施] 이 飲也미음이 黍酒기장술 (支) 甜也달이 酏와同字 (紙)

醅 음 醉聲취한소리음 (侵)

[酉軍] 혼 注酒 술따를혼

(阮)

[酉某] 매 醋之別名단것매 초매 酶同字 (灰)

醎 함 짤함 鹹의俗字

[酉盞] 해 酒杯 술잔해 (賄)

[酉悤] 총 濁酒탁주총 (東)

[酉面] 면 沈於酒술에젖을면 (銑)

[酉俞] 두 楡醬ㅣ醔느릅나무장두 (宥)

醐 호 酥之精液醍ㅣ우락더정이호 清酒맑은술호 (虞)

醔 무 楡醬ㅣ醔느릅나무장무 (宥)

[胡酉] 호 약주술호 醐와同字

醓 탐 肉醬육장탐 간장에조린탐 (感)

醒 성 醉解술깰성 夢ㅣ꿈깰성 (青) 覺ㅣ깨달을성 (效) (徑)

[爿酉皿] 장 간장 醬의 籀文

[酓欠] 음 마실음 飲의古字

[酉享] 순 不澆酒전국술순 厚也두터울순 純粹순수할순 醇과同字 (徑)

[酉盍] 혜 酸漿다것혜 초혜 醯同字 (齊)

[酉盎] 몽 濁酒막걸리몽 醲과同字 (東)

[酉夋] 수 白酒흰술수 (尤)

[开酉] 정 煮

魚煎肉 고기지짐정 전 주어정 脏과同字 庚 醔 주 酒官술다스리 누버술주 尤 酥 절 清菜곳 김치절 屑 [illegible]

키 清酒맑은술키 紙 酷 호 韭菹부추 김치호 遇 醂 남 煑肉고기 지질남 感 十 醘 삽 酒器술그

릇삽 [illegible] 곡 濁酒蟲술 바구미곡 屋 [illegible] 상 乳酒 젖술상 陽 [illegible] 력 濾也술거를력 瀝同 錫 醜

추 惡也악할추、추할추 穢也더러울추 類也같을추 象也무리추 比較견줄추 [illegible]자라뜨구멍추 耻也부끄러울추 有 [illegible] 한 清酒 맑은술한

翰 [illegible] 용 니 酒也술용 重釀 酒진한술니 冬 醚 미 醉也취할미 支 [illegible] 애 醉貌취한모양애

隊 醙 수 白酒흰술수 酸와同字 尤 醛 철 酒味變술맛변할철 屑 [illegible] 몽 麴生衣누룩뜰몽 東

[illegible] 밀 飮酒俱盡술다마셔항아리마를밀 醬也간장밀、장밀 質 醞 온 釀酒술빚을온 含 蓄藉온자할온 吻 問 醏

기 慾也즐길기 好也좋을기 嗜와同字 寘 [illegible] 욱 面黃낯빛누를욱 屋 [illegible] 비 酒之色술빛비 [illegible]와同字 紙

[illegible] 감 ─之凝井鹹也조금비캐감 [illegible]과同字 琰 醫 의 酒也술의 支 [illegible] 자 壓酒具주자틀자 醡와同字

禡 醠 앙 濁酒막걸리앙、탁주앙 漾 [illegible] 방 奉上酒술올릴방 陽 醡 자 壓酒具주자틀자、술거르는켓

다리자 禡 醟 영 酗酒술주정할영 敬 醢 해 肉醬젓장해 刑罰人體醢漬젓담그는형벌해 賄 醝

[차] 白酒흰술차 (歌)

⿰酉冥 [멱] 乾酪말린젓며 (錫)

⑪

⿰酉曼 [미][만] 義同、⿰酉㒼同字 끌마지미、만

⿰酉悤 [총] 濁酒탁주총 ⿰酉悤의本字 (東)

⿰酉昜 [상] 酒巵總名잔상 觴同字 (陽)

⿰酉窑 [자] 주자들자 醡의譌字

醨 [리] 薄酒묽은술리、묘 주리 (支)

醥 [표] 淸酒맑은술표 (篠)

⿰酉巢 [소] 醉也취할소 (效)

⿰酉責 [자] 壓酒具주자들자 醡와同字 (禡)

醩 [조] 丨粕酒滓지게미조 糟의籒文 (豪)

⿰酉頁 [홍] 醉倒취하여자빠질홍 (董)

⿰酉莫 [모] 美醬좋은장모 (虞)

⿱殸酉 [곡] 濁酒蟲술바구미곡 ⿱殸酉의譌字 (屋)

⿰酉畢 [폐] 楡醬느릅장폐 (霽)

⿰酉㒼 [미][만] 白生醬酢 ⿰酉莫丨끌마지미、만 義同 (齊)(寒)

醧 [어] 私燕飲사사로이잔치할어 (御)

⿱号酉 [치] 술치 ⿱号酉와同字

酴 [도] 丨醾重釀酒위덮은술도 酒母술밑도 酴와同字 (虞)

醬 [장] 醢也丨油간장장 醢也식혜장 (漾)

⿰酉壽 [수] 勸酒술권할수 酬와同字 醻의本字 (尤)

醪 [료] 濁酒醇丨막걸리료 地名땅이름료 (豪)

醫 [의] 治病者의사의、의원의 療也병고칠의 療病 學問技術의술의 救也구원할의 酏也梅漿초의 (支)

醦 [참][침][첨] 酢也초참、酢也초침 甚酢몹시초할첨 酸也실첨 (紙)(琰)(寢)(琰)

⿰酉鹵 [루] 丨魚물고기젓루 (虞)

⿰酉祭 [제] 祭祀제사제 祭와同字

⿰酉烹 [팽] 煮也삶을팽 料理요리팽 烹과同字 (庚)

⿰酉⿱亼月 [서] 美酒좋은술서 釃酒술거를서 醑와同字 (語)

⿱氵念酉 [념] 滑也지질념 사라질념 (琰)

⿰酉宿 [숙] 東茅灌鬯酒모사숙 강신할숙 湑也거를숙 莤과同字 (屋)

⿰酉魚 [수] 酪 [illegible]牛

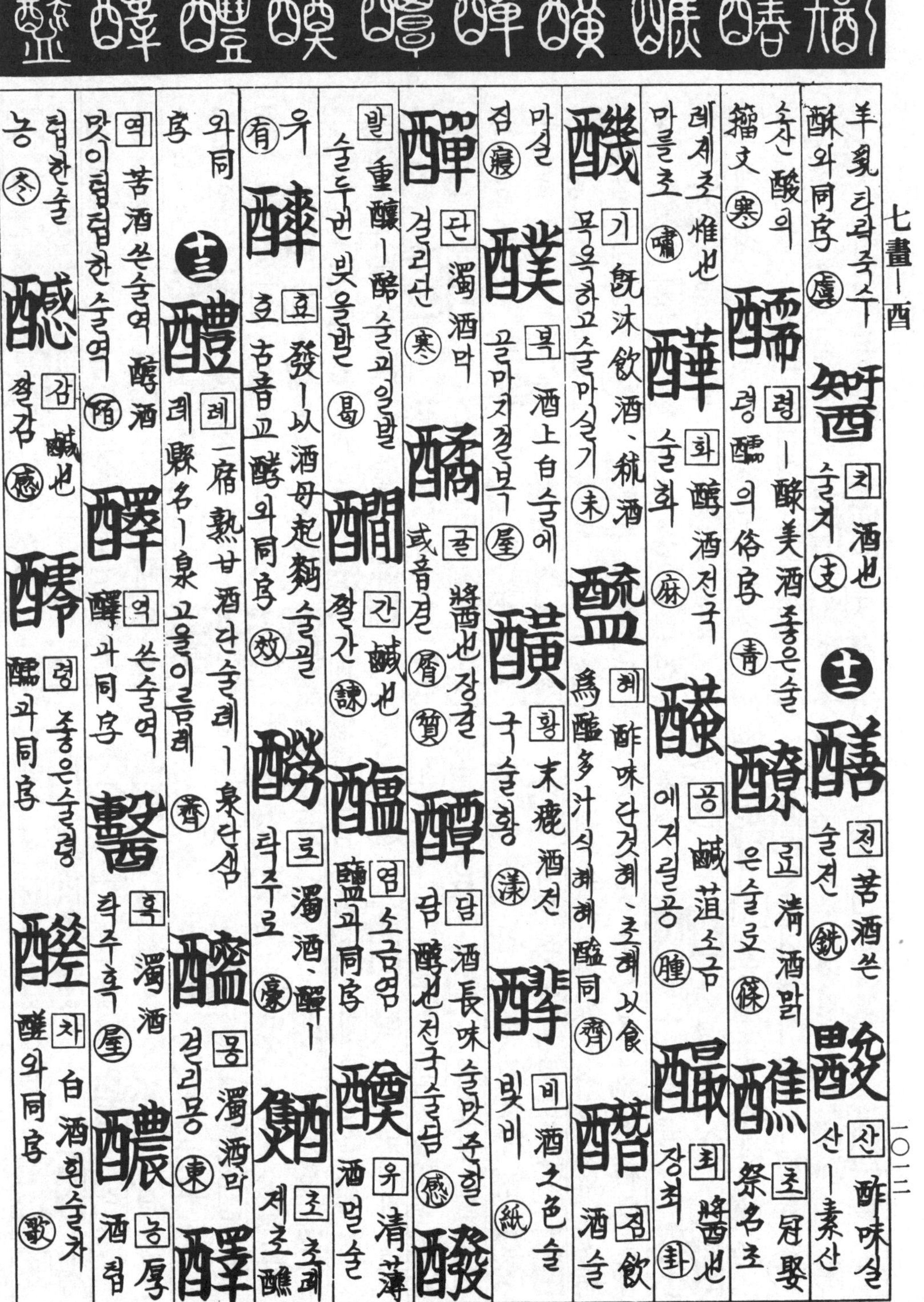

羊乳 타락죽수 酥와同字 (虞)

[illegible] 치 酒也 술치 (支)

十二

[illegible] 전 苦酒 쓴술전 (銑)

[illegible] 산 酢味 실산 ㅣ素산

술산 酸의 籀文 (寒)

[illegible] 령 ㅣ醁美酒 좋은술 령 醽의俗字 (青)

[illegible] 료 清酒 맑은술료 (篠)

醮 초 冠娶祭名 초 례제초 惟也 마를초 (嘯)

[illegible] 화 醇酒 전국술화 (麻)

[illegible] 공 鹹菹 소금에저릴공 (腫)

[illegible] 최 醬也 장최 (卦)

[illegible] 기 旣沐飲酒、稀酒 목욕하고 술마실기 (未)

醯 혜 酢味 단것혜、초혜 以食 為醢多汁 식혜혜 醯同 (齊)

[illegible] 잠 飲酒 술마실잠 (寢)

醭 복 酒上白 술에 골마지낄복 (屋)

[illegible] 황 末麯酒 전국술황 (漾)

[illegible] 비 酒之色 술빛비 (紙)

[illegible] 단 濁酒 막걸리단 (寒)

[illegible] 굴 醬也 장굴 或音결 (屑)(質)

醰 담 酒長味 술맛주할담 醇也 전국술담 (感)

醱 발 重釀ㅣ醅 술괴일발 술두번빚을발 (曷)

[illegible] 간 鹹也 짤간 (諫)

[illegible] 염 소금염 鹽과同字

[illegible] 유 清薄酒 엷은술유 (有)

[illegible] 효 發ㅣ以酒母起麯 술괼효 古音교 酵와同字 (效)

[illegible] 로 濁酒、醪ㅣ 탁주로 (豪)

[illegible] 초 초례 제초 醮와同字

十三

醴 례 ㅣ席 熟甘酒 단술례 ㅣ泉 단샘 례縣名ㅣ泉 고을이름례 (薺)

[illegible] 몽 濁酒 막걸리몽 (東)

醳 역 苦酒 쓴술역 醇酒 맛이텁텁한술역 (陌)

[illegible] 역 쓴술역 醳과同字

[illegible] 혹 濁酒 탁주혹 (屋)

醲 농 厚酒 텁텁한술농 (冬)

[illegible] 감 鹹也 짤감 (感)

[illegible] 령 좋은술령 醽과同字

[illegible] 차 白酒 흰술차 醝와同字 (歌)

[酉+宿] 숙 東茅灌鬯酒 모사술、강신할숙 滑也 거를숙 莤과同字 (屋)

醸 양 醞酒 술빚을양 釀의略字 (漾)

醷 의 억 梅醬 매실화채의、단것의、초의、억 義同 (紙)(職)

醶 엄 酸也 초엄 (豔)

[酉+嘗] 상 嘗也 맛볼상 (陽)

[酉+亶] 전 酒苦 술맛쓸전 (銑)

[酉+責] 자 壓酒具 술거르는것 다리자 醡와同字 (禡)

[酉+雹] 포 面皰 여드름포 (巧)

醵 거 각 斂錢共飮酒 술추렴거、斂錢 추렴거둘거、각 義同 (御)(藥)

十四

醺 훈 醉也 和悅貌 술얼근히취할훈 (文)

醻 수 술권할수 酬와同字

醝 차 醎也 짤차 (歌)

[酉+監] 람 汎齊行酒 술돌릴람、찬남게 술따를람 (勘)

[酸의 籒文] 산 실산、산소산 酸의籒文

[酉+齊] 제 醎也 짤제 (霽)

[漸+酉] 점 味薄 싱거울점 (琰)

[酉+蒙] 몽 麴衣 누룩곰팡이몽 (東)

醹 유 厚酒 진국술유 (虞)(麌)

[酉+與] 서 美酒 좋은술서 (語)

十五

[酉+蔑] 말 멸 醬也 장말、멸 義同 (屑)(黠)

[酉+韱] 참 酢也 초참 酸也 실참 [酉+韱]과同字 (謙)

[酉+享] 순 不澆酒 진국술순 厚也 두터울순 純粹 순수할순 醇의古字 (眞)

[酉+鼏] 멱 乾酪 말린젖멱 (錫)

[酉+暴] 조 一宿酒 계명주조、단술조 (號)

[酉+蠡] 례 력 酪滓 젖찌꺼기례 酪也 젖력 [酉+蠡]과同字 (齊)(錫)

[酉+樂] 악 酢也 초악 辛酒 쓴술악 (藥)

十六

[酉+悤] 총 ㅡ[酉+蒙]、濁酒 막걸리총 (東)

醼 연 合飮 잔치연 宴同字 (霰)

[曹+酉] 조 ㅡ粕 酒滓 지게미조 糟의籒文 (豪)

[酉+覽] 람 酢也 초람 酸也 실람 (感)

[酉+穌] 수 타락수 酥와同字

[酉+歷] 력 下酒 술거를력 (錫)

[女+僉+酉]

七畫—酉

[염] 含怒 노여움을품을염 琰

⑰

釀 [양] 醞酒 술빚을양 漾

醽 [령] 美酒ㅣ醁 좋은술령 醹同字 靑

醾 [미] 麴변 누룩미 齊

醶 [참] 酢변 초참 酸변 신참 譖

⿱敢酉 [감] 敗酒 신술감 感

醾 [미] 酒名 酴ㅣ 막걸리미 支

醿 [미] 醾와 同字 막걸리미

⑱

⿰酉簡 [간] 鹹변 짤간 䤄과 同字 諫

⿰酉暴 [포] 一宿酒 계명주포 號

釂 [조] 飮盡 훌쩍들이마실조 嘯

釁 [흔] 釁隙 틈흔 爭端 틈벌흔 隙변 여가흔 罪累 허물흔 兆변 조짐흔 牲血塗器 짐승피로 틈을바를흔 震

⑲

釃 [시][서] 下酒 술거를시、서 義同 支 魚

醾 [미] 酴ㅣ 酒名 도미술미 醾와 同字、막걸리미 支

⑳

醻 [수] 白酒 흰술수 醻의 古字 尤

釅 [엄] 酒醋味厚 술과초맛텁텁할엄 豔

㉑

⿰酉蠡 [례][려] 酪滓 찌꺼기려 酪변 진국려 齊 錫

㉔

⿰酉靈 [령] 좋은술령 醽과 同字

采部

采 [변] 辨別 분별할변 獸指爪 짐승의 발톱변 辨本字 銑

采 [채] 取변 취할채 採변 캘채 ㅣ色 채색채 事변 일채 擇변 가릴채 食邑 식읍채 風ㅣ 풍채채 採、彩通 賄

③

⿱釆丑 [파] 심을파 播의 古字

④

釈 [석] 捨변 놓을석 放변 내놓을석 ㅣ迦 佛號 부처의 칭호석 釋의 俗字 陌

宷 [매] 深入 깊이들어갈매 齊

⿱釆及 [권] 握飯爲圓 밥뭉칠권 霰

⑤

釉 [유] 物有色 물건빛날유 石英末和灰汁制者所以塗器有光 빛들유 宥

⑦

⿱釆目 [권] 回視顧念 돌아볼권 親

屬 친척권 眷과同字 (戱)

[illegible] 위 하위、하여금위 爲의古字

八 [illegible] 권 書秩 책권 권ㅣ舒 접을권 曲也 굽을권 卷의本字 (戱) (銑) (先)

[illegible] 압 繪也 그림압 (合)

九 [illegible] 분 棄除 덜어버릴분 (問)

十 [illegible] 분 掃也 덜분、쓸분 (問)

[illegible] 반 輩也、黨也 무리반 떼반 播、斂과同字 (寒)

十三 釋 석 捨也 놓을석 放也 내놓을석 消散 풀릴석 置也 둘석 註解 주낼석 佛號ㅣ迦 부처이름석、석가석 (陌)

十五 [illegible] 광 飾色 꾸민빛광 (養)

里部

里 리 村里 마을리 憂也 근심할리 路程 잇수리 (三十六町爲一ㅣ、中國은 三百六十步爲一ㅣ) (紙)

二 重 중 輕之反 무거울중 愼也 삼갈중 厚也 두터울중 再也 두번중、ㅣ之 무겁게여길중 尊也 높일중 輜ㅣ 짐바리중 假神位 가신위중 複也 疊也 거듭중 後熟穀 늦곡식중 種通 (腫) (宋) (冬)

三 [illegible] 중 거듭중 무거울중 重의本字

四 野 야 郊外 들야 原ㅣ 들판야 百姓 인민야、백성야 ㅣ蠻 야만야 차ㅣ 질박할야 (馬)

[illegible] 리 오얏리 李와同字

[illegible] 매 상也 저을매 (佳)

[illegible] 량 헤아릴량 量의古字

五 量 량 度也 商ㅣ 헤아릴량 豫想 예상할량 思慮分別 생각할량 斗斛名 휘량 度ㅣ 도량량 限也 한정할량 (陽) (漾)

[illegible] 량 헤아릴량 量의古字

八 釐 리 희 래 理也 의리리 毫ㅣ 털끝리 福也 복희 麥也 보리래 釐와同字 (支) (灰)

十 [illegible] 접 斬也 벨접 同音섭 (葉)

十一 釐 리 희 래 毫ㅣ 털끝리 分之十分一 이리 理也 의리리 保ㅣ 다스릴리 予也 줄리 福也 복희 麥也 보리래 (支) (灰)

⑬ 𨤲 량 량식량 糧과同字

⑭ 𨤽 리 희 래 의리리、복희、 불래 釐의古字

𨤶 집 相重類 설로좇칠집 (緝)

八畫

金部

金 금 김 鑛物總稱쇠금 黃ㅣ금금 貨幣돈금 斤也한근금 兵也병장기금 國名나라이름금 五行之一(萬物根源金木、水、火、土中之一)오행금 貴也귀할금 樂器풍류이름금、姓也성김 地名땅이름김 (侵)(韓)

① 釓 구 弩牙돌쇠뇌엄니구 釚와同字 (尤)

② 釕 조 帶頭飾띠머리장식조 錦ㅣ걸쇠조。(篠)

𨥁 비 箭也화살비 (齊)

𨥂 구 돌쇠뇌엄니구 釚同字

釖 도 칼도 刀와同字

釚 구 弩牙돌쇠뇌엄니구 (尤)

釗 소 교 쇠 勉也힘쓸소 見也볼일소 弩牙쇠뇌고동소 本音조、周康王名사람이름교 鐵也쇠쇠 (蕭)(韓)

釙 박 未鍊荒鐵불리지않은쇠박 (覺)

釘 정 鐵失못정 裝ㅣ못박을정 矛名창정、ㅣ鈑불리금정 (靑)(徑)

針 침 縫具바늘침 刺病침침 鍼同 縫切바느질할침 刺也찌를침 (侵)(沁)

釛 핵 발 金也금핵、발 義同 (職)(黠)

釜 부 無足鼎가마부 量名휘부(六斗四升) (麌)

釡 부 가마부 釜와同字

釞 집 鉐也날카로울집 (緝)

釟 팔 鍊也단련할팔 (黠)

釠 관 어지러울관 亂의俗字

金 금 김 쇠금、성김 金의古字

③

釣 [조] 鉤魚낚시조 取也낚을조 求也구할조 (嘯)

釯 [망] 刀劍、鋒戟서슬망 칼날망 鋩과同 鋩의俗字 (陽)

釟 [팔] 拂也떨칠팔 (黠)

釖 [일] 鈍也둔할일 (質)

釦 [구] 金飾器口그릇에 금테두를구 讙動떠들썩할구 叩也두드릴구 (有)

釙 [초] 美金좋은쇠초 (篠)

釧 [천] 釵ㅣ女飾臂팔찌천、팔가지천 (霰)

釤 [삼] 鏟屬자귀삼 大鎌큰낫삼 (咸)(陌)

釨 [결] 戟也삼지창결 (屑)

釪 [우] 鐏ㅣ樂器似鐘풍류그릇우 鉢ㅣ僧家飯器바리때우 (虞)

釱 [제] 銳利날카로울제 (齊)

釫 [화] 茉也좌우로날선모습화 茉同字 (麻)

釨 [자] 剛也강할자 釨別字 (紙)

金 [금][김] 쇠금、성김 金의古字

釴 [익] 鼎附耳在表솥귀익 (職)

釳 [흘] 方ㅣ乘輿馬頭飾말머리장식할흘 (物)

釵 [채][차] 婦人岐笄비녀채、차 義同 (佳)(麻)

釶 [시] 鍦也쇳덩어리시 鉈同字 (紙)

鈚 [사] 短矛짧은창사 鍦와同字 (支)

釱 [체][대] 足鉗차고체、발잠그는쇠체 義同 古音대 (霽)(泰)

钝 [둔] 頑ㅣ노둔할둔 不利무딜둔 鈍의略字 (願)

釺 [한] 被臂鎧팔찌한 急也급할한 銲同字 (翰)

釭 [공][강] 車轂中鐵바퀴통속쇠공 箭鏃화살촉공 燈也등잔강 (東)(江)

四

鈁 [방] 酒罇술주방 鑊屬가마솥방 (陽)

釽 [벽] 裁木爲器가리바벽 破也깨트릴벽 (錫)

鈀 [파] 兵車候車싸움수레파 鉏屬五齒平土除穢쇠갈퀴파 (麻)

鈃

釾 [야] 鏌ㅣ吳神劍名막야、칼야 鋣同字 (麻)

釿 [근] 平木具대패근 (文)

鈈 [비] 刀戈날있는창비 鉟와同字 (支)

鈌

결 刺也 찌를결 (屑)

鈉 납 打鐵 에납 冶鐵 쇠불릴납 (合)

鈍 둔 頑ㅡ 둔할둔 不利 무딜둔 (願)

⿰金手 추 手械 수갑추 (有)

鈅 월 劍也 칼월 (月)

鈄 두 人姓 성두 酒器 술그릇두 鐙俗字 (有)

鈆 연 錫類青金 납연 鉛同字 (先)

鈃 견 형 酒器似鐘頸長 목긴병견、형 義同、鈃의 俗字 (先) (青)

鈂 침 鐵杵 쇠공이침 (侵)

⿰金卬 금 釗也 팔고리금 (冬)

鈇 부 莝斫 刀작두부 鉞ㅡ鑕 斧也 도끼부 (麌)

釳 흘 方ㅡ乘輿馬頭飾 말머리장식흘 釳의 本字 (物)

鈋 와 刓方爲圓 깎아서 둥글게할와 (歌)

鈊 심 鈊利 날카로울심 (沁)

鈐 검 車轄 굴대비녀장검 鏁也 자물쇠검 大犂 큰보습검 星名 鈐ㅡ 별이름검 (鹽)

鈒 삽 鋌也、戟也 삽지창삽 鏤也 새길삽 (緝) (合)

鈓 임 鐔ㅡ聲不進貌 맺힐임 銋과 同字 (侵)

鈔 초 取也 취할초 略也 노략할초 謄寫 베낄초 抄同字 楮幣 지폐초 (肴) (效)

鈑 판 金ㅡ 鉼金 불린금판 (潸)

鈕 뉴 印鼻 인꼭지뉴 鏡鼻 거울손잡이뉴 衣鈎 단추뉴 (有)

⿰金氏 치 이 甑也 시루치 小刀 창칼치 이 義同 鉹와 同字 (紙) (支)

釰 인 錫 金白鑞 백랍인 백철인 (軫)

鈎 구 懸物者 갈고리구 鐵曲 갈고랑쇠구 鉤와 同字 (尤)

鈞 균 三十斤 설흔근균 陶具 질그릇만드는바퀴균 天地大ㅡ 洪ㅡ 천지균 樂名ㅡ天 풍류이름균 均也 고를균 敬語 높임말균 均通 (眞)

鈗 윤 侍臣所執兵器 근시하는 시하의 병기윤 (軫)

⿰金冗 침 鐵杵 쇠공이침 鈂과 同字 (侵)

⿰金木 녑 正也 바를녑 小箱 작은 상자녑 鑷의 譌字 (葉)

鈙

[총][창] 斧也 창총 突也 치를총、창 義同、鏦의本字 (冬)(江)

銎 [공] 도끼구멍공 [illegible]과同字

釜 [부] 가마부 釜의本字

[illegible] [공] 介 斧受柄孔 도끼구멍공 銎과同字 (冬)

釚 [구] 돌쇠뇌구 釚와同字

鉊 [조] 鉤魚 낚시조 取也 낚을조 釣와同字 (嘯)

[illegible] [광][황] 銅鐵樸 石쇳돌광 石名硫黃 돌이름황 磺과同字 (梗)(陽)

鋆 [균] 三十斤 설흔근균 陶具 질그릇만드는바퀴균 大鈞 ㅣ天地 천지균 鈞과同字 (眞)

鈠 [역] 小矛 작은창역 (陌)

鈚 [비] 箭鏃 살촉비 犁錍 別名 보습비 (齊)(支)

鈙 [금] 持也 가질금 (梗)

鈘 [의] 鍑也 가마의 (紙)

鈛 [과] 釜屬溫器 노구과 車釭 수레굴통쇠과 盛膏器 기름통과 鍋와同字 (歌)

鈗 [윤] 근시하는신하의병기윤 鈗의譌字

鈜 [횡][광] 鏗ㅣ 鐘鼓聲 쇠북소리횡、鐄 쇳덩이광 鐄의俗字 (庚)

五

鈳 [아] 小釜 작은가마아 小斧 작은도끼아 (哿)

鈭 [자] 斧也 도끼자 (支)

[illegible] [광] ㅣ朴 쇳돌광 銅鐵樸 쇳덩이광 鑛의古字 (梗)

鈯 [돌] 鈍也 무딜돌 小刀 찬칼돌 작은칼돌 (月)

鉂 [사] 金環 쇠고리사 (紙)

[illegible] [함] 馬首飾 말머리치장함 鋄과同字 (謙)

鉃 [시] 箭鏃 살끝시 (紙)

鉀 [갑] 鎧也 갑옷갑 甲同字 (洽)

鉄 [철] 검은쇠철、단단할철 鐵의俗字

鈿 [전] 金ㅣ 首飾 비녀전 寶飾器 보배로꾸민그릇전 (先)(霰)

鉅 [거] 大也 클거 鉤也 갈구리거 大剛鐵 강한쇠거 巨、詎通 (語)

銻 [제] 銳利 날카로울제 (齊)

鈺 [옥] 寶也 보배옥 堅金 단단한쇠옥 (沃)

鈶 [시] 鋌也 쇳덩이시 (支)

鈹 [피] 刃戈 날선창피 大針 쇠꼬챙이피 劍也 칼피

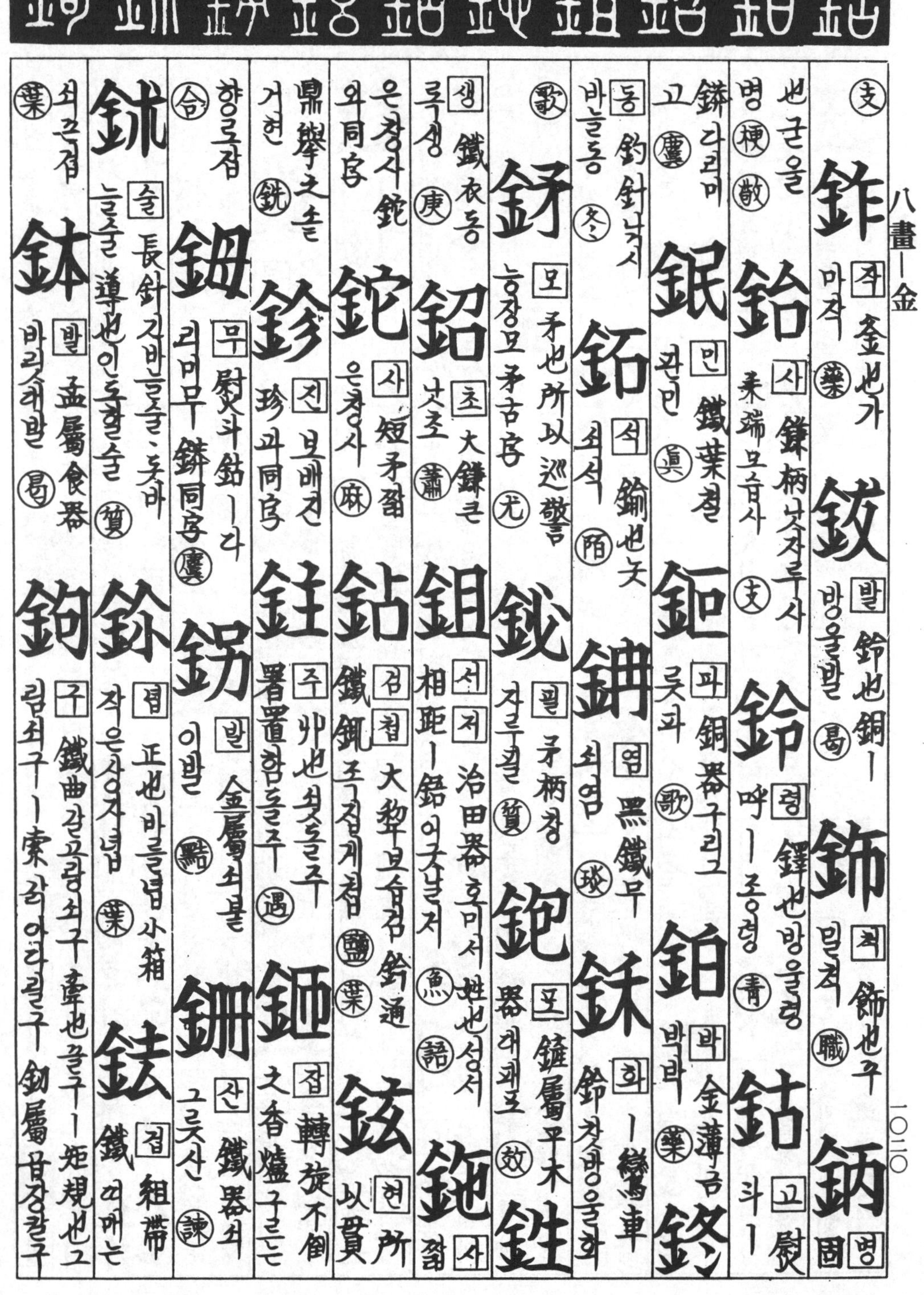

鈼 [작] 釜也가마작 ㊟藥
鈸 [발] 鈴也銅ㅣ방울발 ㊟曷
鉓 [칙] 飾也주믿칙 ㊟職
鉼 [병] 固也굳을병 ㊟梗 ㊟敬
鉈 [사] 鏟柄낫자루사 矛端모습사 ㊟支
鈴 [령] 鐸也방울령 딱ㅣ조령 ㊟青
鈷 [고] 熨ㅣ斗다리미고 ㊟虞
鈱 [민] 鐵葉철관민 ㊟眞
鉅 [파] 銅器구리그릇파 ㊟歌
鉑 [박] 金薄금박박 ㊟藥
鉖 [동] 鉤針낚시바늘동 ㊟冬
鉐 [석] 鍮也놋쇠석 ㊟陌
鉮 [염] 黑鐵무쇠염 ㊟琰
鉌 [화] ㅣ鑾車鈴차방울화 ㊟歌
鉾 [모] 矛也所以巡警 능장모 矛古字 ㊟尤
鈹 [필] 矛柄창자루필 ㊟質
鉋 [포] 鐽屬平木器대패포 ㊟效
鉎 [생] 鐵衣동록생 ㊟庚
鉊 [초] 大鎌큰낫초 ㊟蕭
鉏 [서][저] 治田器호미서 姓也성서 相距ㅣ鋙어긋날저 ㊟魚 ㊟語
鉇 [사] 짧은창사 鉈와同字
鉈 [사] 短矛짧은창사 ㊟麻
鉆 [겸][첩] 大鉗보습겸 鉗通 鐵鉆족집게첩 ㊟鹽 ㊟葉
鉉 [현] 所以貫鼎擧之솥귀현 ㊟銑
鉁 [진] 보배진 珍과同字
鉒 [주] 注也쇳물주 署置함둘주 ㊟遇
鉔 [잡] 轉旋不倒之香爐구르는향로잡 ㊟合
鉧 [무] 熨斗鈷ㅣ다리미무 鉾同字 ㊟麌
鉘 [발] 金屬쇠붙이발 ㊟黠
鉶 [산] 鐵器쇠그릇산 ㊟諫
鉥 [술] 長針긴바늘술、돗바늘술 導也인도할술 ㊟質
鉩 [섭] 正也바를섭 小箱작은상자섭 ㊟葉
鉣 [겁] 組帶鐵띠매는쇠끈겁 ㊟葉
鉢 [발] 盂屬食器바리때발 ㊟曷
鉤 [구] 鐵曲갈고랑쇠구 韋也끌구ㅣ矩規也그림쇠구ㅣ索갈아다릴구 劍屬굽은칼구

縣物者갈고리구 (尤)

鉞 월 鈇ㅣ斧 도끼월 (月)

鉟 비 刃戈날있는창 비 鉟、鈹同字 (支)

鉝 립 食器밥그릇립 (緝)

鉠 앙 ㅣㅣ 鈴聲방울소리앙 (陽)

鉜 부 大釘큰못부 (尤)

鉡 반 鎜也삽반 가래반 (旱)

鉘 불 飾也꾸밀불 (物)

鉚 류 美金、黃金 황금류 (有)

鉗 겸 髡ㅣ以鐵束頸 목사슬겸 ㅣ制 세력으로서 남을누를겸 ㅣ다물겸 拑通 (鹽)

鉛 연 錫類青金납연 白粉 부연 鈆同字 (先)

鈽 포 金板철판포 (虞)

鉦 정 鐃也、鐲 징정 (庚)

[金+幼] 유 銀上黑은빛 죽을유 (遇)

[金+色] 포 鏟屬平木器대패포 鉋와同字 (效)

[金+朿] 제 銳利날카로울제 銻의本字 (齊)

鈂 진 安也 진정할진 按也、壓也 누를진 鎭의古字 (眞)(震)

銎 공 斤斧受柄孔도끼구멍공 銎의譌字 (冬)

鉪 체 대 足鉗발잠그는쇠체、대 義同 古音체 鈦와同字 (霽)(泰)

鉱 광 쇳덩이광、돌쇠광 鑛의略字

六

[金+朶] 타 缺也이지러질타 (哿)

釩 래 逮絲而釣 낚을래 (賄)

鉶 형 盛羹祭器 국그릇형 (青)

鉽 식 鼎也 솥식 (職)

鉷 홍 弩牙쇠뇌고동홍 (諫)

鉾 모 鉤兵、兵器長柄頭刃 세모진창모 矛의古字 (尤)

鉵 동 鋌也 쇳덩이동 (冬)

鉞 월 鈇ㅣ斧 도끼월 鉞의譌字 (月)

銑 선 ㅣ鐵 무쇠선 金之澤者 윤택한금선 鐘之兩角 쇠북귀선 飾弓以金 활꽃이에금올릴선 (銑)

銌 존 切也 끊을존

(賴)

銇 뢰 錐也 송곳뢰 平版具 대패뢰 (隊)

銊 술 鑽處鉥ㅣ 배꼽술 鍚聲 금소리술 (質)

銆 맥 兵器 병기

백 本音 맥 陌

銉 율 針세마 눈율 質

鉇 키 缶屬가래키 挾鍤 齒 흡니어귄 키 鳥名 買ㅣ 새이름키 紙

銋 임 聲 不進貌 鐭ㅣ 목맷일임 寢

銅 동 赤金구리동 自然ㅣ 石髓 鉩산골동 東

鋆 균 三十斤설흔근 균 鈞과同字

銂 주 金劍금 갈주 尤

銁 균 三十斤설흔근균 均也 골을균 鈞의古字 眞

銃 총 斧穿도끼구멍총 小銃총총 本音충 送

銀 은 白色金屬은은 白色ㅣ 河은빛은 金錢돈은 眞

鉿 협 陷聲빠지는소리협 洽

鉺 이 鉤也갈고리이 寘

鉻 락 鬍也털 깎을락 藥

鉹 치 이 甑也시루치 小刀 창칼치, 이義同 紙 支

鉼 병 金鈑불린금덩이병 鉼의俗字 梗

鉸 교 交刄刀가위교 金 裝飾금장식교 巧 肴

鈌 결 曲頭鑿 끌결 鹽

銗 후 頸鎧鏂ㅣ 목투구후 投書函함동후 尤

[金+回] 회 金屬器具 쇠영장회 隊

銘 명 刻以識事새길명 志也 記誦 기록할명 ㅣ心 명심할명 靑

鈃 견 형 酒器似鐘頸長목긴술병견、형義同 先 靑

銓 전 度也權衡저울질할전 先 選法사람가릴전 先

銎 공 斤斧受柄孔도끼구멍공 冬

銏 산 책 鐵器쇠그릇산 諫 、책 義同

銍 질 세 禾短鎌벼베는낫질 質

銐 제 세 草鎌풀베는낫세 霽

[金+列] 제 풀베는낫제 銐와同字

銖 수 百黍錙ㅣ저울눈수 而無刃무딜수 虞

鉊 조 釘ㅣ걸쇠조 蕭

[金+刅] 벽 裁木爲器가리반벽 破也 개를벽 鈲鋠과同字 錫

[金+宅] 술 腰帶下垂띠술、音未詳

[金+号] 모 鉤矛 器長柄

頭刀세모진창모 矛의 古字、鉾와同字 (尤)

鋒 [봉] 刀劍芒칼날봉 畢之前끼 앞잡이봉 鋒의俗字 (冬)

銇 [쇄][살] 長矛긴창쇄、긴창살 鶡除각랄살 鍛과同字 (卦)(黠)

錕 [운] 馬飾器 말치장운 (文)

銭 [전] 돈전 錢의略字

銡 [길] 軋也삐걱거릴길 (物)

銮 [란] 人君乘車四馬鑣八ㅣ鈴 방울란 鑾의略字 (寒)

鋗 [현] 銅銚등그릇현 無足鐺 노구솥현 鋗과同字 (霰)

鋚 [사] 接針직쇠사 (月)

銛 [섬] 利也날카로울섬 銛屬가래섬 (鹽)

銜 [함] 馬口勒재갈함ㅣ物머금을함 官階관함함、저함함 感也느낄함、감동할함 恨也원망할함 憾也슬퍼할함 (咸)

鎃 [벽] 裁木爲器가래박벽 破也깨뜨릴벽 鈲의正字 (錫)

鉥 [후] 長針긴바늘후 (尤)

銙 [과] 十三ㅣ帶具띠돈과 本音괘 (蟹)

銚 [조][초][요] 田器ㅣ鎒가래조、溫器다리미초、燒器今釜之小而有柄者 냄비요 (蕭)(嘯)

銕 [철] 黑金검은쇠철ㅣ石간 간할철 鐵의古字 (屑)

鉟 [피] 靈姑ㅣ旗名 기이름피 (支)

七

銳 [예][태] 利也날쌜예 凡物鐵利者날카로울예 뾰족할예 芒也가고리가예 가느랑이예 矛屬창태 (霽)(泰)

鋑 [참] 犂鐵보습쇠참 刺也찌를참 土具가래참 鑱과同字 (咸)

(陷)

銼 [최][좌] 釜也가마좌 挫也꺾을좌 (歌)(箇)

鋞 [경] 撞也칠경 物聲 물건의소리경 (侵)

銴 [세] 오색구리세 鏊와同字

鏊 [세] 五色銅오색구리세 (霽)

鈔 [사] 銅器水盆ㅣ鑼 구리동이사 (歌)

銶 [구] 鑿金屬 끌구 (尤)

銳 [예][태] 銳의俗字

銷 [소] 鑠金녹일소 鎔也녹을소 消也사라질소、흩어질소 消同字 (蕭)

銲 [한] 被臂鎧어깨에 두르는갑옷한、팔찌

한 急也 音한 한 釬과同字 翰

銹 [수] 鐵生衣 동녹수 宥

銸 [섭] 箝也 拔髮 족집게섭 鑷同字 本音첩 葉

⿰爿⿱土金 [장] 鈴聲 방울소리장 養

鋃 [랑] 鎖也 잠글랑 쇠사슬랑 陽

銽 [괄] 斷也 끊을괄 黠

鋂 [매] 子母環 사슬고리매 大鎖 큰자물쇠매 灰

⿰金汞 [홍] 鐘之聲 종소리홍 董

鋁 [려] 鑢也 줄려 鑢同字 御

鋐 [횡] 器也 그릇횡 庚

鋏 [협] 劍也 칼협 可以持冶器鑄鎔者 집게협 劍把 칼손잡이협 本音겹 葉

鋊 [욕] 銅屑 구리가루욕 炭鉤 숯갈구리욕 沃

鋌 [정] 銅鐵樸 쇠덩이정 箭足 箭ㅣ살촉정 疾走貌 달음박질할정 迥

⿰金步 [섭] 黑鐵 무쇠섭 葉

⿰金希 [식] 꾸밀식 飾과同字

鋆 [윤] 貴金 금윤 眞

鋅 [자] 剛也 굳을자 紙

鋇 [패] 銅樸 쇠뭉치패 泰

鋍 [로] 銅器矢 그릇로 豪

鋈 [옥] 銷金灌沃爲飾 도금할옥 沃

鋄 [담] 馬首飾 말머리치장할담 譚

鋉 [속] 金也 쇠속 屋

鋀 [두] 鍮也 놋쇠두 尤

銿 [종] 懸樂金音 쇠북종、鐘과同字 冬 [용] 大鐘 큰쇠북용 鏞과同字 冬

鋋 [연] 小矛 작은창연 刺也 찌를연 利金 좋은금연 或音선 先

鋘 [오] [화] 劍名 錕ㅣ 곤오칼오、兩刃鍤 보습날화 鏵同字 虞 麻

鋞 [형] 祭器 제기형 鈃同字 靑

鋙 [어] 不相當 鉏ㅣ 어긋날어 語

鋑 [전] [찬] [첨] 刻也 새길전 鐫古字、刀也 칼찬、錐也 송곳첨 先 寒、鹽

鋒 [봉] 刀劍芒 칼날봉 事物之端 筆ㅣ 글봉 軍之前列 앞잡이봉 兵器 창봉 冬

⿱⿰氵及金 [급] 鍤也 호미급 緝

鋓 [첨] 銳也 날카로울첨 鹽

鋫 [리] 黑

金검은쇠리 (支)

鋎 환 刀也 칼환 (灣)

鋄 만 引也 끌만 (阮)

鈠 역 사矛자 은창역 (陌)

鋗 현 銅銚 구리그전

자현 無足鐺 노구솥현 (霰)

鋕 지 銘也 새길지 (寘)

鋖 사 鉇也 괘사 (支)

鋩 망 서슬망、날망 鋩과同字

鋩 망 刀劍鋒ㅣ서슬망、날망 (陽)

鋞 형 冶金 쇠부릴형 (靑)

鋪 포 布也 펼포 門首銜環 문고리포 病也 아플포 說也 베풀포 賈肆 전방포 舖同字 (虞)(遇)

鋢 렬 量名大兩엿량 중렬 鋝의譌字 (屑)

鋡 함 受也 받을함 容也 들일함 盛也 담을함ㅣ錆大鍬 큰삽함 (覃)

鋣 야 吳神劍名鏌ㅣ 칼이름야 釾同字 (麻)

[illegible] 겁 組帶鐵 띠매는쇠곤겁 鉣과同字 (葉)

鋤 서 由器去穢 호미서 除草 김맬서 滅也 誅ㅣ 없앨서 古音저 (魚)

鋠 신 圓鐵 둥근무쇠신 (震)

鈉 남 ㅣ鐵、打銀具 은을두들기는기구남 (感)

鋝 렬 量名大兩엿량중렬 (屑)

鉚 류 美金 순금류 鏐와同字 (尤)

鋜 착 足鎖 발목잡아매는차 鋤也 호미착 (覺)

鋞 형 鍋也 남비형 (靑)

鉮 광 ㅣ차 쇳돌광 銅鐵樸 쇳덩이광 鑛과同字、鉚의譌字 (梗)

鋚 유 鐵也 쇠유 轡首銅 굿잔등치장쇠유 (尤)

鏓 총 창 矛也 창총 突也 찌를총 (冬)(江) 창 義同、鏦과同字

鋚 조 轡首銅 고삐끈쇠조 (蕭)

鋟 침 鏤版瓜刻 판새길침 (寢)

鋥 정 磨出劍光 칼날세울정 (敬)

銴 서 約信戒也 맹세서 約束 약속서 誓의古字 (霽)

鋦 국 以鐵縛物 쇠로동일국 거멀못국 (屋)

鋲 병 廣釘 넓은못병 廣頭釘 경병 (庚)(目)

鋳

[주] 鎔金入範 쇠부을주 鑄의略字 遇

[illegible] [국] 以鐵縛物 쇠로동일국 鋦과同字 沃

鋧 [현] 小鑿銑ㅣ 작은끌현 銑

鋨 [철] 검은쇠철 鐵의譌字

⑧

鋻 [견] 剛鐵 강철견、淬刀使堅 날담글견 霰先

鋫 [리] 黑金 검은쇠리 鑗와同字 支

[illegible] [탁] 打也 칠탁 覺

録 [려][록] ㅣ四寬省 사실할려 ㅣ循常 변하지않을록、記也 기록할록 錄과同字 御屋沃

錣 [철] 策馬箠端有針 채쪽고달철 錣과同字 屑

錂 [릉] 強鐵 강한쇠릉 蒸

[illegible] [야] 鏡也 거울야 禡

錁 [과] 帶飾金具 띠치장과 馬

[illegible] [괴] 鉏也 호미괴 支

錀 [륜] 貴金 금륜 眞

錄 [록][려] 記也 기록할록、籍也 문서록、總也 목록록、거느릴록、取也 취할록、表也 나타낼록、循常ㅣㅣ 변하지않을록 碌同、寬省ㅣ囚 사실할려 沃屋御

錞 [조] 未鍊鐵 불리지않은쇠조 嘯

錭 [도] 鋌也 쇳덩이도 豪

鋼 [강] 鍊鐵 강철강 陽

鋿 [상] 車輪繞鐵 바퀴테두른쇠상 陽

鋹 [창] 利也 날카로울창 養

鋸 [거] 鐵葉齟齬其齒以片解木石者 刀ㅣ 톱거 御

鋺 [원] 權衡臺 저울바탕원 阮

鋷 [최] 錐屬 송곳최 寘

[illegible] [뢰] 鉋也 대패뢰 隊

錗 [추] 稱ㅣ八銖 저울눈추、爐ㅣ鍛器 마치추、稱ㅣ 저울추 錘와同字 支紙寘

錏 [아] 頸鎧 목가림두구아、柔剛鐵 강철부드럽게할아 麻

錎 [함] 連環 사슬고리함、陷也 빠질함 陌

[illegible] [함] 鎧也 갑옷함 覃

[illegible] [소] 鐵粉 쇳가루소 號

錐 [추] 銳也 鍼也 송곳추 支

鋁 [량] 鑪ㅣ平木器 대패량、治木器、邊 변량 (韓)

錫、鍚과 同字 (漾)

錉 [민] 業也 업민 錉也 장사 밑천민 稅也 부세민 (眞)

錊 [취] 鍊也 단련할취 (隊)

錈 [권] 屈金 쇠굽을권 (先)

錋 [팽] 兵器 병기팽 (庚)

錇 [부] 鈷鉧別名、白ㅣ창구부 (尤)

錌 [안] 軟鐵 연한쇠안 (翰)

錆 [청] 精也 정할청 (陽)

錍 [비] 斧屬 도끼비、箭鏃 살촉비 鈚同字 (支)(齊)

錒 [아] 釜也 가마아 솥아 (歌)

錗 [제] 銳利 날카로울제 銻와 同字 (齊)

錡 [기][의] 三足釜 세발가마기、의義同、弩架 쇠뇌틀의 鑿屬 끌의 不安貌 崎ㅣ편치못한모양의、휘뚝거릴의 (支)(紙)

錖 [미] 鎌也 낫미 鑈錖와 同字 (支)

[illegible] [증] 驗也 증거증、증험할증 證의 古字 (徑)

鍦 [사] 短矛 짧은창사 鉈의 俗字 (麻)

錙 [치] 六銖曰ㅣ 저울눈치 사量 조금치 (支)

錚 [쟁] 金聲ㅣㅣ 쇳소리쟁 鉦也 징쟁 (庚)

錘 [추] 稱ㅣ八銖 저울눈추 鍛器爐ㅣ도가니추、마치추、稱ㅣ저울추추 (支)(紙)(寘)

錛 [분] 平木器 자귀분 (元)

鉼 [병] 金鈑 불린금덩이병 (梗)

錕 [곤] 赤金 붉은금곤 釦名ㅣ鋙 곤오칼곤、車釭 수레굴통쇠곤 (元)(阮)

[illegible] [독] 鑮舌 고삐의 고리독 (沃)

錔 [탑] 器物金冐 쇠두겁탑 (合)

錜 [녑] 小釵 비녀녑 (葉)

錠 [정] 鐙也 촛대정、熟物器 신선로정、열구자탕그릇정 純金銀貨幣定率 덩이정、ㅣ劑 정제정 (徑)

錞 [대][순] 矛下鐏 창고달대、鐓同、似鐘ㅣ釪 사발종순 (隊)(眞)

錪 [전][톤] 金也 쇠전 鍑也 솥전、重也 무거울톤 (銑)(阮)

錧 [관] 車轂鐵 수레굴통쇠관 田器 보습관 輨同字 (旱)

鍚 [석] 鉛類金ㅣ 주석석 백철석 賜也 줄석 (錫)

錥 [육] 小釜、鍋ㅣ 옹솥육 (屋)

錤 [기] 鉏也 鎡ㅣ호미기 基通 (支) 錦 [금] 襄色織文비단 무늬금 (寢) 錌 [엽] 椎也 마치엽 (葉) ⿰金非

[바] 小丁 잠비 (尾) 錣 [철] 策馬箠端有針 채찍끝철 (屑) ⿰金屈 [굴] 鎻處、鉞ㅣ 배목굴 (物) 錢 [전] 貨 泉鑄

幣돈전 圓之百分之一전전、田器ㅣ鎛호미전、가래전 (先) (銑) 錟 [염] [담] 剡刀서슬염、長矛긴창담 (琰) (覃) 錯 [착] [조] 雜也섞일착

混也버무릴착 逆也交ㅣ갈마들일착 磨也맷돌착 誤也그릇될착 乖也어그러질착 鑢也줄착、止也그만둘조 置也둘조 行也행할조 王莽錢名ㅣ刀돈조 金塗이금조 (藥)

(遇) ⿰金杰 [술] 長針돗바늘술 導也인도할술 鉥의 譌字 (質) 銸 [접] 粗帶鐵 끼매는쇠 큰겹 鉆과 同字 (葉) 鈠

[맘] 馬首飾말머리치장맘 鋄의 譌字 (豏) ⿱金王 [진] 보배진 珍의 古字 錵 [화] 刀刃칼날번쩍거릴화 (日) 鋥 [절] 제

也 풀벨 결 (質) 錺 [방] 裝飾金物 장식방 (日) 錭 [도] [조] 鈍也무딜도、刻也새길조 雕同字 (豪) (蕭) 錬 [동] 犂刃

보습날동 (東) 錮 [고] 鑄塞땜질할고 禁ㅣ가둘고 公權剝奪벼슬막힐고 ㅣ疾오래병고 (遇) ⿱制金 [제] 세 草鎌풀베는낫제 列金와 同字

(霽) 九 鍊 [련] 精金불린쇠련 冶也단련할련 煎 冶銅鐵使精熟 달련、불릴련 (霰) 錨 [묘] 鐵ㅣ 닻묘 (蕭) 鍉

[시] [저] 鍵也열쇠시 錯ㅣ숟갈시、술기 鋒也날저 (支) (齊) 鍇 [개] 好鐵좋은쇠개 (蟹) 鍈 [영] 鈴聲방울소리영 (庚) ⿰金耎

[연] 軟銀연한은연 (銑) 鍋 [과] 釜屬溫器노구솥과 車釭수레굴통과 盛膏器기름통과 (歌) ⿰金奏 [주] 槍屬창주 (宥)

鍑 [복] 釜也 아구리 큰솥복 ㉾屋

鍍 [도] 以金飾物 도금할도 ㉾過

鍐 [종] 馬首飾 말굴레종 嵕同字 ㉾冬

錎 [돌] 槍也 창돌 ㉾月

鍯 [총] [창] 矛也 창총 突也 찌를총 ㉾冬 義同、鏦과同字 ㉾江

[illegible] [언] 戟三刃者 삼지창언 𨬂同字 ㉾阮

鍏 [위] 犂也 보습위 ㉾御

鍔 [악] 劍刃、鋒ㅣ 칼날악 ㉾藥

鍖 [침] 斧質 쇠모탕침 聲不進ㅣ鉡 못맺힐침 ㉾寢

鍓 [집] 板鐵 관철집 ㉾緝

鍗 [제] 大釜 큰가마제 ㉾齊

鎪 [수] 刻鏤 새길수 ㉾尤

鍘 [찰] 研刀 작도찰 ㉾黠

鍒 [유] 鐵之軟者 연한쇠유、시우쇠유 ㉾尤

鋈 [혹] 銀也 은혹 ㉾屋

銛 [섬] 利也 날카로울섬 鍤屬 래섬 錟의 譌字 ㉾鹽

鍫 [초] 삽초、가래초 鍬와同字

鍬 [초] 臿也 삽초、가래초 ㉾蕭

鍪 [무] 兜ㅣ首鎧 투구무 ㉾尤

鍭 [후] 箭鏃 살촉후 ㉾尤

鍩 [점] 取也 취할점 ㉾琰

鍮 [유] 石銅似金 놋쇠유 古音투 ㉾尤

鍤 [삽] 鍬也 가래삽 臿同字 ㉾洽

鍥 [계] [결] 刻也 새길계、鎌也 낫결 斷也 끊을결 ㉾霽 ㉾屑

鍣 [초] 錐也 송곳초 ㉾蕭

鍦 [사] 短矛 짧은창사 ㉾支

鍢 [복] 釜也 솥가마복 鍑과同字 ㉾屋

鍧 [굉] 鐘鼓聲 鍠ㅣ 쇠북소리굉 本音횡 ㉾庚

鍠 [굉] 鐘鼓聲 鏜ㅣ 쇠북소리굉 古音횡 ㉾庚

鍨 [규] 兵器 병장기규 ㉾眞 ㉾支

鍜 [하] 頸鎧 鍜鏂ㅣ 목투구하 ㉾麻

鍝 [우] 耳垂金鐶 귀고리우 ㉾遇

鍛 [단] ㅣ鍊 打鐵 冶金 쇠불릴단 修鍊 다련할단 ㉾翰

鍞 [쟁] ㅣ鏘 金石聲 금석소리쟁 彭祖各 사람이름쟁 鏗과同字 ㉾庚

鍚

[양] 馬額飾 당노양 (陽)

鍟 [성] 銹也 녹성 (靑)

釿 [근][은] 斫木器 도끼근、자귀근、齊也 가지런할은 斷也 끊을은 (眞)(吻)

鍵 [건] 關ㅣ 籥也 열쇠건 車轄 수레굴대건 (阮)(銑)

鏓 [총] 大鑿 끌총 (東)

銒 [견][형] 酒器似鐘頸長 목긴병견、형 義同、鈃、鉼과同字 (先)(靑)

鍷 [才] 鏟也 깎을才 (齊)

鍻 [갈] 金飾鼓 금으로 장식한북갈 (月)

鍶 [송] 鐵器 무쇠그릇송 (冬)

鋐 [명] 鎔也 쇠녹일명 [illegible]과同字 (庚)

鍱 [섭] 金鐵片 鍱也 쇳조각섭、편철섭 (葉)

鍲 [민] 計稅 부세 회계할민 業也 장사민 천민 (眞)

鍰 [환] 鋝也 黃鐵 황철환 大兩 여섯냥중환 環也 고리환 (刪)

鑒 [감] 明也 밝을감 照也 비칠감 鏡也 거울감 模範 본뜰감 鑑과 同字 (感)(陷)

[illegible] [타] 車轄 수레굴통쇠 타 犂錧 보습타 (哿)

鍴 [단] 鑽也 송곳단 (寒)

鍸 [호] 鐵皿 쇠접시 호 (虞)

鍺 [도] 釭也 바퀴통쇠도 (豪)

鍹 [선] 鍤也 가래선 (先)

[illegible] [견] 毛毬 겨구견 (霰)

[illegible] [증] 증거증、증험할증 證과同字

鎁 [야] 鏌ㅣ 吳神劍名 막야 칼야 鄒、鋣와同字 (麻)

鎀 [수] 鋌也 쇳덩이수 (尤)

鎩 [쇄][살] 長矛 긴창쇄、긴창살 翦除 갈릴살 鍛과同字 (卦)(黠)

鍿 [치] 六銖日ㅣ 저울눈치 小量 조금치 錙와同字 (支)

鍾 [종] 酒器 술잔종 八斛 여덟휘종 律名 黃ㅣ 음률이름종 琴名 道ㅣ 거문고종 聚也 모을종 鐘通 (冬)

鏺 [발] 兩刃刀有木柄 쌍날칼발 刈也 벨발 鎌也 낫발 鏺과 同字 (曷)

鎝 [답] 鉤也 갈구리답 (合)

鍼 [침][감] 刺病石ㅣ 침침 縫具 바늘침 針同字 人名 秦ㅣ虎 사람이름감 (侵)(鹽)

鑿 삭 鐶번쇠 고리삭 (覺)

鐰 교 戟屬 창교 (蕭)

⊕

鎏 류 美金순금류 冕飾垂 玉면류관드리울류 (尤)

鎕 당 赤珠붉은구슬당 (陽)

鋾 도 鐵函쇠함도 (豪)

鍥 결 彫刻새길결、조각할결 鎌번낫결 (屑)

鎒 누 除草김매누 耕田器호미누 耨同字 (宥)

鎓 옹 鍬번가래옹 (東)

鎑 랍 鑞번줄랍 (合)

[金鬼] 외 金屬丈塊쇠덩이외 (賄)

鎐 요 金屬酒器 쇠술잔요 (蕭)

鏆 관 犂치보습날관 (刪)

[金冓] 단 ㅣ鍊打鐵冶金 쇠불릴단 鍛과同字 (翰)

鎔 용 鑄번녹일용、녹을용 鑄器模範그릇부을용 鑄型거푸집용 (冬)

鎋 할 車軸頭鐵바퀴비녀장할 管ㅣ주장할할 轄同字 (黠)

鎊 방 削번깎을방 (陽)

鎌 겸 鉤鍥지草낫겸 鐮同字、本音렴 (鹽)

鎉 탑 鉤번갈고리탑 (合)

鎍 색 책 鐵繩쇠사슬색、鐵串적쇠책 (陌)(藥)

鎈 차 錢異名돈차 金光금빛차 (麻)

鎖 쇄 鑰번자물쇠쇄 鐶번쇠사슬쇄 封번가둘쇄 項ㅣ항쇄쇄 鎻同字 本音솨 (哿)

鎚 추 퇴 鐵ㅣ쇠마치추 權번저울추 추 錘同字 治玉옥다듬을퇴 (寘)(灰)

鎗 쟁 金石聲鏗ㅣ금속소리쟁 三足鬴鼎類세발그릇쟁 槍번창쟁 火銃총쟁 (庚)

鎟 소 銅器솥그릇소 (豪)

鎘 력 曲脚鼎다리굽은솥력 (錫)

鎙 삭 矛번창삭 槊同字 (覺)

[金虒] 제 釜屬가마제 銻同字 (齊)

鎸 천 抒長늘여길게할천 (銑)

鎝 삽 鍤번새길삽 (合)

[金冓] 구 甃根爲溝受水 뿌리물받이구 (尤)

鎜 반 杯ㅣ盛物器 承槃소반반 樂

也 즐길 반 盤의 古字 (寒)

鍺 [기] 軸鐵 쇠바퀴 굴대 기 (支)

鍰 [람] 馬首飾 말머리 치장 람 鋄과 同字 (談)

鏟 [산] 平木鐵器 대패 산 刻也 각을 산 鐥과 同字 (潸)

鎪 [수] 刻鏤也 후빌 수 새길 수 鎪 俗字 (尤)

鎭 [진] 安也 진정할 진 戍也 수자리 진 寶器玉ㅣ 보배그릇 진 按也ㅣ壓 진압할 진 藩ㅣ 번방 진 安之 진정시킬 진 重也 무거울 진 (眞)(震)

鎦 [류] 殺也 죽일 류 (宥)

鎧 [개] 甲也 갑옷 개 兜鍪首ㅣ 투구 개 (賄)(隊)

[金+疾] [질] 鐵擿ㅣ鑕 쇠몽치 질 (質)

[金+隺] [악] 大椎 큰망망이 악 (覺)

鎤 [황] 鐘聲 종소리 황 鈴也 방울 황 (養)

鏪 [조] 塗金 도금할 조 (遇)

[金+娑] [사] 銅器水盆 구리동이 사 鈔 同字 (麻)

[金+罡] [강] 堅也 굳을 강 勁也 굳셀 강 剛과 同字 (陽)

鎟 [상] 鈴聲 방울소리 상 (養)

鎡 [자] 鉏也ㅣ錤 호미 자 (支)

[金+冡] [몽] 犂刃 보습날 몽 (東)

鎢 [오] 小釜ㅣ錥 옹솥 오 (虞)

鎞 [비] 櫛髮具 빗치개 비 箭鏃 살촉 비 金ㅣ 손톱칼 비 釵也 비녀 비 (齊)

鎣 [형] 飾也 꾸밀 형 磨劍器 줄 형 (徑)

鎛 [박] 鐘也 쇠북 박 鋤類 호미 박 鐘筍上飾ㅣ鱗 쇠북틀에 채색할 박 (藥)

[金+函] [함] 鎧也 갑옷 함 函通 (覃)

鎸 [전] 刻也 새길 전 鐫의 俗字 (先)

鎲 [당] 鎲也 세갈래창 당 (養)

鎹 [송] 接釘 꺾쇠 송 (日)

鍥 [제] 曲刀 굽은칼 제 劊竹 작은 대제 (霽)

鉏 [원] 鋺과 同字

[琴 古字] [금] 거문고 금 琴의 古字

[金+茗] [명] 刻以識事 새길 명 記誦志也 기록할 명 銘의 譌字 (青)

[金+X] [항] 酒器 술그릇 항 盃也 술잔 항

[琴 古字] [금] 거문고 금 琴의 古字

鎰 [일] 量名 二十

四兩스물너량중 일 溢通 (質)

[illegible] [금] 七絃樂거문고금 琴의古字 (侵)

鎯 [라] 鋃也 갈구리라 (哥)

[illegible] [증] 증거증 證

과同字

鎬 [호] 温器 쟁가비호 武王所都 ㅣ京 호경호 耀也 빛날호 (皓)

鋀 [두] 酒器술그릇두 盃也 술잔두 (宥)

鎮 [진] 安也 진정할진 壓也 누를진 鎭과同字 (眞)(震)

(十一)

鏍 [라] 小釜、銼ㅣ옹솥라 嬴와同字 (歌)

[illegible] [광] 鍊金 쇠불릴광 (庚)

鏊 [오] 燒器번철오 (號)

[illegible] [렬] 量名六兩여섯량중렬 鋝의古字 (屑)

鏋 [만] 金也 금만 金精 금정기만 (願)

鏈 [련] 鏁也 쇠사슬련 鉛未煉者 불리지아니한납련 (先)

鏌 [막] 釰名ㅣ鋣 칼이름막 (藥)

鋺 [완] 鉏頭曲鐵 호미목완 (元)

鏄 [단] 塊鐵쇳덩이단 (寒)

[illegible] [무] 鈷ㅣ熨斗温器 다리미무 鉧同字 (虞)

鏅 [수] 鏉也 쇳녹이수 鏒와同字 (尤)

鏆 [관] 穿也 뚫을관 (翰)

鏂 [우] 剴也 깍을우 (尤)

鏃 [족] 利也 矢末金 살촉족 (屋)

鏉 [수] 利也 날카로울수 彫也 새길수 (尤)

鏇 [선] 轆轤 바퀴선、轉軸以裁器 가리질할선 旋之湯中以温酒 술데우는양푼선 (先)(霰)

鏁 [쇄] 鍵也 자물쇠쇄 鐶也 쇠사슬쇄 封也 가둘쇄 鎖와同字 (哿)

鎩 [쇄][살] 長矛긴창쇄、長矛긴창살 翦除잘길살 (卦)(黠)

鐪 [로] 釜也 가마로 以木爲刀柄 칼자루로 鑪同字 (虞)

鏗 [갱] 金石聲ㅣ鏘 금옥소리갱 (庚)

鏐 [류] 美金아름다운금류、순금류 (尤)

鏑 [적] 箭鏃 살촉적 (錫)

[illegible] [질] 刈禾短鎌 벼베는낫질 銍과同字 (質)

[illegible] [장] 精也 정할장 鏘과同字 (陽)

鏏 [예][세]

[켸] 三足有耳銅器세발달린거 달린그릇예、세、켸 義同 (霽)

鏒 [삼] 黑鐵器무 쇠그릇삼 (感)

鏎 [필] 簡也 쪽필 (質)

鏆 [환] 圓郭有孔 고리 환 鐶의 俗字 (刪)

鏓 [총] 大鑿 큰끌총 (東)

[illegible] [증] 증거증 證의 古字

鍽 [루] 鏤也 누루 (宥)

鏖 [오] 多殺무찌를오 銅盆구리소라오 (豪)

[illegible] [지][설][폐][즙] 羊箠其端有鐵끝에쇠가붙은 채찍지、즙 義同 田器보습지、즙 義同 田器보습설

椎也쇠망치설、졔 義同 (寘)(屑)(霽)(緝) [illegible]의 譌字

鏟 [산] 平木鐵器대패산 剷也깎을산 鏶也 平木器자귀산 鞘也칼집산 本音찬 (潸)

鐡 [철] 검은쇠철、각관 흑철 鐵과同字

鏠 [봉] 兵耑병장기 끝봉、날봉 (冬)

鏞 [용] 大鐘큰 쇠북용 (冬)

鏡 [경] 鑑也取景器水ㅣ거울경 眼ㅣ안경경 明察살필경 (敬)

鏚 [척] 斧也도끼척 (錫)

鏙 [최] 錯也섞일최 (賄)

鏜 [당] 鼓聲북소리 당 本音랑 (陽)

鏘 [장] 玉聲ㅣㅣ 옥소리장 (陽)

鏝 [만] 泥ㅣ鐵杇塗具 쇠흙손만 槾同字 (寒)

鏕 [오] 무찌를오 鏖와同字

鏵 [화] 鍫也가래화、삽 화 鏵와同字 (麻)

[illegible] [어] 錫也백철어 (語)

鏤 [루] 刻也새길루 剛鐵강철루 釗名 ㅣ칼이름루 (有)(虞)

[illegible] [구] 宛也아로새길구 鏂同字 (虞)

鏥 [수] 鐵生衣동녹수 銹와同字 (宥)

鏢 [표] 刀鋒칼날표 匕首비수표 鑣同字 (蕭)

鏦 [총][창] 矛也창총 突也칠창 창총、창 義同 (冬)(江)

[illegible] [지][설][쾌][즙] 보습지、즙 義同 椎也쇠망치설、쾌 義同 (寘)(屑)(霽)(緝)

[illegible] 同字

鏧 [롱] 鼓聲북소리롱 (冬)

鏱 [순] 低也낮을순 (文)

鏨

[참][잠] 小鏨작은끌참 鑱石돌서길참、잠義同 (覃)(勘)

鏩 [점] 銳進貌ㅣㅣ속히나갈점 (琰)

鏛 [상] 磨也갈상 (陽)

鐊 [랑] 鑛ㅣ平木器대패랑 治木器 邊ㅣ변랑랑(鐊)錫의譌字 (漾)

鍪 [무] 首鎧투구무 (尤)

鎚 [추] 稱ㅣ八銖저울눈추 爐ㅣ鍛器마치추 稱ㅣ저울추 錘와同字 (支)(紙)(寘)

鏬 [하] 罅也 析ㅣ틈하 (禡)

[illegible] [람] 鋄과同字 말머리치장람

錂 [람] 馬首飾말머리치장람 錽의譌字 (豏)

鏓 [총] 大鑿큰끌총 鍯과同字 (東)

鏹 [강] 錢貫돈꿰미강 白ㅣ金別名은강 (養)

鏪 [조] 穿也 뚫을조 (豪)

鏫 [려][리] 金屬쇠붙이려 剝也벗길려、리義同、鑗와同字 (齊)(支)

[illegible] [악] 鍔ㅣ劍刃칼날악 鍔과同字 (藥)

[illegible] [복] 釜也솥가마복 鍑과同字 (屋)

(十一)

鏳 [쟁] 玉聲옥소리쟁 (庚)

鐅 [별] 犁刃보습날별 (屑)

鏾 [산][선] 弩牙機쇠뇌고동늦출산、雄鷄去勢수탉불칠선 (旱)(霰)

鏽 [수] 鏡上綠거울에녹쓸수 銹同字 (有)

鏿 [청] 鐘聲종소리청 (庚)

鑗 [려][리] 金屬쇠붙이려 剝也벗길려、리義同 鑗의俗字 (齊)(支)

鏢 [족] 貴金금족 (沃)

鏼 [채] 鐵槍창채 或音속 (屋)

[illegible] [결] 磨也갈결 (月)

鏻 [린][령] 強健貌굳셀린、령義同 (眞)(靑)

鐝 [궤][궐] 大鉏ㅣ頭괭이궤 磨也갈궐 (卦)(月)

鏶 [집] 金鐵片쇳조각집 (緝)

鏷 [박] 矢名ㅣ鏵박고살박 生鐵날쇠박 本音복 (覺)

[illegible] [타] 大犂鈴ㅣ보습타 (哿)

鏸 [혜] 三隅矛세모창혜 大鼎큰솥혜 (霽)

鏵 [화] 鍫也가래화、삽화 鋘同字 (麻)

鏑

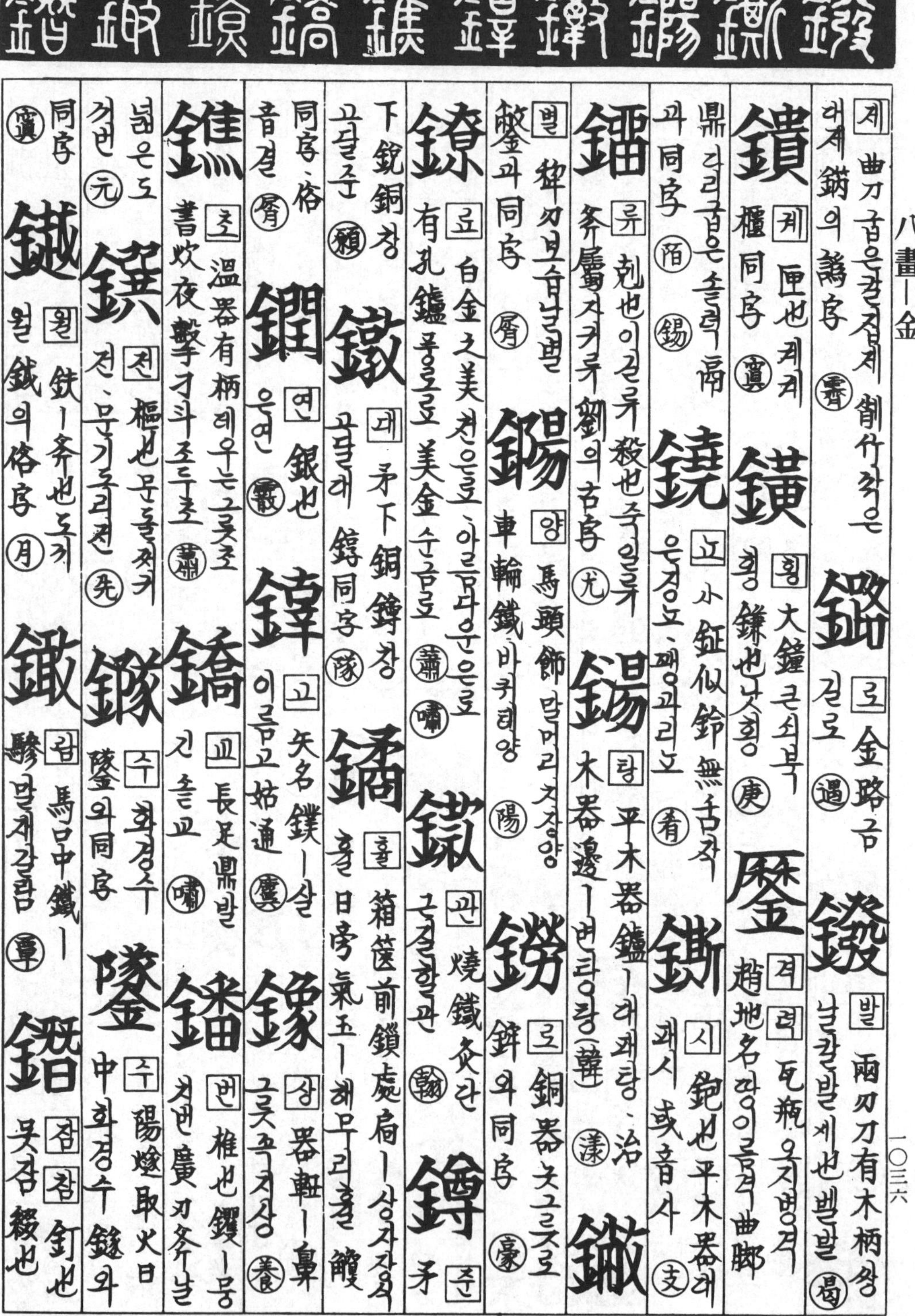

철할잠 磨也 갈잠 기롱기 모일잠 (覃) 聚貌 용

鐓 [대] 矛下銅鐏 창고달대 鐓와同字 (隊)

鐖 [기] 魚鉤逆鋩 낚시미늘기 大鎌 큰낫기 (微)

鍥 [계][결] 刻也 새길계 斷也 끊을계 (齊)(屑) 鎌也 낫결 鍥과 同字

鐉 [전] 金ㅣ首飾 비녀전 寶飾器 보배로주 빈 글옷전 鉀과 同字 (先)(霰)

鏹 [강] 錢貫 돈꿰미강 金別名 白ㅣ 은강、쎄마강 鏹同字 (養)

鐥 [선] 量酒油等器 복자선 (韓)

鎒 [누] 除草 김맬누 耕田器 호미누 鎒、耨와 同字 (肴)

鐭 [이][사] 以米煎糅 錫也 엿이 養也 기를사 飴와 同字 (支)(寘)

鐚 [아] 頸鎧ㅣ鍛 목에가리는 투구아 柔剛鐵 쇠 드게할아 錏同字 (禡)

[illegible] [교][효] 械也 들교 計也 교계할교 學宮 학궁효 校의 古字 (效)(肴)

[illegible] [초] 처음초 初의 古字

鍻 [얼] 以鐵搹意 쇠로서 들어올릴얼 (月)

鐛 [영] 飽也 물릴영 (敬)

鐙 [등] 馬鞍足所踏 등자등 足下蹋 발자대등、燈也 등잔등 (徑)(蒸)

[illegible] [지][설][괘][즙] 羊箠、其端有鐵 끝에쇠가 붙은 채찍지 田器 보습지、즙 義同 椎也 쇠망치설、田器 보습설 괘 義同 (寘)(屑)(霽)(緝)

[illegible] [치] 穿也 뚫을치 (紙)

鐯 [조][작] 鋁也 줄조 雜也 섞일착 錯의 古字 (過)

鐗 [간] 車軸鐵 수레굴대쇠간 鐗也 쇳덩이간 (諫)(韓)

[illegible] [적] 箭鏃 살촉적 鏑과 同字 (錫)

鏶 [섭] 金鐵片 鍱也 쇳조각섭 鍱의 俗字 (葉)

鐘 [종] 懸樂金音 쇠북종 時刻報ㅣ 이경종 鍾通 (冬)

[illegible] [잔] 小鑿 작은끌잔 (删)

鑐 [수] 鍵也 자물쇠속수 (虞)

鐔 [심] 劍珥 칼콧등이심 似劍而小 작은칼심 姓也 성심 (侵)

鐕 [잠][참] 못잠、철할잠、용기모을잠 鐕과

同字

⑬

鐬 [홰] 鈴聲방울소리홰 (泰)

[illegible] [승] 隶也노승 直也먹줄승 繩과同字 (蒸)

鐯 [작] 大鉏괭이작 (藥)

鐱 [첨] 鍤也가래첨 (鹽)

鐮 [렴] 鍥也、세草鉤낫렴 鎌同字 (鹽)

[illegible] [교] 器之把頭그릇손잡이교 (篠)

鐪 [로] 煎膠器부레두가니로 刀柄칼자루로 鑪同 (虞)

鏕 [오] 溫器통노구오 (豪)

鐫 [전] 刻也새길전 一點갈전 (先)

鐩 [수] 取火日中陽一화경수 (寘)

鏋 [만] 泥一鏝杇塗具흙손만 鏝과同字 (寒)

[illegible] [랍] 錫也백철랍 鑞과同字 (合)

[illegible] [표] 刀鋒칼날표 鏢同字 (蕭)

鐳 [뢰] 一瓶병뢰 壺也항아리뢰 (灰)

鐲 [탁] 鉦也징탁 或音착 (覺)

鑯 [침] 綫也세면침、바늘침 刺也찌를침 (感)

鐉 [건] 關一籥也열쇠건 車轄수레굴대건 鍵의俗字 (阮)(銑)

鐴 [벽][피] 犂耳보습귀벽、研刀칼갈피 (錫)(齊)

鐔 [전] 打鞭채찍전 (銑)

鐙 [등] 馬鞍足所踏등자등 豆下跗발자등 燈也등잔등 鐙의俗字 (徑)(蒸)

鏳 [괵] 鐵器쇠그릇괵 (陌)

鐰 [소][조] 金鐵剛貌쇠붙이가단단할조 燥也마를소、鐵剛而折意다단하면부서질조 外鐵一名扁 汗一名排 沫맑게갈조 一盛貌성할조 鐎와同字 (號)(蕭)

鐵 [철] 黑金검은쇠철 武器무기병장기철 一石단단한철 銕同字 (屑)

鐶 [환] 圜郭有孔고리환 (刪)

鐮 [표] 馬銜

鐫 [추][퇴] 金一쇠망치추 權也저울추 治一玉옥다듬을퇴 鎚와同字 (寘)(灰)

[illegible] [두] 酒器술그릇두 盃也술잔두 鋀와同字 (宥)

鐻 [거] 鐘鼓柎쇠북다는걸거 簴同字 金銀器금은그릇거 樂器鐘一종거거、鐘一

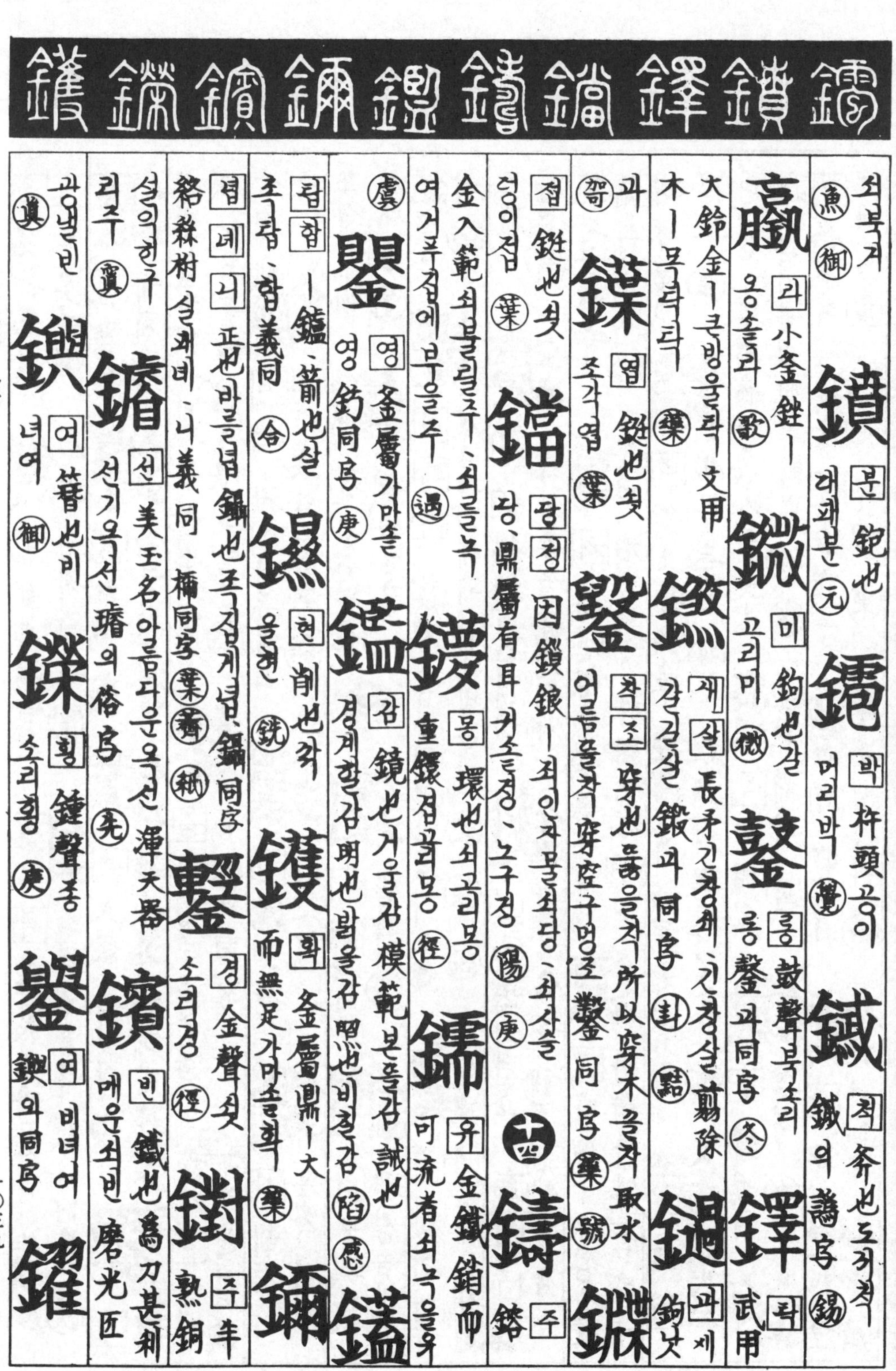

서북거 魚 御

鐼 [분] 鉋也 대패분 元

鑮 [박] 杵頭 공이 머리박 覺

鏚 [척] 斧也 도끼척 鏚의 譌字 錫

[illegible] [라] 小釜 鉎ㅣ 옹솥라 歌

[illegible] [미] 鉤也 갈고리미 微

[illegible] [롱] 鼓聲 북소리 롱 鏧과同字 冬

鐸 [탁] 武用 大鈴 金ㅣ 큰방울탁 文用 木ㅣ 목탁탁 藥

[illegible] [재][살] 長矛 긴창쇄、긴창살 翦除 갈길살 鎩과同字 卦 黠

鍋 [과] 세 鉤낫과 哿

鐷 [엽] 鍱也 쇳조각엽 葉

[illegible] [착][조] 穿也 뚫을착 所以穿木 끌착 取水 어금뚫을착 穿空 구멍조 鑿同字 藥 號

鍱 [접] 鍱也 쇳덩이접 葉

鐺 [당][정] 因鎖 鋃ㅣ 죄인자물쇠당、쇠사슬당、鼎屬有耳 귀솥정、노구정 陽 庚

十四

鑄 [주] 鎔 金入範 쇠불릴주、쇠를녹여거푸집에부을주 遇

鏝 [몽] 環也 쇠고리몽 重鐶 겹고리몽 徑

鑐 [유] 金鐵銷而可流者 쇠녹을유 虞

[illegible] [영] 釜屬 가마솥 영 鈃同字 庚

鑑 [감] 鏡也 거울감 模範 본뜰감 誡也 경계할감 明也 밝을감 昭也 비칠감 陷 感

[illegible] [탑][합] ㅣ鑑、箭也 살촉탑、합 義同 合

[illegible] [현] 削也 깎을현 銑

鑊 [확] 釜屬 鼎ㅣ大而無足 가마솥확 藥

鑈 [녑][녜][니] 正也 바를녑 鑈也 족집게녑、鑈同字 絡絲柎 실꾸리、니 義同、檷同字 葉 薺 紙

[illegible] [경] 金聲 쇳소리경 徑

[illegible] [주] 牟 熟銅 설의한구리주 寘

[illegible] [선] 美玉名 아름다운옥선 渾天器 선기옥선 璿의 俗字 先

鑌 [빈] 鐵也 爲刀甚利 매운쇠빈 磨光匠 광낼빈 眞

[illegible] [여] 箸也 비녀여 御

鑅 [횡] 鍠 鐘聲 종소리횡 庚

[illegible] [여] 비녀여 [illegible]와同字

鑃

[조] 燒物器물건굽는그릇조 (嘯)

鐎 [훈] 金色渝금빛두석찰훈 (問)

鏷 [박] 鏷矢名박고살박 生鐵날쇠박 本音복 鏷과同字 (沃)

鐀 [궤] 櫃也궤궤 (寘)

鑏 [녕] 刀柄入處칼슴베녕 (庚)

鑮 [박] 大鐘큰쇠북박 鋤類호미박 鎛과同字 (藥)

鑑 [감] 明썬밝을감 照썬비칠감 鏡썬거울감 模範본뜰감 鑑과同字 (咸)(陷)

鐢 [증] 증거증、증험할증 證과同字

鐵 [철] 단단한철 鐵의本字

鐻 [거] 栒ㅣ柎名쇠북틀설주거 虡와同字 (語)

鐨 [견] 槍썬창견 (日)

鐁 [착] 削썬깍을착 斫썬쪼갤착 斲의俗字 (覺)

鐵 [철] 단단한철 鐵의古字

⑮

鐂 [착] 鋼鐵강철착 (覺)

鑢 [려] 矛戟受柄창슴베려 鑪썬줄려 (御)

鑼 [피][패][파] 耜屬보습피 耕썬받갈피、大鐵杖큰쇠마래패、耕썬받갈파 (支)(蟹)(禡)

鑕 [질] 鐵椹머루질 斧ㅣ椹썬도끼바탕질 (質)

鑛 [광] 銅鐵樸쇳덩이광 ㅣ차쇳돌광 礦同字 (梗)

鏊 [오] 燒器번철오 鏊의俗字 (號)

鑄 [주] 鎔金入範쇠부을주 鑄의俗字 (遇)

鑢 [려] 所以磨錯銅鐵줄려 治썬다스릴려 鑢同字 (御)

鑣 [표] 盛貌ㅣㅣ성할표 馬銜外鐵一名扇汗排沫말재갈표 (蕭)

鑡 [착] 鉼ㅣ、如鉼金銀貨돈착 (覺)

鐯 [저] 飯具匙젓가락저 櫡와同字 (御)

鑯 [침][점] 縫具바늘침ㅣ石刺病침침 人名奏ㅣ虎사람이름침 鍼과同字 (侵)(鹽)

鑟 [독] 印櫝인궤독 (屋)

鑞 [랍] 錫썬백철랍 (合)

[illegible] [명] 銷썬쇠녹일명 (庚)

鏠 [봉] 首鐙두구봉 (東)

鑘 [사] 範金쇠부을사 (馬)

鑜 [상] 銷과同字

鑠 [삭] 銷

金쇠녹일삭 美盛於ㅣ아름다울삭 老而強 정정할삭 藥

⿰金廛 전 腕鐶 팔고리전 先

⿱畾金 뢰 劍首飾 칼머리처장뢰 酒樽 술잔지뢰 鑘와 同字 灰

鑘 뢰 劍首飾 칼머리치장뢰 酒樽 술잔지뢰 灰

鐟 계 堅也 굳을계 齊

鑗 려 리 金屬 쇠붙이려 剝也 벗길려 리 義同 齊 支

鑚 찬 穿也 뚫을찬 穿物錐 송곳찬 鑽의 俗字 寒 翰

鑖 멸 미 鋌也 쇳덩이멸 小釜 작은가마미 屑 霽

十六

鑪 로 火函 화로로 酒器 주전자로 箭名 鉀ㅣ화살이름로 爐同字 虞

鐃 효 黑鐵文 시우쇠무늬효 篠

鑬 감 明也 밝을감 照也 비칠감 鑑과 同字 咸 陷

⿰金適 타 鈴ㅣ大犂 보습타 鏥와 同字 哿

⿰金噩 악 懸物鉤 다는갈고리악 藥

⿰金歷 력 曲脚鼎 다리굽은솥력 地名 땅이름력 錫

⿰金霍 확 鼎釜屬 가마확 鑊의 俗字 藥

鑨 롱 金屬器 쇠그릇롱 東

⿱彊金 강 鉛也 납강 養

鑝 몽 鐶也 쇠고리몽 鏝과 同字 送

⿰金禦 어 白錫 백철어 鋤와 同字 語

鑈 니 녈 木名 實如梨 팔배나무니 止也ㅣ그칠닐 柅同字 紙 質

鍘 찰 세草刀 풀베는칼찰 黠

鐓 대 돈 矛戟柄下之銅 창자루밑에대는구리대 樂器名 악기이름돈 錞同字 隊 阮

十七

鑰 약 門關下牡ㅣ 鎖자물쇠약 藥

鑱 참 犂鐵 보습쇠참 銳也 뾰족할참 咸

⿰金霝 령 瓦器似瓶有耳 추자리달린질장군령 鑘의 譌字 靑

⿰金蹇 건 闌籥也 열쇠건 鍵과 同字 阮

鑯 첨 山銳而高 산뾰조족할첨 鹽

鐻 거 虡와 同字

⿱彌金 미 鎌也 낫미 支

⿰金麀 오 溫器 둥노구오 鏖와 同字 豪

鑮 박 大鐘 큰쇠북박 鋤類 호미박

(藥)

鑭 [란] 金采금채쇠란 (翰)

鑲 [양] 鉤ㅣ兵器兩頭曰鉤中央曰ㅣ쇠갈고리양 (陽)

鑁 [묘] 匕首비수묘 鑁와同字 (蕭)

(十八)

⿰金臝 [라] 사釜옹솥라 温器번철라 臝同字 (歌)

⿰金斷 [찰] 斷草刀작도찰 (黠)

⿰金蟲 [동] 鉦쇠 쇠징동 이동 鉵과同字 (冬)

鑴 [휴] 大鐘큰쇠북휴 (齊)

⿰金顛 [전] 金ㅣ首飾비녀전 (先) (霰)

⿰金闒 [탑] 物墮聲물건떨어지는소리탑 (合)

鑵 [관] 汲器두레박관 (翰) (諫)

鑘 [뢰] 鑘ㅣ不平貌평하지않을뢰 (賄)

鑶 [장] 鈴聲방울소리장 (陽)

鑁 [묘] 刀鋒칼날묘 (蕭)

鑃 [초] [요] 温器다리있고 燒器今釜之小而有柄者쟁개비요 銚와同字

鑷 [섭] 攝取物ㅣ子족집게섭 本音녑 (葉)

鑿 [착] [조] 穿也뚫을착 穿空구멍조 (藥) (號)

조 鑿의本字

鑹 [찬] 사稍작은창찬 穳同字 (翰)

⿰金簡 [간] 兵器병기간 (銑)

鑺 [구] 戟屬양지창구 (虞)

(十九)

鑾 [란] 翰院金ㅣ坡한림원란 鸞通 (寒)

鐢 [반] 衣系옷고름반 襻의俗字 (諫)

⿰金靡 [마] 黃金황금마 (歌)

鑼 [라] 軍樂銅ㅣ지금라, 징라 (歌)

鑽 [찬] 穿也뚫을찬 (寒) (翰)

鑠 [삭] 銷金쇠녹일삭 鑠과同字 (藥)

⿰金羆 [피] 鉏屬호미피 (支)

⿰金臝 [라] 小釜작은가마솥라 (歌)

(二十)

钁 [곽] 研也깍을곽 (藥)

鐓 [퇴] 下垂아래로드리워질퇴 ⿱敦金와同字 (隊) [대] 矛下銅鐏창고물대 鐓와同字 (隊)

鑿 [착] [조] 穿也뚫을착 穿孔뚫은구멍조 (藥) (號)

⿱敦金 [퇴] 下垂아래로드리워질퇴 (隊)

⿰金獻 [알] 鑣也 馬勒旁鐵말재갈알 钀同字 (月)

(二十一)

钃 [촉] 鉏也호미촉 (沃)

⿰金覽 [감] 明也밝을감 照也비칠감 鏡也거울감 鑑과同字 (感) (陷)

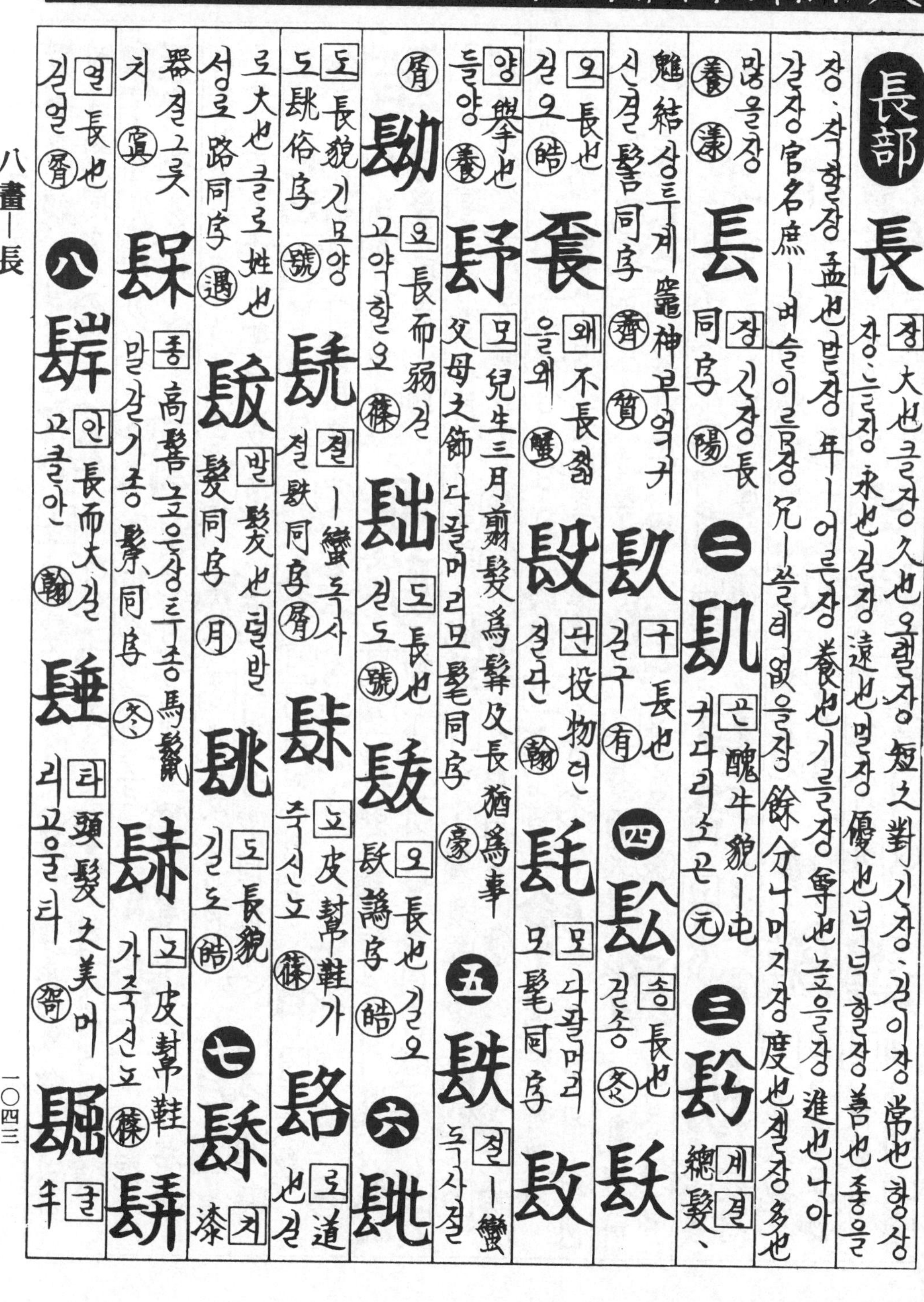

長部

長 [장] 大也 클장 久也 오랠장 短之對 긴장 常也 항상장 늘장 永也 길장 遠也 멀장 優也 넉넉할장 善也 좋을장 착할장 孟也 맏장 年ㅣ 어른장 養也 기를장 尊也 높을장 進也 나아갈장 官名 庶ㅣ 벼슬이름장 冗ㅣ 쓸데없을장 餘 分 나머지장 度也 잴장 多也 많을장 (養)(漾)

镸 [장] 긴장 長同字 (陽)

二

𨱗 [곤] 醜牛貌ㅣ乜 커다랄소곤 (元)

三

𨱘 [계][결] 總髮、魋結 상투계 鼃神 부엉거신결 髻同字 (齊)(質)

𨱙 [구] 長也 길구 (有)

四

𨱚 [송] 長也 길송 (冬)

镺 [오] 長也 길오 (皓)

𨱛 [왜] 不長貌 을왜 (蟹)

𨱜 [단] 投物던질단 (翰)

𨱝 [모] 다팔머리모 髦同字

𨱞 [양] 擧手也 들양 (養)

𨱟 [모] 兒生三月翦髮爲鬌及長猶爲事父母之飾 다팔머리모 髦同字 (豪)

五

镻 [질] ㅣ蠽 독사질 (屑)

𨱠 [요] 長而弱 긴 고약할요 (篠)

𨱡 [도] 長也 길도 (號)

𨱢 [오] 長也 길오 镺譌字 (皓)

六

𨱣 [도] 長貌 긴모양도 䠷俗字 (號)

𨱤 [질] ㅣ蠽 독사질 镻同字 (屑)

𨱥 [노] 皮封帛鞋 가죽신노 (篠)

𨱦 [로] 道也 길로 大也 클로 姓也 성로 路同字 (遇)

𨱧 [발] 髮也 털발 髮同字 (月)

𨱨 [도] 長貌 길도 (皓)

七

𨱩 [치] 漆器 결그릇치 (寘)

𨱪 [종] 高髻 높은상투종 馬鬣 말갈기종 鬃同字 (冬)

𨱫 [노] 皮封帛鞋 가죽신노 (篠)

𨱬 [연] 長也 길연 (屑)

八

𨱭 [안] 長而大 길고클안 (翰)

𨱮 [타] 頭髮之美 머리고울타 (哿)

镼 [굴] 牟

臂羽衣、𧝵─털만배굴 鬣同字 物

鬃 종 亂髮흩어진머리털종 冬

鬇 쟁 髮亂貌머리털헝크러질쟁 庚

[髟卑] 괴 冠飾갓치장할괴 齊

[髟隹] 줄 似반비슷할줄 髮반방불할줄 質

九

[髟至] 성 智德過人、人格最高者성인성 至─거룩할성 天子尊稱임금성 聖同字 敬

鬉 종 亂髮흩어진머리털종 鬃同字 冬

[髟青] 라 盡반나할라 奇

[髟此毛] 자 口上鬚윗수염자 髭同字 支

[髟垂] 성 성인성、임금성 聖同字

[髟省] 성 長貌길성 梗

[髟首] 만 月子다리꼭지만 鬘同字 刪

十

[髟幷] 계 결 總髮、魋結상투계 竈神부억귀신결 髻同字 霽 質

[髟差]

차 咨반슬플차 歎반탄식할차 瞬間잠간동안차 嗟古字 禡 麻

[髟此自] 자 口上鬚윗수염자 髭同字 支

[髟則] 척 憂반근심할척 錫

[髟聖] 성 성인성、임금성 聖同字

[髟容] 용 飾반꾸밀용 冬

[髟韋] 괴 冠飾갓치장할괴 [髟卑]同字 齊

十一

鬘 만 月子다리꼭지만 鬘同字 刪

[髟敖] 오 長而大길고클오 豪

[髟從] 총 亂髮머리흩어질총 東

[髟產] 산 平木鐵器대패산 剗반깍을산 鏟同字 潸

十二

[髟喬] 교 長반길교 蕭

髝 로 長貌길로 蕭

鬙 증 編髮繩머리땋는끈증 蒸

[髟尞] 료 長반길료 篠

十三

[髟敫] 오 長大貌길고클오 [髟敖]同字 豪

鬞 농 多반많을농 冬

十四

[髟爾] 미 長久意길고오랠미 支

鬡 녕 髮亂머리흩어질녕

(庚)

鬢 [빈] 頻髮 구레나룻 빈 鬢鬢同字 (震)

㊉五 **𩯭** [미] 長久意 길고오랠미 鬚同字 (支)

鬠 [차] 洛也 술클차 歎也 탄식할차 瞬間 잠깐동안차 嗟、髮本字 (禡)(麻)

鬘 [만] 月子 다리꼭지 만 鬘髮同字 (刪)

㊉六 **鬞** [총] 直也 곧을 총 (冬)

鬤 [노] 柔而長 부드럽고 길노 (嘯)

㊁十 **鬛** [총] 直也 곧을 총 鬞同字 (冬)

門部

一 **門** [문] 家也 집문 兩戶象形人所出入在堂曰戶在區域曰門 문문 家族一 집안문 一閥 가문문 輩也 孔一 무리문 其道 一外漢 길문 (元)

㊀ **𨳇** [한] 邪視 흘겨볼한 (黠)

𨳈 [만] 邪視 흘겨볼만 (黠)

閂 [산] 門橫關 문빗장산 (刪)

㊁ **閄** [구] 訟也 송사할구 (尤)

閃 [섬] 動貌 一一 움직이는 모양섬、번쩍번쩍할섬 闚頭門中視 엿볼섬 暫見貌 언뜻볼섬 [illegible]避 숨어고 피할섬 (琰)(豔)

𨳝 [획] 隱身而忽出驚人聲 몸을 숨겼다가 갑자기 나와서 사람을 놀라게 하는 소리획

𨳌 [전] 登也 오를전 (震)

閅 [문] 문문 門同字 (元)

閄 [구] 訟也 송사할구 (尤)

㊂ **閊** [산] 否塞 비색할산 (日)

閇 [폐][별] 닫을폐、막을별 閉俗字 (屑)

閆 [염] 里門 이문염 姓也 성염 (鹽)

閉 [폐][별] 闔門 닫을폐 掩也 가릴폐 終也 一會 마칠폐、塞也 막을별 藏也 감출별 (霽)(屑)

𨳏 [추] 直開 곧열추 (迥)

閈 [한] 里門閭也 이문한 垣也 一閎 낮은담한 (翰)

𨳒 [진] 從門出入貌 문으로 드나들진 (沁)

閁 [정] 門橫關 문빗장정 (迥)

𨳍 [골][올] 閉也 닫을

블婞很성품이괴려 굿을골、올義同 (月)

閦 축 衆也많을축、무리축 闞同字 (屋)

四

閄 분 火氣불기운분 焰也불꽃분 (文)

間 한 간 편안할간、사이간 閒俗字

閕 철 無門戶문없을철 (屑)

⿵門公 종 門外開문작박으로열종 (冬)

閞 관 鎖也쇠사슬관 (旱)

開 개 闓也啓也열개 通也통할개 如也시작할개 張也베풀개 解也풀개 發也필개 文明ㅣ化열릴개 (灰)

閒 한 간 安也편안할한 暇也겨를한 隙也사이간 中也가운데간 隔也사이할간 廁也가까울간 迭也갈마들일간 ㅣ道샛길간 離ㅣ이간할간 瘳也병나을간 譖也나무랄간 雜也섞일간 代也대신간 (寒)(諫)

⿵門丑 門關빗장뉴 (有)

⿵門屯 돈 滿門문에찰돈 (元)

閌 항 門高ㅣ閬문높을항 俗音강 (漾)

⿵門內 이 內入안으로들어갈이 (寘)

閇 괘 門扉문짝괘 (卦)

閠 정 윤 門上關빗장정、윤義同 (迥)

⿵門乇 삼 ㅣ首兩笠삿갓삼 (勘)

閏 윤 氣盈朔虛積餘附月윤달윤 (震)

閑 한 平穩한가할한 門闌문지방한 衛也호위할한 法也한정할한 防也막을한 習也익힐한 靜也고요할한 馬廄마굿간한、閒同字 (刪)

閅 분 戰也싸울분 紛相韋엉클어질분 (文)

⿵門及 흡 鬧也시끄러울흡、지꺼릴흡 (緝)

⿵門手 정 門上關문위빗장정 (迥)

閉 해 門扉문짝해 閇譌字 (卦)(霽)

閍 괭 방 宮中門대궐문괭 廟門名사당문이름괭 祊同字방義同 (庚)

閎 굉 虛郭貌휑할굉 衖門이문굉 大也클굉 宏同字、本音횡 (庚)

閔 민 病也병민 姓也성민 傷也불쌍히여

간민、愍 通 軫

閒 [한][간] 安也 한가할 한、隙也 사이 간 閑古字 寒 刪

閁 [벽] 開也 열 벽 避也 피할 벽 闢古字 陌

閔 [벽] 開也 열 벽 陌

閒 [한][간] 安也 한가할 한、隙也 사이 간、閑古字 寒 刪

閉 [하] 閉門 문 닫을 하 麻

五

閉 [계] 門扉 문짝 계 霽

冋 [경] 䦨門橫木 빗장 경、門也 문 경 車前 수레 앞 난간 경 扃同字 靑 迥

閟 [비] 幽深 으슥할 비 閉也 닫을 비 終也 마칠 비 神也 신기로울 비 深也 깊을 비 寘

閑 [니] 劣也 어리석을 니、못날 니 薺

閆 [주] 直開 곧 열 주 迥

閏 [칭] 文待 서서 기다릴 칭 蒸

閘 [천] 開也 열 천 明也 밝힐 천 闡同字 銑

閈 [변] 柱上木 欂櫨 주두 변 霰

開 [개] 啓也 開也 열 개 通也 통할 개 ㅣ花 꽃필 개 開古字 灰

閅 [랑] 門不開 문 열지 않을 랑 漾

閙 [뇨] 喧囂、擾也 시끄러울 뇨 鬧同字

閘 [갑] 開閉門具 문빗장 갑 通舟水門 물문 갑 洽

閶 [단] 門關 문빗장 단 旱

閞 [관][완] 通也 통할 관 扃也 문지방 관 要會處 관계될 관 關同字 刪

閚 [첨] 사開門以候望 丈이 열고 엿볼 첨 鹽

閱 [계] 門臼 문 둔테구멍 계 霽

閤 [경] 門上窓 문 위 창 경 靑

閈 [평] 閉戶聲 문 닫는 소리 평 庚

問 [하] 空虛 谽ㅣ 공허할 하 大開 크게 열 하 馬

閎 [굉] 門開閉聲 문 여닫는 소리 굉 庚

閘 [함] 門也 문 함 支

閬 [이] 門闑 문빗장 이 支

六

閈 [무] 開也 열 무 尤

閶 [광] 門之周圍木 문 도리나무 광 陽

閪 [혁] 靜寂 고요할 혁 侐同字 職

閑 [병] 閉

扉聲 문짝 닫는 소리 병 (庚)

閛 [할] 門開閉聲 문을 여닫는 소리 할 (黠)

開 [개] 열 개、통할 개 開本字

閡 [애] 外閉隔ㅡ 밖으로 닫을 애 (隊)

関 [관][완] 通也 통할 관、扃也 문지방 관 關略字 (刪)

[illegible] [시] 澁而不滑 끈끈할 시 (震)

閯 [욱] 門阻 문 막힐 욱 (沃)

[illegible] [송] 門 뒤 문 두리 구멍 송、돌쩌귀 송 (董)

[illegible] [천] 開也 열 천、明也 밝힐 천、大也 클 천 闡同字 (紙)

閅 [축] 衆也 무리 축、阿佛名 아축、부처 축 閦同字 (屋)

[illegible] [축] 衆也 많을 축、무리 축 閦同字 (屋)

閣 [각] 內ㅡ 내각 각 樓也 다락 각、층집 각、누각 각、棧道 사다리 각、비계 각、端直貌ㅡㅡ 바르고 꼿꼿할 각 藏食物皮ㅡ 찬장 각 蛙聲 개구리 소리 각 (合)

閐 [시] 寺人閹宦 내시 시 (眞)

閤 [합] 小室ㅡ子 협방 합 蛙聲 개구리 소리 합 內中小門 도장 합、적은 안중문 합 閣通 (合)

[illegible] [질] 閉也 문 닫힐 질 (屑)

[illegible] [남] 門番 문지기 남

閩 [민] 東南越種 땅이름 민 (今福建省地方) (眞)

[illegible] [린] 火貌 불 모양 린 (軫)

[illegible] [한] 門閾 문지방 한 (潸)

[illegible] [결] 無門戶ㅡ闃 문 없을 결 (屑)

[illegible] [산] 編以竹木籬 대나무를 엮어 만든 울타리 산 (諫)

閪 [서] 失物ㅡ失 잃을 서 (韓)

[illegible] [벽] 開也 열 벽、避也 피할 벽 闢古字 (陌)

閰 [괄] 開門 문 열 괄 (黠)

[illegible] [위] 門危 문 위태할 위 (支)

閨 [규] 宮中小門 협문 규、홍여ㅅ계 문규 女稱ㅡ秀 색시 규、규수 규 上圓下方 월문 규 女子所居 도장 규 (齊)

閥 [벌] 門地 가문 벌、ㅡ閱 功狀 벌열 벌 功積ㅡ 공로 벌 門在左曰ㅡ 왼쪽문 벌 (在右日閱) (月)

閧 [홍][항] 鬨聲싸움소리홍 (送)(釋) 항義同、閧譌字

閦 [추] 佛名阿ㅣ부처이름축 衆也무리축 (屋)

⿵門衆 [추] 多也많을축 衆也무리축 (屋)

七

閫 [곤] 門限문지방곤 梱同字 (阮)

⿵門東 [추] 衆也무리축 (屋)

閬 [랑] 空虛ㅣㅣ휑뎅그렁할랑 高門솟을대문랑 山名ㅣ風산이름랑、腎囊불알랑 (漾)(韓)

閭 [려] 二十五家스물다섯집려 里門이문려・海泄水石名尾ㅣ돌이름려 獸名짐승이름려 (魚)

⿵門甫 [보] 門也문보 (麌)

閻 [염] 里中門이문염 閻也마을염 巷閻항간염 羅地獄大王名저승염라 閻譌字 (鹽)

閱 [열] 簡軍實大ㅣ군대점호할열 歷也지낼열 열겪을열 讀也읽을열 閥ㅣ가문열 觀也볼열 (屑)

闊 [활] 契ㅣ勤苦근고할활 簡ㅣ간략할활 闊同字 (曷)

⿵門汪 [윤] 윤달윤 閏同字

闡 [천] 開也열천 明也밝힐천 闡譌字 (銑)

閰 [염] 里中門이문염 閭也마을염 巷閰항간염 閻同字 (鹽)

⿵門彡 [철] 차철 철闕同字

⿵門臽 [염] 里中門이문염 巷閻항간염 閻同字 (鹽)

⿵門吉 [곡] 門聲문소리곡 (沃)

⿵門口 [국] 閉也닫을국 閑也막을국 以兩手捧物양손으로받을국 (屋)

⿵門甬 [용] 入門문에들어갈용 (腫)

⿵門沙 [사] 開也열사 (禡)

⿵門矣 [결] 無門戶意문이없을결 (屑)

⿵門至 [온] 安也편안할온 轂聚곡식건어모을온 穩同字 (阮)

⿵門肖 [축] 佛名부처이름축 (屋)

⿵門艮 [축] 衆也무리축 閦同字 (屋)

⿵門東 [획] 開門문열획 門聲문소리획 (屋)

⿵門廷 [정] 門之中문가운데정 (迥)

⿵門豕 [시] 小門작

은문 시 屋

閴 [격] 靜也 고요할 격 閴俗字 陌

閱 [열] 歷也 겪을 열 지낼 열 閲同字 屑

悶 [환] 憂也 근심할 환 疾也 병들 환 苦也 괴로울 환 患古字 諫

⑧

閼 [어] 小門 작은문 어 語

閶 [창] 天門 하늘문 창 ㅣ闔 하늘문 창 陽

闈 [위] 門高 문높을 위 紙

閵 [란] 鳥名ㅣ鸛 새이름 란 蹴也 밟을 란 躝同字 震

闤 [환] 宮殿門板 저자문 환 寒

闊 [활] 遠也 멀 활 廣也 넓을 활 曷

閜 [아] 門傾 문기울어질 아 哿

閡 [독][착][시] 水名 물이름 독 ㅣ착 義同、門也 문 시 屋 覺 紙

閞 [비] 門扇 사립문 비 闔也 닫을 비 扉同字 微

閹 [엄] 男無勢精閉者 내시 엄、고자 엄 歲名ㅣ茂 해이름 엄 鹽

閫 [곤] 宮門 궁문 곤 阮

闑 [설] 城門板 성문널쪽 설 屑

閹 [구][규] 手取 제비뽑을 구、ㅣ규 義同、鬮俗字 尤 有

閲 [혁] 怨根 송사할 혁 鬪也 싸울 혁 鬩俗字 錫

閛 [병] 閉扉聲 문쪽 닫는 소리 병 閞本字 庚

閻 [염] 閻ㅣ 여염 염 里中門 이문 염 巷也 항간 염 地獄大王名ㅣ羅 염라 염 鹽

閺 [문] 低目視 눈내리깔고 볼 문 閿同字 文

閪 [회] 壁隙ㅣ虛 벽틈 희 支

闌 [란] 門遮 차면 란 晩也 늦을 란 希也 드물 란 干䦨 橫어숫비숫할 란 ㅣ干 난간 란 闌略字 寒

闕 [궐] 門觀象魏 대궐 궐 穿也 뚫을 결 空也 빌 결 闋同字 月

𨵗 [쾡] 門風 문바람 쾡 (韓)

閷 [고] 獨扉門 외쪽문 고

闇 [부] 開門 문열 부 有

閞 [첩] 獲也 얻을 첩、거둘 첩 鹽

閽 [혼] 守門人 문지기 혼 元

閑 [한] 習也 익힐 한 删

闁

[조] 大裾옷깃조 揚美變飾、明 長襦도조조、조장할조 褒同字 皓

[illegible] [개] 열개 開古字

閧 [항] 鬪也다툴항 東

閼 [알][연] 塞也막을알 고也그칠알 夭折일찍죽을알、歲名ㅣ逢單ㅣ해이름알 人名사람의이름알、單于妻ㅣ氏흉노왕비의성연 曷 月 先

閡 [애] 以木欄門문횡강목애 泰

[illegible] [금] 七絃樂거문고금 琴同字 侵

[illegible] [벽] 열벽、괴할벽 闢古字

閺 [문] 弘農鄉名시골이름문 低目視눈내리깔고 볼문 文

閾 [역] 門下橫木內外之限문지방역 職

⑨

[illegible] [역] 門下ㅣ橫木內外之限문지방역 閾古字 職

閴 [격] 靜也고요할격 陌

[illegible] [준] 中門중문순 軫

[illegible] [생] 禁署대궐마을생 梗

[illegible] [쇄][살] 弓接中활에시위바다쇄 鬖也주일살 殺同字 卦 黠 音알 黠

[illegible] [영] 門之中문가운데영 庚

[illegible] [할] 門聲문소리할 本

[illegible] [결] 門戶之無문짝없을결 屑

[illegible] [과][괴] 開也열과、괴義同 佳

[illegible] [요] 遮也가리막을요 隔也막히였을요 篠

闇 [암] 隱晦숨을암 喪廬、諒ㅣ여막암 冥也어두울암 幽也그윽할암 暗同字 覃 勘

[illegible] [창] 闔天門하늘문창 閶同字 陽

[illegible] [쇄] 閉局자물쇠쇄 霽

[illegible] [유] 私視闚ㅣ엿볼유 虞

[illegible] [향] 香也향기로울향 開也열향 陽

閺 [문] 低目視눈내리깔고 볼문、지릅떠볼문 文

閞 [개] 열을개 開同字

闍 [도][사] 城門臺闍ㅣ성문층대도、사義同、梵語、僧死焚之ㅣ維화장할사 虞 麻

[illegible] [합] 門扇문짝합 閉也닫을합 闔本字 合

闈 [위] 宮中之門대궐중문위 微

闆 반 門中視 문안에서 볼반 諫

𨷦 약 引也 끌약 藥

闂 건 門閫木 문빗장건 銑

𨶹 홀 小門 작은문홀 物

闋 결 盡也 다할결 休息 쉴결 樂終 풍류마칠결 空也 헛될결 終也 마칠결 訖也 마칠결 閉門 문닫을결 屑

𨶳 벽 塞也 막을벽 陌

闃 혈 門聲 문소리혈 屑

闊 활 遠也 멀활 廣也 넓을활 快— 활발할활 世事不通 迂— 우활할활 勤苦契— 근고할활 —간난할활 曷

闕 궐 缺也 빠질궐 빠뜨릴궐 縫補敝衣 헌옷기울궐 缺同 月

闉 인 城內中門 겹성문인 曲城 굽은성인 眞

闌 란 晩也 늦을란 門遮 문지방란 稀也 드물란 盡也 다할란 —干 난간란 縱橫— 干 어슷비슷할란 寒

𨶜 한 門限 문지방한 潸

闄 연 晩也 늦을연 銑

闒 탑 답 意下— 茸 용렬할탑 駑頓貌 어리보기탑、노둔한 모양탑、樓上戶 다락문탑 合

十

闓 개 解也 풀개 開也 열개 決拾 활깍지개 賄

闟 탑 鐘聲 종소리탑 洽

𨷲 애 鬧也 시끄러울애、지껄일애 卦

闑 얼 門橛 문지방얼 屑

闐 전 기 車馬聲 —— 거마소리전 鼓聲 —— 북소리전 滿也 찰전、가득할전 盛也 성할전、西域國名于— 나라이름기 先 眞

𨷏 결 止也 그칠결 終也 마칠결 屑

雟 준 英也 빼어날준、뛰어날준 震

闓 개 열을개 開同 亥

𨷵 린 躪也 밟을린 鳥名— 鷭새이름린 閵籀文 震

𨷈 타 飮酌 술잔드릴타 禡

𨷊 오 高門 높은문오 虞

𨷻 전 門開閉利 문시원하게여닫아질전、문여닫기순할전 銑

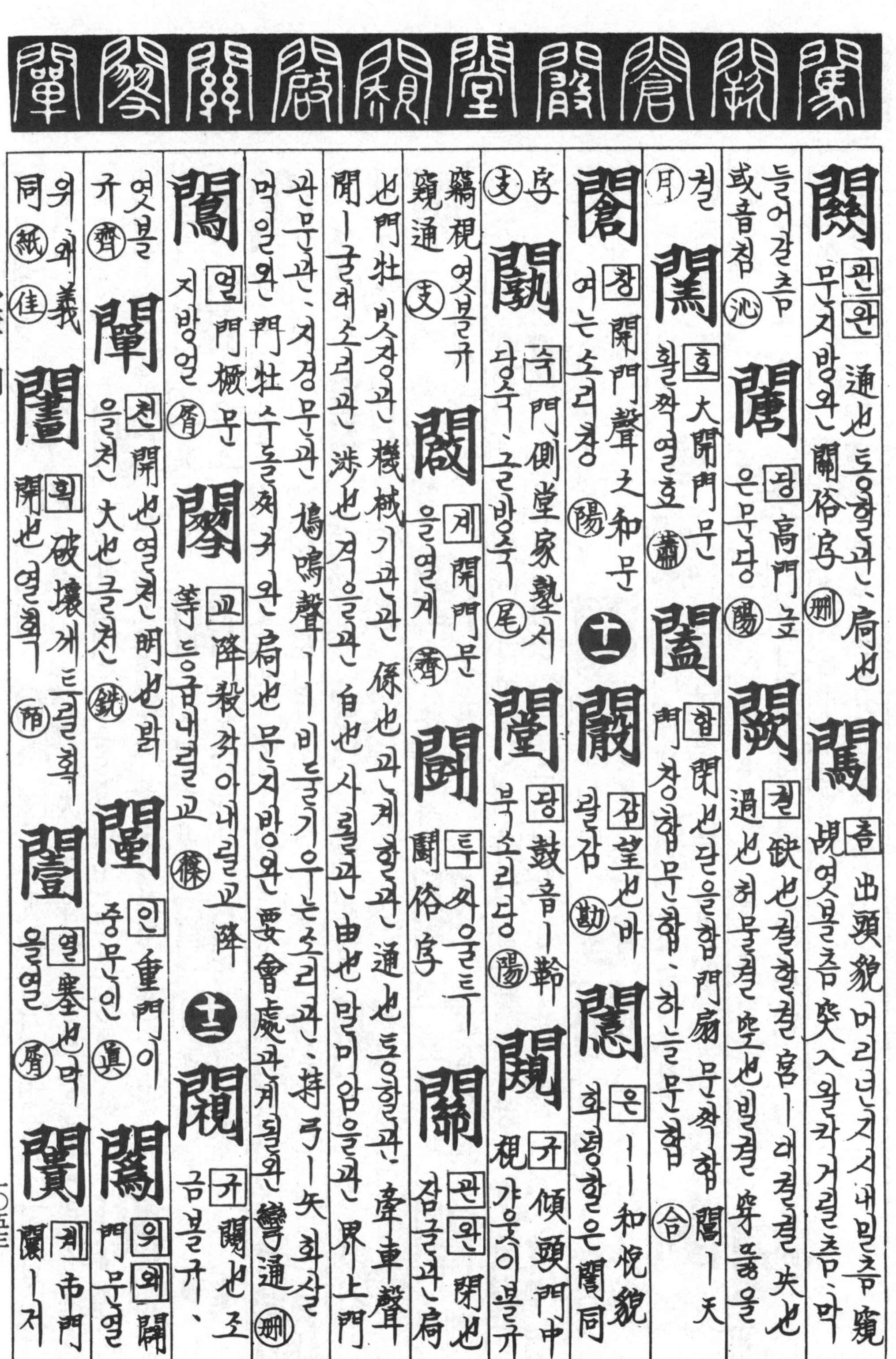

闗 [관][완] 通也 통할관、扃也 문지방완 關俗字 (刪)

闖 [츰] 出頭貌 머리넌지시내밀츰 窺覘 엿볼츰 突入 왈칵거릴츰、마들어갈츰 或音침 (沁)

闛 [당] 高門 고은문당 (陽)

闋 [결] 訣也 결할결 宮ㅣ 대궐결 失也 過也 허물결 空也 빌결 穿 뚫을결 (月)

⿵門焦 [효] 大開門 문활짝열효 (蕭)

闔 [합] 閉也 닫을합 門扇 문짝합 閶ㅣ 天門 창합문합、하늘문합 (合)

⿵門倉 [창] 開門聲之和 문여는소리창 (陽)

(十二)

闞 [감] 望也 바랄감 (勘)

⿵門㥯 [은] ㅣㅣ和悅貌 화평할은 誾同字 (支)

⿵門孰 [숙] 門側堂家塾 서당숙、글방숙 (尾)

闛 [당] 鼓音ㅣ鞳 북소리당 (陽)

闚 [규] 傾頭門中視 가웃이볼규 竊視 엿볼규 窺通 (支)

闙 [계] 開門 문을열계 (齊)

闘 [투] 싸울투 鬪俗字

關 [관][완] 閉也 잠글관、扃也 門牡 빗장관 機械 기관관 係也 관계할관、通也 통할관、牽車聲 關ㅣ 굴러소리관 涉也 겪을관 自也 사뢸관 由也 말미암을관 界上門 관문관、지경문관 鳩鳴聲ㅣㅣ 비둘기우는소리관、持弓ㅣ矢 화살먹일관 門牡 수놀쇠관 扃也 문지방완 要會處 관계될완 彎通 (刪)

闑 [얼] 門橛 문지방얼 (屑)

⿵門翏 [교] 降殺 좌아내릴교 降等 등급내릴교 (篠)

(十三)

闚 [규] 闚也 조금볼규、엿볼규 (齊)

闡 [천] 開也 열천 明也 밝을천 大也 클천 (銑)

闉 [인] 重門 이중문인 (眞)

闈 [위][외] 闢門 문열위、외義同 (紙)(佳)

⿵門畫 [획] 破壞 깨뜨릴획 開也 열획 (陌)

⿵門壹 [열] 塞也 막을열 (屑)

闠 [궤] 市門 闤ㅣ 저

자무궤 古音회 (隊)

闕 [궐] 대궐궐 闕俗字

闞 [함][감] 虎怒聲 범의성낸소리함 聲大소리우렁찰함 望也 바랄감 魯邑名 고을이름감 (感)(豏)(勘)

闟 [흡][탑] 闔也 닫을흡 鋌也 적은창흡 安定 안정할흡 愚劣 용렬할탑 (緝)(合)

[illegible] [액] 閉也 닫을액 (職)

[illegible] [초] 烏木 오목초 (蕭)

[illegible] [광] 關木 빗장광 (陽)

[illegible] [화] 開門 문열화 (麻)

十三

[illegible] [온] 門扉 문짝온 (元)

闥 [달] 禁門 紫— 대궐문달 門屛 문차면달 (曷)

闤 [환] 市垣 저자담환 (刪)

闣 [당] 闚也 엿볼당 (漾)

闧 [수] 門邊 문가수 (寘)

[illegible] [삽] 閉也 닫을삽 (合)

[illegible] [천] 家家 집마다천 (霰)

闀 [향] 門頭、門響 문머리향 (漾)

[illegible] [전] 市門 저자문전 (先)

[illegible] [향] 直視 바로볼향 (絳)

[illegible] [역] 開門 문열역 (陌)

[illegible] [위][왜] 闢門 문열위、괘 義同、闖同字 (紙)(佳)

[illegible] [엽] 廟門 사당집문엽 (鹽)

十四

[illegible] [미][네] 編狹 좁을미 弱也 약할미、네 義同 (紙)(齊)

[illegible] [홀] 小門 작은문홀 (物)

十六

[illegible] [력] 開也 열력 (錫)

鐫 [전] 刻也 새길전 鐫同字 (先)

十七

[illegible] [약] 門關 빗장약 (藥)

[illegible] [천] 家家 집마다천 闖同字 (霰)

[illegible] [민] 東西越種 땅이름민 閩同字 (眞)

[illegible] [전][현] 開閉時無門聲意 여닫을때문 삐걱거리지않을전、현 義同 (銑)

[illegible] [령] 門上小窓 들창령 (靑)

十九

[illegible] [란] 妄入宮中 대궐에 함부로들어갈란 (寒)

阜部

阜 [부] 大也 클부 土山無石 두덕부、어덕부 肥也 살질부 通 / 也 풍할부 盛多 많을부 高厚 높고두터울부 地名 曲ㅡ 땅이름부 蠜也 ㅡ螽 메뚜기부 (有)

阝 [부] 阜同字 어덕부

𠂤 [부] 阜本字 어덕부

㊁

⿰阝几 [기][지] 老也 늙은이기 長也 어른기 致也 이를지 帆耆同字 (紙)

⿰阝刀 [조] 山穴 산구멍조 (蕭)

⿰阝十 [십] 漢之縣名 고을이름십 (緝)

阞 [륵] 地脈 흙거륵 數之餘分數 셈나머지륵 (職)

㊂

⿰阝乞 [개] 險也 험할개 (隊)

阤 [치][타] 小崩山 산무너질치 頹 사태날치 毀也 헐릴치 落也 떨어질치 崖際 비탈치 壞也 무너질타 (紙)(哿)

阢 [올] 險也 험할올 (月)

阡 [천] 墓道 무덤길천 田間道 ㅡ陌 밭두길천 (先)

阠 [신] 陵名 어덕이름신 (震)

㊃

阮 [원][완] 國名 나라이름원 姓 성원、완 義同 (阮)(元)

阨 [애][액] 狹也 좁은목애 險也 험할애 隘同、限塞 막힐액 礙也 거리낄애 迫也 애색할애、곤박할액 厄通 (卦)(陌)

阧 [두] 峻也 ㅡ絶 가파를두 陡同字 (有)

阥 [음] 그늘음、어두울음 陰侌字

⿰阝及 [급] 梯級 사다리급 층계급 (緝)

阪 [판] 산비탈판 어덕판 阪同字

阩 [승] 登也 오를승 進也 올릴승 陞同字 (蒸)

⿰阝火 [양] 日也 볕양 明也 밝을양 山南水北 양지쪽양 陽同字 (陽)

阪 [판] 坡也 어덕판 山脅 산비탈판 澤障 못둑어덕판 (元)

⿰阝殳 [해] 笑聲 웃는소리해 (灰)

⿰阝夬 [벽] 地裂 땅벌어질벽 (職)

阫 [배] 牆也 담배 坏通 (灰)

阳 [양] 볕양、양달양 陽同字

阴 [음] 水南山北 응달음 闇

뜻 음침할 음 陰同字 (侵)

阬 [갱] 塹뜻 구덩이 갱 墟뜻 터 갱 陷뜻 파묻을 갱、함정 갱 坑同字 (庚)

阱 [정] 坑뜻 구덩이 정 陷뜻 ㅡ擭 함정 정 穽同字 (梗)

阮 [완][외] 高뜻 높을 완、외 義同 (軫)(賄)

阱 [정] ㅡ擭 坑뜻 陷뜻 함정 정 阱同字 (梗)

防 [방] 備뜻 방비할 방 守禦 막을 방 堤뜻 방축 방 崖如墳大ㅡ 두덕 방 止水 방축 방 屛風 淸ㅡ 병풍 방 (漾)

阰 [비] 楚南山名 산이름 비 (支)

[阝+予] [서] 次第 차례 서 序同字 (語)

阯 [지] 漢郡交ㅡ 나라이름 지 基뜻 터 지 址同字 趾通 (紙)

阺 [시] 山堆欲墮 산무너지려할 시 蜀山名 산이름 시 (紙)

五

阾 [령] 山肩通路 고개 령、재 령 山路 산길 령 嶺古字 (梗)

阼 [조] 東階主人接賓處 동편섬돌 조 (遇)

阽 [점] 臨危 위태하려 임할 점 近邊 欲墮 떨어질 점 墊同字 (鹽)(豔)

[阝+玄] [현] 坑뜻 구덩이 현 (銑)

[阝+句] [후] 離뜻 떠날 후 (虞)

[阝+圥] [륙] 高平曰ㅡ 물 륙 路뜻 길 륙 厚뜻 두터울 륙 陸古字 (屋)

阨 [애][액] 阻ㅡ 狹뜻 좁을 애 隘同、ㅡ塞 막을 애 危迫 액색할 액 限뜻 한정 액 (卦)(陌)

陣 [진] 列뜻、布뜻 벌릴 진 故뜻 묵을 진 久뜻 오랠 진 陳古字 (眞)

阹 [거] 遮禽獸 그물칠 거 牛馬圈 외양간 거 (魚)

阻 [조] 艱難 어려울 조 憂뜻 근심할 조 隔뜻 막힐 조 山險水ㅡ 험할 조 疑뜻 의심할 조 止뜻 그칠 조 (語)

[阝+正] [정] 阜뜻 언덕 정 (庚)

阺 [저] 陵阪隴ㅡ 비탈 저 坻同字 (薺)

[阝+召] [조] 由耕 삽으로 갈 조 隄뜻 방죽 조 界뜻 지경 조 陘同字 (嘯)

阿 [아][옥] 水岸 낭떠러지 아 大陵 큰언덕 아 曲阜 굽은 언덕 아 比뜻 견줄 아 棟뜻 기둥 아 美貌ㅡ然 아름다운 모양 아

枝條ㅣㅣ가지죽죽뻗을아 月御曰纖ㅣ항아아 慢應聲 거성으로대답할아 細繪가는비단아 商官名ㅣ衡 벼슬이름아 孰也ㅣ誰누구옥 (歌) (屋)

陀 [타] 不平陂ㅣ평평치못할타 長坂비탈타、긴등타 夷地名沙ㅣ오랑캐땅이름타 (歌)

陁 [타] 海中山普ㅣ바다가운데산타 陀同字 (歌)

⿰阝孚 [타] 射堋 화살받이타 ⿰阝朵同字 (哿)

⿰阝巿 [솔][수] 領兵거느릴솔 從也좇을솔 並也주장할수 帥同字 (質) (寘)

⿰阝丕 [비] 山名犬ㅣ산이름비 山頂重疊산첩첩할비 㠔同字 (支)

附 [부] 著也붙을부 寄托의탁할부 近也가까울부 屬불일부 加也더할부 與也줄부 依也의지할부、의존할부 (遇)

阮 [곡] 曲岸水外물가언덕곡 (屋)

陂 [피][파] 長陂긴등피 偏ㅣ치우칠피 傾也기울어질피 不ㅣ陀된비탈파 坡同、澤障언덕파 畜水池也방죽파 (歌) (支)

㊅

陑 [이] 河曲地名 땅이름이 (支)

除 [음] 응달음、음침할음 陰同字

⿰阝共 [홍] 坑也구덩이홍 (東)

陃 [루] 疎惡 더러울루 側ㅣ더러울루 陋狹좁을루 醜猥추할루 獨學孤ㅣ고루할루 (宥)

⿰阝各 [각] 人名、張ㅣ사람의이름각 (藥)

陊 [치] 山頹사태날치 陁同字 (紙)

⿰阝朵 [타] 小崖작은언덕타 小堆작은흙무더기타 (哿)

⿰阝朵 [타] 射堋화살받이타 (哿)

陏 [라] 果ㅣ 草實 풀열매라 胡瓜오이라 蓏同字 (哿)

降 [항][강] 下也내릴강 服也항복할항 落也떨어질강 臾也떨어뜨릴강 歸也돌아올강 (江) (絳)

陌 [맥] 田間道阡ㅣ밭두둑길맥 市中街저자거리맥 (陌)

阬 [광] 陌也밭사이 옛길광 (陽)

⿰阝旨 [퇴] 高也높을퇴 (賄)

陎

【주】ㅣ陵、縣名고을이름주

限【한】阻也 마글한 度也 한정한 界也 지경한 齊也 가지런한 門閾 문지방한 檢也 검정할한 (潸)

陕【이】險阻 험할이 (支)

陡【홍】山名 徙ㅣ 산이름홍 (東)

阦【양】볕양、양달양、햇ᄉ양 陽同字

陁【희】險也 험할희 獻同字、或音거 (支)(紙)

陀【타】陂ㅣ長坂不平 비탈타 夷地名 沙 땅이름타 陁同字 (歌)

陶【도】【요】瓦器 질그릇도 暢也 도올할도 和樂 화락할요 陶同字 (豪)(號)(蕭)

降【항】【강】服也 항복할항 下也 내릴강 落也 떨어질강 降俗字 (江)(絳)

[illegible]【도】ㅣㅣ賊、竊陰發私、物非當有而取者曰ㅣ 도적도、훔칠도 盜古字 (號)

陓【우】藪名 揚ㅣ 숲이름우 (虞)

陏【현】坑也 구덩이현 (銑)

陜【협】고을이름협、좁을협 陝講字

陜【협】弘農縣名 古虢國 고을이름협、좁을협 陝俗字 (琰)

[illegible]【의】阪也 언덕의 (微)

陔【해】階也 언덕해 重也 거듭해 階次 섬돌층해 南ㅣ 詩名 글이름해 樂名 풍류이름해、入極 변방해 本音개 (灰)(賄)

七

[illegible]【읍】ㅣ隮、狹也 좁을읍 (緝)

院【원】垣也 담원 宅也 館有垣 원집원 官署 法ㅣ 마을원 寺ㅣ 절원 庭也 ㅣ落 뜰원 大學ㅣ 학교원 (霰)

[illegible]【극】壁際孔 틈극 怨ㅣ 釁也 흠날극 隙同字 (陌)

陘【형】連山中絕 지레목형、산중턱 끊어질형 坂也 언덕형 (青)

[illegible]【서】次第 차례서 序同字

陗【초】山峻 산비탈초 急也 급할초 峭同字 (嘯)

陠【포】屋上平 지붕평평할포 庯同字 (虞)

[illegible]【현】限也 한할현 정할현 (銑)

[illegible]【두】峻也 험할두 주할두 (宥)

陟【척】進也 나아갈척 登也 오

들척 (職)

⿰阝⿱𠂉土 [방] 禦也 備也 방비할방。守禦ㅅ막을방 止水 방죽방 防同字 (陽)(漾)

陜 [협][합] 不廣隘ㅣ좁을협、ㅣ 땅이름합 狹同字 (洽)(韓)

陝 [섬] 弘農縣名 고을이름섬 古虢國 나라이름섬 (琰)

陡 [두] 崖壁 절벽두 頓也 엎드러질두、무너질두 斗通 (有)

陞 [승] 登也 躋也 오를승 進也 나아갈승。오를승 升同字 (蒸)

陛 [폐] 天子階殿ㅣ 천자의 섬돌폐 天子奉稱ㅣ下 천자폐 (齊)

陚 [부] 小阜 작은 언덕부 (遇)

陙 [신] 小阜 작은 언덕신 (眞)

⿰阝告 [곡] 大阜 큰 언덕곡 (屋)

陣 [진] 師旅行列 진칠진 軍營 영문진 陳俗字 (震)

除 [제] 階也 섬돌제 去也 버릴제 門屛閒 문안뜰제 拜官 벼슬줄제 籌法乘ㅣ 셋법제 治也 修ㅣ 다스릴제 易也 歲ㅣ 해바꿀제、去也 갈제 俗音저 (魚)(御)

陖 [준] 峻也 가파를준 高也 높을준 峻同字 (震)

⿰阝夅 [륭] 盛也 성할륭 尊也 높을륭 隆同字 (東)

⿰阝⿱夂土 [접] 能行 갈접 (葉)

陥 [함] 함정함、빠질함 陷略字

⿰阝⿱产日 [산] 生也 낳을산、해산할산 民業生 생산할산 産同字 (潸)

陵 [릉] 丘ㅣ 大阜 큰언덕릉 山ㅣ帝王葬 임금의 무덤릉 陵同字 (蒸)

陃 [루] 陋陜 좁을루 醜猥 추할루 陋本字 (宥)

八

⿰阝阜 [부] 盛也 성할부 (有)

陳 [진] 布也 펼진 列也 벌릴진 故也 묵을진 久也 오랠진 告也 고할진 張也 베풀진 堂途 섬돌진 國名 舜後所封 나라이름진 行伍之列 진진 陣同字 (眞)(震)

⿰阝來 [래] 階也 섬돌래 (灰)

陪 [배] 隨也 따를배 貳也 버금배 伴也 짝할배 ㅣ從 모실배 助也 도울배 ㅣ臣 배신배 重也 거듭배 滿也 찰배 益也 더할배 (灰)

陦 곽 地名 땅이름 곽 墎同字 (藥)

隄 제 防也 방죽 둑제 岸也 어덕 제 塘也 못 제 隄古字 (齊)

陮 퇴 高也 높을 퇴 (賄)

隫 붕 自上墜下山壞 산무너질 붕 破也 부서질 붕 崩古字 (蒸)

陭 의 기 縣名 —氏縣 고을이름 의 不安 —隑 어든들먼들할 기 (支)(寘)

陬 추 正月孟— 정월 추 阪隅 버ᄅᆞ 추 愧恧皃 —부끄러울 추 魯邑鄉名 땅이름 추 聚居 마을 추、모여살 추 (尤)

陫 비 陋也 더러울 비 (尾)

陞 조 耕休田意 묵은밭갈 조 畖耕 삽으로 갈 조 界也 지경 조 隄也 방죽 조 (嘯)

陯 륜 론 沒也 빠질 륜 小波 물놀이 칠 륜 氣未分 기운덩어리질 륜 淪同字 (眞)(阮)

陰 음 影也 그림자 음 陽之對 음지 음、응달 음 曇也 흐릴 음 光— 세월 음 山北 북쪽 음 背面碑 —비 등어리 음 秘密 몰래 음 蔭也 가릴 음 默也 가만할 음 闇也 음침할 음 (侵)

隮 제 登也 오를 제 升雲 구름피어오를 제 虹也 무지개 제 隮同字 (齊)

隂 념 岸上相遇 언덕위에서 만날 념 (琰)

陱 국 盈也 찰 국 養也 기를 국 (屋)

陦 주 大阜 큰 언덕 주 (尤)

䧔 부 兩阜間 두언덕사이 부 盛也 성부 (有)

陞 승 日升 해돋을 승 (蒸)

陘 형 連山中絶 산잘림 형 地名 井— 땅이름 형 陘同字 (靑)

陲 수 疆也 邊也 변방 수 危也 위태할 수 垂通 (支)

陴 비 城上女牆 성위 담비 埤通 (支)

陎 폐 殿—天子階 대궐섬돌 폐 陛同字 (齊)

隁 언 障水 방죽 언 隁同字 (願)

陶 도 요 瓦器 질그릇 도 —— 馳貌 달릴 도 —— 和樂 화락할 요 陶同字 (豪)(號)(蕭)

隆 륭 성할 륭、높을 륭

隆同字

陝 역 界局지경역 範圍범위역 域古字 (職)

陵 릉 帝王葬山ㅣ임금의무덤릉 大阜、丘큰언덕릉 犯侮、侵ㅣ업신여길릉ㅣ夷가파를릉 轢변 짓밟을릉 峻변 높을릉 乘변 탈릉 (蒸)

[阝岡] 강 山脊산등성이 강 岡俗字 (陽)

陷 함 没변 地隤빠질함ㅣ穽함정함 (陷)

陥 함 没변 地隤빠질함ㅣ穽함정함 陷同字 (陷)

険 험 危변 험할험 邪변 惡변 간악할험 險略字 (琰)

[阝夅] 굉 硄ㅣ水石聲 여울물소리굉 砰古字 (庚)

隆 륭 盛변 성할륭 會변 높을륭 隆同字 (東)

陶 도 요 暢변 화창할도、동할도 瓦器 질그릇도 衰思鬱ㅣ불쌍히 생각할도、슬퍼할도 敎변、薰ㅣ가르칠도 化변 화할도 姓변 성도 地名 땅이름도、馳貌ㅣㅣ달리는모양도 舜臣皐ㅣ우임금신하요 ㅣㅣ和樂 화락할요 (豪)(號)(蕭)

[阝夊] 삭 碎石隕聲 깨어진돌이떨어지는소리삭 (陌)

陸 륙 路변 길륙 高平日ㅣ뭍륙、땅륙 跳변ㅣ梁 뛸륙 碌碌ㅣㅣ녹녹할륙 厚변 두터울륙 參差ㅣ離 어긋날륙 大通 (屋)

[阝果] 우 方변 모퉁이우 猶崖 기슭우 隅同字 (虞)

九

陻 인 塞변 막힐인 堙同字 湮通 (眞)

陼 저 小洲 모래섬저 丘변 두덕저、어덕저 渚同字 (語)

陽 양 日변 볕양、해양 陰之對 總是一氣分爲陰ㅣ양기양 春변 靑ㅣ봄양 明변 밝을양 山南水北 양지양 佯변 거짓양 自得ㅣㅣ양양할양 在洽之ㅣ (陽)

[阝盾] 순 階변 섬돌순 (軫)

陾 잉 築墻聲 담쌓는소리잉 (蒸)

[陵古字] 릉 큰언덕릉、임금의무덤릉 陵古字

[阝界] 계 境변 지경계、경계계 範圍둘레계 界、堺同字 (卦)

陿 협 褊狹 좁을협

陝同字 (洽)

陖 [주] 坑也 구덩이주 (虞)

隍 [황] 城下池無水 성아래못황 (陽)

階 [계] 差等—梯 층계계 陛也 섬돌계 官—벼슬차례계 登堂道 층뜰계 三台星泰—삼태성계 堦同字 本音개 (佳)

陲 [수] 疆也 邊也 변방수 危也 위태할수 陲俗字 (支)

隁 [언] 障水방축언 隁同字

隃 [유][요] 縣名—麋고을이름유 越也 넘을유 逾同、遠也 멀요 行也 다닐요 遙同字 (虞)(蕭)

隋 [타][수] 肉裂 고기찢을타 落也 떨어질타 國號楊堅受封 수나라수 (哿)(支)

隌 [암] 不明 어두울암 (感)

隈 [외] 水曲深隈處 물굽이외 (灰)

[illegible] [벽] 頹山 무너진산벽 (職)

[illegible] [연] 高也 높을연 高貌 높은모양연 (銑)

[illegible] [단] 險也 험준할단 (翰)

陧 [열] 杌—危也 위태할열 (屑)

隇 [위] —陝、險阻 험준할위 (微)

隊 [대] 羣也、部也 —伍 떼대 무리대 (隊)

[illegible] [벽] 地裂 땅벌어질벽 陜同字 (職)

隂 [음] 응달음、음침할음 陰同字

隆 [륭] 尊也 높을륭 盛也 성할륭 物之中高 가운데우뚝할륭 豐也 두둑할륭 大也 클륭 (東)

隄 [제] 塘也 방축두제、못제 防也 막을제 岸也 언덕제 梁也 돌다리제 (齊)

隅 [우] 方也 모퉁이우 廉稜모우 猶崖 기슭우 (虞)

[illegible] [악] 阜貌 언덕악 (藥)

[illegible] [전][단] 道邊庳垣 길가의낮은담전、단 義同 (銑)(翰)

[illegible] [건][간] 天也 하늘건 戌亥、方位 서북쪽건 勉而不息 쉬지않고일할건 燥也 마를간 乾同字 (先)(寒)

[illegible] [견] —禹、小塊 작은흙덩어리견 (銑)

随 [수] 従

也. 傾也. 따를수. 任名. 만길수. 國名. 나라이름수. 隨略字 ㊀支

隈 [외] 水曲深隩處 모퉁이외 隈同字 ㊀灰

陖 [준] 峻也 가파를준 陖同字 ㊀震

隊 [추] 落也 떨어질추 亡失 잃을추 墜同字 ㊀寘

[illegible] [첩] 崖岫峻狹貌 낭떠러지 험하고 좁을첩 ㊀洽

⑩

随 [수] 따를수、나라이름수 隨訛字

[illegible] [폐] 殿ㅣ天子階 대궐섬돌폐 陛同字 ㊀齊

陷 [함] 빠질함、웅덩이함 陷訛字

隒 [엄] 崖有重岸 층언덕엄 ㊀琰

[illegible] [비][폐] 楚南山名 산이름비 ㅣ牢獄 옥폐 阰、陛同字 ㊀支 ㊀齊

隑 [기] 梯也 사다리기 曲岸 굽은 언덕기 埼同字 ㊀支

[illegible] [예] 묻을예、산소예 瘞同字

[illegible] [예] 埋也 묻을예 墓所 산소예 瘞古字 ㊀霽

隗 [외] 高也 높을외 人名 燕郭ㅣ 사람이름외 姓也 성외 高也 높을외 ㊀灰 ㊀賄

[illegible] [마] 益也 尖할마 ㊀禡

隔 [격] 塞也、障也 막을격、막힐격 遠也 멀격 ㊀陽

隣 [방] 近也 가까울방 ㊀漾

隌 [탑] 低也 낮을탑 ㊀合

隘 [애][액] 塞也 막을애 陜也 좁을애 險也 험할애 陋也 더러울애 阻塞 막힐액 ㊀卦 ㊀陌

隝 [오] 壁壘 흙성오 山阿小障 둔대오 隖同字 ㊀麌

隙 [극] 釁也 怨ㅣ 틈날극 壁際孔 틈극 暇也 겨를극 閑也 틈날극 ㊀陌

隚 [당] 堤也 방축당 ㊀陽

[illegible] [준] 峻也 가파를준 陖同字 ㊀震

[illegible] [비] 陋也 더러울비 陫同字 ㊀尾

隕 [운][원] 殞也 죽을운 墜也 떨어질운 困迫ㅣ獲 곤란할운、均也 幅ㅣ 고를원 ㊀軫 ㊀先

隓 [휴][타] 毀也 헐휴 廢也 폐할휴 損也 손상할휴 崩也 무너질타 ㊀支 ㊀哿

隥

[두] 峻也 험준할두 陡同字 (有)

隉 [얼] 杌―危也 위태할얼 陧同字 (屑)

隖 [오] 壁壘 흙성오 山阿 사 障 둔덕오 庳城 낮은성오 塢同字 (虞)

隊 [뢰] 絫也 뭇돌릐、돌무더기뢰 (賄)

墬 [지] 땅지 地古字

陵 [릉] 큰언덕릉、임금무덤릉 陵古字

陪 [배] 貳也 버금배 隨也 따를배 助也 도울배 陪同字 (灰)

隂 [음] 응달음、어둠침침할음 陰同字

⿰阝祟 [슐] 崩壞 무너질슐 (質)

(十)

降 [뢰] 絫也 뭇돌릐、돌무더기뢰 降同字 (賄)

陳 [진] 列也 布也 벌릴진 故也 묵을진 陳本字 (眞)(震)

⿰阝票 [인] 塞也 막을인 陻同字 (眞)

隘 [애] [액] 陿也 좁을애 陋也 더러울애 塞也 막을애 阻塞 막힐액 隘諺字 (卦)(震)

⿰阝崩 [붕] 自上墜下 山壞 산무너질붕 破也 부서질붕 崩、堋同字 (蒸)

⿰阝習 [습] 阪下濕也 진펄습 隰、隰同字 (緝)

隠 [은] 숨을은 隱俗字

⿰阝累 [습] 阪下濕也 진펄습 隰同字 (緝)

隠 [은] 藏也 숨을은 微也 은미할은 隱俗字 (吻)(問)

⿰阝習 [습] 阪下濕也 진펄습 隰同字 (緝)

隭 [하] 孔隙 틈하 罅同字 (禡)

⿰阝康 [강] 虛也 빌강 (陽)

⿰阝庸 [용] 小城 작은성용 垣也 담용 壁也 벽용 墉同字 (冬)

⿰阝區 [구] 不安貌 ―隅 편치못할구 (尤)

隝 [도] 水中山 섬도 島同字 (皓)

隁 [언] 障水 방축언 (願)

⿰阝朁 [참] 陷也 함정참 (陷)

隙 [극] 壁際孔 틈극 隙同字 (陌)

⿰阝⿱非土 [폐] 牢獄 옥폐 (齊)

⿰阝婁 [루] 縣名 鄜―고을이름루 (有)

隞 [오] 地名 땅이름오 (豪)

⿰阝崔 [최] 崩也 무너질최 (灰)

障 [장] 擁蔽保ㅣ가리울장 隔也 막힐장 屛ㅣ장 (漾) 지장 隔塞 간막을장 界也 지경장 (陽)

隚 [당] 礎也 주춧돌당 (陽)

隕 [경] 危也 위태할경 (梗)

隟 [극] 틈극 隙古字

際 [제] 極也 다할제 邊也 가제 會也、合也 어울릴제、모을제 接也 닿을제 機會 때제 交ㅣ사귈제 逢也 만날제 (霽)

⑬

⿰阝絶 [절] 隔也 막힐절 (屑)

隣 [린] 近也 이웃린 臣ㅣ輔弼 도울린 鄰俗字 (眞)

⿰阝皐 [호] 城下道 성밑길호 (豪)

⿰阝爲 [휘] 坂也 고개휘 (支)

⿰阝菐 [복] 蠻國名 오랑캐 나라이름복 (屋)

⿰阝需 [이] 險也 험할이 (支)

隥 [등] 御也 우러를등 險坂 비탈등 梯也 사다리등 (徑)

隰 [습] 陷也 빠질습 (沁)

⿰阝昌 [양] 볕양 햇양 陽同字

⿰阝亘 [양] 볕양、햇양 陽古字

⿰阝朋 [음] 응달음 陰同字

⿰阝寻 [심] 小阜 작은언덕심 (侵)

隤 [퇴] 蹉跎崔ㅣ미끄러질퇴 下墜 摧也 무너질퇴 疲勞 고단할퇴 ㅣ然柔貌 부드러울퇴 穨同字 (灰)

⿰阝枼 [엽] [접] 險也 험준할엽 危也 위태할엽 厓之嶮貌 낭떠러지 험할엽 ⿰阝業同字 (葉) (緝)

[illegible] [벽] 地裂 땅벌어질벽 阞同字 (職)

隋 [수] 마를수ㅣ나라이름수 隨古字

⑬

⿰阝妾 [첩] 媚也 아양떨첩 女姿意 계집맵시첩 (葉)

隫 [분] 土之高者 墓也 봉분분 大也 클분 墳同字 (交) (阮)

隊 [추] 落也 떨어질추 ㅣ亡失 잃을추 墜同字 (寘)

隧 [수] 墓道 무덤길수 道也 門ㅣ亭ㅣ길수 大穴神ㅣ구멍수 (寘)

⿰阝走 [조] 阪也 언덕조、비탈조 (嘯)

⿰阝豦 [거] 階也 섬돌거 (魚)

⿰阝艮 [간] 遲也 늦을간 (元)

隩 [오][욱] 水隈물가어덕오、물굽이오 藏也감출오 室也아랫목구윽 四一니모퉁이욱 澳同字 (號)(屋)

[阝詹] [첨] 昭也빠질첨 (鹽)

[阝豦] [거] 溝也개천거、도랑거 大也클거 渠同字

險 [험] 危也험할험 難也험난할험 心不正 陰一음흉할험 邪也、惡也험악할험 嶮同字 (琰)

隨 [수] 任也맡길수 順也따를수 從也좇을수 卦名괘이름수 國名나라이름수 地名땅이름수 (支)

[阝解] [해] 小谷작은골해 (蟹)

[阝卷] [건] 倨慢거만할건 (阮)

[阝義] [의] 山峯巉巖산꼭아지같은듯한의 巇、義同字 (支)(紙)

[阝辟] [괴][괘] 一垷 牆也담장괘 괴義同 (齊)(支)

[阝業] [업][겁] 危也위태할업 險也험준할업 厓之嶮貌낭떠러지험할겁 (葉)(緝)

⑭

[阝聚] [추] 阪隅벼랑추 孟一正月정월추 聚居마을추 陬同字 (尤)

[阝需] [이] 河曲地名땅이름이 陑同字 (支)

隯 [도] 海中有山可居섬도 島、嶋同字 (皓)

[阝厭] [엽] 險也험준할엽 (葉)

隮 [제] 升雲구름피어오를제 登也오를제 虹也무지개제 (齊)

隰 [습] 阪下濕진펄습 (緝)

[阝菐] [복] 蠻國名나라이름복 隟同字 (屋)

[阝豪] [호] 城下道성밑길호 隍同字 (豪)

隱 [은] 蔽匿一諱숨길은 藏也숨을은 陰事몰래은 謎也一語수수께끼은 微也은미할은 短墻얕은담은 私也사사은 痛也一憂걱정할은 仁心惻一불쌍히여길은 占也一度점칠은、殷通、依也一几의지할은 築也다질은 (吻)(問)

⑮

隳 [휴] 壞也무너질휴 墮同字 毁通 (支)

隫 [독] 溝也개천독 濁也흐릴독 瀆同字 (屋)

隊 [추] 落也떨어질추 失一잃을추 墜同字 (寘)

⑯ [illegible] [애][액] 좁을애, 더러울애, 막힐애 隘同字
隯 [고] 低也 낮을고 (篠)
隫 [번] 水際 물가빈 地近 가까울빈 限也 끝빈 濱同字 (眞)
隴 [롱] 天水縣名 땅이름롱 大坂 큰 언덕롱 一畝 밭이랑롱 丘ㅣ 두덕롱 壟通 (腫)
隤 [퇴] 下隊墜 摧也 무너질퇴 崔ㅣ蹉跎 미끄러질퇴 隤同字 (灰)
隮 [제] 登也 오를제 升雲 구름피어 오를제 虹也 무지개제 躋同字 (齊)
隂 [음] 응달음 陰古字
隤 [퇴] 下墜 摧也 무너질퇴 崔ㅣ蹉 跎 미끄러질퇴 隤本字 (灰)
⑰ 隵 [희] 險也 험할희 (支)
[illegible] [삽] 陷也 빠질삽 (陷)
[illegible] [수] 墓道 무덤길수 門ㅣ 亭ㅣ 道也 길수 神ㅣ 大穴 구멍수 隧古字 (寘)
⑱ [illegible] [혼] 大阜 큰언덕혼 阜也 두덕혼 (阮)
[illegible] [륙] 高平曰ㅣ 뭍륙 路也 길륙 陸籀文 (屋)
[illegible] [애][액] 陿也 좁을애 陋也 더러울애 阻塞 막힐애 隘同字 (卦)(陌)
[illegible] [녑] 阸ㅣ 狹貌 좁은모양녑 (緝)
㉑ [illegible] [륙] 뭍륙, 길륙 陸籀文
㉔ [illegible] [령] 隙也 틈령 (靑)
⑳ [illegible] [애][액] 좁을애, 더러울애, 막힐애 隘籀文

隶部

隶 [이][대] 本也 근본이, 밑이 及也 미칠이 與也 더불어대 (寘)(隊)
⑤ 畫 [화][획] 形像繪也 그림화 古音 홰 分ㅣ 그을획, 나눌획, 書也 글씨획 畫古字 (卦)(陌)
⑦ 肆 [사] 故也 연고사 陳也 베풀사 長也 길사 遂也 드디어사 (寘)
[illegible] [이] 習也 익힐이 勞也 수고할이 嫩條 벋가지이 肄同字 (寘)
⑧ [illegible] [이] 習也 익힐이 勞也 수고할이 嫩條 회초리이

肄、隸同字 (賓)

隸 례 附屬配ㅣ붙이례 賤稱僕ㅣ종례 閱也열람할례 書名 篆之捷者 팔분글씨례、서예례 罪囚 죄인례 (霽)

九

隷 례 종례、붙이례 隸古字

⿰金隶 례 及也미칠례 逮同字、逮通 (賄)

十

⿰祟隶 례 종례、붙이례 隸同字

⿰彔隶 례 僕ㅣ賤稱 종례 配ㅣ附屬ㅣ붙이례 隸同字 (霽)

十一

⿱隶異 위 獸名似鼠 짐승이름위 (未)

十二

⿰彖隶 태 及也미칠태 (賄)

隹部

隹 추 鳥之短尾總名 꽁지짧은새추 (支)

二

隼 준 鷙屬貪殘之鳥鷹ㅣ새매준 (軫)

⿰乂隹 초 鶯也꾀꼬리초 (蕭)

雋 전 鳥肥새살찔전 儁同字 (銑)

隻 척 物單稱외짝척ㅣ鳥一首 외새척 單艦數詞척척 (陌)

隺 혹 각 확 高至높이이를혹、志高뜻고상할각、鳥之飛高 새높이날을확 (沃)(覺)(藥)

⿰九隹 구 鳥名 鶻鵃鷹所化비둘기구、벼슬이름구 鳩同字 (尤)

⿰七隹 칠 鳥聲새소리칠 鳭同字 (質)

三

雃 간 雁也기러기간 (寒)

⿰卂隹 보 似鴈無後趾毛有豹文너새보 鴇同字 (皓)

⿱隹夂 척 物單稱외짝척ㅣ船艦數詞척척 隻俗字 (陌)

隿 익 飛鳥之繳射주살익 (職)

⿹弋隹 익 隿同字 주살익

⿸尸隹 시 ㅣ(鳲布穀)ㅣ桑 뻐꾸기시 鳲同字 (支)

⿰止隹 자 牝也암컷자 弱也약할자 雌同字 (尤)

⿰工隹 홍 鳥肥大새살찔홍 (東)

雀 작 燕麥귀리작 依人小鳥참새작ㅣ鳥名孔ㅣ공

작새작ㅣ南方宿朱
남방별이름작 藥 ⿰尸隹 [시] 鳲鳩뻐꾸기
시 鳲同字 支 ④ 雂 [항] 飛上飛下날
아오르락내리락

항향 陽 雁 [안] (隨陽鳥昏禮奠ㅣ取其信和不再偶)
儀禮親迎奠 기러기안 鴈同字 諫 雃 [견] 鳽鶄눈
맞아새끼배

는새견、교청새
견 鵳譎字 先 ⿱隹云 [수] 賣也 팔수 償也 갚
을수 售同字 宥 雙 [쌍] 鳥二枚 둘쌍、쌍
쌍 偶也 짝쌍 雙俗字

江 ⿰氏隹 [치] 雌鳥 암
새치 紙 ⿺支隹 [지] 鳥名 지작새지 觀
名ㅣ鵲 지작과지 支 ⿰冘隹 [짐] 毒鳥名 짐
새짐 鴆同字

沁 ⿰今隹 [금] 鷂也 도
요새금 鹽 雇 [고][호] 傭也ㅣ賃 품팔고、더부살이고 顧
通、農桑候鳥九ㅣ 뻐꾸기새호 遇 虞 集

[집] 就也 나아갈집 聚也、會也 모을집 安也 편안할집 成也 이룰집
諸書總要經史子ㅣ 문집집 齊也 가지런할집 輯通 緝 雅

[아] 常也 떳떳할아 正也 바를아 儒ㅣ 선비아 素也 본디아
儀也 閒ㅣ아담할아、거동아 樂器名 악기이름아 禡 ⿰夫隹 [규] 杜
鵑子

ㅣ접동새규 ⿰夬隹 [결][계] 鴂ㅣ아결새결 子規 접동새결ㅣ舌
規通 支、鴃語伯勞 왜가리계 鴂同字 屑 霽 ⿰扌隹

[보] 似鴈無後趾毛有豹
文 너새보 鴇同字 皓 ⿰正隹 [정] 鶄鷂 새매정、
조롱태정 徵 雄 [웅] 武稱 웅장할
웅 羽屬之牡雌

ㅣ수컷웅 英ㅣ영
웅웅 勇也 굳셀웅 東 ⿱隹夫 [규] 顧也 돌
아볼규 支 ⑤ 䧹 [응] 鷹也
매응 蒸 雍 [옹] 辟ㅣ

學名 하교옹 和也 화할옹 太歲在戊曰著ㅣ무년옹 蔽
也 가릴옹 州名 고을이름옹 雝同字 壅通 冬 宋 ⿰巾隹 [황] 田器 밭가
는기구황 養

翟 교 鷦鷯 뱁새 교 巧

雌 자 弱也 약할 자 牝也 암컷 자 藥名 ―黃 약이름 자 支

雊 구 雄雉鳴 장끼울음 구 有

䧑 치 ―鵄 솔개 치 鴟同字 支

雉 치 野鷄 꿩 치 ―性耿介士所摯 폐백 치 城五堵―堞 성위담 치 縊也 ―經 목맬 치 紙

雋 준 鳥肥肉 새살찔 준 書號 ―永 글이름 준 銑

雇 고 鶻―越鳥其鳴自呼云鉤輈格磔 자고새 고 鴣同字 虞

推 치 ―鵄、惡鳥 솔개 치 鵂鶹 부엉이 치 茅―말똥구리 치 鴟同字 支

䧓 무 鸚―能言鳥同鵡 앵무새 무 鵡同字 有

旌 발 似鳧、鳥名 올빼미 같은새 발 鵔同字 曷

䧢 리 陳也 베풀 리 歷也 지날 리 別也 떠날 리 離同字 支 寘

䧺 웅 雄 ―羽屬之牡 수컷 웅 武稱 웅장할 웅 英―영웅 웅 雄同字 東

睢 저 匹鳥 ―鳩王―자고새 저、원앙새 저、정경이 저 魚

雏 추 鳥子 새새끼 추 鷄子 병아리 추 小兒 어린아이 추 雛俗字 虞

稚 치 幼禾 어린 벼 치 寘

碓 대 水輪車 물방아 대 隊

❻

䧴 임 戴勝鳥 오디새 임 侵

䧳 애 鴱桃蟲 암뱁새 애 鴱同字 泰

雒 악 碁中心一點 바둑처 중점 악 藥

翟 여 鷂也 메추라기 여 魚

雂 합 野―鳩屬性喜合 집비둘기 합 鴿同字 合

䳑 욕 鴝―似鵙入哥 구욕새 욕 鵒同字 沃

䧲 추 새새끼 추、병아리 추 雛同字

䳒 이 鷾―玄鳥 제비 이 鷾俗字 支

隼 수 賣也 팔 수 價也 값을 수 售同字 宥

糶 조 低頭聽 머리숙이고 들을 조 嘯

䧷 안 鴳屬冠雀 안새 안 鴳同字 諫

𨿅 [치] ㅣ鴞、惡鳥 올개치 鵄 鴟부엉이치 鴟同字 支

雒 [락] 馬名 가리온락 鳥名 鵋鴒 새이름락 縣名ㅣ陽 고을이름락 洛同字 藥

雜 [잡] 五彩相合参錯 섞일잡 雜俗字 合

𩿧 [추] 小鳥 작은새추 支

𨿠 [선] 毛落更生整齊 털갈다시나서고를선 毨同字 銑

𨿡 [계] 子規、鷤鴂 접동새계 鵤同字 紙

𨿢 [견] 鳥名ㅣ鴂 새이름견 先

𨿣 [오] 鴮鵜ㅣ鸅 사다새오 鴮同字 虞

𨿤 [렬] 啄木鳥 딱다구리 鴷同字 屑

七

雓 [여] 鴽子 병아리여 魚

䧿 [희] 攻皮之工ㅣ雉 가죽다루는장인 北方雉名 꿩희 鵗同字 微

𨿥 [견] 杜ㅣ蜀魄一名杜宇一名子規 접동새견 뻐꾹새견 花名、杜ㅣ 진달래견 鵑同字 先

𨿦 [경] 鳥名 새이름 경 鵛同字 青

售 [주] 괄수、갚을 수 售同字

𨿧 [아] 家所畜舒鴈善鳴峨首辟蛇蛾 거위아 鵝同字 歌

𨿨 [독] 禿頭鳥ㅣ鶖 두루머도ㄱ 鵚同字 星

𨿩 [추] 細頸 가는목추

𨿪 [광] 茅鴟 부엉이 광 鸘同字 陽

𨿫 [추] 細頸 가는목추 雜譌字 紙

𨿬 [혹][곡] 黃ㅣ 天鵠 고니혹 帿的 과녁곡 鵠同字 沃

𨿭 [준][준] 馬之美稱 준마준 大也 클준 疾速 빠를준 高也 높을준、준 義同、駿同字 震

𨿮 [치] 野鷄 꿩치、ㅣ性耿介士所摯 폐백치 雉古字 寘

𨿯 [망] 鶩也 솔개미망 講

𤷾 [응] 鷹也 매응 雁本字 蒸

八

𨿰 [치] 東方雉名 꿩치 鶅同字 支

𨿱 [경] 鶊ㅣ黃鳥 꾀꼬리 경 鶊同字 庚

𤸰 [응] 鷹也 매응 雁本字 蒸

䧱 [곤] 似鷄而大、一鷄 곤이곤 鶤俗字 (元) 雖 [수] 巂也 소 개미수 (寘) 䧴 [착] 白鵫 흰꿩 착 鵫同字 (覺) 錐

[수] 設兩辭假令 비록수 蟲名 벌레이름수 雖同字 (支) 𩀗 [도] 木一 似鵃鴿而小 부엉이도 鵵同字 (遇) 䧼 [수] 稺

由 가죽나무고치수 雙鳥 새한쌍수 (尤) 䧢 [유] 飛貌 나는모양유 (支) 䨇 [례] 鶩也 꾀꼬리례 (齊) 雜 [순][단] 鶉 也 메추라기

기순 敝衣 옷헤질순 鶉也 수리단 鷻同字 (眞)(寒) 錐 [서] 似鳥晃 一鴈 거위 서 鸒同字 (魚) 雞 [기] 사鴈 뫼 꿩 오리기 鵋也

수알치기 鵙同字 (支) 䧶 [청] 鶄 一 似鳧 교청 새청 鶄同字 (青) 䧷 [견] 鷂屬、鵳 새매견、조롱 견 鵳同字 (先) 雟

[휴][규][수] 一周、杜鵑 접동새휴、子一鵑也 접동새규 邛都 國名、越一 나라이름수 巂同字 (齊)(支)(紙) 雗 [한] 白雉 흰꿩한

雗同 字 (翰) 䧸 [야] (似雉鳥) 새이름야 鴉同字 (禡) 䧺 [구] 布穀鳴鳩、鵠一 뻐꾸기구 鴝同字 (屋) 雓

[곡] 野鵠 들거위 곡 鵠同字 (屋) 雝 [작] 喜一 乾一 鵲一 以音孚以視抱 鳥名 까치작 鵲同字 (藥) 雕 [조] 浴玉 부一옥

다듬을조 鷲也 似鷹而大 翮可爲箭 阜一 독수리조 章 明貌 一一 환할조 國名 一願 나라이름조 鵰同字、彫、琱通 (蕭) 九 䨗 [연] 鷰

也 닭의연 (霰) 䧿 [돌] 一鵽、似雉而青 꿩갈고리 돌 鵽同字 (月) 離 [리] 陳也 베풀리 麗也 걸릴 리 別也 떠날리 離 謫字 (支)

(眞) 䨊 [요] 鳥名 새이름요 (蕭) 䧷 [언] 鳳之別名 봉 새언 鶠同字 (阮) 䳇 [무] 鷄雛 병아리무 雀幼子 참새새끼무

遇

⿰彖隹 단 鳥名새이름 단 鷄同字 翰

雖 수 蟲名벌레이름수 設 雨辭假令비록수 支

⿰癸隹 규 小鳩 비둘기새끼 규 支

⿰重隹 종 小鳥작은새가날 종 雀也참새종 腫

⿰弇隹 암 鳥名ㅡ鶉메추리 암 鵪同字 覃

⿰咢隹 악 鷹鶚之屬鷙擊之鳥 性好峙立 鶚同字 樂

⿰狊隹 격 伯勞왜가리 격 鶪同字 陌

⿰吅隹 난 難也어려울난 務也 애쓸난 鷬古字 翰

⿰秋隹 추 鷄雛ㅡ子 병아리추 尤

⿰胡隹 호 鶘ㅡ淘河사다 새호 鶘同字 虞

十

巂 규 수 휴 鴂也 子ㅡ접동새규 規雉同、邛都國名越ㅡ나라이름 수 杜鵑ㅡ周두견새휴 支 紙 齊

雋 전 鐫也새길전 先

雞 계 知時畜司 晨鳥翰音닭 계 蟲名莎ㅡ 베짱이계 齊

雘 확 호 善丹곱게붉은흙확 丹也붉은칠 한확 辰砂진사확、호 義同 樂 遇

雇 춘 鳥名 鴳ㅡ새이 름춘 鶞同字 眞

雗 한 白雉흰 꿩한 翰

⿰𦰩隹 난 어려울난 難同字

難 난 어려울 난 難略字

雝 옹 辟ㅡ學名벽옹옹 和也 ㅡㅡ화할옹 廱同字 冬

雔 수 匹也짝수 仇也원수수 校也비교할 수 售也償也갚을수 讎同字 尤

⿰䍃隹 요 五色雉장끼요 隼也 새매요 鷂同字 蕭 嘯

⿰虒隹 제 似鳧、鷿ㅡ되강오리제、 비오리제 鷈同字 齊

雚 관 水鳥似鵲황새관 草名ㅡ蘭풀이름관 翰

雛 추 鳥子새새끼추 鷄子병아리추 鳳屬鵷ㅡ새이름추 小兒어린아이추 虞

⿰倉隹 창 ㅡ鴰、水鳥왜가리창、ㅡ鶊 黃鳥꾀꼬리창 鶬同字 陽

雙 쌍 兩隻한쌍쌍 鳥二枚새두마리쌍 偶也짝쌍 獸名ㅡㅡ짐승이름쌍 本音상

䨊 [난] 難也 어려울 난 務也 애쓸 난 鸃古字 (翰)

䧜 [당] 鳥名 ─鶶 새 이름 당 鶶同字 (陽)

雜 [잡] 亂也 어수선할 잡 參錯 五采相合 섞일 잡、잡될 잡 (合)

雕 [조] 鵰屬 징경이 조 (蕭)

䨇 [쌍] 쌍 쌍 雙俗字

䍜 [답] 飛貌、─ 무리를 날 답 鴉同字 (合)

⑪

雝 [종] 鷄也 닭 종 鏦同字 (冬)

雙 [쌍] 쌍 쌍 雙俗字

離 [리] 陳也 베풀 리 別也 이별할 리、떠날 리 麗也 걸릴 리 歷也 지날 리 雨也 둘 리 流─ 散也 떠돌아 다닐 리 遭遇 만날 리 穗實垂─ ─ 이삭 늘어질 리 神名 長─ 귀신 이름 리 陸─ 美貌 아름다운 모양 리 地名 鐘─ 땅 이름 리 馬名 纖─ 말 이름 리 侏─ 語不明 말 분명치 못할 리 草名 江─ 풀 이름 리 姊妹之孫 누이의 손자 리 卦名 괘 이름 리、去也 자리를 뜰 리、옮길 리 (支)(寘)

𩀨 [난][나] 어려울 난、성할 나 難俗字 (翰)(歌)

䨁 [우] 鳥聲 새 소리 우 (宥)

難 [난][나] 珠名 木─ 구슬 이름 난 艱─ 不易 어려울 난 患也 근심스러울 난 阻也 막힐 난 詰辯 힐난할 난 責也 꾸짖을 난、盛貌 ─然 우거질 나 儺同字 (寒)、(歌)

䧱 [암] 鶉也 메추리 암 (覃)

䨄 [작] 鸑─ 鳳屬 봉새 작 鷟同字 (覺)

䧾 [급] 小黑鳥 ─鳩 작고 검은 새 급 鵖同字 (緝)

䧻 [종] 鷄也 닭 종 (冬)

雡 [류] 大雛 큰 병아리 류 (宥)

⑫

䨏 [로] ─鷺 水鳥 頭毛如絲 一名 春鋤 백로 로 鷺同字 (遇)

䨐 [별] 赤雉 붉은 꿩 별 鷩同字 (霽)

雙 [쌍] 쌍 쌍 雙俗字

䨖 [취] 鵰類 黑色多力 독수리 취 鷲同字 古音 츄 (宥)

𩁹 [침] 닭 침 䲭同字

䨛 [침] 鷄也 닭 침 (侵)

䨑 [료] 鷯─ 桃蟲在葦小鳥 뱁새 료 鷯同字 (蕭)

𩁴 [산] 射鳥繳 주살 산 (旱)

⿰皐隹 [고] 小鳩ㅣ鵙작은비둘기고 鷎同字 (豪) ⿰覃隹 [음] 鷂之別名새매 음 鷣同字 (侵) ⿸厥隹 [궐] 似鷹、白ㅣ조 꼬리궐 鷢同字 (月)

⿰番隹 [번] 鳥名、黑色短尾새 이름번 鷭同字 (元) ⑬ ⿰阝巂 [수][규] 飛也날수ㅣ 규義同 (支) ⑭ ⿰賓隹 [빈] 小雀작은참새 빈 (眞)

⑮ ⿰黎隹 [려][리] 倉庚꾀꼬리 려 리義同 (齊)(支) ⑯ 雥 [잡] 衆鳥새잡 (合) ⑳ 雧 [집] 모을집 集同字

㉔ [illegible] [연] 鳥羣새떼연 (先)

雨部

雨 [우] 自上而下水雨비올우ㅣ水 蒸爲雲降爲ㅣ비우 (麌)(遇)

② ⿱雨丁 [정] 雨降비올정 (庚)

③ ⿱雨乙 [학] 酷也苛也사나울학、혹독할학、가무로울학 殘也해롭게할학 本音약 虐同字 (藥) ⿱夂雨 [우] 비우 雨古字

雫 [나] 滑滴물방울나 或音하 (馬) 雪 [설] 陰凝爲ㅣ六出花눈 설ㅣ恥洗也씻을설 (屑) 雩 [우] 祈俱祭名 기우제이름우 (虞)

⿱雨亐 [우] 기우제이름우 雩同字 ⿱雨彡 [삽] 小雨也이슬비삽 (感) ⿱雨女 [령] 女字계집 이름령 (青)

④ ⿱雨父 [부] 意未詳 ⿱雨天 [수] 雲上於天구름이 하늘에오르는수 (虞) ⿱雨氺 [비] 霧也안개비 (紙) 雯 [문] 雲成章구름문채문 (文)

⿱雨勿 [홀] 雷也우뢰홀 (月) ⿱雨今 [음] 雲上於天구름이 검을음 黔同字 (侵) 雱 [방] 雪盛貌눈 펑펑쏟아질 방、함박눈 방 滂同字 (陽)

⿱雨井 [영] 深池깊은 못영 (庚) ⿱雨心 [침] 雲行구 름피어갈침 (沁) ⿱雨夬 [쇄] 雨疾비빨 리올쇄 (卦)

雺 [무] 霧也 안개 부 (有) 雭 [삽] ㅣㅣ雨聲 빗소리 삽 (緝) 雰 [분] 霧也 안개 분 ㅣㅣ雪貌 눈이 펄펄 날릴 분 瑞氣 상스러운 기운 분 (文)

雲 [운] 山川氣陰陽聚爲ㅣ 구름 운 ㅣ漢 은하수 운 八代孫曰ㅣ孫 팔대손 운 天也 靑ㅣ 하늘 운 (文)

霎 [섭][삽] 小雨貌 부슬비 삽、삽 義同 (鹽)(咸)

⿱雨屯 [돈] 大雨 큰 비 돈 (元)

⿱雨毛 [목] 鳥羽澤 새깃 윤택할 목 (屋)

㊄ 零 [령][련] 奇ㅣ 數餘 셈나머지 령 雨餘落 비 뚝뚝 떨어질 령 碎也 부서질 령 落也 떨어질 령 西羌名 先ㅣ 오랑캐 이름 련 (靑)(徑)(先)

⿱雨冬 [동] 雨貌 비 뚝뚝 떨어질 동 (冬)

雵 [앙] ㅣㅣ白雲貌 흰구름 피어오를 앙 (陽)

霐 [홍] 幽深之貌 속깊은 홍 霟同字 (庚)

⿱雨立 [립] ㅣ霫 大雨貌 큰비 쏟아질 립 (緝)

雷 [뢰] 陰陽薄動聲 천둥 뢰、우뢰 뢰 ㅣ鼓 북이름 뢰 鼓名 造化神ㅣ 조화신 뢰 (灰)

⿱雨厄 [의][애] 大露 큰 이슬 의 霧也 안개 애 (微)(卦)

電 [전] 震ㅣ陰陽激耀 번개 전 ㅣ光 石火 번쩍일 전 ㅣ氣 전기 전 (霰)

⿱雨甲 [협] 좁을 협 고을 협 陜古字

⿱雨君 [랑] 洞屋 빈 골 랑 (漾)

⿱雨出 [불] 雲起子 구름 일 불 (月)

⿱雨音 [암] 霜也 서리 암 (覃)

⿱雨乍 [착] 降雨貌 비올 착 (陌)

⿱雨弗 [불] 雲貌 구름 모양 불 (物)

雹 [박] 陰之專氣雨冰 우박 박 (覺)

雺 [몽] 天氣下地不應 해미칠 몽、안개 몽 霿同字 (宋)

⿱雨勿 [물] 雨降貌 비올 물 (物)

㊅ ⿱雨青 [제] 雨止 개일 제 霽同字 (霽)

⿱雨青 [설] 雪也 눈 설

⿱雨合 [협] 濕也 젖을 협 洽也 두루할 협 (洽)

⿱雨彖 [잠][애] 霖雨 장마 잠 雨聲 빗소리 애 (侵)(佳)

⿱雨各 [락] 雨零 비 떨어질 락 (藥)

需 [주] 要求 구할수, 食 반음식수, ㅣ待 遲疑 머뭇거릴수, 索 반찾을수, 待 반기다릴수, 卦名 괘이름수, ㅣ要 쓸수, 須 반모름지기수, 疑 반의심스러울수 或音 뉴 (虞)

電 [전] 震ㆍ陽激耀 번개전, ㅣ氣 전기, ㅣ光 번쩍할전 電同字 (霰)

雿 [조] 幽冥 어두울조 (嘯)

雬 [자] 大雨 큰비자 雨聲 빗소리자 (紙)

靁 [뢰] 陰陽薄動聲 천둥뢰, 우뢰뢰 鼓名 ㅣ鼓 북이름뢰 雷、靁古字 (灰)

霅 [쇄] 海船 바닷배쇄 (卦)

䨐 [처] 居 반살처, 止 반그칠처, 定 반정할처, ㅣ所 곳처 處同字 (語)(御)

䨙 [색] 霰 반싸락눈색 (陌)

霁 [제] 霽雲 구름걷힐제 雨止 비그칠제 (齊)

雩 [우] 소나기우 雩同字

䨞 [병] 霤聲 우렁소리병 (梗)

雾 [우] 水聲 물소리우 (遇)

雷 [뢰] 천둥뢰、우뢰뢰 靁古字

雩 [우] 霢ㅣ暴雨 소나기우 (虞)

䨟 [인] 氣流行 기운퍼질인 (震)

雹 [전] 번개전、천 기천 電同字

七

霰 [선][산] 粒雪 싸라기눈선 星 반별선 선、산 慣音 霰同字 (霰)

𩃏 [몰] 雨下 비내릴몰 (月)

䨹 [수] 小雨貌 부슬비수 (支)

𩃬 [선] 霄雪冰雪雜下 싸락눈선 霰同字 (霰)

霂 [목] 霢霂 ㅣ小雨 비부슬부슬올목 (屋)

𩃁 [색] 細雨降貌 가랑비올색 (陌)

霉 [매] ㅣ溾 雨汗 곰팡이매 (灰)

䨬 [둔] 雲 犬貌 구름이 개달릴둔 䨬同字 (元)

霈 [패] 大雨雱ㅣ 비쏟아질패 沛通 (泰)

䨍 [부] 雪降 눈올부 (尤)

霃 [침] 久陰 음산할침 (侵)

䨳 [역] 大雨 큰비역 (陌)

𩅓 [침] 음산할침 霃譌字

霊 [령] 신령령、혼백령 靈略字

霆 [정] 陰陽相薄激而爲ㅣ電 벼개정 疾雷벼락정 (靑)

⿱雨延 [연] 雲起ㅡ 름일연 (霰)

霃 [침] 음산할침 霃俗字 (侵)

⿱雨君 [운] 雨也 비운 (韻)

震 [진] 動也 진동할진 雷也 우뢰진 落雷벼락칠진 威也 위엄스러울진 懼也 두려울진 ㅡ災 지진진 卦名괘이름 진 東方 동방진 (震)

⿱雨更 [경] 雲盛延貌 구름 뭉게뭉게 필경 (梗)

⿱雨弄 [롱] 雨聲빗 소리롱 (冬)

霄 [소] 雲ㅡ 天氣하 늘기운소 雨霓 진눈개비소 (蕭)

霅 [삽][잡] ㅡㅡ雨聲빗소리삽、震電ㅡㅡ 천둥번개 계칠잡 衆言여러들잡 吳興水名물이름잡 (合)(洽)

⿱雨甹 [병] 雨降비 올병 (靑)

⿱雨耴 [첩] 細雨가 랑비첩 (葉)

八

⿱雨疌 [첩] 雪降 눈 올첩 (葉)

⿱雨电 [전] 번 개전、전기전 電本字

⿱雨奄 [암] 雲起盛ㅡ 구름성할암 (感)

⿱雨垂 [타] 雲散 구름 벗어질타 (歌)

⿱雨析 [석][색] 細 雨가랑비 석 霰也싸락눈석 색 義同 (錫)(陌)

[illegible] [삼][첩] 微雨가랑비삼 雨貌비모 양삼 漬也적실첩、담글첩 (咸)(鹽)

⿱雨林 [상] 驟也소 나기상 (陽)

⿱雨妻 [처] 雲行貌 구름뭉게 뭉게 갈처 霽也개일처 (齊)

⿱雨斤 [제] 雨止개일제 霽同字 (霽)

⿱雨房 [령][련] 雨餘落 비뚝뚝떨어질 령 碎也부서질령 落也떨어질령 西羌 名、先ㅣ오랑캐이름련 零同字 (靑)(徑)(先)

⿰雲內 [대] 雲狀구름의 형상대 (隊)

⿱雨忽 [홀] 雨 降비 올홀 (月)

霏 [비] 雰也안개비 雨雪霏貌 진 눈개비비、눈펄펄날릴비 (微)

⿱雨周 [주] 霖也 장 마주 (尤)

霎 [삽] 暫也 잠 시삽 小雨이 슬비삽 (洽)

[illegible] [선][산] 粒雪싸락눈선 星也 별선、산 慣音 霰同字 (霰)

⿱雨印 [전][잡] ㅡ번개전、ㅡ氣 전기전 電同字 大雨

큰비잡 雨聲 빗소리잡 霵諸字 ㊀霰 ㊀洽

⿱雨泣 [립] 雨聲 빗소리립 (合)

霓 [예][역] 雲ㅡ雌虹也 암무지개예、역義同 (齊)(錫)

⿱雨亶 [단] 露多 이슬많을단 (寒)

霍 [곽] 吐瀉ㅡ亂 곽란곽 疾也 빠를곽 國名 周武王弟所封 나라이름곽 南嶽別名 남악곽 本音 확 (藥)

霑 [점] 雨淋 비지정거릴점 濕也 濡也 젖을점 沾通 (鹽)

霔 [주] 時雨 때맞춰오는비주 (遇)

霠 [음] 구름낄음 霒同字

⿰雲屯 [둔] 雲大貌 구름큰모양둔 (元)

⿱雨朋 [붕] 大雨 큰비붕 (蒸)

⿱雨泓 [홍] 幽深 추 깊을홍 (庚)

⿱雨青 [청] 女神名

霒 [음] 雲覆日 구름낄음 陰古字 (侵)

霖 [림] 久雨不止 장마림 時雨甘ㅡ 단비림 (侵)

⿱雨泫 [현] 露貌 이슬성할현 (銑)

九

⿰雲戈 [대] 雲布貌 구름이깔릴대 (隊)

⿱雨侯 [후] 霖也 장마후 (尤)

⿰雲犮 [발] 雲起 구름필발 (曷)

⿱雨洼 [와] 蹄涔 소발자국에 괸물와 (麻)

⿱雨禹 [우] 雨聲 빗소리우 (麌)

⿱雨染 [염] 沾也 젖을염 (鹽)

⿱雨甚 [담] 雲起 구름낄담 (感)

霵 [잡] 大雨 큰비잡 雨聲 빗소리잡 (洽)

⿱雨春 [제] 雨止 개일제 霽同字

⿱雨昏 [박] 雨冰 우박박、누리박 雹同字 (覺)

⿱雨更 [영] 雪華 눈꽃영 雲貌 구름피어오를영 霙同字 (庚)

霙 [영] 雨雪交降 진눈개비영 霰也 싸라기눈영 雪華 눈꽃영 雲貌 구름피어오를영 (庚)

⿰雲弗 [비][배] ⿰雲發ㅡ 雲盛貌 구름이성할비 雲布狀 구름필비、배義同、靅同字 (未)(隊)

霚 [무] 地氣發天下應而成 아개무 霧本字 (遇)

⿰雲今 [음] 雲貌 구름낄음 (侵)

⿱雨迪 [적][독] 雨下 비올적、降

雨貌 비내리는모양 독 (錫)(沃)

霞 하 日旁形雲 노을하 遐也 멀하 赧通 (麻)

霭 애 알 雲貌 구름피어오를애 氣也 아지랑이애、알 義同 靄同字 (泰)(賄)(曷)

[雨/另力] 령 신혼백령 靈古字

[雨/户月] 전 번개전、전기전 電古字

霝 령 墮也 떨어질령 降雨 비올령 善也 착할령 零同字 (青)

[雨/奄] 령 신령령、혼백령 靈古字

霜 상 歷年 星ㅣ 해지날상 露凝 서리상 至嚴 秋ㅣ 엄할상 白髮 흰털상 (陽)

[雨/勿] 매 (風而雨土晦) 흙비매、토우매、해미매 霾 籀文 (佳)

[雨/革] 박 雨濡革 비에 가죽젖을박 (藥)

雰 분 降雪貌 눈내리는모양분 霧也 안개분 (支)

⊕十

[雨/神] 령 신령령、혼백령 靈同字

雱 망 大雨ㅣ霈 비쏟아질방 (陽)

[雨/差] 차 雨聲 빗소리차 (歌)

霢 맥 이슬비맥 霡同字

霡 맥 小雨ㅣ霂 이슬비맥 (陌)

[雨/翁] 옹 雲之延起 구름뻗힐옹 (董)

[雨/豈] 애 雪貌ㅣㅣ 눈하얀애 (灰)

[雨/复] 확 척 大雨 큰비확、隻也 쌍척 (藥)(陌)

[雨/今卩] 음 雲覆日 구름길음 黔謁字 (侵)

[雨/陣] 진 雲起 구름일진 (震)

[雨/畐] 함 霖也 장마함 (覃)

[雨/眞] 지 雨聲 빗소리지 (支)

[雨/束] 석 색 細雨 가랑비석、霰也 싸락눈석、색 義同、[雨/析]同字 (錫)(陌)

霣 운 雷起出雨 천둥에 비몰아올운 墜也 떨어질운 隕同字 (軫)

[雨/追] 추 隱也 숨을추 雷也 우뢰추 (支)

靁 뢰 천둥뢰、우뢰 雷古字

[雨/退] 대 靆ㅣ雲黑貌 검은구름낄대 [雨/對]同字 (隊)

[雨/殺] 선 산 粒雪 싸라기눈선 星也

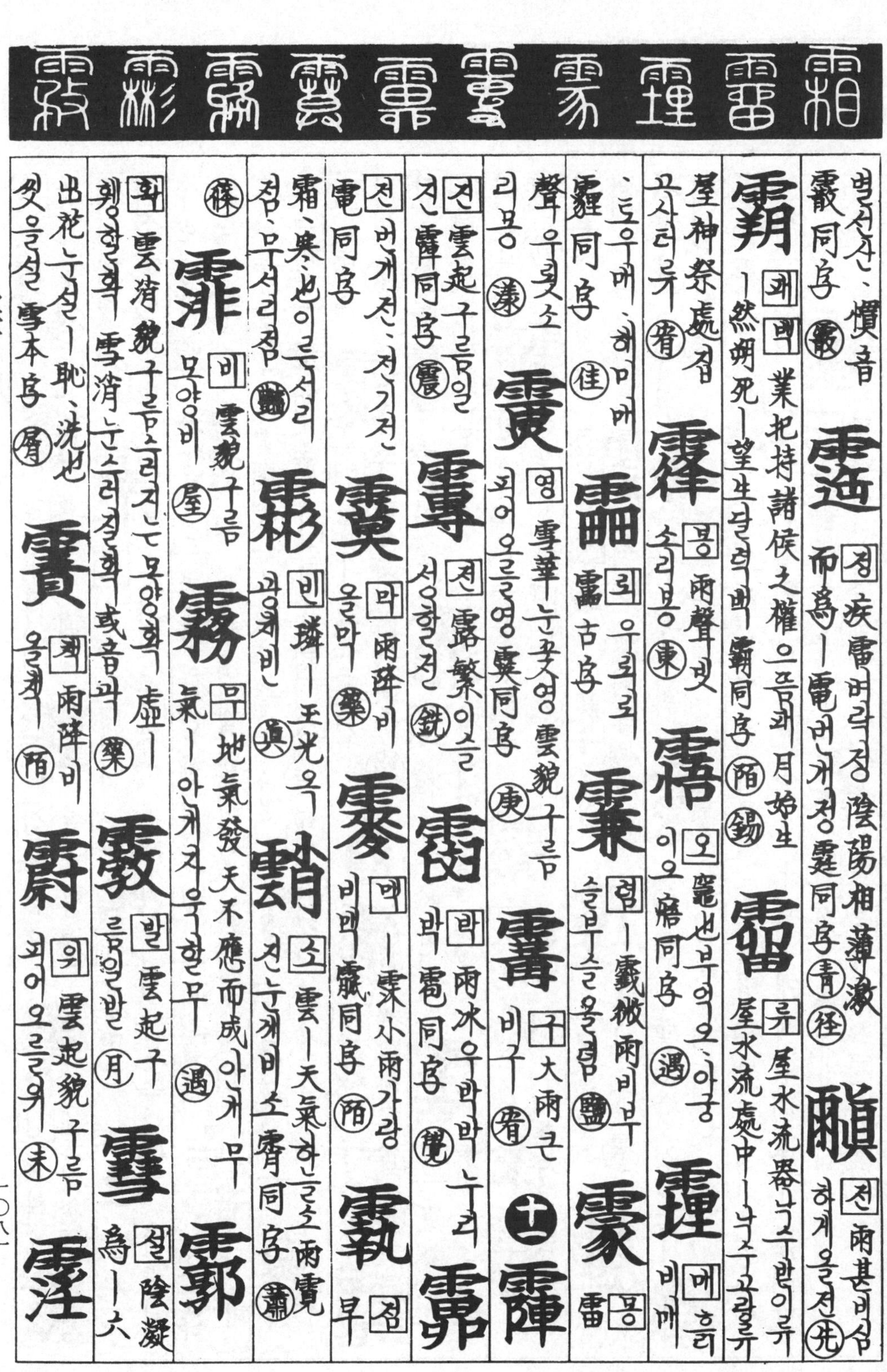

벼서산、慣音 霰同字 (霰)

霆 [정] 疾雷벼락정 陰陽相薄激而爲ㅣ電번개정 霆同字 (青)(径)

[雨眞] [전] 雨甚비심할전하게올전 (先)

霸 [패][백] 業把持諸侯之權으뜸패 月始生ㅣ然朔死ㅣ望生달의백 覇同字 (陌)(錫)

霤 [류] 屋水流器낙수받이류 屋水流處中ㅣ낙수고랑류 屋神祭處집고사리류 (宥)

[雨降] [봉] 雨聲빗소리봉 (東)

[雨唐] [오] 竈변부어오、아궁이오 瘔同字 (遇)

霾 [매] 흙비매、도우매、해미매 霾同字 (佳)

[雨畾] [뢰] 우뢰뢰 靁古字

[雨兼] [렴] ㅣ霰微雨비부슬부슬올렴 (鹽)

[雨家] [몽] 雷聲우뢰소리몽 (東)

霙 [영] 雪華눈꽃영 雲貌구름피어오를영 霙同字 (庚)

[雨壽] [주] 大雨큰비주 (宥)

⑫

[雨陴] [전] 雲起구름일전 霹同字 (霰)

[雨專] [전] 露繁이슬성할전 (銑)

[雨段] [박] 雨冰우박박 雹同字 (覺)

[雨鼎] [전] 번개전、전기전 電同字

[雨莫] [막] 雨降비올막 (藥)

[雨麥] [맥] ㅣ霂小雨가랑비맥 霡同字 (陌)

[雨執] [점] 早霜、寒、번이른서리점、무서리점 (鹽)

霦 [빈] 璘ㅣ玉光옥광채빈 (眞)

[雲肖] [소] 雲ㅣ天氣하늘소 雨霓전누개비소 霄同字 (蕭)

(篠)

霏 [비] 雲貌구름모양비 (屋)

霧 [무] 地氣發天不應而成안개무 氣ㅣ안개자욱할무 (遇)

霩 [확] 雲消貌구름스러지는모양확 虛ㅣ휑할확 雪消눈스러질확 或音곽 (藥)

[雨殳] [발] 雲起구름일발 (月)

[雨彗] [설] 陰凝爲ㅣ六出花눈설 ㅣ恥、洗씻을설 雪本字 (屑)

[雨貴] [궤] 雨降비올궤 (陌)

霨 [위] 雲起貌구름피어오를위 (未)

霪

[음] 久雨霖ㅣ 장마음 (侵)

⿱雨婁 [루] 雨降비올루 (麌)

⿱雨⿱大廾 [망] 雲色구름빛망 (養)

⿱雨京 [상] 雨降비올상 (絳)

⿱雨夷

[전] 버개전、전기전 電同字 (陌)

⿱雨取 [주] 久雨小雨비지점거릴주 (東)

⿱雨鹿 [록] 暴雨소나기록 (屋)

⿱雨龜 [유] 屋水流處나수반이류 霤同字 (宥)

⿱雨敫 [핵] 考事得實핵실할핵 果中實씨핵 修刻애새할애 ㅣ覈、⿱雨覈同字 (陌)

⿱雨部 [부] 蔀ㅣ草名서부풀부 ㅣ首閏餘一之數부수부、일흔두살부 障明小席거적부 蔀同字 (有)(麌)

⿱雨習 [습] 雨貌비쏟아질습 (緝)

⿱雨并 [방] 大雨큰비방 (陽)

⿱雨逮 [대] 霮ㅣ雲黑貌검은구름낄대 ⿰雲對同字 (陽)

十二

⿱雨隊 [체] ⿱雨毄狀구름질체 ⿱雨隶同字 (賄)(隊)

⿰雲甚 [담] ㅣ⿰雲對雲繁구름피어오를담 霮、⿰雲甚同字 (勘)

⿱雨湘 [상] 霜枯物意된서리가말릴상 (漾)

霮 [담] 雲繁ㅣ ⿰雲對구름피어오를담 (勘)

⿰雲奄 [암] 青黑검푸를암 黮검은모양암 黤同字 (琰)

⿱雨湳 [남] 泥빈진흙남 (陷)

⿱雨隊 [대] 霮ㅣ雲黑貌검은구름낄대 ⿰雲對俗字 (隊)

⿰雲隶 [체] ⿱雨毄ㅣ雲狀구름질체 ⿰雲隶、⿰雲疑同字 (賄)(隊)

⿱雨復 [복] 覆水물흘릴복 (屋)

[illegible] [중] 氣往來意기운왕래할중 (東)

⿱雨⿱吅田 [박] 우박박 雹古字

⿱雨隊 [대] 霮ㅣ雲黑貌검은구름낄대 ⿰雲對同字 (隊)

⿱雨晉 [심] 雨聲빗소리심 (侵)

⿱雨⿰令卩 [령][련] 雨餘落비뚝뚝떨어질령 碎빈부서질령 落빈떨어질령 西羌名、先ㅣ오랑캐이름련 零ㅣ、霝同字 (青)(径)(先)

霳 [룡] 雲師⿱雨豐ㅣ구름맡은귀신룡 (東)

⿱雨厤 [력] 霖ㅣ南不止貌비그치지않을력 靂同字 (錫)

霻 [동] 大雨큰비등 (徑)
霰 [선] 粒雪싸락눈선 (霰)
⿱雨胥 [라] 雨降비올라 (箇)
⿱雨彖 [중] 久陰小雨
⿱雨叔 우레흘러고비자죽 거릴죽 (東)
霱 [휼] 鄉雲瑞雲상서구름휼 本音율 (質)
⿱雨軍 [완] 人名孫ㅣ사람의이름완 (刪)
⿱雨𢿱 [선] 싸락눈선 霰本字
⿱雨澤 [박] 澤也못박 雨也비박 (藥)
⿱雨雲 [대] 雲起구름일대 (泰)
露 [로] 現也暴ㅣ드러날로、보일로 夜氣爲ㅣ陰之始이슬로 膏澤雨ㅣ이슬 주로 嬴也과리할로 國名ㅣ西亞나라이름로 (遇)
霤 [류] 屋水流處낙수반이류 霤同字 (看)
⿱雨斤 [사] 小雨이슬비사 (支)

十三

⿱雨奄 [령] 龍也용령 神也신령령。靈龘古字
⿱雨黽 [령] 龍也용령 神也신령령。善也착할령。靈龘古字 (靑)
⿱雨戔 [진] 雷也벼락칠신 動也진동할진ㅣ災지진진 震古字 (震)
⿱雨⿰云甚 [담] 䨴 雲繁구름끼어오를담 霴同字 (勘)
⿱雨㱿 [해] 考車得實해실할해ㅣ果中實서해ㅣ修刻애써할해ㅣ霰同字 (陌)
⿱雨農 [농] 露多이슬흠치르르할농 濃通 (冬)
霺 [미] 細雨가랑비미 (微)
霹 [벽] 迅雷ㅣ靂벼락벽 (陌)(錫)
⿱雨𡈼 [령] 神也신령。령魂魄혼백ㅣ령 神之精明신통할령 靈同字 (靑)
⿱雨戢 [즙] 雨降비올즙 (緝)
霎 [잡] 小雨차운비잡 霅也잣을잡 (盍)
霸 [패] [백] ㅣ業把持諸侯之權제후의권세잡을패、두목패 以武道治天下者패왕패 本音파、月始生초생달백ㅣ魄同字 (禡)(陌)
⿱雨雍 [옹] 雲氣구름기운옹 (腫)
⿱雨資 [자] 빗소리자 ⿰雨資同字
⿰雨資 [자] 雨聲빗소리자 (支)
⿱雨溥 [박] 大雨큰비박 (藥)
⿱雨暘

[양] 十月爲ㅣ시월양 陽通 (陽)

䨼 [확][척] 大雨소낙비확 ㅣ雙 번쌍척 靃同字 (藥)(陌)

霶 [방] ㅣ霈大雨비쏟아질방 雱同字 (漾)

䨤 [회] 小雲 실구름회 (未)

霅 [삽] 雨降貌 비올삽 (合)

十四

霾 [매] 風而雨土晦 매 미매、흙비매 (佳)

䨀 [령] 空也하늘령、고요할령 (靑)

䨲 [누] 兔子 토끼 누 (尤)

霽 [제] 雨止비개일제 (霽)

霼 [희] 雲貌霼ㅣ구름걸희 不審貌흐릴희 (尾)(未)

䨘 [만] 雨露濃貌蒙ㅣ이슬비만、흠치르르할만 (寒)

䨱 [희] 雨止貌 비갤희 (微)

䨩 [령] 天ㅣ、人之頂骨사람의정수리뼈령 (靑)

䨛 [산] 小雨이슬비산 (寒)

䨴 [대] 雲黑貌 흐릴대 (尾)(未)

䨥 [로] 雪降貌 눈내리는모양로 (豪)

零 [령][련] 雨餘落비뚝뚝떨어질령 西羌名、先ㅣ오랑캐이름련 砕번 零同字 (靑)(徑)(先)

霥 [몽] 微雨가는비몽 (東)

霿 [몽] 鄙吝散ㅣ자욱할몽 無識貌컴컴할몽 (東)

霫 [박] 雨冰우박박、누리박 雹古字 (覺)

十五

靁 [뢰] 천둥뢰、우뢰 雷本字

䨒 [산] 雨降비올산 (潸)

霰 [선] 싸락눈선 霰同字

霮 [담] 久雨장마담 (感)

十六

霰 [선][산] 粒雪싸락눈선 星번변 선、산慣音 霰同字 (霰)

霡 [매] 風而雨土晦흙비매、토우 매、해미매 霾、霾同字 (佳)

霰 [선][산] 싸락눈선、변선、산 慣音 霰本字、霰同字

靄 [애] 雲貌구름피어오를애 氣번 아지랑이애 (泰)(賄)

霵 [집] 雨下비올집 本音즙 (緝)

靃 [확] ㅣㅣ飛聲빗소리을

새나르는소리획 草翁貌 ㅣ靡풀약한모양획 (齊)

𩅰 [만] 虎文범의무늬반 彪同字 (刪)

𩅹 [대] 靆ㅣ雲黑貌 검은구름길대 霸、霼俗字 (隊)

霴 [계] 雲狀靉ㅣ구름길계 本音대 (賄)(隊)

霯 [잠][집] 水也물잠、小雨작은비잠 霵同字 (陌)(盟)

靂 [력] 迅雷霹ㅣ벼락력 (錫)

靈 [령] 魂魄혼백령 神也신령령 神之精明신통할령、신령스러울령 龍也고일령 善也착할령。 (靑)

靅 [비][배] 靉ㅣ、雲盛貌구름이성할비 雲布狀구름길비、배義同 (未)(隊)

靇 [롱] 雷聲우뢰소리롱 (東)

(十七)

𩅸 [은] 雲貌구름모양은 (吻)

𩆡 [섬] 微雨霖ㅣ비부슬부슬올섬 (鹽)

𩅵 [기] 旅寓寄也나그네기 𩆐俗字 (支)

𩆵 [사] 細雨가랑비사 (歌)

靉 [애] 雲狀ㅣ靆구름길애 眼鏡안경애 (隊)

𩆜 [락] 大雨큰비락 (覺)

𩆲 [양] 露繁이슬성할양 (陽)

(十八)

𩆷 [운] 隓也떨어질운 雷起出雨처둥에비몰아올운 賓古字 (軫)

靊 [풍] 雲師ㅣ霳구름맡은귀신풍 (東)

𩆝 [농] 露多이슬흠치르르할농 霳同字 (冬)

𩆛 [매] 風而雨土晦비바람불고흙비몰매 (灰)

𩆺 [쌍] 雨貌비모양쌍 (江)

(十九)

𩆮 [력] 雨不止貌霖ㅣ비그치지않을력 (錫)

𩆳 [숙] ㅣ모、疾貌빠를숙 (屋)

𩆿 [보] 보배보 寶同字

(二十)

𩇁 [즙] 雨降비올즙 (緝)

𩇂 [확] 虛ㅣ쾅한확 霩本字 (藥)

𩇃 [박] 우박박 雹古字

(二十七)

𩇔 [대] 雲盛구름성할대 (賄)

(三十)

𩇕 [진] 雷也벼락칠진 動也진동할

진ㅣ霞 지진진 震籒文 (震)

(廿一) 霤 [빙] 소리빙 雷聲우뢰 (徑)

(廿二) 靁 [뢰] 천둥뢰、우뢰뢰 靁古字

青部

青 [청] 竹皮대껍질청 東方木色푸를청 簡書殺ㅣ 주력청 ㅣ年젊을청 茂반ㅣㅣ무성할청 菁通 (青)

青 [청] 푸를청、젊을청 青同字

(三) 晴 [영][정] 小鳥ㅣ吟속삭일영 欲望반마음청、욕망청 情同字 (庚)

⿰青彡 [정] 淸飾조촐하게꾸밀정 (梗)

(五) 靖 [정] 편안할정、생각할정 靖同字

靖 [정] 思반생각할정 謀반꾀할정 安반편안할정 理반다스릴정 和반화할정 靜通 (梗)

(六) ⿰青光 [정][청] 正視바로볼정 覰반엿볼정 (敬)(庚)

⿰青色 [정] 明반밝을정 妝飾明반치장한히할정 青黑色검푸를정 靚同字 (敬)(徑)

静 [정] 動之對고요할정、조용할정 謀반꾀할정 息반쉴정 靜略字 (梗)

⿰青尤 [청] 譯반번역할청 偵반정탐할청 正視바로볼청 深意깊을청 (梗)(敬)

(七) 靚 [정] 明반밝을정 粉白黛黑ㅣ莊단장할정 女容徐ㅣ계집의용모안존한할정 靜同字 (敬)(梗)

(八) 靝 [천] 乾반하늘천 萬物之根本만물의근본천 造物主조물주천 眞理진리천 文반아버지천 天同字 (先)

靜 [정] 動之對고요할정、조용할정 謀반꾀할정 安반편안할정 息반쉴정 寂반고요할정 (梗)

靛 [전] 藍質ㅣ花청대전 (霰)

⿰青免 [청] 冷寒찰청 (徑)

(十) ⿰青氣 [천] 하늘천、조물주천 天同字

⿰青盍 [암] 飾采채색한암 (合)

(十三) ⿰青甚 [슴] 青而赤푸르고붉을슴 (質)

(十四) 䨼 [호] 善青곱게푸를호 (遇)

非部

二

非 [비] 訾也 나무랄비 不是 아닐비 不正也 그를비 惡也 몹쓸비 無也 없을비 違也 어길비 ㊇微

二

兆 [묘] 地支 데쟈지묘、토끼묘 茂也 무성할묘 東方 동쪽묘 卯同字 ㊋巧

非 [묘] 토끼묘、무성할묘、동쪽묘 兆同字

三

厞 [비] 隱也 숨을비 陋也 비루할비 ㊈未

⿱非子 [비] 輕也 가벼울비 ㊇微

⿱非巾 [비] 隱也 숨을비 ㊈未

⿱大非 [배] 大也 클배 ㊊賄

⿱非乙 [비] 分也 나눌비 ㊊尾

四

⿱非巴 [비] 別也 나눌비 ㊈寘

靟 [비] 細毛 가는털비、솜털비 ㊇微

⿱𠂉非 [잡] 惡也 나쁠잡、몹쓸잡 ㊅合

⿱非巾 [사] 敎人以道者 範也 스승사、서생님사 效也 본받을사 長也 어른사 師古字 ㊉支

⿱非火 [비] 塵也 티끌비 ㊈未

⿱非手 [비] 覆手 손엎을비 ㊈未

⿱非人 [슬] 絃樂二十五絃 실금슬、비파슬、거문고슬 瑟 鮮矜莊貌 깨끗한체할슬 風聲 바람소리슬 瑟古字 ㊑質

五

⿱非舌 [고] 菜名 荼也 쓴나물고、씀바귀고 味也 쓸고 勤勞 부지런할고 困悴辛楚 괴로울고 苦同字 ㊇虞

⿱大非 [아] 自謂己身 나아 此側 이쪽아 執也 고집쓸아 軍ㅣ 輩 이쪽아 我同字 ㊉哿

七

⿱非東 [비] 本名似柏 비자나무비 輔也 도울비 棐譌字 ㊊尾

⿱非貝 [비] 壯也 장할비 성할비 ㊈寘

⿱𠂉非 [잡] 나쁠잡 乖同字

靠 [고] 相違 서로어길고 依附 倚ㅣ 기댈고、붙일고 ㊉號

⿱非舌 [고] 서로어길고、기댈고 靠同字

十一

靡 [미] 爛也 문드러질미 散也 흩어질미 滅也 멸할미 損也 ㅣ費 허비할미 繫也 얽을미 奢麗 侈ㅣ 사치할미 無也 없을미 美色 ㅣ曼 예쁠미、아름다울미 偃也 ㅣ 쓰러질미 順隨 ㅣㅣ 순종할미、붙좇을미 連延貌 ㅣㅣ 연하

여쁘울 미 (紙)

⑫ ⿱非共 [공] 同뜻 함께공 向뜻 향할공 昔뜻 다공 衆뜻 무리공 共古字 (宋)(冬)

⿱非毛 [비] 細毛가 느린비 紛뜻 엉클어질비 (微)

九畫

面部

面 [면] 向뜻 향할면 顏뜻 낯면、얼굴면 表뜻 겉면 對뜻 대할면 見뜻 볼면 前뜻 앞면 當四方之一方 —방위면 行政區劃之 一면면 (霰)

靣 [면] 面 本字

⿰面口 [면] 面 俗字

③ ⿰面刃 [뉵] 羞顏 부끄러운 얼굴뉵 (屋)

⿰面寸 [내] 忍뜻 참을내、견딜내 耐譌字 (隊)

⿰面干 [간] 面黑氣 얼굴 기미간 皯同字 (旱)

④ ⿰面丑 [뉵] 慙뜻 부끄러울뉵 (屋)

⿰面丰 [방] 面腫 종날방 (江)

⿰面今 [함] 出頭貌 머리내밀함 (咸)

⿰面比 [시] 顏뜻 얼굴시 (眞)

⿰面巴 [과] 黃面 누런 얼굴과 (麻)

⿰面尤 [담] 두할담 ⿰面冘同字

⿰面几 [담] 두할담 ⿰面冘同字

⿰面冘 [담] 鈍뜻 둔할담 (勘)

⑤ ⿰面皮 [난] 赧뜻 무안할난、얼굴붉을난 ⿰面柰同字 (潸)

⿰面未 [매] 頮뜻 얼굴매 (隊)

⿰面皮 [전] 覔뜻 너그러울전 (銑)

⿰面令 [함] 面赤貌 얼굴붉을 함 ⿰面柰同字 (覃)

⿰面旦 [전] —然慚貌 무안할전、부끄러울전 面見물끄러미볼전 靦同字 (先)

⿰面占 [점] 面酒 얼굴 더러울점 (鹽)

靤 [포] 面瘡 면종포 (效)

⿰面幼 [요] 面曲 낯 굽을요 (巧)

⿰面丂 [초] 面曲 낯굽을초 (巧)

⿰面乍 [잔] 老也 늙을 잔 (潸)

⑥

⿰面台 [뢰] 面廻 낯더러울 뢰 (灰)

⿰面皮 [난] 赧也 무안할 난、얼굴빛이 붉을 난 ⿰面反、赧同字 (潸)

⿰面焦 [초] 冠娶祭名 초례 초 憔也 마를 초 醮同字 (嘯)

⿰面舌 [괄] 面小 낯작을 괄 本音 활 (曷)

⿰面圭 [추] 戚 足揩貌 쭈그러질 추 皺同字 (宥)

⿰面并 [병] 面黃 낯누를 병 (梗)

⑦

⿰面夋 [솨] 面醜 얼굴 못날 솨 (馬)

⿰面甫 [부] 頬也 빰 부 (虞)

⿰面足 [촉] 均也 고를 촉 (屋)

⿰面巠 [경] 頑也 완악할 경 本音 형 (敬)

⿰面每 [회] 面肉肥厚 얼굴 둥둥할 회 (隊)

⿰甫面 [부] 頬骨 광대뼈 부 ⿰面甫同字 (虞)

靦 [전] 面見 물끄러미 볼 전、얼굴 보일 전 慚貌 ㅣ然 무안할 전、부끄러울 전 俔同字 (銑)

⿰面含 [함] 面赤 얼굴 붉을 함 (覃)

⿰面忍 [닉] 愁面 수심 띤 낯 닉 (錫)

⿰面免 [만] 塗面 낯에 칠할 만 (翰)

⑧

⿰面百 [의] 正面 다정한 낯 의 (眞)

⿰面宛 [완] 目開貌 눈 뜰 완 (阮)

⿰面奄 [암] 面之黑子 사마귀 암 (咸)

⿰面官 [완] 形如杓子之面 오목한 낯 완 (諫)

⿰面周 [조] 習也 익힐 조 (嘯)

⑨

⿱面面 [람] 面長貌 ㅣ䩨 얼굴 길 람 (覃)

⿰面音 [암] 感容ㅣ 醶 슬픈 형용 암 (感)

⿰面柰 [난] 赧也 무안할 난、얼굴빛이 붉을 난 赧同字 (潸)

⿰面面 [면] 頑也 劣面 못생긴 얼굴 면 (銑)

⿱畐面 [산] 廣也 面 넓적 얼굴 산 (翰)

⑩

⿰面臾 [구] 面醜 얼굴 추할 구 (有)

⿰面旻 [면] 汗血ㅣ妶 피 묻을 면 (霰)

⑪

⿰面參 [참] 慼容醶ㅣ 슬픈 형용 참 (感)

⿱要面 [출] 面短 낯짧을 출 (質)

⿰面麻 [마] 面青貌、慚也 얼굴 푸를 마 慚也 ㅣ儸 부끄러울 마 (碼)

⿱斬面 [잠] 面長貌 ⿱斬面— 얼굴길잠 (覃)

(十一)

⿱猒面 [엽] 頰輔姿也 웃는볼옴 쑥들어갈엽 靨略字 (葉)

⿰面尞 [료] 面白 낯흴료

⿰寽面 [선] 圓面 둥근낯선 (先)

⿰面單 [전] 面黃 누를전 (銑)

⿰面焦 [초] 面色焦枯 파리할초 (蕭)

⿰面猒 [엽] 대도엽 靨同字

⿰面然 [연] 年少顏色좋은 얼굴빛연 (銑)

⿰面雋 [초] 面色焦枯사파리할초 ⿰面焦同字 (蕭)

[illegible] [잡] 帽子 모자잡 弁四缺四隅 네모길족 한구석잡 恰同字 (洽)

靧 [희] 洗面 낯씻을희 頮同字 (隊)

(十三)

⿰面亶 [전] —然慚貌 무안할전、부끄러울전 面見 물끄러미 볼전 靦同字 (銑)

⿰面慈 [자] 愛也 사랑자 善也 착할자 仁也 어질자 柔也 부드러울자 慈同字 (支)

(十四)

⿱漸面 [점] 色弱 빛약한점 (琰)

⿰面麼 [마] —㦬慙也 부끄러울마 懡同字 (箇)

靨 [엽] 頰輔 웃을때 볼 우묵들어갈엽 姿也 귀염 面黑子 얼굴의검은사마귀엽 (葉)

(十五)

⿰面蔑 [멸] 面小 얼굴작을멸 (屑)

⿰面摩 [마] 面青貌 又慚也 얼굴푸를마 —㦬 부끄러울마 ⿰面麻同字 (箇)

(十七)

⿰面韱 [점] 短顏 짧은얼굴점 (鹽)

(十九)

⿰面羅 [라] 慚也 부끄러울라 㦬同字 (箇)

⿰面羅 [마] 부끄러울마 懡同字

革部

革 [혁] [극] 改也 고칠혁 去毛生皮 가죽혁 翼也 날개혁 甲冑 金—갑주혁 鑾首 가죽바혁 俗音거、急也 病—병급할극 亟通 (陌)(職)

(二)

靪 [정] 補履下 신창받을정 (青)

(三)

⿰革于 [우] 大帶 큰띠우 (虞)

⿰革亏 [우] ⿰革于本字 큰띠우

鞃 [굉] 軾中靶 차앞뒤에 매는고삐굉 鞃同字 (蒸)

靯 [도] 箭筒 전동도 (虞)

靫 [채][차] 、차 義同 箭室 전동채 (佳)(麻)

靮 [적] 馬韁 말고삐적 (錫)

靰 [홀] 졸라맬홀 乾同字

乾 [홀] 緊縛 졸라맬홀 本音흘 (月)

靭 [인] 堅柔難斷 질긴인 肕通 (震)

靬 [간] 弓衣 활전대간 乾華 마른가죽간 西域國名 黎ㅣ 나라이름간 (寒)

靰 [규] 華 벗길규, 벗긴가죽규 (眞)

㊃

靦 [면] 馬之絡頭具 굴레면 䩌同字 (銑)

靲 [금][검] 鞮帶 신들메금 竹篙 쳐개대검 (寢)(覃)

靳 [근] 各벋아절근 ㅣ制其行固 벋가슴걸이근 (問)

鞂 [갈] 鞍下之被 안갑갈 (黠)

䩞 [격] 鞍벋안장격 (陌)

鞘 [사] 靴벋子두사 (麻)

鞮 [지] 紂餘韅 밀치지 或音기 (支)

𩊕 [제] 革履、가죽신제 鞮同字 (齊)

靷 [인] 駕牛馬具在胸引車軸 말가슴걸이인 (震)

靴 [화] 洋ㅣ 양화화、구두화 鞮屬 履 벋신화、목화화 韡同字 (歌)

靶 [파] 弓的 벋과녁과 御人所把轡革 가죽고삐과 (禡)

鞁 [고] 북고 鼓同字

鞂 [고] 樂器革音 북고 量器 斛別名 휘고 鼓古字 (麌)

靹 [용] 鞍飾 안장치장용 毛盛 털많을용 䩸同字 (冬)(腫)

鞛 [봉] 鞍飾 안장치장봉 (冬)

鞫 [기] 鞍飾 바카 동치장기 (支)

鞙 [현] 傳 鞙華 멍에얽는 가죽현 (銑)

䩎 [호] 華囊 가죽주머니호 鞍同字 (肴)

𩊓 [필] 束車華 차묶는가죽필 鞸同字

鞃 [굉] 軾中靶 차앞뒤에 매는 고삐굉 鞃同字 (蒸)

靸 [삽][습] 小兒履 적은가삽、아기신삽 祭鞋 제사신습 (合)(緝)

靵 [뉴] 結벋단추뉴、맺을뉴、멘뉴 紐同字 (有) ⿰革卬 [앙] 履벋신 발앙 (養) 鞖 [타] 履跟緣드ㄹ 메타 (奇)

⑤ 靼 [달] 韃ー靺鞨之後女眞、別種달단 달柔革다루가죽달 或音달 (曷) ⿰革申 [신] 大帶큰띠 신紳同字 (眞) 鞂 [길] 束

車革차붓는 가죽끈 (質) ⿰革也 [파] 馬尾밑치 파 靶同字 (歌) ⿰革玄 [현] 刀室칼집현 大車縛軛靼벋 차멍에 동이는 끈현 (銑)

⿰革它 [파] 馬尾ー 밑치다 (歌) 靻 [조] ー鞽가죽 신조 (麌) 靽 [반] 駕牛具、소 밀치반 (翰) 靺 [말] 韎ー붉

은 온말 番人ー鞨 오랑캐말 (曷) ⿰革由 [주] 兜鍪투구 주冑同字 (宥) ⿰革氏 [제] 華履가죽 신제 (齊) ⿰革尼 [니] 轡垂貌

고삐느러 질니 (齊) ⿰革巨 [거] 鞍벋안 삽거 (語) 鞊 [첩][점] 韉飾ー韘 말어치 첩 韂벋말다래점 (葉)(豔) ⿰革弗 [불] 車

後革수레뒷 가죽불 (物) ⿰革瓜 [보] 製革工가죽다 루는장이보 (肴) ⿱由革 [주] 兜鍪투구 주冑同字 (宥) ⿱艹革 [예] 馬 鞍안

장예 靾 同字 (霽) 鞅 [앙] 馬駕具、말배며양 煩勞ー掌 말가뿔양 牛鞅소굴레양 怏通 (養) 鞀 [도] 如鼓而小所以 導樂作소고도 鞉

、鼗同 字 (豪) ⿰革冊 [예] 馬鞍안 장예 (霽) ⿰革甲 [갑] 花相次列貌 꽃 벌려있을갑 (洽) 靿 [요] 曲벋구부 리질요 靴頸

목화목 요 (效) ⿰革古 [고] 樂器革音북고 量器 斛別名휘고 鼓俗字 (麌) ⿰革卜 [말] 皮履가죽 신말 (黠) ⿰革乞 [포] 柔 革工.

가죽다루는장인 포 鞄俗字 (肴) 鞄 [포] 柔革工가죽다루는 장인포 革ー가방포 (肴) ⿰革句 [구] 馬鞍말 안장구 (麌) 鞃 [굉] 軾

中靶 수레앞다에 매 가죽고삐 광 鞃通 (蒸)

鞈 령 羊子 양의 새가죽 령 (青)

鞆 병 射ㅣ腕紐 활팔찌 병 (日)

[illegible] 원 履 반신 원 (阮)

鞁 피 鞹반 말가슴걸이 피 馬駕具、鞍上被 안장 피 (寘)

鞂 갈 禾槀벗 짚 갈 (黠)

⿰革白 벽 靜반 고요할 벽 (陌)

六

⿰革同 동 箭筒飾 전동치장 동 (東)

⿰革各 락 生革可以爲縷 가죽오리 락 (藥)

⿰革夷 이 柔革 다룬가죽 이 (支)

鞇 인 褥반 요 인 車重席 수레에 까는 겹요 인 (眞)

⿰革耳 용 毛飾 털치장할 용 (冬)

⿰革并 병 華帶 가죽띠 병 (逈)

鞊 길 鞦반 가슴걸이 길 鞍반 안장 길 革반 가죽 길 (質)

⿰革夸 과 帶飾 띠치장할 용 (冬)

⿰革交 교 革囊 가죽주머니 교 (嘯)

⿰革羊 양 治皮 가죽 다룰 양 (養)

⿰革印 인 木履有足 나막신 인 (震)

⿰革曳 예 馬鞍 안장 예 鞢同字 (霽)

⿰革犬 비 보 馬裝束 말배때끈 비 鞁 盛箭室 살집 보 韛同字 (寘)(遇)

鞈 협 ㅣ華 접가죽 협 堅貌 굳은 모양 협 (葉)

鞉 도 小鼓 소고 도 鞀同字 (豪)

⿰革多 추 戚足摺貌 쭈그러질 추 皺同字 (宥)

⿰革百 면 馬之絡頭具 굴레 면 鞴同字 (先)

鞍 안 馬鞍具、안장 안 (寒)

⿰革守 수 冬、獵 겨울사냥 수 巡반 순행할 수 狩同字 (宥)

⿰革郎 양 荷반 짊어질 양 強반 힘쓸 양 鞅반 가슴걸이 양 (養)

⿰革危 귀 獨角 외뿔 귀 (紙)

⿰革卡 하 華履具、 마치 하 (日)

鞎 흔 車前華飾 수레앞 가죽으로 꾸민 흔 (元)

⿰革至 지 일산근 지 鞈同字

鞌 안 馬鞍具、안장 안 地名 땅이름 안 (寒)

⿰革朵 타 履跟緣 드르메 타 鞍同字 (哿)

鞋 [혜] 革履 가죽신혜 鞵同字 佳

鞏 [공] 固也 굳을공 以皮束物 가죽테매일공 羌名煎ㅣ 오랑캐이름공 國名鞏ㅣ 나라이름공 州名 골이름공 腫

[illegible] [지] 日傘紐 일산끈지 寘

七

鞗 [조] 고삐조 鞗同字

鞖 [쇠] 垂貌 늘어질쇠 鞖邊帶 선후걸이쇠 䩣同字 灰

鞘 [초] 鞭也 채찍초 刀室 칼집초 本音소 嘯 肴

鞢 [접] ㅣ沙、靴也 가죽신접 洽

[illegible] [봉] 鞛飾 안장치장 봉 鞛同字 冬

[illegible] [정] 皮帶 가죽띠정 綬也 인끈정 靑

[illegible] [사] 馬尾 말꼬리사 哿

鞙 [현] 馬勒 굴레현 玉貌ㅣㅣ 옥모양현 鞙ㅣ 刀鞘 칼집현 車軥 차멍에동이는끈현 銑

鞕 [경] 堅牢 단단할경 强也 강할경 硬同字 敬

鞓 [정] 皮帶 가죽띠정 [illegible]同字 靑

[illegible] [태] 韝也 기울태 泰

[illegible] [두] 車中席 차에까는자리두 宥

[illegible] [보] 靴也 가죽신보 虞

[illegible] [도] 藁靴 짚신도 虞

[illegible] [혈] 急繫 단단히맬혈 屑

靳 [제] 刀鞘 칼집제 霽

鞔 [만] 履也 신울만 鞔也 고삐만 寒

[illegible] [단] 馬之腹帶 말배띠단 帶也 띠단 旱

鞗 [조] 轡也ㅣ革 고삐조 蕭

[illegible] [색] 堅也 굳을색 陌

鞉 [도] 小鼓 작은북도 鼗同字 豪

鞊 [혈] 急繫 단단히맬혈 屑

鞱 [도] 藏也 감출도 寬也 너그러울도 劍衣 칼전대도 ㅣ略 兵法 도략도 韜同字 豪

[illegible] [괴] 長靴 장화괴 霽

八

鞟 [곽] 皮去毛 다룬가죽곽 鞹同字 藥

[illegible] [삼] 旗旒 깃발삼 [illegible]同字 感

鞞 [비][병] 刀室 칼집병 騎鼓 말에메인북비 鼙同字 支 紙

[illegible] [배] 吹

火器풀무배 (卦)

鞜 [석] 舊靴허신 석 舃同字 (陌)

⿰革宛 [원] 車後壓차뒤로숙을원 輐同字 (元)

⿰革朋 [붕] 車靳가슴걸이붕 (蒸)

⿰革念 [념] 竹簾대발념 (葉)

鞠 [국] 毬子蹋제기국 養也기를국、칠국 告也고할국 曲也 一躬구부릴국 稚也 一子어린아이국 窮也궁할국 盈也찰국 鞫 毱、蹴通 (屋)

鞚 [공] 馬勒말굴레공 (送)

韔 [창] 弓衣활집창 (漾)

⿰革⿱夫口 [봉] 刀下飾 鞞一 칼아래장식봉 琫同字 (董)

鞜 [탑] 革履가죽신탑 (合)

䩭 [기] 馬格頭굴레기 (支)

⿰革匋 [도] 鼓木鼻一 북통도 (豪)

⿰革奄 [압] 小兒履아이신압 (合)

⿰革取 [추] 束也묶을추 (有)

鞉 [소] 覆也덮을소 (蕭)

鞛 [봉] 刀鞘上飾 칼집윗장식봉 (董)

鞝 [창] 扇安皮 부채창 (養)

⿰革兩 [량] 雙履신한켤레량 緉也켤량 緉同字 (養)

⿰革戈 [역] 羔裘之縫 가죽옷바느질할역 (職)

鞷 [간] 破堅物聲 단단한것을깨뜨리는소리간 堅也굳을간 (刪)

⿰革𡿺 [노] 優緩華 누그러운가죽노 (號)

⿰革易 [역] 素靴흰신역 (陌)

⿰革屈 [굴] 彊也딱딱할굴、굳셀굴 (物)

⿰革戔 [천] 鞍具、언치천 本音 전 韉同字 (先)

⿰革⿱卝囟 [변] 鞘飾칼집치장변 (屑)

⿰革忝 [달] 打也칠달 撻俗字 (曷)

⿰革⿱夫木 [섭] 馬皮見、鞊一 말언치섭 韘俗字 (葉)

⿰革佳 [혜] 革履가죽신혜 鞋同字 (霽)

九

鞔 [만] 一鞋、履也 신만 (阮)

鞭 [편] 箠策회초리편 馬箠一策 채찍편 一扑 笞也볼기채편、태장편 (先)

⿰革兪 [유] 餘也남을유 (虞)

⿰革复 [복] 革帶가죽띠복 ⿰革畐同字 (屋)

韘

[섭] 馬皮見韘ㅣ 말어치섭 (葉)

䩟 [제] 常也 옛옛 하게 (齊)

鞖 [도] 牛韋舟ㄅ 로배줄도 (虞)

䩘 [니] 韇ㅣ、柔貌 부드러운 가죽니 (齊)

鞪 [무] 頸鎧鞪ㅣ 두구 무 鍪同字 (尤)

鞨 [갈] 靺鞨名 紅鞨ㅣ 말갈 보 서갈 北方國名 靺鞨ㅣ 말갈나라 갈 (曷)

䩄 [면] 馬之絡頭具 말굴레면 (銑)

鞙 [훤] 靴也 가죽 신훤 (願)

𩌂 [극] 急也 급할극 (職)

𩋠 [양] 馬頭所絡具 굴레양 (陽)

鞧 [추] 馬鞦 말고삐추、말가슴걸이추 鞦同字、鞦通 (尤)

鞫 [국] 水之外 어귀국 盡也 다할국 窮理罪人訊 조사받을국、문초받을국 諊同字、鞫通 (屋)

鞂 [개] 鼓名 북이름개 (卦)

鞛 [봉] 車邊皮 수레가에 대는 가죽봉 (屋)

䩰 [즙] 車鞧 차 멍에 동이는 끈즙 (緝)

鞤 [방] 以皮為履 가죽신방 幫帮同字 (陽)

𩋳 [복] 革帶 가죽띠복 (屋)

𩌏 [단] 履跟後帖 신 들메끈단 (翰)

𩍐 [치] 靴底 신 바닥치 (寘)

鞣 [유] 熟皮 다룬 가죽유 乾革 마른가죽유 (尤)

𩋸 [실] 刀室 칼집실 (質)

鞦 [추] 馬緧 말가슴걸이추、말고들개추 北方戲ㅣ韆 그네추 (尤)

𩍀 [월] 皮器 가죽그릇월 (質)

𩋶 [호] ㅣ簏 盛矢器 전동호 (虞)

䩸 [수] 軟皮 부드러운 가죽수 洽革 가죽다룰수 (尤)

鞬 [건] 韜也 칼집건 盛弓矢器 櫜ㅣ 동개건 (元)

鞴 [복] 革帶 가죽띠 복 𩋳同字 (屋)

韗 [헌] 大夫車 초헌헌、ㅣ渠 笑貌 웃을헌 ㅣ蘇 樂設 풍류틀헌 肉膾 麤切 고기 크게 저민헌、軒同字 (元) (願)

鞕 [경] 堅強 딱딱할경 (敬)

𩌦 [주] 緧也 말

고삐주 紂同字 (有)

⿰革美 [복] 絡牛頭繩 쇠굴레끈복 ⿰革菐俗字 絡髮 머리를돌려맬복 (屋)

韗 [운] 理鼓工ㅣ人 북메는장인운 (問)

⿰革蚩 [치][정][전] 騎馬具기마제구치、정義同、收緜具실괴전 (紙)(梗)(銑)

⿰革削 [소] 刀鞘칼집소 (嘯)

⿰革邑 [포] 柔革工가죽다루는장인포 鞄俗字 (肴)

鞮 [제] 無絇之履ㅣ鞻코없는놓은신제 革履가죽신제 晉離宮名진나라궁이름제 西戎通官狄ㅣ오랑캐이름제 (齊)

十

鞵 [혜] 屩也짚신혜 鞋同字 本音해 (佳)

⿱⿰革攴目 [고] 盲也장님고、소경고、봉사고、樂官풍류관원고 舜父名ㅣ瞍 사람이름고 瞽同字 (麌)

⿰革俻 [비][보] 馬裝束말배때끈비 鞁盛箭室 살집보 鞴同字 (寘)(遇)

鞴 [비][보] 馬裝束말배때끈비 盛箭室ㅣ鞁 살집보 (寘)(遇)

鞤 [방] 事物傍取者곁들방 裨 帖治履邊신가장자리꾸미개방 幫同字 (陽)

⿰革鬼 [귀] 馬轡繫御革 말고삐귀 (灰)

⿰革⿸厂卑 [병][비] 刀室칼집병 騎鼓말에매인북비 鞞同字 (紙)(支)

⿱殳革 [학] 急束단단히동일학、졸라맬학 (覺)

⿰革邕 [옹] 靴靿목 화목옹 (東)

⿰革鬲 [액] 補履신기울액 (陌)

韝 [구] 臂捍射ㅣ 팔찌구 (尤)

⿰革⿱夂彐 [도] 藏也감출도 寬也너그러울도 劒衣칼전대도 ㅣ略兵法도략도 韜同字 (豪)

⿰革索 [삭] 履也 가죽신삭 (藥)

⿰革貢 [공] 生皮날가죽공 (董)

鞳 [탑] 鐘鼓聲鏜ㅣ 쇠북소리탑 (合)

⿰革盍 [갑] 革履가죽신갑 (合)

⿰革芻 [추] 束也묶을추 ⿰革芻同字 (有)

⿰革昜 [탑] 兵器병장기탑 (合)

⿰革叟 [수] 軟革연한가죽수 (尤)

⿰革茸 [용] 鞍飾안장치

장용 毛盛털 많을용 (腫)(冬)

鞼 [쇄] 革鎖가죽자물쇠쇄 (哿)

鞟 [곽] 皮去毛다룬가죽곽 鞹古字 (藥)

鞥 [옹] 鞋鞾목화옹、수여자옹 鞴、鞥同字 (冬)

韈 [원] 井水汲器 두레박원 (元)

韃 [달] ㅣ靼契丹西北別種 날단달、오랑캐달 韃俗字 (曷)

鞽 [교] 泥行所乘나막신교 鞽俗字 (蕭)

鞶 [반] 大帶ㅣ帶큰띠반 以鏡飾ㅣ鑑거울꾸민가죽반 (寒)

鞾 [박] 革囊가죽주머니박 車下索차아랫끈박 (藥)

鞳 [탑] 鞺ㅣ鐘鼓聲쇠북소리탑 鞳同字 (合)

⑪

鞭 [편] 策馬箠채찍편ㅣ扑笞벌기채편、태장편 鞕同字 (先)

鞄 [포] 가죽다루는장 빈포 鞄同字

鞻 [루] 学 四夷之樂官鞮ㅣ외국풍류맡은관원 루扉類四夷舞者所扉 춤신루 (遇)

鞴 [용] 乾革마른가죽용 本音송 (冬)

韃 [사] 鞮屬革履가죽신사 (紙)

鞨 [막] 鞨ㅣ、履버선막 (藥)

鞴 [비][보] 馬裝束말배때끈비 韍盛箭室 살집보 韛同字 (寘)(遇)

鞉 [도] 小鼓소고도、작은북도 鞉同字 (豪)

鞧 [삼] 旗旒깃발삼 (感)

韠 [필][병] 韍也슬갑필 刀室칼집병 鞞通 (賀)(迥)

鞹 [곽] 皮去毛다룬가죽곽 (藥)

鞽 [족][삭] 鞘也가죽신 속、삭義同 (沃)(覺)

韃 [사] 鞮屬、革履가죽신사 韃本字 (紙)

韅 [현] 駕馬具말배때끈현 韅俗字 (霰)

鞖 [수] 治革가죽다룰수 軟皮부드러운가죽수 鞖同字 (尤)

韆 [근] 諸侯秋見天子뵈올근、제후가천자뵐근 覲俗字 (震)

鞺 [최] 鞍皮안장가죽최 (灰)

韄 [사] 藥草石韋돌

장아리사 (禡) 鞺 [당] 鼓聲ㅣ鞳 북소리당 (陽) ⿰革鹿 [록] 籍也 호적록 圖ㅣ비기록 冊箱 책장록 籙同字 (沃) ⿰革章

[장] 鞍飾ㅣ泥 말다래장 (陽) ⿰革逢 [봉] 鼓聲 북소리봉 被縫 꿰맬봉 (冬) ⿰革翏 [락] 堅皮 단단한 가죽 락 ⿰革翟同字 (覺)

⿰革區 [우] 胡矛也 오랑캐창우 (宥) ⿰革責 [책] 微也 미세할책、가늘책 (陌)

十二

⿰革爲 [화] 鞋ㅣ趙武靈王所服 수여자화

목화화 韡同字 (麻) 鞼 [궤] 盾綴革 방패끈궤 折也 꺼기을궤 韋繡 가죽에수놓을궤 (寘) ⿰革賁 [분] 鼓也 북분 (文)

⿰革舄 [석] 履也 신석 (陌) ⿰革買 [매] 草鞋 짚신매 (佳) 鞿 [기] 馬韁在口 말재갈기 ⿰革奇同字 (微) ⿰革敦 [돈] 胡

人酒器 오랑캐의 술그릇돈 (元) ⿰革參 [삼] 旗旒 깃발삼 ⿰革參同字 (咸) 鞽 [교] 泥行所乘 개펄에서 신는신교、나막신교 橇同字

(蕭) ⿰革悹 [관] 車轂具 수레안갑관 (旱) ⿰革童 [동] 鞁飾 전동장식동 (東) 鞾 [화] 鞋ㅣ趙武靈王所服 조나라무령왕이신던 목화、화 (麻)

⿰革黃 [황] 煒也 빛날황 光明 환히밝을황 盛也 성할황 煌古字 (陽) ⿰革需 [누] 胡羊 오랑캐양누

(尤) ⿰革菐 [복] 絡髮 머리를돌려맬복 絡牛頭繩 쇠굴레끈복 (屋) ⿰革赫 [격][극] 靮也 고삐격 繮 首 고삐머리격 勒也 굴

레격、극義 同 (陌)(職)

十三

⿰革解 [해] 車鞴 차멍에 동여는끈해 (蟹) ⿰革屈 [굴] 強也 굳셀굴 梗 戾 딱딱할굴 倔

同字 (曷) ⿰革睪 [탁] 革履 가죽신탁 (藥) ⿰革亶 [달] 柔革 다룬가죽달 靼古字 (旱) ⿰革雍 [옹] 鞋鞾 목화옹、수여자옹

㊀冬 鞠 국 麴也 누룩국 屋 鞇 인 駕牛馬具在胷引軸 가슴걸이인 靷同字 軫 韢 수 佩玉組 綏也 인끈수、노리개끈수 綫同字 寘

鞨 갈 靺—北方國名 말갈나라갈 鞨同字 曷 韂 억 履頭裝飾 신머리치장억 職

韃 달 狄國名—靼 오랑캐달—靼 契丹西北別種 달단달 曷 鞤 방 草鞋 짚신방 江 韂 첨 馬障泥 鞍—말다래첨 豔

韣 촉 弓衣 활집촉 韣同字 沃 鞴 비 보 馬裝束 말배때끈비 —韇盛箭室 살집보 鞴同字 寘

遇 韞 체 軟也 연할체 齊 韁 강 馬紲、繫系也—鎖 말고삐강 繮同字 陽 轖 색 氣結 기운맺힐색 轖同字 職

十四 鞻 유 革履 가죽신유 虞 韉 추 鞍上掛具 언치추 宥 韊 니 轡垂 고삐늘어질니 齊

韄 호 획 刀飾 칼장식호 佩刀絲 칼끈획 遇 陌 韃 락 堅皮 단단할락 覺 鞻 복 纏絡牛頸之具 소목걸이끈복 沃

䩼 용 鞍飾 안장치장용 毛盛 털많을용 鞯同字 冬 腫 鞾 박 車中席 차안에까는자리박 韝同字

藥 韇 인 駕牛馬具在胷引車軸 가슴걸이인 靷籀文 軫 韆 견 腰帶 허리띠견 韋帶 가죽띠견 霰 韆 인 가슴걸이인 靷籀字

韅 현 駕馬具在背 말언치현、말뱃대끈현 齊 霰 鞼 궤 방패끈궤 鞼同字

十五 韇 독 盛弓矢器 동개독 藏筴器 젓가락집독、전동독 屋 鞿 렵 馬頭絡繫系具 말의굴레렵 葉 韉 찬 車鞲 수

레멍에동이는끈찬 韉、韀同字 (寒) **韆** 천 繩戲鞦ㅣ 그네천 (先) **⿰革⿱人爾** 지 鞍也언치지 (支) **韈** 말 足衣 버선말

襪、韈同字 (月) (十六) **⿰革龍** 롱 馬被具말언치롱 (東) **⿰革憲** 운 攻皮之工가죽다루는장인운 韗同字 (問) **⿱⺮鞫**

국 養也기를국、칠국 告也고할국 窮也궁할국 盈也찰국 鞠譌字 (屋) **⿰革遺** 유 繩也줄유、끈유 (未) **⿰革賛** 궤 盾 綴革

방패끈궤 鞼本字 (灰) (十七) **⿰革蹇** 건 칼집건、동개건 鞬同字 **⿰革毚** 참 韂也언치참、안갑참 (陷) **韊** 란 箭

筒전동 란 (寒) **⿰革亶** 전 毛席담자리전、전방석전 氈同字 (先) **⿰革薄** 박 車中席차안에까는자리박 (藥) **⿰革蹇**

건 韜也칼집건、ㅣ弓矢器ㅣ동개건 鞬子也공건 鞬同字 (元) **韉** 천 鞍具언치천、안갑천 韀同字 (先) (十八) **⿰革屬** 속 鞮

也가죽신속 (沃) **⿰革巂** 최 鞍邊帶선후걸이 쇠 垂貌늘어질쇠 (灰) (十九) **⿰革贊** 찬 車鞴수레멍에동이는끈찬 ⿰革嬰

同字 (寒) **⿰革麗** 사 鞮屬신사 ⿰革徙同字 (紙) (二十) **⿰革夒** 인 가슴걸이인 靷同字 **⿰革藺** 란 藏弩矢服、盛弓矢

器동개란 (寒) (二十一) **⿱顯韋** 현 말배때끈현 韅同字ㅡ **韅** 현 駕馬具말배때끈현 韅同字 (霰) (二十四) **⿰革⿱棘棘**

격 靶勒고삐와굴레격 (陌) **⿰革霸** 곽 皮去毛다룬가죽곽 鞹本字 (藥) (二十九) **⿰革爨** 찬 車鞴수레멍에동이는끈찬 (寒)

韋部

韋 위 柔⿰革耎脂ㅣ연할위、훌부들할위 柔皮다룬가죽위 諸和依ㅣ화할위 武服韎ㅣ군복위 姓也성위 (微)

㊂ 韌 인 堅柔難斷 질길인 靭同字 震 ㊃ ⿰韋內 납 弱也약할납 軟也연할납 合 ⿰韋爻 효 革囊가

죽주머니효 本音교 肴 ⿰韋及 삽 小兒履꺽두기삽 合 ⿰韋犬 괴 車軾차앞턱나무괴 眞 ㊄ 韎 매 樂

官名ㅣ師 풍류맡은관원의이름 매 茅蒐所染赤韋붉은가죽매 卦 隊 ⿰韋占 접 ㅣ韘、帶具 깍지접 葉 ⿰韋主 주 戎服군

복주、슬갑주 皮袴 가죽바지주 遇 ⿰韋丕 배 未燒陶瓦날기와배 土封墣隙흙으로틈막을배 屋後墻뒷담배 二重山첩첩이

된산배 坏、坯同字 灰 ⿰韋必 비 弓檠활도지개끈비 霽 ⿰韋弗 불 棉繩관매는줄불 物 ⿰韋元 원 井水汲器두

레박원 ⿰韋冤、⿰韋宛、⿰韋竟同字 元 ⿰韋斤 척 刀之把中韋자루마가죽척 陌 ⿰韋它 타 革履가죽신타 歌 ⿰韋包 포 柔革工

가죽다루는장인포 鞄同字 肴 韍 불 蔽膝슬갑불 印組인끈불 物 ⿰韋戉 월 斧囊도끼집월 月 ㊅ ⿰韋各 구 射決깍

지구 臂衣팔찌구 韝同字 尤 ⿰韋亘 훤 製鼓工匠북만드는장인훤 願 ⿰韋朵 타 履跟緣들메타 ⿰革朵同字 哥 韏

권 革中斷、中分가죽분파할권 願 ⿰韋艮 근 束也묶을근 元 ⿰韋交 교 韋囊也주머니교 肴 ⿰韋伏 복 軾也수

레앞턱나무복 屋 ⿰韋曳 예 乘也어기어질예 霽 ⿰韋因 인 仍也인할인 襲也이을인 析也헤질인 緣也인연인 因

同字 眞 ⿰韋合 갑 겁 戎事服韎ㅣ가죽바지갑、韋蔽膝슬갑겁 合 洽 ㊆ ⿰韋夾 갑 겁 韎ㅣ戎事服가죽바지갑 韋蔽膝

슬갑 겹 韐同字 合 洽

鞘 초 刀室 칼집 초 鞘同字 嘯

鞔 혜 橐紐 주머니끈 혜 韎同字 薺

韎 위 束也 묶을 위 韎 同字 微

韍 단 履跟後帖 신뒤축 끈단 韍諯字 翰 旱

鞴 부 尻衣 갑 방이부 麌

八

鞄 포 柔也 부드러울 포 肴

韽 답 指衣 골무 답 揞同字 合

韓 한 朝鮮國名 三ㅣ나라이름 한 國名ㅣ萬所封 한 나라 한 大ㅣ朝鮮改稱 한 국 한 井垣 우물담 한 寒

韏 권 曲也 굽을 권 願

韘 섭 射決 깍지 섭 韘同字 葉

韔 창 韜也 활집 창 漾

鞫 국 裹也 쌀 국 屋

韋憂 외 褱也 비뚜러질 외 微

韛 괘 韋囊吹火 허풍서니 괘 卦

韄 역 縡也 꿰맬 역 職

韢 원 井水汲器 두레박 원 鞔、鞔同字 元

韈 원 井水汲器 두레박 원 鞔、鞔、鞔同字 元

九

韡 극 急也 급할 극 鞭同字 職

韜 도 藏也 감출 도 寬也 너그러울 도 劍衣 칼전대 도 ㅣ略 兵法 도략 도 韜同字 豪

韗 운 攻皮之工 가죽다루는 장인 운 韗同字 問

韍 부 褁也 갓옷 부 肴

韞 운 가죽다루는 장인 운 韗同字

韙 위 美之是也 옳을 위 韙同字 尾

韝 구 射決 깍지 구 臂衣 팔찌 구 韝同字 尤

韘 연 鞣皮 다룬 가죽 연 銑

鞻 단 履跟後帖 신뒤축끈 단 翰 旱

韙 위 是也 옳을 위 美之 아름답게 여길 위 尾

韖 유 韌也 질길 유 有

韘 섭 射決 깍지 섭 葉

韗 운 攻皮之工 가죽장인 운 問

韍 하 履跟帖 신뒤축 실하 麻

十

韛 박 韋裹車

靶멍에가죽싸개박 (藥)

⿰韋荅 [답] 指衣골무답 ⿰韋沓同字 (合)

⿰韋昜 [답] 皮衣갓옷답 (合)

韛 [비][보] 馬裝 東말배때끈비 韇盛箭室살집보 鞴同字 (寘)(遇)

⿰韋束 [외] 束也묶을외 (微)

韓 [한] 國名ㅣ萬所封한나라한 井垣우물담한 大ㅣ朝鮮改稱한국한 韓本字 (寒)

⿰韋鬼 [키][제] 緝也、積也걷쌈할키 繡韋囊가죽주머니에수놓을제 韇同字 (未)(隊)

韜 [도] 藏也감출도 寬也너그러울도 劍衣칼전대도 兵法ㅣ略도략도、병법도 韜同字 (豪)

韞 [온] 赤色붉은빛온 藏也ㅣ匵감출온 (吻)

⿰韋邕 [옹] 鞋韈신옹、목화옹、수여자옹 ⿰韋雍、⿰韋雍、⿰韋邕同字 (冬)

韝 [구] 臂衣팔찌구 射決깍지구 (尤)

⿰害韋 [할] 鎋也굴대빗장할 (黠)

十一

⿰韋匍 [배][복] 吹火韋囊풀무배 蘆ㅣ蘿蔔作菜무우복 韛同字 (卦)(屋)

韛 [배][복] 吹火韋囊풀무배 箙(竹部八畫)과同字 (卦)(屋)

⿰韋寿 [수] 韋囊細주머니수 (寘)

⿰韋崔 [쇠] 鞍也안장쇠 (灰)

韠 [필] 蔽膝슬갑필、폐슬필 鞸同字 (質)

⿰韋巢 [소] 束也묶을소 (肴)

十二

韡 [위] 光明ㅣㅣ빛나고밝을위、환할위 華盛貌ㅣㅣ꽃활짝필위 (尾)

韟 [고] 弓衣활집고 (豪)

韢 [혜] 韋囊細주머니혜 (霽)

⿰韋登 [등] 張皮가죽벌릴등、가죽펼등 (梗)

⿰韋焦 [추] 收束거두어묶을추 ⿱叢韋同字 (尤)

⿰虛韋 [휘] 柔革平均가죽다룰휘 (支)

⿰韋番 [번] 韋平方가죽반듯할번 (元)

⿰韋賁 [키][계] 緝也、積也길쌈할키 繡韋囊수놓은가죽주머니계 (未)(隊)

十三

⿰韋嗇 [색] 氣結기운맺힐색 轖、⿰革嗇同字 (職)

韠 [택] ㅣ韄、刀鞞韋갈치장하는가죽택 陌

韡 [화] 鞋ㅣ趙武靈王所服수여자화、목화화 鞾本字 麻

韼 [옹] 鞋鞾신옹 冬

韂 [첨] 障泥말다래첨 蔽膝슬갑첨 幨、襜同字 鹽 豔

韣 [독][촉] 弓衣활전대독 韜也갈집촉、감출촉 韣同字 屋 沃

韽 [험] 被也입을험 鹽

十四

韄 [획] ㅣ韄、刀鞞韋갈치장하는가죽택 韠同字 陌

韥 [궤] 盾綴革방패끈궤 韇、鞼同字 灰

韛 [부] 車下韛차아래끈부 韛同字 遇

韝 [부] 尻衣잠방이부 鞴同字 麌

韅 [현] 駕馬具말배때끈현 韅同字 霰

十五

韈 [말] 足衣버선말 韤同字 月

韇 [독] 箭筒전동독 屋

十六

韞 [울] 芳草향기로운풀울 物

十七

韊 [박] 藁鞋짚신박 藥

十八

韝 [추] 收束건우어묶을추 尤

韝 [추] 韝同字

十九

韏 [권] 鞣皮다룬가죽권 願

二十

韣 [곽] 刀裝革칼장식가죽곽 藥

韭部

韭 [구] 草鐘乳韭菜부추구 有

四

韯 [잡] 惡也몹쓸잡、나쁠잡 合

韰 [해] 陜也좁을해 速也빠를해 韰譌字 卦

韮 [구] 부추구 韭同字

六

韱 [섬] 山韭산부추섬 細也가늘섬 纖同字 鹽

七

韰 [해] 速也빠를해 陜也좁을해 㒠同字 卦

韲 [계] 末也끝계 伯仲叔ㅣ마내계 四時사철계 季古字 寘

八

韱 [섬] 山韭산부추섬 細也가늘섬 纖同字 鹽

齏 [제] 醯醬所和양념제 韲同字 齊

齏 [제] 和醯醬細切菜蔬

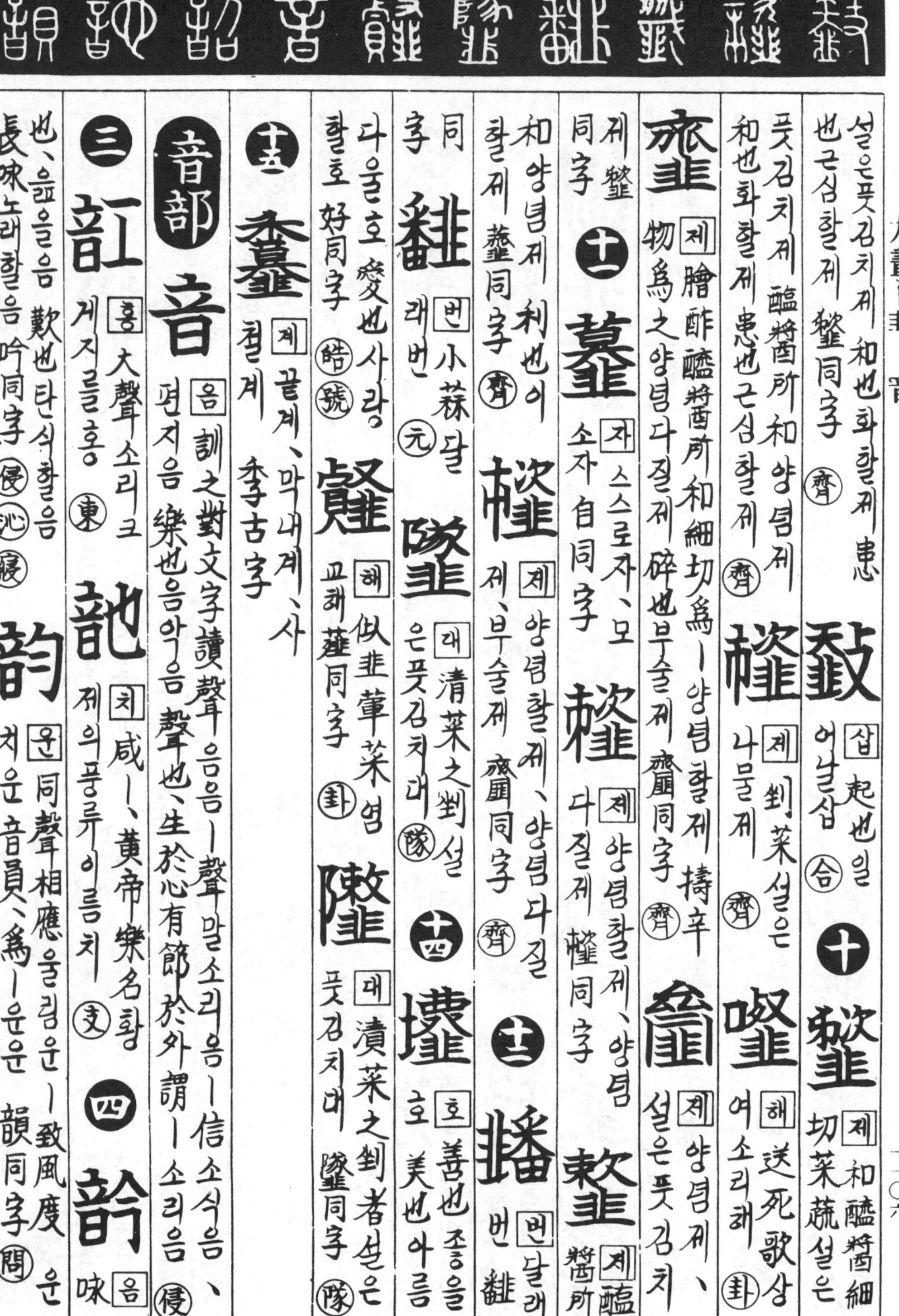

설은프김치제 和也화할제 患也근심할제 䪡同字 (齊)

䪢 [삽] 起也일어날삽 (合)

⑩

䪡 [제] 和醯醬細切菜蔬설은프김치제 醯醬所和양념제 和也화할제 患也근심할제 (齊)

䪡 [제] 剉菜설은나물제 (齊)

䪤 [해] 送死歌상여소리해 (卦)

韲 [제] 膾酢醯醬所和細切爲—양념할제 擣辛物爲之양념다질제 碎也부술제 齏同字 (齊)

䪥 [제] 양념제、설은프김치제 䪡同字

⑪

䪦 [자] 스스로자、모소자 自同字

䪡 [제] 양념할제、양념다질제 䪡同字

䪧 [제] 醯醬所和양념제 利也이할제 韲同字 (齊)

䪡 [제] 양념할제、양념다질제、부술제 齏同字 (齊)

⑫

䪨 [번] 달래번 䪩同字

䪩 [번] 小蒜달래번 (元)

䪪 [대] 清菜之剉설은프김치대 (隊)

⑭

䪫 [호] 善也좋을호 美也아름다울호 嫪也사랑할호 好同字 (皓)(號)

䪬 [해] 似韭葦菜염교해 䪭同字 (卦)

䪮 [대] 漬菜之剉者설은프김치대 䪪同字 (隊)

⑮

䪯 [계] 끝계、막내계、사철계 季古字

音部

音 [음] 訓之對文字讀聲—음음 —聲말소리음 —信소식음、편지음 樂也음악음 聲也、生於心有節於外謂—소리음 (侵)

③

䪰 [홍] 大聲소리크게지를홍 (東)

䪱 [치] 咸—、黃帝樂名황제의풍류이름치 (支)

④

䪲 [음] 味也、歆을음 歎也탄식할음 長味노래할음 吟同字 (侵)(沁)(寢)

韵 [운] 同聲相應울림운 —致風度운치운 音員、爲—운운 韻同字 (問)

韴 [잡] 斷聲외마디소리잡 ㊀合

五

韷 [력] 喧也시끄러울력 ㊀陌

韶 [소] 紹也ㅣ護이을소 ㅣ華ㅣ光美也아름다울소 春也봄빛소 舜樂簫ㅣ순의풍류소 磬同字 ㊀蕭

䪬 [봉] 屋響집울리는소리봉 ㊀東

䪨 [불] 樂聲作息풍류소리잡시그칠불 ㊀物

六

䪵 [방] 鼓聲북소리방 ㊀江

䫀 [향] 聲之外曰ㅣ即影ㅣ소리울릴향 應聲소리마주칠향 樂器方ㅣ악기향 響同字 ㊀養

䪹 [축] 懸樂器斷貌풍류매달린것이끊어질축 ㊀屋

䪭 [박] 手足之指節鳴손발마디울박 ㊀覺

䪰 [음] 不平聲소리고르지못할음 ㊀侵

䪢 [홍] ㅣ訌、大聲큰소리홍 ㊀東

七

韸 [봉] 和也화할봉 聲鼓ㅣㅣ북소리봉 逢通 ㊀東

䪮 [발] 撫聲만지는소리발 ㊀月

䪫 [경] 頻項樂名六ㅣ풍류이름경 莖通、本音형 ㊀庚

韐 [암] 細聲가는소리암 ㊀覃

八

䪩 [녑] 聲止也소리그칠녑 ㊀葉

九

韹 [횡][앵] 樂聲풍류소리횡 鍧器聲놋그릇소리앵 ㊀陽 ㊀庚

韺 [영] 帝嚳樂名五ㅣ풍류이름영 英通 ㊀庚

䪸 [동] 鐘聲종소리동 ㊀送

韻 [운] 風度ㅣ致운치운 音員爲ㅣ운운同 聲相應울림운 ㊀問

䪯 [영] 小聲작은소리영 ㊀庚

䪺 [추] 衆聲之喧떠들추 ㊀有

十

韾 [음] 聲和소리화할음 ㊀侵

響 [향] 聲之外曰ㅣ即影ㅣ소리울릴향 樂器方ㅣ악기향 響同字 ㊀養

䪱 [동] 鐘聲종소리동 韻同字 ㊀送

䪴 [봉] ㅣㅣ鼓聲북소리봉 遇也值也만날봉 迎也맞을봉 逢同字 ㊀東 ㊀冬

䪻 [암] 聲微不越揚소리가부러질암 ㊀覃

䪼

경 六ㅣ韺頊樂名 풍류이름경 韾同字 庚

⑪ ⿰音景 향 聲之外曰ㅣ即影 소리울릴향 樂器方 아기향 響同字 養

⑬ ⿰音意 의 痛聲 앓는 소리의 微

⿰音蜀 탁 聾者 귀머거리탁 覺

響 향 聲之外曰ㅣ即影ㅣ소리울릴향、메아리향 樂器方ㅣ악기향 應聲 소리마주칠향 鄉同字 漾

⿰音⿱夅貝 공 賜也 줄공 漾

⿰音業 업 樂也 풍류업 葉

⑭ 頀 호 湯樂 大ㅣ은 왕섬당의 풍류호 濩同字 過

⿰音叕 향 打也 칠향 陽

⑮ ⿰音廣 광 聲也 소리광 漾

⑰ ⿱霝音 령 聲也 소리령 青

㉔ ⿰音靈 령 聲也 소리령 青

頁部

頁 혈 書冊片面 페이지혈 頭也 머리혈、마리혈 俗音현 屑

⿱一見 혈 머리혈、페이지혈 頁本字

㈡

⿰頁乚 오 仰也 쳐다볼오 우러러볼오 嘯

頄 규 구 面觀 광대뼈규 厚也 두터울규、구義同、頯同字 支 尤

⿰又頁 유 顫也 떨유 宥

頂 정 物之最上部 꼭대기정 顚也 이마정 戴也 일정 冠上飾也 관꼭대기지창할정 迥

頃 경 규 俄也 아까경 田百畝 백이랑경、밭사면백보경 頭不正 머리비뚤경 暫也 잠깐경 近時 요사이경、요즘경 比時 쯤경 山名西ㅣ산이름경 半步也 반걸음규 梗 庚 紙

㈢

⿰幺頁 요 頭小貌 머리통작을요 頌謠字 蕭

頉 이 養也 기를이 有 故 탈날탈 支 (韓)

項 항 頭後 頸也 목뒤항、목덜미항 大也 클항 箇條 조목 國名 나라이름항 俗音현 講

⿰乂頁 차 채 頷ㅣ、頤傍 턱결차、채義同 麻 佳

⿰己頁 개 頰下 뺨

밑깨 (賄)

⿰幺頁 [요] 頭小貌 머리작은모양 요 (蕭)

⿰弓頁 [후] 動頭 머리움직일 후 (麌)

頇 [안][한] 冠敬後 갓젖혀쓸 안 岸頭無髮ㅣ頷 대머리 안 大面 얼굴판클 안、한 義同 (翰)(寒)

⿰丸頁 [환] 頭也 머리 환 (寒)

須 [수] 待也 기다릴 수 頤毛同鬚 턱수염 수 斯ㅣ 잠깐 수 用也 쓸 수 魚動腮 물고기아가미벌떡거릴 수 資也 거리 수、재료 수 婢妾餘ㅣ 종첩 수 草名 夫ㅣ 풀이름 수 必也 모름지기 수、반드시 수 星名ㅣ女 별이름 수 (虞)

⿰乇頁 [독][탁] 頭骨 머리뼈 독、탁 義同 (屋)(藥)

⿰乞頁 [굴][곤] 頰旁骨 광대뼈 굴 秃也 대머리 굴、곤 義同 (月)(阮)

順 [순] 從也 좇을 순 不逆 循理 순할 순 和也 화할 순 次第ㅣ序 차례 순 姓也 성 순 (震)

⿰兀頁 [올] 去髮刑 머리를깍는형벌 올 (月)

⿰卂頁 [공] 顏也 낯 공 (東)

四

⿰气頁 [굴] 頰高 빰높을 굴 (月)

⿰开頁 [윤] 面不正貌 낯비뚤 윤 (翰)

⿰冉頁 [염] 頰ㅣ 구리나룻 염 ⿱須冉、⿰冉頁 同字 (鹽)

頊 [욱] 人名 顓ㅣ 사람의이름 욱 星名 별이름 욱 謹貌 ㅣㅣ 삼가는모양 욱、머리굽실거릴 욱 古音 혹 (沃)

⿰卯頁 [앙] 舉頭 머리들 앙 (陽)

頌 [용][송] 容也 얼굴 용 貌也 모양 용 稱述ㅣ德 칭송할 송、기릴 송 歌誦 외울 송 (冬)(宋)

⿰今頁 [감] 醜也 추할 감 (覃)

⿰丰頁 [봉] 耳本 귀뿌리 봉 (董)

頕 [담] 頭也 머리 담 (感)

⿰正頁 [척] 正也 바를 척 (陌)

頠 [와] 靜也 고요할 와 (哿)

⿰爻頁 [발] 頭上毛 터러발、머리카락 발 窮ㅣ 不毛之地 메마른땅 발 髮古字 (月)

頏 [항] 鳥飛上下 頡ㅣ 새날아오르락내리락할 항 頸也 목 항、목줄기 항 聲也 소리 항 本音 강 (養)

⿰不頁 [배] 曲頤 굽은턱 배 (佳)

⿰斤頁 [기][간] 長貌 헌걸찬모양 기

至惻隱貌 간절할 간、측은히 여길 간 (微)(阮)

頍 [규] 擧首貌 머리 드는 모양 규 弁貌 고깔 비녀 규 (紙)

頛 [뢰] 疾也 빠를 뢰 曉難 깨달음이 어려울 뢰 鈍也 둔할 뢰 鮮白貌 명백할 뢰 頪同字 (泰)(隊)

頊 [우] 孔子頭意 공자의 머리 우 (麌)

頯 [골][곤] 頰旁骨 광대뼈 골 禿也 대머리 굴、곤 義同 頑同字 (月)(沅)

頑 [완] 鈍也 미련할 완 固陋 완고할 완 癡也 어리석을 완 貪也 탐할 완 愚也 완악할 완 (刪)

預 [예] 參與 참여할 예 先也 미리 예 及也 미칠 예 干也 간섭할 예 豫同字 與通 古音 여 (御)

頕 [침] 垂頭貌 머리 숙일 침 (寢)

頄 [우] 顫也 머리 흔들 우 (宥)

頤 [이] 頷也 턱 이、ㅣ指 턱으로 가리킬 이 養也 기를 이 期ㅣ 老也 늙은이 이 頣同字 (支)

頚 [올][몰] 入頭水中 머리를 물속에 넣을 올 没也 잠길 올、몰 義同 (月)

頣 [문] 繫頭殟也 머리를 동이고 괴로워할 문 顐同字 (元)

𩑬 [오] 大頭 큰 머리 오 (皓)

頓 [돈][둔][돌] 敗也 패할 돈 止也 그칠 돈 下首至地 꾸벅거릴 돈、머리 조을 돈、절할 돈 貯也 저축할 돈 捨也 버릴 돈 壞也 무너질 돈 遽也 陡ㅣ 급할 돈 食一次 밥 한 차례 돈 整ㅣ 가지런할 돈 宿食所 숙식하는 곳 돈 俄也 별안간 돈 固鈍 무딜 둔 單于太子冒ㅣ 오랑캐 이름 돌 (願)(月)

頒 [반][분] 頭半白 머리털 반쯤 셀 반 賜也 반사할 반 布也 반포할 반 頒兩旁 관자노리 반 魚大首貌 물고기 머리 클 분 (刪)(文)

五

頶 [호][고] 垂下頷肉 소의 처진 턱살 호 頷骨 턱뼈 고 (虞)

𩑶 [발] 頭上毛 터럭 발、머리카락 발 窮ㅣ 不毛之地 메마른 땅 발 髮古字 (月)

𩓐 [배] 曲頤貌 주걱턱 배 (灰)

頔 [적] 好也 좋을 적 頔古字 (遇)

𩒹 [단] 平

廣面넓적한 얼굴단 (旱)

⿰句頁 (우) 勉也힘쓸 우本音후 (宥)

⿰民頁 (민) 強也강할민 (眞)

⿰且頁 (저) 頣也턱 저 (魚)

頕 (담) 垂頰처진 빰담 (覃)

⿰眉頁 (미) 面俯머리 숙일미 (未)

頪 (회) 洗面낯씻을 회 類同字 (隊)

顑 (감) 頰疾빰 병감 (感)

⿰禹頁 (우) 頭顫疾머리 떠는병우 (宥)

⿰䌛頁 (요) 頸不自由意머리가 자유롭지 않을요 (效)

頖 (반) ㅣ宮侯學제후의학교반、반궁반 泮同字 (翰)

⿰亻賁 (정) 顚也이마정 項同字 (迥)

頉 (시)(이) 設也베풀시 捨也버릴시 布也펼시 惠也은혜시 自得貌잘난체할이 移也옮길이 延也벗을이 施同字 (支)(紙)(寘)

頚 (경) 목경 頸俗字

⿰乎頁 (험) ㅣ顩、不平貌편하지 않을험 (琰)

⿰弁頁 (변) 冠名고깔변 弁同字 (霰)

⿰木頁 (말) 面平얼굴납작할말 ㅣ顝、健也튼튼할말 (曷)

頙 (책) 正也바를책 (陌)

⿰巳頁 (개) 頰下빰밑 개 頦譌字 (賄)

⿰号頁 (호) 白髮頭흰 머리호 (號)

⿰㐱頁 (진) 일을삼갈진、부끄러울진、머리털 적을진 ⿰頁彡同字 (軫)(震)

⿰氐頁 (제) 垂頭머리 숙일제 (齊)

頾 (자) 口上鬚웃수염자 頿、髭同字 (支)

⿰可頁 (가) 傾頭而視머리기울이고 볼가 (哿)

⿰叵頁 (파) 頭之偏傾머리기울 파 (歌)

⿰頁彡 (진) 慙也부끄러울진 慎事일을 삼갈진 頭髮少貌머리털 적을진 (軫)(震)

⿰頁介 (진) 일을삼갈진、부끄러울진 ⿰頁彡同字

⿰出頁 (절) 面秀骨콧마루절 (屑)

⿰㐱頁 (진) ㅣ鱗、慎事일을삼갈진 慙也부끄러울진 頭髮小貌머리털 적을진 ⿰頁彡譌字 (軫)(震)

⿰玄頁 (현) 頤後뒷빰 현、뒷볼현 (先)

頋 [고] 回旋視 돌아볼고 眷也 돌보아줄고 發語辭 ㅣ反 도리어고 顧俗字 (遇)

頍 [갑] 頭也 덕갑 (合)

頗 [파] 不正偏 ㅣ비뚤어질파、편벽될파 義同 僅可 자못파 (歌)(哿)

領 [령] 項也 목령 衣體 옷깃령 統理 거느릴령 占ㅣ 차지할령 受也 받을령 要ㅣ 중요로울령 (梗)

⿰白頁 [복] 白髮 머리털흴복 (職)

⿰冉頁 [염] 頰須 구레나룻염 (鹽)

六

顖 [신] 頂門 숫구멍신、쥐구멍신 囟同字 (震)

⿰至頁 [치] 面黑 얼굴검을치 (紙)

⿰灰頁 [회] 大首 큰머리회 (隊)

頛 [뢰] 頭傾 머리기울뢰 (賄)

⿰充頁 [총] 滿也 찰총 (腫)

⿰己頁 [누] 頤ㅣ、面顫 얼굴비뚤어질누 (尤)

頞 [알] 鼻莖 콧마루알 獸名 幽ㅣ 짐승이름알 (曷)

⿰艮頁 [곤] 頰高 뺨높을곤 (阮)

⿰夅頁 [잠][금][검] ㅣ顉 醜貌 얼굴추할잠、금 義同 面不平意 얼굴반반하지않을검 顉同字 (寢)(咸)

頫 [부] ㅣ仰 低頭 머리숙일부 (麌)

⿰夗頁 [열][박][악] 醜也 추할열 面大貌 얼굴클박 顎也 턱뼈악 恭嚴 근엄할악 (屑)(藥)

⿰多頁 [다] 醜貌 추한모양다 (哿)

頜 [합] 頤傍 아랫볼합 古音 갑 (合)

頚 [경] 項也 목경 頸俗字 (梗)

頧 [퇴] 夏冠名 母ㅣ 하나라관이름퇴 (灰)

頠 [외][위] 頭閑習 머리마음대로가질외 靜也 고요할외 人名 晉裵ㅣ 사람이름외 習容止 외양잘가질위 (賄)(紙)

頟 [액] 不息 ㅣㅣ 쉬지않을액 顙也 이마액 額同字 (陌)

⿰犭頁 [변] 頭姸 머리고울변 (先)

頨 [연] 姣也 얼굴예쁠연 (銑)

⿰自頁 [비] 犬初生子 개의첫배새끼비 首也 머리비 (寘)

⿰匡頁 [광] 目匡 눈가광 眶同字 (陽)

頬

[홍]頭昏顄ㅣ머리아득할홍 董

⿰同頁 [동]直頸 곧은목동 董

頩 [병]怒也 노할병、성낼병 淺青色 옥색병 青

頥 [이]養也 기를이 頷也 턱이ㅣ指 턱끄덕거릴이 朶ㅣ嚼也 턱까불거릴이 老也 期ㅣ늙은이이 夥ㅣ많다느낄이 支

頝 [교]不媚 아첨안할교 肴

頋 [고]回首旋視 돌아볼고 眷也 돌보아줄고 顧同字 遇

頡 [갈][힐]掠除 획채어갈갈、노략질할갈 擷也 밟힐갈 飛上下頡 오르락내리락날힐 古吏官倉ㅣ옛날사기맡은관원힐、사람이름힐 翓同字 俗音혈 黠

頦 [해]頤下 턱해 灰

頢 [괄]短面 짧은얼굴괄 曷

頛 [뢰]曉難 깨닫기어려울뢰 疾也 빠를뢰 鈍也 둔할뢰 泰

頣 [신]擧目而視 눈들고볼신 軫

⿰糸頁 [주]頭布 두건수 婦人喪巾布 베댕기오라기수 ⿰糸帚同字 虞

⿰昆頁 [곤]頰高 뺨높을곤 頣同字 阮

⿰且頁 [저]頤也 턱저 頣同字 魚

頫 [부]ㅣ仰 低頭 머리구부릴부 頫同字 虞

⿰囟頁 [신]囟門 숫구멍신、숫구멍신 顖同字 軫

⿰木頁 [척]親也 겨레척 戚類斧也 도끼척 憤也 분낼척 慼同字 錫

七

⿰希頁 [희]頭動 머리움직일희 微

⿰車頁 [차]牙下骨 잇몸차、턱뼈차 麻

⿰冎頁 [매]暗也 어두울매 隊

⿰告頁 [곡]鼻高貌 코우뚝한모양곡 沃

⿰辰頁 [진]頭動 머리움직일진 震

頯 [규]面顴 광대뼈규 支

⿰癸頁 [규]광대뼈규 頯同字

⿰氐頁 [활]短面 짧은낯활 頢同字 曷

頼 [구]戴也 일구 尤

⿰冃頁 [홍]頭痛 머리아플홍 東

頷 [암][함]點頭ㅣ之 머리끄덕거릴함 不飽顑ㅣ배고플함 頤也 턱함 感

頛 삼 動頭 머리 움직일 삼 ㊣勘

頢 탈 小頭 작은 머리 탈 ㊣黠

頪 잠 심 醜貌 추할 잠 頼 ㅣ俯首 머리 구부릴 심 ㊣侵 ㊣沁

𩑝 염 구레나룻 염 𩒎同字

𩑠 염 頬ㅣ구레나룻 염 ㊣鹽

頮 회 洗面 낯 씻을 회 ㊣隊

𩑔 침 陋也 더러울 침、추할 침 ㊣寢

𩑒 곤 耳門 귀문 곤 ㊣元

䫆 잠 금 겸 ㅣ頷、醜貌 얼굴 추할 잠、금 義는 잠과 同、面不平意 얼굴 반반하지 않을 겸 ㊣寢

䫏 아 均也 고를 아 ㊣歌

䪿 부 頬骨 광대뼈 부 ㊣麌

𩑡 괄 面醜 낯 추할 괄 ㊣曷

頃 경 규 田百畝 백이랑 경、俄也 아까 경、頭不正 머리 비뚤을 경、暫也 잠깐 경、比時 쯤 경、半步也 반걸음 규 \ 頃同字 ㊣梗 ㊣庚 ㊣紙

䫈 성 頸也 목 성 ㊣庚

𩑏 음 顫頭 머리 흔들 음 ㊣沁

頰 협 面兩旁 뺨 협、譬說 ㅣ비유하는 말 협、徐言 천천히 말할 협 古音 겹 ㊣葉

頭 두 上也 위 두、首也 머리 두、首領ㅣ目 두목 두、始初 시초 두、端也 끝 두 ㊣尤

𩑙 홍 頭直 머리 곧을 홍 ㊣董

頲 정 直也 곧을 정、狹頭 머리통 쭉할 정 ㊣迥

頳 정 赤也 붉을 정 ㊣庚

䭝 군 頭大 머리 통클 군 ㊣眞

𩑻 발 頸也 ㅣ項 목 발 ㊣質

𩑟 영 穎也 이삭 영、錐鋩 송곳 끝 영、才能拔類 빼어날 영 穎俗字 ㊣梗

䫉 오 大頭 큰 머리 오 ㊣豪

𩑺 망 頭也 머리 망 ㊣江

頸 경 項也 목 경 ㊣梗

頻 빈 比也 견줄 빈、連也 연이을 빈、數也 자주 빈、急蹙貌 찡그릴 빈、急也 급할 빈 顰 卑通 ㊣眞

頽 퇴 傾也 기울어질 퇴、暴風 사나운 바람 퇴、崩壞 무너질 퇴、首禿 대머리 퇴 頹同字 ㊣灰

䫙 사 醜也 추할 사 ㊣馬

𩑼 계 頭不正 머리

비뚤제 齊

穨 퇴 衰也쇠할퇴 崩壞무너질퇴 暴風사나운바람퇴 傾也기울어질퇴 從也좇을퇴 首禿대머리퇴 隤同字 蹟通 灰

䫉 모 막 容儀모양모、꼴모、얼굴모、결모 描畫모뜰막 遠也멀막 貌同字 效 覺

䫛 홍 롱 광 谷空골휑할홍 山深貌산깊숙할롱 空谷빈골광 硿同字 東 江

頣 이 頷也턱이 期ㅣ老也늙은어이 彲ㅣ많다고느낄이 頤俗字 支

䪵 비 首也머리비 犬初生子개의첫배새끼비 䪵同字 眞

䫦 오 高大貌높고클오 太也클을오 驁同字 豪

頢 배 曲頭굽은머리배 灰

頼 뢰 恃也믿을뢰 蒙也힘입을뢰 賴俗字 泰

䫜 부 비 短鬚白貌수염이짧고흴부 短鬚貌짧은수염비 尤 支

⑧

顄 암 함 ㅣ之點頭머리끄덕거릴암 顑ㅣ不飽주릴함 頤也턱함 頷同字 咸

䫏 기 醜貌추한모양기 支

䫀 정 美也아름다울정 敬

頿 자 口上髮웃수염자 支

𩓠 자 웃수염자 頿同字

𩒳 담 面長낯길담 覃

𣕈 규 작은머리규 頍同字

𩓿 규 團也둥글규 小頭작은머리규 支

頛 뢰 覆也덮을뢰 賄

䪼 추 出額이마툭튀어날추 支

顁 정 額也題ㅣ이마정 定通 徑

𩓺 규 작은머리규 頍同字

顊 비 傾頸목기울비 齊

𩔖 부 ㅣ仰低頭머리구부릴부 頫同字 麌

𩑿 별 短貌짧을별 屑

𩒹 위 퇴 隨也따를위 下墜떨어질퇴 支 灰

𩓩 철 頭短머리짧을철 屑

䫡 감 啄也쪼을감 鵮同字 咸

𩓦 자 惡貌나쁜모양자 紙

𩔁

頯 [비] 短鬚짧은수염비 頯同字 (支)

頥 [이] 되이、늙은이이 頤同字

顇 [최] 顦ㅣ憂瘠파리할최 病也병들최 (寘)

顅 [간] 頭鬢少髮터럭적을간 (刪)

頣 [의] 眉目미목의 (支)

顆 [고] 頭也머리고 (皓)

顡 [퇴] 頭肤머리뼈통결퇴 (佳)

頶 [오] 大頭큰머리오 頵同字 (虞)

頻 [빈] 數也자주빈 急蹙貌찡그릴빈 頻同字 (眞)

頛 [림] 俯首머리숙일림 (侵)

𩕇 [굴] 面短낮짧을굴 本音울 (物)

顆 [과] 物ㅣ頭덩이과、머리과 蓬ㅣ무덤과 (哿)

頩 [병] 斂容천연할병 怒色青성나파랗게질릴병 (迥)

𩓹 [록] 項也목록 (屋)

䫒 [문] 繫系頭殟也머리를동이고괴로와할문 (元)

頭 [두] 面不正낮비뚤두 (尤)

䫑 [의] 美也아름다울의 好也좋을의 (支)

顔 [안] 額也이마안 (翰)

顴 [권] 曲角굽을뿔권 (先)

顉 [금][암] 曲頤주걱턱금 頷通、點頭머리끄덕일암 頷同字 (侵)(感)

䫇 [청] 大頭큰머리청 頭不正머리비뚤청 (庚)

九

䪳 [가] 無度言語헛된말가 (麻)

䫴 [원] 面不正낮삐뚤원 (阮)

顋 [시] 頦也볼시、뺨시 本音새 (灰)

𩓐 [회] 面肥얼굴살찔회 (隊)

𩔀 [계] 伺人찾을계 恐也두려울계 (霽)

𩒮 [한] 健也건장할한 (曷)

顡 [돈] 秃也모지라질돈 (願)

題 [제] 試問물을제 額也이마제 ㅣ目제목제 書ㅣ글제 品ㅣ평론할제 署也쓸제 南蠻雕ㅣ남녘오랑캐제 小視흘겨볼제 睇同字 (齊)(霽)

顁 [절] 小頭작은머리절 (屑)

顒 [옹] 仰也우러를

옹 大也클옹 温貌온공할옹 ㊀冬 顐 비 傾頭머리기울어질비 ㊀賽 顡 계 大口큰입계 ㊀寘 顝 과 短頭짧은머리과

㊀麻 䫒 민 强也강할 頣同字 ㊀眞 類 류 善也착할류 肖似같을류 分也나눌류 等也무리류 種ㅣ종류류 類略

字 ㊀寘 額 액 分量수효액 額也이마액 題也현판액 額同字 ㊀陌 顏 안 山高㞕ㅣ산우뚝할안 姓也성안 容也顏角얼굴

안 ㊀刪 顎 악 頷骨上下아래위턱뼈악 ㊀藥 顓 전 蒙也무릅쓸전、어리석을전 獨專오로지전 帝號ㅣ頊사람이름전

國名ㅣ臾나라이름전 星名ㅣ頊별이름전 專通 ㊀先 顕 현 著也나타날현 明也밝을현 達也통달할현 高也높을현 顯略字 ㊀銑

顙 상 額也이마상 顙俗字 ㊀養 顒 옹 仰也우러를옹 温貌온공할옹 大也클옹 顒同字 ㊀冬 頏 항 飛上飛

下날라오르락 내리락할항 ㊀養 馩 복 香氣芬ㅣ향내 복 馥同字 ㊀屋 顑 함 不飽ㅣ頷배주릴함 瘦也파리할함 ㊀感

顏 안 頟角容也얼굴안ㅣ山高산우뚝할안 姓也성안 顔同字 ㊀刪 顤 요 頭凹머리오목할요 ㊀肴 頿 찬 見也볼찬 具

也갖출찬 或音선 ㊀潸 頷 암 함 ㅣㅣ之點頭머리끄덕거릴암 顑ㅣ不飽주릴암 頤也턱함 頷同字 𩕄譌字 ㊀感 顫

운 弄言희롱할운 禿無髮頭ㅣ머리에털없을운 ㊀類 ❶十 顲 암 頗長빰길암 ㊀咸 願 원 顧望바랄원 欲也원할원、하

고자할원 羡慕부러워할원 請也청할원 思也생각할원 ㊀願 𩕁 옹 頸毛也목털옹 ㊀東 顖 신 頂門숫구멍신、쥐구멍신 顖同

字 ㊅彰

頿 [비] 短鬚 짧은 수염 비 ㊀支

𩕊 [전] 顚也 이마 전 顚同字 ㊀先

顐 [운] 面首俱圓 머리와 낯이 함께 둥글 운 ㊃吻

䫜 [효] 大頭 큰 머리 효 ㊄嘯

顗 [의] 謹莊貌 삼가는 모양 의、점잔을 의 樂也 즐거울 의 ㊃尾

顄 [함] 頤也 턱 함 怒貌 노하는 모양 함 頷略字 ㊅覃

䫢 [사] ㅣ顡、頭不正 머리가 바르지 않을 사 好貌 모양이 좋을 사、좋을 사 ㊀支

顉 [금] 首動 머리 움직일 금 ㊄沁

顕 [현] 著也 明也 나타날 현 明也 밝을 현 達也 통달할 현 高也 높을 현 顯俗字 ㊃銑

頥 [이] 輔車骨 광대뼈 이 養也 기를 이 ㊀支

𩓨 [협] 面兩旁 뺨 협 䩡ㅣ徐言 讋說 천천히 말할 협 頰籀文 ㊇葉

𩔈 [용][송] 貌也 얼굴 용、모양 용 ㅣ德稱述 칭송할 송 歌誦 외울 송 頌籀文 ㊁冬 ㊄宋

䫤 [명] 額也 이마 명 ㊀青

顙 [상] 額也 이마 상 ㊃養

頛 [경][규] 田百畝 백이랑 경 俄也 아까 경 比時 끔 경 半步也 반걸음 규 頃同字 ㊃梗 ㊁庚 ㊃紙

𩔼 [류] 善也 착할 류 肖似 같을 류 分也 나눌 류 種ㅣ 종류 류 類譌字 ㊄寘

𩕋 [전] 額也 이마 전 ㊀支

䫏 [신] 頂門 숫구멍 신、쥐구멍 신 顖譌字 ㊄翰

𩔖 [금] 醜貌 추할 금 顩同字 ㊃侵

𩔦 [혜] 頭不正 머리 비뚤 혜 ㊀齊

顚 [전] 仆倒 엎드러질 전 頂也 이마 전 專一ㅣㅣ 한갈 질전 傾斜 기울어질 전 ㅣ倒 거꾸로 설 전 ㊀先

䫳 [두] 面折頭ㅣ 편잔줄 두 ㊃尤

顛 [전] 이마 전、엎드러질 전 顚同字

𩔗 [미] ㅣ頾頤 頭垂貌 머리가 드리워질 미 ㊀齊

頯 [규] 小頭 작은 머리 규 圞也 둥글 규 頪譌字 ㊀支

類 [류] 等也 무리 류 分ㅣ 나눌 류 種

ㅣ종류류 善也 착할류 比也 견줄류 法也 법류 祭名 제사이름류 肖似 같을류 (寘)

⿰盍頁 [갑][개] 頰骨 뺨뼈갑、頭骨貌 머리뼈모양개 (合) (秦)

⿰目頁 [멸] 頡也 오르락내리락할멸 (屑)

顝 [골][괴] 獨處貌 홀로거처하는모양골 오똑히앉을골 大頭 머리통클골 醜也 추할골 相抵觸 서로다닥칠골、괴 義同 (月)(灰)

顜 [강] 明也 밝을강 直也 곧을강 (講)

⿰鬼頁 [외][기] 頭不正 머리가바르지않을외 大貌 클외、기 義同 (賄)(支)

⑪

⿰莫頁 [마] 말더듬을 마 ⿰麻頁同字

⿰責頁 [책] 頭不正 머리비뚤책 (陌)

顟 [료] 頭長 머리길료 (蕭)

⿰麻頁 [마] 語訥 말더듬을마 (麻)

⿰敖頁 [오] 太也 클오 高大貌 높고클오 (豪)

⿰參頁 [참] 搖頭頷ㅣ 머리흔들참 (感)

⿰庶頁 [혹] 祿也 복혹 (屋)

⿱頁⿰彳夊 [우] 愁思 근심우、걱정할우 幽也 그윽할우 辱也 욕될우 憂同字 (尤)

⿰區頁 [구] 面折ㅣ顋 편잔줄구 (尤)

⿱敖頁 [오] 높고클오、큰을오 ⿰敖頁同字

顢 [만] 面大貌 얼굴큰모양만 (寒)

⿰彙頁 [비] 鬢半白 털반백될비 (支)

⿰家頁 [의] 不聽明痴ㅣ 멍청이의 (未)

⿰婪頁 [람] 垂首 머리숙일람 (覃)

⿰⿱虍田頁 [로] 頭ㅣ 首骨 해골로、천령개로 首也 머리로 顱同字 (虞)

⿰爽頁 [상] 醜也 추할상 (養)

顣 [축] ㅣ頞 不悅貌 찡그릴축 (屋)

⿰婁頁 [루] 髑ㅣ 首骨 해골루 髏同字 (尤)

顠 [표] 髮亂貌ㅣㅣ 털엉킬표 (蕭)

⑫

顦 [초] ㅣ顇 憂及瘁貌 파리할초 憂貌ㅣ頷 근심하는모양초 (蕭)

⿰棥頁 [번] 醜也 추할번 (元)

⿰雇頁 [고] 眷也 돌보아줄고 回首旋視 돌아볼고 反也 돌이킬고 發語

辭도리어고 (遇)

顤 효 요 擧首貌머리들효 高長頭貌높고긴머리효 高也높을효、요義同 (看)(嘯)

𩕔 홍 肥也살찔홍 (董)

𩕄 고 호 廣大也넓고클고 大頞큰얼굴호 (皓)(豪)

𩕘 쾌 無髮털없을쾌 (隊)

𩕙 삼 俯首머리숙일삼 (覃)

𩕃 침 頭長머리길침 俯首머리숙일침 (寢)

顟 료 頭長머리길료 顟同字 (蕭)

𩕗 선 倨視人사람거만히볼선 或言

전 (銑)

𩕕 심 顠ㅣ、懦弱貌나약할심 (寢)

𩕖 녕 頂顭이마녕 顭同字 (迥)

𩕚 의 痴ㅣ不聰名멍청이의 顡譌

字 (末)

𩕛 파 번 白色흴파、勇舞貌용맹스럽게춤출파、白喙흰입부리번 (歌)(元)

顥 호 白貌희얼호 大也클호 (皓)

𩕜 이 皮靴가죽신이 以ㅣ加足신을이 踏也밟을이 履古字 (紙)

𩕝 예 先也미리예 參與于也참여할예 及也미칠예 預俗字

(御)

𩕞 선 圓顏둥근얼굴선 (先)

𩕟 잠 頷ㅣ搖頭머리흔들잠 頷同字 (感)

𩕠 안 顏角容也얼굴안ㅣ山高산우뚝할안 顏籒文 (删)

𩕡 린 털성길린 顲同字

𩕢 린 髮疎털성길린 (翰)

𩕣 손 卦名也괘이름손 (願)

𩕤 유 顬ㅣ귀밑뼈유 顬同字 (虞)

𩕥 의 睇盻貌아름다운눈매의美 容貌아름다운얼굴의 顬略字 (支)

⑬

𩕦 몽 惛也ㅣㅣ밝지못할몽 懞同字 (庚)

𩕧 악 嚴敬엄숙하고공경할악 顎同字 (藥)

𩕨 정 이마정 頂同字

𩕩 경 금 음 顒ㅣ、懦劣나약하고못날경、금義同 ㅣ顲、切齒而怒貌이를갈며성낼음 (梗)(寢)(沁)

𩕪 압 頭動머리움직일압 (合)

⿰蜀頁 독 頭骨머리뼈독 屋 ⿰鼎頁 정 顚同字 이마정 ⿰嗇頁 색 頰也볼색 職 顫 전 四支寒掉사지떨릴전

頭不正머리바르지못할전 霰 ⿰敖頁 오 高也높을오 豪 顪 괴 頰也뺨괴、볼따귀괴 隊 ⿰僉頁 엄 頰面皺 頤貌하

관뼈를엄 俗音검 琰 ⿰咸頁 함 臨於火氣불쪼일함 勘 ⿰亶頁 담 ㅣ顜頭貌머리모양담 勘 ⿰感頁 함 不飽ㅣ頷주

릴함 瘦也파리할함 顑同字 感 十四 顲 람 름 얼굴이여윈모양람 作色貌색낼름 面色黃貌얼굴빛이누럴람 ⿰稟頁同字 感 寢

勘 ⿰寧頁 녕 頂顚이마녕 迥 ⿰賓頁 빈 懫懣분낼빈 眞 ⿰蒙頁 몽 頭昏ㅣ頬머리아득할몽 董 ⿰蓋頁

개 頭骨머리뼈개 泰 顬 유 鬚顬骨ㅣ귀밑뼈유 虞 ⿰旖頁 의 睇眄貌아름다운눈매의 美容貌아름다운얼굴의 支

顯 현 明也밝을현 著也나타날현 高也높을현 達也통달할현 銑 ⿰壽頁 도 大面큰낯도 豪 ⿰臱頁 변 雙生兒쌍동이변

先 ⿰愿頁 원 欲也하고자할원、원할원 覬望바랄원 羨慕부러워할원 願同字 願 ⿰夢頁 홍 惛也어두울홍 蒸 顎 악 嚴

敬엄숙하고공경할악 藥 ⿰聲頁 평 言多말많을평 庚 ⿰粦頁 린 髮疎털성길린 鱗本字 軫 ⿰粦頁 린 髮

疎털성길린 ⿰粦頁本字 軫 ⿰善頁 선 倨視人사람거만히볼선 ⿰善頁本字 銑 十五 ⿰齒頁 알 齟齬어긋날알 黠

⿰匳頁 엄 不平貌반반하지않을엄 琰 顰 빈 強學效ㅣ효빈할빈、흉내낼빈 眉蹙눈쌀찌푸릴빈 嚬同字 眞 ⿰廧頁

원 巔頂 정수리 원 (願)

⿰樊頁 번 분 大醜貌 크게 추할 번、분 義同 (元)(文)

⑯

顲 람 름 面瘦貌 얼굴이 여윈 모양 람 面色黃貌 얼굴빛이 누런 람 作色貌 색낼 름 (感)(勘)(寢)

顱 로 首骨 頭ㅣ 해골 로 首也 머리 로 (虞)

⿰噩頁 악 上下領骨 上下 아래위 턱뼈 악 顎同字 (藥)

顟 교 面不正 낯 바르지 못할 교 (肴)

⿸广頁 금 검 엄 醜也、顩ㅣ、추할 금、검 義同 顩ㅣ、面不平 얼굴 반반 않을 엄 (寢)(豔)(琰)

⑰

顲 람 름 面瘦貌 얼굴이 여윈 모양 람 作色貌 색낼 름 面色黃貌 얼굴빛이 누런 람

顲 譌字 (感)(寢)(勘)

⿰霝頁 령 面瘦 얼굴 파리할 령 (庚)

⿰嬰頁 영 頸瘤 목에 혹 날 영 (梗)

⿰夢頁 훙 暗也 어두울 훙 (蒸)

⿰毚頁 참 頭長 머리 길 참 (陷)

⑱

顴 권 頰骨 광대뼈 권 (先)

⿱頁⿰頁頁 비 眉也 눈썹 비 (眞)

⿱首⿰首首 수 頭也 머리 수 先也 먼저 수 君也 임금 수 ㅣ領 우두머리 수 首同字 (有)

顳 섭 鬢骨ㅣ顬 귀밑뼈 섭 (葉)

⑳

顰 빈 眉蹙 눈살 찌푸릴 빈 顰本字 (眞)

風部

風 풍 大塊噫氣(空氣之搖動) 바람 풍 ㅣ俗 풍속 풍 威ㅣ 위엄 풍 容姿 모양 풍 ㅣ景 경치 풍 病名 中ㅣ 병 이름 풍 牝牡相誘 흘레할 풍 王者聲敎 울릴 풍 諷同字 (東)

凬 풍 風古字

②

⿰風刀 고 熱風 더운 바람 고 (肴)

⿰風力 고 더운 바람 고 ⿰風刀本字

③

⿰風工 홍 大風 큰 바람 홍 風聲 바람 소리 홍 (東)

⿰風勺 료 風聲 바람 소리 료 (肴)

⿰風凡 봉 風貌바람부는모양봉 東
颪 풍 下風내리부는바람풍 東
颩 표 從下而上扶搖風회오리바람표
飆同字 蕭
⿰風勺 표 風聲바람소리표 尤

四

⿰風冈 망 經風내리부는바람망 養
⿱風之 하 春之次李여
름하 中國別稱나라하 大也클하 夏同字 禡 馬
⿰風日 율 大風颶ㅣ 큰바람율 質
⿰山風 횡 大風큰바람횡 庚
⿰風夬 결 風吹바람불결 屑
⿰風今 감 寒風찬바람감 蒸
⿰風厷 횡 大風큰바람횡 飌、⿰山風同字 庚
⿰風火 붕 焚也불땔붕 送
⿰夫風 부 바람내리불부 颫同字
颫 부 風自上下ㅣ飆 바람내리불부 虞
⿰風少 소 風起바람일어날소 肴
⿰風牙 하 開口吐氣입벌리고기운토할하 馬
⿰風乇 포 輕風가벼운바람포 輕也가벼울포 豪
⿰風屯 돈 風也바람돈 元

五

⿰風号 호 風聲바람소리호 豪
⿰風出 굴 風也바람굴 物
⿰風幼 유 風聲ㅣ바람소리유 有
⿰風必 별 필 微風산들바람별 風聲바람소리필 屑 質
⿰風戉 월 風聲바람소리월 本音혈 月
⿰風它 이 小旋風작은회오리바람이 支
⿰風尼 이 大風큰바람이 支
颭 점 物受風動搖曳ㅣ 曰펄렁거릴점 琰
⿰風卯 류 風聲바람소리류 有
⿰風召 초 清風맑은바람초 蕭
⿰風令 령 寒風찬바람령 青
⿰風巳 이 큰바람이 ⿰風尼同字
⿰風术 술 혈 솔솔부는바람술、혈義同、⿰風朮同字
⿰風尤 술 혈 微風솔솔부는바람술、혈義同 質 屑
颮 박 飛相擊

聲날며서로치는소리박 物自空墮貌 ㅣㅣ공중에서 뚝뚝떨어질박 (覺)

⿺風弗 [불] 小風 솔솔부는바람불 疾風휙휙부는바람불 (物)

⿺風甘 [함] 風聲바람 소리함 (勘)

颰 [발] 疾風빠른 바람발 (曷)

颱 [태] 暴風之ㅣ몸시 부는바람태 (灰)

⿺風玄 [삽] 바람소리삽 颯同字

颯 [삽] 風聲바람 소리삽 (合)

⿺風汞 [홍] 風吹바 람불홍 (董)

⿺風立 [삽] 바람소리 삽 颯同字

六

⿺風杀 [살] 風吹바람불 살 ⿺風殺同字 (曷)

颳 [괄] 惡風모진 바람괄 (黠)

⿺風殳 [표] 狂風미친바 람표 (蕭)

⿺風劦 [협] 風和바람소 리화할협 (葉)

⿺風共 [홍] 風聲바람 소리홍 (東)

⿺風劦 [려] 急風휙휙부는 바람려 本音려 (霽)

⿺風吉 [힐] 風吹바 람불힐 (質)

⿺風休 [휴] 風聲바람 소리휴 (尤)

颲 [렬] 烈風매운바 람렬 烈通 (屑)

⿺風式 [식] 意 未詳

⿺風舟 [범] 舟上幔使風 돛범 帆古字 (咸)(陷)

⿺風戉 [훌] 微風솔솔 바람훌 (質)

七

颵 [소] 風聲바 람소리 소 (效)

⿺風豕 [홀] 疾風貌휙휙부는 바람홀 ⿺風忽同字 (物)

⿺風利 [률] 暴風폭 풍률 (質)

⿺風孛 [발] 風吹바 람불 발 (月)

⿺風定 [선] 風轉회오리 바람선 (先)

⿺風垂 [퀘][회] 蛇虺이무기퀘 ㅣ隤馬 病 벌어 먹을회 虺同字 (屋)(灰)

⿺風攸 [유] 風聲바람 소리유 (尤)

⿺風柔 [살] 風吹바 람불살 (曷)

⿺風折 [철] ㅣ⿺風戉、風也 바람철 (屑)

⿰奴風 [뇌] 風動貌 바람움직 일뇌 (賄)

⿺風尾 [미] 風吹偃物바람불어 자빠뜨릴미 (未)

⿰兖風 [연] 揚穀物벼를까부를 연 微風 작은바람연 (霰)

⿸風貝 [illegible] 海中大風一名瘕회오리바람구 颶同字 (支)(遇)

⿸風兌 [퇴] 小風 솔솔부는 작은바람퇴 (泰)

⿸風彔 [홍] 風吹바 람불홍 (董)

⿸風赤 [혁] 熱風 뜨거운바람혁 (陌)

⿸風夾 [삽] 風疾바람 빠를삽 (洽)

⿸風良 [랑] 北風 북풍 랑 ⿸風京同字 (陽)

⿸風求 [구] 微風 산들바람 구 (尤)

⿸風亞 [류] 楮風颻ㅣ슬슬 부는바람류 (有)

㊇

⿸風奄 [언] ㅣ颮 奄忽 잠간 언、갑자기언 (元)

⿸風音 [부] 風穩바람 잔잔할부 (有)

⿱焚風 [풍] 風 本字

⿸風或 [괵] 熱風 뜨거운 바람괵 (陌)

⿰虎風 [푸] 風之強吹 바람셀푸 (尤)

⿸風夌 [릉] 大風 큰 바람릉 (蒸)

颶 [구] 四方風 海中大風 사방 풍구、회오리바람구 (遇)

⿸風炎 [표] 狂風 미친바 람표 (蕭)

⿸風爭 [쟁] 合ㅣ琵類 쟁쟁 風ㅣ簷 前鐵馬 풍경쟁 箏同字 (庚)

⿸風戾 [려] 風聲바람 소리려 (霽)

⿸風虒 [푸] 風之強吹 바람셀푸 飃同字 (尤)

⿰京風 [량] 북풍량 ⿸風京同字

⿸風京 [량] 北風 북풍량、하늬 바람량 涼通 (陽)

⿸風析 [석] 風聲바 람소리석 (錫)

⿸風疌 [첩] 風勁吹 바람몹시 불첩 或音섭 (葉)

⿸風垂 [수] 風偃物바람 에쓰러질수 (支)

⿰金風 [류] 風行聲바 람지나가는소 리류 (有)

⿸風卑 [배] 風吹바 람불배 (齊)

⿸風忽 [홀] 疾風貌 빠른 바람홀 휠휠 부는 바람홀 (物)

⿸風奉 [봉] 風 起바 람일어 날봉 (董)

⿸風委 [외] 風緩貌 바람 완만할외 (支)

⿰委風 [외] 低吹風 낮 은바람외 (灰)

⿸風周 [주] 風吹 바람불 주 (宥)

⿸風卒 [세] 破也 파할 세、개질세 (霽)

⿸風甾 [시] 涼風 서늘한바 람시 ⿸風思同字 (支)

⿸風尙 [쟁] 風聲바람 소리쟁 (庚)

⑨ ⿰英風 [영] 高吹風 높은바람영 (庚) 颵 [유] 風聲바람소리유 (尤) ⿰風剌 [랄] 風吹바람불랄 (曷) ⿰風皆 [개] 颽同字 ⿰皆風 [개] 疾風휘휘부는바람개 喈通 (佳) ⿰風攸 [수] 風聲바람소리수 (尤) ⿰風害 [횡] 風聲바람소리횡 (敬)

颹 [외] 大風큰바람외 (微) ⿰韋風 [외] 큰바람 颹同字 颸 [시] 涼風서늘한바람시 (支) ⿰風侯 [후] 風吹바람불후 (尤)

⿰風畐 [벌][필] 微風산들바람벌 風聲바람소리필 ⿰風必同字 (屑)(質) ⿰風英 [영] 높은바람 영 ⿰英風同字 ⿰宛風 [연] 微動風잔잔하게부는바람 연 (銑)

⿰風兒 [비] 風吹바람불 비 ⿰風卑同字 (齊) ⿰風亥 [소] 涼風北風북풍소、하늬 바람소 ⿰風肅同字 (蕭) ⿰昜風 [양] 날릴양 颺同字

⿰風僉 [유] 颶風회오리 바람유 (虞) ⿰風胃 [율] 大風큰 바람율 (物) ⿰風音 [안] 颶風회오 리바람안 (翰) ⿰風皇 [횡] 暴風폭풍횡、사나운 바람횡 ⿰風黃同字 (庚)

颺 [양] 風飛날릴양 揚通 (漾) ⿰亶風 [전] 風動바람움 직일전 (先)

⿰風風 [공] 亂風어지러운 바람공 古音강 (講) ⿰風孛 [유] 風吹바 람불유 (尤) ⿰風枼 [엽] 風動바람 움직일엽 (葉) ⿰風夋 [수] 風貌ㅣ飀바람 우수수불수 (尤)

⿰風象 [훌] 疾風貌휘휘부 는바람훌 ⿰風忽同字 (物)

⑩ ⿰風劦 [려] 急風휘휘부 는바람려 ⿰風戾同字、本 音려 (齊) ⿰風栗 [률] 暴風왜풍률、사나 운바람률 ⿰風聿同字 (質) ⿰風氣 [표] 疾風吹빠 른바람표 (蕭) ⿰豈風 [개] 南風마 파람개、남풍 개 凱同字 (賄) 颻 [요] 風動風飄ㅣ날 릴요、나부낄요 (蕭) 颼 [수] 風聲바람 소리수 (尤) 颾

[소][수] 風聲바람소리소、수義同 (豪)

⿰風高 [효] 熱風뜨거운바람효 (肴)

颻 [요] 날릴요 飄同字

⿰風唐 [당] 風貌바람모양당 (陽)

颿 [범] 馬疾步말달릴범 船幔돛범 帆、颿同字 (陷)

⿰風索 [삭] 風聲바람소리삭 (藥)

⿰風馬 [범] 말달릴범、돛범 颿同字

(十)

⿰風宿 [숙] 風吼바람소리칠숙 (屋)

飁 [습] 颯ㅣ大風큰바람습 (緝)

⿰風率 [솔] 風聲바람소리솔 (質)

飂 [료][류] 風聲ㅣ飉바람소리료 飉同字 高風ㅣㅣ높은바람류 飀同字 (蕭)(尤)

⿱敖風 [오] 風聲바람소리오 (豪)

⿰風畢 [필] 風寒바람찰필 (質)

⿰風离 [리] ㅣ魅、鬼屬산매리、도깨비리 魑俗字 古音치 (支)

飄 [표] 旋風회오리바람표 風貌ㅣ颻나부낄표 墜也떨어질표 飆同字 (蕭)

⿰風鳥 [효] 風也바람효 颵同字 (肴)

⿰風曹 [울] 風聲바람소리울 (物)

飃 [표] 회오리바람표、나부낄표 飄同字

⿰翏風 [료][류] ㅣ飉風聲바람소리료ㅣㅣ高風높은바람류 飂俗字 (蕭)(尤)

(十一)

⿰歘風 [표] 회오리바람표 飆略字

⿰風歘 [표] 회오리바람표 飆俗字

⿰京風 [료] 바람소리료 飉同字

⿰矞風 [율] 질풍율 ⿰風矞同字

⿰風矞 [율] 急風질풍율 (質)

⿰翏風 [료][류] ㅣ飉風聲바람소리료ㅣㅣ高風높은바람류 飂同字 (蕭)(尤)

飉 [료] 風聲바람소리료 (蕭)

飇 [표] 從下而上扶搖風회오리바람표 飆俗字 (蕭)

⿰風壽 [도] 大風큰바람도 ⿰風濤同字 (豪)

⿰風貴 [퇴] 暴風從上下급한바람내리불퇴 (灰)

⿰風肅 [숙] 風聲바람소리숙 (屋)

飆 [표] 從下而上扶搖風회오리바람표 飄、⿱犬⿰犬欠同字 (蕭)

⿰黃風 [황] 사나운

바람황 ⿰風黃同字

⿰風黃 황 暴風왜풍황、사나운바람황 庚

⿰登風 쟁 ⿰風登同字 바람소리쟁

飀 류 高風ㅣㅣ 높은바람류 尤

⿰風黨 당 미친바람당 ⿰黨風同字

⿰黨風 당 狂風미친바람당 庚

⿰風登 쟁 風聲바람소리쟁 庚

十三

飋 슬 秋風ㅣ飋가을바람슬、쓸쓸한바람슬 或音실 質

十四

⿰風壽 도 大風큰바람도 豪

十五

⿰⿱卯金風 류 바람가는소리류 ⿰風劉同字

⿰風劉 류 風行聲바람가는소리류 尤

⿰風荒 횡 大風큰바람횡 ⿰風薨同字 庚

⿰風巤 렵 風聲바람소리렵 葉

十六

⿰風歷 력 風聲바람소리력 錫

⿰風簽 류 風行聲바람가는소리류 ⿰風劉同字

十七

⿰風薨 횡 大風큰바람횡 庚

⿰燮風 섭 風貌바람모양섭 葉

⿰風蕭 소 涼風서늘한바람소 北風북풍소 蕭

十八

飌 풍 風同字

⿰䙴風 표 回風吹也회오리바람표ㅣ⿰䙴風風貌나부낄표、落也떨어질표 飄本字 蕭

⿰聶風 섭 風吹바람불섭 葉

飍 휴 휴 驚風큰바람휴、태풍휴 驚走貌놀라달아날휴、휴 美義同 尤

廿

⿰⿱雚務風 훌 疾風貌훌훌부는바람훌 ⿰風忽古字 物

飛部

飛 비 疾也빠를비 散也흩어질비 鳥翥날을비 六馬여섯말비 微

一

飛 비 날을비 飛古字

六

⿰方飛 한 翮也날개한 幹也줄기한 飛也날을한 筆也붓한 書詞글한、편지한 翰同字、⿰倝飛譌字 翰 寒

八

⿱雨飛 비 雨雲雰貌눈펄펄날릴비 霏古字 微

九

⿱者飛 저 飛擧높이날저 翥同字 御

十

⿰倝飛 한 翮也날개한 幹也줄

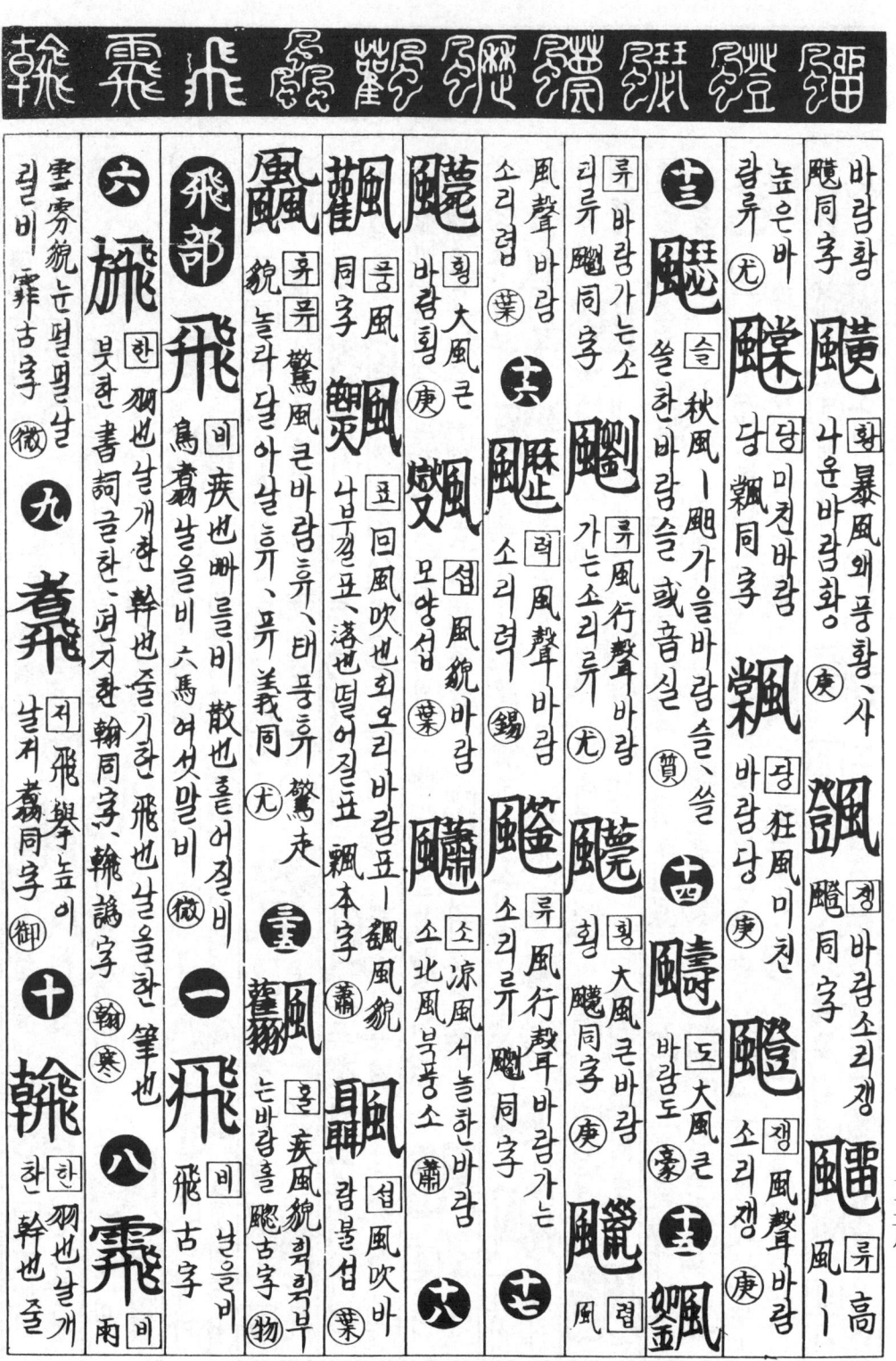

기한 飛也날을한 書詞글 한、편지한 翰同字 (翰)(寒)

⿱高飛 [우] 飛也날 을우 (宥)

十一

⿱飛異 [의] 翅也날개의 敬也공경할의 戴奉도울익 翼籒文 (職)

⿰番飛 [번] 飛也날을번 反 覆번득일번 (元)

十三

⿰𦉭飛 [환] ㅣ飛繞翫빙 돌아날을환 (刪)

⿰亶飛 [전] 遠飛멀리 날을전 (先)

十八

飝 [비] 飛也날 을비 (微)

食部

食 [식][사][이] 茹也먹을식 殽饌飮ㅣ음식식、밥식 啗也씹을 식 祭日血ㅣ제식 日月ㅣ일월식식 ㅣ言헛말식 以ㅣ與人飯也밥먹일사 飼同字 人名ㅣ其사람이름이 (職)(寘)

𠊊 [식] 밥식、먹을 식 食本字

⿱亼貝 [식] 밥식、먹을 식 食本字

⿱亼旦 [식] 食 古字

⿱亼皀 [식] 食 俗字

一

⿰飠乚 [의] 飯傷濕臭味變 밥쉴의 饐同字 (寘)

二

飢 [기] 餓也주릴기、凶을기 五穀 不成흉년들기 飢同字 (支)

飣 [정] 貯食ㅣ餖음 식고일정 (徑)

飤 [사] 以食食人밥 먹일사 飼同字 (寘)

飢 [기] 五穀不成흉년들기 餓也 凶을기、주릴기 饑同字 (支)

飻 [도] ㅣ餮食、貪財嗜食탐 할도 饕同字 (豪)

飫 [어] 餞也전 별할어 (御)

飡 [손] 夕食餔也저녁밥손 水 澆飯물만밥손 飧俗字 (元)

⿰飠厄 [액] 飢也凶 을액、주릴액 飢、飩 同字 (陌)

⿰飠卜 [사] 以食食人먹 일사 飤同字 (寘)

⿸厂食 [궤] 進食於尊진지올릴 궤 餉也먹일궤 饋古字 (未)

三

⿰飠彡 [기] 餓也주릴기、凶을기 五穀 不成흉년들기 飢俗字 (支)

⿱叅食 [도] ㅣ餮食、貪財嗜 食탐할도 饕俗

字 (豪)

⿰飠乞 [흘] 麫ㅣ밀수제비흘 飽也배부를흘 (物)

飥 [탁] 麫湯餺ㅣ밀수제비탁 (藥)

飵 [약] 食節음식조절할약 (藥)

餰 [천] 厚粥범벅천、된죽천 饘同字 (先)

飧 [손] 水澆飯물만밥손 餔也夕食저녁밥손 (元)

飱 [손] 저녁밥손、물만밥손 飧同字

⿱食廾 [이] 粥也죽이 (支)

⿰飠刃 [뉴] 雜飯잡밥뉴、비빔밥뉴 (宥)

⿰飠乞 [흘] 飽也배부를흘 麫ㅣ밀수제비흘 ⿰飠乞同字 (物)

⿰飠也 [지] 飴也엿지 (支)

⿴衣食 [의] 飯傷濕臭味變밥쉴의 饐古字 (寘)

⿸厂食 [찬][전] 以羹澆飯국만밥찬 饡古字 厚粥糜범벅전 饘同字 (翰)(先)

⿰飠七 [돈] 餛ㅣ圜餌경단돈 賜也줄돈 飩同字 (元)

(四)

食 [음] 咽水歠也마실음 予人歠마시게할음 飲、㱃古字 (寢)(沁)

⿰飠厄 [액] 飢也굶을액、주릴액 餩同字 (陌)

飲 [음] 予人以歠마시게할음 歠也咽水마실음 (寢)(沁)

飫 [어] 饜食也먹기싫을어 燕食잔치먹을어 飽也배부를어 (御)

飩 [돈] 賜也줄돈 圜餌餛ㅣ경단돈、도래떡돈 (元)

飪 [임] 羹美ㅣ떡국임 熟也익힐임 餁同字 (寢)

飹 [구] 飽也물릴구 포식할구 (宥)

⿰飠勾 [구] 牛之飽소배부를구 ⿰飠句同字 (尤)

⿰飠元 [원] 餅也떡원 (元)

⿰飠少 [초] 糗也、蒸麥成屑찐보릿가루초 麨同字 (篠)

⿰飠冗 [용] 食也먹을용 (腫)

飭 [칙] 致堅신칙할칙 整備脩ㅣ갖출칙 修治다듬을칙 勤也부지런할칙 謹也삼갈칙 敕同字 (職)

餋 [권] 祭祀제사권 祭名제사이름권 ⿱类食同字 (願)(阮)

⿰飠殳 [두][설] 飣也음식괴투 餲

ㅣ만두투 飣同字、陳飲食 음식차려놓을설 (肴)(屑)

⿰飠內 [납] 食也 먹을납 (合)

⿰飠今 [음] 咽水歠也 마실음 予人歠 마시게할음 飮古字 (沁)(寢)

⿱天食 [제] ㅣ戒、洗心潔也、莊也、恭也 재계할제 燕居室 집제 齋同字 (支)

⿰飠不 [박] 餅屬 ㅣ飥 떡박 麪湯떡박 餺同字 (藥)

⿰飠卞 [반] 밥반 飯俗字

飲 [음] 마실음 飮同字

飯 [반] 食也 먹을반 飼也 칠반 餐也 炊穀 밥반 (阮)(願)

⿰飠日 [감] 餌也 미끼감 古餡同字 (覃)

飯 [반] 먹을반、밥반 飯同字

⿰歺食 [손] 夕食 餔也 저녁밥손 水澆飯 물만밥손 飡俗字 (元)

五

⿰飠弁 [반] 餐也 炊穀 밥반 食也 먹을반 飼也 칠반 飯同字 (願)(阮)

⿰飠甘 [감] 餌也 미끼감 (覃)

⿰飠甲 [협] 餅也 떡협 (洽)

⿰飠乞 [액] 飢也 굶을액、주릴액 餩同字 (陌)

⿰飠氏 [제] 寄人而食 얹어먹을제 (霽)

⿰飠正 [정] 餅也 떡정 (庚)

⿰飠卯 [류] 餌也 미끼류 낚시밥류 (尤)

飹 [구] 牛之飽 소배부를구 (尤)

⿰飠半 [반] 屑米餅 싸라기떡반 (旱)

⿰飠丘 [저] 얹어먹을저 ⿰飠氐同字

⿰飠以 [이][시] 여시이、기를시 飴同字

飴 [이][시] 餳也 以米煎糵 엿이 養 먹기를시 (支)(寘)

飷 [자] 食無味 음식맛없을자 (馬)

⿰立食 [립] 米顆 낟알립、쌀알립 ㅣ食 쌀밥립 細物、微子 ㅣ알갱이립 粒古字 (緝)

⿰飠召 [조] 小食 곁두리소 (嘯)

⿰飠本 [본] 粗飯 거친밥본 (阮)

⿰飠古 [호] ㅣ饘、糜也 미음호 寄食 붙어먹을호 餬同字 (虞)

⿱叨食 [도] ㅣ餮、貪財嗜食 탐할도 饕俗字 (豪)

⿰飠占 [념] 食麥 보리밥먹을념 (鹽)

⿰飠乞 [기] 穀不熟

흉년들기 餓也주릴기 飢주릴기 饑古字 (微) 餔 [보] 食也먹을부 (尤) 飳 [주] 餌也미끼주 (支) [illegible] [앙] 滿也가

두둑할양 飽也배부를양 (養)(漾) [illegible] [경] 飽也배부를경 (迥) [illegible] [니] 餌也미끼니 (支) 飵 [조][작] 相謁서로청하

여러어일조 食麥饘보리미음조、작義同 (遇)(藥) 飶 [필] 食之香밥냄새필 음식맛있을필 苾同字 (質) 飻 [도] 一饕、貪財嗜

食탐할도 饕同字 (豪) [illegible] [울] 餄和豆콩엿울 (物) 飽 [포] 厭也飫也먹기싫을포、물릴포 食充滿배부를포 滿足十

分홉족할포 (巧) [illegible] [철] 탐할철 飻同字 [illegible] [궤] 裝飾꾸밀궤 지장할궤 (支) [illegible] [제] 寄人而食얻어먹

을제 餀同字 (齊) [illegible] [자] 惡食나쁜음식자、악식자 (紙) [illegible] [말] 飼馬말먹일말 (曷) [illegible] [철] 貪食 貪財탐

할철 惡獸名짐승이름철 餮同字 (屑) [illegible] [령] 屑餅가루떡령 (靑) 飫 [어] 燕食饜饜也먹기싫을어 飽也배부를어

飫同字 (御) [illegible] [포] 食充滿배부를포 厭也물릴포 滿一和也홉족할포 飽同字 (巧) [illegible] [식] 꾸밀식 飾同字 飼

[사] 以食食人먹일사 畜禽獸칠사 飤同字 (寘) 飼 [사] 먹일사、칠사 飼同字 [illegible] [철] 탐할철、짐승이름철 餮

俗字 飾 [식] 裝也修一꾸밀식 緣一가선두를식 文一문채날식 粉一분바를식 整也정제할식 (職) 飽 [포] 배부를포 飽

同字 (六) [illegible] [사] 厭也싫을사 或音서 (御) [illegible] [요] 屑餅가루떡요 (蕭) 餇 [동] 食物음식동 (東)

餂 [첨] 鉤取 찲아들일첨、긁어들일첨 (琰)

餮 [철] 貪食 貪財 탐할철 惡獸名 짐승이름철 饕食同字 飻俗字 (屑)

餀 [해] 穢臭 더러운냄새해 (卦)

餅 [병] 麪餈 밀가루떡병 餠俗字 (梗)

[飠艮] [한] 飢也 주릴한 (願)

餄 [협] 餅也 떡협 (洽)

[飠匝] [치][화] 酒食 술밥치 炊黍稷 서속찔치 饎同字 (寘)(支)

[飠亥] [해][예] 飴也 엿해 腐飯 쉰밥예 餲同字 (灰)(卦)

[飠缶] [포] 배부를포 飽同字

餈 [자] 糗餌 떡자 餻也 飯餅 인절미자 (支)

餃 [교] 屑米麪和飴湯中烹丸 경단교 (效)

[飠自] [퇴] 蒸餅 증편퇴 떡퇴 餽同字 (灰)

餁 [임] 羹ㅣ 떡국임 熟也 익힐임 飪同字 (寢)

[飠巛山] [노] 熟食 익힌밥노 (晧)

養 [양] 長也 길를양 ㅣ生 몸위할양 飼ㅣ 칠양 育也 기를양 憂貌ㅣㅣ 마음수련할양 取也 취할양 賤役廝ㅣ 하인양 供也 받들양 下奉上 봉양할양 (養)(漾)

餉 [향] 軍糧 군량향 饋也 먹일향 饁也 들밥먹일향 古音상 晌通 (漾)

[飠羊] [양] 餅也 떡양 (漾)

蝕 [식] 物侵蠹 좀먹을식 日月虧 일월식할식 (職)

餎 [로] 餎ㅣ 국은 국수로 (中)

[其食] [이][사] 以米、煎粿 餳也 엿이 養也 기를사 飴同字 (支)(寘)

銍 [질] 刈禾人 벼베는사람질 (質)

[飠山口] [람] 哺兒 어린아이에게밥씹어먹일람 (感)

餴 [분] 半蒸飯 선밥분 蒸飯 찐밥분 饙同字 (支)

餞 [전] 送行宴 전별잔치전 送也 보낼전 餞略字 (銑)(霰)

[飠支] [제] 寄食 기식할제 붙어먹을제 (齊)

[飠尼] [니] 餌也 미끼니 䬶同字 (支)

餋 [권] 祭名 제사이름권 祀祭 제사권 (願)(阮)

⿰飠迅 [진] 鳥飯곶은 쌀밥신 (震)

餌 [이] 食也밥 먹을이 動物飼料먹이이 粉餠떡이 啗魚具釣ㅣ미끼이、고깃밥이 (紙)(寘)

⿰飠⿱士女 [시] 粧飾치장할시 (寘)

⿰飠倉 [포] 食充滿배부를포 厭也、飫也물릴포 滿ㅣ和音조할포 飽、餔同字 (巧)

⑦

⿰飠良 [량] 羕美也 국량 (陽)

餒 [뇌] 饑也주릴뇌 飢之甚길뇌 魚爛생선물그러질뇌 餧同字 (賄)

⿰飠免 [완] 貪食게걸스럽게먹을완 (文)

餐 [손][찬] 餔也먹을손、밥손 水澆飯물만밥손 飧同字、間食샛밥먹을찬 飮饌안주찬、밥찬찬 찬친 湌同字 (元)(寒)

⿰飠肙 [연] 饜飫물릴연 먹기싫을연 (霰)

⿰飠孚 [포] 배부를포、물릴포 飽古字

餑 [발] 麥餠보리떡발 (月)

⿰飠尾 [미] 食餘대궁미 떡찌끼미 (尾)

⿰飠兌 [세] 祭也제사세 食也먹을세 (霽)

餟 [뢰] 綴 祭酒沃地강신술뢰 酹同字 (泰)(隊)

餓 [아] 甚于飢곪을아、주릴아 (箇)

⿰飠弟 [제] 餠也떡제 (齊)

⿱斤食 [제] 敗味맛변할제、친내제 (霽)

餓 [아] 甚于飢곪을아 餓同字 (箇)

⿰飠迅 [신] 鳥飯검은밥신、약밥신 餐也음식신 (震)

⿱养食 [양] 育也、長也기를양 取也취할양 滋ㅣ살찔양 養本字 (養)(漾)

⿰飠以 [이][사] 以米煎秫錫엿이 養也기를사 飴同字 (支)(寘)

⿰飠矦 [후] ㅣ糧、乾食말린밥후 餱本字 (尤)

⿰飠邑 [읍] 臭也食ㅣ음식냄새음 (緝)

⿱攸食 [수] 蒸飯찐밥수 (尤)

⿰飠甬 [용] 食物먹을용 鏞同字 (腫)

⿰飠志 [이] 食物음식이 (寘)

餔 [포] 申時食저녁결두리포 食也먹을포 與食먹일포 哺同字 (虞)(遇)

餇 [경] 飽食배부를 경 餇同字 (迥) [illegible] [역] 飢也주릴역 배고플역 (職) [illegible] [포] 배부를포、물릴포、흡족할포

飽古字 (巧) 餕 [준][산] 祭餘제사퇴물준 食之餘덕끼 기준、대궁준、ㅣ餡떡소산 本音전 (震)(霰) 餘 [여] 饒也넉넉할 여 賸也남을여

末也끝여 殘也나머지여 朝鮮古國名扶ㅣ나라이름여 (魚) [illegible] [재] 設食음식을차릴 재 始也처음재 (隊) [illegible] [정] 餉也머일정 (敬)

餗 [속] 煮菜鼎實八珍之膳삶은나물속 (屋) [illegible] [모] 飽懣포 만할모 (效) [illegible] [협] 餅也떡협 餄同字 (洽) 餖

[두] 貯食飣ㅣ굄새두 餖同字 (宥)

八

[illegible] [임][념] 飽也배부를임、餅也떡념 餡同字 (問)(元) [illegible] [구] 寒ㅣ、餅屬떡구 (遇)

[illegible] [록] 食物음식록 (屋) 餳 [당] 飴也엿당 (庚) [illegible] [국] 饘也죽국 범벅국 (屋) [illegible] [췌] 飫也더러운냄새췌 (遇) 餘同字 (隊)

[illegible] [도] 餌也떡소도 貪也탐할도 餡同字 (豪) 餚 [효] 饌也반찬효 殽、肴同字 (肴) 餛 [혼] 圜餌ㅣ飩경단혼 도래떡혼 (元)

餐 [찬][전] 以羹澆飯국만밥찬 厚粥糜범벅전 饡同字 (翰) 饘同字 (先) 餝 [식] 修ㅣ裝也꾸밀식 文ㅣ문채날식 飾同字 (職)

餜 [과] 圜餌밀경단과 餅也떡과 (哿)(中) [illegible] [고] 餅也떡고 本音호 (虞) [illegible] [사] 嗜食음식즐길사 (寘)

[illegible] [비][배] 糗ㅣ乾飯말린밥 비、배 義同 糒同字 (寘)(卦) 飫 [어] 飫也싫증을어 (御) 館 [관] 候ㅣ客舍객사관 院也집관 官府관부관 館同字 (旱)

[illegible] [릉] 馬食穀多氣流汗말땀흘릴릉 (蒸) [illegible] [추] 飢也虛ㅣ허주릴추 (寘)

餋 권 饌 반찬 권 (霰)
餩 억 噎 목메일 억 噎 목멘소리 억 (職)
餧 위 뇌 飢 주릴 뇌 餇 먹일 위 (寘)(賄)

䭘 정 煮魚煎肉 전유어 정 고기지짐 정 脠同字 (庚)
館 관 店 가게 관、전방 관 客舍候ㅣ 객사 관 院 집 관 官府 관부 관 (旱)

䬴 울 餶和豆 콩엿 올 蒸食同字 (物)
餤 담 進 나아갈 담 餅之미끼 먹을 담 噉 씹을 담 (覃)(勘)
餥 비 食 먹을 비 (尾)

餣 엽 餌 가루떡 엽 餠 떡 엽 (葉)
餦 장 粢餳密餌 ㅣ餭 산자 장 (陽)
餢 부 起麪餠 ㅣ鍮 밀증편 부 (宥)

餲 얼 飯室 밥 쉬할 얼 (屑)
䭃 사 厭 싫을 사 餕同字 (禡)
䬻 녁 小兒懶惰 어린아이 게으를 녁 炙餅 구운떡 녁 (陌)

餡 함 餠中實味 떡소 함 (陷)
䬼 어 燕食 饜食 먹기싫을 어 飽 배부를 어 飫同字 (御)

䭆 치 粥 죽 치 (支)
餠 병 一片 한조각 병 麪餈 밀가루떡 병 水引ㅣ 국수 병 (梗)
餉 향 糧 양식 향 餉古字 (漾)

𩜋 액 飢 굶을 액、주릴 액 餽同字 (陌)
䬫 조 相謁食 서로 만나서 먹을 조 (遇)
餟 체 철 祭酹酒 모사술 체 聯祭 차례지낼 철 (霽)(屑)

𩞄 기 飢 주릴 기 饑古字 (支)
餞 전 送行宴 전별잔치 전 送 보낼 전 蜜ㅣ、正果 정과 전 (銑)(霰)

䭢 낭 忽 문득 낭、갑자기 낭 近 가까울 낭 (養)
𩚀 포 배부를 포 飽古字

餙 식 修ㅣ 裝 꾸밀 식 飾、餝同字 (職)
䭮 봉 ㅣ饞、貪食 탐내어먹을 봉 (東)

九

餲 얼 飯空 밥 쉬할

엳 餶謟字 (屑)

𩛎 [포] 배부를 포 飽古字

餱 [후] 乾食ㅣ糧 말린 밥 후 糇同字 (尤)

䭊 [영][앙] 餌也 가루떡 영、흰 떡 영 飽也 물릴 영、滿也 찰 앙 (梗)(養)

餲 [애][알] 飯臭 밥 냄새 애 食饐 밥 쉴 애、알 義同 (卦)(曷)

䬵 [요] 餳也 엿 요 (蕭)

𩞃 [찬] 반찬 찬 饌本字

䭕 [전] 된죽 전 餰同字

餰 [전] 鬻也 된죽 전 饘同字 (先)

𩞄 [찬] 具食 반찬 찬 饌本字 (潸)

餈 [자] 飯餠 糍餌 餻也 인절미 자 粢食同字 (支)

餮 [철] 貪食 탐식할 철 貪財 탐재할 철 惡獸名 饕ㅣ 악한 짐승 어름 철 (屑)

䭐 [용] 食物 먹을 용 (腫)

餯 [훼] 餀也 더러운 냄새 훼 (隊)

䬍 [복] 食也 먹을 복 (屋)

䬴 [유] 起麪餠ㅣ 밀증편 유 古音 투 (有)

䭉 [감] 飢也 주릴 감 (感)

䭎 [유] 蒸飯 찐 밥 유 (有)

䭃 [치][희] 酒食 술밥 치 炊黍稷 서숙 찔 희 饎同字 (寘)(支)

餭 [황] 黍餳乾飴餦ㅣ 기 상엿 황、산자 황 (陽)

餕 [수] 飯壞 밥 물그러질 수 (尤)

䭆 [과] 以穀屑蒸造餠而塗細粉者 고물떡 과 (歌)

𩝐 [건][전] 粥也 죽 건、전 義同 (元)(先)

𩞁 [호] 미음 호 餬同字

䭅 [벽] 飽厭 물릴 벽 (職)

餬 [호] 糜也 미음 호ㅣ饘 된죽 호 寄食 붙어먹을 호 (虞)

䭘 [수] 豆屑雜糖 콩가루 묻힌 엿 수 本音 유 (紙)

餪 [난] 饋也ㅣ餫 먹일 난 女嫁後三日餉食 饋 풀보기 잔치 난 (旱)

餫 [운][혼] 野饋 들에서 먹일 운 餛也 경단 혼 (問)(元)

䬻 [언] 飴也 엿 언 (願)

𩟪 [도] 饕食、貪財 嗜食 탐할 도 號食同字 (豪)

𩝹

[분] 선밥분 餴同字 䭏 [편] 餠也 떡편(韓) 餕 [준][산] 食之餘 턱찌끼 준ㅣ 餡떡소산 餕同字 (嘯)(霰) 饁 [호] 寄

食기식 찰호 糜也 미음호 (虞) 餳 [당][성] 飴也 엿당 餹同字 성 義同 (陽)(庚) 餴 [분] 半蒸飯 선밥분 饙同字 (文)

餵 [위][뇌] 飼也 먹일위 飢也 주릴뇌 餒同字 (眞)(賄) 餗 [분] 飯也 밥분 (文) 饂 [온] 饂飩 밀국수 온 餫同字 (日) 餜

[포] 배부를 포 飽同字 十 䭓 [은] 飽也 배부를은 (穎) 餡 [도][감] 貪也 탐할도 餌也 떡소도 味過甘 맛이 지나치게 달감 (豪)(勘)

餾 [류] 飯氣蒸流 饙ㅣ밥뜸뜰류 (宥) 饁 [천] 好味 좋은맛천 (銑) 餹 [당] 飴也 엿당 (陽) 𩞄 [기] 欲也 즐길기

、욕심낼기 好也 좋을기 嗜同字 (眞) 齋 [재] ㅣ戒、洗心潔也、莊也、恭也 재계할재 燕居집재 齋俗字 (支) 餽 [궤] 貽也 먹일궤

饙同字 (眞) 饁 [엽] 餉田食野饁 들점심엽 (葉) 餡 [삽] 餠也 떡삽 (洽) 餲 [할] 飽厭 물릴할 (黠)

䭉 [창] 食物 음식창 (陽) 饠 [라] 飽厭 물릴라 (哿) 餼 [희] 饋餉 먹일희 廩也 糜食ㅣ곳집쌀희 (未) 餰

[견] 乾餠 마른떡견 黏也 차질견 ㅣ糕、搏也 뭉칠견 (銑) 𩞄 [양] 餌也 가루떡양、흰떡양 (漾) 䭛 [호] 餉畢勞也 호괴할

호 古音 고 (號) 餺 [박] 餠屬 ㅣ飥 떡박 麪湯 밀수제비박 (藥) 𩞬 [답] 食也 먹을답 (合) 𩞉 [식] 食也 먹

을식 氣息 숨식 長也 길식 (職) 饜 [연] 厭飫 물릴연、먹기싫을연 餶同字 (霰) 餻 [고] 餌餠 粉餈 糜食 ㅣ흰떡고 (豪)

⿰食宛 원 貪也 탐할원 ㊀元
⿰食兼 렴 正飯後小食 사잇밥렴、간식렴 ㊀琰
⿰食素 소 菜食無肉 소식소 ㊀遇
⿰食臭

餱 후 食物爛 음식상할후 ㊀有
⿰食追 퇴 蒸餅 증편、찐떡퇴 ㊀灰
餿 수 飯壞 밥물크러질수 餕同字 ㊀尤
⿰食鳥

⿰食恙 오 意未詳
⿰食共 찬 반찬찬 饌俗字
⿱号食 도 탐할도 號食同字
⿰食冢 몽 器滿 밥수북히담을몽 饛同字 ㊀東

⿰食芘 과 消食 밥내릴과 ㊀麻
饂 온 饂飩 밀국수온 (日)
⿰食采 포 배부를포 飽同字
⿱穴食 포 배부를포 餢同字

⑪

⿰食將 장 酢也 초장 水米汁相將 미음장 藏 草寒 파리장 蚌也 조개장 漿食同字 ㊀陽
⿰食庸 송 多食 많이먹을송 ㊀冬

⿱既食 기 먹일기 餼同字
饄 당 飴也 엿당 餹同字 ㊀陽
⿰食強 강 硬食 굳은밥강 ㊀養
饆 필 餅麪有餡ㅣ饠 소넣은밀떡필 ㊀質

⿰食既 기 饋食 먹일기 ㊀未
饉 근 穀不登 飢ㅣ 흉년들근 飢也 주릴근 無菜白ㅣ 푸성거흉년 ㊀震
⿱堇食 근 주릴근 饉同字
⿰食商 향 饋也 먹일향 饁也 점심향 軍糧 군량향 餉、饟同字 ㊀陽
餳

상 晝食 점심상 饟同字 ㊀養
⿰食參 삼 粒也 낟알삼 ㊀感
饍 수 膳也 반찬수 進供 드릴수 ㊀尤
餗 속 鼎實、八珍之善品

속 ⿱粥鬲、⿱敕食 同字 ㊀屋
⿰食崇 숭 貪食 饞ㅣ 개검스러울숭 ㊀東
⿰食虎 도 탐할도 號食 籒文
⿱號食 도 탐할도 ⿰食虎同字

⿸麻食 마 哺小兒 어린아이먹일마 ㊀歌
⿱將食 장 酢也 초장 水米汁相將 미음장 藏 草寒 파리장 蚌也 조개장 漿同字 ㊀陽
饇 어 우

飽也배부를어 飫同字、우 義同 (御)(遇)

⿱從食 [종] 개길들일종 ⿰飠從同字

⿰飠從 [종] 愛食饞ㅣ게걸들릴종 (冬)

饅 [만] 麪食밀음식만 餅也ㅣ頭만두만 (寒)

⿰飠庶 [저] 豕食돼지밥저 (御)

⿰飠曹 [조] 餡也떡소조 (豪)

⿸麻食 [마] 哺小兒어린아이먹일마 ⿸麼食同字 (歌)

⿰飠崔 [최] 飯也밥최 (灰)

⿰飠斬 [잠] 맛없을잠 ⿱斬食同字

⿱斬食 [잠] 無味瀐ㅣ맛없을잠 (感)

⑫

⿰飠尞 [요] 飢之不食요기할요 (韓)

⿰飠壴 [호] ㅣ饘、糜也미음호 餬同字 (虞)

⿰飠發 [박] 餅屬떡박 麪湯밀수제비박 餺同字 (藥)

饋 [궤] 餉也먹일궤 進食於尊진지올릴궤 餽同字 (寘)

⿰飠戠 [치][희] 酒食술밥치 炊黍稷서속찔희 饎同字 (寘)(支)

⿰飠敞 [향] 饋也먹일향 饁也점심향 軍糧군량향 餉、饟同字 (陽)

⿰飠參 [삼] 粒也낟알삼 米和羹국밥삼 ⿰飠參同字 (感)

⿰飠堂 [쟁] 憂食음식을근심할쟁 (庚)

⿰飠畱 [류] 飯氣蒸流饋밥뜸플류 餾同字 (宥)

⿰飠青 [주] 豆屑雜糖콩가루묻힌엿수 ⿰飠青同字 (紙)

⿱敦食 [돈] 貪也탐할돈 (元)

饊 [산] 饊餭熬稻산자산 (旱)

⿰飠景 [영] 飽滿배부를영 (梗)

⿰飠登 [등] 祭食제사밥등 (蒸)

⿰飠異 [이][사] 엿이、기를사 飴同字

饒 [요] 餘也남을요 飽也배부를요 豐也넉넉할요 益也더할요 寬恕ㅣ貸요서할요 厚也두터울요 地味肥ㅣ땅걸찰요 賸也富ㅣ부유할요 (蕭)

⿱號食 [도] 탐할도 饕俗字

饌 [찬][전] 具食반찬찬、전 義同 膳同字 (潸)(霰)

⿰飠掌 [쟁] 飽也배부를쟁 (庚)

⿰飠童 [당] 貪食탐하여먹을당 (江)

⿰飠而 [난] 女嫁後三日餉食饋 풀보기잔치 난ㅣ饆 음식보낼 난 餪俗字 (翰)(旱)

⿰飠敢 [담] 맛없을 담 饏同字

⿰飠象 [상] 晝食 점심 상 (養)

⿰飠朁 [참] 味小甘 달큼할 참 (寢)

⿰飠喜 [치][희] 酒食 술밥 치 炊黍 밥지을 치 炊黍稷 조찔 희 糦同字 (寘)

⿰飠壹 [의][애] 飯傷濕臭味變 밥쉴 의、애 義同 (寘)(霽)

⿱敢食 [담] 無味 맛없을 담 (感)

饑 [기] 餓也 주릴 기 굶주릴 기 穀不熟 흉년들 기 (微)

⿱算食 [찬] 具食 반찬 찬 饌同字 籑譌字 (潸)

⿰飠善 [선] 美食 차반 선、반찬 선 膳同字 (霰)

⿱厤食 [력] ㅣ⿰飠商、箸以食 젓가락으로 먹을 력 (陌)

⿰飠黃 [황] 粥也 죽 황 (陽)

十三

⿰飠達 [달] 麪乾ㅣ 수제비 달 (曷)

⿰飠詹 [섬] 賙給 도울 섬 富ㅣ足也 넉넉할 섬 贍同字 (豔)

饙 [분] 蒸飯 밥찔 분 半蒸飯 설익은밥 분 (文)

⿰飠熙 [치][희] 酒食 술밥 치、희 義同 饎俗字 (寘)(支)

⿰飠會 [쾌] 食也 먹을 쾌 本音 괴 (泰)

⿰飠零 [령] 飽厭於食 밥물릴 령 (青)

饘 [전] 厚粥 糜 범벅 전、된죽 전 糜也 물거칠 전 (先)

饡 [찬] 和飯羹美 고음으로 마른밥 찬 (翰)

⿰飠農 [농] 強食⿰飠亭ㅣ 억지로 먹을 농 (江)

⿰飠蜀 [독] 粥也 죽 독 (屋)

⿰飠過 [과] 食也 먹을 과 (箇)

⿰飠感 [함] 食不飽 배덜찰 함 (感)

⿰飠圂 [한] 未熟食 덜익은 밥 찬、설익은 밥 한 (翰)

⿰飠廉 [겸] 不厭 물리지않을 겸 祈也 빌 겸 (琰)

饖 [예] 飯之腐臭 밥상한냄새날 예 (隊)

⿰飠葉 [엽] 餅屬 떡 엽 (葉)

⿰飠雍 [옹] 食之酸敗 밥쉴 옹 (腫)

饔 [옹] 朝ㅣ 아침밥 옹 熟食ㅣ飧 밥익힐 옹 (冬)

⿱號食 [도] 貪財嗜食ㅣ餮 게

걸스러울도 탐찰도 ㊀豪

⿰飠睪 역 飯之酸敗 밥쉴여 祭之明日 다음날제사역 (陌)

饄 당 與食 밥줄당 (陽)

⿰飠㱃 …

겸 無味 맛없을겸 (琰)

饗 향 大飲賓 잔치할향 祭而神歆 흠향향 享同字 (養)

饈 수 豆屑雜糖 콩가루엿수 ⿰飠脩同字 (紙)

⿰飠奧 오 妒食 게염내어먹을오 (號)

十四

⿰飠免 참 饕食也 탐할참 饞俗字 (咸)

⿰飠壽 발 ㅣ饇、飽也 물릴발、배부를발 (月)

⿱斬食 잠 無味、敢ㅣ 맛없을잠 ⿱暫食同字 (感)

⿰飠隱 은 食欲飽ㅣ饐 배부르려할은 (願)

⿰飠蒸 증 熏也 김오를증 炊也 찔증 衆也 무리증 厚也 두터울증 冬祭名 겨울제사이름증 烝同字 (蒸)

⿰飠蒦 확 味薄 싱거울확 本音곽 (藥)

⿰飠察 찰 添食 더먹을찰 (黠)

⿰飠遣 견 乾菓子 마른과자견 (銑)

饛 몽 器滿 그릇찰몽、밥수북히담을몽 (東)

⿰飠蓋 해 穢臭 더러운냄새해 餀同字 (泰)

籑 찬 반찬찬 饌本字

⿰飠戠 절 食也 먹을절 (屑)

⿰飠⿱艹尃 박 餅屬 ㅣ飥 떡박 麨湯 밀수제비박 餺同字 (藥)

⿰飠寧 녕 強食 ㅣ饟 억지로먹을녕 (庚)

⿰飠盍 외 食而吐 먹고토할외 (賄)

饜 염 飽也 싫을염、물릴염 足也 족할염 厭同字 (鹽)

十五

⿱⿰周谷食 학 美臛 국학 (藥)

⿰飠㦰 절 食也 먹을절 (屑)

⿰飠樂 삭 銷爍 녹일삭 (藥)

⿰飠養 양 餌也 가루떡양、흰떡양 ⿰飠羕同字 (漾)

十六

⿰飠霍 학 美臛 국학 (藥)

⿰飠橐 탁 餺ㅣ麨湯 밀수제비탁 飥同字 (藥)

⿰飠褱 회 飯販 밥팔회 (卦)

⿰飠𢿌 산 饊餭 熬稻 산자산 饊本字 (旱)

⿰飠龍 롱 餅名 ㅣ …

餠떡롱 東

饋 궤 進食於尊진지올릴궤 餉也먹일궤 饋本字

十七

[illegible] 미 哺小兒어린아이먹을미 紙

[illegible]

참 貪也탐할참 陷

饟 향 饋也먹일향 饁也점심향 軍糧군량향 古音상、餉同字 陽

饞 참 饕也탐할참 咸

[illegible]

박 餠屬떡박 麪湯밀수제비박 餺同字 藥

十八

[illegible] 학 羹也국학 藥

[illegible] 수 세 예 휴 食也먹을수、餟也차례지낼세 餽也제사세、예義同 飴也기칠휴、줄휴 支 霽 齊

[illegible] 옹 朝ㅣ아침밥옹 熟食밥옹 饔本字 冬

十九

饡 찬 以羹澆飯국만밥찬 翰

[illegible] 마 哺也小兒어린아이먹일마 歌

饠 라 麪餠有ㅣ餡饆 소봉은밀떡라 歌

首部

首 수 先也먼저수 頭也머리수 魁ㅣ괴수수 始也비로소수 君也임금수 ㅣ領우두머리수 嚮也향할수 有咎自陳자백할수 降服항복할수 詩歌一篇시한편수 有 宥

[illegible] 수 머리수、우두머리수 首本字

二

[illegible] 정 顚也이마정 物之最上部꼭대기정 頂同字 迥

五

馗 규 구 九達道아홉거리규 鬼名鍾ㅣ귀신이름규 逵通、箘也군이름구 支 尤

[illegible] 협 面兩旁뺨협 [illegible]ㅣ徐言譬說천천히말할협 頰同字 葉

[illegible] 발 터럭발 [illegible]同字

[illegible] 발 터럭발、머리카락발 髮古字

[illegible] 발 터럭발、머리카락발 髮同字

六

[illegible] 해 首也머리해 灰

[illegible] 계 조아릴계 [illegible]同字

[illegible] 계 下首조아릴계 稽古字 齊

[illegible] 이 頷也턱이、ㅣ揩턱고더거릴이 期ㅣ老也늙은이이 頤、[illegible]同字 支

㊆

䭅 부 頫也 빰부 䭅同字 (麌)

䭆 계 䭆同字 조아릴계

䭇 계 䭆、䭆同字 下首조아릴계 (齊)

䭂 협 빰협、천천히 말할협 頰同字

㊇

馘 괵 截耳軍法獲而不服則殺而獻其左耳왼편귀베어바칠괵 軍戰斷首목벨괵 (陌)

㊈

䭊 안 顏角容也얼굴안、山高ㅣ산우뚝할안 顏籀文 (刪)

䭔 수 머리수、우두머리수 首同字

䭭 수 初産兒첫아이수 (有)

䭼 돈 둔 돌 下首至地꾸벅거릴돈 固鈍무딜둔 單于太子冒ㅣ오랑캐이름돌 頓同字 (願)(月)

㊉

髻 불 부인의머리치장불 인의머리치장불 (物)

⑪

䭳 괵 軍法獲而不服則殺而獻其在耳왼쪽귀베어바칠괵 軍戰斷首목벨괵 聝俗字 (職)(陌)

香部

香 향 藥名丁ㅣ沈ㅣ乳ㅣ약이름향 氣芬芳향내향、향기향 薌通 (陽)

㊃

馚 분 香臭 내분 馩同字 (文)

馠 별 함 香發향기날별、含義同 (屑)(覃)

香 향 香同字

㊄

馛 발 香也 향기날발 (曷)

馜 니 香也 진한향기니 (紙)

䭲 별 小香貌 조금향기날별 馝同字 (屑)

馝 별 小香貌 조금향기날별 馝同字 (屑)

瘔 향 氣疾기운병향、숨병향 (陽)

馝 필 馝香향 내날필 (質)

㊆

馞 발 大香 香馞ㅣ향내물큰날발 (月)

馟 도 香也 향내날도 (虞)

馠 함 香也 향기날함 (覃)

䭹 별 小香貌 조금향기날별

馝俗字 (屑)

⑧

䭰 복 芬ㅣ香氣향기 복 馥同字 (屋)

馡 비 香氣ㅣㅣ 내비 菲通 (微)

馣 암 香氣ㅣㅣ 향내암 (覃)(感)

䭵 봉 香盛향기 성할봉 (董)

馢 전 香木名향나무이름전 (先)

䭲 의 香쁜향기날의 (紙)

馝 별 小香貌 조금 향기날별 (屑)

⑨

馞 발 大香、馛ㅣ향내물 큰날발 馞同字 (月)

馧 온 蒕ㅣ 香氣향기온 馧同字 (文)

馥 복 향기복 馥同字

䭳 휴 香氣향기휴 (尤)

馤 애 香氣향기애 (泰)

䭴 휴 香氣향기로울휴 (尤)

馥 복 香氣芬ㅣ 향기복 (屋)

馫 향 大香 향내물큰날향 (陽)

馫 향 향내불큰날향 馫同字

⑩

䭺 할 香氣향내날할 (曷)

馧 온 香氣香ㅣ 향기온 (文)

馦 혐 香味 고소할혐

(鹽)

馥 복 향기복 馥同字

馪 옹 香쁜향내날옹 (董)

䭻 병 大香貌 크게향기로울병 (庚)

⑪

馨 형 香遠聞향내멀리날형 語辭寧ㅣ어조사형 (靑)

馤 애 香氣향기애 馤同字 (泰)

⑫

䭾 담 香氣향내담 (覃)

馩 분 香臭향내분 (文)

䭿 별 小香貌조금향기날별 馝俗字 (屑)

⑭

馤 애 香쁜향내날애 (泰)

馪 빈 香氣盛貌향내물큰날빈 (眞)

⑯

䮃 위 藥草약물위 (未)

馫 흥 香氣향기흥 (蒸)

十畫

馬部

馬 [마] 武獸乘畜生於午稟火氣無膽말마 屋四角추녀끝마 官名ㅣ벼슬이름마 朝鮮古國、名ㅣ韓나라이름마 獨逸貨幣單位화폐단위마 (馬)

二

⿰馬八 [팔] 馬八歲여덟살된말팔 (黠)

馭 [어] 使馬駕ㅣ말어거할어、말부릴어 御同字 (御)

馮 [풍][빙] 郡名ㅣ翊고을이름풍 姓也성풍 官名ㅣ相벼슬이름풍 水神名、ㅣ夷물귀신이름풍、乘也탈빙 陵也업신여길빙 依也의지할빙 相視마주볼빙 徒步걸어건널빙 憑、淜通 (東)(蒸)

⿰馬乀 [마] 말마 馬古字

⿰丨馬 [환] 한살된말환 ⿱馬丅同字

⿱馬丅 [환] 馬一歲한살된말환 或音범 (刪)

三

馽 [칩] 馽絆馬잡아맬칩 ⿱馬中古字 (緝)

馵 [주] 馬俊左足白왼쪽뒷박이주、왼쪽뒷발흰말주 (遇)

馹 [일] 驛傳遞馬역말일 馹同字 (質)

馱 [타] 負荷以畜載物짐실을타 騎也말탈타 (歌)(箇)

馯 [한][간] 東夷別名오랑캐한 馬青黑검푸른말간、청총이말간 姓也성간 (寒)(刪)

⿱大馬 [분] 馬疾行貌말빨리달릴분 馚同字 (文)

馴 [순][훈] 善也착할순 馬順擾也 從也길들일순 漸致점점이룰순 順也순할훈 教也가르칠훈 訓古字 (眞)(問)

⿰馬丌 [기] 馬青黑文如博棊얼룩말기 騏古字 (支)

馲 [탁][책] 負重畜脊有肉鞍ㅣ駝약대탁 驝同、驢父牛母ㅣ駬트기책 (藥)(陌)

馸 [보] 驄馬총이말보 (皓)

馰 [적] 馬白頭이마흰말적、소태성적 (錫)

⿰凡馬 [보] 총이말보 馸同字

⿰馬凡 [범] 馬行貌말거벅거벼걸음범 颿通 (陷)

馳 [치] 疾驅ㅣ鶩달릴치 御路ㅣ道거동길치 傳遞전할치 (支)

四

馶 [기][지][시] 馬彊말이 근

셀기 强也 셀기、지 義同 馬病 말병시 (支)(眞)

⿱犬馬 [비] 驅也 몰어갈비 馬走 말달릴비 (眞)

⿰馬介 [개] 結馬尾 말꼬리잡아맬개 (卦)

⿰馬斗 [군] 輩也 무리군 朋友 벗군 衆也 많을군 隊也 떼군 聚也 모을군 群本字、羣同字 (文)

⿰馬亓 [기] 馬青黑文 如博綦 철종이기、얼룩말기 騏古字 (支)

馱 [타] 騎也 탈타 負荷以畜載物 짐실을타 䭾譌字 (歌)

⿰馬市 [괘] 馬勇貌 말날랠괘 (泰)

馺 [삽] 馬行疾ㅣ䮿 말빨리걸을삽 漢殿名ㅣ娑 한나라전각삽 (合)

⿰馬帀 [사] 사자사 獅同字

駡 [매] 惡言 꾸짖을매 古音마、罵同字 (禡)

駅 [역] 駱ㅣ連屬 잇달을역ㅣ苗貌 쏙뽀죽뽀죽 찰역 遞馬 역말역、정거장역 驛略字 (陌)

⿰馬少 [사] 馳ㅣ、馬行貌 말이가는모양사 (歌)

馹 [일] 驛傳遞馬 역말일 (質)

⿰馬斤 [흔] [근] 馬之重量 말의무게흔、車中馬 수레안의말근 (霰)(問)

⿰馬乞 [일] 疾走 빨리달아날일 ⿰馬犬同字 (質)

駆 [구] 奔馳驟也 몰구 逐遣 쫓아보낼구 先ㅣ軍前鋒 앞잡이구 驅略字 (虞)(遇)

⿰馬亢 [항] 馬頭高 말머리높을항、本音앙 (養)

駂 [보] 驪馬烏驄 오총이말보 (皓)

駁 [박] 馬雜色 얼룩말박、고라말박 雜ㅣ 섞일박 非難攻擊 논박할박 駮通 (覺)

馻 [윤] 馬毛逆 말털거스릴윤 (軫)

⿸户馬 [로] 당나귀로 驢同字

⿰丬馬 [장] 大也 장할장 [illegible]也 큰쉴장 大也 클장 血氣盛 광성할장 壯俗字 (漾)

馚 [분] 馬疾行貌 말빨리달릴분 (文)

⿰馬卬 [앙] 千里駒 천리말앙 馬怒貌ㅣㅣ 말성낼앙 (陽)

駃 [쾌] [결] 疾也 빠를쾌 快同、馬父驘子ㅣ騠 버새결 (卦)(屑)

馿

[로] 似馬長耳以午及五更初而鳴나귀로 驢俗字 (魚)

⿰馬夭 [요] ㅣ褭神馬日行千里권리마요 騕同字 (篠)

⿰馬攴 [무] 牡馬숫말부 (麌)

駂 [모] 馬之長毛 말긴털모 (豪)

馾 [점] 馬睡貌 말이졸점 (勘)

馽 [칩] 絆馬ㅣ羈 잡아맬칩 縶通 (緝)

⿰馬开 [변][병] 二馬並駕 두말한멍에맬변 增贅旁出者 육손이변 齊邑名 고을이름병 駢、騈同字 (先)(青)

五

駈 [구] 奔馳驟也 몰구 逐遣癸아보낼구 先ㅣ導前鋒앞잡이구 驅同字 (虞)(遇)

駉 [경] 馬肥壯貌 ㅣㅣ말살찔모양경 (青)

⿰馬瓜 [와][과] ㅣ驪黃馬黑喙 공골마와 本音괘、과義同 騧同字 (佳)(麻)

駍 [반] 馬行 말걸을반 (翰)

駊 [파] 馬搖頭ㅣ騀 말머리내두를파 (哿)

⿰馬包 [발][박] 有角如牛尾馬뿔있고소같은꼬리의말발、박義同、駮同字 (月)(覺)

駖 [령][랭] ㅣ蓋、車騎聲 수레타는소리령 馬衆貌 말이많이모인모양랭 (青)(庚)

⿰台馬 [태] 고달플태 駘同字

駘 [태] 駑馬 노둔할태 疲也고달플태 (灰)

駎 [주] 馬競馳 말이다투어달릴주 (宥)

⿱夗馬 [원] 面汚馬 얼굴이더러워진말원 (元)

⿰馬出 [돌] 騆ㅣ、獸名 짐승이름돌 (月)

⿰馬玄 [현] 馬一歲 망아지현 (先)

駙 [부] 近也 가까울부 副馬 곁말부 疾也 빠를부 尚公主官ㅣ馬부마부 (遇)

⿰馬去 [구] 몰구、앞잡이구 驅俗字

⿱馬去 [구] 몰구、앞잡이구 ⿰馬去同字

駓 [비] 馬黃白雜色 황부루말비 走貌 획획달릴비 (支)

⿰馬幼 [요] 馬驂따르는말요 (篠)

⿱馬开 [칩] 羈絆馬 잡아맬칩 ⿱馬中 [illegible]字 (緝)

[illegible] [탁][책] ㅣ駝、負重畜脊有肉鞍 약대 탁 驢父牛母、ㅣ[illegible] 트기 책 馲同字 (藥)(陌)

駔 [장][조] 壯也 駿馬 좋은 말 장 會 賈 賣買ㅣ 儈 거간 조、중개 조 (養)(麌)

駒 [구] 二歲馬 망아지 구 小馬 玆ㅣ 애말 구 枯樹木 나무등걸 구 (虞)

[illegible] [가] 車ㅣ 임금 탄 수레 가 馭ㅣ 번 멍에 멜 가、멍에 가 駕古字 (禡)

駃 [일] 疾走 빨리 달아날 일 (質)

駐 [주] 滯在 머무를 주 馬、止 말머무를 주 行在所ㅣ蹕 임금탄 말 머무를 주 (遇)

駓 [괴][평] 馬名 말이름 피、평 義同 (支)

[illegible] [갈] 馬足疾 말다리 가 빠를 갈 (曷)

[illegible] [발] ㅣ[illegible]、蕃地馬 오랑캐 땅의 말 발 (曷)

駕 [가] 馬在軛中 멍에가 車ㅣ 임금 탄 수레 가 官名 ㅣ別ㅣ 벼슬이름 가 (禡)

[illegible] [분] 馬走意 말이 달려갈 분 (問)

駢 [변][병] 二馬並駕 두말 한 멍에 멜 변 齊邑名 고을이름 병 駢、駢俗字 (先)(青)

駏 [거] 馬名 似騾ㅣ驢 트기 거 負蟨獸 ㅣ蛩 벌레이름 거 (語)

駑 [노] 最下乘ㅣ駘 노둔한 말 노 魯鈍 노둔할 노 (虞)

[illegible] [과] 馬搖頭ㅣ[illegible] 말 머리 내두를 과 駊俗字 (哿)

[illegible] [말] 馬走貌 말이 달아날 말 (曷)

駗 [진] 馬載重難行ㅣ驙 말 짐무거워 걷지 못할 진 (軫)

[illegible] [진] 말 짐무거워 걷지 못할 진 駗俗字

駠 [류] 白腹馬 배가 흰말 류 (尤)

駵 [류] 騏ㅣ、騂ㅣ、走馬黑鬣 월다말 류 駠同字 (尤)

[illegible] [변][병] 二馬並駕 두말 한 멍에 멜 변 齊邑名 고을이름 병 駢同字 (先)(青)

駟 [사] 一乘四馬 夏駕兩謂驪駁盆一謂騑周益一謂ㅣ 사마 사 房四星 天ㅣ 별이름 사 (寘)

駚 [앙] 野馬 들말 앙 (養)

[illegible] [빙] 直馳、走也 달릴 빙 古音 칭 騁譌字 (梗)

駜 필 馬飽而肥 살찐말필 (質) 駛 사 馬行疾 말빨리걸을사 (寘) 駝 타 封牛駱ㅣ약대타 佝僂곱사등이타 (歌)

駞 타 약대타 駝同字 ⑥ ⿰馬百 맥 驢牛交生駝 ㅣ소트기맥 (陌) 駧 동 駧馬말달릴동 (送) 駩 전 白馬黑脣 입술검은흰말전、백성총이전 (先) 駢 변 병 한멍에에 두말맬변、고을이름병 駢同字 ⿰休馬 휴 駿馬준마휴 (尤) ⿰馬休 휴 ⿰休馬同字 ⿱夲馬 등 馳也달릴등 踊躍뛰놀등 升也날오를등 騰俗字 (蒸) ⿰馬不 비 馬黃白雜毛황부루말비 走貌 퇴퇴달릴비 駓同字 (支) ⿰馬臾 유 疾也빠를유 (虞) 駡 매 惡言꾸짖을매 古音마、罵譌字 (禡)

馲 락 脊有肉鞍ㅣ駝 약대탁 驝同字 (藥) ⿰馬几 황 馬奔意말이 달려갈황 (陽) ⿰馬聿 율 驪馬白髀 사타구니흰 말율、쌍창워라 말율 驈同字 (質) 駥 융 馬高八尺有絶力 등크고세찬말융 (東) ⿰馬多 치 ㅣ鶩、疾驅달릴치、ㅣ道、御路길치 거동길치 傳達전할치 馳同字 (支) ⿰馬回 회 馬名말이름회 (灰) ⿰馬吉 길 馬色말빛갈길 (眞) ⿰巟馬 황 馬奔意말이달려갈황 ⿰馬几、⿰馬巟同字 (陽) ⿰豸馬 구 馬後足皆白 뒷발흰말구 (虞) 駤 치 馬躑躅不前 말뒷걸음칠치 勃怒성불끈낼치 (寘)

⿰馬吏 시 疾也빠를시 駛同字 (寘) 駣 조 馬三歲始乘習세살된새로길들인말조 (篠)

駨 순 현 騂ㅣ、馬走貌말이달려갈순、青驪馬청총이말현 (眞)(霰) 駭 해 驚起놀랄해 ㅣ鼓북울릴해 駴同

(蟹)字

駲 [주] 蕃地大馬 큰말주 (尤)

𩣡 [렬] 列馳나란히 달아날렬 (屑)

騮 [류] 騏ㅣ、驊ㅣ、走馬黑鬣 월다 말류 駵、騮 同字 (尤)

⿰馬匡 [광] 馬耳曲貌 말 귀가굽을광 (陽)

駬 [이] 馬名騄ㅣ 녹이、준마이 (紙)

駪 [신] 疾行貌 빨리걸을신 馬衆多ㅣㅣ 말우물우물할신 侁同字 (眞)

⿰先馬 [신] 말우물우물 할신 駪同字

⿰馬氐 [려] 驛 馬역

[려] 傳馬 전마려 (魚)

駰 [인] 泥驄馬陰白雜毛 은총이인、잡색말인 (眞)

⿰朱馬 [수] 朱色馬 붉은말수 (虞)

駽 [현] 青驪馬鐵驄 철총이현 騆俗字 (霰)

駫 [동] 馳馬 말달릴동 駧同字 (送)

⿱臼馬 [구] 여덟살된 말구 駒同字

駒 [구] 八歲馬 여덟살된말구 (有)

駱 [락] ㅣ駝약대락 白馬黑鬣 갈기검은흰말락 (藥)

駮 [박] 獸名、似馬能食虎豹 박짐승박 論駁 논박할박 駁同字 (覺)

駯 [주] 口黑馬 입검은말주 (尤)

七

⿰馬夅 [뢰][과][랄] 斑白馬 얼룩말뢰ㅣ歲穀名 곡식이름라、랄、뢰 義同 (泰)(箇)(曷)

⿰馬步 [보] 習馬步ㅣ馬 말걸음익힐보 (遇)

駸 [침] 驟貌ㅣㅣ 말몰아달릴침 (侵)

⿰耒馬 [구] 豕鳴 돼지가 꿀꿀거릴구 豿同字 (虞)

⿰馬吝 [린] 牡馬 암말린 (震)

⿰馬延 [단] ㅣ馬、散馬 끄는말단 (旱)

駻 [한] 惡馬ㅣ突 사나운말한 馯通 (翰)

⿰馬瓜 [섭] 馬行疾 말빨리걸을섭 (葉)

⿰馬聿 [접] 驟빈 말몰아갈접 馬行貌 말이가는모양접 ⿰馬甾 俗字 (洽)

⿰馬希 [희] 馬走貌 말달려갈희 (未)

駷 [송] 馬搖銜走 말이재갈채처달릴송 (腫)

駴 [해] 雷鼓震

䪅부팡팡울길쾌 鷩也놀랄쾌 (卦)

駉 경 馬肥壯貌 살찌고큰말경 駫譌字 (青)

駓 비 馬行貌 말회달릴비 (支)

駠 류 騏ㅣ、驊ㅣ、走馬黑鬣 갈기검은붉은말류 (尤)

駶 국 馬立而不正貌 말이서서몸부림칠국 (沃)

駺 랑 尾白毛 꼬리흰말랑 (陽)

駹 방 青馬面顙皆白ㅣ 찬찬자방 古音망 (江)

駣 조 馬三歲始乘習 새로길들인말조 駣同字 (篠)

騃 애 癡也無知貌 어리석을애、미련할애 (蟹)

駳 담 冠倚前 관이앞으로기울담 (勘)

騘 총 馬青白色 총이말총 聰本字 (東)

駿 준 순 大也 클준 馬之美稱 준마준 疾速 빠를순 高也 높을순 (震)

駁 급 馬行貌 말달려갈급 (緝)

駾 대 태 奔突 냅뛸대 馬行疾 말빨리걸을태 (隊)(泰)

騁 빙 直馳 走也 달릴빙 俗音칭 (梗)

騀 아 馬行進 말이나아갈아 (歌)

騀 아 馬搖頭 駊ㅣ 말머리내두를아 獸名 짐승이름아 (哿)

[illegible] 사 馳ㅣ 馬行貌 말이가는모양사 [illegible]同字 (歌)

[illegible] 사 말이가는모양사 [illegible]同字

騂 성 馬赤黃 붉고누런말성 赤色牲 붉은소성 調和貌 활물쩡물쩡활성 解通 (庚)

駼 도 良馬 騊ㅣ 말이름도 獸名 騊ㅣ 짐승이름도 (虞)

馞 발 박 有角如牛尾馬 뿔있고소같은꼬리의말발、박 義同 (月)(覺)

駽 현 青驪馬 鐵驄 철총이현 (霰)

⑧

䮠 굴 좋은말굴 [illegible]同字

[illegible] 답 馬行疾貌 馺ㅣ 말빨리걸을답 (合)

騇 사 牝馬 암말사 (禡)

騄 록 八駿之一 騄駬 준마록 (沃)

騐

[총] 馬青白色 총이 말총 驄俗字 (東)

⿰馬兔 [토] 騊ㅣ、良馬 좋은말토 (遇)

⿰馬卒 [취] 馬卒 마부취、마졸취 (寘)

⿰馬卓 [탁] ㅣ騺、馬不前貌 말이나아가지않을탁 (覺)

⿰馬坴 [륙] 健馬 사나운말륙 (屋)

騈 [변][병] 二馬並駕 두말한멍에멜변 增 贅旁出者 군살변 列也 벌릴변、齊邑名 고을이름병 (先)(靑)

騅 [추] 蒼白雜色馬 푸르고흰얼룩말추 (支)

⿸厂馬 [굴] ㅣ產、良馬 좋은말굴 (物)

⿰馬典 [연] 馬行貌 말이나아갈연 (先)

⿰馬阜 [부] 馬盛 말성할부 (有)

⿰馬去 [겁] 馬不前 말이나아가지않을겁、설겁 (葉)

⿰馬𡿺 [노] 良馬 좋은말노 馬名 말이름노 (晧)

⿰馬附 [부] 副馬 곁말부 近也 가까울부 駙同字 (遇)

駞 [타] 駱ㅣ橐ㅣ、封牛 약대타 佝僂 곱사등이타 駝同字 (歌)

⿰馬垂 [추] 重騎 중기추 馬小貌 말이작은모양추 (支)

⿰馬宛 [완][와] 水迴曲貌 물굽이쳐돌완 泥著物 진흙묻을완 汚也 더럽힐와 涴同字 (阮)(箇)

⿰垂馬 [주][취] 馬不進 말이나아가지않을주 小貌 작은모양취 (遇)(支)

⿱明馬 [명] 汗馬 한마명 (梗)

騑 [비] 馬走貌ㅣ 말쉬지않고달릴비 驂馬 곁말비 (微)

⿰馬⿱丑丑 [추] ㅣ徒 廐御 마부추 ㅣ虞 仁獸 짐승이름추 騶同字 (尤)

⿰馬夌 [릉] 馬病 말병릉 (徑)

騉 [곤] 馬名ㅣ蹄 말이름곤 (元)

騎 [기] 跨馬 말탈기、馬軍ㅣ 마군기 (支)(寘)

⿰馬叕 [철] 白額馬 별박이철、소태성철 (屑)

⿰馬並 [子] 奔 ⿰馬巴騣也 몰구 逐遣 쫓아보낼구 先ㅣ軍前鋒 앞잡이구 驅、駈同字 (虞)(遇)

騐 [험] 證也 증험할험 考視 시험할험 效也 보람험 驗俗

字 (鹽)

騡 [탐] 馬步向貌前 말 걸음새 뜰 탐 (勘)

騍 [과] 牝馬 암말 과 (箇)

騊 [도] 良馬 ㅣ駼 좋은 말 도 (豪)

騌 [종] 馬鬣 갈기 종 騣俗字 (東)

験 [험] 證也 증험할 험 考視 시험할 험 効也 보람 험 驗略字 (鹽)

䮘 [예] 小馬 작은 말 예 (齊)

騏 [기] 青黑馬 日行千里 천리마 기、철종이 기 (支)

騋 [래] 馬高七尺ㅣ牝 키 큰 말 래 (灰)

䮵 [강] 馬行步 말 걸음 걸을 강 (江)

䮗 [안] 馯ㅣ、馬行貌 말의 가는 모양 안、馬首 말 머리 안 (翰)

䮙 [역][혁] 䮠ㅣ、馬走貌 말이 달려가는 모양 역、혁 義同 (職)

九

騨 [혼] ㅣ騱、野馬 길들지 않은 말 혼 獸名 짐승 이름 혼 (元)

䮓 [노] 良馬 좋은 말 노 馬名 말 이름 노 䮓同字 (皓)

騖 [무] 馳也 말 비굽 놓고 뛸 무 奔也 달아날 무 疾也 빠를 무 (遇)

䮻 [쟁] 馬住貌 말 우뚝 설 쟁 (庚)

駸 [침] 驟馬馳貌 말 몰아 달릴 침 駸同字 (侵)

騥 [유] 青驪繁鬣 갈기 숱하고 푸른 말 유 (尤)

䮿 [접] 驟也 말 몰아 갈 접 馬行貌 말이 가는 모양 접 䮶同字 (洽)

䮐 [옹] 仰也 우러를 옹 温貌 온공할 옹 大也 클 옹 顒同字 (冬)

騔 [갈] 馬足疾 말 다리가 빠를 갈 駒同字 (曷)

騕 [요] 駿馬ㅣ褭 日行千里 준마 요、천리마 요 (篠)

䮶 [접] 驟也 말 몰아 갈 접 馬行貌 말이 가는 모양 접 (洽)

騳 [도] 禱馬祭 말 제사 지낼 도 禂同字 (皓)

䮛 [단] 遲行馬 더디 걷는 말 단 (翰)

䮜 [섭][엽] 馬行 말이 갈 섭 馬輕行貌 말이 휘휘 갈 엽 (合)(葉)

䮏 [해] 馬馴 말이 길들 해 (佳)

䮏 [무] 馳也 말 비굽 놓고 뛸 무 奔也 달릴 무 騖同字 (遇)

騢 [하] 駁馬 얼룩말 하、유부

루말하 (麻)

騡 [전] 白馬黑脣 입술검은 말전 駩同字 (先)

騣 [종] 馬鬣 말갈기 종 鬉同字 (東)

騚 [전] 四蹄皆白馬 네발굽이 흰말전 (先)

騘 [종] 馬青白色 총이 말총 驄同字 (東)

䮞 [준] 馬雜文 얼룩말준 鈍馬 걸음느린말준 (軫)

騙 [편] 躍上馬 말에뛰어오를편 欺也 속일편 (霰)

䮩 [제] 잘달리는말 제 騠同字

⿰馬复 [필] 神馬ㅣ駽 도 총이말 필 馬飽 말배부를필 (質)

騠 [제] 良馬駃ㅣ 잘달리는말제 (齊)

騤 [규] 馬壯健ㅣㅣ 말건장할 규 馬行威儀 음믄할규 (支)

騝 [건] 騮馬黃脊 등마루누렇고 검은말건 (先)

騜 [황] 馬黃白相間色 누렇고 흰말황 ⿰馬黃同字 (陽)

騪 [수] 馬銜搖而走意 말재갈을흔들며달릴수 駙ㅣ、蕃中大馬 오랑캐땅의큰말수 (尤)

⿰宣馬 [선] ㅣ騶、馬名 말이름선 (先)

騞 [획] 行不止 쉬지않고갈획 解牛聲 백정칼쓰는소리획 書同字 (陌)

⿰馬飛 [비] 六馬 여섯말비 馬逸走 말뛸비 (微)

騟 [유] 紫色馬 검붉은말유 (尤)

⿰扁馬 [편] 躍上馬 말뛰어오를편 (霰)

⿰馬覀支 [변][병] 二馬竝駕 두말한멍에변 齊 邑名 고을이름병 駢、騈同字 (先)(靑)

⿰馬戓 [옹] 馬八尺有絶力者 크고세찬말옹 駥同字 (東)

騱 [혜] 野馬也 들말혜 前足皆白馬也 앞발흰말혜 騱同字 (齊)

⿰姣馬 [한] 馬步習 말걸음익힐한 (刪)

⿰馬炭 [안] 騂ㅣ、馬行貌 말이가는모양안 自額至脣白色馬 이마에서 입술까지흰말안 馬首 말머리안 騂譌字 (翰)(諫)

⿰言馬 [사] 所言不當 거짓말사、말맞지않음사 (馬)

騧 [왜][과] 黃馬黑喙ㅣ驪 주둥이 검고 누른말왜、과義同、本音괴 (佳)

十

騯 [팽] 馬行盛貌ㅣㅣ말 떼지어갈팽 彭通 庚

䮾 [류] 騠ㅣ騂ㅣ、走馬黑鬣 월다말류 駵、騮同字 尤

騰 [등] 升也오를등 馳也달릴등 踊躍뛰놀등 蒸

䮷 [토] 騊(次) 條同字

騊 [토] 馬行貌 말이 가는모양토 豪

䮫 [려] 急遽역말려 傳馬전마려 御

騭 [즐] 牡馬수말즐 成也이룰즐 升也오를즐 定也정할즐 質

䮠 [전] 馬轉臥土浴말땅에구를전 霰

䮥 [력] 馬色말의 빛갈력 錫

䮃 [온] 駿馬좋은말온 元

䮩 [전] 馬額白戴星별박이전 顚通 先

騮 [류] 騠ㅣ、騂ㅣ、走馬黑鬣월다말류 駵同字 尤

䮣 [당] 馬色말의 빛갈당 陽

䮄 [희] 馬走貌 말이달려갈희 未

䮙 [기] 馬項上鬣말이마위의갈기털기 支

䮙 [기] 䮙(次) 條同字

駸 [침] 驟馬馳貌말몰아달릴침 駸本字 侵

䮴 [확] 馬額白貌이마가흰말확 本音각 樂

騻 [상] 白尾黃色馬꼬리흰고누런말상 騯ㅣ、馬貌말모양상 陽

䮲 [몽] 牡牛交驢生騙ㅣ버새몽、트기몽 驂同字 東 送

䮭 [괴][귀] 잿빛말괴、귀義同、騩同字

騪 [수] 大馬큰말수 搜索찾을수、뒤질수 尤

騩 [괴][귀] 馬淺黑色잿빛말괴、귀義同、山名산이름귀 眞 微

騫 [건] 虧也이지러질건 馬腹病말배앓을건ㅣㅣ輕儇躁進貌휘뒤어나아갈건 輕儇경망할건 愆通 先

騴 [안] 馬尾本白꼬리밑둥흰말안 諫

騱 [혜] 前足皆白馬也앞발흰말혜 野馬也들말혜 齊

騞 [갈] 駭馬얼룩말갈 黠

騲 [초] 牝畜通稱암컷초 皓

騸

騸 선 割去畜勢ㅣ馬 불알깐말선 霰

騬 승 去勢馬불알 친말승 蒸

騜 황 馬奔意말이 달려갈황 駫同字 陽

騖 우 亂馳貌 뭇 발어지러이 달릴우 宥

騹 기 騏ㅣ名馬日行千里 천리마기 驥同字 眞

騳 독 馬走 말이달려갈독 屋

驕 교 體高大尺馬 높이 여섯자되는말교 蕭

騅 환 馬和樂貌 말이화락한모양환 驩譌字 寒

䯏 골 䯏ㅣ、獸名 짐승이름골 月

騺 사 野馬 길들지않은말사、들말사 支

騺 첩 赤黑色馬 적토마첩 葉

驁 오 馬行貌 말달리는모양오 豪

䮨 재 雜毛驄馬 얼룩말재 賄

䮴 탑 馬行不進驪 ㅣ말막설탑 合

騖 무 驅벋 말을몰아갈무 馳벋 말을달릴무 遇

騷 소 愁근심스러울소 擾動소동할소 急貌ㅣㅣ급할소 凄凉ㅣ屑 蕭ㅣ서늘할소 豪

騵 원 騮馬白腹배희고갈기검은붉은말원 元

騶 추 仁獸ㅣ虞짐승이름추 厩御ㅣ徒마부추 鄒 鄹同字 尤

䮧 한 駇ㅣ、蕃中大馬오랑캐땅의 큰말한 毛長馬털이긴말한 翰

騂 성 赤色牲붉은소 성 赤黃馬누른말 성 騂同字 庚

⑪

䮑 리 驢子나귀 새끼리 支

䮠 멱 馬惡말사 나울멱 眞

驪 리 려 盜ㅣ 純黑八駿ㅣ가라말리 黑色검을리 國名ㄅㅣ나라이름리、려 義同 驪同字 支 齊

騻 상 驌ㅣ、良馬숙상 말상、좋은말상 驦同字 陽

䮫 루 려 大騾馬큰노새 루、려 義同 尤 魚

驀 맥 超越뛰어넘을맥 上馬빨리탈맥 陌

䮞 용 驚 通 둔

큰말용、용렬할 말용 (冬)

驇 [지] 馬重 말짐 무거울지 (寘)

[馬麥] [맥] 騎ㅣ、騾馬屬 노새맥 (陌)

騾 [라] 騎畜、驢馬交生 노새라 (歌)

[馬魚] [어] 環眼馬 고리눈말어 (魚)

[馬逐] [축] 群馬相追 뭇말이 서로 쫓을축 (屋)

[馬戜] [철] 馬如鐵 赤黑色 검붉은 청가라말철 驖同字 (屑)

[馬啇] [적] 牡午交驢而生 ㅣ[馬彖] 트기적 (陌)

[殹馬] [예] 黑色馬 검은말예 (齊)

騼 [록] 野馬 驖ㅣ 들말록 (屋)

騽 [읍][습] 豪骭馬 정강이뼈 가진말읍、습 義同 (緝)

[馬犁] [려] 桃ㅣ鐵驄도 총이말려 驪同字 (齊)

驄 [총] 馬青白色 옥색말총、총이말총 (東)

驅 [구] 軍前鋒先ㅣ 군사앞진구 逐遣 쫓아보낼구 奔馳 驟也 몰구、달릴구 (虞) (遇)

驃 [표] 驍勇ㅣ騎 날쌜표 黃色貌 馬누런 말표 官名ㅣ騎벼슬이름표 (嘯)

[馬朕] [등] 馳也 달릴등 踊躍 뛸놀등 升也 날칠등 騰俗字 (蒸)

[馬敖] [오] 준마오 驁同字

驁 [오] 輕覗 깔볼오 駿馬 준마오 不軟順 뻣뻣할오、義同、樂章名ㅣ夏 풍류이름오 (豪) (號)

驂 [참] 車衡外兩馬 멍에바깥말참 駕三馬 세말멍에할참 參通 (覃)

⑪

驑 [류] 驊ㅣ 赤馬黑鬣 검은갈기절다말류 (尤)

[馬椉] [승] 犗馬 불친말승 古音층、騬本字 (蒸)

[馬登] [등] 行而將欲倒貌 넘어지려할등 駿ㅣ、馬病 말병등 (蒸)

[馬黄] [황] 馬黃白相間色 누렁고 흰말황 騜同字 (陽)

驈 [율] 驪馬白跨 사타구니흰 검은말율 (質)

驋 [발] 馬走 말달려갈발 馬怒 말성낼발 (曷)

驍 [효][교] 良馬 좋은말효 勇捷 날랠효 武猛健也 건장할효 (蕭)

[馬犁] [려] 桃ㅣ、鐵驄도 총이 이말려 (齊)

驌 [숙] 良馬 ㅣ驦 좋은말숙 (屋)

𩦠 [한] 馬一目白 한눈흰말한 (刪)

𩦡 [한] 하눈흰말 한 𩦠同字

驊 [화] 駿馬名ㅣ騮 준마화 (麻)

𩧉 [리] 騑ㅣ、似馬獸名 말같은짐승이름리 (支)

驉 [허] 似騾駏 ㅣ트기허 (齊)

驎 [린] 馬斑文 얼룩말린 (眞)

䮳 [번] 畜之蕃殖 짐승번성할번 (元)

驏 [잔] 馬不鞍而騎 안장없이말탈잔 (潸)

騔 [도] 禱馬祭 말제사지낼도 禂、𩥉同字 (皓)

𩧐 [렵] 踐也 밟을렵 (葉)

驚 [경] 惶也 두려울경 驚也 놀랄경 驚略字 (庚)

驐 [돈] 畜去勢 짐승불알칠돈 (元)

驓 [증] 四骹皆白 발목다흴증 (蒸)

𩧍 [혁] 馬走 말이달려갈혁 (職)

騞 [획] 解牛聲 백정칼쓰는소리획 行不止 쉬지않고갈획 騞諣字 (陌)

𩦠 [한] 馬一目白 한눈흰말한 외꼬리눈말한 𩦠同字 (刪)

驒 [탄][타] 連錢驄 돈점박이말탄、타 義同、野馬ㅣ騱 들말타 (寒)(歌)

驃 [표] 黃馬 누런말표、흰따말표 勁疾 날쌜표 官名 驃騎 벼슬이름표 驃古字 (嘯)

𩧯 [한] 馬多貌 말이많을한 (寒)

𩧐 [동] 새끼말동 𩨋同字

𩧘 [기] 馬也 말기 (微)

驦 [상] 驦ㅣ、淺黃色馬 절따말상、누런말상 尾白馬 꼬리흰말상 (陽)

𩧂 [표] 衆馬走貌 말몰려달아날표 驫同字 (蕭)

驔 [담][점] 驪馬黃脊 등누르고검은말담 毫在骭白 정강이흰말담、점 義同 (覃)(琰)

𩧢 [동] 小馬 작은말동 馬名 말이름동 (東)

驕 [교][효] 逸傲縱姿 방자할교 自矜 교만할교 馬大尺 키여섯자말교、短喙田犬 주둥이짧은사냥개효 盛貌 성한모양효 獢同字 (蕭)(嘯)

(十三)

驚

[경] 駭也 놀랄 경, 馬駭 말 놀랄 경, 懼也 두려울 경 庚

䯄 [왜][과] ㅣ驪 黃馬黑喙 공골마 왜, 과 義同, 騧同字 佳 麻

驗 [험] 證也 증험 험, 效ㅣ 보람 험, 兆候 조짐 험, 考視 시험할 험 本音염 鹽

驉 [우] 騶ㅣ 虞也 염려할 우, 騶ㅣ 仁獸 추우 짐승 우, 驩ㅣ 樂也 즐거울 우, 備也 갖출 우, 虞俗字 虞

𩤂 [악] 馬腹鳴 말 배끓을 악 覺

騤 [규] ㅣㅣ 馬壯健 말 건장할 규 騤同字 支

驘 [라] 騎畜 驢馬交生 노새 라 騾本字 歌

驖 [철] 馬如鐵赤黑色 검붉은 말 철 屑

䮷 [독] 野馬 騼ㅣ 들말 독 屋

驙 [담][전] 白馬黑脊 등검은 흰말 단, 馬載重 말 짐을 많이 실을 단, 전 義同 寒 先

䮯 [예] 馬怒 말 성낼 예 賄

𩧤 [즙] 馬行貌 말가는 모습 즙 緝

驛 [역] 傳舍 역말 집 역, 遞馬 역말 역, 汽車停車場 정거장 역, 連屬絡ㅣ 잇달 역, 苗貌ㅣㅣ 싹 뾰족뾰족할 역 陌

𩧲 [만] 月子 다리 꼭지 만 鬘同字 刪

𩥞 [격] 鳥名 새이름 격 鷔同字 錫

驜 [업] 壯也 장할 업 葉

䮾 [롱][방] ㅣ充實 충실할 롱, 雜亂貌 어수선할 방, 高屋 높은 집 방, 重騎 중기 룡, 龐、驡同字 東 江

驞 [분] 달아날 분, 분주할 분 奔同字

𩨎 [령] 大羊角 영양 령 麢同字 靑

𩧸 [장] 骯ㅣ、㛿直貌 교장교장할 장, 胖貌 몸뚱뚱할 장 髒同字 養

(十四)

𩦴 [태] 駑馬 노둔한 말 태, 脫銜 재갈 벗을 태, 疲也 들의 질태, ㅣ蕩、廣大意 질펀할 태 駘同字 灰 賄

驝 [락] 白馬黑鬣 가리온 락, ㅣ駝 약대 락 駱同字 藥

𩧓 [표] 黃馬 누런말 표, 勁疾 날쌜 표, 官名ㅣ騎 벼슬 이름 표 驃同字 嘯

𩧰 [도] 禱馬祭 마조 단제 도 禂

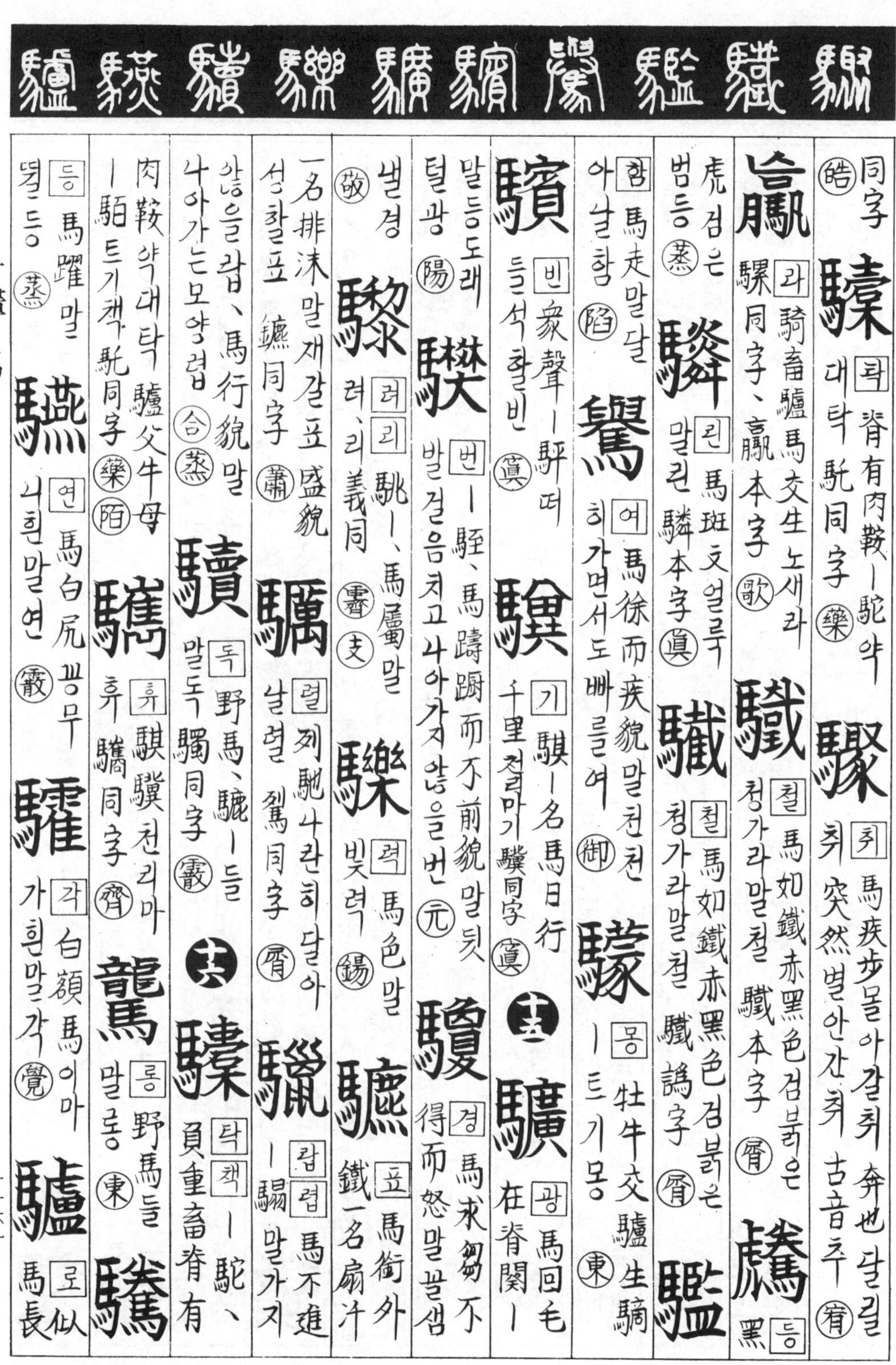

同字 (皓)

驝 [탁] 脊有肉鞍ㅣ駝 약대 탁 馲同字 (藥)

驟 [취] 馬疾步 몰아갈 취 突然 별안간 취 奔也 달릴 취 古音 주 (宥)

驘 [라] 騎畜驢馬交生 노새 라 騾同字、驘本字 (歌)

驖 [철] 馬如鐵赤黑色 검붉은 청가라말 철 驖本字 (屑)

⿰虍⿱癶馬 [등] 黑虎 검은 범 등 (蒸)

驎 [린] 馬斑文 얼룩말 린 驎本字 (眞)

驖 [철] 馬如鐵赤黑色 검붉은 청가라말 철 驖譌字 (屑)

⿰馬監 [함] 馬走 말 달아날 함 (陷)

⿱與馬 [여] 馬徐而疾貌 말 천천히 가면서도 빠를 여 (御)

⿰馬蒙 [몽] 牡牛交驢生⿰馬啇ㅣ 트기 몽 (東)

驞 [빈] 衆聲ㅣ駍 떠들석할 빈 (眞)

驥 [기] 騏ㅣ名馬日行千里 천리마 기 驥同字 (寘)

●十五

⿰馬廣 [광] 馬回毛在脊閺ㅣ 말등도래 털 광 (陽)

⿰馬樊 [번] ㅣ駤、馬躊躕而不前貌 말 뒷발걸음치고 나아가지 않을 번 (元)

⿰馬敻 [경] 馬求芻不得而怒 말 끌샘낼 경 (敬)

⿰馬黎 [려][리] 駣ㅣ、馬屬 말 려、리 義同 (霽)(支)

⿰馬樂 [력] 馬色 말빛 력 (錫)

⿰馬麃 [표] 馬銜外鐵 一名扇汗 一名排沫 말재갈 표 盛貌 성할 표 ⿰馬麃同字 (蕭)

⿰馬厲 [렬] 列馳 나란히 달아날 렬 ⿱列馬同字 (屑)

⿰馬巤 [랍][렵] 馬不進ㅣ騔 말 가지 않을 랍、馬行貌 말 나아가는 모양 렵 (合)(蒸)

⿰馬賣 [독] 野馬、騼ㅣ 들말 독 騳同字 (霰)

●十六

⿰馬橐 [탁][책] ㅣ駝、負重畜脊有肉鞍 약대 탁 驢父牛母ㅣ⿰馬白 트기 책 馲同字 (藥)(陌)

驨 [휴] 騏驥 천리마 휴 驨同字 (齊)

⿱龍馬 [롱] 野馬 들말 롱 (東)

驣 [등] 馬躍 말뛸 등 (蒸)

驠 [연] 馬白尻 꽁무니 흰 말 연 (霰)

⿰馬霍 [각] 白額馬 이마가 흰 말 각 (覺)

驢 [로] 似馬長

耳以午及五更初而鳴나키로、古音려 (魚)

驡 [롱][봉][룡] ㅣㅣ充實중실할롱 雜亂貌어수선할봉 重騎중기룡 龐同字 (東)(宋)

(十七)

[illegible] [등] 躍也뛸등 奔也달려갈등 虛也빌등 瘦也전설등 (蒸)

驧 [국] 馬曲脊등굽은말국 馬躍말이뛸국 (屋)

[illegible] [등] 馳也달릴등 踊躍뛰놀등 升也날칠등 騰同字 (蒸)

驦 [상] 良馬驌ㅣ좋은말상 騻同字 (陽)

驤 [양] 遠也멀양 馬低昂騰躍말뛸양 擧也날칠양 官名龍ㅣ벼슬이름양 (陽)

騫 [건] 跛也절건 險難험할건 偃騎傲교만할건 蹇俗字 (阮)

驥 [기] 名馬日行千里 騏ㅣ천리마기 (寘)

[illegible] [굉] ㅣㅣ車聲수레소리굉 轟ㅣ大聲큰소리지를굉 輷同字 (庚)

(十八)

驨 [휴] 驥驥천리마휴 (齊)

[illegible] [구] 馬行말이걸어갈구 (虞)

驩 [환] 馬名말이름환 歡也기뻐할환 南荒國名ㅣ頭나라이름환 (寒)

[illegible] [표] 黃馬누런말표、勁疾날쌜표 官名騎벼슬이름표 驃古字 (嘯)

[illegible] [섭] 馬疾貌말달릴섭 本音엽 (葉)

(十九)

[illegible] [려] 桃ㅣ、鐵驄도종이말려 [illegible]同字 (齊)

驪 [리][려] 純黑色馬八駿ㅣ盜ㅣ가라말리 黑色검을리、려義同、麗通 (支)(齊)

(二十)

[illegible] [빙] 直馳、走也달릴빙 古音칭、騁古字 (梗)

驫 [표] 衆馬走貌말여러필달아날표 (尤)

(二十一)

驘 [라] 騎畜驢馬交生노새라 騾、羸同字 (歌)

(二十五)

[illegible] [신][즙] 衆馬行貌뭇말이가는모양신、衆盛貌많고성한모양신、木茂盛貌나무무성한모양즙 (眞)(緝)

(二十六)

驢 [려] 似馬長耳以午及五更初而鳴나귀려 俗音로、驢同字 (魚)

骨部

骨 [골] 事物之ㅣ子 살골 肉之覈 뼈골 剛直 꾿꾿할골 第ㅣ 신라귀족골 (月)

㊀

骩 [의] 小骨 잔뼈익 (職)

㊁

⿰骨九 [위] ㅣ骳 骨屈曲 뼈구불퉁 구불퉁할위 拔ㅣ茂盛貌 더부룩할위 骫譌字 (紙)

骪 [기] 肌也 살갗기 (支)

⿰骨力 [골] 用力 힘쓸골 (月)

⿰骨丁 [정] 腸骨 종아리뼈정 (青)

㊂

骮 [의] 肩骨 어깨뼈의 (職)

骭 [한] 脛骨 정강이뼈한 骭也 갈빗대한 (諫)

骫 [우] 더부룩할위 骫同字 (虞)

⿰骨凡 [위] 拔ㅣ茂盛貌 더부룩할위 ㅣ骳骨屈曲 뼈구불퉁구불퉁할위 (寘)

⿰骨乞 [억] 䏰骨 가슴뼈억 (職)

骬 [우] 缺盆骨 髃ㅣ가리우 (虞)

⿰骨己 [아] 骼也 허리뼈아 ⿰骨牙俗字

⿰骨丂 [우] 缺盆骨、髃ㅣ가리우 骬同字 (虞)

⿺尢骨 [활] 治骨聲 뼈긁는소리활 (黠)

⿰骨凡 [위] ㅣ骳骨 屈曲뼈구불퉁거릴위 拔ㅣ茂盛貌 더부룩할위 骫譌字 (紙)

㊃

骱 [갈] 小骨작 은뼈갈 (黠)

⿰骨分 [갈] 작은뼈갈 骱同字

⿰骨亏 [갈] 小骨 작은뼈갈 骱同字 (黠)

骯 [항] 亢直ㅣ髒 꾿꾿할항 本音강 (泰)

⿰骨巴 [파] 把也 갈자루파 枋也 손갈자루파 (禡)

⿰骨牙 [아] 骼也 허리뼈아 (麻)

骰 [투] 博陸采具ㅣ子 博齒 주사위투 (尤)

⿰骨爪 [갈] 작은뼈갈 骱譌字

⿰骨少 [선][삼] 小也 적을선 骨輕 뼈가벼울삼 小骨 잔뼈삼 (銑)(感)

⿰骨支 [기] 足多指 육발이기 垂足坐 걸터앉을기 擧足望 발돋음하여볼기 跂同字 (支)(紙)

骹 [교] 脛骨近足細處 발회목뼈교 骹同字 (效)

⿰骨及 [삽] 搖頭 머리흔들삽 (合)

⿰骨反 [방] 臂

骨節팔마디방 撓骨굽은뼈방 肪俗字 (阮)

骬 [알] 咽中軟骨喉ㅣ목구멍에연한뼈인 (霰)

⿰骨厷 [저] 臀也꽁무니끝저 骶譌

字 (霽)

五

骲 [박] 骨鏃箭不鏑 刕뼈살촉박 (覺)

⿰骨玄 [끈] 細骨가는뼈끈 髁同字 (阮)

⿰骨可 [가] 膝骨무릎뼈가 腰骨허리뼈가 (歌)

⿰骨它 [과] 手足之曲病손발구부러지는병과 (麻)

⿰骨山 [과] 손발구부러지는병과 ⿰骨它同字 (麻)

骷 [고] 髏也頭蓋骨해골고 (麌)

骭 [간] 體也몸간 (翰)

骶 [저] 臀也꽁무니끝저 (齊)

⿰骨失 [질] 骨差뼈뒹길질、위골될질 胅同字 (屑)

⿸屵骨 [알] 骫ㅣ、骨高貌뼈높을알 (曷)

⿰骨只 [지] 사지지 肢同字

⿰骨号 [요] 肩骨어깨뼈요 (條)

骯 [항] ㅣ髒亢直꼿꼿할항 骯同字 (養)

⿰骨斤 [긍] 脈也맥긍 (東)

⿰骨出 [굴] 달나오는곳굴 ⿰出骨同字

⿰出骨 [굴] 月所生月ㅣ달나오는곳굴 (月)

骴 [자] 朽骨썩은뼈자 (寘)

⿱此骨 [자] 썩은뼈자 骴同字

骳 [피] 骫ㅣ骨屈曲뼈구불퉁구불퉁구불퉁할피 (寘)

⿰骨犮 [발] 肩膊어깨뼈발 (曷)

骵 [체] 身也몸체 形狀、狀態、모양체、꼴체 體俗字 (齊)

⿰骨令 [령] 骲骨허리령 長骨긴뼈령 (青)

⿰骨尻 [고] 尻骨꽁무니뼈고 (豪)

六

骼 [격] 枯骨마른뼈격 禽獸骨짐승뼈격 (陌)

骻 [과] 腰骨股間방둥이뼈과 髁通 (禡)

⿰骨巛山 [뇌] 두골뇌 腦同字

骸 [해] 百ㅣ骨也뼈해 身體形ㅣ몸해 (佳)

⿰骨舌 [괄] 骨端뼈끝괄 (曷)

⿰骨圭 [규] 大畜頭中骨짐승의머리속뼈규 肩骨어깨뼈규 (齊)

⿰骨灰 [매] 背肉등

살매 隊

骼 [암] [함] ㅣ之點頭머리끄덕거릴암 顩ㅣ不飽주릴함 頤也턱함 頷、骼同字 感

髇 [해] 百ㅣ、骨也뼈해 骸俗字 佳

骹 [교] 脛骨近足細處발회목뼈교 本音효 效

骯 [광] 股骨넓적다리뼈광 骯也허리뼈광 陽

骫 [와] 髃ㅣ、骼骨허리위의뼈와 麻

骺 [후] 骨端骺ㅣ뼈끝후 有

骭 [간] 體也몸간 骭譌字 翰

骀 [퇴] 骨起뼈일어날퇴 灰

骱 [행] 牛脊後骨소등마루뒤뼈행 庚

七

䯔 [협] 顴骨광대뼈협 葉

骋 [빙] 肋骨갈비뼈빙 靑

䯊 [정] 長骨貌긴뼈정 大腿骨넓적다리뼈정 靑

鯀 [곤] 大魚곤어곤 禹父名사람이름곤 鯀同字 阮

髇 [효] 鳴鏑우는살촉효 肴

骾 [경] 骨留咽中목걸릴경 魚骨물고기뼈경 骨之臣遇事敢刺가시센경 鯁同字 梗

䯋 [괄] 骨端뼈끝괄 曷

髇 [요] 肩骨어깨뼈요 右脅오른편갈비요 篠

䯃 [환] 골회칠할환、무릎뼈환 骯譌字

䯁 [랑] 膝骨무릎뼈랑 陽

䯘 [환] 燒骨和漆而髼골회칠할환 膝骨무릎뼈환 翰

䯐 [해] 骸譌字 뼈해

髄 [보] 膝骨무릎뼈보 麌

骪 [과] 手足之曲病손발구부러지는병과 骪同字 麻

䯛 [퇴] 넓적다리퇴 腿同字

髀 [폐] 股也넓적다리폐ㅣ 臀볼기짝폐 薺

䯒 [경] 骨也뼈경 本音형 靑

䯨 [암] [함] ㅣㅣ之點頭머리끄덕거릴암 顩ㅣ不飽주릴함 頤也턱함 頷同字 感

八

䯜 [의] 骨細뼈가늘의 支

䯚 [릉] 骨高貌뼈가높은모양릉 蒸

䯞 [어] 어

깨뼈어 䯧同字 **䯧** [어] 肩骨어 깨뼈어 (語) **䯫** [사] 骨也뼈 사 (麻) **髇** [요] 肩骨어깨뼈요 右膂오른편갈비뼈

요 髇同字 (篠) **䯵** [척] 骨間黃汁뼈사이에누런물척 (錫) **䯨** [강] 尻骨髋ㅣ꽁무니뼈강 (江) **髀** [비][폐] 넓적

다리뼈비、볼기짝폐 髀俗字 (紙) **髀** [비][폐] 股骨넓적다리뼈비、骿 也 볼기짝폐 髀同字 (紙) **髀** [비][폐] 髀次 (條)同字

䯝 [수] 漆器先以屑坑之칠하기전에틈메울수 (寘) **髓** [수] 骨中脂뼛속기름수 心底마음속수 髓同字 (紙) **骿** [변] 幷

脇肋骨連合爲ㅣ동 갈비변 骿通 (先) **髁** [화][과] 不正貌躁ㅣ비뚤화 膝骨무릎뼈과 髂同字 (哿)(馬) **䯨** [철] 續骨뼈

이을철 (屑) **䯛** [완] 膝ㅣ무릎뼈완 (翰) **䯊** [기] 小骨잔뼈기 (紙) **䯿** [졸] 小骨잔뼈졸 (月) **䯶** [비] 腓

骨종아리뼈비 (微) ⑨ **髇** [고] 尻骨꽁무니뼈 고 骯同字 (豪) **䩭** [륵] 絡銜굴레륵 抑也어지로칼륵 刻

也새길륵 嚴重엄중할륵 勒同字 (職) **䯡** [염] 飽也、足也 싫을염、물릴염 饜同字 (鹽) **髂** [가][격] 腰骨허리뼈가、髀

骨마른뼈격 禽獸骨짐승뼈격 (禡) **䯧** [수] 뼛속기름수、마음속수 髓同字 **䯸** [개] 瘦也여윌개、파리할개 (蟹) **髄**

[수] 뼛속기름수 髓略字 **𩩲** [갈] 缺盆骨ㅣ骭동 정뼈갈 本音할 (曷) **䯷** [종] 脚腫다리부을종 (腫) **䯜**

[성] 瘦也파리할성 瘄同字 (梗) **骗** [편] 骨偏生貌뼈기울게날편 (銑) **䯬** [도] 頭骨머리뼈도 (豪) **䯪** [대] 髋ㅣ、愚

貌어리석을대 (隊)

髃 [우] 肩前兩間骨엉가슴뼈우 髆前骨어깨죽지뼈우 腢同字 (有)

䯊 [가] 腰骨허리뼈가 髂同字 (禡)

骺

𩩲 [후] 骨端뼈끝 후 骺同字

䯗 [암] 䯗ㅣ、骨高 貌뼈높을암 (感)

𩨷 [과] 額上骨정수리뼈과 (麻)

骺 [후] 骨端뼈끝 후 骺同字 (尤)

⑩

𩪏 [비][폐] 股骨넓적다리뼈비 髀也볼기짝폐 髀同字 (紙)

髓 [수] 骨中脂뼈속기름수 髓、髊同字

𩩗 [겸] 瘦也몸마를겸 (鹽)

𩪘 [애] 頹ㅣ、頭長貌머리가길애 (灰)

髆 [박] 肩甲어깨죽지박 (藥)

𩪁 [괴] ㅣ䯟、愚貌어리석을괴 (泰)

𩩡 [해] 細骨가는뼈해 (泰)

𩪂 [박][각] 骨端뼈끝박 骨堅白貌뼈단단하고흴 박、각義同 (覺)

䯣 [오] 藏骨뼈를감출오 腰骨허리뼈오 (晧)

䯜 [퇴] 項後骨목뒤뼈퇴 (支)

髇 [효] ㅣ箭鳴鏑우는화살효、살촉효 (肴)

䯰 [체] 몸체 體古字

髊 [자] 腐骨삭은뼈자 (歌)

髈 [방] 股也넓적다리방 膂也겨드랑이방 (陽)

⑪

髍 [마] 細瑣잘마 中風중풍마 䐡同字

𩩃 [구] 體也몸구 軀同字 (虞)

䯵 [마] 身支半枯몸한편마를마 中風중풍마 (歌)(箇)

𩪏 [괵] ㅣ朏오금괵 膕同字 (陌)

髓 [수] 骨中脂뼈속기름수 髓同字、髓古字

髏 [루] 首骨髑ㅣ해골루 顱通 (尤)

䯬 [봉] 胸前骨가슴앞에 늑골어어진곳봉 (宋)

䯭 [옥] 頭骨머리뼈옥 (沃)

䯫 [오] 제업지발 오 贅同字

髎 [료] 髖也엉덩이뼈료 (蕭)

髊 [자] 腐骨삭은뼈자 髊同字 (歌)

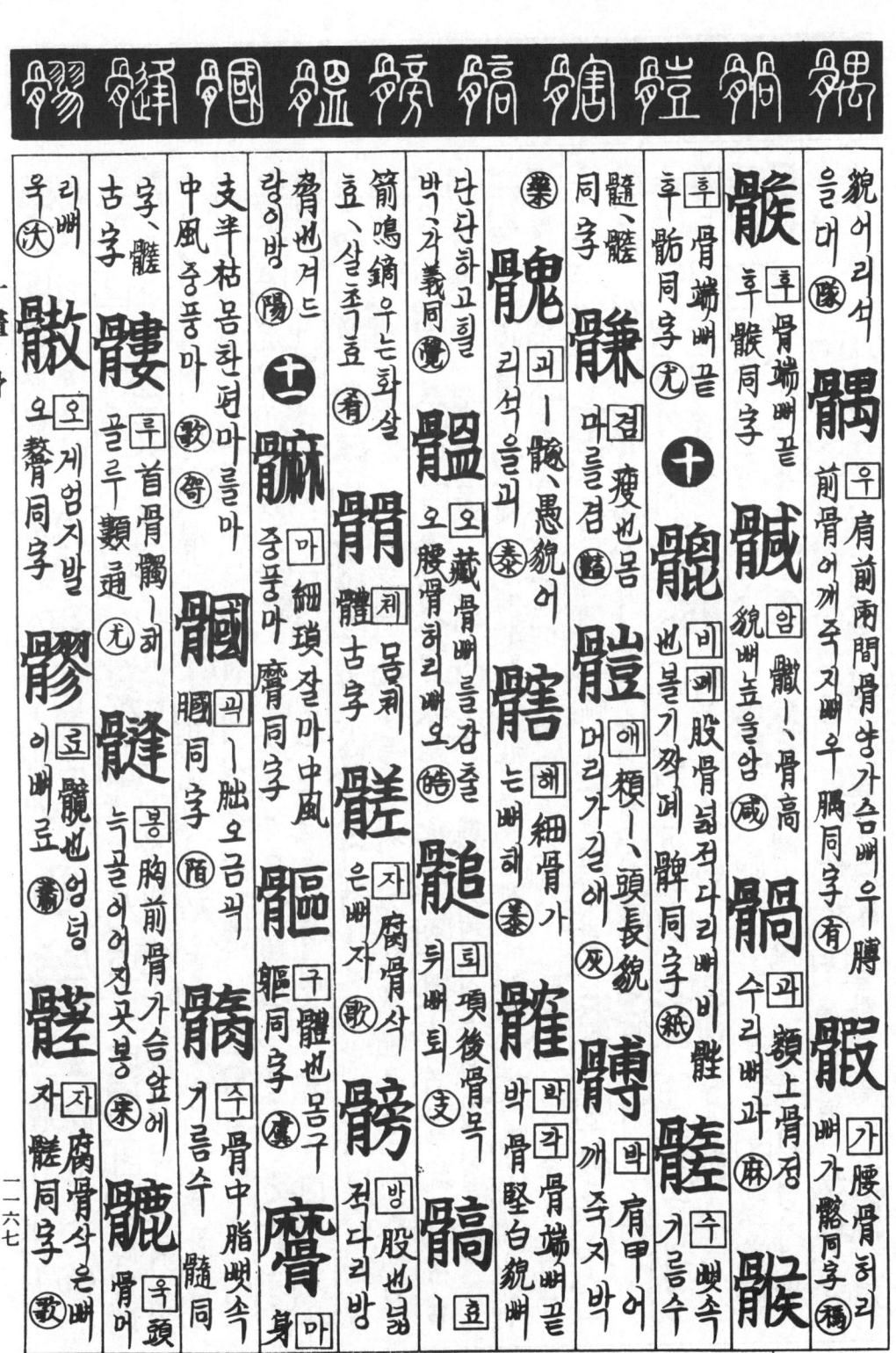

⿰骨票 [표] 體壯貌 몸이 굳셀 표 (蕭)

⿱敖骨 [오] 蟹大脚 게 엄지발 오 (豪)

⑪

髎 [료] 髖也 엉덩이뼈 료 膠同字 (看)

⿰骨貴 [궤][궤] 膝脛間 무릎과 정강이의 사이뼈 궤、頭骨貌 머리뼈 궤 (寘)(隊)

髐 [효] 白骨貌 ㅣ然 해골 효 箭也 화살 효 (肴)

⿰骨業 [박] 骨箭 뼈로 만든 화살 박 (覺)

⿰骨莽 [망] 骯ㅣ、體肥 몸이 살찔 망 (養)

⿰骨厥 [궐] 臂骨 불기뼈 궐 (月)

⿰骨童 [당] 尻骨ㅣ骯 꽁무니뼈 당 (江)

⿸广⿱隹骨 [응] 胸也 가슴 응 親也 친할 응 受也 받을 응 膺同字 (蒸)

⿱厥骨 [궐] 불기뼈 궐 ⿰骨厥 同字

⑬

體 [체] 身也 몸 체 四肢 사지 체 ㅣ之 몸받을 체 形狀 모양 체、끌 체 物ㅣ 물건 체、것 체 本也 근본 체 效也 본받을 체 軆 同字 (薺)

⿰骨會 [괴] 骨髻會束髮 具 동곳 괴 (泰)

⿰骨業 [압] 骸ㅣ、首動貌 머리 움직이는 모양 압 (合)

髑 [촉] 頂骨ㅣ髏 해골 촉 本音 독 (屋)

⿱殿骨 [둔] 髀骨 넓적다리뼈 둔 (元)

髓 [수] 骨中指 뼛속 기름 수、뼈골 수 心底 마음 속 수 (紙)

髒 [장] 婞直貌 骯ㅣ 꼬장꼬장할 장 體胖貌 몸 뚱뚱할 장 (養)

⿰骨零 [령] 細骨 가는 뼈 령 (靑)

⿰骨意 [억] 胸骨 가슴뼈 억 肊同字 (職)

⿰骨敢 [감] ㅣ䯤、骨高貌 뼈 높을 감 (咸)

⿰骨差 [수] 뼛속 기름 수 髓本字

⿰骨辟 [비][벽] 弓弭 활끝 비、벽 義同、本音 곽 (寘)(陌)

⿰骨意 [억] 胸骨 가슴뼈 억 (職)

⿱敖骨 [오] 蟹大脚 게 엄지발 오 ⿱敖骨 本字 (豪)

⿰骨重 [종] 脚腫 다리부을 종 ⿰骨重 同字 (腫)

⑭

⿰骨蒦 [확] 骨鳴 뼈울 확 (藥)

⿰骨麥 [마] 漏

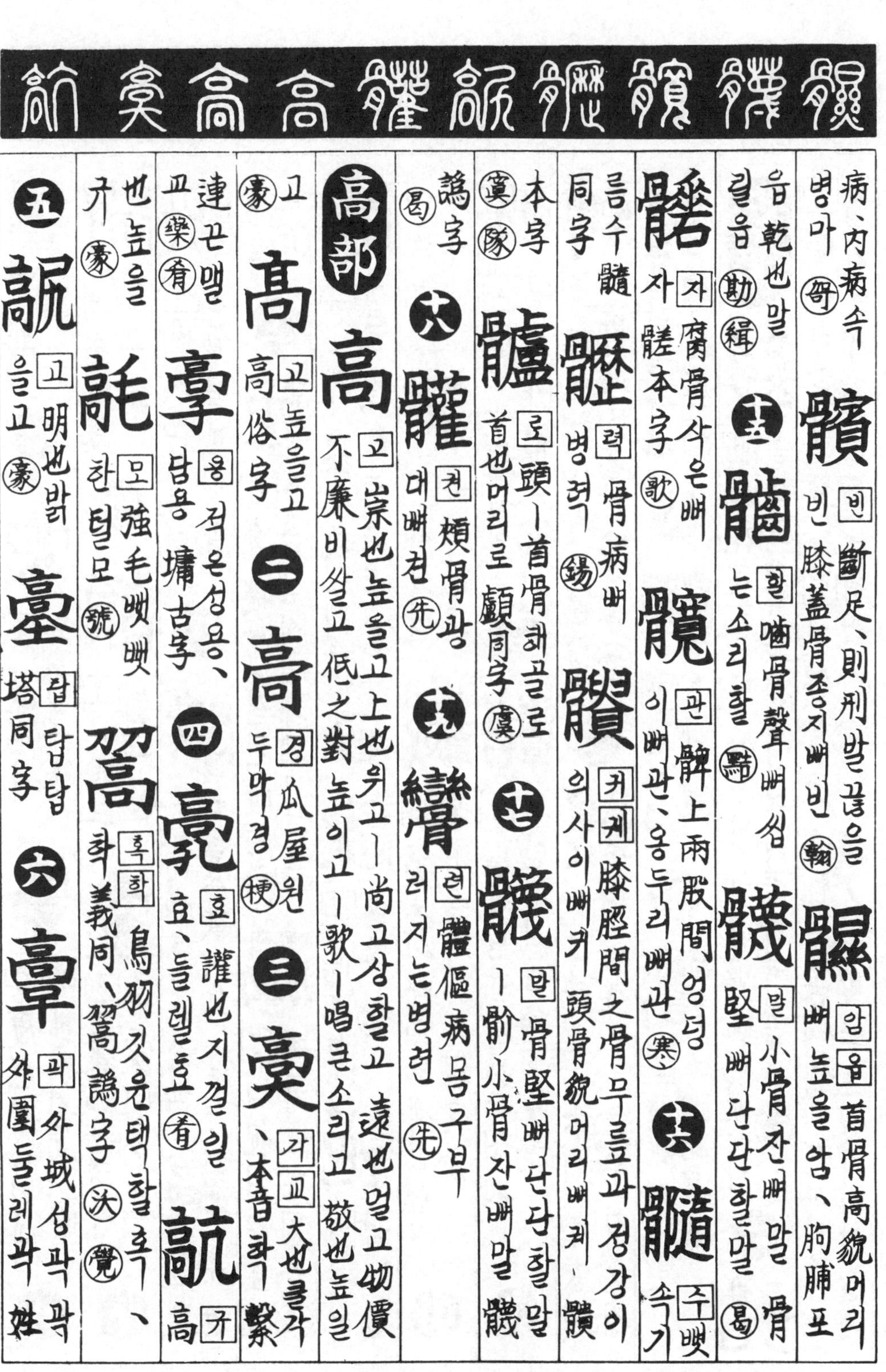

病、内病속병마 (哿)

髕 [빈] 斷足、則刑발끊을빈、膝蓋骨종지뼈빈 (軫)

⿰骨㬎 [암][음] 首骨高貌머리뼈높을암、胸脯포음 乾也말릴음 (勘)(緝)

十三

⿰骨囟 [할] 嗡骨聲뼈섬는소리할 (黠)

⿰骨蔑 [말] 小骨잔뼈말、骨堅뼈단단할말 (曷)

⿰骨差 [자] 腐骨삭은뼈자 髊本字 (歌)

髖 [관] 髀上兩股間엉덩이뼈관、옹두리뼈관 (寒)

十六

⿰骨隨 [수] 뼛속기름수 髓同字

⿰骨歷 [력] 骨病뼈병력 (錫)

⿰骨貴 [궤][궤] 膝脛間之骨무릎과 정강이의사이뼈궤、頭骨貌머리뼈궤、⿰骨賁本字 (寘)(隊)

髗 [로] 頭丨首骨해골로 首也머리로 顱同字 (虞)

十七

⿰骨蔑 [말] 骨堅뼈단단할말 丨骱小骨잔뼈말 ⿰骨蔑譌字 (曷)

十八

⿰骨雚 [권] 頰骨광대뼈권 (先)

十九

⿱䜌骨 [련] 體傴病몸구부러지는병련 (先)

高部

高 [고] 崇也높을고、上也위고、丨尚고상할고、遠也멀고、物價不廉비쌀고、低之對높이고、丨歌丨唱큰소리고、敬也높일고 (豪)

髙 [고] 높을고 高俗字

二

⿳亠口冋 [경] 瓜屋원두막경 (梗)

三

⿳亠口⿱冖大 [각][교] 大也클각、本音콱 繫連끈맬교 (樂)(肴)

𩫏 [용] 적은성용、담용 墉古字

四

⿺乙高 [효] 譊也지껄일효、들렐효 (肴)

⿰高亢 [긔] 高也높을긔 (豪)

⿰高毛 [모] 強毛빳빳한털모 (號)

翯 [혹][학] 鳥羽깃윤택할혹、학義同、翯高譌字 (沃)(覺)

五

⿰高几 [고] 明也밝을고 (豪)

⿱高至 [탑] 탑탑 塔同字

六

⿱高章 [곽] 外城성곽곽 外圍둘레곽 姓

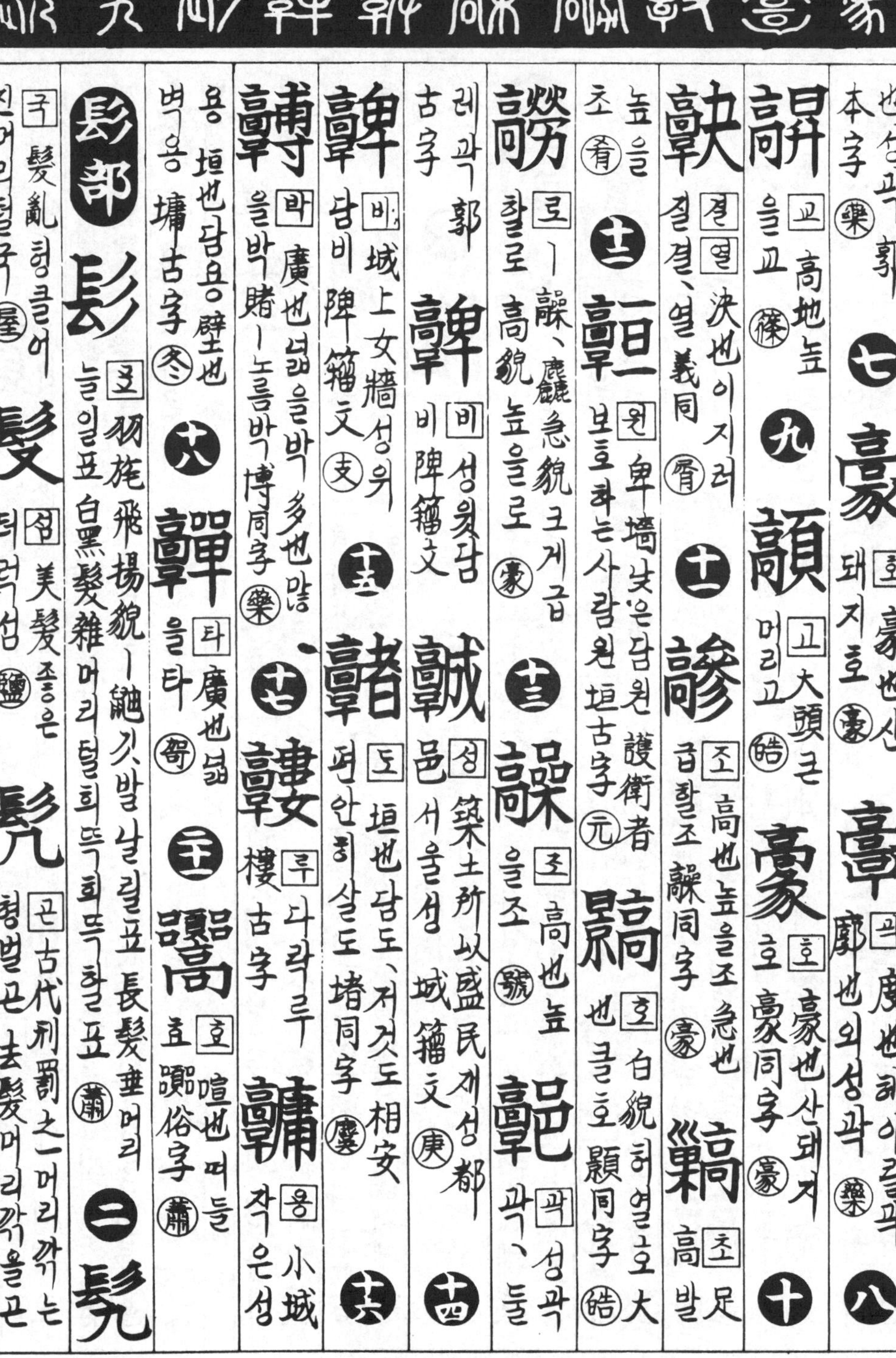

也 성곽 郭 本字 (樂)

⑦ 豪 [호] 豪也 산돼지 호 (豪)

𩫏 [곽] 度也 헤아릴 곽 郭也 외성 곽 (樂)

⑧ ⿰高开 [교] 高地 높을 교 (篠)

⑨ ⿰高頁 [고] 大頭 큰머리 고 (晧)

⿱高豕 [호] 豪也 산돼지 호 豪同字 (豪)

⑩ 髚 [결][열] 決也 이지러질 결、열 義同 (屑)

⑪ ⿰高參 [조] 高也 높을 조 急也 급할 조 髞同字 (豪)

⿰巢高 [초] 足高 발 높을 초 (肴)

⑫ ⿰高亘 [원] 卑墻 낮은 담 원 護衛者 보호하는 사람 원 垣古字 (元)

⿰杲高 [호] 白貌 희어 열고 호 大也 클 호 顥同字 (皓)

髝 [로] ㅣ髞、[illegible] 急貌 크게 급할 로 高貌 높을 로 (豪)

⑬ 髞 [조] 高也 높을 조 (號)

⿰高邑 [곽] 성곽 곽、둘레 곽 郭 古字

⿰高卑 [비] 성윗담 비 陴 籒文

⿰高成 [성] 築土所以盛民 재 성 都邑 서울 성 城 籒文 (庚)

⑭ ⿰高卑 [비] 城上女牆 성위 담 비 陴 籒文 (支)

⑮ ⿰高者 [도] 垣也 담 도、저것도 相安 편안히 살 도 堵同字 (麌)

⿰高尃 [박] 廣也 넓을 박 多也 많을 박 賭ㅣ 노름 박 博同字 (樂)

⑯ ⿰高婁 [루] 다락 루 樓古字

⿰高庸 [용] 小城 작은 성 용 垣也 담 용 壁也 벽 용 墉古字 (冬)

⑱ ⿰高單 [타] 廣也 넓을 타 (哿)

⑳ ⿳吅頁高 [효] 喧也 떠들 효 囂俗字 (蕭)

髟部

髟 [표] 羽旄飛揚貌 ㅣ䰄 깃발 날릴 표 長髮垂 머리 늘어질 표 白黑髮雜 머리털 희뜩희뜩할 표 (蕭)

② ⿱髟九 [구] 髮亂 헝클어진 머리털 구 (屋)

⿱髟乂 [섬] 美髮 좋은 터럭 섬 (鹽)

髡 [곤] 古代刑罰之一 머리 깎는 형벌 곤 去髮 머리 깎을 곤

樹禿나무무지러질곤 ㊀元

⿱髟乇 모 兒生三月鬋髮爲鬌及長猶爲事父母之飾 다팔머리모 髦同字 ㊀豪

⿱髟乃 내 髮亂 鬔ㅣ터럭엉킬내 ㊀灰

三

⿱髟己 기 男子陰ㅣ髢 자지기(中)

髢 체 髲也 益髮 땋은머리체 月子다리꼬지체 ㊀霽

⿱髟巾 쟁 ㅣ鬇、亂髮貌 머리털엉킬쟁 ⿱髟市譌字 ㊀庚

髡 곤 去髮머리깎을곤 ⿱髟元同字 ㊀元

四

髦 모 兒生三月鬋髮爲鬌及長猶爲事父母之飾、童子髫다팔머리모 俊也ㅣ士준수할모 輕也幷ㅣ가벼이여길모 童子髫ㅣ어린아이모 ㊀豪

髪 발 터럭발 髮同字

⿱髟犮 발 터럭발 髮同字

⿱髟市 쟁 ㅣ鬇、亂髮貌 머리털엉킬쟁 ㊀庚

⿱髟少 사 髮美머리흠치르르할사 垂貌ㅣ鬖머리풀어헤칠사 ⿱髟沙同字 ㊀麻

⿱髟分 개 쪽질개、땋은머리개 ⿱髟介同字

⿱髟元 곤 去髮머리깎을곤 樹禿무지러질곤 髡同字 ㊀元

⿱髟公 송 鬔ㅣ髮亂거칠송 鬆同字 ㊀冬

⿱髟丈 장 髻也상투장 ㊀陽

⿱髟介 개 簪髻쪽질개、땋은머리개 상투개 假髻땋은머리개 ㊀卦

⿱髟内 내 鬔ㅣ、髮亂貌 머리털엉클어질내 ㊀隊

⿱髟疋 절 束髮小貌 묶은머리털적을절 ㊀屑

⿱髟巴 파 男子陰髢ㅣ자지파 髻貌상투짠모양파 ㊀禡

⿱髟夅 비 被髮走머리풀고달아날비 ⿱髟来同字 ㊀支

髧 담 髮垂貌다팔머리담 ㊀感

髣 방 相似ㅣ髴비슷할방 仿同字 ㊀養

髥 염 在頤曰鬚在頰曰ㅣ 구레나룻염、수염염 髯同字 ㊀鹽

髤 휴 以漆漆物赤黑色옻칠할휴 髹同字 ㊀尤

⿱髟氏 괄 束髮터럭묶을괄 髺同字、鬠譌字 ㊀曷

⿱髟丐

[빈] 頻髮구레나룻 빈 鬢俗字 震

髬 [비] 被髮走머리풀고달아날 비 多鬚ㅣ鬛 수염많을 비 支

五

髮 [발] 터러발 髮譌字

䯀 [령] 疎髮성긴 머리털 령 青

髟㐱 [진] 長白髮긴 흰머리 진 軫

髟尔 [니] 髮貌머리털 모양 니 鬡同字

齊

髟占 [점] 鬢髮疎薄貌ㅣ鬑 터럭듬성듬성날 점 琰

髟幼 [요] 長而不勁髮길고 부드러운머리털 요 篠

髟帀 [쟁] 머리털엉킬 쟁 鬇譌字 庚

髫 [초] 童子垂髮ㅣ髦 더벅머리 초 蕭

髟台 [태] ㅣ鬜、婦人假髻여자의다리 머리 태 灰

髴 [불] 若似髣ㅣ비슷할 불 婦人首飾부인머리치장할 불 亂髮貌털더부룩할 불 物

髳 [무] 西方蠻族羌ㅣ오랑캐 무 髮至眉 다팔머리 무 尤

髮 [발] 頭上毛터러락 발、머리카락 발 不毛之地窮髮ㅣ메마른땅 발、모래땅 발 月

髬 [비] 猛獸奮鬣 鬣貌ㅣ髵 사나운짐승갈기일어날 비 支

髭 [자] 口上鬚윗수염 자 支

髟弃 [알] 小兒之髮어린애머리털 鬄餘髮깎고남은털 알 曷

髟去 [차] 咨嗟슬플 차 歎嗟탄식할 차 惜嗟가엾을 차 瞬間잠간동안 차 嗟古字 髿譌字 禡 麻

髲 [피] 婦人首飾 被머리쓰개、첨지 피 寘

髟出 [노] 髮貌머리모양 노 [illegible]譌字 皓

髱 [포] 多鬚수염많을 포 效

髟甘 [겸] [감] 刑人剔髮後爲假髮죄인머리깎고가발할 겸 青 紺色髮검푸른머리 감 鹽 勘

髰 [체] 剃髮머리깎을 체 鬄同字 霽

髟付 [부] 結髮머리땋을 부 虞

髿 [자] 髮多터럭많을 자 禡

髟冒 [만] 月子다리꼭지 만 鬘同字、髩譌字 删

髟亢

髯 [국] 亂髮엉킨머리털국 屋
髯 [염] 在頤曰鬚在頰曰ㅣ구레나룻염 髯俗字 鹽
髣 [병][방] 毛粗털이거칠병 相似也비슷할방 倣也흉내낼방 俳佪배회할방 陽 養
[illegible] [만] 小女首飾젊은계집머리치장할만 删
[illegible] [공] 髮亂터럭엉킬공 冬

六

髷 [곡] 髮卷髮貌곱슬머리곡 曲同字 沃
[illegible] [공] ㅣ鬆、髮亂머리엉클어질공 冬
髢 [체] 剃也머리깎을체 髲也땋은머리체 鬄同字 霽
髸 [공] 髮亂머리엉킬공 冬
髵 [이] 猛獸奮鬣貌髵ㅣ사나운짐승갈기일어설이 支
[illegible] [퇴] 假髻가상투퇴 賄
[illegible] [용][이] 亂髮엉킨터럭용 去髮飾머리치장꾸밀이 冬 寘
[illegible] [숭] 細髮가는터럭숭 東
[illegible] [도] 髮長터럭길도 皓
髺 [괄] 束髮터럭묶을괄 鬠同字 曷
髹 [휴] 以漆漆物赤色옻칠할휴 髤同字 尤
髻 [계][결] 總髮魋結상투계 竈神부엌귀신결 霽 屑
鬃 [총] 馬鬣말갈기총 鬉、鬆同字 東
髤 [보] 未長貌길지않은머리보 髱也상투보 皓
鬐 [지] 髻鬣也갈기지 紙
髮 [비] 被髮走머리풀고달아날비 多鬚鬚수염많을비 髹同字 支
[illegible] [광] 亂髮헝클어진머리털광 陽
𩬻 [사] 放恣방자할사 陳也베풀사 緩也늦칠줄사 肆同字 寘
髮 [발] 女大髻여자의크게쪽진머리발 曷
髿 [타] 剃餘髮깎고남은머리타 髮垂머리털드리워질타 哿
髽 [좌] 婦人喪髻猶男括髮여상제복상투쪽질좌 髽俗字 麻
髶 [노] 髮貌머리모양노 皓
髮 [차] 用梳比

十畫—髟

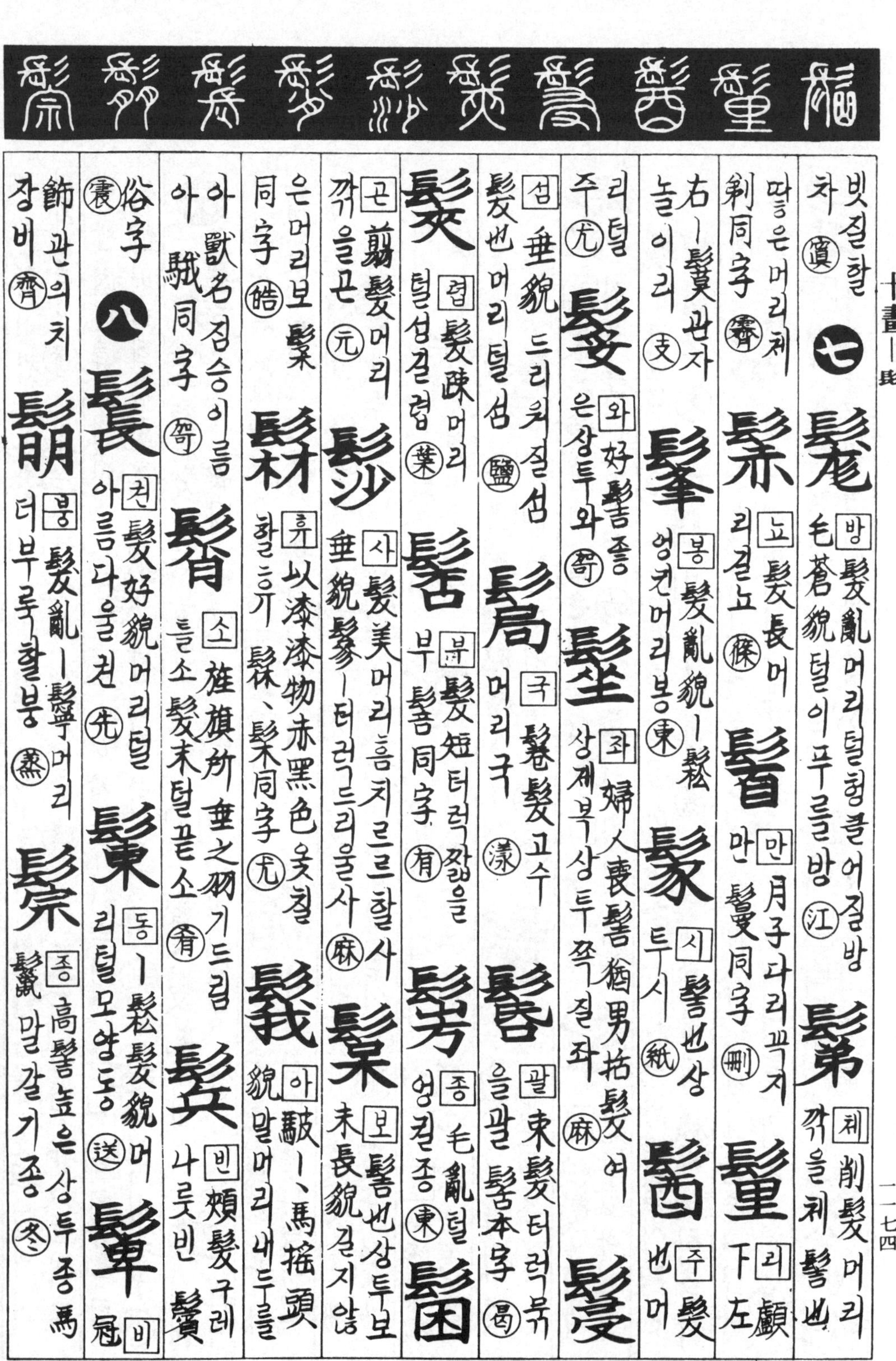

빗질할 차 (寘)

七

[髟+尨] 방 髮亂 머리털헝클어질방 毛蒼貌 털이푸를방 (江)

鬀 체 削髮 머리깎을체 髺也 땋은머리체 剃同字 (霽)

[髟+示] 요 髮長 머리길요 (篠)

鬗 만 月子 다리끄지만 鬘同字 (删)

[髟+重] 리 顱下左右ㅣ鬢 관자놀이리 (支)

髼 봉 髮亂貌ㅣ鬆 엉킨머리봉 (東)

[髟+家] 시 髻也 상투시 (紙)

[髟+酉] 주 髮也 머리털주 (尤)

[髟+妥] 와 好髻 좋은상투와 (哿)

髽 좌 婦人喪髻猶男括髮 여상제부상투쪽질좌 (麻)

[髟+受] 섬 垂貌 드리워질섬 髮也 머리털섬 (鹽)

[髟+局] 국 鬈髮 고수머리국 (沃)

髺 괄 束髮 터럭묶을괄 髻本字 (曷)

[髟+夾] 렵 髮疎 머리털성길렵 (葉)

[髟+否] 부 髮短 터럭짧을부 髻同字 (有)

[髟+芳] 종 毛亂 털엉킬종 (東)

[髟+困] 곤 鬄髮 머리깎을곤 (元)

髿 사 髮美 머리흩치르르할사 垂貌 鬖ㅣ 터러그드리울사 (麻)

[髟+呆] 보 髻也 상투보 末長貌 길지않은머리보 [髟+呆]同字 (皓)

髹 휴 以漆漆物赤黑色 옻칠할휴 髤、髹同字 (尤)

[髟+義] 아 鬾ㅣ、馬搖頭貌 말머리내두를아 獸名 짐승이름아 [豸+我]同字 (哿)

髾 소 旌旗所垂之羽 기드림소 髮末 털끝소 (肴)

鬂 빈 頰髮 구레나룻빈 鬢俗字 (震)

八

鬈 권 髮好貌 머리털아름다울권 (先)

鬉 동 ㅣ鬆 髮貌 머리털모양동 (送)

[髟+卑] 비 冠飾 관의치장비 (齊)

鬅 붕 髮亂 ㅣ鬇 머리더부룩할붕 (蒸)

鬃 종 高髻 높은상투종 馬鬣 말갈기종 (冬)

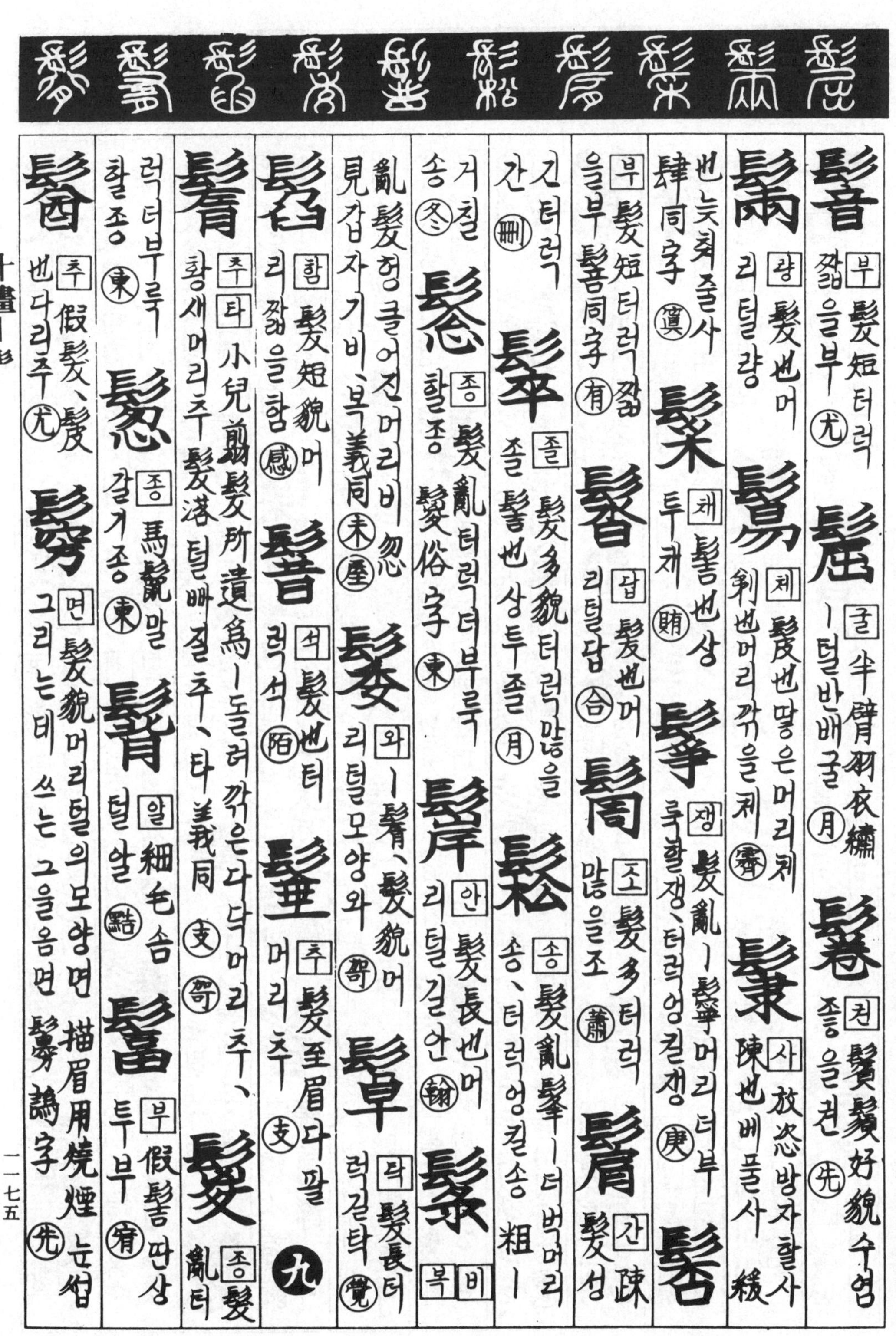

鬐 부 髮短 터럭짧을부 尤

䯿 굴 半臂羽衣繡 ㅣ털반배굴 月

鬈 권 鬢髮好貌 수염좋을권 先

䰂 량 髮벗머리털량

鬄 체 髮벗많은머리체 剃벗머리깎을체 霽

鬀 사 放恣방자할사 陳벗베풀사 緩벗늦춰줄사 肆同字 寘

鬃 채 鬠벗상투채 賄

鬇 쟁 髮亂ㅣ鬡머리더부룩할쟁、터럭엉킬쟁 庚

䯱 부 髮短터럭짧을부 鬠同字 有

鬠 답 髮벗머리털답 合

鬝 조 髮多터럭많을조 蕭

鬜 간 疎髮성긴터럭간 刪

䯽 졸 髮多貌터럭많을졸 鬠벗상투졸 月

鬆 송 髮亂鬇ㅣ더벅머리송、터럭엉킬송 粗ㅣ거칠송 冬

鬉 종 髮亂터럭더부룩할종 鬉俗字 東

䯭 안 髮長벗머리털길안 翰

鬗 비 복 亂髮헝클어진머리비 忽見갑자기비、복 義同 未 屋

鬌 와 ㅣ鬌、髮貌머리털모양와 哿

鬐 탁 髮長터럭길탁 覺

鬍 함 髮短貌머리짧을함 感

鬠 석 髮벗터럭석 陌

鬌 추 髮至眉다팔머리추 支

九

鬌 추 타 小兒剪髮所遺爲ㅣ돌려깎은다박머리추、타 황새머리추 髮落털빠질추、타 義同 支 哿

鬉 종 髮亂터럭더부룩할종 東

鬃 종 馬鬣말갈기종 東

鬠 알 細毛솜털알 黠

䯱 부 假髻딴상투부 宥

鬏 추 假髻、鬠髮벗다리추 尤

鬢 면 髮貌머리털의모양면 描眉用燒煙눈썹그을음면 그리는테쓰는그을음면 鬢譌字 先

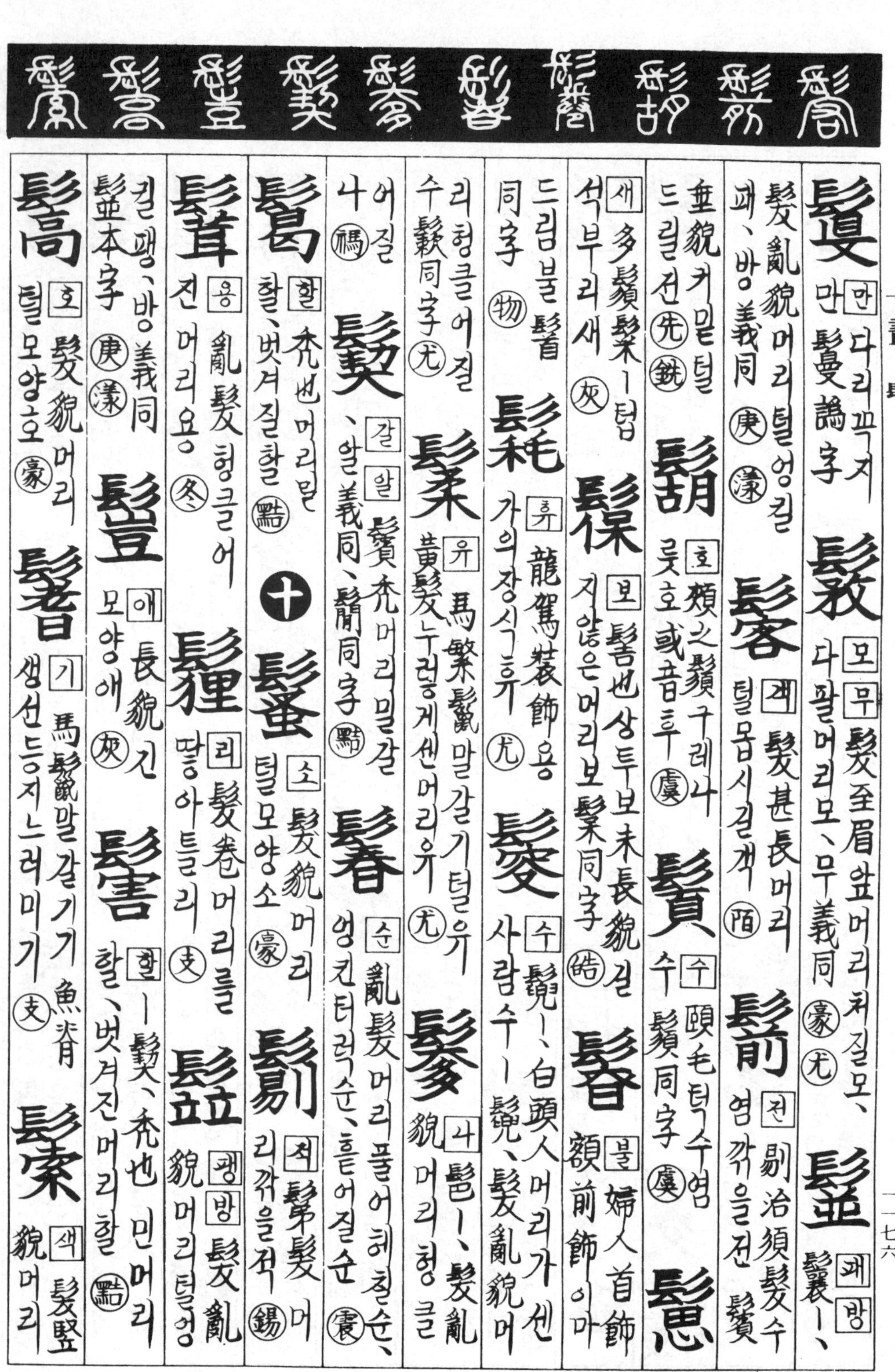

鬘 [만] 다리꼬지 만 [髟曼]譌字

[髟敄] [모][무] 髮至眉 앞머리처질모、다팔머리모、무 義同 豪 尤

[髟竝] [괘][방] [髟襄]ㅣ、髮亂貌 머리털엉길 괘、방 義同 庚 漾

[髟客] [객] 髮甚長 머리털몹시길객 陌

鬋 [전] 剃治須髮 수염깎을전 鬢垂貌 귀밑털드릴전 先 銑

鬍 [호] 頰之鬚 구레나룻호 或音후 虞

[髟貝] [수] 頭毛 턱수염수 鬚同字 虞

[髟思] [새] 多鬚 [髟采]ㅣ 텁석부리새 灰

[髟保] [보] 髻也 상투보 未長貌 길지않은머리보 [髟采]同字 皓

[髟昏] [불] 婦人首飾 額前飾 이마드림불 [髟首]同字 物

[髟耗] [휴] 龍駕裝飾 용가의장식휴 尤

[髟叜] [수] [髟兒]ㅣ、白頭人 머리가센사람수 ㅣ[髟兒]、髮亂貌 머리헝클어질수 [髟欶]同字 尤

[髟柔] [유] 馬繁鬣 말갈기털유 黃髮 누렇게센머리유 尤

[髟多] [나] [髟邑]ㅣ、髮亂貌 머리헝클어질나 禡

[髟契] [갈][알] [髟賁]禿 머리민갈ㅣ、알 義同、[髟肩]同字 黠

[髟春] [순] 亂髮 머리풀어헤칠순、엉킨터럭순、흩어질순 震

[髟曷] [할] 禿也 머리민할、벗겨질할 黠

十

[髟蚤] [소] 髮貌 머리털모양소 豪

[髟剔] [척] [髟弟]髮 머리깎을척 錫

[髟茸] [용] 亂髮 헝클어진머리용 冬

[髟狸] [리] 髮卷 머리틀뚤어틀리 支

[髟竝] [광][방] 髮亂貌 머리털엉킬광、방 義同 [髟並]本字 庚 漾

[髟豈] [애] 長貌 긴모양애 灰

[髟害] [할] ㅣ[髟契]、禿也 민머리할、벗겨진머리할 黠

[髟高] [호] 髮貌 머리털모양호 豪

鬐 [기] 馬鬣 말갈기기 魚脊 생선등지느러미기 支

[髟索] [색] 髮竪貌 머리

털이서로서는모양색 陌

鬒 [진] 黑髮而稠 머리숱많을진 軫

⿱髟函 [병] 毛相 털의상병 敬

⿱髟冉 [전] 鬢垂貌 귀밑털드릴전 剔治須髮 수염깎을전 鬋本字 先 銑

⿱髟妟 [만] 月子다리꼭지만 鬘同字

髽 [좌] 婦人喪髻 猶男括髮 여상제복상투쪽질좌 ⿱髟坐本字 麻

⿱髟眞 [진] 머리숱많을진 鬒同字

⿱髟容 [용] 髮長 터럭길용 冬

⿱髟尃 [박] 髮也 머리털박 髲ㅣ、假髮 다리박 藥

鬑 [렴] 髮長貌 머리가길렴 髮垂 머리드리워질렴 鹽

⿱髟般 [반] 臥髻 북상투반 寒

⿱髟差 [차] 髮美 터럭아름다울차 髮多 터럭많을차 哿

(十一)

⿱髟㝵 [만] 鬘(次條)俗字

鬘 [만] 月子다리꼭지만 刪

⿱髟莫 [복] 鬢髥之貌 구레나룻의모양복 ⿱髟矢同字 屋

⿱髟春 [장] ㅣ鬤、亂髮 헝클어진머리장 江

⿱髟敖 [오] 髮貌 머리털모양오 豪

⿱髟莫 [마] 顱下左右髥ㅣ 관자놀이마 禡

鬗 [만] 髮長貌 머리치렁치렁할만 寒

鬖 [삼] 髮垂貌、ㅣ髿 머리채치렁거릴삼 亂髮貌 머리털더부룩할삼 勘 覃

⿱殹髟 [예] 黑髮 검은머리예 齊

鬔 [봉] 髮亂貌、ㅣ鬆 머리털더부룩할봉 髼同字 東

髹 [휴] 以漆漆物赤黑色 옻칠할휴 髤同字 尤

⿱髟從 [총] [종] 鬉ㅣ、髮亂貌 머리엉킬종 馬鬣 말갈기종 ㅣ角、髻也 상투종 冬 董

⿱髟欶 [수] 머리가센사람수 ⿱髟救同字

⿱髟崔 [최] 髮之亂垂 터럭엉켜늘어질최 賄

⿱髟兒 [수] ⿱髟兒ㅣ、白頭人 머리가센사람수 ㅣ⿱髟兒髮亂貌 머리헝클어질수 ⿱髟欶譌字

⿱髟票 [표] 髮

亂터럭엉킬표 蕭

鬉 종 馬鬣말갈기종 鬃同字 東

⿱髟累 라 髮稠密터럭빽빽할라 歌

⿱髟産 산 平木、鐵器대패산 剗也깎을산 鏟同字 潸

⿱髟敕 수 ⿱髟兒ㅣ、白頭人머리가센사람수 亂髮貌머리헝클어질수 尤

⑪

⿱髟堯 고 鬚多貌수염많은모양뇨 效

⿱髟費 비 鬚多수염많을비 寘

⿱髟富 부 假髻딴상투부 髻同字 宥

鬇 쟁 髮亂、ㅣ鬡터럭더부룩할쟁 鬡同字 庚

⿱髟最 총 毛髮聚生貌머리털이더부룩하게날총 東

鬝 간 갈 頭鬝禿머리밀간、갈 義同 刪 黠

⿱髟尊 존 禿也모자라질존 願

鬚 수 頭毛 수염수、아랫수염수 須同字 虞

⿱髟登 등 毛亂貌머리엉클등 蒸

鬣 렵 馬領毛말갈기렵 帚端비끝렵、지느러미렵 鬣略字 葉

⿱髟業 복 鬢髯之貌구레나룻의모양복 屋

⿱髟戟 극 鬚也수염극 陌

⿱髟最 촬 髻也상투촬 曷

⿱髟貴 궤 髻也상투궤 寘

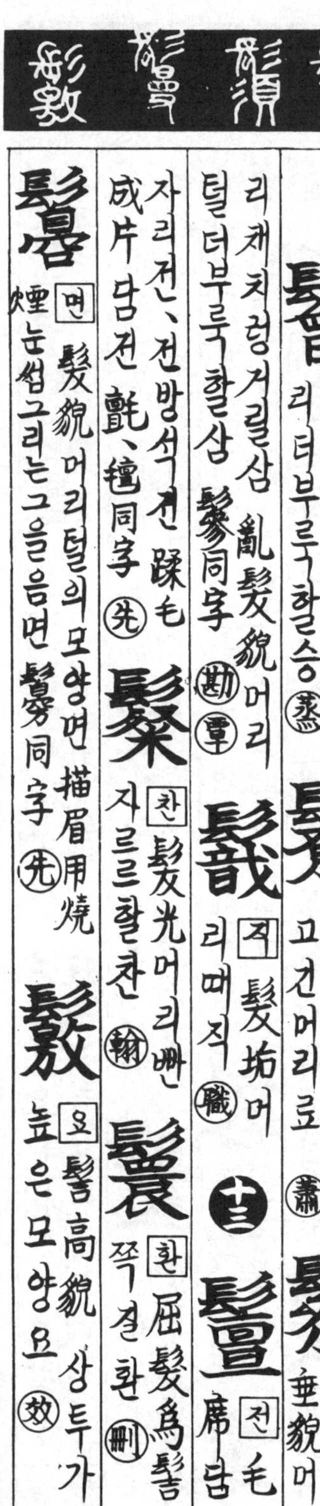

鬙 승 髮亂貌鬅ㅣ머리터부룩할승 蒸

⿱髟尞 료 細長髮가늘고긴머리료 蕭

⿱髟叅 삼 髮垂貌머리채치렁거릴삼 亂髮貌머리털더부룩할삼 鬖同字 勘 覃

⿱髟戠 직 髮垢머리때직 職

⑫

⿱髟亶 전 毛席담자리전、전방석전 蹂毛成片담전 氈、氊同字 先

⿱髟粲 찬 髮光머리빤자르르할찬 翰

鬟 환 屈髮爲髻쪽질환 刪

⿱髟臱 면 髮貌머리털의모양면 描眉用燒煙눈썹그리는그을음면 ⿱髟旁同字 先

⿱髟敖 요 髻高貌상투가높은모양요 效

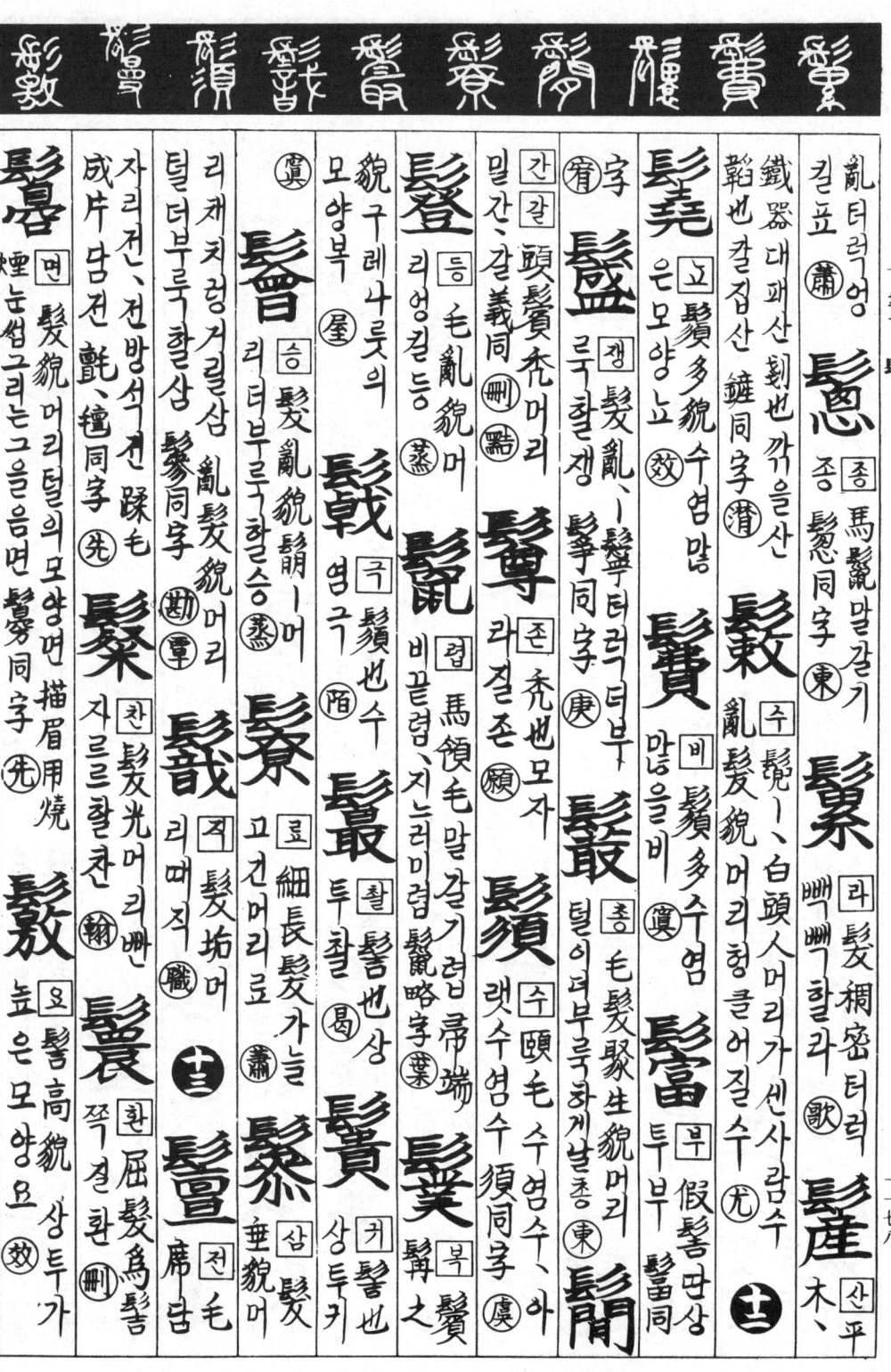

[illegible] [삼] 髮垂貌、ㅣ鬖 머리채치렁거릴삼 亂髮貌 머리털더부룩할삼 鬖、鬗同字 (勘)(覃)

鬞 [농][낭] 多貌 털많을 농、낭 義同 (送)(江)

鬠 [괄] 括髮 북상투짤괄 (曷)

[illegible] [로] 髮乢 머리털로 (麌)

十四

[illegible] [람] 髮垂 ㅣ鬖 머리치렁치렁할람 (覃)

[illegible] [수] 頭毛 털수 염수、아랫수 염수 鬚同字 [illegible]俗字 (虞)

[illegible] [주] 髮多貌 머리털이많을주 (尤)

鬡 [녕] 髮亂鬡 ㅣ머리더부룩할녕 (庚)

[illegible] [제][절] 小髻束意 작은상투를묶을제 小高髻意 작고높은상투제、절 義同 (齊)(屑)

[illegible] [몽] 垂馬鬣 드리워진말갈기몽 (東)

[illegible] [쟁] 髮亂、ㅣ鬡 터럭더부룩할쟁 鬇俗字 (庚)

[illegible] [니] 髮貌 머리털모양니 [illegible]同字 (齊)

[illegible] [표] 髮亂 터럭엉킬표 [illegible]俗字 (蕭)

鬢 [빈] 頰髮 구레나룻빈 (震)

十五

[illegible] [당] 鬞ㅣ、髮亂貌 머리헝클어질당 (絳)

[illegible] [찬][찰] 髮之光澤 머리털의윤택찬 誠貌 정성스러울찬 毛多貌 털이많을찰 (翰)(曷)

[illegible] [복] 毛不理 털이엉킬복 (屋)

[illegible] [렵] 馬領毛 말갈기렵 帚端 비끝렵 (葉)

[illegible] [제][절] 小髻束 작은상투를묶을제 小高髻貌 작고높은상투제 (齊)(屑) [illegible]本字

[illegible] [면] 髮貌 머리털의모양면 (先)

十六

[illegible] [반] 臥髻 부상투반 [illegible]俗字 (寒)

[illegible] [렵] 馬領毛 말갈기렵 [illegible]同字 (葉)

[illegible] [궤] 髻乢 상투궤 [illegible]本字 (寘)

[illegible] [력] 髮疏 터럭성길력 (錫)

[illegible] [려][로] 鬣乢 말갈기려、毛乢 털려、로 義同 (魚)

十七

[illegible] [제][절] 小髻束意 작은상투를묶을제 小高髻意 작고높은

상투제 鬣同字 (齊)(脣)

䰱 [령] 髮疎 터럭성길령 (靑)

䰐 [참] 髮也 머리털참 (陷)

鬤 [양] 髮亂 머리엉길양 (陽)

十八

鬛 [쟁] 髮亂ㅣ鬡 터럭더부룩할쟁 鬇同字 (庚)

鬣 [렵] 馬領毛 말갈기렵 帚端 비끝렵、지느러미렵 鬣、鬣譌字 (葉)

十九

鬢 [찬][찰] 髮之光澤 머리털의윤택 찬 毛多貌 털이많을찰 鬢同字 (翰)(曷)

門部

鬥 [각][투] 鬪也 싸울각、다툴각、투 義同 (覺)(宥)

一

𩰊 [극] 持也 잡을극 丮同字 (沃)

丮 [극] 執也、捕罪人잡을극 丮同字 (陌)

四

𩰚 [분] 鬪也 싸울분 亂鬪貌 뒤얽혀칠분 鬩同字 (文)

䦘 [변] 擊也 칠변 (霰)

鬩 [현] 試力鍾 힘시험하는추현 (先)

鬦 [투] ㅣ爭、競也 싸움투 鬪略字、鬭俗字 (宥)

五

鬫 [미] 褊狹 편협할미 鬫同字 (紙)

鬧 [뇨] 擾也 喧囂 시끄러울뇨 (效)

六

鬭 [투] ㅣ爭、競也 싸움투 鬪本字、鬭同字 (宥)

七

鬨 [홍][항] 鬭聲 싸움소리홍 鬭也 싸울홍、항 義同 (送)(絳)

鬪 [투] 싸움투 鬭同字

八

𩰠 [홍][항] 鬪聲 싸움소리홍、항 義同、鬨同字 (送)(絳)

鬩 [혁] 怨恨、訟也 송사할혁 鬭也 싸울혁 戾也 어기어질혁 怨恨 원망할혁 (錫)

鬵 [금] 琴也 거문고금 琴古字 (侵)

十

鬭 [투] 싸움투 鬭俗字

鬦 [투] 싸움투 鬪略字

鬮 [구][규] 手取也 제비뽑을구、규 義同、鬮俗字 (尤)(有)

鬪 [투] ㅣ爭、競也 싸움투、싸울투 (宥)

鬩 [혁] 怨恨、訟也 송사할혁 鬪

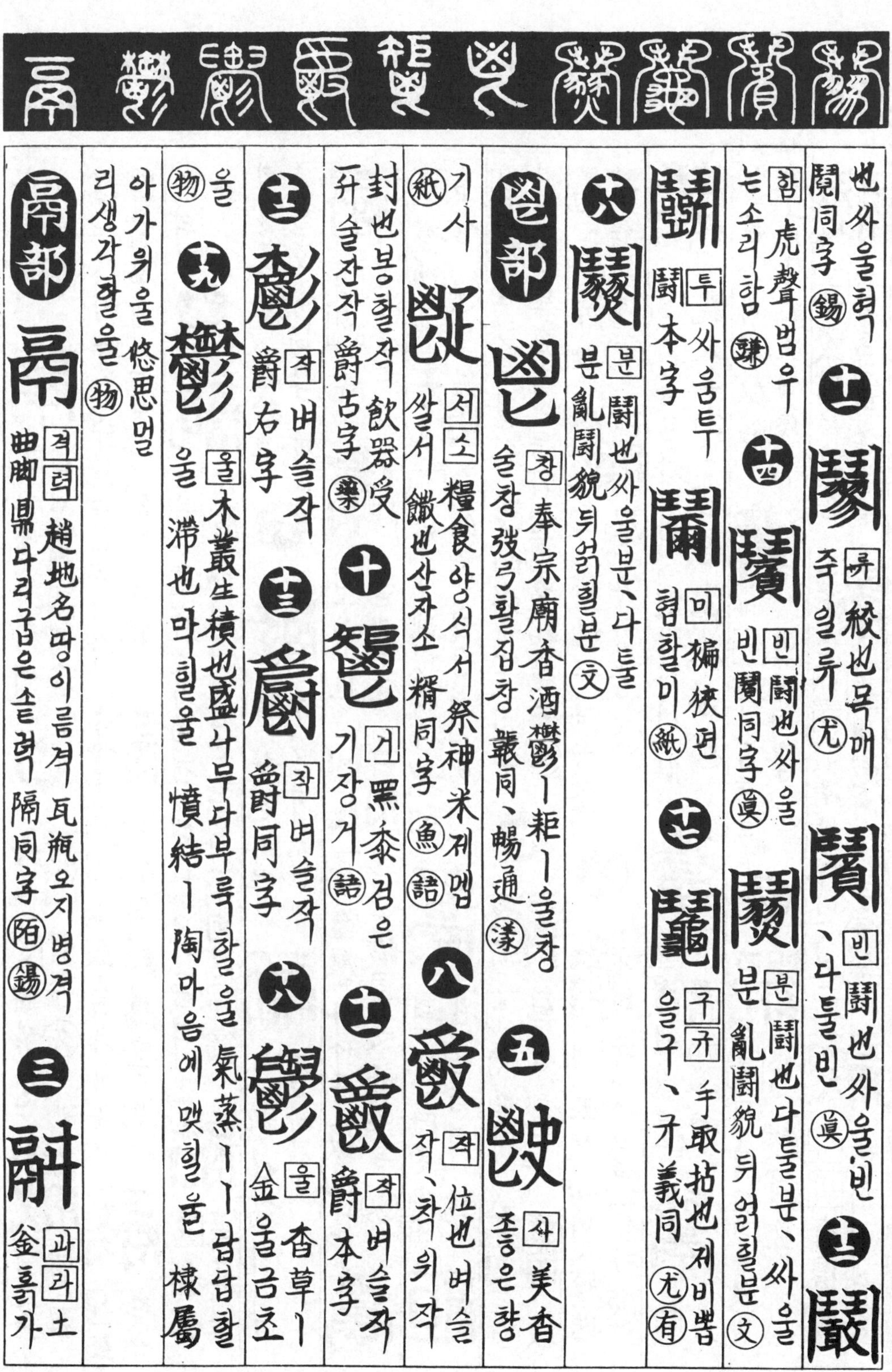

也싸울혁 鬩同字 (錫)

⑪ ⿵鬥翏 [류] 絞也목매죽일류 (尤)

⿵鬥貧 [빈] 鬪也싸울빈、다툴빈 (眞)

⑫ 鬫 [함] 虎聲범우는소리함 (豏)

⑭ ⿵鬥賓 [빈] 鬪也싸울빈 ⿵鬥貧同字 (眞)

⿵鬥燹 [분] 鬪也다툴분、싸울분 亂鬪貌뒤얽힐분 (文)

鬭 [투] 싸움투 鬪本字

⿵鬥爾 [미] 編狹편협할미 (紙)

⑰ 鬮 [구][규] 手取拈也제비뽑을구、규義同 (尤)(有)

⑯ ⿵鬥燹 [분] 鬪也싸울분、다툴분 亂鬪貌뒤얽힐분 (文)

鬯部

鬯 [창] 奉宗廟香酒鬱鬯ㅣ秬ㅣ울창술창 弢弓활집창 韔同、暢通 (漾)

⑤ ⿰鬯史 [사] 美香좋은향기사 (紙)

⿰鬯疋 [서][소] 糧食양식서 祭神米제멥쌀서 饊也산자소 糈同字 (魚)(語)

⑧ ⿱爫鬯 [작] 位也벼슬작、작위작 封也봉할작 飮器受一升술잔작 爵古字 (藥)

⑩ ⿰鬯巨 [거] 黑黍검은기장거 (語)

⑪ ⿱爫鬯 [작] 벼슬작 爵本字

⑫ ⿰鬯彡 [작] 벼슬작 爵右字

⑬ ⿱爫⿰鬯寸 [작] 벼슬작 爵同字

⑯ 鬰 [울] 香草ㅣ金울금초울 (物)

⑲ 鬱 [울] 木叢生積也盛나무다부룩할울 氣蒸ㅣㅣ답답할울 滯也막힐울 憤結ㅣ陶마음에맺힐울 棣屬아가위울 悠思멀리생각할울 (物)

鬲部

鬲 [격][력] 趙地名땅이름격 瓦瓶오지병격 曲脚鼎다리굽은솥력 隔同字 (陌)(錫)

③ ⿰鬲干 [과][라] 土釜흙가

마과、라 義同 (歌)

⿰鬲咼 [과][라] 흙가마과、라 義同、⿰鬲斗同字

❹

⿰鬲文 [문] 摩也 만질문 (文)

⿰鬲戈 [과] 釜屬 溫器 노구과 車釭 수레굴통쇠과 盛膏器 기름통과 鍋同字 (歌)

⿰鬲斗 [과][라] 土釜 흙가마과、라 義同、⿰鬲咼譌字 (歌)

⿰鬲支 [의] 釜也 가마의 (紙)

❺

⿰鬲瓦 [격][력] 瓦瓶 오지병격 地名 땅이름격 曲脚鼎 다리굽은솥력 鬲同字 (陌)(錫)

⿰鬲占 [호] 黏也 풀호、풀칠할호 模、漫貌 모호할호 糊同字 (虞)

❻

⿰鬲圭 [휴] 窐也 시루구멍휴 (齊)

⿰鬲而 [이] 熟也 삶아익힐이 (支)

⿲弓鬲弓 [격][력] 鬲 古字

鬳 [권] 鼎也 솥권 (願)

⿰鬲兇 [종] 釜屬 가마종 象也 많을종 鬷同字、⿰鬲嵏譌字 (東)

⿱羊鬲 [상] 煮也 삶을상 (陽)

⿰鬲亥 [해] 糜中塊以粉作塊如鳥卵 새알심해 (灰)

⿱弜鬲 [력] 熟飪 氣上出 김오를력 (錫)

⿰鬲亘 [원] 卑墻 낮은담원 護衛者 보호하는사람원 星名 별이름원 垣同字、⿱亶鬲譌字 (元)

❼

⿰鬲巠 [경] 隔也 가릴경 (徑)

鬴 [부] 鍑屬無足 가마부 釜同字 (麌)

⿰鬲夋 [종] 象也 무리종 釜屬 가마종 (東)

❽

⿱羔鬲 [갱] 五味和肉、臛也 국갱 羹、⿱美鬲同字 (庚)

鬵 [심] 大釜 용가마심、큰가마심 似甑大上小下 고리심 ⿱替鬲俗字 (侵)

⿱羔鬲 [상] 煮也 삶을상 ⿱羊鬲譌字 (陽)

⿱兓鬲 [심] 大釜 큰가마심 似甑大上小下 고리심 (侵)

⿱沸鬲 [비] 沸也 끓을비 沸同字 (未)

❾

⿰兇鬲 [종] 무리종、가마종 鬷同字

鬷 [종] 象也 무리종、釜屬 가마종 (東)

⿰鬲建 [건][전] 鬻也 죽건、전 義同、⿲弓鬲弓、鬻同字 (元)(先)

⿰鬲要 [이][내] 有骨醢 뼈섞어담은

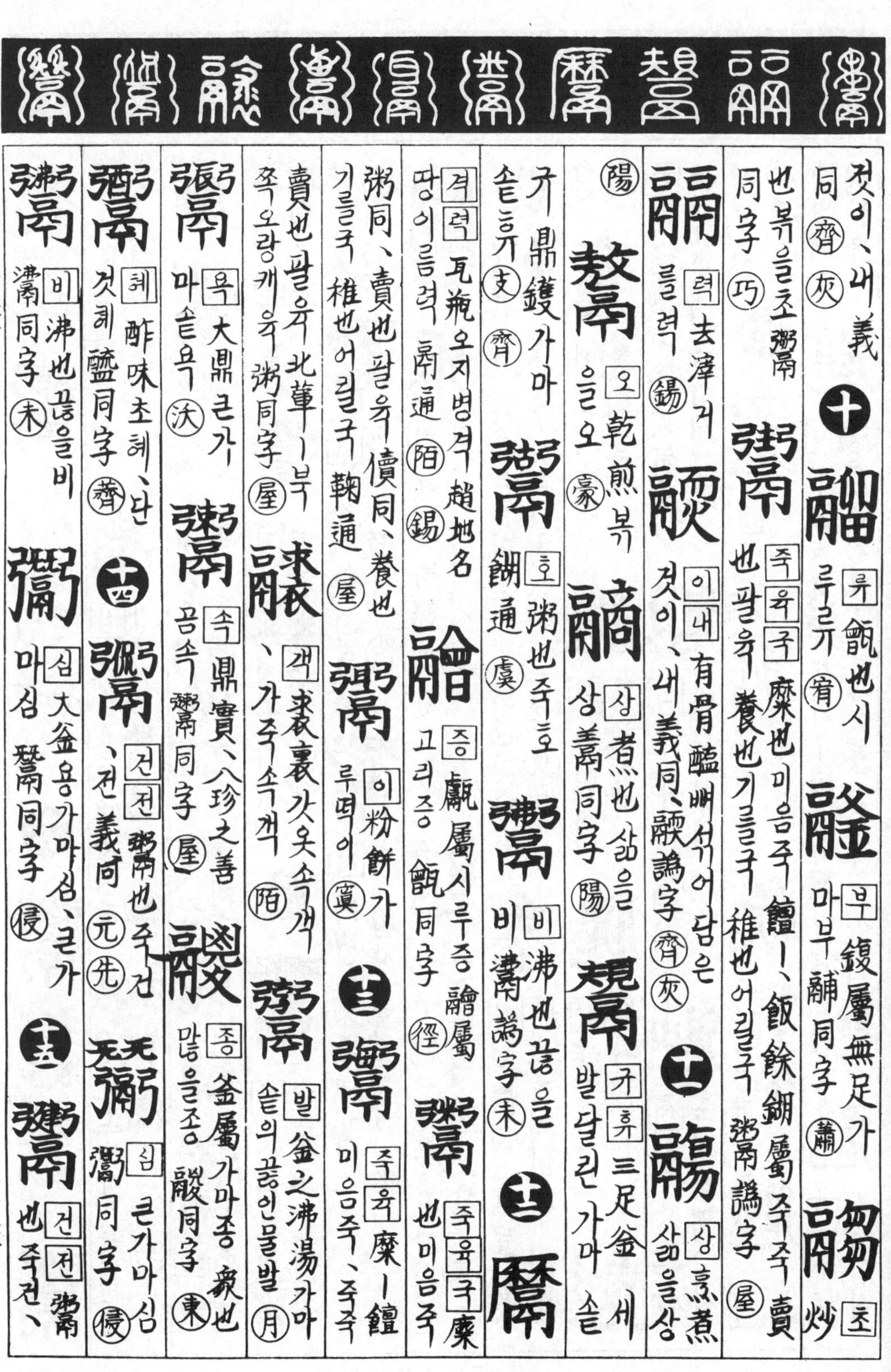

것이、내 義同 (齊)(灰)

⑩

鬸 [류] 餾也시루류 (宥)

鬴 [부] 鍑屬無足가마부 鬴同字 (蕭)

䰂 [초] 炒也볶을초 鬻同字 (巧)

鬻 [죽][육][국] 糜也미음죽 饘ㅣ、飯餘鐗屬죽죽 賣也팔육 養也기를국 稚也어릴국 鬻譌字 (屋)

䰛 [력] 去滓거르 걸력 (錫)

䰕 [이][내] 有骨醢뼈섞어담은 것이、내 義同、䰕譌字 (齊)(灰)

⑪

鬺 [상] 亨煮 삶을상 (陽)

鬻 [오] 乾煎볶을오 (豪)

鬺 [상] 者煮也삶을상 鬺同字 (陽)

䰞 [규][휴] 三足釜세발달린가마솥규 鼎鑊가마솥규 (支)(齊)

鬻 [호] 粥也죽호 餬通 (虞)

鬻 [비] 沸也끓을비 鬻譌字 (未)

⑫

鬲 [격][력] 瓦瓶오지병격 趙地名땅이름력 鬲通 (陌)(錫)

䰝 [증] 甗屬시루증 鬸屬고리증 餾同字 (徑)

鬻 [죽][육][국] 糜也미음죽 粥同、賣也팔육 債同、養也기를국 稚也어릴국 鞠通 (屋)

鬻 [이] 粉餅가루떡이 (寘)

⑬

鬻 [죽][육] 糜ㅣ饘미음죽、죽죽 賣也팔육 北華ㅣ북쪽오랑캐육 粥同字 (屋)

䰡 [객] 裘裏갓옷속객 가죽속객 (陌)

鬻 [발] 釜之沸湯가마솥의 끓인물발 (月)

鬻 [욕] 大鼎큰가ㅣ마솥욕 (沃)

鬻 [속] 鼎實、八珍之善 곰속 鬻同字 (屋)

鬷 [종] 釜屬가마종 聚也많을종 鬷同字 (東)

鬻 [혜] 酢味초혜、단 것혜 醯同字 (齊)

⑭

鬻 [건][전] 鬻也죽건、전 義同 (元)(先)

鬵 [심] 큰가마심 鬵同字 (侵)

鬻 [비] 沸也끓을비 鬻同字 (未)

鬵 [심] 大釜용가마심、큰가마심 鬵同字 (侵)

⑮

鬻 [건][전] 鬻也죽건、

전 義同、鬻同字 (元)(先)

⿱⿲弓者弓鬲 [저] 烹也 지질저、삶을저 煮古字 (語)

⑯

⿱⿲弓美弓鬲 [갱] 羹也 끔갱 羹篆字 (庚)

鬻 [욕] 大鼎 큰가마솥욕 鬻同字 (沃)

⿱兟鬲 [심] 大釜 요가마심、큰가마심 鬻譌字 (侵)

鬻 [초] 炒也 볶을초 ⿰火芻同字 (巧)

⑰

⿱林鬲 [림] 沃水 물댈림 淋同字 (侵)

鬻 [속] 鼎實、八珍之善 끔속 餗同字 (屋)

⑱

鬻 [증] 甑也、炊器 시루증 甑同字 (徑)

⑲

鬻 [저] 烹也 지질저、삶을저 鬻同字 (語)

⑳

鬻 [약] 內肉及菜湯中薄出之데칠약 (藥)

㉑

鬻 [효] 炊氣貌 찔효、김으로 찔효 (蕭)

鬻 [약] 內肉及菜湯中薄出之데칠약 鬻同字 (藥)

鬼部

鬼 [귀] 精魂所歸 귀신귀、도깨비귀 (尾)

②

⿰鬼力 [리] ㅣ魅、鬼屬 산매리、도깨비리 魑俗字 (支)

③

⿰鬼寸 [괴] 首也 으뜸괴、渠ㅣ、帥也 괴수괴 小阜 언덕괴 魁譌字 (灰)(賄)

⿰鬼山 [매] 老精物山林異氣所生 도깨비매 魅俗字 (眞)

⿸广鬼 [매] 도깨비매 ⿰鬼山同字

槐 [외] 열병외 ⿸厂鬼譌字

⿸厂鬼 [외] 熱病 열병외 (隊)

鬽 [매] 老精物山林異氣所生 도깨비매 古音미 (眞)

⿰鬼旦 [외] ㅣ邦、境堺에 마른땅외 (賄)

⿰鬼山 [매] 魑ㅣ、怪物 도깨비매、산매매 魅俗字 (眞)

④

⿱罓鬼 [망] ㅣ魎、木石鬼 산도깨비망 魍同字 (養)

⿰礻鬼 [귀] 귀신귀 鬼古字

⿰鬼分 [매] 도깨비매 魅同字

⿰鬼斤 [기] ㅣ雀、鳥類새기 ㅣ堆、奇獸이상한짐승이름기 九ㅣ、北斗九星북두구성기 (微)

鬾 [기] 小兒鬼아이

귀신귀 (支)

⿺鬼毛 [호] 厲鬼여신호 (號)

⿺鬼丘 [괴] 으뜸괴、괴수괴、언덕괴 魁古字

⿺鬼月 [귀] 귀신귀 鬼同字

魅 [매] 老精物山林異氣所生도깨비매 鬽同字 (寘)

魁 [괴] 大也클괴 首也으뜸괴 北斗首星별이름괴 小阜언덕괴 (灰)(賄)

⿰化鬼 [화] 變遁둔갑할화 (禡)

魂 [혼] 附氣之神一身之精 ㅣ魄혼혼、넋혼 (元)

⿱化鬼 [화] 둔갑할화 ⿰化鬼同字

⿺鬼大 [괴] 首也으뜸괴 渠ㅣ帥也괴수괴 壘壯貌헌걸찰괴 小阜언덕괴 魁同字 (灰)(賄)

魆 [매] 도깨비매 鬽俗字

䰟 [혼] 넋혼 魂同字

⿱老鬼 [모] 늙은이모 耄同字

五

魊 [훌] 譎也간사하게속일훌 猝也얼른훌、갑자기훌、빨리훌 (物)

⿰矢鬼 [리] ㅣ魅、鬼屬산매리、도깨비리 魑同字 (支)

⿺鬼丏 [죽] 鬼頭귀신의머리죽 (屋)

⿺鬼占 [률] 殺也죽일률 (質)

⿰示鬼 [귀] 귀신귀、도깨비귀 鬼古字

⿺鬼台 [치][질] 厲鬼역신치 魑魅도깨비치、산매치、질 義同、⿺鬼失同字 (寘)(質)

魄 [백][박][탁] 附形之靈人生始化心之精爽넋백、혼백、志行衰惡落ㅣ넋잃을박、糟ㅣ재강박、失業落ㅣ넋잃을탁 (陌)(藥)

⿺鬼令 [령] 鬼也귀신령 (青)

魅 [매] 性物魑ㅣ도깨비매、산매매 古音미、鬽通 (寘)

⿺鬼申 [신] 神也귀신신 (質)

⿺鬼召 [소] 竹箒비소 本音조、笤通 (蕭)

⿰甲鬼 [갑] 竊鬼도둑귀신갑 (洽)

⿺鬼甲 [갑] 도둑귀신갑 ⿰甲鬼同字

魃 [발] 旱鬼一名旱母가물귀신발 旱也가물발 (曷)

⿺鬼失 [치][질] 厲鬼역신치、질 義同 (寘)(質)

⿰攸鬼 [치][질] ⿺鬼失(前條)同字

六

⿺鬼乇 [치][질] 역신치、질 義同、⿺鬼失同字

⿺鬼舟

[귀] 귀신귀 鬼同字

⿰鬼少 [매] 도깨비매 鬽同字

⿰光鬼 [치][질] ⿸厲鬼 역신치、질 義同、魃同字

⿱鬼耳 [귀] 大視貌 크게볼귀 (眞)

⿰有鬼 [욱] 貌也 모양욱 (屋)

⿰鬼至 [치] 魅也 도깨비치、산매치 (支)

七

⿰鬼豕 [매] 도깨비매 魅同字

⿰鬼貝 [격] 靜也 고요할격 ⿰鬼髟同字 (陌)

⿱或鬼 [역][혹] 小蜮鬼 어린아이귀신역、短狐 단호역、혹 義同、⿱或鬼、魊同字 (職)

⿰鬼夂 [퇴] 熱病 열병퇴 (隊)

⿰鬼巠 [영] 巫厭 무꾸리할영、방자할영 (迥)

⿰孝鬼 [요] 醜也 추할요 (效)

⿰鬼甫 [보] 北斗星名 별이름보 (麌)

⿰豸鬼 [전] 醜貌 추할전 (銑)

⿰鬼里 [리] 惡鬼 악한귀신리 (紙)

魈 [소] 山精獨足鬼 산도깨비소 (蕭)

八

⿰鬼昇 [매] 도깨비매 魅同字

⿰鬼亞 [괴] 으뜸괴、언덕괴 魁同字

⿰鬼刎 [리] 산매리、도깨비리 魑古字

⿱或鬼 [역][혹] 小蜮鬼 어린아이귀신역、鬼人風而何人意 귀신이 바람에 시달려서 사람을 엿보는 모양 혹 (職)

⿰車鬼 [동] 鬼殺人 귀신이 사람죽일동 醜貌 추한모양동 (東)

⿰鬼長 [량] 江鬼醜貌 강귀신의 추한모양량 (漾)

⿰鬼申 [신] 神也 귀신신 䰠本字 (眞)

⿱㒳鬼 [량] 산도깨비량 魎同字

⿰鬼兩 [량] 山鬼一脚魍— 산도깨비량 蜽同字 (養)

⿰鬼奄 [엄] 使汚 더럽힐엄 (豔)

⿰鬼奇 [기] 童鬼 아이귀신기 (紙)

⿱雨鬼 [격] 兩神 비를 맡은 귀신격 (錫)

魍 [망] 山鬼—魎 산도깨비망 (養)

魏 [외] 大也 클외 舜禹所都 위나라위、闕也 象— 대궐위 —然 우뚝할위 (未)

魌 [기] —頭、逐疫鬼方相氏四目 방상시기 (支)

⿰鬼卑 [비] 醜也 추할비 (齊)

魊 [역][혹] 小蜮鬼 어

린아이귀신역 短狐단호역、물여우역 鬼ㅣ旋風회오리바람혹 ⿰彥鬼同字 職

⿰鬼知 [치][질] 여신치、질 義同、魅譌字

魋 [추][퇴] 椎頭髻북상투추、神獸似熊신령스러운 짐승퇴 人名宋桓ㅣ사람이름퇴 支灰

⿰豕鬼 [독] 醜頭추한 머리독 屋

⿰鬼虎 [호] 鬼貌귀신호 虞

九

⿰昔鬼 [차] 醜惡추악할차 馬

⿰鬼罝 [매] 도깨비매 魅同字

⿰鬼迺 [귀] 귀신귀 鬼同字

⿰業鬼 [삽] 醜也추할삽 洽

⿰鬼昜 [격] 靜也고요할격 陌

⿰⿱日回鬼 [수][추] 惡也추악할수 棄也버릴수 穢也더러울추 魗同字 尤有

⿰鬼韋 [귀][궤] 緝也、積也길쌈할귀 繡韋囊수놓은가죽주머니궤 韇、⿰韋鬼同字 未隊

十

⿰目鬼 [매] 도깨비매 魅譌字

⿰鬼脊 [매] 도깨비매 魅同字

⿰脊鬼 [매] 도깨비매 魅譌字

⿰鬼申 [신] 神也귀신신 䰠本字

⿱幾鬼 [기] 南方鬼남쪽의귀신기 微

⿰鬼桼 [감] ㅣ杴行不正비틀거릴감 ⿰木⿱亠泉同字 咸

十一

⿰鬼⿸广甫 [보] 北斗星별이름보 ⿰鬼甫譌字 虞

⿰鬼堇 [나][난][뇨] 毆疫癘鬼意역신을쫓아낼나、난、뇨義同 歌翰肴

⿰虛鬼 [허] 빌허 虛同字

魔 [마] 不可思議之術法마술마鬼也귀신마 狂鬼迷人마귀마 歌

魔 [마] 마귀마、귀신마 魔同字

魑 [리] 鬼屬ㅣ魅도깨비리 古音치 支

十二

⿰鬼幾 [기] 南方鬼남쪽의귀신기 微

⿰鬼尞 [료] 驚也놀랄료 效

魖 [허] 耗鬼헛도깨비허 魚

⿰鬼喬 [율] 無頭鬼머리없는귀신율 質

⿰鬼登 [등] 空中鬼공중의귀신등 微

⿰鬼堯 [초][소] 健也굳셀초 疾貌意빠른모양초、黠也皿자기소、간악할소 肴巧

⿰喬鬼 [올] 無頭鬼머리

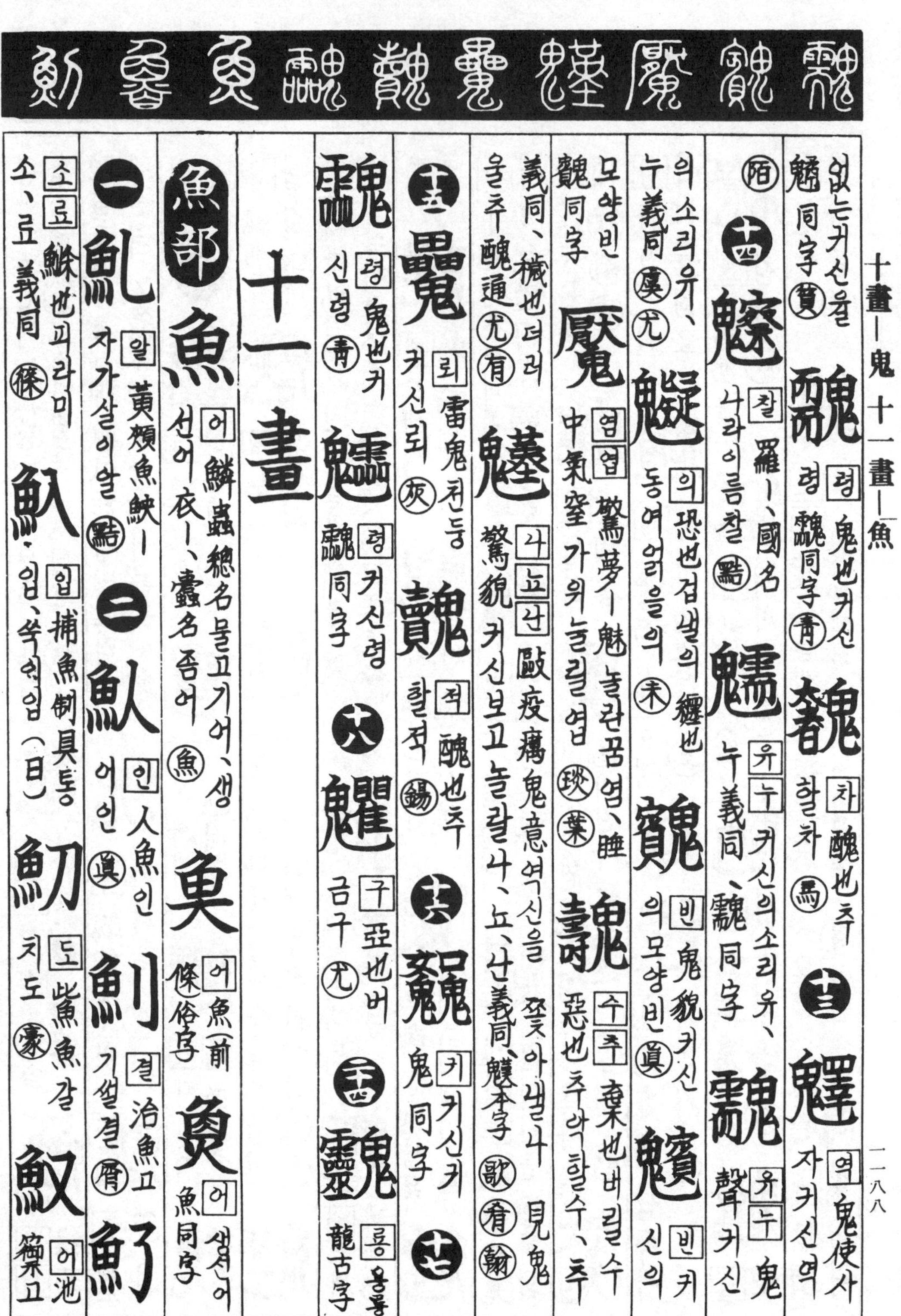

없는귀신을 魑同字 (貧)

⿰两鬼 [령] 鬼也귀신 령 ⿰霝鬼同字 (靑)

⿰奢鬼 [차] 醜也추할 차 (馬)

十三

⿰鬼睪 [역] 鬼使사자귀신 역 (陌)

十四

⿰鬼祭 [찰] 羅ㅣ、國名나라이름 찰 (黠)

⿰鬼需 [유][누] 귀신의소리 유、누義同、⿰需鬼同字

⿰需鬼 [유][누] 鬼聲귀신의소리 유、누義同 (虞)(尤)

⿰鬼疑 [의] 恐也겁낼 의 纆也동여얽을 의 (未)

⿰賓鬼 [빈] 鬼貌귀신의모양 빈 (眞)

⿰鬼賓 [빈] 귀신의모양 빈 ⿰賓鬼同字

魘 [염][엽] 驚夢ㅣ魅놀란꿈 염、睡中氣窒가위눌릴 엽 (琰)(葉)

⿰壽鬼 [수][추] 棄也버릴 수、惡也추악할 수、추義同、穢也더러울 추 醜通 (尤)(有)

⿰鬼𦰩 [나][뇨][산] 毆疫癘鬼意역신을 쫓아낼 나 見鬼驚貌귀신보고놀랄 나、뇨、산義同、⿰鬼難本字 (歌)(肴)(翰)

十五

⿱畾鬼 [뢰] 雷鬼천둥귀신 뢰 (灰)

⿰賣鬼 [적] 醜也추할 적 (錫)

十六

⿰⿱口鬼鬼 [키] 귀신 키 鬼同字

十七

⿰霝鬼 [령] 鬼也귀신 령 (靑)

⿰鬼霝 [령] 귀신 령 ⿰霝鬼同字

十八

⿰鬼瞿 [구] 亞也버금 구 (尤)

二十四

⿰靈鬼 [룡] 용 룡 龍古字

十一畫

魚部

魚 [어] 鱗蟲總名물고기 어、생선 어 衣ㅣ、蠹名좀 어 (魚)

𩵋 [어] 魚(前條)俗字

⿱⺈貝 [어] 생선 어 魚同字

一

⿰魚乚 [알] 黃頰魚⿰魚夬ㅣ자가살이 알 (黠)

二

魜 [인] 人魚인어 인 (眞)

⿰魚刂 [결] 治魚고기썰 결 (屑)

⿰魚了 [소][료] 鰷也피라미 소、료義同 (篠)

魞 [입] 捕魚具통발 입、쏙이 입 (日)

魛 [도] 鮆魚갈치 도 (豪)

⿰魚又 [어] 池籞고

기우리어 (魚)

三

⿰魚亡 [망] 魚名망둥이망(韓)

魡 [적][조] 繫魚고기를맬적、釣也고기낚을조 (錫)(嘯)

魠 [타] 黃頰魚자가사리탁 (樂)

⿰魚乞 [글] 魚泳貌고기가헤엄칠글 (質)

魟 [홍] 魚肥고기살찔홍 (東)

⿰魚也 [타] 小沙魚 體圓而有點모래무지타 鮀同字 (歌)

⿰魚小 [소] 細魚잔고기소 (篠)

四

魩 [말] 魚尾고기꼬리말 (曷)

⿰魚不 [배] 未漬魚臠아직절이지않은고기점배 (灰)

⿰魚木 [목] 魳也재미목 (屋)

⿰魚戈 [즉] 烏賊魚口中有墨狀如算囊 一名墨魚오징어즉 鯽同字、鰂略字 (職)

⿰魚牛 [위][우] 魚名、鮪類고기이름위、고기명위、우義同 (尾)

⿰魚公 [공] 鰕也새우공 (東)

魨 [돈] 毒魚河ㅣ복돈 鰗鯸아갑젓돈 (元)

⿰魚亓 [기] 鯿也방어기 鯕同字 (支)

魧 [강] 大貝큰자개강 本音항 魧譌字 (陽)

魣 [서] 鰱也、似魴연어서 鱮同字 (語)

⿰魚丰 [방] 蚌屬큰조개방 美珠아름다운구슬방 魚名고기이름방 (講)

魥 [겁] 竹貫魚말린고기겁 (葉)

魧 [강] 大貝큰자개강 本音항 (陽)

魪 [개] 比目魚가자미개 (卦)

⿰魚斤 [개] 가자미개 魪同字

⿰魚夂 [합][잡] 魶ㅣ、魚名고기이름합、魚口動貌고기입오물거릴잡 (合)

魦 [사] 鮀也모래무지사 鮫也상어사 鯊同字 (麻)

鯊 [사] 모래무지사 魦同字

⿰魚殳 [역] 似鮎有四足메기같고네발있는고기역 鰕同字 (陽)

魮 [비] 飛魚나는고기비 (支)

魰 [어] 捕魚고기잡을어 (魚)

⿰魚幻 [환] 鯆也黃ㅣ복생선환 (諫)

魶 [납] 鯢魚메기납 鯢也암고래납 (合)

魵 [분] 魚名鰕也고기이름분 (吻)

魭 [원][완] 大鼈

큰자라 원 無圭角 모나지 않을 완 元 寒

魫 [심] 魚子 고기새끼 심 寢

⿱元魚 [원][완] 큰자라 원、모나지 않을 완 魭同字

⿰忄魚

[참] 魚頭骨 고기대가리뼈 참 寢

⿰魚午 [오] 鱸之別種、味豊 농어 오

魴 [방] 鯿魚 방어 방 陽

鮌 [로] 꺽저기 로、쳔

정어로 鱸同字

⿰魚市 [패] 鯸鮐、河豚 복 패 泰

⿰魚斤 [편] 鯰也 메기 편(日)

⿰魚夫 [부] 魚名 고기이름 부 虞

⿰魚几 [심] 魚子 고기새끼 심 魫同字 寢

魬 [반] 形似魪而稍大 넙치 반、광어 반 灣

⿰魚王 [왕] 大魚 큰고기 왕 陽

魱 [호] 鰣魚 준치 호 虞

⿰魚于 [호] 준치 호 魱同字

魯 [로] 愚也 어리석을 로 鈍也 노둔할 로 伯禽所封國名 노나라 로 麌

⿰魚今 [심][잠] 藏魚 절인고기 심、잠 義同 寢 咸

⿰魚帀 [사] 鰕也 새우 사 支

⿰魚斗 [혹] 斗魚 두어 혹 屋

魲 [로] ㅣ魚 농어 로 似鱖 四鰓魚 꺽저기 로、쳔 정어 로 鱸俗字 虞

魰 [문] 玄鱧 가물치 문 文

五

鮅 [필] 石ㅣ魚 상피리 필 質

⿰魚央 [앙] 黃頰魚 ㅣ⿰魚乚 자가사리 앙 陽

⿰魚氐 [치] ⿰魚乚也 자가사리 치 支

⿰魚也 [타] 모래무지 타 鮀同字

鮀 [타] 小沙魚體圓而有點 모래무지 타 歌

魺 [가] 河豚也 복어 가 歌

魼 [허] 比目魚 가자미 허 鱋同字 魚

魽 [함] 蛤也 조개 함 覃

魻 [합] ㅣ鰈、鱗列衆多貌 비늘이 많을 합 裝飾重貌 장식이 겹으로 된 모양 합 洽

魿 [령][린] 蟲連行貌 벌레가 줄을지어 갈 령、린 鱗同字 青 眞

⿰魚丙 [병] 嘉魚 뱅어 병 同音 뱅 梗

魾 [비] 魴也 방어 비 支

鮁 [발][패] 魚游貌 고기헤엄칠 발 魚躍貌 고기뛸 발 魚名 고기이름 패 曷 隊

鮄 불 魴也 방어불 物

鮂 수 白鯈 버들치수 尤

鮃 병 比目魚 가자미병 庚

鮉 조 海魚名 銅盆魚 도미조 骨脆 뼈연할조 鯛同字 蕭

[魚冉] 염 魚名 고기이름염 琰

[魚号] 악 악어악 鰐譌字

鮔 거 長足 章魚 발긴문어거 語

[魚夲] 교 陽鱎 뱅어교 蕭

[魚布] 포 江豚 상어포 虞

[魚幼] 요 船矴魚 저기요 蕭

[魚且] 저 鰻也 뱀장어저 魚

鮈 구 魚名 鯸ㅣ 고기이름구 虞

鮆 제 刀魚狹薄頭長 如刀 갈치제 薺

鮇 미 嘉魚 뱅어미 未

鮰 회 返也 돌아올회 旋也 돌이킬회 邪曲 간사할회 違也 어길회 回同字 灰 隊

[魚出] 출 齚物而外露之齒 씹을출 [齒出]聲 무는소리출 [齒出]譌字 質

[魚尔] 니 鮀也 모래무지니(日)

[魚母] 무 似鰕而小 황석이무 鯃同字 尤

[魚夫] 심 大魚 큰고기심 寢

[魚瓜] 개 比目魚 가재미개 魪譌字 卦

鮐 태 河豚別名 복태 老人ㅣ背 늙은이등에복무늬날태 灰

鮗 동 魚名 전어동(日)

鮒 부 鯽也 붕어부 遇

鮓 자 魚菹 물고기식혜자、젓자 禡

鮊 백 魚名 뱅어백 陌

[魚亘] 선 타 蛇ㅣ、似蛇黃質黑文 두렁허리선 鼉ㅣ 자라타 鱓同字 銑 歌

[罒魚] 환 大魚 환어환 目恒ㅣㅣ然 눈반반할환 老無妻 홀아비환 鰥古字 删

鮏 성 魚臭 비릴성 青

鮑 포 以鹽漬魚 저린생선포 姓也 성포 巧

[魚示] 지 기 鮨也 젓지、기 義同、鮨古字 支

[魚孕] 승 魚子 물고기새끼승 鱦同字 徑

鮋 유 鮂也 버들치유 尤

鮎 점 頭大尾小身滑無鱗 一名鰋

메기 점 (鹽)
鮌 [곤] 魚也물고기 끈 鯀同字 (阮)
❻
鮞 [이] 鯤也魚子在腹 고니알이 (支)
鮛 [숙] 魚名 작은 삼

치숙 (屋)
鮃 [비] 魴也방어 비 魾同字 (支)
鮟 [안] 琵琶魚천 장어안 (日)
鮚 [길] 蚌也홍 합길 (質)
⿰魚舟

[주] 魚名고기 이름주 (尤)
⿰魚虫 [위] 鼈也자라위 白魚 雄者숫뱅어위 (尾)
鮜 [후] 鯸也메 기후 (宥)
鮰 [회] 民 魚 민

어회 (灰)
⿰魚亘 [긍] ㅣ鱛、鮹也상 어긍 ⿰魚亙同字 (徑)
⿰魚⿱叉厶 [소] 魚名고기이름 소 鰠同字 (豪)
鮝 [상] 乾魚腊 가조기상

、포상 鯗 略字 (養)
鮤 [렬] 刀魚갈 치렬 (屑)
⿰魚至 [치] 魹也자가사리 치 ⿰魚氐同字 (支)
鮣 [인] 斑魚 얼룩고

기인 (震)
鮱 [로] 秀魚之大者 큰숭어로 (日)
鮀 [타] 水母물어 미생선타 (禡)
⿰魚犬 [복] 蚌屬가리 맛복 (日)

鮇 [미] 魚子고기알미、 고기새끼미 (薺)
鮢 [주] 魚名고기 이름주 (虞)
⿰魚血 [이] 鯤鮧魚子在腹 곤이알이 鮞譌字 (支)

鮯 [갑] 魚類고 기갑 (合)
⿱如魚 [여] 飛魚나는 고기여 (魚)
鮮 [선] 新也새신 生魚생선선 明也밝을선 善也좋을선

潔也조촐할선 少也적을선 國名朝ㅣ조선선 尠同字 (銑)
⿰魚共 [공] 紅魚가오리공 魚子 고기새끼공 (腫)
鮠 [외] 河豚 복어외

鯷之小者메 기새끼외 (灰)
鮡 [조] 魚名고기 이름조 (篠)
⿰魚吳 [우] 魚名鮈ㅣ고 기이름우 (虞)
⿰魚亙 [긍] 鮪也상 어긍 (徑)

鮬 [보] 小魚魚婢 쏘가리보 (遇)
鮪 [유] 魚名王ㅣ 상어유 (尾)
⿰魚列 [렬] 刀魚갈치 렬 鮤同字 (屑)
⿰魚叵 [이] 河 豚之

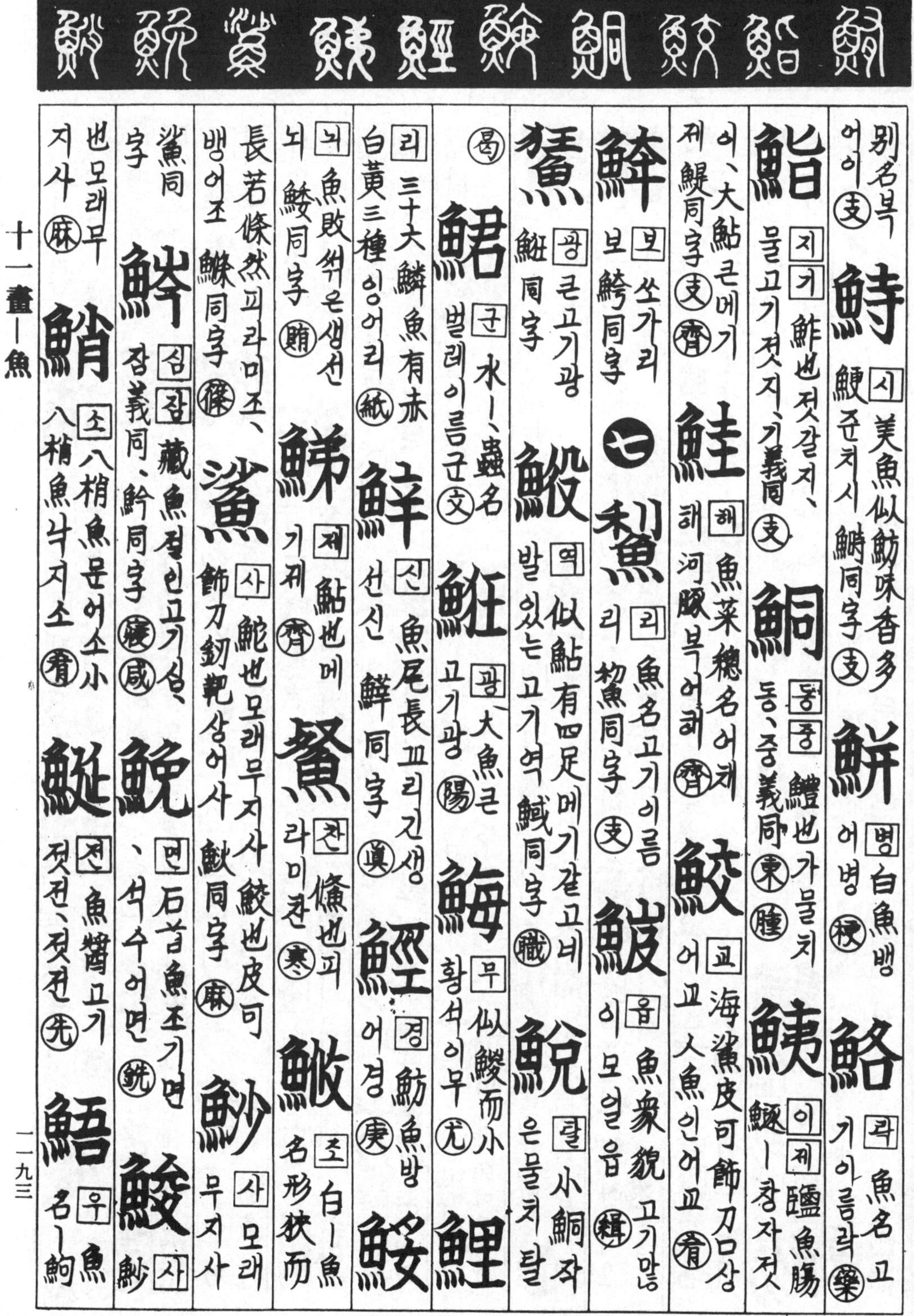

別名복어이 支

鰣 시 美魚似魴味香多鯁 준치 시 鰣同字 支

鮩 병 白魚 뱅어 병 梗

鮥 락 魚名 고기이름 락 藥

鮨 지 기 鮓也 젓갈 지、물고기젓 지、기 義同 支

鮦 동 중 鱧也 가물치 동、중 義同 東 腫

鮧 이 제 鹽魚腸 鮧ㅣ 창자젓 이、大鮎 큰메기 제 鯷同字 支 齊

鮭 해 魚菜總名 어채 해 河豚 복어 해 齊

鮫 교 海鯊皮可飾刀口 상어 교 人魚 인어 교 肴

鮳 보 쏘가리 보 鮬同字

⑦

鯬 리 魚名 고기이름 리 鯬同字 支

[魚+岌] 읍 魚象貌 고기많은 이모양 읍 緝

[狂+魚] 광 큰고기 광 [魚+狂]同字

[魚+殳] 역 似鮎有四足 메기같고 네발있는 고기 역 鰔同字 職

鮵 탈 小鮦 작은물치 탈 曷

鮶 군 水ㅣ、蟲名 벌레이름 군 文

[魚+狂] 광 大魚 큰고기 광 陽

[魚+每] 무 似鯼而小 황석이 무 尤

鯉 리 三十大鱗魚有赤白黃三種 잉어 리 紙

[魚+辛] 신 魚尾長 꼬리긴 생선 신 鯶同字 眞

[魚+巠] 경 魴魚 방어 경 庚

鮾 뇌 魚敗 썩은생선 뇌 鯘同字 賄

鮷 제 鮎也 메기 제 齊

[贊+魚] 찬 鯈也 피라미 찬 寒

鯈 조 白ㅣ魚名 形狹而長若鯈然 피라미 조、뱅어 조 鰷同字 篠

鯊 사 鮀也 모래무지 사 鮫也 皮可飾刀釰靶 상어 사 魦同字 麻

魦 사 모래무지 사 鯊同字

[魚+岑] 심 잠 藏魚 절인고기 심、잠 義同、魿同字 寢 感

鮸 면 石首魚 조기 면、석수어 면 銑

鮻 사 魦也 모래무지 사 麻

鮹 소 八梢魚 문어 소 小八梢魚 낙지 소 肴

鋋 전 魚醬 고기젓 전、젓갈 先

䱷 우 魚名 ㅣ鮈

ㅣ、고기이름우 鰅同字 虞

鯆 포 江豚別名、尾毒물아지포 虞

⿰魚酉 소 蘇生되살아날소 虞

鮺 차 藏魚젓

담글자 鮓同字 馬

鯁 경 魚骨생선뼈경 骨ㅣ之臣 가시경 刺在喉목걸릴경 梗

⿰魚孚 부 江豚물아지부 虞

⿰魚良

랑 雄蟹숫게랑 陽

鯇 혼 鯉也잉어혼 鯶同字 阮

⿰魚廷 정 全魚醬온고기젓갈정 迥

鯈 조 주 好游魚피라미조、小魚송사리주 蕭 尤

鮿 첩 不鹽乾魚절이지않고말린고기첩 葉

⿰魚邑 읍 魚名고기이름읍 緝

⿰魚斤 설 魟也고기이름설 鮯ㅣ 미꾸라지같은고기설 屑

鯀 곤 大魚곤어곤 禹父名사람이름곤 鮌同字 阮

⿰魚芳 악 악어악 鰐同字

⿰魚豕 시 似猪魚물돼지시 支

鯐 주 鯔魚모장이주、숭어새끼주(日)

鯒 통 海鮎바다메기통(日)

鯎 성 黃魚、或稱石班魚황어성(日)

鯏 리 蚌屬모시조개리(日)

鯑 희 青魚卵청어알희(日)

八

⿰魚果 과 鮎也매기과 馬

鯡 비 魚子조기새끼비 青魚비웃비 未(日)

鯟 동 魚名似鯉잉어고기이름동 東

鯗 상 乾魚腊가조기상、어포상 養

⿱隋魚 타 魚子己生者물고기새끼타 鯖 籒文 哿

鯖 청 정 魚名青色有枕骨비웃청、청어청、煮魚煎肉고기구울정 脡同字 青 庚

鯢 예 雄鯨雌ㅣ암고래예 齊

鯞 추 鱖也쏘가리추 有

鯣 역 鱺也뱀장어역 陷

鰟 방 鯿魚小頭縮項闊腹細鱗방어방 魴同字 陽

鯕 기 鯿也방어기 支

⿰魚卓

[조] 捕魚器罾類 가리 조 罩同字 (效)

鯔 [치] 似鯉身圓頭扁 骨軟 숭어 치 (支)

鰖 [타] 모래무지 타 鮀同字

⿰魚朋 [붕] 魚 魚、似河豚 복돈은 고기 붕 (徑)

⿰魚陁 [타] 小沙魚體圓而有點 모래무지 타 鮀俗字 (歌)

⿰魚居 [거] 蠏 벌레 이름 거、民魚雌者 암민어 거 (魚)(御)

⿰魚郘 [지][기] 鮓也 젓 지、기 義同 鮨同字 (支)

⿰魚奈 [내] 鰶ㅣ 전어 내 (泰)

⿰魚附 [부] 鮒也 붕어 부 鮒同字 (遇)

鯚 [계] 喙銳鱗細魚名 입부리는 날카롭고 비늘이 잔 고기 이름 계 (霽)

⿰魚巿 [별] 魚泳行貌 고기 헤엄칠 별 (屑)

鯜 [답][접] 比目魚 가자미 답 魚名、出樂浪藩國 넙치 접 鰈同字 (合)(葉)

鯝 [고] 魚肚中腸 고기 창자 고 (遇)

鯘 [뇌] 魚敗 썩은 생선 뇌、생선 상할 뇌 餒同字 (賄)

⿰魚卑 [비] 黑鯉 검은 잉어 비 (支)

⿰魚叔 [숙] 鮹小者 작은 상어 숙 鮛同字 (沃)

鯛 [조] 家鷄魚 도미 조 骨脆 연할 조 (蕭)

⿰魚忿 [분] 形如苛葉腹下有口頭上有眼 尾有刺而螫人魚 가오리 분 (問)

⿰魚昔 [작] 鮫魚出入母腹 나들이 상어 작 (藥)

⿰魚或 [역] 似鮎有四足 메기 같고 비 발 있는 고기 역 鰕同字 (陌)

鯠 [래] 魚名 鰻ㅣ 고기 이름 래 (灰)

⿰魚匊 [국][곡] 江豚別名、鯆也 돌고래 국、곡 義同 (屋)(沃)

鯧 [창] 魚名ㅣ鯸 병어 창 (陽)

鯱 [호] 海獸一種 물호랑이 호 (日)

鯲 [어] 鰍魚 미꾸라지 어 (日)

⿰足魚 [악] 魚名、如蛇 뱀 같은 고기 악 (藥)

鯤 [곤] 魚子ㅣ鮞 물고기 알 곤 北溟大魚 북해 큰 고기 곤 (元)

鯦 [구] 鮔也 준치 구 (有)

鯥 [륙] 鯪ㅣ魚 고기 이름 륙 (屋)

鯮 [종] 名首魚 조기 종 鯼同字 (東)

鯋

鮥 사 鮀也 모래무지 사 鮫也 상어 사 鯊魚、魦同字 (麻) 鯭 맹 蚱丨蝗類 메뚜기 맹 蜢同字 (梗) 鮥 함 겸 魚名 고기 이름 함、겸 義

同 (陷)(鹽) 䲝 쟁 魚名、竹丁고기 이름 쟁 (庚) 𩸞 졸 鯈也 피라미 졸 鮹別名 상어 졸 (質) 鯨 경 海中大魚 고래 경

䲔同字 (庚) 鰈 탑 접 皆魚 가자미 탑 魚名出樂浪藩國 넙치 접 鰈 譌字 (陌)(葉) 鯬 리 魚名 고기 이름 리 (支) 鯏 리 고

기 이름 리 鯬 譌字 鮊 백 魚名 우럭기 백、뱅어 백 鮊同字 (陌) 鯯 제 고기 이름 제 鰶同字 鯯 제 고기 이름 제

鯯同字 𩷐 선 타 蛇丨似蛇黃質黑文 두렁허리 선 鼉丨、皮可冒鼓 자라 타 鱓、鱔同字 (銑)(歌) 魹 조 魚名 고기 이름 조 鮡同

字 (麻) 𩸐 아 黃頰魚 자가사리 아、쏘가리 아 (麻) 鯰 염 鮎魚 메기 염 (日) 鱭 제 魚名 可爲醬 美味在額 고기

이름 제 (霽) 鯩 륜 魚名、其狀如鮒而有黑文 고기 이름 륜 (眞) 鯪 릉 小皮曰穿甲山 천산갑 릉 丨鯉 능잉어 릉 (眞)

鯫 추 雜小魚 송사리 추 小人丨生 소인 추、따라지 추 (有) (九) 䲣 주 丨鯩、蚌屬 조개 이름 주 (宥) 鯿 편 魴

類縮項鯿魚 병어 편 (先) 𩹷 야 魚名、似蛇長一丈餘 뱀 같은 고기 이름 야 (麻) 鯶 혼 鯉也 잉어 혼 鯇同字 (阮) 鱍 발 魚

掉尾貌 물고기 꼬리 툭 툭칠 발 鮁同字 (曷) 鯷 제 大鮎重千 斤 메기 제 (齊) 鯹 성 魚臭 비릴 성 鮏同字 (靑) 鯸 후 河

豚 복 후 (尤) 鯾 편 魴魚 방어 편 (先) 鯺 저 蜛丨、似蝳郎蟾 두꺼비 저 蠩同字 (魚) 鯽 즉 似鯉色黑體促 붕

어즉 陌

鰙 약 白魚피라미 약、뱅어약(日)

鰗 호 河豚 복호 虞

鰚 선 鱔魚승어선 腹赤민어선(日)

鰃 위 魚屬고기 이름위 未

鯼 종 石首魚조기 종 鯮同字 東

䱍 긍 ㅣ鱛、鮹也상 어긍 鮔同字 徑

鯩 한 鯪ㅣ、蚶屬조개 한 翰

鯤 비 黃顙魚자 가사리비(日)

鰕 하 水蟲長鬚새우하 鰕魚하 어하 大鯢別名암고래하 麻

鰔 함 比目魚 넙치함 咸

鰈 탑 접 比目魚가재미탑、접義同、魚名、出樂浪藩國 넙치접 合 葉

鰂 즉 烏賊魚一名墨魚오징 어즉 職

鯙 정 鮔也자가사리정 迥

鯖 타 魚子물고기새 끼타 鰖同字 哿

鰓 새 魚類中骨아가미뼈새、관자뼈 새 灰

鯁 경 魚骨생선뼈경 骨ㅣ蹇諤之臣가시셀경 鯁本字 梗

鰥 환 大魚환어환 目恒ㅣㅣ然如魚愁悒不寐눈반반 할환 老無妻者홀아 비환 鱞譌字 刪

鮷 제 큰잉어제 鯷同字

鰈 액 鰪ㅣ、魚名고 기이름액 陌

鰇 유 烏賊魚오징 어유 尤

鮥 액 고기이름 액鰈同字

鰐 악 似鼉呑人長二尺餘有 四足악어악 鱷同字 藥

鯑 제 大鯉큰잉 어제 霽

鰑 양 鯛也가 물치양 陽

鰎 건 微用監鮑魚소금에 약간절인고기건 阮

鰆 춘 馬鮫 魚상어 춘 眞

鰅 해 魚名고기 이름해 泰

鰍 추 魚名生淺淖中似鱓 미꾸라지주 鰌同字 尤

鮁 파 白魚、海魚뱅어 파 鮊同 字 禡

鰒 복 魚名似蛤偏著石 전복복 俗音박 覺

䲍 비 魚名、似鮒 고기이름비 微

鰉 황 鱣魚 전

어황 (陽)

鰌 [추] 藉也빙자할주 鰍也미꾸라지주 踧也걸음삼갈주、찰주 鰍同字 (支)

鰊 [련] 魚名고기이름련、鯡也비웃련 (霰)

(日)

鰋 [언] 鯷類額白이마흰메기언 (阮)

⿰魚重 [동][중] 魚名고기이름동 鮦同字 (東)(腫)

⿱列魚 [렬] 刀魚갈치렬 ⿱列魚同字 (屑)

⿰魚厘 [전] 鯉類黃魚전어 鱣、⿰魚廛同字 (先)

鰅 [옹] 魚名고기이름옹 (冬)

⑩

鰫 [용] 似鱅黑魚연어같은검은고기용 (冬)

⿰魚脊 [적] 鮒也붕어적 (陌)

鰪 [합][압] ㅣ鮒、似鰿小魚붕어같은잔고기합、압義同 (合)

⿰魚尃 [포] 江豚돌고래포 (虞)

鰜 [겸] 鰈也、比目魚가자미겸 (鹽)

⿰魚鬲 [격][력] 魚名고기이름격、魚자가사리력 (陌)(錫)

鰬 [건] 大鱓큰구렁허리건、뱀장어건 (先)

⿰魚骨 [활] 身如蛇有四足動物뱀같은네발있는동물이름활 (黠)

鰭 [기] 魚脊骨脊上 鬐고기지느러미기 (支)

鰝 [호] 大鰕왕새우호 (皓)

⿰魚隻 [화] 魚名似鮎메기화 鱯譌字 (禡)

⿰魚翁 [옹] 魚名고기이름옹 (東)

⿰魚豈 [해] 雄蟹⿰魚郎ㅣ 수케해 (灰)

⿰魚展 [전] 魚類고기이름전 (霰)

䲢 [등] 海魚之一、虎魚쐐기등 (蒸)

⿰魚晏 [언] 鯷類、額白메기언 鰋同字 (阮)

鰨 [탑] 比目魚가자미탑 (合)

⿰魚叟 [수] 人名사람이름수 (尤)

鰠 [소] 魚名고기이름소 (豪)

鰞 [오] 烏賊魚오징어오 (虞)

鰟 [방] 방어방 魴同字

⿰魚納 [납] 魚名、似鱉有尾無甲無足動物、口在腹下고기이름납 (合)

⿰倝魚 [한] 魚名고기의이름한 (翰)

鰩 [요] 文ㅣ魚鳥翼날치요 鱏也홍어요 (蕭)

⿰魚郎 [랑] ㅣ⿰魚豈、雄蟹

숫게랑 䱎同字(陽)

䱝 [외] 鬼頭魚커두어위(尾)

鱅 [당] 鮀也자가사리당(陽)

鰦 [자] 鯔也버들치자(支)

䱹 [차] 藏魚고기젓담을차(馬)

鰤 [사] 鰕也새우사 老魚有毒독있는고기사(支)

鰥 [환] 無妻者曰ㅣ홀아비환 大魚큰고기환 愁悒不寐目恒ㅣㅣ然如魚근심으로잠못이루고눈반반할환(刪)

鰢 [마] 水馬、海魚수마마(馬)

鮺 [차] 젓담을차 䱹同字

鰏 [비] 飛魚나는고기비 鯡同字

鰣 [시] 美魚似魴多鯁준치시(支)

䱷 [어] 捕魚물고기잡을어 侵取낚아빼앗을어 漁同字(魚)

鰰 [신] 銀魚은어신(日)

鰛 [온] 小魚멸치온(刪)

鰯 [약] 鰮魚멸치약(日)

鯿 [편] 魴也방어편 鯾同字(馬)

䲅 [내] 鰷ㅣ전어내 鯠同字(泰)

鰝 [교] 白馬別名우러기교、뱅어교 鱎同字(篠)

鯔 [치] 似鯉身圓頭扁骨軟숭어치 鯔同字(支)

䱹 [자] 魚葅젓자 東海魚名狀如凝血無頭目內無藏衆鰕隨之名水母해파리자 鮓俗字(馬)(禡)

鯖 [정] 以醋煮초로고기삶을정

𩸭 [창] 魚名ㅣ鯸병어창 鯧同字(陽)

(十一)

鯬 [리] 魚名고기이름리 𩷜、鯬同字(支)

𩸻 [부] 鮒也붕어부(遇)

鰾 [표] 魚胞可作膠부레표(篠)

𩸿 [닉] 似鯢小魚숭어같은고기닉(職)

鰱 [련] 鱮也연어련(先)

鰴 [휘] 魚有力힘센고기휘 或音위(微)

鱀 [기] 鰭鯊상어기(未)

鱀 [기] 상어기 鱀同字

𩸣 [필] 石ㅣ魚상피리필 鮅同字(質)

鰲 [오] 大鼇큰자라오 鼇俗字(豪)

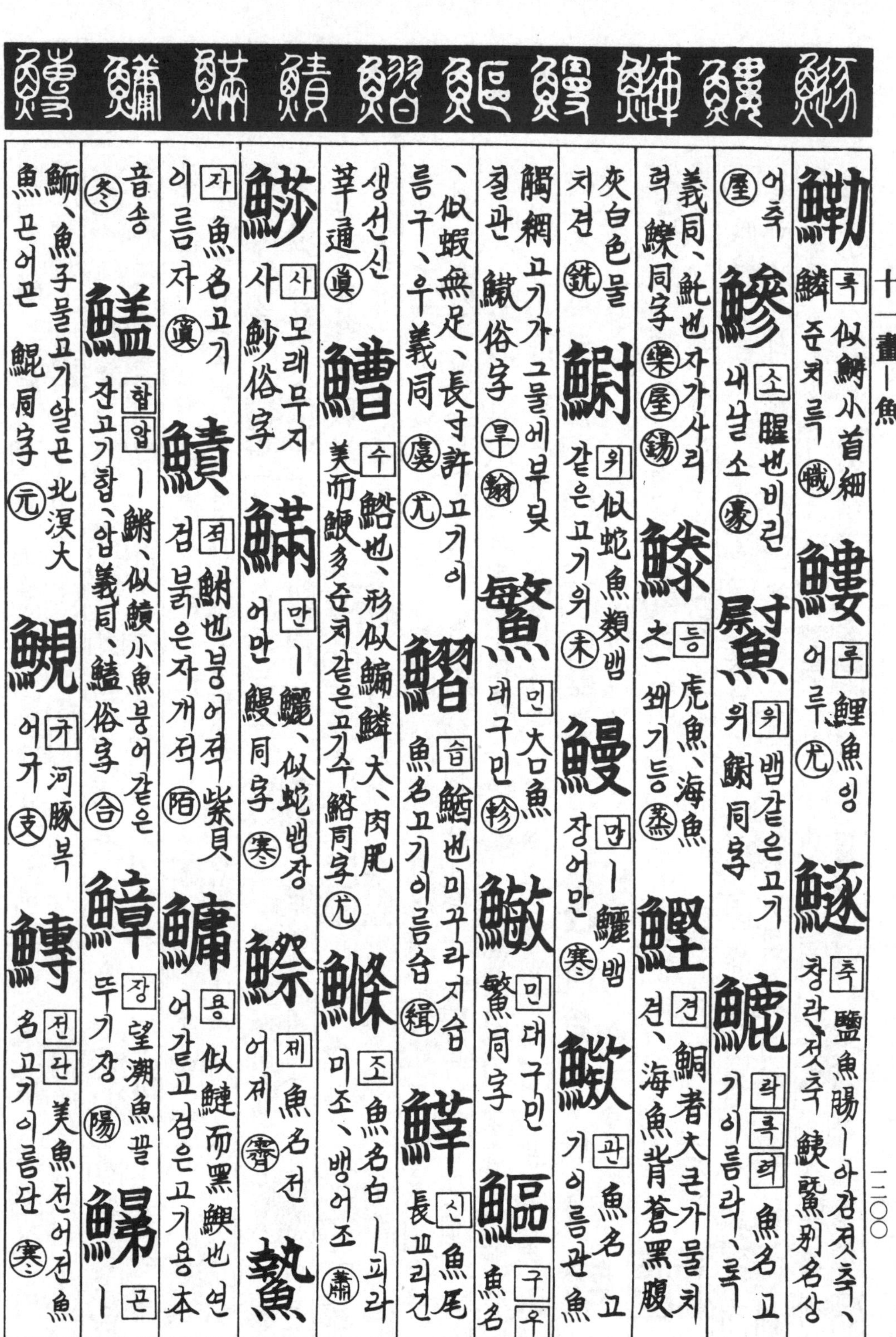

鰳 [륵] 似鰣小首細鱗 준치륵 ㊋職

鱋 [루] 鯉魚 잉어루 ㊋尤

鱁 [축] 鹽魚腸ㅣ아감젓축、鱁鮧鯗別名상어축 ㊋屋

鰺 [소] 腥也 비린내날소 ㊋豪

⿱尉魚 [위] 뱀같은고기위 ⿰魚尉同字

⿰魚鹿 [락][록][력] 魚名 고기이름락、록 義同、魶也 자가사리력 鱳同字 ㊋藥 ㊋屋 ㊋錫

鰧 [등] 虎魚、海魚之一 쐐기등 ㊋蒸

鰹 [견] 鮦者大 큰가물치견、海魚背蒼黑腹夾白色 물치견 ㊋銑

⿰魚尉 [위] 似蛇魚類 뱀같은고기위 ㊋未

鰻 [만] ㅣ鱺 뱀장어만 ㊋寒

鱞 [관] 魚名 고기이름관 魚觸網 고기가 그물에부딪칠관 鰥俗字 ㊋旱 ㊋翰

鰵 [민] 大口魚 대구민 ㊋軫

⿰魚敏 [민] 대구민 鰵同字

鰸 [구][우] 魚名、似蝦無足、長寸許 고기이름구、우 義同 ㊋虞 ㊋尤

鰼 [습] 鰌也 미꾸라지습 魚名 고기이름습 ㊋緝

⿰魚莘 [신] 魚尾長 꼬리긴 생선신 莘通 ㊋眞

鰽 [수] 鰌也、形似鯿鱗大、肉肥美而鯁多 준치같은고기수 鰌同字 ㊋尤

鰷 [조] 魚名白ㅣ피라미조、뱅어조 ㊋蕭

⿰魚莎 [사] 모래무지사 魦俗字

⿰魚萬 [만] ㅣ鱺、似蛇 뱀장어만 鰻同字 ㊋寒

鰶 [제] 魚名 전어제 ㊋齊

⿱執魚 [자] 魚名고기이름자 ㊋寘

鰿 [적] 鯽也 붕어적、紫貝 검붉은자개적 ㊋陌

鱅 [용] 似鰱而黑 鱮也 연어같고 검은고기용 本音송 ㊋冬

⿰魚盖 [합][압] ㅣ鱂、似鰿小魚 붕어같은 잔고기합、압 義同、鰪俗字 ㊋合

鱆 [장] 望潮魚 끌뚜기장 ㊋陽

⿰魚晜 [곤] ㅣ鮞、魚子 물고기알곤 北溟大魚 곤어곤 鯤同字 ㊋元

⿰魚規 [규] 河豚 복어규 ㊋支

鱄 [전][단] 美魚 전어전 魚名 고기이름단 ㊋寒

鱂 [장] 鱃ㅣ、似鱝小魚 붕어같은잔고기장 (陽)

鱇 [장] 鮟ㅣ 귄장어강(日)

鰒 [복] 魚名似蛤有殼一面附石細孔或七或九 一名決明 전복복 鰒同字 (屋)

鱀 [이] 魚名 날치이(日)

鱢 [초][사] 狀似鯉而有如鷄 잉어같고 닭같은것이있는고기 조、사 義同 (皓)(哿)

鱃 [추] 鯉번 잉어주 鰌번미꾸리주 鰍魚 번어추 (尤)

⿰魚逋 [포] 江豚別名、尾毒 물아지포、매가리포 鯆同字 (虞)

鱈 [설] 大口魚 대구설(日)

⑫

鱔 [선][타] 蛇ㅣ、似蛇黃質黑文 두렁허리선 鼉ㅣ、皮冒鼓 자라타 鱓俗字 (銑)(歌)

⿰魚款 [관] 魚名 고기이름관 魚觸網 고기가 그물에부딪칠관 (旱)

鱕 [번] 魚鼻前有橫骨而形如斤斧 도끼모양의 고기번 (元)

鱌 [상] 似魟鼻長魚 고기이름상 (養)

鱉 [별] 龜屬 자라별 鼈俗字 (霽)

⿰魚巽 [찬] 無骨魚 뼈없는고기찬 (潸)

⿰魚童 [동][중] 魚名 似鯉 고기이름동 鮦同字 (東)(腫)

鱖 [궤][궐] 水豚 쏘가리 궤、궐 義同 (霽)(月)

鱏 [심] 長鼻魚 코긴고기심 (侵)

鱊 [율] 小魚 大如針 晒乾爲脠 실뱅어율 (質)

⿰魚替 [잠] 자반잠 ⿰魚朁同字

⿰魚朁 [잠] 鹽藏魚 자반잠 (侵)

鱐 [수][숙] 乾魚腒 ㅣ어포수 ⿰月肅同字 숙義同 (尤)(屋)

鱎 [교] 白馬別名 우러기교 (篠)

鱑 [황] 魚名 고기이름황 (陽)

⿰魚虛 [허] 比目魚 가자미허 魼同字 (魚)

鰖 [타] 魚去鱗 비늘긁은고기타 魚子已生者 물고기새끼타 (哿)

鰐 [악] 龍吻虎爪蟹目鼉鱗尾長數丈末大如箕潛伏水濱呑人即浮 악어악 鱷俗字 (藥)

⿰魚斷 [사] 鮹別名 상어사 魚名 고기이름사 (支)

鱬 [유] 魚身人面 인어유 鱬俗字 (虞)

⿰魚爲 [위][회]

大魚큰고기외、회 義同 (支)

鱍 발 魚掉尾貌ㅣㅣ물고기꼬리톡톡칠발 (曷)

鱒 준 似鱓赤眼독너울준 松魚송어준 (阮)

鱓 선·타 蛇ㅣ似蛇黃黑文두렁허리선 鼉ㅣ皮可冒鼓큰자라타 鼉同字 (銑)(歌)

鮺 차 藏魚젓담을차 鮓同字、䱹本字 (馬)

鰧 등 海魚之一、虎魚쐐기등 䲢本字 (蒸)

[魚罪] 환 大魚환어환 老無妻者홀아비환 鰥同字 (刪)

[魚昝] 작 魚名상어작 鯌本字 (藥)

鱗 린 魚類總稱물고기린 魚甲비늘린 (眞)

鱙 묘 穀草初生싹묘 苗同字 (蕭)

[魚孱] 잔 魚名멸치잔 (刪)

[魚勞] 로 魚名고기이름로 (豪)

鱞 환 大魚환어환 老無妻者홀아비환 鰥俗字 (刪)

鱚 희 鼠頭魚서두어희 (日)

鰺 소 鮏臭비린내소 鱢譌字 (豪)

鱘 심 魚名背如龍長丈餘고기이름심 (侵)

鰎 건 微鹽魚얼간한생선건 (元)

鰦 치 似鯉身圓頭扁骨軟숭어치 鯔同字 (支)

[魚惠] 혜 鯖魚고등어혜

[魚菓] 과 魚名고기이름과

[魚敢] 뇌 敗也패할뇌、부패할뇌 (賄)

鱛 증 針口魚공치증 (日)

十二

[魚贏] 라·리 魚名고기이름라、리 義同 (歌)(支)

鰲 오 大鼇큰자라오 鰲同字 (豪)

[魚奧] 오·유 鰼也미꾸라지오、유 義同 (號)(有)

鱟 후 蟹屬鬼ㅣ바닷게후 虹也무지개후 (宥)

鱝 분 洪魚가오리분 (問)

[魚解] 해 鮦也가물치해 蟹同字 (蟹)

[魚僉] 엄 魚口動貌ㅣ噞고기입쭝긋거릴엄 (琰)

[魚粲] 찬 鯈也피라미찬 [粲魚]俗字 (寒)

[魚畺] 경 海中大魚ㅣ鯢고래경 鯨同字 (庚)

鰻 만 ㅣ鱺、似蛇뱀

장어만 鰻同字 寒

鱞 환 환어환、홀아비환 鰥同字

鱶 의 魚子고기새끼의 支

⿰魚虜 로 魚名고기이름로 虞

鱥 궤 궐 婢魚巨口細鱗斑彩一名水豚 쏘가리궤、궐義同、鱖同字 霽 月

鱦 승 魚子물고기새끼승 徑

⿰魚裏 리 三十六鱗魚有赤白黃三種잉어리 書札편지리 鯉同字 紙

鱤 감 魼也자가사리감 感

⿰魚農 용 鮐魚복어용 宋

鱣 전 鯉類黃魚전어 鱓同字 先

鱧 례 鮦也가물치례 薺

鱡 즉 烏賊魚口中有墨狀如算囊一名墨魚오징어즉 鰂同字 職

鱠 회 肉腥細切회회 膾同字 泰

鱢 소 鮏臭비린내소 豪

鱰 서 勒魚바닷고기이름서 (日)

鱩 뢰 海魚、雷魚도루묵 은어뢰

鱜 애 해묵은은어애 鱫同字

⿰魚⿱罒里 리 三十六鱗魚有赤白黃三種잉어리 書札편지리 鯉同字 紙

⿰魚業 업 魚盛고기성할업 葉

⿰魚葴 침 針觜魚、針魚공미리침、공치침 鱵同字 寢

鱨 상 探味맛볼상 試也시험할상 會也일찍상 嘗同字 陽

鱫 애 一鱜해묵은은어애 (日)

⿰魚普 보 河豚복어보 麌

鰦 자 鯔也버들치자 鰦鶿字 支

⿰亻⿱𡗗魚 타 물고기새끼타 鰖鱕丈

⿰阝⿱𡗗魚 타 魚子己生者물고기새끼타 鰖同字 哿

⿰魚嗇 장 魚名고기이름장 陽

十四

鱯 화 魚名似鮎而大白色희고큰메기화 禡

鱮 서 鰱也似魴연어서 語

⿰氵⿱魚魚 어 捕魚고기잡을어 魚

鱬 유 魚身人面인어유 虞

鱨 상 黃頰魚날치상 陽

⿰魚豖 추 白魚뱅어추 有

鱭 [제] 刀魚狹薄頭長如刀 갈치제 鮆同字 (齊)

䱜 [차] 藏魚젓담글차 䰼、鯗同字 (馬)

䲖 [주] 魚之大者 큰고기주 (尤)

䱡 [국][곡] 江豚別名 鯆也 돌고래 국、곡義同 鮈同字 (屋)(沃)

鮺 [자] 자 魚葅 젓자、해파리 鮓 籀文 (馬)(禡)

鱄 [박] 目 鯉외 눈박이잉어박 鱄同字 (樂)

鱝 [변] 魚名似魴 방어변 (先)

十五

䲃 [표] 魚子稍長者 고기새끼조금큰것표

鰿 [적] 鮒也 붕어 적 鯽本字 (陌)

鰯 [약] 白魚 뱅어약 鰙同字 (日)

鱶 [상] 乾魚腊 가조기상、포상 鯗同字 (養)

鱵 [침] 針觜魚 공머리 침 (侵)

䰼 [차] 藏魚젓담글 차 鯗 籀文 (馬)

鱲 [렵] 魚名 고기이름렵 (葉)

鯬 [리] 鰻也 뱀장어 리 (支)

䲙 [절] 鰊魚 어절 (屑)

鱴 [멸] 鮆魚갈치 멸 本音말 (屑)

鱳 [락][력][록] 魚名고기이름 락、록義同、魠也 자가사리 력 (藥)

鱣 [전] 鯉類黃魚전 어전 鱣同字 (先)

十六

鱷 [악] 악어악 鰐同字 (藥)

鱱 [력] 魜也 자가사리력 (錫)

鱸 [로] 巨口細鱗似鱖四腮魚 거저기로、천정어로、一魚농어로 (虞)

鱛 [맹] 魚名고기이름맹 (徑)

䱡 [국][곡] 江豚別名、鯆也 돌고래국、곡義同 鮈同字 (屋)(沃)

鯻 [달][찰] 수달달、물개달、찰義同、鯻同字

鯻 [달][찰] 水狗 수달달、물개달、찰義同 鰎、獺同字 (曷)(黠)

十七

鱄 [박] 一目鯉 외눈박이잉어박 (藥)

鱡 [즉] 烏賊魚口中有墨狀如算囊 一名墨魚 오징어즉 鰂同字、鱡譌字 (職)

鱴 [멸] 鮆魚 웅어멸 鱴同字 (屑)

鰴 [휘] 魚名有力 힘센고기휘 鱥同字 (微)

十八

鱹 [관] 人

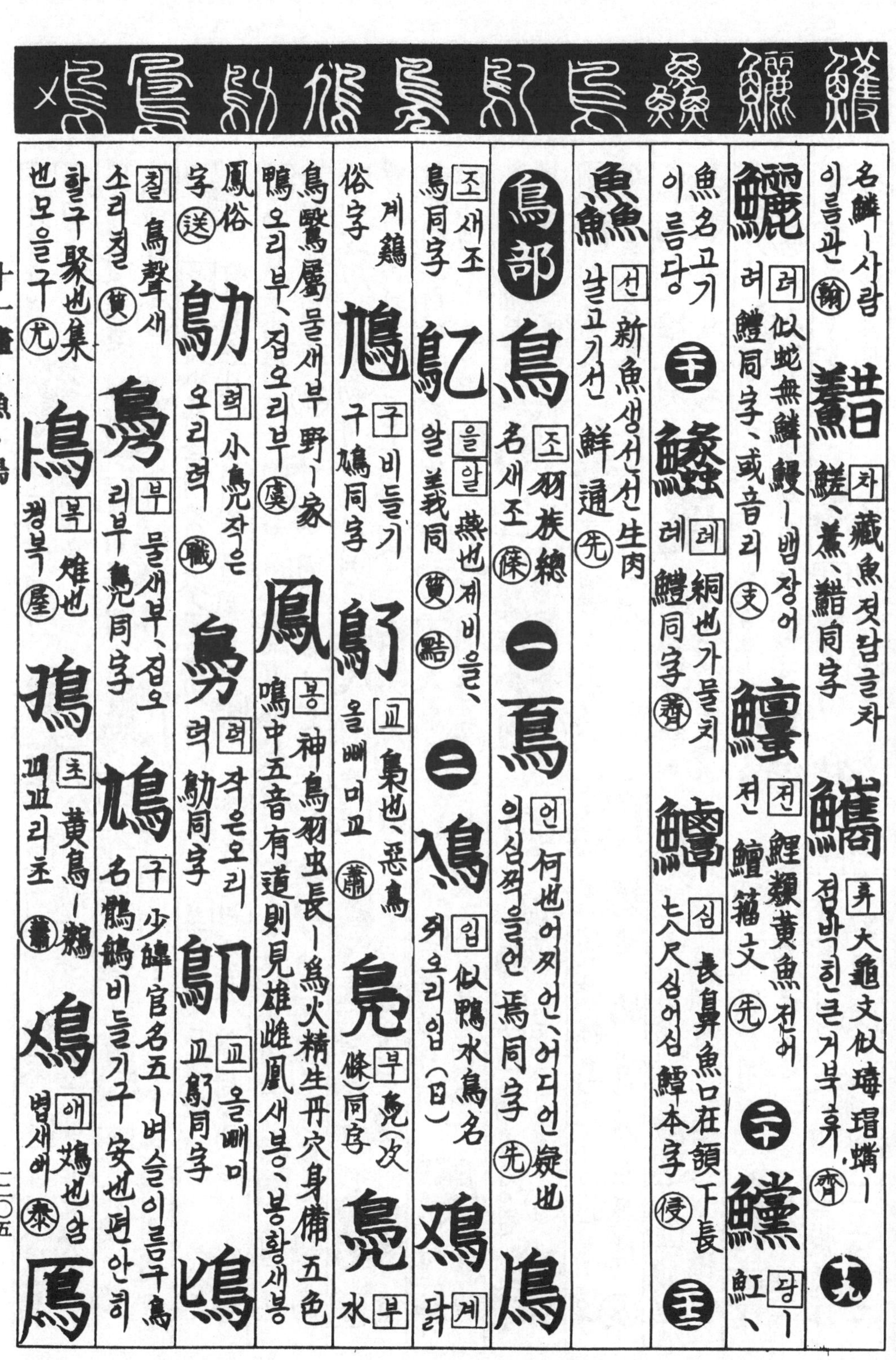

名鰥ㅣ사람이름관 (翰)

䱹 차 藏魚젓담글차 鮓、鮺、鯌同字

鑴 휴 大龜文似瑇瑁蠵ㅣ 점박힌큰거북휴 (齊)

十九

鱺 려 似蛇無鱗鰻ㅣ뱀장어려 鱧同字、或音리 (支)

鱣 전 鯉類黃魚전어 전 鱣籀文 (先)

二十

䲼 당 魟、

魚名고기이름당

二十一

鱳 례 鮦也가물치례 鱧同字 (齊)

鱘 심 長鼻魚口在頷下長七八尺심어심 鱏本字 (侵)

二十二

鱻 선 新魚생선선 生肉날고기선 鮮通 (先)

鳥部

鳥 조 羽族總名새조 (篠)

一

𪀉 언 何也어찌언、어디언 疑也의심쩍을언 焉同字 (先)

鳥 조 새조 鳥同字

鳦 을/알 燕也제비을、알 乙義同 (質)(黠)

二

鳰 입 似鴨水鳥名쥐오리입 (日)

鳮 계 닭계 鷄俗字

鳩 구 비둘기구 鳩同字

𪀁 교 梟也、惡鳥 올빼미교 (蕭)

鳬 부 鳧(次條)同字

鳧 부 水鳥鷖鷗屬물새부 野ㅣ家鴨오리부、집오리부 (虞)

鳳 봉 神鳥羽虫長ㅣ爲火精生丹穴身備五色鳴中五音有道則見雄雌鳳새봉、봉황새봉 鳳俗字 (送)

鳨 력 小鳧작은오리력 (職)

𪀚 력 작은오리력 鳨同字

𪀄 교 올빼미교 𪀁同字

𪀋 칠 鳥聲새소리칠 (質)

𪀅 부 물새부、집오리부 鳧同字

鳩 구 少皞官名五ㅣ벼슬이름구 鳥名鶻鵃비둘기구 安也편안히할구 聚也集모을구 (尤)

鳪 복 雉也꿩복 (屋)

鳭 초 黃鳥ㅣ鷯꾀꼬리초 (蕭)

𫛞 애 鴱也뱁새애 (泰)

鳫

안 기러기안 雁同字

鳶 구 비둘기구 鳩同字

三

鳫 안 기러기안 鴈古字

鶻 골 ㅣ鵃、鷹屬 매골 北夷種、回ㅣ오랑캐골 鶻同字 月

鳩 구 비둘기구 鳩鵲字

鳲 시 布穀ㅣ鳩 뻐꾹새시 支

鳱 간 ㅣ鵲、鵲 변 까치간 寒

雀 작 依人小鳥 참새작 ㅣ麥 燕麥 커리 作鳥名 孔ㅣ공작작 雀同字 藥

鳵 보 似鴈無後趾 너새보 鴇同字 文 皓

鳶 익 飛鳥之繳射 주살익 雉同字 職

鳶 연 鷙鳥鴟類 솔개연 紙ㅣ연연 先

鳱 간 까치간 鳱同字

鳩 환 ㅣ鵜、鳥喙而蛇尾之動物 새의 부리에 뱀의 꼬리달린 동물환 寒

鴏 대 鳥변 새대 泰

鳿 토 杜鵑 두견새토 虞

鳴 명 鳥聲 새소리명 凡物出聲皆曰ㅣ울명 庚

鳿 홍 大鳳 큰새홍 董

鳥勺 표 鴇변 너새표、너화표 效

鳳 봉 神鳥 蟲長ㅣ새봉、봉황봉 送

鳲 시 ㅣ鳩布穀 뻐꾸기시 鳲同字 支

四

鴩 후 牲鳥 이상한새후、괴조후 尤

鴋 방 鶭ㅣ、鳥名 새이름방 養

鳮 급 鴔ㅣ、小鳥 작은새급 緝

鳸 호 農桑候鳥 九ㅣ오디새호 鷃雀ㅣ鷃 종달새호 扈通 麌

鴟 시 雉之別名 꿩시 支

鳸 호 鷃雀 돌메추라기호 麌

鳼 교 교청새교 鵁同字

鳺 부 鳩변 ㅣ鶮 멧비둘기부 虞

鳹 검 금 句喙鳥 입부리가구부정한새검、금 義同 鹽 侵

鳲 시 鶗변 접동새시 支

鳩 골 ㅣ鶻、鷹屬 매골 北夷 오랑캐골 鶻同字 月

鳷 지 鶺변 까치지 支

鳻 분 青雀 파랑새분 鶌通 文

鳻 분 飛貌 나는모양분

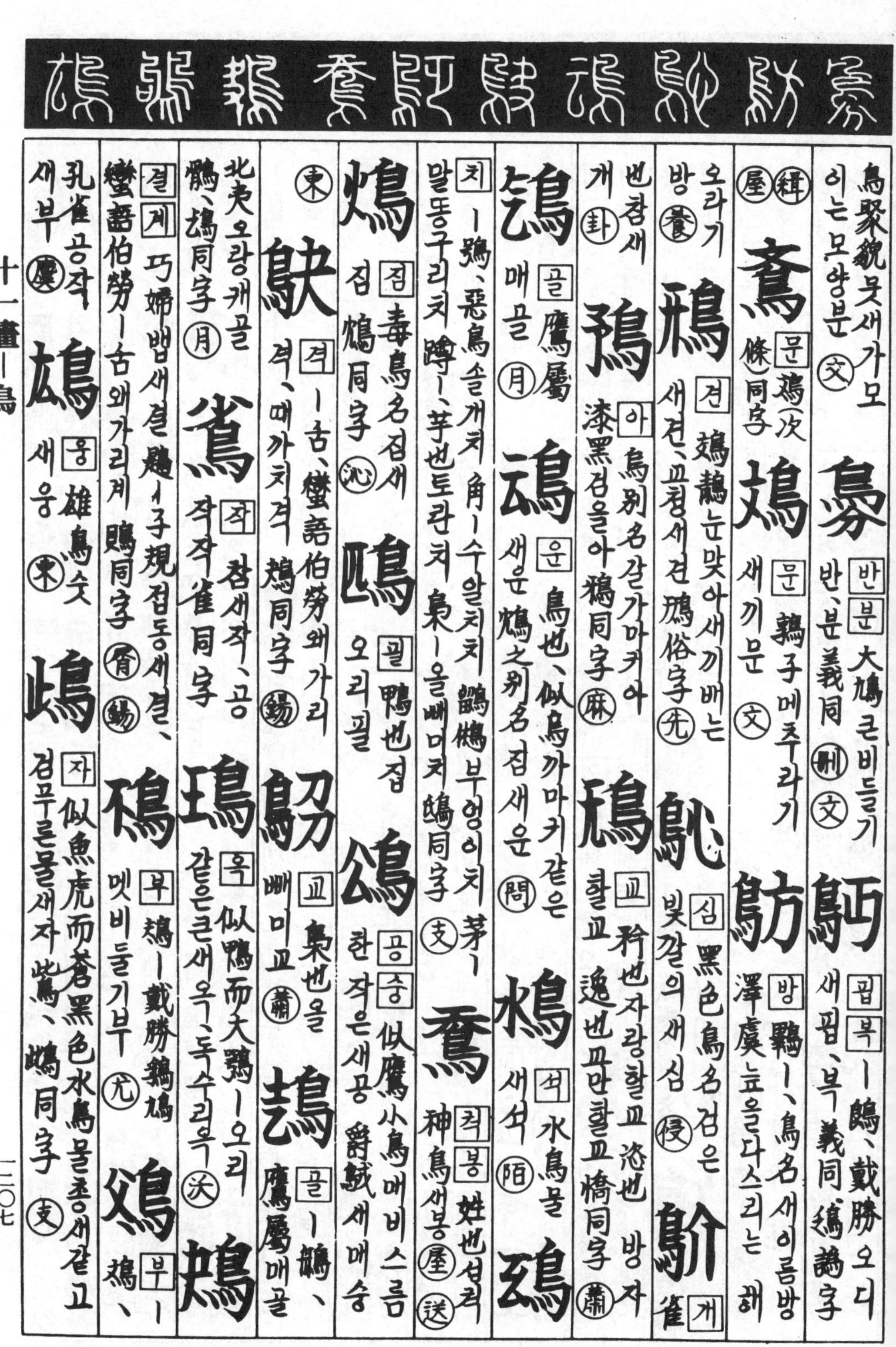

鳥聚貌 뭇새가모이는모양분 (文)

鴧 [반][분] 大鳩 큰비둘기 반、분 義同 (刪)(文)

鴄 [곱][복] ㅣ鴏、戴勝 오디새 곱、복 義同 鵖譌字

(緝)(屋)

鴍 [문] 鳼(次條)同字

鳼 [문] 鶉子 메추라기 새끼 문 (文)

鴋 [방] 鷎ㅣ、鳥名 새이름 방 澤虞 늪을 다스리는 해오라기 방 (養)

鳽 [견] 鵁鶄 눈맞아 새끼배는 새 견、교청새 견 鳽俗字 (先)

⿰鳥心 [심] 黑色鳥名 검은빛갈의 새 심 (侵)

⿰鳥介 [개] 雀 번참새 개 (卦)

鴉 [아] 鳥別名 갈가마귀 아 漆黑 검을 아 鵶同字 (麻)

⿰鳥乔 [교] 矜也 자랑할 교 恣也 방자할 교 逸也 교만할 교 憍同字 (蕭)

⿰乞鳥 [골] 鷹屬 매골 (月)

⿰云鳥 [운] 鳥也、似烏 까마귀같은 새운 鴆之別名 짐새 운 (問)

⿰水鳥 [석] 水鳥 물새 석 (陌)

鵄 [치] ㅣ鴟、惡鳥 솔개 치 角ㅣ 수알치 치 鵂鶹 부엉이 치 茅ㅣ 말똥구리 치 蹲ㅣ、芋也 토란 치 梟ㅣ 올빼미 치 鴟同字 (支)

⿱大鳥 [칙][봉] 姓也 성 칙 神鳥 새 봉 (屋)(送)

⿰火鳥 [짐] 毒鳥名 짐새 짐 鴆同字 (沁)

鴄 [필] 鴨也 집오리 필

⿰公鳥 [공][숭] 似鷹小鳥 매비스름한 작은새 공 爵鳷 새매 숭 (東)

鴃 [격] ㅣ舌、蠻語伯勞 왜가리 격、때까치 격 鶪同字 (錫)

⿰鳥刃 [교] 梟也 올빼미 교 (蕭)

⿰去鳥 [골] ㅣ鶻、鷹屬 매골 北夷 오랑캐 골 鶻、⿰去鳥同字 (月)

⿱小鳥 [작] 참새 작、공작 작 雀同字

鳿 [옥] 似鴨而大 鶩ㅣ 오리같은 큰새 옥、독수리 옥 (沃)

鳺

[결][계] 巧婦 뱁새 결 鷦ㅣ 子規 접동새 결、蠻語伯勞ㅣ舌 왜가리 계 鶪同字 (屑)(錫)

鴀 [부] 鳺ㅣ 戴勝 鵖鴀 멧비둘기 부 (尤)

⿰父鳥 [부] ㅣ鳺、孔雀 공작새 부 (虞)

⿰厷鳥 [웅] 雄鳥 숫새 웅 (東)

鴜 [자] 似魚虎而蒼黑色水鳥 물총새같고 검푸른 물새 자 ⿱此鳥、鷀同字 (支)

十一畫 | 鳥

鴈 안 隨陽鳥기러기안 (諫)

⿰勻鳥 균 작은새균 ⿰鳥勻同字

鴁 요 ㅣ鵁、鳥名새이름요 (蕭)

鴇 보 似鴈無後趾너새보 鳵同字 (皓)

⿰匕鳥 필 鴨也집오리 필 鴄譌字 (質)

⿰鳥勻 균 ㅣ鷗、小鳥작은새균 (眞)

⿰毛鳥 모 鳥輕毛새가벼운털모 (號)

⿰爿鳥 장 鳥獸求食聲새짐승이먹이구하는소리장 (陽)

鴃 대 鳥也새대 鴃譌字 (霽)

鴧 항 頡ㅣ鳥飛上下貌오르락내리락할항 頏同字 (陽)

鴆 짐 毒鳥짐새 짐 酖通 (沁)

⿰中鳥 중 鸓ㅣ、飛鸓나는다람쥐중 (送)

鴉 아 鳥別名갈가마귀아 漆黑검을아 鵶同字 (麻)

⑤

⿰玄鳥 현 燕也제비현 (先)

鴊 정 征鳥[illegible] 肩매정 (庚)

⿰鳥代 득 鴨屬오리득 (職)

⿰丕鳥 비 鵯也정경이비 (支)

⿱分鳥 분 鳥名새이름분 鳻同字 (文)

⿰鳥只 기 지 ㅣ鵌、如烏鳥가마귀비슷한새기 鳥聲새소리지 (紙)(寘)

鴝 구 ㅣ鵒似鵙有幘구욕새구 鸜同字 (虞)

⿰此鳥 자 물총새같고검푸른물새자 鴜同字

⿰鳥丕 비 정경이비 ⿰丕鳥同字

⿰甘鳥 감 鳥聲새소리감

鴔 핍 戴勝ㅣ鵖오디새핍 鵖同字 (屋)

鴜 자 似魚虎而蒼黑色水鳥물총새같고검푸른물새자 (支)

⿰鳥句 구 구욕새구 鴝同字

⿱鳥夗 원 ㅣ雛、鳳屬원추새원、봉황원 (阮)

⿰乍鳥 척 鶒ㅣ、鶒也집오리척 (陌)

鴓 밀 멸 필 似鵲鳥名까치같은새밀、멸義同、鵯ㅣ鳥새필 (質)(屑)(質)

鴐 가 鴈屬ㅣ鵝들거위가 (麻)

鴸 주 두 似鳧黑色鳥검은오리주 水鳥名물새의이름두 (有)

鴚 가 거위가 ⿰鳥可同字

⿰夗鳥 원 ㅣ雛、鳳屬원추새원 鵷

同字 (元)

鴚 [가] 鵝也舒鴈 거위가 (歌)

鴐 [가] 들거위 가 駕同字

鴒 [령] 雝渠鶺ㅣ 할미새령 (靑)

鴛 [원] 匹鳥 雄ㅣ雌鴦 원앙 새원、징경이원 (元)

[illegible] [찰] 鳥之雜毛色 새잡털빛찰 (黠)

鴙 [치] 野鷄 꿩치 性耿介 士所執摯 폐백치 雉同字 (寘)

[illegible] [생] 鼬ㅣ飛鼠能啖鼠呼鼠狼 족제비생 鼪同字 (庚)

鴗 [립] 魚狗靑 쇠새립 (緝)

鴕 [타] 熱帶産大鳥타 조타 駝同字 (歌)

[illegible] [말] 鴨也ㅣ鴄 집오리말 (曷)

[illegible] [발] 꿩같은새 발 [illegible]同字

鳺 [일] 멧비둘기 일 鴩同字

鴩 [일] 勃鴩 멧비 둘기일 (質)

鴖 [민][문] ㅣ母、鳥名 새이름 민、문 義同 (眞)(文)

鴜 [자] 鸕ㅣ、鳥鬼 가마오지자、티펄새자 鷲同字 (支)

[illegible] [발] 似雉鳥 꿩같은새발 似鳧鳥 물오리같은새발 (曷)

[illegible] [발] 꿩같은새 발 [illegible]同字

鴘 [변] 二歲鷹 묵이매변、두해 된매변、두살매변 (銑)

䳭 [척] 鴒也 할미새 척 或音석 (靑)

鴢 [교] 뱁새교 鷚同字

[illegible] [교] 鷦鷯 뱁새교 (巧)

鴭 [조][효] ㅣ鷯 뱁새 조 鳥聲 새소리조 羽貌 깃털모양효 (蕭)

[illegible] [백] ㅣ[illegible]、鳥名 새이름백 (陌)

鴟 [치] 角ㅣ수알치치 惡鳥 ㅣ鴞 솔개치 鵂鶹 부엉이치 茅ㅣ말똥구리치 也蹲ㅣ토란치 梟ㅣ올빼미치 (支)

鴞 [효] 惡聲鳥 鴟ㅣ솔개효 鵩鴞可爲羹 올빼미효 (蕭)

[illegible] [부] 鳥名 새이름부 (虞)

鴧 [용] 鷹飛 새매날용 (宋)

[illegible] [추] 鳥子 새새끼추 鳳屬 鵷ㅣ새이름 추 小兒 어린아이추 雛、鶵同字 (虞)

鴫 [전] 鸛也 황새전 (日)

鴤 [종][동] 水鳥、似鳧而小 오리같고작은 물새종、水鳥名 쥐오리동 (東)(冬)

鴠 [단] 寒號蟲鶡ㅣ 할단새단

㉮翰 鳱 간 안 ㅣ鵲、鵲也 까치간、기러기안 鴈同字 ㉮寒 ㉮諫 ⿱鳥甲 압 집오리 압 鴨同字 鴭 유 鼯鼠夷ㅣ나는다람쥐유 ㉮尤

⿰鳥甲 압 家鶩舒鳧 집오리압 鴨同字 ㉮洽 鴣 고 鷓ㅣ越鳥其鳴自呼云 鉤輈格磔 자고새고 ㉮虞 鴡 저 ㅣ

鳩 징경이저 ㉮魚 鴢 요 似鳧오리 같은새요 ㉮篠 鴨 압 家鶩舒鳧 집오리압 ㉮洽 鵛 경 鶁同字 鴥

율 疾飛貌 빨리나는모양율 ㉮質 鴇 보 너새보 ⿰鳥包同字 ⿰鳥包 보 似鴈無後趾毛有豹文 너새보 鴇同字 ㉮皓 ⿰母鳥 무 鸚

ㅣ能言鳥 앵무새무 鵡同字 ㉮麌 鴪 율 빨리나는모양율 鴥同字 ⿰尗鳥 척 小雀 참새새끼척 ㉮陌 鴦 앙 匹鳥鴛

ㅣ원앙새앙、징경이앙 ㉮陽 ⑥ 鴱 애 雌桃蟲 암뱁새애 ㉮泰 ⿰虫鳥 욕 鴝ㅣ似鵙入哥구 욕새욕 鵒同字 ㉮沃 鵑

견 杜蜀魄一名杜宇一名子規 접동새견、두견새견、 빼꾹새견 花名、杜ㅣ진달래견 鵑俗字 ㉮先 ⿰匠鳥 장 巧婦鳥 뱁새장 ㉮漾 鵄 치 鳶

也 솔개치 ㉮支 ⿰危鳥 궤 子規鷂ㅣ접동새궤 或音위 ㉮紙 鴯 이 玄鳥鷾ㅣ 제비이 ㉮支 ⿰鳥戎 숭 似鷹而小捕雀 새매숭 ㉮東

⿰夸鳥 오 鵜鶘ㅣ鸅 사다새오 ㉮虞 ⿰虫鳥 예 鼯鼠 나는다람쥐예 ㉮霽 ⿰呂鳥 지 雀聲 참새소리지 ㉮寘 ⿰白鳥 퇴 雀屬 참

새이름 퇴 ㉮灰 ⿰鳥多 이 衆鳥總名 뭇새붙이이 ㉮支 ⿰虫鳥 중 동 鳥名、似山雞 산새비슷한 새이름중、동 義同 ㉮送 ㉮冬 鴰

괄 九尾鳥鶬ㅣ 왜가리괄 ㉮曷 鴷 렬 啄木鳥 딱다구리렬 ㉮屑 鳶 원 鳥名ㅣ鶵 새이름원 朱ㅣ、縣名 고을이름원 ㉮先

鵀 [임] 산비들기 임 鵀同字

鵀 [임] 戴勝別名 戴ㅣ산비들기 임、오디새 임 (侵)(沁)

鳿 [공] 水鳥 물새 이름 공 (冬)

⿰回鳥 [회] 鳥類名 새 이름 회

鴳 [안] 鴽屬 冠雀 안새 안、종달새 안 幽ㅣ짐승 이름 안 (諫)

鴶 [알] 布穀ㅣ鵴 뻐꾹새 알 (黠)

䴔 [교] 교청새 교 鵁同字

鵁 [교] 睛交而孕ㅣ鶄 교청새 교 (肴)

鴿 [합] 鳩屬 鵓ㅣ집비둘기 합 (合)

鷰 [연] 鷙、鳥鳶類 솔개 연 紙ㅣ연 연 鳶同字 (先)

⿰巟鳥 [황] 雀也 참새 황 (陽)

鴴 [행] 千鳥、多鳥 새 떼 행、雀也 참새 행 (庚)

鴵 [교] 梟也 올빼미 교 (肴)

鴺 [제] 鵜也 사다새 제 (齊)

鵂 [휴] 怪鳥 角鴟ㅣ鶹 부엉이 휴、수알치 휴 (尤)

⿰鳥式 [칙] 水鳥 물새 칙 ⿰式鳥同字 (職)

鴧 [욱][유] 鳥屬 새 이름 육、白鶉 흰 꿩 유 (屋)(有)

鵅 [격][로] 鵂鶹 鵅ㅣ부엉이 격、鳥名也 새 이름 로 (陌)

⿰式鳥 [칙] 水鳥 물새 칙 鷘通 (職)

鴸 [주] 鳥名、似鴟 솔개 비슷한 새 주 (虞)

鴭 [구] 似鳩有冠鳥 비둘기 같고 벼슬 있는 새 구 (有)

⿰圭鳥 [규] 子規鶗ㅣ접동새 규 或音 귀 (未)

䳍 [공] 鳥名、似雉 꿩 같은 새 이름 공 (冬)

⿰豖鳥 [후] 翎初生貌 깃 처음 날 후 (尤)

⿰宅鳥 [택] 五色文有鳥 털에 오색 무늬 있는 새 이름 택 (陌)

鴽 [여] 田鼠所化 鶉母 종달새 여、鴿也 집비둘기 여、鶉屬 메추라기 여 (魚)

鴜 [차] 鴟鴞 올빼미 차、수알치새 차 (眞)

鴹 [양] 一足鳥 鷸ㅣ왜발새 양 (陽)

鳽 [견] 鵁鶄 교청새 견 (先)

鴻 [홍] 大也 클 홍、隨陽鳥 鴈之大者 기러기 홍、直馳ㅣ濛 곧게 달릴 홍、ㅣ濛 기운 덩어리 홍 澒同字 (董)

鴾 [모] 鴽也ㅣ母 종달새 모 (尤)

鵚

鵇 [년] 朱鷺 따오기 년(日)

鵂 [휴] ㅣ鶹、角鵂鳥 부엉이 휴、수알치 휴、올빼미 휴 鵂同字 ㊂尤

⿰彳鳥亍 [곡] 鳲鳩 뻐꾸기 국 ㊂屋 / [행] 群鳥 새떼 행、많은새 행(日)

⿰鳥旬 [순] 鷦鷯 뱁새 순 ㊂眞

鵶 [아] 烏別名 갈가마귀 아、漆黑 검을 아 鴉同字 ㊂麻

⿰老鳥 [로] 禿鶖 두루미 로 鶩同字 ㊂皓

鵃 [주] 斑鳩 鶻ㅣ 멧비둘기 주 ㊂尤

⿰庄鳥 [장] 布穀鸀 뻐꾹새 장 鷔俗字 ㊂冬

⿱老鳥 [로] 禿鶖 두루미 로 ㊂皓

鶵 [추] 새끼 추 雛同字

⑦

⿱亨鳥 [이] 鳥鳴 새가울이 ㊂支

⿱沃鳥 [옥][악] 水鳥 물새 옥、악 義同 ㊂沃 ㊂樂

鵘 [군] 無尾鷄 꼬리없는닭 군 ㊂問

⿰求鳥 [구] ㅣ鵒 似鵙有幘 팔가새 구、구욕새 구 鴝古字 ㊂虞

⿰皃鳥 [관] 황새 관 鸛同字

鵍 [관] 水鳥似鵠 황새 관 鸛同字 ㊂翰

鵊 [겹] 杜鵑 접동새 겹 ㊂洽

鵙 [곡][국][구] 鶪(次條)同字

鶪 [곡][국][구] 鳥名 새이름 곡、국 義同、百舌鳥 때까치 구 ㊂沃 ㊂屋

⿰鳥瓜 [념] 鳥飛 새가날 념 ㊂葉

鵔 [준] 鵕(次條)同字

鵕 [준] 山雉似鳳 장끼 준、冠名 ㅣ鸃 관이름 준 ㊂震

鵖 [겁] 戴勝鵖ㅣ 오디새 겁 ㊂緝

⿰鳥尨 [방][몽] ㅣ鴞、似鷹白鳥 매비슷하고 흰새 방、몽 義同 ㊂養 ㊂腫

⿰孚鳥 [부] 鳺ㅣ 戴勝鵖鳺 멧비둘기 부 鳺同字 ㊂有

鵓 [발] 鵓也 勃姑 집비둘기 발 ㊂月

⿱執鳥 [절][지] 鳥擊 새칠 절、鳥獸猛勇 억셀 지、鷹 새매 지 鷙同字 ㊂屑 ㊂寘

鵌 [도] 鵌(次條)同字

⿰鳥余 [도] 與鼠同穴 쥐와 함께사는 새 도 ㊂虞

鵋 [기] 鵋鶌鳥ㅣ鶀 부엉이 기 ㊂寘

鵒 [욕] 似鵙 入哥 鴝ㅣ 구욕새 욕 ㊂沃

⿰牢鳥 [로] 鴼ㅣ、羽有錦文鳥 깃에 무늬있는 새이름 로 ㊂豪

鶃 [역][예] 水鳥相視而孕역새역、눈맞추어새끼배는물새역ㅣㅣ鶂鳴거위소리역、예義同、鷁、鶃同字 (錫)(齊)

鵵 [열] 水鳥물새열 (屑)

鵏 [부] 鵏鴀거위부 (虞)

鵏 [부] 거위부 鵏同字

鵑 [견] 鳥名杜ㅣ(一名杜宇、子規)두견새견、접동새견 花名杜ㅣ진달래견 (先)

[⿰牢鳥] [로] 鸐ㅣ、羽有錦文鳥깃에무늬있는새이름로 (豪)

鵐 [무] 雀屬참새무 (虞)

[⿰岑鳥] [잠] 小鳥작은새잠 (侵)

鵖 [압] 家鶩舒鳧집오리압 鴨同字 (洽)

[⿱鳥邑] [압] 집오리압 鴨同字

[⿰辰鳥] [진] 鷺群飛해오라기떼지어날진 鷐同字 (寘)

[⿱⿰臣丁鳥] [척][주] ㅣ鴒、鴒渠鳥名척듸새척、할미새척、주義同、鶺、䳭同字 (陌)(職)

[⿰鳥希] [치] 鷹也매치 (齊)

鵗 [희] 北方雉名북방꿩희 官名벼슬이름 攻皮之工ㅣ雉가죽다루는장인희 (微)

[⿱⿰氵王鳥] [왕] 雉也꿩왕 (陽)

[⿰吾鳥] [오] 飛生鼠박쥐오 (虞)

鵝 [아] 家所畜舒鴈거위아 (歌)

[⿰豸鳥] [치] 꿩치 雉同字

[⿰呆鳥] [보] 大鳥큰새보 (皓)

鵤 [각] 斑鳩산비둘기각(日)

[⿰鳥我] [아] 거위아 鵝同字

鵞 [아] 거위아 鵝同字

[⿰役鳥] [역] 小鳩비둘기새끼역 (陌)

[⿰鳥弟] [치] 꿩치 雉古字

鷃 [안] 鴽屬메추리안 (諫)

[⿱⿰刍刂鳥] [관] 雀鷂새매관(日)

[⿰含鳥] [암] 鳥名ㅣ鶉메추리암 鵪俗字 (覃)

鵙 [격] 伯勞왜가리격 (錫)

[⿰⿱氏口鳥] [괄] 鶬ㅣ왜가리괄 鴰本字

鵚 [독] 秃頭鳥ㅣ鶖독수리독、두루미독 (屋)

[⿰良鳥] [랑] 鳩子비둘기새끼랑 (陽)

鵛 [경] 鳥名새이름경 (靑)

鵡 [무] 能言鳥鸚ㅣ앵무새무 (虞)

鴂 [결][계] 鶗ㅣ악결새결 子規접동새결ㅣ舌、蠻語伯勞왜가리계 鳺同字 鶪同字 (屑)(霽)

⿰旱鳥 [간][갈][개] ㅣ鶡、山鳥간새 간、갈、개義同 (旱)(曷)(泰)

鵟 [광] 茅鴟부엉이광 (陽)

鵠 [혹][곡] 天鵝黃ㅣ고니혹 水鳥鴻ㅣ따오기혹 帿的과녁곡 (沃)

鴋 [방] 鸘ㅣ鳥名새이름방 鴋同字 (陽)

(八)

⿰帛鳥 [면] 鶯嚶꾀꼬리울면 (先)

鴳 [안] 鴈也기러기안 (諫)

鵞 [아] 거위아

鵧 [병] 小黑鳥ㅣ鳩작고검은비둘기병 (靑)

鷙 [지] 猛鳥사나운새지 (寘)

鵦 [록] 鳥雜毛色새의잡털의빛깔록 (屋)

鵩 [복] 鴞屬올빼미복 服通 (屋)

鵨 [서] 似鳧鳥名오리비슷한새서 (魚)

⿰尙鳥 [창] 鳥名새이름창 (養)

鵿 [숭] 鷂屬조롱이숭、새매숭 (東)

⿰卒鳥 [솔] 家鳩집비둘기솔 (月)

鵬 [붕] 鯤魚所化붕새붕 大鳥名큰새붕 (蒸)

鵪 [암][압] 鴽也메추리암 鴨也집오리압 鶕同字 (覃)(洽)

鵫 [착] 白雉흰꿩착 (覺)

鶃 [역][예] 水鳥相視而孕눈맞춰새끼배는새역 鶃聲ㅣㅣ거위소리역、예義同、鶂同字 (錫)(霽)

鵼 [공] 怪鳥새이름공 (東)

鵻 [추] ⿰鳥隹同字

⿰奉鳥 [봉] 鳥亂飛貌새가어지러이날봉 (董)

鶾 [한] 丹鷄붉은닭한 鷄肥貌살찐닭한 鶾同字 (翰)

鵯 [필] 鷽斯ㅣ鶋갈가마귀필 (質)

鵽 [탈] 沙漠所産小雀사막새탈 (曷)

⿰鳥隹 [추] 孝順鳥祝鳩아롱비둘기추 (支)

鵾 [곤] 似鷄而大ㅣ鷄고니곤、석자나되는닭곤 (元)

⿰明鳥 [명] 神鳥似鳳鸑ㅣ조명새명 (庚)

鵮 [감] 鳥啄物쪼을감 (咸)

⿱明鳥 [명] 초

명새명 鵬同字

⿰金鳥 [금] ㅣ鷄、鸜也 황새금 (侵)

鵲 [작] 鶇ㅣ白毛如鶇때가치작 綠背白腹鳥까치작 犬名宋ㅣ개이름작 人名扁ㅣ사람의이름작 (樂)

⿰或鳥 [역][혁] 鷊ㅣ、戴勝뻐꾸기역、혁 義同 (職)

⿰無鳥 [수][주] 鴟也솔개수 鴉別名갈가마귀수 鳥不飛새날지않을주 (支)(遇)

鵸 [기] 鵸鵌새이름기 (支)

鴽 [려] 鸝也피꼬리려 鸝同字 (齊)

⿰炎鳥 [염] ㅣ離、惟鳥괴상한새염 (鹽)

鵺 [야] 似雉鳥새이름야 (禡)

鵯 [필] 鸒斯、ㅣ鶋갈가마귀필 鵯同字 (質)

鵱 [륙] 野鵝들거위륙 (屋)

鵰 [조] 鷲也독수리조 青ㅣ、最俊者謂之海東青보라매조 (蕭)

鵷 [원] 鳳屬ㅣ雛원추새원 (元)

鵵 [토] 似鴟而小木ㅣ부엉이같은작은새토 (遇)

鷙 [지] 一足鳥외발새지 (支)

⿰昏鳥 [민] 似翠而赤足鳥비취새같고다리붉은새민 (眞)

鵴 [국] 布穀鳴鳩、鴶ㅣ뻐꾹새국 (屋)

鵳 [견] 鷂屬鶬ㅣ새매견 (先)

鵶 [아] 烏別名갈가마귀아 漆黑검을아 鴉同字 (麻)

⿰昌鳥 [창] 鶬ㅣ、鳳凰屬봉황새창 (陽)

鵻 [위] 小鳩비둘기새끼위 (眞)

鶂 [역][예] 거위수리 예、역義同 鷁同字

鴕 [타] 熱帶産大鳥타조 타 鴕同字 (歌)

鶁 [경] 羌ㅣ、鳥名새이름경 (庚)

⿰帚鳥 [부] 鵩也뱁새부 (有)

⿰岨鳥 [저] ㅣ鳩정경이저 石山돌산저 岨同字 (魚)

⿰沮鳥 [분] 飛貌나는모양분 鳥聚貌못새가모이는모양분 鳻同字 (文)

⿱巫鳥 [무] 雀屬촉새무 鵐同字 (虞)

⿰帚鳥 [부] 뱁새부 ⿰帚鳥同字

鳶 [연] 鴟也솔개연 飛也날연 翔也돌아날연 (先)

⿰鳥昇 [승] 騰也오를승

⿰易鳥 [이] 練鵲때까치이 (旦)

鳽 계 似鳧鳥 물오리계 (齊) 鶎 종 戴勝別名、戴ㅣ오디새 종 (日) ⿰鳥其 기 鵋也 수알치기 부엉이기 小鷹되

강오리 기 (支) 鶀 기 되강오리기、부엉이기 ⿰鳥其同字 鶆 래 鷹也 매래 (灰) 鶌 굴 鶌鳩ㅣ 鳩 메비둘

기굴 (物) 鶏 계 닭계 鷄略字 鶈 취 鸎鳥、東裔 鳥꾀꼬리취 (齊) ⿰鳥享 순 메추라기 질순 鶉同字 鶄 청 鵁

ㅣ、似鳧교청새 청 或音정 (庚) ⿰鳥青 청 교청새 청 鶄同字 ⿰㡀鳥 별 ⿰㡀鳥鵂 부엉이별 (屑) 鶉 순 鴽也 메추라

기순 敝衣懸ㅣ옷해질 순、鷻也수리순 (眞)(寒) ⿱鳥東 동 콩새동 鶫同字 鶊 경 黃鳥鶬ㅣ 꾀꼬리경 (庚) 鷩、

별 부엉이 별 ⿰㡀鳥同字 鶅 치 東方雉名 동방꿩치 (支) 鶋 거 鸒斯鶋ㅣ갈가마귀거 海鳥鶢鶋ㅣ언거새거 (魚) 鶇

동 鳥名콩 새동 (東) 九 鶔 유 如鵲短尾鶔ㅣ까치 같고 꼬리 짧은새유 (尤) 鶘 호 淘河鶘ㅣ 사다새호 (虞) ⿰鳥侯

후 독수리 후 ⿰侯鳥同字 鵪 암 鳥名ㅣ鶉 메추리암 ⿰音鳥俗字 (覃) 鶒 칙 水鳥鸂ㅣ뜸부기칙、물닭칙 (職) 鷬 황 雌鳳 암

봉황새황 凰同字 (陽) ⿰侯鳥 후 독수리 후 ⿰鳥侯同字 ⿰鳥侯 후 雕也 독수리후 (尤) ⿰鳥宣 선 훤 작은새의 이름 훤、선 義同、⿰宣鳥同字

⿰宣鳥 훤 선 ⿰鳥宣ㅣ、小鳥작은새의 이름훤、선 義同 (元)(先) 鶓 묘 鳥名鶓ㅣ 새이름묘 (蕭) ⿰要鳥 요 鳥名、似 山雞새이름요

(蕭) ⿰音鳥 암 鳥名ㅣ鶉 메추리암 鵪同字 (覃) 鶗 제 子規ㅣ鴂 접동새제 (齊) ⿰重鳥 중 ㅣ鶆、鳥名새 이름중 雀也 참

새중 冬

鶨 단 鳥名새이름단 翰

鶪 격 伯勞왜가리격 鵙同字 陌

鶗 제 子規ㅣ鴂접동새제 鷤同字 齊

鳻 분 ㅣ鳩、班鳩산비둘기분 元

鶖 추 禿頭鳥鶖ㅣ독수리추 水鳥似鶴두루미추 尤

鶜 모 鳩也ㅣ鴾비둘기모 肴

⿰脉鳥 맥 鳥驚視貌새놀라보는모양맥 陌

鴖 민 似翠而赤足鳥비취새같고다리붉은새민 [illegible]同字 眞

鶥 미 鳥名鶥ㅣ왜가리미 支

鶘 호 似雉而青鶡ㅣ꿩같고푸른새호 虞

⿰⿳亠口大鳥 결 水鳥물오리결 屑

鶙 제 접동새제 鶗同字

鶛 개 雄鶛숫메추리개 佳

⿰某鳥 매 誘取禽새후려잡을매 灰

鶤 곤 ㅣ雞、鳳凰別名봉황곤 元

⿰眇鳥 묘 뱁새묘 ⿰鳥眇同字

鶚 악 鷙擊鳥鷹鶚屬독수리악 藥

⿰癸鳥 규 小鳩비둘기새끼규 支

⿰复鳥 복 戴勝ㅣ鶝오디새복 屋

⿰鳥眇 묘 巧婦鳥뱁새묘 篠

⿱眇鳥 묘 뱁새묘 ⿰鳥眇同字

⿰禺鳥 우 鳥名새이름우 虞

鶠 언 鳳之別名봉새언 阮

⿰即鳥 척 ㅣ鴒、鴒渠鳥名저뒤새척、할미새척 鶺同字 陌

鶟 돌 似雉而青ㅣ꿩같고푸른새돌 月

⿰冒鳥 모 鵂鶹屬올빼미모、수알치모 號

鶍 양 白鷹끄리가흰매양 陽

鶝 복 戴勝鵀ㅣ오디새복 屋

⿰㚇鳥 종 鳥斂足새발오그릴종 東

鶡 갈 분 虎賁冠名관이름갈 似鷄善鬪ㅣ旦닭같고싸움잘하는새이름갈 俗音할 青雀파랑새분 鳻同字 曷 文

鶢 원 海鳥ㅣ鶋바다새원 元

⿰垔鳥 전 ㅣ鳥、山名산이름전 先

⿰契鳥

결 갈 鳥凫屬 물오리 결、갈 義同 (屑)(黠)

鶞 춘 鳥名鶞ㅣ 새이름춘 (眞)

鶣 편 輕貌 가벼 운모양편 (先)

⿰耎鳥 순 鶉晩生矣 배간닭 순 (眞)

⿱負鳥 부 隼也 새매부 (有)

⿸戴鳥 연 鷙鳥鴟類 솔개연 紙ㅣ 연연 鳶同字 (先)

⿰洛鳥 로 鳥名也 새이름로 鵅同字

鶩 목 舒凫 따오기목 (屋)

⿰柬鳥 간 鳥名공 새간 (日)

十

鶽 준 鷹ㅣ鷂屬食殘之鳥 새매준 古音 순 隼同字 (軫)

鷁 익 水鳥似鷺而大새 이름익 鶂同字 (錫)

鶼 겸 比翼鳥ㅣㅣ 새이름겸 (鹽)

鷂 요 五色雉 장끼요 隼也 새매요 (嘯)

⿰釜鳥 부 ㅣ鳺、孔雀 공작새부 (虞)

鶺 척 鳥名鶺渠ㅣ 鴒 할미새척 (陌)

⿱紡鳥 방 淘河 사다새 방 (養)

鶩 목 舒凫 따오기 목 鶩本字 (屋)

鶬 창 水鳥ㅣ鴰 물새창、왜가리창 黃鳥ㅣ鶊 꾀꼬리창 (陽)

⿱流鳥 류 水鳥 물새 류 (尤)

鶯 앵 黃鳥、一名金衣公字 꾀꼬리생 (庚)

鶮 고 邑名 고을이름고 (豪)

鶹 류 黃鳥鷅ㅣ 꾀꼬리류 角鴟鵂ㅣ 부엉이류 鶹同字 (尤)

鶻 골 鷹屬ㅣ鵃 매골 北夷種 回ㅣ 오랑캐골 俗音홀 (月)

鶶 당 鳥名ㅣ鷵 새이름당 (陽)

鶷 할 百舌ㅣ鶷 백설조할 (黠)

⿰凋鳥 조 鷲也 독수리조 青ㅣ最俊者 謂之海東青 보라매조 鵰俗字 (蕭)

⿱殺鳥 살 鳥飛疾 새빨리 날살 (黠)

⿰月⿱殷鳥 맥 鳥驚視貌 새놀라 보는모양맥 鷿同字 (陌)

鶳 사 鳥名 새이름사 (支)

鵖 식 鳥食 새가쪼아먹을식 (職)

鶲 옹 鳥頸毛 새목털옹 鳥名 새이름옹 (東)

⿰息鳥 식 새가쪼아먹을식 鵖同字

鶱 건 飛貌 훨

휜날건本音헌 元

⿰罒夲鳥 [답] 飛貌鷂ㅣ푸르륵날답 合

⿰豹鳥 [약] 鳥名새이름약、당닭약 藥

⿱振鳥 [진] 鷺也백로진 羣飛貌떼로나를진 眞

⿰哥鳥 [가] 舒鴈、鵝也거위가 鴚同字 歌

⿰容鳥 [용] 鷛也산까마귀용 冬

鶵 [추] 鳥子새새끼추 雛同字 虞

⿰毘鳥 [비] ㅣ鶔、鳥名새이름비 齊

鶴 [학] 仙禽학학、두루미학 鳥肥澤ㅣㅣ새살찌고흠치르르할학 樂

⿱般鳥 [반] ㅣ鶅、鳥名새이름반 寒

鷀 [자] 鳥鬼鸕ㅣ더펄새자 支

鶿 [자] 더펄새자 鷀同字

鶾 [한] 丹鷄붉은닭한、鷄肥貌닭살찐모양한 翰

⿰貢鳥 [공] 鳥讓食새모이사양할공 送

⿰⿱白日鳥 [천] 鴨也물오리천 先

鷊 [역] 綬鳥名吐綬새이름역、眞珠鷄진주닭역、칠면조역 鷁、鶂同字 錫

鷄 [계] 知時畜翰音有五德닭계 雞同字 齊

鷃 [안] 鴽也종달새안 鴳同字 諫

鷇 [구] 鷄雛병아리구、鳥子새새끼구、鳥子生哺曰ㅣ먹일구 宥

⿰柬鳥 [전] 鷙鳥、一名晨風鸇屬새매전、구진매전 鸇同字 先

鷈 [제] 되강오리제 鷉同字

⿰鳥梟 [교] 梟也올빼미교 蕭

⿰鳥虒 [제] 似鳧鷿되강오리제、비오리제 齊

⿰鳥奚 [계] 水鳥ㅣ鷘뜸부기계 鸂同字 齊

鷘 [칙] 물새칙 鶒同字

鶒 [칙] 水鳥물새칙 鷘同字 職

鶮 [교] 長尾雉꿩교 鷮同字 蕭

鷅 [률] 黃鸝ㅣ鷅꾀꼬리률 質

⿱邕鳥 [옹] 鶺鴒ㅣ鸈할미새옹 冬

⿰眞鳥 [전] 吐蚊鳥바람가비전 先

十一

鷔 [오] 不祥鳥흉조이름오ㅣ魚、飛魚나는고기오 豪

鷗 [구] 似漚而白鷖也갈

매기 구 (尤)

鳛 [습] 鴲ㅣ、鳥名 새 이름 습 (緝)

鷒 [단] 如鵲短尾 鸛ㅣ까치 같고 꼬리 짧은 새 단 (寒)

鷋 [도] 鳥名 ㅣ鳩 비둘기 도 (寒)

鵖 [급] 小黑鳥 ㅣ鳩 작고 검은 새 급 (緝)

鷐 [신] 鷐也 ㅣ風 새매 신 晨同字 (眞)

鷣 [선] 似鶴碧色鳥 학 비슷하고 푸른빛깔의 새 선 (先)

鷩 [민] 鶄也 정경새 민 (翰)

鷇 [구] 鳥名 ㅣ雉 새 이름 구、참새 구 (宥)

鷓 [자] 越雉 ㅣ鴣 자고새 자 (禡)

鷸 [상] 一足鳥 ㅣ鴹 외발새 상 (陽)

鶎 [종] 鷄也 닭 종 (冬)

䳷 [종] 鷄也 닭 종 鏦同字 (冬)

鷵 [매] 麻雀 참새 매 (灰)

䳘 [용] 布穀 鷫ㅣ 뻐꾹새 용 (冬)

䳘 [용] 뻐꾹새 용 䳘同字

鳺 [규] 杜鵑 접동새 규 (支)

鷖 [예] 鷗也 갈매기 예、好浮水 鷖 수악새 예、鳳凰別名 봉황새 예 (齊)

鷕 [요] 鷕 雉鳴聲 암꿩 우는 소리 요 (篠)

䳺 [암] 鳥名 ㅣ鶉 메추리 암、鶉通 (覃)

鳴 [요] 암꿩 우는 소리 요 鷕同字

鸂 [칙] 鸂ㅣ、水鳥 뜸부기 칙、물 鶒同字 (職)

鵹 [리][려] 倉庚 黄鳥ㅣ 꾀꼬리 리、려 義同、鸝同字 (支)(齊)

䳟 [명] 神鳥似鳳、鷦ㅣ 초명새 명 鵬同字 (庚)

鶨 [치] 꿩 치 雉同字

鸖 [학] 仙禽似鵠 두루미 학、학학 鳥肥澤 새 털 함치르르할 학 鶴同字 (藥)

䳯 [충] 鳥不行 새가 가지 않을 충 (東)

鷶 [맥] 鳥鷩視貌 새 놀라 보는 모양 맥 鷿鷉同字 (陌)

鷟 [작] 鳳屬 鸑鷟ㅣ봉황새 작、鴨毛色 오리털빛 작 古音 착 (覺)

䳜 [결][계] 鶪同字、鳧屬 물오리 계 鷄同字 (屑)(齊)

鷛 [용] 鷛次 鷛同字

鷛 [용] ㅣ鶏、形似鴨而足似鷄鳥 오리 비슷하며 발은 닭 같은 새 용 (冬)

鷜 [루] 野鵝 들거위 루 (尤)

鷚 [류] 종달새 류 鷚同字

𪇌 [류] 大鷚 종달새 류 雉子 꿩의새끼 류 (宥)

鷝 [필] ㅣ鴀、鳥名 새이름 필 (質)

䳻 [솔] 鵸ㅣ、鳩也 집비둘기 솔 (月)

𪆷 [참] 鷲也 독수리 참 (覃)

鷅 [표] 鳥毛色變 새털빛변할 표 (篠)

鷞 [상] 鷫鷞神鳥 신조 상 鷹也 ㅣ鳩 매 상 鸘同字 (養)

𪈳 [간] 어려울 간 鷬譌字

鷘 [칙] 鸂ㅣ、水鳥 뜸부기 칙、물닭 칙 鶒同字 (職)

鷬 [산] 難也 어려울 산 務也 애쓸 산 (翰)

𪇕 [장] ㅣ渠、水鳥 물닭 장 (陽)

𪇆 [구] 似鳧而白鷺也 갈매기 구 本音우 鷗同字 (尤)

鷙 [지] 鳥獸猛勇 새와짐승어 셀 지 鷹鸇之類 새매 지 (寘)

鷇 [구] 鳥卵 새알 구 或音각 (覺)

(十二)

鷢 [궐] 似鷹白ㅣ 매 같고 꼬리 외가 흰새 궐 (月)

鷣 [음] 鷂之別名 새매 음 (侵)

𪈘 [등] ㅣ鷄 뜸부기 등 (蒸)

鷤 [단] [제] 雉子 꿩새끼 단、子規ㅣ鴂 접동새 제 (寒)(齊)

𪈁 [홍] 隨陽鳥、鷹之大者 기러기 홍 大也 클 홍 ㅣ洞直馳 곧게 달릴 홍 鴻同字 (東)(董)

鷥 [사] 鳥名 鷺ㅣ 백로 사、해오라기 사 帶絲 띠술 사 (支)

鷡 [무] 鴐也 종달새 무 (虞)

鵨 [서] 似鳧ㅣ鷹 거위 서 (魚)

鷨 [화] 鳲鳩 뻐꾸기 화 (麻)

鷵 [족] 山鳥 산까마귀 족 鸀俗字 (沃)

𪇻 [류] 黃鳥 꾀꼬리 류 角鵂鶹 부엉이 류 鶹同字 (尤)

鷦 [초] 桃蟲ㅣ鷯 뱁새 초 ㅣ鷯、桃蟲 조명새 초 (蕭)

鷧 [의] 鸕鷀 더펄새 의 (寘)

𪇰 [초] 뱁새 초 鷦同字

𪈗 [초] 뱁새 초 鷦同字

鷩 [별] 赤雉 붉은꿩 별 (屑)

𪈎 [동] 水鳥雛未生毛 물새의 새끼

가아지털나지 않음을동 ㊀東

鵶 [사] 鴉也鸎ㅣ鵶鵶 갈가마귀사 ㊀支

鷸 [휼] 知雨翠ㅣ비취새휼 飛貌ㅣ如휼 짝날휼 涉水鳥 황새휼 相持勢 맞버틸휼 ㊀質

鸀 [죽] 祝鳩 아롱비둘기죽 ㊀虞

鷴 [한] 흰꿩한 鷳同字

鷳 [한] 似雉白ㅣ흰꿩한、황새한 ㊀刪

鷷 [순] 鳥名、鶉 새이름순 ㊀震

䳔 [취] 鷲同字

鷲 [취] 鷲類多力수리취、독수리취 俗音추 ㊀宥

鷾 [의] 鳥飛새가날의 [렵]

鷎 [고] 小鳩ㅣ鵰 작은비둘기고 ㊀豪

鷵 [도] 鳥名鶥ㅣ 새이름도 ㊀虞

鶀 [기] 鵋 鸔부엉이기 鵋同字 ㊀支

鷯 [뇨] 鷯ㅣ、杜鵑 두견새뇨、접동새뇨 ㊀有

鷣 [침] 魚鶬 큰닭의침 ㊀侵

鷮 [교] 長尾雉 꼬리긴꿩교 ㊀蕭

鷅 [력] 似鷹大鳥 매같은큰새력 ㊀錫

鷯 [료] 桃虫鷦ㅣ 뱁새료 ㊀蕭

鵀 [승] 戴勝 뻐꾸기승 ㊀敬

鷰 [연] 玄鳥 제비연 角觝戲ㅣ濯씨름연 燕同字 ㊀霰

鷫 [숙] 鷫(前條)同字

鷫 [숙] 神鳥ㅣ鷞 신조숙 ㊀屋

鵊 [결][갈] 鳥晃屬 물오리결、갈 義同 鷄同字 ㊀屑 ㊀黠

鷬 [황] 黃鳥 꾀꼬리황 ㊀陽

鵼 [공] 鳥讓食새모이사양할공 鵼講字 ㊀遇

鸄 [후] 鳥名、青色似鷄 鳩멧비둘기 같은새후 ㊀尤

鸎 [앵] 黃鳥、一名金衣公子 꾀꼬리앵 鶯講字 ㊀庚

鷭 [번] 鳥名새 이름번 ㊀元

鸆 [우] ㅣ鼠、鳥名 새이름우 ㊀遇

鷞 [상] ㅣ鶂、鷫鷞之別名 몽동의별명상 ㊀養

鸑 [악] 水鳥물새악 ㊀藥

鶬 [창] 折翮鳥 裘衣학창의창 旗旒 기의것 술창 氅同字 ㊀養

鷷 [준] 西方雉서방꿩준 ㊀眞 ㊀元

鷥 [사] 갈가마귀 사 鵶同字

鸈 [거] 할미새거 鶋

同字

⿰隺鳥 [구] 鷇也 새끼구 宥

⿰絲鳥 [봉] 새봉、봉황 鳳古字

⿰彐鳥 [주] 南方雉 꿩주 ⿰翟鳥古字 尤

鷔 [子] 鳥卵 새알구 ⿰絲鳥同字 宥

⿰菟鳥 [토] 有毛角猛鳥 올빼미토、수알치토 遇

⿰雲鳥 [고] 回首旋視 돌아볼고 脊也 돌보아줄고 顧同字 遇

⿰路鳥 [로] 백로로 鷺同字

鷺 [로] 水鳥 白ㅣ 백로로、해오라기로 朱ㅣ 따오기로 遇

鷻 [단] 수리단、솔개단 ⿱敦鳥同字

⿰賁鳥 [분] 鳥名 새이름분 文

⿱敦鳥 [단] 鵰也 수리단、弋⿱敦鳥 別名 솔개단 寒

⿰業鳥 [목][복] ㅣ鸀、鳥名 새이름목、善占鳥 점치는새복 沃 屋

鷶 [매] 杜鷶 접동새매 蟹

鸈 [거] 鶺鴒雝ㅣ 할미새거 魚

十二

⿰鉏鳥 [서] 白鷺鸒 백로서 魚

⿰過鳥 [과] ㅣ鸁、鶺鴒 뱁새과 歌

⿰漱鳥 [칙] 水鳥 물새칙 鶒同字 職

鸆 [거] 鶺鴒、雝ㅣ 할미새거 鸈同字 魚

鸃 [의] 鳳屬、似山雞而小 봉황새의 冠名ㅣ鵔 관이름의 鸃同字 支

鸅 [택] 淘河ㅣ鸆 사다새택 陌

⿰癸鳥 [규] 小鳩 비둘기새끼규 支

鸁 [라] 鸊鷉 되강오리라 歌

⿰鳥蜀 [촉] 산까마귀촉 鸀同字

鸀 [촉] 山鳥 산까마귀촉 沃

鸂 [계] 水鳥、ㅣ鶒 뜸부기계 齊

⿰鳥辟 [벽] 似鳧、ㅣ鷉 되강오리벽、비오리벽 鸊同字 陌

⿰鳥義 [의] 鳳屬鵔ㅣ 봉황새의 冠名관 이름의 支

鷾 [의] 燕也ㅣ鴯 제비의 寘

⿰賈鳥 [가] 鷹也 매가 馬

鸓 [류] ㅣ鸓、飛生 사다새류 尤

⿰零鳥 [령] 鶴之別名 학의별명령 脊鴒之別名 할미새령 青

⿰鳥雋 [규] 子規 접동새규 支

⿰葛鳥 [갈] 百舌鸚ㅣ 백설조갈 本音알

(覓)

鷿 [벽] 似鳧ㅣ鷉 되강오리、비오리벽 (陌)

鸊 [벽] 벽鷿鷉同字

鷽 [학] 小鳩 작은비둘기학 山鵲 산가치학 (覺)

鸋 [녕] 鴂梟ㅣ、鴃、부엉이녕 鴽子종달새새끼녕 鸋譌字 (徑)

鸗 [농] 鴻也 기러기농 (冬)

鷹 [응] 鷙鳥强如鷲鳥而善捕雉類者征鳥 매응 (蒸)

鸈 [업] 鳥名、知人之吉凶 사람의길흉을아는새업 (業)

鸉 [양] 似鷹白鷹 매같고 끄리흰새양 (陽)

鸇 [전] 鷙鳥晨風鸇屬 새매전 (先)

鶉 [순][단] 鴽也 메추라기순 [illegible] 옷해질순 鵰也 수리단 鷻同字 (眞)(寒)

鸓 [류] 鼯鼠 나는다람쥐류 鸓俗字 (紙)

鷇 [후] ㅣ鶵、野鷇 들오리후 (宥)

鸆 [우] 淘河鸆ㅣ 사다새우 (虞)

鷇 [구][곡] 鳥卵 새알구 鷇化 알깔곡 (宥)(屋)

鸄 [격] 鳥名 새이름격 (錫)

䴉 [환] 훨훨날화환 䴉同字

十四

䴉 [환] 飛貌 훨훨날환 翾同字 (刪)

鶻 [골] ㅣ鵃、鷹屬 매골 北夷種、回ㅣ 오랑캐골 古音홀 鶻同字 (月)

鸉 [양] 似鷹白鷹 매같고 끄리흰새양 鸉同字 (陽)

鸒 [여] 鳥也、小而多群腹下白 갈가마귀여 鸒同字 (魚)(御)

鷛 [옹] 鶲也 할미새옹 (東)

鬢 [빈] 鳥飛貌 나는모양빈 (眞)

鸋 [녕] 鴂梟ㅣ鴃 부엉이녕 鴽子종달새새끼녕 (靑)

鶿 [자] 鸕ㅣ 鳥鬼 가마우지자、터펄새자 鷀同字 (支)

𪇆 [주] 南方雉也 남방꿩주 (尤)

鷇 [곡] 布鷇 뻐꾸기곡 (屋)

鸐 [적][탁] 雉也 꿩적、탁 義同 (錫)(覺)

鶄 [정] 鵁鶄 찰미새정 (庚)

鸏 [몽] 鳥名 狂ㅣ鳥 새이름몽 (送)

鸍 [시] 鳲

鳥겸새시 (支)

⿰監鳥 람 郭公ㅣ鷙 배꾹새 람 (覃)

鸑 악 鳳屬ㅣ鷟 봉같은새 악 (覺)

⿰鳥蒙 몽 비둘기 몽 鸏同字

十五

鸎 앵 黃鸝 꾀꼬리 앵 鶯同字 (庚)

鸒 여 鳥也 居가마귀 ⿰與鳥同字 (魚)(御)

鸏 몽 鳩屬비둘기 몽 鸏見 (東)

⿰鳥箴 침 ㅣ觜、似魚虎黑色水鳥 물총새 침 (侵)

⿰巤鳥 랍 飛起貌ㅣ鸐 파드득날 랍 (合)

⿰戳鳥 절 小鷄 당닭 절 (質)

⿰樂鳥 락 赤首鷹 목이 붉은매 락 (藥)

⿰蔡鳥 채 山鳩 산비둘기 채 (泰)

鸔 복 水鳥 鳥ㅣ 물새 복 (屋)

鸓 류 鼯鼠 나는다람쥐 류 (紙)

⿰翏鳥 류 鶩卵 물오리의 알 류 (尤)

⿰廛鳥 전 鷙鳥 새매 전、鸇 籒文 (先)

⿰鳥暴 복 물새 복 鸔同字

鵹 리 려 倉庚黃鳥 꾀꼬리 리、려 義同、⿱利鳥、鸝同字 (支)(齊)

⿱畾鳥 류 鼺鼠 나는다람쥐 류 鸓同字 (紙)

⿰堇鳥 란 어려울 란 難同字

⿸廣鳥 광 ㅣ鵾、鳳屬 봉황새 광 (養)

⿰潐鳥 추 孝順鳥 祝鳩 아롱비둘기 추 雛、鵻鶵字 (支)

⿰鳥辥 얼 鸊ㅣ、鳧屬 물오리 얼 (屑)

⿰蔑鳥 멸 鷦鷯 뱁새 멸 (屑)

⿰慮鳥 로 ㅣ鷥、水鳥頭毛如絲一名舂鋤 백로 로、해오라기 로 朱ㅣ 따오기 로 鷺同字 (遇)

⿰箴鳥 침 물총새 침 ⿰鳥箴同字

十六

⿰𦒓鳥 확 鴝ㅣ、鳥名 새이름 확 (陌)

鸗 롱 鳧屬小鴨 작은오리 롱 (董)

⿰盦鳥 암 ㅣ鶉 메추라기 암 (覃)

⿰𣪊鳥 구 布穀 鳲鳩、鴶ㅣ 배꾹새 국 鴂同字 (屑)

鸕 로 水鳥ㅣ鷀 가마오지 로、더펄새 로 (虞)

⿰鳥盧 로 鸕(前條)同字

⿰瞢鳥 맹 鴾ㅣ 수알치새 맹

맹 (徑)

(賀)

⿰燕鳥 [연] 제비연 燕同字

⿰遹鳥 [휼] 翠|、如兩翠鳥앙비켜휼、황새휼 相持勢맞버틸휼、|如疾飛貌훌쩍날휼 鷸同字

鶉 [곽] |公、郭公 뻐꾸기곽 (藥)

⿰霍鳥 [학] 확확 鶴同字

(十七)

⿰蔑鳥 [멸] 鷦鷯 뱁새멸 ⿱蔑鳥同字 (屑)

⿰鳥薛 [얼] 鶂|、鳧屬물오리얼 鸊鷁字 (屑)

⿰霝鳥 [령] 鶺|雝渠飛行鳴相應以比兄弟할미새령 鴒、⿰靈鳥同字 (青)

鸚 [앵] 能言鳥|鵡 앵무새앵 (庚)

鸏 [횡] 水鳥물새횡 (庚)

⿰龠鳥 [약] 鷚也天|종달새약 (藥)

⿰鳥嬰 [앵] |鵡 隴客南越能言鳥앵무새앵 鸚同字 (庚)

鷇 [구] 鳥子새새끼구 鳥子生哺曰|머일구 㲉俗字 (宥)

⿰霜鳥 [상] 鷫|、西方神鳥皮可爲裘숙상새상 |鳩、鷹也매상 鷞同字 (陽)(養)

(十八)

鸜 [구] |鵒鳥名구욕새구 雊同字 (虞)

⿰畾鳥 [류] 나는다람쥐류 鼺同字

⿰鳥藋 [관] 황새관 鸛同字

⿰鳥鳥 [예] 鳧也물오리예 (支)

⿰藋鳥 [관] 水鳥似鵠 황새관 (翰)

⿰薰鳥 [훈] 怵鳥 괴상한새훈 (問)

(十九)

⿰絲鳥 [만] 比翼鳥與鶼鶼만새 만、비익조만 鸞同字 (刪)

⿰灌鳥 [학] 확확 鶴同字

鸞 [란] 神鳥鳳凰之佐난새란 |鈴임금님타는 수레방울란 鑾通 (寒)

⿰麗鳥 [리][려] 黃鳥倉庚꾀꼬리리、려 義同 (支)(齊)

(二十)

⿰無鳥 [봉] 새봉、봉황봉 鳳古字

(二十一)

⿰屬鳥 [촉][속] 續也이을촉 接也닿을촉 親眷붙이속 屬同字 (沃)(遇)

(二十二)

⿰權鳥 [권] 鸜鴝구욕새권 (先)

(二十三)

⿰疊鳥 [첩] 鳥名새이름첩 (葉)

(二十四)

⿰靈鳥 [령] 鶺|雝渠飛行鳴相應以比兄弟할미새령 鴒同

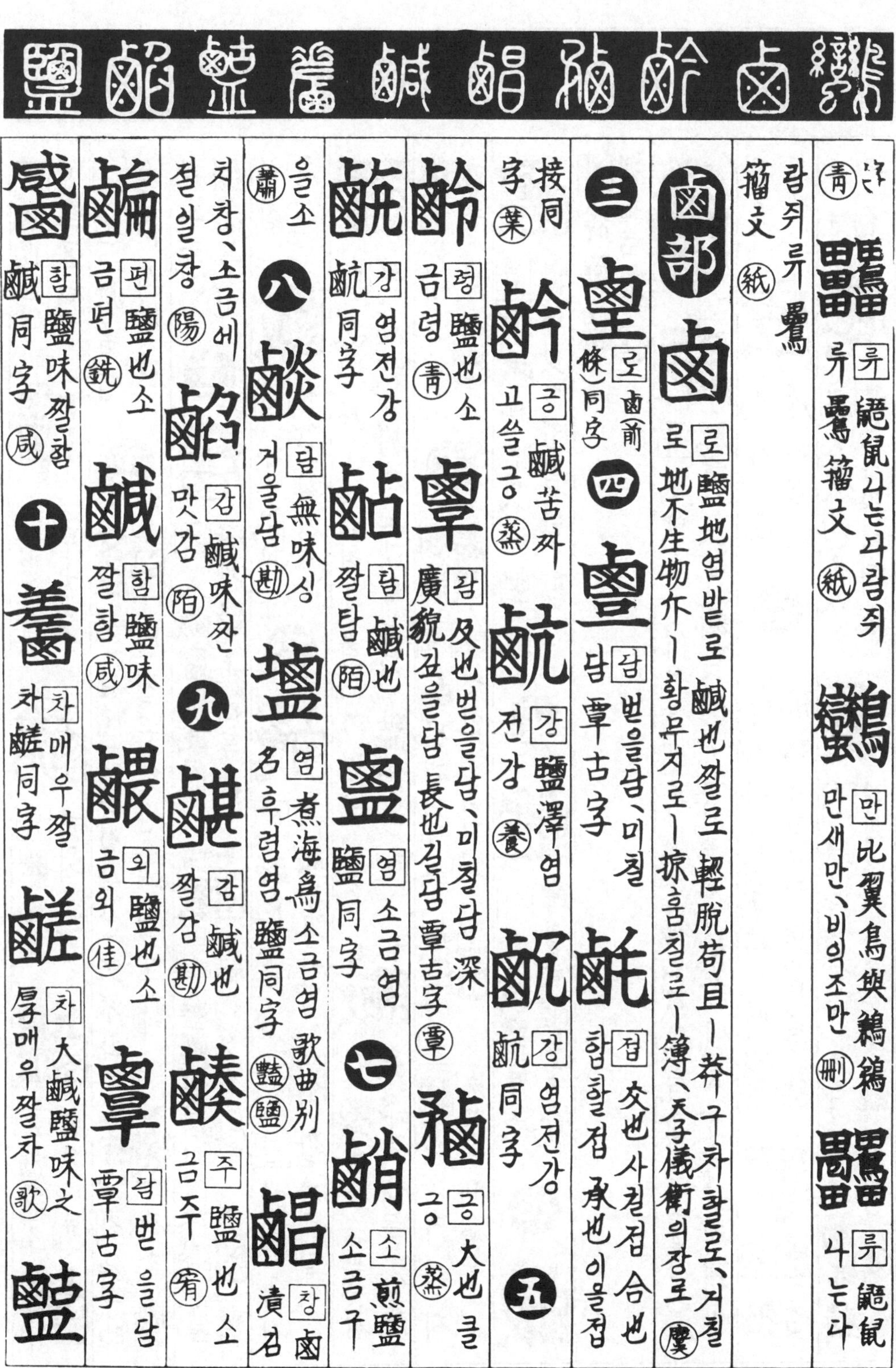

字 (靑)
鸓 [류] 鼺鼠 나는다람쥐 류 鸓 籀文 (紙)
鸞 [만] 比翼鳥 與鶼鶼 만새만、비익조 만 (刪)
鸓 [류] 鼺鼠 나는다람쥐 류 鸓 籀文 (紙)

鹵部

鹵 [로] 鹽地 염밭 로 鹹也 짤 로 輕脫苟且 ㅣ莽 구차할 로、거칠 로 地不生物 ㅣ 황무지 로 ㅣ掠 훔칠 로 ㅣ簿、天子儀衛 의장 로 (麌)

三

𠧴 [로] 鹵(前)條同字

四

䴛 [담] 벋을 담、미칠 담 覃古字

𪉖 [접] 交也 사귈 접 合也 합할 접 承也 이을 접

五

接同字 (葉)

𪉑 [금] 鹹苦 짜고 쓸 금 (蒸)

𪉗 [강] 鹽澤 염전 강 (養)

䴚 [강] 염전 강 航同字

𪉓 [령] 鹽也 소금 령 (靑)

覃 [담] 及也 벋을 담、미칠 담 深廣貌 깊을 담 長也 길 담 覃古字 (覃)

䴜 [긍] 大也 클 긍 (蒸)

䴚 [강] 염전 강 航同字

䴛 [탐] 鹹也 짤 탐 (陌)

𪉟 [염] 鹽同字 소금 염

七

䴭 [소] 煎鹽 소금 구울 소 (蕭)

䴵 [창] 鹵漬 치 창、소금에 절일 창 (陽)

八

䴬 [담] 無味 싱거울 담 (勘)

𪉡 [염] 煮海爲 소금 염 名 후렴 염 歌曲別 鹽同字 (豔)(鹽)

䴳 [감] 鹹味 짠 맛 감 (陌)

九

䶛 [감] 鹹也 짤 감 (勘)

䴮 [주] 鹽也 소금 주 (宥)

䴯 [편] 鹽也 소금 편 (銑)

鹹 [함] 鹽味 짤 함 (咸)

䴰 [외] 鹽也 소금 외 (佳)

覃 [담] 벋을 담 覃古字

䶢 [함] 鹽味 짤 함 鹹同字 (咸)

十

𪉪 [차] 매우 짤 차 鹺同字

鹺 [차] 大鹹 鹽味之厚 매우 짤 차 (歌)

盬

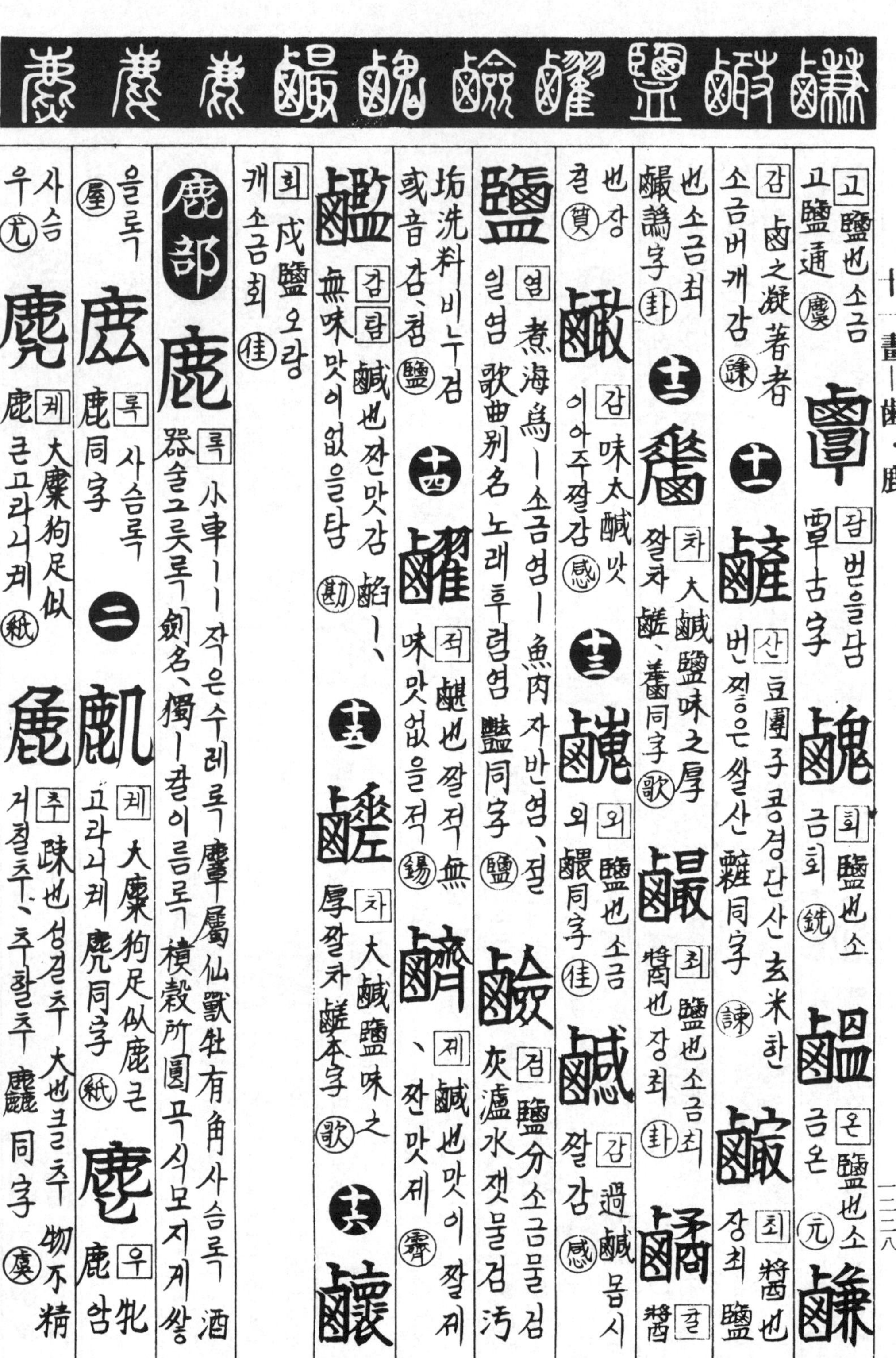

[고] 鹽也 소금 고 鹽通 (麌)

⿱鹵早 [담] 번을 담 覃古字

⿰鹵鬼 [회] 鹽也 소금 회 (銑)

⿰鹵⿱因皿 [온] 鹽也 소금 온 (元)

鹻 [감] 鹵之凝著者 소금버캐 감 (謙)

十一

⿰鹵産 [산] 豆團子 콩경단 산 去米 한번 찧은 쌀 산 ⿰米難同字 (諫)

⿰鹵敢 [최] 醬也 장 최 鹽也 소금 최 ⿰鹵最譌字 (卦)

十二

⿱差鹵 [차] 大鹹 鹽味之厚 짤 차 鹺、⿱羊鹵同字 (歌)

⿰鹵最 [최] 鹽也 소금 최 醬也 장 최 (卦)

⿰鹵矞 [귤] 醬也 장 귤 (質)

⿰鹵敢 [감] 味太鹹 맛이 아주 짤 감 (感)

十三

⿰鹵嵬 [외] 鹽也 소금 외 ⿰鹵畏同字 (佳)

⿰鹵感 [감] 過鹹 몹시 짤 감 (感)

鹽 [염] 煮海爲－ 소금 염 －魚肉 자반 염、절일 염 歌曲別名 노래 후렴 염 艷同字 (鹽)

鹼 [검] 鹽分 소금물 검 灰瀘水 잿물 검 汚垢洗料 비누 검 或音 감、첨 (鹽)

十四

⿰鹵翟 [적] ⿰鹵甚也 짤 적 無味 맛 없을 적 (錫)

⿰鹵齊 [제] 鹹也 맛이 짤 제、짠 맛 제 (霽)

⿰鹵監 [감][탐] 鹹也 짠맛 감 ⿰鹵臽－、無味 맛이 없을 탐 (勘)

十五

鹺 [차] 大鹹 鹽味之厚 짤 차 鹾本字 (歌)

十六

⿰鹵襄 [회] 戌鹽 오랑캐 소금 회 (佳)

鹿部

鹿 [록] 小車－－ 작은 수레 록 麞屬 仙獸牡有角 사슴 록 酒器 술그릇 록 劍名、獨－ 칼 이름 록 積穀所圓 곡식 모지게 쌓을 록 (屋)

⿸鹿厶 [록] 鹿同字 사슴 록

二

麂 [궤] 大麇狗足似鹿 큰 고라니 궤 ⿸鹿兀同字 (紙)

麀 [우] 牝鹿 암사슴 우 (尤)

⿸鹿兀 [궤] 大麇狗足似鹿 큰 고라니 궤 (紙)

⿸鹿乇 [추] 踈也 성길 추 大也 클 추 物不精 거칠 추、추할 추 麤同字 (虞)

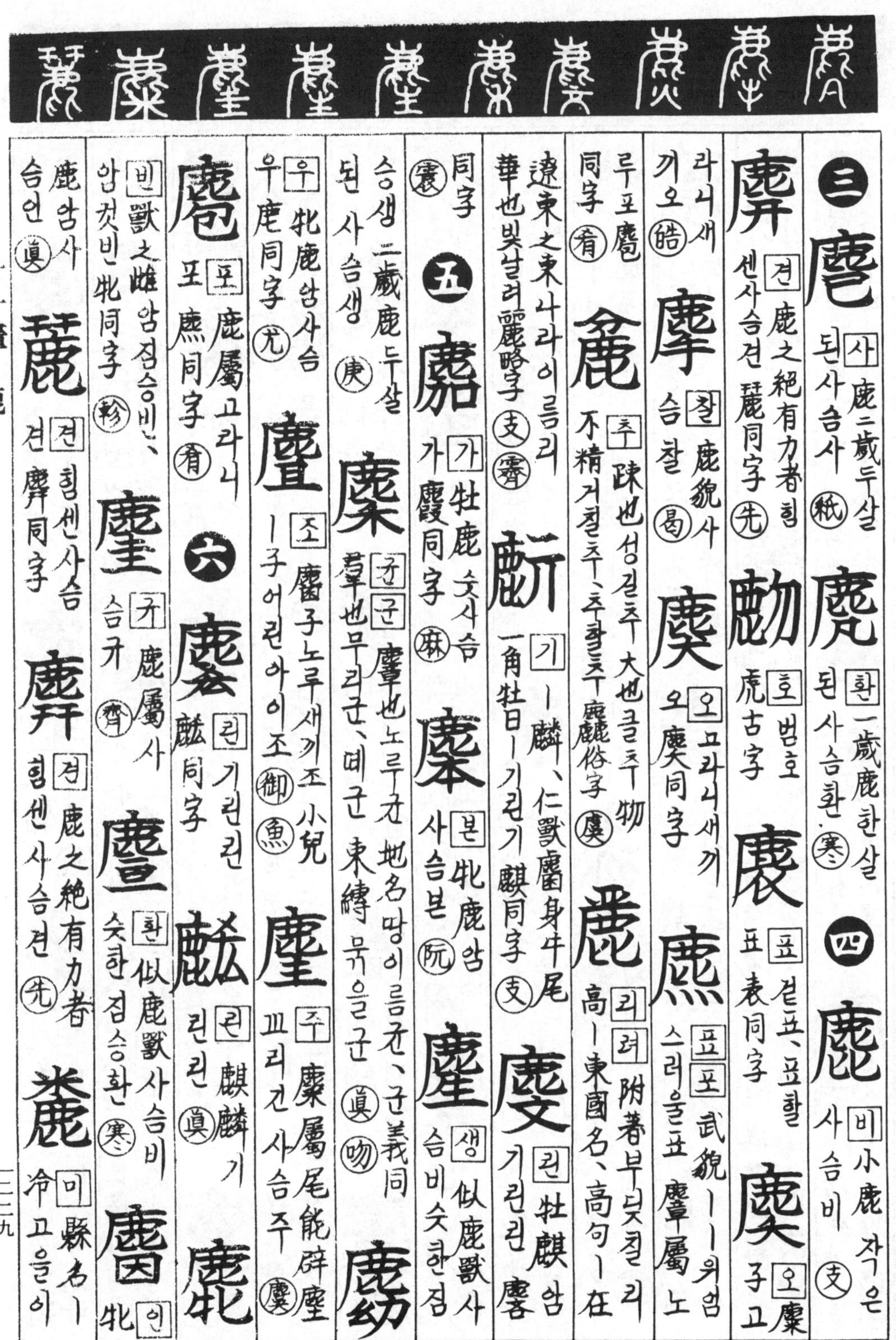

㊂ 麎 [사] 鹿二歲두살 된사슴사 (紙)
麍 [환] 一歲鹿한살 된사슴환 (寒)
㊃ 麑 [비] 小鹿 작은 사슴비 (支)
麌 [오] 麌子고라니새끼오 (皓)
麉 [견] 鹿之絕有力者힘 센사슴견 麙同字 (先)
[illegible] [호] 범호 虎古字
麃 [표] 걸표、표할 표 表同字
[illegible] [찰] 鹿貌사슴찰 (曷)
麌 [오] 고라니새끼 오 麌同字
麃 [표][포] 武貌ㅣㅣ위엄 스러울표 麞屬노루포 麅同字 (肴)
麄 [추] 踈也성길추 大也클추 物不精거칠추、추할추 麤俗字 (虞)
麗 [리][려] 附著부딪칠리 高ㅣ東國名、高句ㅣ在遼東之東나라이름리 華也빛날려 麗略字 (支)(齊)
[illegible] [기] ㅣ麟、仁獸麕身牛尾 一角牡日ㅣ기린기 麒同字 (支)
麐 [린] 牡麒암 기린린 [illegible]同字 (震)
㊄ 麚 [가] 牡鹿숫사슴 가 麚同字 (麻)
[illegible] [본] 牝鹿암 사슴본 (阮)
[illegible] [생] 似鹿獸사 슴비슷한짐승생 二歲鹿두살 된사슴생 (庚)
麇 [균][군] 麞也노루균 地名땅이름균、군 義同 群也무리균、떼군 束縛묶을군 (眞)(吻)
[illegible] [우] 牝鹿암사슴 우 麀同字 (尤)
[illegible] [조] 麕子노루새끼조 小兒 ㅣ子어린아이조 (御)(魚)
麈 [주] 麋屬尾能辟塵 꼬리긴사슴주 (麌)
[illegible]
[illegible] [포] 鹿屬고라니 포 麃同字 (肴)
㊅ [illegible] [린] 기린린 [illegible]同字
[illegible] [린] 麒麟기 린린 (眞)
[illegible]
[illegible] [빈] 獸之雌암짐승빈、 암컷빈 牝同字 (軫)
[illegible] [규] 鹿屬사 슴규 (齊)
[illegible] [환] 似鹿獸사슴비 슷한짐승환 (寒)
[illegible] [인] 牝鹿암사 슴인 (眞)
麙 [견] 힘센사슴 견 麉同字
[illegible] [견] 鹿之絶有力者 힘센사슴견 (先)
[illegible] [미] 冷縣名ㅣ 冷고을이

름미 (支)

麃 표 겉표、표할 표 表古字

麡 기 大麕 큰노루 기 (紙)

麋 미 水直之交 물기슭 미 鹿屬似水牛 고라니 미 (支)

⑦

麐 린 암기린 린 麐同字

麐 린 牝麒 암기린 린 (震)

麜 도 騊ㅣ良馬 말이름 도 獸名、騊ㅣ 짐승이름 도 騟同字 (虞)

麏 균 鹿屬 고라니 균 (眞)

麌 우 牡鹿 숫사슴 우 群聚貌ㅣ 사슴떼지어서 모일 우 (麌)

麢 영 鹿也 사슴 영 (迥)

麘 효 瑞獸 상서스러운 짐승 효 (巧)

麆 조 鹿子 사슴새끼 조 (魚)

䴦 정 鹿走貌 사슴달아나는 모양 정 (迥)

𪋲 산 獅子別名 사자 산 (寒)

麎 신 牝麋 암코라니 신 (眞)

𪋳 어 鱸也 노쇠어 (魚)

𪋩 류 鹿也 사슴 류 (尤)

⑧

麕 균 鹿屬 고라니 균 麏同字

麒 기 仁獸ㅣ麟 기린 기 (支)

麖 경 大鹿牛尾一角 큰사슴 경 麠同字 (庚)

麔 구 牡麋 숫코라니 구 (有)

𪋹 추 小鹿 작은사슴 추 (虞)

麑 예 鹿子 사슴새끼 예 獸名 狻ㅣ 짐승이름 예 猊通 (齊)

𪋃 끈 鹿屬 사슴종류 끈 (元)

𪋻 미 獸初生 새끼미 鹿子 사슴새끼 미 麛同字 (齊)

麓 록 山足 산기슭 록、산밑 록 守山林吏 산감 록 (屋)

𪋼 추 鹿一歲 한살된 사슴 추 (支)

𪋽 위 腊鹿肉 저장한 사슴고기 위 鹿之美者 아름다운 사슴 위 (支)

麗 려 리 美也 고울 려 華也 빛날 려 偶數也 짝맞을 려 高樓ㅣ譙 문루 려 施也 베풀 려 附也 붙을 려、附著 붙을 리 國名高句ㅣ、高ㅣ 나라이름 리 (齊) (支)

⑨

𪌂 호 범 호 虎同字

麛 미 獸初生 갓낳은 짐승 미、鹿子

사슴새끼 미 (支)

麖 [경] 大麖 큰사슴 경 麠同字 (庚)

⿸鹿耎 [간] 鹿麛 사슴새끼 간 (翰)

麘 [향] 麝香鹿 사향사슴 향 (陽)

⿰鹿者 [저] 사슴종류 저 ⿸鹿者同字

麚 [가] 牡鹿 숫사슴 가 ⿸鹿加同字 (麻)

⿸鹿幽 [우] 암사슴 우 麀同字

麙 [암] 山羊而細角 크고뿔가는산양 암 (咸)

⿸鹿者 [저] 鹿類 사슴종류 저 (魚)

十

⿸鹿迷 [미] 鹿跡 사슴발자국 미 鹿媒 녹매 미 (齊)

麝 [사] 似麞臍香 사향노루 사 (禡)

⿸鹿⿰且巾 [저] 驕也 교만할 저 氣劇 거칠 저 怚籀文 (御)(語)

麜 [률] 牝麕 암노루 률 (質)

麗 [리][려] 나라이름 리、화려할 려 麗古字

⿸鹿令 [령] 鹿也 사슴 령 (青)

十一

⿸鹿⿰彖目 [미] 鹿也 사슴 미 (支)

麟 [린] 仁獸毛蟲長 기린 린 (眞)

⿸鹿需 [유][누][난] 鹿子 사슴새끼 유、누、난 義同 ⿸鹿需同字 (虞)(尤)(翰)

⿸鹿重 [경] 大麖 큰사슴 경 麖同字 (庚)

⿸鹿畢 [필] 鹿子 사슴새끼 필 (質)

⿸鹿票 [표] 鹿屬 사슴종류 표 (蕭)

⿸鹿速 [속] 鹿跡 사슴발자국 속 (屋)

麞 [장] 鹿屬無角 노루 장 獐同字 (陽)

⿰鹿菐 [복] 鹿相隨 사슴서로따를 복 (屋)

⿸鹿欶 [사] 臍香似麞 사향노루 사、궁노루 사 麝本字 (禡)

十三

麌 [우] 牡鹿 숫사슴 우 羣聚貌 사슴떼우물거릴 우 麌同字 (麌)

麠 [경] 大麃一角 외뿔사슴 경 麖同字 (庚)

⿸鹿录 [록] 獸名似鹿 짐승이름 록 (屋)

麢 [령] 영양 령 ⿸鹿零同字

⿸鹿零 [령] 大羊角細而圓 영양 령 麢同字 (青)

十四

⿸鹿需 [유][누][난] 鹿子 사슴새끼 유、누、난 義同 (虞)(尤)(翰)

⿸鹿與 [여][서] 似鹿而大獸 사슴같고 큰

짐승여、서 義同 (御)(語)

麡 [제][재] 形如鹿、角前俯 뿔이 앞으로 굽은 사슴제、재 義同 (齊)(佳)

(十五) **⿸鹿壹** [령] 鹿也 사슴령 䴇同字 (靑)

(十七) **麟** [린] 仁獸毛蟲長 기린린 麟同字 (眞)

麢 [령] 大羊角細而圓 영양령 羚同字 (靑)

(十八) **⿸鹿巂** [미] 獸初生새끼미 鹿子사슴새끼미 麛同字 (齊)

(二十) **⿸鹿嚴** [암] 山羊산양암 (咸)

(二十二) **麤** [추] 大也 클추、物不精 추할추、踈也 성길추 粗、觕通 (虞)

(二十五) **⿱麤土** [진] 埃也 티끌진、먼지진 塵同字 (眞)

麥部

麥 [맥] 五穀一有芒穀來麰秋種夏熟 보리맥 蕎ㅣ모밀맥 草名燕ㅣ돌귀리맥 (陌)

麦 [맥] 麥前條同字

(二)

麫 [면] 麥末 밀가루면 温飩 국수면 麪譌字 (霰)

⿰麥乚 [국] ㅣ蘖、酒母 누룩국 麴同字 (屋)

(三)

⿰麥才 [재] 麴也 누룩재 (灰)

⿰麥乇 [탁] 餠也 떡탁 (藥)

⿰麥弋 [익] 麥穀破碎者 보릿겨익 (職)

麧 [흘] 糈也 磨麥糖ㅣ 보리싸라기흘 不碎糖ㅣ 겉보리흘 (月)

⿰麥亡 [망] 麥芒 보리꺼럭망 芒俗字 (陽)

⿰麥山 [산] 麴也 누룩산 麥糠 보리겨산 (諫)

(四)

麨 [초] 糗也 蒸麥或屑 젼보리가루초 (篠)

⿰麥夬 [얼] 麴ㅣ 누룩얼 蘖同字 (屑)

⿰麥反 [거] 麥不成 익지 않은 보리거、보리죽정이거 (魚)

⿰麥内 [납] ㅣ剃 가지런히 끊을납 (合)

⿰麥屯 [돈] 餌ㅣ、餌也 경단돈、도래떡돈 (元)

麩 [부] 小麥屑皮 밀기울부 (虞)

⿰麥斤 [계] 麥餠屬 보리떡계 (齊)

⿰麥丸 [열] 温也 더울열、뜨거울열 誠也 정성열 熱同字 (屑)

⿰麥夌 [릉] 越也 넘을릉 高也 높을릉 犯

也범할릉 麥同字 ㊂蒸

麧 [흘] 糠ㅣ磨麥不碎糈보리싸라기흘 麧本字 ㊂月

麱 [두] 麥也보리두 ㊂有

䴘 [흘] 餠屬보리떡흘 ㊂月

麫 [면] 밀가루면、국수면 麵同字

麪 [면] 麥末밀가루면 溫飩국수면 ㊂霰

䴭 [재] 麴也누룩재 䴭譌字 ㊂灰

䴽 [비] 麰也볶은보리가루비 ㊂支

㊄

𪌘 [모] 大麥五穀之長갈보리모 古音무 麰譌字 ㊂尤

𪌤 [거] 蜜餌과자거 ㊂語

麭 [포] 餌也경단포 麵ㅣ면보포 ㊂效

麮 [거] 麥甘粥보리죽거 煮麥飯보리밥거 ㊂語

䴱 [타] 餠也떡타 ㊂歌

䴲 [말] 麪也、米屑밀가루말 ㊂曷

䴬 [국] ㅣ蘖、酒母누룩국 麴同字 ㊂屋

麈 [주] 餠屬가루떡주、경단주 ㊂有

䴰 [초] 麨也볶은보릿가루조 麨同字 ㊂篠

䴼 [설][솔] 舂餘무거리설 麥粉보릿가루솔 𪌮譌字 ㊂屑 ㊂月

𪍊 [점] 黏粟차조점 或音졉 ㊂葉

麬 [부] 小麥屑皮밀기울부 麩同字 ㊂虞

䴫 [활] 麴也누룩활 ㊂黠

㊅

𪌭 [거] 麥甘粥보리뜨물죽거 煮麥飯보리밥거 麮譌字 ㊂語

𪍎 [격] 麥碎보리싸라기격 ㊂陌

䴹 [퇴] 餠也떡퇴 ㊂灰

𪍚 [릉] ㅣ嶒山高重貌산이언틀먼틀할릉 崚譌字 ㊂蒸

䴵 [병] 麥餠보리떡병 ㊂梗

䴸 [국] 누룩국 麴同字

麯 [국] 누룩국 麴同字

麰 [모] 大麥五穀之長갈보리모 古音무 ㊂尤

𪍉 [동] 餠屬떡동 ㊂董

㊆

䴿 [발] 屑麥가루보리발 ㊂月

𪍑 [부] 밀기울부 麩同字

𪌮 [설][솔] 무거리설、보릿가루솔 䴼同字 ㊂屑 ㊂月

𪍂 [혼] 麥

麵보리누룩혼 ㊀元

⿰麥肙 [견] 麥藁보릿집견 ㊀先

⿰麥夆 [봉] 煮麵찐누룩봉 熬麥볶은보리봉 ㊀東

⿰麥利 [리] 麥酒보리술리 ㊀支

⿰麥沙 [사] 碎麥빻은보리사 ㊀麻

⿰麥見 [한] 麥粉보릿가루한 ㊀諫

麰 [모] 大麥五穀之長갈보리모 ⿰麥走同字 ㊀尤

⿰麥予 [라] 粟粥조죽라 ㊀箇

⿰麥甬 [부] 小麥屑皮밀기울부 麩同字 麱譌字 ㊀虞

八

⿰麥幷 [병] 麪餈食밀떡병 (韓)

⿰麥隹 [초] 麨麥볶은보리조 粮也양식조 ㊀篠

麴 [국] 酒母ㅣ蘖누룩국 花名ㅣ塵꽃이름국 麯同字 ㊀屋

⿰麥其 [기] 餅屬떡기 ㊀支

⿰麥果 [과][라] 餅屬가루떡과、경단과 麵也누룩과、麵가루라 ㊀哿 ㊀馬

⿰麥念 [념] ㅣ頭、餅也보리떡념 ㊀葉

麨 [초] 糗也、蒸麥成屑찐보릿가루조 麨同字 ㊀篠

⿰麥卑 [비] 麵也누룩비 ㊀支

⿰麥芖 [의] 麥殼破碎者보리겨의 ⿰麥弋俗字 ㊀職

⿱黎麥 [리] ⿰麥比也볶은보리리 ㊀支

⿰麥勿 [리] ⿱黎麥(前條)同字

⿰麥匋 [도] 麥餅보리떡도 ㊀豪

⿰麥备 [비][배] 糗ㅣ乾飯말린밥 비、배義同 糒同字 ㊀寘

⿰麥昆 [혼] 粒麥쌀보리혼 ㊀元

⿰麥咅 [부] 小麥粉餅밀가루떡부 ㊀有

⿰麥忽 [홀] 餅屬보리떡홀 ⿰麥勿同字 ㊀月

⿰麥空 [혹] 麥也보리혹 ㊀屋

⿰麥戔 [산] 麥也보리산 ㊀潸

⿰麥夜 [야] ⿱龍若麥皮⿰麥蒦 ㅣ밀기울야 ㊀禡

⿰麥困 [균] 餅屬경단떡균 ㊀翰

⿰麥录 [록] ⿰麥蜀ㅣ、煮餅찐보리떡록 ㊀屋

⿰麥來 [래] 小麥밀래 來通

九

⿰麥⿱巛艮 [삭] 乾餅말린떡삭 ㊀藥

⿰麥柔 [구] 麴俗字

⿰麥負 [부] 再生麥두벌보리부 ㊀遇

⿰麥敄 [무] 갈보리무 ⿱敄麥同字

⿱敄麥 [무] 갈보리무 麰同字

⿰麥咼 [좌] ⿰麥予ㅣ、粟粥좁쌀죽좌 ㊀箇

麵 [면] 밀가루면 麪俗字

⿰麥科 [과] ㅣ斗 餌也、象蟲形을켱이모양으로 만든떡과 (歌)

⿰麥枼 [설][솔] 무거리설、보릿가루솔 ⿰麥肖同字 (屑)(月)

⿰麥酋 [초] 麨也볶은보리가루초 (篠)

⿰麥俞 [주] 餅屬가루떡주、경단주 ⿰麥圭同字 (有)

⑩

⿰麥差 [차][지] 檮也보리쩡을차 靡麥보리갈차 穀麥淨意보리깨끗할차、지義同 (歌)(紙)

⿰麥昷 [온] 麴也누룩온 (問)

⿰麥索 [삭] ⿰麥襄ㅣ동근떡삭 (藥)

⿰麥胥 [설][솔] 春餘무거리설 麥粉보릿가루솔 (屑)(月)

⿰麥冡 [몽] 麴也누룩몽 有衣麴、女麴옷있는누룩몽 糏也싸라기몽 (東)

⿰麥尃 [박] ㅣ飥、餅也떡박 (藥)

⿱𣪊麥 [곡] 麴也누룩곡 (屋)

⿰麥备 [비][배] 말린밥비、배義同 糒俗字

⿰麥皀 [비] ⿰麥酋也볶은보리가루비 ⿰麥比同字 (支)

⑪

⿱敄麥 [모] 大麥五穀之長갈보리모 古音무 麰同字 (尤)

⿰麥畢 [필] 餅⿰麥亐有餡ㅣ饠두텁떡필 饆同字 (質)

⿰麥莎 [사] 香附子、藥草향부자사 挼ㅣ煩撋비밀사 莎同字 (麻)

⿰麥將 [장] 麥腐보리썩을장 (漾)

⿰麥婁 [루] ⿰麥粦ㅣ、⿰麥襄餅둥근떡루 (有)

⿱旋麥 [선] 麥也보리선 (霰)

⿰麥敖 [오] 乾煎볶을오 愁苦聲걱정할오 熬譌字 (豪)

⿱敖麥 [오] 煮也볶을오 曝也쬐어말릴오 (豪)

⿰麥冡 [몽] 糏也보리싸라기몽 麴也누룩몽 (東)

⿰麥莫 [막] ⿰麥若麥皮ㅣ麩 밀기울막 (藥)

⿰麥連 [련] 新麥之餅햇보리떡련 (銑)

⿰麥殳 [곡] 麴也누룩곡 ⿱𣪊麥同字 (屋)

⿰麥啇 [적] 小麥粉밀가루적 (錫)

⿰麥果 [과][라] 餅屬가루떡과、경단과 麴也누룩과 ⿰麥另也밀가루라 粿譌字 (哿)(馬)(箇)

⿰麥乘 [차][자] 靡麥보리를갈차 檮麥보리쩡을차 穀麥淨意보리깨끗할차、자義同、⿰麥差同字

歌 紙

⿰麥曼 만 ㅣ頭、餅也 만두만 寒

十一

⿰麥覃 담 良味맛 있을담 覃

⿰麥粦 련 環餅둥 근떡련 先

⿰麥善 선 新麥餅햇 보리떡선 銑

⿰麥啇 적 小麥粉밀가루 적 ⿰麥商本字 錫

⿰麥替 체 滌麪빨고씻은 보리가루체 霽

⿰麥黃 광 大麥보리광 麥麩밀기울광 梗

⿰麥青 주 糖餅엿수餅 也가루떡수 紙

十二

⿰麥瞏 환 餅也떡환 粔籹중배 기환、약과환 黃蒸⿰麥瞏子누런찐 떡환 刪 濟

⿰喿麥 소 말린보리가 루소 ⿰麥喿同字

⿰麥喿 소 乾麪말린보 리가루소 號

⿰麥豦 거 麥小者 잔보리거 魚

⿰麥豊 풍 炒麥볶은 보리풍 東

⿰麥敖 오 煮也볶을오 曝也쬘 어말릴오 ⿱敖麥同字 豪

⿰麥蜀 독 ㅣ麰、煮餅찐떡 독 屋

十四

⿰麥蒙 몽 麴也누룩몽 糗也 싸라기몽 ⿰麥蒙俗字 東

十五

⿰麥廣 광 皮厚麥껍질두 터운보리광 梗

十六

⿰麥林 래 來麰小麥밀 래 棶同字 灰

⿰麥龍 롱 餅屬 떡롱 東

十七

⿰麥辥 얼 麥蘗보 리움얼 屑

十八

⿰麥豐 풍 熬麥 볶은보 리풍 東

十九

⿰麥羅 라 餅也가 루떡라 歌

二十

⿱鑿麥 착 屑麥蒸之者보리 가루를찐떡착 藥

麻部

麻 마 胡ㅣ깨마 枲屬삼마 朝廷 綸命、白ㅣ黃ㅣ조정윤음마 麻

⿸广林 마 삼마 麻俗字

⿸麻亡 미 無也 없을미 ㅣ曼美色어여쁠미 散也흐 트러질미 靡同字 紙 支

三

麼 마 작은마 麽同字

⿸麻尤 삭 治病병 고칠삭 藥

麽 마 微也작을마 細瑣幺ㅣ잘 마 麽同、何也어찌마 哿 (中)

四

⿸麻日 력 미 曆也달력력、日 光햇빛미 錫 支

⿸麻火 미 糏也싸 라기미 支

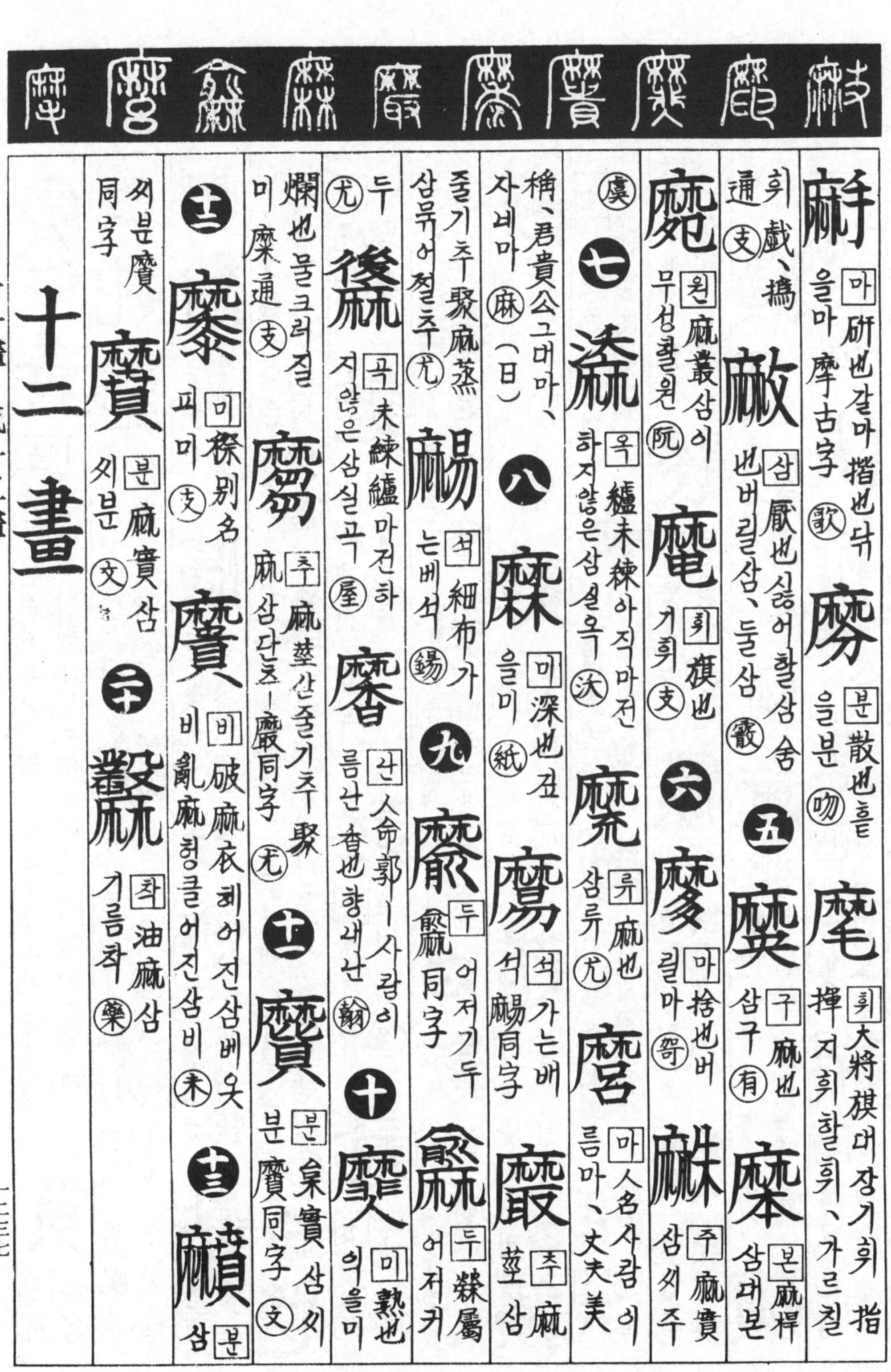

𪎭 마 研也갈마 揩也닦을마 摩古字 歌
麽 분 散也흩을분 吻
麾 휘 大將旗대장기휘 指揮지휘할휘、가르칠휘 戲、撝通 支

㸏 삼 厭也싫어할삼 舍也버릴삼、들삼 感

㈤

麌 구 麻也삼구 有
麻本 본 麻稈삼대본

麻瓦 원 麻叢삼이 무성할원 阮
麾 휘 旗也기휘 支

㈥

麼 마 捨也버릴마 哿
麻朱 주 麻實삼씨주 虞

㈦

麻禿 옥 纑未練아직마전하지않은삼실옥 沃
麻亮 류 麻也삼류 尤
麿 마 人名사람이름마、丈夫美稱、君貴公그대마、자네마 麻 (日)

㈧

麻林 미 深也깊을미 紙
麻鳥 석 가는배석 麻鳥同字
麻叚 추 麻莖삼줄기추 聚麻蒸삼묶어절추 尤
麻易 석 細布가는베석 錫

㈨

麻俞 두 어저귀두 䕞麻同字
䕞 두 䕞屬어저귀두
麻侯 곡 未練纑마전하지않은삼실곡 屋
麻芻 추 麻莖삼줄기추 聚 尤
麻香 산 人命郭ㅣ사람이름산 香也향내산 翰
麻闌 爛也물크러질미 糜通 支
麻翕 추 麻莖삼단추—麤同字 尤

㈩①

麻賁 분 枲實삼씨분 麖同字 文

㈩

麻非 미 熟也익을미

㈩①

麻黍 미 穄別名피미 支
麻賁 비 破麻衣해어진삼베옷비 亂麻헝클어진삼비 未

㈩③

麻賣 분 삼씨분 麖同字
麻賁 분 麻實삼씨분 文

㉀

麻殳 착 油麻삼기름착 藥

十二畫

黃部

黃 황 倉ㅣ급히서두를황 五色之中央土色누를황 ㅣ耇늙은이황 小兒之稱어린아이명칭황 陽

黄 황 黃俗字

四

⿰黃屯 돈 단 黃色누른빛돈、단 義同 ⿰亶黃同字 元 寒

⿰黃亢 강 黃色누른빛강 泰

⿰黃尢 광 武勇貌ㅣ위엄스러울광 陽

黅 금 黃色누른빛금 侵

⿰亶黃 단 黃色누른빛단 寒

五

⿰黃斤 채 黃色누른빛채 陌

黇 첨 전 黃色누른빛첨 白黃色누르스름할첨、전 義同 鹽 先

黈 주 增也늘일주 黃也누를주 冕旁纊ㅣ纊면류관옆에단솜주 有

六

⿸广黃 광 煇也빛날광 泰

黊 규 鮮明黃곱게누를규 齊

⿰黃丞 증 黃色누른빛증 徑

⿰黃舌 천 黃白色누르고흰빛천 先

⿰黃有 유 黃色누른빛유 紙

⿰黃充 충 塞耳掩聽ㅣ纊귀막을충 東

七

⿰黃夾 혐 赤黃주황빛혐 鹽

⿰黃夭 점 黃色누른빛점 鹽

八

⿰黃享 돈 단 누른빛돈、단 義同 ⿰亶黃同字

⿰黃昔 작 皮淡黃色겁질누를작 藥

⿰亶黃 돈 단 黃色누른빛돈、단 義同 元 寒

⿰黃定 정 濃黃色노란빛정 鹽

⿰黃戠 의 黃疸病황달병의 紙

⿰黃隹 요 燿也빛날요 七曜요일요 曜同字 嘯

⿰黃炎 점 黃色누른빛점 鹽

⿰皀黃 횡 藤屬등덩쿨횡 鐄同字 庚

⿰黃戔 전 黃色누른빛전 先

⿰月黃 황 膧病볼기붓는병황 膭同字 陽

九

⿰黃重 주 黃色누를주 旁纊귀막이솜주 黈同字 有

⿰黃頁 운 面黃色얼굴누런운 吻

⿰皀黃 횡 藤屬등덩굴횡 庚

⿰黃帚 단 금향빛단 ⿰黃耑同字

⿰黃耑 단 黃黑色금향빛단 寒

⿰黃軍 [휘] 光也빛날휘 輝同字 (微)

⑩

⿰黃能 [웅] 獸名곰웅 熊古字 (東)

黈 [주] 누를주 黈同字

⿰黃員 [운] 黃色누른빛운 (吻)

⿰黃鳥 [단] 黃黑色금향빛단 ⿰黃耑俗字 (寒)

⿰黃殳 [황] 卵中黃알속의노른자황 (陽)

⿰黃戈 [유] 黃色누른빛유 ⿰黃有同字 (紙)

⑪

⿰黃翏 [로] 黃色누른빛로 草色풀빛로 (號)

⿰黃斗 [주] ㅣ⿰黃斗 兵奪人物겁탈할주 黈同字 (有)

⑫

⿰黃咸 [케] 病貌앓는모양케 (隊)

⿰黃單 [천] 黃色누른빛천 (銑)

⿰華黃 [황] 煇也빛날황 (陽)

⑬

黌 [횡] 學舍글방횡、학교횡 (庚)

⿰黃⿱羽氺 [로] 黃色누른빛로 草色풀빛로 ⿰黃翏同字 (號)

⿰黃豊 [작] 皮淡黃色가죽빛이연누럴작 (藥)

黍部

黍 [서] 禾屬粘者기장서、메기장서 (語)

③

⿰黍勿 [려] 무리려、동틀려 黎同字

⿰黍刃 [닐] 黏也차질닐 (質)

黎 [려] 衆也무리려 黑也검을려 天欲曙ㅣ明동틀려 遲通 (齊)

⿰黍攵 [여] 黏也차질여、붙일여 (語)

④

⿰黍日 [닐] 黏著붙을닐 (質)

⿱黍日 [향] 향내향 香本字

⿰黍今 [려] 衆也뭇려 (齊)

⿰黍斗 [려][리][루] 耕田具보습려 耕也밭갈려 黑也검을려 駁牛얼룩소리 老人늙은이살결리 恐貌무서워떨루 (齊)(支)

⿰黍丑 [유] 黏也차질유 (有)

⿰黍互 [호] 糊也풀호 (遇)

⿰黍斤 [근][건] 黏也차질근、건 義同 (吻)(眞)

⑤

⿰黍必 [필] 香也향내날필 (質)

黏 [점] ㅣ土차질점 相著서로붙을점 糊也풀점 粘同字 (鹽)

⿰黍古 [호] 糊也미음호、풀호 (虞)

⿰黍尼 [녜] 黏也찰녜 (齊)

⿰黍包 [포] 黍破皮기장된장옷거덕포 (效)

⿱奴黍 [나] 黏着차 붙을나 (禡)

⿰黍⿱力女 [리] 恍也어 두울리 (支)

⿰黍乎 [호] 糊也 미음호、풀호 黏同字 (虞)

㊅

⿰黍朱 [주] 黏也찰 질주 (虞)

⿰黍多 [나] 粘着끈 붙을나 (馬)

㊇

⿰黍奉 [봉] 飂麥보리를 가부를봉 (腫)

⿰黍居 [거] 黍也기 장거 (御)

⿰黍卷 [권] 廣也넓을권 黏也찰질권 (阮)

⿰黍卑 [비] 稗也 피비 (支)

⿰黍東 [동] 黏貌 차진모양동 攏ㅣ、不上 오르지 않을 을동 (董)

⿱臤黍 [견] ⿸麻黍也메기장견 穄也찰기장견 (霰)

㊈

⿰黍重 [동] 黏貌 차진모양동 攏ㅣ、不上 오르지 않을 을동 ⿰黍東同字 (董)

⿰黍昜 [새][사] 不黏貌 차지지않는모양 새 曬也 햇빛이쬐일사 (卦)(禡)

⿰黍胡 [호] 糊也 미음호、풀호 黏同字 (虞)

⿰黍⿱占心 [점] 心有所著 마음붙일점 (鹽)

⿰黍奓 [차] 黏貌 차진모양 차 黏也 차질차 (麻)

⿰黍畐 [복] 治黍禾豆下潰葉 결입저질복 (屋)

㊉

⿰黍舀 [도] 蜀黍옥 수수도 (皓)

⿰黍兼 [렴] 黍之疎 기장성길렴 (鹽)

⑪

⿰黍連 [련] 轢禾벼 를갈련 (銑)

⿰黍麻 [마] 黏黍 차기장 마 (麻)

⿰黍匿 [닉] 黏也차 질닉 (職)

⿰黍啇 [적] 糊也 풀적、黏也 차질적 (錫)

黐 [리] 所以黏鳥 끈이리、새잡는풀 리 (支)

⿰黍堅 [견] ⿸麻黍也 메기장견 穄也 찰기장견 緊黍俗字 (霰)

⑬

⿰黍農 [농] 果子總名 과실농 耕種 밭갈농 (董)

⑭

⿰黍⿱山离 [리] 所以黏鳥 끈끈이리、새 잡는풀리 黐同字 (支)

⑯

⿰黍龍 [롱] 黏也차 질롱 (董)

⿰黍遺 [유] 黏也차 질유 (支)

黑部

黑 [흑] 五色之一北方陰色、晦也검을흑、어두울흑 是非ㅣ白그을흑 暗ㅣ캄캄할흑 黶黑也ㅣ子사마귀흑 (職)

黒 [흑] 黑(前條)同字

⿱罒炎 [흑] 黑本字(前前條)

㊀

⿰黑乚 [알] 深黑色ㅣ昧어두울알、깊게검을알 (黠)

㊁

⿰黑刂 [경] 墨刑在面자자할경 黥古字 (庚)

⿰黑卜 [복] 淺黑여래게검을복 ⿰黑菐同字 (屋)

㊂

⿰黑勺 [작] 以丹注面亥ㅣ연지찍을작 (錫)

黓 [익] 黑色검을익 弋通 (職)

⿰黑乇 [투] 深黑새까말투 (遇)

⿰黑大 [대] 黑也검을대 墨痕흔적대 (泰)

⿰黑乙 [은] 黑也검을은 黫同字 (刪)

⿰黑干 [간] 面黑기미낄간、얼굴색검을간 皯同字 (旱)

⿰黑丸 [환] 皰肒그리어서부스럼살환 (翰)

⿱皮黑 [견] 皮黑가죽이검을견 皮皺주름살견 ⿱皮黑諺字 (銑)

⿰黑乇 [돈] 濁也흐릴돈 黑也검을돈 黗同字 (元)

㊃

⿰黑攵 [흑] 검을흑 黑同字

⿰黑火 [멱] 刑也、極ㅣ형벌할멱 (錫)

⿰黑亢 [항] 冥也ㅣ黚어두울항 (漾)

⿱皮黑 [견] 皮黑가죽이검을견 皮皺주름살견 (錫)

黕 [담] 滓坋때낀담 黑貌검을담 (感)

⿰黑尤 [우] 贅肉혹우、사마귀우 肬同字 (尤)

⿰黑予 [서] 黑也검을서 (語)

⿰黑大 [태] 甚黑몹시검을태 (泰)

⿰黑旦 [달] 白而有黑희색빛달 ⿰黑且同字 (曷)

黔 [검][금] 黎也ㅣ首검을검 黑也검어질검 神名ㅣ嬴ㅣ雷귀신이름금 (鹽)(侵)

⿰黑几 [담] 滓坋黑貌때낀담 黕同字 (感)

黗 [돈] 濁也흐릴돈 黑也검을돈 (阮)

⿰黑旡 [기] 物生貌물건생겨나는모양기 本音희 (未)

默 [묵] 不語恭ㅣ잠잠할묵 靜也고요할묵 幽也그윽할묵 嘿同字、墨通 (職)

㊄

⿰黑彡 [진] 黑也검

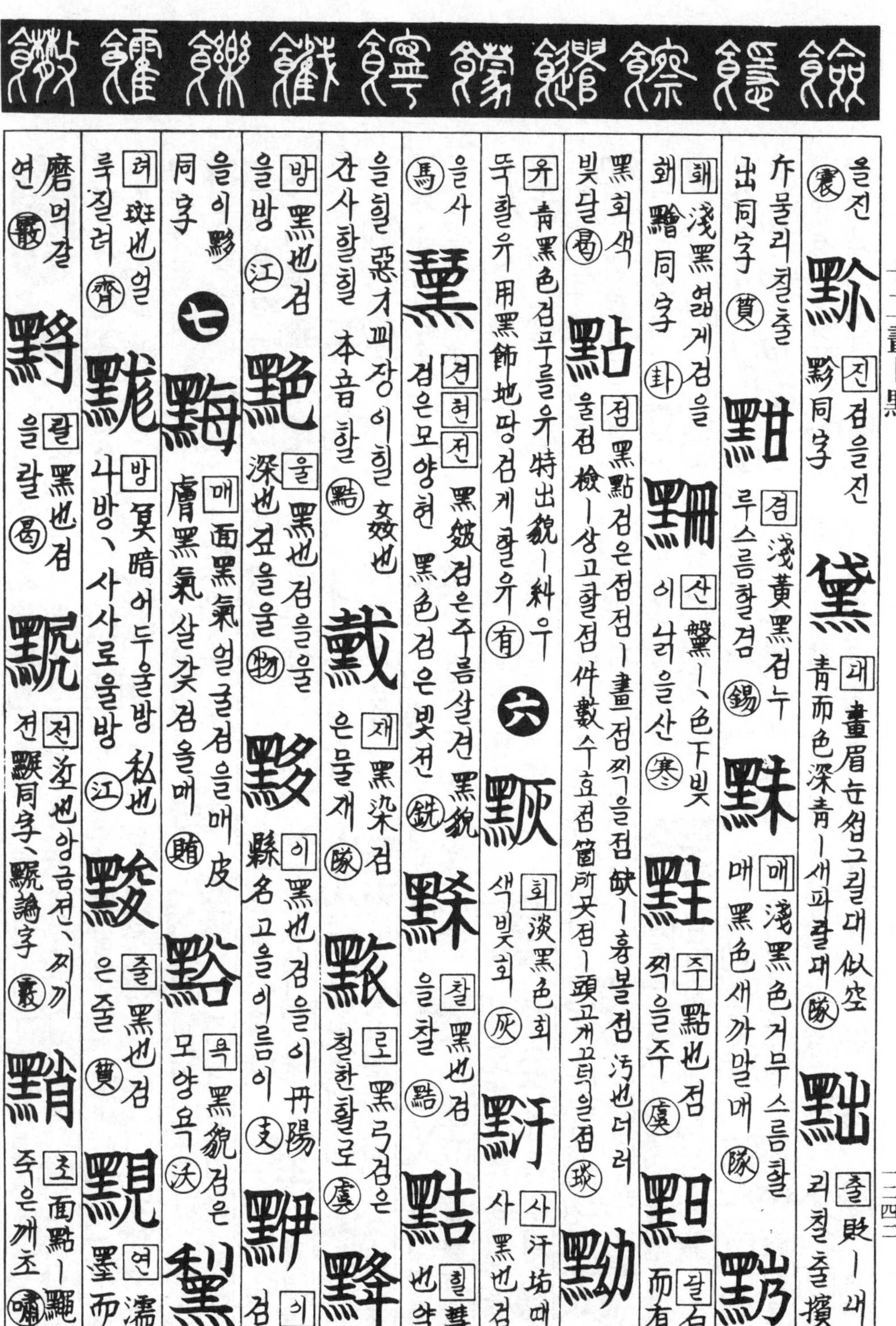
을진 (震)
[黑+尔] [진] 검을진 黰同字
黛 [대] 畫眉눈섭그릴대 似空 青而色深青ㅣ새파랄대 (隊)
黜 [출] 貶ㅣ내리칠출 擯斥물리칠출 出同字 (質)
黚 [겸] 淺黃黑검누루스름할겸 (錫)
[黑+未] [매] 淺黑色거무스름할매 黑色새까말매 (隊)
[黑+𡶜] [쾌] 淺黑엷게검을쾌 [黑+會]同字 (卦)
[黑+冊] [산] [黑+般]ㅣ、色下빛이 낡을산 (寒)
黈 [주] 點也점찍을주 (麌)
[黑+旦] [달] 白而有黑회색빛달 (曷)
點 [점] 黑點검은점점ㅣ畫점찍을점 缺ㅣ흉볼점 汚也더러울점 檢ㅣ상고할점 件數수효점 箇所곳점ㅣ頭고개끄덕일점 (琰)
黝 [유] 青黑色검푸를유 特出貌ㅣ糾우뚝할유 用黑飾地땅검게할유 (有)
(六)
[黑+灰] [회] 淡黑色회색빛회 (灰)
[黑+于] [사] 汗垢때사 黑也검을사 (馬)
[黑+亜] [견] [현] [전] 黑皴검은주름살견 黑貌검은모양현 黑色검은빛전 (銑)
[黑+杀] [찰] 黑也검을찰 (黠)
黠 [힐] 慧也약을힐 惡才미장이힐 姦也간사할힐 本音할 (黠)
[𢦏+黑] [재] 黑染검은물재 (隊)
[黑+長] [로] 黑弓검은칠한활로 (虞)
[黑+夆] [방] 黑也검을방 (江)
[黑+色] [울] 黑也검을울 深也깊을울 (物)
黟 [이] 黑也검을이 丹陽縣名고을이름이 (支)
[黑+尹] [이] 검을이 黟同字
(七)
黣 [매] 面黑氣얼굴검을매 皮膚黑氣살갗검을매 (賄)
[黑+谷] [욕] 黑貌검은모양욕 (沃)
黧 [려] 斑也얼룩질려 (齊)
[黑+尨] [방] 冥暗어두울방 私也나방、사사로울방 (江)
黢 [준] 黑也검은준 (質)
[黑+見] [연] 濡墨而磨먹갈연 (霰)
[黑+令] [랄] 黑也검을랄 (曷)
[黑+戸兀] [전] 垽也앙금전、찌끼전 黰同字、黰譌字 (霰)
[黑+肖] [초] 面點ㅣ䵲죽은깨조 (嘯)

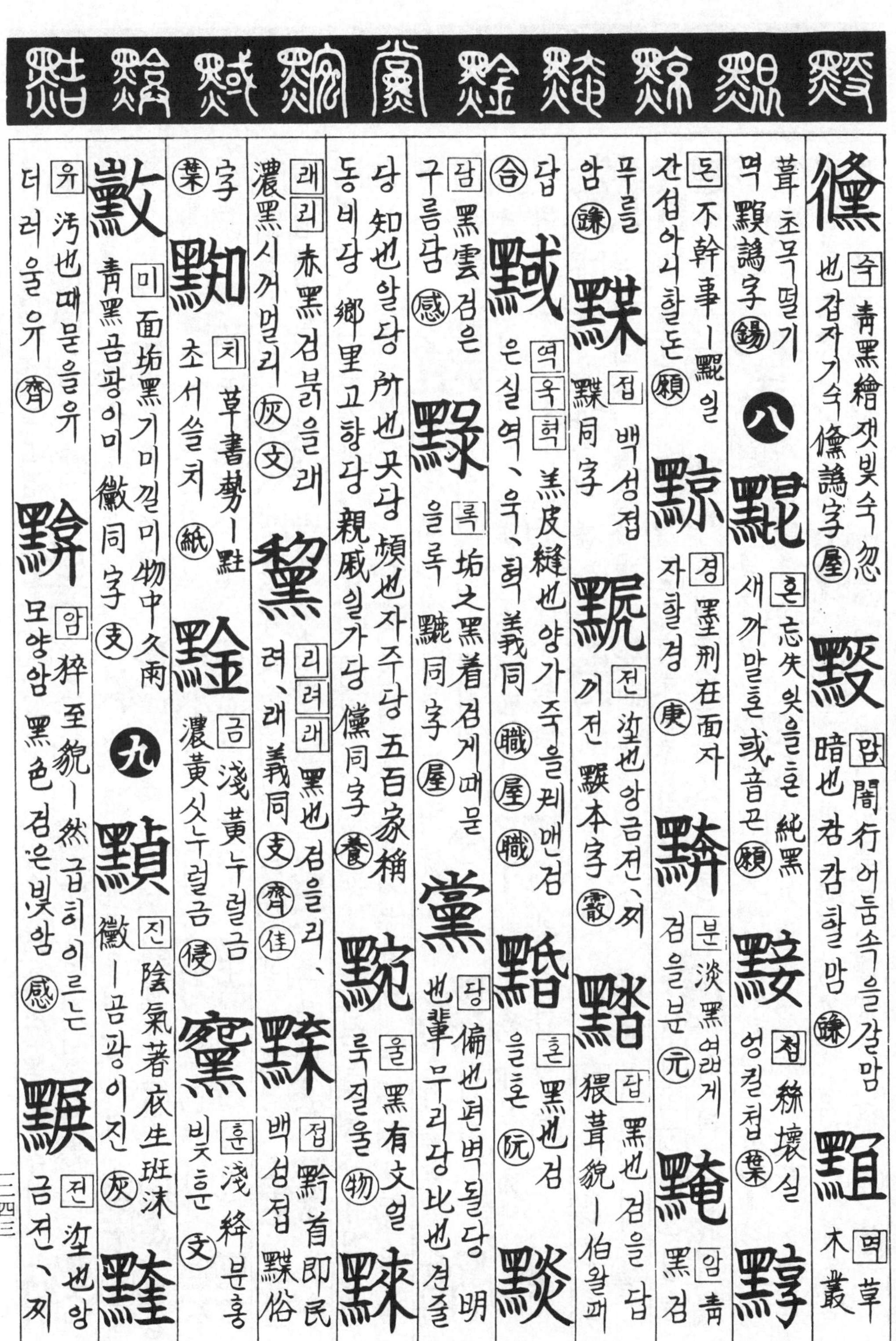

儵 [숙] 青黑繒잿빛숙 忽也갑자기숙 儵譌字 (屋)

黟 [암] 闇行어둠속을갈맘 暗也캄캄할맘 (豏)

⿰黑且 [멱] 草木叢茸초목떨기멱 黰譌字 (錫)

八

䵪 [혼] 忘失잊을혼 純黑새까말혼 或音곤 (願)

⿰黑妾 [첩] 緣壞실엉킬첩 (葉)

⿰黑享 [돈] 不幹事ㅣ䵪일간섭아니할돈 (願)

黥 [경] 墨刑在面자자할경 (庚)

⿰黑奔 [분] 淡黑여래게검을분 (元)

黤 [암] 青黑검푸를암 (豏)

⿰黑枼 [접] 백성접 ⿰黑枼同字

⿰黑尼 [전] 垽也앙금전、찌끼전 ⿰黑展本字 (霰)

⿰黑沓 [답] 黑也검을답 猥茸貌ㅣ伯왈패답 (合)

⿰黑或 [역][욱][혁] 羔皮縫也양가죽을꿰맨검은실역、욱、혁 羔義同 (職)(屋)(職)

⿰黑昏 [혼] 黑也검을혼 (阮)

⿰黑炎 [담] 黑雲검은구름담 (感)

⿰黑彔 [록] 垢之黑着검게때묻을록 ⿰黑鹿同字 (屋)

黨 [당] 偏也편벽될당 明也輩무리당 比也견줄당 知也알당 所也곳당 頻也자주당 五百家稱동비당 鄕里고향당 親戚일가당 儻同字 (養)

⿰黑宛 [울] 黑有文얼룩질울 (物)

⿰黑來 [래][리] 赤黑검붉을래 濃黑시꺼멀리 (灰)(文)

黧 [리][려][래] 黑也검을리、려、래 義同 (支)(齊)(佳)

⿰黑桼 [접] 黔首即民백성접 ⿰黑枼俗字 (葉)

⿰黑知 [치] 草書勢ㅣ黈 초서쓸치 (紙)

⿰黑金 [금] 淺黃누럴금 濃黃싯누럴금 (侵)

⿱𥥍黑 [훈] 淺絳분홍빛훈 (文)

黴 [미] 面垢黑기미낄미 物中久雨青黑곰팡이미 黴同字 (支)

九

⿰黑貞 [진] 陰氣著衣生班沫 黴ㅣ곰팡이진 (灰)

⿰黑奎 [유] 汚也때묻을유 더러울유 (齊)

黭 [암] 猝至貌ㅣ然급히이르는모양암 黑色검은빛암 (感)

⿰黑展 [전] 垽也앙금전、찌끼전

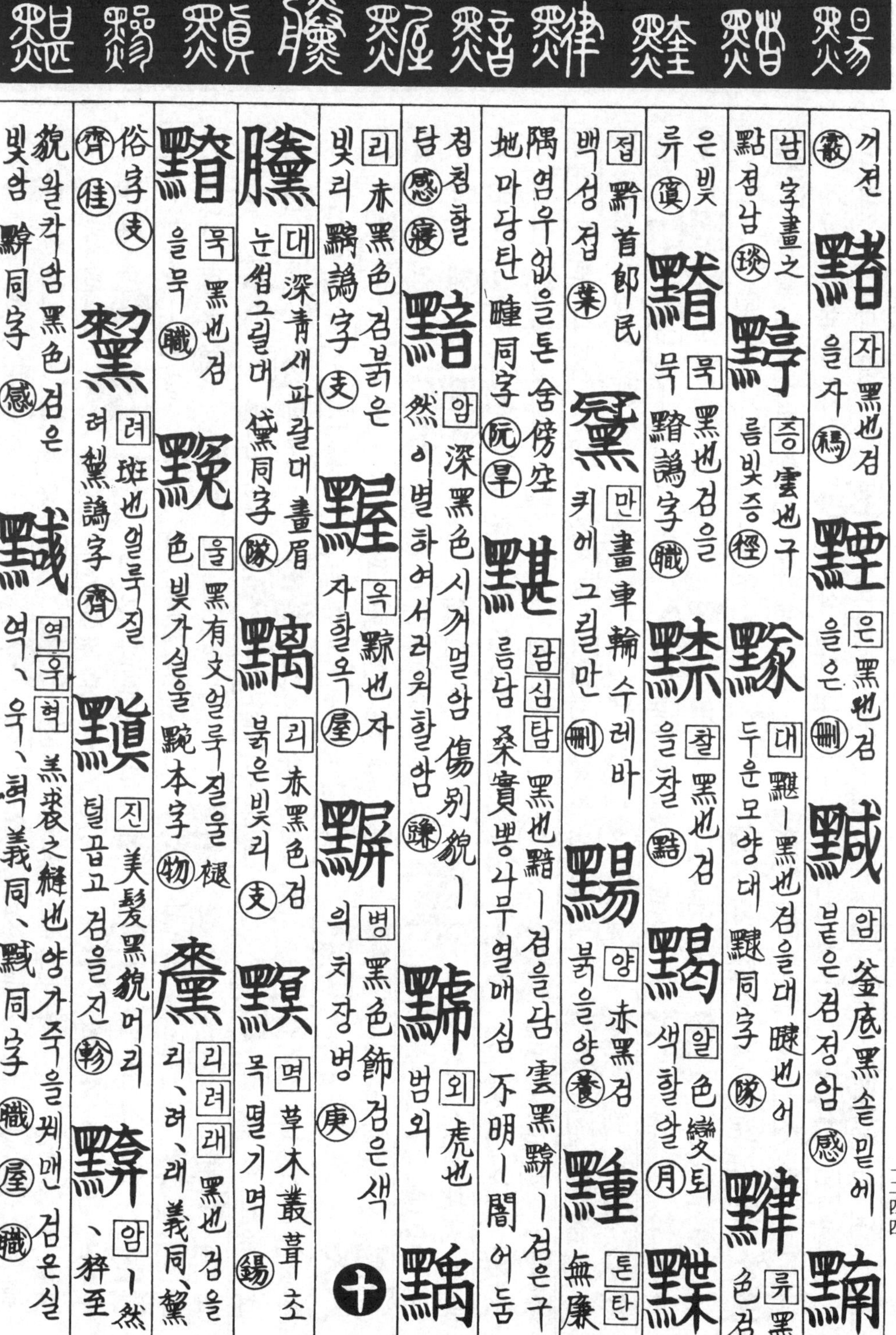

거전 ㊀霰

䵭 자 黑也 검을자 ㊀禡

黫 은 黑也 검을은 ㊀刪

黬 암 釜底黑 솥밑에 붙은 검정암 ㊀感

黑南 남 字畫之點 점남 ㊀琰

黑亭 증 雲也 구름빛증 ㊀徑

黑家 대 黱ㅣ黑也 검을대 䨺也 어두운 모양대 黱同字 ㊀隊

黑律 류 黑色 검은빛류 ㊀眞

黑旨 목 黑也 검을목 黷譌字 ㊀職

黑奈 찰 黑也 검을찰 ㊀黠

黑曷 알 色變 되새할알 ㊀月

黑枼 접 黔首郎民 백성접 ㊀葉

黑彡 만 畫車輪 수레바퀴 그릴만 ㊀刪

黑昜 양 赤黑 붉을양 ㊀養

黑重 톤 탄 無廉隅 염우없을톤 舍傍空地 마당탄 疃同字 ㊀阮 ㊀旱

黑甚 담 심 탐 黑也 黯ㅣ 검을담 雲黑 黔ㅣ 검은구름담 桑實 뽕나무열매심 不明ㅣ闇 어둠침침할탐 ㊀感 ㊀寢

黑音 암 深黑色 시꺼멀암 傷別貌ㅣ然 이별하여 서러워할암 ㊀陷

黑虎 외 虎也 범외

黑禹 리 赤黑色 검붉은빛리 黧譌字 ㊀支

黑屋 옥 黦也 자할옥 ㊀屋

黑屏 병 黑色飾 검은색의 치장병 ㊀庚

⑩

黛 대 深靑 새파랄대 畫眉 눈썹그릴대 黱同字 ㊀隊

黑离 리 赤黑色 검붉은빛리 ㊀支

黑冥 멱 草木叢茸 초목떨기멱 ㊀錫

黑旨 목 黑也 검을목 ㊀職

黑兔 울 黑有文 얼룩질울 黦色 빛가실울 黦本字 ㊀物

黧 리 려 래 黑也 검을리、려、래 義同、黧俗字 ㊀齊 ㊀佳 ㊀支

黧 려 斑也 얼룩질려 黧譌字 ㊀齊

黑眞 진 美髮黑貌 머리털곱고 검을진 ㊀軫

黑章 암 ㅣ然、猝至貌 왈칵암 黑色 검은빛암 黯同字 ㊀感

黑戚 역 욱 혁 羔裘之縫也 양가죽을 꿰맨 실 역、욱、혁 義同、黬同字 ㊀職 ㊀屋 ㊀職

⿰黑襄 낭 黑也검을 낭 ⿰黑囊同字 (養)

⿰黑茲 지 染黑검게드릴지 濃黑色새가말지 (支)

⿱般黑 반 ㅣ⿰黑冊、下色 빛어낡을반 (寒)

⿰黑辱 욕 垢黑때 묻을욕 (沃)

⿰黑般 반 빛이낡을 반 ⿱般黑同字

(十一)

⿱異黑 이 黃色白ㅣ 감빛이 (寘)

⿰黑夆 유 汚也때묻을유、더러워질유 ⿰黑夆同字 (齊)

⿰黑昜 상 赤黑色밤새색상 黑也검을상 (陽)

黴 미 物中久雨靑黑곰팡이미 ㅣ菌균미 梅毒담미 面垢黑也낯에기미낄미 (支)

黲 참 淺靑色검푸루죽죽할참 物將敗色퇴색할참 (感)

⿰黑鹿 록 垢之黑着검게때묻을록 (屋)

⿰黑⿱艹旅 로 黑弓검은활로 (虞)

⿰黑冤 울 黃黑色검누른빛울 (物)

⿰黑責 책 ㅣ⿰黑奐、色敗黑빛이 썩어서검어질책 (錫)

黳 예 黑子죽은깨예、사마키예 (齊)

⿰黑覓 멱 草木叢茸초목떨기멱 ⿰黑冥同字 (錫)

⿰黑庸 종 黑穴어두운구멍종 (腫)

(十二)

⿰黑登 증 米黑壞쌀썩어검을증 (徑)

⿰黑惠 말 淺黑엷게검을말 (黠)

⿰黑隊 대 雲之⿰黑愛⿰黑逮 구름뜰대 (隊)

⿰黑敢 암 엽 忘也잊을암、엽 義同 (豏)

⿰黑曾 증 面黑氣皯ㅣ얼굴에기미낄증 (徑)

⿰黑逮 대 黮ㅣ、黑也검을대 ⿰黑逮也어두운모양대 (隊)

⿰黑最 찰 黑也검을찰 (曷)

⿰黎黑 리 려 래 黑也검을리、려、래 義同、黧俗字 (支)(齊)(佳)

⿰黑菐 복 淺黑엷게검을복 (屋)

黵 담 黑汚검은 점찰담 黵同字 (感)

⿰黑喜 혁 赤黑검붉을혁 (職)

⿱猒黑 염 암 黑子검은사마키염 黑痕기미낄암 黶同字 (琰)(豏)

⿰黑雲 암 雲暗구름어두울암 (豏)

⿰黑禽 금 黃黑色검누른빛금 黃色누른빛금 (侵)

⑬

[黑+葴] 금 黃黑色검고누른빛금 侵

[黑+黽] 잉 面黑子얼굴에검은사마귀잉 徑

[黑+賁] 분 淡黑엷게검을분 [黑+分]同字 元

[黑+會] 쾌 淺黑엷게검을쾌 卦

黵 담 黑汚검고더러울담 琰

[黑+殿] 전 涅也앙금전、찌꺼전 黰同字 霰

[黑+僉] 검 黑也검을검 琰

[黑+農] 농 甚黑시꺼멀농 冬

[黑+萬] 매 丨[黑+會]、黑貌검은모양매 卦

[黑+歲] 활 黑色검은빛활 曷

[黑+喿] 조 [麻+黑]苦雨生壞 장마에삼주저앉을조 蕭

⑭

[算+黑] 찰 短貌짧은모양찰、黑也검을찰 黠

黶 염·암 黑子검은사마귀염、黑痕검은흔적암、기미낄암 琰 豏

[黑+臺] 대 黑也검을대 灰

⑮

[黑+禽] 암 青黑色검푸른빛암 豏

黧 려 黑黃검누렇려 齊

黷 독 蒙也무릅쓸독、頻丨자주독、汚也더러울독、濁也흐릴독、黑也 黲丨검을독、押也진압할독、媟也설만할독 瀆通 屋

[黑+箴] 감 面黑얼굴검을감 感

⑯

[黑+對] 대 黮丨黑也검을대、睫也어두운모양대、黱同字 隊

[黑+歷] 력 黑也검은빛력 錫

黸 로 黑甚새까말로

[黑+騰] 등 淡黑엷게검을등 蒸

⑰

[黑+襄] 낭 黑也검을낭 養

[黑+毚] 참 削去誤字글자지울참 咸

⑱

[黑+鬱] 울 木叢生、積也、盛也 나무더부룩할울、滯也 막힐울、丨丨氣蒸답답할울 鬱同字 物

黹部

黹 치 縫紩衣바느질할치 紙

④

黺 분 絲也옷에오색수놓을분 吻

⑤

黻 불 裳繡兩己相背보불불、韍韠以蔽膝슬갑불 芾同字 物

⑥

[黹+米] 미 繡文수놓은무늬미、繡文如聚細米쌀무늬놓을미 絲同字 齊

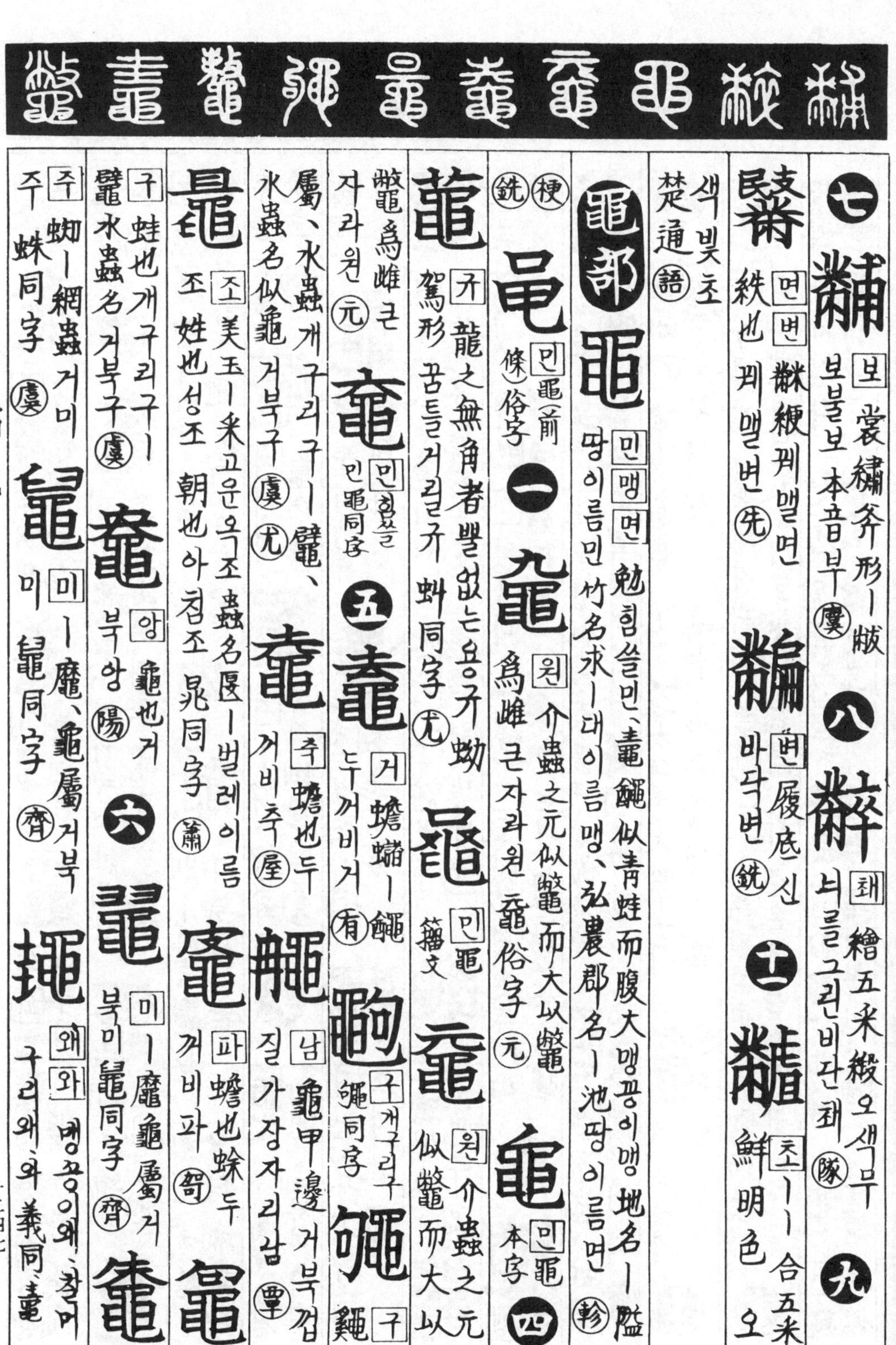

七

黼 [보] 裳繡斧形ㅣ黻 보불보 本音부 (麌)

八

⿰黹卒 [채] 繪五采緞 오색무늬를그린비단채 (隊)

九

⿱敃黹 [면/변] 黹緶 꿰맬면 紩也 꿰맬변 (先)

黹扁 [변] 履底 신바닥변 (銑)

十

黹虘 [초] ㅣㅣ合五采鮮明色 오색빛초 楚通 (語)

黽部

黽 [민/맹/면] 勉힘쓸민、鼃黽似青蛙而腹大 맹꽁이맹 地名ㅣ隘 땅이름민 竹名求ㅣ대이름맹、弘農郡名ㅣ池 땅이름면 (軫)(梗)(銑)

黾 [민] 黽(前條)俗字

一

⿱九黽 [원] 介蟲之元似鼈而大以鼈為雌 큰자라원 黿俗字 (元)

⿱⺈黽 [민] 黽 本字

四

⿱立黽 [규] 龍之無角者 뿔없는용규 虯 駕鴛形 꿈틀거릴규 蚪同字 (尤)

⿱巳黽 [민] 黽 籀文

黿 [원] 介蟲之元似鼈而大以鼈為雌 큰자라원 (元)

⿱夲黽 [민] 힘쓸민 黽同字

五

鼁 [거] 蟾蠩ㅣ鼀 두꺼비거 (有)

⿰句黽 [구] 개구리구 鼅同字

鼅 [구]

鼊屬、水蟲 개구리구ㅣ鼊、水蟲名似龜 거북구 (虞)(尤)

鼀 [축] 蟾也 두꺼비축 (屋)

⿰冉黽 [남] 龜甲邊 거북껍질가장자리남 (覃)

鼂 [조] 美玉ㅣ采 고운옥조 蟲名匽ㅣ 벌레이름조 姓也 성조 朝也 아침조 晁同字 (蕭)

⿸广黽 [파] 蟾也蜍 두꺼비파 (哿)

⿱合黽 [구] 蛙也 개구리구ㅣ鼊 水蟲名 거북구 (虞)

⿱央黽 [앙] 龜也 거북앙 (陽)

六

⿱彐彐黽 [미] ㅣ麛龜屬 거북미 ⿱彐黽同字 (齊)

鼄 [주] 鼅ㅣ網蟲 거미주 蛛同字 (虞)

⿱彐黽 [미] ㅣ麛、龜屬 거북미 ⿱彐彐黽同字 (齊)

⿰扌黽 [왜/와] 맹꽁이왜、청머구리와、와義同、鼃

同字 佳 麻

鼀 [축] 蜘也두꺼비 축、鼀同字 屋

鼃 [왜] 맹꽁이와 鼃同字

鼃 [왜] [와] 蝦蟇맹꽁이와、찰머구리와 蛙同字、와 義同

擺同字 佳 麻

七

鼂 [조] ㅣ釆、美玉 조채옥조 姓也성조 朝也아침조 鼂古字 蕭

䵊 [신] 大蛤 큰조개신 軫

䵶 [구] 鼁屬 개구리구 ㅣ鼊、水蟲 似龜거북구 鼅、鼩同字 虞 尤

八

䵛 [미] ㅣ鼊、龜屬 거북미 齊

䵡 [굴] 蛣ㅣ 木蠹나무좀굴 蝹同字 物

䵹 [지] 거미지 鼅同字

鼅 [지] ㅣ蛛、網蟲거미지 蜘同字 支

九

䵨 [잉] 面黑子검은사마귀잉

䵴同字 徑

䵶 [추] 두꺼비추 鼀同字

鼂 [조] 성조、아침조 鼂古字

䶀 [갈] 蛙聲 개구리소리갈 曷

鼅 [지] ㅣ蛛、網蟲거미지 蜘同字、鼅譌字 支

鼀 [추] 蟾也두꺼비추 尤

䵵 [추] 蟾蠩鼀ㅣ 두꺼비추 尤

鼇 [오] 큰자라오 鼇俗字

䵭 [미] 거북미 鼊同字

鼇 [오] 大鼇背負三神山 큰자라오 鼇俗字 豪

十

鼆 [맹] 邑名、句ㅣ고을이름맹 庚

䵩 [타] 水蟲似鼉而長甲如鎧皮堅可冒鼓자라타 鼉同字 歌

䵼 [혜] 水蟲、蛙類 개구리혜 齊

十一

䵦 [마] 鼁ㅣ、龜屬 거북마 麻

鼇 [오] 海中大鼇큰자라오 鰲同字 豪

䵹 [지] 거미지 鼅同字

十二

鼈 [별] 介蟲龜屬眼聽자라별 蔽也고사리별 鱉同字 屑

鼉 [타] 水蟲類魚有足似鼉而長자라 같은 긴물고기타 歌

十三

鼉 [타] 자라타 鼉同字

鼇 [오] 큰자라오 鼇同字

鼊 [벽] 似龜文如瑇瑁거북벽 錫

𪔞 [전] 鼅ㅣ、似

蜘蛛蛙類 개구리전 先

十四

䵹 [시] 蟾諸䵹ㅣ 두꺼비시 支

鼈 [별] 介蟲龜屬眼聽 자라별 蕨也 고사리별 龞俗字 屑

十五

龝 [추] 가을추 秋古字

鼎部

鼎 [정] 新也 새로울정 亨(烹)飪器三足兩耳 솥정ㅣ立、三股 세갈래정 方也ㅣ盛 바야흐로정 大舒貌ㅣㅣ 크게펀모양정 卦名巽下離上 괘이름정 迥

𪔀 [정] 솥정 鼎俗字

二

鼐 [내] 大鼎 큰솥내 賄 隊

鼑 [정] 솥정 鼎古字

鼏 [경] 以木橫貫鼎耳擧之 솥달아올리는나무경 青

鼏 [멱] 鼎蓋 솥뚜껑멱 錫

三

𪔃 [정] ㅣ疃、蟻封 개미무덤정、개미집정 迥

鼒 [자][재] 옹솥자、재 義同 鼒同字

𪔍 [간] 鼎也 솥간 寒

鼒 [자][재] 小鼎 옹솥자、재 義同 支 灰

𪔋 [원][운] 官數 관원원 幅ㅣ周也 둥글원 益也 더할운 員古字 先 文

六

𪔊 [운] 姓也 성운 妘籒文 文

十一

𪔐 [세] 小鼎 작은솥세 霽

鬺 [상] 煮也 지질상 陽

十五

𪔑 [세] 작은솥세 𪔐同字

十三畫

鼓部

鼓 [고] 樂器革音 북고 量器斛別名 휘고 牽牛星河ㅣ 별이름고 虞

鼔 [고] 鳴也 울릴고 擊也 두드릴고 動盪之 振作之 고동할고 扇火動槖ㅣ鑄 풀무고 撫也 어루만질고 虞

一

鼓 [고] 북고 鼓本字

三

𪔰 [극] 鼓聲 북소리극 錫

㊃

⿱鼓丰 [봉] 鼓聲 북소리봉 ㊊東

⿱土鼓 [분] 大鼓 큰북 분鼖同字 ㊊文

⿱鼓云 [고] 북고 鼓同字

㊄

⿱辛鼓 [분] 큰북분 ⿱卉鼓譌字

⿱鼓古 [고] 북고 鼓籀文

⿱鼓石 [팽] 石聲 돌소리 팽、돌갤팽 ㊊梗

⿱鼓去 [잡] 打鼓邊 북 변죽칠잡 ㊊合

鼕 [동] 鼓聲ㅣㅣ 북소리동 ㊊冬

⿱鼓舌 [첩] 寬也 너그러울첩 鼓無聲 북소리나지않을첩 ㊊葉

⿱付鼓 [부] 軍聲喧 군사떠들석활부 ㊊虞

㊅

⿱艹鼓 [분] 大鼓 큰북분 ㊊文

鼗 [도] 작은북 도 ⿱兆鼓同字

⿱兆鼓 [도] 小鼓著소 고도 鞉同字 ㊊豪

⿱鼓虫 [충] 鼓聲북 소리충 ㊊東

⿱鼓夆 [방] 鼓聲북소리 방 韸同字 ㊊江

⿱鼓沓 [답] 鼓聲ㅣㅣ 북소리답 ㊊合

⿱鼓因 [인] [연] 鼓聲북소 리인、연 義同 ㊊眞 ㊊先

⿱鼓毛 [고] 鼓也 북고 ㊊豪

⿱鼓缶 [탑] 鼓聲북 소리탑 ㊊合

㊆

⿱鼓甬 [동] 북소리 동 ⿱鼓角同字

⿱鼓角 [동] 鼓聲북 소리동 ㊊東

㊇

⿱鼓肙 [즙] 鼓無聲북소리 아니날즙 ⿱鼓咠同字 ㊊緝

鼙 [비] 騎鼓마 상북비 ㊊齊

⿱⿰卢口鼓 [연] 북소리연 鼘同字

鼛 [고] 役事車鼓큰 북고 皐通 ㊊豪

⿱鼓沓 [답] 鼓聲雜沓북소 리시끄러울답 ㊊合

⿱鼓空 [공] 不堅ㅣㅣ然 튼튼하지못 할공 ㊊東

鼚 [장] 鼓聲 북소리장 動貌 움직이는모양장 ㊊陽

鼝 [연] 鼓聲북 소리연 ㊊先

㊈

⿱鼓桑 [상] 鼓匡북 집상 ㊊陽

⿱鼓華 [고] 북고 鼓同字

⿱鼓音 [첩] 鼓無聲북소리 나지않을첩 ㊊葉

⿱山山鼓 [분] 大太鼓 큰북분 ㊊文

⿱鼓隆 [룽] 鼓音북소리룽 鼓無聲북소리나지않을룽 ㊊東

⿱鼓咠 [즙] 鼓不鳴북소 리아니날즙 ㊊葉

⿱鼓洞 [동] 鼓聲북 소리동 ㊊送

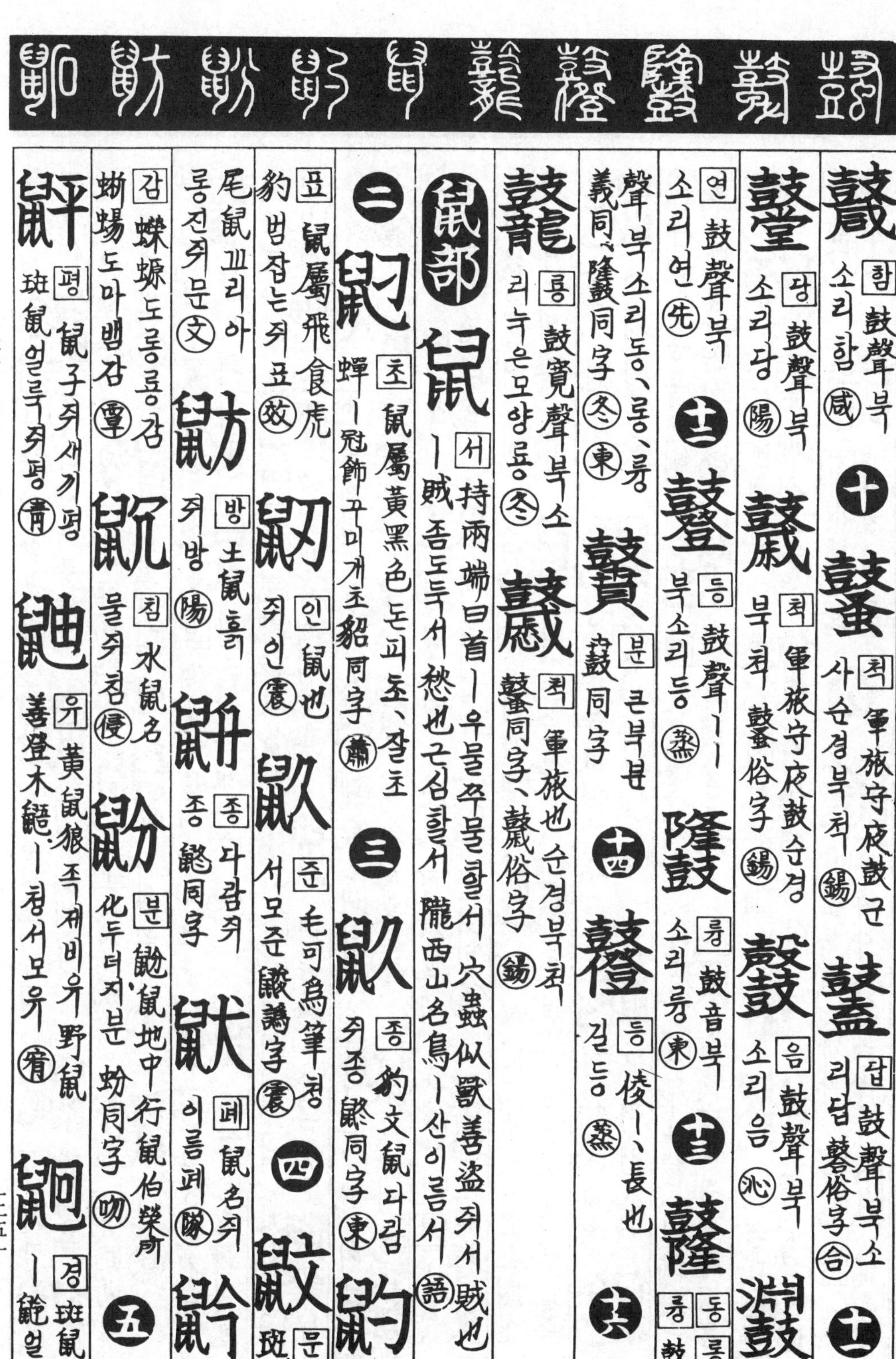

䶂 함 鼓聲북 소리함 咸

十

鼜 척 軍旅守夜鼓군사순경북척 錫

䶀 답 鼓聲북소리답 鼛俗字 合

十一

鼞 당 鼓聲북 소리당 陽

䶇 척 軍旅守夜鼓순경북척 鼜俗字 錫

䶄 음 鼓聲북 소리음 沁

鼝 연 鼓聲북 소리연 先

十二

鼟 등 鼓聲ㅣㅣ 북소리등 蒸

𪔵 륭 鼓音북 소리륭 東

十三

𪔶 동 롱 륭 鼓聲북소리동、롱、륭 義同、隆鼓同字 冬 東

鼖 분 큰북분 鼖同字

十四

鼟 등 倰ㅣ、長也 길등 蒸

十六

䶅 룡 鼓寬聲북소리누은모양룡 冬

䶇 척 軍旅也순경북척 鼜同字、䶇俗字 錫

鼠部

鼠 서 持兩端曰首ㅣ우물쭈물할서 穴蟲似獸善盜쥐서 賊也 ㅣ賊좀도둑서 愁也근심할서 隴西山名鳥ㅣ산이름서 語

二

鼦 조 鼠屬黃黑色돈피조、잘조 蟬ㅣ冠飾꾸미개조 貂同字 蕭

三

𪕊 종 豹文鼠다람쥐종 鼨同字 東

鼩 표 鼠屬飛食虎 豹범잡는쥐표 效

䶊 인 鼠也 쥐인 震

䶈 준 毛可爲筆청서모준 鼷譹字 震

四

鼤 문 斑尾鼠꼬리아롱진쥐문 文

𪕍 방 土鼠흙쥐방 陽

𪕒 종 다람쥐종 鼨同字

鼣 폐 鼠名쥐이름폐 隊

䶄 감 蠑螈도롱룡감 蜥蜴도마뱀감 覃

䶍 침 水鼠名물쥐침 侵

鼢 분 鼢鼠地中行鼠伯勞所化두더지분 蚡同字 吻

五

䶕 평 鼠子쥐새끼평 斑鼠얼룩쥐평 青

鼬 유 黃鼠狼족제비유 野鼠 善登木鼯ㅣ청서모유 宥

𪕫 경 斑鼠 ㅣ鼩얼

묵쥐 경 (青)

鼨 [종] 豹文鼠 얼룩쥐 종、다람쥐 종 (東)

鼦 [초] 돈피 초、꾸미개 조 貂同字

鼭 [자] 쥐 자 ⿱此鼠同字

鼥 [발] 鼠肥者能ㅣ 살찐쥐 발 (曷)

⿰鼠令 [령] 班鼠 ⿰鼠同ㅣ 얼룩쥐 령 (青)

鼩 [구] 小鼠 鼱ㅣ 새앙쥐 구 (尤)

鼧 [타] 鼠此쥐 타 (歌)

⿱此鼠 [자] ㅣ鼠、似雞 鼠尾 쥐 자 (支)

⿰鼠乎 [호] 獑ㅣ、似猿而白色 흰원숭이 호 ⿰虫鼠同字 (虞)

鼫 [석] 五技鼠 석쥐 석 鼩鼠 새앙쥐 석 ⿰鼠戔鼠雀鼠 다람쥐 석 (陌)

鼪 [생] 飛鼠 鼬能啖鼠 呼鼠狼 족제비 생 (庚)

⿰鼠卯 [류] 竹鼠 대나무의 쥐 류 ⿰鼠丣 本字 (尤)

⿰鼠冗 [용] 鼠屬 쥐 용 (腫)

⿰鼠穴 [유] 족제비 유 鼬同字

六

⿰鼠伏 [폐] 鼠名 쥐이름 폐 鼣同字 (隊)

⿰鼠耳 [이] 鼠子 쥐새끼 이 (紙)

⿰鼠冋 [경] 斑鼠ㅣ⿰鼠令 얼룩쥐 경 ⿰鼠冏 譌字 (青)

⿰鼠寺 [시] 鼠名 쥐이름 시 (支)

⿰鼠幷 [병] 小鼠 새앙쥐 병 (青)

⿰鼠各 [각][락] ㅣ鼠、出胡地、皮可作裘 번방쥐 각、락 義同 (樂)

七

⿰鼠夋 [준] 毛可爲筆 청서모 준 (震)

⿰鼠見 [현] ㅣ鼠 푸른다람쥐 현 (霰)

⿰鼠足 [족] ㅣ鼩、小鼠 쥐새끼 족 (沃)

鼯 [오] 飛生鼠似蝙蝠一名夷由 박쥐 오 (虞)

鼮 [정] 豹文鼠 얼룩쥐 정 (青)

⿰鼠含 [감] 蠑螈 도롱룡 감 蜥蜴 도마뱀 감 ⿰鼠今同字 (覃)

⿰鼠晏 [언] 地中鼠 두더쥐 언 鼴同字 (阮)

⿰鼠吳 [오] 飛生鼠、似蝙蝠一名夷由 박쥐 오 鼯同字 (虞)

⿰鼠丣 [류] 竹鼠 대나무 쥐 류 ⿰鼠卯 本字 (尤)

⿰鼠弟 [사] 鼠狼 족제비 사 ⿰鼠虒同字 (支)

八

⿰隹鼠 [추] 쥐 추 ⿰鼠隹同字

⿰鼠隹 [추] 鼠此 쥐 추 (支)

鼱 [정] 小鼠ㅣ鼩 새앙쥐 정 (庚)

九

⿰鼠突 [돌] 與鳥同穴 새와 함께 사는 쥐 돌 (月)

鼳 [격] 似鼠馬蹄

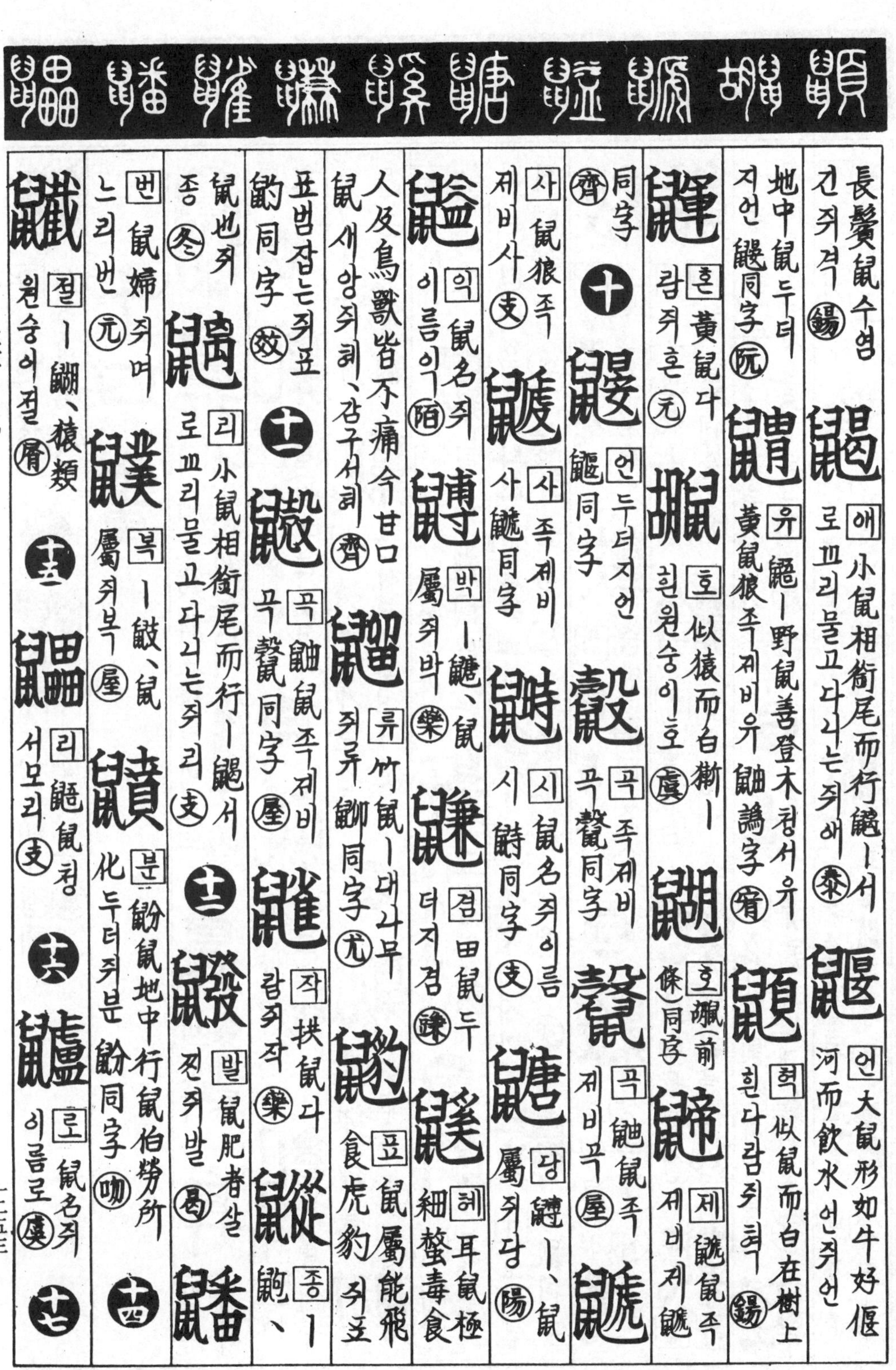

長鬚鼠수염긴쥐격 錫

⿰鼠曷 [애] 小鼠相銜尾而行鼶ㅣ서로끄리물고다니는쥐애 泰

鼴 [언] 大鼠形如牛好偃河而飮水언쥐언 地中鼠두더지언 鼹同字 阮

⿰鼠胃 [유] 鼶ㅣ野鼠善登木청서유 黃鼠狼족제비유 鼬譌字 宥

⿰鼠頁 [혁] 似鼠而白在樹上흰다람쥐혁 錫

鼲 [혼] 黃鼠다람쥐혼 元

⿰胡鼠 [호] 似猿而白獑ㅣ흰원숭이호 虞

⿰鼠胡 [호] 獑(前條)同字

⿰鼠帝 [제] 鼶鼠족제비제 鼶同字 齊

⑩

鼹 [언] 두더지언 鼴同字

⿱殸鼠 [곡] 족제비곡 ⿱發鼠同字

⿱發鼠 [곡] 鼬鼠족제비곡 屋

鼶 [사] 鼠狼족제비사 支

⿰鼠虒 [사] 족제비사 鼶同字

⿰鼠時 [시] 鼠名쥐이름시 鼭同字 支

⿰鼠唐 [당] ⿰鼠尃ㅣ、鼠屬쥐당 陽

⿰鼠益 [익] 鼠名쥐이름익 陌

⿰鼠尃 [박] ㅣ⿰鼠唐、鼠屬쥐박 藥

鼸 [겸] 田鼠두더지겸 琰

鼷 [혜] 耳鼠極細螫毒食人及鳥獸皆不痛今甘口鼠새앙쥐혜、감추서혜 齊

⿰鼠留 [류] 竹鼠ㅣ대나무쥐류 ⿰鼠卯同字 尤

⿰鼠豹 [표] 鼠屬能飛食虎豹쥐표 표범잡는쥐표 鼩同字 效

⑪

⿰鼠殸 [곡] 鼬鼠족제비곡 ⿱殸鼠同字 屋

⿰鼠雀 [작] 拱鼠다람쥐작 藥

⿰鼠從 [종] ㅣ鼩、鼠也쥐종 冬

⿰鼠离 [리] 小鼠相銜尾而行ㅣ鼶서로끄리물고다니는쥐리 支

⑫

⿰鼠發 [발] 鼠肥者살찐쥐발 曷

⿰鼠番 [번] 鼠婦쥐며느리번 元

⿰鼠菐 [복] ㅣ⿰鼠鼓、鼠屬쥐복 屋

⿰鼠賁 [분] 鼢鼠地中行鼠伯勞所化두더쥐분 鼢同字 吻

⑭

⿰鼠截 [절] ㅣ⿰鼠胡、猿類원숭이절 屑

⑮

鼺 [리] 鼯鼠청서모리 支

⑯

⿰鼠盧 [로] 鼠名쥐이름로 虞

⑰

⿰鼠韱 [참] ㅣ鼬、猨也 원숭이 참 咸

⑱

⿰鼠瞿 [구] 小鼠鼱ㅣ생쥐 구 鼩同字 虞

十四畫

鼻部

鼻 [비] 肺之竅脾之發 코비 始ㅣ也ㅣ祖 비로소비 ⿸厂鼻同字 寘

鼻 [비] 코비 鼻同字

⿰自畀 [비] 코 비鼻 同字

㊀

⿰鼻乚 [후] 仰鼻齁ㅣ 들창코 후 宥

㊁

⿰鼻丩 [교] 仰鼻 들창코교 嘯

⿰鼻刂 [갸][교] 折鼻 매부리코갸 仰鼻 들창코교 宥 嘯

⿰鼻刃 [뉵] 코피뉵 䶊譌字

㊂

鼽 [구] 病寒鼻窒 감기들어코막힐구 尤

鼿 [올] 仰鼻들창코올 月

⿰鼻人 [구] 감기들어코막힐구 鼽同字

鼾 [한] 臥息ㅣ睡 코골한 翰

㊃

⿰鼻斗 [의] 割鼻 코베일 의 割也 베일 의 劓譌字 寘

䶊 [뉵] 鼻血 코피뉵 屋

⿰豕鼻 [회] 猪食 돼지가 먹이먹을회 灰

⿰鼻攵 [구] 코막힐 구 鼽同字

⿰鼻及 [흡] 鼻息聲 코고는소리흡 緝

⿰鼻欠 [합] 齁ㅣ鼻息 코숨합 ⿰鼻合同字 合

㊄

⿰鼻丘 [구] 仰鼻ㅣ鼿 들창코구 有

⿰鼻占 [점] 鼻重皃 코늘어질점 ⿰鼻欠同字 先

齁 [후] 鼻息 코골후 尤

⿰鼻包 [포] 面瘡痕 얼굴얽을포 效

⿰鼻瓦 [올][와] 以鼻搖動 짐승이코로물건움직일 올 仰鼻 들창코올、와 義同 月 馬

㊅

⿰至鼻 [제] 鼻噴氣 재채기할제 鼻病 콧병제 ⿰鼻疐同字 霽

⿰鼻至 [제] 재채기할 제 ⿰至鼻同字

⿰鼻合 [합] 鼻息齁ㅣ 코숨합 合

⿰鼻危 [올] 仰鼻들창 코올 鼿同字 月

⿰鼻圭 [괘] 鼻息聲 코숨

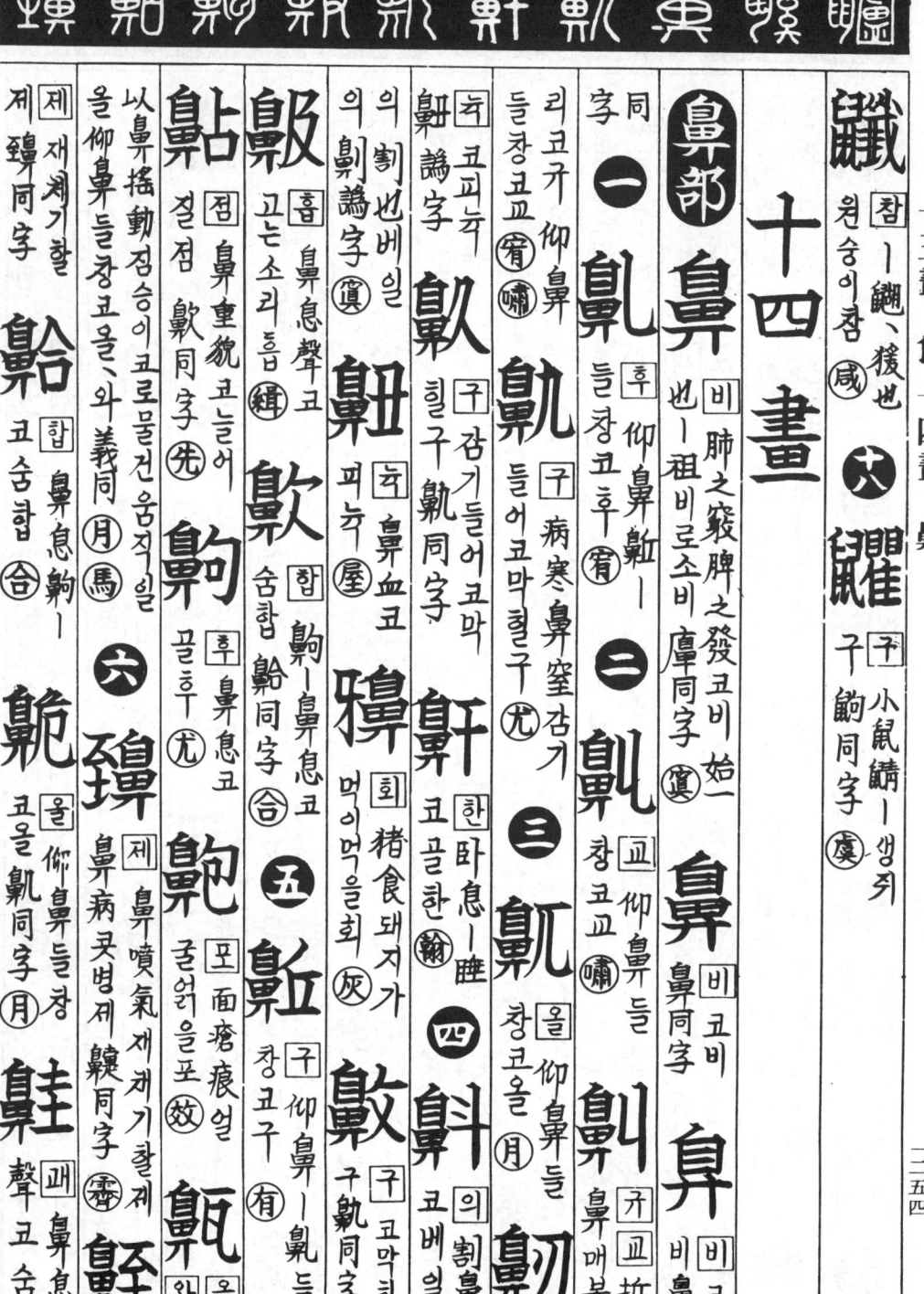

소리괘 灰

七

⿰鼻𠬶 침 高鼻 높은코침 ⿰鼻昝同字 侵

⿰鼻夾 합 齁ㅣ鼻息 코숨합 ⿰鼻合同字 合

⿰弟鼻 체 희 鼻液 콧물제 涕 콧물희 霽 紙

⿰希鼻 희 臥息聲 코골희 去涕 코풀희 紙

⿰鼻希 희 코골희、코풀희 ⿰希鼻同字

⿰鼻血 휵 뉵 衄 鼻코골을 정구릴흑、뉵 衄同、衂同字 屋

八

齂 희 臥息 누워숨쉴희 寘

九

⿰鼻帝 제 鼻噴氣 재채기할제 鼻病 코병제 ⿰鼻帝、⿰鼻疐同字 霽

齄 차 鼻紅生點 주부코차 麻

齃 알 鼻莖 콧대알、콧줄기알 頞同字 曷

⿰鼻扁 변 薄貌 엷은모양변 銑

十

齅 후 鼻取氣 냄새맡을후 就 鼻 코내불후 嗅同字 宥

⿰鼻兼 겸 鼻垂貌ㅣ⿰鼻占 코늘어질겸 鹽

⿰鼻邑 옹 鼻塞 코막힐옹 送

齆 옹 코막힐옹 ⿰鼻邑同字

十一

⿰鼻翏 료 仰鼻 들창코료 嘯

齇 차 鼻上皰 주부코차 麻

⿰鼻卒 솔 鼻聲 코소리솔 月

十二

⿰鼻死 후 鼻取氣 냄새맡을후 就 鼻 코내불후 齅同字 宥

⿰鼻昝 침 高鼻 높은코침 侵

⿰鼻替 침 높은코침 ⿰鼻昝俗字

十三

⿰鼻會 괘 쾌 喘息 숨찰괘 鼻息 코숨쾌 箇 泰

齈 농 鼻病 코병농 多涕 콧물흘릴농 送

十四

⿰鼻疐 제 鼻噴氣 재채기할제 鼻病 코병제 ⿰鼻帝同字 霽

十六

⿰鼻歷 력 鼻別臭 냄새분별할력 錫

十七

⿰鼻毚 참 鼻高貌 코가높은모양참 咸

二十

齉 낭 鼻窒 코막힐낭

齊部

齊 제 재 자 治 다스릴제 整 정제할제 等 가지런할제 疾速 빠를제 莊 씩씩할제 國名 나라이름제 肅 엄숙할제

恭慤貌||공손할제、和也고를제、화할제、潔也致|집결할재 齋同字、衣下緝|衰상옷아랫단홀자、⿱亝衣同字 (齊)(佳)(支)

㊁

⿱亝又 [제] 病也 병제

㊂

⿱亝女 [제][재] 好也좋을제、아름다울제、恭也공손할재 (齊)(佳)

⿸广齊 [재] 美貌아름다운 모양재 齊俗字 (齊)

懠 [제] 緝麻苧名실결제、실뽑을제 (齊)

齋 [재] 莊也씩씩할재 燕居室집재 潔也성결할재 |戒 재계할재 (佳)

⿰山齊 [제] 山名 산이름제 (齊)

㊃

⿱亝肉 [제] 子初生所繫包斷之 為배꼽제 臍本字 (齊)

齌 [제] 炊也불땔제、밥지을제 |怒몸시노할제 疾也빠를제 (齊)

㊄

⿱亝禾 [자] 盛禾祭器기장담는제사그릇자 (支)

齍 [자] |盤黍稷器서직그릇자 (支)

⿰出齊 [제] 齧也 씹을제 齒

齊不齵 이가지런할제 ⿰齒齊同字 (齊)

㊅

⿱亝⿸厂木 [재] 小茅舍작은띠집재 (佳)

㊆

齎 [재][제] 遺也끼칠재 持也가질재 裝也쌀재 歎辭탄식할재 古音자 資同字、제 義同 (支)(齊)

㊇

⿱亝⿵冂妻 [제] 等也같을제 (齊)

⿱齊妻 [제] 같을제 ⿱亝⿵冂妻同字

㊈

齏 [제] 醯醬所和양념할제 碎也부술제 韲同字 (齊)

⑪

⿱亝⿵冂會 [자] 黍稷器서직담는그릇자 (支)

⿰齊夐 [자] 재물자 資同字

⿱亝⿵冂魚 [제] 魚名、似而鯉小 잉어같고작은고기제 (齊)

⑭

⿰齊夐 [재] |戒、洗心潔也、莊也、恭也재계할재 燕居室집재 齋籀文 (支)

十五畫

齒部

齒 [치] 年也나이치 口斷骨上|下牙이치 列也벌처 類也같을치 (紙)

㊀

齓 [친] 毁齒이갈친 齠|幼稚어린친 齔

同字 (震)

二

⿰齒八 팔 齒聲이가는 소리팔 (黠)

齔 친 이갈친 齓同字

齓 친 毁齒이갈친 幼稚齠ㅣ어릴친 齓同字、本音촌 (震)

三

⿰齒山 설 噬也깨물설、씹을설 古音열 齧俗字 (屑)

齕 흘 씹을흘、물흘 齕同字

⿰齒也 치 齧也씹을치 齒齗貌잇몸치 (支)

⿰齒干 언 齒露貌이드러날언 (阮)

齕 흘 齧也齮ㅣ씹을흘、물흘 (月)

四

⿰齒气 흘 齧也齮ㅣ씹을흘물흘 齕本字 (月)

⿰齒支 교 齧骨뼈깨물교、물교 齩同字 (巧)

⿰齒亓 기 齧也씹을기 齮古字 (支)

齘 계 이틀계 齘同字

齖 아 齒列不正뻐드렁니아 不聽人語聲ㅣ남의말아니들을아 (麻)

⿰齒开 언 齒露貌이드러날언 齞同字 (銑)

⿰齒內 납 녑 茹嚼不輟씹을납、물납 齒貌動이가움직이는모양녑 (合)(洽)

齘 계 齒上下相抵處齒ㅣ이틀계 切齒怒類ㅣ이갈릴계 本音해 (霽)

⿰齒爪 계 이틀계 齘同字

⿰齒巴 파 齒不正뻐드렁니파 (麻)

⿰齒亢 항 齧也씹을항 (陽)

⿰齒戈 친 이갈친 齓同字

⿰齒今 금 舌病혓병금ㅣ悼、哀也슬플금 (沁)

齗 은 辯爭ㅣㅣ말다툼할은 齒根肉잇몸은 忿疾意분하여 미워할은 (文)

五

齙 포 齒露이들어날포ㅣ牙엄니포 (肴)

⿰齒出 줄 齰物而外露之齒 물어서 들내는 이줄 齧聲무는 소리줄 (質)

⿰齒占 잠 剔齒이를빨잠 (陌)

⿰齒它 치 齗也잇몸치 (支)

⿰齒戊 친 이갈친 齓同字

⿰齒世 세 羊食後嚼양새김질할세 (霽)

齚 색 齧也씹을색 齰同字 (陌)

⿰齒史 사 齒好이고울사 (紙)

齟

[저] 齒不相値ㅣ齬 이어긋날 저 (語)

〔齒亥〕 [의][애] 齒露貌 이드러날 의 突出齒貌 뻐드렁니 액 〔齒直〕譌字 (支)(佳)

齡 [령] 나이 령 齡略字

齡 [령] 年也 나이 령 秢通 (靑)

齜 [차] 始毁齒 이갈림 차、齒露貌 이드러날 차 齒列不正 뻐드렁니 차 (麻)

齞 [언] 齒露 이드러날 언 (銑)

〔此/齒〕 [차] 이갈림 차、뻐드렁니 차 齜同字

齢 [령] 나이 령 齡同字

齠 [초] 始毁齒 이갈 초 (蕭)

齣 [척] 節句 커절 척 (陌)

齟 [거] 斷腫 잇몸 부을 거 (語)

〔齒立〕 [립] 啖堅物聲 깨물 립 (緝)

〔齒失〕 [절] 齒固貌 이단단할 절 (屑)

齹 [차] 齧也 씹을 차、물 차 (麻)

〔齒冘〕 [은] ㅣㅣ辯爭 말다툼할 은 忿疾意 미워할 은 齒根肉 잇몸 은 齗同字 (文)

齝 [치] 소새김질할 치 〔齒司〕同字

〔齒司〕 [치] 牛食復嚼 소새김질할 치 (支)

六

〔齒同〕 [치] 牛食後嚼 소새김질할 치 〔齒司〕、齝同字 (支)

〔齒列〕 [랄][렬] 齒分骨聲 뼈를물어뜯는소리 랄 齧也 씹을 랄、렬 義同 (曷)(屑)

〔齒昆〕 [간] 齧也 씹을 간、물 간 齒根ㅣ其姦猖肉 잇몸 간 齦同字 (阮)(潸)

〔齒虫〕 [구] 齒病朽缺 녀리먹을 구 (有)

〔齒旨〕 [예] 齧也 물 예 (霽)

〔齒至〕 [질][절] 齧堅 단단한것을씹을 질 齧堅貌 단단한것을씹는모양 절 (質)(屑)

〔齒名〕 [명] 齒名 이 명 (靑)

齤 [권] 曲齒 옥니 권 (先)

〔齒圭〕 [애] 齒不齊 이고르지 않을 애 (佳)

〔剌/齒〕 [랄][렬] 齒分骨聲 뼈를물어뜯는소리 랄 齧也 씹을 랄、렬 義同、〔齒列〕同字 (曷)(屑)

〔虫齒〕 [설] 噬也 깨물 설、씹을 설 古音 열 齧同字 (屑)

齩 [교] 齧骨 뼈깨물 교、물 교 嚙同字 (巧)

〔齒寺〕 [치] 牛食草 소가 풀먹을 치 (支)

齨 [구] 臼齒 어금니 구 (有)

⿰齒色 [색] 露齒貌이 룰들어날색 陌

齧 [설] 噬也깨물설、씹을설 古音열 屑

⿰齒玄 [의][애] 齒露貌이드러날의 突出齒貌 빼드렁니애 齫同字 支 佳

齦 [은][간] 齒根肉잇몸은 齧也씹을간 齗同字 文 阮

⿰齒舌 [괄] 齧聲씹는소리괄 曷

齛 [세] 羊食後嚼양새김질할세 齝同字 霽

⿰齒吉 [활] 齧也물활 黠

⿰齒合 [탑][합][협] 食也먹을탑、합 義同 盡內口中죄다입에넣을협 合 洽

⿰齒并 [병] 並齒통니병 庚

七

⿰齒𠯑 [괄] 齧聲씹는소리괄 ⿰齒舌本字 曷

⿰齒佐 [차] 齒不正이고르지못할차 齒本이뿌리차 齹同字 歌

齬 [어] 齒不相值齟齬 이어긋날어 語

⿰齒含 [암] 齗也잇몸암 覃

⿰齒告 [곡] 治象牙상아다룰곡 沃

⿱夾齒 [협] 옥니협 ⿰齒夾同字

⿱折齒 [계][철] 曳也끌계、끌릴계 滯隔不進거리낄계 挽也당길철 揭也들철 掣同字 霽 屑

⿰亻⿱它齒 [타] 馬齒之長말이길타 歌

⿰齒困 [곤] 齒起貌ㅣ齦 이솟을곤 阮

⿰齒夾 [협] 曲齒옥니협 齒重生덧니날협 洽

⿰齒言 [은] ㅣ辯 爭말다툼할은 忿疾意미워할은 齒根肉잇몸은 齗同字 文

⿰齒夋 [산] 齒酸이곱을산、이새큼거릴산 寒

⿰齒劫 [설] 噬也깨물설、씹을설 齧同字 屑

⿰齒佐 [차] 이가어긋날차 齹同字

⿰亻⿱匝齒 [타] 齒不正이가바르지않을타 歌

齪 [착] 急促局陋貌 齷ㅣ악착할착 齒相近聲이마치는소리착 齺通 覺

⿰𧾷齒 [착] 악착할착 齪同字

⿰齒我 [아] 齒貌이모양아 箇

⿱左齒 [차] 齒差跌貌이가어긋날차 麻

⿰齒束 [태][대] 齧也씹을태 齧聲씹는소리태、대 義同 ⿰齒來同字 佳 灰

八

齯 [예] 老人齒

落更生노인이다시날예 (霽)

⿱𣎆齒 [골] 齧也물골、씹을골

⿰齒宜 [의][애] 齒露이드러날의 突出齒貌 빼드렁니애 (支)(佳)

⿰齒來 [태][대] 齧聲씹는소리태 齧也씹을태、대 義同 (佳)(灰)

⿱制齒 [계] 狂犬미친개계 (霽)

⿰齒臽 [함] 切齒이갈함 (陷)

齫 [운] 無齒볼오무라질운 無齒이없을운 齳同字 (吻)

⿰齒厓 [의][애] 齒露貌이드러날의、齒ㅣ、切齒이갈애 (支)(佳)

齮 [의] 齧也ㅣ齕물의、씹을의 本音기 (紙)

⿱臤齒 [견] 齒露貌이드러날견 (銑)

⿰齒其 [기] 齧也씹을기 (支)

⿰齒所 [소] 齒傷酢이가실소 (語)

齰 [색] 齧也물색、씹을색 齚同字、咋通 (陌)

⿰齒卒 [졸] 齧也씹을졸 (月)

⿱产齒 [소] 이가실소 齭同字

⿰齒戔 [찬] 齒跌貌이가넘어질찬 齒不正이가바르지않을찬 (潸)

⿰齒虎 [악] 齒齦잇몸악 齶同字 (藥)

齱 [족] 齒重生덧니날족 齪通 (屋)

⿰齒閒 [간] 齧貌씹을간 齦同字 (諫)

⿰齒隹 [착] 齷ㅣ急促局陿貌악착할착 齒相近聲이마주치는소리착 齪同字 (覺)

⿰齒⿱田丑 [추] 齒相近貌이촘촘할추 齺同字 (尤)

⿱臤齒 [족] 덧니날족 齱同字

九

⿰齒直 [자] 不相値、齒不正이어긋날자 齟俗字 (麻)

齵 [우] 齒重生齒偏덧니날우 齒不正빼드렁니우 齲同字 (尤)

⿰齒胥 [서] 齒酸이곱을서、이새큰거릴서 (語)

⿱咸齒 [감][암][겸] 齧也씹을감、齒高貌이가높은모양암、齧咋貌씹는모양겸 齧聲씹는소리겸 (咸)(洽)

⿰齒咸 [감][암][겸] ⿱咸齒同字

齴 [언] 齒露貌이드러날언 (銑)

⿰齒屑 [절][체] 齧也끊을절 刻也새길절 大凡온통체 大略대강체 切同字 (屑)(霽)

⿰齒柴 [차] 始

毁齒이갈릴차 齒露貌이드러날차 齒列不正빼드렁이차 齜、齹同字 麻

[illegible] 절 齒差이어긋날절 [illegible]同字、[illegible]本字 屑

齲 우 齒病너리먹을우、충치우 古音구 虞

[illegible] 랄 렬 齒分骨聲뼈를물어뜯는소리랄 齧也 씹을랄、렬 義同、[illegible]同字 曷 屑

齃 할 齧聲씹는소리할 曷

齶 악 齒齦잇몸악 腭同字 樂

[illegible] 악 齒齦잇몸악 齶同字 樂

[illegible] 슬 齕聲무는소리슬 齕也물슬 質

[illegible] 랄 齧也씹을랄 曷

[illegible] 가 突出齒빼드렁니가 禡

齳 운 無齒볼오무러질운、이없을운 吻

齷 악 齒相近聲이마쳐는소리악 迫也 —齪 악착할악、속좁을악 覺

齵 우 齒不正뻐드렁니우 齒重生齒偏덧니날우 尤

[illegible] 은 齒齊이가가지런할은 吻

[illegible] 삽 齒動이흔들릴삽 洽

十

[illegible] 치 齝也되씹을치 支

[illegible] 개 睡中切齒聲자며이갈개 齊

齹 차 齒不齊이고르지못할차 齒本이뿌리차 歌

[illegible] 암 염 齒差也이가어긋날암、염 義同 咸 鹽

齸 익 麋鹿呑芻而反出嚼사슴새김질할익 陌

[illegible] 차 이고르지못할차 齹同字

[illegible] 창 齒旁小齒덧니창 陽

[illegible] 절 齒差이어긋날절 屑

齤 권 曲齒옥니권 齤同字 先

[illegible] 차 이고르지못할차 齹同字

[illegible] 삽 齒動이흔들릴삽 [illegible]同字 洽

[illegible] 절 이어긋날절 [illegible]同字

齻 전 牙生男子二十四歲女子二十一歲 사랑니전 先

[illegible] 애 牙也어금니애 灰

[illegible] 제 齧也씹을제 齒齊不齵이가지런할제 [illegible]同字

齹 차 齒不正이고르지못할차 齒本이뿌리차

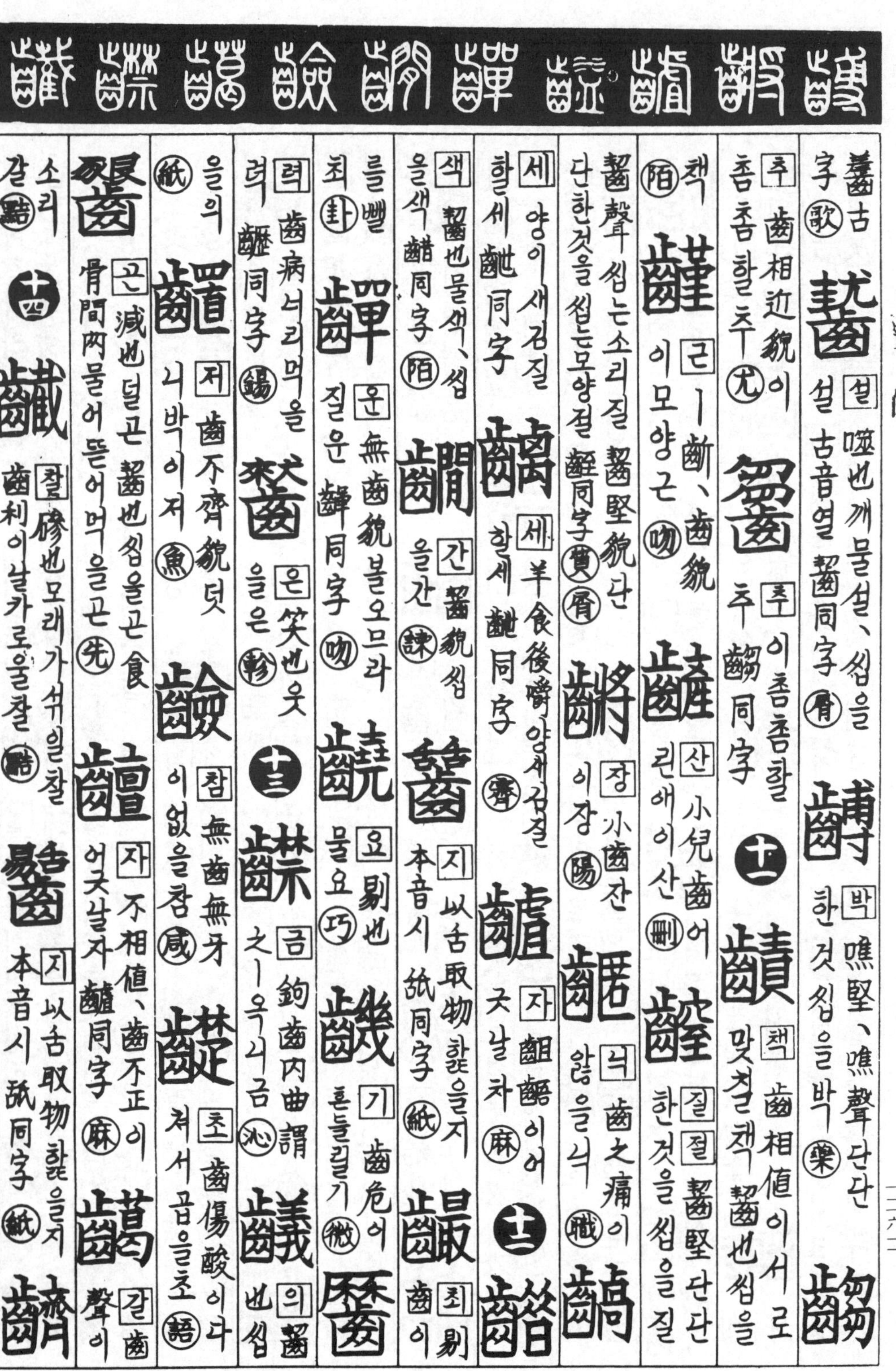

齧古字 歌

⿱𢦏齒 설 噬也 깨물 설、씹을 설 古音 열 齧同字 骨

⿰齒尃 박 噍堅、噍聲 단단한 것 씹을 박 樂

齺 추 齒相近貌 이 촘촘할 추 尤

⿱芻齒 추 이 촘촘할 주 齺同字

⑪

⿰齒責 책 齒相値 이 서로 맞칠 책 齧也 씹을 책 陌

⿰齒堇 근 ㅣ齗、齒貌 이 모양 근 吻

⿰齒產 산 小兒齒 어린애 이 산 刪

⿰齒室 질 절 齧堅 단단한 것을 씹을 질 齧聲 씹는 소리 질 齧堅貌 단단한 것을 씹는 모양 질 ⿰齒至同字 質 屑

⿰齒將 장 小齒 잔 이 장 陽

⿰齒匿 닉 齒之痛 이 앓을 닉 職

⿰齒高 세 양이 새김질할 세 齛同字

⿰齒离 세 羊食後嚼 양이 새김질할 세 齛同字 霽

⿰齒虘 자 齟齬 이 어긋날 차 麻

⑫

⿰齒昝 색 齧也 물 색、씹을 색 齰同字 陌

⿰齒間 간 齧貌 씹을 간 諫

⿱舌齒 지 以舌取物 핥을 지 本音 시 舐同字 紙

⿰齒最 최 齧 齒 이를 빨 최 卦

⿰齒單 운 無齒貌 볼 오므라질 운 齳同字 吻

⿰齒堯 요 齩也 물 요 巧

⿰齒幾 기 齒危 어흔들길 기 微

⿱歷齒 력 齒病 너리먹을 력 ⿰齒歷同字 錫

⿱笑齒 은 笑也 웃을 은 軫

⑬

⿰齒禁 금 鉤齒內曲謂之ㅣ 옥니 금 沁

⿰齒義 의 齧也 씹을 의 紙

⿰齒置 저 齒不齊貌 덧니박이 저 魚

⿰齒僉 참 無齒 無牙 이 없을 참 咸

⿰齒楚 초 齒傷酸 이 다쳐서 곱을 초 語

⿱㒸齒 곤 減也 덜 곤 齧也 씹을 곤 食骨間肉 물어뜯어 먹을 곤 先

⿰齒宣 자 不相値、齒不正 이 어긋날 자 ⿰齒虘同字 麻

⿰齒葛 갈 齧聲 이 소리 갈 黠

⑭

⿰齒截 찰 㱠也 모래가 쉬일 찰 齒利 이 날카로울 찰 黠

⿱舓齒 지 以舌取物 핥을 지 本音 시 舐同字 紙

⿰齒齊

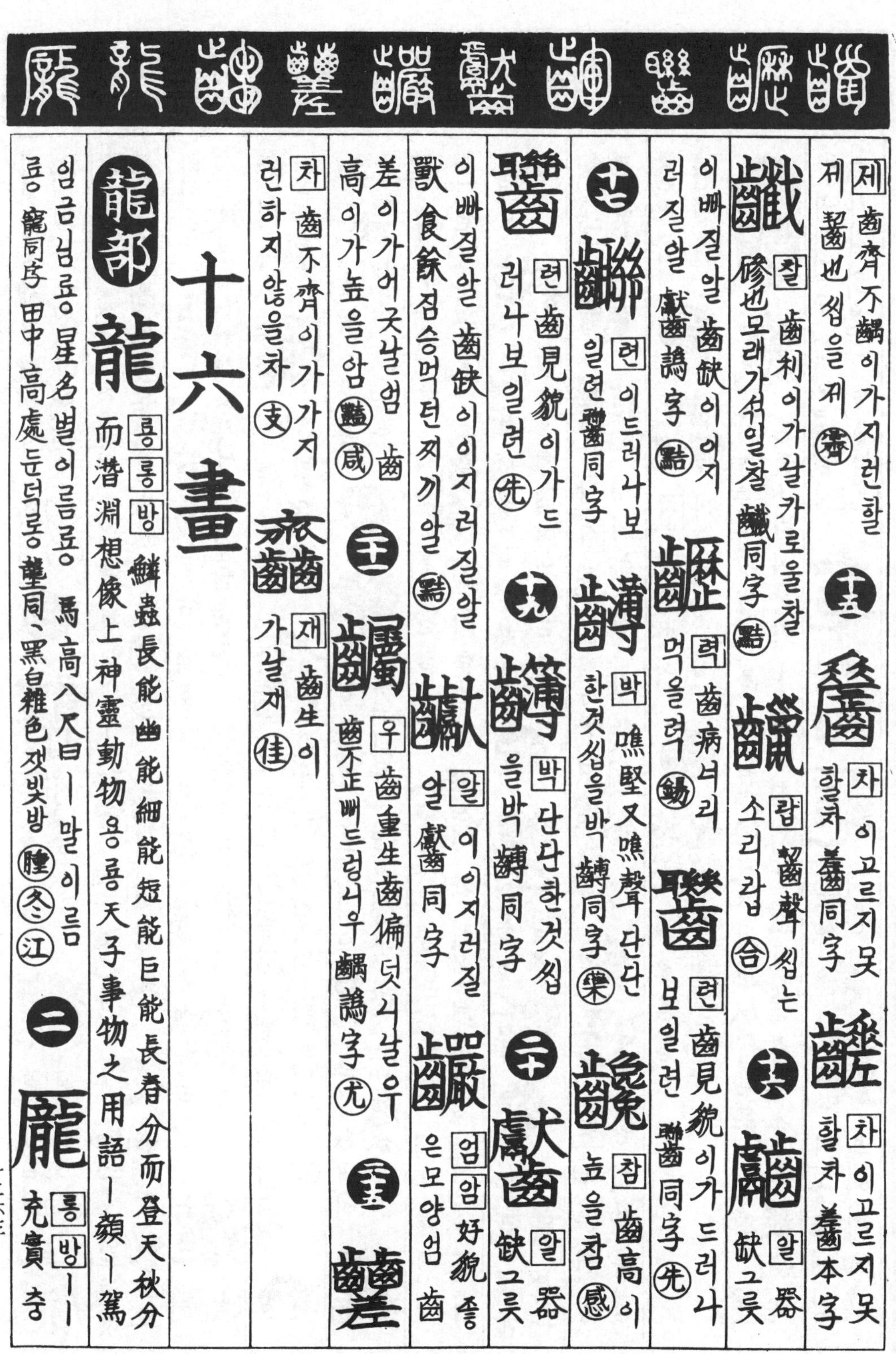

[제] 齒齊不齵이가지런할 제 䶒齒也 씹을제 (齊)

(十五)

齹 [차] 이고르지못할차 齹同字

齹 [차] 이고르지못할차 齹本字

齾 [찰] 齒利이가날카로울찰 齛也모래가쉬일찰 齾同字 (黠)

齒巤 [랍] 齧齒聲 씹는소리랍 (合)

(十六)

齥 [알] 器缺그릇이빠질알 齒缺이이지러질 알 齾齒譌字 (黠)

齒歷 [력] 齒病니리 먹을력 (錫)

齒聯 [련] 齒見貌이가드러나보일련 聯齒同字 (先)

(十七)

齒聯 [련] 이드러나보일련 聯齒同字

齒薄 [박] 嚼堅又嚼聲 단단한것씹을박 齒尃同字 (藥)

齒毚 [참] 齒高이높을참 (感)

聯齒 [련] 齒見貌이가드러나보일련 (先)

(十九)

齒簿 [박] 단단한것씹을박 齒尃同字

(二十)

齾 [알] 器缺그릇이빠질알 齒缺이이지러질알 獸食餘짐승먹던찌끼알 (黠)

齾 [알] 이이지러질알 齾同字

齴 [엄][암] 好貌좋은모양엄 齒差이가어긋날엄 齒高이가높을암 (豔)(咸)

(二十一)

齒屬 [우] 齒重生齒偏덧니날우 齒不正뻐드렁니우 齵譌字 (尤)

(二十五)

齹 [차] 齒不齊이가가지런하지않을차 (支)

齒旅齒 [재] 齒生이가날재 (佳)

十六畫

龍部

龍 [룡][롱][방] 鱗蟲長能幽能細能短能巨能長春分而登天秋分而潛淵想像上神靈動物용룡 天子事物之用語ㅣ顏ㅣ駕 임금님룡 星名별이름룡 馬高八尺曰ㅣ말이름룡 寵同ㅅ 田中高處둔덕롱 壟同、黑白雜色잿빛방 (腫)(冬)(江)

(二)

龎 [롱][방] ㅣㅣ充實 충

실할롱 雜亂貌어수선할방 高屋높은집방 龐俗字 東 江

㊂

⿱龍巾 롱 蒙ㅣ덮개롱 冬

⿰犭龍 롱 獸名짐승이름롱 東

龐 롱 방 充實ㅣㅣ충실할롱、雜亂貌어수선할방 高屋높은집방 姓也성방 東 冬

龏 공 謹也삼갈공 冬

㊃

龑 엄 高明貌높고밝을엄 琰

⿰爿龍 롱 箱屬농롱、채롱롱 笭也、凡盛覆物皆曰ㅣ 종다리끼롱 包擧ㅣ物얽을롱 籠同字 東 董

⿰禾龍 롱 禾病벼의병롱 東

曨 롱 赤色붉은빛롱 東

龕 감 取也취할감 ㅣ暴勝也이길감 塔下室감실감 龕俗字 覃

㊄

攏 롱 禱旱玉龍용그린홀룡 冬

龒 룡 龍也용룡 龍古字 冬

㊅

龔 공 恭也공손할공 給也줄공 奉也이바지할공 姓也성공 供、恭通 冬

龓 롱 말탈롱 櫳同字

龕 감 受盛담을감 塔下室감실감 取也취할감 勝也ㅣ暴이길감 覃

櫳 롱 牽也끌롱 乘馬말탈롱 兼有가질롱 東

㊆

⿱龍巫 룡 巫也무당룡 冬

㊇

靇 롱 雷聲우뢰소리롱 東

(十六)

龖 답 삽 飛龍나는용답 懼貌두려워할답、삽義同 合

(十七)

龗 령 神也귀신령 龍也용령 善也착할령 青

(三二)

龘 답 龍行용이가는모양답

(四八)

𪚥 절 多言말많을절 屑

龜部

龜 귀 균 구 甲蟲之長外骨內肉天性無雄以虵爲雄거북귀 星名天ㅣ별이름귀 卜ㅣ점칠귀ㅣ鑑본뜰귀、手凍皸瘃손얼어터질균、西域屬國ㅣ玆나라이름구 支 眞 尤

龜 귀 거북귀 龜本字

龜 귀 龜同字

㊂

𡡞 귀 女字계집의자귀 知 異

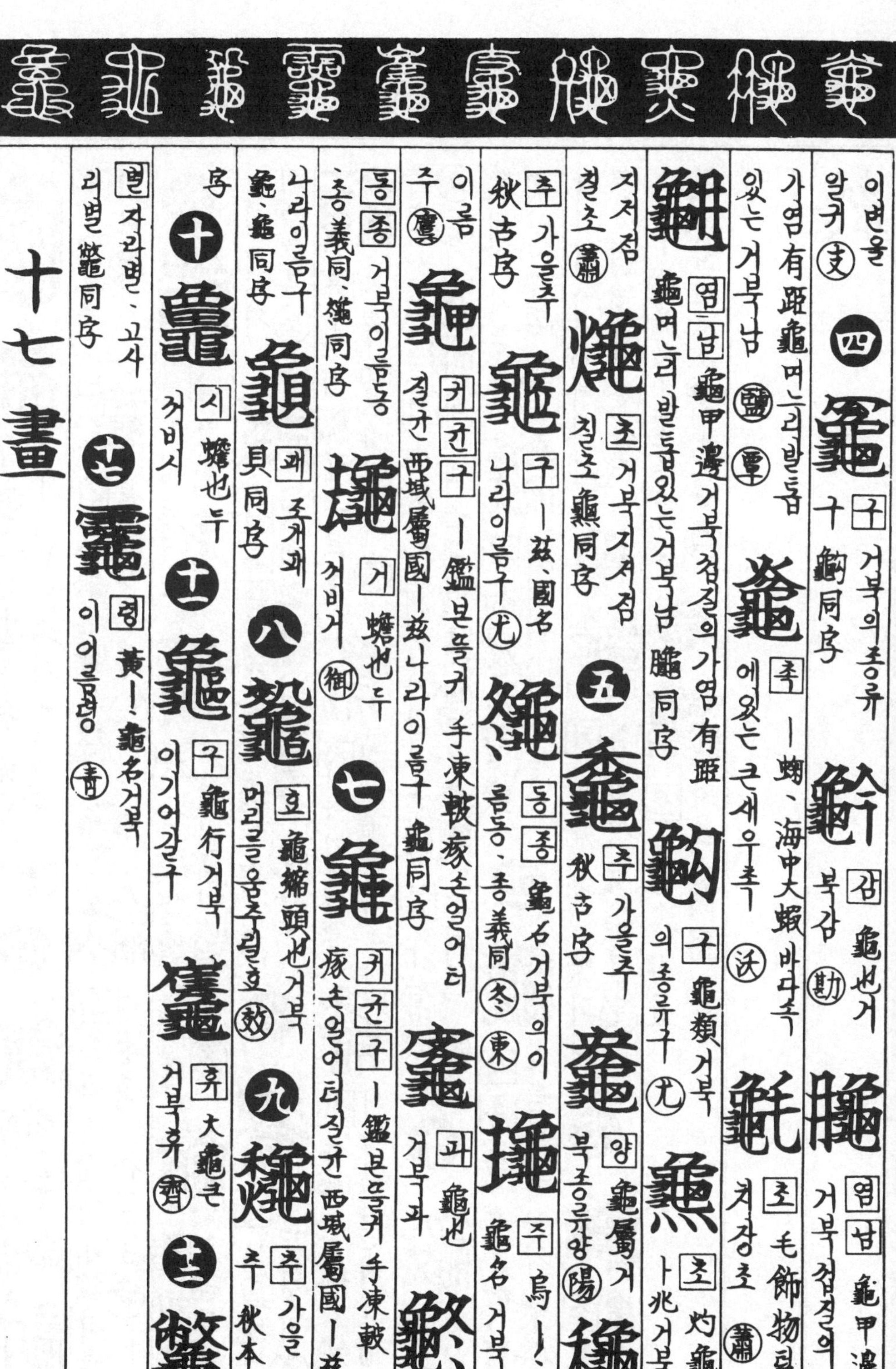

이변울 알귀 (支)

④ ⿱𠂊龜 子 거북의 종류 十 ⿰龜勽同字

⿰龜今 감 龜벋거 북감 (勘)

⿰龜冉 염 甘 龜甲邊 거북접질의 가염 有蹠龜며느리발톱 있는 거북남 (藍)(覃)

⿱㐭龜 촉 ㅣ蝍、海中大蝦 바다속에 있는 큰새우촉 (沃)

⿰龜毛 초 毛飾物 털치장초 (蕭)

⿰龜冊 염 남 龜甲邊 거북접질의 가염 有蹠 龜며느리발톱있는거북남 ⿰冉龜同字

⿰龜勽 子 龜類 거북의 종류구 (尤)

⿱龜灬 초 灼龜 ㅏ兆거북 지지점 철초 (蕭)

⿰火龜 초 거북지지점 칠초 ⿱龜灬同字

⑤ ⿱禾龜 추 가을추 秋古字

⿱⿰?龜 양 龜屬거북 종류양 (陽)

龝 추 가을추 秋古字

⿰龜皿 子 ㅣ茲、國名 나라이름구 (尤)

⿰夂龜、 동 종 龜名거북의이 름동、종 義同 (冬)(東)

⿰扌龜 주 烏ㅣ、龜名거북 이름주 (麌)

⿰龜甲 귀 균 子 ㅣ鑑 본뜰귀 手柬較家 손얹어더 질균 西域屬國ㅣ茲 나라이름구 ⿰龜?同字

⿱宀龜 과 龜벋 거북과

⿰攵龜、 동 종 거북이름동、종 義同、⿰夂龜同字

⿸虍龜 거 蟾也 두꺼비거 (御)

⑦ ⿰龜臣 귀 균 子 ㅣ鑑 본뜰귀 手柬較 家손얹어더 질균 西域屬國ㅣ茲 나라이름구 ⿰龜?、⿰龜?同字

⿰龜貝 괘 조개괘 貝同字

⑧ ⿱夗龜 호 龜縮頭번거북 머리를움추릴호 (效)

⑨ ⿰秋龜 추 가을추 秋本字

⑩ ⿱⿳?龜 시 蠵也두 꺼비시

⑪ ⿰龜? 구 龜行거북 이기어갈구

⿰隹龜 휴 大龜큰 거북휴 (齊)

⑫ ⿰攸龜 별 자라별、고사리별 鼈龜同字

⑰ ⿱霝龜 령 黄ㅣ、龜名거북 이어름령 (靑)

十七畫

龠部

龠 약 量名容千二百黍홉사약 管ㅣ、三孔樂名피리약 籥通 (藥)

四

⿰龠亢 약 仰也우러를약 (藥)

⿰龠斤 온 大篪큰저은 (眞)

龡 취 以氣推發其聲불취 吹本字 (支)

五

龢 화 和也화할화 小笙작은생황화 和古字 (歌)

八

⿰龠昌 창 노래할창、인도할창 唱古字

⿱炊龠 취 音律管壎之樂악기를불취 吹同字 (支)

⿰龠虒 치 如篪、笛管樂피리치、저치 ⿰龠虎同字 (支)

龣 각 록 東方之音、通作角오음의하나각、록 義同 (覺)(屋)

九

⿰龠皀 비 法敗貌법이무너질비 (寘)

龥 유 疾首號呼부르짖을유 和也화할유 (遇)

⿱炊龠 취 악기를불취 ⿱炊龠同字

⿱炊龠 취 音律管壎之樂악기를불취 ⿱炊龠同字 (支)(寘)

龤 해 樂龢也노래의가락이조화될해 諧通 (佳)

⿰龠音 암 下聲낮은소리암 (陷)

十

⿰龠殳 렴 令之杖 鼓채로치는북렴、장구렴 (鹽)

⿰龠虒 치 如篪、笛管樂피리치、저치 (支)

十一

⿰龠鹿 각 록 宮、商ㅣ徵、羽樂器악기각、오음의하나각、오음의하나록 龣同字 (覺)(屋)

十四

⿰龠虎 치 如篪、笛管樂피리치、저치 ⿰龠虒俗字 (支)

十六

⿰龠龜 소 管樂퉁소소、소소ㅣ 韶舜樂소소풍류소 弓末활고지소 簫古字 (蕭)

二十

⿰龠⿱龜灬 소 퉁소소、활고지소 簫同字

終

音訓索引

가 價 값가 嘉 아름다울가 坷 길험할가 咖 코피차가 ⿸广架 집지울가 戨 배말뚝가 笳 피리가 幏 오랑캐 세금내는 베가

戓 배매는 말뚝가 傢 시험가 岢 산이름가 假 거짓가 佳 아름다울가 家 집가 可 옳을가 ⿰女叚 계집얼굴 꾸밀가

⿰山加 여러산 벌려선 모양가 ⿱宀布 집가 徦 이를가 家 집가 価 값가 ⿰口迦 더러운 말가 哥 언니가 加 더할가

哿 옳을가 ⿸疒架 팔다리 병가 ⿰舟攴 가는데 곤란당할가 ⿰犭加 큰원숭이가 ⿱叚毛 털옷가 ⿰馬可 거위가 ⿰扌加 칼가 訶 역정내어 꾸짖을가

椵 유자가 斚 옥잔가 鴚 거위가 戨 말뚝가 ⿰舟戈 작은배가 斝 옥잔가 耞 도리깨가 戓 배말뚝가

架 시렁가 葭 갈가 ⿰骨叚 허리뼈가 ⿺辶架 좌우로 거늘가 暇 한가할가 ⿰骨可 무릎뼈가 ⿱⺮哿 죽순가 ⿰舟戈 작은배가 檟 가나무가

柯 가지가 軻 때못만날가 ⿰忄家 불안할가 稼 곡식심을가 ⿰忄客 몰래할가 ⿰言叚 클가 ⿰賈鳥 매가 舸 큰배가 伽 절가 耞 배가

⿹司畫 꾸지람가 珂 구슬이름가 ⿰齒客 뻐드렁니가 ⿱⿰齒可女 고울가 豭 숫돼지가 ⿰忄途 마음이 불안할가 苛 잔풀가 枷 칼가 跏 도사리고 앉을가

鴐 돌거위가 榎 싸리나무가 瘕 적병가 渮 물이름가 ⿱⺮哥 죽순가 炣 불가 麚 숫사슴가 毠 털옷가

⿰白乚 성가 ⿸鹿加 숫사슴가 ⿰犭哥 큰원숭이가 ⿰言契 교묘한 말가 犌 소힘있을가 ⿰口皮 헐가 ⿳宀各心 몰래할가 茄 가지가 ⿰阝頁 헛된 말가

⿰忄哥 앓드린 모양가 ⿱⺮叚 갈대가 ⿰目賈 볼가 ⿰牛戈 뿔가 ⿱加虫 쌀바구미가 猳 누렁고 흰점박힌 곰가 ⿱加心 바를가 ⿰鳥加

들거외 가 街 거리 가 珈 비녀치장 가 [illegible] 찬 가 泇 물이름 가 㰤 숨쉴 가 渮 뼈가모래에 불을 가 架 살 가 滒 즙많을 가 踦 허리뼈 가

鴚 거위 가 渮 뼈가모래에 불을 가 跒 난장이 가 歌 노래 가 蚵 도마뱀 가 犭可 고을름 가 艹閜 박하 가 骼 허리뼈 가

䰳 복어 가 牜各 임금탄 수레 가 牁 배매는 말뚝 가 砢 돌모양 가 㰤 노래 가 酉可 쓴술 가 加肉 딱지 가 礻可 제사 가 駕 멍에 가

鴚 거위 가 迦 부처의 이름 가 袈 가사 가 岢 산이름 가 月叚 창자병 가 痂 헌데딱지 가 言苛 꾸짖을 가

각

覺 깨달을 각 各心 정성 각 愨 삼갈 각 隹齒 어미원숭이 각 旲 해기울어질 각 竹角 대서까래 각 各卩 땅이름 각 埆 땅이 평탄치 못 각

刻 새길 각 愨 삼갈 각 木壳 탱자나무 각 毃 머리때릴 각 咯 꿩소리 각 却 물리칠 각 却 물리칠 각 垎 흙마를 각 囗各 채찍소리 각

卻 물리칠 각 各見 깨달을 각 塙 굳은흙 각 㴤 물댈 각 捔 앞뒤로 얽을 각 玨 쌍옥 각 鵅 산비둘기 각 搉 짓누를 각 桷 모진서까래 각

斠 평미레 각 燩 불에 말릴 각 踋 종아리 각 恪 정성 각 鼠各 방쥐 각 硌 단단한 돌 각 [illegible] 땅이름 각 角 뿔 각 珏 쌍옥 각

袼 겨드랑이솔기 각 忄卻 고달플 각 彳矍 갈 각 龣 오음의 하나 각 殼 껍질 각 龠鹿 오음의 하나 각 擱 버릴 각 胳 겨드랑이 각

茖 산파 각 覚 깨달을 각 閣 다락집 각 目寉 눈깨일 각 合 웃을 각 覐 깨달을 각 [illegible] 껍질 각 口卻 다리 각 [illegible] 가죽이 마를 각

疒卻 부스럼 각 竹恪 광주리 각 脚 다리 각 鬥 싸울 각 [illegible] 걸을 각 殼 껍질 각 腳 종아리 각 臄 인중 각 覐 깨달을 각 阝各 사람의 이름 각

礐 돌소리 각 覐 깨달을 각 馬霍 이마가 흰말 각 蠼 큰원숭이 각 膄 소뒷 각 [illegible] 클 각 㲉 새알 각 噱 껄껄웃을 각

간

倝 해돋을 간 山寒 산급을 간 刊 찍을 간 囗眼 불 간 蕑 띠 간 閒 사이 간 黑干 기미낄 간 簡 편지 간 谷間 산골물 간

幹 줄기 간 偘 강직할 간 㚸 간사할 간 墾 밭갈 간 𡝐 간음할 간 𡝗 화려할 간 帆 베주머니 간 干 방패 간 㵎 산골물 간

掔 굳을 간 閈 가운데 간 骭 몸 간 竿 대줄기 간 雃 기러기 간 𧿹 정강이뼈 간 詪 듣지않을 간 鳱 까치 간 輡 씹을 간

玕 아름다운돌 간 栞 나무쪼갤 간 貇 씹을 간 𨞢 땅이름 간 𦱳 버줄거리 간 詪 듣지않을 간 襇 치마주름 간 貇 씹을 간

趕 쫓을 간 䂆 양이름 간 乾 땅마를 간 澗 물빨리흐를 간 犍 쇠불 간 菅 띠 간 肝 마음 간 看 볼 간 犴 소머무를 간

衦 옷펼 간 芉 쑥 간 虷 쟁갑이 간 懇 지성스러울 간 柬 분별할 간 𡣎 때 간 𧸐 여물찌꺼기 간 粯 쌀가루 간 赶 쫓을

간 醎 잘 간 骭 몸 간 擀 손으로펼 간 鬜 성긴터럭 간 鳱 까치 간 䚡 패려궂게볼 간 瀾 씻을 간 靬 얼굴기미 간

笴 줄기 간 茛 박꽃의싹 간 簡 편지 간 澗 산골물 간 齦 씹을 간 鶡 새이름 간 癇 간기 간 䯨 실패 간 忓 요란

할 간 暕 흐린아침에날밝을 간 檀 향나무 간 衬 헌옷 간 顅 터럭적을 간 簳 살대 간 䁍 볼 간 艮 한정할 간 蔄 돌란

초 간 𥮑 살대 간 諫 간할 간 榦 산뽕나무 간 櫚 큰나무 간 冡 큰돼지 간 繝 무늬 간 盂 소반 간 椅 자루 간

衎 믿을 간 旰 날늦을 간 皯 얼굴에기미낄 간 㯕 산뽕나무 간 貇 씹을 간 艱 어려울 간 礀 산골시내 간 看 볼 간

琨 옥돌 간 䍐 양이름 간 杆 산뽕나무 간 掔 굳을 간 㦟 간사할 간 靬 마른가죽 간 墾 밭갈 간 癇 간기 간 衦 옷마저

펼 간 𦱳 채소 간 䳚 까치 간 鬝 머리털 간 豤 씹을 간 慳 아낄 간 𨻶 틈을 간 臤 굳을 간 皯 얼굴에기미낄

간 𢙇 간절할 간 奸 간사할 간 盰 눈부릅뜰 간 艱 어려울 간 豻 산골물 간 弙 막을 간

갈

갈 丐 거지 갈 鍻 금으로 장식한 붓 갈 砎 작은 돌 갈 䩣 말갈나라 갈 齃 이소리 갈 鶡 닭과 같고 싸움 잘하는 새 이름 갈 䂹 짧은 갈

骱 작은 뼈 갈 蠆 전갈 갈 葛 칡 갈 乫 땅이름 갈 匃 구할 갈 玠 때낄 갈 啐 거절할 갈 割 끊을 갈 骭 방패 세외

嵑 돌우뚝할 갈 噶 벼슬이름 갈 嵑 산우뚝할 갈 喝 꾸짖을 갈 骱 작은 뼈 갈 濭 물결 갈 扴 끊을 갈 瘍 속가갑할

騔 얼룩말 갈 擖 긁을 갈 澉 터덜 갈 秸 짚고갱이 갈 扴 긁을 갈 鞨 말갈나라 갈 擖 긁을 갈 暍 더위먹을 갈

骱 작은 뼈 갈 皛 흴 갈 褐 털로 짠 베 갈 羯 불친 양 갈 楬 표할 갈 曷 어찌 갈 騔 말다리가 빠를 갈 鍸 끊을 갈 驅 개구리 소리 갈

鞂 볏짚 갈 羯 불친 양 갈 鞈 안갑 갈 鴶 칠 갈 髦 털로 짠 피륙 갈 渴 급할 갈 磍 돌모양 갈 竭 다할 갈

轕 달리는 모양 갈 瓂 옥 같은 돌 갈 鶷 백설조 갈 髻 머리밑 갈 輵 넓고 멀 갈 骱 작은 뼈 갈 瓠 큰셀 갈 駒 말다리가 빠를 갈

碣 비석 갈 箸 대 갈 骼 동정뼈 갈 渴 목마를 갈

감

감 凵 입벌릴 감 勘 정할 감 戡 이길 감 𠟭 끊을 감 坩 도가니 감 埳 구덩이 감 嵁 산구덩이 감 墈 낭떠러지 감

弇 덮을 감 咁 먹을 감 堪 견딜 감 堿 편편하지 않을 감 㰹 비틀걸음 감 埳 구덩이 감 㺝 마음편하지 않을 감 岩 바위구멍 감

轗 거엄할 감 警 감옥 감 貼 재물탐낼 감 澉 흐릴 감 欿 뜻에 차지 못할 감 撖 걸 감 虦 범성낼 감 宀 덮을 감

紺 아청 감 𩈉 흰범 감 醶 소금버캐 감 甘 달 감 鬑 비틀걸음 감 鰔 자가사리 감 磨 조미할 감 黬 얼굴검을 감

鑑 밝을 감 淦 배틈으로 물스밀 감 醰 신술 감 顉 추할 감 憾 감동할 감 監 볼 감 憨 노할 감 䉴 털난 대 감

敢 구태어 감 玵 아름다운 구슬 감 酣 술즐길 감 𢔍 위태할 감 敢 구태어 감 鵮 쪼을 감 減 덜 감 顉 쪼을 감 撼

흔들 감 𧕾 외뿔레 감 𣀎 물건 서로 합할 감 礛 옷가는 숫돌 감 㰹 가래톱 조각 감 鰔 자가사리 감 鑑 본뜰 감 感 마음 불안할 감

𪙊 도롱룡 감 矙 엿볼 감 𪉟 짠맛 감 𪉩 몹시 짤 감 𧮰 된장맛 깊을 감 𧮯 평평하지 않을 감 鑬 비칠 감 㰹 움직일 감

𥌞 쳐다볼 감 鑑 거울 감 筸 대이름 감 醶 짤 감 歁 음식 나쁠 감 憾 한할 감 㤌 맘먹을 감 𪚴 거북 감 瑊

아름다운 돌 감 歛 탐할 감 㺂 개이름 감 玪 옥돌 감 泔 쌀뜨물 감 𣸉 소리멀을 감 䲺 천치국 감 龕 감실 감

𧖊 뽕잎벌레 감 澉 맛없을 감 㦰 감동할 감 嵁 산험할 감 澸 덜 감 𥇣 눈우묵할 감 嵌 깊굴 감 𩚵 미끼 감

𣸉 흑시 감 譼 볼 감 砍 끊을 감 䉷 대털난 감 疳 감질병 감 蚶 살조개 감 𪉩 짤 감 龕 감실 감 䘓

피국 감 橄 감람나무 감 瞰 해돋을 감 戡 죽일 감 𥂕 그릇뚜껑 감 𨣳 짠맛 감 𪉩 짭을 감 鹹 짭을 감 䳺 소세

리 감 惂 근심할 감 颔 찬바람 감 紟 모양 감 敢 구태어 감 撖 결 감 䶃 도롱룡 감 詌 입다물 감 䭱 주릴 감 𪉈 짠맛 감

敢 구태어 감 竷 불 감 譼 감옷 감 甝 술독 감 鑒 경계할 감 瞰 굽어볼 감 苷 감초 감 礷 돌함 감 𪉟 맛이 아주 짤 감

憨 미련할 감 𩛆 미끼 감 粓 쌀뜨물 감

갑 帢 가죽바지 갑 帢 모자 갑 𠆳 갑옷 갑 𠪇 부스러질 갑 匣 궤 갑 厣 글 갑 醘 술그릇 갑 鞈 볼끗

리왔올 갑 魻 귀신 갑 𥱪 대상자 갑 搕 칠 갑 瞌 눈졸린 갑 瞌 앉아 졸 갑 胛 어깨 갑、袷 모자 갑 踋 걸음소리 갑 甲

강

갑옷 갑 鉀 갑옷 갑 鞈 가죽신 갑 瞌 앉아졸 갑 韐 가죽바지 갑 䛟 수다할 갑 袷 적삼 갑 㕅 닫을 갑 魄 도둑신 갑

頜 빰뼈 갑 轄 수레소리 갑 磕 돌소리 갑 㿯 문닫을 갑 韐 가죽바지 갑 䤈 모자 갑 艦 뿔 갑 鮯 고기 갑 砰 산옆 갑

閘 물문 갑 譗 웃고말할 갑 䐧 졸릴 갑 沓 머무를 갑 舺 긴배 갑 㕅 저자 갑 頡 턱 갑 岬 산기슭 갑 敆 모을 갑

㡀 부들자리 갑 㕒 언덕 갑 㕡 낭떠러지 갑

강

㟅 멧등 강 堈 언덕 강 㟠 멧등 강 崗 산등어리 강 崗 산등성이 강 岡 산등성이 강 㟬 산이름 강 岡 멧등 강 彊 힘줄 강

㛏 문란할 강 㝩 고요할 강 康 편안할 강 㢮 물이클 강 嫝 편안할 강 堽 뫼 강 壃 지경 강 彊 강할 강 崆 오랑캐 강 傋

아첨아니할 강 強 강할 강 對 굳셀 강 㝦 빈집 강 弶 창애 강 弜 강할 강 強 강할 강 屖 이곳날 강 峷 오랑캐 강 剛

굳셀 강 㑟 어린아이울 강 僵 쓰러질 강 㓒 굳셀 강 嗛 기침소리 강 䅂 풀이름 강 疆 지경 강 耩 밭갈 강 蠁 바구미 강 槺 헛될 강

강 䟞 광저기 강 罡 이름 강 䘕 옷의띠 강 薑 생강 강 襁 포대기 강 䍵 자빠질 강 康 겨 강 殭 죽어썩지않을 강 忼 탄식할 강

㤟 한할 강 㥞 이그러질 강 蜣 말똥구리 강 蠆 죽은누에 강 䜶 광저기 강 䖭 범 강 䶭 뼈대 강 瓨 독 강 掆 들 강 茳

멧목 강 跭 우뚝설 강 𧬄 말굳셀 강 襁 포대기 강 矼 징검다리 강 慷 강개할 강 鏹 돈꿰미 강 綱 벼리 강 蠊 잠자리 강 棡

나무이름 강 舡 배 강 礓 조각돌 강 䕭 개나리 강 䟽 흩어져달아날 강 韁 말고삐 강 繮 말고삐 강 茳 향풀 강 䚯 뿔로찌를 강

講 강론할 강 㼘 큰독 강 甌 큰독 강 䮴 말걸음걸을 강 繈 돈꿰미 강 杠 깃대 강 酛 염전 강 㭞 뜻 강 㼺 염전 강 棡

개

돌강 羌 오랑캐강 犺 사나울강 粇 겨강 漮 빌강 ⿰歹京 시체강 糨 미음강 畺 지경강 畖 밭사이길강 ⿰豕空 돼지고기속빌강

⿰阝岡 산등성이강 焵 칼날벼릴강 㝩 집조용할강 薑 생강강 ⿰康瓦 질그릇강 膙 힘줄설강 夯 다질강 ⿱竹夆 용수강 ⿰食強

찬밥강 魧 큰자개강 ⿰黃亢 누른빛강 ⿰扌夆 쌍돛달강 犅 송아지강 ⿰韋頁 곧을강 ⿸疒空 목구멍병강 腔 속빌강 繮 말고삐강 橿

박달나무강 江 강강 ⿰牛畺 등흰소강 ⿰車亢 수레바탕길강 舩 배뜰강 䍧 강독 匟 평상강 羗 말곧강 勥 좇을강 鋼 강철강

羗 오랑캐강 ⿰鹵亢 염전강 絳 짙게붉을강 ⿰鹵亢 염전강 姜 성강 ⿰亻夅 뻣뻣할강 ⿸广東 편안할강 ⿰礻畺 대포기강 疅

지경강 罡 그물강 牨 물소강 ⿱艹彊 생강강 葁 생강강 扛 들강 躿 키클강 穅 겨강 ⿱彊金 납강 ⿰金罡 굳셀강

綱 벼리강 ⿰康欠 흉년들강 ⿰豸京 까치걷는모양강 鱇 처정이강 ⿰犭空 속빌강 ⿰糸夆 짙게붉을강 ⿰骨空 봉무니뼈강 ⿱艹畺 생강강

(개) 丫 양뿔개 介 물건헤아리개 ⿰亻口 낱개 個 낱개 ⿱宀介 홀로살개 愒 갈청할개 ⿱髟丰 맘베에할개 ⿰彳皆 어뜩비뜩할개

⿱𡈼豆 밝을개 塏 시원한땅개 介 중매개 尬 비틀거릴개 ⿰巾介 견개 岕 산험할개 ⿱大夂 클개 价 클개 吤 큰소리개 ⿸厂介

이를개 匃 청구할개 匄 청구할개 喈 새소리개 玠 큰서옥개 槪 평두목개 闓 열개 炌 행전개 ⿰𧯛頁 머리빼개 ⿺毛介 짐승의가는털개

痎 하루걸이개 ⿰骨皆 파리할개 ⿱艹亐 이그러질개 疥 옴개 闓 열개 ⿰石皆 옥같은돌개 改 고칠개 衸 행전개

⿰豈風 마파람개 溉 물댈개 槪 말칵이개 ⿰矛害 창개 礚 돌소리개 ⿰阝乞 험할개 ⿰火蓋 불개 盖 덮을개 ⿱介心 근심없을개

⿰食亥 목멜개 湝 물성할개 ⿰豈攵 이룰개 ⿰鳥介 참새개 ⿰皆瓦 암기와개 忦 근심하고두려워할개 ⿰王蓋 사람이름개 揩 문질러훔칠개

犗 내살된 소 개 蘻 질고경이 개 蘫 목병 개 栔 지팡이 개 鞜 북이름 개 轞 수레소리 개 暟 밝을 개 瘥 병앓을 개

戤 전당잡힐 개 颽 화한 바람 부는 개 骱 말고리 잡아맬 개 頧 빛밝을 개 閞 열 개 鎧 갑옷 개 絠 활줄다릴 개 瓂 큰홀 개 忋 믿을 개

髫 쪽질 개 褦 행전 개 慨 분격할 개 皆 다 개 螺 흰조개 개 闓 열릴 개 襤 웃옷 개 剴 착할 개 箇 낱 개

芥 겨자 개 緒 굵은실 개 獦 입짧은 개 暟 아름다울 개 頣 빰릴 개 蝔 참게구리 개 愷 편안할 개 祴 벽돌간길 개

譺 삼갈 개 㤎 거정을 개 扢 갈 개 丐 빌 개 峇 새벽별 개 鍇 좋은쇠 개 䐩 여윌 개 㚃 웃을 개 魪 가자미 개 斺 볕올 개

殨 첫아이밸 개 芥 겨자 개 齸 어금니 개 犗 불간소 개 槩 평두목 개 嘅 탄식할 개 𢍮 굽을 개 鶛 수매추리 개

開 통할 개 凱 착할 개 夵 도울 개 㱾 깊고굳을 개 篕 검은대 개 蓋 덮을 개

객

客 나그네 객 髂 머리털몸시길 객 榕 횃대 객 胳 다리굽을 객 鎔 피토할 객 格 곧게갈 객 齚 얼굴에피묻을 객

轣 고삐와 굴레 객 虢 범의소리 객 喀 기침할 객 韄 갓옷속 객 挌 움켜잡을 객 蛒 자미리 객 䂄 보리싸라기 객 輅 수레결칼 객

韄 고삐 객

갱

𣪻 가까이 못할 갱 䨣 구름무계필 갱 秔 메벼 갱 羹 국 갱 硜 알랑알랑할 갱 埂 빠질 갱 硻 단단할 갱 掙 기지개켤 갱

粳 메벼 갱 阬 뫼 갱 脛 뼈가목에걸릴 갱 瞠 눈희미할 갱 輕 돌움직일 갱 羹 국 갱 鬻 곰 갱 鎮 금옥소리 갱

逕 토끼길 갱 鏗 금옥소리 갱 羹 국 갱 㹴 짐승이름 갱 𣢧 거칩할 갱 猭 개이름 갱 㵊 물돌아나갈 갱 坑 빠질 갱 劥

굳셀 갱 妔 예쁜계집 갱

갹 御 질 각 屩 짚신 각 𡳐 짚신 각

거 㞐 곳 거 巨 클 거 [illegible] 곳 거 佉 나라이름 거 呿 입딱벌릴 거 倨 거만할 거 居 곳 거 弆 감출 거 崌

깊은산 거 姖 단정할 거 去 갈 거 凥 곳 거 [illegible] 클 거 [illegible] 전당잡힐 거 苣 상치 거 蚷 노래기 거 艍 거룻배 거 距

칼날접힐 거 [illegible] 안갑 거 [illegible] 할미새 거 [illegible] 들 거 [illegible] 걸음 거 [illegible] 부지런히힘쓸 거 勮 갈 거 [illegible] 찬보리 거 [illegible] 도랑 거

[illegible] 칼날접힐 거 [illegible] 가져갈 거 擧 들 거 踞 걸터앉을 거 [illegible] 걸마 거 胠 갈비 거 駏 트기 거 裾 옷뒷자락 거

懅 겁낼 거 [illegible] 삼갈 거 簴 북다는들 거 [illegible] 섬돌 거 舉 반들 거 [illegible] 지렁이 거 詎 어찌 거 [illegible] 보리뜸물죽 거 醵

술추렴 거 據 웅거할 거 磲 옥돌 거 澽 마를 거 鋸 톱 거 籧 대자리 거 [illegible] 열 거 莒 모시풀 거 麮 보리죽 거 [illegible] 의지할 거

遽 급할 거 襷 멜빵 거 [illegible] 밝을 거 [illegible] 소먹이그릇 거 歫 그칠 거 据 길거할 거 [illegible] 그물 거 [illegible] 하루살이 거 耟 따비

술 거 豦 원숭이 거 [illegible] 풀베는기구 거 [illegible] 구멍 거 [illegible] 하품할 거 柜 나무이름 거 [illegible] 잇몸부을 거 虡 쇠북틀설주 거 鼁

두꺼비 거 [illegible] 말법도잃을 거 [illegible] 사라부루 거 [illegible] 찬털 거 抾 가져갈 거 秬 검은기장 거 [illegible] 하루살이 거 [illegible] 기장 거 怩 겸연

쩍을 거 鐻 쇠북틀설주 거 鮔 발긴문어 거 [illegible] 횃불 거 [illegible] 할미새 거 [illegible] 익지않은보리 거 [illegible] 옥고리 거 粔 약과 거 [illegible]

반들 거 [illegible] 손으로짚을 거 蜛 벌레이름 거 [illegible] 옷 거 鉅 클 거 欅 나무이름 거 拒 막을 거 蟝 하루살이 거 [illegible] 과자 거

車 수레 거 　䟊 사나울 거 　磲 옥같은 돌 거 　祛 물리칠 거 　𤕤 거름 분 거 　𧽪 두꺼비 거 　蘧 거름풀 거 　渠 도랑 거 　鮔

벌레이름 거 　綨 오색비단 거 　𧾠 살 거 　蘧 석죽화 거 　𥫱 검은기장 거 　璩 키고리 거 　袪 실끈 거 　鐻 쇠북반침 거 　鶋 할미새 거

䳐 언거새 거 　𦡊 사람이름 거 　怇 업신여길 거 　祛 소매 거 　炬 횃불 거 　匷 수레붙이 거 　阹 외양간 거 　筥 둥근광주리 거 　椐

인차목 거 　琚 패옥 거 　鮭 가자미 거 　轉 바퀴둘레 거 　抾 움킬 거 　詓 소리 거 　賉 팔 거 　𨙸 범할 거 　璩 옥고리 거 　䣰

도랑 거 　檬 울타리 거 　𨎥 수레 거

걱

㔾 사람이름 걱 　乬 사람이름 걱

건

𦤇 힘줄부리 건 　虔 공경할 건 　騫 이지러질 건 　攓 설 건 　揵 들 건 　騝 등마르누르고 검은말 건 　腱 힘줄 건 　謇

말더듬거릴 건 　鬻 죽 건 　褰 바지 건 　𧼯 절뚝거릴 건 　揵 저포짝이름 건 　愆 죄 건 　謇 말더듬거릴 건 　鞬 동개 건 　韉

칼집 건 　諓 말더듬더듬할 건 　攘 옷걷어잡을 건 　褼 바지 건 　䦈 벌릴 건 　鰬 큰구렁이 허리 건 　犍 불친소 건 　𨘢 허물 건 　攑

빼가질 건 　搴 가질 건 　蹇 절 건 　攓 걷을 건 　䊢 죽 건 　騫 날 건 　楗 문빗장 건 　褰 바지 건 　蹇 절 건 　褰

바지 건 　餰 죽 건 　鍵 열쇠 건 　䭈 절 건 　踺 걸음속할 건 　𥔣 주춧돌 건 　瀽 하늘 건 　愆 죄 건 　鰎 얼간한 생선 건 　鑳

열쇠 건 　䙹 제사 건 　鑳 열쇠 건 　韉 칼집 건 　𦢊 외병들 건 　犍 힘주울 건 　䙴 바지 건 　噾 더듬거릴 건 　隱 거만할 건

闔 빗장 건 　涃 구멍 건 　侃言 허물 건 　𧄹 권초 건 　毽 제기 건 　睷 눈으로셈할 건 　楗 모랑 건 　隉 하늘 건 　建

(벌이름 건)
健 굳셀 건　𡾋 산구불구불할 건　鰎 소금에 약간 절인 고기 건　䔿 건초 건　寋 울릴 건　籧 대이름 건　𠻗 말더듬거릴 건

걸

걸 𧞣 긴베 걸　杰 준걸 걸　𧓍 벌레이름 걸　秅 고르게 두랑할 걸　桀 흉포할 걸　乬 걸 걸　乫 활 걸　𥦵 덮을 걸
傑 준걸 걸　嵥 한없이 높을 걸　揭 일어날 걸　乞 구할 걸　渴 물잦을 걸　竭 다할 걸　藒 향기풀 걸　趌 성내고 달아날 걸
芞 향풀 걸　櫭 나무못 걸　藒 향풀 걸　趨 갈 걸　榤 베펠 걸　藒 향풀 걸　榤 닭의홰 걸　揳 빼칠 걸　𡍮 찢을 걸
滐 물이 부딪고 돌 걸　釨 삼지창 걸　契 낫 걸　担 들 걸　偈 힘쓸 걸

검

검 倹 검소할 검　𢈔 옷궤 검　㡋 비단 검　㑣 악공 검　儉 적을 검　劒 칼 검　劔 칼 검　劎 칼 검　剣 칼 검
顩 편편하지 않을 검　忴 마음급할 검　𥂦 소금물 검　鈐 굴대비녀장 검　撿 잡을 검　𩕄 추할 검　鵮 오리새 검　黬 검을 검
羷 양의뿔이 돌릴 검　鉗 떠매는 쇠끈 검　檢 교정할 검　検 교정할 검　䭠 도요 검　劒 칼 검　撿 살필 검　佥 적을 검　臉 뺨 검
鹼 소금 [illegible] 검　芡 좌은대 검　黔 검을 검　鉆 보습 검　瞼 눈아래 웃시울 검　柑 재갈 검　扝 앗 검　䃤 소금물 검
礆 돌험할 검　芡 마름 검　歛 탐할 검　顩 얼굴 반반하지 않을 검　䫡 하관빠를 검　鴿 새가 모이를 먹을 검

겁

겁 㤲 겁낼 겁　拾 다시 겁　鵊 오리새 겁　鉣 떠매는 쇠고 겁　𨋩 굽지 않은 기와 겁　袷 옷깃 겁　迲 자내 겁　刦 겁박할 겁
㾊 병 겁　騱 말이 나아가지 않을 겁　痃 하품할 겁　砝 단단할 겁　劫 겁탈할 겁　眑 바삐 볼 겁　蛣 검붉은 자개 겁　衱 옷뒷자락 겁
鉣 떠매는 쇠끈 겁　鉫 떠매는 쇠끈 겁　蜐 거북손 겁　狜 겁낼 겁　鲅 말린고기 겁　䋞 옷기울 겁　怯 겁낼 겁　极

나카에집 실물겁 嗋 소리 겁 刦 위협할 겁 刲 언덕 겁 厓 겁탈할 겁 脚 겨드랑 밑 겁 胠 오른편 군대 겁 袷

동구래 깃 겁 跲 엎드려질 겁 㧁 위협할 겁 拾 다시 겁 猲 으를 겁 庱 하품할 겁 笈 길마 겁

게

洎 윤택할 게 偈 쉴 게 㐹 이를 게 憩 쉴 게 碣 돌세울 게 鏨 그릇속 빌 게 籥 대열매 게 笄

비녀 계 乬 따뜻할 게 乩 점칠 계 甈 깨질 계 愒 쉴 게 褉 옷깨칠 계 薊 잔풀 계 剘 살얇울 계 垍 석비레 계

偈 범어 게 揭 높이 들 게 䯢 쉴 게 瘌 머리 헐 게 憇 쉴 게 憩 쉴 게 呭 웃을 게

격

闃 고요할 격 郹 고을 이름 격 擊 칠 격 揅 고칠 격 鵅 부엉이 격 彍 활집 격 佫 이를 격 竅

올릴 격 墼 굽지 않은 벽돌 격 帢 굵은 갈포 격 謞 말 서로 듣지 못할 격 覡 시내무당 격 甂 오지병 격 綌 굵은 갈포 격

紶 굵은 갈포 격 譤 거짓 격 獥 이리새끼 격 轚 굴대 서로 칠 격 褔 옷안 격 虢 범의 소리 격 膈 명치 격

諽 꾸밀 격 鬩 고요할 격 挌 칠 격 鏖 오지병 격 格 이를 격 滆 호수 이름 격 湨 물결칠 격 謞 말 많이 할 격 鼳

수염긴 쥐 격 䩭 안장 격 鰏 고기 이름 격 鸂 부엉이 격 鶪 왜가리 격 犄 가질 격 薂 연밥 격 鴃 왜가리 격 鬄 수염 격

輾 수레의 연자매 격 毄 소리 격 鵙 왜가리 격 闃 고요할 격 狊 개 노리고 볼 격 戜 싸울 격 綌 굵은 갈포 격 犳

창 격 裓 앞깃 격 犑 소 격 簂 대신 격 㱔 부는 소리 격 雓 왜가리 격 檄 격서 격 迟 급제 갈 격 骼 마른 뼈 격

䈜 대장지 격 篇 대장지 격 翮 창 격 緙 제맬 격 虩 두려워할 격 激 급할 격 鷔 새 이름 격 彍 오지병 격 鬲

오지병격 觡 사슴뿔격 隔 막을격 ⿺鬼具 고요할격 搹 품격 毃 창격 鵊 자키새격 繳 주살격 翮 날개격 髂

뼈격 ⿰犭斤 쌈할격 茖 산파격 ⿰耒各 비견가지격 嗝 꿩울격 ⿱穴激 좁은목격 ⿰石鬲 돌많고토박한땅격 郹 고을이름격

愅 꾸밀격 ⿱竹彼 대신격

견

⿱艹爾 누에고치견 ⿱𦥑冃 홀덩이견 掔 이끌견 ⿱穴堅 움직이지않을견 睊 보는모양견 幵 평평할견 岍 산이름견 ⿱宀絹

그물견 ⿰土遣 작은언덕견 ⿱开幷 평평할견 岍 산이름견 犭 큰개견 汧 못견 ⿱臤齒 이드러낼견 ⿰黑見 먹갈견 趼 가죽을부르틀

견 ⿰豕畏 섭을견 銒 목긴술병견 ⿰衤肙 좁을견 ⿰衤⿱艹蜀 햇솜옷에둘견 緘 입다물견 捐 맬견 ⿰金研 목긴술병견 ⿰言書 조금설견

麲 보리집견 蚈 바디불견 ⿰金⿱罒蜀 밝을견 ⿱穴肙 좁은구멍견 ⿰肙隹 새매견 襺 햇솜옷에둘견 猏 새살된돼지견 見 볼견

⿰忄泉 마음급할견 肩 어깨견 汱 물떨어질견 ⿰目冃 보는모양견 ⿱罒繯 얽을견 ⿱开黑 검은주름살견 籣 호적견 涀

작은도랑견 ⿰忄茲 베이름견 譴 꾸짖을견 畎 밭고랑견 ⿰氵畎 물가리할견 ⿰豕幷 큰돼지견 ⿰糸見 누에고치견 麉 힘센사슴견 ⿱罒幺

그물견 ⿱糹糹心 오그라질견 瓹 독밑구멍견 鳽 교청새견 肩 어깨견 ⿰糸⿱幵牛 궂은솜견 鄄 땅이름견 詃 꾀일견 鋻

강철견 牽 이끌견 ⿰禾見 작은묶음견 ⿰繭皮 부르틀견 鵑 두견새견 鳽 교청새견 禰 공경할견 蜸 누에견 衛 흔들

릴견 ⿱臤牛 소끌리지않을견 犬 큰개견 梘 홈통견 ⿰足睘 빨리달견 豣 큰돼지견 蚈 반딧불견 ⿰金簡 병장기견 ⿰食遣 마른과자견

⿰金⿱度毛 적구견 ⿱堅桼 메기장견 雃 교청새견 ⿰衤幵 헌옷견 遣 보낼견 ⿱幵鹿 힘센사슴견 ⿱罒絹 걸릴견 ⿰桼堅 메기장견 肰

성미급할견
鋧 멀리볼견
⿰革遣 허리띠견
⿱𦥑官 작은흙덩어리견
趼 발부르틀견
鄄 땅이름견
繾 다정스럴견
筧 대홈통견
俔 비유할견
蠒 누에치견
縳 올견
⿱䜌臼 헤아릴견
肩 어깨견
⿰飠遣 마른떡견
⿰酉肙 술거를견
⿱弦心 메이름견
⿰𤧘見 볼견
⿱艹肩 촉규화견
甽 밭고랑견
羂 얽을견
⿰肙隹 두견새견
[illegible] 가죽이겁을견
絹 깁견
⿱⿰牜丩牛 소골리지않을견
緪 줄켕겨맬견
稩 보리줄기견
鑓 창견
樫 떡갈나무견
甽 밭고랑견
訁 소리견
㷋 쇠달궈물에담글견
⿺辶⿱中𠮛 보낼견
狷 패려궂을견
⿱⿰牜丩牛 소골리지않을견
緊 긴요할견
悁 조급할견
俔 비유할견
鋗 구리그릇견
掔 끌견
甄 질그릇견
⿱开柬 작은묶음견
⿱乔柬 작은못견
⿰忄慈 배견
⿱臤土 굳을견
垷 진흙견
絸 고치견
甗 독밑구멍견

결

㓗 새길결
潔 맑은결
决 결단할결
快 수건결
鈌 이지러질결
⿰弓夬 깍지결
䦑 이지러질결
⿱亯夬 머리기우릴결
⿰土絜 지경결
㛃 맑을결
儶 미칠결
眏 눈앓을결
⿰魚叕 뿔에반칠결
鱊 비늘있는고리결
⿱龜夬 담비결
⿰衤矞 소매결
袺 옷섶잡을결
⿺走㓞 뛸결
⿰月夬 똥구멍결
⿰犭夬 짐승이름결
⿰契鳥 물요리결
⿱夭夭 맺을결
⿰契鳥 물오리결
楔 명초결
鍥 새길결
⿱亯夬 머리기울결
芵 초결명결
觖 원망할결
⿰木絜 용드레결
趹 말이달려갈결
缺 이지러질결
結 맺을결
⿰決鳥 접동새결
訣 이별할결
⿰魚夔 비늘있는고리결
玦 노리개결
⿱殸瓦 굽지않은기와결
⿱絜瓦 병결
抉 긁을결
焆 불빛결
⿱爾虫 비단결
⿰糸丰 맺을결
赽 찰결
⿱穴抉 구멍결
⿰血夬 파할결
⿺走叕 팔짝팔짝뛸결
⿰糸穴 설한울결
⿰糸子 맺결
⿰歹夬 다할결
闋 문이없울결
⿰夬鳥 접동새결
⿱絜水 맑을결
蚗 쓰르라미결
⿰羊目 수양결
⿰魚刂 고기썰결
鈌 찌를결

秄 벼묶을결 擷 두레박결 闋 쉴결 踋 밀결 砄 돌결 昳 일식할결 決 결단할결 颫 바람불결 闋 문짝없을결 玦

노리개결 闋 문없을결 雉 접동새결 逫 멀결 鶪 물오리결 趨 달릴결 詰 다투어말할결 潔 맑을결 觖 이지러질결

玦 노리개결 穚 재앙결 缺 깨질결 僪 해무리결 䘸 파할결 訣 비결결 闋 마칠결 臠 목의맥결 杰 호결

결 契 생애결 揭 일어날결 紒 맺을결 絜 헤아릴결 鍥 낫결 拮 걸거할결 桔 도라지결

겸

箝 목사슬겸 鼸 코눈어질겸 箝 족집게겸 岒 산작고높을겸 廉 삼갈겸 嵰 산이름겸 鹻 겸할겸

兼 겸할겸 傔 겸종겸 䭑 몸마를겸 蒹 겸할겸 嗛 부족히여길겸 槏 창설주겸 㡘 멀겸 戠 창겸 黚 검누르스

름할겸 謙 사양할겸 趝 머리숙이고빨리걸을겸 鶼 새이름겸 艬 밑넓은배겸 縑 합사로짠비단겸 麉 힘센사슴겸 鼸 두더지겸

慊 한할겸 䑎 부리겸 蒹 갈겸 饊 빌겸 簾 대농겸 拎 얼른집을겸 鰜 가자미겸 拑 자갈먹일겸 柑

재갈겸 拑 얽어맬겸 縑 적을겸 辛兼 어려울겸 鎌 낫겸 譧 사양할겸 撿 살필겸 䊸 살가루겸 歉 흉년들겸

羂 그물실겸 鉗 목사슬겸 縢 뜻굳게가질겸 賺 허구리겸 鈐 끌겸

겹

俠 아오를겹 袷 겹옷겹 詼 지꺼릴겹 䀫 눈자위겹질겹 䀫 눈흐릴겹 掐 꼬집을겹 裌 겹옷겹 郟

고을이름겹 鵊 접동새겹 鞅 가죽신겹 瘞 병자의숨결겹 睞 눈감을겹 唊 말많을겹

경

京 서울경 傾 기우러질경 庚 나이경 徑 통할경 檠 들경 娉 외로울경 屋 구멍경 警 팡명두경

俓 곧을 경
徑 통할 경
京 서울 경
巠 물줄기 경
境 지경 경
儆 들 경
磬 소리길 경
高 원두막 경
冏 빛날 경
勍 강할 경
哽 목막힐 경
勁 굳셀 경
卿 밝힐 경
剠 자자할 경
泂 차늘할 경
涇 찰 경
啞 원숭이 울 경
勁 경계할 경
嚶 슬퍼서 목멜 경
冂 멀 경
輊 수레 튼튼할 경
擏 받들 경
醒 완악할 경
煢 근심할 경
謦 기침 소리 경
鑋 쇳소리 경
黥 자자할 경
鯁 생선뼈 경
雃 새이름 경
麖 피고리 경
驚 두려울 경
葝 산부추 경
鏡 거울 경
經 경서 경
鏡 휘 경
絖 두레박 줄 경
綮 살과 힘줄 얽힌 곳 경
綮 살과 힘줄 얽힌 곳 경
璚 붉은 옥 경
檾 어저귀 경
耕 밭갈 경
鯅 방어 경
涇 터디고 오[illegible] 경
覂 고칠 경
檠 나무이름 경
硜 굳을 경
綆 두레박 줄 경
狂 사람의 이름 경
潁 물따라 버릴 경
綡 관끈 경
挭 깨우칠 경
茼 어저귀 경
冏 빗장 경
擏 대개 경
絖 두레박 줄 경
驚 말놀랄 경
擤 적어 올릴 경
誙 풍류이름 경
経 경서 경
煢 외로울 경
駉 살찌고 큰 말 경
競 다툴 경
莄 풀줄기 경
滰 거를 경
鼎 솥 달아 올리는 나무 경
慶 경사 경
綮 살과 힘줄 얽힌 곳 경
敬 공경할 경
鬲 가랄 경
耕 밭갈 경
頪 발이랑 경
輕 천할 경
畊 밭갈 경
郠 고을이름 경
扃 빗장 경
涇 통할 경
蔓 향풀 경
汫 작은 물 경
頸 발이 광 경
鯁 생선 뼈 경
憬 근심할 경
競 다툴 경
絅 급히 당길 경
鄉 밝힐 경
璗 피모이는 곳 경
黥 자자할 경
獍 사냥할 경
䝷 놀라 볼 경
輎 수레소리 경
警 경계할 경
輷 수레 튼튼할 경
經 경서 경
檠 등잔대 경
璟 옥광채 날 경
輕 수레 튼튼할 경
麖 큰사슴 경
煢 외로울 경
警 경계할 경
莖 줄기 경
輕 천할 경
鶁 새이름 경
經 경서 경
幜 비단 경

橴 발갈 경　獍 짐승이름 경　敬 공경할 경　睘 놀라볼 경　驚 말끌샘낼 경　踁 다리 경　競 다툴 경　竟 미칠 경

𢙾 원망 경　褧 홑옷 경　摼 몹시칠 경　餇 배부를 경　痙 바람맞을 경　暻 밝을 경　莖 줄기 경　頃 백이랑 경

綆 두레박줄 경　駉 말살찐모양 경　竸 다툴 경　麠 큰사슴 경　熲 눈광채 경　梗 산느릅나무 경　藑 풀이돌 경　罄

다할 경　耿 반짝거릴 경　憼 공경할 경　骾 물고기뼈 경　㼛 돌그릇 경　䲔 고래 경　鶊 피고리 경　綆 두레박줄 경　鯨

고래 경　曔 밝을 경　磬 경쇠 경　硬 굳셀 경　脛 종아리 경　憬 깨우칠 경　頸 목 경　牼 소무릎뼈 경　璄 옥빛 경

慶 경사 경　頸 목 경　景 밝을 경　檠 등잔대 경　䔛 어저귀 경　逕 동안뜰 경　擎 들 경　晍 해높을 경　𢣏 근심할 경

誩 다툴 경　葝 산엿고 경　䶜 얼룩쥐 경　硎 숫돌 경　踁 정강이 경　頄 외래할 경　䁝 놀란눈모양 경　蘔 곱히풀 경　徑

지름길 경　轃 수레소리 경　競 다투어말할 경　麠 외뿔사슴 경　綮 살과힘줄얽힌곳 경　埂 구덩이 경　餇 배부를 경　誙 풍류이름 경

剄 목찌를 경　粳 멥쌀 경　傾 기울어질 경　囧 창밝을 경　廎 곳집 경　嬛 외로울 경　坰 들 경　苘 모시 경　㮕 두릇

줄 경　𢘐 밤깃하지못할 경　競 말할 경

계

屐 실 계　嵠 시내 계　穊 끝 계　启 열 계　彑 고슴도치머리 계　季 막내 계　寱 깊이잠들 계　届 이를 계

㡭 이을 계　𢓊 갈 계　係 맬 계　彐 고슴도치머리 계　悸 마음두근거릴 계　脊 종아리 계　弇 경계 계　儀 걸음걸이 계

瘛 어린아이경기병 계　乩 무꾸리할 계　堺 지경 계　啓 가르칠 계　屏 엎드려질 계　廐 펄박할 계　啓 가르칠 계　啟 열 계

啓 인도할계 마 접칠계 蘮 잔풀계 娃 화턱계 齘 이틀계 㝤 해할계 鷄 닭계 罽 고기그물계 挈

輆 이지러질계 軫 거리길계 齧 머친계계 謑 경계할계 𦈻 재진그릇계 忚 싱이할계 盻 파뜻할계 瀱 우물물계 郪

繫 고을이름계 繫 용드레줄계 繫 물연접할계 齛 자미이갈계 笄 비녀계 軲 거리걸계 鷄 물오리계 薊 대열매계

覡 물계 鷄 물오리계 稭 막힐계 褏 옷헤칠계 契 언약할계 階 섬돌계 系 실마리계 嘆 소리계

𩑶 조아릴계 瘈 개미칠계 猰 용맹스러울계 悈 신칙할계 罽 털로짠베계 罽 담자리계 械 거지계 香 맑을계

稽 돌아볼계 螇 반딧불계 薊 대열매계 棨 창틀계 启 가르칠계 蛒 땅벌레계 蟿 메뚜기계 䭔 조아릴계 枅 장여

계 鰶 밥소쿠리계 鍥 새길계 戒 경계할계 綮 맬계 殃 몸시고달플계 諴 고할계 搣 거계계 齘 이틀계

髻 상투계 枅 장여계 洎 미칠계 繼 이을계 稽 돌아볼계 猘 꼬리재건착은원숭이계 䅻 살펴볼계 㝤 먹이거를계

閛 문짝계 蠫 땅벌계 𡗡 말재계 㫷 옛불계 蟿 기메뚜기계 癸 열째천간계 瘈 마음두근거릴계 䯪 살갗

계 鞸 고을이름계 界 지경계 映 거름질계 鍥 새길계 罽 고기그물계 𧿳 말재계 罽 털로짠베계 覡 문안할계

𡌴 구슬계 鷄 닭계 㮚 찬장계 𢕿 고달플계 鬠 짐승이때려곳이움직이지않을계 隔 지경계 鬠 닭계 𦩎 배긴

계 桂 계수나무계 戚 경계할계 禊 푸닥지릴계 雞 배짱이계 髻 상투계 檵 구기자계 炊 불이성할계 鬍

상투계 盻 지경계 閒 통할계 䏿 큰배계 繫 맬계 杏 새벽별계 稽 상고할계 鳲 닭계 谿 시내계 鼓

고

방자할 계 戒 경계할 계 薊 찰풀 계 覿 바로 볼 계 計 셈 계 繼 이을 계 罽 털로 짠 베 계 𣂑 보리 떡 계 鸂

뜨부기 계 罽 고기그물 계 溪 시내 계 欸 불을 불 계 縘 맬 계 𦄊 실마리 계 磎 시내 계 罽 물고기 그물 계

堦 섬돌 계 鐖 굳을 계 閱 문둔데 구멍 계 誡 훈계할 계 笄 비녀 계 眤 엿볼 계 紒 상투 계 襼

외폭험 걾계 罽 가는 털 계 豎 산갈을 계 忦 두려워할 계 悸 동할 계 械 신칙할 계 𢣋 고단할 계 揭 들 계

溎 물 계 𩰶 질그릇 계 谿 시내 계 螧 긴매뜨기 계 㖶 근수 계 傒 걸음걸이 계 榽 묶을 계 𩐳

궁구할 계 𣯡 짐승의 가는 털 계 薊 베일 계 覿 볼 계

㉠고

𤸑 어린아이 입병 고 胍 불기 고 皐 언덕 고 柧 모질 고 藍 좁쌀 치고 殦 바메털 고 鼛 북 고 考 늙을 고

檣 상앗대 고 賈 값은장사 고 觚 술잔 고 槁 마른나무 고 皐 활집 고 靚 오래 볼 고 蛊 고혹할 고 袴 바지 고

蒿 말린 물고기 고 覩 볼 고 脵 배 퉁퉁할 고 搞 서로 다툴 고 褌 바지 고 栲 북나무 고 蕭 쑥 고 蛟 도룡룡 고 故

오래 고 菰 풀우거질 고 皷 북 고 韝 리불 고 翶 노닐 고 㤾 놀랄 고 罟 고기잡는 그물 고 藁 말린고기 고 槹 나무

이름 고 翱 빗겨낫을 고 涸 얼어붙을 고 圈 비롯할 고 固 굳을 고 𠦎 가릴 고 㓘 쪼갤 고 僱 품팔 고 庫

고집 고 勊 이문언을 고 𢎪 작은활 고 㡇 오랑캐비단종 고 𡝗 구차할 고 嵲 경자이름 고 堌 옛무덤 고 崓 섬 고

呱 아이가 울 고 姑 시어머니 고 婟 이여불 고 咕 투덜거릴 고 臯 유쾌할 고 估 장세 고 孤 외로울 고 嵲 산이름 고

箛 피리 고 　膏 김오롤 고 　菰 교미 고 　瘔 곤할 고 　羖 암양 고 　攷 상고할 고 　燺 말릴 고 　棝 궤뭇 고

盬 모을 고 　鹽 소금 고 　鶮 고올이름 고 　滜 언덕 고 　烤 불에말릴 고 　鼛 큰북 고 　盬 그릇 고 　軲 수레 고

暠 밝고흰모양 고 　顧 돌아볼 고 　㾸 음 고 　𩫖 서로어길 고 　軱 큰뼈 고 　稾 볏짚 고 　股 다리 고 　苦 쓸 고

菇 귀참와 고 　稿 볏짚 고 　祰 빌 고 　餻 흰떡 고 　鹽 허물 고 　鼓 두드릴 고 　皐 언덕 고 　𪋻 잠시쉴 고

鶻 돌아볼 고 　頋 돌아볼 고 　敲 두드릴 고 　考 오랠 고 　蔻 초김치 고 　頶 큰머리 고 　敲 두드릴 고 　草 풀성할 고

孤臣 홀로 고 　胋 괴일 고 　皞 언덕 고 　熇 마를 고 　罛 큰그물 고 　鼛 북 고 　鞍 북 고 　䯪 높을 고 　叩 두드릴 고

髇 꽁무니뼈 고 　槀 볏짚 고 　搁 고울이름 고 　鼓 북 고 　賈 앉은장사 고 　估 허물 고 　䫏 귀문 고 　酤 술살 고

鞀 북 고 　槔 두레박 고 　罟 고기그물 고 　拷 두드릴 고 　捁 구멍에손가락넣어잡을 고 　告 알릴 고 　鈷 다리미 고 　蛄 도르래 고

骪 꽁무니뼈 고 　牯 암소 고 　羙 새끼양 고 　槁 마를 고 　䓘 구부리고머무를 고 　獋 사람의이름 고 　箛 대쪽 고 　㿻 그물 고

糕 인절미 고 　羔 새끼양 고 　涍 물마를 고 　恈 알 고 　羖 암양 고 　𩫖 쓸 고 　𩫖 서로어길 고 　枯 마르나무 고

殆 마를 고 　盬 그릇 고 　杲 해돋을 고 　跍 걸터앉을 고 　㾸 말라죽을 고 　辜 허물 고 　鼓 북 고 　羔 새끼양 고

辜 허물 고 　誥 깨우쳐고할 고 　貼 앉은장사 고 　鞈 북 고 　絝 바지 고 　篙 상앗대 고 　顝 클 고 　沽 살 고 　鯝 고기창자 고

罛 큰그물 고 　鹽 소금밭 고 　篙 상앗대 고 　橰 나무이름 고 　罟 고기그물 고 　鴣 자고새 고 　皜 흴 고 　膏 기름 고

錮 땜질할 고 菒 바른풀 고 鄗 나라이름 고 瞽 장님 고 甈 그릇 고 櫜 활집 고 槔 용드레 고 牯 오랑캐이

름 고 穓 엿 고 稾 마를 고 祻 제사 고 韓 허물 고 顧 돌아볼 고 雇 품팔 고 筶 대이름 고 菰

고미 고 雊 자고새 고 鼛 북 고 郜 나라이름 고 誥 훈고할 고 結 고루풀 고 覀 덮을 고 鍏 살이름 고 璩

고리 고 𥳑 대접질 고 箸 대고리 고 顆 머리 고 罟 고기그물 고 瀫 물벌레 고 蔻 요화 고 攷 견줄 고 瞽 소경

고 𢟍 번거러울 고 苽 교미 고 翶 노닐 고 祰 빌 고 閰 외짝문 고 䰧 범이숨설 고 敎 가르칠 고 鵠 작은비둘

기 고 箛 대테멜 고 箍 테멜 고 睾 불알 고 辜 쓰고매울 고 藁 집 고 古 예 고 高 높을 고 髙 높을 고 撽

칠 고 梌 쥐엄나무 고 窖 움 고 跍 걸터앉을 고 洘 물마를 고 沽 살 고 滜 언덕 고 笘 대 고

곡

哭 울 곡 𠱚 문초할 곡 唂 꿩울 곡 屇 가질 곡 嚳 급히고할 곡 嗀 입소리 곡 㯻 새끼 곡 彊 날랠 곡

㝅 굽을 곡 俈 사람이름 곡 𡑰 흙이클 곡 㱿 조개비 곡 攫 절 곡 梏 수갑 곡 暈 곧은멍에의 수레 곡 觳 두려

워할 곡 𧢼 굽은뿔 곡 頶 코우뚝한 모양 곡 曲 굽을 곡 𨸹 큰언덕 곡 穀 셩 곡 觷 코끼리 곡 𥞍 벼익을 곡 𪎊

마전하지 않은 삼실 곡 蛐 지렁이 곡 潢 물소리 곡 轂 속바퀴 곡 斛 열말들이 곡 隟 틈 곡 𧟮 애통해서 나오는 소리 곡 鷇 뻐꾸기 곡

鵠 새이름 곡 㬥 묶을 곡 阬 물가언덕 곡 𪌂 누룩 곡 鶻 새이름 곡 槲 떡갈나무 곡 䡈 수레바퀴 곡 斛

열말들이 곡 轂 바퀴통 곡 𥆞 눈뜰 곡 𣨛 주을때 겁먹 곡 𪌂 누룩 곡 𠰃 벅벅할 곡 瑴 쌍옥 곡 𥳵 큰상자 곡

곤

隙 틈 곡 㬰 밥상 곡 谷 골 곡 穀 겨사 곡 穀 곡식 곡 閣 문소리 곡 醫 술바구미 곡 螜 도로래 곡 椇

질 곡 鬈 고수머리 곡 縠 곡식 곡 鬠 곡수머리 곡 穀 닥나무 곡 槖 묶을 곡 浀 물이름 곡 䈪 누에발 곡

鷇 조개비 곡 瑴 쌍옥 곡 轂 발등 곡 鷇 조개비 곡 蕾 누에발 곡 牿 외양간 곡 嚳 굽지않은 질그릇 곡 齬 상아

다룰 곡 縠 삶지않은 삼 곡 𣪘 곡식 곡 墼 흙이 길 곡 斛 석곡초 곡 螜 도로래 곡 硲 산골짜기 곡 穀 함 곡 珏

옥 곡 告 청할 곡 鵠 따오기 곡 穀 곡식 곡 瑴 옥 곡 彀 옥 곡

곤

丨 셈대세울 곤 巛 땅 곤 壸 하나일문 곤 崐 곤륜산 곤 壼 궁중복도문 곤 巛 땅 곤 壤 찰진흙 곤 壼 궁중복도문 곤

幝 잠방이 곤 㮂 짜 곤 廇 쌀곳간 곤 崑 곤륜산 곤 壼 궁중복도문 곤 覞 형 곤 困 곤할 곤 𠘫 가지칠 곤 丱 흙벽

곤 衮 곤룡포 곤 鵾 고니 곤 謴 희롱하고 놀릴 곤 裩 잠방이 곤 鰥 물고기 알 곤 踙 얼어터진 발 곤 惃 어지러울 곤 捆

두드릴 곤 鮌 곤어 곤 頣 뺨높을 곤 鯀 곤어 곤 諢 희롱하고 놀릴 곤 蓘 북돋울 곤 昆 같을 곤 悃 지성스러울 곤 睴

큰눈불거질 곤 顐 뺨높을 곤 臗 불기 곤 瑻 아름다운 옥 곤 麕 사슴종류 곤 䊐 섬을 곤 䵪 섬을 곤 䔈 향풀 곤

鯀 곤어 곤 䫟 둥글 곤 梱 문지방 곤 橐 전대 곤 輥 빠르게 구를 곤 琨 아름다운 옥 곤 菎 향풀 곤 齫

이失을 곤 髡 머리깎을 곤 㫻 형 곤 滾 굼틀거려 흐를 곤 䌵 곡식익을 곤 鮌 물고기 곤 鰥 어리석을 곤 䘾 곤룡포 곤

硍 종소리덜덜할 곤 閫 문지방 곤 𩨷 키다리소 곤 錕 붉은 금 곤 䝺 형 곤 鯤 물고기 알 곤 睴 큰눈 곤 髨 머리깎을 곤

⿰足困 얼러발곤 硱 돌떨어질곤 ⿰虫困 벌레이름곤 ⿱止木 곤할곤 褌 속곳곤 猑 큰개곤 閫 궁문곤 㨰 굴곤

裍 옷동일곤 ⿰忄衮 어지러울곤 梱 문지방곤 鶤 봉황곤 坤 땅곤 ⿱艹弟 향풀곤 ⿰昆隹 곡니곤 騉 말이름곤

綑 짤곤 緄 수놓은띠곤 衮 곤룡포곤 睔 눈곤 ⿰衤樊 곤룡포곤 髡 머리깍을곤 輥 빠르게구를공곤 裩 뭇올곤

⿱罒歟 삼그물곤 ⿱艹見 북돋을곤 蜫 벌레곤 ⿰言衮 말분명하지못할곤 ⿰困頁 귀문곤 棍 곤장곤

골

⿺走骨 무릎병골 骨 뼈골 蓇 풀줄기골 扫 굴릴골 ⿰氵鶻 매골 ⿺乙鳥 매골 鳦 매골 ⿺乙鳥 매골 稩 뼈줄기골

⿰羊骨 양이름골 顝 홀로지쳐하는모양골 ⿰令頁 빽높을골 ⿰足骨 달나오는곳골 縎 맺을골 搰 화해할골 圣 힘쓸골

⿰骨力 힘쓸골 ⿰牛骨 소골 ⿰糸回 실꾸리골 ⿰馬骨 짐승이름골 ⿱骨困 섭을골 ⿰骨出 달나오는곳골 榾 삭정이골 ⿸疒骨 무릎병골

⿰月屈 불기뼈골 杚 편편할골 ⿰舌乞 마시는소리골 汨 다스릴골 ⿰木屈 풍당목골 愲 심난할골 矻 문지를골 ⿰勿鳥 매골 ⿰月黑 달흐릴골

榾 삭정이골 ⿰月屈 불기뼈골

곶

串 땅이름곶 ⿸广鹿 곶곶

공

崆 산이우뚝할공 工 장인공 倥 공할공 孔 구멍공 ⿰土貢 땅이름공 ⿰亻罙 작고못생길공 ⿰工彡 장인공 ⿰工凡 안을공

㤟 소매공 吰 지절릴공 廾 손맞잡을공 ⿰忄貢 보자기공 ⿰孔人 구멍공 ⿰工刀 공공 功 공공 共 한가지공 ⿱巩十 져안을공

邛 낫질할공 洪 엉길공 公 마을공 ⿱巩木 늦사리벼공 ⿰忄贛 황홀할공 蚣 지내공 恭 공경할공 蛩 짐승

곤·골·곶·공

이름 공 槓 매지 평 공 控 당길 공 贛 줄 공 ⿱巩石 물가 돌 공 拲 수갑지를 공 ⿰共鳥 소금에 절일 공 ⿰酉蓬 꿩같은 새 이름 공

舼 거루 배 공 ⿱鼓空 든든하지 못할 공 ⿱巩心 생각할 공 ⿰足凶 발자국 소리 공 ⿱共空 줄기속 빌 공 ⿰糸力 길삼할 공 ⿰羽工 날아 올 공 銎

도끼구멍 공 ⿰糸空 긴 실 공 ⿰貢鳥 새모이 사양할 공 恐 두려울 공 髸 머리영 길 공 恐 두려울 공 ⿰阝頁 낯 공 ⿰耳工 귀신소리 들을 공

⿱巩玉 옥띠 공 ⿰衣空 옷소매 공 輁 관괴임 공 ⿰魚公 새우 공 ⿱典心 두려울 공 疘 밑빠질 공 ⿰風風 어지러운 바람 공 恭

삼갈 공 邛 고달플 공 ⿱空殳 칠 공 ⿰舟共 작은 배 공 ⿱巩足 발자국 소리 공 ⿰石貢 돌치는 소리 공 ⿴匚贛 작은 잔 공 ⿰爿空 담뚫을 공

拱 길잡을 공 熕 대포 공 ⿱艹贛 율무 공 ⿰忄共 떨 공 玜 옥이름 공 銎 도끼구멍 공 珙 크고 둥근 옥 공 ⿱巩手 두손

으로 잡을 공 ⿰田共 부추밭 공 ⿰魚共 가오리 공 ⿰章貢 물이름 공 ⿱巩虫 베메뚜기 공 ⿰忄工 맘급할 공 ⿱工心 두려울 공 篢 대삿갓 공

⿱觀心 하늘 공 ⿱日廾 도울 공 恐 두려울 공 ⿰空鳥 새이름 공 敬 공경할 공 硿 공청 공 ⿰音贛 줄 공 ⿱髟巩 머리엉클어질 공

涳 가는비 공 ⿱丵夊 한가지 공 ⿱巩瓦 물장군 공 ⿱匈心 두려울 공 ⿰金卬 팔고리 공 ⿰工羽 날아올 공 ⿱艹貢 결실될 공 ⿱邛虫 벼메뚜기 공

⿰糸巩 길삼할 공 ⿰虫共 귀뚜라미 공 ⿱㫒虫 귀뚜라미 공 蛬 귀뚜라미 공 鞚 말자갈 공 ⿰⿱穴貢刂 깎을 공 ⿱龍廾 삼갈 공

⿰片空 담뚫을 공 ⿰禾空 볏대 공 ⿰厶鳥 매비스름한 작은 새 공 ⿰金凶 도끼구멍 공 銎 도끼구멍 공 ⿱共木 수갑 공 ⿰革貢 날가죽 공

笻 공대 공 紉 길삼할 공 灨 물이름 공 ⿱巩缶 큰독 공 椌 기물질박할 공 ⿱巩車 바퀴둘레 공 ⿰木卬 떡갈나무 공

⿰章⿱金貢 줄 공 龔 줄 공 贛 줄 공 ⿰田⿱共灬 부추밭 공 ⿰車工 바퀴통 속쇠 공 ⿱𥫗⿱巩虫 수레덮는 대뜸 공 攻 칠 공 ⿱穴共 빌 공 ⿱宀工

빌 공
䲲 물새이름 공
𦬺 책력풀 열매 공
𩗨 두려울 공
鞏 가죽테 매일 공
𣜺 긴나무 공
箜 공후 공
𤦎 구슬 공
玒 옥이름 공
邛 병될 공
貢 바칠 공
𣸈 물이름 공
供 이바지 공
拲 잡을 공
𣖰 거루배 공
栱 말장 공
悾 정성스러울 공
愩 잘난체할 공
𧌏 매미접질 공
灴 횃불 공
釭 굴대 공
𥹋 쌀 공

과

丯 절울 과
㐻 바르지않을 과
丂 걸터앉을 과
侉 빨리갈 과
𢄔 비단옷 과
堁 먼지 과
倮 좁을 과
𡲃 불기뼈 과
㡁 속적삼 과
𡧲 적을 과
壩 방죽 과
薖 너그러울 과
䴹 가루떡 과
蝌 올챙이 과
剮 조겔 과
剮 살바를 과
弝 활줌통 과
夸 사치할 과
姱 좋을 과
寡 적을 과
堝 도가니 과
𡟗 아름다울 과
胯 사태 과
餜 떡 과
荂 꽃 과
𦢊 발부르틀 과
踻 가다가머뭇거릴 과
粿 알곡식 과
誇 클 과
過 넘을 과
課 부세 과
譌 말급할 과
窩 굴 과
夸 자랑할 과
料 큰황소 과
觚 뿔많을 과
褁 옷쌀 과
胯 사타구니 과
冎 혹가마 과
蝌 올챙이 과
戨 노구 과
萪 등나무 과
夥 많을 과
敤 칠 과
棵 나무이름 과
諣 서로그릇할 과
䠸 몸부드러울 과
惈 감행할 과
檛 말채찍 과
𡖶 많을 과
詚 말더딜 과
𧊅 발되꿈치물철 과
餜 고물떡 과
𧿒 발금 과
𨀤 넘을 과
𨀠 넘을 과
𧫡 서로그릇할 과
裹 쌀과 얽을 과
䴹 가루떡 과
顆 덩이 과
瘰 대머리 과
踻 발금 과
稞 보리 과
撾 칠 과
戈 창 과
銙 띠돈 과
猓 원숭이 과
䯞 손발구부리지는병 과
𨎌 참기름그릇 과
㧓 끌 과
跨 넘을 과
蜾 나나니벌 과
果 실과 과
菓 실과 과
䂓 반석 과
恗 큰체할 과
輠 수레기름통 과

過 지날 과 菓 과실 과 髁 손발구부러지는병 과 科 과정 과 蝸 벌레이름 과 寡 적을 과 跨 걸터앉을 과

過鳥 뱁새 과 簻 말채쭉 과 鱳 고기이름 과 粿 얽어동여맬 과 瓜疒 헌데 과 紏 비단의무채 과 餜 법제길 과

鍋 낫 과 騍 암말 과 𥁕 소반 과 窠 벌 과 誇 자랑할 과 鍋 노구 과 稞 보리 과 粿 괴협 과 𩓣 짧은머리 과

髁 손발구부러지는병 과 骨咼 술빛 과 戈酉 정수리뼈 과 咼欠 가날플 과 瓜 외 과 過 지날 과 門咼 열 과

餜 먹을 과 䠸 몸부드러울 과 麥斗 올챙이모양으로만든떡 과 錁 띠치장 과 夥 많을 과 腂 굽을 과 犐 동경소 과

諣 말급할 과 骻 간허리뼈 과 革夸 피치장할 과 𣏚 잡을 과 踝 복사뼈 과 山果 산험할 과 冎 뼬 과 媧 계집 과

곽

곽 霍 빠를 곽 郭 성곽 곽 藿 콩잎 곽 艹款 물이름 곽 言虢 말많을 곽 口郭 두드리는소리 곽 癨 곽란 곽

槨 외곽 곽 韋矍 칼장식가죽 곽 耳郭 큰귀 곽 氵霍 물결소리 곽 欔 보습 곽 椁 관 곽 鞟 다룬가죽 곽 亯鳥 뻐국이 곽

穫 물감풀 곽 車矍 수레바퀴대 곽 亯邑 성곽 곽 石郭 돌관 곽 籗 가리 곽 戄 놀랄 곽 鞹 가죽두를 곽

崞 땅이름 곽 山霍 산이름 곽 墎 박성 곽 廓 클 곽 木霍 탱자나무 곽 钁 깎을 곽 革侖 다룬가죽 곽 躩 발을굽힐 곽 革郭 다룬가죽 곽

관

관 寬 용서할 관 綸 실을북에감을 관 巾官 머리싸는수건 관 串 습관 관 丱 쌍상투 관 寛 너그러울 관 广官 희롱할 관

倌 수레부리는사람 관 官 벼슬 관 木雚 와무룻아풀 관 冠 관 관 口官 새서로지저귈 관 卝 북상투 관 琯 옥저 관 矔 눈부

롭플 관 悹 근심할 관 䙛 보일 관 䒰 골 관 䘾 바지통 관 爟 봉화불 관 䉶 대복 관 欵 두드릴 관 莧 골 관

殨 다할 관 鱞 고기이름 관 䉽 볼 관 㲯 천천히걸을 관 覌 볼 관 痯 근심병 관 祼 강신할 관 䚀 볼 관

欵 두드릴 관 觀 볼 관 蠸 소라 관 潅 물댈 관 綸 푸른인끈 관 𣣞 시금치 관 瓘 구슬 관 瘝 병들 관

筦 쌍피리 관 脘 밥통 관 鵍 황새 관 舊 보일 관 管 대통 관 鸛 황새 관 擱 손맞잡을 관 慣 익숙할 관

祼 강신할 관 䡪 수레안갑 관 擐 꿸 관 錁 보습날 관 涫 끓을 관 䕰 왕골 관 款 공경할 관 鑵 물동이 관

遦 익힐 관 悹 근심할 관 館 객사 관 摜 떼필 관 款 정성스러울 관 䉵 볼 관 覌 볼 관 欟 나무이름 관

癨 병 관 錧 객사 관 輨 줏대 관 䕰 왕골 관 鱹 사람이름 관 盥 손씻는그릇 관 鱞 고기이름 관 雚 황새 관

盥 낯씻을 관 莞 왕골 관 窾 빌 관 綸 건이름 관 瓘 금옥을광낼 관 灌 물댈 관 莧 골 관 瘝 병들 관

鸛 황새 관 稖 벼병들 관 棺 널 관 鑵 두레박 관 踹 도망할 관 闗 잠글 관 㪡 두드릴 관 綰 꿸 관 矔 느리고볼 관

館 객사 관 鏉 근질할 관 毌 꿸 관 闗 빗장 관 髖 엉치뼈 관 貫 꿰일 관 鏆 뚫을 관 閞 쇠사슬 관 窔 봅을 관

絭 북에실꿸 관 窤 깊은구멍 관 惋 글문 관 弁 주나라 관 梡 우나라제기 관 菅 골 관

괄

髻 머리묶을 괄 鍸 요란할 괄 髺 머리묶을 괄 佸 힘모을 괄 刮 긁을 괄 劀 굳은살도려낼 괄 鴰 왜가리 괄

𠯑 입막을 괄 颳 모진바람 괄 䓡 상서로운풀 괄 鴰 왜가리 괄 萿 하눌타리 괄 鍩 허벌름거릴 괄 跍 밟을 괄

광

闊 문열 괄 [身舌] 요란할 괄 頢 짧은얼굴 괄 适 빠를 괄 [齒氏舌] 씹는소리 괄 懖 임의로할 괄 [骨舌] 뼈끝 괄 [骨氏舌]

뼈끝 괄 睰 눈어둘 괄 髺 터럭묶을 괄 [舌瓜] 살오니 괄 括 헤아릴 괄 [酉舌] 전국술 괄 秳 벼날 괄 筈 하늘타리 괄

[門法] 멀 괄 栝 노송나무 괄 [齒舌] 씹는소리 괄 [齒巛刂] 뼈를물어뜯는소리 괄 聒 요란할 괄 [几舌] 하늘타리 괄 萿 하늘타리 괄

适 빠를 괄 挄 긁을 괄 [舌攵] 다할 괄 [㓸心] 괄시할 괄 鬠 묶을 괄 捌 나눌 괄

㊀광 [片黃] 평상의가로대 광 桄 나무이름 광 硄 돌빛윤택할 광 [耳廣] 귀넓을 광 獷 추악할 광 [丑匡] 이그러질 광 [岂心] 미 광

廣 너그러울 광 軖 물레 광 胱 오줌통 광 鑛 쇳덩이 광 眖 밝을 광 懭 한할 광 [馬匡] 말키가굽을 광 [罒光]

그물에가득할 광 [狂魚] 큰고기 광 爌 불빛환할 광 鉱 쇳돌 광 [臣匡] 이그러질 광 迋 속일 광 [足匡] 급히갈 광 [虫匡] 큰새우 광

[艹匡] 풀이름 광 誑 속일 광 筐 모진대광주리 광 [火光] 빛 광 [目光] 갈핏갈 광 茪 초결명 광 [氵狂] 물모양 광 [黃尢] 위엄스러울 광

広 넓을 광 廣 넓을 광 姯 환할 광 僙 위엄스러울 광 咣 말잘할 광 [門廣] 빛창 광 壙 구덩이 광 俇 허둥

지둥할 광 垙 길거리 광 黋 빛날 광 呈 미칠 광 [狂隹] 부엉이 광 纊 꾸민빛 광 鄺 성 광 炗 빛 광 [广炎] 빛날

광 洸 물솟을 광 恇 겁낼 광 [骨光] 허리뼈 광 [畾光] 마른벼 광 [癶炎] 빛 광 [金北] 쇳덩이 광 [狂心] 거짓 광 撗 찰 광

穬 꺼럭조 광 逛 달아날 광 [言崔] 속일 광 [金申] 쇳덩이 광 [目廣] 옥피리 광 [言王] 속일 광 [走狂] 황급히갈 광 [疒狂] 병열

광 鵟 부엉이 광 輄 수레밑가로나무 광 框 문골 광 礦 쇳돌 광 矌 청맹과니 광 [目火] 비칠 광 [車崔] 물레 광 [匡頁]

눈가 광 礦 쇳돌 광 𨆪 길넓고 멀 광 譋 소리 광 䵋 어그러질 광 𪏭 크게 펼 광 纊 고운 솜 광 魟 큰고기 광 鬞

눈두덩 광 軖 물레 광 𦋽 놀라 달아날 광 敀 개 광 獷 쇄마발언저리 광 𣋡 빌 광 匡 바룰 광 狂 미칠 광 鵟

봉황새 광 驜 말 등도래 털 광 䆪 뚫을 광 陸 밭이랑 광 𪍿 겹질 두꺼운 보리 광 閰 문도리 나무 광 逛 달아날 광 軭 수레

밑가로 나무 광 侊 클 광 光 빛 광 劻 바쁠 광 㫛 쇠북소리 광 珖 옥피리 광 㑌 굳셀 광

괘

戈 창 괘 肐 허리아플 괘 蝸 벌레 괘 諣 그릇할 괘 卦 점괘 괘 喎 입삐뚤어질 괘 咼 입삐뚤어질 괘 柧

등나무 괘 絓 맺을 괘 挂 걸 괘 詿 그릇할 괘 㾕 벼 모종 벌레 먹어 병들 괘 褂 마고자 괘 𡗝 개좇을 괘 掛 걸 괘 枴

노인이 지팡이 짚을 괘 窐 바둑판 줄 괘 罣 거리낄 괘 躗 조금때질 괘 鼃 숨소리 괘

괴

乖 어그러질 괴 䙡 많을 괴 媿 부끄러울 괴 傀 엄전할 괴 巜 큰도랑 괴 塊 흙덩이 괴 壊 무너뜨릴 괴 壞

무너뜨릴 괴 凷 흙덩어리 괴 𡋯 흙덩이 괴 𥐡 돌모양 괴 鬹 셀 괴 𢚩 느른할 괴 愧 부끄러울 괴 𥫂 홀로 선 모양 괴

𦯬 잘 축할 괴 膭 뚱뚱할 괴 瓌 옥돌 괴 恠 기이할 괴 眭 나눌 괴 㼣 클 괴 擓 걷을 괴 擐 무너뜨릴 괴

𡱬 짧고 작은 괴 瀤 물모양 괴 魁 으뜸 괴 𩩲 어리석을 괴 瓌 옥이름 괴 𥿮 가는실 괴 槐 회화나무 괴

𩪿 동곳 괴 𤵦 악종 괴 騩 재빛 말 괴 𥗐 조약돌 괴 謉 부끄러울 괴 襘 띠맬 괴 蔽 풀이름 괴 𡰪 외발

로 설 괴 硜 옥 같은 돌 괴 殺 헐 괴 怪 대마디 괴 𥮖 의심할 괴 魁 으뜸 괴 蒯 기령풀 괴 魌 으뜸 괴 䇲

버틸 괴 魅 으뜸 괴 欳 크게 한숨쉴 괴 [illegible] 피치장할 괴 [illegible] 물 형세 괴 [illegible] 잘록할 괴 璝 옥돌 괴 悩 느른할 괴

壞 회향 괴 嘳 한숨쉴 괴 [illegible] 무너뜨릴 괴 癐 병 더칠 괴 蒯 기령 괴 魁 으뜸 괴 瑰 옥 다음가는 돌 괴

[illegible] 격 괴 [illegible] 옥 이름 괴 [illegible] 숨쉴 괴 儈 거간 괴 [illegible] 한숨쉴 괴 [illegible] 좋을 괴 [illegible] 부를 괴 凷 흙덩이 괴 [illegible]

염전할 괴 [illegible] 산험할 괴 拐 유인할 괴 [illegible] 무너질 괴 [illegible] 전각 괴 旝 기 괴 [illegible] 풀 괴 蕢 풀 괴 會 그림

괴 廥 여물광 괴

괵

幗 아낙네 갓 괵 摑 칠 괵 嘓 지치 않을 괵 馘 목벨 괵 [illegible] 쇠뿔 괵 [illegible] 다리 길 괵 [illegible] 쇠뿔 괵 膕 오금

괵 [illegible] 눈감을 괵 [illegible] 왼편 귀 베어 바칠 괵 䘘 게피 괵 [illegible] 쇠그릇 괵 [illegible] 물 갈라져 나갈 괵 [illegible] 귀를 벨 괵 [illegible] 맨몸 괵 [illegible]

오금 괵 虢 나라 괵 [illegible] 뜨거운 바람 괵 聝 귀베일 괵 敋 손으로 칠 괵

굉

鍠 쇠북소리 굉 鍧 쇠북소리 굉 宖 큰집 굉 [illegible] 벌레풀 풀갈 굉 浤 바다물 용솟음할 굉 鞃 수레앞턱에 매는 고삐 굉 汯

물 빨리 흐를 굉 厷 둥글 굉 宏 넓을 굉 [illegible] 아득할 굉 閎 이문 굉 翃 벌레 나는 모양 굉 肱 팔 굉 觵 뿔술잔 굉 砿

돌 떨어지는 소리 굉 [illegible] 겹질 두터운 보리 굉 [illegible] 수레소리 굉 [illegible] 수레소리 굉 [illegible] 보리 굉 訇 우레소리 굉 轟 수레소리 모는 소리 굉

[illegible] 곡식 가갓스랭이 광 訇 물결소리 굉 鞃 수레앞턱에 맨 가죽고비 굉 紘 넓을 굉 觥 클 굉 黌 학당 굉

獷 개 광

교 [illegible] 가르칠 교 姣 아름다울 교 咬 새지저귈 교 [illegible] 바지단추 교 嬓 사람이름 교 [illegible] 곱송거릴 교

嵺 산불끈솟을 교 嶢 높을 교 [illegible] 산불끈솟을 교 [illegible] 활당길 교 嶠 산길 교 [illegible] 갈 교 [illegible] 빌 교 丂 교묘할 교

[illegible] 손 교 憿 행전 교 嬌 뱁시 교 [illegible] 높은집 교 僑 높을 교 [illegible] 편치않을 교 [illegible] 인도할 교

巧 교묘할 교 交 사귈 교 [illegible] 굴속집 교 [illegible] 산길 교 佼 좋을 교 喬 큰나무 교 [illegible] 속일 교 儌 갈 교

噭 부를 교 嚙 물 교 狢 건장할 교 灚 물졋는소리 교 璬 차는옥 교 磽 자갈땅 교 較 비교할 교 茭 마른꼴 교

[illegible] 말궁둥이뼈 교 [illegible] 뱁새 교 [illegible] 진흙썰매 교 邀 따를 교 [illegible] 눈쌍거풀질 교 狡 교활할 교 [illegible] 창 교 [illegible] 뱁새 교

[illegible] 낯바르지못할 교 [illegible] 눈쌍거풀질 교 鄗 나라이름 교 餃 경단 교 [illegible] 매속껑길 교 翹 둘 교 [illegible] 희청거릴 교 蹻 발제겨디딜 교

曒 밝을 교 [illegible] 가죽주머니 교 [illegible] 뱁새같고비발가진물벌레 교 挍 알아볼 교 趫 나무에잘오를 교 鉸 가위 교 較 비교할 교

蹻 발제겨디딜 교 [illegible] 작은비들기 교 頝 아첨할 교 [illegible] 음 교 穚 벼패어날 교 [illegible] 질장구 교 疓 배속급히아플 교

驕 교만할 교 虠 법의소리 교 [illegible] 달밝을 교 [illegible] 교달벌레 교 [illegible] 뱁새 교 敿 맬 교 獟 날랠 교 [illegible] 더디갈 교

[illegible] 바랄 교 [illegible] 골짜기클 교 鞽 게펄에서신는신 교 蟜 개미 교 [illegible] 할것할찻볼 교 [illegible] 뼈깨물 교 [illegible] 요란할 교 鄡 땅이름 교

恔 쾌할 교 繳 얽을 교 酵 술팔 교 榷 쪽널다리 교 [illegible] 휠 교 [illegible] 망초 교 跤 조아리 교 撟 말련고기 교

鱎 우러기 교 縞 바지끈 교 膠 아교 교 [illegible] 달락올 교 皦 옥과돌횔 교 [illegible] 높이여섯자되는말 교

攪 손놀릴 교 酸 술팔 교 䀏 목매어달 교 鰝 가우리 교 蹻 종아리 교 鳭 올빼미 교 鶮 꼬리긴꿩 교 絞

목매죽일 교 撽 칠 교 校 이끌 교 烄 태울 교 㿰 자중할 교 酸 술팔 교 鵁 교청새 교 敎 가르칠 교

䩌 마른꼴 교 𥂫 그릇 교 繑 바지끈 교 珓 배교 교 艽 망초 교 骹 발회목뼈 교 轎 남녀 교 鵃

올빼미 교 撟 손들 교 橇 진흙썰매 교 挍 접할 교 蕎 주머니 교 𪌭 모밀 교 鵁 교청새 교 詨 학문 교

䞦 어리나무 교 鵁 올빼미 교 鴵 올빼미 교 橋 다리 교 㖕 울적일 교 撽 칠 교 鷮 꼬리긴꿩 교 䳂

교만할 교 県 목매어달 교 效 문학 교 捁 흔들 교 胶 달밝을 교 蕌 이자총 교 漻 큰물모양 교 䘨 잠뱅이 교

皎 밝을 교 矯 바로잡을 교 䕧 마른꼴 교 鳭 올빼미 교 鐈 발긴솥 교 㤻 엿드릴 교 簥 큰저 교 晈

달밝을 교 扝 재주 교 搞 손들 교 𩛡 떡 교 𡛷 교묘할 교 敎 가르칠 교 𩭳 길 교 𤝞 강아지 교

𡘙 밝을 교 郊 들 교 窖 지함 교 蹺 바랄 교 憍 교만할 교 𥃕 휘청거릴 교 翹 높이날 교

鱎 뱅어 교 鄡 고을이름 교 𪖐 들창코 교 莜 금초화 교 趬 사뿐사뿐걸을 교 𩏸 세갈래질 교

嘂 크게부를 교 鞽 나막신 교 嘄 부르짖을 교 𩫦 높을 교 𨯔 이를 교 敫 노래할 교 轎 가마

교 轑 수레심대끝 교 譥 들쳐낼 교 譑 죄들어낼 교 窌 굴 교 蛟 교룡 교 嘺 어렴풋할 교

鐓 그릇손잡이 교 劭 권면할 교 䳞 올빼미 교 鷱 비둘기 교 酵 누룩 교

구

佉 나라이름 구　𣧌 마를 구　欨 아이 흉악할 구　鷇 새이름 구　齲 충치 구　鼩 생쥐 구

鼁 두꺼비 구　敂 칠 구　窐 시루 구　竘 다듬을 구　姤 만날 구　嘔 토할 구　咕 두덜거릴 구　句 글귀

절 구　寇 떼도둑 구　疚 뜸뜬자리 구　㞗 자지 구　伛 구부릴 구　宼 도둑 구　俅 공손할 구　廏 마구 구

𢼊 과부수절할 구　屨 삼신 구　嶇 산험준할 구　呴 숨내쉴 구　𢐀 활셀 구　冦 도적 구　𢏗 외로울 구

窶 가난할 구　𢈱 옆에붙은집 구　𢋈 곳집 구　宊 구할 구　𢪃 바를 구　丩 얽힐 구　久 오랠 구

廐 마구 구　彀 과녁판 구　嫗 할미 구　𡫶 밤 구　𠯗 소리높힐 구　址 모을 구　㚼 과부수절할 구　鷗 갈매

기 구　傴 구부릴 구　𡰝 신코꾸밀 구　𡜣 짝 구　倃 훼방할 구　夠 대구 구　𡛋 모을 구　咎 허물 구

㝅 궁리할 구　𢅹 모을 구　夠 홑옷 구　㜹 오랑캐의노래 구　媾 겹사돈 구　丘 모을 구　𠀉 모을 구

㐀 언덕 구　九 아홉 구　𡗾 매화틀 구　俱 함께 구　溝 개천 구　彄 활꽂이 구　怐 질치렐이 구

呴 웃을 구　叩 두드릴 구　𡊷 언덕 구　具 갖출 구　劬 부지런할 구　浗 손발얼어곱을 구　𠻞 부를 구

丠 언덕 구　𢃆 골무 구　仇 기승할 구　乆 오랠 구　㡱 꼭지 구　鮈 고기이름 구　謳 노래 구　褠

바지 구　𦲰 감자 구　蔻 풀 구　叴 기승할 구　㕤 대구 구　厹 세모난창 구　匔 배불러실을 구　勾 글귀

절 구　區 감출 구　舅 외삼촌 구　耇 때 구　匔 배불러실을 구　匛 널 구　劬 고할 구　寇 도적 구

冓 침방 구 区 감출 구 坵 언덕 구 刉 갓 구 垢 때 구 勼 모을 구 廐 마구 구 區 감출 구

鄹 구거칠할 구 斷 호미 구 蚯 지렁이 구 講 재목 어긋매겨 쌓을 구 駈 몰 구 斪 조칠 구 球 옥경쇠 구 絇

屨 신코꾸밀 구 犾 오랑캐 이름 구 鬮 제비뽑을 구 鼽 감기 들어 코막힐 구 毃 구부릴 구 毆 칠 구 蒟 구장 구 邛

언덕 구 疚 병 구 欨 투할 구 蓲 달 구 衢 네거리 구 朹 아가위 구 鼩 거북의 종류 구 疚 오랜 병 구

朐 수레 멍에 목 구 罶 통발 구 蛷 그리마 구 豿 돼지가 꿀꿀할 구 俅 허물 구 紈 급히 당길 구 枸 구기자 구

蒟 갈대 구 髟 길 구 鼩 새앙쥐 구 駒 망아지 구 瞿 두려워서 볼 구 鉤 갈고랑쇠 구 梂 도토리 바침 구 頯

일 구 颶 회리바람 구 裘 갓옷 구 鷇 새알 구 毆 쥐어박을 구 趯 달아나며 돌아볼 구 葺 풀이 서로 얽힐 구

氿 아홉 구 瞗 놀랄 구 麔 스크라니 구 鼽 감기 들어 코막힐 구 氍 담요 구 踞 절 구 欋 쇠스랑 구

颾 산들바람 구 遘 삼가히 갈 구 鳩 비둘기 구 雊 비둘기 구 蛷 그리마 구 踆 밟을 구 觩 뿔끝 굽을 모양 구

毬 갓옷 구 鰸 고기 이름 구 糗 마른밥 가루 구 煦 몹시 뜨거울 구 摸 들 구 邱 언덕 구 懼 두려워할 구

鴝 비둘기 같고 벼슬이 있는 새 구 賵 살 구 灸 지질 구 軥 쇠멍에 구 究 궁리할 구 韝 깍지 구 訄 급할 구

邑 언덕 구 懼 두려워할 구 蒟 풀 구 韭 부추 구 慪 몸 구 貊 범의 트기 구 鄹 언덕 구 購

살 구 篝 불때롱 구 耇 명길 구 蒟 구장 구 拘 잡을 구 匶 관 구 軀 채구리 구 瞉 궁리할 구

鉤 갈고랑쇠구 鳩 비둘기구 竅 궁리할구 ⿰飠勾 소배부를구 緱 땅이름구 欧 성구 ⿰冓毛 담요구 跔

뜰구 ⿰句頁 힘쓸구 鮥 준치구 ⿰貝句 다스릴구 趜 발꼬부라질구 朐 멀구 毆 쫓을구 ⿰金寇 아로새길구

簆 바디구 矩 곡척구 ⿰馬去 몰구 戵 네가가진창구 ⿱一⿻目大 좌우로볼구 韝 팔짜구 宼 노략질할구

⿰豖馬 뒷발흰말구 颶 사방풍구 驅 몰구 訄 급할구 鴝 구욕새구 ⿱臼木 볶은쌀구 具 갖출구 ⿰月冓 발굽울구

具 갖출구 搆 얽어맬구 衢 네거리구 翑 날개굽을구 篝 배롱구 鼁 개구리구 耇 명길구

⿰舟句 큰배구 銶 끌구 璆 옥경쇠구 鷗 갈매기구 瞿 놀라볼구 ⿱竹求 작은종다래끼구 ⿰舟区 몸구 柩 널구

⿰牛冓 여섯살된소구 ⿺辶殳 삼가갈구 求 찾을구 ⿱艹黽 뿔없는용구 殏 마칠구 ⿱艹朐 갈대구 臞 파리할구 籧

대그릇구 ⿱艹購 쑥구 昫 해돋아따뜻할구 絿 흰비단실구 ⿰革句 말안장구 ⿸金皿 섬을구 ⿰牛斗 숫소구 ⿰角黽 개구

려구 ⿰馬宼 새이름구 抖 부드럽게절구 ⿰月區 오래된기름구 詌 상세히물을구 ⿰卵鳥 새알구 旧 옛구 𢍁 서로이끌

엉키어날구 甌 중발구 枸 구부러질구 軀 몸구 拘 거리낄구 痀 곱사등이구 脙 파리할구 糗 마른

밥가루구 韭 부추구 椇 폐백구 訅 금할구 物 소힘셀구 ⿰月鳥 음문구 ⿰足具 손발굽을구 龜 거북이기이갈구

救 구원할구 ⿰田句 밭두둑구 臼 절구구 ⿱夂米 묵은쌀구 ⿵門九 송사할구 龜 나라이름구 韛 깍지구 犰

짐승이름구 鸜 구욕새구 ⿰火冓 봉화구 ⿰糸口 암담추구 䀠 좌우로두려번거리며볼구 ⿰飠勾 물릴구 毆 쫓을구 ⿰區頁

편찬줄구 苟 구차할구 絿 급할구 ⿱雨冓 큰비구 ⿺走求 이굿날구 玖 옥다음가는검은돌구 昫 휘돌려불구

⿰石瞿 푸른숫돌구 灸 지질구 ⿰礻區 어리에침받이구 齲 너리먹올구 摳 터듬을구 梂 끌메리구 舊 옛구 ⿰言咎

회방할구 ⿱艹瞿 패랭이꽃구 桕 오구나무구 ⿰馬瞿 말이걸어갈구 褠 소매좁은홑옷구 ⿰虫區 어린누에구 鷇 새알구 ⿰彳瞿

가는모양구 槼 곡척구 蠷 구리마구 ⿰谷九 큰골구 ⿰貝句 다스릴구 㲄 양의젓구 ⿰阝區 편치못할구 瞉 무식할구

⿰木咎 두레박구 袧 상옷구 ⿰石冓 디딤돌구 蝺 예블구 灈 물이름구 ⿱穴求 깊을구 ⿰犭瞿 두드릴구 㲉 소젖

짤구 鳩 비둘기구 癯 파리할구 ⿰立禹 설구 ⿰牛求 뿔모양구 鸛 새끼구 ⿺走句 달아나며돌아볼구 欨 불구 ⿰石瞿 푸른

숫돌구 笱 바디구 跔 걸을구 覯 만나볼구 ⿰求皮 공구 鑺 양지창구 ⿰鼻丘 들창코구 篝 옷말리는배롱구 驅

몰구 毬 담요구 蚼 개미구 ⿱穴取 궁구할구 躣 굼틀굼틀할구 詯 험담할구 購 살구 詬 꾸짖을구 牑 보지구

雊 장끼울음구 扣 두드릴구 ⿱艹冓 풀쌓을구 捄 증구 ⿱穴冓 구멍구 逑 짝구 ⿱咎心 원망할구 ⿺鬼瞿 대금구 遘

만날구 ⿰木救 굽은가지구 㲄 젖짤구 軥 멍에목거리구 齨 어금니구 軀 몸구 芶 초결명구 ⿰食具 떡구 苦 풀구

瞘 눈깊은모양구 毬 제기구 ⿰日區 따뜻할구 狗 개구 餿 밥상할구 玽 옥돌구 ⿰食句 소배를구 鴝 구욕새구 敂

두드릴구 緱 칼머리치장할구 漚 물거품구 構 집세울구 ⿰耒瞿 보습구 ⿰句毛 담요구 泃 물소리구 肍 고기로장담글구 究

궁리할구 脙 꼴미리구 㪺 뜰구 ⿰豸句 날개급올구 ⿰土具 방축구 ⿸广臾 삼구 歐 토할구 ⿰氵夌 고기깃줄구 鷇 새새끼구

茍 풀이름 구 㰹 어린애 침받기 구 𦪙 큰배 구 𥦃 궁국할 구 舅 외삼촌 구 賕 청전 구 豿 곰과 범의 새끼 구

口 입 구 𩡧 돼지가 꿀꿀거릴 구 䮷 여덟살 된 말 구 𩊱 각지 구 窺 엿볼 구 舊 옛 구 韝 팔찌 구 𩣡 말 구

甌 중발 구 㲌 건질 구 雊 비둘기 구 趌 절름거릴 구 灆 물마실 구 㝅 노략질할 구 裾 신코꾸밀 구 穴 가난하고 병들 구

岣 산이름 구 綒 필 구 軥 수레뒤 구 釦 두드릴 구 瓝 박 구 眗 다스릴 구 筠 바디 구 笱 통발 구

簆 바디 구 莍 씨 구 浗 손발얼어 부풀 구 垕 먼지 구

국

侷 부분 국 峐 굽을 국 局 부분 국 國 나라 국 国民 나라 국 囯 나라 국 国 나라 국 国全 나라 국

国 나라 국 𥷚 구부릴 국 匊 두손으로 움킬 국 窾 다할 국 鞠 기를 국 蘜 돌고래 국 掬 움큼 국 鋦 철로 동일 국

𦯜 국화 국 𢧵 나라 국 輂 큰수레 말 매일 국 𢈘 잡을 국 匊 곱사등이 국 脶 목 국 驧 등굽은 말 국

踘 발 국 𩬌 신꾼 국 鐍 틈 국 麴 누룩 국 麴 누룩 국 麴 나라 국 麴 누룩 국 鵴 보리갈 국 竹 궁구할 국

㤼 삼갈 국 睊 부추밭 국 蘜 국화 국 鵴 뻐꾹이 국 麯 누룩 국 䈮 초사반을 국 窾 궁구할 국

蘜 국화 국 椐 설매 국 椈 흑백나무 국 鞠 국화 국 韝 쌀 국 鶪 뻐꾹새 국 𥳘 초사반을 국 陱 발 국 窾 다할 국

秲 보리갈 국 橘 설매 국 毬 제기 국 鵙 곱송거릴 국 菊 대부리 국 鬃 영컨머리털 국 穴 궁구할 국

踘 제기찰 국 鶏 뻐꾹새 국 毱 기를 국 鋦 철로 동일 국 麯 누룩 국 籟 누룩 국 鰍 돌고래 국 淈 물무늬 국

鞠 누룩 국 鞠 움킬 국 菊 국화 국 諊 제기 국 ⿱竹鞠 궁구할 국 口 나라 국 淗 물결일렁거릴 국
⿱竹匊 돌고래 국 ⿰食匊 죽 국 踘 곱송그릴 국 ⿰壴國 북소리 국 麯 누룩 국 挶 잡을 국 趜 궁구할 국 ⿰匊隹
빼국 세국 ⿱米廾 움큼 국 ⿵門局 막을 국 躹 몸굽힐 국 粷 가루 국 局 판 국 囶 나라 국 暈 곧은 멍에 묶을
국 ⿰扌瞿 쥘 국 鞫 문초할 국 拲 수갑 국 幗 수건 국 蟈 머구리 국

군

㉠ 群 무리 군 羣 뗏 군 莙 말마름 군 喗 입 클 군 攟 묶을 군 桾 고욤나무 군 頵 머리통 클 군
捃 주울 군 ⿰君鳥 꼬리없는 닭 군 鮶 벌레이름 군 䐃 창자속 기름 군 ⿰君邑 고을 군 郡 고을 군 皸 얼어터질 군 帬
치마 군 窘 군색할 군 ⿰馬斗 무리 군 ⿰君卩 마치 군 蜠 자개 군 珺 아름다운 옥 군 軍 군사 군 裠 치마 군
涒 도포증 날 군 攟 주울 군 ⿱艹圈 들콩 군 ⿰豕軍 작은 멧돼지 군 羣 무리 군 ⿺走囷 다다를 군 裙 치마 군 ⿹勹車
군사 군 宭 여럿이 살 군 君 임금 군 ⿱冖夭 군사 군 ⿸尸帬 무리 군 庫 쫓을 군 ⿱罒夭 군사 군 僒 구부
릴 군

굴

㉠ ⿸尾出 짧은 꼬리 새 굴 ⿸尸留 동경개 굴 倔 굳셀 굴 崫 산높을 굴 崛 산높을 굴 堀 굴뚝 굴 ⿰土窟 굴뚝 굴 ⿱巛屈
굽을 굴 屈 굽을 굴 ⿸尸留 굽을 굴 ⿸尸畄 굽을 굴 詘 굽을 굴 ⿰山窟 빈듯 산굴 弡 날랠 굴 ⿵風出 바람 불 굴 ⿰勹力 피로
할 굴 殟 죽이어지 아닐을 굴 豩 돼지 흙뒤질 굴 ⿰乙頁 광대뼈 굴 ⿰乙攴 편치 않을 굴 ⿰石乙 마음 쓸 굴 ⿱癶黽 나무좀 굴 趉 달아날 굴

𡱈 짧은굴 𨑨 편치않을굴 砽 수고로울굴 窟 구멍굴 踀 힘굴 扝 막대로팔굴 䟞 달아날굴 䩽

팍팍할굴 掘 팔굴 㰺 편치않을굴 髷 터럭배굴 豩 돼지흙뒤질굴 䝼 눈불거질굴 䮠 좋은말굴 驈 종운

말굴 窟 구멍굴 䮊 털반배굴 䆮 그릇닭는솥굴 趉 달아날굴 颮 바람굴 鶌 메비둘기굴 蚍 나무좀굴

殗 죽어썩지않을굴 鍋 매목굴 詘 괴이할굴 頎 낯짧을굴 裾 등거리굴 濈 물속우중충할굴 蝠 나무좀굴

祋 짧은옷굴 淈 흐릴굴 䐁 불기굴 䵃 어기댈굴 猸 짐승이름굴 刷 호칼굴 趍 달아날굴 頜 광대

뼈굴 劂 우비칼굴 縔 맺을굴 蚼 지굴

궁

躬 공손할궁 䠻 빛에말릴궁 䯊 맥궁 藭 궁궁이궁 䠼 몸소궁 䆳 천궁궁 珋 옷고리궁 宮

궁궐궁 㑋 작고궁할궁 䑓 굽실거릴궁 弓 활궁 悺 우려할궁 澩 빨리흐를궁 芎 궁궁이궁 獦 범같은짐승궁

竆 다할궁 㤣 창자룩궁 船 몸소궁 髭 터럭성길궁 螧 도마범궁 竆 다할궁 穹 높을궁 謍 발수

다할궁 竉 넓고질궁 熍 다할궁 营 궁궁이궁 腔 불알썩힐궁 㝜 삼갈궁 竆 다할궁 䡔 몸굽힐궁

藭 궁궁이궁 䠻 다할궁 躬 몸궁 硿 돌떨어질소리궁 嶹 산모양궁 䄓 옷등길궁 㝜 아기집궁 㤨 근심할궁

躳 공순할궁 䠻 무릴궁 鉚 팔고리궁 㑋 궁할궁

궈

鷢 성궈

권

彍 활이굽은곳권
嬽 아름다울권
孉 아름다울권
婘 아름다울권
倦 게으를권
奆 몹시클권
帣

권
惓 권권히걸을권
⿰山宣 산이름권
弮 활고자권
巏 산이름권
券 게으를권
勧 권할권
勬 부지런할권

劝 권할권
勌 고달플권
埢 굽은담권
圈 둥글권
⿴囗眷 둥글권
卷 책권
餋 제사권
菤 도꼬마리

권
⿱龹皿 나무바리권
⿺走卷 구부리고달아날권
⿱艹彍 순권
⿰卷頁 굽은뿔권
權 권세권
餋 제사권
桊 팔찌끈권

⿰身亶 맨몸권
眷 돌아볼권
⿰月雚 추할권
拳 주먹권
蜷 움츠리질권
觠 굽은뿔권
⿸疒卷 손굽는병권

⿰⿱龹米巳 제사이름권
捲 거둘권
眷 돌아볼권
犈 다리검은소권
⿱虫火 벌레가불에뛰어들권
棬 휘어만드는나무그릇권

⿰禾雚 벼익어누럴권
齤 옥니권
⿰麥圈 경단떡권
鬳 솥권
⿰黍卷 넓을권
⿰米完 가루권
韏 가죽사분파할권

蔨 도꼬마리권
錈 쇠말릴권
⿰糸雚 풍뎅이권
⿰飠卷 반찬권
⿱髟長 머리털아름다울권
⿱龹⿱糸㔾 굽을권
⿱龹牛 소코뚜레권

⿰車卷 차골권
權 권세권
齤 옥니권
⿰忄眷 돌봐줄권
⿱龹衣 버선권
⿰角雚 휘두를권
⿱龹㕛 밥뭉칠권
鬈 염수

좋을권
⿱竹圈 대권
⿰木鸛 새구욕권
⿰韋卷 굽을권
桊 소코뚜리권
踡 곱송거릴권
惓 삼갈권
⿰扌雚 주먹권

顴 광대뼈권
⿱䜌廾 가득히뜰권
勸 권할권
⿰米卷 죽된모양권
罐 구를권
券 엄쪽권
⿱罒⿱䀠木 실그물권
⿱龹廾

주먹권
⿱罒皿 눈언저리권
睠 돌아볼권
⿰禾卷 벼포기서로가까울권
⿰骨雚 광대뼈권
蠸 노른재권
腃 입시울권
裷 복권

권
⿺走雚 달아날권
綣 정다울권
淃 물흐를권
⿰足雚 걸을권
⿱䜌韋 다른가죽권
⿱龹亏 소뇌할권
⿱䜌廾 가득히뜰권

궐

氒 그 궐 蹶 쓰러질 궐 蹷 쓰러질 궐 橜 말뚝 궐 欮 열 궐 蕨 고사리 궐 蟨 짐승 궐 撅 소 궐
亅 갈구리 궐 乚 창 궐 孓 짧을 궐 厥 클 궐 身 짧을 궐 𧞣 옷걷고 건널 궐 𩩲 뼈불거질 궐 欮 숨찰
궐 瘚 기운 질릴 궐 礸 돌뜰 궐 闕 대궐 궐 觼 뿔로 받을 궐 瘚 기운 치밀 궐 蟩 우물벌레 궐 鐝 갈
궐 灍 물이름 궐 橛 말뚝 궐 𩩲 뼈불거질 궐 𥗠 돌뜰 궐 𤃵 물이름 궐 𧽉 해치고 일어날 궐 殌 죽을 궐 𦏶 털긴
양 궐 闕 대궐 궐 闕 대궐 궐 臄 뼈불거질 궐 鷢 매같고 꼬리외가 흰새 궐 𧽉 해치고 일어날 궐 獗 도둑일어날 궐 𦪠 배매는
말뚝 궐 撅 칠 궐 𦁊 옷 궐 劂 오비칼 궐

궤

匱 갑 궤 繢 짜는톳 끝 궤 祪 하아비 궤 𧗵 수레바퀴 사이 궤 几 안석 궤 凧 연 궤 垝 무너진 담 궤 宄 안악
할 궤 姽 한가히 행할 궤 𡒊 삼태기 궤 佹 포갤 궤 机 느티나무 궤 匭 갑 궤 𪁎 접동새 궤 詭 속일 궤 鱖 쏘가
리 궤 慖 한할 궤 㤥 뜸 궤 麂 큰노루 궤 饋 진지올릴 궤 蕢 둥구미 궤 簂 첩지 궤 鱥 쏘가리 궤
蔮 잠없는치 모관 궤 軌 수레바퀴 사이 궤 遺 다할 궤 潰 흩어질 궤 樻 영수목 궤 跪 꿇어앉을 궤 𢫬 헐어버릴
궤 饋 먹일 궤 蕢 동구미 궤 簋 대제기 궤 边 굴대 궤 㵞 물자즐 궤 韇 방패끈 궤 蕢 동구미 궤 𡖓 게으
를 궤 𥁕 대제기 궤 簣 삼태 궤 撅 옷걸이 궤 衼 산제지낼 궤 觤 짝뿔 궤 鐀 궤 궤 殨 종기터질 궤
鞼 방패끈 궤 氿 물가 궤 櫃 상자 궤 厬 물마를 궤 闠 저자문 궤 鞼 가죽에 수놓을 궤 㱦 고달플 궤 麔

큰노꾸 켸 膭 허리아플 켸 蹶 움직일 켸 鐝 괭이 켸 闠 저자문 켸 恑 변할 켸 憒 심란할 켸 臾 삼태

기 켸 餽 먹일 켸 劌 벨 켸

귀

(귀) 肖 귀할 귀 宄 간악할 귀 癸 활잡이 귀 归 돌아올 귀 歸 돌아올 귀 宄 간악할 귀 䠣 돌아

올 귀 巙 산이불끈솟을 귀 尯 고달플 귀 庪 무너질 귀 亀 별이름 귀 龜 거북 귀 𠢈 피곤할 귀 咼 허락할 귀

劌 칫을 귀 槶 광주리바닥 귀 蘬 겨울쑥갓 귀 攅 당길 귀 䞈 재물 귀 贵 높을 귀 窤 구멍 귀

龜 거북 귀 簣 삼태기 귀 皈 돌아올 귀 魌 재빗말괴 귀 魒 귀신 귀 贇 높을 귀 䰎 귀신 귀

襀 끈 귀 䫻 길쌈할 귀 韡 길쌈할 귀 韇 길쌈할 귀 龜 거북 귀 龜 거북 귀 龜 거북 귀 龜 거북

귀 龜 거북 귀 𣀔 상할 귀 腃 힘줄당길 귀 奞 돌아볼 귀 襛 꿇어앉을 귀 豟 짧은창 귀 龜 점칠 귀

櫷 느티나무 귀 皈 돌아올 귀 禯 귀신 귀 魁 귀신 귀 鬼 귀신 귀 魈 귀신 귀 䃶 귀신 귀 歸 돌아올 귀

㱕 돌아올 귀 鵙 부엉이 귀 牿 소소리 귀 䋚 검은비단 귀 逺 돌아올 귀 跪 꿇을 귀 醛 맑은술 귀 郇

민마을 귀 䰍 크게볼 귀 晷 해그림자 귀 貴 높을 귀 藈 겨울쑥갓 귀 掎 일 귀 鐀 궤 귀 䰎 상투 귀

𥉨 눈 귀 鈲 가래 귀 𩪘 무릎과정강이사이뼈 귀 羛 양뿔가지런하지않을 귀 瞶 쾨다볼 귀 𧷤 높을 귀 鞼 외뿔 귀

奞 돌아볼 귀 䳏 접동새 귀 嘳 한숨쉴 귀

궉 幗 관 궉 摑 때릴 궉 敋 때릴 궉 蟈 청머구리 궉

규 屴 커다란 힘 규 𢄼 세발달린 가마솥 규 刲 찌를 규 屶 큰칼 규 巋 가파를 규 嬀 물이름 규 叫 부를 규

嫢 가는허리 규 孯 별 규 叫 부르짖을 규 乣 거둘 규 規 그림쇠 규 頍 고깔비녀 규 頯 광대뼈 규 頯 광대뼈 규

頄 광대뼈 규 頯 작은머리 규 [illegible] 구멍 규 窍 구멍 규 竅 구멍 규 窺 엿볼 규 [illegible] 궁궐안이 깊을 규 窐

시루구멍 규 葵 해바라기 규 睽 어그러질 규 [illegible] 긴쟁기 규 睽 해질 규 [illegible] 비틀거릴 규 [illegible] 비틀거릴 규 [illegible] 비틀

거릴 규 跬 한발자국 규 跬 발벌릴 규 槻 물푸레나무 규 [illegible] 등글 규 朹 나무아래로 굽을 규 楑 방망이 규 楏 호미

자루 규 樛 맺을 규 [illegible] 눈여겨볼 규 摫 옷마름질할 규 [illegible] 찌를 규 摎 묶을 규 揆 헤아릴 규 [illegible] 조급

할 규 [illegible] 어그러질 규 糾 삼합노 규 糾 삼노 규 糺 거둘 규 糾 동여맬 규 [illegible] 접동새 규 [illegible] 접동새 규 [illegible]

비둘기새끼 규 鍨 병기 규 [illegible] 깎을 규 [illegible] 음란하게볼 규 瞡 결눈질해볼 규 [illegible] 복어 규 䂓 그림쇠 규 赳 헌걸

찰 규 赳 헌걸찰 규 巂 접동새 규 巂 접동새 규 [illegible] 시루구멍 규 觓 뿔끝부랑할 규 [illegible]

뿔끝부랑할 규 袿 부인웃옷 규 珪 서옥 규 黊 곱게누를 규 [illegible] 접동새 규 硅 유리만드는흙 규 [illegible] 울타리 규

[illegible] 어깨뼈 규 [illegible] 비둘기새끼 규 騤 말건장할 규 [illegible] 옷뒤틀릴 규 虯 뿔없는용 규 湀 샘나올 규 [illegible] 뿔없는용 규

蝰 벌레기 규 騤 말건장할 규 [illegible] 파 규 鄈 땅이름 규 逵 구거리 규 [illegible] 큰길 규 邽 고을이름 규 戣

궉·규

균 굴 극

앙저창 규 馗 아홉거리 규 訆 부를 규 藈 쥐참외 규 闚 엿시 규 欆 소이름 규 䥑 돌고다니는화덕 규 [illegible]

걸을 규 [illegible] 바릿대 규 麈 사슴 규 圭 서옥 규 [illegible] 배틀거릴 규 鵻 접동새 규 鼽 매부리코 규 紤 거울 규

竅 빌 규 弓 채권 규 奎 별이름 규 赳 굳셀 규 跬 걸음 규 闚 엿볼 규 蟉 용구비칠 규 躈 발굽 규

聧 귀머거리 규 睽 추하 규 頯 광대뼈 규

● 균 甾 따비 균 龜 터질 균 鈞 설흔근 균 訇 속일 균 蜠 자개 균 昀 날빛 균 菌 버섯 균 蚐

노래기 균 皸 발일굴 균 稇 묶음 균 悃 실증날 균 箘 살대 균 輑 굴통대 균 袀 군복 균 呁 토할 균 縜

그물고 균 硱 돌위태할 균 銁 고를 균 鋆 고를 균 鋆 고를 균 蔨 땅버섯 균 筠 대껍질 균 箟 살대 균

覠 크게볼 균 畇 발개간할 균 畇 발개간할 균 麕 고라니 균 麇 노루 균 麏 고라니 균 䊵 묶을 균 勻

고를 균 囷 둥근집 균 [illegible] 묶을 균 均 고를 균 姰 같을 균 [illegible] 연한모양 균 峮 산연한모양 균

● 굴 獝 미칠 굴 [illegible] 돌미나리 굴 [illegible] 큰자개 굴 [illegible] 달아나려고할 굴 橘 귤 귤 [illegible] 장 굴 [illegible] 장 굴

[illegible] 미쳐뛰어갈 굴 蹫 미쳐달아날 굴

● 극 亟 빠를 극 [illegible] 게으를 극 [illegible] 틈 극 𡭴 틈날 극 [illegible] 느른할 극 尅 깍을 극 丮 잡을 극

𡭴 벽틈 극 [illegible] 이길 극 屐 나막신 극 [illegible] 이길 극 劇 몹시 극 勊 이길 극 劇 심할 극 殛

극 죽일 극

羊亟 양이름 극 極 가운데 극 鞕 급할 극 襋 옷깃 극 蕀 아기풀 극 璥 땅이름 극 䩯 가시

나무 극 蘵 버들옷 극 撠 가질 극 戟 갈래진 창 극 䕳 미나리 극 㹤 짐승이름 극 䋻 곤할 극 裓 옷뒷

자락 극 郄 성 극 郤 틈날 극 卻 틈 극 郤 틈 극 郄 틈날 극 黠 검붉을 극 隙 틈 극 㥛 급한

성품 극 戟 갈래진 창 극 丮 잡을 극 亯 이길 극 誙 말더듬거릴 극 克 이길 극 剋 제할 극 屐 가질

극 娩 할미 극 撠 찔 극 棘 가시 성극 極 가운데 극 䋻 곤할 극 鬚 수염 극 鄞 땅이름 극 可

오랑캐 극 革 급할 극

근

弤 붉은활 근 僅 적을 근 巹 받들 근 妡 아름다울 근 劤 강할 근 巹 혼례때의 술바가지 근 劧

흙벽 근 厪 겨오 근 覲 뵈올 근 勤 부지런할 근 墐 씻을 근 殣 굶어죽을 근 漌 맑을 근 瘽 병들 근

[illegible] 창자루 근 勤 부지런할 근 䈥 겹질흰대 근 [illegible] 창자루 근 謹 삼갈 근 慬 하품할 근 懃 수고로울 근

槿 무궁화 근 堇 오두 근 饉 주릴 근 菫 오두 근 謹 삼갈 근 嫤 울 근 瑾 붉은옥 근 堇

오랑캐꽃 근 齗 이모양 근 懃 은근할 근 慬 서러워할 근 芹 가까울 근 釿 대패 근 芹 미나리 근 赾

어려울 근 肵 공경할 근 菦 흰쑥 근 近 가까울 근 斤 열엿냥 근 釿 도끼 근 蘄 승검초 근 靳 아낄

근 新 차질 근 根 뿌리 근 跟 발뒤꿈치 근 跟 발뒤꿈치 근 靳 묶을 근 来 뿌리 근 矜 창자

쿠 근 䈥 힘줄 근 觔 힘줄 근 荕 뼈 근 筋 힘줄 근 疒斤 근근 근 蘄 승검초 근 菳 반들 근

幂 오두 근 抻 묶을 근 墐 진흙 근 堇 노란진흙 근 勤 뭐을 근 嘡 입시울 근 鞲 보일 근 巹

한돌 근 廑 작은집 근 口堇 입시울 근 菫 진흙 근 堇 오두 근 蠸 지렁이 근 卺 팔 근

글

𠡒 날랠 글 趷 곧갈 글 䰻 고기가 헤엄칠 글 趫 달아나는 모양 글 昕 볼 글 契 땅이름 글

금

衾 이불 금 耹 소리 금 錦 비단 금 㸒 소혓병 금 木禁 사라짝 금 今攴 가질 금 捦 사로잡을 금

廞 모진마음 금 妗 외숙모 금 噤 입다물 금 金 쇠 금 顉 주걱턱 금 衾 이불 금 襟 옷섶 금 閨 문거

고 금 擒 사로잡을 금 行金 가만히 갈 금 疒金 소혓병 금 糸衾 옷고름 금 扌衾 누를 금 衤衾 옷깃 금 衾頁 머리 움직일 금 衤金

옷깃 금 珡金 거문고 금 鵭 황새 금 厂顉 추할 금 礆 칼고 험하게 연한 모양 금 珡金 거문고 금 惍 이할 금 鈙 가질 금 捦

사로잡을 금 金 쇠 금 金 쇠 금 禽 새 금 檎 능금 금 禁 금할 금 黑禽 누른 빛 금 黔 누를 금 黬 검고 누른 빛 금

糸禁 실 금 木禁 사립짝 금 㯲 회상 금 足禁 앉을 금 忄禁 마음 견고할 금 齽 옥니 금 今攴 가질 금 庈 사람이름 금

齒今 혓병 금 衿 옷깃 금 紟 옷고름 금 黅 누른빛 금 舟今 새배 금 艹琴 매자기 줄기 금 雂 도요새 금 軡 세수레 금

芩 금풀 금 舟今 새배 금 肣 거둘 금 昑 밝을 금 疒今 추울 금 艹顉 금풀 금 靲 신들메 금 忴 맘단단할 금

琴 거문고 금 蚙 벌레가 줄지어 갈 금 唫 입다물 금 澿 찰찰하게 추울 금 僸 처다볼 금 玪 구령이 금 今 이제 금 广金

급　　　　긍　　　　기

돌땅금 嶔 산솟을금 今 이제금 廞 큰집금

급 岌 높은모양급 彶 급히갈급 給 족할급 伋 생각할급 [illegible] 맘청백할급 圾 산높을급 阪 사다리층

계급 芨 백급급 汲 물길을급 礏 산높은모양급 忣 빠를급 級 등급급 級 등급급 㤿 빠를급 笈 책상자급

[illegible] 문자물쇠급 扱 걸어가질급 [illegible] 호미급 鴔 작은새급 急 빠를급 [illegible] 동아급 [illegible] 작은검은새급 [illegible]

작고검은새급 [illegible] 고기국급 [illegible] 고기국급 [illegible] 마르려할급 [illegible] 바랠급 [illegible] 돌소리급 [illegible] 배발급 及 미칠급

㗸 배젓는소리급 [illegible] 사람많이모일급

긍 兢 조심할긍 [illegible] 자궁긍 堩 길긍 亙 뻗칠긍 [illegible] 상어긍 [illegible] 달돋을긍 緪 줄켕길긍 搄

바싹당길긍 緪 동아줄긍 [illegible] 책긍 暅 볕쪼일긍 [illegible] 상어긍 恒 맘한결같을긍 [illegible] 상어긍 肎 즐길긍

肯 즐길긍 [illegible] 즐길긍 [illegible] 즐길긍 掯 박힐긍 [illegible] 즐길긍 [illegible] 적을긍 殑 죽으려할긍

[illegible] 짜고쓸긍 [illegible] 클긍 矜 창자루긍 [illegible] 길긍 [illegible] 켕길긍 [illegible] 볕쪼일긍 [illegible] 키신이름긍 亘 뻗칠긍

[illegible] 꼴긍 縆 줄긍

기 娸 미워할기 倛 방상탈기 僛 취하여춤추는모양기 [illegible] 남색할기 庋 사개터기 岓 산곁에놓여있는돌기

伎 재주기 㥍 넓은바지기 [illegible] 붉은신기 [illegible] 사람이름기 帺 멜기 奇 이상할기 妓 기생기 埼

금·급·긍·기

언덕머리기 趌 절뚝발이기 崎 산길험할기 峐 산이높을기 徛 징검다리기 呮 도사리고앉을기 㞓 볼기기

[己/口] 해석할기 弃 버릴기 帺 별기 寄 방계기 基 터기 𡿭 별이름기 [山國] 산깊을기 岐

높을기 奇 이상할기 屺 민둥산기 墍 쉴기 企 바랄기 夔 외발짐승기 [女忌] 성낼기 丌 책상기

幾 얼마기 [其己] 미워할기 僟 삼갈기 婍 고울기 亓 어조사기 甶 삼태기기 己 사사기 塈

취할기 懻 맬기 唭 근본기 [食異] 바랄기 [己口心] 먹을기 其 어조사기 剘 이길기 剞 새김칼기

冀 하고자할기 器 그릇기 噐 그릇기 刉 찌를기 圻 서울경기 炁 기운기 旡 숨막힐기 璣

작은구슬기 起 일어날기 綺 무늬비단기 [虫奇] 거미기 羈 말굴레기 [豈支] 쓸릴기 棄 버릴기 旗

대장기 穖 벼기 [木寄] 젓가락으로집을기 羇 말굴레기 杞 구기자기 [舌支] 숨찰기 疧 체증기 臮 다못기

[耒幾] 밭갈기 [旗頁] 얼굴빛변할기 猉 강아지기 祈 기도할기 璣 둥글지않은구슬기 暣 볕기운기 耆 늙은이기

淇 물이름기 旂 장기기 溰 흰빛반짝일기 䭫 즐길기 旣 이미기 蔇 이를기 棊 뿌리기 碕

버릴기 鈘 그릇이름기 䃽 조약돌기 犱 토끼같은짐승기 肵 기악기 機 베틀기 畿 경기기 [月耆]

길게꿇어앉을기 [糸忌] 바늘기 璂 고깔꾸미개기 罼 나그네기 䓅 물속에난고사리기 騎 범의어금니기 [束支] 결차지기

[雨羇] 나그네기 禨 상서기 趌 원숭이나무에오를기 [艹毄] 새발마름기 [貝支] 개붉은자기 諆 속이는말기 疷

채중 기 茈 약풀 기 踑 근본 기 饑 흉년들 기 騎 말탈 기 鬐 말갈기 기 蘷 나물이름 기 基 방제 기

鯕 방어 기 鍺 쇠바퀴 굴대 기 蚑 벌레길 기 玘 패옥 기 [山+幾] 맞비블 기 祁 성할 기 [白+气] 기운 기 覬 넘겨

다볼 기 踦 절름발이 기 [金+尤] 근시하는 신하의 병기 [足+癸] 정강이살 기 [月+幾] 뺨의 살 기 [耳+奇] 키기울일 기 齗 씹을 기 [月+耆]

욕심낼 기 騏 천리마 기 魌 새 기 汽 물끓는 김 기 竒 이상할 기 忮 사나울 기 [大+介] 참치할 기 [艹+忌] 풀이름 기 藄

고비 기 [月+奇] 회생 나눌 기 紀 벼리 기 [糸+亓] 쑥빛비단 기 綨 쑥빛비단 기 祺 길할 기 曁 다못 기 歧 두

갈래질 기 [其+隹] 강오리 기 [米+氏] 붉은 쌀 기 [匸+言] 발악할 기 既 이미 기 棋 바둑 기 气 구름기운 기 [鬼+幾] 남쪽의 귀신 기 [奇+斤]

새김칼 기 [禾+己] 별이름 기 [既+皿] 그릇이름 기 [禾+奇] 좋을 기 旣 이미 기 [㗊+支] 기울어질 기 庋 찬장 기 [米+支] 붉은 쌀 기

[犭+斯] 개새끼 한마리 날 기 [虫+邦] 전갈 기 技 능통할 기 [户+肴] 장딴지 기 琦 옥 기 沂 물이름 기 [礻+亓] 상서 기 朞 돐 기

旂 방울단 기 기 [糸+亓] 쑥빛비단 기 [立+奇] 바로설 기 [乞+欠] 바랄 기 [足+亓] 걸터앉을 기 [气+刀] 구름기운 기 氣 기운 기

気 날씨 기 祈 기도할 기 [足+企] 바랄 기 [走+圭] 반걸음 기 [頁+桼] 작은머리 기 [言+耆] 성낼 기 [山+皿] 그릇 기 [疒+器] 병 기

[麥+其] 떡 기 [言+基] 부질없는 말 기 [目+奇] 외눈 기 [黑+旡] 물건 생겨나는 모양 기 [魚+旡] 상어 기 [幾+鬼] 남쪽의 귀신 기 [鬼+奇] 아이 귀신 기

[木+頁] 작은머리 기 碁 바둑 기 肌 살 기 [气+票] 기운 기 [耆+見] 볼 기 蘷 풀이름 기 踑 걸터앉을 기 懻 사나울 기

[酉+幾] 목욕하고 술마실 기 粸 떡 기 [角+氣] 좋은 불 기 [阝+享] 산길 험할 기 [革+丸] 털벗긴 가죽 기 鰭 고기 지느러미 기 [骨+支] 육발이 기

𢻰 활이 평평할 기 騏 되강오리 기 頎 헌걸찬 모양 기 鄿 땅이름 기 紀 벼리 기 軝 수레굴통 맨끝 기 魌 아이

귀신 기 驥 천리마 기 鱀 상어 기 𩬳 자지 기 裿 소매 기 豈 어찌 기 跽 꿇어앉을 기 齮 씹을 기

馶 말이 굳셀 기 𢘋 공순할 기 覊 말굴레 기 衹 기사 기 𩚻 홍변들 기 訆 소리지를 기 裿 속적삼 기

起 일어날 기 䩓 굴레 기 跂 육발이 기 踦 굽은 정강이 기 忌 회할 기 諆 말로 희롱할 기 鶀 부엉이 기

掎 꺼리끌 기 𥂫 찔려 피날 기 䩙 바퀴통 치장 기 笄 키 기 𨑹 꾀할 기 騹 철총이 기 庪 문빗 기 頯

작은머리 기 攲 센팔 기 企 바랄 기 𪊍 기린 기 芑 흰차조 기 餼 먹일 기 𡖪 많을 기 諆 콩대 기

忯 산이름 기 迀 가까이할 기 炁 날씨 기 𩥋 말 기 飢 주릴 기 𨁊 숨막힐 기 𩚆 주릴 기 鵋 부엉

이 기 隑 굽은언덕 기 迉 일어킬 기 鐖 낚시미늘 기 𩟐 먹을 기 㥓 검박할 기 踦 밟을 기 邔 넓은고을 기

歧 기울 기 跂 뒤로나설 기 鵸 새이름 기 𧢈 뿔 기 𨈗 몸 기 䫑 추한모양 기 騹 천리마 기 攲 비뚤어질 기

𧾑 멀리달아날 기 蹞 방들 기 𥬦 대자리 기 觭 억발뿔 기 麒 기린 기 虮 밑기벌레 기 婎 모양 기 寄 부탁

할 기 滊 김오를 기 猗 범의어금니 기 𩉛 가죽 기 亟 창졸 기 𣱑 찌를 기 赹 피곤할 기 䅲 보리씨뿌릴 기

肵 공경할 기 蜝 전갈 기 蚚 바구미 기 蟣 서캐 기 𦚍 장단지 기 䐈 적병 기 芰 마름 기 萁 콩대 기

譏 나무랄 기 䞚 원숭이나무에오를 기 䟸 종아리 기 惎 독할 기 愭 공순할 기 𥪰 실을 기 攱 쓸릴 기

欺 속일 기
⿰鬼言 말할 기
琪 옥이름 기
⿱艹基 고사리 기
⿱吅缶 그릇 기
⿺夫邑 높을 기
⿰言忌 경계할 기
穊 보이계 심을 기
頯 큰 입 기
⿰禾胃 긴 벼이삭 기
期 기약 기
⿱老日 늙은이 기
跂 걸터앉을 기
⿱老邑 늙은이 기
蜝 방게 기
璣 작은 구슬 기
⿸厃皮 피곤할 기
⿱⺮冂 별이름 기
詣 사람의 이름 기
蘷 나물이름 기
⿰耆毛 털무늬 기
⿰月幾 빰살 기
⿰丌月 기약 기
⿰礻忌 별 기
綥 비단 쑥색 기
⿱罵巾 말굴레 기
⿰氵几 물가 기
稘 콩줄기 기
蟣 서캐 기
記 기록할 기
祺 별 기
鞿 말재갈 기
⿰止上 갈림길 기
掎 한다리 꿀 기
⿱耆肥 천리마 기
⿰骨奇 잔뼈 기
躨 꿈틀거릴 기
⿰月氣 병적 기
⿰言戈 꾀할 기
榿 나무이름 기
磯 물이 돌에 부딪칠 기
⿺辶奇 비탈 기
⿰王綦 고깔꾸미개 기
跽 길게 꿇어앉을 기
⿺辶幾 얼마 기
⿰忄其 독할 기
忥 생각할 기
饑 주릴 기
⿱覀䩭 굴레 기
⿰酉耆 즐길 기
⿺辶丌 바칠 기
躋 뛸 기
弃 올잇 기
⿸广耆 큰 노루 기
祇 지신 기
驥 천리마 기
錡 세발가마 기
芪 단너삼 기
綦 쑥빛 비단 기
⿰山斤 산결에 굽여 앉는 돌 기
⿰馬耆 말 이마 위의 갈기털 기
⿰夫阝 높을 기
畸 뙈기밭 기

긱

⿰壴殳 부지런히 힘쓸 긱
喫 먹을 긱
⿰壴殳 부지런할 긱

긴

鈃 목 긴 술병 긴
⿱竹堅 접칠한 대 긴
繪 자루 긴
⿺走取 느릿느릿 갈 긴
⿰木緊 나무결 찹찹할 긴
⿱艹臤 제비쑥 긴
⿸疒臤 순종 긴
⿸厂緊 묶을 긴
⿱艹堅 제비쑥 긴
緊 급할 긴

길

咭 웃는 모양 길
吉 길할 길
佶 바를 길
⿰彳吉 나아갈 길
蛣 말똥구리 길
⿰木挈 도라지 길
⿰吉皮 가죽 검을 길

跲 걸을 길 銡 삐걱거릴 길 拮 열일할 길 䞍 비뚜루갈 길 䞍 비뚜로갈 길 桔 도라질 길 恄 두려워할 길 砎 조약돌 길 狤 짐승이름 길 洁 맛좋은물 길 䮠 말빛갈 길 鞊 가슴걸이 길 姞 후직의원비이름 길 欯 가죽검을 길 覎 사람이름 길 趌 다릴 길 鮚 조개 길

김

金 성 김 𧼧 고개숙이고빨리달아날 김

끽

喭 먹을 끽

나

罍 키신쫓을 나 哪 어조사 나 𡖿 많을 나 儺 성날 나 㛎 곳간 나 内 안내여관 나 𦝢 짐승이름 나 挐 찰풀 나 糯 찰벼 나 魌 역신을쫓아낼 나 拿 잡을 나 𥢧 착붙을 나 䉾 새장 나 挪 휠 나 橠 나무무성할 나 𩑺 부끄러울 나 誽 떠볼 나 魌 역신을쫓아낼 나 㑚 굽을 나 䏧 성결 나 𪏮 꼭붙을 나 鬖 머리헝클어질 나 蛾 누에 나 橠 나무무성할 나 袽 해어진옷 나 侵 제할 나 糯 찰벼 나 諵 끌어당길 나 梛 나무이름 나 挐 끄을 나 𤘩 흰꼬리 나 蠃 소라 나 那 클 나 那 어찌 나 紁 제할 나 糯 찰벼 나 牣 흰꼬리 나 臡 육장 나 郍 많을 나 𨂐 실족하여거꾸러질 나 腡 소라 나 𡖿 많을 나 詉 말알아들을수없을 나 𡸣 산연겹할 나 䛔 말바르지아니할 나 陏 풀열매 나 𨍏 수레심대끝 나 稬 찰벼 나 扠 그러하 나 挐 잡을 나 攞 찢을 나 㩡 벗을 나 𢷾 다스릴 나 㨎 흔들 나 𣃭 깃발날릴 나 𩚬 서로칠 나 曪 날흐릴 나 瘰 앓을 나 欏 울타리 나

𣩂 병들 나 灑 물이름 나 𤮐 질그릇 나 蠡 옴 나 癩 문둥병 나 𥗼 돌산 나 𥟿 노적더미 나 囉 노래소리 나

𡑙 삼태 나 娜 아리따울 나 㦬 부끄러워할 나 邏 행순할 나 臝 용솟 나 鑼 징 나 𢅏 쌀은 나

饠 두텁떡 나 䬉 물결 나 驘 노새 나 𩯁 머리숫할 나 鸁 되강오리 나 𦐇 쌀쌀을 나 籮 키 나

羅 버릴 나 纙 돈꿰미 나 𦢊 배아래살 나 腡 손금 나 蘿 무 나 裸 벌거벗을 나 覶 좋게볼 나 𧞣 웃옷 나

詉 말하지못할 나 𧿹 가다설 나 𨇨 길잃을 나 𪌉 조죽 나 蓏 풀열매 나 𧭍 약하게설 나

낙

㉯ 𣧩 죽을 낙 洛 서울 낙 烙 지질 낙 犖 얼룩소 낙 珞 구슬로목에치장할 낙 礐 돌서로부딪치는소리 낙

笿 묶을 낙 絡 연락할 낙 落 떨어질 낙 𧭇 미친말 낙 轠 차소리 낙 酪 타락 낙 雒 새 낙 𩊚 가죽 낙

䨥 비떨어질 낙 䩪 가죽 낙 韷 시끄러울 낙 駱 약대 낙 鮥 고기 낙 鉻 깎을 낙 硌 큰바위 낙 逽 나아갈 낙

諾 대답할 낙 豰 잡을 낙 𧤻 잡을 낙 㥾 허락 낙 咯 송사하는말 낙 貉 소젖 낙 嗠 부를 낙

㦡 크게즐길 낙 𤟰 같을 낙

난

㉰ 幱 철 난 𡅅 말알수없을 난 囒 거짓말할 난 亂 어지러울 난 嬾 게으를 난 孄 게으를 난 𢄿 띠 난

愞 마음약할 난 戁 얼굴붉힐 난 攔 막을 난 𣀷 게으를 난 㬮 붉을 난 爛 빛날 난 欒 파리할 난

欗 목란 난 欄 난간 난 𣨛 죽으려까무러칠 난 㱫 물크러질 난 偄 연약할 난 𤆅 따뜻할 난 懶 게으를 난

闌 늦을 난　㬮 따뜻할 난　[面+反] 무안할 난　煖 더울 난　[面+叚] 무안할 난　[食+需] 풀보기잔치 난　[日/赤] 볶을 난　難 어려울 난

[麻/香] 사람이름 난　栾 둥글 난　暖 따뜻할 난　[堇+鳥] 어려울 난　赧 무안할 난　[忄+闌] 게으를 난　渜 목욕한 물 난　[豈+隹] 새 난

[堇+鳥] 어려울 난　[艹+堇+鳥] 어려울 난　餪 먹일 난　[赧+心] 부끄러워 얼굴붉을 난　[鹿+耎] 사슴새끼 난　爤 불꽃 난　煗 더울 난

燸 따뜻할 난　[日+耎] 따뜻할 난　[呂+隹] 새 난　攤 누를 난　[面+柰] 무안할 난　[豈+隹] 어려울 난　[而/火] 쪼그라들 난

[⺈+巳] 기를 난　難 어려울 난　赧 무안할 난　[女+惠] 시끄럽게 송사할 난　[舌+闌] 말얼얼할 난　蘭 난초 난　[䜌/子] 순채 난

襴 난삼 난　讕 미델 난　躝 넘을 난　鑭 금채색 난　鑾 방울 난　闌 차면 난　渜 목욕한 물 난　灡 뜨물 난

瀾 물결 난　灤 새서흐를 난　灓 적실 난　爛 찬란할 난　瓓 옥무늬 난　糷 밥지을 난　籣 동개 난　[罒/䜌] 산돌그물 난

韊 동개 난　鸞 난새 난　[門+䜌] 대궐에 함부로 들어올 난　[歹+柬] 깨뜨릴 난　[革+闌] 전동 난

날

(날) [卄卄] 앙금흙 날　苶 고달플 날　揑 성날 날　捺 손가락으로 누를 날　[衤+祭] 하인옷 날　[疒+乜] 부스럼이 아플 날　[疒+奈] 앓을 날

捏 꼭 찍을 날　涅 앙금흙 날　埒 비등할 날　[广+剌] 암자 날　[剌/手] 갈 날　捋 딸 날　攋 헤칠 날　[氵+剌+石] 여울 날

瘌 옴 날　[剌/齒] 섭을 날　辣 가혹할 날　[寽+頁] 낯추할 날　[風+剌] 바람불 날　[黑+寽] 검을 날　[目+剌] 눈알비뚤 날

[米+剌] 추한밥 날

남

(남) [山/羊] 남녘 남　喃 말분명치못할 남　湳 엷은어름 남　娚 말소리 남　侽 사내 남　南 남녘 남　男

사내남 枏 매화나무남 諵 말많이할남 黵 점남 ⿱雨湳 진흙남 妠 가죽다룰남 柟 나무이름남 ⿱任酉

물릴남 ⿰冄皮 가죽다룰남 ⿰冄羽 깃이약할남 腩 간랍남 萳 풀이름남 蝻 곡식벌레남 楠 메나무남

罱 그물남 畘 밭열이랑남 湳 물이름남 ⿰冄黽 거북접질가장자리남 遖 가른할남 枏 매화나무남 ⿵門侌

문지기남 ⿰酉南 고기지질남 ⿰米南 잡곡죽남 ⿰𡛟頁 머리숙일남 覽 볼남 襤 해진옷남 ⿰監少 적을남 嵐

아지랑이남 ⿰監鳥 뻐꾹새남 醂 건시남 醶 술따를남 ⿰金敢 말재갈남 ⿱監面 얼굴걸남 籃 큰등롱남 纜 배닻

줄남 ⿰氵藍 외김치남 藍 쪽남 葻 풀남 漤 물방울남 ⿰氵藍 맑을남 灠 물드릴남 爁 불번질남 ⿰火稟 누를남

璼 흰옥남 ⿱穴林 흙그려몽을남 惏 탐할남 ⿰忄監 즐길남 抐 고기물먹는모양남 ⿰監彡 머리치렁치렁할남 啉 떠들남

嚂 입우물거릴남 壈 실세할남 ⿰女林 고을남 婪 탐할남 ⿰女南 몸통통할남 ⿰女監 그릇할남 ⿰巾監 단없는옷남 ⿰扌監

쌀두번찧을남 ⿰扌巤 꺾을남 擥 잡을남 欖 감람남 ⿰監毛 털남 ⿱穴監 얇고클남 ⿰貝監 재물탐낼남 ⿰身監 키클남 ⿰足嵐

바삐갈남 ⿰車稟 수레머뭇거릴남

납

(납) 囡 손움직일납 ⿰韋內 연할납 ⿱竹囡 배매는댓줄납 納 들일납 鈉 에납 ⿰麥內 가지런히끊을납 ⿱竹囡 배매는대ㅅ줄납

⿰柔內 부드러울납 ⿱竹納 배매는대동아줄납 ⿰扌納 칠납 ⿰飠內 먹을납 ⿰虫葛 뼈납납 ⿰齒內 씹을납 ⿱艹納 향내나는풀납 衲

기울납 ⿰魚納 고기이름납 魶 메기납 哄 여럿이지껄일납 菈 무납 蠟 밀납 ⿱不行 앉은뱅이납 ⿰衤立 옷해질납

妠 장가들 납　襹 옷해질 납　軜 소고삐 납　鑞 백철 납　雴 빗소리 납　嗱 입우물거릴 납　啦 존칭할 납　庢 접소리 납

拉 꺾을 납　擸 꺾을 납　摺 꺾을 납　粒 나무꺾을 납　𣀌 서운해할 납　欄 백납나무 납　磖 재지는소리 납

臘 납향제 납　齸 씹는소리 납　鸍 파뜩파뜩할 납　遝 되박일 납　邋 천천히걸을 납　䌘 열은비단 납

獵 첨으로나를 납　驖 말가지않을 납　翋 나를 납　纚 실섞일 납　纇 옷해질 납　內 들일 납　摺 소반을 납　䇱 향풀 납

낭

䕞 오독도기 낭　桹 광나무 낭　狼 이리 낭　輹 수레 낭　郞 골이름 낭　閬 산이름 낭　䘜 낭

骱 무릎뼈 낭　鯙 숫게 낭　鵖 비둘기새끼 낭　蜋 말똥구리 낭　郎 사내 낭　琅 낭간 낭　眼 밝을 낭　朗 달밝을 낭

槨 느릅나무 낭　榔 빈랑 낭　飲 탐낼 낭　浪 물결 낭　滾 개천 낭　烺 불이글글할 낭　欏 너그러울 낭

瑯 법랑 낭　稂 짧은창 낭　硠 단단할 낭　宦 별 낭　筤 어린대 낭　罠 결면할 낭　蓈 가라지 낭　莨 도랑 낭

誏 말할 낭　廊 월랑 낭　娘 아가씨 낭　巕 산모퉁이 낭　儴 늦어질 낭　壤 도굴 낭　嬲 몸뚱뚱할 낭　饢 가까울 낭

㹳 삽살개 낭　灢 물이름 낭　囊 풀모양 낭　瀼 흐르는모양 낭　齈 코막힐 낭　儾 가는모양 낭　欜 나무함지박 낭

𥗞 산모퉁이 낭　攮 밀 낭　灢 물흐릴 낭　搙 찌를 낭　纕 너그러울 낭　曩 저즘께 낭　囊 주머니 낭

내

奈 어찌 내　妳 낮잠잘 내　嬭 유모 내　㜷 노인자녀 내　匂 향내 내　内 안 내　迺 어조사 내　肉 안 내

內 안 내 乃 어조사 내 嬭 젖어미 내 孻 소젖 내 䏧 날흐릴 내 䁨 돌아다볼 내 鰷 전어 내 䖠 등에 내

鯠 냄새날 내 耐 견딜 내 毛執 털많을 내 耏 참을 내 眲 악한눈 내 髟內 털엉어질 내 柰 사과 내 疓

앓을 내 耒 올 내 搱 문댈 내 縶 솜흐트러질 내 眲 악한눈 내 鰷 전어 내 毛柰 털많을 내 鼐 큰솥 내

迺 놀라소리지를 내 褦 패랭이 내 渿 물쏟을 내 榛 죽은나무 내 㡾 기느러질 내 髟乃 터럭엉킬 내 逨 이글

내 稞 보리 내 黑來 검붉은 내 麥來 밀 내 能 자라 내 睞 묵은밭 내 躝 절뚝발이 내 郲 땅이름 내

郲 골 내 逨 이를 내 陎 섬돌 내 頼 덮을 내 鯠 고기이름 내 騋 키큰말 내 鶆 매 내 覙 볼 내

角來 뿔심 내 貝幵 쌓을 내 豸來 삵 내 徠 산이름 내 䏧 날흐릴 내 棶 박달나무 내 毛多 얼룩털 내 洡 물들

내 猍 삵 내 唻 소리 내 婡 예쁠 내 崍 산이름 내 肭 해구 내 鯠 냄새날 내 莱 과실주렁주렁달릴 내 萊

쑥 내 蕌 나물 내

낙

搦 가질 낙

낭

黑襄 검을 낭 黷 검을 낭

녀

帤 먹수건 녀 如毛 개털많을 녀 茹 먹을 녀 如衣 해진옷 녀 艹絮 돌이울 녀 枷 냄새나는풀 녀 枷

해진옷 녀 洳 젖을 녀 奴糸 묵은솜 녀 奴手 이끌 녀

녁

疒 병부 녁　衈 생각할 녁　衂 근심할 녁　糑 가루떡 녁　衄 근심할 녁　饜 구운떡 녁

년

姩 이쁜계집 년　年 해 년　涊 나쁜술 년　㞋 다루는가죽 년　鵇 따오기 년　涊 때길 년　䶓 푸른다람쥐 년

腝 달돋을 년　撚 맘강한듯하고 약할 년　秊 해 년　輾 수레에 갈린 년　蹍 밟을 년　碾 맷돌 년　撚 잡을 년

녈

埕 막을 녈　篞 중피리 녈　碮 백반 녈　腥 부을 녈　笍 양차의 채찍 녈

념

鍂 비녀 념　冂 낮게드리울 념　醶 쓴맛 념　恬 편안할 념　拈 집을 념　艌 낡은배수리할 념　䭃 배나무 념

淰 꺼질 념　惗 사랑할 념　䇖 배끄는줄 념　䩞 대할 념　苶 풀날 념　念 생각할 념　𢷾 손비빌 념　醶 쓴맛 념

踗 사뿐사뿐걸을 념　隂 언덕위에서만날 념　鑈 족집게 념　鈢 바를 념

녑

㡪 좁을 녑　鈢 바를 녑　䐑 살떨릴 녑　熿 불이글이글할 녑　敜 막을 녑　捻 손으로찍어바를 녑　䫜 급히날을 녑

𦅫 실이음매 녑

녕

儜 고달플 녕　寗 편안할 녕　寍 편안할 녕　寍 문안할 녕　寍 문안할 녕　寕 문안할 녕　嚀 정녕할 녕

佞 재주 녕　寧 차라리 녕　𡫯 하늘 녕　聲 고할 녕　𢕟 가는모양 녕　甯 차라리 녕　鸋 부엉이 녕　譻 속삭거릴 녕

聹 귀에지 녕　檸 뼈꺼럭 녕　薴 풀어지러울 녕　躝 때 녕　鑏 칼슴배 녕　獰 영악할 녕　癠 잃을 녕

聲 고할 녕　聹 귀에지 녕　𣯉 개털 녕　濘 진흙 녕　鬡 머리흩어질 녕　甯 들깨 녕　擰 어지러울 녕

𣯜 삽삽개녕 鸋 부엉이녕 寍 편안할녕 𨉦 때녕 𧖲 땅강아지녕 顜 이마녕 𩕄 이마녕 𩜍

의지코먹을녕 檸 양굴녕 㝕 영몽녕 矃 불녕 嬣 어머니녕

녜

䩞 고삐드릴녜 黏 칠질녜 閑 어리석을녜 䩯 부드러운가죽녜

노

鸕 더펄새노 䈂 깊은골작이노 蕗 검은빛노 瓐 비취옥노 痆 옴노 盧 검을노 硇 노사노 磱

돌그릇노 老 늙을노 魯 노둔할노 驢 나귀노 鰳 고기이름노 鸕 두루미노 鹵 염전노 鷺 백로

노 鱸 농어노 黸 색검은말노 努 힘쓸노 呶 들렐노 猺 산이름노 㚢 힘쓸노 孥 자식노

弩 쇠노노 囟 늙을노 嫋 희롱할노 労 공로노 埳 밭노 伮 종노 瑙 옥돌노 䣭 눈부릅뜰노

砮 돌살촉노 猱 원숭이노 碯 마노노 𣨼 한할노 瑙 마노노 獳 삽살개노 獶 사자개노 㹸 못할노

憹 몸시귀우칠노 𥔵 두뇌절돌노 貓 암담비노 謞 노래가노 澤 젖을노 獶 원숭이노 磠 돌살촉노 駑 노둔한말노

𤠺 암담비노 炉 물이름날노 安 막을노 熌 미울노 䰬 머리모양노 鞱 누그러운가죽노 怓 성낼노 鐒 놋그릇노

譊 거불노 騊 좋은말노 餶 의힌밥노 鬡 머리모양노 㛴 용렬할노 獿 암담비노 奴 남종노 怒 짜증낼노 臑

팔마디노 鬞 수염많은모양노 帑 처자노 笯 새장노 𨭉 암담비노 譊 서로욕할노 篕 창자루노 纑 베올

노 鑪 술잔노 𥻧 먼지노 艫 배머리노 艣 노노 鐪 칼자루노 鑪 화로노 鏀 가마노 𩰠 결노

潞 물이름 노
瀘 물이름 노
爐 화로 노
獹 개 노
瑙 마노 노
窂 굳을 노
璐 예쁜옥 노
簬 화살만드는대 노

簩 대이름 노
篣 버들고리 노
憥 뉘우칠 노
擄 노략질할 노
撈 건져낼 노
栳 버들로짠고리 노
櫨 주두 노

鑥 웅 노
澇 큰물결 노
潦 장마 노
矑 불 노
窂 충실할 노
咾 약한소리 노
侔 투박할 노
哰 말알

지못할 노
嘮 지껄일 노
嗏 바른말할 노
嘐 고요할 노
嚝 돌부르는소리 노
嚧 웃을 노
櫓 노 노
蹽 새롱 노

怓 심란할 노
瓐 호로박 노
滷 쓸 노
虜 챙 노
恅 심란할 노
賂 선물 노
鐒 골빌 노
路 길 노

輅 수레 노
軂 몸길 노
轤 갈이 노
鉾 갓그릇 노
鏴 금갈 노
嚕 말할 노
蕗 머루덩굴 노

蕗 매론매실 노
蟧 쓰르라미 노
蠦 풍뎅이 노
譊 소리많을 노
謪 말할 노
壚 검은흙 노
嫪 애달플 노

露 이슬 노
韜 가죽 노
顱 머리 노
駑 노둔할 노
餎 국수 노
穃 돌콩 노
虜 사로잡을 노
蕗 감초 노

蘆 갈 노
蔨 풀 노

녹

녹

傉 성 녹
䓐 산밑 녹
搙 비틀 녹
諰 기록할 녹
祿 복 녹
䡬 전통 녹
䩣 호적 녹
䁖 눈밝을 녹

鹿皮 가죽무늬 녹
貗 물새나올 녹
醁 술 녹
䨏 소나기 녹
䘵 목 녹
騼 말 녹
騄 준마 녹
麓 짐승이름 녹

麓 산기슭 녹
黤 때묻을 녹
鹿 사슴 녹
䐂 배곯을 녹
錄 기록할 녹
盝 걸을 녹
濼 물이름 녹
熝 단련할 녹

琭 옥 녹
角 선선이름 녹
皪 흰짐승 녹
鹿皮 가죽무늬 녹
皴 살결억셀 녹
盝 길를 녹
䚄 도마뱀 녹

䍡 잔그물 녹 菉 녹두 녹 麀 원추리 녹 蠦 쓰르라미 녹 覾 볼 녹 𧽍 소리 녹 逯 구축할 녹

蹗 빨리달아날 녹 轆 명에채에 죽테할 녹 碌 푸른돌 녹 禄 복 녹 𥩟 키신뵐 녹 簏 대상자 녹 簶

권통 녹 箓 높은대상 녹 籙 호적 녹 粶 불에말린쌀 녹 𦃟 순전할 녹 綠 초록빛 녹

농

噥 달게먹을 농 儂 나 농 禯 후한제사 농 𩅽 이슬흠치르르할 농 濃 걸쭉할 농 𦥸 농사 농 農

농사 농 辳 농사 농 䢉 농 농 𢕊 농부 농 膿 고름 농 穠 꽃과열매빽빽히많은모양 농 莀 밭갈 농

䢉 힘쓸 농 癑 아플 농 齈 콧병 농 𩆝 이슬많을 농 𦗵 귀먹먹할 농 𦳝 농사 농 𥃩 고름

농 𦦙 농사 농 𧲖 많을 농 䵜 누룩 농 醲 술텁텁한 농 𪑉 시꺼멀 농 蕽 갈꽃 농 𪇰 기러

기 농 𩟷 억지로먹을 농 滝 적실 농 襛 옷두터울 농 蘢 요화 농 𪏰 차질 농 𥙥 옷한벌 농 襱 바지

가랑이 농 襛 옷두터울 농 豅 크고긴골 농 𨅒 걸음새 농 弄 희롱할 농 櫳 난간 농 瀧 적실 농 瓏 환할 농 礱

갈 농 𨈏 몸 농 礲 골 농 攏 홀그릴 농 䑙 붉은빛 농 鸗 새 농 躘 몸단정하지못할 농 蠪 개미 농 𩆝 이슬

농 𩂯 빗소리 농 䩅 언치 농 𩟗 떡 농 驡 들말 농 㦕 어그칠 농 攏 가질 농 擃 찌를 농 曨 해돋을 농

朧 달밝을 농 梇 땅이름 농 竉 깊은구멍 농 𥢧 벼병들 농 𥶡 상자 농 籠 농 농 繷 많을 농 聾 캄캄

할 농 龐 충실할 농 鑨 쇠그릇 농 隴 둔덕 농 靇 우뢰소릿 농 嚨 목구멍 농 咔 조롱할 농 哢 새지저귈 농

[土弄] 구멍뚫을 농 壟 무덤 농 [山弄] 산구멍 농 [山龍] 산높을 농 [广弄] 큰집 농 [忄弄] 고지식할 농

놔 雫 물방울 놔

놜 [出瓦] 암기와 놜 豽 산갈은 짐승 놜 [出虎] 범이 갈 놜 妠 어린아이 살찐 모양 놜

뇌 [歹妥] 약할 뇌 惱 번뇌할 뇌 鮾 썩은 생선 뇌 [月柬] 머리골 뇌 餒 강신술 뇌 腇 잠피할 뇌 [月巛山] 머리 뇌

雷 천둥 뇌 靁 천둥 뇌 [雨畕] 천둥 뇌 [雨貝] 천둥 뇌 腦 머리골 뇌 [月巛凶] 머리골 뇌 [骨巛山] 머리골 뇌 [雨回] 천둥 뇌

礧 돌무더기 뇌 挼 비빌 뇌 [忄巛山] 느른할 뇌 餒 주릴 뇌 [魚敢] 매할 뇌 頼 힘입을 뇌 娞 고울 뇌

[女壘] 다릴 뇌 [止刂] 머리 뇌 𡿺 살찐 모양 뇌 [弓委] 활당길 뇌 鮾 썩은 생선 뇌 [雨品] 천둥 뇌 捼 만질 뇌

[女瓜] 외속 뇌 轠 수레잇달 뇌 [酉妥] 강신술 뇌 鐳 병 뇌 [禾頁] 머리기울 뇌 [女風] 바람 뇌 [禾卩] 고을이름 뇌

[足厲] 절뚝거릴 뇌 [罒畾] 그물 뇌 藾 묘일 뇌 蕾 뱃힐 뇌 [虫畾] 박쥐 뇌 [束召頁] 힘입을 뇌 賚 줄 뇌 [金侯] 대패 뇌

[雷瓦] 지붕마루 뇌 瓃 옥그릇 뇌 檑 돌굴릴 뇌 櫑 술잔에 무늬 새길 뇌 瀨 여울 뇌 [犭畾] 박쥐 뇌 [雷瓦] 집마루 뇌

畾 밭사이 뇌 [雷瓦] 집용마루 뇌 罍 술잔 뇌 籟 피리 뇌 纇 실마디 뇌 擂 연마할 뇌 [雷支] 꺾을 뇌 [口耒] 발박할 뇌

[山畾] 산이 층층할 뇌 懶 미워하고 혐의할 뇌 [扌畾] 굽혀 북칠 뇌 雷 우뢰 뇌 耒 따비 뇌 磊 돌첩첩할 뇌

[畾石] 구멍 뇌 礧 돌굴려 내릴 뇌 [禾瓜] 외속 뇌 [疒雷] 두두러기 뇌 [畾皿] 술단지 뇌 [衤賴] 방자할 뇌

뇨

譊 볼멘소리할뇨 尿 오줌뇨 ⿸尸弱 오줌뇨 ⿰堯鳥 두견새뇨 ⿱髟赤 머리길뇨 ⿵几巴 터온바람뇨 ⿱髟卡 가죽뇨 裊 끄을뇨 溺 오줌뇨 ⿰阝裊 낫을뇨 ⿰镸赤 가죽신뇨 淖 진흙뇨 鬧 시끄러울뇨 硇 약돌뇨 ⿰扌裊 딸뇨 磠 약돌뇨 ⿰亻水 오줌뇨 褭 말북두뇨 ⿰扌鳥 딸뇨 氼 오줌뇨 ⿰牜卓 뿔로들출뇨 ⿱髟褭 부드럽고길뇨 ⿰禾裊 저울대오르지않을뇨 ⿰石裊 산고불고불할뇨 鐃 작은징뇨 怓 심란할뇨 獶 개놀랠뇨 嫋 날릴뇨 ⿰女數 샘낼뇨 ⿰亻裊 아름다울뇨 嬝 간들거릴뇨 ⿰男男 희악질할뇨 尿 오줌뇨

농

鬞 많을농

누

鎒 김맬누 ⿰女乳 살찔누 ⿸疒西 곱사등이누 羺 오랑캐양누 耨 김맬누 羺 오랑캐양누 陋 더러울누 ⿰需兔 토끼새끼누 ⿰⿱彐山頁 얼굴비뚤어질누 瘺 곱사등이누 楼 다락누 譨 속삭거릴누 瘻 곱사등이누 櫐 굵은칡누 槈 풀베는기구누 ⿰犭耎 개성낼누 耨 김맬누 譳 말머뭇거릴누 ⿰革需 오랑캐양누 譳 말머뭇거릴누 ⿰礻出 빌미누 獳 개성낼누 ⿰氵⿱⺌兔 물거품누 ⿺尢婁 구부릴누 ⿱⺌乳 작은모양누 ⿰⿱士子殳 젖누 ⿱⺌兔 토끼새끼누 娄 나라이름누 ⿱穴乳 작은젖누 ⿰⿱士女殳 젖먹일누

눈

⿰火内 더울눈 ⿰⿱柳生冏 악할눈 ⿱日⿰目目 아름다울눈 ⿱初生 어릴눈 嫩 연약할눈 ⿰巾憂 불을눈 嫰 연약할눈 懮 바를눈 ⿰女耎 어릴눈

눌

肭 물개 눌　⿰月兩 해구 눌　⿰歹內 심탄할 눌　貀 앞발없는 짐승 눌　⿱非乙 나눌 비 눌　⿰足內 발상할 눌　⿰目內 검검할 눌

⿵門內 지둔할 눌　抐 물에담갈 눌　訥 말더듬거릴 눌

뉴

鈕 인꼭지 뉴　扭 누를 뉴　糅 잡색비단 뉴　⿱艹狃 돌콩 뉴　紐 단추 뉴　⿰豕丑 차질 뉴　炄 반쯤 말린 뉴

忸 익을 뉴　⿰矛丑 찌를 뉴　⿰衤丑 옷부드러울 뉴　⿰王丑 인꼭지 뉴　杻 박달나무 뉴　⿰食刃 잡밥 뉴　⿵門丑 빗장 뉴

⿰禾丑 벼연약할 뉴　⿰魚需 인어 뉴　粈 잡곡밥 뉴　狃 개성품교만할 뉴　檽 누구나무 뉴　⿰柔丑 연할 뉴　⿸广乚 작은젖 뉴

妞 성 뉴

뉵

⿰血忍 눈살찌푸릴 뉵　⿰足丑 갈 뉵　䶊 코피 뉵　⿰面刃 부끄러운얼굴 뉵　朒 펴지못할 뉵　⿰目內 불 뉵　⿰矛刃 날카로울 뉵

⿰耳恧 부끄러울 뉵　⿰血辱 더러울 뉵　恧 부끄러울 뉵　⿰鼻刃 코피 뉵　⿰血双 코피 뉵　衄 코피 뉵　⿰血刃 코피 뉵

⿰血力 코피 뉵　⿰虫丑 지차리 뉵　⿰言丑 부끄러워할 뉵　⿰面丑 부끄러울 뉵

누

阞 흙결 누　肋 갈비대 누　竻 대부리 누　玏 옥돌 누　泐 물결일어날 누　氻 물소리 누　扐 손사이에 시초낄 누

嘞 흘어질 누　仂 십분일 누　鰳 준치 누　⿱能䖵 등에 누　⿰月夢 갈빗대 누　⿰耒㝵 도리깨 누

능

能 능할 능　⿰口能 말많을 능　⿰月去 착할 능　琌 큰언덕 능　陵 큰언덕 능　陵 큰언덕 능　⿰阝⿱久灬 큰언덕 능

⿰舟㕣 착할 능　菱 마름 능　⿱艹稜 승금초 능　崚 산울망졸명할 능　夌 넘을 능　⿰馬夌 말벌 능　⿰食夌 말피내릴 능

䬋 큰바람능 陵 능능 錂 강한철능 輘 짓밟할능 䞑 넘을능 踜 머물능 裬 말북두능 稜 모질

능 碐 돌험할능 淩 달릴능 楞 네모질능 䏻 엽선여길능 倰 슬퍼할능 庱 정자이름능

늦

莻 늦을늦 𦬸 늦을늦

니

秜 돌베니 𩬅 머리털모양니 𧦝 사람부를니 尼 여승니 𩛄 미끼니 禰 아비사당니 您

녀니 飳 미끼니 跜 뿔없는용니 𩮰 머리털모양니 臡 뼈섞인젓니 鑈 얼레자루니 䭲 미끼니 苨 겨로

기니 籋 상자니 濔 많을니 膩 살찔니 䐋 기름질니 䩘 고삐늘어질니 鯢 모래무지니 𥩟 진흙

니 𩞄 향기날니 泥 막힐니 𨊻 차앞터나무니 𦯀 이슬많을니 㲻 기뻐할니 蚭 지차리니 薾 겨로기니

檷 얼레니 抳 가리킬니 檷 실패니 瀰 가득할니 栮 버섯니 旎 깃발펄펄날릴니 𧿹 다리부러질니

迡 가까울니 𧦝 볼니 𧠎 입다물니 柅 수레고동목니 狔 바람에너풀거릴니 伱 너니 屔 산이름니 呢

소근거릴니 妮 계집하인니 你 너니 伱 너니 坭 진흙니 埿 진흙니 𡰥 용무니니 𦈢 옹병이니

닉

眲 헐끗볼닉 愵 걱정할닉 𪏊 차질닉 𩸞 숭어같은고기닉 䶜 이앓을닉 䩂 수심띤낯닉 𧑲 벌레

먹는병닉 愵 걱정할닉 𧍢 벌레먹는병닉 㥾 서로친할닉 匿 숨을닉

닐

厸 이웃닐 昵 가깝게할닐 𪐝 차질닐 䵒 불일닐 暱 친근할닐 㥾 부끄러울닐

님 납 다 단

님
拰 활바로잡을님 䋻 가늘게짤님 軠 물레님

납
囡 사사로가질납 洇 젖은형상납 㵎 그림자움직일납

다
䝐 많을다 夛 많을다 㚉 많을다 譋 수다할답다 夛 많을다 爹 아비다 瓻 질주
발다 𣘻 차나무다 䟻 가다가설다 觰 뿔부리다 茤 마름다 荼 차풀다 踷 비스듬히갈다 窼
깊을다 䫂 추한모양다 爹 아비다 荼 차풀다 𧣈 뿔부리다 䚟 뿔짧을다 㼠 사발다 㟙 오목
한산다 剢 옮길다 垑 많을다 宊 아첨할다 多 많을다 夛 많을다

단
𡾋 산우뚝할단 刐 벨단 單 홀로단 𠕒 붉을단 勯 힘다할단 吞 삼킬단 𢇇 작은
집단 丹 붉을단 团 둥글단 剬 단정할단 但 다만단 单 홀로단 𠠝 끊을단 壇 제터단
團 둥글단 亶 믿을단 彖 결단할단 偳 적을단 單 홀로단 驐 수리단 椴 피나무단 貒
오소리단 短 짧은단 鍛 쇠불릴단 踹 발구를단 鷒 까치같고꼬리짧은새단 𧲵 발없는벌레단 鶨 새이름단 觛 각단
단 綾 무늬놓을비단 鷤 꿩새끼단 鷻 수리단 担 떨칠단 斷 이질단 䝭 재물조금있을단 鴠 한호
충단 醰 막걸리단 耑 끝단 𩬉 던질단 驙 끄는말단 癉 병들단 𧢼 각단 𧽚 후려칠단 段 조각단
鏄 단련할단 癉 가쁠단 匰 신주독단 潬 모래톱단 觛 작은술잔단 躖 발자국단 漙 이슬많을단 𧮂

달

말의혹날 단 慱 근심할 단 猯 삵 단 褍 옥바른폭 단 斷 갈길 단 蟺 자리 단 鏄 쇳덩이 단 断 끊을 단

腶 약포 단 旦 밝을 단 蛋 새알 단 碫 숫돌 단 篅 대이름 단 砃 붉은돌 단 䉐 배끄는줄 단 驙

등겸은 흰말 단 端 끝 단 瑖 옥돌 단 葮 무궁화 단 鞖 신들메끈 단 斷 끊어질 단 撻 종아리칠 단 鄲 조나

라서울 단 竱 단정할 단 褖 황후의옷 단 躖 발자국 단 槫 둥글 단 䵛 금향빛 단 𣅳 밝을 단 騢 더디게걷는말

단 煓 불꽃성할 단 鷬 금향빛 단 𧰼 옷소리 단 暊 넓적한얼굴 단 𢕎 달아날 단 鍴 송곳 단 疸 황달 단

𨳮 문빗장 단 簞 소쿠리 단 㱭 끊어질 단 鞖 신뒤축끈 단 䞡 곧장갈 단 襌 홑옷 단 𢱢 채찍질할 단 袒

옷벗어맬 단 糰 수단 단 狚 원숭이같은짐승 단 䝭 단새 단 糰 경단 단 摶 칠 단 貒 오소리 단 鞖 신뒤축끈 단

䧊 험준할 단 𪏌 누른빛 단 擹 가위질할 단 蜑 남녁오랑캐 단 短 짧을 단 躖 발자국 단 胆 침비깨 단 湍

급한여울 단 靼 다룬가죽 단 漙 이슬방울맺을 단 毈 알곪아지못할 단 貚 이리 단 鍴 송곳 단 䚍 각단 단

䝟 버레 단 鏄 쇳덩이 단 暊 얼굴 단 怛 슬퍼할 단 䕪 덩쿨땅에퍼질 단 褖 옷 단 檀 향나무 단 潬

모래톱 단

달 夳 지날 달 呾 마주꾸짖을 달 㒓 살찔 달 妲 제집의이름 달 噠 오랑캐나라이름 달 薘 질경이 달 燵 자리

속에넣는화로 달 韃 달단 달 達 통달할 달 𨕖 이를 달 逹 이를 달 㥏 깜짝놀랄 달 怛 깜짝놀랄 달 怛

깜짝놀랄 달 𩽾 수달 달 㺚 수달 달 鱴 수달 달 羍 새끼양 달 䢕 같이 서로 어긋날 달 橽 수통 달

達 통달할 달 躂 미끄러질 달 澾 미끄러울 달 黮 회색빛 달 韃 다룬가죽 달 𥨊 얼굴 둥근 달 炟 불일어날 달

跶 거꾸러질 달 黑乚 회색빛 달 皻 부르틀 달 澾 미끄러울 달 饄 수제비 달 韃 칠 달 羍 어린양 달

艍 싸움배 달 䢕 매맞을 달 獺 수달 달 龰 밟을 달 躂 거꾸러질 달 怛 수고로울 달 詚 조용하지 아니할 달

闥 대문 달 羍 양 달 靼 다룬가죽 달 撻 때릴 달 噠 새울 달 㛪 빠를 달 狚 이리 달 笪 뜸 달

담

⦿담 媅 즐거울 담 𡖔 많을 담 啖 씹을 담 嬗 계집몸 후리후리할 담 壜 술병 담 嘾 꿀꺽삼킬 담 吮 새울 담

埮 평평한 땅 담 墰 목긴 술병 담 庞 그늘 담 儋 기운차고 날쌘해집 담 啗 씹을 담 妉 즐길 담

倓 편안할 담 噉 씹을 담 啗 씹을 담 忐 맘허할 담 隝 낫을 담 𥨎 굽은속 담 郯 나라이름 담 郯 나라이름 담

䨵 구름 피어오를 담 紞 면류관 앞 드림 담 霮 구름 피어오를 담 甔 한섬들이 독 담 䕊 맛있을 담 䁴 시끄러울 담

覃 미칠 담 馾 향내 담 聃 노자이름 담 毯 담자리 담 萏 꽃빛난 모양 담 衴 이불깃 담 窞 구덩이 속 작은 구덩이 담

磹 약이름 담 憺 고요할 담 繵 늘어질 담 擔 질 담 癚 어리석을 담 譚 클 담 𧬈 약이름 담

𨈒 노자이름 담 憛 염려할 담 黕 때낄 담 窞 엷고 클 담 𦽆 달순 담 膽 쓸개 담 蕁

말 담 藫 물이끼 담 覃 미칠 담 䑙 좋아할 담 䕡 연봉오리 담 甔 물장구 담 髧 관이앞으로기울 담 痰

가래 담 惔 속탈 담 菼 달순 담 䀊 육젓 담 䫖 머리모양 담 膽 쓸개 담 緂 초록빛 담 覃

미칠 담 淡 물모양 담 黮 검푸른비단 담 聃 노자이름 담 湛 즐거울 담 畘 그늘 담 萏 꽃빛날모양 담

嚪 먹을 담 蕁 마름 담 𪉸 싱거울 담 䨢 구름필 담 毯 담자리 담 饏 맛없을 담 埢 굽을 담

唫 입 담 呾 서로꾸짖을 담 㖤 많을 담 噉 씹을 담 嘾 탐할 담 坍 물이언덕칠 담 襜 옷입은체잘 담 𨅛 노래

毯 담자리 담 耼 노자이름 담 蕁 마름 담 罎 목긴항아리 담 覃 미칠 담 舕 혀빼물 담 𡯎 집터칠 담

𥳍 단대 담 潭 깊을 담 霮 장마 담 䑙 좋아할 담 𩟗 맛없을 담 薝 치자꽃 담 蟫 좀 담 蕁

마름 담 䐺 밥맛없을 담 𧡬 천천히볼 담 𡯁 때릴 담 𨅛 발장단맞추어노래할 담 聸 귀늘어질 담 躭 좋아할 담

𦧲 혀빼물 담 𩔉 낯길 담 萏 연봉오리 담 𣳚 높은물결 담 靕 둔할 담 𦱢 파 담 薝 외김치 담 糁 차질

담 談 말씀 담 䜖 달아날 담 窞 굴뚝 담 舑 혀빼물 담 黕 때낄 담 䨢 구름피어오를 담 醓 고기젓 담

醈 술맛색큼할 담 腅 고기 담 𣳚 험한파도 담 曋 긴맛 담 𦱢 파 담 禫 담제 담 澹 맑을 담 蟫

바디좀 담 譚 클 담 髧 더팔머리 담 覃 미칠 담 醰 술맛주할 담 媅 노파자칭할 담 賧 물건값선셈받을 담

醓 육젓 담
黮 검을 담
餤 나아갈 담
[甚尤] 집이 깊숙할 담
燂 불사를 담
舑 혀빼물 담
啖 입맛싱거울 담
聃 노자이름 담

답

㊁답

匒 포갤 답
[山沓] 산첩첩할 답
[土沓] 떨어지는 소리 답
剳 갈구리 답
[巾沓] 앙장 답
[髟沓] 머리털 답
[虫沓] 딱정벌레 답
[合皮] 가죽늘어질 답
狧 개먹을 답
[罙羽] 날 답
[韋荅] 골무 답
搭 붙을 답
[疒合] 살찔 답
[石雜] 잡석많을 답
聕 귀 답
譶 말재잘거릴 답
[罙鳥] 푸르륵날 답
瘩 두드러기날 답
[舌沓] 크게먹을 답
[犭日羽] 짐승달아날 답
[糸度] 비단 답
[沓舌] 크게먹을 답
褡 옷해질 답
[車沓] 바퀴통속쇠 답
[竹旨羽] 창짝 답
誻 망령되게말할 답
答 대답 답
[足灰] 길 답
[罙隹] 푸드덕날을 답
褟 옷 답
[扌沓] 골무 답
[羽罙] 날 답
[上示日羽] 눈내리뜨는 모양 답
蹋 밟을 답
龘 용이가는 모양 답
[言罙辶] 말다툼할 답
龖 나는용 답
[鼓沓] 북소리 시끄러울 답
奞 큰키 답
溚 젖을 답
[足荅羽] 제기찰 답
[匚攵] 다할 답
[善善善] 재재거릴 답
[沓皮] 비릴 답
[舌日羽] 크게먹을 답
聕 키가 죽쳐질 답
[艹沓] 연잎물에 덮일 답
[鼓盍] 북소리 답
[足日絲] 밟을 답
[黑沓] 검을 답
[羽沓] 휘날울 답
荅 좀콩 답
踏 밟을 답
涾 끓어질 답
畓 논 답
遝 가다가설 답
畣 대답할 답
[黑炎] 검은구름 답
沓 거듭 답
[言罙辶] 망령되게할 답
[馬沓] 말빨리걸을 답
[罙欠] 소리 답
[言罙] 망령되게할담 답
[豸沓] 물개 답
[言言言] 말재잘거릴 답
鎝 갈구리 답
榙 기둥머리 답
[忄夅] 겁낼 답
[罒沓] 그물 답
[犭合] 개먹을 답
[韋沓] 골무 답
[足翕] 업드릴 답
[飠日羽] 먹을 답

偺 일감당 못할답
⿰貝畓 노름답
⿰言闒 수다할답
⿰金沓 두톡할답
⿰目荅 눈내리깔답
⿱荅羽 창짝답
⿰羽⿱罒豕 나를답
⿰足荅 걸터앉을답
⿰阝荅 낫을답
⿱鼓合 북소리답
⿰韋㬹 갓옷답
蹋 제기찰답
⿰足闒 밟을답
⿰足畓 박자국포개질답
⿰⿱癶合力 부지런할답
⿰韋羽 낫을답
⿰石沓 방아디딜답
⿱艹沓 연잎물에털일답
⿰口沓 잔말할답

당

啺 당나라당
⿴囗石 돌깨는소리당
堂 집당
塘 못당
当 마땅당
儻 얽매지않을당
⿱⺌乇 당당할당
唐 당나라당
党 오랑캐당
噇 먹을모양당
幢 기당
坣 마땅할당
倘 아마당
⿱⺌彐 마땅당
糮 엿당
糖 엿당
餹 엿당
糛 엿당
饄 엿당
⿰堂風 미친바람당
⿱䀠弱 불당
灙 물모양당
膅 다리살찔당
⿰石童 돌소리당
璫 귀고리당
睠 바로볼당
⿰唐隹 새이름당
⿰車唐 군사수레당
⿰魚黨 고기이름당
⿰鼠唐 쥐당
⿰氵⿱⺌炎 즐거울당
鼞 북소리당
搪 당돌할당
礑 밑당
膛 뚱뚱할당
讜 곧은말당
鶶 새이름당
禟 도울당
蹚 미끄러질당
榶 주발당
曭 햇빛희미할당
⿱尚瓦 큰소래기당
蟷 버마재비당
攩 두드릴당
⿰風棠 미친바람당
⿱尚虫 버마재비당
擋 처리할당
⿰米黨 사탕당
⿰昜矢 당나라당
⿰白黨 밝을당
頏 머리당
耩 밭갈당
當 마땅할당
篖 대자리당
黨 무리당
⿰魚唐 자가사리당
⿸唐毛 상모당
棠 아가위당
眷 바로볼당
⿰月黨 달빛흐릴당
戇 어리석을당
⿰足棠 미끄러질당
⿱尚缶 큰소래기당
澹 두자성당
襠 잠방이당
⿰黨阝 머무는곳당
艡 싸움배당
⿱艹塘 들뻣나무당
鐺 죄인자물쇠당
⿱艹唐

소나무겨우살이 당 䌅 큰줄 당 𩪋 뼈몽두니 당 戇 어리석을 당 螳 버마재비 당 簹 왕대 당 躺
누울 당 鄌 머무르는 곳 당 磄 피상스러울 당 戃 깜짝 놀랄 당 隚 주춧돌 당 欓 나무 당 讜 곧은 말 당
鬤 머리엉클어질 당 䡎 쇠심대 당 鎲 새갈래창 당 漟 골 당 鄌 머무르는 곳 당 暘 밝을 당 鏜 북소
리 당 𢥝 어리석을 당 𨏴 수레바퀴 당 䣘 말의빛갈 당 煻 젯불 당 讜 곧은 말 당 颵 바람모양 당 隚
방축 당 糖 거장 당 膛 귀밑오목한 곳 당 蟷 버마재비 당 檔 책상 당 撞 찟을 당 饄 밥줄 당
嵣 산급이 당 螗 주발매미 당 鎕 붉은구슬 당 矘 귀쳐져볼을 당 覴 똑바로 볼 당 矘 눈정신없이 볼 당
溏 얼어붙을 당 瑭 옥이름 당 𥢶 누른곡식 당 蓺 볏날 당 鞺 북소리 당 闣 엿볼 당 闛 높은 문 당
溏 연못 당 嘡 큰말할 당 餳 엿 당 颵 바람불 당 糖 얼굴검붉을 당 闛 북소리 당 爣 밝을 당 牚 버텀
목 당 瓞 외씨 당 摚 당돌할 당 掏 고을 당 篖 대자리 당 糃 정미 당

대

대 墤 높을 대 嚉 말그치지않을 대 岱 태산 대 坮 돈대 대 臺 집 대 帒 가방 대 対 마주설 대 儓
하인 대 帶 띠 대 対 대답할 대 對 대화할 대 垈 집터 대 對 대답할 대 待 기다릴 대 帯 찰 대 大 클 대
逮 방축 대 廗 집비뚤어질 대 坮 돈대 대 𡒊 돈대 대 臺 높을 대 代 대신 대 錞 창고달 대 靆 검은구름
길 대 懟 원망할 대 瀻 물흐릴 대 𥓉 방축 대 扶 팔목뼈 대 霴 검은구름밀 대 鐓 창고달 대 戴 머리에일 대

⿰黑臺 검을 대　⿰骨彖 어리석을 대　瀨 물에 모래 밀릴 대　旲 날빛 대　⿰金臺 창 자루 밑에 대는 구리 대　⿰木對 의대 대

⿱夳日 달 대　鐓 창고달 대　⿰阝⿱敝土 썰은 풋김치 대　貸 빌릴 대　襶 미욱할 대　懟 원망할 대　⿰馬大 색 대

⿰耳人 주머니 대　⿰阝⿱彖土 썰은 풋김치 대　臺 대 대　戴 머리에 일 대　⿱代木 누에 시렁 대　⿰立享 포갤 대　⿱竹戾

얇고 긴 바구니 대　黛 눈썹 그릴 대　⿰舟帶 길고 좁은 배 대　⿸广帶 대하증 대　⿰雲代 구름 끌릴 대　軑 바퀴통 감기쇠 대

⿰角㝵 사람 이름 대　軑 바퀴통 감기쇠 대　碓 방아 대　⿱竹畾 쌀 씻는 맷돌 대　⿰月⿱臺灬 새파람 대　⿰足帶 땅 이름 대　憝

원망할 대　薹 평지나물 대　⿱雨對 검은 구름 낄 대　⿰雲內 구름의 형상 대　⿰鳥大 새 대　⿰石彖 떨어질 대　袋 주머니 대

⿰月對 무성할 대　瑇 대모 대　擡 들 대　玳 대모 대　⿰日對 성할 대　駾 날뛸 대　⿱雨⿰忄象 검은 구름 낄 대　汏

사태 날 대　⿰木對 차에 난간 기둥 대　譵 원망할 대　檯 등대 대　歹 거스릴 대　⿰氵對 담글 대　⿰壴欠 기뻐할 대

戴 머리에 일 대　⿰車對 수레 난간 기둥 대　籉 삿갓 대　⿱艹對 빽빽히 들어설 대　⿱雨退 검은 구름 낄 대　⿱艹代 풀 모양 대

⿰爿臺 나무 결 거슬러 깎을 대　籉 삿갓 대　⿰黑大 검을 대　⿰黑彖 뜰 대　隊 떼 대　⿱山對 산 모양 대　⿰山對 산 모양 대

萁 콩 대　⿱⺈面 어조사 대　譈 원망할 대

덕

(덕) 德 큰 덕　⿸广悳 큰 덕　悳 큰 덕　⿱亘心 은혜 덕　德 은혜 덕　⿰忄㝵 얻을 덕　⿰木悳 땅 이름 덕

⿱啇心 큰 덕

도

導 인도할도 屠 죽일도 對 길도 啕 수다할도 圖 그림도 壔 작은성도 庇 법도도 刀

칼도 嶋 섬도 嘟 칭찬할도 堵 담모 鋾 산이름도 廜 술이름도 道 길도 都 도시도 梌 가래

나무도 蹈 밟을도 棹 노도 犒 새끼없는소도 鄯 도읍도 滔 물넘을도 搗 찧을도 赴 무리도 道

길도 弢 활집도 嶌 섬도 幍 모자도 嶹 산이름도 衜 인도할도 嵞 산이름도 圖 그림도 幬

덮을도 夲 나아갈도 嚽 늙은이도 𩏂 담도 𡗔 도둑도 𦒱 늙은이도 導 인도할도 𢓜 기다릴도 𩏂

담도 図 그림도 𡊘 묻을도 島 섬도 庩 집도 𡳿 미끄러울도 刂 칼도 圖 그림도 𠚉 고기도

𨗄 이를도 度 법도도 峹 이름도 匋 질그릇도 廜 초가도 鞉 소고도 酴 술밑도 睹 볼도

禱 기도할도 悼 슬퍼할도 檮 토막나무도 途 길도 𤛆 들암소도 跿 맨발도 𤜧 깃일산도 𩚀

탐할도 裯 말제사지낼도 𧺼 땅에엎드려질도 鞀 소고도 纛 깃일산도 禱 빌도 悇 의심할도 默 패할도

鵌 쥐와함께사는새도 靼 너그러울도 𩚬 도둑도 裯 소매도 翿 깃일산도 旽 햇빛도 𦽏 향풀도

逃 달아날도 謟 왕래하는말도 𩧐 말제사지낼도 桃 복숭아도 騊 소고도 掏 가릴도 舠 거루도

途 길도 𣋩 해그림자도 醄 몹시취할도 𪌎 떡도 鞫 북통도 鼗 마조단제도 稌 보리도 擣 두드

릴도 逃 달아날도 暏 새벽도 斁 패할도 饕 탐할도 𩜴 탐할도 蜪 날개덜난메뚜기도 𦙶

큰배 도 慆 기뻐할 도 𨉷 몸길 도 鞱 너그러울 도 綯 새끼꼬울 도 與 흰그릇 도 跿 뛸 도 𥝩 도피 掏

방망이 도 𩓷 큰낯 도 𣯴 소고 도 踈 성길 도 𦩆 배띄워놓을 도 𢾭 칠십늙은이 도 轁 감출 도 搯 두드릴 도

隝 섬 도 鵌 쥐와함께사는새 도 𩣡 말제사지낼 도 盜 도둑 도 𤥓 아름다운옥 도 鞉 소고 도 䬫 큰바람 도

焯 급히볶을 도 稻 벼 도 謟 의심할 도 醏 된장칡소 도 𨗛 길 도 𩯂 터럭길 도 祹 기도할 도 𥹊

도시 도 𩜢 탐할 도 闍 성문층대 도 𨉢 몸길 도 䬞 탐할 도 䖘 범 도 黕 새까말 도 誽 말잘

차없을 도 裪 상서 도 𦈢 질그릇 도 𥴑 소먹이는그릇 도 纙 초록빛 도 𩬋 길 도 𥛅 기도할 도 督 많을

도 𪊍 범 도 掉 흔들 도 陶 질그릇 도 萄 포도 도 蹈 밟을 도 䑬 강가운데큰배 도 趒 달아날 도

殬 패할 도 涂 도랑 도 鋾 쇳덩이 도 稌 벼이삭 도 𥨊 산거일 도 魛 갈치 도 祷 기도할 도 牧

소더디걸을 도 挑 끌어낼 도 𧆨 범 도 𨥖 머무를 도 趒 길 도 衜 길 도 絛 여윈실 도 瘦 병 도 濤 큰물결 도

簁 시렁 도 鍣 쇠함 도 逃 달아날 도 梌 지엄나무 도 𩝠 탐할 도 辻 무리 도 𥴢 소먹이그릇 도 道

밟을 도 𨑜 무리 도 𩝠 탐할 도 忉 근심할 도 𨛬 고을이름 도 瘏 피곤할 도 鷋 비둘기 도 槄 나무이름 도

陶 질그릇 도 鶹 새이름 도 裪 소매끝 도 衜 길 도 肚 큰배 도 荼 감것 도 杒 나무고갱이 도 䆃 가릴 도

𪏻 목수수 도 𩝠 게걸스러울 도 逃 달아날 도 𩞄 탐할 도 𩩲 머리뼈 도 捈 궁글릴 도 瑫 아름다운옥 도

도

賭 내기 도 鍺 바퀴통쇠 도 [illegible] 건늘 도 都 도읍 도 瘏 병들 도 [illegible] 큰바람 도 覩 볼 도 駼 말이름 도

璹 옥 도 韄 소로배끌 도 [illegible] 말이름 도 [illegible] 말분명치못할 도 陶 질그릇 도 舳 도가배 도 隯 산이름 도

[illegible] 도읍 도 渡 건늘 도 [illegible] 비녀 도 疇 찡을 도 [illegible] 슬퍼할 도 櫂 노 도 [illegible] 급할 도

衜 길 도 盜 도둑 도 韜 감출 도 擣 방망이 도 錭 무딜 도 淘 쌀일 도 鍍 도금할 도 [illegible] 짚신 도

[illegible] 한가지할 도 徒 무리 도 酴 두번빚은술 도 塗 진흙 도 馟 향내날 도 [illegible] 내기하여이길 도 帾 찌지붙일 도

到 이를 도 燾 덮일 도 荼 씀바귀 도 倒 꺼꾸러질 도 翿 독 도 饀 떡소 도 韜 너그러울 도

[illegible] 더울 도 叨 탐할 도 滔 물창일할 도 [illegible] 풀이름 도 梌 찰벼 도 筡 속빌 도 潳 부를 도

醄 몹시취할 도 櫂 노 도 [illegible] 폐할 도 涂 도랑 도 鵌 새 도 [illegible] 새캄할 도 [illegible] 기어다닐 도

咷 아이울음끈질길 도 圖 그림 도 [illegible] 큰창자 도 騊 좋은말 도 [illegible] 길 도 菿 초목거꾸로될 도 䖘 범 도

㡯 부억 도

독

瓄 옥그릇 독 牘 서판 독 [illegible] 땅두릅 독 蝳 거미 독 裻 등솔기 독 [illegible] 악할 독 [illegible] 추할 독

[illegible] 움직일 독 [illegible] 독할 독 嬻 거만할 독 韥 전동 독 [illegible] 전동 독 [illegible] 작은소 독 禿 모지라질 독

䓯 땅비들 독 [illegible] 알곪을 독 [illegible] 활전대 독 [illegible] 외로울 독 [illegible] 추한머리 독 [illegible] 독한 독 毒 독할 독

⿰忄毒 어리석을 독 韇 젓가락 집 독 櫝 함 독 ⿵門豕 작은 문 독 督 감독할 독 皾 전동 독 ⿰羊蜀 섞여 자라는 양 독 宊 우뚝할 독 ⿱艹毒 땅버들 독 ⿰言秃 교활할 독 ⿰衤篤 등솔기 독 ⿰蜀頁 머리뼈 독 ⿰足毒 비뚜루 갈 독 ⿰麥蜀 찐떡 독

⿰馬蜀 들말 독 ⿰秃隹 두루미 독 ⿱⿰木殳金 삐의 고리 독 犢 송아지 독 ⿺走賣 혼자 갈 독 罜 물고기 그물 독 㧻 지팡이로 찌를 독 竺 두터울 독 ⿰身蜀 홀로 독 ⿰食蜀 죽 독 鵚 독수리 독 篤 두터울 독 ⿱艹副 독할 독 匵 손궤 독

⿰卵賣 알곪을 독 獨 홀로 독 ⿰谷賣 도랑통할 독 読 글읽을 독 殰 낙태할 독 独 외로울 독 ⿰牛蜀 작은 소 독 ⿵門豕 물이름 독 碡 돌고무래 독 ⿱罒賣 고기그물 독 ⿰馬賣 들말 독 ⿱龶虫 독할 독 騳 말이 달려갈 독 ⿰衤督 옷등솔 독

⿸疒秃 목병 독 ⿺辶賣 기 독 ⿰乇頁 머리뼈 독 韣 흐릴 독 讟 원망할 독 瀆 도랑 독 隫 도랑 독 ⿰犮瓜 초담는 그릇 독 纛 둑 독 鑟 인궤 독 讀 읽을 독 黷 더러울 독 ⿸尸豕 불기 독

돈

敦 도타울 돈 憞 맘이 둘 돈 暾 날첨돋을 돈 旽 날돋을 돈 忳 민망할 돈 ⿰弓民 붉은 돈 庉 거할 돈 墩 돈대 돈 囤 작은 곳집 돈 刄 돈 돈 噸 근수 돈 蜳 청부 돈 豚 돼지 돈 ⿰貝焉 기이한 물건 보낼 돈

軘 싸움수레 돈 ⿱艹疐 종선 돈 遁 달아날 돈 ⿵門屯 문에 찰 돈 ⿱雨屯 큰비 돈 ⿰豕頁 모지러질 돈 ⿰乇頁 졸 돈 飩 줄 돈 ⿵風屯 바람 돈 ⿰月享 달빛 돈 沌 어둘 돈 炖 붉을 돈 燉 불성할 돈 ⿰牜敦 돈피 돈 獤 돈피 돈 ⿰食犬 사냥개 돈

⿰犭屯 돌의 새끼 돈 ⿰瓦屯 돈 돈 ⿱敦石 돌 돈 ⿱敦食 탐할 돈 驐 짐승 불알 칠 돈 魨 복 돈 黗 흐릴 돈 ⿰享黃 누른

빛 돈

黗 일 간섭 아니할 돈　霒 구름 모양 돈　䵯 누른빛 돈　惇 돌아올 돈　豘 새끼돼지 돈　憞 돌아올 돈

遯 피할 돈　軘 싸움수레 돈　腯 살찔 돈　暾 달빛 돈　㞘 돼지 돈　墪 돈대 돈　弴 그림 그린 활 돈

伅 어두울 돈　囤 작은 곳집 돈　䪃 오랑캐의 술그릇 돈　遯 피할 돈　豚 돼지 돈　飩 경단 돈　䨶 구름 모양 돈

薂 풀이 성할 돈　顿 꾸벅거릴 돈　遯 달아날 돈　䵍 구름 큰 모양 돈　扽 움직일 돈　粌 흰떡 돈

豘 돼지 돈　麧 경단 돈　遯 숨을 돈　潡 큰물 돈　憞 마음에 둘 돈　豚 돼지 돈　骰 넙적다리뼈 돈

遯 피할 돈　豚 돼지 돈　攴 당길 돈　艨 큰 배 돈　踲 달아날 돈　黗 누른빛 돈

돌

돌

突 빠를 돌　葖 무 돌　瘈 하초병 돌　揬 부딪칠 돌　堗 굴뚝 돌　宊 나타날 돌　怢 이즐 돌　柮 우둠질 돌

逿 교활할 돌　咄 꾸짖을 돌　𠫓 해산할 때 아이 돌아나올 돌　鵽 새 돌　鼵 쥐 돌　鍎 창 돌　鈯 무딜 돌

乭 이름 돌　踺 걸어도 나가지 않을 돌　陛 천자의 섬돌 돌　䅯 발갈 돌　瑹 귀막이 온 돌　䮶 짐승 이름 돌

礩 주춧돌 돌　宊 우뚝할 돌　艀 배 낚시 돌　鵽 꿩 같고 푸른 새 돌　襖 잠뱅이 돌　羠 양 이름 돌　磋 무너진 돌

潒 흐를 돌

동

동

同 한가지 동　哃 큰말할 동　嗹 말 많을 동　凍 얼 동　佟 성 동　侗 지각없을 동　働 굼닐할 동　僮 아이 동

冬 겨울 동　㓊 찌를 동　動 움직일 동　嗵 노래할 동　洞 골 동　朣 달돋을 동　曈 먼동틀 동

桐 오동 동
棟 들보 동
橦 동나무 동
[illegible] 울리는 소리 동
氃 털응승거릴 동
浵 물깊을 동
涷 소낙비 동
[illegible] 뿔난 짐승 동
[illegible] 뿔없는 양 동
穜 씨뿌릴 동
腖 고기 붉을 동
胴 형상 동
艟 싸움배 동
茼 쑥갓 동
苳 겨우살이 동
菄 흰산국화 동
董 동독할 동
獞 개 동
彤 붉은칠할 동
[illegible] 근심할 동
[illegible] 근심할 동
徚 곤계갈 동
[illegible] 어리석을 동
戙 배별판 동
憧 맘동할 동
[illegible] 근심할 동
懂 심란할 동
挏 짓찔 동
豉 쿵쿵울릴 동
東 동녘 동
瞳 눈동자 동
秱 벼마디길 동
[illegible] 쇠북소리 동
[illegible] 통활 동
童 아이 동
箽 대그릇 동
絧 동베 동
粡 궂은쌀 동
罿 대그물 동
䍶 외뿔난양 동
蕫 자오락 동
[illegible] 북소리 동
蝀 무지개 동
[illegible] 붉은버레 동
[illegible] 올챙이 동
[illegible] 바지 동
詷 말더듬거릴 동
諌 잔말할 동
[illegible] 북소리 동
[illegible] 멧돝 동
[illegible] 떨 동
潼 물결높을 동
狪 큰돝 동
湩 젖 동
鉵 쇠덩이 동
錬 보습날 동
[illegible] 비뚝뚝떨어질 동
[illegible] 전동치장 동
[illegible] 곧은목 동
[illegible] 전동장식 동
[illegible] 종소리 동
駧 말달릴 동
餇 음식 동
眮 눈굴릴 동
硐 갈 동
赨 벌걸 동
[illegible] 붉을 동
[illegible] 사뿐사뿐걸을 동
[illegible] 달아날 동
[illegible] 몸단정하지못할 동
迵 지날 동
酮 말젖 동
[illegible] 술색을 동
鉖 낚시바늘 동
銅 구리 동
痋 경충증 동
[illegible] 물소리 동
炵 불꽃 동
烔 더운기운 동
[illegible] 흥덩하는 소리 동
熥 불로더웁계할 동
[illegible] 양아비 동
犝 뿔없는 소 동
[illegible] 수키와 동
疼 앓을 동
[illegible] 미쳐뛰어나갈 동
[illegible] 파리할 동
垌 동막이 동
姛 계집성품곧을 동
峒 산굴 동
崠 산등

동성이 㠉 초목없는산 동 庝 깊은집 동 㢥 집울릴 동 𢃇 오랑캐옷 동 𦨴 배말뚝 동 弜 활꾸밀 동

鮗 전어 동 鼕 북소리 동 鶇 새이름 동 鼕 북소리 동 鰊 고기이름 동 鮦 가물치 동 䍶 뿔없는양 동

独 찌를 동 𥦗 바람소리 동 衕 거리 동 絛 봉할 동 𧢼 보는모양 동 𧑆 동셧

𢅤 어리 동 鼞 멀리들리는북소리 동 絧 매이름 동 𪚌 거북이이름 동 𩭤 머리털모양 동 𪚐 떡 동 𩧾

말이름 동 罿 새그물 동 蛔 벌레 동 𪏇 차진모양 동 董 마를 동 魗 추한모양 동 䵽 차진모양 동

鮦 고기이름 동 𡥡 아이 동 鶇 콩새 동 鼕 북소리 동 胴 아플 동 狪 오랑캐이름 동 𪚋

거북의이름 동 鼟 북소리 동 憧 심란할 동 𩐱 종소리 동 赨 붉을 동 𨓉 움직일 동 𦑣 나는모양 동

䮵 말이름 동 𨋮 장군 동 𤻣 아플 동 犝 뿔없는소 동 𥰭 대그릇 동 𩐨 종소리 동 偅 마음

동동할 동 㓊 동든뜻꿩 동 娕 나라이름 동 勭 정변이될 동 倲 뒤떨어질 동 㓊 서늘할 동 洞 밝을 동 駀

말달릴 동 垌 못막이 동 𦨴 몽동배 동 𡦜 아이 동 砼 돌떨어지는소리 동 鶇 콩새 동 𤭛 수키와 동 鱶

고기이름 동 𤮐 까는벽돌 동 𪇰 물새의새끼가아직털나지않을 동

두

● 두 梪 나무식기 두 豆 콩 두 𣪍 멀리칠 두 浢 걸개 두 狟 개짖는소리 두 痘 역질 두 瓨 기와그릇 두 𣯔

뽕나무껍질 두 殬 패할 두 橷 곧은뿌리 두 蠹 좀 두 䀘 눈곱 두 𠹂 술잔 두 侸 마룰 두 兜 투구 두

둔

短 말잘못할두 抖 떠주저릴두 嚑 읽을두 拉 팔목빼두 挽 헤칠두 敁 막을두 斗 말두

斢 말두 斣 폐할두 窋 합정두 紏 고할두 竇 구멍두 篼 대남여두 緰 실로짠주머니

두 肚 밥통두 脰 목두 荰 풀두 蚪 올챙이두 䄈 적삼두 踸 미꼬리질두 蚪 올챙이두 豍

눈곱낄두 豞 짖을두 逗 머무를두 郖 나루이름두 迚 마두리두 酘 술두 醶 느름나무장두 鞋 차에

까는자리두 鋀 놋쇠두 頭 머리두 䛥 편잔줄두 頭 낯뼈뚤두 餖 괴임새두 陡 절벽두 阧 높을두

吺 말많을두 咅 경솔히말할두 杜 막을두 䁠 움펵눈이두 登 제기두 竇 구멍두 䬦 보습두

阧 험준할두 詓 꾀일두 窦 구멍두 睧 눈어둘혼두 毭 담요두 蠹 좀두 荳 콩두 涿

눈물두 陡 험준할두 笠 적대두 斛 술잔두 斛 도려낼두 𢇛 부엌두 上 뜻없는토두 𣁳

보리두 斗 말두 䵭 목두 鄷 나라이름두 鈄 성두 鋀 술그릇두

둔 頓 굳을둔 遁 도망할둔 鈍 둔할둔 䟜 쪼구리고앉을둔 芚 둔나물둔 臀 볼기둔 腯

살찔둔 窀 묻을둔 坉 농막둔 吨 어리석을둔 屯 모일둔 訰 둔할둔 蹥 둔할둔 㞘 궁둥

이둔 迍 머뭇거릴둔 迍 머뭇거릴둔 臀 볼기둔 鈍 둔할둔 䐾 대둔 簖 체적둔 𧆸

오이둔

득

득 得 얻을 득 ⿰扌㝵 주먹으로 칠 득 ⿰㝵毛 털작을 득 ⿰足㝵 빨리 갈 득 ⿸尸心 어그러질 득 ⿰貝寸 얻을 득

⿰彳㝵 물격을 득 ⿰魚氏 오리 득 得 얻을 득 淂 물모양 득

등

등 等 무리 등 簦 우산 등 膯 물릴 등 ⿰月⿱龹氺 봉할 등 藤 덩굴 등 ⿱艹⿱罒登 잠깰 등 ⿰虫登

하루살이 등 ⿰衤登 모직띠 등 覴 오래 볼 등 謄 베낄 등 豋 제기 등 燈 등등 蹬 어정거릴 등 ⿰車登 수레

치장 등 鄧 나라이름 등 鐙 등자 등 隥 된비알 등 霯 큰비 등 ⿰革登 가죽버릴 등 ⿰食登 제사밥 등 ⿰月⿱龹鳥

쇄기 등 ⿰月⿱龹鳥 날 등 ⿰黑⿱龹鳥 검을 등 璒 옥돌 등 ⿰巾登 펴서느릴 등 ⿰登瓦 질제기 등 ⿸疒登 병심할 등 ⿱癶⿱一豆 오를

등 竳 우뚝설 등 ⿱⺮滕 등등 ⿰鼓登 북소리 등 ⿰登鳥 뜸부기 등 ⿰氵⿱癶⿰口豆 물모여들 등 ⿰氵⿱龹⿰禾泉 물솟을 등 ⿱髟登 머리엉킬 등

灯 등불 등 ⿰馬⿱龹鳥 말뛸 등 嶝 비탈 등 ⿰扌⿱龹⿰禾巾 맬 등 橙 등상 등 ⿰木凳 탁자 등 ⿺毛登 털로짠 베 등

僜 곤할 등 凳 걸상 등 ⿰舛⿱亠丰 제기 등 ⿰月⿱龹魚 쇄기 등 ⿸虍⿱龹鳥 검은범 등 ⿺鬼登 공중의 귀신 등 ⿱⿰夫夫金 등사 등

⿰月⿱龹氺 물결 등 邆 육조나라 등 ⿰足鄧 누울 등 ⿰馬登 넘어지려할 등 ⿰鼓僜 길 등 ⿱艹滕 등나무 등 ⿱⿰小冋殳 밀 등 朣

물기뼈 등 ⿰魚⿱龹氺 쇄기 등 ⿰馬⿱龹氺 달릴 등 戥 작은저울 등 ⿰足⿱龹氺 걷는모양 등 ⿱類鳥 달려갈 등 ⿰月⿱龹鳥 달릴 등 ⿰糸登

촛불 등 ⿱髟登 더할 등 ⿰馬⿱乘木 달릴 등 ⿰目⿱龹氺 아름다운눈 등 ⿰氵⿱龹氺 물결 등 ⿱龹鳥 달릴 등 ⿰月⿱龹糸 봉할 등 ⿰糸奎

노끈 등 ⿰氵⿱龹禾 물솟을 등 ⿰白登 흴 등 ⿺毛登 올이밴 털베 등 ⿰舟⿱羽合 말많을 등 ⿺辶⿱龹足 걷는모양 등 ⿱艹寺 가지런할 등 ⿱癶弃

縢 봉할 등 磴 올라가는 길 등 𦛨 못이 솟아오를 등 䲢 건는 모양 등 朾 무리 등 䐪 차는 주머니 등

墱 비져 등 嬁 계집 정조 있을 등 輘 펴서 늘일 등 𢍏 오를 등 𦢊 물 솟아 오를 등 𨇨 달릴 등

㉣

儸 가능할 라 𠐋 벌거벗을 라 玀 오랑캐 라 鑹 옹솥 라 攞 찢을 라 𦅻 고르지 않을 라

癩 문둥병 라 撱 길쭉할 라 㦬 부끄러울 라 𥢷 곡식 쌓을 라 𪍃 가루떡 라 攭 터럭 없을 라

𢅅 찢어진 비단 라 巙 산이름 라 𤅤 물이름 라 𡤻 계집의 자 라 囉 찢을 라 㓢 칠 라 䖀 서로 칠 라

㼈 흙 담는 삼태기 라 跢 가다가 설 라 濄 물 돌아칠 라 𩦺 노새 라 纙 돈꿰미 라 蘽 풀 열매 라

羅 벌릴 라 臝 벌거벗을 라 曪 날 흐릴 라 覶 좋게 볼 라 𧡳 차례 라 𪎊 조죽 라

騾 노새 라 蓏 풀 열매 라 𪌾 조죽 라 覼 차례 라 蠃 소라 라 躍 길 잃을 라 鬤 터럭 빽빽할 라

𦡶 나귀 창자 라 螺 소라 라 躶 벌거벗을 라 𥢷 쌀 쌓을 라 蘿 나물이름 라 殏 병들 라

籮 키 라 㯁 걸름거릴 라 羸 약하게 설 라 𦣀 비단무늬 라 驘 노새 라 腡 손금 라 纝 고르지 않을 라

𧕰 노새 라 𩅳 고기이름 라 摞 다스릴 라 㫰 상앗대 라 鏍 옹솥 라 罽 새그물 라 䣉 물릴 라

欏 울타리 라 擂 흔들 라 鑼 제금 라 蘿 새삼넝쿨 라 襬 계집 웃옷 라 鑹 작은 가마솥 라

瘰 연주창 라 饠 소 봉은 밀떡 라 瘰 옴 라 裸 벌거벗을 라 𦢊 옹솥 라 瘰 옴 라 㯇 허리

와무릎아풀 라 ⿰月羅 배아래살 라 ⿰石⿱山羅 산돌 라 ⿱䜌瓦 질그릇 라 囉 말많을 라

락

⿰各刂 살깎을 락 ⿱竹洛 울타라 락 ⿰各羽 날아갈 락 烙 지질 락 ⿰口犖 얼룩소 락 ⿰歹各 갑자기죽을 락

鉻 털깎을 락 ⿱各水 한나라서울 락 洛 물 락 珞 구슬로목에치장할 락 ⿱炏石 돌이서로부딪치는소리 락 駱 약대 락

락 ⿰車磊 차소리 락 雒 흰새 락 ⿰黍各 솜 락 ⿰駱隹 가리온 락 落 떨어질 락 犖 얼룩소 락 ⿰革翟 단단한가죽 락 ⿰革各

가죽오리 락 ⿰目各 볼 락 諾 허락할 락 椓 칠 락 笿 묶을 락 ⿰魚鹿 고기이름 락 落 떨어질 락 ⿱竹格 울타리 락

⿰魚樂 고기이름 락 ⿰言樂 미친말 락 愎 헤아릴 락 ⿰⿱幺幺鳥 목이붉은매 락 酪 소젖 락 鮥 고기이름 락 啄 쪼을 락

란

嚂 말알수없을 란 ⿰𤔔彡 무채 란 圞 둥글 란 灡 뜨물 란 乱 어지러울 란 孄 게으를 란 ⿰口吞

어리석을 란 亂 어지러울 란 ⿰糸敫 하품할 란 卵 알 란 ⿱丕死 죽으려할 란 嬾 게으를 란 幱 철릭 란 瀾

큰물결 란 ⿱䜌巾 띠 란 灓 적실 란 灤 스며흐를 란 闌 대궐에함부로들어갈 란 攔 막을 란 ⿰革闌 전동 란 讕

방탕할 란 ⿰扌䜌 모을 란 ⿰歹柬 깨뜨릴 란 糷 밥질 란 蘭 난초 란 ⿰米闌 밥질 란 踹 쪼그라들 란 ⿰舌闌 서발

투를 란 鑾 방울 란 襴 난삼 란 ⿰𤔔攴 번거로울 란 鑭 금채색 란 ⿰歹闌 물크러질 란 鸞 난새 란 糷

밥질 란 ⿰火間 술데울 란 瓓 옥무늬 란 爛 찬란할 란 ⿱艹攣 순채 란 ⿱艹𢇁 순채 란 ⿱艹欒 순채 란 欄

난간 란 ⿱罒䜌 산돼지그물 란 ⿱亦金 방울 란 斕 빛섞일 란 躝 넘을 란 韊 동개 란 欄 난간 란 ⿰目闌

불란 欗 목란 란 欒 나무이름 란 籣 동개 란 蘭 난초 란 礷 옥돌 란 曫 땅지미질 란 𥗽

옥돌 란 𦡂 익을 란 囒 거짓말할 란 譋 바탕할 란 孄 순할 란

● 랄

蝲 벌레이름 랄 喇 말급히할 랄 䊪 추한밥 랄 𠟍 칠 랄 𧨾 소리 랄 𠞊 잘못들을 랄

䁻 눈바르지못할 랄 埒 적은집담 랄 捋 취할 랄 瓎 옥 랄 辣 몹시매울 랄 揧 갈 랄 𦗝 잘못

들을 랄 𪏭 검을 랄 𠛬 깎을 랄 㢃 초막 랄 剌 그러질 랄 埒 낮은담 랄 攋 뒤적거려헤칠 랄 㻝

옥 랄 𩓽 낯추할 랄 瀨 여울이름 랄 䶩 바람불 랄 爤 헤칠 랄 𢹇 칠 랄 䶛 깨물어뜯는소리 랄

𪘂 씹을 랄 瘌 앓을 랄 辢 매서울 랄

● 람

惏 람할 람 𦺣 외김치 람 顲 얼굴이여윈모양 람 擥 모을 람 纜 배닻줄 람 轞 수래길울통불

통할 람 襤 옷해질 람 轞 수레잘안갈 람 漤 물방울저릴 람 䫲 머리숙일 람 𣯧 털긴모양 람 㦨 즐길 람 𩯇

머리치렁치렁할 람 藍 쪽 람 醶 술돌릴 람 𧼯 달아날 람 𠹃 떠들 람 寠 옷입은채잘 람 爁 불번질 람 燷

늘을 람 𨏈 수레잘안갈 람 㡻 집소리 람 㜮 고울 람 婪 탐할 람 𠓓 근심할 람 𡭵 적을 람 灆

물맑을 람 嚂 먹는모양 람 儖 흉상스러울 람 灠 물들일 람 𤅃 뜰 람 㢘 막을 람 壈 뜻잃을 람 嵐

산이름 람 籃 큰불우리 람 繿 해어진옷 람 纜 배닻줄 람 𢹲 잡을 람 欖 감람 람 𤢩 오랑캐 람 𪈱

빼꼭새 담 鐱 말재갈 람 醶 실 람 寀 흙어 모을 람 顲 얼굴이 여윈 모양 람 擥 쌀 두번 찧을 람 瓓 흰옥 람

㺸 오독도기 람 䑣 키 큰 모양 람 䶐 얼굴 길 람 覽 볼 람 攬 잡아다릴 람 擥 잡을 람 欖 감람 람

爦 불소리 람 巃 바삐 갈 람 惏 슬퍼할 람 顲 얼굴이 여윈 모양 람 覧 볼 람 濫 넘칠 람 葻 바람에 흔

들리는 풀 람 賧 재물 탐낼 람 醂 건시 람 嚂 입에 봉을 람 厤 막을 람

랍

(랍) 拹 꺾을 랍 擸 소가 반을 랍 臘 납향제 랍 擸 꺾을 랍 䙀 터그레 랍 纈 옷해질 랍 窞

앓고 클 랍 䎀 처음으로 날 랍 獵 처음으로 날 랍 擸 꺾을 랍 皻 비릴 랍 啦 이조사 랍 歠 서운해할 랍

齫 씹는 소리 랍 襴 옷해질 랍 雴 빗소리 랍 拉 꺾을 랍 摺 꺾을 랍 爉 불소리 랍 欌 백랍나무 랍

䮜 말가지 않을 랍 䊐 실엉킬 랍 柆 나무 꺾을 랍 拉 옷해질 랍 臈 납향제 랍 繿 엷은 비단 랍 磖

깨지는 소리 랍 蠟 밀 랍 擸 꺾을 랍 臘 납향제 랍 禶 제사 랍 㕇 돌소리 랍 鑞 백철 랍 菈 꺾을

랍 翋 날을 랍 嗒 우루면할 랍

랑

(랑) 鵖 비둘기 새끼 랑 躴 키클 랑 狼 이리 랑 瓺 그릇 랑 朗 달밝을 랑 朖 달밝을 랑 鰶

숫새 랑 榔 빈랑나무 랑 榔 느릅나무 랑 䱶 숫개 랑 莨 초우웡 랑 埌 아득할 랑 嫏 서고 랑

烺 불이글이글할 랑 郞 고을이름 랑 餓 국 랑 罠 질편할 랑 蜋 버마재비 랑 筤 어린대 랑 稂

강아지 랑 艆 뱃전 랑 琅 옥같은 돌 랑 郎 남편 랑 𧳋 짧은 창 랑 鋃 잠글 랑 𩴊 강귀신의 추한 모양 랑

浪 물결 흐를 랑 硠 돌소리 랑 蒗 도랑 랑 桹 광랑나무 랑 𤙭 얼룩소 랑 蜋 버마재비 랑 鄉 키클 랑

閬 솟을 대문 랑 𧟱 더그러울 랑 𧙕 옷해질 랑 𣢘 탐낼 랑 朗 달밝을 랑 誏 뜬말 할 랑

駺 꼬리흰 말 랑 郎 사내 랑 蒗 도랑이름 랑 愓 방랑할 랑 䆡 구멍 랑 蓈 쭈그러어 랑

䯖 무릎뼈 랑 𣢘 탐낼 랑 瑯 옥같은 돌 랑 㝗 높을 랑

래

梾 밀 래 唻 노래하는 소리 래 儽 게으를 래 𧿒 실족하여 거꾸러질 래 練 센털 래 麳 밀 래

𪎼 밀 래 𪐝 검붉을 래 琜 옥 래 逨 이를 래 𦓪 밭갈 래 𡾍 산이 험할 래 錸 송곳 래 𨭛 낚을 래

悷 사치할 래 𧣾 뿔심 래 淶 물들 래 趚 이를 래 𨻶 섬돌 래 猍 삵 래 𧒽 독벌레 이름 래

𧡩 속속들이 볼 래 𣭘 얼룩털 래 鯠 고기 이름 래 𧢨 속속들이 볼 래 𦬕 과실 주렁주렁 달릴 래

郲 고을 이름 래 棶 박달나무 래 㾢 창감 래 來 올 래 崍 산이름 래 庲 집 래 㚓 작은 배의 키 래

来 올 래 徕 산 이름 래 耒 올 래 囄 바른 소리 래 俫 산이름 래 婡 얼굴 예쁠 래 𨙴 땅이름 래

淶 물이름 래 鶆 매 래 𪍿 밀 래 郲 땅이름 래 𤲞 묵은 밭 래 騋 키큰 말 래 萊 명아주 래 睞 흘끔흘끔 볼 래

䋱 삵 래 賚 쌓을 래 賴 덮을 래

랭

㊉랭 冷 찰 랭

락

㊉락 ⿱⿰丯刀各 칼갈 락 畧 간략할 락 ⿱略系 옷깨맬 락 䂮 칼갈 락 ⿱⿰丯刀言 칭찬하는 말 락 ⿰虫⿱少京 하루살이 락

掠 노략질할 락 略 간략할 락 櫟 칠 락

량

㊉량 ⿸广良 높을 량 亮 밝을 량 凉 서늘할 량 倞 멀 량 ⿱京心 서늘할 량 ⿰亢京 좋지 않을 량 剠 취할 량

亮 밝을 량 喨 울고 그치지 않을 량 哴 울어 목쉴 량 ⿰入入 둘 량 兩 둘 량 㒳 둘 량 两 쌍 량

⿰兩力 핍박할 량 俍 어질 량 ⿵冂三 어질 량 ⿴衣養 도울 량 㝗 집고요할 량 廊 곁채 량 ⿰牜京 얼룩소 량

踉 달아날 량 ⿱髟兩 머리털 량 粱 기장 량 ⿰月養 메스꺼울 량 ⿰京風 북풍 량 ⿰尣京 슬플 량 ⿱兩鬼 산도깨비 량

緉 신 한 켤레 량 脼 맛있을 량 諒 믿을 량 ⿰貝京 부세 량 輬 누워서 타는 수레 량 梁 들보 량

⿱止皿 피 량 饟 잔치할 량 綡 머리 싸는 수건 량 ⿱畕土 예상할 량 涼 서늘할 량 蜽 벌레 이름 량 椋 나무 이름 량

滰 큰물 량 魎 산도깨비 량 晾 쪼일 량 ⿰足兩 걸터앉을 량 輛 수레수호 량 ⿸風良 북풍 량

⿰扌兩 정제하게 꾸밀 량 悢 슬플 량 㾗 눈병 량 ⿰日良 볕쪼일 량 量 헤아릴 량 裲 배자 량 ⿰木兩 송진 량

粮 양식 량 ⿸風京 북풍 량 ⿰酉京 맑은 장 량 跟 뛸 량 良 어질 량 ⿰目良 눈병날 량 ⿰量未 양식 량 悢 슬플 량

輬 누워서 타는 수레 량 倆 재주 량

례

偈 례례도

려

庐 려뭇 廲 려깁장 劙 려풀 濾 려걸를 侶 려짝 勴 려도울 𠡷 려도울

儷 려짝 儷 려짝 儮 려짝 丽 려빛날 丽 려고울 勴 마음으로 도울려 嬑 마음에하기 싫을려

憈 마음에하기 싫을려 廬 려농막 勵 려힘쓸 巁 산높을려 厲 려갈 郘 추잡할려 侶 려성낼

閭 미려할려 㳑 나그네려 蘺 초목이 땅에 붙어서 자랄려 鱺 려뱀 麗 려고울 欐 려들보 𪊨

䠽 파리하고 검을려 鱺 뱀장어려 䮥 려셀 鱺 려뱀 矑 해비칠려 鑢 려줄 爈 려산불 礚 산천사제

慮 려 謯 려거짓 躒 전할려 慮 풀이름려 戱 첨노할려 蠣 헤아릴려 糲 궂은쌀려 穭 신키

臚 의재양려 臚 아랫배려 旅 나그네려 礪 숫돌려 攦 려꺾을 瓈 파려옥려 瓵 작은병려 盭 아돌

黎 올려 黎 무리려 藜 명아주려 粝 궂은쌀려 癵 병들어 몸이 오그라질려 瞦 창아보는 모양려 膚

가늘게 꿇은 고기려 邌 천천히 걸을려 梠 나무이름려 簏 밥담는 그릇려 膂 창배었는 작은려 膂 힘려

剺 무리려 簏 밥담는 그릇려 膂 힘려 曞 햇살퍼질려 穭 돌벼려 蜧 큰찰머구리려 秜 돌벼

려 纑 인끈려 戾 사나울려 綟 초록빛려 䕡 무리려 騄 역말려 閭 근심할려 砅 돌밟

고물건널려 珕 자개로칼장식할려 絽 옷재멜려 覼 몸시불려 䵩 무리려 驢 나귀려 飅 회회부는바람려

력

棙 고동 려　沵 해로울 려　⿱罒呂 그물 려　呂 풍류 려　⿸疒呂 부스럼 려　閭 이문 려　⿰忄呂 업신여길 려

⿰歹盧 배불룩할 려　⿰金閭 창씀베 려　梠 문도리 려　櫚 굵은칡 려　捛 나그네 려　⿰黍句 검을 려　⿸厂馬

나귀 려　⿰馬旅 역말 려　⿰彖利 좀먹을 려　⿸广麦 바르지않을 려　⿱艹犁 풀성할 려　⿰目翏 볼 려　⿰忄詈 잔말할 려

⿰衤旅 여제살 려　鵹 꾀꼬리 려　⿺風翏 회회부는바람 려　⿰馬犁 돗총이말 려　颲 바람소리 려　⿱彖虫 좀먹을 려

蠡 좀먹을 려　癘 염병 려　郘 정자이름 려　悷 서러워할 려　䕡 돌쑥 려　沴 해로울 려

藘 꼭두서니풀 려　⿱髟盧 말갈기 려　⿺尢力 다리를비꼬며걸을 려　⿸厂盧 거처할 려　驢 나귀 려　⿰盧皮 가죽 려

鋁 줄 려　唳 학울 려　黎 많을 려　⿰禾升 밭갈 려

력

⿰磊刂 쪼갤 력　⿱山麻 겪을 력　⿸尸歷 신바닥 력　⿸厤小 작고못생길 력　壢 구덩이 력　⿰冫歷 추울 력

⿸厤力 나눌 력　歷 지날 력　⿸厤⿱土止 쌓을 력　瀝 스밀 력　歷 지날 력　朸 나무결 력　屴 높은모양 력

嚦 소리 력　力 힘 력　⿰走歷 북소리 력　⿰足歷 별모양 력　磿 연나라궁이름 력　⿸厤⿱止玉 옥 력　曆 달력 력

⿰酉歷 술거를 력　⿰魚歷 자가사리 력　轣 몰바퀴사이길 력　藶 두루미냉이 력　攊 칠 력　⿰歷攴 어지러울 력

⿰黑歷 검은빛 력　曆 책력 력　⿰虫歷 들누에 력　⿸厤齒 너리먹을 력　⿰身歷 맨몸 력　⿰忄歷 경영할 력　⿰鼻歷

냄새분별할 력　⿰耳歷 자세히들을 력　⿸厤瓦 기와그릇 력　⿰歹歷 거의죽으려할 력　⿰爿歷 평상의살 력　⿰糸歷 줄띠울 력　⿰片歷

나무간막이 력 飃 바람소리 력 曆 셀 력 䍥 손톱으로 가를 력 羊曆 산양 력 瞬 눈막을 력 罒歷 연기모양 력 趣

癧 연주창 력 襬 속히 동여쌀 력 躒 지날 력 靂 벼락 력 爏 불빤짝거릴 력 羊歷 산양 력 趣

속히 갈 력 羊麻 산양 력 言麻 교묘할 말 력 厤鳥 매같은 큰새 력 衣厤 급히 동일 력 驝 말빛 력 趯

움직일 력 躒 움직일 력 櫟 도토리 력 觻 뿔끝 력 礫 자갈 력 瓅 주빛 환할 력 鑩 다리굽은 솥 력

䢖 가까울 력 糲 섞은 밥 력 酈 고을이름 력 皪 희끗희끗할 력 驪 나란히 달아날 력 礭 돌보

습 력 靇 비를 맞은 커신 력 䴕 어린아이 커신 력 驎 돗총이 말 력 鬾 어린아이 커신 력 輰 화목하지 못할 력

騙 말의 빛갈 력 醽 술거를 력 蒚 산마늘 력 鎘 다리굽은 솥 력 轣 바퀴사이 길 력 襃 동여쌀 력

犳 개으르렁거릴 력 砳 돌마주부딪치는 소리 력 蟔 긴메뚜기 력 蚸 가늘고 긴 메뚜기 력 瓑 옥 력 裛

동여쌀 력 褎 얽을 력 裛 동여쌀 력 碄 벼락 력 泐 물엉킨 모양 력 趯 가는 모양 력 齷 너리먹을 력

櫪 마판 력 轢 수레바퀴 에치일 력 䆿 뚫을 력 讈 교묘한 말 력 礰 밟을 력 艦 왕래할 력 鬲鬲

거를 력 酈 고을이름 력 几 나눌 력 闣 열 력

련

煉 쇠불릴 련 敕 던질 련 廝 휘어잡을 련 孌 사모할 련 㜻 못할 련 孿 좋을 련 孌

사모할 련 繳 예쁠 련 孌 좇을 련 健 쌍둥이 련 聯 연할 련 聯 연할 련 齺 이가 드러나 보일 련

獼 토끼달아날 련 䜌 이가드러나보일 련 聯 이을 련 爈 불태울 련 湅 실삶을 련 萰 가위톱 련

潄 쇠를불릴 련 練 익힐 련 鍊 불린쇠 련 鰊 고기이름 련 楝 고련나무 련 琏 옥이름 련

㯬 나무결풀릴 련 蓮 연 련 縺 실얽힐 련 鏈 쇠사슬 련 練 숙자로짠비단 련 慩 흘젹거릴 련

𨖹 당겨운전할 련 摙 멜 련 䌈 떼풀갈 련 𢤧 눈물흘릴 련 鰱 연어 련 𨏶 연할 련 璉 종묘제기 련

連 연할 련 漣 물문채 련 麰 햇보리떡 련 蝀 벌레서린모양 련 聮 연할 련 槤 빗장 련

臠 당나귀배불룩할 련 臠 산적점 련 糷 볶은쌀 련 戀 끊어지지않을 련 躝 발병 련 攣 억매일 련 戀 생각할 련

䉁 둥근떡 련 膦 힘없을 련 撵 잡을 련 聅 연할 련 𢥼 사랑할 련 諼 경영할 련 撖 잡을 련

輦 연 련 憐 사랑할 련 鄰 땅이름 련 蹥 발뒤출 련 䜌 이가드러나보일 련 獼 토끼달아날 련

𨏶 이을 련 洌 흐를 련 埬 인터 련 嗹 길계말할 련 䜌 몸부러지는병 련 謰 말전주할 련 縑 말잇대일 련

렬

렬 洌 맑을 렬 㤠 근심할 렬 劣 용렬할 렬 哷 닭우는소리 렬 巤 물흐를 렬 埒 밭두덕 렬 列 베풀 렬

冽 맵게추울 렬 㛃 아름다울 렬 烈 불활활불울 렬 茢 부정풀이비 렬 挒 비틀 렬 捩 휘어꺾을 렬

蛚 귀뚜라미 렬 㸹 터울 렬 裂 찢을 렬 𥿪 기장줄기 렬 悧 근심할 렬 鴷 나란히달아날 렬 曯 해질

렬 鴷 딱다구리렬 趔 자빠지려고할렬 栵 기장줄기렬 蛚 귀뚜라미렬 裂 찢을렬 鮤 갈치

렬 㤠 깨질렬 迾 길치울렬 裂 찢을렬 颲 매운바람렬 浖 산위물있을렬 迾 막을렬 鮤

갈치렬 ⿰寽斗 헤아릴렬 脟 갈비살렬 鋝 엿량중렬 鋝 엿량중렬 ⿰牛寽 얼룩소렬 ⿰木寽 돛대렬

⿰田寽 밭갈아흙들출렬 ⿰虫寽 벌레이름렬 ⿰足寽 넘을렬 迣 막을렬 迣 막을렬 迣 막을렬 蹨

쫓을렬 睙 눈굴려볼렬 ⿱艹截 기음렬 ⿰金率 엿량중렬 挘 뜯을렬 栵 기장줄기렬 鮤 갈치렬

⿱巛夕 물흐를렬 咧 새소리렬 ⿰列刂 찔렬

렴 帘 술기렴 瀲 물벌창할렴 ⿰兼少 적을렴 㡘 문면자렴 廉 청렴할렴 ⿰冫兼 살어름렴

熑 불꺼지지않을렴 㡘 문면자렴 㒹 꿇을렴 嬚 말고울렴 ⿱⺮殳 채로치는북렴 ⿰廉攴 북쳐음칠렴

搛 장구칠렴 ⿱⺮殳 경대할렴 磏 붉은빛렴 匳 경대렴 ⿰仌兼 외씨렴 ⿰耳兼 키늘어질렴 ⿰禾廉 풀에열매

맺지않을렴 殮 염할렴 籢 경대렴 濂 엷을렴 蠊 떡풍뎅이렴 ⿰僉瓦 기와깨지는소리렴 ⿱⺮盇 북렴

燫 불꺼지지않을렴 稴 메벼렴 䁠 눈꼬리처진눈렴 獫 입부리긴개렴 斂 거둘렴 ⿰車廉 바퀴둘레렴

⿱斂火 불렴 薕 갈렴 ⿱蚔貝 보배렴 ⿰木斂 나무이름렴 ⿰火斂 불렴 ⿰鼓兼 북칠렴 ⿷匚盒 경대렴

獵 사냥할렴 澰 물가득할렴 ⿰石廉 숫돌렴 ⿰禾咸 행기날렴 ⿰糸僉 노끈렴 ⿰食僉 맛없을렴 覝 살펴

불렴 煛 살펴볼렴 遃 경대렴 饊 사잇밥렴 簾 발렴 籨 향합렴 蘞 가위톱렴

䨬 비부실부슬올렴 鬑 머리드리외질렴 臁 정강이렴 瀲 물소리렴 鐮 낫렴

렵

ⓡ렵 獵 사냥할렵 儠 긴모양렵 鬣 말갈기렵 壏 흙모양렵 鬣 말갈기렵 譤 지꺼릴렵 蘱

풀성기게날렵 豱 돼지의긴털렵 鱲 고기이름렵 躐 밟을렵 蘺 풀흔들릴렵 騸 밟을렵 躐 밟을

렵 鬁 머리털성길렵 蠟 벌레가길렵 鬣 말갈기렵 颲 바람소리렵 竦 비틀거릴렵 簛

대자리렵 颲 바람소리화할렵 甄 옷서로당을렵 毼 말갈기렵 甃 북칠렵 鼓 북소리렵 愈 소리

그칠렵 䀎 머리수건렵 巤 근본렵 巤 목갈기렵 劉 깍을렵 嚂 씹을소리렵 欄 소이름렵

韉 말의굴레렵 臘 눈병난렵 鬣 말갈기렵 甄 키뻐리처질렵 簛 대엮는렵

령

ⓡ령 囹 옥령 嶺 산고개령 刢 쪼갤령 岭 산이름령 彾 홀로갈령 姈 계집공교할령 令 하여금령

呤 속삭일령 坽 힘한언덕령 岺 고개령 炩 불령 𢹎 찍어날령 𤅷 물굴이령 巁 산굴올령

麢 바외구멍령 雵 나눌령 圞 비뚝뚝떨어질령 鷹 영양령 皿 많은소리령 酃 고을이름령

趯 개달아날령 曨 햇빛령 醽 좋은술령 醽 좋은술령 鴒 할미새령 糯 쌀떡령 欞 마루령

轜 사냥수레령 跉 비실거릴령 鴒 할미새령 麢 영양령 紷 솜령 醽 좋은술령 靈 신령

령

령 駖 수레타는 소리 령 柃 나무 혹 령 翎 새깃 령 袊 활옷 령 龗 거북이 이름 령 鴒

학의 별명 령 麢 영양 령 ⿰虫靈 반디 령 瓴 귀달린 병 령 靈 무당 령 拎 찍어올리 령 霝

비올 령 ⿱巫言 혼백 령 泠 서늘할 령 ⿱霝音 소리 령 ⿱穴靈 구멍 령 麢 사슴 령 狑

영리한 개 령 櫺 난간 령 ⿱⺮領 밤 담는 광주리 령 酃 고을 이름 령 ⿰糸零 솜 령 ⿰衤靈 옷 광채날 령

⿱髟令 성긴 머리털 령 ⿰牛靈 큰 소 령 ⿱霝冊 하늘 령 ⿰缶霝 귀달린 병 령 ⿰犭霝 좋은 개 령 ⿱雨女 계집 이름

령 ⿰禾蘦 녕쿨풀 령 ⿱髟歷 터럭 생길 령 詅 팔 령 ⿰禾令 며쥐음 의을 령 ⿰骨零 가는 뼈 령 ⿰月令 달빛

영롱할 령 ⿰鼠令 얼룩쥐 령 ⿱⺮靈 대 령 ⿰犭靈 큰 소 령 ⿱艹零 풀이 울 령 ⿰霝鬼 귀신 령 ⿰食零 밥 물릴 령

⿰舟霝 창 있는 배 령 羚 영양 령 ⿰目霝 눈광채 령 ⿰酉令 좋은 술 령 ⿵門霝 들창 령 ⿰骨令 긴 뼈 령 ⿰鬼令 귀신

령 ⿸虍靈 신령 령 ⿰霝頁 얼굴 파리할 령 ⿰舍毛 털 엉킬 령 ⿱霝囟 사람의 정수리 뼈 령 昤 빛 영롱할 령 ⿵風令 찬바

람 령 ⿰身令 들을 령 玲 쟁그렁 거릴 령 龗 영험한 귀신 령 ⿰首令 나이 령 ⿰米靈 쌀떡 령 ⿰忄靈 마음 약은 체할 령

霝 비뚝떨어질 령 ⿰羊霝 큰 양 령 ⿰霝鬼 귀신 령 麢 영양 령 蛉 고추잠자리 령 零 비뚝뚝떨어질 령

⿰米⿱雨灵 쌀떡 령 櫺 난간 령 ⿰羊靈 영양 령 聆 들을 령 ⿰音靈 소리 령 ⿰舟霝 창 있는 배 령 ⿰爿令 마루 령

⿰米零 쌀떡 령 ⿰飠虎 범 령 ⿱穴令 우물 령 ⿰鳥樂 구슬빛 날 령 ⿰火靈 불빛 령 砱 돌구멍 령 ⿰米⿱霝弱

쌀떡 령 𩞧 칠 령 秢 옷빛 령 齡 나이 령 軨 양의 새끼 령 舲 창 있는 작은 배 령 怜 영리

할 령 鹷 소금 령 軨 사냥수레 령 霊 신령 령 閝 문 위 창 령 醽 좋은 술 령 衑 길 령 麢

사슴 령 苓 도꼬마리 령 領 옷깃 령 零 비 뚝뚝 떨어질 령 䬇 가루떡 령 𥌘 활 령 鈴 방울 령

䈊 수레 덮개 령 𤵸 파리할 령 罞 작은 그물 령 轜 사냥수레 령 䍅 바위 구멍 령 伶 악공 령

瓴 귀달린 병 령 豿 악이름 령 齡 나이 령 跉 성큼성큼 걸을 령 䕘 풀줄기 성길 령 鬞 터럭 성길

령 龗 용 령 蠕 뽕나무벌레 령 另 나눌 령

례

𢂤 비단 자투리 례 乿 예도 례 𣧠 앓을 례 𣽐 지를 례 𣽑 얼음 례 瀝 가득할 례 濿 돌밟

고 물건널 례 茘 예지 례 𥳗 코끼리 례 𥌠 자청하여 볼 례 黎 검은 나무 례 黧 얼룩질 례 𨂀 빨리 걸을 례

鱺 가물치 례 鑗 쇠붙이 례 𨣧 젓찌게 례 𥁐 그릇 례 爄 불물릴 례 鑗 쇠붙이 례 𦪷 강 가운데 있는 큰 배 례

𦑦 나눌 례 𤬛 표주박 례 栵 나무줄로 날 례 黧 얼룩질 례 醨 젓찌게 례 𪏙 뭇 례 𥢖 긴 벼 례

𪆷 꾀꼬리 례 隸 종 례 禮 손 창 례 欐 큰 배 례 𣡡 자세자루 례 鑗 쇠붙이 례 驪 말 례

鱧 가물치 례 籬 대쪽 편지 례 驪 돗총이말 례 䎬 빠질 례 荔 예지 례 贎 많은 재물 례 殄

피곤할 례 𧯎 왼수 례 醴 단술 례 擙 찢을 례 𣩘 염병 례 澧 물이름 례 踱 걸음질 례 艪

로

큰배 례 䑐 절름발이 례 犡 등마루 흰소 례 㸚 밝을 례 黧 검누를 례 𦢊 허리아플 례 禮 예도 례

로

𡾊 길 로 咾 약한소리 로 嚕 곰의이름 로 嘐 고요할 로 𡀔 돼지부르는 소리로 壚 검은흙 로

嚧 웃을 로 僗 일할 로 嶗 산험할 로 勞 부지런할 로 佬 투박할 로 匓 길 로 艫 뱃머리 로

𣀮 속일 로 瓐 비취옥 로 盧 성 로 𥃇 밥그릇 로 𤺊 한데 로 牢 큰울 로 爐 화로 로

瀘 물이름 로 艣 상앗대 로 蘆 갈 로 矑 눈동자 로 獹 좋은개 로 轤 두레박틀 로 鑪 뇌문놓은 술잔 로

纑 베올 로 𤮯 술그릇 로 櫨 주두 로 鑢 화로 로 櫓 큰방패 로 驢 나귀 로

鸕 가마오지 로 𪇆 백로 로 瓐 호리병박 로 蠦 떡풍뎅이 로 鱋 고기이름 로 髗 머리털 로

虜 사로잡을 로 顱 해골 로 顱 해골 로 蟧 쓰르라미 로 攎 걸을 로 籚 창자루 로 鱸 꺽저기 로

髗 키이름 로 𨉣 몸길 로 癆 노점병 로 鱳 고기이름 로 璙 옥이름 로 憦 뉘우칠 로

𥬗 버들고리 로 浶 두려워하는 모양 로 𡼓 이슬 로 擄 노략질할 로 蓾 그령풀 로 蕗 머루덩굴 로

𪇉 백로 로 橯 들콩 로 䕻 마른매실 로 滷 쓸 로 𦌿 통발 로 蹽 들콩 로 荼 속빌 로

澇 큰물결 로 老 늙을 로 狫 오랑캐이름 로 璐 아름다운옥 로 窂 짐승우리 로 𨗽 앙웅 로 輅

천자타는차로
⿰金窂 놋그릇로
⿰車户 활거로
⿱穴本 기를로
艪 상앗대로
鐒 골빌로
⿸疒老 옴로
⿱竹輅 화살대로
恅 심란할로
栳 버들로짠고리로
⿰糹勞 삼로
黸 새까말로
⿱艹⿸虍畐 술집로
櫓 노로
玈 검은빛로
餎 떡소로
⿱艹潦 마른매실로
⿱艹鹵 그렴풀로
⿸虍勞 사로잡을로
⿰黄翏 누른빛로
⿱竹⿱𤇾力 대이름로
簬 살대로
⿰谷窂 깊은골짜기로
⿱⿰攴攴力 김맬로
⿰黑⿱艹旅 검은활로
⿱老鳥 두루미로
鏴 금길로
鮱 큰숭어로
撈 건져낼로
簬 화살만드는대로
⿰窂鳥 깃에무늬있는새이름로
⿰老鳥 두루미로
蕗 감초로
餎 굵은국수로
⿰路鳥 백로로
⿰镸各 길로
鷺 백로로
路 길로
鹵 짤로
擄 굳셀로
⿰魚玄 농어로
⿱𤇾豆 들콩로
醪 탁주로
⿱艹鹵 그릴풀로
⿰甾盧 뇌문놓은술잔로
臾 굳을로
⿱虍里 짤로
魯 노둔할로
⿰金鹵 가마로
耮 고무래로
⿸广勞 벌가리로
⿰羽覔 너그러울로
鸕 가마오지로
髗 해골로
⿰言鹵 황당히말할로
鑪 칼자루로
⿰口卿 큰소리로
⿰高勞 크게급할로
嘮 지껄일로
譊 소리많을로
嘷 범의소리로

록

熝 단련할록
圥 버섯록
濼 물이름록
廘 곳집록
⿰自彔 초록빛록
㪖 깍는소리록
娽 따를록
⿰口彔 잠깐웃을록
彔 나무깎을록
录 나무깎을록
漉 걸를록
樚 고패두레박록
綠 초록빛록
祿 복록
⿰鹿皮 가죽무늬록
錄 휘학질할록
轆 두레박틀록
⿰木麓 감나무록
⿰禾彔 곡식록
⿸鹿瓦

벽돌 록 盝 거를 록 麓 원추리 록 䨪 소나기 록 膔 배끓을 록 轒 드레박틀 록 䁖 눈맑을 록 粶

불에 말린 쌀 록 碌 푸른돌 록 睩 흰짐승 록 䴪 짐승이름 록 盝 거를 록 逯 국축할 록 趢 달아나는

소리 록 罹 잔그물 록 䃙 돌 록 簏 대상자 록 睩 흐릴 록 睩 보는모양 록 艣 구룩배 록 皴

마른살결 억셀 록 䌒 순전할 록 踛 갈 록 膝 기름 록 籙 호적 록 盝 거를 록 角 신선이름

록 罷 잔그물 록 騄 준마 록 琭 자질구래한옥 록 淥 물맑을 록 逯 훌럭갔다올 록 轆 멍에채에

가국대할 록 黷 검게때묻을 록 蹗 빨리달아날 록 麓 산기슭 록 箓 높은대상자 록 覼 한가지로볼 록

螰 쓰르라미 록 鹿 사슴 록 顤 목 록 餘 음식 록 騼 들말 록 祿 옥소리 록 簶 살통 록

𦒉 물위로날 록 聣 도마뱀 록 鵦 새의잡털의빛갈 록 䇗 불록커신 록 摝 떨칠 록 諑 희학질할 록

麴 찐보리떡 록 黷 검게때묻을 록 蹗 빨리달아날 록 䴪 가죽에무늬있을 록 醁 맛좋은술 록 菉

녹두 록 錄 기록할 록

론 論 의론 론 惀 염치없을 론 [角+侖] 공철 론 碖 돌떨어질 론 讑 의논 론 惀 염치없을 론

菕 논나물 론 惀 생각할 론 淪 빼꼴 론 論 의론 론

롱 哢 조롱할 롱 挊 희롱할 롱 峬 산구멍 롱 庢 큰집 롱 哢 새울조리 롱 埲 구멍뚫을 롱

嚨 목구멍 롱 壠 밭두둑 롱 巄 산가파를 롱 瀧 젖실 롱 壟 밭두둑 롱 卡 희롱할 롱

鏧 북소리 롱 [illegible] 빗소리 롱 [illegible] 난간 롱 [illegible] 비뚜로갈 롱 朧 달처음밝을 롱 靇 우뢰소리 롱

梇 땅이름 롱 櫳 난간 롱 驡 들말 롱 籠 농 롱 蘢 요화 롱 龓 롱헐 聾 귀먹

을 롱 聾 귀먹을 롱 靇 우뢰소리 롱 [illegible] 짐승이름 롱 [illegible] 말탈 롱 聾 귀먹을 롱 [illegible] 작은

오리 롱 [illegible] 말언치 롱 [illegible] 충실할 롱 [illegible] 옷한벌 롱 豅 크고긴골 롱 曨 해돋으려할 롱 礱 갈 롱

蠪 개미 롱 鑨 쇠그릇 롱 [illegible] 광주리 롱 [illegible] 걸음새 롱 躘 몸단정하지못할 롱 [illegible] 농 롱 [illegible]

벼병들 롱 [illegible] 말탈 롱 篭 농 롱 礲 맷돌 롱 襱 바지양쪽가랑이 롱 鏧 북소리 롱 瓏 환할 롱

[illegible] 물이름 롱 [illegible] 찰질 롱 竉 깊은구멍 롱 㦕 사나울 롱 龐 충실할 롱 瓏 용그린홀 롱

[illegible] 붉은빛 롱 攏 가질 롱 [illegible] 조롱할 롱 [illegible] 고지식할 롱 隴 큰언덕 롱 弄 희롱할 롱 儱

건목칠 롱 [illegible] 떡이름 롱 [illegible] 벼의병 롱

뢰

讄 신호 뢰 罍 작은구멍 뢰 [illegible] 말막음할 뢰 [illegible] 앓을 뢰 瀨 여울 뢰 懶 옷해어질 뢰

[illegible] 클 뢰 [illegible] 발사이 뢰 [illegible] 밀칠 뢰 儡 꼭두각시 뢰 [illegible] 돌굴러내릴 뢰 [illegible] 옥그릇 뢰 [illegible] 절름거릴

뢰 賂 뇌물 뢰 靁 천둥 뢰 櫑 둘굴릴 뢰 [illegible] 고을이름 뢰 [illegible] 술항아리 뢰 襰 거주할 뢰 [illegible]

두드러기뢰 賴 힘입을뢰 櫑 곡두각시뢰 蕾 꽃봉오리뢰 罍 술잔뢰 罍 뻐코그물뢰 耒

홀칭이뢰 罍 잔고기잡는그물뢰 賚 줄뢰 瀨 여울뢰 瓃 용마루기와뢰 誄 시호뢰 賚 줄뢰

躝 절름발이뢰 頛 머리기울뢰 鐳 칼머리치장뢰 𧞤 옷해질뢰 𧞤 칼치장뢰 酹 강신술뢰 轠

수레잇달을뢰 盭 술단지뢰 瓃 지붕마루뢰 賚 줄뢰 䰕 천둥귀신뢰 𣁺 꺾을뢰 藾

다북쑥뢰 纍 곡두각시뢰 礧 산높을뢰 畾 밭사이뢰 懶 게으를뢰 癘 모진병뢰 𤢚 박쥐뢰 𤟤

빠를뢰 鱩 도루묵은어뢰 錑 대패뢰 籟 피리뢰 穲 벼이름뢰 賂 뇌물뢰 攂 급히북칠뢰

櫑 술잔뢰 藟 나물뢰 頪 빠를뢰 𩡱 얼룩말뢰 覶 믿을뢰 隉 뭇돌뢰 蠝 박쥐뢰

擂 연마할뢰 磥 돌무더기뢰 𡾊 울퉁불퉁할뢰 讄 신호뢰 礌 돌내려굴릴뢰 儡 고달플뢰 纇

실매듭뢰 磊 돌첩첩할뢰 罍 술단지뢰 瀨 추울뢰 耒 따비뢰 壘 천둥뢰 瓠 외속뢰 讄

시오뢰 誄 행장뢰 𤩗 옥그릇뢰

료 䢧 다리성급할료 鐐 천은료 橑 명고대료 瞭 눈밝을료 獠 밤에사냥할료 了 마칠료

丙 분요할료 料 불빛환할료 尞 뜰에세운횃불료 峁 산속이횡할료 廫 넓고큰모양료 漻 물맑

을료 廖 사람이름료 嫽 예쁜모양료 嶚 높을료 僚 동관료 寮 작은창료 嶛 높을료

㡻 비단우산 료
墂 외짝은 담 료
憭 쾌할 료
𥜌 횃불켜고 천제지낼 료
䕩 마른매실 료
𨣤 낯흴 료

료
𤎖 불밝힐 료
𦪇 작고긴배 료
𩯁 길 료
飉 바람소리 료
𢿗 작고길 료
䍡 물고기그물 료

膫 구울 료
繚 얽을 료
𧳜 구울 료
𩪘 엉덩이뼈 료
撩 훔칠 료
燎 비칠 료
𣩐 패할

료
璙 옥이름 료
暸 밝을 료
𩕐 머리길 료
𨢭 맑은술 료
簝 종묘에 고기담는 대제기 료
𩴾 놀랄 료

遼 멀 료
鷯 뱁새 료
𤻲 병나을 료
蓼 여뀌 료
豂 골깊을 료
憀 원망할 료
𦒏 높이날 료

飂 바람소리 료
賿 돈 료
㵳 맑고깊을 료
𦗿 귓속찡할 료
漻 맑고깊을 료
寥 고요할 료
蓼

여뀌 료
𥨐 구멍 료
鄝 나라이름 료
飂 바람소리 료
蹘 멀리달아날 료
䬧 바람소리 료
顟 머리길 료

𪖐 들창코 료
熮 불사를 료
憀 원망할 료
蟉 용머리꿈틀거릴 료
舠 작고긴배 료
𥝥 빼어낼 료
𥨪

뚫을 료
聊 힘입을 료
𥸨 헤아릴 료
聊 힘입을 료
𨘋 갈 료
𣟧 나무휘청거릴 료
嘹 신음할 료
𦅧

얽을 료
飑 바람소리 료
𣂉 헤아릴 료
𤑗 구울 료
敹 가릴 료
橑 추녀나무 료
轑 수레뚜껑 료

髎 엉덩이뼈 료
料 헤아릴 료
屪 자지 료
醪 막걸리 료
尥 다리힘줄약할 료
膋 창자의 발기름 료

佬 점잖을 료
寥 고요할 료
𧘇 잠방이 료
療 병고칠 료
朽 차례 료
𤺥 속결릴 료
䆗 집안으슥

할 료
獠 서양오랑캐이름 료

룡

龍 용 룡　竜 용 룡　龒 용 룡　龗 용 룡　龙 용 룡　龔 용 룡　龒 용 룡　爖 불모양 룡
𪐄 좌우자은문 룡　龐 충실할 룡　甕 연자매 룡　轆 바퀴굴대끝 룡　贚 가난할 룡　幒 묘게 룡
驡 중기 룡　鼕 북소리누은모양 룡　龍 무당 룡　艟 갑판 룡　儱 비틀거릴 룡　躘 어린애걸음 룡

루

瞜 애꾸눈 루　鋄 술그릇 루　䃙 돌많을 루　羷 뿔벗난양 루　毽 털로짠베 루　螻 도르래 루
鏤 새길 루　艛 다락있는배 루　牖 물막는널판 루　樓 다락 루　賻 탐낼 루　劃 뚫을 루　熡 불꽃 루
漊 물결용솟음칠 루　嶁 산모양 루　嶁 산마루 루　幞 말먹이자루 루　僂 구부릴 루　㟼 산모양 루
嶁 산마루 루　數 어린아이흉악할 루　嘍 개부를 루　偻 난쟁이 루　坐 흙담 루　廔 집대마루 루
屢 여러 루　婁 어리석을 루　屚 집샐 루　匧 옆으로피할 루　婁 끌 루　屢 여러 루　塿 토둔 루
陾 고을이름 루　䮫 둥근떡 루　漏 샐 루　摟 끌 루　氀 털로짠베 루　慺 정성스러울 루　犂 암내내는소 루
甊 병 루　遱 연할 루　縷 실 루　蔞 닭의밑씻개 루　髏 해골 루　獿 돼지암내낼 루
穛 음식제 루　淚 눈물 루　瓃 초가을제사 루　毋 담자리 루　蔞 물쑥 루　漊 돌창 루　犪 암내내는소 루
艛 발루배 루　鷜 들거위 루　霻 비올 루　累 얽힐 루　豿 암내나는돼지 루　錭 녹 루　抚 어루만질 루
顭 해골 루　䅹 김맬 루　斢 노략할 루　膢 형상추악할 루　蔏 약초이름 루　覼 자세히볼 루

(루) 褸 옷해질 루 醎 물고기젓 루 瓃 옥그릇 루 鼺 청서모 루 蔞 물쑥 루 䮫 큰새 루 鱋 잉어 루

踽 사뿐사뿐 걸을 루 螻 도르래 루 隭 땅이름 루 𧯷 흰콩 루 剅 조금뚫을 루 膢 입추집 루

耬 씨뿌리는 그릇 루 庳 초가 루 𩏵 다락 루 鞻 춤신 루 嘍 번거러울 루 陋 더러울 루

貗 오소리새끼 루

률

㪲 편치못할 률

뤼

𤮐 벽돌 뤼

류

蘲 산이름 류 嬼 과부 류 瀏 물맑을 류 漻 수족얼어곱을 류 勠 힘쓸 류 壘 진터토성 류

灅 물이름 류 澑 낙수물 류 劉 이길 류 厽 흙을쌓아서 담쌓을 류 嫘 성 류 嚠 소리맑을 류 壨 진터토성 류

旒 깃발 류 𣲖 흐를 류 橊 등나무 류 瘤 혹 류 类 나눌 류 窌 땅이름 류 茆 순채 류

纍 죄 류 鼩 대나무쥐 류 𤮚 지붕마루 류 纝 늙은노그물줄 류 畱 머무를 류 柳 버들 류 瑠 유리 류

罶 통발 류 䅞 벼성할 류 畄 머무를 류 綹 실스무오리 류 𦄅 비단이름 류 纝 검은노그물줄 류 榴 석류 류

流 흐를 류 絫 포갤 류 珋 돌 류 泪 눈물 류 㫼 깃발 류 畱 머무를 류 霤 낙수고랑 류 瞘 복습할 유류

琉 나라이름 류 蘽 산머루 류 鉚 황금 류 騮 월다말 류 鸓 나는다람쥐 류 𥧓 구멍 류

鸓 나는다람쥐류 ⿰金風 바람지나가는소리류 ⿺風劉 바람가는소리류 驑 검은갈기절다말류 ⿰扌畱 손으로고르게할류 ⿺鼠畱 나대

무쥐류 ⿰劉鳥 사다새류 ⿺風參 바람가는소리류 ⿰車卯 관신는수레류 蔂 덩굴풀류 ⿰劉風 바람가는소리류 ⿰扌壘 초상

집풍류류 鸓 나는다람쥐류 ⿱畾鳥 나는다람쥐류 鉚 순금류 鏐 아름다운금류 飀 높은바람류 窌 이땅

름류 ⿰翏隹 큰병아리류 餾 밥뜸들류 藰 대이름류 葇 산매류 ⿵門翏 목매죽일류 ⿰目⿷匸毛 누외서볼류

蘱 그령류 鷚 종달새류 珋 보석류 ⿸鼠丣 대나무쥐류 ⿸鹿㐬 사슴류 ⿰禾畱 벼무성할류 餾 밥뜸

들류 ⿰田翏 화전류 ⿰犭畱 사냥개류 禷 천제지낼류 ⿰彳畱 가면서서로기다릴류 鎦 죽일류 ⿱穴畱 구멍류

⿱艹畱 향풀류 ⿺風丣 슬슬부는바람류 ⿰吕畱 시루류 虆 덩굴류 駵 배가흰말류 ⿰黑律 검은빛류

鎏 순금류 ⿰絫瓦 벽돌류 ⿸麻㐬 삼류 硫 유황류 鷚 물오리의알류 ⿰雷鳥 나는다람쥐류 鎦

시루류 ⿰鳥翏 종달새류 懰 예쁠류 磂 유황류 鶹 꾀꼬리류 ⿰車丣 상여차류 樏 썰매류

藟 칡넝굴류 ⿰扌劉 벨류 欙 썰매류 藰 산우엉류 ⿱艹壘 샘대가류 ⿺風卯 바람소리류 類 나눌류

⿱𥫗溜 대조리류 裗 실끝류 ⿰角翏 뿔굽을류 ⿰目纍 볼류 旒 깃발류 ⿰米㐬 볶은쌀류 旒 깃발류

⿰糸㐬 깃발류 橊 석류류 鐂 요금도류 ⿰馬卯 월다말류 ⿱畱心 원망할류 ⿰飠卯 미끼류 ⿰礻畱 예방할류

⿰馬丣 갈기검은붉은말류 ⿱流鳥 물새류 ⿱流至 깃발류 ⿰豆畱 흰두콩류 ⿸广畱 가운데뜰류 ⿰歹丑 죽으려할류 ⿰木劉

나무이름 류
溜 물처마 류
謬 그릇할 류

륙

륙
稑 올벼 륙
⿱山六 풀버섯 륙
⿱竹六 대 륙
剹 죽일 륙
踛 발올들 륙
⿰馬坴 사나운말 륙
⿱艹陸 명아주 륙
輘 바퀴심대 륙
⿱先音 들 륙
⿱艹稑 명아주 륙
⿱艹陸 명아주 륙
⿰虫坴 강요주 륙
陸 뭍 륙
⿰礻坴 볼 륙
磟 돌곰배 륙
穋 벼이름 륙
鵱 들거위 륙
淕 찰 륙
六 여섯 륙
勠 협력할 륙
僇 욕할 륙
戮 죽일 륙
坴 언덕 륙

륜

륜
稐 볏단 륜
⿰禾侖 벼묶을 륜
蜦 기는모양 륜
⿰米囷 벼묶음 륜
踚 날래게 걸을 륜
輪 수레바퀴 륜
鯩 고기이름 륜
淪 빠질 륜
䑳 배밑창 나무 륜
⿰田侖 밭두둑 륜
錀 금 륜
⿸疒侖 손가락병 륜
掄 고를 륜
⿱竹侖 배밑대 륜
棆 느릅나무 륜
圇 물건완전할 륜
⿱分侖 생각할 륜
崘 곤륜산 륜
倫 인륜 륜
崙 곤륜산 륜

률

률
⿰禾栗 벼쌓은 모양 률
硉 돌구를 률
膟 발기름 률
⿱竹律 새쪼는 대총 률
栗 견고할 률
⿰糸祭 옥갈
아놓은 방석 률
溧 물가 률
等 새쏘는 총 률
瑮 옥무늬 률
⿰犭栗 오랑캐 이름 률
⿰糸栗 채색비단 률
⿱宀栗 밤 률
寽 취할 률
⿰車刂 깎을 률
⿰卑殳 칼질할 률
嵂 산가파를 률
峍 돌비탈 률
律 법 률
塛 막을 률
⿰栗刂 깎을 률
凓 찬기운 률
麜 암노루 률
⿰素率 흰비단 률
篥 쟁쟁한 대 률
繂 매듭줄 률
⿰𧾷律

뒷걸음칠 률 𧾊 배꼴이 올리는 줄 률 䬜 폭풍 률 𨅔 밟을 률 慄 두려울 률 搮 쓰다듬을 률 𢮶

즙낼 률 𥻦 궂은 쌀 률 䰛 죽일 률 鷅 꾀꼬리 률 飃 왜풍 률 葎 삼합 률 䔩 풀아커 들률

𥢑 궂은 쌀 률 啐 지저귈 률 嘌 말분명치 못할 률

륭

隆 성할 륭 𪔵 북소리 륭 鼕 북소리 륭 𪔝 북소리 륭 篷 대숲 륭 鼜 소리 륭

窿 하늘형용 륭 霳 구름맡은 키신 륭 礲 돌떨어지는 소리 륭 癃 들피병 륭 瀧 물길올 륭 窿

하늘 륭 𤎼 불기운 륭 嶐 산형 륭

륵

嘞 어조사 륵 𡑦 옥다옴 가는 륵 忇 공 륵 𩩲 굴레 륵 𧺶 걸을 륵 鰳 준치 륵 𣟁

상수리나무 륵 氻 물소리 륵 肋 갈빗대 륵 艻 향풀 륵 泐 돌결일어 날뒨치 륵 玏 대뫼리 륵 扐 손새에 시

초길 륵 竻 흙켜 륵 𧲠 개 륵 𤩵 옥다음가는 돌 륵 勒 굴레 륵 仂 나머지 륵

름

䕲 평쑥 름 𧆍 평쑥 름 𢱩 죽일 름 檁 돌보도리 름 𦵛 쑥 름 癝 소름끼칠 름

澟 차고 맑을 름 懍 눈치두 거릴 름 祾 제사 이름 름 凜 찰 름 廩 쌀곳간 름 澟 찰 름 㐭 쌀광

름

릉

庱 정자이름 릉 凌 빙고 릉 崚 산모양 릉 倰 속일 릉 夌 넘을 릉 𠝻 것밟을 릉 䏖

리

쌍인어름 룽 蓤 샛별마름 룽 餧 말먹홀릴 룽 敹 넘을 룽 楞 네모질 룽 蔆 마름 룽 稜 시금

치 룽 𣣷 능가할 룽 淩 달릴 룽 睖 노리고볼 룽 颸 큰바람 룽 䃉 돌험할 룽 裬 말복두 룽

躸 몸 룽 㥄 슬퍼할 룽 骸 뼈가높은모양 룽 稜 밭두둑 룽 䮚 말병 룽 䁁 엽신여길 룽 蓤 마름

룽 踜 머물 룽 䎚 넘을 룽 陵 큰언덕 룽 崚 산이언틀먼틀할 룽 棱 네모질 룽 痠 풍병 룽

蔆 마름 룽 鯪 천산갑 룽 輘 수레에밟힐 룽 菱 마름 룽

리

哩 어조사 리 喱 아이름 리 吏 관리 리 剺 벗길 리 履 신 리 俐 똑똑할 리 刕 벨 리

灕 길편히흐를 리 唎 가는소리 리 孋 나라이름 리 嫠 홀어미 리 屨 신 리 俚 속될 리 廲 큰집 리

리 李 오얏 리 厘 이 리 䍦 흰모자 리 𠩺 바를 리 孷 쌍둥이 리 𧼒 세치그람 리 岦

산낮고길 리 娌 동서 리 䆂 털끝 리 𠠧 꺾을 리 𡲬 빌릴 리 利 이로울 리 裏 옥소리속 리

悷 근심할 리 鯉 잉어 리 謧 말수다할 리 氂 털끝 리 籬 울타리 리 貍 사나운짐승이름 리 驪

가라말 리 筣 대울타리 리 穲 곡식포기가즈런할 리 黧 검을 리 黧 검을 리 鯬 고기이름 리

耗 억센털 리 篱 대조리 리 𧭾 꾸짖을 리 攡 베풀 리 𪍿 볶은보리 리 㷰 장막속불 리

蟍 지비 리 离 밝을 리 䵫 검붉은빛 리 鯬 고기이름 리 艃 길고작은배 리 蠡 벌레이름 리

離 이별할리 魑 산매리 詈 벗대고꾸짖을리 粚 끈끈아리 癳 병들어피곤할리 𥝢 이로

울리 犛 검정소리 麗 부딪칠리 㒧 나무껠리 魑 도깨비리 絺 굿은솜리 痢 이질리

䅻 새잡는풀리 䚕 파리할리 魩 고기이름리 栱 기둥머리리 騋 말같은짐승이름리 蜊 참조개리

㾖 병리 蘺 향부자리 醨 맑은술리 㒩 일많을리 𥢈 작은유리 蠬 뿔없는용리 璃 유리

리 蘺 향풀리 䅻 끈끈이리 酏 젓삭을리 摛 펼리 鬁 관자놀이리 褵 돌띠리

𣯒 희담모자리 魋 악한키신리 䍦 접리관리 蒞 닿을리 罹 걸릴리 利 이로울리

竰 센티리터리 黧 검붉은빛리 氂 소꼬리리 𪌉 보리술리 鑗 검은쇠리 鸝 서로꼬리물고다니는쥐리

䅻 끈끈이리 隷 임할리 蘺 향풀리 睙 눈쌍꺼풀질리 鯏 모시조개리 鸝 꾀꼬

리리 離 이별할리 驪 나귀새끼리 犂 얼룩소리 鬁 머리땅아들리 穲 벼이삭숙으러질리 䔧 대쪽편

지리 欐 울타리리 糎 센치미터리 矖 둘러볼리 魑 산매리 黧 검을리 梨 참배리

莉 말리꽃리 橀 돌배리 麳 볶은보리리 盠 표주박리 鱺 잉어리 𦺊 얼룩소리 瞝 치켜

볼리 鯬 고기이름리 貍 삵리 褵 복리 邐 비슬거릴리 粱 묽은죽리 鬁 계집머리 驪 얼룩

말리 鑗 검은쇠리 欚 돌띠리 悝 근심할리 魑 산매리 䓞 팡이름리 甅 센치그람리

里 마을 리 梩 들것 리 狸 삵 리 莅 임할 리 𦛢 오얏 리 鯉 잉어 리 薶 콩 리

鯬 범장어 리 覼 구할 리 頭 신 리 斄 가늘게 그을 리 黎 어두울 리 理 다스릴 리 穲 빠지

릴 리 驪 가라말 리 麗 부딪칠 리 𢂔 비단마름질할 리 𤟹 사나운 짐승 이름 리 斄 끌 리 𥠈

노복 리 貍 삵 리 謧 말수다할 리 嚹 말 그치지 않을 리 斄 가늘게 그을 리

린

𥶠 털 린 吝 한할 린 閵 불모양 린 轥 짓밟을 린 繗 이을 린 撛 구원할 린 𧒽

벨 린 麟 기린 린 閵 불 린 嶙 산급을 린 亃 근심할 린 粦 도깨비불 린 𡾢 산이름 린 斴

돌사이 흐르는 물소리 린 壣 남새밭 린 僯 부끄러울 린 潾 물맑을 린 閵 밝을 린 䫐 털성길 린 橉 문지

방 린 藺 모기 린 撛 구원할 린 䉮 대속찰 린 粼 물맑을 린 躪 짓밟을 린 翷 날 린 璘

옥무뇌 린 獜 건장할 린 粦 도깨비불 린 膦 모질 린 瞵 눈정기 린 燐 도깨비불 린 疄 발두

둑 린 遴 머뭇거릴 린 𩔂 털성길 린 駱 암달 린 鏻 굳셀 린 䫐 털성길 린 躙 수레에 깔릴 린

鱗 비늘 린 驎 얼룩말 린 轔 수레소리 린 遴 머뭇거릴 린 悋 더러울 린 䚏 친할 린 𪋳

기린 린 䢯 이웃 린 麐 암기린 린 麘 암기린 린 賧 음식탐낼 린 遴 가릴 린 䫐 털성길 린

麐 암기린 린 麟 기린 린 𧲆 큰돼지 린 磷 비늘 린 賂 탐낼 린 蟒 반딧불 린 甐 해질 린

릴

邌 잡아볼을 릴
[illegible] 쇠불릴 릴

림

臨 임할 림
[illegible] 물댈 림
[illegible] 머리숙일 림
霖 장마 림
[illegible] 찰 림
痳 임질 림
崊 산험할 림
[illegible] 임할 림
[illegible] 알고저할 림
[illegible] 임할 림
淋 물댈 림
琳 아름다울옥 림
棽 나무가지무성할 림
林 수풀 림
碄 깊을 림
[illegible] 나무가지무성할 림
[illegible] 집깊을 림
[illegible] 골 림

립

[illegible] 설 립
[illegible] 깨물 립
粒 쌀알 립
苙 구리때 립
鴗 쇠새 립
笠 삿갓 립
砬 약돌 립
洽 샘솟을 립
立 설 립
[illegible] 두드러기 립
鉝 밥그릇 립
雴 큰비쏟아질 립
[illegible] 배젓는소리 립

마

[illegible] 작을 마
瑪 옥돌이름 마
[illegible] 관자놀이 마
[illegible] 없을 마
禡 진터제사이름 마
[illegible] 어린아이먹일 마
[illegible] 얼굴푸를 마
[illegible] 갈 마
魔 마귀 마
[illegible] 말더듬을 마
[illegible] 부끄러울 마
[illegible] 말많을 마
[illegible] 가는모양 마
蟇 개구리 마
麻 삼 마
劘 깎을 마
[illegible] 어린아이먹일 마
碼 야아드 마
摩 연마할 마
榪 주걱 마
痲 홍역 마
[illegible] 넓게갈 마
[illegible] 거북 마
傌 욕할 마
[illegible] 술잔 마
麿 사람이름 마
[illegible] 새박 마
[illegible] 나눌 마
[illegible] 얼굴푸를 마
[illegible] 심화병날 마
[illegible] 어린아이먹일 마
嗎 꾸짖을 마
馬 말 마
亇 마치 마
吀 양울 마
[illegible] 말 마
媽 어미 마
[illegible] 입딱다물 마
[illegible] 반신불수병 마
[illegible] 말더듬을 마
[illegible] 말더듬을 마
[illegible] 몸한편마를 마
[illegible] 작을 마

懡 부끄러올 마 摩 문지를 마 ⿰糸甫 도울 마 ⿰金靡 황금 마 ⿸疒馬 눈병 마 ⿸麻多 배릴 마 ⿸麻女

계집중 마 示 갈 마 麼 작을 마 麽 작을 마 鰢 수마 마 ⿰昜彡 말 마 ⿰目馬 볼 마 ⿰虫麻 개구리 마

⿰石靡 옥다듬을 마 蘑 표고 마 ⿸麻胥 몸한편마를 마 ⿰扌摩 갈 마 蔴 삼 마 ⿰扌麻 연마할 마 ⿰月靡

설사병 마 ⿰馬乀 말 마 ⿰面麼 부끄러올 마 麻 삼 마 哶 양울 마 ⿸厂馬 암자 마 蟆 찰머구리 마

磨 갈 마 嘛 중 마 嘛 중 마 嚤 곰의이름 마 嬷 엄 마 螞 메뚜기 마 ⿰阝馬 터할 마

⿰黍麻 찰기장 마 ⿰忄麼 부끄러외할 마 亇 치마 마

● 막 膜 홀떼기 막 瞙 눈어둘 막 膜 홀떼기 막 寞 쓸쓸할 막 ⿰石莫 모래바닥 막 瘼 병들 막

⿰酉莫 홀떼기 막 鏌 칼이름 막 漠 아득할 막 邈 멀 막 塻 티끌 막 ⿰歹莫 죽어고요할 막 ⿱艹䫉 아름

다울 막 鄚 고을이름 막 幕 장막 막 ⿺辶䫉 아득할 막 ⿱莫夌 죽어고요할 막 暯 어둘 막 莫 말 막

⿱雨莫 비올 막 ⿸广莫 별 막 ⿰麥莫 밀기울 막 ⿱䫉心 업신여길 막 覓 구할 막 ⿱貌心 아름다울 막 ⿱⿰豸莫虫

사마귀 막 ⿺辶䫉 아득할 막 嗼 고요할 막 ⿰革莫 신 막 嵮 몰래 막 藐 지초 막

● 만 ⿰糸瞀 눈에뵐 만 慢 게으름 만 ⿰馬曼 다리곡지 만 縵 무늬없는비단 만 鏝 징자이름 만 ⿰滿頁 물 만

⿱竹曼 대이름 만 瞞 어둘 만 ⿱髟女 다리곡지 만 ⿱髟晏 다리곡지 만 漫 물크러질 만 僈 홀겨늦을 만

睌 겁없이 볼 만 䊡 밥윤택할 만 鏋 말머리치장 만 䅼 목은 밭 만 滿 찰 만 鰻 뱀장어 만 晩

저물 만 槾 평고대 만 挽 당길 만 𧬈 속일 만 𣫂 무늬없을 만 㦟 잊을 만 幔 장막 만 蟃

뽕나무 벌레 만 滿 넘칠 만 鞔 신울 만 鄤 땅이름 만 万 일만 만 鬗 치장할 만 𩌐 신 만 瞞

반듯(한) 눈 만 贎 재물 만 鬘 다리꼭지 만 娩 해산할 만 錽 말머리치장 만 錽 말머리치장 만 峦 산봉

우리 만 錽 말머리치장 만 錽 말머리치장 만 萬 일만 만 麪 만두 만 鬘 다리꼭지 만 鸞 만세 만

𥳋 대그릇 만 豩 살찐돼지 만 𩈚 낯에칠할 만 鬗 머리치렁치렁할 만 墁 벽 만 灣 물급이 만 𣰰

붉은털오 만 鬘 다리꼭지 만 萬 일만 만 縵 더딜 만 鰻 뱀장어 만 𤿭 가죽벗어질 만 睌 겁없이볼

만 摱 끌 만 𩬊 다리꼭지 만 獌 이리 만 芇 맞겨룰 만 灣 물급이 만 幔 장막 만 蛮

오랑캐 만 𤿭 가죽벗을 만 嫚 업신여길 만 溱 물깊고넓을 만 鏝 쇠흙손 만 𡨽 구멍검을 만 𥳋

대그릇 만 澫 물 만 蠻 벌레몸을구부려숨쉴 만 䅼 목은 밭 만 𧳋 이리 만 蔓 덩굴 만 饅 만두

만 𥢒 벼이름 만 𪑈 수레바퀴에그릴 만 漫 아득할 만 蔓 덩굴 만 蘰 덩굴 만 𥳋 대그릇 만

輓 수레끌 만 鰻 뱀장어 만 巒 산봉우리 만 鬘 다리꼭지 만 脕 예쁠 만 謾 속일 만 鸞 새외

조 만 㰃 굽은나무 만 鬘 다리꼭지 만 𤿭 가죽벗어질 만 謾 속일 만 晩 저물 만 曼 길 만

嫚 교만할 만
懣 번민할 만
謾 속일 만
鏋 금 만
彎 시위에 살 낄 만
㦛 두려울 만
曼 길 멀 만
𥳫 벼가락 바술 만
㵘 비 와 이슬 흠치를 할 만
霻 사람의 이름 만
髶 젊은 계집 머리 치장할 만
鬘 다리 꼭지 만
㤓 뉘우칠 만
獌 이리 만
蹣 넘을 만
𨏶 차 장막 만
鋄 말머리 치장 만
鄤 땅이름 만
鰻 뱀장어 만
囦 물 구비 만
墁 흙손 만
㙢 흙 뭍을 만
𡧍 당길 만
蔓 순무 만
䘃 피칠할 만
蠻 새소리 만
𧝍 오랑캐 옷 만

말

袹 상복 말
𦍧 말갈 말
絉 옷 맬 말
䮚 말막설 말
䀜 볼 말
駯 팔이 달아날 말
靺 가죽신 말
帓 띠 말
閅 흘겨 볼 말
靺 붉은 끈 말
䀛 볼 말
䜂 공교할 말
䳟 접오리 말
醿 장 말
袜 가죽 말
䴲 밀가루 말
擟 가만히 때릴 말
佅 오랑캐 풍류 이름 말
粖 미음 말
𥞉 튼튼할 말
䩋 가죽신 말
秣 말먹이 말
韈 버선 말
䬴 말먹일 말
襪 버선 말
皌 엷게 흴 말
白末 싸라기 말
味 꺼멓게 빛날 말
枺 기둥 말
抹 바를 말
瀎 걸레 말
妺 계집의 이름 말
茉 말리꽃 말
黰 엷게 검을 말
袜 허리띠 말
礣 자갈 말
怽 잊을 말
襪 버선 말
䏞 배 말
炑 불빛 말
坆 쓰레기 말
䒿 어두울 말
末 끝 말
沫 물 끓는 거품 말
昩 작은 별 말
眛 눈 희미할 말
䒻 색 없는 말
砞 부서진 돌 말

맘

麥 김 맘
𤕫 두개골 맘
黑㕘 캄캄할 맘
鉞 날 맘
鋑 굴레 맘

망

罔 그물 망 冈 그물 망 罓 그물 망 𦉪 그물 망 网 그물 망 罒 그물 망 䋄 그물 망 罒
그물 망 𦊱 그물 망 網 그물 망 莣 미도리 망 朢 보름 망 𠕀 그물 망 𡧧 구멍 망 妄 망령
될 망 牻 색없을 망 𦛗 힘줄얽힌 망 𩩲 몸이살찔 망 𧬈 책망할 망 𣰋 털베 망 罔 없을 망
誷 속일 망 詎 사람이름 망 𣶩 큰물 망 𥰣 마디온대 망 漭 큰물 망 莔 봄보리 망 蘉
힘쓸 망 杗 대들보 망 𧪓 꾸짖을 망 望 바랄 망 𡘋 파리할 망 𡈽 바랄 망 忙 바쁠 망 杧
등거 망 邙 북망산 망 蝱 등에 망 㑌 아첨치않을 망 孟 맹랑할 망 蛧 번데 망 笀 까스랑이
망 𥉯 매꾸눈 망 𥐥 돌모양 망 茻 풀과나무우거질 망 𧩱 서로책망할 망 蛧 두려시나 망 𩃬 구름빛 망
𧧒 속일 망 誷 속일 망 𧦧 속일 망 汒 바쁠 망 鋩 서슬 망 蛧 도깨비 망 硭 망초 망
魍 산도깨비 망 芒 까스랑이 망 汒 바쁠 망 𦖿 커다울 망 𠤖 물이도대답않을 망 忘 잊을 망 𧬈
서로책망할 망 𩵼 망둥이 망 望 바랄 망 𡵁 돌모양 망 盳 가물티외 망 𩗗 내리부는바람 망 𦕈 귓병 망
肓 커다불 망 𩑒 머리 망 罔 없을 망 蟒 구렁이 망 𦌾 산도깨비 망 輞 바퀴테 망 茫 아득
할 망 𤛘 황소 망 𥉯 희미할 망 亡 죽일 망 茻 잡풀우거질 망 蟒 구렁이 망 𨿽 솔개미 망 鋩
날 망 𥥛 잠고대할 망 𢞠 어두울 망 吂 모른체할 망 茫 망망할 망 𡧧 없을 망 𡨄 없을 망

峼 산모양 망
惘 심할 망
[麥+亡] 보리거러 망
恾 경황할 망
[芒+心] 도롱이 망
亾 없을 망
蛧 도깨비 망

[罒+亡] 없을 망
望 바랄 망

매

㊕매

[少+里] 묻을 매
沕 잠들 매
邁 멀리갈 매
塺 티끌 매
罵 꾸짖을 매
梅 매화나무 매
苺 딸기 매

[鬼+彖] 도깨비 매
脢 등심 매
[黑+未] 거무스름할 매
腜 첫애밸 매
玫 불구슬 매
[言+萬] 자랑할 매

莓 이끼 매
[鬼+昇] 도깨비 매
挴 탐할 매
[目+買] 볼 매
[鬼+賣] 도깨비 매
[言+厲] 자랑할 매
[貍+心] 영리할 매

寐 잠잘 매
[寐+米] 잠깨지 않을 매
邁 멀리갈 매
痗 병 매
酶 술밑 매
侎 오랑캐풍류이름 매
[言+邁] 자랑할 매

[目+勿] 멀리볼 매
[忄+買] 맘불편할 매
[亠+鬼] 도깨비 매
[鬼+玄] 도깨비 매
[禾+黑] 벼가비에상하여 대모앉을 매
[羊+賣] 비계칼 매

鋂 사슬고리 매
鬽 도깨비 매
[目+鬼] 도깨비 매
蕒 돌상치 매
[鬼+眉] 도깨비 매
魅 도깨비 매
[雨+物] 해미 매

薶 묻을 매
霾 흙비 매
[黑+鳥] 새후려잡을 매
[靑+鬼] 도깨비 매
[氵+某] 무너질 매
禖 천자의아들비는제사 매
勱 힘쓸 매

煤 그으름 매
[山+買] 팔 매
[足+尾] 공차지 매
脄 등심 매
[少+目] 눈섭 매
[言+萬] 자랑할 매
[麻+鳥] 참새 매

顯 어두울 매
枚 줄기 매
[米+每] 술밑 매
弖 너 매
弓 너 매
[雨+林] 바람불고 흙비올 매
[黑+貞] 곰팡이필 매

埋 묻을 매
呅 웃을 매
[目+賣] 곁눈질할 매
[黑+每] 얼굴검을 매
[黑+萬] 검은모양 매
[山+每] 매양 매
[女+買] 약을 매

[余+丁] 완악할 매
[鬼+勿] 도깨비 매
[足+未] 밟을 매
[鬼+忽] 도깨비 매
霉 곰팡이 매
[鬼+山] 도깨비 매
寀

(깊이들어갈 매)
𧶠 팔 매
韎 붉은가죽 매
鬽 도깨비 매
楳 매화나무 매
昧 눈어둘 매
魅 도깨비 매
鷶 접동새 매
瑁 대모 매
沬 희미할 매
䁊 금볼 매
寐 잠잘 매
脢 등살 매
賣 팔 매
抺 더듬어찾을 매
坶 터끌 매
浼 더러울 매
眛 어두울 매
嵬 도깨비 매
買 살 매
売 팔 매
罵 꾸짖을 매
䩈 꼬신 매
買 살 매
霾 흙비 매
罵 꾸짖을 매
酥 얼굴 매
埃 티끌 매
霾 해미 매
妹 아래누이 매
酶 단젓 매
媒 중매 매
每 매양 매
毎 매양 매
每 일상 매
嘪 양의소리 매
啀 개가물려고할 매
貍 영리할 매

맥

覛 흘깃볼 맥
簚 수레덮개 맥
霡 이슬비 맥
脈 핏줄 맥
貊 오랑캐 맥
䳮 새늘라보는 모양 맥
虎白 흰범 맥
虎白 범 맥
覛 흘깃볼 맥
虎冥 흰범 맥
衇 맥맥
嵮 물래 맥
衇 핏줄 맥
駋 소트기 맥
䳮 새늘라보는 모양 맥
麦 보리 맥
䳮 새놀라보는 모양 맥
絔 두건 맥
虎白 흰범 맥
驀 말빨리탈 맥
脉 핏줄 맥
䮬 노새 맥
霢 이슬비 맥
脈 핏줄 맥
麦 보리 맥
祳 키신 맥
蟆 작은모기 맥
貊 오랑캐 맥
眿 핏줄 맥
漠 파도 맥
衇 핏줄 맥
貃 오랑캐 맥
眽 서로볼 맥
湐 얕은물 맥
霢 이슬비 맥
趏 넘을 맥
麦 보리 맥
貘 곰같고쇠먹는 짐승이름 맥
陌 밭두길 맥
洦 물 맥
虎白 흰범 맥
鉑 병기 맥
莫 고요할 맥

맹

黽 맹꽁이 맹 ⿰彳孟 사람의 이름 맹 盟 맹세할 맹 孟 맏 맹 [illegible] 맹서할 맹 ⿱宀瞢 어리석을 맹

勐 사나울 맹 儚 밝지못할 맹 ⿱艹盲 약이름 맹 ⿰目黽 눈바로뜨고볼 맹 嫇 어련지어미 맹 ⿰盟阝 고을이름 맹

⿱穴瞢 어리석을 맹 甿 농부 맹 ⿱亡田 농부 맹 盲 어두울 맹 ⿰每瓦 지붕마루대 맹 ⿸疒盲 장님 맹 猛 날랠 맹

⿰虫盲 등에 맹 虻 등에 맹 ⿰目章 돌볼 맹 鄳 고을이름 맹 ⿱亡虫 등에 맹 ⿱丞皿 힘쓸 맹

⿰亡艮 백성 맹 ⿱亡艮 백성 맹 盟 맹세할 맹 萌 싹 맹 ⿰目孟 털볼 맹 蝱 등에 맹 ⿰目甍 아리

아리할 맹 ⿰木萌 나무고갱이 맹 ⿱亡皿 맹랑할 맹 ⿱𡇒皿 맹세할 맹 蕄 왔을 맹 ⿱囧皿 맹세할 맹 ⿰巳民 백성 맹 蜢

메뚜기 맹 ⿱艹䖵 약이름 맹 ⿰奚黽 고을이름 맹 ⿰魚瞢 고기이름 맹 ⿰委瓦 시루때 맹 氓 백성 맹 ⿱罒黽 맹꽁이 맹

茻 풀우거질 맹 艋 낚시배 맹 莔 패모 맹

며

旀 땅이름 며

멱

幎 면모 멱 ⿰黑冥 초목떨기 멱 鼏 솥뚜껑 멱 幦 수레뚜껑 멱 ⿰黑宜 초목떨기 멱 ⿰黑火

형벌할 멱 冪 덮을 멱 覔 찾을 멱 ⿺走覓 미쳐서달아날 멱 ⿱竹幕 밥보자기 멱 糸 가는실 실멱 ⿱罒幕

덮을 멱 ⿰糸覓 노 멱 幭 흰개가죽 멱 ⿰氵幕 물얕을 멱 ⿰酉鼏 말린젓 멱 冪 덮을 멱 ⿱宀覓 구할 멱

嘿 형벌할 멱 漞 물이름 멱 ⿰馬覓 말사나울 멱 ⿰黑覓 초목떨기 멱 ⿰酉冝 술찌끼 멱 冖 덮을 멱 塓 흙바를 멱

幂 밥보자기 멱 覓 찾을 멱 𧳜 머리검고 몸흰돼지 멱 汨 물 멱 䤍 말린 젓 멱 篾 흰개가죽 멱

면

辡 송사할 면 湎 취할 면 㝃 아이낳을 면 偭 향할 면 丏 뵈지않을 면 糆 가루 면

勉 힘쓸 면 䛉 꾀이는 말 면 葂 성할 면 䤍 피묻을 면 䤄 술에 젖을 면 宀 움집 면 面 낯 면

𧬊 총명할 면 愐 힘쓸 면 𡧊 맞을 면 沔 흘러가득할 면 眄 눈굴릴 면 綿 솜 면 㮌 졸 면

冕 면류관 면 靣 낯 면 檰 솜 면 蝒 매미 면 眠 졸을 면 緬 멀 면 䘉 두려울 면

㝰 보이지않을 면 麪 밀가루 면 麵 밀가루 면 𢅻 면모 면 勔 권면할 면 𧬊 영리할 면 𧷎 당할 면

俛 굽힐 면 瞑 잠심하여 들을 면 𢔁 비스듬히 걸을 면 𧌐 말매미 면 免 벗을 면 㨠 꾸밀 면

𩊮 굴레 면 臱 뵈지않을 면 鮸 조기 면 𣏌 솜 면 𡇸 낯 면 麫 밀가루 면 莬 사람이름 면

牑 지붕틈는 샛자리 면 媔 눈초리 고을 면 𣧂 불쌍할 면 䒮 평평할 면 澠 고을이름 면 𩈎 못난얼굴 면

櫋 지붕연접할 면 𡓮 땅을 편편하게 할 면 𦁚 솜 면 鞆 말굴레 면 𣺨 큰물 면 𥆂 졸음 면

圙 얼굴 면 𨉖 얼굴 면 𣧉 불쌍히 여길 면 矊 검은눈동자 면 麫 밀가루 면 櫋 나무빽빽할 면

矈 검은눈동자 면 眄 곁눈질해볼 면 𣁿 꽤맬 면 棉 솜 면 帉 내기할 면 檰 두충 면 矏 볼 면

矏 외눈어둘 면 䲛 꾀꼬리 울 면 䀎 옆으로 흘겨볼 면

멸

멸

蠛 피칠할 멸
篾 짜챈대 멸
簚 대껍질 멸
絥 옷맬 멸
蔑 불깜박거릴 멸
蔑 수레뚜껑 멸
幭 수레껑 멸
鑖 쇳덩이 멸
篾 대껍질 멸
搣 칠 멸
瞢 눈곱 멸
醆 얼굴작을 멸
滅 멸할 멸
烕 멸할 멸
娍 멸할 멸
紇 적을 멸
粫 짜라기 멸
瞌 낯더러울 멸
粆 미음 멸
矆 눈언저리다처서붉을 멸
鱴 갈치 멸
鱴 웅어 멸
鸏 뱁새 멸
蠛 바구미 멸
鸏 뱁새 멸
瞡 오르락내리락할 멸
蔑 날아오를 멸
幭 수레뚜껑 멸
櫗 나무틀릴 멸
蔑 눈초리다처붉을 멸
穠 벼 멸
懱 업신여길 멸
㩢 일바로못할 멸
蔑 없을 멸
㒝 간사할 멸
蠛 바구미 멸
穠 죽 멸
瞢 눈밝지않을 멸
纖 가늘 멸
懱 업신여길 멸
蔑 불가물거릴 멸

명

명

螟 머루 명
朙 달밝을 명
冥 어두울 명
殞 어두울 명
眳 날어둘 명
猽 작은돼지 명
洺 물이름 명
名 이름 명
瞑 눈어울 명
覭 복 명
熐 흉노의부락 명
朙 밝을 명
榠 명사나무 명
鴫 초명새 명
䳟 한마 명
佲 몸시칙할 명
眳 눈어둘 명
茗 차싹 명
覭 어두운데서엿볼 명
䖿 검푸를 명
眀 눈밝을 명
䁅 검무를 명
蓂 잠쳐음깐모양 명
明 밝을 명
盟 굴 명
螟 머루 명
冥 어두울 명
鷶 초명새 명
䁅 순섭넓을 명
蓂 없을 명
錉 쇠녹일 명
冥 어둘 명
䒌 물에담근쌀 명
矇 눈어둘 명
椧 홈통 명
暝 저녁 명
貘 작은돼지 명
䫥 이마 명
鄍 고을이름 명
㝠

어두울 명
鳴 새소리 명
銘 새길 명
酩 갈을 명
齬 이 명
西一 비틀거릴 명
鏌 쇠녹일 명
慏 맘너그러울 명
鵬 초명새 명
皿 그릇 명
姳 좋을 명
銘 새길 명
詺 물건이름 분명할 명
蓂 책력풀 명
命 목숨 명
溟 바다 명
䁅 아이밸 명

몌

眫 어지러울 메
眛 어지러울 메
袂 소매 메
鑖 쇳덩이 메
帛 포백시울 메

모

鉾 세모진 창 모
麰 갈보리 모
牡 수컷 모
洠 물가언덕 모
髦 준수할 모
摸 모뜰 모
瞀 애꾸 모
㮘 문설주 모
髳 앞머리 터질 모
麰 갈보리 모
某 아무 모
茆 순나물 모
蓩 도꼬마리 모
旄 소의 꼬리 모
䓮 굵은보리 모
芼 나물 모
蝥 누리 모
㡌 헌원씨의 황후 이름 모
㧇 가질 모
摹 규모 모
瞐 눈 구부려 자세히 볼 모
麰 갈보리 모
戼 문열 모
蟊 가리 모
譕 황당히 말할 모
䈍 대상자 모
𣨛 물릴 모
䂆 앞은 높고 뒤는 낮은 언덕 모
須 모양 모
冐 탈할 모
帽 모자 모
毪 비단털 모
耄 구십세 모
秏 털 모
芇 나물 모
毛 터럭 모
牦 들소 모
侮 업신여길 모
軞 임금 타시는 수레 모
縸 굳은 솜 모
耄 구십세 모
栂 나무이름 모
𢘓 뫼 모
帽 장옷 모
酕 취할 모
溾 큰물 모
𪀚 새 가는 털 모
竓 미리터리 모
芇 나물 모
矛 세모진 창 모
艒 배발판 모
涃 깨끗할 모
瀌 물부를 모
玥 대모 모
皃 모양 모
髦 풀 모
眸 눈동자 모
貌 모양 모
蟊 계심이 모
氁 털비단 모

狽 모양 모　謨 꾀 모　楙 겨울에 익는 복숭아 모　毷 구섭세 모　嫫 추한 계집 모　醭 좋은 장 모　貌

모양 모　帽 무릅쓸 모　鴾 종달새 모　託 소식 모　媌 눈매 고울 모　蟱 거미 모　冃 겹쳐 덮을 모　髦

준수할 모　㥂 탐낼 모　謀 계교할 모　麰 갈보리 모　眊 눈흐릴 모　模 본뜰 모　㴘 물볼을 모　皃 모양

모　㖼 계교할 모　墲 목권무덤 모　蓩 구섭세 모　毷 소외꼬리 모　恈 탐낼 모　嗀 부축할 모　嫫

더러울 모　慕 생각할 모　暮 저물 모　莽 나물 모　耄 구섭세 모　狽 모양 모　募 널리구할 모　耗

빌 모　眊 눈흐릴 모　麰 갈보리 모　𢦑 굽은 창 모　麰 갈보리 모　扝 씻을 모　覒 볼 모　髳 준수할 모

茅 띠 모　砪 돌비늘 모　瓱 밀리그람 모　姆 여스승 모　牟 클 모　粍 밀리미터 모　毟 뜯을 모

糢 모호할 모　鶩 비둘기 모　𢪃 가릴 모　覒 볼 모　芼 나물 모　鶜 올빼미 모　某 아무 모　蛑

큰게 모　覓 찌를 모　㥽 사랑할 모　𩣡 말긴털 모　帽 모자 모　鉾 세모진 창 모　䘬 어린아이 남바위 모

冃 어린이 머리건 모　耗 어지러울 모　蟊 재심이 모　媢 투기할 모　毷 밀리그람 모　罞 그물 모　耄

구섭세 모　侮 업신여길 모　母 어미 모　毷 뻔뻔한 털 모

목

목

芛 초 목　𣯛 털깃을 목　穆 화할 목　牧 기를 목　䀲 눈 목　囙 눈 목　𥃭 눈 목　目

눈 목　霂 새깃 윤택할 목　睦 친목할 목　鶩 따오기 목　鶩 따오기 목　𧯷 공깍지 목　木 나무 목

一三八八

絉 줄 목 艒 작은배 목 蚞 쓰르라미 목 沒 잠길 목 杢 목수 목 𨏒 가죽으로감는차명에 목

霂 가랑비 목 沐 머리감을 목 穆 공경할 목 苜 거여목 목 𪎴 화할 목 鞪 멍에제끝 목

楘 가죽으로감은차명에 목 𥃻 화목할 목 婺 아름다운모양 목 繆 검은실 목 坶 기름 목 首

穆 거여 목 毣 털칫을 목 𩬴 화할 목 莈 거여목 목 𢧢 곱은창 목 𥢶 콩깍지 목 鮇 가재미 목

穆 화할 목 瞴 안질 목 𥄲 친목할 목 梅 혼솔 목 𪖙 가는문채 목 凩 찬바람 목

繆 얽을 목

몰 歿 다할 몰 㲴 물에들어가건진 몰 沒 잠길 몰 殁 죽을 몰 玫 옥이름 몰 沒 잠길 몰 𡋯 묻을 몰

䨮 비내릴 몰 𪊿 까무러칠 몰

몽 㙹 못 몽 懜 부끄러울 몽 獴 꼬리재친원숭이 몽 𧆓 다리질질끌 몽 濛 물이름 몽 𦆠 실끝얽힌

모양 몽 𨣍 누룩곰팡 몽 𧬎 말분명하지못할 몽 懞 호리멍덩할 몽 鏳 쇠고리 몽 曚 청맹과니 몽 𡫯

꿈 몽 罞 고라니그물 몽 艨 싸움배 몽 䑃 낯빛흉할 몽 䁅 눈흐릴 몽 𧄍 추할 몽 霿 가는비 몽

蘉 잠꼬대할 몽 夢 꿈 몽 鄸 고을이름 몽 鏠 보습날 몽 𥁰 가득할 몽 𣊍 곰팽이 몽 夣

꿈 몽 懵 심란할 몽 𩴾 보리사라기 몽 醲 막걸리 몽 蹖 앞으로구부릴 몽 霿 우뢰소리 몽 霧 인색할 몽

冡 덮은그물 몽 饛 그릇찰 몽 䑃 풍만할 몽 䝉 산돼지 몽 梦 꿈 몽 鸏 새이름 몽 懞 덮을 몽

𩦷 트기 몽 鑝 쇠고리 몽 䒐 비단만드는풀 몽 朦 뚱뚱할 몽 矒 눈어둘 몽 嚎 말분명치않을 몽

夢 꿈 몽 瞢 눈어둘 몽 醯 마랄리 몽 鸏 비둘기 몽 檬 영몽 몽 曚 날샐녘 몽 䝉 산돼지 몽

蒙 어릴 몽 𣛧 배자 몽 冡 덮을 몽 礞 청몽석 몽 擝 걷을 몽 梦 꿈 몽 䤓 누룩뜰 몽

幏 낮보 몽 𩦷 버새 몽 㠓 먼산 몽 浝 진흙 몽 蠓 바구미 몽 𦿆 꿈 몽

饛 밥수북히담을 몽 鄸 고을이름 몽 顭 머리아득할 몽 𧝒 옷입을 몽 懜 심란할 몽 濛 이슬비 몽

𥂝 가득할 몽 蒙 어릴 몽 𡖊 잠깰 몽 𧡬 나갈 몽 𣛧 배자 몽 𧾃 다리끌 몽

醿 누룩곰팡이 몽 雺 해미낄 몽 瞢 어둘 몽 㝱 꿈 몽 氋 털 몽

묘

(묘) 䏚 허구리 묘 仯 나장이 묘 卯 넷째지지 묘 廟 사당 묘 緲 적을 묘 𢟪 애꾸눈 묘 緢 벼익지않을 묘

𥝷 벼가스랑이 묘 𧈧 새끼누에 묘 丣 지지 묘 淼 큰물 묘 秒 벼까락 묘 𦻔 가는풀줄기 묘

庿 사당 묘 𪆐 뱁새 묘 緢 실반대 묘 苗 싹 묘 𤛋 꼬리긴소 묘 䖢 쓰르라미 묘 𣨼 남은뼈 묘

貓 고양이 묘 描 그릴 묘 𨋃 차골 묘 篎 작은저 묘 𡧈 이싹 묘 戼 지지 묘 杳 아득할 묘

渺 물긴모양 묘 茆 순나물 묘 庙 사당 묘 飆 빠른바람 묘 皫 흰빛 묘 鱙 작 묘 穮

버꺼러 묘 𥇣 애꾸 묘 錨 닻 묘 鶓 뱁새 묘 猫 고양이 묘 覒 멀 묘 篎 악이름 묘 𦕁 지지 묘

𠨖 지지 묘 冒 무릅쓸 묘 䛲 계교할 묘 吵 울 묘 玅 현묘할 묘 昴 별 묘 嫹 아름다울 묘

墓 무덤 묘 苗 싹 묘 䭥 고만할 묘 戼 지지 묘 妙 묘할 묘 鶓 새이름 묘 廟 사당 묘 㡌

잠옷 묘 𣧂 물릴 묘 眇 볼 묘 𥥾 볼 묘 𧪓 말할 묘 䡪 차꼴 묘 猫 피 묘

무

𧿒 꿇어앉을 무 無 없을 무 橅 법 무 憮 멍을 무 𦃇 비단 무 踇 가는모양 무 嫵

예쁠 무 亾 없을 무 貿 물아살 무 𦊃 그물 무 㒇 아길 무 𩀨 병아리 무 務 힘쓸 무 𨪲 다리

미 무 鵡 앵무새 무 貿 물아살 무 瞴 잠간볼 무 莁 흰비름 무 楙 모과나무 무 𤛆 여섯달된양 무 茂

무성할 무 𦃇 실켜고나머지 무 娒 여자선생 무 愗 어리석은모양 무 㡟 털옷 무 廡 무간방 무 𢄼 차우바 무

誣 속일 무 胟 엄지손가락 무 幙 보자기 무 敄 힘쓸 무 戊 다섯째천간 무 𧒽 잠자리 무 甒 독 무 𣞣

없을 무 𦋚 돌창안의그물 무 莽 추솔할 무 𩦡 말비급놓고뿔 무 𨃼 발자국 무 蝥 거미 무 懋 힘쓸 무

撫 어루만질 무 𦪙 건배 무 罞 그물 무 巫 무당 무 繆 실천오리 무 𥄎 사람투기할 무 𢸎

어루만질 무 舞 춤 무 𢼄 팔이랑 무 躌 밟을 무 婺 별이름 무 武 위엄스러울 무 瞀 무식할 무 踇 걸음

무 䛶 간사할 무 蓩 잔풀이떨기질 무 痗 앓을 무 𨳺 열 무 鉧 다리미 무 无 없을 무 畒 이랑

랑무 鄮 고을이름무 雺 앵무새무 莽 추솔할무 髳 다발머리무 蟱 그리마무 畝 밭이랑무

橆 번성할무 鍪 투구무 鵡 앵무새무 霧 안개무 錺 농장무 䟼 발자국무 釛 천하

여힘쓰계할무 鶩 참새무 晦 밭이랑무 甒 술두루미무 犛 여섯단된양무 鞪 투구무 [illegible]

접질검은대무 萩 잔풀떨기질무 璑 세빛옥무 翇 춤출무 毣 털많이날무 罘 그물칠무 [illegible] 칼집

무 嫵 예쁠무 務 힘쓸무 碔 무부무 譕 언행없을무 幠 덮을무 鴮 종달새무 [illegible]

비단무 膴 클무 憮 실심할무 蕪 거칠무 誣 속일무 拇 엄지손가락무 [illegible] 그물평무 騖

말을달리무 霚 안개무 巫 무당무 鮇 황석이무 𤝔 암내지무 脢 등어리무 騖 말비급놓고폴무

鰵 황석이무 [illegible] 그칠롯무 珷 무부무 袤 띠필무 璊 붉은옥무 鍪 투구무 瞴 잠깐볼무

貿 무역할무 誣 속일무 武 호반무 𨗊 자취무 [illegible] 그물망안의무 綒 화하지않을무 [illegible]

물아살무 [illegible] 춤출무 [illegible] 없을무 鶩 참새무 [illegible] 느리장무 潕 물이름무 嘸 어리둥절할무

毋 말무 碔 돌비늘무 敄 힘쓸무 侔 아칠무 拊 무철 亡 없을무 无 없을무

묵

嘿 잠잠묵 默 잠잠묵 万 성묵 螺 쐐기묵 黯 검을묵 蟔 박쥐묵 嚜 임의곱지못할묵

黷 검을묵 纆 세겹노묵 艒 낚시배묵 墨 먹묵 爅 불탈묵 [illegible] 졸음올묵 纆 줄묵 [illegible] 뇌지

앓을 묵

문

耷 들릴 문
䫒 머리를동이고 피로와할 문
抆 씻을 문
鼤 꼬리아롱진쥐 문
澶 산골물 막을 문
絻 상복 문
抆 만질 문
璺 옥깨어질 문
㖧 입아키 문
芠 풀 문
捫 어루만질 문
𢿊 만질 문
虋 맥문동 문
𨣘 떡기주할 문
刎 목찌를 문
䟂 터디걸을 문
吻 입술 문
炆 연기날 문
問 물을 문
𦬒 산켤나무 문
肳 입시울 문
紊 어지러울 문
𥬇 대를자를 문
𤥮 옥무늬 문
門 문문
虋 맥문동 문
閺 눈내리깔고볼 문
㡈 굴건 문
蚉 모기 문
伆 떠날 문
閺 눈내리깔고볼 문
䎽 들을 문
閅 문문
樠 판솔 문
雯 구름무늬 문
蚊 모기 문
捪 씻을 문
珡 거문고 문
虋 맥문동 문
蟁 모기 문
妏 낳을 문
魰 가물치 문
𥹳 가루찌기 문
彣 붉고푸른빛섞일 문
耷 들을 문
閿 시골이름 문
鳼 새매 문
𨡖 떡기주할 문
蟁 모기 문
文 글월 문
汶 물이름 문
𩰲 다툴 문
捪 씻을 문
們 무리 문
聞 들을 문
蟁 모기 문
抿 씻을 문
𡕝 몸매 문
菛 붉은기장 문
匁 덮을 문
䟂 더디걸을 문
䫒 머리를동이고 피로와할 문
悗 잊어버릴 문
鳼 매추리새끼 문
䐇 입술 문
𧵴 천냥이늘 문
𤃣 물이꽉찰 문
紋 무늬 문
脗 합할 문
璊 옥 문
坟 무덤 문
𨠬 술잔 문
鼤 쥐 문
忞 어지러울 문
免 순산할 문
懣 번민할 문

물

沕 잠길 물　芴 순무국 물　曶 밝을녘 물　泏 흙물솟아저흐를 물　岉 산높을 물　勿 없을 물

昒 밝을녘 물　[illegible] 동리기 물　[illegible] 가루모양 물　物 물건 물

묵

墨 먹 묵

미

米 쌀 미　麊 고을이름 미　癓 종아리종기 미　䉠 대껍질 미　溦 이슬비 미　䁿 엿볼 미　蝞

거북따지속에붙은새우 미　微 작을 미　蘪 닭의밑씻개풀 미　糜 죽 미　媚 아첨할 미　黴 수놓은문채 미　鑋

낫 미　黴 곰팡이 미　[illegible] 수놓은문채 미　冞 두루다닐 미　[illegible] 갈 미　迷 미혹할 미　[illegible] 동거 미　黴

곰팡이 미　屘 꼬리 미　未 아닐 미　蘪 궁궁이싹 미　穈 기장 미　彌 그칠 미　[illegible] 불어자빠뜨릴 미　梶

나무끝 미　擟 문 미　侎 미혹할 미　醾 꿀마지 미　䃘 돌갈 미　美 아름다울 미　楣 인중방 미　靡 이울

질 미　屘 꼬리 미　瀰 흐를 미　䉲 대껍질 미　[illegible] 새끼 미　麛 갓낳은짐승 미　鮇 병어 미　媄

빛고울 미　䵢 거북 미　醾 누룩 미　糜 죽 미　䋛 고기알 미　薇 고비 미　浘 바닷물샐 미

[illegible] 겨울에나는죽순 미　醾 꿀마지 미　敉 편안할 미　霺 가랑비 미　湄 물가 미　镾 길고오랠 미

䊳 기장 미　䵢 거북 미　䕘 고비나물 미　𣁉 아름다울 미　鶥 왜가리 미　攠 석북이방망이반이 미

[illegible] 묽은꼬리 미　䵢 거북 미　醾 막걸리 미　蘪 궁궁이싹 미　䂂 창 미　嵄 깊은산 미　[illegible]

잘 미 稹 머리숙일 미 醾 막걸리 미 蘼 순할 미 𩬊 아첨할 미 薇 대이름 미 麫 없을 미 粎

반쯤 썩은 살 미 𥆞 눈섭 미 弭 활끝 미 䌕 멜 미 䁇 병든 사람 볼 미 芈 양 울 미 眉 눈섭 미

𩔴 머리가 드리워질 미 苿 맛 미 宷 깊을 미 罙 깊을 미 咩 양 우는 소리 미 渳 물 질편할 미 迷

미혹할 미 櫗 마름 미 䌕 실끝 미 弥 활부릴 미 䵋 무너질 미 𡣶 어미 미 獼 원숭이 미

羙 풀이름 미 䕷 깊을 미 躾 행동할 미 微 작을 미 䊳 싸라기 미 䭧 어린아이 먹을 미 瑂

옥돌 미 洣 물결 미 𩰚 언저리 미 薇 고비 미 蘼 비 미 簸 대이름 미 覹 엿볼 미 鼀

거북 미 㣲 작을 미 咪 양 우는 소리 미 䁇 병든 사람 볼 미 醚 취할 미 鑕 갈구리 미 麛 새끼 미 堳

담 미 𤻲 불편한 병 미 渼 물결무늬 미 靡 무너질 미 嵋 산이름 미 葞 오미자 미 煝 빛날 미 䕷

피 미 尾 꼬리 미 娓 어미 미 醾 막걸리 미 𪏳 힘쓸 미 麋 고라니 미 瀓 물가 미 㣆 잠잘 미

麊 사슴 발자국 미 𡛝 어머니 미 矀 엿볼 미 麛 사슴 미 䙾 볼 미 𡾰 산모양 미 醚 취할 미

𥂕 털구멍 미 靡 의올 미 㥍 그칠 미 𡣶 계집벼슬 이름 미 蘼 풀이름 미 䊳 대궁 미 躎 걷는 모양

미 閗 편첩할 미 味 맛 미 弭 활끝 미 𡢻 좌할 미 獼 원숭이 미 罙 두루다날 미 𦼮 봄풀

미 覹 몸올굽힐 미 𨁎 발꿈치뺄 미 穙 시루길 미 眯 마귀에 홀릴 미 𡛝 어머니 미 糜 죽 미 鬽

길고오래 미
擵 새모진마름 미
郿 땅이름 미
謎 수수께끼 미
瞇 애꾸눈 미
眛 흴 미
瀰 많을 미
⿰糸爾 봉할 미
蘼 백문동 미
⿰虫芊 쌀 마
⿸麻食 먹일 미
祙 산귀신 미
⿰糸米 수놓은무늬 미
⿵門爾 편협할 미
⿰禾尾 꼬리 미
擟 밀 미

민

跡⿰足民 굽 민
閩 땅이름 민
旼 화할 민
⿱罒黽 힘쓸 민
⿰敏鳥 비취새같고다리붉은새 민
閔 성 민
敃 불 민
睧 굽어볼 민
黽 힘쓸 민
暋 강할 민
愍 슬퍼할 민
⿰民皮 살결에주름살질 민
⿰車民 바퀴둘레 면
簢 대속빌 민
旻 가을하늘 민
碈 옥돌 민
⿰民頁 강할 민
敃 굳셀 민
⿰民思 슬퍼할 민
⿸疒民 병 민
珉 옥다음가는돌 민
湣 시호 민
罠 고라니그물 민
民 백성 민
⿰忄門 답답할 민
悶 속답답할 민
砇 옥돌 민
慜 총명할 민
⿰車緐 차바탕밑가죽 민
僶 억지로할 민
琘 옥돌 민
瑉 옥다음가는돌 민
錉 엽 민
⿱敏魚 대구 민
憫 불쌍히여길 민
玟 옥다음가는돌 민
⿱民巴 편편할 민
鰵 대구 민
黾 힘쓸 민
鴖 새이름 민
怋 민망할 민
岷 산이름 민
敏 민첩할 민
⿱罒黽 잘게뜬그물 민
⿰糸民 낚시줄 민
⿱大黽 힘쓸 민
泯 잦을 민
碈 옥돌 민
⿱敏鳥 징경새 민
緡 실끈 민
旻 볼 민
⿰車昏 차바탕밑가죽 민
錉 부세회계할 민
⿱竹愍 대속빌 민
罠 고라니그물 민
痻 병들 민
⿰昬頁 강할 민
黽 이름 민
苠 속대 민
⿰昏鳥 비취새같고다리붉은새 민
⿰貝勻 부세 민
⿰車昬 차바탕밑가죽 민
⿱竹愍 대속빌 민
潣 물졸졸흘러내릴 민
脗

합할 민 闅 성문 민

밀 眯 해떨어질 밀 宓 잠잠 밀 謐 고요할 밀 𥋬 측량못할 밀 䁇 물흐를 밀 蜜 꿀 밀 謐

고요할 밀 樒 침향나무 밀 蠠 강잉할 밀 䛑 고요할 밀 𥁑 그릇 밀 密 비밀할 밀 𥂝 빽빽할 밀 密

비밀할 밀 蠠 꿀 밀 蔤 연근 밀 䓧 연근 밀 蜜 벌꿀 밀 蜜 연근 밀 䁧 엿볼 밀 蜜

꿀 밀 蜜 꿀 밀 蠠 꿀 밀 䌏 빽빽할 밀 醠 술다마셔 항아리 마를 밀 鴓 까치같은 새 밀 滵 물졸졸 흐를 밀

樒 침향나무 밀

박 趵 차는소리 박 䶈 단단한것 씹을 박 髆 어깨죽지 박 㩧 잠간칠 박 蒪 굵은 양하 박 𤿲 조선

게 박 皷 부풀어 오를 박 䨔 비에 가죽 적실 박 𥝩 벼 익지 않을 박 䪙 멍에 가죽 싸게 박 圤 흙덩어리 박 鑮

호미 박 颮 공중에서 뚝 떨어질 박 𦢊 살이 부어 오를 박 𨏈 차안에 까는 자리 박 䡬 수레바퀴 맨줄 박 犦 들소 박

簙 장기 박 欂 나무껍질 박 簙 바둑돌 박 䪬 짚신 박 樸 질박할 박 𦾶 꽃 떨어질 박 砶

호박 炇 불이할 박 𩆝 큰비 박 膊 어깨 박 鏷 날쇠 박 𦿢 얇을 박 礴 땅형세 박 㬍

별쪼일 박 䙏 홑옷 박 礡 돌소리 박 猼 모양은 사람같고 날개있는 짐승 박 璞 옥덩어리 박 𪕮 쥐 박 搏

잡을 박 雹 우박 박 亳 은나라 서울 박 𥞤 오래 볼 박 𦚾 손마디 울 박 𤣱 옥덩어리 박 䪁

말로방패막이할박
貈 날아갈박
䙯 당나라외장이름박
技 칠박
𥳇 대이름박
懪 답답할박
䈏 큰대이름박

𦑘 나는모양박
珀 호박박
𣀔 손발마디울박
筋 손발마디울박
艊 큰배박
𦑣 날아갈박
縛

읽을박
鑮 큰쇠북박
襮 수놓은옷깃박
䑹 되쉬일박
鉑 금박박
雹 우박박
䣪 제강박

朴 나무껍질박
胉 허리뼈박
嚗 성낸소리박
䍸 불깐양박
鏷 박고리살박
䮘 뼈로만든화살박

泊 쉴박
薄 얇을박
餺 떡박
溥 넓을부클박
鑤 공이머리박
瓝 손톱박
䴻 떡박

亳 은나라서울박
雹 우박박
㹃 황소박
迫 핍박할박
狛 짐승이름박
博 넓을박
𩭊

다리박
煿 불에말릴박
䶈 단단한것씹을박
懪 답답할박
𩅢 못박
비 벗길박
䶈 단단한것씹을박

皛 나는모양박
挀 칠박
餑 떡박
膊 저민고기박
曝 햇빛에쪼일박
薄 얇을박
舶 큰배

박
𥖁 언덕박
骲 뼈살촉박
纀 거죽박
犦 소이름박
妁 살가죽터질박
𣁉 칠박
擄 장기박

𤿎 살가죽터질박
箔 발박
拍 노래곡조칠박
拼 물리칠박
鎛 쇠북박
𥐝 약이름박
牔 박공

박
餺 떡박
栢 그칠박
敀 핍박할박
雹 우박박
𪻐 빠를박
窇 움박
𦥷 찧을박

𧍎 범아재비알박
𩩃 뼈끝박
剥 벗길박
粕 재강박
雹 우박박
雹 우박박
欂 두주

박
懪 답답할박
駁 짐승박
薄 얇을박
𦒘 깃치며날을박
迫 핍박할박
瓟 종구라박
𡄯 먹을

박

⿰革尃 가죽주머니 박
⿰瓜交 작은 오이 박
⿰韋尃 넓을 박
剝 벗길 박
⿰矛暴 지팡이창 박
⿰車尃 수레치장 박
⿱般衣 옷거죽 박
駁 얼룩말 박
⿵風乇 날개치는 소리 박
鱄 잉어 박
彴 별 박
⿰夕皮 살가죽 터질 박

반

⿰彳反 다시 반
⿰口盆 말로 사람 비난할 반
⿰羊貝 털긴 양 반
鳻 큰 비둘기 반
半 절반 반
⿰目樊 아름다운 눈 반
坢 편안할 반
⿸虍林 범의 무늬채 반
審 물 거스를 반
鉡 삽 반
蹣 절름거릴 반
⿱樊衣 옷고름 반
⿱髟般 북상투 반
⿰犭般 동경개 반
拚 버릴 반
瀊 물돌 반
怑 거스릴 반
靽 소밀치 반
⿰金分 깨뜨릴 반
繁 말배때끈 반
飰 먹을 반
⿰王卒 아롱질 반
⿱般目 눈굴려 볼 반
⿱髟盤 북상투 반
般 되돌아올 반
⿺辶蕃 돌이킬 반
⿰口反 크게 웃을 반
⿰石般 돌무늬 반
⿰番虫 엽드릴 반
⿰月反 고기 반
⿰石半 큰돌 반
繁 말배때끈 반
姅 월경할 반
⿱竹華 수레뜸 반
磻 시내이름 반
磐 반석 반
瘢 딱지자리 반
返 돌아올 반
袢 옷고름 반
⿸疒番 자궁병 반
⿺辶半 갈 반
蟠 서릴 반
⿰番去 무리 반
⿰去番 무리 반
⿱雨虨 범의 무늬채 반
盼 아름다운 눈 반
嬔 토끼새끼 반
⿰瓜瓜 상서로운 오이 반
⿰半斗 되어서 반분할 반
⿱般衣 옷거죽 반
泮 물가 반
娩 토끼새끼 반
⿰石盤 큰돌 반
柈 쟁반 반
鎜 소반 반
斑 아롱질 반
槃 쟁반 반
鱍 물고기 꼬리 투투칠 반
⿱般黑 빛이 낡을 반
⿱圭番 무리 반
⿰釆攵 얼룩덜룩할 반
⿰骨反 팔마디 반
⿸疒反 어리석을 반
⿺走半 달아나는 모양 반
⿰食半 싸라기떡 반
反 돌이킬 반
絆 말맬 반
拌 버릴 반
⿸虍林 범의 무늬채 반
⿰衤凡 옷고름 반
嬎 배필 반
⿱谷美 천한지엽 반
⿰又匕

꿀 반 盤 소반 반 胖 살찔 반 ⿰算攴 쓸을 반 ⿺走劫 배반할 반 ⿰氵梵 뜰 반 媥 섞일 반 頖 제후의 학교 반

⿰米番 쌀뜨물 반 扳 당길 반 搬 운반할 반 ⿰米路 싸라기 떡 반 ⿰黑般 빛이 낡을 반 攀 당길 반 畔

발두덕 반 搫 털 반 ⿰馬半 말걸을 반 襻 옷고름 반 牉 나눌 반 ⿸广番 쌓을 반 ⿰糸弁 말갈기 치장할 반

仮 돌이킬 반 虨 범의 문채 반 縏 작은 주머니 반 詊 말잘할 반 ⿱竹般 동발 반 攽 나눌 반 炍 배 반

할 반 叛 배반할 반 ⿸疒盤 다리병 반 ⿱般鳥 새이름 반 幋 횃대보 반 ⿰米弁 가루 반 ⿰忄賓 공경할 반 班

벌려설 반 泮 반궁 반 冸 얼음녹을 반 繁 말뱃띠끈 반 拚 버릴 반 ⿱般女 비틀거릴 반 ⿺尢反 터욱 반

虨 범의 문채 반 ⿱繁泉 샘물 반 ⿰片分 조각 반 ⿱大田 얼굴 클 반 ⿰扌班 멜 반 ⿰身反 고기 반 ⿰米半 싸라기떡

반 ⿱般虫 반묘 반 ⿸疒班 발반될 반 頒 반포할 반 憣 맘 불편할 반 ⿰金攀 옷고름 반 飯 먹을 반 胖

살찔 반 㚘 나란히 갈 반 肦 부세 반 ⿰扌樊 당길 반 返 돌아올 반 闆 문안에서 볼 반 ⿰言反 자랑할 반

魬 넙치 반 ⿰車反 수레휘장 반 伴 짝 반 鞶 큰띠 반 ⿱髟般 북상투 반 ⿸广彬 표범 반 弁 즐길

반 竝 동거할 반 扮 장식할 반 ⿰衤八 띠 반 般 일반 반 ⿱般足 꼽장발 반 ⿱大車 수레뜸 반 泝 물가

언덕 반 ⿰氵梵 뜰 반 潘 성 반 ⿰禾半 섞을 반 ⿱竹奋 수레뜸 반

발

盋 바리 발 髮 터럭 발 芾 작은 모양 발 鮁 고기 헤엄칠 발 ⿰衤巿 오랑캐옷 발 ⿰麥孛

가루보리 발 妭 고운처 발 癹 발로풀뭉갤 발 桲 발이 클 발 哵 올 발 㪍 성날 발 坺 흙팔 발

醱 술빛 발 驋 말달려갈 발 蹳 발로 물건찰 발 雃 올빼미같은 새 발 詖 신농씨 부인 이름 발 [illegible]

풀뽑을 발 峿 산길 평평할 발 郣 땅붕긋할 발 發 열 발 髮 털 발 発 일어날 발 焞 찌는

듯할 발 騂 뿔있고 소같은 꼬리의 말 발 駊 오랑캐 땅의 말 발 㪍 연기 허옇게 일어날 발 鉢 밥그릇 발 𢡆

성미 일어날 발 馞 크게 향기로올 발 鼥 살찐 쥐 발 [illegible] 여자의 크게 쪽진 머리 발 桲 지팡이 발 颰 빠른 바람 발

胈 정강이 털 발 [illegible] 폭빠리 발 [illegible] 뿔있고 소같은 꼬리의 말 발 誖 말어지러울 발 [illegible] 수레깨지는 소리 발 [illegible]

목 발 [illegible] 병기운 발 [illegible] 일어날 발 侼 강할 발 [illegible] 터럭 발 [illegible] 터럭 발 [illegible] 급히 갈 발 [illegible]

다락있는 배 발 䣐 술기운 발 [illegible] 통발 발 祓 오랑캐 옷 발 軷 원행할때 노제지낼 발 癹 발로풀뭉갤 발

袯 오랑캐 옷 발 [illegible] 쇠불이 발 [illegible] 구름필 발 鱍 물고기 꼬리 툭툭칠 발 [illegible] 희읍스름할 발 [illegible] 좋지

못한 냄새 발 鈸 방울 발 鏺 쌍날칼 발 蹳 풀밟을 발 醱 술괴일 발 犮 개달아날 발 柭 무성할 발

䳊 꿩같은 새 발 䬗 향기날 발 [illegible] 정강이 털 발 跋 걷고걷는 발 [illegible] 터럭 발 癶 걸을 발 綍 굵은

줄 발 駮 얼룩말 발 [illegible] 빛없는 발 鏺 쌍날칼 발 [illegible] 살찐 쥐 발 [illegible] 비선 발 荸 나물 발 鵓

집비둘기 발 䳊 꿩같은 새 발 撥 다스릴 발 [illegible] 달아날 발 哱 피리소리 발 襏 도롱이 발 脖 배꼽 발

𣯛 짧은털 발 拔 뽑을 발 沷 물댈 발 墢 흙필 발 茇 풀 발 渤 바다 발 䯋 터럭

발 浡 안개자욱할 발 紱 옷소매 발 䯋 어깨뼈 발 盋 그릇 발 䰈 터럭 발 潑 물셀 발

魃 가물귀신 발 乽 활활할 발 酦 술빛 발 抪 기탄없을 발 𢿟 걸음더딜 발 浡 우쩍

일어날 발 𥪰 물건누르는소리 발 𦵦 성할 발 䞱 바삐갈 발 迊 급히달아날 발 䟦 건고건널 발 鉢

바릿대 발 埻 티끌 발 废 초가집 발 潑 활활할 발 袚 벼상할 발 焞 찌는듯할 발 撥 다스

릴 발 抪 칠 발 孛 혜성 발 沷 찰 발 艴 노할 발

밤

膄 음탕할 밤

방

鄁 봉할 방 耪 보습 방 鴋 사다새 방 痮 곪을 방 鮭 큰조개 방 磅 시위평평할 방

𪐴 검을 방 駹 찬찬자 방 艵 색없을 방 鈁 술준 방 禢 봄제사지낼 방 肨 배불룩할 방 邦 나라

방 㫄 사결 방 邫 봉할 방 䳛 매비슷하고회색새 방 瓬 진흙물칠 방 鰟 방어 방 蒡 우엉

방 氆 양의털로짠융 방 謗 나무날 방 蚄 자방벌레 방 綁 결박할 방 䠙 급히걸을 방 醘 막걸

리 방 䤋 술올릴 방 雱 눈펑펑쏟아질 방 䒍 우엉 방 胮 배불룩할 방 牻 희고검은얼룩소 방

鞤 결들 방 㮄 나무조각 방 韸 북소리 방 艂 옷나라배 방 𩋖 신도리 방 幫 결들 방 厖

두터울 방 髳 문안제 방 邦 봉할 방 訪 뫼올 방 逢 방 昉 돌을 방 宂 집빌 방 榜

나무조각 방 趽 좌암발 방 斛 넘계될 방 鞤 신지을 방 糖 옥수수 방 毹 털로짠배 방 俺 아첨

치않을 방 枋 단목 방 滂 얼어붙을 방 庬 잡될 방 鴋 새이름 방 霶 비쏟아질 방 肪 비계 방

旊 옹기 방 魴 방어 방 迒 달아날 방 挹 봉할 방 禥 문안제 방 滂 큰비 방 帮 도울

방 仿 비슷할 방 滝 큰물 방 眆 본받을 방 鎊 장식 방 幫 결들 방 逄 막힐 방

瑭 옥 방 鰟 방어 방 芳 향기 방 挷 막올 방 哬 비방할 방 蓭 풀이름 방 陸 막을

방 髣 비슷할 방 鰟 새이름 방 方 모질 방 篣 키 방 搒 불기칠 방 磅 돌떨어지는소리 방 寵

잘 방 髈 넓적다리 방 斛 넘계될 방 哤 잡된말 방 鬔 털이푸를 방 膀 오좀통 방 雱 비쏟아질 방

黫 어두울 방 蜯 조개 방 蛖 도르레 방 艕 넓은배 방 陸 막올 방 怲 거리낄 방 梆 지팡이 방

汸 큰비 방 諳 물을 방 隚 가까울 방 鴋 새이름 방 傍 의지할 방 玤 옥돌 방 㥬 서첩

방 妨 해로울 방 抗 서로갈을 방 彷 방황할 방 搒 불기칠 방 芳 향기 방 房 방방 挷

가릴 방 謗 비방 방 鼥 흙쥐 방 䎊 보습 방 蚌 조개 방 覫 결눈질할 방 觪 술올릴 방

䒍 색없을 방 紡 길쌈 방 徬 불어갈 방 桻 나무지팡이 방 梆 목탁 방 鎊 깎을 방 嫎

배

크게 울 방 倣 본받을 방 塝 두둑 방 匚 모진그릇 방 炐 불빛환할 방 ⿱𥫗方 죽롱 방 舫 사공 방

龐 성 방 棒 몽둥이 방 榜 신가게벌 방 膀 표할 방 防 막을 방 狵 삽살개 방 霶 큰비

방 放 놓을 방 螃 방게 방 蚄 조개 방 昉 밝을 방 旁 사귈 방 旁 사귈 방 㝑

사귈 방 尨 삽살개 방 幇 거들 방 牥 좋은소 방 ⿰牛旁 등편소 방 䟺 밟을 방 䤂 면종날 방 胮

배불룩할 방 坊 막을 방 邡 찾을 방 嗙 웃을 방

배

⿱手丁 절 배 ⿸疒丕 배결릴 배 ⿱林灬 불에말릴 배 ⿰酉不 거르지아니한술 배 毰 날개펄리는모양 배 輫 수레

난간 배 琲 구슬꿰미 배 排 물리칠 배 ⿰阝丕 어금 배 㸽 조각 배 ⿰舟非 키 배 ⿱發貝 부세 배 拜 절할

배 坯 굽지않을기와 배 ⿰章丕 날기와 배 韛 지부릴 배 裴 성 배 培 북돋을 배 蓓 봉오리 배 輩

무리 배 拜 절할 배 ⿱艹拜 무큰아주 배 瓸 굽지않은기와 배 偝 등 배 坏 굽지않은기와 배 稗

심을 배 洴 물소리 배 韛 풀무 배 艃 길고작은 배 颰 바람불 배 碩 굽은턱 배 冑 아이밸 배

⿱非衣 옷길 배 粯 긴보리죽 배 炋 불 배 焙 불에말릴 배 杯 잔 배 艕 붊은 배 撵 절 배

⿱山㔭 산무너지는소리 배 桮 술잔 배 奞 클 배 怢 굵은배 배 倍 곱 배 皡 흰가죽 배 賠 물어줄 배

㭊 술잔 배 輩 무리 배 阫 담 배 鄁 나라이름 배 闁 자물쇠 배 徘 어슬거릴 배 䫟 굽은

머리 배

醅 거르지 아니한 술 배
背 등 배
⿰足曲 절 배
撓 절 배
荖 구장 배
艋 작은 배
⿱山辟 골짜기 배
⿰丕頁 주걱턱 배
配 짝 배
蓓 풀 배
⿸广⿱非手 빌 배
培 북돋을 배
⿰糸背 속적삼 배
陪 모실 배
⿰金否 장군 배
褙 배자 배
韛 풀무 배
环 옥 배
⿱發貝 부세 배
⿰韋非 풀무 배
肧 아이 밸 배
衃 멍들 배
猅 머리 짧은 개 배
⿰女丕 한 달 된 태 배
⿰咅瓜 오이 배
俳 광대 배
⿰口幷 간병 배
扒 뺄 배
⿱力貝 물키신 배
陪 모실 배
⿰扌⿱艹桀 절 배
瓸 헥터그람 배
啡 불 배
北 패할 배
妃 짝 배

백

⿱艹帛 목화 백
銆 병기 백
⿰白鳥 새이름 백
⿰白瓦 우물벽돌 백
⿱白十 흰 백
絔 보충할 백
柏 백나무 백
⿰氵柏 얕은 물 백
洦 얕은 물 백
鮊 우러기 백
百 일백 백
⿰白麻 삼이 흰 백
⿰革白 고요할 백
粨 헥터미터 백
⿺尢百 헥터그람 백
⿰片𠂢 깨뜨릴 백
⿸厄百 헥터그람 백
⿰百瓦 벽돌 깔 백
伯 맏 백
⿱艹伯 쪽 백
⿱白十 말할 백
⿺走白 넘을 백
帛 비단 백
佰 백 백
竡 헥터리터 백
鮊 뱅어 백
白 흰 백
苩 성 백
舶 큰 배 백
魄 혼 백
⿰扌百 칠 백
迫 가까울 백
珀 호박 백
覇 초생달 백

번

飜 날 번
翻 날 번
蕃 번성할 번
鱕 도끼 모양의 고기 번
轓 수레 난간 번
橎 단단한 나무 번
蹯 짐승의 바닥 번
繙 제사에 쓰는 고기 번
⿰馬樊 말 뒷발 걸음 치고 나아가지 않을 번
⿰糸畀 말 갈기 치장 번
煩 번거러울 번
⿰韋番 가죽 반듯할 번
⿱艹煩 풀이름 번
籓 울타리 번
藩 울타리 번
墦 무덤 번
璠 보배옥 번
藩 울타

리 번 旛 기 번 鱕 지며느리 번 㜭 계집 영오할 번 𨂫 짐승의 발바닥 번 蹞 짐승 발바닥 번 䌓 말갈
기치장 번 膰 제지낸 고기 번 𩇕 달래 번 𩔰 크게 추할 번 勫 건장할 번 䋣 말갈기 치장 번 籓
큰키 번 瀿 급히 넘칠 번 繙 번역할 번 𢷾 번득일 번 袢 속옷 번 𢐿 기를 번 燔 구을 번
瀪 뜨물 번 蘩 새발쑥 번 幡 먹수건 번 燓 화전 일으킬 번 拚 번득일 번 䕰 번풀 번 𣟪
추할 번 奞 수레뜸 번 𨒆 짐승의 발바닥 번 鐇 뭉치 번 番 번수 번 䮳 짐승 번성할 번 𣸽
큰물결 번 畨 번수 번 𤢿 개 싸우는 소리 번 噃 산돼지 번 蕃 지모 번 羳 배누런 양 번 𧢼 잠깐
볼 번 樊 새장 번 鷭 새이름 번 蠜 메뚜기 번 蘩 새발쑥 번 䆺 삶는 제사 고기 번 潘 뜨물 번
犿 서로 좇을 번 𤾉 백반 번 笲 그릇 번 嬎 계집 영오할 번 𢋿 쌍을 번 擷 비빌 번 橎 추할
번

벌

벌 訆 우두커니 설 벌 閥 벌열 벌 罰 벌줄 벌 蕫 풀 시들시들할 벌 傠 칠 벌 䚕 우두커니 설 벌
帗 용정할 벌 垡 밭갈아 들출 벌 㕹 방패 벌 酦 술빛을 벌 坺 밭갈아 들출 벌 師 쌀 씻을 벌 伐
칠 벌 橃 큰배 벌 栰 떼 벌 瞂 방패 벌 筏 떼 벌 撆 엮은 줄 벌 罰 벌줄 벌 䇅 우두커니 설 벌
譈 말할 벌 瞂 방패 벌 墢 밭갈 벌

범

凡 무릇 범 颿 배돛 범 範 법 범 軓 차앞턱나무 범 [illegible] 모양 범 [illegible] 큰눈 범 笵 벌풀 범

犯 범할 범 梵 불경 범 汎 떠울 범 舧 돛 범 犯 범할 범 颿 말달릴 범 忛 배돛 범

軓 차앞턱나무 범 帆 돛 범 杋 나무이름 범 [illegible] 술잔 범 [illegible] 배돛 범 柉 나무껍질 범

[illegible] 큰눈 범 氾 물넘을 범 [illegible] 벌 범 凡 무릇 범 仉 경홀히여길 범 舤 뱃전 범 訍 말급할 범

[illegible] 뜰 범 颿 말달릴 범 訉 수다할 범 馻 말저벅저벅걸을 범 釩 떨칠 범 笵 법 범 泛 뜰 범

訉 수다할 범 仉 경홀히여길 범

법

琺 사기물 법 疺 파리할 법 法 법 법 [illegible] 활모양 법 琺 법랑 법 灋 법 법

벽

[illegible] 물건쪼갤 벽 劈 쪼갤 벽 僻 후미질 벽 隔 땅떨어질 벽 癖 적병 벽 [illegible] 다스릴 벽

甓 벽돌 벽 㱸 죽으려할 벽 福 보일 벽 [illegible] 물갈라져흐를 벽 壁 벽 벽 繴 분합미 벽

繴 새그물 벽 糪 선밥 벽 檗 회양목 벽 [illegible] 새그물 벽 躄 절름거릴 벽 [illegible] 그물 벽

湢 목욕간 벽 躃 절름거릴 벽 廦 더러울 벽 襞 치마주름 벽 璧 둥근옥 벽 辟 임금 벽 鐴 보습귀 벽

愊 나눌 벽 檘 회양목 벽 霹 벼락 벽 礔 벼락 벽 繴 새그물 벽 糳 선밥 벽 稫 벼 벽

[illegible] 배꼽 벽 廦 담 벽 闢 열 벽 鍢 물릴 벽 趩 멀리달아날 벽 蘗 황경피나무 벽 鼊 거북 벽 澼

변

빨래할벽 図 닫을벽 甓 죽으려할벽 礔 벽력벽 鷿 강오리벽 陜 땅벌어질벽 鸊 강오리벽

欂 기둥벽 闢 열벽 鎃 가리박벽 閞 피할벽 堛 흙덩이벽 擘 나눌벽 擗 열벽 擱

종기절벽 辟 임금벽 闔 막을벽 闢 열벽 𨂂 그칠벽 鈲 가리벽 闢 열벽 辟 법도벽

躃 절름거릴벽 碧 푸를벽 綼 치마폭에수치장할벽 偪 가까울벽 愊 정성벽

변 籩 대쪽편지변 匾 엷은그릇모양변 遵 변두변 鶣 엷은모양변 諞 가릴변 髟 머리

털의모양변 邊 달아나다넘어질변 詈 말잘할변 藊 옥매듭변 𨇊 걸음빠르지못할변 辯 판단할변 邉 가변

騈 두말한멍에맬변 諞 말잘할변 㬓 몸삐뚜리변 辮 땅을변 瘺 눈병변 玶 꼬깔구미

개옥변 騈 두말한멍에맬변 𨂴 멀리갈변 㚑 개싸울변 办 분별할변 變 변할변 賆 더할변

跰 못박힐변 边 가변 覍 꼬깔변 𣀮 경박할변 頨 머리고울변 釆 분별할변 藊 백변두변

馯 두말한멍에맬변 駢 두말한멍에맬변 忭 즐거울변 𢤧 근심할변 玣 옥으로꾸민과변 萹

옥매듭변 犿 서로쫓을변 輧 부인의수레변 變 변할변 騈 두말한멍에맬변 鯾 방어변 彭

변할변 胼 못박힐변 邊 가변 㺹 논쟁할변 髟 머리털의모양변 辦 힘쓸지변 軿 부인의수레변

變 변할변 㛹 큰대지변 邉 달아나다넘어질변 矕 눈감을변 辨 분별할변 鋲 철판변 洴

물대어서고르게할변 辮 여울변 昪 좋아할변 輪 수레변 徧 두루변 鑢 보습날변 軿
부인의수레변 栟 주변변 釆 변와변 甂 자배기변 辦 근심할변 籩 변두변 [自旁頁] 쌍동
이변 變 변할변 [氵便] 오줌변 辯 말잘할변 辡 죄인서로송사할변 弁 고깔변 変 변할변
駢 두말한멍에맬변 [家彡] 변할변 [弁頁] 고깔변 鴘 목이매변 [口便] 교묘히말할변 變 변할변
胼 못박힐변 过 변방변 覍 속할변 諞 논쟁할변 辺 변방변 卞 법변 閞 주두변
[辶昪] 가변 [黹扁] 신바닥변 辺 변방변 匥 판갑변 骿 통갈비변 扁 표변 [辶絲] 먹줄되길변
囨 침뱉을변 抃 손칠변 昪 날빛변 栟 주두변 汴 물이름변 褊 좁을변 稨 울콩
변 糄 쌀변

별

● 별 別 다를별 [足見] 눈결에잠깐볼별 撇 당길별 [敝日] 해떨어지려고꾸무럭거릴별 嫳 경박할별 [月必]
살찐고기별 瞥 얼핏볼별 徶 옷자락펄렁거릴별 襒 옷소매별 鐅 보습날별 [言前] 말로판단할별 [扌図] 손재
채탈별 彆 활뒤틀릴별 [革㡀] 칼집치장별 [魚㡀] 고기헤엄칠별 丿 삐칠별 炦 김오를별 虌 처음난고
사리별 鱉 자라별 [敝糸] 칼끈별 [山別] 산이름별 蹩 절름발이별 [敝尗] 성급할별 鼈 자라별
瞂 방패별 [皀力] 클별 [香肖] 조금향기날별 [疒敝] 부어터질별 [敝頁] 짧을별 [香敝] 조금향기날별

병

撆 당길 별 ⿱敝耳 잠깐 들를 별 馝 조금 향기날 별 蛂 풍뎅이 별 ⿰矢㡀 어그러질 별 鼈 자라 별

⿸風畐 산들바람 별 ⿰禾別 벼포기 고르지 않을 별 ⿰言別 말로 판단할 별 襒 떨칠 별 ⿰足必 찰 별 ⿰足㡀 뚤 별

鷩 붉은 꿩 별 ⿱敝見 얼핏 볼 별 憋 조급할 별 ⿰忄敝 조급할 별 癟 날지 못할 별 ⿰香敝 조금 향기날 별

⿱亼香 향기날 별 莂 밝을 별 彆 활 뒤틀릴 별 潎 물 닥칠 별 ⿰㡀鳥 부엉이 별 虌 처음 난 고사리 별

⿱㡀鳥 부엉이 별 覕 눈길에 잠깐 볼 별 鼈 자라 별 ⿰丯辛 근심할 별 莂 모종 낼 별 ⿰禾㡀 벼향기 별 蹩 밟을 별

⿸風必 바람 별 蟞 개미 별 批 밀칠 별

병

⿵門丙 문 여닫는 소리 병 鉼 금덩이 병 ⿱髟函 털의 상 병 恲 찰 병 ⿰并力 클 병 ⿰言屛 도와 말할 병 ⿰金屛 장군 병

⿱雨并 우뢰 소리 병 甹 고을 병 帡 회장 병 ⿰糸丙 맺을 병 丙 밝을 병 眪 눈밝을 병 ⿱㚘一 다 병

⿰骨甹 갈비뼈 병 病 병들 병 鈵 군을 병 帡 회장 병 迸 흩어져 달아날 병 蛃 흰좀 병 ⿰立屛 비틀거릴 병

⿺辶屛 흩어져 달아날 병 艵 옥색 병 竝 아우를 병 ⿰鼠并 새앙쥐 병 ⿰黑屛 검은색의 치장 병 ⿰并頁 성가파 랑제질 병

抦 잡을 병 ⿰黑㞋 검은색의 치장 병 蛢 풍뎅이 병 ⿱穴⿰爿丙 구멍 병 寎 삼월 병 ⿰齒并 통니 병 兵 군사 병

浜 물가 이름 병 絣 무늬없는 비단 병 ⿰彳屛 결 병 秉 잡을 병 ⿰亻竝 다 병 鞆 팔찌 병 幷 미칠 병

⿰麥并 밀떡 병 餠 밀가루 떡 병 絣 먹줄 병 ⿵門并 문짝 닫는 소리 병 蛢 풍뎅이 병 ⿰弓并 탈 병

琕 칼집 병　鵧 작고 검은 비둘기 병　荓 말솔풀 병　怲 근심할 병　甁 물장군 병　併 병나란할 병

昞 밝을 병　闝 문짝 닫는 소리 병　遾 아득할 병　蛢 말씹조개 병　箳 수레가림 병　栟 종려나무 병

郱 땅이름 병　蹦 급히 갈 병　擗 요리할 병　洴 빨래할 병　癖 들피 병　鈃 장군 병　骿 커단을 병

棅 자루 병　鉼 물장군 병　䴵 쌀소쿠리 병　笄 대사리 문짝 병　簈 병풍 병　餅 밀가루떡 병

鮩 뱅어 병　栟 종려나무 병　䴵 쌀소쿠리 병　鑈 병 병　屏 병풍 병　屛 병풍 병

偋 내칠 병　洴 빨래할 병　鉼 병 병　酙 낯누를 병　瓶 물장군 병　簈 배 수레에 씌우는 거적 병

翍 합할 병　昺 밝을 병　苪 나타날 병　麩 보리떡 병　鉼 금덩이 병　鉼 병기 병　鬅 털이 거칠 병

鞞 가죽띠 병　郱 땅이름 병　頩 옥색 병　僻 물리칠 병　荓 솜 담는 광주리 병　㡥 비틀거릴 병

竮 으슥한 곳 병　坪 무덤구멍 날 병　窉 구멍 병　瓶 물장군 병　柄 자루 병　庰 감출 병

幈 병풍 병　鉼 넓은 못 병　嶋 사람이름 병　痭 병들 병　竮 비틀거릴 병　鮩 뱅어 병　馦 크게 향기로울 병

誁 도와 말할 병　蛢 말씹조개 병　偋 나란할 병　緳 결 병　炳 밝을 병　霻 비올 병

𤵸 열 병

보

俌 도울 보　鋢 작은 장구 보　珤 보배 보　簠 대제기 보　輔 가죽신 보　簠 대제기 보　賲

거만 보 譜 족보 보 菩 보리나무 보 鴇 너새 보 𤥨 아름다운옥 보 保 보전할 보 鴇 너새 보 珤

옥그릇 보 𩬸 상투 보 報 대답할 보 䰞 벌이름 보 潽 물 보 緥 보전할 보 譜 족보 보 寶 보물 보

硧 맷돌 보 豹 살짓 보 較 도울 보 𣥞 삶을 보 䰞 벌이름 보 𦯍 짚북더기 보 鯆 쏘가리 보

宲 서옥 보 膊 짱고기 보 鴇 큰새 보 椺 돌보 보 步 걸을 보 保 보존할 보 普 넓을 보 庯

몸펴지못할병 보 蚫 전복 보 𩏂 가죽다루는사람 보 菩 보리나무 보 跦 밟을 보 豹 살짓 보 茱 풀이무성할 보

乍 벌릴 보 駂 오총이말 보 輔 도울 보 譜 족보 보 䪁 거칠 보 䳰 너새 보 葆 풀더북할 보

報 고할 보 步 걸을 보 珬 보배 보 黼 보불 보 寶 보배 보 鱛 복어 보 𩬸 상투 보 褓

포대기 보 盙 대제기 보 鴇 너새 보 𥝖 보존할 보 𩬸 상투 보 蚥 범아자비 보 堡 막을 보 遱

값을 보 寶 귀할 보 報 고할 보 補 기울 보 堡 작은성 보 睸 볼 보 頫 광대뼈 보 䎬 날 보

緥 포대기 보 箳 삽 보 篰 발 보 窰 보배 보 敳 헷치는소리 보 蚤 노랑등에 보 焇 햇불 보 㾊

병도질 보 宲 서옥 보 鮬 쏘가리 보 甫 사나이아름다운 보 捬 칠 보 豹 짓 보 駂 말걸음익힐 보 麭

경단 보 䔎 김치 보 蘯 도울 보 𦯍 풀 보

복

戾 칼 복 舣 익힐 복 蠳 배메뚜기 복 蹼 오리발 복 筰 작게칠 복 扑 부딪칠 복 鞴

가죽띠 복 服 입을 복 襆 복두 복 樸 대추 복 ⿰扌伏 두드릴 복 ⿰立复 사특할 복 ⿰扌暴 작으마치칠 복 攵

칠 복 ⿰目卜 눈퉁이빼 복 纀 머리동여매는수건 복 ⿰韋伏 수레앞턱나무 복 垘 보막을 복 蔔 치자꽃 복 菔

무우 복 ⿱穴復 굴속 복 幞 복두 복 卜 점 복 栿 들보 복 ⿰言畐 갖출 복 ⿰革菐 쇠굴레끈 복 醭

술에골마지낄 복 ⿰米菐 궂은쌀 복 ⿰革畐 가죽띠 복 馥 향기 복 ⿺走复 어린아이길 복 輻 수레상자 복 ⿰舟乚

복종할 복 袱 보자기 복 鮲 가리맛 복 蝮 독사 복 ⿱髟暴 털이엉킬 복 墣 흙덩이 복 轐 수레바퀴복침

복 ⿰白頁 머리털흴 복 腹 배 복 澓 은혈로흐를 복 ⿰舟𠬝 행할 복 ⿱髟菐 털보모양 복 ⿺复香 향기 복

⿰食复 먹을 복 ⿰黑卜 엷게검을 복 ⿰香頁 향기 복 覆 돌이킬 복 復 다시 복 鍢 아구리큰솥 복 ⿱髟菐

털보모양 복 卜 점 복 ⿱雨復 물흘릴 복 馥 향기 복 鸔 물새 복 復 돌아올 복 ⿰鼠菐 쥐 복 纀

풀무성하게자랄 복 福 복 복 蝠 박쥐 복 福 복 복 洑 스며흐를 복 僕 종 복 茯 낭이 복 复

갈 복 複 겹옷 복 撲 심은대로다날 복 ⿰黑菐 엷게검을 복 ⿰足副 길 복 虙 위엄스러울 복 踾 모을 복

鍑 아구리큰솥 복 ⿰矢菐 난장이 복 ⿰臣菐 종 복 復 돌아올 복 ⿺复香 향기 복 ⿰革菐 쇠굴레끈 복 ⿰白菐 이김

길 복 福 아름다울 복 鍑 아구리큰솥 복 蕧 하국 복 ⿱山復 산모올 복 菔 무우 복 ⿰豸朮 여우 복

濮 물이름 복 ⿰車伏 바퀴동 복 鵩 올빼미 복 ⿱⺮復 대열매 복 鶝 오디새 복 褔 복 복 復 돌아올 복

踧 굽어엎드릴복 芣 풀자랄복 纀 옷의폭을자른복 㹍 여우복 𠬝 일할복 福 전동복 鰒 전복

복 畐 복복 扑 칠복 䙏 털엉킨복 伏 엎드릴복 偪 복복 葍 메무복 畐 복복 襆 복두

복 蔔 메무복 𧟄 머슴복 攴 칠복 鰒 전복 癁 병도질복 踾 길복 箙 전동복

僕 시중군복 䵴 결입제칠복 盙 그릇복 䴵 사슴서로따를복 蹼 오리발복 匐 길복 鶝 오디

새복 宓 엎드릴복 襆 복두복 㙏 토굴에서살복 㹃 여우복 輹 바퀴통복 轐 바퀴통복 𧴃

재물부러외할복 撲 씨름할복 擈 칠복 複 신복 䪖 소목거리복 趞 넘어질복 珤 수레상자복

蝮 독사복 䧦 나라이름복 鳰 평복

본

㮺 삼대본 麇 암사슴본 源 근본본 本 밑본 旛 묘는뜸본 黖 엷게검을본 鳿 나는

모양본 黵 엷게검을본 餴 거친밥본

봉

妦 아름다울봉 峯 봉주산이름봉 𣔸 외주령주령멧일봉 縫 꿰맬봉 韸 만날봉 𡬝

미투리봉 奉 받들봉 鳳 새봉 夆 끄을봉 逢 만날봉 峯 산봉우리봉 捧 받들봉

䒠 소이름봉 䍺 새봉 韸 북소리봉 湗 깊은진흙봉 丰 예쁠봉 䳬 새가어지러이날봉 𢓱

부릴봉 蓬 쑥봉 䡫 수레소리봉 摓 받들봉 棒 몽둥이봉 殏 죽을봉 䳬 새봉 縫 꿰멜

봉 鬔 엉킨머리 봉 丰頁 커뿌리 봉 蠭 벌 봉 熢 연기서릴 봉 夆 끄을 봉 𨏩 수레뜸 봉 犎

들소 봉 凬 바람부는 모양 봉 𪔃 북소리 봉 鞤 수레가에 대는 가죽 봉 䩬 안장치장 봉 蜂 벌 봉

唪 크게 웃을 봉 𥛝 산귀신 봉 峰 산봉우리 봉 琫 칼집장식옥 봉 㷭 봉화 봉 瓿 집울리는

소리 봉 鏠 병장기 끝 봉 鞛 칼장식 봉 塳 먼지날 봉 𩉂 안장치장 봉 𥎨 두갈래진 창 봉 舽 배이

름 봉 桻 나무끝 봉 蠭 벌 봉 䬅 바람일어날 봉 鎽 투구 봉 鳳 새 봉 濷 진흙 봉 𥫽

배뜸 봉 峯 산봉우리 봉 蠭 벌 봉 䨩 빗소리 봉 𩡗 향기성할 봉 樥 초목무성할 봉 埲 띠끌

일어날 봉 𦄡 미투리 봉 捀 받들 봉 𧝏 미투리 봉 𡷊 무덤 봉 𧿬 뒤집을 봉 𣅛 보리를 까부를 봉

篷 대뜸 봉 漨 물이름 봉 樥 미봉 봉 蠭 기쁠 봉 憣 사랑할 봉 鞛 칼집장식 봉 賵 부의

봉 𢒷 봉할 봉 麷 찐누룩 봉 凤 새 봉 𪍑 누룩 봉 蓬 쑥 봉 鋒 칼날 봉 封 봉할 봉

𪀕 새 봉 綘 꿰맬 봉 䎬 새 봉 埄 먼지일어날 봉 菶 풀우거질 봉 䞩 부의 봉 𨦷 칼날

봉 浲 물이름 봉 𩞯 탐내어먹을 봉 𢾰 흙모을 봉 韼 북소리 봉 𨎼 수레소리 봉 𩩰 가슴뼈 봉 𥻆

연기와 티끌 자욱할 봉 𥑮 옥돌 봉 芃 풀성할 봉 𢅦 수건 봉 覂 덮을 봉 𨏩 수레뜸 봉 𩉂 안장

치장 봉 烽 봉화 봉 𩡗 향기성할 봉

ⓑ부

扶 도울부 孚 믿을부 掊 수컷부 斧 도끼부 ⿱敷心 급속할부 賻 부의부 ⿰耒尃
장기부 腤 돼지고기장부 ⿱功夫 공부 蚹 달팽이부 鄜 고을이름부 烰 찔부 否 불부
⿰米付 겨부 腑 상부부 紑 옷정결할부 颫 바람잔잔할부 㕮 씹을부 ⿰麥甫 밀기울부 缶
장군부 ⿰糸敷 저친병주부 ⿱髟畐 판상투부 弅 오를부 拊 어루만질부 鈇 작도부 隫 무덤부
尃 펼부 ⿺走孚 속할부 玞 무부부 桴 집마룻대부 ⿱付女 아름다울부 [illegible] 병주부 ⿰牜孚
입술검은소부 ⿰糸頁 수염이잛고휠부 綒 굵은그물부 ⿰米敷 가루떡부 涪 물거품부 [illegible] 자면서코골부 府
마을부 剖 쪼갤부 婦 며느리부 ⿰食付 먹을부 ⿸广膚 대싸리부 滏 물끓을부 鵏 거위부 ⿸广麥
냄새날부 圑 동원부 媍 지어미부 孵 알깔부 ⿵門咅 문열부 趺 도사리고앉을부 訃 부음부
⿰羽尃 깃부 ⿰咅巴 나눌부 哹 숨내쉴부 ⿱竹浮 대무른껍질부 鳧 물새부 艀 거루배부 ⿰氵否 물거품부
傅 스승부 ⿰女咅 살찐부 筟 대청부 敷 베풀부 ⿺走否 엎드러질부 垺 성각회부 ⿰𧾷斧 발목뼈부
⿱𠂤山 언덕부 ⿰糸咅 묶은솜펼부 抔 웅큼부 ⿸疒孚 불에데일부 颫 바람내리불부 ⿰舟付 짧고깊은배부 痡
병들부 鳺 공작새부 ⿰女缶 재집행실부 𨸏 언덕부 莩 갈청부 ⿱竹浮 자문대부 怤 생각부 ⿱雨部 우적
부 餢 밀전병부 鳧 물새부 ⿰羽尃 북등깃부 ⿰馬父 숫말부 ⿰咅欠 말하며반지않을부 ⿰扌手 당길부 貸 구실

부

郝 고을이름부 摶 도울부 婄 어리석을부 䈬 대의서관부 罦 그물부 殕 썩을부 䱐

물아질부 艀 짧고속깊은배부 韛 차아래꼰부 頫 머리숙일부 駙 쥐며느리부 犃 수컷부 裒 털부

䠵 옷입을부 𢻰 어루만질부 㤓 약간성낸듯할부 韍 잠방이부 鳬 물새부 趺 도사리고앉을부 怤

잠간성낼부 秿 벼움날부 粰 왕겨부 琈 옥무채부 覒 볼부 葍 메복부 鄜 고을이름부 罘

토끼그물부 䯽 터럭짧을부 犻 양부 賦 구실부 篰 대의서관부 窶 새알품을부 芙 연잎이울부

簿 문서부 芣 질경이부 捊 당길부 覆 활부 鳧 물새부 踣 엎드러질부 㤱 짜증잘낼부

瘦 가쁠부 灦 물소리부 頫 머리구부릴부 棓 매릴부 萻 꽃이성할부 萯 쥐참외부 𥱊

대껍질부 畉 밭갈부 颫 바람내리불부 𢁓 공부부 郶 성곽부 䅞 볏가리부 蛗 벼메뚜기부

兔兔兔 빠를부 䍌 암양부 父 아비부 蝜 쥐며느리부 䟔 발자국부 伏 품을부 蝗 벼메

뚜기부 䯱 무릎뼈부 麬 떡부 錇 장구부 雽 눈올부 仆 엎드러질부 付 붙일부 俯

구부릴부 拊 관목뼈부 副 버금부 吥 빨부 嘸 말우물거릴부 抔 줌부 裒 모일부 紨

명주부 砆 수정부 𧥱 어조사부 負 질부 賦 부세부 𧴱 재물부 溥 클부 頯 광대

뼈부 駙 부마부 𩬊 수염많을부 麩 밀기울부 𠠲 힘부 肤 피부부 猼 가는털부 咐 불부

艀 작은 배 부 阜 두터 부 福 옷 한 벌 부 𧒂 메뚜기 부 郛 양찰 부 畐 메금 부 埠 선창 부

𡖊 많을 부 酺 잔치 부 柎 꽃받침 부 鱄 붕어 부 𩬊 터럭 짧을 부 䀰 바랄 부 婦 며느리 부

偩 의지할 부 𦈢 흑삼태 부 砆 돌 깨뜨리는 소리 부 蝜 지기 잘하는 벌레 부 榑 뽕나무 부 䯱 상투 부

𨸝 성할 부 𡔷 떠들썩할 부 栬 북채 부 怤 좇을 부 𨊾 바퀴 비녀장 부 鵏 멧비둘기 부 部 나눌 부

𢹂 위로칠 부 鮒 붕어 부 𤝔 가는 털 부 秿 벼 쌓을 부 𨽍 나라 이름 부 𤵛 썩을 부

䕎 김치 부 𩠐 뺨 부 𩈹 광대뼈 부 𩭐 터럭 짧을 부 𩡨 향기로울 부 𩭊 머리 땋을 부 陚 작은 언덕 부

䄮 볏가리 부 䳕 공작새 부 麩 밀기울 부 枹 북채 부 鵏 거위 부 泭 작은 떼 부

箁 대앞 부 椱 베틀 발 부 鳺 뱁새 부 瓿 작은 항아리 부 仅 줄 부 否 아닐 부 衭 옷앞섶 부

釜 가마 부 袝 성한 옷 부 腐 썩을 부 𥘤 제 이름 부 頫 머리 구부릴 부 敷 베풀 부 罦 새 잡는 덫치기 부

𢿱 펼 부 𤷍 겹질 부 鬴 가마 부 𦪙 배 부 跗 발등 부 蜉 왕개미 부 玸 옥의 무늬 부

抔 움큼 부 𡫯 새 알 품을 부 𧩧 믿음직한 말 부 罘 토끼 그물 부 鳧 물새 부 麃 섞을 부

膚 피부 부 冨 부자 부 𤰈 베풀 부 糐 동근 수제비 부 夫 지아비 부 𪄡 뱁새 부

䮛 말 성할 부 哹 부는 소리 부 蛗 메뚜기 부 掊 쥘 부 𤭢 동이 부 腑 장부 부 蔔 잔무우 부

富 부자 부 剖 칼자루 부 罦 새덮치기 부 䭸 두어덕사이 부 蔀 거적 부 郛 성곽 부

鳺 새이름 부 稃 왕겨 부 鄜 고을이름 부 麩 밀기울 부 蚨 청부 부 鳧 물새 부 捬 어루만질 부

副 버금 부 韍 갓옷 부 跗 발등 부 𨒛 편안할 부 苻 겁질 부 駙 결말 부

賦 구실 부 赴 달릴 부 鴩 멧비들기 부 弣 활줌통 부 鵏 새매 부 鉜 큰못 부 帗 넓은비단 부

鴀 멧비들기 부 麱 밀기울 부 䨗 구름일 부 缹 휠 부 帗 앞깃 부 𣪍 결말 부 罘 토끼그물 부

祔 제사이름 부 郙 정자이름 부 賦 구실 부 卧 달아날 부 娐 이쁠 부 雬 안개 부

詂 믿음직한말 부 砆 옥돌 부 俘 불모잡을 부 鋢 기와 부 浮 뜰 부 赴 달릴 부

扶 떠질 부 坿 떼 부 附 의탁할 부 秿 왕겨 부 符 병부 부 釜 가마 부

북

犾 뒤 북 僰 건위오랑캐이름 북 𨻶 오랑캐나라이름 북 北 북녘 북 鞴 가죽띠 북 踣 넘어질 북

분

瓫 뿐 분 𩡷 말빨리달릴 분 畚 가래 분 𧼐 달아날 분 鐼 대패 분 鳻 산비둘기 분 鼖 큰북 분

豶 불알깐돼지 분 羵 떼 분 殰 살은썩고뼈만남을 분 艴 성발끈낼 분 蚡 사람이름 분 奔 분주할 분

墳 무덤 분 𨳝 불기운 분 躮 자식 분 䠙 뛰어달아날 분 𩐉 풍류소리잡시그칠 분 鼖 큰북 분

翂 날아오를 분 穦 까부르지않은곡식 분 獖 양이름 분 雰 안개 분 帉 걸레 분 㤋 물이름 분 枌

부·북·분

흰느름나무 분 僨 움직일 분 岎 산갈래질 분 畚 삼태 분 妢 분나라 분 ⿰木芬 향나무 분 ⿰糞攴 쓸어버릴 분

粉 배묵음 분 坌 뫼고밟울 분 苯 풀더부룩하게날 분 泍 물급히흐를 분 朌 머리클 분 羒 흰숫양 분

⿸疒賁 종기화끈거릴 분 膹 평상블 분 艴 성발끈낼 분 ⿱分鳥 나는모양 분 ⿱奔鳥 말이달려갈 분 ⿰禾糞 거름 분

⿰木奔 빼뜸 분 ⿰禾糞 거름 분 ⿰土糞 쓸어버릴 분 ⿰巾奮 곡식자루터질 분 ⿰賁皮 북 분 分 나눌 분 鼖

큰북 분 噴 꾸짖을 분 ⿱扮心 움직일 분 扮 잡을 분 ⿰⿱米豆支 큰북 분 ⿱夵鳥 메추라기문양 분 ⿰足奔 달아날 분

鱝 가오리 분 奮 드러날 분 ⿰足丰 달아날 분 馩 향내 분 黺 옷에오색수놓을 분 ⿰豸分 파득파득날 분 陯

빼절 분 ⿰忄分 엉크러질 분 ⿰足奔 달아날 분 ⿸广賁 삼씨 분 弅 높은언덕 분 ⿰馬賁 달아날 분 ⿱絲足 달아날 분

逩 달아날 분 ⿱奔皿 떨칠 분 ⿰麻賁 삼씨 분 蕡 삼씨 분 ⿱芬皿 자욱할 분 ⿰氵坌 물날 분 ⿸麻貝 삼씨

분 歕 기운불 분 ⿰米羊 싸라기떡 분 兝 테시그람 분 瀵 흙이질 분 泍 샘솟을 분 体 용렬할 분 湓

물넘칠 분 憤 분할 분 芬 향기 분 鳻 파랑새 분 ⿰牛奔 소놀라뛸 분 餴 선밥 분 ⿰魚忿 가오리 분

⿰食桒 밥 분 ⿱艹紛 풀쌓을 분 紛 잡될 분 饙 설익은밥 분 ⿱糞寸 다할 분 ⿰米人 흰색양 분 瓫 동이

분 ⿰鼠賁 두더쥐 분 ⿰車奮 수레뜸 분 ⿰賁鳥 새이름 분 竕 테시리터 분 ⿱糞巾 똥 분 ⿰扌兮 섞을 분 ⿰扌賁

씻을 분 吩 분부할 분 ⿱雨砏 안개 분 蚡 두더쥐 분 糞 똥 분 瓰 테시그람 분 濆 물가 분 盼

햇빛 분 幩 평상널 분 粉 가루 분 燌 불사를 분 忿 분할 분 盆 동이 분 鼖 큰북 분 坌 아우를 분

体 어리석을 분 坋 티끌 분 畚 가래 분 氛 기운 분 倴 사람이름 분 翂 파득파득 날 분 ⿵鬥分

싸울 분 訜 말정하지 못할 분 ⿰忄奮 분할 분 焚 불사를 분 衯 옷치렁거릴 분 墳 무덤 분 火 삼치 분

馚 향내 분 炃 불사를 분 橨 나무이름 분 ⿸麻分 홀을 분 坌 쓸어버릴 분 羒 암양 분 ⿵鬥分

싸울 분 坆 무덤 분 渀 빨리갈 분 錛 자귀 분 魵 고기이름 분 濆 물가 분 ⿰扌糞 쓸어버릴 분

幩 말자갈꾸밀 분 膹 곰국 분 ⿰分毛 털빠질 분 ⿰血賁 심실 분 ⿱奔米 떨어버릴 분 ⿰馬分 말빨리 달릴 분

⿰足分 실족할 분 ⿱土冀 거름줄 분 羵 괴물 분 坌 풀로 지경할 분 ⿰口盆 호할 분 汾 물 분 砏

우뢰소리 분 ⿱嘻心 성난소리 분 笨 대속 분 轒 북 분 ⿱林灬 살을 분 ⿰牛分 숫소 분 玢 옥무늬 분 轒

수레 분 棼 어지러울 분 棻 향나무 분 ⿰氵⿰卉分 나눌 분 ⿵門分 싸울 분 鳻 새 분 ⿱山分 풀향기 날 분

帉 수건 분 播 배뜸 분 歕 뿜을 분

불

⿱髟否 부인의머리치장 불 ⿰米孛 싸라기 불 弜 보불 불 柫 도리깨채 불 ⿰食壽 물릴 불 ⿺風弗 솔솔부는 바람 불

岪 산모양 불 紱 인끈 불 ⿰音孛 만지는 소리 불 仏 부처 불 紼 가릴 불 甶 귀신머리 불 髴 비슷 불

할 불 坲 티끌일 불 ⿰黹攴 다스릴 불 ⿱或火 불이 글이글할 불 ⿰舟弗 큰배 불 不 아닐 불 払 떨칠 불

鉘 구밀 불　茀 풀성할 불　𡘋 도울 불　犻 개모양 불　餑 보리떡 불　黻 보불 불　𩂴 구름 불
葧 새쑥 불　䞞 달아날 불　不 아니 불　𩊱 수레뒷가죽 불　帗 머리덮는 수건 불　昢 해돋을 불
韍 슬갑 불　咈 어길 불　岪 산굽이 불　㛘 계집몸통할 불　沷 바람찰 불　𧺑 달아날 불
柫 향나물 불　蔽 풀성할 불　𢐗 도울 불　巿 앞치마 불　祓 재액할 불　[illegible] 부처 불
拂 떨어버릴 불　詄 어조사 불　𨋩 떨칠 불　彿 서로같을 불　𩂣 구름일 불　𢾱 다스릴 불　乀 파임 불
弗 어그러질 불　帗 춤수건 불　𧼈 빠르게 달아날 불　紼 인끈 불　怫 답답할 불　笰 살 불
韍 관매는 줄 불　𢾗 불이 글글할 불　𢛉 답답할 불　颰 바람 불　𤠣 춤추는 깃 불　佛 부처 불
𩃋 비올 불　紼 흘으려진실 불　刜 찰 불　翇 춤추는 깃 불　𩵋 방어 불　𢾱 다스릴 불　𩅎 구름일 불
笰 살 불　艴 성낼 불　𩐠 풍류소리 잠시그칠 불　髴 이마 불　𨀨 달아날 불

붕

(붕) 㥊 자증낼 붕　弸 활강할 붕　崩 산무너질 붕　崩 산무너질 붕　𥦬 평토칠 붕　䑫 품을 붕　鵬 붕새 붕
䏢 칠 붕　倗 부탁할 붕　䩬 가슴걸이 붕　堋 장사지낼 붕　㙬 티끌일어날 붕　朋 벗 붕　䄙 묶을 붕
痭 대하증 붕　繃 묶을 붕　𨻵 산무너질 붕　䨍 큰비 붕　鬅 머리털부룩할 붕　𢉊 무너질 붕　𨸏 산무너질 붕
塴 방축 붕　踋 달릴 붕　𡐓 광중 붕　棚 시렁 붕　𡶇 산무너질 붕　傰 성 붕　漰 물결치는 소리 붕

颰 불땔 붕 掤 끊을 붕

비

僃 고달플 비 秠 검은기장 비 丕 클 비 鮍 자가사리 비 豼 발없는벌레 비 䫁 머리 비 坒 나란할 비 闍 원숭이 비 䆅 방귀 비 朼 주걱 비 䏢 주관할 비 篦 대장반 비 潷 물소리 비 埤 붙을 비 罴 성낼 비 髮 머리풀고달아날 비 罷 새우잡는그물 비 卑 낮을 비 睇 눈어둘 비 痺 새이름 비 妣 죽은어미 비 𢙈 어긋날 비 柲 창자루 비 棑 옷잘잘끌 비 𩔁 부세 비 匕 숟가락 비 䨽 짐승의이름 비 糒 말린밥 비 陴 성위담 비 𢴂 손없을 비 𤈦 티끌 비 枇 비파 비 㩽 새모진마름 비 飛 날 비 毗 도울 비 扉 닫을 비 俾 하여금 비 𢃯 나눌 비 婓 오락가락할 비 飝 날을 비 啤 입맛쓸 비 𧚍 소매 비 𢂾 숨을 비 䨽 날 비 匪 악할 비 髀 활끌 비 霏 구름 비 秕 쭉정이 비 蜱 범아재비새끼 비 𥦗 그릇 비 痱 풍병 비 蚍 왕개미 비 䶊 몸부드러울 비 嚭 클 비 炥 더울 비 毖 삼갈 비 芘 풀이름 비 鯡 방어 비 韍 활도지개꼰 비 幝 관 비 脾 지라 비 䫌 더할 비 婢 계집하인 비 肥 무너질 비 㡙 헝겊조각 비 毞 털로짠베 비 庳 낮을 비 啚 구멍 비 萆 갓출 비 飀 바람불 비 篦 참빗 비 緋 대그릇 비 𨺗 담장 비 韍 말배때끈 비 笓 참빗 비 鼙 마상북 비 陫 더러울 비 紕 비단삭으러할 비 𪎅 헝클어진삼 비 淠 배가는모양 비

髬 판외치장비 媲 배필비 蓖 가는왕골비 ⿱雨毘 눈이부실부실올비 棐 풀이름비 膍 두려울비

毗 도올비 剕 발베일비 霂 안개비 蟦 굼뱅이비 騑 말멈비 皉 밝을비 靅 구름이성할비

痱 풍병비 腓 장딴지비 鯡 고기새끼비 祕 비밀할비 鼙 군사의북비 ⿰月鼻 살뜽뜽히찔비 砒

비상비 ⿰足悲 팔굼치벨비 蜚 메뚜기비 ⿰石毘 비상비 屄 보지비 ⿰麥畐 말린밥비 ⿱弗氺 끓을비 ⿰忄備

고달플비 鄪 고을이름비 飛 날비 ⿸疒鼻 손시릴비 ⿸鹿比 작은사슴비 旇 회두를비 髀 넓적

다리뼈비 ⿺走卑 자박자박걸을비 豾 삵의새끼비 碑 비석비 ⿱山肥 무너질비 淝 물이름비 ⿰麥毘 볶은

보리가루비 費 없앨비 ⿰費力 끼을비 ⿰卑刂 깎을비 轡 고삐비 𠂢 흐를비 䵗 피비 鎞

빗치개비 妃 배필비 憊 고달플비 ⿰皀支 집쏠릴비 ⿰食畐 말린밥비 ⿰骨非 종아리뼈비 ⿱非毛 가는털비 ⿰身比

몸부드러울비 陫 터러울비 膹 고기국비 ⿱弗雲 구름낄비 ⿱鼻蟲 범아제비새끼비 臂 팔뚝비 ⿰弓𤰈 활에실감을비

呸 다투는소리비 ⿱𢏚鬲 끓을비 誹 비방할비 坒 견줄비 緋 질게붉은빛비 菲 나물이름비 濞

물결비 駓 황부루말비 ⿰耳心 부끄러울비 鴀 징경이비 ⿰馬否 말획획달릴비 魾 방어비 ⿱弗目 눈어두울비

胇 마를비 ⿰月妃 왕비비 伾 힘셀비 邳 고을이름비 狉 떼지어달아날비 ⿰土辟 터할비 ⿱髟彖

엉클어진머리비 備 갖출비 嬶 여편네비 臂 팔비 ⿰自鼻 문열이비 毞 담비 圮 언덕무너질비 ⿰言比

갖출 비 仳 이별할 비 痱 땀띠 비 啚 인색할 비 犿 소부리는 소리 비 疕 머리헐 비 琵 비파 비 䴽

말린 밥 비 岯 산이름 비 濞 물흡히다락 치는 소리 비 捭 손뒤집어 칠 비 閇 싸리문짝 비 㔗 날랠 비 批 뵈어

줄 비 粊 낫은 쌀 비 鈈 날왔는 창 비 芾 나무성할 비 斐 문채날 비 贔 기운낼 비 箄 가리 비

𤳉 보막아는 물댈 비 𤭖 목긴 병 비 䊧 궂은 쌀 비 駓 발달릴 비 髀 넓적다리뼈 비 郫 땅이름 비 庇

가릴 비 䡆 때리는 소리 비 庯 갖출 비 螕 왕개미 비 昲 빛쪼일 비 騑 곁말 비 秠 검은 기장 비

𦶉 꽃이 성할 비 𢷾 때려 넘어트릴 비 鵖 새이름 비 毴 가는 털 비 𩮨 수염 많을 비 蜰 풍뎅이 비

𩣡 짐승의 이름 비 鼻 코 비 髀 넓적다리뼈 비 䫌 짧은 수염 비 𨉖 몸부드러울 비 䲕 고기 이름 비

𧯝 백편두 비 糒 군량 비 犕 소이드러쌀 비 厞 숨을 비 萉 피할 비 疕 병들 비 餥

먹을 비 賁 꾸밀 비 蓖 피마자 비 鞴 말배때끈 비 毘 도울 비 埤 더할 비 秕 더러울 비 髬

사나운 짐승 갈기 일어날 비 魮 나는 고기 비 鄙 더러울 비 庳 코 비 屁 방귀 비 嚊 헐떡거릴 비 翡

비취 비 厞 더러울 비 非 아닐 비 諀 꾸짖는 소리 비 𧳏 사나울 비 𤄶 샘솟을 비 閟 닫을 비 榌

부연 비 朏 초사흘 달 비 䚹 그릇할 비 悲 슬플 비 𥪜 걸음 비틀거릴 비 粊 궂은 쌀 비 𨂂 넓적다리뼈 비

脾 지라 비 𨹛 산이름 비 畀 받을 비 𢅥 열로 답답할 비 𨉖 몸부드러울 비 鼻 코 비 蠯 왕개

미비 駓 징경이비 𩌦 도울비 𩋘 길마비 屝 짚신비 𧥠 갖출비 糒 군량비 輩 쌍겨리할

비 髬 머리풀고달아날비 𣘍 나무이름비 圮 언덕무너질비 碑 빗돌비 肥 살찔비 猆 성비

郫 고을이름비 狒 원숭이비 匪 종다래끼비 貔 사나운짐승비 𪊥 곰같은짐승비 𥘸 제사지낼비

棐 도울비 箆 참빗비 𩴾 추할비 鼻 코비 蜚 메뚜기비 葡 갖출비 椑 떫은감비

比 비교할비 犕 말안장지울비 𡥅 가벼울비 䰦 용가마심비 𦪈 배못비 憊 고달플비 鞴

말뱃대끈비 篚 둥근대광주리비 騑 말달릴비 踶 백편두비 悱 분할비 鞴 말배때끈비 𢀷 짐승의이름비

萆 멸앳비 䴽 붉은가루보리비 睤 곁눈질하는모양비 痹 각기비 𪊺 구멍비 諀 악담할비 顊

털반백될비 襣 쇠코잠방이비 鞞 말에매인북비 𥎿 짧고작을비 鄙 울타리비 韛 말배때끈비 𧙞

옷소매비 𧞤 두루마기비 𤝚 돼지같은짐승비 𥪞 우뚝설비 鰏 검은잉어비 𢗊 못생길비 悲 슬플비

霏 안개비 秘 비밀할비 𧖤 멸구비 羆 큰곰비 𣘹 사다리비 𥦗 방귀비 𢝊 악한마음비

螕 진디비 榧 비자나무비 鉟 날있는창비 𩸊 나는고기비 怌 두려워할비 𣶏 법이무너질비

沸 끓을비 婓 여자비 裨 도울비 𤘽 소부리는소리비 畀 줄비 粃 쪽정이비 馡 향내비

𪍡 누룩비 錍 도끼비 埤 더할비 𩕐 짧은수염비 沘 물이름비 𥽏 방키껄비 𣀭 그릇금갈비

鈚 살촉 비 𨠐 술빛 비 𣿅 끊을 비 賁 꾸밀 비 庀 다스릴 비 鎞 호미 비 痞 터부룩할 비

俾 하여금 비 俷 배척할 비 否 더러울 비 娝 어리석을 비 帔 비단쪼각 비 怭 삼갈 비 岥 쪼그려질 비

睥 곁눈질할 비 䅏 벼이삭숙올 비 秠 기장 비 𢄔 차회장 비 吡 향 비 啡 가배차 비 奜 클 비

㯅 악한마음 비 𢼌 숨내쉴 비 𨁈 발꿈치벨 비 𨥁 화살 비 𨧀 침 비 鞁 안갑 비 𠤳 나눌 비

阰 산이름 비 䌟 배 비 蓖 피마자 비 𧗱 암행할 비 諀 그릇할 비 譬 비유할 비 𧩰 말곱할 비

빈

獱 수달 빈 𩀨 작은참새 빈 馪 향내날 빈 頻 자주 빈 𧶂 작은참새 빈 㰯 얼크러질 빈

嬪 계집의벼슬이름 빈 鬢 구레나룻 빈 𩴾 귀신의모양 빈 姘 첩 빈 𪇆 나는모양 빈 豩 쌍돝 빈

彬 잘갖추어질 빈 鑌 매운쇠 빈 穦 향기 빈 貧 가난할 빈 嬪 커녀 빈 繽 어지러이일어날 빈 濱 물가 빈

娦 계집 빈 𧡤 잠깐볼 빈 繽 성한모양 빈 殯 염할 빈 瀕 물가 빈 顰 효빈할 빈 嬪 계집의벼슬이름 빈

臏 종주뼈 빈 玭 소리나는진주 빈 凴 외지할 빈 霦 옥광채 빈 瑸 옥무늬얼룬얼룬할 빈 𩰚 싸울 빈

賓 인도할 빈 儐 인도할 빈 𧭨 수다할 빈 𥁕 번수 빈 𪎊 문채성할 빈 𦅸 옷다듬을 빈

斌 문채날 빈 礗 돌부스러뜨리는소리 빈 𩰚 싸울 빈 辬 얽을 빈 顰 눈살찌푸릴 빈 𡒄

빈

엄할 빈 份 빛날 빈 麎 암짐승 빈 ⿴門豳 땅이름 빈 鬢 구레나룻 빈 邠 나라이름 빈 賓 손 빈 ⿰必賓

보이지 않을 빈 ⿰賓鬼 귀신의 모양 빈 ⿰身賓 많은 모양 빈 檳 빈랑나무 빈 擯 물리칠 빈 顰 눈살 찌푸릴 빈 ⿰賓頁

분낼 빈 ⿰牛比 짐승 빈 豩 쌍돋 빈 顰 눈살 찌푸릴 빈 濱 물가 빈 薲 빈풀 빈 矉 이마 살 찌푸릴 빈

牝 암짐승 빈 璸 진주이름 빈 豳 나라이름 빈 ⿰阝頻 물가 빈 驞 떠들석할 빈 ⿰賓見 볼 빈 頻

자주 빈 櫇 사과 빈 ⿰糹每 훌크러진 실 빈 梹 빈랑 빈 礬 백반 빈 嚬 찡그릴 빈 賓 손 빈 贇 예쁠

빈 賓 손 빈 鬢 구레나룻 빈 賓 손 빈 ⿰貝斌 예쁠 빈 鋲 징 빈 ⿰忄賓 공경할 빈 ⿰賓羽 나를 빈 蘋

개구리밥 빈

빙

㉥ 冫 얼음 빙 ⿱艹憑 초목 무성할 빙 聘 사신 보낼 빙 憑 의지할 빙 ⿰⻊凴 땅 밟은 소리 빙 ⿰馬騁 달릴 빙

⿰身甹 사신 보낼 빙 淜 물소리 빙 ⿰身甹 사신 보낼 빙 ⿰車冰 수레 소리 시끄러울 빙 湆 나는 소리 빙 ⿰月凴 부어

퉁할 빙 ⿰彳甹 부를 빙 ⿰立甹 부를 빙 凭 의지할 빙 冰 얼음 빙 騁 달릴 빙 聘 사신 보낼 빙

⿰目甹 볼 빙 ⿰身甹 사신 보낼 빙 氷 얼음 빙 ⿺毛凴 개털 빙 娉 장가들 빙 俜 비틀거릴 빙 仌 얼음

빙 ⿱雷⿰雷雷 우뢰소리 빙 凴 의지할 빙 ⿰馬甹 달릴 빙

뿐

㉥ ⿱分叱 그 뿐

사 伺 살필 사 [illegible] 말씀 사 偒 다할 사 [illegible] 띠싹 사 [illegible] 음식즐길 사 仯 길 사 獅 사자 사 蒒 싸락풀 사 舍 집 사 史 사기 사 [illegible] 베풀 사 肆 방자할 사 篩 체 사 駛 말빨리걸을 사 [illegible] 스승 사 [illegible] 죽을 사 [illegible] 병앓을 사 士 선비 사 [illegible] 섬돌 사 [illegible] 물이름 사 蜤 다리로우는매뚜기 사 [illegible] 털너풀거릴 사 [illegible] 신 사 辤 감사할 사 [illegible] 쇠부을 사 似 같을 사 [illegible] 추할 사 絲 실 사 [illegible] 빨그릇 사 捨 놓을 사 [illegible] 채찍 사 泗 물이름 사 [illegible] 집무너지려할 사 鷥 갈가마귀 사 邪 간사할 사 麝 사향노루 사 四 넉 사 牭 네살된소 사 [illegible] 고기이름 사 紗 깁 사 挱 만질 사 簑 대이름 사 榹 소반 사 貄 삵의새끼 사 乍 잠깐 사 [illegible] 말시작할 사 [illegible] 열 사 [illegible] 제기 사 [illegible] 쇠고리 사 [illegible] 짐승의몸에긴털많을 사 皻 주부코 사 禠 복 사 纚 치포건 사 社 모일 사 [illegible] 가려울 사 鍦 짧은창 사 [illegible] 사당나무 사 [illegible] 꺽쇠 사 [illegible] 조약돌 사 [illegible] 삶을 사 [illegible] 족제비 사 卸 벗을 사 邪 간사할 사 貰 세낼 사 賖 세낼 사 䠶 쏠 사 蓑 도롱이 사 倳 칼꽂을 사 肆 방자할 사 [illegible] 향기좋을 사 [illegible] 사직 사 恖 생각할 사 [illegible] 붉은벼 사 [illegible] 말이가는모양 사 葸 겁낼 사 [illegible] 살필 사 [illegible] 고할 사 蹝 천천히걸을 사 [illegible] 배회 사 [illegible] 목쉴 사 挲 만질 사 [illegible] 옷이떨어질 사 [illegible] 놓을 사 辞 말씀 사 駟 사마 사 簑 동롱이 사 [illegible] 실 사 猞 짐승이름 사 徙 옮길 사 辭 말씀 사 竢 기다릴 사

蕬 새삼 사 ⿰月甾 살통할 사 些 어조사 사 飤 밥먹일 사 傻 팔초할 사 ⿰木舄 책상 사 謝 사례할 사 孜

부지런할 사 ⿰舍丂 말솜 사 肆 토감할 사 蕼 씀바귀 사 厙 성 사 ⿰礻差 사직 사 ⿰女師 무당 사

⿱雨鮮 가랑비 사 ⿱竹夋 북 사 ⿰馬師 길들지 않은 말 사 鰤 새우 사 ⿱髟沙 머리흠치르르할 사 邪 간사할 사 写

수운할 사 蕮 쇠커나물 사 ⿱非巾 스승 사 躧 천천히 걸을 사 ⿰氵⿱少馬 말이 가는 모양 사 ⿰米乍 찌기 사 捨 놓을

사 ⿰書易 방자할 사 ⿰冫射 시들 사 樝 아가위 사 ⿺走心 옮길 사 漇 물가 사 洍 강물 사 鼶 족제비 사

皻 코에 열꽃 돋을 사 鉈 짧은 창 사 鷥 백로 사 仕 벼슬 사 詐 속일 사 戺 섬돌 사 姒 만며

느리 사 ⿰金沙 구리동이 사 禗 귀신이 불안하여 가고저할 사 傂 뿔있는 범 사 ⿰言史 웃을 사 唆 꾀일 사 葰 도포

마리 사 査 사실할 사 ⿱雨斯 이슬비 사 髿 머리흠치르르할 사 舍 집 사 傞 춤출 사 柌 낫자루 사 猀

종족이름 사 私 사정 사 ⿱弗廷 죽을 사 ⿰矛施 짧은 창 사 麝 사향노루 사 鍦 짧은 창 사 ⿰山史 산멸 사

燍 단내 사 鯋 모래무지 사 ⿰衤射 옷 사 ⿸疒矣 키다리 사 灺 초똥 사 柶 숫 사 辭 말씀 사 厶 나 사

⿸广舍 집머리 사 ⿰食多 싫을 사 ⿰糸沙 깁 사 ⿺麥沙 황부자 사 槎 떼 사 汜 늪 사 禩 제 사 ⿱厶大 적을 사

桫 사라나무 사 飼 먹일 사 虒 뿔있는 범 사 瀉 쏟을 사 ⿰言辛 송사할 사 寫 수운할 사 ⿱艹虎

다할 사 榭 정자 사 鼭 쥐이름 사 剚 칼꽂을 사 师 스승 사 鶀 갈가마귀 사 巳 뱀 사 蓰 다섯

절사 蓌 초목이우거진모양사 潒 물문터놓을사 𥁕 그릇사 䲉 새이름사 碴 모지고뾰족할사 師 스승사

枒 비뚤사 𦖷 멀리들을사 鼶 족제비사 鍦 짧은창사 𣸲 쌀씻어건질사 叓 일사 寫 글씨

쓸사 瘥 헌데딱지사 砟 비석사 𨨏 구리동이사 𩋃 구두사 𧌄 벌레이름사 耜 따비술사

魦 모래무지사 麆 두살된사슴사 砂 모래사 麨 볶은보리사 𡵸 부릴사 螄 소라사 漇

물흐를사 蜡 게젓사 𤛓 암소사 辝 말씀사 𠭊 부릴사 虵 뱀사 佘 산이름사 𩩲

뼈사 涘 물가사 𢎗 활쏠사 鯊 모래무지사 佀 같을사 𩊄 말고리사 鰤 새우사 紗

비단사 飤 먹일사 亊 일사 禩 사직사 𤮐 깨어진독소리사 𢁳 가는실사 𡵯 믿을사 耜

따비술사 𤵸 뒤통사 𣯂 털긴모양사 𩢿 사자사 𤞧 짐승이름사 𥨐 구멍사 辞

감사할사 思 생각할사 魦 모래무지사 𤮉 벽돌사 祀 제사사 𡲬 기다릴사 鮻 모래무지사

衺 사르다가맺을사 鈶 낫자루사 奢 사치할사 挱 만질사 俟 기다릴사 𤙣 한살된소사 孠 이을사

狮 사자사 𦓤 따비술사 竢 기다릴사 訿 훼방할사 祠 사당사 誜 주절한말사 蹝 천천히걸을사

娑 춤추는모양사 𧭞 말로속시원하게할사 蹅 밟을사 𥙆 제사사 使 부릴사 𢛁 고을이름사 斜

빗길사 簁 체사 謝 사례할사 莎 향부자사 𤚲 암컷사 卸 벗을사 𪐬 때사 𢝊 두려울사

厏 앙실 사　摣 검어질 사　斯 섶 사　訯 지결알 사　事 일 사　傞 가늘 사　砦 잔돌 사　沙 모래 사

覗 엿볼 사　姒 동서 사　咋 잠간 사　寺 절 사　碼 거짓말 사　死 죽을 사　騇 암말 사

赦 죄사할 사　肆 씀바키 사　蛇 뱀 사　褫 벼벨 사　䠶 쏠 사　祀 제사 사　詞 말씀 사　渣 찌끼 사

硢 돌드릴 사　䠶 쏠 사　莭 떼작 사　譇 말다툼할 사　籭 체 사　楂 아가외 사　㚸 계집 사

躲 활쏠 사　奓 자랑할 사　裟 가사 사　蜡 쉬 사　梭 북 사　𩬅 방자할 사　写 제할 사

竢 기다릴 사　㓢 찢을 사　屣 삼신 사　社 땅귀신 사　粆 사탕 사　司 주장할 사　唦 산돌 사

祠 이을 사　璽 옥새 사　崽 저 사　射 쏠 사　衺 비뚤어질 사　蟖 쐐기 사　韆 가죽신 사　韈 돌장아리 사

斯 이 사　謏 헛말할 사　賖 사커지않을 사　賜 줄 사　貄 삵의새끼 사　鷥 까마귀 사　痄 강려울 사

渻 볼 사　硢 돌수주러질 사　厏 집이일정치않을 사　徙 옮길 사　揌 잃어버릴 사　畬 화전 사

糸 가는실 사　柤 우리 사　樝 돌배 사　榹 소반 사　笥 상자 사　獮 가을 사　偖 버릴 사

삭

觕 뿔길 삭　犖 놀랄 삭　削 쇠고리 삭　索 노 삭　消 물소리 삭　櫟 고을이름 삭　獡 개놀라는 모양 삭

䬃 바람소리 삭　䴖 말린떡 삭　朔 초하루 삭　虩 범의모양 삭　爍 빛날 삭　瞸 아름다운 눈 삭

穄 벼 삭　嬠 아름다울 삭　㨞 집을 삭　矟 긴창 삭　䈾 대동아줄 삭　朔 초하루 삭

㾌 병고칠 삭 欶 불을 삭 縒 굵은줄 삭 麧 둥근떡 삭 㾌 병다스릴 삭 索 노 삭 縤

노 삭 脌 초하루 날 삭 槊 창 삭 𣪠 정치않을 삭 鑠 쇠녹일 삭 獡 개가 사람 따를 삭 鑠

쇠녹일 삭 韘 가죽신 삭 蒴 말오줌나무 삭 搠 찌를 삭 鑠 녹일 삭 纅 봉할 삭 罸 그물에 걸

릴 삭 削 깎을 삭 㟦 산험할 삭 𢯱 팔이 길고 가늘 삭 褋 옷버석버석할 삭 數 자주 삭

산 㦃 착할 산 算 셈놓을 산 閂 문빗장 산 㕲 문닫을 산 𨚍 북망 산 謆 비방

할 산 𢻎 헤질 산 鏟 대패 산 釤 산이름 산 迂 나아갈 산 笲 숫가지 산 剷 깎을 산

郱 평할 산 酸 실 산 樺 산나무 산 黏 누룩 산 𩑰 깎을 산 山 뫼 산 訕 비방할 산

狻 사자 산 犍 짐승기를 산 嵼 산구비 산 潸 눈물흘릴 산 閊 대나무로 엮어 만든 울타리 산 獮

악한 개 산 傘 우산 산 散 헤어질 산 汕 통발 산 𩟋 콩경단 산 摌 가릴 산 𤣩 보리 산

珊 산호 산 簅 큰피리 산 饊 산자 산 畾 넓적한얼굴 산 繖 우산 산 齴 어린아이 산 訬

비방할 산 𪶪 주살을놓을 산 豯 사자 산 樕 흩어질 산 峻 산험할 산 幰 일산 산 霰 이슬비 산 𩐍

주살 산 櫼 빗장 산 㟅 산험할 산 醆 아플 산 篹 대갓집 산 霰 비올 산 訕 비방할 산 孿

쌍동이 산 散 풀이름 산 潸 눈물흘릴 산 鏟 대패 산 散 헤어질 산 删 깎을 산 滻 물이름 산 潵

물빡릴 산 ⿱竹冊 대바지 산 杣 나뭇군 산 涮 씻을 산 鏾 쇠뇌고동늦출 산 珊 산호 산 跚 절름거릴

산 ⿰犭冊 사나울 산 ⿰鹵産 콩경단 산 ⿰齒夋 이곱을 산 ⿰月冊 기름 산 匴 대잣집 산 痠 저릴 산 ⿱算蚰

그릇 산 饊 산자 산 酸 슬플 산 疝 산증 산 ⿰黑冊 빛이낡을 산 ⿰氵⿱算鳥 말씻길 산 ⿰金剗 대패 산

⿰月冊 기름 산 ⿰月産 가죽부을 산 ⿰豸冊 돼지때 산 跚 절름거릴 산 ⿸鹿夋 사자 산 橵 산자가지 산 仐

우산 산 ⿱竹刪 대밥통 산 ⿰月冊 기름 산 產 낳을 산 舢 종선 산 ⿺走山 뛸 산 ⿰金冊 쇠그릇 산 ⿺辶算

대그릇 산 蒜 마늘 산 虽 매 산 ⿰⿱東木産 곡식갈 산 ⿰足散 걷는모양 산 糤 얼산 산 傘 우산 산 ⿰車單 바퀴돌리 산

散 헤어질 산 ⿸叏卩 땅이름 산 ⿱竹⿰角冊 대바지 산 閊 걸릴 산 ⿰黹攴 주살 산 ⿰面乍 늙을 산 笇 가숫

산지

살

살

蔡 귀양갈 살 ⿱髟肖 솜털 살 ⿰口冊 소리 살 ⿱辥足 걷는모양 살 ⿱殺米 흩을 살 ⿱殺灬 죽일 살 ⿱薛足

돌쳐갈 살 ⿰扌祭 헤칠 살 殺 죽일 살 蔱 수유 살 ⿰雨刂 쪼갤 살 ⿰米殺 흩을 살 殺 죽일 살 ⿸風祭

바람불 살 ⿱竹敝 대피 살 薩 보살 살 撒 헤쳐버릴 살 躠 돌쳐갈 살 ⿰角散 죽일 살 ⿰米冊 섞을 살

⿸風祭 바람불 살 㪚 화살촉 살 ⿱艹⿰虫産 화살 살 ⿰杀支 죽을 살 ⿰吅殳 죽일 살 ⿰杀辛 매울 살 ⿱殺鳥

새빨리날 살 ⿰氵殺 축울 살 榝 산복숭아 살 蔱 수유 살 摋 손길로칠 살 ⿰足辛 비뚜로갈 살

積 농기구 살 譈 허튼 말 살 蹝 돌처갈 살

삼 衫 적삼 삼 毿 미쇄할 삼 蓡 인삼 삼 贂 내기할 삼 [參攴] 흡을 삼 鬖

머리체치렁거릴 삼 [米宋] 정과 삼 剼 끊을 삼 [車韱] 수레소리 삼 縿 기폭 삼 穼 깊을 삼 蔘

인삼 삼 [占彡] 물건너 삶으로 불일 삼 [尋頁] 머리숙일 삼 杉 삼나무 삼 霯 가랑비 삼 [革糝] 깃발 삼 磣

모래섞일 삼 糝 굳은 쌀 삼 毵 털길 삼 鬖 머리체치렁거릴 삼 䟃 꿇어앉을 삼 轞 수레소리 삼

穇 쭉정이 이삭 삼 [广先] 집기울 삼 参 셋 삼 麻 벌 삼 [食絫] 난알 삼 [絫頁] 머리흔들 삼 蓡 인삼 삼

蔘 인삼 삼 蓡 인삼 삼 [亻宋] 어리석을 삼 [毚頁] 머리길 삼 [女參] 음탕할 삼 犙 세살된 소 삼 [麻攴] 싫어할 삼

糝 쌀가루 삼 頴 머리움직일 삼 鏒 무쇠그릇 삼 彡 털자랄 삼 [夂夂刂] 베일 삼 摲 털질 삼 霯 이슬비 삼

廠 싫어할 삼 三 석 삼 [食參] 난알 삼 蘸 젖을 삼 [木芟] 체양 삼 [革芟] 깃발 삼 槮 고기섶줄 삼

芟 풀벨 삼 [齒毚] 이늙을 삼 滲 걸를 삼 穇 피 삼 幓 수레휘장술 삼 檆 삼나무 삼 櫼 적

삼 [門毛] 삿갓 삼 [黑毚] 글자지울 삼 [足毚] 빨리걸을 삼 森 나무빽빽들어설 삼 [穴夾] 굴뚝 삼 [阝毚] 빠질 삼

參 셋 삼 嘇 머금을 삼 [山免] 산험할 삼 [巾彡] 해진적삼 삼 襂 허리띠 삼 [目彡] 쳐다볼 삼 罧 고기깃줄 삼

攙 손으로달아볼 삼 [食攴] 새먹을 삼 [足森] 홀로갈 삼 釤 자키 삼

삽

逘 스밀 삽　䰩 추할 삽　霅 빗소리 삽　蹅 홀로갈 삽　庴 감출 삽　颯 바람소리

삽　譅 말많을 삽　𧾍 빨리갈 삽　箑 대그릇가회감칠 삽　靸 걱두가 삽　澁 칼랄할 삽　插 섞을 삽

㙗 흙떨어지는소리 삽　颯 바람소리 삽　䬈 바람소리 삽　㲚 속눈섭길 삽　卅 서른 삽　鎝 새길 삽

颯 바람빠른 삽　翜 빠를 삽　韐 걱두기 삽　倢 경솔할 삽　聅 불에말릴 삽　𧼮 빨리달아날 삽

箑 부채 삽　𥷕 대쪼각 삽　騒 말몰아갈 삽　豯 늙은암돼지 삽　霅 빗소리 삽　篓 대아삽 삽

𤭢 태카그람 삽　喢 말많을 삽　歃 마실 삽　萐 삽보풀 삽　譅 말많을 삽　餂 떡 삽　𢓜

갈 삽　㚫 얼굴예쁠 삽　𧲻 어미돼지 삽　趿 발로끌어당길 삽　霅 비오는모양 삽　霎 이슬비 삽　譅

어늘할 삽　馺 말빨리걸을 삽　澀 여럿이갈 삽　䟫 발움직일 삽　𤮹 그릇깨어질 삽　㞒 옳을 삽　萐

삽보풀 삽　㴙 젖을 삽　插 꽂을 삽　豯 늙은암돼지 삽　揷 꽂을 삽　鍤 가래 삽　鈒 삼지창 삽　嚃

입이어즙을 삽　㨗 나무결일어날 삽　澀 칼랄할 삽　𨓏 빨리갈 삽　逘 스밀 삽　𧾍 빨리갈 삽　㮑

마를 삽　𢿯 일어날 삽　箑 부채 삽　𨑨 갈 삽　翜 떫을 삽　齰 이흔들릴 삽　𧺆 빨리갈 삽

㡚 성문빗장 삽　帹 날가리는망사 삽　𨕙 빨리걸을 삽　㛼 말납신거릴 삽　闟 닫을 삽　譅 어눌

할 삽　𤎶 불탄끌으리 삽　翣 부채 삽　插 꽂을 삽　唼 먹는소리 삽　唶 입소리 삽　𠾂 소리 삽　壒

소리 삽
霎 비소리 삽
[illegible] 머리흔들 삽
[illegible] 굽어앉을 삽
濇 깔깔할 삽

상

常 항상 상
上 윗 상
[illegible] 갈 상
[illegible] 포대기 상
餳 점심 상
桒 뽕나무 상
鋿 바퀴테두른쇠 상
[illegible] 많을 상
[illegible] 아혜릴 상
殤 아이죽을 상
蠰 벌레이름 상
鱌 상어 상
霜 서리 상
傷 상할 상
鱌 고기이름 상
像 모양 상
桒 뽕나무 상
[illegible] 본을 상
[illegible] 비모양 상
嘗 맛볼 상
[illegible] 부드러울 상
纕 엮게누를 상
[illegible] 바키끝둘레 상
相 서로 상
[illegible] 건는모양 상
[illegible] 상사 상
樉 나무터부룩할 상
甞 볼 상
詳 많을 상
象 코끼리 상
喪 상사 상
恦 생각할 상
想 생각할 상
[illegible] 검을 상
[illegible] 점심 상
蔏 명아주 상
鷞 매 상
[illegible] 물질편할 상
桑 뽕나무 상
[illegible] 근심할 상
蟓 누에 상
[illegible] 상사 상
蝪 연가시 상
[illegible] 벼 상
[illegible] 상서 상
湯 물흐르는모양 상
[illegible] 맛볼 상
牀 평상 상
[illegible] 댕기 상
甞 일찍 상
[illegible] 소나기 상
箱 상자 상
喪 상사 상
蠰 땅매뚜기 상
緗 아황빛 상
橡 상수리 상
驤 결다말 상 누런말 상
爽 시원할 상
裳 치마 상
[illegible] 맛볼 상
狀 형상 상
廂 행랑 상
[illegible] 빗대달 상
床 책상 상
嫦 계집이름 상
[illegible] 상사 상
灀 된서리칠 상
驦 좋은말 상
鬺 삶을 상
[illegible] 된서리가말릴 상
[illegible] 말병 상
[illegible] 지질 상
爽 밝을 상
塽 시원한땅 상
鸘 신조 상
顙 이마 상
[illegible] 삶을 상
[illegible]

명 상 鯗 가조기 상 橡 머리치장할 상 上 높은 상 觴 잔 상 鷞 몽동의 별명 상 詳 자세할 상

鼜 북통 상 蠰 연가시 상 儴 느림 상 商 장사 상 搡 칠 상 醸 젓술 상 漺 맑을

상 鬺 삶을 상 𢡃 정할 상 鯗 가조기 상 鱨 맛볼 상 驦 고리 희고 누런 말 상 鶬 꾀꼬

리 상 桒 물레가락 상 湯 물결칠 상 跭 달아날 상 徜 상양할 상 鼜 북집 상 尙 주장할 상

象 코끼리 상 湘 삶을 상 翔 돌아날 상 鴹 상쥐 상 嗓 목구멍 상 甑 병 상 𡾰 상사

상 孀 과부 상 磉 주춧돌 상 顙 이마 상 𦋺 상사 상 鎟 방울소리 상 騻 숙상말 상 鸘 외발

새 상 庠 우나라 태학 상 償 갚을 상 峠 고개 상 霜 비올 상 𩕄 추할 상 鐌 그릇 꼭지

상 賷 장수 상 賫 장수 상 墒 발갈 상 桒 나무 상 賞 줄 상 潒 물 급히 흐를 상

謪 헤아릴 상 商 장수 상 慯 앓을 상 𢣷 성품 밝을 상 晌 낮 상 狀 형상 상 甑 가루 상

祥 상서 상 祥 예복 상 漺 맑을 상 鱨 날치 상 箱 꽃 상 轑 바퀴걸 두리 상 向 성 상

喪 죽을 상

새

塞 변방 새 𡨄 비 빨리 올 새 𡫞 희롱지리 새 賽 푸닥거리할 새 賫 세낼 새 揌 움직

일 새 鰓 아가미 새 簁 거문고 새 灑 떨칠 새 簺 상륙 새 繎 차지지 않는 모양 새 鬆 텁석부리

새 灑 물뿌릴새 壐 옥새새 璽 옥새새 瓶 깰새 䚡 뿔속뼈새 玺 옥새새 揌

홀이서잃어버릴새 塞 변방새 愢 마음에맞지않을새 賽 몸멸새 塞 변방새 叱 소리알새

㻑 울타리새 徆 갈새 躧 신새 洒 뿌릴새

색 𥬔 껍질흰대색 傃 미워할색 溹 비내리는모양색 歵 말하며웃을색 虩 범이놀랄색

穡 거둘색 𥺷 상한쌀색 猎 작살질할색 𩂯 싸락눈색 𩋍 굳을색 鬖 머리털이서로

서는모양색 榡 나무이름색 齰 물색 掣 팔길고가늘색 轖 기운맺힐색 鏉 쇠사슬색 𩂹 가랑비올

색 轖 기운맺힐색 𥹔 전병색 嗇 아낄색 索 집에들어와찾을색 𪘏 이를들낼색 𡧕 흙으로구멍막

을색 𥼶 흰쌀색 嗇 인색할색 瘯 메돋며거릴색 愬 놀랍고두려울색 泎 물떨어지는소리색 趚

자빠질색 𨋫 비틀색 薔 물엿키색 賾 깊이보기어려울색 㴓 가는비색 濇 깔깔할색 繬 합쳐꿰맬색

穡 거둘색 穑 곡식거둘색 涑 비떨어질색 𩏾 기운맺을색 𢕟 범상할색 梀 대추색 濇

깔깔할색 瘷 한기날색 𥳑 채색 𥹔 전병색 㥶 슬퍼할색 槭 나뭇잎떨어질색 摵 추릴색

㩍 새잡는덫색 𪘂 물색 色 빛색 捒 범상색 𢷬 잡을색 賾 깊을색 𪘨 이맞을색

생 鉎 동록생 𣭈 털끝일어설생 牲 희생생 甥 생질생 泩 물넘칠생 𦬁 꽃술생 栍 사술

생 敓 기침할 생 渻 사람의 이름 생 甠 생질 생 珄 금빛 생 殅 죽었다 살아날 생 生 낳을 생 㞢 낳을 생 狌 잔나비 생 𤯓 낳을 생 眚 재앙 생 瘄 파리할 생 笙 저 생 㾪 파리할 생 鼪 족제비 생 鵿 족제비 생 麅 사슴 비슷한 짐승 생 闍 대칠마을 생 覯 종아리 드러낼 생

서

Ⓢ서 暑 더울 서 輸 차에 다는 방울 서 緒 실끝 서 瑞 상서 서 𣟀 나무신 서 揟 두뿔 곧두 설 서 書 글 서 䎣 사위 서 𤢕 창 서 𦂋 모시 서 澨 물가 서 蚕 파벌레 서 稰 타작할 서 𡳐 나막신 서 屖 물소 서 胥 쥐 서 署 마을 서 稰 제기 서 醑 좋은 술 서 婿 사위 서 糈 양식쌀 서 芧 도토리나무 서 鼠 쥐 서 𨁪 양식 서 醑 좋은 술 서 墅 농막 서 䎣 사와 서 漵 개 서 癙 더위먹을 서 浮 개천 서 猬 원숭이 서 㥠 인도할 서 舒 펼 서 箸 성긴 체 서 璓 홀 서 𪐏 검을 서 蝑 쥐며느리 서 犀 물소 서 籛 시초점 서 黍 기장 서 薯 감자 서 藇 대광주리 서 醑 좋은 술 서 𤕈 들불 서 棲 쉴 서 藇 나무신 서 絮 터딜 서 粞 싸라기 서 銽 약속할 서 揟 썰은고기 서 緒 실끝 서 嶼 섬 서 藇 나무신 서 蝑 다리로 우는 메뚜기 서 𠤸 서벽 서 湑 이슬 모양 서 西 서녘 서 筮 시초점 서 屖 무리 서 稰 나무 이름 서 𦝠 깨끗하고 성길 서 黍 기장 서 醑 좋은 술 서 署 마을 서 漵 개 서 𣆢 따뜻할 서 暑 더울 서 書

(글 서)
胥 서로 서　曙 새벽 서　⿸广斷 풂올 서　序 차례 서　⿱斷言 슬픈소리 서　恕 용서 서

肥 살찌 서　諝 지혜있을 서　⿰金鳥 백로 서　⿱女心 어질 서　壻 사위 서　⿰阝序 차례 서　鱰 바닷고기 이름 서

濐 도랑 서　筮 시초점 서　恓 애쓸 서　鱮 연어 서　閪 잃을 서　⿱艹牒 무나 신 서

敍 베풀 서　屖 굳을 서　婿 사위 서　⿺辶予 터질 서　羜 들양 서　抒 꺼낼 서　藷 감자 서

嶼 섬 서　揟 고기잡을 서　鉏 호미 서　捿 살 서　⿱艹牒 나무신 서　⿱⺈耳 기다릴 서

壻 사위 서　⿱艹祖 부추 서　⿰齒胥 이곱을 서　廝 소리흘어질 서　縃 서로 서　敘 베풀 서　偦 재주있을 서

紓 터질 서　⿰木斯 발판 서　徐 터질 서　噬 씹을 서　敍 줄 서　筮 시초점 서　庶 푸리 서

逝 갈 서　⿰金烏 올이비슷한새 서　絮 헌솜 서　⿸广暑 높은집 서　⿰阝予 차례 서　癙 근심으로 난병 서

紓 터질 서　誓 맹세할 서　⿰舒鳥 거위 서　署 마을 서　鋤 호미 서　㥠 지혜 서　⿰言斯 슬픈소리 서

諝 슬기 서　糈 양식 서　⿰米思 싸라기 서　⿱斯言 슬픈소리 서　⿰車胥 수레해아래 서　⿰叙阝 골이름 서　嶼 섬 서

庶 뭇 서　⿸广卜 양실 서　栖 쉴 서　⿱扌刀角 뿔설 서　悇 의심낼 서　⿰食多 싫을 서

석

⿰歹斤 죽으려하는 모양 석　晳 석석할 석　晰 석석할 석　淅 쌀일 석　磶 주춧돌 석　昔 옛적 석

后 돌 석　煬 마를 석　晳 분석할 석　砓 [illegible] 석　焟 쪼일 석　析 나눌 석　樍 개버들 석　⿱雨析

가랑비 석 螫 벌레쏠 석 㝜 고를 석 穸 무덤굴 석 㵠 방축 석 柝 나눌 석 榻 나막신 석

霫 가는비 석 舄 빛날 석 舄 신 석 蜥 도마뱀 석 蓆 클 석 淅 쌀일 석 宿

밤 석 惜 아낄 석 汐 저녁조수 석 鉐 놋쇠 석 檡 고염 석 廗 가는베 석 奭 클 석 菥

궁은생이 석 緆 가는베 석 石 돌 석 惁 삼갈 석 糂 쌀씻을 석 䳭 물새 석 䩉 헌신 석 郜

고을이름 석 碩 클 석 蜥 도마뱀 석 石 돌 석 䄷 섬 석 裼 어깨드러낼 석 鬄 터럭 석 席

자리 석 㝜 밤 석 石 돌 석 褯 도롱이 석 夕 저녁 석 鼫 석서 석 蜥 도마뱀 석 釋 놓을

석 螫 벌레쏠 석 䩷 신 석 蚸 버마재비 석 石 돌 석 颰 바람소리 석 廗 가는베 석 釈

놓을 석 鍚 주석 석 釋 깊이갈 석 睗 빨리볼 석 晳 사람의빛흴 석 潟 개펄 석 啺 새소

리 석 釋 쌀씻을 석 㤞 많을 석 惁 삼갈 석 腊 포 석 裼 어깨드러낼 석 鉄 뻔뻔이 석 麡

사슴발자국 석 㗭 고요할 석

선

㊀선

𤼽 병화 선 蹮 비척비척할 선 譔 지을 선 鐥 구기 선 鏾 숫닭불알칠 선 䣸 술맛쓸 선 蹮

돌개설 선 𠥝 채반 선 朘 오무라질 선 縝 실갈 선 朘 감할 선 璿 옥 선 籼 벼 선 䕇 열무 선

旋 돌이킬 선 𢋈 큰집 선 洒 조심할 선 譱 길할 선 霰 싸라기눈 선 霰 싸라기눈 선 獮 사냥할 선

⿷匚巽 그릇 선 漩 물돌 선 船 배 선 ⿰足旋 조용히갈 선 ⿰糸面 실 선 ⿰木旋 매시렁 선 僊 춤훨훨출 선

⿰衤善 기울 선 蟺 지렁이 선 譱 바를 선 縼 마소긴바 선 獮 사냥할 선 ⿰禾璽 가을에사냥할 선 羨

부러워할 선 ⿰石旦 재지내는터 선 檈 가리틀 선 璿 아름다운옥 선 瑄 크고둥근옥 선 禪 전위할 선 癬

마른옴 선 暶 밝을 선 ⿱宀亶 밝을 선 琁 옥돌 선 璿 아름다운옥 선 綻 마소긴바 선 譱 착할

선 譱 착할 선 繕 기울 선 ⿱罒戔 물고기그물 선 ⿰糸薦 연치 선 繏 비단이름 선 檈 가리질할

선 譱 착할 선 毨 털다시나흠치르르할 선 譱 착할 선 圎 둥글 선 ⿰糸西 실 선 蘚 이끼 선

⿰車扇 수레 선 膳 반찬 선 霰 싸락눈 선 ⿱雨見 싸락눈 선 搧 부채로칠 선 匼 채반 선 ⿺走斂

달릴 선 鏇 바키 선 ⿰火先 들불 선 漩 도래샘 선 禅 전위할 선 ⿱覀大 높은데에오를 선 ⿰犭單 물개

선 ⿰足⿱弜只 올무 선 亘 베풀 선 䙴 높은데에오를 선 ⿰魚卷 두텅이허리 선 渲 물적실 선 蟮 지렁이 선

⿱竹軌 대 선 ⿰木旋 매시렁 선 繏 누에집매다는줄 선 ⿰專面 둥근낯 선 ⿰金睿 선기옥 선 ⿰先攵 흘을 선 ⿰禾青 키길 선

譱 착할 선 鮮 빛날 선 ⿰譱頁 사람거만히볼 선 ⿱雨技 싸락눈 선 霰 싸락눈 선 ⿱旋麥 보리 선 筅

솥솔 선 ⿰䙴鳥 학비스름하고푸른빛갈의새 선 譔 지을 선 扇 부채 선 ⿰善頁 사람가만히볼 선 嫸 남의말하기좋아할 선

鄯 선나라 선 ⿰足巽 올무 선 ⿰月旋 조그마할 선 ⿺瓦雚 절름거리며걸을 선 梴 수레포장 선 舩 배 선 掟 시매

령 선 船 배 선 秈 메벼 선 軓 수레자국 선 檈 대추 선 𩕨 둥근굴 선 煽 불불일 선 纎

카는실 선 躚 권는모양 선 蜁 소라 선 鰚 승어 선 𨗨 보낼 선 䢹 가는모양 선 扇 부채 선

先 먼저 선 𩨷 적은 선 𢤤 부끄러울 선 𤸫 버즘 선 廠 집 선 篹 수레중수할 선 嬗

고요할 선 尠 적을 선 愃 쾌활 선 霰 싸락눈 선 䆄 메벼 선 嬋 고울 선 鍹 가래 선 禒

제사기 선 選 가릴 선 𦬊 노양이 선 諞 말로사람감동시킬 선 蘚 호적 선 腺 멍울 선 甗 그질

룻젼 선 灖 물머금어품을 선 線 실 선 禪 사양할 선 毨 털로짠베 선 擩 소매걷을 선 仚 선선

譔 좋은말 선 鸇 말이름 선 豣 암돼지 선 詵 많을 선 縇 서두를 선 篇 부채 선 選 가릴 선

霰 싸락눈 선 僎 갖출 선 挄 비밀 선 漾 침흘릴 선 膳 귀구멍 선 善 착할 선 濻 마실 선

攧 가위 선 偏 매우성할 선 仙 신선 선 樏 파실이름 선 珗 옥다음가는돌 선 跣 맨발로다닐 선 䍐

올무 선 䍐 올무 선 躚 춤너풀거려출 선 嶰 작은산과큰산따로설 선 襈 옷너풀거릴 선 蒍 질경이 선 䁂 볼 선 尟

생선 선 亶 베풀 선 辟 걸을 선 㢟 불씨 선 饍 반찬 선 僢 어수선할 선 銑 분쇠 선 鱔 두렁허리

선 廯 곳간 선 硃 옥돌 선 蔙 국 선 尟 적을 선 暶 눈매예쁠 선 襈 선선 蟬 매미 선 擨

손으로끌 선 揎 소매걷을 선 躚 춤너풀거려출 선 䵷 햇보리떡 선 鱣 두렁이허리 선 趙 처음으로달릴 선 譱 착할

선

㪟 다스릴 선 颴 회오리바람 선 蟮 뱀 선 𢍁 닦을 선 僊 멀리갈 선 嫙 예쁠 선 蹮 조용히갈 선

姍 행하는 모양 선 䑏 빨 선 𢜩 가련할 선 𧞼 옷너풀거릴 선 鱓 두렁허리 선 𡁧 부러워할 선 騸 불알

간말 선 𤨏 보배로울 선 𨾫 털빠졌다 다시 나 가지런할 선 鱻 날고기 선 鐔 그릇 전선 琁 아름다운 구슬 선 宣

배풀 선 璇 구슬 선 墡 백토 선 墠 제터 선 跴 도두쫓아 잡을 선 圝 얼굴둥글 선

설

暬 거만할 설 洩 샐 설 碿 갈 설 𡭴 적을 설 擛 맥짚을 설 蛥 쓰르라미 설 䚢 가죽다룰 설

設 베풀 설 蔎 향내날 설 辥 허물 설 薛 다북쑥 설 齧 깨물 설 紲 맬 설 𪎊 무거리 설 闑

성문널쪽 설 𧍝 깨물 설 𢷢 쓸어없이할 설 𡤹 모독할 설 𪎈 무거리 설 揳 막을 설 塮 먼지 설 揲

맥짚을 설 緤 맬 설 齧 깨물 설 泄 샐 설 偰 맑을 설 齥 깨물 설 躠 매암돌 설 𠞰 쪼갤 설 𧳜

스라소니 같은 짐승 설 霄 눈 설 砓 돌산 설 糏 싸라기 설 𡿺 높을 설 卨 높을 설 𣧫 다할 설 𦙌 기름 설

𪍾 무거리 설 卨 은나라 이름 시조 설 屑 가루 설 栔 끊을 설 𣻶 물댈 설 榍 문지방 설 𢕌 옷자락 너

풀거릴 설 說 말씀 설 渫 샐 설 𣦼 다할 설 疶 이질 설 𨉖 부릴 설 媟 모독할 설 𩸬 고기 이름 설

𣦸 일찍 죽을 설 𠐙 소근거릴 설 紲 맬 설 𪍿 무거리 설 泄 샐 설 爇 불사를 설 鱈 대구 설 說

말씀 설 雪 눈 설 舌 혀 설 𡛖 거만스러울 설 𡟷 거만스러울 설 𧸘 쥐며느리 설 𦃬 맬 설 𢻁 비틀

설

㣯 약한마음 설
絬 굳을 설
⿰扌叏 꼬집어뜯을 설
褻 속옷 설
⿰氵截 물가득할 설
囓 씹을 설
渫 샐 설
楔 문설주 설
猰 짐승 설
忕 익힐 설
⿰忄挈 삼갈 설
契 이름 설
折 꺾을 설
吶 어눌할 설
焫 살을 설
爇 살을 설

섬

薟 돌풀 섬
贍 넉넉할 섬
俠 건들거릴 섬
⿱雨韱 비부슬부슬올 섬
⿰日韱 웃을 섬
⿰氵彡 물결솟을 섬
纖 가늘 섬
櫼 잔잎 섬
⿰石韱 번개빛 섬
繊 가늘 섬
㚒 물건훔칠 섬
⿰月韱 곰국 섬
贍 넉넉할 섬
⿱艹⿰𡗗燅 풀꽤기 섬
陝 고을이름 섬
⿰月韱 국 섬
⿰氵閃 물결출렁거릴 섬
⿰目燅 눈감을 섬
睒 번쩍일 섬
爓 불당길 섬
暹 햇살오를 섬
殲 다할 섬
⿰扌⿱髟帚 손으로달아볼 섬
⿰彳詹 빨리갈 섬
韱 산부추 섬
⿰覃炎 튀할 섬
摻 손이야들야들하고고울 섬
⿰石韱 번개빛 섬
嬐 민첩할 섬
讝 헛소리할 섬
陜 고을이름 섬
攕 예쁜손 섬
⿱燅手 딸 섬
⿺辶韱 털 섬
孅 약할 섬
襳 긴띠 섬
攕 손길고울 섬
⿰食詹 도울 섬
譫 중얼거릴 섬
銛 날카로울 섬
⿰扌閃 번쩍할 섬
蟾 두꺼비 섬
覢 훌긋볼 섬
襳 긴띠 섬
韱 산부추 섬
⿰亻韱 갈 섬
閃 언듯볼 섬
陝 고을이름 섬
⿰扌燅 딸 섬
⿱髟㚇 머리털 섬
笘 분판 섬
⿱艹韱 산부추 섬
⿱燅巾 덮을 섬
⿰炎攴 손들 섬
⿰言罙 지껏말할 섬
摻 예쁜손모양 섬
櫼 벼쭉정이 섬
銛 날카로울 섬
⿰目燅 빛날 섬
⿺辶詹 속히갈 섬
掞 펼 섬
⿱髟炎 좋은터럭 섬
⿰覃炎 튀할 섬
䀹 눈꿈적거릴 섬
棎 팥배 섬

孅 탐낼섬　懆 기북판섬　閄 삿갓섬　憸 간사할섬　惗 슬플섬　剡 땅섬

섭

灄 흠칠을할섭　爃 따뜻할섭　鉶 쪽집게섭　籋 집게섭　欇 단풍나무섭　聶 소곤거릴섭

涉 물건널섭　澁 깔깔할섭　翣 배차일섭　躡 밟을섭　渉 물건널섭　櫐 벼가바람에흔들릴섭

㴖 물건널섭　緤 비단섭　欇 단풍나무섭　艇 배빨리갈섭　躞 족자마구리섭　顳 귀밑뼈섭

欆 삿자리섭　曡 따뜻할섭　韘 말언치섭　鍤 리과올리눈가래섭　澀 깔깔할섭　矎 눈움직일섭　㽇 기와깨지는소리섭

㛂 작은쪽섭　疌 베틀디딜판섭　敁 부릴섭　鉣 무쇠섭　攝 잡을섭　摂 잡을섭

鍱 쇠쪼각섭　燮 불꽃섭　踂 밟을섭　馺 말빨리걸을섭　㒤 심복할섭　慴 무서울섭　䟗 두발모을섭

鑷 족집게섭　韘 깍지섭　讘 속삭거릴섭　弽 깍지섭　驡 말달릴섭　嬶 아름다울섭　飋 바람모양섭

騕 말이갈섭　瓔 옥돌섭　蝶 메뚜기섭　韘 깍지섭　讋 두려울섭　讋 두려울섭

踙 두발오그라붙을섭　迭 달릴섭　燮 화할섭　諜 실언할섭　囁 말하려다멈출섭　韘 말언치섭

颹 바람불섭　躡 밟을섭　歐 바랄섭　䌰 부드러울섭　鍱 쇠조각섭　䃞 번개빛섭　懾 경망스러울섭

睒 눈감을섭　拾 건널섭　澗 창일할섭　摺 패할섭　葉 성섭　屟 신섭

성

渻 물줄성　皇 별성　稈 드물성　聲 소리성　瞦 귀밝을성　祙 살필성　猩 이성

聉 형태없고 울릴 성 晟 밝을 성 胜 날고기 성 篂 수레 덮는 발 성 鯹 비릴 성 騂 붉은 소 성 [illegible]

크게 깨달을 성 [illegible] 자손 성 娍 아름다울 성 眚 시찰할 성 禎 상서 성 曐 별 성 瑆 옥빛 성 [illegible]

지극할 성 [illegible] 마을 성 醒 술깰 성 誠 정성 성 成 이룰 성 [illegible] 도마 성 聖 착할 성 睲

눈에 광채날 성 觲 점화드릴 성 性 살찔 성 [illegible] 조목 성 [illegible] 축날 성 腥 날고기 성 禎 상서 성

惺 깨달을 성 絾 짤 성 [illegible] 별 성 騂 지극할 성 𤘽 찌를 성 殸 소리 성 星 별 성 晠 밝을

성 珹 옥이름 성 [illegible] 보리 성 筬 바디 성 垟 붉은흙 성 戚 이룰 성 烽 붉을 성 鮏 비릴

성 盛 성할 성 宬 사고 성 [illegible] 시찰할 성 省 살필 성 賍 재물 성 觲 부드러울 성 惺

깰 성 姓 성씨 성 煋 더울 성 箵 다래끼 성 郕 나라이름 성 啫 입다물 성 騂 붉은소 성 城

젯 성 鍟 녹 성 偗 길 성 觪 점화드릴 성 [illegible] 깨달을 성 髂 파리할 성 騂 붉은소 성 [illegible] 성인 성

䡂 긴수레 성 成 이룰 성 垶 붉은흙 성 声 소리 성 頲 목 성 [illegible] 긴 성 鯎 황어 성 蛵 잠자

리 성 惺 깰 성 餳 엿 성 [illegible] 서캐 성 崴 사고 성

세

蛻 허물벗을 세 涚 제사 세 勢 권세 세 稅 부세 세 歲 해 세 繐 가는 베 세 勢 권세

세 [illegible] 꼬리별 세 繐 마전한 베 세 稅 부세 세 毻 주십살 세 挩 씻을 세 洗 씻을 세 迣 늘며 걸을

세 戭 세절기 餕 세먹을 繐 가늘고성긴베세 齛 양새김질할세 㡜 세형겁 趞 세넘을 𢃳

예절에쓰는수건세 跇 세넘을 䃤 세파할 鏸 세모창세 𣩵 마르는병세 掣 뿔뽑족할세 帨 제집의찰

세수건 舌 세인간 宊 세깊을 銴 오색구리세 懳 배쪼각세 䛳 바퀴굴대끝세 細 세가늘 𩋭

소뿔꼿꼿할세 蕔 세풀비 迣 세넘을 叀 바퀴굴대끝세 笹 가는대세 祱 세수의 涚 세잿물 覞

부스러뜨릴세 㒸 절게붉은빛세 黵 작은솥세 齸 양새김질할세 繐 가는베세 㥂 세삼갈 勢 세권세

貰 세세낼 㥂 세수수건세 齛 양새김질할세 齥 양새김질할세 迣 세미칠 䝟 세절기 世

세인간 舌 세세상 舌 세인간 㛾 조용할세 貰 세세낼 銴 오색구리세 𪐺 작은솥세 䋯

가늘세 轊 바퀴굴대끝세 迣 세걸을 說 세달랠 抴 세구기 洒 세정할 忕 세이길

ⓢ 소

𦽦 소떼울 𤴔 영창소 䟽 소태울 壉 비허수아비소 霄 하늘기운소 㥲 성품소활할소

䌰 고치켜내일소 踃 움직일소 篗 대소 䋤 하늘소 繅 고치켜내일소 颾 바람일거날소 潚 물거스를소

招 목상용소 蕭 활꼬지머리소 楕 가는뼈라소연 郈 고을소 疏 성길소 宵 밤소 筲 밥통

소 㥯 정성스러울소 梭 배소 消 사라질소 苆 풀소 翛 깃소 泝 물거스를소 㮭 목긴칠소

鍸 쇠가루소 𣛙 적을소 撨 터듬어찾을소 䐁 매밑소 歗 부는소리소 旓 깃발소 鰊 통소

소 萷 줄기만남을소 繅 흴소 莦 모진풀소 素 흴소 炤 밝을소 颵 서늘한바람소 鄛 고을

이름소 銷 녹일소 訴 하소연할소 魈 산도깨비소 𢋈 암자이름소 𤞞 미치광이소 笑 웃을소

𪍿 말린보리가루소 咲 웃을소 簫 퉁소소 綀 화문포소 巢 새집소 筲 주걱소 繐 고운

김소 觘 쳐버릴소 鮉 피라미소 趙 머리앓을소 𥐻 살갗소 鰺 비린내날소 謏 외울소 𦌾 용수소

𠙂 긁을소 漅 호수이름소 㥮 근심소 扂 바소 蟰 매좀소 少 젊을소 小 작을소

𢕟 천천히갈소 艘 배소 蛸 뽕나무벌레소 巢 새집소 𪉥 소금구울소 𧪄 송사할소 盨

물건엎는그릇소 韶 이을소 䔮 단술소 遡 거스를소 龣 퉁소소 搔 긁을소 邵 땅이름소 蹜

단정히갈소 𢿱 잡아다릴소 箾 상소소 穌 쉴소 繅 고치켜낼소 𤢲 산사람소 捎 덜소 蠨

발긴머리소 掃 쓸소 埽 쓸소 𩏒 묶을소 溯 거슬러올라갈소 翛 깃소리소 髾 털끝소 卲

높을소 繅 고치켜낼소 𠢑 갈구리소 䇍 칠소 綮 흴소 潲 물이서로부딪칠소 𧗳 정결할소 𩭳

머리털모양소 僺 길소 謏 작을소 𠧩 무꾸리할소 翛 깃소리소 鞘 군사수레소 蠨 납거미소 颵

바람소리소 梢 나무끝소 艄 배꼬리소 𢓜 천천히갈소 謏 작을소 甦 쉴소 𣱵 다할소 𩶃 되살

아날소 𧢼 칼집소 嗉 멀떠구니소 嫂 형수소 䎘 심을소 𥳑 큰생황소 𩗷 북풍소 𡠥

계집의자소 舤 성소 筱 가는대쇼 齭 이가실소 絫 희소 ⿱水囟 사라질소 繅 고치켜낼소 蘇

차조기소 ⿰扌素 훔칠소 ⿰歹蕉 테어터질소 瀟 비소리소 彇 활고자머리소 ⿱朔言 송사할소 ⿰喿毛 답답할소

⿹气肖 하늘소 疋 발소 ⿰肖毛 새꽁지소 甦 쉴소 ⿱竹巢 큰생황소 喿 새떼지어울소 ⿰金蚤 놋그릇소 弰

활끝소 樔 풀막소 俏 거문고뒤치는소리소 焇 녹일소 ⿰召見 볼소 所 바소 傃 행할소 沼

늪소 韒 칼집소 艘 배소 艄 끝빠를소 鰠 고기이름소 ⿰豸肖 메아리소 ⿸戸斤 바소 ⿰歹魚 불에데일소

佋 소개할소 焼 불붙을소 橚 나무밋밋할소 踈 성길소 餗 소식소 梳 얼레빗소 消 사라질소

⿱歹系 휠소 ⿸所齒 이가실소 ⿱巛⿰臼木 새집소 熽 불탈소 ⿰肖羽 깃털소 ⿸戸耳 바소 鄛 고을이름소 ⿰魚小

잔고기소 柖 나무흔들릴소 燒 불사를소 ⿺毛肖 새꽁지소 ⿱艹小 흰지소 玿 아름다운옥소 塑 허수아비소 召

부를소 鮹 문어소 ⿰木叟 배소 ⿰⻊⿱艹㐬 풋나물소 颾 바람소리소 ⿰口蚤 시끄러울소 鞉 덮을소 逍

노닐소 咲 웃을소 ⿱卯糸 이을소 ⿰⻊蚤 뛸소 彄 활고자구소 ⿸疒穌 병소 紹 이을소 袑 바지밑소

⿰酉巢 취할소 騷 소동할소 痟 조갈증소 鐰 쇠붙이가단단할소 瘙 옴소 謏 작을소 篠 가는대소

慅 소동할소 ⿰米肅 미음소 ⿰⻊巢 걸음빠를소 嘯 휘파람소 縤 비단소 膆 살찔소 ⿱艹嫂 풀소

櫯 나무이름소 ⿱少毛 모여들소 ⿰巢高 높을소 鱢 비린내소 ⿰口帚 새소리소 ⿰面丂 낯섭을소 ⿰角少 뿔숫가락소

속

爍 불살을 소
炤 목욕상 소
轈 고기결 소
繰 고치켤 소
嫂 형수 소
愬 하소할 소
賥 복채 소
蕭 쑥 소
昭 밝을 소

속

鏉 창 속
趚 닫는소리 속
𧞤 공손할 속
虪 범 속
梀 나무 속
儥 멈추지않을 속
綀 이을 속
謖 일어날 속
鬻 곰 속
藚 악풀 속
𠜂 잘게끊을 속
屬 무리 속
簌 체 속
𣸎 비올 속
鬻 곰 속
藗 흰띠 속
𧺠 빠를 속
誎 독촉할 속
俗 풍속 속
𨬎 금 속
𪉲 조 속
鸀 무리 속
鯟 곱송거릴 속
𪋦 사슴발자국 속
樕 떡갈나무 속
𤛓 묶을 속
殐 죽어썩지않을 속
𠹊 빠를 속
鬻 곰 속
束 묶을 속
餗 삶은나물 속
鋉 쇠 속
遬 공손할 속
粟 조 속
𠘿 조 속
粟 조 속
涑 씨락할 속
𥢆 벼이삭 속
贖 죄속바칠 속
続 이을 속
𧶠 살 속
續 이을 속
𩜷 곰 속
㥛 웃사람의기색맞출 속
速 부를 속
速 빠를 속
𥻻 조 속
𧝧 옷소리 속
𣫐 칠 속
𧪎 빠를 속

손

손

蓌 손무 손
飧 물만밥 손
飡 밥 손
愻 겸손 손
潠 물먹어뿜을 손
顨 괘이름 손
孫 손자 손
䁩 눈병 손
蕵 손무 손
飧 먹을 손
飧 저녁밥 손
損 덜 손
飧 물만밥 손
飧 저녁밥 손
遜 겸손할 손
噀 물뿜을 손
蟀 키뚜라미 손
蓀 난초 손
孫 손자 손
猻 원숭이 손
飧 저녁밥 손

蓀 난초 손 𢐲 사양할 손 噀 물뿜을 손 蕵 난초 손 巺 낮을 손 蕵 난초 손 蕵 난초 손

𦢏 고기 썰어 피에 섞을 손 巽 사양할 손 䔯 난초 손

솔

窣 천천히 솔 帥 거느릴 솔 䘏 먼지 채 솔 𩪘 뼈 솔 𪃿 집비둘기 솔 滐 빠질 솔

𪃿 집비둘기 솔 捽 땅에 버릴 솔 乺 솔 솔 卛 거느릴 솔 咰 마실 솔 𨠔 먼지 채 솔 窣 느리

게 걷는 모양 솔 率 거느릴 솔 咰 마실 솔 䢦 코소리 솔 𢔨 바삐 갈 솔 甩 던질 솔 䬭 바람소리 솔

𧗠 거느릴 솔 窣 구멍으로 나올 솔 䘹 짧은 옷 솔 𩈣 먼지 채 솔 蟀 귀뚜라미 솔

송

悚 두려울 송 庲 솔 송 㝝 소나무 송 松 소나무 송 䢠 전송할 송 䢠 전송할 송

𨗨 전송할 송 送 보낼 송 𨗨 보낼 송 送 보낼 송 竦 공경할 송 柗 솔 송 㤝 두려울 송 鬆

터벅머리 송 𩬆 터럭 터부룩할 송 宋 송나라 송 𢔶 알은대로 배끌 송 衳 속바지 송 憁 똑똑할 송 㣝 두려

워할 송 樬 엄나무 송 摗 공경할 송 嵷 산봉우리가 우뚝할 송 㩳 뽑낼 송 㧐 놀랄 송 鍶 무쇠그릇 송

𩜨 말이 먹을 송 徸 뒤따라 갈 송 蜙 베짱이 송 皠 매우 흴 송 檧 수저통 송 𩬆 길 송 䜬 다툴 송

倯 작고 못생길 송 䜬 송사할 송 淞 강이름 송 鎹 꺾쇠 송 駷 말이 재갈 채쳐 달릴 송 炂 욱일 송 淞 산유

화 송 枀 솔 송 䢠 옮길 송 送 보낼 송 訟 송사할 송 誦 외울 송 誴 즐거울 송 䦨 문구멍 송

頌 칭송할 송

솨

瑣 옥가루 솨　鏁 자물쇠 솨　璅 저울 솨　鎖 잠을쇠 솨　貨 자갯소리 솨　䤹 얼굴못날 솨

孆 회롱할 솨　耍 회롱할 솨　惢 의심낼 솨　膭 기름흘 때기 솨

솰

㕞 새짓다듬을 솰　唰 새짓다듬을 솰　㕞 씻을 솰　趏 달아나갈 솰　刷 문지를 솰

쇄

灑 뿌릴 쇄　𢡦 나릴 쇄　殺 나릴 쇄　洒 뿌릴 쇄　嗩 호적 쇄　數 무꾸리할 쇄　瑣 옥가루 쇄

鎩 긴창 쇄　𢅥 옥쎄질 쇄　砇 씻을 쇄　𥿗 활벗하다 쇄　刷 긁을 쇄　晒 볕쪼일 쇄　碎 부서질 쇄

䊓 사폭 쇄　銇 긴창 쇄　繀 실토 쇄　䝟 매 쇄　縰 댕기 쇄　鎖 자물쇠 쇄　䪗 가죽자물쇠 쇄　曬 햇빛에 말릴 쇄

碎 부서질 쇄　鏁 자물쇠

쇠

捼 어루만질 쇠　夊 천천히걸을 쇠　𨘻 날개벌리는 모양 쇠　𧴪 갯소리 쇠　䪎 늘어질 쇠　𩟄 밥 쇠　衰 쇠할 쇠

粹 순전할 쇠　鏙 연한 쇠　鞼 안장 쇠　瘊 쇠할 쇠　璅 옥가루 쇠

수

修 닦을 수　粹 순전할 수　𣰌 담요 수　螋 그리마 수　醙 흰술 수　𣨙 남을 수　幀 머리쯔개 수

陲 변방 수　囚 가둘 수　緧 앞발잡아멜 수　𧂐 채롱 수　水 물 수　嬃 누님 수　毹 담요 수

收 모을 수　埀 드리울 수　𨉖 옷입을 수　𨰻 익힐 수　膄 파리할 수　手 손 수　隧 불 수

䩳 가죽다룰수 瞍 장님수 𩪀 눈살펴그릴수 髓 뼈속기름수 壽 목숨수 膄 파리할수 鵖

솔개수 溲 오줌수 脽 꽁무니수 㵞 근심할수 首 머리수 籔 조리수 艘 배를저나갈수

鄋 오랑캐나라이름수 雔 새한쌍수 蕦 순무우수 璓 옥이름수 鏽 거울에녹쓸수 睃 얌전히볼수

𤖯 물막는보수 杸 칠수 壽 목숨수 𡔞 목숨수 濉 물이름수 騶 붉은말수 𣯚 털담

요수 𡺨 산이름수 圳 논도랑수 寿 목숨수 輸 보낼수 殳 창수 燧 봉화수 搜

찾을수 穟 고갱이나올수 售 팔수 守 지킬수 蓫 고갱이나올수 𩃆 구름이하늘에올를수 髓

뼈골수 醻 갚을수 穗 벼이삭수 䝊 우두머리수 隨 서로방해할수 璲 서옥수 鱛 준치같은

고기수 𥞦 이름수 𥦗 깊을수 颼 바람에쓸어질수 茱 수유수 耇 늙은이겨우따라갈수

荽 꽃심수 廋 산모퉁이수 艏 뱃머리수 秀 빼어날수 溲 오줌수 嗽 기침할수 汓 헤엄

칠수 殊 다를수 受 받을수 耈 늙은이겨우따라갈수 鏥 등록수 瘦 파리할수 檖 귀신이름

수 遀 마칠수 𦗟 귀밝을수 𩛮 콩가루편엿수 籔 조리수 𩞑 먹을수 綉 채단수 搜

찾을수 需 음식수 䜚 말꽃울수 𩅰 부술비수 𩛮 콩가루편엿수 裓 옷입을수 繡 수놓을수

娷 일서로부탁할수 誰 누구수 獀 수캐수 須 누굿이수 𩬷 머리가센사람수 竪 세울수 膳

부끄러울수 ⿺辶脊 파를수 髓 뼈속기름수 擻 휘할수 ⿰阝⿱㒸火 불수 ⿱須糸 두앞다리동일수 ⿰土遂 무덤길수

⿰金修 쇳명이수 鱐 어포수 ⿱艹首 머리수 ⿱髟欶 머리가센사람수 ⿱彑豕 동투날수 ⿰月秋 오금수 ⿰禾⿱夂風 줄수

⿰阝⿱夂圭 날수 ⿱此牛 소이름수 ⿰立芻 서서기다릴수 ⿰骨脊 뼈속기름수 緣 인끈수 櫢 나무무성할수

⿰毛束 담요수 ⿰骨垂 틈매울수 售 팔수 ⿰氵⿺辶脊 미끄러울수 ⿺辶奉 마침내수 ⿰糸曳 비단수 數 셀수

⿰骨脊 뼈속기름수 ⿰石數 돌수 繻 고운깁수 豎 설수 漱 양치질할수 ⿰扌修 꼬리없는소수 ⿰衤豎

두루마기수 嫂 형수수 ⿺辶垂 인할수 橾 수레바퀴통수 颼 바람우수수불수 ⿱髟需 터수염수 ⿱⿰丬卜目 우두

머리수 巂 고을이름수 ⿰糸頁 두앞다리동일수 ⿰彖頁 두앞다리동일수 捒 묶을수 隨 좇을수 ⿰豕⿺辶脊

암돼지수 ⿰馬叜 오랑캐땅의큰말수 ⿰馬叟 큰말수 餿 밥물끓어질수 ⿰酉𩵋 타락죽수 ⿰扌⿱多夊 소조할수 隧 무덤

길수 餿 밥물끓어질수 倕 무거울수 ⿱攸食 찐밥수 ⿱髟貟 털수염수 隨 순할수 ⿰革叟 연한가죽수

⿺辶叟 멈출수 ⿰彳秀 가며기다릴수 ⿰齒脊 무덤길수 ⿰月肅 곰국수 ⿱髟欶 머리가센사람수 ⿰食⿺辶脊 콩가루문흰엿수

⿰魚聚 뱅어수 ⿰牛叜 새살된소수 ⿰足須 달아날수 傁 늙은이수 鬚 수염수 旞 깃으로꾸민기수 ⿰豕脊 돼지

새끼수 ⿱雔言 원수수 ⿰車殳 수레끝수 洙 물가수 ⿺辶脊 말길수 澻 도랑수 瘦 파리할수 幬 관수

⿰糸从 드리울수 穗 벼이삭수 羞 음식수 邃 궁구할수 ⿱老⿰老老 목숨수 ⿱竹須 고기다래끼수 瘦 파리할수

垂 드리울 수 [illegible] 짝 수 遂 드릴 수 荾 꽃심 수 守 지킬 수 襚 수의 수 售

팔 수 帥 주장할 수 豎 세울 수 [illegible] 거의 미칠 수 颼 바람소리 수 𦣻 머리 수 䇓 오래 기다

릴 수 [illegible] 바람소리 수 滫 오랜 뜨물 수 戍 막을 수 [illegible] 수레 치장 수 [illegible] 열여섯 말 수 [illegible] 축약

할 수 裋 두루마기 수 檖 팔배나무 수 [illegible] 동투날 수 [illegible] 물모양 수 邃 깊을 수 [illegible] 달아날 수

[illegible] 귀밝을 수 [illegible] 모퉁이 수 [illegible] 고랭이 나올 수 [illegible] 양식 수 數 셀 수 須 턱수염 수 手 손 수

纗 맬 수 廋 숨길 수 [illegible] 오랑캐양 수 豎 세울 수 繸 인끈 수 [illegible] 멜 수 鎪 후빌 수

旞 깃으로 꾸민 기 수 泅 발헤엄칠 수 [illegible] 대 수 岫 산구멍 수 搜 찾을 수 [illegible] 물이름 수 [illegible]

산구멍 수 愁 근심 수 [illegible] 봉화 수 [illegible] 인끈 수 嗖 웃음소리 수 [illegible] 재 모아두는 집 수 [illegible] 솔개

미 수 祟 비밀 수 收 걷을 수 [illegible] 원수 수 譢 간할 수 髓 뼛속기름 수 嫂 형수 수 [illegible] 깊을

수 [illegible] 보살필 수 遂 성취할 수 隨 따를 수 蓚 식물독즙 수 酥 타락죽 수 [illegible] 두건 수 鐆

화경 수 漱 양치할 수 瘦 파리할 수 袖 소매 수 腄 불기 수 [illegible] [illegible]할 수 [illegible] 수레바퀴 다는 나무 수

[illegible] 가둘 수 [illegible] 마음 깊을 수 獸 짐승 수 [illegible] 용수 수 酬 술권할 수 [illegible] 부끄러울 수 [illegible] 풀 담는 그

릇 수 謏 입으로 전할 수 [illegible] 돼지새끼 수 [illegible] 무릅길 수 [illegible] 물이름 수 [illegible] 수캐 수 鎪 새길 수 床

집깊을 수 酥 죽타락 수 虽 비록 수 𨂺 깊을 수 醑 흰술 수 脩 닭울 수 蜼 벌레이름 수 𥪰

오래기다릴 수 睟 눈맑을 수 𣯽 털거스릴 수 樹 나무 수 獀 숫개 수 瀡 미끄러울 수 瘶 기침 수

峀 산구멍 수 嗖 입으로가르칠 수 醻 술권할 수 鄋 오랑캐나라이름 수 陖 구릉이 수 誶 꾸짖을 수 脺

얼굴윤택할 수 綇 올가멜 수 睡 졸 수 合 외당할 수 䯝 뼛속기름 수 鐆 화경 수 雖 비록 수

狩 사냥할 수 鯐 사람이름 수 垂 드리울 수 涑 싸늘할 수 瘦 파리할 수 尌 나무 수 痳

습종 수 𤺄 빼를 수 隋 뼛속기름 수 鏉 날카로울 수 艏 뱃머리 수 糔 국물 수 銖 저울눈 수

樇 나무자랄 수 綬 인끈 수 輸 보낼 수 饈 드릴 수 獸 짐승 수 藪 큰늪 수 溲 작은

비 수 琇 키마이 수 𨠑 술권할 수 愁 근심 수 燧 봉화 수 璓 옥돌 수 繐 씨실 수 厜 산이마 수

廋 모퉁이 수 鮂 버들가지 수 𩋺 순행할 수 𨆪 설 수 授 줄 수 毧 털 수 籔 조리 수 鑐 자물

쇠속 수 睢 물이름 수 綏 편안할 수 𥪦 기다릴 수 𢁉 두건 수 瞍 장님 수 苬 지초 수 鏅

쇳덩이 수 䪊 서서기다릴 수 賥 재물 수 䐹 곰국 수 髓 뼛속기름 수 𪌉 두빨보리 수 腧 침놓는혈 수

訹 꾀일 수 𩮳 머리가센사람 수 甀 목진병 수 𦨟 물 수 愯 범에코찌를 수 痠 파리할 수 叜

늙은이 수 𥝖 벼익을 수 𣪢 칠 수 煪 술빚 수 修 닦을 수 嗾 개부르는소리 수 叟 늙은이 수 璲

진주 수 鱐 어포 수 醜 추악할 수 嫂 허리 수 銹 동녹 수 鐩 화경 수 陖 구령이 수 顉

첫아이 수 菙 싸리 수 蒐 모수풀 수 萩 나물 수 轊 상여수레 수 遀 광이름 수 帩 머리쓰개 수

㾌 삼단 수 隧 무덤길 수 蠵 큰거북 수

숙 摍 칠 숙 𦘍 엄숙할 숙 宿 잘 숙 鷫 신조 숙 虪 검은범 숙 蟰 자벌레 숙 趚 바로

달아날 숙 歗 때리는소리 숙 菽 콩 숙 蓿 거여목 숙 鷫 잿빛 숙 肅 엄숙할 숙 醑 강신할 숙 潚

젖을 숙 朮 삼촌 숙 鮛 작은상어 숙 倏 빠를 숙 俶 구부릴 숙 琡 옥이름 숙 趚 팝사등이 숙 颵

이미 숙 橚 길고곧은모양 숙 寊 드샐 숙 珮 옥공옥 숙 𢇹 엄숙할 숙 倏 빠를 숙 摍 칠 숙 蓿

거여목 숙 肅 공손할 숙 驌 좋은말 숙 䃤 검은숫돌 숙 𥔼 돌소리 숙 椋 숙궁 숙 虪 범이숲에

들 숙 醑 강신할 숙 淑 착할 숙 淑 맑을 숙 艏 작은배 숙 鷫 신조 숙 𥫱 아재비 숙 孰

누구 숙 艕 작은배 숙 夙 이를 숙 璹 옥그릇 숙 叔 아재비 숙 潚 조출할 숙 飀 바람소리 숙 摍

뺄 숙 宿 잘 숙 婌 궁녀벼슬이름 숙 塾 서당 숙 翻 깃소리 숙 莤 강신할 숙 寀 뺄 숙 諔 간사할 숙

肅 엄숙할 숙 瞩 말릴 숙 㨋 이끌 숙 潚 물결번드거릴 숙 璛 옥장인 숙 憱 빠를 숙 肅

공손할 숙 塾 서당 숙 熟 익을 숙 朮 콩 숙 儵 잿빛 숙 𡏅 옥티있는 숙 夙 이를 숙 俶

순

지을 숙 倏 빠를 숙 潚 성 숙 鮛 삼치 숙 飅 바람소리 숙 䅇 우궁 숙

㊀순

徇 두루 순 循 돌 순 巡 돌 순 楯 난간 순 盾 방패 순 諄 거듭이를 순 楯

옷 순 眴 눈짓할 순 珣 옥그릇 순 醇 전국술 순 㕙 살오나 순 旬 열흘 순 㰏 믿을 순 純 순전

할 순 殉 따라죽을 순 脣 입술 순 紃 실띠 순 述 순행할 순 鶉 늦게간닭 순 恂 믿을 순

馴 길들일 순 純 순전할 순 侁 왔다갔다할 순 榫 자리박을 순 笋 죽순 순 箰 죽순 순 諄

물어볼 순 詢 물어볼 순 筍 대순 순 瞤 눈깜짝일 순 紂 순편할 순 洵 믿을 순 湑 땀날 순

朐 골이름 순 栒 나무이름 순 荀 풀이름 순 䳂 새이름 순 奄 클 순 荀 죽순 순 紃 실띠 순

紂 끈 순 𣱶 기운거스릴 순 䦾 중문 순 䞭 터할 순 醇 순수할 순 毴 솜털 순 䋸 옷등솔 순

蒓 순나물 순 稕 꼴단 순 楯 벼슬이름 순 蒓 순나물 순 舜 무궁화 순 蕣 무궁화 순 瞬

눈깜작일 순 巡 돌 순 鶉 메추라기 순 諄 거듭이를 순 簨 경쇠걸이 순 奞 날개칠 순 膰 입술

簨 북다는틀 순 狥 빠를 순 橓 무궁화나무 순 畇 고를 순 䑞 무궁화 순 瞤 눈꿈적일 순 順

순할 순 漘 물가 순 𠣍 놀랄 순 郇 땅이름 순 灥 샛샘 순 鬊 머리풀어헤칠 순 諄

도울 순 䏝 입술 순 朐 지렁이 순 𤎖 따비밭 순 犉 누른소입술검은 순 䈝 대순 순 淳 맑을

순
蕣 나물 순 隋 섬돌 순 鐏 낫을 순 杊 나무호미자루될만한 순 簨 죽순 순 鴝 새벱

瞚 눈깜박할 순 恂 옷깃끝 순 詢 물을 순 雜 메추리 순 鶉 메추라기 순 駨 말이달려갈 순

趨 달리는모양 순 犉 누르고입술검은소 순 峋 후미질 순 揗 만질 순 蕣 무궁화 순 肫 정성스러

울 순 篿 죽순 순 恂 근심할 순 衠 바를 순 眣 눈짓할 순 㝖 빠를 순 犉 소걸음더딜 순

䀏 졸 순 郇 땅이름 순 徇 부릴 순 淳 순박할 순 韋 익을 순 偱 따를 순 䎌 실 순

輴 상여차 순 軥 착할 순 㖼 이를 순 袧 깃끝 순 鶉 메추라기 순 侚 빠를 순 笋

죽순 순 皴 발터질 순 筍 죽 순 醇 술 순 瞚 눈깜짝일 순 濬 깊을 순 唇 입술 순

술

訹 꾀일 술 潏 물가 술 朮 약 술 咻 중얼거릴 술 珬 조개 술 述 지을 술 卹

걱정할 술 沭 물이름 술 戌 개 술 謚 고요할 술 鉥 긴바늘 술 袜 옷에구멍날 술 遂

때 술 䘏 볼붉을 술 鉥 긴바늘 술 茂 쑥 술 銥 때 술 隇 무너질 술 術 꾀 술 術 꾀 술 誠

꾀일 술 沭 물이름 술 逑 닦을 술 牽 널판 술 術 꾀 술 䬍 역을 술 颰 솔솔부는바람 술

鉞 배목 술 痲 미치어달아날 술

숭

餸 계검스러울 숭 崈 높을 숭 鬆 가는터럭 숭 崧 우뚝할 숭 鵞 새매 숭 菘 배추

숭 駥 새매 숭 崇 높을 숭 硹 팡이름 숭 嵩 높을 숭 憽 똑똑할 숭

쉬 賥 부의 쉬 焠 지질 쉬 闧 문가 쉬 𣤛 물을 쉬 韢 주머니끈 쉬 璲 구슬 쉬

悴 오색비단 쉬 𢈊 기울어질 쉬 晬 돐 쉬 睟 첫생일 쉬 倅 버금 쉬 淬 범할 쉬 䉌 대자리 쉬 䘹 혼옷 쉬 倅 원 쉬 粹 무거리 쉬

슬 飋 가을바람 슬 𡗗 실풍류 슬 瑟 큰거문고 슬 璱 푸른진주 슬 膝 종지뼈 슬 繸 무늬 재

슬 膝 무릎 슬 𦾐 쇠무릎 슬 藤 쇠무릎 슬 𡗗 큰거문고 슬 𪘂 무는소리 슬 瑟 큰거문고 슬

蝨 이 슬 蝨 이 슬 虱 이 슬 瑟 거문고 슬 膝 무릎 슬 𧹞 푸르고 붉을 슬 厀 무릎 슬

습 㒚 용렬할 습 什 열사람 습 褶 슬갑 습 㤩 약은체할 습 𦑣 나는모양 습 漝 그림자 습

𢧵 옷덧입을 습 蝔 반딧불 습 拾 주울 습 槢 들 습 霫 비쏟아질 습 鑙 젖을 습 濕 젖을 습

湿 젖을 습 鰼 미꾸라지 습 騽 말가는모습 습 溼 젖을 습 𥽫 창세울 습 㥶 아낄 습 襲 옷껴

입을 습 飁 큰바람 습 習 익힐 습 謵 익힐 습 習 익힐 습 習 익힐 습 𤺊 저릴 습 鳛 새이름 습

請 말많을 습 隰 진펄 습 𩝞 진펄 습 隰 진펄 습 𨼜 진펄 습 熠 환할 습

승 塍 밭두둑 승 𢍺 이을 승 丞 이을 승 承 이을 승 昇 해돋을 승 乘 이길 승 𠘭

이길 승 勝 이길 승 繩 노 승 繩 노 승 騬 불친말 승 ⿰言乘 말할 승 ⿱丞月 어리석을 승 ⿰足升

오를 승 乘 오를 승 乗 오를 승 斘 오를 승 阩 오를 승 ⿰鳥昇 오를 승 陞 오를 승

椉 오를 승 ⿰糸乘 삼베 승 殅 까무러칠 승 塍 밭두둑 승 ⿱亼車 수레에탈 승 竔 리터 승 鱦

물고기새끼 승 椉 탈 승 升 되 승 爯 들 승 䰝 시루 승 ⿰月桼 바리 승 畻 밭두둑 승 騬 불친

말 승 ⿱夾車 따르는수레 승 ⿰氵丞 빠질 승 ⿱丞廾 받을 승 ⿰舟鳥 뻐꾸기 승 鬙 머리더부룩할 승 僧 중 승

⿰魚丞 물고기새끼 승 ⿰彳丞 바로가지못할 승 階 해돋을 승 蠅 파리 승 蝇 파리 승 塍 밭두둑 승 蕂

검은깨 승 憴 경계할 승 抍 들어올릴 승 承 이을 승 ⿰車乘 탈 승 譝 칭찬할 승 ⿱竹丞 대쾌 승 僧

중 승 嵊 산 승 枡 되 승 滕 바다 승 溗 물흐르지않을 승 爯 들 승 ⿰馬乘 불친말 승

시

颸 서늘한바람 시 偲 간절히책망할 시 葹 도꼬마리 시 翄 날개 시 緦 열다섯새베 시 枲 씨없

는삼 시 ⿱舙齒 핥을 시 施 놓을 시 旹 때 시 ⿰犭惢 암담비 시 眡 밝을 시 乨 비로소 시 腮 뺨 시 ⿱⺈是

담비 시 翨 억센깃 시 ⿰它頁 놓을 시 是 옳을 시 縰 털늘어뜨릴 시 柹 감 시 彖 돼지 시 ⿱施虫 쌀바

구미 시 ⿰忄斯 겁낼 시 時 때 시 ⿰鬲羽 새날개 시 ⿰言事 말받아들일 시 毸 날개벌릴 시 ⿱葹木 돌미나리 시 ⿸厂異

돌모서리별족할 시 枝 양엽할 시 眎 밝을 시 ⿰木是 나무숫가락 시 ⿱艹戠 쑥 시 沶 고을이름 시 ⿸疒至 가려울 시

蒔 소회향 시 𨥈 날개벌릴 시 猜 의심낼 시 狏 이리 시 狧 개핥을 시 兀 바칠 시 𥥍 구멍 시

𥳑 생황 시 蓍 시초 시 𧳅 담비 시 昏 밝을 시 笷 큰대 시 顋 뺨 시 𩩲 핥을 시

𥏮 짧고작을 시 矢 화살 시 䀛 밝을 시 柹 감 시 𦅫 명주 시 𥙪 쳔제지낼 시

𪓮 두꺼비 시 𦑲 떼지어날을 시 蒔 심을 시 𥐦 돌떨어지는소리 시 䀛 밝을 시 恃 믿을 시 絁 면주 시

眎 제물보일 시 翨 억센깃 시 𨳝 내시 시 示 보일 시 柿 감 시 榯 문설주 시 兕 외뿔난소 시

徥 슬슬걸을 시 眂 밝을 시 匙 숫가락 시 𦑛 깃털많을 시 始 비로소 시 矢 화살 시

𨁈 작을 시 梠 삽 시 廝 부릴 시 𣗥 찌없는삼 시 示 보일 시 𥨧 구멍 시 𨥏 솟뎡어리 시

絁 비단 시 𨾴 뻐꾸기 시 貤 물건무게 시 𥫶 열쇠 시 視 볼 시 市 살 시 弒 웃사람죽일 시

䂹 짧은창 시 匙 술 시 𦬙 쑥 시 𥗟 갈 시 𥐦 돌떨어지는소리 시 𦆭 명주 시 𩟝 치장할 시

褷 털옷푸수수할 시 齛 이고울 시 弒 웃사람죽일 시 豉 콩자반 시 媤 시집 시 𧳅 담비 시 襹 깃과털로지은옷 시

柢 방아채 시 兕 외뿔난들소 시 暆 얼굴수건 시 尸 주장할 시 𥧌 물가 시 𨏝 수레바퀴 시

𢐀 활부릴 시 䀘 밝을 시 溡 모래섬 시 鳲 뻐꾹새 시 豕 돼지 시 覗 엿볼 시 敊 양념할 시

豨 돼지 시 郗 기대할 시 貤 물건무게 시 𧰼 불친돼지 시 鰣 준치 시 豙 돼지 시 釃

술거를 시 埴 진흙 시 繵 명주 시 糇 기다릴 시 戠 찰진흙 시 𢧐 웃사람 죽일 시 諰 눈휘둥글할 시

眡 보는모양 시 簛 체 시 𧰯 담비 시 鉃 살끝 시 試 시험할 시 是 옳을 시 咶 핥을 시

𪀖 집새 시 时 끼니 시 𣩵 죽을 시 呩 대답할 시 嘶 말울 시 鳲 뻐꾹새 시 𡱁 똥 시

䏡 밝을 시 詘 키글 시 扻 배풀 시 詩 글 시 粞 찌끼 시 𠿒 말시작할 시 鼭 쥐이름 시

鈶 쇳덩이 시 𩵦 물돌 시 𩬊 상투 시 弑 웃사람 죽을 시 視 볼 시 澌 성애 시 㡶 행주 시

鐁 대패 시 𪓰 두꺼비 시 澌 물잦을 시 駛 빠를 시 𠷍 새울 시 敊 버릴 시 鍉 열쇠 시

𩕄 머리가바르지않을 시 啻 뿐 시 塒 보리그루에심을 시 犲 승냥이 시 錗 대패 시 𨽻 벌릴 시 厮

부릴 시 屖 엿볼 시 崼 가까운산 시 覗 기다려볼 시 䟭 주저할 시 颸 서늘한바람 시 豉 콩자반 시

𡳞 뻐꾸기 시 豺 승냥이 시 䚡 유인할 시 敕 목쉰소리 시 䏧 책상 시 乿 취음 시 詄 뜻할 시

漦 침거품 시 柴 땔나무 시 㛅 외조모 시 𦙶 새살날 시 屍 주검 시 阺 산이름 시 鸍 집새 시

邿 산이름 시 鰣 준치 시 鴟 평 시 罳 병풍 시 撕 끌 시 𩾫 접동새 시 姼 죽은어머니 시 𢧐

웃사람 죽을 시 蒔 소회향 시 䩑 얼굴 시 溡 모래섬 시 䭙 즐길 시 氏 각시 시 洔 빗물 시

𤞟 수달 시 祡 쳬졔지낼 시 𥻆 똥오줌 시 翨 큰센깃 시 趐 날개 시 侍 모실 시 屎

똥 시
屎 기다릴 시
廝 부릴 시
謻 말수다할 시
諰 말 시
謚 시호 시
諸 성낼 시
豺 승냥이 시
豉 콩자반 시
愢 겸손할 시
揌 움직일 시
辝 따비끝 시
稭 보리밑에 씨뿌릴 시
㱜 깨날 시
𪊲 실필 시

식

㊕식

喰 먹을 식
歒 겁낼 식
䛊 알 식
䀦 눈여겨볼 식
食 밥 식
蘵 쓴너삼 식
拭 닦을 식
媳 며느리 식
式 법 식
遈 흘러갈 식
䘝 꾸밀 식
餙 꾸밀 식
𩚏 녹 식
餝 꾸밀 식
㥲 오로지 식
識 식견 식
栻 점판 식
䫊 볼 식
䤭 꾸밀 식
鄎 땅이름 식
䛽 숨쉴 식
飾 꾸밀 식
飾 꾸밀 식
鉽 솥 식
鵖 새가 쪼아먹을 식
識 알 식
鳥息 새가 쪼아먹을 식
蝕 일식 식
拭 닦을 식
軾 수레난간 식
蒠 나물 식
塞 막힐 식
熄 불끌 식
寔 이 식
埴 흙을이길 식
䭈 숨 식
㤔 숨쉴 식
㴜 물맑을 식
息 숨쉴 식
湜 물맑을 식
戴 알 식
𩚮 녹 식
植 심을 식
𥮺 키후비개 식
稙 오로지할 식
瘜 군살 식
𥦗 실상 식
膓 콧속군살 식
殖 날 식
蝕 일식 식
𡪢 뵈지않을 식

신

㊕신

梓 상앞에가로댄막대 신
禛 키 신
薪 섶 신
昚 삼갈 신
腎 콩팥 신
眒 눈부릅뜰 신
瞋 눈부릅뜰 신
籸 죽엽길 신
玑 두루 신
燼 나머지 신
侁 떼지어갈 신
姺 제후나라이름 신

訫 믿을 신 愼 삼갈 신 晨 일찍 신 汛 물뿌릴 신 新 새로울 신 栶 바디 신 釁 샛별

신 麎 암고라니 신 申 펼 신 ⿶凵巳 펼 신 矧 하물며 신 ⿰止凡 기다릴 신 ⿱竹兟 대자리 신 ⿰弓矢

하물며 신 晨 샛별 신 燊 성할 신 迅 빠를 신 神 귀신 신 ⿰犭凡 비조 신 蜄 움직일 신

申 펼 신 ⿰氵辛 벼루키신 신 ⿰首臭 암내 신 莘 약이름 신 ⿰彐辛 약이름 신 ⿰矢攵 하물며 신 ⿺鬼冒

귀신 신 柛 자고목 신 薪 섶 신 籸 무거리 신 ⿱新女 나라이름 신 卂 급히날 신 晨 새벽 신

⿱艹凡 다북쑥 신 ⿰亻身 아이밴몸 신 ⿰扌凡 섬길 신 ⿰禾華 곡식이름 신 藎 염황초 신 訊 물을 신 ⿸辰黽

큰조개 신 矧 하물며 신 新 새 신 ⿰言囟 물을 신 囟 숨구멍 신 籸 범벅 신 鋠 둥근무쇠 신 伸 펼 신

⿱申心 신하 신 ⿱眞心 깊은골 신 ⿰耳申 빠를 신 賮 갈골 신 娠 아이밸 신 ⿺乚彐 펼 신 ⿰忄申 근심할 신

頣 눈들고볼 신 ⿰禾畐 귀신 신 ⿱聿夾 갈골 신 ⿰镸彐 펼 신 贐 노자 신 ⿰子言 믿을 신 ⿱竹彐 웃는모양 신

⿰犭申 미칠 신 甡 많을 신 鷐 새매 신 迅 빠를 신 臣 신하 신 ⿰臣欠 빈정거릴 신 神 귀신 신 ⿰女身

아이밸 신 ⿰角巾 스무개 신 賮 보배 신 ⿰言囟 죄물을 신 榊 신나무 신 裑 옷등걸 신 ⿰扌凡 뽑아낼 신 陙

작은언덕 신 駪 걸을 신 顖 숫구멍 신 賑 전당 신 ⿰亻口 믿을 신 ⿰米卩 쌀찌끼 신 ⿸厂巴 지지 신 ⿰囟頁

숫구멍 신 昚 삼갈 신 璶 옥돌 신 新 새 신 訠 하물며 신 阠 언덕이름 신 ⿸辰女 아이밸 신 幸

매울 신 信 믿을 신 訙 물을 신 裖 사직에 지내는 날고기 신 宸 대궐 신 [illegible] 불똥 신 魐 커신 신

[illegible] 삼갈 신 ⿰魚辛 꼬리 긴 생선 신 ⿰魚莘 꼬리 긴 생선 신 噺 이야기 신 訷 펼 신 峷 커신의 이름 신 哂

빙그레 웃을 신 弞 생긋 웃을 신 軟 읊을 신 吲 비웃을 신 扟 당길 신 辛 고생 신 訫 믿을 신

⿰糸辛 약이름 신 屾 갈이 선 산 신 辛 매울 신 ⿵門先 끈끈할 신 兟 많을 신 身 몸 신 ⿰革申 큰 띠

신 ⿰弓矣 길 신 鰰 은어 신 ⿱乎子 새 신 ⿰言西 빙그레 웃을 신 顖 숫구멍 신 ⿰尸卩 작은 나라 신 ⿰糸頁

숫구멍 신 䭀 검은 밥 신 訊 물을 신 駪 말 우물우물할 신 ⿰豸辛 깃 많올 신 迅 빠를 신 抻 펼 신

蜃 큰 조개 신 ⿰食卬 굳은 쌀밥 신 莘 약이름 신 呻 읊을 신 ⿱⿱艹聿貝 염황초 신 胂 몸 떨 신 紳 큰 띠

신 兟 나갈 신 訦 믿을 신 丨 통할 신 ⿰礻畐 신인 산 辰 별 신 眒 빠를 신 侁 왔다갔다할 신

榊 나무 신 鍧 삼가할 신 唇 놀랄 신 ⿰多辛 많을 신

실

실 ⿰口⿱厤心 꾸짖는 소리 실 螅 귀뚜라미 실 失 잃을 실 ⿰彳悉 동할 실 窸 바람소리 실 ⿱罒恩 다 알 실

蟋 귀뚜라미 실 𠂒 잃을 실 榁 두송 실 室 집 실 ⿰革室 칼집 실 實 열매 실 悉 알 실

实 충실할 실 ⿱回心 다 실 ⿳宀米果 열매 실 ⿰口悉 소리 실

심

심 ⿱心品 개가 토할 심 深 깊을 심 ⿸疒甚 뱃속 병 심 樳 심나무 심 淰 흐를 심 ⿱𥫗尋 심할 심 撏

소 심 杺 심이누런나무 심 ⿰糸尋 이을 심 瞫 엿볼 심 疢 뱃병 심 璕 옥돌 심 沁 물적실 심 ⿱罒今

그물 심 ⿱艹深 부들 심 甚 심할 심 ⿰歹心 초목이 시들어죽을 심 藫 부들 심 鬵 큰가마 심 ⿰魚岑 절인

고기 심 鬵 용가마 심 ⿸疒辛 오한날 심 森 크게두려워할 심 ⿱艹⿰歹心 이삭벌래먹어죽을 심 ⿰氵闖 물빨리흐를 심

瀋 즙 심 芯 초심 등심 枔 나무잎사귀 심 宷 살필 심 尋 찾을 심 ⿰氵諗 흐를 심 諶 믿을

심 鬵 용가마 심 罙 깊을 심 忄 마음 심 魫 고기새끼 심 襑 옷 심 心 마음 심 ⿰彡尋 찾을 심

燖 데쳐낼 심 覾 알 심 ⿰森頁 나약할 심 蟳 큰게 심 邥 땅이름 심 ⿰王鬵 옥같은돌 심 罙 굴뚝 심

鱘 고기이름 심 煁 화덕 심 ⿺辶尋 길 심 忄 마음 심 酙 누룩 심 諗 고할 심 ⿰氵諗 물움직일 심

蕈 버섯 심 ⿱雨豕 장마 심 鱏 코긴고기 심 ⿰鳥心 검은빛깔의새 심 ⿰車心 수레심대 심 ⿰酉甚 누룩 심 ⿰足岑

짐승의발자욱에괴인물 심 讅 알 심 ⿰土岑 흙높을 심 魫 고기새끼 심 ⿰阝朁 빠질 심 ⿱雨朁 빗소리 심 尋 찾을

심 ⿰魚覃 심어 심 愖 믿을 심 審 알 심 ⿸广罙 깊고큰집 심 ⿰魚矢 큰고기 심 訦 믿을 심 ⿰覃見 깊이볼 심

⿱心口 개가토할 심 ⿰審力 힘쓸 심 ⿱尺寸 찾을 심 鄩 땅이름 심 潯 물가 심 ⿰忄心 측은할 심 ⿰阝尋 작은

언덕 심 葚 오디 심 鈊 날카로울 심 鬵 용가마 심 ⿰魚今 절인고기 심 ⿰米阝 쌀찌끼 심 ⿰亻必 두려울 심 嬸

숙모 심 審 알 심 鐔 칼 심 枔 잎사귀 심 黮 검을 심 ⿰牛冘 물 심

십

謵 어눌할 십
[illegible] 배찰일 십
竍 테카리터 십
卅 설흔 십
[illegible] 고을이름 십
卌 마흔 십
什 열사람 십
兙 테카그람 십
[illegible] 달아날 십
[illegible] 풀소리 십
辻 네거리 십
籵 테카미터 십
[illegible] 마흔 십
十 열 십
[illegible] 고을이름 십
[illegible] 옷겹선 십

쌍

[illegible] 짐승이름 쌍
艭 큰배 쌍
雙 새두마리 쌍
䉶 돛 쌍
[illegible] 겹돛 쌍
[illegible] 새두마리 쌍
双 한쌍 쌍
㒔 두려울 쌍
[illegible] 새두마리 쌍
欆 펴지않은 배돛 쌍
[illegible] 새두마리 쌍
[illegible] 곱쏭거릴 쌍
[illegible] 새두마리 쌍

씨

氏 성씨 씨

아

[illegible] 거위 아
[illegible] 스승 아
牙 어금니 아
鴉 갈까마귀 아
[illegible] 나 아
我 이쪽 아
[illegible] 버금 아
[illegible] 벌레 아
娥 예쁠 아
齖 뻐드렁니 아
硪 바위 아
俄 아까 아
[illegible] 나 아
[illegible] 허리뼈 아
[illegible] 갈까마귀 아
鵞 거위 아
[illegible] 짧을 아
婭 동서 아
[illegible] 모양낼 아
峩 산이름 아
[illegible] 부서뜨릴 아
孲 어린아이 아
誐 간사할 아
蕥 쪽정이 아
[illegible] 아름다울 아
[illegible] 마전할 아
[illegible] 어린아이 아
[illegible] 갈까마귀 아
睋 볼 아
蛾 누에나비 아
[illegible] 어린 아
莪 새발쑥 아
皒 흰빛 아
騀 말머리내두를 아
[illegible] 가난비단 아
錒 작은가마 아
痾 병깊을 아
蚜 작은벌레 아
[illegible] 아이 아
[illegible] 토끼그물 아
[illegible] 술잔 아

鵝 거위 아　䱷 자가사리 아　犽 우리 아　衙 마을 아　嬤 엄마 아　閜 문기울어질 아　我 나 아

錒 가마솥 아　⿱亞衣 옷치렁치렁할 아　欸 나키올 아　䄉 성할 아　雅 맑을 아　瘂 벙어리 아　㤴 속답답할 아

椏 나무가지 아　螞 말거머리 아　迓 맞을 아　玡 옥같은돌 아　庌 대청 아　婀 아름다울 아

哦 읊을 아　牙 어금니 아　⿰石亞 범할 아　⿰木衰 나무무성할 아　峩 산높을 아　襾 덮을 아　砑 맷돌 아

䰷 말머리내두를 아　唲 선웃음칠 아　丫 가닥날 아　⿱艹義 새발쑥 아　⿱穴亞 삐뚜러질 아　⿱大非 나 아

厊 어긋날 아　疴 병 아　鵞 거위 아　⿰齒我 이모양 아　掗 흔들 아　疋 바를 아　妸 고을 아

[illegible] 갓난이이울 아　兒 아이 아　峨 산높을 아　旑 깃발날릴 아　錏 목가림투구 아　骬 허리뼈 아　犽 오랑캐 아

䫱 고를 아　鵶 갈까마귀 아　餓 주릴 아　⿱亞皿 담을 아　⿰身我 나 아　芽 죽순 아　⿰⻊亞 길갈림 아

⿰扌牙 비뚤어질 아　芽 싹 아　⿰豕我 나 아　餓 주릴 아　亜 버금 아　⿰鳥我 거위 아　啞 까마귀소리 아　䳗 말이나아갈 아

屙 뒤볼 아　啊 사랑할 아　稏 벼이름 아　⿰禾牙 싹 아　⿰金惡 쇠뜨게할 아　⿳亠亞衣 옷치렁거릴 아

訝 맞을 아　亞 버금 아　俹 의지할 아　啊 사랑할 아　娅 예쁠 아　娿 여선생 아　阿 언덕 아　堊 백토 아

枒 바퀴 아

악

腭 잇몸 악　愕 놀랄 악　樂 풍류 악　鍔 다는갈고리 악　偓 거리낄 악　鶚 독수리 악

楃 장막 악　蕚 꽃받침 악　崿 언덕 악　愕 놀랄 악　岳 큰산 악　㠋 언덕 악　岳 큰산

악　堮 언덕비탈 악　嶭 산높을 악　捳 둥길 악　堊 색흙 악　蝁 눈큰독사 악　嵒 언덕

악　鑵 매 악　鰐 악어 악　鱷 악어 악　咢 깜짝놀랄 악　㱚 갑자기죽을 악　䮶 말배끓을 악

渥 젖을 악　偔 맞올 악　鄂 땅이름 악　樂 풍류 악　齶 잇몸 악　㗁 잇몸 악　鍔

칼날 악　𪘲 잇몸 악　𨻴 언덕 악　篧 고기잡는발 악　惡 악할 악　䣞 나타날 악　𡾟 언덕

악　剭 칼날 악　𡶨 큰산 악　惡 악할 악　㟁 큰산 악　鱷 뱀같은고기 악　䣼 초 악　崿

낭떠러지 악　呝 새소리 악　齷 속좁을 악　噐 자랑할 악　鑩 칼날 악　幄 장막 악　喔 닭의울음소리

악　㸕 흰소 악　㮙 함정 악　㦡 풍류 악　腛 기름질 악　鸑 봉같은새 악　顎 아래턱뼈 악

䫹 엄숙하고 공경할 악　鰐 악어 악　鱷 악어 악　鄂 웃터 악　琧 흰옥 악　嶽 큰산 악　噩

엄숙할 악　㸕 흰소 악　鰐 악어 악　覨 오래볼 악　岋 큰산 악　䫹 엄숙하고 공경할 악　櫮 꽃활짝필 악

𦾣 쥘 악　鶚 물새 악　握 쥘 악　䃐 돌험할 악　𨂷 급할 악　齷 잇몸 악　嶽 큰산 악　萼

꽃받침 악　觻 뿔끝 악　諤 곧은말 악　遌 만날 악　堮 언덕비탈 악　媉 모양낼 악　顎 턱 악

안

𡨚 땅이름 안　㛪 고울 안　喭 추솔할 안　㖸 양짓올 안　錌 쇠 안　豻 들개 안　贋

위조할 안 案 책상 안 髵 길고 클 안 㗧 추솔할 안 騂 말이 가는 모양 안 鴳 안새 안 頟 얼굴 안

盦 바리 안 鞍 안장 안 𡄷 싸움할 안 尪 사타구니 안 案 벼갈 안 雁 불빛 안 蹍

자취 안 顔 얼굴 안 髵 머리털 길 안 按 누를 안 㷳 불빛 안 郔 마을 이름 안 鷃

종달새 안 貋 들개 안 安 편안 안 𡨦 안장 안 䀂 과실 이름 안 䶎 얼굴 안 騴 꼬리 밑둥

흰말 안 桉 증발 안 鴳 기러기 안 䞩 다리 아플 안 颹 회오리바람 안 顏 얼굴 안 贋 바르

지 못할 안 矸 산돌 안 顔 이마 안 鮟 천정어 안 雗 안개 안 岸 낭떠러지 안 鴈 기러기 안 顔

얼굴 안 犴 들개 안 鴳 메추리 안 騴 말이 가는 모양 안 爤 불빛 안 晏 늦을 안 㟁 두려울 안

婩 조용할 안 頇 대머리 안 晏 늦을 안 㑛 외조물 안 贗 거짓것 안 眼 눈 안 𠹀 개가 싸울 안

洝 끓는 물 안

알

● 알 㩶 칠 알 㗁 말더듬거릴 알 遏 막을 알 腤 고기 썩을 알 訐 발각할 알 髻 솜털 알 澣

물길을 알 軋 산연할 알 閼 막을 알 髮 깎고 남은 털 알 挖 우벼낼 알 揠 잡아뽑을 알 歐 크게 힘써 부를

알 戛 상고할 알 窫 비고 클 알 羯 불알 깐 양 알 齾 그릇이 빠질 알 齃 콧대 알 聐 명령이 알 歹

살 발은 뼈 알 穵 구멍 우빌 알 斡 돌이킬 알 獥 얼룩개 알 禍 고경이 알 謁 뵈올 알 黦 어두울 알

암

暜 눈깊고검은모양 알
齾 그릇이빠질 알
羯 불알깐양 알
穵 뚫을 알
澖 물이름 알
枿 나무등걸 알
鴶 뻐꾹새 알
𠘰 군셀 알
毼 털많을 알
齾 그릇이빠질 알
钀 말재갈 알
斡 말로되어담을 알
嶭 산높을 알
軋 앗을 알
捾 취할 알
戛 창 알
暍 더위먹을 알
砎 돌모양 알
黠 투색할 알
虬 벌레소리 알
歺 살발은뼈 알
𡾰 뼈높을 알
圠 산구비 알
頞 콧마루 알
齾 그릇이빠질 알
魟 자가사리 알
𠮠 새소리 알
𠯀 비방할 알
嗢 두루미소리 알
堨 보막을 알

암

𡠪 탐낼 암
晻 어두울 암
𠵘 양우는소리 암
𪘂 이가어긋날 암
黭 잇을 암
鶕 메추리 암
癌 암 암
羬 큰양 암
盦 뚜껑덮을 암
盫 덮을 암
嵒 바위 암
媕 결단못할 암
穽 닫을 암
𤲊 밭에심을 암
腤 삶을 암
穽 막힐 암
䶄 낮은소리 암
𩨗 머리끄덕거릴 암
岩 석굴 암
㜝 계집마음들 암
黬 솥밑에붙은검정 암
鶕 메추리 암
麙 염소 암
偣 좋을 암
𪘲 잇몸 암
鵪 메추라기 암
醅 슬플 암
蓭 무성할 암
痷 넓을 암
鵪 메추리 암
堷 흙에묻을 암
譧 희롱할 암
暗 어두울 암
匼 아첨할 암
頷 머리끄덕거릴 암
揜 가릴 암
菴 암쑥 암
𪋻 산양 암
𩨗 머리끄덕거릴 암
黤 검푸른빛 암
壧 굴 암
唵 말많이할 암
䞳 걸름발이 암
闇 여막 암
葊 암쑥 암
𩃘 구름성할 암
韽 가는소리 암
𤞞 개짖을 암
裺 옷 암
𨬍 소리가부러질 암
𩨚 뼈높을 암
黯 왈칵 암
碞

암험할 䏺 삶을 암 黤 검푸를 암 譀 허탄할 암 顩 빰길 암 罯 덮을 암 蓭 암자 암 [illegible]

구름어두울 암 [illegible] 숫범 암 諳 알 암 巖 바위 암 庵 암자 암 隌 어두울 암 䨄 푸를 암 [illegible]

메추리 암 鶕 메추리 암 [illegible] 사마귀 암 頷 머리끄덕일 암 寱 잠고대 암 菴 들풀 암 嵒 바위 암 譍

말결단못할 암 雸 서리 암 黯 아득할 암 馣 향내 암 揞 감출 암 䜾 알 암 鶕 메추리 암 埯 구덩

이 암 㘙 신음할 암 唵 움켜먹을 암 喑 싱거울 암 媕 마음 암 黶 검은점 암 虤 범 암 隌 어두울 암

압

匌 쪽두리 압 㘝 시끄러울 압 窜 맥찌를 압 髃 머리움직일 압 翈 쪽지외의 짧은깃 압 姶 아름다운모양

압 [illegible] 여자머리꾸미개 압 圧 누를 압 壓 누를 압 覂 덮을 압 浻 축축할 압 鴨 집오리 압 䡞

수레연장 압 畣 아첨할 압 踚 절름발이 압 瘟 기압할 압 䘲 그림 압 般 배움직일 압 匌 검약할 압 䞁

급히달아날 압 譺 웃고말할 압 罯 새그물 압 韃 아이신 압 圔 낮은소리 압 頟 머리움직일 압 疴 파리할 압

鴨 집오리 압 瘟 숨가쁘게쉴 압 嚈 나라이름 압 鴨 집오리 압 庘 헌집 압 押 수결둘 압 熗 불묻을 압

狎 진압할 압 炠 불에말릴 압 韐 가죽고삐 압 哈 고기우물거릴 압 㑁 잔피할 압 [illegible] 체색할 압

앙

霙 흰구름 앙 英 대이름 앙 秧 모 앙 鉠 배부를 앙 咉 슬플 앙 礡 돌소리 앙 駚 들말 앙

駒 말성낼 앙 坱 티끌 앙 [illegible] 거북 앙 昻 높을 앙 眏 한량없을 앙 㦜 어그러질 앙 靯 신발 앙

峽 후미질 앙
頏 머리 들 앙
抰 말 뻣대로 찰 앙
茚 창포 앙
央 가운데 앙
泱 물 충충할 앙
㼜 큰 혹부리 앙
怏 가운데 앙
鞅 말가슴 앙
胦 배꼽 앙
軮 편할 앙
仰 우러를 앙
姎 나 앙
醠 막걸리 앙
盎 동이 앙
炴 불빛 앙
卬 나 앙
鴦 원앙새 앙
枊 말뚝 앙
秧 채앙 앙
貁 담비 앙
𩵼 자가사리 앙
禍 재앙 앙
㒊 뻣뻣할 앙
舌 코대답하며 말할 앙
詇 슬기로울 앙
甇 동이 앙
䄃 재앙 앙
瞌 날흐릴 앙
䒋 기운 뜰 앙
佒 몸 거북할 앙
殃 재앙 앙
狭 담비 앙
怏 마음에 차지 않을 앙
鉠 방울소리 앙
䩕 얼굴빛 푸를 앙
眏 눈 어두울 앙
枊 추녀 앙
昴 쳐다볼 앙
昂 밝을 앙
𠃬 돌아올 앙
𡶭 산 높고 험할 앙
禓 재앙 앙

애

● 애
涯 물가 애
閡 시끄러울 애
㢊 시탁자 애
鱜 연어 애
譪 수두룩할 애
䶢 이 고르지 않을 애
捱 막을 애
騃 어리석을 애
敱 사랑 애
𪖇 서로 꼬리 물고 다니는 쥐 애
焥 빛날 애
𣋡 햇빛 애
唉 탄식할 애
靉 구름 낄 애
𧢈 웃고 볼 애
𨡲 취한 모양 애
𥇳 귀머거리 애
皚 눈서리 흴 애
皧 깨끗할 애
崕 험할 애
懝 놀랄 애
𩬣 긴 모양 애
㤅 사랑 애
賹 부쳐 보낼 애
毅 늙은 숫돼지 애
睚 눈가 애
靄 구름이 피어오를 애
嗄 목쉴 애
𧵕 벅벅할 애
漄 물가 애
馤 향기 애
阸 좁을 애
瞹 눈 흐릿할 애
敳 있을 애
挨 칠 애
呃 재채기할 애
娭 희롱할 애
𩪘 머리가 길 애
曖 날흐릴 애
璦

아름다운 옥 애 娾 즐거울 애 艾 쑥 애 馤 향기 애 𤸖 어리석온 병 애 䯂 살찔 애 獃 못생길 애 碍

막힐 애 噯 숨 애 厓 언덕 애 鴱 뱁새 애 欸 탄식할 애 愛 사랑 애 閡 밖으로 닫을 애 閦

밖으로 닫을 애 哎 애통할 애 艠 밑 넓은 배 애 𧦧 불평하는 소리 애 闓 문횡강목 애 藹 덮을 애 坆 쑥 애

䁨 쌓을 애 齸 좁을 애 濭 그늘질 애 壒 티끌 애 哀 슬플 애 挨 밀 애 齸 좁을 애 譪

힘다할 애 䔽 향기날 애 𤡮 어금니 애 齾 좁을 애 㤅 사랑 애 䨥 하얄 애 餲 밥쉴 애 㝵

그칠 애 礙 맷돌 애 𠩂 돌이름 애 㤅 징계할 애 𢟪 사랑 애 隘 좁을 애 鱫 연어 애 㥞

아낄 애 㥴 한할 애 𡕓 갈 애 睚 눈가 애 崖 낭떠러지 애 欸 탄식할 애 靉 구름낄 애 僾

방불할 애 䅬 벼의 작은 단 애 㗒 아이 말 애 𡺸 산봉우리 끝 애 𧰿 마른 돼지 애 隘 좁을 애 𣩕 죽을 애

㤅 사랑 애 薆 초목 성할 애 磑 맷돌 애 阨 좁을 애 噯 안경 애 懝 놀랄 애 啀 비틀

거릴 애 毐 음란할 애 隘 막을 애 𪘏 어금니 애 啀 개가 물 애 𠑷 짧을 애 獃 미련할 애 曖

키머거리 애 𧁸 물쑥나물 애 埃 티끌 애 㤅 징계할 애 靄 아지랑이 애

액

貖 큰쥐 액 鮥 고기이름 액 𡽀 산높을 액 㧖 잡을 액 詻 송사논란할 액 蚅 콩망아지

액 𩚬 굶을 액 𧝣 저드랑이 솔기 액 䨙 실할 액 㕎 높은 소리 액 棭 나무이름 액 扼 잡을

액 峉 산이높고웅장할 액 戹 재앙 액 額 이마 액 砨 옥이름 액 頟 이마 액 軛 멍에 액 腋 겨드랑이 액 掖 곁들 액 䩐 신기울 액 讛 소리 액 飢 굶을 액 嗌 목구멍익 액 厄 재앙 액 戹 뒤창문 액 灂 흐를 액 搤 가질 액 䬉 굶을 액 㰦 웃고말할 액 㡊 흠질할 액 䝃 잘놀랠 액 液 진액 액 䨪 실할 액 豟 큰돼지 액 鰪 고기이름 액 餩 굶을 액 琖 옥문채옥 아롱질 액 軶 멍에 액 䝃 놀라기절할 액 搤 쥘 액 豟 돼지 액

앵

앵 蘡 머루넝쿨 앵 䁝 눈마을 앵 鸎 꾀꼬리 앵 嚶 새소리 앵 鸚 앵무새 앵 矆 눈에광채없을 앵 甖 큰독 앵 罌 질그릇 앵 櫻 앵두 앵 桜 앵두나무 앵 鷪 수알치새 앵 甖 큰동 앵 鸎 꾀꼬리 앵 嫈 예쁠 앵 甇 목긴병 앵 噟 개짖는소리 앵 㴄 소용돌이칠 앵 鸚 앵무새 앵 譻 방울달랑거릴 앵 鶯 꾀꼬리 앵 犪 소부르는소리 앵 罃 목긴병 앵

야

야 䟢 어린애타달타달걸을 야 鰤 뱀같은고기이름 야 椰 야자나무 야 琊 고을이름 야 嵒 반야 야 𪌲 밀기울 야 䈝 바다가에나는대 야 揶 희롱할 야 琊 고을이름 야 鋣 칼이름 야 挪 능할 야 爺 아비 야 枒 바퀴테 야 𡋯 묵은진흙 야 鵺 새이름 야 𦵔 반야 야 釾 막야 야 𩀕 평갈은새 야 爺 아비 야 喏 공손히대답할 야 惹 이끌 야 梛 야자나무 야 埜 들 야 鎁 칼이름 야 野

들 야 嵛 반야 야 偌 성 야 耶 어조사 야 喏 공손히 대답할 야 宕 반야 야 鋣 저울 야 夜

밤 야 壄 들 야 墅 들 야 也 이끼 야 疨 밤 야 㖡 밤에 새 울 야 冶 쇠불릴 야 吺 대답할 야

崵 먹산 야

약

楉 석류 약 觺 활이 틀어져서 할 약 鰯 집모퉁이 약 礿 봄제사 약 箬 대껍질 약 癯

병 약 籥 피리 약 蠚 반딧불 약 踚 오를 약 蹃 오를 약 䖑 학질 약 嵹 같을 약 叒 쫓을

약 蒻 부들밑 둥할 약 魧 우러를 약 弱 약할 약 藃 불높이 칠 약 躍 뛸 약 籥 커리 약

弱 약할 약 鰙 피라미 약 藥 약 약 約 기약할 약 蘥 커리 약 鬻 테 칠 약 爚 여름제사 약

爚 불사를 약 爚 불사를 약 闟 끌 약 禴 여름제사 이름 약 渃 성이름 약 躍 뛸 약 鑰 자물

쇠 약 葯 구리때 잎 약 趯 갈 약 龠 피리 약 瀹 지질 약 邀 멀 약 鰯 멸치 약 若 눈물

칠 약 爍 색실 약 弱 약할 약 跤 발금 약 鷂 종달새 약 鰯 살속의 얇은 가죽 약 籥 실 약 紇

불기운 약 瀹 지질 약 喲 감탄하는 어조사 약 釣 음식 조절할 약 瀹 적실 약 惼 막을 친 집 약 勬 흰 비단 약

箹 죽순 약 藥 약 약 敫 해 그림자 약 鱹 뱅어 약 若 같을 약 藥 약 약 膪 약 약 若

같을 약 鶸 새이름 약 衕 계으를 약 灤 물이름 약 鄀 나라이름 약 擽 칠 약 雒 바둑 약 槃 계옷

양

맬 약 略 간략할 약 蟟 하루살이 약 蒦 잴 약 蒻 부들밑둥 약 [illegible] 칭찬할 약 逽 나갈 약 [illegible]

벗장 약 [illegible] 칼갈 약 扚 손마디금 약 掠 노략할 약 搦 가질 약

㊣양 恙 병 양 [illegible] 술잔 양 [illegible] 가루떡 양 眻 눈썹사이 양 瓤 외속 양 阦 해 양 鸉 꼬리

긴흰매 양 襄 도울 양 [illegible] 매같고꼬리흰새 양 [illegible] 이슬 양 樣 모양 양 鴹 외발새 양 瘍 머리

헐 양 蛘 근질근질할 양 [illegible] 살찔 양 阳 해 양 [illegible] 양기 양 [illegible] 사람이름 양 颺 날릴 양 㨾

본보기 양 [illegible] 쌀바구니 양 簜 대자리 양 㦹 한탄할 양 鰑 가물치 양 [illegible] 쌀일 양 氜 볕기운 양

壤 흙 양 [illegible] 좁은모양 樑 들보 양 [illegible] 무양 양 [illegible] 기를 양 獽 오랑캐 양 嚷 떠들 양 樣 모양 양

穰 벼줄기 양 [illegible] 해 양 [illegible] 도울 양 [illegible] 한살된 양 陽 볕 양 [illegible] 도울 양 [illegible] 풀양하 양 鐊 말머

리치장 양 [illegible] 맬 양 羊 양 양 [illegible] 착할 양 [illegible] 날릴 양 懩 가려울 양 [illegible] 가죽다룰 양 躟 바삐

걸을 양 昜 빛날 양 攁 발동할 양 [illegible] 벼줄기 양 楊 버들 양 蘘 양하 양 [illegible] 헤울 양 敭 밝힐

양 [illegible] 활곱을 양 纕 패옥띠 양 欀 교양나무 양 瀁 물모양 양 [illegible] 거북종류 양 量 헤아릴 양 暘

밝을 양 釀 들깨 양 紻 갓끈 양 懹 거리낄 양 漾 물결일 양 [illegible] 힘쓸 양 [illegible] 해 양 輰 치장

한수래 양 讓 사양 양 [illegible] 쌀 양 瀼 진탕물 양 孃 아씨 양 [illegible] 기를 양 [illegible] 모양 양 裡 도울

양 禓 길제사 양 勨 느즈러질 양 [illegible] 기 양 釀 술빚을 양 瓖 말배띠장식 양 洋 큰바다 양 烊 구을

양 蛘 근질근질할 양 [illegible] 달아날 양 垟 흙속괴물 양 鍚 당노 양 [illegible] 연한돌 양 讓 사양 양 崵 면산

양 瘍 종기 양 [illegible] 들깨 양 煬 화할 양 鸉 매같고꼬리흰 양 [illegible] 시원 양 穰 볕 양 養 기를

양 羕 물이길 양 痒 옴 양 癢 가려울 양 攘 빼앗을 양 讓 사양 양 [illegible] 검붉을 양 [illegible] 남쪽

양 [illegible] 양하 양 蘘 양하풀 양 勷 힘쓸 양 驤 말뛸 양 獽 오랑캐 양 佯 거짓 양 釀 술빚을

양 [illegible] 머뭇거릴 양 訲 그칠 양 [illegible] 굴레 양 [illegible] 눈병 양 [illegible] 떡 양 徉 빈둘거릴 양

襄 도울 양 養 기를 양 [illegible] 쇠녹일 양 敭 들 양 兩 둘 양 羋 양 양 [illegible] 창 양 [illegible] 해 양

[illegible] 소리변할 양 梁 들보 양 魎 도깨비 양 輬 수레 양 躴 키클 양 [illegible] 달아날 양 輛 수레 양

量 헤아릴 양 [illegible] 착할 양 鬤 머리엉킬 양 [illegible] 검을 양 [illegible] 고요할 양 [illegible] 짐승 양 儴 빈들거

릴 양 悢 슬플 양 [illegible] 부세 양 諒 믿을 양 [illegible] 북풍 양 [illegible] 누에 양 裲 배자 양 諹 칭찬

할 양 掚 꾸밀 양 揚 드날릴 양 [illegible] 밝을 양 [illegible] 송진 양 椋 박달나무 양 [illegible] 숫양 양 羕 물길

양 [illegible] 장 양 鋃 잠글 양 鑲 선두를 양 脼 맛있을 양 [illegible] 메시거릴 양 艆 배전 양 良 착할

양 埌 아득할 양 [illegible] 눈병 양 [illegible] 양눈섭사이 양 恙 병 양 粱 기장 양 糧 곡식 양 緉 신 양

綡 수건양
[羊+需] 큰양
[牛+京] 소양
[犭+羊] 개양
涼 서늘할양
亮 밝을양
俍 장인양
勷 급하
…할양
哴 목쉴양
[口+羌] 어린아이울양
喨 울고그치지않을양

어

腒 고리눈말어
語 말씀어
[魚+又] 고기우리어
[魚+於] 미꾸라지어
魰 고기잡을어
[骨+於] 어깨뼈어
醧 잔치할어
[虫+魚] 좀어
箊 잎사귀엷은대어
瘀 어혈질어
[歹+於] 말라죽을어
[馬+魚] 고리눈말어
[魚+大] 물고기어
飫 잔치먹을어
於 늘어
[土+於] 진흙어
[艹+魰] 나라동산어
馭 말부릴어
[食+於] 싫을어
[艹+御] 땅이름어
瘀 어혈질어
扵 어조사어
[山+午] 산똑바를어
蘌 가릴어
齬 이어긋날어
[氵+魚+寸] 고기잡을어
棜 책상반어
[食+圉] 싫을어
[食+犮] 먹기싫을어
衙 모실어
[門+幸] 작은문어
魣 연약서어
圉 마부어
[禦 variant] 나라동산어
䔡 들깨어
[氵+魚+魚] 고기잡을어
[山+吳] 산이름어
[广+虞] 노쇠어
𩵋 물고기어
篽 나라동산어
[辶+敔] 모실어
饇 배부를어
漁 고기잡을어
[虍+魚+攴] 고기잡을어
淤 진흙어
峿 험할어
禦 막을어
魚 물고기어
御 모실어
[金+御] 백철어
圄 옥어
[方+骨] 어깨뼈어
[於+骨] 어깨뼈어
敔 금할어
[月+魚] 고기눈말어
籞 나라동산어
[金+禦] 백철어
[食+芺] 먹기싫을어
唹 고요히웃을어
[禾+於] 풀어
[吾+支] 풍류어
棜 술잔반침어
鋙 어긋날어
[食+又] 전별할어
菸 시들어
[宀+寤 variant] 거짓잠잘어
[亻+圉] 어렷어릿할어
[虫+魚] 좀어

억

억 肊 가슴뼈 억 ⿰骨意 가슴뼈 억 訲 쾌할 억 僡 헤아릴 억 ⿰口疑 어린아이 지각있을 억 螠 작은
벌 억 憶 생각 억 ⿱音虫 쾌할 억 ⿰骨乞 가슴뼈 억 疑 바로설 억 澺 강이름 억 ⿰萬意 억억 抑 누를
억 ⿰韋意 신머리 억 億 억억 癔 심화병 억 橞 참죽나무 억 檍 참나무 억 繶 땋은노 억
臺 억억 臆 가슴 억

언

언 牪 물건 언 ⿰金匽 삼지 언 ⿰匽欠 성나배벌떡거릴 언 褗 옷깃 언 傿 에누리할 언 ⿰齒干 이드
러날 언 ⿰𧾷見 걸음바르지못할 언 ⿰阝旲 방축 언 郾 고을이름 언 ⿰歹彦 위문할 언 ⿱山艮 높은고개 언 彥
클 언 ⿰犭匽 삼지창 언 甗 작은산 언 隁 방축 언 ⿱冒廾 말씀 언 躽 몸굽힐 언 ⿰言㥯 낭자할 언 ⿰忄咸
맘좁을 언 ⿰石言 생각할 언 ⿰口虔 웃을 언 齴 이드러낸모양 언 ⿺走焉 천천히걸을 언 ⿺走晏 연기오를 언 椻
나무로망천할 언 鰋 이마흰메기 언 彥 클 언 ⿰貝匽 물건알맞을 언 ⿰目匽 눈으로희롱할 언 ⿰阝焉 방축 언
⿱竹言 큰통소 언 鼹 두더쥐 언 ⿰風奄 잠간 언 琂 옥같은돌 언 堰 방축 언 鼴 두더쥐 언 瓛 옥시루 언
鄢 땅이름 언 匽 숨길 언 唁 위문할 언 齞 이드러날 언 篶 흑죽 언 鶠 봉새 언 漹
물이름 언 蔫 시들 언 ⿸彦言 속된말 언 ⿰鬳瓜 표주박 언 諺 속된말 언 ⿰目燕 눈으로희롱할 언 彥 한착
선비 언 ⿰魚晏 메기 언 㫃 깃발 언 ⿰目晏 눈으로희롱할 언 偃 누울 언 ⿰齒幵 이드러날 언 蝘 도마뱀 언 言

말 언 嫣 방긋웃을 언 焉 어디 언 㥯 마음좁을 언 喭 상말 언 墕 방축 언 鼴 두더지 언 ⿰食彥

엿 언 ⿰犭肙 팡이름 언 嘕 기꺼워할 언 嵃 산높을 언 ⿰齒干 이드러날 언 甗 시루 언

얼

孽 나무끝으리 얼 餲 밥쉬할 얼 臬 문지방 얼 槷 과녁 얼 ⿱薛女 첩의자식 얼 隉 위태

할 얼 嵲 산높을 얼 ⿰麥夬 누룩 얼 蠥 요괴 얼 ⿰危臬 위태할 얼 櫱 나무싹 얼 ⿰女厥 고울 얼 ⿱薛麥

보리울 얼 ⿰土臬 작은산 얼 ⿱薛女 첩의자식 얼 ⿱山旨 높고위태할 얼 ⿱仒乙 팡이름 얼 餲 밥쉬할 얼 巘 산따로떨

어질 얼 ⿱厥女 고울 얼 ⿱刅虫 암무지 얼 孼 얼자식 얼 ⿰身危 위태할 얼 妜 양미간 얼 ⿰山兒 산높을 얼 ⿰鳥辥

물오리 얼 孽 나무끝으리 얼 孽 첩의자식 얼 ⿰車獻 우뚝할 얼 ⿰山齧 산모양 얼 櫱 싹 얼 ⿱山旨 산끊어질

얼 蜺 불매미 얼 ⿰鳥辥 물오리 얼 ⿱薛女 첩의자식 얼 ⿸广㕯 좁을 얼 ⿱髟乙 길 얼 糱 누룩 얼 闑

문지방 얼 ⿱辥女 서자 얼 ⿱山兒 산높을 얼 嵲 산높을 얼 蠥 요괴 얼 聐 이명청 얼 櫱 나무끝으리 얼

엄

罨 물고기후리질할 엄 ⿺走㒼 빨리달아날 엄 裺 기도할 엄 礹 돌산 엄 ⿰火閹 불밝지못할 엄 掩 거둘 엄

⿸㫃奄 깃일산 엄 ⿰爿奄 평고대 엄 ⿰羽奄 깃거둘 엄 ⿱竹嚴 막을 엄 ⿸㫃酓 덮을 엄 ⿰木奄 능금 엄 ⿸厂炎 언덕비탈 엄

奄 문득 엄 曮 해다니는길 엄 嚴 엄할 엄 顩 하관빠를 엄 ⿰女嚴 조용할 엄 ⿸广女 천할 엄 ⿰㡘頁 반반

하지않을 엄 醶 초 엄 ⿰彳奄 숨길 엄 儼 공경할 엄 崦 해지는산이름 엄 ⿰魚㑒 고기입쭝긋거릴 엄 齴 좋은모양

엄 ⿸广欠 작을 엄 ⿰耳奄 커 엄 欕 나무 엄 淹 담글 엄 ⿱山厰 굳셀 엄 ⿰氵嚴 찰 엄 ⿰女广 맵시가 단정할 엄

⿰女奄 모양할 엄 隒 비탈언덕 엄 嚴 엄할 엄 噞 고기입 엄 龑 높고 밝을 엄 閹 내시 엄 ⿰魚業

고기성할 엄 渰 구름피어오를 엄 崦 해지는산 엄 ⿰鬼奄 더럽힐 엄 厂 굴바위 엄 广 바윗집 엄 ⿰奄阝 나

라 엄 ⿸厂奄 높을 엄 ⿱穴奄 거둘 엄 ⿰言奄 줄 엄 釅 술과 초맛 텁텁할 엄 ⿰禾奄 벼쭉정이 엄 俺 나 엄 罨

덮을 엄 ⿰山甗 시루봉 엄 醃 저릴 엄

업

業 일 업 餣 떡 업 ⿰歹㬎 병들 업 ⿰目奄 눈감을 업 皣 흰꽃 업 ⿰糸業 얽을 업 ⿰禾奄 심을

업 腌 저린고기 업 ⿱业带 일 업 ⿰臭邑 냄새날 업 ⿰片業 담틀 업 殗 병심하지 않을 업 砐 산높을 업 ⿰阝業 험할

업 ⿰歹業 앓을 업 ⿰忄業 두려울 업 ⿰業鳥 사람의 길흉을 아는 새 업 ⿰言業 말하며 웃을 업 ⿰巾奄 머리단장할 업 驜 장할

업 ⿰氵業 물막는 나무 업 嶪 산이 높고 웅장할 업 ⿰口業 입 움직일 업 ⿰音業 풍류 업 鄴 고을이름 업 ⿰阝業

험준할 업 岋 위태할 업 ⿰奄支 미칠 업 ⿰金奄 마치 업 ⿰魚業 고기성할 업 ⿰奄鳥 오디새 업

엇

[illegible] 팡이름 엇

에

縊 목맬 에 獩 오랑캐 에 ⿰女曷 곱히 돌아올 에 窫 고요할 에 蜹 구더기 에 ⿰土壹 티끌 에 殪

죽을 에 恚 성낼 에 曀 가릴 에

여

⿺走與 걸을 여 歟 어조사 여 ⿸厂力力 힘쓸 여 蠡 사람이름 여 ⿱竹旅 밥소쿠리 여 籅 대상자 여 伃 녀의 벼슬이름 여

旟 새매 그린 기 여 ⿱罒㼌 넓은 그물 여 ⿱穴[illegible] 잠잘 여 籅 대남여 여 欤 어조사 여 狳 짐승이름 여

畭 삼년된 밭 여 轝 수레바탕 여 ⿱如翟 메추라기 여 璵 옥빼 옥 여 ⿰酉攴 생선 썩을 여 ⿰矛象 창 여

⿰木旅 여송나무 여 要 고울 여 洳 축축할 여 蕷 마 여 艅 나룻배 여 與 더불 여 ⿰羊余 들양 여

畬 삼년된 밭 여 舁 마주들 여 瀩 물출렁거릴 여 濾 맑을 여 礜 돌이름 여 ⿸疒列 염병 여 澦 물이름 여

櫲 여장나무 여 與 더불 여 轝 수레바탕 여 ⿱與金 비녀 여 鸒 갈가마귀 여 ⿱與羊 살찐양 여

蜍 두꺼비 여 ⿱與心 공경할 여 ⿱厲䖵 약이름 여 ⿰忄女 헤아릴 여 ⿰亻與 삼갈 여 ⿰口與 손뼉치며 노래할 여 ⿰倉夫 돌아올 여

⿸广與 사슴 같고 큰 짐승 여 ⿰豕攵 차질 여 ⿰金與 비녀 여 如 같을 여 ⿰衤與 옷날릴 여 与 더불 여

庐 초막집 여 藇 마 여 忬 미리 여 ⿱與馬 말 천천히 가면서 도빼쿨 여 雓 병아리 여 予 나 여 筎 대겁질 여

汝 너 여 鴽 집비둘기 여 ⿰弓予 활 여 籹 약과 여 鸒 갈가마귀 여 ⿰言與 헤아릴 여 ⿰女肉 섹을 여

⿰虫萬 약이름 여 厉 악할 여 懙 공경할 여 悆 기쁠 여 ⿰氵豫 물이름 여 ⿸疒如 병들 여 ⿱與灬 공경할 여

餘 남을 여 ⿱如魚 나는 고기 여 舉 들어올릴 여 妤 계집벼슬 여 ⿰礻内 들 여 ⿰犭與 탄식하는 소리 여 ⿰舌瓜 말린 채소 여

⿰女呂 추잡할 여 侶 짝 여 侞 온순할 여 俟 성낼 여 飼 싫을 여 呂 성 여 唉 학울 여

厲 엄할 여　⿰木衣 나무 여　攦 꺾을 여　旅 나그네 여　矑 해비칠 여　曞 햇살퍼질 여　梠 문도리 여

⿰目黎 볼 여　棙 피파고동 여　⿰木與 서속번성할 여　⿱⺮旅 소쿠리 여　女 계집 여　爈 산불 여　珕 장식할 여

瓈 유리 여　癘 염병 여　⿸疒麗 파리할 여　⿰女慮 싫을 여　督 찾아볼 여　砅 물건널 여　⿰言戾 이름 여

⿸广呂 자비 여　鵹 꾀꼬리 여　黎 무리 여　麗 고울 여　巁 산높을 여　帤 활싸개 여　廲 갑창

여　⿰言慮 거짓 여　⿰禾牛 밭갈 여　禲 여귀 여　礪 숫돌 여　⿰示衣 산천제사 여　⿰石慮 돌단단할 여　穭

돌벼 여　⿰忄慮 생각깊을 여　⿰示盧 산천제사 여　戾 도라올 여　糲 궂은쌀 여　絮 솜 여　絽 옷재맬 여　綟

초록빛 여　⿰月女 생선썩을 여　臚 배앞 여　膂 힘 여　茹 먹을 여　⿱艹閭 쑥 여　藘 풀 여　⿱艹膂 고기

여　蔾 명아주 여　⿱艹犂 풀성할 여　⿱艹絮 붙을 여　蜧 두꺼비 여　蠡 좀먹을 여　蠣 굴 여　袽 해진옷 여

⿰厲見 볼 여　沴 해로울 여　濿 물건늘 여　欐 들보 여　櫖 굵은칙 여　櫚 종여 여　邌 민동들 여　閭

이문 여　⿺風⿱夂㚇 바람소리 여　⿺風巛 바람 여

역

⿸疒睪 병전염할 역　⿰金或 오지그릇 역　燡 불심할 역　⿰虎刂 범외소리 역　繹 다스릴 역　緎 재멜 역

⿵門睪 문열 역　⿰糸亦 실얽을 역　睗 날흐릴 역　肊 가슴뼈 역　縌 인끈 역　睪 엿볼 역　⿰糸屰 인끈 역

虉 역풀 역　罭 물고기그물 역　淢 빨리흐를 역　⿰阝或 지경 역　⿰鬲阝 고을이름 역　⿰革易 흰신 역　睪

엿볼 역

亦 또 역

黓 양가죽계멘 검은실 역

鷁 눈맞춰 새끼 배는 새 역

鳨 작은 오리 역

𦔳 밭갈 역

疫 염병 역

睪 엿볼 역

㑊 병이름 역

閾 문지방 역

墿 수레바퀴길 역

洂 흐를 역

逆 맞을 역

棫 나무무더기로 날 역

役 부릴 역

易 변할 역

圛 맴돌 역

瘍 병전염할 역

睪 엿볼 역

𤓰 재앙 역

燡 불심할 역

疫 시환 역

坄 굴뚝 역

餩 주릴 역

訳 통변할 역

鷊 인끈풀 역

駅 잇닿을 역

炈 또 역

醳 쓴술 역

肊 가슴뼈 역

厤 책력 역

鷊 인끈풀 역

蜮 물여우 역

鷊 역풀 역

𩃎 큰비 역

韄 지경 역

鈠 작은창 역

豛 돼지 역

逆 거느릴 역

蜮 단호 역

𩄢 비그치지않을 역

韄 재멜 역

琙 사람의 이름 역

亦 또 역

斁 또 역

鈠 작은창 역

醳 쓴술 역

域 지경 역

曎 날빛 역

嶧 산이름 역

譯 통변할 역

嬕 아리따울 역

䮊 말이 달려가는 모양 역

𤰞 지경 역

𪃡 비둘기새끼 역

鶂 거위소리 역

𩞁 밥쉴 역

魰 메기같고 네발있는 고기 역

魊 메기같고 네발있는 고기 역

埸 지경 역

譯 통변할 역

𩪂 가슴뼈 역

繹 다스릴 역

㖸 소리 역

䓈 마름 역

鯣 뱀장어 역

黓 양가죽올꿰멘 검은실 역

亦 또 역

伇 부릴 역

閾 문지방 역

豛 돼지 역

域 지경 역

惐 마음아플 역

䳑 재꼭이 역

羬 양가죽옷꿰맬 역

𤁎 물흐를 역

驛 역말 역

懌 기꺼울 역

駅 잇닿을 역

屰 거스릴 역

𡚇 강할 역

魰 메기같고 네발있는 고기 역

鶂 거위소리

역 伇 맘쓸 역 鷊 새이름 역 袸 옷깃 역 豽 돼지 역 曎 밝을 역 脊 가슴뼈 역 戫 흐를

역 讈 북소리 역 䍳 줄칠 역 羃 염소 역 𦗿 자세히 들을 역 艗 배 역 蒚 산마늘 역 靂

비안그칠 역 蜴 도마뱀 역 蚸 메뚜기 역 蝷 돌누에 역 櫟 도토리나무 역 歷 지낼 역 櫪 누에발 역

鬲殳 나눌 역 殈 거의죽으려할 역 𩪁 뼈병 역 鬲鯉 사자 역 鬲鬲 거를 역 躒 지날 역 轢 바퀴

에칠 역 轣 바퀴길 역 𨖂 가까울 역 靂 벼락 역 酈 땅이름 역 𨯳 솥 역 鎘 솥 역 易 바꿀 역

帟 장막 역 惄 마음주릴 역 㦸 경영할 역 曆 책력 역 襗 제사이 돋날 역 朸 나무결 역 瞷

눈밝을 역 磿 조약돌 역 嚦 소리 역 奯 강할 역 皪 흰꽃 역 礫 자갈 역 䨼 돌보습 역 屴

산높을 역 醳 술거를 역 䮥 말빛 역 鬲弱 김오를 역 齒歷 너리먹을 역 鯠 자가사리 역 黑歷 검은빛 역

瀝 스밀 역 厤 못생길 역 衣 얽을 역 讈 교묘한말 역 豿 개 역 風歷 바람소리 역 趯 속히갈 역

赲 걸을 역 軀 맨몸 역 躒 움직일 역 炈 굴뚝 역 疒 가릴 역 爅 빛날 역 犻 개 역 疒

병 역 瓅 진주빛 역 癧 연주창 역 砳 돌소리 역

연

肙 작은벌레 연 渊 깊을 연 臙 연지 연 緛 쪼그라질 연 㟱 못 연 燃 불사를 연 次

춤 연 稬 연약할 연 䀽 볼 연 橪 산대추 연 涓 물방울 연 縼 얽을 연 孿 병들어 몸굽을 연 沿 좇을 연

㳂 침 연 瓀 옥돌 연 硱 벼루 연 𪇴 그릴 연 沿 물따라내려갈 연 沇 물흐르는 모양 연 牭 소꼬

리 연 㥟 약할 연 筵 대자리 연 鷰 그릴 연 脔 썬고기 연 淵 못 연 㴁 깊을 연 葕 넝쿨

길 연 𥁕 주발 연 兗 믿을 연 瑌 옥돌 연 煙 연기 연 帩 꺾어마를 연 燕 연나라 연 赧

피리늘어지게불 연 曣 해돋을때구름없을 연 䢊 서로돌아보고갈 연 𪔋 북소리 연 鳶 솔개 연 研 연마할 연

涓 졸졸흐를 연 昖 해다날 연 胭 목구멍 연 珚 옥이름 연 剈 아로새길 연 撋 꺾을 연 鋋

작은창 연 䞍 작은재물 연 㨎 비밀 연 㝃 아이날 연 韏 다룬가죽 연 翾 나는모양 연 繎 실엉킬 연

軟 부드러울 연 䕼 풀이름 연 𨃩 쓰러질 연 㾓 뼈마디저릴 연 綖 짜개 연 㽉 빈땅 연

演 길게흐를 연 閻 늦을 연 𤱼 높을 연 莚 만연할 연 𥑮 벼루 연 棩 나무굽을 연 姸

고을 연 颴 잔잔하게부는바람 연 䕾 고울 연 䙴 옷구길 연 𪔵 북소리 연 豣 큰돼지 연 碝 아름다운옥돌

연 𩈎 젊은얼굴빛 연 娫 빛날 연 𡲼 엉덩이 연 渜 감출 연 䝠 큰돼지 연 𣸉 줄창흐를 연 抁 움직

일 연 渷 물이름 연 𧷒 작은재물 연 䨲 구름일 연 𦱤 버섯 연 環 달게먹을 연 酀 고을이름 연

𩃵 구름일 연 𧓉 벌레모양 연 嚥 삼킬 연 肰 개고기 연 𦶜 잇 연 𧲿 노루 연 𠷊 빨 연

噮 달게먹을 연 捐 버릴 연 鷰 제비 연 𨗿 갈 연 郔 땅이름 연 唌 참조할 연 䂻 사람

의이롬 연 緣 인할 연 皷 다룬가죽 연 囦 깊을 연 𧹞 연지 연 蜎 벌레꿈틀거릴 연 鳶 솔개

연 揅 펼 연 椽 서가래 연 然 그럴 연 讌 잔치 연 𡈆 연기 연 姸 고을 연 讌 잔치 연

巘 시루봉 연 掾 아전 연 䡊 말이나아갈 연 兖 믿을 연 悁 분할 연 撓 움직일 연 挻 휠 연

𩓞 얼굴예쁠 연 㜣 아리잠직할 연 鳶 솔개 연 帟 작은장막 연 鳶 솔개 연 櫞 등근불수

감 연 䀋 해다닐 연 𪔛 북소리 연 娟 고을 연 䕾 들콩 연 蜒 땅지네 연 㽜 빈땅 연 壖

발 연 𤝲 사나운개 연 豣 돼지 연 𩚢 물릴 연 𥱊 낚시바늘 연 埏 땅끝당인곳 연 捐 버릴 연

沿 물따라갈 연 揅 펼 연 狿 짐승이름 연 悁 분할 연 勨 개고기 연 㕣 산속의늪 연 𧦝

웃을 연 醼 잔치 연 𧿒 비단 연 𢏗 활전 연 軥 연할 연 硯 벼루 연 𧜧 소매도련 연

鈆 납엽 연 碾 연자매 연 𨓌 서로쫓아보고갈 연 研 연마할 연 延 미칠 연 弲 활주비 연 𥶄

대병들 연 㝃 연기 연 驠 꽁무니흰말 연 𣸣 깊을 연 緣 인할 연 嬿 아름다울 연 㳂 쫓을 연

𠰳 성낼 연 𤻍 다룬가죽 연 䁙 키흔들 연 揅 연마할 연 饐 물릴 연 𡸇 산굽이 연 𨻵 높은

모양 연 恋 생각할 연 㛪 아름다울 연 究 가죽다룰 연 蜵 깊고넓을 연 䬀 작은바람 연 衍

성할 연 鈆 납 연 𤟹 범쫓는개 연 烟 연기 연 囦 깊을 연 蝝 메뚜기새끼 연 𨓊 걸음더딜 연

䁈 어그러질 연 鷰 제비 연 輭 덧바퀴 연 鐗 은 연 宴 편안할 연 鼴 연기 연 僆 황급할 연

嘫 대답할 연 嗔 칼칼웃을 연 䆊 잔쌀 연 涏 물창일할 연 漏 두루 연 嚥 목구멍 연

嗹 말할 연 堧 빈터 연 埬 언덕 연 攣 맬 연 燃 마음약할 연 憐 사랑할 연 戀 생각할 연

𣮍 가릴 연 㯬 나무결 연 煉 쇠불릴 연 𨏶 연 연 槤 문빗장 연 涊 때길 연 浰 급히흐를 연

練 마전할 연 蹢 밟을 연 輾 수레에깔릴 연 蹨 쫓을 연 連 연할 연 逦 걸음더딜 연

䡡 이을 연 郔 땅이름 연 鄻 땅이름 연 蟴 벌레 연 鍊 쇠불릴 연 鷰 전연 연 謰 말전주할 연

賯 물건 연 𪍿 보리떡 연 鶒 따오기 연 漣 물무채 연 撚 잡을 연 䙺 달돋을 연 楝 나무 연 孌 사모할 연

璉 호련 연 㹞 원숭이 연 獜 토끼달아날 연 㾫 답답할 연 癬 병들 연 碾 맷돌 연 鍈 연한은 연

鏈 사슬 연 𩀨 새떼 연 皻 너그러울 연 聯 연할 연 腃 힘없을 연 臠 고기점 연 蓮 연밥 연

逍 서로보고갈 연 蔫 풀 연 萰 가회톱 연 摙 맬 연 湅 실 연 咽 목구멍 연

열

열 說 기쁠 열 冽 추울 열 𠹗 성낼 열 [illegible] 성낼 열 咧 새소리 열 埕 내릴 열 挒 비틀 열

捩 비틀 열 栵 돌밤 열 睙 볼 열 碮 백반 열 䈥 피리 열 脭 부을 열 脟 갈비살 열

䒿 부정풀이빌 열 虤 밤잘 열 蛚 귀뚜라미 열 蛶 벌레 열 䞐 급히갈 열 洌 맑을 열 烈 거뜨

울 열

栵 깨질 열 爇 불살을 열 㸹 얼룩소 열 𤱈 빼질 열 鴷 딱따구리 열 䴕 달아날 열 迾 막을 열

𨀕 넘을 열 趔 자저할 열 鋝 엿냥 중 열 闑 막을 열 鮤 갈치 열 裂 찢을 열 栵 돛대 열

浖 산 위에 물 있을 열 拽 잡아끌 열 䖸 호랑이 가죽 열 焫 불살을 열 噎 목구멍 열 颲 산들바람 열

抉 눈비빌 열 噎 목메일 열 踆 가시밟을 열 悅 즐거울 열 蠮 나나니벌 열 糏 송편 열 纈 가늘 열

隉 위태할 열 熱 더울 열 閱 지낼 열 澧 흐를 열 鵵 물새 열 頰 추할 열 爇 더울 열 蠥 벌레이름 열

䠶 뱁새날 열 悅 기뻐할 열 諟 성낼 열 讞 죄를 다스릴 열 閱 지낼 열 爡 독할 열

諟 성낼 열 爡 독할 열 狚 짐승이름 열 𪇰 딱따구리 열 𢝔 정래 열

염

冉 가는 모양 염 黶 검은 사마귀 염 珃 옥 염 癵 다리 앓을 염 㤿 의기 많은 체할 염 姌 회청거릴 염

袡 활옷 염 閻 이문 염 艷 고울 염 𣄽 표 염 櫩 향나무 염 奄 문득 염 苒 풀우거질 염

豔 고울 염 染 물들 염 𢓜 더디갈 염 染 물들 염 髯 구레나룻 수염 豔 고울 염 閻 이문 염

櫩 벼 염 㵌 더러울 염 𩂍 젖을 염 翢 깃밑솜털 염 灩 물가득할 염 檶 경대 염 廉 청렴 염

厭 헌데 딱지 염 𨂂 빨리 걸을 염 𧩙 말다못할 염 爓 불빛 염 姌 회청거릴 염 灧 물넘칠 염

扊 문빗장 염 髯 구레나룻 수염 염 𪀚 괴상한 새 염 酓 술맛 쓸 염 塩 소금 염 睒 달 염 䰩 고기

이름염 䬯 보리밥먹을염 櫩 섬돌염 敥 손으로흔을염 䫇 구레나룻염 䑙 거북껍질의가염 鉗 무쇠염

䋽 고치의실뽑아낼염 蚺 먹는구렁이염 壛 긴섬돌염 夵 위가크고밑이작은염 呥 씹을염 閻 이문염 媣

분명할염 䶄 노여움을풀을염 訲 말수다할염 懕 편안할염 𦢊 삶을염 㷼 두려울염 艷 고울염 剡

날카로울염 狦 짓밑솜털염 䋵 앞치마염 灩 물가득할염 檿 산뽕나무염 懨 편안할염 棪 날카로운보습염

饜 싫은염 盐 소금염 䶬 거북껍질의가염 𩓾 구레나룻염 炎 불꽃염 焰 불꽃염 禳 도액

할염 䫇 구레나룻염 檿 산뽕나무염 魘 잠고대할염 灩 물가득할염 琰 비취옥염 擱 이을염

壛 소금염 灩 소금에절일염 䀋 달염 閻 이문염 㖶 입움직일염 䯢 싫을염 熖 불꽃염

蛅 쐐기염 黶 검은사마귀염 錟 서슬염 䄎 불꽃염 𤗞 추녀염 蚺 먹는구렁이염 酓 술염

棪 나무이름염 肰 배부를염 閆 이문염 冉 약할염 訲 말수다할염 嬮 고요할염 鹽

소금염 䫇 구레나룻염 鯰 메기염 毴 나룻염 韽 소리그칠염 䭶 맛없을염 䅦 기장성길염

薕 갈대염 㢛 찌를염 奩 향합염 嬚 고울염 獫 개염 𤫬 외씨염 磏 숫돌염 䆂

풀에열매맺지않을염 稴 벼염 簾 발염 臁 정강이염 䑎 배고을염 苒 덧없을염 蘞 진동찰염 𦽰

진동찰염 斂 거둘염 敿 북점칠염 蠊 풍뎅이염 覝 살펴볼염 䉈 줄염 濂 경박할염 瀲 물번창할

염 燫 불 염 熑 불 염 帘 술 판다는 표기 염 䉼 경대 염 㡘 회장 염 恬 편안 염 搛 장구칠 염

斂 경대할 염 殮 염할 염 溓 불을 염 瀲 물 염 𦆈 누에발 다는 발 염 匳 경대 염 厭 미워할 염

𦗖 커늘어질 염 豔 탐스러울 염 𪔵 북칠 염 𧾳 달아날 염 踗 걸을 염 䡲 바퀴둘레 염 醶

맛쓸 염 𨡦 쓸 염 𨵪 사당집 문 염 靨 웃을 염 䨲 비올 염

엽

葉 잎 엽 葉 잎 엽 皣 흰꽃 엽 靨 웃는 볼쏙 들어갈 엽 猎 사냥할 엽 獵 사냥할 엽

曗 빛날 엽 皣 흰꽃 엽 燁 빛날 엽 葉 잎 엽 爗 불이 이글이글할 엽 擫 손에 잡을 모양 엽 饁

들점심 엽 殜 병들 엽 偞 낯을 엽 𦢊 달이 움직일 엽 偞 가벼울 엽 䳍 새가 날을 엽 曄 빛날 엽

曅 빛날 엽 𩙗 바람 엽 䈎 대쪽 엽 僷 아름다울 엽 𨽌 험준할 엽 𩬂 머리털 성길 엽 枼

모진 나무 엽 鍱 쇳쪼각 엽 𨘳 털부드러울 엽 皣 흰꽃 엽 瞸 눈시울 엽 殜 병들 엽 𥗠 피 엽 黶

태도 엽 𧈫 벌레가 기어갈 엽 𩟗 떡 엽 𨢦 웃는 볼 옴쏙 들어갈 엽 擫 손가락으로 누를 엽 𨗨 갈 엽 嚈 오랑캐나

라이름 엽 嵒 땅이름 엽 晻 밭에 심을 엽 𧮩 지저귈 엽 𧴊 돼지 긴 털 엽 𤮿 북칠 엽 𪔻 북소리 엽

躐 밟을 엽 𩏡 말굴레 엽 𩗸 바람 엽 鱲 고기 엽 𣋳 해 떨어지려할 엽 鬣 볏끝 엽 䁾 병난 눈 엽

擸 잎이 너풀거릴 엽 楿 싹고를 엽 𥳐 대 엽 𥵑 쪽집개 엽 𤝲 나를 엽 𦣁 살떨릴 엽 𦾼 풀흔들릴

䕈 풀성글 엽 褋 옷서로닿을 엽 熀 불빛 엽 擸 소 엽 㼪 기와깨는소리 엽 㰈 취할 엽 𣯉 깃부

계 엽 𪡏 집는소리 엽 𡓖 흙 엽 捻 손비빌 엽 敜 막을 엽 擪 잡을 엽

영

𣜍 나무이름 영 孆 첫아이밸 영 巊 산어둠침침할 영 礯 돌이름 영 𤢂 여우같은짐승 영

𦢊 목구멍 영 盈 찰 영 孾 어린아이 영 迎 맞을 영 緌 갓끈 영 皊 흰빛 영 瓗 붉은옥 영

濚 물돌아나갈 영 䁝 바로볼 영 嚶 짐승소리 영 𣮒 털베 영 𩂣 비뚝뚝떨어질 영 楧 풀무성할 영

䑉 배떠날 영 鞕 딱딱할 영 𤛑 소 영 賏 자개들이어꿴목치장 영 荣 빛날 영 𧱣 약이름 영 𦩍 신령 영

塋 무덤 영 渶 물맑을 영 梬 고염나무 영 穎 이삭 영 癭 목의혹 영 迎 맞을 영 瀛 큰바다 영

𩘹 높은바람 영 𤪌 아롱아롱할 영 霙 눈꽃 영 贏 남을 영 攖 찌를 영 廮 편안히그칠 영 嬴 진나

라성 영 煐 빛날 영 嚶 울 영 峵 산높을 영 瀴 멀 영 𦢳 똥 영 𤻮 병날 영 濴 웅덩이 영 籯

상자 영 謍 속삭일 영 巆 산골으슥할 영 榮 빛날 영 𡺯 산기운어둘 영 泳 헤엄칠 영 浧 잠길 영· 䇾

죽순 영 籯 농 영 韺 풍류이름 영 纓 갓끈 영 𢅧 덮을 영 瑛 옥광채 영 譻 성낼 영 瓔 목돌 영

霙 눈꽃 영 暎 비칠 영 瑩 아름다운옥 영 啨 속삭일 영 攍 멜 영 䬬 높은바람 영 𢡟 지킬 영 穎

이삭 영 影 그림자 영 灵 신령 영 濚 물돌아나갈 영 麠 사슴 영 蠑 도마뱀 영 穎 송곳자루 영 𦞽

진나라 성 영 嬴 진나라 성 영 嶸 산높을 영 䕦 국화 영 嬴 진나라 성 영 籯 상자 영 怺 견딜 영

䕦 국화 영 柍 살구 영 蠳 거북 영 郢 땅이름 영 蘥 풀엉길 영 闏 문가운데 영 𡜐 재주 영

䨍 신령 영 㔉 나무벨 영 霛 신령 영 潁 물이름 영 阾 산고개 영 碤 화반석 영 䤰 술주정할 영

謍 소리낼 영 𩂣 귀달린 병 영 䨍 신령 영 霙 눈꽃 영 霙 깊은 못 영 影 그림자 영

䞁 무꾸리할 영 栄 빛날 영 饌 가루떡 영 䮬 소리 영 䁝 구슬빛날 영 䕦 국화꽃 영 瞸 움평눈 영

䕦 성 영 䪯 작은소리 영 饌 배부를 영 瓔 성내기운 영 酥 술주정할 영 嬰 어릴 영

醟 술깰 영 瀯 물소리 영 獿 짐승이름 영 犖 송아지부르는 소리 영 䕦 성 영 檸 파일 영 咏 노래할 영

禜 기우제 영 永 길 영 㡐 월랑 영 頴 이삭 영 英 꽃부리 영 纓 짧을 영 蝧 벌 영 覮 볼 영

縈 얽힐 영 霙 영험한 귀신 영 鑋 가마솥 영 䇾 작을 영 鍈 방울소리 영 顆 목에 혹날 영 朠 달빛 영

映 비칠 영 㹧 깃으로 꾸민 창 영 鍈 물릴 영 粠 정한 쌀 영 檸 영몽 영 衍 길 영 甯 차라리 영

瞲 눈광채날 영 柃 나이 영 㯋 찬란할 영 伶 홀로갈 영 怜 영리할 영 櫺 마음약한 체할 영

姈 영리할 영 鑩 병 영 艋 배 영 苓 생이 영 蕾 들깨 영 蘦 감초 영 楹 기둥 영 櫺 난간 영

欞 난간 영 毜 개털 영 寘 하늘 영 靈 귀신 영 蠕 뽕나무벌레 영 襲 주름잡을 영 檽

옷광채날영
霛 신올위성하는옥영
攚 찍어낼영
昤 날빛영
朎 달빛영
柃 나무혹영
泠 서늘영

瀛 바다영
澪 물떨어질영
營 지을영
𨘻 개달아날영
軨 수레영
𨏶 매영
逞 통할

영
醽 술영
酃 땅이름영
鈴 종영
𩮾 머리흗어질영
閝 창영
狑 개영
闝 들창영

偀 재주영
另 다를영
嚶 짐승소리영
囹 옥영
玲 언덕영
拎 달아올릴영
雵 계집영

靲 개의새끼영
零 떨어질영
𩕅 얼굴파리할영
領 거느릴영
𩟗 먹을영
䫝 바람영
𩐕

소리영
䧙 틈영
玲 옥소리영
獰 영악할영
㹨 개영
𤣊 개영
瑩 밝을영
嬣 미련할영

𡫼 하늘영
岺 산깊을영
𩕄 이마영
鬡 머리터부룩할영
袊 활옷영
詠 읊을영
詅

팔영
𧬖 속삭일영
豨 약이름영
𨯓 바위구멍영

예

堄 성각화예
鎅 세발과커달린구리그릇예
輗 수레채마구리예
䨲 큰이슬예
薉 더러울예
銳 날샐

예
蕋 꽃술예
翳 어조사예
窫 고요할예
硊 갈아없앨예
芸 재주예
霓 암무지개예
譽 기릴

예
叡 밝을예
枘 초목에열매달린모양예
䡞 상여예
䍧 검은양예
饖 밥상한냄새날예
寱 잠꼬대예

齯 노인예
𥬻 널붙인틈예
緆 곱히돌아올예
襼 소매예
瘱 유순할예
轊 바퀴굴대끝예
讆 기릴

예
𦎫 검은양예
陸 묻을예
隸 노예예
黳 죽은깨예
𧙞 옷해질예
悘 고요할예
裔 옷뒷자락예

獩 낮게날을 예 怈 익힐 예 滀 물모양 예 犡 소등흰 예 裔 옷뒷자락 예 𦒅 낮게날을 예 詍 잔말할 예

晲 해기울어질 예 繠 드릴 예 䶣 물 예 蓺 심을 예 瘱 고요할 예 婗 갓난아이 예 猊 사자 예

槸 나무가서로개길 예 猗 돈피 예 淣 물가 예 寱 잠고대할 예 玴 옥돌 예 蘂 꽃술 예 㖂 말많을 예

蜹 모기 예 裔 옷뒷자락 예 堅 티끌 예 䭲 물을 예 韋 안장 예 詍 잔말할 예 曳 끌 예

緊 검은비단 예 譽 기를 예 埶 심을 예 鷖 갈매기 예 殪 죽은물건 예 瘱 한탄할 예

綐 가는명주 예 緊 오목 예 蚋 모기 예 㹭 삵의새끼 예 殹 소리마주칠 예 覽 흘깃거릴 예 惢

叡 어린죽순 예 睿 성인 예 睿 지혜스러울 예 緆 급히돌아올 예 藝 재주 예 郳 나라이름 예 橤 꽃술 예

㥞 익힐 예 瞖 안질 예 繠 느릴 예 蘙 풀성할 예 讛 잠꼬대할 예 槸 겹저고리 예 輗 수레채마구리 예

羿 평탄할 예 芮 풀뾰족할 예 䓈 풀벨 예 腸 가슴 예 𦑢 낮게나를 예 倪 예도 예

睨 흘겨볼 예 稗 벼걷을 예 鷖 검은말 예 橤 꽃술방울 예 蒗 풀돋아날 예 礼 예도 예 鶂 다람쥐 예

吟 좋을 예 槸 글 예 駅 작은말 예 預 미리 예 䝟 오랑캐양 예 頛 미리 예 詣 이를 예 嫛 갓난아이 예

蕊 꽃술 예 芮 날카로울 예 汭 물속 예 跇 뛰어넘을 예 疚 병들 예 勩 수고로울 예

黳 검은양 예 譿 한탄할 예 棿 위험할 예 枍 궁이름 예 鞮 안장 예 麑 사슴새끼 예 拽 비길 예

豫 먼저 예
睨 흘겨볼 예
鷁 물오리 예
袣 제사 예
蕊 꽃술 예
觬 뿔굽을 예
靾 안장 예
袣 긴옷 예
詍 잔말할 예
庾 쌀곳간 예
抴 이끌 예
腉 젖꼭지 예
隸 노예 예
䮪 말성낼 예
寱 잠꼬대 예
訡 정성 예
㴔 송진낼 예
曳 끄을 예
踅 앙감질할 예
𧫷 대답할 예
礼 예도 예
鯢 암고래 예
枻 상앗대 예
暆 해기울 예
穢 악할 예
呭 말수다할 예
庡 추녀 예
𨽻 노예 예
刈 풀벨 예
䕜 밝을 예
寱 잠꼬대 예
瑿 검은옥 예
医 활집 예
乂 풀벨 예
虒 범모양 예
栧 돛대 예
㢞 찬장 예
嫕 유순할 예
澲 찌꺼 예
枘 자루 예
𧜵 어린애 침밸기 예
例 견줄 예
倪 끝 예
吁 말할 예
叡 밝을 예
囈 잠꼬대할 예
㩎 끌어당길 예
𧰈 원수 예
𦪈 큰배 예
獩 오랑캐 예
瘞 묻을 예
拽 끌 예
鱧 가물치 예
黳 얼룩질 예
䐪 절뚝발 예
贀 재물 예
轊 굴대끝 예
𥌣 볼 예
禮 예도 예
𥖁 검은돌 예
𥞧 긴벼 예
荔 여지 예
帠 법 예
𢳆 찢을 예
𢃖 자투리 예
醴 단술 예
䧇 병아리 예
隸 종 예
𧴌 피꼬리 예
翳 가릴 예
𥬳 숫가락 예
𥳛 연한대 예
㤥 혜아릴 예
𣪠 헐 예
棣 자세자루 예
𣝝 종선 예
𧮰 아름다울 예
澧 물 예
焱 밝을 예
爄 불끌 예
犡 소 예

오

唔 글읽는소리 오
弙 당길 오
厫 곳집 오
奧 속 오
嶅 산우뚝할 오
隞 땅이름 오
𩂢 아궁

이오 鄔 땅이름오 蝺 배추벌레오 顊 높고클오 蘋 외덩클오 梧 오동오 雓 사다새오 嘗 까마귀의우는

소리오 摮 칠오 埡 작은방축오 鰲 큰자라오 䟣 동녁오랑캐오 牾 짐승이름오 䳶 흙성오 䀛

빠를감출오 俉 나오 磝 산에돌많을오 弙 활당겨겨눌오 趫 가볍게달아날오 悮 그릇할오 隩 감출오 麌

무찌를오 吾 나오 鋘 칼오 澳 깊을오 瑦 옥돌오 寱 깊을오 遻 만날오 圬 흙손오 璈

풍류이름오 廒 곳집오 鏖 낮그릇오 珸 옥돌오 俉 맞이할오 驁 준마오 鴮 박쥐오 饇 계염

내어먹을오 熝 재에묻어구울오 鷔 홍조이름오 鼯 박쥐오 慠 거만할오 熬 볶을오 汚 웅덩이오

䡧 수레심대오 䫜 큰머리오 窹 아궁이오 晤 밝을오 驁 준마오 鼯 박쥐오 午 말오 洿

웅덩이오 傲 거만할오 螯 게의집게발오 墺 물가오 扜 끌어당길오 䫜 큰머리오 迕 만날오 噁

성낼오 鰞 오징어오 謷 거스를오 寤 잠깰오 䄓 복오 鼇 큰자라오 遨 노닐오 汚 음탕할오

奥 속오 薁 버들고리오 螯 가재오 熝 구울오 澳 깊을오 鰲 큰자라오 䃶 돌언덕오

𦡨 게엄지발오 鏊 번철오 墺 물가오 懊 탐할오 忲 두려워할오 娪 예쁜계집오 娛

즐거울오 嫯 투기할오 蔦 갈대오 嶅 길고클오 禑 복오 𩗿 바람소리오 垗 물가오 樢 무른감오

潳 물흐를오 戫 창끝오 鼇 큰자라오 驐 길고클오 聱 알아듣지못할오 鬏 머리털모양오 悟 깨달

올 오
郚 고을이름 오
䏳 밝을 오
啎 맞을 오
捂 어긋날 오
奧 깊을 오
窹 아궁이 오
廒 오막살이 오

䛩 서로희방할 오
謸 중얼거릴 오
嶅 산우뚝할 오
墺 사방 오
隖 흙성 오
䓊 오나라 오
慜

거만할 오
𠄡 다섯 오
獒 원숭이 오
浯 물이름 오
嫯 자랑할 오
鷔 말달리는모양 오
烏 까마귀 오
五

다섯 오
伍 다섯사람 오
仵 짝 오
吳 나라 오
鋙 거슬을 오
嗚 탄식할 오
嗷 새지저귈 오
鏊 번철 오

懊 한할 오
𢷾 무찌를 오
敖 희롱할 오
旿 낮밝을 오
茣 칼이름 오
杇 흙손 오
屼 산똑바를 오
忓

던질 오
𢃒 손수건 오
鎢 옹솥 오
䮹 긴 오
閼 높은문 오
奡 날랠 오
塢 마을 오
洿 음탕할 오

嫯 엽신여겨볼 오
襖 도포 오
𧩼 희방할 오
誤 그릇할 오
謷 중얼거릴 오
𧬵 미워할 오
𧬨 고할

오
皷 가죽단단할 오
窏 낮을 오
䎸 들을 오
蘁 외경쿨 오
忤 거스를 오
歍 아니꼬울 오
汻 물가

오
澳 깊을 오
𤞞 원숭이 오
䵅 볶을 오
逜 깨우칠 오
遨 노닐 오
獒 큰개 오
蔜 닭의밑씻

개풀 오
寤 잠깰 오
𪀊 범 오
媼 할미 오
𩑦 큰머리 오
蜈 지네 오
蝁 이풍뎅 오
麌 고라니새끼 오

옥

阿 누구 옥
頊 사람의이름 옥
閼 닫을 옥
𧷹 보배 옥
綪 연 옥
箼 대빽빽할 옥

䉛 소리 옥
媉 예쁠 옥
囸 눈 옥
屋 집 옥
屋 집 옥
渼 물댈 옥
𧼒 절뚝발이 옥
剭

목벨 옥
𧿳 비척거릴 옥
玉 구슬 옥
奡 날랠 옥
𧷹 보배 옥
獄 옥 옥
獄 옥 옥
鈺 보배 옥

⿰身玉 보배 옥
⿰禾屋 벼꺼러 옥
⿰沃麻 아직 마전하지 않은 삼실 옥
沃 물댈 옥
⿰牛霍 흰소 옥
鳿 오리같은 큰새 옥
⿱禾一 구슬 옥
楃 나무로 만든 장막 옥
⿱沃金 도금할 옥
⿰黑屋 자자할 옥
⿰至攴 집 옥
⿰有鬼 모양 옥
⿱沃鳥 물새 옥

온

褞 베옷 온
鰮 멸치 온
歏 피기할 온
穩 편안할 온
⿱穴坐 자지 온
⿵門坐 편안할 온
穏 편안할 온
⿱穴坐 앉을 온
轀 누워서 타는 수레 온
韞 감출 온
氳 기운 온
蘊 마름 온
⿱髟困 머리깎을 온
薀 마름 온
蒕 마름 온
⿰食豈 배부를 온
⿰麥𥁕 누룩 온
熅 서린연기 온
豱 돼지이름 온
慍 분낼 온
搵 물에 담글 온
⿰馬𥁕 좋은말 온
⿰禾豈 배부를 온
蒀 성한모양 온
馧 향기 온
縕 묵은솜 온
緼 묵은솜 온
温 따뜻할 온
⿰禾𥁕 번성할 온
饂 밀국수 온
⿰食昷 밀국수 온
⿰忄𥁕 맘너그러울 온
瘟 온역 온
熅 기온 온
溫 따뜻할 온
⿰鹵𥁕 소금 온
昷 어질 온
𥁕 온화할 온
醞 술빚을 온
⿰日昷 돋는별 따뜻할 온
瑥 사람의 이름 온
㬈 돋는별 따뜻할 온

올

膃 해구 올
⿰舟乞 배 움직일 올
⿰兀頁 머리를 깎는 형벌 올
⿰臭𥁕 병기운 올
兀 우뚝할 올
矹 돌비탈 올
屼 민둥산 올
扤 흔들릴 올
殟 낙태할 올
⿰出兀 외태할 올
⿰兀危 외태할 올
杌 흉악할 올
⿰鼻瓦 짐승이 코로 물건 움직일 올
淴 물소리 올
⿰舟刂 배가불 올
⿰夂頁 머리를 물속에 넣을 올
阢 험할 올
⿰鼻危 들창코 올
⿰舟兀 배갈 올
⿰虫兀 게 올
⿸疒出 앓을 올
⿰火烏 불꺼질 올
⿰鼻兀 들창코 올
⿰木𥁕 돌배 올
⿰口𥁕 목멜 올

옹

擁 안을옹 㷉 연기자욱할옹 豣 돼지같은짐승옹 鰅 고기이름옹 嗈 기러기짝지어울옹 禺 망이

름옹 翁 아비옹 齆 막힐옹 鞥 목화옹 塕 바람소리옹 臃 뚱뚱할옹 韡 신옹 甕 독옹

臃 종기옹 襛 양말옹 雁 가슴옹 擁 안을옹 嗈 화한소리옹 擁 안을옹 喁 고기입오물거

릴옹 齆 코막을옹 齆 썩은냄새날옹 壅 막을옹 韡 신옹 猹 돼지옹 灉 물이름옹 獾 개길들지

앓을옹 廱 벽옹 鶲 새목털옹 邕 막힐옹 騔 모을옹 蕹 우러러볼옹 鷹 할미새옹

癰 헌데옹 饔 아침밥옹 𨒑 성하게말을옹 癕 매옹 訔 화할옹 鰯 고기이름옹 翁 향내

날옹 雍 가릴옹 鎓 가래옹 趙 급히달아날옹 灉 종이옹 壅 옥그릇옹 霸 구름뻗칠옹 滃

구름일어날옹 嫞 예쁠옹 囗 둥근구멍옹 瘫 코막혀향내맡지못할옹 壅 막힐옹 聬 귀에서소리날옹

顒 우러를옹 壅 막을옹 灉 물이름옹 膾 냄새날옹 霘 구름기운옹 鶲 할미새옹 襛 버선목옹

顝 목털옹 癰 종이옹 饔 밥쉴옹 罋 두레박옹 廱 막을옹 雝 화할옹 饔 아침밥옹

顒 우러를옹 燚 빛날옹 罋 독옹 擁 안을옹 螉 허리가는벌옹 雍 화할옹 雁 매옹 瓮

독옹 廱 코막힐옹 傭 뻣뻣할옹 貗 원숭이옹 蠭 바구미옹 蓊 풀옹 獾 개옹 宻 집어둘옹

와

䞈 비척거릴와 跐 절름발이와 蟻 나무마디와 卮 나무마디와 訛 거짓말와 㛪 많을와

蝸 달팽이 와 䏔 손발굽으러지는병 와 桅 나무마디 와 骫 허리의뼈 와 踒 거꾸로넘어질 와 窶 곳간 와

譌 그릇 와 蹠 힘써디딜 와 徍 비척거릴 와 鈋 깎아서둥글게할 와 烀 따뜻할 와 哇 게울 와 厷 클 와

渦 소용돌이 와 霔 서발자욱에고인물 와 唩 어린아이울 와 檛 가지느러질 와 譌 거역해서대답할 와

峗 산모양 와 鬌 머리털모양 와 濄 웅덩이 와 涹 더러울 와 萵 부루 와 䝐 재물 와 猧 개이름 와

䳑 빛없을 와 鬌 좋은상투 와 窩 감출 와 婐 연약할 와 誇 거절할 와 姽 모양예쁠 와

猧 개이름 와 卧 누울 와 䏚 발을다를 와 踒 움직일 와 窪 깊을 와 漥 깊은못 와 踒 넘어질 와

臥 누울 와 洼 굽을 와 頠 고요할 와 瓦 기와 와 䑵 빨 와 吪 움직일 와 趨 주저할 와

佊 약할 와 窊 웅덩이 와 婠 약할 와 膒 포 와 瓦 기와덮을 와 汙 팡팔 와 閜 문기울어질 와

蛙 개구리 와 誇 꿇을 와 𪓰 음란할 와 囮 새후릴 와 媧 여와씨 와 擨 긁을 와

왁

躩 돌 왁

완

舡 배 완 薍 갈대 완 翫 구경할 완 涴 물굽이 완 睆 눈굴릴 완 𥥛 구멍 완 垸 칠에회석이바를 완

踠 완두 완 睆 눈굴릴 완 豌 완두 완 琬 서옥 완 脘 중안 완 騵 물굽이처돌 완

殈 사람죽은모양 완 帵 자투리 완 𢪛 팔뚝 완 惋 한할 완 羦 들양 완 刓 깎을 완 剜 깎을

완 腕 팔 완 蒬 갈대 완 瘓 손발이 저릴 완 捖 긁을 완 𦛗 팔목 완 玩 희롱할 완 脘 중 완

완 踠 걸터앉을 완 妧 좋은 모양 완 輐 둥글 완 垸 회 바를 완 𢫈 팔뚝 완 碗 그릇 완

闇 거문고 완 岏 산 뾰족할 완 䨲 사람의 이름 완 杬 몸 만질 완 掔 팔 완 鬆 너그러울 완 园 둥글게 깎을 완

𥁷 동부 완 羦 들양 완 冠 품을 완 羱 들양 완 豲 여우 완 忨 탐할 완 完 완전할 완

掔 팔 완 婠 몸 예쁠 완 䐃 손몸 완 𠜱 깎을 완 掔 당길 완 羦 뿔 가늘고 모양 큰 양 완

梡 네 발 도마 완 盌 온바리 완 乢 가는 모양 완 䯛 무릎뼈 완 貦 좋을 완 圝 물결이 돌 완 𨡮 오목한낮 완

捥 팔뚝 완 頑 완고 완 䛍 말 시작할 완 宛 완연할 완 緩 느려질 완 峞 산맞을 완 𧶽 재물 완

浣 옷 빨 완 狠 사나울 완 𢔗 갈 완 抏 꺾을 완 椀 주발 완 喛 성낼 완 嚾 소리 완

埦 술잔 완 婉 예쁠 완

왈

刖 벨 왈 齃 어굿날 왈 婠 예쁠 왈 嗗 마시는 소리 왈 曰 가로 왈 䪯 구푸릴 왈 䛀 말할 왈

㛗 연기 일어날 왈

왕

尣 절름발이 왕 王 임금 왕 汪 고을이름 왕 往 갈 왕 㳹 큰물 왕 𣢬 아첨할 왕 尫 절름발이 왕

徍 급히 갈 왕 𢓊 갈 왕 皇 아둑할 왕 徃 갈 왕 蚟 키뚜라미 왕 𪁎 정 왕 尢 갈 왕

暀 빛나고아름다울왕 ⿰氵⿰隹王 갈왕 忹 간사할왕 旺 왕성할왕 枉 굽을왕 ⿰魚王 큰고기왕 ⿺辶⿰隹王 갈왕 尪 절름발이왕 ⿰目王 눈물그렁그렁할왕 ⿰忄⿰隹王 모진왕 瀇 아득할왕 尫 절름발이왕

왜

㊀왜 娃 예쁜계집왜 䵷 맹꽁이왜 矮 난장이왜 鼃 맹꽁이왜 媧 여자이름왜 騧 주둥이검고푸른말왜 鼃 맹꽁이왜 䯄 공골마왜 孬 좋지않을왜 ⿰身委 난장이왜 蛙 개구리왜 ⿱不長 짧을왜 騧 공골마왜 媧 여자이름왜 ⿱冎月 토할왜 ⿰咼阝 평탄치않을왜 緺 인끈왜 ⿰酉危 취할왜

외

㊀외 畏 두려울외 ⿰畏外 생질외 ⿰衤畏 때묻은옷외 ⿰鬼頁 머리가바르지않을외 ⿰畏阝 평탄하지아니할외 ⿱般耳 귀머거리외 鍡 쇳덩이외 ⿰歹畏 정신모를외 ⿰黑虒 범외 ⿰石威 험할외 猥 난잡할외 頠 머리마음대로가질외 ⿱蒯耳 천생귀머거리외 ⿰衤鬼 때묻은옷외 畏 두려울외 外 바깥외 ⿸广畏 으슥한곳외 聵 천생귀머거리외 桅 치자나무외 ⿰鹵鬼 소금외 ⿱畏女 낮은바람외 ⿺几鬼 열병외 ⿺尢畏 풍질앓을외 ⿰忄⿱山丂 나쁠외 隗 높은모양외 ⿱⺮盧 먹고토할외 ⿺尢鬼 열병외 ⿱冎月 토할외 巍 높을외 愄 맘착할외 椳 문고리외 崴 평평치않을외 隈 모퉁이외 嵬 산모양외 煨 불에묻어구울외 ⿰鹵畏 소금외 煨 그슬릴외 碨 평탄치못할외 瘣 병들외 磈 돌많을외 鮠 메기새끼외 磈 외모양외 隈 물굽이외 外 바깥외 嵬 산뾰족할외 腲 살찔외 猥 망령될외 詭 계으를외 渨 물결솟은모양외 ⿰王追 옥광채낼외 ⿰女畏 아릿따울외 徻 집높고밝을외 ⿰言有 사람부를외 碨

요 욋

돌자갈 땅외 嵔 산높을외 巍 산이높고클외 䚈 뿔가운데가굽을외 偎 사랑할외 䬐 낮은바람외 嵬

높은산외 廆 괴벽할외 揋 치우쳐끌외 柧 외까지외 熨 다리미외 𢄖 비단외 褽 깔외 㐓 땅이

름외

㉮ 욋

㐓 땅이름욋

㉮ 요

覞 아울러볼요 䍃 질병요 懮 소유순할요 䯯 길고부드러운머리털요 燿 비칠요 窅 두어

울요 珧 조개이름요 𤛗 마소가숫아몰요 䞤 멀리갈요 䰫 추할요 𤾚 흰빛요 䙅 뚫어지게볼요 䮍 천리

마요 颻 나부낄요 䬙 길고약할요 鴢 오리같은새요 欥 꼬을요 𡆰 귀신이름요 遙 멀요 擾 지어

闄 막혀있을요 䁘 보는모양요 𧢈 잘못볼요 嬈 예쁜모양요 狕 짐승요 餆 가루떡요 颻 날릴요 矅

잘못볼요 怮 근심할요 么 작을요 䚺 눈깊을요 䖴 면치못할요 枖 나무번성할요 苭 풀이자라는모양요 䯫

상투가높은모양요 㝟 움펙눈요 𠐨 거만할요 橈 짧은노요 繇 따를요 軪 수레소리요 䫂 쳐다볼요 𩨗 깨어

뼈요 墝 메마른땅요 𥫉 높고외태할요 筄 산자요 鰩 날치요 𣢞 기운날요 紗 작으마할요 愮 마음두근

거릴요 𩉥 낯곱을요 𡯒 절름거릴요 曜 빛날요 嗂 기꺼울요 憿 바랄요 㵸 맑을요 𠌊 기쁠요

窔 멀요 䩏 목화목요 仸 약할요 䚻 그칠요 呋 희롱하는요 徼 구할요 耾 귀울요 鳴

암꿩우는소리요 𢆶 작으마할요 䎀 여윌요 饒 배부를요 𦶎 너삼대요 尞 불놓을요 幺 작을요 猺

개요 楆 허리갈록한대추요 嶤 산형상요 䝔 검붉고적은원숭이같은짐요 窅 움펑눈요 邎 빨리갈요 㧻 꺾을요

瑤 아름다운옥요 䢲 멀요 芺 엉겅퀴요 訞 교하게말할요 𦪈 노요 搖 흔들요 窔 기와구울요

嶢 높을요 吆 애통하는소리요 夭 요사할요 䫞 머리통작을요 䖴 멀요 鴢 새이름요 祅 재앙요 拗

꺾을요 餆 엿요 蟯 회요 媱 늙어등굽을요 遶 돌릴요 旲 해비칠요 䠛 절름거릴요 𥤢 깊을요

睔 잘못볼요 坳 오목할요 睔 잘못볼요 㤊 서로원망할요 鷂 새이름요 𣄠 기요 腰 허리요 姚

굽할요 抝 꺾을요 㚻 아름다울요 澆 물댈요 㤊 버섯등요 榣 나무흔들릴요 䂪 돌자갈밭요

擾 소순할요 𪙊 물요 摇 흔들요 謠 노래요 詨 노래요 葽 아기풀요 䚺 아울러볼요 㴭 묘이모를

요 䧹 새매요 𥩔 오지그릇구울요 髇 어깨뼈요 𩓔 머리가자유롭지않을요 嶤 높을요 柪 굽은나무요 偠

허리가늘요 窔 집동남모퉁이요 袎 버선목요 䮍 따르는말요 僥 거짓요 宧 으슥한곳요 宎 굴요 虠

사악할요 窑 기와가마요 𩑋 머리작은모양요 𦔦 힘입을요 㝔 구할요 邎 좇아갈요 𣊎 빛날요 𦞦

허리요 𡣍 연약할요 嗂 기뻐할요 䒒 지붕위의발요 𦅗 흔들요 𡹜 낮은산요 䭪 요기할요 遙

빨리 갈 요 要 취조할 요 瀀 물맬 요 堯 요임금 요 緲 버선목 요 遙 멀 요 凹 오목할 요 窈 고요할 요

妖 이상할 요 顤 머리 오목할 요 鷕 암꿩우는 소리 요 蕘 풀벨 일 요 豚 오줌 요 蘨 풀터부룩할 요 盄

그릇속 험할 요 䙅 옷고름 요 髐 어깨뼈 요 䳆 새이름 요 窯 기와굽는 가마 요 㝔 앉을 요 㤊 손수건 요 聊

흰굿흰굿할 요 殀 해할 요 燿 빛날 요 匋 북통 요 謠 노래 요 樵 나무길 요 烑 빛날 요 媄 고울

요 䍃 멀리 볼 요 鎐 쇠술잔 요 鷂 장끼 요 憢 두려워할 요 暚 밝을 요 窰 기와가마 요 騕 준마

요 邀 구할 요 喓 벌레소리낼 요 邀 맞을 요 䠛 멀 요 遙 멀 요 謝 거스릴 요 覞 아울러볼 요 䗂

자개이름 요 瓞 오이 요 邎 빨리 갈 요 窔 으슥한 구석 요 窯 클 요 羔 큰물 요 料 불빛 요 䁏 멀리 볼 요

犥 뿔로 들출 요 嬓 샘낼 요 嬲 가택질할 요 獿 개놀랄 요 佬 겁장을 요 僥 요행 요 吆 애통

할 요 嘄 부르짖을 요 宎 분요할 요 撓 요란할 요 䰫 머리길 요 閙 시끄러울 요 嶢 골 요 繇

비단 요 繇 순종할 요 㐫 발로 각아 당길 요 鰤 적정이 요 繞 얽을 요 颻 바람소리 요 颮 더운바람 요

譊 불멘소리 요 䠥 발 움직일 요 邎 갈 요 銚 쟁개비 요 䯫 가죽신 요 䉰 대가지 요 翹 들 요 衦

잠방이 요 裊 끌릴 요 襓 칼전대 요 郍 뼈 요 篛 대마디 요 傜 역사 요

욕

鵒 구욕치 욕 䳟 구욕새 욕 㦶 욕될 욕 峪 산골짜기 욕 鬻 큰 가마솥 욕 𩰪 구부어작아리

빌 욕 鄏 땅이름 욕 鵒 구욕새 욕 鬻 큰가마솥 욕 欲 하고자할 욕 㦺 욕될 욕 𣯧 모직요 욕

戫 창 욕 褥 요 욕 輍 수레앞개일 욕 縟 번화한채색 욕 𢝔 욕될 욕 鋊 구리가루 욕 䜯 검은

모양 욕 㜿 하고자할 욕 慾 욕심 욕 黷 때묻을 욕 媷 게으를 욕 猺 짐승의이름 욕 辱 욕될 욕

溽 무더울 욕 浴 미역감을 욕 嗕 서녘오랑캐이름 욕 蓐 깔 욕 鱻 더러울 욕

용

軵 수레가가는모양 용 聳 솟을 용 鏞 큰쇠북 용 䗥 누에 용 舂 방아찧을 용 湧 물넘

칠 용 瑢 패옥소리 용 醟 술 용 媶 예쁠 용 䰄 귀 용 庸 떳떳할 용 髶 터럭엉킨 용 涌

물용솟을 용 䞻 얼굴 용 𩊲 안장치장할 용 宂 쓸데없을 용 㝐 목욕할 용 髼 터럭길 용 茸 풀뾰죽뾰죽날

용 髼 머리털더부룩할 용 踊 뛸 용 氄 가는털 용 毹 털베 용 鷛 오리비슷하며발은닭같은새 용 蹖 걷는

모양 용 輈 가벼운수레 용 埇 골목길 용 俑 허수아비 용 䡥 수레가는모양 용 甪 쓸 용 䈶 자문죽 용

䏎 풀무성할 용 槦 살대나무 용 饈 먹을 용 袉 긴옷 용 牨 오나라소 용 鄘 나라이름 용 舂

방아찧을 용 㝐 어질지못할 용 墉 성담 용 用 쓸 용 軵 가벼운수레 용 嫞 게으른계집 용 膚 떳떳할 용

㣑 띠를드리우고꾸밀 용 鳿 새매 용 蛹 번데기 용 蛹 번데기 용 鰫 연어같은검은고기 용 甕 많을 용 臃

담 용 宂 형용 용 慂 용맹할 용 毷 풀어수선할 용 䩸 털로꾸밀 용 鷛 오리비슷하며발은닭같은새 용 迥

갈 용 䩸 털치장할 용 騿 둔한 말 용 踊 뛸 용 㺢 짐승이름 용 鞰 목화 용 竜 임금 용 甬

물솟을 용 鎔 녹일 용 摏 두드릴 용 䭗 명량할 용 褣 솜털 용 慵 게으를 용 髶 헝클어진 머리 용

𩎌 가죽바지 용 𢒋 모양 용 㼛 항아리 용 熔 녹일 용 龐 앓을 용 𩫖 성 용 𢧴 양지창 용

㲓 솜털 용 㼧 큰독 용 𥉺 창 용 蕻 요화 용 𥁕 큰병 용 䝤 짐승이름 용 惷 천치 용

容 형용 용 𧉆 작은벌레 길 용 鱅 연어같은 고기 용 毴 가는 털 용 䇯 아롱진 대 용 㛚 가지런할 용

鞧 안장치장 용 𥧌 그릇 용 𪀔 산까마귀 용 硧 숫돌 용 墉 성 용 宂 쓸데없을 용 戜

사나울 용 𩸞 복어 용 頌 모양 용 𨻨 개천 용 㦷 용맹할 용 溶 녹을 용 䇯 솟을 용 踴

뜰 용 冗 잡될 용 𤛱 들소 용 㝐 고요할 용 傛 혁혁할 용 榕 나무이름 용 踊 뛸 용 𨄛 밟을 용

용 傭 품팔이할 용 𧾳 날쌔게갈 용 𥟑 밭북돋을 용 蓉 연꽃 용 𩚏 먹을 용 鏞 털성할 용 䩸

향기로울 용 㺢 짐승이름 용 韛 마른가죽 용 亭 성 용 朧 가난할 용 勇 날랠 용 𧼙 달아날 용

𧢄 연자매 용 鏞 문 용 悀 성낼 용 慂 권할 용 嵱 산봉우리 용 躘 어린애걸음 용 轒 굴대끝 용

閘 문에 들어갈 용 鬞 많을 용 髾 꾸밀 용 𦪁 배 용 蛹 누에번데기 용 䄄 옷 용

㊀ 우

雩 비 우 頊 머리흔들 우 䟘 걸터앉을 우 忧 마음동할 우 祐 다행할 우 竽 큰생황 우

齵 덧니날 우 盱 눈부릅뜰 우 雩 기우제 우 迂 지날 우 [illegible] 비 우 耰 웅큼수 우 友 벗 우 麌 숫사

슴 우 蝺 청부 우 疣 혹 우 [illegible] 날 우 [illegible] 새이름 우 頊 공자의머리 우 盱 눈웃음칠 우 瀀 윤택

할 우 酭 술권할 우 [illegible] 눈깊을 우 蕅 연뿌리 우 隅 모퉁이 우 禹 하우씨 우 羽 깃 우 遇 만날 우

虞 염려할 우 鄅 우편 우 虶 그리마 우 澞 언덕사이물 우 鄅 나라이름 우 牛 소 우 騳 뭇말

어지러이달릴 우 [illegible] 삼불릴 우 邘 우나라 우 齵 덧니날 우 獶 녀녀할 우 竽 큰생황 우 髃 어깨죽지뼈 우

[illegible] 소나기 우 家 비 우 犹 짐승이름 우 遇 만날 우 瑀 옥다음가는돌 우 迂 굽을 우 [illegible] 날아갈 우

[illegible] 잔치 우 鍝 귀고리 우 竽 큰생황 우 寓 집 우 醧 잔치 우 [illegible] 혹 우 藕 연뿌리 우 右 오른

쪽 우 吁 탄식할 우 [illegible] 발가는제구 우 櫌 호밋자루 우 [illegible] 투기할 우 [illegible] 새이름 우 [illegible] 벌레먹은이 우 嚘 탄식

하는소리 우 扜 지휘할 우 纋 비녀당기 우 [illegible] 근심 우 [illegible] 고을이름 우 麀 암사슴 우 [illegible] 물동이 우 踽

홀로행할 우 [illegible] 염려할 우 憂 근심할 우 [illegible] 개탄할 우 [illegible] 벗 우 耦 쟁기 우 迂 굽을 우 郵

우편 우 慪 공경할 우 [illegible] 새소리 우 櫙 스무나무 우 肬 사마귀 우 [illegible] 소무릎 우 穻 창 우 [illegible] 성 우

嵎 해돋는산 우 碩 머리떠는병 우 偶 뜻밖에 우 虶 그리마 우 亏 갈 우 [illegible] 고기이름 우 骬 가리 우

忓 경계할 우 [illegible] 우편 우 愚 어리석을 우 耰 곰방메 우 旴 해처음돋을 우 [illegible] 집 우 盱 눈부

름뜰 우 鸒 구를 우 麀 암사슴 우 藕 연뿌리 우 盂 밥그릇 우 寓 부칠 우 羽 깃 우 鸒 씨뿌

리는그릇 우 杅 목욕통 우 妋 미워할 우 芉 벗 우 欲 구토할 우 縵 구석 우 鸆 사다새 우 麌

암사슴 우 邘 우나라 우 粁 벗 우 優 넉넉할 우 蚘 거미 우 秄 벼 패지 않을 우 靬 큰 띠 우 迃

평상미루 우 隅 모퉁이 우 玗 옥돌 우 盓 웅덩이 우 吁 화할 우 鯃 고기 이름 우 齵 너리 먹을 우

腢 어깨앞뼈 우 麌 숫사슴 우 𧲾 큰돼지 우 雩 기우제 이름 우 𩂣 비소리 우 凬 바람 우 禹

펼 우 宇 집 우 𡯅 도울 우 𢝊 부칠 우 偊 몸굽힐 우 楀 나무 이름 우 齲 덧니 날 우 䩒

큰며 우 噳 사슴의 여러입이 우물거릴 우 𦈢 두레박 우 雨 비 우 衧 할 우 又 또 우 𩕢 근심 우

𩓅 근심 우 盂 밥그릇 우 謣 망령된 말 우 玗 옥돌 우 紆 얽힐 우 雩 소나기 우 訏 속일

우 𠯿 개 짖을 우 盂 밥그릇 우 𣘦 제웅 우 𤸷 혹 우 俁 얼굴 클 우 𥞥 나눌 우 訧 허물 우

𥤩 빌 우 㖂 웃으려 할 우 訧 허물 우 𧿒 걸터앉을 우 圩 방축 우 𥥉 헤아릴 우 窳

메구멍 우 㥔 기쁠 우 兀 더욱 우 𡐴 모래무더기 우 尤 더욱 우 庽 붙일 우 于 갈 우 鏂 깎을

우 𥜻 복 우 兂 가장 우 㝢 집 우 尪 다리 굽을 우 怣 더욱 우 祐 귀신이 도울 우 忓 경계

할 우 㢐 근거 우 𢋕 땅이름 우 鄾 땅이름 우 佑 도울 우 𩃙 물소리 우 雩 소나기 우 軀

(창 우) 䬝 바람소리 우 郚 고을이름 우 酑 마실 우 吘 바람 우 珝 옥 우 盂 밥그릇 우 禺 사시 우

堣 우땅 우 𥴦 구자구 우 釪 드레박 우 緸 묶을 우 陓 슾 우

욱

郁 문채날 욱 稶 서속 욱 燠 더울 욱 頊 구슬 욱 昱 햇빛 욱 薁 새머루 욱

戫 문채날 욱 㦽 숨을불 욱 旭 밝을 욱 栯 산앵도 욱 閾 문막힐 욱 噢 슬퍼할 욱 戫 문채날 욱

煜 빛날 욱 彧 무성할 욱 䐿 새멀떠구니 욱 勖 힘쓸 욱 ⿱竹奧 조리 욱 勖 힘쓸 욱

운

云 이를 운 沄 끓을 운 𧥛 말횡설수설할 운 妘 성 운 惲 혼후할 운 暈 해달무리 운

篔 왕대 운 運 운수 운 芸 향풀 운 䞫 어지러울 운 耘 김맬 운 腪 홀때기 운 鄖 나라이름 운

韻 운 운 ⿱雨鼎 떨어질 운 䵳 얼굴누럴 운 ⿰鼎攵 성 운 蝹 용꿈틀거릴 운 ⿰王困 가지런할 운 䢵 나라이름 운

韵 울림 운 蒀 성할 운 ⿰革憲 가죽다루는사람 운 霣 떨어질 운 运 달아나는모양 운 ⿰員見 성 운 磒 떨어질 운

橒 나무무늬 운 ⿱竹勿 통소 운 䲰 까마귀같은새 운 ⿱艹淑 가무는기운 운 賱 엉크러질 운 眃 어두울 운

⿱艹耘 향풀 운 秐 김맬 운 ⿰韋爰 가죽다루는장인 운 餫 들에서먹일 운 耺 귀속소리 운 囩 둘릴 운 䪳 둥글 운

熉 누런빛 운 緷 갈색물들일 운 賱 넉넉할 운 蕓 평지 운 齳 불우무러질 운 ⿱云女 성 운 ⿱穴員 구름피어날 운

壼 답답할 운 紜 엉크러질 운 ⿰女員 성 운 娟 성 운 ⿺辶軍 운전할 운 愪 근심할 운 殞 죽을 운

繧 채색 운 運 운수 운 篔 왕대 운 輼 군사수레 운 蝹 용꿈틀거릴 운 韗 가죽다루는 장인 운 蒷

향풀 운 齫 불오무러질 운 鄆 땅이름 운 溳 물결서로부딪칠 운 韗 가죽장인 운 韗 북매는장인 운 夽

높을 운 澐 큰물결 운 隕 떨어질 운 𦤎 구름 운 雲 구름 운 抎 잃을 운 秐 김맬 운 喗

입클 운 [口+員] 토할 운 [口+韻] 새짖어컬 운 齳 불오무라질 운 [方+軍] 기 운 縜 그물고 운 [黃+員] 누른빛 운 鄖

땅이름 운 員 더할 운

울 菀 무성할 울 [山+欝] 산에안개자욱할 울 欝 답답할 울 淯 어지러울 울 黦 얼룩질 울 [黑+欝] 답답

할 울 [石+鬱] 작은돌 울 [黑+色] 깊을 울 [走+胃] 갑자기갈 울 [火+刂] 더울 울 [鬯+鬱] 울금초 울 [食+宛] 콩엿 울 [宀+炗]

불씨 울 [火+鬱] 연기무럭무럭날 울 [欝+韋] 향기로운풀 울 灪 물벌창할 울 [扌+鬱] 비틀어질 울 [口+夗+豆] 목구멍가

르릉거릴 울 [黑+冤] 검누른빛 울 [夗+食] 콩엿 울 [彳+胃] 별안간갈 울 黦 얼룩질 울 鬱 답답할 울 竺 두터

울 [山+鬱] 산에안개자욱할 울 [宀+炗] 불씨 울 [欝+爵] 답답할 울

웅 [方+隹] 날을 웅 [木+熊] 강할 웅 雄 수컷 웅 [厷+隹] 수컷 웅 熊 곰 웅 [黃+能] 곰 웅 [犭+能] 곰 웅 [𢆶+厷]

곰 웅

원 遠 심오할 원 [竹+袁] 자새 원 笎 대무늬 원 瑗 구멍큰옥 원 獂 돼지 원 宣 낮은담 원 晼

鵷 날저물 원
湲 바다새 원
援 물소리 원
楥 이끌 원
畹 자세 원
黿 밭스므이랑 원
[illegible] 큰자라 원

猨 원숭이 원
肙 움직일 원
騵 배희고갈기검붉은말 원
亢 기댈 원
𤛐 세발짐승 원
[illegible]

邍 넓은언덕 원
原 근원 원
圓 둥글 원
𢇭 삼이무성할 원
圜 동산 원
猿 원숭이 원
綩 갓끈 원

妴 순직할 원
螈 도마뱀 원
𥦃 원굴 원
鼎 관원 원
獂 산돼지 원
阮 성 원
䀀 들어 원

薗 동산 원
寃 원통할 원
原 언덕 원
腕 배 원
袁 성 원
𢕟 멀리할 원
員 관원 원

朊 달빛 원
禐 노리개 원
源 근원 원
邍 언덕 원
蚖 도마뱀 원
沅 물이름 원
蝯 원숭이 원

𠫼 언덕 원
愿 정성 원
遠 심오할 원
轅 진문 원
魭 큰자라 원
願 원할 원

猨 원숭이 원
円 둥글 원
衏 악공 원
豲 원숭이 원
嫄 후직의어머니 원
謜 천천히말할 원
鋺 저울바탕 원

褑 패옥띠 원
黿 큰자라 원
𩏂 두레박 원
𪚦 큰자라 원
夘 누어딩굴을 원
箢 대그릇 원

𧩼 위로할 원
阮 성 원
夗 누어딩굴 원
𢓊 길잃고바장일 원
𧛞 소매 원
𪓰 누번누에 원
鴛 원앙새 원

鵷 원추새 원
芫 고기잡는풀 원
冤 원통할 원
𧥝 위로할 원
𧼛 처소바꿀 원
鋺 호미 원
駌 얼굴이더러워진말 원

垣 낮은담 원
爰 이에 원
𩈵 눈뜰 원
園 동산 원
𠮐 고을 원
𥄉 볼 원

洹 호를 원
蒝 줄기와잎퍼질 원
䛄 원망할 원
薳 아기풀 원
婉 편안할 원
元 으뜸 원
[illegible]

蚖 새이름 원
蚖 도마뱀 원
苑 나라동산 원
垣 낮은담 원
邧 고을이름 원
院 원집 원
㑜 즐거워할 원
貆 돼지 원
鵷 원추새 원
黿 큰자라 원
榬 자새 원
踠 굽힐 원
圓 둥글 원
冕 구부릴 원
愿 이마 원
鞔 차되로숙을 원
媛 아름다운모양 원
猿 원숭이 원
諢 희롱하는말 원
謜 위로할 원
抏 꺾을 원
䬧 떡 원
𩏪 두레박 원
𩏪 신 원
愿 하고자할 원
嵃 산마루 원
帵 기 원
遠 멀 원
羕 물근 원
怨 원망할 원
蚖 도마뱀 원
厡 언덕 원
䫼 낯비뚤 원
鵷 봉황새 원
婉 편안 원
鞔 두레박 원
䬲 탐할 원
饅 먹을 원
骫 무릎뼈 원
惌 구멍 원
㥳 척량할 원
爰 이에 원
瑗 옥 원
䠊 갈 원
輐 차되로숙을 원
邍 언덕 원
蜿 꿈틀거릴 원
蝯 원숭이 원
諢 농담할 원
嵃 산마루 원

월

鈅 칼 월
戟 도끼집 월
朝 바퀴통쇠 월
絾 가는베 월
颰 바람소리 월
鉞 도끼 월
跀 발벨 월
娍 가벼울 월
肷 쇠고기 월
鉞 넘을 월
怴 어리석을 월
明 키베일 월
軏 멍에막이 월
鉞 도끼 월
抈 움직일 월
鉞 도끼 월
越 넘을 월
戉 도끼 월
軏 멍에막이 월
蚏 방게 월
蠘 방게 월
𥩟 우두커니설 월
跋 가벼울 월
刖 발벨 월
粤 어조사 월
跀 발꿈치 월
月 달 월
枂 나무껍질벗길 월
樾 나무그늘 월
粤 어조사 월
䎀 귀머거리 월
泧 큰물 월
𨒅 넘을 월
狘 놀라달아날 월

위

違 어길 위 䅏 큰따비 위 硊 돌산모양 위 餧 먹일 위 蝟 고슴도치 위 囲 에울 위 犩

소 위 葳 초목성할 위 䑊 배저을 위 潿 흐려서흐르지못할 위 楲 요강 위 氣 활 위 韡 양서로좇는모양 위

猬 고슴도치 위 䊌 갑옷미늘다는실 위 渭 물이름 위 躗 호위할 위 愇 한할 위 危 위태할 위 暐

빛날 위 讆 잠꼬대할 위 叞 인두 위 溾 더러울 위 㺔 오랑캐 위 𣓁 풀무성할 위 𤌚 다리

미 위 湋 물돌아갈 위 胃 밥통 위 𦢈 살찔 위 𤸷 입비뚜러질 위 煟 불빛 위 㝖 비뚜

러질 위 蔚 익모초 위 衞 소굽 위 尉 편안하게할 위 嵔 산구불텅구불텅할 위 骫 뼈울퉁불퉁할 위

緭 흰비단 위 鍏 보습 위 韋 초목이무성할 위 罻 새그물 위 𦘡 김승이름 위 逶 비틀거릴 위

犚 커검은소 위 𧳧 고슴도치 위 胃 밥통 위 螱 나는개미 위 魏 촉나라소 위 隇 험준할 위

慰 위로할 위 覣 좋게볼 위 喟 한숨쉴 위 萎 이울 위 蔚 제비쑥 위 喡 놀라서소리나지않을 위 位

자리 위 韙 아름답게여길 위 偉 클 위 鄬 땅이름 위 𧝔 옷표갤 위 諉 핑계할 위 峗 산이름 위

爲 할 위 慰 위로할 위 褘 장막 위 𨡃 취할 위 𪏈 누른빛 위 閬 문위태할 위 𣨙 시들

위 𧕩 두벌누에 위 螱 나는개미 위 寪 성 위 韡 꽃활짝필 위 踼 하 위 𨗴 비틀거릴 위

骫 터부룩할 위 媙 얌전할 위 闈 대궐안문 위 尉 벼슬이름 위 倭 빙돌 위 尉 벼슬이름 위

⿰黃有 누른빗 위 霨 구름피어오르는모양 위 ⿵門委 문높을 위 蝛 쥐며느리 위 ⿰舟貴 운송선 위 ⿰白鳥 빗날 위 ⿱衛心

잠꼬대할 위 ⿵冂委 밥통 위 鮠 커두어 위 ⿱罒尹 오리부르는소리 위 魏 위나라 위 媁 추잡할 위 ⿰魚尉 뱀같

은고기 위 鄬 모을 위 ⿰亻鳥 비둘기새끼 위 謂 이를 위 ⿰彳韋 걸어갈 위 ⿰魚虫 자라 위 衛 호위할 위 崣

산높을 위 緯 씨 위 煒 밝을 위 蔿 풀 위 颹 큰바람 위 ⿰魚爲 큰고기 위 ⿱艹⿰白鳥 꽃부리 위 ⿰魚牛

고기이름 위 ⿰虫尉 나는개미 위 餵 먹일 위 ⿰羊委 양모일 위 ⿱尉牛 커검은소 위 偽 거짓 위 ⿰皮韋 가죽 위

熭 쬐어말릴 위 ⿰目鳥 눈매예쁠 위 ⿱勿鳥 할 위 儰 움직일 위 瑋 옥이름 위 韙 옳을 위 衛

호위할 위 罻 새그물 위 ⿰舟目 조운선 위 爲 할 위 ⿱尉手 손으로펼 위 ⿸广爲 아름다울 위 圍 둘릴 위

葦 갈대 위 颹 큰바람 위 ⿺辶啻 비틀거릴 위 ⿱尉魚 뱀같은고기 위 ⿰韋柬 묶을 위 委 버릴 위 痿 각기병 위

韋 다룬가죽 위 蜲 쥐며느리 위 ⿱⺮衛 가는대 위 ⿰韋柬 묶을 위 ⿰忄胃 걱정할 위 違 어길 위 蝟 고슴도치

위 威 위엄 위 幃 휘장 위 謂 이를 위 ⿰魚胃 고기이름 위 骫 뼈고불퉁고불퉁할 위 ⿰委頁 따를 위

骩 뼈구불퉁구불퉁할 위 蔚 익모초 위 ⿸鹿委 저장된사슴고기 위 罻 새그물 위 ⿱委豕 대지성날 위 踒 발접질 위

違 어길 위 ⿰酉隹 고기든술 위 ⿰白蔿 꽃 위 ⿰韋支 뼈반할 위 ⿵門爲 문열 위 媦 아래누이 위 溈 물 위 ⿱不好

좋지않을 위 ⿸虍韋 가죽다를 위 颹 바람 위 ⿱魏香 약풀 위 ⿰魚虫 자라 위 ⿲彳魚攵 고기 위 諉 핑계할 위 ⿰亻爲

위거짓

유

(유) 窬 판장문 유 禉 천제지낼 유 籲 부르짖을 유 漊 깊을 유 澑 처마물 유 溲 더러울 유

瘉 병나을 유 激 떠내려갈 유 斞 열여섯말들이 유 猶 같을 유 逌 남을 유 盓 물긷는그릇 유

犹 고요할 유 臾 잠간 유 蕍 쇠귀나물 유 牖 창 유 犾 강아지 유 犪 소자지 유 聊 고요할 유

泑 물빛검을 유 潰 물고기떼지어놀 유 罶 물고기잡는통발 유 莠 추할 유 潶 술진할 유 臾 잠간 유

窳 약할 유 逵 벗 유 瀚 흐를 유 鍊 예순너말 유 狖 강아지부를 유 鑐 인도할 유 斿 깃발 유

儒 선비 유 窬 판장문 유 羑 인도할 유 梀 번들 유 緌 근심할 유 綏 판끈 유 瑈 옥같은돌 유

臾 절구 유 罜 물고기잡는통발 유 腬 살쪄어여쁜모양 유 渝 물흐르는모양 유 楡 느릅나무 유

㺠 검은원숭이 유 箹 검은대 유 涓 물이름 유 毹 털방석 유 蒬 뽕나무겹질 유 楱 백유나무 유 櫾 쌓을 유

瘤 혹 유 瀹 변할 유 㾈 썩은나무냄새 유 麢 사슴새끼 유 濡 진액 유 鑐 쇠녹을 유

甤 초목에열매다닥다닥맺힐 유 窬 너그러울 유 粤 넘어진나무에싹날 유 楰 산유자나무 유 揉 비빌 유

酉 닭 유 汥 흐르는물 유 幼 어릴 유 諛 아첨할 유 欶 개부르는소리 유 蜼 용틀거리는모양 유 猷 꾀 유

嚘 읊는소리 유 鞲 가죽신 유 牏 검은소 유 輶 가벼울 유 歈 노래 유 瑌 옥같은돌 유 鞣 다룬가죽

유

葇 부빌 유

媃 아릿따울 유

猱 연약할 유

峳 짐승이름 유

鋚 쇠 유

岰 산굽이 유

蕕

썩어냄새날 유

禉 천제지낼 유

匬 휘 유

燸 따뜻할 유

卣 중술통 유

斔 열여섯말들이 유

庾 노적

유

瓹 새끼토끼 유

㡰 자투리 유

覦 찾을 유

蕍 큰준생강 유

𡎾 토담 유

𢜢 근심할 유

歈

말할 유

堬 무덤 유

𪏭 찰질 유

㦙 약할 유

愉 기뻐할 유

颬 바람소리 유

幽 깊을 유

𧦝 좇을 유

蝚 도르래 유

瘉 병나을 유

𧸘 끼칠 유

薷 향풀 유

𪕒 족제비 유

攸 곳 유

騟 검붉은말 유

逌 말미암을 유

諭 비유할 유

𧹞 불빛 유

𪐱 때묻을 유

𦺟 유풀 유

颵

바람소리 유

呦 사슴우는소리 유

瑠 유리 유

沑 젖을 유

𦲢 들콩 유

瑜 아름다운옥 유

牰 눈검은소 유

攸 자득할 유

惟 생각할 유

毺 털방석 유

痏 맞아서상할 유

𦢖 구멍 유

蘛 나무버섯 유

嬬

아내 유

𧯝 숨을 유

𠂭 기를 유

眑 마를 유

艅 흠배 유

羭 검은숫양 유

鶔 까치같고짧은새 유

𨣗

멀건술 유

𨘷 끼칠 유

鍮 놋쇠 유

唯 오직 유

𣤚 사슴우는소리 유

𡇘 검은흙 유

騮 월다말 유

𡛚

더러울 유

柳 버들 유

萸 수유 유

乳 젖 유

𤈦 쭈글쭈글할 유

兪 대답할 유

鍒 연한쇠 유

楢

홰 유

蕍 둥근초방석 유

𨖪 먹일 유

蚰 지차리 유

緰 비단짓을 유

諛 고할 유

煣 불로나무쥐여휠 유

鰇 오징어 유

湡 젖을 유

逌 빙그레할 유

𧼯 넘을 유

霤 낙수받이 유

窬 넘을 유

羑

착한말할유 蠵 뱀유 逜 갈유 趙 급히달아날유 輶 가벼운수레유 喩 효유할유 宥 너그러울유
逌 빙그레할유 褎 옷치레할유 麡 사슴새끼유 飀 회오리바람유 遳 줄유 柚 유자유
鼬 족제비유 遺 끼칠유 㖭 당길유 俞 공손할유 游 헤엄칠유 趡 움직일유 齵
월다말유 孺 젖먹이유 踰 빛변한콩유 箯 검은대유 蕤 더부룩할유 遊 놀유 諭 가르칠유
羑 인도할유 貐 산돼지유 䅎 가리지유 鱬 귀신의소리유 庮 들보유 㓱 가죽에기름먹일유
媮 엷을유 瑈 옥이름유 䋖 물건빛날유 陮 나는모양유 䩝 질길유 蚴 땅벌유 騪
빠를유 奶 소젖유 撎 버릴유 鍒 찐밥유 窳 나약할유 鮋 버들치유 頍 떨유 楺 나무
휠유 黝 검푸를유 萸 수유유 颻 바람소리유 崳 산이름유 瘉 이끌유 嚅 어린아이소리유
欪 개부르는소리유 繇 말미암을유 闟 엿볼유 鼀 낙수유 狖 검은원숭이유 揄 이끌유 𨗏 더할
유 顬 귀밑뼈유 窬 판장문유 瀀 물철철흐를유 讉 성낼유 桵 모습유 䰻 귀신의소리유 隃 넘을유
騥 갈기있고푸른말유 䂋 견딜유 鱬 인어유 丣 닭유 𦼮 들깨유 䐗 혹유 𨅹 발움직일유
䳑 다람쥐유 鬏 옷칠할유 逌 방그레웃을유 蛕 거미유 脪 쫓을유 鞣 맺을유 颼 바람완만할유
矯 혹유 鞼 줄유 瘤 상처자국터질유 遛 머물을유 誘 인도할유 貁 원숭이유 禸 짐승의발자욱유

瞶 눈병 유
䌛 걸어갈 유
蕍 나무버섯 유
擩 물들일 유
逰 놀 유
柚 예방할 유
襦 저고리 유
遊 놀 유
龥 부르짖을 유
褕 쾌자 유
蓶 푸성귀 유
𡕝 엿 유
邀 말할 유
𠛎 어길 유
鼬 족제비 유
悠 멀 유
愉 기뻐할 유
卣 중술통 유
油 기름 유
眑 길고멀 유
鬏 누렁게 센 머리 유
蝓 달팽이 유
逾 멀 유
囿 후원 유
𨥁 은빛죽을 유
愈 나을 유
𦒐 새나를 유
䃋 옥같은 돌 유
脜 얼굴부드러울 유
㢝 희롱할 유
𤲞 좋은밭 유
櫾 유자 유
懮 옹용스러울 유
䣰 고기든 술 유
𦨣 배뜰 유
帷 장막 유
羑 착한말할 유
迶 걸을 유
鮪 상어 유
逌 숨도는 모양 유
庮 몰래갈 유
踓 미쳐서 달아날 유
荾 생강 유
踰 넘을 유
由 말미암을 유
穤 불빛 유
繇 말미암을 유
褎 길 유
顬 귀밑뼈 유
覦 볼 유
𤭛 항아리 유
黝 때묻을 유
輮 짓밟을 유
輶 상여차 유
鄃 고을이름 유
遊 벗사귈 유
壘 진터토성 유
睮 아첨할 유
腴 아랫배 유
裕 너그러울 유
罶 물고기잡는 통발 유
𢆯 작을 유
𢕟 되돌아올 유
遾 구슬 유
萎 교수풀 유
媃 예쁜체 유
貐 좋은개 유
鞧 남을 유
𧷤 줄 유
嚅 말머뭇거릴 유
𩜁 밀증편 유
䏘 젖먹일 유
蜏 하루살이 유
柔 부드러울 유
萸 수유 유
𧼯 꺼칠 유
懦 약할 유
瘐 근심하여 병들 유
遺 버릴 유
蹂 밟을 유
葇 들깨 유
冘 머뭇거릴 유
螸 벌밑구멍 유
𧠑 찾을 유
蝤 큰게 유
蝣 하루살이 유
醹 전국술 유
𥦬

그릇흠 유 㲡 털 유 沭 물들였다 빼질 유 瓔 옥 유 緌 비단 유 𥇍 누어볼 유 䔀 칡덩쿨 유 壨

삼태기 유 蜼 원숭이 유 甹 싹날 유 襰 천제지낼 유 䅵 벼성할 유 窌 광이름 유 紐 맺을 유

粈 잡곡밥 유 糅 썩일 유 諛 아첨할 유 𠳝 좇을 유 訹 꾀일 유 謬 어긋날 유 貐

짐승 유 瀏 물맑을 유 濰 물 유 畱 머무를 유 𣋉 화전 유 𤜗 열매 유 𥇆 밭 유 牏 담틀

유 狃 익힐 유 炄 마를 유 𣼑 깃발 유 閖 빗장 유 𦒻 병아리 유 𧹞 불빛 유 遛

머무를 유 䁀 목매여 죽일 유 䰯 시루 유 鶹 꾀꼬리 유 姷 짝 유 嫘 성 유 𥻿 쌀 유 籀

대소리 유 濡 젖을 유 濡 젖을 유 虆 덩굴 유 櫾 유자 유 欙 썰매 유 酳 술로 양치할 유

類 종류 유 飀 바람 유 鋿 옹솥 유 鎏 순금 유 鏐 순금 유 鎦 죽일 유 衵 부드러울 유

裗 실끝 유 覦 볼 유 覰 찾을 유 瘤 혹 유 杻 모 유 櫑 등나무 유 櫐 굵은 칡 유 橊

나무이름 유 𣧠 죽으려할 유 珋 보석 유 琉 유리돌 유 瑠 유리 유 㼌 약할 유 壘 토성 유 維

벼리 유 䋷 깃발 유 纍 죄 유 綹 실 유 蘱 그령 유 蠿 작은동애 유 𣶒 진액 유 𥌿 결심

할 유 䂚 돌 유 硫 유황 유 秞 무성할 유 䄂 예방할 유 𪏊 치질할 유 鈕 인꼭지 유 鉚 황금

유 鷚 종달새 유 鸓 다람쥐 유 𩙕 바람불 유 飀 높은바람 유 餾 밥뜸들 유 𢖍 기다릴 유 𢕌

갈 유
圂 뒷간 유
嚠 소리 맑을 유
[illegible] 질그릇 유
抭 결구할 유
扭 누를 유
懰 예쁠 유
溜 처마물 흐를 유
[illegible] 풍류 유
斞 열여섯말 들이 유
曘 햇집 유
杻 박달나무 유
有 있을 유
梄 섶 유
廇 가운데뜰 유
鎦 시루 유
罶 통발 유
莥 들콩 유
蒥 향풀 유
蕤 더부룩할 유
蘽 산머루 유
蕕 썩은풀 유
蕍 초석 유
霤 낙수물 유
飀 바람소리 유
[illegible] 작은젖 유
侑 짝 유
劉 성 유
柳 버들 유
橊 석류 유
樏 썰매 유
[illegible] 만질 유

육

鵱 들거위 육
[illegible] 부끄러울 육
[illegible] 얼굴 육
[illegible] 바퀴심대 육
陸 길 육
踛 뛸 육
坴 버섯 육
六 여섯 육
磟 돌곰배 육
稑 올벼 육
[illegible] 눈살찌푸릴 육
聏 부끄러울 육
朒 펴지못할 육
衄 코피 육
[illegible] 지차리 육
[illegible] 강요주 육
[illegible] 명아주 육
[illegible] 나타날 육
戮 죽일 육
恧 계면할 육
忸 부끄러울 육
[illegible] 길 육
唷 소리지를 육
毓 기를 육
錥 용솥 육
毒 기를 육
[illegible] 죽일 육
[illegible] 연옥색 육
育 기를 육
[illegible] 뺀을 육
[illegible] 살 육
[illegible] 들거위 육
[illegible] 코피날 육
宍 고기 육
喅 뭇소리 육
[illegible] 무성할 육
宍 살 육
儥 팔 육
堉 기름진 땅 육
焴 빛날 육
肉 살 육
[illegible] 구를 육
棫 서직이 성한 모양 육
[illegible] 죽일 육
[illegible] 낯빛 누를 육
鯥 고기이름 육
淯 물불을 육
[illegible] 콩 육
[illegible] 마음동할 육
[illegible] 두터울 육
[illegible] 어물안 벗은 매미 육
[illegible] 길 육
[illegible] 두손으로 받을 육
[illegible] 범새 말을 육
[illegible] 새이름 육

歆 놀랄 육 藿 산부추 욱

● 윤

倫 배밑창나무 윤 亂 씨 윤 綸 벼묶음 윤 痲 손병 윤 淪 빠질 윤 棆 느릅나무 윤

掄 가릴 윤 崘 산 윤 蠕 꿈틀거릴 윤 篇 배밑대 윤 圇 덩어리 윤 勻 적을 윤 綸 벼리 윤

侖 뭉치 윤 錀 금 윤 輪 바퀴 윤 踚 걸을 윤 蜦 찰지머리 윤 潤 부를 윤

閏 윤달 윤 允 믿을 윤 馻 말털거스릴 윤 𠝕 험집 윤 阭 높을 윤 䓵 연뿌리 윤 鈗 병기창 윤

蝡 꿈실거릴 윤 蠕 꿈실거릴 윤 酳 술로양치할 윤 頵 낯비뚤 윤 夠 두루 윤 胤 험집 윤

狁 북녘오랑캐 윤 閠 윤달 윤 昀 햇빛 윤 蚘 누에 윤 玧 막이구슬 윤 鋆 금 윤 䨶 비 윤

胤 이을 윤 奫 물깊고넓을 윤 蜳 가슴두근거릴 윤 尹 믿을 윤 𨥧 윤달 윤

● 율

欥 꽐꽐할 율 栗 밤 율 𥠖 벼 율 硉 돌 율 篥 대 율 䈊 새쏘는대총 율 繂 배머리줄 율

溧 물가 율 𤎼 빛날 율 𦄻 비단 율 膟 발기름 율 嵂 산비알질 율 律 법 율 怴 미칠 율

慄 떨 율 搮 쓰다듬을 율 𢑴 짤 율 䰩 죽일 율 鷅 꾀꼬리 율 麜 노루 율 葎 한삼 율

䔀 마름 율 䔞 풀아키틀 율 𨀁 뒷거름칠 율 㗚 말분명치못할 율 塛 막을 율 寽 취할 율

𡾊 산높을 율 矞 송곳으로뚫을 율 潏 물흐를 율 銉 바늘 율 鱊 실뱅어 율 𦥸 짧을 율 燏

빛날 율
𩗴 큰바람 율
𩘍 큰바람 율
䞕 멀리 달아날 율
驈 사타귀 흰 검은 말 율
鴥 빨리 나는 모양 율
䒘 명아주 율

鞾 가죽그릇 율
鴪 빨리 나는 모양 율
𨓆 나누어 펼 율
聿 마침내 율
䎉 나는 모양 율
𩘓 바람소리 율

𧲒 돼지 율
繘 두레박줄 율
繘 두레박줄 율
𦇤 두레박줄 율
騂 사타구니 흰 말 율
慄 떨 율

𩴾 머리없는 귀신 율
硉 돌구을 율
玘 높을 율
𩶀 머리없는 귀신 율
𡾊 날 율
栗 굳을 율
繂

긴모양 율
翿 나는 모양 율
汩 물흐를 율

융

융

𠈌 사람 융
癃 들피병 융
烿 불기운 융
瀜 물깊을 융
隆 성할 융
霳 귀신 융

䃧 돌떨어지는 소리 융
窿 형체 융
嶐 산형체 융
𢖺 곧게 갈 융
毧 솜털 융
隆 성할 융
𧙕

군복 융
隆 성할 융
𢫬 도울 융
融 화할 융
狨 원숭이 융
𥃭 화할 융
絨 삶은 실 융
駥

크고 세찬 말 융
弍 병정 융
䂚 돌 융
隆 성할 융
螎 화할 융
䡆 병장기 융
駥 크고 세찬 말 융

戎 군사 융
茙 귀화 융
霳 구름 많은 귀신 융
肜 화할 융
娀 나라이름 융
𪔵 북소리 융

은

은

隱 성할 은
嚚 미련할 은
脪 부울 은
衮 고기 쪼일 은
𩞾 배부를 은
讔 숨겨 말할 은

𣻸 물소리 은
讔 숨겨 말할 은
狺 개싸울 은
隱 숨을 은
銀 은 은
珢 옥돌 은
𡶵 물구비처 갈 은
隱

성할 은
黫 검을 은
𢅥 속옷 은
猌 개성낼 은
㶏 물소리 은
殷 많을 은
齗 이가 가지런할 은
黖

검을은 縕 검은비단은 犾 개서로물은 斦 모탕은 齦 잇몸은 齗 큰저은 垠 언덕은 䌥 옷호

아맞붙일은 琂 사람이름은 癮 두드러기은 圻 하늘가장자리은 垠 언덕은 霠 구름모양은 䓀

풀많을은 癮 안박힐은 磤 우뢰소리은 垽 해감은 㥯 의지할은 虤 범싸우는소리은 蒑 풀빛푸를은

狺 개짖는소리은 𤢊 산나귀은 㩕 빼갤은 犷 개짖는소리은 齗 옷을은 檼 대공은 峾 찌끼은 磤

우뢰소리은 齗 잇몸은 痏 다친살나올은 䓀 큰저은 隱 흴은 恩 은혜은 銀 말치장은 褞

굵은베옷은 浪 물가은 虤 범의소리은 慭 슬퍼할은 隱 남에게기댈은 嚚 작은입은 齦 잇몸은 齗

잇몸은 轜 수레소리은 猌 물을은 慇 공손할은 誾 화와할은 憖 슬퍼할은 齗 잇몸은 隱 대공

은 訔 시비할은 圁 물이름은 慇 공손할은 闇 화평할은 檃 은행나무은 鄞 땅이름은 溵 물소리은

璁 옥은 誾 화평할은 憖 의뢰할은 峾 찌끼은 听 벙긋거릴은 垔 높을은 歅 피기할은 濦

물은 嶾 산높을은 廕 덮을은

을

乙 제비을 鳦 제비을 乙 새을 舤 배갈을 虦 범이노리고볼을 吃 소리을 甝 범이노리

고볼을 趐 날읍탑을 圪 흙더미우뚝우뚝할을

음

趛 머리숙이고빨리갈음 众 나란히설음 陰 음지음 飮 마실음 吽 소울음 苓 물에나는

마늘음
掩 거둘음
訡 울음
歆 마실음
筍 옷을음
陰 음기음
𣱛 그늘음
癊 심할병음

阴 음지음
飮 마실음
㱃 마실음
廕 덮을음
𡾶 산봉우리음
碒 내내험할음
窨

깊을음
嶔 산이마주행할음
揞 넘어질음
隂 음지음
愔 고요할음
淫 어지러울음
霪 장마음

飲 마실음
癊 심화병음
滛 음란할음
崟 산높을음
䏙 가슴병음
醅 취할음
癊 가슴앓이음

䪩 소리음
阥 음지음
韾 소리화할음
䪦 소리고르지못할음
瘖 병어리음
蔭 덮을음
訡 읊을음

婬 간통할음
癊 심화병음
霠 구름낄음
音 소리음
陰 음지음
𧯷 메주만들음
鷣 새매음

飮 마실음
顡 이를갈며성낼음
蔭 덮을음
隂 음기음
飮 마실음
窨 움음
𧯷 메주음

喑 소리지를음
顉 머리흔들음
吟 읊을음
霠 그늘음
訡 읊을음
𩂣 그늘음
隂 음지음

䏙 가슴병음
獫 나귀음
棯 능금음

읍

읍
晻 눈감을읍
裛 얽을읍
湆 끓는소리읍
馺 말달려갈읍
悒 답답할읍
唈 울읍
歙 어리석을읍

噾 못소리읍
𨚕 좁을읍
邑 고을읍
俋 발갈읍
湇 국물읍
䏑 절인고기읍
𢓜 사람많이모일읍

筁 통발읍
㖓 배젓는소리읍
𥌦 눈동자속마를읍
湆 축축할읍
泣 소리없이울읍
𢝀 근심할읍

𦯉 풀이빽빽할읍
𩛰 음식쉴읍
挹 잔질할읍
𩵺 고기많이모일읍
霒 구름낄읍
浥 젖을읍

䐛 말릴 읍 湆 소리없이 울 읍 喅 많은 소리 읍 𩶏 고기이름 읍 揖 읍할 읍

응 𦡻 크게 볼 응 軈 잠시 기달릴 응 吉 코대답하며 말할 응 𦈲 가슴 응 𥌓 가슴 응 譍 대답

할 응 噟 대답할 응 譍 대답할 응 䁝 정하고 볼 응 𤸷 사랑할 응 膺 가슴 응 応 응당 응

凝 엉길 응 𧕴 쓰르라미 응 庅 응당 응 鷹 매 응 膺 가슴 응 應 응당 응

의 矣 어조사 의 嬟 정조 의 𥎦 아직 정해지지 않은 모양 의 宐 유순할 의 顗 즐거울 의 𪘏 이 드러낼 의

吚 키에 대고 말할 의 嶬 산 깎아지른 듯할 의 㠯 할 의 顡 멍청이 의 𤵜 약할 의 懿 아름다울 의 𤩽 옥

의 猗 벼무성할 의 宜 마땅할 의 蘒 꼭지 의 薏 율무 의 衣 옷 의 艤 배 등댈 의 𧷎 더

할 의 𧺆 의심낼 의 藙 오수유 의 𧼈 멀리 달아날 의 崖 언덕 의 鷧 더펄새 의 𨽌 산 깎아지른 듯할 의

𧄎 오수유 의 魕 겁낼 의 乂 옳을 의 懿 클 의 㠖 베조각 의 衣 옷 의 𥇖 볼 의 敧 가마 의

𡰯 탄식할 의 蟻 개미 의 扆 병풍 의 譺 기롱할 의 議 말할 의 猗 향기날 의 𧄎 오수

유 의 椅 나무마디 의 齮 물 의 𧅘 물이 무성할 의 鸃 봉황새 의 薿 무성할 의 醷 매실화채 의 嶷 산이

름 의 廙 공경할 의 䣡 땅이름 의 㤦 애통할 의 欹 거룩할 의 猗 불친 개 의 拟 비길 의 𪗋 이 드러

날 의 誼 옳을 의 擬 비길 의 𪘙 씹을 의 𧢺 짐승의 뿔 의 議 의논 의 毅 굳셀 의 螘

개미의 孖 자식번성할의 意 뜻의 醫 의사의 礒 바위의 宜 마땅할의 𠤕 아직정해

지지않은모양의 [illegible] 성할의 [illegible] 개미의 䯆 뼈가늘의 [illegible] 빨예리할의 陭 고을이름의

[illegible] 성할의 禕 벼무성할의 㕒 산마루의 漪 비단결같은물결의 [illegible] 꼭지의 [illegible] 대이름의

譩 분할의 [illegible] 살펴볼의 [illegible] 부끄러울의 [illegible] 미목의 [illegible] 울음끝소리의 儗 참람할의 饐

밥쉴의 [illegible] 코베일의 忍 성낼의 薏 율무의 [illegible] 배회할의 [illegible] 범의소리의 [illegible] 아름다운눈매

의 [illegible] 새가날의 [illegible] 의심할의 鈘 가마의 儀 거동의 [illegible] 서직무성할의 狋 개성난모양의

鷾 제비의 犄 소의 [illegible] 고기새끼의 毅 굳셀의 禕 아름다울의 [illegible] 땅이름의 [illegible]

칼의 [illegible] 꼭지의 [illegible] 큰병의 [illegible] 굳셀의 [illegible] 아름다운눈매의 椅 의자의 [illegible] 멍청이의

[illegible] 마땅할의 [illegible] 다리미의 [illegible] 시들어죽을의 [illegible] 이드러낼의 轙 수레에고삐매는고리의 縊 목맬의

[illegible] 개미의 [illegible] 편안할의 醫 술의 [illegible] 산각아지른듯할의 猗 불깐개의 檥 배댈의 [illegible]

과리할의 議 모양의 [illegible] 언덕의 義 옳을의 [illegible] 꼭지의 [illegible] 좋을의 劓 코베일의 [illegible]

밥쉴의 [illegible] 말이름의 [illegible] 기롱할의 旖 기날릴의 誼 다스릴의 [illegible] 옳을의 [illegible] 돌소리의 [illegible]

단정한낯의 宜 마땅할의 [illegible] 물마를의 [illegible] 읍할의 歪 비뚤어질의 [illegible] 눈서리쌓일의 [illegible] 목메어죽는의

[illegible] 깔의 縰 떼의 齸 이드러날의 艾 대의 𡔲 탐할의 蟻 개미의 轙 수레에고삐매는고리의

誼 옳을의 毉 의원의 毅 굳셀의 懿 탄식할의 欭 휘파람불의 猗 버릴의 [illegible]

[illegible] 계집벼슬의 [illegible] 흐를의 戲 범숨쉴의 螠 벌레의 [illegible] 옷의 [illegible] 으슥한곳의 [illegible] 베풀의 [illegible]

살필의 輢 수레틀의 依 의지할의 劓 코베일의 稦 벼무성할의 [illegible] 빗날의 嫛 서로친할의 崕

바외의 譩 앓는소리의 [illegible] 토할의

이

尒 그렇다할이 樲 신대추나무이 [illegible] 동일이 苡 율무이 [illegible] 방망이이 [illegible] 화반석이

[illegible] 고삐늘어질이 詒 줄이 頉 기를이 洏 끓는물이 濔 물가득할이 荋 풀많을이 [illegible] 삼이

箷 횃대이 荑 콧물이 宧 집모퉁이이 [illegible] 곤이알이 肄 익힐이 耏 구레나룻이 [illegible] 황달

병이 桋 박달나무이 [illegible] 희생을바치고벌이 爾 너이 枱 따비자루이 眙 눈칩떠돌이 悧 영리할이

詈 꾸짖을이 [illegible] 기와이 訑 자랑할이 洟 콧물이 [illegible] 엿이 [illegible] 벽돌이 彝 떳떳할이

[illegible] 어조사이 異 다를이 姨 이모이 鉺 갈고리이 珥 귀외고리이 胹 삶을이 袲 옷치렁거릴이

侇 무리이 杝 모밸이 柂 피나무이 [illegible] 평평할이 [illegible] 머리흰들개이 佴 버금이 [illegible] 다칠이

佁 미련스러울이 [illegible] 썩어담은젓이 [illegible] 둥근것이잘돌이 尒 너이 [illegible] 꾀할이 [illegible] 새가울이 [illegible] 근심

많을 이 頥 턱 이 ⿰糹忍 먹줄 이 迻 옮길 이 彲 이무기 이 訑 자랑할 이 ⿰耳音 말못할 이 柂 피나

무 이 匜 턱 이 ⿰風鬲 도깨비 이 餌 먹이 이 貳 두 이 ⿰金隹 떠날 이 貽 보내줄 이 牠 홰ㅅ대 이

耏 구레나룻 이 簃 누각에 달아 진작은 집 이 ⿱異巾 다를 이 ⿰片也 국 이 頉 턱 이 ⿱艹移 시들 이 暆

해다날 이 頤 턱 이 夸 기쁠 이 隶 근본 이 ⿰巾夷 옷모양 이 ⿵門內 안으로 들어갈 이 熪 불꺼지지 않을 이 迆

잇달 이 ⿸广多 문빗장 이 笖 죽순 이 羠 들양 이 ⿰弓匜 활이름 이 ⿵風它 작은회리 바람이 ⿰鳥多 물새붙 이아

⿱食異 엿 이 眤 물끄러미 보고 말없을 이 ⿰月耳 힘줄 강할 이 ⿸尸夷 걸쳐앉을 이 ⿰女耳 처녀 이 瓵 작은 독이 ⿱穴匜

방동북 구석 이 ⿵門㐌 문빗장 이 ⿰言迆 자랑할 이 ⿰女而 둥근것이 잘돌 이 ⿰女恚 맵씨 이 ⿰豸多 머리흰 들개 이 輀 상여

차 이 ⿰亻貳 더할 이 ⿰衤施 옷속 이 ⿱異黑 감빛 이 ⿱⿰匜巳女 이쁠 이 ⿰彳夷 편하고 쉬울 이 ⿰月⿱覀大 배섞인 젓이

⿰木⿱覀大 버섯 이 胣 창자 끊을 이 ⿱髟多 갈기 이 屋 진흙 이 ⿰牜絜 발갈 이 叓 관리 이 胰 등심

㐌 남쪽 오랑캐 이름 이 酏 미음 이 ⿰忄夷 기꺼울 이 袘 옷속 이 詑 자랑할 이 ⿰火而 삶아 익힐 이 ⿰壴攴

희롱할 이 ⿵風巳 큰바람 이 ⿱食廾 죽 이 敡 업신여길 이 洱 물이름 이 已 이미 이 坨 땅이름 이 咿 탄식

할 이 薾 꽃 번성할 이 易 쉽게 여길 이 怡 화할 이 而 말이을 이 肔 창자자를 이 ⿰黑伊 검을 이 貽

끼칠 이 ⿰禾㐌 옮길 이 袘 옷선 이 ⿰鬲而 삶아 익힐 이 謻 따로 세운 문이 ⿱⿰月匜口 제육 이 迤 든든할 이

이

謎 수수께끼 이 僵 어릿어릿할 이 弇 그만둘 이 飤 엿 이 䤷 턱 이 胵 돼지고기 이 屜 큰바

람 이 隭 험할 이 鷊 때까치 이 轜 행상 이 弍 두 이 崺 산이낮고길 이 以 써 이 㢇 횃대 이

鯱 빨기울어질 이 栭 작은밤 이 毦 머리털 이 蛜 쥐며느리 이 衈 귀피 이 姉 아첨할 이 桼 참베

이 咡 입시울 이 𥻨 보습 이 黟 검을 이 僜 서로웃을 이 艤 가죽신 이 二 짝을 이 匜

손대야 이 貳 두 이 鮞 고니알 이 聏 두번빚온술 이 弛 늦출 이 膩 흠집 이 荑 흰비름 이 眱

물끄러미보고말없을 이 蛦 가을매미 이 迻 가까울 이 咦 크게부를 이 戺 문빗장 이 貽 줄 이 伊 저 이

迱 든든할 이 跠 걸터앉을 이 駬 준마 이 蛡 낚시밥아 弛 늦출 이 鞮 다룬가죽 이 鮧 복어

이 訑 자랑할 이 胹 익힐 이 𣢟 저 이 鮧 날치 이 二 두 이 耳 귀 이 邇 가까울 이 恞

기뻐할 이 咨 널름거릴 이 歋 서로웃을 이 移 옮길 이 頤 턱 이 螔 달팽이 이 䶊 쥐새끼 이 飤

엿 이 椸 횃대 이 詒 줄 이 䎟 제비 이 椸 횃대 이 洢 물이름 이 㴔 잔물결 이 酡 두번빚은술 이

그렁다할 이 酏 마실 이 飴 엿 이 鴯 제비 이 肄 익힐 이 珆 옥돌 이 鉺 엿 이 異 다를 이

鮧 인어 이 㕥 수파람소리 이 粭 엿 이 梌 실패 이 殔 묻을 이 峓 산이름 이 刵 귀베일 이 尒

𩊚 고삐늘어질 이 孋 나라이름 이 頣 기를 이 頉 기를 이 䬁 미끼 이 𩞍 물릴 이 饎 음식 이

鯬 뱀장어 이 鯬 고기이름 이 鯉 잉어 이 鯏 조개 이 鯬 모래무지 이 柅 무성할 이 李 성 이 屔

棃 산 이 棃 배 이 峲 산 이 履 신 이 蚭 웅덩이 이 謧 말수다할 이 黧 검을 이 梩 가래 이

釐 다스릴 이 鑗 검은쇠 이 狸 삵 이 瓵 석회반 이 驪 검을 이 悷 근심 이 悡 근심할 이 悝

근심할 이 㕞 빗장 이 抳 그칠 이 攡 베풀 이 䣯 향기 이 騹 나귀새끼 이 酡 젓색을 이 醨

모주 이 灕 흐를 이 犛 소 이 㷰 장막속불 이 㒧 못쓸나무 이 犂 소 이 陁 험할 이 離

떠날 이 里 마을 이 嫠 과부 이 璃 유리 이 羸 약할 이 台 나 이 㠯 쓸 이 理 다스릴 이

宧 집모퉁이 이 孷 쌍둥이 이 尼 여승 이 鬁 관자놀이 이 蚭 지차리 이 樆 돌배 이 歖 나커

울 이 檷 실패 이 欐 울타리 이 氂 소꼬리 이 耗 털 이 軦 차앞턱나무 이 迡 가까울 이 邐 잇닿

을 이 穲 곡식포기 이 筣 울타리 이 篱 대조리 이 糎 센치미터 이 籬 울타리 이 纚 갓끈 이 縭

수건 이 繞 굿은솜 이 羨 넓을 이 肄 익힐 이 詒 줄 이 詑 사람부를 이 椸 박아지 이 羅 모자

이 罹 걸릴 이 詈 욕할 이 褵 둘띠 이 羅 모자 이 嚦 바른소리 이 圮 흙다리 이 坭

진흙 이 埿 흙바를 이 娌 동서 이 妮 계집종 이 嫛 기쁠 이 栮 버섯 이 魓 귀신 이 魑 도깨

비 이 鱺 뱀장어 이 黐 끈끈이 이 鼶 쥐 이 鸝 꾀꼬리 이 蜊 참조개 이 蠡 그리마 이 蟍 지네 이

익

螭 교룡 이 裏 옷속 이 狔 바람에너풀거릴 이 貳 살찔 이 苨 겨로기 이 艃 작은배 이 袻 옷구

겸살 이 袘 옷선 이 盠 표주박 이 𠿟 말그치지않을 이 𢾖 깎을 이 劙 저밀 이 勩 수고할 이 吏

판리 이 哩 마일 이 唎 가는소리 이 𠲷 성낸소리 이 喱 약이름 이 摛 펼 이 㢩 급할 이 𢾀 단비

마름질 이 廙 공경할 이 怩 부끄러워할 이 貽 보내줄 이 莉 꽃 이 薾 꽃번성할 이 蔾 새 이 䔾

향부자 이 蘺 궁궁이 이 𧔫 질리 이 甅 센치그람 이 𤹪 병 이 𤼇 파리할 이 覞 입다물 이 𥌪 눈쌍꺼풀

질 이 瞝 곱히볼 이 矖 둘러볼 이 禰 사당 이 秜 돌벼 이 穲 벼이삭숙일 이 竰 센티리터 이 貍

삵 이 𧳋 짐승 이 貤 번을 이 跜 꿈틀거릴 이 旎 깃발펄펄날릴 이 你 너 이 俐 영리할 이 俚

속될 이 偒 엽신여길 이 泥 막힐 이 涖 물소리 이 浬 물이수 이 漓 질펀히흐를 이 瀰 물가득할 이

苡 율무 이 莅 임할 이 𦶎 이슬 이

익

代 갈 익 釴 솥귀 익 翼 날개 익 𧜁 갈 익 𥁓 더할 익 𥁊 더할 익 𧘂 옷옷 익 翌

이튼날 익 潱 물흐를 익 𢡄 주살 익 䩭 가죽옷바느질할 익 𤺌 병 익 謚 웃는모양 익 艗 푸른새그린배 익

膉 목털미살 익 𦒆 날개 익 䖁 벌레길 익 妷 계집벼슬이름 익 榏 푸른새그린배 익 趩 손벌리고달아날 익

翌 이튼날 익 瀷 스며흐를 익 杙 짚 익 㼖 날기와 익 翊 날개 익 𦐅 날개 익 酨 술빛 익 杙

말뚝 익
熤 빛날 익
卻 땅이름 익
忕 마음동할 익
黓 검을 익
穓 밭갈 익
𣅀 좋을 익
𦱤 더할 익

骮 어깨뼈 익
隿 주살 익
艗 익배 익
𤞞 날개 익
鷁 새이름 익
謚 더할 익
餩 목메일 익
鳶 주살 익

廙 복도 익
𪕬 쥐이름 익
謚 웃을 익
翼 날개 익
䇩 대로만든 밧줄 익
𪌉 보리져 익
芅 양도 익

齸 사슴새김질할 익
𨖱 달아날 익
𦐊 날개 익
𪍥 보리져 익
𠥕 밭갈 익
𩨊 잔뼈 익
𦑤 풀이름 익

弋 취할 익
乜 취할 익
𣍟 뼈 익
闀 닫을 익
愵 거정할 익
匿 숨길 익
嗌 목구멍 익

轙 고리 익
穓 갈 익
翊 도울 익
䘌 벌레먹는병 익
眲 멸시할 익
𪘏 이앓을 익

인

韌 질길 인
禋 정결히제지낼 인
汈 젖을 인
秂 곡식결실할 인
䏰 등심 인
𩂜 기운퍼질 인

印 도장 인
咽 목구멍 인
歅 목구멍에연한뼈 인
杦 강인할 인
緸 꿈틀거릴 인
𩵚 얽어질 인
鞇 사슴걸이 인

肕 지렁이 인
鄰 연접할 인
𨑨 달아날 인
虨 분별할 인
𩬆 공경할 인
靷 가슴걸이 인
寅 공경할 인

婚 혼인할 인
梕 찰 인
炅 인할 인
筃 차방석 인
仁 인자할 인
纓 길 인
禋 제사정성스러이지낼 인

瑱 마당 인
𢜣 인동초 인
𤯝 혼인할 인
陻 막힐 인
扨 그러하나 인
縯 길 인
縯 길 인
咽 목구멍 인

祵 성취할 인
璘 옥무늬 인
闉 겹성문 인
忎 어질 인
鮣 얼룩고기 인
寅 공경할 인
湮 빠질 인

裀 속옷 인
芢 씨 인
駰 준마 인
𠶷 아낄 인
靷 말가슴걸이 인
胭 목구멍 인
瞵 눈정기 인

䗲 밭두둑 인 認 알 인 魜 인어 인 讔 죄의논할 인 䪩 북소리 인 蒷 쥐참외 인 螾 쓰르라미 인 蚓 지렁이 인

靭 질길 인 訒 둔할 인 𢽳 지찡을 인 洇 빠질 인 䀕 굳을 인 嫺 화할 인 韆 가슴걸이 인

氤 천지기운합할 인 䮼 날을 인 羊因 검은양 인 人 사람 인 恡 마낄 인 酌 조금씩마실 인

湮 추운모양 인 絪 수삼 인 姻 혼인할 인 寅 공손할 인 䪾 인할 인 曰 인할 인 瀵 물줄기 인

鞇 나막신 인 肕 질긴고기 인 釰 백랍 인 刃 칼날 인 聖 성인 인 𢼄 사람의이름 인 捆 나아갈 인

軥 소고칠 인 麐 암사슴 인 𪋻 분별할 인 茵 사철쑥 인 菫 사철쑥 인 垔 막을 인 𡰥 어질 인

韆 가슴걸이 인 扖 인도할 인 隣 이웃 인 禋 속옷 인 䏰 볼 인 諲 공손할 인 躵 엿볼 인

引 인도할 인 忉 참을 인 刄 칼날 인 稛 벼꽃 인 𢬃 희롱할 인 忍 참을 인 㣼 베개 인

涓 가는파도 인 粈 벼 인 刃 칼날 인 堙 막을 인 夤 공경할 인 弌 인할 인 因 인할 인 鼠刃 쥐 인

咿 선웃음칠 인 䩕 요 인 扨 인도할 인 殥 멀 인 忈 친자할 인 又 길게걸을 인 牣 가득할 인

儿 사람 인 庈 행랑 인 闉 이중문 인 䦾 차에칠 인 縯 가늘게짤 인 䏕 목구멍뼈 인 撛 구원할 인

𡔇 짓찡을 인 幪 휘 인 橉 문지방 인 潾 물맑을 인 燐 불날 인 獜 강건할 인 畘 밭두둑 인

甐 움직일 인 癃 인백일 인 瞵 눈정기 인 䚏 친할 인 賅 음식탐낼 인 賂 탐할 인 豩粦 큰돼지 인

蹸 밟힐 인 軔 기리 인 藺 뇌양이 인 嶙 산높을 인 悋 더러울 인 鄰 이웃 인 遴 가릴 인 轔 수레소리 인 鱗 비늘 인 驎 말 인 麟 기린 인 ⿰粦頁 털성길 인 磷 돌비늘 인 ⿰豸粦 두루 인 扔 꺾을 인 繗 이을 인 仞 길 인 吝 애낄 인 ⿱⺮粦 댓속찰 인 茵 방석 인 紖 수레끄는줄 인 粈 벼 인 粼 맑을 인 紉 바늘에실꿸 인 蟒 반딧불 인 朄 등살 인 戭 긴창 인 孕 애밸 인 寅 동방 인

일

鎰 근 일 軏 채색 일 華 꽃방울 일 疙 부스럼 일 ⿰氵壹 흐를 일 暱 친근할 일 昵 가깝게할 일 ⿰忄匿 부끄러울 일 歆 거북할 일 ⿰黍日 붙을 일 ⿰黍刃 차질 일 溢 가득할 일 釰 둔할 일 壹 하나 일 泆 음탕할 일 ⿴囗乙 날 일 浂 물가언덕 일 巍 산높을 일 ⿰氵弄 침 일 一 한 일 鴩 멧비둘기 일 壹 하나 일 噊 외대할 일 佾 춤출 일 ⿰馬失 빨리달아날 일 ⿱⺮逸 둘 일 ⿰女壹 절개굳게지킬 일 逸 놓일 일 昔 풀빛 일 辷 미끄러질 일 劮 기쁠 일 ⿰鳥失 멧비둘기 일 燚 불모양 일 呹 재빠를 일 ⿱穴失 구멍 일 ⿴囗正 날 일 馹 역마 일 ⿰馬乞 빨리달아날 일 妷 편안할 일 欥 기쁠 일 ⿰舟日 배꾸밀 일 佚 허물 일 衵 속곳 일 日 날 일 逸 도망할 일 揚 들날 일

임

腍 익힐 임 荏 왕콩 임 ⿺辶壬 지날 임 鵀 산비둘기 임 ⿰月壬 곰국 임 妊 아이밸 임 栠 나무연할 임 ⿱任身 아이밸 임 ⿱任女 아이밸 임 ⿰言壬 생각할 임 ⿸广壬 아래 임 飪 떡국 임 ⿱任糸 짤 임 [illegible]

장마 임
羊 약간심할 임
⿱任衣 옷섶 임
賃 품팔이 임
栣 나무연할 임
衽 요 임
軔 바퀴괴 임
紝 짤 임
⿰亻雉 오리새 임
⿰食念 배부를 임
棯 대추맛들 임
鵀 산비둘기 임
銋 목맺힐 임
⿰言壬 믿을 임
姙 아이밸 임
任 맡을 임
⿰禾壬 벼약할 임
⿰礻念 풍년들 임
絍 짤 임
⿱竹任 훌돗다리 임
⿰忄壬 이러할 임
恁 생각할 임
⿱从壬 가까이할 임
壬 천간 임
鈓 목맺일 임
衽 옷섶 임
⿰入鳥 쥐오리 임
稔 풍년들 임
⿰車壬 물레 임
⿰林頁 머리숙일 임
霖 장마 임
⿰金𡈼 목마힐 임
⿺辶壬 지날 임
⿱宀林 집깊을 임
⿰扌壬 활바로잡을 임
晽 알고저할 임
林 수풀 임
棽 무성할 임
淋 물댈 임
琳 옥 임
痳 임질 임
碄 깊을 임

입

⿰氵最 움직일 입
湁 샘날 입
⿰齒立 깨물 입
⿰入鳥 쥐오리 입
鴗 새 입
雴 큰비쏟아질 입
苙 궁궁이 입
粒 쌀알 입
笠 갓 입
⿰口霅 뭇소리 입
⿴囗乂 훔칠 입
立 설 입
砬 약돌 입
⿰氵⿴囗乂 축축할 입
岦 산우뚝할 입
圦 수문 입
㕸 배젓는소리 입
魞 통발 입
入 들 입
込 담을 입
廿 스물 입
卄 스물 입
⿰立食 쌀알 입
込 담을 입
叺 가마니 입
扖 끼울 입
騽 정강이빼가긴말 입

잉

芿 풀싹 잉
⿱仍玉 옥그릇 잉
賸 보낼 잉
卣 놀랄 잉
⿰舟眷 아름다운눈 잉
⿰身奈 아이밸 잉
艿 묵은뿌리에새로싹날 잉
礽 복될 잉
⿰阝票 담쌓는소리 잉
扔 당길 잉
⿰黑黽 얼굴에검은사마키 잉
⿰舟賸 보낼 잉
孕 아이밸 잉
⿰面黽 얼굴에검은사마커 잉
倂 배웅할 잉
媵 잉첩 잉
⿰言乃 후할 잉
剩 남을 잉
陾 담쌓는소리 잉
逌

자

놀란소리잉 㤈 강잉할잉 𩬅 어리석을잉 剩 남을잉 仍 인할인 訒 후할잉 䐍 아이밸잉 𡡉 아이밸잉 迈 갈잉

자

孳 인절미자 胏 뼈섞은포자 䱴 젓담글자 鼒 옹솥자 枳 탱자자 磁 지남석자 仔 말길자 鷀 너새자 刺 가시자 睹 사탕풀자 頿 웃수염자 螆 며느리자 杍 목수자 偖 건장할자

疵 병자 慈 사랑자 呰 구차할자 𤵸 부스럼자 觜 자별자 𦐀 아들자 姿 맵시자 檹 흰대추자 訾 피자 齍 돗자 跐 밟을자 鮺 젓담글자 鼒 옹솥자 𩃀 빗소리자 鰦 배들

치자 呲 구차할자 恣 방자할자 蚵 쇠기자 䯸 물건자 瓷 오지그릇자 梓 나무자 [illegible] 스스로자 㰣 까무러쳤다깨날자 䲻 젓갈자 胔 좀스러울자 𣝗 땅이름자 䐑 주자들자 咨 꾀자 𥐻 누런돌자 [illegible]

기름틀자 䈘 자죽자 蘂 클자 𥦹 산뽕나무자 扻 머리빗을자 褦 옷갈아입을자 儝 지울자 𥿮 쇠자 薋 쌓을자 茡 삼자 𥓦 지남석자 鴜 물총새같고검푸른새자 𣗬 산뽕나무자 鈭 음식맛없을자 䒑

두엄자 藉 깔자 髊 삭은뼈자 姊 만누이자 䱴 젓담글자 趑 머뭇거릴자 嗞 부끄러울자 姉 만누이자 䱴 젓담글자 詐 부끄러운말자 鰦 물고기 헤자 諮 물을자 醩 빗소리자 茦 풀가시자 蔗 사탕풀자 𧝒 옷단홀자 𨡎 재강자 蚝 갈래자 慈 사랑자 褚 납향제자 䐑 스스로자 骴 삭은뼈자 譂

헐어서 말할자 趀 갑작스러울자 恣 방자할자 趑 머뭇거릴자 𧿹 머뭇거릴자 穦 벼쌓을자 𦚾 고기자 飺

나쁜음식자 炙 고기구을자 𤿭 가죽오그라질자 稵 벼날자 虸 며루자 鴜 물총새같고 검푸른물새자 秄 북돋을자

訿 훼방할자 者 어조사자 泚 물맑을자 粢 피자 醡 주자틀자 吇 새소리자 胔 짐승의뼈자 𨒪

머뭇거릴자 跐 밟을자 姊 만누이자 齍 제밥자 𡍐 아들자 贅 재물자 鴜 물총새같고 검푸른새자 臚

주독오른코자 玆 흐릴자 赼 머뭇거릴자 螆 쥐며누리자 礠 지남석자 餈 인절미자 茈 돗자리자 䘣

옷소매자 鮓 젓갈자 㱴 죽었다깨어날자 𣅀 날빛날자 殙 까무러쳤다깨날자 貲 재물자 㰣 염치없을자 枇

느릅나무자 嬨 너그럽고 순할자 𨡓 술자틀자 鴜 더펄새자 誎 비유하여 나무랄자 煮 삶을자 赭 붉은흙자 胔

삭은뼈자 者 어조사자 鎡 호미자 齍 서직담는 그릇자 疵 험집자 𪗋 재물자 螆 쥐며느리자 訾

훼방할자 𧆞 취할자 𦣹 몸소자 籽 씨앗자 自 몸소자 紫 검붉을자 煮 삶을자 澬 장마자 䙖 옷단

홀자 茲 돗자리자 柘 산뽕무자 鋅 굳을자 査 큰입자 蛓 쐐기자 𩃀 큰비자 煑 삶을자 孳 들아

자 蠀 쐐기자 玼 옥티자 孳 새끼칠자 茨 새이엉자 𢪔 쌓을자 粢 제밥자 鄑 고을이름자 髭

웃수염자 䪢 사랑자 蠀 뽕나무벌레자 諎 부끄러운말자 毑 어머니자 刺 찌를자 矷 잔돌자 疨 불쾌한병자

𩝐 인절미자 𦔻 깔자 頿 웃수염자 𥼛 실다듬을자 鷀 더펄새자 資 재물자 齹 이어긋날자 𪐸

검을 자 𡥧 소장 자 子 아들 자 䄶 어린애 옷 자 髊 뼈 삭은 자 㘱 몸소 자 㚸 삶을 자 牸 암소 자 嵫

해지는 산 이름 자 鄑 고을 이름 자 𥩐 주자틀 자 羚 암양 자 孖 쌍동이 자 㟴 암컷 자 殀 까무라쳤다 깨어날 자

字 글자 자 薺 납가새 자 鰦 버들치 자 𡿺 자식 자 醡 술자틀 자 滋 불을 자 貲 재물 자 垍 누른

늘 자 𧜟 어린아이 돌띠 자 茈 지치 자 蒩 미나리 자 䆅 가루떡 자 樜 산뽕나무 자 𦗅 잘못 들을 자 髭

옷수염 자 鷀 자고새 자 滋 부를 자 雌 암컷 자 薺 납가새 자 醡 주자틀 자 髭 옷수염 자 鄑 고을 이름 자

磁 자석 자 跐 정할 자 批 주먹질할 자 莿 풀가시 자 鶿 더펄새 자 睉 작은 눈 자 嗞 탄식할 자 這

이것 자 釨 강할 자 禶 납향제 자 孜 부지런할 자 𡵓 산봉오리 자 庛 장기술 자 諮 물을 자 𨇨 발자

국소리 자 茲 이 자 䁒 발 자 眥 눈초리 자 𥏼 작을 자 睒 날빛 자 笫 평상 자 粢 인절미 자 秄

김맬 자 鰦 버들가지 자 鮺 젓담글 자 鷀 자고새 자 齹 이 어긋날 자 秭 천억 자 蠀 벌레 자 䗪 쥐며

느리 자 胾 큰고기 자 胔 살통통할 자 櫅 대추 자 溠 물 자 𣅕 용이할 자

작

䱜 상어 작 斫 쪼갤 작 碏 공경할 작 䶃 다람쥐 작 爵 벼슬 작 焯 밝을 작 扚

결매칠 작 趞 바빠 달아날 작 㚷 달아날 작 綽 너그러울 작 莋 풀 먹을 작 䵵 가죽빛이 연누렬 작 鰿 상어 작

作 지을 작 妰 계집 조롱할 작 犳 이룡짐승 작 䊯 너그러울 작 繳 실오리 작 檄 나무껍질 뒤틀릴 작 勺

잔 작 籗 소리 작 [illegible] 작외 작 [illegible] 사람의 이름 작 皵 살가죽 주름질 작 斮 발고랑 지을 작 怍 부끄러울 작 均

흙자국 작 趞 가볍게 갈 작 斱 깨어질 작 諎 놀랄 작 謶 속일 작 灼 사를 작 妁 중매 작 炸 불터질 작

[illegible] 너그러울 작 [illegible] 벼슬 작 禚 땅이름 작 灂 물소리 작 擆 가릴 작 爝 불성할 작 筰 대새끼 작 恪

의심할 작 [illegible] 송나라 좋은 개씨 작 [illegible] 빼앗을 작 [illegible] 참새 작 彴 외나무다리 작 昨 어제 작 穱 벼그루에 보리

심을 작 [illegible] 거죽 줄을 살 작 爵 벼슬 작 鷟 봉황새 작 汋 물 떠낼 작 穛 벼 접질 작 嚼 씹을 작 皭

정결할 작 [illegible] 작을 작 [illegible] 눈 감을 작 婥 예쁠 작 [illegible] 작외 작 伎 지을 작 [illegible] 지을 작 柞 가락나무 작

岞 산 높을 작 [illegible] 쥐소리 작 [illegible] 겹질 누를 작 雀 참새 작 怍 부끄러워할 작 彴 외나무다리 작 [illegible] 참새

작 䞢 재물 작 [illegible] 왕을 작 [illegible] 작외 작 [illegible] 봉새 작 鈼 가마 작 酌 잔질할 작 爵 벼슬

[illegible] 작외 작 [illegible] 산소 작 猎 송나라 개 작 醋 술 권할 작 岝 산 높을 작 鵲 까치 작 勺 잔 작 謶

속일 작 [illegible] 작외 작 謶 속일 작 秨 벼 흔들길 작 [illegible] 아름다울 작 鐯 괭이 작 鵲 까치

작

잔

● 잔 剗 깎을 잔 錢 옥술잔 잔 [illegible] 양우리 잔 㥫 해할 잔 棧 사다리 잔 [illegible] 노래기 잔 殘 쇠잔

할 잔 虥 털 몽근 범 잔 [illegible] 산자 잔 醆 술잔 잔 盞 술잔 잔 [illegible] 옥술잔 잔 椾 사다리 잔 [illegible] 산이

우뚝할 잔 牋 양의우리 잔 琖 옥술잔 잔 𦊙 많을 잔 𠬢 후빌 잔 輚 누어타는 차 잔 虥 털몽근 범 잔 𣧩 짐승먹던

찌끼 잔 𦚢 짐승먹던 찌끼 잔 潺 물줄줄흐를 잔 僝 갖출 잔 䋴 쌓을 잔 襸 고운옷 잔 殂 짐승먹던

찌꺼기 잔 蝬 노래기 잔 盞 술 잔 孱 잔약할 잔 殘 쇠잔할 잔 𥂕 밥그릇 잔 拃 모뜰 잔 僝 몹시

구짖을 잔 鱏 멸치 잔 翪 빨리날 잔 鏟 작은끌 잔 轏 군사수레 잔 潺 잔잔이흐를 잔 跧 찰 잔 椾 사다

리 잔 驏 말탈 잔 戔 쇠잔 잔

잘

𨄉 가는모양 잘 瀐 물빠르고 소용돌이칠 잘 耊 종실군호 잘 䞦 발클 잘 囐 북소리 잘

잠

𥈡 눈감고 생각할 잠 蠶 누에 잠 蚕 누에 잠 熸 불꺼질 잠 喒 나 잠 鐕 맺을 잠 賺 되팔

기 잠 撍 모을 잠 𤆍 날카로울 잠 暫 잠시 잠 𧸘 되먹이칠 잠 𠞲 찌를 잠 𩟄 맛없을 잠 㜐 탐 잠

𣊟 잠시 잠 涔 적실 잠 頪 얼굴추할 잠 篸 바늘 잠 𩟄 맛없을 잠 撏 취할 잠 𠞲 찌를

잠 𧍧 누에 잠 𩞄 맛없을 잠 昝 성 잠 𤢖 젓담근고기 잠 𧋘 누에 잠 𢊍 지붕 잠 蠶

누에 잠 𢮄 산깊을 잠 橬 물고기섶줄 잠 揝 잡을 잠 𥢦 벼패려고할 잠 蘸 물에담글 잠 𢐿 활셀 잠

𧽪 빨리오를 잠 簪 비녀 잠 蠶 누에 잠 𤎼 따스할 잠 潛 감출 잠 蹔 잠간 잠 欃 거칠

어질 잠 𧋍 누에 잠 𩔖 얼굴추할 잠 𦢊 언청이 잠 箴 바늘 잠 岑 아플 잠 𤪌 옥같은돌 잠 鐕

못 잠
箚 말털그릐을 잠
⿰羊朁 젓담근 양고기 잠
寁 일른할 잠
⿰口甚 수두룩할 잠
⿺走斬 빨리오를 잠
⿱雨滲

물 잠
譧 속을 잠
⿰木簪 무폭리 잠
熸 불꺼질 잠
⿱⺮甚 비녀 잠
詀 속일 잠
箴 바늘 잠
⿰斬面 얼굴

길 잠
噆 씹을 잠
⿰言店 속일 잠
潛 잠길 잠
潜 잠길 잠
鐕 못칠할 잠
朁 성 잠
⿰石朁 돌문 잠

⿰衤咸 깃발 잠
蚕 누에 잠

잡

⿱帀田 담쌓는 방망이 잡
⿰虫妾 벌레가 많을 잡
煠 데칠 잡
⿰音帀 외마디 소리 잡
⿺走帀 급히 달음박질할 잡
襍

섞일 잡
⿱垂隹 몹쓸 잡
⿰礻未 잡석 많을 잡
⿰氵雪 물결 잡
卡 지킬 잡
雥 떼새 잡
⿺建甾 부삽 잡
偮

사람 많을 잡
⿺走⿱垂隹 빨리 달아날 잡
譗 말 종잡을 수 없을 잡
⿰木臿 무성할 잡
臿 가래 잡
磼 산 우뚝 솟을 잡
偛

작을 잡
沞 적실 잡
⿴衣集 섞일 잡
⿱亼囟 보리대 껄 잡
眨 눈 끔쩍거릴 잡
⿰⻊朁 머물 잡
⿸尸臿 밟을 잡

⿱⿰木隹木 물새 잡
⿰口帀 씹을 잡
⿰糸臿 꿰맬 잡
迊 두루 잡
⿱⺮雜 발 잡
⿱雔火 새 잡
⿱𠂆盧 양념올봉 고사람을 잡

⿱艹雜 문에 드리운 발 잡
乖 나쁠 잡
⿰貝臿 노을 잡
⿰火桼 데칠 잡
雜 섞일 잡
执 잡을 잡
雑 섞일 잡

⿰⻊朁 머물 잡
⿰氵雜 끓을 잡
⿰犭及 캐먹을 잡
啑 삼킬 잡
敆 모을 잡
乖 나쁠 잡
匝 두루 잡
⿰貝臿

노을 잡
⿴衣集 섞일 잡
咂 빨 잡
⿺辶⿱丰聿 초서 쓴 모양 잡
⿰言⿱垂隹 소리 잡
⿱夫臿 가래 잡
帀 두루 잡
囃 장단을 잡

잡
臿 보리대 껄 잡
⿰石雜 잡석 잡
鉔 구르는 향로 잡

장

墇 막을 장
瞕 눈에 예막 생길 장
嶈 험할 장
杖 지팡이 장
壯 장사 장
將 장수 장
⿰爿鳥 새 짐승이 먹이 구하는 소리 장
镸 길 장
帳 휘장 장
奘 클 장
鱂 붕어 같은 잔고기 장
⿺走將 종종걸음칠 장
将 장수 장
椿 말뚝 장
壯 장할 장
⿰土𤔔 마당 장
⿰麥將 보리싹 울 장
暲 햇발 돋아 올 장
湷 물깊은 곳에 표세울 장
⿰食將 초 장
傽 시아주머니 장
⿰舟將 상앗대 장
裝 쌀 장
⿰虫長 그리마 장
⿱艹⿸厂乙 묻을 장
镸 길이 장
⿰木將 상앗대 장
粧 단장할 장
漳 물이름 장
庒 웅장할 장
裝 행장 장
駔 좋은 말 장
粻 엿 장
⿰馬將 장할 장
⿰章鳥 물닭 장
牆 담 장
⿰爿章 묻을 장
⿰爿攵 단장할 장
⿰馬將 안장없이 말탈 장
臟 오장 장
廧 담 장
漿 초 장
⿰虫藏 돌이 높고 험할 장
⿰魚嗇 고기이름 장
章 문채 장
⿱壯車 차 중수할 장
蔁 산우엉 장
⿰爿永 미음 장
塲 마당 장
藏 장풀 장
⿱山將 산이 높고 클 장
賍 장물 잡힐 장
璋 아들 낳은 경사 장
⿰扌四 정제할 장
⿰土長 갈지 얇은 밭 장
長 긴 장
螿 쓰르라미 장
蔵 장풀 장
艢 돛대 장
薔 장미꽃 장
贓 장물 잡힐 장
鏘 옥소리 장
⿰氵藏 초길 장
⿰爿又 장수 장
⿰爿酉 간장 장
⿰爿盬 간장 장
⿰爿弋 배말뚝 장
⿰庄鳥 뻐꾹새 장
⿰匝鳥 뱁새 장
⿱壯衣 행장 장
⿰言長 속일 장
⿰田昜 마당 장
⿰羊將 암양 장
⿰羊母 암양 장
⿰爿嗇 돛대 장
瓺 질그릇 장
獎 권면할 장
⿱髟春 헝클어진 머리 장
墻 담 장
⿺足將 추장할 장
⿰爿手 도울 장
⿺走將 권는 모양 장
⿱艹稹 씩씩할 장
⿺辶章 드러낼 장
臟 오장 장
場 마당 장
⿰骨葬 꼬장꼬장할 장
⿰足將 권는 모양 장
爪 가질 장
⿸疒壯 열병 장
檣

돛대 장 奬 개를 부추길 장 壯 장사 장 裝 치마폭에 치장 장 莊 씩씩할 장 葬 장사 지낼 장 𤡮 미음 장

醬 간장 장 鏘 방울 소리 장 𦁩 장사 지낼 장 掌 손바닥 장 丈 어른 장 障 막힐 장 腸 창자

장 嬙 궁녀 벼슬 이름 장 臧 착할 장 爿 조각 널 장 牂 숫양 장 糚 분단장할 장 驊 꼬장꼬장할 장

䞎 날쌔게 걸을 장 獐 노루 장 蹡 꿇어앉을 장 槳 상앗대 장 牂 성할 장 鱆 꼴뚜기 장 𤕭 돛대

장 𤛓 순한 소 장 廧 담 장 麞 노루 장 仉 성 장 贓 장물 잡힐 장 廧 담 장 牂 암양 장

蔣 마디 두고 짜갠 대 장 蘠 묻을 장 允 신에 창 받을 장 樟 노나무 장 嫜 시부모 장 張 베풀 장 𤖹 포장할 장

餦 산자 장 痮 배부를 장 𤕦 찔 장 牂 암양 장 醬 간장 장 㶓 장풀 장 欌 의장 장

斨 장수 장 斨 구멍 모진 도끼 장 匞 받치 장 鄣 고을 이름 장 丈 어른 장 匠 장인 장 臧 착할 장 蟑 바퀴 장

嶂 산봉우리 둘릴 장 狀 형상 장 踼 꿇어앉을 장 檣 돛대 장 庄 농막 장 萇 보리수 장

仗 의장 장 檣 돛대 장 賬 치부책 장 趥 갈 장 蔣 과장풀 장 慞 두려울 장 𢗟 기쁘지 않을 장 疒 병 장

鏘 방울 소리 장 瘴 풍토병 장 髒 상투 장 𩞄 초 장 葬 장사 지낼 장 奬 포장할 장 獎 포장할 장

鞝 말다래 장 瑲 옥소리 장 𢕸 길 잃고 헤맬 장 藏 광 장 薔 장미꽃 장 欌 의장 장 𣳾 쌀 짤

장

狀 형상 장

[illegible] 차중수할 장

재

酨 초 재

[illegible] 재계할 재

滓 찌끼 재

再 두번 재

[illegible] 재계할 재

賷 기질 재

烖 재앙 재

齎 가질 재

[illegible] 살짝데칠 재

縡 일 재

[illegible] 차섬돌에 대일 재

[illegible] 차섬돌에 대일 재

裁 옷마를 재

再 두번 재

[illegible] 재계할 재

[illegible] 차섬돌에 대일 재

災 재앙 재

[illegible] 이가 날 재

[illegible] 걸음 더딜 재

[illegible] 누룩 재

載 실을 재

宰 주관할 재

扗 있을 재

[illegible] 죽일 재

[illegible] 재물 재

材 재목 재

喍 개싸움할 재

[illegible] 갈을 재

[illegible] 아첨할 재

[illegible] 볼 재

[illegible] 거듭 재

[illegible] 시골이름 재

栽 심을 재

[illegible] 기령풀 재

[illegible] 심을 재

[illegible] 일어날 재

[illegible] 검은물 재

[illegible] 있을 재

哉 비로소 재

[illegible] 있을 재

捚 손바닥에 받을 재

[illegible] 집어줄 재

[illegible] 얼룩말 재

渽 맑을 재

[illegible] 재물 재

[illegible] 이지러질 재

[illegible] 정재할 재

纔 겨우 재

[illegible] 맑은 술 재

才 재주 재

釮 날카로울 재

[illegible] 억셀 재

灾 재앙 재

[illegible] 재상 재

[illegible] 멸망할 재

扗 있을 재

[illegible] 같을 재

[illegible] 성결할 재

財 재물 재

[illegible] 재앙 재

[illegible] 재물 재

[illegible] 명이 재

[illegible] 으뜸 재

[illegible] 재앙 재

崽 자식 재

[illegible] 누룩 재

在 있을 재

[illegible] 처음 재

𢦏 손상할 재

[illegible] 고를 재

齋 집 재

菑 재앙 재

扗 있을 재

쟁

趟 뛸 쟁

掙 찌를 쟁

[illegible] 활시위 소리 쟁

[illegible] 간할 쟁

[illegible] 머리털 엉길 쟁

鬇 머리털 헝크러질 쟁

鏳 옥소리쟁 䏽 발꿈치힘줄쟁 鎗 금속소리쟁 諍 간할쟁 䮤 말우뚝설쟁 幀 그림족자쟁 噌 꾼장

지껄일쟁 玎 옥소리쟁 掁 칠쟁 崢 가파를쟁 鬡 터럭부룩할쟁 琤 옥소리쟁 猙 짐승이름쟁

崢 산높을쟁 䍴 양의새끼쟁 踭 발자국쟁 䬠 쟁쟁 撜 족자걸쟁 𦁼 풍류줄갱길쟁 錚 징쟁

𩰚 터럭부룩할쟁 争 다툴쟁 掙 끄을쟁 𣥺 바를쟁 鬇 머리터부룩할쟁 鬡 머리털엉킬쟁

傹 다툴쟁 䰜 고기이름쟁 𢏳 활당길쟁 𡾮 많은산이기괴할쟁 瞠 똑바로볼쟁 䁐 똑바로볼쟁

𣪠 두드릴쟁 箏 쟁풍류쟁 𩰚 터럭부룩할쟁 𣪠 찌를쟁 瀫 칠쟁 爭 다툴쟁 傖 천할

쟁 綪 고낼쟁

저

渚 물가저 苴 암삼저 瘃 다리부증날저 瑹 옥저 齟 덧니박이저 坥 지렁이모인땅저 她 큰딸저

姐 맏누이저 陼 모래섬저 葅 김치저 骶 꽁무니끝저 蛆 구데기저 狙 손긴원숭이저 𦙄 구데기저 蘫 김치

저 罝 짐승그물저 渚 모래톱저 苧 모시저 羝 숫양저 粗 흙저 葅 김치저 跂 숨을저 这

이것저 䈀 대이름저 鐯 젓가락저 帾 베저 詛 꾸짖을저 紙 실찌지저 趄 머뭇거릴저 羜 숫양저 牴

받을저 阺 비탈저 緒 옷에솜둘저 鴡 징경새저 箸 젓가락저 𢊁 교만할저 泞 밝을저 宁 조회받는

곳저 𣧑 나갈저 緒 옷에솜둘저 聍 귀에고름날저 褚 옷치장할저 沮 젓을저 跙 갈저 躇 머뭇거릴저

趦 비뚜루갈저 䙉 저주할저 紵 모시저 柢 뿌리저 椓 말라죽은나무저 砠 돌산에흙덥힐저 坾

티끌쌓일저 咀 씹을저 轁 수레저 𥅢 삼태기저 躇 머뭇거릴저 猪 돼지저 杼 정신들여볼저 䭯

돼지밥저 竽 저북저 䓣 게로기저 蠩 독한벌레저 葅 김치저 罝 물고기그물저 柠 닥나무저 鉒

쌀주머니저 滁 물이름저 䐗 표목저 蒢 마저 酥 잔질할저 摴 저포저 杵 절구공이저 嶋

징경이저 羜 어린양저 睢 저구새저 邸 주막저 瘵 다리부증날저 宜 산모양저 䍆 쌀자루저 迲

발자국저 䍄 받을저 峀 담을저 𥵳 광주리저 趆 달아날저 疽 종기저 儲 저축할저 篨

대자리저 豬 돼지저 軧 큰수레뒷저 羝 숫양저 骷 해골저 豬 돼지저 䃣 맷돌저 蕰 김치

저 鏣 삼태기저 詝 슬기로울저 翥 높이날저 炷 불기운저 䱽 뱀장어저 𡩷 쌓을저 菹 김치

저 㡹 서로외로할저 詆 꾸짖을저 䡉 큰수레뒷채저 宔 그릇저 藷 마저 櫧 젓가락저 瀦 물괴

일저 菹 김치저 齟 이어긋날저 潴 방축저 糬 양식저 渚 방아공이저 蝫 구더기저 軧 큰수레뒷

채저 櫧 저나무저 蕏 오미자저 竚 오래설저 鯺 두꺼비저 筯 젓가락저 貯 터저 胆 기저 骶

꽁무니끝저 牴 이를저 䓪 감자저 麆 사슴종류저 抵 막을저 鍗 쌀을소복히담을저 詆 알소할저

佇 오래설저 猪 돼지저 楮 닥나무저 葅 김치저 氐 근본저 罝 짐승그물저 著 무변저

貯 쌓을 저 輊 큰수레 뒷채 저 [illegible] 쌀담을 저 弤 붉은칠한 활 저 貯 저축할 저 薀 김치 저 [illegible] 그릇 저

蕏 오미자 저 [illegible] 찌를 저 [illegible] 숨을 저 [illegible] 보지 저 趄 머뭇거릴 저 邸 집 저 翥 날아떠 오를 저

[illegible] 숫양 저 抯 건져낼 저 呧 꾸짖을 저 [illegible] 담을 저 沮 축축할 저 低 굽힐 저 [illegible] 해진 옷 저

跙 머뭇거릴 저 [illegible] 신 저 觝 받을 저 藸 오미자 저 這 이것 저 [illegible] 턱 저 [illegible] 가늘 저 蠩 두꺼비 저

[illegible] 투기할 저 [illegible] 생각깊을 저 [illegible] 그칠 저 底 그칠 저 衹 속적삼 저 [illegible] 옥가는 숫돌 저 罝 짐승그물 저

褚 옷에 솜둘 저 岨 흙덮일 저 忬 지혜 저 躇 머뭇거릴 저 [illegible] 세월갈 저 苧 모시 저 [illegible] 방아공이 저

眂 볼 저 [illegible] 잔질할 저 怚 교만할 저 [illegible] 돼지밥 저 [illegible] 서로붙을 저 貯 저축할 저

적

讁 꾸짖을 적 玓 구슬빛이 환할 적 [illegible] 바를 적 芍 연밥 적 [illegible] 물레방아 적 篴 저 적 勣 공 적

[illegible] 붉을 적 [illegible] 앓는 소리 적 踖 뛸 적 [illegible] 찹쌀 적 [illegible] 갈대 적 [illegible] 활쏠 적 摘 들춰낼 적

[illegible] 흙이 물에 풀어질 적 嫡 정실 적 馰 이마 흰 말 적 [illegible] 딸 적 蔐 갈대 적 [illegible] 발자국 적 [illegible] 붕어 적

[illegible] 고요할 적 聻 귀신이름 적 [illegible] 자취 적 蹐 조심해서 걸을 적 適 마칠 적 旳 밝을 적 [illegible] 붉을 적

[illegible] 귓속 적 [illegible] 고요할 적 滴 물방울 적 的 밝을 적 肑 창자 적 [illegible] 시집갈 적 趯 팔딱뛸 적

[illegible] 붕어 적 魡 고기를 맬 적 [illegible] 이를 적 [illegible] 순할 적 蠈 마디충 적 [illegible] 밀가루 적 襀 옷주름 잡힐 적

籴 곡식을살적 [辶+翟] 뛸적 莋 풀먹을적 [鹵+翟] 짤적 躤 밟을적 鰿 붕어적 [責+禾] 쌓을적

樀 추녀적 [走+啇] 바로갈올적 踖 밟을적 [穴+豕] 고요할적 [穴+勿] 고요할적 積 쌓을적 宗

고요할적 頔 고울적 嚁 회바람소리적 迪 나아갈적 [目+又] 눈병적 敵 원수적 [罒+与] 고기를그물에매어둘적

[木+狄] 용두레적 [艹+俶] 초목이가물어마를적 㓷 끊을적 [广+昔] 고울이름적 趚 옆으로갈적 [氵+適] 물댈적

[骨+昜] 뼈사이에누른집적 鸐 꿩적 適 갈적 [辶+帝] 이를적 [穴+啇] 토끼굴적 [辶+雷] 비적 [髟+剔] 머리깎을적

耤 받갈적 [宀+豕] 고요할적 覿 볼적 甋 벽돌적 跡 자취적 績 길쌈적 [耤+阝] 땅이름적

賊 도둑적 蠈 개심이적 [亻+啇] 어려움없을적 [豕+啇] 풀적 樍 물버들적 歒 선웃음칠적 [禾+啇] 모종낼적

祏 종묘돌감실적 逖 멀적 [覿] 눈붉을적 翟 꿩깃적 [啇+力] 당할적 䂎 땅이름적 [敵+土] 성곽회적 [艹+至]

층계적 [月+条] 고기구을적 [禾+賣] 모을적 漃 물맑아정결할적 [犭+昜] 개성내어커벌쭉거릴적 [宀+勿] 적적할적 [木+青]

마룻대적 蹢 머뭇거릴적 [走+牙牙] 삼갈적 靮 말고삐적 狄 북녘오랑캐적 [矢+見] 눈붉을적 [賣+鬼] 추할적 嫡

정실적 [穴+未] 고요할적 [麥+啇] 밀가루적 [黑+勺] 연지찍을적 迹 발자국적 宋 적적할적 [馬+啇] 트기적 [豕+啇]

돼지굽적 墑 층계적 蹟 사적적 籍 문서적 [辶+雷] 비올적 葃 오우적 荻 갈대적 苖 소루

장이적 [目+啇] 눈곤두설적 癪 성낼적 [王+適] 옥티적 逷 멀적 趯 팔딱뛸적 [至+見] 볼적 [衤+勺] 적삼적

一五五四

篴 피리 적 笛 저 적 籊 곡식살 적 蹢 밟아해할 적 矿 돌무더기 적 寂 고요할 적 斛 말될 적

赤 붉을 적 鏑 살촉 적 籊 대모양 적 賊 도적 적 謫 허물 적 鏑 살촉 적 啇 나무뿌리 적

菽 가무는 기운 적 逖 멀 적 䭾 일월식할 적 醶 마실 적 弔 활쏠 적 䄻 갈 적 得 물적을 적

藡 속새 적 嚁 휘파람불 적 衿 적삼 적 賊 도둑 적 趯 미칠 적 翟 꿩 적 炙 고기구울 적

犒 숫소 적 狄 오랑캐 적 磧 모래벌 적

전

畋 사냥할 전 纏 얽을 전 璧 귀막이옥 전 癲 미칠 전 戩 복 전 黚 앙금 전 䡧 이마 전

膻 젖사이 전 眮 눈정기 전 腂 새길 전 摾 손으로 굽은것 바로잡을 전 饘 범벅 전 戔 누른빛 전 偂 나아갈 전

駩 입술검은 흰말 전 筌 다래끼 전 闐 저자문 전 驙 말땅에 구를 전 甎 벽돌구울 전 舑 들이숨쉴 전

晅 눈깜짝일 전 棧 돌밤 전 薦 가는무 전 饙 좋은맛 전 津 나아갈 전 䵐 낮누를 전 羶 양새날 전

賟 넉넉할 전 醰 쓴술 전 邅 머뭇거릴 전 痶 미칠 전 箭 깃날 전 貌 추할 전 帍 기 전

壥 과실 전 醰 술맛쓸 전 搷 칠 전 鈿 비녀 전 纏 묶을 전 蟳 전어 전 緰 배한참 잘 전

顚 이마 전 跟 밟을 전 栓 말뚝 전 雋 새살찔 전 𩙻 멀리날 전 倎 두려울 전 㢎 앞 전 顛 이마 전

㫋 권지않고 나아갈 전 專 오로지할 전 㢧 봉우리 전 擷 이마 전 典 법 전 錪 비녀 전 㥏

키 전 鯾 고기이름 전 鄽 가게 전 跈 밟을 전 躔 옮길 전 磌 수춧돌 전 霻 이슬성할 전 鸇

새매 전 樿 전나무 전 蕇 산자 전 淺 물들일 전 臇 곰국 전 騚 비발굽이 흰말 전 箋 쪽지 전

殿 대칠 전 蜔 벌레 전 鷆 바람가비 전 歂 신음할 전 籛 잘게 깎은 대 전 傎 엎지러질 전 甸 경기

전 搌 떨 전 輇 사람을 달 전 鐫 새길 전 諓 착한말 전 橂 나무결 찹찹할 전 醰 비 심하게 올 전 䟴

옮길 전 鱣 전어 전 瑐 옥이름 전 㛯 고울 전 䵯 개구리 전 䣶 전국술 전 騡 백성총이 전 䵤 앙금

전 瘨 병들 전 厧 산무더기 전 電 번개 전 淃 물돌아 흐를 전 鋋 채찍질 전 窴 이마 전 佺

신선이름 전 鑳 팔고리 전 遨 발 전 鄟 땅이름 전 鱣 전어 전 睓 부끄러울 전 瞻 보고 그칠 전 逮 이를

전 揃 가위 전 蹲 발뒤꿈치 전 鈿 비녀 전 篿 점대 전 齻 사랑이 전 躔 해질 전 前 앞 전 襢

여마 전 箭 화살 전 甎 동이 전 顚 멸 전 煎 조릴 전 淟 나쁜술 전 電 번개 전 翦 갈길 전

皽 가죽부를 전 瑑 옥새길 전 孨 삼갈 전 戔 쌓을 전 栴 향나무 전 餞 전별잔치 전 㢆 명할

𧼜 벼란간 달아날 전 腨 기름겹질 전 橏 나무혹 전 鴫 황새 전 酦 너그러울 전 塼 벽돌 전 廛

정할 전 䨺 번개 전 蠶 벌레먹는 창벽 전 電 번개 전 荃 향풀 전 転 움직일 전 䏨 부끄러울 전

𠥧 키 전 瑔 옥이름 전 椾 표 전 𦦕 대꼬창이 전 𣥧 싸움할 전 皽 속꺼풀 전 覥 무안할 전 餞

전별잔치 전 ⿰卮耑 작은 잔 전 錢 돈 전 牷 순색 소 전 ⿰田臣 밭지경 전 戔 돈 전 澱 찌끼 전 鱣 전어 전 ⿱行食

죽 전 絟 고운 베 전 脠 날고기 젓 전 躔 해질 전 靛 청대 전 ⿸尸奠 기다릴 전 ⿰鼻欠 콧속기운 전 ⿰糸亶 홑옷

전 毡 전 전 鋑 새길 전 ⿱艹湔 질경이 전 ⿺走亶 다달을 전 籛 팽조의 성 전 ⿰羊臭 노린내 날 전 滇 성할

전 ⿰舟毛 담자리 전 剪 가위 전 伝 전할 전 顚 이마 전 廛 한 집자리 전 鐉 문돌쩌귀 전 ⿰扌羴

노린내 날 전 癜 어루러기 전 電 번개 전 ⿰馬眞 별박이 전 ⿰耳眞 소리가 귀에 찡할 전 軸 차소리 시끄러울 전 霏

번개 전 ⿰虫爨 범나비 전 琠 옥이름 전 肬 흰히 밝을 전 ⿱艹顚 풀머리 전 眴 눈알굴려볼 전 ⿰足巔 이마 전 ⿱雨爨

벼락 칠 전 膞 고기 점 전 ⿳工工衣 후비의 의복 전 ⿰黑兕 암금 전 槙 나무끝 전 顫 머리 바르지 못할 전 ⿰足典 자국 전

巔 산꼭대기 전 ⿰禾亶 볏단 전 ⿰阝象 길가의 낮은 담 전 ⿰羊㦰 노린내 날 전 ⿱典月 두터울 전 縳 묶을 전 邅

전 전 ⿰貝廛 의재물 피할 전 篆 전자 전 葥 질경이 전 ⿸尸蟲 벌레 전 鸇 새매 전 痊 병나을 전 ⿰忄典

부끄러울 전 戰 싸움할 전 ⿸尸蟲 벌레 전 ⿰足田 땅밟는 소리 전 畑 밭 전 姾 계집 단정할 전 ⿰氵田 물가 전 恮 급을 전

⿰壴眞 북소리 전 ⿰革㦰 전 전 ⿰米全 깊이 갈 전 ⿰亶羽 멀리 날을 전 拴 가릴 전 鸇 새매 전 氈 전 전 翦 깃날 전

⿰口展 어리석을 전 ⿰囗見 무안할 전 鯅 고기 젓 전 譾 말 번거러울 전 仝 온전 전 ⿱龷廾 싸움할 전 銓 저울질할 전

栴 향나무 전 澶 물결고요할 전 鱄 전어 전 湔 씻을 전 佃 밭맬 전 ⿳亠䇂衣 후비의 의복 전 峑 산이마 전

𨻵 물가운데있는언덕 전 全 온전 전 𥫅 막을 전 𡳐 범벅 전 篆 전자 전 榐 모진나무 전 巓 오로

지 전 餰 된죽 전 篿 큰상자 전 橺 말뚝 전 棧 향나무 전 鬋 커밑털드릴 전 𤿺 가죽부르틀 전 䩞

무안할 전 鄽 전방 전 纏 얽을 전 展 펼 전 𧕋 매미울 전 𡳜 밟을 전 羴 노린내날 전 𧶬

풀이름 전 朘 오무라질 전 𩕊 떨어질 전 錢 돈 전 蹎 뛸 전 悛 고칠 전 腆 두터울 전 輾 돌아누울 전

媊 별이름 전 𩋡 기꺼외움직일 전 𡲻 범적 전 𧧍 말정하지못할 전 鬋 커밑털드릴 전 譾 얕을 전

顚 이마 전 窴 메울 전 𠝣 가외 전 靦 무안할 전 𠵾 삶을 전 雃 새이름 전 𨶜 집마다 전

雋 새길 전 窴 막을 전 战 싸움 전 顛 이마 전 𥫽 대쪽 전 淟 때낄 전 雋 새살찔 전

旜 자루굽은기 전 田 밭 전 瀍 물이름 전 𠞰 불알깐소 전 廛 한집자리 전 𦳍 법 전 𡄐 앓는소리할 전

詮 평론할 전 箭 화살 전 㱚 신음할 전 𩯳 담자리 전 牋 표지 전 蹍 밟을 전 謭 얕을 전

嫥 전일할 전 傳 전할 전 𩘚 바람움직일 전 𤲍 사슴의발자취 전 帴 포대기 전 𩡧 향나무 전 磚 벽돌

전 壂 터 전 𡱁 구멍 전 諯 서로사양할 전 跈 밟을 전 旃 자루굽은기 전 敟 항상 전 戦 싸움 전 恮

삼갈 전 𨷐 문시원하게여닫아질 전 傎 엎드러질 전 吮 숨쉴 전 𧽤 달아날 전 𨍭 수레소리 전 輇 상여 전

䡘 차소리 전 鄄 땅이름 전 錪 쇠 전 闐 거마소리 전 譂 말망녕된 전 諯 사양할 전 𧱬 모질 전

囀 소리굴릴 전 奠 전드릴 전 磌 주추돌 전 譐 갈을 전 縳 을 전 揁 칠 전 敁 항상 전 蜓 도마뱀 전

譱 좋은말 전 洊 거듭올 전 鱄 전어 전 鮎 코늘어질 전 捵 불 전 窴 산구멍 전 箈 솜발 전 娗 미우

할 전 嬗 남의말어길 전 糰 주 전 縓 빛 전 蟤 서릴 전 鐫 새길 전

절

卩 병부 절 切 칼에피묻힐 절 砆 돌쇠뇌 절 齾 이어긋날 절 竊 도둑질할 절 㦸 마음속에

서헤아릴 절 鑯 작고푸른매미 절 絕 끊을 절 墆 저축할 절 鐵 먹을 절 竊 몰래훔칠 절 竊 도두

질 절 癤 멍울 절 梲 대공 절 棳 공대 절 𣟑 커밝을 절 巀 산내밀 절 切 끊을 절 蠽 피돌

절 截 끊을 절 䏲 빠이긋날 절 覔 볼 절 隉 막힐 절 絕 끊을 절 竊 가만히 절 㦸 걸레 절

沏 물빨리흐를 절 蠘 꽃게 절 爡 촛불똥 절 苆 풀벨 절 䟞 독사 절 孍 얼굴고울 절 顮 작은머리 절

頔 콧마루 절 茓 풀자를 절 酪 풋김치 절 齺 이단단할 절 炪 짧을 절 𣨤 새길 절 䏲 밥통 절

卩 몸기 절 跌 달아날 절 踖 길 절 櫛 망치 절 炪 불빛 절 節 대마디 절 纏 맺을 절 鐵

먹을 절 鬄 묶은머리털을 절 晣 밝을 절 晢 밝을 절 鐵 이원숭이 절 鬂 독사 절 陂 다스릴 절

𡢁 좀도둑 절 軼 지나칠 절 耆 바르른말 절 齧 끊을 절 浙 쌀씻을 절 竊 가만히 절 崭 꺾을

절 𢇍 끊을 절 齰 이어긋날 절 折 꺾을 절 截 끊을 절 鷄 당다귀 절 緖 끊을 절 鰤 어연

절 㔾 병부 절 芙 돌피 절 戜 이할 절 𢧐 이할 절 蹳 빠를 절 蠽 자취 절 切 끊을 절 襶 작은옷 절 咥 씹을 절 𪚥 말많을 절 癤 부스럼 절 戜 이할 절 閨 닫을 절 咥 씹을 절 蕞 띠 절 㕯 말소리 절 嚓 말할 절 媘 작을 절 𡶒 산구멍 절 𨀁 헛디딜 절 節 마디 절 𦛗 기름질 절 櫛 나무꼬창이 절

점

점 胋 살찔 점 黏 차질 점 𪔭 싱거울 점 痁 학질 점 蔪 보리팰 점 𪐝 마음붙일 점 𪖐 코늘어질 점 攕 사킬 점 掂 무게달 점 瀸 건수샘 점 漸 점점 점 聑 키조금늘어질 점 磹 번갯불번쩍거릴 점 㓠 칼이빠질 점 䤟 짧은얼굴 점 婖 병글거릴 점 𢕌 달아날 점 玷 옥티 점 佔 엿볼 점 駀 말이졸 점 唸 신음할 점 颭 펄렁거릴 점 岾 고개 점 䨿 이른서리 점 點 검은점 점 墊 빠질 점 簟 삿자리 점 阽 비탈 점 𦒶 검버섯 점 𧼝 빨리달아날 점 襜 수레휘장 점 𢿊 손들 점 𪏻 누런빛 점 𦒶 늙은이얼굴에검버섯 점 敁 손대충볼 점 橝 평고대 점 㦰 다할 점 䩞 빛약할 점 葴 풀이름 점 粘 붙을 점 𩬊 터럭듬성듬성날 점 占 점 점 𡗾 더러울 점 𨆈 말달려갈 점 苫 이엉 점 黵 검게더러울 점 儋 대버팀 점 店 가게 점 点 검은점 점 霑 젖을 점 坫 병풍 점 𧗿 모시고섬 점 𡪢 지붕물매 점 津 나아갈 점 黵 검은칠할 점 霵 작은비 점 䀡 볼 점 笘 종이뜨는발 점 㽉 벽돌 점 蘄 보리

팰 점 鮎 메기 점 菾 마름풀 점 𢗧 성 점 覘 엿볼 점 ⿰金斬 나갈 점 ⿱从戈 다할 점 敁 손대충볼 점

秥 벼 점 ⿱穴執 지붕물매 점 拈 집을 점 店 문자물쇠 점 ⿰面占 더러울 점 炶 불번쩍일 점 ⿰火斬

불일어날 점

접

慴 두려워할 접 ⿰聶瓦 동이 접 ⿰金疌 뺄 접 㨗 물자질자질할 접 跕 미끄러질 접 緤 합할

접 ⿰月習 데칠 접 㚔 놀랄 접 菨 미나리 접 緁 실이을 접 䁋 한눈감을 접 ⿰足桼 저벅저벅 걸을 접

鞊 깍지 접 ⿱竹⿰貝枼 까부를 접 蹀 저벅저벅 걸을 접 褋 홑옷 접 椄 형틀 접 鸓 새이름 접

⿰豕聶 돼지 접 ⿰耳習 귀 접 ⿰糸妾 실이을 접 ⿰馬垂 말몰아갈 접 ⿰土聶 술병 접 ⿰馬臿 말몰아갈 접 接 대접할 접

⿰足桼 저벅저벅 걸을 접 疌 손발빠를 접 ⿰月枼 회칠 접 ⿰虫桼 들나비 접 ⿰足㬎 누런콩 접 ⿰黑桼 백성 접 艓 거룻

배 접 蹀 저벅저벅 걸을 접 ⿰黑枼 백성 접 ⿰片習 다스릴 접 ⿰黑枼 백성 접 蜨 들나비 접 ⿰糸聶 주름잡을 접

鍱 쇳덩이 접 楫 노 접 ⿰衤瓜 옷깃 접 ⿰衤葉 홑옷 접 ⿰阝婁 계집맵시 접 ⿰齒毛 대접할 접 ⿰扌瓜 비빌 접

蝶 들나비 접 惵 두려울 접 楪 평상 접 㨗 물자질자질할 접 聑 편안할 접 蹀 밟을 접 韘 깍지 접

⿰金疌 뺄 접 沾 기쁠 접

정

朾 깃대 정 姃 계집단정할 정 ⿰青色 검푸를 정 ⿱雨遥 천둥할 정 偵 엿볼 정 赬 붉을 정 楟

아가위 정 ⿰目亭 눈곱 정 瀞 맑을 정 ⿵風丁 바람소리 정 鼑 솥 정 ⿵風亭 바람소리 정 鼎 솥 정 甁 병 정 脡

포 정 精 정령 정 ⿰赤巠 벌걸 정 庭 뜰 정 侱 길 정 旍 장목기 정 檉 능수버들 정 楨 쥐똥나무 정

定 정할 정 ⿰貝貞 믿질 정 筳 대자리 정 整 정돈할 정 碠 돌정자 정 㱏 바를 정 ⿰足呈 이수 정

蝏 조개 정 顁 이마 정 ⿺辶亭 돌속길 정 ⿱山室 산구멍 정 停 머물 정 ⿰鬥井 구덩이 정 ⿱罒丁 작은그물 정

耵 귀에지 정 ⿰虫解 맛살조개 정 鼮 얼룩쥐 정 町 들넓이 정 汀 물가 정 柾 나무 정 ⿱穴登 그림 정 彭 꾸밀 정

鯙 자가사리 정 珽 옥이름 정 ⿰禾廷 벼설 정 鋥 칼날세울 정 亭 정자 정 ⿱幵酉 생선구울 정 靚 단장할 정

娗 매욱할 정 遉 순라군 정 旌 절상 정 䞓 붉은빛 정 渟 물괼 정 聙 잘들을 정 定 정할 정 ⿰骨丁 종아

리뼈 정 征 칠 정 叮 부탁할 정 靪 신창 정 聢 확실할 정 逞 통할 정 鉦 징 정 酲 술병 정 ⿰登丁 장막

칠 정 ⿰車丁 수레머물 정 ⿰糸正 말갈기땋은실 정 瀞 찰 정 竲 높을 정 埥 파랗게녹슨땅 정 幀 화분 정 靜

고요할 정 筳 대쪽 정 ⿰魚邑 정나라 정 ⿰止夌 그칠 정 ⿱竹丁 대함 정 掟 둘러칠 정 佂 두려울 정 ⿱艹精 등그래 정

⿰丁⿱巛貝 이마 정 ⿱血丁 숨쉴 정 ⿰土鼎 개미무덤 정 葶 풀 정 碇 닻돌 정 ⿰革廷 가죽띠 정 瞠 물끄러미바라볼 정

阱 함정 정 ⿰鼎頁 이마 정 ⿰衤正 아이옷 정 仃 외로울 정 奵 얼굴좋을 정 箐 바구니 정 ⿰平丁 물가 정

䡠 수레소리 정 ⿰鼎頁 이마 정 鶄 할미새 정 赬 붉은빛 정 ⿰虫彡 고추잠자리 정 飣 괴임새 정 ⿱竹政 대이름 정

炡 데칠 정
頂 이마 정
訂 평론할 정
蜓 고추잠자리 정
[正+鳥] 매 정
[氵+靑+色] 찰 정
[足+隹] 매 정
[黃+定] 빛노란 정

呈 들어낼 정
[石+爭] 깨어지는 소리 정
[石+奠] 배닻돌 정
廷 조정 정
[竹+亭] 난간 정
个 장정 정
疔 정정 정
[骨+廷] 넓적다리뼈 정

[食+正] 떡 정
鄭 정나라 정
眐 볼 정
[氵+靑+色] 찰 정
棖 문설주 정
盯 볼 정
[耳+正] 갈 정
[广+丁] 가죽 정

[罒+丁] 그물 정
[月+正] 전유어 정
[亠+豆+彡] 고요할 정
圢 밭고랑 정
莛 줄거리 정
矴 배닻돌 정
汀 열 정

[身+廷] 몸길고 곧을 정
[車+正] 가지런할 정
[舟+庭] 거루 정
穽 함정 정
[疒+廷] 이원숭이 정
井 우물 정
錠 대초 정

[罰+魚] 초로고기 삶을 정
[糸+盈] 인끈 정
[犭+廷] 이원숭이 정
淨 찰 정
[米+隹] 세밀할 정
虰 잠자리 정
[米+丁] 맛없는 밥 정

涏 아름다울 정
靖 편안할 정
[山+亭] 산 정
悜 맘껏하지 못할 정
[虫+霆] 누에 두잠잘 정
崝 험하고 높을 정

誔 속일 정
[穴+廷] 구멍 정
[風+登] 바람소리 정
精 가릴 정
政 정사 정
程 법 정
[廴+致] 다할 정
正 바를 정

情 뜻 정
淨 맑을 정
[日+丁] 빌 정
挺 뺄 정
丁 고무래 정
釘 못 정
諚 분부할 정
[扌+呈] 가릴 정

穽 우물 정
[耒+丁] 생기술 정
最 해돋는 모양 정
霆 청둥 정
酊 술취할 정
[冖+疋] 첫 정
[門+𡈼] 빗장 정

[魚+廷] 젓 정
[糸+亭] 인끈 정
[敕+正] 정할 정
[食+靑] 생선구울 정
脭 고기 정
亭 정자 정
珵 패옥 정

[廴+言] 속일 정
鞓 가죽띠 정
廷 조정 정
諪 고를 정
[廴+頁] 곧을 정
鼑 세발노구 정
帄 기울 정
蟶 가리맛 정

[糸+丁] 당길 정
[金+廷] 쇳덩이 정
[辶+庍] 곧을 정
整 정제할 정
[門+廷] 문가운데 정
[宀+貞] 집 정
[糸+貞] 은북

색 정 婷 아리따울 정 晶 맑을 정 窃 도둑질할 정 靜 고요할 정 妌 계집 정 綎 인끈 정 頲

아름다울 정 踓 새매 정 穽 뚫을 정 𧿒 다리가늘고길 정 淀 벨 정 𠅨 바를 정 綎 인끈 정 証 간할 정

菁 무우 정 䭢 먹일 정 艼 정풀 정 瀞 맑을 정 𩠐 이마 정 竀 산밑구멍 정 䂻 갈 정 阷

언덕 정 裎 벌거벗을 정 聤 귀에진물흐를 정 町 밭지경 정 脡 포 정 𥇍 볼 정 埩 밭갈 정 薡 그령

이 정 湞 물 정 侹 길 정 鼱 새앙쥐 정 䞓 팔 정 睛 눈망울 정 睜 반갑게안볼 정 𢌬 다할 정 梃 막대

정 井 우물 정 睈 비취볼 정 𪊠 사슴달아나는모양 정 𢓭 달아날 정 忊 원망할 정 貞 곧을 정 怔 두려워할

정 艇 배 정 䛂 혹덕이 정 撜 족자 정 𣀔 부디칠 정 雫 비올 정 帪 관혁 정 帪 관혁 정 幜

화분 정 𢓊 혼자갈 정 閅 문빗장 정 鋌 칼슴베 정 𧰨 돼지모양 정 禎 상서 정 竫 고요할 정 𧹞

붉은빛 정

제

(제) 䪼 머리숙일 제 𢅥 실결 제 濟 건널 제 㔸 그릇 제 際 어울릴 제 䬫 얻어먹을 제 霁

그칠 제 臍 배꼽 제 䮥 잘달리는말 제 鍉 꿇어앉을 제 䬣 기식할 제 懠 요량없을 제 璾 옥의티 제 𨑩

놀랄 제 䖙 범누어숨쉴 제 鞮 가죽신 제 徲 실 제 悌 공경할 제 杖 손으로잡을 제 鯯 고기이름 제 鯷

메기 제 祭 제사 제 鯯 고기이름 제 齌 아름다울 제 齏 양념할 제 𦌾 그물줄 제 鶗 접동새 제 艩

제

노거리 제 遰 갈 제 珶 패옥 제 宰 주관할 제 趧 오랑캐 춤 제 禵 복 제 濟 건질 제 穧 벼베어쌓
을 제 焍 거북 지지는 나무 제 餈 작은 마초 제 蝭 작은 매미 제 諸 모둘 제 鮷 메기 제 緀 수놓은 문 제
穄 피 제 齌 병 제 賷 재물 제 𡾊 산 이름 제 蹄 굽 제 蝭 쓰르라미 제 𧣈 뿔비녀 제 傺
실심할 제 𥞊 다스릴 제 懘 느른할 제 蔡 외나물 제 霽 비 그칠 제 褅 매띠 제 㣇 털 긴 짐승 이름 제
徲 왕래할 제 𪘏 씹을 제 鞮 가죽신 제 稊 강아지풀 제 餈 진지 올릴 제 劑 약 지을 제 齊 다스
릴 제 晣 별빛 찬란할 제 梯 사다리 제 苐 제풀 제 鍗 깎은 대 제 鱭 갈치 제 榟 절구공아 제 醍
빛붉은 술 제 遰 성 제 𪖐 재채기할 제 隄 방축 제 惿 마음 약할 제 鍗 큰 가마 제 謕 울 제 趆 달아
날 제 堤 막을 제 癠 병들 제 褆 옷 두터울 제 𩛥 얻어먹을 제 除 버릴 제 𪘏 씹을 제 𨣧 짤 제
韲 썰은 뭇김치 제 𥬞 대자리 제 𩞈 맛변할 제 蹏 토끼 올무 제 鬄 작은 상투를 묶을 제 𨒆 물러갈 제 𡈼
밝을 제 瑅 옥 이름 제 𥇡 눈 밝을 제 騠 말 제 踶 찰 제 蕛 돌피 제 𧩼 말 바르게 못할 제 蹏 굽 제 穧
베인 벼 제 蹏 토끼 올무 제 鍗 굽은 칼 제 鶗 접동새 제 鬄 작은 상투를 묶을 제 涕 물 이름 제 濟 건질 제
嚔 재채기할 제 𧭏 수다할 제 麡 뿔이 앞으로 굽은 사슴 제 鐪 가마 제 𨡎 생선조림 제 䶑 재채기할 제
隮 오를 제 謕 울 제 制 금할 제 弚 아우 제 帝 아플 제 鮆 갈치 제 齏 썰은 뭇김치 제 齍

성 제 鶺 접동새 제 齏 양념할 제 肵 가까이 돌을 제 舷 싸움배 제 禘 나라에 큰 제향 제 鬄 작은상투 클묶을 제

顊 머리 비뚤 제 鯯 암채 제 鼶 죽제비 제 䍇 술잔 제 稊 가라지 제 緹 붉은비단 제 踶 밟을 제

齌 배꼽 제 齊 가지런할 제 鯑 큰잉어 제 跻 밟을 제 帝 임금 제 虀 양념할 제 偙 고할 제 䄎

지울 제 擠 물리칠 제 鶗 사다새 제 韲 양념할 제 齌 배꼽 제 𨠑 생선조림 제 祭 제사 제 臍 배꼽 제

穧 갈지않고 심을 제 猘 캐이름 제 䚣 들어낼 제 蕛 초목이 처음날 제 鰶 전어 제 䟡 밟을 제 䨝 비그

칠 제 餽 먹일 제 齐 가지런할 제 狾 황충의 새끼 제 嚌 맛볼 제 睇 흘깃볼 제 埬 버릴 제 䑯 작은

배 제 霽 비개일 제 隮 오를 제 剤 약지을 제 揥 집어가질 제 狾 창 제 漈 물가 제 銻 날카로울 제

齌 불땔 제 臍 배꼽 제 猘 미친개 제 𩛌 떡 제 䱥 찌굴 제 懠 성낼 제 𧩽 많을 제 褆 옷좋을 제

跻 오를 제 銻 날카로울 제 渧 물방울 제 鍉 장군 제 㵩 짤프물 제 鮷 큰잉어 제 媞 편안할 제 稊

돌피 제 綈 두터운 비단 제 齐 다스릴 제 躋 오를 제 韲 양념할 제 趆 달아날 제 鷈 되강호리 제 𪉾 맛이

짤 제 罤 토끼그물 제 泲 건널 제 堤 막을 제 媂 뫼산귀신 이름 제 䎮 들을 제 嗁 재채기할 제 䃅

검은돌 제 踶 밟을 제 纃 무늬놓은 비단 제 鞮 가죽신 제 擕 헛울 제 䩚 칼집 제 齏 양념할 제 瘠

병들 제 儕 무리 제 提 들 제 怟 민망할 제 蹄 소루장이 제 娣 제수 제 題 이마 제 淛 강이름 제

篩 반올 제 𢅥 썰은나물 제 霽 비그칠 제 隄 막을 제 醊 제사 제 禔 부축받을 제 諦 살필 제

帝 임금 제 製 지을 제 齌 아름다울 제 祭 제사 제 躋 오를 제 敊 쏠 제 狾 미친개 제 諸

모든 제 偍 멈칠거릴 제 鱭 잉어같고 작은고기 제 齏 양념할 제 剬 풀올 제 睼 마주볼 제 碮 다듬잇돌 제

弟 아우 제 嗁 부르짖어울 제 韲 양념 제 晢 눈광채 제 娣 손아래누이 제 匵 칼집 제 鞮 멋멋

할 제 隮 오를 제 舥 싸움배 제 𢓷 가다우뚝섰을 제 𤭛 자배기 제 齏 썰은풋김치 제 錿 날카로울 제

𩕙 머리떨어뜨릴 제 齍 기장담는그릇 제 諸 말잘할 제 𡅤 소곤거릴 제 𥟖 벼모양 제 稊 강아즈풀 제

題 들어날 제 謕 말할 제 蝭 매미 제 蠐 굼벵이 제 泲 물 제 濟 건널 제 焍 나무 제 際 지음 제 除

제할 제 韲 양념 제 啼 울 제 迡 놀랄 제 鍗 칼 제 慸 불안할 제 祓 쏠 제 㛳 아첨할 제 屉

신속창 제 第 차례 제 鵜 사다새 제 𧲜 차질 제 禘 나라제향 제 𠥓 엿볼 제

조

조 徂 갈 조 蚤 벼룩 조 𩜟 떡소 조 𧇢 갈 조 燥 불에말릴 조 條 회추리 조 鵰 독수리 조 藋

명아주 조 飵 서로청하여먹일 조 詍 별안간 조 怊 근심할 조 曹 무리 조 祧 사당 조 臊 개와돼지기름내 조 𢂇

머리덮는 수건 조 𡨋 재기 조 胙 제지낸고기 조 䲃 생선장조림 조 鉊 길쇠 조 嶆 산골 조 遭 만날 조

趮 뛸 조 鋽 불리지않은쇠 조 𧕴 긴금 조 早 이를 조 蓧 김매어담는그릇 조 条 회무리 조 𪑼 장마에삼

주저앉을조 粗 가략할조 醻 홀적들이마실조 朓 제사고가조 鳥 새조 遭 만날조 [广+曹] 노루새끼조 [曹+東]
동녘에해돋을조 棗 대추조 [足+條] 뛸조 鼂 고운옥조 阼 동편섬돌조 詛 저주할조 臊 누린내조 朝
이를조 藻 마름조 鵰 뱁새조 [糸+了] 거꾸로달조 [𠦝+舟] 아침조 鯈 피라미조 慘 근심할조 [巾+曹]
포대기조 幧 상투관조 [足+乍] 뛸조 [曹+虫] 굼벵이조 [氵+喿] 씻을조 [火+曹] 살을조 [矢+兆] 화살조 [艹+澡] 마름조
趙 강충뛸조 螬 굼벵이조 鳥 새조 [亻+肇] 고삐조 造 지을조 [車+兆] 엷을조 [片+兆] 제사고기조 [丰+兆]
한살된양조 [火+參] 불에말릴조 操 잡을조 [扌+周] 찌를조 [巾+鳥] 비단조 槽 말구유통조 [竹+彫] 대솔조
藋 명아주조 盄 그릇조 慘 근심할조 [足+乍] 동편섬돌조 [走+刪] 찌를조 苕 갈대꽃조 昭 밝힐조 照
비칠조 助 도울조 靻 가죽신조 蚤 벼룩조 嬥 아름다울조 艁 선창조 [貝+召] 밝을조 洮 손씻을조
詐 맹서할조 [虘+且] 클조 漕 물질할조 [匚+攸] 밭에쓰는제구조 鮡 고기이름조 弔 조상조 蓧 김매어담는그릇조
誂 서로꾀일조 懆 근심할조 糶 난조 [虫+條] 춘백충조 [女+曹] 아름다울조 [巾+爪] 머리싸는수건조 [木+遭] 말구유조
醩 술재강조 [兆+卜] 억조조 茱 수유씨조 找 채울조 [目+兆] 밝을조 [日+兆] 밝을조 鳥 새조 [辶+虘] 갈조
[兆+隹] 머리숙이고들을조 吊 조상할조 組 인끈조 [氵+罒+焦] 술거를조 竈 부뚜막조 醩 술재강조 [匚+條] 보습조
啅 지저귈조 枣 대추조 劉 클조 [匚+攸] 밭에쓰는제구조 蒩 제사자리조 殂 죽을조 庣 차지않을조

鵰 독수리조 爪 손톱조 遭 만날조 弔 조상할조 潮 밀물조 刂 끊을조 鼂 고운옥조 䈆 가리조

䡨 무리조 爝 햇불조 鑵 가래조 䔎 마름조 蓨 싹조 朓 그믐달서편에보일조 䉆 낚싯대조

糙 거친쌀조 𠛼 쥐아부슬조 𣊭 햇빛조 藋 명아주조 鄵 땅이름조 梍 스무나무조 罩 닭치기그물조

趙 조나라조 阞 산구멍조 淖 이름조 袞 관보조 俎 제기조 鮉 도미조 螩 음조 淍 여윌조

爼 도마조 佻 도적할조 䄻 신명의도움조 𥸿 머리동일조 駣 세살된새로길들인말조 絩 실수호조 蹽 움직일조

抓 긁을조 粜 곡식팔조 彫 새길조 窕 방자할조 𥪖 높고외대할조 莋 갈대조 耖 지칠조 傮 마칠조

毃 잡을조 䈞 미자리조 奝 클조 撡 휘두를조 措 둘조 璪 일산조 蜩 매미조 罩 그물조

璪 면류관드림옥조 燳 밝을조 耡 부세조 鞗 고삐조 𦠆 연할조 𢶍 들조 祖 할아비조 燥 불사를조

殂 죽을조 噪 뭇새지저귈조 覜 뵈일조 𣋡 횃불조 箌 대이름조 禚 사당조 遭 만날조 調 고를조

厝 둘조 霘 어두울조 櫂 탄나무조 竈 부억조 珇 뾰족한서옥조 庫 말쌍스러울조 䄻 도울조

恌 경박할조 吊 조상할조 䖣 벼룩조 䢊 지을조 眺 볼조 䐬 개와대지기름내조 肇 민첩할조

祖 조상조 罺 반도조 調 고루조 琱 옥다듬을조 𦋐 새덮치기그물조 蹘 움직일조 糶 곡식팔조

藋 명아주조 藻 마름조 窱 깊고멀조 䶪 또갈조 𥓋 돌높을조 造 지을조 𡋟 눈고울조 窱

깊은모양조 [舟周] 작은배조 繰 아청통견조 眀 밝조 莜 부추조 酮 의힐조 鏪 뚫을조 蛁 쓰르라미조

艚 작은배조 跳 발안의구멍조 糶 곡식팔조 褿 옷깃조 爪 손톱발톱조 挑 개힘빌조 蔦 겨우살이조

錯 서로만나서먹을조 灶 부억조 蓨 싹조 鑃 물건굽는그릇조 [辶草] 지을조 遭 만날조 矪 짧을조

[目鳥] 의혀볼조 窱 아득할조 躁 성미급할조 [目刀] 해져불조 雕 독수리조 罩 가리조 晁 아침조

[言曹] 지껄일조 [辶且] 갈조 謿 조롱할조 殂 도마조 竈 부뚜막조 罩 가리조 聎 귀앓을조 鮡

고기이름조 [彳翟] 빠를조 鈟 낚시조 鋚 고삐끈쇠조 鯛 도미조 譟 지껄일조 鰷 피라미조 窕 요조할조 [非兆]

마루조 [糸弔] 끈으로묶을조 蔦 겨우살이조 鵃 배긴모양조 [衤鳥] 짧은옷조 訋 소리조 聎 귀앓을조 [耳喿]

귀울조 [魚卓] 가리조 [龜毛] 털치장조 祚 복조 [曳喿] 대쳐섞을조 [辶且] 갈조 兆 억조 燋 횃불조

皁 검은빛조 [白黽] 옥고운조 [曹酉] 술재강조 糟 술재강조 [女且] 죽을조 箌 가리조 [多周] 많을조 艁

창조 [山周] 산들레조 [足楚] 말저름날조 樤 굴조 [虫爪] 벼룩조 [糸鳥] 매달조 褿 옷깃조 [艹鑪] 어장조 [魚爵]

횐조 朝 아침조 [車卓] 수레우장대조 [亻翟] 홀로설조 挑 무텁터조 彫 새길조 彐 조루조 跳 뛸조 慥

독실할조 曺 무리조 [广車] 피할조 祖 쌓을조 嘲 희롱할조 嘈 지껄일조 [高參] 높을조 [高喿] 높을조 釣

낚시조 艁 배다리조 [艹胙] 갈조 蓧 싹조 [齒取] 덧니날조 駣 말조 胙 복조 炤 비칠조 [羊兆] 양조

竄 깊을 조 笊 조리 조 敲 휘커 조 弴 활 조 旐 기 조 魡 미칠 조 挑 돋을 조 啁 소리 조

唣 지저귈 조 杲 새떼울 조 嘲 피일 조 嶆 산험할 조 洮 손씻을 조 艚 배발판 조 釕 걸쇠 조 酢 실 조

髻 털 조 䨄 느루새끼 조 雕 징경이 조 阻 막힐 조 詔 조서 조 貂 벌레 조 䠷 몸길 조

족

족

鏃 살촉 족 豵 돼지갈 조 䥘 숨쉴 족 蹴 발구부러질 족 哫 아첨할 족 蔟 모을 족 簇 가는대 족

族 일가 족 踧 자취 족 瘯 진버짐 족 㗤 가죽자루 족 族 일가 족 㳂 살촉 족 豵 돼지걸어갈 족

鏃 일가 족 萃 초목이떨기로날 족 蠀 벌레모일 족 哭 살촉 족 旚 그림그린비단 족 足 발 족 磔 돌살촉 족

齱 덧니날 족 齺 덧니날 족

존

존

罇 높을 존 拵 지을 존 踆 걸터앉을 존 尊 중할 존 栫 벼쌓을 존 㖨 입넘을 존 存 있을 존

僔 높을 존 袸 돌띠 존 瞓 붉은눈 존 鐏 끊을 존 抒 있을 존 鬒 모지라질 존

졸

졸

窣 천천히걸을 졸 殚 죽을 졸 欻 빨 졸 拙 옹졸할 졸 踤 찰 졸 椊 자루 졸 捽 꺼두를 졸

夂 갑작스러울 졸 卆 군사 졸 猝 창졸 졸 卒 군사 졸 逹 군사 졸 齰 씹을 졸 捽 꺼두를 졸 毳 털날 졸

觪 뿔처음날 졸 齰 씹을 졸 髺 상투 졸 髀 잔뼈 졸

종

종

賨 오랑캐부세 종 鍾 쇠북 종 忪 황겁할 종 譂 말서로마칠 종 跳 자취 종 柊 방망이 종

猣 개새끼세마리낳을종
葼 나무휘추리종
慒 생각할종
宂 마침종
𧇗 검붉은얼룩범종
騣 닭종
瞛 눈에광채날종
𨈭 아이밸종
𡋯 밭갈종
鍾 말이름종
𩰲 마침종
螳 황충종
瘇 발종기종
籦 가지많은대종
縱 세로종
鬉 터럭더부룩할종
䡓 수레바퀴자국종
妐 시아버지종
𣪘 무리종
鼨 다람쥐종
綜 모을종
湩 젖물종
踵 발뒤꿈치종
翪 날개움추리고날을종
鼨 다람쥐종
宗 마루종
腫 종기종
幢 차일종
粽 주악종
噇 벙어리종
𪒵 어두운구멍종
椶 종려종
孮 자손번성할종
從 좇을종
𢓊 불번질종
鬃 머리털종
稯 벼묶음종
樅 전나무종
鯮 조기종
𢋈 많을종
種 거듭종
瑽 옥차는소리종
𧜟 홑옷종
鶽 새이름종
鬷 가마종
鬷 무리종
淙 물소리종
尰 발곪길종
𨍉 바퀴종
縱 세로종
𦆭 곧은올종
𪁘 새발오그릴종
艐 배걸릴종
鯼 조기종
踵 발뒤꿈치종
𪃢 닭종
鼨 다람쥐종
緟 더할종
緵 베올종
𩀱 닭종
𪀚 대까치종
徖 편안종
騌 갈기종
琮 지신제애쓰는옥종
縱 비단종
宂 마침종
鬷 가마종
𨗈 걸을종
䈡 마디긴대종
𨿲 닭종
棕 종려나무종
騣 말갈기종
煄 탈종
𩰕 무리종
𪕭 쥐종
蹱 어린이걸을종
㠸 베띠종
嵕 봉우리가쭝긋쭝긋할종
䙕 홑옷종
猔 외동이강아지종
𢙐 늦을종
伀 두려워할종
蝬 작은벌종
鬃 말갈기종
堹 연못둑종
䡨 바퀴종
鍾 쇠북종
𤞊 개새끼한마리낳을종
迬 나갈종
鬉 말갈기종
慫 놀랄종
種 종류종
𩪋

다리부을 종 瘇 발곪길 종 从 따를 종 ⿺辶从 허락할 종 ⿰石㚇 돌 종 ⿱竹㚇 자른대 채찍 종 彸 두려워할 종
倊 곤궁할 종 ⿰鬲木 종류 종 ⿱山㚇 산이름 종 蹤 자취 종 ⿺走重 비뚜루 걸을 종 鬉 더부룩할 종
稯 볏묶음 종 ⿰土從 땅버섯 종 ⿱自夂 마침 종 賨 오랑캐부세 종 ⿱髟忩 갈기 종 踪 자취 종 ⿰足𤴓 자취
종 ⿰豕宋 수퇘지 종 ⿰豕忩 짧은창 종 螽 멸구 종 ⿰豕宗 숫돼지 종 賨 오랑캐부세 종 ⿱從食 걸들릴 종
𨗨 천천히 걸을 종 ⿺走从 허락할 종 ⿰食從 게걸들릴 종 ⿺走从 빨리갈 종 縱 세로 종 ⿰目㚇 엿볼 종 ⿰鬲木
종류 종 ⿰豕㚇 송곳 종 ⿰扌㚇 손으로 칠 종 ⿱宀夂 마침 종 ⿱山日 낮을 종 ⿱自夊 마침 종 ⿱艹終 머루덩굴 종
縱 세로 종 ⿰歹冬 마지막 종 ⿰隹從 닭 종 従 따를 종 ⿱髟宋 말갈기 종 ⿺辶刅 따를 종 苁 따를 종 ⿰亻從
종종걸음칠 종 ⿸疒從 경기증 종 ⿰月㚇 배가 걸리어 나아가지 못할 종 ⿰糸⿱罒冬 마침 종 鬷 흩어진 머리털 종 終 마침 종 㚇 말굴
레치장할 종 ⿰衤忩 어린애의 옷 종 豵 돼지 종 嵸 산높을 종 ⿰金㚇 말굴레 종 磫 돌길 종 ⿱從毛 모직 종 ⿵門公 짝문
밖으로 열 종 種 종류 종 螽 메뚜기 종 縱 세로 종 悰 즐거울 종 ⿰月從 살찌는 병 종 誴 즐거울 종 ⿱山從
산높을 종 ⿱竹終 대 종 ⿰重隹 참새 종 ⿱髟從 상투 종 ⿰彳㚇 가르칠 종 ⿰羽㚇 날개 움추리고 날을 종 鐘 쇠북 종 ⿰車從 수레바퀴
자국 종 糉 송편 종 倧 신인 종 ⿱艹秏 물어수선할 종 ⿱竹從 삭은대 종 ⿱宀會 집클 종 ⿰巾宗 비단 종 𨗨 걸을 종
⿰多重 짓 종 徸 뒤따라갈 종

좌

莝 여물 좌 趖 빨리달아날 좌 髽 여상제북상투족질 좌 嵳 산무너질 좌 筰 너그러울 좌 誫 편잔줄 좌

挫 꺾어질 좌 㛗 경계할 좌 ⿰豸左 짐승 좌 ⿰方左 도울 좌 座 자리 좌 髽 여상제북상투족질 좌 袏 호주머니 좌

㘴 앉을 좌 𠂇 왼손 좌 左 왼편 좌 坐 앉을 좌 ⿱夗土 앉을 좌 矬 난장이 좌 蓌 꾸벅할 좌 痤 멍울 좌

⿰亻⿱夂左 절름거릴 좌 髽 여상제북상투족질 좌 侳 편안할 좌 剉 꺾어질 좌 ⿰足坐 거짓절할 좌 ⿰木坐 밀오얏 좌 銼 가마 좌

⿺辶莝 비뚤 좌 ⿰石坐 부스러진돌 좌 ⿰氵蓌 진흙 좌 ⿺尢坐 다리병신 좌 𠂇 외편 좌 ⿰坐彡 베일 좌 ⿱坐女 거짓할 좌

⿱亞土 앉을 좌 佐 도울 좌 脞 잘 좌 ⿱艹夊 꾸벅할 좌 ⿰王蓌 사람 좌

장

鶞 뻐꾹새 장

죄

辠 죄줄 죄 㝾 막을 죄 罪 죄줄 죄 ⿰金攴 제양 죄

주

晝 낮 주 䏲 밝을 주 咮 새부리 주 稠 주밀할 주 軴 수레머무를 주 蛀 나무좀 주 ⿰貝主 재물 주

매 병아리부르는소리 주 拄 버틸 주 奏 아뢸 주 昼 낮 주 蔟 새집 주 輳 바퀴살통 주 遒 굳셀 주 ⿰角酉 패실 주

蠹 나무좀 주 腠 피부 주 黈 군사노략질할 주 祝 축원할 주 鉒 쇳돌 주 ⿰糸舟 솜 주 ⿰魚壽 큰고기 주 ⿺虎周 범이친압해질 주

⿰歹丑 고을 주 軸 굴두 주 ⿰舟周 용뿔 주 鮢 고기이름 주 睭 깊을 주 輈 수레채 주 霔 때맞춰오는비 주

洀 물노리칠 주 ⿱艹⿰酉主 숫가지 주 株 뿌리 주 ⿰耳朱 근원 주 廚 부엌 주 柱 기둥 주 跓

발머물 주 ⿸疒舟 아랫배 아플 수 胛 받아 들 수 ⿰目焉 누구 주 ⿰礻主 돌감실 주 ⿱此朿 교할 주 ⿰月壽 엉덩이 주 ⿱竹⿰木主 집에 심는

대 주 疛 아랫배 아플 주 ⿱秋酉 술 다스리는 벼슬 주 ⿰巾焉 홑휘장 수 ⿰壽鳥 남방 꿩 주 呪 저주할 주 儔 짝 주 ⿰𧾷豕 취하

여 넘어질 주 伷 맏아들 주 湊 나아갈 주 駯 입 검은 말 주 硃 주사 주 砫 돌 궤 주 ⿰火舟 불 반짝거릴 수 淍 물 돌

릴 주 ⿰扌鳥 검은 오리 주 逎 굳셀 주 ⿰舟矦 활고두리 주 酒 술 주 料 구기 주 燽 밝을 주 噣 쪼을 주 ⿰女舟 활고두

리 주 ⿰犭主 몸 누리고 머리 검은 개 주 ⿰扌留 외나물 주 咒 방자할 주 譸 속일 주 黈 점찍을 주 紸 이을 주 赱

달릴 주 ⿰身主 몸 꼿꼿할 주 楱 작은 귤 주 ⿰車戒 풀싹 날 주 ⿱覀豕 술 주 紬 명주 주 ⿰金尌 설의 한 구리 주 ⿱大走 달

주 輖 낮을 주 ⿰立取 파리할 주 ⿰石舟 돌 주 鑄 쇠불릴 주 犨 사람이름 주 ⿰𧾷顛 발머무를 주 ⿱髟壽

머리털이 얇을 주 ⿰言舟 수다스러울 주 駐 말 머무를 주 ⿰衤殳 은옷 주 ⿰金州 칼 주 燽 밝을 주 ⿰糸冑 업 주 奏

아뢸 주 尌 세울 주 鵃 메비둘기 주 綢 얽을 주 酎 소주 주 疇 밭 주 週 주일 주 鋳 쇠불릴 주 ⿰米周

도래떡 주 躊 머뭇거릴 주 湊 물모일 주 注 물댈 주 ⿺辶馬 멈출 주 ⿰黄斗 군사 노략질할 주 ⿰舟羽 부등깃 주 州

고을 주 ⿰月朱 철구 주 ⿸麻朱 삼씨 주 ⿰金馬 말이 나아가지 않을 주 澍 물쏟을 주 ⿰目壽 눈 움직일 주 ⿰馬舟 큰 말 주

絑 붉은 비단 주 ⿰米朱 죽일 주 ⿰糸壽 명주 주 誅 벨 주 輳 바퀴살 통 주 ⿰革多 주름질 주 ⿰自周 밝을 주 ⿰黄重

누를 주 ⿸尸⿱雨火 부을 주 椆 내이름 주 鑄 쇠불릴 주 ⿰言⿱罒豆 속일 주 ⿰⿱丿豕攴 아뢸 주 週 주일 주 罜 물고기 그물 주

鮪 다랑어 주 主 주인 주 ⿰扌龜 거북이름 주 蚌 바다벌레 주 住 머무를 주 丶 귀절찍을 주 趎 서서볼 주 州

고을 주 籕 큰전자 주 煪 태울 주 詋 저주할 주 宙 집 주 詶 축원할 주 ⿰土難 누를 주 鯐 모장이 주 ⿰言奏

아뢸 주 喌 닭부르는소리 주 黈 누를 주 徟 헤맬 주 蟕 큰거북 주 晭 빛 주 ⿱侖灬 태울 주 疰 병전염할 주

崔 산굽이 주 ⿱竹意 깃가락 주 註 주낼 주 ⿱艹抽 외나물 주 蛛 거미 주 舟 배 주 躕 머뭇거릴 주 ⿰韋主

슬갑 주 ⿰⿱取豕刂 꿇을 주 ⿰豕朱 높이날을 주 ⿰足少 머뭇거릴 주 ⿺辶馬 멈출 주 洲 섬 주 ⿰鬲殳 막을 주 丟 잃어버릴

주 厨 부엌 주 宔 신주독 주 ⿱艹周 오색촉규화 주 ⿰齒奏 솔음 주 妵 예쁠 주 醙 흰술 주 盩 당겨서칠

주 疇 밭 주 走 달릴 주 籌 숫가지 주 跦 강장강장뛸 주 皐 투구 주 鼄 거미 주 邾 나라이름

주 袾 짧은옷 주 ⿰韋壽 수레채 주 哇 입비뚤어질 주 ⿰月丑 발곱치 주 ⿱艹酒 술진액 주 昼 낮 주 ⿰革尌 말고삐 주

珠 구슬 주 ⿱敖皿 산구비 주 犨 소숨소리 주 ⿰豕奏 겹질두터운돼지 주 胄 투구 주 ⿰衤州 갈 주 炷 심지

주 祝 축원할 주 鵃 솔개비슷한새 주 丢 아주갈 주 ⿹勹角 두루 주 ⿰月主 몸곧을 주 幬 장막 주 ⿱竹⿱壽心

주리할 주 粙 벼알 주 ⿰火川 탄흙 주 ⿰犭⿱馬廾 고을이름 주 賙 먹일 주 朱 붉을 주 祩 방자할 주 婤

얼굴얌전할 주 籕 큰전자 주 ⿱壽心 근심할 주 碉 돌집 주 ⿺風周 바람불 주 霌 장마 주 ⿰阝周 큰언덕 주 嚋

누구 주 ⿰黍朱 찰질 주 ⿱髟酉 머리털줄 주 ⿱馬廾 외쪽박이 주 肘 팔꿈치 주 周 두루 주 珘 구슬 주 ⿰米冑

날알 주 [illegible] 걸을 주 遒 군셀 주 薵 파 주 䇡 기다릴 주 [illegible] 평 주 姝 분바를 주 幬 휘장 주 徟

헤멜 주 飳 미끼 주 麈 사슴 주 齟 이어긋날 주 莤 술진애 주 [illegible] 신 주 紂 말뒷지리 주

죽

(죽) 粥 미음 죽 [illegible] 미음 죽 筑 손으로 쌓을 죽 [illegible] 급할 죽 [illegible] 아롱비둘기 죽 [illegible] 가까울 죽 [illegible]

커신의 머리 죽 竹 대 죽 [illegible] 흰개가 죽 鬻 미음 죽 鬻 미음 죽

준

(준) 膥 살찔 준 鵔 장끼 준 肫 지성스러울 준 罇 술통 준 [illegible] 못생기고 약할 준 準 평평할 준 遵

지킬 준 綧 필육 준 樽 술통 준 嶟 산솟을 준 [illegible] 가죽옷 준 鐏 창고달 준 [illegible] 높을 준 餕 제사퇴물

준 畯 농부 준 輴 하관하는 수레 준 [illegible] 제사퇴물 준 訰 어지러울 준 [illegible] 배밑구멍 준 [illegible] 다룬가죽 준

竴 기뻐할 준 [illegible] 좋은 술 준 [illegible] 풀다부룩이날 준 皴 살터져 주름질 준 准 평평할 준 捘 밀 준 焌 불땔

준 逡 물러나갈 준 繜 잠방이 준 [illegible] 가죽다룰 준 [illegible] 좋은 술 준 俊 준걸 준 餕 떡찌꺼기 준 濬

깊을 준 陖 높을 준 [illegible] 술동이 준 埻 과녁 준 蹲 걸터앉을 준 [illegible] 살자루 준 遵 행할 준 樟

깊단 준 睃 볼 준 墫 춤출 준 訰 어지러울 준 [illegible] 클 준 [illegible] 얼룩말 준 儁 영특할 준 蠢 어리석을 준

[illegible] 걸음빨리 걸을 준 訰 어지러울 준 寯 모일 준 [illegible] 물러갈 준 蹲 걸터앉을 준 踳 잡힐 준 鶽

평 준 埈 높을 준 惷 어지러울 준 [illegible] 일어날 준 [illegible] 지킬 준 竣 물러설 준 [illegible] 청서모 준 [illegible] 높을 준

僔 의힐 준 剸 감할 준 𨍭 가죽바지 준 峻 높을 준 餕 외대할 준 踆 그칠 준 陖 높을 준

儁 미첩할 준 鵔 장끼 준 噂 수군거릴 준 鵕 약은토끼 준 嶲 험할 준 僔 모을 준 鵔 서청모 준

鱒 독너울 준 睶 둔한눈 준 迿 먼저 준 浚 깊을 준 夋 갈 준 晙 밝을 준 遵 지킬 준

陖 높을 준 駣 준마 준 隼 새매 준 裬 바지통 준 撙 존절할 준 蠢 일어날 준 蠢 일어날 준 濬 깊을 준

僎 사람 준 㖭 불 준 悛 고칠 준 駿 준마 준 譐 수군거릴 준 準 법 준 稕 집단 준

줄

줄

紏 하나 줄 崒 산높을 줄 乼 줄 줄 䶶 방불할 줄 茁 대순이 삐죽나올 줄 峍 산높을 줄

欻 부끄럼없을 줄 䞍 짧을 줄 絀 꾼 줄 怞 근심할 줄 翍 날을 줄 綒 쇠고비 줄 窋 내밀 줄

卒 죽을 줄 啐 빨 줄 茁 풀싹 줄

중

중

衆 무리 중 㶃 무리 중 似 무리 중 中 가운데 중 中 가운데 중 重 무거울 중 重 무거울 중

茪 의모초 중 䇺 대이름 중 充 가득찰 중 妕 영리할 중 鶽 다는다람쥐 중 㡪

초헌뒷발판 중 衶 바지 중 螺 메뚜기 중 茽 풀무터기로날 중 曾 일찍 중 霧 비지검거릴 중 仲 버금 중

犝 새끼소 중 霥 오래흐리고비지점거릴 중 眾 무리 중 貗 짐승이름 중 霴 기운왕래할 중 莣

모의 초 중 迚 어찌할 수 없을 중 蚛 벌레 먹을 중 忡 근심할 중 狆 삽살개 중 ⿰豸中 날을 중 緟 더할 중

蝩 누에 중

쥐 摯 잡을 쥐 鸓 나는 다람쥐

즉 即 이제 즉 卽 이제 즉 ⿱卽又 오랠 즉 卽 이제 즉 鰂 오징어 즉 鯽 붕어 즉 則 곧 즉 萴 부자 즉 鱡 오징어 즉 ⿰犭畟 새끼 셋 낳을 즉 ⿰魚戈 오징어 즉 鱡 오징어 즉 揤 거둘 즉 堲 미워할 즉 蝍 지네 즉 ⿰足卽 핍박할 즉 㴑 물결이 비늘 같을 즉 崱 장산 즉 䘹 꾸밀 즉 喞 벌레소리 즉 ⿰魚戈 오징어 즉

즐 瀄 물 흐르는 모양 즐 擳 베는 소리 즐 櫛 질륵나무 즐 喞 두견 지저귈 즐 櫛 빗 즐 ⿰口則 두근거릴 즐 櫛 벼 움 즐 騭 숫말 즐 叱 꾸짖을 즐 妣 계집 삼가 자지 않을 즐 堲 미울 즐

즘 怎 어찌 즘

즙 濈 화할 즙 咠 귀속말로 참소할 즙 磼 돌 높을 즙 緝 빽빽할 즙 蕺 모밀나물 즙 ⿱艹冄 기울 즙 ⿰目咠 눈 깜짝일 즙 檝 노 즙 ⿰氵爪 물 자즐자 할 즙 艥 돛대 즙 霵 비올 즙 輯 차에 동이는 끈 즙 葺 고칠 즙 湒 비올 즙 戢 창 우뚝 세울 즙 ⿰目戠 물 나는 즙 汁 즙 낼 즙 楫 돛대 즙 咠 참소할 즙 㗊

입 즙
戢 고칠 즙
諿 화할 즙
輯 모을 즙
霵 비올 즙
楢 심을 즙
緝 길쌈 즙
觶 뿔많을 즙

증

埩 증험할 증
熷 고기대속에 넣어구울 증
䎖 얼굴빛 홍할 증
𢷏 더할 증
鱛 김오를 증
罾 삼태그물 증
贈 줄 증
䰝 터럭 증
蒸 찔 증
𥁰 감치 증
罾 삼태그물 증
㽪 소 증
鋥 증험할 증
憕 밤갈아 앉을 증
症 병증세 증
㷪 순일할 증
橧 너스레 증
𦢊 살찔 증
鬙 머리풍 논끈 증
拯 건질 증
曾 일찍 증
烝 찔 증
蹭 긴발 증
磳 돌모양 증
鋥 증험할 증
增 더할 증
矰 주살 증
憎 미울 증
劊 베일 증
黵 얼굴에 기미낄 증
鄫 중나라 증
𧬊 말번거로울 증
𨎳 현뒷발판 증
𤐙 더울 증
飷 줄살 증
黵 살색어검을 증
鏳 증험할 증
嶒 산높을 증
癥 뼈골쑤실 증
橙 껍질단유자 증
甑 시루 증
𨍵 현뒷발판 증
鱛 공치 증
豬 돼지어리 증
嶒 산험할 증
鍌 증험할 증
畻 논 증
瀓 맑을 증
撜 건질 증
䉕 발두두 증
璔 옥모양 증
增 더할 증
繒 비단 증
憎 미울 증
䙢 줄 증
鏳 증험할 증
綷 겹 증
飷 줄살 증
簪 삿갓 증
脀 익은고기 증
蕣 증험할 증
贈 줄 증
瞪 바로볼 증
鬻 시루 증
翻 나를 증
盞 감치 증
竲 집클 증
蒸 찔 증
驓 발목다칠 증
證 증험할 증
譄 더할 증
竲 높을 증
𤐙 더울 증
𧜣 옷 증
曾 어리석을 증
蹭 긴발 증
𨍵 수레 증
噌 떠들 증
䏹 발두두 증
𨍵 수레 증

지

本 그칠 지 覩 자세히 볼 지 恙 원지 지 紙 종이 지 𩊠 일산 끈 지 踟 머뭇거릴 지 抧

열 지 胝 못박힐 지 𡉏 이를 지 迣 옮길 지 墬 땅 지 坔 땅 지 迡 오랠 지 𪛖 피리 지 鴲

참새 소리 지 輊 인치 지 𨹃 땅 지 躓 쓰러질 지 𥏼 알 지 𨈜 팔다리 지 𣬉 털 많을 지 舐 핥을 지 𢂑

가는 베 지 𥎿 지혜 지 只 다만 지 䞃 대그릇 지 𥢆 벼 날 지 墀 주사 외의 빛갈 지 𨀕 발 지 祗 공경할 지

𡑞 낮을 지 𩻛 고기 이름 지 軹 바퀴굴대 끝 지 笆 피리 지 騺 말 짐무거울 지 蚳 왕개미 알 지 䑛

핥을 지 㦴 칼 지 䯝 팔다리 지 禔 복 지 䋠 배 끄는 줄 지 𤛑 모을 지 夂 갈 지 𦬽 김치 지 彽 머뭇

거릴 지 指 손가락 지 謘 말 더듬을 지 帋 종이 지 𥎿 지혜 지 𨌘 앞 낮은 수레 지 𦙶 사마귀 지 𨇽

쓰러질 지 𡼊 물 지 墬 땅 지 箈 가는 대순 지 鋕 새길 지 地 따 지 脂 가재 지 疻 맞아서 멍들 지

至 절기 지 茋 조염 지 𤞞 얼룩 지 祉 복 지 䧴 지작관 지 泜 물 이름 지 恀 믿을 지 鈭 도끼 지

鮨 젓 지 𨄩 밟을 지 鼭 쥐 지 𨏒 앞 낮은 수레 지 𦄡 꿰맬 지 秓 잡을 지 𨅔 거리낄 지 𩃳 개미 알 지

厔 고를 지 枝 가지 지 池 못 지 𩋜 일산 끈 지 址 터 지 䢃 발이 나아가지 않을 지 𧉘 벌레 이름 지 𨕼 옮길

지 𥁕 김치 지 𪑴 새까말 지 阯 나라 이름 지 芝 지초 지 𨯂 끝에 쇠가 붙은 채찍 지 𥏫 짧고 작을 지

鷙 새와 짐승 억셀 지 䅩 나쁜 모양 지 𧺼 얇은 여울 건널 지 知 깨달을 지 𢇫 알 지 㡿 기표 지 鷙

외발새 지 肢 팔다리 지 笊 피리 지 劧 공이군을 지 𥓓 숫돌 지 蜘 거미 지 遅 더딜 지 𧹞 연지 지

지 砥 숫돌 지 持 갖을 지 胑 사지 지 垐 지극할 지 志 뜻 지 㚿 많을 지 謘 말헛나갈 지 𧂑

김치 지 怯 잊을 지 㞢 뜻 시 蜘 알게미 지 底 이를 지 𧓄 왕개미 지 䣵 썩은 젓 지 舐 핥을 지

舓 핥을 지 𥎿 알 지 鼭 쥐 지 杫 도마 지 𢻫 이길 지 枳 탱자 지 𪑄 새카말 지 鳷 까치 지

𡛷 투기할 지 𧵳 볼모 지 識 기록 지 織 짤 지 之 갈 지 跂 뒤로나설 지 遲 더딜 지 砋 방치

돌 지 禔 복 지 坻 머무를 지 秓 무성할 지 吱 소리 지 塒 닭의 홰 지 𧙗 옷갈아입을 지 衼 가지 지 庂

집 지 𧩂 말바르지 못할 지 䊢 차질 지 籽 씨앗 자 綕 실다룰 지 𦺇 도꼬마리 지 𧳘 활강할 지 摯

잡을 지 𧺠 털로짠 베 지 𪛖 피리 지 𣟴 나무가지 지 鼅 거미 지 𢐁 통길 지 𣉻 지혜 지 㫖

뜻할 지 墀 섬돌 지 智 지혜 지 御 걸을 지 㨁 던질 지 鼅 거미 지 蚔 청개구리 지 𧁕 풀쌓

을 지 䵹 거미 지 指 손가락 지 𦃇 묶음 지 菧 김치 지 櫡 나무추자 지 坻 마당 지 迣 옮길 지

𨡸 술 지 𤞞 여덟치 지 誌 기록할 지 遲 오랠 지 𦧧 핥을 지 抵 옆으로칠 지 鼅 거미 지 謘

말자세히할 지 汥 물갈라흐를 지 𣩍 병들 지 泜 가지런한 모양 지 旨 맛있을 지 芷 구리때 지 樍 머무를 지

墬 땅 지 贄 전당 지 痣 검은사마귀 지 鮨 젓갈 지 坐 이를 지 蘎 물나물 지 𨍥 수레앞무올 지

직

䇛 단단한대지 汥 물나뉘어흐를지 迣 얕은여울건널지 祉 복지 坔 땅지 洔 작은모래톱지 助 맛있을지

秷 공경할지 篪 옆으로부는저지 鬐 갈기지 墀 개미지 遅 천천히할지 軝 수레연장지 秖 벼처음익을지

蟶 거머리지 謘 말헛나갈지 遲 더딜지 貾 누른자개지 巵 바람이자고파도그칠지 至 이를지

秖 벼익을지 忯 믿을지 輊 앞낮은수레지 貾 누른자개지 漬 담글지 篪 옆으로부는저지

搘 나무주추지 厎 이를지 砥 숫돌지 茋 향부자지 咫 적을지 呮 입작을지 敼 찌를지

霣 빗소리지 龥 피리지 胝 못박힐지 鮨 젓지 飴 엿지 支 지탱할지 蚔 개미알지 鏊 끝에쇠가붙은채찍지

訨 들춰낼지 贄 폐백지 趾 발지 𣬉 어미나지 靪 말치끈지 絺 종이지

沚 물가지 敊 활강할지 脂 기름지 跂 토할지 帯 지탱할지 躻 사지지 止 그칠지 豝 큰돼지지

祗 삼길지 趍 달아날지 舐 핥을지 積 모을지 漬 거품지 誌 말부지런히할지

㉉ 직

戠 짤직 蘵 땅꽈리직 稷 피직 直 곧을직 犆 선두를직 織 짤직 戠 주장할직

䅏 사직직 樴 꾸밀직 稷 메기장직 樴 차질직 蟙 박쥐직 㕦 다스릴직 膱 고기썰을직

戠 짤직 囟 곧을직 蘵 땅꽈리직 䐈 끈끈할직 禝 주나라의조상이름직 㮨 키작은소직

𩮘 머리매직 織 짤직 穓 나무이름직 軄 주장할직 樴 문지방직 蘵 땅꽈리직 職 벼슬직

織 짤 직 直 곧을 직 繼 이을 직 稷 피 직 植 벼 직 匿 벌레먹는병 직 鳵 물새 직

진

砂 방천돌 진 畛 밭지경 진 秦 나라 진 津 진액 진 鎮 진정할 진 軫 별일 진 珍 보배 진

袗 고운옷 진 侲 아이 진 軙 별일 진 軫 수레뒤턱나무 진 黰 검을 진 塵 더위지기 진 甄 질그릇 진

蒖 순채 진 寘 참 진 蔯 약쑥 진 殿 동하며기뻐하는모양 진 駗 말짐무거워걷지못할 진 瑱 귀막이옥 진

轸 구를 진 顚 머리털곱고검을 진 蓁 개암나무 진 賑 부자 진 辰 별 진 華 망풀 진 鈂 진정할 진

迧 벌일 진 𦨋 진액 진 覙 볼 진 眹 눈동자 진 塵 티끌 진 鎮 진정할 진 霃 구름일 진 陳 베풀 진

臻 이를 진 診 증험할 진 疢 가질병 진 鷏 백로 진 瞋 눈부릅뜰 진 搸 모을 진 紾 구를 진

盡 침 진 軫 음란할 진 蕇 개비름 진 眞 참 진 盡 이를 진 趁 쫓을 진 轃 이를 진 儘 다할 진

顏 일을삼갈 진 盡 다할 진 畛 밭지경 진 犪 소이름 진 津 진액 진 眕 볼 진 眞 참 진

轃 구를 진 晉 오를 진 秦 나라 진 津 나루 진 辰 별 진 疹 역질 진 抮 회어잡을 진 摯 양이름 진

鉁 보배 진 蜄 꼬리재진벌레 진 桭 평고대 진 榛 개암나무 진 珍 아름다울 진 陣 진칠 진 嚍 화낼 진

畛 밭지경 진 螓 왕파리 진 毨 털이가지러질 진 濜 김서릴 진 尽 다할 진 禛 복받을 진 𦘺 붓으로꾸밀 진

謓 성낼 진 趁 다달을 진 䪴 일을삼갈 진 鬒 머리숱많을 진 鉦 보배 진 晉 나갈 진 壥

티끌 진 璡 옥돌 진 疢 홧병 진 𩅸 구름일 진 敶 다스릴 진 鬒 머리숱 많을 진 鷐 해오라기 떼지어 날 진

陳 벌일 진 璶 옥돌 진 進 본받을 진 盡 다할 진 䐜 부어오를 진 挋 씻을 진 𨘺 나아갈 진 碮

돌 진 縯 베올 진 敶 벌일 진 杓 바다 진 弫 활강할 진 眕 밝을 진 診 볼 진 袗 고운 옷 진 進

나아갈 진 塡 오랠 진 辰 별 진 敐 즐거워할 진 䡅 빙그레 진 㐱 새끼 날 진 駗 말 짐 무거워 걷지 못할 진 胗 역질 진

𡓴 먼지 진 唇 놀랄 진 賑 풍부할 진 𩑶 머리 움직일 진 搸 풀 성할 진 𨔑 이를 진 唇 놀랄 진 縉

분홍빛 진 殄 끊어질 진 搢 꽂을 진 𢐗 탈 진 帪 말먹이 자루 진 珒 옥이름 진 晋 나갈 진 昣 밝을 진

塵 티끌 진 黪 검을 진 蓁 풍성할 진 縝 맺을 진 緣 소고삐 진 溱 성할 진 振 거둘 진 姫 삼갈

진 㶳 불똥 진 鎭 실갈피 진 盡 다할 진 紾 비틀 진 聄 고할 진 凤 깃 처음 나서 날을 진 臸 이를 진

屒 두꺼운 입술 진 籈 그칠 풍류채 진 晋 나갈 진 弫 활이 셀 진 䏖 옥이름 진 姸 삼갈 진 稹 무더기 진

溍 물이름 진 震 우뢰 진 宂 깊을 진 秦 나라 진 嗔 성낼 진 敐 움직일 진 胣 역진 진 顐

일을 삼갈 진 疹 마마 진 鱶 뿔가지런할 진 䈯 대화살 진 踬 일할 진 眞 참 진 顉 일을 삼갈 진 鬒

긴 흰머리 진 誫 움직일 진 閺 문모양 진 螴 기운 정치 못할 진 燼 초끝 진 狻 사자 진 敐 손가락질하며 웃을

진 𨓈、달아날 진

질

迭 침노할 질 鏃 쇠뭉치 질 趃 부술 질 妷 재집삼가지 않을 질 蛭 거머리 질 挃 찌를 질 螏 벌레이름 질 恎 피악한 성품 질 鮚 홍합 질 紩 꿰맬 질 銍 벼베는 사람 질 蟄 벌레이름 질 帙 책갑 질 閨 문닫힐 질 螲 도르래 질 峌 산높을 질 柣 문지방 질 胅 뼈마디 퉁길 질 眣 해가기울어질 질 挃 확수하는 소리 질 耊 여든살 질 絰 삼띠 질 詄 잊을 질 袠 차례 질 [illegible] 말급할 질 瓆 사람이름 질 骬 뼈퉁길 질 垤 개미집 질 聀 잘못들을 질 蟄 막을 질 耋 팔십세 노인 질 趪 달릴 질 疾 급할 질 懫 미워할 질 嫉 미워할 질 趌 빨리 달아날 질 榤 기둥머리 질 潰 추어 울어 슬슬 울 질 穾 수확하는 소리 질 唧 통소 질 眰 밝을 질 膣 금창약 질 眣 눈바르지 못할 질 郅 어그러질 질 疾 급할 질 漯 물이 부딪치고 질 돌 질 垤 물 질 娡 투기할 질 嚌 천한 말 질 庢 꺼리낄 질 叱 꾸짖을 질 䞇 후손 질 秷 벼 삭 질 眰 눈바르지 못할 질 桎 막힐 질 载 클 질 歸 차례 질 劕 어음 질 眣 눈바르지 못할 질 姪 조카 질 迭 침노할 질 鑕 며베는 낫 질 䳟 뽑을 질 偞 옷해어질 질 讀 상스러운 말 질 㚄 클 질 嗔 집을 질 殃 염병커 신 질 挃 찧을 질 質 바탕 질 袠 봉급 질 櫍 모탕 질 嫉 투기할 질 疾 병 질 迢 가까울 질 跮 말종잡을 수 없을 질 跌 어긋날 질 郅 이를 질 鑿 팔십세 노인 질 嚌 쌍된 말 질 巁 산우뚝할 질 袟 칼집 질 庢 산굽이 질 孆 조카 질 䞏 조카 질 侄 어리석을 질 窒 막힐 질 鑕 머루 질

짐 집

銍 벼베는 낫질 詄 잊을 질 齸 단단한 것을 씹을 질 ⿰口疾 소리 질 貭 바탕 질 豑 차례 질 ⿰金桼 수요 질
抶 종아리칠 질 膣 자궁 질 ⿰口窒 말절차 없을 질 秩 차례 질 瓞 외 질 ⿰犭失 나를 질 腟 새살날 질
蒺 질려 질 ⿰口質 한말 질 櫍 나무이름 질 礩 주춧돌 질 ⿰扌窒 긁을 질

짐

酖 술 짐 ⿰冘隹 짐새 짐 ⿰食冘 나 짐 枕 누에시렁대 짐 ⿰月冘 나 짐 訦 말아름다울 짐 沈 물졸졸흐를 짐
⿰酉朁 술마실 짐 鴆 짐새 짐 ⿰冘斗 짐작할 짐 斟 짐작할 짐 鴆 짐새 짐 酙 짐작할 짐 ⿰舟冘 나 짐
⿰甚支 돌로찧을 짐 ⿰目冘 눈정기 짐 紞 새꼬끈 짐 鱵 공미리 짐

집

檝 노 집 縶 말맬 집 ⿰甚十 모을 집 ⿰口集 입우물거릴 집 潗 샘날 집 鏶 판철 집 執 잡을
집 ⿰土集 흙솟을 집 諿 화할 집 ⿰角咠 뿔많을 집 ⿰口戢 호유할 집 緝 길쌈 집 雧 이를 집 集 모을
집 ⿰忄咠 마음풍지못할 집 ⿺走戢 달릴 집 鉔 구르는 향로 집 ⿱山集 산모양 집 ⿸尸疋 맞이을 집 咠 귀속말할 집
輯 모을 집 謺 말수다할 집 ⿱艹集 풀이름 집 慹 두려워할 집 鏶 쇳조각 집 緝 길삼 집 輯
모을 집 ⿰魚集 서로포갤 집 戢 병기감출 집 ⿰車戢 거둘 집 ⿰月咠 비계 집 汁 진액 집 ⿰咠十 말을모을 집
⿰土㬎 떨어질 집 ⿱雨戢 비올 집 ⿰車首 화목할 집 ⿰幸丸 잡을 집 ⿱執言 말수다할 집 ⿰禾畄 심을 집 執
잡을 집

징

敳 부삽 징
穪 드날릴 징
[illegible] 전당잡힐 징
癥 이혈 징
懲 징계할 징
澄 맑을 징
徵 구할 징
懲 징계할 징
憕 마음가라앉을 징
撜 건질 징
瞪 직시할 징
覴 바로볼 징
[illegible] 찰색을 징

차

艖 작은배 차
褨 옷긴모양 차
齹 이고르지못할 차
齇 주부코 차
差 어길 차
[illegible] 빼터 차
[illegible] 서로붙을 차
庛 장기술 차
[illegible] 빗소리 차
[illegible] 물어미 차
[illegible] 올빼미 차
齹 이고르지못할 차
[illegible] 종다래끼 차
佽 도울 차
[illegible] 이가어긋날 차
[illegible] 이어긋날 차
[illegible] 이갈릴 차
奓 벌릴 차
痄 헌데아물지않을 차
岔 산길나칠 차
笡 빗겨스를 차
䜉 말다를 차
[illegible] 고을이름 차
[illegible] 배곯을 차
[illegible] 매우짧 차
齇 주부코 차
[illegible] 거루 차
[illegible] 이어긋날 차
[illegible] 배게심을 차
奼 아름다울 차
侘 젊은계집 차
[illegible] 그릇닦을 차
侘 실심할 차
[illegible] 버금 차
[illegible] 그칠 차
遮 가릴 차
[illegible] 별쪼일 차
[illegible] 작은배 차
偨 가지런하지않을 차
嵯 허리가늘 차
蹉 때잃을 차
[illegible] 보리갈 차
紁 속바지 차
杈 작살 차
[illegible] 빗질할 차
齜 이갈릴 차
[illegible] 어지러울 차
[illegible] 아비 차
[illegible] 더러울 차
[illegible] 밟을 차
鮺 젓담글 차
[illegible] 기력풀 차
[illegible] 모질 차
[illegible] 슬플 차
偖 뜯을 차
齹 이가어긋날 차
鮺 고기젓담을 차
[illegible] 슬플 차
訍 판말할 차
唶 탄식할 차
[illegible] 어리석을 차
搽 바를 차
[illegible] 짧 차
[illegible] 옥같은돌 차
[illegible] 해저물 차
[illegible] 이고르지못할 차

䶡 너그럽고 클 차 醝 흰술 차 𥻮 차진 모양 차 䶩 씹을 차 軗 수레에 칠할 차 硨 옥같은 돌 차 䃰 매돌

𨢥 달아놓을 차 䣜 흰술 차 麩 보리 갈 차 䐤 거루 차 截 산적 접 차 遮 막을 차 𧃷 이 고르지 못할 차

鎈 돈 차 縒 서로 붙을 차 跐 갈래진 길 차 𧼮 머물 차 䰩 추악할 차 奓 잔돌 차 叙 시미장 차

鬌 터럭 아름다울 차 篸 등소 차 𪗩 이가 가지런하지 않을 차 齹 이 고르지 못할 차 笡 차자 차 𠀃 또 차

鮺 고기젓 담을 차 搽 젓어버릴 차 䒸 탄식할 차 䞣 머물 차 嵯 죽삐죽삐할 차 䰩 추할 차 䖂

전갈 차 䰈 탄식할 차 𨆙 탄식할 차 且 또 차 瑳 절구질할 차 汊 물흐를 차 䡨 차 벌여질 차 扯 어찟

버릴 차 琫 자개 차 瑳 옥빛 깨끗할 차 䐤 부스럼 자국 차 朿 가스랭이 차 搓 밀고 칠 차 嵳 죽삐죽삐할 차

此 이것 차 跐 갈림길 차 齹 매우 짤 차 㛷 게미 칠 차 齜 이 갈림 차 借 빌 차 蛼 차오 차

齹 이 고르지 못할 차 䶪 냉이 씨 차 差 어길 차 磋 갈 차 𪘂 짤 차 次 차례 차 紁 짤 차 仳 작을

차 蓳 차전자 차 嵯 산 죽삐죽삐할 차 頝 턱걸 차 叉 손길잡을 차 膪 성길 차 嗻 말많을 차 謯

딴말할 차 嗟 슬플 차 嗄 험담할 차 侘 실심할 차 𦐈 입치질 차 姹 아름다울 차 鬌 터럭 차 車

수레 차

착 霍 비올 착 䇸 나무겹질 착 鋜 발목잡아 맬 호미 착 辶 쉬엄쉬엄 갈 착 婼 악돌할 착 檕 계회

쓿은쌀 착 𣫜 뚫을 착 矠 작살 착 丵 풀무성할 착 娖 조심할 착 齪 얼음뜰 착 鑿 뚫을 착 鐯
쪼갤 착 斮 찍을 착 篧 가리 착 鑡 강철 착 㴷 젖을 착 斫 쪼갤 착 逪 섞일 착 窄
좁을 착 藮 부자 착 𥴙 칠 착 踔 사람의이름 착 𪏰 보리가루떡 착 𨗨 뚫을 착 𦾔 부자
착 磭 숫돌 착 蘸 부자 착 斵 깎을 착 齣 시끄러울 착 鵫 흰꿩 착 𣅀 또닥또닥떨어질 착
簎 작살 착 鷟 빠를 착 𧼯 삽갈 착 𩆷 큰비 착 逪 섞일 착 縒 실엉킬 착 搾 짤 착
剒 베일 착 齰 악착할 착 齪 악착할 착 齣 커절 착 糳 정한쌀 착 𥪡 겁낼 착 浞 젖을 착
着 부딪칠 착 𥻸 풋바심 착 擆 들 착 豚 볼기 착 躖 악착할 착 籗 통발 착 錯 섞일 착 鑿
끌 착 𨗨 뚫을 착 戳 창으로찌를 착 𨇦 걸음빠를 착 㲋 짐승이름 착 鑡 돈 착 䵵 누른빛 착
𥢁 우뚝머무를 착 籗 가리 착 辵 쉬엄쉬엄갈 착 斵 깎을 착 斲 깎을 착 㺘 비등할 착 擉
작살 착 着 부딪일 착 𪏰 삼기름 착 穛 풋바심할 착 𧮬 꾸짖을 착 著 입을 착 䉣 대통
발 착 諑 참조할 착 縒 실엉킬 착 𧘦 짧은옷 착 捉 쥘 착 𥟵 금년에말라죽고내년에자생하는벼 착 厝
숫돌 착 觕 뿔길 착 躇 건너뛸 착 逴 멀 착 鋜 호미 착 齣 절커 착 昔 비틀릴 착 劆
찍을 착 瀺 물소리 착

찬

穇 창 찬
儹 모을 찬
撰 갖출 찬
穳 벼베어 쌓을 찬
[粲+彡] 문채 날 찬
爨 아궁이 찬
[髟+贊] 머리털이 윤택할 찬
竄 숨길 찬
贊 도울 찬
躦 걸터앉을 찬
[髟+粲] 머리빤지르르할 찬
湌 반찬 찬
篡 빼앗을 찬
瓚 옥그릇 찬
饌 반찬 찬
丳 석쇠 찬
璨 옥빛찬란할 찬
籑 지을 찬
趲 쫓을 찬
[革+爨] 수레멍에동이는끈 찬
欑 희추리 찬
酇 모을 찬
[奻+女] 아름다울 찬
鑽 송곳 찬
羼 양 서로 섞일 찬
[女+贊] 희고 예쁠 찬
瓚 옥잔 찬
竄 숨을 찬
[禾+爨] 창 찬
[革+贊] 수레멍에동이는끈 찬
鏨 작은끌 찬
爆 구울 찬
[衤+戔] 어린애기 저기 찬
燦 찬란할 찬
殩 상제 먹일 찬
[竹+殘] 대로 만든 점대 찬
爨 불땔 찬
[魚+巽] 뼈없는 고기 찬
[糸+雋] 모을 찬
欑 떨기 찬
篡 빼앗을 찬
讚 도울 찬
纘 이을 찬
[扌+羼] 끚을 찬
饡 국만 밥 찬
[巽+魚] 피라미 찬
[革+贊] 수레멍에동이는끈 찬
攢 옹기종기 모일 찬
穳 벼베어 쌓을 찬
躦 걸터앉을 찬
[飠+类] 마른 밥 찬
[彳+贊] 길잃을 찬
粲 선명할 찬
[羼+刂] 나눌 찬
燦 빛날 찬
竄 쫓을 찬
纂 모을 찬
[禾+爨] 작은 창 찬
[齒+戔] 이가 바르지 않을 찬
㸑 아궁이 찬
酇 모을 찬
籑 반찬 찬
鑹 작은 창 찬
菆 초빈할 찬
纂 모을 찬
籫 대그릇 찬
粲 선명할 찬
[竹+算+米] 벼베어 쌓을 찬
劗 털 찬
攛 던질 찬
[飠+弜+大] 반찬 찬
灒 땀 뿌릴 찬
[飠+並+大] 반찬 찬
[金+冊] 쇠그릇 찬
饌 반찬 찬
[竹+粲] 작은 통 찬
讚 도울 찬
[艹+奴+木] 초번할 찬
籑 반찬 찬
[魚+粲] 피라미 찬
[竹+算+米] 벼베어 쌓을 찬
巑 산 높을 찬
[矛+贊] 창 찬
[艹+贊] 담쟁이 덩굴 찬

⿰犭戔 개물 찬 ⿰月兟 고기 기름 찬 撰 갖출 찬 ⿱𣦼貝 재물을 탐낼 찬 竄 도망할 찬 儧 모일 찬 攢 모일 찬

趲 쫓을 찬 澯 맑을 찬 ⿰亘頁 갖출 찬 ⿰扌⿱覀夂 갖출 찬 ⿰氵囷 물 깨끗할 찬 鑽 뚫을 찬 贊 도울 찬

禶 저주할 찬 纘 이을 찬 ⿱髟贊 머리털 윤택 찬 毇 조금 찧을 찬 ⿰禾今 벼 베어 가르칠 찬 粲 빛날 찬

⿰彳贊 길 잃을 찬 囋 삼킬 찬 ⿰毚少 적을 찬 襸 고운 옷 찬 粲 먹일 찬 ⿰馬竄 잰말 찬 簅 저 찬

찰

⿸疒札 편지 찰 ⿰口詧 가늘게 말할 찰 蚻 쓰르라미 찰 ⿰扌⿱巛夕 서로 닥칠 찰 蔡 북더기 찰 刹 절 찰

⿰⿱竹臿刂 끓는 소리 찰 檫 나무 흔들리는 소리 찰 ⿰目祭 자세히 볼 찰 ⿰扌⿱巛月 서로 닥칠 찰 ⿰金劄 풀 베는 칼 찰 ⿰氵⿱巛夕 물 쏟을 찰

摩 사슴 찰 ⿰忄杀 꾸짖을 찰 紮 묶을 찰 ⿰忄贊 게으를 찰 ⿰⿱业隹戈 산 이름 찰 ⿱札鳥 새 잡털빛 찰 巀 산 높을 찰

⿰齒截 이 날카로울 찰 礸 거친 돌 찰 ⿰歹止 모진 병 찰 蠿 거미 찰 礤 거친 돌 찰 ⿰歹少 염병 찰 擦 문지를 찰

鏩 작도 찰 ⿱札糸 묶을 찰 ⿱⿱竹目黑 검을 찰 札 편지 찰 ⿰氵札 물 흐르는 모양 찰 磜 돌 이름 찰 蔱 풀 뽑을 찰

察 살필 찰 鍘 작도 찰 ⿰目贊 흴 찰 ⿰黑祭 검을 찰 扎 뽑을 찰 哳 새 지저귈 찰 ⿰食祭 터먹을 찰

⿰黑杀 검을 찰 ⿸鹿大 사슴 찰 ⿰目贊 흴 찰 ⿺鬼祭 나라 이름 찰 蚻 쓰르라미 찰 ⿰齒截 이 날카로울 찰

刹 절 찰 咱 나 찰 囋 지저귈 찰 ⿰忄察 밝을 찰 詧 살필 찰 劄 편지 찰

참

艬 큰배 참
獑 개소리 참
站 역마을 참
巉 높을 참
⿰齒僉 볼오무러질 참
黲 투색할 참
慚 부끄러울 참
⿰齒占 이를 뺄 참
⿰田參 밭두덕서로이을 참
⿱山參 산험 참
⿰目斬 눈꿈적일 참
⿰食朁 달콤할 참
讖 비결 참
鬖 머리털 참
朁 일찍 참
⿱漸女 아름다울 참
塹 구덩이 참
⿰犭參 개짖는소리 참
⿱斬石 산험할 참
⿰片毚 널판 참
⿰角毚 뿔의모양 참
瀺 물소리 참
懺 뉘우칠 참
⿺走參 달음질할 참
⿱丕立 홀로설 참
⿱斬鳥 독수리 참
⿰炎占 빛이성할 참
讖 참서 참
憯 아플 참
⿰參殳 칠 참
⿰土斬 해자 참
⿰亻參 빠를 참
⿰毚力 빼낼 참
饞 탐할 참
叅 참작할 참
⿰女喿 탐할 참
毚 토끼 참
⿰身⿱斬足 키클 참
⿰鼠韱 원숭이 참
⿰牛毚 소뿔 참
⿰忄⿱兟日 아플 참
⿰毚欠 웃을 참
⿱艹槧 나무벨 참
醦 초 참
慙 부끄러울 참
獑 흰원숭이같은짐승 참
⿰毚⻏ 땅이름 참
鑱 보습쇠 참
⿰忄叅 슬플 참
憯 아플 참
⿰田叅 밭두둑서로연할 참
⿰鼻毚 코가높은모양 참
攙 찌를 참
⿺辶參 멀 참
⿰石斬 산험할 참
⿰食韱 탐할 참
⿰彳參 움직일 참
⿸疒韱 앓을 참
儳 참치할 참
⿰土毚 무덤경계 참
⿱斬山 구덩이 참
僭 참람할 참
⿸疒朁 아플 참
⿱斬手 물막을 참
驂 세말멍에할 참
讒 간악할 참
傪 아리따울 참
⿰革毚 언치 참
嵾 산이험할 참
⿰酉韱 초 참
欃 박달나무 참
⿰目毚 성내여볼 참
嶄 산높고준할 참
⿰足韱 절음새 참
⿰參頁 머리흔들 참
⿱漸土 구덩이 참
⿰毚少 적을 참
⿰毚瓦 소래기 참
譖 참조할 참
⿰面參 슬픈형용 참
⿰虫毚 계 참
⿱斬女 얼굴환할 참
儳 경박할 참
⿱日山 살비칠 참
⿰氵⿱雨叅 숨꿈어질 참
嚵 탐할 참
⿰山斬

참

할 참

槧 분판 참
⿰阝朁 함정 참
⿺走參 달음질할 참
趻 앙감질할 참
墋 흐릴 참
叄 보일 참
憯 미워할 참
⿱斬見 피할 참
僭 거짓 참
⿰酉韱 실 참
斬 베일 참
獑 회원숭이 참
⿲彳斬亍 모실 참
劖 새길 참
撏 취할 참
槮 나무열매 참

잡

霅 큰비 잡

창

鬯 활집 창
苍 푸른 창
⿰月倉 겁질상할 창
摐 종과북칠 창
漲 넘칠 창
韔 활집 창
⿰禾鬯 곡식거둘 창
嗆 새먹을 창
⿰忄敞 깜짝놀랄 창
彰 나타날 창
鋹 날카로울 창
滄 서늘할 창
鯧 병어 창
⿱⺮来 돛달 창
⿷匚倉 옛그릇 창
⿰食倉 음식 창
畼 땅이름 창
⿰爽刂 겁질상할 창
鶬 왜가리 창
⿱敞臼 방아찧을 창
⿰礻日 밝을 창
蒼 대빛푸를 창
嵢 산형세 창
⿸疒創 종기 창
⿰扌犮 상처낼 창
⿰扌従 두드릴 창
創 다칠 창
⿱敞隹 학창의 창
⿱昌鳥 봉황새 창
敞 드러날 창
謒 말경계할 창
廠 헛간 창
脹 배부를 창
⿺辶倉 지날 창
⿰石爽 닦을 창
⿰龠昌 노래부를 창
閶 하늘문 창
昌 창성할 창
槍 나무창 창
⿰足尚 걸터앉을 창
誯 인도할 창
窻 문지게 창
艙 갑판밑 창
⿰孑逢 두갈래진 창
⿰禾㚇 발갈지않고심을 창
⿰牜倉 소이름 창
窗 창 창
⿱艹畼 땅이름 창
⿰豸倉 창 창
⿰片㤂 지게 창
賶 재물쌓을 창
⿰片女 그림으로꾸밀 창
⿰爽瓦 기와조각 창
戕 세모진창 창
⿰禾春 제사가공경지못할 창
戧 상할 창
⿸厂敞 헛간 창
猖 미쳐뛸 창
菖 창포 창
惝

놀랄 창 琩 귀막이옥 창 瘡 종기 창 淌 큰물결 창 ⿸疒君 종기 창 痮 배부를 창 倡 광대 창 窓

지게문 창 窻 창 창 ⿰山爽 산이서로달은듯할 창 ⿰白倉 갑판밑 창 ⿱日永 밝을 창 ⿰齒將 잔이 창 ⿱敞鳥 학 창

의 창 悵 실심할 창 ⿱⺮搶 대창 창 瑲 옥소리 창 ⿰革尚 부채 창 蹌 추창할 창 ⿰禾冊 짧을 창 愴

슬플 창 田 구멍 창 ⿱自日 발 창 ⿰片悤 창 창 裮 띠아니띨 창 鼚 북소리 창 瑒 제향에강신하는주장 창

暢 화창할 창 ⿱彐刃 세모진 창 囱 창 창 ⿰矢昜 상처 창 ⿰齒昌 김치 창 韔 활집 창 窻 창 창 椙

겨 창 牕 지게문 창 ⿰井叉 다칠 창 刱 처음 창 戧 갈래진 창 刱 비로서 창 ⿱艹暢 풀무성할 창 ⿰禾⿱爫王 볏단 창

⿰尚鳥 새이름 창 娼 창녀 창 氅 학창의 창 倉 집 창 傖 놈 창 ⿰目長 실심할 창 蒼 푸를 창 ⿱尚足

달릴 창 ⿰犭長 실심할 창 凔 찰 창 摤 닦을 창 ⿵門盧 하늘문 창 鶬 병어 창 椙 삼나무 창 ⿰禾倉

벼이삭 창 囱 창 창 ⿰齒倉 덧니 창 搶 모을 창 ⿵門倉 문여는소리 창 ⿰將足 추창할 창 唱 부를 창 ⿰衤旦 밝을

창 ⿸疒長 배부를 창 倀 창키 창 閶 대궐 창

채

⿰壴叉 전동 채 蠆 벌 채 ⿰土柴 울타리 채 睬 주목할 채 埰 나라에서준땅 채 寀 동관 채

茝 궁궁이싹 채 綵 채색비단 채 衩 옷깃 채 縩 깁와삭거릴 채 ⿰忄帯 마음에불안할 채 倸 딸 채

⿰足柴 곱히갈 채 瘵 허로병 채 ⿰禾比 벼 채 ⿰忄采 간악할 채 採 딸 채 ⿰木埋 마른나무뿌리 채 蠆 벌 채

彩 채색 채 跴 뛸 채 采 취할 채 ⿰黹卒 오색무늬를 그린비단 채 蠆 벌 채 莱 나물 채 ⿰氵圣 물가 채

債 빚 채 瘥 병낭을 채 瘌 어리석을 채 ⿰口妻 먼저맛볼 채 釵 비녀 채 蔡 벌받을 채 ⿺走叕 나아갈 채

菜 나물 채 ⿸广齊 작은띠집 채 ⿰矛豸 창 채 砦 진칠 채 棌 참나무 채 叉 두갈래 채 ⿰亻虎 바퀴 채

囆 사람이름 채 ⿰犭只 얼룩 채 义 비녀 채 責 빚 채 豸 짐승 채 差 나을 채 祭 성 채

釵 비녀 채 廌 짐승 채

책

策 책 책 責 꾸짖을 책 拺 불을 책 ⿰足刺 찢어발갈 책 蠌 작은자개 책 冊 책 책 ⿰目責 눈부릅뜰 책

筞 채찍 책 趚 급히달아날 책 ⿰足策 찢어발갈 책 ⿱朿貝 꾸짖을 책 ⿰責頁 머리비뚤 책 幘 머리수건 책

簀 살평상 책 磔 능지할 책 笮 좁을 책 諎 큰소리 책 ⿰爿斥 터질 책 栅 울타리 책 蚱 메뚜기 책

帶 피 책 册 책 책 ⿰齒責 이서로맞을 책 舴 작은배 책 蠌 방게 책 笮 좁을 책 ⿰米啇 상한쌀 책

⿰夾刂 채찍 책 ⿴囗責 단단할 책 ⿰責見 엽게볼 책 憡 쓰라릴 책 ⿰山昔 산험할 책 ⿺辶窄 굽박할 책 迮 끝 책

賾 흴 책 冊 책 책 嫧 삼가할 책 ⿰金策 창 책 笮 좁을 책 ⿱朿貝 꾸짖을 책 簀 마루바닥 책

厇 발길 책 䐹 물고기새끼포 책 ⿰犭責 살평상 책 ⿱冊日 고할 책 ⿰歹斥 찢을 책 踖 비지 책 箣 피 책

⿱外手 헤칠 책 乇 풀잎 책 策 피 책 頙 바를 책 ⿰革責 미세할 책 謮 성낼 책 嘖 말다툼 책

幘 깨꾸할 책 窄 좁을 책 笮 전통 책 積 심을 책 䨙 비올 책 筴 꾀 책 柞 나무벨 책

처

처 狙 작은돼지 처 覷 엿볼 처 覰 엿볼 처 萋 풀무성할 처 悽 슬퍼할 처 𧇊 곳 처

刞 보습 처 㹢 쇠뿔 처 𧲸 작은돼지 처 霋 개일 처 緀 문체날 처 䨞 당할 처 屖 엿볼 처

妻 아내 처 淒 구름피어오를 처 䁦 엿볼 처 褄 두렁이 처 覷 엿볼 처 郪 땅이름 처

処 바를 처 処 곳 처 鶈 피꼬리 처 㜘 투기할 처 處 곳 처 淒 바람찰 처 䖏 곳 처 攄 혜칠 처

絮 국꿇일 처

척

척 躑 머뭇거릴 척 鵖 할미새 척 呎 피이트 척 踢 근심할 척 𥲖 칠 척 㵆 눈물흘릴 척 蚇 자벌레 척

柀 줄음살 척 摭 주울 척 徥 조금걸을 척 陟 나아갈 척 楨 겨레 척 瓻 술병 척 鳩 집오리 척

墌 터다질 척 慼 슬플 척 隻 외짝 척 滌 씻을 척 惕 공경할 척 鈰 꾸밀 척 鵻 참새새끼 척

蹐 발끝마처 다딜 척 跖 발바닥 척 𣏂 굴 척 踖 종종걸음 척 墄 섬돌층 척 蚸 도마뱀 척 䃠 팔매질해서 딸 척

尺 자 척 鼜 군사순경북 척 𥈛 시름없이 볼 척 脊 등마루 척 䳶 할미새 척 䞞 다소곳할 척

黩 빛이 썩어서 검어질 척 積 창 척 愁 두려워할 척 鶺 할미새 척 頙 바를 척 倜 높이 들 척

擿 던질 척 擲 긁을 척 䞊 천천히 걸을 척 斥 내칠 척 彳 자축거릴 척 鷘 물새 척 鼜

군사순경북척 拓 열척 敇 말매릴척 墌 메마른흙척 礏 경복척 剔 뼈척 踢 찰척 秖 짜라

기밥척 跅 놓아먹을척 鏚 도끼척 蠾 벼룩척 蜴 도마뱀척 ⿰目戚 볼척 捗 나갈척 鏚 도끼

척 瘠 파리할척 ⿰目修 뜻잃고울척 膌 파리할척 寴 친할척 ⿰月⿱癶脊 파리할척 滌 씻을척 趞 옆으로걸

어갈척 ⿱癶脊 등마루척 ⿰米隻 경영할척 ⿰則鳥 새할미척 嵴 산등성이척 ⿺走刺 옆으로걷는발척 隻

외짝척 擲 던질척 ⿰礻啇 치척 ⿱癶脊 등마루척 褁 가루척 厈 쫓을척 ⿰⻊巽 걷는소리척 蹠

밟을척 ⿰⻊彖 발바닥척 赿 넘을척 ⿰卓斤 가죽척 ⿺走責 갑자기척 ⿱罒早 가래척 ⿰⻊未 편편할척 戕

도끼척 戚 겨레척 ⿰⻊尗 편편할척 ⿱壴慼 군사순경북척 謫 벌할척 ⿸广步 가리킬척 ⿰衤庶 겨드랑이

솔기척 蹢 뛸척 ⿰亻斥 열척 磩 옥돌척 慽 슬플척 ⿰害少 건장할척 坧 기지척 ⿰片斤 볕척

⿱艹躑 철쭉척 滌 씻을척

천

㊀천 蚕 지렁이천 ⿺辶專 갖을천 濺 뿌릴천 䙴 옮길천 阡 밭두둑길천 ⿰目川 눈여겨볼천

天 하늘천 刋 끊을천 ⿱宀天 하늘천 ⿱艹滿 선명할천 ⿰扌囟 옮길천 歂 성천 篅 대둥구미천 竏

킬로리터천 ⿱臾廾 높은대올라갈천 ⿰目天 우러러볼천 ⿰衤⿱艹滿 풀더북할천 ⿰目千 멀어희미할천 薦 천거할천

舛 어기어질천 碊 언덕천 忏 성낼천 ⿰木䙴 고욤나무천 ⿱艹⿸广豙 쑥천 遷 옮길천 梴 나무

미밋할 천 於 깃대 천 栖 옮길 천 瘃 군지러울 천 𡸈 벌레꿈틀거릴 천 趬 짐승달아날 천 鵿 물오

리 천 櫏 고욤 천 仟 천사람 천 扷 소풀먹을 천 逭 빠를 천 籑 벼훑이 천 僊 머무지를 천 窀

통할 천 蒨 선명할 천 蕃 초목흔들릴 천 蘻 쑥 천 㟆 떠날 천 蝳 벌레굼실거릴 천 佽 막을 천

馦 하늘 천 燀 불땔 천 臬 샘 천 䒓 하늘 천 穿 통할 천 韯 언치 천 闡 열 천 闡

밝힐 천 家 구멍 천 浅 물얕을 천 冗 하늘 천 遄 수레중수할 천 踐 밟을 천 蹮 단정하게걸을 천

韆 그네 천 籼 킬로미터 천 瓩 킬로그램 천 儃 키멀쑥할 천 遷 옮길 천 遄 빠를 천 遄 갖을

천 穿 구멍 천 韉 짐승먹는풀 천 韉 언치 천 賤 천할 천 洤 샘 천 淺 물얕을 천 川 내 천

帣 여인배떠 천 睛 희멀건빛 천 䥝 질그릇 천 茜 꼭두서니 천 遷 옮길 천 綪 붉은비단 천 磩

깁펴는돌 천 鑯 늘여길게할 천 泉 샘 천 栫 에울 천 㟆 소금뜰 천 䕭 꼭두서니 천 豜 양의꼬리긴 천

蟓 자개 천 闡 열 천 櫼 홈통 천 縟 붉은비단 천 䝨 짐승달아날 천 迹 밝을 천 遷 옮길 천

芊 풀더부룩할 천 篅 대둥구미 천 俴 자취 천 遷 옮길 천 蒇 갖출 천 攥 꽂을 천

遷 바꿀 천 遄 가만히걸을 천 黇 누르고흰빛 천 千 일천 천 擅 천단할 천 韇 누른빛 천 遷 옮길 천

䌫 언치 천 迁 옮길 천 繟 띠늘어질 천 瀾 샛강 천 喘 헐떡거릴 천 䧘 잇 천 玔 옥고리 천

荐 깔자리 천 遷 오를 천 蒦 하늘 천 輤 상여뚜껑 천 擟 꽂을 천 衟 자취 천 靝 하늘

천 倩 엄전할 천 輲 상여 천 巛 내 천 瑏 옥 천 鷏 산이름 천 辿 느릿느릿 걸을 천 篅 대우

지길 천 瓩 킬로그람 천 㢟 걸을 천 暜 두서니 천 㟙 샘 천 幝 수레회장해져 너펄거릴 천 踐 밟을 천

鏕 칠그릇 천 祆 귀신 천 舛 늦꺾기차 천 腨 장딴지 천 闡 열 천 湶 샘 천 釧 팔찌 천

譂 망령된 말 천 囅 크게 웃을 천 惴 소금뜰 천 俴 얕을 천 杄 피염나무 천 㖂 빨 천 𡥈

거듭 천 歼 나머지 천 爨 불씨 천 䙴 옮길 천 篅 활 천 腺 멍울 천

철

驖 검붉은 청가라말 천 腏 뼈속기름 철 鐵 병장기 철 悊 어질 철 挃 밝을 철 醛 젓갈 철 蛈

땅거미 철 詧 속삭거릴 철 瞮 눈밝을 철 醊 술맛변할 철 噭 말 단정히할 철 喆 밝을 철 錣 채찍고달 철

颰 바람 철 徹 관철할 철 顡 머리짧을 철 蹛 빨리갈 철 祋 철제 철 驖 검붉은 청가라말 철 䟾 뛸 철

輟 그칠 철 澈 물맑을 철 驖 검붉은 청가라말 철 𥎊 키작을 철 勶 버릴 철 歠 훅들이마실 철 澈 맑을 철

鐵 쇠 철 𨄔 수레자국 철 叕 이을 철 剟 새길 철 餟 탐할 철 銕 병장기 철 蛆 벌레쏠 철 鐡

병장기 철 啜 훌쩍거릴 철 徹 통달할 철 娺 탐내어 먹을 철 瞮 밝을 철 哲 밝을 철 驖 검붉은 말 철

餮 탐할 철 𨏃 그칠 철 𤓰 연기날 철 嚽 입비뚤어질 철 𣟓 대추 철 罬 새그물 철 𧍿 벌레

쏠 철 䯵 뼈이을 철 鐵 쇠 철 䍉 새그물 철 𩅾 씻을 철 鑯 단단할 철 𤑩 불당길 철 錣 키작

을 철 諁 시끄러울 철 䩞 기운뜰 철 𢷹 빼앗을 철 屮 움날 철 惙 근심할 철 凸 뾰족할 철 掇

주울 철 騣 별막이 철 銕 검은쇠 철 𠂹 막을 철 轍 수레자국 철 撤 걷을 철 鰈 뿔 철 嚞

조롱할 철 餟 탐할 철 餮 탐할 철 爠 아궁이속연기 철 𢿢 덧니먹을 철 䦠 짧은모양 철 叕舀 알깔

때병아리소리 철 轍 바퀴자국 철 戜 빠를 철 㲻 눈물흘릴 철 眣 살로키찔 철 睇 어긋칠 철 惙

근심할 철

첨

餂 핥을 첨 憸 차회장 첨 簽 수결 첨 簷 처마 첨 籤 찌어붙일 첨 睫 해가떨어지려고껌

벅거릴 첨 𥣶 많을 첨 黇 누른빛 첨 櫼 문설주 첨 韂 말다래 첨 䟀 더할 첨 耴 귀뿔 첨 产 평고래 첨

忝 마음약할 첨 惉 편안할 첨 痁 피풍 첨 幨 옷깃 첨 銛 취할 첨 覘 엿볼 첨 韂 슬갑 첨

沾 적실 첨 蘸 첨풀 첨 忝 부끄러울 첨 㥏 부끄러워할 첨 檐 평고대 첨 尖 날카로울 첨 㦰

가래 첨 噡 잔말할 첨 西 핥을 첨 閚 엿볼 첨 湉 물고요히흐를 첨 䪜 말달려갈 첨 襜 앞치마 첨

榛 부지갱이 첨 惦 불화할 첨 裧 옷헤칠 첨 膳 살찔 첨 瀸 물이름 첨 鑯 뾰족할 첨 䤠 가까이할

첨 閚 문방긋이열고엿볼 첨 閦 서서기다릴 첨 壛 막을 첨 躙 발돋움할 첨 痁 피풍점 첨 甛 달 첨 鉆

이지러질 첨 憸 차회장 첨 隵 빠질 첨 襜 옷가지런할 첨 忝 욕될 첨 黏 많을 첨 檐 추녀 첨

緂 모직 첨 詹 이를 첨 添 더할 첨 舔 공손할 첨 䑙 말벌 첨 笘 깎아얇게할 첨 帎 가밀

리는수건 첨 酟 섞을 첨 譫 말낼 첨 甛 달 첨 詹 이를 첨 謟 아첨할 첨 嶦 산비알 첨

懺 표지 첨 劖 끊을 첨 僉 다 첨 嚵 탐낼 첨 瘮 목구멍아릴 첨 忝 상치 첨 怗 소속

리왁자할 첨 瞻 쳐다볼 첨 籤 서상대 첨 緂 모직 첨 胅 티눈 첨 舔 핥을 첨 銛 날카로울 첨

鐱 가래 첨

첩

陸 낭떠러지험하고 좁을 첩 堞 성위의 담 첩 逮 빨리 달아날 첩 屧 내릴 첩 䕸 키로 까불 첩

茾 작은 잎 첩 㨗 공문 첩 諜 말납신거릴 첩 轞 수레소리 첩 睫 속눈썹 첩 鮿 절이지 않고 말린 고기 첩

𪔂 북소리나지 않을 첩 渫 얼어붙을 첩 蹀 저벅저벅 걸을 첩 黏 차조 첩 𨂚 종종걸음 첩 諜

이간할 첩 倢 달아날 첩 㲯 모직 첩 椄 주각 첩 撎 밥주각 첩 耴 귀뿔 첩 蘐 꽃필 첩 妾

작은 집 첩 牒 편지 첩 㠗 산이 높을 첩 畳 거듭 첩 猎 개핥을 첩 倢 빠를 첩 欇 나무이름 첩

輒 문득 첩 䟻 속눈썹 첩 褺 겹옷 첩 緤 서나라비단 첩 帖 문서 첩 獵 빨리날을 첩 槷 사능

연장 첩 疐 눈올 첩 㨗 빠를 첩 迠 갈 첩 疊 거듭 첩 䇋 대잎 첩 諜 이간할 첩 疊

거듭 첩 䨖 가랑비 첩 崨 이을 첩 夂 거듭 첩 㞯 내릴 첩 䕯 필 첩 鼛 북소리 나지않을 첩 亽

거듭 첩 諜 이간할 첩 鞊 말언치 첩 㲠 속눈썹 첩 踕 발빠를 첩 曡 거듭 첩 䐑 어깨뼈 첩 婕 예쁠 첩

𠠗 찌를 첩 㡇 옷깃 끝 첩 𦅸 고운 옷 첩 喋 말잘할 첩 膝 편지 첩 𨒢 달아날 첩 舔 핥을 첩

㛂 계집 표독할 첩 輙 홀연 첩 捷 이길 첩 貼 붙일 첩 呫 맛볼 첩 䀹 속눈썹 첩 𨄦 지어 걸음

첩 楪 산자널판 첩 牃 평상널판 첩 牒 편지 첩 䵘 실엉킬 첩 褄 옷깃 첩 緁 꿰맬 첩

𦻐 풀거적 첩 縶 말맬 첩 䇈 작은요사키 첩 𣠞 나무이름 첩 艓 배빨리 갈 첩 淁 물솟을 첩 碟

산연접할 첩 𡼏 산높고 첩첩할 첩 𩗰 바람불 첩 𠠗 노끈이을 첩 𨆑 달아날 첩 㡇 옷깃 첩 怗

고요할 첩 怗 편안할 첩 擸 걸 첩 睫 해떨어지려할 첩

청

청 請 뵈올 청 聽 들을 청 淸 맑을 청 暒 날갤 청 鐣 종소리 청 聙 들을 청 鐀

정할 청 靗 바로볼 청 𡸁 대겹질 청 鶄 교청새 청 䨝 여신의 이름 청 泟 붉을 청 晴 날개일 청

廳 대청 청 䑗 가벼운 배 청 請 청할 청 𩞃 음식을 군심할 청 峇 푸를 청 婧 가날플 청

殅 날개일 청 𩭞 머리털 엉킬 청 䞍 큰머리 청 瀞 찰 청 靑 푸를 청 鯖 비웃 청 𣅈 날개일 청

淸 서늘할 청 聑 들을 청 䴘 교청새 청 清 맑을 청 錆 정할 청 靗 정탐할 청 鶄 교청새 청 蜻

蜻 잠자리청 庁 맑은날씨청 䢸 평평할청 靖 맑을청 掅 꺼두를청 郬 땅이름청 廳 관청청 聽

들을청 圊 뒷간청 甠 벽돌청 䝼 받을청 閅 문빗장청 靑 푸를청 耓 들을청 斫 비석

돌청 靑 푸를청 徹 통달할청 聽 들을청 腈 혈질청 碃 푸른돌청 鎗 옥소리청 倩 대신

청

체

躰 몸체 逮 미칠체 摰 끌어당길체 寨 나무울체 骵 몸체 磃 피석체 㥦

마음편할체 髰 상투체 趩 뛰어날체 屜 신창체 杕 나무무성할체 踬 넘을체 𪖐 콧물

체 軆 몸체 挮 눈물씻을체 达 미끄러질체 朁 대신할체 崹 평할체 霴 구름낄체

毻 찡을체 蝃 무지개체 懘 점칠체 鉪 차꼬체 鬀 머리깎을체 遞 갈마들체 褅 처네

체 遰 갈체 螮 무지개체 𤗈 방체 𤡐 미친개체 篪 거문고체 禘 나라의큰제향체 趯 뛰어날체

紕 비단무늬체 㡗 붉은종이체 普 대신할체 鬄 머리깎을체 遞 갈마들체 殀 고달플체 蒂 꼭지체

茵 대로기울체 㥁 성내고말할체 蔕 꼭지체 屜 언치체 棣 아가위체 蔕 꼭지체 鬀 머리깎

을체 醊 잔부어놓을체 滯 엉길체 蔕 꼭지체 遆 갈마들체 替 대신할체 懘 목쉴체

釱 짜꼬체 𩏄 연할체 𧛮 꿰맬체 迏 미끄러질체 𥄤 볼체 趆 넘을체 蕝 띠묶어표할체

剃 털깍을 체
綈 맺을 체
䨦 구름낄 체
褆 기울 체
褮 상옷 체
軆 몸 체
䁢 살필 체
屜 안창 체
鷈 되강오리 체
綴 연결할 체
鬀 땋은머리 체
靆 구름낄 체
褅 포대기 체
遆 역말 체
聺 귀밝을 체
蔕 꼭지 체
嚏 재채기할 체
逮 미칠 체
揥 버릴 체
殢 느른할 체
𢶏 막힐 체
鶙 매 체
摖 걸고잡아다릴 체
涕 눈물 체
栘 산매자나무 체
掣 막힐 체
𡥉 어린아이 체
遰 막힐 체
髢 땋은머리 체
𨨖 풀베는낫 체
砌 섬돌 체
滯 막힐 체
餟 모사술 체
諦 살필 체
彘 돼지 체
畷 밭사이길 체
遆 갈릴 체
鷉 산비들기 체
觜 휠 체
體 몸 체
艜 배가위태할 체
骵 몸 체
薙 풀을 체
銐 풀베는낫 체
迖 이끄러질 체
楴 족집게 체
璏 칼콧등옥으로꾸밀 체
腣 코비뚤어질 체
遞 역말 체
𨗨 잡아가둘 체
鷈 되강오리 체
切 일체 체
擿 지리끌 체
𣰇 꿇을 체
鋫 풀베는낫 체
𤢊 미친개 체
替 한쪽낮을 체
㡇 새행주 체
蔕 꼭지 체

초

초

𤛓 뿔날가로울 초
鼦 돈피 초
杪 나무가서로높을 초
𦄾 생삼 초
𤰶 밭갈 초
𣭖 새풍지 초
鞘 칼집 초
鷦 뱁새 초
鐎 테우는그릇 초
幧 묶을 초
𦗢 귀울릴 초
怊 실심할 초
嘄 적적할 초
𪇰 불에덴 초
迢 멀 초
綃 생초 초
劭 권면할 초
𪚰 거북지저점칠 초
嶣 산이마 초
𥁕 삼태기 초
簉

잘초 窼 산우뚝할초 阝召 삽으로갈초 瞧 결눈질할초 飠召 먹을초 趠 절뚝발이초 杪 나무끝초

蕉 파초초 妱 계집이름초 龺羽 털많을초 狐 서남오랑캐초 綃 생초초 偢 근심할초 憔 파리할초

犭巢 서남오랑캐초 鏪 도금할초 鬼堯 빠른모양초 糸焦 생삼초 鬼召 능초풀초 衤弔 수의초 艸

풀초 火芻 볶을초 鷦 뱁새초 蕇 풀초 牜盧 소부릴초 肖 닮을초 噍 새소리초 ⺮稍 커꼬

리초 犭召 동경개초 米肖 고운가루초 初 처음초 車䍃 적은차초 舟召 초배초 [illegible] 수레번화하게꾸밀초

焣 불에말릴초 酉且 좋은장초 [illegible] 수의초 帩 묶을초 忄爵 성품급할초 岧 산높은모양초 軺

적은차초 召欠 기운오를초 麥酉 마를초 繳 술마실초 膲 삼초초 濋 물넘쳐흐를초 藮 떨나무초 鉊

큰낫초 [illegible] 후추초 招 구할초 楚 가시초 走巢 다투어달아날초 庂刂 가래초 醮 파리할초

鯈 파라미초 魹 투구위의털치장초 言巢 대신말할초 魚巢 잉어같고닭같은것이옴있는고기초 酢 초초 譙 꾸짖

을초 鬲芻 볶은초 艹樵 나무할초 雧 구울초 硝 망초초 草 풀초 陗 급할초 衤戚 선명

할초 巾召 가는실초 罺 채어잡는그물초 柧 나무가시초 阝楚 언덕초 口楚 꾸짖을초 禾勺 벼이삭숙일초

訬 가벼울초 踔 넘을초 剿 끊을초 舟少 배외태할초 哨 말많을초 艹集 떨나무초 金苕 송곳

초 悄 근심할초 火龜 거북지저점칠초 火參 가래초 誚 꾸짖을초 脨 구운젓가락초 黑肖 죽은깨초 憷

아플 초 麨 볶은가루 초 𧼯 회초루 초 秞 벼이삭숙은모양 초 齠 이갈 초 趠 오월바람 초 湫 웅덩이 초

醮 파리할 초 䯨 오색빛 초 鷦 날샘 초 燋 불당길 초 超 뛰어넘을 초 䴛 볶은보리가루 초 魝 풀올

초 礎 주춧돌 초 潐 술거를 초 剿 끊을 초 祒 복 초 麨 찐보리가루 초 嶕 산이마 초 鞘 칼집 초

䏆 귀울 초 穛 초례지낼 초 𥳗 대가지길 초 卣 열매주렁주렁달릴 초 𩝐 찐보릿가루 초 肖

닮을 초 鳭 뱁새 초 𦐇 새꼬리쳐들 초 䜈 망우 초 髫 터럭많을 초 髫 다박머리 초 裦

수의 초 𤎤 볶을 초 𤏖 볶을 초 丩 풀 초 謅 조롱할 초 椒 후추 초 麨 찐보리가루 초 耖

쓰레 초 𤍽 지질 초 䀣 눈으로사람희롱할 초 顦 파리할 초 焦 델 초 推 피꼬리 초 藮 땔나무 초

娋 누이 초 𧬵 대신말할 초 䳂 피꼬리 초 罺 채어잡는그물 초 礁 암초 초 鍫 삽 초 觘

소뿔벌어진모양 초 貂 돈피 초 騲 암컷 초 勦 수고로울 초 𪎭 삼줄가 초 窼 새집 초 僬

난장이 초 䘯 옷깃 초 蕱 풀자랄 초 楚 싸리 초 趭 달음질할 초 𪉈 비롯할 초 昭 눈으로희롱할 초

齼 이다쳐서곱을 초 撨 밀칠 초 䢒 빨리달아날 초 㯠 나무끝뾰족하게깎을 초 必丁 빼반할 초 醮 초례

제 초 𧝓 닦을 초 𣐃 후추 초 愀 핼쑥할 초 屌 자지 초 𧓲 잔잔한벌레 초 峭 산높을 초 㗒 목구

멍울 초 𤏽 물건축날 초 愺 심란할 초 岹 산높은모양 초 鍬 삽 초 䴛 볶은보리 초 𩗄 날리는바람 초

嫶 얼굴파리할 초
樵 땔나무 초
鈔 취할 초
趙 선모양 초
睄 잠깐 볼 초
癄 근심할 초
諿 농담할 초
⿵門焦 오목 초
潲 높은 물결 초
鶮 발놓을 초
釥 좋은 쇠 초
謅 농담할 초
稍 점점 초
⿱焦女 누님 초
⿰焦毛 상모 초
炒 볶을 초
⿱攸皿 삼태기 초
秒 초침 초
帩 수건 초
弨 활뒤집힐 초
抄 주릴 초
苕 능초풀 초
蟭 범아자비알 초

촉

釶 살촉 촉
蠋 뽕나무벌레 촉
臅 가슴기름 촉
⿰亻蜀 사람의 이름 촉
鸀 산까마귀 촉
⿱旋立 서서 기다릴 촉
⿱艹歜 대단히 성날 촉
燭 촛불 촉
亍 자축거릴 촉
⿰言足 발굽할 촉
⿰足豕 달아날 촉
⿺走豖 어린애 타달타달 걸을 촉
瘃 손발 얼어 터질 촉
鸀 산까마귀 촉
⿺走蜀 자박자박 걸을 촉
欘 호미 촉
⿰糹蜀 띠 촉
⿰土豖 마소발자국 촉
躅 철쭉꽃 촉
趗 국촉할 촉
鏃 살촉 촉
⿰足畜 살찐발 촉
⿰足屬 자취 촉
促 재촉할 촉
觸 받을 촉
踀 삼갈 촉
襩 긴두루마기 촉
⿱獄黽 바속에 있는 큰새우 촉
⿰女屬 계집 순직할 촉
矚 볼 촉
⿰片足 재촉할 촉
觕 받을 촉
⿱雔蜀 받을 촉
斸 깎을 촉
矗 우뚝할 촉
触 받을 촉
蜀 촉규화 벌레 촉
劅 깎을 촉
蠾 벼룩 촉
⿰立殳 제계할 촉
⿱艹蜀 옥수수 촉
髑 해골 촉
⿰衤屬 긴두루마기 촉
⿰革蜀 활집 촉
促 재촉할 촉
⿰王蜀 옥이름 촉
歜 크게 성낼 촉
⿰立足 제계할 촉
⿱足皿 바리 촉
钃 호미 촉
⿰足足 팔 촉
矚 볼 촉
⿰鼠足 쥐새끼 촉
鸀 산까마귀 촉
躅 자취 촉
灟 공손할 촉
曯 비칠 촉

촉 ⿰糸屬 띠 촉 爥 비칠 촉 ⿰扌屬 잡을 촉 ⿰衤屬 통치마 촉 囑 부탁할 촉 ⿰口戚 눈쌀 찡그릴 촉 ⿰土豖 소말

발자국 촉 齺 이 촘촘할 촉

㊟촌 寸 마디 촌 刌 끊을 촌 村 마을 촌 ⿰扌寸 끊을 촌 邨 마을 촌 ⿰屯阝 마을 촌 ⿱⿰臼臼火

끊으려할 촌 忖 헤아릴 촌 吋 인치 촌

㊟총 緫 거느릴 총 ⿰月悤 밝을 빛 총 ⿱髟芳 털엉킨 총 聡 밝을 총 ⿰忄每 어리석을 총 ⿰金悤 큰끌 총

⿱髟最 머리털이 다부룩하게 날 총 ⿰㚇鳥 오리같고 작은 물새 총 ⿱艹囪 풀더부룩할 총 聰 밝을 총 ⿰忄囪 실심할 총

⿰牛悤 거느릴 총 ⿱艹悤 파 총 ⿰氵衆 물모일 총 ⿰木叢 떨기로 날 총 ⿰髟龍 곤을 총 ⿱今心 몹시바쁠 총 ⿰亻童 이를 총

⿱穴童 빌 총 謥 더듬거릴 총 ⿰火悤 횃불 총 ⿰虫悤 잠자리 총 ⿰火忩 따뜻할 총 ⿰糸從 벼벨 총 蓯 풀무성할 총

⿰糸㤙 거느릴 총 ⿰火悤 따뜻할 총 ⿰耳囪 밝을 총 驄 총이말 총 ⿰糸囪 거느릴 총 ⿰牛悤 괴로울 총 總 거느릴 총

⿱艹忩 파 총 鏦 창 총 ⿰身中 몸곧을 총 ⿰髟囪 말갈기 총 ⿰金从 창 총 ⿰酉悤 탁주 총 揔 거느릴 총 傯

바를 총 ⿰糸叢 실합처짤 총 寵 사랑할 총 捴 거느릴 총 ⿸广忩 집 총 冢 클 총 ⿰衤松 작은바지 총 ⿰忄悤

실심할 총 蔥 파 총 葱 풀더부룩할 총 ⿰車忩 죄수싣는차 총 蟌 잠자리 총 ⿰氵悤 물소리 총 ⿱竹聚 고기잡는 대그릇 총

⿰火叢 불탈 총 ⿰金囪 창 총 ⿱艹叢 풀떨기 총 ⿱匆又 총총할 총 ⿱艹聚 떨기나무 총 ⿰足悤 바쁘게갈 총 叢

떨기 총 潨 물길올 총 䆫 짧은창 총 㥖 몸시바 총 銃 총 총 顡 찰 총 塚 무 총 傯 바쁠 총

㩀 거느릴 총 鬆 머리흩어질 총 驄 옥색말 총 緫 합할 총 總 비단푸른빛 총 穗 벼묶을 총 叢

떨기 총 聰 귀밝을 총 熜 삼찔 총 篵 젓가락통 총 囪 빠를 총 鏓 큰끌 총 漎 물모일 총

驄 총이말 총 鍯 끌 총 騘 총이말 총 鏦 찌를 총 醪 탁주 총 璁 옥같은돌 총 囱 굴뚝 총

총 䆫 옷 총 轗 죄인차 총 饢 먹을 총 匆 총총할 총

촬

穾 구멍이속으로볼 촬 樶 좁을 촬 擦 손으로잡을 촬 撮 비질 촬 繓 맺을 촬 㯯 나무꼬쟁

이 촬 撮 당길 촬 黣 검을 촬 緅 맺을 촬 鬉 상투 촬 襊 치포관 촬

쵀

啐 부를 쵀 䄔 삭제 쵀 䈽 대비 쵀 綷 비단 쵀

최

𡒊 높은언덕 최 㝜 어린애자지 최 煺 퇴할 최 綷 잔소리 최 䆫 지경 최 稡 모을 최

鏙 그릇이름 최 犏 흰소 최 䠞 걷는모양 최 萑 꽃늘어질 최 隺 무너질 최 漼 서리와눈쌓일 최

𡽗 드릴 최 寂 가장 최 脧 어린아이불알 최 崔 성 최 攡 쥐어지을 최 磪 깨질 최

慛 맘상할 최 悴 근심할 최 滜 무너질 최 璀 옥빛찬란할 최 髼 터럭엉킬 최 秤 모을 최

摧 꺾을 최 最 가장 최 嶊 높은모양 최 臇 국곰 최 榱 서까래 최 糴 정한쌀 최 䊴

휠 최 䶰 장 최 鵻 어린애 자지 최 髽 가상투 최 漼 새로 난 물 형상 최 榷 나무 쌓을 최 鏙 쇠일

최 蹝 몸시 심할 최 數 쉽울 최 磪 자갈 최 齒最 장 최 鑩 편편하지 않을 최 糀 붉은 쌀 최

羧 양의 병 최 漼 맑을 최 綷 겹소리 최 趡 핍박할 최 蕞 조그마할 최 蕞 조그마할 최

膗 형용추악할 최 縗 상옷 최 齒最 이를 뺄 최 膗 허술할 최 醊 장 최 䘒 어린애 자지 최 鋷 송곳

최 催 재촉 최 熣 그으름 최 蹝 바삐 갈 최 嘬 씹을 최 嗺 슬플 최 韋崔 안장가죽 최

漼 쌓일 최 傕 급히 갈 최 慛 마음상할 최 確 험할 최 挫 줄어질 최 蓬 바쁠 최

추

萩 다북쑥 추 鞧 말고삐 추 鶖 아롱비둘기 추 蓬 풀 서로 잇당을 추 簜 용수 추 縋

줄에 매달 추 棰 매 추 錗 저울눈 추 椎 방망이 추 犓 대략 추 籔 고기잡는 기구 추 磓 떨어

질 추 麁 성길 추 揂 모을 추 㥞 나쁠 추 㠌 고개이름 추 緅 줄에 매달 추 篘 풀배일 추

啾 두런거릴 추 萫 비 추 穐 가을 추 秋 가을 추 騶 마부 추 芻 짐승먹이 추 菆

맑은 대쑥 추 齺 이 촘촘할 추 鯫 송사리 추 緅 말가슴거리 추 䎻 키울 추 諈 핑계할 추 鞦 묶을

추 𡔆 거미 추 魋 북상투 추 犓 꼴 먹여 소 기를 추 楸 노나무 추 籔 통발 추 箒 비 추 篴

나를 추 騅 말이 작은 모양 추 綝 말고삐 추 殠 썩은 기운 추 橅 평이름 추 鬓 물요래 갈 추 瘷

옴추릴 추 䨨 숨을 추 惆 섭섭할 추 掫 칠 추 銂 수갑 주 𪊺 성길 추 醜 미울 추 觰 실패

추 趍 달아날 추 樞 지두리 추 雛 병아리 추 鼩 쥐 추 趨 달아날 추 搊 손으로 틀길 추 沝 두갈래물

추 秌 가을 추 謅 결단하지 못할 추 𠰥 염치없을 추 鬏 털빠질 추 緅 아청빛 추 𦭿 끌 추

𡁲 아이울 추 郰 땅이름 추 錘 저울눈 추 崷 산길고 우뚝할 추 齺 이촘촘할 추 鄹 나라이름 추

隹 꼬리짧은새 추 豵 작은암퇘지 추 鄒 나라이름 추 𥨐 휘소리날 추 甃 우물벽돌 추 紐 주름 추

䏐 가죽터질 추 鎚 쇠마치 추 㻞 옥무늬 추 穝 삼단 추 𪓰 두꺼비 추 齱 이촘촘할 추 陬

모퉁이 추 騅 푸르고흰 얼룩말 추 捶 칠 추 𣤗 키울 추 䋘 말고삐 추 𪊨 작은사슴 추 𡦹 애밸 추

瘳 병나을 추 硾 누를 추 皺 주름질 추 閆 곧열 추 蝵 거미 추 𣪠 핍박할 추 媨 계집늙어

추할 추 鶵 작은새 추 媰 과부 추 龝 가을 추 閨 곧열 추 𤾁 공이로칠 추 趎 사람이름 추 邹

나라이름 추 僽 꾸짖을 추 鯞 쏘가리 추 㥢 나쁠 추 僦 세낼 추 𨽌 잃을 추 墜 떨어질 추

酋 괴수 추 𨋍 바퀴살 추 埾 쌓을 추 甃 우물벽돌 추 𤿭 가죽오그라질 추 槌 누에시렁 추

揫 묶을 추 麤 클 추 鐥 쇠마치 추 𨞙 나라이름 추 湭 물근원 추 鶖 남방꿩 추 崷 산길고우

뚝할 추 𣪊 가지런하지않을 추 𦚽 반찬 추 𪕭 쥐 추 龝 가을 추 箠 채찍 추 帚 비 추 鄹

나라이름 추 ⿱臤言 물을 추 雏 병아리 추 ⿰扌州 손으로 퉁길 추 ⿰忄就 핍박할 추 縐 주름 추 鼀 두꺼비 추 鰍

미꾸리 추 ⿰木⿱曲丑 땅이름 추 ⿰足芻 짐승의 발 추 ⿰酉黽 두꺼비 추 ⿸广⿱林取 삼줄 추 ⿱畫虫 거미 추 緧 말고삐 추 ⿰魚⿱羊缶

잉어 추 鰌 미꾸리 추 ⿱攸目 눈비뜰 추 ⿰音芻 떠들 추 麂 성길 추 ⿰ヨ鳥 병아리 추 ⿸广追 집무너질 추 ⿰口芻

꾸짖을 추 錐 송곳 추 ⿰革聚 언치 추 鶖 두루미 추 ⿰豕聚 작은 암퇘지 추 ⿰金推 저울눈 추 枢 지두리 추

蒭 풀베일 추 ⿰髟垂 다팔머리 추 ⿸尸酉 보지 추 ⿸疒卉 병나을 추 ⿰糸芻 주름질 추 皺 소름끼칠 추 ⿰足酉

걷는 모양 추 ⿺走蠢 나아갈 추 ⿰禾胄 벼알여물 추 ⿰足⿱曲丑 짐승의 발 추 聚 추나무 추 ⿰奚隹 가는목 추 ⿰舟芻 대동

선 추 ⿰女及 얼굴고울 추 ⿰口追 입속가득할 추 ⿸广圭 바로열 추 鞦 그네 추 ⿰月芻 반찬 추 ⿱髟酋 다리 추 ⿰酉瓦

부리작은 항아리 추 ⿰忄秋 옷구길 추 ⿰鳥隹 아롱비둘기 추 ⿺走屋 달아날 추 ⿰糸聚 칡베 추 ⿰糸州 주름 추 駎 말이

다투어 달릴 추 ⿱秋見 민망이 볼 추 ⿱⺮敢 대누를 추 鶵 병아리 추 ⿰馬⿱曲丑 거들 추 ⿰口丑 소리 추 ⿰足奏 밟을 추 ⿰壽攴

버릴 추 趥 타달거릴 추 ⿰⿱秋灬黽 가을 추 ⿰面ヨ 주름질 추 ⿺秋龜 가을 추 抽 뽑을 추 ⿰目斗 눈짓

할 추 ⿱秋雀 병아리 추 ⿰金奏 창 추 ⿰秋⿱龜灬 가을 추 追 쫓을 추 ⿰木芻 쇠코뚜레 추 ⿰米麁 굿은쌀 추 揪 묶을

추 追 미룰 추 ⿰系隹 가는목 추 ⿰ヨ鳥 병아리 추 ⿰木敢 열매열 추 ⿰隹鳥 아롱비둘기 추 ⿰ヨ隹 이름 추 ⿰耳酋 귀울

추 ⿱秋火 가을 추 ⿱此缶 물장군 추 ⿰秋龜 가을 추 ⿰豸區 이리 추 ⿰壽鬼 추할 추 ⿰衤芻 옷구길 추 ⿰亻芻 고용

살이할 추 諏 욕할 추 揫 묶을 추 鯫 조채이름 추 湭 술즙낼 추 䭔 허출할 추 膇 수중다리 추

餯 잃을 추 𩟎 거두어 묶을 추 𪆶 거두어 묶을 추 嘍 험담할 추 溲 물소리 추 搥 북칠 추 趍

추장할 추 揍 꽂을 추 麈 한살된 사슴 추 騶 마부 추 鞫 묶을 추 㞮 높은 언덕 추 諏 물을 추

甃 벽돌 추 𥽄 녹말 추 潨 물굽이흐를 추 𧬤 아첨할 추 陎 고을이름 추 丑 소 추 𡲩 보지 추

冣 무너질 추 䫙 이마 추 篍 퉁소 추 煪 키울 추 麤 신 추 隹 새 추 𩑶 버릴 추 棰

말채찍 추 檇 찔 추 䣯 된장 추 𨘂 숨을 추 怞 밝을 추 娵 별이름 추 臭 냄새 추 娶

장가들 추

축

丒 축시 축 欑 수레멍에목 축 瘯 배아플 축 顣 찡그릴 축 築 쌓을 축 鼀 두꺼비 축

䙯 좋은옷 축 埱 비롯할 축 傗 꾸부릴 축 𨗳 가는 모양 축 鼀 두꺼비 축 𣩵 오그라질 축 筑

비파 축 𧑒 자편레 축 稸 쌓을 축 柷 풍류 축 軸 굴대 축 媨 아첨할 축 閦 무리 축 躿 찰 축

縬 오그라질 축 蹜 찰 축 舳 배꼬리 축 咮 닭부르는 소리 축 滀 물모일 축 逐 물리칠 축 𨂺 자취

축 蹴 찰 축 簇 다질 축 蹙 쪼그러질 축 𧏭 노래기 축 𨋒 굴대 축 潚 빠를 축 蹴 찰 축

筑 비파 축 𥻷 쌀볶아 만든 떡 축 𧪷 풍류에 달은 것이 끊어질 축 𧼮 곧을 축 殧 마칠 축 蓄 쌓을 축

鱁 아감젓 축 閦 무리 축 齪 고를 축 蹵 찰 축 ⿱秋糸 움츠러질 축 敊 몸시앓을 축 䇍 수능

버들 축 閦 무리 축 簍 쌓을 축 篁 쌓을 축 䇍 능수버들 축 縮 오그라질 축 蓫 소루장이

축 築 능수버들 축 闌 무리 축 ⿰畜攵 입맞출 축 蓄 쌓을 축 ⿰山叔 이를 축 ⿰衤蹙 좋을 축

築 다질 축 踧 조심하여 걸을 축 誅 향내맡을 축 鄐 고을이름 축 閦 무리 축 ⿱戚糸 움츠러질 축

⿰亻頁 투불거진 이마 축 斣 평미리 축 築 다질 축 妯 동서 축 樎 말구유 축 逐 쫓을 축 紒

풀 축 ⿱攸疋 빠를 축 ⿱竹舡 축축 축 搐 당길 축 畜 가축 축 丑 소 축 ⿰衤憲 옷종고화사할 축 ⿱罒昌

산짐승 축 噈 입맞출 축 𩣡 뭇말이 서로쫓을 축 豖 발얽은 돼지걸음 축 閒 부처이름 축 且 또 축 敊 근심

할 축 嘁 브끄러울 축 縬 구김살 축 亍 앙금질 축 竺 땅 축 柚 북 축 祝 빌 축 稸 감출 축

⿰言丑 부끄러워할 축 槭 단풍나무 축 蹙 찡그릴 축 ⿰鼻丑 코피 축 ⿱戚口 부끄러울 축 ⿰忄就 핍박할 축

⿱筑手 손으로 다질 축

춘

⿰月春 살찔 춘 ⿰舟春 휠 춘 蠢 나올 춘 杶 참죽나무 춘 鶞 새이름 춘 春 봄 춘 櫄

참죽나무 춘 ⿰春攴 어지러울 춘 ⿰口春 불 춘 媋 계집의자 춘 椿 대추나무 춘 ⿺走春 도망할 춘 鰆 상어 춘

橁 참죽나무 춘 ⿰舟隹 새이름 춘 瑃 옥이름 춘 偆 가멸할 춘 萅 봄 춘 蒖 봄 춘 睶 큰눈 춘

賰 넉넉할 춘

출

(출)
黢 검을 출
炪 따뜻할 출
㓏 물건 쪼개는 소리 출
䶥 물어서 들래는 이 출
怵 두려워할 출
岀 물솟올 출
鉥 달아나올 출
䟣 짐승의 발자국 출
怸 다부룩히 첫싹 날 출
𡴑 사람을 부르는 소리 출
趉 달아나올 출
茁 풀싹 출
黜 내리칠 출
出 날 출
袾 갈집 출
鮋 찝을 출
䥑 풀벨 출
𦂰 관꿀 는불 출
𤜵 두머리 짐승 출
朮 삽주 출
䙨 낯짧을 출
秫 차조 출
絀 꿰맬 출
欪 웃을 출
醛 술맛 변할 출

충

(충)
衶 빌 충
豰 저절로 올 충
蟲 벌레 충
浺 밑샘 충
䵵 귀막을 충
䗈 북소리 충
穜 벼이름 충
𢙾 근심할 충
豵 땅재지 충
沖 물충충할 충
爞 가물어 뜨거울 충
沖 화할 충
种 어릴 충
烛 가물 충
㤝 마음 동할 충
狆 삽살개 충
裗 짧은 옷 충
漴 물소리 충
𧊱 벌레 충
猑 치떠 날을 충
𢡱 근심할 충
盅 그릇 빌 충
沖 물 아득히 뻗칠 충
衝 충돌할 충
豰 저절로 올 충
衝 충돌할 충
穜 짧은 창 충
筅 대끝이 뾰족할 충
𪂙 산새 비슷한 이름 충
冲 화할 충
㧤 밀 충
虫 벌레 충
珫 귀거리 옥 충
充 가득찰 충
𧧒 탐할 충
䡴 진 뚫는 수레 충
嘃 먹을 충
忡 근심 충
忠 충성 충
茺 익모초 충
衷 속 충
𨖷 도망할 충
漴 소낙비 충
虫 벌레 충

㊀췌 萃 떨기 췌 劕 끊는소라 췌 贅 붙일 췌 悴 근심할 췌 錊 단련할 췌 贅 붙일 췌

惴 근심하고두려워할 췌 贅 붙일 췌 賥 붙일 췌 瘁 병들 췌 顇 파리할 췌 瘁 병들릴 췌

嘬 씹을 췌 膵 첩육탕 췌 萃 모을 췌

㊀취 趣 창할 취 樶 나무마디 취 棷 푸서리 취 冣 모을 취 璻 옥빛 취 竅 막힐 취

歛 불 취 翠 깃푸른새 취 𤹖 병 취 竁 구멍을막을 취 翠 비취 취 趣 추장할 취 漼 마실 취

趡 주장할 취 聚 모을 취 翠 비취새 취 冣 쌓을 취 濢 눅눅할 취 炊 불땔 취 脺 다스릴 취

䊴 곡식두번찧을 취 取 취할 취 揣 시험할 취 龡 악기를불 취 揣 헤아릴 취 鷲 독수리 취

檇 찧을 취 臰 썩을 취 𡷫 헤아릴 취 踤 기다릴 취 臎 불 취 聚 모을 취 餐 꾸밀 취

噿 새부리 취 毳 아지듭방찔 취 臭 냄새 취 萃 모을 취 毳 사절할 취 醉 술취할 취

蕞 모을 취 毳 짐승의가는털 취 椯 회추리 취 龡 악기를불 취 就 나갈 취 酔 술취할 취

娵 개인 취 鷲 독수리 취 𥳑 실패 취 臎 살찔 취 脆 연할 취 椊 썩은나무 취

竁 중취팔 취 帨 새행주 취 娶 장가들 취 龡 악기를불 취 就 나갈 취 溴 물기운 취

𥔵 돌깨어질 취 脃 연할 취 𧱁 북방 취 驟 별안간 취 𥓓 매 취 吹 불 취 嘴 부리 취

膵 지라 취 贅 혹 취 趣 뜻 취 灝 흐릴 취 就 나갈 취 𢈢 기우러질 취 樶 나무마디

취 慹 점칠 취

ⓒ측

廁 뒷간 측 昗 기울 측 則 법 측 庂 돈 측 𢠹 아플 측 夨 기울 측 㥳 측량할 원 측

測 헤아릴 측 側 곁 측 稄 빽빽한 모양 측 遫 펼 측 𥝱 볏단 측 仄 기울 측

𠪚 해기울어질 측 畟 나아갈 측 崱 산클 모양 측 昃 해기울어질 측 惻 슬플 측

ⓒ츤

儭 속옷 츤 櫬 관 츤 䞋 몸단정할 츤 嚫 베풀 츤 襯 속옷 츤 齔 이갈 츤

藽 무궁화 츤

ⓒ츰

𨳝 문으로 드나들 츰 闖 엿볼 츰

ⓒ츱

鞁 살가죽 쪼그라질 츱 𪌊 늙은이 피부 주름질 츱

ⓒ층

層 층층대 층 𦓔 따비자루 층 蹭 길잃은 모양 층 䁬 태도지을 층 𧳁 우리 층

ⓒ치

𨇲 밟을 치 魑 역신 치 耋 이를 치 蚩 어리석을 치 鬀 찌를 치 摕 평 치 痔 치질

치 齝 소가 풀을 먹을 치 錙 저울눈 치 廁 뒷간 치 𡺦 산우뚝할 치 䈍 어린 대 치 䛐 살필

치 淄 물이름 치 澂 젖을 치 䔷 검붉은 토란 치 穉 어린 벼 치 媸 더러울 치 饎 술밥 치 𦐇

높이 날 치 䵹 글씨 쓸 치 値 만날 치 駤 말 뒷걸음칠 치 謻 말로 속일 치 黹 바느질할 치 置 둘 치

㢋 넓고 클 치 薙 풀 깎을 치 𧶠 재물 모을 치 豸 발 없는 벌레 치 菑 이 치 懥 성낼 치 㢋 넓을

치 菑 따비밭 치 紩 이색 진 깁 치 糦 술과 밥 치 𨁈 설 치 疐 미끄러질 치 𩑛 얼굴 검을 치

荎 오미자 치 輜 짐수레 치 㓼 이 치 䞠 경박할 치 絺 가는 갈포 치 豸 풀 치 齕 잇몸 치 眵

눈곱 낄 치 置 둘 치 㱇 씹을 치 𧶠 재물 모을 치 輺 짐수레 치 制 벨 치 鴙 솔개 치 懫 분낼

치 齝 소 새김질할 치 㡠 의헌 치 稺 어릴 치 逕 달아날 치 粭 김맬 치 㓼 이 치 訡

이별할 치 蚩 벌레가 번어서 길 치 雌 암새 치 袳 옷 펼 치 趙 넘을 치 詆 쾌할 치 蚩 어리석을

魓 역신 치 㠯 이 치 緇 검은 빛 치 菑 한해 된 밭 치 㮣 어릴 치 㰴 웃는 모양 치 甾 장군

치 㣽 마음 착할 치 䅩 쌀풀 치 榴 서서 죽은 나무 치 樴 깃대 치 厠 섞을 치 耻 부끄러울

緻 톡톡할 치 鮭 자가사리 치 茬 풀 모양 치 緇 검은 빛 치 翅 제비가 날 치 緇 검을 치 鶅

동방 꿩 치 䏧 나를 치 輜 짐수레 치 𦦨 어긋날 치 待 기다릴 치 遆 가까울 치 訶 꿩 치 峙

우뚝 솟을 치 德 베풀 치 鎡 저울 눈 치 跱 주저할 치 摛 꽉을 치 獡 미친 개 치 庤 갖출 치

饎 술밥 치 鴟 솔개 치 𧾷 경박할 치 嗤 비웃을 치 陊 사태날 치 誃 이별할 치 秖 빽빽할 치

甾 꿩치
褫 요잇치
淄 물이름치
馳 달릴치
畤 재터치
𪘏 술치
䱥 자가사리치
疐 굽힐치
拸 버릴치
𦓡 밭갈치
𩍐 신바닥치
𡟐 살검을치
𥄎 눈끔질치
致 이를치
致 이를치
䬾 꿩치
旘 깃대치
𧣈 뿔기울어질치
髤 칠그릇치
痓 풍평치
𦤺 극진할치
䭕 죽치
鉹 시루치
𦃒 바느질할치
哆 입딱벌릴치
㢋 넓을치
𧩸 울림소리치
𢙢 불안할치
𪘲 되씹을치
𦍩 양이름치
𧣈 잔치
𪘂 소새김질할치
栀 치자치
䛐 이름지을치
畤 집에저축할치
緻 신밑창을짜를치
𨥂 시루치
雉 솔개치
䏧 눈곱치
鷙 사나운새치
侈 사치할치
𥮻 어린대치
䖧 벌레가번어서길치
觗 잔치
𢓱 똑바로갈치
鴟 솔개치
幟 깃대치
熾 불사를치
𡒄 꿩치
䮘 전할치
膣 소천엽치
雉 꿩치
𧤼 신짜를치
𨿅 솔개치
𤢢 억센짐승치
𢦾 불사를치
𩲡 역신치
痔 치질치
恥 부끄러울치
徝 배풀치
𩴩 도깨비치
菑 따비밭치
𩳐 역신치
𩟙 누에나눌치
偫 기다릴치
𩐠 황제의풍류이름치
𤆍 평평할치
𨏒 작은수레치
鵗 꿩치
危 술잔치
阤 사태날치
䛨 어리석을치
𩋖 기마제구치
𥝢 곡식팔치
杘 자루치
𧢼 뿔기울어질치
㰞 조롱해웃을치
稚 어릴치
觶 술잔치
齒 이치
𧖰 기운정치
夂 뒤에올치
𢷎 거리낄치
茌 풀모양치
饎 술밥치
𠚫 이치
𧸓 진휼할치
鴙 꿩치
饎 술밥치

魑 역신 치 瘄 어리석을 치 攡 나눌 치 鴙 꿩 치 𧼮 자빠질 치 庛 낮은집 치 蚩 어리석을 치

熾 불성할 치 誺 모를일 치 撽 찌를 치 卮 술잔 치 碪 다듬잇돌 치 𨾴 꿩 치 鵄 솔개 치 鯔

숭어 치 𥢌 불성할 치 菑 일년된밭 치 誃 말로속일 치 痴 어리석을 치 瓻 술병 치 饎 술밥

치 跱 가기어려울 치 垁 담 치 魑 역신 치 廌 해태 치 齝 소삭임질할 치 郗 고을이름 치

[illegible] 술 치 寘 둘 치 稚 어린벼 치 癡 어리석을 치 譈 웃음 치 推 솔개 치 羡 숯 치

鳷 까치 치 緇 검은빛 치 治 다스릴 치 穉 어린벼 치 跱 머뭇거릴 치 𨦻 끌 치 畄 이 치

𣳠 다스릴 치 滍 물이름 치 菑 따비밭 치 𡦃 생각이어긋날 치 椔 말라죽을 치 𤟹 사냥할 치

峙 고개 치 差 어긋날 치 蚩 추할 치 觢 뿔뒤틀릴 치 㒞 키멀숙할 치 𠤷 모양 치 彵 걸을

치 𡞺 검을 치 𥠒 벼죽을 치 𥛚 편안할 치 𣥼 기다릴 치 𣦷 커신 치 懥 성낼 치 㧖 일할

치 朿 까스랑이 치 胝 새창자 치 𩣡 질그릇 치 𪑚 글씨쓸 치 齍 그릇 치 𪘀 씹을 치 齒

이 치 穉 어릴 치 鯔 숭어 치 鯔 숭어 치 絺 쓸 치 䮈 달릴 치

칙

則 법 칙 惻 불쌍할 칙 勅 신칙할 칙 鷘 물새 칙 鶒 뜸부기 칙 鸂 뜸부기 칙

鸂 물새 칙 敕 경계할 칙 勑 신칙할 칙 淔 풀이름 칙 飭 갖출 칙 㤉 조심할 칙 鶒 물새

칙 穓 밭갈 칙
趩 걷는소리 칙
鶒 물새 칙
敕 경계할 칙
洓 물구비 칙
鷘 뜸부기 칙
勅 신칙할 칙

친

親 사랑할 친
寴 친할 친
蠆 물도깨그 친
躿 몸단정할 친
徹 이를 친
䀼 눈부릅뜰 친
讖 훈계할 친
齓 이갈 친
齔 이갈 친
襯 속옷 친
䃀 물속돌 친
殝 다할 친
藽 무궁화 친
齓 이갈 친
齾 이갈 친
藽 무궁화 친
親 사랑할 친
䠒 달아나는 모양 친
寴 친할 친
䞋 돈 친
嚫 베풀 친
亲 사랑할 친

칠

𦘒 미끄러울 칠
嗦 꾸짖는 소리 칠
鳦 새소리 칠
𠀁 일곱 칠
柒 옻 칠
汢 물나올 칠
七 일곱 칠
㓉 벨 칠
桼 옻나무 칠
樏 옻나무 칠
漆 옻 칠
𦯬 벨 칠

침

踸 앙감질할 침
彤 배에서로 이어갈 침
顉 추할 침
寑 쉴 침
浸 찰 침
抌 살박아 칠 침
𪖮 코높은 침
𡖖 삽 침
郴 땅이름 침
𡵂 산이 깊어 들어갈 침
霃 음산할 침
枮 모탕 침
濅 적실 침
𪇰 큰닭 침
寖 점점 침
蕆 파리 침
䚊 가만히 머리 내밀고 볼 침
賝 보배 침
𪁪 작은 새 침
揕 칠 침
䨘 닭 침
鱵 공미리 침
忱 믿을 침
侵 범할 침
𪖙 코높은 침
琛 보배 침
駸 말몰아 달릴 침
㾛 몸추악할 침
𠠊 힘들일 침
碪 돌로 칠 침
𦯬 가쁠 침
寢 잘 침
𤸷 놀라서 떨 침

[illegible] 가만히 머리를 내밀고 볼 침 霃 음산할 침 寢 잘 침 [illegible] 더러울 침 [illegible] 자반 침 伔 과녁을 맞출 침

[illegible] 잠잘 침 [illegible] 앙감질할 침 [illegible] 아첨할 침 鈂 쇠공이 침 椹 모탕 침 沈 잠길 침 [illegible]

높은 코 침 [illegible] 높고 뾰족할 침 [illegible] 날카로울 침 鈂 쇠공이 침 浸 적실 침 濅 점점 침 葴 꽈리

침 [illegible] 자반 침 浸 적실 침 鑯 쐐맬 침 [illegible] 껍질 푸른 오이 침 [illegible] 들콩 침 [illegible] 지모 침 綅

갑옷 침 [illegible] 물총새 침 祲 해무리 침 浸 윤택할 침 [illegible] 물총새 침 駸 말 몰아 달릴 침 賝 보배 침

梫 계수나무 침 琛 보배 침 賝 보배 침 枕 베개 침 伈 두려워할 침 [illegible] 볼 침 沁 찰 침 鱵

공미리 침 濅 젖을 침 鋟 판새길 침 [illegible] 구름 갈 침 沉 잠길 침 寑 방 침 [illegible] 잘 침 [illegible] 실 침

[illegible] 머리 숙일 침 [illegible] 물소 침 [illegible] 송곳 침 [illegible] 먹자 침 [illegible] 말 몰아 달릴 침 [illegible] 우두커니 설 침 [illegible]

잠길 침 梣 물푸레 침 [illegible] 덮을 침 鍖 쇠보탕 침 綝 기울 침 [illegible] 물쥐 침 [illegible] 고기 대가리 뼈 침

[illegible] 볼 침 [illegible] 머리 숙일 침 鑯 바늘 침 砧 방칫돌 침 祲 해무리 침 綅 갑옷 침 [illegible] 이길 침

霃 음산할 침 針 바늘 침 [illegible] 소곤소곤 거리며 말할 침 唚 입맞출 침 忱 정성 침 [illegible] 침더질 침

濅 점점 침 謲 흉볼 침 鍖 쇠모탕 침 鍼 침 침 闖 엿볼 침 [illegible] 착한 말 침

칩

縶 맬 칩 [illegible] 마소 키 놀라 움직일 칩 [illegible] 바람 몹시 불 칩 馽 잡아 맬 칩 [illegible] 날카로울 칩 [illegible]

칭 쾌 타

비올 칩

⿴囗馬 맬 칩

馽 잡아맬 칩

⿱馬口 잡아맬 칩

⿱鼓肙 북소리 아나날 칩

⿱鼓云 북칠 칩

⿱鼓肙 북소리 아나날 칩

⿰金蟄 우물거릴 칩

蟄 벌레움츠릴 칩

漐 땀날 칩

⿰衤疌 옷깃의 단 칩

칭

偁 들 칭

⿱艹稱 검은깨 칭

称 말할 칭

稱 일컬을 칭

称 말할 칭

秤 저울 칭

쾌

儈 거간 쾌

噲 목구멍 쾌

夬 결단할 쾌

夬 결단할 쾌

駃 빠를 쾌

⿰吉殳 돈이름 쾌

⿱竹敝 죽순 쾌

⿰鼻會 숨찰 쾌

噲 목구멍 쾌

快 쾌할 쾌

타

惰 게으를 타

駞 조타 타

綞 실뭉치 타

⿰禾耑 벼고개 숙일 타

挆 헤아릴 타

鮀 모래무지 타

⿰車它 주머니 타

⿰羊它 양들 타

他 편안히 걸을 타

酡 취한형용 타

⿰金隋 보습 타

躱 피할 타

⿱隋魚 물고기 새끼 타

鼉 자라같은 긴 물고기 타

⿰山它 산비탈질 타

咜 꾸짖을 타

鼉 자라같은 긴 물고기 타

陀 비알 타

⿰衤朵 소매 타

鮀 물이미 생선 타

撱 만질 타

碢 돌팔매질 타

秅 곡식수효 타

⿰火乇 타는 소리 타

砣 팔매질할 타

毻 털바꿀 타

刴 찍을 타

妥 편안할 타

隋 떨어질 타

垜 살받이 터 타

⿰耳垂 귀늘어질 타

垜 글방 타

嶞 산작을 타

棰 작계쌍을 타

⿱雨垂 구름벗어질 타

⿰土耑 늘어질 타

⿰角它 뿔없는 소 타

⿱佗齒 이가 바르지 않을 타

⿰氵陁 모래밀릴 타

駝 타조 타

⿺走朶 터질 타

⿰衤過 큰옷 타

⿰髟隋 다할 타

⿰言隋 말물리질 타

⿰石隋 연자매 타

牠 뿔없는 소 타

⿰角隋 뿔없는 소 타

橢 둥글고 길쭉할 타

⿰忄奢 게으를 타

⿰阝⿱差魚

물고기 새끼 타

墮 떨어질 타
鬌 머리고울 타
詫 자랑할 타
跎 미끄러질 타
橢 길게둥글 타
桗 나무가지 늘어질 타
譗 민첩할 타
佗 저 타
䡐 차 빨리 달아날 타
鮀 모래무지 타
紽 실마리 타
牠 뿔없는 소 타
麮 떡 타
䐑 조금 두둑할 타
𢡉 태만할 타
涶 침 타
䩑 밀치 타
𨅜 아장아장 걸을 타
鍒 이지러질 타
䩢 들메 타
䟛 미끄러질 타
拖 끌 타
他 다를 타
砣 팔매질할 타
𢓜 더디 걸을 타
𦁙 면류관 앞 드림 타
毻 새와 짐승 털갈 타
鼧 쥐 타
𩃴 비올 타
𨬖 보습 타
柁 키 타
鰖 모래무지 타
鞍 신끈 타
吒 뿜을 타
鮀 모래무지 타
拕 끌 타
椯 채쪽 타
鞄 밀치 타
䟛 미끄러질 타
㛆 헤아릴 타
䅊 대이름 타
沲 물흐를 타
牠 뿔없는 소 타
鼉 악어 타
鰖 물고기 새끼 타
𨒅 절뚝발이 타
袉 옷뒷자락 타
𦄄 면류관 앞 드림 타
𩎟 회늘어질 타
䆛 뾰족이 내밀 타
𡺸 바위 타
躱 피할 타
馱 탈 타
跥 가는 모양 타
𩌃 들메 타
墯 떨어질 타
駝 약대 타
痑 말병 타
駞 약대 타
㾃 병들 타
舵 키 타
咤 뿜을 타
誃 말자랑할 타
橢 길죽이 둥글 타
敓 편안할 타
𧜼 소매없는 옷 타
𩏂 넓고 두터울 타
鰖 고기 새끼 타
鰖 물고기 새끼 타
疮 병들 타
𪘏 발이 길 타
馱 짐 실을 타
椊 나무이름 타
朵 꽃송이 타
㳐 잡을 타
沱 물갈라질 타
滫 모래 밀릴 타
惰 태만할 타
鞄 가죽신 타
忲 사치할 타
駞 약대 타
墮 연차매 타
鐉 수레굴통쇠 타

拕 끄을 타 媠 예쁠 타 埵 굳은 흙 타 鬌 머리털 더러워질 타 㼠 돌팔매질 타 奼 아름다울 타 打

때릴 타 朶 꽃송이 타 鮀 모래무지 타 舵 키 타 秅 쥐 타 憜 태만할 타 陊 작은 흙더기 타

陀 비탈 타 陏 작은 흙더기 타 闍 술잔 드릴 타 它 뱀 타 嫷 새 타 𧝁 옷 타 唾 침 타

酡 붉을 타 䧅 화살반이 타 𢶍 버릴 타 撱 걀죽할 타 詑 민첩할 타 𩏪 넓을 타 驒

들말 타 鱓 자라 타 迱 든든할 타 陁 섬 타

탁

𤞟 개물 탁 韣 키머거리 탁 庹 두팔벌릴 탁 馲 약대 탁 𪺏 나눌 탁 柝 목 탁

락 驝 약대 탁 琢 쪼을 탁 豛 칠 탁 駝 약대 탁 𣪏 갈 탁 𩟙 밀수제비 탁 侂

부칠 탁 𢧱 칠 탁 㧻 던질 탁 濁 흐릴 탁 袥 옷자락 탁 濯 씻을 탁 垞 언덕 탁 鐲

징 탁 鐸 큰방울 탁 擆 열 탁 𧿒 맨발 탁 襗 속옷 탁 毤 트기 탁 沰 돌떨질 탁 𧟉

옷끌릴 탁 𧘩 옷저 탁 㯕 조두 탁 韚 가죽신 탁 䯟 터럭길 탁 橐 전대 탁 𪍿 떡 탁

𢥞 불안할 탁 拆 찢을 탁 𨅇 맨발 탁 㧻 칠 탁 晫 밝을 탁 托 밀 탁 槖 힘쓸 탁

桌 탁상 탁 蠗 작은조개 탁 飥 밀수제비 탁 𧧻 헐 탁 䮤 말이 나아가지 않을 탁 蘀

낙엽질 탁 𥨊 뚫을 탁 𠟼 쪼갤 탁 㤞 요량할 탁 驝 약대 탁 琸 사람의 이름 탁 𡑣

찢을 탁
汑 미끄러질 탁
卓 뛰어날 탁
劅 불알깔 탁
逴 멀 탁
魠 자가사리 탁
桌 높을 탁
杔 탁로나무 탁
託 부탁할 탁
圻 찢을 탁
矺 돌로칠 탁
⿱艹果 잎떨어질 탁
⿰足侯 건널 탁
跅 늘어질 탁
斀 불알베일 탁
踱 맨발로다닐 탁
拆 찢을 탁
籜 대껍질 탁
柝 목탁 탁
皁 뛰어날 탁
槖 목탁 탁
坼 찢을 탁
剫 쪼갤 탁
凙 고드름 탁
涿 칠 탁
豛 칠 탁
⿰車度 돌 탁
馲 약대 탁
𢿢 아플 탁
硺 칠 탁
⿰言度 속일 탁
倬 클 탁
啄 쪼을 탁
坼 찢을 탁
⿸麻矢 빠를 탁
⿰豕乇 티기 탁
趠 발걸음 탁
⿰月睪 살통통할 탁
⿰虫宅 무덥 탁
袥 옷자락 탁
⿰忄度 헤아릴 탁
擢 뺄 탁
琢 옥다듬을 탁
飥 수제비 탁
侂 붙일 탁
度 헤아릴 탁

탄

㢻 탄환 탄
綻 옷솔기터질 탄
暖 사슴발자국 탄
歎 탄식할 탄
⿰衤定 솔기터질 탄
嘽 헐떡거릴 탄
汆 뜰 탄
⿰目單 밝을 탄
瘓 중풍날 탄
⿰月冊 살해질 탄
⿰女炭 어수선할 탄
⿰糸旦 제멜 탄
灘 여울 탄
⿰忄呑 어리석을 탄
⿰舌單 말얼얼할 탄
湠 넓을 탄
⿰扌炭 구를 탄
誕 탄생할 탄
⿰氵歎 여울 탄
⿰韋豈 누른빛 탄
癱 중풍날 탄
炭 숯 탄
⿰炭攵 문제없을 탄
歎 탄식할 탄
撣 다닥칠 탄
疃 사슴발자국 탄
⿱雨亶 이슬많을 탄
驒 돈점박이말 탄
⿰足呑 밟을 탄
譠 속일 탄
⿸疒呑 먹기좋아하는병 탄
彈 쏠 탄
⿱單心 꺼릴 탄
憻 평안할 탄
殫 다할 탄
坦 너그러울 탄
彈 탄환 탄

韃 말배띠 단 弓 탄환 탄 弓丸 탄환 탄 憚 꺼릴 탄 嘆 탄식할 탄 嘆 한숨쉴 탄 呑 삼킬 탄

疃 마당 탄 僤 빠를 탄

탈

彸 빨리 갈 탈 痥 말부스럼 탈 莌 활탈초 탈 綴 기울 탈 祋 창대 탈 鮵 작은 가물치 탈

侻 가벼울 탈 皷 가죽 벗길 탈 脫 벗을 탈 頉 작은 머리 탈 奪 빼앗을 탈 裰 기울 탈

賉 재물 탈 敓 빼앗을 탈 毲 모직 탈 鵽 새매 새 탈 奪 빼앗을 탈 奪 빼앗을 탈 蓶 활탈불 탈

脫 벗을 탈 棗 탈탈 侻 빨리 갈 탈 挩 제할 탈 梲 작대기 탈

탐

撢 찾을 탐 惵 실심할 탐 探 정탐할 탐 䑙 비교할 탐 赿 머뭇거릴 탐 眈 저녁 경치 탐

抩 함께 가질 탐 耽 흘겨볼 탐 冉 살해칠 탐 僋 머무를 탐 騋 말 걸음 냅뜰 탐 䀹 고기국 찌개 탐

忱 갓 탐 㵌 젖을 탐 僋 늘어날 탐 醓 육장 탐 貪 탐할 탐 齒占 짤 탐 肬 고기국 찌끼 탐

嚃 후룩후룩 들이마실 탐 躢 넘어다볼 탐 譸 말 어긋날 탐 噴 여럿이 먹는 소리 탐 眈 노려볼 탐 賧 속바칠 탐

躢 넘어다볼 탐 憛 근심 탐

탑

鰈 가재미 탑 鞳 쇠북소리 탑 箵 대로 만든 덮개 탑 㒓 성하게 날 탑 鞜 가죽신 탑 婚 엎드릴 탑

鎉 갈고리 탑 鑭 물건 떨어지는 소리 탑 鈒 밑이 납작한 자배기 탑 塌 낮은 땅 탑 舭 배 댈 탑

錔 두툼할 탑 䌈 얽을 탑 榻 긴상 탑 鞜 병장기 탑 鰈 가제미 탑 謵 말많을 탑 瘩 부스
럼 탑 鰨 가제미 탑 㒓 뜻물러날 탑 鎉 백철 탑 爉 테어터질 탑 鑉 살촉 탑 𦐇 북이름 탑
鯜 가제미 탑 遢 천천히걸을 탑 艜 큰배 탑 墖 탑 탑 撘 받을 탑 搭 걸 탑 毾 털자
리 탑 闒 용렬할 탑 騔 말마설 탑 鼛 소리 탑 𦧃 마실 탑 闟 종소리 탑 䑜 개먹는소리 탑
尦 앉은뱅이 탑 繨 실매듭 탑 艌 큰배 탑 溻 젖을 탑 傝 답답할 탑 䍇 고기그물 탑
搨 박일 탑 漯 물이름 탑 𪘁 먹을 탑 狧 개먹을 탑 錔 쇠두겁 탑 蹹 필 탑 塔 탑 탑
踏 필 탑 榙 좁고 긴상 탑 𡏟 탑 탑 嚃 입움직일 탑 鞳 쇠북소리 탑 嗒 생각잊을 탑 嚺
들이마실 탑 鎑 줄 탑

탕

● 碭 무늬돌 탕 盪 씻을 탕 蕩 방탕할 탕 䠀 미끄러질 탕 餳 엿쌀을 만들 탕 薚 자리
공 탕 蹚 미끄러질 탕 薚 자리공 탕 𡇬 돌에서나는소리 탕 蕩 초우왕 탕 蘯 클 탕 鐋 대패 탕
膓 창자 탕 菪 초우왕 탕 簜 굵은대 탕 逿 지날 탕 踼 미끄러질 탕 𩂯 빈골 탕 婸
음탕할 탕 𢷋 손으로막을 탕 璗 아름다운금 탕 燙 델 탕 鐋 대패 탕 𡣍 업신여길 탕 愓 일할
탕 蕩 클 탕 躺 약할 탕 蝪 땅거미 탕 偒 헌걸찰 탕 饄 탐하여먹을 탕 鎕 대패 탕 趤

나아갈 탕 逿 꺼꾸러질 탕 宕 지날 탕 趤 노닐 탕 䁗 바로볼 탕 𤬪 오이가길 탕 閤 문열지않을 탕

愓 방탕할 탕 𢪔 정체할 탕 帑 어고 탕

㊟태

泰 클 태 箈 죽순 태 𥓍 아름답고 검은 돌 태 軩 수레기울어질 태 紿 실엉킬 태 黱 검을 태

𡋯 담무너질 태 胎 애밸 태 𩬊 여자의 다래머리 태 駘 노둔할 태 𡵉 산모양 태 𧬘 자세

鞔 기울 태 搭 매칠 태 怠 게으를 태 抬 들 태 𥉌 눈흐릿할 태 緿 속일 태 埭 보뚝

태 黰 몹시 검을 태 粏 겨로 만든 국 태 粰 가루 태 驝 노둔한 말 태 胉 태보 태 台 별 태

軚 수레기울어질 태 夳 심할 태 颱 몹시 부는 바람 태 舦 배갈 태 迨 미칠 태 𧰨 미칠 태 汰

씻을 태 笞 매칠 태 孡 아이밸 태 太 콩 태 𥉌 어두울 태 㥭 방자할 태 嗿 거짓말 태 態 태도

태 戾 수레옆문 태 𪘏 씹을 태 呆 어리석을 태 魖 열병 태 娧 더딜 태 鮐 복 태 跆

뛸 태 邰 태나라 태 𨪕 미칠 태 黭 검을 태 兌 지름길 태 忲 방자할 태 苔 이끼 태 忕

사치할 태 呔 근수 태 㥭 마음한지 빠를 태 綐 가는명주 태

㊟택

宅 자리 택 韄 칼치장하는 가죽 택 蘀 칡덩굴 택 𪀆 털에 오색무늬 있는 새이름 택 鸅 사다새 택

択 가릴 택 ⿱艹乇 약풀 택 澤 윤택할 택 鈼 갓난털 택 ⿰韋睪 치장하는 가축 택 蘀 쇠켜나 물 택 宅

집 택 垞 언덕 택 沢 늪 택 擇 가릴 택 虴 벼메뚜기 택 ⿱艹乇 황정 택 澤 늪 택 ⿱睪廾 가릴

택

탱

撐 버틸 탱 ⿰食牚 배부를 탱 撐 버틸 탱 橕 버팀목 탱 ⿰扌棠 버틸 탱 牚 버팀목 탱

撐 버틸 탱 樘 버팀목 탱

터

攄 펼 터

토

⿰土鳥 두견새 토 兎 토끼 토 靯 전동 토 ⿰馬舀 말이 가는 모양 토 鵵 올빼미 토 討 칠 토 套

장대할 토 ⿰兔隹 부엉이 토 芏 갯펄왕굴 토 瑹 옥이름 토 菟 새삼 토 ⿰月⿱大卯 부풀올 토 鵵 부엉이 갈은 작

은새 토 ⿰馬兔 좋은 말 토 兔 토끼 토 土 흙 토 吐 토할 토 駼 말이 가는 모양 토 圡 흙 토

톤

疃 무렴할 톤 褪 옷벗을 톤 腞 고기 톤 噋 입기운 톤 黗 밝지 않을 톤 啍 느럭럭할 톤

⿰日重 염우없을 톤

통

桶 엿되들이통 통 恫 슬플 통 通 통할 통 ⿺辶⿱山甬 통할 통 樋 어름나무 통 鯒 바다

매기 통 侗 곧게갈 통 ⿱穴弄 구멍 통 慛 애통할 통 痌 아플 통 ⿱⺮通 마디없는 대 통 捅 당길 통

퇴

統 거느릴 통 慟 애통할 통 筒 대통 통 痛 아플 통 筩 대롱 통 蓪 으름덩굴 통 粡 떡 통 通 통할 통 甬 둥구멍 통 慟 애통할 통 巃 산가파를 통 𣪍 두드릴 통 帞 오랑게옷 통 侗 클 통 洞 다 통 潼 젓 통

ⓣ퇴

敦 성낼 퇴 雇 지붕물매질 퇴 踉 다리 퇴 䡅 수레성할 퇴 䨺 구름성할 퇴 𩗗 솔솔부는 작은바람 퇴 鐜 아래로 드리워질 퇴 迺 물러갈 퇴 推 밀 퇴 焞 성할 퇴 退 물러갈 퇴

蘈 소루장이 퇴 𥂝 그릇 퇴 簤 대붓 퇴 憒 집모양 허술할 퇴 㿉 산증 퇴 脮 살찔 퇴 頧 하나라관이름 퇴 隤 무너질 퇴 䫋 급한바람 내리불 퇴 䠐 절름발이 퇴 穨 심한바람 퇴 輡 수레성할 퇴 𡲦 가죽신 퇴 頹 무너질 퇴 蓷 익모초 퇴 𠂤 쌓을 퇴 塠 떨어질 퇴 腿 다리 퇴

藬 소루장이 퇴 讉 떠들 퇴 磓 돌떨어트릴 퇴 𥻆 가루떡 퇴 樻 말들피질 퇴 詯 키양갈 퇴 褪 옷벗을 퇴 𤊞 튀할 퇴 𤤼 옥을갈 퇴 䫋 머리빼둥길 퇴 逿 물러갈 퇴 蹪 엎드러질 퇴 㾯 자지시들어지는병 퇴

𨇠 엎드러질 퇴 䭔 증편 퇴 嵟 높을 퇴 隤 무너질 퇴 𨔮 무너질 퇴 頹 기울어질 퇴 蘈 소루장이 퇴 𥁕 그릇이름 퇴 僓 순할 퇴 𩏡 포개어모을 퇴 𩨃 넙적다리 퇴

垍 흙무더기 퇴 䲦 참새이름 퇴 瞶 어리석을 퇴 䯌 목뒤뼈 퇴 𧝸 관덮개 퇴 𤸎 소문병 퇴

擹 퇴할 퇴
𢷶 노독날 퇴
骼 뼈일어날 퇴
䣤 낯더러울 퇴
桵 풍질 퇴
䭔 증편 퇴
陮 높을 퇴
𩆫 겸양할 퇴
退 물러갈 퇴
𨔶 겸양할 퇴
堆 흙무더기 퇴
隤 높을 퇴
墜 물허할 퇴
𠂤 궁할 퇴
崣 산울 퇴
槌 방망이 퇴
瑻 옥광채낼 퇴
追 쫓을 퇴
魋 이름 퇴

투

𧺆 스스로떨어질 투
䜘 어저귀 투
𧰛 떨어질 투
透 통할 투
黈 벼팰 투
𤵸 젓멍울 투
妬 자식없는 계집 투
鬦 싸움 투
妒 투기할 투
鬪 싸움 투
䛠 말머뭇거릴 투
杏 비웃을 투
骰 주사위 투
麮 가루떡 투
餖 만두 투
鬬 싸움 투
投 던질 투
𧼮 뛸 투
投 던질 투
鬪 싸움 투
愉 담틀 투
偸 구차할 투
𡽗 산험준할 투
透 통할 투
豟 별이름 투
豟 별이름 투
鬥 싸움 투
鬧 싸움 투
跛 스스로던질 투
敨 펼 투
䕬 어저귀 투
鬭 싸울 투
婾 간교할 투
瘉 매화틀 투
秅 땅이름 투
𩜻 밀전병 투
鬭 싸움 투

특

犋 둔할 특
捍 쥐어박을 특
蟘 메뚜기 특
慝 간악할 특
特 우뚝할 특
蟦 황충 특
貣 빌 특
螣 황충이 특
蚮 황충 특
忒 어그러질 특
棫 말뚝 특
忒 틀릴 특
忑 마음허할 특
樴 말뚝 특
犆 특별 특

파

玻 사람이름 파
齙 뻐드렁니 파
碆 돌살촉 파
苩 꽃 파
爸 아비 파
笆 대울

타리 파 蔢 박하 파 芭 파초 파 皤 머리흴 파 豝 짐승형상추할 파 蚾 두꺼비 파 擺 열 파

葩 꽃송이 파 皅 어지러울 파 尀 못할 파 帕 머리동인수건 파 簸 까부를 파 婆 늙은계집 파

靶 가죽고삐 파 疤 헌데자리 파 皤 머리흴 파 ⿰犭巴 나를 파 紴 비단무늬 파 洰 물모양 파 ⿰貝巴

자개 파 羓 포 파 玻 파려옥 파 䃚 방치돌 파 ⿺尢音 엎드러질 파 ⿰身皮 절름발이 파 頗 비뚤어질 파

漊 할머니 파 ⿱髟巴 상투 파 欛 칼자루 파 ⿰田皮 조금두둑할 파 皅 꽃이흴 파 ⿰⻊頗 절뚝발이 파

奤 클 파 ⿰忄巴 두려울 파 ⿰犭犬 허리구부리고갈 파 嶓 산이름 파 妑 머리땋아늘임 파 鉅 구리그릇 파

⿸广黽 거북 파 ⿰骨巴 칼자루 파 鮍 뱅어 파 ⿰帚巴 손뒤집어질 파 漊 늙은계집 파 欛 칼자루 파 ⿱⺮肥

대산자 파 破 깨뜨릴 파 ⿰巴鳥 꽃송이 파 䆉 벼이름 파 ⿰彳巴 긁을 파 ⿱爫巴 심을 파 吧 다툴 파 ⿸⺈皮

절 파 怕 두려울 파 杷 비파나무 파 波 물결 파 鈛 노구 파 ⿰扌繁 거두어들일 파 ⿰叵頁 머리기울일 파

巴 땅이름 파 跛 절름발이 파 ⿱波手 헤칠 파 把 잡을 파 ⿰禾巴 벼이름 파 坡 언덕 파 菠

시금치 파 叵 옳지않을 파 琶 비파 파 ⿸广黽 두꺼비 파 ⿰車巴 군사수레 파 駊 말머리내두를 파 ⿰犭巴

두살된암돝 파 帊 머리수건 파 ⿰角巴 소뿔벌칠 파 ⿰糸爪 흩어진실 파 破 깨뜨릴 파 ⿰⻊叵 절름발이 파

罷 파할 파 派 물가닥 파 ⿰氵⿱皮口 험담할 파 ⿰礻白 복두건 파 跂 거둘 파 灞 물가 파 鄱 땅이

름 파 鈀 쇠시랑 파 罷 파할 파 耙 쇠시랑 파 筢 갈퀴 파 跁 짧은모양 파 岥 산비탈질 파

罷 파할 파 䪖 활 파 舥 배다리 파 觰 뿔급을 파 擺 잡을 파 帕 머리동이수건 파 播

심을 파 譒 펼 파 豝 두살된암돼지 파 紴 흩은실 파 柀 절 파 蕃 흰쑥 파 皅 빛참되지않을 파

𣘻 아가위 파 蚆 자개 파 襎 긴소매 파 弝 활줌통 파 皻 주독오른코 파 壩 방죽 파 跁 장난

이 파 𩈲 얼굴 파 玻 유리 파 犤 뿔 파 蚾 두꺼비 파 杷 단풍들 파 伯 으뜸 파 番 용맹 파

色 마비 파

판

跘 도사리고앉을 판 辦 판단할 판 汴 물이름 판 眅 눈에흰자위많을 판 飯 산비탈 판

岅 산비탈 판 怑 급한성품 판 昄 밝을 판 辧 얽을 판 辨 아이흰눈 판 鈑 금물린 판 瓪

암기와 판 畈 밭두둑 판 粄 경단 판 辦 힘쓸 판 汳 물이름 판 蝂 부판벌레 판 版 조각 판

阪 산비탈 판 坂 언덕 판 䳛 새매 판 板 널 판 判 판단할 판 販 장사 판 舨 배 판 瓣

외씨 판 牉 나눌 판 瓪 암기와 판

팔

八 여덟 팔 朳 고무래 팔 朳 고무래 팔 捌 깨뜨릴 팔 叭 나팔 팔 𩡧 여덟살된말 팔 汃 물결서로

부딪치는소리 팔 妭 짧을 팔 玐 옥소리 팔 𪗉 이가는소리 팔 𥐟 돌깨지는소리 팔 釟 달련할 팔

팟

罷 팡이름 팟

팡

鞤 짚신 팡　磅 돌소리 팡

패

豖 삼젤 패　猈 너구리새끼 패　犻 개이발이웅성거릴 패　䟺 밟을 패　梖 패엽나무 패　沛 패가

(는모양 패)　陘 천자 패　珼 자개장식 패　垻 방축 패　誖 거스릴 패　沛 배가는모양 패　犻 개성낼 패　佈

(자빠질 패)　浿 물가 패　粺 정한쌀 패　孛 혜성별 패　韛 허풍서니 패　珮 패옥 패　棑 뗏목 패

牌 방부일 패　唄 염불소리 패　覇 으뜸 패　捭 두손으로칠 패　㫲 어두울 패　𧢽 뿔비뜨름할 패　稗

(돌피 패)　蛽 자개 패　霈 비쏟아질 패　茷 풀잎무성할 패　牬 마소다닐 패　箄 대쪽 패　芭 부산

(추 패)　𤘽 송아지 패　𣒥 방불일 패　鮄 복 패　𤢝 작고앙징할 패　昁 어둘 패　𤝞 옥 패　篺 뗏목 패

㸬 두살된소 패　敗 패할 패　簰 대쪽 패　𪚼 자가 패　馷 말날랠 패　佩 패옥찰 패　𥃩 눈어

(돌 패)　𥹛 살갈아국에탈 패　霸 으뜸 패　郝 배가는모양 패　𨛫 마을 패　𢲸 당길 패　棑 방패 패

鋇 쇠몽치 패　𧇡 두목 패　霸 으뜸 패　㤪 성낼 패　吠 개짖을 패　狽 낭패 패　𤗇 조각 패

邶 땅이름 패　悖 어지러울 패　𣭘 털많을 패　䪐 목기울 패　𨓆 무너질 패　𤷃 몸시피곤할 패　敗

(무너질 패)　𥵤 큰떼 패　猈 발발이개 패　𧪽 어지러울 패　旆 기 패　啤 짖을 패　筏 까불을 패

貝 조개 패 派 물갈라질 패 拔 뺄 패 背 어그러질 패 伯 으뜸 패 肺 성할 패 蠯 조개 패
稗 피 패 擺 버릴 패 ⿰扌霸 잡을 패 柭 나무지엽돋을 패 灞 물가 패 捭 칠 패 ⿰否頁 머리 패 偝
버릴 패

팽

蟛 방게 팽 砯 물이바위에부딪치는소리 팽 ⿰酉烹 삶을 팽 ⿱髟並 머리털엉킬 팽 ⿵門風 문바람 팽 砰
여울물소리 팽 軿 군사수레 팽 ⿰金烹 쇠불릴 팽 ⿰糸彭 맺을 팽 踫 걸어서건널 팽 甏 질그릇 팽 ⿱並走
걸어서건널 팽 軯 수레가는소리 팽 ⿰車彭 차소리 팽 弸 화할소리 팽 祊 사당문제사 팽 繃 묶을 팽 ⿰豸彭
개 팽 ⿰衤朋 쌀 팽 ⿰平瓦 독 팽 ⿰片平 나무쪼개는소리 팽 蟚 방게 팽 憉 큰센체할 팽 ⿱并心 배아플 팽
伻 사람부릴 팽 騯 말떼지어갈 팽 澎 물소리 팽 閍 대궐문 팽 ⿰石崩 돌떨릴 팽 輣 군사수레 팽
掽 부딪칠 팽 烹 삶을 팽 艵 빛열은 팽 ⿱山⿰王朋 무너질 팽 綳 묶을 팽 ⿰車旁 군사수레 팽 碰
부딪칠 팽 膨 배불룩할 팽 亨 삶을 팽 旁 팽팽달릴 팽 ⿱彭走 땅밟는소리 팽 嘭 팽팽소리낼 팽 彭 팽성
砅 물소리 팽 繃 묶을 팽

팍

愎 사나울 팍 釙 불리지않은쇠 팍

퍅

⿰阝复 무너진산 퍅

편

艑 배 편 鯾 거루 편 矏 갓난아이 눈에 예맥있을 편 覑 슬쩍 볼 편 便 편할 편 楩 나무 이름 편 ⿰辡辛 가죽풍 어질 편 ⿰鹵扁 소금 편 偏 치우칠 편 片 조가ㅣ 편 騙 속일 편 媥 걸을 편 篇 글 편 ⿰扁馬 말 뛸 편 鯿 방어 편 鶣 가벼운 모양 편 緶 꿰맬 편 ⿰扁見 비껴 볼 편 翩 나을 편 蝙 박쥐 편 ⿰糸匾 꿰맬 편 扁 특별할 편 ⿱扁貝 천냥 늘 편 牑 소 편 蹁 갈 편 扁 작을 편 鞭 회초리 편 編 책 편 楄 칠성판 편 鯿 병어 편 ⿰食扁 떡 편 弫 활 뒤처질 편 箯 대남여 편 ⿱扁大 작을 편 ⿰扁毛 긴털 편 ⿸疒扁 편고증 편 惼 조급할 편 猵 수달 편 ⿱竹辡 갈잎피리 편 碥 누두돌 편 ⿰扁刂 새길 편 骿 뼈기울 제날 편 㛹 아름다울 편 褊 옷너풀거릴 편 偠 편할 편 ⿰魚斤 메기 편 遍 두루 편 ⿸厂扁 특별 편 ⿰扁瓜 누른오이 편 ⿰身廷 몸클 편 砭 돌침 편 諞 교묘한 말 편 平 편할 편 徧 두루 편

폄

貶 덜릴 폄 貶 덜릴 폄 砭 돌침 폄 窆 화관할 폄 砭 돌침 폄 ⿰己山 돌침 폄 ⿱旦乏 덜릴 폄 ⿱目寸 덜릴 폄

평

評 평론할 평 ⿰女平 급할 평 ⿱平秀 평평할 평 蓱 개구리밥 평 荓 개구리밥 평 玶 구슬이름 평 ⿱并廾 말비 평 拼 좇을 평 姘 제지할 평 抨 다닥칠 평 怦 마음급할 평 ⿰牛平

폐

얼룩소 평 平 평평할 평 胼 기름 평 顭 말많을 평 萍 개구리밥 평 蓱 마름 평 𦍩 얼룩양 평 坪 벌판 평 苹 다북쑥 평 枰 나무패는 소리 평 苸 마름 평 泙 물소리 평 𩬌 땅밟는 소리 평 𡊅 들 평 枰 바둑판 평 庰 뒷간 평 硼 평평돌 평 閛 문닫는 소리 평 蚲 등애 평 鮃 가자미 평 呯 애교 잇는 음성 평 庰 감출 평 匉 소리지를 평 伻 하인 평

폐

廢 떨어질 폐 橃 유자 폐 獙 여우 폐 梐 마름쇠 폐 砩 보막을 폐 獘 해질 폐 敝 옷해질 폐 閉 닫을 폐 鄨 물이름 폐 弊 해질 폐 㭱 어음조각 폐 蕟 대자리 폐 疪 고질병 폐 鞞 장화 폐 斃 죽을 폐 䉬 대자리 폐 俾 어기작거릴 폐 肺 허파 폐 幣 폐백 폐 𧸘 고생스러울 폐 癈 고질 폐 𥳼 주사위 폐 杮 대패밥 폐 薜 담장이넝쿨 폐 蔽 가릴 폐 薜 승검초 폐 顊 머리기울어질 폐 閇 닫을 폐 柿 자귀밥 폐 鼊 귀이름 폐 廃 폐할 폐 醳 느릅나무장 폐 獘 해질 폐 嬖 사랑할 폐 蜌 홍합 폐 薜 담장이넝쿨 폐 蘗 가릴 폐 陛 천사 폐 幣 돈 폐 㡀 옷해질 폐 獙 귀이름 폐 㤳 믿을 폐 髀 넓적다리 폐 陛 옥 폐 吡 새소리 필 폐 陛 천자 폐 箄 시루밑 폐 牬 말소다닐 폐 狴 옥 폐 疪 다리 습냉병 폐 膍 밥통 폐 蹩 절음발이 폐 吠 개짖을 폐 昁 흐릴 폐

포

逋 길 포　鞄 가죽다루는 장인 포　鞄 가죽다루는 장인 포　餥 배부를 포　軳 돌아올 포　餥 배부를 포

怉 희포 포　炮 그스릴 포　奅 클 포　瀑 소나기 포　皰 부풀 포　賻 재물로 서로 갚을 포　捕 사로잡을 포

晡 해질 포　哺 먹일 포　孢 아이 밸 포　⿰言包 말 수선스러울 포　⿰食缶 배부를 포　⿰米甫 꿀떡 포

脯 포 포　泡 물거품 포　⿰食毛 알 품을 포　鞄 가죽다루는 장인 포　⿱夗食 배부를 포　峬 산모양 예쁠 포　逋 포흠할 포

虣 혹독할 포　餔 먹을 포　曝 볕쬘 포　袍 두루마기 포　⿰金良 배부를 포　勹 쌀 포　痡 속결릴 포

㬥 급할 포　窌 술에 취할 포　敊 집 무너지려 할 포　狍 짐승이름 포　沛 땅이름 포　⿰食絫 배부를 포

庯 지붕 평평할 포　⿱艹脯 말린 생선 포　抱 안을 포　圃 채전 포　⿺辶補 포흠할 포　鞄 가방 포

⿰片毛 가벼울 포　⿱⺮脯 가리 포　冡 감출 포　飽 배부를 포　匏 박 포　㬥 사나울 포　胞 태보 포

⿰女包 쌀 포　誧 간할 포　疱 부르틀 포　脬 오줌통 포　⿰酉包 면종 포　⿰酉暴 계명주 포　⿰足甫 발굽자국 포

抛 던질 포　齙 이드러날 포　暴 사나울 포　⿰氵㬥 소나비 포　㬥 부르짖을 포　苞 딸기 포

⿰巾布 행주 포　⿰氵⿱甫皿 먹을 포　⿰扌⿱𠂉包 티고을 포　⿸广布 벌릴 포　砲 돌쇠뇌 포　⿰鼻包 얼굴 얽을 포　⿰酉雹 여드름 포

⿰氵奅 담글 포　櫜 길고 클 포　布 베 포　鈽 철판 포　褒 포장할 포　鯆 돌고래 포　⿱虣貝 혹독할 포

礮 장군 포　髱 수염 많을 포　葡 포도 포　鋪 펼 포　匍 길 포　麭 경단 포　鉋

대패 포
裦 포장할 포
襃 앞깃 포
陠 지붕평평할 포
鋪 문고리 포
[皀+支] 손으로칠 포
鮑 저린생선 포
[金+食] 배부를 포
誧 클 포
[門+甫] 문 포
[耒+包] 밭갈 포
儤 도임할 포
[勹+彳] 옷 포
抪 펼 포
襮 앞깃 포
麅 고라니 포
[酉+包] 얼굴붉으레할 포
[食+孚] 배부를 포
鯆 물아지 포
[魚+逋] 물아지 포
瀑 소나비 포
庖 푸줏간 포
[飠+孚] 배부를 포
裦 옷뒷길 포
袌 아름 포
逋 포흠할 포
砲 돌쇠뇌 포
竨 골 포
儤 거푸번잘 포
[魚+布] 상어 포
怖 두려울 포
鋪 펼 포
蒱 부들 포
浦 개 포
豧 돼지소리 포
咆 범의소리 포
飽 배부를 포
[酉+暴] 계명주 포
佈 펼 포
[木+奄] 사섭군 포
刨 깎을 포
[包+毛] 대패 포
包 쌀 포
圃 채전 포
[飠+保] 배부를 포
跑 허빌 포
炰 지질 포
抛 던질 포
[暴+言] 부르짖을 포
[宀+告] 부르짖을 포
[匋+革] 가죽다루는장인 포
麃 누루 포

폭

襆 벼 폭
[豕+暴] 작은돼지 폭
[糸+畐] 넓이 폭
[暴+鳥] 새이름 폭
襮 수놓은옷깃 폭
幅 폭 폭
爆 불터질 폭
爆 불터질 폭
暴 드러날 폭
曝 쬐일 폭
瀑 폭포 폭

폴

藜 질리 폴

푯

[甫+乙] 팡이름 푯

표

𩖸 가벼울표 𨇍 사뿐사뿐갈표 飈 회리바람표 儦 떼지어걷는모양표 勡 겁탈할표 飄 회리

바람표 𣟴 표표 滮 흐르는모양표 𩪓 몸이굳셀표 瞟 살필표 慓 급할표 驃 말재갈표

飆 회리바람표 襮 겉표 驫 말여러필달아날표 䁃 차흔들릴표 旚 깃발번득일표 蔈 떨어

질표 犥 얼룩소표 瘭 병이름표 磦 산봉우리우뚝할표 莩 굶어죽을표 剽 찌를표 軳 돌을

날려보내는수레체표 鏢 칼날표 𣄴 깃발날릴표 櫜 활집표 熛 불똥튈표 謤 말가벼울표

穮 김맬표 𦢊 종기터지려할표 杓 북두자루표 皫 흴표 飆 미친바람표 謈 미워하고성낼표

𪋻 사슴종류표 褾 소매끝표 臕 살찔표 𦗷 겨우들을표 𦗷 겨우들을표 鑣 날표

𧸘 물에사는조개표 𧝆 소매끝표 顠 털엉킬표 彯 단청할표 𤝬 잠잘자는양표 䙳 웃음표

嘌 큰소리표 𪇆 새털빛변할표 殍 굶어죽을표 𣿿 움직일표 驃 말몰아달아날표 鑣 성할표

飆 회오리바람표 𪕐 범잡는쥐표 標 표할표 諘 칭찬할표 嫖 날랠표 表 겉표 嶿 산이마표

螵 뽕나무벌레표 膘 부레표 𪕐 범잡는쥐표 摽 칠표 霝 눈이내리는모양표 𧘹 소매끝표 飆 회오

리바람표 漂 뜰표 表 겉표 謈 미워하고성낼표 脿 살찔표 櫜 자루벌릴표 㶾 가볍고연약할표

𦆬 옥색빛표 䙳 겉표 颮 바람소리표 臕 허구리살표 麭 된장표 𧸖 봉족줄표 父

떠러질표 摽 언덕쌓아표할표 鞄 부드러울표 翲 높이날올표 醥 맑은술표 ⿺走票 사뿐사뿐걸을표

幖 깃발표 ⿰馬尌 누른말표 ⿱髟尌 터럭엉킬표 篻 가는대표 ⿰目犮 반갑지않게볼표 飄 날릴표

⿰日票 볕쪼여말릴표 ⿰馬㶾 누런말표 ⿱艹瓢 개구리밥표 ⿰⻊票 사뿐사뿐갈표 ⿰角麃 뿔이름표 穮 김맬표

⿰金㶾 칼날표 婊 화랑이표 ⿱艹殍 굶어죽을표 㶾 성별표 ⿰巾㶾 깃발표 ⿰金剽 칼날표 僄 진중

치못할표 ⿰扌表 나눌표 ⿰票殳 칠표 ⿰魚麃 고기새끼조금큰것표 表 겉표 薸 개구리밥표 彪 작은범표

縹 옥색빗표 瀌 눈비퍼불표 ⿰風猋 회리바람표 ⿰目㶾 차흔들릴표 ⿰票見 둘러볼표 ⿱髟票 터럭엉킬표

彪 칡범표 ⿰風票 나부낄표 ⿱艹⿱包灬 산매자표 ⿰衤麃 겉표 甂 표주박표 ⿰木尌 표할표 ⿰鳥勺 너새표

藨 산딸가표 ⿰風猋 미친바람표 ⿰馬㶾 누른말표 ⿰目㶾 눈자그마할표 ⿰彳句 깎을표 ⿰票寸 깎을표 ⿰貝炏 물에사는

조개표 票 흔들릴표 豹 표범표 驃 날쌜표 麃 위엄스러울표 裱 목수건표 瘭 병이

름표 ⿰目表 볼표 鰾 부레표 ⿰木㶾 표할표 ⿰口豹 자랑할표 猋 개달아날표 瓢 박표 髟 머리

희뜩희뜩할표 嘌 몰아갈표 輻 바퀴살표 ⿰鼠勺 쥐표 諘 칭찬할표 俵 나눌표 ⿰酉雹 여드름표 ⿰片毛 가벼

울표 ⿰食毛 알안을표 ⿰彳句 깎을표 爆 불터질표 ⿰豕暴 작은돼지표

푸

⿰風虐 바람셀푸 ⿰魚夫 고기이름푸 ⿰虎風 바람셀푸

품

稟 품할 품
品 품수 품
榀 외가지 품
品 품수 품
[艹+稟] 등나무 품
禀 줄 품

풍

諷 외울 풍
凬 바람 풍
颱 터운바람 풍
凬 바람 풍
凮 바람 풍
𩗓 바람 풍
寷 큰집 풍
飌 바람 풍
凮 바람 풍
蝒 벌레구멍 풍
凬 내리부는바람 풍
楓 단풍나무 풍
蘴 무우 풍
葑 배추 풍
豐 왕콩 풍
𩙥 바람 풍
豐 왕콩 풍
瘋 바람머리 풍
麷 볶은보리 풍
灃 물이름 풍
馮 성 풍
豐 풍년 풍
靊 구름많은귀신 풍
猦 짐승이름 풍
堸 벌레집 풍
酆 땅이름 풍
凮 바람 풍
酆 땅이름 풍
麷 볶은보리 풍
凬 바람 풍
諷 외울 풍
渢 물소리 풍
㶴 불살를 풍
颭 바람셀 풍

피

髲 머리쓰개 피
𤍑 불에말릴 피
䅺 밭갈 피
彼 저 피
貱 줄 피
䟺 털 피
柀 비자 피
濞 좋을 피
嚊 꾸짖는소리 피
狓 너플너플나를 피
𠜱 가시꺾을 피
𢏗 활당길 피
猈 점점평평할 피
吥 숨찰 피
㡙 마루모양 피
宩 샐 피
鑼 호미 피
皮 가죽 피
骳 뼈구불퉁구불퉁할 피
劥 힘쓸 피
鉟 기이름 피
㱟 가지꺾을 피
佊 간사할 피
逯 피할 피
蘢 쇠코리 피
庀 펼 피
鞁 말가슴걸이 피
僃 불에말릴 피
䕻 소꼬리 피
貔 날개벌릴 피
鞞 약이름 피
䘳 입딱벌릴 피
被 이불 피
詖 말잘할 피
皷 차압터나무 피
跛 덮을 피
椑 나무밑둥서로외할 피
避 피할 피

裶 옷구길 피 怶 성낼 피 伾 달아나는 모양 피 ⿱罒利 싸래기 피 詖 말잘할 피 犤 난장이 소 피 ⿱非貝

장할 피 ⿰金罷 보습 피 鈹 날선창 피 疲 피곤할 피 ⿰髟卑 갓치장할 피 疪 다리습 냉병 피 ⿰米罷

긴따비 피 駍 말이름 피 襬 치마 피 ⿰目皮 그릇금날 피 ⿰髟韋 갓치장할 피 ⿱頁⿰頁頁 눈썹 피 ⿰亻罷 머무를 피

帔 배자 피 ⿰鼠己 돈 피 ⿰巾罷 치마 피 襬 치마 피 陂 기울어질 피 ⿱⺮皮 가죽 피 ⿰口紫 예뿐

입 피 ⿰田皮 밭갈 피 痺 전근될 피 披 헤칠 피 旇 기 피

픽

⿰血或 개피 픽 愊 정성 픽 堛 흙덩이 픽 稫 고기말릴 픽 腷 뜻막힐 픽 ⿱畐火 구울 픽 ⿰月虔

뵈지않올 픽 煏 불에 말릴 픽

필

⿸虍必 근심할 필 ⿰魚畢 상피리 필 ⿰酉必 술다마실 필 ⿰禾孛 움벼 필 ⿰乜鳥 집오리 필 弻 도울 필

⿰畢攵 불러빨리 오라할 필 鮅 상피리 필 ⿸戊畐 오랑캐 풍류 필 ⿰麥畢 두텁떡 필 ⿱⺮別 엄쪽 필 弼 도울 필

罼 사냥그물 필 馝 향내날 필 ⿰犭攵 도울 필 ⿰黍必 향내날 필 ⿰氵⿱必皿 물철철 넘칠 필 趩 머물 필

蹕 길치울 필 筆 붓 필 ⿰馬复 도총이말 필 飶 맛있을 필 縪 그칠 필 ⿰王筆 푸른옥 피리 필

⿰犭敝 도둑일어날 필 佖 점잔피울 필 ⿰扌筆 찌를 필 畢 마칠 필 珌 칼장식옥 필 必 반드시 필 ⿰女畢

어미 필 篳 사립문 필 蓽 약이름 필 駜 살찐말 필 ⿱戚畐 대평수 필 彃 쏠 필 袐 찌를 필

핍 하

蹕 달아날 필
鞁 그린가죽 필
䩗 차 묶는 가죽 필
肸 목의 살 필
䬛 바람 찰 필
驆 갈가마귀 필
䟆 공경할 필
蚾 검은 벌 필
泌 물 좁게 흐를 필
苾 향기날 필
𠯁 침뱉을 필
怭 업신여길 필
䴡 사슴새끼 필
弼 도울 필
鏎 쪽 필
妼 단정할 필
鴄 집오리 필
饆 속넣은 떡 필
滭 샘솟을 필
淧 물넘을 필
鷝 새이름 필
樒 문지방 필
韠 슬갑 필
䟆 동부 필
𧵄 붓 필
鉍 창자루 필
鵯 갈가마귀 필
弻 도울 필
㡙 장막 필
𦍒 숨내쉬는 소리 필
笔 붓 필
䄶 조왕제 필
弼 도울 필
熚 불이 활활 탈 필
䩛 차 묶는 가죽 필
滭 바람 찰 필
吡 새소리 필
咇 침뱉을 필
華 울 필
襅 질빵 필
疋 짝 필
比 차례 필
咇 향기날 필
匹 짝 필
滭 샘솟을 필
邲 땅이름 필
㢸 도울 필
華 키 필
𢙢 불 필
㧙 회어 꺾을 필
䄶 움벼 필
嗶 울 필
嗶 울 필
韠 슬갑 필

핍

鴔 오디새 핍
姂 부인 예쁠 핍
乏 없을 핍
鴔 옥니새 핍
愊 답답할 핍
乏 다할 핍
逼 가까울 핍
泛 물소리 핍
偪 핍박할 핍
幅 행전 핍

하

㰤 크게 웃을 하
颬 입 벌리고 기운 토할 하
疴 인후병 하
嚇 웃음소리 하
諕 속일 하
袔 소매 하
荷 연꽃 하
嗬 껄껄 웃을 하
丅 아래 하
鏬 틈 하
碬 숫돌 하
䩉 신뒤축 하

啈 대답할 하 河 물 하 呀 입딱벌릴 하 赮 붉은빛 하 袲 소매 하 譮 대답할 하 唬 공갈

칠 하 鏬 틈 하 暇 한가히볼 하 荷 연꽃 하 苄 지황 하 罅 틈 하 鐦 골속휑할 하

廈 문간방 하 㦤 속알 하 㤳 뜻없을 하 谺 골속휑할 하 啊 소리 하 盉 바리 하 緞

신뒤축 하 嘏 목구멍 하 賀 하례 하 䞨 여름 하 鞐 채갑끄즈이 하 蝦 두꺼비 하 㚘 돼지 하

煆 불사를 하 騢 얼룩말 하 岈 산골휑할 하 夏 여름 하 𦲁 무우 하 鍜 목에투구 하 瑕

옥티 하 㰺 숨쉴 하 䙈 소매 하 𤸎 큰집 하 躽 몸굽힐 하 鞢 신근피 하 蹋 발자국 하

諄 속일 하 遐 멀 하 閕 문닫을 하 訶 시끄러울 하 閜 크게열 하 厦 큰집 하 寁 틈 하

霞 노을 하 讕 성낼 하 㬻 쪼갤 하 疜 이질 하 廈 큰집 하 丅 아래 하 䈑 여름

하 蕸 연잎 하 墟 틈 하 何 어찌 하 𦵹 무우 하 㥜 원망할 하 諄 속일 하 謔

속일 하 隬 틈 하 下 아래 하 鰕 암고래 하 鐦 골속휑할 하 㰰 목구멍병 하 䓁 여름 하

嗬 입벌릴 하 躽 몸굽힐 하 梺 물레가락 하 碬 돌버러질 하

학

鷽 두루미 학 虐 사나울 학 臛 고깃국 학 嶨 마른샘 학 嫴 어리석을 학 洛 얼 학

鑃 곰국 학 嶨 돌산 학 瘧 학질 학 貉 담비 학 吒 성내서부를 학 嚛 먹을 학 格 벼 학

하·학

學 배울 학　觷 뿔 학　礐 맷돌 학　壆 흙굳을 학　斈 배울 학　貈 담비 학　确 자갈땅 학

学 배울 학　鶴 학 학　㱋 모질 학　貉 담비 학　鷽 작은비둘기 학　㕡 구렁 학

郝 땅이름 학　虓 모질 학　謞 간특할 학　虐 사나울 학　滈 물불을 학　嗃 까다로울 학

趷 자빠질 학　𩏂 가죽마를 학　殼 토할 학　膗 새살찌고 윤택한 확할 학　螫 쏠 학　壑 골 학

貈 담비 학　涸 물자즐 학　狢 담비 학　𤢾 이를 학　臛 좋은고기 학　灂 소금구울 학

纀 옷깃안 학　謔 희롱할 학　㲩 사나울 학　殼 구역질할 학　虐 모질 학　鶴 학 학　𩞄 곰국 학

斈 배울 학　糴 볶은서직 학　𩝈 곰국 학　矐 흴 학　鶴 두루미 학　斈 배울 학

騅 이마가 흰말 학　㝯 사나울 학　虐 사나울 학　螫 독을 쏠 학　蠚 쏠 학　貈 담비 학

貜 담비 학　貛 담비 학　㕡 골짜기 학　觳 졸라맬 학　鑊 싱거울 학　矐 눈멀 학

縞 생사 학　嫮 모양낼 학　曤 밝을 학　殼 토할 학

한

한

䮧 짐승의 털 한　𧩭 수다할 한　閑 문지방 한　䓍 홀떼기 한　焊 불에말릴 한　恨 한될 한

堅 옥돌 한　暵 마를 한　寒 추울 한　閈 이문 한　憪 고요할 한　𧼮 배끓는 소리 한　扞 막을 한

𧬩 높을 한　鼾 코골 한　獷 높이날을 한　䏷 창병에 쓰는 약이름 한　馯 오랑캐 한　垾

언덕 한
𧿍 외발로 설 한
莧 패모 한
蔊 산갓 한
䤴 맑은 술 한
間 겨를 한
骭 갈빗대 한
鞁 활쏘는 팔찌 한
鶾 털이 긴 말 한
灘 마를 한
𢧀 그칠 한
瀚 넓고 큰 모양 한
戰 방패 한
狠 짐승이름 한
瞯 엿볼 한
雗 흰 꿩 한
熯 말릴 한
汗 땀 한
漢 가난할 한
蛝 왕개미 알 한
翰 깃 한
䁔 큰 눈 한
㵄 은하수 한
𩻊 고기 이름 한
僩 살필 한
骭 정강 한
이빠질 한
韓 나라 한
𠪚 문지방 한
𩞪 털이 은 밥 한
桿 줄기 한
㡆 문지방 한
𩦢 말이
많을 한
銲 급할 한
釬 팔찌 한
鋑 강 한
漢 한수 한
嫺 아담할 한
𩶛 조개 한
捍 호위할 한
㵎 넓을 한
閑 익힐 한
嫨 할미 한
邯 조나라 서울 한
鶾 닭살찐 모양 한
𤽉 조나라 서울 한
鷴 흰 꿩 한
𦺏 파리 한
鶾 붉은 닭 한
𩋙 글가리 한
𥡗 이겨우 갈 한
𩢳 말 걸
음의 힐 한
韓 나라 한
熯 불에 말릴 한
𩛩 주릴 한
𨊢 휠 한
䘴 아이 받침 한
寒 찰 한
浫 축축히 젖을 한
翰 날개 한
漢 은하수 한
瞯 엿볼 한
悍 한할 한
絗 느스러질 한
罕 드물 한
𡫧 찰 한
寒 찰 한
旱 가물 한
瞷 눈정기 없을 한
閑 문지방 한
鷳 새황
한
嫺 아담할 한
𨵧 문지방 한
澣 빨래할 한
撊 성낼 한
豩 돼지 달아나는 모양 한
悍 한할 한
閒 겨를 한
悍 독살스러울 한
覵 엿볼 한
㵎 넓을 한
澗 넓을 한
限 한정 한
萓

풀이름 한
橲 굵고뾰족 한
騆 한눈흰말 한
杲 문지방 한
騊 사나운말 한
暵 보리밭 한
燗 술데울 한
貛 왕살기 한
醐 팔 한
犴 들개 한
驦 말 한
覵 가루 한
邗 물이름 한

할

割 벨 할
搳 깎을 할
閜 문을여닫는소리 할
㗾 연약 할
蝎 뽕나무좀 할
皉 명백 팽비 할
㖮 말알지못 할
䈡 주을 할
㛫 서로친근 할
鬝 민머리 할
䜒 향내날 할
硈 견고 할
縖 묶을 할
閄 흘겨볼 할
斛 두량 할
顆 건장 할
圂 어찌 할
磍 자갈땅 할
羖 털배 할
蠚 땅강아지 할
䫘 키커할 할
鶷 백설조 할
毼 잠들 할
齃 씹는소리 할
閜 문소리 할
轄 굴대빗장쇠 할
㻺 옥같은돌 할
褐 저고리 할
㑩 튼튼 할
橀 수레안바퀴 할
瀨 흐릴 할
奯 훤할 할
勂 힘쓸 할
愒 두려울 할
𦐇 걸쇠 할
螛 혀날름거릴 할
鎋 주장할 할
韐 굴대빗장 할
鬜 벗겨질 할
齰 물 할
瞎 애꾸눈 할
割 벨 할
髂 뼈씹는소리 할
劼 삼갈 할
嗐 하품 할
圚 약대소리 할
樺 북 할
黠 약을 할
害 어찌 할

함

梒 앵도 함
马 봉우리 함
堿 짤 함
欱 탐낼 함
唅 머금을 함
䫲 물에차게할 함
轞 수레소리 함
壏 석비레 함
䎛 소매 함
顄 턱 함
淊 진흙물 함
𧾷感 뛰어오를 함
檶 항아리 함
椷 계짝 함
鮨 고기이름 함
𣟴 나무금날 함
𥨍 옷잘입은체 함
菡 꽃봉우리 함
颬 바람 함

소리 함 謙 덜삶은콩 함 醶 얼굴붉힐 함 緘 봉할 함 銜 재갈 함 䨡 장마 함 譀 허탄할 함

疲 병들어여윌 함 菡 꽃어지러울 함 晗 날샐 함 蜭 쐐기 함 䤷 키달린병 함 咸 다 함 㺂 범의소리 함

분홍빛 함 鋡 반올 함 酓 얼굴붉을 함 翰 나는모양 함 諴 사랑할 함 欿 혹 함 虪 범의소리 함

轞 수레소리 함 鹹 배덜찰 함 㤷 방자할 함 臽 구덩이 함 陷 빠질 함 䎋 새새끼나를 함

𡟲 키크고건강할 함 頷 주릴 함 槛 홈통할 함 匧 배가라앉을 함 肣 턱 함 顑 주릴 함 啣

재갈 함 函 휩쌀 함 肣 턱 함 蜬 작은소라 함 𢄻 키막이 함 涵 젖을 함 函 편지 함 喊

고함지를 함 䝨 뇌물 함 谽 골곡휘할 함 𢅦 옷없는 함 𤮋 높은골 함 涵 찰 함 熖 헐 함 顩

불쪼일 함 艦 싸움배 함 䖔 범의소리 함 䮾 말달아날 함 娍 계집더러울 함 啣 원망할 함 鼖 북소리

리 함 錎 갑옷 함 𨻵 빠질 함 䤷 열릴 함 錎 사슬고리 함 𤞲 개소리 함 𠔭 속빈대 함 㰹

혹그러할 함 𣝡 범벅 함 轞 수레소리 함 陷 빠를 함 糮 범벅 함 䡖 차소리 함 諴 희롱할 함

闞 범우는소리 함 㺂 개소리 함 萏 꽃봉우리 함 䭑 떡속고기 함 䊸 메벼 함 㔼 물건을받을 함

銜 재갈 함 鹹 짤 함 㼤 기와덮을 함 𤮏 큰독 함 魽 조개 함 淊 잠길 함 𨂗 걸을

함 峆 큰골 함 𨾛 비들기집 함 𨩱 갑옷 함 𩭚 머리짧을 함 函 담을 함 𠥪 찰 함

閤 문 함 䦧 열릴 함 涵 배에 물들어올 함 鰔 새우 함 䏎 헐질 함 欿 웃음 먹을 함

䤴 술빛 함 谽 골 함 諴 화할 함 琀 반함옥 함 壏 석비래 함 𤬸 키있는병 함 㰹 방그레 웃을 함

㟔 산이름 함 檻 난간 함 㕦 짓 함 𪘁 이갈 함 陷 빠질 함 馠 향기날 함

顑 배주릴 함 莟 꽃필 함 含 머금을 함 醎 짤 함 𦢖 떡속고기 함 𣚞 매마른땅 함 䓿 꽃봉오리 함

虦 범의소리 함 䐄 턱 함 𦋺 면류관 함 𦧺 고기먹어서 싫지않을 함 餡 떡소 함 鼸 두더쥐 함

𤢂 범의소리 함 𦉘 질그릇 함 闞 소리우렁찰 함 㖔 턱 함 涵 젖을 함 啣 명함 함

㪉 탐할 함 𣘗 흠 함 頷 턱 함 瑊 옥돌 함 㼨 키달린병 함

합

합

盍 합할 합 榼 물통 합 頜 아랫볼 합 㤥 불부는통 합 詥 화할 합 𩶅 비늘이많을 합

䢔 갈 합 鉿 빠지는소리 합 𡇞 만날 합 𡧍 합할 합 𢗭 즐거울 합 𪖐 콧숨 합 呷 빨아마실 합

𧝊 개겹저고리 합 㛅 좋을 합 熆 불불 합 䧥 범 합 𧌒 딱정벌레 합 𡇖 향나무 합

盇 합할 합 秴 밭갈 합 合 합할 합 䖅 감출 합 峆 겹산 합 䅗 밭갈 합 𧮰 두산서로 닿을 합

䶎 코풀 합 柙 향나무 합 郃 고을이름 합 𥁋 대자리 합 鴿 집비둘기 합

𦙶 살찔 합 嗑 입다물 합 𥦗 합할 합 䖦 의힐 합 峇 산모양 합 蛤 조개 합 𢿍

두드릴 합
瘩 추위에 상한 병 합
⿰言盍 말 수다할 합
⿰目欠 숨 쉴 합
欱 크게 마실 합
庘 짐승우리 합

鮯 고기 이름 합
⿰魚盖 붕어 같은 잔 고기 합
盒 합 합
⿰盍欠 합할 합
耠 밭 갈 합
⿰盍欠 마실 합
⿺毛合

속눈섶 길 합
匌 기운 답답할 합
敆 숨 찰 합
閤 도장 합
珨 문 여닫을 합
闔 문짝 합
⿰去盍

술그릇 합
鰪 붕어 같은 고기 합
溘 문득 합
嗒 물건 떨어지는 소리 합
闔 문짝 합
闟 바로 볼 합
哈

마실 합
⿰氵欱 여울 합
⿰衤盍 더그레 합
熆 불붙을 합

항

笐 고기 찾는 기구 항
笐 통발 항
酐 쓴 술 항
⿰齒亢 씹을 항
⿰足亢 다리 뻗을 항
⿰馬亢 말 머

리 높을 항
⿱竹杭 낚싯대 항
伉 강직할 항
⿰亢隹 날아오르락 내리락할 항
⿰扌夅 쌍돛 달 항
肛 분문 항
䣈

골목 항
⿰亢羽 새 날아오르락 내리락할 항
⿰犭夅 개 길들지 않을 항
⿸疒夅 기운 병 항
巷 동네 길 항
迒 토끼

자취 항
⿰足更 짐승의 발자취 항
炕 마를 항
䲳 새 날아오르락 내리락할 항
⿰金⿱罒方 술그릇 항
蚢 쑥누에 항

夅 항복할 항
頏 날아오르락 내리락할 항
骯 꽃꽃할 항
⿱巷心 당돌할 항
⿰忄行 기쁠 항
骯 꽃꽃

할 항
⿰亢攵 탐낼 항
⿰車夅 칠 항
恒 항상 항
衖 항구 항
⿱夂用 갖출 항
⿰足亢 다리 뻗을 항
⿸疒亢

부어오를 항
恆 오랠 항
⿰田干 짠 땅 항
苀 부들 항
抗 항거할 항
亢 목 항
銗 돈 모으는 벙어

리그릇 항
⿱竹夆 술 거르는 용수 항
笐 횃대 항
砊 돌 소리 항
肮 목구멍 항
缸 항아리 항
⿰亢夋 단단

활 항 桁 부교 항 [illegible] 건널 항 沆 큰물 항 絎 긴실 항 [illegible] 해바라기 항 [illegible] 골목 항 笐

횃대 항 [illegible] 항복할 항 䘕 악공 항 貥 큰자개 항 航 배 항 吭 목구멍 항 杭 배 서로 연할 항 [illegible] 골목

瓨 목긴 항아리 항 佷 돌아올 항 [illegible] 항아리 항 衖 골목 항 頏 새 날아오르락 내리락할 항 巷 골목

항 港 항구 항 降 항복할 항

해

[illegible] 신통할 양 해 [illegible] 돼지 굽 흰 해 豥 돼지 굽 흰 해 峐 민둥산 해 [illegible] 몸길 해 痎

하루거리 해 [illegible] 욕할 해 劾 힘쓸 해 醢 젓장 해 獬 해태 해 [illegible] 바다 해 [illegible] 차에 오를

해 偕 함께할 해 [illegible] 창날 카로울 해 [illegible] 웃는 소리 해 [illegible] 급히 갈 해 [illegible] 고기장 조림 해 醘 젓장

해 薤 염교 해 [illegible] 머물을 해 [illegible] 완악할 해 [illegible] 불이 성할 해 餀 터러운 냄새 해 [illegible] 달아날 해

[illegible] 웃는 소리 해 陔 언덕 해 輆 거리낄 해 欱 마실 해 嚡 역정 낼 해 [illegible] 자총이 해 [illegible] 범 새

날 해 解 풀 해 [illegible] 신통한 양 해 廨 관청 해 [illegible] 머리 해 [illegible] 터러운 냄새 해 [illegible] 말이 길들 해

駴 북 꽝꽝 울릴 해 鮭 복어 해 諧 화할 해 [illegible] 젓장 해 豯 돼지 해 龤 노래의 가락이 조화될 해

[illegible] 겨우 해 祄 하늘이 도울 해 [illegible] 말 착할 해 [illegible] 옮직일 해 [illegible] 이상할 해 [illegible] 북 울릴 해 [illegible]

신통할 양 해 [illegible] 차 멍에 동이는 끈 해 [illegible] 서로 볼 해 侅 괴로외할 해 晐 갖출 해 海 바다 해 [illegible]

뼈 해 閈 문짝 해 醢 고기간장 해 咳 기침 해 害 해할 해 欬 급한기운 모양 해 薢 며래 해

郋 마을이름 해 咍 비웃을 해 蟹 게 해 該 그 해 骸 뼈 해 侅 이상할 해 絯 묶을 해

奚 어찌 해 䲒 숫게 해 𨽸 작은골 해 檞 나무고갱이 해 孩 방글방글 웃을 해 醘 술잔 해

澥 바다별명 해 繲 옷빨 해 劦 쪼갤 해 瀣 이슬 해 㒠 좁을 해 頦 턱 해 韰

좁을 해 賅 이상할 해 醢 고기로만든장 해 螇 가늘고긴 매뚜기 해 譮 경계할 해 鮭 신통한양 해

槑 매화나무 해 楷 본뜰 해 骸 새알심 해 觲 신통한양 해 閈 문짝 해 鯣 고기이름 해

駭 놀랄 해 胲 엄지발가락 해 榼 술통 해 髂 가는뼈 해 懈 게으를 해 䲒 가물치 해 㝏

방글방글 웃을 해 㥛 불평할 해 賌 이상할 해 瑎 검은옥돌 해 䞣 급히달아날 해 荄 풀뿌리 해

嗐 하품할 해 䲒 가물치 해 觧 쪼갤 해 痎 학질 해 㦗 혜아릴 해 畡 지경 해 趕 달아나려

다머무를 해 韰 좁을 해 嫸 투기할 해 䉏 대이름 해 㤗 마음이쾌할 해 姟 백조 해 韰 염교

해 𤵸 병들 해 邂 우연히만날 해 膎 포 해 㚊 벌릴 해 眉 코골 해 𥩲 신이름 해 𥁑

술담는 그릇 해 骸 뼈 해 翗 높이날 해 㰦 웃을 해 俙 송사할 해 夆 가릴 해 嘊 웃을 해

㗇 웃는모양 해 騱 트기 해 妎 투기할 해 𠿌 상여소리 해 蒵 풀 해 䚬 말느릴 해 㩉 끌 해

해

欬 기침 해
湝 찰 해
輆 갑히갈 해
亥 돼지 해
侅 호강할 해
垓 지경 해
害 해할 해

𪘲 골 해
陒 험할 해
頦 머리비뚤 해

핵

絯 실 핵
劾 핵실 핵
格 다다를 핵
礉 각발할 핵
⿰米覈 거친겨 핵
⿰衤敫 깃받침 핵

翮 쭉지 핵
核 실과씨 핵
覈 핵실할 핵
槅 나무밑둥휠 핵
⿰目畫 눈병 핵
⿰霍羽 빨리날 핵

⿰月赤 고기 핵
⿰鬲⿱羽鳥 새이름 핵
榾 씨 핵
輅 수레채앞마구리 핵

행

絎 바느질할 행
杏 은행 행
啈 싸움할 행
㚔 다행할 행
⿰言幸 성낼 행
烆 불햇 행

涬 천연스러울 행
⿱夭幸 다행할 행
荇 마름풀 행
胻 종아리 행
婞 사나울 행
⿰冫幸 쓸쓸할 행

⿰言㚔 바를 행
鴴 참새 행
⿰目幸 눈어둘 행
倖 요행 행
骱 소등마루루뼈 행
行 다닐 행

緈 곧을 행
⿲彳鳥亍 새떼 행
筕 대삿자리 행
㚔 다행할 행
莕 마름풀 행
⿰糸㚔 곧을 행
竤 헤아릴 행

⿰幸瓦 키달린병 행
悻 발끈성낼 행
裄 소매길이 행
⿰車旬 수레소리 행
⿰扌幸 코풀 행

향

楿 향기 향
⿰音景 소리울릴 향
盍 피 향
響 소리 향
⿰音叕 칠 향
向 향할 향
曏 지난번 향

珦 옥이름 향
薌 곡기 향
⿱宀皀 메아리 향
⿱大香 향기 향
鄕 시골 향
⿰巾向 북창 향

麘 사향사슴 향
皀 향내 향
享 누릴 향
⿱穴向 향할 향
⿵門香 열 향
響 소리 향
嚮

향할 향
餉 먹일 향
膷 소고기국 향
亯 누릴 향
鄉 시골 향
響 소리울림 향
曏 잠깐
향
餉 양식 향
⿱大香 향내크게날 향
⿱向音 소리울릴 향
⿱艹音 드릴 향
鄉 시골 향
香 향내 향
⿰糸向 솜 향
楿 계수나무 향
⿰目向 대낮 향
萫 나물국 향
皀 향기 향
香 향내 향
⿰身向 다쳐
볼 향
⿱宀亯 메아리 향
⿰鄉邑 시골 향
馫 향내크게날 향
响 진동할 향
⿰米向 먹일 향
⿱日向 밝을 향
蠁 누에번데기 향
⿵門鄉 문머리 향
饗 잔치 향
⿱殸火 불에말려낼 향
饟 먹일 향

허

허
⿱竹去 밥그릇 허
煦 불 허
魼 가자미 허
嘘 불 허
鄦 나라이름 허
⿱艹許 풀 허
⿰虍鬼 빌 허
栩 상수리나무 허
虛 빌 허
虗 헛될 허
⿰口歔 울 허
⿰山虛 산길험할 허
⿰魚虛 가자미 허
許 허락할 허
墟 큰언덕 허
⿰石虛 가벼운돌 허
歔 한숨쉴 허
魖 헛도깨비 허
虛 빌 허
詡 자랑할 허
⿰忄虛 허겁할 허
⿰衤虛 주린키신 허
驉 트기 허
滸 물가 허
⿰無邑 나라이름 허

헌

헌
⿺走寒 달아날 헌
獻 드릴 헌
⿺走憲 달아나려할 헌
憲 법 헌
幰 휘장 헌
献 드릴 헌
⿰鬲犬 드릴 헌
巘 시루봉 헌
⿱山獻 시루봉 헌
昍 밝을 헌
⿰扌軒 칠 헌
攇 질 헌
⿱穴軒 구멍속 헌
⿰角亘 뿔숫가락 헌
憲 법 헌
⿰角宣 뿔휘두를 헌
⿰壬見 큰판자 헌
⿰角華 뿔고르지않을 헌
軒 초헌 헌
⿰革軒 초헌 헌
⿰彳憲 달릴 헌
⿰忄憲 깨달을 헌
輪 초헌 헌
⿸疒憲 한기병 헌
⿱亼山 가벼울 헌
掀

들 헌

讞 낭자할 헌
靬 가죽 헌
嘕 즐거울 헌

헐

蝎 전갈 헐
猲 사냥개 헐
[illegible] 큰배 헐
歇 쉴 헐
滊 소금못 헐
蠍 전갈 헐

험

[illegible] 날쌔게 달아날 험
[illegible] 입을 험
杴 가래 험
玁 북녘오랑캐 험
険 험할 험
譣 험할 험

간사할 험
[illegible] 힘시험하는 추현 험
驗 증험할 험
嶮 산가파를 험
[illegible] 주황빛 험
[illegible] 맵고독한풀 험
蘞 맵고독한풀 험

驗 증험할 험
[illegible] 벼죽을 험
[illegible] 불탈 험
馦 고소할 험
憸 간사할 험
[illegible] 병목

험
[illegible] 그늘 험
驗 증험할 험
忺 하고자할 험
[illegible] 돌 험
[illegible] 굳셀 험
險 험할 험

협

垥 물방죽 협

혁

瞁 놀라볼 혁
虩 범의소리 혁
[illegible] 창 혁
砉 백정의 칼쓰는 소리 혁
殈 알터질 혁
[illegible]

사방풍 혁
[illegible] 보리볶을 혁
弈 바둑 혁
[illegible] 두려워할 혁
赫 붉은모양 혁
[illegible] 짐승달아날 혁
[illegible]

눈물씻을 혁
捇 흙팔 혁
[illegible] 생사 혁
洫 밭도랑 혁
[illegible] 몹시서러울 혁
[illegible] 볼 혁
赦 웃을껄껄

혁
焃 붉을 혁
覤 깜짝놀랄 혁
[illegible] 눈붉을 혁
[illegible] 진한붉은빛 혁
[illegible] 눈짓할 혁
[illegible] 흰다람쥐

혁
[illegible] 불꽃 혁
槅 멍에 혁
[illegible] 채찍소리 혁
[illegible] 긴창 혁
[illegible] 고요할 혁
[illegible] 깃소리 혁

[illegible] 두려워할 혁
[illegible] 산이름 혁
革 가죽 혁
赩 시뻘걸 혁
[illegible] 볼 혁
[illegible] 놀랄 혁
[illegible]

송사할 혁 爀 빛날 혁 㤉 마음 편치 않을 혁 觷 뿔 자팡이 손잡이 혁 夐 살필 혁 䁤 볼 혁 殺

창 혁 䞊 몰래 달아날 혁 䁤 잠자는 눈 혁 䓇 풀이 성할 혁 㦦 부끄러울 혁 弈 바둑 혁 㨎

홀 팔 혁 虩 두려워할 혁 㱛 침 뱉을 소리 혁 塙 흙 격지 혁 愅 홈칠 할 혁 侐 고요할 혁 䛭 업신

여길 혁 稫 빨갈 혁 鬩 송사할 혁 趌 자빠질 혁 畫 쓰라릴 혁 赩 붉을 혁

현

鳨 제비 현 显 나타날 현 駽 망아지 현 訮 말다툼할 현 嬛 산뜻할 현 睍 고울 현

誢 간하는 말 현 㙟 틈 현 絇 문채날 현 㬎 고칠 현 䝨 팔 현 晛 햇발 현 玄 검을 현

賢 어질 현 幣 표신기 현 虤 범이 성낼 현 赻 멀리 달아날 현 絃 풍류 줄 현 哯 아이 젖 토할 현

賢 어질 현 鋗 구리 주전자 현 藒 보리 짚 현 䉯 대마를 현 譞 말 수다할 현 肙 작은 벌레 현

狹 좁을 현 慈 베 현 灦 물 깊고 맑을 현 絢 문채날 현 䏌 구덩이 현 顯 나타날 현 顯 나타날 현

날 현 痃 적병 현 狷 짐승이름 현 詽 말다툼할 현 駽 철총이 현 琄 옥 늘어질 현 玹 옥돌

현 蠉 장구벌레 현 旬 눈 굴릴 현 蜆 작은 조개 현 蠉 장구벌레 현 矎 눈 부실 현 弓

봉우리 많을 현 駽 철총말 현 嚽 심문할 현 衒 팔릴 현 𢍏 사람의 이름 현 䡢 수레 뜨 정살 현

炫 밝을 현 鏇 깎을 현 繯 얽을 현 懸 달릴 현 嫙 지킬 현 顯虫 작은 조개 현

혈

蚿 노래기 현 胘 소처녑 현 顯 말뱃대끈 현 鋗 노구솥 현 訮 말다툼할 현 舷 뱃전 현

鋧 작은끌 현 韅 말뱃대끈 현 䡅 수레뜨껑살 현 峴 고개 현 眴 눈꿈적거릴 현 鞙 멍에얽는가죽

현 衒 자랑할 현 袨 고운옷 현 娊 허리가늘 현 縣 고을 현 痏 구멍 현 鞙 갈집 현

埍 하인청 현 趚 급히달릴 현 𡇙 부르짖을 현 賢 어질 현 䩙 칼집 현 胘 소처녑 현 𩔗 뒷빰

현 呟 소리 현 怰 팔 현 泫 물깊을 현 嬛 산뜻할 현 昡 햇빛 현 弦 시위 현 䁂 검은눈동자 현

垷 진흙 현 鶱 날을 현 𨘻 달아날 현 懁 분별할 현 莧 비름 현 見 보일 현

儇 영리할 현 𨹁 구덩이 현 洵 멀 현 諑 서로책할 현 譞 욕심낼 현 𩙿 날을 현 閺 힘시험하는추 현

𡵉 날듯할 현 𨹁 구덩이 현 𤞿 성급할 현 𨺟 한정할 현 俔 비유할 현 県 말릴

현 𢐉 강한활 현 鉉 솥귀 현 弦 시위 현 絢 채색무늬 현 翾 경박할 현 現 보일 현

𩃎 이슬성할 현 弲 활 현 吅 부르짖을 현 䘆 살대 현 韅 말뱃대끈 현 獧 빠를 현

眩 현황할 현 𡡝 지킬 현 𧩊 급할 현 韅 말뱃대끈 현

(혈) 𥨍 공허할 혈 𤡪 비늘있는짐승 혈 𨑭 달아날 혈 𨴂 문소리 혈 𢊍 넓은띠 혈 盂 소반

혈 䀥 눈붉을 혈 絜 잴 혈 訧 성낼 혈 泬 텅빌 혈 𥤚 심방 혈 頁 머리 혈 威

불꺼질 혈　蘱 말여꿸 혈　艭 큰배 혈　孑 외로울 혈　趐 나아갈 혈　血 피 혈　疦 창구멍 빌 혈　碟

가죽다룰 혈　橵 보리온전할 혈　㛍 기쁠 혈　臾 머리비뚤어질 혈　䀗 깜짝놀라볼 혈　䒸 꼭두서니 혈

穴 굴 혈　頁 머리 혈　坹 비고깊을 혈　蔦 요화 혈　𥥛 빈 혈　韢 단단히 맬 혈　抭 던질 혈

혈　襭 옷섶에 쌀 혈　岤 굴 혈　滅 멸할 혈　䀧 심방 혈　炔 불붙을 혈　娎 기쁠 혈　鞊

단단히 맬 혈　吷 마실 혈　𡕒 머리기울 혈　怴 어리석을 혈　猲 사냥개 혈　疦 창구멍 빌 혈

혐

𡝗 이쁠 혐　獫 개짖을 혐　嫌 혐의 혐　𤯍 향기로울 혐

협

俠 의기 협　冾 화할 협　婡 암전할 협　𡓁 두 협　脅 갈비 협　狹 좁을 협

脅 갈비 협　㾩 마음에 맞을 협　嫌 협의할 협　勰 생각할 협　䶝 옥니 협　𧫮 협풀 협

祫 제사지낼 협　匧 옷상자 협　協 화할 협　陿 좁을 협　綊 면류관싸계 협　脤 사직제지낸 고기 신빨 협

頰 빰 협　梜 젓가락 협　𪘨 옥니 협　浹 사무칠 협　䨐 두루할 협　篋 행담 협　㥦 생각

할 협　惵 두려울 협　㼪 반쪽기와 협　筴 젓가락 협　㸶 소건장할 협　劦 힘쓸 협　峡 두메 협

𢜬 뜻에 맞을 협　蛺 범나비 협　峽 산골 협　𧶪 재물 협　歙 마실 협　愜 쾌할 협　㾜

짐승발병날 협　熁 불로지질 협　𢃄 허리띠 협　𩨷 광대뼈 협　脥 빰 협　頰 빰 협　叶 화할 협　胁

(갈비 협) 莢 콩껍질 협 霅 좁을 협 悏 두려울 협 筴 젓가락 협 愶 겁낼 협 ⿰冫夾 얼어붙을 협 頰

(빰 협) ⿰夾⿱巛貝 빰 협 陜 좁을 협 愶 겁낼 협 夾 가질 협 餄 떡 협 脇 갈비 협 鋏 칼 협

肤 큰배 협 ⿰弓合 센활 협 嗋 들이마실 협 挾 낄 협 悏 뜻맞을 협 叶 화할 협 ⿰食夾 떡 협

硤 굳셀 협 拹 꺾을 협 ⿰夾攵 숨찰 협 狹 좁을 협 鉿 빠지는 소리 협 鞈 가죽 협 ⿺風劦 바람 화할 협

형

⿰女兄 즐거울 형 珩 노리개 형 ⿰歹亨 부을 형 擤 코풀 형 夐 멀 형 鉶 국그릇 형

⿰衤刑 갈 형 形 형상 형 ⿱叀大 저울 형 敻 멀 형 ⿰山刑 험한 산봉우리 형 ⿱殸木 향내 멀리 날 형

⿱賏月 목에 혹 있을 형 ⿴行开 절음 걷는 모양 형 鋞 목긴 그릇 형 艇 소금배 형 欱 웃을 형 鈃 종 같고 목 긴 그릇 형

亨 형통할 형 衡 저울대 형 蛵 잠자리 형 ⿰金形 제기 형 褮 옷에 구멍 날 형 ⿰木刑 책상 형

⿱⿰臣巳火 밝을 형 迥 멀 형 ⿱⿰丰刂土 본보기 형 ⿰山巠 지렛목 형 ⿱艹⿱开木 풀 얽힐 형 ⿱艹熒 들개나리 형 熒 의심별 형

型 골 형 形 형상 형 ⿰木迥 바둑판 형 泂 찰 형 鎣 쇠를 불릴 형 ⿱穴公 형용 형 蛍 반딧불 형

⿰貝冋 재물 형 鋞 남비 형 逈 빛날 형 哼 겁낼 형 ⿰豸亏 창 형 濙 작은물 형 馨 향내 멀리 날 형

悙 굳센체할 형 迥 멀 형 ⿰矢辛 작을 형 ⿱炏豕 실개천 형 烱 불꽃 형 硎 숫돌

형 瓶 목긴병 형 娙 맵시 형 衡 쇠뿔길 형 嵤 산깊을 형 䡓 저울 형 ⿰角丁 쇠뿔길 형 荆

광대싸리 형 侀 본보기 형 [illegible] 늙어서 약할 형 荆 글싸리 형 詗 기다릴 형 ⿰巾冏 손수건 형 㓝 이룰

형 ⿰忄冏 기억할 형 ⿰女刑 키클 형 ⿰矢幸 작을 형 鑅 종소리 형 ⿰木冋 바둑판 형 詗 염탐할 형

⿰矢夭 짧고 작을 형 荊 글싸리 형 硎 숫돌 형 螢 반딧불 형 泂 물뺑뺑돌 형 蘅 곰취 형

哼 겁낼 형 脝 배불룩할 형 ⿰舟亨 소금배 형 形 형상 형 兄 형님 형 陘 언덕 형

炯 빛날 형 陘 언덕 형 ⿱𤇾子 외로울 형 鎣 꾸밀 형 刑 형벌 형 邢 나라이름 형 ⿰忄巠

어긋날 형 ⿱𤇾瓜 작은 외 형

혜

⿰奚欠 탄식할 혜 槫 나무이름 혜 ⿱屾惠 어질 혜 ⿰羽惠 깃끝 혜 嵇 산이름 혜 盻 눈흘

겨볼 혜 縘 띠 혜 豯 석달된 돼지 혜 匸 감출 혜 騱 들말 혜 [illegible] 황달빛 혜 [illegible] 어질 혜

⿰契頁 찾을 혜 ⿰韋兌 주머니끈 혜 鼷 새앙쥐 혜 槥 작은 관 혜 韢 주머니끈 혜 儶 빠를 혜

⿰缶圭 좋은그릇 혜 ⿰田奚 지름길 혜 ⿰奚頁 머리비뚤 혜 ⿰魚惠 고등어 혜 橀 나무이름 혜 ⿰足兮 발자

취 혜 蕙 난초 혜 ⿱乛工 어질 혜 ⿰⿱巛田夬 밥담는 소쿠리 혜, 傒 끌 혜 ⿰立奚 기다릴 혜 醯 초 혜 ⿰犭慧

쪽지밑등 혜 ⿰衤奚 소매 혜 直 어질 혜 ⿱制女 흉할 혜 彗 비 혜 ⿱兮皿 방구 혜 憓 사랑할 혜

호

醯 고기장 혜 僁 어그러질 혜 譿 살필 혜 豯 동북오랑캐 혜 譓 순할 혜 篲 비 혜

謑 비뜰 혜 醘 초 혜 蹊 지름길 혜 寭 밝을 혜 橞 나무이름 혜 嵇 산이름 혜 榽 나무이름 혜

鼷 개구리 혜 䨒 초 혜 恵 어질 혜 惠 어질 혜 蕙 풀 혜 蟪 쓰르라미 혜

謑 비뜰 혜 暳 많은별 혜 鞋 가죽신 혜 騱 들말 혜 鞵 가죽신 혜 傒 이름 혜 禭 제사 혜

獩 깃골 혜 嫕 계집종 혜 鞵 집신 혜 慧 총명할 혜 徯 기다릴 혜 兮 어조사 혜

郋 물이름 혜 兮 어조사 혜 譿 비뜰 혜 嘒 매미소리 혜 潓 물결 혜 夆 가릴 혜 訳 벙글벙글할 혜

徯 기다릴 혜 鏸 창 혜 繐 가는베 혜

호

魱 준치 호 搉 거스릴 호 𪏭 누른빛 호 顥 희머리 호 芓 노끈만드는풀 호 虒 부르짖을 호

㹨 작은개 호 䜇 깊은골짜기 호 衚 골목 호 茠 김맬 호 鬍 큰원숭이 호 𧊵 흰원숭이 호

虍 범의문채 호 浩 넓고클 호 夰 늦을 호 箶 전통 호 粐 미음 호 唂 말많을 호 葫 마늘 호

滬 통발 호 冱 얼 호 𩴵 귀신 호 黏 미음 호 鄠 고을이름 호 瓁 옥같은돌 호

灝 클 호 𩸞 피땀 호 歊 급히일어나는모양 호 餬 미음 호 嶇 산낮고클 호 槴 통발 호

㩆 비교할 호 岵 산에숲질 호 𢿥 생각하고아낄 호 灝 물줄기멀 호 㝀 산 호 鎬 남비 호

罜 토끼그물 호 杘 지게 호 犒 호괴할 호 ⿰糸互 자새 호 ⿱𠂊亏 어조사 호 鳸 들메추라기 호

胡 어찌 호 岵 작은산 호 ⿰胡鼠 흰원숭이 호 琥 옥 호 ⿰阝豪 성밑갈 호 ⿰犭互 꼬리긴원숭이 호 壕

성밑해자 호 湖 큰못 호 毫 가늘고긴털 호 ⿱胡隹 사다새 호 ⿱一下 어그러질 호 ⿰互子 좋을 호 ⿰糸爻

녹색옷 호 垀 담 호 ⿰虎阝 고을이름 호 皞 밝을 호 芦 지황 호 ⿰氵皋 자루달린두레박 호 ⿰阝皋

성밑갈 호 箎 긴대 호 乎 어조사 호 豪 호걸 호 ⿱土夗 오래살 호 獋 웅얼거릴 호 ⿰黍胡 미음

호 互 서로 호 ⿰酉互 약종술 호 唬 웅얼거릴 호 ⿱胡食 미음 호 戽 손두레박 호 虖 탄식

할 호 熩 빛날 호 ⿱艹滈 향부자 호 ⿰言皋 서로속일 호 鬍 구레나룻 호 護 은왕성탕의풍류 호 号 호령

호 ⿱胡鳥 꿩같고푸른새 호 ⿰豦欠 숨길게내쉴 호 ⿰食壺 미음 호 ⿰衤胡 옷겨드랑이 호 ⿰衤互 짧은옷 호 蒿

다북쑥 호 祜 복 호 秏 풀거름할 호 楜 후추 호 ⿰王扈 옥 호 冴 얼 호 ⿰風高 뜨거운바람 호

⿱敖力 건강할 호 ⿰足胡 무릎굽힐 호 ⿰虎攵 숨길게내쉴 호 獋 개짖을 호 ⿱竹皋 대이름 호 瑚 산호 호

⿰母子 좋을 호 ⿰氵⿰隹告 채색빛날 호 ⿸虍巾 행주치마 호 嚎 소리높을 호 ⿱竹互 줄감는기구 호 鯱 물호랑이

호 ⿰酉互 약주술 호 ⿰子女 좋을 호 ⿱髟高 머리털모양 호 ⿰虎力 범 호 ⿰月告 늘을 ⿱弜鬲 죽 호

怙 믿을 호 滈 장마 호 ⿰李系 실끈 호 ⿱竹乎 전통 호 猢 원숭이 호 ⿰言互 기록할 호 薅 김맬

호 蝴 나비 호 蠔 굴 호 嚆 불멘소리 호 楛 나무이름 호 䖙 보지못할 호 虖 범 호 䉿

상앗대 호 醐 약주술 호 颵 바람소리 호 猇 개소리 호 毷 어지러울 호 獋 담비 호 豪 산돼

지 호 絙 얼레 호 怙 믿을 호 盬 그릇 호 昈 빛날 호 皞 밝을 호 墟 진솔 호 鍸 쇠접

시 호 户 집 호 廟 평할 호 婋 계집영리할 호 嗀 목구멍 호 茠 김맬 호 餬 미음 호

跍 두무릎꿇 호 黏 풀 호 謔 흙가마 호 箎 광주리 호 摢 덮을 호 譹 부르짖을 호

魹 역신 호 鰝 왕새우 호 號 활쏠 호 沍 얼 호 狐 여우 호 狐 여우 호 豍 흙손

호 晧 해돋을 호 昊 하늘 호 壕 종을 호 㤂 욕심낼 호 罜 그물 호 𠢕 건장할 호

箶 입을 호 醋 복추감치 호 槪 통발 호 虖 탄식할 호 鞘 전통 호 淏 맑을 호

嫭 아름다울 호 鰗 복 호 韄 파랄 호 泫 물질편할 오 胡 넓고클 호 翓 사람이름 호 瘑

목에걸릴 호 粰 죽 호 韄 칼장식 호 蠬 거미 호 虝 범 호 䩓 풀 호 枑 마름쇠 호 戲 부를 호

暤 밝을 호 弧 활 호 虎 범 호 犴 개소리 호 蒿 김맬 호 嘝 목젖 호 鎬 호괴할 호

顥 클 호 呼 부를 호 好 서로종아할 호 鶘 사라새 호 虝 호랑이 호 菰 풀망을 호 護

호위할 호 瓳 벽돌 호 扈 넓을 호 䅘 인끈 호 壺 입좁고복부가벌어진항아리 호 皓 흴 호 縞

흰비단 호 壺 입좁고 북부가 벌어진 항아리 호 滹 물이름 호 詡 속일 호 褻 옷이겨드랑 호 峼 산이름 호

濠 고을이름 호 嘷 고함지를 호 䝞 귀신 호 瓠 표주박 호 亳 지껄일 호 貋 범의소리 호

糊 풀 호 嘑 부를 호 鶮 허열 호 潦 빗물 호 嘑 웅얼거릴 호 墟 흙솥 호 嫮

아름다울 호 嶨 산이름 호 號 이름 호 廒 곳간 호 謼 부를 호 扝 끌어당길 호 㧬 쓸어버릴 호

熇 호계할 호 㪣 불 호 鳸 종달새 호 呺 바람소리 호 戲 슬플 호 許 소리 호 滸 물가 호

茠 김맬 호

혹

㦽 아마 혹 酷 혹독할 혹 嚳 질그릇 혹 掝 호리멍정할 혹 幗 수건이 바람에 재쳐질 혹 豰

흰여우 새끼 혹 㱿 해돋을때 붉으레할 혹 顝 복 혹 鵠 고니 혹 惑 의심할 혹 黳 새끼양 혹 趦

꺼꾸러질 혹 籔 자세 혹 䵗 귀검을 혹 穀 햇발 붉을 혹 焅 가무는 가운 혹 斛 두어 혹 或

아마 혹 戜 의심낼 혹 趞 넘을 혹 戓 의심낼 혹 翯 새깃 흡치르르할 혹 穀 개 혹 髐 머리

뼈 혹 豰 대지소리 혹 𣫀 탁주 혹 𪍖 보리 혹 雒 고니 혹 翯 새깃 흡치르르할 혹 隺

높이 이를 혹

혼

昏 날저물 혼 餛 경단 혼 鼲 다람쥐 혼 鰮 멸치 혼 殙 호리멍덩할 혼 棔 크게 묶을

혼 圂 뒷간 혼 昬 어두울 혼 焜 밝을 혼 怯 마음답답할 혼 渾 흐릴 혼 睯 번민할 혼

䐊 벌레 혼 掍 같을 혼 混 흐를 혼 琿 아름다운옥 혼 䮝 길들지않은말 혼 閽 문지기 혼

㱪 알지못할 혼 涽 흐린물 혼 麮 보리누룩 혼 䴷 쌀보리 혼 殙 혼미할 혼 黬 검을 혼

顐 희롱할 혼 黗 염우없을 혼 婫 머리털을 혼 棔 상나무 혼 踚 걸을 혼 惛 흐리멍덩

할 혼 輥 수레서로피할 혼 韗 불 혼 緄 꿰맬 혼 敯 혼인할 혼 鯶 잉어 혼 鰀 쇠뿔외의물 혼

㥵 기쁠 혼 耄 늙은이 혼 惛 혼미할 혼 溷 뒷간 혼 黖 새까말 혼 㱪 알지못할 혼 䚠

뿔 혼 慁 근심할 혼 諢 말분명하지못할 혼 醰 술파를 혼 倱 통하지않을 혼 腽 살찔 혼 俒 완전할 혼

粿 떡 혼 棍 나무묶을 혼 梱 통나무 혼 觬 뿔등구스름할 혼 繐 맺을 혼 婚 혼인할 혼 囊

벽우 혼 竃 혼 혼 痻 병 혼 㥵 근심할 혼 緷 깃 혼 晤 어두울 혼 焝 불땔 혼 唇

잔말할 혼 睧 눈어두울 혼 㑮 어두울 혼 魂 혼 혼

홀 㤉 깜짝할 홀 寣 아이울 홀 忽 문득 홀 匢 옛그릇 홀 惚 황홀할 홀 䬍 획획부는바람

홀 囫 덩어리 홀 欻 홀연 홀 笏 홀 홀 麧 보리떡 홀 飅 획획부는바람 홀 汔 물잦을 홀

疙 어리석을 홀 欻 급히울어날 홀 揔 먼지털 홀 炈 불기운성할 홀 颮 획획부는바람 홀 曶 먼동

틀 홀 㲿 칠 홀 輷 수레심대 홀 [氵+留] 극히정결할 홀 [風+忽] 빠른바람 홀 [門+乞] 닫을 홀 [扌+囫] 밀 홀 [目+骨]

키속찡할 홀 [入+凶] 날 홀 欻 성낸소리 홀 [疒+言] 병 홀 [糸+忽] 잘 홀 [艹+酉] 풀성할 홀 [勿+豕] 돼지새끼 홀

[雨+勿] 우뢰 홀 [雨+忽] 비올 홀 唿 근심 홀 仡 날낼 홀

홍 [宀+大] 일 홍 [章+頁] 살찔 홍 [共+頁] 머리아뜩할 홍 [米+工] 쌀냄새날 홍 [艹+禾+共] 장다리 홍 紅 붉을

홍 [共+支] 두드릴 홍 叿 입우물거릴 홍 [口+宮] 뭇소리 홍 [阝+共] 구덩이 홍 [月+共] 달흐릴 홍 [工+虫] 무지개 홍

魟 고기살찔 홍 [赤+工] 붉을 홍 [工+鳥] 큰새 홍 洪 클 홍 [氵+虹] 물솟을 홍 [山+貢] 산골깊을 홍 [風+共]

바람소리 홍 [風+工] 바람소리 홍 [酉+頁] 취하여자빠질 홍 [目+共] 먼동틀 홍 霐 속깊을 홍 澒 수은 홍 [言+共]

큰소리 홍 閧 싸우는소리 홍 闀 다툴 홍 [音+工] 소리크게지를 홍 [風+彧] 바람불 홍 [氵+風] 물바람불 홍 [竹+烘]

더스레 홍 [衣+亠] 장옷 홍 弘 클 홍 [冂+頁] 머리아플 홍 葒 요화 홍 谼 구렁텅이 홍 烘 횃불

홍 篊 대어살 홍 [氵+鳥] 곤재달릴 홍 [囗+命] 빌 홍 [阝+虫] 산이름 홍 [氵+羗] 클 홍 粠 묵은쌀냄새날 홍

嗊 서방바라는소리 홍 虹 무지개 홍 [米+虖] 횃불 홍 [門+共] 싸움소리 홍 琟 새살찔 홍 [魚+頁] 골속횅할 홍

叿 짖을 홍 洚 물넘을 홍 [工+羽] 나는소리 홍 [米+巷] 빛 홍 泓 물깊을 홍 鴻 기러기 홍 苰 피마

자 홍 [艹+髟+共] 장다리 홍 [谷+工] 큰골 홍 [巾+共] 기표 홍 谾 골휑할 홍 [目+共] 눈어둘 홍 [耳+共] 귀울 홍 訌

모함할 홍 灴 햇불 홍 汞 수은 홍 ⿰汞頁 머리곧을 홍 鉷 세뇌고동 홍 哄 공갈할 홍 宖 클 홍

⿱艹翝 나를 홍 ⿰耳汞 키속울 홍 ⿰豕厷 홀돌 홍 馫 향기 홍 ⿰金汞 종소리 홍 ⿰魚共 가오리 홍

화

画 그림 화 畫 그림 화 ⿰画禾 관뜨끵 화 ⿱聿田 그림 화 ⿰礻戈 재앙 화 婲 예쁠 화

驊 준마 화 嬅 탐스러울 화 ⿰王咼 화할 화 ⿰忄賫 사치스러울 화 烽 봉화 화 華 빛날 화

錵 칼날번쩍거릴 화 崋 산이름 화 风 불일어날 화 ⿰立⿱龷巾 바르지않을 화 蕐 빛날 화 髁

뼈뜰 화 ⿰言荂 시끄러울 화 荂 빛날 화 鞾 수여자 화 吴 대주 화 ⿺鬼化 둔갑할 화 ⿰火段 목투

구 화 ⿰木禾 관머리 화 ⿰礻冋 재화 화 ⿰言𠯑 말할 화 禍 재화 화 火 불 화 和 순할 화 ⿸尸系 신 화

⿱火化 밝을 화 蘤 빛날 화 華 빛날 화 ⿱艹垂 빛날 화 ⿱⺈火 빛날 화 ⿰礻𠯑 제사지낼 화 話

이야기 화 ⿱舌舙 이야기 화 ⿰舌舙 이야기 화 ⿰木瓠 쇠북가로퍼질 화 花 꽃 화 ⿱艹仓 꽃 화 花 꽃 화 花 꽃 화

惒 화할 화 龢 새피리 화 和 화할 화 咊 순할 화 啝 순할 화 ⿰魚果 메기 화 ⿰木雩 가죽

나무 화 ⿸尸⿰彳夋 양화 화 靴 양화 화 ⿰歹咼 양화 화 画 그림 화 畫 그림 화 畵 그림 화 ⿱聿⿵冂口 그림

화 ⿶凵西 그림 화 ⿰革華 조나라무령왕이신든목화 화 ⿱卄木 칼이름 화 ⿴囗刃 배꼬는소리 화 鷨 뻐꾸기 화 呆 어린

아이울 화 ⿰目化 눈끔적거릴 화 ⿰身花 가르칠 화 ⿰糸并 관의머리 화 伙 세간 화 楇 바퀴에바르는기름통 화 ⿰舌華

허잡을 화
[咼兀] 앙화 화
蘳 노란꽃 화
匕 조화 화
澕 물깊을 화
椛 단풍나무 화
吙 내쉬는 숨 화
鉌 차방울 화
韡 수여자 화
貨 재물 화
鱯 메기 화
[糸華] 벼무성할 화
禾 곡식 화
[忄華] 사치스러울 화
[夲灬] 봉화 화
[虫華] 큰뱀 화
鏵 가래 화
[木化] 목부용 화
樺 벚나무 화
盉 양념그릇 화
[酉華] 전국술 화
划 삿대 화
化 될 화
鱯 메기 화
姀 단정할 화
貨 재물 화
訸 화평할 화
鏵 가래 화
摦 가로펼칠 화
[艹嗣] 풀연접할 화
[匕貝] 재물 화
譁 시끄러울 화
嘩 울 화
[犭孚] 작은개 화
糀 누룩 화
[舌華] 허잡을 화
[礻吾] 재화 화
[骨丸] 재화 화
[艹鳥] 꽃 화

확

[耒蒦] 곡식 베일 확
攫 후려칠 확
檴 벚나무 확
篗 자세 확
戄 놀랍고 두려울 확
臛 고기국 확
[雨蒦] 소나비 확
靃 빗속을 나르는 소리 확
拡 넓힐 확
穫 곡식거둘 확
攉 손뼉칠 확
蠖 자벌레 확
[雨隹刂] 풀 확
彏 활 급히 당길 확
彠 헤아릴 확
[竹或] 자세 확
[日矍] 밝을 확
矍 놀라 돌아볼 확
彉 활당길 확
[雨蒦] 소나비 확
嬳 모양낼 확
矐 환할 확
[女矍] 모양낼 확
[目矍] 돌아볼 확
[疒蒦] 목에 걸릴 확
[言矍] 망령될 말 확
㲉 알속겁질 확
[目郭] 놀라볼 확
艧 배 확
[金霍] 가마솥 확
霩 휑할 확
擴 넓힐 확
[扌郭] 넓힐 확
[雨郭巴] 휑할 확
彍 빠를 확
[食蒦] 싱거울 확
劐 끊을 확
貜 호미 확
矆 번갯불 확
碻 확실할 확
[豸亢] 담비 확
雘 곱게 붉을 확
曤 밝을 확

篗 자새 확　籆 통발 확　鑊 가마솥 확　籰 자새 확　玃 큰원숭이 확　彠 법도 확　確 확실할 확

擭 덫 확　瓁 다듬지 않은 옥 확　[骨+蒦] 뼈울 확　貜 큰원숭이 확　咟 부르짖을 확　臛 곰국 확

臒 고기 확　[走+赤] 달아날 확

환

환

鰥 환어 환　澴 물결 꿈틀거려 흐를 환　[丸+頁] 머리 환　[門+官] 전각문 환　瑍 환옥 환　[馬+旱] 한 살 된 말 환

還 돌아올 환　[貝+患] 재물 지탱할 환　[辶+睘] 돌아올 환　[角+睘] 뿔 환　[夂+奐] 문채날 환　[宀+丸] 옥병 환

[骨+完] 골회칠할 환　渙 물부를 환　[辶+藿] 도망할 환　宦 벼슬 환　[戶+亘] 주머니 환　[臤+睘] 굳을 환

擐 목책 환　豢 칠 환　歡 기뻐할 환　[睘+鳥] 훨훨날 환　懁 업신여길 환　鍰 황철 환　[大+旦] 사치할 환

驩 말이 화락한 모양 환　[骨+皃] 골회칠할 환　轘 발길 환　丸 둥글 환　[土+睘] 가림담 환　睅 큰눈 환

嚾 부를 환　[彳+丸] 길잃을 환　[魚+幻] 복생선 환　悹 근심 환　瓛 서옥 환　睆 고울 환　[鹿+丸] 한살 된 사슴 환

[雚+欠] 기뻐할 환　[鹿+亶] 사슴 비슷한 짐승 환　[睘+飛] 빙돌아날 환　鰀 환어 환　[羊+莞] 뿔 가늘고 모양이 큰 양 환　環 둘레 환

貛 들돼지 환　还 돌아올 환　羦 들양 환　鬟 쪽질 환　煥 빛날 환　還 회복할 환

[㐫+丸] 굳어 부스럼 날 환　峙 고개 환　芄 왕골 환　[門+悤] 근심 환　驩 기뻐할 환　[目+丸] 눈동자 굴릴 환

觼 뿔 환　喛 성낼 환　懁 성품 패려할 환　換 바꿀 환　[鳥+睘] 훨훨날 환　[疒+丸] 부스럼 환　儇 아들

올 환 肒 부스럼날 환 還 회복할 환 寏 둘러싼담 환 酄 지경 환 鱞 환어 환 喚 부를 환

懽 기뻐할 환 槵 무환나무 환 萑 달 환 粔 흰쌀 환 桓 굳셀 환 鰥 환어 환 鯇 환어 환

患 근심 환 愌 거스를 환 還 돌아올 환 䴉 떡 환 豢 기를 환 圜 돌릴 환 䵹 궤어서 부스럼

날 환 奐 클 환 𩏶 흐릴 환 繯 배의바람맞는깃 환 鋎 칼 환 宦 벼슬 환 獾 왕살기 환 寰

궁장 환 奞 바꿀 환 鐶 고리 환 鰥 홀아비 환 鴅 새의부리에뼈의꼬리달린동물 환 駽 한살된말 환 汍

눈물흘릴 환 瓳 입큰독 환 𣽊 물장난할 환 羦 입없는짐승 환 睆 밝을 환 獂 날을 환 漶 섞일

환 煥 불빛밝을 환 顴 용렬할 환 萑 달 환 𧳓 입없는짐승 환 皖 땅이름 환 𥫱 발 환

瘝 앓을 환 鐶 고리 환 紈 흰깁 환 庡 암기와바닥 환 弮 쇠뇌활 환 癏 병들 환 絙 느스러

질 환 丸 둥글 환 𥏫 짧을 환 糫 약과 환 𨴯 근심 환 幻 요술 환 綄 기 환 逭

도망할 환 貛 너구리 환 嚾 부를 환 闤 저자담 환 𠎬 어맬 환 狟 담비새끼 환 權 허리아플

환 寏 담 환 峘 산높을 환 𨐲 얽을 환

활

(활) 䬣 물릴 활 諣 완고한 활 頢 짧은낯 활 活 살 활 𪌂 얼 활 䱻 누룩 활 뱀같은네발있는동물이

름 활 趏 부들자리 활 栝 다리병 활 濄 살 활 活 살 활 祮 제사 활 婚 지저귈 활 䟯 부들자리 활

황

蛞 달팽이 활
螖 방게 활
豁 넓을 활
趏 달아날 활
磆 활석 활
䯏 명주실 활
濶 넓을 활
萿 닷두름 활
猾 교활할 활
闊 넓을 활
豁 내뚫린 골 활
舙 배갈 활
适 갈 활
敌 다할 활
黬 검은빛 활
姡 거짓 활
敌 다할 활
尳 뼈긁는 소리 활
佸 이를 활
括 모을 활
濊 흐를 활

(황)

䫠 왜풍 황
葟 무성할 황
騜 누렁고 흰말 황
𩞿 죽 황
䌙 줄로 동일 황
𤾦 성할 황
𪀗 암봉새 황
媓 계집이름 황
皇 황제 황
鰉 전어 황
謊 잠고대할 황
楻 깃대 황
騯 말이 달려갈 황
況 하물며 황
鞼 밝을 황
荒 거칠 황
軦 벌레이름 황
穔 들보리 황
曂 환히 밝을 황
謊 잠꼬대할 황
艎 종소리 황
幌 술집표기 황
㬻 이른 더위 황
㬻 이른 더위 황
䅣 흉년들 황
隍 성아래 못 황
晄 햇빛 황
䐵 부 황
熿 빛날 황
𢅤 덮을 황
朚 날이 튼 황
崲 늪이름 황
帷 발가는 기구 황
蟥 풍뎅이 황
巿 버선 황
遑 급할 황
銧 엄숙할 황
騜 누르고 흰말 황
𦞢 살과 살 사이 황
𥛚 제이름 황
況 하물며 황
䤑 전국술 황
怳 당황할 황
畠 임금 황
荒 흉년들 황
𦉶 황제 황
獚 큰개 황
皇 황제 황
䳨 참새 황
鷬 꾀꼬리 황
瑝 옥소리 황
黃 누를 황
荒 거칠 황
櫎 그릇바침 황
𨍢 끌 황
䮴 말이 달려갈 황
趪 달아날 황

煌 빛날 황 貺 줄 황 貺 줄 황 鱑 고기이름 황 㞷 무성할 황 䅣 기장 황 𥁕 임금 황

䮝 말이 달려갈 황 蝗 황충 황 䊗 누룩곰팡날 황 偟 방황할 황 鎤 바울 황 趪 달아날 황 䀮

눈어둘 황 荒 거칠 황 篁 대밭 황 𪏃 알속의 노른자 황 䫛 왜풍 황 覤 볼 황 𣹃 넓을 황

䵃 어두울 황 𩑶 빛날 황 惶 두려워할 황 慌 흐리멍덩할 황 癀 황달병 황 偟 겨를 황 媓

여자이름 황 𥁕 피돌아올 황 璜 반둥근 패옥 황 愰 청백할 황 喤 아이울음소리 황 湟 빠질 황 䐵

불기붓는병 황 榥 책상 황 茪 당황할 황 餭 산자 밝을 황 䀮 눈어둘 황 艎 옷나라 배 황 恍 황홀

할 황 凰 암봉황새 황 諻 큰소리 황 荒 거칠 황 奛 밝고 흰할 황 幌 방휘장 황 䅣 흉년들 황

晃 밝을 황 𤛮 소이름 황 爌 밝을 황 揘 칠 황 簧 생황 황 䑟 꽃다울 황 㫛 술집

표기 황 黃 누를 황 䑟 꽃술 황 睆 불 황 㺾 이리 황 肓 흉격 황 𦑊 깃들고 춤출 황 䊗

제사쌀 황 潢 은하수 황 慌 황홀할 황 堭 전각 황 宺 집빌 황 㡃 덮을 황 笐 햇대 황 晄

줄 황 滉 물깊을 황 黌 학교 황 曂 터위 황

쾌

𦏁 때기 쾌 蕐 비뚤어질 쾌 譮 성난말 쾌 翽 나는소리 쾌 澅 물끌어올릴 쾌 黵 옅게

검을 쾌 䫥 털없을 쾌 䜑 여러소리 쾌 噦 방울소리 쾌 䭝 먹을 쾌 𢕫 집이 밝고 시원할 쾌 噧 기운 높여

회

며들 홰 霨 배 홰 譮 그르칠 홰 顪 큰머리 홰 䫲 바람 홰 鹹 소금 홰 豱 돼지흙뒤질 홰 豁 완악

할 홰 繣 어긋칠 홰 罫 거리낄 홰 ⿰車鬼 굴 홰 𨗵 두를 홰 ⿰金回 쇠연장 홰 鐬 소리 홰 ⿰革鬼 말고

뼈 홰

회

頮 낯씻을 회 ⿰豸氣 숨 회 㧓 서로칠 회 ⿰希卩 뼈마디사이 회 螝 누에번데기 회 鱠 회 회 ⿰車鬼

구름 회 刽 끊을 회 賄 재물 회 ⿺辶夆 틀림없는 회 澮 우물도랑 회 ⿰火歲 태울 회 鮰 민어 회

⿱彖 돼지성내어털이일어날 회 ⿰馬回 말이름 회 滙 물이돌아나갈 회 ⿺廴坙 찬장 회 廻 돌아올 회 劊 끊을

⿸疒灰 클 회 豗 서로부딪칠 회 ⿰阝灰 뭇돌 회 茴 회향 회 ⿰面頁 얼굴살찔 회 ⿺尢灰 서로칠 회 ⿱艹魔

못된감자 회 洃 반죽할 회 ⿰亻自 모서리 회 懷 품을 회 詯 말소리우렁찰 회 ⿰𠂤頁 낯씻을 회 𨗵 두

회 鄶 나라이름 회 ⿰金回 쇠연장 회 ⿰阝會 훼방할 회 嬇 계집의자 회 ⿸尸豖 맞부딪칠 회 誨 가르칠 회

⿰灰頁 큰머리 회 囘 돌아올 회 灰 재 회 廻 돌아올 회 ⿸疒褱 말병 회 ⿸尸豖 맞부딪칠 회 ⿱艹魔 못된

감자 회 回 돌아올 회 繪 그릴 회 蘹 풀이름 회 廽 돌아올 회 鯑 청어알 회 悔 뉘우칠 회

⿰扌匯 휘을 회 蛕 회회 瀤 물이름 회 膾 회회 ⿰言回 말소리우렁찰 회 徊 배회할 회 會 모을

회 會 모을 회 会 모을 회 囬 돌아올 회 ⿰魚囘 돌아올 회 璯 갓혼솔꾸미개 회 ⿺辶灰 넓힐 회

絵 그릴 회
賄 재물 회
瑰 어리석을 회
螝 누에번데기 회
⿸辰會 해달이 합처서 잘 회
⿰回鳥 새이름 회
禬 채앙 제하는 제사 회
痐 회충 배회
⿰飠褱 밥할 회
晦 그믐 회
⿰女褱 온화할 회
迴 피할 회
佪 거닐 회
鐳 명 회
恛 마음허둥거릴 회
褱 생각할 회
烸 말릴 회
盔 투구 회
鄶 나라이름 회
崣 산높은 모양 회
薈 염교 회
櫰 회화나무 회
囘 돌이칼 회
洄 검프를 회
⿰黑灰 회색빛 회
⿰鹵鬼 소금 회
詼 조롱할 회
靧 낯씻을 회
恢 클 회
讚 그칠 회
灰 재 회
⿰面每 얼굴통통할 회
⿰山廻 벗어진 산 회
⿱雨會 실꾸름 회
戲 병기 회
⿱山褢 산골험할 회
濊 깊고넓을 회
獪 간교할 회
檜 전나무 회
淮 회수 회
蝝 두더쥐 회
⿰牛褱 네뿔돋은 짐승 회
洄 물거슬러흐를 회
蚘 회충 회
圚 문 회
褢 품을 회
繪 그릴 회
匯 물이돌아갈 회
懷 생각할 회
栃 상수리나무 회
蛕 회충 회
檅 구기 회
咥 허허웃을 회
嬒 계집의 얼굴빛 검을 회
⿰豕鼻 돼지가 먹이먹을 회
⿰鹵褱 오랑캐소금 회
擓 급히북칠 회
詯 말느릿느릿할 회
蟢 라거미 회
懀 혐의로 미울 회
繢 톱끝 회
譮 그칠 회
鐬 소리 회
⿰山會 산모양 회
蛎 소라 회
⿰耒會 쟁기 화
⿰歹彖 피곤할 회
殨 종기터질 회

획

획

愭 마음울렁거릴 획
矐 눈멀 획
閖 문열 획
⿰忄畫 비단찢는 소리 획
⿰蒦攵 토하는 소리 획
⿰國斤 벨 획
⿰馬善 백정칼쓰는 소리 획
讗 자랑할 획
嚄 잔말할 획
騞 쉬지않고 갈 획
閃 몸을숨겼다가 갑자기 나와서 사람을 놀

대계할 획 劃 재지는소리 획 窢 바람마주치는소리 획 㦎 미련할 획 颫 뜨거운바람 획 讗 자랑할 획 謋

빠를 획 獲 얻을 획 劃 새길 획 湱 파도소리 획 嚄 자랑할 획 咟 부르짖을 획 嫿 안존할 획

擭 배울 획 矆 더울 획 𦡵 오금 획 㦎 찢을 획 嚿 부르짖을 획 嚄 자랑할 획 湱 파도

소리 획 㵝 물소리 획 曤 번개빛 획 砉 칼소리 획 𨶳 개칠 획 畫 그을 획

횡

嚝 쇠북소리 횡 𪏰 둥덩클 횡 颵 큰바람 횡 渹 돌에물부딪치는소리 횡 㧱 휘두를 횡 鐄

둥덩클 횡 吰 북소리 횡 罜 그물버 횡 輷 수레소리요란할 횡 黌 글방 횡 㟗 산높고험할 횡 橫 처네

횡 鈜 큰쇠북 횡 𩙺 큰바람 횡 輷 수레소리 횡 䫆 어두울 횡 顭 어두울 횡 翃 깃치는소리 횡

耾 큰소리 횡 鐄 큰쇠북 횡 彋 활소리 횡 宖 집울림 횡 紘 베리 횡 鋐 그릇 횡 竑 헤아

릴 횡 𩙺 큰바람 횡 颹 폭풍 횡 横 비낄 횡 砿 돌소리 횡 㧱 치는소리 횡 䬝 큰바람 횡 肱

큰소리 횡 谹 골속울릴 횡 諻 풍류소리 횡 輷 수레소리 횡 谹 골속울릴 횡 颫 바람소리 횡 㤟

실심할 횡 艎 뗏목 횡 𦑬 나르는소리 횡 潢 작은나루 횡 吰 쇠북소리 횡 弘 클 횡 宏 집소

리 횡 가 텅어리 횡

효

涍 물가 효 斅 가르칠 효 校 서까래 효 皢 날흴 효 楞 빌 효 嘷 산이름 효 𨙫

글 효 嗃 부르짖을 효 胶 다리뼈 효 睄 애꾸눈 효 虓 사람이름 효 𧱏 돼지 달아날 효 詨 부르짖을 효

獢 개털빛 누럴 효 絞 녹색옷 효 藃 백지 효 篍 대새끼 효 麙 상스러운 짐승 효 㪣 슬퍼할 효

囂 찔 효 筊 작은 통소 효 趬 달아날 효 熇 불김 효 穘 벼상할 효 𢾊 가죽주머니 효 曉

새벽 효 崤 산이름 효 𦺞 그령이 뿌리 효 庨 궁집 드높을 효 髐 해골 효 猇 범으르릉거릴 효 膋

안주 효 嚻 시끄러울 효 皛 밝을 효 餚 반찬 효 㹱 개 짖을 효 獢 부리 짧은 개 효 藃 그루 뿌리

효 曉 밝을 효 㤊 겁낼 효 孝 효도 효 虓 범 고함지를 효 滧 섞을 효 曉 새벽 효 𡫖

기운 찔 효 傚 본받을 효 膮 고기국 효 歊 기운 날 효 㮁 치자나무 효 嘐 한가할 효 𢹂 흔들 효

驍 날랠 효 髇 우는 살촉 효 梟 올빼미 효 效 본받을 효 酵 술 괼 효 髇 우는 화살 효

𧰼 개와 돼지가 놀랄 효 筊 작은 통소 효 殽 어지러울 효 㵿 물 퍼낼 효 𡨥 넓을 효 哮 성낼 효

顤 큰 머리 효 㚁 클 효 篍 죽순 효 痚 헐덕일 효 𩌏 가죽주머니 효 賋 번져로 울 효 𧆞

그릇 할 효 颵 바람 효 咷 부르짖을 효 𤕛 안주 효 酵 술 괼 효 顤 높고 긴 머리 효 𪚰 거북 머리를 움

추릴 효 𡓜 알낳을 효 𢵋 들 효 傚 본받을 효 𠐥 거만할 효 嘵 웅얼거릴 효 嗃 성낸 소리 효 嘐

자랑할 효 婋 영리할 효 恔 쾌할 효 憢 두려울 효 䐹 종기 터질 효 誵 말 불공할 효 鄗 아물

름 효 鐃 시우쇠문채 효 犒 불꽃 효 獢 누른개 효 淆 요란할 효 洨 물합할 효 鴞 솔개 효 㾧

공길 효 烋 화할 효 効 공효 효 肴 안주 효 哮 큰체할 효 爻 형상할 효 校 서까래 효 𠿗

웃음소리 효 嘵 두려워할 효 闄 문열 효 𩫴 큰경쇠 효 囂 떠들 효

후

堠 장승 후 鵂 부엉이 후 趏 걸며갈 후 後 뒤 후 後 뒤 후 芌 클 후 芋 클 후

芋 클 후 姁 아름다울 후 齁 냄새맡을 후 㗋 파실이름 후 郈 고을이름 후 鄇 고을이름 후

𪆐 독수리 후 鯸 독수리 후 翭 깃밑둥 후 𦑡 깃밑둥 후 猴 원숭이 후 𧶼 계엽낼 후 𪁤 깃처음날

后 임금 후 骺 뼈끝 후 銗 목투구 후 犼 곰같은짐승 후 鵂 이상한새 후 酗 주정할 후 㫗

덮을 후 矦 임금 후 帿 관혁 후 𧆞 범울 후 餱 마른밥 후 喉 목구멍 후 㺅 저밀 후 𩩲 뼈끝

후 酗 주정할 후 餱 마른밥 후 睺 반판수 후 嗅 냄새맡을 후 洉 적실 후 𥚇 빌 후 垕 두려

울 후 猴 원숭이 후 犼 산개 후 洉 적실 후 㖃 쉴 후 篌 공후 후 蝧 목들고꺼떡거릴 후 逡 늦을

후 珛 티박힌옥 후 㤧 화할 후 㸸 소울 후 齁 코골 후 𨸝 떠날 후 煦 찔 후 𦛜 목구

멍 후 𪁳 엣비둘기같은새 후 酗 주정할 후 𪁤 부둥깃날 후 蚼 큰개미 후 呴 부끄러울 후 齅 냄새맡을

후 逅 우연히만날 후 瘊 무사마귀 후 茩 뱀도랏 후 翭 깃취음나는모양 후 鱟 바닷게 후 𤡘

후

창후 鄇 땅이름후 ⿰衤矦 작은적삼후 齁 들창코후 ⿺走矦 절뚝거릴후 侯 벼슬이름후 ⿰亏頁 머리움직일후

酗 주정할후 ⿱眗灬 웃을후 ⿰歹丂 저밀후 ⿱殸鳥 들오리후 候 물을후 疛 앓을후 ⿰亻侯

기후후 鮜 메기후 喉 목구멍후 鯸 복후 ⿱艹⿰彳矦 후사후 ⿺走豆 자저할후 骺 뼈끝후 ⿰食臭

밥상할후 涸 마를후 盱 부릅뜰후 呴 말공손이할후 嘔 기쁠후 ⿸虍丂 범울후 厚 두터울후

珝 구슬후 ⿱日子 두터울후 睺 반판수후 ⿰口凶 웃을후 ⿱雨矦 장마후 ⿵風矦 바람불후 朽 썩을

후 ⿰口厚 토할후 ⿰矛矦 창후 鍭 살촉후 煦 불후 ⿰歹丂 썩을후 吼 소우는소리후 ⿰言虚 거짓

말후 糇 말린밥후 ⿰言矦 말할후 ⿰亻觚 큰오이후 ⿰言矦 말할후

훈

蹞 설훈 ⿰鳥勻 작은새훈 ⿱水言 인도할훈 勛 공훈 勲 공훈 纁 분홍빛훈 矄 눈침

침할훈 ⿰熏鳥 괴상한새훈 醺 술얼근히취할훈 勳 공로훈 熏 불사를훈 焄 김오를훈 壎 흙풍류훈

爋 불에말릴훈 燻 불기운성할훈 訓 훈계할훈 坃 흙으로만든악기훈 煇 지질훈 蘍 향풀훈

鑂 금빛투색할훈 曛 어둑어둑할훈 ⿰月川 양고기국훈 焄 향내훈 熏 불사를훈 葷 고명풀훈

纁 분홍빛훈 ⿱巛言 가르칠훈 獯 북오랑캐훈 ⿰熏鳥 작은새훈 薰 향풀훈 ⿰熏色 누른빛훈 ⿰鼓熏

북울릴훈 臐 양고기국훈 ⿰月⿱山熏 양고기국훈 塤 질나팔훈 薰 향풀훈 ⿰衤熏 연분홍빛훈 暈

무리 훈

㊟훌 烼 구울 훌 魆 간사하게 속일 훌 㗅 숨 훌 䬍 빠를 훌 倏 문득 훌 欻 문득 훌

欻 빠를 훌

㊟홍 儚 어두울 홍 薨 벌레소리 홍 䲨 물새 홍 薨 죽을 홍

㊟훤 楦 신골 훤 讙 지껄일 훤 萱 원추리 훤 鶢 작은새이름 훤 萲 원추리 훤 喧 지꺼릴 훤

覲 크게 볼 훤 彋 활급을 훤 愋 한탄할 훤 睻 큰눈 훤 狟 담비 훤 煊 따뜻할 훤 翧 날을 훤

鶢 작은새의 이름 훤 烜 빛날 훤 韗 북만드는 장인 훤 咺 슬게 울 훤 萱 대꽃 훤 貆 담비새끼 훤

還 빨리 갈 훤 暄 날따뜻할 훤 䘴 성 훤 韗 가죽신 훤 貆 담비새끼 훤 睕 큰눈 훤 諼 잊을 훤

훤 㒯 불 훤 諠 지껄일 훤 晅 말릴 훤

㊟훼 虺 이무기 훼 燬 불이글이글할 훼 喙 부리 훼 簸 방아찧을 훼 芔 성할 훼 毀 헐 훼

喙 부리 훼 𥔲 패할 훼 顪 뺨 훼 簸 방아찧을 훼 虺 살모사 훼 虺 독사 훼 諻 비방할 훼

烠 불훌훌불을 훼 䕡 국은초 훼 毁 무너질 훼 譭 헐어말할 훼 檓 정한쌀 훼 檓 국은초 훼

簸 정미할 훼 卉 풀 훼 卉 풀 훼 毇 쌀쓿을 훼 餯 냄새 훼 虫 벌레 훼

휘

韡 가죽다룰 휘
鰴 힘센고기 휘
㨤 옮길 휘
⿱巛毛 대장기 휘
⿱亠女 예쁜얼굴 휘
揮 휘두를 휘
瀈 물내뿜지를 휘
洃 물결무늬 휘
⿰牛軍 얼룩소머리 휘
⿰犭軍 산짐승이름 휘
煇 산짐승이름 휘
彙 무리 휘
掬 뽐낼 휘
彚 무리 휘
衛 아름다울 휘
摩 대장기 휘
翬 날개칠 휘
撝 찢을 휘
⿰㫃軍 기 휘
諱 꺼릴 휘
楎 옷걸이 휘
徽 힘센고기 휘
麾 기 휘
噅 고개 휘
麾 대장기 휘
暉 햇빛 휘
皹 흴 휘
徽 표기 휘
輝 빛날 휘
⿱⺍胃 무리 휘
徽 아름다울 휘
媈 첩 휘
⿰黃軍 빛날 휘
繣 거문고 휘
禈 제사 휘
戲 기 휘

휴

觽 뿔송곳 휴
酅 고을이름 휴
驨 천리마 휴
⿰阝差 폐할 휴
⿰火巂 걸어갈 휴
⿸广烋 나무그늘 휴
畦 밭두둑 휴
攜 끌 휴
髹 옻칠할 휴
髤 옻칠한 휴
葔 향부자 휴
⿰忄象 편치않을 휴
鑴 큰쇠북 휴
虧 이지러질 휴
⿰田巂 밭두둑 휴
⿵風休 바람소리 휴
飍 큰바람 휴
廋 자태 휴
酅 고을이름 휴
攜 끌 휴
⿰香幽 향기 휴
⿰火休 재 휴
⿰馬休 준마 휴
⿺走休 버릴 휴
髤 옻칠할 휴
⿱巂龜 큰거북 휴
鵂 부엉이 휴
孈 지날 휴
擕 끌 휴
眭 깊은눈 휴
⿰車巂 바퀴한번돌 휴
⿰魚巂 점박힌큰거북 휴
蠵 큰거북 휴
倠 천할 휴
婎 모양 휴
擕 끌 휴
休 쉬일 휴
攜 떠날 휴
⿰犭休 표범 휴
傌 준마 휴
隳 무너질 휴
咻 지꺼릴 휴
⿰忄巂 두마음먹을 휴
⿰目夒 얼굴에때낄 휴
烋 아름다울 휴

䰎 시루구멍 휴 貅 비휴 휴 觿 뿔송곳 휴 𡰝 절름거리며 걸을 휴 虧 이지러질 휴 溲 땀 휴

驨 천리마 휴 庥 덮을 휴 蠵 큰거북 휴 瞜 눈물지적지적할 휴 㳜 물들었다 빠질 휴 睢 성내어 볼 휴

䏫 파리한 배 휴 銝 바늘 휴 隳 무너질 휴 鱅 인어 휴 茠 덮을 휴 嚊 기를 휴

휵

搐 끌 휵 慉 기를 휵 蓄 도로 물들여 빨갈 휵 衄 코를 찡그릴 휵

휼

獝 미칠 휼 䟐 여럿이 달아날 휼 恤 근심할 휼 賉 기민먹일 휼 遹 좇을 휼 瞲 놀라볼 휼 眓 이를 휼 鷸 비취새 휼 鐍 상자장식 휼 鷸 비취새 휼 怴 미칠 휼 狘 휠휠 날아갈 휼 眛 움평눈 휼 霱 상서구름 휼 憰 속일 휼 遹 지을 휼 颭 솔솔바람 휼 譎 간사할 휼 噊 휘바람불 휼 鉥 배목 휼 潏 호를 휼

흉

䲨 수새 흉 洶 물결형세 흉 訩 송사할 흉 趩 기운없이 갈 흉 汹 물결형세 흉 离 가슴 흉 兇 악할 흉 哅 시끄러울 흉 胷 가슴 흉 胸 가슴 흉 䟵 기운없이 갈 흉 恟 두려울 흉 肖 가슴 흉 凶 흉흉할 흉 哅 지꺼릴 흉 殈 흉흉할 흉 匈 떠들석할 흉 詾 송사할 흉 忷 두려울 흉 訩 송사할 흉 胸 가슴 흉 詾 송사할 흉

흑

潶 물흐릴 흑 黑 검을 흑 默 기침 흑 黒 검을 흑 鈗 금 흑 驔 말이 달려갈 흑 嫼

성낼 혹
釛 금 혹

흔

忻 기쁠 흔
⿰月艮 발뒷꿈치 흔
⿰阝縣 큰 언덕 흔
昕 해돋을 흔
鯇 잉어 흔
⿰虫憲 지렁이 흔
⿰車艮 차앞치장 흔
邤 이웃 흔
鞎 수레앞가죽으로 꾸밀 흔
炘 화끈거릴 흔
焮 구울 흔
⿺辶希 가서 맛이할 흔
⿰木焉 평미레 흔
訢 기뻐할 흔
掀 들 흔
⿰月欣 부스럼 흔
⿰石賢 근거할 흔
痕 흔적 흔
釁 틈낼 흔
釁 틈 흔
馸 말의 무게 흔
拫 끌어당길 흔
欣 기쁠 흔
釁 그릇터질 흔
俒 완전할 흔
俽 기쁠 흔
很 사송할 흔
琿 옥 흔
⿰糸見 꿰맬 흔
衅 피 흔

흘

屹 산우뚝할 흘
⿱雨勿 우뢰 흘
釳 말머리장식 흘
吃 웃는소리 흘
紇 실끝 흘
仡 끌밑할 흘
⿰禾乞 싸라기 흘
⿰火畺 불에 묻어 구울 흘
忔 기쁠 흘
⿰齒合 씹을 흘
釳 말머리장식 흘
⿰糸忽 잘 흘
麧 보리싸라기 흘
齕 씹을 흘
⿰月黑 달흐릴 흘
忥 어리석을 흘
⿵門童 작은문 흘
汔 물갓을 흘
⿰車殳 어눌할 흘
⿰米乞 쌀가루 흘
盵 향할 흘
迄 이를 흘
扢 만질 흘
麧 보리싸라기 흘
⿰食乞 배부를 흘
⿰食乞 배부를 흘
⿰革乞 졸라맬 흘
虼 벼룩 흘
齕 씹을 흘
⿺辶气 이를 흘
⿰革乞 졸라맬 흘
囫 완전할 흘
疙 어리석을 흘
汔 물자질 흘
訖 이를 흘
⿺走曷 굳셀 흘
⿸疒言 잠자는 병 흘
⿱巛女 흐를 흘
⿰麥勿 보리떡 흘
⿱日希 돼지 흘
⿰目今 볼 흘
紇 실끝 흘
⿱亽月 떨칠 흘
⿱勿目 급히볼 흘
⿱艹⿱𢆶田 성할 흘

흠

硂 험할 흠 ⿱臤皮 가죽두듬할 흠 捦 누를 흠 玪 아구령 흠 欦 재채기할 흠 欽 공경할 흠

廞 행장제구 흠 廞 모진마음 흠 欠 부족할 흠 譀 성내어말할 흠 歆 먹일 흠

흡

⿰目翕 볼 흡 ⿰忄翕 마음뜨거울 흡 ⿰翕攴 칠 흡 汔 물이마름 흡 熻 터울 흡 帢 모자 흡 噏 마숨들이실 흡

皀 향내날 흡 ⿰目翕 볕에말릴 흡 ⿺走合 걸 흡 ⿰糸翕 묶을 흡 翕 합할 흡 ⿰鼻及 코고는소리 흡

歙 숨쉴 흡 ⿵門及 시끄러울 흡 洽 화할 흡 ⿰食甲 떡 흡 恰 마침 흡 ⿱合心 합할 흡

吸 숨들일 흡 ⿰合斗 봉을 흡 ⿰月合 몸 흡 ⿰豸合 모을 흡 潝 용렬할 흡 ⿰言翕 말빨리할 흡 闟 닫을 흡

扱 건을 흡

흥

嬹 기쁠 흥 ⿱興月 곪겨쭈실 흥 興 일어날 흥 畀 일어날 흥 ⿱四八 일어날 흥 ⿱香番 향기 흥 興 일어날 흥

⿱興新 일어날 흥 ⿱艹興 장다리 흥

희

嬓 미울 희 熙 빛날 희 嚱 깜짝놀라소리낼 희 ⿰希頁 머리옴직일 희 戲 희롱할 희 鯑 좋은뿔 희

巇 산위험할 희 ⿰馬氣 말이달려갈 희 狶 돼지 희 戱 서로웃을 희 羲 기운 희 熈 화할 희

齂 누어숨쉴 희 豨 큰돼지 희 愾 소병들 희 嫵 기쁠 희 熹 밝을 희 欷 신음하는소리 희 㩗 희롱할 희

⿰希隹 가죽다루는장인 희 犧 희생할 희 歖 갑자기기빼할 희 僖 즐거울 희 ⿱雲氣 구름끌 희 ⿺走希

달아날 희 熺 밝을 희 譆 말소리 희 巇 험할 희 嫛 미울 희 桸 나무쌕을 희 陒 험할 희

⿰言氣 말기운 희 憘 기뻐할 희 噫 슬플 희 嬉 희롱 희 稀 드물 희 暿 몹시더울 희 ⿱雨覞

비겔 희 ⿰扌匯 씻을 희 熂 불사를 희 ⿰犭戲 돼지 희 ⿰⿸虍豆攵 서로웃을 희 ⿰⿱龷月攵 탄식할 희 篦 참빗 희

餼 먹일 희 憙 기뻐할 희 繥 매듭질 희 誒 즐길 희 烯 불빛 희 囍 쌍희 희 嘻

화락한 소리 희 瞦 눈동자 맑을 희 屓 힘들일 희 燹 들불 희 摡 취할 희 ⿰豕氣 돼지숨쉴 희 ⿰虛瓦

물장군 희 ⿰犭氣 짜올 희 悕 생각할 희 愾 한숨쉴 희 屭 으리으리할 희 唏 탄식할 희 ⿱艹稀 약이

름 희 ⿰犭壴 사람이름 희 ⿰忄四 쉴 희 曦 눈깜짝일 희 ⿵門奇 벽틈 희 晞 마를 희 禧 복 희 蟢

낙거미 희 ⿰扌甶 뽐낼 희 ⿰目條 시름없이 빗날 희 曦 햇빛 희 繥 웃을 희 豷 돼지숨쉴 희 ⿰虛瓦

장군 희 睎 흘겨바라볼 희 吹 상기할 희 俙 비슷할 희 踁 머뭇거릴 희 鵗 북방꿩 희 ⿰鼻希

코골 희 ⿰亻氣 성낼 희 ⿱竹匝 참빗 희 莃 희나물 희 喜 기쁠 희 ⿸虍豆 옛날그릇 희 忥 고요할 희

⿰馬希 말달려갈 희 ⿰土戲 무너질 희 熙 빛날 희 戲 희롱할 희 希 바랄 희 咥 웃음소리 희 郗

뼈마디사이 희 鯑 청어알 희 ⿰木戲 구기 희 屎 얼래자루 희 晞 마를 희 ⿰壴支 희롱 희 戱 희롱 희

⿰言貴 그칠 희 譆 소리지를 희 妛 얼굴예쁠 희 姬 아씨 희 熈 밝을 희 釐 복 희 姫 아씨

희 [illegible] 코골 희 巇 산높을 희 曦 달빛 희 爔 불 희 [illegible] 희롱하며 웃을 희 欷 느껴한숨쉴 희

히 呬 숨쉴 히 [illegible] 추할 히 [illegible] 신음할 히 羲 기운 히 屎 신음할 히 戲 변장 가히

[illegible] 신음할 히

힐 黠 약을 힐 犵 남녘 오랑캐 힐 [illegible] 바람 불 힐 欯 기뻐할 힐 肹 소리울릴 힐 翓 날아 오를 힐

힐 肸 소리울릴 힐 擷 주울 힐 纈 맺을 힐 詰 물을 힐 頡 날 힐 翓 날을 힐

강희대옥편

· 초판 1쇄 2014년 12월 5일 발행
· 초판 2쇄 2016년 12월 8일 인쇄

· 편　　저 해동한자어문회
· 자료제공 삼성문화
· 기획편집 토탈프로세스
· 펴 낸 이 박효완

· 펴 낸 곳 아이템북스
· 출판등록 2001. 8. 7 제2-3387호
· 주　　소 서울 마포구 서교동 444-15
· 전　　화 02-332-4337
· 팩　　스 02-3141-4347

파본이나 잘못된 책은 교환해 드립니다.

部首名稱

부수	명칭
乙	새을변
亠	돼지해밑
人	亻 사람인변
儿	어진사람인
八	여덟팔
冂	멀경변
冖	민갓머리
冫	이수변
刀	刂 칼도변
力	힘력변
勹	쌀포변
匚	터진입구변
匸	터진에운담변
卩	㔾 병부질변
厂	음호변
口	입구변
囗	에운담변 큰입구변
土	흙토변
夊	천천히걸을쇠변
女	계집녀변
子	아들자변
宀	갓머리변
尸	주검시밑
山	멧산 변
巾	수건건변
广	음호밑
廴	점없는 책받침
廾	廾 밑스물집
彐	⺕ 터진가로왈
弓	활궁변
彡	터럭삼 삐친석삼
彳	두(중)인변
忄	心 심방변
扌	手 좌방변
氵	水 삼수변
犭	犬 개사슴록변
阝	邑 (右) 우부방
阝	阜 (左) 좌부방
⺗	心 밑마음심
戶	지게호변
支	지탱할지변
攴	夂 등글월문
文	글월문
斗	말두
斤	날근변
方	모방변
日	날일변
曰	가로왈변
月	달월변
月	肉 육달월
木	나무목변
欠	하품흠변
止	그칠지변
歹	죽을사변
殳	갖은등글월문
气	기운기밑
氺	水 아랫물수
火	불화변
灬	火 연화변
爪	爫 손톱조변
爿	장수장변
片	조각편변
牙	어금니아변
牛	牛 소우변
王	王 임금왕변
礻	示 보일시변
罓	그물망
耂	老 늙을로밑
艹	艸 초두밑
辶	辵 책받침
田	밭전변
疒	병질안
癶	필발밑
皮	가죽피변
皿	그릇명
目	눈목변
罒	넉사밑
网	그물망
矛	창모변
矢	살시변
石	돌석변
示	礻 보일시변
禾	벼화변
穴	구멍혈밑
立	설립변
歺	歹 죽을사변
衤	衣 옷의변
竹	대죽변
米	쌀미변
糸	실사변
缶	장구부변
冂	冈 罒 冗 그물망
羊	양양변
老	耂 늙을로변
耒	장기뢰변
耳	귀이변
聿	오직율
舌	혀설변
舟	배주변
艸	초두밑
虍	범호밑
虫	벌레충변
行	다닐행변
衣	衤 옷의변
角	뿔각변
言	말씀언변
豆	콩두변
豕	돼지시변
豸	갖은돼지시변
貝	자개패
走	달아날주변
足	발족변
身	몸신변
車	수레거변
辵	辶 갖은책받침변
邑	阝(右) 고을읍변
酉	닭유변
金	쇠금변
釆	분변할변
里	마을리변
門	문문
阜	阝(左) 언덕부변
隹	새추
雨	비우변
革	가죽혁변
韋	가죽위변
頁	머리혈
食	밥식변
馬	말마변
骨	뼈골변
髟	터럭발밑
鬥	싸움투
鬲	오지병격변
鬼	귀신귀변
魚	고기어변
鳥	새조변
麥	보리맥
麻	삼마
鼻	코비
齒	이치

部首索引

癶 五三一
白 五三二
皮 五三六
皿 五三八
目(罒) 五四三
矛 五六〇
矢 五六二
石 五六五
示(礻) 五七八
内 五八六
禾 五八七
穴 六〇一
立 六一〇
歺(歹) 三八一
罒(网冗) 六八二
衤(衣) 八四〇

六畫

竹 六一五
米 六四〇
糸 六四九
缶 六八〇
网(罒) 六八二
羊 六八八
羽 六九三
老(耂) 七〇〇
而 七〇一
耒 七〇二
耳 七〇五
聿 七一二
肉(月) 七一二
臣 七三五
自 七三六
至 七三七
臼(臼) 七三八
舌 七四〇
舛 七四二
舟 七四二
艮 七四八
色 七四九
艸(艹) 七五〇
虍(虎) 八〇八
虫 八一二
血 八三八
衣(衤) 八四〇
行 八五七
襾 八五九

七畫

見 八六一
角 八六六
言 八七一
豆 九〇四
谷 九〇七
豕 九〇八
豸 九一二
貝 九一六
赤 九二六
走 九二八
足 九三七
身 九五七
車 九六一
辛 九七五
辰 九七七
辵(辶) 九七七
邑(阝(右)) 九九五
酉 一〇〇四
釆 一〇一四
里 一〇一五
镸(長) 一〇四三

八畫

金 一〇一六
長(镸) 一〇四三
門 一〇四五
阜(阝左) 一〇五五
隶 一〇六七
隹 一〇六八
雨 一〇七五
青 一〇八六
非 一〇八七

九畫

面 一〇八八
革 一〇九〇
韋 一一〇一
韭 一一〇五
音 一一〇六
頁 一一〇八
風 一一二〇
飛 一一二八
食 一一二九
首 一一四三
香 一一四四

十畫

馬 一一四六
骨 一一六三
高 一一六九
髟 一一七〇
鬥 一一八〇
鬯 一一八一
鬲 一一八一
鬼 一一八四

十一畫

魚 一一八八
鳥 一二〇五
鹵 一二二七
鹿 一二二八
麥 一二三二
麻 一二三六

十二畫

黃 一二三八
黍 一二三九
黑 一二四一
黹 一二四六

十三畫

黽 一二四七
鼎 一二四九
鼓 一二四九
鼠 一二五一

十四畫

鼻 一二五四
齊 一二五五

十五畫

齒 一二五六

十六畫

龍 一二六三
龜 一二六四

十七畫

龠 一二六六

部首名稱

부수	명칭
乙	새을변
亠	돼지해밑
人	亻 사람인변
儿	어진사람인
八	여덟팔
冂	멀경변
冖	민갓머리
冫	이수변
刀	刂 칼도변
力	힘력변
勹	쌀포변
匚	터진입구변
匸	터진에운담변
卩	㔾 병부절변
厂	음호변
口	입구변
囗	에운담변 큰입구변
土	흙토변
夊	천천히걸을쇠변
女	계집녀변
子	아들자변
宀	갓머리변
尸	주검시밑
山	멧산 변
巾	수건건변
广	음호밑
廴	점없는 책받침
廾	艸 밑스물집
弓	활궁변
彐	彑 터진가로왈
彡	터럭삼 삐친석삼
彳	두(중)인변
忄	心 심방변
扌	手 좌방변
氵	水 삼수변
犭	犬 개사슴록변
阝	邑 (右) 우부방
阝	阜 (左) 좌부방
⺗	心밑마음심
户	지게호변
支	지탱할지변
攴	攵 등글월문
文	글월문
斗	말두
斤	날근변
方	모방변
日	날일변
曰	가로왈변
月	달월변
月	肉 육달월
木	나무목변
欠	하품흠변
止	그칠지변
歹	죽을사변
殳	갖은등글월문
气	기운기밑
氺	水 아랫물수
火	불화변
灬	火 연화변
爪	爫 손톱조변
爿	장수장변
片	조각편변
牙	어금니아변
牜	牛 소우변
王	王 임금왕변
礻	示 보일시변
罓	그물망
耂	老 늙을로밑
艹	艸 초두밑
辶	辵 책받침
田	밭전변
疒	병질안
癶	필발밑
皮	가죽피변
皿	그릇명
目	눈목변
罒	넉사밑
网	그물망
矛	창모변
矢	살시변
石	돌석변
示	礼 보일시변
禾	벼화변
穴	구멍혈밑
立	설립변
歺	歹 죽을사변
衤	衣 옷의변
竹	대죽변
米	쌀미변
糸	실사변
缶	장구부변
冂	罒 㓁 冗 그물망
羊	양양변
老	耂 늙을로변
耒	장기뢰변
耳	귀이변
聿	오직율
舌	혀설변
舟	배주변
艸	초두밑
虍	범호밑
虫	벌레충변
行	다닐행변
衣	衤 옷의변
角	뿔각변
言	말씀언변
豆	콩두변
豕	돼지시변
豸	갖은돼지시변
貝	자개패
走	달아날주변
足	발족변
身	몸신변
車	수레거변
辵	辶 갖은책받침변
邑	阝(右) 고을읍변
酉	닭유변
金	쇠금변
釆	분변할변
里	마을리변
門	문문
阜	阝(左) 언덕부변
隹	새추
雨	비우변
革	가죽혁변
韋	가죽위변
頁	머리혈
食	밥식변
馬	말마변
骨	뼈골변
髟	터럭발밑
鬥	싸움투
鬲	오지병격변
鬼	귀신귀변
魚	고기어변
鳥	새조변
麥	보리맥
麻	삼마
鼻	코비
齒	이치